U0946570

长株潭试验区年鉴

（2016）

湖南省长株潭两型试验区管委会
中共湖南省委讲师团 编

湖南人民出版社

图书在版编目（CIP）数据

长株潭试验区年鉴. 2016 / 湖南省长株潭两型试验区管委会，中共湖南省委讲师团编. —长沙：湖南人民出版社，2017.5
ISBN 978-7-5561-1713-0

I. ①长… II. ①湖… ②中… III. ①城市群—湖南—2016—年鉴 IV. ①Z526

中国版本图书馆CIP数据核字（2017）第118362号

CHANGZHUTAN SHIYANQU NIANJIAN 2016

长株潭试验区年鉴·2016

编　　者　湖南省长株潭两型试验区管委会　中共湖南省委讲师团
责任编辑　吴向红
装帧设计　刘聪香

出版发行　湖南人民出版社［http://www.hnppp.com］
地　　址　长沙市营盘东路3号
邮　　编　410005

印　　刷　湖南省湘财印务有限公司
版　　次　2017年5月第1版
　　　　　2017年5月第1次印刷
开　　本　787 mm × 1092 mm 1/16
印　　张　63.5
彩　　插　16P
字　　数　2800千字
书　　号　ISBN 978-7-5561-1713-0
定　　价　398.00元

营销电话：0731-82683348　（如发现印装质量问题请与出版社调换）

《长株潭试验区年鉴（2016）》
编 辑 说 明

一、为全面、翔实、系统地记录长株潭两型社会综合配套改革试验区建设的历程，为我省两型社会建设提供具有史料价值、实用价值和收藏价值的信息资料，并向省内外充分展示长株潭两型社会综合配套改革试验区建设的成果，按照省委主要领导的指示，决定编纂《长株潭试验区年鉴》。

二、《长株潭试验区年鉴（2016）》是记载长株潭综合配套改革试验区 2015 年全面工作的一部年鉴。它以邓小平理论、“三个代表”重要思想、科学发展观为指导，深入贯彻落实党的十八大和十八届三中、四中、五中全会精神，贯彻落实习近平总书记系列讲话精神，以省委、省政府围绕“一带一部”区域定位实施创新引领、开放崛起战略，推进“五化”同步发展，推进长株潭改革试验区建设各项举措为主线，以促进“三量齐升”和推动城乡区域协调发展、确保全面建成小康社会的工作为重点，以全省推进两型社会建设的成果为主要内容，力求全面客观地反映长株潭综合配套改革试验区 2015 年的大事要事、热点亮点。它可以为社会各界了解和研究长株潭试验区两型社会建设提供翔实资料，为长株潭试验区相关单位和部门开展工作提供经验范例，为各级领导推进两型社会建设提供决策参考。

三、《长株潭试验区年鉴（2016）》共分为特别聚焦、综合篇、方案设计篇、总体成果篇、核心区域篇、辐射区域篇、全省带动篇、示范区片篇、政策法规篇、对外合作篇、创建活动篇、研究宣传篇、数据统计篇等十三个部分，各个部分的主要内容是：

特别聚焦：以图文并茂的形式展示湖南两型社会建设经验。

综合篇：用纪实的形式反映中央领导对湖南两型社会建设的关怀，中央及有关部委支持长株潭试验区的有关文件，记录 2015 年省委推进两型社会建设的重要决策和省领导有关两型社会建设的会议讲话和重要言论；以编年记事的形式记录 2015 年推进两型社会建设的有关活动。其中，专门的决策文件和会议讲话全文录入，其他文件和言论中的相关内容摘要录入。

方案设计篇：着重反映对长株潭试验区两型社会建设的相关方案设计，录入 2015 年批准发布的有关方案。

总体成果篇：分别从总体的角度和以条目的形式反映 2015 年长株潭试验区两型社会建设的重要事件和主要成果。

核心区域篇：从区域的角度，反映作为长株潭试验区核心区域的长沙市、株洲市、湘潭市 2015 年两型社会建设的成果。以综述的形式反映其两型社会建设整体情况，以条目的形式记录其两型社会建设在资源节约利用、生态环境保护、基础设施建设、城镇规划建设、两型产业建设、两型技术产品、社会建设管理等方面的具体成果。

辐射区域篇：从区域的角度，反映作为长株潭试验区辐射区域的衡阳市、岳阳市、常德市、益阳市、娄底市 2015 年两型社会建设的成果。以综述的形式反映其两型社会建设整体情况，以条目的形式记录其两型社会建设在资源节约利用、生态环境保护、基础设施建设、城镇规划建设、两型产业建设、两型技术产品、社会建设管理等方面的具体成果。

全省带动篇：从区域的角度，反映作为长株潭试验区带动区域的邵阳市、张家界市、郴州市、永州市、怀化市、湘西自治州 2015 年两型社会建设的成果。以综述的形式反映其两型社会建设整体情况，以条目形式记录其两型社会建设的具体成果。

示范区片篇：从区片的角度，反映长株潭试验区五个示范区、十八个示范片 2015 年两型社会建设的成果。以综述的形式反映其两型社会建设整体情况，以编年记事的形式记录 2015 年推进两型社会建设的有关活动。

政策法规篇：分为省级政策法规、运行实施文件、市级政策规定三个层次，记录 2015 年在推进长株潭试验区两型社会建设的过程中形成的政策法规。其中，专门的省级政策法规和运行实施文件全文录入，市级政策规定以辑目的形式录入。

对外合作篇：从省部合作、省际合作、国际合作三个层面，以条目的形式反映 2015 年湖南在两型社会建设过程中与中央部委、兄弟省市以及其他国家、地区和国际组织开展合作的情况。

创建活动篇：录入 2015 年全省相关市州的一批两型示范创建单位和家庭。

研究宣传篇：介绍 2015 年发表的关于湖南两型社会建设的理论研究成果和对策研究成果，重要成果全文录入，其他成果摘要介绍。录入中央和湖南媒体 2015 年关于湖南两型社会建设的重要宣传报道，介绍湖南关于两型社会建设的主要学术活动。

数据统计篇：介绍长株潭试验区主要经济指标以及在全省经济社会发展中所占比重，反映长株潭试验区节能减排、能源消费等方面的有关数据统计。

四、《长株潭试验区年鉴（2016）》由省长株潭两型社会建设综合配套改革试验区管委会和湖南省委讲师团联合组织编纂，省委讲师团负责日常工作。由于年鉴编纂是一项复杂的系统工程，涉及面广，内容繁多，加之时间较紧及编者水平有限，书中疏漏之处在所难免，诚请广大读者批评指正。

编　者

二〇一六年十二月

《长株潭试验区年鉴（2016）》编纂委员会

谭智勇　株洲市两型办主任
李海深　湘潭市两型办主任
雷高飞　衡阳市两型办主任
颜　卿　岳阳市两型办主任
胡跃龙　益阳市两型办主任
罗　荣　常德市两型办主任
杨　维　娄底市两型办主任
杨应龙　金霞经济开发区工委书记、金霞片区负责人
周建光　株洲天元区委书记、株洲高新区工委副书记
张建勇　株洲石峰区委书记、株洲清水塘片区工委书记
成秋兴　湘潭易家湾、昭山片区工委书记
谢振华　湘潭县委书记、湘潭易俗河片区工委书记
于小波　益阳东部新区工委书记、管委会主任
陈奉文　娄底水府片区东部新区管委会主任
伍　鹄　娄底水府片区万宝新区党工委书记
曾巧敏　衡阳白沙洲工业园区主要负责人
余学辉　长沙市望城区委常委、常务副区长，望城区铜丁片区负责人
唐　智　长沙县安青片区负责人
王文华　岳阳城陵矶新港区管委会主任
田　荣　岳阳市屈原管理区常务副区长、屈原营田片区负责人
聂晏斌　湘阴县界头铺片区金龙新区管委会主任
任伯均　汨罗市新市片区管委会主任

《长株潭试验区年鉴（2016）》编辑人员

主　　编： 易春阳　郑昌华

执行主编： 郑昌华

编辑人员： 特别聚焦　郑昌华　曾迎红

综　合　篇　郑昌华　旷重林

方案设计篇　赵　旭

总体成果篇　郑昌华　柴若柳

核心区域篇　曾迎红　肖　琼　旷重林

辐射区域篇　丁　毅

全省带动篇　陈　瑶

示范区片篇　陈　瑶

政策法规篇　赵　旭

对外合作篇　田　辉

创建活动篇　曾迎红

研究宣传篇　杨贤成　郑昌华

数据统计篇　赵　旭

目录

综合篇

中央领导关怀 …………………………………………………………………………………………… (3)
深入实施精准扶贫精准脱贫　加快民族地区经济社会发展
——俞正声在湖南调研 ………………………………………………………………………………… (3)
营造良好政治生态　推进“四个全面”战略布局
——刘云山参加全国“两会”湖南代表团审议 …………………………………………………… (4)
开创企业投资审批制度改革新局面
——杜青林率全国政协特邀常委视察团来湘视察 ………………………………………………… (5)
上级政策文件 …………………………………………………………………………………………… (7)
中共中央、国务院关于加大改革创新力度加快农业现代化建设的若干意见 …………………………… (7)
中共中央、国务院关于加快推进生态文明建设的意见 ………………………………………………… (12)
生态文明体制改革总体方案 ……………………………………………………………………………… (17)
国务院关于长江中游城市群发展规划的批复 …………………………………………………………… (22)
国务院关于印发水污染防治行动计划的通知 …………………………………………………………… (22)
国务院关于同意设立湖南湘江新区的批复 ……………………………………………………………… (29)
国务院关于全国水土保持规划（2015—2030年）的批复 ……………………………………………… (30)
党政领导干部生态环境损害责任追究办法（试行） ……………………………………………………… (30)
生态环境损害赔偿制度改革试点方案 …………………………………………………………………… (32)
国务院办公厅关于加强节能标准化工作的意见 ………………………………………………………… (33)
国务院办公厅关于加快电动汽车充电基础设施建设的指导意见 ……………………………………… (35)
国务院办公厅关于推进海绵城市建设的指导意见 ……………………………………………………… (37)
省委重要决策 …………………………………………………………………………………………… (40)
中共湖南省委、湖南省人民政府关于加大改革创新力度加快农业现代化建设的实施意见 …………… (40)
中共湖南省委办公厅、湖南省人民政府办公厅关于印发《湖南省重大环境问题（事件）责任追究办法（试行）》的通知 ……………………………………………………………………………………… (43)
中共湖南省委办公厅、湖南省人民政府办公厅关于确定省直管县经济体制改革试点单位的通知 …… (45)
中共湖南省委办公厅、湖南省人民政府办公厅印发《关于加强湖南新型智库建设的实施意见》的通知 …… (46)
中共湖南省委关于实施精准扶贫加快推进扶贫开发工作的决议 ………………………………………… (48)
中共湖南省委办公厅、湖南省人民政府办公厅关于加快构建现代公共文化服务体系的实施意见 …… (50)
中共湖南省委办公厅、湖南省人民政府办公厅关于引导农村土地经营权有序流转发展农业适度规模经营的实施意见 ……………………………………………………………………………………… (55)

领导有关言论 …… (58)
会议讲话 …… (58)
徐守盛：在长株潭国家自主创新示范区建设动员大会上的讲话 …… (58)
徐守盛：在科技部与湖南省政府2015年部省工作会商会议上的讲话 …… (60)
徐守盛：在省委经济工作会议上的讲话 …… (61)
杜家毫：在长株潭国家自主创新示范区建设动员大会上的讲话 …… (68)
杜家毫：在长株潭国家高新区建设国家自主创新示范区部际协调小组第一次会上的讲话 …… (70)
杜家毫：在省委经济工作会议上的讲话 …… (71)
杜家毫：在省委经济工作会议上的总结讲话 …… (75)
重要言论 …… (77)
大事纪要 …… (90)

方案设计篇

湖南省人民政府关于印发《长株潭城市群区域规划（2008—2020年）》（2014年调整）的通知 …… (99)
湖南省人民政府办公厅关于印发《湖南省集成电路产业发展规划》（2015—2020年）的通知 …… (115)
湖南省人民政府办公厅关于印发《湖南省现代物流业发展三年行动计划（2015—2017年）》的通知 …… (118)
湖南省人民政府办公厅关于印发《湖南省2015年度地质灾害防治方案》的通知 …… (122)
湖南省人民政府办公厅关于印发《益阳市现代农业改革试验实施方案》的通知 …… (125)
湖南省人民政府办公厅关于印发《湖南省开展农村环境综合整治全省域覆盖工作方案》的通知 …… (132)
湖南省人民政府办公厅关于印发《湖南省对接“一带一路”战略推动优势企业“走出去”实施方案》的通知 …… (134)
湖南省人民政府关于印发《湖南省贯彻落实国家〈长江中游城市群发展规划〉实施方案》的通知 …… (139)
中共湖南省委办公厅、湖南省人民政府办公厅关于印发《湖南省生态文明体制改革实施方案（2014—2020年）》的通知 …… (145)
中共湖南省委、湖南省人民政府关于印发《湖南省新型城镇化规划（2015—2020年）》的通知 …… (151)
湖南省人民政府办公厅关于印发《湖南省大众创业万众创新行动计划（2015—2017年）》的通知 …… (166)
湖南省人民政府关于印发《湖南省对接“一带一路”战略行动方案（2015—2017年）》的通知 …… (168)
湖南省人民政府办公厅关于印发《长株潭大气污染防治特护期工作方案》的通知 …… (172)
湖南省人民政府办公厅关于印发《湖南省实施“互联网+”三年行动计划》的通知 …… (174)
湖南省人民政府办公厅关于印发《湖南省发展众创空间推进大众创新创业实施方案》的通知 …… (177)
湖南省人民政府关于印发《湖南省贯彻〈中国制造2025〉建设制造强省五年行动计划（2016—2020年）》的通知 (179)
湖南省人民政府关于印发《湖南省贯彻落实〈水污染防治行动计划〉实施方案（2016—2020年）》的通知 …… (187)

总体成果篇

重要成果综述 …… (197)
2015年湖南县域经济发展报告 …… (197)
2015年湖南经济发展回顾及2016年展望 …… (199)
湖南“十二五”经济社会发展报告 …… (202)
加强生态环境保护　建设两型绿色湖南
——湖南“十二五”生态环境保护发展情况分析 …… (205)
湖南“十二五”规模工业能源消费情况分析 …… (207)
湖南“十二五”新型城镇化进程分析 …… (209)
湖南“十二五”高新技术产业发展情况分析 …… (211)
2015年湖南城市商业综合体发展报告 …… (212)
湖南省2014年环境保护工作年度报告 …… (214)
总体成果辑要 …… (218)

核心区域篇

长沙市 …… (265)
长沙市2015年两型社会建设综述 …… (265)

长沙市 2015 年两型社会建设成果 …… (267)
资源节约利用 …… (267)
生态环境保护 …… (269)
基础设施建设 …… (277)
城镇规划建设 …… (283)
两型产业建设 …… (288)
两型技术产品 …… (293)
社会建设管理 …… (300)
体制机制创新 …… (306)
株洲市 …… (310)
株洲市 2015 年两型社会建设改革综述 …… (310)
株洲市 2015 年两型社会建设成果 …… (313)
资源节约利用 …… (313)
生态环境保护 …… (313)
基础设施建设 …… (318)
城镇规划建设 …… (344)
两型技术产品 …… (347)
社会建设管理 …… (352)
体制机制创新 …… (355)
湘潭市 …… (358)
湘潭市两型社会建设综述 …… (358)
资源节约利用 …… (359)
生态环境保护 …… (364)
基础设施建设 …… (369)
城镇规划建设 …… (374)
两型产业建设 …… (379)
两型技术产品 …… (385)
社会建设管理 …… (390)
体制机制创新 …… (395)

辐射区域篇

衡阳市 …… (401)
衡阳市 2015 年两型社会建设综述 …… (401)
衡阳市 2015 年两型社会建设成果 …… (404)
岳阳市 …… (417)
岳阳市 2015 年两型社会建设综述 …… (417)
岳阳市 2015 年两型社会建设成果 …… (419)
常德市 …… (434)
常德市 2015 年两型社会建设综述 …… (434)
常德市 2015 年两型社会建设成果 …… (436)
益阳市 …… (451)
益阳市 2015 年两型社会建设综述 …… (451)
益阳市 2015 年两型社会建设成果 …… (452)
娄底市 …… (467)
娄底市 2015 年两型社会建设综述 …… (467)
娄底市 2015 年两型社会建设成果 …… (468)

全省带动篇

邵阳市 …… (483)
邵阳市 2015 年两型社会建设综述 …… (483)

邵阳市 2015 年两型社会建设成果 …… (486)
张家界市 …… (491)
张家界市 2015 年两型社会建设综述 …… (491)
张家界市 2015 年两型社会建设成果 …… (494)
郴州市 …… (498)
郴州市 2015 年两型社会建设综述 …… (498)
郴州市 2015 年两型社会建设成果 …… (500)
永州市 …… (507)
永州市 2015 年两型社会建设综述 …… (507)
永州市 2015 年两型社会建设成果 …… (509)
怀化市 …… (517)
怀化市 2015 年两型社会建设综述 …… (517)
怀化市 2015 年两型社会建设成果 …… (518)
湘西自治州 …… (525)
湘西自治州 2015 年两型社会建设综述 …… (525)
湘西自治州 2015 年两型社会建设成果 …… (526)

示范区片篇

大河西示范区 …… (535)
长沙大河西先导片区 …… (535)
长沙大河西先导片区 2015 年建设概况 …… (535)
长沙大河西先导片区 2015 年建设纪事 …… (536)
长沙金霞片区 …… (536)
长沙金霞片区 2015 年建设概况 …… (536)
长沙金霞片区 2015 年建设纪事 …… (537)
益阳东部新区 …… (544)
益阳东部新区 2015 年建设概况 …… (544)
常德德山片区 …… (545)
常德德山片区 2015 年建设概况 …… (545)
常德德山片区 2015 年度两型建设纪事 …… (547)
昭山示范区 …… (550)
湘潭易家湾、昭山片区 …… (550)
湘潭易家湾、昭山片区 2015 年建设概况 …… (550)
湘潭易家湾、昭山片区 2015 年建设纪事 …… (551)
湘潭九华片区 …… (551)
湘潭九华片区 2015 年建设概况 …… (551)
湘潭九华片区 2015 年建设纪事 …… (552)
娄底水府片区 …… (553)
娄底水府片区东部新区 2015 年建设概况 …… (553)
娄底水府片区东部新区 2015 年建设纪事 …… (556)
娄底水府片区万宝新区 2015 年开发建设概况 …… (556)
娄底水府片区万宝新区 2015 年开发建设纪事 …… (557)
株洲云龙片区 …… (559)
株洲云龙片区 2015 年建设概况 …… (559)
株洲云龙片区 2015 年建设纪事 …… (560)
云龙示范区 …… (562)
株洲清水塘片区 …… (562)
株洲清水塘片区 2015 年建设概况 …… (562)
株洲清水塘片区 2015 年建设纪事 …… (563)
天易示范区 …… (564)
株洲天元片区 …… (564)

株洲天元片区 2015 年建设概况 …… (564)
株洲天元片区 2015 年建设纪事 …… (565)
湘潭易俗河片区 …… (566)
湘潭易俗河片区 2015 年建设概况 …… (566)
湘潭易俗河片区 2015 年建设纪事 …… (567)
衡阳白沙片区 …… (568)
衡阳白沙片区 2015 年建设概况 …… (568)
衡阳白沙片区 2015 年建设纪事 …… (570)
滨湖示范区 …… (573)
长沙县安青片区 …… (573)
长沙县安青片区 2015 年建设概况 …… (573)
长沙县安青片区 2015 年建设纪事 …… (574)
望城区铜丁片区 …… (576)
望城区铜丁片区 2015 年片区建设概况 …… (576)
望城区铜丁片区 2015 年片区建设纪事 …… (580)
湘阴县界头铺片区 …… (586)
湘阴县界头铺片区 2015 年建设概况 …… (586)
湘阴县界头铺片区 2015 年建设纪事 …… (587)
汨罗市新市片区 …… (590)
汨罗市新市片区 2015 年建设概况 …… (590)
汨罗市新市片区 2015 年建设纪事 …… (592)
屈原营田片区 …… (592)
屈原营田片区 2015 年建设概况 …… (592)
屈原营田片区 2015 年建设纪事 …… (593)
岳阳城陵矶片区 …… (595)
岳阳城陵矶片区 2015 年建设概况 …… (595)
岳阳城陵矶片区 2015 年建设纪事 …… (596)

政策法规篇

省级政策法规 …… (601)
湖南省第十二届人民代表大会常务委员会公告 …… (601)
湖南省人民政府关于推进创新创业园区发展加快实施“135”工程的意见 …… (606)
湖南省人民政府办公厅关于加快实施“气化湖南工程”的意见 …… (607)
湖南省人民政府办公厅关于支持娄底市资源型城市转型发展的实施意见 …… (608)
湖南省人民政府办公厅关于加快推进以农村饮水安全为重点的中小型公益性水利工程建设的意见 …… (610)
湖南省人民政府办公厅关于推进公共机构合同能源管理的通知 …… (611)
湖南省人民政府办公厅转发省经信委《关于鼓励集成电路产业发展的若干政策》的通知 …… (613)
关于鼓励集成电路产业发展的若干政策 …… (613)
湖南省人民政府办公厅关于加强全省农村能源建设的实施意见 …… (614)
湖南省人民政府办公厅关于印发《湖南省加快环保产业发展实施细则》的通知 …… (616)
湖南省人民政府关于依托黄金水道推动长江经济带发展的实施意见 …… (617)
湖南省人民政府关于加快环保产业发展的意见 …… (622)
湖南省人民政府办公厅关于对长沙市再下放部分省级经济社会管理权限的通知 …… (625)
湖南省人民政府办公厅关于进一步缓解企业融资成本高问题的实施意见 …… (626)
湖南省人民政府关于促进旅游业改革发展的实施意见 …… (628)
湖南省人民政府关于加快发展服务贸易的实施意见 …… (631)
湖南省人民政府关于加快发展服务外包产业的实施意见 …… (633)
湖南省人民政府关于加快科技服务业发展的实施意见 …… (635)
湖南省人民政府办公厅关于成立长株潭国家自主创新示范区建设工作领导小组的通知 …… (637)
湖南省人民政府关于印发《促进海关特殊监管区域科学发展的若干政策措施》的通知 …… (638)
湖南省人民政府办公厅关于加快农业互联网发展的指导意见 …… (639)

湖南省人民政府办公厅转发省科技厅《关于加快建立湖南省科技报告制度的实施意见》的通知 …… (642)
湖南省人民政府办公厅关于加快全省经济技术开发区转型升级创新发展的实施意见 …… (644)
湖南省人民政府办公厅印发《关于进一步支持湘南承接产业转移示范区建设的若干政策措施》的通知 …… (646)
湖南省人民政府关于扩大有效投资稳定经济增长的意见 …… (648)
湖南省人民政府办公厅关于印发《湖南省新兴产业发展基金管理办法（试行）》的通知 …… (649)
湖南省人民政府办公厅关于加快培育发展家庭农场的意见 …… (652)
湖南省人民政府关于加快新材料产业发展的意见 …… (654)
湖南省人民政府办公厅关于在湘江流域推行水环境保护行政执法责任制的通知 …… (656)
湖南省人民政府办公厅关于成立湖南省湘江新区建设协调领导小组的通知 …… (657)
湖南省人民政府办公厅关于清理整治环保违规建设项目的通知 …… (658)
湖南省人民政府关于大力发展电子商务加快培育经济新动力的实施意见 …… (660)
湖南省人民政府办公厅关于加快转变农业发展方式的实施意见 …… (664)
湖南省人民政府办公厅关于印发《湖南省开放型经济发展专项资金管理办法》的通知 …… (667)
运行实施文件 …… (670)
湖南省住房和城乡建设厅关于加强“两供两治”污水垃圾建设项目工艺技术专家论证工作的通知 …… (670)
湖南省环境保护厅关于做好 2015 年主要污染物总量减排监察系数核查核算工作的通知 …… (671)
湖南省住房和城乡建设厅关于公布《湖南省地源热泵建筑应用技术企业目录》和《湖南省可再生能源建筑应用示范项目关键技术产品目录》（第四批）的通知 …… (672)
湖南省国家税务局、湖南省交通运输厅关于继续做好公共汽电车辆免征车辆购置税有关工作的通知 …… (674)
湖南省住房和城乡建设厅关于开展全省集镇污水处理设施建设和运营绩效评估的通知 …… (674)
湖南省住房和城乡建设厅关于进一步做好可再生能源建筑应用示范市县太阳能热水系统项目验收工作的通知 … (675)
湖南省发展和改革委员会、省财政厅、省环境保护厅关于调整排污费征收标准等有关问题的通知 …… (676)
关于印发《湖南省洞庭湖生态经济区建设 2015 年度工作要点》的通知 …… (677)
省住房和城乡建设厅关于进一步加强城市总体规划制定工作的通知 …… (680)
财政部驻湖南省财政监察专员办事处关于开展水污染防治专项资金预算监管工作的通知 …… (680)
湖南省住房和城乡建设厅关于全省建筑节能与绿色建筑检查情况的通报 …… (681)
湖南省技术改造节能创新专项资金管理办法 …… (683)
湖南省财政厅、湖南省环境保护厅关于印发《湖南省环境保护专项资金使用管理办法》的通知 …… (684)
湖南省发改委、湖南省财政厅、湖南省环保厅关于转发《国家发展和改革委员会、财政部、环境保护部关于制定石油化工及包装印刷等试点行业挥发性有机物排污费征收标准等有关问题的通知》的通知 …… (687)
湖南省财政厅、湖南省科学技术厅关于印发《湖南省科技发展计划专项资金管理办法》的通知 …… (688)
湖南省发展和改革委员会关于印发《湖南省主要产品（工序）能耗限额指导目录（2015）》的通知 …… (690)
湖南省财政厅、湖南省水利厅关于印发《湖南省水资源专项资金管理办法》的通知 …… (693)
市级政策规定辑目 …… (695)
长沙市相关政策规定辑目 …… (695)
株洲市相关政策规定辑目 …… (695)
湘潭市相关政策规定辑目 …… (695)
衡阳市相关政策规定辑目 …… (695)
岳阳市相关政策规定辑目 …… (696)
常德市相关政策规定辑目 …… (696)
益阳市相关政策规定辑目 …… (696)
娄底市相关政策规定辑目 …… (697)
邵阳市相关政策规定辑目 …… (697)
张家界市相关政策规定辑目 …… (697)
郴州市相关政策规定辑目 …… (697)
永州市相关政策规定辑目 …… (698)
怀化市相关政策规定辑目 …… (698)
湘西自治州相关政策规定辑目 …… (698)

对外合作篇

省部合作 …… (701)

省际合作 …… (740)
国际合作 …… (778)

创建活动篇

创建方案 …… (813)
株洲天元片区 2015 年两型示范创建方案 …… (813)
株洲清水塘片区两型社会创建工作方案 …… (815)
岳阳经济技术开发区电商产业园促进产业转型发展模式 …… (818)
汨罗市白水镇生态乡村创建示范项目实施方案 …… (819)
岳阳县铁山库区养殖业退出工作实施方案 …… (821)
创建典型 …… (823)
“两型村庄” …… (823)
湘潭市岳塘区昭山乡马安村创建“两型村庄”情况 …… (823)
常德市安乡县安康乡仙桃村创建“两型村庄”情况 …… (824)
益阳市沅江市草尾镇乐元村创建“两型村庄”情况 …… (825)
娄底市新化县水车镇水车村创建“两型村庄”情况 …… (826)
娄底市双峰县相思村创建“两型村庄”情况 …… (826)
“两型企业” …… (827)
株洲时代新材料科技股份有限公司创建“两型企业”情况 …… (827)
湖南云中沥青有限公司创建“两型企业”情况 …… (827)
湖南省丰康生物科技股份有限公司创建“两型企业”情况 …… (829)
湖南艾华集团股份有限公司创建“两型企业”情况 …… (829)
湘村高科农业股份有限公司创建“两型企业”情况 …… (830)
“两型社区” …… (831)
株洲市荷塘区桂花街道西子社区创建“两型社区”情况 …… (831)
湘潭市韶山市清溪镇火车站社区创建“两型社区”情况 …… (832)
常德市武陵区落路口社区创建“两型社区”情况 …… (833)
娄底市娄星区童家社区创建“两型社区”情况 …… (834)
娄底市新化县上梅镇坪山垅社区创建“两型社区”情况 …… (835)
郴州市桂东县金田社区创建“两型社区”情况 …… (835)
“两型乡镇” …… (836)
岳阳市汨罗市白水镇生态乡村建设模式 …… (836)
常德市桃源县枫树维回乡创建“两型乡镇”情况 …… (837)
“两型家庭” …… (838)
省科协苏蓉家庭：恪守传统，与时俱进 …… (838)
长沙市开福区王春林家庭：幸福家庭建两型 …… (839)
长沙岳麓区彭世英家庭：崇尚俭约生活，倡导绿色环保 …… (840)
株洲市教育局刘珊珍家庭：两型理念强，践行成效显 …… (841)
株洲市柴卉家庭：柴家人的“两型生活” …… (842)
株洲市徐志雅家庭：低碳生活呵护自然，文明友善自得其乐 …… (843)
湘潭市岳塘区龙翔家庭：积极创建“两型家庭” …… (844)
韶山市莫正德家庭：争做“两型家庭”榜样 …… (844)
衡阳市衡南县刘金成家庭：励行勤俭节约，践行两型理念 …… (845)
衡阳县王慧家庭：致力两型建设，倡导绿色生活 …… (845)
常德市澧县肖廷军家庭：建和谐幸福家庭，创生态宜居家园 …… (847)
常德市桃源县张进恒家庭：绿色能源“点靓”农村新生活 …… (847)
岳阳市张建设家庭：洞庭湖“美容师” …… (848)
岳阳市朱再保家庭：以家示范，引领两型建设 …… (849)
益阳市安化县张青娥家庭：以绿为本，做“两型家庭”建设的推广者 …… (851)
益阳市徐琼花家庭：两型生活的最早践行者 …… (852)
娄底市刘红梅家庭：营造健康环境　追求健康生活 …… (852)

郴州市北湖区李小英家庭：建设两型社会从家庭做起，从我做起 …… (853)
怀化市胡松炳、蒋淑梅家庭：两型示范创建美好生活 …… (854)
邵阳市刘树生家庭：争创“低碳、绿色、环保”家庭 …… (855)

研究宣传篇

理论研究成果 …… (859)
重要成果选载 …… (859)
徐守盛：把牢核心任务　推动经济发展提质增效升级 …… (859)
杜家毫：新常态　新机遇　新作为 …… (861)
张硕辅：严格水资源管理　建设美丽湖南 …… (862)
李　晖：以市场规模聚集引领商贸产能爆发
——在长株潭城市群率先建设中部国际商贸城的思考 …… (864)
胡伟林：誓还湘江一湾碧水 …… (865)
邓三龙：践行绿色化，共享诗意生活 …… (866)
刘湘溶：生态文明主流价值观与生态化人格 …… (866)
谢　立：用法治唤回白云蓝天 …… (868)
杨光鑫：生态基础好的地方也要重视环保 …… (869)
覃正爱：从综合文明高度看待生态文明 …… (870)
刘之明：旅游开发建设要注重保护原生态 …… (871)
谢　立：切实根治城镇黑臭水 …… (872)
黄峥嵘：落实五个机制　共建生态文明 …… (873)
刘　杰：传统矿区两型建设新路径探索 …… (873)
易小林：湘江新区规划建设应坚持三个注重 …… (874)
李跃龙：洞庭湖区融入长江经济带的思考 …… (875)
郭辉东　邓润平：绘制一幅生态美好的新湖南水系图 …… (876)
陈文胜：“两型”发展是中国农业发展方式转变的时代命题 …… (877)
欧阳文风：理解和把握绿色发展理念的三个维度 …… (878)
其他成果介绍 …… (879)
对策研究成果 …… (886)
重要成果选载 …… (886)
徐守盛　杜家毫：主动适应新常态　把义务植树推向深入 …… (886)
杜家毫：推进长株潭一体化发展　打造新常态下经济核心增长极 …… (887)
陈肇雄：抢抓机遇　加快融入长江经济带建设步伐 …… (889)
易炼红：加快建成富有创新活力的现代化大都市 …… (890)
林　武：把握新常态是“两型试验”的大逻辑大趋势大课题 …… (891)
张硕辅：打好绿化“裸露山地”歼灭战　为绿色湖南建设再立新功 …… (892)
胡衡华：建设宜居宜业宜游的品质长沙 …… (893)
描绘美丽湖南新画卷
——我省如何进一步加强生态环境治理 …… (894)
邓三龙：迅速在全省打响绿化“裸露山地”歼灭战 …… (895)
周上游：整合资源、聚集要素、强化管理　加快推进两型示范创建工作
——长沙、株洲、湘潭两型示范创建工作调研报告 …… (897)
邓三龙：绿色化与每个人息息相关 …… (899)
两型湖南今朝更好看
——在生态文明体制改革上的思与行 …… (900)
梁志峰：关于加强我省大气污染综合治理的对策 …… (901)
潘碧灵：政府主导　全域覆盖 …… (903)
常诸谈：破解“吉登斯悖论”
——强化两型监管凝聚齐抓共管新合力 …… (904)
郑　粟：以园区经济引领绿色发展 …… (905)
柳德新　何　峰　杨湘隆：洞庭湖治理需构建“五大体系” …… (906)

毛腾飞：绿色化，让株洲“鸟语花香” …… (907)
刘硕科：长株潭自主创新示范区建设环境下湘潭发展路径选择 …… (907)
张尚武　刘　勇：绿满三湘的不竭动力
——湖南林业创新发展纪实 …… (909)
贺安杰　毛腾飞：两型社会建设，株洲发展升级的强大引擎 …… (911)
其他成果介绍 …… (913)
媒体宣传报道 …… (919)
中央媒体报道 …… (919)
吕明军　周立耘　颜　珂　侯琳良：制定路线图　聚力攻坚战　下好一盘棋　湘江治理再出发 …… (919)
吕明军　周立耘　颜　珂　侯琳良：湖南重拳治理湘江重金属污染　祛多年沉疴　还一江清水 …… (920)
于靖园　鄂　璠　马承滨：“敢为天下先”的湖南创新
——专访湖南省委书记、省人大常委会主任徐守盛 …… (921)
把握新常态是“两型试验”的大逻辑大趋势大课题
——新华网访谈林武 …… (924)
刘　磊　周立耘：湖南：培育增长新动力 …… (925)
常诸谈：绿色化：两型社会建设新蓝图 …… (926)
张东风：湖南整体推进农村环境整治 …… (928)
刘立平：湖南规范重大环境问题追责 …… (929)
张东风：开启全民环保新时代
——湖南推动环保公众参与三部曲 …… (930)
长株潭转型蓄积内生动力 …… (931)
柳德新：绿水青山就是金山银山
——湖南崛起“绿色湘军” …… (933)
唐爱平：奔腾入海逐浪高　三湘崛起正其时 …… (934)
曹　娴：湖南探寻绿色发展：重点区域突破　推进产业转型 …… (936)
湖南媒体报道 …… (938)
周云武　张颐佳　李　治：打造“中三角”　共铸“第四极”
——访省委常委、长沙市委书记易炼红 …… (938)
胡宇芬：启动湖南发展“超级引擎”
——写在长株潭国家自主创新示范区获批之际 …… (940)
柳德新　何　峰　杨湘隆：构筑洞庭湖区水安全屏障
——洞庭湖治理见闻 …… (941)
徐　蓉　乔伊蕾：湘江北上清水流
——代表委员热议坚持不懈做好湘江保护与治理 …… (943)
刘文韬　贺　佳　孙敏坚：青山绿水蓝天，最是宜人风景
——在湘全国人大代表畅谈生态文明建设 …… (944)
常诸谈：砥砺奋进
——长株潭两型改革试验呈现三大新变化 …… (946)
常诸谈：先行先试
——十大改革为我省两型社会建设注入新动力 …… (947)
余学进　王建勇：湘江北去
——“一号重点工程”树立大江大河治理新样板 …… (949)
刘建华　张立明　龙　文：攻坚莫畏难
——推广清洁低碳技术探索经济发展新路径 …… (951)
刘建华　唐　远：把美丽写在乡村田野
——农村面源污染治理展现新面貌 …… (953)
常诸谈：两型，让生活更美好
——示范创建牵动千家万户创造新生活 …… (955)
常诸谈：法不容“污”
——法治为两型社会建设提供新保障 …… (957)
绿水青山润湖湘
——“湘江北去”系列报道之生态篇 …… (958)

常诸谈：创新中的绿色考卷
——创新综合评价责任体系形成绿色发展新导向 …… (960)
常诸谈：走出去，合作共赢形成新格局 …… (961)
常诸谈："两型三网"一体化 …… (963)
曹　娴　黄亮斌：利剑斩污，家园更美 …… (965)
曹　娴：筑梦"两型"，花开有声 …… (966)
胡宇芬　任彬彬：先行先试活力来
——长株潭国家自主创新示范区建设一年回眸 …… (967)
刘建华　王建勇：撬动绿色金融杠杆　促进绿色转型发展 …… (968)
常诸谈：找寻两型社会建设的"标准答案"
——湖南建设两型标准体系的探索 …… (970)
柳德新　李志平　罗云峰：湘江，水清水浊奖罚分明 …… (971)
常诸谈：众志成城　梦圆"两型"
——"省统筹、市为主、市场化"成为两型社会建设新模式 …… (973)
主要学术活动 …… (975)

数据统计篇

湖南省 2015 年国民经济和社会发展统计公报 …… (987)
2015 年湖南省环境质量状况月报 …… (995)
2015 年各市州万元地区生产总值能耗降低率等指标 …… (998)

湖南两型社会建设经验走向全国

长株潭两型社会综合配套改革试验区获批以来，我省先行先试，率先形成了有利于资源节约、环境友好的新机制。2015年是试验区改革第二阶段的最后一年，长株潭试验区圆满地完成了第二阶段各项改革建设任务。5年来，试验区坚持以加强顶层设计为重点，形成由10个专项改革方案、18个专项规划、18个示范片区规划和87个市域规划组成的全方位、多层次的改革建设规划体系；坚持以创新体制机制为重点，形成两型社会建设的“长株潭模式”；坚持以实施湘江流域保护和治理“一号重点工程”为重点，形成“水陆空”污染整体联动治理模式；坚持以推广清洁低碳技术为重点，形成自主创新的“长株潭现象”；坚持以落实“三通四化”为重点，形成区域经济自主一体化的“长株潭样本”；坚持以生态价值导向为重点，把资源消耗、环境损害、生态效益等体现生态文明建设状况的指标纳入经济社会发展评价体系，形成独具湖南特色的两型监管考评体系；坚持以两型示范创建为重点，形成从“盆景”到“花园”、从“天女散花”到“遍地开花”的两型改革建设新格局。

目前，我省已在全国率先建立起两型综合评价体系，积累了一大批两型社会建设经验。两型采购、农村环境治理、绿色发展评价指标体系、两型示范创建、城市环境综合治理、两型标准体系建设、绿心规划编制实施监管等两型社会建设经验，都具备向全国推广的基础。国家发改委正在组织推广湖南七大两型建设经验，政府两型采购、农村环境治理等两型社会建设经验，将从湖南走向全国。

2015年是试验区改革建设任务十分繁重的一年。长株潭两型试验区以生态文明体制改革统揽两型社会建设和绿色湖南建设，统筹推进全面小康建设，完成了各项目标任务。

（一）着力推进生态文明体制改革。1.突出抓改革顶层设计。率先全国出台《湖南省生态文明体制改革实施方案（2014—2020年）》，明确了全省生态文明体制改革的路线图、任务书、时间表和责任制。2.突出抓改革制度建设。出台我省首个地方性生态补偿办法——《湖南省湘江流域生态补偿（水质水量奖罚）暂行办法》；印发《湖南省生态红线制度建设改革试点实施方案》，明确在郴州桂东、汝城、宜章和资兴“三县一市”启动改革试点；率先全国颁布实施《湖南省环境保护责任规定（试行）》和《湖南省重大环境问题（事件）责任追究办法（试行）》，建立责权明晰、科学完备的省级环境保护责任体系。3.突出抓改革任务落实。制定《2015年国家公园体制改革试点工作计划》；出台全国首个省级国有林场改革实施方案；全省累计挂牌成立了9个排污权交易管理机构；《湖南省大气污染防治条例》《湖南省固体废物污染环境防治条例》分别被列为省政府2015年立法计划。

（二）着力推进长株潭试验区综合配套改革。1.深入推进十大重点改革。全面推行阶梯式水、电、气价制度，完善工业企业单位产品能耗指标控制制度，全省进入农村环境综合整治全省域覆盖国家试点，出台《湖南省大气污染防治2015年度实施方案》。2.大力推广清洁低碳技术。3.加快推进重点改革试点。4.积极构建两型标准体系。加快推进两型认证，出台实施全省两型认证管理暂行办法。5.不断完善政府两型采购。确定第三批两型产品，选定46家企业的103个产品纳入

湘潭

衡阳江口鸟洲

益阳安化茶园基地一角

2015年第一批（总第三批）全省政府采购两型产品推荐目录清单。6.继续实施两型示范创建。制定发布全国首个省级反映社会主义环境道德价值观和保护环境行为规范的《公民环境保护行为准则》。

（三）着力推进长株潭地区全面小康建设。长株潭三市完成GDP占到全省的46.6%，其中，长沙、湘潭同比增长9.0%、9.2%，分别高于全省平均水平0.6、0.8个百分点。长株潭三市完成固定资产投资、居民消费总额、财政收入占到全省的41.6%、42.7%、36.8%。其中，湘潭市固定资产投资同比增幅高出全省平均水平8.5个百分点；长沙、湘潭居民消费总额同比增幅高出全省0.3、1.4个百分点；长沙财政收入同比增幅高出全省平均水平0.4个百分点。长沙市规模工业增加值同比增幅高出全省1.2个百分点。长株潭地区全面建成小康社会走在全省的前列，实现程度整体上达到90%。其中，长株潭三市分别为95%、91.6%、87.7%，居全省前三位。

（四）着力推进长株潭一体化建设。在长株潭三市开展城市规划“三规合一”、推动基础设施建设联通、实施“三通四化”、举办环保产业技术服务交易会、建设特色产业园区挂牌等一体化发展举措。目前，“宽带中国”长株潭示范城市群建设进展顺利，出台《推进“宽带中国”长株潭示范城市群建设实施方案（2015—2016年）》。协调将长株潭9条城际干道（断头路）建设纳入2016年省重点工程，超进度完成全年3.45亿元两型专项财政补助资金任务，预计除岳望高速茶亭段2016年通车外，其余8条年底全部通车。6月1日，在湘潭经开区召开授牌会议，授予长株潭地区17个园区为“特色产业园”称号。省政府正逐步向株洲、湘潭下放30项行政审批权限。

株洲一派锦绣入眼睑

常德穿紫河夜景

娄底娄星广场

娄底紫鹊界梯田

一、全方位、多层次的改革建设规划体系

坚持以加强顶层设计为重点，形成两型社会建设的“行动路线图”和“建筑施工图”。建立以改革总体方案和城市群区域规划为龙头，由10个专项改革方案、18个专项规划、18个示范片区规划和87个市域规划组成的全方位、多层次的改革建设规划体系。完成2008年版城市群区域规划调整提升，形成长株潭城市群区域规划“升级版”。实行规划审查“一票否决”，初步建立长株潭空间动态管理系统。突出保护优先，在试验区8448平方公里的核心区，划定46%面积为禁止开发区，并在长株潭三市之间规划了522平方公里的生态绿心，划定89%为禁止和限制开发区。强调“多规合一”，坚持将国民经济发展规划、城市总体规划、土地利用规划和融资规划等统一起来，坚持“一张蓝图管到底”。

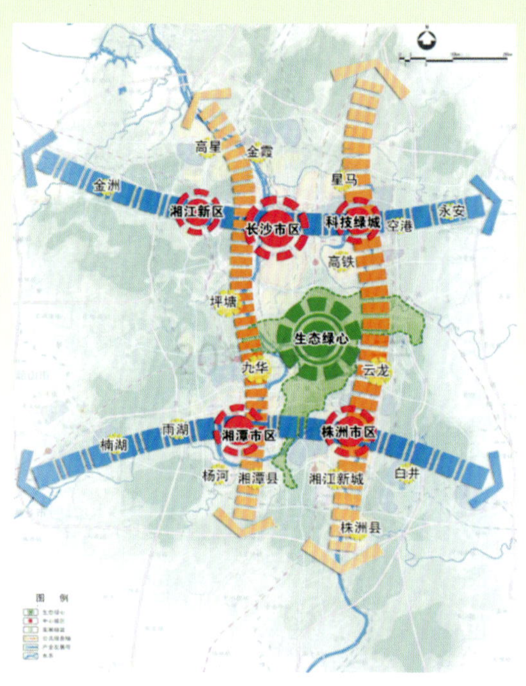

▲ 长株潭城市群区域规划调整，共建长株潭城市群 2020年三市人均GDP达14万元

▲ 长株潭城市群或成“中国经济第五极”；“长三角+中三角”将成世界最大城市群

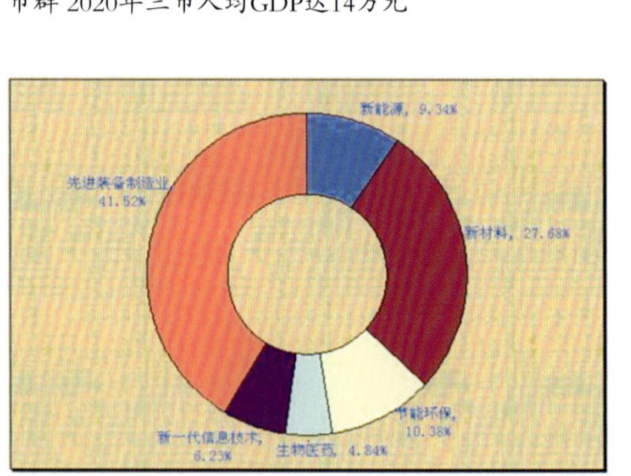

▲ 为加快发展我省节能环保产业，制订《湖南省战略性新兴产业节能环保产业发展专项规划》，规划期为2010—2015年

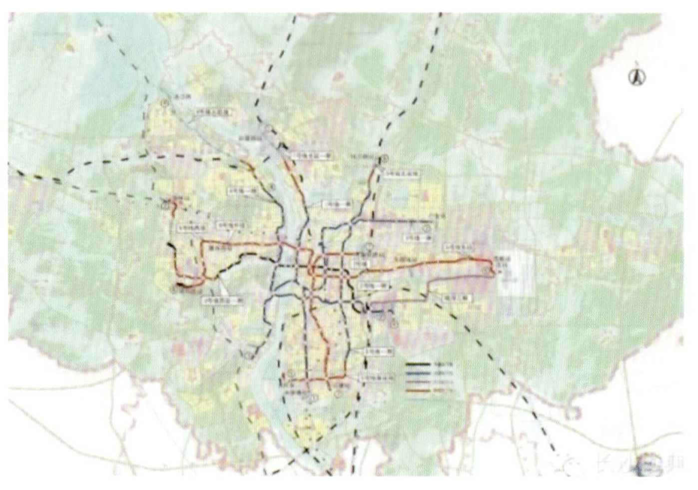

▲ 长沙轨道交通规划图

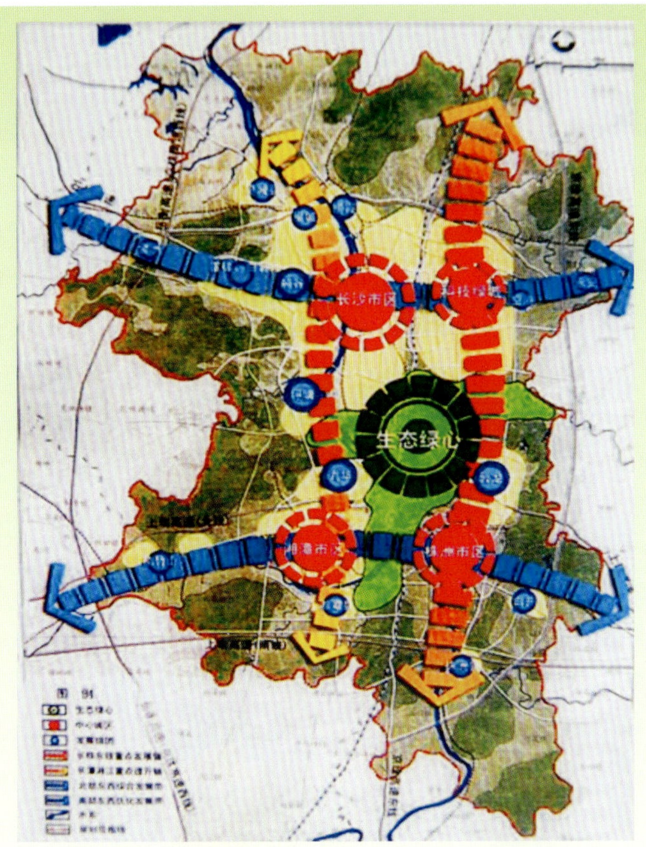

▲ 长株潭两型社会综合配套改革试验区核心区“一心双轴双带”空间结构示意图

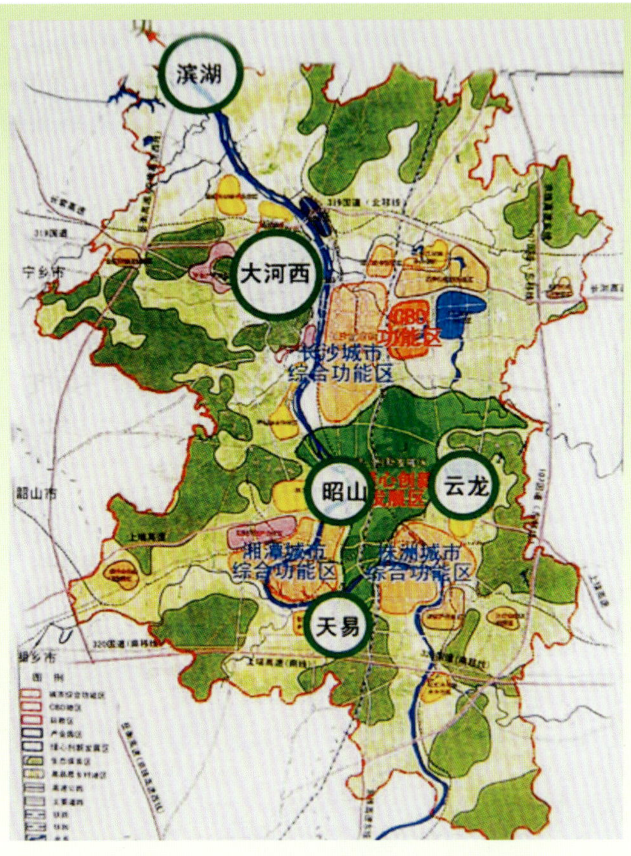

▲ 长株潭两型社会综合配套改革试验区核心区功能分区与先导示范区，也就是5大“经济特区”

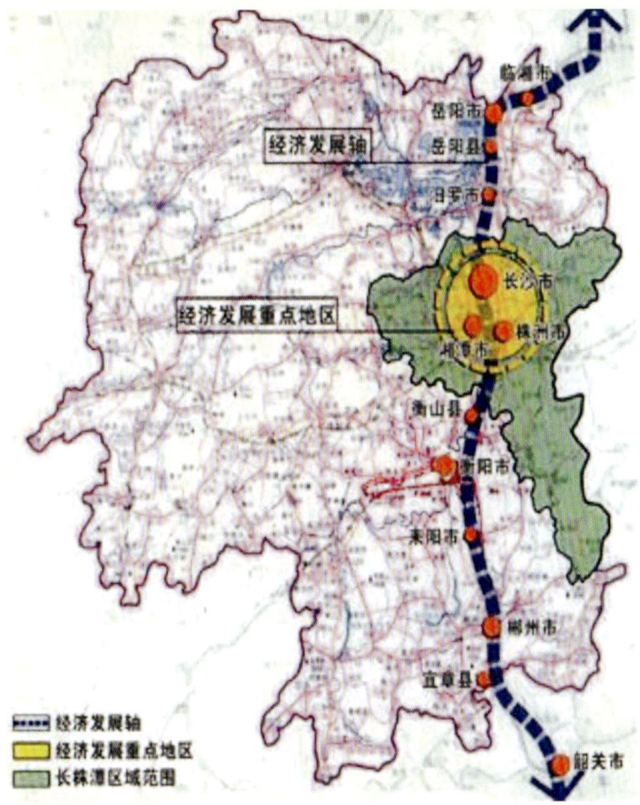

▲ 长沙、株洲、湘潭，3座城市沿湘江呈品字形分布，以相互不足40公里的城际距离，构成了一个独特、稀缺的城市资源

二、两型社会建设的“长株潭模式”

坚持以创新体制机制为重点，形成两型社会建设的“长株潭模式”。以资源节约、生态环境保护、科技创新和人才管理、产业结构优化升级、统筹城乡发展、节约集约用地、城市群一体化发展等体制机制创新为重点，配套推进投融资、对外开放、财税和行政管理等方面的体制机制创新，先后实施原创性改革106项。从2012年开始，部署推动以资源性产品价格改革、产业准入退出提升、排污权交易、生态补偿机制、农村环境污染治理等为主要内容的长株潭试验区十大改革，把“三个率先”的总目标分解为10个具体的改革项目，打出了改革的组合拳，形成了一系列改革成果。如脱硫加价改革一项，就累计减少二氧化硫排放196.4万吨，是全省“十一五”减排目标的16.5倍。全省排污权初始分配基本完成，对8876家企业分配核定了初始排污权。在2013年底国家发改委组织的改革试点工作第三方评估中，长株潭自主创新、城市群一体化建设、湘

▲ 湖南省第一个排污权交易电子竞价，竞拍到排污权的企业代表领到《湖南省排污权证》

▲ 位于北辰三角洲的长沙滨江文化园

▲ 天易示范区株洲天元片区全景

江流域综合治理、绿色建筑推广、株洲城市管理、绿色GDP评价、两型标准体系建设、居民用水电气阶梯价格、企业用水电气差别价格、农村环境整治等改革经验得到肯定，被称为两型社会建设试验的“长株潭模

▲ 湖南排污权交易试点启动

▲ 两型企业—北汽株洲分公司发车中心

▲ 白鹤组群现身红旗湖——近10年东洞庭湖发现的最大白鹤种群

三、“水陆空”污染整体联动治理模式

坚持以实施“一号重点工程”为重点，形成“水陆空”污染整体联动治理模式。全面实施湘江流域保护和治理“一号重点工程”第一个“三年行动计划”，强力推进全省水、土、气污染综合治理。一是推进湘江流域污染综合治理。在湘江流域累计实施重点治理项目1422个、淘汰关闭涉重金属污染企业1018家。推进三十六湾、水口山、清水塘、竹埠港、锡矿山五大重点区域综合整治，株洲市清水塘被列入国家老工业区搬迁改造试点，湘潭市竹埠港28家重化企业已全部停产，2014年湘江干流水质总体为优。二是推进大气污染联防联控。出台大气污染防治实施细则，加强大气环境监测预警和重污染天气应急管理，PM2.5实时监测和数据发布扩大到长株潭和岳阳、常德、张家界等市。提前一年在全省水泥企业执行氮氧化物排放新标准。全省39台30万千瓦以上火电机组、63条新型干法水泥生产线完成脱硝设施建设提前一年完成目标。三是推进土壤重金属污染修复。率先在全国开展耕地重金属污染治理试点，出台《湖南省耕地重金属污染调查与综合防治总体方案》，试点范围由长株潭扩大到长株潭、衡阳、岳阳等9个市，各项工作进展顺利，启动耕地修复治理面积274.01万亩。加大矿山地质环境恢复治理力度，大力推进郴州苏仙区金属矿区与湘潭锰矿区矿山地质环境示范工程。土壤重金属污染修复的生态地球化学技术（CM技术）获国家专利。

▲ 我国启动重金属污染耕地修复治理湖南省长株潭地区试点

▲ 长沙3年将建63公里地下综合管廊

▲ 茶陵重金属污染耕地修复

▲ 湘江重金属污染综合治理打响攻坚战

▲ 市民在湘江边清理垃圾

▲ 湘江橘子洲风景

▲ 省环保厅主持召开《湖南省大气污染防治条例（草案·代拟稿）》立法听证会

▲ 湖南学者积极为生态文明体制改革出谋划策

▲ 湘江流域生态补偿机制

▲ 湘潭锰矿区矿山地质环境治理示范工程施工现场

▲ 湖南试验田关乎中国所有受污染耕地治理的走向

四、自主创新的“长株潭现象”

坚持以推广清洁低碳技术为重点，形成自主创新的“长株潭现象”。从2012年底开始，在试验区部署推进新能源发电、城市矿产再利用、重金属污染治理、脱硫脱硝、工业锅（窑）炉节能、绿色建筑、餐厨废弃物资源化利用和无害化处理、生活垃圾焚烧及水泥窑协同处置、节能与新能源节能汽车推广、农村畜禽污染治理和资源化利用等十大清洁低碳技术，规划建设重点项目800多个，总投资800多亿元。几年来，坚持把清洁低碳技术推广与更好发挥市场作用、转方式调结构、生态文明建设、改善民生相结合，积极搭建清洁低碳技术推广融资服务和项目对接平台，推动建设重点项目300多个，总投资300亿元。通过建立现代企业制度、实行“两个70%”，激活创新主体。长株潭三市专利申请量和授权量分别占全省的61%和65%，发明专利申请和授权比重分别占到了74%和80%。“十二五”国家“863计划”资源环境技术领域30位专家，有4人来自湖南。近年来，试验区涌现超级杂交稻、“天河二号”超级计算机、世界最快高速列车等一大批世界级原创性科技成果，湖南综合创新能力跻身全国十强，创新绩效居全国第八，被誉为自主创新的“长株潭现象”。

▲ 长株潭首个山地风电场并网发电

▲ 2015年长株潭推广新能源汽车6100辆 1:1补贴

▲ 铁姆肯公司湘潭合资工厂荣获能源与环境设计先锋金奖认证

▲ “浮”在轨道上贴地飞行的中低速磁悬浮列车在中国南车株洲电力机车有限公司诞生

▲ 中低速磁悬浮列车试运行

▲ 城市生活垃圾焚烧发电厂试投产

▲ BKD-160000-1100特高压并联电抗器

▲ 天宁热电

▲ 湖南建工环保公司引进建筑垃圾资源化利用智能设备，实现了对建筑垃圾的再生利用

▲ 长沙高新技术产业开发区：建设“低消耗、低排放、高效率”生态产业体系

▲ 湖南普惠环境科技有限公司“餐厨垃圾无害化处理及燃料化利用”技术通过专家评审

▲ 五强溪库区种植的100亩水上无土栽培水稻

▲ 嘉禾县宏盛铸造公司，原先使用的冲天煤炉(右)正在被改造为电炉

▲ QAY2000全地面起重机

五、区域经济自主一体化的“长株潭样本”

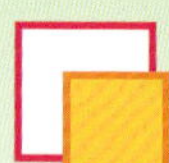

坚持以落实“三通四化”为重点，形成区域经济自主一体化的“长株潭样本”。探索城市群一体化建设新模式，由“新五同”（交通同网、能源同体、信息同享、生态同建、环境同治）到“三通四化”。以全国“三网融合”试点为契机，加快搭建城建、环卫、交通等城市群资源共享平台和公共资源市场交易平台，长株潭三市成功实现固定电话同号升位，公交一体运营、异地取款、移动电子商务、购房同城待遇等综合管理和服务逐步实现，4G网络基本实现全覆盖，推动三市进入“信息高速公路”新时代。城市群养老保险、社会保障、医疗保险、户籍等实现同步推进，公共服务实现均等化。以长沙为中心的放射性高速公路网、连通各重要组团的“七纵七横”城际快速干道网、武广高铁和沪昆高铁、湘江新区综合枢纽、长沙黄花国际机场改扩建等重大基础设施项目基本完成，形成长株潭“半小时经济圈”。长株潭成功跻身全国十大城市群行列，被誉为区域经济自主一体化的“长株潭样本”。

▲ 长株潭城际铁路运行，全程104.36公里，三城最快半小时畅达

▲ 株潭城际铁路长沙站站台

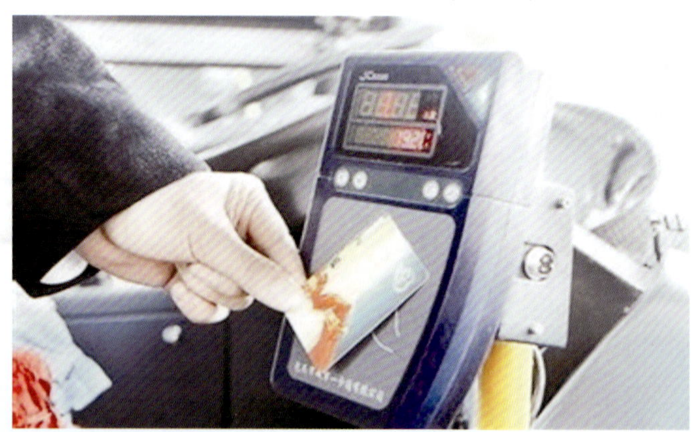

▲ 2015年10月1日，长株潭实现公交“一卡通”

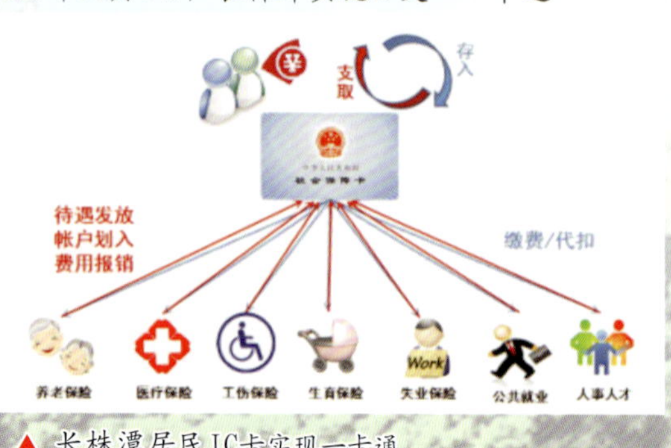

▲ 长株潭居民IC卡实现一卡通

▲ 长株潭升位并网体现了融城之变

▲ 改扩建后的长沙黄花国际机场

▲ 湖南首个立体绿化渠化岛亮相侯家塘广场

◀ 浏阳河开福区段风光带北段提质改造后，绿意盎然，绿道与运动休闲区错落有致，尽显精致精美

▲ 昭山示范区是长株潭三市的融城中心

六、独具湖南特色的两型监管考评体系

坚持以生态价值导向为重点，形成独具湖南特色的两型监管考评体系。建设两型社会和生态文明，最重要的是把资源消耗、环境损害、生态效益等体现生态文明建设状况的指标纳入经济社会发展评价体系，使之成为推进生态文明建设的重要导向和约束。一是探索绿色GDP评价体系。把资源消耗、环境损害、生态效益纳入绿色GDP综合评价统计体系，形成涵盖资源节约、环境友好和经济社会等3个方面，包括单位GDP用地和能耗、空气质量良好天数达标率、化学需氧量和氮氧化物排放等39个具体指标的评价体系，完成对全省14个市州绿色GDP指数测算，在长株潭三市率先试行绿色GDP评价。二是加强两型社会建设绩效考核。将两型社会建设纳入省直部门和市州政府绩效考评体系，构建对各市、各部门、各市两型机构，以及重点工作、重点项目建设“五位一体”的政府绩效考评体系。“资源节约、环境友好”在全省新型工业化、新型城镇化两大考评体系中占比均在30%以上。三是强化资源环境责任审计。将资源开发、环境保护列入党政领导干部和国有企业领导人员任期经济责任审计的重点内容，对湘江流域重金属污染治理、集约节约用地情况等实施资源环境审计，对湘江流域市县区重金属污染治理项目及环境保护监管情况进行专项审计。率先对湘江流域各级政府“一把手”实行生态环境损害责任终身追究制。四是健全两型标准认证体系。出台60多个两型标准、规范、指南，探索形成了两型社会建设的标准体系。积极推进两型认证体系建设，实现两型社会建设标准化、规范化、程序化。五是强化法治体系建设。颁布实施公共建筑节能、绿色建筑标识等法规，出台了“一决定四条例”即《关于保障和促进长株潭城市群资源节约型和环境友好型社会建设综合配套改革试验区工作的决定》和《长株潭城市群区域规划条例》《湘江保护条例》《韶山风景名胜区条例》《长株潭生态绿心保护条例》。

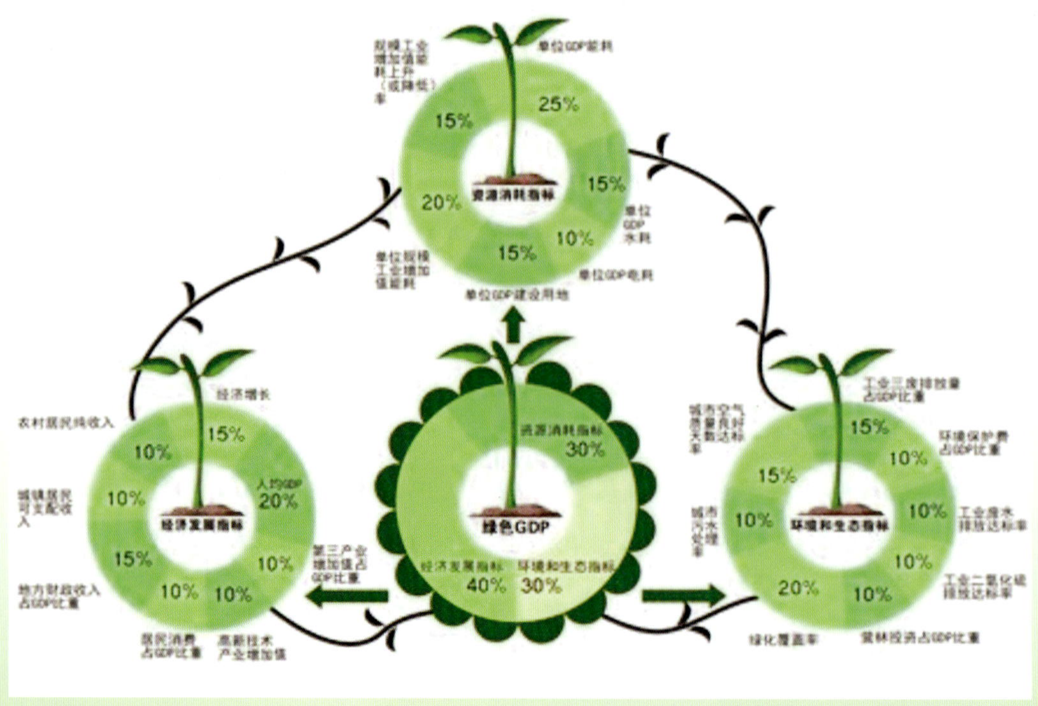

湖南省已开创性地完成了《绿色GDP评价指标体系》的制定，并“试水”长株潭地区具体执行。这是一套以绿色GDP为核心的政绩评价体系，新增了资源消耗和环境生态两个方面，而这两部分在绿色GDP评价指标体系中所占份额为六成

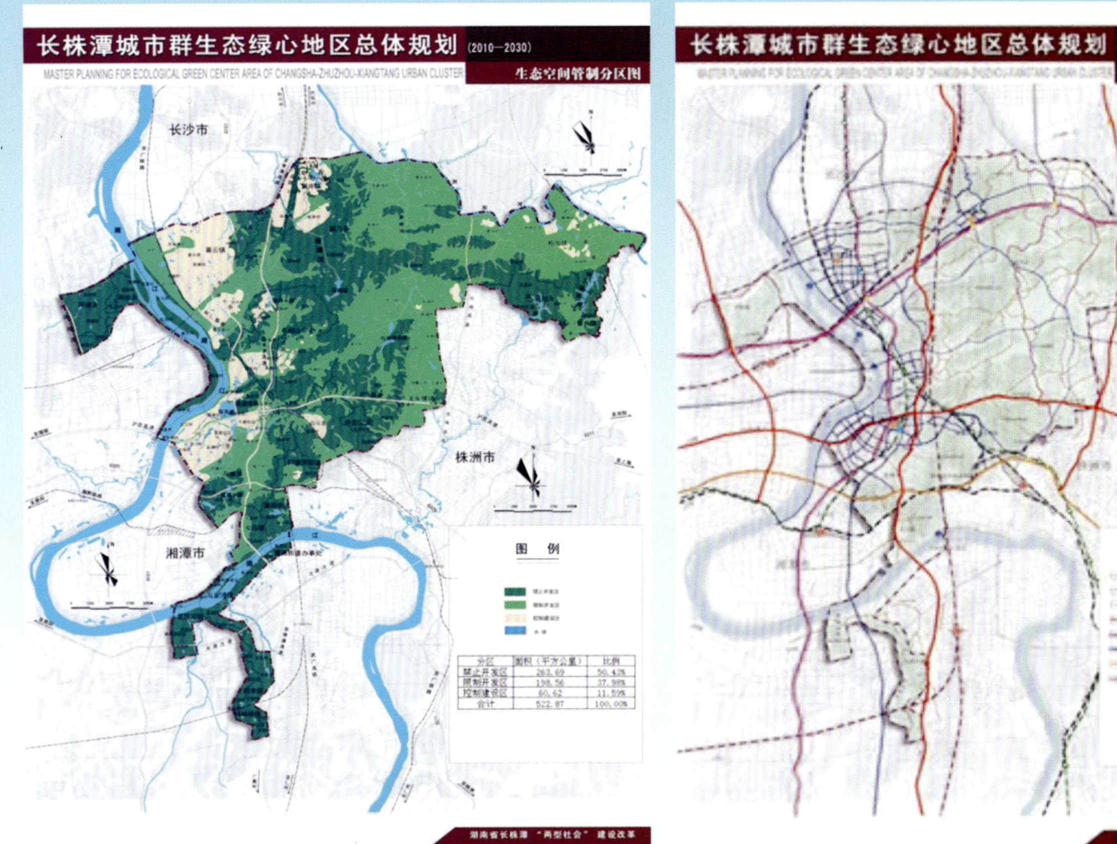

▲ 长株潭城市群生态绿心地区总体规划·生存空间管制分区图

▲ 长株潭城市群生态绿心地区总体规划·综合交通规划图

▲ 《湖南省电力用户与发电企业直接交易准入管理办法》印发

▲ 三大路径并举，湖南率先出台土壤污染修复新标准

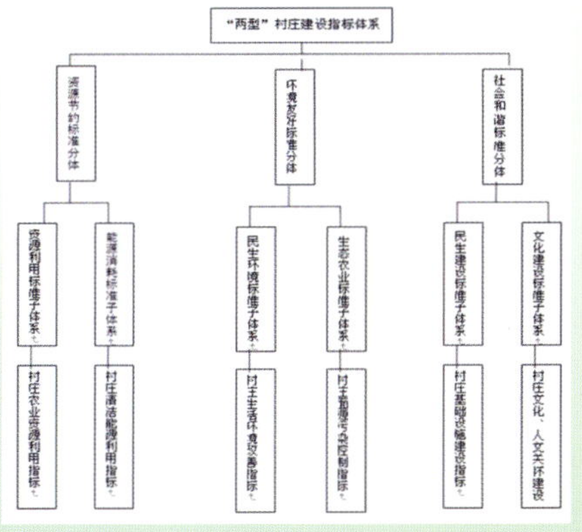

▲ “两型”村庄建设标准

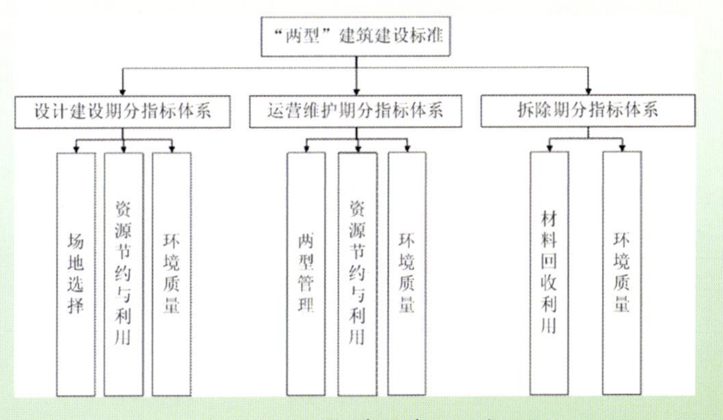

▲ “两型”建筑建设标准

七、形成两型改革建设新格局

坚持以两型示范创建为重点，形成从“盆景”到“花园”、从“天女散花”到“遍地开花”的两型改革建设新格局。近年来，通过激发每个社会主体参与两型的活力，形成了两型社会建设全民参与、共建共享的良好格局。第一，坚持示范引领，深入开展两型示范创建活动。推动两型社会建设进园区、企业、村庄、城镇、门店、社区、机关、学校、旅游景点和农村合作社，“十二五”以来累计评选两型示范创建单位和项目900多个。第二，坚持从娃娃抓起，加大两型社会宣传教育。推动两型社会建设进课堂、进教材活动，在全国率先编制《湖南省中小学两型教育指导纲要》和《小学生两型知识系列读本》，通过教育一个孩子，影响一个家庭，带动一个社区。全省470多万小学生踊跃参与“争当两型小先锋”，1000多万青少年积极参加“跟随大雁去迁徙”“地球熄灯一小时”等两型主题活动，引导广大青少年积极培育和养成保护生态环境意识和行为习惯。第三，坚持以社区、家庭为重点，倡导绿色低碳生活。大力推进节能家电、新兴能源、垃圾分类、节能保温建材、废旧物资回收、菜篮子、环保袋等两型技术产品、服务设施、生态建设、生活方式进社区、进家庭。全省1700多万家庭重拾菜篮子、布袋子，使用节能家电、节水器具、节能高效照明产品，实行垃圾分类、旧物回收等等，绿色低碳的生产方式和消费模式逐渐成为人们的自觉行动和生活习惯。

▲ 世界无车日市民徒步活动

▲ 两型进社区大型公益活动

▲ 北师大附小环保小卫士宣言——2015年，北师大附小、泰西社区、神农城新能源站被评为省两型示范基地

▲ 长株潭首个山地风电场株洲并网发电

综合篇

深入实施精准扶贫精准脱贫
加快民族地区经济社会发展

——俞正声在湖南调研

中共中央政治局常委、全国政协主席俞正声近日在湖南调研时强调，要深入学习贯彻党的十八届五中全会精神，坚持“四个全面”战略布局，牢固树立和贯彻创新、协调、绿色、开放、共享的发展理念，深入实施精准扶贫、精准脱贫，加快民族地区经济社会发展，确保民族地区如期全面建成小康社会。

16日至18日，俞正声在省委书记、省人大常委会主任徐守盛陪同下，来到湘西土家族苗族自治州，深入工厂企业、民族村寨、学校医院，就民族地区扶贫开发进行调研。调研期间，俞正声还看望了湘西州政协机关干部。

湘西州集革命老区、民族地区、贫困地区于一体，加快发展的任务很重。俞正声来到湘西经济开发区规划展示中心，认真听取开发区总体情况和建设成果介绍。在洁宝日化（湘西）有限责任公司、湖南奥鑫新能源车业有限责任公司、湖南老爹农业科技开发股份有限公司，他仔细了解企业生产经营、技术创新和产品研发情况。俞正声指出，民族地区的发展关系全面建成小康社会全局。要以提高发展质量和效益为中心，加快转变经济发展方式，积极发展特色优势产业，努力实现更高质量、更有效率、更加公平、更可持续的发展。要深入实施创新驱动发展战略，支持企业转型升级，推动新技术、新产业、新业态蓬勃发展。要坚持绿色发展，保护好生态环境，为子孙后代留下绿水青山的美好家园。

民族地区群众的脱贫问题，俞正声一直牵挂在心。他来到花垣县排料乡芷耳村，深入考察扶贫政策和措施落实情况，并走进贫困农户家中拉家常、问生计。在吉首市河溪镇卫生院，他仔细询问基层医疗卫生保障情况。在湘西民族职业技术学院和排料乡九年一贯制学校，他详细了解学生学习和生活情况。俞正声强调，要紧密联系贫困地区、贫困人口的实际，多办一些顺民意、得民心的实事，多解决一些基础设施、医疗、养老等各族群众牵肠挂肚的问题，让各族群众共享改革发展成果。要加大职业教育力度，让更多的孩子通过教育和就业改变自己的生活和命运。

调研期间，俞正声分别召开湘西州委州政府有关负责同志、部分乡镇党委书记和贫困村支部书记座谈会，听取关于扶贫脱贫工作的意见建议。俞正声指出，要认真实施脱贫攻坚工程，在精准扶贫、精准脱贫上下更大功夫，着力提高扶贫实效，确保民族地区贫困人口到2020年如期脱贫。要切实加强基层组织，真正把基层党组织建设成为带领群众脱贫致富的坚强战斗堡垒。

徐守盛在座谈中汇报了湖南扶贫攻坚和民族工作情况。他说，俞正声同志带着党中央的亲切关怀，深入湘西基层一线考察调研，进村入户访贫问苦，饱含着对民族地区、贫困地区和基层群众的深情厚意。湖南一定深入学习贯彻党的十八届五中全会精神和习近平总书记系列重要讲话精神，落实好俞正声同志的重要指示要求，以连片特困地区为主战场，以全面小康建设为总揽，以精准扶贫为手段，以改革创新为动力，突出基础设施建设“补短板”，突出培育产业“强支撑”，突出教育培训“治穷根”，突出异地搬迁“挪穷窝”，突出兜底保障“全覆盖”，坚决打赢扶贫开发攻坚战，确保到2020年实现整体脱贫、脱帽；牢牢把握民族团结这根生命线，牢牢把握发展这个第一要务，加强民生基础建设，因地制宜发展特色产业，实行差异化政策扶持，促进民族地区资源优势转化为发展优势，探索民族地区可持续发展模式；认真贯彻党中央、国务院各项决策部署，按照“四个全面”战略布局，更加奋发有为地做好各项工作。

全国政协经济委员会主任周伯华、全国政协民族和宗教委员会主任朱维群、国家民委副主任陈改户、国务院扶贫办副主任欧青平陪同调研。省领导孙金龙、许又声、黄关春参加调研。

（原载2015年11月19日《湖南日报》）

营造良好政治生态　推进“四个全面”战略布局

——刘云山参加全国“两会”湖南代表团审议

今天上午，人民大会堂东大厅春意盎然。中共中央政治局常委、中央书记处书记刘云山来到这里，出席湖南代表团第四次全体会议，同代表们一起审议政府工作报告和全国人大常委会工作报告。他强调，推进“四个全面”战略布局，关键在党；全面从严治党，重要的是营造良好政治生态。

全国人大常委会副委员长张平参加审议并讲话，湖南代表团团长徐守盛主持会议，副团长杜家毫等参加审议。

刘云山首先对政府工作报告和全国人大常委会工作报告表示完全赞成。他说，两个报告充分体现了党的十八大和十八届三中、四中全会精神，体现了习近平总书记一系列重要讲话精神，体现了中央关于当前工作的重要决策部署和安排。

刘云山说，过去一年是很不平凡的一年。党带领全国各族人民，有效应对了各种风险、挑战的考验，保持了战略主动，顶住了经济下行的压力，保持了经济平稳增长、健康发展。我们科学统筹各项事业，在全面建成小康社会、全面深化改革、全面依法治国、全面从严治党上做出了一系列重大部署，开启了治国理政新境界。这些重大成就，充分展示了以习近平同志为总书记的党中央驾驭复杂局面的高超能力，增强了我们对未来发展的信心。

对湖南去年以来各项工作取得的显著成绩，刘云山给予了充分肯定。他说，过去一年，湖南的经济发展呈现出稳中有进、稳中向好的良好态势，湖南省委、省政府认真贯彻中央重大决策部署，主动作为，积极进取，各项事业取得了新成就。一是经济保持了平稳健康发展的态势，产业转型升级加快，重大项目建设深入推进，呈现出不少新的增长点，经济发展质量得到提升。二是全面深化改革实现了良好开局，行政管理体制、投融资体制、文化体制、国企国资、农业农村的改革全面推进，取得了阶段性成果。三是主动融入国家“一带一路”、长江经济带建设的重大战略，开放水平有新的提高。四是民生工作持续加强，加快发展社会事业，加大扶贫攻坚力度，在创业就业、医疗卫生、养老保险等方面，为群众办了不少好事、实事。五是法治建设步伐加快。改进完善地方立法，稳步推进司法体制改革，加强普法宣传教育，法治湖南建设取得新进展。六是党的建设全面推进，落实全面从严治党责任，贯彻中央八项规定精神，扎实开展党的群众路线教育实践活动。七是强化了正风肃纪，严肃查处了衡阳破坏选举案，党风政风和政治生态得到明显改善。

来自各个领域的代表，围绕政府工作报告、人大工作报告，结合湖南实际争相发言。

“党风问题是政治生态的‘晴雨表’，对一把手的管理至关重要。一个地方有什么样的一把手，决定了这个地方的政治生态会怎么样。”来自怀化的彭国甫代表说，近年来，怀化市大力开展“宣战庸懒散、提振精气神”活动，集中整治干部的慢作为、不作为和乱作为，赢得了人民群众的点赞。

“这些年，我们抓经济建设的这只手又粗又长又大，但对农民教育的这只手却显得又瘦又小又短。”慈利县象鼻嘴村党支部书记向平华代表在发言中表达了自己的担忧。他认为，当前，立足中华优秀传统文化，大力培育和弘扬社会主义核心价值观，在农村很迫切、很有必要。要用“接地气”的方式，把社会主义核心价值观贯穿到农村基层，融入每个人的心中，成为每个人的自觉行动。听了向平华代表的发言，刘云山点头表示赞赏。

“希望从国家层面，重视和加快大飞机工程的发展。”黄伯云代表提出，要为国家重大科技工程写好“科技成果转化”的新篇章。长期在社区工作的潘润兰代表，带来了基层的声音，她呼吁进一步加强基层文化建设。龚曙光代表建议，要加强对互联网文化生产、传播的监管，净化互联网生态。蒙兰凤代表建议，加快校园安全立法，继续加大对义务教育的投入力度。来自企业的曹慧泉代表呼吁，要进一步加快海外投资立法的步伐。蒋秋桃代表建议，要加快对已经过时、阻碍发展、相互之间有矛盾的法律进行清理、修订。

刘云山认真记录下代表们的意见建议，并不时与大家进行交流互动。他要求中央、国家有关部门对代表们提出的意见建议认真梳理，研究吸纳。

刘云山说，习近平总书记反复强调，自然生态要山清水秀，政治生态也要山清水秀。当官就应该有责任、有担当，“为官不为”是官之耻辱，“为官有为”才是做官的本分，如果只想当官不想干事，只想揽权不想担责，只想出彩不想出力，是没有资格做领导干部的。针对“为官不为”的现象，要完善干部能上能下的机制，完善免职辞职降职等制度，加大治庸治懒的力度，引导各级干部更好地履职尽责、积极有为。

刘云山指出，推进“四个全面”战略布局，关键在党；全面从严治党，重要的是营造良好政治生态，更好地激发党员干部的正能量。营造良好政治生态，首先要严肃党内政治生活，用好党的群众路线教育实践活动成果，加强民主集中制教育，经常开展积极健康的批评和自我批评，防止批评的“利器”变成“钝器”。要认真组织开展好即将进行的“三严三实”专题教育活动，对党员干部进行思想教育和党性党风教育。要引导党员干部增强纪律观念，特别是严守政治纪律和政治规矩，让纪律和规矩成为不可触碰的底线和红线，引导党员干部认真贯彻习近平总书记在十八届中央纪委五次全会上提出的“五个必须”要求，切实把“与党中央保持高度一致”反映在思想上、政治上、行动上，体现到维护党中央的权威上，自觉做政治上的明白人。要把正确的选人用人导向立起来，树立选人用人的正确导向，把党和人民需要的好干部选出来、用起来，彰显选人用人的好风气，做到立标准、严规范、治歪风，遏制形形色色的潜规则、大大小小的关系网、“劣币驱逐良币”的逆淘汰，推动形成风清气正的从政环境。要坚持从严教育管理干部，加强管理和监督，严是爱、宽是害，要坚持不懈地加强理想信念、宗旨意识、党性党风教育，让党员干部弄明白什么是必须牢牢坚守的，什么是坚决摒弃的，把共产党人的理想信念立起来，把为人民服务的宗旨树起来，把党性党风的这根弦绷紧树牢。要加强对领导干部行使权力的监督，盯住一把手这个关键中的关键，盯住管钱管物管人的重点部门和岗位。要将作风建设进行到底，加大治庸治懒力度，推动领导干部勇于担当、积极作为。

最后，刘云山勉励湖南再接再厉，乘势而上，保持良好发展态势，不断取得新的成绩。

张平说，完全赞成张德江委员长代表全国人大常委会所作的工作报告。过去一年，在以习近平同志为总书记的党中央坚强领导下，全国人大常委会紧紧围绕党和国家的工作大局，依法行使职权，各方面取得新进展、新成效。要按照十八届四中全会精神和中央的部署，坚持民主立法、科学立法，进一步提高立法质量。

徐守盛说，刘云山同志的讲话，通篇贯穿了党的十八大和十八届三中、四中全会精神，贯穿了习近平总书记系列重要讲话精神，贯穿了“四个全面”的战略布局要求，具有很强的思想性、指导性和针对性。我们一定要学深悟透，切实把讲话精神贯彻落实到实际工作中去。要坚持把全面从严治党作为重大政治责任，着力营造良好政治生态环境。深刻领会、对照检视，切实增强管党治党意识，严明党的政治纪律和政治规矩。积极主动组织好“三严三实”主题教育活动，坚持和落实“好干部”用人导向，深入推进党风廉政建设和反腐败斗争，坚持讲规矩、守纪律、树正气、重实干，以上率下、以身作则，切实营造和珍惜湖南风清气正的政治生态和从政环境。各级党员干部要用有为有效的工作，回报党和人民的培养和信任。

杜家毫简要汇报了湖南过去一年经济社会发展情况，着重介绍了推进政府机构、行政审批制度、财税体制、商事制度、公共资源交易平台建设等重点领域改革的情况。他说，今年湖南将认真贯彻全国“两会”精神，坚持以习近平总书记系列重要讲话精神为指导，按照“四个全面”战略布局，以全面深化改革为动力，加快法治政府建设，促进经济发展环境不断优化，充分激发全省创新创业的活力和动力，进一步凝聚起改革发展的强大正能量，确保实现全年主要预期目标。杜家毫还建议，进一步加大对湖南全面融入长江经济带建设的支持力度，加大湖南等中西部地区基础设施建设力度，批准湖南为国家级生态文明示范省，在已经明确推行县以下职务与职级并行方案的基础上，抓紧按照《公务员法》及相关规定，制定和完善市（厅）以下职务与职级并行制度。

湖南代表团副团长于来山、陈肇雄、谢勇，以及李江、张剑飞、赖明勇、康为民、游劝荣、赵永平、黄伯云等代表参加审议。

（原载 2015 年 3 月 9 日《湖南日报》）

开创企业投资审批制度改革新局面

——杜青林率全国政协特邀常委视察团来湘视察

5 月 14 日至 16 日，中共中央书记处书记、全国政协副主席杜青林率全国政协特邀常委视察团来湘，就推进企业投资审批制度改革情况进行视察，并赴长沙、株洲实地考察。

省委书记、省人大常委会主任徐守盛参加在株洲的视察，并就进一步推进全省行政审批制度改革和政府职能转变表态。省委副书记、省长杜家毫主持我省“推进企业投资审批制度改革”情况汇报会和意见交换会。

近年来，湖南把简政放权、放管结合作为“先手棋”，力破“中梗阻”，打通“最后一公里”，积极推进企业投资审批制度改革，仅省本级就取消直接关系企业和社会组织生产经营及业务活动的行政审批事项 110 项，14 个市州共取消、下放行政审批事项 1000 余项，同时不断提高行政审批效能，加强服务，严格监管，充分发挥了市场在资源配置中的决定性作用，极大地释放了市场活力和社会创造力，推动了政府治理能力提升。

杜青林充分肯定了湖南推进企业投资审批制度改革各项工作取得的成效。他指出，湖南大力推进企业投资审批制度改革，行动快，措施实，力度大，效果好。企业投资审批制度改革，是转变政府职能、创新投资管理方式的重要环节，是当前党和政府着力推进的一项重点工作，是社会各界和广大群众高度关注的热点问题，也是行政审批制度改革一块难啃的“硬骨头”。党的十八大以来，党中央、国务院对行政审批制度改革做出系列部署，习近平总书记对正确处理政府和市场关系、转变政府职能、推进相关改革多次做出重要指示批示，提出许多新思想新要求。李克强总理高度重视并亲自抓这项工作，新一届政府把推进行政体制改革、转变政府职能作为开门第一件大事，把简政放权、放管结合作为“先手棋”，把深化行政审批制度改革作为重要抓手，做出许多部署要求。我们必须深入学习贯彻中央的新思想新要求，切实落实到各项实践之中，不断开创企业投资审批制度改革的新局面。

杜青林强调，要切实从党和国家事业发展的战略全局高度，深刻理解把握深化企业投资审批制度改革的重大意义、目标指向和根本目的，着眼于宏观的历史背景，注重在党和国家“四个全面”发展大局中，不断把企业投资审批制度改革推向前进。要注重抓住关键环节，进一步在“减”上着力，进一步在“放”上做实，进一步在“优”上创新，进一步在“管”上强化，不断提高深化企业投资审批制度改革的实效。要准确把握加强统一领导、注重多方协同、贯彻法治原则、坚持改革创新等工作原则，确保企业投资审批制度改革扎实推进。他还叮嘱湖南结合自身实际，深入研究上海自贸区可以复制的经验。

连日来，杜青林还实地考察了长沙、株洲，充分肯定了两市推进简政放权取得的成效，并要求再接再厉，扎实推进企业投资审批制度改革取得更大实效。

孙怀山、朱之鑫、甘霖、李谠、杨维刚、周汉民、贺军科、卢中原、张俊芳、周文彰、夏勇、黄文平等全国政协常委、委员参加视察。孙金龙、陈肇雄、韩永文、易炼红、武吉海、王晓琴、欧阳斌等省领导陪同视察或参加有关会议。

在湘期间，杜青林还与胡彪、何报翔、袁隆平、张尧学等住长沙的全国政协委员进行了座谈交流，听取了大家的意见建议。

省政协秘书长袁新华陪同视察。

（原载 2015 年 5 月 16 日《湖南日报》）

中共中央、国务院
关于加大改革创新力度加快农业现代化建设的若干意见

（中发〔2015〕1号）

2014年，各地区各部门认真贯彻落实党中央、国务院决策部署，加大深化农村改革力度，粮食产量实现“十一连增”，农民收入继续较快增长，农村公共事业持续发展，农村社会和谐稳定，为稳增长、调结构、促改革、惠民生做出了突出贡献。

当前，我国经济发展进入新常态，正从高速增长转向中高速增长，如何在经济增速放缓背景下继续强化农业基础地位、促进农民持续增收，是必须破解的一个重大课题。国内农业生产成本快速攀升，大宗农产品价格普遍高于国际市场，如何在“双重挤压”下创新农业支持保护政策、提高农业竞争力，是必须面对的一个重大考验。我国农业资源短缺，开发过度、污染加重，如何在资源环境硬约束下保障农产品有效供给和质量安全、提升农业可持续发展能力，是必须应对的一个重大挑战。城乡资源要素流动加速，城乡互动联系增强，如何在城镇化深入发展背景下加快新农村建设步伐、实现城乡共同繁荣，是必须解决好的一个重大问题。破解这些难题，是今后一个时期“三农”工作的重大任务。必须始终坚持把解决好“三农”问题作为全党工作的重中之重，靠改革添动力，以法治作保障，加快推进中国特色农业现代化。

2015年，农业农村工作要全面贯彻落实党的十八大和十八届三中、四中全会精神，以邓小平理论、“三个代表”重要思想、科学发展观为指导，深入贯彻习近平总书记系列重要讲话精神，主动适应经济发展新常态，按照稳粮增收、提质增效、创新驱动的总要求，继续全面深化农村改革，全面推进农村法治建设，推动新型工业化、信息化、城镇化和农业现代化同步发展，努力在提高粮食生产能力上挖掘新潜力，在优化农业结构上开辟新途径，在转变农业发展方式上寻求新突破，在促进农民增收上获得新成效，在建设新农村上迈出新步伐，为经济社会持续健康发展提供有力支撑。

一、围绕建设现代农业，加快转变农业发展方式

中国要强，农业必须强。做强农业，必须尽快从主要追求产量和依赖资源消耗的粗放经营转到数量质量效益并重、注重提高竞争力、注重农业科技创新、注重可持续的集约发展上来，走产出高效、产品安全、资源节约、环境友好的现代农业发展道路。

1. 不断增强粮食生产能力。进一步完善和落实粮食省长负责制。强化对粮食主产省和主产县的政策倾斜，保障产粮大县重农抓粮得实惠、有发展。粮食主销区要切实承担起自身的粮食生产责任。全面开展永久基本农田划定工作。统筹实施全国高标准农田建设总体规划。实施耕地质量保护与提升行动。全面推进建设占用耕地剥离耕作层土壤再利用。探索建立粮食生产功能区，将口粮生产能力落实到田块地头、保障措施落实到具体项目。创新投融资机制，加大资金投入，集中力量加快建设一批重大引调水工程、重点水源工程、江河湖泊治理骨干工程，节水供水重大水利工程建设的征地补偿、耕地占补平衡实行与铁路等国家重大基础设施项目同等政策。加快大中型灌区续建配套与节水改造，加快推进现代灌区建设，加强小型农田水利基础设施建设。实施粮食丰产科技工程和盐碱地改造科技示范。深入推进粮食高产创建和绿色增产模式攻关。实施植物保护建设工程，开展农作物病虫害专业化统防统治。

2. 深入推进农业结构调整。科学确定主要农产品自给水平，合理安排农业产业发展优先序。启动实施油料、糖料、天然橡胶生产能力建设规划。加快发展草牧业，支持青贮玉米和苜蓿等饲草料种植，开展粮改饲和种养结合模式试点，促进粮食、经济作物、饲草料三元种植结构协调发展。立足各地资源优势，大力培育特色农业。推进农业综合开发布局调整。支持粮食主产区发展畜牧业和粮食加工业，继续实施农产品产地初加工补助政策，发展农产品精深加工。继续开展园艺作物标准园创建，实施园艺产品提质增效工程。加大对生猪、奶牛、肉牛、肉羊标准化规模养殖场（小区）建设支持力度，实施畜禽良种工程，加快推进规模化、集约化、标准化畜禽养殖，增强畜牧业竞争力。完善动物疫病防控政策。推进水产健康养殖，加大标准池塘改造力度，继续支持远洋渔船更新改造，加强渔政渔港等渔业基础设施建设。

3. 提升农产品质量和食品安全水平。加强县乡农产品质量和食品安全监管能力建设。严格农业投入品管理，大

力推进农业标准化生产。落实重要农产品生产基地、批发市场质量安全检验检测费用补助政策。建立全程可追溯、互联共享的农产品质量和食品安全信息平台。开展农产品质量安全县、食品安全城市创建活动。大力发展名特优新农产品，培育知名品牌。健全食品安全监管综合协调制度，强化地方政府法定职责。加大防范外来有害生物力度，保护农林业生产安全。落实生产经营者主体责任，严惩各类食品安全违法犯罪行为，提高群众安全感和满意度。

4. 强化农业科技创新驱动作用。健全农业科技创新激励机制，完善科研院所、高校科研人员与企业人才流动和兼职制度，推进科研成果使用、处置、收益管理和科技人员股权激励改革试点，激发科技人员创新创业的积极性。建立优化整合农业科技规划、计划和科技资源协调机制，完善国家重大科研基础设施和大型科研仪器向社会开放机制。加强对企业开展农业科技研发的引导扶持，使企业成为技术创新和应用的主体。加快农业科技创新，在生物育种、智能农业、农机装备、生态环保等领域取得重大突破。建立农业科技协同创新联盟，依托国家农业科技园区搭建农业科技融资、信息、品牌服务平台。探索建立农业科技成果交易中心。充分发挥科研院所、高校及其新农村发展研究院、职业院校、科技特派员队伍在科研成果转化中的作用。积极推进种业科研成果权益分配改革试点，完善成果完成人分享制度。继续实施种子工程，推进海南、甘肃、四川三大国家级育种制种基地建设。加强农业转基因生物技术研究、安全管理、科学普及。支持农机、化肥、农药企业技术创新。

5. 创新农产品流通方式。加快全国农产品市场体系转型升级，着力加强设施建设和配套服务，健全交易制度。完善全国农产品流通骨干网络，加大重要农产品仓储物流设施建设力度。加快千亿斤粮食新建仓容建设进度，尽快形成中央和地方职责分工明确的粮食收储机制，提高粮食收储保障能力。继续实施农户科学储粮工程。加强农产品产地市场建设，加快构建跨区域冷链物流体系，继续开展公益性农产品批发市场建设试点。推进合作社与超市、学校、企业、社区对接。清理整顿农产品运销乱收费问题。发展农产品期货交易，开发农产品期货交易新品种。支持电商、物流、商贸、金融等企业参与涉农电子商务平台建设。开展电子商务进农村综合示范。

6. 加强农业生态治理。实施农业环境突出问题治理总体规划和农业可持续发展规划。加强农业面源污染治理，深入开展测土配方施肥，大力推广生物有机肥、低毒低残留农药，开展秸秆、畜禽粪便资源化利用和农田残膜回收区域性示范，按规定享受相关财税政策。落实畜禽规模养殖环境影响评价制度，大力推动农业循环经济发展。继续实行草原生态保护补助奖励政策，开展西北旱区农牧业可持续发展、农牧交错带已垦草原治理、东北黑土地保护试点。加大水生生物资源增殖保护力度。建立健全规划和建设项目水资源论证制度、国家水资源督察制度。大力推广节水技术，全面实施区域规模化高效节水灌溉行动。加大水污染防治和水生态保护力度。实施新一轮退耕还林还草工程，扩大重金属污染耕地修复、地下水超采区综合治理、退耕还湿试点范围，推进重要水源地生态清洁小流域等水土保持重点工程建设。大力推进重大林业生态工程，加强营造林工程建设，发展林产业和特色经济林。推进京津冀、丝绸之路经济带、长江经济带生态保护与修复。摸清底数、搞好规划、增加投入，保护好全国的天然林。提高天然林资源保护工程补助和森林生态效益补偿标准。继续扩大停止天然林商业性采伐试点。实施湿地生态效益补偿、湿地保护奖励试点和沙化土地封禁保护区补贴政策。加快实施退牧还草、牧区防灾减灾、南方草地开发利用等工程。建立健全农业生态环境保护责任制，加强问责监管，依法依规严肃查处各种破坏生态环境的行为。

7. 提高统筹利用国际国内两个市场两种资源的能力。加强农产品进出口调控，积极支持优势农产品出口，把握好农产品进口规模、节奏。完善粮食、棉花、食糖等重要农产品进出口和关税配额管理，严格执行棉花滑准税政策。严厉打击农产品走私行为。完善边民互市贸易政策。支持农产品贸易做强，加快培育具有国际竞争力的农业企业集团。健全农业对外合作部际联席会议制度，抓紧制定农业对外合作规划。创新农业对外合作模式，重点加强农产品加工、储运、贸易等环节合作，支持开展境外农业合作开发，推进科技示范园区建设，开展技术培训、科研成果示范、品牌推广等服务。完善支持农业对外合作的投资、财税、金融、保险、贸易、通关、检验检疫等政策，落实到境外从事农业生产所需农用设备和农业投入品出境的扶持政策。充分发挥各类商会组织的信息服务、法律咨询、纠纷仲裁等作用。

二、围绕促进农民增收，加大惠农政策力度

中国要富，农民必须富。富裕农民，必须充分挖掘农业内部增收潜力，开发农村二三产业增收空间，拓宽农村外部增收渠道，加大政策助农增收力度，努力在经济发展新常态下保持城乡居民收入差距持续缩小的势头。

8. 优先保证农业农村投入。增加农民收入，必须明确政府对改善农业农村发展条件的责任。坚持把农业农村作为各级财政支出的优先保障领域，加快建立投入稳定增长机制，持续增加财政农业农村支出，中央基建投资继续向农业农村倾斜。优化财政支农支出结构，重点支持农民增收、农村重大改革、农业基础设施建设、农业结构调整、农业可持续发展、农村民生改善。转换投入方式，创新涉农资金运行机制，充分发挥财政资金的引导和杠杆作用。改革涉农转移支付制度，下放审批权限，有效整合财政农业农村投入。切实加强涉农资金监管，建立规范透明的管理制度，杜绝任何形式的挤占挪用、层层截留、虚报冒领，确保资金使用见到实效。

9. 提高农业补贴政策效能。增加农民收入，必须健全国家对农业的支持保护体系。保持农业补贴政策连续性和稳定性，逐步扩大“绿箱”支持政策实施规模和范围，调整改进“黄箱”支持政策，充分发挥政策惠农增收效应。继续实施种粮农民直接补贴、良种补贴、农机具购置补贴、农资综合补贴等政策。选择部分地方开展改革试点，提高补贴的导向性和效能。完善农机具购置补贴政策，向主产区和新型农业经营主体倾斜，扩大节水灌溉设备购置补贴范围。实施农业生产重大技术措施推广补助政策。实施粮油生产大县、粮食作物制种大县、生猪调出大县、牛羊养殖大县财政奖励补助政策。扩大现代农业示范区奖补范围。健全粮食主产区利益补偿、耕地保护补偿、生态补偿制度。

10. 完善农产品价格形成机制。增加农民收入，必须保持农产品价格合理水平。继续执行稻谷、小麦最低收购价政策，完善重要农产品临时收储政策。总结新疆棉花、东北和内蒙古大豆目标价格改革试点经验，完善补贴方式，降低操作成本，确保补贴资金及时足额兑现到农户。积极开展农产品价格保险试点。合理确定粮食、棉花、食糖、肉类等重要农产品储备规模。完善国家粮食储备吞吐调节机制，加强储备粮监管。落实新增地方粮食储备规模计划，建立重要商品商贸企业代储制度，完善制糖企业代储制度。运用现代信息技术，完善种植面积和产量统计调查，改进成本和价格监测办法。

11. 强化农业社会化服务。增加农民收入，必须完善农业服务体系，帮助农民降成本、控风险。抓好农业生产全程社会化服务机制创新试点，重点支持为农户提供代耕代收、统防统治、烘干储藏等服务。稳定和加强基层农技推广等公益性服务机构，健全经费保障和激励机制，改善基层农技推广人员工作和生活条件。发挥农村专业技术协会在农技推广中的作用。采取购买服务等方式，鼓励和引导社会力量参与公益性服务。加大中央、省级财政对主要粮食作物保险的保费补贴力度。将主要粮食作物制种保险纳入中央财政保费补贴目录。中央财政补贴险种的保险金额应覆盖直接物化成本。加快研究出台对地方特色优势农产品保险的中央财政以奖代补政策。扩大森林保险范围。支持邮政系统更好地服务"三农"。创新气象为农服务机制，推动融入农业社会化服务体系。

12. 推进农村一二三产业融合发展。增加农民收入，必须延长农业产业链、提高农业附加值。立足资源优势，以市场需求为导向，大力发展特色种养业、农产品加工业、农村服务业，扶持发展一村一品、一乡（县）一业，壮大县域经济，带动农民就业致富。积极开发农业多种功能，挖掘乡村生态休闲、旅游观光、文化教育价值。扶持建设一批具有历史、地域、民族特点的特色景观旅游村镇，打造形式多样、特色鲜明的乡村旅游休闲产品。加大对乡村旅游休闲基础设施建设的投入，增强线上线下营销能力，提高管理水平和服务质量。研究制定促进乡村旅游休闲发展的用地、财政、金融等扶持政策，落实税收优惠政策。激活农村要素资源，增加农民财产性收入。

13. 拓宽农村外部增收渠道。增加农民收入，必须促进农民转移就业和创业。实施农民工职业技能提升计划。落实同工同酬政策，依法保障农民工劳动报酬权益，建立农民工工资正常支付的长效机制。保障进城农民工及其随迁家属平等享受城镇基本公共服务，扩大城镇社会保险对农民工的覆盖面，开展好农民工职业病防治和帮扶行动，完善随迁子女在当地接受义务教育和参加中高考相关政策，探索农民工享受城镇保障性住房的具体办法。加快户籍制度改革，建立居住证制度，分类推进农业转移人口在城镇落户并享有与当地居民同等待遇。现阶段，不得将农民进城落户与退出土地承包经营权、宅基地使用权、集体收益分配权相挂钩。引导有技能、资金和管理经验的农民工返乡创业，落实定向减税和普遍性降费政策，降低创业成本和企业负担。优化中西部中小城市、小城镇产业发展环境，为农民就地就近转移就业创造条件。

14. 大力推进农村扶贫开发。增加农民收入，必须加快农村贫困人口脱贫致富步伐。以集中连片特困地区为重点，加大投入和工作力度，加快片区规划实施，打好扶贫开发攻坚战。推进精准扶贫，制定并落实建档立卡的贫困村和贫困户帮扶措施。加强集中连片特困地区基础设施建设、生态保护和基本公共服务，加大用地政策支持力度，实施整村推进、移民搬迁、乡村旅游扶贫等工程。扶贫项目审批权原则上要下放到县，省市切实履行监管责任。建立公告公示制度，全面公开扶贫对象、资金安排、项目建设等情况。健全社会扶贫组织动员机制，搭建社会参与扶贫开发平台。完善干部驻村帮扶制度。加强贫困监测，建立健全贫困县考核、约束、退出等机制。经济发达地区要不断提高扶贫开发水平。

三、围绕城乡发展一体化，深入推进新农村建设

中国要美，农村必须美。繁荣农村，必须坚持不懈推进社会主义新农村建设。要强化规划引领作用，加快提升农村基础设施水平，推进城乡基本公共服务均等化，让农村成为农民安居乐业的美丽家园。

15. 加大农村基础设施建设力度。确保如期完成"十二五"农村饮水安全工程规划任务，推动农村饮水提质增效，继续执行税收优惠政策。推进城镇供水管网向农村延伸。继续实施农村电网改造升级工程。因地制宜采取电网延伸和光伏、风电、小水电等供电方式，2015 年解决无电人口用电问题。加快推进西部地区和集中连片特困地区农村公路建设。强化农村公路养护管理的资金投入和机制创新，切实加强农村客运和农村校车安全管理。完善农村沼气建管机制。加大农村危房改造力度，统筹搞好农房抗震改造。深入推进农村广播电视、通信等村村通工程，加快农村信息基础设施建设和宽带普及，推进信息进村入户。

16. 提升农村公共服务水平。全面改善农村义务教育薄弱学校基本办学条件，提高农村学校教学质量。因地制宜保留并办好村小学和教学点。支持乡村两级公办和普惠性民办幼儿园建设。加快发展高中阶段教育，以未能继续升学的初中、高中毕业生为重点，推进中等职业教育和职业技能培训全覆盖，逐步实现免费中等职业教育。积极发展农业职业教育，大力培养新型职业农民。全面推进基础教育数字教育资源开发与应用，扩大农村地区优质教育资源覆盖面。提高重点高校招收农村学生比例。加强乡村教师队伍建设，落实好集中连片特困地区乡村教师生活补助政策。国家教育经费要向边疆地区、民族地区、革命老区倾斜。建立新型农村合作医疗可持续筹资机制，同步提高人均财政补助和个人缴费标准，进一步提高实际报销水平。全面开展城乡居民大病保险，加强农村基层基本医疗、公共卫生能力和乡村医生队伍建设。推进各级定点医疗机构与省内新型农村合作医疗信息系统的互联互通，积极发展惠及农村的远程会诊系统。拓展重大文化惠民项目服务"三农"内容。加强农村最低生活保障制度规范管理，全面建立临时救助制度，改进农村社会救助工作。落实统一的城乡居民基本养老保险制度。支持建设多种农村养老服务和文化体育设施。整合利用现有设施场地和资源，构建农村基层综合公共服务平台。

17. 全面推进农村人居环境整治。完善县域村镇体系规划和村庄规划，强化规划的科学性和约束力。改善农民居住条件，搞好农村公共服务设施配套，推进山水林田路综合治理。继续支持农村环境集中连片整治，加快推进农村河塘综合整治，开展农村垃圾专项整治，加大农村污水处理和改厕力度，加快改善村庄卫生状况。加强农村周边工业“三废”排放和城市生活垃圾堆放监管治理。完善村级公益事业一事一议财政奖补机制，扩大农村公共服务运行维护机制试点范围，重点支持村内公益事业建设与管护。完善传统村落名录和开展传统民居调查，落实传统村落和民居保护规划。鼓励各地从实际出发开展美丽乡村创建示范。有序推进村庄整治，切实防止违背农民意愿大规模撤并村庄、大拆大建。

18. 引导和鼓励社会资本投向农村建设。鼓励社会资本投向农村基础设施建设和在农村兴办各类事业。对于政府主导、财政支持的农村公益性工程和项目，可采取购买服务、政府与社会资本合作等方式，引导企业和社会组织参与建设、管护和运营。对于能够商业化运营的农村服务业，向社会资本全面开放。制定鼓励社会资本参与农村建设目录，研究制定财税、金融等支持政策。探索建立乡镇政府职能转移目录，将适合社会兴办的公共服务交由社会组织承担。

19. 加强农村思想道德建设。针对农村特点，围绕培育和践行社会主义核心价值观，深入开展中国特色社会主义和中国梦宣传教育，广泛开展形势政策宣传教育，提高农民综合素质，提升农村社会文明程度，凝聚起建设社会主义新农村的强大精神力量。深入推进农村精神文明创建活动，扎实开展好家风好家训活动，继续开展好媳妇、好儿女、好公婆等评选表彰活动，开展寻找最美乡村教师、医生、村官等活动，凝聚起向上、崇善、爱美的强大正能量。倡导文艺工作者深入农村，创作富有乡土气息、讴歌农村时代变迁的优秀文艺作品，提供健康有益、喜闻乐见的文化服务。创新乡贤文化，弘扬善行义举，以乡情乡愁为纽带吸引和凝聚各方人士支持家乡建设，传承乡村文明。

20. 切实加强农村基层党建工作。认真贯彻落实党要管党、从严治党的要求，加强以党组织为核心的农村基层组织建设，充分发挥农村基层党组织的战斗堡垒作用，深入整顿软弱涣散基层党组织，不断夯实党在农村基层执政的组织基础。创新和完善农村基层党组织设置，扩大组织覆盖和工作覆盖。加强乡村两级党组织班子建设，进一步选好管好用好带头人。严肃农村基层党内政治生活，加强党员日常教育管理，发挥党员先锋模范作用。严肃处理违反党规党纪的行为，坚决查处发生在农民身边的不正之风和腐败问题。以农村基层服务型党组织建设为抓手，强化县乡村三级便民服务网络建设，多为群众办实事、办好事，通过服务贴近群众、团结群众、引导群众、赢得群众。严格落实党建工作责任制，全面开展市县乡党委书记抓基层党建工作述职评议考核。

四、围绕增添农村发展活力，全面深化农村改革

全面深化改革，必须把农村改革放在突出位置。要按照中央总体部署，完善顶层设计，抓好试点试验，不断总结深化，加强督查落实，确保改有所进、改有所成，进一步激发农村经济社会发展活力。

21. 加快构建新型农业经营体系。坚持和完善农村基本经营制度，坚持农民家庭经营主体地位，引导土地经营权规范有序流转，创新土地流转和规模经营方式，积极发展多种形式适度规模经营，提高农民组织化程度。鼓励发展规模适度的农户家庭农场，完善对粮食生产规模经营主体的支持服务体系。引导农民专业合作社拓宽服务领域，促进规范发展，实行年度报告公示制度，深入推进示范社创建行动。推进农业产业化示范基地建设和龙头企业转型升级。引导农民以土地经营权入股合作社和龙头企业。鼓励工商资本发展适合企业化经营的现代种养业、农产品加工流通和农业社会化服务。土地经营权流转要尊重农民意愿，不得硬性下指标、强制推动。尽快制定工商资本租赁农地的准入和监管办法，严禁擅自改变农业用途。

22. 推进农村集体产权制度改革。探索农村集体所有制有效实现形式，创新农村集体经济运行机制。出台稳步推进农村集体产权制度改革的意见。对土地等资源性资产，重点是抓紧抓实土地承包经营权确权登记颁证工作，扩大整省推进试点范围，总体上要确地到户，从严掌握确权确股不确地的范围。对非经营性资产，重点是探索有利于提高公共服务能力的集体统一运营管理有效机制。对经营性资产，重点是明晰产权归属，将资产折股量化到本集体经济组织成员，发展多种形式的股份合作。开展赋予农民对集体资产股份权能改革试点，试点过程中要防止侵蚀农民利益，试点各项工作应严格限制在本集体经济组织内部。健全农村集体“三资”管理监督和收益分配制度。充分发挥县乡农村土地承包经营权、林权流转服务平台作用，引导农村产权流转交易市场健康发展。完善有利于推进农村集体产权制度改革的税费政策。

23. 稳步推进农村土地制度改革试点。在确保土地公有制性质不改变、耕地红线不突破、农民利益不受损的前提下，按照中央统一部署，审慎稳妥推进农村土地制度改革。分类实施农村土地征收、集体经营性建设用地入市、宅基地制度改革试点。制定缩小征地范围的办法。建立兼顾国家、集体、个人的土地增值收益分配机制，合理提高个人收益。完善对被征地农民合理、规范、多元保障机制。赋予符合规划和用途管制的农村集体经营性建设用地出让、租赁、入股权能，建立健全市场交易规则和服务监管机制。依法保障农民宅基地权益，改革农民住宅用地取得方式，探索农民住房保障的新机制。加强对试点工作的指导监督，切实做到封闭运行、风险可控，边试点、边总结、边完善，形成可复制、可推广的改革成果。

24. 推进农村金融体制改革。要主动适应农村实际、农业特点、农民需求，不断深化农村金融改革创新。综合运用财政税收、货币信贷、金融监管等政策措施，推动金融资源继续向“三农”倾斜，确保农业信贷总量持续增加、涉农贷款比例不降低。完善涉农贷款统计制度，优化涉农贷款结构。延续并完善支持农村金融发展的有关税收政策。开展信贷资产质押再贷款试点，提供更优惠的支农再贷款利率。鼓励各类商业银行创新“三农”金融服务。农业银行三农金融事业部改革试点覆盖全部县域支行。农业发展银行要在强化政策性功能定位的同时，加大对水利、贫困地区公路等农业农村基础设施建设的贷款力度，审慎发展自营性业务。国家开发银行要创新服务“三农”融资模式，进一步加大对农业农村建设的中长期信贷投放。提高农村信用社资本实力和治理水平，牢牢坚持立足县域、服务“三农”的定位。鼓励邮政储蓄银行拓展农村金融业务。提高村镇银行在农村的覆盖面。积极探索新型农村合作金融发展的有效途径，稳妥开展农民合作社内部资金互助试点，落实地方政府监管责任。做好承包土地的经营权和农民住房财产权抵押担保贷款试点工作。鼓励开展“三农”融资担保业务，大力发展政府支持的“三农”融资担保和再担保机构，完善银担合作机制。支持银行业金融机构发行“三农”专项金融债，鼓励符合条件的涉农企业发行债券。开展大型农机具融资租赁试点。完善对新型农业经营主体的金融服务。强化农村普惠金融。继续加大小额担保财政贴息贷款等对农村妇女的支持力度。

25. 深化水利和林业改革。建立健全水权制度，开展水权确权登记试点，探索多种形式的水权流转方式。推进农业水价综合改革，积极推广水价改革和水权交易的成功经验，建立农业灌溉用水总量控制和定额管理制度，加强农业用水计量，合理调整农业水价，建立精准补贴机制。吸引社会资本参与水利工程建设和运营。鼓励发展农民用水合作组织，扶持其成为小型农田水利工程建设和管护主体。积极发展农村水利工程专业化管理。建立健全最严格的林地、湿地保护制度。深化集体林权制度改革。稳步推进国有林场改革和国有林区改革，明确生态公益功能定位，加强森林资源保护培育。建立国家用材林储备制度。积极发展符合林业特点的多种融资业务，吸引社会资本参与碳汇林业建设。

26. 加快供销合作社和农垦改革发展。全面深化供销合作社综合改革，坚持为农服务方向，着力推进基层社改造，创新联合社治理机制，拓展为农服务领域，把供销合作社打造成全国性为“三农”提供综合服务的骨干力量。抓紧制定供销合作社条例。加快研究出台推进农垦改革发展的政策措施，深化农场企业化、垦区集团化、股权多元化改革，创新行业指导管理体制、企业市场化经营体制、农场经营管理体制。明晰农垦国有资产权属关系，建立符合农垦特点的国有资产监管体制。进一步推进农垦办社会职能改革。发挥农垦独特优势，积极培育规模化农业经营主体，把农垦建成重要农产品生产基地和现代农业的示范带动力量。

27. 创新和完善乡村治理机制。在有实际需要的地方，扩大以村民小组为基本单元的村民自治试点，继续搞好以社区为基本单元的村民自治试点，探索符合各地实际的村民自治有效实现形式。进一步规范村“两委”职责和村务决策管理程序，完善村务监督委员会的制度设计，健全村民对村务实行有效监督的机制，加强对村干部行使权力的监督制约，确保监督务实管用。激发农村社会组织活力，重点培育和优先发展农村专业协会类、公益慈善类、社区服务类等社会组织。构建农村立体化社会治安防控体系，开展突出治安问题专项整治，推进平安乡镇、平安村庄建设。

五、围绕做好“三农”工作，加强农村法治建设

农村是法治建设相对薄弱的领域，必须加快完善农业农村法律体系，同步推进城乡法治建设，善于运用法治思维和法治方式做好“三农”工作。同时要从农村实际出发，善于发挥乡规民约的积极作用，把法治建设和道德建设紧密结合起来。

28. 健全农村产权保护法律制度。完善相关法律法规，加强对农村集体资产所有权、农户土地承包经营权和农民财产权的保护。抓紧修改农村土地承包方面的法律，明确现有土地承包关系保持稳定并长久不变的具体实现形式，界定农村土地集体所有权、农户承包权、土地经营权之间的权利关系，保障好农村妇女的土地承包权益。统筹推进与农村土地有关的法律法规制定和修改工作。抓紧研究起草农村集体经济组织条例。加强农业知识产权法律保护。

29. 健全农业市场规范运行法律制度。健全农产品市场流通法律制度，规范市场秩序，促进公平交易，营造农产品流通法治化环境。完善农产品市场调控制度，适时启动相关立法工作。完善农产品质量和食品安全法律法规，加强产地环境保护，规范农业投入品管理和生产经营行为。逐步完善覆盖农村各类生产经营主体方面的法律法规，实时修改农民专业合作社法。

30. 健全“三农”支持保护法律制度。研究制定规范各级政府“三农”事权的法律法规，明确规定中央和地方政府促进农业农村发展的支出责任。健全农业资源环境法律法规，依法推进耕地、水资源、森林草原、湿地滩涂等自然资源的开发保护，制定完善生态补偿和土壤、水、大气等污染防治法律法规。积极推动农村金融立法，明确政策性和商业性金融支农责任，促进新型农村合作金融、农业保险健康发展。加快扶贫开发立法。

31. 依法保障农村改革发展。加强农村改革决策与立法的衔接。农村重大改革都要于法有据，立法要主动适应农村改革和发展需要。实践证明行之有效、立法条件成熟的，要及时上升为法律。对不适应改革要求的法律法规，要及时修改和废止。需要明确法律规定具体含义和适用法律依据的，要及时做出法律解释。实践条件还不成熟、需要先行先试的，要按照法定程序做出授权。继续推进农村改革试验区工作。深化行政执法体制改革，强化基层执法队伍，合理配置执法力量，积极探索农林水利等领域内的综合执法。健全涉农行政执法经费财政保障机制。统筹城乡法律服务资源，健全覆盖城乡居民的公共法律服务体系，加强对农民的法律援助和司法救助。

32. 提高农村基层法治水平。深入开展农村法治宣传教育，增强各级领导、涉农部门和农村基层干部法治观念，引导农民增强学法尊法守法用法意识。健全依法维权和化解纠纷机制，引导和支持农民群众通过合法途径维权，理性表达合理诉求。依法加强农民负担监督管理。依靠农民和基层的智慧，通过村民议事会、监事会等，引导发挥村民民主协商在乡村治理中的积极作用。

各级党委和政府要从全面建成小康社会、加快推进社会主义现代化的战略高度出发，进一步加强和改善对“三农”工作的领导，切实防止出现放松农业的倾向，勇于直面挑战，敢于攻坚克难，努力保持农业农村持续向好的局面。各地区各部门要深入研究农业农村发展的阶段性特征和面临的风险挑战，科学谋划、统筹设计“十三五”时期农村改革发展的重大项目、重大工程和重大政策。加强督促检查，确保各项“三农”政策不折不扣落实到位。巩固和拓展党的群众路线教育实践活动成果，坚持不懈改进工作作风，努力提高“三农”工作的能力和水平。

让我们紧密团结在以习近平同志为总书记的党中央周围，开拓创新，扎实工作，加快农村改革发展，为全面建成小康社会做出新的贡献！

中共中央、国务院关于加快推进生态文明建设的意见

（2015 年 4 月 25 日　中发〔2015〕12 号）

生态文明建设是中国特色社会主义事业的重要内容，关系人民福祉，关乎民族未来，事关“两个一百年”奋斗目标和中华民族伟大复兴中国梦的实现。党中央、国务院高度重视生态文明建设，先后出台了一系列重大决策部署，推动生态文明建设取得了重大进展和积极成效。但总体上看我国生态文明建设水平仍滞后于经济社会发展，资源约束趋紧，环境污染严重，生态系统退化，发展与人口资源环境之间的矛盾日益突出，已成为经济社会可持续发展的重大瓶颈制约。

加快推进生态文明建设是加快转变经济发展方式、提高发展质量和效益的内在要求，是坚持以人为本、促进社会和谐的必然选择，是全面建成小康社会、实现中华民族伟大复兴中国梦的时代抉择，是积极应对气候变化、维护全球生态安全的重大举措。要充分认识加快推进生态文明建设的极端重要性和紧迫性，切实增强责任感和使命感，牢固树立尊重自然、顺应自然、保护自然的理念，坚持绿水青山就是金山银山，动员全党、全社会积极行动、深入持久地推进生态文明建设，加快形成人与自然和谐发展的现代化建设新格局，开创社会主义生态文明新时代。

一、总体要求

（一）指导思想。以邓小平理论、“三个代表”重要思想、科学发展观为指导，全面贯彻党的十八大和十八届二中、三中、四中全会精神，深入贯彻习近平总书记系列重要讲话精神，认真落实党中央、国务院的决策部署，坚持以人为本、依法推进，坚持节约资源和保护环境的基本国策，把生态文明建设放在突出的战略位置，融入经济建设、政治建设、文化建设、社会建设各方面和全过程，协同推进新型工业化、信息化、城镇化、农业现代化和绿色化，以健全生态文明制度体系为重点，优化国土空间开发格局，全面促进资源节约利用，加大自然生态系统和环境保护力度，大力推进绿色发展、循环发展、低碳发展，弘扬生态文化，倡导绿色生活，加快建设美丽中国，使蓝天常在、青山常在、绿水常在，实现中华民族永续发展。

（二）基本原则

坚持把节约优先、保护优先、自然恢复为主作为基本方针。在资源开发与节约中，把节约放在优先位置，以最少的资源消耗支撑经济社会持续发展；在环境保护与发展中，把保护放在优先位置，在发展中保护、在保护中发展；在生态建设与修复中，以自然恢复为主，与人工修复相结合。

坚持把绿色发展、循环发展、低碳发展作为基本途径。经济社会发展必须建立在资源得到高效循环利用、生态环境受到严格保护的基础上，与生态文明建设相协调，形成节约资源和保护环境的空间格局、产业结构、生产方式。

坚持把深化改革和创新驱动作为基本动力。充分发挥市场配置资源的决定性作用和更好发挥政府作用，不断深化制度改革和科技创新，建立系统完整的生态文明制度体系，强化科技创新引领作用，为生态文明建设注入强大动力。

坚持把培育生态文化作为重要支撑。将生态文明纳入社会主义核心价值体系，加强生态文化的宣传教育，倡导勤俭节约、绿色低碳、文明健康的生活方式和消费模式，提高全社会生态文明意识。

坚持把重点突破和整体推进作为工作方式。既立足当前，着力解决对经济社会可持续发展制约性强、群众反映强烈的突出问题，打好生态文明建设攻坚战；又着眼长远，加强顶层设计与鼓励基层探索相结合，持之以恒全面推进生态文明建设。

（三）主要目标

到 2020 年，资源节约型和环境友好型社会建设取得重大进展，主体功能区布局基本形成，经济发展质量和效益显著提高，生态文明主流价值观在全社会得到推行，生态文明建设水平与全面建成小康社会目标相适应。

——国土空间开发格局进一步优化。经济、人口布局向均衡方向发展，陆海空间开发强度、城市空间规模得到有效控制，城乡结构和空间布局明显优化。

——资源利用更加高效。单位国内生产总值二氧化碳排放强度比 2005 年下降 40%－45%，能源消耗强度持续下降，资源产出率大幅提高，用水总量力争控制在 6700 亿立方米以内，万元工业增加值用水量降低到 65 立方米以下，农田灌溉水有效利用系数提高到 0.55 以上，非化石能源占一次能源消费比重达到 15%左右。

——生态环境质量总体改善。主要污染物排放总量继续减少，大气环境质量、重点流域和近岸海域水环境质量得到改善，重要江河湖泊水功能区水质达标率提高到 80%以上，饮用水安全保障水平持续提升，土壤环境质量总体

保持稳定，环境风险得到有效控制。森林覆盖率达到23%以上，草原综合植被覆盖度达到56%，湿地面积不低于8亿亩，50%以上可治理沙化土地得到治理，自然岸线保有率不低于35%，生物多样性丧失速度得到基本控制，全国生态系统稳定性明显增强。

——生态文明重大制度基本确立。基本形成源头预防、过程控制、损害赔偿、责任追究的生态文明制度体系，自然资源资产产权和用途管制、生态保护红线、生态保护补偿、生态环境保护管理体制等关键制度建设取得决定性成果。

二、强化主体功能定位，优化国土空间开发格局

国土是生态文明建设的空间载体。要坚定不移地实施主体功能区战略，健全空间规划体系，科学合理布局和整治生产空间、生活空间、生态空间。

（四）积极实施主体功能区战略。全面落实主体功能区规划，健全财政、投资、产业、土地、人口、环境等配套政策和各有侧重的绩效考核评价体系。推进市县落实主体功能定位，推动经济社会发展、城乡、土地利用、生态环境保护等规划“多规合一”，形成一个市县一本规划、一张蓝图。区域规划编制、重大项目布局必须符合主体功能定位。对不同主体功能区的产业项目实行差别化市场准入政策，明确禁止开发区域、限制开发区域准入事项，明确优化开发区域、重点开发区域禁止和限制发展的产业。编制实施全国国土规划纲要，加快推进国土综合整治。构建平衡适宜的城乡建设空间体系，适当增加生活空间、生态用地，保护和扩大绿地、水域、湿地等生态空间。

（五）大力推进绿色城镇化。认真落实《国家新型城镇化规划（2014－2020年）》，根据资源环境承载能力，构建科学合理的城镇化宏观布局，严格控制特大城市规模，增强中小城市承载能力，促进大中小城市和小城镇协调发展。尊重自然格局，依托现有山水脉络、气象条件等，合理布局城镇各类空间，尽量减少对自然的干扰和损害。保护自然景观，传承历史文化，提倡城镇形态多样性，保持特色风貌，防止“千城一面”。科学确定城镇开发强度，提高城镇土地利用效率、建成区人口密度，划定城镇开发边界，从严供给城市建设用地，推动城镇化发展由外延扩张式向内涵提升式转变。严格新城、新区设立条件和程序。强化城镇化过程中的节能理念，大力发展绿色建筑和低碳、便捷的交通体系，推进绿色生态城区建设，提高城镇供排水、防涝、雨水收集利用、供热、供气、环境等基础设施建设水平。所有县城和重点镇都要具备污水、垃圾处理能力，提高建设、运行、管理水平。加强城乡规划“三区四线”（禁建区、限建区和适建区，绿线、蓝线、紫线和黄线）管理，维护城乡规划的权威性、严肃性，杜绝大拆大建。

（六）加快美丽乡村建设。完善县域村庄规划，强化规划的科学性和约束力。加强农村基础设施建设，强化山水林田路综合治理，加快农村危旧房改造，支持农村环境集中连片整治，开展农村垃圾专项治理，加大农村污水处理和改厕力度。加快转变农业发展方式，推进农业结构调整，大力发展农业循环经济，治理农业污染，提升农产品质量安全水平。依托乡村生态资源，在保护生态环境的前提下，加快发展乡村旅游休闲业。引导农民在房前屋后、道路两旁植树护绿。加强农村精神文明建设，以环境整治和民风建设为重点，扎实推进文明村镇创建。

（七）加强海洋资源科学开发和生态环境保护。根据海洋资源环境承载力，科学编制海洋功能区划，确定不同海域主体功能。坚持“点上开发、面上保护”，控制海洋开发强度，在适宜开发的海洋区域，加快调整经济结构和产业布局，积极发展海洋战略性新兴产业，严格生态环境评价，提高资源集约节约利用和综合开发水平，最大程度减少对海域生态环境的影响。严格控制陆源污染物排海总量，建立并实施重点海域排污总量控制制度，加强海洋环境治理、海域海岛综合整治、生态保护修复，有效保护重要、敏感和脆弱海洋生态系统。加强船舶港口污染控制，积极治理船舶污染，增强港口码头污染防治能力。控制发展海水养殖，科学养护海洋渔业资源。开展海洋资源和生态环境综合评估。实施严格的围填海总量控制制度、自然岸线控制制度，建立陆海统筹、区域联动的海洋生态环境保护修复机制。

三、推动技术创新和结构调整，提高发展质量和效益

从根本上缓解经济发展与资源环境之间的矛盾，必须构建科技含量高、资源消耗低、环境污染少的产业结构，加快推动生产方式绿色化，大幅提高经济绿色化程度，有效降低发展的资源环境代价。

（八）推动科技创新。结合深化科技体制改革，建立符合生态文明建设领域科研活动特点的管理制度和运行机制。加强重大科学技术问题研究，开展能源节约、资源循环利用、新能源开发、污染治理、生态修复等领域关键技术攻关，在基础研究和前沿技术研发方面取得突破。强化企业技术创新主体地位，充分发挥市场对绿色产业发展方向和技术路线选择的决定性作用。完善技术创新体系，提高综合集成创新能力，加强工艺创新与试验。支持生态文明领域工程技术类研究中心、实验室和实验基地建设，完善科技创新成果转化机制，形成一批成果转化平台、中介服务机构，加快成熟适用技术的示范和推广。加强生态文明基础研究、试验研发、工程应用和市场服务等科技人才队伍建设。

（九）调整优化产业结构。推动战略性新兴产业和先进制造业健康发展，采用先进适用节能低碳环保技术改造提升传统产业，发展壮大服务业，合理布局建设基础设施和基础产业。积极化解产能严重过剩矛盾，加强预警调控，适时调整产能严重过剩行业名单，严禁核准产能严重过剩行业新增产能项目。加快淘汰落后产能，逐步提高淘汰标准，禁止落后产能向中西部地区转移。做好化解产能过剩和淘汰落后产能企业职工安置工作。推动要素资源全球配置，鼓励优势产业走出去，提高参与国际分工的水平。调整能源结构，推动传统能源安全绿色开发和清洁低碳利用，发展清洁能源、可再生能源，不断提高非化石能源在能源消费结构中的比重。

（十）发展绿色产业。大力发展节能环保产业，以推广节能环保产品拉动消费需求，以增强节能环保工程技术能力拉动投资增长，以完善政策机制释放市场潜在需求，推动节能环保技术、装备和服务水平显著提升，加快培育新的经济增长点。实施节能环保产业重大技术装备产业化工程，规划建设产业化示范基地，规范节能环保市场发展，多渠道引导社会资金投入，形成新的支柱产业。加快核电、风电、太阳能光伏发电等新材料、新装备的研发和推广，推进生物质发电、生物质能源、沼气、地热、浅层地温能、海洋能等应用，发展分布式能源，建设智能电网，完善运行管理体系。大力发展节能与新能源汽车，提高创新能力和产业化水平，加强配套基础设施建设，加大推广普及力度。发展有机农业、生态农业，以及特色经济林、林下经济、森林旅游等林产业。

四、全面促进资源节约循环高效使用，推动利用方式根本转变

节约资源是破解资源瓶颈约束、保护生态环境的首要之策。要深入推进全社会节能减排，在生产、流通、消费各环节大力发展循环经济，实现各类资源节约高效利用。

（十一）推进节能减排。发挥节能与减排的协同促进作用，全面推动重点领域节能减排。开展重点用能单位节能低碳行动，实施重点产业能效提升计划。严格执行建筑节能标准，加快推进既有建筑节能和供热计量改造，从标准、设计、建设等方面大力推广可再生能源在建筑上的应用，鼓励建筑工业化等建设模式。优先发展公共交通，优化运输方式，推广节能与新能源交通运输装备，发展甩挂运输。鼓励使用高效节能农业生产设备。开展节约型公共机构示范创建活动。强化结构、工程、管理减排，继续削减主要污染物排放总量。

（十二）发展循环经济。按照减量化、再利用、资源化的原则，加快建立循环型工业、农业、服务业体系，提高全社会资源产出率。完善再生资源回收体系，实行垃圾分类回收，开发利用“城市矿产”，推进秸秆等农林废弃物以及建筑垃圾、餐厨废弃物资源化利用，发展再制造和再生利用产品，鼓励纺织品、汽车轮胎等废旧物品回收利用。推进煤矸石、矿渣等大宗固体废弃物综合利用。组织开展循环经济示范行动，大力推广循环经济典型模式。推进产业循环式组合，促进生产和生活系统的循环链接，构建覆盖全社会的资源循环利用体系。

（十三）加强资源节约。节约集约利用水、土地、矿产等资源，加强全过程管理，大幅降低资源消耗强度。加强用水需求管理，以水定需、量水而行，抑制不合理用水需求，促进人口、经济等与水资源相均衡，建设节水型社会。推广高效节水技术和产品，发展节水农业，加强城市节水，推进企业节水改造。积极开发利用再生水、矿井水、空中云水、海水等非常规水源，严控无序调水和人造水景工程，提高水资源安全保障水平。按照严控增量、盘活存量、优化结构、提高效率的原则，加强土地利用的规划管控、市场调节、标准控制和考核监管，严格土地用途管制，推广应用节地技术和模式。发展绿色矿业，加快推进绿色矿山建设，促进矿产资源高效利用，提高矿产资源开采回采率、选矿回收率和综合利用率。

五、加大自然生态系统和环境保护力度，切实改善生态环境质量

良好生态环境是最公平的公共产品，是最普惠的民生福祉。要严格源头预防、不欠新账，加快治理突出生态环境问题、多还旧账，让人民群众呼吸新鲜的空气，喝上干净的水，在良好的环境中生产生活。

（十四）保护和修复自然生态系统。加快生态安全屏障建设，形成以青藏高原、黄土高原－川滇、东北森林带、北方防沙带、南方丘陵山地带、近岸近海生态区以及大江大河重要水系为骨架，以其他重点生态功能区为重要支撑，以禁止开发区域为重要组成的生态安全战略格局。实施重大生态修复工程，扩大森林、湖泊、湿地面积，提高沙区、草原植被覆盖率，有序实现休养生息。加强森林保护，将天然林资源保护范围扩大到全国；大力开展植树造林和森林经营，稳定和扩大退耕还林范围，加快重点防护林体系建设；完善国有林场和国有林区经营管理体制，深化集体林权制度改革。严格落实禁牧休牧和草畜平衡制度，加快推进基本草原划定和保护工作；加大退牧还草力度，继续实行草原生态保护补助奖励政策；稳定和完善草原承包经营制度。启动湿地生态效益补偿和退耕还湿。加强水生生物保护，开展重要水域增殖放流活动。继续推进京津风沙源治理、黄土高原地区综合治理、石漠化综合治理，开展沙化土地封禁保护试点。加强水土保持，因地制宜推进小流域综合治理。实施地下水保护和超采漏斗区综合治理，逐步实现地下水采补平衡。强化农田生态保护，实施耕地质量保护与提升行动，加大退化、污染、损毁农田改良和修复力度，加强耕地质量调查监测与评价。实施生物多样性保护重大工程，建立监测评估与预警体系，健全国门生物安全查验机制，有效防范物种资源丧失和外来物种入侵，积极参加生物多样性国际公约谈判和履约工作。加强自然保护区建设与管理，对重要生态系统和物种资源实施强制性保护，切实保护珍稀濒危野生动植物、古树名木及自然生境。建立国家公园体制，实行分级、统一管理，保护自然生态和自然文化遗产原真性、完整性。研究建立江河湖泊生态水量保障机制。加快灾害调查评价、监测预警、防治和应急等防灾减灾体系建设。

（十五）全面推进污染防治。按照以人为本、防治结合、标本兼治、综合施策的原则，建立以保障人体健康为核心、以改善环境质量为目标、以防控环境风险为基线的环境管理体系，健全跨区域污染防治协调机制，加快解决人民群众反映强烈的大气、水、土壤污染等突出环境问题。继续落实大气污染防治行动计划，逐渐消除重污染天气，切实改善大气环境质量。实施水污染防治行动计划，严格饮用水源保护，全面推进涵养区、源头区等水源地环境整治，加强供水全过程管理，确保饮用水安全；加强重点流域、区域、近岸海域水污染防治和良好湖泊生态环境保护，控制和规范淡水养殖，严格入河（湖、海）排污管理；推进地下水污染防治。制定实施土壤污染防治行动计划，优先保护耕地土壤环境，强化工业污染场地治理，开展土壤污染治理与修复试点。加强农业面源污染防治，加大种养业特别是规模化畜禽养殖污染防治力度，科学施用化肥、农药，推广节能环保型炉灶，净化农产品产地和农村居民生活环境。加大城乡环境综合整治力度。推进重金属污染治理。开展矿山地质环境恢复和综合治理，推进尾矿安全、环保存放，妥善处理处置矿渣等大宗固体废物。建立健全化学品、持久性有机污染物、危险废物等环境风险防范与应急管理工作机制。切实加强核设施运行监管，确保核安全万无一失。

（十六）积极应对气候变化。坚持当前长远相互兼顾、减缓适应全面推进，通过节约能源和提高能效，优化能源结构，增加森林、草原、湿地、海洋碳汇等手段，有效控制二氧化碳、甲烷、氢氟碳化物、全氟化碳、六氟化硫等温室气体排放。提高适应气候变化特别是应对极端天气和气候事件能力，加强监测、预警和预防，提高农业、林业、水资源等重点领域和生态脆弱地区适应气候变化的水平。扎实推进低碳省区、城市、城镇、产业园区、社区试点。坚持共同但有区别的责任原则、公平原则、各自能力原则，积极建设性地参与应对气候变化国际谈判，推动建立公平合理的全球应对气候变化格局。

六、健全生态文明制度体系

加快建立系统完整的生态文明制度体系，引导、规范和约束各类开发、利用、保护自然资源的行为，用制度保护生态环境。

（十七）健全法律法规。全面清理现行法律法规中与加快推进生态文明建设不相适应的内容，加强法律法规间的衔接。研究制定节能评估审查、节水、应对气候变化、生态补偿、湿地保护、生物多样性保护、土壤环境保护等方面的法律法规，修订土地管理法、大气污染防治法、水污染防治法、节约能源法、循环经济促进法、矿产资源法、森林法、草原法、野生动物保护法等。

（十八）完善标准体系。加快制定修订一批能耗、水耗、地耗、污染物排放、环境质量等方面的标准，实施能效和排污强度“领跑者”制度，加快标准升级步伐。提高建筑物、道路、桥梁等建设标准。环境容量较小、生态环境脆弱、环境风险高的地区要执行污染物特别排放限值。鼓励各地区依法制定更加严格的地方标准。建立与国际接轨、适应我国国情的能效和环保标识认证制度。

（十九）健全自然资源资产产权制度和用途管制制度。对水流、森林、山岭、草原、荒地、滩涂等自然生态空间进行统一确权登记，明确国土空间的自然资源资产所有者、监管者及其责任。完善自然资源资产用途管制制度，明确各类国土空间开发、利用、保护边界，实现能源、水资源、矿产资源按质量分级、梯级利用。严格节能评估审查、水资源论证和取水许可制度。坚持并完善最严格的耕地保护和节约用地制度，强化土地利用总体规划和年度计划管控，加强土地用途转用许可管理。完善矿产资源规划制度，强化矿产开发准入管理。有序推进国家自然资源资产管理体制改革。

（二十）完善生态环境监管制度。建立严格监管所有污染物排放的环境保护管理制度。完善污染物排放许可证制度，禁止无证排污和超标准、超总量排污。违法排放污染物、造成或可能造成严重污染的，要依法查封扣押排放污染物的设施设备。对严重污染环境的工艺、设备和产品实行淘汰制度。实行企事业单位污染物排放总量控制制度，适时调整主要污染物指标种类，纳入约束性指标。健全环境影响评价、清洁生产审核、环境信息公开等制度。建立生态保护修复和污染防治区域联动机制。

（二十一）严守资源环境生态红线。树立底线思维，设定并严守资源消耗上限、环境质量底线、生态保护红线，将各类开发活动限制在资源环境承载能力之内。合理设定资源消耗“天花板”，加强能源、水、土地等战略性资源管控，强化能源消耗强度控制，做好能源消费总量管理。继续实施水资源开发利用控制、用水效率控制、水功能区限制纳污三条红线管理。划定永久基本农田，严格实施永久保护，对新增建设用地占用耕地规模实行总量控制，落实耕地占补平衡，确保耕地数量不下降、质量不降低。严守环境质量底线，将大气、水、土壤等环境质量“只能更好、不能变坏”作为地方各级政府环保责任红线，相应确定污染物排放总量限值和环境风险防控措施。在重点生态功能区、生态环境敏感区和脆弱区等区域划定生态红线，确保生态功能不降低、面积不减少、性质不改变；科学划定森林、草原、湿地、海洋等领域生态红线，严格自然生态空间征（占）用管理，有效遏制生态系统退化的趋势。探索建立资源环境承载能力监测预警机制，对资源消耗和环境容量接近或超过承载能力的地区，及时采取区域限批等限制性措施。

（二十二）完善经济政策。健全价格、财税、金融等政策，激励、引导各类主体积极投身生态文明建设。深化自然资源及其产品价格改革，凡是能由市场形成价格的都交给市场，政府定价要体现基本需求与非基本需求以及资源利用效率高低的差异，体现生态环境损害成本和修复效益。进一步深化矿产资源有偿使用制度改革，调整矿业权使用费征收标准。加大财政资金投入，统筹有关资金，对资源节约和循环利用、新能源和可再生能源开发利用、环境基础设施建设、生态修复与建设、先进适用技术研发示范等给予支持。将高耗能、高污染产品纳入消费税征收范围。推动环境保护费改税。加快资源税从价计征改革，清理取消相关收费基金，逐步将资源税征收范围扩展到占用各种自然生态空间。完善节能环保、新能源、生态建设的税收优惠政策。推广绿色信贷，支持符合条件的项目通过资本市场融资。探索排污权抵押等融资模式。深化环境污染责任保险试点，研究建立巨灾保险制度。

（二十三）推行市场化机制。加快推行合同能源管理、节能低碳产品和有机产品认证、能效标识管理等机制。推进节能发电调度，优先调度可再生能源发电资源，按机组能耗和污染物排放水平依次调用化石类能源发电资源。建立节能量、碳排放权交易制度，深化交易试点，推动建立全国碳排放权交易市场。加快水权交易试点，培育和规范水权市场。全面推进矿业权市场建设。扩大排污权有偿使用和交易试点范围，发展排污权交易市场。积极推进环境污染第三方治理，引入社会力量投入环境污染治理。

（二十四）健全生态保护补偿机制。科学界定生态保护者与受益者权利义务，加快形成生态损害者赔偿、受益者付费、保护者得到合理补偿的运行机制。结合深化财税体制改革，完善转移支付制度，归并和规范现有生态保护补偿渠道，加大对重点生态功能区的转移支付力度，逐步提高其基本公共服务水平。建立地区间横向生态保护补偿机制，引导生态受益地区与保护地区之间、流域上游与下游之间，通过资金补助、产业转移、人才培训、共建园区等方式实施补偿。建立独立公正的生态环境损害评估制度。

（二十五）健全政绩考核制度。建立体现生态文明要求的目标体系、考核办法、奖惩机制。把资源消耗、环境损害、生态效益等指标纳入经济社会发展综合评价体系，大幅增加考核权重，强化指标约束，不唯经济增长论英雄。完善政绩考核办法，根据区域主体功能定位，实行差别化的考核制度。对限制开发区域、禁止开发区域和生态脆弱的国家扶贫开发工作重点县，取消地区生产总值考核；对农产品主产区和重点生态功能区，分别实行农业优先和生态保护优先的绩效评价；对禁止开发的重点生态功能区，重点评价其自然文化资源的原真性、完整性。根据考核评价结果，对生态文明建设成绩突出的地区、单位和个人给予表彰奖励。探索编制自然资源资产负债表，对领导干部实行自然资源资产和环境责任离任审计。

（二十六）完善责任追究制度。建立领导干部任期生态文明建设责任制，完善节能减排目标责任考核及问责制度。严格责任追究，对违背科学发展要求、造成资源环境生态严重破坏的要记录在案，实行终身追责，不得转任重要职务或提拔使用，已经调离的也要问责。对推动生态文明建设工作不力的，要及时诫勉谈话；对不顾资源和生态环境盲目决策、造成严重后果的，要严肃追究有关人员的领导责任；对履职不力、监管不严、失职渎职的，要依纪依法追究有关人员的监管责任。

七、加强生态文明建设统计监测和执法监督

坚持问题导向，针对薄弱环节，加强统计监测、执法监督，为推进生态文明建设提供有力保障。

（二十七）加强统计监测。建立生态文明综合评价指标体系。加快推进对能源、矿产资源、水、大气、森林、草原、湿地、海洋和水土流失、沙化土地、土壤环境、地质环境、温室气体等的统计监测核算能力建设，提升信息化水平，提高准确性、及时性，实现信息共享。加快重点用能单位能源消耗在线监测体系建设。建立循环经济统计指标体系、矿产资源合理开发利用评价指标体系。利用卫星遥感等技术手段，对自然资源和生态环境保护状况开展全天候监测，健全覆盖所有资源环境要素的监测网络体系。提高环境风险防控和突发环境事件应急能力，健全环境与健康调查、监测和风险评估制度。定期开展全国生态状况调查和评估。加大各级政府预算内投资等财政性资金对统计监测等基础能力建设的支持力度。

（二十八）强化执法监督。加强法律监督、行政监察，对各类环境违法违规行为实行“零容忍”，加大查处力度，严厉惩处违法违规行为。强化对浪费能源资源、违法排污、破坏生态环境等行为的执法监察和专项督察。资源环境监管机构独立开展行政执法，禁止领导干部违法违规干预执法活动。健全行政执法与刑事司法的衔接机制，加强基层执法队伍、环境应急处置救援队伍建设。强化对资源开发和交通建设、旅游开发等活动的生态环境监管。

八、加快形成推进生态文明建设的良好社会风尚

生态文明建设关系各行各业、千家万户。要充分发挥人民群众的积极性、主动性、创造性，凝聚民心、集中民智、汇集民力，实现生活方式绿色化。

（二十九）提高全民生态文明意识。积极培育生态文化、生态道德，使生态文明成为社会主流价值观，成为社会主义核心价值观的重要内容。从娃娃和青少年抓起，从家庭、学校教育抓起，引导全社会树立生态文明意识。把生态文明教育作为素质教育的重要内容，纳入国民教育体系和干部教育培训体系。将生态文化作为现代公共文化服务体系建设的重要内容，挖掘优秀传统生态文化思想和资源，创作一批文化作品，创建一批教育基地，满足广大人民群众对生态文化的需求。通过典型示范、展览展示、岗位创建等形式，广泛动员全民参与生态文明建设。组织好世界地球日、世界环境日、世界森林日、世界水日、世界海洋日和全国节能宣传周等主题宣传活动。充分发挥新闻媒体作用，树立理性、积极的舆论导向，加强资源环境国情宣传，普及生态文明法律法规、科学知识等，报道先进典型，曝光反面事例，提高公众节约意识、环保意识、生态意识，形成人人、事事、时时崇尚生态文明的社会氛围。

（三十）培育绿色生活方式。倡导勤俭节约的消费观。广泛开展绿色生活行动，推动全民在衣、食、住、行、游等方面加快向勤俭节约、绿色低碳、文明健康的方式转变，坚决抵制和反对各种形式的奢侈浪费、不合理消费。积极引导消费者购买节能与新能源汽车、高能效家电、节水型器具等节能环保低碳产品，减少一次性用品的使用，限制过度包装。大力推广绿色低碳出行，倡导绿色生活和休闲模式，严格限制发展高耗能、高耗水服务业。在餐饮企业、单位食堂、家庭全方位开展反食品浪费行动。党政机关、国有企业要带头厉行勤俭节约。

（三十一）鼓励公众积极参与。完善公众参与制度，及时准确披露各类环境信息，扩大公开范围，保障公众知情权，维护公众环境权益。健全举报、听证、舆论和公众监督等制度，构建全民参与的社会行动体系。建立环境公益诉讼制度，对污染环境、破坏生态的行为，有关组织可提起公益诉讼。在建设项目立项、实施、后评价等环节，有序增强公众参与程度。引导生态文明建设领域各类社会组织健康有序发展，发挥民间组织和志愿者的积极作用。

九、切实加强组织领导

健全生态文明建设领导体制和工作机制，勇于探索和创新，推动生态文明建设蓝图逐步成为现实。

（三十二）强化统筹协调。各级党委和政府对本地区生态文明建设负总责，要建立协调机制，形成有利于推进生态文明建设的工作格局。各有关部门要按照职责分工，密切协调配合，形成生态文明建设的强大合力。

（三十三）探索有效模式。抓紧制定生态文明体制改革总体方案，深入开展生态文明先行示范区建设，研究不同发展阶段、资源环境禀赋、主体功能定位地区生态文明建设的有效模式。各地区要抓住制约本地区生态文明建设的瓶颈，在生态文明制度创新方面积极实践，力争取得重大突破。及时总结有效做法和成功经验，完善政策措施，形成有效模式，加大推广力度。

（三十四）广泛开展国际合作。统筹国内国际两个大局，以全球视野加快推进生态文明建设，树立负责任大国形象，把绿色发展转化为新的综合国力、综合影响力和国际竞争新优势。发扬包容互鉴、合作共赢的精神，加强与世界各国在生态文明领域的对话交流和务实合作，引进先进技术装备和管理经验，促进全球生态安全。加强南南合作，开展绿色援助，对其他发展中国家提供支持和帮助。

（三十五）抓好贯彻落实。各级党委和政府及中央有关部门要按照本意见要求，抓紧提出实施方案，研究制定与本意见相衔接的区域性、行业性和专题性规划，明确目标任务、责任分工和时间要求，确保各项政策措施落到实处。各地区各部门贯彻落实情况要及时向党中央、国务院报告，同时抄送国家发展改革委。中央就贯彻落实情况适时组织开展专项监督检查。

生态文明体制改革总体方案

（中共中央、国务院　2015 年 9 月 21 日）

为加快建立系统完整的生态文明制度体系，加快推进生态文明建设，增强生态文明体制改革的系统性、整体性、协同性，制定本方案。

一、生态文明体制改革的总体要求

（一）生态文明体制改革的指导思想。全面贯彻党的十八大和十八届二中、三中、四中全会精神，以邓小平理论、“三个代表”重要思想、科学发展观为指导，深入贯彻落实习近平总书记系列重要讲话精神，按照党中央、国务院决策部署，坚持节约资源和保护环境基本国策，坚持节约优先、保护优先、自然恢复为主方针，立足我国社会主义初级阶段的基本国情和新的阶段性特征，以建设美丽中国为目标，以正确处理人与自然关系为核心，以解决生态环境领域突出问题为导向，保障国家生态安全，改善环境质量，提高资源利用效率，推动形成人与自然和谐发展的现代化建设新格局。

（二）生态文明体制改革的理念

树立尊重自然、顺应自然、保护自然的理念，生态文明建设不仅影响经济持续健康发展，也关系政治和社会建设，必须放在突出地位，融入经济建设、政治建设、文化建设、社会建设各方面和全过程。

树立发展和保护相统一的理念，坚持发展是硬道理的战略思想，发展必须是绿色发展、循环发展、低碳发展，平衡好发展和保护的关系，按照主体功能定位控制开发强度，调整空间结构，给子孙后代留下天蓝、地绿、水净的美好家园，实现发展与保护的内在统一、相互促进。

树立绿水青山就是金山银山的理念，清新空气、清洁水源、美丽山川、肥沃土地、生物多样性是人类生存必需的生态环境，坚持发展是第一要务，必须保护森林、草原、河流、湖泊、湿地、海洋等自然生态。

树立自然价值和自然资本的理念，自然生态是有价值的，保护自然就是增值自然价值和自然资本的过程，就是保护和发展生产力，就应得到合理回报和经济补偿。

树立空间均衡的理念，把握人口、经济、资源环境的平衡点推动发展，人口规模、产业结构、增长速度不能超出当地水土资源承载能力和环境容量。

树立山水林田湖是一个生命共同体的理念，按照生态系统的整体性、系统性及其内在规律，统筹考虑自然生态各要素、山上山下、地上地下、陆地海洋以及流域上下游，进行整体保护、系统修复、综合治理，增强生态系统循环能力，维护生态平衡。

（三）生态文明体制改革的原则

坚持正确改革方向，健全市场机制，更好发挥政府的主导和监管作用，发挥企业的积极性和自我约束作用，发挥社会组织和公众的参与和监督作用。

坚持自然资源资产的公有性质，创新产权制度，落实所有权，区分自然资源资产所有者权利和管理者权力，合理划分中央地方事权和监管职责，保障全体人民分享全民所有自然资源资产收益。

坚持城乡环境治理体系统一，继续加强城市环境保护和工业污染防治，加大生态环境保护工作对农村地区的覆盖，建立健全农村环境治理体制机制，加大对农村污染防治设施建设和资金投入力度。

坚持激励和约束并举，既要形成支持绿色发展、循环发展、低碳发展的利益导向机制，又要坚持源头严防、过程严管、损害严惩、责任追究，形成对各类市场主体的有效约束，逐步实现市场化、法治化、制度化。

坚持主动作为和国际合作相结合，加强生态环境保护是我们的自觉行为，同时要深化国际交流和务实合作，充分借鉴国际上的先进技术和体制机制建设有益经验，积极参与全球环境治理，承担并履行好同发展中大国相适应的国际责任。

坚持鼓励试点先行和整体协调推进相结合，在党中央、国务院统一部署下，先易后难、分步推进，成熟一项推出一项。支持各地区根据本方案确定的基本方向，因地制宜，大胆探索、大胆试验。

（四）生态文明体制改革的目标。到 2020 年，构建起由自然资源资产产权制度、国土空间开发保护制度、空间规划体系、资源总量管理和全面节约制度、资源有偿使用和生态补偿制度、环境治理体系、环境治理和生态保护市场体系、生态文明绩效评价考核和责任追究制度等八项制度构成的产权清晰、多元参与、激励约束并重、系统完整的生态文明制度体系，推进生态文明领域国家治理体系和治理能力现代化，努力走向社会主义生态文明新时代。

构建归属清晰、权责明确、监管有效的自然资源资产产权制度，着力解决自然资源所有者不到位、所有权边界模糊等问题。

构建以空间规划为基础、以用途管制为主要手段的国土空间开发保护制度，着力解决因无序开发、过度开发、分散开发导致的优质耕地和生态空间占用过多、生态破坏、环境污染等问题。

构建以空间治理和空间结构优化为主要内容，全国统一、相互衔接、分级管理的空间规划体系，着力解决空间性规划重叠冲突、部门职责交叉重复、地方规划朝令夕改等问题。

构建覆盖全面、科学规范、管理严格的资源总量管理和全面节约制度，着力解决资源使用浪费严重、利用效率不高等问题。

构建反映市场供求和资源稀缺程度、体现自然价值和代际补偿的资源有偿使用和生态补偿制度，着力解决自然资源及其产品价格偏低、生产开发成本低于社会成本、保护生态得不到合理回报等问题。

构建以改善环境质量为导向，监管统一、执法严明、多方参与的环境治理体系，着力解决污染防治能力弱、监管职能交叉、权责不一致、违法成本过低等问题。

构建更多运用经济杠杆进行环境治理和生态保护的市场体系，着力解决市场主体和市场体系发育滞后、社会参与度不高等问题。

构建充分反映资源消耗、环境损害和生态效益的生态文明绩效评价考核和责任追究制度，着力解决发展绩效评价不全面、责任落实不到位、损害责任追究缺失等问题。

二、健全自然资源资产产权制度

（五）建立统一的确权登记系统。坚持资源公有、物权法定，清晰界定全部国土空间各类自然资源资产的产权主体。对水流、森林、山岭、草原、荒地、滩涂等所有自然生态空间统一进行确权登记，逐步划清全民所有和集体所有之间的边界，划清全民所有、不同层级政府行使所有权的边界，划清不同集体所有者的边界。推进确权登记法治化。

（六）建立权责明确的自然资源产权体系。制定权利清单，明确各类自然资源产权主体权利。处理好所有权与使用权的关系，创新自然资源全民所有权和集体所有权的实现形式，除生态功能重要的外，可推动所有权和使用权相分离，明确占有、使用、收益、处分等权利归属关系和权责，适度扩大使用权的出让、转让、出租、抵押、担保、入股等权能。明确国有农场、林场和牧场土地所有者与使用者权能。全面建立覆盖各类全民所有自然资源资产的有偿出让制度，严禁无偿或低价出让。统筹规划，加强自然资源资产交易平台建设。

（七）健全国家自然资源资产管理体制。按照所有者和监管者分开和一件事情由一个部门负责的原则，整合分散的全民所有自然资源资产所有者职责，组建对全民所有的矿藏、水流、森林、山岭、草原、荒地、海域、滩涂等各类自然资源统一行使所有权的机构，负责全民所有自然资源的出让等。

（八）探索建立分级行使所有权的体制。对全民所有的自然资源资产，按照不同资源种类和在生态、经济、国防等方面的重要程度，研究实行中央和地方政府分级代理行使所有权职责的体制，实现效率和公平相统一。分清全民所有中央政府直接行使所有权、全民所有地方政府行使所有权的资源清单和空间范围。中央政府主要对石油天然气、贵重稀有矿产资源、重点国有林区、大江大河大湖和跨境河流、生态功能重要的湿地草原、海域滩涂、珍稀野生动植物种类和部分国家公园等直接行使所有权。

（九）开展水流和湿地产权确权试点。探索建立水权制度，开展水域、岸线等水生态空间确权试点，遵循水生态系统性、整体性原则，分清水资源所有权、使用权及使用量。在甘肃、宁夏等地开展湿地产权确权试点。

三、建立国土空间开发保护制度

（十）完善主体功能区制度。统筹国家和省级主体功能区规划，健全基于主体功能区的区域政策，根据城市化地区、农产品主产区、重点生态功能区的不同定位，加快调整完善财政、产业、投资、人口流动、建设用地、资源开发、环境保护等政策。

（十一）健全国土空间用途管制制度。简化自上而下的用地指标控制体系，调整按行政区和用地基数分配指标的做法。将开发强度指标分解到各县级行政区，作为约束性指标，控制建设用地总量。将用途管制扩大到所有自然生态空间，划定并严守生态红线，严禁任意改变用途，防止不合理开发建设活动对生态红线的破坏。完善覆盖全部国土空间的监测系统，动态监测国土空间变化。

（十二）建立国家公园体制。加强对重要生态系统的保护和永续利用，改革各部门分头设置自然保护区、风景名胜区、文化自然遗产、地质公园、森林公园等的体制，对上述保护地进行功能重组，合理界定国家公园范围。国家公园实行更严格保护，除不损害生态系统的原住民生活生产设施改造和自然观光科研教育旅游外，禁止其他开发建设，保护自然生态和自然文化遗产原真性、完整性。加强对国家公园试点的指导，在试点基础上研究制定建立国家公园体制总体方案。构建保护珍稀野生动植物的长效机制。

（十三）完善自然资源监管体制。将分散在各部门的有关用途管制职责，逐步统一到一个部门，统一行使所有国土空间的用途管制职责。

四、建立空间规划体系

（十四）编制空间规划。整合目前各部门分头编制的各类空间性规划，编制统一的空间规划，实现规划全覆盖。空间规划是国家空间发展的指南、可持续发展的空间蓝图，是各类开发建设活动的基本依据。空间规划分为国家、省、市县（设区的市空间规划范围为市辖区）三级。研究建立统一规范的空间规划编制机制。鼓励开展省级空间规划试点。编制京津冀空间规划。

（十五）推进市县“多规合一”。支持市县推进“多规合一”，统一编制市县空间规划，逐步形成一个市县一个规划、一张蓝图。市县空间规划要统一土地分类标准，根据主体功能定位和省级空间规划要求，划定生产空间、生活空间、生态空间，明确城镇建设区、工业区、农村居民点等的开发边界，以及耕地、林地、草原、河流、湖泊、湿地等的保护边界，加强对城市地下空间的统筹规划。加强对市县“多规合一”试点的指导，研究制定市县空间规划编制指引和技术规范，形成可复制、能推广的经验。

（十六）创新市县空间规划编制方法。探索规范化的市县空间规划编制程序，扩大社会参与，增强规划的科学性和透明度。鼓励试点地区进行规划编制部门整合，由一个部门负责市县空间规划的编制，可成立由专业人员和有关方面代表组成的规划评议委员会。规划编制前应当进行资源环境承载能力评价，以评价结果作为规划的基本依据。规划编制过程中应当广泛征求各方面意见，全文公布规划草案，充分听取当地居民意见。规划经评议委员会论证通过后，由当地人民代表大会审议通过，并报上级政府部门备案。规划成果应当包括规划文本和较高精度的规划图，并在网络和其他本地媒体公布。鼓励当地居民对规划执行进行监督，对违反规划的开发建设行为进行举报。当地人民代表大会及其常务委员会定期听取空间规划执行情况报告，对当地政府违反规划行为进行问责。

五、完善资源总量管理和全面节约制度

（十七）完善最严格的耕地保护制度和土地节约集约利用制度。完善基本农田保护制度，划定永久基本农田红线，按照面积不减少、质量不下降、用途不改变的要求，将基本农田落地到户、上图入库，实行严格保护，除法律规定的国家重点建设项目选址确实无法避让外，其他任何建设不得占用。加强耕地质量等级评定与监测，强化耕地质量保护与提升建设。完善耕地占补平衡制度，对新增建设用地占用耕地规模实行总量控制，严格实行耕地占一补一、先补后占、占优补优。实施建设用地总量控制和减量化管理，建立节约集约用地激励和约束机制，调整结构，盘活存量，合理安排土地利用年度计划。

（十八）完善最严格的水资源管理制度。按照节水优先、空间均衡、系统治理、两手发力的方针，健全用水总量控制制度，保障水安全。加快制定主要江河流域水量分配方案，加强省级统筹，完善省市县三级取用水总量控制指标体系。建立健全节约集约用水机制，促进水资源使用结构调整和优化配置。完善规划和建设项目水资源论证制度。主要运用价格和税收手段，逐步建立农业灌溉用水量控制和定额管理、高耗水工业企业计划用水和定额管理制度。在严重缺水地区建立用水定额准入门槛，严格控制高耗水项目建设。加强水产品产地保护和环境修复，控制水产养殖，构建水生动植物保护机制。完善水功能区监督管理，建立促进非常规水源利用制度。

（十九）建立能源消费总量管理和节约制度。坚持节约优先，强化能耗强度控制，健全节能目标责任制和奖励制。进一步完善能源统计制度。健全重点用能单位节能管理制度，探索实行节能自愿承诺机制。完善节能标准体系，及时更新用能产品能效、高耗能行业能耗限额、建筑物能效等标准。合理确定全国能源消费总量目标，并分解落实到省级行政区和重点用能单位。健全节能低碳产品和技术装备推广机制，定期发布技术目录。强化节能评估审查和节能监察。加强对可再生能源发展的扶持，逐步取消对化石能源的普遍性补贴。逐步建立全国碳排放总量控制制度和分解落实机制，建立增加森林、草原、湿地、海洋碳汇的有效机制，加强应对气候变化国际合作。

（二十）建立天然林保护制度。将所有天然林纳入保护范围。建立国家用材林储备制度。逐步推进国有林区政企分开，完善以购买服务为主的国有林场公益林管护机制。完善集体林权制度，稳定承包权，拓展经营权能，健全林权抵押贷款和流转制度。

（二十一）建立草原保护制度。稳定和完善草原承包经营制度，实现草原承包地块、面积、合同、证书“四到户”，规范草原经营权流转。实行基本草原保护制度，确保基本草原面积不减少、质量不下降、用途不改变。健全草原生态保护补奖机制，实施禁牧休牧、划区轮牧和草畜平衡等制度。加强对草原征用使用审核审批的监管，严格控制草原非牧使用。

（二十二）建立湿地保护制度。将所有湿地纳入保护范围，禁止擅自征用占用国际重要湿地、国家重要湿地和湿地自然保护区。确定各类湿地功能，规范保护利用行为，建立湿地生态修复机制。

（二十三）建立沙化土地封禁保护制度。将暂不具备治理条件的连片沙化土地划为沙化土地封禁保护区。建立严格保护制度，加强封禁和管护基础设施建设，加强沙化土地治理，增加植被，合理发展沙产业，完善以购买服务为主的管护机制，探索开发与治理结合新机制。

（二十四）健全海洋资源开发保护制度。实施海洋主体功能区制度，确定近海海域海岛主体功能，引导、控制和规范各类用海用岛行为。实行围填海总量控制制度，对围填海面积实行约束性指标管理。建立自然岸线保有率控制制度。完善海洋渔业资源总量管理制度，严格执行休渔禁渔制度，推行近海捕捞限额管理，控制近海和滩涂养殖规模。健全海洋督察制度。

（二十五）健全矿产资源开发利用管理制度。建立矿产资源开发利用水平调查评估制度，加强矿产资源查明登记和有偿计时占用登记管理。建立矿产资源集约开发机制，提高矿区企业集中度，鼓励规模化开发。完善重要矿产资源开采回采率、选矿回收率、综合利用率等国家标准。健全鼓励提高矿产资源利用水平的经济政策。建立矿山企业高效和综合利用信息公示制度，建立矿业权人“黑名单”制度。完善重要矿产资源回收利用的产业化扶持机制。完善矿山地质环境保护和土地复垦制度。

（二十六）完善资源循环利用制度。建立健全资源产出率统计体系。实行生产者责任延伸制度，推动生产者落实废弃产品回收处理等责任。建立种养业废弃物资源化利用制度，实现种养业有机结合、循环发展。加快建立垃圾强制分类制度。制定再生资源回收目录，对复合包装物、电池、农膜等低值废弃物实行强制回收。加快制定资源分类回收利用标准。建立资源再生产品和原料推广使用制度，相关原材料消耗企业要使用一定比例的资源再生产品。完善限制一次性用品使用制度。落实并完善资源综合利用和促进循环经济发展的税收政策。制定循环经济技术目录，实行政府优先采购、贷款贴息等政策。

六、健全资源有偿使用和生态补偿制度

（二十七）加快自然资源及其产品价格改革。按照成本、收益相统一的原则，充分考虑社会可承受能力，建立自然资源开发使用成本评估机制，将资源所有者权益和生态环境损害等纳入自然资源及其产品价格形成机制。加强对自然垄断环节的价格监管，建立定价成本监审制度和价格调整机制，完善价格决策程序和信息公开制度。推进农业水价综合改革，全面实行非居民用水超计划、超定额累进加价制度，全面推行城镇居民用水阶梯价格制度。

（二十八）完善土地有偿使用制度。扩大国有土地有偿使用范围，扩大招拍挂出让比例，减少非公益性用地划拨，国有土地出让收支纳入预算管理。改革完善工业用地供应方式，探索实行弹性出让年限以及长期租赁、先租后让、租让结合供应。完善地价形成机制和评估制度，健全土地等级价体系，理顺与土地相关的出让金、租金和税费关系。建立有效调节工业用地和居住用地合理比价机制，提高工业用地出让地价水平，降低工业用地比例。探索通过土地承包经营、出租等方式，健全国有农用地有偿使用制度。

（二十九）完善矿产资源有偿使用制度。完善矿业权出让制度，建立符合市场经济要求和矿业规律的探矿权采矿权出让方式，原则上实行市场化出让，国有矿产资源出让收支纳入预算管理。理清有偿取得、占用和开采中所有者、投资者、使用者的产权关系，研究建立矿产资源国家权益金制度。调整探矿权采矿权使用费标准、矿产资源最低勘查投入标准。推进实现全国统一的矿业权交易平台建设，加大矿业权出让转让信息公开力度。

（三十）完善海域海岛有偿使用制度。建立海域、无居民海岛使用金征收标准调整机制。建立健全海域、无居民海岛使用权招拍挂出让制度。

（三十一）加快资源环境税费改革。理顺自然资源及其产品税费关系，明确各自功能，合理确定税收调控范围。加快推进资源税从价计征改革，逐步将资源税扩展到占用各种自然生态空间，在华北部分地区开展地下水征收资源税改革试点。加快推进环境保护税立法。

（三十二）完善生态补偿机制。探索建立多元化补偿机制，逐步增加对重点生态功能区转移支付，完善生态保护成效与资金分配挂钩的激励约束机制。制定横向生态补偿机制办法，以地方补偿为主，中央财政给予支持。鼓励各地区开展生态补偿试点，继续推进新安江水环境补偿试点，推动在京津冀水源涵养区、广西广东九洲江、福建广东汀江－韩江等开展跨地区生态补偿试点，在长江流域水环境敏感地区探索开展流域生态补偿试点。

（三十三）完善生态保护修复资金使用机制。按照山水林田湖系统治理的要求，完善相关资金使用管理办法，整合现有政策和渠道，在深入推进国土江河综合整治的同时，更多用于青藏高原生态屏障、黄土高原－川滇生态屏障、东北森林带、北方防沙带、南方丘陵山地带等国家生态安全屏障的保护修复。

（三十四）建立耕地草原河湖休养生息制度。编制耕地、草原、河湖休养生息规划，调整严重污染和地下水严重超采地区的耕地用途，逐步将25度以上不适宜耕种且有损生态的陡坡地退出基本农田。建立巩固退耕还林还草、退牧还草成果长效机制。开展退田还湖还湿试点，推进长株潭地区土壤重金属污染修复试点、华北地区地下水超采综合治理试点。

七、建立健全环境治理体系

（三十五）完善污染物排放许可制。尽快在全国范围建立统一公平、覆盖所有固定污染源的企业排放许可制，依法核发排污许可证，排污者必须持证排污，禁止无证排污或不按许可证规定排污。

（三十六）建立污染防治区域联动机制。完善京津冀、长三角、珠三角等重点区域大气污染防治联防联控协作机制，其他地方要结合地理特征、污染程度、城市空间分布以及污染物输送规律，建立区域协作机制。在部分地区开展环境保护管理体制创新试点，统一规划、统一标准、统一环评、统一监测、统一执法。开展按流域设置环境监管和行政执法机构试点，构建各流域内相关省级涉水部门参加、多形式的流域水环境保护协作机制和风险预警防控体系。建立陆海统筹的污染防治机制和重点海域污染物排海总量控制制度。完善突发环境事件应急机制，提高与环境风险程度、污染物种类等相匹配的突发环境事件应急处置能力。

（三十七）建立农村环境治理体制机制。建立以绿色生态为导向的农业补贴制度，加快制定和完善相关技术标准和规范，加快推进化肥、农药、农膜减量化以及畜禽养殖废弃物资源化和无害化，鼓励生产使用可降解农膜。完善农作物秸秆综合利用制度。健全化肥农药包装物、农膜回收贮运加工网络。采取财政和村集体补贴、住户付费、社会资本参与的投入运营机制，加强农村污水和垃圾处理等环保设施建设。采取政府购买服务等多种扶持措施，培育发展各种形式的农业面源污染治理、农村污水垃圾处理市场主体。强化县乡两级政府的环境保护职责，加强环境监管能力建设。财政支农资金的使用要统筹考虑增强农业综合生产能力和防治农村污染。

（三十八）健全环境信息公开制度。全面推进大气和水等环境信息公开、排污单位环境信息公开、监管部门环境信息公开，健全建设项目环境影响评价信息公开机制。健全环境新闻发言人制度。引导人民群众树立环保意识，完善公众参与制度，保障人民群众依法有序行使环境监督权。建立环境保护网络举报平台和举报制度，健全举报、听证、舆论监督等制度。

（三十九）严格实行生态环境损害赔偿制度。强化生产者环境保护法律责任，大幅度提高违法成本。健全环境损害赔偿方面的法律制度、评估方法和实施机制，对违反环保法律法规的，依法严惩重罚；对造成生态环境损害的，以损害程度等因素依法确定赔偿额度；对造成严重后果的，依法追究刑事责任。

（四十）完善环境保护管理制度。建立和完善严格监管所有污染物排放的环境保护管理制度，将分散在各部门的环境保护职责调整到一个部门，逐步实行城乡环境保护工作由一个部门进行统一监管和行政执法的体制。有序整合不同领域、不同部门、不同层次的监管力量，建立权威统一的环境执法体制，充实执法队伍，赋予环境执法强制执行的必要条件和手段。完善行政执法和环境司法的衔接机制。

八、健全环境治理和生态保护市场体系

（四十一）培育环境治理和生态保护市场主体。采取鼓励发展节能环保产业的体制机制和政策措施。废止妨碍形成全国统一市场和公平竞争的规定和做法，鼓励各类投资进入环保市场。能由政府和社会资本合作开展的环境治理和生态保护事务，都可以吸引社会资本参与建设和运营。通过政府购买服务等方式，加大对环境污染第三方治理的支持力度。加快推进污水垃圾处理设施运营管理单位向独立核算、自主经营的企业转变。组建或改组设立国有资本投资运营公司，推动国有资本加大对环境治理和生态保护等方面的投入。支持生态环境保护领域国有企业实行混合所有制改革。

（四十二）推行用能权和碳排放权交易制度。结合重点用能单位节能行动和新建项目能评审查，开展项目节能量交易，并逐步改为基于能源消费总量管理下的用能权交易。建立用能权交易系统、测量与核准体系。推广合同能源管理。深化碳排放权交易试点，逐步建立全国碳排放权交易市场，研究制定全国碳排放权交易总量设定与配额分配方案。完善碳交易注册登记系统，建立碳排放权交易市场监管体系。

（四十三）推行排污权交易制度。在企业排污总量控制制度基础上，尽快完善初始排污权核定，扩大涵盖的污染物覆盖面。在现行以行政区为单元层层分解机制基础上，根据行业先进排污水平，逐步强化以企业为单元进行总量控制、通过排污权交易获得减排收益的机制。在重点流域和大气污染重点区域，合理推进跨行政区排污权交易。扩大排污权有偿使用和交易试点，将更多条件成熟地区纳入试点。加强排污权交易平台建设。制定排污权核定、使用费收取使用和交易价格等规定。

（四十四）推行水权交易制度。结合水生态补偿机制的建立健全，合理界定和分配水权，探索地区间、流域间、流域上下游、行业间、用水户间等水权交易方式。研究制定水权交易管理办法，明确可交易水权的范围和类型、交易主体和期限、交易价格形成机制、交易平台运作规则等。开展水权交易平台建设。

（四十五）建立绿色金融体系。推广绿色信贷，研究采取财政贴息等方式加大扶持力度，鼓励各类金融机构加大绿色信贷的发放力度，明确贷款人的尽职免责要求和环境保护法律责任。加强资本市场相关制度建设，研究设立绿色股票指数和发展相关投资产品，研究银行和企业发行绿色债券，鼓励对绿色信贷资产实行证券化。支持设立各类绿色发展基金，实行市场化运作。建立上市公司环保信息强制性披露机制。完善对节能低碳、生态环保项目的各类担保机制，加大风险补偿力度。在环境高风险领域建立环境污染强制责任保险制度。建立绿色评级体系以及公益性的环境成本核算和影响评估体系。积极推动绿色金融领域各类国际合作。

（四十六）建立统一的绿色产品体系。将目前分头设立的环保、节能、节水、循环、低碳、再生、有机等产品统一整合为绿色产品，建立统一的绿色产品标准、认证、标识等体系。完善对绿色产品研发生产、运输配送、购买使用的财税金融支持和政府采购等政策。

九、完善生态文明绩效评价考核和责任追究制度

（四十七）建立生态文明目标体系。研究制定可操作、可视化的绿色发展指标体系。制定生态文明建设目标评价考核办法，把资源消耗、环境损害、生态效益纳入经济社会发展评价体系。根据不同区域主体功能定位，实行差异化绩效评价考核。

（四十八）建立资源环境承载能力监测预警机制。研究制定资源环境承载能力监测预警指标体系和技术方法，建立资源环境监测预警数据库和信息技术平台，定期编制资源环境承载能力监测预警报告，对资源消耗和环境容量超过或接近承载能力的地区，实行预警提醒和限制性措施。

（四十九）探索编制自然资源资产负债表。制定自然资源资产负债表编制指南，构建水资源、土地资源、森林资源等的资产和负债核算方法，建立实物量核算账户，明确分类标准和统计规范，定期评估自然资源资产变化状况。在市县层面开展自然资源资产负债表编制试点，核算主要自然资源实物量账户并公布核算结果。

（五十）对领导干部实行自然资源资产离任审计。在编制自然资源资产负债表和合理考虑客观自然因素基础上，积极探索领导干部自然资源资产离任审计的目标、内容、方法和评价指标体系。以领导干部任期内辖区自然资源资产变化状况为基础，通过审计，客观评价领导干部履行自然资源资产管理责任情况，依法界定领导干部应当承担的责任，加强审计结果运用。在内蒙古呼伦贝尔市、浙江湖州市、湖南娄底市、贵州赤水市、陕西延安市开展自然资源资产负债表编制试点和领导干部自然资源资产离任审计试点。

（五十一）建立生态环境损害责任终身追究制。实行地方党委和政府领导成员生态文明建设一岗双责制。以自然资源资产离任审计结果和生态环境损害情况为依据，明确对地方党委和政府领导班子主要负责人、有关领导人员、部门负责人的追责情形和认定程序。区分情节轻重，对造成生态环境损害的，予以诫勉、责令公开道歉、组织处理或党纪政纪处分，对构成犯罪的依法追究刑事责任。对领导干部离任后出现重大生态环境损害并认定其需要承担责任的，实行终身追责。建立国家环境保护督察制度。

十、生态文明体制改革的实施保障

（五十二）加强对生态文明体制改革的领导。各地区各部门要认真学习领会中央关于生态文明建设和体制改革的精神，深刻认识生态文明体制改革的重大意义，增强责任感、使命感、紧迫感，认真贯彻党中央、国务院决策部署，确保本方案确定的各项改革任务加快落实。各有关部门要按照本方案要求抓紧制定单项改革方案，明确责任主体和时间进度，密切协调配合，形成改革合力。

（五十三）积极开展试点试验。充分发挥中央和地方两个积极性，鼓励各地区按照本方案的改革方向，从本地实际出发，以解决突出生态环境问题为重点，发挥主动性，积极探索和推动生态文明体制改革，其中需要法律授权的按法定程序办理。将各部门自行开展的综合性生态文明试点统一为国家试点试验，各部门要根据各自职责予以指导和推动。

（五十四）完善法律法规。制定完善自然资源资产产权、国土空间开发保护、国家公园、空间规划、海洋、应对气候变化、耕地质量保护、节水和地下水管理、草原保护、湿地保护、排污许可、生态环境损害赔偿等方面的法律法规，为生态文明体制改革提供法治保障。

（五十五）加强舆论引导。面向国内外，加大生态文明建设和体制改革宣传力度，统筹安排、正确解读生态文明各项制度的内涵和改革方向，培育普及生态文化，提高生态文明意识，倡导绿色生活方式，形成崇尚生态文明、推进生态文明建设和体制改革的良好氛围。

（五十六）加强督促落实。中央全面深化改革领导小组办公室、经济体制和生态文明体制改革专项小组要加强统筹协调，对本方案落实情况进行跟踪分析和督促检查，正确解读和及时解决实施中遇到的问题，重大问题要及时向党中央、国务院请示报告。

国务院关于长江中游城市群发展规划的批复

（国函〔2015〕62号）

江西、湖北、湖南省人民政府，发展改革委：

发展改革委《关于报送长江中游城市群发展规划（送审稿）的请示》（发改地区〔2014〕3034号）收悉。现批复如下：

一、原则同意《长江中游城市群发展规划》（以下简称《规划》），请认真组织实施。

二、《规划》实施要以邓小平理论、“三个代表”重要思想、科学发展观为指导，深入贯彻党的十八大和十八届二中、三中、四中全会精神，全面落实党中央、国务院关于依托黄金水道推动长江经济带发展的决策部署，加快实施新型城镇化战略、促进中部地区崛起战略和创新驱动发展战略，以全面深化改革为动力，推动完善开放合作、互利共赢、共建共享的一体化发展机制，走新型城镇化道路，着力推进城乡、产业、基础设施、生态文明、公共服务“五个协同发展”，积极探索科学发展、和谐发展、转型发展、合作发展新路径和新模式，努力将长江中游城市群建设成为长江经济带重要支撑、全国经济新增长极和具有一定国际影响的城市群。

三、江西、湖北、湖南省人民政府要切实加强组织领导，密切协调配合，落实工作责任，完善定期会商机制和工作推进机制，抓紧制定实施方案和专项规划，依法落实《规划》明确的主要目标和重点任务。《规划》实施中涉及的重大事项、重大政策和重大项目按规定程序报批。

四、国务院有关部门要按照职能分工，在规划编制、政策实施、项目安排、体制创新等方面给予积极支持，指导和帮助解决《规划》实施中遇到的问题。发展改革委要会同有关部门加强对《规划》实施情况的跟踪分析和督促检查，研究新情况、解决新问题、总结新经验，适时会同江西、湖北、湖南省人民政府组织开展《规划》实施情况评估，重大问题及时向国务院报告。

推动长江中游城市群发展，对于依托黄金水道推动长江经济带发展、加快中部地区全面崛起、探索新型城镇化道路、促进区域一体化发展具有重大意义。各有关方面要提高认识、紧密合作、扎实工作，共同推动《规划》的落实。

国务院

2015年3月26日

国务院关于印发水污染防治行动计划的通知

（国发〔2015〕17号）

各省、自治区、直辖市人民政府，国务院各部委、各直属机构：

现将《水污染防治行动计划》印发给你们，请认真贯彻执行。

国务院

2015年4月2日

水污染防治行动计划

水环境保护事关人民群众切身利益，事关全面建成小康社会，事关实现中华民族伟大复兴中国梦。当前，我国一些地区水环境质量差、水生态受损重、环境隐患多等问题十分突出，影响和损害群众健康，不利于经济社会持续发展。为切实加大水污染防治力度，保障国家水安全，制定本行动计划。

总体要求：全面贯彻党的十八大和十八届二中、三中、四中全会精神，大力推进生态文明建设，以改善水环境质量为核心，按照“节水优先、空间均衡、系统治理、两手发力”原则，贯彻“安全、清洁、健康”方针，强化源头控制，水陆统筹、河海兼顾，对江河湖海实施分流域、分区域、分阶段科学治理，系统推进水污染防治、水生态保护和水资源管理。坚持政府市场协同，注重改革创新；坚持全面依法推进，实行最严格环保制度；坚持落实各方责任，严格考核问责；坚持全民参与，推动节水洁水人人有责，形成“政府统领、企业施治、市场驱动、公众参与”的水污染防治新机制，实现环境效益、经济效益与社会效益多赢，为建设“蓝天常在、青山常在、绿水常在”的美丽中国而奋斗。

工作目标：到2020年，全国水环境质量得到阶段性改善，污染严重水体较大幅度减少，饮用水安全保障水平持续提升，地下水超采得到严格控制，地下水污染加剧趋势得到初步遏制，近岸海域环境质量稳中趋好，京津冀、长三角、珠三角等区域水生态环境状况有所好转。到2030年，力争全国水环境质量总体改善，水生态系统功能初步恢复。到21世纪中叶，生态环境质量全面改善，生态系统实现良性循环。

主要指标：到2020年，长江、黄河、珠江、松花江、淮河、海河、辽河等七大重点流域水质优良（达到或优于Ⅲ类）比例总体达到70%以上，地级及以上城市建成区黑臭水体均控制在10%以内，地级及以上城市集中式饮用水水源水质达到或优于Ⅲ类比例总体高于93%，全国地下水质量极差的比例控制在15%左右，近岸海域水质优良（一、二类）比例达到70%左右。京津冀区域丧失使用功能（劣于Ⅴ类）的水体断面比例下降15个百分点左右，长三角、珠三角区域力争消除丧失使用功能的水体。

到2030年，全国七大重点流域水质优良比例总体达到75%以上，城市建成区黑臭水体总体得到消除，城市集中式饮用水水源水质达到或优于Ⅲ类比例总体为95%左右。

一、全面控制污染物排放

（一）*狠抓工业污染防治*。取缔“十小”企业。全面排查装备水平低、环保设施差的小型工业企业。2016年底前，按照水污染防治法律法规要求，全部取缔不符合国家产业政策的小型造纸、制革、印染、染料、炼焦、炼硫、炼砷、炼油、电镀、农药等严重污染水环境的生产项目。（环境保护部牵头，工业和信息化部、国土资源部、能源局等参与，地方各级人民政府负责落实。以下均需地方各级人民政府落实，不再列出）

专项整治十大重点行业。制定造纸、焦化、氮肥、有色金属、印染、农副食品加工、原料药制造、制革、农药、电镀等行业专项治理方案，实施清洁化改造。新建、改建、扩建上述行业建设项目实行主要污染物排放等量或减量置换。2017年底前，造纸行业力争完成纸浆无元素氯漂白改造或采取其他低污染制浆技术，钢铁企业焦炉完成干熄焦技术改造，氮肥行业尿素生产完成工艺冷凝液水解解析技术改造，印染行业实施低排水染整工艺改造，制药（抗生素、维生素）行业实施绿色酶法生产技术改造，制革行业实施铬减量化和封闭循环利用技术改造。（环境保护部牵头，工业和信息化部等参与）

集中治理工业集聚区水污染。强化经济技术开发区、高新技术产业开发区、出口加工区等工业集聚区污染治理。集聚区内工业废水必须经预处理达到集中处理要求，方可进入污水集中处理设施。新建、升级工业集聚区应同步规划、建设污水、垃圾集中处理等污染治理设施。2017年底前，工业集聚区应按规定建成污水集中处理设施，并安装自动在线监控装置，京津冀、长三角、珠三角等区域提前一年完成；逾期未完成的，一律暂停审批和核准其增加水污染物排放的建设项目，并依照有关规定撤销其园区资格。（环境保护部牵头，科技部、工业和信息化部、商务部等参与）

（二）*强化城镇生活污染治理*。加快城镇污水处理设施建设与改造。现有城镇污水处理设施，要因地制宜进行改造，2020年底前达到相应排放标准或再生利用要求。敏感区域（重点湖泊、重点水库、近岸海域汇水区域）城镇污水处理设施应于2017年底前全面达到一级A排放标准。建成区水体水质达不到地表水Ⅳ类标准的城市，新建城镇污水处理设施要执行一级A排放标准。按照国家新型城镇化规划要求，到2020年，全国所有县城和重点镇具备污水收集处理能力，县城、城市污水处理率分别达到85%、95%左右。京津冀、长三角、珠三角等区域提前一年完成。（住房城乡建设部牵头，发展改革委、环境保护部等参与）

全面加强配套管网建设。强化城中村、老旧城区和城乡结合部污水截流、收集。现有合流制排水系统应加快实施雨污分流改造，难以改造的，应采取截流、调蓄和治理等措施。新建污水处理设施的配套管网应同步设计、同步建设、同步投运。除干旱地区外，城镇新区建设均实行雨污分流，有条件的地区要推进初期雨水收集、处理和资源化利用。到2017年，直辖市、省会城市、计划单列市建成区污水基本实现全收集、全处理，其他地级城市建成区于2020年底前基本实现。（住房城乡建设部牵头，发展改革委、环境保护部等参与）

推进污泥处理处置。污水处理设施产生的污泥应进行稳定化、无害化和资源化处理处置，禁止处理处置不达标的污泥进入耕地。非法污泥堆放点一律予以取缔。现有污泥处理处置设施应于2017年底前基本完成达标改造，地级及以上城市污泥无害化处理处置率应于2020年底前达到90%以上。（住房城乡建设部牵头，发展改革委、工业和信息化部、环境保护部、农业部等参与）

（三）*推进农业农村污染防治*。防治畜禽养殖污染。科学划定畜禽养殖禁养区，2017年底前，依法关闭或搬迁禁养区内的畜禽养殖场（小区）和养殖专业户，京津冀、长三角、珠三角等区域提前一年完成。现有规模化畜禽养殖场（小区）要根据污染防治需要，配套建设粪便污水贮存、处理、利用设施。散养密集区要实行畜禽粪便污水分户收集、集中处理利用。自2016年起，新建、改建、扩建规模化畜禽养殖场（小区）要实施雨污分流、粪便污水资源化利用。（农业部牵头，环境保护部参与）

控制农业面源污染。制定实施全国农业面源污染综合防治方案。推广低毒、低残留农药使用补助试点经验，开展农作物病虫害绿色防控和统防统治。实行测土配方施肥，推广精准施肥技术和机具。完善高标准农田建设、土地开发整理等标准规范，明确环保要求，新建高标准农田要达到相关环保要求。敏感区域和大中型灌区，要利用现有沟、塘、窖等，配置水生植物群落、格栅和透水坝，建设生态沟渠、污水净化塘、地表径流集蓄池等设施，净化农田排水及地表径流。到2020年，测土配方施肥技术推广覆盖率达到90%以上，化肥利用率提高到40%以上，农作物病虫害统防统治覆盖率达到40%以上；京津冀、长三角、珠三角等区域提前一年完成。（农业部牵头，发展改革委、工业和信息化部、国土资源部、环境保护部、水利部、质检总局等参与）

调整种植业结构与布局。在缺水地区试行退地减水。地下水易受污染地区要优先种植需肥需药量低、环境效益突出的农作物。地表水过度开发和地下水超采问题较严重，且农业用水比重较大的甘肃、新疆（含新疆生产建设兵团）、河北、山东、河南等五省（区），要适当减少用水量较大的农作物种植面积，改种耐旱作物和经济林；2018年底前，对3300万亩灌溉面积实施综合治理，退减水量37亿立方米以上。（农业部、水利部牵头，发展改革委、国土资源部等参与）

加快农村环境综合整治。以县级行政区域为单元，实行农村污水处理统一规划、统一建设、统一管理，有条件的地区积极推进城镇污水处理设施和服务向农村延伸。深化“以奖促治”政策，实施农村清洁工程，开展河道清淤疏浚，推进农村环境连片整治。到2020年，新增完成环境综合整治的建制村13万个。（环境保护部牵头，住房城乡建设部、水利部、农业部等参与）

（四）加强船舶港口污染控制。积极治理船舶污染。依法强制报废超过使用年限的船舶。分类分级修订船舶及其设施、设备的相关环保标准。2018年起投入使用的沿海船舶、2021年起投入使用的内河船舶执行新的标准；其他船舶于2020年底前完成改造，经改造仍不能达到要求的，限期予以淘汰。航行于我国水域的国际航线船舶，要实施压载水交换或安装压载水灭活处理系统。规范拆船行为，禁止冲滩拆解。（交通运输部牵头，工业和信息化部、环境保护部、农业部、质检总局等参与）

增强港口码头污染防治能力。编制实施全国港口、码头、装卸站污染防治方案。加快垃圾接收、转运及处理处置设施建设，提高含油污水、化学品洗舱水等接收处置能力及污染事故应急能力。位于沿海和内河的港口、码头、装卸站及船舶修造厂，分别于2017年底前和2020年底前达到建设要求。港口、码头、装卸站的经营人应制定防治船舶及其有关活动污染水环境的应急计划。（交通运输部牵头，工业和信息化部、住房城乡建设部、农业部等参与）

二、推动经济结构转型升级

（五）调整产业结构。依法淘汰落后产能。自2015年起，各地要依据部分工业行业淘汰落后生产工艺装备和产品指导目录、产业结构调整指导目录及相关行业污染物排放标准，结合水质改善要求及产业发展情况，制定并实施分年度的落后产能淘汰方案，报工业和信息化部、环境保护部备案。未完成淘汰任务的地区，暂停审批和核准其相关行业新建项目。（工业和信息化部牵头，发展改革委、环境保护部等参与）

严格环境准入。根据流域水质目标和主体功能区规划要求，明确区域环境准入条件，细化功能分区，实施差别化环境准入政策。建立水资源、水环境承载能力监测评价体系，实行承载能力监测预警，已超过承载能力的地区要实施水污染物削减方案，加快调整发展规划和产业结构。到2020年，组织完成市、县域水资源、水环境承载能力现状评价。（环境保护部牵头，住房城乡建设部、水利部、海洋局等参与）

（六）优化空间布局。合理确定发展布局、结构和规模。充分考虑水资源、水环境承载能力，以水定城、以水定地、以水定人、以水定产。重大项目原则上布局在优化开发区和重点开发区，并符合城乡规划和土地利用总体规划。鼓励发展节水高效现代农业、低耗水高新技术产业以及生态保护型旅游业，严格控制缺水地区、水污染严重地区和敏感区域高耗水、高污染行业发展，新建、改建、扩建重点行业建设项目实行主要污染物排放减量置换。七大重点流域干流沿岸，要严格控制石油加工、化学原料和化学制品制造、医药制造、化学纤维制造、有色金属冶炼、纺织印染等项目环境风险，合理布局生产装置及危险化学品仓储等设施。（发展改革委、工业和信息化部牵头，国土资源部、环境保护部、住房城乡建设部、水利部等参与）

推动污染企业退出。城市建成区内现有钢铁、有色金属、造纸、印染、原料药制造、化工等污染较重的企业应有序搬迁改造或依法关闭。（工业和信息化部牵头，环境保护部等参与）

积极保护生态空间。严格城市规划蓝线管理，城市规划区范围内应保留一定比例的水域面积。新建项目一律不得违规占用水域。严格水域岸线用途管制，土地开发利用应按照有关法律法规和技术标准要求，留足河道、湖泊和滨海地带的管理和保护范围，非法挤占的应限期退出。（国土资源部、住房城乡建设部牵头，环境保护部、水利部、海洋局等参与）

（七）推进循环发展。加强工业水循环利用。推进矿井水综合利用，煤炭矿区的补充用水、周边地区生产和生态用水应优先使用矿井水，加强洗煤废水循环利用。鼓励钢铁、纺织印染、造纸、石油石化、化工、制革等高耗水企业废水深度处理回用。（发展改革委、工业和信息化部牵头，水利部、能源局等参与）

促进再生水利用。以缺水及水污染严重地区城市为重点，完善再生水利用设施，工业生产、城市绿化、道路清扫、车辆冲洗、建筑施工以及生态景观等用水，要优先使用再生水。推进高速公路服务区污水处理和利用。具备使用再生水条件但未充分利用的钢铁、火电、化工、制浆造纸、印染等项目，不得批准其新增取水许可。自2018年起，单体建筑面积超过2万平方米的新建公共建筑，北京市2万平方米、天津市5万平方米、河北省10万平方米以上集中新建的保障性住房，应安装建筑中水设施。积极推动其他新建住房安装建筑中水设施。到2020年，缺水城市再生水利用率达到20%以上，京津冀区域达到30%以上。（住房城乡建设部牵头，发展改革委、工业和信息化部、环境保护部、交通运输部、水利部等参与）

推动海水利用。在沿海地区电力、化工、石化等行业，推行直接利用海水作为循环冷却等工业用水。在有条件的城市，加快推进淡化海水作为生活用水补充水源。（发展改革委牵头，工业和信息化部、住房城乡建设部、水利部、海洋局等参与）

三、着力节约保护水资源

（八）控制用水总量。实施最严格水资源管理。健全取用水总量控制指标体系。加强相关规划和项目建设布局水资源论证工作，国民经济和社会发展规划以及城市总体规划的编制、重大建设项目的布局，应充分考虑当地水资源条件和防洪要求。对取用水总量已达到或超过控制指标的地区，暂停审批其建设项目新增取水许可。对纳入取水许可管理的单位和其他用水大户实行计划用水管理。新建、改建、扩建项目用水要达到行业先进水平，节水设施应与主体工程同时设计、同时施工、同时投运。建立重点监控用水单位名录。到2020年，全国用水总量控制在6700亿立方米以内。（水利部牵头，发展改革委、工业和信息化部、住房城乡建设部、农业部等参与）

严控地下水超采。在地面沉降、地裂缝、岩溶塌陷等地质灾害易发区开发利用地下水，应进行地质灾害危险性评估。严格控制开采深层承压水，地热水、矿泉水开发应严格实行取水许可和采矿许可。依法规范机井建设管理，排查登记已建机井，未经批准的和公共供水管网覆盖范围内的自备水井，一律予以关闭。编制地面沉降区、海水入侵区等区域地下水压采方案。开展华北地下水超采区综合治理，超采区内禁止工农业生产及服务业新增取用地下水。京津冀区域实施土地整治、农业开发、扶贫等农业基础设施项目，不得以配套打井为条件。2017年底前，完成地下水禁采区、限采区和地面沉降控制区范围划定工作，京津冀、长三角、珠三角等区域提前一年完成。（水利部、国土资源部牵头，发展改革委、工业和信息化部、财政部、住房城乡建设部、农业部等参与）

（九）提高用水效率。建立万元国内生产总值水耗指标等用水效率评估体系，把节水目标任务完成情况纳入地方政府政绩考核。将再生水、雨水和微咸水等非常规水源纳入水资源统一配置。到2020年，全国万元国内生产总值用水量、万元工业增加值用水量比2013年分别下降35%、30%以上。（水利部牵头，发展改革委、工业和信息化部、住房城乡建设部等参与）

抓好工业节水。制定国家鼓励和淘汰的用水技术、工艺、产品和设备目录，完善高耗水行业取用水定额标准。开展节水诊断、水平衡测试、用水效率评估，严格用水定额管理。到2020年，电力、钢铁、纺织、造纸、石油石化、化工、食品发酵等高耗水行业达到先进定额标准。（工业和信息化部、水利部牵头，发展改革委、住房城乡建设部、质检总局等参与）

加强城镇节水。禁止生产、销售不符合节水标准的产品、设备。公共建筑必须采用节水器具，限期淘汰公共建筑中不符合节水标准的水嘴、便器水箱等生活用水器具。鼓励居民家庭选用节水器具。对使用超过50年和材质落后的供水管网进行更新改造，到2017年，全国公共供水管网漏损率控制在12%以内；到2020年，控制在10%以内。积极推行低影响开发建设模式，建设滞、渗、蓄、用、排相结合的雨水收集利用设施。新建城区硬化地面，可渗透面积要达到40%以上。到2020年，地级及以上缺水城市全部达到国家节水型城市标准要求，京津冀、长三角、珠三角等区域提前一年完成。（住房城乡建设部牵头，发展改革委、工业和信息化部、水利部、质检总局等参与）

发展农业节水。推广渠道防渗、管道输水、喷灌、微灌等节水灌溉技术，完善灌溉用水计量设施。在东北、西北、黄淮海等区域，推进规模化高效节水灌溉，推广农作物节水抗旱技术。到2020年，大型灌区、重点中型灌区续建配套和节水改造任务基本完成，全国节水灌溉工程面积达到7亿亩左右，农田灌溉水有效利用系数达到0.55以上。（水利部、农业部牵头，发展改革委、财政部等参与）

（十）科学保护水资源。完善水资源保护考核评价体系。加强水功能区监督管理，从严核定水域纳污能力。（水利部牵头，发展改革委、环境保护部等参与）

加强江河湖库水量调度管理。完善水量调度方案。采取闸坝联合调度、生态补水等措施，合理安排闸坝下泄水量和泄流时段，维持河湖基本生态用水需求，重点保障枯水期生态基流。加大水利工程建设力度，发挥好控制性水利工程在改善水质中的作用。（水利部牵头，环境保护部参与）

科学确定生态流量。在黄河、淮河等流域进行试点，分期分批确定生态流量（水位），作为流域水量调度的重要参考。（水利部牵头，环境保护部参与）

四、强化科技支撑

（十一）推广示范适用技术。加快技术成果推广应用，重点推广饮用水净化、节水、水污染治理及循环利用、城市雨水收集利用、再生水安全回用、水生态修复、畜禽养殖污染防治等适用技术。完善环保技术评价体系，加强国家环保科技成果共享平台建设，推动技术成果共享与转化。发挥企业的技术创新主体作用，推动水处理重点企业与科研院所、高等学校组建产学研技术创新战略联盟，示范推广控源减排和清洁生产先进技术。（科技部牵头，发展改革委、工业和信息化部、环境保护部、住房城乡建设部、水利部、农业部、海洋局等参与）

（十二）攻关研发前瞻技术。整合科技资源，通过相关国家科技计划（专项、基金）等，加快研发重点行业废水深度处理、生活污水低成本高标准处理、海水淡化和工业高盐废水脱盐、饮用水微量有毒污染物处理、地下水污染修复、危险化学品事故和水上溢油应急处置等技术。开展有机物和重金属等水环境基准、水污染对人体健康影响、新型污染物风险评价、水环境损害评估、高品质再生水补充饮用水水源等研究。加强水生态保护、农业面源污染防治、水环境监控预警、水处理工艺技术装备等领域的国际交流合作。（科技部牵头，发展改革委、工业和信息化部、国土资源部、环境保护部、住房城乡建设部、水利部、农业部、卫生计生委等参与）

（十三）大力发展环保产业。规范环保产业市场。对涉及环保市场准入、经营行为规范的法规、规章和规定进行全面梳理，废止妨碍形成全国统一环保市场和公平竞争的规定和做法。健全环保工程设计、建设、运营等领域招投标管理办法和技术标准。推进先进适用的节水、治污、修复技术和装备产业化发展。（发展改革委牵头，科技部、工业和信息化部、财政部、环境保护部、住房城乡建设部、水利部、海洋局等参与）

加快发展环保服务业。明确监管部门、排污企业和环保服务公司的责任和义务，完善风险分担、履约保障等机制。鼓励发展包括系统设计、设备成套、工程施工、调试运行、维护管理的环保服务总承包模式、政府和社会资本合作模式等。以污水、垃圾处理和工业园区为重点，推行环境污染第三方治理。（发展改革委、财政部牵头，科技部、工业和信息化部、环境保护部、住房城乡建设部等参与）

五、充分发挥市场机制作用

（十四）理顺价格税费。加快水价改革。县级及以上城市应于 2015 年底前全面实行居民阶梯水价制度，具备条件的建制镇也要积极推进。2020 年底前，全面实行非居民用水超定额、超计划累进加价制度。深入推进农业水价综合改革。（发展改革委牵头，财政部、住房城乡建设部、水利部、农业部等参与）

完善收费政策。修订城镇污水处理费、排污费、水资源费征收管理办法，合理提高征收标准，做到应收尽收。城镇污水处理收费标准不应低于污水处理和污泥处理处置成本。地下水资源费征收标准应高于地表水，超采地区地下水资源费征收标准应高于非超采地区。（发展改革委、财政部牵头，环境保护部、住房城乡建设部、水利部等参与）

健全税收政策。依法落实环境保护、节能节水、资源综合利用等方面税收优惠政策。对国内企业为生产国家支持发展的大型环保设备，必须进口的关键零部件及原材料，免征关税。加快推进环境保护税立法、资源税税费改革等工作。研究将部分高耗能、高污染产品纳入消费税征收范围。（财政部、税务总局牵头，发展改革委、工业和信息化部、商务部、海关总署、质检总局等参与）

（十五）促进多元融资。引导社会资本投入。积极推动设立融资担保基金，推进环保设备融资租赁业务发展。推广股权、项目收益权、特许经营权、排污权等质押融资担保。采取环境绩效合同服务、授予开发经营权益等方式，鼓励社会资本加大水环境保护投入。（人民银行、发展改革委、财政部牵头，环境保护部、住房城乡建设部、银监会、证监会、保监会等参与）

增加政府资金投入。中央财政加大对属于中央事权的水环境保护项目支持力度，合理承担部分属于中央和地方共同事权的水环境保护项目，向欠发达地区和重点地区倾斜；研究采取专项转移支付等方式，实施“以奖代补”。地方各级人民政府要重点支持污水处理、污泥处理处置、河道整治、饮用水水源保护、畜禽养殖污染防治、水生态修复、应急清污等项目和工作。对环境监管能力建设及运行费用分级予以必要保障。（财政部牵头，发展改革委、环境保护部等参与）

（十六）建立激励机制。健全节水环保“领跑者”制度。鼓励节能减排先进企业、工业集聚区用水效率、排污强度等达到更高标准，支持开展清洁生产、节约用水和污染治理等示范。（发展改革委牵头，工业和信息化部、财政部、环境保护部、住房城乡建设部、水利部等参与）

推行绿色信贷。积极发挥政策性银行等金融机构在水环境保护中的作用，重点支持循环经济、污水处理、水资源节约、水生态环境保护、清洁及可再生能源利用等领域。严格限制环境违法企业贷款。加强环境信用体系建设，构建守信激励与失信惩戒机制，环保、银行、证券、保险等方面要加强协作联动，于 2017 年底前分级建立企业环境信用评价体系。鼓励涉重金属、石油化工、危险化学品运输等高环境风险行业投保环境污染责任保险。（人民银行牵头，工业和信息化部、环境保护部、水利部、银监会、证监会、保监会等参与）

实施跨界水环境补偿。探索采取横向资金补助、对口援助、产业转移等方式，建立跨界水环境补偿机制，开展补偿试点。深化排污权有偿使用和交易试点。（财政部牵头，发展改革委、环境保护部、水利部等参与）

六、严格环境执法监管

（十七）完善法规标准。健全法律法规。加快水污染防治、海洋环境保护、排污许可、化学品环境管理等法律法规制修订步伐，研究制定环境质量目标管理、环境功能区划、节水及循环利用、饮用水水源保护、污染责任保险、水功能区监督管理、地下水管理、环境监测、生态流量保障、船舶和陆源污染防治等法律法规。各地可结合实际，研究起草地方性水污染防治法规。（法制办牵头，发展改革委、工业和信息化部、国土资源部、环境保护部、住房城乡建设部、交通运输部、水利部、农业部、卫生计生委、保监会、海洋局等参与）

完善标准体系。制修订地下水、地表水和海洋等环境质量标准，城镇污水处理、污泥处理处置、农田退水等污染物排放标准。健全重点行业水污染物特别排放限值、污染防治技术政策和清洁生产评价指标体系。各地可制定严于国家标准的地方水污染物排放标准。（环境保护部牵头，发展改革委、工业和信息化部、国土资源部、住房城乡建设部、水利部、农业部、质检总局等参与）

（十八）加大执法力度。所有排污单位必须依法实现全面达标排放。逐一排查工业企业排污情况，达标企业应采取措施确保稳定达标；对超标和超总量的企业予以“黄牌”警示，一律限制生产或停产整治；对整治仍不能达到要求且情节严重的企业予以“红牌”处罚，一律停业、关闭。自 2016 年起，定期公布环保“黄牌”“红牌”企业名单。定期抽查排污单位达标排放情况，结果向社会公布。（环境保护部负责）

完善国家督查、省级巡查、地市检查的环境监督执法机制，强化环保、公安、监察等部门和单位协作，健全行政执法与刑事司法衔接配合机制，完善案件移送、受理、立案、通报等规定。加强对地方人民政府和有关部门环保工作的监督，研究建立国家环境监察专员制度。（环境保护部牵头，工业和信息化部、公安部、中央编办等参与）

严厉打击环境违法行为。重点打击私设暗管或利用渗井、渗坑、溶洞排放、倾倒含有毒有害污染物废水、含病原体污水，监测数据弄虚作假，不正常使用水污染物处理设施，或者未经批准拆除、闲置水污染物处理设施等环境违法行为。对造成生态损害的责任者严格落实赔偿制度。严肃查处建设项目环境影响评价领域越权审批、未批先建、边批边建、久试不验等违法违规行为。对构成犯罪的，要依法追究刑事责任。（环境保护部牵头，公安部、住房城乡建设部等参与）

（十九）提升监管水平。完善流域协作机制。健全跨部门、区域、流域、海域水环境保护议事协调机制，发挥环境保护区域督查派出机构和流域水资源保护机构作用，探索建立陆海统筹的生态系统保护修复机制。流域上下游各级政府、各部门之间要加强协调配合、定期会商，实施联合监测、联合执法、应急联动、信息共享。京津冀、长三角、珠三角等区域要于2015年底前建立水污染防治联动协作机制。建立严格监管所有污染物排放的水环境保护管理制度。（环境保护部牵头，交通运输部、水利部、农业部、海洋局等参与）

完善水环境监测网络。统一规划设置监测断面（点位）。提升饮用水水源水质全指标监测、水生生物监测、地下水环境监测、化学物质监测及环境风险防控技术支撑能力。2017年底前，京津冀、长三角、珠三角等区域、海域建成统一的水环境监测网。（环境保护部牵头，发展改革委、国土资源部、住房城乡建设部、交通运输部、水利部、农业部、海洋局等参与）

提高环境监管能力。加强环境监测、环境监察、环境应急等专业技术培训，严格落实执法、监测等人员持证上岗制度，加强基层环保执法力量，具备条件的乡镇（街道）及工业园区要配备必要的环境监管力量。各市、县应自2016年起实行环境监管网格化管理。（环境保护部负责）

七、切实加强水环境管理

（二十）强化环境质量目标管理。明确各类水体水质保护目标，逐一排查达标状况。未达到水质目标要求的地区要制定达标方案，将治污任务逐一落实到汇水范围内的排污单位，明确防治措施及达标时限，方案报上一级人民政府备案，自2016年起，定期向社会公布。对水质不达标的区域实施挂牌督办，必要时采取区域限批等措施。（环境保护部牵头，水利部参与）

（二十一）深化污染物排放总量控制。完善污染物统计监测体系，将工业、城镇生活、农业、移动源等各类污染源纳入调查范围。选择对水环境质量有突出影响的总氮、总磷、重金属等污染物，研究纳入流域、区域污染物排放总量控制约束性指标体系。（环境保护部牵头，发展改革委、工业和信息化部、住房城乡建设部、水利部、农业部等参与）

（二十二）严格环境风险控制。防范环境风险。定期评估沿江河湖库工业企业、工业集聚区环境和健康风险，落实防控措施。评估现有化学物质环境和健康风险，2017年底前公布优先控制化学品名录，对高风险化学品生产、使用进行严格限制，并逐步淘汰替代。（环境保护部牵头，工业和信息化部、卫生计生委、安全监管总局等参与）

稳妥处置突发水环境污染事件。地方各级人民政府要制定和完善水污染事故处置应急预案，落实责任主体，明确预警预报与响应程序、应急处置及保障措施等内容，依法及时公布预警信息。（环境保护部牵头，住房城乡建设部、水利部、农业部、卫生计生委等参与）

（二十三）全面推行排污许可。依法核发排污许可证。2015年底前，完成国控重点污染源及排污权有偿使用和交易试点地区污染源排污许可证的核发工作，其他污染源于2017年底前完成。（环境保护部负责）

加强许可证管理。以改善水质、防范环境风险为目标，将污染物排放种类、浓度、总量、排放去向等纳入许可证管理范围。禁止无证排污或不按许可证规定排污。强化海上排污监管，研究建立海上污染排放许可证制度。2017年底前，完成全国排污许可证管理信息平台建设。（环境保护部牵头，海洋局参与）

八、全力保障水生态环境安全

（二十四）保障饮用水水源安全。从水源到水龙头全过程监管饮用水安全。地方各级人民政府及供水单位应定期监测、检测和评估本行政区域内饮用水水源、供水厂出水和用户水龙头水质等饮水安全状况，地级及以上城市自2016年起每季度向社会公开。自2018年起，所有县级及以上城市饮水安全状况信息都要向社会公开。（环境保护部牵头，发展改革委、财政部、住房城乡建设部、水利部、卫生计生委等参与）

强化饮用水水源环境保护。开展饮用水水源规范化建设，依法清理饮用水水源保护区内违法建筑和排污口。单一水源供水的地级及以上城市应于2020年底前基本完成备用水源或应急水源建设，有条件的地方可以适当提前。加强农村饮用水水源保护和水质检测。（环境保护部牵头，发展改革委、财政部、住房城乡建设部、水利部、卫生计生委等参与）

防治地下水污染。定期调查评估集中式地下水型饮用水水源补给区等区域环境状况。石化生产存贮销售企业和工业园区、矿山开采区、垃圾填埋场等区域应进行必要的防渗处理。加油站地下油罐应于2017年底前全部更新为双层罐或完成防渗池设置。报废矿井、钻井、取水井应实施封井回填。公布京津冀等区域内环境风险大、严重影响公众健康的地下水污染场地清单，开展修复试点。（环境保护部牵头，财政部、国土资源部、住房城乡建设部、水利部、商务部等参与）

（二十五）深化重点流域污染防治。编制实施七大重点流域水污染防治规划。研究建立流域水生态环境功能分区管理体系。对化学需氧量、氨氮、总磷、重金属及其他影响人体健康的污染物采取针对性措施，加大整治力度。汇入富营养化湖库的河流应实施总氮排放控制。到2020年，长江、珠江总体水质达到优良，松花江、黄河、淮河、辽河在轻度污染基础上进一步改善，海河污染程度得到缓解。三峡库区水质保持良好，南水北调、引滦入津等调水工程确保水质安全。太湖、巢湖、滇池富营养化水平有所好转。白洋淀、乌梁素海、呼伦湖、艾比湖等湖泊污染程度减轻。环境容量较小、生态环境脆弱，环境风险高的地区，应执行水污染物特别排放限值。各地可根据水环境质量改善需要，扩大特别排放限值实施范围。（环境保护部牵头，发展改革委、工业和信息化部、财政部、住房城乡建设部、水利部等参与）

加强良好水体保护。对江河源头及现状水质达到或优于Ⅲ类的江河湖库开展生态环境安全评估，制定实施生态环境保护方案。东江、滦河、千岛湖、南四湖等流域于2017年底前完成。浙闽片河流、西南诸河、西北诸河及跨界水体水质保持稳定。（环境保护部牵头，外交部、发展改革委、财政部、水利部、林业局等参与）

（二十六）加强近岸海域环境保护。实施近岸海域污染防治方案。重点整治黄河口、长江口、闽江口、珠江口、辽东湾、渤海湾、胶州湾、杭州湾、北部湾等河口海湾污染。沿海地级及以上城市实施总氮排放总量控制。研究建立重点海域排污总量控制制度。规范入海排污口设置，2017年底前全面清理非法或设置不合理的入海排污口。到2020年，沿海省（区、市）入海河流基本消除劣于Ⅴ类的水体。提高涉海项目准入门槛。（环境保护部、海洋局牵头，发展改革委、工业和信息化部、财政部、住房城乡建设部、交通运输部、农业部等参与）

推进生态健康养殖。在重点河湖及近岸海域划定限制养殖区。实施水产养殖池塘、近海养殖网箱标准化改造，鼓励有条件的渔业企业开展海洋离岸养殖和集约化养殖。积极推广人工配合饲料，逐步减少冰鲜杂鱼饲料使用。加强养殖投入品管理，依法规范、限制使用抗生素等化学药品，开展专项整治。到2015年，海水养殖面积控制在220万公顷左右。（农业部负责）

严格控制环境激素类化学品污染。2017年底前完成环境激素类化学品生产使用情况调查，监控评估水源地、农产品种植区及水产品集中养殖区风险，实施环境激素类化学品淘汰、限制、替代等措施。（环境保护部牵头，工业和信息化部、农业部等参与）

（二十七）整治城市黑臭水体。采取控源截污、垃圾清理、清淤疏浚、生态修复等措施，加大黑臭水体治理力度，每半年向社会公布治理情况。地级及以上城市建成区应于2015年底前完成水体排查，公布黑臭水体名称、责任人及达标期限；于2017年底前实现河面无大面积漂浮物，河岸无垃圾，无违法排污口；于2020年底前完成黑臭水体治理目标。直辖市、省会城市、计划单列市建成区要于2017年底前基本消除黑臭水体。（住房城乡建设部牵头，环境保护部、水利部、农业部等参与）

（二十八）保护水和湿地生态系统。加强河湖水生态保护，科学划定生态保护红线。禁止侵占自然湿地等水源涵养空间，已侵占的要限期予以恢复。强化水源涵养林建设与保护，开展湿地保护与修复，加大退耕还林、还草、还湿力度。加强滨河（湖）带生态建设，在河道两侧建设植被缓冲带和隔离带。加大水生野生动植物类自然保护区和水产种质资源保护区保护力度，开展珍稀濒危水生生物和重要水产种质资源的就地和迁地保护，提高水生生物多样性。2017年底前，制定实施七大重点流域水生生物多样性保护方案。（环境保护部、林业局牵头，财政部、国土资源部、住房城乡建设部、水利部、农业部等参与）

保护海洋生态。加大红树林、珊瑚礁、海草床等滨海湿地、河口和海湾典型生态系统，以及产卵场、索饵场、越冬场、洄游通道等重要渔业水域的保护力度，实施增殖放流，建设人工鱼礁。开展海洋生态补偿及赔偿等研究，实施海洋生态修复。认真执行围填海管制计划，严格围填海管理和监督，重点海湾、海洋自然保护区的核心区及缓冲区、海洋特别保护区的重点保护区及预留区、重点河口区域、重要滨海湿地区域、重要砂质岸线及沙源保护海域、特殊保护海岛及重要渔业海域禁止实施围填海，生态脆弱敏感区、自净能力差的海域严格限制围填海。严肃查处违法围填海行为，追究相关人员责任。将自然海岸线保护纳入沿海地方政府政绩考核。到2020年，全国自然岸线保有率不低于35%（不包括海岛岸线）。（环境保护部、海洋局牵头，发展改革委、财政部、农业部、林业局等参与）

九、明确和落实各方责任

（二十九）强化地方政府水环境保护责任。各级地方人民政府是实施本行动计划的主体，要于2015年底前分别制定并公布水污染防治工作方案，逐年确定分流域、分区域、分行业的重点任务和年度目标。要不断完善政策措施，加大资金投入，统筹城乡水污染治理，强化监管，确保各项任务全面完成。各省（区、市）工作方案报国务院备案。（环境保护部牵头，发展改革委、财政部、住房城乡建设部、水利部等参与）

（三十）加强部门协调联动。建立全国水污染防治工作协作机制，定期研究解决重大问题。各有关部门要认真按照职责分工，切实做好水污染防治相关工作。环境保护部要加强统一指导、协调和监督，工作进展及时向国务院报告。（环境保护部牵头，发展改革委、科技部、工业和信息化部、财政部、住房城乡建设部、水利部、农业部、海洋局等参与）

（三十一）落实排污单位主体责任。各类排污单位要严格执行环保法律法规和制度，加强污染治理设施建设和运行管理，开展自行监测，落实治污减排、环境风险防范等责任。中央企业和国有企业要带头落实，工业集聚区内的企业要探索建立环保自律机制。（环境保护部牵头，国资委参与）

（三十二）严格目标任务考核。国务院与各省（区、市）人民政府签订水污染防治目标责任书，分解落实目标任务，切实落实“一岗双责”。每年分流域、分区域、分海域对行动计划实施情况进行考核，考核结果向社会公布，并作为对领导班子和领导干部综合考核评价的重要依据。（环境保护部牵头，中央组织部参与）

将考核结果作为水污染防治相关资金分配的参考依据。（财政部、发展改革委牵头，环境保护部参与）、

对未通过年度考核的，要约谈省级人民政府及其相关部门有关负责人，提出整改意见，予以督促；对有关地区和企业实施建设项目环评限批。对因工作不力、履职缺位等导致未能有效应对水环境污染事件的，以及干预、伪造数据和没有完成年度目标任务的，要依法依纪追究有关单位和人员责任。对不顾生态环境盲目决策，导致水环境质量恶化，造成严重后果的领导干部，要记录在案，视情节轻重，给予组织处理或党纪政纪处分，已经离任的也要终身追究责任。（环境保护部牵头，监察部参与）

十、强化公众参与和社会监督

（三十三）依法公开环境信息。综合考虑水环境质量及达标情况等因素，国家每年公布最差、最好的10个城市名单和各省（区、市）水环境状况。对水环境状况差的城市，

经整改后仍达不到要求的，取消其环境保护模范城市、生态文明建设示范区、节水型城市、园林城市、卫生城市等荣誉称号，并向社会公告。（环境保护部牵头，发展改革委、住房城乡建设部、水利部、卫生计生委、海洋局等参与）

各省（区、市）人民政府要定期公布本行政区域内各地级市（州、盟）水环境质量状况。国家确定的重点排污单位应依法向社会公开其产生的主要污染物名称、排放方式、排放浓度和总量、超标排放情况，以及污染防治设施的建设和运行情况，主动接受监督。研究发布工业集聚区环境友好指数、重点行业污染物排放强度、城市环境友好指数等信息。（环境保护部牵头，发展改革委、工业和信息化部等参与）

（三十四）加强社会监督。为公众、社会组织提供水污染防治法规培训和咨询，邀请其全程参与重要环保执法行动和重大水污染事件调查。公开曝光环境违法典型案件。健全举报制度，充分发挥“12369”环保举报热线和网络平台作用。限期办理群众举报投诉的环境问题，一经查实，可给予举报人奖励。通过公开听证、网络征集等形式，充分听取公众对重大决策和建设项目的意见。积极推行环境公益诉讼。（环境保护部负责）

（三十五）构建全民行动格局。树立“节水洁水，人人有责”的行为准则。加强宣传教育，把水资源、水环境保护和水情知识纳入国民教育体系，提高公众对经济社会发展和环境保护客观规律的认识。依托全国中小学节水教育、水土保持教育、环境教育等社会实践基地，开展环保社会实践活动。支持民间环保机构、志愿者开展工作。倡导绿色消费新风尚，开展环保社区、学校、家庭等群众性创建活动，推动节约用水，鼓励购买使用节水产品和环境标志产品。（环境保护部牵头，教育部、住房城乡建设部、水利部等参与）

我国正处于新型工业化、信息化、城镇化和农业现代化快速发展阶段，水污染防治任务繁重艰巨。各地区、各有关部门要切实处理好经济社会发展和生态文明建设的关系，按照“地方履行属地责任、部门强化行业管理”的要求，明确执法主体和责任主体，做到各司其职，恪尽职守，突出重点，综合整治，务求实效，以抓铁有痕、踏石留印的精神，依法依规狠抓贯彻落实，确保全国水环境治理与保护目标如期实现，为实现“两个一百年”奋斗目标和中华民族伟大复兴中国梦做出贡献。

国务院关于同意设立湖南湘江新区的批复

（国函〔2015〕66号）

湖南省人民政府：

《湖南省人民政府关于设立国家级湘江新区的请示》（湘政〔2013〕37号）收悉。现批复如下：

一、同意设立湖南湘江新区。湖南湘江新区位于湘江西岸，包括长沙市岳麓区、望城区和宁乡县部分区域，面积490平方公里。湖南湘江新区区位条件优越、科教创新实力雄厚、产业发展优势明显、区域综合承载能力较强，资源节约型和环境友好型（以下称“两型”）社会建设成效显著。设立湖南湘江新区，是实施国家区域发展总体战略、贯彻落实《国务院关于依托黄金水道推动长江经济带发展的指导意见》（国发〔2014〕39号）的重要举措，有利于带动湖南省乃至长江中游地区经济社会发展，为促进中部地区崛起和长江经济带建设发挥更大作用。

二、湖南湘江新区建设，要全面贯彻党的十八大和十八届三中、四中全会精神，按照党中央、国务院决策部署，突出新型工业化和新型城镇化融合发展重大主题，坚持高标准规划、高起点建设，注重科技创新和自主创新，注重保障和改善民生，注重经济社会和资源环境协调发展，推动产业转型升级和集聚发展，促进产城融合和城乡协调，提升对内对外开放水平，激发大众创业、万众创新热情，不断提高经济综合实力和竞争力，努力把湖南湘江新区建设成为高端制造研发转化基地和创新创意产业集聚区、产城融合城乡一体的新型城镇化示范区、全国“两型”社会建设引领区、长江经济带内陆开放高地。

三、湖南省人民政府要切实加强组织领导，完善工作机制，明确工作责任，加大支持力度，积极探索与现行体制协调、联动、高效的管理方式，积极稳妥扎实推进湖南湘江新区建设发展。要认真做好湖南湘江新区发展规划编制工作，规划建设必须符合土地利用总体规划、城市总体规划、镇总体规划、环境保护规划、水资源综合规划等相关专项规划的要求。要着力优化空间布局，切实节约集约利用土地，严格保护耕地和基本农田，切实保护和节约水资源。涉及的重要政策和重大建设项目要按规定程序报批。

四、国务院有关部门要按照职能分工，加强对湖南湘江新区建设发展的支持和指导，在有关规划编制、政策实施、项目安排、体制机制创新等方面给予积极支持，帮助解决湖南湘江新区发展过程中遇到的困难和问题，营造良好的政策环境。

设立并建设好湖南湘江新区，对于促进中部地区崛起、推进长江经济带建设、加快内陆地区开放发展具有重要意义。各有关方面要统一思想，密切合作，勇于创新，扎实工作，共同推动湖南湘江新区持续健康发展。

国务院

2015年4月8日

国务院关于全国水土保持规划（2015—2030年）的批复

（国函〔2015〕160号）

各省、自治区、直辖市人民政府，发展改革委、财政部、国土资源部、环境保护部、水利部、农业部、林业局：

水利部《关于报请审批〈全国水土保持规划（2015—2030年）〉的请示》（水规计〔2015〕59号）收悉。现批复如下：

一、原则同意《全国水土保持规划（2015—2030年）》（以下简称《规划》），请认真组织实施。

二、《规划》实施要深入贯彻党的十八大和十八届二中、三中、四中全会精神，认真落实党中央、国务院关于生态文明建设的决策部署，树立尊重自然、顺应自然、保护自然的理念，坚持预防为主、保护优先，全面规划、因地制宜，注重自然恢复，突出综合治理，强化监督管理，创新体制机制，充分发挥水土保持的生态、经济和社会效益，实现水土资源可持续利用，为保护和改善生态环境、加快生态文明建设、推动经济社会持续健康发展提供重要支撑。

三、通过《规划》实施，到2020年，基本建成水土流失综合防治体系，全国新增水土流失治理面积32万平方公里，年均减少土壤流失量8亿吨；到2030年，建成水土流失综合防治体系，全国新增水土流失治理面积94万平方公里，年均减少土壤流失量15亿吨。

四、要以全国水土保持区划为基础，全面实施预防保护，重点加强江河源头区、重要水源地和水蚀风蚀交错区水土流失预防，充分发挥自然修复作用；以小流域为单元开展综合治理，加强重点区域、坡耕地和侵蚀沟水土流失治理。

五、要强化水土保持监督管理，完善水土保持监测体系，推进信息化建设，进一步提升科技水平，不断提高水土流失防治效果。将水土保持知识纳入国民教育体系，强化宣传引导，加强社会监督，增强全民水土保持意识，有效控制人为水土流失。

六、各省（区、市）人民政府要按照《规划》确定的目标任务，加强组织领导，落实责任分工，加大支持力度，完善政策措施，切实推进本区域水土保持工作。国务院有关部门和单位要根据职责分工，密切配合，在规划计划编制、政策实施、项目安排等方面予以积极支持。水利部要牵头做好《规划》的组织实施工作，加强跟踪监测、督促检查和考核评估，认真研究解决《规划》实施中出现的问题，工作进展情况每年向国务院报告。

国务院

2015年10月4日

党政领导干部生态环境损害责任追究办法（试行）

（中共中央办公厅、国务院办公厅　2015年8月17日）

第一条　为贯彻落实党的十八大和十八届三中、四中全会精神，加快推进生态文明建设，健全生态文明制度体系，强化党政领导干部生态环境和资源保护职责，根据有关党内法规和国家法律法规，制定本办法。

第二条　本办法适用于县级以上地方各级党委和政府及其有关工作部门的领导成员，中央和国家机关有关工作部门领导成员；上列工作部门的有关机构领导人员。

第三条　地方各级党委和政府对本地区生态环境和资源保护负总责，党委和政府主要领导成员承担主要责任，其他有关领导成员在职责范围内承担相应责任。

中央和国家机关有关工作部门、地方各级党委和政府的有关工作部门及其有关机构领导人员按照职责分别承担相应责任。

第四条　党政领导干部生态环境损害责任追究，坚持依法依规、客观公正、科学认定、权责一致、终身追究的原则。

第五条　有下列情形之一的，应当追究相关地方党委和政府主要领导成员的责任：

（一）贯彻落实中央关于生态文明建设的决策部署不力，致使本地区生态环境和资源问题突出或者任期内生态环境状况明显恶化的；

（二）做出的决策与生态环境和资源方面政策、法律法规相违背的；

（三）违反主体功能区定位或者突破资源环境生态红线、城镇开发边界，不顾资源环境承载能力盲目决策造成严重后果的；

（四）做出的决策严重违反城乡、土地利用、生态环境保护等规划的；

（五）地区和部门之间在生态环境和资源保护协作方面推诿扯皮，主要领导成员不担当、不作为，造成严重后果的；

（六）本地区发生主要领导成员职责范围内的严重环境污染和生态破坏事件，或者对严重环境污染和生态破坏（灾害）事件处置不力的；

（七）对公益诉讼裁决和资源环境保护督察整改要求执行不力的；

（八）其他应当追究责任的情形。

有上述情形的，在追究相关地方党委和政府主要领导成员责任的同时，对其他有关领导成员及相关部门领导成员依据职责分工和履职情况追究相应责任。

第六条　有下列情形之一的，应当追究相关地方党委和政府有关领导成员的责任：

（一）指使、授意或者放任分管部门对不符合主体功能区定位或者生态环境和资源方面政策、法律法规的建设项目审批（核准）、建设或者投产（使用）的；

（二）对分管部门违反生态环境和资源方面政策、法律法规行为监管失察、制止不力甚至包庇纵容的；

（三）未正确履行职责，导致应当依法由政府责令停业、关闭的严重污染环境的企业事业单位或者其他生产经营者未停业、关闭的；

（四）对严重环境污染和生态破坏事件组织查处不力的；

（五）其他应当追究责任的情形。

第七条　有下列情形之一的，应当追究政府有关工作部门领导成员的责任：

（一）制定的规定或者采取的措施与生态环境和资源方面政策、法律法规相违背的；

（二）批准开发利用规划或者进行项目审批（核准）违反生态环境和资源方面政策、法律法规的；

（三）执行生态环境和资源方面政策、法律法规不力，不按规定对执行情况进行监督检查，或者在监督检查中敷衍塞责的；

（四）对发现或者群众举报的严重破坏生态环境和资源的问题，不按规定查处的；

（五）不按规定报告、通报或者公开环境污染和生态破坏（灾害）事件信息的；

（六）对应当移送有关机关处理的生态环境和资源方面的违纪违法案件线索不按规定移送的；

（七）其他应当追究责任的情形。

有上述情形的，在追究政府有关工作部门领导成员责任的同时，对负有责任的有关机构领导人员追究相应责任。

第八条　党政领导干部利用职务影响，有下列情形之一的，应当追究其责任：

（一）限制、干扰、阻碍生态环境和资源监管执法工作的；

（二）干预司法活动，插手生态环境和资源方面具体司法案件处理的；

（三）干预、插手建设项目，致使不符合生态环境和资源方面政策、法律法规的建设项目得以审批（核准）、建设或者投产（使用）的；

（四）指使篡改、伪造生态环境和资源方面调查和监测数据的；

（五）其他应当追究责任的情形。

第九条　党委及其组织部门在地方党政领导班子成员选拔任用工作中，应当按规定将资源消耗、环境保护、生态效益等情况作为考核评价的重要内容，对在生态环境和资源方面造成严重破坏负有责任的干部不得提拔使用或者转任重要职务。

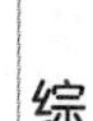

第十条　党政领导干部生态环境损害责任追究形式有：诫勉、责令公开道歉；组织处理，包括调离岗位、引咎辞职、责令辞职、免职、降职等；党纪政纪处分。

组织处理和党纪政纪处分可以单独使用，也可以同时使用。

追责对象涉嫌犯罪的，应当及时移送司法机关依法处理。

第十一条　各级政府负有生态环境和资源保护监管职责的工作部门发现有本办法规定的追责情形的，必须按照职责依法对生态环境和资源损害问题进行调查，在根据调查结果依法做出行政处罚决定或者其他处理决定的同时，对相关党政领导干部应负责任和处理提出建议，按照干部管理权限将有关材料及时移送纪检监察机关或者组织（人事）部门。需要追究党纪政纪责任的，由纪检监察机关按照有关规定办理；需要给予诫勉、责令公开道歉和组织处理的，由组织（人事）部门按照有关规定办理。

负有生态环境和资源保护监管职责的工作部门、纪检监察机关、组织（人事）部门应当建立健全生态环境和资源损害责任追究的沟通协作机制。

司法机关在生态环境和资源损害等案件处理过程中发现有本办法规定的追责情形的，应当向有关纪检监察机关或者组织（人事）部门提出处理建议。

负责做出责任追究决定的机关和部门，一般应当将责任追究决定向社会公开。

第十二条　实行生态环境损害责任终身追究制。对违背科学发展要求、造成生态环境和资源严重破坏的，责任人不论是否已调离、提拔或者退休，都必须严格追责。

第十三条　政府负有生态环境和资源保护监管职责的工作部门、纪检监察机关、组织（人事）部门对发现本办法规定的追责情形应当调查而未调查，应当移送而未移送，应当追责而未追责的，追究有关责任人员的责任。

第十四条　受到责任追究的人员对责任追究决定不服的，可以向做出责任追究决定的机关和部门提出书面申诉。做出责任追究决定的机关和部门应当依据有关规定受理并做出处理。

申诉期间，不停止责任追究决定的执行。

第十五条　受到责任追究的党政领导干部，取消当年年度考核评优和评选各类先进的资格。

受到调离岗位处理的，至少一年内不得提拔；单独受到引咎辞职、责令辞职和免职处理的，至少一年内不得安排职务，至少两年内不得担任高于原任职务层次的职务；受到降职处理的，至少两年内不得提升职务。同时受到党纪政纪处分和组织处理的，按照影响期长的规定执行。

第十六条　乡（镇、街道）党政领导成员的生态环境损害责任追究，参照本办法有关规定执行。

第十七条 各省、自治区、直辖市党委和政府可以依据本办法制定实施细则。国务院负有生态环境和资源保护监管职责的部门应当制定落实本办法的具体制度和措施。

第十八条 本办法由中央组织部、监察部负责解释。

第十九条 本办法自2015年8月9日起施行。

生态环境损害赔偿制度改革试点方案

（中共中央办公厅　国务院办公厅　2015年12月3日）

党中央、国务院高度重视生态环境损害赔偿工作。党的十八届三中全会明确提出对造成生态环境损害的责任者严格实行赔偿制度。为逐步建立生态环境损害赔偿制度，现制定本试点方案。

一、总体要求和目标

通过试点逐步明确生态环境损害赔偿范围、责任主体、索赔主体和损害赔偿解决途径等，形成相应的鉴定评估管理与技术体系、资金保障及运行机制，探索建立生态环境损害的修复和赔偿制度，加快推进生态文明建设。

2015年至2017年，选择部分省份开展生态环境损害赔偿制度改革试点。从2018年开始，在全国试行生态环境损害赔偿制度。到2020年，力争在全国范围内初步构建责任明确、途径畅通、技术规范、保障有力、赔偿到位、修复有效的生态环境损害赔偿制度。试点省份的确定另行按程序报批。

二、试点原则

——依法推进，鼓励创新。按照相关法律法规规定，立足国情与地方实际，由易到难、稳妥有序开展生态环境损害赔偿制度改革试点工作。对法律未作规定的具体问题，根据需要提出政策和立法建议。

——环境有价，损害担责。体现环境资源生态功能价值，促使赔偿义务人对受损的生态环境进行修复。生态环境损害无法修复的，实施货币赔偿，用于替代修复。赔偿义务人因同一生态环境损害行为需承担行政责任或刑事责任的，不影响其依法承担生态环境损害赔偿责任。

——主动磋商，司法保障。生态环境损害发生后，赔偿权利人组织开展生态环境损害调查、鉴定评估、修复方案编制等工作，主动与赔偿义务人磋商。未经磋商或磋商未达成一致，赔偿权利人可依法提起诉讼。

——信息共享，公众监督。实施信息公开，推进政府及其职能部门共享生态环境损害赔偿信息。生态环境损害调查、鉴定评估、修复方案编制等工作中涉及公共利益的重大事项应当向社会公开，并邀请专家和利益相关的公民、法人和其他组织参与。

三、适用范围

本试点方案所称生态环境损害，是指因污染环境、破坏生态造成大气、地表水、地下水、土壤等环境要素和植物、动物、微生物等生物要素的不利改变，及上述要素构成的生态系统功能的退化。

（一）有下列情形之一的，按本试点方案要求依法追究生态环境损害赔偿责任：

1. 发生较大及以上突发环境事件的；

2. 在国家和省级主体功能区规划中划定的重点生态功能区、禁止开发区发生环境污染、生态破坏事件的；

3. 发生其他严重影响生态环境事件的。

（二）以下情形不适用本试点方案：

1. 涉及人身伤害、个人和集体财产损失要求赔偿的，适用侵权责任法等法律规定；

2. 涉及海洋生态环境损害赔偿的，适用海洋环境保护法等法律规定。

四、试点内容

（一）明确赔偿范围。生态环境损害赔偿范围包括清除污染的费用、生态环境修复费用、生态环境修复期间服务功能的损失、生态环境功能永久性损害造成的损失以及生态环境损害赔偿调查、鉴定评估等合理费用。试点地方可根据生态环境损害赔偿工作进展情况和需要，提出细化赔偿范围的建议。鼓励试点地方开展环境健康损害赔偿探索性研究与实践。

（二）确定赔偿义务人。违反法律法规，造成生态环境损害的单位或个人，应当承担生态环境损害赔偿责任。现行民事法律和资源环境保护法律有相关免除或减轻生态环境损害赔偿责任规定的，按相应规定执行。试点地方可根据需要扩大生态环境损害赔偿义务人范围，提出相关立法建议。

（三）明确赔偿权利人。试点地方省级政府经国务院授权后，作为本行政区域内生态环境损害赔偿权利人，可指定相关部门或机构负责生态环境损害赔偿具体工作。

试点地方省级政府应当制定生态环境损害索赔启动条件、鉴定评估机构选定程序、管辖划分、信息公开等工作规定，明确环境保护、国土资源、住房城乡建设、水利、农业、林业等相关部门开展索赔工作的职责分工。建立对生态环境损害索赔行为的监督机制，赔偿权利人及其指定的相关部门或机构的负责人、工作人员在索赔工作中存在滥用职权、玩忽职守、徇私舞弊的，依纪依法追究责任；涉嫌犯罪的，应当移送司法机关。

对公民、法人和其他组织举报要求提起生态环境损害赔偿的，试点地方政府应当及时研究处理和答复。

（四）开展赔偿磋商。经调查发现生态环境损害需要修复或赔偿的，赔偿权利人根据生态环境损害鉴定评估报告，就损害事实与程度、修复启动时间与期限、赔偿的责任承担方式与期限等具体问题与赔偿义务人进行磋商，统筹考虑修复方案技术可行性、成本效益最优化、赔偿义务人赔偿能力、第三方治理可行性等情况，达成赔偿协议。磋商未达成一致的，赔偿权利人应当及时提起生态环境损害赔偿民事诉讼。赔偿权利人也可以直接提起诉讼。

（五）完善赔偿诉讼规则。试点地方法院要按照有关法律规定、依托现有资源，由环境资源审判庭或指定专门法庭审理生态环境损害赔偿民事案件；根据赔偿义务人主观过错、经营状况等因素试行分期赔付，探索多样化责任承担方式。

试点地方法院要研究符合生态环境损害赔偿需要的诉前证据保全、先予执行、执行监督等制度；可根据试点情况，提出有关生态环境损害赔偿诉讼的立法和制定司法解释建议。鼓励符合条件的社会组织依法开展生态环境损害赔偿诉讼。

（六）加强生态环境修复与损害赔偿的执行和监督。赔偿权利人对磋商或诉讼后的生态环境修复效果进行评估，确保生态环境得到及时有效修复。生态环境损害赔偿款项使用情况、生态环境修复效果要向社会公开，接受公众监督。

（七）规范生态环境损害鉴定评估。试点地方要加快推进生态环境损害鉴定评估专业机构建设，推动组建符合条件的专业评估队伍，尽快形成评估能力。研究制定鉴定评估管理制度和工作程序，保障独立开展生态环境损害鉴定评估，并做好与司法程序的衔接。为磋商提供鉴定意见的鉴定评估机构应当符合国家有关要求；为诉讼提供鉴定意见的鉴定评估机构应当遵守司法行政机关等的相关规定规范。

（八）加强生态环境损害赔偿资金管理。经磋商或诉讼确定赔偿义务人的，赔偿义务人应当根据磋商或判决要求，组织开展生态环境损害的修复。赔偿义务人无能力开展修复工作的，可以委托具备修复能力的社会第三方机构进行修复。修复资金由赔偿义务人向委托的社会第三方机构支付。赔偿义务人自行修复或委托修复的，赔偿权利人前期开展生态环境损害调查、鉴定评估、修复效果后评估等费用由赔偿义务人承担。

赔偿义务人造成的生态环境损害无法修复的，其赔偿资金作为政府非税收入，全额上缴地方国库，纳入地方预算管理。试点地方根据磋商或判决要求，结合本区域生态环境损害情况开展替代修复。

五、保障措施

（一）加强组织领导。试点地方省级政府要加强统一领导，成立生态环境损害赔偿制度改革试点工作领导小组，制定试点实施意见，细化分工，落实责任，并于每年 8 月底向国务院报告试点工作进展情况。环境保护部要会同相关部门于 2017 年年底前对试点工作进行全面评估，认真总结试点实践经验，及时提出制定和修改相关法律法规、政策的建议，向国务院报告。

（二）加强业务指导。环境保护部会同相关部门负责指导有关生态环境损害调查、鉴定评估、修复方案编制、修复效果后评估等业务工作。最高人民法院负责指导有关生态环境损害赔偿的审判工作。最高人民检察院负责指导有关生态环境损害赔偿的检察工作。财政部负责指导有关生态环境损害赔偿资金管理工作。国家卫生计生委、环境保护部对试点地方环境健康问题开展或指导地方开展调查研究。

（三）加快技术体系建设。国家建立统一的生态环境损害鉴定评估技术标准体系。环境保护部负责制定生态环境损害鉴定评估技术标准体系框架和技术总纲；会同相关部门出台或修订生态环境损害鉴定评估的专项技术规范；会同相关部门建立服务于生态环境损害鉴定评估的数据平台。相关部门针对基线确定、因果关系判定、损害数额量化等损害鉴定关键环节，组织加强关键技术与标准研究。

（四）加大经费和政策保障。试点工作所需经费由同级财政予以安排。发展改革、科技、国土资源、环境保护、住房城乡建设、农业、林业等有关部门在安排土壤、地下水、森林调查与修复等相关项目时，对试点地方优先考虑、予以倾斜，提供政策和资金支持。

（五）鼓励公众参与。创新公众参与方式，邀请专家和利益相关的公民、法人和其他组织参加生态环境修复或赔偿磋商工作。依法公开生态环境损害调查、鉴定评估、赔偿、诉讼裁判文书和生态环境修复效果报告等信息，保障公众知情权。

国务院办公厅关于加强节能标准化工作的意见

（国办发〔2015〕16 号）

各省、自治区、直辖市人民政府，国务院各部委、各直属机构：

节能标准是国家节能制度的基础，是提升经济质量效益、推动绿色低碳循环发展、建设生态文明的重要手段，是化解产能过剩、加强节能减排工作的有效支撑。为进一步加强节能标准化工作，经国务院同意，现提出以下意见。

一、总体要求

（一）指导思想。全面贯彻落实党的十八大和十八届二中、三中、四中全会精神，认真落实党中央、国务院的决策部署，充分发挥市场在资源配置中的决定性作用，更好发挥政府作用，创新节能标准化管理机制，健全节能标准体系，强化节能标准实施与监督，有效支撑国家节能减排和产业结构升级，为生态文明建设奠定坚实基础。

（二）基本原则。坚持准入倒逼，加快制修订强制性能效、能耗限额标准，发挥准入指标对产业转型升级的倒逼作用。坚持标杆引领，研究和制定关键节能技术、产品和服务标准，发挥标准对节能环保等新兴产业的引领作用。坚持创新驱动，以科技创新提高节能标准水平，促进节能科技成果转化应用。坚持共同治理，营造良好环境，形成政府引导、市场驱动、社会参与的节能标准化共治格局。

（三）工作目标。到2020年，建成指标先进、符合国情的节能标准体系，主要高耗能行业实现能耗限额标准全覆盖，80%以上的能效指标达到国际先进水平，标准国际化水平明显提升。形成节能标准有效实施与监督的工作体系，产业政策与节能标准的结合更加紧密，节能标准对节能减排和产业结构升级的支撑作用更加显著。

二、创新工作机制

（四）建立节能标准更新机制。制定节能标准体系建设方案和节能标准制修订工作规划，定期更新并发布节能标准。建立节能标准化联合推进机制，加强节能标准化工作协调配合。完善节能标准立项协调机制，每年下达1–2批节能标准专项计划，急需节能标准随时立项。完善节能标准复审机制，标准复审周期控制在3年以内，标准修订周期控制在2年以内。创新节能标准技术审查和咨询评议机制，加强能效能耗数据监测和统计分析，强化能效标准和能耗限额标准实施后评估工作，确保强制性能效和能耗指标的先进性、科学性和有效性。改进国家标准化指导性技术文件管理模式，探索团体标准转化为国家标准的工作机制，推动新兴节能技术、产品和服务快速转化为标准。（国家标准委、发展改革委、工业和信息化部等按职责分工负责）

（五）探索能效标杆转化机制。适时将能效“领跑者”指标纳入强制性终端用能产品能效标准和行业能耗限额标准指标体系，将“领跑者”企业的能耗水平确定为高耗能及产能严重过剩行业准入指标。能效标准中的能效限定值和能耗限额标准中的能耗限定值应至少淘汰20%左右的落后产品和落后产能。（国家标准委、发展改革委、工业和信息化部等按职责分工负责）

（六）创新节能标准化服务。建设节能标准信息服务平台，及时发布和更新节能标准信息，方便企业查询标准信息、反馈实施情况、提出标准需求。探索节能标准化服务新模式，开展标准宣传贯彻、信息咨询、标准比对、实施效果评估等服务，鼓励标准化技术机构为企业提供标准研制、标准体系建设、标准化人才培养等定制化专业服务。普及节能标准化知识，增强政府部门、用能单位和消费者的节能标准化意识。（国家标准委、发展改革委、工业和信息化部等按职责分工负责）

三、完善标准体系

（七）加强重点领域节能标准制修订工作。实施百项能效标准推进工程。在工业领域，加快制修订钢铁、有色、石化、化工、建材、机械、船舶等行业节能标准，形成覆盖生产设备节能、节能监测与管理、能源管理与审计等方面的标准体系；完善燃油经济性标准和新能源汽车技术标准。在能源领域，重点制定煤炭清洁高效利用相关技术标准，加强天然气、新能源、可再生能源标准制修订工作。在建筑领域，完善绿色建筑与建筑节能设计、施工验收和评价标准，修订建筑照明设计标准，建立绿色建材标准体系。在交通运输领域，加快综合交通运输标准的制修订工作，重点制修订用能设备设施能效标准、绿色交通评价等标准。在流通领域，加快制修订零售业能源管理体系、绿色商场和绿色市场等标准。在公共机构领域，制修订公共机构能源管理体系、能源审计、节约型公共机构评价等标准。在农业领域，加快制修订农业机械、渔船和种植制度等农业生产领域高产节能，省柴节煤灶炕等农村生活节能，以及农作物秸秆能源化高效利用等相关技术标准。（国家标准委、发展改革委、工业和信息化部、住房城乡建设部、交通运输部、农业部、商务部、国管局、能源局按职责分工负责）

（八）实施节能标准化示范工程。选择具有示范作用和辐射效应的园区或重点用能企业，建设节能标准化示范项目，推广低温余热发电、吸收式热泵供暖、冰蓄冷、高效电机及电机系统等先进节能技术、设备，提升企业能源利用效率。（国家标准委、发展改革委、工业和信息化部、能源局牵头负责）

（九）推动节能标准国际化。跟踪节能领域国际标准发展，实质性参与和主导制定一批节能国际标准，扩大节能技术、产品和服务等国际市场份额。加强节能标准双边、多边国际合作，推动与主要贸易国建立节能标准互认机制。（国家标准委、发展改革委、商务部牵头负责）

四、强化标准实施

（十）严格执行强制性节能标准。强化用能单位实施强制性节能标准的主体责任，开展能效对标达标活动，发挥节能标准对用能单位、重点用能设备和系统能效提升的规范和引导作用。以强制性能耗限额标准为依据，实施固定资产投资项目节能评估和审查制度，对电解铝、铁合金、电石等高耗能行业的生产企业实施差别电价和惩罚性电价政策，对煤炭、石油、有色、建材、化工等产能过剩行业和稀土等战略资源行业的生产企业进行准入公告。以强制性能效标准和交通工具燃料经济性标准为依据，实施节能产品惠民工程、节能产品政府采购、能效标识制度。建筑工程设计、施工和验收应严格执行新建建筑强制性节能标准。政府投资的公益性建筑、大型公共建筑以及各直辖市、计划单列市及省会城市的保障性住房，应全面执行绿色建筑标准。将强制性节能标准实施情况纳入地方各级人民政府节能目标责任考核。（地方各级人民政府，发展改革委、工业和信息化部、财政部、住房城乡建设部、交通运输部、质检总局、国管局等按职责分工负责）

（十一）推动实施推荐性节能标准。强化政策与标准的有效衔接，制定相关政策、履行职能应优先采用节能标准。在能源消费总量控制、生产许可、节能改造、节能量交易、节能产品推广、节能认证、节能示范、绿色建筑评价及公共机构建设等领域，优先采用合同能源管理、节能量评估、电力需求侧管理、节约型公共机构评价等节能标准。推动能源管理体系、系统经济运行、能量平衡测试、节能监测等推荐性节能标准在工业企业中的应用。积极开展公共机构能源管理体系认证。（发展改革委、工业和信息化部、财政部、住房城乡建设部、商务部、质检总局、国管局、国家认监委等按职责分工负责）

（十二）加强标准实施的监督。以节能标准实施为重点，加大节能监察力度，督促用能单位实施强制性能耗限额标准和终端用能产品能效标准。完善质量监督制度，将产品是否符合节能标准纳入产品质量监督考核体系。畅通举报渠道，鼓励社会各方参与对节能标准实施情况的监督。（发展改革委、工业和信息化部、质检总局等按职责分工负责）

五、保障措施

（十三）加大节能标准化科研支持力度。实施科技创新驱动发展战略，加强节能领域技术标准科研工作规划。强化节能技术研发与标准制定的结合，支持制定具有自主知识产权的技术标准。建设产学研用有机结合的区域性国家技术标准创新基地，培育形成技术研发—标准研制—产业应用的科技创新机制。（科技部、国家标准委牵头负责）

（十四）加快节能标准化人才培养步伐。完善节能标准化人才教育体系，鼓励节能标准化人才担任节能国际标准化技术组织职务。加强基层节能技术人员和管理人员培训工作，提升各类用能单位特别是中小微企业运用节能标准的能力。（国家标准委、工业和信息化部、发展改革委、科技部、国管局按职责分工负责）

各地区、各有关部门要充分认识节能标准化工作的重大意义，精心组织，加强配合，抓紧研究制定具体实施方案，拓宽节能标准化资金投入渠道，扎实推动各项工作，确保各项政策措施落实到位。

国务院办公厅

2015年3月24日

国务院办公厅关于加快电动汽车充电基础设施建设的指导意见

（国办发〔2015〕73号）

各省、自治区、直辖市人民政府，国务院各部委、各直属机构：

充电基础设施是指为电动汽车提供电能补给的各类充换电设施，是新型的城市基础设施。大力推进充电基础设施建设，有利于解决电动汽车充电难题，是发展新能源汽车产业的重要保障，对于打造大众创业、万众创新和增加公共产品、公共服务“双引擎”，实现稳增长、调结构、惠民生具有重要意义。近年来，各地区、各部门认真贯彻落实国务院决策部署，积极推动电动汽车充电基础设施建设，各项工作取得积极进展，但仍存在认识不统一、配套政策不完善、协调推进难度大、标准规范不健全等问题。为加快电动汽车充电基础设施建设，经国务院同意，现提出以下意见：

一、总体要求

（一）指导思想。全面贯彻落实党的十八大和十八届二中、三中、四中全会精神，按照国务院决策部署，坚持以纯电驱动为新能源汽车发展的主要战略取向，将充电基础设施建设放在更加重要的位置，加强统筹规划，统一标准规范，完善扶持政策，创新发展模式，培育良好的市场服务和应用环境，形成布局合理、科学高效的充电基础设施体系，增加公共产品有效投资，提高公共服务水平，促进电动汽车产业发展和电力消费，方便群众生活，更好惠及民生。

（二）基本原则。

统筹规划，科学布局。加强充电基础设施发展顶层设计，按照“因地制宜、快慢互济、经济合理”的要求，根据各地发展实际，做好充电基础设施建设整体规划，加大公共资源整合力度，科学确定建设规模和空间布局，同步建设充电智能服务平台，形成较为完善的充电基础设施体系。

适度超前，有序建设。着眼于电动汽车未来发展，结合不同领域、不同层次的充电需求，按照“桩站先行”的要求，根据规划确定的规模和布局，分类有序推进建设，确保建设规模适度超前。

统一标准，通用开放。加快制修订充换电关键技术标准，完善有关工程建设、运营服务、维护管理的标准。严格按照工程建设标准建设改造充电基础设施，健全电动汽车和充电设备的产品认证与准入管理体系，促进不同充电服务平台互联互通，提高设施通用性和开放性。

依托市场，创新机制。充分发挥市场主导作用，通过推广政府和社会资本合作（PPP）模式、加大财政扶持力度、建立合理价格机制等方式，引导社会资本参与充电基础设施体系建设运营。鼓励企业结合“互联网+”，创新商业合作与服务模式，创造更多经济社会效益，实现可持续发展。

（三）工作目标。到2020年，基本建成适度超前、车桩相随、智能高效的充电基础设施体系，满足超过500万辆电动汽车的充电需求；建立较完善的标准规范和市场监管体系，形成统一开放、竞争有序的充电服务市场；形成可持续发展的“互联网+充电基础设施”产业生态体系，在科技和商业创新上取得突破，培育一批具有国际竞争力的充电服务企业。

二、加大建设力度

（四）加强专项规划设计和指导。各地要将充电基础设施专项规划有关内容纳入城乡规划，完善独立占地的充电基础设施布局，明确各类建筑物配建停车场及社会公共停车场中充电设施的建设比例或预留建设安装条件要求。要以用户居住地停车位、单位停车场、公交及出租车场站等配建的专用充电设施为主体，以公共建筑物停车场、社会公共停车场、临时停车位等配建的公共充电设施为辅助，以独立占地的城市快充站、换电站和高速公路服务区配建的城际快充站为补充，形成电动汽车充电基础设施体系。原则上，新建住宅配建停车位应100%建设充电设施或预留建设安装条件，大型公共建筑物配建停车场、社会公共停车场建设充电设施或预留建设安装条件的车位比例不低于10%，每2000辆电动汽车至少配套建设一座公共充电站。鼓励建设占地少、成本低、见效快的机械式与立体式停车充电一体化设施。

（五）建设用户居住地充电设施。鼓励充电服务、物业服务等企业参与居民区充电设施建设运营管理，统一开展停车位改造，直接办理报装接电手续，在符合有关法律法规的前提下向用户适当收取费用。对有固定停车位的用户，优先在停车位配建充电设施；对没有固定停车位的用户，鼓励通过在居民区配建公共充电车位，建立充电车位分时共享机制，为用户充电创造条件。

（六）建设单位内部充电设施。具备条件的政府机关、公共机构和企事业单位，要结合单位电动汽车配备更新计划以及职工购买使用电动汽车需求，利用内部停车场资源，规划建设电动汽车专用停车位和充电设施。各地可将有关单位配建充电设施情况纳入节能减排考核奖励范围。

（七）建设公共服务领域充电设施。对于公交、环卫、机场通勤等定点定线运行的公共服务领域电动汽车，应根据线路运营需求，优先在停车场站配建充电设施，沿途合理建设独立占地的快充站和换电站。对于出租、物流、租赁、公安巡逻等非定点定线运行的公共服务领域电动汽车，应充分挖掘单位内部停车场站配建充电设施的潜力，结合城市公共充电设施，实现高效互补。

（八）建设城市公共充电设施。公共充电设施建设应从城市中心向边缘、从城市优先发展区域向一般区域逐步推进。优先在大型商场、超市、文体场馆等建筑物配建停车场以及交通枢纽、驻车换乘（P+R）等公共停车场建设公共充电设施。鼓励在具备条件的加油站配建公共快充设施，适当新建独立占地的公共快充站。鼓励有条件的单位和个人充电设施向社会公众开放。

（九）建设城际快速充电网络。充分利用高速公路服务区停车位建设城际快充站。优先推进京津冀鲁、长三角、珠三角区域城际快充网络建设，适时推进长江中游城市群、中原城市群、成渝城市群、哈长城市群城际快充网络建设，到2020年初步形成覆盖大部分主要城市的城际快充网络，满足电动汽车城际、省际出行需求。

三、完善服务体系

（十）完善充电设施标准规范。加快修订出台充电接口及通信协议等标准，积极推进充电接口互操作性检测、充电服务平台间数据交换等标准的制修订工作，实现充电标准统一。开展充电设施设置场所消防等安全技术措施研究，及时制修订相关标准。完善充换电设备、电动汽车电池等产品标准，明确防火安全要求。制定无线充电等新型充电技术标准。完善充电基础设施计量、计费、结算等运营服务管理规范，加快建立充电基础设施的道路交通标志体系。

（十一）建设充电智能服务平台。大力推进“互联网+充电基础设施”，提高充电服务智能化水平，提升运营效率和用户体验，促进电动汽车与智能电网间能量和信息的双向互动。鼓励围绕用户需求，运用移动互联网、物联网、大数据等技术，为用户提供充电导航、状态查询、充电预约、费用结算等服务，拓展平台增值业务。

（十二）建立互联互通促进机制。组建国家电动汽车充电基础设施促进联盟，配合有关政府部门严格充电设施产品准入管理，开展充电设施互操作性的检测与认证。构建充电基础设施信息服务平台，统一信息交换协议，有效整合不同企业和不同城市的充电服务平台信息资源，促进不同充电服务平台互联互通，为制定实施财税、监管等政策提供支撑。

（十三）做好配套电网接入服务。各地要将充电基础设施配套电网建设与改造项目纳入配电网专项规划，在用地保障、廊道通行等方面给予支持。电网企业要加强充电基础设施配套电网建设与改造，确保电力供应满足充换电设施运营需求；要为充电基础设施接入电网提供便利条件，开辟绿色通道，限时办结。电网企业负责建设、运行和维护充电基础设施产权分界点至电网的配套接网工程，不得收取接网费用，相应资产全额纳入有效资产，成本据实计入准许成本，并按照电网输配电价回收。

（十四）创新充电服务商业模式。鼓励探索大型充换电站与商业地产相结合的发展方式，引导商场、超市、电影院、便利店等商业场所为用户提供辅助充电服务。鼓励充电服务企业通过与整车企业合作、众筹等方式，创新建设充电基础设施商业合作模式，并采取线上线下相结合等方式，提供智能充放电、电子商务、广告等增值服务，提升充电服务企业可持续发展能力。

四、强化支撑保障

（十五）简化规划建设审批。各地要按照简政放权、放管结合、优化服务的要求，减少充电基础设施规划建设审批环节，加快办理速度。个人在自有停车库、停车位，各居住区、单位在既有停车位安装充电设施的，无须办理建设用地规划许可证、建设工程规划许可证和施工许可证。建设城市公共停车场时，无须为同步建设充电桩群等充电基础设施单独办理建设工程规划许可证和施工许可证。新建独立占地的集中式充换电站应符合城市规划，并办理建设用地规划许可证、建设工程规划许可证和施工许可证。

（十六）完善财政价格政策。加大对充电基础设施的补贴力度，加快制定“十三五”期间充电基础设施建设财政奖励办法，督促各地尽快制定有关支持政策并向社会公布，给予市场稳定的政策预期。在产业发展初期通过中央基建投资资金给予适度支持。对向电网经营企业直接报装接电的经营性集中式充换电设施用电，执行大工业用电价格，2020年前暂免收取基本电费；其他充电设施按其所在场所执行分类目录电价。允许充电服务企业向用户收取电费及服务费，对不同类别充电基础设施，指导各地兼顾投资运营主体合理收益与用户使用经济性等，及早出台充电服务费分类指导价格，并在总结各地经验基础上，逐步规范充电服务价格机制。

（十七）拓宽多元融资渠道。各地要有效整合公交、出租车场站以及社会公共停车场等各类公共资源，通过PPP等方式，为社会资本参与充电基础设施建设运营创造条件。鼓励金融机构在商业可持续原则下，创新金融产品和保险品种，综合运用风险补偿等政策，完善金融服务体系。推广股权、项目收益权、特许经营权等质押融资方式，加快建立包括财政出资和社会资本投入的多层次担保体系，积极推动设立融资担保基金，拓宽充电基础设施投资运营企业与设备厂商的融资渠道。鼓励利用社会资本设立充电基础设施发展专项基金，发行充电基础设施企业债券，探索利用基本养老保险基金投资支持充电基础设施建设。

（十八）*加大用地支持力度*。各地要将独立占地的集中式充换电站用地纳入公用设施营业网点用地范围，按照加油加气站用地供应模式，根据可供应国有建设用地情况，优先安排土地供应。供应新建项目用地需配建充电基础设施的，可将配建要求纳入土地供应条件，允许土地使用权取得人与其他市场主体合作，按要求投资建设运营充电基础设施。鼓励在已有各类建筑物配建停车场、公交场站、社会公共停车场、高速公路服务区等场所配建充电基础设施，地方政府应协调有关单位在用地方面予以支持。

（十九）*加大业主委员会协调力度*。制定全国统一的私人用户居住地充电基础设施建设管理示范文本。各地房地产行政主管部门、街道办事处和居委会要按照示范文本，主动加强对业主委员会的指导和监督，引导业主支持充电基础设施建设。业主大会、业主委员会应依据示范文本，结合自身实际，明确物业服务区域内建设管理充电基础设施的流程。

（二十）*支持关键技术研发*。依托示范项目，积极探索充电基础设施与智能电网、分布式可再生能源、智能交通融合发展的技术方案，加强检测认证、安全防护、与电网双向互动、电池梯次利用、无人值守自助式服务、桩群协同控制等关键技术研发。充分发挥企业创新主体作用，加快推动高功率密度、高转换效率、高适用性、无线充电、移动充电等新型充换电技术及装备研发。

（二十一）*明确安全管理要求*。各地要建立充电基础设施安全管理体系，完善有关制度和标准，加大对用户私拉电线、违规用电、不规范建设施工等行为的查处力度。依法依规对充电基础设施设置场所实施消防设计审核、消防验收以及备案抽查，并加强消防监督检查。行业主管部门要督促充电基础设施运营使用的单位或个人，加强对充电基础设施及其设置场所的日常消防安全检查及管理，及时消除安全隐患。

五、做好组织实施

（二十二）*落实地方主体责任*。各地要切实承担起统筹推进充电基础设施发展的主体责任，将充电基础设施建设管理作为政府专项工作。建立由发展改革（能源）部门牵头、相关部门紧密配合的协同推进机制，明确职责分工，完善配套政策。2016 年 3 月底前发布充电基础设施专项规划，制定出台充电基础设施建设运营管理办法，并抓好组织实施。

（二十三）*加大示范推广力度*。各地要结合新能源汽车推广应用需要，针对充电基础设施发展的重点和难点，开展充电基础设施建设与运营模式试点示范。建立“示范小区与单位”“示范城市与区县”“城际快充示范区域”三级示范工程体系。在示范项目中要充分发挥现有公共设施的作用，加强政企合作，创新城市充电基础设施建设与运营模式，完善相关标准规范与配套政策，探索各种先进适用充电技术，总结形成可复制、可推广的充电基础设施发展经验，促进充电基础设施加快普及。

（二十四）*营造良好舆论环境*。各有关部门、企业和新闻媒体要通过多种形式加强对充电基础设施发展政策、规划布局和建设动态等的宣传，让社会各界全面了解充电基础设施，吸引更多社会资本参与充电基础设施建设运营，同时加强舆论监督，曝光阻碍充电基础设施建设、损害消费者权益等行为，形成有利于充电基础设施发展的舆论氛围。

（二十五）*形成合力协同推进*。发展改革委、能源局要会同工业和信息化部、住房城乡建设部、国土资源部等有关部门，依托节能与新能源汽车产业发展部际联席会议制度，加强部门协同配合，强化对各地的指导与监督，及时总结推广成功经验和有效做法，重大情况及时向国务院报告。能源局要从严格标准执行、理顺价格机制、加强供电监管、促进互联互通、引入社会资本等方面加快完善充电服务监管；住房城乡建设部、国土资源部、公安部要分别从规划建设标准、设施用地、消防安全和交通标志等方面为充电基础设施建设运营创造有利条件；财政部、银监会、保监会要通过加大财政支持、强化金融服务与保障等方式，增强社会资本信心。国管局、国资委要分别指导政府机关、公共机构和国有企事业单位率先在内部停车场建设充电基础设施。其他相关部门要按照各自职责分工，做好协同配合工作。

国务院办公厅

2015 年 9 月 29 日

国务院办公厅关于推进海绵城市建设的指导意见

（国办发〔2015〕75 号）

各省、自治区、直辖市人民政府，国务院各部委、各直属机构：

海绵城市是指通过加强城市规划建设管理，充分发挥建筑、道路和绿地、水系等生态系统对雨水的吸纳、蓄渗和缓释作用，有效控制雨水径流，实现自然积存、自然渗透、自然净化的城市发展方式。《国务院关于加强城市基础设施建设的意见》（国发〔2013〕36 号）和《国务院办公厅关于做好城市排水防涝设施建设工作的通知》（国办发〔2013〕23 号）印发以来，各有关方面积极贯彻新型城镇化和水安全战略有关要求，有序推进海绵城市建设试点，在有效防治城市内涝、保障城市生态安全等方面取得了积极成效。为加快推进海绵城市建设，修复城市水生态、涵养水资源，增强城市防涝能力，扩大公共产品有效投资，提高新型城镇化质量，促进人与自然和谐发展，经国务院同意，现提出以下意见：

一、总体要求

（一）工作目标。通过海绵城市建设，综合采取“渗、滞、蓄、净、用、排”等措施，最大限度地减少城市开发建设对生态环境的影响，将70%的降雨就地消纳和利用。到2020年，城市建成区20%以上的面积达到目标要求；到2030年，城市建成区80%以上的面积达到目标要求。

（二）基本原则。坚持生态为本、自然循环。充分发挥山水林田湖等原始地形地貌对降雨的积存作用，充分发挥植被、土壤等自然下垫面对雨水的渗透作用，充分发挥湿地、水体等对水质的自然净化作用，努力实现城市水体的自然循环。

坚持规划引领、统筹推进。因地制宜确定海绵城市建设目标和具体指标，科学编制和严格实施相关规划，完善技术标准规范。统筹发挥自然生态功能和人工干预功能，实施源头减排、过程控制、系统治理，切实提高城市排水、防涝、防洪和防灾减灾能力。

坚持政府引导、社会参与。发挥市场配置资源的决定性作用和政府的调控引导作用，加大政策支持力度，营造良好发展环境。积极推广政府和社会资本合作（PPP）、特许经营等模式，吸引社会资本广泛参与海绵城市建设。

二、加强规划引领

（三）科学编制规划。编制城市总体规划、控制性详细规划以及道路、绿地、水等相关专项规划时，要将雨水年径流总量控制率作为其刚性控制指标。划定城市蓝线时，要充分考虑自然生态空间格局。建立区域雨水排放管理制度，明确区域排放总量，不得违规超排。

（四）严格实施规划。将建筑与小区雨水收集利用、可渗透面积、蓝线划定与保护等海绵城市建设要求作为城市规划许可和项目建设的前置条件，保持雨水径流特征在城市开发建设前后大体一致。在建设工程施工图审查、施工许可等环节，要将海绵城市相关工程措施作为重点审查内容；工程竣工验收报告中，应当写明海绵城市相关工程措施的落实情况，提交备案机关。

（五）完善标准规范。抓紧修订完善与海绵城市建设相关的标准规范，突出海绵城市建设的关键性内容和技术性要求。要结合海绵城市建设的目标和要求编制相关工程建设标准图集和技术导则，指导海绵城市建设。

三、统筹有序建设

（六）统筹推进新老城区海绵城市建设。从2015年起，全国各城市新区、各类园区、成片开发区要全面落实海绵城市建设要求。老城区要结合城镇棚户区和城乡危房改造、老旧小区有机更新等，以解决城市内涝、雨水收集利用、黑臭水体治理为突破口，推进区域整体治理，逐步实现小雨不积水、大雨不内涝、水体不黑臭、热岛有缓解。各地要建立海绵城市建设工程项目储备制度，编制项目滚动规划和年度建设计划，避免大拆大建。

（七）推进海绵型建筑和相关基础设施建设。推广海绵型建筑与小区，因地制宜采取屋顶绿化、雨水调蓄与收集利用、微地形等措施，提高建筑与小区的雨水积存和蓄滞能力。推进海绵型道路与广场建设，改变雨水快排、直排的传统做法，增强道路绿化带对雨水的消纳功能，在非机动车道、人行道、停车场、广场等扩大使用透水铺装，推行道路与广场雨水的收集、净化和利用，减轻对市政排水系统的压力。大力推进城市排水防涝设施的达标建设，加快改造和消除城市易涝点；实施雨污分流，控制初期雨水污染，排入自然水体的雨水须经过岸线净化；加快建设和改造沿岸截流干管，控制渗漏和合流制污水溢流污染。结合雨水利用、排水防涝等要求，科学布局建设雨水调蓄设施。

（八）推进公园绿地建设和自然生态修复。推广海绵型公园和绿地，通过建设雨水花园、下凹式绿地、人工湿地等措施，增强公园和绿地系统的城市海绵体功能，消纳自身雨水，并为蓄滞周边区域雨水提供空间。加强对城市坑塘、河湖、湿地等水体自然形态的保护和恢复，禁止填湖造地、截弯取直、河道硬化等破坏水生态环境的建设行为。恢复和保持河湖水系的自然连通，构建城市良性水循环系统，逐步改善水环境质量。加强河道系统整治，因势利导改造渠化河道，重塑健康自然的弯曲河岸线，恢复自然深潭浅滩和泛洪漫滩，实施生态修复，营造多样性生物生存环境。

四、完善支持政策

（九）创新建设运营机制。区别海绵城市建设项目的经营性与非经营性属性，建立政府与社会资本风险分担、收益共享的合作机制，采取明晰经营性收益权、政府购买服务、财政补贴等多种形式，鼓励社会资本参与海绵城市投资建设和运营管理。强化合同管理，严格绩效考核并按效付费。鼓励有实力的科研设计单位、施工企业、制造企业与金融资本相结合，组建具备综合业务能力的企业集团或联合体，采用总承包等方式统筹组织实施海绵城市建设相关项目，发挥整体效益。

（十）加大政府投入。中央财政要发挥“四两拨千斤”的作用，通过现有渠道统筹安排资金予以支持，积极引导海绵城市建设。地方各级人民政府要进一步加大海绵城市建设资金投入，省级人民政府要加强海绵城市建设资金的统筹，城市人民政府要在中期财政规划和年度建设计划中优先安排海绵城市建设项目，并纳入地方政府采购范围。

（十一）完善融资支持。各有关方面要将海绵城市建设作为重点支持的民生工程，充分发挥开发性、政策性金融作用，鼓励相关金融机构积极加大对海绵城市建设的信贷支持力度。鼓励银行业金融机构在风险可控、商业可持续的前提下，对海绵城市建设提供中长期信贷支持，积极开展购买服务协议预期收益等担保创新类贷款业务，加大对海绵城市建设项目的资金支持力度。将海绵城市建设中符合条件的项目列入专项建设基金支持范围。支持符合条件的企业通过发行企业债券、公司债券、资产支持证券和项目收益票据等募集资金，用于海绵城市建设项目。

五、抓好组织落实

城市人民政府是海绵城市建设的责任主体，要把海绵城市建设提上重要日程，完善工作机制，统筹规划建设，抓紧启动实施，增强海绵城市建设的整体性和系统性，做到“规划一张图、建设一盘棋、管理一张网”。住房城乡建设部要会同有关部门督促指导各地做好海绵城市建设工作，继续抓好海绵城市建设试点，尽快形成一批可推广、可复制的示范项目，经验成熟后及时总结宣传、有效推开；发展改革委要加大专项建设基金对海绵城市建设的支持力度；财政部要积极推进 PPP 模式，并对海绵城市建设给予必要资金支持；水利部要加强对海绵城市建设中水利工作的指导和监督。各有关部门要按照职责分工，各司其职，密切配合，共同做好海绵城市建设相关工作。

国务院办公厅

2015 年 10 月 11 日

中共湖南省委、湖南省人民政府
关于加大改革创新力度加快农业现代化建设的实施意见

（湘发〔2015〕1号）

为认真贯彻落实《中共中央国务院关于加大改革创新力度加快农业现代化建设的若干意见》（中发〔2015〕1号）精神，结合我省实际，提出如下实施意见。

一、转变发展方式，提升农业竞争力和效益

1. 进一步明确农业现代化发展思路。坚持以改革为动力，以科技为引领，以法治为保障，推动农业发展由数量增长为主转到数量质量效益并重上来，由依靠资源物质投入转到依靠科技进步和提高劳动者素质上来，由生产导向型转到消费导向型上来，走技术先进、规模适度、安全高效、低碳环保、竞争有力、发展可持续的“两型”农业现代化道路。

2. 调整优化农业结构。坚持把稳定发展粮食生产、保障农产品有效供给放在突出位置，稳步提高粮食等大宗农产品产能。认真组织实施国家新增粮食产能规划，重点抓好53个县市区新增粮食产能建设，稳定粮食播种面积。深入推进粮食高产创建、绿色增产模式攻关和湘米产业工程，加大超级杂交稻推广力度，努力提高单产，力争全省粮食年产稳定在600亿斤左右。进一步强化粮食生产、流通和储备责任，确保粮食安全。推动种植结构由粮食、经济作物二元结构向粮食、饲草料、经济作物三元结构转变。大力发展规模化、集约化、标准化健康养殖，完善动物疫病防控政策，促进生猪产业稳量提质，加快牛羊等草食畜牧业发展。着力提升蔬菜产业发展水平，保障蔬菜稳定均衡供应。引导棉区调整种植结构，科学安排替代作物种植。重点扶持油料、旱杂粮、柑橘、茶叶等特色经济作物。大力发展林下经济。

3. 积极实施农业产业化经营。以两大“百千万”工程为纽带，推进农业区域化布局、标准化生产，实行种养加、农工商、科工贸一体化经营。重点打造粮食、畜禽水产、果蔬、林产、茶叶等千亿产业，积极发展油茶、南竹、生物制药等特色产业。深入推进特色县域经济农产品加工重点县、“135工程”等重大项目建设，支持县域特色产业集群发展，培育一批规模大、带动能力强、支撑作用明显的龙头企业。加速实施区域品牌战略，支持龙头企业打造高知名度商标和国家地理标志产品，引导龙头企业建立标准化生产基地。重点选择10个优势特色农产品，开展现代农业示范园创建活动。着力培育农业新型业态，组织实施乡村旅游质量提升与休闲农业示范创建行动，加快发展生态休闲旅游观光农业和科技示范农业。

4. 大力推进农业机械化。大力推广适地适业、安全高效的农业机械，协同推进水稻耕种收、植保、转运、烘干等生产环节机械化，重点抓好水稻机插秧、飞机植保和大型机械烘干的推广，加快水稻生产全程机械化步伐。努力提高经济作物、畜牧水产及林果业机械化水平。鼓励扶持使用生态化、资源化处理畜禽粪污和病死畜禽机械设备。重点支持1000家现代农机合作社发展；落实支持农机合作社建设配套辅助设施的相关政策。开展大型农机具融资租赁试点。加强农村机耕道路建设，积极推广集中育秧。加快发展农机产业，重点支持省农机产业园和长沙、双峰、汨罗、衡阳、益阳等农机产业园区建设。加强基层农机推广服务体系建设，强化农机安全生产监管责任，建设平安农机。

5. 增强科技创新驱动。围绕保障粮食等主要农产品有效供给与安全，构建高产、优质、高效、生态、安全的农业技术体系。突出种业科技创新，加大超级稻、优质稻、生猪、蔬菜、油菜、油茶、茶叶、南竹等品种选育和优良品种推广，加快国家级水稻分子育种平台、南繁基地和南方粮油作物协同创新中心建设，巩固水稻育种及栽培配套技术的国际领先地位。继续加强农业技术配套组装和农产品精深加工、农业机械装备、生态环境保护、耕地污染治理、资源高效利用等关键技术研发。深化农业科技体制改革，完善农业科研创新保障机制，鼓励和支持农业科技自主创新，建立完善产学研一体化协同创新机制、科技成果评价机制和政策激励机制。加强现代农业产业技术体系建设，完善科研院所、农林高校科研人员与企业人才流动和兼职制度，积极推进农业科研成果权益分配改革试点，探索建立科研知识产权交易机制。加快农业科技成果转化，深入推进科技特派员行动，探索精准式与多极化相结合的服务模式，鼓励农业科技人员到农业生产第一线开展定点服务。加强农业科技园区和环洞庭湖国家现代农业科技示范区建设，依托农业科技园区搭建农业科技融资、信息、品牌服务等公共服务平台。加快推进国家级农村农业信息化示范省和信息进村入户试点省建设，发展农村电子商务，支持电商、物流、商贸、金融等企业参与涉农电子商务平台建设，大力推广耕地和林地测土配方技术，用信息化助推农业现代化。

6. 提高统筹利用两个市场两种资源能力。继续完善农业对外合作的投资、财税、金融、保险、贸易、通关、检验检疫等政策，整合我省农业生产技术、品牌等资源，选择条件相对较好的国家或地区，建立境外湖南农业经贸合作区。扩大畜禽、蔬菜、水果、茶油、茶叶、水产品、中药材等特色优势农产品出口。吸引海内外战略投资者和大型企业集团来湘投资农业，着力推动农业龙头企业与国际战略投资者强强联合，加快农业“走出去”步伐，扩大与中国台湾、东盟、南美、俄罗斯、非洲等地农业合作交流。推进农产品市场体系转型升级，加大重要农产品仓储物流设施和区域性农产品产地批发市场建设力度，提高粮食等主要农产品收储保障能力。加快农贸市场标准化改造，培育冷链物流、农产品期货交易、农超对接、电子商务等新型流通业态。充分发挥商会对促进农产品流通的作用，进一步抓好省际产销合作，推动湘品出湘工程，不断扩大湘品市场份额。稳定农产品市场供应，引导和支持省内多元农产品经营主体与主销区建立多形式、深层次、长期稳定的产销合作关系。

7. 严格农产品质量安全监管。严格落实农产品质量安全政府属地管理责任，建立健全农产品质量安全全程追溯体系、信用体系和技术管控保障体系。加强农产品质量安全监管能力建设。严格农业投入品监管，规范农资市场，落实生产经营主体责任，积极推行农业标准化生产，重视农产品品牌建设，支持开展“三品一标”农产品认证。以粮食、蔬菜主产县和生猪调出大县为重点，扎实开展农产品质量安全县创建。加强生猪屠宰监管，深入开展食品安全专项整治行动，从严查处各类食品安全违法犯罪行为。

二、强化基础设施建设，确保农业可持续发展

8. 提高防汛抗旱能力。加快构建人水协调的现代水利体系。抓紧抓好病险水库除险加固和城市防洪工程建设，完成4036座小Ⅱ型病险水库除险加固建设任务。加快涔天河水库扩建工程建设进度，启动莽山水库工程、涔天河水库灌区工程建设，依法妥善安置移民。全力推进12项重大节水供水工程，继续深入推进洞庭湖综合治理和“四水”流域综合治理。广泛发动群众，大力开展小型农田水利基本建设。鼓励社会资本参与水利建设，调动社会力量参与水利设施建设与管护的积极性。抓好水利防灾设施建设，积极做好减灾防灾救灾工作。全面完成430万人饮水安全工程，推进城镇供水管网向农村延伸。

9. 强化农业产地环境治理。坚守耕地保护红线，进一步开展永久基本农田划定工作，对划定的永久基本农田实行最严格的保护。切实加强补充耕地质量建设，严格落实“占优补优、占水田补水田”要求，采取“补改结合”，严格执行耕地质量评定制度，确保耕地占补数量和质量平衡。大力实施农村土地整治，积极开展建设占用耕地土壤剥离耕作层再利用工作，有效提高补充耕地质量。认真组织实施国家高标准农田建设总体规划，重点抓好105个县市区高标准农田建设。大力推进农业生产保护“三同时”制度。加大工业“三废”治理力度，全面启动农业面源污染综合治理，实施“沃土工程”，大力推广生物有机肥、低毒低残留农药，开展秸秆、畜禽粪便资源化利用和农田残膜回收区域性示范。推进农村清洁工程转型升级。继续开展长株潭地区重金属污染耕地修复治理和种植结构调整试点，探索积累经验，逐步扩大耕地修复治理规模。大力推广生态健康养殖模式，做好畜禽养殖禁养区、限养区、适养区划定工作，稳步实施湘江流域生猪禁养区退出计划。建立病死畜禽无害化处理机制，完善病死畜禽无害化处理体系。加强产地环境安全预警体系建设，开展农业环境容量评价，完善并严格执行农业生态环境保护责任制。

10. 加强农村生态建设。紧紧围绕绿色湖南建设目标，大力开展植树造林、封山育林。加强国家天然林保护，完善森林生态效益补偿机制，组织开展三年禁伐、限伐行动。实施新一轮退耕还林工程、湿地生态效益补偿、湿地保护奖励试点。抓好裸露山地造林绿化攻坚和石漠化综合治理，实施绿色通道三年建设行动。科学划定生态红线，严格使用林地定额和林地用途管制。加快建立水生态补偿机制，切实加强“四水”源头水土流失重点防御，建立完善生态保护与建设激励机制，实行以奖代补。加大对农业节水设施的政策性补贴。扎实抓好森林防火防虫和野生动植物保护工作。加快发展农村新型清洁能源，大力推进农村沼气建设转型升级，把规模化沼气工程作为重点，积极推广猪－沼－果（菜、林）等循环农业模式，加强太阳能、高效生物质炉灶、水能、风能等开发利用，完善农村能源服务体系。

三、全面深化农村改革，增强农村经济发展活力

11. 完善农村基本经营制度。坚持农村土地集体所有权，稳定农户承包权，放活土地经营权。全面开展农村土地承包经营权确权登记颁证工作，2015年在基础条件具备的县市区开展整县推进工作，其他县市区分两年做出安排，确保2017年基本完成确权任务。加快包括农村宅基地在内的农村地籍调查以及农村集体建设用地使用权、宅基地使用权确权登记颁证工作。各市州、县市区要将土地确权登记颁证经费纳入地方财政预算。鼓励承包农户依法流转承包土地经营权，发展适度规模经营。着重通过农民的合作与联合、开展社会化服务等多种形式，提升农业规模化经营水平。加强对工商企业租赁农户承包土地经营权的监管和风险防范，建立健全资格审查、项目审核、风险保障金制度，明确经营规模上限控制，严格准入门槛，加强事中事后监管，防止“非粮化”，严禁“非农化”。

12. 培育新型农业经营主体。大力培育新型职业农民，开展职业农民认定工作。积极发展家庭农场，按照自愿原则开展家庭农场工商登记，重点扶持10000个以水稻生产为主体的家庭农场。大力培训培育农村经纪人，鼓励发展个体私营、股份合作、租赁、代耕等多形式、多元化经营主体。重点支持农民专业合作社加快发展，深入开展农民专业合作社示范社创建活动，鼓励发展农民合作联社、农民用水户协会。支持发展混合所有制农业产业化龙头企业，引导其与农户、农民专业合作社建立密切的利益联结机制。选择部分县市区开展农业补贴政策改革试点，新增补贴资金向适度规模种植户、家庭农场、农民专业合作社和其他新型经营主体倾斜。开展家庭农场、农民专业合作社信用等级评定，推进银农、银社对接。鼓励政府出资设立融资性担保公司，为新型农业经营主体提供贷款担保服务。对新型农业经营主体配套设施用地，在年度用地指标中给予重点支持。建立完善以家庭经营为基础、合作与联合为纽带、多元主体为支撑的现代农业服务体系。进一步强化农业、水利、林业、供销等公益性服务。创新气象为农服务机制，推动气象服务融入社会化服务体系。加大政府购买基本公共服务的力度，鼓励社会多元主体投身农业服务行业。

13. 加大农业支持保护力度。继续增加财政支农投入，确保只增不减。调整和优化财政支出结构，重点支持农业结构调整、基础设施建设、农村民生改善、生态环境治理和重大改革。创新涉农资金运行机制，推进攸县、华容、澧县、安化四县统筹整合试点，探索涉农资金统筹投入、有效使用、科学管理的长效机制，撬动社会资本投入农业农村。开展农业新型经营主体融资增信试点，建立“财银保”联动机制。推进农村金融体制改革，强化农村普惠金融服务，鼓励政策性银行、国有商业银行、股份制商业银行、地方法人金融机构等新建农村地区经营网点，切实增强支农信贷投放。涉农金融机构要建立新型农业经营主体主办行制度。积极稳步发展村镇银行。支持小额贷款公司规范发展，鼓励省农业信用担保公司和省中小企业信用担保公司到县域设立分支机构，开展担保业务。支持涉农企业上市融资。继续抓好沅陵县国家级农村金融服务体系改革试点工作。继续开展农业保险保费补贴工作，新增能繁母牛、柑橘、茶叶、葡萄等特色农业保险品种，探索开展物价指数保险试点，健全农业保险基层服务体系，规范农险市场秩序，增强农业抗风险能力。

14. 创新农村“三资”管理。盘活现有农村集体资源，因地制宜、因村施策，稳步发展多形式村级集体经济，增强村级服务功能。按照依法有据、封闭运行、风险可控原则，审慎稳妥推进农村集体土地制度改革。抓好浏阳市宅基地制度改革和农房、林权、农村土地承包经营权抵押贷款综合试点。稳妥推进农村集体产权制度改革试点，对非经营性资产，探索有利于提高公共服务能力的集体统一运营管理机制；对经营性资产，明晰产权归属，将资产折股量化到本集体经济组织成员，发展多种形式的股份合作，赋予农民对集体资产股份占有、收益、有偿退出及抵押、担保、继承权。推进农村集体“三资”管理相关制度建设，有效防控农村基层腐败现象发生。规范农村会计服务，加强农村集体经济组织审计，确保村级财务阳光安全规范运行。

15. 稳步开展水利、国有农林场、供销合作社改革。继续深化水利改革，实施最严格的水资源管理制度，建立健全规划水资源论证制度和水资源督查制度，推进农业水价改革，简化中小型农田水利工程项目审批程序，进一步完善和推广群众为主、民办公助、以奖代补、先建后补的农田水利建设新机制，推进小型水利设施产权制度改革。健全农田水利工程管护制度和基层水利管理体制机制。稳步推进国有农场改革，积极探索垦区属地管理后农场企业化、垦区集团化、股权多元化改革的路径，推进资源资产整合，促进产业优化升级。加快建立健全国有农场改革管理机制与运行机制，明晰国有农场资产权属关系，建立符合农垦特点的国有资产监管体制。进一步推进农垦办社会职能改革。加快推进国有林场改革，明确国有林场生态功能定位，加快国有战略储备林建设。认真开展国家公园体制改革试点。深入开展供销合作社综合改革试点，坚持为农服务方向，大力实施“惠农综合服务体系建设”工程，着力推进基层社改造，创新联合社治理机制，拓宽服务领域，把供销合作社打造成为“三农”提供综合服务的骨干力量。

四、推进城乡发展一体化，加快新农村建设步伐

16. 用新型城镇化带动新农村建设。健全城乡一体化发展体制机制，推动城乡建设统一规划、产业布局统筹协调、基础设施互联互通、城乡要素平等互换，完善集镇配套设施，鼓励社会资本投资集镇市政公用等设施建设，增强城镇对农村发展的辐射带动能力。加快推进城乡户籍制度改革，分类确定、放宽大中小城市及建制镇落户条件，促进农业转移人口在城镇落户并享有当地居民同等待遇。加大公共租赁住房建设力度，符合条件的在城镇稳定就业的外来务工人员均可由用人单位申请配租公共租赁住房。支持农民工就业创业，完善就业服务，提高农民工职业技能。保护农民工合法权益，不得将农民进城落户与退出土地承包经营权、宅基地使用权、集体收益分配权挂钩。引导城市资金、技术、信息、人才、管理等现代生产要素向农业农村流动。鼓励社会资本投资建设农村基础设施，兴办各类农村事业。

17. 推动城乡公共服务均等化。全面改善农村义务教育薄弱学校基本办学条件，继续推进义务教育合格学校建设；办好农村小学和教学点，加快农村公办幼儿园建设，积极扶持普惠性民办幼儿园发展；积极推进农村中等职业教育攻坚计划，推进职业教育和职业技能培训全覆盖，逐步实现免费中等职业教育；提高一本院校招收农村学生比例，切实保障进城务工农民子女在父母就业地接受义务教育的权力。巩固完善新型农村合作医疗制度，同步提高人均财政补助、个人缴费标准和实际报销水平，大力推进农村居民大病保险。加强农村基层医疗卫生服务体系建设，稳定基层医疗卫生队伍。加强农村最低生活保障制度规范管理，强化基层社会救助能力建设，全面建立临时救助制度。落实统一的城乡居民基本养老保险制度，支持建设多元农村养老服务。重视农村文化遗产、古村落、传统民俗文化保护，加快村民健身、文化惠民、广播电视户户通、农村广播村村响等工程建设。

18. 深入推进新农村建设。以“百城千镇万村”新农村建设工程为抓手，全面改善农村人居环境，着力打造美丽乡村。2015年重点对4000个左右行政村进行人居环境综合整治，选择建设300个左右的美丽乡村。加强传统村落和传统民居的保护发展，在大湘西地区打造50个少数民族特色村寨。以硬化、净化、绿化、亮化、美化为重点，改善村容村貌；科学规划、合理布局、严格监管，推进农村和农垦危房改造以及避灾搬迁，规范农民住房建设，保护乡村元素；加强农村道路、电力、通信和饮水安全、清洁能源等基础设施建设，大力实施农村电网改造升级工程，重点支持集中连片特困地区农村公路建设，实现所有具备条件的建制村通水泥（沥青）路，稳步推进农村客运班线公交化；重点整治农村垃圾和生活污水，全面启动以县市区为主体的农村环境综合整治工作，力争三年时间实现农村环境整治全覆盖。以农村人居环境综合整治和美丽乡村建设为平台，整合相关资源、项目和资金，形成整治、建设合力，整体发力，连片推进。完善村级公益事业一事一议财政奖补机制，扩大农村公共服务运行维护机制试点范围。

19. 切实抓好扶贫攻坚。以湘西自治州为主战场，推进武陵山和罗霄山片区扶贫攻坚。将区域开发与精准扶贫结合起来，建立完善精准帮扶、进退有序的工作机制，对8000个贫困村实行驻村帮扶全覆盖。织好最低生活保障、新农合、新农保、农村义务教育“四张网”，保障贫困人口基本生活。重点推进水、电、路、气、房、环境整治六到户，实施好特色产业、贫困农户安居、雨露计划等重点扶贫工程，提高贫困地区农民生产生活水平。创新金融服务方式，建立和完善融资性担保平台和小额信贷风险化解机制，扩大贫困地区信贷投入规模。探索社会扶贫新模式，继续组织动员社会力量参与扶贫帮困。切实加强扶贫考核，落实扶贫责任。进一步落实移民后扶政策，大力推进移民产业建设，积极改善特困移民居住条件，依法推进移民安置工作。

五、坚持法治思维，创新乡村治理

20. 进一步完善农业农村工作管理体系。坚持把“三农”工作作为全省工作的重中之重，进一步建立健全县市区党政一把手亲自抓、分管领导具体抓、农村综合管理部门统筹协调、涉农部门各司其职的管理体制机制。推进乡镇区划调整，加快经济发达镇行政管理体制改革试点工作。加快完善党支部领导、村民（代表）会议决策、村民委员会执行、村务监督委员会监督的“四位一体”村民自治机制。稳步推进以村民小组为基本单元的村民自治试点，引导发挥村民民主协商在乡村治理中的积极作用。激发农村社会组织活力，构建农村立体化社会治安防控体系，推进平安乡镇、平安村庄建设。加强农村党风廉政建设。

21. 提高农村基层法治水平。广泛开展农民法治宣传教育，引导农民增强学法守法用法意识，依法合理表达诉求，维护自身权益。切实增强各级领导、涉农部门和农村基层干部的法治观念，提高运用法治思维和法律手段维护农村改革发展稳定的能力。坚持依法行政、严格依法办事，加大对农业水利森林资源保护、农产品质量安全、农业投入品监管、农民合法权益维护等违法犯罪案件的查处力度。加强惠农政策落实检查，防止农民负担反弹。

22. 健全“三农”法规体系。抓紧修改与现行体制机制相悖的地方性涉农法规规章，制定和完善农村土地承包、水利、林业、农产品质量安全、农药管理、动植物防疫、农村可再生能源、农民专业合作社等方面地方性配套法规规章；加快农业资源环境保护、农村财务审计、职业农民教育培训等地方立法进程，构建与国家法律相配套的地方涉农法规体系。深化行政执法体制改革，强化农村基层执法队伍建设，积极探索农林水领域内的综合执法。建立涉农行政执法经费财政保障机制。统筹城乡法律服务资源，加快县乡村法律服务平台建设，健全对农民的法律援助制度和司法救助体系。依法保障农村改革发展稳定。

中共湖南省委办公厅、湖南省人民政府办公厅关于印发《湖南省重大环境问题（事件）责任追究办法（试行）》的通知

（湘办发〔2014〕18号）

各市州、县市区委，各市州、县市区人民政府，省直机关各单位：

《湖南省重大环境问题（事件）责任追究办法（试行）》已经省委、省人民政府同意，现印发给你们，请结合实际认真贯彻执行。

中共湖南省委办公厅
湖南省人民政府办公厅
2015年3月19日

湖南省重大环境问题（事件）责任追究办法（试行）

第一章 总 则

第一条 为了强化环境保护责任，促进生态文明建设，根据《中华人民共和国环境保护法》《中华人民共和国行政监察法》等有关法律法规规定，结合我省实际，制定本办法。

第二条 本办法所称重大环境问题（事件）责任追究，是指对在落实环境保护责任过程中不履职、不当履职、违法履职，导致产生严重后果和恶劣影响的责任单位和责任人依法依规进行责任追究。

第三条 本办法适用于全省各级党委、政府及其部门

以及上述单位的领导干部和工作人员，各级党委、政府及其部门管理的企事业单位以及上述单位由各级党委、政府以及组织人事部门任命的领导干部和工作人员。对其他企业和单位及其工作人员的责任追究依照有关法律法规办理。国家法律法规、国务院部门规章另有规定的，从其规定。

第四条 环境保护责任追究坚持依法依规、实事求是、权责一致、尽职免责（减责）、失职追责的原则，既严格追究责任，又依法保护履行环境保护职责的积极性。

第二章 问责情形

第五条 重大环境问题（事件）问责情形包括：

（一）区域环境质量未达到相应功能区要求且持续恶化（按国家规范监测，县级及以上行政区域或者省级以上重要环境功能区的大气、水、土壤三大类环境质量监测指标中的两项连续2年下降，或者一项连续2年下降情节严重）的；

（二）发生重大环境污染事件的；

（三）在环境保护监督管理中严重失职渎职，造成恶劣社会影响，或者对已经发生的环境敏感问题不重视或者应对处置不当，导致事件恶化，引发群体性事件的；

（四）未完成国家和省人民政府下达的主要污染物总量减排目标任务，或者发生其他严重环境违法事件，导致国家对我省实行全省域区域限批或者局部限批，影响全省重大工程建设的；

（五）不执行省委、省人民政府有关环境保护重大工作部署，情节严重的；

（六）其他需要问责的情形。

第三章 问责调查

第六条 发生本办法第五条所列情形，由省人民政府启动重大环境问题（事件）问责调查。国务院及其有关部门启动环境问题（事件）问责调查时，省人民政府以及相关部门按照要求配合调查。发生不属于由国务院及其有关部门和省人民政府启动问责调查的其他环境问题（事件），由市州或者县市区人民政府参照本办法进行问责调查。

第七条 省人民政府进行重大环境问题（事件）问责调查，应当成立调查组，调查组一般由省环境保护厅会同省监察厅、省公安厅、省审计厅和其他有关部门、有关市州人民政府以及环保、科技专家组成，省环境保护厅为组长单位。调查组组成人员由省环境保护厅会同有关部门提出方案，报省人民政府批准。

第八条 调查组在省人民政府领导下开展工作，实行组长负责制，组长对调查工作负全面责任。调查工作的主要任务是：

（一）查清环境问题（事件）的现状、经过、人员伤亡等情况，对其造成的直接经济损失、间接经济损失以及生态毁损等情况进行评估；

（二）查清环境问题（事件）发生的直接原因、间接原因；

（三）按照科学严谨、实事求是的原则，界定有关单位和有关人员的责任；

（四）依照有关法律法规规定，对有关责任单位和责任人提出处理建议。

第九条 根据调查进展情况，由省监察厅独立组成责任追究调查组，就有关责任单位和责任人履行职责情况开展调查，并按照有关规定提出追责意见。需要进行党纪处分和组织处理的，向省纪委、省委组织部等有关部门提出意见。

第十条 调查工作结束后，应当形成调查报告，报省委、省人民政府审查批准。调查报告应当包括调查情况以及问责建议（监察机关独立进行调查的，同时上报专题报告），经批准后，调查报告应当向社会公开。各有关部门和单位应当依照有关法律法规规定和省委、省人民政府的决定，认真落实对相关责任单位和责任人的处理。省环境保护厅、省监察厅应当对处理落实情况进行跟踪监督。

第四章 问责方式

第十一条 发生本办法第五条所列情形，经调查后认定有关单位以及领导班子负有领导和管理责任的，按照以下两款处理，再进行问责：

（一）单位不得评定为综合性先进单位；

（二）单位主要负责人、相关分管负责人以及其他责任人不得提拔重用，不得在综合性考评中评先评优。执行以上处理措施的时效，由调查组根据情况在调查报告中提出建议（一般为一年或者到问题整改到位验收合格前，受到党纪政纪处分和组织处理的，按照有关规定执行）。同时，根据调查认定的情节、性质以及责任，对有关责任单位和责任人采取以下形式问责：

（一）对单位领导班子集体或者个人警示通报、约谈、责令整改；

（二）对单位按照规定采取追回、扣减或者停拨有关生态环保财政转移支付和专项资金等措施；

（三）对单位新上建设项目实行限批；

（四）对相关责任单位，情节较轻的，责令做出书面检查；情节较重的，给予通报批评；情节严重的，对领导班子进行调整处理。对相关责任人，分别视情况给予批评教育、诫勉谈话，责令书面检查或者调离岗位、引咎辞职、责令辞职、免职、降职等组织处理；构成违纪的，按照有关规定给予纪律处分。以上责任追究方式可以单独使用，也可以合并使用。涉嫌犯罪的，依法移送司法机关处理。

第十二条 进行重大环境问题（事件）责任追究应当按照本办法第四条所提原则，从以下方面严格科学把握：

（一）对情节严重且主观故意失职渎职的，从严问责，主要包括：

1. 违法实施行政审批，以及利用权力强令有关部门违法审批的；

2. 有法不依、执法不严、执法不公，放纵违纪违法行为的；

3. 制定的地方规范性文件违反或者不符合法律法规的，或者利用权力限制、干扰、阻碍行政执法部门依法履行环境监督管理职责的；

4. 违反科学民主决策程序，做出重大错误决定造成严重后果的；

5. 对已经发生的环境问题不重视、不采取措施，导致问题恶化，造成重大损失的；

6. 阻碍和干扰重大环境问题（事件）问责调查的；

7. 其他问题情节严重需要从严问责的。

（二）对因失职渎职造成重大环境问题（事件）的责任

人实行终身问责。重大环境问题（事件）问责调查组开展调查时应当对造成重大环境问题（事件）的历史过程进行追溯调查，对本办法下发后在生态环境保护方面严重失职渎职、违法行政的责任人，不论其是否调离原单位、已提拔重用或者退休，都一并严格问责。对本办法下发前的问题，法律法规和党纪政纪有规定的，按照规定办理。各级党委、政府以及有关部门、各类企事业单位应当依照有关规定，完整保存经济工作重大部署、重大建设项目决策审批以及贯彻执行环境保护法律法规和政策的有关资料档案，以便追溯调查。

（三）对为保护环境积极履职、依法行政的工作人员予以保护，在责任追究时酌情予以免责或者减轻问责。主要包括：

1. 严格按照法律法规规定和上级以及本单位的部署认真履行了工作职责的；

2. 对与生态环境保护相关的错误决策或者违法干扰行为进行了抵制或者如实反映了情况，提出了反对意见，但本人无权或者无力改变其结果的；

3. 重大环境问题（事件）发生后，积极采取措施，有效避免了问题（事件）恶化，最大限度地降低了损失的；

4. 完全由于不可抗拒的自然灾害，并经及时采取合理措施，仍然不能避免发生重大环境问题（事件）的；

5. 其他可以给予免责或者减责的情形。

第十三条 环境保护责任追究应当注意区分不同层级党委、政府及其部门的责任。对省直机关部门、市州党委政府及其部门，要着重查清其职责范围内与生态环境保护相关的工作决策、行政审批，有关工作组织协调、监督检查落实等方面履行职责的情况；对县市区党委、政府及其部门和乡镇党委、政府，除查清其职权范围内与生态环境保护相关的工作决策、行政审批和对上级党委、政府及其部门工作部署的落实情况外，还要着重查清其履行属地监管责任，查处、打击和上报环境违法行为，组织开展环境问题隐患整改以及加强日常监督检查等方面履行职责的情况。

第五章 附 则

第十四条 本办法第五条第二款所称重大环境污染事件是指符合环境保护部《突发环境事件信息报告办法》（中华人民共和国环境保护部令第 17 号）之重大（Ⅱ级）及以上突发环境事件标准的环境问题情形。本办法第十一条第二款所称相关分管负责人是指分管环境问题（事件）发生领域业务工作的地方和部门领导班子成员。

第十五条 本办法由省环境保护厅负责解释。

第十六条 本办法自发布之日起施行。

中共湖南省委办公厅、湖南省人民政府办公厅关于确定省直管县经济体制改革试点单位的通知

（湘办〔2015〕30 号）

各市州、县市区委，各市州、县市区人民政府，省直机关各单位：

根据《中共湖南省委全面深化改革领导小组关于印发〈2014 年先行先试的 15 项改革试点事项〉的通知》（湘改发〔2014〕2 号）和《中共湖南省委办公厅湖南省人民政府办公厅关于开展省直管县体制改革试点工作的意见》（湘办发〔2015〕4 号，以下简称《意见》）精神，经省委、省人民政府同意，确定浏阳市、耒阳市、茶陵县、湘乡市、武冈市、平江县、石门县、慈利县、安化县、宜章县、蓝山县、溆浦县、新化县为省直管县经济体制改革试点单位。现就改革试点有关事项通知如下：

一、各试点单位要根据《意见》精神抓紧制定完善改革试点实施方案，报省发改委按程序报批后实施。要结合区位优势、资源禀赋、产业特点、经济规模和发展水平，因地制宜务实推进。要及时向省直有关部门反馈试点中出现的情况和问题，不断调整完善管理体制和运行机制，积极稳妥，勇于创新，探索和总结出可复制、可推广的改革经验。

二、各市州要根据《意见》精神积极配合省直管县经济体制改革试点工作，做好相关经济社会管理职责权限的委托授权等划转交接工作，同时，也要确保改革试点事项外的其他职责权限继续按原有管理体制有序运行。

三、省直各有关部门要按照《湖南省人民政府办公厅关于印发〈推进省直管县体制改革试点工作部门分工方案〉的通知》（湘政办发〔2015〕20 号）要求，坚持简政赋权的原则，抓紧出台相关配套政策，适时出台《赋予省直管试点县（市）经济社会管理权限目录》，切实加强对省直管县经济体制改革的统筹指导和协调服务。

中共湖南省委办公厅
湖南省人民政府办公厅
2015 年 5 月 5 日

中共湖南省委办公厅、湖南省人民政府办公厅印发《关于加强湖南新型智库建设的实施意见》的通知

（湘办发〔2015〕33号）

各市州、县市区委，各市州、县市区人民政府，省直机关各单位：

《关于加强湖南新型智库建设的实施意见》已经省委、省人民政府同意，现印发给你们，请结合实际认真贯彻执行。

中共湖南省委办公厅
湖南省人民政府办公厅
2015年7月14日

关于加强湖南新型智库建设的实施意见

为认真贯彻《中共中央办公厅国务院办公厅印发〈关于加强中国特色新型智库建设的意见〉的通知》（中办发〔2014〕65号）精神，进一步加强湖南新型智库建设，建立健全决策咨询制度，不断提升科学发展水平，现提出如下实施意见。

一、准确把握新型智库建设的总体要求、基本原则和主要目标

（一）总体要求。以中央关于加强中国特色新型智库建设的总体部署为遵循，以服务党委、政府决策和经济社会发展为宗旨，以社科理论单位、党校高校、学术类社会组织等为主要依托，以开展重大现实问题和公共政策研究为重点，以建立工作机制和保障制度为支撑，坚持改革创新的思维，不断完善智库组织架构，推进体制机制创新，加强成果供需对接，形成多点支撑格局，努力打造党委、政府信得过、靠得住、用得上的思想库和智囊团，发挥智库在资政建言、理论创新、舆论引导、社会服务、对外交流等方面的重要功能，为我省推进“四个全面”提供智力支撑。

（二）基本原则

——坚持以中国特色社会主义理论体系为指导。遵循党管智库原则，坚持用马克思主义的立场、观点和方法分析解决问题，用习近平总书记系列重要讲话精神武装头脑、指导研究，自觉维护意识形态安全，维护国家和人民的根本利益。

——坚持为全省经济社会发展大局服务。紧紧围绕党委、政府中心工作，大力开展具有战略性、前瞻性、针对性的对策研究，提出有学理支撑和应用价值的政策建议，努力为党委、政府开展综合研判和战略谋划参好谋、服好务。

——坚持以研究解决重大现实问题为导向。注重理论联系实际，强化问题意识，把研究经济社会发展中的重大现实问题作为主攻方向，增强智库研究的针对性和实效性，不断推出提出对策、进入决策、形成政策的研究成果。

——坚持用改革创新精神来推动。努力在解放思想中大胆探索，大力推进体制机制创新，提倡不同学术观点、不同政策建议的切磋争鸣，努力营造有利于发挥智库作用的良好环境，推动我省智库积极健康、规范有序发展。

——坚持从实际出发彰显湖南特色。立足我省经济社会发展实际，加强智库建设的顶层设计、统筹协调和分类指导，注重发挥湖南的文化优势和科技优势，努力走出一条体现中央精神、符合湖南实际的智库建设路子。

（三）主要目标。在统筹推进全省各类智库协调发展的基础上，到2020年，初步实现“四个一”的目标：形成一个以省级重点智库为主导，以高校智库、科技创新智库、企业智库、社会智库为补充的新型智库体系；建设一批在全省乃至全国具有一定影响力的省级重点智库，支持省社科院等进入国家重点智库试点；造就一支既有马克思主义理论功底、又有较高专业素养，既有服务大局的强烈意识、又有较强独立思考分析能力的智库队伍；建立一套能够反映时代特征、体现中国特色、具有湖南特点的智库管理体制和运行机制。

二、努力从湖南实际出发建设一批新型智库

（四）明确我省新型智库建设的努力方向。按照统筹规划、体现特色的原则，在大力推进各类智库建设的基础上，着力培育一批党委政府决策服务型智库、一批社会公共政策研究型智库、一批地方经济社会发展规划型智库、一批专业领域参谋咨询型智库，努力形成具有湖南特色的智库体系。

（五）明确我省新型智库的基本条件。被确立为我省智库的单位和组织应当具备以下基本条件：（1）具有已经被有关单位和部门批准成立的实体性研究机构；（2）具有较强的综合研究能力或在某一领域的研究优势，并在长期研究中形成了有影响的研究成果；（3）具有较强的服务大局意识，与实际工作部门和社会有关方面建立了广泛联系；（4）具有较强的研究团队，有影响较大的研究带头人和一批专兼职相结合的研究人员；（5）具有健全的组织机构和组织章程，研究实体内成立了党的组织并经常开展党的活动；（6）具有稳定和可持续的经费来源；（7）具有多层

次的学术交流平台、成果转化渠道和功能完备的信息采集分析系统。

（六）建设好一批省级重点智库。根据中央要求和湖南实际，确立一批省级重点智库。本着从严掌握、逐步发展的原则，将湖南省社会科学院、湖南省政府发展研究中心、湖南省委党校（湖南行政学院）、国防科技大学、中南大学、湖南大学、湖南师范大学确立为我省首批7个省级重点智库。重点智库要坚持高起点推进、高水平建设，加强整体规划和科学布局，主动适应党委政府发展战略需求，聚焦事关全局和长远重大问题，凝练主攻方向，突出专业特色，努力提高决策咨询服务的质量和水平。

（七）推动各类智库协调发展。在抓好省级重点智库建设的同时，大力支持高校智库、科技创新智库、企业智库、社会智库的发展。发挥高校学科齐全、人才密集的优势，建设好高校智库；围绕建设创新型湖南和实施创新驱动发展战略，建设好科技创新智库；面向行业产业发展和国有企业改革，建设好企业智库；按照规范和引导相结合的原则，建设好社会智库。

（八）发挥省直机关所属政策研究机构和实际工作部门在智库建设中的重要作用。省直机关所属政策研究机构和有关实际工作部门，要围绕全省中心工作，定期发布决策需求信息，引导相关智库开展政策研究、决策评估、政策解读等工作，当好党委、政府与智库的桥梁。省委政研室、省政府研究室等机构要加强与智库的联系，充分运用智库的成果。省人大和省政协所属政策研究机构要积极开展人民代表大会制度和中国特色社会主义法律体系理论研究，开展多党合作和政治协商制度、社会主义协商民主制度理论研究，鼓励人大代表、政协委员参与智库的研究咨询工作。人民团体要发挥密切联系群众的优势，拓展符合自身特点的决策咨询服务方式。

三、积极创新智库建设的方式和途径

（九）注重优化智库的组织形式。各类智库要以现有的实体性研究机构为依托，以具备的现实优势为基础，对主体功能进行科学定位，明确发展的方向和重点。在建设过程中，要以智库本身的研究机构为中心，整合本单位本系统有关科研院所、学术团体和高校协同创新中心、各类社科研究基地等资源，推动不同的智库要素跨地区跨领域有效聚集，推动不同类型智库之间的互动合作，注意防止智库建设中的“孤岛”现象，努力形成开放式智库组织结构。

（十）注重开展多种形式的研究咨询活动。各类智库要注意面向实际，深入实践，不断畅通智库与党政机关及社会各方面的联系，围绕党委和政府重大决策、社会公共政策制定、社会治理与服务等，通过跟踪调查研究、参与课题招标、接受委托项目、实行对口服务、开展对外交流等方式，提出有创意、有个性、具有真知灼见、切实管用的对策建议，努力克服研究与实际脱离的“两张皮”现象，不断提高智库的研究水平和服务能力。

（十一）注重加强智库平台建设。把平台建设作为推进智库发展的重要抓手，努力为智库开展咨询研究创造条件。进一步加强信息共享平台建设，注意运用信息化技术，加快建立大型数据库和联机检索系统，重点建设好湖南图书馆、湖南省高校数字图书馆等公共信息平台；进一步加强课题研究平台建设，完善课题发布制度，设立湖南省智库专项课题，建立省社科基金项目、省情和决策咨询课题与智库对接机制；进一步加强成果交流转化平台建设，开办湖南省智库论坛，开设湖南智库网，编辑《决策参考——湖南智库成果专报》，发挥《湖南工作》在智库建设中的作用，定期举办优秀研究成果发布会，出版智库成果专集。

（十二）注重建立成果评价机制。完善成果认定机制，设立智库成果评审专家库，成立由专家和各方面代表组成的智库成果评审委员会，改变只注重同行专家评价的做法，更加注重政府和社会评价；完善成果激励机制，加大对优秀决策咨询成果的奖励力度，将智库优秀研究成果纳入省哲学社会科学成果评奖范围；完善成果推广机制，拓展多层次、多载体的成果传播渠道，充分利用新闻媒体、各种论坛、蓝皮书等形式传播研究成果。

四、建立健全智库发展的供需对接和工作保障制度

（十三）建立健全党务政务信息公开制度。党政部门要落实党务政务公开的有关规定，依法主动向社会公开信息，切实改变智库在信息收集上的不对称、不及时、不全面的状况。进一步完善党委、政府新闻发布制度，加大新闻媒体传播党务政务信息的力度，不断增强信息发布的时效性和透明度。进一步加强党委、政府网站和政务微博、微信建设，充分发挥新兴信息发布平台的作用。

（十四）建立健全重大决策咨询制度。坚持把决策咨询作为党委、政府重大决策的必经程序，凡涉及经济社会发展重大问题、涉及公共利益和人民群众切身利益的决策事项，都要广泛听取智库的意见和建议，并作为决策的必经环节，坚决杜绝“拍脑袋”决策现象，进一步发挥好智库在决策中的参谋作用。建立健全湖南省重大决策咨询专家库，为决策咨询提供可选择的专家人选。

（十五）建立健全重大政策评估制度。认真落实《湖南省全面深化改革第三方评估办法》《湖南省人民政府重大决策实施效果评估办法（试行）》，除涉密及法律法规另有规定外，重大改革方案、重大政策措施、重大工程项目等决策出台前，都要进行可行性论证和社会稳定、环境、经济等方面的风险评估。有关地方和单位要通过委托评估、召开评估会等形式落实评估要求，努力做到决策前有专家提供多种方案可选择、决策中有多方面专家意见可听取、决策后有专家的效果评价和调适建议可吸纳。

（十六）建立健全重大项目委托研究、招标研究和成果购买制度。不断完善重大项目委托研究制度，各地各部门在决策重大项目前，可根据项目需要委托相关智库开展研究；不断完善重大项目招标研究制度，各地各部门对涉及面比较广、研究难度比较大的项目，可采取公开招标的方式选择有关智库开展研究；不断完善成果购买制度，凡属智库提供的战略研究、咨询报告、政策方案、规划设计、调研数据、智库内参等，均可纳入政府采购范围和政府购买服务指导性目录，同时积极推进成果走向市场，鼓励社会购买智库成果。

（十七）建立健全智库成果应用情况反馈制度。为推动智库成果进入决策，促进党委、政府决策与智库成果之间的良性互动，有关部门和单位要及时反馈智库研究成果的采纳应用情况，以书面形式将成果名称、应用后产生的效

果等报智库管理部门，并反馈给有关智库。

五、切实加强对智库建设的领导和管理

（十八）建立健全智库建设组织协调机制。党委、政府要将智库建设作为科学执政、依法行政的重要内容列入议事日程，建立健全党委统一领导、党委办公厅（室）和政府办公厅（室）协调指导、党委宣传部门牵头组织、有关部门积极参与的工作格局。

（十九）完善对智库的管理。省委宣传部负责全省智库的综合管理和指导协调，有关部门和业务主管单位要按照谁主管、谁负责和属地管理、归口管理的原则，切实担负起智库管理责任。加强对省级智库的科学管理，按照“竞争入选、动态管理、末位淘汰、以评促建”的原则，建立和完善省级智库申报和管理制度，根据实际需要定期对省级智库进行调整和充实。

（二十）加大智库建设资金的投入力度。要研究制定支持智库建设的具体政策措施，探索建立多元化、多渠道、多层次的投入机制。财政部门要根据不同类型智库的性质和特点，研究具体的经费扶持措施，积极支持智库平台建设，鼓励对智库成果实行政府购买服务。积极引导和鼓励企业、社会组织和个人支持智库建设。

（二十一）加强智库人才队伍建设。要把人才队伍建设作为智库建设的基础工程，实施好新型智库高端人才培养规划。要引导和组织智库人才加强对党的理论和路线方针政策的学习，努力增强政治意识、大局意识和责任意识。要研究制定适应智库发展规律的引才用人机制，推动党政机关与智库人才的有序流动，推荐智库专家到党政部门挂职任职。要深化智库人才岗位聘任、职称评定等人事管理制度改革，完善人才评价机制和激励政策。

（二十二）加强对智库建设的宣传引导。宣传部门和新闻媒体要加大对智库建设和智库成果的宣传，努力发挥好智库在阐释党的理论、解读公共政策、研判社会舆情、引导社会热点、疏导公众情绪等方面的积极作用。要引导各类智库自觉坚持正确的政治方向，按照研究无禁区、宣传有纪律的要求，切实加强内部管理，确保智库健康发展。

中共湖南省委关于实施精准扶贫加快推进扶贫开发工作的决议

（2015年7月20日中国共产党湖南省第十届委员会第十三次全体〔扩大〕会议通过）

为深入贯彻落实以习近平同志为总书记的党中央关于全力推动精准扶贫的战略部署，坚决打赢新时期全省扶贫开发攻坚战，中国共产党湖南省第十届委员会第十三次全体（扩大）会议，对实施精准扶贫，加快推进扶贫开发工作，做出如下决议。

一、以习近平总书记关于扶贫开发工作的系列重要讲话精神为指引，切实增强推进扶贫攻坚的责任感、使命感和紧迫感

党的十八大以来，以习近平同志为总书记的党中央，把扶贫开发作为关乎党和国家政治方向、根本制度和发展道路的大事，对扶贫攻坚做出新的战略部署。习近平总书记多次深入贫困地区考察调研，并在多个重要场合对新时期扶贫开发工作发表重要讲话，提出了许多新观点新论断新思想新要求。扶贫开发是一项重大的政治任务，实现贫困人口如期脱贫，是我们党向全国人民做出的郑重承诺，责任重于泰山，一定要不辱使命；扶贫开发是实现“两个一百年”奋斗目标和中华民族伟大复兴中国梦的战略要求，小康不小康，关键看老乡，没有贫困地区的小康，没有贫困人口的脱贫，就没有全面建成小康社会，决不能让困难地区和困难群众在全面小康进程中掉队；扶贫开发是保障改善民生的重点任务，要格外关注、格外关爱、格外关心困难群众，千方百计帮助他们排忧解难，把他们的安危冷暖时刻放在心上，把党和政府的温暖送到千家万户；扶贫开发是稳增长促发展的重要举措，要加强贫困地区基础设施建设，发展优势特色产业，不断提高贫困群众收入水平，拉动贫困地区投资和消费需求；扶贫开发是践行“三严三实”的实践检验，扶贫要实事求是、因地制宜，精准扶贫、精准脱贫，真扶贫、扶真贫，切忌喊口号、提好高骛远的目标。习近平总书记系列重要讲话，是党中央对扶贫攻坚决战决胜的总号令，是推进扶贫开发工作的新指南。

省委、省政府高度重视扶贫开发工作，将其摆在突出位置来抓，取得显著成效，去年全省减少贫困人口108万，贫困地区面貌发生明显变化。着眼当前形势，我省扶贫开发工作已进入啃硬骨头、攻坚拔寨的冲刺阶段，任务重、时间紧、难度大。目前全省还有2个片区、51个国家和省级扶贫工作重点县、8000个贫困村，建档立卡贫困人口596万。形势严峻，任务艰巨。全省各级各部门要把思想和行动统一到习近平总书记的系列重要讲话精神上来，统一到中央关于实施精准扶贫、精准脱贫的部署要求上来，充分认识抓好扶贫开发工作的极端重要性，切实增强紧迫感、责任感和主动性、创造性，把扶贫攻坚作为一项小康工程、德政工程、民心工程，坚持全党动员、全民参与，举全省之力、集全民之智，以更实的政策举措，以更大的推进力度，以更快的工作节奏，以更有效的方式方法，打一场扶贫开发攻坚战。

二、深入实施精准识贫、精准扶贫、精准脱贫，坚决打赢扶贫开发攻坚战

推进精准识贫、精准扶贫、精准脱贫，要全面贯彻落实党的十八大和十八届三中、四中全会精神，深入学习贯彻习近平总书记关于新时期推进精准扶贫的重要战略思想，以改革创新为动力，以连片特困地区为主战场，以脱贫奔小康为首要任务，统筹抓好发展生产、公共服务、全民教育三件大事，加快贫困地区全面建成小康社会、贫困群众脱贫致富步伐。

坚持静态识别与动态退出相结合，发展经济与改善民生相结合，外源输血与内生造血相结合，整体推进与分类施策相结合，整合资源与精准发力相结合，政府主导与市场主体相结合，采取力度更大、针对性更强、作用更直接、效果更可持续的措施，坚决打赢扶贫攻坚战。

到2017年，51个扶贫工作重点县农民人均可支配收入超过8000元；到2020年，全省596万贫困人口整体脱贫，51个扶贫工作重点县全部摘掉贫困帽子。农民人均可支配收入突破10000元，贫困村基础设施、基本公共服务主要领域指标接近全省平均水平。

按照习近平总书记提出的“四个切实”“六个精准”“四个一批”要求，推进精准识贫、精准扶贫、精准脱贫，做到精准到户、到项目、到资金、到产业、到举措、到效果。

要精准到户，通过“一进二访”（进村入户、访困问需、访贫问计）活动，深入调查研究，把扶贫对象摸清，把困难家底搞实，把贫困原因核准，建立全省扶贫电子数据库和信息化平台，做到“户有卡、村有册、乡（镇）有档、省市县乡村信息平台共建共享”。要精准到项目，因地制宜确定扶贫开发项目，加快实施水、电、路、气、房、环境治理“六到农家”，扎实抓好就医、就学、养老、低保、五保、村级集体经济发展“六个落实”。要精准到资金，改革扶贫资金管理机制，合理确定资金投入办法，健全资金分配机制，加大资金资源整合、监管力度，将有限的扶贫资金用到“刀刃上”。要精准到产业，利用当地优势特色资源、产业基础，因村因户、分类指导实施产业扶贫项目，带动贫困人口增收致富。要精准到举措，根据不同原因、不同类型的贫困，采取夯实完善基础设施、发展生产、帮扶就业、加强教育培训、异地搬迁、低保政策兜底、医疗救助扶持等扶贫举措。要精准到效果，建立科学完善的扶贫考核评价体系，把提高贫困人口生活水平和减少贫困人口数量作为主要考核指标；建立贫困户脱贫和贫困村、贫困县退出工作机制，对扶贫对象进行动态管理，做到有进有出，有激励有约束。要加快扶贫立法工作，制定出台《湖南省农村扶贫开发条例》，确保扶贫开发工作有章可循、有法可依，体现法治性、约束力，确保常态化、可持续。把扶贫开发作为我省国民经济和社会发展“十三五”规划的重要内容，明确扶贫开发的路线图、任务书、时间表、责任人。

三、强化责任落实、夯实基层基础，动员全社会力量推动扶贫开发工作

强化扶贫开发工作领导责任制，坚持“中央统筹、省负总责、市县落实”的基本原则，完善“片区为重点、规划到村、扶贫到户”的工作机制，省里担负总体责任，做好目标确定、项目下达、资金投放、组织动员、检查指导等工作；市县担负主体责任，做好进度安排、项目落地、资金使用、人力调配、推进实施等工作；党政主要负责同志担负第一责任人责任，认真履行领导职责，深入开展调查研究，因地制宜制定措施办法，亲自部署和协调落实。加大扶贫干部培训力度，重点培训贫困地区县乡党政主要负责人、驻村扶贫工作队、村支两委负责人，锻造一支真正懂扶贫、通民情、接地气、善实干的扶贫干部队伍。

广泛调动各方面力量投身扶贫开发事业，全省党和国家机关各部门各单位、人民团体、参照公务员法管理的事业单位和国有企业、金融机构、科研院校等要发挥引领示范作用，认真贯彻扶贫开发政策，积极落实分工任务；支持军队和武警部队积极参与地方扶贫开发；充分发挥工、青、妇等党的群团组织的重要作用，鼓励引导、积极支持各民主党派、工商联、无党派人士及各类企业、社会组织和个人以多种形式参与扶贫开发，形成全社会扶贫攻坚合力。扶贫先扶志。要通过电视、广播、报刊、互联网等媒介，以扶贫表彰、“扶贫宣传月”、“扶贫主题日”等形式，集中宣传扶贫工作。及时总结经验，加强典型引路，倡导自力更生、艰苦奋斗精神，切实激发和调动贫困地区、贫困群众向贫困宣战的自觉性、主动性和创造性。

加强基层组织建设，基层组织主要负责同志要切实承担起具体责任人和组织开展具体工作的责任，抓好班子建设、队伍建设、组织建设、制度机制建设、活动场所建设，加大从优秀外出务工经商人员、乡土能人、复退军人和大学生村官中选拔村支两委主官的力度，对重点贫困村、矛盾复杂村、基础薄弱村，要选优配强第一支部书记，真正把基层组织建设成带领群众脱贫致富的坚强战斗堡垒。要选派优秀干部组成扶贫工作队，驻村驻户，强化责任要求，加强担当创新，点对点帮扶贫困村，零距离服务贫困户，做到贫困村不“摘帽”、贫困户不脱贫、工作队不撤出。

全省各级党组织、全体共产党员和广大人民群众要更加紧密团结在以习近平同志为总书记的党中央周围，坚定信心、保持定力，真抓实干、开拓进取，全力落实“四个全面”战略布局，全力推动经济社会平稳健康发展，全力推进精准识贫、精准扶贫、精准脱贫，为谱写中国梦的湖南篇章而不懈奋斗!

中共湖南省委办公厅、湖南省人民政府办公厅关于加快构建现代公共文化服务体系的实施意见

（湘办发〔2015〕39号　2015年9月29日）

近年来，我省公共文化服务体系建设取得显著成效，呈现出整体推进、重点突破、全面提升的良好发展态势。但与当前经济社会发展水平和人民群众日益增长的精神文化需求相比，还存在差距。根据《中共中央办公厅国务院办公厅印发〈关于加快构建现代公共文化服务体系的意见〉的通知》（中办发〔2015〕2号）精神，结合我省实际，经省委、省人民政府同意，现就加快构建我省现代公共文化服务体系提出如下实施意见。

一、总体要求

（一）指导思想。以邓小平理论、“三个代表”重要思想、科学发展观为指导，贯彻落实党的十八大和十八届三中、四中全会精神，贯彻落实习近平总书记系列重要讲话精神，按照全面建成小康社会的总体要求，牢固树立以人民为中心的工作导向，以改革创新为动力，以基层为重点，构建体现时代发展趋势、适应社会主义初级阶段基本国情和市场经济要求、符合文化发展规律、体现中国特色和具有湖南特点的现代公共文化服务体系，促进基本公共文化服务标准化、均等化，推动社会主义文化大发展大繁荣，提高全民族文化素质，增强民族凝聚力，为推进全省经济社会发展提供强大的精神动力和文化支撑。

（二）基本原则

坚持正确导向。以人民为中心，以社会主义核心价值观为引领，发展先进文化，创新传统文化，扶持通俗文化，引导流行文化，改造落后文化，抵制有害文化，巩固基层文化阵地，促进在全社会形成积极向上的精神追求和健康文明的生活方式。

坚持政府主导。从省情出发，认真研究人民群众的精神文化需求，因地制宜，科学规划，分类指导，按照一定标准推动实现基本公共文化服务均等化，切实保障人民群众基本文化权益，促进实现社会公平。

坚持社会参与。简政放权，减少行政审批项目，引入市场机制，激发各类社会主体参与公共文化服务的积极性，提供多样化的产品和服务，增强发展活力，积极培育和引导群众文化消费需求。

坚持共建共享。加强统筹管理，建立协同机制，明确责任。优化配置各方资源，做到物尽其用、人尽其才，发挥整体优势，提升综合效益。

坚持改革创新。加快转变政府职能，完善管理体制机制，创新公共文化服务内容和形式，促进文化与科技深度融合，推动文化事业和文化产业协调发展。

（三）主要目标。根据中办发〔2015〕2号文件提出的“到2020年，基本建成覆盖城乡、便捷高效、保基本、促公平的现代公共文化服务体系”的总体目标和省委、省政府关于分类指导加快推进全面建成小康社会的战略部署，从现在起到2017年，全省要以县为单位达到基本公共文化服务实施标准要求，同时，以县为单位开展创建省级现代公共文化服务体系示范区活动。到2020年，全省要全面达到中办发〔2015〕2号文件提出的构建现代公共文化服务体系的总体目标，实现公共文化设施网络全面覆盖、互联互通，公共文化服务的内容和手段更加丰富，服务质量显著提升，公共文化管理、运行和保障机制进一步完善，政府、市场、社会共同参与公共文化服务体系建设的格局逐步形成，人民群众基本文化权益得到更好保障，基本公共文化服务均等化水平稳步提高。

二、统筹推进公共文化服务均衡发展

（四）促进城乡基本公共文化服务均等化。把促进城乡基本公共文化服务均等化纳入国民经济和社会发展总体规划及城乡规划，统筹城乡公共文化设施布局、服务提供、队伍建设、资金保障，均衡配置公共文化资源。把公共文化服务体系建设与新农村、和谐社区建设有机结合起来，实行城乡同治，建设美丽社区和村庄。拓展重大文化惠民项目服务“三农”内容，推进“三农”出版物出版发行、广播电视涉农节目制作和农村题材文艺作品创作。完善农家书屋、职工书屋出版物补充更新机制，将入选全国农家书屋年度重点出版物推荐目录的省内图书、报刊和电子音像制品纳入政府定点采购范围，实行定期配送。统筹推进农村地区广播电视用户接收设备配备工作，鼓励建设农村广播电视维修服务网点。大力开展公共文化流动服务和数字服务，推进公共数字文化服务“进村入户”，打通公共文化服务“最后一公里”。建立公共文化服务城乡联动机制，以县级文化馆、图书馆为中心推进总分馆制建设，加强对农家书屋、职工书屋的统筹管理使用，实现农村、城市社区公共文化服务资源整合和互联互通。加大对农村民间文化艺术的扶持力度，让民间文化和乡土文化焕发生机。推进城乡“结对子、种文化”，加强城市对农村文化建设的帮扶，形成常态化工作机制。

（五）推动革命老区、民族地区、贫困地区公共文化建设实现跨越式发展。编制革命老区、民族地区和武陵山片区、罗霄山片区等贫困地区公共文化服务体系建设发展规划纲要。明确革命老区、民族地区、贫困地区公共文化服务和资源缺口，在公共文化建设项目和资金安排上进行倾斜。以广播影视服务网络、数字文化服务、乡土人才培养、

流动文化服务、农村留守妇女儿童文化帮扶等为重点，集中实施一批文化扶贫项目。支持革命老区、民族地区、贫困地区挖掘、开发、利用民族民间文化资源，充实公共文化服务内容。力争在较短时间内使革命老区、民族地区、贫困地区公共文化服务能力和水平有明显改善。

（六）保障特殊群体基本文化权益。将老年人、未成年人、残疾人、农民工、农村留守妇女儿童、生活困难群众作为公共文化服务的重点对象。鼓励组建票友协会、开办老年艺术大学，利用文化馆、图书馆、科技馆等公共文化设施积极开展面向困难人群、老年人、未成年人的文化活动、公益性文化艺术培训服务、展演和科普活动。开展学龄前儿童基础阅读促进工作和向中小学生推荐优秀出版物、影片、戏曲工作。指导互联网网站、互联网文化企业等开发制作有利于青少年身心健康的优秀作品。将中小学生定期参观博物馆、美术馆、纪念馆、科技馆及科普基地纳入中小学教育教学活动计划。加强乡村学校少年宫建设。实施青少年体育活动促进计划。加强对残疾人文化艺术的扶持力度，公共文化服务机构要为残疾人提供无障碍设施。实施盲文出版项目，开发视听读物，建设有声图书馆，鼓励和支持有条件的电视台增加手语节目或加配字幕。加快将农民工文化建设纳入常住地公共文化服务体系，满足农民工群体尤其是新生代农民工的基本文化需求。加强农民文化协会建设和农村科普示范基地建设，广泛开展农村广场文化和科普教育培训活动，丰富留守人群文化生活。通过政府购买服务方式，对生活困难群众减免收看有线电视、观看电影等费用。

（七）建立和完善基本公共文化服务标准体系。围绕看电视、听广播、读书看报、参加公共文化活动等群众基本文化权益，根据经济社会发展水平和供给能力明确基本公共文化服务的内容、种类、数量和水平，以及应具备的公共文化服务基本条件和各级政府的保障责任，确立与我省经济社会发展水平相适应、具有我省特色的基本公共文化服务实施标准，明确政府保障底线，做到保障基本、统一规范。标准以县为基本单位推进落实。建立基本公共文化服务实施标准动态调整机制。

（八）提升公共文化设施建设、管理和服务水平。按照城乡人口发展和分布，坚持均衡配置、严格预留、规模适当、功能优先、经济适用、节能环保的原则，合理规划建设各级各类公共文化设施。充分利用现有城乡公共设施，统筹建设集宣传文化、党员教育、科技普及、普法教育、体育健身等多功能于一体的基层公共文化服务中心，配套建设群众文体活动场地。统筹规划建设高新区、开发区等务工人员集中区域的公共文化设施。按有关规定支持县级以上工人文化宫、青少年宫、妇女儿童活动中心、科技馆、体育健身中心的建设、改造和升级，充分发挥其公共文化服务作用。坚持设施建设和运行管理并重，健全公共文化设施运行管理和服务标准体系，规范各级各类公共文化机构服务项目和服务流程。推进全省现代公共文化服务体系示范区创建。探索村（社区）公共文化建设模式，做好村（社区）公共文化建设模式创新与示范推广。

三、增强公共文化服务发展动力

（九）培育和促进文化消费。积极举办文化艺术展会，繁荣文化艺术品市场，提高群众文化欣赏水平。鼓励有条件的公共文化机构挖掘特色资源，加强文化创意产品研发，创新文化产品和服务内容。完善公益性演出补贴制度，通过票价补贴、剧场运营补贴等方式，支持艺术表演团体提供公益性演出。鼓励在商业演出和电影放映中安排低价场次或门票，鼓励网络文化运营商开发更多低收费业务，推动经营性文化设施、非物质文化遗产传习场所和传统民俗文化活动场所等向公众提供优惠或免费的公益性文化服务。积极发展与公共文化服务相关联的教育培训、体育健身、演艺会展、旅游休闲等产业，引导和支持各类文化企业开发公共文化产品和服务。

（十）鼓励和引导社会力量参与。建立健全政府向社会力量购买公共文化服务机制，将政府购买公共文化服务资金纳入财政预算。促进公共文化服务提供主体和提供方式多元化，采取政府购买、项目补贴、定向资助、贷款贴息等政策措施，支持包括文化企业在内的社会各类文化机构参与提供公共文化服务。鼓励和支持社会力量通过投资或捐助设施设备、兴办实体、资助项目、赞助活动、提供产品和服务等方式参与公共文化服务体系建设。探索在互联网上网服务营业场所、演出院线等经营性文化场所提供公共文化服务。推动建立健全公开透明的社会捐赠管理制度。纳税人捐助公益文化体育事业，符合国家税法有关规定的，可向税务部门申报，相应扣除企业所得税或个人所得税的应纳税所得额。捐助人单独捐建或主要由捐助人出资兴建的公共文化体育设施，捐助人要求留名纪念的，可根据《中华人民共和国公益事业捐赠法》等有关规定，经文化或体育等部门同意后，报县级以上人民政府批准，由捐助人提出设施名称。创新管理模式，稳步推进公共文化设施社会化运营，采取委托或招投标等方式吸引有实力的社会组织和企业，参与公共文化设施的运营。

（十一）培育和规范文化类社会组织。加强对文化类行业协会、基金会、民办非企业单位等社会组织的引导、扶持和管理，促进规范有序发展。规范和完善文化艺术类基金会管理制度，建立健全资金筹措机制，提高社会公信度和项目申报透明度。鼓励各类公共文化服务机构发起成立行业协会，发挥其在行业自律、行业管理、行业交流等方面的重要作用。鼓励创办民办非企业公共文化服务机构。鼓励符合登记条件的乡镇（街道）、村（社区）文化服务队伍按照城乡社区服务类社会组织进行登记并开展活动。加快推进文化行业协会与行政机关脱钩，将适合由社会组织提供的公共文化服务事项交由社会组织承担。支持公益性文化事业单位为文化类社会组织提供专业指导等服务。加强政府管理和社会监督，严格执行社会组织年检制度和信息公开制度，开展社会组织等级评估，实现依法管理、依法运营。

（十二）大力推进文化志愿服务。巩固专业文化志愿服务队伍，扩大社会各界文化志愿服务队伍，优先发展基层社区文化志愿服务队伍，探索具有湖南特色的文化志愿服务模式。县级公共图书馆、文化馆、公共博物馆每馆可成立一支登记注册、管理规范的文化志愿者队伍。积极开展“春雨工程”——文化志愿者边疆行和“大地情深”——专业艺术院团志愿服务走基层等文化志愿服务示范品牌活动。

充分发挥科普志愿者特别是“科普传播大师”的作用，大力开展科普志愿服务活动。完善文化志愿者注册招募、服务记录、管理评价和激励保障机制。动员组织专家学者、艺术家、优秀运动员等社会知名人士参加志愿服务，提高社会影响力。推动专业艺术院团、体育运动队和艺术体育院校等到基层教、学、帮、带，建立志愿服务下基层制度。加强对文化志愿队伍的培训，提升文化志愿者的服务意识、服务能力和服务水平。

四、加强公共文化产品和服务供给

（十三）提升公共文化服务效能。完善公共文化设施免费开放的保障机制。深入推进公共图书馆、博物馆、文化馆、纪念馆、美术馆等免费开放工作，大型体育场馆（体育场、体育馆、游泳馆）免费或低收费向社会开放，科技馆、工人文化宫、青少年宫、妇女儿童活动中心以及青少年校外活动场所免费提供基本公共文化服务项目。鼓励党政机关、国有企事业单位和学校的各类文体科普设施，在特定时段向社会免费或优惠开放。建立群众文化需求反馈机制，及时准确了解和掌握群众文化需求，制定公共文化服务提供目录，开展“菜单式”“订单式”服务。加强公共文化服务品牌建设，推动形成具有鲜明特色和社会影响力的服务项目。加大对跨部门、跨行业、跨地域公共文化资源的整合力度。以行业联盟等形式，开展馆际合作，推进公共文化机构互联互通，开展文化服务“一卡通”、公共文化巡展巡讲巡演等服务，实现区域文化共建共享。加强基层广播电视播出机构服务能力建设。充分利用广播、电视、网络双向互动功能，为各级政府部门便民服务提供窗口和平台。

（十四）丰富优秀公共文化产品供给。鼓励本土文化艺术工作者从现实生活中采集素材，创作地方特色浓郁、人民群众喜闻乐见的文化产品。加强戏曲等优秀文化艺术的普及推广工作。制定《2015–2020 年湖南文化艺术创作规划》，大力开展“中国梦”主题创作和展示活动，认真做好“深入生活、扎根人民”主题实践活动，精心组织精神文明建设“五个一工程”，抓好重点图书、广播、电影、电视和剧目的创作、生产与演出。推进送戏、送书、送电影下乡等项目和优秀出版物推荐活动。继续支持广电、出版、演艺、动漫等优势文化产业做大做强，为公共文化服务提供坚实的产业支撑。提高网络文化产品和服务供给能力，促进优秀传统文化瑰宝和当代文化精品网络传播。完善少数民族语言文字文化服务。加强知识产权审核和版权保护，防止侵权或盗版产品进入公共文化服务供给体系。大力发展社会主义核心价值观教育、法制教育、国防教育等主题内容公益广告，有效推广全民终身学习和公益慈善理念。

（十五）推进湖湘文化传承与发展。挖掘湖湘文化精华，建立传统文化传承和发展体系。进一步宣传和阐释“忠诚、担当、求是、图强”的湖南精神。弘扬湖湘廉政文化，发展地方文化和特色文化，扶持民族民间文化艺术。加强历史文化名城、名镇、名村的保护工作，实施全国重点文物保护单位和省级文物保护单位集中连片的传统村落整体保护利用工程。加强民族文化生态保护区建设。推进“湖南省民间文化艺术之乡”建设。传承和发展民族民间传统体育，广泛开展形式多样的群众性体育活动。办好民族节会文化活动。推动非物质文化遗产进学校、进市场、进文艺演出，逐步建立省级以上各类非遗项目传承基地，推进非遗展示馆（中心）、重点项目传习所和非物质文化遗产生产性保护示范基地建设。大力推进《湖湘文库》数字化编纂出版工作。加强古籍整理出版和数字化工作。推进对湖湘文化经典的学习和研究。

（十六）丰富群众文化生活。深入开展“书香湖南·全民阅读”和科学普及活动，推动全民阅读进机关、进校园、进企业、进农村、进社区、进家庭、进军营。积极开展全民艺术普及、全民健身、全民科普和群众性法治文化、廉政文化活动。组织开展“欢乐潇湘”群众文化活动和“雅韵三湘”高雅艺术普及活动，打造“文化湖湘”公共文化服务平台。实施基层特色文化品牌建设项目，力争一市（州）一项品牌文化活动，一县（市区）一项特色文化活动，吸引更多群众参与。引导广场文化活动健康、规范、有序开展。以“我们的节日”为主题，组织开展群众性节日民俗文化活动。鼓励群众自办文化，支持成立各类群众文化团队，为民间文化队伍提供展示交流的平台。推进红色文化、社区文化、乡土文化、校园文化、企业文化、军旅文化、科普文化、家庭文化、乡贤文化建设，培育积极健康、多姿多彩的社会文化形态。加强群众性文化活动的国际交流，形成多层次的对外文化交流格局。实现公共文化体育机构免费指导群众文体活动常态化。

五、推动公共文化服务与科技融合发展

（十七）加大文化科技融合创新力度。围绕公共文化服务体系建设的重大科技需求，发挥文化和科技相互促进的作用，将公共文化科技融合创新纳入科技发展专项规划，深入实施文化科技创新工程。鼓励高校和科研院所开展重要文化科技融合课题研究及专用装备、软件、系统的关键技术研发应用，推进公共文化服务创新手段、提高效能。发挥我省计算机和网络技术的优势，促进公共文化与互联网＋的融合发展。加强科技成果转化应用，支持公共文化机构、科研院所、高科技企业合作开展各类关键技术研究，建立一批文化科技融合示范基地，实施一批公共文化服务科技创新应用示范项目，加速科技成果转化，推进文化科技产业发展。

（十八）加快推进公共文化服务数字化建设。开展示范性数字文化馆建设，统筹实施全省文化信息资源共享、数字图书馆博物馆和科技馆、直播卫星广播电视公共服务、农村数字电影放映、数字农家书屋、城乡电子阅报屏等项目建设，构建标准统一、互联互通的公共数字文化服务网络，在基层实现共建共管共享。以湖南图书馆、省博物馆、省科技馆和省地质博物馆为中心，逐步建成全省各图书馆、文化馆、博物馆、美术馆、科技馆等分工合作的数字资源协作加工平台和数字资源服务平台。加快推进数字文化资源在智能社区中的应用，实现“一站式”服务。支持数字版权公共服务平台建设，实现公共数字文化资源有效保护。加强公共文化大数据采集、存储和分析处理，推动县级以上公共文化机构网站建设，鼓励在公共文化设施内免费提供无线上网服务。

（十九）提升公共文化服务现代传播能力。灵活运用宽带互联网、移动互联网、广播电视网、卫星网络等手段，拓宽公共文化资源传输渠道。发展基于手机终端软件（APP）、微信、微博等新媒体的公共文化服务形式。大力推进“三网融合”，促进高清电视、互动电视、交互式网络电视（IPTV）、手机电视等新业务发展，推广数字智能终端、移动终端等新型载体。推进数字出版，构建数字出版物传播平台。加强广播电视台、发射台（站）、监测台（站）建设，继续实施广播电视高山无线发射台站建设工程。积极推进有线电视网络建设和数字化双向化改造，加快推进直播卫星和地面数字电视覆盖建设。实施国家和地方应急广播工程，完善应急广播覆盖网络，打造基层政务信息发布、政策宣讲和灾害预警应急指挥平台。

六、创新公共文化管理体制和运行机制

（二十）*建立公共文化服务体系建设协调机制*。完善党委领导、政府管理、部门协同、权责明确、统筹推进的公共文化服务体系建设管理制度，明确政府在构建现代公共文化服务体系中的主导作用。完善省公共文化服务体系建设协调机制，由省文化厅牵头，充分发挥各部门职能作用和资源优势，在规划编制、政策衔接、标准制定和组织实施、考核评价等方面加强统筹、整体设计、协调推进。各地要根据实际，建立相应的协调机制。发挥基层党委和政府作用，建立统一的基层公共文化服务平台，加强各类重大文化项目的统筹实施，探索整合基层公共文化服务资源的方式和途径，实现共建共享，提升综合效益。

（二十一）*加大公益性文化事业单位改革力度*。探索管办分离的有效形式，理顺政府和公益性文化事业单位之间的关系，进一步落实公益性文化事业单位法人自主权，强化公共服务功能，增强发展活力。全面推进文化事业单位人事制度、收入分配制度、社会保障、经费保障制度改革。创新运行机制，建立事业单位法人治理结构，推动公共图书馆、博物馆、文化馆、科技馆等组建理事会。完善年度报告和信息披露、公众监督等基本制度。加强和改进公益性文化事业单位党组织建设，充分发挥基层党组织的战斗堡垒作用和共产党员的先锋模范作用。

（二十二）*创新基层公共文化管理机制*。发挥城乡基层群众性自治组织的作用，推动开展公共文化服务参与式管理，推广居民、村民评议等行之有效的做法，健全民意表达和监督机制，引导城市社区居民和村民参与公共文化服务项目规划、建设、管理和监督，维护群众的文化选择权、参与权和自主权。调动驻村（社区）单位、企业和社会组织等多方面力量，统筹资源，共同参与基层文化的管理和服务，形成多元联动格局。推进将公共文化服务纳入基层社区服务网格进行管理，培育城乡社区互助文化，营造社区和谐环境。

（二十三）*严格考核评价*。制定政府公共文化服务考核指标，作为考核评价领导班子和领导干部政绩的重要内容，纳入科学发展考核体系。建立公共文化机构绩效考评制度，考评结果作为确定预算、收入分配与负责人奖惩的重要依据。加强对重大文化项目资金使用、实施效果、服务效能等方面的监督和评估。完善服务质量监测体系，研究制定公众满意度指标，建立群众评价和反馈机制。探索建立公共文化服务第三方评价机制，增强公共文化服务评价的客观性和科学性。

七、加大公共文化服务的保障力度

（二十四）*加强组织领导*。各级党委、政府要将构建现代公共文化服务体系纳入本地区国民经济和社会发展总体规划，纳入重要议事日程，并结合实际制定实施方案、规划或专项行动计划，明确责任和时间表、路线图，集中力量推进工作落实。做好宣传和舆论引导工作，形成全社会支持和参与现代公共文化服务体系建设的良好氛围。

（二十五）*加大财税支持力度*。合理划分各级政府基本公共文化服务支出责任，建立健全公共文化服务财政保障机制，按照我省基本公共文化服务实施标准，落实提供基本公共文化服务项目所必需的资金，保障公共文化服务体系建设和运行。进一步完善转移支付体制，加大省级财政转移支付力度，重点向革命老区、民族地区和贫困地区倾斜，着力支持农村和城市社区基层公共文化服务设施建设，保障基层城乡居民公平享有基本公共文化服务。进一步拓展资金来源渠道，加大政府性基金与一般公共预算的统筹力度，落实从城市住房开发投资中提取1%用于社区公共文化设施建设的规定。鼓励社会资金建立乡镇（街道）、村（社区）文化活动基金。落实国家对文化事业和文化产业的税收优惠政策。加强对公共文化服务资金管理使用情况的监督和审计，开展绩效评价。

（二十六）*加强基层文化队伍建设*。按照控制总量、盘活存量、优化结构、有减有增的要求以及国家出台的公共文化机构人员编制标准，结合我省实际和财力，适时研究制定我省相关实施意见，并根据业务发展状况，就公共文化机构人员编制进行动态调整。对实行免费开放后工作量大量增加、现有机构编制难以满足工作需要的公益性文化事业单位，要结合实际和财力，合理增加机构编制。理顺乡镇综合文化站（中心）与县文化主管部门的关系。加强对农村文化队伍的管理和使用，在现有编制总量内，落实每个乡镇综合文化站（中心）编制配备不少于1至2名的要求，规模较大的乡镇适当增加。在村（社区）设立城乡基层公共文化服务岗位，配置由公共财政补贴的工作人员。将公共文化服务专业人才培养纳入国民教育体系。建立公共文化机构从业人员培训上岗制度，全面提高从业人员素质。加强省级文化人才培训基地建设。完善基层公共文化服务人才激励和保障机制。加强基层乡土文化人才建设。发展壮大社会体育指导员队伍。完善革命老区、民族地区、贫困地区文化人才支持工作机制。

（二十七）*加强法治建设*。建立健全公共文化法规制度，依法保障公民的文化权利得到有效落实。加快出台现代公共文化服务保障相关法规，加强公共文化立法与文化体制改革重大政策的衔接，提高公共文化服务领域法治化水平。

附件：

湖南省基本公共文化服务实施标准（2015-2020年）

一、服务项目与内容

项目	内容	标　　　准
基本服务项目	读书看报	1. 公共图书馆（室）、文化馆（站）、村（社区）（村指行政村，下同）综合文化服务中心（含农家书屋）等配备图书、报刊和电子书刊，并免费提供借阅服务。 2. 县级公共图书馆人均藏书量不少于0.6册，年新增藏书量不少于5000册，年开展流动图书服务不少于12次；农家书屋可供借阅的图书不少于1600种、2000册，报纸期刊不少于5种、音像制品和电子出版物不少于100种（张），年新增图书不少于60种，年组织读书活动不少于4次。 3. 在城镇主要街道、公共场所、居民小区等人流密集地点设置阅报栏或电子阅报屏，及时提供时政、"三农"、科普、文化、生活等方面的信息服务。
	收听广播	4. 为农村居民提供日常广播服务，实现农村广播"村村响"。为全民提供突发事件应急广播服务。 5. 通过直播卫星提供不少于17套广播节目，通过无线模拟提供不少于6套广播节目，通过数字音频提供不少于15套广播节目。
	观看电视	6. 通过直播卫星提供25套电视节目，通过无线数字化覆盖免费提供不少于15套电视节目和3套广播节目，未完成无线数字化转换的地区，提供不少于5套电视节目（中央1、7、13套，省、市州各1套）。
	观赏电影	7. 为农村群众提供数字电影放映服务，每村每月免费观看1场数字电影，其中每年国产新片（院线上映不超过2年）比例不少于1/3。 8. 为中小学生每学期免费放映2部爱国主义教育影片。
	送地方戏	9. 县级以上（含县级，下同）专业艺术团体每年应坚持开展送戏下乡活动。 10. 根据群众实际需求，采取政府采购等方式，每年为每个农村乡镇免费送戏曲等文艺演出不少于4场。
	设施开放	11. 公共图书馆、文化馆（站）、公共博物馆（非文物建筑及遗址类）、公共美术馆等公共文化设施免费开放，每周开放时间不少于42小时、每年开放时间不少于300天；基本服务项目健全。 12. 县级以上公共体育场、全民健身活动中心每周免费开放时段不少于14小时。 13. 县级以上科技馆、工人文化宫、青少年宫、妇女儿童活动中心、青少年校外活动场所等设施免费提供基本公共文化服务项目。 14. 未成年人、老年人、现役军人、残疾人和低收入人群参观文物建筑及遗址类博物馆实行门票减免，文化遗产日免费参观。
	文体活动	15. 城乡居民依托村（社区）综合文化服务中心、文体广场、公园、健身路径等公共文化设施就近方便参加各类文体活动。 16. 各级公共图书馆、公共博物馆、公共美术馆、文化馆（站）等开展经常性的文化艺术知识普及和培训活动，培养群众健康向上的文艺爱好。
	数字服务	17. 公共图书馆、文化馆（站）建有公共电子阅览室并提供免费上网服务，县级以上公共图书馆、文化馆等公共文化服务机构建有网站。 18. 公共数字图书馆数字资源量省级达到100TB，市级达到25TB，县级达到3TB。
硬件设施	市州	19. 在辖区内设立公共图书馆、文化馆、博物馆、剧场，按照国家颁布的建设标准进行规划建设。具备条件的可在辖区内设立科技馆、公共美术馆等。
	县市区	20. 在辖区内设立公共图书馆、文化馆，按照国家颁布的建设标准进行规划建设。具备条件的可在辖区内设立公共博物馆、公共美术馆、科技馆等。
	乡镇（街道）	21. 设置综合文化站（中心），建筑面积不少于300平方米，站（中心）内应设立图书阅览室、教育培训室、管理和辅助用室、多功能活动厅。
	村（社区）	22. 结合基层公共服务综合设施建设，整合闲置中小学校等资源，统筹建设综合文化服务中心，因地制宜配置文体器材。村（社区）综合文化服务中心应设有1间多功能文化活动室、1间图书阅览室（可与农家书屋整合）、1个文化广场、1套简易音响设备。
	广电设施	23. 县级以上设立广播电视播出机构和广播电视发射（监测）台，按照广播电视工程建设标准等进行建设。
	体育设施	24. 县级以上设立公共体育场；乡镇（街道）和村（社区）配置群众体育活动器材设备，或纳入基层综合文化设施整合配置。
	流动设施	25. 根据基层实际，为每个县配备用于图书借阅、文艺演出、电影放映等服务的流动文化车，开展流动文化服务。
	辅助设施	26. 各级公共文化设施为残疾人配备无障碍设施，有条件的配备安全检查设备。

续表

项目	内容	标准
人员配备	人员编制	27. 县级以上公共文化机构按照职能职责、国家和省有关要求、当地有关部门核准的编制数量，配齐工作人员。其中，业务人员占职工总数不低于80%。 28. 乡镇（街道）综合文化站（中心）每站（中心）配备有编制人员1至2人，规模较大的乡镇适当增加。 29. 村（社区）综合文化服务中心设有由政府购买的公益文化岗位。
	业务培训	30. 县级以上公共文化机构从业人员每年参加脱产培训时间不少于15天，乡镇（街道）、村（社区）文化专兼职人员每年参加集中培训时间不少于5天。

二、标准实施

（一）本实施标准是省颁布的指导性标准，各市州、县市区要根据本标准，结合当地群众需求、政府财政能力和文化特色，制定适合本地区的具体标准。各相关部门要根据职能职责和任务分工，明确具体的落实措施、工作步骤和时间安排，确保标准实施工作科学、规范、有序开展。本实施标准以县为单位推进落实，从2015年起开始实施。

（二）县级以上各级政府要按照标准科学测算所需经费，将基本公共文化服务保障资金纳入财政预算，落实保障当地常住人口享有基本公共文化服务所需资金。科学统筹、整合基层宣传文化、党员教育、科学普及、体育健身、计划生育、民政福利等各方面建设资金和设施设备，实现共建共享。

（三）省级财政通过转移支付对革命老区、民族地区、贫困地区基本公共文化服务保障资金予以补助，同时，对绩效评价结果优良的地区予以奖励。县级以上各级政府安排资金，面向社会力量购买公共文化服务。

（四）省文化厅会同有关部门建立对实施标准落实情况的动态监测机制和绩效评价机制，加强督促检查。积极引入社会第三方开展公众满意度测评，对公众满意度较差的要进行通报批评，对好的做法和经验及时总结、推广。

中共湖南省委办公厅、湖南省人民政府办公厅关于引导农村土地经营权有序流转发展农业适度规模经营的实施意见

（湘办发〔2015〕58号）

为引导全省农村土地经营权有序流转，发展适度规模经营，加快现代农业发展，根据《中共中央办公厅国务院办公厅印发〈关于引导农村土地经营权有序流转发展农业适度规模经营的意见〉的通知》（中办发〔2014〕61号）精神，经省委、省人民政府同意，现提出以下实施意见。

一、总体要求

认真贯彻中央关于全面深化农村改革的战略部署，按照建立现代农业经营体系和“四化两型”建设的要求，以推动农业发展方式转变，促进农业增效和农民增收为目标，在确保农村土地承包关系稳定和农村土地集体所有的前提下，实现农村土地所有权、承包权、经营权三权分置，积极培育新型农业经营主体，发展多种形式的适度规模经营，为加快现代农业发展提供机制保障。

引导农村土地经营权有序流转，发展农业适度规模经营，要坚持和完善农村基本经营制度，强化家庭承包经营的基础地位，推进家庭经营、集体经营、合作经营和企业经营等多种经营方式共同发展；坚持依法依规开展土地流转，发展规模经营，不得违背承包农户意愿，不得损害农民权益，不得改变土地用途，不得破坏农业综合生产能力和农业生态环境；坚持土地经营规模适度，既要注重提升土地经营规模，又要防止土地过度集中，兼顾效率与公平，确保劳动生产率、土地产出率和资源利用率保持在较高水平；坚持充分尊重农民主体地位，发挥市场配置功能，通过市场机制和政府引导共同推动土地流转，不得采取行政手段强制农民流转土地；坚持积极引导土地有序流转和规范管理并重，着力解决流转机制不活、管理不规范、农民权益保障不力的问题，促进土地流转与现代农业发展相适应。

二、扎实推进土地承包经营权确权登记颁证工作

按照科学谋划、统一部署、分期分批稳步推进的要求，确保2017年全面完成全省农村土地承包经营权确权登记颁证工作任务。全省总体上要确权到户，从严掌握确权确股不确地范围，确保现有农村土地承包关系稳定并长久不变。坚持依法规范，妥善处理历史遗留问题和矛盾纠纷；充分依靠群众，调动群众参与积极性；严格质量标准，以第二次全国土地调查成果为依据，采用符合标准规范和农民认可的技术方法，坚持进度服从质量；精准认定权属，完善承包合同，建立健全登记簿、颁证制度和管理信息平台。各县市区要按照全省统一标准建立农村土地承包经营权确权登记颁证数据库和农村土地承包经营权登记业务系统，实现全省农村土地承包经营权管理信息系统互联互通。

三、积极引导农村土地经营权流转

坚持依法、自愿、有偿的原则，积极引导推动农村土地流转。进一步创新农村土地流转形式。鼓励承包农户依法采取转包、出租、互换、转让、入股等方式流转承包地，依法依规探索土地信托、托管、股田制等新的流转模式；鼓励农民自愿将剩余承包期的土地承包经营权一次性流转；鼓励采取委托流转、股份合作等方式，引导集中连片流转；鼓励农民流转出来的土地向专业大户、家庭农场、农民专业合作社和农业龙头企业等新型农业经营主体集中。引导农户以土地承包经营权作价入股组建农村土地股份合作社。支持承包农户将土地经营权入股发展农业产业化经营，倡导推行租金保底和利润分红结合的收益分配机制。在同等条件下，本集体经济组织成员享有土地流转优先权。依法保护流入方的土地经营权益，流转合同到期后流入方可在同等条件下优先续约。鼓励条件比较好的县市区稳妥开展农民市场化退出农村土地承包经营权试点，在农民自愿的基础上实行多种形式的利益补偿。按照县级有流转中心、乡镇有流转服务站、村级有信息员的要求，加快建立农村土地流转服务体系。加快发展多种形式的土地经营权流转市场，建立健全土地流转服务平台，重点建设县级土地流转服务平台，免费为土地流转双方提供政策咨询、信息发布、价格评估等服务，指导流转双方签订规范的土地经营权流转合同。

四、严格规范农村土地流转行为

严格规范土地流转合同。土地经营权流转双方要按照法律法规和政策规定，在自主协商的基础上，确立合理的流转关系和权益关系，签订规范的土地经营权流转合同。省农委要加快修订全省统一规范的土地经营权流转合同文本，明确流转双方权利、义务和责任。切实保障农民土地承包经营权益。建立健全土地经营权流转市场运行机制，明确交易原则、交易内容、交易方式、交易程序、监督管理及相关责任等事项。没有农户的书面委托，农村基层组织不得以任何方式决定流转农户的承包地。凡是整村整组流转的，必须经全体农户书面委托，不能以少数服从多数的名义，将整村整组农户承包地集中对外招商经营。土地流转流入方将土地经营权再次转包的，应当征得原承包方同意，并向村集体经济组织备案。加大土地承包经营纠纷调处力度。建立健全乡村调解、县市区仲裁、司法保障的土地承包经营纠纷调解仲裁体系，并纳入社会综合治理考核内容。加强县级仲裁庭基础设施建设，稳定和培训仲裁员队伍，县市区都要建立“一庭三室”的标准化仲裁场所。

五、积极发展农业适度规模经营

创新土地流转和规模经营方式，积极发展多种形式农业适度规模经营。各县市区要根据当地自然条件、农村劳动力转移情况、农业机械化水平等因素，制定本地区土地规模经营的分类指导标准，防止脱离实际、违背农民意愿，片面追求超大规模经营的倾向。以“百企千社万户”为抓手，带动发展家庭农场、农民专业合作社和农业龙头企业等新型农业经营主体。发挥家庭经营的基础作用。建立各方参与，以市州、县市区为主的家庭农场培育工作机制，使之成为引领适度规模经营、发展现代农业的重要力量。加快发展农户间的合作经营。鼓励承包农户通过共同使用农业机械、开展联合营销等方式发展联户经营。鼓励发展多种形式的农民合作组织，深入推进示范社创建活动，重点培育一批土地股份合作社。积极开展农民专业合作社联合社试点，着力打造一批大社强社。注重农民专业合作社质量提升，实行年度报告公示制度。鼓励发展适合企业化经营的现代种养业。支持农业产业化龙头企业等涉农企业重点从事农产品加工流通和农业社会化服务，带动农户和农民专业合作社发展规模经营。推进农业产业化示范基地建设和龙头企业转型升级。引导和鼓励工商资本发展良种种苗繁育、高标准设施农业、规模化养殖等适合企业化经营的现代种养业，开发农村“四荒”资源发展多种经营。

六、加大新型农业经营主体政策扶持力度

综合运用财政、信贷、税收、用地等政策措施，加大对新型农业经营主体的扶持力度。认真落实农业“三项补贴”改革措施，新增补贴重点向从事粮食规模化生产的新型农业经营主体倾斜。对于土地流转工作和土地流转市场体系建设做得好的县市区，省给予适当奖励。对粮食规模经营主体和农机合作社，优先给予农机购置补贴。现代农业生产发展资金、农田水利设施建设补助资金、农业科技推广与服务补助资金等扶持农业生产类资金的增量部分和绩效奖励部分，主要用于支持适度规模经营。推动财政支农项目与新型农业经营主体有效对接，使其参与财政支农项目的建设、运行和管理。将粮食生产规模经营主体作为政策性农业保险的扶持重点，逐步实现粮食品种保险愿保尽保，适当提高对种粮大县主要粮食品种保险的保费补贴比例。实施新型农业经营主体金融服务主办行制度，开展“一对一”跟踪服务，加大信贷支持力度。省、市、县三级都要积极创造条件，条件成熟的地方可由政府出资设立或增资农业信用担保公司，重点解决新型规模经营主体贷款难的问题。按照国家统一安排，稳妥开展赋予农民对土地经营权抵押、担保权能试点，探索建立抵押资产处置机制。鼓励符合条件的农业产业化龙头企业在境内外上市或在新三板、区域性股权交易中心挂牌融资，发行债券融资，缓解融资难问题。落实和完善相关税收优惠措施，支持农民专业合作社发展农产品加工流通。认真落实有关农业生产配套设施用地政策，各市州、县市区在年度建设用地指标中应留出一定比例，合理安排好新型农业经营主体的扩建、新建项目用地。切实保障新型农业经营主体正常生产用电，农产品初加工用电执行农业生产用电价格。

七、加快发展多元农业社会化服务

加快构建公益性与经营性相互补充、覆盖全程、便捷高效的农业社会化服务体系，着力提高农业社会化服务水平，力争到2020年，全省农业社会化服务覆盖面达到70%左右。稳定和加强基层农技推广等公益性服务机构，健全经费保障和激励机制，改善基层农技推广人员工作和生活条件。发挥农村专业技术协会在农技推广中的作用。开展政府购买农业公益性服务试点，鼓励向经营性服务组织购买易监管、可量化的公益性服务。支持邮政系统更好服务“三农”。创新气象为农服务机制，推动融入农业社会化服务体系。大力培育各类经营性服务组织，积极发展良种种苗繁育、统防统治、测土配方施肥、粪污集中处理等农业生产性服务业，支持建设粮食烘干、农机场库棚和仓储物流等配套基础设施。鼓励农业社会化服务组织开展全程托管或主要生产环节托管，实现统一耕作，规模化生产。大力发展农产品电子商务，指导和支持新型农业经营主体对接电商平台，实现“三品一标”“名特优新”农产品上网销售。加强新型职业农民教育培训。整合教育培训资源，加快发展农业职业教育，大力发展现代农业远程教育。扎实推进新型职业农民认定工作，推动农业经营主体职业化，力争到2020年全省培育新型职业农民30万人。

八、加强流转土地用途管制

坚持最严格的耕地保护制度，切实保护基本农田，坚持农地农用。严禁借土地流转之名违规搞非农建设，严禁在流转农地上建设或变相建设度假村、高尔夫球场、小产权房、私人会所等，严禁占用基本农田挖塘栽树及其他破坏种植条件的行为，严禁破坏、污染、圈占闲置耕地和损毁农田基础设施。规范设施农用地使用，严禁随意扩大设施农用地范围，加强设施农用地的备案及信息公开工作。对撂荒耕地的，可核减停发相应的农业补贴。在全省产粮大县、粮食生产功能区、高产创建项目实施区有不符合产业规划经营行的，不再享受相关农业生产扶持政策。合理引导粮田流转价格，降低粮食生产成本，稳定粮食种植面积。建立土地流转监测制度，确定流转项目跟踪责任人，对流转土地的利用情况和流转合同履约情况进行监管。

九、加强对工商企业租地的监管和风险防范

加强对工商资本租赁农地行为的规范管理。各县市区要制定工商资本长时间、大面积租赁农户承包地上限控制标准。工商资本租赁农地的期限，应视项目实施情况合理确定，可以采取分期租赁的办法，但一律不得超过二轮承包剩余时间。要按照工商资本租地面积的多少，建立工商资本租地分级备案制度。备案事项包括农地租赁合同、农地使用情况等内容。各市州、县市区要制定工商资本租地备案标准，对租地面积超过2000亩（含）的，应报省级农业行政主管部门备案。建立农地流转审查监督机制，各地要对租赁农地的企业（组织或个人）的主体资质、农业经营能力、经营项目等进行审查审核，不符合相应条件的，不得享受相关产业扶持政策和优惠措施；违反相关法律政策的，要依法依规限制或禁止。工商资本租赁农地应先付租金、后用地。要建立完善租赁农地风险保障金制度，保障金以流入方缴纳为主、政府适当补助，用于防范承包农户权益受损。租地企业（组织或个人）可以按一定时限或按一定比例缴纳风险保障金，也可以抵押资产。

十、切实加强组织领导

各级党委、政府要把引导农村土地有序流转、推动农业适度规模经营作为转变农业发展方式、加快农业现代化的重要任务来抓。建立健全党委和政府统一领导、部门密切合作的工作机制，强化县、乡两级的主体责任。各地要结合本地实际科学制定工作方案，拿出切实可行的具体措施，明确时间表和路线图。各级农村经营管理部门要认真履行职责，负责做好土地承包经营权流转和农业适度规模经营的指导、管理、协调和服务工作；财政、国土、工商、税务、金融、保险等部门要各司其职，研究制定相应的扶持政策。坚持正确舆论导向，加大政策宣传力度，及时总结推广好的经验做法，营造良好的发展氛围。切实加强县、乡两级农村经营管理体系建设，理顺并明确工作职能，完善工作机制，落实人员和经费保障。

会议讲话

在长株潭国家自主创新示范区建设动员大会上的讲话

徐守盛

（2015 年 4 月 26 日）

尊敬的健林副部长，同志们：

这次会议是贯彻落实国务院批复精神，启动和部署长株潭国家自主创新示范区建设的一次重要会议。长期以来，万钢主席和科技部对湖南的改革发展事业非常关心，特别是在科技进步、自主创新等方面给予了高度重视和大力支持，今天，健林副部长又亲自到会指导，刚才给我们做了重要讲话，对长株潭国家自主创新示范区这个国家级招牌当前要做什么事和下一步我们的工作重点应该在哪几个方面，对我们提出了明确的要求，希望我们认真领会，在国家自主创新示范区起步阶段和整个建设过程中来贯彻落实。对科技部对我们的关心支持，借此机会，我代表湖南省委、省政府，向科技部表示衷心感谢!下面，我讲四点意见。

一、建设长株潭国家自主创新示范区，思想要统一、认识要到位

长株潭自主创新示范区，是国家战略层面的创新发展平台，担负着为全国创新驱动发展探索经验的重大使命。全省各级各部门要把思想和行动统一到党中央、国务院的决策部署上来，从全局和战略高度，深刻认识长株潭示范区建设的重大意义。

第一，这是贯彻实施国家创新驱动发展战略的重要实践。党的十八大以来，党中央、国务院大力实施创新驱动发展战略，密集研究大政方针，密集出台措施方案，密集实施重大工程。习近平总书记多次做出重要指示，强调实施创新驱动发展战略刻不容缓；我们能不能实现“两个一百年”奋斗目标、能不能实现中华民族伟大复兴的中国梦，要看我们能不能有效实施创新驱动发展战略。中央在长株潭布局国家自主创新示范区，就是希望我们发挥优势、先行先试，为实施创新驱动发展战略率先实践、探索经验。我们一定要增强责任感和使命感，把长株潭示范区作为实施创新驱动发展战略的“试验田”，勇于实践、大胆探索，闯出一条创新驱动发展的路子来。

第二，这是适应新常态、培育新动力的重要工程。适应新常态是经济工作的大逻辑，培育新动力是实现新发展的大方向。在新常态下，谁能在科技创新上杀出一条血路，谁就能在适应新常态上走出一条新路；谁能在培育新动力上先行一步，谁就能在实现新发展中胜出一筹。长株潭地区是全省科技资源的聚集区，是培育新动力的主阵地、推动新发展的主战场，我们要建设好长株潭示范区，发挥其在全省培育发展新动力、打造发展新引擎中的龙头作用，推动全省经济保持中高速增长、迈向中高端水平。

第三，这是全面深化改革的重要载体。当前，我省正处于全面深化改革的关键时期。科技体制改革在改革大棋局中具有结构支撑作用，是全面深化改革的重要内容，是长株潭示范区建设的重头戏。国务院批复同意长株潭建设国家自主创新示范区，不仅为我们推进科技创新搭建了重要平台，而且为我们全面深化改革特别是深化科技体制改革提供了明确方向。我们要用活用足用好长株潭示范区这个重要平台和载体，大力推进科技体制改革，引领带动全省改革工作有力有效有序推进。

二、建设长株潭国家自主创新示范区，思路要清晰、定位要准确

国务院批复明确了长株潭示范区建设的指导思想、总体要求和目标定位，概括起来就是“三区一极”。我们要深刻领会、深入贯彻，努力做到“三个牢牢把握”。

1. 要牢牢把握创新创业这个核心主题。国务院批复强调，要全面实施创新驱动发展战略，努力把长株潭国家自主创新示范区建设成为创新驱动发展引领区和军民融合创新示范区，这是长株潭示范区建设的核心主题，是我们必须遵循的根本导向，在示范区建设中，我们要紧紧扭住创新创业这个主题，强化科技创新的引领和支撑作用，大力推进全民创新创业，形成大众创业、万众创新的新浪潮。

2. 要牢牢把握创新发展这个中心任务。习近平总书记指出，实施创新驱动发展战略，要紧扣发展，坚持问题导向，通过创新突破发展的瓶颈制约。建设长株潭示范区，不是为了标新而创新，不是为了立异而创新，而是要通过创新形成发展新动源。发展始终是示范区建设的中心任务，这一点务必牢牢把握。要面向经济建设主战场推进示范区建设，坚持在发展中创新、在创新中发展，要坚决克服科技强、经济弱的现象，坚决扭转各自为政、力量分散的局面，坚决打破投入多头、形不成拳头的瓶颈，加快把科技成果转化为发展成果，把科技资源转化为经济资源，把科技优势转化为发展优势，努力将长株潭打造成为中西部地区发展新的增长极。

3. 要牢牢把握体制改革这个根本动力。改革是创新的“助推器”和“催化剂”。国务院批复要求，要充分发挥长株潭地区科教资源集聚和体制机制灵活的优势，努力把长株潭国家自主创新示范区建设成为科技体制改革先行区。要按照中央要求，积极开展科技体制改革和机制创新，在科研院所转制、科技成果转化、军民融合发展、科技金融、文化科技融合、人才引进、绿色发展等方面先行先试，以改革引领和推进长株潭示范区建设，为全民创新创业注入不竭动力。

三、建设长株潭国家自主创新示范区，任务要明确、措施要可行

建设长株潭示范区，是一项复杂的系统工程，需要多措并举、多管齐下、综合施策。这里，我着重强调五点。

1. 要突出抓科技投入。我省科技投入偏低，研发经费投入强度排全国第15位，在已经获批国家自主创新示范区的七个省份中，我省科研经费投入是最低的。在科技投入上，各级各部门和广大企业要算大账、算长远账、算投入产出账，要看到科技投入是打基础、利长远、管根本的大事，要整合盘活存量资金，按照国发（2014）64号文件要求，把分散在各个部门的科技资金整合起来、统筹使用，集中力量办大事，解决资金分散化、碎片化问题。要发挥财政资金“四两拨千斤”的杠杆作用，以天使投资、创业投资、风险补偿等方式撬动社会“大资本”。要创新方式方法，推动科技与金融深度融合，通过市场机制引导金融资本和社会资金进入科技创新领域以金融资本激活科技创新“这池春水”。

2. 要突出抓人才支撑。习近平总书记强调，“创新驱动实质上是人才驱动”。人才工程是长株潭示范区建设的生命工程，必须摆在首要位置，重点解决培养得好、引进得了、留用得住等问题，把长株潭打造成为创新创业人才特区。要大力培育人才，依托国家和省重大人才培养计划，加快培养一支包括学科带头人、科技领军人才、现代企业家、高技能人才等在内的创新创业人才队伍。要大力引进人才，坚持不求所有、但求所用和不求所在、但求所为的原则，创新人才引进机制和方式方法，采取柔性机制和办法，吸引国内专家、海外智力等高层次人才来长株潭开展科技研发和项目合作。要大力优化人才发展环境，建立以创新绩效为核心的人才评价机制，完善技术成果转化分配制度，为各类人才提供良好的科研、创业、生活条件，让广大创新创业者创新有劲头、创业有奔头、生活有甜头。

3. 要突出抓协同创新。协同创新是科技创新的必然趋势和重要途径。要大力推进产学研用结合，注重发挥企业主体作用，支持企业、高等院校、科研机构、行业协会等共建研发平台和科技创新战略联盟，合作研发攻关核心技术、共性技术、关键技术。要加强国际国内科技合作交流，主动融入全球研发创新体系，深化与外省市国家自主创新示范区的合作交流，推动创新资源跨区域流动共享。长株潭示范区是三市共建共享的示范区，三市不能有“一亩三分地”的狭隘思维，要坚持“一盘棋”思想，树立“共同体”观念，按照产业分工、区域互补、合作共赢的原则，推进资源要素对接对流、公共设施共建共享、产业发展互补互促，实现差异化、特色化、联动型发展。要打破体制机制壁垒，构建有利于协同创新的制度体系。

4. 要突出抓成果转化。科技成果转化严重不足，大量科技成果关在实验室、锁在柜子里、挂在墙壁上，成为沉睡的宝藏，这是我省科技创新工作面临的最为突出的问题。建设长株潭示范区，一定要把科技成果转化这篇大文章做足做活做好。要面向市场开展科技创新，发挥市场对科技创新方向、路线选择和各类创新资源配置的导向作用，让科技成果适应市场需求，做到能转化、能利用、能形成生产力，防止科技与经济“两张皮”。要加强科技成果转化服务体系建设，搭建成果转化平台，培育发展技术市场，完善成果转化的机制和环境。要大力发展高新技术产业，做强做优现有主导产业，发展壮大一批先导产业，孵化培育一批产业新业态，打造体现湖南特色、具有国际竞争能力的创新型产业集群。

5. 要突出抓创新生态。建设长株潭示范区，离不开良好的创新创业环境。只有创新创业生态好，人才才会纷至沓来，创新才会蓬勃发展，创业才会蔚然成风。要以构建市场化、专业化、集成化、网络化的“众创空间”为载体，培育创新创业主体，优化创新创业服务，弘扬创新创业文化，形成有利于创新创业的生态系统，充分释放大众创业、万众创新的无限能量和潜力，让每一个人都有创新创业出彩的机会。要厚植和弘扬创新创业文化，在湖南精神中大力培育创新精神，在湖湘文化中突出建设创业文化，丰富心忧天下、敢为人先的精神内涵，唱响创新至上、创业伟大的时代风貌，广泛开展创新创业文化创建活动，让创新创业基因深植于每个社会细胞中，形成鼓励探索、宽容失败的良好氛围，激发全民创新动力，点燃万众创新激情。

四、建设长株潭国家自主创新示范区，领导要有力、服务要跟进

一要强化组织领导。按照“省统筹、市为主”的机制，加强组织协调，认真履行职责，层层分解任务，层层传导压力，层层狠抓落实，形成强大合力。二要强化规划引领。加强顶层设计，科学编制示范区发展规划纲要，科学确定战略目标、发展定位、重点任务、保障措施等，有关地区和部门要抓紧制定专项规划，以规划引领示范区建设。三要强化政策支持。全面落实国家政策，确保不落项、不走样、不打折。抓紧制定出台省委、省政府《关于加快建设长株潭国家自主创新示范区的若干意见》，要有干货、有力度、有突破。四要强化服务保障。加快转变政府职能，在权力上做减法，在服务上做加法，实行“阳光新政”，促进政府职能由“行政管理”向“公共服务”转变，构建低成本、便利化、全要素、开放式的创新创业服务体系。

同志们，建设长株潭国家自主创新示范区，重任在肩，唯有勇往直前；前景美好，务必矢志不渝。让我们紧密团结在以习近平同志为总书记的党中央周围，认真贯彻落实中央各项决策部署和国务院批复精神，抢抓机遇、开拓创新、真抓实干，高标准、高水平、高要求推进长林潭示范区建设，向党中央、国务院和全省人民交出一份合格答卷。

在科技部与湖南省政府2015年部省工作会商会议上的讲话

徐守盛

（2015年11月14日）

尊敬的万钢副主席，科技部的各位领导，同志们：

在全国上下深入学习贯彻党的十八届五中全会精神之际，万钢副主席率科技部各位领导亲临湖南考察指导，与我省举行新一轮部省会商会议，并在长沙主持召开长株潭国家自主创新示范区部际协调小组第一次会议，这对指导湖南贯彻“五大发展”理念特别是加快创新发展，进一步深化部省合作，是有力的支持和促进。刚才，我们观看了上一轮部省会商成效视频短片，共同签订了部省会商制度议定书，友志副省长报告了上一轮会商落实情况及本次会商议题情况，李萌副部长就会商议题提出了指导意见。等会，万钢副主席还将作重要讲话，我们要认真抓好贯彻落实。

一直以来，万钢副主席和科技部对湖南发展非常关心，各位部领导及司局长们多次来湖南考察指导，多次听取湖南汇报、与我们会商，在国家科技重大专项、支撑计划、创新基金、创新平台、试点示范、人才支持等方面，都给予了许多实实在在的支持。比如，支持湖南在杂交水稻、超级计算机、新材料、轨道交通等领域布局实施了一批重大攻关项目，支持推动长株潭自主创新示范区获国务院批准，支持益阳、衡阳、郴州高新区升级为国家高新区，支持衡阳、岳阳、湘潭农业科技园升级为国家农业科技园，支持株洲轨道交通装备等一批产业进入国家创新型产业集群试点，支持国家超级计算长沙中心等一批重大创新平台建设，支持我省科技人才进入国家创新人才推进计划，支持湖南在全国率先开展农村农业信息化、“科技惠民计划”、现代农业科技示范区、节能与新能源汽车示范推广应用、科技金融结合等重要试点示范，等等。正是得益于科技部的精心指导和倾力支持，湖南这些年的综合科技实力不断提升，在部分领域取得了率先突破、走在了全国前列。借此机会，我代表省委、省政府，对万钢副主席及科技部的各位领导和同志长期以来给予湖南的大力支持，表示衷心的感谢！

从2006年算起，科技部与湖南的部省合作机制已运行十年。这十年间，是创新型湖南建设不断深入的十年，也是湖南科技与经济互促互进、融合发展的十年。正如万钢副主席、致公党中央给我们所总结推介的，这些年湖南形成了具有地方特色的“自主创新长株潭现象”。我省获国家级科技奖励连续多年保持全国前5位，综合创新能力居全国第12位，科技进步贡献率提高到52.9%，有力支撑了经济社会发展，有力促进了转方式调结构，充分释放了新的发展动能。超级杂交稻、“天河二号”超级计算机、隧道掘进机、中低速磁悬浮列车等领域的一批重大科技成果抢占了全球技术制高点，轨道交通装备、工程机械领域一批自主创新产品的市场占有率居国内乃至世界首位，中联重科、三一重工、中车株机、蓝思科技、华曙高科等一批创新型企业的核心竞争力显著提升。实践中，我们有几点体会非常深刻，一是必须坚定不移地深入实施创新驱动发展战略。抓创新就是抓发展、破瓶颈、补短板，谋创新就是谋未来、强后劲、增动力。只有依靠创新才能增强发展的内生动力，只有突出科技创新才能引领全面创新。二是必须坚定不移地加强和深化部省科技合作。实践证明，深化部省科技合作，是推动地方精准对接国家科技发展战略的有效平台，是充分整合集聚科技创新资源的桥梁纽带，是以上促下提升综合创新能力的重要抓手，具有强大的耦合力、牵引力和生命力。三是必须坚定不移地抓住深化改革这一根本动力。着力破解制约创新发展的体制机制，使改革真正成为创新的“助推器”和“催化剂”。近年来，湖南通过深化改革，在全国率先实行“两个70%”的创新激励政策，全省80%以上的科技经费集中支持产学研结合，80%的社会研发投入来自企业，80%的重大科研成果来源于协同创新。四是必须坚定不移地推进创新链、产业链、资金链“三链融合”。推动科技、产业与金融深度融合，着力构建以企业为主体的大协同创新格局。五是必须坚定不移地培育优化创新生态。充分汲取湖湘文化中“敢为人先、心忧天下”的创新因子，致力推动形成崇尚创新、宽容失败、勇于创业的良好氛围。

党的十八届五中全会把创新提到了国家发展全局的核心位置,确立为五大发展理念之首，强调要让创新贯穿党和国家一切工作，发挥科技创新在全面创新中的引领作用。这既为科技事业发展指明了方向，也为我们深化部省合作提供了根本遵循。湖南省委、省政府将认真贯彻落实中央的系列重大决策部署和科技部的各项工作要求，进一步制定和完善相关政策措施，加强组织领导和工作推动，更好地发挥科技进步和创新的乘数效应和倍增效应，力争实现更大作为。初步考虑，“十三五”乃至更长一个时期，我省将围绕“一大核心平台”，即以长株潭自主创新示范区建设为核心平台，将长株潭城市群打造成为中西部地区创新增长极；突出“十大优先领域”，即围绕高端装备制造、新材料、电子信息、现代种业、健康产业、节能环保、新能源、文化创意、公共安全、科技服务业等优先领域，部署创新链，配套资金链、打造服务链；实施“五大科技行动计划”，即科技前沿推进行动计划、重大科技跨越行动计划、关键技术突破行动计划、技术创新引导行动计划、创新能力提升行动计划。力争到2020年，高新技术产业增加值占到GDP比重的30%左右，科技进步对经济增长的贡献率达到60%。

本次部省会商会议确定的相关重大议题，既充分体现了国家科技发展的战略部署，更是事关湖南长远全局、亟待提升突破的重点重大领域。今年上半年，我们在深入调研的基础上，召开了长株潭自主创新示范区建设动员大会，省级层面成立领导小组，出台了支持文件，并把示范区建设纳入对长株潭三市和省直相关部门的绩效评估，目前正在筹备设立10亿元的示范区建设专项资金。下一步，我们将认真落实万钢副主席的讲话指示要求，按照本次部省会商会议精神，主动加强衔接汇报，集中人才、项目、资金等资源，逐项分解明确责任，精心制订好施工图、任务书和时间表，将会商确定的各项工作任务抓紧、抓实、抓落地，确保取得实实在在的成效，不辜负万钢副主席和科技部各位领导对湖南的期望和支持。

再次感谢各位领导长期以来对湖南工作的关心支持，请大家多对我们的工作提出宝贵指导意见。

谢谢大家！

在省委经济工作会议上的讲话

徐守盛

（2015年12月26日）

这次省委经济工作会议的主要任务是，全面贯彻落实中央经济工作会议和中央城市工作会议精神，深入学习习近平总书记关于经济工作的系列重要讲话精神，总结2015年经济工作，分析当前经济形势，研究部署2016年经济工作，推动全省各项工作实现“十三五”的良好开局。

刚刚结束的中央经济工作会议和城市工作会议，是年末岁尾中央召开的十分重要的全国性会议。习近平总书记、李克强总理在两次大会上的重要讲话，立意高远、内涵丰富、求真务实、科学可行。特别是习近平总书记的重要讲话，对于我们正确分析和把握当前经济形势，抓好明年乃至今后一个时期的经济工作，具有重大而深远的意义。我们要认真学习、深刻领会和准确把握，结合湖南实际全面贯彻落实。

为了改进会议形式、丰富会议内容、增强会议效果，这次会议特别安排参观长沙城市建设和市县交流发言，希望大家本着“他山之石、可以攻玉”的精神，对比借鉴、深入思考，自我加压、奋力前行，在全省上下形成比学赶超、力争上游的干事创业氛围。关于明年经济工作，等下，家毫同志还要做出具体部署和安排，请大家认真抓好落实。这里，我着重讲五点意见。

一、今年全省经济社会发展取得新成效，值得充分肯定、倍加珍惜

今年是“十二五”的收官之年，全省上下坚持以党的十八大和十八届三中、四中、五中全会精神为指导，以习近平总书记系列重要讲话精神为遵循，全面贯彻“四个全面”战略布局，坚决落实中央各项决策部署，把稳增长摆在更加突出的位置，主动认识适应引领经济发展新常态，着力促进“三量齐升”、推进“五化同步”，推动经济社会发展迈上新的台阶。一是经济保持中高速增长。预计全年地区生产总值增长8.5%以上，总量接近3万亿元，经济运行在合理区间，主要经济指标基本实现预期目标。二是深化改革有力有序。9大类65项重点改革顺利实施，出台财税、户籍、教育等一批重大改革方案，国资国企改革迈出新步伐，商事制度改革深入推进，今年前11月全省新登记注册市场主体和注册资本分别增长8.5%、31.9%。三是结构调整不断深化。服务业占GDP比重继续提高，战略性新兴产业保持较快增长，高污染、高耗能行业比重不断下降，大众创业、万众创新蔚然成风，长株潭国家自主创新示范区和湘江新区获批建设，长株潭两型社会试验区完成第二阶段改革建设任务，城镇化率超过50%，标志着我省城乡结构实现历史性转变。四是民生福祉持续改善。民生类支出占一般公共预算支出的68%以上，教育、文化、卫生、社保等公共服务体系进一步完善。新增城镇就业80万人左右，农村人口饮水安全、“两房两棚”、“两供两治”等民生工程均超额完成全年任务。脱贫攻坚力度加大，全年减少贫困人口110万以上。安全生产形势总体较好，社会大局保持和谐稳定。

在肯定成绩的同时，我们也必须看到经济发展中存在的困难和问题。主要表现为“一大一减一增”：经济下行压力持续加大，部分行业和企业生产经营状况不容乐观，工业品价格还在走低，企业利润不断下降，有的全行业亏损，实体经济特别是小微企业处于艰难爬坡阶段；传统增长动力减弱，大水漫灌式投资增长乏力、后劲不足，大兵团跃进式发展已无可能，消费转型升级有待时日，优进优出的规模和效益培育有个过程，新旧产业交替、新旧动力转换呈现胶着状态；风险隐患增多，财政收支矛盾、产能过剩、房地产库存、政府债务、金融、安全生产等风险点渐增，一旦应对不当，就会进入风险易发多发期，等等。对这些问题，我们要盯住不放，积极应对，有效化解。

二、准确把握经济形势，增强做好经济工作的预见性和主动性

准确研判经济形势，对做好明年经济工作十分重要。国际层面，美国等发达国家宽松货币政策转向正常化，新兴市场国家加快经济发展方式转变、推进结构性改革，全球大宗商品价格从泡沫化状态回归常态，我国国际话语权、规则制定权不断上升，世界经济增长尽管依然疲弱，充满不确定性，但其复苏态势仍将延续，国际环境仍处于机遇挑战并存、机遇大于挑战的关键期。放在这样的全球背景下审视湖南的发展，我们一方面要坚定开放发展、主动融入全球化的信心，一方面又要坚持内外需协调发展、内外贸齐头并进不动摇，着力应对好国际总需求收缩、产业结构调整、油价等大宗商品价格波动、资本跨境无序流动等深层次矛盾和问题。国内层面，一方面，我国仍处于可以大有作为的重要战略机遇期，加强结构性改革，积极的财政政策加大力度，稳健的货币政策灵活适度，着力去产能、去库存、去杠杆、降成本、补短板，将为我省经济发展创造良好环境、提供难得机遇。另一方面，我国经济增速换挡、结构调整阵痛、动能转换困难相互交织，有效供给不足和有效需求乏力并存，有些领域和行业下行尚未见底，这将对我省产生直接影响。我们要保持清醒认识，正确把握好战略机遇期内涵和条件的深刻变化，做好预研预判和措施储备。省内层面，尽管明年经济结构性改革任务繁重，发展困难不小，风险和隐患也不小，但跟全国一样，我省经济发展长期向好的基本面没有变，经济韧性好、潜力足、回旋余地大的基本特征没有变，经济持续增长的良好支撑基础和条件没有变，经济结构调整优化的前进态势没有变，我们完全有信心、有能力、有条件在湖南把中央提出的稳中求进总基调进一步落地落实。

这里，我想重点谈谈我省经济发展的韧性、潜力和回旋余地问题。

从发展韧性来看，一是经济抗风险能力增强。经过多年的持续快速发展，我省经济规模迅速扩大，已连续多年保持全国前十，这在一定程度上，为我们应对一些局部性、行业性风险，奠定了较为厚实的物质和技术基础，形成了较强的适应能力和调整能力。二是领导经济工作能力增强。各级党委、政府在组织领导推动经济社会发展中，增长了知识、积累了经验、锤炼了本领，广大党员干部市场意识、法治意识、规律意识不断增强，驾驭经济社会发展全局的能力不断提升。三是适应经济波动能力增强。无论是社会、企业还是居民，经受了这么多年改革开放和市场经济的洗礼，在思想观念、发展方式、市场竞争、资源配置等方面都越来越理性和成熟，对一些经济指标的起落有了一定的容忍度，战略定力和抗风险能力不断增强。特别是从老百姓的感受来讲，他们更看重、更关心就业增长、收入增加、生活改善，并没有一定要求高速度、快增长，这正是我们从容应对经济下行压力的群众基础、民意基础所在。

从发展潜力来看，一是“五化”同步发展潜力大。我省正处于工业化、城镇化加速推进阶段，农业现代化持续推进，信息化日新月异，绿色化潜力无限，“五化”同步推进、融合发展空间巨大。比如，今年我省城镇化率刚刚超过 50%，与全国平均水平还有近 6 个百分点的差距。随着农民工市民化的加速推进，不仅将极大提振消费需求，而且将为城市基础设施、公共服务设施、住宅建设、服务业发展带来巨大投资需求。二是对接国家战略潜力大。我省地处“一带一部”特殊区位，是全国重要的综合交通枢纽，拥有地理空间上承东启西、连南接北和经济发展上优势互补、资源共享的独特优势，对接融入“一带一路”、长江经济带等国家发展战略前景广阔，有利于我省在更大范围、更广领域、更高层次吸引汇集人流、物流、资金流、信息流、产业流。三是扩大有效需求潜力大。在全省 21.18 万平方公里土地上，基础设施、产业发展、民生改善、公共服务等领域，还有不少空白和薄弱环节，投资需求很大；我省 7300 多万人口，本身就是一个巨大的消费市场，扩大消费的空间非常大；特别是还有近 500 万农村贫困人口，实施精准扶贫、精准脱贫，将带来更多投资和消费需求。四是培育增长新动能潜力大。改革动力活力持续迸发，新兴产业加快成长，创新驱动发展战略深入实施，大众创业、万众创新已成燎原之势，长株潭国家自主创新示范区、湘江新区加快建设，科技、产业、企业、市场、产品、业态、管理等创新层出不穷，新的增长点、增长极、增长带不断培育形成，经济增长新动能加快壮大。

从回旋余地来看，一是区域城乡回旋余地大。我省区域、城乡发展不平衡，发展水平梯次明显，发展腹地广阔、特色优势凸现。只要思路对头、措施有力，我省确定的“十三五”期间“一核三极四带多点”的区域布局，就是全省发展极为重要的回旋余地所在。二是产业发展回旋余地大。我省已经形成了多点支撑的产业体系，传统优势产业、战略性新兴产业、现代服务业等构成了支撑经济行稳致远的“四梁八柱”，新产业、新业态、新产品、新模式不断涌现、加速成长，产业转型升级、结构优化、体系完善、空间拓展的良好态势正在形成。三是政策措施回旋余地大。中央已经出台并还将出台一系列稳增长、促发展的政策措施，特别是全面拉开结构性改革的大幕，政策的叠加效应、乘数效应将不断释放出来。

三、适应经济发展新常态，明确明年经济工作目标要求

2016 年是全面建成小康社会决胜阶段的第一年，是“十三五”开局之年，也是全面推进结构性改革的攻坚之年。做好明年经济工作，必须全面贯彻落实党的十八大、十八届三中、四中、五中全会和中央经济工作会议精神，加强和改善党对经济工作的领导，按照“五位一体”总体布局和“四个全面”战略布局的要求，牢固树立和贯彻落实创新、协调、绿色、开放、共享的发展理念，落实中央关于宏观政策要稳、产业政策要准、微观政策要活、改革政策要实、社会政策要托底的总体思路，主动适应经济发展新常态，坚持稳中求进总基调，坚持改革开放，坚持稳增长、调结构、惠民生、防风险，实施“一带一部”战略，促进“三量齐升”，推进“五化同步”，狠抓结构性改革，着力转型升级，培育发展新动能，促进精细化内涵式增长，加强民生保障，保持经济运行在合理区间，努力实现经济社会持续健康平稳发展，为全面建成小康社会、建设富饶美丽幸福新湖南开好局、起好步。

省委考虑，明年经济增长预期目标为8.5%左右，居民消费价格涨幅控制在3%左右，新增城镇就业70万人以上，一般公共预算收入增长8%以上，城乡居民收入分别增长8.5%和9%左右。

增长目标的确定，既要充分体现中央对新常态下发展速度的科学把握和判断，又要紧密结合湖南发展阶段性特征；既要有一种跳起来摘桃子的感觉，有压力、有动力，起到提振信心、稳定预期的效果；又要稳妥适当，必须摘得到、落得实、兑得现，不能放空炮。把明年经济增长预期目标定为8.5%左右，主要基于以下几个方面的考虑。一是与中央的部署和要求相衔接。中央提出，明年经济增长预期目标为6.5%-7%。按照我省这些年来实际增速一般高于全国1-2个百分点的态势，提出8.5%左右的增长目标，既符合中央总体判断和基本定位，也切合湖南当前和未来一段时期发展的合理区间，不至于大起大落。二是与我省"十三五"规划目标相匹配。实现"两个翻番"目标，地区生产总值翻番相对容易，城乡居民人均收入翻番则需要保持年均6.3%以上的增速。考虑到今后经济总量越大，逐年的增速压力也会越大，加上我们提出要在中部率先全面建成小康，确定明年8.5%左右的增长目标，可以为"十三五"后四年的发展留有余地。三是与保持中高速增长规律相符合。新常态下，经济增长调速换挡，从10%以上的高速增长转为8%-9%的中高速增长。提出8.5%左右的目标，符合新常态下经济发展的客观规律，既考虑了需要，更兼顾了可能，能够给社会和市场一个稳定的预期。四是与经济增长潜力相吻合。前面已经分析了，我省经济发展韧性好、潜力足、回旋余地大，经济增长具有很大的潜力和空间。只要我们把握得当、发挥充分、运用有效，完全有基础、有条件、有可能实现8.5%左右的经济增长。当然，经济增长目标是预期性的，具体执行时应该注意从实际出发，各地应当结合自身情况合理确定增长目标。需要提出的是，习近平总书记在中央经济工作会议上还专门就新常态下统计工作进行了强调，具有极强的指导性、针对性。在经济结构发生重大变化、新型业态不断涌现时，科学、准确、严格的统计，对于我们统筹全盘、把握趋势、遵循规律、正确决策十分重要。各级统计工作一定要跟上形势变化，既要坚决挤水分，防止"数字腐败"，做到不多统、不重复统；又要探索建立必要的模型和体系，与工商、税务等部门协同，及时把网络经济、新兴服务业、"双创"等各类新经济活动准确统计上来，防止各自为战，做到不漏统、不随意统。

做好明年经济工作，实现预期发展目标，必须牢牢把握认识新常态、适应新常态、引领新常态这个大逻辑。习近平总书记深刻指出了当前对大逻辑认识的三种情况：一是认识逐步深入，适应更加主动，引领已经开始；二是认识还不到位，适应不太主动，引领基本无为；三是很不适应，没有摆脱"速度情节""换挡焦虑"的思维定势。实事求是地说，这三种情况在我省都不同程度地存在，而且后两种情况在有的同志头脑里，在一些地方的发展中，可能表现还比较突出。因此，我们认为适应引领新常态，必须切切实实提高思想自觉，增强行动自觉。这也就是习近平总书记告诫我们的，首先要在对新常态"怎么看、怎么干"上统一认识和步调。

提高思想自觉，就是要加深理解、深化认识，彻底抛弃用旧的思维逻辑和方式方法再现高增长的想法，切实把思想和行动统一到党中央重大判断和决策部署上来。要认识到，转方式、调结构是大势所趋，是跨越"中等收入陷阱"的必然选择，必须以壮士断腕的勇气，抓住时机进行经济结构战略性调整，着力破除结构性产能过剩；要认识到，供给侧改革是一个经济体达到一定规模和水平后，向新的发展阶段迈进的内在要求，必须遵循经济规律，强化市场意识，真正做到更高层次的供需平衡，更高水平的产销对路，实现社会再生产中生产、流通、分配、消费整体循环运行顺畅；要认识到，历史前进的步伐、经济发展的路径，从来都是波浪式、螺旋形的，必须运用"以退为进"的中国智慧，明确方向、坚定信心、锐意改革，善抓机遇、善借势能、善于运筹，强化体制机制动力和内生活力，把我省经济增长巨大潜力转变为现实，引领经济迈上新台阶。

增强行动自觉，就是要实现十个方面工作重点上的转变，在推动经济发展上，着力更高质量更高水平更可持续发展；在稳定经济增长上，着力从供需两端发力，加强供给侧结构性改革；在加强政策引导上，着力引导市场行为和扶持实体经济；在调整产业结构上，着力培育新的增长动力，化解过剩产能，提升经济发展科技含量；在推进城镇化上，着力以人为本，产城融合，推动更多人口融入城镇；在促进区域发展上，着力点、极、带协调联动，人口经济和资源环境空间均衡；在保护生态环境上，着力加快"两型社会"综合试点，促进形成绿色生产方式和消费方式；在保障改善民生上，着力精准实效，加大对特定人群特殊困难的帮扶力度；在优化资源配置上，着力推进改革，真正使市场在资源配置中起决定性作用；在扩大对外开放上，着力优进优出，推进高水平双向开放。这十个方面的"工作重点"，习近平总书记都进行了重点论述，这既是中央的新要求，是我们适应引领经济发展新常态的基本路径，也是供给侧结构性改革的重要内容，是明年及今后一个时期经济工作的重要遵循。

四、抓住关键点、打好歼灭战，推动经济持续健康发展

做好明年经济工作，特别是推进结构性改革，在战略上要坚持稳中求进、把握好节奏和力度，战术上要抓住关键点、打好歼灭战。

1. 推进供给侧结构性改革，提高有效供给能力。当前，影响我省经济增长的突出问题既有总量问题，更有结构性问题，特别是供给结构不适应需求结构，很多产业、产品层次低、附加值不高，不能满足个性化、差别化、优质化的消费需求。推进供给侧结构性改革，工作重点是创新体制机制，扶持实体经济，增加有效供给；基本要求是提高供给质量和效率，使供给体系更好适应需求结构变化；根本目的是提高全要素生产率，解放和发展社会生产力。明年我们要把供给侧结构性改革摆在更加突出的位置，着力做好"减法""除法"和"加法""乘法"，解决制约发展的深层次问题。

做好"减法""除法"，一要减少对正常经济活动的行政干预。要坚持发挥市场配置资源的决定性作用，更好而不是更多发挥政府作用，深化简政放权、放管结合、优化服务改革，继续取消和下放审批权限，进一步提高监管的有效性，履行好政府宏观调控、市场监管、公共服务、社会管理、保护环境等基本职责，下决心调整各类扭曲的政策和制度安排，最大限度减少政府对微观经济活动的不当干预，进一步激发各类市场主体的动力活力。二要减轻企业负担。据调查，我省企业生产经营成本持续攀升，前10月规模工业企业主营业务成本增速比全国平均水平高5.4个百分点，一些企业“五险一金”占职工工资的30% - 40%，冶金等大宗物资进出量大的产业，物流成本占到了采购成本的1/4，工业电价一直居高不下，项目投资方支付给部门指定的中介费用也很高，有的红顶中介收费甚至屡禁不止。中央经济工作会议明确指出要帮助企业降低成本，将在降低制度性交易成本、人工成本、税费负担、“五险一金”、财务成本、电力价格、物流成本等方面研究出台政策，我们要积极跟进、深入研究，主动对接、抓好落实。无论什么方面的改革，都离不开实体经济的发展。否则就是无本之木、无源之水。实体经济一头连着供给，一头体现需求，直接创造物质财富，是社会生产力的集中体现，也是社会财富和综合实力的物质基础。没有实体经济作支撑，经济发展根本无从谈起。国际国内经济发展实践充分证明，越是在经济发展遇到困难的时候，越要重视实体经济的健康发展，越要强化实体经济的坚实支撑。减轻企业负担固然是支持实体经济发展的关键举措，但还远远不够。要全方位着力、多措施并举，专心致志服务、实实在在扶持实体经济，筑牢经济发展的根基。要在全省范围广泛深入开展企业帮扶活动，对重点企业进行逐一分析、逐一研究、逐一扶持，从尊重市场选择加大省内产品采购力度、加强产业配套能力建设、强化人才资金等要素保障、营造良好发展环境和社会氛围等方面，进一步加大帮扶力度，不断做大做强实体经济。实体经济企业更要苦练内功、强化管理、积蓄力量，提升企业竞争力。特别是面对经济下行、市场疲软，各个企业要摸得清底数、稳得住阵脚，拿得出办法、渡得过难关，在政府提供的良好环境下，学会在市场浪潮中自己“游泳”，用足用好用活政策，积极适应市场，主动深化改革，在历经风浪中上质量、上水平、上规模。三要化解过剩产能。结构性改革的主要内容是优化存量、引导增量、主动减量。化解过剩产能，处理“僵尸企业”，是一道绕不过的坎，不能拖、不能等。这里，可能有个认识误区，就是心存侥幸，希望等一等、挺一挺，人家退出了，我们留住了，就是保住了生产力。如果以这样的认识指导新常态下的经济工作，路子必将越走越偏、越走越窄。我们说“僵尸企业”，是指那些长期亏损、债台高筑、无药可救的企业，必须停止补贴和保护，该破产的要依法破产，实现市场出清。在具体工作中，要尽可能多兼并重组、少破产清算，做好职工安置工作，防范引发社会风险。对那些产品有市场、经营有效益但暂时遇到困难的企业，要予以扶持，加强技术改造和市场拓展，力争升级做强。值得注意的是，中央明年将就企业脱困解危、兼并重组、轻装上阵出台一系列政策组合拳，比如开展不良贷款真实性核查，加快商业银行不良贷款核销和处置进度，推进不良资产证券化试点，扩大各类中小企业债券融资规模，支持企业技术改造和设备更新，等等。希望各级各有关部门要引导企业认真研究、积极对接、主动作为，争取更多国家政策支持。

做好“加法”“乘法”，一要加快产业结构优化升级。当前，我省产业结构不合理、层次不高，服务业占比偏低，比全国平均水平低近7个百分点；工业内部结构不优，战略性新兴产业占规模工业比重仅为10%多一点，六大高耗能行业占比在30%以上。要大力调整优化产业结构，支持企业技术改造和设备更新，加快传统产业转型升级，按照高端化、智能化、绿色化、服务化的方向，着力培育发展新兴产业，实施好《中国制造2025》、“互联网+”行动计划，推进制造强省“1274”行动，支持节能环保、新一代信息技术、高端装备制造等产业成长。我省发展健康、教育、养老、旅游、文化、信息、会展等服务业，有基础、有优势、有市场、有潜力，再不能停留在口号上、思路里，而是要切实将其作为支柱产业来培育打造，加快发展壮大。就拿旅游业来说，当今世界已经进入“旅游经济时代”，而且旅游业具有逆经济周期增长的特征，我省是名副其实的旅游资源大省，面临着前所未有的发展机遇。要紧紧围绕建设旅游强省这个目标，充分发挥优势，抢抓战略机遇，全面释放旅游投资和消费潜力，把旅游业培育成为投资的重点、消费的热点、开放的亮点，使之成为推动全省经济发展的强大引擎。还有健康产业也是一样，我省医疗医药资源丰富，医疗卫生水平位居全国前列，能够辐射周边多个省份。随着人民生活水平的提高，医疗健康产业必将迎来一个黄金发展期。产业园区是产业发展的集聚区、主阵地。目前，我省一些地方产业园区发展存在规模不大、效益不好、管理混乱等诸多问题。对部分园区巡视发现，有的园区不仅没有成为改革的示范区、产业的集聚区、发展的优势区，反而成为解决级别和待遇的自留地、权钱交易的后花园。明年要把园区建设管理作为一项重点工作来抓，加大政策支持力度，加快项目聚集进度，加强有效投资强度。同时对各种违法违纪行为铁腕查处、从严整改。二要大力推进大众创业、万众创新。我省“双创”氛围渐浓，浪潮已起，近年来新登记企业数及注册资本快速增长。但差距还很大，到今年11月，我省拥有市场主体254.86万户，其中企业主体50.03万户，分别只有湖北的09.2%、57.6%。差距就是潜力。明年要在“双创”上再加把油、添把劲、给把力，发挥创新引领发展第一动力作用，发挥“双创”“互联网+”集众智、汇众力的乘数效应。进一步打造众创、众包、众扶、众筹支撑平台，形成线上与线下协同的创业创新格局。三要提高全要素生产率。劳动力方面，要及时补充人口红利，抓好职业培训，提高人力资本质量，优化人力资源结构；土地方面，全省2009 - 2013年供而未用土地高达4.8万亩，其中闲置两年以上的达3.3万亩，要抓紧清理利用闲置土地，积极稳妥推动农地流转，提高土地使用效率；资金方面，要提高金融服务实体经济效率，提高资金使用效率，有效缓解企业融资难、融资贵、融资乱问题；技术方面，要提高自主创新能力，加快科技成果转化，提升技术转化率。

需要强调的是，供给侧结构性改革是“中医药方”，是治本之策，解决的是经济结构深层次问题，涉及很多中长期战略安排，慢不得、也急不得。没有久久为功的战略定力、没有攻坚拔寨的意志品质、没有一以贯之的韧劲耐性，是难以达到预期效果的。如果满足于追求立竿见影的效果，习惯于使用“强刺激”寄望V型反弹，既不现实，也不可能。全省上下要做好打持久战的准备，要有“功成不必在我，建功必须有我”的胸怀，敢于历经痛苦的磨难，适当提高换挡降速容忍度，先筑底、后回升。明年是换届之年，各级领导干部务求不能有下猛药、冲一把的想法，把经济数据搞得好看点，甚至想以此为资本来谋得某个位子，结果留下一堆烂摊子。各级各部门要正视困难、明确方向、坚定信心、共同努力，抓好供给侧结构性改革，加快培育发展新动能，引领经济迈上新台阶。

*2. 加强需求侧管理，充分挖掘释放内需潜力。*我们强调明年要更加注重供给侧结构性改革，并不是说适度扩大需求不重要了。而是要从供给和需求两端发力，在促进供给与需求有效对接、投资与消费更好结合中持续释放内需潜力，在更高水平、更高质量效益、更可持续上实现供需平衡，增强经济持续增长动力。

要进一步发挥投资的关键作用。这个“关键”，就是要求我们优化投资结构、提高投资效益。无论是与全国平均水平比较，还是满足自身发展需要，投资不是多了而是少了，投资效益不是高了而是低了。今后一个时期去产能、去库存、去杠杆、降成本、补短板的五大任务，我们一个都不能放松，都是当务之急。这五方面工作又是相辅相成、互为条件的。对湖南来讲，其中补短板在一些领域仍是重中之重。特别是中央提出的补齐软、硬基础设施短板，加快“最后一公里”水电气路、新一代信息基础设施、新能源汽车基础设施、城市地下管网、城际交通基础设施互联互通、生态移民搬迁、环境保护和治理等建设，我省尤为迫切，还有很大的投资空间。这对前四项任务也是一个重要促进和有力支撑。目前，我省人均固定资产投资额仅为全国平均水平的77%左右，投资效果系数仅为0.12，低于全国0.13的平均水平。明年我省经济要实现8.0%左右的增长，必须有一定规模的有效投资作支撑。要更好发挥重点领域投资的带动作用。要对接国家产业政策和重点投向，加强新兴产业投资；对接消费和服务升级，加强消费领域投资；对接完善基础设施和公共服务，加强“四张网”建设和民生改善投资；对接人才强省建设，加强对人的教育培训投资；对接绿色发展，加强生态环保投资。要更好发挥民间投资的主力作用。着力破除准入限制、项目审批等制度性障碍，为民间投资和社会资本清障铺路。着力补齐非公经济发展的短板，拓宽非公企业、民间投资领域和空间，制定民间投资10大公共领域的具体实施意见，定期发布项目清单。完善PPP模式，在更大范围、更大规模推广，激发社会资本参与热情。要更好发挥政府投资的引导作用。明年中央将适度提高财政赤字率，增加赤字规模，并适当扩大地方政府发债规模，做好地方政府存量债务置换工作，这是财政政策积极发力的明显信号。我们要抓住机遇，用好专项建设基金、地方融资平台、债券市场等工具，发挥好政府投资的“四两拨千斤”作用。目前我省负有偿还责任的政府性债务规模不小，而且部分市县已超过财政偿债能力。这要引起足够重视。但这里有一个区别对待的问题，有些政府负债主要用于搞建设，是有回报有效益的优质资产，只是有的回报期长一点，有的回报期短一些，债务风险处在总体可控的“安全区”。因此，在不增加“债务率”前提下，保持适度的政府良性债务规模，维持合理的政府投资力度，只要在一定容忍度之内，还是必要的。而对那些为了虚假政绩形成的不良债务，甚至恶意举债行为，一定要有预警机制、有惩戒力度。

要进一步增强消费的基础作用。我省拥有7300多万人的巨大消费市场，消费率只有40%左右，比全国平均水平低10来个百分点。从总体趋势判断，消费结构正在加快升级，传统消费有待充分释放，新型消费方兴未艾，扩大消费潜力巨大。要顺应多元化、个性化消费需求导向，积极培育新的消费热点，发展新的消费模式，重点抓好教育文化、健康养老、体育健身、旅游休闲、信息、汽车和住房、绿色等消费。要提高有效供给能力，通过创造新供给、提高供给质量，扩大消费需求。要立足统一开放的大市场，着力改善消费环境，完善消费政策，扩大消费信贷，积极引导境外省外消费回流。

*3. 深化改革开放，进一步增强经济发展动力活力。*明年中央将在国企、财税、价格、金融、养老保险等领域推出一系列重大改革举措，我们要抓好贯彻落实。要强力推进重点领域改革，按照“突出问题导向、突出精准发力、突出完善制度、突出督察落实”的要求，结合湖南实际，围绕解决重点领域的突出矛盾和问题，突出供给侧结构性改革，抓住牵一发动全身的关键环节，推出一批具有重大牵引作用的改革举措。要抓好改革落实落地，完善落实机制，能够全省“齐步走”的改革，要把方案制订周全，然后一竿子插到底，坚决避免以会议贯彻会议、以文件落实文件；调动市县积极性，允许地方进行差别化探索，发挥基层首创精神；省委改革办和各专项小组，要根据中央和省委要求，重点抓好改革任务分解落实和分步推进，列出时间表，明确责任人，坚持项目化，全力推进，力求实效，不断增强群众获得感。这里，我想着重强调一下金融体制改革的问题。金融是我省经济发展中的一块明显“短板”，发展总体规划不完善、政策支持体系不完备、本土金融机构不强大、区域金融资源不集中等问题很突出。截至今年10月底，全省社会融资规模新增3358.39亿元，只占全国的2.71%。到今年11月末，全省境内上市公司82家，只占全国的2.84%；“新三板”挂牌企业104家，只占全国的2.12%。这几项指标与我省经济规模占全国4.15%的比重严重不相称。据了解，我省有一大批小微企业成长性比较好、市场潜力大，就是感到融资难、融资贵，缺乏资本支持，尤感上市无门。其实，“新三板”对解决类似企业的发展瓶颈，是非常好的途径。这一方面要靠企业发挥主观能动性，另一方面我们各级政府也要有专门人才、专门机构去做辅导引导、协助协调工作。现在社会上包括一些部门也有一些误解，以为上市就是圈钱，圈钱就是动机不纯。其实，直接融资不仅仅是个钱的问题。通过上市融资，第一可促进企业增信；第二可规范企业管理；第三可增强企业品牌效应；第四可通过员工持股等提高企业凝聚力、激发创造力。对我们湖南来讲，无论是政府和企业，都有一个进一步更新知识、扩大视野、提高专业化能力和水平的问

题。只有培育壮大多层次资本市场．企业才能真正走出融资难、融资贵的困境，才能摆脱信贷依赖症，进而在新常态下实现新作为。明年和今后一个时期，要把金融体制改革作为一项重点改革任务来抓，在中央的统一部署下，一要搞好本省的金融发展总体规划；二要参照外省市做法，完善相关政策支持措施；三要注重规范发展具有本地特色的金融机构；四要加强银企、政银对接与合作，在整合金融资源上下功夫。在金融改革发展中，要十分注重防范化解金融风险，加强全方位监管，加强风险监测预警，坚决守住不发生系统性和区域性金融风险的底线。

开放就是发展，开放倒逼改革。要坚持内外需协调、进出口平衡、引进来走出去并重、引资引技引智并举，加快形成对外开放新格局，不断提高开放型经济发展水平。要毫不放松抓好引进外资工作，创新和改善利用外资环境，重视保护外资企业合法权益，重视保护知识产权，使我省成为外商投资的重要目的地，继续保持利用外资增长的良好势头。要深入研究和积极应对中韩、中澳自贸协定生效后，对我省相关产业和外经外贸格局带来的新机遇、新挑战，加强政策对接和市场对接。要注重区域开放合作，充分发挥我省“一带一部”战略区位优势，积极对接融入“一带一路”、京津冀、长江经济带、泛珠三角区域合作等国家重大战略，努力将我省打造成为内陆开放新高地。

4. 推动绿色发展，促进形成绿色生产方式和消费方式。要贯彻绿色发展理念，坚定不移走绿色低碳循环发展之路，构建绿色产业体系和空间格局，引导形成绿色生产方式和生活方式，促进人与自然和谐共生。明年是长株潭两型社会试验区建设第三阶段的第一年，要按照规划要求，加大工作力度，为全面完成改革建设任务打下坚实基础。要加强污染治理和环境保护，注重用好法律武器，加强绿色屏障建设，继续实施湘江流域综合保护和治理工程，扎实推进大气、水、土壤和农村环境综合治理。近年来，我省环保产业发展迅速，已经成为新的经济增长点。要因势利导、乘势而上，把节能绿色环保产业作为经济发展与环境保护的结合点，大力推动绿色清洁生产、资源综合利用，广泛开展传统制造业绿色化改造，加快推广节能环保新技术、新装备、新产品，着力将其打造成支柱产业。

5. 抓好统筹协调，优化城乡区域格局。这次和中央经济工作会议一起召开的中央城市工作会议，是30多年来再次召开的城市工作会议，对做好新时期城市工作做出了全面部署。我省将在明年二季度召开会议进行贯彻落实。各地各部门要按照中央精神，重点围绕端正城市发展指导思想、推进农民工市民化、增强城市宜居性、改革完善城市规划、提高城市管理水平、严格城市安全监管等重大问题加强调查研究，进行深入思考，提出政策措施。这里，我重点谈谈如何处理好加快提高户籍人口城镇化率和化解房地产库存的关系。截至今年10月底，全省已竣工新建商品房待售面积3419.7万平方米，这相对于现有户籍人口可能多了，但若考虑城镇非户籍人口就不多了。商品房库存高与大量城镇非户籍人口没有房子住的矛盾非常突出，必须采取有效措施加以化解。要通过加快农民工市民化，打通房地产供需通道，扩大有效需求，消化房地产库存，稳定房地产市场发展。同时，要以满足新市民住房需求为主要出发点，以建立租购并举的住房制度为主要方向，深化住房制度改革。其他工作在省委城市工作会议上还要进一步部署，这里就不多讲了。

“三农”工作任何时候都不能放松，必须始终摆在重中之重的位置。这些年，我省粮食等主要农产品连年丰收，但库存量也随之大幅增加，市场价格持续低迷，生产成本持续攀升，农民增收难度越来越大。加之农村资源环境约束进一步加剧，耕地地力不断下降，特别是重金属污染耕地修复治理难度很大。我们要高度重视这些新问题新挑战，通过深化农村改革的办法、调整农业结构的路子来加以解决。要继续抓好农业生产特别是粮食生产，加大高标准农田建设力度，落实藏粮于地、藏粮于技战略，保障口粮安全和农产品有效供给。要加快调整农业种养结构，大力发展农产品加工业，实施“互联网+”现代农业行动，加快发展休闲农业、城市农业、创意农业等新型业态，培育农业农村经济新增长点，为农民稳定增收注入持续动力。要深化农村改革，统筹抓好农村土地承包经营权确权登记颁证、农村土地承包经营权流转、农村集体产权制度、供销合作社等各项改革，尤其要抓好农村金融服务创新，改革金融支农服务机制，使农民更便捷获取金融服务。要开展农村人居环境整治行动，加快推进重金属污染耕地修复治理，提高农村基础设施和公共服务水平，提升新农村建设质量，加快建设美丽宜居乡村。

推动区域协调发展，蕴藏着巨大的发展新空间、新机遇。要继续以分类指导、大力推进全面建成小康社会为目标，加快“四大板块”协调发展，形成互促共进、联动发展的良好态势。“一核三极四带多点”的空间布局，是对我省区域发展、产业发展总体战略的深化、细化、具体化。明年要在这方面采取有力措施，取得实质性进展，着力打造一批新的增长点，切实推进增长极、增长带建设，形成核心引领、板块联动、极带互动、多点支撑的竞相发展新格局。

6. 着力保障改善民生，不断提高人民生活水平和质量。要在经济发展基础上持续改善民生，以为民办实事为抓手，更加注重对特定人群特殊困难的精准帮扶，统筹做好就业、教育、医疗、卫生、文化、社保、社会稳定、安全生产等各项重点民生工作，把基本民生保住，把底线兜住。我重点强调一下就业、养老保险、扶贫三项工作。就业是民生之本。明年我省就业工作面临着新形势、新挑战，有70多万新成长劳动力、30多万大学毕业生和大批农村富余劳动力，结构性改革可能会带来部分职工下岗，一些困难企业裁员可能会增加，特别是经济增长吸纳就业能力出现一定程度下降，如今年1–5月新增城镇就业同比少增2.1万人，1–10月扩大到5.9万人，社会就业压力非常大。各级各部门要提前做好应对准备，加强监测、制定预案，加大就业支持力度，千方百计稳定就业。我省养老保险基金长期收支平衡压力大，今年企业养老保险基金支出突破700亿元，剔除财政补助当期收支，缺口超过240亿元。要抓住中央加快养老保险制度改革的契机，完善个人账户，坚持精算平衡，增强社保缴费激励，提高统筹层次，有序推进基本养老保险制度改革。打好脱贫攻坚战，既是政治任务，也是民生责任，还是经济工作，对我省扩大有效需求、化解产能过剩、提高民生水平是重大机遇。春节前，我们还要召开全省脱贫攻坚推进大会，进一步落实政策、落实责任、落实进度。总的是要认真落实中央扶贫开发工作会议决策部署，坚持精准识贫、精准扶贫、精准脱贫，加大资金、政策、工作等投入力度，采取超常规举措，力争明年脱贫110万人以上。需要强调的是，随着供给侧改革的系统推进，明年我省财政收支矛盾会比较大，在这个阵痛期、过渡期，我们各级都要有过紧日子的思想准备，按照可持续、保基本的原则，统筹安排好民生支出，有保有压，该减的一定要减下来，该保的一定要保住。

五、坚持中国特色社会主义政治经济学，不断提高领导经济社会发展的能力和水平

中国特色社会主义政治经济学，是马克思主义政治经济学与中国特色社会主义实践相结合的最新理论成果，是指导新常态下经济发展的强大思想武器。习近平总书记关于经济新常态、发展新理念、市场与政府关系、基本经济制度、经济体制改革、开放发展等系列新论断，是对中国特色社会主义政治经济学的继承、创新和发展。坚持中国特色社会主义政治经济学，核心是坚持解放和发展社会生产力，主线是坚持社会主义市场经济改革方向，关键是坚持调动各方面积极性，目的是防止陷入"中等收入陷阱"、持续改善和提高人民物质文化生活水平。做好明年经济工作，关键在党，关键在人，关键看党领导经济社会发展的能力和水平。

*1. 始终坚持市场方向谋改革、一心一意抓发展。*习近平总书记反复强调，"使市场在资源配置中起决定性作用，是深化经济体制改革的主线"；"只要国内外大势没有发生根本变化，坚持以经济建设为中心就不能也不应该改变。这是坚持党的基本路线一百年不动摇的根本要求，也是解决当代中国一切问题的根本要求"。从湖南实际看，我们最大的省情仍然是改革不够、步子不快，发展不足、发展不优。我省要在2020年全面建成小康社会，跨越"中等收入陷阱"，向基本现代化迈进，任务很重、挑战很多、压力很大。唯有矢志改革、坚持发展，才能实现目标、不辱使命。各级领导干部要站在战略和全局高度来认识、谋划和推动改革发展，始终坚持社会主义市场经济改革方向，遵循市场规律、尊重市场主体、强化市场意识、完善市场体系，坚持以改革促发展，以发展为第一要务，任何时候都不动摇、不偏离、不懈怠。落实到明年经济工作中，就是要竭力以结构性改革为牵引，着力以市场决定资源配置为方向，全力以政府职能转变为抓手，自觉认识适应引领新常态，努力实现经济中高速增长。

*2. 充分调动各方面干事创业的积极性。*这些年来我省经济社会发展取得显著成效，一条重要的经验就是充分调动各方面积极性，形成全省上下心往一处想、劲往一处使、汗往一处流的干事创业合力。当前，我省经济正处于爬坡过坎的重要关口，尤为需要方方面面拧成一股绳，铆足一股劲，携手共渡难关。一要充分调动党员干部干事创业的积极性。坚持激励和约束并重，对各级干部在加强思想教育、压实工作责任、严格监督管理、加强督查问责的同时，更加重视正面激励、积极引导的作用，更加涵养宽容失败、允许失误的胸襟，为那些愿干事、敢于事、能干成事的干部创造条件、搭建平台、提供保障，不仅要在他们做出成绩时给予应有的表扬和激励，也要在他们遭受非议不公时主动为他们打气撑腰，旗帜鲜明地为信念坚定、为民服务、勤政务实、敢于担当、清正廉洁的好干部加油鼓劲。二要充分调动基层一线建设发展的积极性。对于干事积极性高、工作成效明显的地方，要在资金、项目、政策、试点安排等方面给予更多支持，在法定范围内赋予更大权限，牢固树立起奖优罚劣、奖勤罚懒的导向。要激活用好人才这个第一资源，重点引进培养一批行业、企业、科技领域创新创业的领军人才以及应用型专业人才、产业紧缺技能人才。三要充分调动市场主体投资兴业的积极性，抓经济、促发展，不能仅靠政府"唱独角戏"，必须突出企业的主角地位，强化企业的主体意识，发挥好企业家的领军作用。正如习近平总书记指出的，"国家产业政策是指明方向的，投资机会要由企业家和各类投资者在市场中摸索、把握、选择，政府主要是创造条件、破除垄断、鼓励竞争，支持企业和产业重组，重视对小微企业的支持"。在中央一揽子稳增长、调结构、促改革的政策引导下，在新常态下各个领域蕴藏的市场前景和发展机遇中，广大企业家理应充满良好的预期，以足够的勇气和智慧、以独特的眼光和能力主动作为、大显身手。

*3. 努力解决"不会为""不善为"的问题。*我们常讲，新常态要有新思路新办法新举措，才能实现新作为新突破新发展。现在一些干部，之所以出现"为官不为"现象，原因不仅在于不想为、不敢为，更多的还是面对新常态无所适从、心中无底，不会为、不善为。这就是为什么有的干部会出现"速度情结" "换挡焦虑"。有"情结"、会"焦虑"，这说明干部本身还是想干事的，只是思维观念、方式方法还没有转变过来、适应过来。但这绝不意味着我们可以坐着等、站着看、慢慢来。要看到，面对新常态，只有在认识适应上快人一着，才能在引领上先人一步。要以只争朝夕的精神加强学习、加快适应，雷厉风行、殚精竭虑地钻研新常态的新内涵、领会结构性改革的新要求，与时俱进更新改进领导经济工作的观念、体制、方式方法，建立健全重大决策社会稳定风险评估机制，坚持科学决策、民主决策、依法决策，不断提高领导经济社会发展的能力和水平。

同志们，做好明年经济工作意义重大、任务艰巨。让我们在以习近平同志为总书记的党中央坚强领导下，坚持"四个全面"战略布局不偏离，坚持发展第一要务不动摇，坚持改革第一动力不迟疑，坚持稳定第一责任不松懈，坚定信心、保持定力，上下一致、齐心协力，开拓进取、攻坚克难，确保完成明年经济社会发展各项目标任务，为全面建成小康社会的决战决胜打下扎实基础！

在长株潭国家自主创新示范区建设动员大会上的讲话

杜家毫

（2015 年 4 月 26 日）

尊敬的健林部长，各位领导、同志们：

今天的会议，主要是认真贯彻习近平总书记在湖南视察时的重要讲话精神，坚定不移实施创新驱动发展战略，全面启动长株潭国家自主创新示范区建设，努力把示范区打造成为我省适应引领经济发展新常态、加快转型发展的重要引擎。刚才，玉海司长宣读了国务院批复；等会，健林部长、守盛书记还要作重要讲话，请大家深入学习领会，抓好贯彻落实。下面，我讲三点意见。

一、坚定信心、奋勇攻坚，坚决完成国家赋予的重任

建设长株潭国家自主创新示范区，既是我省加快发展的历史机遇，也是国家赋予的重大使命和责任，充分体现了党中央、国务院对湖南发展的关心和支持。我们要按照中央要求，坚定信心、抢抓机遇、不辱使命，全力以赴抓好示范区建设，确保早见成效。

（一）*深入领会和贯彻国务院批复要求*。国务院批复指出，要努力把长株潭国家自主创新示范区建设成为创新驱动发展引领区、科技体制改革先行区、军民融合创新示范区、中西部地区发展新的增长极。国务院对示范区“三区一极”的战略定位，既为湖南明确了示范区建设的发展目标，更赋予了我们重大责任，也明确了实现路径和工作重点。我们要充分认识完成这一任务的艰巨性，必须在科技部等国家有关部委的指导和支持下，举全省之力将批复要求落实到示范区建设的方方面面和全过程，细化为一个个具体的科研课题、建设项目、行动计划，力争一步一步将宏伟蓝图变为现实，让全省人民共享建设成果。

（二）*充分发挥我省优势*。近年来，我省坚持把科技创新摆在重要的位置，在科研院所转企改制、产学研结合、体制机制创新等方面大胆探索，初步形成了具有湖南特色的自主创新路子，被外界称之为“自主创新长株潭现象”。这些都为我们在新的起点上建设国家自主创新示范区打下了坚实基础、创造了良好条件。下一步，我们要认真总结前段工作中的好经验、好做法，进一步激发蕴藏在高等院校、科研院所、企业研发机构和广大群众中的创新创造活力，有针对性地把“长板”拉长，把“短板”补齐，提高示范区建设的质量和水平。

（三）*注重学习借鉴各地经验*。2009 年以来，国家先后批复了 7 家国家自主创新示范区。特别是北京中关村、武汉东湖、上海张江等已建设多年的示范区，在园区建设、产业发展、体制机制创新以及政策突破等方面先行先试，探索了许多新鲜经验，基本形成了比较完善的政策支撑体系和工作推进机制。我们要采取“拿来主义”，认真研究、充分吸纳各地的好经验、好做法、好模式。同时，要结合自身特点，在科研院所转制、科技成果转化、军民融合发展、科技金融、文化科技融合、人才引进、绿色发展等方面加大探索力度，为全省乃至全国的转型创新发展探索更多可复制、可推广的经验。

（四）*广泛凝聚各方合力*。示范区建设是一项“国字号”系统工程，涉及到方方面面，必须上下联动、加强配合，建立协同推进机制，搭建创新合作的联动平台，集成推进示范区建设。要加大向国务院有关部委汇报衔接力度，在重大项目安排、政策先行先试、体制机制创新等方面，积极争取国家相关部委的支持和帮助。各地各部门要强化大局意识，各司其职、协同配合，共同研究解决发展中的重大问题。要积极开展宣传推介，全面展示示范区的独特优势和巨大发展空间，吸引更多的企业和投资者参与进来，营造全社会共同关心、支持示范区建设的良好氛围。

二、明确目标、科学规划，努力培育全省转型创新发展的强力引擎

习近平总书记指出，“唯改革者进，唯创新者强，唯改革创新者胜”。我们要立足现有基础，聚集创新要素，整合创新力量，提升创新品质，努力开创我省创新发展新局面。

（一）*突出完善提升规划*。在科技部等国家部委的指导下，《长株潭国家自主创新示范区发展规划纲要（2015—2025 年）(初稿)》已经出台。下一步，要坚持规划先行、规划引领，多层次、多角度、多渠道征求修改意见，完善顶层设计，确保规划高度契合国务院批复精神和具体要求，确保规划与长株潭两型社会建设规划、长株潭城市群区域规划和正在编制的省“十三五”规划、长株潭三市“十三五”规划以及省直相关部门专项规划无缝对接，既有效推进示范区建设，又有力促进长株潭基础设施、产业发展、生态环保建设等全面升级。同时，要尽快出台加快建设示范区的政策意见，着手研究制定示范区建设条例，把示范区发展纳入规范化、法制化轨道。

（二）*加快体制机制创新*。要创新管理体制，建立健全长株潭三市协调联动机制，密切沟通，统筹协调；认真开展行政审批权下放园区试点，建立省、市和园区的权利清单和责任清单，提高行政效率。要创新科研机制，出台促进高校、科研院所科技成果转化和知识转移的政策措施，深化科研院所转企改制和市场化建设机制；探索军民融合发展新路径，在示范区内布局一批军民融合重大项目，合作共建一批集研发、生产、孵化于一体的军民融合专业园。要创新金融机制，完善创业金融服务体系，建立健全专利权质押贷款风险补偿机制，扩大高新技术企业科技保险试点，拓展科技型企业融资渠道。

（三）推动产业集聚集群。建设示范区的重要任务，就是要做强做大一批具有全球竞争力的创新型企业，培育一批特色鲜明的创新型产业集群。要积极对接“中国制造2025”和“互联网+”行动，在推动产业跨界融合以及信息化中，打造装备制造、新材料、电子信息、生物医药、节能环保等优势产业集群，壮大培育绿色住宅、卫星应用、文化创意、现代服务业等新兴产业集群。同时，立足示范区现有产业特色，延伸发展3D打印、工业机器人、干细胞、石墨烯、碳化硅纤维、大数据、云计算等新技术、新产品、新业态，提升产业智能化、高端化、绿色化发展水平。

（四）强化平台载体建设。要健全公共技术服务平台体系，鼓励高校、科研院所、大企业开放研发试验设施，支持孵化器、大学科技园等创业服务机构建设公共服务平台，集中优势资源服务创业企业创新发展。要强化重大科技基础设施建设，巩固国家超级计算长沙中心、亚欧水资源中心等重大创新平台功能，加快建设一批国家级技术中心，组建长株潭技术创新中心，夯实重大科技问题解决的技术基础。要建设高层次人才创新创业平台，加大对创新单位的支持力度，鼓励有条件的地区和单位建立高层次人才工作驿站、创新创业基地和各类科研人员产学研创新平台。

（五）提升开放合作水平。实践证明，开放程度越高，创新活力越强，创新成果就会越多。要强化国内创新合作交流，以深度融入长江经济带为重点，加强与长三角、珠三角、长江中游城市群、成渝经济区、大西南地区的对接合作，全面推进跨区域开放合作，对接东中西部大市场，拓宽发展新空间。要强化国际科技合作交流，主动对接国家“一带一路”等战略，鼓励示范区内高校、科研院所开展对外合作交流，加强国际人才网络链接；建设更优的工作生活环境，吸引国际优秀企业在示范区设立研发中心、优秀海外人才在示范区创新创业。要在有针对性地引资、引技、引才的同时，促进示范区先进产能、技术和产品向外拓展，推动更高层次的“引进来”“走出去”。

三、全力以赴、久久为功，着力推动大众创业、万众创新

省里将成立示范区建设领导小组，长株潭三市要加强组织领导，建立联席会议制度，定期召开联席会议，研究解决示范区建设中的重大问题。相关部门要强化“一盘棋”意识，密切配合、主动作为，细化规划、落实责任，以钉钉子精神，一抓到底，抓出成效。

（一）努力培育创新创业生态。一个全方位、立体式、充满生机的创新创业生态系统，可以释放出蕴藏在大众创业、万众创新之中的无穷创意和无限财富。一要大力发展“众创空间”。加大政策扶持力度，简化企业登记手续，支持有条件的地方对“众创空间”的房租、宽带网络、公共软件等给予适当补贴。发挥政府创投引导基金和财税政策作用，通过创新融资模式提供有力资金支持，促使更多创业人才脱颖而出。二要推进“大众创业”。以支持大学生等年轻创业者、大企业管理人员、科技人员创业者、留学归国创业者为重点，扩大支持“大众创业”的覆盖面，不断增强示范区创业原动力。建立健全创业人才绿色通道，做好高层次人才引进、企业孵化服务和政策落实工作，集聚一批由高端创业投资家和科技中介人才领衔的创业服务团队。三要弘扬创新创业文化。塑造“创业长株潭”品牌形象，加大对成功创业者、青年创业者、天使投资人、创业导师、创业服务机构的宣传力度，使创业在长株潭地区和湖南成为一种价值导向、一种生活方式、一种时代气息。

（二）尽快研究出台配套政策。为创业创新创造法治环境、改善监管环境、搭建竞争平台、扫除政策障碍，必须制定相应的配套支持政策。各级各部门要按照国务院批复所确定的各项任务，认真开展调查研究，提出先行先试政策实施与推动国家政策落实的具体办法，并进一步细化相应配套措施，明确工作责任和时间要求，使其尽快落实到位。特别是积极整合相关财政专项资金和新增资金，大力引导社会资本参与示范区建设，保障示范区建设的资金需求。同时，各级各部门要增强服务意识，加快建立一站式服务、绿色通道、连审连批等制度，努力提高政府服务效率和服务水平。

（三）不断强化考核评价。随着创新驱动发展上升为国家战略，考核评价的重点要向强化创新指标考核转变。一要改变传统“GDP考核”导向，建立责任分工明确的示范区动态评估考核体系，重点突出对三市高新区合作项目、交流互动、科技创新、创业孵化、国际化等方面的考核。二要建立示范区建设统计监测和考核评估体系，以制度创新突破行政管理体制障碍，建立省统筹、市为主、多部门协调的工作机制，加强城与城、园区与园区、部门与部门之间的协同，引导一体发展、协同发展。三要增加对省直相关部门、所在市地方政府支持发展示范区建设的考核，并纳入省委省政府绩效评估指标体系，督促阶段性目标和各项措施的落实，形成协同推进合力。

（四）加快试点经验推广。要及时总结试点经验，不断创新探索、总结完善，把成功做法经验化、个别探索系统化，逐步建立健全推进创新发展的长效机制。要深入细致地搞好调查研究，认真对示范区建设中的成功经验进行科学分析，揭示其中可推广、可复制、可持续的经验。要加快推广和宣传，通过报纸、广播、电视及网络等多种方式，全面系统、通俗易懂地宣传创新试点成功经验，特别要着重宣传创新成功经验的科学精神和科学方法，推动区域经验成为全省性的工作措施。

同志们，建设长株潭自主创新示范区的号角已经吹响，让我们共同努力，积极进取，奋发有为，认真贯彻国务院批复的各项精神，把长株潭自主创新示范区建设成为湖南进一步转型升级的新的引擎和增长极。

在长株潭国家高新区建设国家自主创新示范区部际协调小组第一次会上的讲话

杜家亳

（2015 年 11 月 14 日）

尊敬的万钢副主席,各位领导、同志们：

在全国上下深入学习贯彻党的十八届五中全会精神之际，万钢副主席率科技部等 11 个国家部委领导莅临长沙，为我省长株潭国家自主创新示范区建设"把脉问诊"，面对面给予指导和帮助，我们备受感动、备受鼓舞。长期以来，科技部以及国家各有关部委十分关心湖南的改革发展，从政策、资金、项目等方面给予重点倾斜和照顾，特别是长株潭国家自主创新示范区，从调研、构想、立项、报批到获得国务院批复，再到规划建设，都得到了万钢副主席的亲切关怀，得到了科技部及各有关部委的大力支持。在此，我谨代表中共湖南省委、省人民政府及 7200 多万湖南人民，向万钢副主席，向科技部和各有关部委领导表示衷心感谢！

刚才，省科技厅汇报了长株潭国家自主创新示范区发展规划纲要起草情况，李友志副省长汇报了长株潭国家自主创新示范区建设有关工作。部际协调小组各成员单位领导讲了很好的意见；等会，万钢副主席还将作重要讲话，我们将认真抓好贯彻落实。下面，我就长株潭国家自主创新示范区规划建设，谈三个方面的打算。

一、坚持以党的十八届五中全会、中央"十三五"规划建议和习近平总书记重要讲话精神为指导，进一步修改完善示范区规划纲要

习近平总书记在《关于中共中央制定十三五规划建议的说明》中强调，新常态下，发展方式要从规模速度型转向质量效率型，经济结构调整要从增量扩能为主转向调整存量、做优增量并举，发展动力从主要依靠资源和低成本劳动力等要素投入转向创新驱动。这些变化不依人的意志为转移，是我国经济发展阶段性特征的必然要求。中央关于"十三五"规划的建议，把创新摆在国家发展全局的核心位置，进一步明确了创新发展的七个着力点。这为我们进一步修改完善规划纲要提供了根本遵循和指导。刚才各部委领导提出的意见，针对长株潭自主创新示范区建设的实际问题和未来发展的瓶颈障碍，指导性、针对性和可操作性都很强。我们将贯彻中央关于创新发展的系列部署，把国家"十三五"规划的闪光点、亮点融入规划纲要中去，及时跟进国家各部委的战略设想和行动计划，对照国务院批复所确定的各项任务，落实好万钢副主席的指示要求，以及各部委领导提出的意见，认真加以消化，抓紧修改完善好规划纲要，真正使规划纲要成为引领示范区建设和全省创新发展的行动指南，成为贯彻落实中央关于"十三五"规划建议要求的具体措施。尤其是要按照中央《建议》的要求，加快夯实自主创新的物质技术基础，加快建设以国家实验室为引领的创新基础平台，大力实施一批关系全局和长远的重大科技项目，在此基础上，努力开辟新的产业发展方向和重点领域、培育新的经济增长点。

二、依托长株潭自主创新示范区建设，加快做强长株潭核心增长极

长株潭是我省经济发展的"领头羊"和科技创新"高地"。"十三五"期间，我省要实现经济保持中高速增长、产业迈向中高端水平的目标，必须把自主创新示范区加快打造成为长株潭发展的核心动力源。突出抓好"四个结合"：一是与长株潭一体化相结合。目前，我省已成立示范区建设领导小组，明确了长株潭三市及省直有关部门的责任分工，并将示范区建设工作纳入全省绩效考评体系。下一步，我们将加大省统筹力度，着力完善省、市、高新区的协调推进机制，推动三市政策、人才、平台等资源的互通共享，探索城市群协同创新的经验和模式，以科技协同创新为突破口，带动长株潭一体化深入发展。二是与开放发展相结合。发挥我省"一带一部"区位优势，积极参与国家"一带一路"建设、京津冀协同发展、长江经济带建设等战略，面向全国、全球组织创新资源和要素，更好地推动示范区的优势企业"走出去"、参与国际市场竞争，更高水平地引进示范区发展亟须的人才、技术和资金。三是与转型升级相结合。围绕产业转型升级需要，着力实施一批联合攻关和创新中心、研发基地建设，支持传统产业优化升级和新兴产业规模成长，在构建产业新体系中拓展产业发展空间，示范和引领全省产业转型升级。四是与大众创业、万众创新相结合。示范区不仅是创新的平台，也是创业者的舞台。我们将研究出台政策，鼓励发展众创、众包、众扶、众筹空间，以及天使、创业、产业投资，更好地扶持青年创业和科技型企业发展，真正让示范区创新创业的活力不断迸发、源泉充分涌流。

三、充分放大长株潭自主创新示范区效应，引领带动全省创新发展

"十二五"以来，我省各地依靠科技创新，特色优势产业得到长足发展。比如，湘南地区加强资源深加工、高端装备制造、电子信息等产业技术创新，大湘西地区发展生态经济和绿色产业，洞庭湖区发展生态农业，等等。但实事求是讲，各地科技创新的水平参差不齐、资源分布不均衡、机制不够灵活，创新创业环境有待优化和提升，科技与经济的融合度还不高。长株潭自主创新示范区建设，将为这些问题的解决探索可复制、可推广的经验。我们将及时总结示范区在深化科技体制改革、完善科技与金融结合机制、打造创新型产业集群、服务大众创新创业、精细化使用国土资源等方面的经验，搞好政策梳理和集成推广，不断扩大示范区建设的受益面。同时，注重发挥科技创新在全面创新中的引领作用，以科技创新倒逼体制机制障碍的破除，努力营造鼓励创新、保护创新的制度环境、市场环境和社会环境。

长株潭自主创新示范区是在万钢副主席、科技部的直接关心、推动下设立的，国家各相关部委也给予了大力支持。但是，我省示范区建设以长株潭三市高新区为基础，地理空间分属三地，协调推进难度比较大，与国家最早批复的中关村、张江、武汉等示范区相比，还处于初创阶段，科技创新潜力还远未释放，无论是政策制度安排，还是创新平台建设、科技企业培育等，都还有很多工作要做，也面临着许多困难和问题。我们将举全省之力重点解决这些问题，同时也恳请万钢副主席及各部委领导，一如既往地支持示范区建设，在政策、资金、项目、平台等方面给予倾斜，特别是在培育发展特色优势产业方面，请求给予重点支持。从产业来看，我省具备一定基础和优势。一是工程机械。我省在这方面走在全国前列，虽然当前经济下行，建设项目减少，企业发展面临一定压力，但是压力就是动力，三一重工、中联重科等龙头企业都在创新，在大型智能化农业机械、新能源装备，以及海洋工程装备等方面，进行新的研发。二是轨道交通。我省在城市轨道交通、中低速磁悬浮、轨道交通信号设备等方面进行新的研究。昨天，长沙中低速磁悬浮正式全线试运行，今年年底可开通我国第一条自主研发设计的磁悬浮。三是新材料产业。我省已经形成产业集群，比如炭炭复合材料、新型高温耐磨材料、高端铝合金工程技术、新型储能材料、3D 打印技术，以及其他高分子材料等，有的已形成产业，有的在研发上有了新突破。四是电子信息。这是万钢副主席非常关心的，我省拥有国内第一条 IGBD 生产线、以天河二号为代表的高性能计算机等。国家自主研发的终端设备，以及光电技术、导航技术等，已初露端倪。五是移动互联网。我们把重点放在互联网产业和传媒产业的结合方面，围绕“广电湘军”和“出版湘军”形成了一大批企业，实现了传媒产业和出版产业相结合。六是环保产业。我省在这方面具备一定基础，在某些方面走在了前列，特别是在水污染、大气污染、重金属污染治理，以及资源循环利用等方面，引进了一批先进技术，聚集了一批专家学者。七是智能制造。我省已有近十家工业机器人企业，正在打造我国工业试点。八是生物技术。包括基因排序、生物医药、中西医结合、农业育种等，袁隆平院士的杂交水稻亩产屡创新高。这些产业，湖南都具备一定基础，只要有突破，就可以形成新的增长点。刚才万钢副主席说，国家的基本考虑是网络这块的结构，我们希望有个点放在湖南，如果不能放，希望能够接线，这样可以更好地跟进国家战略。同时，我们希望紧跟科技部和国家各有关部委的行动。刚才，友志副省长在汇报中提到，建设先进工程机械、轨道交通、新材料三大创新中心。这些领域，我省拥有三一、中联、中车株机等一批领军企业，建设了一批研发机构，拥有包括 2 名院士、46 名享受国务院特殊津贴专家在内的技术人才队伍，已步入以跟踪为主转向跟踪和并跑、领跑并存的新阶段。如果能够获得国家层面的支持，进一步优化配置人财物资源，完全可以打造聚集国内外一流人才的高地，形成代表国家水平、在国际上拥有话语权的科技创新实力。

我们坚信，有党中央、国务院的坚强领导，有各部委的大力支持，湖南一定会珍惜机遇、用好机遇，不辱使命、不负重托，圆满完成长株潭自主创新示范区规划纲要确定的各项目标任务，努力在探索创新驱动发展、引领发展的模式方面迈出坚实步伐，向党中央、国务院和全省人民交出满意答卷。

在省委经济工作会议上的讲话

杜家毫

（2015 年 12 月 26 日）

刚才，守盛书记的重要讲话，深入贯彻中央经济工作会议精神，全面总结回顾了今年以来的经济工作，深入分析了当前经济形势以及存在的困难和问题，进一步明确了明年经济工作的指导思想、主要思路、主要目标和重点任务。各级各部门要认真学习领会，抓好贯彻落实。下面，我谈两个方面意见。

一、今年以来，全省上下全力以赴稳增长促改革调结构惠民生防风险，迈出了适应经济发展新常态的坚实步伐

一年来，全省上下认真贯彻落实中央要求和省委决策部署，主动适应经济发展新常态，努力克服经济下行压力加大等不利因素影响，保持了经济稳中向好、稳中趋优的发展态势。主要有四个方面特征。

一是在经济下行压力持续加大的背景下，我们群策群力、矢力攻坚，基本完成年初预期目标。我们坚定发展信心不动摇，始终保持战略定力，在稳投资、扩消费、促产业、帮企业等方面，有针对性地采取系列政策措施。预计 GDP、投资、消费、财政收入、居民收入等主要经济指标，以及城镇化率、万元 GDP 能耗、物价、就业、为民办实事等质量和民生指标，均能够达到预期目标。这个成绩来之不易，是我们迈向更高发展水平、打好“十三五”开局攻坚战的坚实基础，必须倍加珍惜，以此凝聚力量、鼓舞信心。

二是在支撑增长格局发生变化的过程中，我们积极应对、精准施策，有效需求得到较好释放。我省规模工业对GDP的贡献率一般为40%左右，增速一般要高于GDP 2个百分点左右。今年，我们针对工业经济持续下滑的形势，设法构筑多点支撑增长的格局。从农业看，把三个“百千万”工程的实施，与调动农民生产积极性、促进工商资本进入现代农业领域结合起来，毫不松懈地抓好粮食生产、农田水利基础设施建设等重点工作。今年，粮食生产稳定在600亿斤以上，农民专业合作社和农产品加工企业分别发展到3.8万个、5.1万家，农产品加工业销售收入过万亿元，为保持经济平稳较快增长奠定了坚实基础。从内需看，围绕完成增长8.5%以上的目标，从投资、消费、财政等方面发力，不断挖掘内需潜力。比如，投资方面，把扩大投资与对接国家战略、完善基础设施、促进产业转型、培育消费热点、优化公共服务、保障改善民生等紧密结合起来，着力抓好湘江保护与治理省政府“一号重点工程”，“两房两棚”，“两供两治”，交通、水利、能源、信息“四张网”等重大项目建设。预计今年投资可完成2.6万亿元，增长18%左右，保持中部第一位，其中基础设施、社会民生、生态环境、高新技术产业投资增速均超过25%。消费方面，致力加快流通业发展，抓住稳定传统消费、培育新兴消费、改善消费环境三个关键环节，有效释放了消费潜力。预计今年消费增速保持在12%左右，第三产业增长10.5%左右，比GDP增速高出2个百分点。财政方面，以筹到钱、用好钱、管好钱、防风险为重点，深入推进财税体制改革，加快专项资金拨付进度，积极筹建铁路、公路、水利等基础设施类投资基金，加强政府债务置换，支持重大基础设施建设和重点产业发展。预计全年财政支出增长18%以上，撬动了更多社会资金。从外需看，鼓励企业开拓外部市场、参与国际分工、化解过剩产能，发展空间得到拓展。综合保税区、口岸等平台建设取得突破性进展，湘欧国际货运班列实现常态化运营，开通了法兰克福、洛杉矶以及日本、东南亚等地航线，航空口岸进出境人数、高铁客运量分别增长40%、45. 5%，机电、高新产品出口保持快速增长。这些措施，是适应新常态的初步探索，需要根据发展变化的形势，继续总结和完善。

三是在发展瓶颈日益凸显的环境下，我们适应新常态、培育新动能，取得明显效果。大力推进简政放权、国企国资、财税金融、农业农村，以及降费减负、公共资源交易等，重点领域和关键环节改革，加快推进长株潭国家自主创新示范区建设，致力以改革促开放、促创新、促转型。在实际工作中，既不放松有市场、有效益的传统产业发展，更加注重新兴产业培育；既不放松投资拉动，更加注重发挥投资的当前和长远效益；既不放松招商引资、承接产业转移，更加注重本地现有龙头和规模企业新一轮发展；既不放松劳动密集型产业稳步发展，更加注重大众创业、万众创新，把稳就业放在更加突出的位置。这些措施，有力促进了产业结构向更高层次演进，为长远发展打下了坚实基础。预计今年规模工业中，高加工度工业增加值占比达到36%；六大高耗能行业增加值占比下降0.4个百分点；轨道交通成为新的千亿子产业，移动互联网、工业机器人、3D打印等新业态产值成倍增长，电子信息、医药、新材料、节能环保等产业来势较好。湖南属于中部欠发达省份，我们既要适应引领新常态，加快新兴产业发展，又要补短板，不放松有优势、有就业的传统产业尤其是劳动密集型产业发展。有些产业虽然产能过剩，但并不代表技术落后。目前，我省的需求侧还不旺盛，必须在实际工作中把握好度，在供给侧和需求侧共同发力，尤其是投资的拉动作用，在相当长的时间内都不能放松。

四是在财政收支矛盾突出的情况下，我们握紧拳头、力保重点，扶贫等民生得到有效保障。今年以来，在税收低速增长的同时，财政支出继续保持刚性增长，收支矛盾非常突出，即使如此，我们仍然一如既往地突出了保障和改善民生这个重点。一年来，坚持把扶贫攻坚作为头等大事来抓，把更多的财政资源用于改善民生和发展社会事业。预计全年涉及民生的支出占一般公共预算支出的68%以上，城乡居民收入分别增长8.8%和9.8%。启动实施各类扶贫项目3万多个，减贫110万人以上。15项重点民生实事项目顺利完成，新增城镇就业80万人左右、农村劳动力转移就业接近70万人，开工建设保障性住房和改造各类棚户区51.8万套、改造农村危房20.8万户，均超额完成年度任务。同时，生态环境持续改善，四水流域水质优良，解决了700多万农村人口饮水安全问题，救济救助、城乡低保、社会保障、教育医疗、困难群体补助等政策得到有效落实。这些工作，让人民群众有了更多获得感。

二、保持定力、精准发力，确保“十三五”发展开好局、起好步

明年是全面建成小康社会决胜阶段的开局之年，也是推进结构性改革的攻坚之年。要着重抓好八个方面的工作。

（一）*在对接“中国制造2025”上着力，提高发展质量和效益。*这是我省推进新型工业化最重要、最根本的抓手。要积极对接“中国制造2025”，启动实施制造强省五年行动计划，全面促进产业转型升级。一方面，传统产业改造与新兴产业培育要“两手抓”。工程机械、钢铁、有色、冶金、建材、石化、食品等产业，依然是支撑我省工业甚至经济发展的支柱产业，要着重抓好海工装备、有色冶金绿色改造升级、食品产业园等重大技改升级工程。对移动互联网、生物医药、节能环保、新能源、住宅产业化、新材料、电子信息，以及高性能数字芯片、3D打印，智能机器人等新兴产业，要“一业一策”地支持企业进行核心技术研发、技术成果转化和产品市场推广，重点抓好轨道交通、新能源汽车、北斗卫星导航等重大项目。另一方面，要提高创新驱动发展水平。按照中央要求，着力推进“四个一批”、着力激发“三方面潜力”，即实施一批新的重大科技项目，建设一批国家重大科技基础设施、实验室和产业技术创新中心，打造一批“双创”示范基地，培育一批具备先发优势的引领型创新企业，激发企业、科研机构和高校、市场转化科技成果的潜力。我省的关键抓手，就是长株潭国家自主创新示范区、湘江新区和各级高新技术园区、经济开发区的建设。提高供给结构适应性和灵活性，提高全要素生产率，首先就要在创新示范区和园区中实现。要以此为依托，带动关键技术的攻坚，以及工程机械、轨道交通、新材料等国家级创新中心建设，并承载科技体制改革，使之在园区的建设中得以落地，见到实际效果。同时，要把制造业的发展与现代服务业的发展更好结合起来，促进物流信息化、标准化、规范化，推动旅游与文化、扶贫融合发展。

（二）*在供需两侧着力，不断增强经济发展原动力。*一方面，更加注重供给侧结构性改革。综合运用市场、经济、行政和法治手段化解过剩产能，完善市场化退出机制，对不符合能耗、环保、质量、安全标准，且长期亏损的“僵尸企业”，采取兼并重组，甚至破产清算的方式，分类有序予以“出清”。多措并举帮助企业降低成本，从清理规范中介服务，降低工资社保成本，实行收费减免和税收优惠，降低企业财务、电力和物流成本，营造公平市场环境等方面着力，打出“组合拳”。高度重视钢铁、水泥、卷烟、汽车等行业出现的产品库存问题，运用政府采购、扩大消费、支持企业拓展国内外市场等方式，“一企一策”地帮助企业减少产品库存。想办法化解商品房库存，落实好降息、公积金政策调整、下调商业贷款首付比例等政策，深化户籍和居住证制度改革，推进以满足新市民住房需求、购租并举为主要方向的住房制度改革，将棚户区改造、保障房建设与商品房去库存结合起来，加大棚改货币化安置力度。积极防范化解金融风险，实行省级债务管理与控制联席会议制度，督促市县消化存量债务，建立绿色、黄色、橙色和红色债务预警机制，并与债券额度分配和差别利率结合起来；加强金融风险排查、识别和预警，依法打击和处置非法金融活动，密切关注民间融资、新兴金融的潜在风险。另一方面，适度扩大总需求。要提高投资有效性。加强交通、能源、水利、信息“四张网”建设，新铺开现代物流网和旅游设施网，改善软硬基础设施条件。其中：交通网，要统筹推进铁公水空联运，力争建成通车高速公路300公里以上，完工干线公路1000公里，推进怀邵衡、黔张常、蒙华湖南段、渝怀复线、张吉怀、长益常等铁路项目，加快高等级航道、重点港口、长沙航空枢纽和其他市州支线机场建设。能源网，要重点建设一批电源点项目，加快实施酒泉—湖南特高压直流输电工程和天然气管道等项目。水利网，要重点推进涔天河水库枢纽和灌区工程、莽山水库、洞庭湖综合治理等重大项目，启动实施城市防洪闭合圈建设。信息网，要重点实施“宽带乡村”和中小城市通信基础设施完善工程。创新创业园区“135”工程建设，要围绕完成建设100个园区、3000万平方米标准厂房和落户5000家企业的目标，进一步加大招商引资力度，鼓励市县先招商、再建设，或边建设、边招商，既不放松对外资企业的引进，又要适应沿海地区产业转移趋势，发挥各类商会组织作用，引老乡、回故乡、建家乡。针对部分县市区自身财力有限、招商引资困难的实际，适时组织银园洽谈会，引导园区吸纳政策性、商业性贷款和风险投资。要顺应多元化、个性化消费需求，着力培育教育文化、健康养老、体育健身、旅游休闲、信息、绿色等重点领域消费。

（三）*在品质提升和建设上着力，提高农业现代化发展水平。*湖南是农业大省，在担负起确保粮食安全政治责任的同时，必须坚持量质并举，增强农业发展的竞争力和比较效益。一要提高农业发展的规模化、产业化、机械化和科技化水平。继续推进三个“百千万”工程，进一步完善政策措施、加大财政投入，强化政策公开和资金监管。尤其是要创新投入方式，与财政贴息、信用担保、补贴期权抵押等结合起来，鼓励信贷机构加大投入。二要持续夯实农业发展基础。大规模推进土地整治、中低产田改造和高标准农田建设。目前，正值水利冬修的关键时期，各地要确保完成中央投资重大水利项目的投资进度，抓好农村饮水安全、水库除险加固、城市防洪、农田水利、洞庭湖区沟渠清淤疏浚等建设。三要深入推进农业结构调整。农业区域结构方面，着力打造优势产业带，建设一批现代农业示范区、特色园，以及农业标准化示范县、乡和基地；粮食生产方面，推进粮食精深加工，打造粮食千亿产业；种养业方面，发展特色养殖，鼓励发展种养结合的循环农业；三产融合方面，培育优势品牌，创新农产品流通业态和销售渠道，加快发展休闲农业、旅游农业、创意农业。四要不断激发农业农村发展活力。加快推进农村土地承包经营权确权登记颁证，落实农业三项补贴改革，推进土地承包经营权和住房财产权抵押贷款试点，统筹抓好水利、国有农林场和供销社改革。完善农业保险机制，用两年时间取消产粮大县稻谷、小麦、玉米三大粮食作物农业保险的县级配套；落实乡镇区划调整改革，按撤并一个乡镇50万元、一个村4万元的标准予以奖补。同时，鼓励农民工返乡创业，着力培育新型职业农民。五要推进县域经济发展。以特色县域经济重点县建设为抓手，推动产业项目、信贷资金、园区平台、生产要素等资源向县域倾斜，不断深化省直管县（市）经济体制改革，赋予县级政府更多的经济社会管理权限，提升一批经济强县、强镇，加快补齐县域经济短板。

（四）*在落实改革政策上着力，充分调动各方面的积极性、主动性和创造性。*根据中央精神和省委部署，加大供给侧改革力度，推出一批牵一发而动全身的改革和政策举措，引导好市场行为和社会心理预期。一要加大关键环节改革力度。行政管理体制改革，坚持简政放权、放管结合、优化服务，在巩固政府机构改革成果的基础上，继续取消下放一批行政审批事项，动态完善“三清单一目录”制度，推进行业协会商会与行政机关脱钩。国企改革，围绕做强做优国有企业，推进国有资本布局调整与监管企业重组整合，规范企业董事会建设和负责人薪酬管理，加快剥离企业办社会职能。财税体制改革，推进“营改增”，完善全口径预算分配、财政运行综合绩效考评机制，探索建立水利、交通领域事权与支出责任相匹配的机制。投融资体制改革，要针对民间投资乏力、融资渠道不畅等问题，探索建立省级股权投资和风险补偿基金，发挥政府性基础设施、产业投资基金作用，撬动社会资本投资公共建设、扩大产业投入；要着眼拉长金融服务业短板，积极筹建租赁和消费金融公司，推进国家农村金融服务体系改革试点，完善金融服务网络，扩大股票、债券等多层次资本市场融资，引进险资入湘，推动金融资源向中小微企业和农业农村倾斜。毫不动摇地支持非公有制经济发展，进一步放开非公资本投资领域，鼓励有条件的非公企业创新经营和管理模式，依法保障非公企业合法权益，拉长非公有制经济短板。二要提高政策的精准度、时效性。继续发挥政策在稳增长中的重要作用，对国家出台的政策，要结合省情迅速制定贯彻落实的具体意见；对我省改革发展中存在的突出问题，以及人民群众的迫切期待，要及时研究相关政策。三要狠抓执行落实。对于明年的重点改革和重要政策，我们要高度统一思想、统一行动，相关主管部门要逐项明确具体的进度和任务，各地要以抓铁有痕、踏石留印的作风抓好落实。省委、省政府将组织专项督查，对落实不力的，启动行政问责。

（五）*在抢抓国家战略机遇上着力，不断拓展发展新空间*。一方面，更加注重人口经济和资源环境空间均衡，促进省内四大区域协调发展，加快形成“一核三极四带多点”的发展格局。长株潭要依托两型社会试验区、湘江新区和自主创新示范区建设平台，以一体化为方向，打造新常态下核心增长极的升级版；环洞庭湖区要加快实施生态经济区规划，抓紧启动一批重大产业、基础设施和民生项目，推动绿色转型发展；大湘南地区要以承接产业转移示范区建设为重点，推进开放发展；大湘西地区要抢抓脱贫攻坚政策机遇，加快全面小康社会建设步伐。各市州要牢固树立“一盘棋”思想。比如，洞庭湖生态经济区建设带动的不仅是湖区三市，其他各市州也有机会和空间。又如，长沙是全省发展的领头羊，各市州可以利用长沙的发展平台，加快自身发展。另一方面，在融入国家战略中推动高水平双向开放。立足湖南“一带一部”区位优势，积极抢抓国家实施三大战略的重要机遇，提升我省开放型经济的层次和水平，不断拉长开放型经济短板。实施对接“一带一路”三年行动方案，支持企业“抱团出海”“借船出海”；加快轨道交通、杂交水稻、烟花、瓷器等优势产品，以及文化、中医等服务出口，扩大先进技术设备、关键零部件和能源资源进口；着力提升综合保税区和航空、水运口岸服务功能，拓展国际国内航班航线；做好专业化、产业链和点对点招商。目前，随着现代立体交通体系的加快发展，经济发展正突破时空制约，每个市（州）在参与国家战略实施方面，基本处于同一起跑线，也都各具优势。只要我们坚定信心，把自身优势与投资者需求结合起来，有针对性地做好工作，照样能够引进好的企业和项目。

（六）*在城市规划、建设和管理上着力，加快推进以人为核心的新型城镇化*。这次中央城市工作会议，提出了许多新的理念和要求。比如城市路网，实行小社区、密路网；城市社区，要打开围墙、畅通交通；城市功能要突出核心，比如行政、教育、医疗等；城市是个有机体，海绵城市也是城市安全的重要组成部分。要改革完善城市规划，推动城市规划与主体功能区、经济社会发展、土地利用、基础设施等规划的衔接，编制城乡一体的城镇发展规划。增强城市宜居性，重点加强城市棚户区改造、供水供气管网、垃圾污水处理设施，以及城镇路网、公交站点、公共停车场、地下综合管廊和海绵城市等地上、地下硬件建设，进一步增强城镇综合承载能力。提高城市管理水平，落实城市管理主体责任，改革城市管理体制，推动数字城管向基层延伸，推广城市网格化管理模式，加强市政设施安全监管，健全城市应急救援体系，推进城市智能化、精细化管理。有序推进农业转移人口市民化，促进有能力在城镇稳定就业和生活的农业转移人口举家进城落户，完善教育、医疗等基本公共服务，稳步推进农民工市民化，抓好长沙、株洲、资兴等国家新型城镇化试点。坚持城乡一体发展，推动城镇基础设施和公共服务向农村延伸，改造农村危房20万户以上，建设300个左右美丽乡村。

（七）*在重点区域、重点行业、重点工作上着力，促进形成绿色生产方式和消费方式*。要突出重点区域，抓好“一湖四水”及江湖沿线沿岸地区、四水源头区的保护，继续抓好株洲清水塘、衡阳水口山、郴州三十六湾、娄底锡矿山，以及邵阳龙须塘等重点区域污染整治和生态修复。突出重点行业，开展造纸、焦化、氮肥、印染、制革、农药、电镀等行业专项治理行动，推进电力、钢铁、水泥、有色、平板玻璃等行业脱硫、脱硝、除尘和清洁生产技术改造，对高能耗、高排放行业企业实施整体搬迁，逐步使产业结构由重到轻。突出重点工作，把治山、治水、治矿、治污结合起来，实施省政府“一号重点工程”第二个“三年行动计划”，启动洞庭湖水环境综合整治“五大专项行动”“十大重点工程”，加强农业面源污染和农村环境综合整治，开展裸露山体和矿山复绿行动；推进长株潭两型社会试验区第三阶段改革建设，完善两型社会建设制度体系，带动全省生态文明体制改革创新。与此同时，强化政策支持和引导，规范市场准入，创新环境服务商业模式，进一步发展壮大环保产业。

（八）*在打好脱贫攻坚战上着力，迈出共享发展的坚实步伐*。更加注重对特定人群特殊困难的精准帮扶，增强特定人群及其后代的发展能力。要层层签订责任书、立下军令状，健全金融服务、社会参与、责任考核、建档立卡、贫困对象退出等精准扶贫机制，深入实施群众增收、易地搬迁、素质提升、兜底保障、基础扶贫等“五大工程”，抓好基础设施“六到农家”和公共服务“六个落实”，降低贫困县创业人员小额担保贷款个人微利项目财政贴息的县级配套比重，探索开发式扶贫，确保全年完成110万人以上减贫任务。在增加省级财政预算投入、安排政府债券专项用于易地扶贫搬迁的基础上，加大开放型经济、旅游发展、中小企业发展、企业技术改造与节能创新等专项资金的支持力度，扶持贫困地区的产业和企业发展。把扩大就业摆到突出位置，落实支持劳动密集型产业企业发展的政策措施，重点抓好高校毕业生、进城农民工、城镇困难人员等群体就业工作。继续为民办实事，进一步加大民生投入力度。教育，提高高职和高中生均拨款水平，完善义务教育经费保障机制，确保我省各类教育阶段的生均经费都达到或超过中部地区平均水平；将武陵山、罗霄山片区教育卫生人才津贴政策扩大到片区之外的贫困县，对到贫困地区基层单位就业的高校毕业生给予学费补偿；启动沿西部边境贫困县农村义务教育营养改善计划，所需经费全部由省财政承担。卫生和计划生育，将城乡居民医保财政补助标准从380元／人提高到410元／人，基本公共卫生服务人均补助标准从40元提高到45元，独生子女伤残、死亡家庭补助标准分别由270元／月、340元／月提高到320元／月、390元／月，对贫困地区农村适龄妇女实施免费“两癌”检查。社保，实施机关事业单位和城乡居民养老保险制度改革，推进医保城乡统筹，全面建立居民大病医保制度。救济救助，提高城乡低保指导标准，提高农村五保户、优抚对象等群体补助水平，按照每月50元的标准为低保家庭残疾人发放生活补贴，增加城乡医疗救助、临时救助、道路交通事故等社会救助资金。

今年，全省安全生产形势总体稳定向好。明年，要深入开展“安全监管执法年”活动，推动落实政府、部门和企业的安全生产责任，强力推进烟花爆竹、煤矿和非煤矿山整顿关闭，加强工业园区安全监管，确保全省安全生产形势持续好转。同时，要推进社会治理精细化，加强信访、调解工作，完善社会矛盾排查和调处机制，健全立体化社会治安防控体系，加强食品药品质量安全监管，确保社会大局稳定。

同志们，做好明年的经济工作至关重要。我们要紧密团结在以习近平同志为总书记的党中央周围，在中共湖南省委的领导下，解放思想，开拓创新，扎实工作，全面完成2016年各项改革发展任务！

在省委经济工作会议上的总结讲话

杜家毫

（2015年12月27日）

这次会议开得很好、很有成效。会议认真贯彻党的十八届五中全会和中央经济工作会议、扶贫开发工作会议和城市工作会议精神，总结了今年经济工作，分析了当前面临的形势，明确了明年经济工作的总体要求、主要目标和重点任务。会上，大家进行了认真讨论和深入交流，提出了不少好的意见建议，并参观了长沙的城市建设。刚才，长沙、株洲、常德、衡阳以及邵东、花垣、江华、湘阴等市县做了发言，都讲得很好。下面，我就如何贯彻落实会议精神和抓好岁末年初工作，讲三点意见。

一、关于会议总结

这次会议统一了思想，坚定了信心，明确了目标，达到了预期效果。

一是进一步统一了全省思想。会议在总结回顾过去一年全省经济工作的基础上，着重就贯彻落实中央经济工作会议精神，以及习近平总书记关于新常态“怎么看、怎么干”、坚持中国特色社会主义政治经济学的重大原则等系列重大论述，结合湖南实际做出了全面部署。这是我们掌握发展主动权，实现“十三五”良好开局的重中之重。一定要认识到，习近平总书记强调的“三个必须”“十个更加注重”，是适应引领新常态的指导原则、基本思路和根本遵循；推进供给侧结构性改革，是适应综合国力竞争新形势的主动选择；坚持中国特色社会主义政治经济学的重大原则，坚持解放和发展社会生产力，坚持社会主义市场经济改革方向，使市场在资源配置中起决定性作用，是深化经济体制改革的主线。对此，我们要在今后的实践中进一步深化，使之贯穿于湖南全面建成小康社会的全过程。需要强调的是，每个市县有每个市县的具体情况，每个行业也有各自的特点，而且随着工作的推进，新常态的表现也会相应发生变化，我们要从变化了的发展实际出发，探索实践“五个发展”理念的新路子，实现发展理念、发展思路的与时俱进，不断提高发展质量和水平。特别是我省仍处于发展不足、发展不优、发展不充分阶段，必须从供需两侧同时发力，既要着力加强供给侧结构性改革，培育经济增长新动力，推进发展转型升级；又要立足补短板、强后劲，继续扩大有效投资，迈出适应引领经济新常态的坚实步伐。例如大家提出，产业发展上，选择支柱产业要着眼长远发展，更有前瞻性；产业布局要在错位分工的基础上形成集聚，加强联动、强化分工。投资上，要着重扩大有效投资，抓好传统产业的改造升级、基础设施建设；开放发展上，要做好长江文章，用好黄金水道，推进沿江开发开放；要树立扩大开放意识，发挥“一带一部”优势，做好泛珠三角经济合作的文章。

二是坚定了稳中求进的信心。会议确定的明年全省经济发展预期目标，充分体现了对新常态下发展速度的科学把握和判断，既符合中央关于更加注重提高发展质量和效益的精神，又符合新常态下湖南发展的阶段性特征，是稳中求进、稳健可行的目标，是提振信心、凝聚力量的目标，也是要经过艰苦努力才能实现的目标。我们要立足历年来打下的坚实基础和我省适应新常态所做出的积极探索，保持战略定力，充分调动各方面的积极性和主动性，形成上下联动、同频共振的合力。要进一步增强忧患意识，清醒认识明年经济社会发展面临的经济下行压力大、去产能去库存任务重、实体经济仍不活跃、投资和要素保障乏力、债务金融风险隐患增大、民生保障任务重等困难和问题，坚持精准发力，矢力攻坚，逐个突破。讨论中，大家着重就我省房地产去库存，建议在减税、打通从商品房到保障房的通道、帮助企业修复资金链等方面采取措施。

三是明确了抓住关键点、打好攻坚战的要求。实现明年全省经济社会发展目标任务，必须按照中央要求，战略上坚持稳中求进、把握好节奏和力度，战术上抓住关键点、打好歼灭战，在抓好去产能、去库存、去杠杆、降成本、补短板五大重点任务的同时，结合我省实际采取有针对性的措施，拉长县域经济、非公经济、开放型经济、金融经济等“四块短板”。中央明确的明年五大重点任务，我们要坚决贯彻，同时坚持具体情况具体分析，因地制宜抓好本地的结合点和着力点，在贯彻国家三大战略、落实国家最新出台的一系列改革方案和改革举措、推进产业提质升级、增强创新驱动能力等方面发力，为我省产业发展拓展空间。

二、关于会议精神的落实

各级各部门要迅速组织传达贯彻会议精神，迅速抓好落实。

一要振奋精神。明年是全面建成小康社会决胜阶段的起步之年，推进结构性改革的攻坚之年，也是“十三五”开局之年。我们一定要认清形势，把握大局，始终保持昂扬向上、奋发有为的精神面貌，以最大决心、毅力和勇气，大胆创新，攻坚克难。要解放思想、更新观念，始终坚持问题导向，什么问题突出就着力解决什么问题，哪个环节薄弱就着力加强哪个环节，真正开动脑筋、多想办法，不断破解发展难题。要久久为功、善作善成，以钉钉子精神抓一件成一件，积小胜为大胜，以此带动经济社会发展全局。

二要提前准备。明年的发展目标在省级层面已经明确，各地各部门要认真学习研究，按照总体工作部署和时限要求，紧密联系本部门、本地区实际，对任务、目标、进度进行深入思考和科学分解，抓紧制订有针对性的专项工作方案或行动计划，做到切实可行、稳扎稳打。中央提出的“五大政策”“五大任务”等，都是宏观层面指导全局性工作的，后续还会陆续出台系列政策措施。要密切关注国家政策新动向，未雨绸缪、超前谋划。对已经明确了的重点领域和关键环节改革，要根据中央和省委要求，形成可操作的落实方案，有计划、有步骤地稳步推进，做到有的放矢、成竹在胸。各地在讨论中普遍赞同省委、省政府提出的明年任务，并期望进一步用好专项债和债券置换，盘活和整合专项资金，提高资金使用效益。

三要明确责任。习近平总书记强调，工作能不能落实到位，落实责任是关键。要狠抓责任落实，以责促行、以责问效，抓紧抓实目标任务落实的各个环节，做到全程跟进、全程负责、一抓到底，形成上下贯通、层层负责的责任链条。要强化督促检查，进一步健全督察机制，更好发挥督察在打通关节、疏通堵点、提高质量中的作用，解决执行和落实过程“中梗阻”和“最后一公里”的问题。要突出完善激励、监督、问责等工作制度，完善能定责、可追责的考核机制，确保各项工作有力、有序、有效推动。大家建议，要进一步完善绩效考核指标体系，统筹兼顾好“质”和“量”的关系。

三、关于做好岁末年初工作

当前正值岁末年初，又是“十二五”收官、“十三五”开局的关键节点，各项工作千头万绪、任务繁重。各级各部门要统筹安排，周密部署。

一是抓紧做好岁末扫尾工作。今年只剩下最后几天了，要对照年初目标，坚持实事求是，逐项盘点任务目标完成情况，加强分析和调度，在今年工作关好门的同时，为明年工作开好局创造条件。

二是抓好今冬明春农业生产。大力加强水利建设，着力抓好水毁工程修复，确保抗旱春灌用水需求和明年安全度汛。尽早落实春耕资金投入和生产资料储备，努力做好种子、化肥、农机具等生产资料的调剂、调运和供应工作，确保春季农业生产顺利开展。

三是加强经济运行调度。搞好经济运行监测和调节，加强煤、电、油、气、运、资金等生产要素调度和协调，保障经济平稳健康运行。切实做好蔬菜、粮、油、肉、禽、蛋、奶等生活必需品的供应保障工作，组织好货源、协调好运输、监管好市场，严防问题食品流向餐桌，确保“舌尖上的安全”。

四是安排好困难群众生活。深入基层开展送温暖、献爱心和扶危济困等活动，做好冬汛受灾群众安置和生产自救工作，保障困难群众基本生活。开展好农民工工资支付情况专项检查，严肃查处恶意欠薪案件，帮助解决好农民工工资拖欠问题。加大困难企业帮扶力度，千方百计帮助企业解决实际困难，引导市场行为和社会心理预期，提振企业信心。

五是努力维护社会稳定。安全生产始终在路上。各级各部门各单位要始终把安全放在第一位，针对岁末年初安全生产特点，加强安全生产和城市公共安全隐患排查等工作，以铁的手腕落实各行业领域安全防范措施，坚决防范和遏制重特大事故。要认真贯彻中纪委和省纪委关于元旦、春节期间作风建设的有关通知精神，贯彻落实好中央八项规定和省委九项规定。要加强春运组织协调和春运安保，强化人员密集场所和大型群众性活动安全管控，安排好节日值班，细化应急预案，确保节假日安全。要深入开展矛盾排查化解工作，强化社会面巡逻防控，确保一方平安。

同志们，做好明年全省经济工作，任务艰巨、责任重大，让我们紧密团结在以习近平同志为总书记的党中央周围，按照这次会议的部署和安排，奋发图强、扎实工作，努力实现“十三五”的良好开篇。

重要言论

【徐守盛 杜家毫:主动适应新常态，把义务植树推向深入】 2015年3月12日，省委书记、省人大常委会主任徐守盛，省委副书记、省人民政府省长杜家毫要求全省主动适应新常态，把义务植树推向深入。

春风又绿江南岸，又到一年植树节。自五届全国人大四次会议颁布《关于开展全民义务植树运动的决议》以来，湖湘儿女自觉履行植树义务，推动城乡绿化事业健康发展，成功打造出绿色湖南靓丽名片。到2014年底，全省森林覆盖率达到59.57%，森林蓄积量达到4.84亿立方米。当前，我国正处在"三期叠加"新阶段，经济发展进入新常态，城乡绿化面临新的形势和挑战。全省广大干部群众要认清形势，主动适应新常态，坚持不懈把义务植树推向深入，进一步推进生态建设，不断增强资源环境承载力和生态产品供给能力，建设天更蓝、地更绿、水更清的美好家园。

主动适应新常态，把义务植树推向深入，是经济社会发展与生态环境建设协调推进的必然选择。习近平总书记指出："森林是陆地生态的主体，是国家、民族最大的生态资本，是人类生存的根基，关系生态安全、物种安全、气候安全和生态外交大局。"他在去年4月4日参加首都义务植树活动时明确要求："全国各族人民要一代人接着一代人干下去，坚定不移爱绿植绿护绿，把我国森林资源培育好、保护好、发展好，努力建设美丽中国。"习总书记的讲话，为新常态下的生态环境建设指明了方向。过去一段时间，我国能源资源和生态环境空间相对较大，现在环境承载能力已经达到或接近上限，自然生态环境越来越珍贵，这是我国经济发展的重大变化。主动适应新常态，是时代对我们的新要求。我省"七山一水两分田"，山地丘陵多，森林是自然生态的顶层部分，是维护生态安全最重要的基础设施。近年来，我省经济发展与生态环境改善同步推进，但森林资源总量不足和生态产品供给能力不够的问题依然严重，经济社会发展与生态环境容量有限的矛盾依然突出。全省还有768万亩"裸露山地"须披上绿装，2146万亩岩溶地区石漠化山地水土流失隐患严重，许多林地"远看一片绿，近看树不大"，须从蓄积少的"着衬衣"状态提升到产量多的"穿棉袄"水平，城市绿化须增加森林数量和向立体发展，空气、水、土壤环境质量等方面还困扰着人民的生活。而且，经济越发展，人民生活水平越高，生态需求越大。因此，我们要继续深入开展全民义务植树运动，努力增加森林资源，提高资源环境承载力和生态产品供给能力，满足人民群众对清新空气、清澈水质、清洁环境的殷切期盼。

主动适应新常态，把义务植树推向深入，是全面推进依法治国的明确要求。法律是治国之重器，法治是国家治理体系和治理能力的重要依托。全面推进依法治国，必须做到全民守法。五届全国人大四次会议《关于开展全民义务植树运动的决议》规定，凡是条件具备的地方，年满11岁的公民，除老弱病残者外，因地制宜，每人每年义务植树3至5棵，或者完成相应劳动量的育苗、管护和其他绿化任务。良好生态环境是最公平的公共产品，是最普惠的民生福祉。我们每一个人都在时刻享受着森林提供的生态服务，消耗着生态资源。植树造林，既是每个公民应尽的法律义务，也是每个公民应该承担的社会责任。因此，我们要从遵守法律的高度，从力所能及的植树活动做起，为建设法治国家做出应有贡献。

主动适应新常态，把义务植树推向深入，必须切实加大工作力度。义务植树参与者众、工作面广、规模大、要求高，是一项复杂的系统工程，必须精心谋划，注重科学。要认真贯彻"全国动员，全民动手，全社会办林业，全民搞绿化"的国土绿化方针，通过广泛宣传发动，传播生态文明理念，充分调动全社会参加植树造林的积极性。要认真落实各级领导干部任期造林绿化和森林资源保护责任制，强化各级绿化委员会统一领导，各部门分工负责，全社会广泛参与的国土绿化运行机制。要遵循义务植树属地管理原则，与时俱进创新尽责方式，在坚持公民参加植树劳动的基本形式基础上，推广林木绿地认养认建、古树名木保护、捐资造林等义务植树方式。要搞好工作规划，将义务植树和城乡绿化一体化建设紧密结合起来，与全国绿化模范城市、国家森林城市、国家园林城市创建紧密结合起来，与退耕还林、绿化"裸露山地"、城市绿荫行动等城乡绿化重点工程紧密结合起来，与村庄绿化、社区绿化、通道绿化等身边添绿活动紧密结合起来，构建起城乡融合的森林生态体系。要坚持科学造林，做到适地适树，讲求生态优先，追求林相美观，从严把好造林整地、挖穴规格、种苗选择、苗木质量、苗木栽植和养护等各个环节的技术关，实行精细化管理，做到栽植一株，成活一株。要加强义务植树和城乡绿化成果的保护力度，严格执行《森林法》《环境保护法》等法律法规，坚决制止侵占林地、毁坏林木绿地等行为，积极防范森林火灾和森林病虫害，切实保护好造林绿化的成果。

替河山妆成锦绣，把国土绘成丹青。让我们行动起来，精心植绿，悉心护绿，使绿色铺满三湘大地，引领全面小康。

【省委研究部署融入长江经济带建设等工作】 2015年3月30日下午，省委书记、省人大常委会主任徐守盛在长沙主持召开省委常委会议，审议《湖南省贯彻落实〈国务院关于依托黄金水道推进长江经济带发展的指导意见〉的实施意见(代拟稿)及其分工方案》，学习贯彻全国精神文明建设工作表彰暨学雷锋志愿服务大会精神、第二十三次全国高校党的建设工作会议精神，研究部署相关工作。

省领导杜家毫、陈求发、孙金龙、黄建国、李微微、郭开朗、许又声、韩永文、孙建国、易炼红、张文雄、于来山、何报翔、张剑飞等参加会议。

会议指出，依托黄金水道推进长江经济带发展，是党中央、国务院立足国际国内发展大势、着眼拓展国家区域发展新空间做出的重大战略决策。长江经济带建设是新常态下加快湖南发展的重大战略机遇，随着国务院《指导意见》正式出台以及下一步国家长江经济带规划的出台实施，这一支撑带必将对全国经济格局产生深远影响。我省拥有“一带一部”区位优势，一定要增强大局意识、机遇意识、责任意识和危机意识，主动对接、全面融入，顺势而为、乘势而上，依托长江经济带打造全省发展的“新引擎”。

会议强调，对接融入长江经济带建设是一项系统工程和全局工作，要充分调动和发挥全省各级各方面的积极性和创造性，形成一条心、一股劲、一盘棋的良好工作格局。要找准工作着力点和切入点，下好先手棋、打好主动仗，进一步加强对长江经济带发展战略的学习研究，抓紧编制实施规划，主动加强与国家层面的对接，迅速启动、大力推进一批重大项目，做到精准发力、精准施策。要尽快完善工作机制，建立推进合作机制，共同研究解决矛盾和问题。各牵头单位和责任单位要制定具体落实措施，加强协调配合，定期督促检查，确保各项任务有力有序推进。要有全局视野和系统思维，打破各自为政、“一亩三分地”的传统观念，集全省之智、举全省之力来推动相关工作。要立足全省局面，加强统筹协调，充分整合资源，共同做大做强对外开放平台。不但要立足省内，也要放眼周边，善于借鉴“他山之石”为我所用，切忌坐而论道，不进则退。

会议要求，全省各级各部门把思想和行动统一到习近平总书记重要讲话精神上来，统一到中央关于精神文明建设的部署要求上来，紧紧围绕“四个全面”这一战略布局，进一步找准精神文明建设围绕中心、服务大局的切入点和着力点，不断创新体制机制、内容形式、渠道载体、方式方法，增强工作实效，为全省改革发展稳定大局提供有力思想保证、精神动力和道德支撑。要牢牢抓住培育和践行社会主义核心价值观这个根本，突出党员干部、公众人物和青少年等重点对象，更加注重思想引导、价值引领和道德养成，继续在融入、贯穿、结合上花力气，在落细、落小、落实上下真功夫。要加强家庭、家教、家风建设，尤其是领导干部要带好头、作表率，重视家教，纯正家风，立好家规，重亲情不能徇私情，决不能让权力成为亲情之痛。要始终坚持为民利民惠民这一导向，继续深入推进群众性精神文明创建活动，特别是巩固提升“雷锋家乡学雷锋”这一品牌，积极探索志愿服务长效机制，推动学雷锋志愿服务常态化长效化。

会议指出，在新的历史条件下，高校党的建设不仅直接关系高等教育改革发展稳定，而且对改革开放和现代化建设全局具有深远影响。一定要深刻领会、认真贯彻习近平总书记就加强高校党建工作的重要批示精神，进一步深刻认识高校党建工作的极端重要性和现实紧迫性，准确把握高校党建工作的地位作用、根本遵循和重点任务，更加重视和切实加强高校党建工作。要强化政治意识、责任意识、阵地意识和底线意识，坚持党性原则，强化责任担当，自觉用中国特色社会主义理论体系武装师生头脑，坚定广大师生“三个自信”，牢牢把握社会主义办学方向；要把“立德树人”作为办学的根本宗旨，把培育和践行社会主义核心价值观融入教书育人的全过程，加强和改进高校思想政治工作，努力把大学校园建设成为思想的净土、文明的高地，把当代大学生培养成为党和国家事业的建设者和接班人；要选好配强高校领导班子，加强领导班子思想政治建设和作风建设，夯实高校党建工作基础，充分发挥基层党组织战斗堡垒作用和共产党员先锋模范作用；要进一步加强对高校党建工作的领导和指导，有关部门要切实履行职责，统筹协调，齐抓共管，形成合力。

【省府与中国邮储银行签署战略合作协议】 2015 年 4 月 1 日下午，省政府与中国邮政储蓄银行在长沙签署战略合作框架协议。根据协议，中国邮政储蓄银行在今后 5 年内，将向湖南省提供总额不低于 2000 亿元的信贷投放。省委副书记、省长杜家毫会见中国邮政集团公司总经理、中国邮政储蓄银行董事长李国华，并共同见证签约。

副省长张剑飞、中国邮政储蓄银行行长吕家进参加会见，并分别代表省政府和中国邮政储蓄银行签约。

会见中，杜家毫感谢中国邮政集团公司、中国邮政储蓄银行长期以来给予湖南发展的大力支持。他说，近年来，湖南交通等基础设施日益完善，工程机械、轨道交通、电子信息、文化旅游、汽车、环保等优势产业迅速发展，经济保持良好发展势头。当前，湖南正主动适应新常态，着力放大“一带一部”区位优势，积极参与国家三大战略的实施，发展潜力和空间巨大。

杜家毫说，金融是现代经济的核心和血脉。湖南热忱欢迎为包括中国邮政储蓄银行在内的广大金融机构来湘投资发展。希望中国邮政储蓄银行充分发挥资金雄厚、贴近“三农”、网点众多等优势，不断深化双方在金融信贷特别是农村金融、电子商务、现代物流等领域的合作，实现互利共赢。

李国华表示，中国邮政储蓄银行将把湖南作为重要战略合作省份和业务发展的重点支持区域，在资源配置、综合服务、金融创新等方面予以优先支持，更好地服务湖南经济社会发展。

根据合作协议，中国邮政储蓄银行今后 5 年内，将向我省各类经济实体、重点项目、民生与“三农”、中小微企业等，提供不低于 2000 亿元的信贷投放。省政府将从产业、政策、机制等方面营造良好发展环境和政银合作环境。

签约仪式上，中国邮政储蓄银行湖南省分行还分别与省农委、长沙轨道交通集团签署了战略合作框架协议，今后 5 年内分别提供总额不低于 500 亿元、200 亿元的融资授信，以更好地支持我省现代农业和轨道交通发展。

【2015 移动互联网岳麓峰会举行】 2015 年 4 月 3 日，2015 移动互联网岳麓峰会在长沙开幕。国家互联网信息办公室副主任彭波、湖南省人民政府副省长黄兰香出席并讲话。IDG 资本创始合伙人熊晓鸽、58 信息技术有限公司 CEO 姚劲波、科大讯飞高级副总裁胡郁等多位业界大佬，就移动互联网产业发展的现状以及未来，进行了精彩的主题演讲。

移动互联网技术不是对 PC 互联网技术的延伸或补充，而是一个颠覆。IDG 资本创始合伙人熊晓鸽认为，这方面，显然 80 后、90 后的年轻人更熟悉，IDG 资本将持续投资这些年轻人，希望湖南未来也能出现淘宝一样的大公司。

58 信息技术有限公司 CEO 姚劲波说，过去互联网跟传统产业是平行、并列的，但移动互联网已经渗透到生活，也给了很多传统产业颠覆的机会。这个颠覆有可能是一个新品牌的崛起，一个新平台的崛起，一项全新的服务。而58同城进入第10年，也借助移动互联网的力量，发展速度不减反增。

“移动互联网对机器人更高智能的要求，一方面语音技术逐步成熟了，机器可以开口说话，可以听懂我们的话。另一方面，可以通过触目来用移动终端设备进行交互，只是看看，人机便能交流。这些技术将帮助更多移动互联网产业开辟新的应用领域。”科大讯飞高级副总裁胡郁说。

据了解，去年我省形成了移动互联网产业发展的第一波高潮。今年，我省移动互联网产业发展的总体目标是要实现100%以上的增长。长沙高新区已经成为产业发展的聚集区，一年来新落户了600余家移动互联网企业。今年，我省将继续执行已制定的支持和扶持政策，进一步营造产业发展的良好氛围。目前，我省已经向国家工信部提出申请，要把湖南建设成为信息畅通的示范点，将进一步提高4G、Wifi的覆盖，提高网速，为产业发展提供更优质的基础条件。同时，我省将重点争取在移动互联网+文化，+旅游，+城市管理，+新农村建设等多个领域取得新的突破。

【徐守盛提出:建设好长株潭国家自主创新示范区，引领带动大众创业万众创新】 2015年4月2日至3日，省委书记、省人大常委会主任徐守盛来到长沙、株洲、湘潭三市，深入高新技术企业、研发中心和创新平台考察，召开企业代表座谈会、科技创新工作座谈会。徐守盛强调，要主动适应新常态，牢牢牵住科技创新这个“牛鼻子”，以长株潭国家自主创新示范区为引领，带动全省全面落实创新驱动发展战略，激活大众创业、万众创新热潮。

长株潭地区是我省科技创新的高地，集聚了全省60%以上的高新技术企业，这些企业在科技创新中发挥了主力军作用。徐守盛此行实地考察了10余家高新技术企业。蓝思科技10余年来专注全球高端智能手机、平板电脑等产品主机配套零部件制造，技术达到国际先进水平，成功登陆创业板；长沙创芯集成电路有限公司研发团队中的核心骨干均具有20年以上的从业经验；长沙华时捷环保科技公司的首席专家放弃德国高薪回湘发展……这几家企业通过积极引进国内外先进人才，大大增强了研发实力。徐守盛说，没有人才，科技创新就是空中楼阁，企业要大力培养、用好和吸引人才，真正成为集聚创新人才的高地。中兴通讯投资20亿元在长沙建设研发中心，其子公司中兴软件从事云计算、云存储等高新技术开发；迅达科技集团不断加大投入，家厨产品已覆盖太阳能、沼气、生物质等新能源领域……徐守盛希望企业在研发投入上要学会算账，只有今天的大量投入，才有明天的丰厚回报，政府也要积极作为，进一步加大财政科研经费投入。

“创新的重点在企业、关键在企业、希望在企业。”徐守盛希望全省广大企业加大科技创新力度，真正成为技术创新决策、研发投入、集聚人才、科研组织、成果转化的主体，为实施创新驱动发展战略、加快建设创新型湖南做出新的更大贡献；要求全省各级党委、政府积极作为，切实为企业开展科技创新提供良好环境。在4月3日下午召开的科技创新工作座谈会上，徐守盛详细听取了省科技厅和长株潭三市负责人，部分高校、科研院所、科技企业和专家的意见建议。

徐守盛分析了我省经济发展进入新常态后面临的新情况、新问题，他指出，去年以来，我省经济下行压力比较大，但高新技术产业和科技创新成果却保持快速增长，移动互联网产业更实现“井喷式”增长。可以预见，在新常态下，谁能在推进科技创新、创新驱动发展上先行一步，谁就能在实现新发展中胜出一筹。国家授予我们“长株潭国家自主创新示范区”这块牌子，是一份沉甸甸的责任，是一项重大而艰巨的使命。徐守盛用“新平台、新载体、新高地、新引擎”来概括示范区的含金量，要求擦光擦亮这块“金字招牌”，以此为引领，奋力把长株潭和全省科技创新提升到一个新的水平。

徐守盛强调，要牢牢抓住科技投入这个关键，着力整合盘活存量资金，着力推动科技与金融深度融合，着力加强资金的管理和使用。要牢牢抓住协同创新这个重点，推进产学研结合，处理好政府和市场、企业的关系；推进开放创新与合作，主动融入全球研发创新体系，长株潭三市要始终坚持“一盘棋”思想，牢固树立“共同体”概念，实现差异化、特色化、联动型发展；推进科技体制机制创新。要牢牢抓住创新人才培养使用这个核心，大力培育、引进创新人才，创新人才引进机制和方式方法，不求所有、但求所用，不求所在、但求所为，通过“星期天工程师”“假日专家”等模式，吸引国内专家、海外智力等高层次人才来长株潭开展科技研发、技术创新和项目合作；大力优化人才发展环境，真正做到本省人才留得住、引进人才留得下。要牢牢抓住科技成果转化这个要害，面向市场开展科技创新，完善科技成果转化机制和环境，大力发展高新技术产业，让科技成果适应市场需求，做到能转化、能利用、能形成生产力。要牢牢抓住政策支持这个保障，不折不扣贯彻落实好国家的大政策，积极学习借鉴外省的好政策，结合实际研究制定新政策。

【杜家毫：靠智慧拼环境硬作风，创造性地开展工作破解难题】 2015年4月7日，省政府召开工作会议，总结2015年以来全省经济形势，分析当前存在的主要困难和问题，部署下阶段工作。省委副书记、省长杜家毫强调，要准确把握经济新常态下的运行特征，认真寻找和发掘新常态中蕴含的发展机遇，创造性地开展工作破解难题，确保完成全年各项目标任务。杜家毫指出，2015年以来，全省主要经济指标增速基本符合年初预期，投资缓中有快，消费稳中趋旺，进出口快速增长，工业转型初见成效，去年省委省政府出台关于支持产业发展、深化相关改革、促进消费和出口、帮扶企业等系列政策措施陆续实施到位。同时也要清醒看到，我省当前及今后一段时期仍面临内需增长动力不强、企业经济困难、财政收入增速趋缓等突出问题，必须积极稳妥加以解决。

杜家毫就做好下阶段工作提出5点要求：一要主动参与“一带一路”、长江经济带、京津冀协同发展等国家“三大战略”，努力在对接和服务战略实施中获得更大发展机遇。认清产业发展这一“结合点”，推动我省特色优势产业通过“一带一路”等战略，积极参与全球产业分工。在有针对性地引资、引技、引才的同时，促进省内先进产能、技术和产品向外拓展。借助基础设施的改善和现代物流业的发展，引导各市州突破时空制约参与国家战略和我省国家级平台建设，促进四大板块协调发展。二要加快产业转型升级，着力培育新的经济增长点。在推动信息化中培育移动互联网、节能环保等新兴产业，找到新兴产业与本地传统产业的结合点。在对接“中国制造 2025”中改造传统产业，推进湖南制造向湖南创造、湖南产品向湖南品牌提升。全面启动长株潭国家自主创新示范区建设，加快推进创新创业园区“135”工程，大力实施精准化扶持措施，在优化政府服务中支持大众创业、万众创新。三要全面深化改革，激发经济社会发展活力。以简政放权为核心，以实施“三清单一目录”制度为重点，进一步深化行政审批、商事制度、国企国资、自主创新示范区建设等各项改革，不断增强市场活力。以财税体制改革为抓手，协调推进投融资、农村金融等改革，解决好发展中的资金难题。从林业、生态补偿、户籍制度、教育医疗等改革中捕捉产业发展、民生改善的机遇。四要把改善民生与稳增长紧密结合起来，为稳增长增添动力。落实好就业、社保、救济等各项民生政策，不断增强消费拉动力，进一步提高公共产品投资带动力，不断适应人民群众日益增长的信息、文化和度假休闲等消费需要。五要积极对接国家稳增长政策。认真梳理对接国家在民生、交通、农业、信息和电力、油气网络等领域启动实施的一批重大工程项目，努力形成更多的投资实物量。密切关注国家政策动向，确保国家政策一出台，湖南就能拿出对接落实的方案和措施。

杜家毫强调，要认真抓好当前各项工作，迅速采取有力有效措施，精心组织农业生产，全力做好防汛抗旱和救灾工作，继续加强民生保障，持之以恒抓好安全生产，不断强化经济运行监测，确保各项工作按进度保质保量完成。

杜家毫说，在新常态下，靠的是智慧，拼的是环境，硬的是作风，要进一步转变观念、振奋精神、提高能力、踏实工作。要认识到，不踩政策边线、不打擦边球、不拼资源，坚持科学决策，坚持按法律、按制度、按程序办事，营造公开公正的环境，照样能实现更好、更持续的发展。要时刻保持积极、向上、乐观的精神状态，勇于担当、有所作为，做到对发展前景有信心、对推进工作有把握、对克服困难有办法。要加强学习研究，不断把学习成果转化为谋划发展的思路、促进工作的措施、破解难题的本领，不断提高领导现代经济发展的能力。

【杜家毫：把握新常态下的新机遇，以新作为开创商务工作新局面】 2015 年 5 月 4 日，省委副书记、省长杜家毫来到省商务厅，调研全省商务工作和开放型经济发展情况。他强调，要主动认识适应引领新常态，牢牢把握国家“一带一路”战略等新一轮发展的重大机遇，进一步精准发力、精准施策，以新的作为奋力开创全省商务工作新局面。2015 年一季度，全省商务和开放型经济保持快速发展势头，主要指标均高于全国平均水平，其中，进出口完成 69.7 亿美元，同比增长 38%，增幅位居全国第一。

座谈会上，杜家毫充分肯定近年来全省商务和开放型经济取得的成绩和广大干部职工为全省经济社会发展所做的大量开创性工作。他说，当前，湖南与全国一样，正处在新常态下增速换挡、方式转型、结构调整、动力转换的关键时期，问题和挑战很多，但机遇大于挑战。全省商务系统广大干部职工要结合省情实际，加强学习调研，进一步分析研判经济运行和产业发展的新趋势，心往一处想，劲往一处使，在新一轮“引进来”和“走出去”中，实现更大作为，更好地服务全省稳增长、调结构。

一要抢抓国家重大战略部署的机遇，积极主动对接“一带一路”战略。抓紧制定出台我省对接“一带一路”战略行动计划，大力推动工程机械、新型住宅、有色冶炼、现代农业等特色优势产业加快“走出去”，促进省内先进产能、技术和产品向外拓展，积极参与全球产业分工。同时，做好“引进来”文章，把引资与引技、引才结合起来，有针对性地引进我省亟须的新技术、新模式。

二要构建和完善开放平台，有力促进开放型经济发展。充分发挥“一带一部”区位优势，大力推进长株潭城市群两型社会综合配套改革试验区、洞庭湖生态经济区、长株潭国家自主创新示范区、湘江新区等国家级发展平台建设，加快各类园区、口岸、出口加工区、综合保税区等开放平台建设进度，着力搭建金融、人才、技术等合作平台，不断提升开放型经济发展水平。

三要深入研究新形势下招商引资要求，有针对性地采取措施。坚决摒除过去拼土地、拼政策的老路，积极引导各地转变招商引资的理念、思路和方式、方法，切实改变过去表面热闹、没有实质内容的招商模式，依托广大湘商回乡创业热情不断高涨的有利条件，大力推进创新创业园区发展“135”工程，多开展“点对点、小分队、产业链”招商、精准招商，着力营造良好营商环境，降低营商成本，促进大众创业、万众创新。

四要运用互联网思维，不断提升做好商务工作的能力和水平。大力实施“互联网 +”行动计划，依托大数据资源不断培育新技术、新产品、新业态、新模式，以及教育文化、健康养老、休闲旅游、信息服务、绿色环保等新兴消费热点，促进线上与线下良性互动，实体经济与虚拟经济同步发展。

【杜家毫在第九届中博会上作主旨演讲】 2015 年 5 月 18 日，第九届中国中部投资贸易博览会开幕式暨主旨论坛在湖北武汉国际博览中心举行。省委副书记、省长杜家毫在开幕式上作主旨演讲。

杜家毫建议中部各省抢抓新机遇，推动新合作，促进中部制造业转型升级。他说，当前，进入经济发展新常态，中部合作面临新机遇，中部各省要按照习近平总书记对中部地区的战略定位，充分发挥东部沿海地区和中西部地区过渡带、长江开放经济带和沿海开放经济带结合部的区位优势，积极抢抓国家实施系列重大战略的机遇，主动实施“中国制造 2025”行动计划，加强省际磋商、强化协调联动，加快促进中部制造业转型发展。

杜家毫分析，随着国家三大战略加快推进，“中国制造 2025”和“互联网 +”行动计划的实施，从区域协调合作、开放促进开发、产业提质升级等方面，为中部制造业的发展带来重大利好，也提出新的要求。建议中部各省积极对接和落实国家战略，充分利用长三角、珠三角、京津冀、成渝经济区对中部地区形成的有力辐射，从发展规划、政策配套、要素保障、工作机制等层面，把国家赋予中部地区的战略机遇具体化，吸纳优质要素、拓展外部发展空间，推动中部制造业加快发展、创新发展。要围绕建设粮食生产基地、能源原材料基地、现代装备制造及高技术产业基地和综合交通运输枢纽，以各类试验区、经济区、示范区为载体，发挥中部地区人才和科教资源丰富的优势，推进中部制造业开放合作、差异发展，努力形成可复制、可借鉴的发展模式。要强化平台和技术支撑，加强武汉东湖、长株潭国家自主创新示范区等创新平台的对接合作，围绕制造业转型升级的核心领域和关键环节，引导区域内高校、科研院所、企业共建产学研平台和产业技术创新联盟，共同承担重大技术攻关项目；加强市场准入、技术标准、资格认证、行政执法等方面的合作，推动中部通关协作，建立中部制造业"抱团取暖"、协同发展的合作机制，共同开拓市场，共同防范风险。

杜家毫说，中部地区的交通运输设备、工程机械、农机装备、汽车及零部件、冶金矿山设备、电子信息、航空航天等产业，既有技术上的优势，也有"走出去"的内在需求。建议按照"中国制造2025"行动计划的要求，围绕"创新驱动、智能转型、强化基础、绿色发展"，以信息化与工业化深度融合为主线，以推行数字化、网络化、智能化制造为重点，在提升设计能力、完善创新体系、提高产品质量、推行绿色制造、培育优势产业和企业等方面加强合作，为实现中国制造向中国创造、中国速度向中国质量、中国产品向中国品牌转变，做出中部地区应有贡献。

【杜家毫：以大开放带动大转变大提升大发展】 2015年5月25日，省委副书记、省长杜家毫主持召开省发展开放型经济领导小组工作会议。他强调，要认真学习贯彻习近平总书记关于开放型经济发展的重要讲话和党中央、国务院《关于构建开放型经济新体制的若干意见》精神，充分认识经济新常态对开放型经济发展提出的新要求，扎实做好招商引资、顶层设计等各项工作，以大开放带动大转变、大提升、大发展。

杜家毫充分肯定了我省抓开放、抓外贸、抓口岸等工作取得的成绩，同时指出当前开放型经济发展有基础、有优势、有差距，也有潜力。要认真学习习近平总书记重要讲话和《意见》精神，将其作为我省推进开放型经济发展的指导思想和行动指南，坚持问题导向，落实工作责任、完善工作机制、创新工作方法，不断开创开放发展新局面。

"经济新常态对开放型经济发展提出的新要求，就是要从开放格局、开放战略、开放理念以及促进开放的方式方法等方面，进行一次大调整、大更新、大跨越。"杜家毫强调，要主动适应国家开放战略的新要求，积极主动对接国家三大战略，在新一轮开放发展中抢占先机。要主动适应工作思路和方式方法的新要求，坚持按照国际惯例和市场规则，按照法律、制度和程序办事，营造公开公平公正可预期的发展环境。要主动适应开放带动的新要求，既以开放促发展，通过扩大开放拉动投资增长、促进产业发展;又以开放促改革，倒逼行政审批制度和政府职能转变改革，推动商事、投融资、财税等各项改革不断深化。

杜家毫强调，加大招商引资力度，推动大众创业、万众创新，培育更多的市场主体和优势产业，仍然是湖南加快发展、改善民生的有效途径。要以钉钉子精神抓好招商引资，一锤接着一锤敲、钉牢一颗再钉一颗，既要有韧劲、也要有狠劲，不达目的绝不罢手。要精准发力提高招商实效，有针对性地做好点对点招商、产业链招商和标准化厂房建设、生产设施配套等工作，有效推进招商项目落地，不断提高招商项目的开工率、资金到位率、合同履约率。要根据每个企业和项目的具体需求，提供"点菜式"、点对点的个性化服务，帮助企业解决实际问题。

杜家毫要求，要结合"十三五"规划编制，做好今后一个时期开放型经济发展的顶层设计。坚持以规划引导思路转变、统揽项目建设、整合要素资源，合理设定开放型经济发展的目标和指标体系;突出优势引领，搞清楚自己的优势在哪里、特色是什么，本着有利于发挥比较优势的原则编制规划;立足现有承载能力和产业基础，提前谋划好"十三五"相关项目，支持各地园区特别是特色园区和核心企业加快发展，有的放矢地开展招商引资。

【杜家毫召开省市（州）长工作调度视频会议分析当前经济形势】 2015年7月7日，省委副书记、省长杜家毫通过省市(州)长工作调度视频系统，与14个市州的市（州）长一道分析讨论当前经济形势，研究部署下阶段工作。他强调，要及时研判经济形势，努力保持定力，抓好动力，用好权力，精准发力，珍惜民力，缓解压力，统筹做好稳增长、调结构、促改革、惠民生各项工作，确保完成全年目标任务。2015年5月，省政府常务会议与相关部门订立"君子协定"，要求在每月5日前初步掌握上月经济运行相关指标数据，以便及时决策。而通过省市(州)长工作调度视频系统及时召集各市（州）长分析当月经济形势，将使决策更有针对性和时效性。

视频会上，杜家毫拿着省统计局最新出炉的统计快报，向各位市（州）长通报了全省主要经济数据指标相关情况。他说，2015年前6月，全省经济运行保持在合理区间，主要经济指标稳中趋好。从初步掌握的数据看，全省经济呈现规模工业增速止跌回升、一般预算收入当月增幅加大、固定资产投资和社会消费品零售总额保持平稳、工业用电量和客货周转量等其他相关指标趋好、就业形势总体稳定等有利态势，要进一步坚定信心，奋发有为，确保全省经济保持平稳健康发展。

"进入经济发展新常态，有些地方的干部和部分市场投资者，还存在一些观望和迷茫情绪，感到作为的空间有限，创新发展没有抓手，转型发展没有动力。"结合最近调研和座谈的情况，杜家毫还列举了当前存在的各地发展不平衡、产业分化趋势明显、基层工作和财政征收压力加大、税收质量不高等问题，勉励大家既要看到机遇，也要看到挑战，善于危中求机、化危为机，努力形成稳增长、调结构、促改革、惠民生齐头并进的良好局面。一要保持定力。要看到当前全省经济总体平稳，物价总体稳定，城镇化加快推进，多点支撑的产业格局逐步形成，经济回旋的空间仍然很大，进一步保持定力、坚定信心，更加积极主动应对当前较大的下行压力，有力有效做好各项工作。二要抓好动力。加快推进国企国资、农业农村、行政管理体制、财税体制、投融资体制等各项改革，向改革要动力。三要用好权力。既要清醒认识反腐败、抓作风决不会影响经济发展，又要让权力在阳光下运行，让公共资源交易更加公开、公平、公正，让优秀企业有更多施展空间。四要精准发力。以问题为导向，以短板为重点，善于抓住主要矛盾和矛盾的主要方面，该出狠手时狠狠出手，持之以恒、久久为功。五要珍惜民力。坚持按经济规律办事，注重投入产出比，统筹好当前和长远、全局和局部、需要和可能之间的平衡，把有限财力、物力用到刀刃上，坚决杜绝形象工程、政绩工程。六要缓解压力。抓早、抓实、抓细安全生产和社会维稳等工作，始终把人民生命安全和社会大局稳定摆在首要位置。

【杜家毫：以实干实业实绩推动经济持续健康发展】 2015年7月10日，省政府召开工作会议，分析研究上半年经济形势，部署下半年工作。省委副书记、省长杜家毫强调，要坚定信心、保持定力，狠抓政策执行和落实，以实干、实业、实绩推动全省经济持续健康发展，确保完成全年目标任务。杜家毫指出，2015年以来，湖南主要经济指标保持稳定增长，产业分化调整趋势加快，发展活力进一步增强，稳增长重点工作有序推进，社会民生事业稳步发展，作风建设取得明显成效，经济继续在合理区间运行，趋势整体向好，基本实现时间过半、任务过半。但仍要清醒看到并努力破解经济运行中存在的困难和问题，更加注重提高投资效益，更加注重扶持重点产业和企业，更加注重开拓市场，更加注重防范化解政府债务、金融等风险。

杜家毫强调，要按照中央和省委决策部署，坚持既定的总体思路，继续有力有效开展工作，全力以赴完成全年目标任务。一要全面深化改革开放。着力抓好简政放权、国企国资、投融资体制、财税体制、农业农村、社会领域等一批重点改革措施的实施。主动适应国家实施三大战略的新形势，有针对性地做好“走出去”与“引进来”两篇文章。二要抓好一批重大项目。跟踪国家政策动向，提前谋划对接，力争一批项目进入国家“十三五”规划笼子。重点抓好国家11大工程包中涉及我省的19个专项、69个具体工程，大力推进“511”重大投资计划；继续抓好省政府“一号重点工程”，“两房两棚”“两供两治”项目，三个“百千万”工程，交通、水利、能源、信息“四张网”，创新创业园区“135”工程；加快推进首批40个制造强省重点项目。逐个摸排项目进度、资金等情况，强化考核，完善“一月一调度、一季一讲评、半年一督查”机制。三要认真抓好“三农”工作。做好早稻收购、中稻田间培管、晚稻种植和生猪养殖等重点工作，及早谋划部署秋冬农业生产。把“百企千社万户”“百片千园万名”工程的实施，与调动农民生产积极性、促进工商资本进入现代农业领域结合起来，着力培育一批龙头企业、合作社、种养大户和产业园区。推进农田水利建设资金整合试点，完善农企利益联结机制，支持农民工返乡创业。突出抓好当前防汛抗旱各项工作。四要牢牢兜住民生底线。进一步提高精准扶贫工作水平，加大民生实事项目的工作力度，统筹做好就业工作，落实企业退休人员基本养老金、城乡居民基础养老金和基本医保财政补助提标等系列政策，完善社会救济救助体系，确保低收入群众基本生活。五要科学谋划“十三五”发展。加强42个省级专项重点规划与省总体规划、国家专项规划和相关专项规划的衔接，总结我省“十二五”时期的好经验、好做法，增强规划的连续性和稳定性。

杜家毫强调，要以“三严三实”专题教育为抓手，把作风建设与稳增长结合起来，进一步增强稳增长的主动性和创造性。要坚定信心、保持定力，充分认识我省仍处于重要机遇期的宏观环境没有变、经济平稳较快增长的基本面没有变，以及和谐稳定的发展环境没有变，牢牢扭住经济建设这个中心不动摇，不懈怠、不松劲、不退缩，确保减速不失势、调整不休整。要找准抓手、精准发力，善于从纷繁复杂的形势中找准关键问题、抓住主要矛盾，有的放矢、对症下药，真正把心思和精力放在破解实际困难和问题上，由点及面、扬长避短抓好本地发展。要转变观念、提升能力，讲规矩、讲程序，珍惜民力、用好权力，坚决不搞脱离实际的形象工程、政绩工程，善于算大账、细账、长远账，提高财政资金使用效益。要狠抓落实、凝心聚力，赋予基层更多权限，更加关心爱护广大基层干部；加强现有政策督促落实，充分发掘政策的含金量；扎实做好安全生产、防汛抗旱、信访维稳等工作，全力维护社会和谐稳定。

【徐守盛就落实《中国制造2025》与专家企业家代表座谈】 2015年7月22日，省委书记、省人大常委会主任徐守盛与19位经济专家、制造业领域行家和企业家面对面座谈，就进一步谋划推动《中国制造2025》的“湖南行动”听取意见建议。徐守盛强调，要牢牢抓住新一轮制造业转型升级的重大历史机遇，坚持问题导向、精准施策，着力推动湖南制造由大变强。“实施《中国制造2025》，既是湖南的优势潜力所在，更是非常难得、不可丧失的重大机遇。”制造业是一个国家和地区经济社会发展水平的重要标志，实施《中国制造2025》、加快建设制造强国，是党中央、国务院做出的重大战略决策。湖南必须抢抓历史机遇，下大力推动制造业结构向中高端迈进，做大做强、做专做精，不断提升面向未来的核心竞争力。

徐守盛指出，“湖南是制造业大省，但不是制造业强省，与发达国家和先进地区相比还存在不少差距。”徐守盛强调，必须坚持问题导向，综合施策、精准发力，抓重点、攻难点、补短板，着力推动湖南制造由大变强。要坚持优化结构，推动由粗放发展向集约发展转变，加快调整制造业结构，优化产业空间布局，推动全省制造业提质增效。坚持创新驱动，推动由“制造”向“智造”转变，坚持一手抓先进制造业、一手抓传统产业提质改造，促进制造业数字化、网络化、智能化；采取“工业化+信息化”，“互联网+制造业”，“制造业+生产性服务业”，“制造业+低碳技术”等模式和方法，做好融合、结合文章。坚持质量为先，推动由产品竞争向品牌竞争转变，强化企业质量主体责任，加强质量技术攻关、自主品牌培育和营销模式创新，增强标准制定的话语权，实现由“跟随者”向“引领者”转变。坚持开放合作，推动由单一市场向多元经营转变，既立足自我发展、掌握关键核心技术，又要树立国际视野，加强开放合作，在“走出去”中强筋健骨、做大做强。坚持以人为本，推动由人口红利向人才红利的转变，加快建设一支素质优良、结构合理的制造业人才队伍。

徐守盛强调，要把握大势、遵循规律、真抓实干，着力推动《中国制造2025》落细、落小、落实。要处理好顶层设计与落实落地的关系，抓紧做好我省建设制造强省的顶层设计和专项规划；处理好市场主导与政府引导的关系，一方面发挥企业在投入、研发、运用等方面的主体作用，另一方面政府要转变职能、简政放权，完善相关支持政策；处理好整体推进与重点突破的关系，坚持“有所为，有所不为”，在突出对接国家确定重点发展的十大产业的同时，注重凸显我省工程机械、节能环保装备等产业比较优势，培育一批核心竞争力强的企业集团；处理好立足当前与着眼长远的关系，从省情实际出发，稳扎稳打，不盲目跃进，加快对重化工业等传统产业提质改造，让老树发新芽。

“功成不必在我。希望各方广泛参与、共同努力，持之以恒抓好建设制造强省这项长期系统工程。”徐守盛说。

【徐守盛就“十三五”规划编制与专家企业家座谈】
2015 年 7 月 23 日，省委书记、省人大常委会主任徐守盛邀请省内外部分专家、企业家座谈，就我省“十三五”规划编制工作听取意见建议。徐守盛要求，吃透中央精神，把准发展大势，紧贴湖南实际，突出规划重点，高标准、高质量、高要求编制好“十三五”规划。座谈会上，隆国强、熊晓鸽、夏杰长、顾强、史育龙、安晖、刘茂松、柳思维、朱翔、詹纯新、龚曙光等 11 位专家和企业家各抒己见，从对接国家战略、打造开放高地、推进新型城镇化、发展资本市场、实施创新驱动、壮大文化产业等方面建言献策。“规划编制要最大限度汇聚民智民力，让老百姓有更多获得感。”徐守盛认真听取大家的意见建议，要求有关部门认真梳理、深入研究、充分吸收。他表示，湖南编制“十三五”规划，还将以座谈会、咨询会、评审会、上门走访等多种形式听取专家意见。“期望大家继续关心关注湖南发展，多给湖南出谋划策，多为湖南发展鼓与呼。”

徐守盛指出，做好“十三五”规划编制工作，谋划湖南未来发展，要吃透中央精神，学深悟透中央提出的新思想、新论断、新要求、新举措，以“四个全面”为总揽，以党的十八大提出的目标任务为重要战略指向和根本原则，不折不扣贯彻落实好中央的政策举措；要系统总结、全面评估“十二五”规划实施情况，深入研究、科学分析“十三五”时期经济社会发展环境，深刻把握国内国际大势、湖南发展的阶段性特征以及面临的新挑战新机遇。

徐守盛强调，编制好我省的“十三五”规划，要始终突出发展第一要务，坚持以经济建设为中心，实施转型发展、统筹发展、可持续发展战略，着力解决制约经济持续健康发展的重大问题，推动经济总量、均量、质量上台阶；要突出改革动力支持，着力破解制约经济社会发展的体制机制障碍，使市场在资源配置中起决定性作用和更好发挥政府作用；要突出创新驱动发展，统筹推动科技、产业、企业、市场、产品、业态和管理创新，形成以创新为主要引领和支撑的经济体系和发展模式；要突出民生改善提升，坚持公平共享、包容发展，使发展成果更多更公平更实在地惠及全省人民；要突出扶贫开发攻坚，完善政策举措，健全工作机制，深入推进精准识贫、精准扶贫、精准脱贫；要突出法治基础保障，全面建设法治湖南，重点加强法治经济和法治社会建设。

“要努力把‘十三五’规划编制成一个科学发展的规划、深化改革的规划、创新发展的规划、改善民生的规划、扶贫攻坚的规划、法治建设的规划。”徐守盛要求按照科学决策、民主决策、依法决策的要求，把规划质量摆在突出位置，注重科学性、可行性，广泛开展调查研究，充分听取各方意见建议；注重指导性、针对性，坚持问题导向，做到站位高、定位准；注重战略性、预见性，树立国际视野、前瞻思维，使规划经得起历史检验。

【徐守盛：让人民群众在信息化建设中有更多获得感】
2015 年 7 月 29 日，省委书记、省人大常委会主任徐守盛来到省通信管理局调研，主持召开信息化建设基础工作座谈会。他强调，要深入贯彻落实习近平总书记就网络安全和信息化工作提出的一系列新思想新论断新要求，紧密结合省情实际，抢抓发展机遇，坚持以改革创新为动力，扎实抓好信息化建设重点工作，让人民群众有更多获得感。

徐守盛指出，信息化是适应和引领发展新常态的重要引擎，是改善民生的重要内容，是构筑国家安全铜墙铁壁的重要基石，要把握新形势，抢抓新机遇，紧紧扭住深化改革和创新驱动两大关键，遵循“四化同步”发展规律，科学谋划好我省信息化和通信行业“十三五”发展规划，进一步理顺优化管理体制和工作机制，加强通信信息基础设施保护地方立法，不断优化信息通信基础设施建设环境，积极探索完善政策支持体系，突出重点、攻坚克难，加强分类指导，扎实做好我省信息化建设重点工作。

徐守盛强调，要补齐信息基础设施短板，像抓交通基础设施一样抓好信息基础设施建设，认真贯彻落实“宽带中国”战略，全面提高网络覆盖能力、惠民普及规模、宽带接入水平和应用水平，缩小城乡数字鸿沟；着眼提高国际互联网带宽和流量转接能力，加快建设通达国际出入口的互联网国际通道；扎实推进信息基础设施共建共享，加快全省范围内的“三网融合”工程建设，全力保障 4G 网络建设进度，促进信息基础设施资源整合共享；坚持规划先行、规范标准、强化约束，坚持满足现实需求与技术适度超前相结合，不搞“一窝蜂”“盲目上”，有效避免重复建设。

徐守盛强调，要下大力做大做强信息产业，大力实施“互联网 +”行动计划，推动“互联网 +”在各产业领域和全流程广泛运用、深度融合；积极推进信息技术自主创新，在核心信息技术研发和应用上加强协同攻关，力争取得新突破；培育发展大数据产业，加紧筹建全省大数据中心和产业聚集区，发挥国家超级计算长沙中心的云计算功能，推动大数据集聚、存储、分析、应用和管理；有关主管部门要加强行业指导和政策扶持，积极探索设立互联网投资基金，加强项目孵化，推动促进信息产业发展。要加大改革规范力度，电信企业要进一步完善电信普遍服务，降低运营成本，不断提升服务质量；省通信管理局要切实发挥管行业、管市场、管平台的职能作用，积极推动电信行业改革，有序放开电信市场，促进市场公平竞争。

徐守盛强调，要筑牢网络安全堤坝，切实落实网络安全责任。各有关单位要按照职责分工“守好自己的门、站好自己的岗”，要整合资源力量，互通有无、各方联动，打好“组合拳”“协同战”，形成“一盘棋”。要着力加强网络安全防护能力建设，抓紧制定各项法规制度，切实保障我省网络信息安全。

【杜家毫要求长沙国际会展中心建设建成中部会展高地】 2015年7月30日，省委副书记、省长杜家毫来到长沙高铁新城片区，实地调研长沙国际会展中心项目建设。他强调，要加快会展中心建设，及早谋划、建立符合我省实际的运营管理机制和人才队伍，把我省区位、产业等优势和国内外资源更好地结合起来，着力打造国际知名会展品牌，努力把长沙建成中部会展高地。

杜家毫说，当前，长沙国际会展中心项目按照省委、省政府既定规划定位、发展目标，正稳步向前推进。要再接再厉，一以贯之，在项目实施过程中既要注重规模、形象，更要注重适度、节约，不贪大求全、标新立异，但求物尽其用，实现功能利用最大化；既要注重主体建设，又要注重完善交通、餐饮、住宿等配套设施，不断提升承载能力和服务水平；既要注重场馆建设，更要注重后续管理运营，确保会展中心建设好、管理好、运营好，真正发挥效应。

杜家毫说，会展经济是现代服务业的重要组成部分。随着我国经济实力的不断提升，地处中部经济腹地的湖南，将迎来会展经济发展的黄金机遇期。当前，与中部其他兄弟省份比，我省会展经济发展还有一定差距，但差距就是潜力，也是实现后发赶超、后来居上的动力，要认真借鉴和汲取国内外经验教训，在加快项目建设的同时，更加重视运营管理，切实加强与国内、国际知名会展企业交流合作，引进先进管理和服务理念，及早谋划、建立符合我省实际的运营管理机制和专业人才队伍，尽快着手招商招展工作，尽早明确相关展会日期，倒逼项目建设提速。要充分发挥湖南区位优势和产业特点，找准会展产业发展的市场定位，积极争取国家级、世界级会展品牌在湘落户，大力引进、扶持培育矿物宝石、工程机械、环保、新型住宅等一批湖南优势产业展会，着力打造国际一流会展品牌。省政府将在土地、资金、政策等方面大力支持长沙国际会展中心项目建设和运营，加快把长沙建设成为中部地区的会展高地，引领带动全省现代服务业发展。

【徐守盛：举全省之力 坚决打赢新一轮扶贫开发攻坚战】 2015年8月3日，湖南省委深入学习习近平总书记关于扶贫开发工作系列重要讲话精神培训班在省委党校开班。省委书记、省人大常委会主任徐守盛作开班动员和专题辅导报告。他强调，要以习近平总书记关于扶贫开发工作系列重要讲话精神为指导，认真贯彻落实省委十届十三次全体（扩大）会议精神，举全省之力、集全民之智，坚决打赢新一轮扶贫开发攻坚战。省委副书记、省长杜家毫主持开班式。

“习近平总书记的重要论述，深刻阐述了新形势下我国扶贫开发的重大理论和实践问题，形成了新时期扶贫开发的战略思想，为我们进一步做好扶贫开发工作提供了行动指南、强大武器和重要遵循。”辅导报告中，徐守盛与学员们分享了自己学习习近平总书记重要论述的心得体会，指出消除贫困是社会主义的本质要求，推进扶贫开发是实现全面建成小康社会目标的迫切需要，是新常态下稳增长、促发展的内在要求，是践行“三严三实”的重要检验。他要求学员们学深悟透，切实以讲话精神统一思想行动，进一步增强扶贫攻坚的责任感、使命感和紧迫感。

“扶贫开发工作已进入啃硬骨头、攻坚拔寨的冲刺期!”徐守盛详细回顾过去30余年的扶贫开发历程和实践，深刻分析当前扶贫开发面临的形势和任务、挑战和机遇。他指出，湖南扶贫开发已站上了新的历史起点，已探索出一条体现中国特色、具有湖南特点的扶贫开发路子，但脱贫任务依然繁重、发展基础依然薄弱、公共服务依然滞后、贫困群体增收压力依然较大，扶贫开发仍是一项长期、复杂、艰巨的任务。

“当前，党中央、国务院把扶贫开发提到战略全局高度来谋划、部署和推进，扶贫开发面临前所未有的历史机遇。”徐守盛要求，进一步坚定向贫困宣战的信心和决心，全力抓好省委十届十三次全体（扩大）会议精神的贯彻落实，坚决打赢新一轮扶贫开发攻坚战。要充分发挥人民群众的主体作用，坚决破除“等靠要”、“虚报冒领”、互相攀比等思想和行为，激发贫困地区人民群众穷则思变的斗志，充分调动他们的积极性和创造性，把帮扶与被帮扶变成“双人舞”，而不是“独角戏”，更不是大包大揽。要着力在“三个精准”上下功夫，分类识贫，把底子摸清楚，找准贫困户头、人头、原因，精准识别“扶真贫”；分项扶贫，把帮扶措施定清楚，真正做到精准滴灌、精准帮扶；分步脱贫，把账算清楚，做到时间倒逼、任务倒排。要用好改革创新这个关键一招，创新金融扶贫、财政专项扶贫资金分配和管理机制、脱贫激励机制，探索建立贫困退出机制，通过改革的办法、创新的手段不断寻求突破。要更加注重统筹兼顾，紧扣“扶贫”二字，坚持扶贫开发与区域发展相结合，注重整体推进，把扶贫规划、城镇化规划、综合交通规划和特色产业规划统筹起来，与“十三五”各项规划有机融合、有效对接；坚持“输血”与“造血”相结合，既要摘“穷帽”，更要“拔穷根”；坚持扶贫开发与生态建设相结合，积极探索乡村旅游扶贫、绿色扶贫，绝不以牺牲生态环境为代价换取一时的脱贫致富；坚持重点倾斜与兼顾平衡相结合，避免引起攀比。要坚持一切从实际出发，正确引导扶贫预期，既尽力而为，又量力而行。

徐守盛强调，要加强组织领导，强化保障支撑，凝聚扶贫攻坚的强大合力。各级特别是贫困地区党政一把手是扶贫开发工作的第一责任人，各部门要切实履行部分扶贫的特殊责任，突出县乡一级的主体主抓责任，以“硬杠杠”“硬指标”确保扶贫责任落实。要凝聚各方合力，加强结对、定点帮扶力度，长株潭地区要加大对贫困连片地区的帮扶力度，积极发挥统一战线的作用、国有企业的优势，广泛吸引各类社会组织和公民个人参与扶贫开发，培育多元扶贫主体。要加强资金保障和整合，打好政策“组合拳”，推动各类资源要素向贫困地区和贫困对象集聚；抓紧出台《湖南省农村扶贫开发条例》，推动扶贫开发步入法制化、规范化、制度化轨道；建设一支懂扶贫、通民情、接地气、善实干的扶贫队伍，把干部在扶贫开发工作中的实绩作为选拔使用的重要依据。要加强基层组织建设，抓好乡镇党委书记、村党组织书记、农村致富带头人“三支队伍”，努力建设一支“永不撤走”的工作队；驻村工作队要牢记重托，做到贫困村不摘帽、贫困户不脱贫，工作队不撤出。

【徐守盛：再鼓劲再发力再提速，奋力实现“四个新作

为"】 2015年8月7日，徐守盛来到长沙调研，实地感受长沙新貌，寄语长沙再鼓劲、再发力、再提速，在提升城市品质、发挥引领带动作用、提高宜居宜业水平、提振干部队伍精气神上实现新作为。徐守盛一行跨越大半个长沙，先后来到开福区、芙蓉区、雨花区、岳麓区，重点调研市场迁建、旧城改造、拆违控违、棚户区改造、重大基础设施建设、湘江新区建设等情况。

2015年3月，长沙启动"史上最大规模拆违控违行动"，拆出了一片清新靓丽。自北往南，徐守盛一路感受拆违控违带来的喜人变化：金霞开发区内，过去杂乱的仓库不见踪影，集电商、商业、仓储物流于一体的高岭国际商贸城拔地而起；浏阳河畔，曾经围而未建的城市"伤疤"，如今已种上乔木，铺上草皮，岸线清爽秀丽；高铁新城里，在建的磁悬浮工程穿城而过，密布的违建仓库拆除后只剩下满地砖瓦，不久将被绿地取代；在"城中村"朝正垸和火炬村，拆违改造如火如荼，文化产业园、体育公园、绿地、学校即将兴建……

徐守盛一路走一路看，要求加强顶层设计，注重巩固成果，防止一边拆一边建，坚决杜绝城市顽瘴痼疾反复出现；既依法依规，又有情操作，把群众路线、人文关怀贯彻拆违工作始终，把工作做细做实，努力让老百姓安居乐业。

湘江两岸，一批重大基础设施建设加快建设，带动城市日新月异。万家丽路快速化改造高架主线已完工，10月即将建成通车；湘江新区综合交通枢纽工程全面封顶，运营后将实现地铁、公交、长短途客运的无缝对接；岳麓山下，绿地湖湘中心加快建设，打造湘江西岸商业新地标。徐守盛考察后要求，加快重大项目建设进度，确保质量和安全，进一步完善城市规划，提升城市品位。

"长沙城市规划建设管理又向前迈进了一大步。"在听取长沙市汇报后，徐守盛充分肯定2015年以来长沙各项工作取得的成绩，指出长沙作为省会城市的综合实力、核心竞争力、整体形象正在加速彰显。

徐守盛要求，抓好"面子"和"里子"两大工程，在提升城市品质上实现新作为。既注重"显绩"，又注重"潜绩"，以"功成不必在我"的勇气和决心，直面城市建设管理中存在的问题，做到利长远、打基础、惠子孙。要抓好"面子"工程，坚决根治祛除城市中的各种违章建筑、棚户区、低水平仓储设施、围而未建地块等"城市斑点"，把拆违控违与规划设计、功能布局、土地利用、基础设施建设、新型城镇化建设等工作结合起来，做到拆除一片、搬迁一片、改造一片、提升一片，充分发挥拆违控违的综合效益，为扩投资、稳增长提供动力。要精心规划建设，突出山水洲城的自然生态特色、人文独特的历史文化特色、设计科学的现代城市特色，努力打造一批城市建设新亮点，着力把湘江两岸打造成与上海黄浦江两岸相媲美的经典之作。要抓好"里子"建设，统筹规划建设地下综合管廊，用好地下空间资源，提高城市综合承载能力，加强海绵城市建设。

徐守盛要求，抓好重大平台规划建设，在发挥引领带动作用上实现新作为。抢抓重大机遇，认真梳理、统筹规划两型社会建设试验区、国家自主创新示范区、湘江新区、国家新型城镇化试点等国家级发展平台，切实增强省会意识、头羊意识，始终坚持"一盘棋"思想，加快重大平台建设进度，带头干、领着干、示范干，引领带动全省发展。

徐守盛要求，抓好城市管理服务，在提高宜居宜业水平上实现新作为。更新城市管理理念，坚持人本理念，贯彻精细理念，把工作精细到街头巷尾、到居民楼栋、到千家万户；创新工作方式方法，注重运用法治思维和法治方式解决城市管理中的各种问题，不断提升城市管理的数字化、信息化水平；建强城市管理队伍，重点建设一支精通城市的现代型复合型领导干部队伍、一支高素质的城市管理人才和专业技术队伍。

徐守盛要求，抓好"三严三实"专题教育，在提振干部队伍精气神上实现新作为。以专题教育为载体和契机，大力发扬"严""实"精神和作风，继续保持敢闯敢试、攻坚克难的精神劲头，不断提升发展经济的能力、改革创新的能力、依法办事的能力、化解矛盾的能力、带领群众的能力，争当改革的促进派、发展的实干家、稳定的维护者。

【徐守盛主持省委常委会议审议《新兴产业发展基金管理办法（试行）》】 2015年9月25日，省委书记、省人大常委会主任徐守盛主持召开省委常委会议，审议《湖南省新兴产业发展基金管理办法(试行)》。据了解，国家层面和部分省市已探索运用政策性投资引导基金支持产业发展的路径，我省2010年就开始了创业投资引导基金的试点。今天审议的《管理办法》，主要内容包括产业基金的管理、运作，子基金的设立及运作，产业基金的退出和监督等。

会议指出，设立政策性基金符合市场经济原则和国家改革方向，是政府搭建投融资平台，吸引社会资本共同支持产业发展的重要手段。省委、省政府决定通过盘活财政存量资金和统筹现有产业专项资金筹建新兴产业发展基金，是适应引领新常态、转变财政投入方式、深化财税体制改革、促进稳增长转方式调结构的重大举措。

会议强调，要明确产业基金设立运作的预期目标，实现资金的"可放大、可循环、可评估，能精准投向、精准支持"。坚持"政府引导、市场运作、科学决策、防范风险、强化监管"的原则，正确处理好政府与市场、政府资金与社会资金、政策性与资本逐利性之间的关系，采取市场化的运作，充分发挥财政资金"四两拨千斤"的杠杆作用和放大效应。要选准项目，关键把项目的选择、包装等前期工作做充分、做到位，确保可持续。要明确职责，划清政府和市场的界限，明确各部门在基金设立运作中的职能职责，完善运作机制，规范运作流程，做到有人管事、按章办事，不缺位、不越位、不错位。要强化风险研判、风险防控和风险救助措施，不断完善在项目筛选能力、投资策略限制、后续管理、绩效评估、基金退出等方面的配备措施，确保基金资金实现预期收益和良性循环。

【杜家毫：加快打造全省"双创"动力"策源地"】 2015年11月4日，全省创新创业园区"135"工程建设现场推进会在湘西土家族苗族自治州召开。省委副书记、省长杜家毫强调，深入贯彻落实党的十八届五中全会精神，把创新创业园区"135"工程与精准招商、转型升级、创新创业、扶贫开发、"三严三实"专题教育结合起来，打造全省"双创"动力的"策源地"，促进县域经济更好更快发展，加快全面小康建设步伐。

杜家毫指出，创新创业园区“135”工程的实施，拉动了投资增长，促进了创业就业，推动了转型升级，有力带动了全省稳增长各项工作。当务之急、关键之举是要加快引进创新能力强、成长性好的企业，把已建成的标准厂房有效利用起来，进一步促进企业加快聚集、要素加快集中、项目加快投产，不断做大做强县域经济，为建成全面小康奠定坚实基础。

杜家毫强调，推进下阶段创新创业园区“135”工程建设，要抓好“五个结合”。一要与精准招商相结合。发扬“拼命三郎”精神招商引资，以“钉钉子”精神抓好项目的跟踪、落地和服务，加大企业和项目入驻力度，真正想企业所想、急企业所急，努力营造公开公平公正、亲商安商富商的良好环境。二要与转型升级相结合。通过创新创业园区“135”工程实施，促进土地连片开发、设施共建共享、污染集中整治、服务统筹协作，推动园区、产业和企业发展上水平。高起点谋划一批传统产业改造升级、资源精深加工、新兴产业和新业态培育发展项目，扶持就业容量大、市场前景广的劳动密集型企业发展，把标准厂房建设成为以园区主导产业为核心、上下游延伸拓展的产业集聚发展平台，推动产业发展向中高端水平迈进。三要与创新创业相结合。整合各级支持大众创业、万众创新的政策、资金和项目，鼓励高校、科研机构、园区及企业共建共享设备、资源和信息，让创新创业园区“135”工程成为全省“双创”的动力“策源地”。打好湘情牌、亲情牌，引老乡、回故乡、建家乡，鼓励湘籍在外人士带资金、带技术、带项目、带市场回乡创业。四要与扶贫开发相结合。认真贯彻落实习近平总书记“四个切实”“六个精准”的扶贫工作要求，促进有资源、有市场、有比较优势的产业加快发展，实现“输血式”救济扶贫向“造血式”产业扶贫转变。五要与“三严三实”专题教育相结合。树立正确的工作导向、用人导向，通过督促检查和工作落实，引导各级干部实实在在谋事、创业、做人。

杜家毫强调，各级各有关部门要进一步明确建设主体责任，加快项目前期工作，加强统筹协调，确保全面完成创新创业园区“135”工程各项建设任务。

【徐守盛：狠抓结构性改革 培育发展新动能】 2015年12月15日，省委书记、省人大常委会主任徐守盛主持召开省委常委扩大会议，分析研判明年我省经济发展面临的形势、主要目标和工作举措。徐守盛强调，要认真贯彻落实党的十八届五中全会和省委十届十五次全体（扩大）会议精神，狠抓结构性改革，培育发展新动能，着力转型升级，加强民生保障，注重底线思维，强化动力、改革、政策和作风保障，推动经济平稳健康发展。省委副书记、省长杜家毫讲话。

徐守盛指出，同全国一样，我省经济发展长期向好的基本面没有变，经济韧性好、潜力足、回旋空间大的基本特质没有变，经济持续增长的良好支撑基础和条件没有变，经济结构调整优化的前进态势没有变。要始终把发展作为第一要务，主要经济指标既要充分体现中央对新常态下发展速度的科学把握和判断，又要紧密结合湖南发展阶段性特征，与中央的部署和要求相衔接，与我省“十三五”规划目标相匹配，与保持中高速增长规律相符合。

徐守盛围绕习近平总书记在中央政治局会议上关于2016年经济工作的重要讲话精神，强调指出，做好明年经济工作，必须全面贯彻落实党的十八大、十八届三中、四中、五中全会精神，加强和改善党对经济工作的领导，牢固树立和贯彻落实创新、协调、绿色、开放、共享的发展理念，主动适应经济发展新常态，坚持稳中求进总基调，坚持改革开放，实施“一带一部”战略，促进“三量齐升”，推进“五化同步”，狠抓结构性改革，培育发展新动能，着力转型升级，加强民生保障，推动经济平稳健康发展和社会和谐稳定。

徐守盛强调，实现明年各项经济发展指标，必须强化各方面的保障措施。要强化动力保障，把结构性改革放在更加突出位置，坚持从供需两端发力，以创新供给带动需求扩展，以扩大需求倒逼供给升级。要强化改革保障，聚焦全面建成小康社会新要求、聚焦培育增长新动能、聚焦构建发展新体制，科学谋划明年各项改革工作，抓好一批标志性、引领性的重点改革任务，对改革责任全程跟进、全程负责、一抓到底，强化督察督导。要强化政策保障，进一步加大政策落实力度，用足用好用活各项政策，提前对接中央新出台的系列政策，吃透弄懂、精准实施。要强化作风保障，切实加大治庸治懒治散力度，坚决纠正、严肃处理各种“为官不为”行为，大力发扬“实干”精神，把明年各项工作任务不折不扣落到实处。

徐守盛要求，高度重视城市工作，认识、尊重、顺应城市发展规律。重点围绕推进农民工市民化、增强城市宜居性、改革完善城市规划、提高城市管理水平、严格城市安全监管等重大问题进行深入研究，扎实做好我省城市工作，加快推进新型城镇化。

徐守盛强调，各级各部门要按照年初确定的目标任务，集中精力、全力以赴抓好当前各项工作，精简会议、提高效率，把急事、大事、要事、老百姓关心的事往前排、往前推，取得实实在在的成效，为“十二五”画上圆满句号，为“十三五”顺利开局奠定坚实基础。

杜家毫指出，谋划明年经济工作，必须认真贯彻落实“五个发展”新理念和习近平总书记系列重要讲话精神，探索新常态下的发展新路子。一方面，要用新的发展理念打破思维定势、工作惯性和路径依赖，使发展理念更深化、思想更统一，从而找准落实“五个发展”的着力点和突破口。另一方面，要跳出湖南看湖南，把湖南的发展放到整个中部地区乃至全国大局中去审视和谋划，在促进湖南发展与全局发展相结合中，实现工作思路的新拓展、发展路径的新突破。

要切实强化问题导向，逐一破解发展难题，迈出发展新步伐；始终保持战略定力，培育和放大比较优势，实现新的突破。要紧紧抓住动力培育、转型升级这个关键，在供给侧和需求侧同时发力，力争实现创新发展新突破；紧紧抓住核心带动、以城带乡这个重点，力争构建协调发展新格局；紧紧抓住重点区域、重点行业、重点工作，力争开创绿色发展新局面；紧紧抓住对接和服务国家战略这个重大机遇，把“引进来”和“走出去”更紧密地结合起来，力争拓展开放发展新空间；紧紧抓住脱贫攻坚这个第一民生，把工作、力量、资金、政策、资源聚焦于脱贫攻坚主战场，以此带动各项民生事业的发展，力争迈出共享发展新步伐。

【湘闽两省举行行政首长会晤 杜家毫于伟国出席】 2015年12月10日，借助泛珠三角区域合作行政首长联席会议召开的契机，湘闽两省在福州市举行行政首长会晤，共商合作发展，达成广泛共识。省委副书记、省长杜家毫出席并讲话。

杜家毫说，福建地处改革开放前沿，是海上“丝绸之路”的重要起点。近年来，依托泛珠平台，湘闽两省经贸文化交流日益频繁，两省企业间合作进一步密切，广大在湘闽商为湖南经济社会发展做出了积极贡献。当前，两省面临“一带一路”、长江经济带建设等难得发展机遇，希望双方立足良好合作基础，面向“十三五”进一步拓宽合作领域，提升合作层次，共同为实现中华民族伟大复兴的“中国梦”做贡献。希望双方依托生态文明先行示范区、自由贸易区、海西经济区，以及长株潭两型社会试验区、国家自主创新示范区、洞庭湖生态经济区等重大国家级战略平台，在生态建设、自主创新、产业转型升级、开放型经济发展等领域相互学习、互帮互促，进一步加强海关、商检合作，促进湖南优势产品借道福建“走出去”；加快厦蓉高速公路建设，共同推进渝长厦快速铁路建设，畅通“一带一路”交通走廊；依托两省秀丽的山水风光，丰富的红色旅游资源，共同打造中央苏区红色旅游圈，推进精品旅游线路建设；支持两地商会建设，促进两省企业相互开展投资合作。

【杜家毫：坚持“五个发展”新理念，不断提高认识适应引领新常态的能力和水平】 2015年12月12日，省委副书记、省长杜家毫主持召开省政府专题会议，分析2015年经济形势，研究明年工作思路。他强调，深入贯彻落实党的十八届五中全会和习近平总书记系列重要讲话精神，以“五个发展”新理念引领未来发展，不断提高认识适应引领新常态的能力和水平，努力保持稳中有进、稳中向好态势。

杜家毫强调，2015年以来，在党中央、国务院和省委坚强领导下，各级各部门扎实工作，全省经济社会发展继续保持稳中求进、稳中向好态势，交出了一份合格成绩单。做好明年工作，要深入贯彻落实党的十八届五中全会和习近平总书记系列重要讲话精神，按照省委决策部署，始终坚持“五个发展”新理念,进一步深化思想认识，增强行动自觉，不断提高认识适应引领新常态的能力和水平。始终坚持发展第一要务，努力拉长补齐县域经济、非公经济、开放型经济、金融经济等“四块短板”，保持稳中有进、稳中向好态势；坚持质、量并举，突出农业品牌建设；主动对接“一带一路”战略，落实“中国制造2025”行动计划，在稳步发展工程机械、有色冶炼等传统优势产业的同时，大力发展电子信息、生物医药、文化旅游等新兴产业。始终坚持改革开放，把中央和省委各项改革措施落实到位，不断增强发展动力和活力；充分发挥“一带一部”区位优势，拿出“拼命三郎”精神招商引资；不断完善和发挥长株潭两型社会试验区、国家自主创新示范区、洞庭湖生态经济区等国家级平台，各类园区、口岸、出口加工区、综合保税区等开放平台，以及金融、人才、技术等合作平台的功能作用。始终坚持经济社会协调发展，在抓好经济建设的同时，强化社会保障，抓好教育、文化、科技、卫生等社会事业发展；毫不松懈抓好安全生产，着力防范金融、政府债务等风险，切实维护社会大局和谐稳定；切实担负起脱贫攻坚的政治责任，众志成城夺取脱贫攻坚战的全面胜利，确保如期全面建成小康社会。

杜家毫强调，当前我省与全国一样，仍处在大有可为的重要战略机遇期。越是经济下行，越要坚定信心，保持清醒头脑，积极主动作为，找到加快发展的“关键一招”。要认真学习贯彻即将召开的中央和省委经济工作会议精神，科学制定明年经济发展各项指标，更加注重创新驱动、更加注重三次产业协调发展、更加注重发展质量和效益提升、更加注重生态建设和环境保护，更加注重就业稳定，努力实现“十三五”良好开局。

【徐守盛 杜家毫要求：贯彻中央经济工作、城市工作会议精神，增强对新常态的认识】 2015年12月22日，湖南省委召开会议，传达学习中央经济工作会议、中央城市工作会议精神。省委书记、省人大常委会主任徐守盛，省委副书记、省长杜家毫分别传达习近平总书记、李克强总理的重要讲话精神。徐守盛强调，要深入学习领会会议精神，始终坚持以经济建设为中心，切实增强对新常态的认识、把握、适应和引领，把推动结构性改革作为明年经济工作的重中之重，努力推动经济持续健康发展。

徐守盛要求，深入学习领会中央会议精神，把思想统一到中央精神上来，把行动统一到中央决策部署上来。这次中央经济工作会议和城市工作会议，是党的十八届五中全会之后召开的全国性重要会议。习近平总书记和李克强总理的重要讲话，全面分析了当前国际国内经济形势，深刻阐述了如何更好地适应、把握、引领经济发展新常态，明确提出了明年经济工作的总体要求、主要目标、重大原则、重点任务，并对做好今后一个时期的城市工作做出了全面部署。习近平总书记的重要讲话，提出了一系列新思想、新观点、新理念、新论断，深入分析了新常态怎么看、怎么干，要求从“十个更加注重”来实现工作重点转变，深刻阐释了结构性改革，要求把更多精力放在供给侧，实施宏观、产业、微观、改革、社会五大政策支柱，精准提出了打好歼灭战的战术思路，着力抓好去产能、去库存、去杠杆、降成本、补短板五大重点任务。这些重大研判和论断，既是思想指引，又是工作要求，对我们坚定信心、凝聚力量、明确方向、把握重点，科学研判国内外经济形势，统筹抓好当前乃至今后一个时期的经济工作、城市工作，有着十分重要的战略指导意义。

徐守盛指出，明年是全面建成小康社会决胜阶段的开局之年，也是推进结构性改革的攻坚之年。要以中央会议精神为根本遵循，统筹谋划好明年工作。要始终坚持以经济建设为中心，努力保持经济中高速增长、推动产业迈向中高端水平。要将推动结构性改革作为明年全省工作的重中之重，在扩大总需求的同时，着力深化供给侧结构性改革，提高供给体系质量和效率，提高投资有效性，加快培育新的发展动能。要更加注重保障和改善民生，以为民办实事为抓手，以扩大就业和脱贫攻坚为重点，统筹做好各项重点民生工作，努力保障群众基本生活，保障基本公共服务，坚决守住民生和社会稳定底线。要以中央城市工作会议精神为指引做好新时期城市工作，把城市作为扩大内需和改善民生的重要战场，将城市打造成为经济稳定增长的动力源、群众幸福生活的新家园。要充分调动各个方面的积极性，发挥基层首创精神、鼓励地方先行先试，深入推进“双创”，抓好企业减负工作，下大气力帮扶微观经济主体，最大限度激发各类市场主体动力、活力和潜力。

徐守盛强调，各级各部门要进一步强化责任感、紧迫感，全力以赴抓好当前工作。当前正值岁末年初，各项工作头绪繁多，任务繁重，时间紧迫。要集中精力、统筹安排，全力推进当前各项工作，确保2015年圆满收官。要抓紧对2015年经济工作来一次大盘点，认真做好各项扫尾和总结工作，抢抓当前有利时机，在确保安全和质量的前提下加快项目建设，尽快形成新的实物量。要认真做好“两节”期间的民生工作，组织开展各种形式、扎实有效的扶贫帮困活动，妥善安排好困难群众、受灾群众的基本生活。要高度重视安全生产、信访和社会稳定工作，层层落实责任，一刻都不能放松。要进一步严格党内政治生活，紧盯元旦、春节这两个重要节点，加大正风肃纪力度，坚决反“四风”、改作风，营造风清气正的节日氛围。

【徐守盛 杜家毫要求：全面贯彻“四个全面”战略布局，坚决落实中央各项决策部署】 2015年12月26日至27日，省委经济工作会议在长沙召开，全面贯彻落实中央经济工作会议和中央城市工作会议精神，深入学习习近平总书记关于经济工作的系列重要讲话精神，总结2015年、部署明年经济工作。省委书记、省人大常委会主任徐守盛，省委副书记、省长杜家毫在会上发表讲话。

会议指出，2015年是“十二五”收官之年，全省上下坚持以党的十八大和十八届三中、四中、五中全会精神为指导，以习近平总书记系列重要讲话精神为遵循，全面贯彻“四个全面”战略布局，坚决落实中央各项决策部署，把稳增长摆在更加突出的位置，主动认识适应引领经济发展新常态，着力促进“三量齐升”、推进“五化同步”，推动经济社会发展迈上新的台阶。全省经济保持中高速增长，深化改革有力有序，结构调整不断深化，民生福祉持续改善，取得的成绩值得充分肯定、倍加珍惜。同时，由于多方面因素影响和国内外条件变化，经济发展仍面临着下行压力持续加大、传统增长动力减弱、风险隐患增多等困难和问题，必须高度重视、盯住不放，积极应对、有效化解。

会议提出，明年全省经济工作的总体要求是：全面贯彻落实党的十八大、十八届三中、四中、五中全会和中央经济工作会议精神，加强和改善党对经济工作的领导，按照“五位一体”总体布局和“四个全面”战略布局的要求，牢固树立和贯彻落实创新、协调、绿色、开放、共享的发展理念，落实中央关于宏观政策要稳、产业政策要准、微观政策要活、改革政策要实、社会政策要托底的总体思路，主动适应经济发展新常态，坚持稳中求进总基调，坚持改革开放，坚持稳增长、调结构、惠民生、防风险，实施“一带一部”战略，促进“三量齐升”，推进“五化同步”，狠抓结构性改革，着力转型升级，培育发展新动能，注重精细化内涵式发展，加强民生保障，保持经济运行在合理区间，努力实现经济社会持续健康平稳发展，为全面建成小康社会、建设富饶美丽幸福新湖南开好局、起好步。

徐守盛指出，明年是全面建成小康社会决胜阶段的第一年，是“十三五”开局之年，也是全面推进结构性改革的攻坚之年。他着重分析了当前经济形势和我省经济发展的韧性、潜力和回旋余地，指出尽管明年经济结构性改革任务繁重，但跟全国一样，我省经济发展长期向好的基本面没有变，区域性特征凸显和发展潜力优势没有变，经济持续增长的良好支撑基础和条件没有变，经济结构调整优化的前进态势没有变，我们完全有信心、有能力、有条件在湖南把中央提出的稳中求进总基调进一步落地落实。

徐守盛强调，做好明年经济工作，实现预期发展目标，必须牢牢把握认识新常态、适应新常态、引领新常态这个大逻辑，提高思想自觉，增强行动自觉，在推动经济发展上，着力更高质量更高水平更可持续发展；在稳定经济增长上，着力从供需两端发力，加强供给侧结构性改革；在加强政策引导上，着力引导市场行为和扶持实体经济；在调整产业结构上，着力培育新的增长动力，化解过剩产能，提升经济发展科技含量；在推进城镇化上，着力以人为本，产城融合，推动更多人口融入城镇；在促进区域发展上，着力点、极、带协调联动，人口经济和资源环境空间均衡；在保护生态环境上，着力加快两型社会综合试点，促进形成绿色生产方式和消费方式；在保障改善民生上，着力精准实效，加大对特定人群特殊困难的帮扶力度；在优化资源配置上，着力推进改革，真正使市场在资源配置中起决定性作用；在扩大对外开放上，着力优进优出，推进高水平双向开放。

徐守盛要求，抓住关键点、打好歼灭战，推动经济持续健康发展。要大力推进供给侧结构性改革，提高有效供给能力。做好“减法”“除法”，减少对正常经济活动的行政干预，减轻企业负担，实实在在扶持实体经济，化解过剩产能；做好“加法”“乘法”，按照高端化、智能化、绿色化、服务化的方向，加快产业结构优化升级，大力推进大众创业、万众创新，提高劳动力、土地、资金、技术全要素生产率。要加强需求侧管理，充分挖掘释放内需潜力。进一步发挥投资的关键作用，发挥重点领域投资的带动作用、民间投资的主力作用、政府投资的引导作用，补齐软、硬基础设施短板，加快“最后一公里”水电气路、新一代信息基础设施等建设；进一步增强消费的基础作用，积极培育新的消费热点，发展新的消费模式。要深化改革开放，进一步增强经济发展动力活力。突出供给侧结构性改革，抓住牵一发动全身的关键环节，推出一批具有重大牵引作用的改革举措，抓好改革落地落实；深入推进金融体制改革，拉长金融“短板”；以开放倒逼改革，努力将我省打造成为内陆开放新高地。要推动绿色发展，促进形成绿色生产方式和消费方式。推进长株潭两型社会试验区第三阶段建设，继续实施湘江流域综合保护和治理工程，大力发展节能绿色环保产业。要抓好统筹协调，优化城乡区域格局。做好城市工作，着力提高城市发展持续性、宜居性，加快农民工市民化，深化住房制度改革；深化农村改革，调整农业结构，加快建设美丽宜居乡村；加快“四大板块”协调发展，加快建设“一核三极四带多点”，形成核心引领、板块联动、极带互动、多点支撑的竞相发展新格局。要着力保障改善民生，不断提高人民生活水平和质量。统筹做好各项重点民生工作，特别是就业、养老保险、扶贫三项工作，把基本民生保住，把底线兜住。

徐守盛强调，要坚持中国特色社会主义政治经济学，不断提高领导经济社会发展的能力和水平。自觉认识适应引领新常态，始终坚持市场方向谋改革、一心一意抓发展，努力实现经济中高速增长。充分调动党员干部干事创业的积极性、基层一线建设发展的积极性、市场主体投资兴业的积极性，形成全省上下心往一处想、劲往一处使、汗往一处流的干事创业合力。与时俱进更新改进领导经济工作的观念、体制、方式方法，努力解决“不会为”“不善为”的问题。

杜家毫强调，要认真贯彻习近平总书记关于新常态“三个必须”“十个更加注重”，以及坚持中国特色社会主义政治经济学的重大原则等系列论述，从不断变化的发展实际出发，积极探索实践“五个发展”理念的新路子，实现发展理念、发展思路与时俱进，在抓好去产能、去库存、去杠杆、降成本、补短板等五大重点任务的同时采取有针对性的措施，拉长我省经济发展的“四块短板”。

杜家毫强调，保持定力、精准发力，确保“十三五”发展开好局、起好步。要在对接“中国制造2025”上着力，启动实施制造强省五年行动计划，坚持传统产业改造与新兴产业培育“两手抓”，促进制造业发展与现代服务业发展相结合，不断提高创新驱动发展水平。要在供需两侧着力，更加注重供给侧结构性改革，加强交通、能源、水利、信息“四张网”等基础设施建设，不断增强经济发展原动力。要在品质提升和建设上着力，继续推进三个“百千万”工程，持续夯实农业发展基础，深入推进农业结构调整，加快转变农村发展方式。要在落实改革政策上着力，加大关键环节改革力度，提高政策的精准度、时效性，狠抓执行落实，充分调动各方面的积极性、主动性和创造性。要在抢抓国家战略机遇上着力，促进省内四大区域协调发展，在融入国家三大战略中推动高水平双向开放，不断拓展发展新空间。要在城市规划、建设和管理上着力，推动城市规划“五规合一”，完善城市核心功能，继续大力推进“两房两棚”“两供两治”建设，加快推进以人为核心的新型城镇化。要在重点区域、重点行业、重点工作上着力，抓好“一湖四水”流域保护与治理，推进长株潭两型社会试验区第三阶段改革建设，促进形成绿色生产方式和消费方式。要在打好脱贫攻坚战上着力，继续实施群众增收、易地搬迁等“五大工程”，抓好基础设施“六到农家”和公共服务“六个落实”；促进农民工就地就近就业，继续为民办实事，进一步加大民生投入力度，迈出共享发展的坚实步伐。

杜家毫强调，要迅速组织传达贯彻会议精神，认清形势、把握大局，解放思想、更新观念，以最大决心、毅力和勇气，大胆创新、攻坚克难，确保完成明年全省经济发展预期目标。要按照总体工作部署和时限要求，紧密联系实际，对任务、目标、进度进行深入思考和科学分解，有计划、有步骤稳步推进，做到有的放矢、成竹在胸。要狠抓责任落实，以责促行、以责问效，确保各项工作有力有序有效推动。要抓紧做好岁末扫尾工作，抓好今冬明春农业生产，加强经济运行调度，安排好困难群众生活，毫不松懈抓好安全生产，深入开展矛盾纠纷排查，努力维护社会稳定，贯彻落实中央纪委和省纪委通知精神，确保关好门、开好局。

大事纪要

1月

1月4日，省委副书记、省长杜家毫来到长沙市经开区，入厂房、进车间，考察企业生产经营特别是项目建设情况。杜家毫强调，适应经济发展新常态，要积极对接国家发展战略，充分发挥“一带一部”区位优势，精准施策、精准发力，加快推进传统优势产业转型升级，加快培育壮大新兴产业，加快创新招商引资方式，努力培育新的增长点。

1月5日，国务院批复同意支持长沙、株洲和湘潭3个国家高新技术产业开发区建设国家自主创新示范区，努力打造成为创新驱动发展引领区、科技体制改革先行区、军民融合创新示范区、中西部地区发展新的增长极。

1月7日，全国62个新型城镇化综合试点单位名单公布，资兴市跻身其中，成为目前我省唯一的试点单位。

1月8日，省委书记、省人大常委会主任徐守盛主持召开省委常委会议，传达贯彻近期召开的中央农村工作会议、全国扶贫开发工作会议、全国组织部长会议精神，研究部署相关工作。

1月9日，在北京举行的国家科学技术奖励大会上，由我省单位主持和参与完成的25项成果获奖。其中，国防科大领衔完成的“天河一号高效能计算机系统”项目获国家科技进步奖特等奖，是我省第二次获得该奖项；清华大学教授、现任中南大学校长张尧学主持完成的“网络计算的模式及基础理论研究”项目获国家自然科学奖一等奖，是新中国成立以来计算机领域第二次斩获此奖项。

1月10日，省委书记、省人大常委会主任徐守盛在长沙会见了国家宗教事务局局长王作安一行。徐守盛说，湖南主动把握和积极适应发展新常态，协调推进全面建成小康社会、全面深化改革、全面推进依法治国、全面从严治党,建设“四化两型”，促进“三量齐升”。

1月13日，省委副书记、省长杜家毫主持召开省政府常务会议，传达贯彻近期召开的全国有关会议精神，研究部署全面深化财税体制改革。会议强调，要抓紧梳理和启动一批省级重大项目，不断促进传统优势产业转型升级，加快把新技术、新产品、新业态、新模式培育发展成新的增长点。

1月22日，省委书记、省人大常委会主任徐守盛在长沙会见了来湘调研的工业和信息化部部长苗圩一行。徐守盛感谢工业和信息化部长期以来对湖南经济社会发展的大力支持，希望工信部在核心技术培育、产业转型升级、重大专项引领等方面进一步加大支持力度，加强省部合作，推动湖南经济平稳健康发展。

1月22日，省委副书记、省长杜家毫在长沙会见了深圳证券交易所总经理宋丽萍一行。杜家毫希望深交所一如既往给予湖南大力支持，指导和帮助湖南加快发展区域性股权市场，促进先进装备制造、轨道交通、特色农业等优势产业加快与境内外资本市场对接。

1月23日，省委副书记、省长杜家毫在长沙会见了华东师范大学校长陈群一行。杜家毫希望华东师范大学全面深化与湖南在人才输送、师资培养、学科建设、产学研结合、大学生自主创业等领域的合作，实现优势互补、共同发展。

1月26日，省委副书记、省长杜家毫主持召开省政府常务会议，原则通过省政府工作部门权力清单、责任清单，外商投资准入负面清单和省政府核准的投资项目目录(2015年本)，并决定于2月1日起公布实施。

1月29日，省委书记、省人大常委会主任徐守盛，省委副书记、省长杜家毫在长沙会见了上海汽车集团股份有限公司董事长、党委书记陈虹一行。徐守盛表示湖南将充分发挥“一带一部”区位优势，抢抓新常态下的新机遇，走创新转型、绿色低碳、可持续发展之路。希望双方在已有的良好合作基础上，进一步拓展合作空间，发挥带动效应。

1月31日，由中国科学院、中国工程院主办，两院院士评选的2014年中国十大科技进展新闻在京揭晓。“超级稻亩产首破千公斤”，入围第五项。

2月

2月9日，省委书记、省人大常委会主任徐守盛在长沙会见了国务院发展研究中心主任李伟一行。徐守盛感谢国务院发展研究中心长期以来给予湖南的支持，希望国务院发展研究中心继续发挥国家级智库的优势，进一步深化与湖南的合作，在改革发展稳定各个方面为湖南提供精准智力支持。

2月10日，省委书记、省人大常委会主任徐守盛在长沙会见了来湘调研的中国农业银行党委副书记、副董事长、行长张云一行。徐守盛表示农业银行与湖南有着良好的合作基础，希望根据双方既有的合作协议，进一步深化在金融创新、扶贫攻坚等领域的合作。

2月11日，省政府召开电视电话会议，全面部署今年安全生产工作。省委副书记、省长杜家毫强调，要始终做到警钟长鸣、常抓不懈，坚持标本兼治、依法治理，全力促进安全生产形势持续稳定向好。

2月12日，省委副书记、省长杜家毫主持召开湘江保护和治理委员会2015年第一次会议。他强调，要保持定力、精准发力，以强有力的举措、最严格的制度，确保全面完成湘江保护与治理第一个“三年行动计划”。

2月13日，省委副书记、省长杜家毫在长沙会见了法国国家电影委员会首席运营官弗兰克·普瑞欧一行。杜家毫希望法国国家电影委员会充分发挥在电影人才、技术、资讯等方面优势，进一步深化与湖南在影视方面的合作。

2月15日，省委副书记、省长杜家毫出席省政府参事、省文史馆馆员座谈会，寄语广大参事、文史馆员发挥自身优势，在经济发展新常态下努力挖掘湖南元素、助力湖南发展、讲好湖南故事，打造信得过、用得上、离不开的新型智库，广泛凝聚全省改革发展的正能量。

2月25日，全国人大常委会审议相关决定草案，拟授权国务院在北京市大兴区、湖南省浏阳市等33个试点县（市、区）行政区域，暂时调整实施土地管理法、城市房地产管理法关于农村土地征收、集体经营性建设用地入市、宅基地管理制度的有关规定。

2月28日，全省科学技术奖励大会在长沙召开。227个项目分获2014年度省自然科学奖、省技术发明奖和省科技进步奖，51项发明专利获湖南专利奖。省委书记、省人大常委会主任徐守盛，省委副书记、省长杜家毫出席大会并为获奖代表颁奖。

2月28日，省委副书记、省长杜家毫在长沙会见了特变电工股份有限公司党委书记、董事长张新一行。杜家毫希望特变电工把企业发展规划和湖南能源发展整体战略更好地结合起来，把人才、技术、资金更多地向湖南倾斜，进一步做大做强在湘产业基地，不断延长产业链条。

3月

3月11日，省加速推进新型工业化工作领导小组办公室、省统计局、省经信委联合发布《2014年湖南战略性新兴产业发展报告》。报告显示，至2014年底，全省共有战略性新兴产业企业3097家；7大战略性新兴产业全年实现增加值3088.39亿元，比上年增长13.7%；战略性新兴产业增加值占全省地区生产总值的比重达11.4%。

3月18日，省委书记、省人大常委会主任徐守盛，省委副书记、省长杜家毫等省领导来到长沙市望城区雷锋公园，与当地干部群众一道参加义务植树活动。

3月19日，省政府新闻办今天举行新闻发布会介绍我省实行最严格水资源管理制度情况。今年，我省全面启动最严格水资源管理制度考核工作。

3月20日，省政府新闻办举行2015年省委1号文件新闻发布会。会上强调要贯彻落实省委1号文件，加快农业现代化进程，基本路径在于“三转”“两型”，这是湖南农业适应新常态、应对新挑战的必然选择。

3月21日，省委副书记、省长杜家毫来到省农委，调研全省农业农村工作特别是两个“百千万”工程实施情况。他强调，要深入贯彻落实习近平总书记关于做好“三农”工作的系列重要讲话精神和全国两会精神，不断提高我省农业现代化水平。

3月23日至24日，全国政协副主席、民进中央常务副主席罗富和率领全国政协人口资源环境委员会调研组来湘，就“长江经济带开发中的湿地保护”开展调研。省领导徐守盛、杜家毫到住地看望了罗富和一行。

3月27日，省委副书记、省长杜家毫在长沙市专题调研环保产业发展情况。他强调，要坚持创新驱动、两型引领，加快发展环保等绿色产业，着力打造“绿色湘军”，大力培育新的经济增长点，把生态文明建设不断推向前进。

3月30日，省委书记、省人大常委会主任徐守盛在长沙主持召开省委常委会议，审议《湖南省贯彻落实〈国务院关于依托黄金水道推进长江经济带发展的指导意见〉的实施意见(代拟稿)及其分工方案》，学习贯彻全国精神文明建设工作表彰暨学雷锋志愿服务大会精神、第二十三次全国高校党的建设工作会议精神，研究部署相关工作。

3月31日，省政府常务会议原则通过了《关于加快环保产业发展的意见》，并决定加紧制定出台相关实施细则，我省环保产业即将迎来新一轮发展良机。

4月

4月1日，省财政厅、省环保厅、省水利厅已联合出台《湘江流域生态补偿(水质水量奖罚)暂行办法》。在对湘江流域上游水源地区给予重点生态功能区转移支付财力补偿的基础上，遵循“按绩效奖罚”的原则，对湘江流域跨市、县断面进行水质、水量目标考核奖罚。污染越重，处罚越多；保护越好，奖励越多。

4月2日，省发改委召开新闻发布会，宣布用4年左右时间，在全省公共机构推行合同能源管理，促进公共机构节能。到2020年，全省公共机构能效水平力争比2014年整体提升15%。

4月2日至3日，省委书记、省人大常委会主任徐守盛来到长沙、株洲、湘潭三市，深入高新技术企业、研发中心和创新平台考察，召开企业代表座谈会、科技创新工作座谈会。徐守盛强调，要主动适应新常态，牢牢牵住科技创新这个“牛鼻子”，以长株潭国家自主创新示范区为引领，带动全省全面落实创新驱动发展战略，激活大众创业、万众创新热潮。

4月3日，省委副书记、省长杜家毫在长沙会见了来湘出席2015移动互联网岳麓峰会的国家互联网信息办公室副主任彭波一行。杜家毫表示湖南将大力推进“互联网+”行动计划，希望国信办一如既往给予湖南大力指导和支持。

4月7日，省委书记、省人大常委会主任徐守盛在长沙会见了英瑞株式会社会长吴文贵一行。徐守盛表示湖南高度重视加强和深化与日本等周边国家和台湾地区的合作，希望英瑞株式会社多牵线搭桥，找准对接合作的着力点，实现互利共赢、共同发展。

4月8日，省委书记、省人大常委会主任徐守盛在长沙主持召开全省文艺工作座谈会暨调研成果汇报会。他强调，要切实推动习近平总书记在文艺工作座谈会上的重要讲话精神落细落小落实，推出更多无愧于历史、时代和人民的优秀作品。

4月9日，省委副书记、省长杜家毫来到省经信委，调研全省工业经济发展情况，并与干部职工座谈。他强调，要科学搞好顶层设计，一手抓新兴产业发展，一手抓传统产业优化升级，全力服务全省稳增长、调结构。

4月13日，省委副书记、省长杜家毫在长沙会见了中国电力建设集团有限公司党委书记马宗林一行。杜家毫希望双方在落实推进原有战略合作协议的基础上，不断深化在能源、交通、水利、城市基础设施建设、大型装备制造等领域的合作。

4月15日，湖南省人民政府与江西省人民政府在南昌市签署了《共建湘赣开放合作试验区战略合作框架协议》，将探索在湖南长株潭地区和江西赣西地区共建开放合作试验区，打造跨省区域合作示范区、开放型经济体制机制创新区、区域发展重要增长极。

4月20日，省委副书记、省长杜家毫主持召开省政府常务会议，决定在全省开展新型城镇化试点工程建设，部署推进农村土地承包经营权确权登记颁证、文化产业发展、铁路建设、县级融资性担保体系建设等工作。

4月22日至24日，省委书记、省人大常委会主任徐守盛，省委副书记、省长杜家毫率湖南省党政代表团前往广西壮族自治区南宁、柳州、桂林等地考察学习，进一步深化与广西的全方位合作。广西壮族自治区党委书记、自治区人大常委会主任彭清华，自治区党委副书记、主席陈武分别参加考察。

4月24日，省委书记、省人大常委会主任徐守盛在长沙会见了中华全国供销合作总社党组书记、理事会主任王侠一行。徐守盛说希望全国供销合作总社一如既往关注湖南发展，在深化供销合作社综合改革、加强农业社会化服务、新农村综合体系建设等方面加大支持力度。

4月24日，省委副书记、省长杜家毫在长沙会见了由住房和城乡建设部副部长易军率领的国务院消防工作考核组一行。杜家毫表示湖南省委、省政府历来高度重视消防工作，始终将其作为安全生产的重中之重，保持了全省消防安全形势的总体平稳。

4月25日，国务院印发了《关于同意设立湖南湘江新区的批复》，同意设立湖南湘江新区。湖南湘江新区成为全国第十二个、中部地区首个国家级新区，也是今年获批的第一个国家级新区。

4月26日，长株潭国家自主创新示范区建设动员大会在长沙召开，全面启动示范区建设。省委书记、省人大常委会主任徐守盛强调，要牢牢把握创新创业这个核心主题、创新发展这个中心任务、体制改革这个根本动力，开拓创新、真抓实干，高标准、高水平、高要求推进示范区建设，努力为全国创新驱动发展探索经验。省委副书记、省长杜家毫作动员报告。

4月26日，省委书记、省人大常委会主任徐守盛在长沙会见了来湘调研的文化部党组书记、部长雒树刚一行。徐守盛希望文化部在文化专项规划、文化惠民项目建设等方面进一步给予支持，推动湖南文化强省工作上新台阶。

4月26日，省委书记、省人大常委会主任徐守盛在长沙会见了来湘考察调研的中国人民武装警察部队政治部主任姚立功一行。徐守盛希望武警部队一如既往关心支持湖南的发展，湖南将大力加强和改进党管武装工作，支持武警部队各项建设，为部队开展工作创造良好条件。

4月28日，省委副书记、省长杜家毫在长沙会见了财政部副部长刘昆一行。杜家毫希望财政部一如既往在财税体制改革、地方政府发债等方面给予大力支持和指导，帮助湖南更好地领会和把握中央财政、货币政策，努力实现稳增长、促改革、调结构、惠民生。

4月28日，省委副书记、省长杜家毫在长沙会见了美国康宁公司大中华区总裁兼总经理李放一行。杜家毫热忱欢迎包括康宁在内的国际知名企业来湘投资，湖南将为企业在湘发展创造优质环境。

4月28日至29日，湖北省委书记、省人大常委会主任李鸿忠，省委副书记、省长王国生率湖北省党政代表团来湘考察，两省在长沙举行合作交流座谈会，共商融入长江中游城市群建设等国家重大战略，促推中部崛起。湖南省委书记、省人大常委会主任徐守盛，省委副书记、省长杜家毫出席座谈会并分别参加考察。

4月29日，省委副书记、省长杜家毫在长沙会见了中信银行行长李庆萍一行。杜家毫表示湖南将为包括中信银行在内的广大金融机构在湘发展创造良好环境。

5月

5月4日，省委副书记、省长杜家毫来到省商务厅，调研全省商务工作和开放型经济发展情况。他强调，要主动认识适应引领新常态，牢牢把握国家“一带一路”战略等新一轮发展的重大机遇，进一步精准发力、精准施策，以新的作为奋力开创全省商务工作新局面。

5月5日，省委副书记、省长杜家毫主持召开省政府常务会议，研究部署推进长江经济带建设、湖南日报传媒中心建设等工作，原则通过《湖南省实施〈中华人民共和国城乡规划法〉办法（修订草案）》。

5月5日，省委副书记、省长杜家毫在长沙会见了广州军区副司令员邢书成一行。杜家毫表示省委、省政府将一如既往支持国防动员建设和民兵预备役工作，积极探索军民融合发展新路子，进一步加强军政军民团结，着力解决部队官兵转业安置、家属就业、子女入学等方面问题，为部队建设提供坚强保障。

5月6日，省委副书记、省长杜家毫在长沙会见了由中国住房研究会副会长皋玉凤率领的沪商湘行考察团一行。杜家毫希望考察团一行充分发挥资金、人才、技术、经验等方面优势，积极在湘寻求合作项目，拓展合作领域，实现共同发展。

5月7日，《湖南省生态文明体制改革实施方案（2014–2020年）》正式出台，为全国首个同类改革实施方案，标志我省生态文明体制改革的顶层设计基本完成。

5月7日，国家发改委印发《湖南湘江新区总体方案》提出，湖南湘江新区2025年城镇化率达到80%左右，战略性新兴产业增加值年均增长20%以上，构建湘江西岸现代服务业走廊、319国道战略性新兴产业走廊，构建“自主创新引领基地”等五大基地。

5月12日，省委副书记、省长杜家毫在长沙会见了上海市委常委、常务副市长屠光绍一行。杜家毫希望湘沪两地以此次合作为新起点，进一步拓展合作领域，提升合作层次，实现共同发展。

5月13日，省委书记、省人大常委会主任徐守盛在长沙会见了由德国《商报》总编辑汉斯–约尔根·雅各布斯率领的德国商务代表团一行，并就湖南经济社会发展情况、投资环境、扩大开放等问题接受了德国《商报》记者采访。

徐守盛表示湖南诚挚欢迎包括德国企业家在内的海内外投资者来湘寻求合作共赢。

5月14日，全省创新创业先进典型巡回报告活动首场报告会在省委礼堂举行。省委书记、省人大常委会主任徐守盛指出，创新创业其时已至、其势已成、其风正劲，要把创新创业的好故事讲遍三湘四水、传入千家万户，在全省上下进一步激发起创新创业的热情和干劲。省委副书记、省长杜家毫出席。

5月14日，省委副书记、省长杜家毫在长沙会见了国家知识产权局局长申长雨一行。杜家毫希望国家知识产权局一如既往给予湖南大力支持和指导。

5月16日，省委副书记、省长杜家毫在长沙会见了国家开发银行行长郑之杰一行。杜家毫希望国开行一如既往为湖南经济社会发展提供强有力金融支撑。

5月18日，比亚迪股份有限公司与长沙雨花经开区签署合作备忘录，宣布投资50亿元，将比亚迪电动卡车及专用车项目落户长沙。

5月19日，省委副书记、省长杜家毫在长沙会见了中国太平洋保险(集团)股份有限公司董事长高国富一行。杜家毫说希望太平洋保险集团充分发挥自身优势，不断创新金融产品和合作模式，加快险资入湘步伐，积极参与湖南重大基础设施、民生工程和社会保障体系建设，实现共同发展。

5月20日，省委书记、省人大常委会主任徐守盛在长沙会见了国土资源部部长、国家土地总督察姜大明一行。徐守盛希望国土资源部在基础设施建设、生态修复治理、地质灾害防治等方面给予湖南更大支持。

5月20日至21日，省委副书记、省长杜家毫来到郴州市，出席莽山水库工程建设启动仪式，调研当地经济社会发展特别是环保工作情况。他强调，绿水青山就是金山银山，要实施最严格的环保制度，加快产业转型升级，走绿色发展、生态发展之路；要加大重大基础设施特别是民生工程建设力度，在促投资、稳增长的同时，更好地惠民生。

5月24日，中部地区首个国家级新区——湖南湘江新区授牌，标志新区建设正式启动。省委书记、省人大常委会主任徐守盛，省委副书记、省长杜家毫为新区授牌。徐守盛强调，要以中央对新区所作的战略定位为根本遵循，以新的视野、思路和举措推进新区建设发展，着力打造区域发展新增长极、转型发展新引擎、内陆开放新高地、创新创业新平台、宜居宜业新家园。

5月25日，省委副书记、省长杜家毫主持召开省发展开放型经济领导小组工作会议。他强调，要认真学习贯彻习近平总书记关于开放型经济发展的重要讲话和党中央、国务院《关于构建开放型经济新体制的若干意见》精神，扎实做好招商引资、顶层设计等各项工作，以大开放带动大转变、大提升、大发展。

5月27日，省委副书记、省长杜家毫在长沙会见了来湘考察环保产业发展的广西壮族自治区党委常委、常务副主席唐仁健一行。杜家毫希望进一步深化湘桂两省在环境保护、特色农业、扶贫攻坚等领域的合作。

6月

6月1日，省委书记、省人大常委会主任徐守盛在长沙会见了来湘的国家统计局局长王保安一行。徐守盛表示湖南省委、省政府将始终高度重视统计事业发展，大力支持统计部门依法独立开展工作。

6月1日，省委副书记、省长杜家毫率省政府代表团先后考察了招商局集团、法国施耐德电气集团、威胜集团、恒隆地产有限公司等多家中外在港知名企业，并与企业负责人座谈。双方就推进务实高效合作交换了意见，并达成广泛共识或签署全面战略合作框架协议。

6月4日，全省生态红线制度建设改革试点工作启动会议上公布，我省已正式启动生态红线制度改革试点，郴州市的桂东、汝城、宜章、资兴四县市被纳入第一批试点。

6月9日，省委副书记、省长杜家毫深入长沙市、湘潭市，实地调研长株潭城际铁路、城际快速干道建设及城区轨道交通规划相关情况。他强调，要坚持交通先行，加快构建域外联通、域内便捷的长株潭一体化综合交通网络，把长株潭城市群打造成为全省经济发展的新增长极、中部崛起新高地、全国城市群一体化发展示范区。

6月10日，省委副书记、省长杜家毫主持召开省政府常务会议，通报中办回访调研组来湘回访调研和国务院第十督查组来湘督查情况，研究省石化化工和有色金属产业重点园区建设、第28届亚洲男篮锦标赛组织筹备等工作。

6月11日，省委书记、省人大常委会主任徐守盛在长沙会见了中国工商银行行长易会满一行。徐守盛希望双方在基础设施建设、金融改革与产品创新、企业走出去等方面进一步加强合作。

6月12日，袁隆平院士在长沙县春华镇金鼎山村宣布国家杂交水稻综合试验基地开工。这项总占地473.58亩的湖南省重点建设工程建成后，将是全国规模最大、最具影响力的杂交水稻科研试验基地，计划明年正式投入使用。

6月15日，全省落后小煤矿关闭退出暨煤矿安全质量标准化建设推进会上公布，我省年内将再关闭65处以上矿井，使全省煤矿数量控制在500处以内，全省5年内不再新批煤矿企业。

6月16日，省委副书记、省长杜家毫主持召开省政府常务会议，研究部署湘江新区建设、参与长江中游城市群建设、对接“一带一路”战略、加强基层医疗卫生服务体系建设等工作。

6月17日，全省创新创业园区“135”工程暨洞庭湖生态经济区建设现场推进会在常德市召开。省委副书记、省长杜家毫强调，紧紧抓住创新创业园区“135”工程和洞庭湖生态经济区建设这两个重大抓手，积极培育新的经济增长点，着力搭建全民创新创业优质平台，加快建设更加秀美富饶的大湖经济区。

6月26日，省委副书记、省长杜家毫主持召开湘江保护与治理委员会2015年第二次全体会议。他强调，湘江保护与治理第一个“三年行动计划”已到决战决胜阶段，要发扬“钉钉子”精神，以问题为导向，精准发力、久久为功，坚决打赢“堵源头”攻坚战。

6月28日，省委书记、省人大常委会主任徐守盛在长沙会见了来湘出席中俄红色旅游合作交流系列活动的国家旅游局局长李金早一行。徐守盛希望国家旅游局在旅游业发展顶层设计、资源开发以及旅游扶贫、绿色发展等方面进一步给予湖南指导支持。

6月29日，“2015中俄红色旅游合作交流系列活动”在新中国缔造者毛泽东主席的家乡韶山市正式启动。这是我国红色旅游发展历史上首次在国家层面与外国开展的合作。省委副书记、省长杜家毫宣布活动正式启动并讲话，国家旅游局局长李金早，俄罗斯联邦旅游署署长萨弗诺夫，俄罗斯乌里扬诺夫斯克州州长莫罗佐夫讲话。启动仪式后，杜家毫会见了萨弗诺夫一行。

6月30日，中兴通讯长沙基地项目启动仪式在长沙高新区信息产业园举行。省委副书记、省长杜家毫宣布项目正式启动建设，中兴通讯股份有限公司董事长侯为贵出席并讲话。

7月

7月15日，省委副书记、省长杜家毫深入长沙市高新区、宁乡经开区和金洲新区，专题调研新材料产业发展情况。他强调，要充分发挥湖南的资源、人才、科技等优势，坚持创新驱动，加快转型升级，把新材料产业加快培育形成新的经济增长点，为惟楚有“材”注入新内涵。

7月17日，省委副书记、省长杜家毫先后来到湘潭大学、湖南大学和中南大学，专题调研高校改革发展情况，并与学校相关负责人座谈。他强调，要全面深化高等教育改革，大力实施创新驱动发展战略，加快推进政产学研结合，为湖南转型创新发展提供强有力的人才、科技支撑。

7月23日，省委副书记、省长杜家毫在深圳会见了正威国际集团董事局主席王文银一行。杜家毫说希望正威集团充分发挥资金实力强、产业链条长、市场覆盖广等优势，进一步深化与湖南在有色金属、新材料等领域的合作。

7月30日，省委副书记、省长杜家毫来到长沙高铁新城片区，实地调研长沙国际会展中心项目建设。他强调，要加快会展中心建设，及早谋划、建立符合我省实际的运营管理机制和人才队伍，把我省区位、产业等优势和国内外资源更好地结合起来，着力打造国际知名会展品牌，努力把长沙建成中部会展高地。

8月

8月4日，省委副书记、省长杜家毫深入衡阳常宁市、石鼓区、衡阳县，调研经济发展特别是湘江保护与治理省政府“一号重点工程”推进情况。他强调要坚持创新驱动，加快转型升级，实现绿水青山与金山银山和谐共生，经济发展与生态保护互促共进。

8月5日，省委副书记、省长杜家毫在长沙会见了交通银行行长彭纯一行。杜家毫表示省政府将一如既往支持交通银行在湘拓展业务，不断巩固和深化双方在金融体制改革、基础设施建设、棚户区改造、中小微企业融资等领域的交流合作。

8月12日，省政府与中国铁塔股份有限公司签署战略框架合作协议。签约仪式前，省委副书记、省长杜家毫在长沙会见了中国铁塔股份有限公司董事长刘爱力一行，并见证签约。

8月20日至21日，省委书记、省人大常委会主任徐守盛来到湘潭市的韶山市、湘潭县、岳塘区等地，深入园区、企业、工地、村镇，调研经济社会发展情况。

8月26日，省委副书记、省长杜家毫深入娄底冷水江市，专题调研锡矿山地区环境综合治理工作。他强调，要深入学习贯彻习近平总书记在振兴东北老工业基地座谈会上的重要讲话精神，为人民群众创造繁荣、安宁、绿色的生产生活环境。

8月30日，省委副书记、省长杜家毫先后深入湘潭竹埠港、郴州三十六湾、株洲清水塘、衡阳水口山、娄底锡矿山等五大重点污染整治区域，专题调研湘江保护与治理省政府“一号重点工程”推进情况，重点督查五大重点区域环境综合治理工作。他强调，要以壮士断腕的勇气，坚决打赢湘江保护与治理攻坚战，努力实现经济发展与生态保护互促共进，绿水青山与金山银山和谐共生。

8月31日，省委书记、省人大常委会主任徐守盛在长沙会见了来湘开展合作的腾讯公司董事会主席兼首席执行官马化腾一行。徐守盛希望腾讯与湖南合作不断拓展深化，最终惠及三湘父老。

9月

9月1日，省政府与腾讯公司在长沙签署战略合作框架协议，携手推进“互联网+”行动计划。省委副书记、省长杜家毫会见腾讯公司董事会主席兼首席执行官马化腾，并共同签约。

9月6日，来自全国各地的600多位非公经济精英人士和400多位海外侨胞代表齐聚长沙，参加2015中国(湖南)非公有制经济发展论坛暨海外侨领侨商三湘行活动。全国人大常委会副委员长、民建中央主席陈昌智出席活动开幕式并致辞。省委书记、省人大常委会主任徐守盛作书面致辞，省委副书记、省长杜家毫出席。

9月10日，省委书记、省人大常委会主任徐守盛主持召开省委常委会议，审议了《长株潭国家自主创新示范区发展规划纲要（2015–2025年）》《关于建设长株潭国家自主创新示范区的若干政策意见》，研究部署相关工作。

9月11日，省委副书记、省长杜家毫来到华菱湘潭钢铁集团有限公司，出席湘钢、湘电办社会职能分离移交签约仪式并讲话。

9月13日至14日，在湘调研的国务院研究室、国家发改委国土开发与地区经济研究所调研组与省长株潭两型试验区工委、管委会等省直有关部门负责同志及相关专家学者分别举行座谈。省委常委、省长株潭两型试验区工委书记、管委会主任林武出席座谈会并讲话。

9月14日，省委书记、省人大常委会主任徐守盛在长沙会见了由美国三角研究院执行副总裁兼首席运营官詹姆斯·吉布森率领的访湘专家团一行。徐守盛表示湖南愿与美国三角研究院在环保、健康产业等领域全面合作，催生更多新型环保技术。同时也欢迎更多海内外企业、机构来湘投资合作，实现互利共赢。

9月16日至17日，云南省委常委、省委组织部部长刘维佳率领云南跨越发展第二期专题培训班来湘考察。省委常委、省委组织部常务副部长、省长株潭两型试验区工委书记、管委会主任林武陪同。

9月18日，省委书记、省人大常委会主任徐守盛来到益阳，走进企业、园区、社区，调研项目建设和经济社会发展情况。他强调，要牢固树立项目意识，狠抓工作落实，把稳增长摆在更加突出的位置，保持经济社会平稳健康发展，确保完成全年目标任务。

9月21日，省委副书记、省长杜家毫主持召开省政府常务会议，研究部署促进新兴产业发展、推进重大项目建设、深化教育综合改革、加强城市综合管理等工作。

9月22日，亚洲开发银行（简称亚行）与省发改委在长沙签署关于共同促进低碳技术开发与推广谅解备忘录。省委副书记、省长杜家毫会见了亚行行长中尾武彦一行，并共同见证签约。

9月23日，全省清洁低碳技术推广工作推进会暨两型认证颁证会在长沙举行。省委常委、省长株潭两型试验区工委书记、管委会主任林武出席并讲话。

9月23日至24日，省委常委、省长株潭两型试验区工委书记、管委会主任林武在新化县调研精准扶贫和"一进二访"活动开展情况。

9月24日，推进湖南承接产业转移示范区建设工作暨第四批重大项目启动会在郴州市召开。省委副书记、省长杜家毫强调，要发扬"拼命三郎"的干事精神，以园区为平台，以招商引资为重点，加快发展产业经济，努力把湘南示范区建设成全省开放发展的强大引擎。

9月25日，省委书记、省人大常委会主任徐守盛主持召开省委常委会议，审议《湖南省新兴产业发展基金管理办法（试行）》，就新兴产业发展基金的筹建、实施等提出要求。

10月

10月20日，省加速推进新型工业化办公室、省经信委、省两型管委会，联合在长沙举行2015年湖南工业绿色发展对接会。省委常委、省长株潭两型试验区工委书记、管委会主任林武在会上要求，要以绿色化引领新型工业化，推动全省经济转型升级。

10月28日，省委常委、省长株潭两型试验区工委书记、管委会主任林武在娄底新化接访群众，强调要以执政为民的价值观接访处访。

10月29日，湖南省（娄底）汽车板及零部件产业合作对接会在娄底举行。省委常委、省长株潭两型试验区工委书记、管委会主任林武出席对接会并讲话。

10月30日，省长株潭两型试验区工委中心组围绕"严以用权"这一主题，开展"三严三实"专题教育第三次集中学习研讨会。省委常委、省长株潭两型试验区工委书记、管委会主任林武参加。

10月30日，省委副书记、省长杜家毫在长沙会见了奥凯航空有限公司总裁刘宗辉一行。杜家毫希望奥凯航空继续以湖南为战略重点，加快建设基地公司，进一步扩充运力，开辟构建干支、支支有效衔接的航线网络，拓展湖南乃至中部地区航空市场。

11月

11月4日，全省创新创业园区"135"工程建设现场推进会在湘西土家族苗族自治州召开。省委副书记、省长杜家毫强调，深入贯彻落实党的十八届五中全会精神，把创新创业园区"135"工程与精准招商、转型升级、创新创业、扶贫开发、"三严三实"专题教育结合起来，打造全省"双创"动力的"策源地"，促进县域经济更好更快发展，加快全面小康建设步伐。

11月5日，2015年度湖南省科技重大专项新闻发布会上宣布，湖南今年将启动实施10个科技重大专项，通过政府财政资金撬动总投资将达5亿元。

11月14日，科技部与我省在长沙签署新一轮《工作会商制度议定书》，在2006年以来部省合作的基础上，全面启动新一轮部省会商合作。全国政协副主席、科技部部长万钢，省委书记、省人大常委会主任徐守盛出席并讲话，省委副书记、省长杜家毫主持。

11月17日，"两型在我心"全省中小学生征文大赛颁奖仪式在长沙举行。省委常委、省长株潭两型试验区工委书记、管委会主任林武出席并致辞。

11月18日，省委常委、省长株潭两型试验区工委书记、管委会主任林武在长沙调研两型社会建设和全面建成小康社会工作。省直有关部门负责同志参加调研。

11月23日，省政府与阿里巴巴集团在长沙签署战略合作协议。省委书记、省人大常委会主任徐守盛，省委副书记、省长杜家毫会见了阿里巴巴集团董事局主席马云一行并见证签约。

11月24日，省政府与中国电子信息产业集团有限公司在长沙签署深化合作框架协议，共同推进智能制造、"互联网+"、网络安全、智慧城市等领域战略合作。省委副书记、省长杜家毫会见中国电子信息产业集团有限公司董事长芮晓武，并共同见证签约。

11月29日，长沙地铁5号线一期工程在湘府路地铁站开工建设。

12月

12月8日，按照省委统一部署，省委常委、省长株潭两型试验区工委书记、管委会主任林武率队赴湘西土家族苗族自治州，就2015年度落实党风廉政建设责任制情况进行检查考核。

12月9日，省委副书记、省长杜家毫主持召开座谈会，就《湖南省"十三五"规划纲要》的编制征求部分院士、专家和企业家的意见和建议。

12月11日，省委常委、省长株潭两型试验区工委书记、管委会主任林武在株洲调研两型社会建设和全面建成小康社会工作。省直有关部门负责同志参加调研。

12月14日，省委常委、省长株潭两型试验区工委书记、管委会主任林武在湘潭调研两型社会建设和全面建成小康社会工作。省直有关部门负责同志参加调研。

12月16日，省两型工委召开专题会议，学习贯彻新修订的《中国共产党廉洁自律准则》和《中国共产党纪律处分条例》。省委常委、省长株潭两型试验区工委书记、管委会主任林武出席并讲授廉政专题党课。

12月18日，省政府办公厅下发《关于在湘江流域推行水环境保护行政执法责任制的通知》，进一步加大湘江流域各市党政领导水环境保护执法的追责力度，着力构建安全和谐的生活、生产和生态用水环境。

12 月 18 日，省委常委、省长株潭两型试验区工委书记、管委会主任林武，在主持召开省委生态文明体制改革专项小组第六次会议时强调，要认真贯彻中央和省委有关会议精神，全面总结今年生改工作成效，科学谋划“十三五”开局之年生改各项工作，扎实推动改革落细落小落地。

12 月 18 日，有完全自主知识产权的长沙中低速磁浮商业运营示范线的最高速度测试中跑出了每小时 103 公里，为下一步试运行打下坚实基础。该项目接下来的试运行获得成功后，将成为我国首条中低速磁浮商业运营示范线、世界上最长的中低速磁浮商业运营线。

12 月 22 日，我省与中粮集团有限公司在北京签署战略合作框架协议。省委书记、省人大常委会主任徐守盛，省委副书记、省长杜家毫，中粮集团党组书记、董事长宁高宁，中粮集团总裁于旭波参加会谈并见证签约。

12 月 26 日至 27 日，省委经济工作会议在长沙召开，全面贯彻落实中央经济工作会议和中央城市工作会议精神，深入学习习近平总书记关于经济工作的系列重要讲话精神，总结今年、部署明年经济工作。省委书记、省人大常委会主任徐守盛，省委副书记、省长杜家毫在会上发表讲话。

方案设计篇

湖南省人民政府关于印发《长株潭城市群区域规划（2008—2020年）》（2014年调整）的通知

（湘政发〔2015〕9号）

各市州人民政府，省政府各厅委、各直属机构：

现将《长株潭城市群区域规划（2008-2020）》（2014年调整）印发给你们，请认真组织实施。

湖南省人民政府

2015年2月16日

长株潭城市群区域规划（2008—2020年）（2014年调整）

目录

调整说明
第一章　总　则
第一节　发展基础
第二节　战略意义
第三节　指导思想和原则
第四节　规划范围和期限
第五节　规划强制性内容
第二章　城市群发展战略目标
第一节　战略定位
第二节　战略重点
第三节　发展目标
第三章　城市群核心区发展战略和空间规划
第一节　核心区空间发展战略
第二节　核心区发展规模
第三节　核心区空间功能分区
第四节　核心区生态系统
第五节　核心区空间发展结构
第六节　核心区城市职能结构
第七节　核心区创新发展区域
第八节　湘江整治与提升转型
第九节　核心区城乡功能布局
第十节　乡村地区发展
第四章　城市群区域统筹发展战略
第一节　总体发展思路
第二节　城镇体系结构规划
第三节　重点城镇发展定位
第四节　产业分工与布局
第五节　交通建设
第六节　生态保护建设
第七节　长株潭三市城乡统筹发展策略
第八节　功能拓展区分区发展指引
第九节　外围协作区战略节点发展指引
第五章　城市群发展支撑体系
第一节　产业发展
第二节　交通规划
第三节　基础设施
第四节　公共服务
第五节　资源利用
第六节　环境保护
第六章　规划的环境影响与评价
第一节　资源环境促进与约束因素分析
第二节　规划与相关法律和政策的协调性分析
第三节　规划环境影响分析
第四节　生态环境建设保障措施
第七章　规划实施保障
第一节　近期行动
第二节　法制保障
第三节　组织保障
第四节　政策机制保障
第五节　示范区优化发展保障

调整说明

2008年经国务院批准实施的《长株潭城市群区域规划（2008-2020年）》（以下简称08版区域规划），对长株潭城市群社会经济发展起到了重要的指导作用。但在近五年的规划实施中，也出现了一些问题，比如：城市群一体化进展滞缓，两型发展的转型压力大，中心城市交通枢纽地位仍然偏低，发展与保护的矛盾依旧突出，资源紧缺与利用低效并存。尤其是绿心的创新发展未得到充分体现，加大了绿心保护的困难；示范区作为两型发展的重要载体，却面临政策空心化和两型主题淡化等弊病。

同时，08版区域规划的实施也正面临新的形势与背景：一是中国日益提升生态文明建设的地位，强调发展模式转型，湖南省也相应提出了“三量齐升”的战略和“小康－两型－崛起”的“三湘梦”，这将有力促进长株潭两型试验实现借力突围；二是中国突出城市群战略，强调城市间的协同、分工，而长株潭属于先天的组合城市格局，具备多中心、网络化发展的客观优势；三是十八届三中全会中央全面深化改革的精神，将进一步激活长株潭的创新精神；四是2013年国家提出“长江中游城市群”和依托长江建设中国经济新支撑带的区域纵深发展战略，这对处于“东部和中西部过渡带、长江和沿海开放经济带结合部”的长株潭带来了重大机遇。

因此，08版区域规划批复实施以后，长株潭城市群社会经济发展面临许多新情况、新问题，需要及时对区域规划中不适应的内容进行补充、完善和修正，保证区域规划的前瞻性和可操作性，充分体现区域规划在城市群发展中的统领作用。按照湖南省政府的要求，长株潭两型委组织开展了本次区域规划调整工作。

本次规划调整基本延续了08版规划的空间层次和结构，进一步强化了空间协调的措施。并重点从四个方面对08版规划进行了调整和深化：一是结合国家与湖南战略要求，进一步完善目标指标；二是结合长株潭的不足与优势，进一步优化战略路径；三是结合政府职责并口地方需求，进一步强化行动工程；四是结合改革导向和关键弊端，进一步注重机制创新。

调整后的区域规划成果包括文本、图集、说明书和专题报告。文本中带下划线部分为修改后的内容，楷体字部分为新增内容。

第一章　总则

第一节　发展基础

长株潭城市群位于京广经济带、泛珠三角经济区、长江经济带的结合部，具备建设区域性中心城市群、影响和辐射四方的区位优势。长株潭城市群内部结构紧凑、区位条件优越，自然资源丰富，生态环境良好，历史文化特色鲜明，是国家不可多得的城市群资源。

2007年，长株潭城市群被国家确定为“两型”社会建设综合配套改革试验区，这是国家实施“中部崛起”战略的重大举措，是国家在新时期赋予长株潭城市群的重要历史使命，也是长株潭城市群进入国家重大战略布局，实现又好又快发展的新机遇。

自08版区域规划实施以来，长株潭城市群在社会经济发展和改革创新探索两方面都取得了令人瞩目的成就。目前，长株潭城市群社会经济发展取得了长足进步，生态环境保护治理成效显著，基础设施建设进展明显，体制机制创新取得一定的突破，两型示范区成为带动全局发展的有效抓手。

但是，长株潭城市群发展也面临急迫的部分问题。城市群一体化进程相对滞缓，经济发展转型仍然艰难，中心城市的枢纽地位偏低，发展与保护的矛盾依旧突出，资源紧缺与利用低效并存。这些问题制约了长株潭城市群的进一步提升，也是长株潭城市群未来发展必须突破的“瓶颈”。

第二节　战略意义

长株潭城市群正处于工业化中期阶段，兼具东部发达地区和中西部地区的发展特征。加快长株潭城市群发展，既关系到湖南自身发展，也是落实国家中部崛起战略的需要，是促进东中西区域协调发展的重要实践。积极推进资源节约型和环境友好型社会建设综合配套改革试验，加快长株潭城市群率先发展，能够为全国探索资源节约和环境友好的体制机制提供示范，为中部欠发达地区推进新型工业化、新型城镇化积累经验，为全国探索区域协调发展新模式做贡献。

第三节　指导思想和原则

一、指导思想

高举中国特色社会主义伟大旗帜，以邓小平理论、“三个代表”重要思想、科学发展观为指导，全面贯彻党的十八大和十八届三中全会精神，进一步解放思想，锐意改革，加快转变经济发展方式，促进经济社会发展与人口资源环境相协调，切实走出一条有别于传统模式的工业化、城镇化发展新路，全面提升城市群综合实力和竞争力，带动实现富民强省、科学跨越，为全国科学发展提供示范，积累经验。

二、发展原则

——坚持以人为本、改革创新。以改革为动力，通过体制机制和观念创新，形成促进又好又快发展、增进人民福祉的制度优势，带动全省科学跨越发展。

——坚持全面统筹、协调发展。实施优势优先，兼顾周边地区，辐射带动全省，实现城乡统筹、优势互补、资源共享、互利共赢。

——坚持因地制宜、强化两型。按照两型发展要求，加快推进新型工业化、新型城镇化，构建优势突出、特色鲜明的产业体系，布局合理、集约发展的城镇体系。创新流域治理、生态网络建设、有序开发机制，展现湖南山水、生态、经济、文化特色。

——坚持政府引导、市场推动。加强省级统筹协调，充分发挥各市在改革建设中的主体作用。强化规划、政策等的科学引导，发挥市场配置资源的决定性作用，促进生产要素自由流动。

第四节　规划范围和期限

一、规划范围

长沙、株洲、湘潭、衡阳、岳阳、常德、益阳、娄底八市行政辖区，约9.68万平方公里。

本次规划分为三个空间层次：

1. 城市群核心区：涵盖长沙、株洲、湘潭市区，浏阳市、醴陵市、韶山市、湘乡市、宁乡县、长沙县、株洲县、湘潭县、赫山区、云溪区、湘阴县、汨罗市、屈原管理区的一部分，总面积9211.03平方公里。是本次规划的重点区域。

2. 功能拓展区：包括核心区以外的长沙、株洲、湘潭三市市域，益阳市的资阳区、赫山区、桃江县，娄底市区和双峰县，岳阳的湘阴县和汨罗市，面积20911平方公里。

3. 外围协作区，长沙、株洲、湘潭、衡阳、岳阳、常德、益阳、娄底八市行政辖区范围内，核心区与功能拓展区以外的地区，面积约6.67万平方公里。

二、规划期限

近期2013年–2015年；

远期2016年–2020年；

远景2020年以后。

第五节　规划强制性内容

一、区域内必须控制开发的区域。包括：风景名胜区、自然保护区、森林公园、湿地公园、公益林区、退耕还林地区、湿地、水源保护区、基本农田保护区、生态敏感区、维护生态系统完整性的生态廊道和绿地，其他禁止开发、限制开发地区。

二、区域性重大基础设施的布局。包括：高速公路、干线公路、铁路、港口、机场、区域性电厂和高压输电网、天然气门站与主干管、防洪、滞洪、水利枢纽、区域引水等工程。

三、涉及相邻城市的重大基础设施布局。包括：城市取水口、城市污水排放口、城市垃圾处理场等。

四、规划期限内城市建设用地的发展规模、方向等。

本规划强制性内容（详见附表：区域规划强制性内容一览表）是对区域规划实施进行监督管理的基本依据。对违反本规划强制性内容的地区和单位，要公开曝光，依法追究直接责任人和相关领导的责任。

第二章　城市群发展战略目标

第一节　战略定位

长株潭城市群的战略定位是：全国“两型”社会建设的示范区，中部崛起的重要增长极，全省新型城镇化、新型工业化和新农村建设的引领区，具有国际品质的现代化生态型城市群。

长株潭城市群的功能目标是：全国城市群协同发展的先行区，全国生态文明建设的样板区，长江经济带承东启西的支撑区，内陆开放与自主创新的先导区，全省率先迈向基本现代化的引领区。

第二节　战略重点

长株潭城市群总体发展战略为：建设“两型”社会、实现科学跨越。战略重点是：

——坚持核心带动，促进跨越发展。加强城市群核心区的规划建设，作为建设“两型”社会的基础平台、区域发展重点和一体化建设的空间载体，大力推进综合配套改革方案的实施，实现优势地区率先发展，带动长株潭城市群和全省跨越式发展。

——加快产业“两型化”，推进新型工业化。发挥科技创新的先导示范作用，依靠产业结构调整、自主创新和信息化，加快新型工业化进程，重点发展先进制造业、高新技术产业和现代服务业，提升基础工业，发展现代农业。

——强化生态格局和湘江治理，塑造高品质生态环境。以“南治水为主、北治气为主”为原则，突出湘江综合治理。以“强化生态特色，彰显湖湘魅力”为原则，合理利用长株潭三市结合部的空间开放式绿心、湘江生态带等生态区域，打造人与自然和谐相处、布局合理、生态良好、环境优美、适宜人居的生态环境。

——发展社会事业，推动城乡和谐。促进社会就业更加充分，构建更加合理的收入分配和社会保障体系，大力推进教育、文化、卫生、体育等社会事业发展。建立以工促农、以城带乡的长效机制，加快绿色低碳小城镇建设，改善乡村地区生活环境，推进乡村产业发展和劳动力转移，建设社会主义新农村。

——坚持集约发展，促进能源资源节约利用。构建城镇紧凑发展的空间结构，推动土地、水、能源等资源集约节约利用，加快开发利用太阳能、浅层地能、风能、生物质能等新能源。

——建设综合交通体系，提高城乡运行效率。以一体化交通网络、公共交通体系和智能交通建设为重点，优先城际轨道、城际快速道路建设，将城市交通体系向乡村地区延伸，协调城乡空间资源开发。

——提升存量空间、创新增量空间，推进空间高效利用。整合现有工业园区，建立产业退出机制，淘汰“两高”、“五小”企业。加快旧城和城中村改造，整合乡村居民点。探索土地、能源、水资源节约和生态建设、环境保护、城乡统筹发展的新模式，形成符合“两型”社会要求的新型城乡空间形态。

第三节　发展目标

近期目标。到 2015 年，试验区建设纵深推进，资源节约、环境友好的体制机制改革取得显著成效，产业转型和城市群一体化发展取得明显进展，两型化的产业结构、增长方式和消费模式初步形成，创新和开放能力有所提升，在全省率先实现全面小康。长株潭三市的人均 GDP 达到 9 万元，城镇化水平达到 68%；带动长株潭城市群的人均 GDP 达到 6 万元，城镇化水平达到 56%。

远期目标。到 2020 年，“两型”社会建设综合配套改革主要任务基本完成，资源节约、环境友好的体制机制基本形成，新型工业化、新型城镇化和城市群一体化发展模式基本建立，创新能力和开放水平在中西部位居前列，经济社会发展与人口、资源、环境协调发展的格局基本形成，在全省率先向基本现代化迈进。长株潭三市的人均 GDP 达到 14 万元，城镇化水平 75%以上；带动长株潭城市群的人均 GDP 达到 9 万元，城镇化水平达到 65%。

第三章　城市群核心区发展战略和空间规划

第一节　核心区空间发展战略

一、资源重组，核心区高度一体化。强化长株潭三市功能协作互补和设施共建共享，构建强大的核心区，发挥集聚效应，提高辐射能力，有效带动城市群发展。要共同坚守生态底线，共同维系低成本运行，引导优质公共资源在更大范围进行疏解，一般制造业、低端服务业等尽量尊重市场选择，减少政府干预，促进核心区功能布局优化和有机重组。

二、东优西进，增强区域核心竞争力。优化湘江以东的长沙、株洲、湘潭城区，依托机场、高铁等开放性基础设施，重点布局现代服务业，依托现有制造业基础，大力发展高端制造业。在湘江西岸整合科技创新资源，构筑长株潭城市群科技创新中心。

三、提北强南，促进区域整体发展。综合提升北部长沙的综合性区域职能：建设全国领先的新兴产业园区、科技创新园区和服务区域的中央商务区，发展港口－铁路、公路货运园区和空港－高铁客运新区，与岳阳临港经济和循环经济联动发展。增强南部株洲、湘潭的经济地位和专业性区域职能：推动株洲产业转型升级，完善工业型城市职能，建设面向全国的综合物流中心；增强湘潭面向湖南西南部的辐射带动职能和湘潭制造业优势，突出新能源装备及低碳产业发展，建设面向全国的制造业中心和面向湖南城乡腹地的综合服务中心。

四、连城带乡，加强城乡一体化建设。加强城际道路连接，促进相向发展。加强长沙与株洲、长沙与湘潭间的南北干道，整合提升株洲与湘潭的东西连接道路，打通连接三市的内环路，增加连接三市的外环路。城市道路向乡村延伸，改善小城镇的通外道路，加强城乡经济联系，促进城乡互动发展。

五、治江保绿，提高生态安全保障。治理湘江流域污染，突出株洲清水塘、湘潭下摄司和竹埠港地区的污染治理和产业提升；加强岳麓山、昭山、法华山、金霞山等滨江区的山水景观建设，打造风光秀美的湘江风光带；保护好生态环境，建设维护绕城生态带、生态廊道、绿楔、绿心、公共绿地等生态系统，防止土地空间过度开发、城镇空间过度连绵，提高生态安全保障。

第二节　核心区发展规模

一、人口规模

2015年总人口1100～1150万人，城镇人口880万人左右；

2020年总人口1200～1300万人，城镇人口1020万人左右；

2030年总人口1600万人以上，城镇人口1400万人以上。

二、城镇建设用地规模

2015年城镇用地规模达到880k㎡左右；

2020年城镇用地规模达到1000k㎡左右；

2030年城镇用地规模达到1350k㎡左右。

第三节　核心区空间功能分区

立足集约发展，合理划分禁止开发地区、限制开发地区、优化开发地区、重点开发地区四类功能区。

一、禁止开发地区。包括饮用水水源保护地、自然保护区、森林公园、湿地公园、重点公益林区、坡度25度以上的高丘山地、著名风景区、泄洪区、滞洪区、重要湿地、土地利用总体规划中划定的基本农田保护区等。主要分布在核心区西部、北部山地丘陵集中区、湘江及其主要支流水体、绿心地区高丘山地等。作为构筑生态安全屏障、维护城市群空间结构的国土空间，加强强制性保护，禁止不符合主体功能定位的各类开发建设。

二、限制开发地区。包括基本农田保护区以外的各类宜农土地、坡度在15—25度之间丘陵山地、生态脆弱地区等。资源环境承载力较弱，关系城市群整体生态安全格局，分布在城市群组团之间，呈斑块状分布的区域。坚持保护优先、适度开发、点状发展，优先保护自然生态，适量发展休闲旅游，逐步治理或恢复已破坏的山体植被、水系。

三、重点开发地区。包括长沙开福区新港街道、秀峰街道、青竹湖街道、捞刀河街道、黄花、黄兴、榔梨、含浦、坪塘、雷锋、白箬铺、夏铎铺、乔口、靖港、新康、格塘、丁字湾街道、书堂山街道、高岭塘街道、喻家坡街道、白沙洲街道、大泽湖街道、月亮岛街道、金山桥街道、黄金园街道、永安、大瑶、洞阳、北盛、铜官、莲花、金洲、花明楼、道林、青华铺地区，株洲市的天元、云龙、白井、南洲、黄泥坳地区，湘潭河东、湘乡、韶山、雨湖新区、杨河工业新区、易俗河、九华、楠湖新城，益阳沧水铺，岳阳界头铺等。资源环境承载力较强，经济和人口集聚条件较好。完善基础设施，促进产业集群发展，成为支撑全省经济发展、人口集聚的重要空间载体和城市群发展的主要增量空间。

四、优化开发地区。包括三市建成区及湘潭、宁乡、浏阳、株洲、长沙县城现状建成区。国土开发密度较高、资源环境承载力开始减弱，调整、置换城市产业职能，对现有过度集中的功能进行疏导，加快老城区的旧城改造。

在实际建设中，按照符合功能定位和土地集约节约利用的原则，通过土地投资强度分级分类控制等手段进行空间管治，科学安排生产、生活、生态空间。

第四节　核心区生态系统

一、建设目标。突出生态特色，综合运用区域生态补偿等机制，着力构筑环境友好型产业体系、生态型城镇体系、基础设施体系，建设生态经济城市群。

二、系统结构。以山脉、水系为骨架，以山、林、江、田、湖等为要素，综合自然、历史、人文等的空间分布，构建“一心、一带、多廊道、多斑块”的网状生态结构，形成多层次、多功能、复合型区域生态网络。有效保护并合理利用长沙、株洲、湘潭三市相向地带，发挥城市群“绿心”的功能。治理和建设湘江及其沿岸，构建生态良性循环、景观环境优美的湘江生态带。利用湘江支流、区内山体和丘陵，串联城镇绿化隔离带、农田等，形成网络状生态廊道。加上主要交通干道和铁路两侧的绿化带建设及山水廊道的构筑，促进生态“斑块”间、“斑块”与“种源”间的生态联系，维护区域生态系统的稳定和健康。

三、生态建设

1. 规划建设大昭山、法华山、岳麓山等森林公园、城市公园、风景名胜区40处，其中新建34处，扩建2处、续建4处，总面积24622公顷，林地面积15194公顷；新建谷山自然保护区、团头湖湿地白鹭保护区等自然保护区、湿地保护区11处，总面积24721公顷，林地面积13094公顷。

2. 江河风光带建设。沿核心区内湘江干流、主要支流浏阳河、捞刀河、靳江河、沩水、渌江、涓水、涟水防洪堤，建设沿江生态绿地。

3. 湿地保护与恢复。湘江干流及其一级支流警戒水位200米以内地区目前尚未开发的江段，主要湖泊、水库、重要山塘警戒水位200米以内地区，以及江中的大中型岛、滩、洲（包括湘江干流7个永久性生态保护洲岛：傅家州、洪家洲、蔡家洲、冯家洲、鱼尾洲、鹅洲、甄皮洲等）。

4. 主要交通干道两侧建设绿化隔离带，并参照国家道路建设相关规范和要求合理确定绿化隔离带宽度。

第五节　核心区空间发展结构

注重集约化、生态型和开放式开发，形成“一心双轴双带”的空间结构。

一心，即三市结合部的绿心地区，是“两型”社会建设的窗口。充分利用绿心地区的良好生态，在保护好生态基底、发挥生态屏障功能的前提下，创新城乡建设模式，科学提升绿心价值，构筑面向区域的高附加值公共服务平台，将绿心地区从三市“边缘”地带，建设成为城市群的重要功能区、联结三市的功能纽带。

双轴，包括长株东线服务轴、湘江服务轴，是城市和产业一体化建设的综合廊道。前者连接长沙东部新城和株洲市区及长沙县和株洲县等外围片区，依托空港、高铁和高速公路等对外交通设施，重点发展中央商务、先进制造业、空港物流等高端产业，支撑长株潭扩大开放和向外辐射。后者连接长沙和湘潭两市区及北部的霞凝港、湘阴县城、汨罗市和南部的湘潭县城等外围片区，依托沿湘江分布的高校、科研机构和高新技术产业区，建设具有生态绿谷、景观项链和经济走廊三大功能的创新发展轴。

双带，包括北部综合发展带、南部优化发展带，是依托城镇的产业拓展走廊。前者连接长沙市区和空港－高铁新城及益阳沧水铺镇和浏阳市等，综合发展先进制造、高新技术和现代服务等产业，成为长株潭向湘西北辐射、拓展发展腹地的重要轴线。后者连接株洲和湘潭及其周边城镇，向东延至醴陵，向西延至湘乡，加强基础产业优化和先进制造业发展，成为长株潭向湘中辐射的重要轴线，使长株潭未来发展有更大范围的协作区域。

第六节　核心区城市职能结构

一、区域性职能中心

先进制造业中心。包括以星沙先进制造业园区、黄花临空产业园、浏阳经开区、浏阳制造产业基地为主体的长沙东岸先进制造业中心，以长沙高新区、宁乡经开区、金洲新区、望城经开区为主体的长沙西岸先进制造业中心，以株洲高新区、田心、金山、航空产业园为主体的株洲南部先进制造业中心，以湘潭高新区、湘潭九华经开区、湘潭天易示范区等为主的湘潭临江先进制造业中心。

科技文化中心。以长沙国家软件基地、长沙国家生物产业基地、金鹰文化产业园、中南国家数字出版基地、长沙天心文化产业园、长沙国家广告产业园、麓谷国家动漫游戏产业振兴基地、湘台文化创意园、沙坪湘绣文化产业园、后湖国际艺术区、长沙浏阳河文化产业园、“隆平·种业硅谷”产业园、岳麓科技产业园、湘江昭山文化产业中心、湘潭农业科技产业园为主体的文化创意、科技研发中心。

物流中心。以长沙金霞保税物流园、长沙空港保税物流园、株洲市石峰物流园、株洲铁路枢纽站、湘潭综合保税区和宁乡大河西农产品物流园为中心，以金霞、空港、清水塘、九华、荷塘、雨湖地区为主体，发展物流、产品加工、生产服务等多项功能。以湘潭综合保税区、长沙空港保税物流园为中心，发展国际中转、配送、采购、转口贸易和出口加工等多项功能，打造外贸出口加工服务中心。

技术创新中心。以长沙岳麓山大学城、麓谷高新技术开发区、长沙经济开发区、浏阳经济开发区、株洲高新区、湘潭大学城和湘潭高新技术开发区为中心，以电子信息、生物、新材料、新能源和民用航空航天等高新技术研发应用为主导功能。

二、地方性职能中心

生产性服务中心。以长沙东岸长株潭 CBD、株洲河西核心组团新塘片区、湘潭西岸九华高铁及综合保税区为中心，包含主城区的商务、金融、信息、物流等多项功能。

生活性服务中心。以长沙东岸、株洲河东核心组团、湘潭东岸岳塘新城区为中心，包含商贸、娱乐休闲等多项功能。

生态休闲中心。以绿心、九华滨江地区和昭山地区为基础，包含郊野休闲、主题游乐、休养度假等功能。

度假休闲中心。以韶山风景区、株洲空灵岸、大京风景区为基础，包含度假休闲、观光、娱乐等功能。

城乡统筹服务中心。以株洲市荷塘区、南洲、白关、石亭和韶山以西地区为中心，包含面向农业地区的技术与信息服务、大型农副产品加工与集散等多项功能。

第七节　核心区创新发展区域

一、创新发展绿心。本区域创新发展主题为生态资本利用。探索生态环境积极保护的新方式，把绿心地区作为长株潭“空间整合关键、功能提升依托、三市联系纽带”，定位为“功能多元的绿色共享空间”。重点保护绿心地区的生态结构，控制开发方向与模式，适当增加休闲游憩、康体养生、生态农业旅游、教育科研、创意文化等功能。通过引进高端项目，树立生态品牌，突出创新、兼顾民生发展，成为利用生态资本的示范窗口。强化两型委在绿心地区规划实施与管理中的作用。对于历史遗留问题，应由两型委牵头、会同省直相关部门进行项目梳理，并对不合理的项目提出“督查整改”意见，同时强化对重大项目的事前了解与督查。促进两型委机构职能由“统筹协调”向“督查管理”方向转变。

二、创新发展长沙湘江新区。本区域创新发展主题为生态文明建设，发展商业商务、金融服务、生态旅游等服务产业，提升城市品质和公共服务配套，形成功能完善、生态宜居的城市新中心。在科技创新要素与丘岗自然地形的耦合中，探索产业和空间的新形态。有效利用丘陵地形自然景观，科技研发、生态居住、城乡服务等各类建设用地呈“岛块”状分布于山岭、田园之间，形成功能完善、环境良好、城乡相融的“第三空间”形态。充分利用望城、宁乡、益阳独特的自然资源和环境优势，大力发展生态、休闲、文化旅游等高端三产业。

三、创新发展长沙东部。本区域创新发展主题为加快对外开放。依托空港、高铁等重要区域交通设施和自贸区的触媒效应，提高长株潭的经济外向度，构建更加开放的发展格局。提倡基于公共交通优先的紧凑城市发展模式，进行土地集约高效开发。以高新技术产业、高端制造业为主导，大力发展金融、商务、商贸、物流等产业，承担大区域生产性服务职能。

四、创新发展株洲南部。本区域创新发展主题为旅游城镇化。利用湘江和历史文化资源，大力发展旅游产业，探索传统工业化带动以外的城镇化模式。通过旅游及相关服务业发展，提供非农就业岗位，促进非农人口的就地转化。通过旅游吸引力建设，提升城市品牌与城市服务产业发展空间。依托地方旅游资源，推进特色旅游小城镇建设。围绕农业旅游产业链，以乡村观光休闲度假功能为主导，建设旅游综合社区。

五、创新发展湘潭西部。本区域创新发展主题为新型城镇化。在城市与乡村两种经济形态的交接部，积极探索城镇化的新途径。以农产品加工和贸易物流为主导，高科技农业、休闲农业、农产品商贸加工等相结合，提高农业盈利水平，优化农村居民点布局，统筹城乡基础设施，通过城乡联动带动城镇化。规划杨河地区为湘潭产业发展拓展区，加快推进高端装备和低碳产业发展，大力发展低碳经济，承接产业转移，形成就业集中点，构建低碳环保、城乡一体的公共交通体系，使中心社区、镇与城市生产要素联系便捷，形成“产城融合、低碳发展、城乡统筹”的新型城镇化空间组织模式。

第八节　湘江整治与提升转型

一、建立城市群循环经济发展模式，着力推动清水塘、下摄司和竹埠港等地区转型。依托国家循环经济试点，推进下摄司地区产业、园区的循环化改造；并积极争取国家支持，推进清水塘老工业区和竹埠港化工园区的整体搬迁改造。关停污染企业，盘活城市存量建设用地，加强对受污染农用地的综合整治。发展新型工业，促进产业升级和能源结构优化。加强技术创新，解决制约环境治理的关键技术难题。

二、改造长沙解放垸、黄兴北路、南湖、滨水新城、株洲河东、湘潭河西老城区、湘潭河东老工矿区等片区，提升沿江城市品质。实行“退二进三”，增强服务功能。保护和利用人文景点和历史街区风貌，重塑城市个性。改造城中村和棚户区，加强市容市貌和环境整治。优先发展公共交通，推广节能环保建筑，营造宜居家园。

三、建设长沙综合枢纽工程，提升水运能力和湘江水环境质量。推进长沙综合枢纽工程，强化湘江航道开发和航运码头建设，提升航运能力，使衡阳以下航道提高到三级及以上标准。将涟水等支流纳入湘江综合治理，加强生态环境保护，以控制沿江地区项目准入和开发强度为重点，加强水系、水域环境污染联防联治和流域生态修复，不断改善湘江水环境。

四、建设月亮岛–鹅羊山、岳麓山–橘子洲、九华–昭山、金霞山–法华山、空洲岛–空灵岸五个生态景观区，丰富湘江生态景观。强化湘江两岸自然地理空间的生态功能，丰富湘江两岸生态景观内容，建设湘江沿江防洪景观道路，形成集“生态、文化、居住、景观”于一体的湘江生态经济带。

第九节　核心区城乡功能布局

长株潭城市群核心区分为七类功能分区。

一、综合功能区。包括长沙、株洲、湘潭三市市区，长沙县、浏阳市、湘乡市、韶山市、株洲县、湘潭县城，云龙、天易、九华、坪塘、高星组团、长沙城北等城市中心区、县城和新城区。积极发展现代服务业，优化工业园区，调整产业结构，节约资源，改善环境，新城建设和旧城提质改造必须符合“两型”社会建设要求。

二、产业园区。指独立于城市市区之外重点发展先进制造业、科技产业、临空临港产业园区。先进制造业园区包括星沙、望城、金洲、九华、湘乡、韶山、楠湖新城、鹤岭、田心、董家塅和白井等经开区（产业园）。科技产业园区包括长沙高新区、株洲高新区、湘潭高新区。临空产业园区包括黄花、云龙临空产业园。临港物流产业园区指金霞物流园、石峰物流园、九华物流园。

三、CBD地区。长沙市东部的浏阳河地区。围绕高铁长沙站建设，综合考虑轨道交通枢纽布局，重点发展综合管理、流通贸易、金融服务、商务休闲等现代服务业功能，加强生产性和生活性服务业集聚，建成以现代服务业为龙头的中央商务区和区域性服务中心，带动长株潭三市发展，面向湖南乃至中南地区服务。

四、科教创新区。株洲职教园、岳麓山和湘潭大学城、金洲湖南省大学科技产业园。完善基础设施建设，整合科教资源，重点发展文化教育与科技研发。

五、绿心创新发展区。长株潭三市结合部。在保护生态基底、发挥生态屏障的前提下，发展生态旅游、休闲度假、会展博览及商务娱乐等功能。

六、生态保育区。包括呈斑块状的高丘山地、自然保护区、风景名胜区、森林公园和湿地等生态敏感区。禁止进行有损生态环境的各种活动。

七、高品质乡村地区。包括特色丘陵区和沿水系分布的高产农业区。集中发展生态农业，推动农业产业化和乡村现代化。建设生态小镇和新农村社区，改善基础设施，提升公共服务。

第十节　乡村地区发展

根据地理特征和农业生产条件，围绕提高农业综合生产能力和农村现代化水平，进行乡村发展分区。

一、农业高产复合发展区。以长沙北部生态产业园、望城国家农业科技园、宁乡现代农业示范区、乔口镇和湘潭涟水–泉塘高科技高新农业园为中心，形成以水稻、蔬菜和特色农产品种植、水产畜牧养殖综合发展的农业高产地区。利用靖港、姜畲、云湖桥等重点镇的产业与交通优势，发展农产品深加工业，建立多层级农产品市场体系。

二、生态保育适度发展区。以捞刀河高新农业园为中心，形成以烟叶、蘑菇、茶叶等种植和水产养殖综合发展的生态农业地区，利用重点镇发展农产品深加工，适当发展休闲农业。

三、产业综合配套发展区。以长沙河西、长沙现代农业综合配套改革试验区、姜畲–泉塘生态产业园为中心，推广现代农业技术；以夏铎铺、石亭、沧水铺、袁家铺、杨嘉桥、河口、回龙铺等镇为中心，建设乡镇工业园，为城市产业配套。发展与本地矿产资源条件匹配的低污染加工业、与本地农业生产匹配的农产品深加工业。

四、城乡休闲产业协同发展区。以浏阳河生态经济示范区、望城大众垸、梅林桥片区、宁乡朱良桥乡、绿心生态产业园、河口生态产业园、金霞生态产业园、云峰湖、空灵岸生态产业园、仙庾岭–婆仙岭–大京休闲产业园为中心，大力发展乡村休闲产业，推广跳马、暮云、云田、昭山和柏加的花木产业、蔬菜和水果种植产业，科技农业种植与休闲旅游结合发展。

第四章　城市群区域统筹发展战略

第一节　总体发展思路

一、培育外围极点，促进功能圈轴拓展

扩容长株潭核心区，引导中心职能在更大范围的重组互补。依托交通线路、区域型基础设施廊道，强化长–岳、长–衡、长–益–常、长–娄4条发展轴线。提升岳阳、衡阳、常德、益阳、娄底等次区域中心城市，实现生产要素的均衡布局。以外围次区域中心城市为纽带，突出建设岳阳城陵矶和衡阳白沙两大地区，强化湖南省四大板块之间，以及长株潭与珠三角、长江中游城市群之间的联系与协作，扩大长株潭对外开放水平。重点扶持具有交通区位优势、有发展潜力的节点小城市发展。

二、生态优先、传承文化，彰显地域特色

在尊重生态本底的基础上，积极推广低冲击开发模式；以特色服务为导向，体现两型发展要求，构建旅游服务、农产品加工、商贸物流等多样化的现代服务业为引擎的新型城镇化模式。尊重自然山水条件进行空间开发，塑造多姿多彩的城市风貌。彰显湖湘文化，从城市形象特色、城市景观设计、文化旅游产业等多方面体现城市人文魅力。充分挖掘和展现次级地域文化特色，建设富有地域文化特色的旅游小城镇群。构建区域绿道网，有机串联景点和特色城镇，促进文化和旅游发展的一体化。努力实现“望得见山、看得见水、记得住乡愁”。

三、以人为本、城乡互动，共享城镇化红利

促进城乡资源要素自由流动组合，提升城市和乡村的发展活力。对城市地区，注重产城融合与包容增长，强化现代服务和制造升级，注重城市更新和集约发展，保障弱势群体利益；对乡村地区，注重人与自然的融合与乡土特色的保持，建立健全生态补偿机制，加快推进农业现代化，传承发扬地方乡土文脉，推进城镇公共服务、基础设施、社会保障向农村地区的延伸覆盖；对城郊地区，注重城乡融合与创新发展，允许农村集体经营性建设用地出让、租赁、入股，加强规划管理和土地用途管制。制定相关政策措施保障城镇居民提高生活品质、进城务工人员共享公平待遇、农村居民融入现代文明，保障城乡居民平等地享有城镇化、现代化发展带来的收益。

第二节　城镇体系结构规划

一、空间结构规划

形成“一核三带，一环五楔”的空间构架。

一核：指长株潭城市群核心区。通过功能重组，实现高端功能集聚和传统产业职能的疏解。通过统筹城乡空间、构建生态网络、整合城市空间、整理基础设施、综合治理环境污染来促进核心区的一体化发展。

三带：

——岳阳—长株潭—衡阳城镇产业聚合发展带。是长株潭城市群对外联通带动湖南发展最重要的城镇产业聚合发展带。进一步扩大南北向综合交通走廊的优势，聚合高新技术产业、先进制造业、现代服务业。

——长株潭—益阳—常德城镇产业聚合发展带。是长株潭向西辐射带动湘西北地区发展的城镇产业聚合发展带。引导城市群制造业沿长沙—益阳—常德快速路带状布局，打造西线工业走廊。

——长株潭—娄底城镇产业聚合发展带。是长株潭向西辐射带动湘中地区、进而带动湘西南地区发展的城镇产业聚合发展带。大力发展先进装备制造、新材料、电动汽车及钢铁上下游产业，重点提升沿线湘潭、湘乡、娄底、冷水江等城镇的能源原材料工业。

一环：指长株潭城市群的城镇功能联系环。主要依托高速公路和城际轨道，贯通与长株潭核心区关系紧密的湘阴、汨罗、平江、浏阳、醴陵、攸县、衡山、湘乡、韶山、宁乡等重点城镇，强化城镇之间的联系，引导功能协调互补，加快融入长株潭核心一体化发展。

五楔：指洞庭湖生态区、雪峰山生态区、罗霄山生态区、湘东生态区、湘西农业生态区五大区域生态绿楔。发挥其生态效应、农业生产功能，统筹城乡发展，成为长株潭城市群的重要支撑。

二、等级结构规划

规划长株潭城市群等级结构如下表所示：

长株潭城市群等级结构规划一览表（2020）　（略）

三、职能结构规划

规划长株潭城市群职能结构如下表所示：

长株潭城市群职能结构规划一览表（2020）　（略）

第三节　重点城镇发展定位

一、重点城市定位和发展方向

长沙：长株潭城市群中心城市，湖南省省会，长江中游地区主要增长极之一，国家历史文化名城。

株洲：长株潭城市群副中心城市，湖南省重要的工业基地和交通枢纽，以现代工业文明为特征的生态宜居城市。

湘潭：长株潭城市群副中心城市，湖南省重要的高端制造、科教、旅游和服务业基地，中部地区向西辐射的城乡服务中心和生态宜居城市。

衡阳：湘南中心城市，湖南省交通枢纽，湘南先进制造业基地和物流中心，全国知名的文化和旅游城市。加快国家级综合保税区、国家级高新技术开发区、国家级湘南承接产业转移示范区建设。重视湘江衡阳段的航道和港口建设，重点建设文昌港。重点打造南岳—衡山—炎帝陵—井冈山和南岳—衡山—永州—桂林等精品旅游线路。新建衡—邵—怀铁路，筹建安张衡铁路，规划预留株洲—衡阳、衡阳—娄底城际铁路交通通道，并将株洲—衡阳的城际铁路南延至云集和耒阳。

岳阳：长株潭城市群北大门，长江中游重要港口城市，中部地区石化产业基地和航运物流中心，国家历史文化名城，国家优秀旅游城市和山水相融的现代生态宜居城市。推动石化产业从化工原料向制成品方向发展，大力发展航运物流业，和益阳、常德联手建设洞庭湖生态经济区、开展洞庭湖综合治理。

常德：泛湘西北现代化中心城市，先进制造基地、综合交通枢纽和生态宜居城市。发展商贸业和物流业，增强带动湘西北地区发展的作用。打造长沙—常德—张家界旅游黄金走廊。

益阳：长株潭城市群核心区优选拓展区、洞庭湖生态经济区南部中心城市，现代新型工业城市，宜居山水生态旅游城市，湖南省能源基地。重点推进益阳东部新区、茶马古道、洞庭湖湿地等旅游资源等项目，建设绿色农产品生产和加工基地，打造城乡统筹发展示范区。

娄底：长株潭城市群承东启西的中心城市，湘中地区的核心城市，全省能源原材料生产加工基地，特色装备与先进制造业基地，文化与生态旅游休闲基地。积极推进娄底融城发展，加快娄涟双和冷新一体化建设，逐步形成沿娄底大道的两型产业带。加快改造提升钢铁、煤炭、建材等传统产业，大力发展先进装备制造、新材料、新能源及电动汽车、文化旅游、环保产业、电子信息等战略性新兴产业，积极开展与长株潭汽车、装备制造等产业的区域合作，打造长株潭先进制造业产业配套基地、千亿不锈钢产业基地和薄板深加工产业园。

二、重点城镇定位

长沙县：长株潭城市群核心区东部的综合服务中心，以外向型高科技工业和高效农业为特色的现代化城市。

浏阳：中国花炮之乡，长株潭城市群对接长三角、辐射湘赣边的门户城市和湘赣边区域性中心城市，生态经济发展的示范区和中部休闲旅游名城，高新技术产业、传统特色产业和先进制造配套产业基地。

宁乡：长株潭城市群辐射湘中、湘西北、湘西的节点城市、高新技术产业基地、职业技术教育基地、农副产品精深加工基地和区域性旅游集散地。

株洲县：长株潭城市群装备制造业配套基地、中南地区电力枢纽，现代化生态宜居城市。

醴陵：绿色瓷城、湘东门户，长株潭城市群的传统特色产业基地。

攸县：长株潭城市群的能源原材料基地和农产品加工基地。

茶陵：湘东赣西的交通重镇，株洲市域以商贸业、旅游业及农副产品加工业为支柱的历史文化名城。

湘潭县：长株潭城市群的文化休闲旅游、现代农业基地和城乡统筹示范区。

韶山：具有全国乃至世界影响力的知名旅游城市，长株潭城市群的红色旅游服务基地。

湘乡：长株潭城市群的重要工业基地和休闲旅游城市。

湘阴：长株潭城市群的先进制造配套产业基地和深水港口。

汨罗：国家循环经济试点园区，全国主要的再生资源产业基地，屈原文化旅游基地。

平江：湘鄂赣三省交界的重要门户节点，长株潭重要休闲区，以绿色新型产业、旅游休闲为主的山水宜居城市。

岳阳县：现代农业和农产品加工基地、生态湿地保护和城乡统筹示范区。

临湘：湘北工业重镇，湘鄂边商贸物流旅游大市，环洞庭湖生态宜居新城，国家优质绿色农产品生产加工基地。

华容：国家现代农业示范区，中国棉纺织名城、能源产业大县。

沅江：全国知名的内河船舶制造基地，南洞庭工业新城。

津澧新城：湘鄂边际枢纽，常德市域副中心，促进津（市）澧（县）融合发展，推动交通、能源、信息、环保等全面对接，打造连接江南江北、辐射带动湖区的省际交界地区中心城市。

石门：湖南省重要的有机农产品生产与加工基地，生态宜居的魅力山城。

冷水江：中南地区重要的能源原材料基地，特色资源型工业城市。

衡山：国际旅游目的地，国家重点风景名胜区。

耒阳：全国资源枯竭型城市转型示范城市，衡阳市次中心城市，湘南承接沿海产业转移和衡阳市煤炭电力生产工艺基地，湘南现代工业和商贸中心城市之一以及重要的交通枢纽。

常宁：国家循环经济示范区，湘南冶金和建材工业基地，农业现代化示范城市。

第四节　产业分工与布局

坚持突出优势、错位发展。长株潭以先进制造业、高新技术产业、现代服务业为主导产业，岳阳以石化工业为主导产业，衡阳以综合制造业为主导产业，常德以农产品深加工和制造业为主导产业，益阳以新能源工业、电子信息和休闲旅游业为主导产业，娄底以能源、原材料工业及配套工业为主导产业。

构建娄底、衡阳原材料工业与长株潭先进制造业之间的上下游关系，长株潭核心区不再新建火电厂，在周边地区发展火电、水电以及风电、核电等新能源，为长株潭提供强大的能源支撑。将烟草、食品工业引导至常德、湘潭，农产品物流和商贸产业调整至湘潭、衡阳、常德，将湘钢的扩建调整与岳阳、娄底的钢铁产业调整相结合，将株洲的石化工业部分调整至岳阳。

第五节　交通建设

构筑联通全国、辐射全省的铁路、公路、水运、民航、管道等综合交通体系和综合枢纽体系，构建或提升湘江—长江水运通道、黄花机场空中通道、京广陆路通道、洛湛二广陆路通道、沪昆陆路通道、长渝陆路通道等六条区域对外通道。建设内部复合公路走廊，发展中心城市之间的快速交通，改造低等级交通网络，加强农村地区与城市的联系。发展城际轨道交通，远期建设长沙—宁乡—韶山—湘乡—湘潭、长沙—浏阳、株洲—醴陵、长沙—湘阴、长沙—汨罗、宁乡—益阳、娄底—衡阳的区域快线。加强港口资源整合，推进港口经营一体化发展，发展港口保税物流，提高湘江岳阳－衡阳段航道技术等级，形成以岳阳港、长株潭组合港为核心，衡阳、常德、益阳、娄底等港口为补充，功能明确、层次分明的港口体系。加快机场扩建改造，开通运营衡阳南岳机场、新建岳阳机场。

第六节　生态保护建设

重视幕阜、罗霄、武陵、雪峰山脉的生态保护与建设，保护森林公园、自然保护区、风景名胜区、基本农田等，加强沿湘江干支流生态廊道建设。建立湘江等河流上下游城镇排水口和污水口的协调机制。整合排污口，上下游城镇在行政边界处进行取水口和排污口调换，形成污水排放口在下游、取水口在上游的格局。不具备调换条件的上下游城镇应明确城市取水口上游2000米，下游200米范围内严禁设污水排放口。建立和完善森林保护和生态补偿机制，推进林权制度改革，强化森林资源消耗控制。

第七节　长株潭三市城乡统筹发展策略

规划5个城乡统筹示范区，包括韶山市、浏阳市区及周边乡镇、醴陵市区及周边乡镇、长沙河西北部乡镇、攸县。实施乡镇通外道路工程、乡镇信息网络工程、技术推广与就业培训工程三项城乡统筹重点扶持工程。

推进城郊整治工作，统筹城郊地区的城乡空间发展。包括城郊地区的环境风貌整治、交通和基础设施改善、加强社会治理和土地整理。加强生活污水、垃圾处理，改善提升城郊地区整体风貌，弘扬地方特色与乡土文化。通过各项设施完善布局，重点提升城郊地区的生产生活条件。社会治理方面要尽快编制专门的城郊发展规划。土地整理包括三个方面：一是耕地整理，结合农田水利、机耕路等农业基础设施建设，通过耕地平整解决物理上的农地细碎化、分散化问题，促进农业规模化、机械化和种植结构优化；二是集体经营性建设用地整理，统筹规划、有序整合零星分散的用地，提高城郊结合部的建设效益与档次。三是宅基地整理，以公共服务集聚的方式引导农民自愿向中心村、镇集中居住，严禁违背农民意愿的强拆和被上楼等行为。

充分挖掘小城镇和乡村地区的自然环境、历史文化、民俗民风的特点，加强特色小城镇和美丽乡村建设。把特色村镇作为城乡一体化的发展重点和推进节点。重点包括人居环境改善、地域风貌提升、基础设施和公共服务优化、绿色低碳、旅游开发等方面。建立和完善对特色小城镇和重点乡村地区投入稳定增长机制，鼓励和引导各类社会资金采取多种方式投资小城镇和重点乡村地区特色产业和项目开发。长株潭三市的特色小城镇分为四种类型：一是特色产业小镇，主要包括长沙市的大瑶、沿溪、镇头、金井、莲花、沙坪、茶亭、煤炭坝，株洲市的云田，湘潭市的青山桥、壶天、楠竹山、花石、茶恩寺；二是红色旅游小镇，主要包括长沙市的花明楼、开慧、文家市、中和，湘潭市的乌石、龙洞、清溪；三是历史文化小镇，主要包括长沙市的靖港、黄材、铜官、乔口、沩山，株洲市的朱亭、东堡、三河、黄丰桥、仙井，湘潭市的白石；四是生态休闲小镇，主要包括长沙市的灰汤、流沙河、大围山、白箬铺、格塘镇、张坊、小河、达浒镇、社港，株洲市的三门、鸾山、八团、策源、平乐、贺家桥，湘潭市的棋梓、虞唐；合计49个特色小城镇。长株潭三市的美丽乡村建设的重点主要包括十四大片区：长沙市的花明楼片区、浏阳河片区、白箬铺片区、捞刀河片区、石燕湖片区、高新区真人桥片区、望城千龙湖片区、宁乡关山片区、浏阳高坪片区，株洲市的云龙片区、荷塘月色片区，湘潭市的韶山片区、梅林桥片区、湘乡水府庙片区。

第八节　功能拓展区分区发展指引

一、基本原则

——生态优先，持续发展。以资源环境容量为基础，保护水源、森林、湿地等重要资源，构建较为完备的生态安全体系，形成可持续发展的区域整体。

——突出核心，点轴发展。强化长株潭城市群的核心作用，沿重要交通线路、经济走廊实施点轴开发，促进城市发展由空间极化到空间扩散转变。

——功能互补，联动发展。加强长株潭城市群与周边城市的经济联系，尤其要利用娄底、益阳的能源优势，衡阳的交通和综合保税区优势，岳阳的港口优势，促进城市间功能互补，形成大中小城镇协调发展的格局。

二、分区发展指引

北部促进发展区：包括汨罗、湘阴两县。主要拓展港口物流、循环经济、都市农业、休闲旅游、农产品加工等功能。加快实施退垸还湖、移民进城（镇）和防洪体系建设。

西部综合发展区：包括益阳市区、桃江县，娄底市区、双峰县，宁乡县、湘乡市、韶山市、湘潭县的部分。主要拓展与核心区联动的能源原材料和旅游等功能。加大涟水污染治理，对水府庙及周边地区实施统筹管理。

东部优化发展区：包括浏阳和醴陵的大部分。培育沿319、320和106国道的特色小城镇带。重点发展生物医药、电子信息、机械制造和健康食品等产业，提升花炮、陶瓷等特色产业，推动乡镇企业入园，降低资源消耗和环境污染。

南部协调发展区：包括攸县、茶陵和炎陵。主要拓展与核心区联动的能源和旅游等功能，加强和衡阳的联系，打造南岳－酒埠江、云阳山、炎帝陵－井冈山等精品旅游线路。

第九节　外围协作区战略节点发展指引

一、岳阳城陵矶

城陵矶港区是湖南省综合交通运输体系的重要枢纽、现代物流的重要园区、开放型经济的重要门户，是长株潭城市群通江达海、对接长江开放经济带，参与长江中游竞争与协作的重要枢纽。

依托城陵矶综合保税区、汽车整车进口口岸、进口肉类指定口岸、进口粮食指定口岸，联合长株潭组合港，扩张腹地空间，整合区域资源，共同打造长江中游航运中心。协调港口之间差异化发展，探索股份合作机制；完善港口集疏运体系，提升湘江航道等级，提高水运中转比例；大力发展两型临港产业，包括港口物流、临港重工、低碳新兴战略性产业、生产性服务业等，构建多元化、现代化的临港产业体系。

二、衡阳白沙

衡阳白沙是长株潭城市群先进制造业集聚区、循环经济示范区和城乡统筹样板区，带动大湘南地区对外开放和承接沿海产业转移的桥头堡，是长株潭城市群对接珠三角和沿海开放经济带，参与国际产业分工与协作的重要门户。

重点建设松木港、文昌港、土谷塘航电枢纽、临空港和综合保税区，加快建设湖南省油气储备中心。协调统筹各个产业片区，重点发展先进制造业、电子信息产业、商贸物流业、生态农业、生态休闲旅游业等两型产业。

第五章　城市群发展支撑体系

第一节　产业发展

按照“简政放权、控制两端”的发展模式，将长株潭城市群建设成为具有国际吸引力的湖湘文化旅游目的地和具有国际竞争力的先进制造产业基地，以及内陆重要的高技术产业基地、应用科技创新中心和现代服务业中心。

一、产业体系建设

构建以两型产业为核心的新型产业体系，培育发展七大战略性新兴产业为先导，加快发展三大现代服务业，改造提升三类传统优势产业。

——壮大七大战略性新兴产业。即培育壮大先进装备制造、新材料、文化创意、生物、新能源、电子信息和节能环保等七大战略性新兴产业。

——提升三大现代服务业。即加速提升旅游产业、生产服务业和消费服务业等三大现代服务业。优势特色制造业为支柱、现代服务业为支撑的产业新格局。

——改造三类传统产业。提升机械装备产业，打造国际竞争力的工程机械产业集群；加快淘汰以冶金、有色、石化、建材等资源加工类落后产能；优化轻工、食品和纺织等轻工劳动密集型产业。

二、产业空间布局

（一）优化核心区产业布局，形成“一轴四带”的产业布局。

——一轴：

长株潭湘江高端服务创新产业轴，长株潭湘江两岸为核心空间，重点发展金融、商务、现代物流、商业、科技创新、文化创意、休闲旅游等高端服务业。

——四带：

东北部高端装备制造产业带：以长沙经开区、临空产业园、浏阳经开区为核心空间，重点发展工程机械、汽车装备、临空产业、电子信息、生物医药等产业。

西北部高新技术产业带：以长沙高新区、麓谷科技产业园、宁乡开发区、望城经济开发区、金洲开发区、益阳高新区等大河西先导区为核心，重点发展电子信息、新材料、新能源、节能环保等高新技术产业。

东南部先进制造产业带：以株洲高新区、株洲河东片区、仙井产业园、霞阳产业园为核心，重点发展轨道交通、新材料、航天航空、新能源装备等先进制造。

西南高端制造和基础工业产业带：以湘潭高新区、九华、湘潭天易示范区、南湖军工产业园为核心，重点发展钢铁冶金、汽车以及汽车零部件、军工装备、节能环保、新能源装备等产业。

（二）形成以长株潭为核心，以三条产业经济带为骨架，以三个次增长极为补充，多点分布的重要开发园区为载体的产业梯度布局的发展格局。

——一个核心：长株潭三市为核心区，重点发展先进制造业、电子信息、生产性服务业等高新技术产业。

——三个次增长极

一是以岳阳为中心的城市群北向次增长极，重点发展石油化工、现代物流等主导产业；

二是以常德为中心的城市群西北向次增长极，重点发展制造配套业、农产品深加工等主导产业；

三是以衡阳为中心的城市群南向次增长极，重点发展电子信息、先进制造、现代服务业、生物技术、软件开发及应用、现代物流等主导产业。

——三条产业带：

一是岳阳—长株潭—衡阳产业发展带，依托南北向综合交通优势，集聚发展石化、先进制造、新能源等高技术产业、现代物流等主导产业；

二是长株潭—益阳—常德产业发展带，依托长益常高速引导城市群制造业沿线布局和拓展，建设西线工业走廊；

三是长株潭—娄底产业发展带，重点提升沿线地区的机械制造、能源原材料工业，依托区位优势加快发展现代物流业，打造西向经济通道。

——多园区：两型示范园区、省级经济开发区。

第二节　交通规划

按照“协调引导、绿色低碳、效率提升”的发展模式，构筑与长株潭城市群空间、职能、交通发展特征相适应的高效、节约、智能、一体化的新型现代综合交通运输体系。以交通枢纽为核心，以交通廊道为纽带，提升长株潭城市群综合交通枢纽地位。

一、综合交通通道和枢纽。规划形成“四条国家运输通道、三条区域运输通道、四条地区运输通道”的走廊布局。国家运输通道为武汉—岳阳—长株潭核心区—衡阳—广州、南昌—长株潭核心区—娄底—贵阳、厦门—长株潭核心区—益阳—常德—张家界—重庆、南京（合肥）—九江—岳阳—长株潭核心区—衡阳—南宁；区域运输通道为宜昌—常德—益阳—娄底—湛江、岳阳—常德—吉首、吉安—衡阳—怀化。规划形成“一主五副”枢纽布局，辅助规划“七主二十普”交通节点。长株潭核心区为全国性枢纽；衡阳、岳阳、常德、益阳、娄底等城市构成区域性枢纽；浏阳、宁乡、醴陵、湘乡、韶山、衡山、汨罗等县市为主要交通节点。

二、公路。形成“高效便捷、四通八达”的公路网系统。规划高速公路形成“六纵七横两环七支”网络布局。六纵为张家界—安化—武冈、G55二广、南县—益阳—娄底—祁东、S61岳临、G4京港澳、S11平炎；七横为G56杭瑞、G5513长张、安化—益阳—平江、怀化—娄底—长沙—浏阳、G60沪昆、武冈—永州—常宁—耒阳—茶陵、G72泉南；两环为长沙外环、长株潭大外环；七支为娄底—新化、衡东—双峰、衡阳—邵阳、石门—津市—安乡、慈利—宜昌、湘潭—韶山、衡阳—衡山。规划国省道“八射二十九纵二十九横”并进行提级改造，均达到二级以上标准。核心区高速公路环外扩，长株潭大外环由西外环高速、长常-长浏高速公路北迁线（长沙北横线）、平汝高速、沪昆高速公路南迁线组成，长沙外环线由京港澳复线、长常-长浏高速公路北迁线（长沙北横线）、京港澳高速公路东迁线（长攸高速）、长沙南横线组成，环内现有高速公路适时取消收费，部分路段可以结合实际需求改建为城际快速道路。

三、铁路。形成“分层体系，客货分离”的铁路系统，构建连接长三角、珠三角、成渝、中原地区的大能力铁路通道，强化铁路枢纽地位。建设沪昆、渝厦客运专线、怀邵衡铁路（怀化—邵阳—衡阳）、蒙华铁路（湖北荆州—岳阳—江西吉安段），安张衡铁路（陕西安康—张家界—衡阳）、黔张常岳九铁路（重庆黔江—张家界—常德—岳阳—江西九江）、石南益铁路（石门—津澧—南县—沅江—益阳）、常桂铁路（常德—安化—广西桂林）、西长快速铁路（陕西西安—湖北宜昌—常德—长沙），实施湘桂铁路扩能、石长增建二线、洛湛铁路增建二线、焦柳铁路增建二线等工程，规划预留岳宁客运专线（岳阳—九江—芜湖—南京），规划预留韶山铁路接洛湛线，建设新长沙站、新湘潭站、新常德站、新娄底站，改造株洲站、衡阳站、岳阳站、益阳站等，并与轨道交通及公共交通有机衔接，形成现代化综合枢纽。核心区货运功能外迁并形成环线，由京广西迁线、长浏铁路、浏醴连接线、沪昆南迁线组成，结合工业区、自贸区增设外围货运站；环内的京广、沪昆铁路客运为主，将结余运能转为城际，穿行中心城区的部分可改建地下线，带动地下空间开发。

四、水运。规划形成“干支结合、水陆联运”的内河航运体系和“两纵四横”骨干航道网络布局。整治长江干线湖南段、湘江航道，将湘江航道提升至Ⅱ级标准。以岳阳港为龙头联合长株潭组合港，整合区域资源，共同打造湖南省的长江中游航运中心。协调港口之间差异化发展，探索股份合作机制；完善港口集疏运体系，提高水运中转比例；结合临港产业发展及区域产业调整，提升集装箱吞吐量占比。衡阳、常德、益阳为内河区域性重要港口。协调岸线资源利用、航电枢纽建设和港口功能的发挥。

五、航空。以空港建设为基础，构建内陆城市国际化的平台。规划形成“一主六支五通用”机场系统布局。规划2020年长沙黄花机场建成中国中部国际航空枢纽，完成第三代候机楼和第二、第三跑道的建设。开通并增加直抵日韩、欧美、澳洲、东南亚的国际航线。通过城际轨道交通、高速公路、长沙城市轨道线网等集疏运设施提升长沙黄花机场的可达性。适时开展长株潭核心区第二机场研究。现状的常德机场、建成试航的衡阳南岳机场、新建的韶山、岳阳、娄底新化机场以及长沙大屯营机场等为支线机场。新建长沙开慧、株洲、炎陵、衡阳大浦、娄底等通用机场。

六、物流。规划形成“中心辐射、多式协调”的区域物流体系和“十主二十辅”物流园区布局。10个主要综合物流园区分别为长沙金霞物流园区、长沙黄花机场航空物流园区、株洲石峰物流园区、湘潭九华物流园区、湘潭荷塘现代综合物流园区、衡阳白沙洲物流园区、岳阳城陵矶物流园区、常德德山综合物流园区、益阳现代物流园区、娄底湘中物流园区等。20个辅助及专业物流园区为长沙航空产业园、望城高星物流园、浏阳普洛斯物流园、宁乡农产品物流园、株洲临空产业园、株洲董家塅航空产业园、湘潭西商贸物流园、鹤岭物流园、湘乡物流园、衡阳茶山坳物流园、岳阳洪山物流园、岳阳太阳桥物流园、澧溪港物流园、华容物流园、汨罗众发物流园、常德斗姆湖物流园、益阳铁矿石物流园、娄底万宝消费品综合物流园、冷水江物流园等。

七、城际轨道交通。规划形成“一心六射一半环”网络布局，远景增加“两联五延”七条线路，完善城市群城际轨道交通网络布局。一心为长株潭核心区，依托长沙、株洲、湘潭铁路客站及高铁车站、黄花机场组织核心区城际轨道线路，实现核心区重点交通枢纽两两互通、快速连接。由长沙—株洲、长沙—湘潭线路组成“人”字形骨架，线路进入三市市中心。在此基础上增加湘潭—株洲、长沙河西线、湘潭高铁站—长沙南站—黄花机场、株洲—黄花机场联络线等，联系各具有重要区域职能的组团。依托核心区城际线网向外辐射六个方向，分别为长沙—岳阳、长沙—浏阳、长沙—益阳—常德、株洲—醴陵、株洲—衡阳、湘潭—娄底。加强核心区西侧重点旅游区及北部、南部城镇的连接，连通平江—汨罗—湘阴—宁乡—韶山—湘乡—衡山—攸县—茶陵，形成半环，增加核心区对外的辐射，同时大大增加长株潭城市群轨道交通线网运营线路的弹性，避免核心区城际轨道线路过分拥挤状况。未来根据城市群发展需要实现“两联五延”线路。“两联”指核心区外围衡阳—双峰—娄底—益阳—湘阴、平江—浏阳—醴陵—攸县等连接线；“五延”指衡阳延伸至耒阳、岳阳延伸至临湘、常德延伸至张家界、津澧（荆常城际衔接湖北荆州）、娄底延伸至邵阳（新化）。

八、城际快速道路。强化对外和过境通道，构建沟通核心区各重要组团的“九纵九横九联”长株潭城市群快速道路网络。纵向：利用京港澳高速、长株高速—株洲湘江大道、雷锋大道北延线—长沙西三环—长潭西线，同时新建或改建黄桥大道—伏林大道、长沙星沙—株洲渌口（星渌大道）、长沙福临—江背—湘潭梅林桥大道（107国道东移线），改造芙蓉大道，延伸长沙东二环至湘潭昭山（昭山大道）、延伸长沙西二环至湘潭九华（岳东大道）；横向：利用沪昆高速、莲易大道，同时新建或改建319国道北移线、长沙金洲—安沙—浏阳永安—浏阳城区（金沙大道）、长沙南二环—劳动东路、长沙南横线、湘乡—醴陵（320国道南移线）、株潭绕城南线（含株洲东城大道、武广湘潭连接线），延长长沙南三环线至江背镇；连接线：长沙北三环及东延线、机场连接线—金阳大道、长宁公路、洞株公路、华强大道、云柏大道、株洲西站至韶山高铁站连接线（韶山连接线）、株洲铜霞路至湘潭迅达大道、九华至湘乡城际道路（湘乡连接线）等。新建道路的具体走向及技术标准、高速公路改建城市快速路的可行性等在有关专项规划及项目前期工作阶段进行深入研究论证。

九、区域绿道网。构筑“三环五射九联”区域绿道网。绿道网主线2400公里，支线800公里。

第三节　基础设施

按照“环境友好、协调共享”的发展模式，构建安全、清洁、均等的基础设施保障体系。

一、能源。进一步扩大天然气配额，提高调储能力。重点推进天然气管网、调峰和储备设施的建设，实现“县县通”。以现有忠武线潜湘支线、西二支线樟树—湘潭支线和拟建设的中卫—贵阳联络线、西三线、新疆煤制气外输管道为依托，配套建设长株潭城市群区域内供气支干线、长株潭和常德座调峰设施以及岳阳LNG储配库。到2020年，中心城区天然气普及率达到90%，县及县级市城区普及率达到70%～80%。长株潭地区天然气供气量达到56.5亿立方米。到2020年，液化石油气需求量为7.8万吨，安排相应的储配设施。到2020年，长株潭核心区保有主要电厂四座，发电装机容量680万千瓦；长株潭核心区500千伏变电站达到13座，其中新建7座；220千伏变电站92座，其中新建、扩建65座。长沙新、扩建星沙、城南、马栏山等19项220千伏及以上输变电工程。积极发展内陆核电建设，新建湖南桃花江和小墨山核电站。大力发展生物质能、风能、太阳能、浅层地能、沼气等清洁可再生能源。充分利用本地生物质资源，建设农林生物质发电、粪便沼气发电和垃圾发电设施，到2020年，长株潭城市群三类生物质发电设施装机容量分别达到54、15.8和56.5兆瓦。

二、供水。加强第二水源建设，实现优质水源与备用水源区域共享。逐步推进供水企业深度处理改造和对二次供水的管理，保障供水安全。加大公共供水系统服务面积，推进城乡一体化供水，提高现有供水设施利用效率，关闭公共供水服务范围内的自备井。到2020年，长株潭三市中心城区日供水需要575万吨，其中，长沙市区400万吨/日，株洲市区100万吨/日，湘潭市区75万吨/日；核心区的再生水回用量达到65万吨/日。探索分质供水，加强水功能区管理，继续改善湘江水源，株洲、湘潭两市利用原有取水口，三市共同或分别选择第二水源。

三、排水。城市和农村分别以集中和分散相结合的原则进行污水处理设施建设，实现区域城乡污水处理全覆盖，确保区域污水处理设施水平均等。完善污水收集管网设施建设，建成区污水管网普及率达到95%以上，污水收集处理率达到95%以上，保证污水厂正常运行负荷达到70%以上。到 2020 年，长株潭三市中心城区污水处理能力达到 505 万吨 / 日，建成规模在 5 万吨 / 日以上的城市集中污水处理厂 24 座，加上村镇中小型污水处理厂，处理能力达到 538 万吨 / 日，污水收集处理率达到 95%以上。根据尾水去向因地制宜制定设施标准，湘江流域执行最为严格的排放标准。对水环境不达标或是水资源紧缺的地区优先推进再生水利用。

四、城乡垃圾处理。到 2020 年，实现城乡生活垃圾处理的无害化、减量化、资源化。垃圾日产生量 9348 吨，其中，长沙、株洲和湘潭片区日垃圾量分别为 5154 吨、2147 吨和 2047 吨。需新增垃圾处理能力 3900 吨 / 日，完善设施建设，实现城镇垃圾 100%无害化处理。生活垃圾优先采用焚烧发电的处理方式，综合考虑交通条件、距离等因素合理布局垃圾焚烧厂、填埋场，实现区域共享。规划预留大型垃圾焚烧厂和综合处理场用地。市区推广分类收集和处理，推进垃圾资源化。建立城乡一体化的垃圾收运体系，推广户分类、村镇就地资源化的处理模式。提高工业危险废物和医疗废物处置能力，各城市应建设完善的工业危险废物和医疗废物处置中心，使工业固体废物综合利用率达到 98%。

五、防洪。长沙城区湘江两岸段均为 200 年一遇设防标准的重点保护圈，近期按 100 年一遇设防，株洲城区、湘潭城区湘江堤防均按 100 年一遇的标准设防。规划需新建或加高防洪堤 506 公里，其中湘江干流 200 年一遇标准防洪堤 36.2 公里，100 年一遇标准防洪堤 141 公里，50 年一遇标准防洪堤 100 公里。其他河道 200 年一遇标准防洪堤 14.8 公里，100 年一遇标准防洪堤 11.2 公里，50 年一遇标准防洪堤 83 公里，20 年一遇标准防洪堤 120 公里。

六、信息。整合长株潭的 4 个城市网络以及 12 县市网络，统一运营，统一技术规范和服务标准。建立垂直管理体系，实现网络一体化。到 2015 年，完成长株潭 200 万有线电视用户（含乡镇）网络双向改造，实现光纤到户。到 2020 年，建成各类信息网络互联互通的骨干信息传输网，建设覆盖城乡的宽带和 4G 无线通信网络。建立功能完善的电子业务网络平台，实现三市电子政务、电子商务、社会保障、交通信息管理、社区信息资源的整合和共享。构建现代传播体系，提高社会信息化程度，构建数字城市和智慧城市群；与软环境的优化紧密结合，助推信息产业和文化产业创新发展。提高邮政网点覆盖率。建立完善的教育科研、医药卫生、劳动与社会保障、网络文化和社区信息等社会信息化服务体系。完善电子金融系统、现代物流、旅游管理和电子商务系统。

七、农业设施。提升农业水利化、田园化、机械化水平，拓展现代农业功能。加强农机服务网络建设，农机化水平达到 80%；加强农田水利建设，提高相关水库功能，农田灌溉保证率达到 90%。2020 年全省年农业用水总量控制在 350 亿 m³ 以内，农田灌溉水有效利用系数达到 0.54 以上。

第四节　公共服务

一、推进户籍制度改革，建立统一规范的人力资源市场，建立健全公共就业、社会保障、外来人员服务体系，加快人力资源和社会保障综合服务设施等公共服务设施建设。

二、保护历史文化资源，重点保护建设岳麓山历史文化风貌保护区、长沙古城历史文化风貌保护区、三石成城文化遗址公园、长沙铜官窑国家考古遗址公园、长沙国王陵（国家）考古遗址公园、益阳兔子山简牍遗址公园、羊舞岭古窑址公园、屈子文化园、桐溪曾国藩文化园、华容桃花山景区、靖港历史文化名镇、铜官历史文化名镇、湘潭城正街、窑湾历史街区、益阳石码头历史街区、东门口历史街区、花明楼 5A 级旅游景区、炭河里国家考古遗址公园、沩山万佛灵山公园、大围山国家生态旅游示范区、王震故居、宋任穷故居、任弼时故居、胡耀邦故居、秋收起义文家市会师纪念馆、谭嗣同故居、白沙古镇、道吾山兴华寺、大围山红莲寺、昭山佛教文化中心、金刚石霜寺、南岳宗教圣地、衡阳历史文化名城及抗战名城等集中反映湖湘文化传统的地区。发展茶陵红色文化、炎陵炎帝文化。塑造省府文化活动中心、新河三角洲文化活动中心、新世纪文体活动中心、株洲河西文化中心、湘潭老城文化艺术活动中心、绿心湖湘文化展示、空灵岸佛教文化等文化中心。建设天心国家级文化产业园和长沙广告、雨花数字传媒、金星出版、金鹰影视、浏阳河文化产业园、昭山—仰天湖文化创意等特色文化产业园以及梅溪湖国际服务区，打造湘江文化走廊。加强农村文化设施建设，完善文化服务网络。

三、加强教育和人才培养，优化区域教育资源配置，加快提高教育现代化水平，巩固提高义务教育，建设区域性公共实训基地，优化高校空间布局，提高高等教育质量，增强高校人才培养、科技创新与社会服务能力，促进产学研一体化。加大企业家、科技创新、紧缺专业技术人才的培养和引进。推进核心区教育均等化：构建长沙宁乡、坪塘、暮云和湘潭九华、易俗河以及株洲云龙实训职业教育基地联盟；在长株潭三市外来劳务人员（逾百万人口）比较集中地区加大农民工子弟学校配置力度，将留守儿童的义务教育转移至城市；鼓励长沙的四大名校在株洲、湘潭兴办分校。

四、重点建设完善株洲、湘潭市市级医疗卫生机构，加强城市社区卫生服务机构和县乡村医疗卫生机构业务用房建设及设备配置，加强人才队伍建设，不断改善市、县、乡、村四级医疗卫生服务条件，提高医疗卫生服务能力和水平。发展面向民生的养老、社区、健身服务设施。

五、建立长株潭统一的人力资源市场、就业、社会保障、医疗等服务体系。建立长株潭优质教育、医疗资源的共建共享及均等化政策体系。

第五节　资源利用

按照“市场主导、结构优化”的发展模式，实现长株潭城市群节水、节地、节矿、节能的资源利用发展目标。

一、充分利用市场机制提高资源利用效率

以市场为基础，完善资源价格形成、调整和补偿机制。鼓励长株潭各城市积极探索与自身资源特点相结合的资源开发利用市场机制，积极参与循环经济示范城市创建，利用市场机制建立资源节约与循环利用体系。

二、拓宽渠道优化能源资源利用结构

重点推进天然气设施建设，结合“气化湖南工程”，提高天然气等清洁能源的比重。充分利用本地资源，通过生物质发电等方式推进生活垃圾和农业废弃物资源化。在对环境影响评估进行充分论证的前提下，积极推进水电站和核电站建设。结合各地资源禀赋，在适宜地区适度发展风能、太阳能等清洁能源。到2020年，将天然气、生物质能、水电在能源中的消费比重分别由2010年的1%、2%和12%提高至10%、4%和15%。

在煤炭生产、利用环节通过税费调节鼓励高品质煤的生产和利用率；通过火电厂烟气处理设施改造，除尘、脱硫和脱硝率分别达到99.9%、98%和85%以上，促进燃煤减排。通过政府主导和市场定价相结合的方式推动油品质量的提升。

加强湘潭、华容等水资源紧缺地区的再生水利用率。增加财政补贴，加强农田水利设施建设，减少灌渠渗漏损失，提高灌溉效率。水资源紧张地区推广水旱轮作或旱稻；调整农业种植结构，种植节水作物。

三、重点推进农业节水灌溉

加大政府科技和资金投入，加强农田节水灌溉基础设施建设。2020年完成20处大型灌区续建配套与节水灌溉改造，启动一批中型灌区续建配套和规模化节水灌溉增效示范项目。

因地制宜确定节水灌溉发展模式。环洞庭湖平原灌溉区：加强提水设备配套、衬砌渠道、推广水稻控制灌溉高产节水技术。湘中南干旱走廊缺水丘陵区：衬砌防渗渠道、山区丘陵采用喷微灌、加强坡改梯以及田间集雨、灌排设施建设等。

强化农业用水总量控制。明确和分解落实农业用水总量控制指标，加强用水计量与考核。

优化农业种植结构和布局。提倡发展和应用适水种植技术，加快建立与区域水资源承载能力相适应的节水型农业结构。

体制机制创新。建立政府调控、市场引导、公众参与的农业用水新机制。推进农业水价综合改革。

第六节　环境保护

按照“系统综合、区域联动”的模式，对生态格局进行全方位保护，全产业链实施综合治理，重点解决湘江水系污染、土壤重金属污染、大气雾霾等突出环境问题，实现长株潭城市群天蓝、地绿、水清、土净、境美的生态环境保护目标。

具体的生态环境保护目标有：绿色GDP占GDP比重大于90%，环保投入占GDP的比例大于2.5%，生态保护区域面积大于60%，自然湿地保护率大于70%，森林资源蓄积量年增长率大于3%，城市空气质量达到二级标准天数比例大于85%，地表水好于Ⅲ类水质比例大于95%，污水达标处理率大于95%，土壤修复面积每年提升5%。

一、全方位的生态格局保护

构建“一心一脉、一肾两肺”的生态格局。心：长株潭生态绿心；脉：湘江水系；肾：洞庭湖区；肺：西部雪峰－武陵山脉和东部罗霄－幕阜山脉。分别实施如下保护修复策略：

强心：保护修复生态斑块功能的完整性，提升绿心生态服务功能，落实《湖南省长株潭城市群生态绿心地区保护条例》，并适时做出相应调整，完善配套制度建设，积极推动生态保护和环境修复的建设工程，引导绿色创新发展。

净脉：按照相关规划和省政府“一号重点工程”的三个“三年计划”部署稳步推进实施，加大支流治理力度，注意四个结合，即重点污染企业搬迁转型和化工园区建设相结合；截污减排、控制污染物排入与备用水源建设、饮用水和污水处理工艺升级相结合；推行生态农业发展和农村基础设施建设相结合；岸线分段利用与湘江风光带和休憩公园建设、天然湿地恢复、人工湿地建设相结合。着力推动清水塘、下摄司、竹埠港、水口山、合江套等工矿区转型发展。区域内资江、沅江、澧水等其他水系及其支流参照湘江水系的治理措施进行综合整治。

清肾：建设洞庭湖生态经济区，促进产业转型发展，建设宜居家园，加强生态修复保护，重点推进三大策略：保水，即水资源综合配置，协调三峡蓄水和供水关系，建水库群缓解季节性缺水，提高区域水资源使用效率，确保生态需水；控污，即加强污染控制，改善水环境，强化污水处理，控制并逐步降低水体富营养化程度；还湿，即完善健全湿地保护管理制度，理顺权属体制，恢复湿地生态，提高生物多样性，保护优先，引导合理利用，发挥综合生态效益。

理肺：引导绿色发展，严格产业准入，防止污染转移。矿山、荒山复绿，治理水土流失，提高水源涵养，保护生态，防止过度开发。禁止滥捕，保护生物多样性和野生动物迁徙走廊，提升生态服务功能。实施区域综合生态补偿，发挥生态优势，确保持续发展，提振民生。

二、全产业链的综合治理

实施农业、工业全产业链综合治理，着力发展环保服务业，节能减排，生态修复，全面提升区域环境质量。

生态农业，塑秀美乡村。因地制宜，推行各类生态农业模式，科学施肥用药，循环利用资源，提供绿色健康的农产品，提高农民收入，美化乡村环境。严格产业准入，防止城市污染转移到农村。畜禽养殖分类管理，种养结合，资源回用。适当补贴，推动农村供水、污水处理、垃圾处理、生物质能发电、太阳能和沼气利用等基础设施建设。健全农村环境监测，全面消减农业面源污染，逐步改善农村环境。对农用土地进行重金属和有机污染物调查，实施土壤分级利用和生态修复，防止危及食品安全，推动生态修复产业发展。

清洁生产，护蓝天碧水。推进产业结构优化升级，重点行业切入突破，开展清洁生产示范，制定标准，淘汰落后产能。加快调整能源结构，控制煤炭消费总量；提升工艺，规模发展，产业入园集中高效治理；强化综合治理，实施多污染物协同控制。大力发展循环经济，开展清洁生产审核工作，有效防治工业污染。重点实施湘江水系治理和区域大气污染雾霾联防联控等环保行动，建立环境污染预警应急体系，妥善应对污染事件。

打造千亿环保产业群。聚焦污染治理设备制造，生态修复实施，资源高效利用等环保产业园和循环经济园。做大做强装备制造、资源综合利用、环境监控、城市矿山、土壤生态修复等环境服务企业。提高市场占有率，打造一批技术含量高、市场前景好、单个产品年产值过5亿元的品牌产品。重点抓好“国家水专项”、各类环保新技术新工艺、先进适用环保技术和生态技术的推广应用。

第六章　规划的环境影响与评价

第一节　资源环境促进与约束因素分析

一、促进因素

长株潭城市群位于湖南省东部，通江达海，水陆空交通途径四通八达，具有良好的区位优势。矿藏资源种类繁多，有色金属储量大。位于湘江下游，地势平缓，光、热、水资源丰富。地貌条件多样，森林覆盖率高，生物多样性高，具有建设各类自然保护区、森林公园及旅游胜地的基础条件。

二、约束因素

基于季风气候、马蹄形地貌特征以及燃煤为主的能源结构，大气污染物难扩散，二氧化硫和氮氧化物等容易积聚形成酸雨，酸雨加剧重金属污染。城市分布以湘江水系为纽带，长株潭三城距离近，排污江段与取水江段交错，水资源调度和水质保护存在协调困难。森林覆盖率虽高，但目前的树种结构不尽合理，森林和植被生态效益有改善的余地。有色金属储量大、开采冶炼产业发达，也造成重金属污染较严重，且土壤污染区与农产品产区多有重叠。资源禀赋和历史上以重化产业为主的工业体系导致环境污染问题比较突出。

第二节　规划与相关法律和政策的协调性分析

本规划根据城市规划法、环境保护法、环境影响评价法等法律，遵循相关条例、法规、标准，按照生态文明建设和两型社会建设的要求，对长株潭城市群及外围五市发展的各个方面进行了全面研究和安排，协调社会经济发展与生态环境保护两个方面，符合法律及法规和政策的要求，妥善处理了社会经济发展与生态环境保护与修复间的关系。

第三节　规划环境影响分析

规划实施带来的正面影响包括禁止开发区和限制开发区的划定，规范城乡的开发行为，防止对生态敏感区的破坏；全面保护核心生态资源，保护生物多样性，改善生态环境质量，提升生态功能；加强产业结构调整与湘江及其支流，洞庭湖区以及其他水系的环境综合治理，将解决历史遗留的环境污染问题；推进清洁生产，促进资源能源的节约和循环利用，将从源头上控制污染物的排放；着力建设区域环境治理联动机制和区域综合生态补偿机制，促进区域生态环境问题的有效解决；对重金属污染土壤进行分级管理利用，发展生态修复产业，切实保障食品安全；以紧凑空间结构建设城市，能够实现土地的高效利用。

本规划实施过程中应尽量避免的负面影响包括：避免对关键生态资源的破坏，充分尊重地形地貌和利用原有的山林水系，践行低影响开发模式；基础设施建设将占用大量土地，要推行基础设施共建共享，加强生态环境类基础设施投入；产业准入提高环境门槛，产业布局要合理，适当聚集，便于污染集中治理，中心城区产业疏解转移不能导致污染外扩；保障经济总量持续增长的同时要提高资源能源的利用效率，污染物排放量不能随之增长。

由于规划既考虑了当前亟须解决的环境污染问题，也根据长远发展的要求，对生态环境建设进行了安排。因此，本规划的实施，将改善长株潭城市群的生态环境质量，为实现可持续发展，建设生态文明，提供坚实的支撑。

按照《中华人民共和国环境影响评价法》和《规划环境影响评价条例》规定，建议尽快组织开展规划调整后的规划环评工作，全面分析评估规划调整对生态环境的具体影响。

第四节　生态环境建设保障措施

一、法规保障

以国家关于生态环境保护的系列法规与政策为依据，根据对“两型”社会建设的要求和长株潭城市群具体情况，提出和完善相关法规，将资源利用、城乡建设与生态环境保护与修复纳入法制化轨道。建议尽快制定《湖南省大气污染防治条例》和区域综合生态补偿机制相关法规文件，将区域大气污染和雾霾联防联控纳入法治轨道，为将流域、森林、湿地、矿产等各部门多要素的生态补偿整合为一个体系和一个平台进行配套法规准备。按照《国家生态保护红线－生态功能基线划定技术指南（试行）》尽快开展区域或湖南的生态功能基线划定工作，科学布局生产空间、生活空间、生态空间，给自然留下更多修复空间，增强生态保护的法律保障。加大执法力度，杜绝有法不依、执法不严现象。依法行政、规范执法，落实执法责任制，实行环境稽查制度，建立健全监督制度。以新闻媒体为桥梁，接受社会公众的监督，对直接涉及群众切身利益的环境与发展决策，建立健全公众参与制度。

二、行政保障

进一步完善区域环境治理联动机制和建立统一的区域综合生态补偿平台，实现各地区与各部门统一决策，协调区域、流域生态环境问题的解决。以生态环境承载力为前提，协调各种各类规划内容。将生态建设与环境保护与城镇规划、国民经济和社会经济发展中长期规划等有机结合起来，互相衔接、互相补充。依法建立重大决策责任追究制度，建立生态环境的目标责任考核机制。

三、政策保障

实行严格的生态环境准入政策，优化产业结构。鼓励发展资源能源消耗低、环境污染少的工业和第三产业。限制高耗能、高污染产业，实行严格的退出政策。结合区域实际，公布技术落后、污染严重的生产工艺、设备、产品和企业淘汰名录，强制淘汰落后产能。工业全面推行清洁生产并实施考核，支持生态农业、环保产业的发展。

四、经济保障

健全环境投融资机制，完善生态补偿机制和创新补偿手段，多渠道筹措资金，增加生态环境建设和保护投入。运用产业政策引导社会生产力要素流动，鼓励利于资源保护、生态环境建设的建设项目。

五、技术保障

积极开发、引进、推广先进适宜技术，促进清洁生产，环境污染治理与修复，组建循环经济产业园区，促进生态环境保护、资源综合利用与废弃物资源化。推行以循环经济为核心的经济运行模式，探索建设长株潭循环经济城市群。推行农村生态环境基础设施建设和农业生物质废弃物循环利用，建设美丽乡村。

第七章　规划实施保障

第一节　近期行动

一、投资重点

重点领域主要包括三部分：一是城市群的连接性基础设施，主要包括城际轨道、城际快速、城际信息化基础设施等；二是城市群集聚带来的资源保障和环境治理；三是以教育、医疗、文化等公共设施均等化为重点的公共服务强化。

重点地域主要包括三部分：一是处于工业化中期、区位交通条件优越的潜力县，重点是作为外围节点的县及县级市，包括宁乡、浏阳、株洲县、醴陵、攸县、韶山、湘潭县、湘乡、湘阴、汨罗、平江、衡山等；二是投资相对不足的地区，重点是衡阳、岳阳、常德、益阳、娄底五个城市的市区；三是发达地区的结构性优化，重点是长沙、株洲、湘潭三个中心城市的城镇化质量提升。

二、以长株潭三市为核心的重大行动工程

以自贸区和湘江经济带为突破的开放创新升级。依托黄花机场和霞凝港，提升湘潭和金霞保税区，积极争取空港保税区，结合长沙、湘潭两大国家级经济开发区，发展长株潭自由贸易园区和自由贸易港区。湘江创新经济带由东西两岸共同构成：西岸的湘江硅谷经济带以科技－产业创新为主题，加快建设湘江新区，积极创建长株潭国家自主创新示范区。东岸的湘江生态经济带以生态－文化创新为主题；南部围绕长株潭绿心，整合三市两型示范区，共同创建国家生态文明示范区；北部充分发挥湖湘文化底蕴、湖南卫视的品牌效应和天心国家级文化产业园的组合优势，大力发展具有湖湘特色的文化创意产业。

以城郊整治和特色村镇为重点的新型城镇化示范。在新型城镇化背景下，城市郊区尤其是特大城市郊区的农村发展，成为城乡统筹的关键区域。城郊整治的重点涵盖环境风貌整治、交通和基础设施改善、社会治理、耕地整理、集体经营性建设用地整理和宅基地整理。选择发展基础良好、资源禀赋有特色、区域示范作用强的一批小城镇，建设成为带动片区的节点。突出“特色产业小镇、红色旅游小镇、历史文化小镇、生态休闲小镇”四大类型。推进长株潭“美丽乡村”建设，把自然生态景观、湖湘文化精髓与现代农业建设融于一体。

以城际网络和航运中心为抓手的交通枢纽提升。城际网络包括城际轨道网、城际快速路网和区域绿道网。规划形成“一心六射－半环”城际轨道网，“九纵九横九联”的城际快速路网，“三环五射九联”的区域绿道网，强化城市群的交通联系，促进文化和旅游发展的一体化。以岳阳港为龙头联合长株潭组合港，整合区域资源，共同打造湖南省的长江中游航运中心。协调港口之间差异化发展，探索股份合作机制；完善港口集疏运体系，提升湘江航道等级，提高水运中转比例；结合临港产业发展及区域产业调整，提升集装箱吞吐量占比。

以湘江重金属和雾霾防治为首要的环境治理优化。通过源头控制－过程阻断－末端治理相结合，强化湘江流域的重金属污染防治。尽快建立农产品产地土壤分级管理利用制度，开展农产品禁止生产区划分，对不同程度的污染土壤，分别采取调整种植结构、用地性质置换等措施。加强长株潭大气环境治理的区域联防联控措施。全面整治燃煤小锅炉，积极推进煤改气、煤改电，加快电力、钢铁、水泥、有色等重点行业污染治理，深化面源污染治理和机动车污染防治。优化区域经济布局，提高清洁能源利用率和能源利用效率，健全监测预警和应急体系。

以供水安全和教育均等为标志的公共服务强化。完善供水设施建设与管理，加强第二水源建设，划定水源保护区，制定跨区域水源保护政策，协调水源利用与保护的关系；逐步推进供水企业对二次供水的统一管理，增强水质监管与监测能力以及供水安全保障应急能力建设。强化教育均等化力度：重点建设岳麓山大学城和湘潭大学城，结合湖南农大建设隆平高科技产业园。构建长沙市宁乡、坪塘、暮云和湘潭九华、易俗河以及株洲云龙实训职业教育基地联盟。在长株潭三市外来劳务人员比较集中地区加大农民工子弟学校配置力度，鼓励长沙的四大中学名校在株洲或湘潭兴办分校，推进区域内优质教育资源布局的均衡化。

第二节　法制保障

一、动态维护两型建设法制格局。在现行《长株潭城市群区域规划条例》和实施细则、《长株潭城市群生态绿心地区保护条例》、《湘江生态经济带长株潭段建设保护办法》基础上，及时根据新的形势和规划调整内容进行修订。长株潭城市群各市也要制定和及时修订相应的若干条例或政策规定，强化对上述区域性法规的具体落实。

二、强化两型社会建设执法力度。完善行政执法程序，规范执法自由裁量权，加强对各有关职能部门的行政执法的监督，全面落实推进两型社会建设的日常行政执法责任制和执法经费由财政保障制度，做到严格规范公正文明执法。

第三节　组织保障

一、强化规划的统筹作用。适时调整《长株潭城市群区域规划条例》，依法强化区域规划的总体统筹作用，作为区域内各类各层规划编制和实施管理的依据。加强区域规划与省域城镇体系规划和长株潭城市群八市总体规划的协调和衔接。依据经批准的区域规划和所在城市总体规划，尽快调整或修编示范区的总体规划、分区规划和详细规划，要按照《城乡规划法》的要求，将用地纳入城市建设用地实施统一的规划管理。各级政府研究制定规划实施的具体工作方案，把各项任务落实到年度计划，加强区域规划实施的综合评估和监督。

二、设立高效协调的行政管理机制。在“省统筹、市为主、市场化”的原则下，进一步加强两型工委的统筹作用和两型管委会的执行作用，统一规划和推动城市群建设，强化省级事权的协调管理，建立两型认证评价机制。建立完善城市群两型工作系统，建立区域协调机制，鼓励跨市联合开发、利益共享。采取强化目标责任制、完善前期工作推进机制、加强项目建设要素保障、切实加强项目管理、强化项目协调服务和督查督办等工作措施，统筹推进区域重大项目建设。完善建设项目审核的分级管理制度，加强规划确定的禁止开发区内建设项目以及区域性影响建设项目的省级审查。规划确定的省级战略资源地区，由省政府与地方政府联合审查和实施监管。组织实施对“两型社会”改革建设目标落实情况的考核评价和奖惩工作。加强对具有重大区域性影响项目实施的事前、事中和事后监管。加强对各项条例、法规、相关政策落实情况的检查管理。

第四节　政策机制保障

一、加强政府行为优化机制

多元化、差异化的政绩考核机制。加大资源消耗、环境损害、生态效益、产能过剩、科技创新、安全生产、新增债务等指标的权重，更加重视劳动就业、居民收入、社会保障、人民健康状况。对主体功能区规划中的限制开发区域和生态脆弱的国家扶贫开发工作重点县以及绿心地区的示范片区，取消地区生产总值考核。纠正单纯以经济增长速度评定政绩的偏向。

政府权力约束机制。规范政府与市场的边界，实行“两份清单”制度。权力清单针对政府，“让权力在阳光下运行”，进一步简政放权，全面清理审批事项；负面清单针对市场，“非禁即可”，未列项目不再审批。同时，建立更加科学的决策和责任追究制度。

二、优化城市群一体化治理机制

建立政府间协调会议机制。包括省级部门之间以及城际之间的联席会议和针对合作领域与重大项目的专题会议，强化部门与城际合作以及对区域重大项目的管理。明确界定各级政府的事权划分，尤其是给予高位协调机构适当地赋权。在现有示范区之间框架合作协议的基础上，进一步扩大双边和多边合作。

推进市场化和公众参与。尽量减少政府干预，尊重市场选择；政府间尽量采取自愿谈判、合作入股的方式，解决利益分歧；强化公众的知情、建议和监督权。

适时研究行政区划调整。加快启动长沙、株洲、湘潭三县的撤县并区，宁乡撤县设市，桃江和沅江撤县并区，双峰、涟源撤县设区，冷水江市和新化县合并设市。

三、建立资源利用的市场推进机制

完善资源价格形成、调整和补偿机制。探索建立和完善自然资源产权制度：健全和完善统一、开放、有序的资源初始产权有偿取得机制；建立和规范各类资源产权交易市场。推进资源性产品价格改革：针对水、电等资源逐步建立体现资源稀缺程度、市场供求关系和环境恢复成本的资源价格形成机制。构建城市群循环经济体系：探索建立生产者责任延伸和工业废弃物处理认证等制度，通过税收优惠等措施提高尾矿利用的积极性。

完善农村土地征用及流转机制，促进用地节约。探索建立统一的城乡土地交易市场，提高农用土地的利用率和产出率，提高农民收入。

四、建立环境保护区域联动机制

环境治理区域联动机制。将项目点源环境治理变为区域环境整体治理，行政区环境管理体制变为区域环境管理体制。加强对资源环境的管理、监督检察，以及跨行政区和跨部门的协调，维护区域环境整体利益。协作原则为：分区、分责、分时，即根据生态环境现状和发展情况划分不同区域，确定划分不同责任主体和边界进行环境问责，根据不同时段给予阶段性目标和持续性计划。协作内容主要包括：跨地区环境问题、区域环境资源配置、信息交流合作、环境应急处理、环境教育研究、法律政策执法、环境纠纷解决等。建立健全环境同治机制，强化目标责任考核机制，实施创新环境经济政策，包括：推进主要污染物排污权交易，建立统一多要素的生态补偿机制，以奖代罚引导企业主动减排，推广环境污染第三方治理模式。

区域综合生态补偿机制。加强生态环境统一监管，以区域生态服务价值为评估对象，划分责任和权利，整合财政、林业、环保、国土资源、水利、农业等各部门要素的生态补偿措施和资源，开展自然资源确权登记，建立区域生态环境治理和生态补偿基金。在两型委建立统一的生态补偿实施平台，挑选重点生态功能区进行试点。创新补偿手段，变单纯经济补偿为政策、经济和技术补偿多重方式并举，并对补偿进行绩效评估。政策补偿手段包括项目补偿、政策补偿、飞地开发等；经济补偿包括横向财政转移支付、排污权交易、水权交易、生态服务标志和生态激励等；技术补偿包括生态产业打造和绿色技术援助等。逐步使得区域综合生态补偿大于破坏生态开发的收益，促使各主体积极主动地保护修复生态环境，实现可持续绿色发展。

五、创新基础设施投融资与运营机制

建立政府与市场合理分工的基础设施投融资体制。建立多元化投融资主体和渠道：通过特许经营、投资补助、政府购买服务等多种形式，吸引包括民间资本在内的社会资金，参与投资、建设和运营可经营性城市基础设施项目，强化项目的效益和监督。政府应集中财力建设供水等非经营性基础设施项目，允许政府通过发债等多种方式拓宽融资渠道，建立政策性金融机构。优先选择收益稳定、投资规模大、技术发展成熟的项目，如市政供热、污水处理、垃圾处理、养老服务设施、保障房建设等采用PPP模式进行建设与运营，从而缓解财政支出压力，提高公共产品供给效率。

创新基础设施投资项目的运营管理方式。实行投资、建设、运营和监管分开。改革现行城市基础设施建设事业单位管理模式，向独立核算、自主经营的企业化管理模式转变。

第五节　示范区优化发展保障

一、示范区差异化动态管理机制

1. 发展机制：从行政主导到包容增长

改变政府在经济发展中的作用，弱化行政控制和干预。以市场为基础实现发展要素的优化配置，示范区发展更加多元、综合。政府从规定动作、特殊优惠转向简政放权、非禁即可、基于市场、两型激励。从单纯注重经济增长，转向经济、政治、文化、社会、生态多方面协调并进。

2. 管理机制：从有进无退到双向流动

强调各地特色化、差异化发展，建立示范区分级制度。根据资源条件、环境特征、发展模式等因素，将示范区分级分类，分别制定不同的发展目标、建设要求、核心功能。建立示范区的动态管理体系，加强考核，建立退出机制，实现双向流动，激发示范区发展活力。

3. 考核机制：从单一标准到差异考核

按照差异化、动态化、阶段化的原则，确定考核标准。通过渐进式的目标体系衔接发展现实和“两型”要求。依据各示范区的实际发展水平进展，动态调整考核指标内容，使得考核机制适应发展现实。通过差异化的考核标准，引导多样化探索“两型”社会建设路径。

二、推进示范区扩誉提质

规划在原有示范区基础上，提出27个潜力地区，强化圈轴拓展的空间结构，兼顾地域发展公平，实现示范区的全域覆盖。充分体现两型特色，在多个领域突出两型建设的要求，促进“两型”与“四化”相结合，重塑示范区发展主题。推进差异化考核机制，针对每类示范区特点，适当增加相应的考核指标，使考核体系更具操作性。

三、加快示范区体系优化

建立示范区分级、分类体系。将各示范区划分为新型工业化型、新型城镇化型、产城融合型三大类别，龙头、特色、一般三种级别，赋予不同的导向目标、政策优惠和改革权限。实现示范区进入、推出双向流动机制，推行考核末位淘汰；同时兼顾地域均衡与分类均衡，每年吸纳若干申请的示范区进入，实现数量进出平衡。

图纸目录

1. 区位图
2. 空间结构规划图
3. 总体布局规划图
4. 政策分区管治规划图
5. 城镇职能等级结构图
6. 城镇规模等级结构图
7. 核心区空间结构规划图
8. 核心区总体布局规划图
9. 核心区综合交通规划图
10. 核心区生态环境规划图
11. 核心区湘江整治建设规划图
12. 公路网规划图
13. 轨道交通规划图
14. 航道港口规划图
15. 民航机场规划图
16. 产业布局规划图
17. 旅游发展规划图
18. 绿道系统规划图
19. 生态保护规划图
20. 中心城区备用水源规划图
21. 中心城区供水处理设施规划图
22. 中心城区污水处理设施规划图
23. 天然气管网规划图

（附图略）

湖南省人民政府办公厅关于印发《湖南省集成电路产业发展规划》（2015—2020年）的通知

（湘政办发〔2015〕30号）

各市州、县市区人民政府，省政府各厅委、各直属机构：

《湖南省集成电路产业发展规划》（2015—2020年）已经省人民政府同意，现印发给你们，请认真组织实施。

湖南省人民政府办公厅

2015年4月22日

湖南省集成电路产业发展规划（2015—2020年）

为加快推进我省集成电路产业发展，结合我省实际，制订本规划。

一、指导思想

贯彻落实《国家集成电路产业发展推进纲要》精神，适应全省经济社会发展需求，充分发挥集成电路产业的战略引领作用，以工业转型升级为契机，以特色优势领域为突破口，坚持“需求牵引与技术推动、特色发展与整体推进、外引扩张与内生增长、政府引导与市场驱动”相结合，健全体制机制，优化发展环境，完善服务体系，加快形成以设计业为龙头、特色制造业为核心、配套产业为支撑的格局，努力把湖南建设成为我国集成电路产业特色集聚区。

二、发展目标

（一）整体目标。到2020年，集成电路产业销售收入超过400亿元。产业体系基本健全，业务形态较为齐备，创新能力显著增强，培育和集聚一批具有较强创新能力和市场竞争力的集成电路企业，基本建立适应集成电路产业发展的公共服务体系、融资平台和政策环境。

（二）阶段目标。

1. 起步阶段（2015—2017年）。重点扶持2–3家集成电路龙头企业，培育一批以工业控制、轨道交通、数字电视、汽车电子、卫星导航芯片为主业的集成电路企业，其中，初创型集成电路设计企业20家以上，与省内整机联动的集成电路设计企业10家以上，骨干集成电路设计企业年收入超过20亿元，设计水平达到20nm。引导产业合理布局，集聚发展，初步建成2–3个集成电路产业基地，1–2个公共技术服务平台。成立30亿–50亿元规模的产业投资基金，形成良好的产业投资环境。积极推动高性能GPU、高速AD/DA、存储器控制器、无线WIFI等芯片的产业化进程，加快打造国内高压IGBT芯片–模块–功率单元–整机完整的产业链，实现IGBT芯片技术与产品国产化。

2. 发展阶段（2017–2020 年）。建成拥有国际先进水平的以 IGBT、SiC 器件等新一代电力电子器件为重点的集成电路特色工艺生产基地。引进和培育与制造联动的设计公司超过 30 家，主流集成电路设计企业进入 14nm 水平，骨干企业年收入超过 100 亿元。工业控制、轨道交通、数字电视、汽车电子、卫星导航、网络监控和部分高端通用领域的芯片竞争力达到全国领先水平。通过制造、设计和市场的联动，推动至少 8 家集成电路公司上市，实现产业产值突破 400 亿元，成为国家重点集成电路产业基地。

三、主要任务

（一）突破核心关键技术，巩固强化优势项目。以企业为主体，以应用需求为牵引，以技术推动和创新驱动为动力，坚持产学研用相结合，集中力量和资源，分门类、分领域突破一批核心关键技术。进一步巩固我省在部分细分领域、特定领域和前沿领域的领先优势，做大做强，由点到面，逐步拓展。充分挖掘军工研发优势，在政策允许范围内，积极推动有军工技术背景的机构和企业参与民用项目，加快发展军为民用、寓军于民的集成电路产品。

（二）推动企业做大做强，构建合理分工体系。以资本为纽带，大力推动产业链整合，实现部分环节从无到有的跨越，强化产业链整体竞争力。鼓励和引导企业兼并重组，支持集成电路骨干企业通过收购、参股、控股等方式开展并购整合，组建有技术、上规模、效益好的大型企业。促进中小企业向“专、精、特、新”方向发展，与大企业共同构建合理分工体系。探索创新合作机制，加强企业间的联合与协作，继续引进移动智能终端以及白色家电等整机生产企业，夯实集成电路产业与整机产业协作发展基础。鼓励本地整机或应用企业、制造企业与设计企业形成虚拟 IDM 模式，鼓励集成电路与工程机械、轨道交通、汽车等优势产业、集成电路与软件、整机与芯片联动发展，加快构建“芯片 – 软件 – 整机 – 系统 – 信息服务”产业生态链。

（三）统筹利用省内外资源，扩大对外招商合作。大力挖掘集成电路产品的应用市场，结合集成电路产业转移大趋势，加大招商引资力度，争取一批集成电路企业到湘发展，带动产业链配套发展。加强区域互动与合作，加快推进与深圳市、上海市、北京市等国内集成电路产业集聚区的合作，探索“产业飞地”“异地共建”等发展模式，共建集成电路产业园，吸引国内外知名企业来湘发展。促进资源回流，充分挖掘湖南外部资源优势，吸引海外华人或在外工作的人才回乡投资或发展。

（四）优化产业空间布局，促进各地协同发展。继续发挥长株潭城市群的辐射带动作用，提升株洲市在电力电子器件、长沙经开区和长沙高新区在集成电路制造和设计等方面的核心竞争力，进一步增强产业集聚效应。支持益阳市、衡阳市、郴州市等电子产业园区立足自身产业基础，积极吸引国内外投资，配套发展集成电路项目，提高在产业分工体系和价值链中的地位。形成以长株潭为核心，周边市县配套，优势互补、良性互动、特色突出、协调发展的产业格局，培育 2–3 个具有较强辐射带动作用的集成电路产业园区，完善园区配套，形成产业集聚。

（五）深化 IC 技术应用，服务全省经济发展。紧密结合新一代信息技术发展趋势，把握“四化”发展机遇，支持 IC 企业与传统工业企业开展多层次合作，大力推进集成电路芯片产品在汽车、工程机械、轨道交通、新能源、输配电等领域应用，切实促进我省装备制造业向装备“智造”发展。充分发挥自主集成电路产品在“数字湖南”等项目中的作用，扩大在环保、医疗卫生、文化教育、就业和社会保障等领域的广泛和深度应用，加快全省民生重要领域基础设施智能化进程，保障信息安全，提高公共服务水平，支撑我省“四化两型”社会建设。

（六）完善公共服务体系，优化产业发展环境。加快公共技术服务平台和交流共享平台建设，以省市园区共建或租用省外资源等多种方式，为集成电路企业提供设计工具软件、通用 IP 核授权、MPW、SOC 开发平台等服务，降低创业成本和进入门槛，吸引企业和人才进驻，形成产业聚集，构建完整产业链和良好的产业生态环境。探索与芯片制造商合作模式，建立生产线公共服务平台，为设计企业提供流片验证支持。进一步完善创业环境，以省内集成电路产业集聚区为载体，大力推进专业孵化器和综合孵化器建设，激活创新活力，吸引人才来湘创业发展。联合国防科技大学、湖南大学等单位，通过产学研用结合，申建国家重点实验室、国家工程研究中心、国家企业技术中心、国家产品质量控制和技术评价实验室等平台，推动产业关键、共性技术研发。

四、发展重点

（一）以市场为导向，大力发展集成电路设计业。围绕我省优势工业领域发展需求，以整机带动设计业发展，构建完善的产业生态体系，推动芯片设计、软件开发、系统集成、内容与服务的协同创新，以硬件性能的提升带动软件与信息服务发展，以软件与信息服务的优化升级促进硬件技术进步。近期重点发展省内有一定产业基础的芯片，主要包括：国家战略性强的安全可靠中央处理器（CPU）、图形处理器（GPU）和操作系统；产业基础好的功率电子芯片、数字电视芯片、音频处理芯片、物联网芯片、智能穿戴设备芯片和卫星导航芯片；我省市场需求量大的工业控制、智能交通、汽车电子、智能电网芯片、医疗电子芯片等。未来瞄准市场前景好的新兴领域，主要包括：可穿戴设备领域的新型传感器芯片，存储器领域的新型固态硬盘控制器芯片；移动智能终端、网络通信、云计算、物联网、大数据等领域核心技术，建立产业生态体系；开发基于新业态、新应用的算法 / 核心 IP 及云操作系统等基础软件和嵌入式软件，提供系统解决方案。

（二）以功率器件为突破口，发展壮大集成电路特色制造业。多渠道吸引资金投入集成电路领域，引导产业资源向有基础、有条件的企业和地区集聚，形成规模效应。支持国内外厂商在我省独资或合资建厂，大力推动具有国际先进水平的特色功率器件生产线建设，尽快形成特色工艺规模化制造能力。近期以省内制造业为基础，一是发挥国内首家 8 英寸 IGBT 芯片生产线优势，开发国产系列化 IGBT 器件及组件产品，快速推广 IGBT 及其功率组件在铁路机车与城市轨道交通、风电、太阳能发电、工业传动、通用高压变频器、电力市场等领域的应用，并向海外市场拓展；加快研发低电压 IGBT 产品，向新能源汽车及家电等领域推广应用。二是重点推动 6 英寸 /8 英寸特色晶圆制造项目，加快技术升级和产能扩充，与省内整机企业合作，加强模拟工艺、数模混合工艺、微电子机械系统（MEMS）工艺技术开发，尤其是电源管理芯片、传感器、摄像头芯片、图像处理芯片等产品，提升本地服务能力。未来以建成拥有国际先进水平的以IGBT、SiC器件等新一代电力电子器件为重点的集成电路特色工艺生产基地为目标，完善芯片设计、制造和检测生产手段和工艺，继续加大MOS-FET、FRED等产品开发力度，提升特色工艺技术水平，构建完整的产品链，做大产业规模。加强与科研机构合作，加快SiC、GaN等新一代电力电子器件产业化速度，提升工艺技术水平，尽快实现规模化生产能力，引领国内功率器件发展。

（三）*以承接产业转移为重点，加快发展封装测试业。*加强区域互动与合作，积极承接国内外封装测试业转移，加快封装测试配套能力建设，顺应集成电路设计与制造工艺节点的演进需求，积极引进先进封装和测试技术，推动封装工艺技术升级和产能扩充，提高测试技术水平和产业规模。近期以承接封装业转移为主，支持省内封测业发展。淘汰老旧封装形式，开发新式产品封装形式，向体积小、重量轻、集成度高的方向发展。加强表贴微封（如SOP、SOJ等）和大中规模集成电路（如PGA、BGA等）封装线，建设本地集成电路封装、测试、试验基地，提升产业链配套能力。在发展标准封装形式如标准陶瓷封装、金属圆壳封装、贴片微型陶瓷封装、无引线载体封装的基础上，兼顾特种专用封装，包括军品需求和IGBT等功率芯片封装技术，形成特色突出的功率模块封装规模化集聚。未来聚焦特色封测生产线，实现技术突破。围绕功率芯片进行特色封装技术研发，支持企业发展IGBT芯片级封装（CSP）、多芯片组件封装（MCM）等先进功率芯片封装和测试技术，推进驱动芯片、电源管理芯片等配套芯片封装技术的研发，研发功率器件和IC芯片的集成封装技术，包括多芯片封装（MCP）、系统级封装（SiP）、封装内封装（PiP）、封装上封装（PoP）等高密度集成封装形式。

（四）*以实现进口替代为契机，实现集成电路关键装备和材料国产化。*推动集成电路制造、装备和材料企业协同发展，增强产业配套能力。依托我省现有基础和优势，加强设备、仪器和材料的开发，形成成套工艺，推动国产装备和材料在生产线上规模应用，尽快实现进口替代。近期重点突破Si基、SiC基IGBT器件、SOI高温压敏芯片及铁电存储器等关键装备，实现有源层制备工艺发展掺杂、外延生长、薄膜沉积等关键工艺和设备国产化，引领国产高端装备向产业化、成套化发展，推动规模应用，并带动省内装备零配件产业的发展。加快关键性材料的研发及产业化，重点支持SOI材料、铁电薄膜材料、AlSiC基板、AlN覆铜板、电子级硅胶、硅橡胶、SiC片、铜箔、引线框架等材料，提早布局耐高温绝缘灌封材料，打造国内集成电路材料产业化基地。未来面向制造业工艺线高端设备和材料，增强产业配套能力。以功率器件生产线、特色工艺生产线为对象，加强集成电路装备、材料与工艺结合，联合省内高校和研究所，研发适合生产线的小尺寸刻蚀机、大束流离子注入机等先进设备，开发光刻胶、大尺寸硅片等关键材料，加快本地产业化进程，集中突破集成电路关键装备和材料。

五、政策措施

（一）*加强组织领导，构建产业发展环境。*省集成电路产业发展领导小组统筹协调集成电路产业发展过程中的重大问题，领导小组办公室具体负责制定集成电路产业发展目标、支持方向和重点，协调解决集成电路产业发展中的有关问题，创建有利于产业发展的体制机制、支撑环境和服务体系。建立由集成电路相关专家组成的省集成电路产业发展专家咨询委员会，对产业发展的重大问题和政策措施开展调查研究，提供咨询建议。成立集成电路行业组织或产业联盟，搭建上下游沟通平台。加强集成电路产业统计工作，及时跟踪监测产业运行状况，为指导产业发展提供决策参考。

（二）*加大金融支持，完善投融资机制。*鼓励和引导金融机构加大对集成电路产业的信贷支持力度，设立符合集成电路产业需求特点的信贷产品和保险产品。鼓励信用担保机构为有技术、有市场、有信用的集成电路企业提供融资担保服务。支持符合条件的集成电路企业上市融资。转变财政资金支持方式，设立省集成电路产业投资基金，以财政资金为引导，吸引社会资金投入，基金采取市场化机制运作。做好与国家集成电路产业投资基金的衔接工作，争取国家基金投入。

（三）*集中专项资金，发挥杠杆和引领作用。*统筹省内信息化、新型工业化、战略性新兴产业等专项资金，支持落实集成电路产业各项扶持政策。重点支持集成电路企业的研发、重点项目建设、产业链协作、科技攻关、人才培养、公共平台建设等。

（四）*落实税收政策，保持政策稳定。*贯彻落实国家支持集成电路产业发展的各项税收优惠政策。鼓励集成电路企业进行高新技术企业、技术先进型服务企业认定，通过认定的企业按照规定享受相关税收优惠政策。对符合小微企业条件的集成电路企业，按规定减免企业所得税。各级税务部门要积极支持集成电路产业发展，优化办税流程，为企业发展营造良好的税收支持环境。

（五）*提高创新能力，推动持续发展。*推动形成产业链上下游协同创新体系，鼓励组建国家和省级产业技术创新战略联盟。对企业参与“核高基”等国家重大科技专项，省本级相关专项资金优先予以支持。对国家认定的集成电路、功率器件及其配套ASIC研发和应用类的国家重点实验室、国家工程（技术）研究中心、国家企业技术中心、国家产品质量控制和技术评价实验室等平台，按规定给予项目资金补贴。创新体制机制，鼓励高校研究所科研成果转化，充分发挥国防科技大学与我省共建的产业技术协同创新研究院作用，加快推动科大自主可控技术的本地化转化。鼓励集成电路企业培育核心知识产权，引导建立省内知识产权战略联盟，对企业获得国内外集成电路专有权或授权的发明专利，有关专项资金给予优先支持并适当奖励。加快形成集成电路重大创新领域标准，占据产业技术竞争的制高点，充分发挥技术标准的作用。

（六）*加强人才培养，加快智力引进。*加强集成电路人才培养体系建设，鼓励企业与院校联合建立人才实训基地或自建培训机构。重点支持国防科技大学、湖南大学、中南大学、湘潭大学等高校建立微电子学院，联合省内优势企业申报成立国家示范性微电子学院，培养高端研发人才。实施常态化人才引进，大力促进人才回流，鼓励留学回国人员和外地优秀人才到湖南投资发展和从事技术创新工作，吸引和培养一批领军人才和管理团队。创造有利于人才发展的宽松环境，在户籍、医疗保障、住房、子女教育等方面给予重点支持。制定鼓励创新创造的奖励政策和分配激励机制，引入竞争机制，瞄准全球先进领军人才或管理团队，多渠道、多途径引进。

（七）强化区域互动，扩大对外开放。进一步优化产业环境，充分发挥我省区位优势，开展与周边园区全方位的交流合作，以飞地园区、异地共建等合作方式进行产业转移。加强其他省份与省内企业或科研院所之间的全方位合作交流，在省内建设高水平的研发中心、生产中心、运营中心，完善产业链配套，拓展产品研发和市场渠道。建立和完善具备语言、专业技术、国际商务、投融资顾问、科技管理等全方位能力的专门化招商队伍，逐步突破国外产业招商，聚焦集成电路设计业、集成电路特色制造业、集成电路配套业三个板块，调动各方资源，强力推进产业招商工作。鼓励省内企业走出去，并购整合国际资源，拓展国际市场，加强技术和产业合作，实现集成电路产业的跨越式发展。

湖南省人民政府办公厅关于印发《湖南省现代物流业发展三年行动计划（2015—2017年）》的通知

（湘政办发〔2015〕50号）

各市州、县市区人民政府，省政府各厅委、各直属机构：

《湖南省现代物流业发展三年行动计划（2015—2017年）》已经省人民政府同意，现印发给你们，请认真组织实施。

湖南省人民政府办公厅

2015年5月8日

湖南省现代物流业发展三年行动计划（2015—2017年）

为推动全省物流业加快发展，构建经济发展新引擎，根据《物流业发展中长期规划（2014—2020年）》（国发〔2014〕42号）精神，结合我省实际，制定本行动计划。

一、总体要求

（一）基本思路。贯彻落实党的十八大和十八届三中、四中全会精神，充分发挥“一带一部”的区位优势，依托航空、铁路、公路等现代综合交通枢纽和网络，进一步强化中心、优化节点、完善设施、提升功能，加快物流园区建设，大力培育物流领军企业，发展壮大特色物流，以产业联动提升产业集聚区生产物流服务能力，以公共配送提升城乡居民消费物流服务能力，全面提升我省物流业专业化、社会化和信息化水平，为推进四化两型建设、实现三量齐升、全面建成小康社会提供物流服务保障。

（二）基本原则。坚持市场主导。充分发挥市场在资源配置中的决定性作用，强化企业的市场主体地位，积极发挥政府对现代物流业在战略、规划、政策、标准等方面的引导作用。

坚持规划引领。统筹物流业发展规划、城乡规划、土地规划和项目建设规划，强化规划的约束力和执行力，优化物流产业布局，促进物流业有序发展。

坚持创新驱动。加快物流信息技术的研发应用，提升物流业信息化和智能化水平；采用节能环保技术装备，降低物流业总体能耗和污染物排放水平；创新运作管理模式，提高供应链管理和物流服务水平，形成物流业与制造业、商贸业、金融业协同发展的新优势。

坚持项目带动。加强物流项目建设，充分发挥重大物流项目的资源集聚和辐射作用。通过项目带动，逐步形成规模适度、功能齐全、绿色高效，与区域经济、产业体系和居民消费水平相适应的现代物流服务体系。

（三）发展目标。经过三年努力，全省物流业综合实力明显提升。到2017年，基本建立布局合理、技术先进、便捷高效、绿色环保、安全有序的现代物流服务体系，将湖南打造成为长江经济带重要区域性物流中心，使物流业对经济社会发展的服务能力显著增强。

——物流整体运行水平进一步提高。力争到2017年，全省物流业增加值达到2500亿元左右，年均增长12%以上，物流总费用占GDP的比率下降到18.2%左右。

——物流园区发展水平上台阶。物流园区网络体系、布局更加合理，多式联运、甩挂运输、共同配送等现代物流运作方式不断发展，培育形成20个设施先进、功能完备、集聚集约发展的省级示范物流园区，建设3–5家国家级示范物流园区。

——物流龙头企业引领能力显著增强。培育一批具有国际竞争力的大型物流企业集团和物流服务品牌，第三方、第四方物流企业实现较快发展，重点支持建设100个重大物流项目，到2017年，年营业收入过10亿元的企业达到40家以上，其中年营业收入超50亿元物流企业达到8家；国家5A级物流企业达到15家；进入全国100强的物流企业达到5家。

——物流专业化、社会化服务能力显著提升。初步建成覆盖全省的物流公共信息平台，全面推进物流技术设施标准化。

二、主要任务

（一）推进长株潭物流枢纽与物流节点建设，优化物流业发展区域布局。

1. 提升长株潭区域物流中心功能。突出国家区域物流结点城市、长沙国家一级物流园区布局城市的地位，发挥长株潭城市群综合配套改革试验区的优势，提升国际化、高端化、智能化水平。以长沙金霞物流园、湘潭荷塘物流园两个省级示范物流园区，以及湖南航空物流产业园、长沙高铁物流、湘潭一力公路港物流、株洲轨道交通物流、株洲芦淞服饰物流园为核心，打造中部地区物流高地。长沙市以发达的经济基础和便捷的交通运输网络为依托，以城市配送物流和专业市场物流为重点，大力培育空港物流、高铁物流，加速构建全省综合物流中心。株洲市依托国际领先的轨道交通等装备制造业、辐射中南地区的服装交易集散地，重点发展制造业物流和服饰物流。湘潭市以商贸物流为重点，发挥综合保税区优势，加快建设适应国际中转、国际采购、国际配送、国际转口贸易业务要求的保税物流；发挥长株潭中心结合部、高速公路枢纽的区位优势，建设以货物配载、物流信息交流为重点的一力公路港物流。（省发改委、省商务厅、省交通运输厅、省经信委、省机场管理集团以及长株潭三市人民政府负责，排第一位的为牵头单位，下同）

2. 增强区域物流节点支撑能力。依托岳阳、衡阳、娄底国家二级物流园区布局城市和郴州、怀化、常德、邵阳等国家三级物流园区布局城市，发挥地区性中心城市的区位交通、产业和市场等优势，进一步完善物流通道、园区、口岸、配送中心等基础设施，增强区域物流节点综合服务功能，形成与长株潭中心功能互补、相互呼应、联动发展的大物流发展格局。依托京广、沪昆铁路和京港澳、沪昆、二广高速等交通运输大通道，推动沿线中心城市物流节点建设，加强货运场站、多式联运设施改造提升，提高物流中转集疏、分拨配送能力，促进区域物流顺畅衔接和一体化发展，建设覆盖周边、辐射全国的交通物流网络。依托各地产业集聚区和产业集群，以工程机械、装备制造、汽车及零部件、食品、钢铁、有色、建材等产业为重点，建设一批具有贸易、流通加工、中转分拨、集成配送、物流金融等复合服务功能的物流园区，为产业集群发展和转型升级提供物流服务支撑。依托各地商贸业聚集地、大型批发市场等，加快专业市场配套物流设施建设，促进专业市场转型升级，建设形成一批面向全国乃至国际的具有展示交易、价格发布、信息交流、电子商务等一体化物流服务功能的商贸物流基地。加强节点城市物流基础设施建设，不断提升物流综合服务能力。重点推动衡阳白沙洲物流园、郴州湘南国际物流园、怀化狮子岩物流园、娄底湘中国际物流园、岳阳城陵矶新港物流园、常德德山物流园等省级示范物流园建设，形成一批支撑区域物流集聚发展的载体平台。加快发展边贸物流，在怀化市、湘西自治州、永州市、郴州市、张家界市等省际边界城镇，建设一批商贸物流中心，形成辐射面宽、带动力强的区域物流节点。（省发改委、省经信委、省交通运输厅、省商务厅以及相关市州人民政府负责）

（二）突出培育五大特色物流

1. 电子商务物流。抓住电子商务快速发展的重大机遇，依托区位和交通优势，吸引境内外电子商务巨头布局建设区域物流节点，打造长株潭全国区域性电子商务物流枢纽。深化与阿里巴巴等知名电商的战略合作，实施“湘品网上行”工程，加快建设快乐购、步步高网上商城、通程天下、友阿网上商城、网上供销社等电子商务平台，引进天猫国际、易贝、亚马逊等知名平台，扩大跨境贸易业务规模。重点建设电子商务快递物流园、邮政速递物流邮件处理中心和申通、圆通、中通、汇通、韵达、顺丰、宅急送等公司区域中心或分拨集散中心。推动DHL、联合包裹、联邦快递、TNT等四大快递企业在长沙设立转运中心，支持有实力的快递企业在中小城市和重点乡镇布局网点。在长沙、株洲、岳阳、衡阳、郴州、娄底、怀化等地区建成一批区域性仓储配送基地，吸引制造商、电商、快递和零担物流公司、第三方服务公司入驻，提高快递物流配送效率和服务水平。推动高铁货运场站、空港货运设施等建设，积极开展高铁、航空快递业务，不断扩大快递规模。开展电子商务与快递协同发展试点，建立适合电子商务快速发展的物流快递管理制度和服务体系。（省商务厅、省发改委、省经信委、省公安厅、省科技厅、省工商局、省邮政管理局、省通信管理局、省机场集团、广铁集团长沙办事处、长沙海关、湖南出入境检验检疫局、石长铁路公司以及相关市州人民政府负责）

2. 冷链物流。壮大行业龙头，完善区域网络，加快构建适应农产品精深加工、消费升级和医药流通特点的冷链物流体系，建设全国重要的冷链物流基地。支持新五丰、红星、伟鸿、佳惠、马王堆农产品物流中心等龙头企业，依托生产加工、批发和配送网点，拓展冷链干线运输、区域分拨、城际零担业务。编制全省冷链物流发展规划，加强鲜活农产品冷链物流设施建设，支持大宗鲜活农产品产地预冷、初加工、冷藏保鲜、冷链运输等设施设备建设，形成一批农产品物流集散中心。加强冷链物流设施设备信息化改造，建设产业链全流程质量监控和追溯系统，提升批发市场等重要节点的冷链设施水平，完善冷链物流网络。（省发改委、省商务厅、省农委、省食品药品监管局以及相关市州人民政府负责）

3. 保税物流。依托航空、铁路、公路、内河口岸和各类海关特殊监管区域及保税监管场所，大力发展保税物流。积极推进衡阳综合保税区、湘潭综合保税区、岳阳城陵矶综合保税区、郴州出口加工区项目建设，支持郴州出口加工区升级为综合保税区，推动长沙申建综合保税区，加快长沙自由贸易试验区申建筹备工作，加强各地市州保税仓库和监管仓库建设，打造以海关特殊监管区域为轴线、保税监管场所为两翼的湖南保税物流体系。积极与上海自由贸易试验区对接，做好各项创新制度的复制推广工作，充分发挥、利用、拓展现有海关特殊监管区域的保税加工、保税物流、保税服务功能，支持省内进出口贸易依托海关特殊监管区域开展保税物流业务，扩大智能手机、汽车零配件、贵重金属、高档服装等产品保税物流规模，支持企业在海关特殊监管区域内开展国内出口产品返区维修业务。加快电子口岸建设，建立口岸物流联检联动机制，实现报关、报检、安检等一次申报、一次查验、一次放行，提高进出口货物通关效率。完善出入境检验检疫设施，保障公共安全。（省商务厅、长沙海关、湖南出入境检验检疫局、省发改委、省机场管理集团以及相关市州人民政府负责）

4. 再生资源回收物流。依托汨罗、松木、永兴、桂阳等国家循环经济示范园区，加快建立再生资源回收物流体系，重点推动包装物、废旧电器电子产品等生活废弃物和报废工程机械、农作物秸秆、消费品加工中产生的边角废料等有使用价值废弃物的回收物流发展。加大废弃物回收物流处理设施的投资力度，加快建设一批回收物流中心，提高回收物品的收集、分拣、加工、搬运、仓储、包装、维修等管理水平，实现废弃物的妥善处置、循环利用、无害环保。（省商务厅、省发改委、省经信委、省环保厅、省供销社以及相关市、县人民政府负责）

5. 优势产业物流。积极推动工程机械、轨道交通、汽车、钢铁、盐化工、输变电、建材、粮食、医药等行业物流发展，在全省建设一批具有区域影响力的专业物流基地，形成与主导产业相配套的物流服务体系。加快推进农村物流发展，建设布局合理、功能完善、服务高效的农村物流服务体系。（省经信委、省发改委、省商务厅、省食品药品监管局、省供销社、省粮食局负责）

（三）加快实施六大物流工程

1. 多式联运工程。加快多式联运设施建设，构建能力匹配的集疏运通道，配备现代化中转设施，建立多式联运信息平台，促进公铁联运、铁水联运、陆空联运、江海联运无缝对接，建设一批多式联运示范运作区。岳阳市建设完善港口铁路、公路集疏运设施，发挥港口集装箱中心作用。长株潭依托空港、湘江内河港、公路、铁路交通枢纽优势，加快发展公铁联运、陆空联运、铁水联运，继续开通“五定班列”，开通直通欧洲的国际货运班列。郴州市利用直通港澳验放口岸，开通港澳货物直通车，怀化、衡阳、娄底等市积极发展公铁联运。推进洞庭湖区和四水沿江节点城市港口场站建设，发展以矿石原料、煤炭、粮食大宗散货铁水联运。（省交通运输厅、省发改委、省经信委、省商务厅、省机场管理集团、广铁集团长沙办事处、长沙海关、湖南出入境检验检疫局、石长铁路公司负责）

2. 物流园区提升工程。按照节约集约用地原则，在一、二、三级物流园区布局城市及重要节点地区，推进物流园区快速、健康、有序发展，尽快形成与区域经济发展相适应的物流园区体系。

——优化园区布局。结合各地产业需求和区位特点，依托交通枢纽、口岸、国家级和省级开发区、产业和商贸集聚区，加快建设和改造提升一批货运枢纽型、生产服务型、商贸服务型、口岸服务型、综合服务型等物流园区，形成布局合理、功能集成、企业集聚、规模适当、支撑服务有力的物流发展载体平台。（省发改委、省经信委、省交通运输厅、省商务厅、省国土资源厅、省邮政管理局、长沙海关、广铁集团长沙办事处、石长铁路公司以及相关市州人民政府负责）

——推动园区转型升级。整合现有物流园区和物流基础设施，提高土地和资源利用效率，支持优势物流园区做大做强，引导物流需求不足和同质化竞争明显的园区进一步完善功能、强化特色、创新发展。科学布局新建物流园区，综合考虑区域物流需求、城镇化建设等因素，支持建设一批规模适当、功能完备、业态先进、多式联运的现代化物流园区，提升我省物流园区整体发展水平。（省发改委、省交通运输厅、省商务厅、广铁集团长沙办事处、省机场管理集团、石长铁路公司以及相关市州人民政府负责）

——加强园区设施建设。编制完善物流园区总体发展规划，明确四至范围、产业定位、功能分区、发展目标、建设时序等。加快建设园区现代化仓储设施、多式联运设施和信息服务平台，建设完善园区水、电、路、网络、通信和园区周边道路、铁路、水路等基础设施和生活配套设施，推广甩挂运输、集装箱运输、托盘化单元装载和智能化管理技术，提高物流效率，降低储运损耗，打造绿色低碳物流园区。（省发改委、省交通运输厅、省商务厅、省住房城乡建设厅、省经信委、省科技厅、广铁集团长沙办事处、石长铁路公司以及相关市州人民政府负责）

——开展园区示范工作。落实《全国物流园区发展规划》，开展省级示范物流园区评定和培育工作，争取三年扶持建设 20 个综合实力强、发展前景好、带动作用显著的省级示范物流园区。积极申建国家级示范物流园区，不断总结经验，强化示范引领，促进全省物流园区规模化、专业化发展。（省发改委、省国土资源厅、省住房城乡建设厅、省交通运输厅、省商务厅、省环保厅、省经信委、省科技厅、省邮政管理局、省机场管理集团、长沙海关、广铁集团长沙办事处、石长铁路公司以及相关市州人民政府负责）

3. 产业联动发展工程。围绕建设先进制造业大省，推动物流业与制造业联动发展，完善产业集聚区物流服务功能，增强供应链一体化服务能力，为产业结构调整和转型升级提供动力。

——推进产业集聚区物流功能区建设。在全省 141 个省级以上开发区和产业集聚区，规划建设一批与主导产业紧密配套的物流服务“区中园”，完善物流基础设施、建设公共外仓、强化信息服务，提高产业集聚区供应链设计、采购物流、入厂物流、交互物流、销售物流、逆向物流等专业服务能力。（省发改委、省经信委、省科技厅、省商务厅、省交通运输厅以及各市州人民政府负责）

——鼓励制造企业分离外包物流业务。加大制造企业主辅分离推进力度，支持一批有条件的企业设立专业物流公司，再造企业内部流程，开展社会化物流业务。鼓励制造企业与第三方物流企业建立长期合作关系，外包企业物流业务。（省经信委、省发改委、省交通运输厅负责）

——积极发展供应链物流。支持有实力的物流企业建设与生产制造相配套的仓储配送设施和物流信息系统，为制造企业提供从原材料采购到产品销售的完整供应链服务。总结推广国家制造业和物流业联动示范经验，提升我省供

应链物流管理发展水平。（省经信委、省发改委、省交通运输厅、省商务厅负责）

4. 城乡物流配送工程。结合新型城镇化建设和居民消费升级，加快完善城乡配送网络体系，统筹规划、合理布局物流园区、配送中心、末端配送网点等三级配送节点，搭建城市配送公共服务平台，积极推进县、乡、村消费品和农资配送网络体系建设，实施“百城千镇县乡流通再造工程”，破解城乡配送“最后一公里”难题。

——提升基础设施保障能力。加强城市公共配送节点网络建设，结合中心城市主要商贸设施布局，建设一批用地集约、设施先进、运转高效的城市配送中心，建设完善公共配送末端网点和配送车辆停靠、装卸作业场地设施，增强城市公共配送服务能力。发展智能物流基础设施，在农村、社区、学校建设物流快递取送点，推动智能快递箱建设。进一步发挥邮政及供销合作社的网络和服务优势，加强农村邮政网点、村邮站、“三农”服务站等邮政终端设施建设，促进农村地区商品的双向流通。（省商务厅、省发改委、省交通运输厅、省国土资源厅、省供销社、省邮政管理局负责）

——优化城乡配送管理。鼓励各地制定城市配送发展规划，开辟城市配送专用路线，完善大型商业场所配送设施的配建标准。改善城市配送车辆通行环境，完善城市配送车辆通行许可证发放制度，放宽城市配送车辆停靠限制，鼓励汽车制造企业，设计生产适合城乡配送的专用车辆。规范城市配送运输经营活动。支持农村、社区、学校的物流快递公共取送点建设。（省公安厅、省交通运输厅、省商务厅、省发改委、省邮政管理局负责）

——推广应用现代配送技术。积极采用共同配送、分时段配送、夜间配送等配送模式。鼓励企业建设或租用标准化仓库，使用规范厢式标准配送车辆，推广标准编码、带板运输、仓储笼运输等先进配送技术，提高城市配送专业化水平。（省商务厅、省交通运输厅、省发改委、省公安厅、省质监局、省邮政管理局负责）

5. 物流信息化和标准化工程。围绕提高效率、降低成本，加快企业物流信息系统和物流公共信息平台建设，加强物流标准化的推广应用，不断提升我省物流业发展质量和水平。

——加强物流信息化建设。依托行业管理部门，加强综合运输信息、物流资源交易、电子口岸和大宗商品交易等平台建设，促进各类平台之间的互联互通和信息共享。鼓励冷链、装备制造、医药、钢材、粮食等行业龙头企业，建设面向中小物流企业的物流信息服务平台，建设物流“公路港”，促进货源、车源和物流服务等信息的高效匹配，有效降低货车空驶率。积极推动物流信息技术创新和应用，推广使用自动识别、电子数据交换、货物跟踪、智能交通、物联网等先进技术。支持物流企业开发应用内部信息管理系统，提高企业信息化水平。（省经信委、省发改委、省交通运输厅、省商务厅、省科技厅、省公安厅、长沙海关、省通信管理局、广铁集团长沙办事处、湖南出入境检验检疫局、石长铁路公司负责）

——加强物流标准化建设。加大物流标准应用推广力度，支持我省物流龙头企业建立完善服务标准体系，参与国家、行业物流标准制订、修订工作。大力推进仓库标准化、储运标准化，促进标准化仓库和专业仓库建设，推广使用标准化托盘、自动化搬运装卸工具，推进标准化托盘循环共用体系建设。选择省级示范物流园区、重点物流企业、城市配送中心开展国家级物流服务标准化试点和省级服务业标准化试点。研究制定省级重点物流园区标准、省级重点物流企业标准和省级重点物流项目标准。（省质监局、省发改委、省经信委、省交通运输厅、省商务厅负责）

6.龙头企业培育工程。围绕解决物流企业“小散弱”现状，突出市场主体建设，通过整合提升、引进移植和培育扶持三个重要途径，培育发展一批物流龙头企业。

——整合提升一批。鼓励现有运输、仓储、货代、联运、快递企业的功能整合和服务延伸，加大资源整合力度。强化对物流企业兼并重组的政策支持力度，鼓励物流企业通过参股、控股、兼并、联合、合资、合作等多种形式进行资产重组，加快向现代物流企业转型提升。（省发改委、省经信委、省商务厅、省交通运输厅、省财政厅、省国资委、省工商局、省国税局、省地税局以及相关市州人民政府负责）

——引进移植一批。充分利用我省区位优势，特别是优越的公路、铁路物流发展条件，抓住发达国家和沿海地区产业转移的有利时机，面向境内外引进一批国际国内著名物流企业。与央企合作发展一批骨干物流企业。（省发改委、省商务厅、省经信委、省国资委、省交通运输厅以及相关市州人民政府负责）

——培育扶持一批。加大对省级龙头企业的扶持力度，制定省级重点物流企业认定办法，对经认定的重点物流企业在项目申报中央投资和省财政资金支持方面给予重点倾斜，培育壮大一批本土物流企业，组建产业联盟。到2017年，争取年营业收入过10亿元的企业达到40家以上，其中年营业收入超50亿元物流企业达到8家；进入全国100强的物流企业达到5家。（省发改委、省财政厅、省经信委、省商务厅、省交通运输厅、省国资委、省工商局、省国税局、省地税局以及相关市州人民政府负责）

三、保障措施

（一）加强指导协调。进一步发挥省推进现代物流工作领导小组统筹协调职能，建立物流业重大推进事项会商协调机制，加强对物流业相关规划、重大政策、企业发展、物流园区和重大项目建设等的指导协调。各市州也要建立相应工作机制。各地各有关部门要明确任务，强化责任，制定工作方案，加强协作配合，抓好各项任务落实。要充分发挥物流行业协会桥梁纽带作用，调动社会力量，形成发展合力。

（二）强化政策支持。

1. 减轻税负。对符合规定条件的科技型物流企业，在认定为高新技术企业后，可享受国家规定的所得税优惠。落实财政部、国家税务总局财税〔2012〕13号文件的规定，对物流企业自有的（包括自用和出租）大宗商品仓储设施用地，减按所得土地等级适用税额标准的50%计征城镇土地使用税。物流企业在综合保税区、出口加工区投资用于自营物流设施建设和技术改造购置的进口设备，符合国家有关规定的，经认定后可享受免征关税和进口环节增值税

的优惠政策。

2. 规范收费。物流企业作业用水、用电、用气价格，继续执行省人民政府办公厅湘政办发〔2007〕41号文件的规定，即按照一般工业企业同等标准收取。交通运输、发改等部门要继续完善我省集装箱车、专用车、厢式车、甩挂车的通行费优惠政策，鼓励节能减排型车辆的发展。对没有法律法规依据的面向物流企业的行政事业性收费，一律予以取消。

3. 保障用地。对纳入国家和省物流业发展规划的重点物流园区、重点物流项目建设用地，国土资源部门要在土地储备或土地利用年度计划指标内优先予以保障，依法供应物流用地。支持利用工业企业旧厂房、闲置仓库和存量土地资源建设物流设施，涉及原划拨土地使用权转让或租赁的，应按规定办理土地有偿使用手续。允许物流企业通过租赁方式取得国有土地使用权。鼓励农村集体经济组织利用经依法批准的建设用地作价出资入股与物流企业共同发展物流业。享受优惠政策的物流用地不得改变用地性质，禁止以物流园区、物流中心的名义圈占土地和实施整体供地，提高节约集约用地水平。

（三）强化融资渠道。

1. 加强财政支持。现代服务业发展专项资金中每年统筹安排一部分资金用于重点物流项目建设、物流人才培养、物流标准化推进、物流新技术的应用推广。继续从中央转移支付新增成品油消费税转项资金中安排一定数量的资金用于补助全省重要物流园区（中心）和物流信息化建设，以及用于鼓励发展节能环保型车辆、船舶、大吨位和特种（专用）车辆、船舶，鼓励企业对港口设施设备进行节能改造。鼓励企业采用物流信息管理系统、自动分拣系统等先进物流技术和设备，省本级相关专项资金对符合政策条件的项目给予倾斜支持。统筹有关专项资金，落实省政府创新创业园区“135”工程的相关政策，对省级以上产业园区新建物流标准仓库给予补助。

2. 拓宽社会资金渠道。积极引导银行等金融机构加大对物流企业的信贷支持力度，对信用记录好、市场竞争力强的物流企业优先提供信贷支持。加快推动适合物流特点的金融产品和服务方式创新，积极探索抵押或质押等多种融资担保方式。发展物流业股权投资基金，支持符合条件的物流企业上市和发行企业债券，对获得国家行业认定的4A、5A级物流企业优先纳入上市后备企业。鼓励和引导民间资本进入物流产业。

（四）完善规章制度。从国民经济行业分类、产业统计、工商注册、土地使用及税目设立等方面明确物流业类别，确立产业地位。完善物流标准体系，制订通用基础类、公共类、服务类及专业类物流标准。进一步加强社会物流统计工作，支持各地完善物流统计制度。研究制订促进物流业发展的法规制度。建立健全物流统计队伍，落实工作经费。加强统计信息预测分析，探索建立省采购经理指数调查制度。加强物流业发展考评工作，对列入国家和省政府重点支持范围的物流项目实行动态跟踪和绩效考评。

（五）加强市场监督。加强对物流市场的监督管理，完善物流企业和从业人员信用记录，纳入统一的信用信息平台；增强企业诚信意识，建立健全失信联合惩戒机制。加强物流信息安全管理，禁止泄露转卖客户信息。加强物流服务质量满意度监测，开展安全、诚信、优质服务创建活动，加强对物流业市场竞争行为的监督检查，依法查处不正当竞争和垄断行为。

（六）加强安全监管。严格执行国家强制标准，保证运输装备产品的一致性。加强对物流车辆和设施设备的检验检测，禁止超载运输，规范超限运输。危险货物运输要强化企业经理人员安全管理职责和车辆动态监控。建立健全物流安全监管信息共享机制，物流信息平台及物流企业信息系统要按照统一技术标准建设共享信息的技术接口。道路、铁路、民航、航运、邮政管理部门要进一步规范货物收运、收寄流程，进一步落实货物安全检查责任，采取严格的货物安全检查措施并增加开箱检查频次，加大对瞒报货物品名行为的查处力度，严防普通货物中夹带违禁品和危险品。

（七）强化人才支撑。完善多层次物流教育体系，加强高级物流人才培养，提高人才培养质量。支持高校和中职院校重点物流专业建设，加强物流从业人员职业技能教育和在职培训，开展物流人才培养国际合作。积极支持一批重点物流企业和高、中等院校开展校企合作，共建实习实训基地。定期组织物流业高级培训，提高物流企业高管和行业管理人员的综合能力。规范物流领域职业资格认证，提高物流从业人员的职业能力和素质。引进国际一流物流人才来湘发展，按照省有关人才政策给予补助。

湖南省人民政府办公厅
关于印发《湖南省2015年度地质灾害防治方案》的通知

（湘政办发〔2015〕37号）

各市州、县市区人民政府，省政府各厅委、各直属机构：

《湖南省2015年度地质灾害防治方案》已经省人民政府同意，现印发给你们，请认真组织实施。

湖南省人民政府办公厅

2015年5月12日

湖南省2015年度地质灾害防治方案

为科学防治地质灾害，最大限度减少地质灾害造成的损失，保障人民群众生命财产安全，根据国务院《地质灾害防治条例》《湖南省地质环境保护条例》《湖南省人民政府关于加强地质灾害防治工作的意见》（湘政发〔2011〕51号）等规定，结合我省实际，制定本方案。

一、2014年全省地质灾害概况

2014年汛期，全省平均降水量较常年偏多，引发各类地质灾害4740处（其中较大规模的地质灾害2213起），共造成33人死亡、5人失踪、32人受伤，直接经济损失7.2亿元。与2013年相比，较大规模的地质灾害数量增加318%，造成的人员伤亡和直接经济损失有较大幅度的增加。地质灾害类型以滑坡为主，占总数的87%。地质灾害主要集中在湘西地区的怀化、湘西自治州，湘中地区的长沙、株洲、邵阳、娄底，湘北地区的益阳、岳阳等地，多发生于居民切坡建房、交通线路沿线。暴雨是引发地质灾害的最主要因素。2014年全省共成功避让各类地质灾害90起，紧急转移19728人，避免人员伤亡13073人，避免直接经济损失1.1亿元。

二、2015年地质灾害重点防范期和重点防范区域

（一）*重点防范期*。根据全省地质环境特征和地质灾害发育分布规律，结合汛前地质灾害排查情况，经国土资源、气象等部门联合会商，预计2015年全省地质灾害发生频率总体与常年相当，但局部强降雨地区地质灾害发生的频率可能偏高。汛期4–9月是滑坡、崩塌、泥石流、地面塌陷等地质灾害的主要发生期，以5–7月最为严重。要重点防范受强对流天气或台风暴雨影响引发的地质灾害。

（二）*重点防范区域*。以滑坡、崩塌、泥石流为主的地质灾害高易发区。主要包括长沙市浏阳市大部；株洲市炎陵县大部、醴陵市北部、攸县东部、茶陵县中南部；常德市石门县北部；岳阳市岳阳县东部、平江县大部、临湘市东南部；张家界市桑植县南部、永定区中北部、慈利县中北部；湘西自治州吉首市中北部、泸溪县南部、古丈县东南部、凤凰县中东部；怀化市沅陵县大部、辰溪县西部、麻阳县东部、溆浦县南部和西部、会同县东部；益阳市安化县大部、桃江县南部；娄底市新化县西部、涟源市北部；衡阳市南岳区大部、常宁市南部、衡阳县东部；邵阳市绥宁县大部、新宁县南部、隆回县北部；郴州市苏仙区东部、北湖区南部、宜章县大部、临武县北部、永兴县东部、资兴市东部、桂阳县北部、汝城县大部、桂东县大部；永州市零陵区南部、江华县大部、祁阳县南部、双牌县大部、蓝山县南部、道县大部、江永县大部。这些地区应特别关注强降水等原因引发的滑坡、崩塌、泥石流等地质灾害。

以地面塌陷为主的地质灾害高易发区。主要包括长沙市宁乡县煤炭坝地区、浏阳市南部澄潭江煤矿区；益阳市赫山区岳家桥和衡龙桥地区、桃江县东南部；湘潭市湘潭锰矿矿区；娄底市新化县东部、冷水江市大部、涟源市大部、双峰县西部；邵阳市市区南部、邵东县北部、邵阳县东部；怀化市辰溪县西部、中方县中西部；衡阳市耒阳市东部；郴州市苏仙区大部、北湖区北部、安仁县西南部、桂阳县大部、嘉禾县东部、临武县北部、宜章县北部、永兴县西部；永州市冷水滩区东部、祁阳县西部。这些地区应特别关注矿业活动以及过量抽排地下水引发的采空地面塌陷和岩溶地面塌陷等地质灾害。

三、2015年地质灾害重点防范对象

（一）*重点防范的地质灾害隐患点*。截至2014年底，全省共查明滑坡、崩塌、泥石流等各类地质灾害隐患点19632处，威胁153万人生命安全及财产350亿元。根据2015年汛前排查结果，需重点防范的245处重要地质灾害隐患点（其中险情特大型18处，大型27处）分布在全省91个县市区，共威胁12.5万余人生命安全及财产约44.5亿元。

（二）*重点防范的矿区*。主要包括：长沙市宁乡县煤炭坝煤矿区，浏阳市澄潭江煤矿区、七宝山多金属矿区；株洲市攸县黄丰桥－兰村煤矿区；湘潭市雨湖区锰矿区，湘潭县谭家山矿区；衡阳市衡南县川口钨矿区，常宁市水口山铅锌矿区、常宁煤矿区，衡山县白果石膏矿区，耒阳市白沙煤矿区；邵阳市洞口县石下江煤矿区，新邵县龙山金锑矿区，邵东县石膏矿区、牛马司煤矿区、保和堂煤矿区，武冈市文坪－司马冲煤矿区，邵阳县常乐煤、石膏矿区；岳阳市临湘市桃林铅锌矿区，平江县万古金矿区；常德市澧县湘澧盐矿区，石门县青峰煤、石煤、石膏矿区；益阳市安化县清塘煤矿区，益阳市泥江口煤矿区；郴州市苏仙区柿竹园多金属矿区，宜章县梅田煤矿区、鲁塘石墨矿区，桂阳县宝山铅锌银矿区，资兴－耒阳三都煤矿区，永兴县马田煤矿区，嘉禾县袁家煤矿区；永州市祁阳县铁丝塘煤矿区；怀化市溆浦县龙王江－江溪垄锑金矿区，辰溪县煤矿区；娄底市冷水江市锡矿山锑矿区、金竹山煤矿区、渣渡煤矿区，新化县芦茅江、建新煤矿区，涟源市斗笠山煤矿区，双峰县梓门桥石膏矿区、洪山殿煤矿区、朝阳煤矿区，娄星区恩口煤矿区；湘西自治州花垣县民乐锰矿区、李梅铅锌矿区，龙山县洛塔煤矿区。这些矿区及其周边影响区域发生地面塌陷以及滑坡、崩塌、泥石流等地质灾害的可能性较大，当地政府和采矿企业要高度重视。

（三）*重点防范的旅游景区*。主要包括：张家界市、湘西自治州、郴州市、株洲市、衡阳市、邵阳市、怀化市和永州市等山地旅游景区。这些旅游景区地形地貌复杂，局部边坡岩体破碎，岩体风化程度较高，在强降水作用下，发生山体崩塌、滑坡、泥石流的可能性较大。各旅游景区管理单位要加强地质灾害排查力度，采取有效措施，保障游客和工作人员安全。

（四）*重点防范的交通干线路段*。铁路：武广高铁衡东－郴州段，焦柳线石门－会同段，沪昆线涟源－新晃段、湘潭市－棋梓桥段，京广线郴州－宜章段。高速公路：杭瑞高速（G56）官庄－吉首段，沪昆高速（G60）邵阳－怀化－新晃段，包茂高速（G65）吉茶段全线、吉怀段全线，泉南高速（G72）茶陵－炎陵段，厦蓉高速（G76）汝郴段全线，二广高速连接线（G5513）慈利－张家界段，平汝高速（S11）炎陵－汝城段，张花高速全线。国道：G106 炎陵－桂东－汝城段，G207 双牌－道县段、梅城段，G209 花垣－永顺－龙山段、麻阳石羊哨段，G319 泸溪段，G320 新晃段。省道：S216 蓝山－草鞋坪段，S218 西岩－相梅坳段，S221 红岩－靖州段，S228 桑植－沅陵段，S229 古丈－张家界段，S303 石门－南镇段，S304 慈利－石门段，S305 桑植－永顺段，S306 张家界－慈利段，S308 桃江－东坪段，S312 中方段，S318 会同段，S322 资兴－桂东段，S324 集龙－里田段，S326 白芒营－竹市段。以上路段地处山地丘陵区，人工切坡等工程活动强烈，要重点防范滑坡、崩塌、泥石流等地质灾害的发生。

（五）重点防范的在建工程。在建铁路、公路、大中型水利水电设施、单独选址建设的能源工程等重大项目及其附属设施建设，以及人工切坡等工程活动强烈，要重点防范滑坡、崩塌、泥石流等地质灾害的发生。

四、地质灾害防治措施

（一）明确防治责任。各级人民政府要把地质灾害防治工作列入重要议事日程，加强组织领导，明确防治责任主体，逐级建立以行政一把手负总责为核心的地质灾害防治责任制，把地质灾害防治工作纳入政府绩效考核和市、县、乡人民政府分管负责人及主管部门负责人任职谈话、年度考核的重要内容，确保防治责任和措施层层落到实处。国土资源部门要切实履行地质灾害防治工作的组织协调和指导监督职责，气象部门要加强地质灾害气象预警预报；教育、住房城乡建设、交通运输、水利、国资、安监、旅游、铁路等部门单位要按照职责分工，负责做好相关领域的地质灾害隐患排查、监测和防治工作，构建地质灾害防治共同责任机制。

（二）强化监测预警。各地要坚持预防为主的方针，切实加强地质灾害动态监测和预警预报工作。要严格落实汛前排查、汛中巡查、汛后复查制度，不定期开展地质灾害隐患排查和巡回检查，特别是汛期要加强对重点防范区域、重点防范矿区、旅游景区、交通干线和人口密集区，以及切坡和沟口建房区域、在建重要工程地质灾害隐患点的排查巡查监测。要建立并及时更新完善以乡镇村、社区居委会党员干部和骨干群众为主体的群测群防网络，对已查明的地质灾害危险区和隐患点，要逐区逐点迅速落实监测责任主体和监测责任人，配备简便实用的监测预警预报设备和工具，落实群测群防补助经费。在群测群防、监测预警工作中，各级国土资源、水利、气象、广电等部门要密切合作，共享资源，提高地质灾害预警预报精细化水平，充分利用各种媒体和手段，及时发布地质灾害预警信息，为群众临灾避险、有效防范地质灾害提供有力保障。

（三）加强应急管理。各地要在汛前地质灾害排查的基础上编制并及时发布年度地质灾害防治方案，逐点制定突发地质灾害应急预案，逐户发放防灾明白卡，逐人落实临灾避险措施，做到防治方案编制到乡、应急预案制定到点、防灾措施落实到人。重要隐患点在汛前或汛期要按照应急预案，组织受威胁的群众开展简便、实用、易行的应急避险演练。要严格汛期应急值班值守，落实领导带班制度，畅通信息报送渠道，及时报告险情灾情。对险情报告及时、避免重大人员伤亡和财产损失的有功人员，要给予重奖。对瞒报、漏报、迟报灾情险情、造成重大损失的，要按规定追究相关人员责任。各地要加强地质环境监测机制和队伍建设，依托地质环境监测机构和属地化地勘单位建立地质灾害应急技术分队，并做好突发地质灾害应急抢险救援准备，确保一旦出现险情或灾情，能迅速启动相应应急预案，开展抢险救援工作，最大限度避免人员伤亡，减少灾害损失。

（四）实施防治工程。按照《湖南省地质灾害综合防治体系建设方案（2014–2020 年）》和年度实施方案，全面完成县市区 1：5 万地质灾害详查工作，开展人口聚集区岩溶地面塌陷和地面变形、山地丘陵区中小学校专项地质灾害调查，实施重点县城、集镇地质灾害勘查。根据调查、勘查成果，分轻重缓急实施一批地质灾害综合防治工程。对短期成灾可能性大、危害程度高，但规模小或暂时不能根治的地质灾害险情实施应急处置；对危害程度高、治理难度大或危害对象分散的居民实施搬迁避让；对危害程度高、危险性大的重要地质灾害隐患，采取综合措施实施工程治理，消除地质灾害隐患威胁。各级人民政府要将地质灾害防治经费纳入本级财政预算，采取有效措施，加快推进搬迁避让和治理工程实施进度，发挥工程措施防灾减灾效益。

（五）夯实工作基础。加快推进地质灾害综合防治体系信息系统和应急指挥平台建设，努力实现省、市、县地质灾害应急指挥系统和气象、防汛抗旱、应急管理等部门应急指挥系统的上下互通、左右互联，提高应急处置能力和效率。继续推进地质灾害防治高标准“十有县”建设，打牢地质灾害防治工作基础，提高基层地质灾害防治工作能力。加大地质环境监管执法力度，严格执行地质灾害危险性评估、地质灾害防治配套工程与主体工程“三同时”和责任追究制度。加大地质环境保护法规政策和地质灾害防治知识的宣传宣讲和培训工作力度，推动地质灾害防治知识进乡村、进课堂、进社区、进景区、进企业，增强社会公众的自我保护和主动参与意识，着力提高基层群众识灾避灾、自救互救能力，动员全社会做好地质灾害防治工作。

附件：

2015年度湖南省重要地质灾害隐患点及防治责任表

序号	灾害点位置	灾害类型	潜在危害	防治责任单位
1	长沙县跳马镇新田村、金屏社区	地面塌陷	威胁30户141人，财产400万元	长沙县人民政府
2	浏阳市澄潭江镇虎形村庙坪组	地面塌陷	威胁35户150人，财产700万元	浏阳市人民政府
3	浏阳市金刚镇石霜村刘家屋场组	滑坡	威胁30户140人，财产400万元	
4	浏阳市文家市镇大成村斗科组至花竹组	地面塌陷	威胁120户500人，财产2400万元	
5	浏阳市杨花乡黄岗冲村上湾组	滑坡	威胁16户110人，财产320万元	
6	浏阳市永和镇菊溪社区	地面塌陷	威胁41户185人，财产870万元	
7	宁乡县煤炭坝地区	地面塌陷	威胁5759户23800人，财产15000万元	宁乡县人民政府
8	醴陵市东堡乡大林村	滑坡	威胁200人，财产1500万元	醴陵市人民政府
9	醴陵市嘉树乡玉茶村大树下组	地面塌陷	威胁200人，财产2000万元	
10	醴陵市西山办事处河西村	滑坡	威胁800人，财产8000万元	
11	株洲市石峰区响石岭街道办石峰公园南麓	滑坡	威胁100人，财产1200万元	石峰区人民政府
12	炎陵县龙渣乡新开村红星组	滑坡	威胁305人，财产3500万元	炎陵县人民政府
13	炎陵县鹿原镇泷湖村、天星村	泥石流	威胁561人，财产800万元	
14	炎陵县三河镇天坪村、枧田洲村、天台村	地面塌陷	威胁577人，财产1000万元	
15	炎陵县水口镇自源村竹山下组	泥石流	威胁300人，财产520万元	
16	株洲县渌口镇伏波居委会县教育局	崩塌	威胁334人，财产1300万元	株洲县人民政府
17	湘潭县杨嘉桥、列家桥地区	地面塌陷	威胁35户105人，财产500万元	湘潭县人民政府
18	湘乡市壶天镇岩江村3组	地面塌陷	威胁31户129人，财产1640万元	湘乡市人民政府
19	湘潭市雨湖区响塘乡柴山村	地面塌陷	威胁30户110人，财产400万元	雨湖区人民政府
20	湘潭市岳塘区板塘乡板塘村王佐组冯家侵	滑坡	威胁75户300人，财产800万元	岳塘区人民政府

湖南省人民政府办公厅
关于印发《益阳市现代农业改革试验实施方案》的通知

（湘政办发〔2015〕57号）

各市州人民政府，省政府各厅委、各直属机构：

《益阳市现代农业改革试验实施方案》已经省人民政府同意，现印发给你们，请认真组织实施。

湖南省人民政府办公厅
2015年6月26日

益阳市现代农业改革试验实施方案

为建立完善现代农业产业体系、经营体系和支持保护体系，促进现代农业发展，益阳市开展现代农业改革试验。特制定本实施方案。

一、总体思路

深入贯彻党的十八大、十八届三中、四中全会精神，按照“四化两型”总体要求，以洞庭湖生态经济区和国家现代农业示范区建设为契机，以提高农业综合生产能力和农民收入为目标，大力创新农业发展制度，统筹推进各项改革，着力打破农业发展的体制机制障碍，切实转变农业发展方式，提升农业产业化、合作化、科技化、机械化、信息化水平，促进现代农业快速发展，努力把益阳建设成为全省现代农业建设的制度创新引领区和综合发展示范区。

二、基本原则

（一）统筹兼顾，重点突破。加强顶层设计，既统筹安排，综合配套，整体推进，又突出重点，力求在重点领域、关键环节上取得突破，建立与现代农业相适应的体制机制。

（二）先行先试，引领带动。根据湖区、山丘区不同特点，选择代表性区域先行先试，积累经验，再全面铺开，形成可复制可推广的改革模式，为全省改革提供样板，引领带动全省现代农业发展。

（三）尊重民意，广泛参与。坚持农村基本经营制度不动摇，切实保障农民合法权益。坚持以人为本，充分发挥农民的主体作用，尊重农民意愿和基层首创精神，营造全社会广泛参与的良好环境和氛围。

（四）优质高效，生态安全。大力发展环境友好型、资源节约型农业，促进生态农业发展，构建高产、优质、高效的现代农业发展方式。

三、改革目标

（一）农业综合生产能力显著提高。到2020年，粮食、蔬菜、水产、茶叶等大宗农产品产量持续增长，对国家粮食和食品安全的保障能力进一步增强。粮食播种面积稳定在620万亩以上，总产稳定在260万吨以上；蔬菜播种面积180万亩，总产500万吨以上；生猪出栏600万头以上；水产养殖面积90万亩，总产量50万吨以上；优质茶园面积50万亩，加工成品茶12万吨以上。

（二）农业产业化水平显著提高。到2020年，培育国家级龙头企业8家以上，年产值10亿元以上农业产业化龙头企业5家以上，实现农产品加工销售收入突破1500亿元。农民合作社达到4000家以上，入社农户达到农户总数的50%以上。农业规模化经营水平达到50%以上。农产品商品化率达70%以上。

（三）农产品质量安全水平显著提高。到2020年，建立健全主要农产品标准体系，全市“三品一标”认证农产品产量比重达40%，县乡农产品质量检测监督体系建设达标，主要农产品抽检合格率稳定在98%以上。

（四）现代农业支持保护水平显著提高。到2020年，健全公共财政投入保障制度，农业投入稳定增长的长效机制进一步完善。每个县市区金融服务机构数量不少于8家，其中村镇银行1家以上。建立完善的农村产权交易平台，“三权”抵押贷款业务实现全覆盖。大宗农产品基本纳入政策性农业保险范围。

（五）农业科技化水平显著提高。到2020年，农业科技成果转化率达80%以上，科技进步对农业增长贡献率达到60%以上，农业综合机械化水平达70%以上。实现乡村信息服务站点全覆盖。

（六）农村生态建设与保护水平显著提高。到2020年，100%集镇的生活垃圾和95%村庄的生活垃圾得到无害化处理，建制镇和农民集中居住区的生活污水得到有效处理，地表水达标率达到80%以上，重要江河湖泊水功能区水质达标率达到95%以上，饮用水水源区水质达标率达到100%。

（七）农民收入水平显著提高。年度增收额高于全省平均水平，到2017年农民人均可支配收入比2010年翻一番，到2020年达到1.8万元以上。

四、主要任务

（一）创新现代农业产业体系。积极推进农业产业化经营，大力发展特色种养业、农产品加工业、休闲观光产业，扶持发展一村一品、一乡（县）一业。坚持绿色生产理念，推进生态种养，完善农业标准化和“三品一标”生产体系，健全检验检测体系和制度，实现主要农作物生产环节可追溯。构建完善的农产品市场流通体系，培育市场主体，完善交易功能，创新流通形式，推进农产品物流。

1. 推动一二三产业融合发展。一是推动种养业区域化布局。以平湖区和丘陵区为重点，建设优质水稻生产带，推动新增粮食产能建设，深入推进粮食高产创建、绿色增产模式攻关和湘米产业工程。以安化县、桃江县、赫山区为重点，加大茶园改造和新建力度，发展安化黑茶，加强原产地保护，进一步扩大品牌影响力。扩大放心蔬菜基地，打造益阳蔬菜品牌。坚持适度规模养殖发展方向，推进畜禽养殖优势区域由传统交通要道、城市城郊、人口密集区、水源区逐步向土地资源丰富、防疫屏障良好、离居民较远的丘陵山区转移。推动水产健康养殖，推进精养鱼池标准化生态化改造升级，建设一批水产健康养殖示范场、休闲渔业示范点。加大传统苗木花卉提质升级力度，实施“一园三带”（益阳苗木花卉高效示范园，益长、益沅、益桃三个苗木花卉产业带）总体布局。着力建设桃江县、安化县、赫山区笋用林和笋竹两用林示范基地。大力发展沅江芦笋，推动芦苇从造纸原料向食品产业转型。二是推动农产品精深加工。加快实施农产品加工业振兴规划，延伸产业链条，重点抓好粮食、黑茶、果蔬、畜禽、水产、芦笋、竹木等产业，建设一批精深加工项目。鼓励优势龙头企业通过兼并、收购、资产重组等形式，实行跨区域、跨行业、跨所有制的强强联合、兼并重组、上市融资。加强农产品加工业创新体系建设，对获得发明专利较多的企业给予适当奖励。加大品牌整合与保护力度，推动同类品牌向强势品牌集聚，打造益阳农产品品牌。引导和支持中小企业向园区集聚，建成产业关联度高的现代农产品加工业集聚区。

2. 健全农产品质量安全体系。一是健全农业标准化体系。加快主要农产品标准制定修订步伐，制定保障农产品质量安全的生产技术规范和操作规程。在全市农产品生产基地推行统一的农产品田间生产档案。开展标准化示范县、示范乡镇创建活动，探索整建制推进农产品标准化生产途径。二是健全“三品一标”农产品生产体系。扎实开展无公害、绿色、有机食品和地理标识的“三品一标”认证。加快推进生产企业、农业合作社、家庭农场、专业大户等农业新型经营主体“三品一标”认证登记。三是健全产品检测体系。强化市、县市区、乡镇三级农产品质量安全综合监管体系建设，探索建立横向到边、纵向到底的综合监管新模式。探索建立综合性农产品质检中心，整合涉农部门农产品质检机构。四是健全监管制度体系。强化农业投入品经营许可、登记管理、市场监管，扩大监测范围，增加监测品种，建立健全农产品基地准出、市场准入制度和质量安全追溯制度。加强农产品质量安全风险监测、评估和监督检查，提高风险防范、监测预警和应急处置能力。

开展综合监管和诚信建设试点，探索综合监管新模式。统筹建立食品质量安全监管工作衔接机制，做到监管无缝对接。

3. 健全农产品流通体系。一是建立健全粮食安全收储体系。按照“一市一中心、一县一骨干和辐射周边若干一线收纳库点”的原则，建立完善现代粮食仓储体系。落实粮食安全责任制，全面完成市、县市区地方粮食储备规模计划。改革完善地方粮食储备制度。积极探索“粮食银行”流通模式，推进现代粮食物流。二是完善农产品市场体系。加强大型特色农产品市场建设，建设好一批农产品流通园区，升级改造重点产区和集散地农产品批发市场，推进农贸市场标准化改造，加快农产品冷链仓储和生鲜农产品配送体系建设，不断提升市场功能。鼓励和引导民间资金投资建设冷链物流、仓储等农产品物流建设项目。充分发挥“万村千乡市场工程”已建商品配送中心、商贸中心、直营店作用，积极推进“百城千镇县乡流通再造工程”，努力构建顺畅的商品流通网络。三是加快农产品“走出去”步伐。大力推动农产品进出口贸易，支持农产品出口基地建设，重点扶持一批农产品出口企业。实施通江达海工程，加快内河航运扩容提质，配套建设港口码头等通航设施，建设益阳农产品出海通道。鼓励农产品生产经营企业参加境外展会，努力开拓国外市场，扩大农产品出口。深入挖掘何凤山先生事迹，推进益阳与以色列先进农业合作。四是创新农产品交易方式。大力推行农超农社对接、连锁经营、直销配送等现代流通方式，搞活农产品流通。积极推动期货交易所开展具有益阳优势的农产品期货交易，建立益阳农产品期货配套交割仓库。加快推进涉农电子商务发展，制订农产品电子商务发展规划，鼓励和支持农业龙头企业、农民专业合作组织、农业生产经营大户和农产品批发市场等开展电子商务，通过自建或利用第三方电商平台拓展农产品网络销售渠道。扶持高新区中南电子商务产业园等电子商务园区通过培育和引入农产品电子商务相关企业，积极开展农产品网络营销，打造名优特农产品电子商务平台。扩大新农村商网应用范围，深入开展农村商务信息服务。大力推广“农村商贸综合服务体”电商模式。在益阳有条件的地方建立淘宝“特色中国·湖南馆”县市区分馆。打造益阳网上农博会，开展益阳农产品网上贸易。探索建立农产品网络销售质量追溯体系，加强农产品线下安全品质管理机制，消除农产品电子商务质量安全隐患。五是积极稳妥推进供销合作社改革。扎实推进惠农综合服务体系建设工程。探索建立现代供销合作服务体系和实体合作经济组织，完善县市区及其以下供销合作社组织体系，建立乡镇供销社、村级综合服务社、农民合作社以及联合会为主要内容的基层供销组织，积极恢复和拓展经营业务。

（二）*构建新型农业经营体系*。坚持家庭经营在农业中的基础性地位，推进家庭经营、集体经营、合作经营、企业经营等共同发展的农业经营方式创新，逐步建立起集约化、专业化、组织化和社会化相结合的现代农业生产新型经营体系。

1. 培育壮大新型农业经营主体。一是鼓励发展专业大户。在农产品优势产业带培植各类专业大户，加快农户专业化分工、规模化生产和集约化经营。建立新型职业农民制度，实施新型职业农民培育工程，积极培养家庭农场经营者、农民合作社带头人、农业企业经营管理人员、农业社会化服务人员和返乡农民工等成为新型职业农民，努力构建新型职业农民和农村实用人才培养、认定、扶持体系。支持高等院校、中等职业学校毕业生以及农业科技人员从事农业创业。二是支持发展家庭农场。适应市场需求，支持家庭农场扩大自身经营规模，推进家庭农场牵头领办、加入合作社。积极开展家庭农场试点示范，按照“主体法人化、规模适度化、技术标准化、成员知识化、经营品牌化、管理企业化、生产设施化、模式生态化”的要求，着力培育管理水平高、综合效益好、社会影响大的示范性家庭农场。三是提升壮大农民合作社。引导同类合作社、不同地域合作社进行联合，发展联合社，引导有条件的合作社跨地域、跨行业发展。鼓励以生产要素入股，发展股份合作组织。建立部门联合评定工作机制，开展市、县市区级示范社建设。建立区域性农民合作社配套服务平台，提供市场信息、产品营销、农资购买、农机作业、农技推广等服务。四是做强做优农业产业化龙头企业。引导城市工商资本到农村发展设施农业和规模化种养业。支持龙头企业建设原料基地，培育品牌。完善龙头企业动态目标管理和服务机制。进一步完善订单保底、合作互利、入股分红、利益返还等农企利益联结机制。

2. 创新农业社会化服务体系。一是探索开展政府购买农业公共性服务。开展政府以市场竞争方式购买农业公共性服务试点并逐步推开。制定政府向社会力量购买农业公共性服务的政策措施和实施办法，拟定购买服务目录，确定购买服务计划，指导监督购买服务工作。坚持政府购买服务和培育扶持农业技术服务组织并重，把提升社会组织公共服务能力作为开展购买服务的基础性工作，为社会组织开展服务创造条件。二是加大农业服务体系市场化建设力度。围绕农业生产经营全过程，提升农机作业、农资配送、病虫害统防统治、烘干、冷冻、产品加工营销等服务能力。加强农业社会化服务市场管理，规范服务行为，维护服务组织和农户合法权益。支持经营性服务组织开展农业生产性服务。三是加强乡镇公益性服务机构建设。健全乡镇农业技术推广、动植物疫病防控、农产品质量安全监管、劳动保障、水利、林业等公共服务机构和人员激励机制。实施农业科技特派员制度。

3. 积极开发农业新型经营业态。编制县域休闲观光农业发展规划，合理规划布局休闲观光农业。注重融入民俗文化特色，重点挖掘黑茶文化、梅山文化，洞庭湖乡文化，桃花江竹文化和人文文化，大力发展创意型农业，逐步形成集农业生产、农耕体验、文化科普、生态环保、产品生产与销售于一体的多功能农业发展新格局。开展休闲观光农业星级评定工作，出台休闲观光农业管理办法，制定休闲观光农业行业规范，引导行业开展良性竞争。实施休闲观光农业示范工程，扶持建设一批具有历史地域、民族特点的特色景观旅游名镇名村。研究制定促进休闲观光农业发展的用地、财政、金融等扶持政策，落实税收优惠政策。

（三）*推进农村产权制度改革*。探索建立归属清晰、权责明确、保护严格、流转顺畅的农村产权制度，促进农村生产要素的合理流动和科学配置。

1. 积极推进重点领域改革。一是深化农村林权制度改革。继续深化集体林权制度改革。建立健全林地所有权、经营权基础信息，制定林业自然资源登记管理办法和森林资源资产评估制度。规范林权变更登记、经营权流转登记、林权抵押登记。加强银林合作，推进林权抵押贷款。二是开展农村基础设施产权制度改革。以明晰产权为核心，放开建设权、出让所有权、转让使用权、搞活经营权、落实管理权，积极推动所有权、使用权的租赁、承包、拍卖、股份合作等多种形式进行流转，加快建立产权明晰化、投入多元化、服务社会化的农村基础设施建设管护体系。鼓励社会资本投资建设农村基础设施。加大财政对农村小型基础设施建设和管护的补助投入力度。三是开展农村集体土地房屋产权制度改革。按照先易后难、先简后繁、点面结合的原则，全面启动农房登记工作。研究制定农房（宅基地）违章认定及处置办法和历史久远农房权属认定办法。积极探索农房登记税费、农民进城购买商品房、银行贷款利率等优惠政策，激发农户产权登记积极性。

2. 建立农村产权流转交易平台。一是建立农村产权流转交易市场。根据国务院办公厅国办发〔2014〕71号规定，县市区按照公益性为主、公开公正规范、因地制宜、稳步推进的原则，依托政务服务中心平台，建立不以盈利为目的的农村产权流转交易市场，开展农村产权流转交易服务。按照“统一受理、分职履责、归口管理”的运作方式，在流转交易中心设立国土资源、规划、房管、水务、农业、林业、知识产权等审批服务窗口，为农村产权交易提供服务。二是严格规范农村产权流转交易操作。建立农村产权流转交易管理办法、流转交易规则，建立健全监管机制，严格审查流转交易主体，严格规范流转交易流程，严格流转交易机构管理。

（四）深化土地管理制度改革。建立健全与现代农业改革试验相适应的用地审批制度，在符合土地利用总体规划和用途管制前提下，实行支持现代农业发展的差别化用地管理政策。推进农村土地承包经营权向新型农业经营主体流转，发展多种形式的适度规模经营。建立耕地、基本农田保护新机制。

1. 创新耕地保护机制。一是完善耕地保护制度。完善耕地分类分区保护和节约用地制度，坚守耕地保护红线，全面开展永久基本农田划定工作。探索不同区域间耕地保护与建设用地供求总量平衡新机制，省内跨市耕地占补平衡新途径，促进不同经济功能区优势互补，实现对农区耕地的保护和反哺。二是加大基本农田保护力度。建立耕地质量监测体系，全面反映耕地土壤质量变化状况信息，完善基本农田保护工作基础。实施高标准基本农田土地整治工作，积极开展建设占用耕地土壤剥离耕作层再利用工作，提高补充耕地质量。

2. 推进农村土地承包经营权流转。一是完善农村土地承包经营权确权登记颁证制度。扎实推行农村土地承包经营权确权登记颁证，实现承包经营权属证书标准化、土地承包经营权登记制度化、土地承包管理信息化。优先在有1：2000正射影像图的县市区开展确权登记颁证工作，其余县市区按国土资源部门工作底图供图进度推进，2017年底前完成全市土地承包经营权确权登记颁证工作。二是建立农村土地流转风险防范机制。建立土地流转风险保障金制度。建立规模经营主体准入机制，开展对规模经营主体经营能力和土地流转用途审查，将农业经营主体按时履行流转协议、妥善处理与土地流出农户的关系等列入经营主体申报政府扶持农业项目的前置条件。着力规范土地流转行为，制订《农村土地承包经营权委托流转书》示范文本，推广使用土地流转示范合同。推行土地流转价格政府指导价制度，引导按稻谷实物市场均价折价结算，对流转期限较长的，指导建立科学、合理的价格浮动办法。完善流转合同备案、审查和履行情况监管制度。巩固和完善土地信托流转，规范信托流转行为。三是建立农村土地流转服务体系。健全流转服务组织，完善流转服务内容，规范流转服务程序。在农村产权流转交易市场设立农村土地流转窗口。建立健全农村土地流转矛盾纠纷调处仲裁机制。建立土地适度规模流转激励机制，加大对一定规模的专业大户的扶持力度。鼓励村级组织开展土地流转服务，引导土地整村、整组流转。

3. 创新土地利用管理机制。一是实行支持现代农业发展的差别化用地管理政策。在符合土地利用总体规划和用途管制的前提下，对试验区内农产品加工园区、物流园基础设施等用地优先审批；设施农用地由县级人民政府组织农业部门和国土资源部门进行审核，县级人民政府备案。二是严格土地利用总体规划调整。建设项目用地必须符合土地利用总体规划，农产品加工及农产品物流等项目应该纳入园区或工业集中区，对园区没有建设用地空间的，支持依法依规调整或修改规划。三是推进农村集体建设用地使用制度改革。加快包括农村宅基地在内的农村地籍调查以及农村集体建设用地使用权、宅基地使用权确权登记颁证工作。开展农村集体承包经营权等在农村产权流转交易市场流转交易试点。对农民住房财产权抵押、担保、转让进行试点探索。四是完善城乡建设用地增减挂钩试点。新农村建设、农村土地整治节余的建设用地指标，纳入增减挂钩试点。通过实施农村建设用地的建新拆旧和土地复垦，鼓励边远地区农民住宅向中心村或城镇集中。增减挂钩增值收益及时返还农村，支持农业农村发展和改善农民生产生活条件。

（五）推进金融支农政策改革。发挥政策引导作用，健全农村金融组织体系，创新涉农金融产品和服务方式，优化农村金融环境，引导金融资源向农村流动，促使农业资源禀赋优势转化为资本、资金优势。

1. 大力发展涉农金融机构。一是加快农村信用社改革步伐，大力引进符合条件的银行业金融机构、国有资本、民间资本以参股或控股的方式参与农村信用社改革，力争到2017年完成全市农村信用社产权制度改革。二是加快发展村镇银行，力争到2017年基本实现全市村镇银行县市区域全覆盖。三是规范发展小额贷款公司，支持依法合规经营的小额贷款公司到乡镇设立分支机构，加强对市内小额贷款公司经营范围的监管。四是政府出资为主组建重点开展涉农担保业务的政策性担保机构，支持其他融资性担保机构为农业生产经营主体提供融资担保服务。五是支持设立以服务“三农”为主的金融租赁公司。

2. 创新涉农金融产品。一是创新农村抵（质）押担保方式。推动农业机械设备、运输工具、水域滩涂养殖权、承包土地经营权、水利等基础项目未来经营收益权、大型设备等为标的新型抵押担保，积极探索农业保险保单、农产品订单、补贴款、租赁费及股权、债权质押贷款，稳妥开展林权、土地承包经营权、农房产权的“三权”抵押贷款。二是创新适合农业生产的信贷产品。根据农业生产周期特点，合理确定贷款额度、放款进度和回收期限，并实行利率优惠政策。鼓励农业企业为带动农户、家庭农场、农民合作社提供贷款担保。开展新型农业经营主体融资增信试点，建立“财银保”联动机制。支持保险机构开展涉农小额信贷保证保险业务。三是拓展农业保险广度和深度。拓展主要农产品保额逐步扩展到全部直接物化成本。大力支持地方特色农产品保险。探索互助式保险。鼓励保险机构适应新型农业经营主体需求，开发多档次保障水平，可组合保险责任的保险产品。探索水稻产量保险试点、物价指数保险试点。

3. 优化改善农村金融信用环境。一是加强农村信用体系建设。清理涉农信贷资金和服务收费，降低“三农”融资成本。深入开展金融创安活动，推动农村信用评级工作，建立农村信用信息共享机制，继续开展信用乡镇、信用村、信用农户创建活动。加大对金融生态环境好的县市区和信用企业的授权授信，建立改善金融生态环境的守信激励和失信惩戒机制。二是防范金融风险。普及金融知识，进行金融风险教育。引导金融机构进一步健全制度，完善风险防控管理。各级各有关部门按照监管规则和要求，切实担负起对小额贷款公司、担保公司、典当行、农村资金互助合作组织的监管责任，规范民间融资行为，制定完善风险应对预案。

（六）完善财政支农保护政策。持续增加对财政投入，确保现代农业改革健康平稳发展。

1. 加大财政对现代农业的投入力度。切实转变经济发展方式，积极发展区域经济。在建立乡镇基本财力保障机制的基础上，确保财政支出优先支持现代农业发展，预算内固定资产投资优先投向农业基础设施建设和民生工程，土地出让收入优先用于农业土地开发和农村基础设施建设，逐步建立益阳特色财政支持现代农业发展框架。

2. 加大涉农资金整合改革试点力度。一是明确涉农资金整合试点路径。由省级设计涉农资金整合改革的整体框架，对益阳市可整合的相关资金，下放审批权（项目确定权、资金分配权）。益阳市因地制宜制定农业农村经济发展规划，按规划确定项目，按项目统筹资金，引导各类要素向农业农村集聚。二是搭建涉农资金整合平台。益阳市针对性质相近、目标相似、投向一致的各类涉农资金，围绕现代农业发展、基础设施建设、扶贫攻坚三大平台，近期探索“源头不变、渠道合并、统筹安排、形成合力”的整合模式，并结合行政体制改革进程，实现“源头整合、渠道单一、县为主体、省市监督”的目标。

3. 建立健全生态补偿和粮食主产区利益补偿机制。一是建立和完善公益林生态效益补偿机制。探索多层次补偿机制，积极争取提高重点公益林补偿标准。加强监督检查，规范补偿资金兑现使用。二是建立湿地生态系统生态补偿制度。积极争取实施湿地生态效益补偿和湿地保护奖励，细化湿地生态系统功能类型、主要作用、受益对象，提高补偿的针对性和效益。三是健全粮食主产区利益补偿机制。加大对产粮大县奖励力度，全面推进农业生产全程社会化服务试点。

4. 创新农业政策补贴机制。按照中央和省里的统一部署，开展农作物良种补贴、粮食直补、农资综合补贴改革试点，探索三项补贴资金合并管理办法，调整补贴支持方向，明确政策目标，积极利用补贴存量资金设立“耕地地力保护补贴”，保护农民既得政策收益。利用现有农资综合补贴部分存量资金及增量补贴资金设立农业种植补贴，重点补贴适度规模种植户、家庭农场和其他新型经营主体。

（七）推进农业科技创新。整合农业科技资源，搭建农业科技平台，建立多元化的农业科技投入体系。依靠科技创新，加强新品种、新技术、新装备的研发、引进、推广与应用。

1. 加强农业科技研究和推广应用。一是加强农业科技研究。加强农业实用技术配套组装和农产品精深加工、农机装备、生态环境保护、耕地污染治理、资源高效利用等关键技术研发，发挥农业科技对现代农业发展支撑引领作用。建立农业人才信息库，整合农业人才资源，汇聚农业科技力量，实现合作共赢。支持科研院所、基层农技部门和新型经营主体共建农业科教综合生产基地和特色产业基地。鼓励和扶持运用智能温室、钢架大棚、喷滴灌、先进养殖等先进设施，打造千亩、万亩以上集中连片设施农业基地。二是加大农业科技推广应用力度。以农业科技园区为载体，积极引进、集成和推广国内外先进农业科技成果。出台引进农业科技成果的相关政策，探索科研与创新并重、创新创业一体化的科技创新管理机制，引导科技人员围绕益阳现代农业开展科学研究、技术创新和市场应用。培育一批以企业为主体、高校和科研院所为支撑、农业新型经营主体和农户为基础的农业技术创新战略联盟。三是加强信息化服务。加快实施“信息惠民·宽带乡村”工程，实现乡村无线宽带网络全覆盖。依托湖南省农村农业信息化示范省综合服务平台，建设集农技知识查询、动态信息浏览、现场咨询解答、农副产品交易于一体的市级农村综合信息平台，健全和完善基本综合信息服务站点。进一步支持和引导企业参与农村信息化工程。

2. 加强种子种苗体系建设。加快发展现代种业。完善种子种苗体系，提高良种覆盖率。加大果蔬、茶叶和中药材等优势经济作物良繁体系建设力度。加快以畜禽品改为重点的养殖种苗工程建设，重点健全草食动物市、县、乡镇三级品改体系。继续发挥益阳在新品种筛选试验示范优势，促进新品种推广应用。

3. 大力提高农业机械化水平。一是完善农机补贴政策。加大农机购置补贴力度，重点培育农机大户、农机合作社。实行农机报废补贴试点，淘汰老化、落后农机具，调整农业机械装备结构。对适合当地特色产业发展的农业机械，可享受补贴。建立农机制造企业和销售企业质量与信用评估体系，将企业享受补贴资格与评估结果挂钩。二是加快农机作业机耕道建设。制定农田机耕道建设实施办法，加大对机耕道建设的支持力度，提高农机作业效率。三是做大做强农机产业集群。加快农机产业园区和新农机具试验示范基地建设，整合资源，打造益阳农机品牌，促进农机产业集聚发展。积极鼓励农机装备制造技术创新，突破主要经济作物生产、养殖业机械化和丘陵山区农业机械化薄弱环节技术。创建集农机具生产、销售、维修为一体的农机产业网络平台，及时提供农机服务信息，打破区域限制，解决农机社会化服务滞后问题。

（八）加强生态农业建设。以增强生态功能、提高生态效益为目标，加强生态修复与保护，逐步实现农业领域资源利用节约化、生产过程清洁化、产业链接循环化、废物处理资源化的目标。

1. 大力发展“两型”农业。一是大力发展节约型农业。坚持最严格的耕地保护和节约集约用地制度，大力推广绿肥种植、秸秆覆盖、过腹还田等耕地培肥和保护性耕作技术，增强耕地综合生产能力和持续产出能力。深入开展以节水为中心的大型灌区续建配套和小型农田水利建设，重点推广以田间工程改造及水稻“控水灌溉”为主的节水技术。全面开展测土配方施肥行动，实施耕地肥力监测与改善计划，加快推广高效低毒农药和病虫草害生态控制技术，减少化肥、农药使用量。二是大力发展农业循环经济。推行农业清洁生产，推广以沼气和秸秆等废弃物为纽带的循环农业生产模式，鼓励并推广农用地膜回收利用。加快太阳能、风能、生物能等可再生能源的开发与利用。建立健全沼气后续服务体系，盘活沼气池资源，推进农村沼气建设转型升级，积极推广猪—沼—果（菜、林）等循环农业模式。创新农村合同环境服务模式，重点在资江、湘江流域养殖场畜禽粪便综合利用和污染治理中推广试点合同环境服务。三是建立“两型” 农业准入制度。鼓励工商企业通过资本运作、产业延伸、品牌嫁接等途径投资开发“两型”农业，为农业发展提供资本、技术和现代经营管理支撑。建立农业企业“两型”准入制度，合理设立对租赁农户承包地资源高效利用和环境保护投入的准入门槛，挑选优质、高效、生态、安全的农业企业落户。四是探索建立“两型”农业指标体系。推行政府绿色GDP指标考核，实行农业行政考核由数量考核向经济、社会、生态效益并举的指标考核转变。

2. 加强农业农村污染治理。一是加强农业面源污染治理。开展对全市土壤的详查与分级管理。开展农业环境承载力综合评估，建立农业环境承载力监测网络，对超载地区，实行限制性措施。实施水稻镉污染治理和面源氮磷流失生态拦截工程。争取将益阳纳入长株潭耕地重金属重度污染区治理试点范围。积极推进秸秆、畜禽粪便资源性利用和农田残膜回收区域性试点工程。二是加强农村生活垃圾和污水治理。采取“以奖促治”“以奖代补”办法，全面推进农村环境综合整治。深入持续开展农村生活垃圾五年专项治理，全面推行农村垃圾分类减量和资源化利用，推进无害化处理，发动村民参与，建立各级公共财政投入、市场化运作和村民缴费等多元化投入渠道，健全农村环境卫生长效保洁机制。鼓励社会资金投资、建设、运营农村生活垃圾收运设施。开展农村污水治理工程，综合采用分散治理和集中治理措施，有效提高污水资源利用率。开展农村改厕工程，建设和推广使用无害化卫生厕所。加大城镇生活污水处理设施建设力度。

3. 加强水生态文明建设。一是优化水资源配置。广泛宣传水资源法律法规，全面实施最严格水资源管理制度，落实用水总量控制、用水效率控制、水功能区限制纳污“三条红线”控制指标。加强节水管理，推广节水工程技术，促进节水型社会建设。二是强化水功能区监督管理和水资源保护。加强重要控制断面的水质监测，科学核定水域纳污能力，严格入河排污口的监督管理。切实加强地下水资源保护，建立和完善地下水动态监督管理体系。强化对资江干流及中小流域、中小型水库的水生态保护与修复，加强饮用水水源地保护。加快农村饮水安全工程建设，推动城镇供水管网向农村延伸。推动长江与洞庭湖大江大湖、河湖连通项目论证与实施，加大河湖保洁工作力度，努力构建健康生态水网。加快水生态景观建设，构建富有人文内涵的水景观体系。三是加强湖泊修复。扎实推进有害生物防控、湖泊清淤、湖堤加固等建设，禁止各类建设侵占水域。逐步减少大湖生产经营活动，积极探索停止大湖对外承包经营、大湖周边现有精养鱼池退出生产经营的机制。加快乡镇集体渔场改革，破解乡镇集体渔场体制障碍，改善渔场生产生活条件。

4. 加强林业生态建设与保护。一是推进林业生态环境保护管理体制改革。建立林业资源资产用途管制制度，按照生态主体功能区划，明确各类林地、湿地的主体功能和生态地位，实行分级保护和差别化管理。科学划定生态保护红线，完善造林绿化、湿地保护等专项规划。建立健全林业生态环境保护综合监测体系。完善生态、防火、林业有害生物、野生动物疫源疫病防控应急预案。健全林业资源有偿使用机制。二是推进生态修复工程建设。建设以洞庭湖为中心，以武陵－雪峰山脉为构架的生态安全屏障。开展禁伐、限伐行动，对禁伐、减伐造成的林农收入减少问题，财政给予适当补助。启动申报天然林保护工程。科学划分造林立地类型，建立科学完善的适宜树种及合理模式选择体系。稳定和扩大退耕还林工程。依托自然保护区和国家森林、湿地公园等森林、湿地自然资源，积极创建国家公园。开展湿地生态系统修复行动，稳步扩大湿地受保护面积，对纳入保护范围的湿地，建立健全考核评估制度、责任追究制度，遏制湿地退化。三是推进国有林场经营管理体制改革。从事生态保护与建设为主的国有林场，明确公益性事业单位性质。国有林场从事商品性经营的单位和部门，按照事企分离、市场配置资源的原则予以剥离。加强国有林场基础设施建设，完善国有林区社会保障体系，支持国有林场加强生态建设和加快产业发展。国有林场建设与发展纳入各地经济社会发展总体规划，保障林场职工分享改革成果。

（九）健全城乡一体化发展体制机制。用新型城镇化带动新农村建设，着力破除城乡二元结构，形成以工促农、以城带乡、工农互惠、城乡一体的新型工农城乡关系，推进城乡要素平等交换和公共资源均衡配置，推进“三个一体化”。

1. 推进城乡规划一体化。一是加强城乡规划编制。加快完善有利于城乡协调、有利于现代农业发展的规划体系。结合土地利用总体规划，全面完成镇（乡）域村镇布局规划制定工作，全面启动县市区域集镇布局规划、集镇规划制定工作，根据需要有选择地编制村庄规划。二是创新城乡规划管理。建立与城乡一体化相适应的规划管理体制，健全村镇规划建设管理体制。三是规范农村住宅建设。明确乡镇政府负责农村村民建房的审核、监管、查违、拆违等工作职能，进一步规范农民建房。引导、鼓励农民集中居住，打造一批风格各异、富有特色、功能齐全的农村小区。

2. 推进城乡基础设施一体化。一是改善城乡基础设施。加强农村水、电、路、讯、房等基础设施建设，推进公共交通、有线电视、自来水、天然气等公共服务向农村延伸。大力开展美丽村庄、美丽乡镇、文明城镇和卫生城镇等创建工作，加强传统村落、历史文化名镇、名村和旅游名村的保护与发展，着力打造美丽乡村。完善城镇基础设施，优化城镇布局，提高城镇建设和管理水平。二是加强水利基础设施建设。市、县财政加强对各项水利非税收入的征管，建立稳定和可持续的水务投入机制。深化水务投融资体制改革，鼓励自然人、法人和其他经济组织等各种社会资本以股份制、独资、合作、联营等多种方式，参与经营性水务项目或准公益性水务项目经营部分的投资经营及管理。建立健全基层水务服务体系，强化基层水务站点建设，建立乡村水利管护基金和村级水利管护员制度。

3. 推进城乡公共服务一体化。一是推进农业转移人口市民化工作。加快推进城乡户籍制度改革，逐步将符合条件的农业转移人口转为城镇居民，与当地居民享有同等待遇。加大职业培训力度，稳步提升农民工素质。二是统筹推进城乡公共服务事业。优先发展城乡教育事业，促进城乡教育资源均衡配置。推进职业教育和职业技能培训全覆盖，逐步实现免费中等职业教育。完善城乡医疗卫生体系，增强以乡镇卫生院为重点的县市区、乡、村三级医疗卫生机构服务能力。巩固完善城乡居民医疗保险制度，逐步提高人均财政补助、个人缴费标准和实际报销水平，全面推进农村居民大病保险。将进城落户农民纳入城镇住房和社会保障体系，允许符合条件的农民申请公租房。有效解决农村住房困难家庭的住房问题。建立健全城乡同步发展的农村弱势群体帮扶救助机制。加强城乡公共就业服务，加快建立城乡平等的就业服务和管理体系，落实和完善农民工创业扶持政策，维护农民工合法权益。落实统一的城乡居民基本养老保险制度，逐步提高基础养老金水平，支持建设多元养老服务。三是加大扶贫开发力度。积极实施武陵山片区区域发展与扶贫开发战略，探索建立完善差异化的精准帮扶机制，因户施策，突出产业发展和对贫困家庭直接帮扶，切实减少贫困人口。开展片区扶贫，实施驻村帮扶，改善贫困村基础设施和社会事业落后状况。

五、组织实施

（一）组织领导。各级各有关部门要把现代农业改革试验作为加快益阳农业转型升级的重要举措来抓，建立健全“政府统一部署，领导小组齐抓共管，相关部门协调配合”的工作机制。益阳市要成立以市长任组长，分管副市长任副组长，相关部门负责人为成员的现代农业改革试验工作领导小组，确保改革试验工作经费，并纳入年度财政预算。

（二）部署安排。按照统筹安排、分步实施的原则做好试点工作。总的安排是，按照一年起好步、三年大提升、六年新跨越的要求，分三个阶段有序推进。起步阶段（2015年），全面分解落实目标任务、进度要求和工作责任，初步建立推进现代农业改革的各项制度，启动实施一批骨干带动项目和试点。提升阶段（2016–2017年），全面推进现代农业改革的各项任务，先行先试取得初步进展，有利于科学发展的体制机制更加健全，一批骨干带动项目的建设取得阶段性成果。跨越阶段（2018–2020年），现代农业改革取得重大进展，主要目标基本实现，形成以专业大户、家庭农场、农民合作社、龙头企业为主体的先进农业经营组织形式，以规模化、标准化、产业化经营为主导的现代产业体系，以资源节约、环境友好为主要特征的农业发展方式。

（三）试点示范。针对改革试验的各项具体内容，明确先行先试的县市区和市直牵头部门、配合部门，以点带面，有序推开。有关单位要尽快组织制定试点示范方案，明确试点示范工作的主要目标、重点任务、时序安排和改革举措等。积极争取上级有关试点项目及资金向先行先试的县市区倾斜，有关县市区人民政府新增安排专项资金，确保完成试点任务。

（四）责任落实。细化分解改革试验任务，明确责任主体、完成时限和工作目标。省直有关部门要做好支持、指导、协调工作；各县市区要各司其职、各负其责，加强协调、密切配合，做到一级抓一级，层层抓落实。强化村级民主治理，增强乡镇、村的公共管理和服务能力，建立健全与现代农业改革试验相适应的乡村治理机制。要严肃改革纪律，严格责任追究。

（五）政策支持。省直、市直有关部门要加强对接，争取政策支持。积极争取现代农业发展的各项试点在益阳先行先试。积极组织协调好现代农业改革试验重大工程和项目的申报立项工作。整合涉农项目资金，支持新型农业经营主体适度扩大经营规模、改善生产条件、提高技术水平、改善经营管理，支持各地开展现代农业改革试验。依法依规保障现代农业改革试验的用地需求。

（六）改革评估。研究建立科学的改革试验评估体系。市现代农业改革试验领导小组要结合益阳实践和省人民政府要求，建立科学合理的评估标准，对各项改革试验措施的合法性、适当性、进度、效果等进行评估，提出评估报告。根据评估中发现的问题，调整措施和思路，提高改革试验的质量。积极探索第三方评估模式。

附件：

益阳市现代农业改革试验部门责任清单（略）

湖南省人民政府办公厅关于印发《湖南省开展农村环境综合整治全省域覆盖工作方案》的通知

（湘政办发〔2015〕59号）

各市州、县市区人民政府，省政府各厅委、各直属机构：

《湖南省开展农村环境综合整治全省域覆盖工作方案》已经省人民政府同意，现印发给你们，请认真组织实施。

湖南省人民政府办公厅
2015年7月27日

湖南省开展农村环境综合整治全省域覆盖工作方案

开展农村环境综合整治是加强农村环境保护、改善农村人居环境，维护农民环境权益的重大民生实事，是推进全省生态文明建设的重大举措。根据省人民政府与环保部、财政部签订全省覆盖拉网式农村环境综合整治协议的要求，结合我省实际，制定本工作方案。

一、指导思想

以党的十八大关于推进生态文明建设的精神为指导，以改善农村人居环境，提升农民群众生活质量为目标，以整治垃圾、污水污染和加强耕地、饮用水源保护为重点，以建立健全环保工作和污染防治服务体系为关键，以充分发动农民参与为基础，力争用五年左右时间，实现农村环境综合整治全省域覆盖，为我省全面建成小康社会和生态文明建设奠定基础。

二、基本原则

（一）县为主体、整体推进。根据省人民政府统一部署，各市州人民政府加强组织领导，以县市区人民政府为责任主体，统一规划，协调各有关单位和乡镇、村组织整体联动，对农村垃圾、生产生活废水及农业和工商业等点、面源污染进行集中整治，推进农村环保基础设施和市场化服务体系建设，建立健全农村环保工作体系和财政、科技等保障机制，使农村人居环境质量和农村环境保护工作状况有明显改善。

（二）分批启动、分期完成。根据部省试点协议，全省农村环境综合整治要在2019年底前基本完成，总体上与全面建成小康社会相衔接。每个县市区可根据农村人口规模、经济发展水平和工作难易程度按1–3年确定基本整治时间，其中2013、2014年度竞争立项整县推进的28个县市区按当年确定的整治时限执行。基本整治任务完成后，再安排1年完善提升期。

（三）因地制宜、注重实效。各县市区人民政府按照本方案提出的整治范围、整治内容、整治目标，紧密结合当地实际，合理确定农村综合整治的技术方案、工作模式。要将本辖区内突出环境问题是否得到解决，区域环境质量是否得到改善，采取的方式和途径能否为农民群众广泛接受，形成的制度和机制能否长久有效运行，作为衡量农村环境综合整治成效的主要依据。

（四）政府主导、多方参与。农村环境综合整治由县、乡人民政府分级负责组织实施，要整合环保、财政、发改、农业、住房城乡建设、水利、林业、国土资源、卫生计生等各相关部门力量和技术、资金等资源，分工负责、密切配合。同时，要充分运用市场机制吸引各类市场主体和城乡居民积极参与，可由社会力量投资和开展服务的，都应通过市场运作交由社会力量去办。

（五）以奖代补、奖惩结合。各县市区人民政府开展农村环境综合整治全县域覆盖工作方案及实施方案由省环保厅、省财政厅会同相关部门组织专家评审后，先行自主开展整治。省财政根据启动时间先后及实施年限分批安排一定补助资金，对工做出色、成效显著、如期完成任务和完善提升阶段表现突出的县市区，另行给予一定资金奖励，对没有在规定时间内完成整治任务或没有按审定方案实现主要整治目标的，扣减部分补助资金。具体奖补方案由省财政厅、省环保厅研究制定。

三、主要任务

集雨区范围内的村庄，要求饮用水卫生合格率≥95%，生活污水处理率≥70%，生活垃圾定点存放清运率100%，生活垃圾无害化处理率≥80%，畜禽粪便综合利用率≥80%；其他村庄，要求饮用水卫生合格率≥90%，生活污水处理率≥60%，生活垃圾定点存放清运率100%，生活垃圾无害化处理率≥70%，畜禽粪便综合利用率≥70%。历史遗留工矿污染得到有效治理，环境风险得到管控。

（一）以饮用水水源地保护为重点，保障农村饮水安全。

1. 强化农村饮用水水源地保护。依法对农村集中饮用水水源地划定保护范围，采取建设必要防护设施，设立警示标志，依法拆除排污口等措施，防止污染饮用水源。

2. 建设农村安全饮水工程。对缺乏饮用水资源或水源被污染的地方，采取新建、扩建、配套、改造、联网等方式，保障安全供水。逐步提高农村自来水普及率、水质达标率、供水保证率和工程运行管理水平。推进区域供水，积极将城镇供水服务向周边乡镇延伸。

（二）以生活垃圾、污水处理为重点，推进农村生活污染源治理。

1. 全面推进农村生活垃圾治理。广泛发动群众，推进农户生活垃圾分类减量、建设集中收运、资源化利用和无害化处理服务体系。推广垃圾卫生化填埋、无害化焚烧、堆肥或沼气处理技术。禁止露天焚烧垃圾，逐步取缔二次污染严重的简易填埋设施以及小型焚烧炉等。对存量垃圾进行全面清理整治，积极开展集镇餐厨垃圾的有效处理。

2. 加快推进农村生活污水治理。建立散居户、自然集中村落和集镇生活污水处理体系和后续服务体系。散居户以简易标准化粪池为主，集镇实行分流制排水体制，污水处理设施建设坚持从实际出发，尽力而为，量力而行，推行分区联户共建化粪池＋人工湿地为主的技术路线。加强污水处理设施运营监管，依法推进乡镇污水处理收费和排水许可制度。

（三）以养殖环境整治为重点，强化农业污染源控制。

1. 加强畜禽水产养殖污染治理，开展畜禽水产养殖废弃物集中式综合利用和病死动物无害化处理示范工程建设。对散养户积极推行人畜分离，采用沼气池、小型堆肥等处理，积极引导散养密集区的畜禽养殖专业户适度集约化经营。鼓励依托现有规模化畜禽养殖场的治污设施，实施养殖专业户废弃物的统一收集、集中处理。

2. 加强农业污染源防治。建立完善的农业环境保护监控体系，加强化肥、农药、农膜污染防治。加强秸秆综合利用。鼓励农村采用清洁能源、可再生能源，从源头控制农村生活空气污染。开展土壤污染状况调查，针对性地逐步推进土地污染治理和生态修复工作。

（四）以强化工矿企业监管为重点，防止污染向农村转移。

1. 严格环境准入。依法实施环境影响评价，加强监管执法，严格控制重污染的行业和产品的发展，优化产业结构，禁止工业固体废物、危险废物、城镇垃圾及其他污染物从城市向农村地区转移，禁止污染企业向农村地区转移。

2. 加强矿山地质环境保护与恢复治理监管。对工矿企业集中分布的农村地区，实行重点监管，加强农村地区矿山地质环境保护与恢复治理，改善矿区生态环境质量。

（五）以生态示范建设为载体，推动农村生态文明建设。

深入开展农村生态示范创建。充分发挥当地自然生态优势，因地制宜开展生态文明示范县、乡镇、村创建工作。加强中国传统村落和生态旅游示范区区域村落保护，做好村庄绿化规划，以山体、道路绿化为重点，加强村庄绿化美化建设。

（六）以加强基层能力建设为重点，提升环境监管水平。

1. 加强基层农村环保机构队伍建设。充实优化县级环保监管执法队伍，提升监管能力。通过合理配置乡、村机构、人员力量，确保乡镇（街道）有机构、有人员负责农村环保工作，村级根据需要配备保洁员。将必要的经费保障列入县、乡常年预算。

2. 加强农村环境监测。建立和完善农村和农业环境监测体系，加强县级环境监测站能力建设，重点开展乡镇集中式饮用水水源地水质监测、土壤环境质量详查及土壤环境监测，并及时公布监测区域农村环境信息。

四、工作步骤

（一）方案报批。县市区人民政府制定农村环境综合整治工作方案及实施方案，明确全面开展农村环境综合整治的任务和目标、时间要求及具体措施，建立推动农村环境综合整治工作的体制机制、长效机制，完善考核、验收及奖惩办法。县市区人民政府农村环境综合整治工作方案及实施方案报省环保厅、省财政厅组织审定（同时报送所在市州人民政府备案）。

（二）实施整治。经审定列为2015年启动整县推进工作的县市区要严格按方案组织开展整治。农村人口20万以下或工作任务相对较少的县市区，应在一年内基本完成整治任务；20万以上50万以下的县市区，应在2年内基本完成整治任务；50万人以上的，应在3年内完成整治任务。

（三）中期考核。整治期过半后，由市州环保局会同财政等相关部门组织中期考核，中期考核结果报送省环保厅、省财政厅等相关部门备案。

（四）终期验收。整治期任务完成后，县市区人民政府报经市州人民政府后，向省环保厅、省财政厅提出终期验收申请。省环保厅、省财政厅组织相关部门进行终期验收。

五、保障措施

（一）加强组织领导。省政府定期研究、协调农村环境综合整治全省域覆盖工作的重要事宜，日常工作由省环保厅、省财政厅会同省直相关部门负责。各市州应建立相应的领导协调机制，各县市区建立由主要领导牵头的协调机制，切实加强对实施工作的领导。

（二）明确责任分工。省直相关单位根据各自职责加强对县市区农村环境整治工作的指导、支持和服务。省环保厅承担农村环境保护牵头组织和综合监管工作，重点负责农村工业企业污染防治，农村生活垃圾处理体系建设，环保工作队伍建设，目标责任制考核。省发改委负责统筹、落实将农村环境综合整治纳入全省经济、社会发展规划，加大对农村环境综合整治项目资金支持力度，积极争取中央资金支持。省财政厅负责统筹、落实农村环境综合整治奖补资金以及长效运行经费补助，加强对资金使用的监管。省住房城乡建设厅负责农村生活垃圾处理体系建设运营管理、集镇生活污水处理设施建设运营管理和村庄绿化美化。省农委重点负责农业面源污染防治、农村耕地土壤污染防治、规模化畜禽养殖污染防治、农产品产地环境污染防治和农业污染源减排、农村清洁能源建设，指导农业生物质产业发展，负责秸秆和畜禽水产养殖废弃物综合利用的指导和服务。省水利厅重点负责农村饮用水水源地保护、农村饮水安全工程建设和河道沟渠清疏保洁。省环保厅、省农委、省卫生计生委共同负责聚居式自然村落和散居农户生产生活污水整治、农户畜禽养殖污染治理工作。省国土资源厅负责监管矿山地质环境保护与恢复治理，加强农村土地综合整治。省林业厅、省住房城乡建设厅负责农村绿化美化工作。省住房城乡建设厅、省文化厅、省文物局、省财政厅、省国土资源厅、省农委、省旅游局、省环保厅、省交通运输厅负责共同推进传统村落和生态旅游示范区区域村落的保护。省交通运输厅负责农村公路建设。省编办、省人力资源社会保障厅、省环保厅负责指导农村环保队伍建设。人民银行长沙中心支行负责协调金融机构对农村环境综合整治的金融支持。

省人力资源社会保障厅等部门负责将农村环境综合整治纳入绩效考核、重点民生实事项目考核和全面建成小康社会指标体系。省统计局负责参与统计数据的认定和民意调查。各市州、县市区人民政府参照省直单位分工，结合本地实际明确分工，落实责任，紧密配合开展相关工作。

（三）多渠道筹措资金。各县市区人民政府要切实加大财政投入，积极整合环保、财政、农业、发改、林业、水利、国土资源、住房城乡建设、卫生计生、交通运输等部门有关涉农资金支持农村环境综合整治，省、市财政给予一定的奖补支持；国家、省重点生态功能县市区在整治期内每年获得的生态转移支付资金应列支相应比例重点用于农村环境综合整治。县市区人民政府要深入研究有效的政策措施，着眼今后的资金来源，动员各类市场主体和广大农民广泛参与，通过采用PPP、BT等模式，依法构建投融资平台，农村居民自主投工投劳，支持鼓励更多的资金参与到农村环境综合整治工程建设。

（四）加大宣传教育。各地要利用各类媒体开展多层次、多形式的农村环境保护知识宣传，使农村环境保护进乡村、进学校、进农户，使农村环境综合整治工作成为乡村干部的自觉任务，使农村环境保护成为广大农民群众自愿行动，使讲究环境卫生成为广大农民的日常习惯。

（五）建立健全长效管理机制。通过资金扶持、技术指导、依法加强征收税费等措施，加快建立和完善农村生活垃圾、污水管理机制；建立和完善农村路域环境整治保障机制，落实道路及附属设施管理养护工作；制订村规民约，调整完善县、乡财政预算，落实农村生活污水、垃圾集中处理设施维护和管理人员，保障工作经费。

（六）严格督查考核。省、市、县三级均要加强调度督查，县市区人民政府对乡镇每个季度，市州人民政府对县市区每半年，省人民政府对市州每年至少不少于1次调度督查。要加大信息公开力度，自觉、主动接受人大代表、政协委员、环保公益组织、环保志愿者和广大人民群众监督。全面推行农村环境综合整治目标责任制，省人民政府将农村环境综合整治主要工作目标的完成情况纳入对市州和县市区人民政府绩效考核、重点民生实事项目和全面建成小康社会考核验收的重要内容，对组织领导得力、完成任务出色的给予通报表扬；对工作任务完成不好的予以通报批评；对工作迟缓、没有按时间进度完成任务的将约谈有关政府主要领导和分管领导；对编制虚假方案、骗取中央和省级专项资金支持，但实际工作中不认真按方案组织实施，造成资金浪费或将专项资金挪作他用，致使本县市区农村环境问题得不到及时解决，农村环境恶化或发生环境污染事故的，要严格依照有关规定启动问责调查，严厉追究有关人员责任。

湖南省人民政府办公厅关于印发《湖南省对接“一带一路”战略推动优势企业“走出去”实施方案》的通知

（湘政办发〔2015〕80号）

各市州人民政府，省政府各厅委、各直属机构：

《湖南省对接“一带一路”战略推动优势企业“走出去”实施方案》已经省人民政府同意，现印发给你们，请认真组织实施。

湖南省人民政府办公厅

2015年9月26日

湖南省对接“一带一路”战略行动方案（2015-2017年）

推进丝绸之路经济带和21世纪海上丝绸之路（以下简称“一带一路”）建设，是党中央、国务院根据全球形势深刻变化、统筹国内国际两个大局做出的重大战略决策，具有划时代的重大战略意义。为尽快启动湖南对接“一带一路”建设工作，特制订以下行动方案。

一、行动背景

（一）国家战略构想。以“政策沟通、设施联通、贸易畅通、资金融通、民心相通”（以下简称“五通”）为主要内容，重点推进基础设施、经贸、产业投资、能源资源、金融、人文交流、生态环境、海上合作等8个方面的务实合作。陆上，依托国际大通道，以沿线中心城市为支撑，共同打造若干经济走廊。海上，依托重点港口城市，以建设通畅安全高效的运输大通道为目标，共同建设一批海上战略支点。用3-5年时间，夯实基础，打开局面；用10年左右时间，重点突破，实质推进；到21世纪中叶，实现“五通”目标。

（二）我省的机遇和挑战。作为国家战略构想的内陆核心经济腹地，湖南面临难得的发展机遇。一是扩大开放的机遇。有利于借助和利用国家通道、国家平台、国际机制，加强开放体制、开放领域的创新和拓展，打造内陆开放高地。二是产业转型的机遇。有利于加快产能“走出去”，缓解当前产能过剩的突出矛盾，并通过引进先进技术推动产业迈向中高端。三是市场拓展的机遇。有利于挖掘沿线资源丰富但发展相对滞后国家巨大的市场需求潜力，拓展省内产品市场空间。四是均衡发展的机遇。有利于推动大湘西、湘北区域对接新亚欧、中国－东盟等经济走廊建设，加快开放发展，促进省内区域协调发展。同时，也面临着境外投资安全保障手段有限、国内产能竞相转移竞争加剧、省内服务平台功能不强等困难与挑战。

（三）我省基础和优势。

总体看，我省在资源禀赋、产业基础、科教人文等方面具有鲜明特色，在强化对外开放、产业合作、协作交流等方面具备较强优势。从区位交通看，我省地处中部，承东启西，京广高铁与丝绸之路节点城市相连，沪昆高铁与东盟相通，水路可直达东部沿海港口，与珠三角、北部湾也有便捷通道。一批海关特殊监管区相继获批，一批水、陆、空口岸先后开放，为对接“一带一路”战略提供了良好的基础条件。从产业互补看，我省拥有工程机械、轨道交通、冶金、有色、建材、能源等传统优势产业，并在种植、育种、农机等方面拥有国际先进技术，与沿线国家加速推进工业化和基础设施互联互通、加强农业合作开放的意愿和需求十分契合。从合作历史看，近年来，省内一批重点企业远赴海外，在沿线国家建成了一批产业园区，实施了一批重点项目。特别是通过国际工程总承包，带动技术、资金、人才走出去，积累了宝贵经验。从科教人文看，我省是国家重要科教基地之一，综合创新能力位居全国前十，新闻出版、电广传媒等极具国际竞争力，为强化与沿线国家合作交往创造了有利条件。

二、行动要求

（一）总体思路

全面贯彻落实党的十八大和十八届二中、三中、四中全会精神，按照“五通”总体要求，充分利用国家通道、国家平台，将我省经济、人文、资源优势与沿线国家的发展需求结合起来，以长沙为节点城市，以重点区域、重大项目、重点平台、重要机制建设为依托，以提升全面开放水平、拓展经贸合作领域、扩大人文交流为重点，着力实施“六大行动”（装备产能出海行动、对外贸易提升行动、引资引技升级行动、基础设施联通行动、合作平台构筑行动、人文交流拓展行动），完善“五大机制”（项目推进机制、金融财税扶持机制、人才保障机制、风险防控机制、工作协调机制），建设80个左右的重大项目，总投资3000多亿元，将湖南打造成“一带一路”的重要腹地和内陆开放的新高地。

（二）基本原则。

注重实效。立足现有基础，把握稳增长、促开放的实际需求，着力发挥湖南优势，务实推进一批时效性、基础性强的重点工作，确保对当前增长形成拉动，为长远发展创造条件。

统筹兼顾。在强化“一带一路”确定的重点国家合作交流的同时，深化与其他地区的合作。在巩固传统经贸往来的同时，积极开拓新的区域市场。在强化经贸合作的同时，注重人文交往。

重点突破。把握产业投资、经贸和文化合作交流的重点国别、重点行业，强化分类施策，提升合作交流的针对性和可行性。对重点国别、优先领域、关键项目，集中精力突破，形成示范效应。

政企联动。充分发挥企业主体作用，遵照市场机制、商业原则和国际通行规则，推进投资和经贸往来。充分发挥政府引导作用，突出加强宏观谋划、政策支持和搭桥铺路工作。

（三）推进安排。

2015年，启动行动方案，重点完成实施方案编制、重大项目库建设等基础性工作，建立上下对接、政企联通、高效运转的工作机制。

2016年，突出加快已纳入行动方案的重点项目、重要平台建设，务求取得实质进展和示范效应。继续策划、推出一批新的重大项目。

2017年，基本建立与沿线国家的联系对接机制，服务平台基本覆盖、经贸合作全面提速、人文交往充分展开，为全面融入国家战略奠定坚实基础。

三、行动重点

（一）装备产能出海行动。

行动目标：力争到2017年，对外投资中方合同额突破30亿美元，年均增长20%以上；对外承包工程营业额突破40亿美元，年均增长15%以上；培育20家左右在国内外有较大影响的产能“走出去”和国际工程承包重点企业。

行动内容：1. 瞄准重点区域、重点产业推动“走出去”。中亚－俄罗斯－东欧方向，突出对接哈萨克斯坦、俄罗斯、白俄罗斯等国，依托与伏尔加河流域协作机制，着力加强工程机械、钢铁、能源资源开发等产业合作，重点推进中联重科中白工业园、鼎鑫贸易俄罗斯农业产业园、中轻长沙哈萨克斯坦风电、顶立科技俄罗斯碳纤维复合材料等项目建设；南亚方向，突出对接巴基斯坦、斯里兰卡、印度、孟加拉国等国，着力加强基础设施、工程机械、农业、节能环保产业合作，重点推进湖南建工集团斯里兰卡污水处理厂、斯博泰科孟加拉垃圾发电厂等项目建设；东南亚方向，突出对接印尼、马来西亚、越南、老挝、泰国、柬埔寨等国，着力加强钢铁、纺织、建材、轨道交通等产业合作，重点推进华菱集团印尼无缝钢管、旗滨玻璃马来西亚生产线等项目建设；西亚－非洲方向，突出对接埃塞俄比亚、安哥拉、埃及、南非、阿尔及利亚、坦桑尼亚、刚果（布）等国，着力加强农业、基础设施、工程机械、轨道交通、矿业等行业的国际产能合作，重点推进南车南非基地、中建五局阿尔及利亚高速公路、埃塞俄比亚湖南工业园等项目建设；大洋洲－南美方向，突出对接澳大利亚、巴西、阿根廷、秘鲁、委内瑞拉等国家，着力加强产业化住宅、工程机械、轨道交通、水利资源和矿产资源开发、农业等产业合作，重点推进长沙远大住宅工业集团苏里南基地、三一重工巴西产业园等项目建设；欧盟方向，突出对接德、法、意、荷兰等国，着力加强工程机械、环保机械、汽车、农业等产业合作。2. 扶持重点企业带头“走出去”。落实国家优惠政策，对投资新区域和新领域、带动相关产业“抱团”出海的重点企业，给予政策和资金支持。对重点“走出去”企业实行“一对一”帮扶机制。近期，集中支持20家省内“走出去”企业。3.创新模式带动产业“走出去”。鼓励有实力的企业建设境外经贸园区，吸引上下游产业链转移和关联产业协同布局，带动一批配套中小企业和上下游产业“走出去”。支持在湘的工程咨询设计单位通过工程总承包，带动产能“走出去”。引导企业以工程、项目、设备（含二手设备）换资源等多种方式开展合作，实行资源开发与基础设施建设相结合、工程承包与建设运营相结合，向系统集成、工程总承包方向拓展。积极发挥行业商协会作用，组建并推进一批产业联盟“抱团”出海。鼓励和引导省内企业以资本或业务为纽带，联合央企“借船”出海。

牵头单位：省发改委、省商务厅、省经信委。

责任单位：省工商联、省财政厅、省环保厅、省住房城乡建设厅、省交通运输厅、省水利厅、省农委、省外事侨务办、省国资委、省政府金融办、省能源局、省国税局、省电力公司、长沙海关、湖南出入境检验检疫局、人民银行长沙中心支行、国家开发银行湖南省分行、中国进出口银行湖南省分行、中国银行湖南省分行、中国工商银行湖南省分行、中国建设银行湖南省分行、中国出口信用保险公司长沙营管部。

（二）对外贸易提升行动。

行动目标：力争到2017年，全省进出口贸易年均增长10%左右，其中对“一带一路”沿线国家增长20%以上。

行动内容：1.实施“四个一批”扩大出口。开拓一批新兴市场，在巩固香港、欧盟、日美市场的同时，积极拓展东非、东亚、东南亚、南美等新兴市场。在巩固食品、农产品、陶瓷、湘绣、鞋帽、纺织等优势产品出口的同时，扩大发制品、小五金、电子产品、机电产品、工程机械等出口。培育一批龙头企业，扶持一批出口10亿美元以上的制造业和贸易企业。打造一批品牌，拓展出口加工产业链，提升产品附加值。建设一批基地，重点实施省级工业园区“破零倍增计划”，打造一批市场占有率高、竞争力强的特色产品出口基地和出口产品质量安全示范区。指导企业运用原产地优惠政策促进出口。2.抢抓“三降”机遇增加进口。抓住国际大宗商品价格下降机遇，扩大资源性产品进口；抓住国家降低高端消费品进口关税机遇，扩大高端时尚消费品进口；抓住国际先进技术和设备价格降低机遇，扩大先进技术、高端装备及配套产品进口，提升省内产业素质。3.创新发展模式壮大服务贸易。利用EPC模式，支持重点制造业企业带动产品服务走出去，在境外发展制造服务业。利用文化、旅游资源优势，推动文化、旅游产品出口。支持服务外包产业发展，为外包企业承揽国际业务。支持企业建立国际营销网络，鼓励商贸物流、跨境电子商务、邮政快递、供应链管理向沿线国家拓展业务。

牵头单位：省商务厅。

责任单位：省发改委、省经信委、省财政厅、省农委、省政府金融办、省国税局、湖南出入境检验检疫局、长沙海关、人民银行长沙中心支行、国家开发银行湖南省分行、中国进出口银行湖南省分行、中国银行湖南省分行、中国工商银行湖南省分行、中国建设银行湖南省分行、中国出口信用保险公司长沙营管部。

（三）引资引技升级行动。

行动目标：力争到2017年，外商直接投资稳定在100亿美元，引进吸收一批国际先进技术和管理模式。

行动内容：1.引进外商直接投资。强化产业链招商，抓住新一轮国际产业转移的契机，依托现有核心产业，引进上下游企业落户，完善产业链条。依托核心人才、技术，引进境外战略投资者，投入省内高新技术产业开发，培育壮大新兴产业。瞄准世界500强企业，强化项目定向开发，促进更多世界级大企业落户湖南。2.优化外商投资环境。按照负面清单管理模式，进一步修订外商投资产业指导目录，再缩减一批限制类条目。在所有省级园区推广中国（上海）自贸区“21+29”的创新举措。对外商投资项目积极推行网上预备案管理。3.鼓励开展技术合作。支持与沿线国家共建一批联合实验室（研究中心）和国际技术转移中心，合作开展重大科技攻关。引导支持有实力的企业在沿线国家建设研究中心或技术示范和推广基地。重点推进中意低碳研究中心、中英绿色环保建设中心、湖南国际技术转移中心（1+N）平台，以及孟加拉、巴基斯坦、印尼、印度、泰国杂交水稻种子研发分中心等项目建设。

牵头单位：省商务厅。

责任单位：省发改委、省科技厅、省经信委、省财政厅、省外事侨务办、省政府金融办、省国税局、长沙海关、湖南出入境检验检疫局、人民银行长沙中心支行、国家开发银行湖南省分行、中国进出口银行湖南省分行、中国银行湖南省分行、中国工商银行湖南省分行、中国建设银行湖南省分行、中国出口信用保险公司长沙营管部。

（四）基础设施联通行动。

行动目标：力争到2017年，与国家“一带一路”规划确定的重点省市、重点港口的主要通道基本打通，形成省内交通网与“一带一路”陆海大通道直接连通的大格局。

行动内容：1.打通陆上通道。抓紧推进蒙西至华中煤运通道、怀邵衡、黔张常等铁路建设，打通面向西北的铁路通道，直接连通中国–中亚经济走廊。加快焦柳怀化至柳州段、湘桂衡阳至柳州段电气化改造、张吉怀铁路等项目建设，打通面向中国–东盟经济走廊和北部湾地区的通道。加强渝长厦、常岳九、兴永郴赣、安张衡等铁路前期工作，推动与东南沿海地区的对接，打造连通陆上丝绸之路经济带和海上丝绸之路的通道。培育发展“湘欧快线”，健全国际铁路运输、口岸通关协调机制，强化货源组织和运营管理，提升班列开行密度、运输时效和服务质量，积极发展“五定班列”，致力打造中欧班列南方区域核心枢纽。同时，重点建设炉红山（湘鄂界）经慈利、张家界、新化至武冈高速公路，打通G59呼和浩特至北海南北向运输大通道；推进G5513长沙至益阳高速公路扩容工程、G60醴陵（湘赣界）至娄底高速公路扩容工程，进一步提升东西向运输通道服务能力；加快桑植至龙山高速公路建设，强化与成渝方向连通对接。2.打通国际航线。实施长沙黄花机场飞行区东扩工程、空港配套工程等项目，将长沙机场打造成长江中游重要的国际空港枢纽。推进张家界荷花国际机场改扩建。完善航线网络，推动开通长沙至香港全货航班，长沙至欧洲、美国、澳洲、俄罗斯、日本、西亚等国际洲际航线。3. 打通水上通道。畅通长江中游黄金水道，争取国家将长江中游6米水深航道上延至岳阳城陵矶。加快推进湘江、沅水2条国家高等级航道和洞庭湖区高等级航道建设，推动深水航道向上延伸，推进城陵矶港与上港集团的合作，将其打造成为长江中游重要的航运物流中心。提升长株潭港口群及常德、益阳、衡阳、永州等重点港口功能，推进内河水运与沿海港口无缝衔接，对接海上丝绸之路。巩固提升岳阳至东盟航线运输能力，争取与更多近海国家和地区开通直航，扶持省内发展江海轮运输团队，大力发展“五定班轮”。4. 打造立体综合运输体系。加强水运、铁路、公路、航空和管道的有机衔接，统筹货运枢纽与开发区、物流园区等空间布局，完善货运枢纽集疏运功能。鼓励发展多式联运，提高集装箱和大宗散货铁水联运比重。

牵头单位：省发改委、省交通运输厅。

责任单位：省财政厅、省水利厅、省商务厅、省政府金融办、省机场管理集团、省国税局、长沙海关、湖南出入境检验检疫局、人民银行长沙中心支行、国家开发银行湖南省分行、中国进出口银行湖南省分行、中国银行湖南省分行、中国工商银行湖南省分行、中国建设银行湖南省分行、中国出口信用保险公司长沙营管部、省边防总队。

（五）服务平台构筑行动。

行动目标：力争到2017年，形成覆盖“一带一路”沿线重点国家的“走出去”服务平台体系。

行动内容：1. 打造以“两港两区”为重点的开放平台。岳阳城陵矶港，支持城陵矶新港区申报国家级高新技术产业开发区，充分发挥综保区、启运港退税等政策优势，以及肉类、汽车整车、粮食等进口指定口岸功能作用，带动产品进出口。长沙黄花机场空港，支持长沙黄花机场片区申报综保区，大力发展航空物流，建设长沙临空产业示范园，与高铁枢纽片区联合打造临空高铁经济区。长沙自贸区，整合力量，集中优势产业推动长沙申报自贸区工作。湘江新区，抓紧编制实施规划，打造开放发展的核心区。2. 提升以“两空三水十三陆”为重点的口岸平台。促进长沙、张家界航空口岸，岳阳城陵矶、长沙霞凝、常德盐关口岸，6个公路、7个铁路口岸，以及郴州国际快件中心等其他9个口岸的提质升级改造，建设湖南电子口岸平台，开展跨区域查验机制协作，推进“一次申报、一次查验、一次放行”，实现“信息互换、监管互认、执法互助”和单一窗口，提高通关速度，节省物流成本。争取在省内铁路主要站点、重要内河港口合理设立直接办理货物进出境手续的查验场所。3. 做强以国家级和省级开发区为重点的产业承接平台。强化园区基础设施建设，提升园区承接产业转移平台功能。创新园区建设模式，鼓励与境外资本合作发展“飞地”园区。利用湘南国家级承接产业转移示范区和国家级经济技术开发区优势，推动国际产业转移合作。4. 构筑境外产业发展平台。依托现有“走出去”企业，建设一批国家级境外经贸合作园区。加大北欧湖南农业产业园、泰国湖南工业园、越南商贸物流园、阿基曼中国城等在建园区的建设力度；积极培育三一巴西产业基地、中联印度产业基地、南车南非产业基地、隆平高科东帝汶农业示范基地、老挝湖南橡胶产业基地、老挝湖南农业产业基地、俄罗斯贝加尔湖流域湖南农业产业基地等；在美国南卡州、埃塞俄比亚、苏里南、柬埔寨等国家和地区选择一批基础好的项目作为境外储备园区。5. 搭建境外综合服务平台。依托境外经贸合作园区、驻外机构、企业，在我省投资合作的重点国家和地区，逐步设立湖南境外商务代表处。在湘企聚集度较高的国家和地区组建成立境外湖南商会、湖南同乡会。在南宁、乌鲁木齐筹建湖南东盟、湖南亚欧办事处。6. 搭建国际经贸合作交流平台。充分利用东盟博览会、亚欧博览会、丝博会等经贸展会，以特色产品展、专题活动、项目对接等多种形式，宣传湖南企业，推动经贸合作。在扩大世界矿博会国际影响的同时，依托长沙国际会展中心和重点产业再搭建一批世界级的经贸交流平台。

牵头单位：省商务厅。

责任单位：省工商联、省发改委、省经信委、省财政厅、省农委、省外事侨务办、省政府金融办、省国税局、长沙海关、湖南出入境检验检疫局、省机场管理集团、人民银行长沙中心支行、国家开发银行湖南省分行、中国进出口银行湖南省分行、中国银行湖南省分行、中国工商银行湖南省分行、中国建设银行湖南省分行、中国出口信用保险公司长沙营管部、省边防总队。

（六）人文交流拓展行动。

行动目标：力争到2017年，文化产品进出口贸易额达到13亿美元，年均增长15%以上；国际旅游收入达到10亿美元左右；招收沿线国家留学生数量年均增长10%；建立一批与沿线国家和地区政府间定期合作交流机制，结对一批友好城市。

行动内容：1. 加强文化旅游合作。与沿线国家和地区、中西部各省区合作开发旅游线路，互办旅游推广周、宣传月，拓展旅游市场。积极参与亲情中华、文化中国四海同春、欢乐春节、“丝绸之路影视桥工程”和“丝路书香工程”等文化品牌交流活动，充分利用湖南卫视、中南传媒的平台优势和湖湘文化的国际影响力，扩大与沿线国家在文化体育、广播影视、新闻出版、文艺演出等方面的交流合作，互办文化年、艺术节、文化遗产展览展示、体育赛事等活动，合作开展文物考古发掘，加强对外文化中介机构和海外营销渠道建设，推动文化创意产业、特色文化产业和特色文化产品“走出去”。2. 加强教育培育合作。鼓励支持省内有实力的院校、职业院校开展境外办学和职业教育合作。扩大外国留学生规模，引导企业吸纳留学生参与境外项目建设。加强与境外合作国家间的学术交流。推进湖南师范大学与俄罗斯喀山大学、长沙理工大学与黑山共和国大学合作举办孔子学院。利用“汉语桥”等文化教育平台，深化与沿线国家交流。3. 加强医疗卫生领域交流协作。加强与沿线国家和地区在妇幼保健、残疾人康复、中医养生保健及艾滋病、结核病、疟疾等传染性疾病方面开展务实合作；鼓励省内有条件的中医医疗机构和社会资本与沿线国家的医疗机构、社会团体合作，在境外建立一批高水平中医医疗机构，提供中医医疗和养生保健服务；鼓励有条件的中医医疗机构申请获得国际知名保险机构的认证，大力发展与旅游业相结合的对外医疗保健服务产业。鼓励省内中医药企业在沿线国家设立分支机构，开展医药合作。4. 加强政府间合作。推动与重点国家和地区建立友缔结省州、友好城市等经贸合作伙伴关系，完善沟通协调机制，结对一批友好城市。推动重点国家和地区在长沙设立官方经贸促进机构。加大境外宣传力度，塑造“海外湘军”整体品牌形象。加大对湖南良好生态和投资环境宣传力度，吸引境外投资。5. 引导社会组织合作。鼓励引导省内社会组织与沿线国家非政府组织开展广泛交流合作，在生态建设、防灾减灾、应对气候等方面建立合作机制，积极开展水污染治理、大气污染防治、重金属污染修复等领域的国际交流合作。

牵头单位：省外事侨务办。

责任单位：省委宣传部、省台办、省教育厅、省民政厅、省财政厅、省环保厅、省文化厅、省卫生计生委、省新闻出版广电局、省体育局、省旅游局、省政府金融办、团省委、省国税局、长沙海关、湖南出入境检验检疫局、人民银行长沙中心支行、国家开发银行湖南省分行、中国进出口银行湖南省分行、中国银行湖南省分行、中国工商银行湖南省分行、中国建设银行湖南省分行、中国出口信用保险公司长沙营管部。

四、行动保障

（一）项目推进机制。

1. 强化项目储备。整合各方信息，按照六大行动类别，建立健全境外投资和合作交流重大项目库。实行境外合作项目报备制度，对项目库进行动态管理、滚动淘汰，及时更新境外合作项目信息。2. 强化项目对接。加强与国家相关部委衔接，争取我省项目更多地纳入国家“一带一路”战略规划。加强与国家驻外使领馆及沿线国家的驻华使领馆的联系，畅通沟通交流机制，搭建中外企业项目对接平台。加强与央企的项目对接合作，带动省内重大项目落地。3. 强化项目开发。建立境外合作项目滚动实施机制，开工一批、储备一批、谋划一批境外合作项目。借助国际咨询力量，依托现有的走出去企业加强合作项目开发储备，形成项目续接。4. 强化项目实施。定期调度进展情况，建立部门对口联系机制，实现一个重点项目、一套服务体系，帮助企业突破项目瓶颈制约，加快境外合作项目建设。

牵头单位：省发改委、省商务厅。

责任单位：省经信委、省财政厅、省国资委、省外事侨务办、相关企业。

（二）金融财税扶持机制。

1. 争取政策性金融支持。充分借助国家开发银行、中国进出口银行等政策性银行，进一步扩大“两优”贷款规模和使用范围，加强对龙头企业“走出去”金融支持。充分发挥中信保等政策性保险机构在重大项目推进落实中的风险保障作用和投融资桥梁作用，主动为企业“走出去”提供信用保险，防控投资风险。2. 强化融资渠道和模式创新。积极加强与亚行、亚投行、世行、金砖银行，丝路基金、中非基金、中国－东盟海上合作基金等基金合作，争取对我省“走出去”重大项目的支持。加强对银团贷款、联合授信、俱乐部贷款等融资合作模式的运用，引导中国银行、工商银行、建设银行、农业银行等商业银行联合支持我省海外项目。支持“多行一保”联合打造最低成本、最优服务的海外项目融资模式，通过利率优惠、缩短授信时间等举措，支持企业进行境外收购，开展海外 PPP 项目。持续完善内保外贷政策，支持企业以境外项目、资产或股权、矿权等权益办理抵押贷款。3. 加大财税支持力度。省直相关专项要重点扶持省内“走出去”示范项目建设、支持重要的功能性平台建设。积极争取国家投资，支持重要的交通项目建设。对纳入行动方案的重大项目，重点示范企业，按政策规定在税收、收费方面给予优惠支持。

牵头单位：省金融办、人民银行长沙中心支行、湖南银监局、省商务厅、省财政厅。

责任单位：省发改委、省国税局、国家开发银行湖南省分行、中国进出口银行湖南省分行、中国银行湖南省分行、中国工商银行湖南省分行、中国建设银行湖南省分行、中国农业银行湖南省分行、中国出口信用保险公司长沙营管部。

（三）人才保障机制。

1. 加强人才引进。完善人才评价制度，创新人才引进方式，开辟人才引进绿色通道，搭建国际人才交流平台，加大全球招聘力度，大力引进熟悉国际法、国际商贸规则的复合型人才。深化与境外华人社团合作，发挥华人华侨的力量，协助企业引进海外人才。2. 加强人才培训。举办企业高端人才培训班，进行有关“走出去”的法规、政策、礼仪、文化、语言等方面的专项培训。引导省内高校、高职院校培养翻译人才、海外营销策划人才、国际经贸和法律人才。适时选派省内机关事业单位、企业的骨干到海外项目挂职锻炼。注重发挥“一带一路”沿线国家在我省留学人员作用，服务各类经贸和人文交往活动。3. 完善人才政策。研究制定吸引人才的优惠政策，强化人才奖励与保障制度，吸引、留住、用好人才，形成强大的国际项目团队，为人才发展提供优良环境。简化企业人员出国（境）手续，适当放宽企业团组人数和人员出国次数、天数等审批条件，为企业人员“走出去”提供更加便捷的服务。

牵头单位：省委组织部。

责任单位：省人力资源社会保障厅、省教育厅、省科技厅、省财政厅、省公安厅、省外事侨务办、团省委。

（四）风险防控机制

1. 构建“走出去”综合信息服务体系。整合现有涉外信息服务网站资源，组建省内对接“一带一路”综合信息服务网，及时提供沿线国家法律、市场需求、投资环境、经济政策、税收政策、劳工和人力资源政策、质量安全标准和疫病疫情等风险预警方面信息。定期发布我省装备制造业合作重点国别风险评估报告，及时预警有关国家政治、经济、社会重大风险。对走出去的重大项目，及时提供风险评估服务。2. 建立政府间对话磋商机制。利用政府间各层级对话磋商机制，积极帮助“走出去”企业协调好与东道国政府的关系，为企业参与境外项目创造良好环境。指导和协助企业妥善处理重大国别风险和突发安全事件。加强领事保护知识的宣传教育，妥善处理涉外案件，依法维护我省企业和公民海外合法权益。3. 打造省级的海外投资智库。吸纳具有丰富的海外投资实践经验的企业家、涉外律师、经济学家、学者等各类专业人才成立省级海外投资智库，指导并协助企业开展对外投资经营培训交流，就成功或失败的海外投资案例进行交流、研究、总结；充分利用湖南省境外企业法律事务咨询服务中心、湖南省律师协会涉外法律事务专业委员会的优势资源，开展境外法律培训；加大对涉外法律领军人才的培养支持力度，为海外投资企业提供优质高效的法律服务。

牵头单位：省商务厅。

责任单位：省经信委、省公安厅、省司法厅、省外事侨务办、省工商联、人民银行长沙中心支行、湖南出入境检验检疫局

（五）工作协调机制。

1. 强化组织领导。建立对接国家战略领导小组，建立定期工作协商机制，共同研究制定重大政策、协调重大问题、设定时间任务进度表，确保纳入行动方案的重点工作、重大项目有序推进。2. 强化责任落实。相关部门和重点企业要将贯彻落实行动方案列入本单位的重要工作，做好各类规划与行动方案的衔接，制定实施方案，分解落实目标任务。3. 强化监督检查。完善企业境外合作项目统计调查制度，做好统计监测和信息发布工作。建立工作进展情况季度报告制度，及时了解重点工作和重大项目进展，及时解决突出问题。将推进"653"行动方案情况纳入部门绩效考核。

牵头单位：省发改委、省经信委、省商务厅、省外事侨务办、省统计局。

责任单位：相关成员单位。

附件：2015—2017 年湖南省对接"一带一路"建设项目清单（略）

湖南省人民政府关于印发《湖南省贯彻落实国家〈长江中游城市群发展规划〉实施方案》的通知

（湘政发〔2015〕35 号）

各市州人民政府，省政府各厅委、各直属机构：

现将《湖南省贯彻落实国家〈长江中游城市群发展规划〉实施方案》印发给你们，请结合实际认真贯彻落实。

湖南省人民政府

2015 年 8 月 25 日

湖南省贯彻落实国家《长江中游城市群发展规划》实施方案

按照国家《长江中游城市群发展规划》，湖南省规划实施范围为环长株潭城市群，即以长沙、株洲、湘潭三市为核心，辐射衡阳、岳阳、常德、益阳、娄底五市，总面积 9.68 万平方公里，2014 年常住人口 4105.9 万人，地区生产总值 21599 亿元，分别占长江中游城市群的 30.4%、33.9% 和 36%。根据《国务院关于长江中游城市群发展规划的批复》（国函〔2015〕62 号）、《国家发展改革委关于印发长江中游城市群发展规划的通知》（发改地区〔2015〕738 号）、《湖南省人民政府关于依托黄金水道推动长江经济带发展的实施意见》（湘政发〔2015〕15 号）等文件要求，为推进长江中游城市群发展，特制订本实施方案。

一、总体要求

1. 指导思想。深入贯彻党的十八大和十八届三中、四中全会精神，紧紧围绕国家将长江中游城市群打造成中国经济新增长极、中西部新型城镇化先行区、内陆开放合作示范区、"两型"社会建设引领区等四大战略定位，充分发挥湖南"一带一部"区位优势，以长株潭一体化为核心，以产城融合为重点，以全面深化改革为动力，以推进沿江开放开发为纽带，以基础设施互联互通为突破，走新型城镇化道路，着力推进环长株潭城市群内部及与武汉城市圈、环鄱阳湖城市群之间城乡、产业、基础设施、生态文明、公共服务"五个协同发展"，积极探索科学发展、和谐发展、转型发展、合作发展的新路径和新模式，辐射带动全省经济社会持续健康协调发展，将环长株潭城市群打造成为全国"两型"社会建设示范区和现代化生态型城市群、内陆地区开放新高地、长江经济带重要支撑、长江中游城市群核心增长极。

2. 发展目标。全面推进阶段（2015—2020 年）。重点强化长株潭核心引领作用，加速扩容提质、经济转型和一体化发展，全面提升城市综合竞争力，率先建成"两型"城市，在长江中游城市群中的核心地位初步确定。统筹推进环长株潭城市群重大基础设施和公共服务体系建设，实现基础设施全面对接联网，形成一批优势特色产业基地，对长江经济带的支撑作用显著增强。建立与武汉城市圈、环鄱阳湖城市群的合作发展机制，并取得实质性进展。品质提升阶段（2021—2030 年）。长沙、株洲、湘潭三市综合竞争力进一步提升，在长江中游城市群的核心地位得到全面巩固和加强。环长株潭城市群一体化发展体制机制更加完善，具有国际影响力的国家级现代化生态城市群基本建成。与武汉城市圈、环鄱阳湖城市群开展多领域合作，协同发展格局全面形成，共同推动长江中游城市群成为我国经济增长与转型升级的重要引擎和具有国际竞争力的现代化城

市群。

二、促进城镇联动发展

3. 打造长株潭核心增长极。强化长沙中心城市地位，大力推进湘江新区建设，争取设立国家级长沙临空经济示范区，率先建成“两型”城市和基本实现现代化，打造长江中游城市群重要的中心城市、“一带一路”内陆开放型经济高地。加快长株潭一体化进程，依托长株潭“两型”社会试验区、长株潭国家自主创新示范区等国家级平台，全面提升要素集聚能力和综合竞争力，增强产业高端化发展水平，率先实现社会保障、健康服务、公共交通“三个一卡通”和规划、信息、交通、户籍“四个一体化”。加快株洲“五城四基地”、“中国动力谷”、云龙新城和湘潭“一轴一带”、雨湖新城、九华新城建设，辐射带动衡阳、岳阳、常德、益阳、娄底等城市发展。将长株潭打造成为中部崛起的重要引擎和长江中游城市群的战略支点。

4. 推进区域性中心城市组团发展。以洞庭湖生态经济区建设为重点，以产城融合为抓手，大力推进岳阳绿色化工产业带、常德千亿装备制造产业走廊、益阳船舶制造基地和城陵矶新港区、津澧新城、益阳东部新区建设，将岳阳市、常德市、益阳市建设成为长江中游地区重要的中心城市和产业基地，打造湖南融入长江经济带的战略支点和滨湖型城市组团。做大做强衡阳市、娄底市中心城区，加快推进衡阳西南云大经济圈协同发展，建设大衡山特色城镇带，加快建设娄底城镇带和娄双高附加值“两型”产业走廊、娄涟冷现代制造业走廊。

5. 推进省际城镇联动发展。加强与武汉城市圈、环鄱阳湖城市群及三省省会城市的合作共建，促进毗邻城镇在功能布局、产业建设、生态环保等方面协同发展。重点建设以长株潭、岳阳、衡阳为节点的京广城镇发展轴，以岳阳、常德、益阳为节点的沿长江城镇发展轴，以长株潭、娄底为节点的沪昆城镇发展轴，以长株潭、益阳、常德为节点的长渝城镇发展轴，以常德、益阳、娄底为节点的二广城镇发展轴，以株洲创新发展试验区、湘赣开放合作试验区、罗霄山集中连片特困地区扶贫开发为基础的长株潭—萍乡、宜春、新余城市组团，以洞庭湖生态经济区建设为纽带的荆州—岳阳—常德—益阳城市组团，以沿江开放开发为契机的咸宁—岳阳—九江城市组团。

6. 促进城乡统筹发展。不断深化长沙等国家新型城镇化试点和株洲、益阳等全国统筹城乡一体化试点，推进实施长沙市城乡统筹融合发展行动计划，促进中心城区基础设施和公共服务向周边城镇及农村延伸，加快农民工市民化进程。充分发挥县（市）就近吸纳农村剩余劳动力作用，培育宁乡、浏阳、耒阳、醴陵、津澧等15个左右30万~50万人口的中小型现代城市，抓好清溪镇、花明楼镇、太子庙镇、大瑶镇等50个左右全国重点镇和省新型城镇化试点镇建设，打造一批工业强镇、商贸重镇、旅游名镇、美丽乡镇、宜居小镇，开展湘江古镇群保护发展，开展美丽乡村、宜居村庄和旅游示范村创建活动，做好传统村落保护。

三、完善基础设施网络

7. 构建陆水空城际互联互通的综合交通网。依托长沙全国性综合交通枢纽，建设放射状、立体化、无缝对接的综合交通网络。公路，重点推进二广高速常德—安化段、安化—邵阳段，杭瑞高速临湘—岳阳段等国家高速公路网项目和长沙—益阳、沪昆高速醴陵—娄底段等繁忙路段扩容项目建设，进一步加强与湖北、江西的省际高速公路对接，推进岳阳—望城等断头路建设。争取华容监利长江大桥纳入国家规划，加快推进干线公路省际通道和连接重要景区、资源基地、工业园区、物流中心、重点乡镇公路建设，形成“五纵五横”高速公路网（五纵：武汉至深圳、北京至港澳、许昌至广州、华容至常宁、二连浩特至广州。五横：杭州至瑞丽、浏阳至花垣、平江至安化、浏阳至芷江、上海至昆明），建设以长沙为中心的长株潭“十一纵十横”城际快速干道网（十一纵：京港澳、长株高速—株洲湘江大道、雷锋大道北延线—长沙西三环—长潭西线、黄桥大道—伏林大道、长沙星沙—株洲渌口、长沙福临—江背—湘潭梅林桥大道、芙蓉大道、昭山大道、岳东大道、长沙—株洲—攸县快速公路、武广高铁株洲站—沪昆客专韶山南站。十横：沪昆高速、莲易大道、319国道北移线、金沙大道、长沙南二环—劳动东路、长沙南横线、湘乡—醴陵、株潭绕城南线、长沙南三环线至江背镇、湘潭鹤岭—南谷）和洞庭湖环湖公路网。铁路，加快建设以“七纵七横”为主干的铁路运输网（七纵：焦柳、安张衡、常德至桂林至海口、洛湛、京广、蒙华、咸宁—茶陵—炎陵—韶关。七横：渝长厦、黔张常和常岳九、重庆秀山至益阳、沪昆、西安至长沙、渝怀及怀邵衡和衡茶吉、湘桂），力争高速铁路网全面覆盖50万人口以上城市，普通铁路网覆盖20万人口以上城市。水运，推进长江航道治理，加快岳阳港、长株潭港口群等重要港口建设，全面推进“一纵五横”为骨架的航道网建设（一纵：湘江。五横：沅水、淞虎—澧资航道、澧水、资水、涟水）。航空，加强长沙黄花机场与武汉天河机场、南昌昌北机场合作，共同打造长江中游国际航空港。强化长沙黄花国际机场区域枢纽功能，实施飞行区东扩工程和空港配套工程，推动常德桃花源机场改扩建工程，启动岳阳、娄底机场建设，加快通用机场群建设，形成“一枢纽多支线”的空运网络。城际轨道交通，支持以长沙为中心的城际交通网建设，形成“一心六射”的城际轨道交通网络（一心：长沙。六射：长沙—岳阳、长沙—浏阳、长沙—益阳—常德、株洲—醴陵、株洲—衡阳、湘潭—娄底）。加快建设长沙—株洲七斗冲长株潭城际西线，实现高铁、城际铁路和城市轨道、公共交通“零换乘”。城市轨道交通，加快推进长沙市第二轮城市轨道交通项目建设，启动第三轮规划项目建设。鼓励有条件的城市采用中低速磁浮、有轨电车、无轨电车等绿色交通方式发展城市公共交通。

8. 构建江河湖库功能互补的水利设施网。以重大水利工程为抓手，与湖北、江西共同争取国家支持在长江中游地区开展大型水利现代化综合枢纽建设试点示范。加快推进松滋建闸、四口河系整治及洞庭湖综合枢纽工程前期工作，争取纳入国家“十三五”规划。加强水利建设管理体制机制改革创新，推动经济社会发展与水资源环境承载能力相协调。加快洞庭湖、四水流域综合治理，实施城市防洪排涝工程，完善防洪抗旱减灾体系。强化水资源保障，推进以洞庭湖北部地区、衡邵干旱走廊综合治理等为重点的水资源配置工程建设，加强城市水源工程建设，在全面完成安全饮水“十二五”规划的基础上，实施农村安全饮水提质增效，完善城乡供水安全保障网络，进一步提高水资源调配能力。继续推进大中型灌区、病险水库（闸）除险加固、洞庭湖区治涝工程和小型农田水利基础设施建设，提高农田灌排能力，夯实农业水利基础。加强水生态保护，完善长江、洞庭湖及四水防洪和水量调度，建立联合调度系统和监管合作机制。加强水源地保护、河湖管理，推进水环境综合治理，通过治污改善水环境，建立健全水环境监测预警网，确保主要江河湖泊水功能区水质达标率稳步提高。强化水资源保障和水生态保护，推进以南县、华容、安乡为重点的水资源设施建设和农村安全饮水工程。

9. 构建油气电煤互为补充的能源保障网。加强能源输入通道建设，重点推进蒙西—华中煤运通道、甘肃—湖南直流特高压输电工程，中石油西三线中段、中石化新疆煤制气外输管道建设，启动中石化仪征—长岭原油管道复线九江—长岭段、长岭至重庆原油管道项目。加快环长株潭城市群城乡电网改造和升级扩容，建成一批500千伏及以上输变电工程，完成农网升级改造。大力发展智能电网，推进新能源加快并网。适度发展清洁高效火电，在煤运通道及分输线、海进江煤转运港口和负荷集中及电网支撑薄弱区域布局建设一批近零排放标准的百万千瓦级火电厂，推进现有煤电机组加快节能减排升级改造。安全有序发展核电，启动桃花江核电项目，加快推进小墨山核电项目前期工作。积极发展新能源，扩大风电、分布式光伏发电规模，推进生物质能、浅层地热能、沼气等开发利用。加快风电、光伏、生物质等新材料、新装备、新技术的研发应用，培育壮大新能源汽车、风光电装备、智能电网产业集群。加快实施“气化湖南”工程，推进环长株潭城市群国家天然气干线和省内支线率先成网，实现“县县通、全覆盖”。加快岳阳、华容煤炭铁水联运储配基地建设，提升长株潭、岳阳煤炭接卸、转运、储配能力，提高煤炭清洁化利用水平。加快推行“以气代煤”、“以电代煤”，在环长株潭城市群实施燃煤锅炉限期退出，严格控制散烧用煤。在工业园区、大型公共服务区、综合商务区等优先推广采用天然气分布式能源、地源热泵等供热供冷方式。

10. 构建服务产业深度融合的新一代信息网。重点推进长株潭下一代互联网示范城市群和宽带中国示范城市群建设。全面实施中小城市基础网络完善工程和宽带乡村示范工程，全面扩大有线无线宽带网络覆盖面。实施“互联网+”行动计划，重点围绕基础型、提升型、服务型“互联网+”行动，进一步建设国家超算长沙中心、长沙云计算平台、物联网、基础信息资源库，推动云计算与物联网、移动互联网等融合发展，加快新一代信息技术向制造业、服务业、农业等领域渗透，构建较为健全的互联网产业链条。与湖北、江西协同建设长江中游城市群信息港和地理空间信息分发与交换中心，建立信息安全应急体系合作机制，实现数字证书互通互用、交叉认证，推动无线电协同监管。

四、强化产业协同发展

11. 打造优势产业集群。发挥长株潭产业集聚和自主创新优势，推进17个千亿特色产业园区建设，打造一批优势产业集群。依托中联重科、三一重工、山河智能等骨干企业，建设全球先进的工程机械区域创新中心和制造中心，打造高端工程机械产业集群。依托南车株机、南车时代等龙头企业，以及变流技术国家工程研究中心、机车和国防科大磁悬浮研究中心，建设全球领先的高端轨道交通装备研发与制造中心，打造先进轨道交通产业集群。依托上海大众、湖南吉利、广汽菲亚特、长沙比亚迪、北汽等骨干企业，引导长株潭开展汽车产业合作与企业重组，打造新能源汽车产业集群。支持泰富重工、湘电集团、湖南太阳鸟、益阳中海等企业自主创新发展，打造海洋工程装备及高性能船舶产业集群。支持华菱钢铁发展高附加值产品，延伸钢铁产业链，打造中部钢铁精深加工产业集群。依托株洲硬质合金等核心企业，打造有色精品产业集群。依托岳阳长炼、巴陵石化等龙头企业，进一步做大做强岳阳石油化工产业基地，打造绿色化工产业集群。依托远大住工、中联环境、巨星建材、永清、凯天、华时捷等龙头企业，支持绿色建筑、城市垃圾处理、水污染治理及在线监测、大气污染治理、环保消费品和节能环保服务业发展，打造节能环保产业集群。依托杉杉、金瑞、科力远、华联、泰鑫等龙头企业，打造新材料产业集群。依托蓝思科技和中兴、中电在湘龙头企业，打造电子信息产业集群。依托格力电器、奥克斯集团等龙头企业及宁乡家电生产基地，打造智能家电产业集群。依托58同城、金蝶互联、易宝天创、友阿云商等重点企业，支持发展与移动互联网产业相关的软件开发、服务平台和应用服务，打造移动互联网产业集群。依托尔康、九芝堂、方盛、圣湘生物等龙头企业，支持化学制剂类药、现代中药、生物药和高端辅料药发展，打造生物医药产业集群。依托南方公司、南方宇航、湖南通发等龙头企业，围绕中小型航空发动机研制、通用航空制造和运营，打造航空航天产业集群。依托湘电股份、湘电风能等骨干企业，大力发展风电装备、太阳能热发电装备、清洁能源装备，打造新能源装备产业集群。依托江麓机电、江南机器、江滨机器等大型军工企业，打造军民融合产业集群。依托加加食品、康师傅、华润怡宝等大型食品饮料企业，打造食品产业集群。

12. 加快发展现代服务业。推进长株潭智能物流网络、长株潭电子商务示范城及长沙跨境电子商务平台建设，打造辐射全国、连接国际的物流平台和区域性商贸中心。依托湘潭岳塘经开区、综合保税区、公路物流港等节点，打造长株潭供应链核心枢纽。加快建设长沙与武汉、南昌两小时高效物流服务圈。支持长株潭发展绿色金融，培育“互联网+产业+金融”产业链条，建成国家级互联网金融创新示范区和区域金融中心。发挥长江水道、高铁、生态和红色资源优势，与湖北、江西联合打造沿江旅游、红色旅游、绿色旅游、高铁旅游等旅游精品线路，培育国际旅游品牌，实行旅游信息互通，探索推行旅游“一票通”。依托中南传媒、芒果传媒、天心区国家文化产业示范园区、国家广告创意产业园、中南国家数字出版基地、国家动漫游戏产业振兴基地、湘台文化创意产业园等品牌优势，充分挖掘地方文化资源，通过建设一批具有示范带动效益的文化创意产业园区（基地），进一步做强做大文化产业。加快健康产业发展和健康产业园建设，丰富健康、家庭、养老等服务产品供给。深化长沙、衡阳国家服务业综合改革试点，支持长株潭环境服务业试点。加快研发设计、技术转移、检验检测认证、创业孵化、知识产权、科技咨询、科技投融资等科技服务业发展，加大科技成果转化力度。

13. 发展壮大现代农业。推进环长株潭城市群高标准农田建设，加快以湘潭、双峰、汨罗为重点的农机产业基地和长沙现代农业综合配套改革试验区建设，巩固提升全国重要商品粮生产基地地位。加大以长沙为中心的现代种业支持力度，打造南方种业硅谷。支持长沙、益阳、岳阳等稻谷物流节点建设，岳阳临港经济区肉类、水产品物流节点建设和宁乡、湘潭、华容、衡阳等县域农产品精深加工，加强食品、农产品出口基地建设。打造一批全国“两型”现代农业先行区、都市高效农业示范区和旅游休闲农业引领区。加快培育新型农业经营主体。提升农业规模化、集约化经营水平。健全食品质量安全检测检验体系，打造绿色食品产业集群。积极开展农业领域补贴办法改革试点。加大对粮食主产区的财政转移支付力度和农业保险支持力度。支持长沙隆平高科技园等农业科技示范园建设，大力发展农业科技服务实体。加强与湖北、江西在农业领域的合作，将环长株潭城市群建设成为全国农业科技产业化示范基地。

14. 推进跨区域产业转移与承接。鼓励承接珠三角、长三角地区产业转移，建立产业转移跨区域合作机制，积极发展“飞地经济”，加快宁乡金玉工业集中区等一批飞地示范园发展，促进县域经济转型升级。鼓励长株潭发展高新技术产业和现代服务业，引导资源加工型、劳动密集型产业向周边地区转移，建立生产基地，布局配套企业。推进湘南承接产业转移示范区建设，推进产业双向转移。积极实施“回归工程”，鼓励海内外湘商返乡投资兴业和外出农村劳动力回乡就业，引进各类高层次人才。支持符合条件的开发区、产业园区建立相应的创业园。

15. 建立产业协同发展机制。搭建产业合作平台，推进长沙与武汉建设“创意产业园”、湘赣开放合作试验区等各种形式的跨区域产业合作。建立健全企业、项目转移利益协调和补偿机制，引导生产要素合理流动，增强产业集聚功能。完善统一市场机制，探索建立企业信用信息互通共享机制，支持资本市场诚信数据库建设。加强知识产权协同保护，探索组建联合产权交易机构。强化企业在技术创新中的主体地位，支持企业、高校、科研院所等搭建创新和共享的平台，建设产业技术创新战略联盟。

五、推进生态文明共建

16. 构筑网络化生态屏障。建立健全跨区域生态文明建设联建联动机制，与湖北、江西共同构筑以幕阜山和罗霄山为主体，以沿江、沿湖和主要交通轴线绿色廊道为纽带的长江中游城市群生态屏障，推动城市群“绿心”建设。加强长株潭生态文明城市建设和长沙、常德等国家级森林城市建设，推进常德、益阳生态文明示范区建设和长沙、株洲水生态文明城市试点。加强对“一湖四水”的水生态保护和水环境治理，支持水质良好湖泊（水库）的保护，提高水环境功能区承载力。推进湘江流域产业布局优化和水污染治理，将洞庭湖及四水流域纳入国家重点流域治理范围，加强湿地自然保护区、洞庭湖国家公园建设。构建罗霄山区自然和谐的生态网络系统。大力支持区域内重点生态功能区建设，加大长株潭生态“绿心”保护，实施绿心保护工程，争取绿心所在县市区纳入国家重点生态功能区范围。改善衡山、武陵山北段等山体生态质量。建立国土空间开发保护制度，划定并严守生态保护红线（国土生态保护、能源消费双控、水资源开发利用与保护、耕地保有量和基本农田保护面积、森林湿地面积和物种数量、城市边界限值、矿产开采限制、功能区环境质量）。

17. 促进城市群绿色发展。加快长株潭“两型”社会综合配套改革试验区建设，深化园区循环化改造，支持长株潭创建国家循环经济示范区、国家生态工业示范园区，加快常德市国家海绵城市试点。探索编制自然资源资产负债表。加快推进国土江河综合整治试点。加强水资源跨区域协调，推广节水技术，建设节水型社会，实施能源消费总量和强度双控制。发展绿色产业、绿色建筑，倡导低碳生活方式。推进娄底、衡阳、汨罗、浏阳等国家和省级循环经济试点。

18. 健全跨区域环保联防联治机制。推动跨区域环境统一监测，建立环境污染公共预警机制，加快构建水污染联防联控物联网，探索建立长江中游城市群大气污染监测立体网络和环保信息交流平台，探索建立环保“黑名单”制度，打破区域间联防联控信息壁垒。推动完善跨区域横向生态补偿机制，坚持下游地区与上游地区、开发地区与保护地区“责任共担、利益共享”原则，努力将“一湖四水”纳入国家生态补偿试点范围。建立跨区域环境污染应急联动机制，积极推动应急联动预案立法，健全应急指挥协调组织体系，打造突发环境事件“快报快处”通道，共同应对区域突发性生态环境问题。加强重金属污染联防联治，开展以重点区域为核心、湘江流域为重点的区域综合整治。

六、强化公共服务共享

19. 加强教育合作交流。加强我省与湖北、江西各级各类学校之间的合作，推动教师互聘互访，学生互访交流，图书资源共享。探索建立高校跨校双学位申请，学分互认，科研合作。推进长沙、株洲职业教育科技园建设。鼓励企业跨区域建立校企合作联盟。深入推进义务教育均衡发展，加快实施农村学前教育推进工程。

20. 推进科技创新合作。充分发挥长株潭自主创新示范区带动作用，支持长沙“麓谷”、株洲“中国动力谷”、湘潭“智造谷”建设，在科研院所转制、科技成果转化、军民融合、科技金融融合等方面率先创新发展。建设湖南省产业技术协同创新研究院、国家超级计算长沙中心、国家（重点）实验室、国家工程（技术）研究中心等一批科技研发平台，建设国家高技术产业基地、高新区、经开区、大学科技产业园、军民融合科技创新产业园等一批科技产业化平台，建设成果转化、科技情报、知识产权等一批公共信息服务平台，推动各类科技创新平台合作发展，建立协同创新体系。与湖北、江西推动科技资源开放共享，促进优势互补、共同发展。

21、加强医疗卫生合作。支持湘雅医院与武汉同济医院、协和医院等开展医疗合作。鼓励大型综合性医疗卫生机构和大型民营医疗机构跨区域布点，并加强远程医疗系统建设。开放现有国家级、省级医学实验室，实现资源共享。建设区域患者“电子病历”共享中心，探索跨省异地就医结算制度。建设互联互通的突发公共卫生事件信息决策指挥平台和信息监测系统。组建医疗卫生应急专家库，建立不定期专家会商制度。建立区域性血吸虫病联防联控机制，统一制订联防工作制度。

22、促进文化繁荣发展。推进红色旅游文化、民族特色文化的传承与交流。加快推进省级公共文化服务体系示范区（项目）建设，探索开展政府购买公共文化服务改革。实施环洞庭湖博物馆群建设，推动环洞庭湖暨澧阳平原史前遗址群等古文化遗址保护利用体系建设，加快推进湖南省文化艺术中心建设。加强公共图书馆、文化馆、博物馆、美术馆新建或提质改造，推进乡镇（社区）综合文化服务中心、“村村响”、“户户通”、农家书屋、全民阅读及无线数字覆盖工程。联合开发公共文化服务信息资源数据库，实现城市群居民借阅证一卡通服务。推动湖南日报报业集团、湖南广播影视集团、湖南出版投资控股集团等开展省际文化产业发展与合作。依托长沙国际会展中心，参与组建“长江中游城市群会展联盟”。支持“中三角演艺联盟”“中三角公共图书馆联盟” “中三角非物质文化遗产联盟”的发展与融合，积极开展交流与合作，促进文化创意产业与相关产业融合发展。

23. 加强人力资源开发。发挥长株潭产业和平台集聚人才的优势，打造人才“洼地”。规划建设长株潭城市群人力资源服务产业园区。推进长株潭国家级创业型城市和创业孵化基地、长沙国家小微企业创业创新基地城市示范建设。建立长株潭引进高端人才和行业领军人才的绿色通道。实施专业技术人才队伍建设工程，建立新型智库人才“旋转门”机制。完善创业扶持政策和服务体系，推进全民创业。实施促进充分就业行动计划，建立失业统计报告制度，实施创业带动就业工程。实施劳动人事争议仲裁院建设工程，完善协调劳动关系三方机制，形成跨行政区执法联动机制。

24. 创新社会治理体制。加快长株潭社区公共服务综合信息平台建设，推进“全国社区治理和服务创新实验区”建设和申报。支持成立行业协会联盟，开展跨区域行业合作。建设区域性食品药品检验检测中心，推进检验检测资源共用共享，加强食品药品安全信息交流，协同保障食品药品安全。推进长沙流动人口社会融合示范试点工程建设。建立统一的户籍管理制度，推进公共安全领域的跨区域联合执法。加强跨区域城乡消防协作机制建设，加强区域消防基础设施共建、区域消防应急救援队伍共建、区域消防规划共制、区域消防隐患共控。与湖北、江西合作开展长江中游城市群公共服务质量评估。

七、深化开放合作

25. 强化环长株潭城市群内部合作。进一步加强落实长沙、株洲、湘潭三市市长联席会议制度，建立三市政府各职能部门之间的联席会议制度，建立信息共享平台与机制。加快长株潭与岳阳、常德、益阳、娄底、衡阳的开发与合作，推进环长株潭城市群资源共享、产业互生、环境同治，建立洞庭湖水系综合治理合作平台，推进洞庭湖生态经济区（岳阳、常德、益阳）、湘南承接产业转移示范区（衡阳、郴州、永州）、湘中地区（娄底、邵阳）合作发展。依托环长株潭城市群区域内综合保税区等海关特殊监管区联合申报国家级自由贸易区。

26. 促进长江中游城市群之间的合作。加强环长株潭城市群与武汉城市圈、环长株潭与环鄱阳湖城市群的分工合作，建立长江中游城市群31市市长论坛，建立长江中游城市群协作联席会议机制、专项事务合作机制，打造跨区域商务合作平台、物流总部基地和国际商品交易中心分销平台，做大做强“中部投资贸易博览会”等会展品牌。加强三个城市群（圈）口岸监管平台建设和通关一体化建设，加快建设湘鄂、湘赣开放合作区。

27. 加强与国内重点区域的对接合作。积极对接上海自贸区，提升开放型经济规模和水平。全面融入长江经济带，对接长三角城市群、成渝城市群，加快发展临港经济，将岳阳临港区打造成长江中游的重要国际港口、物流中心和国家级保税港区。对接国家西部大开发战略，加强与西部煤炭富集省份的合作，加强与新疆等煤电基地和西南水电基地的对接，加快推进省内天然气输气管道与川气东送、中贵线、中缅线等国家天然气干线的联通，多渠道保障能源供应。对接京津冀、粤港澳、北部湾、海西经济区，加快承接产业转移。

28. 大力推进国际开放合作。加强与国家“一带一路”战略的对接，支持长株潭实施产能装备出海行动、对外贸易倍增行动、引资引技升级行动、基础设施联通行动、合作平台构筑行动和人文交流拓展行动。推动与中亚、南亚、西亚、东南亚以及东欧、非洲、南美等开放合作。加强先进技术、高级人才、产业资本引进和优势产品、技术出口，大力引进世界500强企业、高新技术企业、金融企业、服务业企业。培育一批工程机械、轨道交通、有色矿业、农业开发等领域具有国际竞争力的大型跨国企业，建设一批省级境外经贸合作园区，积极发展对外工程承包和劳务输出和能源资源合作开发，扩大对外文化交流。

八、保障措施

29. 加强组织领导。成立我省对接实施国家重大战略规划工作协调领导小组，由省政府主要领导任组长，省直相关部门主要负责人为成员，定期研究、协调《长江中游城市群发展规划》实施过程中的重大战略、重大问题、重大改革和重大项目，推动完善湘鄂赣省际联席会议及定期会商机制。环长株潭城市群各市政府要切实承担起建设主体责任，细化实施方案，落实工作责任，依法落实《实施方案》明确的主要目标和重点任务，定期向领导小组报送实施进展情况。省直各部门要按照职能分工加强业务指导，在规划编制、政策实施、项目安排、体制创新等方面给予积极支持。

30. 统筹规划布局。以国家《长江中游城市群发展规划》为统领，组织编制跨区域的综合交通、城镇市政公用设施建设、产业发展、信息化、现代物流、生态建设与环境保护、土地利用、水利、能源、旅游等专项规划，明确城市群发展目标、空间结构和开发方向，明确各城市的功能定位和分工。落实主体功能区建设要求，优化城市空间开发格局，科学划定各城市发展边界，强化城市"三区四线"（禁建区、限建区、适建区、生态绿线、地表水体保护和控制蓝线、历史文化保护紫线、基础设施用地控制黄线）规划管理。

31. 创新推进机制。建立环长株潭城市群重大项目库，争取一批重大项目纳入国家规划。完善环长株潭城市群政策协调机制、投资协调机制和利益协调机制，实行重大资源统一管理、重大设施统一规划、重大项目协调布局、重大改革统筹推进。深化城市之间的交流与合作，支持流域和交通沿线城镇密集地区探索建立城市联盟，构建城市联合招商、异地开发、利税共享等产业合作发展机制，完善自然资源利用和生态环境保护补偿机制。落实最严格的耕地保护制度，划定永久基本农田保护面积，大力推进节约集约用地，逐步建立节约集约用地标准化体系。根据区域城镇化进程和发展需要，适时进行撤县设区、县市合并等区划调整，理顺城镇行政管理体制。

32. 加强政策支持。加强省直部门之间和环长株潭城市群八市之间政策制定和实施的协调配合，推动各项政策措施形成合力、落到实处。行政管理方面，进一步简政放权，形成机构设置合理、资源配置高效的行政结构。资源利用方面，建立健全有利于资源节约集约的激励约束机制。环境保护方面，将环境成本、资源成本纳入国民经济和社会发展指标，建立严格的环境定期考核和行政问责制度。财政扶持方面，编制相关中长期财政规划，为城市群发展提供财力保障，建立财政转移支付与农业转移人口市民化挂钩机制，加大省对市、县转移支付支持力度。产业发展方面，制定和发布城市群产业发展指导目录，探索建立企业、项目、资源、技术在区域内转移的利益协调和补偿机制。科技创新方面，突出政府的导向和激励作用，建立健全有利于产学研结合的合作制度、信息渠道、融资体系和成果转化管理服务机制，鼓励大众创新、万民创业。投融资方面，探索信贷、债券、PPP、基金等多元化的投融资经营模式，建立规范多元可持续的城市建设投融资机制。

附件：1. 2020 年环长株潭城市群主要发展目标

2. 湖南省推进长江中游城市群建设主要任务责任分工方案（略）

附件 1：

2020 年环长株潭城市群主要发展目标

类别	指　标	2014 年	2020 年
经济发展	人均地区生产总值（万元）	5.26	8.58
	出口额（亿美元）	157.6	365
	三次产业结构	9.4：52.8：37.8	7.1：49.7：43.2
	全社会研发经费占 GDP 比重（%）	1.3	2.5
资源环境	人均城市建设用地（平方米）	98	≤95
	单位地区生产总值能源消耗降低（%）	–	[21]
	单位工业增加值用水量降低（%）	–	[35]
	森林覆盖率（%）	50.6	55
	城市空气质量达标比例（%）	66.6	>85
	水质优良比例（%）	90.7	>92
社会事业	城镇登记失业率（%）	4.14	<4.5
	城乡三项基本医疗保险参保率（%）	95	≥99
	城镇居民人均可支配收入（元）	27324	45000
	农村居民人均可支配收入（元）	12689	22500
城镇化水平	常住人口城镇化率（%）	53.8	60
	户籍人口城镇化率（%）	36	45
	农民工随迁子女接受义务教育比例（%）	–	≥99
	城镇常住人口保障性住房覆盖率（%）	–	>26

注：1. 地区生产总值和城乡居民收入绝对数按 2013 年价格计算。

2. [　]内为累计数。

3. 城乡三项基本医疗保险参保率指年末参加城镇职工基本医疗保险、城镇居民基本医疗保险和新型农村合作医疗的总人数与年末区域内总人口之比。

4. 城乡居民收入增长按照不低于地区生产总值增长预期目标确定，努力实现和经济发展同步。

5. 人均城市建设用地为 2013 年数据。

中共湖南省委办公厅、湖南省人民政府办公厅关于印发《湖南省生态文明体制改革实施方案（2014—2020年）》的通知

各市州、县市区委，各市州、县市区人民政府，省直机关各单位：

《湖南省生态文明体制改革实施方案（2014—2020年）》已经省委、省人民政府同意，现印发给你们，请结合实际认真贯彻执行。

中共湖南省委办公厅
湖南省人民政府办公厅
2015年4月9日

湖南省生态文明体制改革实施方案（2014—2020年）

根据《中共湖南省委贯彻落实〈中共中央关于全面深化改革若干重大问题的决定〉的实施意见》，总结两型社会建设综合配套改革和绿色湖南建设经验，提出我省生态文明体制改革实施方案。

一、生态文明体制改革的总体要求

1. 指导思想。

全面贯彻落实党的十八大和十八届三中、四中全会精神，以长株潭两型试验区为龙头，以制度创新为动力，深化生态文明体制改革，加强生态文明制度建设，加快建设绿色湖南，着力打造全国两型社会建设示范区、生态文明制度创新试验区、对接“一带一部”生态引领区、中部地区生态屏障建设先导区，为加快科学发展、富民强省提供坚实生态环境基础。

2. 基本原则。

坚持以人为本，牢固树立“良好生态环境是最公平的公共产品、是最普惠的民生福祉”的理念，尊重人民主体地位，发挥基层首创精神，让生态文明体制改革成果惠及广大人民群众。坚持问题导向，围绕破解经济社会发展的资源瓶颈制约等群众反映强烈的环境问题，突出抓好牵一发而动全身的改革，以重点领域和关键环节的改革突破，带动生态文明制度建设。坚持可持续发展，在保护中发展、在发展中保护，形成节约资源和保护环境的空间格局、产业结构、生产方式、生活方式。坚持统筹兼顾，协调推进生态文明体制改革和其他各项改革，以生态文明体制改革为总揽，统筹推进两型社会建设综合配套改革和绿色湖南建设，增强生态文明体制改革的系统性、整体性和协同性。

3. 目标步骤。

根据中央和省委提出的改革总目标、总任务，大胆探索、先行先试，蹄疾步稳、有序推进。到2015年，重点领域和关键环节的改革试点加快实施，并取得实质性进展；到2017年，改革任务基本完成，生态文明制度建设取得重大成果；到2020年，初步形成系统完备、科学规范、运行有效的生态文明制度体系，力争两型社会和生态文明体制改革走在全国前列。

二、深入推进两型社会建设综合配套改革

4. 深化和完善两型社会建设体制机制。

按照国务院批准的长株潭城市群两型社会建设综合配套改革试验总体方案，以十大改革为重点，不断完善和深化资源节约、环境保护、产业优化、科技创新、土地管理等重点领域改革，配套推进投融资、对外开放、财税、城乡统筹及行政管理等体制机制创新，率先形成资源节约、环境友好新机制，率先积累传统工业化成功转型新经验，率先形成城市群发展新模式。

牵头单位：省长株潭两型试验区工委

责任单位：省发改委、省经信委、省国土资源厅、省农委、省环保厅、省财政厅、省科技厅、省住建厅、省交通运输厅、省人社厅、省统计局、省林业厅、省水利厅、省政府金融工作办、省商务厅、省国税局、省地税局

重要改革成果及出台时间：

①编制长株潭两型试验区第三阶段五年行动计划。（2015年）

②出台深化长株潭两型试验区改革的意见。（2016年）

③创新资源节约、环境保护、产业优化、科技创新、土地管理等体制机制，形成有利于资源节约和生态环境保护的体制机制，率先走出一条有别于传统模式的新型工业化、城市化发展新路。（2020年）

5. 发挥试验区改革先行先试作用。

争取国家有关改革试点项目落户长株潭两型试验区，率先推进生态文明体制改革，形成可推广、可复制的改革经验。开展生态文明改革创新案例评选，及时总结、提升和推广长株潭两型试验区改革模式，为生态文明体制改革探索路子、提供经验。

牵头单位：省长株潭两型试验区工委

责任单位：省发改委、省环保厅、省农委、省林业厅、省水利厅、省国土资源厅、省住建厅、省交通运输厅、省财政厅、省经信委、省科技厅、省人社厅、省商务厅、省统计局、省政府金融工作办、省国税局、省地税局

重要改革成果及出台时间：

每年总结推广一批改革创新案例。形成可推广、可复制的改革经验模式。（2014—2020 年）

三、建立和完善生态文明建设源头严防的制度体系

6. 健全自然资源资产产权制度。

开展不动产统一登记试点。整合全省不动产登记职责，建立不动产统一登记制度。对土地、水流、森林、山岭、草原、荒地、滩涂等各类自然生态空间实行统一确权登记；明确所有权、使用权、承包权及经营权等各种权益主体、范围与边界，形成归属清晰、权责明确、监管有效的自然资源资产产权制度。

牵头单位：省国土资源厅

责任单位：省发改委、省农委、省林业厅、省水利厅、省环保厅、省住建厅、省财政厅、省政府法制办

重要改革成果及出台时间：

①出台《湖南省自然资源生态空间统一确权登记2015-2020 年实施方案》。（2015 年）

②制定《关于推进湖南省县级不动产统一登记试点工作的指导意见》，并在浏阳市、澧县、芷江县开展不动产统一登记试点。（2015 年）

③制定《湖南省不动产登记暂行条例实施办法》。（2015 年）

④编制湖南省不动产登记配套规章、政策、管理办法及制度，平稳有序实施不动产统一登记。（2016 年）

⑤基本完成不动产登记数据整合，建立运行不动产统一登记信息应用平台及动态监管查询系统，实现不动产审批、交易和登记信息在有关部门间依法依规互通共享。（2017 年）

⑥建立健全自然资源生态空间统一确权登记制度体系，对土地、水流、森林、山岭、草原、荒地、滩涂等各类自然生态空间实行统一确权登记。（2020 年）

7. 健全自然资源资产管理和监管体制。

（1）按照所有者、管理者分开和“一件事由一个部门管理”的思路，健全国有自然资源资产管理体制，统一行使全民所有自然资源资产所有权人职责。加强自然资源资产的保护、利用和管理，建立覆盖全部国土空间的用途管制制度，对各类全民所有自然资源资产的数量、范围、用途实行统一监管，对“山水林田湖”进行统一的系统性修复。

牵头单位：省编办、省发改委

责任单位：省国土资源厅、省环保厅、省农委、省林业厅、省水利厅

重要改革成果及出台时间：

①制定流域区域资源管理控制指标体系。（2016 年）

②制定自然资源资产管理体制试点方案。（2016 年）

③制定完善自然资源资产管理体制的意见及实施方案。（2016 年）

（2）落实最严格的耕地保护制度，完善耕地保护激励约束机制，严守耕地保护红线。落实最严格的水资源管理制度，健全水资源管理考核机制和覆盖省市县三级的水资源管理“三条红线”控制指标体系。开展规划水资源论证，完善水资源取水许可制度。全面建设节水型社会，推进水生态文明试点示范。实行最严格的林地、湿地保护制度，力争全省林地、湿地、公益林保有量和森林覆盖率只增不降。

牵头单位：省国土资源厅、省农委、省水利厅、省林业厅

责任单位：省发改委、省环保厅、省财政厅、省住建厅、省人社厅、省统计局

重要改革成果及出台时间：

①开展长沙市、郴州市、株洲市和凤凰县、芷江县水生态文明试点示范。（2014 年）

②建立水资源管理考核机制和覆盖省市县三级的水资源管理“三条红线”控制指标体系。（2014 年）

③编制湿地资源资产管理体制改革实施方案。（2016年）

④制定规划水资源论证指导性意见。（2017 年）

⑤制定耕地保护激励约束机制相关意见。（2017 年）

⑥出台湖南省水生态文明城镇评价标准。（2017 年）

（3）创新国有林场经营管理体制，深化集体林权制度改革。

牵头单位：省发改委、省林业厅

责任单位：省编办、省农委、省财政厅、省人社厅、省住建厅、人民银行长沙中心支行

重要改革成果及出台时间：

①出台全省国有林场改革方案，基本完成国有林场改革。（2015 年）

②形成国有林场和林区可持续发展的长效机制。（2017 年）

8. 划定生态红线。

（1）在试点的基础上，划定全省耕地、森林、湿地、水资源、荒漠、植被、物种等生态红线。建立生态红线分区域分级分类管理制度，完善生态红线管控措施。对划入生态红线区域的自然保护区、风景名胜区、森林公园、湿地公园、集中式饮用水水源地、重要地质遗迹等禁止开发区和基本农田实行永久性保护。

牵头单位：省环保厅

责任单位：省长株潭两型试验区工委、省发改委、省林业厅、省农委、省水利厅、省国土资源厅、省财政厅、省住建厅

重要改革成果及出台时间：

①在资兴市、宜章县、汝城县、桂东县等地开展划定生态红线试点。（2015 年）

②制定全省生态红线技术规范和生态红线区域保护管理办法。（2016 年）

（2）健全“一湖三山四水”源头保护机制。在全省划定一批饮用水水源地保护区。总结推广湘江流域治理和东江、水府庙等饮用水水源地保护经验，提高湘资沅澧和洞庭湖水质。完善对重点生态功能区保护的政策措施。

牵头单位：省发改委

责任单位：省水利厅、省国土资源厅、省林业厅、省环保厅、省财政厅、省住建厅、省农委

重要改革成果及出台时间：构建以洞庭湖为中心、以武陵、南岭、罗霄山脉为架构，以湘资沅澧水系为脉络的“一湖三山四水”生态屏障保护政策体系。（2017 年）

（3）坚定不移实施主体功能区制度。健全严格按照主体功能区规划定位发展的财政、产业、投资等政策体系。

牵头单位：省发改委

责任单位：省住建厅、省环保厅、省国土资源厅、省农委、省林业厅、省水利厅、省财政厅、省经信委

重要改革成果及出台时间：

①开展张家界市、石门县、江华县、南岭片区国家主体功能区试点。（2014 年）

②出台“一市两县一片”国家主体功能区试点示范方案。（2014 年）

③出台并完善推进主体功能区规划定位发展的财政、投资、农业、土地、环境和产业等配套政策。（2016 年）

4 对限制开发区域和生态脆弱的国家扶贫开发工作重点县取消地区生产总值考核。

牵头单位：省委组织部、省小康办

责任单位：省发改委、省人社厅、省环保厅、省统计局、省扶贫办

重要改革成果及出台时间：

①制定实施关于改进贫困县经济社会发展考核评价的指导性意见。（2014 年）

②制定改进贫困县经济社会发展考核评价具体实施办法。（2016 年）

9. 完善空间规划体系。

（1）建立国土空间开发保护制度，科学编制国土空间规划及林地、湿地、自然保护区等专项规划，明确生产、生活、生态空间开发管制界限，形成定位清晰、功能互补、统一衔接的空间规划体系。

牵头单位：省发改委、省国土资源厅

责任单位：省环保厅、省住建厅、省财政厅、省农委、省林业厅、省水利厅

重要改革成果及出台时间：

①指导各市县编制“十三五”规划，划定城镇发展、农业生产、生态保护三类空间开发管制界限。（2015 年）

②制定国土空间规划体系方案。（2017 年）

（2）改革规划体制，启动市县空间发展规划改革试点，推动经济社会发展规划、土地利用规划、城乡规划、生态环境保护规划“多规合一”，实现一个市县一本规划、一张蓝图。完善规划落实保障和监督机制。

牵头单位：省发改委

责任单位：省国土资源厅、省环保厅、省住建厅、省财政厅、省农委、省林业厅、省水利厅

重要改革成果及出台时间：

①制定市县“多规合一”试点方案，形成基本思路和政策建议。（2014 年）

②在临湘市等地开展“多规合一”试点。（2014 年）

③组织制定湖南省市县空间发展规划（多规合一）编制指南及说明。（2015 年）

10. 建立国家公园体制

以自然生态系统和野生动植物活动空间为基准，编制国家公园建设发展规划。改革自然保护区、森林公园、湿地公园、地质公园、水利风景区、风景名胜区等管理体制。组建省国家公园管理局，探索“政府主导、管治分离、特许经营、多方参与”的管理模式，实行全省国家公园统一管理、委托运营。建立国家公园准入制度。

牵头单位：省发改委、省林业厅

责任单位：省住建厅、省国土资源厅、省环保厅、省农委、省水利厅、省财政厅、省旅游局、省编办

重要改革成果及出台时间：

①争取张家界国家森林公园、良山国家地质公园、洞庭湖国际重要湿地等创建国家公园。（2015 年）

②开展省级国家公园体制改革试点。（2015 年）

③制定《湖南省国家公园管理条例》。（2017 年）

④编制国家公园建设发展规划。（2017 年）

⑤构建“政府主导、管治分离、特许经营、多方参与”的管理模式。（2017 年）

四、建立健全生态文明建设过程严管的制度体系

11. 实行资源有偿使用制度。

（1）推进自然资源及其产品价格改革，全面反映市场供求、资源稀缺程度、生态环境损害成本和修复效益。建立自然资源及其产品价格评估和公示制度。

牵头单位：省发改委

责任单位：省环保厅、省水利厅、省林业厅、省国土资源厅、省农委、省住建厅、省经信委

重要改革成果及出台时间：

①全面实行居民用水、电、气阶梯价格制度。(2014 年)

②出台非居民用水、电、气价格改革相关政策措施。（2016 年）

（2）实行最严格的集约节约用地制度，强化土地利用总体规划管理，改革用地计划管理模式，探索建立“以地控税、以税节地”约束机制。健全以土地供应率、项目开竣工率等为核心指标的节约集约用地考核指标体系和评价机制。完善水资源费征收使用制度，建立水资源费动态调整机制，适当提高水资源紧缺地区、优质水源地水资源费征收标准。提高企业排污费征收标准，扩大征收范围。完善污水垃圾处理费征收管理办法，推行差别化的排污收费政策，形成企业治污减排、转型升级的激励约束机制。

牵头单位：省发改委、省国土资源厅

责任单位：省环保厅、省农委、省林业厅、省水利厅、省住建厅、省经信委、省地税局

重要改革成果及出台时间：

①制定提高主要污染物排污费征收标准的意见。（2015 年）

②制定资源开发与城市可持续发展协调评价办法。（2017 年）

12. 健全生态补偿制度。

完善重点生态功能区、自然保护区、集中饮用水水源地保护区、矿山生态补偿制度。制定《湖南省生态补偿条例》，设立生态补偿专项基金，建立生态补偿标准核算体系和正常增长机制。按照“谁受益、谁补偿”原则，推动地区间建立横向生态补偿制度。建立流域补偿制度，推行全流域、跨市县断面水质目标考核和动态考核奖惩机制。开

展湿地生态补偿试点，建立湿地生态补偿制度。探索公益林分类分区域生态补偿办法，逐步实现差别化补偿。实行公益林赎买和长期租赁制度。探索生态补偿市场化机制。健全生态补偿资金使用监管和激励约束机制。

牵头单位：省发改委、省财政厅、省林业厅、省环保厅

责任单位：省人大常委会法工委、省长株潭两型试验区

工委、省农委、省水利厅、省国土资源厅、省政府法制办、省政府金融工作办、人民银行长沙中心支行

重要改革成果及出台时间：

①出台《湖南省湘江流域生态补偿（水质水量奖罚）暂行办法》。（2014年）

②发行湘江流域等区域性金融债券。（2014年）

③开展湿地生态补偿试点。（2015年）

④制定公益林分类分区域生态补偿办法。（2016年）

⑤设立生态补偿专项基金。（2017年）

⑥出台吸引民间资本投资生态环保领域政策措施。（2017年）

⑦制定《湖南省生态补偿条例》。（2018年）

13. 完善资源环境承载能力监测预警体系。

开展以县级行政区为单位的资源环境承载能力评价。探索建立系统完整规范的资源环境承载能力综合评价体系，确定合理的人口规模、产业规模、建设用地供应量、资源开采量、能源消费总量和污染物排放总量。整合各类环境监测资源，完善覆盖所有敏感区、敏感点的主要污染物监测网络和大气、水体、耕地、森林、湿地、生物资源等生态环境监测网络和预警预报。建立资源环境承载能力公示制度和预警响应机制，对超载的地区，实行限制性措施，防止过度开发后造成不可逆的严重后果。

牵头单位：省发改委、省环保厅

责任单位：省国土资源厅、省经信委、省农委、省林业厅、省水利厅、省统计局

重要改革成果及出台时间：根据国家统一部署和相关制度规范出台情况，制定资源环境承载能力监测预警指标体系和技术方法，出台资源环境承载能力监测预警机制方案。（2018年）

14. 实行企事业单位污染物排放总量控制制度。

根据环境容量、目标总量控制要求，推进企事业单位污染物排放总量控制制度改革，建立更加规范公平的以企事业单位为单位、覆盖主要污染物的总量控制制度。以企事业单位污染物排放总量控制为基础，完善污染物排放许可制。完善排污奖惩制度。推进环评、能评制度改革。

牵头单位：省环保厅、省发改委

责任单位：省经信委、省农委、省林业厅、省水利厅、省国土资源厅、省住建厅、省交通运输厅

重要改革成果及出台时间：

①研究制定湖南省建设项目主要污染物排放总量控制管理办法。（2015年）

②制定湖南省排污许可证管理条例或排污许可证管理办法。（2016年）

③制定环评制度改革的实施意见。（2019年）

15. 建立污染防治和生态保护修复区域联动机制。

（1）健全以长株潭为重点的大气污染联防联控机制，健全目标和责任体系，实现“统一规划、统一监测、统一监管、统一评估、统一协调”。

牵头单位：省环保厅

责任单位：省人大常委会法工委、省政府法制办、省长株潭两型试验区工委、省发改委、省财政厅、省经信委、省农委、省林业厅、省水利厅、省住建厅、省公安厅、省交通运输厅、省气象局、省国土资源厅

重要改革成果及出台时间：出台《湖南省大气污染防治条例》。（2015年）

（2）推进以湘江流域为重点的环保工作机制综合改革，形成全流域、全方位、多功能综合整治格局。创新“一湖四水”管理体制，打破传统行政区划和部门界限，整合管理职权、执法力量、治理资金等资源，因地制宜推行“河（湖）长”制，完善洞庭湖湿地统一管理，实现重点流域治理同步、交流协作和资源共享。创新重点区域环境污染治理多方协同机制。

牵头单位：省环保厅、省水利厅、省林业厅、省政府法制办

责任单位：省发改委、省国土资源厅、省财政厅、省经信委、省住建厅、省农委、省编办、省有色金属管理局、省长株潭两型试验区工委

重要改革成果及出台时间：

①在郴州三十六湾、衡阳水口山、株洲清水塘、湘潭竹埠港、娄底锡矿山等重点区域开展污染治理多方协同机制试点。（2014年）

②制定湘江保护实施方案。（2014年）

③推进以湘江流域为重点的环保工作机制综合改革试点。（2015年）

④健全“一湖四水”管理体系，推行“河（湖）长”制。（2016年）

⑤实施洞庭湖湿地统一管理。（2017年）

（3）建立以重金属污染耕地修复为重点的生态修复机制。

牵头单位：省农委、省国土资源厅、省环保厅

责任单位：省财政厅、省粮食局、省发改委、省质监局、省科技厅、省水利厅

重要改革成果及出台时间：

①制定湖南省重金属污染耕地修复综合治理方案。（2014年）

②在长株潭地区启动170万亩重金属污染耕地修复试点。（2014年）

③开展农产品产地土地污染治理修复示范。（2014年）

（4）健全以农村环境治理为重点的城乡环境综合整治机制，完善和推广以县级行政区为单元的城乡环境同治和农村环保自治模式。

牵头单位：省环保厅、省财政厅

责任单位：省农委、省林业厅、省水利厅、省国土资源厅、省住建厅、省发改委

重要改革成果及出台时间：

①制定“以奖代补”全面推进农村环境整治方案。（2015年）

②完善和推广以县级行政区为单元的城乡环境同治和

农村环保自治模式。（2016 年）

（5）调整严重污染和地下水严重超采区耕地用途，有序实现耕地、河湖休养生息。

牵头单位：省发改委

责任单位：省环保厅、省水利厅、省农委、省国土资源厅、省林业厅、省住建厅、省财政厅

重要改革成果及出台时间：制定全省新一轮退耕还林还草工程实施方案（2014–2020 年），实施退耕还林、长（珠）江防护林等生态建设工程。（2014 年）

（6）加强生物多样性保护，完善外来物种风险评估制度。

牵头单位：省林业厅、省农委

责任单位：省发改委、省环保厅、省水利厅、省国土资源厅

重要改革成果及出台时间：

①建立全省范围生物多样性基础数据库。（2016 年）

②制定湖南省外来物种风险评估指导性意见。(2016 年)

16. 推进节能减排治污市场化改革。

（1）建立和完善能源消费总量制度、碳排放总量控制制度以及碳市场遵约与监管机制。开展绿色、低碳、循环发展试点示范。

牵头单位：省发改委

责任单位：省环保厅、省经信委、省林业厅、省水利厅、省科技厅、省民政厅、省旅游局

重要改革成果及出台时间：

①开展湘潭高新技术产业开发区、岳阳绿色化工产业园和益阳高新技术产业开发区等低碳园区、低碳景区、低碳企业和低碳社区试点示范。（2014 年）

②建立以碳交易市场机制为核心的低碳发展制度框架。(2017 年)

（2）完善和推广合同能源管理，推行“节能医生”、节能量审核等节能服务新模式。推行森林碳汇、水权、集体林权等交易制度，制定节能量交易管理制度。完善主要污染物排污权有偿使用和交易管理办法，扩大排污权有偿使用和交易范围。全面推行主要污染物排污指标交易制度。深入开展环境强制责任保险试点。创新环境服务模式，出台环境服务业相关领域技术规范和标准体系。推广合同环境服务，推行环境污染第三方治理。开展生态环境治理 PPP 模式试点。

牵头单位：省发改委、省环保厅、省财政厅、省住建厅

责任单位：省经信委、湖南保监局、省农委、省林业厅、省水利厅、省国土资源厅、省工商局、省政府金融工作办、人民银行长沙中心支行

重要改革成果及出台时间：

①开展以万家企业为责任主体的项目节能量交易试点。(2014 年)

②在长沙、株洲等地生态环境领域公益性基础设施项目开展 PPP 模式试点。（2014 年）

③出台生态环境治理 PPP 模式试点相关配套支持政策。(2015 年)

④出台湖南省合同能源管理指导性意见。（2015 年）

⑤落实能效“领跑者”制度。（2015 年）

⑥开展合同环境服务、环境污染第三方治理试点。(2015 年)

⑦制定湖南省排污权交易价格管理规定。（2015 年）

⑧制定加快推进合同环境服务、环境污染第三方治理的指导意见。（2016 年）

⑨制定《湖南省碳排放权交易管理办法》。（2017 年）

⑩在全省全面推行主要污染物排污指标交易制度。(2017 年)

⑧出台《湖南省环境污染责任保险管理办法》。（2017年）

（3）推进绿色建筑、绿色出行改革。推行绿色信贷、绿色证券、绿色保险，拓宽污染治理、生态修复投融资渠道。建立节能环保服务市场化采购机制，完善政府两型采购制度。推进城镇生活污水垃圾处理、环境监测、耕地修复、环境评价、生态类评估等社会化、专业化运营。

牵头单位：省住建厅、省交通运输厅、省经信委、省财政厅、省长株潭两型试验区工委、省科技厅、省政府金融工作办、省环保厅

责任单位：省发改委、省农委、省林业厅、省水利厅、省国土资源厅、省质监局、省公安厅、湖南保监局、湖南银监局、湖南证监局、人民银行长沙中心支行

重要改革成果及出台时间：

①制定政府两型采购服务标准。（2014 年）

②完善政府两型采购相关政策体系。（2014 年）

③全省城镇新建建筑的绿色建筑标准执行率达 20%以上。城镇新（改、扩）建建筑严格执行节能强制性标准，设计阶段标准执行率达到 100%，施工阶段标准执行率全省设区城市达到 99%，县市和建制镇达到 95%以上。（2015 年）

④长株潭城市群新能源汽车推广应用 6100 辆。（2015 年）

⑤在长株潭城市群开展碳金融改革试点。（2015 年）

⑥制定节能环保服务市场化采购配套政策。（2017 年）

五、建立完善生态文明建设后果严惩的制度体系

17. 改革生态环境保护管理体制。

建立和完善严格监管所有污染物排放的环境保护管理制度，县级以上地方人民政府环境保护主管部门，对本行政区域环境保护工作实施统一监督管理。建立和完善严格的污染防治、生态保护、环境安全监管体制，构建政府依法监督、企业主体负责、公众参与监督的环境保护管理体制机制。加强乡镇（街道）、村（社区）环境保护能力建设，推行生态环境保护网格化管理。探索建立跨行政区域环境监督管理的联动协作机制。

牵头单位：省环保厅

责任单位：省发改委、省农委、省林业厅、省水利厅、省国土资源厅、省住建厅、省经信委、省财政厅、省民政厅、省编办、省质监局

重要改革成果及出台时间：

①出台《湖南省社会环境检测机构环境监测业务能力认定管理办法（试行）》。（2014 年）

②出台《环境监测政府购买服务实施方案》。（2014 年）

③出台加强乡镇（街道）、村（社区）环境保护能力建设的指导性意见。（2015 年）

④开展生态环境保护网格化管理试点。（2015 年）

⑤根据国家总体部署和相关制度方案的时间安排，制定生态环境保护管理体制改革方案。（2020 年）

18. 强化生态环境保护责任体系。

（1）制定出台环境保护责任规定及责任追究办法，依法明确各级政府、负有环境保护职责相关部门、所有排污企事业单位和公民个人对环境保护的责任。健全环境污染事故责任追究制。编制自然资源资产负债表，对地区的水资源、林地、环境状况、开发强度等进行综合评价，对领导干部实行自然资源资产离任审计。

牵头单位：省环保厅、省监察厅、省统计局、省审计厅

责任单位：省委组织部、省高级人民法院、省人民检察院、省公安厅、省政府法制办、省发改委、省农委、省林业厅、省水利厅、省国土资源厅、省经信委

重要改革成果及出台时间：

①出台《湖南省环境保护工作责任规定（试行）》和《湖南省重大环境问题（事件）责任追究办法（试行）》。（2015 年）

②编制主要自然资源实物量核算账户。（2017 年）

③编制自然资源资产负债表。（2020 年）

④制定自然资源资产离任审计指导性意见。（2020 年）

⑤将自然资源和环境保护纳入党政主要领导干部和国有企业领导人员经济责任审计内容体系。（2020 年）

（2）改革干部政绩考核评价机制，建立健全经济社会发展评价体系和考核体系，提高资源消耗、环境损害、生态效益、资源利用率等指标权重，实行根据区域主体功能定位的差别化评价考核制度。试行绿色 GDP 评价。

牵头单位：省委组织部、省统计局

责任单位：省长株潭两型试验区工委、省人社厅、省发改委、省环保厅、省农委、省林业厅、省水利厅、省国土资源厅、省经信委

重要改革成果及出台时间：

①在韶山市开展绿色 GDP 评价改革试点。（2014 年）

②制定根据区域主体功能定位的差别化评价考核实施意见。（2020 年）

19. 完善和落实生态环境损害赔偿制度。

严格落实“谁污染、谁负责、谁赔偿”原则，健全环境损害赔偿定量化评估制度，组建鉴定评估专业队伍。对造成生态环境损害的责任者，实施严格的赔偿制度和司法移送制度。

牵头单位：省环保厅

责任单位：省高级人民法院、省人民检察院、省监察厅、省公安厅、省农委、省林业厅、省水利厅、省国土资源厅、省经信委

重要改革成果及出台时间：

①制定《环境污染损害鉴定评估技术规范》。（2017年）

②出台《重点保护野生动物致害补偿办法》。（2017年）

六、强化生态文明体制改革的保障措施

20.加强组织领导，完善工作机制。

在省委全面深化改革领导小组统一领导和部署下，强化专项小组统筹协调、整体推进、督促落实的作用。各成员单位切实履行深化改革的职能职责。专项小组联络员及时反馈生态文明体制改革工作进展、问题和建议。专项小组对各成员单位改革推进情况进行督促检查，及时总结推广各地改革新鲜经验，提出推进改革的意见和建议。建立生态文明体制改革第三方评估机制。

牵头单位：省长株潭两型试验区工委

责任单位：省发改委、省环保厅、省林业厅、省委政研室、省农委、省水利厅、省国土资源厅、省财政厅、省住建厅、省交通运输厅、省科技厅

重要改革成果及出台时间：出台《省委生态文明体制改革专项小组工作规则》。（2014 年）

21. 加大生态文明建设财政支持力度。

设立重点支持改革试点示范、规划编制、生态环境保护、生态节能环保产业发展和基础设施建设专项资金。整合中央、省及以下生态环境类财政资金，综合运用财政贴息、投资补助等方式，支持公益性生态文明建设项目。健全重点生态功能区财政支持的正常增长机制和考核奖惩机制。发挥财政资金的杠杆作用，综合运用债券、担保等政策工具引导社会资金投向生态文明建设。

牵头单位：省财政厅

责任单位：省发改委、省环保厅、省科技厅、省农委、省林业厅、省水利厅、省国土资源厅、省政府金融工作办、人民银行长沙中心支行、省经信委、省住建厅、省交通运输厅

重要改革成果及出台时间：设立专项资金，完善财政支持配套政策。（2017 年）

22. 强化生态文明法治保障。

建立和完善相关地方法规，形成覆盖资源环境领域、功能完备、措施有力的生态文明建设法规体系。建立环境监测、污染控制、行政处罚一体，环保、法院、检察、公安、监察等多部门联动，覆盖所有排污单位的环境联合执法机制。建立生态环境行政执法与刑事司法衔接联动机制。支持环境公益诉讼。

牵头单位：省环保厅、省人大常委会法工委

责任单位：省高级人民法院、省人民检察院、省政府法制办、省发改委、省农委、省林业厅、省水利厅、省国土资源厅、省经信委、省交通运输厅、省财政厅、省工商局、省公安厅、省司法厅、省监察厅

重要改革成果及出台时间：

①修订《湖南省环境保护条例》《湖南省实施（节约能源法 > 办法》《湖南省固体废物污染环境防治条例》等地方法规，制定和完善全省耕地污染治理、饮用水水源地保护、污染物排放总量控制等法规规章。（2017 年）

②建立完善环境联合执法工作机制，完善环境联合执法体系。（2017 年）

③设立资源环境法庭、资源环境检察处。（2017 年）

23. 健全生态文明科技支撑体系。

开展技术创新生态化评价和奖励制度改革，将资源生态效益纳入技术创新目标体系。整合省内清洁低碳技术创新平台，实施以绿色环保、资源节约为主题的重大科技专项攻关。完善清洁低碳技术推广机制。建立两型认证和标识制度。

牵头单位：省长株潭两型试验区工委、省科技厅、省

财政厅、省质监局

责任单位：省发改委、省环保厅、省农委、省经信委、省住建厅、省交通运输厅、省工商局、省人社厅、省水利厅、省林业厅

重要改革成果及出台时间：

①开展清洁低碳技术推广骨干企业和市县试点示范。(2015年)

②制定两型认证和标识管理办法。（2015年）

③制定资源生态效益技术创新目标体系，出台鼓励节能环保和污染治理领域技术创新的政策措施。（2017年）

④建立两型认证标准体系。（2017年）

24. 完善生态文明道德文化制度。

加强生态文明宣传教育，提高全社会生态文明意识和自觉行动能力。加强企业家环保法制教育，强化企业的社会责任感和荣誉感，形成以保护环境为荣的道德风尚。培育公众环境公益意识和环境权利意识。完善资源环境信用评价体系，健全单位和个人环境信用激励和惩戒机制。

牵头单位：省委宣传部、省环保厅、省教育厅

责任单位：省长株潭两型试验区工委、省文化厅、省新闻出版广电局、省司法厅、省工商局、省工商联、人民银行长沙中心支行、湖南银监局、湖南证监局

重要改革成果及出台时间：

①建立湖南省企业环境信用评价管理平台和信用评价数据信息库。（2015年）

②完善企业环境信用评价工作机制，出台湖南省企业环境信用评价管理办法、评价标准和升级工作程序。(2015年)

25. 健全生态文明公众参与机制。

引导和支持民间环保组织发挥作用，促进其健康发展。完善生态环境信息公开发布、环境问题应急处理和舆情引导联动机制。完善生态环境事故应急处置机制。深入开展两型示范创建、生态市县、“美丽乡村”、“美丽社区”、生态园林城市、“森林城市”等生态文明试点示范。探索建立具有湖南特色的两型社会建设和生态文明建设标准体系。

牵头单位：省长株潭两型试验区工委、省环保厅

责任单位：省委宣传部、省直机关工委、省发改委、省农委、省林业厅、省水利厅、省国土资源厅、省住建厅、省交通运输厅、省经信委、省民政厅、省财政厅、省科技厅、省教育厅、省质监局、团省委、省妇联、省总工会

重要改革成果及出台时间：

①创建一批生态示范城镇、学校、乡村、社区等。(2014年)

②完善《湖南省环境信息公开办法》。（2016年）

③建立企业环境信息自主公开奖惩机制。（2016年）

本方案在实施过程中，根据中央和省的决策部署以及有关工作实际情况，适时进行调整。

中共湖南省委、湖南省人民政府
关于印发《湖南省新型城镇化规划（2015—2020年）》的通知

（湘发〔2015〕12号）

各市州、县市区委，各市州、县市区人民政府，省直机关各单位：

现将《湖南省新型城镇化规划（2015—2020年）》（以下简称《规划》）印发给你们，请认真贯彻执行。

《规划》是今后一个时期指导全省城镇化健康发展的宏观性、战略性、基础性规划。各级各部门要从全局出发，统一思想，高度重视，全面把握推进新型城镇化的重大意义、指导思想和目标原则，切实加强对城镇化工作的指导，科学实施《规划》，确保《规划》提出的各项任务落到实处。

中共湖南省委

湖南省人民政府

2015年9月9日

湖南省新型城镇化规划（2015—2020年）

城镇化是人类社会发展的自然历史过程，是现代化的重要标志。湖南地处东部沿海地区和中西部地区过渡带、长江开放经济带和沿海开放经济带结合部，是我国重要的农业大省和人口大省，积极稳妥扎实推进城镇化，有利于全面融入国家区域战略推动省域协调发展，有利于加快产业结构升级推动经济持续健康发展，有利于破除城乡二元体制推动农业农村农民问题解决，有利于维护社会和谐稳定推动社会全面进步，对我省全面建成小康社会，加快推进现代化、奋力谱写中国梦湖南篇章具有重大现实意义和深远历史意义。

《湖南省新型城镇化规划(2015-2020年)》以党的十八大、十八届三中、四中全会和中央城镇化工作会议精神为

指导，根据《国家新型城镇化规划(2014–2020年)》《中共湖南省委贯彻落实〈中共中央关于全面深化改革若干重大问题的决定〉的实施意见》和《湖南省主体功能区规划》以及湖南省新型城镇化工作会议精神编制。规划期限为2015—2020年，远期展望到2030年。

第一章 走正走实湖南新型城镇化道路

推进我省城镇化，必须立足省情，准确把握全省经济社会发展新趋势，遵循城镇化发展规律，科学谋划具有时代特征和湖南特色的新型城镇化道路。

第一节 现实基础

改革开放30多年来，我省城镇化取得明显进展，城市经济快速增长，人居环境持续改善，城镇面貌焕然一新，但一些深层次矛盾和问题也逐步显现，对城镇化健康发展形成巨大挑战。

1. 主要成就

——城镇化进程不断加快。1978–2013年，全省城镇人口从593.9万增加到3208.8万，城镇化率从11.50%提高到47.96%，年均提高1.04个百分点，其中2000—2013年年均提高1.40个百分点，超过全国平均速度，也高于全省20世纪90年代水平，城镇化进入快速发展阶段。

——城镇布局和规模结构进一步优化。长株潭城市群一体化程度不断增强，洞庭湖、大湘西、湘南地区城镇化加快推进。1978–2013年，全省城市数量从10个发展到29个，建制镇由154个增加到1138个。目前全省有大城市3个、中等城市8个、小城市18个，规模等级相对完备、功能互补的城镇体系基本形成。

注：按照城区常住人口统计。

——城镇综合承载能力不断提升。水、电、气、路、通信等市政设施不断改善，教育、医疗、文化体育、社会保障等公共服务水平进一步提高。制造业和服务业快速发展，开发区、园区等产业就业载体功能不断增强，省内转移就业人口显著增加。

——城市可持续发展能力增强。“两型”社会综合配套改革试验扎实推进，建设美丽湖南形成广泛共识，生态文明建设迈出坚实步伐，“十二五”以来，单位地区生产总值能耗和二氧化碳排放分别下降17%和16%，湘江流域水污染治理等重点整治工程初见成效，城乡生态环境质量稳步提高。

2. 主要问题

——户籍人口城镇化率偏低，农业转移人口市民化进程滞后。在常住人口城镇化率明显低于全国平均水平的情况下，2013年全省户籍人口城镇化率22.26%，比常住人口城镇化率低25.70个百分点，两者差距比2000年扩大了14.95个百分点，特别是2005年以来，户籍人口城镇化率长期停滞不前，约800万人口在城镇居住就业但没有落户。农民工参加企业职工养老保险、职工医疗保险的比例较低，教育、卫生等城镇公共服务未覆盖全体农业转移人口。

——城镇规模小，辐射能力弱。全省11个大中城市中，6个城区人口在60万左右，竞争能力和带动能力不强。71个县城平均人口规模11.8万人，集聚产业和人口的潜力尚未充分发挥。县以下建制镇平均人口规模0.96万人，服务功能有待提升。

——城镇建设方式粗放，特色不突出。2004–2013年，城镇建成区面积增长76%，远高于城镇人口23.40%的增长速度；农村人口减少了560.1万人，农村居民点用地却增加了1184平方公里。城市平均容积率为0.40，低于全国0.51的平均水平，单位地区生产总值能耗和单位工业增加值用水量分别高于全国平均水平14%和34%。一些城市建设缺乏自然和湖湘文化个性，一些城市景观与所在区域自然地理环境不协调。

——城镇公共服务水平低，“城市病”日渐突出。全省城镇用水普及率、城市燃气普及率、建成区绿地率、人均公园绿地面积和人均道路面积均低于全国平均水平。教育、医疗卫生、文化、社会保障等公共服务体系不健全，大中城市交通堵塞、环境污染、教育医疗资源短缺等“城市病”有所显现。

——体制机制不健全，影响城镇化健康发展。城乡分割的户籍、土地、社保、财税金融以及行政管理制度，制约农业转移人口市民化，阻碍城乡一体化发展。

第二节 发展态势

我省已进入城镇化率30%–70%的快速发展时期，城镇化空间格局逐步成型，农业转移人口规模快速增长，必须适应内外部环境和条件的深刻变化，推动城镇化进入质量与速度并重、以提升质量为主的转型发展新阶段。

3. 城镇化发展面临新的机遇

党的十八届三中全会做出了全面深化改革的部署，户籍制度、土地管理、财税金融、生态环境等重点领域的改革步伐全面加快，为新型城镇化提供了强大动力。国家深入推进丝绸之路经济带和21世纪海上丝绸之路建设，依托黄金水道打造长江经济带，建设长江中游城市群，特别是提出引导1亿人在中西部地区就近城镇化的战略部署，为湖南充分发挥“一带一部”区位优势，在更大范围内配置生产要素和经济资源，全面提高基础设施水平，更多更好地承接产业转移，扎实推进新型城镇化提供了重要条件。

4. 城镇化转型要求更加紧迫

从外部环境看，我国经济发展进入新常态，增长动力从要素驱动、投资驱动转向创新驱动，增长方式从规模速度型粗放增长转向质量效益型集约增长。从内部环境看，一方面全省适合规模开发的国土空间较少，加之工业化、城镇化发展已挤占大量农业空间和生态空间，91%的土地资源已处于开发利用状态，人地矛盾日益尖锐；另一方面，全省农业转移人口向省外迁移速度开始放慢，在省内城镇就业生活的比例上升，农业转移人口省内城镇化市民化的需求日益加大。内外环境的变化使得主要依靠土地等资源粗放消耗推动城镇快速扩张的做法不可持续，主要依靠向省外迁移解决农村劳动力进城就业的方式不可持续，主要依靠提供低水平基本公共服务压低成本的城镇化模式不可持续，加快转变城镇化发展方式，走新型城镇化道路势在必行。

5. 城镇化转型条件日益成熟

经过改革开放30多年的快速发展，我省经济实力实现了历史性跨越，经济总量达到2.7万亿元左右，为推进新型城镇化奠定了坚实基础。覆盖全省、连接各县市区的高速公路网已基本形成，14个市州中10个已通高铁，快速交通运输网络对新型城镇化的推动作用日益显现，为优化城镇化空间格局提供了有力支撑。“两型”社会建设和洞庭湖生态经济区国家战略规划的实施，带动了全省生态文明建设水平的提升，为促进城市可持续发展创造了有利条件。

第三节　总体要求

6. 指导思想

高举中国特色社会主义伟大旗帜，贯彻落实党的十八大、十八届三中、四中全会和习近平总书记系列重要讲话精神，紧紧围绕“四个全面”战略部署，以人的城镇化为核心，以城镇群为主体形态，以改革创新为动力，进一步增强产业和基础设施支撑能力，尊重自然生态格局与民族文化传统，构筑与资源环境承载力相适应的城镇化空间格局，全面提高城镇化质量，走出一条具有时代特征和湖南特点的新型城镇化道路，为全面建成小康社会、加快推进现代化建设、奋力谱写中国梦湖南篇章奠定坚实基础。

7. 基本原则

——以人为本，公平共享。把有序推进农业转移人口市民化作为推进新型城镇化的首要任务，积极引导农业转移人口落户城镇，稳步推动城镇基本公共服务常住人口全覆盖，不断提高城乡居民生活水平，促进社会公平正义，使全体居民共享城镇化现代化发展成果。

——四化同步，城乡统筹。把工业化、信息化、城镇化、农业现代化协同发展作为推进新型城镇化的重要抓手，推动信息化和工业化深度融合，工业化和城镇化良性互动，城镇化和农业现代化相互协调，促进城乡要素平等交换和公共资源均衡配置，构建新型城乡关系。

——优化布局，集约高效。把城市群和区域性城市组团作为推进新型城镇化的重要载体，以长株潭城市群为核心，以环长株潭城市群为重点，以综合交通运输网络和信息网络为依托，以城市间分工协作为纽带，推进大中小城市和小城镇协调发展。合理控制城市开发边界，优化城市内部空间结构，促进城市紧凑发展，提高国土空间利用效率。

——生态文明，环境优美。把促进城镇生态文明建设作为推进新型城镇化的重要内容，强化环境保护和生态修复，节约集约利用土地、水、能源等资源，切实保护耕地和基本农田，着力推进绿色发展、循环发展、低碳发展，减少对自然的干扰和损害，推动形成绿色低碳的生产生活方式和城市建设管理模式。

——文化传承，特色鲜明。把建设湖南特色人居环境作为推进新型城镇化的重要方向，注重挖掘湖湘文化底蕴和优势，加强对传统文化资源的挖掘、保护和利用，提倡区域差异性和形态多元性，着力建设有历史记忆、地域风貌、文化魅力、民族特点的特色城镇。

——市场主导，政府引导。正确处理市场和政府关系，坚持使市场在资源配置中起决定性作用，切实履行政府制定规划政策、提供公共服务和营造制度环境的重要职责，使城镇化成为市场主导、自然发展的过程，成为政府引导、科学发展的过程。

8. 主要目标

——城镇化水平和质量稳步提升。到2020年，常住人口城镇化率达到58%左右，缩小与全国平均水平的差距；户籍人口城镇化率达到35%左右，缩小与常住人口城镇化率的差距。城镇基本公共服务实现常住人口全覆盖。

——城镇化空间格局更加优化。“一核两带三组团”的城镇化空间格局基本形成，大中小城市和重点镇服务功能显著增强，城镇人口向东部集聚态势更加明显。到2020年，长株潭城市群迈入国家级城市群行列，三大区域性城市组团和一批中小城市、专业特色重点镇协调发展，城市规模结构更加完善。

——绿色低碳的集约城镇化发展模式基本形成。城镇建设用地过快增长势头得到遏制，土地集约利用水平得到提高，新增城市人口人均建设用地控制在100平方米以内，建成区人口密度明显提高。耕地得到严格保护，永久基本农田建设全面加强。节能产品和节能建筑广泛应用，可再生能源消费比例和资源能源利用效率稳步提高，大城市公共交通出行比例显著上升，“两型”社会经济生活模式成为主流。

——城镇综合承载力全面提升。城市经济全面发展，产业结构显著优化，基础设施和公共服务设施不断完善，智能化信息化水平显著提高，自然景观和历史文化遗产得到有效保护，城市建设粗放问题得到遏制，湖湘山水和文化特色在城市建设中进一步彰显。

——城镇化体制机制更加完善。户籍管理、社会保障、城市治理等方面的体制机制改革取得实质性进展；城乡土地管理制度改革取得突破；财税体制、投融资体制、生态文明制度等更加完善，城乡居民有序流动、安居乐业的制度环境初步形成。

第二章　扎实推进农业转移人口市民化

按照尊重意愿、因地制宜、分步推进、分类施策的原则，加快推进户籍制度改革，促进城镇基本公共服务常住人口全覆盖，使全体居民共享城镇化成果。

第一节　实行总体宽松、差别引导的城镇落户政策

以农业转移人口为重点，以中小城市为主要迁入地，鼓励符合条件的农业人口及其家属进城落户，到2020年努力实现850万农业转移人口和其他常住人口在城镇落户。

9. 全面有序放开中等以下城市落户限制

在城区人口50万以下的小城市和城镇(包括地级市、县级市市区、县人民政府驻地镇和其他建制镇)，农业转移人口本人及其共同居住生活的配偶、未婚子女、父母等，可以在当地申请登记常住户口。

在城区人口50万–100万的中等城市，合法稳定就业并有合法稳定住所(含租赁)，同时按照国家规定在当地参加城镇社会保险的人员，本人及其共同居住生活的配偶、未婚子女、父母等，可以在当地申请登记常住户口。

10. 合理确定大城市落户条件

在城区人口100万–300万的大城市，合法稳定就业达到一定年限并有合法稳定住所(含租赁)，同时按照国家规定在当地参加城镇社会保险达到一定年限的人员，本人及其共同居住生活的配偶、未婚子女、父母等，可以在当地申请登记常住户口。

城区人口超过300万的大城市，可以对就业、住所条件等提出更高要求，也可结合本地实际，建立积分落户制度。大城市对合法稳定就业年限及参加城镇社会保险年限的要求不得超过3年。

11. 放宽长株潭三市间的迁移落户条件

逐步消除长沙、株洲、湘潭三市间的户籍差异。户籍在长沙、株洲、湘潭三市市辖区范围内的居民，在三市中的任意一市市辖区只要有合法稳定就业和合法稳定住所(含租赁)并参加城镇社会保险，可以申请迁入本人及其共同居住生活的配偶、未婚子女、父母的户口。

第二节　推进农业转移人口享有城镇基本公共服务

加强对农业转移人口的公共服务供给，按照先存量、后增量的原则加快推进城镇基本公共服务向全体常住人口延伸，促进农业转移人口加快融入城镇，提高农业转移人口在城镇的生活水平和生活质量，有效释放农业转移人口市民化在促公平、扩消费、增投资等方面的积极作用。

12. 保障随迁子女平等享有受教育权利

以流入地政府为主、以公办学校为主，将农民工随迁子女义务教育纳入当地公共教育体系和财政保障范围，保证农民工随迁子女在城镇公办学校接受义务教育的学位供给，并纳入当地普惠性学前教育和免费中等职业教育招生范围，逐步实现随迁子女在流入地参加中考和高考。教育资源缺口较大的城镇要采取政府购买服务等方式，保障农民工随迁子女全部免费接受义务教育。

13. 稳定和扩大农业转移人口就业创业

——提高公共就业服务普惠水平。完善城乡公共就业服务体系，将有转移就业愿望的农村劳动力纳入公共就业服务范围，在就业、职业技能培训、劳动关系协调、劳动保障监察和调解仲裁、社保登记发放等方面提供“一站式”服务，引导其有序外出到大中城市就业，或就近在小城镇就地转移就业，并逐步在城镇地区稳定下来。加快建设全省统一的人力资源信息平台，促进城乡就业供需信息共享，到2020年形成各市州横向连接、各层级纵向贯通的全省人力资源信息系统。

——将创业政策向农民工延伸。降低创业门槛，落实定向减税和普遍性降费等支持政策，加大财政支持力度，强化金融服务，完善创业投资引导和创业培训服务，支持返乡农民工在城镇创业。

——加强农民工职业技能培训。实施农民工职业技能提升计划，以初高中毕业生、退伍军人等农村新生劳动力为重点，面向产业发展和用人单位需求，对城乡各类有就业需求和培训愿望的劳动者开展就业创业培训，规划期内平均每个农民工至少得到一次免费的职业技能培训。落实政府职业培训资金补贴政策。鼓励农民工取得职业资格证书和专项职业技能证书，并按规定给予职业技能鉴定补贴。

14. 扩大社会保障覆盖面

推进城镇职工基本养老保险全面覆盖农民工、城镇居民基本养老保险全面覆盖农民工随迁家属，促进城乡居民基本养老保险市州间无缝接续、顺畅转移，不断提高保障水平，缩小与城镇职工养老保险的差距。完善城镇职工基本医疗保险、城镇居民基本医疗保险、新型农村合作医疗保险之间的衔接机制，推动统筹区域外医保定点机构认定和异地就医即时结算。提高农民工参加城镇职工失业保险比例，继续扩大高风险行业、小微企业工伤保险覆盖面。

15. 改善基本医疗卫生条件

将农业转移人口及其随迁家属纳入社区卫生服务体系，免费提供健康教育、妇幼保健、预防接种、传染病防控、职业病防治、优生优育等公共医疗卫生服务，强化农业转移人口聚居地的疾病监测、疫情处置和突发公共卫生事件应对能力。按照与户籍人口同等待遇原则，将农业转移人口及其随迁家属纳入职业病和大病医疗救助范围。鼓励农民工参加城镇职工基本医疗保险，允许灵活就业农民工参加当地城镇居民基本医疗保险。

16. 拓宽住房保障渠道

实施“两房两棚”工程，加大城镇保障房供给和租赁补贴力度，进一步规范建设、分配、运营和管理，让更多符合条件的农业转移人口住有所居。以公共租赁住房为主，支持农民工较多的开发区、产业园区集中建设宿舍型或单元型小户型的农民工公寓，支持农民工数量较多的企业在符合规定标准的用地范围内建设农民工集体宿舍，逐步解决产业园区内稳定就业人员的住房保障问题。将稳定就业的农民工纳入住房公积金制度覆盖范围。

第三节　建立健全农业转移人口市民化推进机制

强化各级政府责任，充分调动社会力量，构建政府主导、成本共担、协同推进的农业转移人口市民化机制。

17. 建立市民化成本分担机制

政府承担农业转移人口市民化在义务教育、就业服务、基本养老、基本医疗卫生、保障性住房以及市政设施建设等方面的公共成本。各级政府根据基本公共服务的事权划分，承担相应的财政支出责任。企业落实农民工与城镇职工同工同酬制度，加大职工技能培训投入，依法为农民工缴纳职工养老、医疗、工伤、失业、生育等社会保险费用。农民工积极参加城镇社会保险、职业教育和技能培训等，并按照规定承担相关费用，提升融入城市社会的能力。

18. 完善农业转移人口社会参与机制

推进农民工融入企事业、子女融入学校、家庭融入社区、群体融入社会，建设包容性城市。提高各级党代表、人大代表、政协委员中农业转移人口代表和委员的比例，积极引导符合条件的农业转移人口参加党团组织、工会、志愿者组织及其他社会组织，有序参政议政和参与城镇社会管理。鼓励农业转移人口参与社区公共活动、建设和管理，加强对农业转移人口及其随迁家属的人文关怀，丰富精神文化生活，增强责任感、认同感和归属感。

19. 建立农业转移人口市民化激励机制

——实施财政转移支付和新增建设用地规模与农业转移人口市民化挂钩机制。以各城镇吸纳农业转移人口落户数量作为新增建设用地指标分配的重要参数，鼓励城镇吸纳农业转移人口落户。在分配相关转移支付资金时，充分考虑各地承担的农业转移人口市民化在义务教育、就业服务、基本养老、基本医疗卫生、保障性住房建设以及市政设施建设等方面的公共成本。

——探索农业转移人口“三权”有效实现与进城落户的联动机制。全面实施不动产统一登记，加快完成集体建设用地、宅基地使用权等各类不动产确权登记颁证工作。加快完善多种形式的农民承包土地经营权流转市场，健全县、乡、村三级服务和管理网络，加强流转管理和服务。按照中央统一部署，探索进城落户农民宅基地自愿有偿退出和再开发利用机制，提高进城农民定居城镇能力。探索建立农村集体经营性建设用地入市制度，建立兼顾国家、集体、个人的土地增值收益分配机制，合理提高个人收益。探索农业转移人口集体收益分配权的有效实现形式。

第三章　优化城镇化布局和形态

顺应省域空间结构发展演进趋势，统筹谋划、合理布局，构建以长株潭城市群为核心引领，以三大区域性城市组团为依托、东部集聚带和西部山水文化带差异化发展、大中小城市和小城镇协调推进的城镇化新格局。

第一节　建设长株潭国家级城市群

以世界眼光谋划长株潭城市群发展，把长株潭城市群建设放在构建全省新型城镇化格局的首要位置，加快建设成为人口规模大、技术水平高、服务功能强、基础设施发达的城市群，进入国家级城市群行列。

20. 推进长株潭城市群扩容提质

扩大中心城市空间容量，支持湘江新区构建高端产业体系，建设成为产城融合、城乡一体的新型城镇化示范区，加快推进长沙临空高铁经济区、株洲东部新城和云龙新城、湘潭雨湖新城和九华新城等建设。支持长沙、株洲、湘潭根据城市发展需要，逐步将周边市县调整为市辖区。促进中心城区基础设施和公共服务向周边城镇延伸，提高周边城镇的人口承载能力。加快建设长株潭国家自主创新示范区，吸引高端要素向长株潭城市群集聚，提升研发创新水平，建设全国重要的先进制造业和高技术产业中心。以长沙为核心打造“一带一路”内陆开放型经济高地，全面提升开放型经济水平。加快长株潭城市群经济结构调整升级，推进株洲、湘潭老工业基地调整改造，全面提升城市群综合竞争力。

21. 提升长株潭城市群高端服务功能

以生产性服务业为重点，完善要素市场体系，着力强化科技研发、金融服务、商务管理、信息服务、文化创意等高端服务功能，构筑全省及长江中游地区经济活动组织和资源配置中枢，建设全国重要创新创意基地。充分利用长株潭城市群密集的科技研发智力资源，鼓励产学研对接融合，提升对全省经济的科技引领和支撑能力。鼓励境内外金融机构在长株潭城市群设立区域总部和专业机构，整合区域金融资源，创新金融产品，打造区域性金融中心。吸引企业总部集聚，深化商事制度改革，改善营商环境，建设商务管理运营中心。以长沙为中心，建设全省重要的信息生成发布处理应用中心和影视文化产品制作交易中心。

22. 构建发达的现代化基础设施体系

加快空港、高铁和城际轨道交通系统建设，高标准建设现代化综合交通体系，形成服务全省、畅达国内外的长株潭组合型综合交通枢纽。满足多中心、网络化的空间发展要求，加快长株潭三市城际铁路、城际快速通道和城市轨道交通互联互通，建设长株潭城际、轻轨、地铁、高铁一张网。推动长株潭三市公交一体化发展。完善电网建设，提升电网承接各类型电源接入能力和抗灾减灾能力，率先推进城市电网智能化，构建有效覆盖和安全运行的电网系统。实施智慧城市群工程，加快宽带网络演进升级，完善基础信息资源库及应用平台建设。加强通讯干线、运输管道、电力输送网和给排水管网体系等建设，形成对城市群保障有力的现代化基础设施系统。

23. 培育环长株潭城市群

按照核心引领、轴向辐射、极点联动的总体思路，积极推进长株潭城市群带动周边5市，全面融入长江中游城市群，努力打造全国两型社会示范区、“四化”同步发展先行区、现代化生态型城市群。坚持一体规划、突出两型、统筹协调、适度超前，全面推进环长株潭地区交通、能源、水利、环保、信息等基础设施对接，建成功能完善、互通互联、科学合理、运营高效的环长株潭城市群基础设施体系。发挥长株潭产业、人才、科技和基础设施服务优势，积极推动与周边5市的战略合作，以产业对接、合作、转移为重点，构筑跨区域产业链，打造各具特色、梯次布局、协调发展的产业集群。以共建人才、技术等要素市场为重点，消除行政性垄断和市场壁垒，构筑一体化市场体系，促进生产要素的有序自由流动和资源高效配置。

第二节　引导形成两大城镇化特色发展带

按照因地制宜、彰显特色、差异发展、分类指导的要求，构筑东部集聚发展带和西部生态文化带，扎实推进空间利用高效集约、湖湘山水文化特色彰显的新型城镇化。

24. 提升东部集聚发展带

重点依托岳郴综合运输通道，发挥岳阳、长沙、株洲、湘潭、衡阳、郴州等市区位优势明显、基础设施完备的有利条件，建设城镇和人口密集、产业功能强大、现代基础设施发达的东部集聚发展带。引导和支持沿线中心城市结合产业园多布局，科学规划新城新区，拓展城市发展空间，提高综合承载能力，推动全省城镇化人口向东部集聚。着力增强湘江新区产业支撑能力，完善公共服务功能，促进产城融合发展，吸纳更多城镇人口。发挥岳阳通江达海优势，建设城陵矶临港产业新区，对接融入长江经济带。支持规划建设衡阳西南云大都市圈、郴州大十字城镇群、永州冷零祁城镇带，适度扩大中心城市规模。依托湘南承接产业转移示范区、衡阳服务业综合配套改革试点和郴州综合性高技术产业基地等国家级试点示范工程建设，全面提升产业发展水平。建设内陆开放口岸和“无水港”，深化与粤港澳、长三角等地对接融合，打造承接沿海地区产业转移支撑带。

25. 建设西部生态文化带

重点依托张怀综合运输通道，以张家界、湘西自治州、怀化三市州及邵阳、娄底西部地区为主体，立足世界级山水文化资源和文化生态区域，构建绿色宜居、文化传承的新型城镇化特色发展带。实施“外迁内聚”战略，鼓励农村富余劳动力外出就业创业，减轻湘西地区人口压力，引导人口和产业向中心城市适度集聚，优化农村居民点布局，建设规模适度、布局合理、设施完善的特色城镇。按照生态优先、彰显特色、有限开发的总体要求，保护好青山绿水，尊重自然山水脉络、历史传统和民族文化，适度发展文化旅游、现代中成药、农产品加工、生态农业等符合当地区域功能定位的特色产业，提高就业容纳能力。

第三节　发展三大区域性城市组团

按照区域协调、战略协同、产业协作的总体要求，立足板块特色和主体功能定位，发挥区域中心城市辐射带动功能，推动洞庭湖、湘南、大湘西城市组团发展。

26. 借力长江经济带发展洞庭湖城市组团

洞庭湖城市组团，包括岳阳、常德、益阳等三市。以推进洞庭湖生态经济区建设为抓手，加快洞庭湖沿岸港口和支线航道建设，畅通与长江黄金水道的联系，构建多式联运综合交通枢纽。抓住长三角产业转移契机，强化产业协作和配套能力，建设长江中游地区重要产业基地。拉大城市框架，增强城市服务功能，将岳阳、常德、益阳建设成为长江中游地区重要的中心城市。依托洞庭湖山水独特风光，利用滨水资源优势，营造具有洞庭山水特色和湖湘人文特质的城镇风貌，建设现代滨水城市，加快形成滨湖型城市组团。

27. 依托向南开放发展湘南城市组团

湘南城市组团，包括衡阳、郴州、永州等三市。抓住沿海地区产业升级转移机遇，构筑基础设施衔接、产业配套互补的分工协作体系，以湘南承接产业转移示范区和湘粤(港澳)合作开发试验区为重点，建设面向珠三角和北部湾地区的承接产业转移基地、绿色农产品供应基地和物流中转基地，把湘南城市组团建成湖南向南开放高地。用足用好保税区政策优势，加快衡阳、郴州陆路综合口岸和湛江港永州无水港建设，推广内陆无水港发展模式，支持综合保税区加快发展，带动省内其他城市通过铁海联运，尽快实现与沿海口岸之间“属地申报、口岸验放”通关。依托山地丘陵地形条件，充分利用岭、林、田、湖、泉等自然地理要素，建设宜居宜业城市，彰显城市组团的特色。

28. 彰显山水文化特色发展大湘西城市组团

大湘西城市组团，包括张家界、吉首、怀化、邵阳、娄底等5市。以武陵山经济协作区建设和新一轮扶贫开发为契机，以城市做美、功能做优为方向，充分利用已有发展基础，立足丰富的文化、旅游、生态等资源优势，因地制宜发展特色产业，建设宜居城市，合力打造生态环境优美、民族风情浓郁、文化旅游繁荣、人居环境良好的现代旅游城市组团。支持怀化、娄底、邵阳发挥交通优势，建设成为综合交通枢纽和商贸物流中心，支持吉首建设成为武陵山区商贸集散中心和生态旅游城市，推进张家界依托世界自然遗产建成国际精品旅游城市，加快形成产业特色明显、城市协同发展的城市组团。

图1 湖南省城镇化空间格局示意图(略)

第四节　促进各类城镇协调发展

培育经济中心，壮大区域性中心城市，充分发挥县(市)就地就近吸纳农村剩余劳动力的重要作用，大力支持县级市和县城发展，有重点地发展小城镇，构建结构合理、布局协调、功能互补的新型城镇体系。

29. 做强做优区域中心城市

发挥中心城市支撑城镇化格局的重要支点作用，以完善服务功能、改善人居环境为重点，大力培育经济中心，加快把长沙、株洲、湘潭建设成为具有全国影响力的现代化大都市，支持岳阳、衡阳、常德、邵阳、怀化建设成为省域次中心城市，进一步增强郴州、娄底、益阳、永州、张家界、吉首等城市的经济实力和辐射带动能力。推动中心城区与周边区域的交通、信息网络等连接和产业分工协作，支持有条件的中心城市培育形成联系紧密、一体化发展的都市区。

30. 做大做精县级市和县城

科学编制县(市)城乡总体规划，加强与产业发展、土地利用、交通、生态环境保护等规划的衔接。实施县级市和县城提质扩容工程，引导交通市政等基础设施、教育医疗等公共服务资源和产业向县城、县级市布局，提高县域中心城区吸纳人口、集聚产业的综合承载能力和公共服务水平，培育一批中小型现代城市，积极承接中心城市制造业疏解和转移，因地制宜发展特色产业和劳动密集产业，扩大就业空间，建设成为农村人口就近就业和居住的重要载体。到2020年，县(市)城区平均人口规模超过20万人。

31. 积极发展重点小城镇

按照突出重点、彰显特色、引领示范的原则，以多样化、专业化和特色化为方向，培育一批工业强镇、商贸重镇、旅游名镇。重点抓好全国重点镇和全省新型城镇化试点镇建设，进一步落实支持政策，择优开展扩权强镇示范试点，创新投融资模式，完善基础设施，提高公共服务水平，发展成为宜居宜业的现代化小城镇。大中城市周边有条件的重点镇以发展卫星城为目标，加强与城市的统筹规划与功能配套。促进省际边界口子集镇的发展，加快打通省际“断头路”，鼓励建设商贸市场、物资集散中心等符合城镇发展方向的项目，加强特色民居改造，增强竞争力和影响力。

注：1. 到2020年，预计澧县、津市将合并为澧州市，攸县、道县将进行行政区划调整，改名为攸州市、道州市。

2. 预计长沙县、株洲县、新邵县、中方县到2020年将改县设区。

图2　湖南省城镇规模结构预测示意图（略）

第五节　强化综合交通网络支撑

以综合运输通道和综合交通枢纽建设为重点，促进多种运输方式协同发展，全面提升各级城镇的通达性，支撑和引导全省新型城镇化格局加快形成。

32. 完善综合交通运输通道

充分发挥综合交通运输通道对城镇化格局的支撑和引导作用，着力构建并完善以铁路、高速公路为骨干，普通公路、水路、民航和管道共同发展，覆盖全省的“六纵六横”综合运输通道，加快形成沟通南北、连接东西、通江达海、便捷联系海内外的综合交通运输体系。到2020年，铁路网基本覆盖所有城区人口20万以上城市，快速铁路覆盖全部城区人口50万以上城市，所有县(市、区)在30分钟内上高速公路，80%以上的县(市、区)能够在1.5小时左右的车程享受到航空服务。

33. 加快城际快速交通系统建设

建设以长株潭为核心，连通衡阳、娄底、岳阳、益阳、常德等城市的放射状城际轨道交通网。完善城际道路运输网络，推进长沙－益阳－常德、长沙－岳阳、株洲－衡阳、湘潭－娄底城际铁路建设，积极推进城际轨道设施建设。到2017年基本建成长株潭城际轨道系统，形成长株潭半小时交通圈。到2020年，基本形成以长沙为中心的覆盖全省其他所有市(州)的4小时公路交通圈，实现相邻市(州)间均有高速公路直接连通。

图3 湖南省“六纵六横”综合运输通道规划示意图(略)

图4 环长株潭城市群综合交通体系布局规划图(略)

34. 建设城市综合交通枢纽

按照布局合理、功能完善、衔接顺畅的要求，以设施、信息、运营和管理“四个一体化”为重点，加快长株潭、岳阳等全国性综合交通枢纽及常德、衡阳、怀化等区域性交通枢纽建设。优化枢纽场站的集疏运网络规划设计，建立以公共交通为主导的客运枢纽衔接网络。加强轨道交通、快速公交等大容量快速交通方式与民航机场的衔接，保证枢纽场站与集疏运同步建设。支持长沙建设大型综合立体化客运枢纽。加快轨道交通站场城市综合体规划建设工程，以综合交通枢纽建设促进轨道交通国家铁路网、城际铁路网、市域(郊)铁路网，以及部分城市轨道交通网等实现“多网融合”。到2020年，基本形成人便其行、货畅其流的现代化综合交通枢纽新格局。

35. 改善中小城市和小城镇交通条件

构建内畅外联的市域交通系统，建设以县城为中心的县乡交通圈，全面提高中小城市和小城镇交通通达水平。进一步提高普通国道省道公路网覆盖范围和技术等级，加快普通干线公路升级改造，到2020年实现县城与市(州)中心城市至少一条二级公路联通，基本实现重要景区通二级及以上公路。

第四章　提高城市综合承载能力

坚持产业为基、就业为本，促进产城融合发展，提高城市公共服务和防灾减灾能力，用现代信息技术和智能化手段改造城市基础设施和管理服务体系，全面提升城市创造就业、聚集人口、引领发展的功能。

第一节　强化城市产业就业支撑

大力推进新型工业化，发掘做大产业新增长点，着力营造创新创业环境，促进资本、技术和劳动力等生产要素向城镇集聚，推动形成“大众创业、万众创新”局面，以产强城、以业聚人，为新型城镇化提供强有力的产业支撑。

36. 夯实产业基础

——提升做强优势工业。突破关键技术，增强核心竞争力，进一步提升工程机械、轨道交通、汽车及零部件、输变电等装备制造业发展水平。优化产品结构，推进精深加工，淘汰落后产能，促进钢铁、有色、石化、建材等原材料工业由规模扩张向质量提升转变。发挥农业基础优势，挖掘地区特色资源，提高科技含量，推进自主品牌建设，着力扩大食品、纺织、医药等消费品工业规模。

——培育做大新兴产业。把握全球范围产业技术发展演进趋势，瞄准智能制造方向，积极对接《中国制造2025》，加快湖南制造强省建设。大力实施“互联网＋”，推进工业机器人、3D打印、集成电路、新能源汽车、两型住宅、通用航空和北斗应用等新兴产业规模化发展，在生物医药、新能源、电子信息和节能环保等领域培育强化优势，抢占竞争制高点，引领全省产业转型升级。

——提质做优服务业。积极发展研发设计、现代物流、融资租赁、信息技术服务、节能环保服务、检测检验认证、商务咨询、服务外包等生产性服务业。大力培育电子商务、互联网金融、影视传媒、动漫游戏、娱乐休闲等新兴服务业增长点，促进新兴业态发展。培育文化创意、休闲旅游、民族传统工艺品创意设计等产业，打造湖南创新创意产业品牌。提升商贸服务、住宿餐饮、家政服务、健康养老、社区服务等生活性服务业，千方百计扩大城镇服务业就业规模。

37. 优化产业布局

——引导大中小城市产业错位发展。支持长沙等大城市中心城区加快“退二进三”步伐，推动产业结构向高端、高效、高附加值转变，促进形成服务业为主的产业结构。鼓励中等城市推进制造业“退城入园”，加快发展高新技术产业和先进制造业，提高服务业吸纳就业能力，积极融入大城市产业链条。引导中小城市和小城镇完善基础设施，提升承接产业转移能力，发展与其资源环境承载力相适应的劳动密集型产业。加强对资源枯竭城市的政策扶持力度，培育壮大接续替代产业，加快经济结构由单一资源型向多元化转变，同步实现产业转型升级和空间结构调整。

——以园区为平台促进产业集群发展。按照明确主导产业、发展特色产业、延伸产业链条、培育产业集群的原则，促进生产要素向龙头企业集聚、向主导产业集聚、向产业园区和工业集中区集聚，打造一批规模大、关联性强、集约化水平高的产业集群，形成企业集中布局、产业集聚发展、资源集约利用的发展格局。实施“135”工程，推进县域产业集聚发展。做强国家级开发区，加强产业园区公共服务平台和公共技术平台建设，提升园区创业、孵化和创新能力。支持资源条件好、创新能力强、产业基础雄厚的园区升级扩容发展。继续推进“两型”示范工业园区创建工程，促进园区低碳化改造。严格控制新设各类产业园区和工业集中区。

38. 促进产城融合

——科学规划产业园区布局。依托城镇布局产业园区，把各类园区纳入城镇统一规划，强化城镇对产业园区的支撑保障功能。完善城镇功能分区，加强城镇市政设施与园区基础设施对接共享，推进功能混合、产城融合，促进职住平衡，实现城镇发展与产业布局有效衔接和同步协调。

——建设具有城市综合服务功能的产业新城。注重培育提升产业园区的生活配套服务功能，完善园区水、电、气、热、信息和公共交通等基础设施，在园区及周边适量建设保障性住房和商品住宅，提高教育、医疗、邮政和文化等公共服务品质和便捷性，扶持商贸、餐饮等生活服务业发展，改善园区生态和人居环境质量，推动企业办社会向园区办社会转变，推动产业园区由生产基地向城市功能组团转变，将具备城镇基本服务功能的园区及时调整为城市新区，纳入城区管理。

39. 强化城市创新功能

发挥城市信息量大、要素汇聚带来的创新优势，培养终身学习、激励创新和宽容失败的社会氛围，推进以科技创新为核心的全面创新。发挥长株潭国家自主创新示范区的引领作用，为海外高层次人才、科技领军人物和企业家提供施展才华、创新创业的舞台。鼓励大型企业发挥创新骨干作用，牵头建立产业技术创新战略联盟，组织实施关键共性技术和重大产品研发项目。支持草根创新、蓝领创新，为各类人才的活力和创造力竞相迸发提供平台。

40. 营造良好创业环境

鼓励城市、园区设立中小企业孵化公共服务平台，落实商事制度改革各项措施，降低交易成本，激发创业活力，为小微企业和个人创业者提供低成本、便利化、全要素服务的“大众创业空间”，促进以创业带动就业，为城乡劳动力创造更多就业机会。完善落实支持返乡农民工、高校毕业生、科技人员创业政策，支持各城市因地制宜建立符合本地产业发展方向的创业基地。抓好高校毕业生、农村转移劳动力、城镇困难人员和退役军人就业，实施离校未就业高校毕业生就业促进计划，做好企业下岗人员再就业工作。

第二节　优化城市空间结构

统筹城市老城区改造和新城新区建设，构建体现自然环境特点、疏密有致的城市用地结构，提高城市空间利用效率，改善城市人居环境，塑造提升城市形象。

41. 提升中心城区功能

按照改造更新与保护修复并重的要求，突出完善功能、提升品质和保护环境，健全旧城改造机制，促进商业、办公、居住、生态空间和交通站点的合理布局与综合开发，优化城市中心城区功能组合。推动人口密度过大城区的部分功能向新区疏散，增强中心城区高端商务、现代商贸、信息服务、创意创新功能。加快城区老工业区搬迁改造，大力推进棚户区、城中村改造，稳步实施中心城区旧住宅小区、危旧住房和非成套住房改造，有序推进主要街道立面、下水道、人行道等综合整治和改造。

42. 规范新城新区建设

严格新城新区设立条件，以人口密度、产出强度和资源环境承载力为基准，以高铁枢纽、临空临江港区、工业园区和重大工程等为依托科学布局城市新区，拓展中心城市发展空间。科学编制新城新区规划，严格控制建设用地规模，严禁突破土地利用总体规划设立新城新区和各类开发园区，防止城市边界无序蔓延，防止建设标准过度超前。统筹新城新区生产区、办公区、生活区、商业区等功能区规划建设，推进功能适度混合和产城融合，集聚产业和人口，防止新城新区空心化。有序开展开发区转型试点，加强现有开发区城市功能改造，推动单一功能向综合功能转型升级，为吸纳集聚人口、增强辐射带动功能创造条件。

43. 构建集约紧凑的城市空间

依据各地自然地理条件特点，合理配置城镇建设和产业用地，提高工业用地容积率和土地产出率门槛，促进生产空间集约高效、生活空间宜居适度、生态空间山清水秀，提高土地综合开发利用水平，引导城市向紧凑集约方向发展。注重发挥公共交通等基础设施对城市空间布局的先导作用，引导居住、就业和休闲消费等重要功能区向交通站场、枢纽周边布局，缩短市民日常生活的通勤距离和时间。优化城镇路网结构，杜绝超出规范标准的“宽马路”。以长株潭城市建成区为重点，统筹安排城市地下与地上空间的开发利用。支持城市新区、各类园区、房地产成片开发区域的新建道路根据功能需求优先建设地下综合管廊，老城区因地制宜结合项目改造、地下空间开发统筹建设地下综合管廊。加强城市生态隔离区和绿地系统建设。保留城市建成区内具有调蓄功能的天然水体，控制新建城区硬化地面比例，增加地面透水面积，建设“海绵城市”。

44. 改善城乡结合部环境

提升城乡结合部规划建设和管理服务水平，理顺管理机制体制，增强服务城市、带动农村、承接人口转移的功能。加强水、电、气、路、通信、环保等基础设施建设，完善教育、医疗、公交、环卫、邮政、文化体育和商贸服务等公共服务。加强环境整治和社会综合治理，规范建设行为，强化治安管理，促进社区化发展。加强对生态用地和农用地的保护，形成有利于改善城市生态环境质量的生态缓冲地带。

第三节　提升城市公共服务能力

根据城镇常住人口增长趋势和空间分布特征，加强市政公用设施和公共服务设施建设，增加基本公共服务供给，强化对城市高密度人口和经济活动的支撑能力。

45. 完善城市公共交通

构建以公共交通为主的城市机动化出行系统，强化公交车辆路权使用分配，提升居民公交出行舒适度，加大“公交都市”创建工作力度。引导降低大城市私人交通出行方式的比重，鼓励公务出行向公共交通和出租汽车转移。加强车联网和车路协同等先进技术在公共交通领域的示范应用。推进公共停车场等配套服务设施建设，将其纳入城市旧城改造和新城建设规划并同步实施。建成长沙城市轨道交通主骨架。做好在岳阳、常德、株洲、衡阳等城市建设有轨电车和中低速磁悬浮交通线路的规划研究，构建快速公共交通(BRT)网络化运营系统。到 2020 年，300 万以上、300 万 -100 万和 100 万以下人口的城市公共交通占机动车出行比例分别达到 65%、60%和 35%以上。

46. 加强公用设施建设

——增强城镇供水保障能力。加强城镇供水设施改造和建设，优先改造材质落后、漏损严重、影响安全的老旧管网。加强饮用水水源建设与保护，对环境风险隐患大的饮用水水源保护区开展综合整治。到 2020 年，所有地级市市辖区和具备多水源条件的县市城区开辟第二水源，城镇公共供水普及率达到 90%，建制镇以上城镇公共供水水质全面达到国家标准。

——完善城镇供电网络。保证变电站、电力走廊及电缆通道的建设用地，促进电力建设与城镇化发展协调同步。推进城市电网智能化，优化输配电网络系统，提升电力保障能力和供应品质。

——大力实施“气化湖南”工程。推进城镇燃气供应设施建设，优化液化石油气供应基地及供应站布局，完善燃气输配、储备和供应保障系统。开展分布式能源试点和小城镇管道燃气供应试点。到 2020 年，全省基本形成“四纵四横”输气管道省级骨架干网，实现县县通天然气，设市城市燃气普及率达到 95%，县城燃气普及率达到 80%。

47. 完善基本公共服务体系

——增加城镇教育资源供给。实施城镇学前教育推进工程和城市学校扩容改造工程，加强老旧中小学原地和易址改扩建，落实城镇新开发小区配套建设幼儿园、中小学“同时设计、同时施工、同时验收、同时交付使用”要求，推动城区幼儿园和中小学校扩容提质，满足城镇常住人口不断增长的优质学位需求，到 2020 年基本解决“入园难”和中小学“大班额”问题。

——提高医疗卫生服务能力。按照常住人口和城镇功能分区合理配置基本医疗卫生资源，充实基层医疗卫生技术力量。优化医疗卫生机构布局，做好医疗机构设置规划与城乡规划及土地利用总体规划的衔接，建设一批市级综合医院和专科医院，到2020年，力争实现三级甲等医院市州全覆盖，二级甲等医院县市全覆盖，每个街道拥有1所以上社区卫生服务中心(站)，中心乡镇卫生院建设全面达标。

——强化公共文化体育设施建设。加强图书馆、博物馆(纪念馆)、群众艺术馆(文化馆)、美术馆、乡镇(街道)综合文化站、村(社区)文化活动室及文体小广场、剧场、非物质文化遗产场馆及传习所等公共文化设施建设。完善体育健身设施布局，实现各设区市均建有全民健身活动中心和体育健身公园，县区普遍建有综合性公共体育健身设施，街道、乡镇全部建有全民健身活动站点。

——加强便民服务设施建设。合理布局便民店、早餐店、菜市场、家政服务点、邮政快递等服务网点。建设社区养老服务照料中心(站)、社区就业和社会保障综合服务平台。

——创新公共服务供给方式。积极引导社会力量参与公共服务建设，扩大政府购买服务规模，实现供给主体和方式多元化。建立比较完善的政府向社会力量购买服务的制度体系、高效合理的公共服务资源配置和供给体系，提高城镇基本公共服务水平。

48. 健全城镇安全保障体系

以城市消防、防洪、排水防涝、抗震等设施和救援救助能力建设为重点，合理布局建设城镇应急避难场所，完善公共空间和设施的应急避难功能，全面提高城镇防灾减灾能力。完善供水、供气、供电、消防、治安、轨道交通等突发事件应急预案和保障体系。建立健全地质灾害调查评价、监测、预警、综合防治和应急管理体系。加强防洪堤坝和排涝设施建设维护，严格执行城镇防洪排涝标准，加快城市易涝区整治，到2020年设区城市建成区全面达到规定排涝标准，基本消除积水区域。

第四节 建设智慧城市

统筹利用城市发展的信息资源、智力资源和物质资源，强化信息资源社会化开发应用，推动“互联网+”向城市生产、生活和社会管理领域拓展，创造便捷、高效、安全的智能化城市运行、管理和生活新模式。

49. 加强城镇信息基础设施建设

坚持城市信息基础设施与市政公用设施、公共服务设施同步规划、同步建设，促进信息化发展与城市发展深度融合。大力实施“宽带中国”战略，实施宽带城市、无线城市等重大工程，实施“宽带乡村”示范工程，推动光纤入户和网络宽带光纤化改造升级。加快新一代移动互联网基础设施建设，促进光缆、管道、基站等通信基础设施的共建共享，带动基于互联网的新兴业态发展和公共服务资源配置优化。以长株潭城市群为基础，在全省范围全面推进三网融合。到2020年，实现城市重要公共区域高速无线局域网热点覆盖，城市宽带接入能力达到50Mbps，50%以上家庭达到100Mbps，长株潭城市群部分家庭达到1Gbps。

50. 推动城市管理和基础设施智能化

推动“互联网+”、云计算、物联网、大数据等新一代信息技术在城市运行管理和基础设施建设中的应用，建立城市统一的空间地理和时空信息平台及建(构)筑物数据库，统筹推进城市规划、国土资源、环境卫生、城市管网、园林绿化、生态保护等市政基础设施管理的数字化和精准化，推进线下业务接入线上平台，发展智能交通、智能电网、智能水务和智能管网等智能化管理系统。

51. 引领生活服务智能化

推进政府社会管理信息系统综合集成和信息共享，建立面向市民的公共卫生、医疗、教育、就业、社保、公共安全、社区服务和家庭服务等领域跨部门业务协同、共建共享的公共服务信息服务体系，重点发展远程教育、智慧医疗、智能养老等新模式，全面促进社会服务进一步便捷普惠。

第五章 促进城镇化生态文明建设

把生态文明理念融入城镇化全过程，转变城镇建设模式，建设资源节约型和环境友好型城镇，推进城镇化发展与资源环境相协调，走绿色、低碳、集约的新型城镇化道路。

第一节 优化城镇化生态安全格局

加强国土空间开发管控，强化重点生态功能区保护和建设，确保生态功能的恢复与保育，为城镇化发展提供生态安全保障和开敞绿色空间。

52. 构建“一湖三山四水”生态安全格局

以湖泊、山脉、水系为骨干，构建以洞庭湖为中心、以湘资沅澧为脉络，以武陵－雪峰、南岭、罗霄－幕阜山脉为自然屏障的生态安全战略格局，支撑全省城镇化健康发展。

图5 湖南省生态安全格局示意图（略）

53. 科学确定省域生态环境分区

在洞庭湖平原湿地与农业生态保护区、环洞庭湖丘陵农业生态保育区以及幕阜山地常绿阔叶林生态保护区，加强湿地生态恢复与治理，加大森林资源保护力度，打造全省生态优质区。在罗霄山地常绿阔叶林生态保护区、武陵山地常绿阔叶林生态保护区以及雪峰山地森林与农业生态保育区，保护生物多样性，控制水土流失，提高水源涵养能力。在长株潭城市群聚居生态环境维护区、衡阳盆地丘陵农业生态保育区、涟邵丘陵农业生态保育区和都庞岭－萌渚岭山丘常绿阔叶林生态保护区，加强矿山生态恢复，积极发展生态农业和生态旅游业。

图6 湖南省生态环境分区示意图（略）

54. 加强生态敏感区管制

强化自然保护区、风景名胜区、森林公园、地质公园、重要湿地、蓄滞洪区、重要水源地等生态敏感区的保护，发挥其水源涵养、生态维护、防灾减灾等功能，为新型城镇化建设提供重要的生态产品。在生态脆弱、环境容量小的地区，严格控制城镇建设和工业发展，把城镇建设和工业开发限制在资源环境能够承受的特定区域，加大已有产业园区的提升改造。在生态极为脆弱的地区，引导人口有序向县城和重点镇迁移，使生态保护与推进城镇化有机结合。

第二节 加强环境污染治理

以水、大气和土壤环境等为重点加强环境污染治理，完善环境基础设施，努力建设天更蓝、地更绿、水更清的美丽城镇。

55. 加强水污染综合治理

开展湘、资、沅、澧及其主要支流水环境整治，加强沿线石化、有色等行业环境安全集中治理，重点防治有机毒物污染，严格控制重金属、持久性有机毒物排入。全面推进湘江及其主要支流水上运输污染防治，控制船舶污油和生活垃圾污染。结合新城建设和老城改造，加快污水处理设施和配套管网建设，老城区大力推进雨污分流改造，新建城区严格实施雨污分流。建制镇以上城镇逐步推进污水管网和雨污分流系统建设。到2020年县城及以上城市污水处理率达到95%以上，地级城市基本实现雨污分流。

56. 加强大气污染综合治理

实施电力、钢铁、有色金属行业烟尘治理设施提标改造，在化工园区和环保重点城市开展挥发性有机物、有毒废气监测。加强机动车污染防治，大力推广使用天然气汽车和新能源汽车，努力降低污染物排放量。全面推行“绿色施工”，建立扬尘控制责任制度。推进长株潭城市群大气污染治理，建立统一协调的区域大气联防联控机制。

57. 加强土壤污染综合治理

针对土壤重金属污染问题，建立污染场地治理修复分类目录，制订污染场地治理修复环境管理办法和规范，强化污染场地治理修复责任落实，重点加大对责任主体灭失的污染场地治理修复。以农产品生产基地和敏感区块土壤污染治理修复为重点，开展不同污染类型的土壤治理修复试点示范。

第三节 提高资源利用水平

节约集约利用水和土地资源，推进节能降耗，提高资源能源利用效率，实现资源节约型社会建设与转变城镇化发展模式相结合。

58. 高效集约利用土地

调整城乡用地结构，遏制农村居民点用地扩张势头。分类确定建设用地的投资强度和产出强度，对低效利用的土地和空闲、闲置土地进行认定和合理处置。鼓励土地混合开发，促进城市土地多功能利用。加强对旧城镇、旧厂房、旧社区改造，开展资源型城市、老工业基地城市废弃工矿用地整治和城区老工业区搬迁改造，提高二次开发能力。倡导城市土地立体开发，合理开发城市地下空间资源，加强三维地籍管理。科学确定城镇开发边界，规范新城新区、产业园区等规划审批程序，严格执行国家城市用地分类和规划建设用地标准，防止城镇建设用地无序扩张。2020年全省建设用地总规模控制在163.0万公顷，其中城乡建设用地不超过128.6万公顷，城市人均建设用地符合国家规定标准。

59. 提升城镇节水水平

实行用水总量、用水效率、水功能区限制纳污“三条红线”，强化用水定额管理和总量控制。对以造纸、石化、钢铁、纺织、食品等高用水行业为主导产业的城镇，强化节水和循环利用技术改造，提高用水效率。严格限制城市公共供水范围内的各种自备水源，对非工业用水户实行计划用水和定额管理。积极创建国家节水型城市，推进城区中水回用等再生水利用设施建设，推动城市生活小区非常规水利用，鼓励居民家庭更换使用节水型器具，到2020年城镇生活节水器具普及率达到95%以上。

60. 促进能源节约和清洁能源利用

加快推进老工业基地、重化工业比重较高城镇的产业升级，严格执行主要用能产品能耗限额标准，继续淘汰不达标落后产能。引进和推广先进节能技术，对重点行业、重点企业以及重点工艺流程进行技术改造，抓好对重点企业耗能监管考核。重点发展水电、核电、风电、太阳能发电、生物质能、地热能利用以及抽水蓄能。支持湘潭、怀化、株洲、邵阳等市建设全国新能源示范城市。加快湘南、湘西南、湘中及洞庭湖区风电建设。大力发展屋顶分布式光伏发电。在环长株潭城市群选址建设垃圾发电项目，鼓励使用添加生物质液体燃料的车用燃油。选择高温地热区发展地热供水与取暖，尽快实现商业开发和综合利用，显著提高非化石能源占一次能源消费比重。

61. 发展循环经济

发挥国家级和省级循环经济试点示范作用，带动全省全面推进循环经济发展。抓好大宗固体废弃物综合利用、再生资源回收体系建设，推进再制造产业化、餐厨废弃物无害化和资源化利用、资源循环利用技术产业化，实施“城市矿产”基地建设示范工程。到2020年，建成20个循环经济工业园区和10个循环经济示范城市，培育100个循环型示范镇和社区。

第四节 建设绿色城市

以绿色建筑和绿色交通为重点，倡导绿色生活方式和消费模式，加强城市绿色宜居生活空间维护，促进城镇化向低碳、生态、绿色转型。

62. 推广绿色建筑

借鉴国际国内相关标准，制定和执行绿色建筑标准。着力抓好新建建筑规划、设计、施工、监理、检测等环节标准的执行和稽查。加强绿色建筑技术的推广应用，提高低碳建材在新建建筑的使用比例。支持住宅产业化基地建设。对既有建筑年代、结构形式、用能系统、能源消耗指标等进行调查统计和评价分析，制定节能改造计划。率先在党政机关办公建筑和大型公共建筑开展节能改造示范。在有条件的地方，通过集中连片规划，运用市场方式对既有建筑进行节能改造。

63. 发展绿色交通

实行公交优先战略，加快发展城市快速公交、轨道交通，完善公交专用道、公交场站等设施。加快淘汰老旧、高耗能、高排放的运输设备，支持使用纯电动、插电式混合动力(含增程式)、燃料电池等新能源汽车和液化天然气、压缩天然气等清洁能源公交车、出租车，因地制宜推广使用以甲醇、乙醇为重点的替代能源。城市公交车辆尽快实现全部达到国家第四阶段机动车污染物排放标准，并逐步实施第五阶段车用汽柴油标准。引导居民绿色出行，率先在14个市州政府所在地建成一定规模的步行和自行车林荫道慢行系统。做好株洲低碳交通试点城市工作，持续开展“车、船、路、港”千家企业低碳交通运输行动计划。

64. 建设低碳社区

将低碳理念纳入社区建设，支持更多社区进入全国低碳社区试点。优化社区土地使用空间、功能布局和社区生活圈，形成低碳高效的空间开发模式。充分利用现代信息手段，探索推行低碳化运营管理模式。合理配置社区内商业、休闲、公共服务等设施，发展绿色照明，降低碳排放水平。开展低碳家庭创建活动，倡导清洁炉灶、低碳烹饪、健康饮食，减少食品浪费。

65. 构建城镇绿色生态空间

沿主要交通干线和河流，以大型结构性绿地、环城绿带、水域保护、慢行系统和绿道系统建设为重点，建设连接城市和内部组团的生态廊道。加快长株潭城市群绿道网建设，2020 年基本建成连接城际之间、城乡之间、社区之间的绿道网络。加强城市内自然山体保护和利用，对城市规划区内的各类绿地实行城市绿线管控，对开山采石取土造成的裸露、破坏山体实施生态修复。提高城市中心区和老城区的园林绿化水平，促进城市公园绿地、道路绿地、居住绿地、防护绿地建设和古树名木、湿地保护，加强生物多样性保护和乡土植物应用。科学布局产业园区和居民生活区，减少城镇建设对自然生态系统的负面影响。切实保护好长株潭核心区生态“绿心”。发挥长沙国家园林城市的带动示范作用，创建更多园林城市和生态园林城市。到 2020 年，县以上城镇建成区绿地率达到 32%。

第六章　建设湖湘特色人文城镇

把文化传承贯穿于新型城镇化全过程，保护挖掘城镇文化资源，传承创新历史文化，建设有历史记忆、文化内涵、地域风貌和民族特点的山水人文城镇，增强历史文化资源的现代生命力。

第一节　加强历史文化保护与传承

下大力气保护好全省历史文化资源，保持城镇文化记忆，传承和发扬湖湘传统文化。

66. 加强历史文化名城名镇名村街区的保护

实施历史文化名城名镇名村街区保护工程，开展千年古县、千年古镇、千年古聚落地名申报保护工作，分类制定历史文化名城、名镇、名村保护规划及实施细则，对历史建筑、传统村落进行普查鉴定、建立名录、登记挂牌、分级保护。将未核定评级但具有一定历史价值的街区、村落等纳入保护范围。将保护历史街区、历史建筑等纳入城乡规划管理体系，按照城市规划“紫线”管理要求，制定和落实规划管制措施。建立传统村落档案，实施乡村记忆工程和传统村落挂牌保护制度。

67. 保护和传承文化遗产

高度重视城镇化进程中的文物和非物质文化遗产的保护、利用、传承工作，进一步做好文物和非物质文化遗产的普查、认定与登记工作，完善文物和非物质文化遗产的保护规划。注重文物和非物质文化遗产的真实性、整体性和传承性。坚持保护与利用结合，加强对土家族文化、苗族文化、侗族文化、瑶族文化、白族文化、红色文化、土司文化的保护和开发利用。加强非物质文化遗产保护，加强非物质文化遗产博物馆、展示馆和传习所等建设，加大对代表性传承人的保护、培养和扶持力度，策划文化旅游节庆主题活动。

第二节　建设人文城市

突出城市的地域、历史和文化特色，注重城市文化资源发掘，营造历史底蕴厚重、时代特色鲜明的城市人文环境，培育多元、开放、包容的现代城市文化精神，全面推进人文城市建设。

68. 立足地方文化彰显城市特色

加强城市文化战略研究，根据城市区域位置、地理环境、历史沿革、民俗风情，对文化资源进行挖掘、评估和提炼，科学确定城市文化定位，强化城市文化功能，延续文化脉络，打造城市文化品牌，彰显城市文化魅力。深入挖掘、提炼城市的历史文化元素，精心展示历史生产生活场景、重大历史事件、重要历史人物、城市发展变迁。加强旧城改造中历史文化遗存、民族风格、传统城市肌理、街巷格局和历史建筑风貌等的保护及周边环境治理，促进功能提升与文化文物保护相结合。新城新区建设注重融入传统文化和民族文化元素，与原有城镇自然人文特征相协调，防止旅游、商业和房地产对保护区域的过度开发，避免出现建设性破坏。鼓励对历史街区和历史建筑活化利用，支持个人和社会组织开展与保护历史街区和历史建筑相适应的文化创意、休闲旅游、文化体验和文化研究活动，开办展馆、博物馆，以及其他形式的特色经营活动，适度复兴特色历史文化街区和历史风貌区。系统挖掘地方建筑文化特质和文化基因，研究梳理地域特色鲜明的建筑符号、建筑材料和建造工艺，形成与城市的历史、文化、经济、社会、环境相适应的建筑风格和城市风貌。注重城市文化艺术环境建设，推进公共设施艺术化。

69. 塑造湖湘特色城市风貌

依托湖南多样化的自然地理基础，尊重自然山水脉络，因地制宜建设一批彰显湖湘特色的山地型、滨湖型、古城型、民族型城镇。加强城市的规划设计，明确城市风貌特色定位和空间总体框架，加强对城市形态、城市轮廓、建筑景观与色彩、标志系统等要素的建设引导，提升城市空间品质。城市重要开发地段、重要节点、重点保护地区的风貌设计要充分体现建筑艺术、时代特征、地方特色。塑造城市特色空间，做好公共建筑规划设计，建设一批适应当地自然地理特征、彰显湖湘文化元素和人文形象的新建筑。探索在城镇建设中适度保留吊脚楼、风雨桥、麻石街等具有地方特色的传统建筑风貌。加快立法和制度建设，保障城市景观风貌设计在建设中落实。

70. 培育现代城市文化

挖掘城市文化内涵，铸造城市独特的品格和精神，培养城市居民的文化自觉和文化自信，提升城市内在品质。推动文化博览工程和历史文化展示工程，积极彰显和弘扬城市文明成果，培育市民对城市的认同感。加强精神文明建设，广泛开展文明城市、文明社区、文明行业、文明家庭创建活动。顺应现代社会对娱乐、快乐的多样化需求，精心培育现代时尚的都市文化，提升长沙“娱乐之都”建设内涵。着力推进文化创新，打造更多具有潇湘风格、湖南气息的文化品牌。鼓励城市文化多样化发展，促进传统文化与现代文化、本土文化与外来文化交融，形成多元开放的现代城市文化。

第七章　统筹城乡发展

破除城乡二元结构的体制机制障碍，合理配置城乡基础设施和公共服务资源，逐步形成以城带乡、城乡互动发展机制，增强农村发展活力，使城镇化成为同步推进农业农村现代化发展的过程。

第一节　推进城乡发展一体化

推进城乡要素平等交换和公共资源均衡配置，统筹安排农村基础设施建设和社会事业发展，逐步缩小城乡差距，构建城乡经济、社会和生态一体化发展新格局。

71. 推进城乡统一要素市场建设

加快建立城乡统一的人力资源市场，打破城乡就业壁垒，落实城乡劳动者平等就业、同工同酬的制度。探索建立城乡统一的建设用地市场，推进符合规划和用途管制的农村集体经营性建设用地与国有土地同等入市、同权同价。改革完善农村土地征收和农村宅基地制度。建立县级农村产权交易市场，推动农村产权流转交易公开、公正、规范运行。建立健全有利于农业科技人员下乡、农业科技成果转化、先进农业技术推广的激励和利益分享机制。统筹发挥政策性金融、商业性金融和合作性金融的作用，创新面向“三农”的金融服务，支持依法设立小额贷款公司和村镇银行。加快发展农业保险及服务体系，鼓励保险机构开展特色优势农产品保险，扩大涉农保险范围和覆盖面。推行政府担保和农户联保，建立财政支持的农业保险大灾风险分散机制。

72. 推进城乡一体化规划

树立全域规划理念，加强城乡在产业布局、基础设施网络、公共服务设施、生态空间布局等方面的衔接协调。科学编制县(市)域城乡总体规划、村镇体系规划，合理安排县域城镇建设、农田保护、产业聚集、村落分布、生态涵养等空间布局。到2017年，完成所有县(市)域、建制镇和中心村规划编制工作。

73. 统筹城乡基础设施建设

加大公共财政向农村倾斜力度，扩大覆盖范围。以乡镇和中心村为重点，推进城乡基础设施统一布局和共建共享。实施道路畅通工程，促进城乡客运网络一体化。加快推进村镇生活污水处理设施和收集系统建设，进一步推广“户分类、村收集、镇转运、县处理”的城乡一体化垃圾处理模式。加快农村互联网基础设施建设，缩小城乡“数字鸿沟”。

74. 推动城乡基本公共服务全覆盖

优化整合城乡教育资源，鼓励和动员城镇优质教育资源下乡。努力构筑覆盖城乡居民的社区卫生服务网络，建立健全县市、乡镇、村(社区)卫生服务体系和机构，重点完善乡镇和中心村医疗卫生设施。推进公共就业服务网络向县以下延伸。整合衔接城乡社会保障制度，完善农村最低生活保障制度。健全农村留守儿童、妇女和老人关爱服务体系。

第二节　加快农业现代化进程

构建新型农业经营体系，加快转变农业发展方式，增强农业综合生产能力、抗风险能力、市场竞争能力和可持续发展能力，实现农业现代化和城镇化协调发展。

75. 保障粮食安全和重要农产品有效供给

开展永久基本农田划定工作，确保现有耕地面积基本稳定，推进高标准农田建设，保证农业可持续发展空间。以环洞庭湖、娄邵盆地、衡邵干旱走廊为重点，建设旱涝保收、高产稳产的高标准农田。大规模改造中低产田，加快大中型灌区续建配套与节水改造，加强小型农田水利设施建设，改善农业生产水土条件，提高耕地地力，增强农业特别是粮食综合生产能力，保证与城镇化进程相适应的粮食和重要农产品有效供给。

76. 提升现代农业发展水平

完善现代农业产业体系，发展高产、优质、高效、生态、安全农业。推进农业科技创新，依托超级稻、高档优质稻新品种研发，加快选育高产、稳产、优质高效新品种，做大做强现代种业。积极推进农业机械化，改善农业设施装备条件。创新农业经营体系，在坚持家庭联产承包经营主体地位的同时，鼓励承包农户依法采取转包、出租、互换、转让及入股等方式流转承包地，扶持发展专业大户、家庭农场、农民合作社等新型经营主体，引导农业规模化和产业化经营。鼓励工商资本发展适合企业化经营的现代种养业、农产品加工流通和农业社会化服务。大力发展绿色生态有机农业和农业循环经济，推进农产品生产品牌化、标准化和无害化。加快农业科技服务体系和社会化服务体系建设。

77. 完善农产品流通体系

加强农产品流通基础设施建设，完善流通链条和市场布局，进一步减少流通环节，降低流通成本，建立完善高效、畅通、安全、有序的农产品流通体系。鼓励批发市场、大型连锁超市等流通企业，学校、酒店、大企业等最终用户与农业生产基地、农民专业合作社、农业产业化龙头企业建立长期稳定的产销关系。加快推进城市便民菜市场、社区菜店、生鲜超市、平价商店等农产品零售网点建设。加强农产品期货市场建设。积极解决农产品对外运输的交通瓶颈，健全覆盖农产品收集、存储、加工、运输、销售各环节的冷链物流体系。积极搭建农产品展示展销平台，鼓励农产品批发市场引入拍卖等现代交易模式。建设省级农产品电子商务和流通信息平台，加快发展农产品电子商务，发展快捷高效配送，扩大网上交易规模。整合资源，创建“湘”字号农产品知名品牌。强化农产品商标和地理标志保护。

第三节　建设美丽乡村

坚持城乡空间差异化发展，结合产业特色、区位条件和人口流动意愿，配套完善农村基础设施，全面改善农村生产生活条件，全力打造农民幸福生活的美好家园。

78. 提升乡村规划建设水平

科学编制村庄规划，在提升自然村落功能基础上，完善基础设施和公共空间，保持乡村风貌、民族文化和地域文化特色，保护有历史文化价值的传统村落、少数民族特色村寨和民居。结合农村建设用地整理，优化农村居民点布局，严格控制集镇内零星分散建设农民住宅。加快“农民新村”建设及旧村改造整治，推进农村住宅产业化试点示范。尊重农民意愿，有序推进农民向城镇和中心村集中，到2020年，全省农村居民点占地面积下降到77.8万公顷左右。

79. 加强农村基础设施建设

加快完成农村饮水安全工程，确保饮用水水质安全。加强村庄道路硬化，逐步实现农村道路由“村村通”向“户户通”延伸。实施农村电网改造升级工程，提高农村供电能力和可靠性。加强以太阳能、生物沼气为重点的清洁能源设施建设。积极推进农村危房改造，到2020年全面完成现有危房改造任务。

80. 加强农村环境治理

扎实开展农村环境综合整治，深入实施村庄美化、绿化、亮化、硬化、净化活动，重点推进生活污水治理、生活垃圾治理、畜禽水产养殖污染防治、饮用水水源保护四大工程。加强农村面源污染综合治理，建立农村环境保护工作责任体系和长效运行机制，加强农村环保宣传教育。探索低成本、可持续的农村垃圾、污水处理模式，切实改变农村人居环境"散、乱、差"状况。开展美丽乡镇、宜居村庄和乡镇旅游示范村创建活动，到2020年，全省所有建制村基本完成村庄人居环境整治任务，建成100个美丽乡镇和2000个美丽乡村。

第八章　完善城镇化发展体制机制

发挥市场在资源配置中的决定性作用和更好发挥政府作用，统筹推进重点领域和关键环节改革，积极探索完善治理体系，形成有利于城镇化健康发展的制度环境。

第一节　深化体制机制改革

以人口管理、土地管理、财税金融、生态文明等为重点，破解体制机制难题，促进人口有序流动、合理分布和社会融合，满足合理用地需求，建立多元可持续的资金保障机制，完善有效约束自然资源开发行为、鼓励节约集约利用资源和严格保护环境的生态文明制度，充分释放城镇化潜力。

81. 创新人口管理制度

——全面实施居住证制度。以居住证为载体，健全基本公共服务提供机制，不断扩大居住证持有人平等享有公共服务的范围。居住证持有人享有与当地户籍人口同等的劳动就业、基本公共教育、基本医疗卫生、计划生育、公共文化以及证照办理服务等权利。加快推动居住证持有人享有与当地户籍人口同等的中等职业教育资助、就业扶持、住房保障、社会福利、社会救助等权利。结合随迁子女连续就学情况，保障居住证持有人随迁子女享有在当地参加中考和高考的资格。按权责对等的原则，居住证持有人履行服兵役和参加民兵组织等国家和地方规定的公民义务。

——加强和改进人口信息管理制度。建立健全实际居住人口登记制度，全面开展实有人口、实有房屋基础信息采集，加强和完善人口统计调查，全面、准确掌握人口规模、结构和地区分布等信息。公安机关统筹加快以公民身份号码为唯一标识的人口基础信息库建设，各有关部门分类完善劳动就业、教育、收入、社保、房产、信用、卫生计生、税务等信息系统，加快推进跨部门、跨地区信息整合、共享及应用工作，为人口服务和管理提供支撑。

82. 深化土地管理制度改革

——建立用地结构调整和布局优化机制。严格执行城市用地分类和规划建设用地标准，实行增量供给与存量挖潜相结合的供地、用地政策，提高城镇建设使用存量用地比例。规范推进城乡建设用地增减挂钩试点，对纳入集中连片特困地区的市县，探索建立结余建新指标流转机制。实行城镇建设用地增加规模与吸纳农业转移人口落户数量挂钩的激励机制。

——完善土地集约节约利用机制。调整工业用地出让最低标准，提高工业用地准入门槛，加强工程建设项目用地标准控制。推行工业用地弹性出让、租赁、先租后让、租让结合的供地制度，建立产业项目建设用地退出和回收机制。完善经营性建设用地效率和效益综合评估机制，把土地利用率、单位面积土地产出强度等指标纳入目标责任考核体系。完善土地租赁、转让、抵押二级市场。

——深化农村土地制度改革。尽快完成农村集体土地地籍调查和确权登记颁证工作。在符合规划和用途管制前提下，允许集体经营性建设用地出让、租赁、入股，实行与国有土地同等入市、同权同价，建立健全市场交易规则和服务监管制度。改革完善农村宅基地制度，探索农民住房保障在不同区域户有所居的多种实现形式。

——健全国有建设用地有偿使用制度。积极推进国有建设用地全面市场化。扩大国有土地有偿出让使用范围，逐步对经营性基础设施和各类社会事业用地实行有偿使用。减少非公益性用地划拨，对以划拨方式取得用以经营性项目的土地，通过征收土地年租金等方式，纳入有偿使用范围。

——改革征地制度。完善土地征收制度，缩小土地征收范围，制定土地征收目录，严格界定公共利益用地范围，规范征地程序，完善对被征地农民合理、规范、多元保障机制，鼓励采取"留地、留物业、留股份、收益返还"等方式安置被征地农民。建立社会稳定风险评估制度，健全矛盾纠纷调处机制，全面公开土地征收信息。

——完善用地激励约束和监管机制。改革土地税费制度，探索节约集约用地发展模式试点，完善节约用地考核评价制度，抑制建设用地奢侈浪费和闲置。加强建设用地批后监管，建立形成决策纠错和依法惩处机制，健全行政执法责任制度和责任追究制度。

83. 健全城镇化资金保障机制

——深化财税制度改革。进一步完善省与市县收入划分，建立市县收入稳定增长机制，增强地方财力水平。完善财政转移支付制度，按照事权与支出责任相适应的原则，合理确定各级政府在教育、基本医疗等公共服务方面的事权，建立健全城镇公共服务支出分担机制。建立财政转移支付和农业转移人口进城落户挂钩机制，客观反映与人口相关支出的需求和成本。各级政府根据财力增长情况，逐步加大对新型城镇化建设的投入力度。探索完善地方税体系，按照中央统一部署及时依法推进房地产税、消费税、资源税和环境保护税等税制改革。

——拓展融资渠道。探索采用公私合作模式，吸引社会资本参与城市基础设施等公益性事业投资和运营。创新金融服务和产品，多渠道推动股权融资，提高直接融资比重。鼓励公共基金、保险资金等参与具有稳定收益的城市基础设施项目建设和运营。探索政府托管房地产和优质资产证券化模式，盘活存量资产。积极探索住房公积金支持城镇保障房建设的办法。建立农业转移人口信用档案，搭建综合金融服务平台，满足创业融资、消费融资等金融需求。推进城镇中小企业抱团增信，构建新型担保体系，实质性降低中小企业贷款风险和成本。研究落实政策性金融专项支持政策，适时设立城市基础设施、住宅政策性金融分支机构或地方性机构。支持银行业金融机构与金融资产管理公司合作，运用类股权投资方式为城镇建设项目提供资本金。支持银行按城镇项目建设资本金到位情况，同比例提供贷款支持。

——完善统筹城乡的金融服务体系。着力提高金融机构对县域经济支持能力，培育村镇银行、小额贷款公司和农业担保公司等新型农村金融组织。创新开发面向农业转移人口、收益稳定、准入门槛低的金融产品和服务方式，不断加大对农业转移人口市民化的金融支持力度。鼓励金融机构开展农村承包土地的经营权、农民住房财产权、集体经营性建设用地使用权、林权等抵押贷款业务试点。

84. 推动生态文明制度创新

——建立国土空间开发保护制度。完善空间规划体系，严格落实全省主体功能区规划，划定生态保护红线。加快完善城镇化地区、农产品主产区、重点生态功能区的空间开发管控制度，建立资源环境承载能力监测预警机制。鼓励符合条件的地方申报国家公园建设试点。

——落实资源有偿使用制度。推进自然资源及其产品价格改革。全面推行阶梯式居民水电气价格制度，有序推进非居民用水电价格改革。提高排污费征收标准，扩大征收范围。改革污水、垃圾处理费征收办法，推行差别化排污收费制度。完善矿产资源有偿使用和矿山生态环境恢复治理保证金制度。强化水资源费征收力度，完善取水许可和水资源论证制度，规范水资源费管理和使用制度。

——健全生态补偿制度。加快建立和完善对湘资沅澧等重点流域、重点生态功能区、自然保护区、水源保护区等区域的生态补偿机制，引导和鼓励开发地区、受益地区与生态保护地区、流域上游与下游通过资源协商建立横向补偿关系。重点抓好湘江流域水质目标考核生态补偿，积极开展湿地生态效益补偿试点和公益林赎买制度试点。进一步完善生态补偿政策法规，构建对重点生态功能区的生态补偿标准体系。探索建立生态效益评估，建立按照生态价值标准对限制开发区和禁止开发区的转移支付机制。建立和完善对生态功能县(市、区)生态环境保护考核评价和激励约束机制，并与财政转移支付挂钩。

——建立资源环境产权交易制度。推行节能量、碳排放权、森林碳汇、水权、集体林权等交易制度，将排污权有偿使用和交易范围扩大到湘江流域8市。建立覆盖各类资源环境要素的产权交易市场，全面推行主要污染物排污指标交易，建立全省联网资源共享的排污权有偿使用和交易管理平台及中介服务体系。大力推行合同能源管理和合同环境服务，健全环境污染第三方治理制度。

——实行最严格的环境监管制度。建立和完善严格监管主要污染物排放的环境保护管理制度，独立进行环境监管和行政执法。建立跨行政区域的环境监督管理体制，形成重点领域区域环境执法协调、跨行政区域突出环境事件处置以及环境管理信息资源共享机制。对造成生态环境损害的责任人严格实行赔偿制度，依法追究刑事责任。建立领导干部生态环境损害责任终身追究制。开展环境污染强制责任保险试点。完善大气污染和土壤污染联防联治机制。

85. 完善历史文化保护制度

将保护历史街区、历史建筑等纳入城乡规划管理体系，按照城市规划“紫线”管理要求，制定和落实规划管制措施。制定历史街区、历史建筑和传统村落等传统文化资源保护的配套政策法规。分类制订历史文化名城、名镇、名村保护规划及实施细则。

86. 适时调整行政区划

通过将城区周边县撤县设区或将城区部分临近乡镇纳入城市规划区，优化市辖区规模和结构，拓展和优化中心城市发展空间。支持区位条件优、发展态势好、带动作用强的县撤县改市，加快小城市发展。根据县城发展需要，将周边部分乡镇纳入县城规划区或直接并入县城。根据重点镇发展需要，将周边部分村庄划入城镇。根据实际需要，加大乡镇撤并力度，减少乡镇数量，扩大乡镇规模。

87. 健全长株潭城市群一体化发展促进机制

对长株潭城市群重大基础设施实行规划、审批和建设使用管理“三统一”，形成重大基础设施共建共享机制。促进教育、医疗等公共服务资源共享共通。健全产业上下游分工和联动发展机制，促进产业协作。推进城市群资本、技术、劳动力等自由流动，实现要素市场一体化。探索设立长株潭城市群一体化发展基金，引导社会资本，积极支持长株潭城市群建设。

第二节 创新城市治理

树立以人为本、服务为先理念，加强城乡规划公共政策属性，强化空间开发管制，优化城市管理体系，提高管理效能，创新城市治理理念，提高社会治理水平。

88. 强化城乡规划管理

——创新规划理念。确立以人为本、尊重自然、传承历史、绿色低碳、精明增长的城乡规划理念。推动城市规划由扩张性规划逐步转向限定城市边界、优化空间结构的规划，科学确定城市功能定位、形态、规模、开发强度和保护性空间，合理划定城市“三区四线”(适建区、限建区、禁建区，绿线、蓝线、紫线、黄线)，加强城镇生产、生活和生态空间管制。统筹规划城市空间功能布局，促进城市用地功能适度混合。合理设定不同功能区土地开发利用的容积率、绿化率、地面渗透率等规范性要求，统筹规划市区、城郊和周边乡村发展。

——完善规划体系。构建定位清晰、功能互补、协调统一、覆盖全域的空间规划体系，加强对全省新型城镇化发展的规划引导。建立健全与新型城镇化发展相适应的城乡规划编制技术标准体系。加强城市规划与经济社会发展、主体功能区建设、国土资源利用、生态环境保护和基础设施建设等规划的相互衔接。产业园区建设规划要落实生产空间集约高效的原则，符合城镇总体规划、土地利用总体规划和环境保护规划。在临湘试点基础上，探索在更大范围和更高行政层级推广“多规合一”。

——健全规划程序。完善城市规划前期研究、规划编制、衔接协调、专家论证、公众参与、审查审批、实施管理、评估修编等工作程序，提高规划编制科学化、民主化水平。加强城乡规划的宣传，增强公众规划意识，引导公众积极参与规划的制定与实施。严格执行规划公开公示规定。

——强化规划管控。维护城乡规划的权威性、严肃性和连续性，坚持一本规划一张蓝图管到底。城市、县城严格遵照国家和省有关规定制定近期建设规划和规划实施年度计划。加强规划实施全过程监管，严格执行建设项目“一书三证”制度。全面实施城乡规划督察员制度，完善村镇规划建设管理机制。严格实行规划实施责任追究制度，加大对政府部门、开发主体、居民个人违法违规行为的责任追究和处罚力度。加强地方人大对城市规划实施的监督检查，将城市规划实施情况纳入地方党政领导干部考核和离任审计。

89. 创新城市管理

全面正确履行政府职能，推动政府职能归位、管理重心下移，推进城市管理法治化规范化。进一步理顺城市管理机构设置、职能界定、权限划分、执法体制和相互关系，鼓励设区市探索实行职能有机统一的大部门制行政管理模式。支持城市在机构限额内因地制宜探索有效的管理机构和管理层级设置，提高管理效率。在实行省直管县财政体制和扩大县(市)经济管理权限的基础上，试点探索建立事权、财权和行政权相统一的省直管县管理体制。开展经济发达镇行政管理体制改革试点。继续推行强镇扩权，选择一批有基础、有潜力、有条件的经济发达镇开展行政管理体制改革试点，赋予相适应的经济社会管理权。启动新一轮并乡(镇)合村试点，扩大乡村规模。理顺产业园区和新区管理体制，促进产业园区、新区与行政区融合发展。

90. 完善城市治理结构

——构建多元共治的城市治理结构。坚持依法治理，发挥政府主导作用，鼓励和支持社会各方面参与城市治理，实现政府治理和社会自我调节、居民自治良性互动。坚持社会组织去行政化方向，支持社会组织发展，壮大社会工作专业人员和志愿者队伍。积极引导社会组织参与城市社会管理，适合由社会组织提供的公共服务和解决的事项交由社会组织承担。

——强化城市政府管理职责。强化城市政府公共服务、市场监管、社会管理、环境保护等职责，强化行政问责制和责任追究制。健全重大决策的社会稳定风险评估机制。加强城市公共安全保障，构建立体化、现代化社会治安防控体系，完善突发公共事件应急预案，增强危机管理能力。健全城市防灾减灾救灾体制，提高城市灾害设防标准和救灾能力。加快社会信用体系建设，推进政务诚信、商务诚信、社会诚信和司法公信。培养新老市民社会公德意识，提高城市文明程度。

——健全社区自治和服务功能。充分发挥居委会的群众自治性组织作用，推广社区居民议事会制度，引导新老市民参与社区事务、财务和集体资产等管理。采取税费减免、购买服务、项目委托等形式，鼓励引导社会力量参与社区公共服务、便民利民服务和社会管理。整合人口、劳动和社会保障、民政、卫生计生、文化以及综治、维稳、信访等城市管理职能和服务资源，健全社区等基层综合服务管理平台，及时反映和协调市民各方面各层次利益诉求。

第九章 保障规划实施

建立健全实施保障机制，明确部门职责，协作推进，加强动态监测评估，确保规划确定的目标和任务如期完成。

第一节 加强组织协调

91. 强化组织领导

省推进新型城镇化工作领导小组统筹重大政策研究和制定，协调解决新型城镇化发展中的重大问题。各级领导干部要自觉加强对现代城镇规划、建设和治理知识的学习，提高管理和服务水平。

92. 明确部门分工

省发改委和省住房城乡建设厅牵头推进规划实施和相关政策落实，监督检查工作进展情况。省直有关部门要切实履行职责，根据规划提出的各项任务和政策措施，研究制定具体的实施方案。市州、县市区政府要建立健全工作机制，全面贯彻落实新型城镇化规划，因地制宜地研究制定符合本地实际的具体政策措施，精心组织，扎实推进。

第二节 强化政策统筹

93. 加强部门间政策协调

推动人口、土地、就业社保、产业发展、资金保障、住房、生态环境等方面的政策和改革举措形成合力、落到实处。城乡规划、土地利用规划、交通规划等要落实本规划要求，其他相关专项规划要加强与本规划的衔接协调。

94. 对特殊地区给予政策支持

加大对贫困地区、少数民族地区、大中型水库库区和移民安置区基础设施建设支持力度，优先安排避险解困移民、易地扶贫搬迁移民和生态移民建房新增建设用地指标。支持老工业基地城市、资源枯竭型城市可持续发展。

第三节 注重探索试验

95. 加强国家试点的探索

支持长沙市、株洲市和资兴市开展国家新型城镇化综合改革试点，重点开展农业转移人口市民化成本分担机制，建立多元可持续的城镇化投融资机制，改革完善农村宅基地制度等方面的探索创新。支持符合条件的地区申报国家创新城市、智慧城市、低碳城市、海绵城市和中小城市综合改革等试点。

96. 尊重基层首创精神

进一步调动基层干部群众改革创新的积极性、主动性，鼓励各地从实际出发，在农业转移人口服务管理机制、基本公共服务均等化、提高空间利用效率、促进“四化同步”、实施农村综合改革、强化社会治理方面进行制度创新，为全省更富成效地推进新型城镇化积累生动具体、切实可行的实践经验。及时总结推广各地经验，破解城镇化难点问题。

97. 开展省级试点

选择不同区域、不同规模、功能定位各异、具有一定代表性的各类城镇开展省级试点，重点在农业转移人口就近城镇化、土地管理制度、城镇建设投融资体制和城镇管理体制改革等方面积累经验，形成因地制宜、符合实际的新型城镇化路径。

第四节 健全监测评估

98. 加强城镇化统计工作

建立科学可比的城镇统计概念，规范统计口径、统计标准和统计制度方法，探索准确反映城市群发展状况的统计指标体系。加强城镇人口、土地利用等专项研究分析，定期发布城镇化发展报告，科学分析评价城镇化发展水平和推进质量。

99. 开展城镇化动态监测

建立健全统计监测指标体系，适时开展规划中期评估和专项监测，重点分析规划实施中存在的问题，提出相应的对策建议，推动规划顺利实施。

湖南省人民政府办公厅关于印发《湖南省大众创业万众创新行动计划（2015—2017年）》的通知

（湘政办发〔2015〕89号）

各市州、县市区人民政府，省政府各厅委、各直属机构：

《湖南省大众创业万众创新行动计划（2015—2017年）》已经省人民政府同意，现印发给你们，请认真组织实施。

湖南省人民政府办公厅

2015年10月20日

湖南省发展众创空间推进大众创新创业实施方案

为贯彻落实《国务院办公厅关于发展众创空间推进大众创新创业的指导意见》（国办发〔2015〕9号）精神，促进众创空间发展，推动大众创业、万众创新，激发经济发展活力，结合我省实际，制定本实施方案。

一、发展目标

到2018年，实现“1211”发展目标。即：构建100个以上低成本、便利化、全要素、开放式的众创空间；新增2万个科技型小微企业；创业投资机构达到100个以上；提供10万个高质量的就业岗位。创新创业政策体系更加健全，形成开放共享的科技创新创业公共服务平台和全链条的创新创业服务体系，帮助各类人才实现创业梦想。

二、主要任务

组织实施“众创空间建设”、“创客培育”、“创新创业服务提升”、“财税金融支撑”和“创新创业文化培育”等五项行动计划，建立创新创业信息共享平台，引导人才、技术、资本等创新要素向众创空间集聚，打造良好的创新创业生态系统。

（一）众创空间建设行动计划

1. 开展众创空间示范。依托湖南省工业设计创新平台、长沙高新区创业服务中心、中南大学学生创新创业指导中心等，在互联网应用、智能制造、工业设计、生物医药等领域，构建10个左右有影响力的众创空间示范基地，带动全省众创空间建设。（责任单位：省科技厅）

2. 推动科技企业孵化器转型升级。制定湖南省众创空间认定管理办法，推动创业服务中心、生产力促进中心、大学科技园、中小企业创业基地等科技企业孵化机构优化运营机制和业务模式，转型升级为投资促进型、培训辅导型、专业服务型和创客孵化型等各具特色的众创空间。支持园区和县市区建设众创空间，促进省、市、县联动。（责任单位：省科技厅、省发改委、省经信委）

（二）创客培育行动计划

3. 鼓励支持大学生创业。依托省内高等院校建立一批大学生创业培育示范基地，组建湖南省大学生创业基地联盟。支持高等院校开设创新创业课程，加强创业培训。组建由成功创业者、天使投资人、知名专家等为主的创业导师队伍。组织创业导师编辑出版创业辅导培训教材和政策汇编，开展“创业学院”、“创业大讲堂”、“创业培训班”等各类创业培训。支持湖南省大学生创新创业孵化基地、大学科技园等平台为大学生创业提供场所和公共服务。加大对大学生、青年科技人才等群体创新创业支持力度。在校大学生休学创业时间可视为参加实践教育时间。（责任单位：省教育厅、省人力资源社会保障厅、省科技厅、团省委）

4. 支持科技人员创业。支持高等院校、科研院所的科技人员兼职或离岗等方式，走出来创办、领办或与企业家合作创办科技型企业、科技服务机构，经所在单位同意离岗的可在3年内保留人事关系，原单位应根据科技人员创业的实际情况与其签订或变更聘用合同，明确权利义务，符合条件的可正常申报评审相应专业技术职务，建立健全科研人员双向流动机制。深化科技成果处置权、收益权改革，除涉及国家安全、国家利益和重大社会公共利益的成果外，转移转化所得收入全部留归单位；对于职务发明成果转让收益（入股股权），成果持有单位按不低于50%的比例奖励科研负责人、骨干技术人员等重要贡献人员和团队。加大“企业科技特派专家行动计划”和“企业科技创新创业团队支持计划”推进和支持力度。鼓励支持企业科技特派专家和农村科技特派员深入基层一线创办、领办、协办科技型中小企业、科技服务实体和专业合作组织，实现生产、技术和市场的有效连接。（责任单位：省人力资源社会保障厅、省科技厅、省教育厅、省财政厅、省国资委、省科协）

5. 支持海外高层次人才来湘创业。建立和完善海外高端创新创业人才引进机制，通过国家“千人计划”、省“百人计划”等人才引进计划的实施，引进一批海外高层次人才和团队到湖南创新创业。依托长株潭国家自主创新示范区和各地留学生创业园，引进一批具有国际视野留学归国人员创办科技型企业。落实来湘创业海外高层次人才配偶就业、子女入学、医疗住房、社会保障相关政策。重点支持海外高层次人才引进国际先进技术成果在湖南落地转化。（责任单位：省人力资源社会保障厅、省委人才办、省科技厅、省科协）

6. 支持外出务工人员返乡创业。依托农村专业技术协会、农民专业合作社和农村科普示范基地等农村创新创业平台，为返乡创业人员提供各类创业服务。支持返乡创业人员因地制宜围绕农产品深加工、农村服务业、休闲农业、乡村旅游等开展创业。培育一批新型职业农民，积极引导金融机构支持外出务工人员返乡兴办企业和经济实体，落实创业担保贷款及财政贴息等创业扶持政策，为返乡创业者提供良好的创业环境。（责任单位：省农委、省科技厅、省商务厅、省人力资源社会保障厅、省科协、团省委）

（三）创新创业服务提升行动计划。

7. 降低创新创业门槛。深化商事制度改革，加快实施工商营业执照、组织机构代码证、税务登记证“三证合一”、“一照一码”，落实“先照后证”改革，推进全程电子化登记和电子营业执照应用。放宽企业注册资本登记条件，实行注册资本认缴登记制。简化住所（经营场所）登记手续，对众创空间内的企业实行“一照多址”、集群注册。采取一站式窗口，网上申报、预约服务等措施，为创客企业工商注册提供简捷便利服务。鼓励各地对众创空间等新型孵化机构的房租、宽带接入费用和用于创业服务的公共软件、开发工具给予适当财政补贴，鼓励众创空间为创业者提供免费高带宽互联网接入服务。（责任单位：省工商局、省财政厅、省科技厅）

8. 推进创新创业公共服务体系建设。依托湖南科技成果转化平台、湖南省农村农业信息化综合服务平台、湖南省中小企业公共服务平台网络、湖南省大学生创新创业孵化基地、湖南省知识产权交易中心等平台，整合服务资源，完善服务功能，构建全方位的创业公共服务体系，为创业者提供法律、知识产权、财务、咨询、检验检测认证和技术转移等“一站式”创业服务。搭建军民两用技术转化平台，促进军民深度融合。研究探索创新券应用试点工作，推动众创空间各项创新活动有效开展。（责任单位：省科技厅、省经信委、省发改委、省财政厅、省教育厅、省人力资源社会保障厅、省知识产权局）

（四）财税金融支撑行动计划。

9. 加强财税政策引导。整合优化现有扶持创新创业的各项财政资金，通过政府购买服务和后补助等方式，重点支持众创空间建设、公共服务平台和创新创业活动。利用国家及省中小企业发展专项资金，运用阶段参股、风险补助和投资保障等方式，引导创业投资机构投资于初创期科技型中小企业。发挥国家及省新兴产业创业投资引导基金对社会资本的带动作用，重点支持战略性新兴产业和高技术产业早中期、初创期创新型企业发展。发挥财政资金杠杆作用，通过市场机制引导社会资金和金融资本支持创业活动。发挥财税政策支持天使投资、创业投资发展的作用，培育发展天使投资群体，推动大众创新创业。落实科技企业孵化器、大学科技园、研发费用加计扣除、固定资产加速折旧、高新技术企业、重点群体创业就业和支持小微企业发展等税收优惠政策。（责任单位：省财政厅、省地税局、省国税局、省科技厅、省经信委、省发改委）

10. 完善创业投融资服务。利用国家和省科技成果转化引导基金，吸引社会资本共同发起设立天使基金、创投基金等创业投资企业。开展互联网股权众筹融资试点，增强众筹对大众创新创业的服务能力。规范和发展服务小微企业的区域性股权市场，促进科技初创企业融资，完善创业投资、天使投资退出和流转机制。鼓励银行业金融机构新设或改造部分分（支）行，作为从事科技型中小企业金融服务的专业或特色分（支）行，提供科技融资、知识产权质押、股权质押等方式的金融服务。（责任单位：省科技厅、省政府金融办、人民银行长沙中心支行、省发改委、湖南银监局、湖南证监局、湖南保监局、省知识产权局、省财政厅）

（五）创新创业文化培育行动计划。

11. 举办创新创业系列活动。办好“湖南省创新创业大赛”、“湖南省青年创新创业大赛”、“湖南省大学生创新创业大赛”、湖南省大学生“挑战杯”等创新创业赛事，举办创新创业活动和展会。鼓励众创空间针对不同的创客群体，举办各类创新沙龙。（责任单位：省科技厅、省教育厅、省人力资源社会保障厅、省科协、团省委）

12. 加强对创新创业的宣传。调动政府、高等院校、媒体、服务机构的宣传力量，发挥互联网、博客、微信公众号等新媒体的作用，持续组织“大众创业、万众创新”宣传活动，报道一批创新创业先进事迹，树立一批创新创业典型人物，让大众创业、万众创新在全社会蔚然成风。（责任单位：省委宣传部、省科技厅、省教育厅、省新闻出版广电局、省人力资源社会保障厅、团省委、省科协）

（六）建立创新创业信息共享平台。

13. 以“互联网＋”模式实现资源共享。立足云计算、大数据等技术，建立湖南省创新创业信息共享平台，充分集成科技成果、人才、资金、机构和政策等信息，实现与现有科技资源及信息系统的有机衔接，实现线上线下紧密互动，资源共享，积极为创新创业主体提供创新服务，释放服务潜能。（责任单位：省科技厅、省经信委、省教育厅）

三、保障措施

各级各有关部门要高度重视，切实加强对推动众创空间建设工作的组织领导，完善配套政策和保障措施，确保方案顺利实施。建立湖南省推动众创空间建设联席会议制度，联席会议办公室设在省科技厅，落实部门职责，加强协调指导，及时研究解决推动众创空间建设的重大问题。建立市州政府和省直有关部门推动众创空间建设工作通报制度，定期向联席会议办公室报送工作实施进展情况。省科技厅会同省人力资源社会保障厅制定众创空间建设工作考核评价办法，对市州政府和省直有关部门考核结果将纳入省绩效评估范围。

湖南省人民政府关于印发《湖南省对接“一带一路”战略行动方案（2015—2017年）》的通知

（湘政发〔2015〕34号）

各市州人民政府，省政府各厅委、各直属机构：

现将《湖南省对接“一带一路”战略行动方案（2015—2017年）》印发给你们，请认真组织实施。

湖南省人民政府

2015年8月14日

湖南省对接“一带一路”战略推动优势企业“走出去”实施方案

为适应“大规模走出去和高水平引进来”的对外开放新常态，推动我省企业积极稳妥、精准高效走出去对接“一带一路”战略，构建湖南开放型经济发展新格局，制订本实施方案。

一、工作思路与工作目标

（一）*工作思路*。立足湖南特色和优势，抢抓国家实施“一带一路”战略重大机遇，统筹考虑和综合利用国际国内两个市场、两种资源、两种规则。尊重国际通行惯例，尊重企业主体地位，尊重市场运行规律，坚持“企业主体、市场运作、政策支持”的原则，以重点项目为抓手，以境外经贸合作园区为支撑，精准对接重点国家和重点地区，推动我省优势产业、优秀企业、优质产品大规模、高水平“走出去”，促进产业发展与贸易提升相结合，将湖南打造成中部地区融入全球经济的开放高地。

（二）*工作目标*。力争到2017年，全省外贸出口额突破400亿美元，对外承包工程营业额突破40亿美元，对外投资中方合同额突破30亿美元。在工程机械、轨道交通、有色矿业、农业开发、生物制药、路桥房建等领域形成一批具有湖南特色的优势“走出去”企业，培育具有国际竞争力的大型跨国（集团）企业20家。建设省级境外经贸合作园区15家，其中3–5家纳入国家级园区。推进省级重点项目400个，其中一批重点项目进入国家项目库。形成一批“走出去”重点国别。“走出去”机制体制更加完善，支持政策更加完善，服务保障能力进一步提升。“走出去”与“引进来”的联系更加紧密，“走出去”对外贸转型升级、量质齐升的促进作用更加明显，对全省产业转型升级和经济社会发展的作用明显增强。

二、突出重点国家和地区，构筑全球战略布局

（一）*以港澳台地区为支点，加快国际化步伐*。

1. 充分利用香港在金融、贸易、人力资源、服务业等方面的优势，推动我省“走出去”企业以香港为平台开拓国际市场。

2. 依托我省各类产业园区，大力承接台湾优势产业转移，加强在电子信息、环保、现代农业等多个领域的合作，加快在技术、环保、准入、资格认证等方面的对接，为扩大双边投资贸易创造良好条件。

3. 利用澳门作为中葡双语信息分享平台、葡语国家中小企业商贸服务中心、葡语国家食品集散中心和中葡论坛与会国经贸合作会展中心的作用，拓展我省与葡语国家的经贸合作空间。

（二）*以东南亚、非洲为重点，巩固传统战略合作伙伴关系*。

1. 以境外园区为平台，加快推进工程机械、农用机械、农产品加工、汽车及零部件、轻工服装、食品加工等优势产业“走出去”。积极推进泰国湖南工业园、越南（东盟）湖南商贸物流工业园、老挝湖南农业产业园、老挝湖南橡胶产业园、柬埔寨湖南农机产业园等园区建设。

2. 抢抓东南亚地区基础设施建设和非洲实施公路网、铁路网、港口建设契机，积极跟进老挝、印度、斯里兰卡、孟加拉、埃塞俄比亚、加纳、阿尔及利亚、乍得等重点国家基础设施建设项目，推动我省工程承包企业在东南亚及非洲地区做大做强。

3. 抢抓东南亚、非洲加速工业化进程的良好机遇，推动我省装备制造等优势产业在龙头企业的带动下，在印度、马来西亚、埃塞俄比亚、南非等国建立生产基地，带动上下游产业链走出去。

4. 支持具有国际竞争优势的地勘单位、开发企业和冶炼企业，以勘探先行、开发跟进、冶炼并举的方式，与巴基斯坦、老挝、安哥拉、刚果（金）、赞比亚、南非、尼日利亚等矿产资源丰富的国家合作。

（三）*以西亚、中亚、中东欧、拉美为切入点，积极开拓新兴市场*。

1. 充分把握西亚、中亚、中东欧基础设施建设机遇，积极跟进哈萨克斯坦、白俄罗斯、土耳其、巴林、阿联酋、沙特等国保障房、城市轻轨、铁路建设等领域项目，推动企业开展项目投资和工程承包。

2．以阿联酋和巴林为切入点，以哈萨克斯坦和斯洛伐克为中转站，促进建材、湘绣、陶瓷、茶叶、箱包、五金工具等产品进入西亚、中亚、中东欧地区。

3．加强与俄罗斯的经贸合作。充分发挥和利用中国长江中上游地区和俄罗斯伏尔加河沿岸联邦区合作机制，推动企业在俄罗斯有关地区建设营销网络，扩大产品出口。积极对接俄罗斯后贝加尔边疆州地区，加快建设后贝加尔边疆区湖南农业产业园，扩大我省与该地区的矿业、农业合作。

4．以巴西、墨西哥、秘鲁、苏里南为重点，加强与拉美地区的合作。推动南南（湖南—苏里南）产业园和墨西哥湖南产业园的设立。加快三一重工巴西工业园的建设进度，引领我省优势产业和龙头企业抱团投资拉美。以矿产开发、住宅工业和农业作为重点领域，推动工程机械、轨道交通、食品加工龙头企业在拉美建立和完善营销平台。

（四）以欧美日韩澳等发达国家为制高点，全面提升竞争新优势。

1．支持省内企业通过收购兼并境外企业，在欧美市场建立研发、采购、生产、营销及配件服务网络，拓宽国际市场，增强创新能力和国际竞争力，实现产业转型升级。

2．以跨境电子商务平台为依托，加大对发达国家食品、化妆品、小家电等产品进口力度，同时推动我省特色产品出口，扩大双边经贸交流。

3．打造湖南与韩国合作平台，以岳阳临港产业新区为平台，建立韩国产业园，将其打造成中韩FTA框架下的长江经济带中韩自贸区。加深湖南与日韩在服务业和文化领域的合作，提升我省现代服务业的国际化水平。

4．利用中美省州合作平台，推动工程机械、轨道交通、汽车及零部件等优势产业与佐治亚、密西根、南卡罗来纳等州加强合作，支持在美建立湖南产业园、商品展示交易和配送中心。

5．用好《中华人民共和国政府和澳大利亚政府自由贸易协定》机遇，重点推动在矿产开发、基础设施建设、农业、畜牧业等产业的合作。

6．以北欧湖南农业产业园为基地，探索建立农业工业化生产模式，带动我省特色农产品进入欧洲高端市场。

三、培育“走出去”新主体，提升企业跨国经营能力

（一）培育具有国际竞争力的本土跨国企业。工程机械板块重点培育三一重工、中联重科、泰富重装、山河智能等企业。轨道交通板块重点培育中车株机、时代电气和时代新材等企业。能源开发板块重点培育水电八局、中南勘测设计研究院、省电力勘测设计院、湘电风能、衡阳特变电工等企业。路桥房建板块重点培育建工集团、中建五局、远大住工、湖南路桥等企业。资源勘探开发板块重点培育华菱集团、省有色地勘局、省核工业地质局、黄金集团等企业。农业板块重点培育隆平高科、新五丰、大康牧业、金健米业、大湖水殖等企业。生物制药板块重点培育尔康制药、千山药机等企业。文化传媒板块重点培育中南传媒、电广传媒、拓维信息等企业。

牵头单位：省发改委、省商务厅、省经信委。

配合单位：省国资委、省住房城乡建设厅、省交通运输厅、省农委、省水利厅、省文化厅、省新闻出版广电局。

（二）支持中小企业开展国际化投资与经营。引导中小企业进行制度创新和管理创新，树立国际规则意识，改变传统管理模式，建立与国际接轨的现代企业制度、管理模式和服务规范。鼓励中小企业开展国际化经营，支持省内有区域特色和产业优势的中小企业，依托大企业带动，参与配套生产和服务，扩大在东盟、南亚、中亚、非洲以及中东欧等地区的产业投资。

牵头单位：省经信委、省商务厅。

配合单位：省发改委、省住房城乡建设厅、省农委、省工商联。

（三）推动企业联合走出去。

1．分行业、分地区成立“走出去”产业联盟。推动我省装备制造业、建筑业、农业、新能源新材料、矿业、水电等行业产业联盟以及拉美等地区产业联盟建立有效工作机制。充分发挥龙头企业的带动作用，以具体项目为基础，促进联盟内成员企业的交流与合作，推动产业联盟做实做强，实现从单一的企业“走出去”向产业链“走出去”转变。

2．建立央企湘企合作机制。密切与中国对外承包工程商会的联系，促进我省企业与央企之间的对接合作，减少和降低企业境外投资合作风险和经营成本，提升企业经济效益。

牵头单位：省商务厅。

配合单位：省发改委、省经信委、省国资委、省农委、省住房城乡建设厅、省工商联、省政府金融办。

四、推动资源配置全球化，构建对外开放新格局

（一）推进国际产能合作。

1．积极参与“一带一路”沿线国家基础设施建设，引导我省具有比较优势的产能向外转移。重点引导装备制造、轨道交通、电子信息、新材料、智能电网和输变电设备等具有比较优势的产业和骨干企业扩大对外投资和出口；推动钢铁、有色、建材、光伏等优势产业加快“走出去”步伐，重点开拓东南亚、中亚、南美、东非、东欧等国家和地区。

2．加快转变发展模式，鼓励企业探索开展海外工程BOT、PPP等建营一体化高端项目模式，带动省内相关产业出海。

牵头单位：省发改委、省商务厅、省经信委。

配合单位：省国资委、省农委、省住房城乡建设厅。

（二）推动资源配置全球化。

1．鼓励华菱集团、省有色地勘局、省核工业地质局、湘潭宏信等地勘单位和矿业企业，在境外开展能源资源产品初加工和深加工，建立稳定的能源生产和供应基地，扩大从中亚、西亚、非洲、澳新、俄罗斯等国家和地区的能源资源进口。

2．推动有条件的企业在东南亚、非洲、欧洲、美国、南太等地区建立农业基地，支持隆平高科、北欧投资、玄烨投资、邵阳国旺、鼎鑫贸易、环球集团等农业企业在老挝、俄罗斯、芬兰、东帝汶、柬埔寨等国建立大米、天然橡胶、肉类、果蔬等种植、加工、物流和销售基地，在老挝、柬埔寨、埃塞俄比亚等地区建立农用机械生产和销售基地。推进“农业+商务”援外模式改革试点。

3. 推进跨境服务业合作。推动我省服务业企业在境外开展投资，加快文化艺术、传媒、旅游、餐饮、信息、咨询等服务和技术走出去，在全球范围内整合优势资源。依托湖南优势旅游资源，在“一带一路”沿线国家和地区，有针对性地加大旅游精品线路建设和产品宣传力度，培育一批境外重点客源市场，支持一批国际旅行社做大做强。鼓励中南传媒、电广传媒等企业开展跨国投资，打造广电、湘菜、出版、动漫走出去“湘军”。

牵头单位：省发改委、省商务厅、省经信委。

配合单位：省国资委、省农委、省文化厅、省外侨办、省政府新闻办、省新闻出版广电局、省旅游局。

（三）进一步深化多边贸易。

1. 扩大优势产业和服务贸易出口。巩固机电产品、农产品深加工、烟花鞭炮等传统出口产业优势，扩大工程机械、轨道交通、农用机械、节能环保、新能源、新材料、生物制药等领域高附加值产品出口。

2. 积极扩大先进技术设备进口。指导企业用足用好各项鼓励进口政策，积极扩大从中东欧、俄罗斯等国家和地区进口先进设备与技术。

牵头单位：省商务厅。

配合单位：省发改委、省经信委、省农委、湖南出入境检验检疫局、长沙海关、省国税局。

五、加快建设开放型经济平台，打造走出去支撑主体

（一）推进境外经贸合作园区建设

1. 加强我省境外经贸合作园区的规划和指导工作，推动我省优势产业集群式发展。鼓励我省有实力的企业在境外建设加工制造型、农业产业型、商贸物流型、资源利用型境外经贸合作园区；鼓励我省经济技术开发区积极参与境外经贸合作园区的建设。

2. 按照“建设一批、培育一批、储备一批”的原则，加大北欧湖南农业产业园、泰国湖南工业园、越南（东盟）湖南商贸物流工业园、阿基曼中国城等在建园区建设力度；积极培育三一重工巴西工业园，中联重科在印度、白俄罗斯的产业基地，中车株机在南非的生产基地，隆平高科在东帝汶的农业示范基地以及老挝湖南橡胶产业园、老挝湖南农业产业园、俄罗斯湖南农业产业基地。在美国南卡州、埃塞俄比亚、苏里南、柬埔寨等地区选择一批基础较好的项目作为境外园区储备。

牵头单位：省商务厅、省财政厅。

配合单位：省直有关单位。

（二）打造境外营销网络平台

1. 依托境内外相关商协会和商务代表处，在重点市场、重点区域建立贸易促进信息网络及湘品展示平台，拓宽营销渠道。

2. 支持农机、矿机、轻机、工程机械、汽车及零部件、轨道交通、水电设备等行业龙头企业在东盟、非洲设立营销和服务网点。

牵头单位：省商务厅、省经信委。

配合单位：省直有关单位。

（三）完善省内功能性平台。进一步发挥各类口岸平台、海关特殊监管区域、外贸综合服务企业的作用。加快岳阳城陵矶肉类、粮食、汽车整车和固废进口口岸建设。推进电子口岸建设，加快国际贸易“单一窗口”试点工作。对“走出去”企业在国外生产加工的符合我国要求的产品进口，给予通关便利。

牵头单位：省商务厅。

配合单位：省发改委、省农委、省经信委、省边防总队、长沙海关、湖南出入境检验检疫局、省机场管理集团。

（四）搭建国际经贸合作交流平台

1. 依托长沙国际会展中心和湖南重点产业，搭建常态化、国际性、综合性的经济技术交流与合作平台。

2. 开展湖南企业走进“一带一路”系列对接活动，帮助企业开拓国际市场，促进项目落地。

3. 鼓励和支持省内特色产业及企业参加境外国际性展会以及中国－东盟博览会、中国－亚欧博览会、中国东西部合作与投资贸易洽谈会暨丝绸之路国际博览会等国家级经贸展会，积极拓展东盟、南亚、中亚以及中东欧等新兴市场。组织企业在具有较强周边辐射能力的重点国家举办“湖南特色商品展”，促进省内产品出口。

牵头单位：省商务厅。

配合单位：省经信委、省农委、省文化厅、省外侨办、省旅游局、省工商联。

（五）充分利用各类融资平台

1. 鼓励企业利用中非基金、丝路基金等各类基金支持，开展股权融资，拓宽“走出去”企业融资渠道。

2. 鼓励企业加强与金砖国家开发银行、亚洲开发银行、世界银行、亚洲基础设施投资银行等国际金融机构对接；充分利用欧美等低利率国家融资成本优势，开展境外融资，降低融资成本。支持“走出去”企业发行债券融资，通过境内外上市进行直接融资。

3. 积极对接国家政策性银行，争取优惠贷款。推动中国进出口银行湖南省分行、国家开发银行湖南省分行、中国出口信用保险长沙营业管理部、中国银行湖南省分行、中国工商银行湖南省分行、中国建设银行湖南省分行、中国农业银行湖南省分行等针对“走出去”企业开发个性化金融产品。

4. 探索建立“走出去”融资担保平台，设立省级"一带一路"发展基金，撬动社会资本参与，提高财政资金使用效益。

牵头单位：省政府金融办、人民银行长沙中心支行、湖南银监局、省财政厅、省商务厅、省发改委。

配合单位：省直有关单位。

（六）加快“走出去”项目库建设。

1. 按照“在建一批、推进一批、谋划一批、储备一批”的原则建设“走出去”项目库，推动我省优质项目进入国家“一带一路”项目清单。

2. 密切跟踪落实“走出去”项目进展情况，为入库企业及时提供政策扶持、信息咨询等服务。

3. 通过各种渠道收集境外项目信息，结合我省产业发展情况确定重点项目清单并组织相关企业跟踪对接，促成项目落地和实施。

牵头单位：省发改委、省商务厅。

配合单位：省经信委、省国资委。

（七）建设“走出去”信息共享平台。

1．借助我省资源优势，实施开放型经济“移动互联网＋”行动计划，为企业搭建集信息、资金、人才、法律、服务等于一体的对外经贸和双向投资的信息共享平台。

2．及时发布重点国家和地区的投资环境、产业政策、税收政策、招商项目等。

3．推介我省“走出去”优秀企业和特色产品，促进湘品、湘企走向世界。

4．发布我国驻外经商参处、世界各国贸易促进机构驻全球办事处、世界各国商会协会驻全球分会、知名企业等资源信息，帮助企业开展线下对接，促进项目落地。

牵头单位：省商务厅。

配合单位：省发改委、省经信委、省国资委、省农委、省住房城乡建设厅、省文化厅、省旅游局、省国税局、省地税局、省外侨办、省工商联、省政府金融办、人民银行长沙中心支行。

（八）充分发挥援外平台作用。充分利用国家对外援助改革的契机和政策，推动省内具有援外资质的物资、工程、技术合作和专业培训单位更好、更大规模走出去。

牵头单位：省商务厅。

配合单位：省直有关单位。

六、实施“架桥拓市”，完善境内外互联互通网络

（一）搭建境外工作网络

1．整合金融机构、商协会、企业等多方资源，在重点国家和地区逐步设立湖南省境外商务代表处。

2．支持在湖南企业集聚度较高的国家和地区成立境外湖南商会，对已成立的境外湖南商会加强指导与服务。

3．密切与我国驻外使领馆文化参赞、经商处以及外国驻华使领馆的联系，协助企业与当地政府建立良好的关系。

牵头单位：省商务厅。

配合单位：省外侨办、省文化厅。

（二）发展合作伙伴关系

1．针对重点国家和地区，建立友好省州、友好城市等经贸合作伙伴关系，签署双边经贸合作备忘录，完善多层次、多渠道的沟通和协商机制。

2．支持重点国家和地区在湖南设立官方经贸促进机构（如经商参处、商务代表处等），将湖南打造成中部地区对接“一带一路”的经贸促进中心。

牵头单位：省外侨办。

配合单位：省商务厅、省文化厅、省旅游局。

（三）畅通国际客货运通道

1．密切与国内沿边沿海省市及长江经济带沿线省市的区域经济合作。在广西、新疆等省区分别设立湖南东盟、湖南亚欧办事处。

2．对接沿海沿边重要口岸，支持铁海联运、湘欧班列等常态化运营，巩固发展我省至北部湾、珠三角水运口岸的铁海联运以及中亚、俄罗斯和欧盟地区的货运班列和航线。

3．支持以岳阳为核心增长极的沿江开放，启动湖南航运信息集散和物流交易中心建设，实现与长江沿线口岸的互联互通。

4．加强客货运航线建设，加密增开湖南至重点国家和地区的客货运航班航线。

牵头单位：省发改委、省交通运输厅。

配合单位：省商务厅、长沙海关、湖南出入境检验检疫局、省边防总队、省机场管理集团。

七、加强组织领导，完善机制体制

（一）建立湖南省“走出去”联席会议制度。充分发挥好联席会议制度的组织协调职能，统筹协调相关部门共同推进全省“走出去”重大项目、重大事项、重大政策的落实，推动我省企业大规模“走出去”。

牵头单位：省商务厅。

配合单位：省直有关单位。

（二）加快人才培养和培训。坚持政府扶持与企业自我培养相结合，加大跨国经营管理人才培养力度。鼓励各级政府以向第三方服务机构购买服务的方式，定期为企业提供业务指导和培训。积极支持和鼓励“一带一路”沿线国家向我省输送留学生，培养国际人才。

牵头单位：省人力资源社会保障厅。

配合单位：省教育厅、省经信委、省商务厅、省外侨办。

（三）推动湖南“走出去”智库建设。加大对重点国家和地区发展战略、政策、产业、市场等方面研究，为我省企业“走出去”提供支撑。

牵头单位：省商务厅。

配合单位：省发改委、省经信委、省外侨办、省工商联、人民银行长沙中心支行。

（四）加强宣传推介，打造良好舆论环境。利用境内外主流媒体、展会、推介会、文化交流等多种渠道和形式，推介“海外湘军”整体品牌形象，为我省企业、产品、服务“走出去”打造良好的境外舆论环境。

牵头单位：省政府新闻办。

配合单位：省发改委、省商务厅、省经信委、省农委、省文化厅、省外侨办、省旅游局、省新闻出版广电局。

湖南省人民政府办公厅 关于印发《长株潭大气污染防治特护期工作方案》的通知

（湘政办发〔2015〕85号）

各市州人民政府，省政府各厅委、各直属机构：

《长株潭大气污染防治特护期工作方案》已经省人民政府同意，现印发给你们，请认真组织实施。

湖南省人民政府办公厅

2015年10月8日

长株潭大气污染防治特护期工作方案

根据《国务院关于印发大气污染防治行动计划的通知》（国发〔2013〕37号）和《湖南省人民政府关于推进长株潭大气污染联防联控工作的意见》（湘政发〔2012〕22号）、《湖南省人民政府办公厅关于印发贯彻落实〈大气污染防治行动计划〉实施细则的通知》（湘政办发〔2013〕77号，以下简称《通知》）等文件精神，结合长株潭地区实际，制定本方案。

一、总体思路

每年10月至次年2月（共计5个月）确定为长株潭地区大气污染防治特护期。特护期内，在加强大气污染防治工作常态化的基础上，针对不利气象条件，进一步加大工作力度，加强区域协同，努力减少秋冬季节重污染天气出现的频次，降低空气污染程度，提高空气质量优良率。

二、基本原则

（一）*防治结合、突出重点*。突出防治结合，树立主体责任意识，以改善空气质量为核心，减少污染物排放为目标，重点聚焦燃煤设施、工业企业、机动车和施工工地，有针对性地制定和落实特护期空气质量保障措施。

（二）*属地负责、区域联动*。强化本行政区域污染源管控，实行长株潭三市联防联控，统一时间、统一措施、统一行动，形成区域管控的整体合力。

（三）*预防为主、强化应急*。强化日常环境监管，完善应急和联动机制，采取必要的特护期管控措施，从严要求并保障落实。

三、工作措施

特护期内，实施燃煤设施、重点工业企业、机动车、施工工地和道路扬尘等强化管控措施，加强大气环境监测、预警和应急，开展大气污染防治专项执法检查，实现整体强化和特护期管控相结合的空气质量保障机制。

（一）*严控燃煤污染*。一是严格控制燃煤电厂和燃煤锅炉排污。区域内燃煤火（热）电厂应加强脱硫、脱硝、除尘设施监管，提升燃煤机组污染排放标准，确保稳定达标排放。按照《通知》要求，长株潭城市建成区加快淘汰20蒸吨及以下燃煤锅炉，城乡结合部地区和其他远郊区县的城镇地区淘汰10蒸吨及以下燃煤锅炉。此外，长株潭地区65蒸吨以下燃煤锅炉要按照《锅炉大气污染物排放标准（GB13271–2014）》要求，实施脱硫、脱硝、除尘设施提标改造，确保按规定时限执行新的排放限值标准。实行绿色电力调度机制，在保障电网安全稳定和可靠供电的前提下，合理调度燃煤机组发电负荷，60万千瓦以上机组及实施近零排放的机组优先调度，最大限度减少污染物排放和能源消耗。优化电力资源配置，必要时，重点压减钢铁、水泥、有色、化工等高污染行业用电需求，减少大气污染物排放。二是严控煤质。在优质煤炭供应有保障的前提下，长株潭地区燃煤企业尽可能使用含硫量低于0.7%、灰分低于15%的优质煤炭，确保污染物排放稳定达标，达不到排放标准的燃煤锅炉一律停用。特护期之前，长株潭地区燃煤企业要做好低硫煤采购和储备工作。

（二）*严控重点工业企业废气排放*。加强重点企业污染防治设施建设和运行管理。长株潭地区钢铁、建材、冶金等重点大气污染物排放企业要采取有效措施，实现污染物稳定达标排放；不能稳定达标排放的，实施停产治理。水泥企业必须按规定时限完成除尘综合治理改造，达到排放新标准（GB4915–2013）要求，达不到新标准要求的，一律依法停产整治。鼓励水泥企业在特护期内停工检修。

（三）*严控机动车排气污染*。一是加强油气污染管控。提升国Ⅳ标准油品的供应能力。加大对储油库和重点加油站的抽查抽测频次，确保油品质量达标、油气回收设施正常使用。二是严控高污染车辆尾气污染。长株潭地区按照年度任务要求淘汰黄标车。从2015年11月1日起，长株潭城区主要路段严格实施黄标车限行（具体区域由长沙、株洲、湘潭三市人民政府划定）。在限行区域内，长沙、株洲、湘潭三市人民政府组织相关部门，加强执法巡查，从严处罚，严控“冒黑烟”车辆上路行驶，禁止黄标车在禁行区域行驶。

（四）加强扬尘控制。一是加强施工扬尘污染控制。推行绿色文明施工，严格落实施工现场封闭围挡、渣土运输车辆冲洗、道路硬化等扬尘防治措施。加强对拆除工程和道路、交通工程的管控，按比平时高一倍频率增强道路清洗次数。二是控制其他各类尘源。有效治理工业企业和裸地扬尘无组织排放，裸露堆场必须加盖扬尘防护网。商品混凝土搅拌站等装卸作业及物料堆场严格落实控尘措施；煤炭、渣土、沙石等易产生扬尘物料实现密闭化运输，严禁抛洒滴漏。三是加强道路保洁。对区域内主次干道、主要支路等增加道路吸扫和水洗作业频次每天 1 次以上。

（五）严控其他大气污染。一是严控餐饮油烟污染。长株潭城区内所有餐饮服务经营场所必须使用清洁能源，安装高效油烟净化设施，大型餐饮企业要安装油烟排放在线监测设施，并确保稳定运行。二是严禁露天焚烧垃圾、秸秆，不得在人口集中区域露天烧烤或者为露天烧烤提供场地。三是严控烟花爆竹燃放。长沙、株洲、湘潭三市人民政府根据实际情况，研究制定限制或者禁止燃放烟花爆竹的时间、地点和种类，特别是预测到春节期间有可能出现不利气象条件的情况下，严格控制燃放烟花爆竹，以减轻污染物对空气质量的影响。

（六）强化监测、预警和应急响应。长沙、株洲、湘潭三市按《环境空气质量标准》（GB3095-2012）完善监测网络建设，加强区域间会商研判和监测信息共享，做好重污染天气趋势分析；根据《湖南省政府办公厅关于加强重污染天气应急管理工作的通知》（湘政办发〔2014〕26 号）要求，建立长株潭地区重污染天气监测预警体系和环境空气质量预警预报系统，开展重污染天气下的长株潭地区大气环境联合执法检查；健全三市联动的应急响应机制，一旦发布预警信息，三市人民政府共同启动重污染天气应急预案，并按照应急联动响应要求开展相关工作，实行联防联控。

四、组织保障

（一）加强组织领导。在省人民政府统一领导下，建立和完善由省环保厅牵头，省直相关部门单位以及长沙、株洲、湘潭三市人民政府组成的长株潭大气污染防治特护期空气质量保障工作协调机制，按照各自职责落实各项工作任务。

（二）强化工作责任。长沙、株洲、湘潭三市人民政府是长株潭大气污染防治特护期空气质量保障的责任主体，要发布本地区《大气污染防治特护期空气质量保障措施》的通告，明确具体整治项目名单以及责任单位、责任人。省人民政府将适时组织对长株潭大气污染防治特护期空气质量保障工作开展专项督查，督查结果向社会公布。

（三）加大宣传力度。长沙、株洲、湘潭三市人民政府和有关部门单位要通过各类媒介，采取多种形式进行宣传，引导大气污染物排放单位和个人严格遵守国家大气环境保护相关规定，主动承担保护环境的社会责任，积极倡导文明、节约、绿色的消费和生活方式，全民参与共同改善空气质量。

附：

《长株潭大气污染防治特护期工作方案》部门责任分工表

序号	部　门	责任分工
一	长沙、株洲、湘潭三市人民政府	长株潭地区大气污染防治特护期工作方案的责任主体；制定《长株潭地区大气污染防治特护期空气质量保障措施》并负责实施；统筹禁止秸秆焚烧和烟花爆竹限燃工作。
二	省经信委	实行绿色电力调度机制，合理调度燃煤机组发电负荷；优化电力资源配置，必要时，重点压减不符合产业政策的钢铁、水泥、焦炭、化工等高污染行业用电需求；督促没有脱硫设施或者脱硫设施达不到相关要求的重点燃煤企业严控燃煤品质，使用含硫率低于 0.7%、灰份低于 15%的优质煤炭，达不到煤质管控要求的燃煤锅炉一律停用。特护期间，督促燃煤企业做好低硫煤采购和储备工作。
三	省公安厅	严格执行强制报废标准，对达到强制报废标准逾期未办理注销登记手续的和连续 3 个检验周期未进行年检的车辆予以强制注销或报废；加强执法巡查和处罚力度，严控“冒黑烟”车辆上路行驶，黄标车闯禁行区域行驶。
四	省环保厅	加强燃煤火（热）电厂脱硫、脱硝、除尘设施监管，提升燃煤机组污染排放标准，确保稳定达标排放。加强企业污染防治设施建设和运行管理。加强区域间会商研判和监测信息交换，做好重污染天气趋势分析。完善重污染天气应急预案，强化应急演练。
五	省住房城乡建设厅	加强施工扬尘污染控制及渣土运输等扬尘控制的监管、加强道路保洁；禁止违规焚烧垃圾。
六	省交通运输厅	加强城市公交系统和营运车辆的监督管理，2015 年年底前完成淘汰 2005 年年底前注册营运的黄标车目标任务。
七	省商务厅	推进油品质量升级和油品保证；加强对报废汽车回收拆解企业及其回收网点的监管，督促和引导企业规范回收拆解行为。
八	省质监局	加大对储油库、加油站的车用油品以及燃煤质量的监督抽查，确保车用油品和燃煤的质量达标。

湖南省人民政府办公厅关于印发《湖南省实施“互联网＋”三年行动计划》的通知

（湘政办发〔2015〕86号）

各市州、县市区人民政府，省政府各厅委、各直属机构：

经省人民政府同意，现将《湖南省实施“互联网＋”三年行动计划》印发给你们，请认真组织实施。

湖南省人民政府办公厅

2015年10月11日

湖南省实施“互联网＋”三年行动计划

为加快推动互联网与经济社会各领域深度融合和创新发展，根据《国务院关于积极推进“互联网＋”行动的指导意见》（国发〔2015〕40号）精神，制定本行动计划。

一、总体要求

（一）指导思想。围绕促进“三量齐升”、推进“四化两型”和全面建成小康社会的总要求，以推动互联网新技术、新模式、新理念与经济社会各领域深度融合为目标，着力构建高效便捷的宽带互联网络，发展互联网与产业融合新业态，激活网络创新创业新优势，拓展网络民生服务新模式，为保增长、扩内需、调结构提供动力，为促改革、惠民生、强基础提供支撑，促进我省经济持续健康发展和社会全面进步。

（二）发展目标。力争到2017年，全省互联网、物联网、云计算、大数据等新一代信息技术在经济社会各领域普及应用，基于互联网的新业态成为新的经济增长动力。

——新一代互联网基础设施不断完善。全省宽带信息网络覆盖城乡，固定宽带家庭普及率达到60%；城区4G覆盖率达到100%，农村4G覆盖率达到95%；机场、校园、商务楼宇、景区、商场等公共区域实现WIFI全覆盖。

——互联网与产业发展深度融合。全省互联网产业规模达到4000亿元；两化融合发展水平大幅提升；全省电子商务交易额超过8000亿元，全社会物流成本占地区生产总值的比重下降到18.2%以下。

——电子政务服务便捷高效。20%的行政审批事项实现网上全程办理；建成省级电子政务云平台，实现政务信息资源整合、数据共享和业务协同；建成省级政务大数据中心，大数据的开发应用初具规模。

——互联网民生服务能力得到明显提升。全省教育“三通两平台”覆盖率达到90%以上；全面普及居民健康卡；社保一卡通实现城乡居民全覆盖；高速公路ETC用户数超过220万；教育、卫生、交通、文化、民政等领域互联网服务体系完善。

——基于互联网的创新创业能力得到明显提高。建设30个“互联网＋”创新创业示范园区，打造300家规模超亿元的“互联网＋”试点示范企业，培育3000名以上“互联网＋”创新创业精英。创新创业成本显著降低，创新创业环境显著改善。

二、主要任务

（一）推进互联网与工业融合创新，形成工业经济发展新动力

1. 大力推进智能制造发展。贯彻落实《中国制造2025》，推动移动互联网、云计算、大数据、物联网等新一代信息技术与现代制造业的融合，促进传统制造业数字化、网络化、智能化。支持建设自动化车间和智能工厂，鼓励利用互联网开展在线、实时、远程服务，发展服务型制造。支持“工业云”平台建设，实现大型制造企业与上下游产业企业在产品设计、制造、管理和商务的高效协同。鼓励能源生产企业充分利用信息技术对设备状态进行在线监测、故障判断和实时维护，促进能源生产智能化。

2. 大力培育互联网定制新模式。着力培育发展基于互联网的众包、众筹、众创等商业模式，支持企业利用信息网络平台与生产商、用户实现交流互动，拓展市场空间。支持制造企业建设集成信息平台，实现供应链内及跨供应链的企业产品设计、制造、管理和商务的合作协同。支持汽车、家电、电子信息、服装、家居等企业结合市场需求，建设开放的网络创新平台，开展集中式、大规模的个性化产品定制。

3. 大力发展智能硬件产品。大力发展基于互联网的平板电脑、智能手机、穿戴设备、智能家电等智能终端的研发和生产。着力开展科研攻关，突破大功率芯片、高端元器件、网络操作系统等互联网关键核心技术，培育高端服务器、新型显示、新型电子元器件及材料等新兴产业。加快汽车电子、船舶电子、家电电子、电力电子、医疗电子、物流装备电子、环保装备电子等专用电子技术的开发和产

业化。推动人工智能技术在产品、制造生产等领域广泛应用，夯实产业智能化发展基础。

（二）促进互联网与农业融合发展，探索智能农业发展新模式

1. 发展互联网农业生产模式。支持利用互联网技术监测土壤、墒情、水文、肥力、苗情、杂草及病虫害等信息，建设精准农业生产体系。支持应用农业生物环境传感器网络、智能监测终端等技术，实现生产过程的网络感知和智能处理。开展全省农产品联网监管溯源体系试点，建设食品监管溯源追踪管理网络平台。完善覆盖全省的“12316”和“12396”信息服务体系，建设“中国惠农网”和农业专业移动客户端APP等应用平台。

2. 大力开展涉农电子商务。支持建设涉农电子商务服务平台，联通农业生产、加工、流通和餐饮等环节，实现网上农超、农餐对接，利用互联网构建农副产品物流体系。开展电子商务进农村综合示范，推广全国农产品商务信息公共服务平台和农村商贸综合服务体电商模式，畅通工业品下乡和农产品进城渠道。支持农村电子商务服务业发展，鼓励开展涉农电子商务服务、网络及渠道建设，推动农产品网络销售模式快速发展。

（三）推进互联网与服务业融合发展，培育产业发展新业态

1. 发展互联网与商务融合新模式。鼓励传统商贸企业运用互联网技术转型升级，支持开展新兴电子商务应用。建设跨境电子商务大平台、P2C现货交易大平台、互联网及移动支付大平台。推进湖南（金霞）电子商务产业园建设，大力实施“破零倍增”“湘品出海”“精品入湘”和“湘品网上行”工程，建设“特色中国·湖南馆”。大力发展行业电子商务，建设电子商务监管服务平台。深入推进移动电子商务试点示范省建设。

2. 推进互联网与现代物流融合。完善省电子口岸，实现外贸、商务、口岸、海关、检验检疫、边检、海事、工商、税务、金融等部门信息共享。建设湖南交通物流公共信息平台和物流信息网络体系，推进商贸制造企业、物流园区、运输企业等环节信息资源整合，加强与水路、铁路、航空运输平台的对接，发展多式联运信息服务。支持建设智能仓储体系，实现需求信息、交货情况和装运进度等信息协同。开展网上自贸区建设，发展国际物流互联网服务。

3. 推动互联网金融快速健康发展。推动传统金融行业开展互联网金融产品和服务方式创新，培育P2P网络贷款、网络第三方支付、众筹、供应链金融等为代表的互联网金融新业态。拓展互联网融资功能，构建互联网金融产业链，推动互联网企业与金融机构进行产品、技术、服务创新，鼓励金融机构利用互联网拓宽服务覆盖面。加快网络征信和信用评价体系建设，改进和完善互联网金融监管，提高金融服务安全性。支持互联网金融服务国际化发展，引导互联网金融行业自律规范发展。

4. 深化互联网与旅游融合发展。推进旅游资源的互联网化，大力发展集虚拟旅游体验、在线旅游产品预订、文化创意为一体的综合性配套服务。普及电子门票、在线支付、电子消费卡，建设智慧景点景区。建设旅游多语种网站，打造旅游公共信息咨询服务体系，开展智慧旅游品牌推广和境外网络营销。建设全省旅游电子商务平台，加强智慧旅游监管服务，实时发布景区游客流量、团队分布、旅游交通等信息。

5. 加快发展互联网新兴服务业。大力支持信息系统集成、信息技术咨询、网络中介服务等信息服务业发展。支持基于北斗导航系统的产品与服务，大力发展地理信息服务产业，积极发展网络支付、位置服务、社交网络服务等基于网络的新兴信息服务。大力发展便民服务新业态，支持利用互联网技术，在餐饮、娱乐、家政等领域培养线上线下结合的社区服务新模式。积极推广移动互联网入口的城市服务，让老百姓足不出户享受便捷高效服务。

（四）发展互联网民生应用，提升社会管理服务民生新水平

1. 依托互联网建设“网上政府”。加大政府机构电子政务建设的整合力度，建设统一的基于云计算的电子政务公共平台。完善网上办事大厅建设，推动各级政府实体行政办事大厅向网上迁移，建设好“12345”政务门户，打造“网上政府”。建设省级政务大数据中心，完善人口、法人、空间地理、宏观经济、文化等政务数据库，建立政务数据资源的共享开放机制，推进大数据创新应用。支持企业开展数据开发应用和数据增值服务，推动社会服务模式创新，提升各级政府社会治理能力。

2. 发展互联网公共交通服务。建设智慧水运、智慧路网和城乡客运智能化管理与服务系统，建成湖南交通运输行业统一的云数据中心。建设综合交通出行信息服务系统工程，开展公路出行、城市公交、出租汽车、出行路线规划、智能停车等信息便民服务，推广交通违章查询、智能打车等应用。建成全省统一的“两客一危”卫星定位监控平台，实现重点运输过程监控。发展智慧交通，支持开展汽车电子标识、智能感知、导航定位、车载诊断、诊断预警和智能调度等技术研究和创新服务。

3. 建设互联网“健康云”平台。建设全省“健康云”服务平台，推动全省各级各类医疗卫生机构实现互联互通。支持医疗大数据建设，推进跨机构、跨层级、跨地域的信息共享和业务协同，普及居民健康卡。开展数字网络医院试点，鼓励开展网络医疗、移动医疗APP应用。推动大中型医院开展在线预约门诊、远程医疗、在线健康管理等业务。支持健康科技企业发展生物芯片、智能眼镜、智能手环、嵌入式人体传感器等穿戴设备。鼓励搭建公共信息平台，提供长期跟踪、预测预警等个性化健康管理服务。

4. 发展互联网在线教育应用。加快“宽带网络校校通”“优质资源班班通”和“学习空间人人通”建设与应用，提升全省教育信息化水平。整合省级公共资源和管理服务，建设“湘教云”平台，推进全省优质教学资源联网共享。加快教育信息化创新应用“十百千万工程”示范与推广进程，全面推进“农村网络联校”建设与应用。鼓励发展网络互动教学、教学点播、移动学习、个性化辅导、远程教研观摩、实训教学、视频监考等网络教育服务。

5. 推动互联网文化传播发展。着力丰富互联网文化，建设“数字图书馆”“数字博物馆”“数字文化馆”“神奇湖南掌上非遗展示馆”和湖南文物资源数字化平台。挖掘湖南特色文化资源，建设对外文化交流资源库。发展网

络新闻、社交、文学、影视、音乐、游戏、动漫等互联网文化产品，建设湖南文化创意产业网上交易平台，培育互联网文化创意产业。实施数字出版工程，加快中南国家数字出版、中国联通数字阅读等基地建设，推动在线阅读发展。

6. 建设互联网环境监管体系。建设“互联网＋环境信息服务”平台和“互联网＋环境技术服务”平台，实现各种环境要素的信息共享。建设全省环境质量信息管理与发布平台，对全省空气和水环境质量进行实时智能监测、数据发布和应急指挥。加强气象场、污染源排放清单、空气质量在线监测等基础数据管理，建设空气质量预警预报平台。建设环境技术服务平台，开展企业环保信息发布、环境违法举报、第三方环保工程需求对接及技术交易等服务。支持利用电子标签、二维码等物联网技术跟踪电子废物流向，鼓励城市废弃物回收信息平台建设。

7. 完善互联网就业创业服务体系。实施“一卡两站三中心五平台”工程，建设“数字人社”。加快建设覆盖全省的劳动就业网络服务体系和全方位的人才市场体系，形成统一的公共就业创业服务平台，为公众提供全方位的信息服务。支持建设互联网创新创业平台和众创空间，为创新企业、青年创业者和大学生提供资金、技术和服务。完善中小微企业公共服务平台网络，集聚创业创新资源，为小微企业创新发展提供技术、服务支撑。

8. 建设互联网民政基本服务体系。大力推进“云上民政”工程建设，加快构建基本民生兜底网络服务体系、基层社会治理网络服务体系和基本公共服务网络体系，为全省弱势群体、困难群体提供社会救助、社会福利、慈善、优抚保障等最基本的民生信息化互联网服务。依托现有互联网资源和社会力量，以社区为基础，搭建养老信息服务网络平台，提高养老服务水平。

（五）加快完善互联网基础设施，提高应用支撑新能力。

1. 加快建设新一代宽带网络。加快实施“宽带中国”战略，建设光网城市和无线城市。实施宽带乡村工程，大幅提升农村通信网络能力。加快4G网络及无线局域网建设，提升无线宽带网络覆盖率、接入速率和服务水平。加快推动下一代互联网络规模化商用。推动基础设施智能感应、环境感知、远程监控等无线传感网络建设。全面推进“三网融合”。加快长株潭国家下一代互联网和宽带示范城市群建设。

2. 提升云计算应用和服务水平。完善国家超级计算长沙中心建设。建设省直部门电子政务云服务平台，提升政务云服务水平。支持企业参与互联网数据中心（IDC）、云计算中心和大数据中心建设，大力开展工业云、政务云、健康云、安居云、教育云、商务云、媒体云等示范应用。鼓励政府、企业、居民购买云服务，培育发展云计算工程与服务企业。

3. 完善互联网安全基础设施。加快建设全省政府部门和重要领域网络信息安全和应急指挥平台建设，提升信息安全保障能力。推动自主可控、安全可靠的核心软硬件和信息系统的开发应用，加强关键软硬件和重要信息系统的网络安全检测评估。建设安全可靠的容灾备份中心，提高重要信息系统的风险防御能力。建立健全地方网络和信息安全标准体系，加大依法管理网络和信息的力度，确保互联网信息安全。

三、保障措施

（一）加强组织领导。省数字湖南建设领导小组统筹推进实施“互联网＋”三年行动计划，协调解决重大问题。各级各有关部门要科学制定落实“互联网＋”行动计划的具体工作方案，坚持有序推进，杜绝盲目建设和重复投资，要建立目标责任及绩效考核机制，形成牵头部门抓总落实、相关部门分工协作，共同推进实施“互联网＋”行动计划的工作格局。

（二）优化大数据管理体制。在重点行业和领域建设省级大数据中心，承担全省数据资源管理和技术支撑工作，研究制定大数据发展规划，统筹推进全省大数据产业发展和互联网应用。加强电子政务顶层设计，提高政府应用大数据的能力，加大电子政务建设和政务资源的整合力度，促进网络互联互通和资源共建共享，拓宽企业数据资源的采集渠道，保证数据充分共享和完整准确。

（三）加强政策扶持。研究制定落实“互联网＋”行动计划相关政策，支持互联网、物联网、云计算、大数据、电子商务等新兴产业发展。综合运用政府购买服务和PPP等方式，推进“互联网＋”相关应用示范，促进互联网产业发展。整合省本级政策和相关专项资金，加大对“互联网＋”项目的支持力度。省直相关部门要加强与中央有关部门对接，争取中央政策支持。

（四）加强融资创新服务。整合省电子信息产业集团、国家超算长沙中心等资源，引进重大战略合作伙伴，成立省“互联网＋”产业投资发展公司，承担重要信息基础设施、政务云平台、政务大数据等项目的建设和运营。政府产业投资基金要着力引导社会资本加大对“互联网＋”产业的投资力度。省内地方法人银行和国有担保公司要加大对互联网企业的金融扶持力度。鼓励各类天使基金和风投资金投资互联网项目，支持互联网企业上市融资。

（五）加大宣传和人才培养力度。加大“互联网＋”行动计划的宣传力度，积极倡导互联网创新创业文化，报道一批创新创业先进事迹，树立一批创新创业典型人物，培育互联网企业家精神和创客文化。鼓励企业建立首席信息官制度。加强互联网高层次人才和团队引进，大力拓宽培养培训渠道，着力造就一批信息技术研发人才、应用人才和营运人才等高水平复合型人才。

湖南省人民政府办公厅关于印发《湖南省发展众创空间推进大众创新创业实施方案》的通知

（湘政办发〔2015〕74号）

各市州、县市区人民政府，省政府各厅委、各直属机构：

《湖南省发展众创空间推进大众创新创业实施方案》已经省人民政府同意，现印发给你们，请认真组织实施。

湖南省人民政府办公厅

2015年9月11日

湖南省大众创业万众创新行动计划（2015-2017年）

为进一步激发创业创新活力，根据《国务院关于大力推进大众创业万众创新若干政策措施的意见》（国发〔2015〕32号）精神，结合我省实际，制定本行动计划。

一、总体目标

到2017年，着力构建100个省级重点创新创业园区，新增90个以上省级创业孵化基地，建成150个中小微企业创业基地，构建100个以上省级众创空间，新增创业主体90万个以上，带动就业150万人以上。全省创业创新政策体系进一步健全，服务体系基本完善，制度环境全面优化，市场主体迅猛发展。

二、行动内容

（一）载体升级发展工程

1.主要任务：加强创业创新载体建设，完善配套服务，提升承载能力，为创业创新提供良好的发展空间。

2.具体措施：（1）大力发展众创。大力推广创客空间、创业咖啡、创新工场等新型孵化模式，充分利用现有各类园区、基地和高校、科研院所、企业等条件，三年内在新兴制造业和现代服务业等领域打造100个以上省级众创空间，整合相关专项资金，支持众创空间开展创新创业活动。（2）升级发展孵化器。推动大学科技园、留学人员创业园、创业服务中心、生产力促进中心、中小微企业创业基地等科技企业孵化机构优化运营机制和业务模式，向投资促进型、培训辅导型、专业服务型、创客孵化型等方向转型升级。（3）加强中小微企业创业基地建设。每年重点支持30个以上省级中小微企业创业基地公共服务平台建设，新认定一批省级中小微企业创业基地，加强创业辅导，提高孵化培育能力。实施小微企业创业创新基地城市示范工程。（4）大力建设创业孵化基地。以建设国家级和省级创业型城市为抓手，依托省“135”工程，加快建设创业孵化基地，力争实现国家级和省级创业型城市全覆盖，每年新增省级创业孵化基地30个。（5）继续开展大学生创新创业孵化基地建设，整合全省大学生创新创业孵化基地资源，建立全省大学生创新创业孵化基地联盟，为大学生创新创业项目提供良好孵化服务。（6）推动青年创业园区建设。集成整合各类资源，建设青年创业园区，为青年创业提供良好的环境。每个市州至少建立1个青年创业园区。（7）充分发挥企业的创新主体作用，鼓励和支持有条件的大型企业发展创业平台、投资并购小微企业等，增强企业创业创新活力。（8）加快创业创新园区建设。立足现有省级以上园区，深入实施“135”工程，大力推进创业创新园区发展。积极盘活区域内闲置的商业用房、工业厂房、企业库房、物流设施和家庭住所、租赁房等资源，为创业者提供低成本办公场所和居住条件。切实保障创业创新基地的建设用地，在符合规划、不改变用途的前提下，现有工业用地提高土地利用率和增加容积率的，不再增收土地价款。（责任单位：省科技厅、省发改委、省经信委、省人力资源社会保障厅、省财政厅、省国土资源厅、省教育厅、团省委、省妇联等）

（二）资源开放共享工程

1.主要任务：整合科技资源、信息资源等，建立面向全社会开放的长效机制，实现资源开放共享，为创业创新提供有力支撑。

2.具体措施：（1）发展公共服务平台。整合创业创新信息资源，实现创业创新政策、项目、培训、比赛等信息集中发布。加快建立创业企业、创业投资统计指标体系，加强监测和分析。建立创业失败援助机制，对受援者提供创业指导、经济救助、心理抚慰等服务。（2）用好创业创新技术平台。编制科技资源开放共享目录，探索建立大型科学仪器和科研设施共享服务后补助机制。完善国家工程（技术）研究中心、国家重点（工程）实验室、国家企业技术中心等国家级和省级科研平台向社会开放机制。借鉴中关村开放实验室成功经验，依托长株潭国家自主创新示范区，采取共建联合方式，鼓励高校、科研机构、企业开放共享检测认证设备资源，建设开放实验室。（3）开放高校教育培训平台。依托我省优势教育资源，实施创业创新辅导计划，鼓励高校面向社会开设创业创新辅导培训公开课，提供专业化系统化培训辅导。（责任单位：省科技厅、省发改委、省质监局、省经信委、省人力资源社会保障厅、省财政厅、省教育厅、省统计局、团省委等）

（三）服务创新拓展工程

1. 主要任务：创新服务模式，拓展服务范畴，营造良好创业创新生态。

2. 具体措施：（1）创新服务模式。积极推广众包、用户参与设计、云设计等创业创新新模式。支持创业孵化基地、中小微企业创业基地和创业园区建立信息服务平台，提供各项信息服务。（2）发展第三方专业化服务。加快发展企业管理、财务咨询、市场营销、人力资源、法律顾问、知识产权、检验检测、现代物流等第三方专业化服务。（3）开展专家指导服务行动。建立健全各级创业创新服务专家库和服务团，对创业创新服务专家按规定开展创业创新指导服务行动的，给予一定服务补贴。（4）鼓励发展众扶、众筹。依托"互联网＋"等新技术新模式，发展众扶、众筹，使创新资源配置更灵活、更精准，形成内脑与外脑结合、企业与个人协同的创新格局。（责任单位：省发改委、省科技厅、省经信委、省财政厅、省教育厅、省人力资源社会保障厅等）

（四）素质培育提升工程

1. 主要任务：加强创业创新教育和培训，激发创业创新热情，提升创业创新能力和素质。

2. 具体措施：（1）加强创业创新教育。将创业创新精神教育和素质教育融入国民教育体系，深化中小学课程改革，加强实践实验类课程教育。深化高等学校创业创新教育改革，加强创业创新教育课程体系建设，实施大学生研究性学习与创新实验计划，提升教师创业创新指导能力，创新人才培养机制。（2）开展创业创新培训。开展针对不同群体、创业活动不同阶段特点的培训项目，提高创业创新培训的针对性和有效性。建立一支千人以上高水平创业创新培训师资队伍，每年开展创业创新培训7万人次以上。（3）组织创业创新比赛。举办中国创新创业大赛（湖南赛区）、黄炎培职业教育奖创业规划大赛、湖南青年创新创业大赛、大学生创新创业大赛、巾帼创新创业技能大赛等赛事，以比赛为契机培育提升创业创新素质。（4）积极开展多样化培训教育。充分发挥网络、电视、手机微媒等传媒作用，开展在线培训教育、远程培训教育，提供开放、灵活、方便的创业创新教育资源。（责任单位：省教育厅、省经信委、省人力资源社会保障厅、省科技厅、省财政厅、省新闻出版广电局、团省委、省妇联等）

（五）人才激活开发工程

1. 主要任务：落实各项优惠政策，激发科技人员、大学生、高层次人才等创业创新主体的创造活力，开发创业创新潜力。

2. 具体措施：（1）提高科技人员创业创新积极性。完善高校、科研院所等事业单位专业技术人员在职创业、离岗创业有关政策。对离岗创业的，经原单位同意，可在3年内保留人事关系，与原单位其他在岗人员同等享有参加职称评聘、岗位等级晋升和社会保险等方面的权利，原单位应当根据专业技术人员创业的实际情况，与其签订或变更聘用合同，明确权利义务。（2）引领大学生创业创新。深入实施大学生创业引领计划。依托大学生创新创业孵化基地和企业博士后科研工作站（协作研发中心），激励大学生自主创业。鼓励高校开设创业创新课程，加强创业创新培训和辅导，鼓励大学生参与科研和技术创新研究。建立健全弹性学分制管理办法，支持大学生保留学籍休学创业。（3）吸引高层次人才来湘创业创新。建立和完善高端创业创新人才引进机制，依托国家海外高层次人才创新创业基地、长株潭国家自主创新示范区和留学生创业园，通过国家"千人计划""万人计划"和省"百人计划"等人才引进计划的实施，引进一批高层次人才和团队来湘创业创新，落实其配偶就业、子女入学、医疗、住房、社会保障相关政策。（4）大力引导外出务工人员返乡创业。鼓励依托各类产业园区，盘活闲置厂房等存量资源，设立返乡创业园。支持发展农民合作社、家庭农场等新型农业经营主体，符合政策规定条件的，享受有关税费优惠政策。支持返乡创业人员因地制宜发展地方特色产业。切实完善基层各类公共服务平台，加快乡村通信、交通物流等基础设施建设，为返乡创业提供便利。（5）鼓励城镇失业人员、失地农民、退役军人开展创业，落实贷款、税收等优惠政策，加大创业帮扶力度，提升创业能力。开发适合妇女创业特点的项目，激发妇女创业创新积极性。（责任单位：省人力资源社会保障厅、省科技厅、省教育厅、省发改委、省经信委、省财政厅、省农委、省商务厅、团省委、省妇联等）

（六）环境提质优化工程

1. 主要任务：创新体制机制，为创业创新提供各项便利；转变政府职能，完善公平竞争市场环境；落实优惠政策，减免相关收费。

2. 具体措施：（1）提高创业便利化水平。2015年年底前全面实施工商营业执照、组织机构代码证、税务登记证"三证合一""一照一码"。除法律、行政法规和国务院规定的特定行业外，实行注册资本认缴登记制度，允许注册资本"零首付"；落实"先照后证"改革，推进全程电子化登记和电子营业执照应用。推动"一址多照""集群注册"等住所登记改革。按照"非禁即入"的原则，允许各类创业主体平等进入国家法律法规未禁入的所有行业和领域。开展企业简易注销试点，建立便捷的市场退出机制。依托企业信用信息公示系统建立小微企业名录，增强创业企业信息透明度。（2）完善公平竞争市场环境。进一步转变政府职能，增加公共产品和服务供给，为创业者提供更多机会。逐步清理并废除妨碍创业创新发展的制度和规定，打破地方保护主义。建立统一透明、有序规范的市场环境。依法反垄断和反不正当竞争，消除不利于创业创新发展的垄断协议和滥用市场支配地位以及其他不正当竞争行为。把创业主体信用与市场准入、享受优惠政策挂钩。（3）落实有关行政事业性收费和服务性收费减免政策。对小微企业和从事个体经营的行政事业性收费按规定实施减免政策。严禁各种名义、各种形式的集资、摊派、乱收费和强制服务、强制收费。严格规范行业协会、中介组织收费，各类中介机构对登记失业人员、高校毕业生从事个体经营、创办小微企业涉及的服务性收费，要给予优惠。建立创新创业企业负担举报和反馈机制。（责任单位：省工商局、省发改委、省人力资源社会保障厅、省编办、省财政厅、省政府法制办、省质监局、人民银行长沙中心支行、省国税局、省地税局）

（七）财政金融支撑工程

1. 主要任务：加大财政支持和统筹力度，支持创业创新健康成长。加大信贷支持，完善金融服务，优化资本市场，拓宽资金渠道，为创业创新提供便捷融资。

2. 具体措施：（1）加大财政资金支持和统筹力度。根据创业创新需要，整合现有各类支持创业创新资金，促进省创业投资引导基金、省新兴产业发展基金、省科技成果转化引导基金等协同联动，支持创业创新发展。（2）加大信贷支持，完善金融服务。推动各银行业金融机构加强金融产品和服务方式创新，通过信用担保、财产抵押、股权质押、知识产权质押等多种形式，加大对创新创业企业的信贷支持。鼓励各银行业金融机构向创新创业企业提供结算、融资、理财、咨询等一站式系统化的金融服务。（3）依托资本市场，拓展融资渠道。支持符合条件的创业创新企业在中小板、创业板、全国中小企业股份转让系统、湖南股权交易所等市场挂牌、上市、融资，鼓励创业企业通过发行债券、股权私募等多种方式筹集资金。（4）发展国有资本创业投资。落实鼓励国有资本参与创业投资的政策措施，建立国有创业投资机构激励约束机制、监督管理机制。引导国有企业参与新兴产业创业投资基金，设立国有资本创业投资基金等，充分发挥国有资本在创业创新中的作用。（5）鼓励社会资本参与创业创新。充分调动社会资本积极性，鼓励各类社会资本通过股权投资方式支持创业创新。（6）鼓励中小企业信用担保机构为创新创业融资提供担保服务。充分发挥财政资金的引导作用，鼓励政策性中小企业信用担保机构为创新创业融资提供低担保费的担保服务。（责任单位：省财政厅、省政府金融办、湖南银监局、湖南证监局、人民银行长沙中心支行、省发改委、省科技厅、省经信委、省人力资源社会保障厅、省国资委等）

三、保障措施

（一）加强组织领导。建立湖南省推进大众创业万众创新联席会议制度，加强对创业创新工作的统筹、指导和协调。加强部门之间、部门与地方之间政策协调，增强政策普惠性、连贯性和协同性，形成强大合力。加强政策落实情况督查，确保各项政策落到实处。

（二）营造良好氛围。组织开展各类推动大众创业万众创新活动。支持科技企业孵化器、大学科技园、众创空间、中小微企业创业基地、高校、大中型企业等举办各种创业创新大赛、投资路演、创业沙龙、创业讲堂、创业训练营等活动，营造良好的创业创新氛围。发挥广播、电视、报刊、网络等各类媒介作用，多形式、多渠道加大对大众创业、万众创新的新闻宣传和舆论引导，树立创业创新典型人物，让大众创业、万众创新蔚然成风。

各地各有关部门要结合本地区本部门实际，抓紧制定具体操作办法，明确任务分工，落实工作责任，强化督促检查，加强舆论引导，推动本行动计划确定的各项具体措施落实到位，促进全省经济平稳健康发展。

湖南省人民政府关于印发《湖南省贯彻〈中国制造2025〉建设制造强省五年行动计划（2016—2020年）》的通知

（湘政发〔2015〕43号）

各市州、县市区人民政府，省政府各厅委、各直属机构：

现将《湖南省贯彻〈中国制造2025〉建设制造强省五年行动计划（2016—2020年）》印发给你们，请认真组织实施。

湖南省人民政府

2015年11月12日

湖南省贯彻《中国制造2025》建设制造强省五年行动计划（2016—2020年）

为全面贯彻落实《中国制造2025》，加快建设制造强省，加速推进新型工业化，制定本行动计划。

一、总体要求

（一）指导思想

全面贯彻党的十八大和十八届二中、三中、四中、五中全会精神和《中国制造2025》，牢固树立创新、协调、绿色、开放、共享的发展理念，坚持新型工业化第一推动力不动摇，以创新发展为主题，以转型升级、提质增效为中心，以两化融合为主线，以智能制造为主攻方向，全面推进"1274"行动，着力巩固提升领先优势，充分发挥比较优势，拓展放大潜在优势，大力发展先进制造业、改造提升传统产业，推动生产型制造向服务型制造转变，打造中国智能制造示范引领区，充分发挥实施制造强国战略主力军作用，加快实现制造大省向制造强省的新跨越。

（二）基本原则

市场主导，政府引导。全面深化改革，充分发挥市场在资源配置中的决定性作用，强化企业主体地位，激发企业活力和创造力。积极转变政府职能，加强规划引导和政策扶持，创造良好发展环境。

自主创新，开放合作。始终把自主创新摆在制造业发展全局的核心位置，坚持人才为本，建设完善自主创新体系，加强关键共性技术攻关，加速科技成果产业化。大力推动开放发展，坚持“引进来”与“走出去”并举，充分利用全球创新资源和产业发展资源，促进与全球产业链、创新链和价值链的有机对接，形成新的发展优势。

两型引领，提质增效。坚持两型引领发展，加强节能环保技术、工艺、装备推广应用，全面推行清洁生产，大力发展循环经济，促进产业两型化、两型产业化发展，着力提升发展质量效益，不断增强持续发展能力。

重点突破，整体提升。坚持优势优先，加快突破重点领域和关键环节，抢占产业发展制高点。发挥龙头产业和企业带动作用，促进相关产业和产品发展。全面推进转型升级，加快先进制造业发展步伐，加大传统产业改造力度，强化生产性服务业基础支撑，着力调整优化结构，切实提高制造业整体发展水平。

强化质量，夯实基础。坚持质量为先，把质量作为制造业发展的关键内核，全面夯实产品质量基础，统筹推进核心基础零部件、先进基础工艺、关键基础材料和产业技术基础发展，加强品牌创建，提高产品质量，不断提升湖南制造整体形象。

深化融合，协同发展。加强产业间广泛对接，大力推进信息化与工业化深度融合、制造业与生产性服务业深度融合和军民产业深度融合，探索新模式新业态，加快构建现代产业体系，促进产业协同发展。

（三）发展目标

围绕加快制造强省建设，全面推进“1274”行动，即加快发展12大重点产业，大力实施7大专项行动，着力打造制造强省4大标志性工程，不断加快转型升级步伐，努力实现不同时期、不同领域制造强省建设的新突破。

湖南制造强省建设“1274”行动

——重点产业加快发展，工业运行质量进一步提高。先进轨道交通装备、工程机械、新材料等领先优势产业不断做大做强，新一代信息技术产业、航空航天装备、节能与新能源汽车等汽车制造、电力装备、生物医药及高性能医疗器械、节能环保等比较优势产业不断加速发展，高档数控机床和机器人、海洋工程装备及高技术船舶、农业机械等潜在优势产业不断培育壮大，形成一批产业竞争高地和新的增长点，进一步构建多点支撑、多极发展产业格局，制造强省建设实现良好开局。到2020年，12个重点产业主营业务收入年均增长12%左右，带动支撑全省工业经济平稳健康发展；工业经济运行质量保持全国前列；制造业质量竞争力指数达85，增加值率高于全国平均水平，全员劳动生产率增速达8%。

——智能制造加快推进，产业两化融合进一步深化。制造业数字化、网络化、智能化水平明显提升，信息化发展指数保持全国前列。全省宽带普及率70%、数字化研发设计工具普及率75%、关键工序数控化率52%。建成50个智能制造示范企业。

——创新体系加快完善，自主创新水平进一步提升。力争形成1–2个国家级制造业创新中心，建成30个左右区域性和省级制造业创新中心，突破和掌握一批重点领域关键共性技术。规模以上制造业企业研发经费内部支出占主营业务收入比重达1.28%以上，亿元主营业务收入有效发明专利数0.73件。

——绿色制造加快推广，持续发展能力进一步增强。制造业绿色发展水平显著提升，重点行业单位工业增加值能耗、物耗及污染物排放达到国内先进水平。冶金、化工、建材等传统行业能耗的主要技术经济指标大部分达到国内先进水平。全省规模以上单位工业增加值能耗比2015年下降18%、二氧化碳排放量比2015年下降22%、用水量比2015年下降23%，工业固体废物综合利用率达到75%。

——产业结构加快优化，制造业向中高端转变进一步加速。制造强省四大标志性工程建设全面推进，在12个重点产业领域，打造形成湖南制造强省建设20个标志性产业集群、20个标志性产业基地、50家标志性领军企业、50个具有较强国际国内影响力的标志性品牌产品，制造业产业结构明显优化，核心竞争力不断增强，向中高端转变步伐进一步加快。

二、主要任务

全面实施制造强国战略，大力推进制造强省建设，紧紧围绕国家战略任务和制造强省战略目标，结合湖南发展实际，突出重点，凝聚合力，系统推进。

（一）加快成果转化步伐，提高自主创新能力。实施“制造业创新能力建设工程”专项行动，充分发挥长株潭国家自主创新示范区建设引领带动作用，强化企业主体地位，突出先进制造业创新发展，围绕产业链部署创新链，围绕创新链部署资源链，加大关键共性技术攻关，加速科技成果产业化，打造湖南制造业竞争新优势。

1. 加速技术创新和成果产业化。瞄准重大战略需求和未来产业发展制高点，定期研究制定和发布重点领域技术创新路线和导向目录，引导企业加大关键共性技术攻关力度，打通产业链。紧跟国内外产业发展趋势，整合省内外创新资源，集中力量突破一批支撑产业发展的关键共性技术，加强基础性、前沿性技术研究，抢占产业技术制高点。大力实施“315”创新计划，即每年组织开展30项重大关键共性技术攻关，推动100项重点新产品开发和100项专利技术转化，对50项首台（套）重大装备和50项首批新材料进行奖励补助。通过示范引领，构筑从专利到产品、从产品到产业的转化通道。健全以技术交易市场为核心的技术转移和产业化服务体系，建立和完善科技成果信息发布和共享平台，建立科技成果转化激励机制和体制，提高科技成果转化率。支持省内先进制造企业建立创新孵化产业园区、专业众创空间，建设一批从事技术集成、熟化和工程化的中试基地。

2. 建设完善创新体系。完善以企业为主体、市场为导向、政产学研用相结合的制造业创新体系。一是积极创建国家制造业创新中心，加大区域、地方、企业等多层次创新中心建设。加快国家级和省级企业技术中心、工程（技术）研究中心、重点实验室等创新平台的发展，鼓励省级中心创建国家技术创新示范企业。鼓励有条件的企业在境外通过新建、入股、并购等方式建立研发机构、技术中心。到2020年，培育形成100家国家级企业技术中心、技术创新示范企业，600家省级企业技术中心。二是促进协同创新，深化省校（院、所）产学研合作，围绕制造业关键领域，支持高校、科研机构联合企业共同承担国家各类重大科技计划和产业化专项。发挥行业骨干企业的主导作用和高等院校、科研院所基础作用，推进产业创新联盟建设和博士后科研工作站建设，开展产学研用协同创新。三是推进公共服务平台建设。建设一批促进制造业协同创新的公共服务平台，力争建成国家中部技术产权交易平台。规范相关服务标准，提高技术研发、检验检测、技术评价、技术交易、质量认证、人才培训等专业化服务水平，建立重点制造领域数据库，为企业提供创新知识和工程数据的开放式共享服务平台。

3. 加快发展工业设计。坚持以市场为导向、企业为主体，产学研用协同，不断激发企业积极性和创造性，形成政府大力推动、市场有效驱动、企业协同创新的工业设计发展体系。支持骨干企业整合资源，单独组建或与高校、科研机构、专业设计单位共建工业设计中心。紧密结合我省产业优势和特色，着力推动工业设计与装备制造业等优势产业融合发展。促进制造业企业与工业设计服务相关单位对接，形成一批优秀工业设计成果转化示范项目。鼓励传统代工企业建立设计中心，向代设计和拥有自主设计品牌转变。培育一批专业化、开放型的工业设计企业，主动融入国际工业设计服务外包网络。以市场化机制建设可持续运营的工业设计公共技术平台，重点培育壮大中意设计创新中心（湖南）等设计创新平台。进一步扩大“芙蓉杯”国际工业设计创新大赛影响力，推进制造业企业与境内外优秀工业设计机构、人才交流对接。到2020年，培育形成5–8家国家级工业设计中心、50家左右省级工业设计中心。

4. 加大标准制定和知识产权运用。加强标准体系建设，大力推动新材料制造、智能制造、成套技术装备制造等重点领域标准化工作，鼓励和支持企业参与国际、国家、行业和地方标准制定与修订，鼓励和支持企业、学会、商会、联合会等社会组织制定社会团体标准或联盟标准，促进我省工业技术标准化和标准产业化。加大标准的宣传贯彻力度，强化知识产权运用，加强知识产权保护，促进重点关键共性技术知识产权战略储备。培育提升企业知识产权运用能力，鼓励和支持企业运用知识产权参与市场竞争，开展专利收购、转让、质押、运营等多种有效实现形式和渠道，构建产业化导向的专利组合和战略布局。

（二）大力推进智能制造，深化两化深度融合。实施“智能制造工程”专项行动，围绕流程制造、离散制造、智能装备和产品、新业态新模式、智能化管理、智能化服务等关键环节，突出新一代信息技术产业、高档数控机床和机器人、先进轨道交通装备、工程机械等重点领域，着力实现全省智能制造重点突破、面上提升，加快智能制造发展。

1. 提升智能装备和产品水平。依托中车株机、中车株机研究所、中联重科、三一集团等核心企业，将湖南智能轨道交通装备技术和智能工程机械技术提升至国际领先水平；依托衡阳特变、湘电集团、远大科技、永清环保等核心企业将我省智能电力装备、智能环保装备技术提升至国际先进水平；依托省工业机器人产业示范园和长泰机器人、长沙华恒、株洲天一、千山药机、楚天科技等企业大力开发面向汽车及零部件、电子信息、工程机械、食品加工、医药装备、民爆烟花、物流等产业的工业机器人及智能自动化生产线成套装备；依托宇环数控、中大创远、哈量凯帅、长沙机床、衡泰机械、湖大海捷、长沙一派等重点企业，在提升创新能力基础上不断扩大我省在数控机床相关领域的优势品种及市场；依托华曙高科等企业加快建设增材制造湖南省工程研究中心、湖南省激光增材制造工程技术研究中心和湖南“3D数字化制造”产业技术创新战略联盟，打造湖南省增材制造（3D打印）产业示范基地，加快增材制造在汽车制造、航空产业等领域扩大工业级应用。

2. 加大智能制造示范推广。重点选择在工程机械、电工电器、汽车制造、轨道交通、新材料、电子信息、生物医药、食品工业、纺织、国防军工与民爆烟花等领域推广智能制造，采用工业机器人应用系统改造提升一批中厚板焊接生产线/单元、无人化柔性焊装车间、民爆物品智能生产线、无人化铸造车间、高端医药制造自动化生产线、鞭炮制造自动化生产线、智能化物流车间等生产系统，分步骤、分层次开展应用示范。全面开展智能制造示范企业和智能制造示范车间创建，到2020年，创建50个智能制造示范企业、100个智能制造示范车间。支持长沙市建设“国家智能制造试点示范基地”，每年举办一次智能制造产业发展现场经验交流与推广活动。

3. 推动智能服务创新。大力发展以在线监测、远程诊断和云服务为代表的智能服务，推动风电、环保、节能等领域龙头骨干企业创新经营模式，改造业务流程，积极应用新型传感技术、网络技术和数据分析处理技术，实现装备产品的适时定位、远程监控、在线诊断等服务系统创新。大力培育发展大规模个性化定制、远程运营维护等新模式新业态，鼓励支持有条件的大型装备制造企业向具有系统总集成、设备总成套、工程总承包能力的解决方案提供商转型。

4. 加快智能制造推广平台建设。推进中小企业数字技术应用服务平台建设，引进和培育3–5个为中小企业提供基于智能制造的咨询体验、软件产品应用、机器换人、电子商务、工业互联网、云计算、大数据等服务的信息化服务平台，支持工业云及工业大数据中心建设，为中小企业数字工厂（车间）、智能制造、“机器换人”等提供技术咨询、方案设计、流程改造、装备开发、安装维护等专业服务。加快建设一批面向智能制造的创客空间项目，积极探索通过众筹模式发展智能制造。

5. 完善信息基础设施。深入推进“数字湖南”建设，加快实施“宽带中国”战略，建设光纤网络和无线城市，大幅提升宽带网络速率，优化宽带网络性能和服务水平，建设覆盖全省的高效信息高速公路。加快产业园区光纤网、移动通信网和无线局域网部署和建设，提高企业宽带接入能力，为建设高带宽、低延时、高可靠、广覆盖的工业互联网提供支撑。加强智能制造工业控制系统网络安全保障能力建设。

（三）发挥整机带动作用，夯实制造产业基础。实施“工业强基工程”专项行动，着力实现制约我省制造业特别是重点装备制造业发展的核心基础零部件（元器件）、先进基础工艺、关键基础材料和产业技术基础（简称“四基”）的工程化、产业化突破，构建整机牵引与基础支撑协调发展的产业格局。

1.强化整机牵引。注重需求侧激励，明确我省工业强基示范应用方向，鼓励整机企业、“四基”企业和重点用户开展合作研发和协同攻关，加快自主产品和技术产业化，形成研发、生产、销售的共同体。围绕先进轨道交通装备、工程机械、航空航天装备、新能源汽车、电力装备、节能环保装备等具有较强竞争优势产业，着力突破整机发展的核心基础零部件、先进基础工艺、关键基础材料和产业技术基础等制约，促进整机企业与四基企业、高校、科研院所之间产学研用结合，实现良性互动、协同创新。

2.加强联合攻关。发挥国防科技大学、中南大学、湖南大学等省内外高校在新一代信息技术产业、航空航天、新材料、机械装备等领域的学术优势和研发支撑能力，着力解决核心基础零部件（元器件）、关键基础材料的产品性能和稳定性问题。组织开展先进成型、加工等关键制造工艺及高端装备的联合攻关，引领企业开展生产系统改进和工艺创新。加大基础专用材料研发力度，提高专用材料自给保障能力和制备技术水平。

3.加大示范应用。开展“四基”示范应用推广，充分运用国家工业强基网、湖南湘品出湘网等网络平台和各种对接合作平台，提升我省“四基”品牌美誉度和影响力，促进先进的核心基础零部件（元器件）、先进基础工艺、关键基础材料推广应用。

（四）推广先进质量管理，提升质量技术水平。坚持质量为先，走以质取胜的发展道路，着力提升产品质量控制技术，夯实质量发展基础，优化质量发展环境，形成一批拥有核心竞争力和自主知识产权的知名品牌，促进制造业质量竞争力稳步提升，努力实现湖南速度向湖南质量转变。

1.推广先进质量管理技术和方法。充分发挥质量管理先进企业示范引领作用以及行业协会和中介服务机构的桥梁纽带作用，推广应用质量诊断、质量改进和效益提升方法，普及卓越绩效、精益生产、质量诊断、数据管理等先进生产管理模式。组织实施质量标杆示范应用工程，鼓励企业创建全国“工业质量标杆企业”和“工业产品质量控制和技术评价实验室”，遴选“湖南省工业质量标杆企业”，为推动全省企业质量管理创新提供指导。鼓励企业积极参与创建一批国家级质量控制和技术评价公共服务平台，提高企业质量并行工程、敏捷制造、在线监测、在线控制和产品全生命周期质量追溯能力以及对外服务能力。

2.大力提升产品质量。加强质量管理，推进轨道交通装备、工程机械、新材料、新一代信息技术等重点产业关键原材料、基础零部件（元器件）等基础领域的制造技术攻关，提高产品质量，促进一批重点产品重要指标达到国际国内先进水平。健全产品质量标准体系，鼓励支持企业制定和实施与国际先进水平接轨的制造业质量、安全、卫生、环保、能耗等有关标准。推进标准、计量、认证认可、检验检测能力建设，在制造业重点优势领域，打造一批国家级检验检测中心为重点的公共服务平台。

3.加强质量监管。围绕国计民生、健康安全、节能环保等重点领域，建立健全企业产品质量标准体系和质量信用信息收集与发布制度，强化企业质量主体责任。以保障国防工业、食品、药品等消费品质量安全为重点，实施产品全生命周期的质量管理和质量追溯，推广应用物联网等智能化的生产和物流系统及检测设备。加大对质量违法和假冒伪劣行为的打击与惩处力度，支持企业开展自律规范、信誉承诺活动，防范化解产品质量安全风险，切实维护正常市场秩序。

（五）全面推行绿色制造，强化持续发展能力。实施“绿色制造工程”专项行动，加快推动制造业生产方式绿色化，构建投入低、消耗少、污染轻、产出高、效益好的产业结构和生产方式，促进制造业两型化发展，进一步增强产业持续发展能力。

1.加快制造业两型化。进一步推动全省制造业走资源节约型、环境友好型发展路子，广泛应用先进节能环保技术、工艺和装备，全面推进钢铁、有色、化工、建材、轻工等传统制造业两型化改造。大力推广节能与新能源汽车、非电中央空调、高效电机等重大节能技术装备，推进环卫、餐厨垃圾处理、工业厂房内环境治理、脱硝脱硫除尘、废渣废水废气治理及土壤修复等环保技术装备的产业化示范和规模化利用。大力研发推广余热余压回收、水循环利用、重金属污染减量化、有毒有害原料替代、废渣资源化、脱硫脱硝除尘等绿色工艺技术装备，加快应用清洁高效铸造、锻压、焊接、表面处理、切削等加工工艺。推广轻量化、低功耗、易回收等技术工艺，持续提升电机、锅炉、内燃机及电器等终端用能产品能效水平，加快淘汰落后机电产品和技术。大力推进住宅工厂化制造，加快建筑工业化进程。

2.推进资源节约高效利用。提高大宗工业废弃物综合利用水平，以尾矿有价金属组分高效分离提取和利用、生产高附加值大宗建筑材料为重点，推进有色金属尾矿综合利用。以电力、冶金、化工、建材等行业为重点，实施钢渣、粉煤灰、电石渣、脱硫石膏等大宗固体废弃物综合利用工程。推动冶金、建材、化工、酿酒等行业余热余压及废气综合利用，重点推进焦炉、高炉、转炉煤气回收利用。推进工程机械、电机等机电设备再制造产业发展，加快再制造关键技术研发与应用。开发推广提高水的重复利用率、废水深度处理和回用、废液回收和资源化利用等技术，促进工业园区污水集中处理和再生利用，积极推进污水、垃圾、固废资源化、无害化收集和处理产业发展。

3.构建绿色制造体系。支持企业开发绿色产品，推行生态设计理念，强化产品全生命周期绿色管理，显著提升产品节能环保低碳水平，引导社会采购绿色产品，促进绿色生产和绿色消费，努力构建高效、清洁、低碳、循环的绿色制造体系。建设绿色工厂，实现厂房集约化、原料无害化、生产洁净化、废物资源化、能源低碳化。发展绿色园区，推进国家低碳工业园区试点示范，加快试点园区重点用能行业低碳化改造，培育一批低碳企业，实现园区资源循环利用和综合利用。大力推进清洁生产，紧密结合湘江保护和治理“一号重点工程”，以长株潭及湘江流域为重点区域，以冶金、有色、化工、建材等排放较大行业为重点对象，全面推行工业企业清洁生产审核。

（六）不断调整优化结构，促进产业集聚发展。全面推进以标志性产业集群、产业基地、领军企业和知名品牌创建为主要内容的“湖南制造强省标志性工程”建设，以集聚发展为导向，以重点园区为平台，以核心企业为龙头，以高端装备制造为抓手，建立完善支持企业技术改造的长效机制和配套政策，持续推进企业技术进步，促进产业结构调整优化，推动湖南制造业向中高端转变。

1. 着力发展一批标志性产业集群。巩固提升先进轨道交通装备、工程机械、新材料整体行业国内领先地位，大力提升新一代信息技术产业、航空航天装备、节能与新能源汽车等汽车制造、电力装备、生物医药及高性能医疗器械、节能环保装备等产业在细分领域的竞争能力，加快高档数控机床和机器人、海洋工程装备及高技术船舶、农业机械装备等产业化步伐。到2020年，形成20个左右在国内外具有较强影响力、特色鲜明、竞争力强、品牌声誉好、支撑区域经济发展能力强的优势产业集群，重点打造1–2个世界级优势产业集群。

2. 着力打造一批标志性产业基地。深入推进新型工业化产业示范基地创建，促进产业园区建设。坚持特色化、差异化发展，依托现有国家级经开区、高新区和省级产业园区（工业集中区），国家级、省级新型工业化产业示范基地，通过省市共建、加大投入、完善服务等措施，促进产业、知识技术、人才和服务向基地集聚。到2020年，打造20个左右主导产业突出、创新能力强、服务功能完善、承载重点产业发展能力强的制造业特色产业基地（园）。

3. 着力壮大一批标志性领军企业。实施大企业大集团战略，做强一批有一定优势的重点企业，引进一批国内外龙头企业，壮大一批有发展潜力、成长性好的创新型企业，培育一批引领行业发展、具有国际竞争力的跨国集团，打造50家左右能够参与全球竞争和区域竞争、行业领先的产业领军企业，形成2家以上主营业务收入过千亿元的大企业。

4. 着力培育一批标志性品牌产品。完善品牌培育机制，加大品牌培育力度。大力开展“知名品牌创建示范区建设”，推进地理标志产品保护与发展，打造一批特色鲜明、竞争力强、市场信誉好的制造业产业集群区域品牌。开展工业品牌建设试点示范，每年培训50名品牌经理、培育10家左右“湖南省工业品牌建设示范企业”，鼓励和支持企业创建“全国工业品牌培育示范企业”，形成一批具有核心竞争力和国内外影响力的品牌企业。支持企业追求卓越品质，形成具有自主知识产权的名牌产品，不断提升企业品牌价值，推动湖南产品向湖南品牌转变。围绕轨道交通、工程机械、电力装备等重点产业领域，培育50个产品质量性能达到国际或国内先进水平、拥有核心技术和自主知识产权、美誉度高、具有较强竞争力的标志性品牌产品。

5. 着力引导中小企业加快发展。实施中小企业“专精特新”发展工程专项行动，引导中小企业专注于核心业务，提高专业化生产、服务和协作配套能力。支持中小企业实行股份制改造，建立现代企业制度，提高公司治理和资本市场整合资源能力。加大中小企业共性技术攻关和产业技术转化力度，提高中小企业创新能力。深入开展“腾飞杯”管理升级活动，推进中小企业商业模式创新、管理创新。鼓励中小企业广泛应用现代信息技术，提升企业信息化水平。

6. 着力优化产业区域发展布局。结合区域发展基础和产业特色优势，推动制造业区域差异发展，形成特色突出、结构合理、产业协同的制造业发展布局。各地区在结合实际做大做强特色优势产业的同时，紧紧围绕全省制造业发展重点领域，突出重点，发挥优势，协同推进全省重点产业加快发展。推动长株潭地区发展高技术含量、高附加值、高带动性的资本密集型和智力密集型产业发展，将长株潭地区打造成以先进轨道交通装备、中高端工程机械、新一代信息技术、新材料和中小航空等为重点的全国一流、世界先进的制造业集聚地。以衡阳市、郴州市、永州市等为重点，推动湘南地区以电子信息、电工电器等产业为重点，积极承接产业转移、加快自主创新，形成一批链条完整的优势产业集群。以岳阳市、益阳市、常德市为重点，积极对接长江开放经济带战略，以高分子新材料、生物医药、船舶、电子信息等产业为重点，打造环洞庭生态经济圈。以邵阳市、娄底市、怀化市、湘西自治州、张家界市为重点，推动湘中及大湘西地区发挥生态资源优势，积极培育发展生物医药、新材料等特色优势产业，着力形成多点支撑、多极发展的制造业发展格局。

（七）统筹推进协同发展，推动制造服务转型。积极适应制造业发展新趋势，大力实施“制造＋互联网＋服务”专项行动，进一步推进制造企业与互联网企业的深入对接，不断推出融合发展的新模式新业态，推动生产型制造向服务型制造转变，加快发展与制造业相关的生产性服务业，促进制造业与服务业的协同发展。

1. 推动服务型制造发展。引导和支持轨道交通装备、工程机械、电力、节能环保等领域优势企业延伸服务链条，从主要提供产品制造向提供产品和服务转变，由提供设备向提供系统集成总承包服务转变，由提供产品向提供整体解决方案转变。鼓励制造业企业增加服务环节投入，发展个性化定制服务、全生命周期管理、网络精准营销和在线支持服务等。鼓励优势制造业企业“裂变”专业优势，通过业务流程再造，面向行业提供社会化、专业化服务。支持有条件的企业建立财务公司、金融租赁公司等金融机构，推广大型制造设备、生产线等融资租赁服务。

2. 加快发展生产性服务业。大力发展面向制造业的信息技术服务业，提高制造业信息应用系统的方案设计、开发和综合集成能力。鼓励互联网企业无缝对接制造企业，运用新一代信息技术提供产品、市场的动态监控和精准营销服务。加快发展研发设计、技术转移、创业孵化、知识产权、科技咨询等科技服务业，发展壮大第三方物流、节能环保、检验检测认证、电子商务、服务外包、融资租赁、人力资源服务、售后服务、品牌创建等生产性服务业，提高对制造业转型升级的支撑能力。

3. 建设完善公共服务平台。加强经济预警预测平台建设，引导企业及时规避化解市场风险。以服务产业园区、产业集群为重点，加强创新、创业、投融资、信息、技术、物流、市场等各类公共服务平台建设。建立制造业企业对外投资和工业产品出口公共服务平台，每年重点支持5–10家工业领域“走出去”服务平台和服务机构建设。完善中小企业公共服务网络，引进和培育一批优质服务机构，全面提高服务水平。支持行业龙头企业牵头建立产业联盟。大力发展面向制造业企业的电子商务服务平台，帮助湖南名企名品拓展网络市场。着力激发社团活力，充分发挥行业协会、异地商会等社会中介组织作用。

（八）深入开展对接合作，扩大产业对外开放。大力推进产业融合发展，充分统筹利用两种资源、两个市场，不断拓展新的开放领域和空间，提升合作水平和层次，增强产业竞争力。

1. 深化产业融合发展。加强先进轨道交通装备、工程机械、节能与新能源汽车等优势产业与新材料、新一代信息技术等新兴产业的对接合作、协同发展，促使优势产业更优、新兴产业加快成长。推动物联网产业与智能制造领域的融合发展，打造良好的智能制造产业生态系统。统筹军民产业资源，开展军民两用技术联合攻关，支持军民技术相互有效利用，大力发展军民融合产业。推动产业跨界融合，努力发现和培育产城融合、产教融合、产医融合等跨界融合催生的新产业和新业态，拓展发展空间。

2. 推动优势产业“走出去”。大力推进国际产能和装备制造合作，以特色优势装备为主，引导和组织有实力的企业采取工程总包、BOT等形式承接海外业务，建立合作开发园区和原料基地。支持中车株机、五矿有色、中联重科、华菱集团、三一集团、泰富重装和农友机械等企业，在境外开展并购和股权投资、创业投资，建立全球营销及服务体系，打造具有较强国际和区域影响力的优势品牌，形成具有全球配置资源能力的跨国企业，提升企业国际竞争力。推进企业由产品、技术出口向资本、管理输出转变，在全球建立一批具有影响力的研发设计、生产制造、销售服务基地，加快我省高端装备产业全球化步伐。支持省内优势企业根据目标国家的需求进行产能输出，积极参与PPP项目，建立中国企业园区或湖南企业园区，促进更多的湖南企业走向海外，带动产业链上下游更多的湖南企业落户生根、抱团发展。支持企业参与国际产业合作，设立研发机构、生产制造基地、市场营销网络和资源能源基地，提高资源配置效率。鼓励龙头企业与中小企业组建“走出去”联盟，带动省内配套中小企业以及省产工业品、技术及服务的完整产业链整体“走出去”。支持符合条件的企业在境外发行股票、债券，与境外企业开展多种形式的经济技术合作。

3. 提高内联外引水平。加大部省合作力度，争取更多央企重大项目在湖南布局落地。深化区域合作，发挥“一带一部”区位优势，加快融入长江经济带，积极承接产业转移，吸引更多企业来湘投资兴业，建设区域总部。深化对外开放，抢抓丝绸之路经济带和21世纪海上丝绸之路建设等重大机遇，加大招商引资，吸引世界500强企业来湘设立研发、结算、数据、采购中心。

（九）突出放大特色优势，加快重点领域突破。紧跟产业发展趋势，全面对接国家战略重点，立足我省产业基础，分业施策，有序推进。实施“高端装备创新工程”专项行动，着力引导社会各类资源集聚，突破重点领域和关键环节，带动制造业加快发展。以先进轨道交通装备、工程机械、新材料等为重点，巩固提升领先优势，并在若干领域方面进一步发挥全球影响和引领作用；以新一代信息技术产业、航空航天装备、节能与新能源汽车等汽车制造、电力装备、生物医药及高性能医疗器械、节能环保等为重点，充分发挥比较优势，在大力提升竞争能力的同时，加快规模扩张，打造新的增长点；以高档数控机床和机器人、海洋工程装备及高技术船舶、农业机械等为重点，拓展挖掘潜在优势，科学把握产业发展方向，在强化创新、积极抢占产业发展制高点的同时，加快产业化步伐，不断增强发展后劲。

1. 先进轨道交通装备。发挥我省轨道交通装备产业的创新资源、人才资源、市场资源等优势，加强自主创新，提升国际市场开拓和国际竞争能力，打造世界级轨道交通装备制造产业集群和具有国际竞争力的跨国企业，加快建立世界领先的现代轨道交通装备制造产业体系。重点发展重载货运机车、客运机车、城际动车组、城轨车辆、有轨电车、无轨电车、轨道工程机械，着力突破中低速磁浮系统、牵引传动及网络控制系统、永磁同步电传动系统、通信信号系统、牵引电机和变压器、高性能环保新型先进复合材料等关键技术。

2. 工程机械。依托我省工程机械产业整体优势，以长株潭为重点，以产品技术高端化和产业结构优化升级为主线，以技术创新、产品创新和模式创新为动力，进一步加强信息技术与制造技术的融合，完善工程机械全产业链配套能力，打造引领世界工程机械产业发展的研发制造基地，加快形成世界级工程机械产业集群，发展壮大一批具有国际竞争力的跨国企业集团。重点发展新型土石方机械、水上工程机械、物流成套设备、大型起重机械、大型路面施工机械、大型露天矿综采设备、节能环保型工程机械、军事工程机械和重卡底盘、配套动力、高压大流量液压件、电子元件和大型轴承等整机和关键部件产品，着力突破高端功能性基础件和关键零部件制造核心技术，加速工程机械成套装备的智能化、高端化、两型化、轻量化，大力发展工程机械再制造，加快制造服务化和服务型制造步伐。

3. 新材料。利用省内科研、产业和有色金属资源等优势，着力完善20条产业链，加快建立具有较强自主创新能力和可持续发展能力、产学研用紧密结合和军民融合的新材料产业体系，打造领先全国、跻身世界先进行列新材料产业集群，在若干子领域实现新材料产业跨越发展。重点发展先进电池材料、先进硬质材料、先进复合材料、高端金属结构材料、化工新材料、特种无机非金属材料、3D打印金属、高分子尼龙和陶瓷粉末材料，加强超导材料、纳米材料、石墨烯材料、生物基材料、智能材料等前沿新材料研发。

4. 新一代信息技术产业。贯彻落实国家集成电路发展纲要、互联网＋行动计划，加快重点领域突破发展，打造具有较强竞争力和湖南特色的新一代信息技术产业，建成国家集成电路特色集聚区、中部地区最大的移动互联网创意“梦工厂”。重点发展导航、工控等特色集成电路芯片，新型功率电力电子器件，离子注入机，电子功能玻璃，触控面板，新型电子元器件，二代光纤，国产自主可控整机，智能家居、可穿戴设备等智能终端，传感器，汽车电子，医疗电子，操作系统和工业软件产品，移动互联网服务等。

5. 航空航天装备。抢抓国家大力推进航空航天装备国产化、军民融合和发展通用航空产业的战略机遇，充分发挥湖南航空航天高端制造的比较优势，以军用产品和整机制造为引领，关联民用产品为突破，航空航天关键零部件和材料为支撑，航空服务业为拓展，加快建设全国重要的中小航空发动机产业基地、航空关键零部件生产基地、北斗卫星应用产业示范基地和通用航空全产业链发展示范基地，力争将长沙建成亚洲最大、世界第三的飞机机轮及刹车系统制造核心基地。重点发展轻型飞机、直升机、小型公务机、先进无人机等整机产品并逐步系列化。加快发展系留飞艇、平流层飞艇及新概念太阳能飞行器等临近空间飞行器产品设计与集成制造，着力突破高质量中小航空发动机和各型起落系统、核心芯片设计与制造、北斗卫星导航应用、高分辨率对地观测应用等关键技术。

6. 节能与新能源汽车等汽车制造。紧跟产业发展趋势，立足比较优势，重点加快纯电动汽车、插电式混合动力汽车和节能汽车发展，同时积极推动燃料电池汽车、智能网联汽车的开发生产。加快研发和掌握一批最新节能与新能源汽车的关键核心技术，重点发展高性能、高续航里程的纯电动大巴、纯电动乘用车等新能源汽车品种，初步建立完善配套产业链，使动力电池、电机驱动等关键系统达到国际先进水平，汽车智能控制系统及其相关技术水平得到快速提升，面向全国行业配套。到 2020 年，全省新能源与节能汽车产业形成具有特色产品的重点企业 6–8 家，产业整体规模进入全国行业前 8 名。

7. 电力装备。坚持龙头企业带动，提升基础部件配套能力，推动产业链由制造环节向研发与服务高附加值环节延伸，建设国际先进的高端电力装备产业基地，增强相关领域国际标准制定话语权。重点发展 3.5 兆瓦以上风力发电机组、500kv 及以上超（特）高压新型电力变压器、电抗器、电流及电压互感、110–500kv 封闭式组合电器、智能型变压器、智能配电系统、智能计量系统、智能用电终端、智能型高低压成套电器装置、地埋式变电站成套设备、高温超导传输电缆等，积极发展风电、水电、太阳能发电、智能电网等关键技术、装备及供配电与控制系统。

8. 生物医药及高性能医疗器械。突出自主创新，深化两化融合，加快突破生物医药及高性能医疗器械创制重大关键技术和工艺，大力推进行业兼并重组步伐，培育知名品牌、龙头企业和拳头品种。重点发展原创、首仿、特色化学药、中药、生物技术药物和分子诊断，加快生物转化中药产业化，加大干细胞产品检测、血细胞组分制品、新型疫苗、治疗性抗体等生物技术药物新产品创制，推动高性能诊疗设备、高值医用耗材、高端体外诊断试剂以及可穿戴、远程诊疗等移动医疗新产品开发，实现生物 3D 打印等新技术的突破和应用。推动现代化制药装备研发制造，加快向大健康产业和精准医疗领域拓展。

9. 节能环保。围绕绿色发展，按照两型社会建设要求，加大节能技术装备、环保技术装备及资源综合利用装备研发制造，促进节能环保产业跨越式发展，加快构建具有湖南特色的先导产业，打造新的增长点。重点发展节能节水关键技术和装备、环保关键技术和装备、循环经济关键技术和装备、资源综合利用关键技术和装备，大力发展两型住宅产品，培育壮大运营服务为重点的节能环保服务业。

10. 高档数控机床和机器人。把握产业智能化大趋势，着眼全球高端制造业发展巨大需求和我省的现实基础条件，大力推动核心技术、软件开发、关键零部件及加工材料等研发和产业规模化发展，形成特色鲜明、具备国内较强竞争力的数控机床、机器人、增材制造（3D 打印）产业集群。重点发展数控机床、工业机器人、增材制造（3D 打印）等智能制造装备产业领域核心技术、软件开发、关键零部件及加工材料。

11. 海洋工程装备及高技术船舶。对接国家建设海洋强国战略，结合国际国内船舶和海洋工程装备市场需求、发展方向，着力推进技术创新、壮大产业规模、促进产业集聚，切实提高产业核心竞争力，建设内陆领先的海洋工程装备及高技术船舶产业基地。重点发展大型海上桩基设备、大型海上吊装设备、海上钻探系统、航道疏浚装备、船舶动力、海上石油钻井电机、高端游艇、公务执法艇、特种内河船舶、深海探测、深海机器人、海底工程机械、资源开发利用、海上作业保障及关键系统和专用设备等产品。

12. 农业机械。紧密结合湖南产业特色，以农业现代化对农业机械需求为牵引，以提高主要农作物和特色种养、农产品加工机械化、自动化、智能化水平为重点，加快建设全国特色农机制造大省的步伐。大力发展水稻全程生产机械、油菜种植和收获机械、果蔬采摘机械、农副产品产后处理及初加工设备，重点突破水稻育插秧技术、油菜少耕精量直播技术等新一代的农机制造技术，提高农机装备信息收集、智能决策和精准作业水平，建设全国特色农机制造强省和应用大省。

三、保障措施

（一）加大组织协调力度。在湖南制造强省建设领导小组领导下，加强重大规划、重大政策、重大工程专项、重大问题和重要工作的统筹协调。各级各部门要积极履责，形成推进制造强省建设的强大合力。充分发挥专家咨询委员会和各类智库作用，为制造强省建设提供持续、高水平的决策咨询。加强产业规划引导，做好制造业发展与相关产业发展规划间的衔接，针对不同产业制定相应的行动方案，研究具体指导和推进的政策意见。建立制造强省战略任务落实情况督促检查和第三方评价机制，加强产业运行监测与形势分析，强化工作督导考核。各地要结合实际，建立相应组织协调机制，统筹推进制造业发展工作。

（二）加强重点项目建设。重大工程和重点项目是落实制造强省战略的重要载体。要以 12 个重点领域规划的重大项目为抓手，加大项目建设力度。突出企业主体作用，围绕转型升级、提升核心竞争力，切实加大投入，每年滚动建设一批、投产一批、谋划一批重点项目，增强制造业发展后劲。积极创造条件，争取国家重大项目落户湖南。对带动能力强的重大项目，优先纳入省重点项目管理，给予全方位支持。加强对制造强省重点项目的调度监控，搞好协调服务，促进项目建设顺利进行，确保投资实效。

（三）扩大财税金融支持。建立健全财税金融政策支持体系，加大财政资金支持，形成财政投入稳步增长机制。设立省级新兴产业发展基金，突出支持制造强省重点产业发展。省战略性新兴产业与新型工业化专项、移动互联网产业发展专项、信息产业和信息化专项等省级财政专项资金，对制造强省建设重点项目给予倾斜支持。完善和落实促进制造业创新产品研发和规模化应用的政府采购政策。整合相关产业扶持资金，创新支持方式。发挥多层次资本市场的融资功能，积极探索产业投融资 PPP 模式，推动天使投资基金、小微企业互助担保、专利权质押贷款等工作在全省开展。落实产业发展税费优惠政策，增强企业发展活力。

（四）积极推动创新创业。围绕制造业加快发展，深入推进“135”工程建设，大力推动大众创业、万众创新，落实支持小微企业发展的财税优惠政策，优化中小企业发展专项资金使用重点和方式，探索建立科技成果转化产业基金和中小企业发展基金，促进创新成果产业化和创业项目建设。鼓励商业银行加大小微企业金融服务专营机构建设力度，加快构建中小微企业征信体系，积极发展面向小微企业的知识产权质押贷款、信用保险保单质押贷款等。建立完善小微企业融资担保体系，创新产品和服务，降低企业融资成本。支持小微企业创业基地、综合服务体系建设。完善公共服务平台网络，建立信息互联互通机制，为小微企业提供创业、创新、融资、咨询、培训、人才等专业化服务。

（五）深化产业对外开放。深化外商投资管理体制改革，提高贸易投资便利化水平，营造稳定、透明、可预期的营商环境。进一步放宽市场准入，支持制造业企业通过委托开发、专利授权、众包众创等方式引进先进技术和高端人才，推动利用外资由重点引进技术、资金、设备向合资合作开发、对外并购及引进领军人才转变。完善制造业企业“走出去”的风险评估和预警协调机制，探索实施政府购买服务的方式，鼓励行业协会、中介机构和企业联盟为企业“走出去”提供信息、法律、政策、国情、商机和预警等资讯服务。强化制造业企业走出去法律保障，规范企业境外经营行为，维护企业合法权益。加快制造业走出去支撑服务机构建设和水平提升，建立制造业对外投资公共服务平台和出口产品技术性贸易服务平台，完善应对贸易摩擦和境外投资重大事项预警协调机制。

（六）强化产业人才支撑。实施企业经营管理人才素质提升工程，培养造就一批优秀企业家和高水平经营管理人才，提高现代经营管理水平和企业竞争力。注重中外合作、部省合作和校企合作，配合中央做好“千人计划”“万人计划”等人才工程，深入实施我省引进海外高层次人才“百人计划”，建设领军人才示范区。在重点产业领域，大力引进高端人才、急需紧缺人才及其创新团队；大力发展职业技术教育，探索“订单式”人才联合培养机制，加快高技能技术人才培养，打造大批“工匠湘军”。建立完善人才激励、服务、流动和使用制度。

（七）营造良好发展环境。坚持新型工业化第一推动力不动摇，充分发挥舆论引导作用，努力营造全社会锐意创新创业的良好氛围。深化体制机制改革，进一步转变政府职能，全面推进依法行政，创新政府管理方式，加快简政放权，提高产业治理水平。深化行政审批改革，落实企业投资主体地位，压缩审批事项，缩小审批范围，整合审批环节，优化审批流程，缩短审批时限，全面推行网上政务与网上服务。深化市场准入制度改革，实施“负面清单”管理，大力推进商事制度改革。深化国有企业改革，健全现代企业制度。有序发展混合所有制经济，推动非公有制经济健康发展。推行企业产品、质量、安全自我声明和监督制度，完善淘汰落后产能政策措施，健全市场退出机制。实施收费清单制度，加强市场监管，减轻企业负担，营造公平竞争市场环境。

附件：

湖南制造强省建设重点产业发展规划表

序号		产业名称	主营业务收入（亿元）		发展目标定位
			2014 年实际	2020 年规划	
一、领先优势产业	1	先进轨道交通装备	646	2100	打造世界级轨道交通产业集群和具有国际竞争力的跨国企业，建立世界领先的现代轨道交通产业体系。轨道交通装备服务业的服务收入提升到 20%以上，国际市场份额达到 35%以上。
	2	工程机械	1619	2170	打造引领世界工程机械产业发展的研发制造基地，建成世界级产业集群。产业规模、技术及主要产品市场占有率保持全球领先地位。
	3	新材料	2838	7000	打造领先全国、跻身世界先进行列新材料产业集群，若干子领域实现跨越发展。全省材料工业升级换代取得显著成效，基本实现向新材料产业强省转变。

序号		产业名称	主营业务收入（亿元）		发展目标定位
			2014 年实际	2020 年规划	
二、比较优势产业	4	新一代信息技术产业	1800	3500	打造具有较强竞争力和湖南特色的新一代信息技术产业，建成国家集成电路特色集聚区、中部地区最大的移动互联网创意“梦工厂”。
	5	航空航天装备	122	500	建成全国重要的中小航空发动机产业基地、航空关键零部件生产基地、北斗卫星应用产业示范基地和通用航空全产业链发展示范基地，将长沙建成亚洲最大、世界第三的飞机机轮及刹车系统制造核心基地。
	6	节能与新能源汽车等汽车制造	1579	3000	全省节能与新能源汽车产业形成具有特色产品的重点企业 6–8 家，产业整体规模进入全国行业前八名。
	7	电力装备	1480	2600	建成国际先进的高端电力装备产业基地，增强国际标准制定话语权。输变电成套装备全面满足国内电网建设需求，自主化率达到 95%。
	8	生物医药及高性能医疗器械	823	2000	实现生物医药及高性能医疗器械产业跨越式发展，全省生物医药总产值在全国、全省的占比提高 1 个百分点，整体实力进入全国前 10 强。
	9	节能环保	1442	3300	加快节能技术装备、环保技术装备及资源综合利用装备研发制造，促进节能环保产业跨越式发展，构建具有湖南特色的先导产业。节能环保产业继续保持全国前 10 强的地位。
三、潜在优势产业	10	高档数控机床和机器人	332	600	形成特色鲜明、具有较强国内竞争力的数控机床、机器人、增材制造（3D 打印）产业集群。培育 1–2 个国内知名品牌。
	11	海洋工程装备及高技术船舶	110	680	建成内陆领先的海洋工程装备及高技术船舶产业基地。高端游艇、公务执法艇国内市场占有率稳步提升。
	12	农业机械	203	1300	建成全国特色农机制造强省和应用大省。

湖南省人民政府关于印发《湖南省贯彻落实〈水污染防治行动计划〉实施方案（2016—2020 年）》的通知

（湘政发〔2015〕53 号）

各市州、县市区人民政府，省政府各厅委、各直属机构：

现将《湖南省贯彻落实〈水污染防治行动计划〉实施方案（2016—2020 年）》印发给你们，请认真组织实施。

湖南省人民政府

2015 年 12 月 31 日

湖南省贯彻落实《水污染防治行动计划》实施方案（2016—2020 年）

为切实加大水污染防治力度，保障全省水生态环境安全，根据《国务院关于印发水污染防治行动计划的通知》（国发〔2015〕17 号）要求，结合我省实际，制定本实施方案。

一、总体要求与目标

（一）总体要求。全面贯彻党的十八大和十八届二中、三中、四中、五中全会精神，大力推进生态文明建设，以巩固和改善水环境质量为核心，强化源头控制，水陆统筹，对江河湖泊实施分流域、分区域、分阶段科学治理，系统推进水污染防治、水生态保护和水资源管理。坚持政府市场协同，注重改革创新；坚持全面依法推进，实行最严格环保制度；坚持落实各方责任，严格考核问责；坚持全民参与，推动节水洁水人人有责，形成“政府统领、企业施治、市场驱动、公众参与”的水污染防治新机制，谱写建设新湖南美丽篇章。

（二）工作目标。到2020年，全省水环境质量得到阶段性改善，污染严重水体及城市黑臭水体较大幅度减少，饮用水安全保障水平持续提升，主要湖泊生态环境稳中趋好。

（三）主要指标。到2020年，全省长江、珠江流域水质优良（达到或优于Ⅲ类）比例分别达到93.2%以上和100%，地级城市建成区黑臭水体控制在10%以内，地级城市集中式饮用水水源水质达到或优于Ⅲ类比例高于96.4%，洞庭湖水质除总磷达到Ⅳ类外，其他指标达到Ⅲ类，地下水质量考核点位水质级别保持稳定。全省用水总量力争控制在350亿立方米以内，万元工业增加值用水量下降到54立方米以下。灌区农田灌溉水有效利用系数平均提高到0.54以上。

二、推进水环境污染防治

（一）狠抓工业污染防治

全面排查装备水平低、环保设施差的“十小”工业企业。加快取缔不符合国家产业政策的小型造纸、制革、印染、染料、炼焦、炼硫、炼砷、炼油、电镀、农药等严重污染水环境的生产项目，2016年底前，全面取缔“十小”企业。（省环保厅牵头，省经信委、省国土资源厅、省能源局等参与，市州、县市区人民政府负责落实。以下均需市州、县市区人民政府落实，不再列出）

专项整治“十大”重点行业。制定造纸、焦化、氮肥、有色金属、印染、农副食品加工、原料药制造、制革、农药、电镀等行业专项治理方案，实施清洁化改造。新建、改建、扩建上述行业建设项目实行主要污染物排放等量或减量置换。2017年底前，造纸行业力争完成纸浆无元素氯漂白改造或采取其他低污染制浆技术，钢铁企业焦炉完成干熄焦技术改造，氮肥行业尿素生产完成工艺冷凝液水解解析技术改造，印染行业实施低排水染整工艺改造，制药（抗生素、维生素）行业实施绿色酶法生产技术改造，制革行业实施铬减量化和封闭循环利用技术改造。（省环保厅牵头，省经信委、省国资委、省有色金属管理局等参与）

集中治理工业集聚区水污染。开展环境保护大检查，对大检查中发现的环境问题，列出清单制定综合整改方案。集聚区内工业废水必须经预处理达到集中处理要求，方可进入污水集中处理设施。新建、升级工业集聚区，应同步规划和建设污水、垃圾集中处理等污染治理设施。2017年底前，工业集聚区要按规定和实际建成污水集中处理设施，并安装自动在线监控装置；逾期未完成的，一律暂停审批和核准其增加水污染物排放的建设项目，并依照有关规定撤销其园区资格。（省环保厅牵头，省发改委、省经信委、省商务厅等参与）

（二）强化城镇生活污染治理

加快城镇污水处理设施建设与改造。重要水源地、城市内湖、景观水系、水环境敏感区域等重点水域的城镇污水处理设施要于2017年底前全面达到一级A排放标准。长株潭两型社会建设试验区、衡邵干旱走廊和地级城市要加快建设再生水利用设施，各县市区要积极推进污水再生利用。加强现有城镇生活污水处理厂运营维护与管理，保障污水处理厂持续运行和稳定达标。2017年底前，县以上城镇污水处理率达到95%以上，污水再生利用率达到10%以上。到2020年，污水再生利用率达到15%以上，全省所有县市区和重点镇具备污水收集处理能力。（省住房城乡建设厅牵头，省发改委、省环保厅等参与）

全面加强配套管网建设。强化城中村、老旧城区和城乡结合部污水截流、收集。现有合流制排水系统应加快实施雨污分流改造，难以改造的，应采取截流、调蓄和治理等措施。新建污水处理设施的配套管网要同步设计、同步建设、同步投运。到2016年底前，40%以上的县以上城镇完成雨污分流。到2017年，长沙市建成区污水基本实现全收集、全处理，其他县级及以上城市建成区到2020年底前基本实现污水全收集、全处理。（省住房城乡建设厅牵头，省发改委、省环保厅等参与）

推进污泥处理处置。污水处理设施产生的污泥应进行稳定化、无害化和资源化处理处置。非法污泥堆放点一律予以取缔。现有污泥处理处置设施要于2017年底前基本完成达标改造，地级城市污泥无害化处理处置率要于2020年底前达到100%。（省住房城乡建设厅牵头，省发改委、省环保厅、省农委等参与）

加强生活垃圾处理。实行城乡环卫一体化，建设覆盖城乡的垃圾收转运体系和垃圾分类收集系统。完善生活垃圾处理设施建设、运营和排放监管体系，提高垃圾处理监管能力。到2016年底前，县以上城镇生活垃圾无害化处理率达到95%以上，40%以上的县市区建成覆盖城乡的垃圾收转运体系。到2020年，生活垃圾资源化利用率达到30%以上，长株潭城市群达到60%以上，60%以上的县市区建成覆盖城乡的垃圾收转运体系。大力推进垃圾焚烧发电或水泥窑协同处置，实现生活垃圾的减量化、资源化。（省住房城乡建设厅牵头，省环保厅、省发改委等参与）

（三）推进农业农村污染防治

防治畜禽养殖污染。科学划定畜禽养殖禁养区，2016年底前，各县市区完成畜禽养殖污染防治规划编制和禁养区划定划分工作。2017年底前，依法关闭或搬迁禁养区内的畜禽养殖场（小区）和养殖专业户。现有规模化畜禽养殖场（小区）要根据污染防治需要，配套建设粪便污水贮存、处理、利用设施。散养密集区要实行畜禽粪便污水分户收集、集中处理利用。2016年底前，全面完成存栏生猪5000头以上规模养殖场的标准化改造；2018年底前，全面完成适养区内存栏生猪500头以上规模养殖场的标准化改造；自2016年起，新建、改建、扩建规模化畜禽养殖场（小区）实施雨污分流，粪便污水和病死畜禽等有机废弃物实现资源化利用。（省农委牵头，省环保厅等参与）

控制农业面源污染。制定实施农业面源污染综合防治方案。敏感区域和大中型灌区，利用现有沟、塘、窖等，配置水生植物群落、格栅和透水坝，建设生态沟渠、污水净化塘、地表径流集蓄池等设施，净化农田排水及地表径流。到2020年，在全省农业面源污染严重地区等敏感区域和大中型灌区，建设200个农业面源污染防治工程。推广低毒、低残留农药使用补助试点经验，开展农作物病虫害绿色防控和统防统治。实行测土配方施肥，推广精准施肥技术和机具。完善高标准农田建设、土地开发整理等标准规范，新建高标准农田要达到环保要求。到2020年，主要农作物测土配方施肥技术推广覆盖率达到90%以上，化肥施用量减少2公斤/亩，利用率提高到40%以上，农作物病虫害统防统治覆盖率达到40%以上，生物农药替代化学农药比率达20%以上。灌区农田灌溉水有效利用系数平均提高到0.54以上。（省农委牵头，省发改委、省经信委、省国土资源厅、省环保厅、省水利厅、省质监局等参与）

调整农业结构。优化产业布局，实现种养结合、生态平衡，发展循环绿色农业。在全省786万亩天水田、高岸田等干旱灌溉型耕地中部分实施改种经济作物或退耕、休耕。（省农委牵头，省水利厅、省发改委、省国土资源厅等参与）

加快农村环境综合整治。以整县推进为主要方式，开展农村饮用水水源地保护、生活污水处理、垃圾处置、畜禽养殖污染整治、农村面源污染防治，提高农村生态文明建设水平。到2020年，实现农村环境综合整治全省域覆盖，集雨区范围内的村庄，饮用水卫生合格率达到95%以上，生活污水处理率达到70%以上，生活垃圾定点存放清运率100%，生活垃圾无害化处理率达到80%以上，畜禽粪便综合利用率达到80%以上；其他村庄，饮用水卫生合格率达到90%以上，生活污水处理率达到60%以上，生活垃圾定点存放清运率100%，生活垃圾无害化处理率达到70%以上，畜禽粪便综合利用率达到70%以上。（省环保厅牵头，省农委、省发改委、省住房城乡建设厅、省水利厅等参与）

加强养殖水域污染防治。合理规划水产养殖布局和规模，制定重点湖库和水域养殖规划，对不符合养殖规划的网箱养殖开展专项整治和清退。2020年底前，水产健康养殖水平提高2%，完成40万亩池塘标准化生态化改造。建立健全渔业生态补偿机制，逐步修复流域水生生物生态；组织开展区域性和流域性渔政联合“打非治违”、洞庭湖矮围网围整治等专项行动。（省农委牵头，省环保厅、省水利厅、省公安厅、省国土资源厅等参与）

开展河塘清淤疏浚。按照相关规划要求，在农村地区开展河道、小塘坝、小水库的清淤疏浚、岸坡整治、河渠连通等集中整治，建设生态河塘，提高农村地区水源调配能力、防灾减灾能力、河湖保护能力，改善农村生活环境和河流生态。（省水利厅牵头，省环保厅、省交通运输厅、省农委、省林业厅参与）

（四）加强高速公路、船舶、港口污染控制

加强高速公路服务区污染治理。2016年底前，湘江流域所有高速公路服务区建成污水收集处理设施并稳定达标排放。2017年底前，全省所有高速公路服务区建成污水收集处理设施并稳定达标排放。（省交通运输厅牵头，省环保厅等参与）

积极治理船舶污染。依法强制报废超过使用年限的船舶。严格执行船舶污染物排放标准，限期淘汰不能达到污染物排放标准的船舶，严禁新建不达标船舶进入运输市场。规范拆船行为，禁止冲滩拆解。自2017年1月1日起，禁止生活污水排放达不到要求的内河运输船舶以及单壳化学品船、600载重吨以上的单壳油船进入湘江、沅水及洞庭湖水域航行，停止此类船舶的检验和营运手续。（省交通运输厅牵头，省经信委、省环保厅、省质监局等参与）

增强港口码头污染防治能力。编制实施全省港口、码头、装卸站污染防治方案。加快垃圾接收、转运及处理处置设施建设，提高含油污水、化学品洗舱水等接收处置能力及污染事故应急能力。位于内河的港口、码头、装卸站及船舶修造厂于2020年底前达到建设要求。港口、码头、装卸站的经营人应制定防治船舶及其有关活动污染水环境的应急计划。（省交通运输厅牵头，省经信委、省住房城乡建设厅、省农委等参与）

（五）加强水电站、航电枢纽河面垃圾清理

各级人民政府要按照属地管理原则督促所辖区域内水电站、航电枢纽等拦河工程，配套保洁设施设备及打捞人员，定期清理打捞河面垃圾并转运到所在城镇垃圾处理站点进行处理，严禁非行洪时期向下冲泄垃圾。（省水利厅牵头，省交通运输厅等参与）

三、推动经济结构转型升级

（一）调整产业结构

依法淘汰落后产能。积极推进全省工业行业化解过剩产能工作，依法实施淘汰落后产能，未完成淘汰任务的地区，暂停审批和核准其相关行业新建项目。对“三高”企业严格执行差别电价和惩罚性电价，引导、督促企业运用新技术、新工艺。（省经信委牵头，省发改委、省环保厅、省国资委、省有色金属管理局等参与）

严格环境准入。根据流域水质目标和主体功能区规划要求，明确区域环境准入条件，细化功能分区，实施差别化环境准入政策。严格钢铁、水泥、电解铝、平板玻璃、船舶等产能严重过剩行业新增产能项目审核。建立水资源、水环境承载能力监测评价体系，实行承载能力监测预警。2020年底前，组织完成市、县域水资源、水环境承载能力现状评价。（省环保厅牵头，省经信委、省住房城乡建设厅、省水利厅等参与）

（二）优化空间布局

合理确定发展布局、结构和规模。按照全省国土空间环境功能区布局，实施差别化的区域开发管理政策。着力推进产业集中集聚发展，开展《湖南石化化工产业规划布局方案》《湖南有色产业规划布局方案》《湖南省长江经济带产业集群发展规划》等编制工作，积极推动重点产业布局调整和转型升级。（省发改委牵头，省经信委、省国土资源厅、省环保厅、省住房城乡建设厅、省水利厅等参与）

推动敏感区域污染企业退出。城市建成区内现有钢铁、有色金属、造纸、印染、原料药制造、化工等污染较重的企业应有序搬迁改造，饮用水水源保护区等敏感区域内污染企业依法关闭。按照《株洲市清水塘老工业区搬迁改造实施方案》完成清水塘老工业区污染企业搬迁工作。（省发改委牵头，省经信委、省环保厅、省国资委、省有色金属管理局等参与）

积极保护生态空间。严格城市规划蓝线管理，城市规划区范围内应保留一定比例的水域面积。（省住房城乡建设厅牵头）将生态保护红线纳入土地利用总体规划编制与实施管理的全过程。（省国土资源厅牵头）编制县级以上城市水利规划。严格水域岸线用途管制。加强相关规划的衔接，留足河道、湖泊的管理和保护范围，水域和保护范围不得违规占用。（省水利厅牵头，省住房城乡建设厅、省环保厅、省国土资源厅、省林业厅、省交通运输厅等参与）

（三）推进循环发展

加强工业水循环利用。推进矿井水综合利用，煤炭矿区的补充用水、周边地区生产和生态用水应优先使用矿井水，加强洗煤废水循环利用。鼓励钢铁、纺织印染、造纸、石油石化、化工、制革等高耗水企业废水深度处理回用。（省经信委牵头，省发改委、省环保厅、省水利厅等参与）

开展海绵城市建设试点。建成2–3个海绵城市，总结工作成果，形成可复制的经验，在全省范围进行推广。2018年底前，试点城市再生水利用率不低于20%（含中水利用和雨水利用）；每千平方米硬化面积配建容积不小于30立方的雨水调蓄设施。（省住房城乡建设厅牵头，省环保厅、省财政厅、省水利厅等参与）

开展水生态文明城市试点。全面完成长沙市、株洲市、郴州市、凤凰县、芷江县等5个国家级水生态文明城市试点建设，并在条件适宜的市州开展省级水生态文明示范县城或乡镇、村建设。（省水利厅牵头，省发改委、省财政厅、省住房城乡建设厅、省国土资源厅、省环保厅等参与）

四、节约保护水资源

（一）控制用水总量

实施最严格水资源管理。健全取用水总量控制指标体系。省水利厅会同有关部门完成全省各市、县级行政区用水总量控制指标体系建设并层层分解。实施取用水总量控制。对取用水总量接近控制指标的地区，限制审批建设项目新增取水许可；对取用水总量已达到或超过控制指标的地区，暂停审批建设项目新增取水许可。对纳入取水许可管理的单位和其他用水大户实行计划用水管理。各地要严格执行下达的年度取水计划，到2020年，全省用水总量控制在350亿立方米以内。（省水利厅牵头，省住房城乡建设厅、省经信委等参与）

实行水资源论证。国民经济和社会发展总体规划以及城市总体规划的编制、重大建设项目的布局，要充分考虑当地水资源条件和防洪要求，加强相关规划和项目建设布局水资源论证工作。新建、改建、扩建项目用水达到行业先进水平，节水设施与主体工程同时设计、同时施工、同时投运。（省水利厅牵头，省发改委、省经信委、省住房城乡建设厅、省农委、省环保厅等参与）

严控地下水超采。严格控制开采深层承压水，地热水、矿泉水开发应严格实行取水许可和采矿许可。（省国土资源厅牵头）编制全省地下水开发利用综合规划。依法规范机井建设管理，排查登记已建机井，未经批准的和公共供水管网覆盖范围内的自备水井，一律予以关闭。2017年底前，完成地下水禁采区、限采区和地面沉降控制区范围划定工作。（省水利厅牵头，省国土资源厅、省发改委、省经信委、省财政厅、省住房城乡建设厅、省农委等参与）

（二）提高用水效率

建立万元国内生产总值水耗指标等用水效率评估体系。将万元工业增加值用水量和农田灌溉水有效利用系数纳入省人民政府对市州人民政府政绩考核内容。将再生水、雨水等非常规水源纳入水资源统一配置。到2020年，全省万元工业增加值用水量下降到54立方米以下。（省水利厅牵头，省发改委、省经信委、省住房城乡建设厅等参与）

抓好工业节水。开展节水诊断、水平衡测试、用水效率评估，严格用水定额管理。严格执行《湖南省用水定额》（DB43T388–2014），对全省20个行业63种产品实施强制性用水定额标准。（省水利厅牵头）到2020年，电力、钢铁、纺织、造纸、石油石化、化工、食品发酵等高耗水行业达到先进定额标准。（省经信委牵头，省水利厅、省发改委、省住房城乡建设厅、省质监局等参与）

加强城镇节水。严厉查处生产、销售不合格的节水产品、设备，督促企业落实产品质量主体责任，生产、销售符合节水标准的产品、设备。公共建筑必须采用节水器具，限期淘汰公共建筑中不符合节水标准的水嘴、便器水箱等生活用水器具。鼓励居民家庭选用节水器具。对使用超过50年和材质落后的供水管网进行更新改造，到2017年，全省公共供水管网漏损率控制在12%以内；到2020年，地级以上缺水城市达到国家节水型城市标准要求，公共供水管网漏损率控制在10%以内。积极推行低影响开发建设模式，建设滞、渗、蓄、用、排相结合的雨水收集利用设施。新建城区硬化地面，可渗透面积要达到40%以上。（省住房城乡建设厅牵头，省发改委、省经信委、省水利厅、省质监局等参与）

发展农业节水。继续加强农田水利建设，大力推进塘堰整修、扩容、清淤、防渗和塘堤加固工程，建设现代高效节水工程设施。在湘西、湘中、湘南部分没有灌溉条件的丘陵山区坡耕旱土和园地，实行坡地改水平梯土，修建集雨池、集雨窖等微小型集雨蓄水设施。在旱地农业上示范推广土壤深耕、聚垄分厢、覆盖保墒、间作套种等综合节水种植技术，积极推进旱地农业综合技术示范区创办。到2020年，基本完成大型灌区、重点中型灌区续建配套和节水改造任务，改善农田灌溉面积2185万亩，完成1821万亩高标准农田建设。（省农委牵头，省水利厅、省发改委、省财政厅等参与）

（三）科学保护水资源

完善水资源保护考核评价体系。根据《湖南省水功能区划（修编）》加强水功能区监督管理，从严核定334个水功能区水域纳污能力。（省水利厅牵头，省发改委、省环保厅等参与）

加强江河湖库水量调度管理。结合长江三峡枢纽和“四水三口”现有水利设施，完善水量调度方案。采取闸坝联合调度、生态补水等措施，合理安排闸坝下泄水量和泄流时段，维持河湖基本生态用水需求，重点保障枯水期生态基流。加大水利工程建设力度，发挥好控制性水利工程在改善水质中的作用。（省水利厅牵头，省环保厅、省农委等参与）

五、保障水生态环境安全

（一）保障饮用水水源安全

从水源到水龙头全过程监管饮用水安全。2016年底前，完成县级及以上集中式饮用水水源保护区修订和完善，完成日供水量1000吨或服务人口10000人以上的集中式饮用水水源保护区的划分；2017年底前，完成全部1000人以上集中式饮用水水源保护区划分。对生活饮用水集中式供水单位供水水质按国家相关要求进行行业自检和监督监测，2016年起，地级及以上城市市政供水安全状况由当地政府按国家要求每季度进行公开，自2018年起所有县级及以上城市市政供水安全状况由当地政府按国家要求每季度进行公开。（省环保厅牵头，省住房城乡建设厅、省水利厅、省卫生计生委等参与）

强化饮用水水源环境保护。开展饮用水水源规范化建设，依法清理饮用水水源保护区内违法建筑和排污口，清除饮用水水源一级保护区内与供水无关的建设项目，取缔二级保护区内污染型建设项目。（省环保厅牵头，省发改委、省财政厅、省住房城乡建设厅、省水利厅、省卫生计生委等参与）

加快城乡供水水源工程建设。加快农村安全饮水巩固提升工程建设，进一步提高农村安全饮水保障程度和质量。单一水源供水的地级城市应于2020年底前基本完成备用水源或应急水源建设。公布全省饮用水源地名录，制定并实施县级以上城镇重要水源地保护规划，争取全省国家级重要水源地由目前的6个增加至20个以上，确保全省地级市供水水源地均列为国家级重要水源地。（省水利厅牵头，省发改委、省财政厅、省国土资源厅、省卫生计生委等参与）

加强良好水体保护。已纳入《水质较好湖泊生态环境保护总体规划（2013–2020）》（环发〔2014〕138号）的东江湖、水府庙水库等14个湖（库）要制定并实施生态环境保护方案，按期完成污染防治任务。（省环保厅牵头，省发改委、省财政厅、省农委、省水利厅、省林业厅等参与）

防治地下水污染。定期调查评估集中式地下水型饮用水水源补给区等区域环境状况。石化生产存贮销售企业和工业园区、矿山开采区、垃圾填埋场等区域应进行必要的防渗处理。加油站地下油罐应于2017年底前全部更新为双层罐或完成防渗池设置。报废矿井、钻井、取水井应实施封井回填。制订地下水污染场地清单，积极推进地下水修复治理试点工作。（省环保厅牵头，省国土资源厅、省水利厅、省住房城乡建设厅、省商务厅等参与）

（二）深化重点流域、区域污染防治

建立洞庭湖水环境综合治理管理体系。在国务院批复的《洞庭湖生态经济区规划》框架内，进一步严格环境论证，调整优化产业结构和布局。科学制定实施《洞庭湖生态经济区水环境综合治理实施方案》，突出保障水资源，防治水污染、修复水生态、维护水安全，加大全流域整治工作力度。进一步健全生态环境监测网络体系，加强湖区及四水入湖水质监测。加强水资源、水环境统筹分析，积极开展水文情势变化、水环境质量与容量等研究，推进科学治水。（省环保厅牵头，省发改委、省经信委、省财政厅、省住房城乡建设厅、省水利厅等参与）

继续推进湘江保护和治理“一号重点工程”第二个、第三个“三年行动计划”。深入实施产业结构调整、工业污染源控制、历史遗留污染治理、城镇生活污水垃圾治理、农业农村面源污染治理，基本完成株洲市清水塘及周边地区、衡阳市水口山及周边地区、娄底市锡矿山地区、湘潭市竹埠港及周边地区、郴州市三十六湾等重点区域污染综合整治，全面提升湘江生态环境保护水平。（省环保厅牵头，省发改委、省经信委、省国土资源厅、省住房城乡建设厅、省农委、省水利厅、省有色金属管理局等参与）

（三）整治城市黑臭水体

采取控源截污、垃圾清理、清淤疏浚、生态修复等措施，加大城市黑臭水体治理力度，每半年向社会公布治理情况。地级城市建成区要按要求及时完成水体排查，公布黑臭水体名称、责任人及达标期限；到2017年底前确保全省城镇段河道保洁责任机制逐步建立、县城以上城区段河面垃圾有专人清理，实现水面无大面积漂浮物，河岸无垃圾，无违法排污口；到2020年底前完成黑臭水体治理目标。长沙市建成区到2017年底前基本消除黑臭水体。（省住房城乡建设厅牵头，省环保厅、省水利厅、省农委等参与）

（四）保护水和湿地生态系统

加强河湖水生态保护。编制实施《生态红线湿地资源管理实施方案》，确保全省1530万亩湿地面积不减少。通过建设国家湿地公园、湿地类型自然保护区、湿地保护小区等形式，完善全省湿地保护体系，确保重点生态功能区得到有效保护；开展湿地保护与修复，逐步恢复湿地生态功能。坚持造林绿化，提高水源涵养功能。强化江河两岸、湖库周围等水源涵养林区生态公益林保护、管护。以“裸露山地”造林绿化等为重点，大力推进植树造林，实施退耕还林工程。（省林业厅牵头，省环保厅、省财政厅、省国土资源厅、省住房城乡建设厅、省水利厅、省农委等参与）

加强湘、资、沅、澧四水源头生态保护。科学划定生态功能分区和生态保护红线，确保湘、资、沅、澧源头水质不下降。通过实施生态保护、生态修复、污染防治等项目，实现湘、资、沅、澧源头水质优于或达到Ⅲ类水质要求。（省发改委牵头，省环保厅、省林业厅、省财政厅、省国土资源厅、省住房城乡建设厅、省水利厅、省农委等参与）

六、严格环境执法监管

（一）完善法规标准

加快推进地方环境立法。根据国家立法进程和我省实际，加快地方环境法规规章的制（修）订步伐。按照立法计划推动出台《湖南省水资源管理条例》《湖南省饮用水水源保护条例》，推进《湖南省环境保护条例》和《湖南省水污染防治条例》修订工作，研究推动制定《洞庭湖水环境保护条例》。（省政府法制办牵头，省发改委、省经信委、省国土资源厅、省环保厅、省住房城乡建设厅、省交通运输厅、省水利厅、省农委、省卫生计生委等参与）

完善标准体系。加快推进严于国家标准的地方环境标准体系建设，制定出台重污染行业和特色行业污染物排放地方标准，进一步提高重点流域和敏感区域水污染物排放标准要求。（省质监局牵头，省发改委、省环保厅、省经信委、省国土资源厅、省住房城乡建设厅、省水利厅、省农委等参与）

（二）加大执法力度

加强企业监管。重点排污单位应按要求安装特征污染物在线监控设施。所有排污单位必须依法实现全面达标排放。坚持日常监管和专项整治相结合，积极开展各类环保专项行动。定期发布企业环境行为信用评价结果，重点加强重污染企业的监管，责令“黄牌”企业限期整改，挂牌督办“红牌”企业，对整改后仍不符合要求的，依法暂扣、吊销排污许可证，并实施关闭。（省环保厅负责，省经信委、省国资委、省有色金属管理局等参与）

加强环境行政执法与刑事司法部门协作。强化环保、公安、法院和检察院等部门和单位协作，健全环保行政执法与刑事司法衔接配合机制，完善案件移送、受理、立案、通报等规定。充分发挥“三级联查”（国家督查、省级巡查、市县检查）作用，加强省、市环保部门对基层环保部门监督执法工作的检查指导。（省环保厅牵头，省经信委、省公安厅、省法院、省检察院等参与）

严厉打击环境违法行为。常态性地开展“有计划、全覆盖、规范化”的环境保护执法检查，重点打击私设暗管或利用渗井、渗坑、溶洞排放、倾倒含有毒有害污染物废水、含病原体污水，监测数据弄虚作假，不正常使用水污染物处理设施，或者未经批准拆除、闲置水污染物处理设施等环境违法行为。对造成生态损害的责任者严格落实赔偿制度。严肃查处建设项目环境影响评价领域越权审批、未批先建、边批边建、久试不验等违法违规行为。对构成犯罪的，要依法追究刑事责任。（省环保厅牵头，省公安厅等参与）

（三）提升监管水平

完善水环境监测网络。加强环境监测标准化建设，全面提升水环境监测能力与水平，根据国家统一规划，形成覆盖全省的省、市、县三级水环境监测网络。提升饮用水水源水质全指标监测、水生生物监测、地下水环境监测、化学物质监测及环境风险防控技术支撑能力。（省环保厅牵头，省发改委、省国土资源厅、省住房城乡建设厅、省交通运输厅、省水利厅、省农委等参与）

完善水资源监控系统。制定并实施《湖南省水资源监控能力建设规划》，对全省重点工业、企业取用水户实施在线监控，对全省重要饮用水源地、大中型灌区及典型小型灌区、年排污量在300万吨以上的入河排污口实施在线监控，对全省334个水功能区、国家地下水监测工程确定的地下水监测点以及全省水资源调度控制节点水量实施监测和监控。（省水利厅牵头，省发改委、省财政厅、省经信委、省统计局参与）

提高环境监管能力。推进环境监察执法能力、环境应急能力标准化建设，加强环境监测、环境监察、环境应急等专业技术培训，严格落实执法、监测等人员持证上岗制度。全面加强县级环境监察能力建设，具备条件的乡镇（街道）及工业园区要配备必要的环境监管力量。各市州、县市区应自2016年起实行环境监管网格化管理。（省环保厅负责）

（四）严格环境风险控制

防范环境风险。定期评估沿江河湖库工业企业、工业集聚区环境和健康风险，落实防控措施。评估现有化学物质环境和健康风险，根据国家公布的优先控制化学品名录，对高风险化学品生产、使用进行严格限制，并逐步淘汰替代。（省环保厅牵头，省经信委、省卫生计生委、省安监局等参与）

稳妥处置突发水环境污染事件。各市州、县市区人民政府制定和完善突发环境事件和饮用水水源地突发环境事件应急预案。落实责任主体，明确预警预报与响应程序、应急处置及保障措施等内容，依法及时公布预警信息。依据国家相关规定，工业企业要进一步加强风险防控和突发环境事件应急处理处置能力。（省环保厅牵头，省住房城乡建设厅、省水利厅、省农委、省卫生计生委等参与）

七、增强市场机制作用

（一）完善价费和税收政策

加快水价改革。县级及以上城市应于2016年底前全面实行居民阶梯水价制度，具备条件的建制镇也要积极推进。2020年底前，全面实行非居民用水超定额、超计划累进加价制度。深入推进农业水价综合改革。（省发改委牵头，省财政厅、省住房城乡建设厅、省水利厅、省农委等参与）

完善收费政策。根据我省水污染状况及环境质量水平，逐步提高除化学需氧量、氨氮和铅、汞、铬、镉、类金属砷之外的污染物排污费收费标准。完善水资源费、污水处理费征收随水价联动机制。合理提高城镇污水处理费、水资源费征收标准，做到应收尽收。地下水资源费征收标准应高于地表水。（省发改委牵头，省财政厅、省环保厅、省住房城乡建设厅、省水利厅、省经信委等参与）

健全税收政策。依法落实环境保护、节能节水、资源综合利用等方面税收优惠政策。根据国家要求，将部分高耗能、高污染产品纳入消费税征收范围。（省财政厅牵头，省税务局、省发改委、省经信委、省商务厅、省质监局、长沙海关等参与）

（二）促进多元融资

引导社会资本投入。积极推动设立融资担保基金，推进环保设备融资租赁业务发展。推广股权、项目收益权、特许经营权、排污权等质押融资担保。采取设立环保产业基金、推行环境绩效合同服务、授予开发经营权益等方式，鼓励社会资本加大水环境保护投入。积极推广PPP模式，推行环境污染第三方治理。（省发改委牵头，省财政厅、省环保厅、省住房城乡建设厅、湖南银监局、湖南证监局、湖南保监局等参与）

加大财政支持力度。积极争取国家各类水环境保护专项建设补助资金，将水环境保护资金列入各级政府年度财政预算，建立动态增长机制，加强资金保障。各级人民政府要重点支持污水处理、污泥处理处置、河道整治、饮用水水源保护、畜禽养殖污染防治、水生态修复、应急清污等项目和工作。对环境监管能力建设及运行费用分级予以必要保障。（省财政厅牵头，省发改委、省环保厅、省住房城乡建设厅、省水利厅、省农委等参与）

（三）建立激励机制

健全节水环保“领跑者”制度。鼓励节能减排先进企业、工业集聚区用水效率、排污强度等达到更高标准，支持开展清洁生产、节约用水和污染治理等示范。根据《湖南省主要污染物排污权有偿使用和交易管理办法》规定，推行主要污染物排污权有偿使用和交易。（省发改委牵头，省经信委、省财政厅、省环保厅、省住房城乡建设厅、省水利厅等参与）

推行绿色信贷。积极发挥政策性银行等金融机构在水环境保护中的作用，重点支持循环经济、污水处理、水资源节约、水生态环境保护、清洁及可再生能源利用等领域。严格限制环境违法企业贷款。建立企业环境信用评价体系，构建守信激励与失信惩戒机制，环保、银行、证券、保险等方面加强协作联动。鼓励涉重金属、石油化工、危险化学品运输等高环境风险行业投保环境污染责任保险。（人民银行长沙中心支行、省发改委牵头，省经信委、省环保厅、省水利厅、湖南银监局、湖南证监局、湖南保监局等参与）

实施跨界水环境补偿。探索采取横向资金补助、对口援助、产业转移等方式，建立跨界水环境补偿机制，积极开展洞庭湖、武水流域和湘资沅澧四水流域生态补偿试点，推进全省生态环保转移支付改革。（省财政厅牵头，省发改委、省环保厅、省水利厅等参与）

八、强化环保科技支撑

（一）推广示范适用技术

加快技术成果推广应用。重点推广饮用水净化、节水、水污染治理及循环利用、城市雨水收集利用、再生水安全回用、水生态修复、畜禽养殖污染防治等适用技术。完善环保技术评价体系，加强环保科技成果共享平台建设，推动技术成果共享与转化。发挥企业的技术创新主体作用，推动水处理重点企业与科研院所、高等学校组建产学研技术创新战略联盟，示范推广控源减排和清洁生产先进技术。（省科技厅牵头，省发改委、省经信委、省环保厅、省住房城乡建设厅、省水利厅、省农委等参与）

（二）突破共性关键技术

围绕治水、环境监测与应急保障等重点环保领域的需求，整合科技资源，通过国家和省相关科技计划（专项、基金）等，加快研发重点行业废水深度处理、生活污水低成本高标准处理、污水除磷脱氮、湿地生物降解、重金属污水处理、饮用水微量有毒污染物处理、地下水污染修复、危险化学品事故和水上溢油应急处置等技术。开展水污染环境健康风险评估、新型污染物风险评价、水环境损害评估等研究。加强水生态保护、农业面源污染防治、水环境监控预警、水处理工艺技术装备等领域的国际交流合作。（省科技厅牵头，省发改委、省经信委、省国土资源厅、省环保厅、省住房城乡建设厅、省水利厅、省农委、省卫生计生委等参与）

（三）大力发展环保产业

加快发展水处理、农业面源污染治理、环境监测等环保装备和产品制造。大力创新环境污染第三方治理和研发、设计、制造、治理综合环境服务等模式。支持长株潭等有条件的地区整合产业链资源，打造集研发、设计、生产、运营于一体的环境治理装备制造、环境监测仪器制造和环境服务产业集聚区。（省环保厅牵头，省发改委、省财政厅、省科技厅、省经信委、省住房城乡建设厅、省水利厅等参与）

九、加强水环境管理和考核

（一）强化地方政府水环境保护责任

各市州、县市区人民政府是落实本实施方案的责任主体，要逐年确定分流域、分区域、分行业的重点任务和年度目标，不断完善政策措施，加大资金投入，统筹城乡水污染治理，强化监管，确保各项任务全面完成。（省环保厅牵头，省发改委、省财政厅、省住房城乡建设厅、省水利厅等参与）

强化环境质量目标管理。明确各类水体水质保护目标，逐一排查达标状况。根据国家要求，衡阳市、娄底市、长沙市、怀化市、常德市、岳阳市、益阳市要编制水体达标方案，将治污任务逐一落实到汇水范围内的排污单位，明确防治措施及达标时限，方案经市人民政府批准后报省环保厅备案，自2016年起，定期向社会公布。对水质不达标的区域实施挂牌督办，必要时采取区域限批等措施。（省环保厅牵头，省水利厅参与）

（二）加强协调联动

建立水污染防治工作协作机制，定期研究解决重大问题。根据《湖南省环境保护工作责任规定（试行）》，各有关部门要认真按照职责分工，切实做好水污染防治相关工作。省环保厅要加强统一指导、协调和监督，工作进展及时向省人民政府报告。（省环保厅牵头，省发改委、省经信委、省科技厅、省财政厅、省住房城乡建设厅、省水利厅、省农委等参与）

完善流域、区域协作机制。健全跨部门、区域、流域水环境保护议事协调机制，流域上下游各级政府、各部门之间要加强协调配合、定期会商，实施联合监测、联合执法、应急联动、信息共享。加强与重庆、贵州、湖北等省市的协调。（省环保厅牵头，省住房城乡建设厅、省交通运输厅、省水利厅、省农委等参与）

（三）完善水环境管理制度

深化污染物排放总量控制。完善污染物统计监测体系，将工业、城镇生活、农业、移动源等各类污染源纳入调查范围。选择对水环境质量有突出影响的总氮、总磷、重金属等污染物，研究纳入流域、区域污染物排放总量控制约束性指标体系。各市州要按照省人民政府规定削减和控制本行政区域重点水污染物排放总量，将控制指标分解落实到各县市区人民政府。严格控制污染物新增排放量，对超过重点污染物排放总量控制指标的地区，暂停审批新增重点水污染物排放总量的项目。（省环保厅牵头，省发改委、省经信委、省住房城乡建设厅、省水利厅、省农委等参与）

全面推行排污许可。依法核发排污许可证。2016年底前，全面完成国控重点污染源及排污权有偿使用和交易试点地区污染源排污许可证的核发工作，其他污染源于2017年底前完成。加强许可证管理，禁止无证排污或不按许可证规定排污。各类排污单位要严格执行环保法律法规和制度，加强污染治理设施建设和运行管理，开展自行监测，落实治污减排、环境风险防范等责任。（省环保厅负责）

（四）严格目标任务考核

省人民政府与各市州人民政府签订水污染防治目标责任书，分解落实目标任务，切实落实“一岗双责”。省人民政府对市州人民政府的水污染防治工作进行考核，考核结果向社会公布，并作为对领导班子和领导干部综合考核评价的重要依据。（省环保厅牵头，省委组织部参与）

对未通过年度考核、未完成水污染防治工作目标任务或者工作责任不落实的，要约谈市州人民政府及其相关部门有关负责人，提出整改意见，予以督促。对因工作不力、履职缺位等导致未能有效应对水环境污染事件的，以及干预、伪造数据和没有完成年度目标任务的，要依法依纪追究有关单位和人员责任。对不顾生态环境盲目决策，导致水环境质量恶化，造成严重后果的领导干部，要记录在案，视情节轻重，给予组织处理或党纪政纪处分，已经离任的也要终身追究责任。（省环保厅牵头，省委组织部、省监察厅参与）

十、强化公众参与和社会监督

（一）依法公开环境信息

综合考虑水环境质量及达标情况等因素，每年公布各市州水环境状况和排名。对水环境状况差的城市，经整改后仍达不到要求的，实施约谈或区域限批措施，并向社会公告。（省环保厅牵头，省发改委、省住房城乡建设厅、省水利厅、省卫生计生委等参与）

各市州人民政府要定期公布本行政区域内水环境质量状况。国家确定的重点排污单位应依法向社会公开其产生的主要污染物名称、排放方式、排放浓度和总量、超标排放情况，以及污染防治设施的建设和运行情况，主动接受监督。（省环保厅牵头，省发改委、省经信委等参与）

（二）加强社会监督

为公众、社会组织提供水污染防治法规培训和咨询，邀请其全程参与重要环保执法行动和重大水污染事件调查。公开曝光环境违法典型案件。健全举报制度，充分发挥“12369”环保举报热线和网络平台作用，限期办理群众举报投诉的环境问题。积极搭建公众参与环境保护平台，发挥湘江绿色卫士等环保志愿者的作用，引导社会公众和环保公益组织深入参与环境保护事务。积极推行环境公益诉讼。（省环保厅牵头，省民政厅参与）

（三）构建全民行动格局

树立“节水洁水，人人有责”的行为准则。加强宣传教育，把水资源、水环境保护和水情知识纳入国民教育体系，提高公众对经济社会发展和环境保护客观规律的认识。依托中小学节水教育、水土保持教育、环境教育等社会实践基地，开展环保社会实践活动。倡导绿色消费新风尚，开展环保社区、学校、家庭等群众性创建活动，推动节约用水，鼓励购买使用节水产品和环境标志产品。（省环保厅牵头，省政府新闻办、省教育厅、省住房城乡建设厅、省水利厅、省文化厅等参与）

总体成果篇

2015 年湖南县域经济发展报告

县域经济是全省经济的重要基础和支撑。2015 年，面对复杂多变的宏观经济环境和艰巨繁重的改革发展任务，湖南大力实施“四化两型”战略，积极推进县域经济转型升级，谋求特色发展，提升内在素质，全省县域经济实力明显增强，社会民生持续改善，发展成效较为显著。

一、当前县域经济发展特点

湖南县域包括 14 个市州的 98 个县市区。根据各县市区所处的地理区位、地域特点、资源优势，实际上已经形成了长株潭地区（含长株潭 12 个县域）、环洞庭湖地区（含常德、岳阳、益阳共 21 个县域）、大湘西地区（含邵阳、怀化、张家界和湘西自治州共 32 个县域）以及湘（中）南地区（含衡阳、娄底、永州和郴州共 33 个县域）四大板块。2015 年，县域行政区域面积 20.55 万平方公里，占全省的 97%；年末实有耕地面积 402.48 万公顷，占全省的 96.9%。常住人口达 5724.62 万人，占全省常住人口的 84.4%。“十二五”以来，湖南县域加快转变发展方式，加强基础设施建设，县域经济保持平稳、持续、健康发展的良好势头。

（一）综合实力稳步提高。2015 年,湖南县域实现地区生产总值 19854.35 亿元，接近 2 万亿元，占全省 GDP 比重 68.4%，2011-2015 年年均增幅达 11.2%。一是农业经济平稳发展。2015 年县域第一产业增加值达 3093.89 亿元，占县域 GDP 比重为 15.6%。重要大宗农产品生产稳定向好，农业基础地位进一步夯实。2015 年县域粮食产量、油料产量、猪肉产量和禽蛋产量为 3112.9 万吨、2385.1 万吨、551.8 万吨和 116.6 万吨，较 2010 年分别增长 0.6%、24.3%、4.4%和 20.5%。二是工业规模不断壮大。2015 年县域工业增加值 8618.25 亿元，2011-2015 年年均增长 13.4%。长株潭地区作为全省新型工业化的引领区，其 2015 年县域工业增加值达 3275.6 亿元，占长株潭县域 GDP 的比重高达 57.1%，较 2010 年提高了 3.4 个百分点。三是第三产业较快发展。2015 年县域第三产业增加值达 7066.83 亿元，占县域 GDP 的比重达 35.6%，较 2010 年提高 2.8 个百分点。

（二）经济效益明显提升。一是财政收入稳定增长。县域地方财政收入由 2010 年的 356.7 亿元增加到 2015 年的 920.5 亿元，占全省地方财政收入的比重提高了 3.7 个百分点；地方财政收入过 5 亿元的县市区由 2010 年的 16 个增加到 2015 年的 61 个。2015 年长株潭县域地方财政收入达 348.5 亿元，占全省县域地方财政收入的 38%。二是城乡收入持续增加。2015 年，全省县域城镇居民人均可支配收入达 23991 元,农村居民人均可支配收入为 11462 元，城乡收入差距由 2010 年的 2.6:1 缩小为 2.1:1。全省 98 个县域中有 61 个县市区城镇居民人均可支配收入超过 2 万元，50 个县市区农村居民人均可支配收入超过 1 万元，城乡居民生活进一步改善，加快实现小康步伐。

（三）增长动力较为强劲。一是投资稳步增长。“十二五”期间，湖南县域以项目为抓手，加快投资建设，发展后劲增强。“十二五”期间全省县域累计完成固定资产投资 5.88 万亿元，2015 年全省县域实现固定资产投资 17004.85 亿元，占全省固定资产投资的 65.5%。从结构来看，非国有投资占比较高，达 68.8%。在经济下行压力较大的情况下，长沙地区 4 个县域充分发挥投资的拉动作用，2015 年其固定资产投资达 3152.5 亿元，占全省县域固定资产投资的 18.5%。二是积极促进消费。各地充分挖掘消费潜力，培育消费市场，使消费成为支撑经济增长的内生动力。2015 年全省县域社会消费品零售总额达 6839 亿元，是 2010 年的 2.1 倍。其中，长沙地区县域保持较快增长，实现社会消费品零售总额 953 亿元，较上年增长 16.7%，增速高于全省 4.6 个百分点。三是城镇化进程加快推进。城镇作为集聚人口、资源、产业的大平台，是带动经济发展的“火车头”。“十二五”时期湖南县域城镇化发展迅速，2015 年末，全省县域城镇常住人口为 2499 万人，城镇化率达 43.7%，较 2010 年末提升了 8.6 个百分点。

（四）社会民生不断改善。一是社会保障继续加强。“十二五”时期，湖南积极推进城乡医疗、养老保险扩面提标，全面建成了覆盖城乡居民的社会保障体系。至 2014 年底,县域城镇基本医疗保险、城镇基本养老保险、新型农村合作医疗和新型农村社会养老保险参保人数分别为 924.6 万人、508.9 万人、5008.7 万人和 3122.2 万人，分别占全省的 72.9%、85%、96.7%和 96.5%。失业保险参保 214.3 万人，较 2010 年增加 41.5 万人。二是教育医疗全面发展。教育、医疗卫生财政投入稳定增长，2014 年全省县域教育支出达 509.95 亿元，医疗卫生支出 311.28 亿元，分别是 2010 年的 2.1 倍和 2.8 倍。2014 年，全省县域共有医疗卫生机构床位 24.5 万床，医疗卫生机构技术人员达 21.3 万人，较 2010 年分别增长 71.7%和 38.4%。

（五）特色县域亮点突出。为壮大县域经济实力，湖南省政府于2013年2月出台了《关于发展特色县域经济强县的意见》，创新财政扶持机制，培育特色产业，激活县域经济内生动力。2013年以来，省财政整合投入45.3亿元，分三批次在全省33个县市启动实施特色县域经济发展工程。其中，农副产品加工重点县10个，特色制造业重点县10个，文化旅游产业重点县13个。各重点县注重科学规划、坚持项目支撑、着力机制创新、强化组织保障，经济发展成效较为显著。据省农委资料显示，2015年33个县域经济重点县特色产业共实现产值3748亿元，增长11.6%。一是推进资源整合，打造区域优势特色产业。沅江、永兴、江华、双峰、安化、靖州、湘潭、涟源等县域以特色产业为中心，形成了一批具有较大经营规模和市场影响的园区；洞口、隆回县共享共建优质农产品生产基地、加工园区和农业服务体系，实现1+1大于2的特色农业产业优势；通道、永定、凤凰、新宁、新化等县域整合特色旅游资源，统一联合规划，交通互通、信息共享、线路共建，形成了一条大湘西区域特色旅游走廊。二是强化创新驱动，推进产业转型发展。2013–2015年，重点县新建和续建特色产业研发中心80多个，靖州医药茯苓、安化黑茶、永兴稀贵金属等研发水平领先全国。醴陵、常宁、临湘、江华等一批重点县与高等院校和科研院所实行产学研联合，开展关键技术攻关，掌握了一大批工业4.0高端制造技术，建设了一批高科技研发和质量检测平台。双峰农机、邵东小五金、云溪和临湘化工新材料、常宁铜压延、江华稀土有色金属等加工与制造业，通过内引外联、技术创新加快推进产业升级，步入健康发展的快车道。三是突出品牌和文化，引领消费升级。安化黑茶、加加酱油、临武鸭、东江鱼、湘潭湘莲、洞口雪峰蜜橘等重点县特色品牌的知名度和美誉度大幅提升，备受消费者青睐；张家界、凤凰、郴州东江湖等一批5A景区旅游业持续升温，靖州杨梅节、湘潭采莲节、新化梯田文化节、宜章杜鹃花节等旅游活动精彩纷呈，文化旅游品牌影响力日益增强。

二、县域经济发展中存在的问题

当前，湖南县域经济较快发展，但发展整体水平不高、地区发展不协调、产业结构层次偏低等情况仍较为突出。为适应经济新常态，推动县域经济可持续发展，需妥善应对存在的问题和矛盾。

（一）*整体实力有待增强*。一是综合竞争力较弱。2015年，湖南纳入县域经济考核范围的98个县市区，仅有长沙、浏阳、宁乡、醴陵四县（市）入围全国县域经济与县域基本竞争力百强县，排名依次分列为第8名、28名、39名和82名。与东部沿海省份相比总量相差较大，以江苏、山东、浙江省为例，分别有26个、21个、18个县（市）入围，三省占据了百强的半壁江山。二是经济规模偏小。2015年，湖南县域地区生产总值不到2万亿元，而江苏、山东两省县域地区生产总值均突破了4万亿元；湖南省只有长沙县、浏阳市和宁乡县地区生产总值突破了1000亿元，而江苏省有包括昆山、江阴、张家港、常熟在内的10个县（市）地区生产总值超过1000亿，其中昆山突破3000亿元，江阴、张家港、常熟地区生产总值超过2000亿元。三是城乡居民收入差距较大。尽管2015年全省县域城乡居民收入相对差距有所缩小，但是县域城乡居民收入的绝对差距仍较大。2015年县域城镇居民人均可支配收入达23991元,比农村居民人均可支配收入高12529元,是农村居民人均可支配收入的1.91倍。

（二）*区域间发展不平衡*。“十二五”期间，湖南县域经济发展的不平衡性较为突出。经济基础好、资源丰富的县市区发展速度较快，经济总量大、财政资金雄厚;而经济基础较差、资源匮乏的县市区发展速度偏慢，经济总量小、财力较为紧张。一方面，湖南入围2015年“全国百强”的四个县（市）均集中在长株潭地区；在湖南省县域经济综合实力排名前十位中，长株潭地区有6个，郴州市有3个，岳阳市有1个，9个市州均没有县（市）进入10强；另一方面，全省98个县域中有51个县市区列入国家、省扶贫工作重点县以及连片特困地区。2015年，51个扶贫工作重点县、连片特困地区县市区人均GDP为21538元，人均地方财政收入为1051元，分别是全省县域平均水平的62%和65.3%，是长沙地区县域平均水平的23.1%、20.7%；51个县市区城镇居民人均可支配收入19675元，比全省县域平均水平低4316元；农村居民人均可支配只有7709元，比全省县域平均水平低3753元。2015年，在全省98个县域中，GDP总量最大的长沙县为1168.34亿元，总量最小的古丈县为22.07亿元，两者相差51.9倍；人均GDP最高的长沙县为119597元，最低的桂东县为11912元，相差达9.04倍。

（三）*产业结构调整压力较大*。当前，县域经济发展肩负着壮大经济总量和优化发展质量双重任务，县域服务业发展相对滞后，经济转型面临攻坚。2015年，全省县域三次产业结构为15.6:48.8:35.6，呈现出“二三一”结构。虽然与2010年（19.1:48.3:32.6）相比，产业结构有所优化，但与全省相比，二产占比高4.2个百分点，三产占比低8.3个百分点；与全国平均水平相比，一产和二产占比分别高出6.6个和8.3个百分点，而三产占比低14.9个百分点。近年来由于受政策、机制、市场、地缘等诸多因素的制约，我省工业占GDP的比重虽然较高，但是工业整体实力还较弱，工业企业规模偏小，竞争力不强，与浙江、江苏等省相比有较大的差距。

三、对策及建议

（一）*积极探索发展新路径*。一是发展特色产业。因地制宜、扬长避短，按照“一镇一业，一村一品”的要求，把特色主导产业做大做强，推动县域发展。要合理开发农业、特产、矿产、旅游等各种资源和产业，发挥比较优势，突出抓好主导产业。鼓励地方龙头企业与中小企业开展协作配套，培育产业集群，形成较为完整的产业链经济，增强县域经济发展后劲。二是打造特色品牌。充分调动农户、龙头企业、区域性合作组织和各方面的积极性，培育特色品牌基地，加快农业产业化进程，综合运用经济、行政等手段，着力提高农产品的产品质量、市场占有率、科技水平、品牌知名度，集中力量扶持、发展一批具有湖南县域地方特色的农业名牌产品。三是培育特色城镇。立足湖湘山水资源，打造城水相依，城山相融的生态宜居城镇。一方面，深入开展边界口子镇建设，重点建设特色旅游平台、特色产业、特色市场和特色通道，促进边界县市投资增长、产业发展和区域合作。另一方面，以特色小镇建设为契机，到2020年，在全省重点培育100个左右产业特色鲜明、环境和谐宜居、文化传承鲜活、设施便捷完善、体制机制灵活的特色小镇。通过小镇建设与产业发展同步协调，促进美丽乡村建设，推动农民就地城镇化，实现农村加快发展。

（二）继续强化民生保障。一是推进基础设施建设。着眼于增强发展后劲，大力完善铁路、公路、航空、电力、水利等基础设施建设。例如，以完善路网结构加快交通基础设施建设为重点，为促进县域经济的发展提供良好的交通运输基础保障。加快农村水利建设，巩固扩大旱涝保收的灌溉网，继续推进小型农田水利重点县建设，“十三五”期间实现新增186.5万亩高效节水灌溉面积，全面完成规划剩余1821万亩高标准农田建设任务，加快解决农业灌溉“最后一公里”问题。二是改善县域公共服务。抓好最低生活保障、基本养老保险、城镇居民基本医疗保险和新型农村合作医疗等工作，进一步健全完善社会保障体系，协调发展教育、卫生、科技、文体、扶贫等社会各项社会事业，提高公共服务水平。切实减轻农民负担，努力解决农村看病难、农民子女上学难、切实降低农村初中辍学率等问题，落实被征地农民的合理补偿和社会保障政策。三是夯实脱贫攻坚基础。紧扣精准扶贫，县乡村层层签订责任状，层层落实责任；实行脱贫攻坚挂图作战，为湖南脱贫攻坚提供攻战指南、数据支撑；抓牢生产脱贫、劳务输出脱贫及异地扶贫搬迁等“七个一批”工程，实行项目化、台账化和动态管理，按质按量完成各项脱贫任务。

（三）大力推进产业转型升级。当前全省经济发展面临较大下行压力,转型升级是保持湖南经济稳定发展、提升发展质量的关键，而县域经济转型升级是经济发展方式转型升级的空间核心。一是加快发展现代农业。立足自身农业特色和现实基础,优化农业区域布局和农业产业结构,突出抓好粮食、生猪、蔬菜、特色种养四大产业建设;加快转变发展方式,推进土地整治、中低产田改造和高标准建设;完善农业服务体系,支持社会化服务组织、示范合作社加快发展,培育新型职业农民和农业职业经理人,支持农业自主创新增强内生动力。二是加快推动新型工业化。紧紧抓住新一轮产业变革信息化浪潮,选择基础条件好、技术含量高、发展潜力大的新兴产业作为发展重点,加快把战略性新兴产业培育成先导性、支柱性产业;结合湖南推进“四化两型”的战略部署，长株潭三市国家高新区和长沙国家经济开发区应带头发挥长株潭城市群“两型”社会建设综合配套改革试验区的优势，抓好“两型”示范工业园区建设，牢固树立绿色和低碳发展理念，突出低碳招商，打造低碳产业链，大力推进重点领域和关键环节的改革创新；以传统产业关键核心技术或主导产品为基点，发展一批拥有核心技术和自主知识产权的新兴产业链条，提升产业链条的附加价值，推动产业向高端、高效、高辐射方向发展，形成新战略性新兴产业集群。三是加快发展现代服务业。突出发展现代商贸物流、文化旅游、高端服务业等三大重点服务业,培育经济发展新引擎;鼓励技术创新、商业模式创新和服务产品创新,培育壮大服务业新兴产业和新型业态;优化提升商贸零售业、家庭服务业、房地产业等传统生活服务业,促进生活性服务业向精细和优质提升。

2015年湖南经济发展回顾及2016年展望

2015年，面对错综复杂的经济形势和艰巨繁重的改革任务，湖南省委、省政府带领全省人民认真贯彻落实党中央、国务院各项决策部署，把稳增长摆在更加突出的位置，着力促进“三量齐升”、推进“五化同步”，全省经济继续在合理区间运行。2016年，外部环境依然复杂严峻，国内市场需求不振，实体经济困难较多，下行压力仍然较大，要牢固树立和贯彻新的发展理念，进一步深化改革开放，加强创新创业，促进全省经济平稳健康发展。

一、2015年经济发展的主要特点

过去一年，全省积极适应和引领新常态，统筹做好稳增长、促改革、调结构、惠民生、防风险各项工作，经济发展总体呈现稳中有升、稳中有进的态势。

稳中有升的表现：

一是经济增速逐季回稳。2015年一季度、上半年、前三季度，全省地区生产总值分别增长8.4%、8.5%和8.7%，全年实现地区生产总值29047.2亿元，同比增长8.6%。农业生产平稳增长。全省粮食总产量达到600.6亿斤，比上年增加0.3亿斤。受市场价格回升拉动，生猪养殖逐渐回暖，生猪出栏下降2.3%，降幅比上半年收窄1.5个百分点。牛、羊出栏分别增长4.4%和3.5%，家禽出笼增长3.7%，蔬菜产量增长6.2%，水产品产量增长5.4%。第一产业增加值3331.6亿元，增长3.6%。工业增长初步企稳。全省规模工业在9月、10月、11月连续三个月保持7.8%的增幅后，12份继续平稳增长，全年增加值增长7.8%，初步呈现企稳迹象。第三产业持续向好。2015年，全省规模以上服务业实现营业收入2129.98亿元，增长13%。金融业发展持续较快，增加值增长20.6%；信息技术、租赁商务、文化娱乐等营利性服务业发展态势良好，增加值增长15.4%；房地产业增长7.6%，同比加快4.7个百分点。

二是内需增长总体平稳。投资止跌回稳。2015年，全省完成固定资产投资25954.3亿元，增长18.2%，增速虽比上年有所回落，但四季度以来项目建设进度加快，形成的实物工作量明显增多，增幅逐月回升，1—12月比1—9月提高0.8个百分点。消费稳中显旺。2015年，全省实现社会消费品零售总额12024亿元，增长12.1%；扣除价格因素实际增长12.2%，比上年快0.3个百分点。商品房销售面积增长17%，销售回暖有利于加快存量房去化速度，也拉动了相关消费较快增长，家电类、建筑及装潢材料类商品零售额分别增长16.1%和24.4%。

稳中有进的表现：

一是经济结构不断优化。工业结构继续优化。2015年，全省高加工度工业增加值增长8.7%，占规模工业的比重为37.2%，同比提高0.6个百分点；高技术产业增加值增长13.3%，占规模工业的比重为10.5%，提高0.2个百分点；六大高耗能行业增加值占比为30.3%，下降0.9个百分点；园区工业比重为61.5%，提高2.5个百分点。服务业比重明显提升。全省第三产业占GDP的比重为43.9%，同比提高1.7个百分点；文化和创意产业较快发展，增加值占GDP的比重超过5.7%；金融业增加值比重为4%，同比提高0.5个百分点。投资结构逐步向好。全省基础设施投资增长23.6%，民生投资增长26.2%，占全部投资的比重分别为23.9%和7.4%，同比提高1.1个和0.4个百分点；高新技术产业投资增长27%，占工业投资的比重为15.2%，提高6.3个百分点。消费结构稳步升级。全省家具类、通讯器材类、体育娱乐用品类、汽车类限额以上法人单位商品零售额分别增长19.7%、20.8%、33.2%和13.6%，延续了2014年以来的较好态势。

二是运行质量持续提升。企业效益保持增长。2015年，全省规模工业利润总额增长0.3%，高于上年4.1个百分点。其中，医药制造业利润增长13.9%，铁路船舶航空航天和其他运输设备制造业增长24.8%，计算机通信和其他电子设备制造业增长25.9%。财政收入增势较好。下半年以来，全省财政收入累计增速均稳定在10%以上。全年实现一般公共预算收入4008.1亿元，增长10.2%，比上年加快0.5个百分点。其中，地方财政收入2513.1亿元，增长11.1%。节能降耗成效明显。全省规模工业综合能源消费量为6060.1万吨标准煤，同比下降5.9%，低于同期规模工业增速13.7个百分点。万元规模工业增加值能耗0.58吨标准煤/万元，下降12.7%。环境治理力度加大。全省生态投资增长26.8%，比全部投资增速快8.6个百分点。县以上城镇污水处理率为92.3%，超过目标任务2.3个百分点；县以上城镇生活垃圾无害化处理率为99.2%，超过目标任务4.2个百分点。

三是新生动力不断成长。新产业加快培育。全省高新技术产业增加值增长17.8%，占GDP的比重为21.1%，同比提高2.1个百分点；电子信息、高技术服务、生物与新医药、新能源及节能、资源与环境等新兴领域分别增长22%、23.7%、24%、24.1%和33.8%。新产品比重提升。全省规模工业新产品产值增长29.7%，比总产值增速快22.6个百分点；占总产值的比重为17.8%，同比提高4.5个百分点。新业态发展较快。全省限额以上法人单位中，网上商店零售额增长56.7%，住宿业通过公共网络实现的客房收入增长43.4%，餐饮业通过公共网络实现的餐费收入增长90.4%。

四是民生保障继续加强。民生投入力度较大。全省一般公共预算支出增长13.3%，医疗卫生与计划生育、社会保障和就业、住房保障等民生领域支出得到重点保障，分别增长15.5%、18.8%和26.7%。居民收入较快增长。国家统计局湖南调查总队抽样调查显示，全省城镇居民人均可支配收入28838元，比上年增长8.5%；农村居民人均可支配收入10993元，比上年增长9.3%。重点民生项目顺利推进。全省新增城镇就业78.0万人。农村危房改造21.3万户，新增公共租赁住房20.1万套，城市棚户区改造27.8万套。解决农村715.6万人饮水不安全问题，新增管输天然气用户46.6万户。

二、经济发展面临的主要挑战

2015年，尽管全省经济发展总体稳定，但面临的环境约束依然较紧，结构性矛盾比较突出，需要解决的困难和问题不少，主要表现在：

一是工业运行困难较多。工业品市场需求持续低迷，工业生产者出厂价格涨幅连续44个月为负，短期内难以明显扭转。2015年，全省规模工业增加值增长7.8%，同比回落1.8个百分点。前10大行业中7个行业增速比上年回落，电子信息、通用设备制造、烟草制品、非金属矿物制品等重要产业降幅均超过4个百分点，支撑作用有所下降。企业经营成本仍然较高，规模工业每百元主营业务收入成本为83.58元，同比增加0.34元。汽车制造业产成品增长24.8%，非金属矿物制品、烟草制品等行业产成品增幅均超过20%。

二是楼市开发步伐较慢。2015年，在政府减少对房地产市场干预、放宽购房限制等政策的刺激下，全省房地产需求端转暖，但从存量房面积、投资额、新开工面积等供给端情况来看，房地产市场发展还在回调，后期不确定性仍然较大。全省商品房待售面积3309.54万平方米，相当于销售面积的52%；房屋施工面积增长2.1%，本年新开工面积下降20.7%，同比分别回落7.1个和11.7个百分点。

三是增长动力接续较弱。2015年，全省传统动力逐渐减弱，占全部投资51%的工业投资和房地产投资增速分别回落至16.8%和-9.4%，服装、鞋类、钢材等大宗出口商品增速分别回落212.6个、86.1个和56个百分点。与此同时，新生动力培育和发展虽快，但由于规模不大、占比偏低，尚不足以抵消传统动力减弱的影响，短期内经济增长动力接续存在较大困难。

四是转型升级任务较重。全省第一产业比重比全国高2.5个百分点，而第三产业比重比全国低6.6个百分点。工业内部结构中，重化工业占比偏高，六大高耗能行业占规模工业的比重超过30%，农副食品加工、有色、钢铁、煤炭等四大传统产业占比接近20%，烟草制品业受计划指标影响生产波动幅度较大，支柱行业如专用设备制造业市场需求急剧萎缩，其他部分支柱行业中过剩产能、落后产能仍然大量存在。

三、2016年经济形势的基本判断

当前，国内外经济形势依然复杂严峻，导致经济下行压力较大的因素依然存在，经济稳定发展的挑战依然较多；但也应看到，以下三大趋势不会发生明显改变，2016年湖南经济运行实现稳中有进具备较为有利的条件。

一是国际经济缓慢复苏的发展格局不会改变。当前，世界经济仍处于国际金融危机后的深度调整期，疲弱复苏态势持续，经济调整分化明显。2015年，发达国家中，欧盟28国、日本GDP分别增长1.8%和0.4%，均比2014年加快0.4个百分点；美国GDP增速为2.4%，与2014年持平。新兴市场国家中，俄罗斯与巴西经济增长面临严峻挑战，2015年GDP分别下降3.6%和3.8%；南非失业问题严重，而印度经济表现较为稳健。IMF预计2015年世界经济增长3.1%，比上年回落0.3个百分点。展望2016年，尽管发达国家尤其是美国和日本的国内需求呈现弱化态势，尚未摆脱债务危机的欧洲还在遭遇经济低速增长与通货紧缩的困扰，新兴市场经济复苏的预期也有所降低，但总体而言，世界经济仍将保持温和的复苏态势。IMF预计全球经济2016—2017年将有小幅度改善，2016年增长3.4%，2017年增长3.6%。

二是国内经济稳定发展的基本面不会改变。过去的一年，面对严峻复杂形势的考验，我国主动适应、引领发展经济新常态，加快新旧动力转换，保持了稳中有进、稳中有好的发展态势。2015年，最终消费对我国GDP的贡献达到60%以上，社会消费品零售总额增速连续11个月稳定在10%以上，消费稳增长的基础作用凸显。高技术产业增加值增长10.2%，比规模以上工业快4.1个百分点；在优惠政策的刺激下，新能源汽车生产增长1.6倍，工业机器人增长42%；实物商品网上零售额增长31.6%，远远高于社会消费品零售总额增速；平均每天登记注册的企业增加1.2万户，新产业新业态新动力加快成长。2016年，国家将实施积极的财政政策和稳健略偏宽松的货币政策，重点推进国有企业、财税体制、金融体制等重点领域改革，在适度扩大需求的同时，着力加强供给侧结构性改革。这些政策措施的实施，将有利于提高我国供给系统的质量和效率，增强持续增长动能，经济有望继续保持中高速增长态势。

三是湖南新动能加快集聚的态势不会改变。2015年，全省努力克服经济下行压力加大等不利因素影响，实现了经济的平稳较快发展。湖南经济发展的韧性好、潜力足、回旋余地大，为经济持续增长提供了良好支撑。更为重要的是，在主动适应和引领经济发展新常态过程中，湖南新增长点、新增长动能正在加快集聚，结构调整优化的前进步伐更趋有力，为2016年巩固稳中有进的发展态势创造了条件。2015年，全省文化、信息、旅游、健康等消费需求旺盛，文化娱乐体育健康类商品零售额增长14.1%，比限额以上批发零售业平均增速快4.3个百分点，新兴消费热点正在成长；网上商店商品零售额增长较快，新业态、新模式将带动经济向更高水平发展；规模工业中的计算机通信和其他电子设备制造业、医药制造业、印刷和记录媒介复制业增加值分别增长16.5%、16.4%和18.9%，新支撑格局加快形成。

四、促进经济平稳健康发展的对策建议

2016年是“十三五”和全面建成小康社会决胜阶段的开局之年，也是推进结构性改革的攻坚之年。要按照中央“五位一体”总体布局和“四个全面”战略布局要求，贯彻创新、协调、绿色、开放、共享的发展新理念，坚持稳增长、调结构、惠民生、防风险，协同推进“五化”同步发展，确保经济实现平稳健康发展。

（一）*突破薄弱环节强基础*。作为中部省份、后发地区，湖南经济发展不充分、不协调、发展水平不高的情况还比较突出，经济发展中还存在一些薄弱环节，需要继续加强。一是完善基础设施。投资仍是湖南经济增长的第一引擎，近3年投资对湖南经济增长的贡献率虽有所下滑，但仍稳定在62%以上，在民间投资意愿有所下降的背景下，基础设施投资的拉动作用尤为重要。要抓好“四张网”等基础设施投资，加快“最后一公里”水电气路、新一代信息、新能源汽车、城市地下管网、城际交通等建设，着力增加重大项目储备。二是扩大产业投资。2015年，全省实际利用外商直接投资中，第二产业比重由上年的64.1%下降到61.8%。要进一步出台引导政策，扩大轨道交通、3D打印、新能源、医药健康、生物育种等较有优势的重点领域投资，增强新材料、智能制造、云计算、文化创意、节能环保等新产业后劲，支持移动电子商务、租赁等新业态发展；加强产业园区管理，加大政策支持力度，提高项目集聚和产出效益。三是发展现代农业。湖南是农业大省，但还不是农业强省，弱质农业的状况没有得到根本改变。全省第一产业投资占全部投资的比重仅为3.5%，远低于11.5%的产业比重。大力推进“百千万”工程，加大农业投入，加快土地整治、中低产田改造和高标准农田建设，完善水利设施；加快农村土地承包经营权确权登记颁证，稳步推进农村各项改革，激发农村农业发展活力；加快调整农业结构，发展休闲农业、城市农业、创意农业等新业态，壮大农产品加工业，提高农业比较效益。

（二）*统筹供需两侧调结构*。当前湖南经济增长下行压力大，与供需两端结构调整仍未到位有关。一是加快供给结构优化。综合运用各类手段，加快淘汰过剩和落后产能，有序推进对不符合节能降耗、环保安全等标准，长期处于亏损状态企业实施清理；加大钢铁、有色、水泥、化工、机械等传统行业高端化、低碳化、智能化改造步伐，走差异化发展道路，帮助解决卷烟、汽车等行业库存偏高的困难，减少中介、物流、融资等费用，切实降低企业生产成本。二是促进居民消费升级。2015年，湖南消费对经济增长的贡献已上升到41.2%，但与全国60%以上的平均水平相比仍有较大差距。2016年国家更加注重供给侧改革，重视消费的拉动作用，全省城乡居民收入也有望保持较快增长。应围绕居民消费升级，进一步扶持壮大汽车、房产、文化旅游、教育卫生、电子信息、健康养老等领域新的支柱产业，拉长消费品工业、消费服务业两大“短腿”，夯实消费稳定增长的基础作用。三是增强创新驱动能力。2015年，湖南科技投入占财政支出的比重仅为1.2%，比全国平均水平低2个百分点以上。要实施一批重大科技项目，组建一批重点实验室，突破一批核心、关键技术，培养培育一批创新型领军人才和领军企业；构建新型技术创新及转化体系，加强自主知识产权保护，促进新技术、新工艺、新材料转化和应用。

（三）*推进新旧转换稳动力*。一是推动改革取得新突破。以经济体制改革为牵引，进一步深化行政审批和工商注册登记等制度改革，加快国有企业改革，有序推进农村改革，深化财税和投融资体制改革，不断优化资源配置，加快形成符合科学发展要求的市场环境、产权制度、投融资体制、分配制度、人才培养引进使用机制，全面释放经济发展活力。二是培育做大新增长点。湖南战略性新兴产业占GDP的比重为11.5%，高技术产业占规模工业比重也仅10.5%，新增长点亟待培育。大力发展新产业、新产品、新技术、新模式，培育电子商务、云计算、大数据、物联网、互联网金融等“互联网+”新兴业态，加快发展生态环保、现代物流、文化创意、养老健康、生物医药等新兴产业；加强信用体系建设，培育合格市场主体，改善融资服务，加快金融业振兴发展。三是构建区域发展新格局。加快建设“一核三极四带多点”，不断增强长株潭地区核心增长极辐射带动能力，促进洞庭湖生态经济区沿江环湖产业发展，着力提升湘南地区对外开放窗口和门户的重要功能，大力发展湘西地区生态经济和特色产业，形成核心引领、板块联动、极带互动、多点支撑的竞相发展新格局。

（四）夯实平台基础扩开放。湖南在扩大开放方面已经取得明显成效，但目前进出口总额、对外投资额占全国的比重分别仅为0.7%和2.6%，发展空间很大。一是全面对接和融入国家区域发展战略。充分发挥“一带一部”的区位优势，不断完善基础设施体系，积极对接京津冀协同发展战略，促进以岳阳为龙头的长江经济带融入式发展，加强与粤港澳、北部湾经济区和东盟地区合作，全面参与21世纪海上丝绸之路开发和丝绸之路经济带建设，努力将湖南打造成为名副其实的内陆开放新高地。二是切实抓好重点招商引资。加大外贸综合服务体支持力度，构建“六位一体”中小企业贸易服务体系；围绕产业链配套、供应链衔接、价值链增值，大力引进跨国公司、大型央企、知名民营企业，着力引进现货交易、供应链等新业态贸易企业，促进全球供采在湖南落地。三是积极开拓新兴市场。整合省内资源，抢抓“一带一路”战略机遇，推动轨道交通、装备制造、光伏发电、住宅等优势产业企业抱团“走出去”，培育和发展境外经贸园区，努力开拓南美、东盟、非洲、中亚、中东等新兴市场。

（五）围绕民生改善增投入。2016年是全面建成小康社会决胜阶段的开局之年，守住民生底线，打好脱贫攻坚战，还需要进一步加大民生投入。一是提升保障水平。加大财政投入力度，继续推进“两房两棚”、“两供”、“两治”等重点民生实事建设，扩大城乡社会保障覆盖面，稳步提高保障标准和水平，保障人民群众基本生活；适时提高最低工资标准，增加低收入群体收入，优化居民收入分配，缩小收入差距。二是扩大创业就业。优化创业环境，大力推动大众创业万众创新，扶持“两符三有”的传统产业，特别是就业容量大的制鞋、皮革、服装、家具、机械零部件加工等劳动密集型产业发展，为小微企业、草根创业者、个体经营户提供足够的政策支持和发展空间；加强人才市场建设，强化劳动培训，抓好高校毕业生等重点群体就业，加强对就业困难人员特别是零就业家庭帮扶，确保就业形势稳定。三是加大扶贫攻坚。2016年，湖南要确保完成120万人的减贫任务，须继续加大武陵山和罗霄山片区区域扶贫攻坚的资金、政策、工作投入力度，推进基本公共服务均等化，切实把精准扶贫、精准脱贫战略落细落小，确保扶贫工作取得实效。

湖南“十二五”经济社会发展报告

“十二五”以来，面对国内外复杂多变形势，特别是经济下行压力持续加大、运行困难持续增多的挑战，湖南省委、省政府带领全省人民认真贯彻落实中央各项决策部署，适应和引领经济新常态，大力促进“三量齐升”，全面推进“四化两型”，经济实力明显增强，转型升级步伐加快，发展质量不断提升，社会民生持续改善，人民共享发展成果。

一、经济社会发展的主要特点

“十二五”期间，湖南坚持稳中求进的总基调，在稳增长的基础上切实加快发展方式转变，持续加大基础设施建设，不断改善社会民生，经济保持平稳较快发展，运行质量、效益和可持续发展能力进一步提高，为2020年全面建成小康社会奠定了坚实基础。

（一）经济总量迈上新台阶。全省地区生产总值2012年突破2万亿元后，2015年达到29047.21亿元，接近3万亿元，自2009年以来连续7年位列全国前十。2011—2015年年均增幅达10.5%，高于全国年均增幅2.7个百分点。一是农业生产平稳增长。“十二五”期间，全省加大强农惠农力度，农业实现稳定发展。2011—2015年，全省第一产业累计完成投资3046.7亿元，年均增长31.7%，比全部投资年均增速快8个百分点。第一产业增加值年均增长3.6%，继续保持较快增长。5年来粮食总产量稳定在600亿斤左右。二是工业经济不断壮大。全省大力实施新型工业化战略，着力增强工业这个第一推动力。2015年，全省全部工业增加值11090.81亿元，2011—2015年年均增长11.8%。规模工业实现增加值10679.92亿元，2011—2015年年均增长12.7%。三是第三产业持续向好。“十二五”期间，全省第三产业发展加速，增加值年均增长11.3%，高于GDP年均增速0.8个百分点；第三产业对GDP增长的贡献率达到53.5%，比2010年提高18.9个百分点；占GDP的比重为43.9%，比2010年提高4.2个百分点。信息技术、租赁商务、文化娱乐等营利性服务业发展态势良好，增加值年均增长15.9%。

（二）增长动能较为强劲。一是投资建设快速推进。“十二五”以来，全省着力实施项目带动战略，投资实现较快增长。“十二五”累计完成投资9.23万亿元，2011—2015年年均增长23.7%，高于全国平均水平6.1个百分点。民生、生态等薄弱环节投资得到明显加强，年均分别增长39.8%和34.8%，均远高于全部投资年均增速。二是消费品市场持续繁荣。2015年，全省社会消费品零售总额12024亿元，2011—2015年年均增长14.4%，高于全国平均水平1个百分点，为稳定经济发展起到了重要的支撑作用。限额以上法人批发零售业中，基本生活类需求持续旺盛，粮油、食品类商品零售额年均增长23.5%，服装、鞋帽、针纺织品类年均增长15.8%，中西药品类年均增长20.4%。三是城镇化步伐加快。2015年末，全省城镇常住人口为3451.9万人，城镇化率达到50.89%，比2010年末提高7.59个百分点，比“十一五”多提高1.29个百分点。全省城市建成区面积超过2600平方公里，是2010年的2倍以上；设市城市污水处理率、城市生活垃圾无害化处理率分别达到92.5%、99.4%，比2010年提高17.5个和20.4个百分点。

（三）转型升级步伐加快。一是创新能力明显增强。“十二五”期间，全省累计投入科技财政资金271.01亿元，是“十一五”的2.1倍；完成高新技术产业投资4025.63亿元，占全部投资的比重达4.4%。2015年，全省高新技术产业增加值6128.8亿元，占GDP的比重为21.1%，比2010年提高8.9个百分点。规模工业新产品产值增长29.7%，占规模工业总产值的比重提高至17.8%。申请专利54501件，获得专利授权34075件，分别是2010年的2.4倍和2.5倍。二是产业结构得到优化。2015年，全省第一、二、三次产业增加值分别比上年增长3.6%、7.4%和11.2%，三次产业结构由2010年14.5∶45.8∶39.7调整为11.5∶44.6∶43.9。其中，第一产业比重下降3个百分点，第三产业比重提高4.2个百分点。农业结构持续改善。比较效益较高的林业、渔业和农林牧渔服务业增加值2015年分别增长8.1%、7%和9%，均高于第一产业平均增速。工业结构不断优化。规模工业中，高加工度工业、高技术产业增加值的比重分别为37.2%和10.5%，比2010年提高5.2个和5.9个百分点；六大高耗能行业比重为30.3%，比2010年降低4.6个百分点；省级及以上产业园区的比重达61.5%，比2010年提高23.4个百分点。生产性服务业比重提高。2015年，第三产业中的生产性服务业增加值占GDP的比重为18.3%，对经济增长的贡献率达到19.7%，比2010年提高3个百分点。三是消费需求理性升级。“十二五”以来，全省居民精神文化需求发展较快，限额以上法人批发零售业中，体育娱乐用品类、书报杂志类、电子出版物及音像制品类商品零售额年均分别增长13.6%、17.4%和19.6%；享受型商品走俏，化妆品类、金银珠宝类、通讯器材类、汽车类年均分别增长18.4%、22.9%、17.9%和17.6%。城镇和农村居民消费支出中教育文化娱乐支出的占比分别达到15%和13.2%，比2010年提高3个和5.9个百分点。四是新生动力加快孕育。新型农业主体发展较快。2015年，全省农民专业合作社达到4.6万个，合作社成员245万户，专业大户和家庭农场近2.9万家。随着国家商事制度改革以及大众创业、万众创新激励政策的实施，全民创业热情高涨。2015年末，全省实有各类市场主体256.44万户，比2010年末增长55.2%；注册资本金总额36327.17亿元，比2010年末增长2.2倍。新技术、新业态、新模式、新产业快速涌现。2015年，全省限额以上批发和零售业中，网上商店零售额增长56.7%；住宿业通过公共网络实现的客房收入增长43.4%，餐饮业通过公共网络实现的餐费收入增长90.4%。

（四）发展质量不断提高。在经济规模不断扩张的同时，全省经济发展的质量也保持持续提升势头。一是财政收入较快增长。2015年，全省财政总收入达4008.1亿元，2011—2015年年均增长16.4%。地方财政收入2513.09亿元，2011—2015年年均增长15.7%。二是节能减排扎实推进。“十二五”期间，全省经济发展方式逐步由过度依赖资源消耗的粗放型向集约型方向转变。2011—2015年，全省单位地区生产总值能耗累计下降超过25%，超额完成“十二五”规划累计下降16%的目标；单位规模工业增加值能耗累计下降超过40%。2015年，全省化学需氧量、二氧化硫、氨氮、氮氧化物排放量比上年分别下降1.73%、4.52%、2.14%和10.1%，累计削减率均超过8%，超额完成“十二五”规划目标。三是生态建设成效明显。2011—2015年，全省累计完成生态环境投资3153.32亿元，占全部投资的比重为3.4%。2015年末，实有封山育林面积133万公顷，是2010年的2.8倍；森林覆盖率为59.57%，比2010年末提高2.56个百分点。

（五）社会民生持续改善。一是城镇就业形势较好。2011—2015年，全省城镇登记失业率分别为4.3%、4.18%、4.3%、4.14%和4.09%，均低于5%的“十二五”控制目标。2011—2015年，全省累计新增城镇就业人员384.03万人，超额完成新增300万人的“十二五”目标。二是居民收入增加较多。2015年，全省城镇居民人均可支配收入28838元，2011—2015年年均增长10.8%。农村居民人均可支配收入10993元，2011—2015年年均增长12.6%。三是社保水平持续提升。2015年末，全省城镇养老保险参保人数达到1160.7万人，比2010年末增加223.04万人。城镇医疗保险参保人数2660.5万人，失业保险参保521.2万人，工伤保险参保777.9万人，生育保险参保544.3万人，分别比2010年末增加766.03万人、121.7万人、261.93万人和17.17万人。新型农村社会养老保险参保人数3280.1万人，城镇、农村养老保险实现制度全覆盖。四是教育事业全面发展。“十二五”期间，全省累计投入教育财政资金3917.53亿元，是“十一五”的2.7倍；2015年占财政支出的比重达到16.3%，比2010年提高1.4个百分点。2015年，全省小学适龄儿童入学率99.97%，小学毕业生升学率101.15%，分别比2010年提高0.05个和0.29个百分点。高中阶段毛入学率达到90%,比2010年提高4.98个百分点。五是医疗条件明显改善。2015年末，全省各类卫生机构达到62646个，拥有卫生技术人员37.08万人，医院、卫生院床位36.8万张，分别是2010年的1.4倍和1.7倍；每万人拥有医生22.2人，每万人拥有医院、卫生院床位54.32张，分别比2010年增加6.37人和21.46张。

二、发展中存在的主要问题

近年来，湖南经济发展取得较大成就，但作为中部省份、后发地区，发展不充分、不协调、发展水平不高的情况还比较突出，存在的问题和矛盾需要妥善应对。

（一）发展水平有待提升。一是经济发展效率不高。2015年，全省全员劳动生产率7.17万元／年人（按当年价格计算），为全国平均水平的82%。地方财政收入占GDP的比重比各省的平均水平低2.8个百分点。投资效果系数仅为0.12，低于全国0.13的平均水平。二是创新成果转化率较低。湖南科技创新能力较强，成果丰硕，但科技成果转化效率较低，产业化水平不高。2015年，湖南技术市场交易额105.4亿元，仅占全国的1.1%。七大战略性新兴产业增加值占GDP的比重为11.5%，仅比2011年提高1.4个百分点，规模扩张的步伐较慢。三是现代化进程偏慢。从城镇化来看，2015年，湖南城镇化率比全国平均水平低5.21个百分点，如果按户籍人口计算则更低。从工业化来看，湖南2015年非农产业占GDP的比重（第二、三产业比重合计）为88.5%，比全国平均水平低2.5个百分点，工业化水平较低。从信息化来看，中国电子信息产业发展研究院研究结果显示，2014年湖南信息化发展指数为63.34，比全国平均水平低3.22。

（二）*竞争实力需要增强*。从中微观层面来看，湖南还有三个“不多”。一是优势行业不多。近年来，湖南产业体系不断完善，形成了一大批千亿产业，但总的来说竞争力强的行业并不多。有色、建材、冶金、轻工等行业部分产能过剩，升级改造任务较重；轨道交通、电子信息制造、军民融合等行业尚处在加快发展阶段，支撑能力较弱；食品制造等行业总体规模较小，特色农产品加工业优势有待培育；工程机械市场趋于饱和，新材料、汽车等高端制造业竞争力较弱；烟草行业受生产计划制约增长放缓，增量缺口较难弥补。二是龙头企业不多。《财富》2015年中国500强企业中，湖南只有9家企业入围，比河南和湖北少3家；中国民营企业500强中也只有8家。2015年，全省大中型规模工业户平均主营业务收入7.07亿元，仅为全国平均水平的67%。三是优秀企业家不多。2015胡润中国百富榜中，湖南只有8位（组）企业家入榜，仅占1.1%，比湖北少1位（组）、河南少4位（组），也远少于江苏、浙江等沿海发达省份。

（三）*发展短板尚需补齐*。县域经济、开放型经济、非公经济和金融经济是制约湖南发展的四块短板。县域经济方面，2015年全国百强县（市）中，湖南仅有长沙、浏阳、宁乡、醴陵四县（市）入围，而江苏省有26个，山东省有21个，浙江省有18个。开放型经济方面，2015年全省进出口总额293.67亿美元，居全国第19位。其中，出口额居全国第18位，进口额居第20位，与经济总量第九的全国排位很不相称。全省经济对外依存度为6.3%，比全国平均水平低30个百分点。非公有制经济方面，2015年全省非公经济增加值1.73万亿元，而广东非公经济增加值超过5万亿元，不及广东的35%。金融经济方面，2015年全省金融业增加值1156.5亿元，占GDP的比重为4%，与全国8%的平均水平还有较大差距。

（四）*结构矛盾比较突出*。一是城乡发展差距较大。2015年，湖南城镇居民人均可支配收入是农村居民的2.6倍。城镇居民人均生活消费支出19501元，是农村居民的2倍。其中，教育文化娱乐支出是农村居民的2.3倍，通信支出是农村居民的2.6倍，交通支出是农村居民的2.7倍。二是供需结构不甚合理。从供给端来看，煤炭、钢铁、水泥、建材、有色、工程机械等行业产能已达到峰值，过剩产能比较突出，产品市场价格持续下跌，企业盈利难度较大。2015年，规模工业中的非金属矿物制品业、有色金属冶炼和压延加工业、专用设备制造业、煤炭开采和洗选业、黑色金属冶炼和压延加工业利润总额分别比上年下降6%、16.8%、23.4%、35%和111.5%。房屋库存较多。2015年末，全省商品房待售面积3309.54万平方米，相当于全年销售面积的52%。从需求端来看，投资在全省经济总量中的比重高，消费的支撑作用较弱。2015年，全省固定资产投资占GDP的比重为89.3%，资本形成总额对经济增长的贡献率为62.3%，高于全国平均水平近30个百分点；最终消费对经济增长的贡献率为41.2%，低于全国平均水平25.2个百分点。三是产业结构须进一步优化。一直以来，湖南第一产业比重偏高，2015年比重比全国平均水平高2.5个百分点，在中部地区仅低于河南；全国已经进入由工业主导向服务业主导发展的阶段，第三产业比重超过第二产业10个百分点，而湖南服务业发展尚不充分，比重比第二产业低0.7个百分点，也比全国第三产业比重低6.6个百分点。

三、促进湖南经济发展的建议

“十三五”期间，湖南将面临重要战略机遇，也将遭遇严峻风险挑战。要坚持“四个全面”战略布局，贯彻创新、协调、绿色、开放、共享发展新理念，全面实施“一带一部”战略，协同推进“五化”同步发展，适应和引领经济发展新常态，努力实现“十三五”开好局起好步，确保如期全面建成小康社会。

（一）*着力增强发展动能*。一是围绕补齐短板扩大有效投资。加快交通、水利、能源、通信、市政工程等基础设施建设，加大湘江保护与治理、洞庭湖水环境综合整治、城市雾霾、重金属污染土壤治理等重大环保领域投资，围绕产业转型升级、城镇提质改造、农村全面发展、社会民生保障等领域增加有效投资。二是围绕消费升级发展现代服务业。顺应消费结构升级趋势，改善物流、商贸基础条件，营造便利安心放心的消费环境，重点培育健康养老、教育文化、体育休闲、信息、旅游、绿色等新兴消费，增强有效供给能力，释放消费新需求。深化与知名电商合作，加快发展“互联网+”经济，提升金融、医疗、教育、零售、物流、通信、政务等领域智能化水平。三是围绕结构优化加快供给侧改革。通过税收减免、信贷调整、降低公积金贷款门槛等措施，满足中小城市首次购房、大中城市改善性住房需求，加快商品房去库存化，引导房地产市场健康发展。建立“僵尸企业”差异化处置甄别机制，坚持“消化一批、转移一批、整合一批、淘汰一批”，引导企业兼并重组，采取产权转让、关闭破产等方式坚决淘汰落后产能。进一步清理管制政策，取消、整合、规范涉企收费，落实税费减免政策，推进融资方式多元化发展，降低企业经营成本。对接“中国制造2025”，加快“两符三有”传统产业高端化、低碳化、智能化改造步伐，走差异化发展道路。

（二）*着力加快转型升级*。一是增强创新驱动能力。全力推进长株潭国家自主创新示范区建设，实施一批重大科技项目，培养培育一批创新型领军人才和领军企业。构建新型技术创新及转化体系，推动创新成果产业化，加强自主知识产权保护，促进新技术、新工艺、新材料应用。二是抓好传统行业转型。加快石化、建材、有色、食品等传统优势行业技术、工艺、装备的高端化、柔性化、智能化改造，引导其向绿色化、服务化、品牌化方向发展，重点推动有传统优势的机械行业生产农机、环保、海工、地下工程、高端医疗器械等装备。三是培育做大新增长点。大力发展新产业、新产品、新技术、新模式，培育电子商务、云计算、大数据、物联网、互联网金融等新兴业态，加快发展生态环保、现代物流、生物医药等新兴产业。加强信用体系建设，培育壮大本土特色中小金融机构，改善融资服务，加快金融业振兴发展。

（三）*着力激发经济活力*。一是深化经济体制改革。进一步深化行政审批和工商注册登记等制度改革，加快国有企业改革，有序推进农村改革，深化财税和投融资体制改革，不断优化资源配置，加快形成符合新发展理念要求的市场环境、产权制度、分配制度、投融资体制、人才培养引进使用机制，全面释放经济发展活力。二是稳步推进新型城镇化。构建以特大城市为依托、大中小城市和小城镇协调发展的新型城镇体系。加强城镇基础设施建设，优化人居环境，有序放开户籍管制，促进教育、医疗等领域公共服务均等化，扩大城镇化发展对经济增长的拉动作用。三是统筹促进区域发展。加快建设“一核三极四带多点”，形成核心引领、板块联动、极带互动、多点支撑的竞相发展新格局。以湘江新区建设为重点，增强长株潭地区辐射带动能力；大力发展环湖沿江产业，促进洞庭湖生态经济区绿色转型；加大承接产业转移力度，提升湘南地区开放发展水平；以扶贫攻坚为统领，发展湘西地区生态经济和特色产业。对县域实施分类指导，鼓励因地制宜，做大特色产业，做强优势产业，引导资源、要素向园区集中，建设一批重点园区，夯实县域经济发展基础。四是大力发展民营经济。破除民间资本准入限制、项目审批等障碍，支持社会资本进入包括公共服务在内更广阔的领域。放宽民营企业经营条件，拓宽融资渠道，大力培养优秀民营企业家，打造一批有竞争力的民营企业。

（四）着力扩大对外开放。一是加强重点招商引资。继续抓好“破零倍增”，加大外贸综合服务体支持力度，拓展省内商品交易市场外贸功能，促进全球供采在湖南落地。坚持引资、引技、引智相结合，围绕产业转型升级开展重点招商，大力引进跨国公司、大型央企、知名民营企业。二是加强开放平台建设。加强衡阳、湘潭、岳阳综合保税区和长沙“无水港”、“临空港”建设，加快航空、水运、陆运等口岸建设，支持长沙、郴州、株洲、岳阳等地利用有利条件设立自贸园区，抓好原油、冻品、汽车整车、跨境电商等平台建设推进。利用港洽周、湘商大会、沪洽周、湘台经贸合作周、亚欧博览会等重大经贸活动平台，拓宽境内外合作范围和领域。三是加强对外经贸合作。实施“一带一路”三年行动计划，整合省内资源，推动工程机械、轨道交通等优势企业抱团“走出去”，构建产业合作联盟，加强国际产能和装备制造合作，抓好基础设施建设和工程项目承包，培育和发展境外经贸园区。

（五）着力改善社会民生。一是不断提升保障水平。继续抓好“两房两棚”、“两供两治”等重点民生建设，坚持精算平衡，降低企业社保缴费比例，稳步推进基本养老保险制度改革，推进医保城乡统筹，保障人民群众基本生活。适时提高最低工资标准，足额发放产能过剩行业失业人员再就业稳岗补贴，优化居民收入分配，缩小收入差距。二是积极推动创业就业。抓好创业扶持的融资、税收、场地等政策的落实，强化劳动培训，扶持“两符三有”的传统产业特别是就业容量大的劳动密集型产业发展，为小微企业、草根创业者、个体经营户提供足够的政策支持和发展空间。加强下岗、失业监测，抓好高校毕业生等重点群体就业，加强对就业困难人员特别是零就业家庭帮扶，千方百计稳定就业。三是大力实施精准扶贫。加大武陵山和罗霄山片区扶贫攻坚的资金、政策、工作投入，完善水、电、路、网络等基础设施，加快特色产业发展，提高生态保护修复力度，推进基本公共服务均等化，落细落小精准扶贫、精准脱贫战略。

加强生态环境保护　建设两型绿色湖南

——湖南“十二五”生态环境保护发展情况分析

党的十八大确立了绿色发展新理念，首次把生态文明建设提升至与经济、政治、文化、社会四大建设并列的高度，列为建设中国特色社会主义的“五位一体”的总布局之一，成为全面建成小康社会任务的重要组成部分，也标志着我国现代化转型正式进入了一个新的阶段。“十二五”以来，湖南以建设资源节约型和环境友好型社会为理念，推动全省经济的可持续发展，取得了良好的成效，也为湖南继续推进绿色发展打下了坚实的基础。

一、生态环境保护成效渐显

“十二五”期间，全省以“四化两型”为抓手，以建设资源节约型和环境友好型社会为目标，采取一系列政策措施，推进“绿色转型”取得新进展。全省大气环境有所改善、水环境质量总体稳定、人居环境稳步提升，整体生态环境有所好转。

（一）大气环境有所改善

1. 地级城市空气质量平均达标天数稳中趋升。2015年，全省14个地级城市(含吉首)可吸入颗粒物、二氧化硫、二氧化氮、细颗粒物、臭氧和一氧化碳6项指标按《环境空气质量标准》（GB 3095-2012）进行评价，平均达标天数比例为77.9%，超标天数中轻度污染占16.7%，中度污染占4.2%，重度污染占1.2%，无严重污染。按《环境空气质量标准》（GB 3095-1996）中可吸入颗粒物、二氧化硫、二氧化氮3项指标评价，14个地级城市（含吉首）空气质量平均达标天数比例为91.1%，比2010年上升5.2%。

2. 废气主要污染物排放量下降。截至2015年底，二氧化硫排放量为59.57万吨，较2010年下降16.1%；氮氧化物排放量为49.69万吨，较2010年下降17.8%，两项污染物实际减排量均超过预期目标。

（二）水环境质量总体稳定

1. 全省地表水水质良好。2015年，全省地表水水质总体为良，江河水系Ⅲ类水质以上省控断面比例由2010年的90.8%提高到96.9%，提高了6.1%。全省14个地级城市(含吉首)的30个饮用水水源地水质达标率为96.7%。洞庭湖水质富营养化指数由2010年的49.9下降到48.7，总体状态为中营养。

2. 废水主要污染物排放量下降。截至2015年底，全省化学需氧量排放量为120.77万吨，较2010年下降10.0%；氨氮排放量为15.12万吨，较2010年下降10.9%，两项污染物实际减排量均超过预期目标。

3. 工业行业废水排放量呈下降趋势。2015年，全省工业废水排放量76887.64万吨，比2010年下降19.6%，占废水排放总量的比重为24.5%，较2010年降低11.2个百分点。

（三）人居环境稳步提升

1. 环境保护力度加大。2015年，全省大力推进重点城市、工业企业、道路及建筑工地、机动车等重点领域大气污染防治，全省39台30万千瓦以上火电机组和65条新型干法水泥生产线全部完成污染治理设施升级改造，开展了大气污染防治预警预报体系建设。湘江流域重金属污染治理逐步落实。将湘江保护和治理列为湖南省人民政府“一号重点工程”，完成了第一个“三年行动计划”。郴州三十六湾、衡阳水口山、娄底锡矿山、株洲清水塘、湘潭竹埠港等5大重点区域环境综合整治取得阶段性成果，湘潭竹埠港28家重污染企业于2014年10月份整体退出。

2. 林业环境不断改善。2015年，全省活立木蓄积5.05亿立方米，比2010年提高25.6%；森林覆盖率达到59.57%，比2010年提高2.56个百分点；国家湿地公园达到60个，比2010年增加51个；批准建设自然保护区191个，比2010年增加61个。

3. 城市环境更加宜居。2015年，全省设市城市自来水供水总量19.79亿立方米，比2010年增长4.6%；公交客运总量277934万人次，比2010年增长12.8%；城市公园绿地面积达到1.49万公顷，比2010年增长35.5%。同时，大力推进城镇污水、垃圾处理和安全饮水工程建设，2015年，全省新增城镇污水处理厂19个，新增处理能力122万吨/日，实际处理污水86.1亿吨，新增污水收集管网8139公里，新增乡镇污水处理厂118个，新增处理能力49.2万吨/日，完成安全饮水工程7433处。全省设市城市污水处理率和生活垃圾无害化处理率分别达到92.7%和99.8%，比2010年提高17.6和20.7个百分点。

4. 乡镇环境持续优化。全省大力推进农村环境综合整治，确定以县市区为基本单元“整县推进、以奖代补”的思路，全覆盖拉网式铺开，截至2015年底，125个县市区（含县级管理区）启动了整治工作。

二、全省环境保护存在的问题

“十二五”期间，我省生态环境建设和保护工作取得了一定成效，环境质量正逐步好转，但社会各界对经济发展质量的要求不断提高，人们对生活环境的要求不断提高，人口特别是城市人口却又不断增长，在资源、能源持续消耗的状态下，我省生态环境保护面临的压力越来越大。

（一）经济发展与生态保护仍存矛盾

“十二五”期间，湖南经济有了长足快速的发展，我省生态环境质量虽然基本得到了持续改善，但是改善的速度慢于经济社会发展的速度。由于我省现在仍处于稳增长、调结构的转型期，经济的快发展、高增长仍然不能完全摆脱以高投入、高消耗、高污染为代价的模式。2015年，全省六大高耗能行业综合能源消费量占全省规模工业企业的比重为79.3%，而其工业增加值占规模工业企业增加值的比重为30.3%，能耗比重比2010年提高了1.2%，而增加值比重却降低了4.6%。由此可见，虽然近年来我省在淘汰落后产能，推动产业结构向中高端演进方面做了很多工作，但六大高耗能行业能耗占全省规模工业能耗比重始终维持在78%–80%之间，变动不大，到“十二五”末期能耗比重还略有上升。

（二）工业污染治理任务艰巨

由于湖南正处于工业化加速发展时期，能源资源消耗仍将保持一定增长态势，工业规模扩大的趋势和工业重型化特征加大了控制工业排放总量的难度。2015年，工业污染物排放总量占全省总排放量比重仍然较高，工业氮氧化物排放量31.37万吨，占氮氧化物排放总量的63.1%；工业烟粉尘排放量38.03万吨，占烟粉尘排放总量的90.0%；工业二氧化硫排放量51.59万吨，占二氧化硫排放总量的86.6%。

（三）环境质量改善任重道远

一是城市空气质量还不理想。传统煤烟型污染与臭氧、PM2.5、挥发性有机物等新老环境问题并存，生产与生活、城市与农村、工业与交通环境污染交织，主要污染物排放量仍处于高位，总量减排与环境质量改善的关系更趋复杂。城市大气污染形势依然较为严峻，特别是长株潭城市群污染天气仍占较大比例。二是农村环境保护缺乏长效机制。农村生活污水、生活垃圾尚未得到妥善处理，畜禽水产养殖污染问题仍然存在，农村环保基础设施建设滞后。三是水质问题也仍需重视。江河水系水质未全面达到优良水平，部分城区黑臭水体问题突出，污水处理基础设施建设缺口仍然较大。洞庭湖水质富营养化趋势依然明显。

三、对策建议

“十三五”时期，湖南将进入经济“中高速”发展的新常态，而生态环境既要不欠新账，还要多还旧账，压力和挑战将在较长时间内一直存在，如要稳增长、调结构、把握“一带一部”发展战略布局的重要机遇期，湖南只能坚定地践行“两型”理念，以环境友好、资源节约为目标，深化推进绿色经济发展之路，才能既要金山银山，也要绿水青山。

（一）深化生态文明体制改革，推动绿色经济发展

适应经济发展新常态，就要充分发挥经济体制改革的牵引作用，要牢固树立五大发展理念，深化我省生态文明体制改革，把生态文明建设放在突出地位，融入全省经济建设、政治建设、文化建设、社会建设各方面和全过程。一是要通过政策引导、资金扶持，形成推动绿色发展的舆论氛围。二是建立健全绿色发展监测和评价体系，发挥考核“指挥棒”的作用，引导各级党委政府真正践行“既要金山银山，又要绿水青山”。三是完善生态环保补偿机制，逐步建立覆盖全省的生态效益补偿体系。

（二）加快产业转型升级步伐，探索绿色工业道路

一是优化能源结构，推进能源利用结构向低碳化转型。要落实能源消费双控模式，加强能源供给侧改革，大力提高能源生产综合效率，努力完善节能减排管理与监控的机制。二是优化产业结构，加速淘汰落后产能，推动一、二、

三产业协调发展，加快引导传统产业走低碳化道路，大力推进节能环保产业发展，推动绿色制造业和绿色服务业兴起。四是加强新能源技术、清洁煤技术、节能降耗、循环利用和生态技术等战略性技术的研发和利用，促进能源资源利用从低效率、高排放向高效、绿色、安全转型，

（三）继续推进环境综合整治，打造绿色宜居环境

一是合理编制、修订城市发展规划，推进城市总体规划与经济社会发展等规划衔接，加强道路和建筑工地扬尘、机动车尾气排放管理，全面整治燃煤污染，下大力气治理城市空气问题。同时完善城市公共服务，推进供水、供气和污水、垃圾处理设施建设，塑造城市特色风貌。二是因地制宜实施农村生活污染治理，加强农村环保能力建设，开展农村人居环境整治，保留乡村风貌。三是多措并举改善水环境质量，加强工业水污染防治，强化饮用水源及优良水体的保护，强化城镇生活污染治理，持续改善河湖及城区水环境质量。

湖南“十二五”规模工业能源消费情况分析

“十二五”以来，全省上下认真贯彻资源节约和环境保护的基本国策，突出工业节能降耗主阵地，加快升级和淘汰落后产能，工业用能节能取得较大成效，逐步形成工业绿色发展、低碳发展、循环发展的良好态势。但由于全省高耗能行业占比仍然偏大，能源刚性需求较多，能源消费结构中煤炭占比高，节能管理体系尚不健全，工业节能需进一步加强。

一、取得的主要成就

（一）综合能源消费总体趋缓

“十二五”期间，全省规模工业综合能源消费量分别为7162.93、6708.61、6733.87、6525.80和6060.07万吨标准煤，同比增速分别为8.7%、–4.4%、2.4%、–3.4%和–5.9%，“十二五”累计增速下降3.3%，而规模工业增加值累计增速上升65.6%，全省规模工业以较少的能耗支撑了较快的经济增长，结构调整取得成效。

（二）增加值能耗显著下降

“十二五”期间，全省单位规模工业增加值能耗累计降低46.2%，年均下降11.7%，提前超额完成五年累计下降18%的节能目标任务。2015年全省规模工业增加值能耗同比下降12.7%，下降率居全国第5位，中部六省第1位。节能降耗在推动湖南省产业结构调整和经济质量提升方面发挥了重要作用。

（三）清洁能源消费比重提升

全省坚持绿色低碳发展，大力推广使用清洁能源。“十二五”期间，水力发电、风力发电、光伏发电、生物质发电量不断提升。2015年，全省规模工业清洁能源发电量近517.42亿千瓦时，是2010年的1.1倍。规模工业消费清洁环保天然气达到了13.01亿立方米，是2010年的2倍，占规模工业能源消费合计的比重较2010年提高了0.9个百分点。

（四）能源利用效率明显提高

2015年，全省规模工业加工转换投入能源6227.38万吨标准煤，产出4414.52万吨标准煤，加工转换效率为70.9%，比2010年提高7.2个百分点，相当于每万吨标准煤加工转换减少约800吨损失量。其中，火力发电效率为39.1%，提高4.2个百分点；原煤入洗效率为86.6%，提高2.5个百分点；炼焦效率为92.5%，提高6.7个百分点；炼油效率为99.2%，提高5.0个百分点。

2010–2015年全省规模工业能源加工转换效率（%）

年份	总效率	发电	炼焦	炼油
2010	63.71	34.83	85.84	94.29
2011	69.06	39.61	93.9	95.04
2012	71.74	39.73	92.17	99.18
2013	71.6	39.81	92.78	99.28
2014	71.36	39.05	93.43	99.28
2015	70.89	39.1	92.52	99.22

（五）主要工业产品单耗下降

2015年，纳入监测的198家重点耗能工业企业上报单位产品能耗68种，其中40种呈不同程度的下降，与2010年比降幅面达58.8%。从单位产品能耗变化情况看，吨水泥综合能耗由2010年105.42千克标准/吨降至2015年83.28千克标准煤/吨，吨铝加工材料消耗能源量由2010年783.85千克标准/吨降至2015年475.15千克标准煤/吨。此外，吨水泥熟料综合能耗、吨水泥综合能耗、单位粗铅综合能耗、吨钢综合能耗、单位电解铝综合能耗、单位精锌综合能耗、分别较2010年下降34.7%、21.0%、10.1%、8.2%、4.9%和3.1%。

（六）行业节能成效显著

“十二五”期间，全省规模工业39个行业大类中有16个行业综合能耗增速累计下降，其2015年的综合能源消费量占全部规模工业综合能源消费量的比重达69.0%。六大高耗能行业在产品结构调整、淘汰落后产能和节能改造方面取得了较好的成效。一些高附加值、低能耗的产品比重大幅增加，一些新的节能生产工艺大范围采用；节能降耗成效显著，除非金属矿物制品业综合能耗累计上升外，其余5个行业均下降，降幅最大的是化学原料和化学制品制造业，累计下降19.9%。

二、存在的主要问题

（一）高耗能行业能耗占比仍然偏高

2015年，六大高耗能行业综合能源消费量占全省规模工业企业的比重为79.3%，而其工业增加值占规模工业企业增加值的比重为30.3%，能耗比重比2010年提高了1.2%，而增加值比重却降低了4.6%。由此可见，虽然近年来湖南省在淘汰落后产能，推动产业结构向中高端演进方面做了很多工作，但六大高耗能行业能耗占全省规模工业能耗比

2011–2015 年六大高耗能行业综合能源消费量

单位：万吨标煤

行业	2011 年		2012 年		2013 年		2014 年		2015 年	
	能源消费总量（万吨标煤）	占规模工业比重（%）	能源消费总量（万吨标煤）	占规模工业比重（%）	能源消费总量（万吨标煤）	占规模工业比重（%）	能源消费总量（万吨标煤）	占规模工业比重（%）	能源消费总量（万吨标煤）	占规模工业比重（%）
六大高耗能行业合计	5595.56	78.1	5197.87	77.5	5595.56	78.1	5197.87	77.5	4806.56	79.3
其中：化学原料及化学制品制造业	777.89	10.9	763.93	11.4	777.89	10.9	763.93	11.4	298.41	4.9
非金属矿物制品业	1077.18	15	1119.06	16.7	1077.18	15	1119.06	16.7	557.19	9.2
黑色金属冶炼及压延加工业	1313.82	18.3	1234.4	18.4	1313.82	18.3	1234.4	18.4	1179.85	19.5
有色金属冶炼及压延加工业	431.47	6	394.96	5.9	431.47	6	394.96	5.9	1161.07	19.2
电力、热力的生产和供应业	1686.37	23.5	1374.96	20.5	1686.37	23.5	1374.96	20.5	314.31	5.2
石油加工炼焦及核燃料加工业	308.83	4.3	310.55	4.6	308.83	4.3	310.55	4.6	1295.73	21.4

重始终维持在 78%～80%之间，变动不大，到“十二五”末期能耗比重还略有上升。因此，湖南省在淘汰落后产能，调整产业结构上仍面临较大压力。

（二）工业企业节能内驱力不强

随着节能降耗工作不断推进，规模工业耗能产品单耗下降较为明显，部分产品单耗指标已经接近或低于全国平均水平，能耗下降的空间日益压缩，节能的边际成本与难度加大。现阶段，行政命令和考核措施在很大程度上主导企业的节能行动，企业持续自觉的实施节能降耗措施的内在动力不足。同时，当前经济进入新常态，外部经济环境较为疲软，企业经营状况不佳，利润下滑，直接影响企业节能减排的积极性，导致部分企业节能降耗工作停滞。

（三）煤炭消费依赖程度大

“十二五”期间，湖南规模工业能源消费中，天然气等清洁能源的消费比重虽逐年上升，但原煤等煤炭品种的能源消费占比仍在 6 成以上，能源消费仍然表现为以煤为主，导致二氧化硫、氮氧化物大量排放，引起城市大气污染和温室效应。对煤炭等传统能源的依存度高，成为湖南省能源消费品种结构中的短板，也成为产业、产品转型的瓶颈。

（四）工业节能管理体系仍存不足

从全社会的管理节能来看，仍然存在节能政策不够完善，市场作用发挥不够，节能标准化规划研究开展不够，节能降耗监督手段和力度不能满足需求等问题。从企业内部的管理节能看，存在企业节能管理内生动力不足，日常管理缺位，能源利用不充分，生产组织不到位，各工序之间的生产能力及能耗利用不均衡。

三、对策建议

（一）创新发展方式，调整产业结构

按照供给侧改革的要求，加大先进清洁生产为主要内容的结构调整和技术进步力度，通过产业政策引导等措施，推进产业结构调整，大力发展先进装备制造、新材料、文化创意、生物、新能源、信息和节能环保等 7 大战略性新兴产业，以经济发展方式转变推动能源消费革命。大力推动结构性改革，抓好去产能、去库存、去杠杆、降成本、补短板五大任务，控制高耗能行业的发展，加速产品的更新换代，加大企业生产工艺的改造，大力降低能耗，努力提高经济效益。

（二）推动技术升级，发展低碳产业

科学技术是实现工业节能的关键。从目前节能的现实状况看，依靠技术进步降低单位产品能耗实现的节能只占 20%至 30%。因此，要加大科技创新力度，用高新技术实现节能降耗增效。加快低碳技术的研发，加快低碳产业发展，提高能源资源利用效率。

（三）加强政策扶持，提高管理水平

加大政策扶持力度，发挥市场主体作用，健全节能标准体系，提升能源计量技术水平，建设能耗在线监测系统，建立工业节能目标等方面着手开展能源监管体系建设。建立节能降耗长效机制，做好能源消费计量、统计和效率分析，延伸节能降耗工作的触手。

湖南“十二五”新型城镇化进程分析

“十二五”期间，湖南坚持以科学发展观为指导，紧密结合实际，统筹城乡协调发展，不断加大城镇基础设施建设投入，积极推进新型城镇化进程，全省城镇化率呈稳步上升态势。2015 年全省城镇人口首次超过农村人口，实现了一个中部农业大省的历史性跨越。

一、基本情况

（一）城镇化水平稳步提升。“十二五”期间，全省城镇基础设施建设日趋完善，城镇化进程明显加快。2015 年全省城镇化率为 50.89%，较“十一五”末提高 7.59 个百分点，年均提高 1.52 个百分点。全省城镇人口较“十一五”末增加 606.87 万人，增长 21.33%。

表 1　2010—2015 年湖南城镇化发展情况

单位：%

省市区	2010年	2011年	2012年	2013年	2014年	2015年	2005—2010年均增速	2010—2015年均增速
全国	49.68	51.27	52.57	53.73	54.77	56.1	1.34	1.28
湖南	43.3	45.1	46.65	47.96	49.28	50.89	1.26	1.52
山西	48.05	49.68	51.26	52.56	53.79	55.03	1.19	1.4
安徽	43.01	44.8	46.5	47.86	49.15	50.5	1.5	1.5
江西	44.06	45.7	47.51	48.87	50.22	51.62	1.41	1.51
河南	38.5	40.57	42.43	43.8	45.2	46.85	1.57	1.67
湖北	49.7	51.8	53.5	54.51	55.67	56.9	1.3	1.44
与全国差距	6.38	6.17	5.92	5.77	5.49	5.21		

（二）城镇化水平与全国平均水平差距逐年缩小。作为农业大省的湖南，城镇化发展一直落后于全国平均水平。“十二五”期间，全国城镇化率由 49.68%增长到 56.10%（见表 1），增加 6.42 个百分点，年均增速 1.28 个百分点，湖南增长 7.59 个百分点，年均增速 1.52 个百分点，高于全国同期水平 0.24 个百分点。“十二五”期末，湖南省的城镇化率与全国平均水平的差距，已由“十一五”末的 6.38 个百分点，缩小到 5.21 个百分点。在全国 31 个省自治区直辖市中排名 21 位，较“十一五”末上升 1 位，在中部六省中仍居第四位。

（三）城镇体系结构日趋完善。到 2015 年末，全省共有 300 万～500 万人口的Ⅰ型大城市 1 个；100 万～300 万人口的Ⅱ型大城市 7 个；50 万～100 万人口的中等城市 5 个；20 万～50 万人口的Ⅰ型小城市 1 个（见表 2）。与“十一五”末相比，Ⅱ型大城市和中等城市分别增加了 1 个，Ⅰ型小城市数量减少了 2 个，各地级市的规模整体都有较大提高。省会中心城市长沙的首位度不断提升，以长株潭城市群为核心，区域中心城市为重点，县城和中心镇为依托的大中小城市和小城镇协调发展的城镇体系逐步建立。

表 2　2015 年全省分市州城镇化情况

单位：万人、%、人 / 平方公里

地区	常住人口	其中：城镇	城镇化率	城区常住人口	城区人口密度
全省	6783.03	3451.88	50.89	1621.79	776
长沙市	743.18	552.78	74.38	397.29	1847
株洲市	400.05	248.43	62.1	123.19	1426
湘潭市	282.37	164.56	58.28	106.61	1621
衡阳市	733.75	361.01	49.2	117.85	1689
邵阳市	726.17	304.63	41.95	76.47	1760
岳阳市	562.92	304.02	54.01	127.2	903
常德市	584.39	278.13	47.59	156.34	568
张家界市	152.4	67.99	44.61	52.25	204
益阳市	441.02	204.58	46.39	127.48	689
郴州市	473.02	238.12	50.34	85.68	397
永州市	542.97	240.26	44.25	108.33	341
怀化市	490.16	209.54	42.75	60.79	913
娄底市	387.18	169.47	43.77	51.05	1190
湘西自治州	263.45	108.36	41.13	31.26	290

（四）城市群带动作用初步显现。随着加快长株潭、环长株潭城市群建设战略的实施，全省高铁、高速等交通网络的逐步完善，以长株潭城市群为中心，环长株潭、洞庭湖地区、湘南地区、大湘西地区等区域城镇化都在加速发展，“十二五”期间各区域城镇化率增长均超过 7 个百分点（见表 3），高于全国平均水平。其中，洞庭湖地区和大湘西地区进步尤为明显，分别增长了 7.86 和 8.06 个百分点，远远高于 7.59 的全省平均水平。

表 3　全省各区域城镇化发展情况

单位：万人、%

地区	常住人口	其中：城镇	城市化率	与 2010 年相比增长	与全省差距	与长株潭差距
全省	6783.03	3451.88	50.89	7.59	–	–
长株潭	1425.6	965.77	67.74	7.05	16.85	–
环长株潭	2709.26	1317.21	48.62	7.14	–2.27	–19.13
洞庭湖地区	1588.33	786.73	49.53	7.86	–1.36	–18.21
湘南地区	1749.74	839.39	47.97	7.03	–2.92	–19.77
大湘西地区	2019.36	859.99	42.59	8.06	–8.3	–25.16

二、存在的主要问题

（一）城镇规模普遍偏小，集聚效应不足。2015 年湖南 14 个市州中，常住人口超过 700 万的只有长沙、衡阳、邵阳三个市州；从城区人口规模看，全省城区常住人口仅1621.79万人，不到全省总人口的1/4，地级市城区平均人口不到130万。按照2014年国务院对于城市规模划分标准，湖南没有城区常住人口超500万的超大城市和特大城市，大部分是50～300万人口的Ⅱ型大城市和中等城市。作为城镇化水平最高的长株潭城市群，2015年城镇化率还不到70%，城镇人口还不到1000万，无论从人口的总规模、人口密度还是经济总量均不及武汉城市圈和中原城市群。

（二）城镇化区域发展不平衡。湖南各市州由于地理位置、交通状况、经济基础等差异较大，以致城镇化发展极不平衡。2015年，长株潭城市群的城镇化率已经达到67.74%，高于全省平均水平16.85个百分点，而其他城市群均低于全省平均水平，其中发展较好的洞庭湖地区城镇化率为49.53%，低于全省平均水平1.36个百分点，基础最薄弱的大湘西地区城镇化率仅为42.59%，低于全省平均水平8.30个百分点，与长株潭城市群差距更是高达25.16个百分点。14个市州中城镇人口超过乡村人口的只有长沙（74.38%）、湘潭（58.28%）、株洲（62.10%）、岳阳（54.01%）、郴州（50.34%），最低的湘西自治州仅为41.13%，低于全省平均水平近10个百分点。其次，县域城镇化率普遍偏低。71个县的人口总数为4128.06万人，占了全省总人口的60.86%，但其中城镇人口却只有1650.35万人，只占了全省城镇人口的47.81%。平均城镇化率只有39.98%，低于全省平均水平超过10个百分点。县乡小城镇发展滞后是影响全省城镇化发展的重要因素。

（三）经济下行，城镇化发展内生动力不足。近几年湖南的城镇化主要依靠各级政府大规模的基础设施建设和行政区划调整来推动。与2010年相比，2015年湖南新增城镇单位数2877个，增长高达32.58%。2015年10月，《湖南省乡镇区划调整改革工作方案》公布，计划2016年年底前，合并乡镇500个以上，合并建制村16000个以上。但受国际经济不景气和国内产业结构调整的双重影响，湖南省经济下行压力较大，2011年以来湖南省主要经济指标增速都出现了大幅下滑（见表4），2015年财政收入增速只有2011年的四分之一，全省固定投资增速只有2011年的一半，出口额增速更是出现负增长。未来相当长一段时间全省经济将面临增长放缓的严峻形势，仅靠投资和区划调整来推动城镇化快速发展的增长模式将难以为继。

表4　城镇人口与相关经济指标增速比较

单位：%

地区	2011年	2012年	2013年	2014年	2015年
城镇人口	4.56	4.12	3.61	3.47	3.97
GDP	12.8	11.3	10.1	9.5	8.6
人均GDP	11.2	10.7	9.3	8.7	7.9
工业增加值	18.2	13.5	11.6	9.2	7.5
固定资产投资	27.9	27.5	26.1	19.4	18.2
社零总额	17.9	15.4	14.3	12.8	12.1
城镇居民可支配收入	13.8	13.1	9.8	9.1	8.5
出口额增速	24.4	27.3	17.6	35.1	–3.9
财政收入	40.2	17.5	14	11.4	11.1

（四）城镇化的发展质量有待提高。2013年国家城镇化工作会议要求要以人为本，推进以人为核心的城镇化。但从全省来看，城镇发展重规模，轻质量，对人口的承载和吸纳能力有限，城镇化质量和效益不高的情况还比较严重。2010年到2015年，全省城市建成区扩大超过100%，而吸纳的城镇人口只增长了21.33%。人口城镇化的速度远远低于土地城镇化。同时在土地城镇化快速推进的同时，城镇对农村转移吸纳能力不增反降，2015年全省规上企业数量和在岗职工人数相比2011年分别下降了32.86%和18.28%；其次，农业转移人口市民化进程滞后。2015年城镇养老保险参保人数为1160.70万，城镇医疗保险参保人数2660.5万人，但相对于3451.88万城镇人口，覆盖率分别只达到33.63%和77.07%。如果没有提供足够的就业机会与有力的社会保障，人口城镇化将只会是一句空话。

三、几点建议

城镇化是经济发展的必然结果而不是原因，加快新型城镇化建设必须坚持以人为核心,遵循城镇化发展的客观规律，注重协调发展。要根据自身情况，科学规划，大力发展新型工业化，以产业转型升级为新型城市化建设提供原动力，在适度扩大城市规模的同时，注重加强城市基础设施建设，增强城市的承载力，走可持续发展之路。

（一）坚持双轮驱动，工业与第三产业同步发展。工业化是城镇化发展的动力和基础。湖南还处于工业化中期阶段，城镇发展对工业的依赖程度非常高，必须优先发展工业生产，实现工业化和城镇化的协同发展。同时借鉴发达国家城镇化高级阶段第三产业作用高于第二产业的经验，重视发展生产性服务业和消费性服务业，构建适应现代经济与城市发展的产业结构。

（二）节约利用资源，改善人居环境。湖南人口众多，人均资源不足，环境容量有限，面临的外部约束更为严格。因此，推进城镇化必须吸取发达国家城市化的教训，走资源节约型、环境友好型的城镇化道路，实现能源资源集约利用，重视生态和人居环境的保护及改善。

（三）完善城市体系，推动大中城市与小城市、城镇协调发展。大城市对区域经济发展的带动作用，取决于与中小城市、中心镇和一般小城镇发展而成的城镇群和城镇连绵区的关联程度，关联度越高，带动作用越明显。因此，推进湖南城镇化，既要打造以特大城市和大城市为主体的聚集区，形成聚集经济，也要加快发展中小城市和小城镇，实现大城市与中、小城市和中心城镇、小城镇的协调发展。

（四）城乡统筹发展，加快一体化步伐。湖南城镇的基础设施还不完备，居民生活还有诸多不便，必须花大力气改善城镇基础设施条件，构建宜居城镇。湖南也是农业大省，农村人口众多，面积广阔，各方面发展都远落后于城镇。湖南实现城镇的可持续发展，必须将落后的农村改造成为现代化的新农村，促进城乡的协调发展，逐步实现城乡一体化。

湖南“十二五”高新技术产业发展情况分析

“十二五”期间，湖南以电子信息、生物医药技术、新材料与先进制造业为重点发展领域，以培育高新技术产业集群为主线，以高新园区、高新技术特色产业基地为载体，以高新技术企业为主体，全面纵深推进高新技术产业发展的格局已基本形成，高新技术产业持续较快发展，在推动产业结构调整、促进经济增长等方面发挥了重要作用。

一、高新技术产业发展的主要特点

（一）高新技术产业快速发展，占 GDP 比重逐年提高。2015 年，全省高新技术产业实现增加值 6128.82 亿元，比上年增长 17.8%，是 2010 年的 3.1 倍，年均增长 25.7%。实现销售收入 19073.25 亿元，增长 17.8%，是 2010 年的 3.2 倍，年均增长 25.8%。实现利税 1677.14 亿元，增长 16.9%，是 2010 年的 2.5 倍，年均增长 20.4%。高新技术产业增加值占地区生产总值比重达 21.1%，比上年提高 2.1 个百分点，比 2010 年提高 8.9 个百分点。高新技术产业已成为拉动经济快速增长的新引擎。

（二）长株潭地区优势明显，湘南地区增速较快。“十二五”期间，作为全省区域经济核心增长极的长株潭三市聚集了全省六成以上省级认定的高新企业，2015 年，长株潭地区实现高新技术产业增加值、销售收入和利税分别为 3792.52 亿元、11402.67 亿元和 1091.68 亿元，占全省高新技术产业的比重分别为 61.9%、59.8%和 65.1%，分别比 2010 年提高 2.0、0.4 和 0.9 个百分点，聚集效应日益明显。“十二五”时期，湘南地区充分利用承接产业转移的优势，高新技术产业迅速发展。湘南地区高新技术产业增加值、销售收入和利税分别为 880.87 亿元、2632.51 亿元和 210.67 亿元，“十二五”期间年均增速分别为 29.3%、26.6%和 21.0%，均高于全省平均增速。

2010—2015 年湖南省各区域高新产业增加值占全省比重情况

单位：%

	2010 年	2011 年	2012 年	2013 年	2014 年	2015 年
长株潭地区	59.9	57.9	57.2	57.8	61.9	61.9
湘南地区	12.5	13.6	14.9	16.6	14.5	14.4
大湘西地区	10.8	10.7	9.3	8.6	7.7	7.7
洞庭湖地区	16.8	17.9	18.5	17.0	15.9	16.1

（三）骨干企业成长迅速，支撑作用不断加强。“十二五”期间，随着产业的快速增长，企业数量和规模不断扩大。从企业数量看，2015 年，全省纳入高新技术产业统计的企业 3997 家，比 2010 年增加 2192 家，增长 121.4%。从企业规模看，高新技术企业平均规模（平均产值）达到 5.03 亿元，比 2010 年提高 1.47 亿元，是 2010 年的 1.4 倍，规模年均扩大 7.1%。产值过亿元的企业达到 2419 个，占全部企业数的 60.5%，比 2010 年增加 1574 个，占比提高 13.7 个百分点。产值过 10 亿元的企业有 325 个，比 2010 年增加 236 个，占比提高 3.2 个百分点。产值过 100 亿元的企业有 20 个，比 2010 年增加 11 个。全省认定的高新企业 2168 家，比 2010 年增加 1140 家，增长 110.9%，产值过亿元和过 10 亿元企业分别达 1111 家和 73 家。骨干企业对全省高新技术产业支撑作用明显，产值过亿元的企业产品增加值、销售收入和利税额占比分别为 96.6%、96.4%和 97.0%。产值 10 亿元以上的企业产品增加值、销售收入和利税额占比均在五成以上，分别为 61.3%、58.3%和 56.4%。

（四）重点领域集群发展，新兴产业增势强劲。围绕高新技术产业优势领域、优势区域和龙头企业，积极整合资源，逐步实现了比较优势向产业优势的转化。2015 年，全省电子信息技术、高技术服务业、生物与新医药和新能源及节能技术四大高新领域分别实现增加值 789.64 亿元、486.94 亿元、821.28 亿元和 257.65 亿元，同比分别增长 22.0%、23.7%、24.0%和 24.1%。工程机械、高性能金属材料产业产值突破 2500 亿元，风电装备、轨道交通装备、节能与环保设备、生物工程等高新技术产业集群不断壮大。电子信息、生物与新医药技术产值比 2010 年翻了一番。全省高新技术产业中，属于国家高技术行业分类的企业实现增加值 1397.49 亿元，增长 20.5%，比高新技术产业整体增速快 2.7 个百分点，占高新技术产业增加值的比重同比提升 1.2 个百分点，成为高新技术产业快速发展的有力支撑。

（五）高新园区量质齐升，产业化基地稳步发展。“十二五”期间，湖南新增国家级高新园区两家（衡阳高新区和郴州高新区），新增省级高新园区 9 家。截至 2015 年末，湖南共有国家级高新园区 6 家，居中部地区第一位，省级高新园区 9 家。在高新园区数量增加的同时，其平台作用不断强化。2015 年，长沙、株洲、湘潭、衡阳、益阳和郴州 6 个国家级高新区共实现高新技术增加值 2070.90 亿元，占全省总量的 33.8%，自 2010 年以来年均增长 26.1%。长沙高新区、株洲高新区先后迈入千亿园区行列，其中长沙高新区产值突破 2000 亿元，创新能力名列全国 89 个国家高新区第 6 位。高新技术产业化基地建设稳步发展，全省 11 个国家高新技术产业化基地全部落户园区，其中有 9 个在高新区内，形成长沙有色金属精深加工、株洲高新区轨道交通、湘潭高新区能源、岳阳精细化工等一批国家级和省级产业示范基地。

二、高新技术产业发展存在的主要问题

（一）产业结构有待进一步优化。湖南高新技术产业中战略性新兴产业领域规模比较小，企业总体层次不高。2015 年，新能源及节能技术和资源与环境技术两大高新领域分别实现增加值 257.65 亿元和 1141.18 亿元，同比增长 33.8%和 24.1%。虽然增长较快，但在全省高新技术产业增

加值中占比仅为4.2%和2.3%。从三次产业结构来看，高新技术产业呈现一业独大的局面，第二产业占据绝对地位。具有人才密集、知识密集、附加值高、低能耗等特点的高技术服务业总体规模不大，第三产业实现高新技术增加值584.16亿元，仅占高新技术产业的9.5%。这说明湖南高新技术产业发展的信息化和生态化水平依然不高，优化和升级产业结构任务依然艰巨。

（二）产学研结合有待进一步深化。虽然湖南每年都有一大批科技成果诞生，但应用成果少、发明专利少、拥有自主知识产权的核心技术少，产学研机制仍不够健全。2014年，规模以上工业企业开发的10万元以上的R&D项目中，与机构、院校和科研机构合作开发的894项，仅占全部科技项目的17.1%，说明企业与科研机构、大学之间缺乏有效的产学研联合机制，难以形成科技与企业发展相结合的整体效应。企业技术中心建设步伐不快，质量水平不高。科技成果转化不足。2015年，全省有国家级企业技术中心38家，在中部地区低于河南（79家）、安徽（64家）和湖北（45家）。湖南装备制造业、原材料工业、食品工业占有较大比重，亟须解决装备更新、材料替换、新产品开发等问题，但现有科技成果难以派上用场。科技优势领域与支柱产业发展错位，对接不上，能支撑产业发展的科技成果有效供给不足，科研机构游离于企业之外现象严重。

（三）人才队伍有待进一步加强。2014年末，湖南高等学校在校本专科生、研究生分别为113.5万人、5.51万人，在校本科生和研究生分别占全国在校本科生和研究生人数4.5%和3.0%，与湖南人口总数占全国的比重5.3%并不相配。地方公有经济企业事业单位各类专业技术人员98.65万人，占全国的4.3%，R&D人员折合全时当量（万人年）16.25万人，占全国的2.9%，在全国的占比均较低。

三、加快高新技术产业发展的对策建议

（一）构建区域性高技术创新体系，优化高新技术产业结构。一是建立以企业为主体的技术创新体系。建立健全高技术产业发展的创新体系为高技术产业发展提供技术支撑。确立企业技术创新的主体地位，建立以企业为主体的技术创新体系。二是加大高技术服务业的扶持力度。结合湖南“两型社会”建设，加大对第三产业中高新技术企业的扶持力度，鼓励全省尤其是限制开发区域大力发展以电子商务、网络、先进的信息和通讯服务业为代表的技术型服务业企业，以向创新企业与技术企业提供服务的经济型服务业企业和以老龄服务、环境、特色旅游及娱乐、社区与家庭服务为代表的社会型服务业企业。同时，加强对一、三产业，尤其是第三产业中高新技术企业的认定工作。

（二）加强制度创新，为产学研深度结合提供制度保证。一是深化科研机构体制改革。推进科研机构和设计单位的企业化转制。鼓励科研院所参与企业集团、上市公司的并购与重组。科研院所要切实提高技术创新能力，形成科研、开发、生产、市场紧密衔接的机制，建立能够增强科研院所实力与活力，激励科技人员创造性劳动的产权制度、人事制度和分配制度。二是建立以大学和科研院所为主体的知识创新体系。充分利用长株潭城市群智力资源优势，发挥该地区高等院校和科研院所的作用，加强高校、科研院所同企业之间的创新合作，积极探索产学研相结合的创新模式，整合创新资源，对有广阔市场前景的技术领域和国家级的重点项目进行联合攻关，形成一批具有自主知识产权、与长株潭城市群产业结构相吻合的关键技术和可持续发展的高技术成果，为湖南高技术产业发展提供知识和技术支持。

（三）打造高素质的高技术产业人才队伍。一是大力引进国内外优秀科技人才。充分利用国际人才流动加速的机遇，大力引进国际智力资源，特别是海外华人专家和海外留学生，多途径、多渠道吸引他们回国创新创业。在人才引进方面，采取灵活的方式，实行引进人才和引进外资智力相结合，通过兼职聘用、学术交流、带项目、带课题等方式引进智力，促进高技术产业的发展。二是创造有利于科技人员成长的用人机制。激励科技人员在各自岗位上创造性的工作，努力造就一大批具有现代科学技术知识和经营管理才干、能率领企业有效参与国内外市场竞争的新一代企业家和学术带头人。建立既能充分发挥老专家的作用，又有利于年轻科技人员成长和晋升技术职称的新机制，创造条件让年轻有为的科技人才脱颖而出。对有突出贡献的科技人员给予重奖，使其在经济上有实惠，政治上有荣誉，社会上有地位。要促进人才合理流动，提高人才资源的使用效率，努力做到人尽其才。三是加强人才的培养教育，进行人才的深度开发。要将开发人才资源作为基本战略，将其纳入经济社会发展规划，加大投入的力度，使人才开发与经济社会发展相适应，并适度超前。要建立以市场需求为导向的人才培养机制，加大科技创新人才和高技术经营管理人才的培养力度，积极加强高技术产业经营人员和科技人员的继续教育。依托高新区实施“千人计划”“百人计划”等高端领军人才聚集计划，重点建设一批产学研紧密结合、结构合理的科技创新团队，促进各类高层次人才的高密度聚集。

2015年湖南城市商业综合体发展报告

城市商业综合体指以区域为中心、以购物中心为主导，融合了商业零售、餐饮、休闲养生、娱乐、文化、教育等多项城市主要功能活动，面向各类消费人群、提供综合性服务的大型建筑综合体，是现代商贸业发展的一种全新商业模式，在提升城市形象、提高居民消费品质、便利生活配套服务和繁荣城市商业等方面发挥了十分重要的作用。

一、湖南城市商业综合体发展现状

按照国家“三新”统计制度规定的涵盖超市、百货店、专业店、专卖店等3种以上商品零售业态以及餐饮、文化、娱乐、健身、游艺、培训三项以上服务，营业面积大于1万平方米、独立开展经营活动的商户大于50个的统计标准，截至到2015年底，湖南省城市商业综合体共有26个，全部可出租（使用）面积达176.17万平方米，车位数达17819个，全年总客流量达1.10亿人次。

*（一）零售占据业态主导地位，以游乐游艺、教育培训为代表的新兴服务业增长较快。*2015年全省26个城市商业综合体中共有各类商户4220个，其中零售业2979个，餐饮业882个，服务业359个，占比分别为70.6%、20.9%和8.5%，购物、餐饮、娱乐仍然保持了一个传统的业态比例7:2:1。从各业态现有的营业面积看，零售业107.78万平方米，餐饮业23.52万平方米，服务业25.83万平方米，占比分别为68.6%、15.0%、16.4%。传统的商品零售业依然是各城市商业综合体的主要经营载体。以游乐游艺、教育培训为代表的新兴服务业增长较快。电影院、游乐游艺、KTV、教育培训、健身养生营业额分别比上年增长32.2%、63.4%、19.3%、24.5%和23.3%。

*（二）零售业创收能力最强，餐饮业聚客效应明显。*2015年全省城市商业综合体共实现营业额95.97亿元，其中零售业70.00亿元，餐饮业17.18亿元，服务业8.79亿元，占比分别为72.9%、17.9%、9.2%。虽然零售业受到电子商务的冲击比较大，但它仍是目前湖南商业综合体中创收能力最强的;而餐饮业有着明显的聚客效应，对吸引大量的客流，提升商业综合体的人气，最大限度地延长顾客的停留时间，无疑是一个重要的手段。从新开业的商业综合体的业态分布看，餐饮业的比重正逐步增加，2015年之前开业的综合体有18家，餐饮业商户占比19.5%，2015年开业的综合体有8家，餐饮业商户的占比为26.4%。

*（三）零售业对就业贡献最大，服务业户均从业人员最多。*2015年全省城市商业综合体共吸纳从业人员35100人，其中零售业21436人，餐饮业9380人，服务业4284人，占比分别为61.1%、26.7%、12.2%。从户均情况看，零售业共有商户2979个，平均每个商户吸纳从业人员7.2人，餐饮业有商户882个，平均每个商户吸纳从业人员10.6人，服务业有商户359个，平均每个商户吸纳从业人员11.9人。城市商业综合体已逐渐成为社会就业重要渠道，对全社会的扩大就业和稳定就业有重要作用，

*（四）从使用途径情况看，全省商业综合体主要以租赁服务为主。*2015年全省城市商业综合体共有租赁类商户4083个，占比达96.8%，营业面积118.75万平方米，占全省商业综合体营业面积的67.4%，从业人数29485人，租金总额达10.43亿元，比上年增长29.9%，商户销售额达67.54亿元，比上年增长23.9%。从租赁服务的业态看，以零售业为主，租赁商户中零售业、餐饮业和服务业商户数分别为2904、840和339家，商户销售额分别为43.22、15.91和8.41亿元，比上年分别增长19.9%、30.8%和32.9%。从商业综合体整体情况看，有8家综合体全部为租赁服务，占全部综合体的比重为30.8%，从各综合体的具体经营情况看，租赁服务将成为今后发展的一个主要方向，某些综合体开业的时候还有一些自营或者联营的商户，随着时间的推移，逐渐全部转为租赁服务。

*（五）地域分布不均衡，省会集聚效应明显。*在全省26家城市商业综合体中，省会长沙有13家，占据了全省综合体的半壁江山。其他市州之间分布不均衡，其中株洲、常德各3家，湘潭、衡阳各2家，益阳、郴州、娄底各1家，有邵阳、岳阳、张家界、永州、怀化、湘西自治州等6个市州没有1家商业综合体。作为区域性中心城市的长沙，不管从城市竞争力还是经济实力、居民消费能力看，都显示出强大的商业承载力，集聚效应非常明显。

二、城市商业综合体迅猛发展的主要成因

全省城市商业综合体中，2011年之前开业的仅为4家，最早开业的是2003年，2011年之后全省城市商业综合体遍地开花，短短几年之内新开了22家。湖南城市商业综合体发展来势迅猛，主要有以下几个因素:

*（一）中心城市高速发展，经济实力和居民消费力不断提升，为城市商业综合体需求扩大奠定了基础。*近几年，湖南加大了以省会长沙为首的中心城市建设，以宜居宜行为目标，结合城市特点，推进园林城市、智慧城市、海绵城市等的建设，交通配套设施不断完善和优化，城市的形象和面貌焕然一新，中心城市的吸纳功能、承载功能、辐射功能不断增强;特别是随着中心城市综合实力的提升，居民消费水平的提高以及消费结构的升级，购物、休闲、餐饮、娱乐等一条龙式消费符合消费者的心理，客观上也带动了城镇居民对商业综合体的需求。

*（二）“以住养商”是发展商开发商业综合体的主要动因。*2010年后，中国的房地产市场进入到调控周期，住宅地产的过快、过热增长得到了有效抑制。在这种政策导向下，房地产商开始谋求“住改商”。城市商业综合体项目并非像纯商业项目那样，主要依赖于长期的租金回报盈利，其住宅部分可以提供快速的资金回笼。房地产调控之后，发展商在住宅市场资金回笼变慢，因此普遍寄希望在商用物业开发上，想借此获得长期收益。城市商业综合体这种“以住养商”的模式结合了住宅物业资金回笼快和商用物业回报周期长两大特点，得到了诸多发展商的青睐。其次这几年以长沙为代表的湖南中心城市住宅市场上价格回升的预期不明显，一线城市迅猛发展的城市综合体和商业地产开发热，促成了开发商逐步向长沙等二线城市转移。

*（三）城市商业综合体的建设是政府主导与开发商市场行为相结合的结果。*城市商业综合体对于提升区域价值，城市发展起到积极影响，而城市升级、旧城改造带来了城市土地资源的再整合、再包装，因此推出城市综合体用地，成为地方政府的普遍意愿，也是一个必然的趋势。由于此前这些地块为土地利用率不高的棚户区、旧厂房，而改造成综合体之后，土地利用效益凸显，城市形象提升，且商用项目每一年都会给地方政府制造税收，是一个多方面受益的举措。

三、城市商业综合体目前存在的困难和问题

*（一）分布较集中，同质化竞争严重。*近年来，以城市商业综合体开发为契机的商业地产投资浪潮兴起，一些开发商经验不足，盲目开发，导致城市商业综合体分布较为集中，在定位上鲜有亮点，发展商几乎都是沿用一个套路来打造项目，无论是建筑外观、内部空间布局，还是定位、功能、业态组合和引进品牌都大体一致。这在很大程度上

造成定位雷同，品牌重复度高，同质化竞争严重。

（二）配套不完善，运营环境不佳。有的城市商业综合体在新开发的城区，相关配套设施包括交通还不完善，住宿区入住率不高，周边的人流量较少，无法聚拢人气。加之目前经济下行，招商引资难度大，部分长期空铺。造成商业部分亏损赔钱，租金收益不佳。

（三）缺乏运营经验，矛盾纠纷不断。不少发展商缺乏综合体、特别是商业项目的运营经验，遭遇经营难题。同时投资者、开发商、经营者之间的矛盾纠纷不断。有的开发商只管销售回笼资金，而不管后续商业运营;有的开发商采取商铺产权包租方式促进销售，或以承诺快速收益、减免租金等举措吸引投资者、经营者加盟，后因承诺无法兑现，引发矛盾纠纷等。

四、发展城市商业综合体的相关建议

根据现代城市论的观点，成功的城市综合体项目是经济与文明的象征，也是城市形象的“名片”。随着湖南经济总量以及人均 GDP 的不断提高，城市商业综合体对全省城市发展以及现代服务业质态的提升将有着更加重要的意义。如何推动全省城市商业综合体的良性健康繁荣发展，将是城市化进程中须特别重视和关注的。

（一）注重顶层设计和规划。城市商业综合体项目要符合城市战略规划的大方向，要立足城市发展实际、在建设规模和定位上要有前瞻性。要打破城区行政区划壁垒，注意区域间规划的衔接，全市一盘棋，统筹城市商业综合体建设，科学规划城市综合体项目空间、业态布局，使城市综合体与城市发展相适应，与城市建设相联动，与城市经济相融合。

（二）突出个性和特色。商场的距离不是阻碍消费的核心要素，关键看商场有没有特色;群体越高端越在意商场特色配套。逛商场购物过程中的愉悦心情和被尊重的享受服务是网购永远无法替代的。众多城市商业综合体涌现之后，其将向着个性化和专业化方向发展成为趋势。因此，要根据消费者的不同消费需求、消费心理特点、区域文化及不同功能物业的发展趋势，定位产品特点，将产品进行细分，满足客户的消费体验。同时城市商业综合体也需要一个整体主题形象定位，要把塑造城市形象、展现城市文化、打造城市名片，作为推进城市商业综合体建设的重要导向，深入挖掘切合城市实际的文化资源，充分体现地域文化元素，破除同质化，使城市商业综合体从内涵、功能和风格上均能体现不同特色。

（三）完善配套和服务。商业地产离不开政府的支持和鼓励。目前在较短的时间内出现这么多商业综合体项目，且是龙头企业居多，需要政府的支持和鼓励。一方面完善道路、交通等城市配套，加快城市升级;另一方面做好后续对接工作，提供相关指导及优惠政策，采取相关措施帮助城市综合体吸引相关企业入驻，激发市场的投资热情。这样，投资有好的回报，购物有好的环境，商业地产也能够持续繁荣发展。

湖南省 2014 年环境保护工作年度报告

湖南省环境保护厅

一、全省环境保护基本情况

（一）排污主体情况

据相关统计，全省共有各类工商企业 48.2 万户，注册数较上年增长 27.8%，其中规模以上工业企业 1.4 万余家。国家环保重点废水监控企业 226 家、重点废气监控企业 139 家、污水处理厂监控企业 133 家、涉重金属监控企业 396 家，分别比上年减少 53 家、7 家、1 家和 5 家。另有 500 头以上畜禽养殖场 2.6 万户，其中国家重点监控规模化畜禽养殖场（小区）18 家，较去年减少 15 家。全省机动车保有量 952.57 万辆，增长 3.7%，其中汽车 442.84 万辆，摩托车 497.83 万辆，低速汽车 7.3 万辆。共有持危险废物经营许可证单位 127 家，较上年增加 10 家，医疗废物处置中心 12 家，无变化。持有各类辐射安全许可证单位 2545 家，较上年增加 55 家。另外，城乡各类建设施工、城乡居民家庭餐饮、农业化肥农药使用、矿山开发等都对环境质量及生态造成影响。

（二）环境监管主体情况

根据新修订的《中华人民共和国环境保护法》规定，地方各级人民政府对本行政区域的环境质量负责。县级以上地方人民政府环境保护主管部门对行政区域的环境保护工作实施统一监督管理。发改、经信、公安、国土、住建、农业、水利、林业等政府各部门依照相关法律法规和“三定”方案承担环境保护职责。2014 年，中共湖南省委和省人民政府根据中央精神，对全面深化改革做出总体部署，把生态文明体制改革纳入重要内容，结合省级机构改革调整，审议通过《湖南省环境保护职责规定（试行)》和《湖南省重大环境问题（事件）责任追究办法（试行)》，对地方各级人民政府和省环保厅、省发改委等 34 个部门的环境保护工作责任及问责办法做出了明确规定，初步建立了环境保护工作责任体系。省、市（州）、县（市区）及各类管理区、开发区共有环境保护行政管理机构 157 个，监察执法机构 147 个，环境监测机构 129 个，行政机构及事业单位共有 10098 人。全省部分乡镇设有环保机构 842 个。省环保厅现有内设机构 13 个，另有环境监察局、固体废物管理站、核与辐射环境监督站和省环境监测中心站、长沙环保职业技术学院、省环境保护科学研究院、环境保护宣教中心、洞庭湖生态环境监测中心等直属单位 14 个。

（三）环境监测网络情况

全省现有省控以上水质常规监测断面109个；市州饮用水水源地监测断面30个，较上年减少1个；县级城镇在用饮用水水源地监测断面（点位）116个，较上年增加28个；水质自动监测站29个，监测断面和监测因子基本保持稳定；14个市州设有大气监测点位78个，其中长株潭地区监测点位24个，在2013年长株潭岳常张六个环保重点城市的形成可吸入颗粒物、二氧化硫、二氧化氮、细颗粒物、臭氧和一氧化碳监测能力基础上，其他八市也相继形成大气六项监测因子能力；另有1个南岳环境空气质量国控背景值监测点，1个长沙温室气体国控监测点，1个张家界农村区域环境空气质量国控监测点；现设有城市区域环境噪声监测点位2023个，较上年减少799个；城市道路交通噪声监测点位866个，较上年减少45个；城市功能区噪声监测点位143个，较上年增加80个（以上变化主要因国家环保有关规范调整所致）；设有土壤环境质量试点监测点位210个，无变化。

二、环境保护工作总体形势

（一）环境质量状况

根据已形成的环境质量监测网络及技术能力，按国家统一规范监测方法，2014年全省环境质量主要情况如下（水环境）：

1. 主要江河水质

湘资沅澧干流46个省控断面中，Ⅰ～Ⅲ类水质断面45个，占97.8%；Ⅳ类水质断面1个，占2.2%。超标断面为沅水干流托口断面，主要污染指标为总磷。

湘江流域：干流水质总体为优，干流18个省控断面水质均符合或优于Ⅲ类标准，重金属镉、汞、砷、铅和六价铬浓度达到《地表水环境质量标准》中Ⅱ类水质标准限值要求，其中，镉、砷和铅浓度均值呈下降趋势，汞和六价铬浓度均值保持稳定。湘江支流24个省控断面与上年相比，Ⅰ～Ⅲ类水质断面比例减少4.8%，主要污染指标为氨氮、总磷和化学需氧量。

资江流域：干流水质总体为优，干流11个省控断面水质均符合或优于Ⅲ类标准。

沅江流域：干流水质总体为优，干流10个省控断面中，Ⅰ～Ⅲ类水质断面9个，占90.0%；Ⅳ类水质断面1个（托口断面），占10.0%，主要污染指标为总磷。

澧水流域：干流水质总体为优，干流7个省控断面水质均符合或优于Ⅲ类标准。

其他流域：8个省控断面中，长江湖南段所设3个省控断面、环洞庭湖河流所设4个省控断面和珠江北江武水所设1个省控断面的水质均符合或优于Ⅲ类标准，其他流域水质基本保持稳定。

2. 洞庭湖水质

洞庭湖水质总体为轻度污染，营养状态为中营养。洞庭湖11个省控断面中，10个断面属Ⅳ类水质，占90.9%；1个断面属Ⅴ类水质，占9.1%，主要污染物均为总磷。与上年相比，洞庭湖水质呈下降趋势，其中，营养状态指标总磷的平均浓度升高29.2%。初步分析，洞庭湖水质下降主要成因是水资源总量减少导致水环境容量变小、湖区和环湖周边畜禽水产养殖业和农业面源污染，以及城镇工商业及居民生活垃圾、废水污染不断累积，富营养化问题日益显现。

3、城市集中式饮用水水源地水质

14个城市的30个饮用水水源地水质达标率为99.4%（按单因子方法评价，粪大肠菌群不参与评价）。个别饮用水源地水质超标主要污染物为锰和铁。

（二）主要污染物排放情况

1. 废水主要污染物排放状况

化学需氧量：2014年排放总量为122.90万吨，较2013年下降1.6%。

氨氮：2014年排放总量为15.44万吨，较2013年下降2.1%。

2. 废气主要污染物排放状况

二氧化硫：2014年排放总量为62.38万吨，较2013年下降2.7%。

氮氧化物：2014年排放总量为55.28万吨，较2013年下降6.0%。

我省2014年废水、废气主要污染物排放完成国家下达的减排任务。

3. 自然生态状况

截至2014年底，全省现有国家级自然保护区23个，省级自然保护区29个；全省森林覆盖率稳定在57%以上，湿地面积约102万公顷。

（三）环境污染事件情况

2014年，省环保厅共接报24起环境事件，均为一般环境事件，没有发生较大及以上环境污染事件。所发生环境污染事件均得到及时处理。此外，省环保厅综合值班室全年接到来信来访及电话、网络投诉举报共2062起，其中按信访有关规定告知投诉人转送属地1682件，直接受理、跟踪督办案件380起，办结331件，信访处理率达100%，案件办结率为87.1%，全年无因信访问题处置不当造成群体性事件或其他恶性事件。

（四）环境保护工作重大事项（略）

三、加强环境保护的主要工作

强力推进省政府“一号重点工程”。扎实推进实施湘江保护与治理“第一个三年行动计划”，省、市、县三级联动，推出两岸工业、城镇垃圾和污水及畜禽养殖等重点治理项目1158个，完成1143个，完成率98.7%，项目总数及当年完成率均创历史纪录。构建属地政府负责、省直对口部门牵头、多部门配合支持的重点区域整治多方协同机制，清水塘、竹埠港、水口山、三十六湾、锡矿山五大重点区域综合整治取得重大进展，竹埠港28家污染企业全部关停退出，其他重点区域一批重大治理工程加快推进。通过强力治污，湘江水质呈好转趋势。

全面推进大气污染防治工作。全面实施《贯彻落实大气污染防治行动计划实施细则》和《2014年大气污染防治实施方案》。深入推进火电、钢铁、水泥等重点领域企业脱硫脱硝设施建设，30万千瓦以上火电机组和新型干法水泥生产线全部完成脱硫脱硝设施建设；提前一年在全省水泥企业执行氮氧化物排放新标准，在长沙市火电企业执行烟尘特别排放限值。采取各种措施，开展城市建筑和道路扬尘治理以及燃煤锅炉和餐饮油烟整治；加强机动车排气污染治理，基本完成国家下达的黄标车和老旧车淘汰任务。省环保厅与省气象局合作，建立大气分析和预报预警平台，实时发布长株潭岳常张等环保重点城市监测和预报信息。通过各方面努力，我省大中城市大气污染加重趋势有所遏制，14 个市州城市大气环境达标率有所提升。

用新的思路加快推进农村环境综合整治。省环保厅会同财政厅以“竞争立项”方式鼓励积极性高、决心大的地方“整县推进”农村环境综合整治。形成了县级党委政府统一领导，县、乡、村三级和各职能部门联动的长效工作模式，在 2013 年通过竞争立项确定了津市等 10 个县市区的基础上，再选择 18 个县市区（其中包括湘西自治州整州推进）开展整县整治工作，其覆盖 8000 多个行政村，同时带动了其他县、市、区积极开展农村环境整治工作。

有序推进生态文明和环境保护体制机制改革创新。一是重点探索生态环境保护责任体系建设，构建党委政府统一领导下各级各部门社会各方面齐抓共管的工作格局，省委、省政府审定出台《湖南省环境保护工作责任规定（试行）》和《湖南省重大环境问题（事件）责任追究办法（试行）》两个重要文件；二是在湘江五大重点区域，探索建立由属地人民政府负主责、省政府明确一个对口部门为主指导督办、相关部门配合支持的多方协同机制，收到初步效果；三是探索建立区域生态保护补偿机制，制定出台《湘江流域生态补偿（水质水量奖罚）暂行办法》和《重点生态功能区县域生态环境质量考核实施方案》，开展环境功能区划试点工作并形成初步成果，启动生态红线制度建设试点工作方案；四是进一步推进排污权有偿使用和交易改革，报请省政府印发《湖南省主要污染物排污权有偿使用和交易管理办法》，会同有关部门出台《交易价格标准》、《交易资金管理办法》等，2014 年度完成市场交易 283 次，交易金额 2487.36 万元；五是进一步深化行政审批制度改革，在向长沙市下放了 4 类建设项目环境影响审批权的基础上，再向市州下放了 23 项环评审批权。

大力加强环境监管执法。一是进一步严格环评审批。省环保厅 2014 年共受理环评文件 400 项，不予审批 7 项，另有 44 个项目的选址、工艺和污染防治方案得到修正和完善。二是在全省范围内开展为期一年的环境污染隐患大排查，全省共排查企事业单位 16948 个，排查出污染隐患单位 6008 个，建立污染隐患台账，对污染隐患和存在问题进行全面梳理，分类整改。三是探索建立环境监督计划执法制度，将全省所有排污单位的监管在省、市、县三级环保部门进行合理分工，明确各级执法检查的层级责任、执法检查频次及程序，对全省所有排污单位实行“有计划、全覆盖、规范化”的环境执法检查，进一步规范了环保部门监管执法行为，强化了日常监管。全年共立案查处 1236 起，处罚 3187.659 万元，其中移送公安 32 起。

持续推进主要污染物总量减排。通过强力推进“一号重点工程”、大气污染防治和农村环境整治，带动一大批减排工程。2014 年列入国家目标责任书要求完成的重点减排项目共计 40 个（大气污染物减排项目 19 个，水污染物减排项目 21 个），完成 34 个，完工率为 85%；省重点项目 235 个，完成 219 个，完工率 94.1%。同时通过加快工程建设、淘汰落后产能、加强企业污染治理设施改造和运行管理等措施，较好地完成了国家下达的减排任务。根据核算，我省 2014 年国家纳入考核的 4 项主要污染物化学需氧量、氨氮、二氧化硫、氮氧化物分别下降 1.6%、2.1%、2.7%、6%，均实现国家下达目标，为到 2015 年底我省全面完成“十二五”总量减排任务奠定了较好基础。

加强核与辐射安全监督管理。严格依法行政审批，做好辐射安全许可证的延续、变更和发放工作。2014 年，全省持辐射安全许可证单位达 2545 家，比 2013 年增加 55 家。做好放射性物质的全过程管理，全年共办理放射性同位素转让、备案、异地使用等手续 295 批次，其中转入放射源 315 枚，转出放射源 40 枚；放射性污染废金属转移 9 批，共 1646.9 吨。收贮闲置废弃放射源，严格废物库安全管理，全年共收贮废旧放射源 150 枚。建立健全我省环保系统核与辐射事故应急组织体系，编制完成《湖南省环境保护厅核事故应急预案》和《湖南省环境保护厅辐射事故应急预案》。

进一步加强环境科技支撑能力建设。加强环境监测能力建设，实施全省县级以上行政区和重点环境功能区的环境监测能力达标“三年行动计划”，14 个市州政府所在城市已全部按大气环境监测新标准完成监测网络建设，从 2015 年 1 月起全面实现按新标准监测并向社会发布信息。全省重点流域重要饮用水水源水质监测网络和大部分县级城市大气监测网络建设正加快推进。环保系统实施“数字环保”工程，加强信息化建设。会同和配合有关部门支持和组织开展大气、水、土壤环境监测和污染治理的科技攻关，特别是重金属污染治理、水专项等一批重大科研课题取得突破，制定出台了一批新的地方环境标准和规范。省委、省政府高度重视，相关部门密切配合，出台政策措施促进环保产业发展，加强国际、省市间环保合作与交流，全省环保产业健康快速发展，环保产业产值初步统计达 1350 亿元。

加强环保部门机关思想作风建设。扎实开展机关文明创建和各种创先争优活动，2014 年省环保厅被评为“省文明单位”。以党的群众路线教育实践活动和省委巡视整改为契机，加强制度建设，建立常态化长效机制。坚持严格按法律和政策办事，围绕“办好事”、“管好钱”、“用好人”，改进工作作风，提高自身能力。以“严格党内生活，严守党的纪律，深化作风建设”为主题，认真组织召开 2014 年度党员领导干部民主生活会，着力解决突出问题，进一步巩固和拓展教育实践活动成果。贯彻落实党风廉政建设“两个责任”，加强惩治和预防腐败体系建设，严格执行党风廉政建设责任制，坚持并落实“一岗双责”，强化监督检查，树立良好机关风尚。

2014 年我省环境保护工作虽然取得了新的明显进展，但也存在一些突出问题。一是个别地方环保优先的理念还树得不牢，推进突出污染问题治理、严格环境执法监管的决心不大，要求不严，工作成效不明显；二是生态文明和环境保护体制机制不配套、不完善的矛盾仍较突出，各方面的合力还有待增强；三是环境监管能力与新的形势不相适应的问题突出，县乡基层环保队伍机构亟待加强，人员力量和装备保障薄弱，环保系统队伍思想作风和业务能力建设需要加强。一些地方环境监管执法不到位，环境违法行为时有发生。四是环境质量形势依然严峻，大气污染形势无明显好转；四水干流个别监测断面和部分支流监测断面存在超标现象，洞庭湖水质呈富营养化加重之势；局部地区土壤污染治理任务繁重。

四、2015 年环境保护 基本思路和主要任务

以党的十八届三中、四中全会和习近平总书记系列重要讲话为指导，认真贯彻中央和省委经济工作会议、全国环保工作会议精神，以实施新修订的《环保法》为契机，大力加强环境监管执法，继续深化重金属、大气和农村环境等突出污染问题治理，加快推进生态文明和环境保护体制机制改革创新，大力加强环境科技支撑体系和监测监管能力建设，促进全省环境保护工作取得新的更大进步。

（原载《湖南日报》2015 年 2 月 5 日）

总体成果辑要

【湖南装备制造、轨道交通等产业转型升级加快】 2015年1月。湖南省召开加速推进新型工业化工作会议，湖南省副省长黄兰香宣布：据初步核定，2014年全省规模工业增加值首次突破1万亿元人民币大关，是2005年全省规模工业增加值的5倍，且提前1年实现“十二五”工业发展目标：产业结构持续优化。装备制造、轨道交通等传统优势产业转型升级加快，机械企业积极向海洋工程、环保、民用航空、农业等新领域拓展，矿山机械制造业迈上千亿元台阶。新材料产业主营业务收入达3000亿元，高技术产业、高加工度工业增加值分别增长27.8%和13.5%。新兴产业加快发展。电子信息、汽车、移动互联网、集成电路等发展势头强劲。去年1至11月，电子信息制造业增加值增长31.1%、医药行业增加值增长19%。信息产业消费规模达2500亿元，移动互联网产业产值增长120%左右。重大项目加速推进。全年累计投产工业项目10966个，完成工业投资9200亿元。国内首条8英寸IGBT专业芯片生产线投产，成功打破国外技术垄断；上海大众汽车长沙基地首台样车下线，使湖南迈入具备生产中高档乘用车能力的新时期；蓝思科技新材料、涟钢汽车板、旗滨玻璃搬迁、中联麓谷第二工业园等项目按计划投产；广汽菲亚特吉普、中光通信二代光纤等项目加快推进。2014年底，相继开工近200个重点工业项目，发展后劲增强。工业实力明显增强。新增蓝思科技、泰富重装、衡阳富泰宏、长沙比亚迪4家年产值过百亿企业；长沙雨花经开区、岳阳绿色化工产业园、桂阳工业园，规模工业增加值均过百亿元。全省产值过百亿元企业达19家，规模工业增加值过百亿园区达16个；全年新增规模工业企业1000户以上。

【湖南发布农机产业发展规划】 2015年1月，湖南省经济和信息化委员会、湖南省农业机械管理局联合发布了《湖南省农业机械产业发展规划（2014—2020年）》。这是全国第一部省级农业机械产业发展规划，它的颁布实施，标志着湖南农机产业正走上部门协同推进和规范化、标准化、集约化快速发展轨道。《规划》指出，农业机械产业是国民经济和社会发展的基础性、战略性产业，涵盖农机工业、农机作业服务、农机流通、农机运营保障等多个领域，是新型工业化和农业现代化的重要组成部分，是推进经济社会发展，促进工业化、信息化、城镇化、农业现代化同步发展的重要产业。近年来，湖南农机产业已发展成为湖南省制造业新的增长亮点，成为湖南现代农业和区域经济发展的重要支撑。2013年，全省共有农机企业800余家，规模以上农机制造企业完成总产值192.8亿元；全省拥有各类农机具超过800万台套，总动力达5436万千瓦，农机作业服务总值达到360亿元；农机销售总额近70亿元；累计提供社会就业岗位近100万人。《规划》提出，按照引入知名企业、嫁接先进技术、拓展内外市场、推动上市融资、增强创新能力、加快整合重组的思路，加快湖南省农机产业结构调整与优化升级，着力做大做强湖南农机产业，力争到2020年，全省农机产业主营业务收入突破1300亿元，其中农机制造业700亿元、农机服务业600亿元；着重打造1个年产值300亿元以上的省级示范性农机产业园，新建5个产值过100亿元的农机产销企业集群，建设5个区域性农机专业市场，重点培育25家产值过10亿元的农机装备制造骨干企业，培植3000个以上农机合作组织和300个农机运营保障平台；培育省级以上企业技术中心、工程（技术）研究中心、工程（重点）实验室10家以上，其中国家级企业技术中心2家以上；鼓励有实力的企业整合全球资源，组建国际化的研究中心。《规划》提出，重点建设湖南农业工程机械产业园及长株潭、益阳、娄底、岳阳、衡阳五个农机制造产业集聚区等“一园五区”；着力实施龙头企业培育、产业集聚引导、重点项目推进、流通平台建设、作业服务促进、运营保障强化、创新体系构建、品牌战略实施、省外市场拓展、技术人才培育等十大工程。

【湖南分布式光伏发电将获补贴】 2015年1月，湖南省政府办公厅下发《关于推进分布式光伏发电发展的实施意见》，明确到2017年末，力争全省新增分布式光伏发电装机规模超过100万千瓦，累计达到145万千瓦以上。实施意见明确，对使用省内生产的太阳能电池板、逆变器等光伏组件、未享受中央财政补助且通过验收的分布式光伏发电项目，实行电价补贴；居民利用自有屋顶自检分布式光伏发电项目的，自发自用电量不纳入阶梯电价适用范围。2014年投产项目的发电量（含自发自用电量和上网电量），省内补贴0.2元/千瓦时，补贴期限10年。2015—2017年投产项目补贴标准根据成本变化适时调整。

【湖南对新能源产业“大盘点” 风电场达到20个】 2015年1月，湖南省统计局发布最新数据，对湖南的新能源产业进行“大盘点”。湖南的风能主要分布在洞庭湖地区和雪峰山，以湘南、湘西、湘中地区为主。可开发风电资源量约1600万千瓦。湖南风力发电已并网风电场达到20个共70万千瓦。截至2014年11月份，进入规模工业的风力发电企业达到8家，累计发电量9.21亿千瓦时，占规模工业发电总量的0.8%。生物发电方面，湖南已形成凯迪绿色能源和理昂再生能源等为主的竹木生物质发电企业。截至2014年11月，规模以上竹木生物质发电企业有10家，累计发电量8.48亿千瓦时。湖南太阳能资源属于四类地区，总辐射量在3200到4600兆焦/平方米之间，年平均日照时数只有1457小时。总体来看，日照资源东部较西部丰富，夏季较冬季丰富。到2014年11月底，湖南22个光伏发电项目已投产，规模为14.5万千瓦。目前湖南页岩气已探明储量约 9.2 万亿立方米，占全国总量的 10%，可采资源量达 1.5 万亿到 2 万亿立方米，主要分布在湘西、湘北的洞庭湖区和湘东南。

【新《环保法》促进湖南家居企业加速转型效果明显】 2015 年 1 月 1 日，新《环保法》正式在全国实施，因为其“按日计罚”、“查封扣押”等惩罚力度大，该法被形容为“史上最严”。新《环保法》的出台，不仅针对工厂企业等排污大户，对整个家居行业也敲响了警钟。业内人士称，新《环保法》无疑对生态绿色家居具有积极意义。1 月 4 日，湖南省发出了新环保法实施后的首份行政拘留书，三位企业责任人因排污拒绝执行而受罚。装修是一个系统性的过程，对家装公司而言，工艺上追求环保，而对于建材提供商来说，产品要能满足环保性能的要求。2014 年下半年，湖南省产商品质量监督检验研究院联合随意居、金煌、美迪等省内家装企业龙头共同起草了湖南《生态家装工程通用规范》地方标准，从室内甲醛释放量到建材产品的污染物含量，都进行了更为严格的约束。省质检院院长苏光荣就曾表示，该标准将对室内空气污染超标“零容忍”。此外，家装公司牵头推动环保型建材产品的发展。硅藻泥作为新兴环保型建筑涂料，已被越来越多的消费者接受。从建材材料到装修工序，家装公司都应该对新房室内的环保把关。湖南省室内装饰协会认为，对于一直主推“环保”概念的家装公司而言，新《环保法》不但不会冲击家装公司的发展，只会更加促进环保型家装事业的发展。就整个家居行业而言，新《环保法》对家具生产厂家的要求最高。一直以来，家具产业属于能耗较高、污染较大、劳动密集型的传统产业。尤其在木材喷漆生产环节上，大量的苯、甲醛等物质会排放到大气中，也可能发生厂房粉尘纷飞的情况。新《环保法》无疑将对现有的家具行业重新洗牌。由于家具环保生产标准不断提升，已经有部分家具企业不再生产家具产品，转型成为家具物流商，也有部分家具企业因为无法顺利转型而面临倒闭的风险。

【湖南省加快推进传统优势产业转型升级 培育新增长点】 2015 年 1 月 4 日，湖南省委副书记、省长杜家毫来到长沙市经开区，入厂房、进车间，考察企业生产经营特别是项目建设情况。他强调，适应经济发展新常态，要积极对接国家发展战略，充分发挥“一带一部”区位优势，精准施策、精准发力，加快推进传统优势产业转型升级，加快培育壮大新兴产业，加快创新招商引资方式，努力培育新的增长点。来到上海大众长沙工厂，杜家毫详细了解项目进展、产业配套等情况。目前，该厂冲压、车身、油漆、总装车间以及技术中心已经建成，相关配套设施正在加紧建设，38 家零部件、物流配套供应商相继入驻，第一款车型也即将于今年 5 月批量投产。得知上海大众长沙工厂的单车用水量、二氧化碳减排等环保指标已接近或超过大众德国生产基地时，杜家毫指出，关键是要走转型发展、抱团发展的路子。要依托优势产业，延伸产业链条，带动相关配套产业特别是本土企业抱团发展，努力培育形成新的经济增长点。

【湖南高新生态涂料研发获重大突破 甲醛吸附分解力提高 94%】 2015 年 1 月 5 日，来自全国各地的相关行业部门领导、行业泰斗及资深专家齐聚长沙，联合发布新型环保内墙装饰装修壁材硅藻泥的突破性技术成果——纳米级硅藻泥。湖南蓝天豚硅藻泥新材料有限公司最新科技产品“纳米天使”的推出，标志着硅藻泥产品研发首创利用纳米技术优化改良产品的物理结构，达到增加产品对空气中毒分子的吸附与分解能力。这项技术的问世，将原本环保天然可吸附分解甲醛的硅藻泥壁材，其甲醛吸附分解能力提高了 94%以上，成为目前最理想的环保装饰装修壁材。

【中国首家农产品供应链金融服务平台上线】 2015 年 1 月 6 日，中国首家农产品供应链金融服务平台“果联金服”在湖南永兴正式上线，为中国十大名橙“永兴冰糖橙”登陆产业互联网，产销全面电商化揭开新的篇章。果联金服平台包括永兴冰糖橙供应链金融和优选商城两大板块。供应链金融为永兴冰糖橙产业链参与者解决种植、加工、物流、采摘和销售等各个环节的融资和收付障碍，将小额信贷申请、货款收付、汇兑等服务通过互联网平台简易化、透明化，方便商家申请和使用。优选商城则联合湖南华大农业科技发展有限公司、湖南永丰农冰糖橙专业联合社，将此前未采用互联网销售方式的本地独立果农纳入到垂直电商体系中，将原本各自为战的零散小微电商以及国内各大型超市、水果连锁店和水果批发商集中到统一的大渠道当中，形成规模集约的销售平台。目前，果联金服已与多家全国性大型金融机构展开一系列合作谈判，其中平安银行、邮政储蓄银行表示将对果联金服金融服务给予支持，双方达成深度战略合作意向，围绕永兴冰糖橙展开的可持续发展的农业金融生态已初步成型。果联金服的上线，可避免果农、物流、采购和销售等产业链参与者陷入资金周转的困境，为金融资本注入永兴冰糖橙打开了一条风险可控、回报稳定的通路。同时让资金在果农采摘前进入果农手中，解决了果农在种植过程中资金缺乏的难题，又能指导采购商和果农一起优化品质，科学种植。据了解，随着信贷资本的入局和永兴冰糖橙的产业流通，果联金服平台及其背后的年产销十亿级的冰糖橙产业发展潜力逐步显现，果联金服也将会以永兴冰糖橙为样本，逐步把成功模式复制到其他水果及油茶籽等行业，为农产品供应链金融行业发展提供范本。

【湖南省信息消费产业规模：2800 亿元】 2015 年 1 月 8 日，召开湖南省全省信息通信工作电视电话会议。会议提出，2015 年，全省信息消费产业规模要达到 2800 亿元，电子商务交易额超过 3000 亿元，移动互联网主营业务收入增长 100%以上。在基础设施方面，将建设基站 2.5 万个、铁塔 9536 个；3G 网络基本覆盖城乡，4G 实现规模商用；全省固定宽带家庭普及率达到 45%，城市家庭宽带接入能力基本达到 20 兆比特 / 秒以上，农村家庭宽带接入能力基本达到 4 兆比特 / 秒。

【湖南省新增 17 个国家湿地公园（试点）】 2015 年 1 月 13 日，国家林业局下发了《关于同意北京房山长沟泉水等 140 处湿地开展国家湿地公园试点工作的通知》，湖南省获批国家湿地公园（试点）17 个，至此，全省国家湿地公园（试点）总数量达 49 个，居全国第一。同时，此前先行试点的东江湖、水府庙、酒埠江、千龙湖四个国家湿地公园已通过了国家林业局的验收，正式成为“国家湿地公园”。国家湿地公园的申报建设为推进“美丽湿地”建设，扩大湿地保护面积，争取国家湿地保护投入，提升湿地保护管理能力和社会影响力发挥了积极的作用。

【5年后开电动汽车任性跑高速 京港澳高速湖南段将建66个充电站】 2015年1月15日，湖南电力部门透露，京港澳高速电动汽车快充网络正在建设中，湖南岳阳至郴州段南北双向，将建设66座电动汽车充电站。湖南岳阳至郴州段南北两个方向的33个服务区，每个服务区将安装两台充电机，有四个充电位，同时可为四辆电动汽车充电。目前岳阳段的充电站已开始建设。至于充电价格，由于国家没有对电动汽车充电电价做出明确规定，故暂定为0.706元一度。除高速公路之外，长沙市区的电动汽车充电站也在稳步建设当中。截至去年，长沙已建成电动大巴、电动汽车充电站3座(汽车东站、汽车西站、大托充电站)，共建设直流充电机75台，建设交流充电桩108根。去年10月开建的长沙市第4座电动汽车充电站——三汉矶电动汽车充电站，预计在春节前后建成投运。此外，长沙去年底新开工的9座电动汽车充电站均在建设中，电力部门将在主城区初步构建充电设施服务网，有力推进长沙新能源电动汽车产业化发展和商业化发展。

【湖南耕地保有量6000余万亩】 2015年1月15日，截至目前，全省耕地保有量6000余万亩，高于国家下达的目标数，确保了湖南粮食产量稳定在600亿斤以上。为切实保护耕地，保障国家粮食安全，湖南坚持最严格的耕地保护制度，落实耕地保护责任，全面实行先补后占、占补平衡制度，扎实推进农村土地整治，切实保护和建设基本农田。2014年，全省共批准占用耕地的建设用地项目1796个，共占用耕地10.15万亩，全部按要求落实先补后占和占补平衡，既严格保护了耕地，又有力地保障了全省经济建设用地需求。同时，湖南加大省级占补平衡统筹力度，全年组织衡阳、张家界、湘西州等地为长沙、湘潭等地187个占用耕地建设用地项目提供补充耕地指标1.46万亩。去年全省共建设高标准基本农田400万亩，超额完成国家下达的353万亩的建设任务。

【湖南全面启动农村垃圾治理 2019年九成垃圾得到处理】 2015年1月16日，召开湖南省住房和城乡建设工作会议，今年湖南将全面启动农村生活垃圾5年专项治理。全面启动农村垃圾治理，这是改善农村人居环境的关键。到2019年，全省90%村庄的垃圾要得到处理，就地分类、就地减量80%。农村垃圾治理方式上关键在于就地分类减量，目前湖南正在组织编制农村垃圾治理技术导引，希望各地结合实际，因地制宜选择治理模式，而不能盲目地搞全收全运全集中处理。

【湖南2015年建保障房50万套 启动新型城镇化综合试点】 2015年1月16日，湖南省住房和城乡建设工作会议在长沙举行。会议透露，2015年湖南将开工建设各类保障性住房和棚户区改造51.83万套，较去年增长21.75%。去年，湖南圆满完成“两房两棚”目标任务，在履行“为民办实事”承诺的同时，也成为“稳增长”的有力支撑。其中，保障性住房和各类棚户区改造完成投资434.47亿元，农村危房改造完成投资51.38亿元。去年，湖南保障性住房和各类棚户区改造开工建设42.57万套，居全国前五位，较上年增长27%；基本建成34.1万套，完成投资434.47亿元，较上年增长40.8%，全面完成年度目标任务。至此，湖南已提前一年完成“十二五”建设160万套（户）的目标，实际建设169.4万套。今年在国家新型城镇化综合试点的基础上，湖南将按地级市、县市、建制镇3个层面开展一批试点，通过试点示范总结经验，再全面推广。目前省住建厅已向省政府提交省级新型城镇化综合试点方案，待审定后将印发执行。其中，试点地级市将着重围绕提高城市综合承载能力，健全城乡规划建设的制度体系开展工作；试点县市重点完善交通基础设施网络，积极推进县市“多规合一”；试点镇重点加强集镇基础设施和公共服务设施建设，建设宜居小镇和美丽乡村。同时，将建立动态管理机制，对试点地区进行半年一检查、年底一考核，年度考核结果不合格的，将取消试点，另行替补。保障性住房方面，湖南今年要开工建设各类保障性住房和棚户区改造51.83万套（其中公共租赁住房20.08万套，各类棚户区改造31.75万套），较去年增长21.75%。同时，今年重点将创新工程质量管理机制，试点建筑（住宅）工程质量责任险，由建设单位购买质量保险，再由保险机构委托监理，以解决工程实施过程中质量安全责任虚置，主体责任、权力及利益明显不匹配的问题。

【湖南规模工业增加值首次突破万亿元】 2015年1月20日，召开全省加速推进新型工业化工作会议。据省统计局初步核定，2014年全省规模工业增加值首次突破1万亿元大关，是2005年全省规模工业增加值的5倍，且提前1年实现“十二五”工业发展目标。产业结构持续优化。装备制造、轨道交通等传统优势产业转型升级加快，机械企业积极向海洋工程、环保、民用航空、农业等新领域拓展，矿山机械制造业迈上千亿元台阶。新材料产业主营业务收入达3000亿元，高技术产业、高加工度工业增加值分别增长27.8%和13.5%。新兴产业加快发展。电子信息、汽车、移动互联网、集成电路等发展势头强劲。去年1至11月，电子信息制造业增加值增长31.1%、医药行业增加值增长19%。信息产业消费规模达2500亿元，移动互联网产业产值增长120%左右。重大项目加速推进。全年累计投产工业项目10966个，完成工业投资9200亿元。国内首条8英寸IGBT专业芯片生产线投产，成功打破国外技术垄断；上海大众汽车长沙基地首台样车下线，使湖南迈入具备生产中高档乘用车能力的新时期；蓝思科技新材料、涟钢汽车板、旗滨玻璃搬迁、中联麓谷第二工业园等项目按计划投产；广汽菲亚特吉普、中光通信二代光纤等项目加快推进。工业实力明显增强。新增蓝思科技、泰富重装、衡阳富泰宏、长沙比亚迪4家年产值过百亿企业；长沙雨花经开区、岳阳绿色化工产业园、桂阳工业园，规模工业增加值均过百亿元。全省产值过百亿元企业达19家，规模工业增加值过百亿园区达16个；全年新增规模工业企业1000户以上。

【国网湖南电力计划两年内全面解决低电压问题】 2015年1月21日，国网湖南省电力公司召开2015年低电压综合治理工作电视电话会议，全面贯彻落实国家电网公司有关低电压治理工作新要求、新部署，进一步强化低电压综合治理工作，明确任务，树立目标，对今后两年的低电压治理工作进行再动员、再部署。国家电网公司2015年“两会”明确提出，要用两年时间完成农村低电压综合治理，年内解决505万户低电压问题。国网湖南电力提出，要进一步加大低电压治理工作力度，提高治理标准，确保治理成效，治理后的台区在近几年内不再反复出现低电压问题。国网湖南电力提出，全面解决低电压问题，保证配网供电电压质量，是供电企业的责任，事关民生。目前，国网湖南电力辖区内，用电高峰期农村居民客户端低电压的问题还时常出现，局部地区甚至长期存在，严重影响了居民正常生产、生活用电，客户意见很大。当前湖南省配网建设水平依然落后，特别是农配网，网架结构薄弱，配网供电“卡脖子”、低电压问题比较普遍，治理任务十分艰巨。根据计划，国网湖南电力将在2015年完成全部城网（含城市郊区和县城）低电压治理，至少完成50%及以上农村低电压客户治理，2016年将集中力量完成余下农村低电压客户治理。

【湖南移动互联网2018年营收冲千亿】 2015年1月22日，湖南省移动互联网发展高峰论坛在长沙中电软件园举行，来自政府机构、移动互联网业界、行业资讯机构等人士共同把脉湖南省移动互联网产业，其中移动互联人才成为来湘投资创业的焦点。据初步统计，湖南移动互联网产业2014年实现总收入160亿元左右，比上年增长120%。目前，湖南已有移动互联网企业500余家，其中2014年新增企业近400家，已集聚58同城、中周至尚、易宝支付等一批优势企业。以“移动互联云应用”为基础、主营人才资本管理平台与咨询服务的理才网去年落户长沙，其创始人陈谏在论坛上表示，湖南的软件技术一直位列全国前列，高校众多，人才优势突出，使得湖南成为中部移动互联网高地，这是湖南移动互联最大的优势，也是他们选择立足湖南的主因。

【湖南推进养殖业转型升级】 2015年1月23日，召开全省养殖业工作会议。会议提出，全面推进转型升级，力争养殖业在农业中率先迈向现代化。2014年，全省养殖业生产除家禽出笼下降3.1%外，其他畜禽水产品均稳定增长。从出栏数来看，生猪、牛、羊均保持稳定增长；肉、蛋、奶维持在合理增长水平；水产品总量248万吨，增长6.03%，增幅居全国淡水水产品主产省首位。会议部署，今年全省将以“养殖业转型升级、率先迈向现代化”为主线，深化改革，推进创新，融合一二三产业，实现养殖业健康稳定发展。今年，我省将着力创建国家级畜禽示范场20个、省级300个、市县级500个，创建省级以上水产健康养殖示范场40个，通过示范场辐射带动，全省主要畜禽品种标准化养殖水平提高3个百分点，水产健康养殖水平提高2个百分点。按照部署，养殖业要实现一二三产业融合发展。在扶持主要畜禽水产养殖的同时，支持发展现代化屠宰和肉类加工企业，提升加工档次；统筹养殖生产与上游饲料、良种和下游加工、物流等环节，延长产业链条；大力发展连锁经营、电子商务等现代养殖业流通业态，完善营销体系；围绕养殖业全产业链，推进科技创新。

【沪昆高铁湖南段开通 湖南春运公路客流将首降】 2015年1月23日，召开全省交通运输系统春运工作会议。会议透露，受沪昆高铁湖南段开通等影响，预计今年春运期间公路客运量将首次下降。交通部门将增加运力，确保高铁站公交接驳“无缝对接”。目前我省已有武广、沪昆、湘桂3条高铁通行，覆盖10个市州。道路运输旅客面临高铁分流，导致长途道路客运量下降。加之，去年下半年以来，凌晨2点至5点期间长途客运车辆“禁行”，全省长途道路客运运力明显减少。由此预测，今年春运期间，全省公路、水路旅客运输量为9228万人次，比去年同期下降0.8%，其中公路客流首次下降。交通部门分析，受影响最大的是长途道路客运，而短途道路客运量将有所增加。特别是与高铁对接的短途道路客运，其客流量将随着高铁客流的增加而增长。

【湖南省政府与国防科大协同打造新兴产业集群】 2015年1月26日，湖南省政府与国防科技大学就产业技术协同创新举行联席会议，就湖南省产业技术协同创新研究院的发展定位、园区建设、落实专利使用权出资办理企业工商登记等内容进行沟通。为积极推进军民融合深度发展和协同创新，促进国防科大先进的军民两用科技成果在湘实现产业化，湖南省政府与国防科大根据双方全面科技合作协议，于2012年共同组建了省创新院，并建立了省校产业技术协同创新联席会议制度。在目前全国7个已批复的国家自主创新示范区中，长株潭是唯一具有军民融合创新特色的国家级示范区。省创新院目前已遴选了百余项技术相对成熟、有望快速转化、市场前景广阔的科技成果，建立了军民融合成果转化项目库，并择优选取了20个项目予以立项支持。2015年，将重点支持和推动北斗导航应用、激光陀螺等战略性新兴产业发展，预计实施5年后，将形成年产值可达110亿元、新增就业岗位3万个的产业集群。作为建设好长株潭国家自主创新示范区的重要载体，湖南省军民融合科技创新产业园一期640亩，选址于长沙高新区信息产业园内，拆迁工作已完成。现由信息产业园提供六号大楼作为“湖南省产业技术协同创新研究院创新创业基地”，供入驻研发团队和企业使用，免租3年。目前已有首批8家企业签月入驻。

【湖南湘江保护与治理完成年度目标 淘汰企业1147家】 2015年1月27日，湖南省召开第十二届人大第四次会议，湖南省长杜家毫宣布，湖南省政府“一号重点工程”湘江保护与治理完成年度目标。湖南母亲河湘江流经长沙、株洲、湘潭、衡阳、岳阳、郴州、娄底、永州等8市，该流域集中了湖南6成人口和7成左右的地区生产总值。过去，由于粗放型、高能耗的发展模式，大量工业污水直排入江，导致湘江成为中国重金属污染最严重的河流之一。2013年9月，湘江的保护与治理被确定为湖南省政府“一号重点工程”，计划用9年时间实施3个3年行动计划，重现“漫江碧透，百舸争流”的美丽图景。沿江各市州政府“一把手”对湘江治污负总责。过去一年，湘潭竹埠港片区率先实现重化企业全部关停退出，湖南淘汰关闭涉重企业1147家，退出规模养殖1351家，拆除栏舍67.9万平方米，湘江流域水质整体为优。土壤重金属污染修复力度加大，启动重金属污染耕地修复及农作物种植结构调整试点。按照“行动计划”的路线图，湘江治理在2013年至2015年以“堵源头”为主要任务；第二个“三年行动计划”（2016—2018）实行“治”与“调”并举；第三个“三年行动计划”（2019—2021）主抓巩固和提高，使湘江干流、全流域稳定在三类以上水质，大部分饮用水源断面达到二类水质标准。政府工作报告中明确表示，今年将继续加大水污染治理力度，全面完成湘江保护与治理省政府“一号重点工程”第一个“三年行动计划”，并加强对工业废水、生活污水、养殖污染等源头防控，加大株洲清水塘、湘潭竹埠港、衡阳水口山、郴州三十六湾、娄底锡矿山，以及邵阳龙须塘等其他重点区域的污染整治。完成重金属污染防治“十二五”规划，继续实施重金属污染耕地修复及农作物种植结构调整试点。

【湖南第二批循环经济试点示范企业名单出炉】 2015年1月30日，湖南省发改委公布了第二批循环经济试点示范企业，包括湖南崎丰生物科技有限公司、永州市祥瑞生物科技有限公司、湖南恒惠食品有限公司、湖南鑫海环保科技有限公司、浏阳鼎力报废汽车回收有限公司、湖南仁发材料科技有限公司、益阳龙源纺织有限公司、会同县贤胜油业有限责任公司、岳阳市昱华玻璃制品有限公司、湖南大自然制药有限公司、湖南百加壹再生资源有限公司、娄底市森泰再生资源有限公司、湖南德农牧业有限公司13家企业入选。省发改委要求，各市州和县发改部门要督促各试点示范单位认真实施循环经济发展方案，建立健全循环经济发展工作机制，建立和完善各项管理和保障措施，加大投入，加快重大循环经济项目建设，确保循环经济目标任务的实现。湖南作为全国循环经济统计试点省，各试点单位要按照统计部门的相关要求，建立循环经济统计工作制度，做好循环经济指标的统计和上报工作。同时，省发改委还将会同有关部门对各试点企业开展年度考核，建立动态管理机制，对试点工作成效明显，统计和管理制度健全的企业授予省循环经济示范先进单位称号。对于方案落实不到位，试点工作进展缓慢的企业，将取消省循环经济试点企业资格。

【湖南工业经济2015年开局良好】 2015年1月至2月，湖南省工业经济延续去年四季度平稳运行的良好态势，预计规模工业增加值同比增长10%左右；14个市州中，除长沙、常德、娄底外，其余市州预计规模以上工业增加值均保持10%以上增长。重点产业、重点企业运营保持良好态势。电子信息、轨道交通、汽车、医药等产业继续保持平稳较快增长。1月份，南车株机、时代电气、时代新材、千金药业产值分别增长30%、36.2%、160%、21.7%左右。吉利汽车1月份生产新远景1.3万辆，实现产值10亿元，同比增长144.5%。1月至2月，泰富重工累计实现产值11亿元左右；佳宁农机预计完成产值5亿元，增长120%；恒安纸业五期项目投产和美华尼龙3.9万吨锦纶项目投产，产能均大幅提升，产值分别增长47.6%和54.2%。新增规模以上企业拉动效果较好。去年全省新增规模工业企业1475家，这批企业继续保持良好发展势头，为今年工业经济开局提供较强增长动力。

【环保产业年产值或达万亿元】 2015年1至2月，各地“两会”相继召开，备受关注的环保产业也“登堂入室”成为今年各地“两会”焦点之一，尤其是此前被认为是“有色金属之乡”和“天下粮仓”的湖南。近三年来，湖南省环保产业年均增长率达到25%以上，环保企业数量多，但规模偏小，产品品种少，民建湖南省委在刚刚结束不久的湖南省政协十一届三次会议上建议，加大政策支持力度，打造湖南万亿环保产业集群。提案明确，到2020年，全省环保产业的年产值要达到或接近10000亿元，打造万亿产业集群。同时，建立健全湖南省环保产业政策体系，建立促进环保产业的激励与约束机制，如资源有偿使用和污染者付费制度，形成资源环境的补偿机制、排污权交易等机制，研究制定促进环保产业的税收激励政策。提案建议，加大技术创新投入，重点培育一批规模较大，市场占有率较高，核心技术处于国内甚至国际领先的龙头环保企业，推动万亿环保产业集群的快速发展。营造良好的龙头环保企业成长产业生态环境，促进环保产业配套，发展专业化配套企业，促进产业链延伸，提高环保企业间专业化协作水平，形成产业集聚效应。据了解，截至目前，湖南省规划清洁低碳技术重点项目800多个，总投资800多亿元。光伏发电、纯电动公交、绿色建筑、废旧家具循环利用……这些清洁低碳技术将逐步推广应用于人们生产生活的方方面面，让湖南真正步入绿色“两型”时代。与此同时，湖南的传统产业格局正悄然裂变，湖南经济正加速绿色转型。

【湖南加快推进智能制造生产模式　大力支持新兴产业发展】 2015年1月，湖南省长杜家毫在省政府常务会议上要求，牢牢坚持新型工业化第一推动力不动摇，把工业化与信息化、农业现代化、新型城镇化更好地结合起来，做到四化联动、融合发展。会议要求，要突出创新驱动，一方面做好传统产业优化升级，加快推进智能制造生产模式，促进生产制造精准化、精细化和人性化；另一方面大力支持新兴产业发展，加快把新技术、新产品、新业态、新模式培育成新的增长点。不断优化发展环境，加快制定并公布省级政府部门权力清单、责任清单和市场准入负面清单，降低企业非经营性成本。会议强调，要按照中央决策部署，大力推进机关事业养老保险制度改革，不断完善机关事业单位工资制度。着力调整财政支出结构，积极筹措资金，确保各项改革所需资金。牢牢守住民生底线，继续抓好就业、社保、医保等广大人民群众最关心、最现实的问题。大力压减一般性支出，整合各类专项资金，确保乡镇工作补贴等政策落到实处。以机关事业单位社会保障制度改革为突破口，进一步促进机关事业单位深化改革，更好地保障社会事业，健全社会服务，促进社会管理。会议强调，要进一步加强土地管理，守住耕地红线、基本农田红线和粮食安全底线，加快推进城镇土地使用税等改革，促进土地资源节约集约利用。进一步加强矿产资源保护和合理开发，巩固矿产资源勘查开发秩序治理整顿成果，继续做好关闭落后小煤矿和非煤矿山工作。加快把页岩气、煤层气、矿泉水等资源优势转化为经济优势。整合资金，加快高标准基本农田建设和地质灾害综合防治体系建设。积极稳妥推进农村土地制度相关改革试点。会议指出，保障和改善残疾人民生，让他们安居乐业，既体现了社会主义制度的优越性，也是社会文明进步的重要标志。各级各部门要依法推进按比例安排残疾人就业工作，切实落实支持残疾人就业的各项政策措施，加大对残疾人自主创业、择业的支持力度，让他们生活更加殷实、更有尊严。

【湖南开启“云端旅游”时代】 2015年2月3日，由湖南省旅游局组建的湖南旅游电商平台正式上线，目前该平台已经整合湖南省14个市州600多家旅游关联企业，通过“云端技术”实现线上旅游产品服务，为国内外游客提供智能化、科技化和自助化的旅游体验。据湖南省旅游局，湖南旅游电商平台为消费者提供准确而便捷的吃、住、行、游、购、娱信息的查询、预订和购买。平台上所有旅游商品和服务信息是通过旅游部门筛选并审核后发布的。只要通过湖南旅游手机客户端定位一下，附近的旅游资源一目了然。以往通过网页搜索的信息是碎片式的，而且很难判断网上搜索到的信息是否真实可靠，而通过电商平台搜索，不仅能查询到“茶马古道”“雪峰湖”等景区信息，也能查询到黑茶、农家乐等旅游关联信息，还能看到景区实时旅游状况，为游客规避旅游高峰、规划旅游行程提供了便利。

【春运期间湖南公路水路预计发送旅客 9228 万人次】 2015 年 2 月 4 日，为期 40 天的 2015 年春运将拉开大幕。2 月 3 日湖南召开 2015 年全省交通运输系统春运工作电视电话会议，全面部署道路水路春运工作。今年春运全省公路、水路旅客运输量预计为 9228 万人次，与去年同期相比下降 0.8%，节前多重客流错峰出行，节后多重客流相互叠加。2014 年年底沪昆高铁湖南段开通运营，春运道路运输旅客将面临高铁的分流，长途道路客运量将有所下降，短途道路客运量将有所增加。今年全省将投入客车 4.8 万辆、城市公交车辆 1.6 万余辆、出租汽车 3.3 万余辆、客运船舶 915 艘，运力总量基本能满足春运需求。春运期间，全省将设立 16 个春运交通安全检查服务站。同时，将对驾驶员、车辆进行安全监管，驾驶证记满 12 分的驾驶人严禁参加春运。对没有纳入接驳运输试点的车辆，要严格执行凌晨 2 时至 5 时长途客运车辆落地休息制度。水上交通方面，将严厉打击超载船和“三无”船以及非客渡船载客现象，维护良好的水上交通运输秩序。

【湖南构建旅游精准扶贫机制】 2015 年 2 月 4 日，召开湖南省旅游工作会议。2015 年，湖南省将构建旅游精准扶贫机制，扶持首批 104 个国家乡村旅游扶贫重点村发展旅游业，力争每个重点村乡村旅游年经营收入达到 100 万元，并确定了首批 7 个省旅游局领导联点扶贫村。2015 年，首批确定花垣县金龙村、古丈县默戎毛坪村、桑植县实竹坪村、慈利县罗潭村、城步县大寨村、靖州县岩脚村、安仁县新丰村等 7 个村由省旅游局领导带队，组成 7 个扶贫组联点扶贫。在具体工作中，扶贫组将制定扶贫村发展旅游的一揽子解决方案，组织旅游专家入村进行诊断式指导培训；建设完善公共服务设施：旅游接待中心、旅游厕所、指示标牌、旅游购物点等；协助培育 1–2 个特色观光农业项目；扶持 10 家乡村旅游经营户；引进一个乡村旅游龙头企业；成立旅游合作社或帮助村里建立旅游经营管理模式和队伍；成立农民表演队并培育一台民俗演出；开展村民旅游业务培训和文明礼貌教育；制定乡村旅游宣传推广计划，制作发布宣传品或网页；策划一个乡村节庆活动。

【湖南启动实施食品行业物联网应用试点】 2015 年 2 月 4 日，湖南省经信委公布全省食品行业物联网应用试点项目，湖南大北农农业科技有限公司的“优质猪肉质量安全全程可追溯系统研制与应用”等 10 个项目入选。通过试点，支持企业实施一批示范效益突出、带动性强、关联度高的食品物联网典型应用试点示范项目，形成一批可复制、可推广的食品物联网应用解决方案，推动物联网技术的集成应用，推进食品物联网技术产业化。这是省经信委为深入贯彻落实《国务院关于推进物联网有序健康发展的指导意见》和全国物联网电视电话会议精神，为推动物联网在重点领域示范应用出台的一项重要举措。经过多年的发展，湖南在食品行业物联网发展上具备良好的产业基础、技术基础和应用基础，并在食品溯源、生产环境监测和精细化管理等方面形成了一定的比较优势。据 2014 年省经信委对全省 14 个市州的 700 多家食品企业的问卷调查和 100 家企业走访调查发现，全省 15%的企业构建了不同水平的基于物联网技术的追溯体系和精细化管理系统，80%以上的企业表示有物联网应用的需求。本批试点项目主要集中在食品安全溯源和精细化管理方面。唐人神集团股份有限公司建设食品安全智慧溯源云平台，在猪场实施 RFID 耳标和全过程的移动信息化管理，在生鲜屠宰车间实施基于 RFID 技术的溯源系统与 ERP 系统技术集成，在鲜肉销售环节实施微信移动平台做溯源的查询和订购。湖南金码智能设备制造有限公司采用 RFID、条码识别、环境温度感知、GPS、AGPS、图像识别等感知和定位技术，开发低温鲜奶的全程冷链物流配送、智慧型泛在自助服务终端以及移动客户端无缝对接的物联网云服务平台。澳优乳业公司建立了 Oracle 数据库平台，成功开发了 CDM、CRM 和部分 EPR 子项目，实现婴幼儿奶粉行业信息化模式深度应用、推广和数据挖掘。湖南百果园农业科技服务有限公司开发建设农产品质量安全监控与追溯服务平台，对农产品生产过程中的关键控制点进行跟踪与记录，实现集农产品生产视频跟踪、无线传感器环境监控、生产记录信息采集于一体的安全生产管理系统。

【湖南公布 2015 环境质量目标：14 市空气达标天数超 7 成】 2015 年 2 月 6 日，湖南省环境保护工作会议在长沙召开，会议研究部署全省环境保护工作，对 2015 年工作做出具体安排。其中，推进大气污染防治纳入 2015 年工作要点，并提出，14 市州所在城市空气达标天数比例 70%的工作目标。2015 年，湖南环境质量目标为：全省 14 个市州所在城市空气质量按新标准监测平均达标天数比例为 70%，全省空气中可吸入颗粒物(PM10)平均浓度比上年降低 2%。省控断面按功能区水质达标率达 95%，湘、资、沅、澧干流及一级支流市州出境断面水质达标率达 95%。14 个城市昼间区域环境噪声和道路交通噪声监测点位达到声环境质量二级标准。推进大气污染防治，改善空气质量。将要推进火电、钢铁、水泥、有色等行业企业污染治理设施改造和升级；完成燃煤小锅炉淘汰总任务的 50%；加强建筑工地及道路扬尘环境监管；实施机动车环保标志管理和黄标车区域限行制度；加强挥发性有机污染物治理，全面完成加油站、储油库、油罐车油气回收治理。在推进重点领域污染治理方面，深入推进以湘江治理与保护为重点的水污染防治。将协同加强城镇生活污水、垃圾收集处理及配套设施建设和运行管理，推进规模化畜禽养殖、网箱养殖污染防治，确保湘江干流两岸禁养区内的养殖企业全部退出或搬迁。同时，切实加强县级以上城镇集中式饮用水源地污染整治，启动全省饮用水源保护区调整和 1000 人以上村镇集中式饮用水源保护区划定工作。加强对污染超标支流污染综合整治和湘江长沙综合枢纽工程库区水环境保护。

【湖南今年试点湘江流域生态补偿　顶格处理各类环境违法行为】　2015年2月6日，全省环保工作会议在长沙召开。2015年，湖南将全面推进株洲清水塘、湘潭竹埠港、衡阳水口山、郴州三十六湾、娄底锡矿山等重点区域的污染整治，确保湘江流域涉重企业数和重金属污染物排放总量比2008年削减50%以上。2014年，全省环境保护工作取得明显成效，环境质量稳步好转。今年，全省环保部门将严格按照新环保法的规定，对各类违法行为采取限制生产、责令停产整治、扣押查封、按日计罚不封顶和移送公安机关对当事人拘留等措施实行顶格处理。今年，湖南将全面完成湘江保护与治理省政府“一号重点工程”第一个“三年行动计划”。协同加强城镇生活污水、垃圾收集处理及配套设施建设和运行管理，推进规模化畜禽养殖、网箱养殖污染防治，确保湘江干流两岸禁养区内的养殖企业全部退出或搬迁。启动全省饮用水源保护区调整和1000人以上村镇集中式饮用水源保护区划定工作。加强对污染超标支流综合整治和湘江长沙综合枢纽工程库区水环境保护。努力改善空气质量。推进水电、钢铁、水泥、有色等行业企业污染治理设施改造和升级；抓好城市餐饮业和生活油烟治理，完成燃煤小锅炉淘汰总任务的50%；协同加强建筑工地及道路扬尘环境监管；实施机动车环保标志管理和黄标车区域限行制度，促进全面淘汰2005年底前注册营运的“黄标车”；加快大气监测、预报及预警体系建设，形成长株潭区域大气污染联防联控合力，减少重污染天气的发生。建立健全生态补偿长效机制，正式实施湘江流域生态补偿试点，开展资江、沅江、澧水等流域生态补偿前期调研和制度建设工作。完善大气污染防治区域应急管理联防联动机制，制定出台全省市州重污染天气应急预案。

【长株潭城际铁路长沙火车站以南段计划2017年通车】　2015年2月8日，身长120米的盾构机——“城铁1号”从三湘南湖大市场出发，开始往开福寺站方向掘进长株潭城际铁路。长株潭城际铁路的长沙火车站以南段计划2017年通车，通车后，长株潭三市将进入半小时通勤圈。长沙火车站往河西段则计划2018年通车。长株潭城际铁路全长约95.5公里，共设车站21个，其中长沙火车站往河西段设开福寺、滨江新城、市政府、雷锋大道4个车站，长沙火车站至株洲段设长沙火车站、树木岭、香樟路、湘府路、汽车南站、中信新城、生态动物园、暮云、白马垄、时代、云龙、株洲、七斗冲13个车站，长沙至湘潭段设昭山、荷塘、板塘、湘潭4个车站，根据计划，长沙火车站往河西段将在2018年通车。位于湘江中路与解放西路段交会处的“长沙汇源天桥拆除”项目7日完工通车，湘江大道南北向通行能力提高了三成以上。

【湖南制定“六上两下”林业工作目标】　2015年2月10日，湖南省政府召开林业工作会议，全面总结2014年林业工作，谋划部署2015年林业工作，并提出2015年湖南林业工作“六上两下”目标。“六上两下”，即营造林1250万亩以上，森林覆盖率稳定在59%以上，森林蓄积量增长2000万立方米以上，林地保有量稳定在1.9亿亩以上，林业产业总产值增长15%以上，湿地保护率提高2个百分点以上；森林火灾受害率控制在1‰以下，林业有害生物成灾率控制在4‰以下。为保证目标实现，全省将统筹抓好集体林权制度改革、国有林场改革，推进国家公园体制改革试点、林业依法行政，合力开展绿化“裸露山地”歼灭战、林地保卫战、湿地保卫战，着力经营健康森林、保护森林资源、抓好病虫害防治、开展林木禁伐减伐，全面提质产业，深入加强队伍建设。2014年，湖南省完成营造林1347万亩，森林覆盖率达59.57%，森林蓄积量增长3900万立方米，林地保有量达1.949亿亩，较上年增加120万亩；林业产业总产值2799亿元，各项任务指标均超额完成。

【低空旅游国内受捧　湖南首个景区直升机旅游专线开通】　2015年2月12日，随着一架崭新的直升飞机降落在湖南平江石牛寨国家地质公园游客中心前坪，湖南首个景区直升机旅游专线开通，各地游客今后可在湖南感受上天翱翔的痛快。位于湘、鄂、赣边界的石牛寨是以丹霞地貌为主的国家级地质公园，系国内目前所发现的规模最大的白色丹霞地貌群落，典型景点是“十里绝壁、百里丹霞”，地质遗迹多达100多处，并拥有国家级地质遗迹6处。近年来，中国国内低空旅游发展呈现星火燎原之势。从北到南，众多城市纷纷开辟了空中之旅。虽然坐飞机出差、旅行已不再新鲜，但毕竟受时间、空间限制。而随着国家开放低空飞行，越来越多的城市推出了私人直升机旅游航线，这让喜欢旅游的人多了一种从低空看景观的新玩法。游客青睐直升机旅游，主要在于直升机快速的优势可满足游客高效、便捷、舒适的旅游需求。同时还能摆脱地形限制，避开熙攘人群，欣赏到更广阔的风景，满足游客立体化旅游的需要，直升机旅游今后或将成为普通游客的首选。

【湖南省成土地确权登记颁证试点省份】　2015年2月12日，农业部表示，土地承包经营权确权登记颁证工作今年将新增9个整省试点，分别是湖南、湖北、江苏、江西、甘肃、宁夏、吉林、贵州、河南。开展承包地确权登记颁证，是事关农民切身利益的民生工程。2013年，湖南在全省部署开展确权登记试点，当时列入全国试点县的有岳阳县、双峰县、溆浦县、桃江县。

【工行融e购助力特色农业　湖南农产品网上销售逾2000万元】　2015年2月28日。素有“鱼米之乡”美称的湖南，近年来涌现出一批现代农业产业化经营企业。如何尽快让消费者认识和接纳，工商银行湖南省分行以新推出的“融e购”电商平台为载体，助推我省特色农业发展。大湖水殖股份有限公司是一家以淡水鱼放养销售和食品加工为主业的综合性上市公司，是省工行“融e购”首家入驻的商户。为确保产品一炮打响，该行与大湖股份反复商讨，精心制订周密的营销方案。一是推出数款物美价廉的主打产品，最大限度让利消费者。如原价4680元珍珠项链仅售548元，满减50元后只需498元；冰川小阿刁原价136元，只售76元；大湖有机甲鱼低至6折—巨大实惠带来的是迅速聚集的人气。二是开展全行员工体验与营销活动，并由省工行通过内部系统推介，其他各省工行也迅速在辖内推广，使得宣传效用呈几何级数增长。三是利用融e购高端路线定位打消客户顾虑。如珍珠类产品，一般消费者不了解其内在价格，即使优惠力度再大也不敢轻易手。但融e购定位高端路线，致力于打造国内“名商、名品、名店”的集合地；大湖股份充分利用这一特点，主推珍珠产品，大获成功。同样，在工行“融 e 购”平台，麻阳泰丰绿色农业科技开发有限公司是一家集研发、生产、加工、销售柑橘、红心猕猴桃、高山刺葡萄和食用菌等产品的农业产业化股份制企业，曾获国家、省、市多项殊荣。公司主打产品“莲馨”冰糖橙味道甜美，水分充足，通过ISO9001-2000 国际质量管理体系认证，连续三年荣获中国农博会金奖。由于公司尚处于成长阶段，“莲馨”的品牌知名度不高。省工行采取“电商平台 + 信贷支持”的举措，即利用“融 e 购”平台的渠道和信息优势将公司的系列产品向全国消费者和采购商推荐，并及时提供 900 万元流动资金贷款，支持企业扩大生产和拓展渠道。据统计数据显示，自 2014 年 2 月该平台正式运营以来，已经有 84 家商户在“融 e 购”累计销售了 1.23 亿元湖南名优特色商品，其中各类农产品线上交易额达 2096 万元。

【湖南省促进中小企业和非公经济转型发展】 2015 年 3 月，湖南省召开的全省中小企业工作会议要求以贯彻落实国发〔2014〕52 号文件和湘发〔2015〕3 号文件为重点，以扶助小微企业专项行动为抓手，着力解决当前中小企业和非公经济发展面临的突出矛盾和问题，狠抓政策落实，加强服务支撑，推动大众创业、万众创新，推进两化深度融合，提高“专精特新”发展水平，促进中小企业和非公经济转型发展。实现全省非公经济增加值较上年同比增长 10%，中小企业增加值较上年同比增长 10.5%，新创办小微企业 4 万家以上的发展目标。

【湘江两岸 847 家规模养殖场将实行退养】 2015 年 3 月，湖南省召开湘江干流养殖污染防治工作推进会，专题部署湘江污染防治第一个“三年行动计划”扫尾工作。湘江干流两岸 10 个县市区 847 家规模养殖场将实行退养，为“湖南一号工程”减污添绿。湘江治理与保护被确定为湖南省政府“一号重点工程”，为确保该工程的顺利实施，2013 年，湖南省政府制定了湘江污染防治第一个“三年行动计划”，畜禽养殖污染被重点整治。为此，湖南省政府科学划定了禁养区、限养区、适养区。为使退养户“退而有为”，湖南省畜牧水产局积极协调有关部门对转产转业的规模养殖户给予相关政策支持，帮助其解难题、促发展，确保其“退得下、安得住、有新发展”。

【湖南百家企业农产品产值达 1100 亿元】 2015 年 3 月 2 日，全国农村经营管理工作会议在长沙召开。省农委在会上介绍了我省的经验做法：壮大“百企千社万户”，支撑现代农业发展。我省培育的 100 家农产品加工企业产值达 1100 亿元，同比增长 20%以上。农业部副部长陈晓华、湖南省副省长张硕辅出席。培育龙头企业，我省筛选 100 家市场前景好、管理水平高、带动能力强的龙头企业进行重点培育，辐射带动全省一、二、三产业融合发展。2014 年，这 100 家企业农产品加工产值达 1100 亿元，同比增长 20%以上。我省从 2014 年起，重点扶持 1000 个为水稻生产提供全程服务的现代农机合作社，按 500 亩以上水稻全程机械化生产模式和服务经营规模，配置农机装备，在中央财政农机购置补贴 30%的基础上，我省省级和市县财政分别按购机总额的 15%给予补贴。我省从 2014 年起，分 3 年时间，在现有种养大户中，重点选择培育 1 万户种粮家庭农场。其生产经营规模在 150 亩左右，省财政按每亩耕地每年 100 元的标准给予补贴，促进粮食生产提质增效。

【湖南贸促会推绿色农产品 8 小时内入港】 2015 年 3 月 5 日，湖南省贸促会在新闻发布会上表示，由湖南省贸促会组织参展，香港贸易发展局、香港旅游发展局支持举办的“亚洲农产品展”，近年来将湖南的新鲜农产品包括蔬菜、鸡蛋等，保鲜、保险地送达香港市场。拟于今年年底在港举办的“亚洲农产品展”，湖南省贸促会将组织 30 余家湖南农业企业携农产品赴会展销。目前，湖南供港农产品占整个湖南农产品出口的 40%，以猪肉制品为例，去年上半年湖南出口猪肉及其制成品 1.88 万吨，价值 1.09 亿美元，其中九成销往香港。

【湖南境外商会助力优势产业“走出去”】 2015 年 3 月 6 日，湖南境外商会国际合作项目对接会暨工商银行支持优势富余产能“走出去”签约仪式在长沙举行，此次会议由湖南省商务厅、中国工商银行湖南省分行联合主办，湖南省对外经济合作企业协会协办，旨在推介境外商会所在国投资机遇和湖南省境外园区招商优惠政策，推动湖南企业抱团出海，提升我省开放型经济水平。会上成立了境外湖南商会资源整合联盟，湖南省商务厅与工商银行湖南省分行签署了战略合作协议，双方将共同推动湖南企业及优势富余产能走向海外。此次活动共签订合作协议 17 项，包括投资额 1.5 亿元的水府国际泰国芭堤雅国际候鸟式养老基地合作协议，以及湖南省境外园区投资合作协议 10 项，推动了湖南境外园区的建设和招商引资工作。目前，湖南已经建有北欧湖南农业产业园、老挝湖南橡胶产业园、泰国湖南工业园、越南湖南商贸物流园等多个境外园区，推动了我省企业抱团出海。

【湖南烟草产业今年预计销售 747 亿元】 2015 年 3 月 9 日，湖南省人大召开“两烟”发展专题调研会，听取省发改委、省财政厅、省国税局、省地税局、省烟草专卖局、湖南中烟等部门的意见，为湖南“两烟”发展建言献策。近年来，湖南省已成为全国第四大烤烟产区和第一大浓香型烟区。2010 年到 2014 年，全省烟叶收购收入由 25.41 亿元增加到 55.33 亿元；卷烟销售由 251.21 万箱增加到 276.71 万箱；销售收入由 425.09 亿元增加到 715.72 亿元，烟草产业规模持续扩大，利税快速增长，效益稳步提升。烟草制品及批发行业也成为湖南最大的重点税源行业。然而，新常态下，烟草行业生存和发展的空间受到了严重挤压。行业增长速度回落、工商库存增加、结构空间变窄、需求拐点逼近“四大难题”更为凸显。卷烟销售由过去的稍紧平衡，转变为供大于求；由扩容竞争，转变到挤压竞争；由增量分享，转变到存量分割。行业内部竞争更加激烈，新一轮洗牌在所难免。2015 年是“十二五”收官之年，湖南预计可以实现销售额 747 亿元，增长 4.8%，完成税利 181.88 亿元。

【湖南省林业厅督查暗访“裸露山地”绿化及通道造林工作】 2015 年 3 月 9 日至 10 日，湖南省林业厅对沪昆、二广、夏蓉、道贺、京珠复线湖南段沿线绿化“裸露山地”及“绿色通道”造林情况进行了督查暗访。湘潭、邵阳、永州、衡阳等市响应省政府号召积极，打响绿化“裸露山地”歼灭战行动迅速，“绿色通道”沿线造林绿化成效明显。同时，督查中也发现一些市县存在“裸露山地”造林行动不快，整地造林质量不高和管护措施不到位等问题。胡长清要求各地进一步提高对绿化“裸露山地”的认识，要再发动、再部署，把“裸露山地”造林的重点布局到高速公路、高速铁路和国道公路沿线，精心组织，精心安排，加强技术指导，狠抓造林质量，抢抓造林季节，确保3月底前全面完成“裸露山地”及2015年造林绿化任务。

【湖南7大战略性新兴产业年增加值超3000亿元】 2015年3月11日，湖南省加速推进新型工业化工作领导小组办公室、省统计局、省经信委联合发布《2014年湖南战略性新兴产业发展报告》。报告显示，至2014年底，全省共有战略性新兴产业企业3097家；7大战略性新兴产业全年实现增加值3088.39亿元，比上年增长13.7%；战略性新兴产业增加值占全省地区生产总值的比重达11.4%。工业企业实现战略性新兴产业增加值3003.83亿元，在全省战略性新兴产业年增加值中的比重达到97.3%。各大产业领域，均有发展较为突出的产业。先进装备制造业领域，中高端工程机械、新能源汽车及整车新品、高端轨道装备是增长主力；金属新材料和化工新材料则是新材料产业的增长主力；信息产业领域则主要依靠数字化整机和新型元器件产业；生物产业领域相对丰富些，现代中药、化学药、粮油作物育种是该产业的主要发展领域。“环长株潭”城市群是全省战略性新兴产业发展的核心引领区。2014年，这一区域战略性新兴产业实现营业收入8664.07亿元，占全省的85.1%；实现利润总额364.35亿元，占全省的84.5%；实现增加值2601.33亿元，占全省的84.2%。

【湖南全面部署今年长株潭耕地重金属污染修复试点工作】 2015年3月12日，湖南省人民政府组织召开会议，全面部署今年长株潭重金属污染耕地修复及农作物种植结构调整试点工作。这项工作自去年启动以来，在农业部、财政部的大力支持和省委、省政府的高度重视下，稳步有序推进，取得了初步成效。试点区域经过一年的应急性修复治理，土壤pH值有所提高，土壤镉活性呈下降趋势，稻米镉含量达标率提高，得到农业部、财政部联合调研组的充分肯定。

【湖南推动“移动互联网+”计划　力争实现双百目标】 2015年3月18日，湖南召开全省移动互联网产业发展新闻发布会，湖南将大力推动“移动互联网+”行动计划，力争实现全省移动互联网相关业务收入增长100%以上，移动互联网企业数量增长100%以上的目标。2014年湖南移动互联网产业实现总收入160亿元，比上年增长120%。2014年湖南电子商务交易额突破2500亿元，增幅超过100%，目前已聚集了58同城、友阿云商等605家企业。

【湖南开展县级不动产统一登记试点　明年6月实施】 2015年3月19日，湖南省人民政府办公厅下发《关于开展县级不动产统一登记试点工作的意见》，要求根据登记机构、登记依据、登记簿册和信息平台“四统一”的要求，试点县市（浏阳、澧县、芷江）因地制宜，先行先试，探索全省县市不动产统一登记的整合模式、管理体制、运行机制、制度规范及信息应用平台，在全省率先建立实施不动产统一登记制度，为全省全面开展县级不动产统一登记提供示范与借鉴。《意见》明确了整合不动产登记职责和机构，将试点县市房产主管部门或房屋登记机构的房屋登记职责调整至国土资源部门，将试点县市林业部门或林权管理机构的林权登记职责调整至国土资源部门。职责整合后，国土资源部门负责本行政区域内房屋等建筑物、构筑物所有权、抵押权、地役权，房屋的首次转移、变更、注销登记以及预告登记、更正登记、异议登记、查（解）封登记等；同时负责本行政区域内森林、林木所有权、林地承包经营权的首次登记、变更、注销和抵押登记，包括受理、审核、登记、发证档案管理、登记信息查询等业务。试点县市可结合实际，进一步扩大职责整合范围，更好地提供便民利民服务，有条件的试点县市，可逐步将矿业权（采矿权）等自然资源资产纳入不动产统一登记范围。《意见》要求要尽快组建不动产统一登记机构，试点县市应根据本地承担不动产登记职责的机构和人员状况，充分利用现有资源，组建隶属于国土资源部门的不动产登记机构，负责不动产登记审查、平台监管等行政管理职责。《意见》对试点工作进度做出了安排，要求试点县市立足本地实际，有计划、有步骤地推动不动产统一登记工作。2015年4月中旬前，落实部门联系协调机制，完成各部门职责整合；2015年6月底前，组建不动产统一登记机构，完善县（市）、乡（镇）两级登记窗口建设，编制《不动产登记资料移交方案》；2015年10月底前，理顺不动产统一登记业务流程，制定相关管理细则、规章和制度，做好过渡时期的不动产登记；2016年2月底前开展不动产统一登记测试运行，2016年6月底前正式实施不动产统一登记，2017年6月底前建立不动产统一登记数据库和信息应用平台，基本实现不动产审批、交易和登记信息实时互通和依法查询。

【湖南环保产业年产值达1350亿元】 2015年3月27日，在澳门举办的2015年澳门国际环保合作发展论坛及展览上，来自湖南的15家环保企业亮相展会，充分展示出湖南省产业在重金属污染土壤修复、空气水体污染防治、生活垃圾处理、污泥无害化处理等方面的技术和市场优势。目前湖南省拥有规模以上环保企业1100多家，涵盖研发、设计、生产、工程施工、运营等全产业链;近3年来，全省环保产业产值年均增幅达到25%，2014年环保产业总产值达1350亿元。湖南环保产业呈现科技水平高、产业门类齐、国际合作广等特点，湖南环保产业的科技水平明显提升，尤其在重金属污染治理、脱硫脱硝、工业除尘、废旧家电及汽车拆解回收等技术和装备制造领域，处于国内领先地位。环保制造业快速发展。中联重科实施差异化发展，积极拓展环保设备制造领域，其扫路车、清洗车、垃圾压缩中转车、餐厨垃圾处理设备等，市场占有率逐年扩大。奇思环保研制的城市管网清理设备应用于北京的下水道。全省专业从事环保设备制造的规模以上企业近千家。环保企业“走出去”步伐加快。永清环保、凯天环保等企业与国外环保企业的交流与合作水平不断提升，中冶长天、中南水电院等已开拓国外环保市场。中联重科的渗滤液处理设备打开了香港市场，华时捷的重金属在线监测设备卖到了日本。

【湖南省低碳技术实践交流会在金洲新区举行】 2015年3月27日，湖南省低碳技术实践交流会在金洲新区工业集中区举行，来自亚洲开发银行、世界自然基金会和低碳技术领域等40多名国内外专家就“低碳技术的融资与技术推广”展开讨论，研究资本进驻低碳企业的新模式。会上，亚行专家介绍了低碳技术促进机制与合作设想，来自荷兰、丹麦、新加坡等国的专家分享了促进低碳技术发展的经验。亚洲开发银行区域与可持续发展局局长顾问、亚太气候技术金融示范中心项目负责人表示，目前低碳技术的研发和应用成为应对全球气候变化的重要手段，湖南将成为亚洲发展银行在中国工作的重点，而金洲新区作为湖南省唯一一家低碳技术产业孵化园，双方将在探索发展低碳技术孵化上开展深入合作，给孵化园在政策、设计、能力建设等方面提供全方位的帮助。金洲新区以“湖南省低碳技术产业孵化园”正式授牌为契机，与湖南联创低碳经济发展中心计划共同出资成立“湖南省低碳技术产业孵化园资产管理有限公司”，对孵化企业进行市场运营、管理和扶持。长久以来，金洲新区将低碳技术产业以及低碳技术平台作为园区未来发展的主要方向之一，并逐步探索以湖南省大学科技园以及湖南知识产权运营服务中心为契机，引入社会资本，建设专业低碳孵化器，促进低碳技术产业发展，力求打造成国内外有名的低碳园区、绿色园区。

【湖南省长株潭耕地重金属污染修复试点工作取得初步成效】 2015 年 3 月 30 日，湖南省组织召开长株潭重金属污染耕地修复及农作物种植结构调整试点工作专题座谈会。来自全国农业与资源环境等领域的 15 位专家对 2014 年试点工作情况和 2015 年试点方案进行了讨论。湖南省试点工作自去年启动以来，稳步有序推进，取得了初步成效。试点区域经过一年的应急性修复治理，采取以推广镉低积累水稻品种、调理土壤 PH 值和优化水分管理等治理技术措施。试点工作初步表明，土壤 PH 值有所提高，土壤镉活性呈下降趋势，稻米镉含量达标率有较明显提高。同时组织湖南省农业科学院等科研院所开展了土壤 – 作物系统镉转移机理和稻米镉污染防控技术科技攻关，取得了一系列新的进展。围绕镉低积累水稻品种、旱粮油作物、食用经济作物品种的筛选，取得了一批阶段性成果或结论，初步筛选出一批高产、优质的镉低积累新品系。2014 年对土壤镉背景值明显偏高的耕地进行了作物种植结构调整，有效降低了试点区域农产品质量安全风险。

【湖南环保产业迎来发展良机】 2015 年 3 月 31 日，召开了省政府常务会议，原则通过了《关于加快环保产业发展的意见》，并决定加紧制定出台相关实施细则，我省环保产业即将迎来新一轮发展良机。湖南环保产业起步较早，发展的条件和基础良好。“十二五”以来，我省环保产业年均增速 20%以上，去年全省环保行业总产值达到 1350 亿元，居中部首位，全国前十。目前全省从事环保产品生产或提供环境服务的企业超过 1000 家，形成了长沙高新区等一批产业集聚区，培育了中联重科、凯天环保、华时捷等一大批龙头企业，重金属污染治理、稀贵金属综合回收等技术工艺达到国内先进水平。《意见》立足我省发展实际，明确了我省环保产业发展的重点。即围绕“环保技术、装备和产品”，“资源循环利用技术、装备和产品”，以及“综合环境服务等环保服务业”3 大重点领域，着力实施一批环境污染治理、资源综合利用推广、园区循环化改造、再生资源回收体系建设、环保技术创新及产业化等示范工程。同时，将积极鼓励兼并重组，壮大龙头企业，促进产业集聚。《意见》还明确，将在财政、税费、用地、融资、技术、人才、配套机制、市场推广等方面出台一系列政策措施，进一步激发市场活力，着力打造政策洼地和产业高地。

【湖南首次发布制造业重点领域产业链技术创新路线图】 2015 年 4 月，在湖南制造业重点领域产业链技术创新路线图发布会上，湖南省经济和信息化委员会首次发布湖南省太阳能光伏产业、纯电动乘用车产业、锂电池材料产业等三大重点领域产业链技术创新路线图。根据湖南省经信委发布的路线图，湖南到 2017 年将突破光伏产业链的五项关键核心技术，将以光伏产业链技术创新加快光伏推广应用，全省目前已聚集了光伏产业链相关企业 40 余家，并形成了完整的产业链。

【湖南今年 GDP 增速争取 9%　三产业增 10%】 2015 年 4 月，《湖南省 2015 年国民经济和社会发展计划》印发并由省发改委下达。“2015 年经济社会发展主要预期目标是地区生产总值增长 8.5%，争取 9%”，《计划》对 2015 年湖南省经济社会发展做了目标预期，其中第一产业预期增速 3%左右，第二产业预期增速 9%左右，第三产业预期增速 10%左右。《计划》提出，要重点做好优化投资结构、深化改革、扩大内陆开放、突出环境治理等十大重点工作。在环境治理方面，今年湖南省将积极推进“一市两县一片”主体功能区试点，加强 44 个重点生态功能区县市、武陵山片区和湘江源头县市生态治理，加大生态补偿力度，谋划启动洞庭湖国家公园建设，推进石漠化治理、湿地恢复等重大项目。在土壤污染治理方面，重点实施重金属污染土壤治理点示范工程，开展无主尾矿库隐患综合治理。并深入开展农村环境综合治理，启动农村生活垃圾 5 年专项治理和全国重点镇生活污染处理 3 年计划。《计划》还强调要保障民生，预期 2015 年在民生社会投资 3350 亿元，并表示要加大在教育、医疗、文化、计生等涉及民生重点领域投入和项目建设力度，启动湘雅五医院、省人民医院健康管理中心建设、完善基层医疗卫生服务体系，重点支持县级医院、乡镇卫生院和村卫生室建设。继续把湘西自治州作为全省扶贫攻坚主战场，以 8000 个贫困村和 604 万贫困人口为重点，全力推进武陵山与罗霄山等集中连片特困地区的扶贫攻坚，抓紧出台差异化扶贫政策等。

【湖南湘江洞庭鱼类资源呈良性恢复状态】 2015 年 4 月 1 日起，湘江、洞庭湖和长江湖南段进入一年一度的休渔期，为期 3 个月。同时，湖南计划 4 月在湘江干流全流域投放各类水生生物苗种 2.5 亿尾；在湘江长沙段，4 月 1 日将投放四大家鱼、胭脂鱼以及贝类等鱼种 200 万尾，畜牧水产等部门正在邀请民间志愿者一起见证“鱼翔湘江”。

【湖南网络视听协会会员达 74 家　将设网络视听优秀作品奖】 2015 年 4 月 2 日，湖南省网络视听协会第一届常务理事会第二次会议在长沙召开，听取协会 2014 年度工作总结及 2015 年度工作计划。湖南省新闻出版广电局党组书记、局长朱建纲，湖南省新闻出版广电局党组成员、副局长谢跃进，湖南省新闻出版广电局党组成员、总工程师王国庆，湖南省网宣办副主任康重文等领导出席会议。会议由湖南广播电视台产业管理部主任、协会副会长刘志忠主持，红网副总编辑、协会秘书长陈明做协会工作报告。2014 年是湖南省网络视听协会成立后正式起步的第一年，这一年建立完善了协会的办事机构，设立秘书处，负责处理协会日常工作，同时制定相关的人事制度和财务制度，目前协会的会员单位遍及全省各个市州县。到去年年底，协会新加入会员单位3家，分别为：0731房产网，湖南省飓风国际传媒发展有限公司，湖南为民网络传媒有限公司，共计74家会员单位。为加强网络队伍建设，完善网络视听节目服务行业自律机制，培养政治强、业务精、素质好、懂网络的审核员队伍，去年7月，湖南举办审核员专场培训班，邀请国家新闻出版广电总局、中国网络视听协会及中央电视台等单位多位领导和专家授课。全省共有58家单位112名网络视听节目管理与审核人员报名参训，且全部通过考试取得了证书。同时，协会参与组织全国视听节目评优评选工作四次，成绩斐然。其中，湖南红网的《书记去哪儿》栏目获“2014网络视听创新案例奖”；湖南电视台台长吕焕斌获“2014网络视听年度人物奖”；怀化市洪江电视台的《最美乡村教师》获总局“2013-2014年度广播电视公益广告专项资金扶持项目申请”资格；长沙广播电视台的《最美情书》获中国梦’全国优秀原创网络视听节目（微电影类）奖”、《我是中医》栏目获中国梦’全国优秀原创网络视听节目（节目栏目类）奖”。在组织参加全国评优申报的基础上，今年协会将设湖南网络视听优秀作品奖，举办广电总局第二届审核人员湖南专场培训班，组织参加第三届全国网络视听大会，协助组织网上境外影视剧引进的审核，同时创办内部期刊《E视听》。

【湖南新增两家国家文化产业示范基地】 2015年4月2日，湖南省文化厅省内入选国家文化产业示范基地的企业授牌。文化产业示范基地是中国演艺业、娱乐业、动漫业、游戏业、文化旅游业、艺术品业、工艺美术业、文化会展业、创意设计业、网络文化业、数字文化服务业、文化创意和设计服务与相关产业融合等领域在全国同行业中具有引领和辐射作用的优秀企业。从2004年至今，文化部先后命名了六批339家国家文化产业示范基地，湖南11家文化企业获得了国家文化产业示范基地称号。这些基地已经成为湖南文化产业的引领者。据不完全统计，到2013年，湖南文化产业示范园区和示范基地总资产达到24亿元，从业总人数12万人，文化产业总收入223亿元，年纳税11.7亿元，年收入增长率达到19.8%。

【湖南全省公共机构推行合同能源管理】 2015年4月2日，省发改委召开新闻发布会，宣布用4年左右时间，在全省公共机构推行合同能源管理，促进公共机构节能。到2020年，全省公共机构能效水平力争比2014年整体提升15%。据统计，我省现有公共机构约2.7万家，建筑面积约1.5亿平方米，城市道路路灯300多万盏，年能源消费量超过300万吨标准煤，节能潜力较大。省发改委会同省财政厅、机关事务局等省直部门，历时一年，在借鉴参考北京、深圳等地经验的基础上，研究起草了《关于推进公共机构合同能源管理的通知》，该《通知》经省政府批准印发实施。《通知》要求，全省公共机构推广合同能源管理工作，第一步（2015—2016年），启动省级和长株潭地区公共机构合同能源管理试点，重点对建筑面积超过2万平方米公共建筑，高等院校、大型医院、体育场馆等领域，以及财政性资金建设的城市道路照明改造推行合同能源管理；第二步，为全面推进阶段（2017—2018年），在全省适用的公共机构领域全面推广实施合同能源管理。

【湖南将全面推动网吧行业向集约化转型】 2015年4月3日，由省文化厅主办的湖南省推动上网服务行业转型升级及扩大文化消费现场推介会在长沙召开。从今年起，湖南将全面推动网吧行业从单一化、粗放型向多元化、品牌化、主题化、集约化转型升级。网吧诞生于20世纪90年代，在缩小城乡信息差距，解决流动人口和低收入群体上网问题，丰富人民群众精神文化生活等方面发挥了积极作用。网吧行业为上百万人提供了就业岗位、为消费者提供了公共上网空间，庞大的设备更新和软件应用需求也促进了相关产业的发展壮大。但是，经过20多年的发展，网吧行业也存在不少问题。行业缺乏优胜劣汰的竞争环境，活力严重不足，不少营业场所环境差、管理水平低，无证照场所屡禁屡现。湖南网吧行业将以“转型升级、提升形象”为目标，把上网服务场所改造成为适合不同人群，兼具上网服务、社交休闲、电子竞技、电子课堂、远程服务等功能，在文化消费中起积极引领作用的社区信息服务平台和多功能文化活动场所。引进新业态、拓展新领域、打造新的盈利模式，让上网服务企业实现多渠道增值、全方位创收。

【湖南首个500千伏智能变电站建设稳步推进】 2015年4月6日，由湖南送变电工程公司承建的星沙500千伏变电站进站桥梁静载试验成功，这是湖南省电力系统首次在变电站进行大型桥梁施工，同时也标志着湖南省首个500千伏智能变电站建设迈入新阶段。正在建设的星沙500千伏变电站是长沙特高压变电站输送电力的第一落点和下网电力的主要消纳点，也是长株潭500千伏环网上的重要节点。此次静载试验的进站桥梁全长160米，上部结构形式为C50钢筋砼预应力简支空心板，全桥共设有8跨，单跨20米，桥宽7米。下部构造采用直径为1.3米双柱式钢筋砼墩柱，桩柱为直径为1.5米嵌岩桩基础。实验过程中，该公司采用分级加载的方法，整个试验对桥梁加载时间长达8小时，该次试验的成功也表明了该桥梁符合设计要求，满足运输承重需求。

【湖南200家车企“逐鹿”电动汽车领域】 2015年4月8日，湖南省经信委在长沙经开区众泰汽车发布《湖南省纯电动乘用车产业链技术创新路线图》，按照规划，到2017年，湖南省要实现年产10万辆纯电动乘用车产能，产业链年新增销售收入150亿元。据省经信委统计，目前我省从事新能源汽车产业链上生产制造型企业将近200家，其中规模企业34家。2014年，我省新能源汽车整车销售收入超过60亿元，带动关键零部件销售收入200亿元左右。长沙比亚迪K9纯电动大巴、南车时代的电动公交车、众泰纯电动乘用车、中联重科的环卫车辆等在全国已有较高的知名度和美誉度，近期，长沙梅花汽车制造有限公司也正式进入新能源汽车领域。按照路线图，通过集成创新和综合性技术攻关，攻克纯电动乘用车在电池、电机、电控及整车集成、充电配套设施等关键环节的核心技术，我省将实现纯电动乘用车产业化，目标到2017年，产业链合作开发配套基本完成，开发出样车5款，3款进入产业化，并完成公告认证，形成年产10万台高性能纯电动乘用车产能。

与传统汽车产业相比，纯电动乘用车产业链的上游出现了更多供应商，包括电池、电机以及其他电气零部件。目前，省内共有电池材料企业200多家，年销售收入近200亿元，去年省内锂电池销售收入约8亿元，增长20%，形成了全国规模最大、产品最齐全的电池材料聚集区。园区企业瑞翔新材更成为深圳比克、天津力神、深圳比亚迪、TCL等国内外电池厂家供应商，是国内第一、国际前三的锂离子电池正极材料制造企业。在驱动电机、电控系统、充电设施等方面，省内也已经有湘电股份、南车时代、湘电莱特、株洲达能科技和泰新能源等一批骨干企业。新能源汽车产业链已初具规模。

【湖南机场集团打造全国首个“互联网+”智慧机场集群】 2015年4月8日，湖南省机场管理集团有限公司与腾讯公司签署《湖南机场集团携手腾讯打造全国首个“互联网+”智慧机场集群合作协议》，标志着湖南机场管理集团有限公司将建立全国首个“互联网+”智慧机场集群。双方就“互联网+”智慧机场集群达成全方位、深层次的真诚合作，将共同探索和推进“互联网+”智慧机场集群建设，以给旅客提供更加简便、高效、一体化、智能化的航旅服务，创造线上、线下密切衔接的优质服务链。湖南机场为提升服务品质，推动“智慧机场”建设，自2012年成立96777客服呼叫中心、2013年相继推出了“一证通关”、“微信值机”及“城市值机”服务，通过智能手机便能随时动态接收航班的起飞时间、目的地天气、登机时间和登机口位置等信息，只需在长沙机场CSA96777官方微信公众号并点击关注乘坐的航班，旅客便可以提前安排好自己的行程。《湖南机场集团携手腾讯打造全国首个“互联网+”智慧机场集群合作协议》签署后，湖南机场将对长沙机场CSA96777微信公众号进行全面升级，并将“智慧机场”建设优质成果，在湖南机场集团其他机场群进行推广，全面提升湖南机场整体服务水平。

【湖南将在湘江流域试行“河长制”管理试点】 2015年4月9日，我省宣布今年将在湘江流域开展“河长制”管理试点，以水利改革引来“源头活水”。省水利厅正在研究起草《湘江流域“河长制”实施方案》。根据《湖南省水利厅深化水利改革领导小组2015年工作重点》，水利部门将从河湖管理与保护方面入手，建立水生态文明制度体系，并选取株洲市、长沙县、洪江市为此项改革试点地区。结合湘江保护与治理这一省政府“一号重点工程”，全面创新湘江流域管理和保护机制。全面实施河道保洁，落实河道保洁属地行政首长负责制，定期开展监测，实施年度考核。出台河道分级管理意见，开展“河长制”管理试点，研究起草《湘江流域“河长制”实施方案》。湘江流域试行“河长制”，我省已有制度基础。省财政厅、省环保厅、省水利厅此前已联合出台《湘江流域生态补偿(水质水量奖罚)暂行办法》。在对湘江流域上游水源地区给予重点生态功能区转移支付财力补偿的基础上，遵循“按绩效奖罚”的原则，对湘江流域跨市、县断面进行水质、水量目标考核奖罚。污染越重，处罚越多；保护越好，奖励越多。

【湖南建成850万平方米两型住宅】 2015年4月13日，目前我省累计建成住宅产业化基地14个，年产能达到1120万平方米，全省累计完成住宅产业化项目达852.2万平方米。省质监局正促成“全国装配式建筑集成部件标准化技术委员会”成立并落户湖南，这将成为全国首个住宅产业化国家标准化技术委员会。随着国家住宅产业化发展的深入实施，以节能、省地、环保和绿色为标志的两型建筑模式迅猛发展；标准化设计、工厂化生产、现场装配式安装建设，颠覆了传统建筑的生产方式，对实现产业结构转型、提升建筑质量、提高生产率、降低建造成本、减少环境污染等具有重要作用。近年来，我省住宅产业化发展成效显著，先后启动了长沙市、永州市、郴州市、自治州等的住宅产业化基地建设，累计建成住宅产业化基地14个，完成投资24亿元，年产能达到了1120万平方米。远大住工、远大可建、三一集团等二十多家大型企业和科研院所正在筹建全国第一家涵盖科研、设计、开发、生产、施工等产业的住宅产业化联盟。为打造住宅产业千亿级园区，筹建中的湖南省住宅产业化联盟形成了我省住宅产业化“联盟+园区+项目”的创新模式，并开始在我省农村尝试推广住宅产业化。通过设立标准技术委员会，建立技术标准体系，规范行业的技术研发、加工和安装，实现装配式建筑从设计、加工到装配的全过程标准化管理，有利于全面提高建设质量。

【湖南探讨花炮产业转型升级 欲借“互联网+”模式破题】 2015年4月18日，在邵阳召开的湖南首届花炮创新经营战略峰会上，来自湖南、河南、山东等地的花炮经营者，国家、省、市烟花爆竹主管部门领导和专家，共同探讨花炮产业转型升级的路径。大家一致认为，“互联网+”的模式或是最好的破题之道。会上，国内外知名花炮行业专家通过讲座与互动讨论的方式，集合花炮产业的智慧，激发业界创新激情，推动花炮产业终端销售的转型。峰会内容涉及花炮业经营现状、国家政策解读、未来发展趋势等领域。同时，此次峰会也重点探讨了花炮行业如何与电商结合，运用全新的系统管理，结合微营销、O2O的电子商务模式，开创全新的销售奇迹。

【湖南长株潭地区首家综合保税区封关运行】 2015年4月20日，湖南长株潭地区首家获批的综合保税区——湘潭综合保税区，20日正式封关运行。不沿边、不靠海的内陆城市湘潭，借助综合保税区这一黄金口岸，倾力打造伟人故里的开放高地，真正实现通关零距离，实现与世界的无缝对接。综合保税区是国内目前除自贸区外，开放层次最高、优惠政策最多、功能最齐全、手续最简化的海关特殊监管区域，区内可开展存储进出口货物和其他未办结海关手续的货物，国际转口贸易，国际采购、分销和配送，国际中转，检测和售后服务维修，商品展示、研发、加工、制造，港口作业等，以及经海关批准的其他业务。湘潭综合保税区于2013年9月7日获国务院批准设立，地处长株潭城市群核心区域，规划面积3.12平方公里，其中一期建设面积1.62平方公里，投资22亿元。湘潭综合保税区依据“四区一中心”的发展定位，即区域性外向型高端制造业集聚区、国际物流集散区、配套服务样板区、改革创新先行区和进口商品展示交易中心，分为保税加工区、保税物流区、通关作业区和综合服务区4个功能区，集保税、出口加工、仓储、海关、检验检疫、物流、港口等功能于一体。截至目前，湘潭综合保税区已经签约项目18个，包括可可贸易、革新塑胶食品级玩具及运动器械生产基地项目、泰富重工海工、港口设备及维修配件项目、华怡奔达轮胎国际贸易项目等。正在洽谈项目近50个。

【湖南投资3874亿编织“能源网”推进能源领域市场化】 2015年4月21日，按照“基本稳定水电、适度发展火电、加快气化湖南、积极发展新能源”的总体要求，湖南将加快构建“覆盖全省、网架坚强、协同发展”的新型能源网。湖南省发改委牵头举行湖南“能源网”建设情况通报会。省发改委党组副书记、副主任欧阳彪通报相关情况。“十三五”能源建设项目共25个，总投资3874亿元。其中电力网项目14个，油气管道网项目8个，分布式能源网项目3个。湖南将积极推进能源领域市场化，对凡是列入规划的项目，除了法律法规明确禁止的以外，均向民间资本开放，以创造公平公正的能源市场准入和竞争环境。湖南一次能源匮乏，对外依存度高，还处于全国能源输送末端，资源短缺、通道不畅、结构不优、价格高企等因素始终制约全省能源发展。此次发布的这批项目，主要是三个方面：一是加快能源网点建设。火电：加快株洲攸县电厂、华电常德电厂、神华国华永州电厂等在建项目建设，加快推进大唐怀化石煤电厂、神华国华岳阳电厂、华电平江电厂等火电项目前期工作。水电：加快五强溪水电站扩机、平江抽水蓄能、安化抽水蓄能前期工作。核电：安全有序积极推进桃花江、小墨山核电项目前期工作，继续做好厂址保护、科普宣传和公众沟通。新能源：积极推进新能源项目建设，力争“十三五”装机规模达到800万千瓦左右。二是加强能源网路建设。电网建设：积极推动甘肃—湖南等特高压入湘工程，新增湖南电网与华中电网1～2条联络线，有序推进全省10项500千伏主电网建设。

【湖南确保粮食种植7500万亩 从严治理耕地抛荒】 2015年4月27日，《湖南省人民政府关于全面落实粮食安全省长责任制的实施意见》印发，从粮食生产源头、粮食流通过程到监督考核机制，不仅从粮食数量上，还从质量上，明确了各级政府的粮食安全属地责任，以形成更加完备的粮食安全保障体系。《意见》明确，禁止不符合食品安全标准的粮食进入口粮市场。《意见》明确，要坚决守住耕地红心，落实最严格的耕地保护制度，进一步完善永久基本农田划定工作，确保现有耕地面积基本稳定、土壤质量不下降。全省5655万亩面积的耕地红线逐级分解到各市州和县市区，各级要规范耕地占补平衡，严格实行“占一补一”、“先占后补”和“占优补优”，确保占良田补良田、占水田补水田。坚持“一户一宅”制度，严格规范农民建房用地。《意见》要求，巩固和提高粮食生产能力，确保全省粮食总产稳定在600亿斤左右。要发挥湖南双季稻生产优势，通过采取由发包方依法收回抛荒耕地，减少或者停发种粮补贴等措施，从严治理耕地抛荒，确保全省粮食种植面积稳定在7500万亩以上。保护种粮农民的利益，提高种粮积极性方面，《意见》明确，各市州、县市区政府要指导和督促粮食企业严格执行国家粮食收购政策。要加强粮食收购市场监管，严厉打击“转圈粮”、“打白条”、压级压价等坑农害农行为。还要根据种植布局、交通条件、粮食产量等科学统筹设立收储网店，不留空白地带。每个县市区原则上要有一家国有或国有控股的粮食收购企业。增强粮食流通能力方面，《意见》明确，要结合国家新增储备规模、危老库维修改造和仓容建设计划，全省新增100万吨仓容，同时支持种粮大户、家庭农场和种粮合作社自主储粮。

【湖南目前有600万户农户用上清洁能源】 2015年5月，截至目前我省沼气年产量达9亿立方米，全省600万户农户用上清洁能源。省政府办公厅日前专门出台文件提出，将农村能源建设由过去单纯解决农村能源问题转变为综合解决能源、生态、肥料问题，力争在未来5年内再增加100万户使用清洁能源的农户。我省将扩大大中型沼气工程先建后补试点范围，鼓励有条件的项目单位按相关程序报批后先垫资建设，待竣工验收合格后安排中央补助资金；鼓励县(市区)采用先建后补方式发展户用沼气和小区联户沼气。推广合同能源管理模式，对沼气工程综合利用和粪污治理进行专业经营。支持鼓励沼气工程集中供气、沼气发电上网、有机肥加工、沼液喷滴灌和袋装开发等综合利用方式。在农作物秸秆资源丰富的地区，建设秸秆型沼气工程、秸秆气化站、生物质成型燃料厂，通过沼气化、气化、固化成型等方式将农作物秸秆进行能源化利用。重点支持秸秆型沼气工程集中供气试点和秸秆型户用沼气池建设。我省计划在秸秆能源化利用年消耗量120万吨的基础上，每年新增消耗量50万吨。

【湖南互联网经济瞄准万亿元规模】 2015年5月5日，湖南省发改委、省经信委和省通信管理局，联合举行“信息网”建设情况通报会。会议发布55个“信息网”建设重点项目，总投资2703.5亿元，大力推进基础网络、“互联网+”、电子信息产业等工程，争取到2020年，全省互联网经济规模接近1万亿元，占GDP比重超过三成。“十二五”以来，湖南省“信息网”建设快速推进，已具备良好的基础。截至2014年底，全省宽带用户总数达745万户；移动互联网用户总数达3222万户，排全国第8位，移动网络流量增速排全国第2位，建成的国家超级计算长沙中心为全国第3家。目前，湖南省信息网建设还存在基础网络发展不平衡、信息消费和应用不足、资源整合利用不够等问题。为此，湖南省将以“广覆盖、高性能、多内容”为主攻方向，以“互联网+”经济形态为延展，全面推进新一代“信息网”建设。此次发布的55个全省“信息网”建设重点项目，包括：信息基础设施建设项目20个，预计投资905亿元；“互联网+”建设项目11个，预计投资462亿元；电子信息制造产业项目24个，预计投资1336.5亿元。通过推进基础网络工程，力争“十三五”全省固定宽带家庭普及率达75%以上，3G、4G用户普及率达85%以上。通过推进“互联网+”工程，建设具备服务全省能力的规模化云计算平台、超算中心、物联网以及基础信息资源库。到2020年，全省云计算平台（含超算中心）基本满足政府及企业使用需求，物联网覆盖工业制造、农业生产、商贸流通和公共服务等领域，互联网经济规模接近1万亿元。通过推进电子信息产业工程，重点开发下一代网络产品、新一代移动通信设备等，提高电子信息制造业对“信息网”发展的支撑能力。到2020年，力争全省电子信息产业实现营业收入突破4000亿元。

【湖南电力检修公司开展500千伏鼎功智能站验收工

作】 2015年5月9日，湖南电力检修公司组织部分检修骨干，深入即将投运的长沙500千伏鼎功变电站，及时跟踪变电站建设进度。500千伏鼎功变电站作为湖南省境内第一座超高压交流智能变电站，它的建成将给智能站的运维和检修带来新的挑战。湖南电力检修公司高度重视该站验收调试工作，积极组织技术骨干到变电站进行实地调研，对全站一次接线情况进行摸排，对全站二次设备的配置情况进行登记，掌握全站第一手基础资料。针对鼎功变电压等级高、设备产品多、科技含量高和调试工期紧的特点，该公司永州运维分部联合相关500千伏运维分部，严格按照智能站验收和检验的相关规范，进行单体调试和整体调试，制定周密的验收调试计划和方案，确保验收项目齐全、验收标准统一，能及时发现和处理技术问题；同时，为超高电压等级的智能站调试和检修积累丰富的实战经验，培养出更多的技术骨干。

【湖南三大产业项目在京成功推介】 2015年5月12日，举行2015长株潭国家自主创新示范区合作推介会，以军民融合产业、动力产业、新能源装备等三大产业为重点的531个产业项目获得成功推介，项目投资总金额10849.1亿元，现场签约20.66亿元。长沙、株洲、湘潭3个国家高新区分别进行了主题推介。长沙高新区的军民融合产业、株洲高新区的动力产业和湘潭高新区的新能源装备产业，引起出席推介会的各大企业和商协会的高度关注。长沙高新区的军民融合创新发展模式在全国具有示范效应，如依托国防科学技术大学建立了湖南省产业技术协同创新研究院，依托军工企业建设了一批军民融合产业园。株洲高新区的轨道交通、通用航空、新能源汽车三大动力产业集群迅速崛起，已实现年总产值1170亿元，占全区工业总产值的57%。湘潭高新区以风电装备为主的新能源装备产业规模达300亿元，已成为国内闻名的新能源装备基地。梅溪湖投资（长沙）有限公司就国际医疗健康城进行了推介。推介会还举行了中国航天（长沙）空间信息技术工程研究中心、“湘品出湘”湖南名优商品生产基地、奥凯航空长沙运营基地等5个项目的签约仪式，现场签约20.66亿元。

【湖南年底前完成生态红线划定】 2015年5月14日，《湖南省生态红线制度建设改革试点实施方案》正式下发，《方案》明确郴州资兴市和位于东江湖上游的宜章、汝城、桂东3县为湖南省第一批生态红线制度建设改革工作试点区域。《方案》提出，湖南省生态红线由生态保护红线、环境质量红线和资源利用红线构成。2015年年底，要完成生态红线划定工作，2016年6月30日之前，要完成生态红线相关配套政策制定工作。《方案》划定了地理空间，同时列出了环保“底线”目标。试点区域的总面积有8686平方公里，总人口为149.49万，地区生产总值达456.09亿元，大部分区域处在南岭山地森林及生物多样性国家级重点生态功能区范围，区域内东江湖是国家生态环境保护重点湖泊、湘江流域和长株潭城市群的战略水源地。《方案》明确指出，生态红线划定后，应做到生态保护红线空间面积不减少，保护性质不改变，生态环境功能不降低，环境质量底线不突破。

【湖南连出两政策扶持环保产业 奖补措施“含金量”高】 2015年5月14日，湖南省政府发布了《湖南省人民政府关于加快环保产业发展的意见》和《关于加快环保产业发展实施细则》两项关于加快环保产业发展的政策，力求通过加大扶持力度，壮大“绿色湘军”。均提出了多项扶持环保产业的奖补措施，其“含金量”也十分可观。如为扶持骨干企业快速成长，规定对当年主营业务收入超过2亿元的服务型企业、超过5亿元的生产型企业，各级分别按照企业对地方财政贡献年度新增部分的50%、70%给予奖励；为扶持企业走出去，对参与湖南省外大型环境污染第三方治理项目招投标中标，且中标合同价在5000万元以上的，按合同价的1%给予最高100万元的奖励；对湖南省内工业企业主动实行第三方治理的，可按合同约定年支付费用10%、给予最高200万元的一次性补贴等。近年来，在湖南各级各部门的共同努力下，“两型社会”和“绿色湖南”建设成效显著，生态环境恶化趋势基本得到遏制。“但湖南单位GDP能耗仍然高于全国平均水平，主要污染物排放削减任务依然繁重。长株潭地区雾霾、农村面源污染、企业偷排偷放等老问题没有完全解决。”湖南省发改委党组成员、副主任童名让指出，要解决这些问题，不但需要政府加大投入、加强监管，更需要依靠专业的技术力量，借助活跃的社会投资，培育壮大环保产业，打造一支强大的“绿色湘军”。为此，《意见》按照“综合利用、循环发展、控污治污、改善环境、修复生态”的发展宗旨，坚持“需求牵引、创新驱动、政策扶持、监管推动”的发展原则，围绕环保技术创新研发、环保装备产品制造、资源循环利用、环保服务等四大重点领域，提出了加快环保产业发展的总体思路、目标方向、扶持重点、政策措施等共16条。《细则》则在集成过去已有支持政策的同时，立足现实需要，创新优化，进一步细化落实《意见》所明确的政策方向，涵盖财政、金融、土地、技术、人才等方面共10条，力求把政府引导作用和市场主体作用更好结合，推动环保产业加快成为湖南“人无我有、人有我优、人优我新、人新我强”的优势产业。

【长株潭城市群区域规划调整 8市纳入规划范围】 2015年5月14日，首次调整的《长株潭城市群区域规划（2008—2020）》（2014年调整版）出炉。规划最终确定株洲的城市定位为长株潭城市群副中心城市，湖南省重要的工业基地和交通枢纽，以现代工业文明为特征的生态宜居城市。在交通规划方面，规划将改造株洲站，与轨道交通及公共交通有机衔接，在城际轨道交通网络布局方面，规划增加株洲—黄花机场联络线等，联系各具有重要区域职能的组团。株洲南部被列为创新发展区域。株洲南部创新发展主题为旅游城镇化。利用湘江和历史文化资源，大力发展旅游产业，探索传统工业化带动以外的城镇化模式。另外，规划将株洲的石化工业部分调整至岳阳。最终确定的长株潭城市群规划范围为长沙、株洲、湘潭、岳阳、常德、益阳、衡阳、娄底八市行政辖区，总规划面积约9.68万平方公里。其中长沙和株洲的核心区面积分别为1917.63和863.12平方公里。规划的最终版对长株潭城市群的战略定位有了部分修改，最终定位为全国“两型”社会建设的示范区，中部崛起的重要增长极，全省新型城镇化、新型工业化和新农村建设的引领区，具有国际品质的现代化生态型城市群。此次规划增加了对长株潭城市群功能目标的确定。确定长株潭城市群为全国城市群协同发展的先行区，全国生态文明建设的样板区，长江经济带承东启西的支撑区，内陆开放与自主创新的先导区，全省率先迈向基本现代化的引领区。此次规划以建设“两型”社会作为重点战略规划，将加快产业“两型化”，推进新型工业化；强化生态格局和湘江治理，塑造高品质生态环境；加快绿色低碳小城镇建设，以一体化交通网络、公共交通体系和智能交通建设为重点，优先城际轨道、城际快速道路建设，将城市交通体系向乡村地区延伸等方面列入了重点战略。规划对重点城镇的定位中，株洲周边县市占4席，分别为株洲县、醴陵、攸县、茶陵。株洲县将以长株潭城市群装备制造业配套基地、中南地区电力枢纽，现代化生态宜居城市定位。醴陵将定位为绿色瓷城、湘东门户，长株潭城市群的传统特色产业基地。攸县为长株潭城市群的能源原材料基地和农产品加工基地。茶陵定位为湘东赣西的交通重镇，株洲市域以商贸业、旅游业及农副产品加工业为支柱的历史文化名城。规划中提出要在原有的示范区基础上，提出27个潜力地区，强化圈轴拓展的空间结构，兼顾地域发展公平，实现示范区的全域覆盖。在这27个潜力地区之中，株洲占3席。其中，新型城镇化型示范区，包括以旅游城镇化、城乡统筹发展为主题的株洲湘江，以统筹城乡发展为主题的醴陵长庆；在产城融合型示范区中，有轨道科技城为主题的石峰区。

【湖南首个医药健康产业园开园　将打造500亿“医药湘军”】　2015年5月15日，湖南省首家医药健康产业主题园——长沙医药健康产业园盛大开园。此次长沙医药健康产业园开园恰逢第四届中国药品冷链物流峰会，正好给了“医药湘军”一个绝佳的展示平台。“医药湘军”亮相“国字号”峰会应属此次第四届中国药品冷链物流峰会开幕式的最大亮点。备受各界高度关注的湖南首家冷链技术研发中心项目正式启动。该项目由长沙医药健康产业园的运营公司——湖南山河供应链公司自主研发持有。投入1000万元，已完成立项，正在设计与施工过程中。项目的启动，将给湖南药品冷链物流开拓全新的空间格局。总规划用地1000亩、总投资28亿元，14万㎡符合GSP标准的医药物流仓库，5万㎡总部服务中心大楼，1.6万㎡交易展示厅，2万㎡生活配套用房，3万㎡的大型地下智能车库……长沙医药健康产业园在致力于打造一个医药健康全方位一站式供应链管理服务体系，全方位提供企业运营管理、GSP质控与冷链、现代物流托管、产品交易展示、供应链管理等十大服务。未来，长沙医药健康产业园将聚集一批医药研发、医械生产、诊断试剂、检测检验中心、医药物流等高新技术企业级项目，成为立足长株潭、辐射大中南、面向全国的医药科研服务中心、医药物流服务中心，成为湖南省内健康供应链管理最先进、发展水平国内领先、知名度覆盖全球的健康产业基地，成为推动“医药湘军”发展的强大支撑。

【湖南提出今明两年环境监测体系建设“硬任务”】2015年5月15日，湖南省环境监测工作暨廉政工作电视电话会议在长沙举行。会议就今明两年湖南全省环境质量监测系统建设、监测站标准化建设、减排监测体系考核等方面工作提出“硬任务”。2015年湖南环境监测工作的总体思路是，以健全环境监测网络、强化减排监测考核为重点，提升监测能力，确保数据质量，全面完成“十二五”各项监测任务。会议提出湖南今明两年环境质量监测网络建设及监测站标准化建设“硬任务”：2015年年底前，长沙市建成空气质量预报预警系统；89个县市至少建设1个可监测可吸入颗粒物(PM10)、细颗粒物(PM2.5)、二氧化硫(SO)、二氧化氮(NO)、臭氧(O)和一氧化碳(CO)等6个指标的空气自动站，实现县级空气监测数据联网和发布。2015年年底前，洞庭湖生态环境监测中心、所有市县环境监测站完成标准化达标验收。2016年12月底前，14个市州和89个县市建立土壤常规监测网络，形成监测能力。会议还提出今年湖南减排监测体系“三个率”考核的“底线”要求，以达到全国平均水平：重点污染源自动监控传输有效率达到75%，企业自行监测结果公布率80%，监督性监测结果公布率95%。

【湖南媒体融合推介会签约11个文化产业项目】　2015年5月15日，湖南媒体融合重点项目推介会暨湖南文化产业重大项目签约仪式在深圳会展中心举行美丽中国·文化产业示范园、浏阳市国际烟花创意梦工场、岳阳君山岛爱情文化旅游开发项目、娄底曾国藩耕读文化园建设项目等11个项目现场签约。其中，美丽中国·文化产业示范园由宁乡县和深圳华强文化科技集团合作，总投资90亿元，一期投入28亿元。项目以华夏历史文明传承为主题，深入挖掘中国传统文化，结合最新高科技形式，打造一批标志性的主题项目。浏阳市国际烟花创意梦工场投资5000万元，将着眼于烟花产业的创意植入、科技升级、文化拓展和品牌推广，打造烟花产业的创意高地和移动互联网创业平台。

【湖南省医疗健康产业协会成立　将引领行业新发展】2015年5月16日，“健康之路、爱在三湘”暨湖南省医疗健康产业协会成立大会在长沙召开，湖南省社会组织管理局局长向湖南省医疗健康产业协会授牌。湖南省医疗健康产业协会新闻发言人表示，协会将充分用好湖南省胸科医院、长沙市中心医院、长沙市四医院等省内三甲医院的专家资源和技术优势，扶持省内二级公立医院、民营医院的发展，并支援社区医院服务。不仅社区医院和二级医院病人能通过绿色通道被转到大医院，大医院需要康复的病人也能够转到二级医院或者是社区医院。未来还将增加医联体内专家到联合区域内医院的出诊次数和时间，让患者得到更加快捷便利的服务。湖南省医疗健康产业还将充分发挥自身纽带和桥梁作用，通过构建校企合作大平台，与湖南省内各大管理和医药大学定向合作，为医疗机构的专业人才培养解决后顾之忧，让学校和企业的设备、技术实现优势互补，节约教育与企业成本，满足医疗机构对技术、培训等方面的需求。同时，协会还将整合资源，构建统一采购平台，为协会下属企业提供医院采购、药品供应商、医疗器械转让等多功能服务，为协会的医疗企业节省人力物力，降低采购成本，真正受惠于老百姓。湖南省医疗健康产业协会致力于推进人文医疗建设的同时，也将积极关注公益事业，引导医疗健康企业更好地承担企业公民责任。在慈善拍卖环节，湖南省医疗健康产业协会展示了数十件物品，包括字画、玉石、雕刻摆件等。此次拍卖所得款将主要用于扶贫助学。除拍卖外，湖南省医疗健康产业协会的18家成员单位，计划捐款1260万元，作为“公益健康医疗基金”，为湖南的特困重病家庭，给予医疗援助。

【湖南省科技活动周今天开幕】 2015年5月16日，2015年湖南科技活动周开幕。本届科技活动周将紧密围绕“创新创业、科技惠民”主题，在湖南省举办一系列特色活动。本次科技活动周为期7天，将举办全省大学生创新创业论坛、发展众创空间，服务草根创新创业论坛等系列活动，组织湖南省科普讲解大赛、第四届湖南省高校知识产权知识竞答赛暨第二届湖南省企业知识产权竞答赛、第四届湖南省优秀科普作品评审、媒体科技活动周科普专栏、开放全省科普基地等活动，开展国家自主创新示范区政策宣讲等系列科技政策宣讲和科技下乡专家行活动。科技活动周期间，省森林植物园将举办世界珍稀濒危植物科普展，湖南科技大学将开放生科院植物园、生科院动植物标本馆等。其他免费开放的科学技术普及基地还包括湖南省林业科学院科普教育基地，林业科技成果展览室和全国茶油科技成果展览室，湖南省地质博物馆，湖南消防防灾教育馆。

【湖南首批8家众创空间试点单位确定　全在长株潭】 2015年5月16日，省科技厅举行科技活动周开幕式，公布了我省首批8家众创空间试点单位名单。8家试点单位都在长株潭。包括长沙高新区、株洲高新区和湘潭高新区的创业服务中心、长沙生产力促进中心、中南大学学生创新创业指导中心、湖南省工业设计创新平台、湖南麓谷科技孵化器有限公司和湖南大学书院九号。根据省委、省政府部署，省科技厅正在牵头研究制定贯彻落实《国务院办公厅关于发展众创空间推进大众创新创业的指导意见》“三年行动计划”方案。总体考虑是实施“5+1”工程，实现“1211”发展目标。“5”是五大行动计划，包括实施众创空间建设行动计划、创新创业服务提升行动计划、创客培育行动计划、科技金融支撑行动计划、创新创业文化培育行动计划。“1”是建一个统一的创新创业服务平台。力争到2018年，构建100个低成本、便利化、全要素、开放式的众创空间；培育200个天使投资人和创业投资机构；培育1万个创新型小微企业；提供10万个高质量的就业岗位。

【2015湖南蓝皮书发布　探讨产业发展机遇】 2015年5月19日，湖南省政府发展研究中心介绍新近出版的2015年《湖南蓝皮书》有关情况。《湖南蓝皮书》是由湖南省人民政府发展研究中心（湖南省电子政务中心）组织编撰的连续性年度智库产品，至今已连续编撰20年，累计出版40本。《湖南蓝皮书》力求真实记录湖南经济社会发展的历史轨迹和发展全貌，系统分析湖南经济社会发展面临的新形势、新任务，并提出切实可行的具体对策建议。2015年《湖南蓝皮书》包括6册，共计240余万字。分别为：《2015年湖南经济展望》《2015年湖南社会发展报告》《2015年湖南产业发展报告》《2015年两型社会与生态文明发展报告》《2015年湖南县域经济社会发展报告》、《2015年湖南电子政务发展报告》，6本蓝皮书内容丰富全面，数据翔实准确，趋势预测理性科学，提出的对策建议具有很强的针对性和操作性。《2015年湖南经济展望》报告分为主题报告、总报告、综合篇、区域篇和专题篇五大板块。汇集了湖南省委书记徐守盛、省长杜家毫等多位省领导、12位省直部门领导、14位市长和多位省内经济界专家的撰稿，声音权威务实，内容紧贴湖南经济发展实际，切中重点、难点和热点问题，读者开卷必能获益。报告认为，2015年，湖南经济发展面临的国内外经济环境依然错综复杂，稳增长仍是湖南经济工作的首要任务，要把握“稳中求进”总基调的新内涵，科学认识、主动适应、积极引领经济发展新常态；努力扩大有效需求，增强经济发展内生动力；加快调结构、转方式步伐，突出创新驱动和开放发展，释放发展活力；加快推进城乡一体化，切实保障改善民生，让发展成果惠及全体人民。《2015年湖南社会发展报告》以提升政府社会治理能力和水平、深化社会体制改革、推动社会事业持续发展为主线，对湖南全省的社会治理、民生建设、公共安全等重大问题进行了全面系统的解读。全书分为主题报告、总报告、部门报告和专题报告四大部分。报告提出，2015年湖南社会发展亟须破旧立新，以体制改革为重点，坚持抓改革、惠民生、保基本，推动社会建设事业不断迈上新的台阶。从社会治理、依法治国、就业与社保、文化、教育、医疗卫生、民政、社会治安与应急管理、人口老龄化和养老等方面入手，多视角展现了湖南社会发展的现状、亮点及制约因素，并提出了有针对性的建议。《2015年湖南产业发展报告》包括“主题报告”“总报告”“行业篇”“区域篇”“园区篇”和“专题篇”六大部分，深入分析了2014年湖南产业发展的特点，探讨了2015年湖南产业发展面临的机遇与挑战，提出了具有较强指导意义的发展思路和对策建议。《报告》指出，2015年湖南产业发展正处于向新常态过度的阶段，全省产业发展将面临国际经济复苏力度有限、国内经济增速换档、省内固定资产投资与产业投资增速放缓等挑战，要着眼于促改革、调结构，逐步打造“双引擎”，实现“双中高”，即要靠“培育打造新引擎、改造升级传统引擎”，实现“中高速增长、中高端水平发展”。《2015年两型社会与生态文明发展报告》围绕两型和生态文明改革创新主线展开，全面推介湖南两型社会建设经验，积极呼应国家生态文明建设大战略，大胆探索两型社会和生态文明建设的理论与实践重大问题。全书包括主题报告、总报告、综合篇、区域篇、专题篇和实践篇六部分。《报告》指出，2015年，随着长株潭国家自主创新示范区和洞庭湖生态区建设的深入推进，湖南两型和生态文明建设迎来新的机遇，应加大改革力度，积极探索创新驱动绿色发展的新途径，加快发展两型产业，提高资源节约循环高效利用水平，加强水土气等污染治理，推动长株潭两型试验区第二阶段改革目标全面实现，推动全省两型社会和生态文明建设迈上新台阶。《2015年湖南县域经济社会发展报告》聚集于县域城乡一体化发展，汇聚了促进城乡共同繁荣，加快富民强省和全面建设小康社会建设的深度思考和实践报告，包括主题报告、总报告、专题报告和县域报告四大部分，展现了全省26个县市区推进城乡一体化的实践成果，记录了2014年湖南县域经济发展中的大事要事。报告充分体现了湖南推进城乡一体化建设的发展思路，展示了湖南县域在统筹富县与富民、城镇与乡村、工业与农业、经济与社会、发展与改革等方面进行的积极探索，创造性地探讨了湖南县域如何进一步从城乡一体化着手，实现科学发展、转型

发展。《2015年湖南电子政务发展报告》分为总报告、部门篇、市州篇、县市区篇及研究篇五大部分。本书汇聚了省内电子政务建设现状和各级各部门对下一步建设的思路，特别对湖南电子政务“十三五”发展进行了深入的前期研究，内容紧贴湖南当前发展实际，紧扣今后电子政务建设工作的重点、难点和热点问题，能对湖南电子政务发展起到较好的参考作用。《报告》认为，2015年是湖南电子政务建设面临重大发展机遇的一年，应重点关注国家层面对信息化战略提出的新要求、关注公众瞩目群众关心的要点、关注深化改革和政府管理创新的关键点、关注新技术应用的创新点，大力地推进湖南“互联网＋政务”的发展，努力创建电子政务建设更丰硕的成果。

【全国政协经济委员会调研组湖南调研　推动制造业转型升级】　2015年5月20日，由全国政协经济委员会副主任李毅中、侯建民率队，全国政协经济委员会调研组来湘调研制造业转型升级，并与有关省直部门展开座谈。近年来，围绕制造业转型升级，湖南省积极利用新技术和新工艺，加大政策支持与协调服务，培育了一批在全国乃至全球有影响、有竞争力的产业、技术、产品和企业。全省制造业领域目前已经形成机械、石化、食品、有色、轻工、冶金、建材、电子信息等千亿产业和工程机械、电工电器、汽车等千亿子产业。2014年，湖南制造业实现增加值9334.3亿元，同比增长10.7%，尤其是装备制造、有色等产业加快了“走出去”步伐，提升了参与国际产业竞争的能力。同时，全省高新技术产业也实现增加值5147亿元，同比增长29%，占GDP比重达19%，同比提高2.7个百分点。调研组指出，湖南在推动制造业转型升级方面有自己的特色和优势，也取得了一系列成绩，特别是以中联重科、三一重工等为代表的先进装备制造企业，在全国乃至全世界都具有一定的影响力。但是，在制造业发展过程中，湖南依然存在着产业布局不合理，核心技术缺失，产业链条不完善，工业投资降幅过大等普遍问题。李毅中强调，投资仍然是拉动经济增长的有效方式，银行和金融行业今后要继续加大对传统制造业转型升级的支持，通过调整产业结构，加大技术改造力度和投资比重，带动新兴产业的发展。要下大力气提高关键零部件的生产能力，制造属于自己的高档数控机床与母机，改变过去组装能力很强而核心技术依赖进口的尴尬局面。要搞好制造业配套服务的数字化、网络化和社会化建设，积极利用“互联网＋”的模式，通过商业生产的变革促进制造业向智能化转变。同时，湖南要抓好“一带一路”发展战略的有利契机，加大制造业“走出去”的步伐，带动省内其他企业的转型升级。

【湖南绿色千亿产业集群呼之欲出】　2015年5月20日，全国住宅产业化和绿色生态城区规划建设技术交流会在长沙召开。湖南长沙近年来积极推进建筑产业转型，将住宅产业化当成绿色千亿产业集群培养，引起全国同行的广泛关注。今年4月，长沙市两型住宅产业化工作会议上再次下达了2015和2016年住宅产业化新开工面积分别不少于300万、400万平方米的建设任务。截至目前，远大住工在全省已实施工业化建筑面积超800万平方米，其中在长沙建设了超过650万平方米的产业化住宅，项目涵盖了各类型住宅和酒店、写字楼、别墅、学校等建筑。随着长沙两型社会和新型城镇化建设的推进，以绿色节能建筑为标志的住宅产业化工作已经成为长沙力推新兴战略产业和转型升级的抓手。《长沙市人民政府关于加快推进两型住宅产业化的意见》明确，2014至2016年末，全市住宅产业化施工面积要达到1000万平方米、直接产值逾200亿元，推动住宅产业化企业外拓直接产值逾800亿元。新的绿色千亿产业集群已呼之欲出。

【能源局核准酒泉－湖南±800千伏特高压直流工程】2015年5月20日，国家发改委能源局发文核准酒泉—湖南±800千伏特高压直流工程，这意味着备受陇湘两地政府、国家电网公司以及甘肃新能源企业高度关注的新能源外送大通道即将开工建设。这是全国第一条大规模输送新能源电力的特高压直流输电通道，工程西起甘肃酒泉，东至湖南湘潭，项目线路全长2413公里，途径甘肃、陕西、重庆、湖北、湖南。其中甘肃境内的±800千伏直流线路1257.5公里，由公司负责出资建设，其余线路及配套工程由国家电网公司和国网湖南省电力公司出资建设。这条线路是为了解决甘肃新能源经营困境，拓展省外市场，由甘肃省政府和国家电网公司联合湖南省政府经过多方会谈而申请立项的。2010年，时任国家电网公司总经理、党组书记刘振亚先后与甘肃省省委书记陆浩、省长徐守盛会谈，就甘肃电网实现风火打捆外送，促进新能源发展达成共识;2011年4月，甘肃、湖南两省在长沙签署了《甘肃湖南两省送电框架协议》，共同推进陇电入湘;2012年3月刘振亚与甘肃省委书记王三运、省长刘伟平会谈，共同推进特高压工程前期工作。这条线路输电容量800万千瓦，年输电量将达到450亿千瓦时，这将彻底扭转甘肃新能源窝电受困局面。截至2014年底，甘肃电力装机容量达到4191万千瓦，风电、光伏新能源装机容量1524万千瓦，而省内最大负荷在1200万千瓦左右，省内用电市场供大于求，发电企业经营困难，亟须拓展省外用电市场，这条线路的开工建设，将极大地促进甘肃新能源的良性发展，为中国三北地区新能源可持续发展起到示范作用。截至2014年6月底，湖南全省发电装机容量3521.47万千瓦，其中火电1959.91万千瓦，占55.7%，火电仍是主力电源。随着这条线路的建成投运，源源不断的清洁能源远送三湘大地，风电替代火电空间巨大，中央提出的能源革命战略将得到贯彻落实，有力地促进湖南当地的大气治理工作。

【湖南省重点产业园区工业运行质量报告首次发布】　2015年5月27日，省经信委、省统计局联合首次发布我省重点产业园区工业运行质量评价报告，其信息采集来源于2014年度规模工业增加值总量达100亿元及以上的18个重点产业园区。从总体评价看，产业园区作为全省工业发展的主战场，较好地发挥了稳增长的作用。全省省级及以上产业园区规模工业增长13.4%，比全省规模工业增加值增速快3.8个百分点，增加值总量占全省规模工业的59.0%，比上年提升11.5个百分点。评价报告显示，18个重点产业园区呈现结构优化、竞争力增强的特点。重点产业园区结构优化评价指数均值为86.76，高于全省工业运行质量综合评价指数均值6.94个百分点。具体表现在骨干企业培育成效明显、产业整体技术水平较高、产业集聚发展较好等方面。分区域来看，长株潭地区10个重点园区工业运行质量综合指数均值为 81.9，比湘南地区和长株潭周边地区重点园区分别高 3.3 个点和 6.9 个点;工业运行表征指数均值和工业驱动要素培育指数均高于其他区域的重点园区。评价报告同时指出，接受信息采集的重点园区，其效益水平有待进一步提高，技术创新能力有待加强，节能降耗仍需努力。

【湖南文化产业对接金融业　18 个项目签约 207 亿元】 2015 年 5 月 28 日，2015 湖南省文化产业与金融业合作对接会在长沙举行，这也是湖南第二次文化产业与金融业对接会。现场共签约项目 18 个，签约金额达 207.83 亿元。省委宣传部、省财政厅、省文化厅等有关部门，省内 60 余家金融机构、20 余家文化企业及 100 余家中小微文化企业代表参加对接会。文化产业是朝阳产业，是经济新常态下最有活力的产业之一。文化产业的发展壮大，离不开金融资本的介入和支持。近几年，湖南积极探索文化与金融融合的有效途径，各大金融机构对文化产业给予重点支持，通过银行信贷、上市、发行债券、风险投资等渠道，为文化产业繁荣集聚了大量资本，助推湖南“文化强省”迈入快车道。据初步统计，2014 年全省文化和创意产业增加值为 1558.72 亿元，比上年增长 15.1%，比全省 GDP 增速高 5.6 个百分点;占 GDP 比重为 5.76%，同比提高 0.23 个百分点，是全省国民经济支柱产业、千亿产业和战略性新兴产业。据了解，此次对接会上共签约 18 个项目，签约金额高达 207.83 亿元，其中合同金额 52.4 亿元，授信金额 126.3 亿元，意向金额 29.13 亿元。对接会期间，金融机构共上报项目 95 个，项目金额 280.06 亿元。

【湖南至 2017 年将新建和改扩建旅游厕所 3025 座】 2015 年 5 月 28 日，全省旅游厕所现场工作会议在邵阳崀山召开，省旅游局发出了《湖南省旅游局旅游厕所建设与管理倡议书》，力求到 2017 年底，全省新建和改扩建旅游厕所 3025 座，达到旅游厕所质量等级标准，让湖南旅游厕所整体走在全国前列。按照《湖南省旅游厕所建设管理三年计划行动》征求意见稿，今后三年，全省旅游厕所要实现“数量充足、干净无味、实用免费、管理有效”的目标；因地制宜，设计出方便实用、节能节水的“厕所精品”；充分考虑对老弱病残孕等特殊群体的人文关怀，兼顾公平；探索“以商管厕、以商养厕”的长效化、常态化机制；把文明厕所作为文明旅游的重要内容，引导各行业加强对文明厕所的宣传。省旅游局要求所有的旅游厕所都要以游客为本，不追求外观的奢华，而要从“里子”上真正提升游客满意度。同时，将厕所建设管理的效果与景区评定挂钩，实施“一票否决制”。省旅游局将连续三年每年从省旅游专项资金切块，与国家旅游局旅游发展基金配套，加大财力支持旅游厕所改扩建。

【湖南将制定“互联网+商贸”计划】 2015 年 5 月 30 日，湖南电子商务银企对接会召开。绿之韵—天城网、现代农商等公司现场与长沙银行现场签订了合作协议。近年来，湖南电子商务持续保持高速增长态势，呈现出追赶式跨越发展的良好势头。相关统计数据显示，2014 年，全省电子商务交易总额突破 2500 亿元，网络零售额突破 450 亿元，增幅均超过 100%。但与此同时，湖南电子商务企业也面临着“融资难、融资贵”等问题。为有效解决电子商务企业金融需求，省商务厅在去年成功举办银企对接会的基础上，再次组织了今年的银企对接会。今年省商务厅将制定并实施“互联网 + 商贸”行动计划，明确战略定位和目标，加快推进“互联网 + 商贸”战略，打造商务和开放型经济发展的新引擎。要促进跨境电子商务突破发展。开展 B2C 零售出口、跨境电商海外仓业务、B2C 直购进口、B2B 一般贸易进口 +B2C 电商零售等业务模式，努力争取在 B2B2C 进口模式上取得国家政策支持，推动全省跨境电子商务取得突破性的发展。

【蓝光打造湖南首个“互联网+智慧社区”】 2015 年 6 月，蓝光将以 3 大园区服务系统为依托，配以一条蓝商街、五大社区中心、一大服务平台、一系列服务软件，打造湖南首个互联网 + 智慧社区。蓝光将利用互联网 +，打造生活家服务系统，服务于家庭生活，小到洗衣、点餐，大到装修、储物，蓝光的生活家服务系统，都可以为业主提供人性化服务。这意味着，蓝光的业主们可以享受到手机 APP 一键点餐、超市购物、预订家政等服务，并享有业主折扣；不仅如此，4 点半学校开设儿童活动中心；社区储物格子间的蓝仓阁，让业主的篮球、跑鞋、闲置物品有处可放。

【长株潭创新示范区成湖南新“名片”】 2015 年 6 月 1 日，2015 湖南(香港)投资贸易洽谈周开启了在香港举办的首场主题活动——长株潭国家自主创新示范区科技项目推介会，这也是示范区自获批以来在大陆以外地区的首次重大举措，消息一发布，立即聚焦业界目光。推介会上，一面是省科技厅与长株潭三市科技局精选的 16 家湘企带着项目赴港求技术、求资金、求合作，另一面则是香港希望依托湖南良好的产业基础，实现前沿科技的产业化落地。需求互补之下，湖南与香港的“科技资本之恋”正式开启。长株潭地区是湖南创新驱动发展的核心区，三市集聚了全省 70%以上的科研机构、60%以上的高新技术企业，创造了全省 70%的科技成果，实现全省 60%以上的高新技术产业增加值。按照长株潭国家自主创新示范区建设的路线图，到 2025 年，示范区将建设成为创新生态优化、创新资源丰富、创新产业集聚、创新实力雄厚的创新创业特区，成为具有全球影响力的创新创业之都。香港应用科技研究院有限公司研究院目前已与省科技厅签订了长期战略合作协议。

【湖南（香港）智能制造产业合作推介会在香港举行】 2015 年 6 月 2 日，湖南（香港）智能制造产业合作推介会将在香港万丽海景酒店举行。会上将发布项目 63 个，总投资 454 亿元人民币。本次推介会由湖南省经济和信息化委员会主办。湖南省高度重视并大力支持智能制造产业发展，2014 年出台了《关于加快推进智能制造装备产业发展的意见》，旨在大力培育和发展全省智能制造装备产业，实施一批智能制造应用示范工程，推动全省制造业向智能化制造发展转型。2014 年，全省先进装备制造业推动产业由要素驱动向技术驱动、由满足国内需求到满足世界需求的转变，取得较好成效。工程机械行业全年实现主营业务收入 1619.2 亿元，占全国工程机械主营业务收入的 28%，是湖南装备工业的支柱产业。轨道交通行业乘势而上，发展步伐加快，全年完成规模工业增加值 205.2 亿元，同比增长 22.0%；实现主营业务收入 646.5 亿元，同比增长 20.8%。船舶制造行业全年完成规模工业增加值 19.2 亿元，同比增加 21.1%。目前，香港是湖南最大的外资来源地。截至 2014 年底，湖南累计批准港资企业 8309 家，占全省总额的 59.57%；合同外资 504.99 亿美元，占全省总额的 62.43%；实际到位外资 383.99 亿美元，占全省总额的 59.89%，三项数据始终保持来湘投资国家和地区的第一位。香港又是湖南企业走向世界的重要平台，近年来，湖南企业充分利用香港的营商优势及融资平台，打造国际品牌，提升企业管理能力，开拓国际市场，取得了很好的效果。如中联重科 H 股在香港联交所成功上市，募集资金总额近 150 亿港元；南车株洲电力机车厂设立了南车（香港）子公司，对于促进轨道交通装备开拓国际市场和投融资业务发挥了积极作用。

【湖南港洽周签订四方协议　打造外贸产业综合服务平台】　2015 年 6 月 2 日，“让湖南与世界零距离”湖南跨境电商产业园暨长沙保税直销中心招商推介会在香港举行。会上，湖南省商务厅、长沙金霞保税物流中心、中兴通讯集团、嘉德集团签订了四方合作协议，湖南跨境电商产业园、长沙保税直销中心两大项目成为广大客商关注焦点。2013 年，国家对湖南“一带一部”的新战略定位为湖南经济注入新开放红利，刷新了湖南在国家总体战略布局中的“经济坐标”。湖南作为中部物流配送枢纽的区位交通优势更加凸显，正成为新红利的投资洼地，迎来了全方位大开放时代。在开放中国版图上，湖南开放型经济平台上的长沙金霞保税物流中心是一个对外开放、联通世界的国际窗口，一个政策优惠、方便快捷的产业平台。作为长沙举足轻重的项目，湖南跨境电商产业园和长沙保税直销中心正是这个特区里的明珠，对于长沙发展现代服务业、提升湖南开放型经济发展乃至推动中部崛起均具有战略里程碑意义。跨境电商结合一般贸易商品完税后进行保税展示，“借船出海”引进其他城市成熟的跨境进口电商，打造品质高地和价格洼地的品牌形象。线上线下两大项目双轮驱动，在家门口“买全球、卖全球”将成现实。2014 年元月，湖南长沙获批跨境贸易电子商务试点城市，成为全国第七个跨境电子商务试点城市。省政府已将“跨境电子商务服务试点工程”列为湖南省电子商务发展规划七大重点工程之一，省、长沙市、开福区相继出台了一系列扶持政策，积极规划建设跨境电子商务产业园区，研究构建跨境电子商务监管作业模式，助推跨境电商发展。湖南省、长沙市市实施方案明确：在金霞经开区规划建设“湖南省电子商务产业园”，并充分发挥保税中心平台功能，建设“跨境电子商务服务试点园区”，也是湖南省跨境贸易电子商务服务唯一试点园区，更是长沙海关批准的湖南省当前保税展示交易和跨境电商监管的唯一通道。湖南跨境电子商务产业园位于长沙金霞经济开发区核心区域，西临长沙新港，东侧距长沙铁路货运新北站和长沙铁路口岸作业区 1 公里，距黄花国际机场仅 30 分钟车程，处水陆空交通枢纽中心，长沙金霞保税物流中心凭借保税平台、物流和通关优势成为电商产业园的中心节点。电商产业园实行“一楼三区”的功能布局，即：跨境电子商务大楼、跨境贸易保税功能区、跨境电子商务综合服务区和跨境电子商务规划发展区。此外，园区从场地租赁、税收奖励、产业发展、人才建设、生活配套等方面出台一系列政策性优惠和奖项，扶持跨境电商产业发展。园区对先期入驻企业和规模以上企业提出了“一事一议”的方案，为入驻企业量身定制扶持策略；对在园区注册，并在规划区域内租用办公场所的跨境电商企业和为跨境电商提供物流分拨配送及仓储服务的企业给予相应的房租和仓租补贴。对在园区注册并经金霞保税物流中心报关进行进口商品展示交易的企业，根据其销售额提供相应面积的免租政策。注重高端人才引进，每年评选十大电子商务领军和新锐人物并予以奖励。对跨境电商企业高管购房给予相应优惠政策，并保障子女入学，对个人所得税方面予以减免。投资上亿元，建设公租房，满足电商企业的用工需求。目前，园区已入驻优质物流企业 56 家，有 5A 级 10 家、4A 级 6 家，形成了能源、粮食、医药、钢铁、食品、商贸等物流产业集群。特别是随着阿里巴巴、普洛斯物流、传化智能公路港、邮政速递等一批知名物流企业的引进，可为跨境贸易电子商务发展提供更优质快捷的物流服务。海关、商检、外汇、银行等机构已入驻办公，构建联检机制，实行报关、报检、外汇、结算等一站式办公，企业通关、结算便捷高效，为跨境电子商务的发展奠定了坚实的基础。

【湖南健康产业寻求国际合作】　2015 年 6 月 2 日，在香港参加“港洽周”活动的副省长何报翔分别会见了瑞士 Renew Biocare 公司总裁汉斯·杜特乐先生、香港中华出入口商会常务副会长张明敏，着力促成我省健康产业加强国际合作。瑞士 Renew Biocare 公司以研发制造种植牙体与高精密齿科重建与修复为核心业务，服务市场覆盖美国、巴西、墨西哥、日本、瑞士、德国等。本届“港洽周”上，汉斯·杜特乐与海凭国际医疗器械产业园签署了合作协议，希望在长沙建立研发中心，合作开发口腔医疗器械个性化 3D 雕刻制造产业。

【湖南在港举办农产品精深加工与贸易项目对接会】 2015 年 6 月 2 日，来自香港大型商协会、知名企业、客商和湖南农业企业界的代表共 100 多人，相聚香港万丽海景酒店，参加湖南（香港）农产品精深加工与贸易项目对接会。活动由湖南省农业委员会、湖南省贸促会主办，并得到了中港食品安全交流协会大力支持。围绕农产品精深加工和农业开发，湖南向香港各界客商发布了招商投资项目信息 94 个，涉及全省 14 个市州，总投资额 285 亿元。香港六一集团投资湖南祁阳县进行经济林木开发项目签署落地。湘潭天易示范区的代表在活动中发布投资信息，诚挚邀请香港客商前往湘潭考察、创业、兴业。同时，53 家湖南企业携带 100 多种湖南优质特色产品在活动现场进行集中展示，参会代表还品尝了自然韵和高马二溪的黑茶产品、三旺集团多种肉制品，到会香港客商特别是进口商、经销商与湖南企业代表就贸易合作展开深入洽谈。

【湖南前 5 月 912 家企业因环境违法责令停产】　2015 年 6 月 5 日，新环保法实施后的首个世界环境日，省政府新闻办召开专题新闻发布会，省高院、省公安厅、省环保厅在发布会上通报各自领域里面的环保工作，以及各部门在打击环境违法犯罪方面的情况。新环保法实施之后，湖南省积极推进环境保护行政执法与刑事司法的衔接，依法严厉打击环境违法行为，今年以来，全省环保系统共移送涉嫌污染环境犯罪案件 6 起，刑事拘留 6 人；向公安机关移送适用行政拘留案件42起，行政拘留39人。此外，环保部门自身的环境监管执法取得了新成效。数据显示，今年以来，湖南省各市州政府均开展了以环境保护大检查为重点的环境监管执法工作，截至5月底，湖南全省共出动执法人员3.6万余人次，检查企业1.4万余家，责令停止建设企业177家，责令停产企业912家，责令限期改正或限期治理企业630家，关停取缔349家，处罚违法企业270家，实施查封扣押39起。

【湖南省开展“放鱼养水 保护生态”放鱼活动】 2015年6月6日，湖南省“放鱼养水·保护生态”放鱼活动启动，张家界作为主会场，共放流大鲵600尾、常规鱼苗260万尾。6月6日是全国约定俗成的“放鱼日”，农业部倡导在全国范围内同步举行大型放鱼活动，我省以“放鱼养水·保护生态”为主题，将活动主会场设在中国大鲵之乡张家界，其他22个市县区同步开展放鱼活动。在主场地张家界大峡谷，众多游客、志愿者和当地群众一起，将大鲵和多种常规鱼苗放归大自然，永定、武陵源、桑植等地也同步举行放流活动。自2002年国家农业部组织在金鞭溪首创全国大鲵人工放流活动以来，张家界市已举办大鲵增值放流活动13次，人工投放大鲵1.9万尾，极大地丰富了张家界市大鲵野生种群。岳阳市将1000万尾四大家鱼以及鲫鱼、黄颡鱼等“夏花”（初夏孵出的约1寸长的鱼苗），放流入东洞庭湖。放流现场，有关人员对鱼苗进行了检疫与公证。200多名渔政干部、市民、江豚保护协会志愿者分组乘坐10多艘渔政船只，将鱼苗放流至深水水域，以提高其成活率。岳阳已连续14年在洞庭湖和长江实行春季禁渔制度，同时开展增殖放流活动。今年还首次在东洞庭湖裤裆湾、外飘尾尖、麻塘垸等水域设置人工鱼巢4.1万平方米，为鱼类提供产卵场所。

【湖南省级第二批PPP示范项目近期试点】 2015年6月10日，由湖南省财政科学研究所、省财政厅PPP办公室主办的“湖湘财政论坛2015PPP国际论坛”在长沙举行。湖南当前城镇化率低于全国平均水平，基础设施建设有待提速，公共服务领域有待加强;在湖南深度对接“一带一路”和长江经济带国家战略进程中，更需要布局和升级一批重大项目。推广PPP模式，将是助推湖南经济社会战略转型的一把“金钥匙”。湖南省委省政府高度重视PPP工作，已重点推出首批30个省级示范项目，其中的一个，就是正在建设中的我国第一条自主知识产权中低速磁浮项目，该项目去年5月份开工，即将于今年底投入试运行。湖南是国家首批PPP模式试点省份，目前已推出30个省级示范项目，总投资额达583亿元，涉及交通、市政基础设施、生态环保、社会事业等多个领域，近期将做好省级第二批PPP示范项目的遴选和试点工作。

【湖南省水电企业协会成立 破解全省能源困局】 2015年6月11日，湖南省水电企业协会在长沙正式成立。水电企业协会的成立将致力于破解湖南水电数量多、规模小、市场需要规范等问题，同时也将服务好会员企业，促进会员企业做大做强，为湖南的富民强省积极发力。湖南水能资源十分丰富，为江南九省之冠。湘、资、沅、澧四条主要河流及其他中小河流在洞庭湖汇集、调蓄后，于城陵矶注入长江，此外洞庭湖还接纳长江淞滋、太平、藕池、调弦（已堵）四口分流来水。目前，全省已建成4800多座中小型水电站，其数量居全国第三，总装机容量居全国第五；大多数水电站除发电外，还需承担防洪、灌溉、供水等综合利用任务。“十五”以前建设的水电站，大多为国有或集体所有，现已大部分改制；“十五”以来新建的水电站则主要以民营、股份制为主。目前全省水电装机容量近1800万千瓦，年发电量达400多亿千瓦时，在湖南省电力供应中水电占40%左右。水电也为当地经济发展、解决就业、提高税收方面做出自己独特的贡献。在节能减排，提供优质清洁廉价能源方面，湖南水电人将一如既往坚持努力，为振兴湖南经济做出自己应有的贡献。

【湖南将再建39个节约型示范单位】 2015年6月13日，2015年湖南省节能宣传周在湖南师范大学启幕。目前，湖南共创建国家节约型公共机构示范单位32个，省公共机构节能示范单位105个，今年底将创建第二批国家节约型公共机构示范单位39个。据统计，2014年，湖南全省统计范围内公共机构人均综合能耗为190.06千克标煤/年，同比2013年198.87千克标煤/年下降4.44%，与2010年比下降13.68%，完成湖南“十二五”时期人均能耗下降目标任务（降低15%）的91.2%。

【“互联网+”看湖南：第四届湖南省电商大会长沙举行】 2015年6月13日——14日，第四届湖南省电子商务大会在长沙万达文华酒店举行。本届大会以“互联网+连接湖南未来”为主题，阿里巴巴、58到家、汽车之家、百度外卖、comScore、友阿百货、步步高、快乐购、青年菜君、刁蛋蛋、正和磁系资本等二十余家国内外顶尖互联网企业高管大佬齐聚星城，共同分享各自领域的最新发现与实战经验。省商务厅及各级电商主管领导也均参会，共同探讨如何在移动互联网时代做好传统企业的战略转型，以此推动产业结构升级。在BAT一统天下的环境下，资源不断向技术和资金高度聚集，湖南作为中部省份，怎么样在电子商务领域有所作为?这是一个非常艰难的命题。在此背景下，第四届湖南省电子商务大会的召开可谓深得人心。此届大会由湖南省商务厅、长沙市商务局指导，长沙市电子商务协会主办，金桥国际市场集群、e宅购、友阿股份协办，湖南网创会务有限公司承办。与历届相比，本届大会内容版块再次扩容，大会主体将以演讲、论坛、沙龙三种形式，邀请多位全国知名电商行业意见领袖、实践创业者、企业高管同台分享。大会共分四个版块：电子商务行业数据及趋势分享、020应用与实践分享、跨境电商、农业与生鲜电商，嘉宾们分别从未来趋势、行业热点、平台三大点共同分享电商成功经验，并探讨移动互联网时代最新的发展趋势、解决发展中的突出矛盾和问题，为政府和企业发展电商出谋划策。近年来，湖南省电子商务保持持续高速增长的态势，呈现追赶式跨越发展的良好势头。2014年，湖南电子商务零售总额2500亿人民币，网络零售突破450亿元，增幅均超过100%。

【旅游营销进入“互联网+”时代 湖南景区谋变促产业升级】 2015年6月16日，国内首个“互联网+智慧景区集群”项目正式在位于湖南平江县石牛寨国家地质公园启动。该项目有利于推动信息化与旅游行业的融合发展，打造新的产业增长点。在方兴未艾的“互联网+”时代浪潮中，如何更有效利用网络开展旅游营销已成为中国各大景区转型升级的现实需要。作为中国中部地区具有代表性的旅游产业集团之一，中惠旅集团积极抢抓“互联网＋旅游”的机遇，率先在全国打造“互联网＋智慧景区集群”项目，加速旅游产业发展。据中国电子商务研究中心监测数据显示，2014年中国在线旅游市场交易规模达3077.9亿元，同比增长38.9%；在线渗透率达9.2%，较上一年增长1.7个百分点。在线旅游诱人的市场前景也让很多电商大佬们趋之若鹜。旅游与网络的深度融合已成为旅游业发展的“新常态”，旅游工作者只有把握规律、积极应对，站在“互联网＋”的风口上顺势而为，才会助推旅游经济加快飞跃。

【湖南将重点抽查7种农产品质量安全】 2015年6月16日，湖南省部署省级农产品质量安全监督抽查工作，将重点抽查豇豆、辣椒等7种类型的农产品。为进一步规范湖南农产品质量安全监督抽查，湖南省农委就省级农产品质量安全监督抽查工作进行部署。今年主要监测禁限用农药检出超标较多的蔬菜、水果、茶叶等农产品，针对入市前的农产品生产、收购、储藏、保鲜和运输环节，重点抽查农产品生产企业、农业专业合作社和大型基地。重点监管的农产品包括，豇豆、辣椒、空心菜、普通白菜、西瓜、柑橘、茶叶。在省级监督抽查结果出来之后，将对省级监督抽查有不合格产品的生产经营主体查明问题原因，及时进行整改，对查出有禁限用农药的依法进行处罚。

【湖南省节能新技术新产品现场推广会在长沙市举行】 2015年6月18日，省发改委、省机关事务管理局共同举办的2015年湖南省节能新技术新产品现场推广会在长沙市麓谷国家高新技术开发区成城工业园举行。湖南天辰餐饮管理有限公司、长沙恒辉环保科技发展有限公司展出了适用于中小学、高校、机关、部队食堂的烹饪机器人与高效节能燃气炒灶等节能新产品。两项产品在节水、节电、节气量统一折标后，综合节能分别可下降30%、35%以上。与会代表在节能公司相关负责人员的陪同下，饶有兴趣地参观了节能新产品展示。此次推广会是节能宣传周活动的重要环节，进一步营造了全社会重视节能降耗和公共机构节能浓厚氛围，加大了我省节能新技术新产品推广和宣传力度，对鼓励节能新技术新产品的研发，推动节能新技术新产品在我省公共机构的推广应用具有重要意义。

【湖南社会信用体系建设五年规划出炉 骗保纳入“黑名单”】 2015年6月18日，省政府印发《湖南省社会信用体系建设规划（2015-2020年）》。据《规划》，我省将着力构建“有信可查、守信激励、失信必究、市场规范”的社会信用体系。公民违反计划生育、医闹、骗保将被纳入信用“黑名单”，我省还将大力推动常德市、浏阳市、资兴市开展信用建设综合性试点。

【2015年湖南省科学技术奖受理400余个项目】 2015年6月23日，湖南省科技厅对2015年度湖南省科学技术奖通过形式审查的442个项目（非涉密项目）进行公示，其中湖南省自然科学奖项目75项，湖南省技术发明奖通用项目27项，湖南省科学技术进步奖通用项目340项。公示期为期十天，从即日起至7月2日。今年，湖南省科学技术奖励工作办公室共收到市州、省直部门和高校推荐的湖南省科学技术奖项目488项，其中省自然科学奖80项，省技术发明奖通用项目30项、专用项目2项，省科学技术进步奖通用项目370项、专用项目4项，国际科学技术合作奖2项。经形式审查，5项自然科学奖项目，3项技术发明奖通用项目，30项科技进步奖通用项目不合格，不予受理。根据《湖南省科学技术奖励办法》，省自然科学奖、省技术发明奖、省科技进步奖通用项目（非涉密项目），需要经历9个阶段（推荐、受理、初评、考察和异议处理、评审、审定、审核、批准、颁奖）和3次公示（受理公示、初评公示、评审公示）。同时，今年在形式审查阶段加强了对经济效益的核查，省技术发明奖、省科技进步奖项目的近三年直接经济效益，必须提供税务或审计部门出具的证明材料。对会议初评通过的一等奖、二等奖候选项目，将通过多种方式对其经济效益的真实性进行随机核查。为提升评审工作透明度，还首次向社会公开了省自然科学奖、技术发明奖（非涉密项目）、科技进步奖（非涉密项目）评审指标。初评专业（学科）组会议评审结束后，对评审专家名单也将进行公示。

【湖南召开城镇污水处理设施建设调度会】 2015年6月25日，全省城镇污水处理设施建设调度会在长沙召开。截至目前，湖南省累计完成213亿元投资，建成50个污水处理项目，增加污水管网6500公里，新增污水处理能力123万吨/日、污水再生利用能力28万吨/日，提标改造污水处理能力41万吨/日，相当于“十一五”末全省设施总量的约四分之一。现在全省县以上城镇污水处理率、污水处理厂负荷率相比2010年分别提高了16.8个和18.2个百分点。污水处理设施建设为全省减排做出了突出贡献。

【长泰机器人被授予“首批湖南省智能制造示范企业”】 2015年6月26日，第一批湖南制造强省建设重点项目启动和首批湖南省智能制造示范企业授牌仪式在华天大酒店举行，长泰机器人有限公司被评为“湖南省智能制造示范企业”，“长泰机器人智能工厂项目”入选第一批湖南制造强省建设重点项目；启动仪式上，省政府副秘书长陈仲伯还为第一批湖南省智能制造示范企业授牌，长泰机器人总工程师黄钊雄参加了授牌仪式。第一批湖南制造强省建设重点项目启动和首批湖南省智能制造示范企业授牌，是落实对接《中国制造2025》建设制造强省“五个一”工作方案的又一具体举措，标志着湖南对接《中国制造2025》建设制造强省工作全面启动。这批项目推进实施和建设完成后，将在湖南制造业重点领域突破一批关键核心技术，有力增强湖南优势产业核心竞争力。“长泰机器人智能工厂项目”是长泰机器人有限公司积极响应“中国制造2025”国家战略的号召，打造的我国中西部最大智能工厂项目。该项目将抓住共性技术进行资源整合，围绕建设智慧工厂、智慧园区、智慧城市和特种行业应用机器人系列产品等“三智一特”的方向，开展智能装备的研发和生产。项目完成后，将集办公、设计、研发、生产、制造、服务于一体，创造一个“机器人生产机器人”的机器人制造新模式，提供一个智能工厂的示范工程，同时建设成为一个工业旅游和青少年教育基地，具有极强的示范作用。长沙长泰机器人有限公司作为国内知名的机器人及智能装备制造企业被多家中央媒体誉为机器人制造的“国家队”，连续两年承担国家智能制造装备发展专项，为推进我省智能制造发展发挥了重要示范带头作用。此次入选“湖南省智能制造示范企业”和第一批湖南制造强省建设重点项目，将进一步助推公司创新发展，公司将借助这一重大机遇，加快推进项目建设，成为实现“中国制造 2025”国家战略的践行者和助推器。

【湖南发布集成电路产业发展规划】 2015 年 6 月 28 日，省经信委发布了湖南省集成电路产业发展规划和产业扶持政策。根据规划，到 2020 年，全省集成电路产业年销售收入将达 400 亿元，逐步形成以设计业为龙头、特色制造业为核心、配套产业为支撑的产业格局，致力打造我国集成电路产业特色聚集区。集成电路产业是信息技术产业的核心，我国集成电路市场规模达 3000 多亿元，占全球市场的一半。国家于 2014 年发布推进集成电路产业发展纲要，将集成电路产业发展上升为国家战略，并成立资金达 1400 多亿元的国家集成电路产业投资基金。湖南集成电路产业具有一定基础，比如国防科大的飞腾系列 DSP 与 CPU 芯片，景嘉微电子的高性能图形处理芯片，中车株洲所的 IGBT 研发与生产等，在尖端科技应用领域和市场占有等方面均具有较强优势。为推动我省集成电路产业加快发展，省政府制定出台集成电路产业发展规划，鼓励省内企业在部分细分领域、特色领域和前沿领域突破一批关键核心技术，加快形成比较优势；鼓励企业通过兼并重组，加快构建产业链；鼓励以长株潭为核心，周边县市区为配套，在优化产业布局的同时，促进协同发展。重点在芯片设计、电力电子器件制造、封装测试以及关键材料和装备国产化上发力，形成新的产业发展优势。在扶持政策上，突出特点就是“放水养鱼”。对新注册的集成电路企业，以及国内外知名企业在湖南设立研发中心、生产中心、运营中心的，将给予项目落地补助资金；对省内首次进入全国十强，或者年度营业收入首次突破 1 亿元的企业等，都给予相应的资金补助或奖励。新认定的国家级研发平台、获得的国内外相关专利、国家级重大项目立项等，均可获得补助支持；对引进的集成电路领域高端人才，给予住房补贴，其配偶工作、子女入学等方面都将享受一系列便利和优质服务。

【互联网金融 P2P+O2O 模式落地湖南】 2015 年 6 月 28 日，P2P 平台“融圣 360”牵手民间金融平台“实实在在”战略投资签约仪式在长沙举行。民间金融平台实实在在将投资 1000 万入股融圣 360，这也标志着中国 P2P+O2O 互联网金融模式成功落地湖南。随着全民创新创业大潮的涌起，中小企业遍地开花，目前数量高达 5000 多万家，且正以每年 40 万户净增数增长。值得注意的是，中小企业融资难一直是困扰其发展壮大的瓶颈，而近年来中国民间金融行业的发展却以 150%的速度快速增长，民间金融行业成为助力中小企业发展的有利抓手，该行业被业界称为“中国最具市场前景的黄金产业”。

【2015 湖南首届家电行业互联网大会召开】 2015 年 6 月 29 日，2015 湖南首届家电行业互联网大会暨安泰“快鱼”上线发布会在长沙召开，全省家电行业代表性企业等行业领头人共聚一堂，从不同视角剖析家电行业升级转型之道。从百货到连锁，从连锁到专卖店，再从专卖店到电商，家电零售渠道经历了三次大的变革。第四次革命正在蓄势待发。随着电子商务的触角逐渐深入三四线市场，电商渠道的快速发展，为家电销售带来了新的机遇，也制造了新的挑战。传统家电与互联网的融合是一种新型商业模式。未来消费升级将继续成为推动中国家电业发展的主要动力，高端、大气、上档次的智能家电将逐渐成为家电市场的主要消费趋势。未来，人们会喜欢智能家电带来的省时高效，方便可控。智能家电会给人们带来前所未有的家居体验，未来家中的家电产品都是智能的，都是相连的。虽然这些场景只是对未来的想象，停留在概念的层面，但是确实是智能家电未来发展的方向。在互联网时代，当众多家电企业们抛弃“市场竞争驱动”，回归到“用户需求驱动”后，开始重新配置和整理企业的竞争资源时，原来“手握众多品类的家电企业，可以在智慧家居、家庭互联网浪潮下，更具有先发优势和系统优势。”

【湖南高速公路总里程全国第五　今年再确保 4 条通车】 2015 年 7 月，全省高速公路建设管理经验交流会召开，确定今年的任务是，确保益阳南线 40 公里建成通车，力争安邵、常安常德段、赤石特大桥、邵坪高速公路建成通车;新开工长益复线、龙塘至琅塘 、怀化至芷江、莲花冲(赣湘界)至株洲的高速公路建设，京港澳国家高速新开联络线等;启动潭邵高速大修项目 164 公里，完成潭邵高速湘潭至韶山段大修 40 公里。截至 2014 年底，湖南建成通车高速公路已达到 60 条，通车总里程达 5493 公里，全国排名第五。

【湖南 4 年建高速公路 19 条　里程超 3000 公里】 2015 年 7 月，湖南省高速公路建设管理经验交流会召开，全面总结“十二五”以来全省高速公路建设管理的成果，研究部署下阶段相关工作。“十二五”是湖南高速公路建设的高峰期。会上通报，2011 年以来，全省累计开工高速公路项目 19 个，建成里程 3121 公里，完成投资 2499 亿元。特别是 2013 年以来，全省累计开工项目 11 个，建成里程 1538 公里，完成投资 854 亿元，为全省稳增长做出了重要贡献。在加快建设的同时，全省高速公路系统从顶层设计入手，突出建设管理的重点环节和重点领域，在规范管理、工序流程、材料加工、场地建设等方面进行了有益探索，取得了好的经验，呈现出了很多亮点，得到湖南省委、省政府、交通运输部和社会各界的充分肯定。其中，2013 年 7 月起全面推行的《湖南省公路水运工程项目施工招标分类资审随机分配合理低价法实施办法(试行)》，有效解决了围标串标、违规 干预等痼疾，又保证了公平公正、竞争择优，工程质量安全得到保障，综合效益凸显。2014 年全省采取公路水运工程项目招标分类资审随机分配合理低价法实施办法招标的高速公路项目达 25 个，目标总金额 122.33 亿元，高速公路中标单位向国有大型优质企业集中，举报投诉率大幅下降。征地拆迁总包干也是近年来湖南高速公路建设管理工作的一大创新和亮点。通过建立高速公路建设征地拆迁包干负责制，由湖南省交通运输厅与各市州政府签订总包干协议，将征拆任务及费用一揽子包干给市州政府，市州政府再层层包干到县、乡政府。由此极大调动了地方积极性，减少了矛盾协调，消除了干扰因 素，节约了投资，加快了项目建设进度，达到了“省时、省力、省钱、省心”多重效果。该办法在益娄、张桑、武靖等新开工高速项目试点推行成效显著。在工程质量安全方面，自 2011 年高速公路标准化建设推行以来，全省所有新开工高速公路项目全省实行标准化管理，100%开展施工标准化活动，建设质量和安全效益明显提升。预应力智能张拉、预应力管道智能注浆、沥青混凝土拌和站管控一体化等新技术、新工艺的有效应用也为湖南高速公路的工程 质量安全提供了有力保障。同时，通过出台征地拆迁经费管理、工程设计变更管理、造价管理等一系列制度，强化设计过程控制，深入开展“设计回头看”、限额设计等活动，全省高速公路成本控制得到不断加强。近几年新开工高速公路通过优化设计减少概算投资 102.4 亿元，降幅达 12%左右。

【湖南文化产业发展用地纳入城市规划】 2015 年 7 月，湖南省政府出台《关于进一步支持经营性文化事业单位转企改制和文化企业发展的若干政策》，从 6 个方面明确了 48 项支持文化企业特别是转企改制的国有文化单位发展的条款，对文娱演艺、新闻出版、广播电影电视、互联网信息服务等重点行业也将实行特殊的扶持政策。在财政税收方面，湖南将加大公共财政对文化建设的投入，通过政府购买服务或艺术生产项目补助等形式对转制后的文化单位给予支持。同时，对转制文化企业、小微文化企业等重点扶持对象，对新闻出版、广播电影电视、动漫等重点行业，对文化产品（服务）出口、图书批发零售等重点环节，实施相应的税收优惠政策。而在土地处置方面，明确将文化产业发展用地纳入土地利用总体规划和城市规划，为文化产业加快发展提供用地保障。《若干政策》落实之后，将积极引导和促进全省文化企业健康快速发展，进一步激活湖南文化发展的内生动力，充分发挥湖南文化产业对全省经济发展的重要作用。关于人员安置、收入分配和社会保障等问题，湖南将延续多方面优惠政策，特别是保留了对转制文化企业的“530 政策”，即对转制时距法定退休年龄 5 年以内或工作年限满 30 年的原事业编制内在职人员，经批准可按事业单位人员办理提前退休手续。

【8 家企业集中签约湖南省机器人产业集聚区】 2015 年 7 月 7 日，来自沪、广、深、湘等地的 8 家机器人重点企业与长沙雨花经济开发区签订正式投资协议，入驻湖南省机器人产业集聚区。签约的企业分别为：上海挚优机器人(平台集成商)、东莞市乐必地机器人(自主本体加集成)、深圳市繁兴科技(烹饪机器人)、上海固领机械(国外本体销售集成)、广州意戈力自动化(铸件缸体打磨去毛刺)、达邦机电科技(某上市公司研发中心，负责底层设计、运动控制)、适创电气工程(ABB、新时达的集成商)、长沙市电子工业学校(机器人培训基地)。8 家企业均属国内机器人本体或集成生产重点厂家。本次签约，必将推动长沙机器人产业的发展，在长沙机器人产业发展添上浓墨重彩的一笔。长沙正在大力发展战略性新兴产业，如:高新区的互联网 + 和 3D 打印产业；长沙经开区的集成电路产业；雨花区的机器人产业。2014 年 9 月下旬，中共长沙市委、长沙市人民政府《关于实施工业园区“转型提质发展”三年行动计划》征求意见稿出台，初步确立了各园区重点培育产业，雨花经开区以工业机器人、汽车产业、新能源与节能环保产业为重点培育方向。借助省、市政府大力支持的机遇，雨花经开区在 2014 年 10 月 14 日长沙(深圳)招商会上，成功签约了库卡、拓野、佛山精一、湖南大捷、长泰、艾伯特六家机器人厂商，总投资 15 亿元，其中德国库卡是全球机器人本体厂商四大巨头企业之一。加上此次签约的 8 家企业，目前园区已经引进机器人企业 / 项目 31 个，预计产能达 20 亿元。2015 年，机器人聚集区突出了两个发展重点：一是招商方面，二是平台方面。雨花经开区制定了“32335”发展目标，通过 3 年时间，引进 2 家以上全球知名本体产业，3 家以上机器人上市公司，30 家集成商，达到 50 亿元的产能，打造中部领先的机器人产业园区，通过 5 年左右时间，形成一个新的百亿级机器人产业集群。

【湖南鱼类水生生物保护区面积已超过 80 万公顷】 2015 年 7 月 7 日，农业部公布第八批共 36 个国家级水产种质资源保护区名单，湖南省有 6 个保护区正式由省级晋升为国家级，分别是安乡杨家河段短河鲚、永顺司城河吻鮈大眼鳜、沅水桃源段黄颡鱼黄尾鲴、沅水武陵段青虾中华鳖、浙水资兴段大刺鳅条纹二须鲃、龙山洗车河大鳍鳠吻鮈国家级水产种质资源保护区。至此，湖南省水产种质资源保护区达 33 个，其中国家级 27 个、省级 6 个，加上各级鱼类水生动物自然保护区，全省有鱼类水生生物保护区 43 个，保护区总面积达 80.1 万公顷。近年来，湖南省在加大水产种质资源保护的同时，加强对水生野生动物保护，先后建立了以大鲵为主要保护对象的湖南张家界大鲵国家级自然保护区、湖南省大鲵救护中心，有以江豚、中华鲟、胭脂鱼等珍稀濒危动物为主要保护对象的市、县级自然保护区 8 个。省渔业主管部门严格按照《水产种质资源保护区管理暂行办法》，成立水产种质资源保护区工作组织领导和协调管理机构，配备配齐管理、执法和技术人员及工作设备设施，做好保护区日常管护、物种救护；每年组织在保护区人工放流相应的水生物种苗种和亲本，增殖保护物种种群；加强保护区涉渔工程渔业生态环境监管，严格专题环评，落实涉水工程渔业生态补偿经费，对保护湖南水产种质资源和珍稀濒危水生野生动物，维护生物多样性起到了积极作用。

【湖南省农产品品牌促进会成立　将成湘品入沪重要供货商】 2015 年 7 月 10 日，湖南省农产品品牌促进会在长沙成立。湖南省农产品品牌促进会与上海中军投资集团有限公司就“湘品入沪、沪品入湘”签订战略合作协议，由上海中军投资集团有限公司在上海提供组织、销售湖南农产品的固定场地和线上线下营销平台，专门展示推介、销售湘产农产品，湖南省农产品品牌促进会则成为“湘品入沪”的重要供货商之一。湖南省农业资源富足，农产品品种丰富，农产品关联企业众多，截至 2014 年底，农产品加工业达 5.1 万家，国家级示范社 144 家，省级示范社 628 家。农产品加工企业中获得“中国驰名商标”96 家，获得“湖南省著名商标”的产品 300 多件。通过 ISO9000 系列、HACCP 等质量管理体系认证的龙头企业达到了 400 多家，799 个产品获得国家无公害农产品认证，275 个产品获得绿色食品认证，103 个产品获得有机食品认证。星级休闲农业企业已达 700 余家。湖南省农产品品牌促进会还将积极筹建农产品质量检测中心，为品牌建设提供监督服务。

【湖南主电网小容量主变优化调整规划方案顺利通过】 2015 年 7 月 14 日，国网湖南电力公司经研院负责完成的“湖南主电网小容量主变优化调整规划方案研究”顺利通过公司评审。近年来，为应对省电力公司投资需求与投资能力之间日益突出的矛盾，公司提出了坚持电网发展的速度、质量和效益“三统一”，坚持安全与效益并举，坚持科学理性投资，实现电网更高水平、更好质量的发展。湖南主电网小容量主变（指220千伏容量为120MVA的主变，500千伏容量为750MVA的主变）优化调整符合全省电网向科学效益型投资发展转变的基本精神，有利于充分挖掘存量电网的能力，有效控制电网投资规模。经研院详细研究了湖南主电网小容量主变优化调整技术经济指标、存在的困难及问题、优化调整基本原则、小容量主变配置现状及调整需求，结合“十三五”电网规划提出了近期将群联、檀江、袁家铺、漳江等四座大、小主变并存的变电站中小容量主变的具体优化调整方案。

【2020年湖南省将建成15个住宅产业化生产基地】 2015年7月15日，根据新出台的《湖南省住宅产业化生产基地布点规划（2015—2020年）》，至2020年，湖南将形成住宅产业化生产基地15个，全省住宅产业化基地产能将达到3700万—4000万平方米/年。湖南省住宅产业化工作在全国起步较早，1996年10月，远大与日本铃木合资成立远大铃木住房设备公司，开启了中国住宅产业化之路。2011年起，长沙、张家界、岳阳、郴州、湘潭等城市先后建设住宅产业化基地并试点住宅产业化项目。至2014年底，全省住宅产业化生产产能已达到1120多万平方米。湖南已经成为全国住宅产业化规模最大、发展最快的省份之一。根据规划，至2020年全省住宅产业化基地产能达到3700万—4000万平方米/年，其中，长株潭城市群住宅产业化基地产能达到1606万—1736万平方米/年，其他各市州产能总计2094万—2264万平方米/年。至2020年，全省规划建成住宅产业化生产基地15个，其中综合型生产基地8个，专业型生产基地1个，PC构件生产基地6个。

【中国五矿与湖南省共商转型】 2015年7月15日至16日，五矿集团董事长何文波赴长沙分别拜会湖南省委书记徐守盛、省长杜家毫，双方就中国五矿在湘企业转型升级发展等问题深入交换了意见。徐守盛表示，中国五矿在国内和国际金属矿产领域均占有重要的一席之地，湖南省委省政府一直以来都是“高看一眼”、“厚爱一点”。目前，中国五矿在湘企业转型升级过程中遇到了一些挑战和困难，双方要借助改革转型契机，按照中央的整体部署，共同研究对策方法、争取政策支持，切实关注企业发展，稳妥解决民生问题，要团结一致向前看，要坚信办法总比困难多。湖南省各级党政机关要一如既往地积极提供支持，为企业转型升级创造良好的环境和条件。何文波表示，近年来，中国五矿通过与湖南省的合作，大幅提升了自身在有色金属行业的地位和影响力。截至目前，在中国五矿总资产中，金属矿产资产占比达到70%，海外资产占比40%。未来，中国五矿将着力借助海外优势资源保障国内需求，将国内资源优势转变为战略优势。他指出，在湘有色金属企业发展到现阶段，面临着很多问题和挑战，希望双方在今后加强沟通协作，共同把问题解决好，为我国有色金属产业的转型升级做出贡献。据了解，湖南有色保有的储量高达172.24万吨的钨矿资源。

【湖南出台科技系统对接方案】 2015年7月16日，省科技厅印发《湖南省科技系统省直管县体制改革试点工作对接方案》，加大对直管县的支持力度，扩大试点县科技行政部门管理权限，促进县域科技创新事业快速平稳发展。该《方案》根据省委办公厅、省政府办公厅《关于开展省直管县体制改革试点工作的意见》和省政府办公厅《关于印发〈推进省直管县体制改革试点工作部门分工方案〉的通知》要求，结合全省科技创新工作实际制定，将有力推动试点县市实施创新驱动发展战略。《方案》提出，省科技厅将重点支持试点县市围绕主导产业加快自主创新体系建设，对产业创新发展重大项目予以优先安排。支持试点县市积极创造条件，建设一批省级重点实验室、工程技术研究中心等创新平台和示范基地。在具备条件的省直管县建设和认定一批省级科技企业孵化器。省科技厅权力清单中部分经济社会管理权限，试点县市直接报省科技厅审批，抄送所在设区市科技行政主管部门；试点县市所在设区市科技行政主管部门配合省科技厅做好有关管理权限的调整工作，加强对试点县市科技工作的指导和协调工作，试点县市科技行政主管部门要承接好省科技厅、所在设区市科技行政主管部门下放的各项行政管理权限，并承担相应的责任。

【湖南2015上半年旅游收入破1500亿元　扭转增幅下滑】 2015年7月17日，湖南省旅游局长座谈会在长沙召开，湖南省旅游局公布，2015年上半年，湖南共接待国内外旅游者2.68亿人次，同比增长18.84%；实现旅游总收入1524.4亿人民币，同比增长18.06%。对于2015年下半年工作的推进，张值恒提出，要着力落实好省人民政府关于促进旅游业改革发展的实施意见，拉长产业链、培育增长点、构建加速器、打好特色牌，确保完成甚至超额完成2015年工作任务。同时，推进旅游厕所革命，贯彻旅游法、重点整治不合理低价行为，守住旅游“生命线”、保证旅游质量与安全以及深度参与扶贫攻坚战等具体工作也被重点提出。

【为湖南转型创新发展　提供强有力的人才科技支撑】 2015年7月17日，省委副书记、省长杜家毫先后来到湘潭大学、湖南大学和中南大学，专题调研高校改革发展情况，并与学校相关负责人座谈。他强调，要全面深化高等教育改革，大力实施创新驱动发展战略，加快推进政产学研结合，为湖南转型创新发展提供强有力的人才、科技支撑。湘潭大学是在毛泽东同志亲自倡导下于1958年创办的。经过半个多世纪的发展，学校已成长为一所文、理、工综合性全国重点大学。在学校毛泽东思想研究中心，杜家毫详细了解中心各项研究成果。他说，毛泽东思想博大精深，是我们党必须长期坚持的指导思想，也是我们的宝贵精神财富。新时期下，要进一步加强对毛泽东思想的研究，充分挖掘和彰显毛泽东思想的当代意义，不断拓展研究和应用领域，努力实现中华民族伟大复兴的中国梦。在湖南大学，杜家毫实地考察了学校“两山一湖”建设、碳纤维国家重点实验室、国家超级计算长沙中心等地。杜家毫指出，从历史底蕴、学校名称、地理位置和教学地位看，湖南大学都是我省一张响亮的、永不褪色的“名片”，希望学校围绕新时期全省经济社会发展的中心任务和人民群众对高等教育的新需求，立足长沙、服务全省、放眼全国、走向世界，为全省经济、政治、文化、社会和生态文明建设做出更大的贡献。来到中南大学，杜家毫走进轻合金研究院、中国村落文化研究中心，了解学校特色学科建设情况。学校开发建设湘雅医学大数据平台，已融合2000多万名患者的100亿条医疗源数据，让广大老百姓不出门就可享受远程医疗服务，共享湘雅优质医疗资源，杜家毫对此给予充分肯定。在与学校负责人座谈中，杜家毫说，中南大学培养输送的一批又一批学子，已成为湖南创新创业的主力军和生力军，也走出了一条科研成果与社会资本良性互动的好路子。希望学校进一步深化教育改革，加快建成国内著名、世界一流的高等学府，为湖南推进自主创新、政产学研结合、高新技术产业发展等方面做出新的更大贡献。

【湖南养殖业加快转型升级】 2015年7月17日。占湖南农业“半壁江山”的养殖业，上半年实现稳步增长。随着湘江流域退养，各养殖大县力推标准化规模养殖，示范清洁化健康养殖，湖南养殖业加快转型升级。据省畜牧水产局的数据，上半年，全省生猪出栏4076.3万头，同比减少2.3%；但牛、羊等草食性畜出栏分别达120.3万头、403.2万只，同比增长5.1%、4.4%；家禽出笼3.12亿羽，同比增长3.3%。今年增长幅度最大的是水产品，总产134.8万吨，同比增长7.8%。为保护湘江母亲河，湘江干流两岸禁养区的规模养殖场全面退养。工商资本加快进入养殖业，温氏、正邦、正大、北京资源集团等国内大型、知名养殖加工企业落户我省；合作社、大户等新型经营主体壮大。目前，全省年出栏500头以上的规模猪场接近3万家，涌现年出栏10万头的大型猪场14家，全省生猪规模养殖比重占到七成以上。各级畜牧水产部门实施畜禽水产品特色产业园和标准化示范创建活动，全省畜禽标准化示范场增至547个，部级水产健康养殖示范场达到303个。在衡阳县吉盛农牧公司，年出栏3万头的猪场，保持适宜温度；粪尿走暗管，汇入沼气池发电；猪场周边配套果林，沼渣还土，实现“零排放”。华容县沿东湖一线，合理搭配鱼类，以鱼养水；生态养殖，水质监控，示范水产健康养殖新模式。

【湖南第二届游戏产业交流会18日举行】 2015年7月18日，湖南国际会展中心新闻中心举办。组委会将邀请湖南约80家游戏企业共同出席会议，并同时邀请国内外100家游戏相关企业参会，其中包括腾讯、百度、360等国内外知名企业，会议规模预计300人。会议将给湖南游戏企业带来精彩的干货分享，路演环节“游戏湘军”将为全国的游戏人展示6款游戏精品。作为文化强省的湖南，也出台了一系相应政策扶持移动互联网领域中最具吸金能力的游戏行业。目前，长沙地区现有游戏开发商80余家，大部分落户在长沙高新产业开发区。其中以中青龙图、草花互动、天磊网络为代表的“游戏湘军”六届长沙（国际）动漫游戏展期间，“游戏湘军”也将展示喜人成果。其中，本土企业“天磊网络”出品的“暗黑封神榜”被国内顶级游戏平台“37玩”独家代理；再有“草花互动”收购“烈焰鸟”制作的“龙之契约”也是省内两家企业的强强联手。两项签约金额均达到500万以上。湖南游戏产业交流会是中部六省最具影响力的游戏行业专业会议，自2014年起开始举办，是服务本土游戏行业发展的第三方平台。湖南第一届游戏产业交流会得到了省市各级领导的高度关注，并亲临会场观看了湖南精品游戏路演，为湖南游戏产业出谋划策，更力邀国内优秀企业入驻湖南，加入湖南“游戏湘军”队伍。通过交流会，不但加强了湖南企业与外界的联系与交流，让湖南企业及时分享到全国乃至世界一线公司的成功经验，更搭建了一个交易通道，将湖南产品快速推向全球。第二届湖南游交会，将在第六届长沙（国际）动漫游戏展期间的7月18日，湖南国际中心新闻中心举办。组委会将邀请湖南约80家游戏企业共同出席会议，并同时邀请国内外100家游戏相关企业参会，其中包括腾讯、百度、360等国内外知名企业，会议规模预计300人。

【第三产业领跑湖南经济　上半年GDP同比增长8.5%】 2015年7月20日，湖南省统计局公布了2015年上半年湖南省经济形势。上半年，湖南省地区生产总值12800.4亿元，同比增长8.5%。其中，第三产业发展迅速，无论从增加值绝对值还是增速看，第三产业都领跑湖南经济。统计数据显示，第一产业增加值1120.3亿元，增长3.8%；第二产业增加值5783.7亿元，增长7.6%；第三产业增加值5896.4亿元，增长10.3%。固定资产投资比重也向第三产业倾斜，第三产业占比固定资产投资达55.2%。上半年，湖南省的投资、出口和消费均表现活跃。全省完成固定资产投资10544.3亿元，同比增长17.7%；实现出口总额594.9亿元，增长23.8%，其中，机电产品和高新技术产品表现强劲，出口分别增长41.3%和51.8%；在消费领域，该省上半年实现社会消费品零售总额5531.9亿元，增长12.1%。上半年湖南产业转型升级也有效推进。主要表现在产业结构调优，上半年，该省第三产业增加值占GDP的比重为46%，同比增长2个百分点。规模工业中高加工度工业和高技术产业增加值分别增长8.2%和16.1%，比重达35.6%和9.6%；二是生态环境改善，全省生态环境投资421.1亿元，增长35.4%，同比加快12.9个百分点。三是开放经济活跃，全省完成进出口总额850.5亿元，增长8.5%。下半年，随着政策措施的效果逐步显现，经济发展总体趋稳向好。下阶段，湖南将更加注重提高投资效益，更加注重扶持重点产业和企业，更加注重开拓市场，帮助企业克服经营困难，增强投资的支撑作用，积极扩大居民消费，不断培育新的增长点，确保经济持续健康发展。

【湖南省新型城镇化试点名单出炉 2017年完成任务】 2015年7月20日，湖南省委、省人民政府同意《湖南省新型城镇化试点工作总体实施方案》正式印发。长株潭城市群等5个地级市(城市群)、望城区等15个县市区(新城)、岳麓区莲花镇等28个建制镇作为湖南省新型城镇化试点地区。《实施方案》的出台，是为了全面贯彻落实中央和湖南省新型城镇化工作会议精神，坚持以人的城镇化为核心，以宜居宜业为目的，以城乡发展一体化为方向，以改革创新为动力，紧紧围绕破除城镇化发展的体制机制障碍和提高城镇综合承载能力。此次试点的时间，分两个阶段。第一阶段：2015—2017年，试点地区基本完成试点任务，取得阶段性成果，形成可复制、可推广的经验；第二阶段：2018—2020年，逐步在全省范围内推广试点地区的经验做法。《实施方案》要求，试点地区既要抓好改革创新，又要抓好基础设施和公共服务设施的规划建设，尤其是事关城镇化健康发展的土地、户籍、投融资、社会保障等领域的制度创新，以及事关城镇化水平和发展质量的城市综合交通体系、“两供两治”、“两房两相”等方面的设施建设，要大胆突破和强力推进，抓出实效。《实施方案》强调，湖南省推进新型城镇化工作领导小组要发挥统筹协调作用，把握试点方向，统筹试点内容；湖南省赋予试点地区先行先试政策，并给予一定资金支持。试点地区发挥主动性和创造性，探索体制机制创新和城镇化建设的新路径、新方法和新举措。湖南省推进新型城镇化工作领导小组办公室要定期对试点地区进行检查评估，总结试点经验，完善试点内容，以点带面，及时推广，充分发挥试点地区的榜样作用和示范效应。对没有完成试点任务的，给予通报批评，直至取消试点资格。《实施方案》鼓励各地积极开展新型城镇化试点。没有建制镇纳入省级试点的县市区可以根据自身发展确定1～2个试点镇开展试点，效果好的，湖南省将给予相关政策和资金支持。

【湖南金融生态环境不断优化】 2015年7月20日，人民银行长沙中心支行发布2015年湖南省金融生态评估结果，综合排名前5位的市州依次为株洲市、长沙市、湘潭市、岳阳市、永州市。综合排名前50位的县（市）依次为韶山市、浏阳市、耒阳市、长沙县等。2015年，湖南省金融生态评估得分为72.47分，较上年上升3.9个百分点，金融生态环境不断优化。项目层环境发展趋势分化，得分有升有降，其中，经济基础、行政环境、信用环境、金融服务环境平均得分较上年提高，而受经济下行压力加大的影响，金融机构贷款增长与盈利水平同比下降，经济案件增多、处理难度加大，全省金融运行、司法环境平均得分较上年均有所下降。湖南省金融生态评估工作至今已连续开展8年，评估指标体系进一步完善，较好地反映了各地区的金融生态环境；作为金融机构信贷资源配置的风向标，金融生态评估对区域经济发展与结构优化起到了积极作用。此次湖南省金融生态评估结果发布是2012年首次发布以来的第四次公开发布。

【湖南启动“互联网+商贸流通”行动计划】 2015年7月20日，省商务厅在湖南外贸职业学院举行全省“互联网+商贸流通”创新发展培训班，正式启动“互联网+商贸流通”行动计划。省商务厅出台了《湖南“互联网+商贸流通”行动计划》，力推电子商务进农村、进社区，《行动计划》剑指电子商务领域，重点将在农村电商、电商进社区以及跨境电商等方面创新流通方式。《行动计划》提出，力争到2020年把湖南打造为中西部电商产业生态发展平台，实现全省电子商务交易额超过15000亿元，网络零售交易额超过3000亿元等目标。电子商务进农村、电子商务进社区、跨境电子商务，这几个方面的发展目前都刚起步，未来蕴藏着巨大的发展空间。可以预见，“互联网＋”的效应将会在商贸流通领域持续而广泛地发酵，对于提高流通效率、促进消费、发展“三农”都有积极意义。

【2015年上半年湖南省电子商务交易额达2085亿 同比增长52.2%】 2015年7月21日，省商务厅公布了2015年上半年全省电子商务（专题阅读）运行情况，数据显示，2015年上半年，我省电子商务交易额达到2085亿元，同比增长52.2%，其中网络零售额375亿元，同比增长59.6%。省商务厅分析，虽然网络零售店铺数量同比呈下降趋势，但总交易量和交易额同比大幅上升，电商交易呈明显的集中趋势；从网络零售产品分类来看，服装、虚拟商品、食品酒水、家居家装、母婴、运动户外、个护化妆等类目的交易额占比居于全省前列。此外，长沙、株洲、郴州、益阳等市州的交易额占比居于全省前列，怀化、株洲、益阳、邵阳增长最快。此外，移动端交易额占比提升，O2O（专题阅读）（线上线下一体化）成为重要模式。御泥坊等电子商务企业移动端交易额占比达到50%。餐饮、家政、洗衣、家电维修、票务、生鲜配送、物业服务等生活服务业企业，利用电子商务平台开展网订店取、网络订票、预约上门服务、社区配送、电商物业等O2O业务。不过，整体来说，我省传统商贸流通企业应用互联网+、发展电子商务起步较晚，目前规模还较小，处于对传统商业模式和他人经营模式的抄袭、模仿的水平上。存在的主要问题是资金缺口大、人才缺乏、结合自身优势的创新模式不足，电子商务有待进一步发展。

【湖南大气污染防治方案实施 长株潭主要路段黄标车限行】 2015年7月22日，《湖南省大气污染防治2015年度实施方案》已于日前发布实施。方案提出了“2015年的可吸入颗粒物年均浓度指标比2014年下降3%”的目标，并要求“2015年底前，确保完成十二五期间大气主要污染物减排目标，二氧化硫、氮氧化物比2014年分别下降2%、3%”。方案提出，推行黄标车限行措施，2015年底前，长株潭三市城区主要路段实施黄标车限行。目前，长沙、株洲、湘潭三市均已开展黄标车限行措施控制机动车尾气污染。其中，长沙市于今年3月1日，开始对黄色环保标志和无环保标志机动车进行限行，限行区域为长沙市五一大道橘子洲大桥东至车站中路路段。株洲市于今年6月15日起，对城区部分路段限行无绿色环保标志的机动车，限行区域包括红旗路以西、珠江路以东及红港路以南、新华路以北的主城区。湘潭也于今年7月1日起，对未取得绿色环保检验合格标志的车辆部分时段实行区域限行，限行区域从湘潭市建设中路全段、湘江湘潭一大桥、建设北路部分路段（建设路口至长途汽车站路口），韶山中路、韶山东路全段（长途汽车站路口至护谭广场路口），文星门路部分路段、湘江湘潭三大桥、双拥北路全段（护谭广场路口至双拥广场路口），河东大道部分路段（双拥广场路口至建设路口）的合围区域。在2015年底前，湖南全省要完成淘汰黄标车10万辆的任务。在2015年前，长沙市要淘汰22037辆黄标车，数量占全省各市州之首。郴州市要淘汰12936辆黄标车，淘汰数量仅次于长沙，邵阳市以11102辆黄标车的淘汰数量位居第三。

【湖南省耕地流转面积已达1483.2万亩 以转包和出租为主】 2015年7月23日，湖南省政协“推动湖南农村土地经营权有序流转”双周协商会在长沙召开。截至2015年6月底，全省耕地流转面积已达1483.2万亩，土地流转呈现稳步增加的趋势。近年来，湖南省按照中央的决策部署，加强组织领导，采取有效措施，一手抓政策引导，一手抓流转规范，积极探索和加快推进农村土地经营权流转、促进农业适度规模经营。目前，全省土地经营权流转平稳有序推进，发展势头良好。到2015年6月底，湖南省耕地流转面积已达 1483.2 万亩，占全省家庭承包面积的 30.5%，与全国耕地流转比例 30.4%基本持平。此外，湖南省耕地流转形式多样，转包、转让、互换、入股、出租等方式推行较快，其中，转包和出租的比例最大。以 2014 年为例，全省转包耕地 623 万亩、转让 82 万亩、互换 66 万亩、出租 465 万亩，股份合作 64 万亩，其他 79 万亩，转包和出租占比分别为 45.2%和 33.7%。

【湖南地理信息产业年总产值将超 1000 亿元】 2015 年 8 月，省国土资源厅召开地理信息产业发展座谈会。会议透露，至 2020 年，湖南将扶持一批实力雄厚、竞争力强的地理信息龙头企业，培育形成一批机制灵活、创新能力强、充满活力的地理信息中小型企业，着力打造优势突出、特色鲜明的地理信息产业园，全省地理信息及相关产业年总产值将超过 1000 亿元，年均增长率超过 30%，带动就业超过 10 万人。近年来湖南地理信息产业呈快速发展之势，2011 年以来，产值规模以每年 25%以上增幅增长。数据显示，2014 年全省地理信息产业年总产值近 120 亿元，其中传统测绘领域约 15 亿元，航空航天遥感领域约 20 亿元，卫星导航领域约 35 亿元，GIS 软件领域约 10 亿元，其他领域约 40 亿元。全省地理信息企事业单位近 1000 家（含测绘资质单位 542 家），从业人员约 3 万人（含测绘资质单位从业人员 1 万多人）。目前，全省共有甲级测绘资质单位 35 家，占全国甲级单位总数的 4.3%，在中部六省排第二位。

【湖南农村环境综合整治将实现全省域覆盖】 2015 年 8 月 3 日，湖南召开电视电话会议，部署全省域农村环境综合整治工作。2007 年，湖南开始试点实施农村环境治理项目；2010 年，被列为全国首批环境连片整治试点省；2013 年，在全国率先实施以县（市、区）为基本单元整县推进农村环境综合整治，28 个县（市、区）近 8000 个行政村大规模开展了环境连片综合整治。通过一系列、连续工作，项目实施区域内的农村环境污染得到有效控制。今年 4 月，环保部、财政部确定湖南为全国唯一农村环境综合整治全省域覆盖试点省。根据部省试点协议和省委省政府部署，全省农村环境综合整治要在 2019 年底前基本完成。每个县（市、区）可根据农村人口规模、经济发展水平和工作难易不同按 1 至 3 年确定基本整治时间。省财政将根据启动时间及实施年限，分批安排一定奖励资金。

【湖南国际合作加强水生态环境治理】 2015 年 8 月 10 日，由湖南省人民政府、日本滋贺县政府共同主办，亚欧水资源研究和利用中心与琵琶湖环境科学研究中心联合承办的“洞庭湖—琵琶湖水生态环境论坛”在长沙开幕。湖南省科技厅与日本滋贺县商工观光劳动部就水环境领域产业发展签署加强合作的备忘录。论坛着重进一步关注如何共同应对水、生态与环境的新挑战，并为双方开展政策对话、信息共享、经验交流、务实合作等搭建新平台。论坛中，湖南方面提出希望建立环境保护协商协调机制，加强双方在水域生态修复方面的交流与合作，深化水环境和现代农业领域的技术合作与转移。论坛结束后，湖南省科技厅与滋贺县商工观光劳动部签署“中华人民共和国湖南省—日本国滋贺县就水环境领域产业发展备忘录”，两省县在水环境领域的合作研究、技术转移、产业振兴等方面的合作将进入崭新阶段。2013 年以来，亚欧水资源研究和利用中心在推动湘滋开展水生态环境领域的交流与合作中做出了突出贡献，其中，包括启动实施了 2015 年度科技部国际科技合作专项“洞庭湖区生态村镇与环保农业关键技术集成及应用示范”，拟在洞庭湖区岳阳汨罗、益阳沅江、常德桃源等地开展试验示范，为构建洞庭湖新型生态村镇提供样板。中日双方科研专家团队围绕生态村镇和环保农业两个主题，实施洞庭湖生态村镇发展模式与规划建设关键技术研究、洞庭湖村镇生态绿化体系关键技术研究与示范、绿地雨水集蓄与回灌（用）系统构建技术示范、垃圾填埋场渗滤液处理示范、洞庭湖区环保农业关键技术研究与示范等五大方向内容。

【湖南 12 家绿色企业签约入驻电子商务平台】 2015 年 8 月 10 日，湖南聚千源生态物语电子商务供应链服务平台启动暨湖南省绿色产业发展研究会与湖南绿色企业签约仪式在中南林业科技大学体育艺术馆一楼举办。湖南稷隆农业科技有限公司、湖南桂阳太和辣业有限公司等 12 家湖南绿色企业在场签约。湖南聚千源生态物语电子商务供应链服务平台由湖南省绿色产业发展研究会主办，集中展示和推广湖南名品名企、生态产品、绿色产品；培育和推广湖南省电子商务服务企业；促进电子商务与工农业企业对接；推动工农业企业深入应用电子商务拓展市场，旨在打造企业展示、产品展销和产业对接的平台。为帮助湖南工农业企业尽快实现由传统营销模式向现代电子商务营销模式的转换，实现产品结构调整，抢占新的市场先机，实现工农业化和信息化的深度融合，由湖南省绿色产业发展研究会开展的“生态物语——跑步到家网上行”活动拟在湖南省工农业企业和产品中、在湖南省 122 个县区征集名企、名品进行集中推广和宣传。12 家绿色企业为：湖南稷隆农业科技有限公司、湖南桂阳太和辣业有限公司、耒阳市耒兴薯业发展有限公司、湖南省香啦尔商贸有限公司、湖南卓尔金桥贸易有限公司、湖南利园农产品有限公司、睦华茶庄、鼎厨时尚生态餐厅、云南西双版纳老树圆茶、湖南康健格林工程有限公司、湖南神农溪酒业有限公司、长沙俊青食品有限公司。

【湖南省局（公司）GIS 和 GPS 公共服务项目试点正式启动】 2015 年 8 月 11 日，湖南省烟草专卖局（公司）GIS 和 GPS 公共服务项目试点工作在衡阳启动。GIS 和 GPS 公共服务项目作为全省系统重点项目，其建设按照国家局对地理信息系统建设的相关要求和湖南省烟草专卖局（公司）年初关于 GIS/GPS 的建设部署，遵循“一平台、一中心、两体系”的信息系统建设指导思想，采用 GIS/GPS、3G/4G 通讯和物联网等先进技术，有效整合社会资源，构建全省统一的 GIS/GPS 服务系统。该系统可以把各类资源汇聚到一张地图上，全方位、多维度、多层次综合分析、展现各业务工作的现状及相关信息，并以公共服务的形式供全省系统共享。项目试点工作将全方位测试 GIS 和 GPS 公共服务能力，制定 GIS/GPS 服务体系和相关技术标准和管理规范，为 GIS/GPS 公共服务系统空间地理信息的采集、存储、管理、运行提供有力支撑。

【湖南将用 5 年时间完成全省域农村环境综合整治】 2015 年 8 月 11 日，省政府办公厅日前印发《湖南省开展农村环境综合整治全省域覆盖工作方案》，明确村庄饮用水卫生、生活污水处理、垃圾定点存放清运和无害化处理、禽畜粪便综合利用等治理指标，用5年时间完成全省域农村环境综合整治。全省4万多个行政村而言，目前整治覆盖面还不到20%。经测算，2013年全省农村地区主要污染物COD排放量为每年120.9万吨、氨氮排放量为每年15.86万吨，占全省排放总量的“半壁江山”。2015年4月，环保部、财政部确定湖南为全国唯一农村环境综合整治全省域覆盖试点省，湖南迎来发展新机遇。《方案》要求，全省农村环境综合整治要在2019年底前基本完成。每个县（市、区）可根据农村人口规模、经济发展水平和工作难易不同按1年至3年确定基本整治时间。农村人口20万以下或工作任务相对较少的县市区，应在1年内基本完成整治任务；20万以上50万以下的，应在2年内基本完成整治任务；50万以上的，应在3年内完成整治任务。《方案》要求，湖南要加强农村饮用水水源地保护，依法拆除排污口，逐步建立覆盖全省的水质检测网络，全省集雨区范围内的村庄饮用水卫生合格率达95%以上，其他村庄90%以上；建立散居户、自然集中村落和集镇生活污水处理体系和后续服务体系，集雨区农村生活污水处理率达70%以上，其他村庄60%以上。推广垃圾卫生化填埋、无害化焚烧、堆肥或沼气处理技术，禁止露天焚烧垃圾，逐步取缔二次污染严重的简易填埋设施及小型焚烧炉等，让生活垃圾100%实现定点存放清运，集雨区农村生活垃圾无害化处理率、禽畜粪便综合利用率要达80%以上，其他村庄70%以上。同时，严格环境准入，禁止工业固体废物、危险废物、城镇垃圾及其他污染物从城市向农村地区转移，禁止污染企业向农村地区转移等。

【湖南选定12大重点产业对接《中国制造2025》】 2015年8月17日，湖南举行贯彻落实《中国制造2025》推进制造强省建设研讨班，我省已选定12大重点优势产业，对接《中国制造2025》。我省在贯彻落实《中国制造2025》中，重点支持产业除对接国家层面确定的十大产业外，还根据我省产业优势和特色，增加了工程机械、节能环保两大产业。目前，这12个产业的发展专项规划正在加紧编制。省里将整合、集中资源，加大对制造业发展支持，努力建设制造强省。

【湖南发出科技“攻坚令”】 2015年8月26日，省经信委对外发布战略性新兴产业重大关键共性技术发展导向目录。我省将集聚各种优势资源，围绕对接《中国制造2025》、全省重大产业发展需求，集中攻关30项重大关键共性技术，推动我省制造业转型升级，增强行业话语权和市场竞争力。这30项重大关键技术包括，全固态叠片式铝电解电容器技术、家居服务机器人开发、智能海上过驳平台船、钢板耐腐蚀性技术、纯电动乘用车整车研发与产业化、基于北斗导航及大数据的智慧农业控制系统技术、高强度火花塞关键技术等，涉及新一代信息技术、高档数控机床和机器人、海洋工程装备及高技术船舶、先进轨道交通装备、节能与新能源汽车、电力装备、农业机械、新材料等战略性新兴产业。此30项重大关键共性技术，是由各市州主管部门、相关企业、产业园区、行业专家论证后筛选出来的，既契合《中国制造2025》规划，也突出强化、夯实我省工业基础能力。同时，省内相关行业进行了较长时间的技术跟踪和技术储备，具备了研发攻关基础，产业化和市场化导向突出。此次发布关键共性技术“攻坚令”，旨在鼓励省里有实力的企业、研发机构积极参与进来，“协同作战、重点突破”。省里将发挥财政专项资金杠杆引导作用，“围绕产业链完善资金链”，集中各方面力量全力支持技术攻坚。

【湖南科技报告制度建设将全面推开】 2015年8月27日，湖南省人民政府办公厅转发了湖南省科技厅《关于加快建立湖南省科技报告制度的实施意见》，标志着湖南科技报告制度建设将全面推开。《意见》明确了全省科技报告制度建设的总体目标和进度要求。以“试点先行、统一标准、分步实施”原则，分为启动试点、全面实施、完善提升和优化运行四个阶段，建立省级科技报告组织管理机制，完善相关制度规范，建设省级科技报告服务系统，实现省、市州科技报告工作协同推进，到2020年建成覆盖全省科技计划的科技报告呈交、收藏、管理、开放共享工作体系，形成科学、规范、高效的科技报告管理模式和运行机制。《意见》指出，按照“谁立项、谁管理”原则，依托现有科技计划管理渠道，建立省科技厅、市州和省直单位项目管理部门、项目承担单位、科研人员各负其责、逐级呈交的科技报告组织管理机制。其中：省科技厅负责全省科技报告工作的统筹规划、组织协调和监督检查，对各市州和省直单位的科技报告工作进行业务指导；市州和省直单位的项目管理部门负责科技报告工作组织实施与管理；项目承担单位负责科技报告工作落实与审核；科研人员负责科技报告的撰写，项目负责人对科技报告内容和数据的真实性负责。《意见》强调，全省所有财政性资金资助的科技项目必须呈交科技报告，鼓励引导社会资金资助的科研活动呈交科技报告。科技报告的呈交和共享使用情况将作为各项目主管机构对项目负责人和项目承担单位后续滚动支持的重要依据，学术不端行为将纳入科研信用记录并向社会公布。

【湖南7家景区被拟定为首批两型旅游景区】 2015年8月27日，湖南省首批两型旅游景区认证审定结果出炉，岳麓山橘子洲旅游区、南岳衡山旅游区、崀山旅游区、洋湖湿地景区、“益阳市山乡巨变第一村”清溪村、石燕湖生态旅游景区和郴州汝城福泉山庄7个景区通过审议，暂被评为湖南省首批两型旅游景区。

【湖南地理信息产业园授牌　设立产业扶持专项资金1亿元】 2015年8月29日，湖南地理信息产业园授牌仪式在暮云经开区举行。园区将设立地理信息产业扶持资金，极大地促进地理信息产业各产业链条的深度融合和资源整合，加快全省地理信息产业集约化、集群式发展。国土资源部副部长、国家测绘局局长库热西·买合苏提，湖南省委常委、常务副省长陈肇雄出席仪式并为湖南地理信息产业园授牌。地理信息产业是当今国际公认的高新技术产业，具有广阔的市场需求和发展前景。地理信息产业是以现代测绘技术、信息技术、计算机技术、通信技术和网络技术相结合而发展起来的综合性产业，既包括GIS（地理信息系统）产业、卫星定位与导航产业、航空航天遥感产业，也包括传统测绘产业和地理信息系统的专业应用，还包括LBS(基于位置服务)、地理信息服务和各类相关技术及其应用。地理信息将我们居住的地球以数字形式展现在世人面前，让人在“远在天边，近在咫尺”的“地球村”中畅游。湖南地理信息产业园近期规划占地面积约300亩，远期规划占地面积约1000亩，计划以德泽苑（财母公司）为中心，周边辐射建设产业发展总部基地和创新基地；以湖南省第二测绘院为中心，周边辐射建设创业和孵化基地。根据规划，整个地理信息产业园在功能定位上将形成“一高地、两中心、一基地”，即湖南地理信息产业的集聚高地、湖南省测绘地理信息产业服务中心、湖南省地理信息行业交流合作中心、湖南省地理信息产业化示范基地；在空间布局上将形成“一核一带四区”，即综合服务核，产业园区空间发展带，产业发展片区、科技研发区、生活配套区、产业拓展备用区。预计到2025年，地理信息产业园将实现总产值500亿元，上缴税收35亿元，提供相关就业岗位10万个。

【湖南首批两民企获宽带接入试点　用户更多选择】　2015年8月30日，湖南省通信管理局向两家民营企业——长城宽带和艾普网络颁发首批宽带接入网物业试点批文，两家公司将率先在长沙试点宽带接入业务。这标志着湖南宽带接入市场正式向民资开放。这也意味着宽带市场更规范化了，民营企业也将以自己的品牌进入市场，明确了身份，网络信号会更有保障。民营企业开展宽带接入业务，有利于促进宽带业务的市场竞争，从而提升创新和服务水平，有利于进一步提网速降网费。下一步湖南省通信管理局还将申请在湖南省范围内增加试点城市，并进一步简化前置审批流程，保障用户自由选择权和企业公平接入，给用户提供更多选择和服务。

【“互联网+”必将推动湖南经济转型发展】　2015年9月1日，省委副书记、省长杜家毫在长沙会见了腾讯公司董事会主席兼首席执行官马化腾一行。会见结束后，双方还将分别代表省政府和腾讯公司签署战略合作框架协议，共同推进湖南“互联网+”行动计划。此次湖南省与腾讯公司签署战略合作协议，共同推进湖南“互联网+”行动计划，无疑是具有重要的现实意义，尤其是在“智慧民生”层面将会拓展出更多的前景。8月31日，湖南省委书记徐守盛在与腾讯公司董事会主席会面时强调，“互联网+”，最终要“+”在老百姓关心的“柴米油盐酱醋茶”上，要“+”进千家万户，真正为广大老百姓提供便利。这一“互联网+”下关乎民生的主基调，不仅仅体现出决策者民本主义的执政思维，及以发展民生经济为重要着力点的决策定位，也让我们看到了其顺应时代潮流的远见卓识与经济发展眼光。在某种意义上说，此次湖南“互联网+”行动所带来的，必将是在连接一切中实现经济转型，也就是在打破传统固有模式的前提下，最大程度迈向智能时代，实现经济跨越式发展。

【腾讯与湖南省签署战略合作协议】　2015年9月1日，湖南省政府与腾讯公司签署战略合作框架协议，双方就“互联网＋”达成战略合作。这意味着，“互联网+”这一被纳入政府工作报告的行动战略，至少已经在全国9个省级行政区实现落地。另外，深圳、大连、秦皇岛、拉萨等29个市级政府也在今年陆续与腾讯公司签署合作协议，互联网技术资源正在与这些省市的政务、民生和产业深度融合。本次湖南省签订的合作协议中，除了长沙和湘西两地上线的微信城市服务之外，湖南省政府还将在全省范围内深入布局，推动交通、媒体、文化、商业服务和公共安全五大领域与“互联网+”的全面融合。长沙市和湘西自治州的微信城市服务功能悄然上线，两地的民众可以在微信－我－钱包中找到入口，直接进入到一站式的政务民生办事大厅。医院挂号、违章查询、公积金查询、社保查询、空气质量动态、图书查询、水费缴纳、医保查询、长途客运查询、发票查询……长沙和湘西的用户动动手指就可以享受这些服务。其中长沙市的手机缴纳交通罚款，并实时完成消分功能，则是全国首创。截至8月底，微信城市服务已经上线全国66个城市，覆盖1.5亿居民，接入150多项政务便民服务。用户足不出户、动动手指就可以搞定这些服务。用户可感可知的便利，这才是微信飞入寻常百姓家、移动互联网普惠全民的明证。除了微信之外，手机QQ、腾讯新闻等拥有海量活跃用户的手机应用，也都纷纷开通了城市服务和民生频道的入口。更加智慧的政务民生服务，就此尽在“掌”控。作为中南腹地，湖南省可以说是我国南方地区的交通枢纽。早在今年4月份，湖南机场集团就与腾讯签订合作协议，将基于微信部署实施全方位的智慧机场解决方案，打造国内首个“互联网+”机场集群。长沙、张家界、常德、永州、怀化和衡阳六大机场将设立统一的微信入口。用户将可以通过微信，享受包括值机、安检、托运、登记在内的全流程服务，实现“从舱门到家门”的一站式智慧出行。事实上，在全国各地紧锣密鼓的“互联网+”战略布局中，不乏此类依托地缘优势、结合地方特色来开展的行业新探索。第一个与腾讯签署“互联网+”合作协议的河南省也同样是在交通领域重点发力。而四川省拥有得天独厚的旅游资源，于是旅游行业成为四川省实施“互联网+”战略的重要一环。作为国内最为发达的一线城市，北京和上海坐拥国内最为丰富的优质医疗资源。在北京银行和腾讯签署了关于“京医通”合作协议后，首都人民可以在手机上使用挂号、导诊、查询报告等功能，以及与社保医保系统打通的移动支付功能。重要的是，赴京就诊的外地患者同样可以享受这些便捷，互联网磨平了地域之间的差别。而在上海，微信城市服务的多项功能中，使用频次最高的就是医疗。今年3月，国务院出台《国务院办公厅关于发展众创空间推进大众创新创业的指导意见》；6月，《国务院关于大力推进大众创业万众创新若干政策措施的意见》也正式公布。全国推动“互联网+”的过程中，地方政府与腾讯联手打造的“众创空间”都是较为关键的一环。腾讯将与各省市地方政府合作，2015年在全国范围内打造25个众创空间，总面积超过50万平方米。其中，北京石景山、上海杨浦等7家已经开园，这7个众创空间已经孵化的创业团队达到了176家，其中成功融资的46家，进入上市流程的10家。致力于提供全方位互联网服务的腾讯，同样也在全国打造“全要素”的创业孵化基地。依托于腾讯各类产品提供的流量加速、开放支持、创业承载、教育培训和辐射带动等能力，可以满足创业者对资金、成长、场地、营销等方面的所有诉求。

【天蓝水净！湖南4项主要污染物排放量下降】　2015年9月6日，环境保护部今天通报了2015年上半年各省、自治区、直辖市主要污染物排放量数据公报。其中，我省的4项污染物排放总量均有不同幅度下降。数据显示，上半年，我省化学需氧量、氨氮、二氧化硫、氮氧化物的排放总量分别为62.97万吨、7.68万吨、33.57万吨、25.25万吨，分别比2014年上半年下降1.2%、4.4%、0.58%、8.86%。今年来人们普遍感觉到，天更蓝了，水更清了，这得益于我省环境治理的力度不断加大。如今年全省39台省管火电机组、65条新型干法水泥生产线全部完成污染治理设施升级改造并投入运行;912家污染企业被责令停产整顿，349家污染严重企业被关停取缔。截堵污染源头，湘潭竹埠港、郴州三十六湾、株洲清水塘、衡阳水口山、娄底锡矿山这五大重点区域的污染整治逐步推进，湘江水质稳定趋好。

【湖南电子商务带动就业69.62万人】 2015年9月9日，省统计局发布的数据显示，全省电子商务交易额从2010年的369.42亿元上升至2014年的2588.7亿元，并且2013、2014年度呈现超过100%的增长速度。网络零售额457.9亿元，同比增长112%。长沙市被商务部认定为首批国家电子商务示范基地。尽管湖南省电子商务发展起步较晚，但是起点较高、跨步较大，近几年进展明显。2013年，全省电子商务全行业营业收入211.07亿元，较上年增长259.1%；全行业营业利润达17.19亿元，增长236.9%；电子商务行业网络零售交易额带动物流快递费用15.345亿元，增长55%；电子商务服务企业纳税额11.77亿元，增长562.7%；电子商务服务带动的就业人数69.62万人，较上年增长327%。53.2%的电子商务企业拥有独立网站。湖南省限上企业主要分布在长沙、株洲与岳阳，而电子商务企业则以长沙、株洲、郴州居多。分区域来看，49.5%的电子商务企业集中在长株潭。

【湖南食品展推电商基础数据开放平台助推企业互联网+】 2015年9月11日，第二届(长沙)国际食品博览会于9月11日在湖南长沙红星国际会展中心举行，在传统企业“电商化”转型，各级政府提倡“互联网+”的大背景下，湖南城聚网络科技有限公司推出的“湖南企业电商基础数据开放平台”成为本次食品展上的一大亮点。本届展会展览总面积达到20000平方米，设置标准展位800个，约6000名专业、高质量的买家纷至沓来。与往届相比，更注重国际化、专业化、互联网化，“展会结合”的特点更加鲜明，集中凸显出食品展逐步扩大的影响力和辐射作用，汇聚了众多优秀龙头企业，如湖南省粮食集团、正大集团、湖南轻工盐业集团、湖南省茶叶集团、统一集团、新五丰、唐人神、康师傅、盼盼食品等有代表性的食品企业，也首次引入了诸如湖南城聚网络科技、网创等电商服务商和爱尚通程这类平台企业，其中城聚科技结合大数据应用技术推出湖南企业电商基础数据开放平台，助推“湘品出湘”和传统企业的“互联网+”转型升级，得到湖南省副省长何报翔、商务厅厅长徐湘平、副厅长周越等领导的支持和肯定。湖南企业电商基础数据开放平台是一个基于第四方概念推出的公共服务平台，该平台通过集成企业的各种产品数据，通过云存储和大数据管理、分发，无缝打通淘宝、天猫、京东、微信、1号店、亚马逊等近40个主流电商平台，实现电商基础数据的互通共享，并支持第三方电商平台通过协议接口进行调用，实现品牌企业只需入驻湖南企业电商公共服务平台，即可拥有包括淘宝、天猫、京东、微信等三十多个平台在内的成千上万家销售渠道，电商平台和创业企业、社团、协会和电商基础数据开放平台合作，即可拥有无数的一手货源和产品。本届展会吸引了黑龙江、福建、江西、南昌、宁波、内蒙古、云南、广西、贵州、辽宁10个省市和地区的特色食品集中亮相，以及来自中国澳门、日本、韩国、土耳其、泰国、澳大利亚等国家和地区的参展商，不仅将促进各地与湖南之间的行业交流，也为食品进口商及经销商、零售商提供与全球食品供应商面对面交流的平台。展会期间将开设多场针对专业观众与参展商配对的“专场采购洽谈会”，包括“2015年湖南省食品产业产销合作对接会”、“大型商超专场”、“零售商专场”、“外贸型企业专场”、“餐饮企业专场”五场，还设置了“企业新品推介会”专区活动，湖南盐业股份有限公司、浏阳特色产业园区、正大食品、怀化市商务局、湖南高桥大市场有限公司、云南省商务厅等将在展会现场进行推介。随着湖南企业电商基础数据开放平台的面世，下一步将面向湖南各地州、区县建立地州、区县级别的电商基础数据开放平台，打造各地区的企业产品数据库和电商产业服务中心。不仅仅提供数据开放和分发服务，同时依托近10年的园区运营经验，将为各地州和区县打造电商产业集聚区和电商综合服务，为“湘品出湘”和产业结构调整出力。

【湖南省太阳能发展“十三五”规划编制完成】 2015年9月14日，中国能建集团湖南院作为省电力规划研究中心，编制完成《湖南省太阳能发展“十三五”规划》。湖南院从4月中旬接到编制太阳能发展“十三五”规划的任务起，立即组织成立规划编制工作组，与省气象局、各市州发改委、各光伏发电企业联系配合，着手开展了基础资料收集、整理和分析工作，并成立了调研工作组，对重点地市的项目进行了全面踏勘调研。编制组成员克服了繁杂的沟通协调、海量的数据处理、恶劣的踏勘调研环境等困难，放弃多个假期和周末，连续加班加点，按期完成报告征求意见稿，9月14日通过全省征求意见审查，得到与会领导、专家的肯定和高度评价。作为湖南省电力规划研究中心，湖南院承担了全省“十三五”电力规划、农网规划、太阳能发电规划和天然气分布式能源规划的编制工作。一系列省级规划工作的开展，加强了湖南院与政府相关部门的良性互动，提升了湖南省电力规划研究中心在省内的知名度和行业内影响力。同时，也为湖南院准确把握政策动向，及时掌握市场讯息，后续参与更多项目的勘测设计提供了良好的平台和机会。

【银政企携手推进湖南“一带一路”战略】 2015年9月16日，进出口银行湖南省分行与湖南国资委举办省属国有企业“走出去”业务交流会，并签订战略合作协议。据进出口银行湖南省分行负责人介绍，该行充分发挥政策性银行优势，先后为湖南省属国有企业深化改革、结构调整和转型升级，对接国家“一带一路”和国际产能合作战略提供了金融支持。该分行成立8年多来，支持了华菱收购澳大利亚FMG公司股权、中联重科收购意大利CIFA、德国M-TEC、湘电集团收购斯特林等重点项目，目前支持省国资委属下企业贷款项目余额132.09亿元，支持其“走出去”59.47 亿元，进出口银行将服务湖南开放型经济发展为己任，积极对接湖南“一带一路”和国际产能合作战略，在更高层次上拓展对外经济新合作、更广范围上开辟“走出去”新领域、更高水平上赢得“国际化”新成果。

【第七届湖南茶业博览会开幕　助力打造湘茶千亿产业】　2015 年 9 月 18 日，第七届湖南茶业博览会在长沙红星国际会展中心开幕。近年来，湖南茶业快速发展，呈现出茶农增收、企业增效、财政增税、产销两旺的繁荣局面。2014 年湖南茶园面积达到 198 万亩，茶叶产量 18.7 万吨，茶业综合产值突破 540 亿元。预计到 2020 年，将实现 45 万吨茶叶产量，茶业综合产值达到 1000 亿元。本届茶博会超过此前历届规模，共有 800 多家名优品牌企业参展，展示面积超过 3 万平方米。中国六大类茶叶产品齐齐亮相，包括各地绿茶、黑茶、黄茶、红茶、白茶、青茶(含云南普洱茶、安化黑茶、广西六堡茶、湖北老青砖)等名优茶及花茶、保健茶、萃取茶、药用茶等深加工茶产品和茶饮料产品，以及茶叶器具、茶机械、检测设备等。湖南茶业博览会是湖南省一年一度的重大茶界盛事，也是中国茶产业交易重要博览会之一，自 2009 年创办以来，品牌影响力不断提升。本届茶博会是由湖南省委农村办公室、湖南省农业委员会、湖南省供销合作总社主办，湖南省茶业协会、省茶叶学会承办，展会以市场为导向，将促进湖南茶产业的提质升级和创新发展。

【2015 首届“创客·湖南”科技产品及项目展示会开幕】　2015 年 9 月 18 日，2015 首届“创客·湖南”科技产品及项目展示会在湖南省展览馆开幕。此次展会为期三天，来自湖南各地的 210 个创客项目、科技企业参加了此次展示，展会上将会有跳舞的智能机器人、3D 打印机、全息投影、3D 试衣镜等“奇思妙想”汇聚。由本报“创新中国——寻找湖湘创业达人”活动选送的三个优秀项目——八哥说方言、牛人邦、AR 家居也将亮相此次展会。此次本报选送的优秀项目，此前均在两季“创新中国——寻找湖湘创业达人”活动中有过精彩表现，颇受投资者青睐。创新中国第三季即将启动，在此次“创客·湖南”科技产品及项目展示会的 G31-29 展位，将设置“创新中国”第三季活动报名点。对此次活动感兴趣的创业者可以到现场咨询。此次展会不仅是创意创新展示的平台，也是创业者交流创业经验的机会。展会期间将举办创客项目路演会、高新人才招聘会、“创新时代、智造未来”青年创客主题讲座、民间创新发明成果演绎等四大主题活动。

【湖南公布 117 个水污染问题清单】　2015 年 9 月 22 日，湖南省十二届人大常委会第十八次会议分组审议了省人民政府关于实施《中华人民共和国水污染防治法》情况的报告和省人大常委会执法检查组关于检查该法律实施情况的报告。在分组审议上，公开了 117 个水污染比较严重的区域及点源清单，并建议省政府尽快研究制定出台我省落实水污染防治行动计划实施细则，确保人人能喝上干净水。为全面掌握省内各地贯彻实施水污染防治法的真实情况，今年八月份，省人大常委会组织 7 个执法检查组，7 名常委会领导各带队一个组，分别对 14 个市州 60 余个县市区进行了全面检查。每个组还同时派出了一个厅级干部带队的暗访小组，共深入 87 个县市区暗访核实 280 余处涉水污染点源情况。作为长株潭衡四市主要的饮用水源地，湘江已不同程度“受伤”。其干流和主要支流部分工业和生活污水长期直排，部分河流或局部河段水污染严重。今年八月，省人大常委会执法检查组在长沙暗访发现，暮云镇的一个直排口，大量乌黑的污水直排湘江。据统计，这些工业废水和生活污水经过南托港直排湘江，日直排水量在 1 万吨以上。而其下游不远就是长沙饮用水源保护区，内有四个自来水公司的取水口。省环境监测中心站专业技术人员在长沙市各区县市共采集 18 份水样，经化验后分析，其中有 5 份水样超标，特别是望城区铜官窑循环经济工业园污水处理厂总排口水样，氨氮浓度超过国家规定标准 15 倍。省人大常委会执法检查组在检查时发现，由于我省水污染的长期积累，加上工业化、城镇化、农业产业化快速推进伴生的新污染，部分水域污染仍然比较严重。为了全面实施《中华人民共和国水污染防治法》，保障人人能喝上干净水，省人大常委会建议省人民政府尽快研究制定出台我省落实水污染防治行动计划实施细则，明确各部门责任，健全水环境污染防治分级监管制度，建立联合治污协作机制，推进法制保障，加快基础设施建设，提高科技治污水平。

【湖南工商企业低碳发展高峰会举行　助推企业对接碳市场】　2015 年 9 月 23 日，湖南省工商企业低碳发展高峰会暨碳交易能力培训会在长沙举行。今年全国碳交易注册登记系统正式建立，并出台 14 个行业企业温室气体排放核算和报告指南。目前，国家发改委正在收集各省重点行业企业碳排放数据，酝酿推出《全国碳排放交易总量设定和配额分配的方案》。为有效推动湖南重点企业对接全国碳市场，会议邀请参与国家政策制定的专家，碳交易试点省份的有关专业机构代表，对湖南将要纳入碳交易企业的高层管理人员进行培训。

【湖南将建低碳产业孵化园】　2015 年 9 月 23 日，湖南省举行工商企业低碳发展高峰会暨碳交易能力培训会。目前，国家发改委正在收集各省重点行业企业碳排放数据，酝酿推出《全国碳排放交易总量设定和配额分配的方案》。22 日，亚洲开发银行(简称亚行)与省发改委在长沙签署关于共同促进低碳技术开发与推广谅解备忘录。双方将推动设立湖南省低碳技术创业投资基金，建立省低碳技术产业孵化园、低碳技术网络和市场服务平台，并拟在湘举办每年一度的国际低碳技术论坛。

【湖南首批 7 家两型认证景区出炉】　2015 年 9 月 24 日，全省清洁低碳技术推广工作会暨两型认证颁证会在长沙召开，对我省首批通过两型旅游景区认证的单位进行颁证。获颁的旅游单位共 7 家，分别是：长沙市岳麓山·橘子洲旅游区、邵阳市新宁崀山旅游区、衡阳市南岳衡山旅游区、长沙市洋湖湿地景区、益阳市山乡巨变第一村、长沙市石燕湖生态旅游区、郴州汝城福泉山庄。认证作为国际通行的信用保证形式和基础性制度，是社会各界传递信任、相互合作的重要纽带，是推动社会共治、提升国家治理能力的有效途径之一。两型认证是结合认证工作和两型社会特点，致力于建立两型社会标准、营造两型生产生活方式、形成两型社会理念的一项工作创新、制度创新。

【住宅产业化跑出“湖南速度”】　2015 年 9 月 29 日，

召开全省住宅产业化工作会议。会议透露，我省已经成为全国住宅产业化制度建设最完善、生产规模最大、发展最快的省份之一，至8月底，省内已建成和在建的住宅产业化企业基地共13个，年产能达到1979万平方米。目前我省已有国家级住宅产业化生产基地2个，即长沙远大住宅工业集团有限公司（主要为预制装配整体式钢筋混凝土结构技术体系）、三一集团（主要为PC结构体系和住宅产业现代化生产设备）。远大住工、三一集团、中民筑友、三新房屋制造、金海钢构、东方红建设集团等6家企业，被授牌为“第一批湖南省住宅产业化基地”。发展住宅产业化是大势所趋。当传统建筑施工还在搅拌、预制、浇筑的时候，住宅产业化工厂已经批量制造出墙面、楼梯等房屋构件。而通过“现场的事情工厂做、高空的事情地面做、危险的事情机器做”，自然大幅提高劳动效率。目前，全省累计已完成住宅产业化项目881万平方米，且市场还在不断扩大中。根据《湖南省住宅产业化生产基地布点规划（2015—2020年）》，至2020年，我省将建成15个生产基地，年产能将达到3700万至4000万平方米。

【湖南264家景区首次公布最大承载量】 2015年9月30日，官网上公布了全省264家等级旅游景区的最大承载量。景区最大承载量，指在景区日开放时间内，在保障景区内每个旅游者人身安全和旅游资源环境安全的前提下，景区能够容纳的最大旅游者数量。此次公布的湖南省A级旅游景区最大承载量统计表，包括瞬时最大承载量和日最大承载量两部分内容，达到了264家。根据《旅游法》规定，A级旅游景区须公布由景区主管部门核定的最大承载量。此次湖南公布的最大承载量是按照国家旅游局《景区最大承载量核定导则》旅游行业标准核定后得出的。根据国家旅游局下发的《景区最大承载量核定导则》，景区内旅游者数量达到最大承载量的80%时，需启动包括交通调控、入口调控等措施来控制旅游者流量;景区内旅游者数量达到最大承载量时，应立即停止售票。

【湖南6个村新入选“全国生态文化村”】 2015年10月，由中国生态文化协会组织的2015年“全国生态文化村”遴选命名活动结果出炉，湖南又有6个村荣获“全国生态文化村”称号。今年新入选的6个村分别是：长沙县黄兴镇鹿芝岭村、娄星区杉山镇万乐村、常宁市西岭镇平安村、新宁县崀山镇石田村、宁远县冷水镇毛家村、沅江市万子湖乡万子湖村。此次入选的6个村均由省林业部门层层筛选推介，经中国生态文化协会组织的专家评审确定。截至目前，湖南共有17个村获评“全国生态文化村”。

【湖南：热点景区控制流量　乡村旅游大受追捧】 2015年10月4日，是国庆假期第4天，湘西凤凰古城、吉首德夯，邵阳市南山、白水洞、崀山，衡阳市南岳，郴州市东江湖、苏仙岭，怀化市洪江古商城、芷江抗战受降城，常德市桃花源、岳阳市岳阳楼君山岛、张家界天门山、娄底紫鹊界梯田、岳阳平江石牛寨等景区超出最大日接待量。全湖南省有12个市州宾馆客房出租率达到90%以上。湖南省旅游局希望当地政府、旅游管理部门和景区积极应对，采取门票预约、分流等措施，并提示广大游客错峰出游，确保安全有序舒心旅游。据统计，纳入全湖南省监测的42个直报旅游区（点），今天共接待游客149.39万人次，与去年国庆假期第4天相比增长12.23%；共实现门票收入13061.72万元，与去年同期相比增长19.22%。从各市州和各景区提供的数据来看，乡村旅游深受游客追捧，缓解了强劲的旅游消费需求压力，释放了旅游供给空间，成为湖南省旅游市场的“蓝海”。长沙城区周边2000多家农家乐大多数生意红火，农家自产土菜颇受欢迎；宁乡县关山村由于交通方便，村里10多家农家餐馆中午全部爆满。

【湖南各大协会会长交流会召开　寻传统企业转型“良方”】 2015年10月11日，20余位商会、协会会长齐聚湖南长沙，通过诸多实战案例和商业模式讲解，深度剖析传统中小企业进入移动互联时代的营销之道。随着“互联网+”行动计划的制定与实施，各界迎来了“互联网+”的发展热潮，越来越多的企业和行业，特别是传统企业开始转变过去保守的态度，积极拥抱“互联网+”，四处寻转型之路。

【湖南：重拳整治旅游乱象　问题景区或降级摘牌】 2015年10月12日，举行“湖南省规范旅游市场秩序，开展‘两打击一整治’专项行动新闻通气会”，湖南省将重点打击的“不合理低价游”违法违规行为包括：旅行社旅游产品价格低于当地旅游部门或旅游行业协会公布的诚信旅游指导价 3 0 %以上的（除促销活动外）；组团社将业务委托给地接社履行，不向地接社支付费用或者支付的费用低于接待和服务成本的；地接社接待不支付接待和服务费用或者支付的费用低于接待和服务成本的旅游团队的；旅行社安排导游领队为团队旅游提供服务，要求导游领队垫付或者向导游领队收取费用等行为。欺骗、强制购物的违法违规经营行为包括：未经旅游者书面同意安排购物；旅行社、导游领队对旅游者进行人身威胁、恐吓等行为强迫旅游者购物；旅行社、导游领队安排的购物场所属于非法营业或者未向社会公众开放的；旅行社、导游领队安排的购物场所销售商品掺杂、掺假，以假充真、以次充好，以不合格产品冒充合格产品等。此外，湖南还将重点对旅游市场秩序、环境卫生、旅游厕所、旅游服务质量、门票价格、游客流量控制、景区基础设施等七个方面存在的突出问题进行整治和提升。特别是要重点整治通过增加另付费旅游项目，捆绑销售等方式变相涨价行为，加强对游客不文明行为的劝阻和引导。湖南省将对此次“整治专项行动”中发现问题的等级景区，依照《旅游景区质量等级管理办法》相关要求，坚决予以警告、降级或摘牌处理。

【2015年湖南科技论坛开幕　助力科技创新与转型升级】 2015年10月15日，湖南科技论坛开幕式在湖南国际会展中心举行，本届论坛以“科技创新与转型升级”为主题，广大科技工作者以此展开学术交流和研讨，为适应新常态、实现新发展提供新动力。全国人大常委、中国科协副主席、湖南省科协主席、中国工程院院士黄伯云出席开幕式并致辞。在主会场活动中，中国工程院制造业研究室主任屈贤明以《中国制造2025——走向制造强国的纲领》为主题作报告，他从为什么要制定《中国制造2025》、主要内容以及十大重点领域技术路线图简介等方面解读《中国制造2025》。“‘中国制造2025’是动员全社会力量、力争到2025年中国制造业进入强国行列的行动纲领，是中国制造强国战略第一个十年行动纲领。”屈贤明还从《中国制造

2025》三步走的战略目标等方面说明，《中国制造 2025》不是德国工业的 4.0 中国版。湖南科技论坛，自 2002 年以来，已连续成功举办了十三届，见证并烙印了湖南科技经济社会蓬勃发展的光辉历程。每届湖南科技论坛围绕一个主题，针对湖南科技、经济、社会发展中的重点和热点问题，组织全省广大科技工作者撰写论文，进行交流和研讨，为党政部门建言献策。历年来，已有多名院士、专家学者为湖南科技论坛作主题报告。本届论坛以“科技创新与转型升级”为主题，由主会场报告会及 2015 中国(湖南)国际机械装备博览会和 4 个专题分论坛组成。活动共征集论文 310 篇，经评审，共录用论文 220 篇，精选 36 篇汇编出版。

【湖南旅博会将策动“史上最大旅游特卖会” 优惠额超千万】 2015 年 10 月 16 日，湖南(第六届)旅游休闲博览会在长沙红星国际会展中心揭幕。组委会 3 日对外发布新闻称，届时旅博会将策动“史上最大旅游特卖会”，售卖产品涵盖国内外热门旅游产品和线路，优惠总额将超过 1000 万元。随着交通环境的不断改善，越来越多海内外游客纷涌入湘。2014 年，在经济下行、结构调整等多重压力下，湖南仍实现了旅游业的持续健康稳步发展，全年接待海内外旅游者突破 4 亿人次；实现旅游总收入 3046.19 亿元。依托持续红火的旅游业，湖南旅博会自 2010 年首展以来，已成功举办了五届，成为中部地区规模最大、市场成交最好、旅游业态最全的国际性旅游专业展会。本届旅博会由湖南省旅游局主办，潇湘晨报、中南国际会展有限公司承办，将分为主宾省旅游展区、国际及港澳台旅游展区、国内旅游展区等 10 大板块，涵盖“食、住、行、游、购、娱”旅游六要素以及旅游新业态、综合服务等内容。为深化旅游对外合作交流、投资交易，展示国内外旅游品牌形象和推动区域旅游合作发展，本次旅博会将搭建更加广阔的旅游休闲产业展示与交易平台，成为有史以来国际化程度最高的一届。届时，日本、韩国、马来西亚、新加坡、泰国、印尼、香港、澳门、台湾等 10 多个国家和地区的美丽景点与旅游风情将在现场进行集中展示，入场观众预期将超 18 万人次。区别于往届，此次展会还将首次引入“主宾省”展区，从湖南周边邻省广东、湖北、江西、广西或港澳台地区中，选择一个战略合作地区作为主宾省。旅博会上，将重点推介主宾省的优势旅游资源及产品，主宾省也将组织一批本地旅游采购商在旅博会现场进行重点洽谈以及签约合作，最大限度拓展市场合作机遇。本次展会是湖南一年一度优惠力度最大的旅游采购嘉年华，期间不但有省内外旅行社精心准备了丰富的旅游产品与线路，国内游、出境游均以超低价格贡献给观展者，更有大量优质旅游商品、旅游休闲服务产品以史无前例的底价现场展销。

【2015 湖南旅博会创新“互联网+”平台】 2015 年 10 月 16 日至 18 日，2015 湖南（第六届）旅游休闲博览会将在长沙红星国际会展中心隆重举行。本届旅博会将总结过去办展经验，立足于中部最大旅游客源输出地——湖南，进一步突出“互联网 + 创新、大众互动强、现场交易旺”的特点，全力为海内外旅游机构及企业搭建品牌展示、业务拓展、产品采购的专业平台，同时为广大市民、游客带来更多更优质的旅游优惠及产品服务。湖南旅博会自 2010 年首展以来，已成功举办了五届，已成为中部规模最大、市场成交最好、旅游业态最全的国际性旅游专业展会。湖南省旅游局透露，本次旅博会将搭建更加广阔的旅游休闲产业展示与交易平台，为深化旅游对外合作交流、投资交易，展示国内外旅游品牌形象和推动区域旅游合作发展做出新的尝试。同时，湖南还将以此次展会为契机，进一步加快旅游强省建设的步伐。本次旅博会是有史以来国际化程度最高的一届：日本、韩国、马来西亚、新加坡、泰国、印尼、香港、澳门、台湾等 10 多个国家和地区的美丽景点与旅游风情将在现场精彩展示，入场观众预期将超 18 万人次。2014 年，湖南省接待游客人次及旅游总收入均位列中部省份第一；其中接待游客达到 4.88 亿人次，居全国第二；旅游总收入达到 3046.19 亿元。湖南省已逐步成为中国中部最大旅游市场。旅博会今年的最大亮点是全新的专业化模式：以现场展览为核心，打通展商、观众、媒体三大关键环节，为湖南旅游发展提供集展示、交易、营销于一体的 O2O 展会平台。通过集中整合、展示、推介我省旅游产业的相关要素，打造业界交流峰会，为参展商、采购商、投资商搭建洽谈交易的平台；为旅游消费者打造全年旅游采购的狂欢节，营造火热销售氛围，强化展销对接。本次旅博会的参展商及专业观众数量将实现大幅提升。通过组委会的积极邀约，届时将有 2 万专业买家到现场洽谈、采购。作为我省旅游产业大型展销活动的全面升级提质，本届旅博会将对旅游客源地与旅游目的地互动、旅游产品与消费者互动、市场与产业对接发挥促进作用。另外，今年旅博会将首次引入“主宾省”展区：从湖南周边邻省广东、湖北、江西、广西或港澳台地区中，选择一个战略合作地区作为主宾省。旅博会上，将重点推介主宾省的优势旅游资源及产品。主宾省也将组织一批本地旅游采购商在旅博会现场进行重点洽谈以及签约合作，最大限度拓展市场合作机遇。

【湖南今年实施 84 个重点产业扶贫项目 计划帮扶 30 万人】 2015 年 10 月 17 日，是我国第二个扶贫日，湖南省扶贫经济组织负责人座谈会在长沙召开。我省今年实施 84 个重点产业扶贫项目，并在扶贫经济组织与扶贫对象之间构建一个公平公正、效益双赢的利益联结机制，确保产业扶贫有效运行。省扶贫办倡导产业扶贫“双千”工程，即：一个重点产业扶贫项目至少要帮扶 1000 名以上的扶贫对象，年人均增收 1000 元以上。今年重点产业扶贫项目总投入 14.83 亿元，其中财政扶贫资金拟安排 4 亿元，涉及 67 个县市区 1776 个村，计划帮扶 30 万贫困人口。江永县实施的夏橙项目，采取股份合作性质的资产受益模式，共同开发 2500 亩夏橙基地。项目受益后，江永县丧失劳动能力的建档立卡扶贫对象及基地周边扶贫对象共 6000 人，年人均可增收 1500 元。

【湖南举办工业绿色发展对接会 16 个工业绿色发展项目签约】 2015 年 10 月 20 日，2015 年湖南工业绿色发展对接会在长沙召开。8 个电机能效提升项目、4 个清洁生产审核项目、4 个合同能源管理项目等 16 个工业绿色发展项目在会上进行现场签约。“十二五”前 4 年，湖南单位规模工业增加值能耗累计降低 38.3%，年均下降 11.4%，“十二五”下降 18%的节能目标超额完成，以较低的能源消耗支撑了较高的工业增长。全省通过建立两型工业准入、提升、退出机制，出台工业通信业领域固定资产投资项目节能评估和审查制度，组织实施重点节能工程，加强工业节能监察工作等措施，全省能源资源利用效率大幅提高。2014年全省规模工业增加值突破1万亿元，比2010年增加4500多亿元，而综合能源消费量还减少200多万吨。全省通过落实《湘江流域工业企业清洁生产实施方案》，推进“百家企业清洁生产工程”，实施《长株潭城市群清洁生产水平提升计划》等措施，建立清洁生产工作新机制。湘潭高新区、岳阳绿色化工产业园、益阳高新区入选首批国家低碳工业园区，中联重科、五矿铜业入选首批国家工业产品生态设计示范企业，宇腾有色和明星麻业获批工信部清洁生产示范企业。全省还以综合利用为抓手推动循环发展。通过开展资源综合利用产品和机组认定，支持企业开展“两型”企业创建试点和机电产品再制造试点等措施，促进企业降低能耗物耗成本，实现经济效益和社会效益双赢。预计到2015年末，湖南工业固体废物综合利用率达到68%，高于全国平均水平。会议还发布了《湖南省工业节能与综合利用“十二五”发展报告暨“十三五”形势研究》蓝皮书，以及发布了“节能监测技术规范”、“清洁生产审核报告编制规范”和“白酒原酒单位产品综合能耗及计算方法”等3个地方标准。长沙众兴新材料科技有限公司、长沙凯天环保科技有限公司、湖南阳光伟业节能科技有限公司、湖南中质信管理技术有限公司等企业作了经验交流，分别介绍了在电机能效提升、节能环保产业发展、合同能源管理和清洁生产审核等方面的成功经验和措施。对接会前，安排了产品展览展示环节，集中展示了部分工业企业、节能服务公司在绿色节能新技术、新产品等方面取得的成绩，参会领导巡视了部分与会企业的产品和服务展示，与会代表进行了现场考察和交流对接。

【湖南秋冬季大气污染防治　任务未完成将被约谈】 2015年10月22日，湖南省政府组织召开全省秋冬季大气污染防治工作电视电话会议，对全省秸秆禁烧和黄标车淘汰等大气污染防治重点工作进行了部署，对未完成大气污染防治任务目标的将予扣减项目资金，并对市州政府及相关部门负责人进行约谈，督促整改。会议要求，全省各级各相关部门要切实做到市场运作与行政推动相结合，重点突出与整体推进相结合，以及疏堵结合，科学有效推进秸秆禁烧;要多措并举加快黄标车淘汰工作，不折不扣地执行省政府已经出台的黄标车淘汰的相关文件，各市州政府要切实担负起该项工作的主体责任;要圆满完成国家污染物减排工作的约束性指标，完成年度计划治理项目747个，实现可吸入颗粒物(PM10)同比2013年下降3%。

【2015年前三季度湖南省工业增加值同比增长7.8%】 2015年10月23日，湖南省统计局发布最新数据显示，2015年前三季度，湖南规模工业增加值同比增长7.8%，增速较上半年提高0.1个百分点，较1至8月回落0.1个百分点。9月份，规模工业增加值增长7.1%，增速较8月份回落1.5个百分点。三季度，湖南省规模以上国有企业增长2.3%，增速较1至8月低0.8个百分点，外商及港澳台商投资企业增长7.0%，增速较1至8月低0.3个百分点，股份合作制企业增长13.4%，增速较1至8月低1.6个百分点。股份制企业增长9.1%，增速较1至8月持平，其他经济类型内资企业增长1.4%，增速较1至8月加快0.3个百分点。集体企业增加值同比下降9.6%，降幅较1至8月收窄0.3个百分点。三季度，湖南省规模以上工业39个大类行业中，有36个行业增加值同比增长，仪器仪表制造业、煤炭开采洗选业、金属制品机械和设备修理业等3个行业不同程度下降。对湖南省规模以上工业增长贡献率超过5%的大类行业有7个，总贡献率达60.3%，拉动规模工业增长达4.8个百分点，依次是有色金属冶炼和压延加工业、非金属矿物制品业、化学原料和化学制品制造业、计算机通信和其他电子设备制造业、农副食品加工业、电气机械和器材制造业、计算机通信和其他电子设备制造业以及医药制造业，其增加值同比分别增长12.3%、8.3%、7.8%、16.0%、9.0%、14.0%和18.5%。其中，有色金属冶炼和压延加工业拉动规模工业增长达1.0个百分点。

【湖南14市州前3季度主要经济指标大PK】 2015年10月23日，省统计局发布《2015年1至9月湖南省各市州主要经济指标》。长沙市以9.7%的GDP增速稳居第一，同比前进了5名;湘潭市、邵阳市均以9.3%并列第二。全省有长沙、湘潭、邵阳、株洲、自治州、永州等6个市州的GDP增速跑赢了大盘，衡阳、张家界、益阳三市则刚好在全省8.7%的平均增速上。岳阳、常德、怀化、郴州、娄底5市GDP增速低于全省平均水平，其中娄底最低，仅7.3%。规模工业永州跑得最快。全省平均增速：7.8%，前3季度规模工业增加值增速，永州市以10.1%拔得头筹，去年同期，永州市也以12.2%的增速成为全省第一。省统计局专家分析，这主要得益于该市推进新型工业化、承接产业转移力度较大。但全省规模工业增加值增速明显不平衡，有8个市州前3季度的增速低于全省平均水平，其中自治州增速最低，仅5.3%。全社会用电量张家界增速居榜首，全省平均增速1.9%，前3季度，全省全社会用电量为1080.32亿千瓦时，同比增长1.9%，但各市州增长极不平衡。张家界市以11.4%的增速高居榜首，全省总计有张家界、长沙、永州、怀化、邵阳、自治州、岳阳、湘潭8市州增速高于全省平均水平，但还有5市的全社会用电量负增长，其中增速最低的市仅-8.1%，全社会用电量增长缓慢，主要受工业用电量拖累。前3季度，全省工业用电量为633.49亿千瓦时，同比下降2.0%。其中，6市工业用电量负增长，株洲增速最低，为-14.1%。固定资产投资岳阳增速最快，全省平均增速：17.4%，前3季度，全省完成固定资产投资17550.9亿元，增长17.4%。分市州看，基本都在全省平均增速上下，可谓齐头并进。最快的是岳阳市，增速19.7%;最慢的娄底市也有16.4%，正是由于各地齐头并进，我省平均17.4%的投资增速，虽然同比回落2.5个百分点，但仍居中部6省第一，投资对湖南经济增长的贡献率达62%。消费品零售整体运行平稳，全省平均增速：12%，前三季度，全省实现社会消费品零售总额8487.59亿元，同比增长12%，整体呈现平稳运行态势。张家界市社会消费品零售总额增速，由去年同期垫底的10.5%，跃居全省最高，为12.9%。省统计局专家分析，这说明张家界今年以来旅游消费走强。就14个市州来说，社会消费品零售总额增速保持在9.7%～12.9%之间。这个区间，即使与去年同期的10.5%～13.1%相比，波动也不大，可以说消费市场保持平稳运行。进出口总额大起大落，全省平均增速：1.4%，在14个市州主要经济指标中，进出口总额增幅明显大起大落，邵阳、岳阳、衡阳三市进出口“大起”。前三季度，进出口总额增长最快的是邵阳市，增幅达46.7%，主要是该市“破零倍增”计划实施得好，外贸企业实现“破零”企业30家，“倍增”企业38家，其中阳光发品进出口总值达9600万美元。怀化、自治州、娄底、郴州4市进出口“大落”，增幅分别为-76.5%、-41.7%、-38.6%、-35.6%，主要是外需低迷所致。财政收入长沙“财大气粗”，全省平均增速：11.55%，前3季度，14个市州一般公共预算收入增速差距很大。自治州、岳阳、永州、常德、怀化、邵阳、张家界、长沙、衡阳9个市州增速高于全省平均水平。自治州一般公共预算收入增长最快，达37.4%，而娄底增长最慢，仅2.6%，相差14倍。娄底、自治州的规模工业增加值增速分别为5.5%、5.3%，娄底市甚至还高出自治州0.2个百分点，为何两地一般公共预算收入差距这么大?主要是自治州受政策性增收影响。就绝对额来说，长沙市的一般公共预算收入达836.7亿元，可谓“财大气粗”;张家界市的绝对额最少，为28.7亿元。居民收入：邵阳增速第一，全省平均增速：9.7%。国家统计局湖南调查总队抽样调查显示，全省居民人均可支配收入13626元，同比增长9.7%，跑赢了GDP8.7%的增速。其中，城镇居民人均可支配收入20554元，增长8.8%;农村居民人均可支配收入7675元，增长9.8%。就绝对额来说，长沙市全体居民人均可支配收入达26498元，为各市州之首;而自治州仅为8296元。但长沙市的增速在全省垫底，为8.9%。不过，14个市州全体居民人均可支配收入增幅差距不大，最快的邵阳市为10.3%，仅比最慢的长沙市快1.4个百分点。从城镇居民人均可支配收入、农村居民人均可支配收入来看，长沙人也是最有钱的，分别为30705元、17337元。自治州城镇居民人均可支配收入14375元，农村居民人均可支配收入4546元，绝对额分别排全省第13、第14位，但分别以9.1%、10.3%的增速同时排在全省第2位。

【湖南三市县水生态文明城市建设试点方案通过】 2015年10月30日，湖南省水利厅透露，株洲市、凤凰县、芷江侗族自治县的水生态文明城市建设试点实施方案已全部通过国家水利部审查，正逐步展开实施。上述三市、县是湖南省第二批入选全国水生态文明城市建设试点的地区，第一批入选的长沙、郴州两市的水生态文明城市建设试点实施方案已于2014年6月获得正式批复。根据要求，试点城市应该统筹协调水利与生态建设，加强水生态修复与保护，使水资源和水环境保持良好的生态平衡。同时，提高城市的防洪排涝安全，营造良好的城市生态环境，建立与水资源相匹配的区域产业布局和建设发展构架。2015年1月，国家水利部对长沙市、郴州市试点工作开展情况展开专项调研并给予高度评价。

【湖南推进旅游强省建设　预计今年接待游客4.73亿】 2015年11月，湖南省旅游产业发展领导小组会议在长沙召开，会议总结了“十二五”期间全省旅游业发展的经验和成效，对《湖南省旅游业“十三五”发展规划纲要》(送审稿)、《湖南省旅游促进扶贫五年行动计划》(送审稿)和《湖南省消费导向型旅游投资促进计划》(送审稿)进行了认真审议。“十二五”期间，全省预计接待国内旅游者由2010年的2.03亿人次增长到2015年的4.73亿人次，增长133%；接待入境旅游者增长19.03%。旅游总收入由2010年的1425.8亿元增长到2015年的3700亿元，年均增长21.01%。旅游总收入相当于全省GDP的比重由8.97%增加到11%。“十三五”期间，我省将牢固树立创新、协调、绿色、开放、共享的发展理念，以提高发展质量和效益为中心，以融合发展引领转型升级、提质增效，推进旅游资源大省向旅游经济强省跨越。

【湖南三季度电商交易额达3150亿 长沙第一】 2015年11月2日，湖南省电子商务进农村综合示范工作推进会议在永州市江永县举行。在推进会上，江永、炎陵县作典型发言，永州市和韶山、宁乡、炎陵、江永、邵东、双峰、汨罗、桃江8个示范县（市）提交书面交流材料。永州、江永在推进电商进农村工作上有它独特的经验：书记带头、市（县）长挂帅，党委政府高度重视对推动电商进农村发展起到了至关重要的作用；实体支撑，虚实结合，通过推动产销结合、产销对接；城乡联动，打通电商进农村的最后一公里，县里建物流园，乡里设物流驿站。据了解，今年，商务部、财政部支持在全国创建培育200个电子商务进农村综合示范县（市），韶山、宁乡、炎陵、江永、邵东、双峰、汨罗、桃江8个县（市）被批准为国家级示范县（市）。据初步统计，2015年1至9月全省电子商务交易额达到3150亿元，同比增长64.4%，其中网络零售额570亿元，同比增长68.2%。

【湖南公布产业基金管理办法 50亿基金助推新兴产业】 2015年11月5日，湖南省政府官方网站发布《湖南省新兴产业发展基金管理办法(试行)》，湖南将设立湖南省新兴产业发展基金，总规模达50亿元，对先进装备制造、新材料、文化创意、生物、新能源、信息、节能环保等七大战略性新兴产业进行扶持，并逐步探索纳入省内的其他新兴产业。《办法》明确，产业基金总规模50亿元，资金主要来源于新增预算安排、盘活财政存量资金、整合现有产业类专项资金和投资收益等。产业基金将按照“政府引导、市场运作、科学决策、防范风险、强化监管”的原则，与社会资本共同设立子基金。子基金存续期最长不超过8年，其中投资期不超过5年。对特别重大子基金的社会资本，产业基金可将不超过30%的净收益实行让渡。子基金管理机构核心管理团队在子基金成功募集、设立并投出总额的70%以上时，方可受托管理其他与该子基金有竞争关系的基金。《办法》规定，产业基金不得用于贷款或股票、期货、房地产、股票型基金、企业债券、金融衍生品等投资以及用于赞助、捐赠等支出，闲置资金只能存放托管银行。产业基金可以通过转让、清算、并购、上市、重组等方式退出，退出后的本金和收益缴入国库，可继续作为产业基金滚动使用。受托管理机构不得截留、挪用产业基金退出后的本金和收益或将其拨入其他账户。

【湖南最大综合性物流园投入运营 智能模式创新电商物流】 2015年11月6日，在湖南环通国际物流园园区内，货物流经的仓储、运输、贸易环节都将实行智能化管理，针对货物常见的几大环节，园区以信息化代替人工操作，发挥电商物流特色优势，打造各环节无缝对接的全程信息化操作流程。湖南环通国际物流园是一个以仓储、省际到货、零担运输、金融支持、保险服务、配套管理等多位一体的现代智能物流生态园。该项目位于长沙县干杉镇长安村，集铁路、公路、航空干支线运输、短途配送、物流信息交易、仓储及配套设施等于一体的“现代物流综合体”，是目前湖南设计最先进、功能最齐全、配套最完善的现代物流综合体项目。湖南环通国际物流园位于长沙县干杉镇，是湖南省“十二五”总体布局的长沙东物流板块核心区。南临黄江大道、西有机场联络线，北距黄花机场5公里，西距绕城高速出口5公里，距黄兴现代市场群8公里，距武广高铁南站18公里。完全建成后，可容纳企业入驻800家以上，年货载吞吐量达3000万吨，总营业收入达90亿元，年纳税额突破10亿元。同时，覆盖全国的智能配送物流实体网络，每年能为公路运输物流行业节约成本10亿元。在传统仓储作业模式中，每一票货物到场都需要理货员逐个采集信息，费时费力，然而在湖南环通国际物流园，理货员只需拿着手持终端扫描一下条码就可以完成货物信息采集。湖南环通国际物流园同时也是湖南首家仓储全程信息化管理的物流企业。

【湖南渔业科技贡献率达52%】 2015年11月6日，全省首届水产技术推广职业技能竞赛在湖南农业大学闭幕，来自自治州代表队的周先文获得个人特等奖。此次比武分为理论知识考核和操作技能考核。理论知识考核包括水产基础知识、相关法律法规、技术规范及技术标准等内容；操作技能考核包括脏器分离、采血、水质检测等。竞赛旨在推动全省水产技术推广体系人才队伍建设，提升科技服务水平。此次竞赛综合得分最高的选手将按相关程序报批，授予“湖南省五一劳动奖章”、“湖南省技术能手”荣誉称号。来自全省14个市州代表队的42名选手参加了最终的角逐。技术推广是水产业转方式、调结构的重要举措，在渔业增效、渔民增收、保护渔业生态环境等方面发挥了重要作用。根据评估，2014年湖南渔业科技贡献率达52%，位列全国先进。目前，全省建立了省、市、县、乡四级水产技术推广网络，近3000名在编水产技术推广员奔走在基层一线。

【湖南第二届移动互联网创新创业大会今在长沙开幕】 2015年11月7日，由长沙市岳麓区人民政府、湖南省移动互联网协会、湖南省互联网服务商联盟（筹）、长沙市电子商务服务专业委员会指导；亿欧网主办；艺朵云联合主办；湖南网创会务有限公司承办的湖南省第二届移动互联网创新创业大会今日在湖南佳兴世尊酒店开幕。来自省内外知名互联网精英以及专家学者汇聚长沙，大会从移动互联网发展现状出发，共同探讨未来移动互联网发展新模式，讨论湖南省移动互联网产业的创新创业战略机遇、发展路径等重大问题，促进湖南移动互联网产业及科技创新发展。近年来，湖南省移动互联网产业发展迅速，已成为湖南经济发展的重要产业之一，随着移动互联网的快速裂变，用户社交行为开始由PC端向移动端迁移。手机端庞大的用户群体快速崛起，“开放”、“连接”、“共享”构成移动互联网时代的精神坐标。本届大会以“移动互联，创造未来”为主题，亿欧网、神州专车、IDG资本、艺朵云、途家网、大家社区、雕爷牛腩、美莱网、爱大厨、人人湘、微时代、跟谁学、达晨创投、365好老师、我赢职场、竞网智赢、左驭资本、钉子支付、游啊游、一块去旅行网、红辣椒等二十余家省内外顶尖移动互联网企业出席本次大会演讲嘉宾，在开幕式上艺朵云启动上线仪式，平台旨在提供线上中低端艺术品购买、金融理财，线下艺术品体验等服务。旅游、教育、餐饮三大分论坛专场同时亮相本次大会现场，引爆行业热点。而旅游、教育、餐饮在移动互联网上展现出强大的商业号召力，与会嘉宾共同探讨未来各自领域的商业合作新模式。

【拟50亿元基金强势加码 湖南省助力节能环保产业】 2015年11月9日，湖南省发布《湖南省新兴产业发展基金管理办法(试行)》，50亿元基金扶持7大新兴产业，强势助力节能环保产业。湖南省将设立50亿元产业基金，对先进装备制造、新材料、文化创意、生物、新能源、信息、节能环保等战略性新兴产业进行扶持，并逐步探索纳入省内其他新兴产业。从湖南省经信委获悉，《湖南省新兴产业发展基金管理办法(试行)》日前经省政府同意公布，这无疑为前述七大新兴产业加注了一针“助推剂”。湖南省新兴产业发展基金是由省财政出资设立，以股权投资方式，引导社会资本共同投资于优势新兴产业的政策性引导基金。产业基金总规模50亿元，按照“政府引导、市场运作”的原则，与社会资本共同设立子基金。《办法》明确，产业基金实行机构委托管理，资金实行银行第三方托管。《办法》规定，产业基金参股子基金存续期最长不超过8年，其中投资期不超过5年。子基金投资于湖南省境内项目资金比例最低不得低于70%；对单个企业和项目的投资不得超过子基金总资本的20%。同时，产业基金不得用于贷款或股票、房地产、企业债券等投资以及用于赞助、捐赠等支出。产业基金可以通过转让、清算、并购、上市、重组等方式退出，退出后的本金和收益缴入国库，可继续作为产业基金滚动使用。

【湖南将举办首届特色农产品博览会】 2015年11月10日，湖南特色农产品博览会在长沙召开，这是湖南首次针对特色农产品开办博览会，并将于12月4日—8日在郴州开展。湖南地形地貌复杂，特色农业资源丰富，为推动全省农业现代化、品牌化发展，集中展示全省名优、特色、品牌农产品和农业科技成果、农耕文化，湖南拟于今年起开办特色农博会展会。本届农博会将设立13个主题展馆和8个展区，除展示农业新技术、新产品、新成果之外，本届农博会还将搭建起全省农业大交流、大合作、大发展的良好互动平台。展会科技特色浓郁，特设农业科普区、台湾特色农业展区、现代农业科技综合展区等“科技科普”区域。

【湖南首个“村淘”试点借力“双十一”业绩突破800万】 2015年11月11日，双十一电商盛宴下，湖南首个“村淘”试点桂阳县农村淘宝也迎来了首个交易高峰。桂阳县作为湖南首批农村淘宝，通过“政府引导、企业运作”的方式，桂阳县政府与阿里巴巴集团目前已经在该县建立了县级服务中心及66个乡镇、村级服务站点。阿里巴巴湖南省区域经理李永强说，正式营业一个多月以来，桂阳县农村淘宝购物额突破800万，稳居全省第一，等这次“双十一”结束后，购物额还会有突破。桂阳村级服务站正式开业，向农村居民提供商品代购、农产品代销、手机充值等便民服务项目，这大大激发了农村居民的网上购物热情。在“村淘”的发展下，农村居民的购物方式从赶圩慢慢向“村淘代购——在家取货”的方式转变，和城区的网购一族比起来，只需多等待几个小时，网上订购的货物，就会从县物流中心送到农村居民手上，方便快捷的购物方式日益受到广大农民的欢迎。农村网购额的快速增长离不开该县县域经济的持续走强及商贸物流业的发展。桂阳县域经济连续多年位于全省十强，今年1–9月份，农村居民人均可支配收入达8996元，同比增长10.2%。近年来，该县积极探索和培育电子商务发展，兴建了桂阳商贸物流园，该县大型知名物流企业达到20余家。据统计，目前该县从事电商人员突破万人，去年“双十一”期间，桂阳县网购交易额名列全国县市排名第11位，为桂阳村淘的发展打下良好基础。

【湖南未来5年知识产权计划：长株潭每万人专利24件】 2015年11月11日，湖南省对外发布了《湖南省实施知识产权战略行动计划(2015—2020年)》。《行动计划》提出，到2020年将湖南建成中部地区领先的知识产权省份，长沙、株洲、湘潭三市进入全国知识产权工作先进城市行列。到2020年，长株潭地区每万人口发明专利拥有量24件，是全国平均水平的1.7倍，并将长株潭地区建设成为创新人才集聚、知识产权丰富、转化渠道畅通、产业效益显著、工作体系完善、发展环境优良的知识产权密集区。

【湖南举办“互联网+”时代的人力资源服务论坛】 2015年11月12日，湖南省人力资源和社会保障厅、长沙高新区联合举办“互联网+”时代的人力资源服务论坛，围绕互联网产业与人力资源服务业产业融合发展趋势，重点探讨热点问题和解决方案。论坛上，长沙高新区展示了“柳枝行动”移动互联网人才招聘成果；中联重科、步步高电子商务有限责任公司、湖南御家汇集团、湖南华诺星空电子技术有限公司等企业与引进重点人才签约；长沙高新区互联网人才联盟正式启动。6月29日，长沙高新区举行了大众创新——移动互联网“柳枝行动”启动仪式，并发布了移动互联网人才招聘计划。这次招聘计划从7月份开始至10月份结束。在这次招聘活动中，网络招聘共收到简历6091份，其中简历接收数量最多的企业包括步步高云猴网、御家汇集团、威胜集团；校园招聘会现场收到简历1785份，网上收到简历2040分，现场达到录用意向269人。从校园招聘投递简历数量来看，武汉、成都两地高校相对较多，并且以计算机、通信、软件等与移动互联网相关的专业为主。此外，长沙高新区还与全国各大高校签署合作协议，拓宽了招才引智渠道。本届论坛是湖南人力资源服务领域深化改革、转型发展时期的一次智慧碰撞，邀请国内从事人力资源服务工作的知名专家、学者和企业负责人，对湖南人力资源服务业的发展建言献策。

【首款“湖南制造”智能手机量产】 2015年11月12日，我省首家智能手机整机生产企业——全球智能通讯品牌基伍（G’FIVE）在浏阳经开区长沙E中心举行生产基地投产仪式。在全球20多个国家的120多位客户代表的见证下，随着拥有年产值15亿元、400万台手机产能生产线的开动，标志着首款湖南制造、纯出口的智能手机整机正式批量生产。国际市场是基伍（G’FIVE）手机业务的主战场，尤其在中东地区、南亚地区、东南亚地区以及非洲、南美地区，基伍（G’FIVE）已成为众多消费者喜爱的品牌。目前，G’FIVE品牌在全球拥有2亿终端用户。“基伍（G’FIVE）品牌浏阳经开区长沙e中心手机生产基地，是践行G’FIVE全球战略的重要环节，未来重点将关注于智能终端设备研发和制造。正式投产后，基伍（G’FIVE）在未来3年内要在浏阳实现年产2000万台的目标。”预测未来3年内，仅“一带一路”国家手机市场需求总额有10亿部，这为多年一直在深耕“一带一路”市场的G’FIVE品牌带来巨大的市场机遇。目前，浏阳经开区已经确立了依托基伍通讯、蓝思科技、欧智通、介面光电等智能终端企业，在“十三五”期间建成千亿级湖南智能终端产业园的发展目标。

【科技部联手湖南省打造长江经济带创新引擎】 2015年11月14日，科技部与湖南省人民政府在长沙举行2015年部省工作会商会议，全面启动新一轮部省合作。根据新一轮《工作会商制度议定书》，未来5年，科技部与湖南将在长株潭国家自主创新示范区建设、完善协同创新体系、构建创新型经济新业态、构建区域创新发展新格局、发挥湖南“一带一部”区域优势、推进生态湖南建设等六大领域深化会商合作。而本次会商，围绕加快长株潭国家自主创新示范区建设、科技精准扶贫、加强现代农业科技创新三个重大议题展开。在科技部大力支持下，湖南创造了璀璨的“自主创新长株潭现象”。去年12月，长株潭国家自主创新示范区获国务院批准。新一轮部省合作的重中之重，就是加快长株潭国家自主创新示范区建设，打造长江经济带创新驱动强力引擎。湖南省将在科技部支持下，落实《长株潭国家自主创新示范区建设规划纲要（2015—2025)》，设立规模10亿元以上的示范区建设专项资金，构建100个众创空间，新增1万个科技型小微企业，推动示范区成为创新驱动引领区、科技体制改革先行区、军民融合创新示范区、中西部地区发展新的增长极。科技部将支持湖南拓展先进装备科技产业优势，加快轨道交通、海洋装备、环保装备、应急装备等产业发展。加快株洲轨道交通、湘潭先进矿山装备、长沙电力智能控制与设备国家创新型产业集群试点（培育）发展，建设先进轨道交通装备创新中心、工程机械创新中心、新材料创新中心，提升优势和特色支柱产业创新能力。

【湖南每年评选20个创新创业带动就业示范基地】 2015年11月15日，省人社厅透露，湖南将每年择优评选20个左右创新创业带动就业省级示范基地，每个给予不超过100万元的一次性奖励。省级示范基地将按照“公开申报、择优推荐、量化评选、上网公示”的原则，从全省各级各类创新创业基地(园区)、创业孵化基地、中小企业基地、众创空间等创业载体中择优评选。省级示范基地的建筑面积应达到10000平方米以上，有完善的基础配套设施，现有入驻企业个数不少于50家，现有入驻企业带动就业人数合计不少于2000人(其中怀化、湘西自治州、张家界、娄底、永州、邵阳等地区，基地入驻企业不少于40家，带动就业人数合计不少于1500人)。同等条件下，对吸纳就业困难人员就业比例较高的基地可优先评选。

【湖南："两房两棚、两供两治"有效改善人居环境】 2015年11月18日，召开全省"两房两棚、两供两治"工作现场会议，湖南省"两房两棚、两供两治"2014年和2015年仅直接投资就高达1400多亿元，并间接拉动建材、装修、环保家电等行业的消费需求。湖南高度重视"两房两棚、两供两治"（指公租房、农村危房和城市棚改、国有工矿棚改；供水、供气和污水、垃圾治理），有效改善人居环境。在省财政不宽裕的情况下，去年和今年仍大幅提升了两房两棚建设配套标准和两供两治省级补助。去年全省改造保障性住房和各类棚户区42.57万套，居全国第五位。今年全省要改造51.83万套，新增租赁补贴1.73万户，任务量居全国第二位，建设任务创历年之最。"两供两治"方面。自去年8月以来，已累计完成投资393.4亿元，建成项目130个，在建项目328个。

【绿色低碳发展 第二届节能减排大会在湖南盛装启航】 2015年11月20日，以"绿色、低碳、发展"为主题的第二届节能减排财政政策综合示范论坛暨中国国际节能减排产业博览会在长沙·湖南国际会展中心盛大开幕。本次大会是国内首个聚焦节能减排领域"六化"的盛会，也是国内住宅产业化与绿色建筑发展与交流的盛会，更是众多知名品牌企业和先进技术产品集中亮相的环保盛宴。以"绿色、低碳、发展"为主题的第二届节能减排财政政策综合示范论坛暨中国国际节能减排产业博览会，于11月20日在长沙·湖南国际会展中心盛大开幕。本次大会由中国环境科学学会、湖南省科学技术协会主办，湖南省商务厅、湖南省环境保护厅、长沙市人民政府、长沙高新区管委会、中国建筑节能协会支持举办。大会同期召开由住房和城乡建设部科技与产业化发展中心、湖南省住房和城乡建设厅、中国建筑节能协会支持，湖南省建设科技与建筑节能协会、湖南省房地产业协会、湖南省住宅产业化联盟等单位举办的"2015中国（湖南）住宅产业化与绿色建筑发展论坛暨新技术产品博览会"。本次大会有以下三大亮点：亮点一：国内首个聚焦节能减排领域"六化"的盛会。节能减排大会是财政部和国家发展改革委批准的节能综合能力建设典型示范项目——"节能减排评价和推广平台"项目的重要组成部分，是国内首个聚焦节能减排领域"六化"（产业低碳化、交通清洁化、建筑绿色化、服务业集约化、主要污染物减量化、可再生能源与新能源利用规模化）学术交流研讨和行业产品展示的盛会，得到了国家相关部委和有关政府的高度重视，得到了工业、交通、建筑、环保、新能源、现代服务业等领域节能减排业界的广泛关注和积极参与，是全国节能减排领域极具中部地区特色的又一品牌行业展会。据初步统计，本次大会参展单位超过200家，特装展位41个，展览展示面积18000平方米。亮点二：国内住宅产业化与绿色建筑发展与交流的盛会。大力发展住宅产业化，积极推行绿色建筑，是加快转变经济发展方式、建设两型社会的必然要求，是推进产业转型升级、实现住宅产业和建筑业可持续发展、打造战略型支柱产业的重要方向和内容。举办2015湖南住建大会旨在充分展示住宅产业化与绿色建筑发展成就，加快新技术、新产品推广与应用，加强对外交流合作，全面推动住宅产业化与绿色建筑行业健康发展。大会期间，将举办"1 9"模式系列论坛，即中国（湖南）住宅产业化与绿色建筑发展论坛主论坛和可持续居住与住宅产业化发展、智慧城市建设创新与发展、BIM技术应用与发展、绿色建筑与设计创新、绿色施工与绿色建筑运营管理、绿色生态城区建设与发展、绿色建材与外围护结构技术交流、可再生能源建筑应用、公共建筑能耗和节能监管体系建设等分论坛，将聚焦住宅产业化、绿色建筑等领域热点，研讨产业政策措施、技术标准和评价体系，交流国内外行业最新科技成果、发展趋势、成功案例和先进经验，搭建政府部门、科研院所、优秀企业、行业商协会、NGO组织、投融资机构、新闻媒体等多方交流合作和协作发展的重要平台，引领行业发展的最新方向。亮点三：众多知名品牌企业和先进技术产品集中亮相。本次大会吸引了中国建筑业竞争性百强企业—中国水电八局；中国勘测设计单位综合实力百强—中南院；中国建筑工业化的开拓者、领军者—远大住工；中国建筑工业化最具规模和发展潜力的制造商之一—三一集团；国家建筑工业化研究和成果转化基地—三新房屋；新型建筑工业化制造商和核心成套技术提供商—中民筑友；中国钢结构住宅产业化基地示范企业—金海钢构；中国除尘设备行业领导者—九九矿安；国内最大气浮厂家—无锡工源；中国最大的叠螺生产企业—康泰环保；国际领先的高性能彩釉玻璃生产企业—兴龙玻璃；能源计量与能效管理专家—威胜能源；湖南省著名建材生产和施工企业集团—神宇新材料；世界最大毛细管生产商德国贝卡大中华区总代理—际高贝卡；专业人工环境科技品牌—天行健环境；中国智慧城市中部（长沙）产业基地—铭诚·绿谷智慧产业园；国内首家钢结构上市公司、国家住宅产业化基地—杭萧钢构；首创二维三维一体化核心技术—北京绿建等众多知名品牌企事业单位参展，全方位展示其品牌形象、科技实力、成功案例和优质服务等。本次大会是"2015年度长沙市重点会展项目"，定位清晰、目标明确，大会遵循"以政府为主导、企业为主体，市场有效驱动、媒体全方位联动、全社会共同参与"的运作模式，集会议论坛、学术交流、技术推广、产品发布、项目推介、对接洽谈、科学普及于一体，旨在集中展示节能减排、住宅产业化与绿色建筑领域的新技术、新产品、新成果，提升产业发展水平，促进产业结构转型升级，打造产业发展权威交流与合作平台。本次大会的成功举办，必将对湖南经济社会发展产生重大而深远的影响。

【2015中国中部（湖南）农博会成交总额突破205亿元创新高】 2015年11月23日，在2015中国中部（湖南）农博会企业风采巡礼上，有关方面晒出的这届农博会的成绩单令人眼前一亮。据权威部门统计，为期一周的2015中国中部（湖南）农博会参会企业达1500余家，各项数据均创出历史新高。以"绿色与品牌·交流与合作"为主题的本届农博会亮点纷呈：创新性将雨花"非遗"文化博览会纳入农博会，还首次推出了移动电商平台"掌上农博"，首次设置现代休闲农业展示区，首次策划举办"互联网+"大智慧农业峰会，并举办了全国首档户外农博主题闯关游戏节目电视直播。吸引全国各省、市、自治区及西班牙、越南、柬埔寨等国组团参展，参展的国家级、省级农业产业龙头企业达300余家。这届农博会充分运用"互联网+"思维和技术，全面涉"电"触"网"，发挥"手机农博会"、"网

上农博会”和“农博二维码”电商服务功能，搭建了拥有100多家企业、500多种产品参与的“掌上农博”电商平台；采用“线上+线下”交易模式，打造了新的营销形式和完善的物流平台，实现物流配送上门。展会期间，“掌上农博”用户数新增4万余人，日均增加近6000人。

【湖南矿业经济转型升级初显成效】 2015年11月24日。湖南省矿业经济转型升级初显成效，10个重点整合矿区目前已有8个完成开发整合。我省于今年7月确定了湘潭市鹤岭锰矿区、祁东乌江大岭铅锌矿区等10个省政府挂牌督办重点整合矿区，并明确全省各市州必须按照整合方案要求，自行确定一批重点整合矿区，主要包括小矿影响大矿统一规划开采的矿区，一证多开、大矿小开的矿区，矿业权密集或重叠的矿区，地质环境脆弱的矿区等。今年三季度，仅煤矿矿区整合方面，我省已整合7个，整合关闭煤矿31个，注销煤矿采矿权许可证460多个。

【湖南未来五年区域发展规划发布】 2015年11月25日，中共湖南省第十届委员会第十五次全体(扩大)会议在长沙闭幕。会议审议通过的《中共湖南省委关于制定湖南省国民经济和社会发展第十三个五年规划的建议》，清晰绘出了湖南未来五年的发展路线图。徐守盛所指的原有四大板块布局系长株潭经济板块、环洞庭湖生态经济区建设板块、湘南地区承接产业转移板块、大湘西扶贫攻坚板块。正是立足于未来湖南的全国现代综合交通枢纽地位，对接“一带一路”、中部崛起和长江经济带建设等国家区域发展战略，《建议》提出加快建设“一核三极四带多点”，形成核心、板块联动、极带互动、多点支撑的竞相发展新格局。“一核”，依托长株潭两型试验区、国家自主创新示范区和湘江新区等平台，打造长江中游城市群核心区。“三极”，依托城陵矶港和洞庭湖生态经济区，打造岳阳新增长极；依托湘南承接产业转移示范区，打造郴州新增长极；依托区域性交通枢纽和生态优势，打造辐射大西南、对接成渝城市群的怀化新增长极。“四带”，依托交通干线、地理位置、产业基础、自然环境，坚持板块联动、块中有极、极辐射带、极带互动，打造京广高铁经济带、沪昆高铁经济带、环洞庭湖经济带和张吉怀精品生态文化旅游经济带。“多点”，依托新区、经济技术开发区、高新技术开发区和特色园区，形成多个基础扎实、势力雄厚、特色明显、产城融合的新增长点。徐守盛表示，长株潭城市群是全省的核心增长区，是带动全省发展的重要承载体和辐射源，必须进一步做大做强；洞庭湖、大湘南、大湘西板块，随着现代综合交通大格局的形成，其资源要素的区域聚集能力和效应必然逐步增强，只要本着相互协同、优势优先、科学布局、完善功能的原则，就一定能在各自板块打造出新的增长极。以京广、沪昆高铁以及高速公路主干线为依托，以沿线中小城市为节点，完全可以形成产业互补、物流畅通、人员互通的新增长带，由此形成的点、极、带之间，又是你中有我、我重有你，互融互通、竞相发展的。官方资料显示，“十二五”期间，湖南交通、能源、水利、信息“四张网”不断完善，高铁通车里程1296公里，居全国第 ，高速公路通车里程5700公里，居全国第五，交通基础设施立体综合成网，“一带一部”区位优势全面凸显。

【湖南经济运行总体稳定】 2015年11月26日，湖南省统计局发布，今年1至10月，全省经济总体保持在合理区间运行，工业、投资、消费等经济指标运行比较平稳，结构调整稳步推进，民生保障得到加强。工业、投资、消费及出口等结构调整稳步推进。全省规模工业中，高加工度工业增加值增长8.5%；高技术产业增长12.8%，占规模工业的比重为10.0%。全省生态投资、民生投资分别增长31.2%和27.3%。消费结构稳步升级。全省限额以上法人批发零售业中，汽车类、通讯器材类和体育、娱乐用品类零售额分别增长13.3%、20.0%和25.9%，延续了去年以来的较好态势。限额以上住宿业和餐饮业中，通过公共网络实现的客房收入和餐费收入分别增长45.9%和67.9%。出口结构不断改善。电器电子类、交通运输类等高技术含量、高集成度的产品出口快速增长。1至10月，全省规模工业增加值同比增长7.8%，比全国平均水平高1.7个百分点。新兴优势行业增长较快。医药制造业增加值增长17.8%，计算机、通信和其他电子设备制造业增长15.3%，铁路、船舶、航空航天和其他运输设备制造业增长11.8%，汽车制造业增长8.9%，增幅均高于规模工业平均水平。非公经济发展活力较强。全省规模工业非公有制企业增加值增长9.6%，比全部规模工业快1.8个百分点，比国有企业快6.6个百分点。集约集聚发展态势较好。全省规模工业综合能源消费量同比下降4.1个百分点。省级及以上产业园区规模工业增加值增长9.0%，比全部规模工业快1.2个百分点。物价、就业、住房、医疗等重点民生领域保障得到切实加强。物价小幅增长。1至10月，全省居民消费价格同比上涨1.4%。城镇就业平稳增加。全省新增城镇就业72.4万人，完成年度目标任务的103.4%。民生投入增长较快。全省财政支出中，住房保障支出增长53.3%，城乡社区支出增长42.8%，扶贫支出增长42.8%，社会保障和就业支出增长21.2%，医疗卫生与计划生育支出增长17.7%。保障房建设进展顺利。全省新增公共租赁住房19.2万套，城市棚户区改造25.8万套，分别完成年度目标任务的119.8%和117.4%。

【湖南省84个传统村落已经完成保护发展规划】 2015年11月27日，湖南全省农村精神文明建设工作经验交流会召开。全省91个中国传统村落中已有84个完成保护发展规划和传统村落档案的编制和审查。2012年，省住建厅启动传统村落保护工作。目前，全省91个中国传统村落中已有84个完成了保护发展规划和传统村落档案的编制和审查；有72个中国传统村落争取中央财政补助资金2.16亿元。省文化厅表示，今年组织11个重点扶持的传统村落所在地区政府参加港洽周专题招商，签约率100%。在全省已有4个国家级非遗生产性保护示范基地的基础上，很多非遗项目与休闲旅游、生态农业等产业结合，发展成为地区文化名片和国民经济新的增长点。湖南共有国家级“非遗”项目118项，省级“非遗”项目202项；有国家级项目代表性传承人76人、省级传承人213人、市级传承人970人、县级传承人2446人，初步形成了四级名录分级保护体系及其代表性传承人管理体制。

【湖南大学科技产业园扶持政策发布　零租金、拎包入驻】 2015年11月27日，湖南省普通高校“转型发展、内涵发展、特色发展”会议暨湖南省大学科技产业园建设推进现场会在宁乡高新区举行，会上发布了湖南省大学科技产业园的扶持政策。会议总结和交流全省普通高校“转型发展、内涵发展、特色发展”和湖南省大学科技产业园建设的经验和做法，指出要进一步推进普通高校转型、内涵、特色发展和全省大学科技产业园建设。湖南省拥有普通高校109所，科技资源丰富，但科技成果转化率低，与上海、深圳等发达地区相比存在较大差距。为加速全省科技成果转化，突破大学科技园“一园一校”模式的发展“瓶颈”，湖南省人民政府决定在宁乡高新区建设湖南省大学科技产业园、湖南省高等院校知识产权运营服务中心(简称“一园一中心”)，以“一园多校”形式聚合全省创新资源，培育湖南科技成果就近转化的主力平台。“一园一中心”重点依托湖南高校和科研院所资源，辐射全国“985”“211”工程等重点院校，打造集技术创新、科技成果转化、高新技术企业孵化、创新创业人才培养与知识产权运营等功能于一体的科技创新实验区。至2020年，“一园一中心”计划开发建设面积1500亩，实现技工贸收入40亿元，入驻企业100家以上，其中高校或研发平台等科技成果转化项目60个以上。宁乡高新区将通过5年，努力把“一园一中心”建造成省内一流、中部著名、国内知名的“创新、创业、创优”三创基地，为湖南省“创新型城市”建设做出贡献。宁乡高新区现场发布了湖南省大学科技产业园的扶持政策。这些政策包括零租金、拎包入驻、300万元装备升级补贴、200万元平台支持、100万元上市奖励、100万元人才安家、10亿元引导基金、3亿元创投基金等，让资金扶持重心前移，使研发人员心无旁骛，让“科研实力”成为“经济动力”。南中大新能源工业技术研究院(中南大学的刘业翔院士领衔的工程技术团队)、湖南华越锂能科技实业有限公司(磷酸铁锂正极材料，技术支撑平台—华南理工大学)、武汉科技大学(战略合作)等8个项目与湖南省大学科技产业园正式签约。

【湖南电力机车制造　居世界第一位】　2015年11月27日，在株洲举行轨道交通产业合作对接会，根据德国著名咨询公司SCI公司发布的研究报告，湖南电力机车产品制造占据全球20%的市场份额，居世界第一位。目前，全省在轨道交通装备领域拥有3家国家级工程技术(研究)中心、4家国家级企业技术中心、2个国家级重点实验室、6个博士后工作站，全国轨道交通装备行业仅有的2名工程院院士也在湖南，取得了世界最大功率电力机车、世界唯一“储能式电力牵引轻轨车辆”等一系列世界级创新成果。在“国际话语权”上，湖南主持7项、参与38项轨道交通装备领域国际标准制定。整车生产、配套能力较强，产业链完整。湖南能生产37个品种干线机车，具有国际领先水平的A、B型城轨车辆，中低速磁悬浮车辆，具有完全自主知识产权的城际动车，以及超级电容储能式有轨、无轨电车等整车产品。去年，全省轨道交通装备制造领域57家规模工业企业，实现主营业务收入646亿元；湖南轨道交通装备产业形成了集产品研发—生产制造—售后服务—物流配送于一体的完整、成熟产业链，电力机车、地铁车辆、动车车辆的本地配套率分别达90%、60%、50%。随着中国高铁稳健走向海外，湖南产电力机车产品由东南亚逐步覆盖到中东、欧洲等高端市场，并向非洲、美洲、大洋洲等版图拓展。

【湖南省农产品品牌促进会建微商城助农卖特产】　2015年11月30日，由湖南省商务厅、湖南省绿色食品办公室、湖南省农产品品牌促进会联合举办的“关注食品安全，放心农产品社区行”活动在长沙举行。同时，“品牌湖湘”微商城正式上线，为各市州特色农产品搭建销售平台。湖南省农产品品牌促进会秘书长邓享棋表示，湖南是农业大省，各市州都有不少特色农产品，但是，一直以来，销路不畅成为产业发展的难题，同时，也阻碍了当地经济的发展，“品牌湖湘”微商城的上线，目的就是为了帮助农户打通销售渠道，借助互联网的力量，将产品优势转化为经济优势。

【湖南用富硒产品打造健康富民产业】　2015年12月，湖南省富硒生物产业协会透露，湖南将通过“1223工程”，即计划在两年内实现湖南50万亩富硒水稻，10万亩富硒茶叶，10万亩富硒水果，10万亩富硒蔬菜，10万亩油菜，10万头(只)畜禽，总产值20亿元，带动200个村、30万户家庭增产增收，让300万人吃上安全可靠硒产品的目标。“1223工程”将以爱心互动的模式推动，由湖南省富硒生物产业协会牵头，协调地方政府及社会公共资源参与支持，共同推动湖南省富硒产业的发展。湖南自2006年补硒工程启动以来，已涉及生产粮油、果蔬、鱼肉、禽蛋等富硒农产品近20大类、近100种不同品牌，建成富硒农产品种养示范基地63个，种养面积达23万亩，种养加工企业达71家。

【湖南一茶企发明智能茶艺机　获6项国家专利】2015年12月，湖南茶企泉笙道茶业有限公司推出该公司发明的全智能茶艺机，该茶艺机拥有独立知识产权，且已荣获6项国家发明专利。该款茶艺机主要针对品茶爱好者以及居家办公环境开发，可根据中国6大茶类的冲泡标准，通过不同智能程序以及时间温度的精准控制，满足用户口味差异，实现最佳冲泡效果，如同自己的私人茶艺师，并可与手机连接，实现远程操作以及茶友互动等。泉笙道6+N智能茶艺机的6大专利技术分别为：一、智能茶艺浸出专利技术，该技术由泉笙道与湖南农业大学共同研发，根据6大茶类特性采用六套不同的冲泡模式，提供最佳的茶品口感；二、智能瞬热专利技术，完全实现2秒出汤，省去长时间烧水加热消耗的时间与能耗；三、智能恒温专利技术，可让茶汤时刻保持适饮温度与口感；智能恒温；四、智能水路专利技术；手动、自动双水路，适应不同使用环境，智能加水且不结水垢；五、手机智能触控专利技术，自动WiFi连接，全程手机触控，轻松设置茶类及口感需求；六、智能感应茶盒专利技术，完全避免在没有茶叶的情况下发生干烧损耗。泉笙道全智能茶艺机的问世，标志着湖南茶企在智能茶器领域的重大突破和茶行业的领先地位，填补了国内智能茶艺机市场的空白，同时也展现了湖南企业自主创新，科技强国的时代风貌。该公司首款产品“6+N全智能茶艺机”已通过国家3C认证，预计将于2016年元月上市销售。

【船舶产业或成湖南经济新增长极】　2015年12月，在湖南省经信委(国防科工局)、省航海学会船舶专业委员会、省工业行业协会的学术交流暨年会上，来自全省30多家船舶工业龙头企业家及“湘、鄂”院校专家、学者齐聚一堂，共商产业与人才培养，对接《中国制造 2025》、“一带一路”重大战略，服务“十三五”船舶工业发展，为“制造强省”注入新的活力，促使船舶产业成为湖南经济新增长极。湖南是国内重要的内河及近海船舶生产基地。据省经信委（国防科工局）统计，全省已发展有湘船重工、益阳中海、常德达门、泰富重工等一批具有自主创新能力和自主品牌的领军骨干船舶企业，国内军民船、出口产品兼造。形成以益阳、常德、岳阳、长沙四市为重点的环洞庭湖船舶产业集聚区，年均增长幅度超过 20%。截至 2014 年，全省共有船舶生产企业 96 家，船舶业主营收入 54.41 亿元，同比增长 13.9%。今年 1 至 10 月，全省船舶产业规模企业实现工业增加值 17.59 亿元，同比增长 20.8%，增速高出全省装备工业增加值 12.8 个百分点，预计几项经济指标可超过去年，将在未来加速培育高技术船舶制造业集群，力争到 2020 年全省船舶产业年主营收入达 150 亿元。省经信委预测，船舶产业将成为湖南经济新增长极。以湘船重工为例，去年以来，与武汉易华船舶设计有限公司强强联合，在高速豪华客船、高档公务船等设计制造领域已处于国内领先水平。日前湖南首次建造的沿海航区车客两用滚装渡船“舟桥 3 号”，在湘船重工（长沙船舶厂）交付出厂。

【湖南规划 12 个重点产业布局“湖南智造”路线图】 2015 年 12 月 1 日，湖南省人民政府对外发布《湖南省贯彻〈中国制造 2025〉建设制造强省五年行动计划（2016—2020）》。《五年行动计划》以智能制造为主攻方向，规划 12 个产业领域，全面推进制造业转型升级，积极支持制造业向“湖南智造”转变，努力实现制造强省的科技跨越。近年来，湖南制造业快速发展，工程机械、有色产业在全国乃至全球具有重要地位。2014 年，湖南规模以上制造业实现增加值 9334.34 亿元，占全省规模工业增加值的比重达 89.0%。湖南省经信委主任谢超英指出，目前，湖南总体上仍处于工业化中期向后期迈进阶段，制造业大而不强的矛盾依然突出。湖南制定本次行动计划，将以智能制造为主攻方向，全面推进“1274”行动。大力发展先进制造业、改造提升传统产业，推动生产型制造向服务型制造转变，打造中国智能制造示范引领区，充分发挥实施制造强国战略主力军作用，加快实现制造大省向制造强省的新跨越。“1274”行动中，“12”是重点支持的 12 个产业领域。其中 10 个是中国制造 2025 确定的先进轨道交通装备、新材料、新一代信息技术产业、航空航天装备、节能与新能源汽车等其制造等重点领域，工程机械和节能环保是根据湖南特点增加的领域。“7”是在对接国家层面的五大工程的基础上，大力实施制造业创新能力建设工程、智能制造工程、工业强基工程、绿色制造工程、高端装备创新工程、中小企业“专精特新”发展工程和制造 + 互联网 + 服务工程。“4”是着力打造制造强省 4 大标志性工程，加快优化产业结构，加速制造业向中高端转变。力争到 2020 年，形成 20 个标志性产业集群、20 个标志性产业基地、50 家标志性领军企业、50 个具有较强国际国内影响力的标志性品牌产品。当前，智能化已经成为全球制造业发展的强劲趋势。湖南省经信委副主任殷林波表示，面临世界产业格局加快重构的机遇，湖南将把智能制造作为加快制造业转型升级的突破口，充分利用全球创新资源和产业发展资源，促进与全球产业链、创新链和价值链的有机对接，形成新的发展优势，进一步提升湖南省制造业在全国乃至全球的地位和作用。

【湖南智能终端产业发展迅速　向千亿规模迈进】 2015 年 12 月 11 日，由省经济和信息化委员会主办的湖南省智能终端及配套产业合作对接会在长沙举行，24 家省内企业现场展示多种智能终端及配套产品。湖南省副省长张剑飞出席会议并讲话。本次对接会旨在加强全省智能终端及配套企业交流与探讨，促进智能终端产业与传统产业融合发展，推动相关产业做大做强。24 家省内企业现场展示了智能终端芯片、显示器、导航终端、智能家居、无人机、智能手机、智能电源等智能终端及配套产品，充分展现湖南智能终端及配套产业的特色和优势。浏阳经开区等七家单位做了典型发言，微软（中国）、中关村智能硬件联盟的专家针对智能硬件现状及未来发展进行了专题演讲。湖南电子信息制造业近年来发展迅猛，产业规模迅速壮大，已成长为全省工业新的优势支柱产业，为全省工业稳增长、调结构发挥了重要的促进作用。特别是智能终端及配套产业“有优势、有特色、有创新、有潜力”，是电子信息制造业的重点发展领域。智能终端产业是信息技术与传统产业融合提升的交汇点，是“互联网 +”的重要领域，也是大众创业、万众创新的重要阵地，国家近期发布了一系列重大发展战略引导智能终端产业发展，湖南也相继发布了移动互联网、集成电路等政策予以支持。近年来，湖南智能终端产业发展迅速，已成为全省信息产业的重要支撑，在智能终端芯片、中小尺寸智能终端玻璃盖板及触控面板领域、消费类智能终端及工业智能控制领域特色优势明显，既有蓝思科技、长城信息、国科微、基伍集团等龙头企业，也有景嘉微电子、基伍手机、基石信息、笔电锋电脑、麦格米特、迪文科技等后起之秀。整个产业去年实现主营业务收入 710 亿元，占据了电子信息制造行业规模的三分之一强，并将向千亿规模迈进。

【湖南加快培育发展家庭农场　自产农产品免征增值税】 2015 年 12 月 14 日，湖南省政府办公厅《关于加快培育发展家庭农场的意见》正式出台，明确到 2020 年，力争全省培育发展家庭农场 5 万户左右。从 2016 年起，每年创建省级示范家庭农场 1 千户；全省创建省级家庭农场示范县 10 个。《意见》明确，家庭农场经营的产业须符合当地区域经济发展整体规划，土地产出率、资源利用率、劳动生产率高于当地平均水平 1/4 以上，农业净收入占家庭总收益的 80%以上，家庭成员收入水平接近当地城镇居民水平，常年雇工数量不超过家庭务农人数。现阶段，以种植业为主的，土地经营面积宜在 150 亩左右；以生猪养殖为主的，年存栏宜在 500 头左右；从事其他养殖或种养结合的，均应从实际出发，坚持适度规模。土地流转期较长，新流转的土地合同期限不少于 7 年；由大户改造为家庭农场的，剩余流转期限不少于 5 年；集中连片的面积原则上不低于经营面积的 70%。生产经营管理规范，实行标准化生产。有与经营规模相匹配的农业机械，或与农机合作社签订农机服务合同，接受农业社会化服务。《意见》提出，各地要结合新型职业技能培训、农业创业培训和农村实用人才培训等，有计划地加大对家庭农场经营管理者的培训力度。计划用 5 年时间，对省级示范型家庭农场经营管理者轮训一遍。鼓励大中专院校毕业生、返乡青年农民工、市场经纪人兴办家庭农场。《意见》提出，农业综合开发、土地整治、农村道路建设等项目要优先安排在家庭农场比较集中、符合相关条件的地域实施。支持具备条件的家庭农场承担和实施粮油高产创建、农田基础设施建设等现代农业发展项目。省级财政从今年起将加大家庭农场扶持力度，对省级示范型家庭农场和家庭农场示范县给予重点扶持。各市州、县市区财政也要加大扶持力度，促进家庭农场发展。创新财政资金使用机制，灵活采取贷款贴息、风险补偿、创投基金等方式，帮助家庭农场拓宽融资渠道，降低融资成本。引导银行机构为家庭农场进行融资增信，创新家庭农场信用贷款产品。稳妥推进农村土地承包经营权、林权、农民住房财产权等产权抵押贷款试点，拓宽涉农贷款抵押担保范围。农民专业合作社享有的税费优惠政策，符合相关条件的家庭农场同等享受。家庭农场销售自产农产品，按照农业生产者销售自产农产品的政策规定，免征增值税。家庭农场按规定享受行政事业性收费减免政策。家庭农场生产的鲜活农产品运输按规定享受绿色通道政策。

【湖南首个互联网+社区（居家）养老服务平台启动】 2015年12月16日，湖南首个“互联网+社区（居家）养老服务平台”在长沙启动，将通过线上线下联合，打造基于互联网+的社区（居家）养老服务模式，为全国养老服务机构提供互联网和专业养老服务的解决方案，开启了互联网+养老的“云、网、端”新时代。互联网+社区（居家）养老服务平台由16年潜心探索中国养老运营服务的湖南万众和与致力于互联网+养老解决方案的深圳乐码携手打造，并于今日正式签署全面合作协议。互联网+社区（居家）养老服务平台将依托万众和社区服务网络旗下的社区（居家）养老服务中心，通过“万众和@乐码”联合品牌打造基于独居监护、健康管理、定位服务、紧急报警、一卡通等微系统；基于养老服务标准体系的运营支撑平台；基于子女、运营机构、服务人员交互的微应用。目前，全国从事居家养老服务和运营的机构普遍缺乏标准化、信息化，导致了服务碎片化、服务个人经验化，从而无法形成机构标准服务体系，无法快速扩张并输出养老运营能力。互联网+社区（居家）养老服务平台将互联网+的线上“云、网、端”手段引入并结合到线下的养老服务，协助线下养老运营机构建立标准化运营服务体系，提升线下运营服务能力，为客户提供基于“安全、健康、快乐、服务”四大价值的贴心、便捷和高效的养老服务。据了解，截至2015年底，乐码养老服务体系已经迭代更新了多个版本，并成功为多个线下养老机构输出服务，涵盖3省4市，基本覆盖社区与居家老人5000人。乐码养老计划于2017年计划完成1000个社区（居家）养老服务中心网点建设，覆盖200万老人，并计划在未来研发机构离退休养老定制养老服务体系、居家移动护士站等多个体系和平台。

【湖南将建生态环境损害责任终身追究制】 2015年12月18日，湖南省政府办公厅下发《关于在湘江流域推行水环境保护行政执法责任制的通知》。明确加大湘江流域各市党政领导水环境保护执法的追责力度，实行领导干部自然资源资产离任审计，建立生态环境损害责任终身追究制，实行领导班子成员生态文明建设一岗双责制。湘江流域是指湖南省境内降雨汇入湘江的区域，东至罗霄山脉、南至南岭山脉、西至湘资两水分水线、北至洞庭湖濠河口，具体为湘江干流及舂陵水、渌水、耒水、洣水、蒸水、涟水、潇水等流域面积超过5000平方公里及流域长度超过150公里的一级支流流经的区域，包括长沙市、湘潭市、株洲市、衡阳市、郴州市、永州市、娄底市、邵阳市、益阳市、岳阳市等地全部或者部分区域。《通知》明确，湘江流域各市人民政府要理顺湘江流域环境监管行政执法体制，探索湘江流域环境保护监督体制创新试点，全面梳理本级政府与湘江流域水环境保护相关的行政执法依据与职权，并向社会公布。环境保护部门依法行使工业废水污染防治、城镇集中式饮用水水源保护区污染防治、医疗废物污染防治等环境保护执法职责，负责水质监测、水环境污染事故调查处理等工作。水利部门依法行使河道采砂污染防治、水土保持、水工程防洪管理、河道管理等水政执法职责，牵头负责水面保洁，负责水量监测，参与相关水环境污染事故调查处理等工作。交通运输（水运管理）部门依法行使船舶污染防治等航道执法职责，参与相关水环境污染事故调查处理等工作。农业部门依法行使农药化肥污染防治、水上养殖污染防治、渔业船舶污染防治等农业执法职责，参与相关水环境污染事故调查处理等工作。住房城乡建设部门依法行使城市市政排水管网排水许可及违法排水与污水处理的行政处罚等执法职权，参与水环境污染事故调查处理等工作。林业部门依法行使湿地、森林公园污染和破坏防治、防止森林资源破坏和管理等方面的林业执法职责。安全生产监督管理部门负责无主尾矿治理。经济和信息化部门依法对严重污染水环境的落后工艺和设备实行淘汰制度，会同质量技术监督、环境保护等有关部门严格产业政策审查，禁止新建不符合国家产业政策的各类严重污染水环境的生产项目。卫生计划生育部门依法行使在饮用水水源保护区修建危害水源水质卫生的设施或进行有碍水源水质卫生作业违法行为方面的行政处罚职权，依法协助环保部门开展医疗废物监管工作。发展改革部门依法加强立项审查，严格控制造成湘江水质污染的投资项目。公安部门依法查处涉及水资源管理和保护、水污染防治、水域和岸线保护、生态保护等治安案件；协助有关部门处理湘江保护纠纷或其他违法案件；参与突发性水污染事件的应急处置工作。城市管理部门依法行使生活垃圾、餐厨垃圾管理等方面的行政处罚职权，强化对生活垃圾、餐厨垃圾的规范处置，防止生活垃圾、餐厨垃圾随意倾倒。《通知》指出，湘江流域各市人民政府要根据执法机构和执法岗位的配置，将梳理出来的与湘江流域治理有关的法定职权分解到具体执法机构和执法岗位，规范执法权力的运行。同时，加大湘江流域各市党政领导水环境保护执法的追责力度，实行领导干部自然资源资产离任审计，建立生态环境损害责任终身追究制，实行领导班子成员生态文明建设一岗双责制。湖南省人民政府每年对湘江流域各市人民政府的水资源管理进行绩效考核，对其管理的断面水质水量进行监测考核，并结合年度绩效考核与断面水质水量考核工作，在湘江流域推行水环境保护行政执法责任制，细化各级政府水质水量等水环境执法考核指标，加大履行法定执法职责情况、执法规范化的考核权重。同时，探索建立多元化补偿机制，逐步增加对湘江流域重点生态功能区转移支付，完善生态保护成效与资金分配挂钩的激励约束机制。生态环境损害责任终身追究制下，一旦出现环境损害事故，查明事故的起因后，落实追究相应的责任人，即使责任人已经离任，同样要追究其相应的法律责任。这一制度犹如一把高悬的利剑，可以警示更多的领导干部时时刻刻重视生态环境保护问题。

【湖南试点挂牌3家“海智计划”工作基地】 2015年12月19日，湖南省科协“海智计划”基地工作会在株洲召开，湘潭经开区和株洲高新区中国动力谷自主创新园同时成为“海智计划”工作基地。至此，我省共有3家基地，均落户长株潭地区。省科协将以实施“海智计划”为契机，加强与我省海外华人科技团体的联系，进一步发动学会和地方科协共同参与，为海外人才回国工作、为国服务搭建平台。“海智计划”是海外智力为国服务行动计划的简称，2003年由中国科协和35个海外科技团体共同发起，2004年启动实施，至今已与92家海外科技团体的1000多名海智专家建立了密切畅通的联系和服务网络体系。今年起，省科协开展创建“海智计划”工作基地试点工作，决定首先在基础条件比较好的长沙、株洲、湘潭建立省级“海智计划”工作基地，吸引更多的海外高层次人才来我省创新创业。宁乡经开区成为首家基地后已与多位海外人才洽谈人才及项目引进事项，此次又新增2家基地。明年省科协将重点围绕“海智计划”基地所在园区的主导产业、战略性新兴产业，开展多种形式的学术交流、项目合作、技术咨询、技术引进和专项考察等活动，并拟引进国内外优秀创新人才开展中电软件园“海智计划”基地建设。

【第七届中国电子商务十大牛商湖南20强路演举行】 2015年12月22日，第七届中国电子商务十大牛商评选湖南十大牛商评选路演在长沙举行。湖南牛商20强角逐湖南赛区十大牛商。经过微信投票产生的20名湖南牛商，来自食品、包装、医疗、建筑等各个行业。他们今天面对专家评委和观众侃侃而谈，分享自己的商业模式和营销心得，接受专家挑剔的评审。区域十大牛商评分标准为线下路演(40%)+网络投票(40%)+专家评审(20%)，历届区域十大牛商和当选的区域十大牛商共同竞选全国十大牛商。2016年3月，各地政府代表、协会代表、行业专家、知名人士、历届全国十大牛商代表、媒体代表、传统企业网络营销促进会常委等组成专家评审团进行评分。2016年4月19日在深圳举办全国牛商颁奖盛典，20日举办获奖牛商分享。

【湖南米来汇长沙启航 打造全国最大微电商城平台】 2015年12月23日，以“互联网+微商”为核心运营理念的湖南米来汇电子商务有限公司在长沙正式启航。该公司致力于电子商务创新模式，重点打造“米来汇特惠商城”微直购平台。湖南米来汇电子商务有限公司依托于湖南高信置业集团，拥有雄厚的资金和实业基础。米来汇将以“互联网+微商”为核心运营理念，建立“质优价平”的特惠商城，通过C2C和B2C相结合的创新B2H模式让更多的消费者感受全新消费体验，切实体验价格和质量的双重优势。公司将用3年的时间，打造成全国最大的微电商城平台之一，线上米粉人数超千万级，特惠商城体验米粉每天达五十万级；2016年营销总额达到百亿级，三年后达到五百亿级。从明年开始，将用三至五年的时间将房地产开发与米来汇平台资源相整合，打造一个定制化与个性化相结合，高端大气，品味时尚及就医、养老、上学、就业于一体的智能化住宅社区。在打造好米来汇商城的同时，还将适时推出“互联网+房产”、“互联网+汽车”、“互联网+家庭生活定制”等一系列创新项目。

【智能电视操作系统发布 湖南将打造家庭互联网生态圈】 2015年12月26日，智能电视操作系统TVOS2.0软件在湖南广播电视中心正式发布。TVOS2.0是我国自主研发推出的新一代具有自主知识产权、可管可控、安全高效、开放兼容的电视操作系统，广大人民群众将足不出户享受智能电视操作所带来的科技发展成果。智能电视操作系统TVOS2.0是由国家新闻出版广电总局广科院、华为技术有限公司、阿里巴巴集团、中兴通讯股份有限公司、深圳创维-RGB电子有限公司、东方有线网络有限公司、江苏省广电有线信息网络股份有限公司、陕西广电网络传媒(集团)股份有限公司、湖南省有线电视网络(集团)股份有限公司等60多家TVOS工作组成员单位，在TVOS1.0与华为MediaOS和阿里巴巴YunOS融合的基础上，打造的我国自主创新、安全可靠的新一代智能电视操作系统。智能电视操作系统TVOS2.0突破了对直播、点播、互联网电视和跨屏互动等各种形态和格式的媒体进行统一协同处理的关键技术，面向智能媒体网关等多形态智能电视终端的要求，内置了智慧家庭服务、媒体网关、智能人机交互、大数据采集等软件功能模块，并成功地搭载了视频通信、电视游戏等多款增值业务，可以有效支撑机顶盒、一体机、媒体网关等各种智能电视终端形态。对于湖南地区的有线电视用户，已经普及的“家+”就是以TVOS2.0操作系统为标准设计的。与传统的高清机顶盒相比，湖南有线集团的“家盒”芯片能力提升了6倍，内存提升了9倍，可以完美地体现TV0S2.0强大的业务能力。借助TVOS2.0升级，湖南有线集团未来将全面进行融合转型、创新升级，在全国率先打造区域性有线电视家庭互联网生态圈。会上，国家新闻出版广电总局科技司、工业和信息化部电子信息司启动了TVOS2.0产业化规模应用仪式。同时，国家新闻出版广电总局科技司宣布成立“广电智能终端产业联盟”，加快推进我国智能电视操作系统TVOS2.0的创新应用和推广普及。此外，智能电视操作系统TVOS工作组与国际开源代码社区组织Linaro签署了两组织相互加入、成为彼此成员单位的协议。这标志着我国自主开发的智能电视操作系统将正式跨入国际开源社区行列。

【湖南青商会首个青年创业众筹试点项目启动】 2015年12月26日，湖南省工商联领导小组赴太平街“帮派盖码范”旗舰店指导工作。作为湖南省青年企业家商会（青商会）首个众筹的青年创业试点项目，省工商联对其给予了高度关注，以期其在管理模式、运营模式方面为更多的青年创业者提供经验参考。今年7月，在湖南省工商联青年企业家商会“青商助力众筹圆梦”活动的感召下，“帮派盖码范”项目被选为青商会首个众筹的青年创业试点项目，在省工商联青商会会员范围内以众筹投资的方式正式启动。历时5个月，“帮派盖码范”完成了“从0到1”的品牌创始革命，产品从酝酿实验、大众评测，到与饿了么、百度外卖、大众点评、美团网、口碑网、零号线等网络平台全方位合作，已形成一整套完整的品牌文化和成熟的产品运营线。运营模式是企业的核心“中枢”，其科学性直接关系到企业能否拥有健康的造血系统。经过几个月的摸索与整合，“帮派盖码范”逐渐确定了一套较为成熟，且符合“私人订制”的运营体系：今年12月，O2O+C2B+O2T的全新模式全面铺就，实现了线上线下的密切联动。

【“结构性改革”助力湖南经济腾飞】 2015年12月26日至27日，湖南省委经济工作会议在长沙召开，全面贯彻落实中央经济工作会议和中央城市工作会议精神，深入学习习近平总书记关于经济工作的系列重要讲话精神，总结今年、部署明年经济工作。会议提出，明年全省经济工作要狠抓结构性改革，着力转型升级，培育发展新动能。实践证明，明晰的认识，科学的定位，有力的举措，可以正确指导政府活动，最大限度地聚集资源，最优化地配置资源，最有效地转化资源，从而推动经济持续健康发展。一段时间以来，湖南省经济发展平稳，深化改革有力有序，取得了可喜的成绩。换句话说，今年湖南省经济发展的思路是正确的，措施是管用的、成效是明显的。但是，面对经济社会不断发展的新形势和新要求，诸多困难和问题也会随之而来。如今正值湖南“十三五”规划的开局之年，无论是发展环境还是面临的任务都将发生新的变化，在这种情况下，要实现湖南经济保持中高速增长，迈向中高端水平，迫切需要我们着力加强结构性改革，有效化解过剩产能，为“三量齐升”、“五化同步”注入强劲动力，为湖南经济快速发展指好道、领好航。此前，中央经济会议释放出了巨大信号，改革将成为我国明年经济社会发展的主基调、最强音。推进供给侧结构性改革，是适应和引领经济发展新常态的重大创新，更是适应我国经济发展新常态的必然要求。再来看湖南，主政者徐守盛明确提出要大力推进供给侧结构性改革，提高有效供给能力。可以说，此次湖南省委经济会议为明年湖南经济发展发出新的攻坚号令，不仅要求工作战略上要坚持稳中求进、把握好节奏和力度，坚持持久战，更要在战术上抓住关键点，啃掉“去产能、去库存、去杠杆、降成本、补短板”的五块“硬骨头”，打出一场漂亮的“歼灭战”。通过优化存量、引导增量、主动减量，进而消化无效产能、培育崭新动能，增强持续增长动力，从而实现发展理念、发展思路与时俱进，确保湖南省经济行稳致远、提质增效。“雄关漫道真如铁，而今迈步从头越。”湖南供给侧改革的大幕已经拉开，随着基础不断夯实、优势逐渐彰显，朝着目标奋勇前进的湖南，只要把握正确方向，让改革举措落地，奋力开拓进取，真枪真刀抓下去，增强持续增长动力，加快培育新的发展动能，就一定能谱写好“十三五”经济社会发展的开局新篇，从而推动实现更高质量、更有效率、更加公平、更可持续的发展。如此，“小康湖南”也将不再遥远。

【2015年度湖南制造业十大技术创新成果发布】 2015年12月28日，湖南省加速推进新型工业化工作领导小组办公室、省经信委联合发布了2015年度全省制造业技术创新十大标志性成果。这十大成果是：中车株机中低速磁悬浮列车系统、铁建重工国产首台铁路大直径盾构机、中联重科QAY800全地面起重机、蓝思科技蓝宝石生产及智能终端应用、衡阳特变电工1000kV特高压发电机变压器、中车株洲所永磁同步电机传动系统、长沙比亚迪K9纯电动客车技术、湖南国科微电子高性能高清网络摄像机（IP Camera）主芯片、湖南金旺铋业含铋物料富氧双侧吹熔池熔炼新技术、楚天科技药品/食品胶塞清洗机联动生产线。此次发布的十大创新技术成果，是从全省制造业领域申报的项目中，经专家评审委员会在考量创新成果的创新程度和水平、对制造业发展的带动作用和实质性贡献等指标的基础上评选出来的。比如，铁建重工的铁路大直径盾构机，填补了国内空白、打破了国外技术垄断，对当前国内高铁、地铁等重大基础设施建设，以及中国高铁装备走向海外等均具有重大意义；特变电工的1000kV特高压发电机变压器，在核电、特高压电网建设等领域应用前景广，今年已累计实现销售收入近3亿元。

【湖南6家景区获国家4A级景区公示 总数或超90家】 2015年12月29日，湖南省旅游景区质量等级评定委员会发布湖南新一批国家4A级旅游景区网上公示，公示时间为12月29日至2016年1月2日。其中6家景区荣誉登榜，或将荣升“4A”，届时，湖南境内的国家4A级旅游景区将达到92家。在新一轮评定中被拟批准为国家4A级旅游景区有：长沙市千龙湖生态旅游区、衡阳市石鼓书院景区、常德市城头山旅游景区、郴州市板梁古村景区、张家界市溪步老街非遗文化体验基地、怀化市通道皇都侗文化村旅游区6家景区。

核心区域篇

长沙市2015年两型社会建设综述

2015年，在长沙市委、市政府的正确领导下，全市深入贯彻生态文明战略和绿色发展理念，围绕率先建成“两型引领之市”的目标，突出先行先试、项目支撑、示范引领、共建共享，全力推动两型社会建设由点到面、由浅到深、由破到立，取得了显著进展。

一、重点领域改革进一步加快，取得了一批新成果新经验

坚持两型综合配套改革与生态文明体制改革“两位一体”，完善改革项目化推进机制，实施的一批重点改革顺利完成年度目标，其中餐厨垃圾集中收运与资源化利用、坪塘老工业基地污染产业退出与生态修复机制、农村环境综合整治模式等6项改革获评全省生态文明体制改革创新案例，节约集约用地模式、绿色建筑推进机制、宁乡县生态养殖与生态治水等改革经验在全国或全省会议上进行了推介。

一是开展湘江新区综合性生态补偿试点。制定实施试点方案，根据生态资源价值和生态环境质量对涉农行政村进行综合性生态补偿，探索形成了“保护者受益、破坏者付代价”生态补偿机制，已经完成对38个试点行政村（社区）的生态基础摸底。

二是完善绿色建筑推广机制。率先全国出台实施《长沙市绿色建筑项目管理规定》等配套技术文件，完善绿色建筑技术标准、过程监管和认定程序。梅溪湖新城的国家首批绿色生态示范城区建设试点、省级集中连片推广绿色建筑示范片区建设试点在全省乃至全国形成影响。

三是推进节约集约用地综合标准化试点。编制完成长沙市节约集约用地综合标准化体系框架，构建起建设用地“批前、批中、批后”的标准化体系。在全省率先构建了节约集约用地专项考核制度。长沙作为国土资源部指定的4个单位之一，在全国停车场（楼）节地技术研讨会上做典型发言。

四是深入推进水生态文明城市建设试点。出台实施长沙市实行最严格水资源管理制度考核实施方案，实行水资源管理工作行政首长负责制。实施《长沙市用水定额》，在全省率先开展非居民用水超定额累进加价制度。

五是健全能源节约机制。率先全国出台实施能源管理体系地方标准和加快节能服务产业发展的实施意见，实行合同能源管理项目认定制度，将公共机构合同能源管理服务纳入政府采购范围，建立用能单位“自主、自愿、自觉”开展节能减排的长效机制。

六是健全大气污染防治机制。出台加快推进黄标车及老旧车淘汰工作方案，淘汰黄标车1.8万台、黄标公交车468台。全面开展“清洁城市”行动，2015年空气质量达标天数为258天，比上年增加31天。

七是完善环保监管与执法机制。成立打击环境污染违法犯罪联席会议领导小组及办公室，建立了环保与司法环境执法联动协作机制。在宁乡县开展环境监管执法机制改革试点，形成了可在全市推广的经验。

八是建立空间开发保护制度，推动省级“多规合一”试点。建立了以绿地、林地、水体资源等为主的GIS生态资源数据库，在长沙县、浏阳市、宁乡县开展“多规合一”试点，推动三县（市）建设共享规划平台。

九是积极推进重要生态资源资产产权登记改革。正式发布《关于进一步加强生态环境保护工作的意见》，积极推动重要生态资源产权登记，积极推广水体、矿产、森林、湿地等自然资源有偿使用和使用权转让。出台全市不动产统一登记工作实施方案，林地、草原等重要生态资源资产登记有序推进。

十是着力推进基层改革试点。长沙县“零碳县”试点取得阶段性进展，获得了国际社会的高度关注。岳麓区出台《岳麓区公共机构合同能源管理实施方案》，在区域内公共机构推行实施合同能源管理。两型社会建设金融创新进一步深化，长沙县浔龙河生态示范点等两型项目签订PPP合作意向书。

二、两型重点工程推进顺利，有力推动了全市两型建设

围绕城乡生态化、建筑绿色化、交通低碳化、产业两型化，推进实施一批两型建设重点工程，辐射带动全市两型社会建设。

一是扎实推广清洁低碳技术。编制实施长沙市2015年度清洁低碳技术推广工作计划，长沙高新区工业厂房屋顶光伏发电等一批项目进入2015年省级清洁低碳技术推广试点。推广新能源发电技术，规模化建设光伏屋顶电站，已建成项目总装机容量70兆瓦以上，在全国省会城市排名前列；推广畜禽污染治理和资源化利用技术，长浏宁三县（市）完成50万平方米畜禽养殖场治理；推广重金属污染治理技术，原长沙铬盐厂铬渣污染土壤治理等项目进展顺利。推广“城市矿产”再利用技术，从报废汽车、废旧电器中提取“城市矿产”2000吨。

二是强力推进绿心保护。按照“做好一个顶层设计、编制一套综合规划、成立一支执法队伍、设立一个专项基金、建立一个工作机制”的思路，坚持保护至上，守住绿心。明确绿心保护分级管理、标识设置、项目准入等方面的任务，建立市、区县、乡街三级目标责任体系。组织全面梳理绿心地区规划建设情况，编制《长株潭城市群绿心地区（长沙境内）规划衔接研究报告》，提出了规划衔接建议方案；协调加快暮云片区、跳马镇、柏加镇控规编制。严格项目准入，全力推进市重点项目建设，严禁污染工业、土地密集型的第二产业、高能耗产业、高密度房地产项目进入绿心。清理整治省两型委通过卫星监测的2014年以来95处违法违规行为，严厉打击损毁破坏绿心的现象。促成雨花区安排绿心生态补偿资金1000万元、岳麓区安排绿心保护专项资金500万元，并列入财政预算。探索建立绿心生态补偿机制，形成《长沙市绿心地区生态补偿暂行办法》将报市政府，正在研究推动出台一整套促进绿心保护与发展的机制。

三是切实强化节能减排。以完成国家节能减排财政政策综合示范工作任务为抓手，加快实施一批典型示范项目，主要节能减排指标顺利完成了“十二五”目标任务，较2010年单位GDP能耗下降20%以上。推进能源结构调整，启动一批天然气分布式能源建设项目，已建及在建项目总装机规模达76.9兆瓦。制定了《长沙市重点用能单位节能低碳行动实施方案》，将年耗能2000吨标准煤以上的共343家企业（单位）纳入“十二五”节能技改和节能监管范围，已启动实施约200家企业（单位）节能技术改造，累计节约能源720万吨标准煤。

四是全面提升城乡品质。继续推进“绿色城市”建设“三年造绿大行动”，建设与改造湘府文化公园、沙湾公园等7个公园，新建社区公园20个，新增绿地9000亩。全面推行拆墙透绿，开放绿地208.47万平方米。围绕建设全国绿色建筑示范城市目标，推出试点项目150多个，总建筑面积约2200万平方米，城区绿色建筑占新建建筑比重达到30%。推进绿色交通建设，配套补贴新能源汽车，湘江新区综合交通枢纽投入使用，长沙磁悬浮列车预计2015年底将正式通车，长沙市公共自行车租赁系统200个站点投入运营；全市已更新达到国Ⅲ以上排放标准的公交车3429台，占比82.5%。启动长沙市生活垃圾分类试点，全市1200余个行政村建立垃圾收集处置体系。探索餐厨垃圾统一收集处理全覆盖化拓展，大中型餐厨废弃物产生单位有效收集率超过90%。

五是着力整治生态环境。出台大气、水、噪声专项治理方案，持续推进清霾、碧水、静音、净土四大行动。清霾方面，对无绿色环保标志的机动车实施交通限制通行措施，加强扬尘、秸秆和垃圾焚烧、油烟排放等专项整治，加强大气污染源解析，实现空气质量48小时预警预报。碧水方面，出台湘江长沙库区水污染防治条例，实施湘江保护治理工程，完成“一江五河”城区101个排水口截污改造，实现污水全收集、全处理；开展水上餐饮专项整治，取缔非法水上餐饮船舶23艘。静音方面，开展全市“三考”静音执法行动。净土方面，全面完成原长沙铬盐厂止水帷幕一期工程建设。

三、两型样板打造走在前列，有效提升了全社会两型理念

着力加强两型社会共建共享平台建设，深化两型发展理念，引导全社会积极践行两型生产、生活和消费方式。

一是打造两型示范片区样板。加快湘江新区两型综合示范片区建设，打造两型新城、两型社区、两型学校、两型企业、两型景区、两型村庄等六类样板，岳麓区实验小学等学校两型教育深入课堂，岳麓区桐木村等村庄两型新村风貌初显，长沙高新区华时捷等企业两型生产全面铺开。梅溪湖和洋湖片区全面推广了建筑工业现代化、分布式能源站、有机垃圾微生物减量处理、绿色市政，岳麓区咸嘉新村、白鹤咀等社区的智能垃圾分类、生活垃圾干湿分类、有机垃圾微生物减量处理、屋顶光伏发电、绿色出行、两型理念体验展示等一批项目投入使用。宁乡县花明楼省级两型综合示范片区加快提升，花明楼镇获批全国第三批发展和改革试点镇、全国宜居小镇。

二是深化两型示范单位创建。在社区、村庄等8个领域深入推进两型创建，望城区桐林坳社区探索“自主管理、自主建设、自主服务”的创建路子，被誉为“鲜花里的村庄”；浏阳市梅田湖村鼓励村民践行两型生产方式，走出了一条两型发展之路；长沙经开区通过国家生态工业园考核验收。全年共计培育省级两型示范单位3个、示范基地9个、创建单位33个，占长株潭三市的近2/3；认定市级两型示范单位22家、创建单位104家，对示范单位争取给予了适当资金支持。组织召开全市两型示范创建工作调研座谈会，编发了《两型先锋——长沙市两型示范创建单位集锦》，在全市推广一批可学习、可复制的创建经验。

三是完善两型示范创建机制。制定实施两型示范创建年度工作方案，建立了两型示范创建工作联席会议制度，出台了两型创建联席会议制度和项目资金管理办法。将示范创建组织实施情况纳入全市两型社会建设绩效考核范围。推进建设两型示范创建信息化管理系统，推进申报网络化、管理规范化。

四、湘江新区两型建设加快推进，高端品质新城风貌凸显

湘江新区率先贯彻两型改革试验新要求，探索区域绿色发展新模式，2015年4月获批中部地区首个国家级新区，定位为全国两型社会建设引领区。围绕“碧水、青山、蓝天”的目标着力治水、复绿、清霾，加快湘江新区两型建设。截至2015年，共投资130亿元实施生态环境项目90多个，核心区落后产能淘汰率100%、森林覆盖率57%、城市人均绿地面积25平方米，各项生态指标达到或基本达到全国生态示范城区标准。

一是加快两型新城提质融合。全力打造梅溪湖国际新城国家绿色生态示范城区，建设了长郡梅溪湖中学等国家二星级以上绿色建筑15个；梅溪湖推广应用有机生活垃圾微生物处理技术，生活垃圾回收再利用率达50%以上；建成自行车、绿道步行系统和水上交通组成的绿色慢行交通系统60公里。滨江新城片区江水源热泵区域供能项目建成后，预计将为212万平方米建筑供能。大河西综合交通枢纽等重点两型项目正式投入运营。

二是推动两型产业优化发展。坚持先进制造业与现代服务业双轮驱动、科技创新与绿色发展相互促进，推进关联产业融合发展，依托长沙高新区等工业园区，重点引进和建设一批金融、企业总部、品牌商业综合体、文化科研项目，加快培育发展移动互联网、生物医药、新材料等高新技术产业和战略性新兴产业。以项目为依托，推进节水节能改造、绿色照明、废物综合利用、绿色认证等两型元

素进入企业。支持和引导远大住宅等一批企业结合自身实际，探索绿色发展、低碳发展、循环发展路径。2015 年新区推广住宅产业化技术建筑面积达 94 万平方米。

三是深化配套体制机制创新。2015 年以来，重点推进生态文明建设体制机制创新，制定了生态文明建设三年行动计划，实行了直接补偿到村的综合型生态补偿机制。改革行政审批和批后监管模式，逐步实现相对集中行政审批与批后监管的有机统一。创新土地节约集约利用机制，研究探索土地差别地价、弹性年限、出让方式等方面机制创新。积极在投融资、PPP 模式、综合管廊、智慧城市、绿色生态示范城区等关键领域开展探索，取得了积极进展。

五、两型工作推进机制不断健全，齐抓共管格局持续强化

进一步加强宏观谋划和全市统筹，健全两型社会建设推进体制机制，加速推动全市两型建设改革。

一是加强两型建设改革研究推介。围绕“六个走在前列”和率先建成“两型引领之市”要求，组织推进重大战略研究和宏观谋划。2015 年，重点推进了长株潭（长沙）绿心保护状况调查与建议、长株潭城市群融合发展战略研究、长沙市基本实现现代化“十三五”规划纲要等 4 个课题，形成研究成果并纳入领导决策视野，长沙市两型社会建设“十三五”规划已经完成意见征集，正进一步修改完善。

二是强化两型建设协同推进机制。把两型工作列为全市绩效考核的重要内容，细化分解两型体制机制创新、两型重点项目、两型示范创建等工作任务，严格对照考评。严格生态绿色保护督查，定期在全市组织开展绿心保护工作督查通报，有效促进了保护责任的落实。进一步加大两型建设资金投入，优化协同机制，在区县协同、部门合力推进两型建设方面取得新进展。正在研究设立市级两型专项资金。

三是加强两型社会宣传引导。组织编制了全国首本以漫画形式传播两型社会和生态文明常识的公益读物——《两型生活知识读本》，并向社会免费发放 2 万册，相关活动得到湖南卫视、湖南日报、新华网等 20 多家主流媒体的广泛关注。举办了长沙市首届两型社会建设摄影大赛和摄影展，引导广大市民在美的愉悦中认同两型、参与两型。在长沙城市公共自行车租赁系统橱窗全面推进两型宣传，目前已投放两型公益广告 100 多幅，得到广大群众的普遍好评。在《长沙晚报》《长沙通讯》开设了两型宣传专栏，全面推介两型长沙。设计制作了长沙市两型社会建设标识标牌，并在全市两型示范单位投放。组织编发《长沙两型专报》，建立长沙两型工作交流长效机制和推介渠道。在复旦大学举办“推进两型社会建设和生态文明体制改革”主题培训班，首次对全市两型工作骨干进行两型改革建设系统培训。在“公务员大讲堂”举办了“两型社会建设与长沙转型创新发展”专题讲座，邀请国内知名专家对全市 800 多名公务员进行授课。

长沙市 2015 年两型社会建设成果

资源节约利用

【全国节能减排财政政策综合示范工作会议在长沙召开】 2015 年 1 月 27 日，全国节能减排财政政策综合示范工作会议在长沙召开。国家发改委副主任解振华，财政部副部长刘昆，省委常委、常务副省长陈肇雄，市委常委、常务副市长陈泽珲出席会议。陈肇雄在致辞中表示，湖南将以这次会议为契机，充分发挥节能减排财政政策综合示范效应，着力推进产业低碳化、交通清洁化、建筑绿色化、服务集约化、主要污染物减量化、可再生能源利用规模化等重点工作，加快构建政府主导、企业主体、市场驱动、全社会共同参与的节能减排工作新格局。

财政部、国家发改委从 2011 年开始，在全国部分城市开展节能减排财政政策综合示范工作，我省长株潭地区被列入示范名录。近 3 年来，长株潭三市投入节能减排财政资金 113 亿元，实施综合示范项目 549 个，提前 1 年完成“十二五”节能减排主要指标任务。经过近 3 年努力，长沙、株洲、湘潭 2014 年单位 GDP 能耗比 2010 年分别下降 17.3%、18.0%、25.6 %，超额完成进度目标。长沙市获批国家“公交都市”建设试点城市，2013 年公共交通综合平均油耗比 2010 年下降 8.14%；建设全国首个“绿色地铁”样板工程；争取中央财政将长沙纳入了现代服务业综合试点；率先在全国建立比较规范化、系统化的排污权有偿使用和交易制度，率先在全国省会城市实施河流生态补偿。

【长沙启动高桥物流货运市场专项整治行动】 2015 年 9 月 13 日，长沙雨花区拉开了高桥物流货运市场专项整治行动，660 多家物流货运“小作坊”将在 2015 年内全部关停。“物流货运”招牌被强制拆除，违规堆放的物品被暂扣。“高桥物流货运市场从当初的 10 多家，发展到现在的 660 多家。高桥新 2 号小区和新塘垅小区安置房的许多住户将房子出租给经营物流的商家，形成了这个无证经营的物流货运市场。”高桥街道办事处主任莫志刚说，安置区共有 188 栋居民楼，每天进出货车 4000 余台次，物流货运成了高桥地区最难治的顽疾。13 日，高桥物流货运市场，进货、出货的车辆胡乱停放，交通混乱；各家货运“小作坊”的货物遍地堆、招牌到处挂，火灾隐患严重……严重影响了市容市貌和周边居民的正常生活。由雨花区城管、公安和高桥街道办事处组成的 500 多人的整治队伍开进了高桥物流货运市场，在 4 台大型吊车、2 台拖车的配合下，对凌乱不堪的招牌强制拆除，对随地摆放的货物进行扣押，对违章停放的货车予以拖离。整治力量分成两组，沿石坝路两边，由东向西一路铺开……在 13 日的行动中，共整治了石坝路沿线 18 栋安置房，清理店外经营 67 处，清除违章广告招牌 130 块，清查安全隐患 100 多处，暂扣大货车 15 台。600 多家物流货运门店的招牌必须全部拆除，占道堆物、乱停乱放等问题必须整改到位。“根据市委、市政府的要求，高桥物流货运市场外迁工作须在 2015 年年底完成，整治行动的启动，旨在确保外迁工作按时按量完成。”在现场组织指挥整治行动的雨花区副区长、高桥物流市场外迁指挥部指挥长余宏卿介绍，高桥物流市场每年货物吞吐量达1500万吨，目前，已建好的和在建中的高桥市场黄兴物流园、陕汽环通干杉物流项目等，均可为高桥物流货运市场外迁提供承接地。

【长沙“公交出行宣传周”启动】 2015年9月16日，长沙启动了为期一周的“公交出行宣传周”活动，向市民倡导绿色出行理念。经过2年多的建设，长沙的公交投入逐渐增加，目前，长沙“公交都市”建设已取得明显成效：全市清洁能源和新能源公交车超过八成，公交企业行车事故次数下降明显。2015年还将对全市的公交站牌进行改造升级，实现站台公交查询的智能化。

一周内推出多种免费乘车活动。16日上午，在汽车东站搭乘103路纯电动公交车的市民苏小姐上车时意外发现，该车投币箱已被封住，刷卡机的电源也没有打开，且都贴着“绿色出行 免费乘车”的字样。原来，当天长沙的103路、120路、126路、130路、168路5条线路的72台纯电动公交车全天免费向市民开放，可无限制免费乘坐。2015年的“公交出行宣传周”活动时间为9月16日至22日，期间将开展形式多样的免费乘车和宣传活动。9月22日，长沙各公交公司和轨道运营公司，在长沙火车站、长沙火车南站、汽车东站、汽车南站、汽车西站及轨道交通2号线五一广场站、长沙火车南站站设置宣传点，向市民发放公交宣传手册和“无车日”公交、地铁免费乘车卡，市民凭免费乘车卡可在当天免费乘坐市内公交车和地铁。

长沙已淘汰所有黄标公交车。近年来，长沙加大绿色公交车辆的推广。2014年淘汰黄标车辆573台，2015年淘汰黄标公交车468台。2015年6月底，长沙市实现所有黄标公交车淘汰下线。截至2014年底，长沙城区共有公交车4656台，已推广清洁能源公交车617台，新能源油电混合动力公交车3145台，纯电动公交车180辆，清洁能源与新能源公交车已达到总数的80.7%。此外，为配套新能源和纯电动公交车推广，长沙自2014年起启动了比亚迪厂区、三汊矶大桥西、三汊矶大桥东、东升路公交首末站、望城汽车站等9处充电站（桩）建设，计划至2015年底建设327个充电桩，目前已建成180个充电桩。除了车辆更新，长沙公交的智能化建设也取得了新进展。位于长沙火车南站的长沙市枢纽信息化服务与协调管理平台硬件已建成。数据显示，自礼让斑马线活动开展以来，长沙公交企业行车事故次数下降明显，2015年事故次数较2014年同期下降25.65%。

【长沙万张免费乘车卡全城发放】 2015年9月22日又是一年一度的“无车日”。2015年“无车日”的主题是“绿色交通——选择·改变·融合”，希望人们选择公共交通、步行和自行车等绿色交通方式，别过度依赖小汽车出行。9月21日从市客管部门获悉，市民9月22日可以免费领取10000张乘车卡，免费乘坐公交车和地铁。与此同时，长沙各大公交公司和出租车公司也已做好了准备，加大运力，保障市民安全快捷地出行。

乘车卡，每人可领一张，免费乘车一次。“一位市民只能领取一张免费乘车卡，持这张卡可以免费乘坐一次公交车或地铁。”该局相关负责人表示，希望免费乘车卡的发放向市民传递绿色出行的理念，尽量不开车、少开车，选择地铁、公交车、自行车、步行等绿色交通出行方式。

公交车，高峰期发车频率在3分钟以内。无车日这天，进入主城区和连接主城区的40余条线路，会比平时增加20%以上的运力，保证市民出行需求。湖南巴士在此之前，对全公司所有车辆都已提前做好了安全检查，确保无车日当天安全运营。此外，还会根据客流情况实时调度，缩短发车间隔，高峰期发车频率控制在3分钟以内。龙骧巴士运营调度中心主任陈宇透露，该公司所有进入全封闭区运营的车辆都已提前做好了保养，并专门针对无车日制定了运营预案，一旦出现客流量增大的情况，会及时从其他线路调车进行分流。只要路面不出现严重的拥堵，乘客等一趟车的时间不会超过3分钟。

出租车，无车日违规违章将严格处罚。根据市客管部门往年的经验，由于2015年的“无车日”恰逢工作日，出行需求大，不排除部分出租车出现拼客、不打表计价、随意提价等违规行为，因此将在当天加大对出租车市场的监控和管理。长沙多家出租车公司也做出承诺，加强管理，对“无车日”这天的士违规违章行为实行严格处罚。新里程、万众出租车公司承诺：“无车日”当天如有出租车出现故意绕道行驶；不按照规定操作计价器或者超过计价器显示金额收费；拒载乘客等违规违章行为，将按照《长沙市公共客运管理条例》最高上限严打出租车违规违章行为，广大市民打的遭遇侵权时，请及时拨打新里程24小时热线85577775、万众24小时热线84714770进行投诉。蓝的、津红、福利、秀峰等出租车公司均已通过GPS系统向驾驶员发放“无车日”尽量进入主城区营运的提醒，切实做到不拒载，保持车内外整洁、规范营运、优质服务，确保主城区营运率。

2015年的“无车日”活动与往年相比，取消了半封闭圈，保留全封闭交通管制圈，不限单双号。9月22日9时至17时，长沙城区机动车全封闭交通管制圈范围为：禁止机动车（除客运出租车、公交车、校车、通勤车、婚丧车和军警、急救、消防、抢险等机动车辆外）在芙蓉路、劳动路、湘江路、五一大道合围区域范围内的道路（不含边界道路）通行。

【长沙提前一年完成“十二五”节能目标】 2015年9月21日，长沙9个区县（市）2014年节能工作进行现场评价考核结果揭晓，各区县（市）均按照国家节能减排财政政策综合示范城市要求，提前一年完成“十二五”节能减排目标任务，其中4区县（市）考核结果为超额完成。此次主要考核区县（市）政府2014年度节能目标完成情况和节能措施落实情况。前者包括年度节能目标和“十二五”节能目标进度，占40分；后者包括目标责任、结构调整、重点工程、节能管理、技术推广等十方面内容，占60分。此外，还相应设立加分项。考核结果显示，浏阳市、宁乡县、望城区、天心区得分均超过95分，考核结果为超额完成等级；雨花区、芙蓉区、开福区、长沙县、岳麓区得分在80分至95分之间，考核结果为完成等级。“长沙从2014年开始，按季度发布各地节能目标完成情况，各区县（市）根据预警等级分析本地区制约节能降耗的关键因素，制定针对性的工作方案，合理控制能源消费增量，遏制高耗能行业过快增长。此举有效地强化了统计预警，确保全市全年节能目标任务顺利完成。”市发改委副主任缪晨光表示。2014 年，长沙单位 GDP 能耗降低率 5.71%，超过年度预期目标 2.71 个百分点；完成“十二五”节能目标进度的 119.3%，超过进度目标 39.3 个百分点，按照国家对节能减排财政政策综合示范城市要求，提前一年完成省政府下达的“十二五”期间下降 16%的目标任务。

【长沙三大市场迁建和高桥市场片区提质改造活力迸发】 现代化的交易大厅，顺畅的车道和充足的车位、先进的管理设施和全国同步的服务……2015 年 12 月底，随着长沙农产品物流中心的开业，长沙的农产品批发市场也将变得“高大上”，湖南的“大菜篮”马王堆蔬菜批发市场将整体搬进这个新家，落户长沙县黄兴镇。2015 年 11 月下旬，项目一期建设已进入扫尾阶段，七成招商工作已完成。初冬时节，长沙四大市场迁建和提质捷报频传。12 月，和百姓生活息息相关的长沙家禽批发市场、新红星大市场也将开工建设，高桥物流市场将完成外迁——长沙四大市场活力迸发。

长沙，历来以商贸大市著称。改革开放以来，一个个称雄长沙乃至中部、全国的商贸市场强势崛起，高桥、红星、马王堆，演绎着一个个市场托起一个个商圈的佳话。截至 2014 年底，内五区共有专业市场 92 个，总用地面积约 9339.8 亩，总营业面积约 660 万平方米，经营户达 9 万户。多年前规划建设的老市场，明显和如今的生意需求不合拍。随着社会发展，原有市场规划滞后、配套滞后、业态滞后的问题日益凸显，给城市交通疏散、城市功能优化、城市品质提升带来了诸多制约。市场外迁、提质改造势在必行。2014 年，市委、市政府做出重大决策：用三年时间，实现马王堆蔬菜批发市场、长沙家禽批发市场和红星农副产品市场迁建以及高桥市场片区提质改造。

2015 年 11 月下旬，长沙县黄兴镇黄江公路旁，占地 500 亩的长沙农产品物流中心一期工程已进入扫尾阶段。14 栋单体建筑已全部完工并验收。建筑内外装饰装修工程 11 月全部完成，12 月底，随着长沙农产品物流中心的试营业，马王堆蔬菜批发市场将整体搬迁于此，城区的老市场将随之关闭。在马王堆农产品股份有限公司董事长杨鹏看来，马王堆蔬菜批发市场不是简单的外迁，而是一次彻底的蜕变：总投资超 20 亿元；规划占地面积 1001 亩，比老市场大 5 倍；日吞吐量达 20000 吨以上，是老市场的 4 倍多；停车场面积达 10 万平方米，可同时容纳近 2000 辆货车停放……将成为中南第一、全国一流的绿色、安全、生态的农产品现代物流枢纽中心。高桥市场片区是四大市场中唯一原址提质改造的市场，继 2014 年投入巨资提质改造了酒水食品城、酒店用品城等后，2015 年 12 月底前，高桥物流货运市场也将完成外迁。为此，高桥市场片区自 2015 年 9 月 13 日启动了外迁整治行动，截至目前共整治 188 栋安置房，清理店外经营 921 处，清除违章广告招牌 471 块，清查安全隐患 757 家，禁止大货车乱停 4698 台，闯禁处罚 1657 起。同时，长沙家禽批发市场和新红星大市场都将在 12 月启动建设。目前，家禽市场位于长沙县黄兴镇的 157.75 亩项目用地，已由湖南粮食集团摘牌；将迁往雨花区跳马镇的新红星大市场，已被列入全省 2015 年第二批重点建设项目。两大市场都铆足了劲要建全国一流的专业市场。

三大迁建市场均涉及千家万户的“米袋子”、“菜篮子”，是重大民生工程。同时，也因为牵涉各方面利益而困难重重。要按计划如期完成市场迁建提质，离不开规划引导、政策支持、机制创新和责任四大“法宝”。2015 年 8 月，长沙通过了首个“专业市场布局规划（2015—2020 年）”，在三环线周边及外围地区规划 10 个专业市场群，为城区内市场外迁提供了布局合理的承接地。长沙是国家现代服务业综合试点城市，四大市场已经或即将纳入试点重点项目。此外，全市每年还安排 5000 万元专项资金，从项目用地、新建补助等方面支持物流仓储的建设发展。为加快推进步伐，由市领导牵头的四大市场迁建和提质领导小组创新工作机制，市商务局设立四个项目工作组联点帮扶，实行目标倒逼，通过日、周、月调度，定期督查、通报。对于四大市场迁建和提质的工作人员来说，加班加点连轴转几乎是常态。为了拿下长沙农产品物流中心用地的征地拆迁，长沙县镇村三级党员干部全力以赴，黄兴镇镇长胡朝钦记得最忙的时候一年最多休了七八天；为了实现高桥物流市场年底外迁的目标，两个月来雨花区高桥街道工作人员全员无休，依法整治和宣传引导“双管齐下”。老市场外迁后腾出土地，也将成为长沙建设中部现代服务业中心的新亮点和经济增长点。

【长沙召开三年造绿大行动推进会】 2015 年 12 月，省委常委、市委书记易炼红对全市三年造绿大行动做出重要批示，要求“扎实推进今冬明春全市的造绿、增绿、造景、添景行动，务求规模更大、效果更好”。自三年造绿大行动启动以来，全市已完成绿化面积 36.5 万亩，打造了 10 条最美城乡绿色通道，其中城区新增绿地面积 1455.85 公顷、新建 30 个公园，目前全市森林覆盖率达到 54.8%，城区人均公共绿地面积 11.67 公顷（含湿地）。2016 年，长沙计划投资 61 亿元，完成宜林地造林 15 万亩，新增城市绿地 600 公顷。其中新增城市公园绿地 300 公顷，建设林荫道路 20 条，重点对 18 个出入城口进行绿化提质，加快建设环城绿带生态圈，完成全民义务植树造林 1200 万株。

三年造绿大行动是提升长沙城市品质，加快建设具有国际品质和湖湘文化标识的现代化大都市的重要举措，必须进一步提高思想认识，增强省会城市的责任担当，兑现对全市人民的承诺。要坚持问题导向，加强规划引领，抓好抓实规而未建公园、城市道路绿化、立体绿化、拆违增绿、环城绿带生态圈建设、城乡造绿、18 个出入城口绿化等重点工作，全力打造“城在林中、路在绿中、人在景中”的城市新画卷。要坚持建与管、增与护并重，狠抓毁绿、破绿等违法行为的执法，加强长株潭绿心保护，开展经常性巡查，实现常态化管理。同时要明确职责、加强协调，加强宣传、浓厚氛围，加强督查、严格考核，形成强大的工作合力。

生态环境保护

【湖南首个 PPP 公交项目在长沙县启动】 2015 年长

沙县所有乡镇的村民都能乘坐公交车出行了，而城区的市民也可以坐公交去郊游了。4月18日，湖南首个城乡公交一体化PPP项目长沙星通公交公司成立。长沙县2015年将新开通20条城乡公交线路，覆盖所有乡镇。城乡公交开通后，实行一票制。城乡公交的基准票价为2元，长沙县的目标是2015年年底开通县域主干道公交线路，实施公交村村通，力争2016年完成公交车开到村组一级，实现村民在家门口坐上公交车的梦想。PPP是英文“Public-Private-Partnership”的简写，指政府部门（Public）通过与社会资本（Private）建立伙伴关系（Partnership），也称公私合作模式。在该模式下，鼓励私营企业与政府进行合作，参与公共基础设施的建设。

【长沙开展户外广告专项整治】 户外广告专项整治是2015年长沙全面深入推进“最严城市管理”六大专项行动之一。8月28日，长沙市城管执法局广告执法大队、雨花区城管执法大队和东山街道开展联合执法行动，对影响市容、非法占用绿地的户外广告进行强制拆除。

在雨花区香樟东路和花侯路交叉口西南角，一块绿地让人眼前一亮，心情大好，但绿地上竖起的一块某房地产开发商的销售广告牌遮住了大部分美景。这块广告牌高约4米、长约200米，从香樟东路一直延伸到花侯路。这块广告围挡占用了公共绿地，因为开发商在规定时间内没有完成自拆，该大队决定对其进行强拆。当日早上8时，100多名执法人员和20多名专业工人来到现场准备拆除广告牌。一般情况下拆除广告牌可以使用吊车等大型设备，拆下来的钢板支架也可以直接放在地上。但此次拆除的广告牌面积大，又在绿地上面，为了不损坏绿地，此次行动采取人工拆除的方式进行。把钢板支架割成一块一块的，每割一块都需要工人立刻搬出来。据悉，广告围挡拆除后，雨花区园林局将对绿化带进行修复。“明明是一块郁郁葱葱的绿化带，被这个广告牌挡住了，拆了好，牌子拆了把绿透出来。”看到城管执法人员拆除广告围挡，路过的市民刘先生拍手称赞。

据悉，“最严城市管理”六大专项行动开展以来，长沙市城管执法局对未经审批的、存在安全隐患的、影响市容的各类户外广告、招牌进行了全面摸底，2015年以来，已累计拆除各类广告牌3159处，拆除面积达23.7万平方米。接下来，市城管执法局还将根据摸底情况，继续开展专项执法行动。

【长沙将增千台新型渣土车】 2015年9月，首批新型渣土车进入长沙已有10个月时间。从日前召开的新型渣土车智能管控系统升级研讨会上获悉，2016年将投入使用的第二批1000台左右新型渣土车的智能系统将全面升级。

根据渣土运输公司在用车过程中提出的建议，长沙将对即将入市的第二批新型渣土车辆智能系统进行全面升级，新增车辆视频取证、停车场管理、智能管控终端异常自动报警、车辆基本信息上报和智能管控设备组件自我保护五项新功能。

【省安监局督查组赴望城督查危化品企业】 2015年9月6日，省政府副秘书长、省安监局局长邓立佳一行深入望城区湾田国际化工交易市场和长沙化工原料总公司（651仓库）督查危险化学品安全生产工作。市委常委、副市长张迎春陪同督查。

湾田国际化工交易市场自建立以来，建立了危险化学品台账，每天安排专人进行巡查，确保门面危化存货单品不超过250公斤，总质量不超过1吨。督查组先后督查长沙市汇虹化玻仪器有限公司、湖南新中扬化工有限公司，查看危化品经营许可证、货物堆放情况，要求企业在集中区内加强分类指导，配备视频监控，加强经营门店的管理。交易市场应急救援的反应如何？督查组现场检查，当即启动应急演练，7名义务消防队员接到报警后在较快时间内赶到了现场。在651仓库，督查组建议在储罐区增加品种标识和每个品种的危害告知及应急措施，确保仓库安全。

邓立佳充分肯定长沙安全生产工作取得的成绩，要求必须警钟长鸣，常抓不懈，齐心协力做好危险化学品集中管理、储存、经营工作；对重点区域必须进行重点管理，要用特殊手段、严格要求管理好集中储存、经营区的安全生产工作；要切实落实企业的主体责任，开展全方位的安全生产大检查，把“五到位、五落实”落到实处；安监部门要认真开展监管执法，铁面无私，有计划、全覆盖、零容忍、重实效，把法律落实到位；要建立隐患排查体系；加强应急演练和员工培训。张迎春表示，安全至上，企业要切实抓好安全生产责任的落实，做到真抓、实抓、常抓，对检查的隐患限期1个月内整改到位。

【长沙通过蚊蝇预防控制C级考核验收】 2015年9月，根据全国爱卫会关于病媒生物控制考核的规定和长沙市爱卫会的申报，湖南省爱卫办组织省病媒生物控制考核鉴定专家组，对长沙市病媒生物（蚊蝇）控制达标进行了现场考核。专家组认为，长沙市的蚊蝇控制工作达到了国家规定的要求，同意长沙市通过病媒生物（蚊蝇）控制C级考核验收。

考核组抽查了餐饮店、商场超市、机关企业单位、饭店宾馆、农贸市场、医院、建筑拆迁工地、机场和车站等地共2180个房间，室外垃圾容器、垃圾中转站、外环境散布孳生地、公共厕所共250个容器。检查发现，长沙城区蝇类各项指标均控制在全国爱卫会规定的C级标准之内。

长沙市将病媒生物控制工作列入政府“百件实事”工程。2014年启动全市公共环境及重点部位病媒生物防制基础设施规范建设，已完成53个社区、54个单位的病媒生物防制设施建设，安装太阳能灭蚊灯537盏、诱蝇笼2000多个。2015年继续安排专项资金，计划再完成50个社区及50个单位的病媒生物防制设施示范建设。

【长沙全面实施史上最严环境管理】 建筑施工扬尘污染专项整治、黄标车限行专项整治、排口截污改造。2015年9月21日至12月31日，长沙在全市范围内开展为期100天的环境保护攻坚行动，并重点开展清霾、碧水、静音三大专项整治。

为全面落实市委市政府《关于进一步加强生态环境保护工作的意见》，切实改善和提升全市环境质量，长沙决定在全市范围开展环境保护百日攻坚行动。全市各级相关部门将全面实施史上最严环境管理，全面完成2015年国家和省委省政府、市委市政府确定的各项环境保护目标任务，推动环境保护工作机制建立健全，在确保全市生态环境安全的基础上努力实现环境质量稳步提升。

清霾。总体目标：力争空气质量较2014年明显提升，可吸入颗粒物（PM10）年均浓度较2014年下降3%以上。行动一：当出现空气重度污染时，加大执法频次。长沙将以城区为重点，加强建筑施工工地扬尘污染控制，当出现空气重度污染时，加强执法监管，加大执法检查频次。

城市控制区内建筑工地全部使用预拌混凝土和预拌砂浆，无袋装水泥和现场搅拌混凝土、砂浆；施工现场扬尘污染控制严格按照《长沙市控制城市扬尘污染管理办法》（长政办发〔2015〕12号）第5、6条执行；市及各园区、区县（市）每周开展集中执法行动不少于2次。行动二：城市道路达到“五无五净”。严格执行渣土处置行政审批制度和实时监管，建筑垃圾（含渣土、砂卵石等）运输车辆采取密闭措施，并实行24小时管理，严禁沿途撒落、带泥上路。

强化路面保洁、冲洗、车辆运输散装物料防漏撒检查等扬尘防治工作，禁止露天焚烧垃圾。强化市政道路环卫维护，推广机械化等低尘作业方式和环卫专业冲洗机制，减少道路二次扬尘。重点加强芙蓉区、天心区、岳麓区、开福区、雨花区等区城郊结合部扬尘控制，加强路面保洁洒水冲洗。当出现空气重度污染时，加强执法监管，加大执法检查频次。城市控制区内道路保洁严格按照《长沙市控制城市扬尘污染管理办法》（长政办发〔2015〕12号）第11条执行，达到“五无五净”（道路无垃圾、无杂物、无积泥、无积水、无污迹，路面干净、绿地和树圈干净、边角侧石干净、井沟井盖干净、果壳箱等环卫设施干净）标准；市及各园区、区县（市）每周开展集中执法行动不少于2次。行动三：辖区内无非法露天烧烤。市区范围内纯居民住宅楼，原则上不得设置产生油烟污染的饮食服务经营场所，餐饮服务项目必须安装油烟净化设施并有效维护清洗，餐饮油烟稳定达标排放。确保餐饮企业油烟净化设施安装符合规范并正常运行，辖区内无非法露天烧烤；市及区县（市）每周开展集中执法行动不少于2次。行动四：年底前淘汰黄标车22037辆。严格实施《关于对无绿色环保标志的机动车实施交通限制通行措施的通告》，未持有绿色环保标志的机动车和未按规定张贴绿色环保标志的机动车，严禁在五一大道自湘江橘子洲大桥桥东至车站中路路段行驶。2015年底前淘汰黄标车22037辆，淘汰2005年底前注册运营的黄标车300辆；每月开展集中执法行动不少于2次，做到执法必严，违法必究。行动五：农村禁烧实行“一票否决制”。引导和鼓励使用秸秆收贮和还田机械以及农作物秸秆综合利用。按照属地管理原则，各区县（市）组建流动执法队伍，建立举报平台，防止并及时处置秸秆焚烧行为；重点加强对机场、铁路、高速公路、国道、省道等重点区域禁烧执法检查。将农村地区禁烧工作作为全市环境卫生十佳十差乡镇、村评比和生态乡镇、村创建工作的约束性指标，实行“一票否决制”。秸秆焚烧高峰期，各区县（市）每周开展集中执法行动不少于2次，确保禁烧区域和重点监管区域内无露天焚烧农作物（包括秸秆、荒草、落叶、垃圾以及其他产生烟尘污染物质）现象。

碧水。总体目标：水环境质量稳步提升，主城区实现100%截污，城镇集中式饮用水水源水质达标率100%。行动一：完成剩余20个城区排口截污工程。通过截污改造、提标提质、扩容新建、配套管网等措施，提升湘江长沙段、浏阳河、捞刀河、圭塘河、龙王港等城区河流水质。完成剩余20个城区排口截污工程。行动二：水上餐饮“露头就打”。各责任单位根据各自职能，对水上餐饮开展长期巡查巡防工作，实行严防死守、“露头就打”，防止水上餐饮反弹。确保湘江流域长沙段不出现流动餐饮船舶。相关区政府每天开展日常巡查不少于1次，每月开展集中执法巡查不少于1次，发现问题随时调度执法。市环保局牵头，相关部门参与百日攻坚行动期间开展集中执法巡查不少于1次，发现问题随时调度执法。行动三：开展规模化畜禽水产养殖污染治理。巩固城区畜禽养殖退出成果，严防反弹。开展规模化畜禽水产养殖污染治理，确保污染物达标排放。完成湘江沿江长沙段1公里范围内和集中式饮用水水源保护区内500头以上规模养殖退出任务。

静音。总体目标：区域声环境质量全面达到国家相关标准。行动一：严查公共场所娱乐噪声污染。开展社会生活噪声污染专项整治。依法严查学校、幼儿园使用高音喇叭以及社区、家庭从事棋牌、娱乐等活动产生的噪声污染。依法严查在市区街道、广场、公园等公共场所组织娱乐、集会活动使用音响器材发出噪声污染。依法严查家庭室内装修、改建噪声污染和动物噪声扰民等。确保市及区县（市）每月开展集中执法行动不少于2次，社会生活类噪声投诉处理率达100%。行动二：专项整治夜间基建工地噪声污染。加强夜间建筑施工执法监管，对夜间基建工地噪声污染进行专项整治。市及区县（市）每月开展集中执法行动不少于2次，建筑施工噪声投诉处理率达100%。行动三：增设并完善禁鸣标志和标牌。加强机动车禁鸣区域执法，增设并完善禁鸣标志和标牌。每月开展集中执法行动不少于2次，城区主要路段设立明显禁鸣标志，各路段无明显违法鸣喇叭现象。

“百日攻坚行动”实施步骤。2015年9月21日—9月25日，动员部署。各责任单位对环境保护百日攻坚行动进行安排部署，明确任务、落实责任、强化措施、细化方案。9月26日—12月20日，集中攻坚。各园区、区县（市）和市直有关单位按照责任分工认真自查自纠，积极采取措施，集中力量、突出重点，在限定时间内完成各项目标任务和整治行动。12月21日—12月31日，总结考评。结合环委会年度考核，对各责任单位攻坚行动目标任务完成情况进行考评。制定加强长效管理的措施和办法，推动全市环境保护工作机制建立。

【长沙市生态文明体制改革调研座谈会召开】 2015年9月22日，长沙市政府召开全市生态文明体制改革调研座谈会。副市长黎春秋要求，全市各级各相关部门要凝聚共识，以有效的措施扎实推进生态文明体制改革。

2015年是全面深化改革的关键之年，长沙生态文明体制改革专项小组积极开展工作，围绕“率先建成两型引领之市”的目标，进一步深化两型社会建设综合配套改革，创新完善生态文明制度体系，全市生态文明体制改革工作稳步推进。截至2015年9月，长沙已完成全国节约集约用地综合标准化试点，完善绿色建筑推进机制，制定实施《湘江新区生态补偿试点实施方案》，出台《长沙市完善环保监管与执法机制实施方案》，完善湘江断面水质监测、重金属污染土壤监测、PM2.5大气污染等监测体系。黎春秋强调，全市各级各相关部门要深化认识，高度重视生态文明体制改革工作；要突出重点，系统谋划。各级部门要切实负起责任，形成工作合力，谋划一批重点突破的改革事项；要加强统筹，科学调度。抓好既定改革事项的突破，加大对于改革的宣传推介力度。同时，要对项目实施情况进行督查。

【世界动物日长沙开展动物放生活动】 2015年10月4日，世界动物日，一场别开生面的“让生命回归自然——我们一起带小蛇回家”放生活动仪式在岳麓区莲花镇举行，800条幼蛇回归大自然母亲的怀抱。“我国有200多种蛇，绝大多数是无毒蛇，毒蛇仅约50种。”就读于美国夏威夷大学的彭汉是长沙市野生动植物保护协会的一名志愿者，4日获得“护生使者”荣誉称号的他介绍，每年的五月至七月底，是我国大多数野生蛇类的产卵季。“菜市场的母蛇也不例外，但蛇蛋卖不了几个钱，往往被蛇贩子丢进了垃圾桶。”长沙市野生动植物保护协会会长周灿英介绍，出于对蛇的喜爱与同情，彭汉2015年夏天从美国回来后决定“任性”一把，尽可能多收集被遗弃的蛇蛋，拟孵化后交给长沙市野生动植物保护协会放生。他每天都要去各大菜市场转转，托蛇贩子们收集蛇蛋，而收集来的上千枚蛇蛋，在他的精心照看下成功孵化出800余条小蛇。

【湖南确定长株潭大气污染防治特护期】 2015年11月1日起，长株潭城区主要路段将严格实施黄标车限行，年底前完成淘汰2005年年底前注册营运的黄标车目标任务。10月9日，省政府办公厅在省政府官方网站发布《长株潭大气污染防治特护期工作方案》，将每年10月至次年2月（共计5个月）确定为长株潭地区大气污染防治特护期。

《方案》要求，长株潭地区要按照年度任务要求淘汰黄标车。从2015年11月1日起，长株潭城区主要路段严格实施黄标车限行（具体区域由长沙、株洲、湘潭三市人民政府划定）。在限行区域内，长沙、株洲、湘潭三市人民政府组织相关部门，加强执法巡查，从严处罚，严控“冒黑烟”车辆上路行驶，禁止黄标车在禁行区域行驶。长株潭城区内所有餐饮服务经营场所必须使用清洁能源，安装高效油烟净化设施，大型餐饮企业要安装油烟排放在线监测设施，并确保稳定运行。严禁露天焚烧垃圾、秸秆，不得在人口集中区域露天烧烤或者为露天烧烤提供场地。严控烟花爆竹燃放。长沙、株洲、湘潭三市人民政府根据实际情况，研究制定限制或者禁止燃放烟花爆竹的时间、地点和种类，特别是在预测到春节期间有可能出现不利气象条件的情况下，严格控制燃放烟花爆竹，以减轻污染物对空气质量的影响。同时，建立长株潭地区重污染天气监测预警体系和环境空气质量预警预报系统，开展重污染天气下的长株潭地区大气环境联合执法检查；健全三市联动的应急响应机制，一旦发布预警信息，三市人民政府共同启动重污染天气应急预案，并按照应急联动响应要求开展相关工作，实行联防联控。

【长沙洋湖湿地公园与美国法棱公园结成友好姐妹公园】 2015年10月11日上午，长沙市洋湖湿地公园和美国明尼苏达州圣保罗市法棱公园正式结为友好姐妹公园，洋湖湿地公园有了一个“洋亲戚”。圣保罗市市长克里斯·科曼，长沙市副市长何寄华见证了这一友好时刻。长沙市与圣保罗市1988年结为了友好城市，已经有27年的友好交往历史，而两个公园的文化渊源也由来已久。洋湖湿地公园从2009年开始建设，通过疏通水系，修复和重建湿地生态环境，将城郊泄洪区打造成了面积达6000亩的中南地区最大的城市湿地公园，并荣获国家AAAA级旅游景区、中国人居环境范例奖、湖南省首批两型认证景区等称号。该公园还于2014、2015年连续两届成功举办了“大美洋湖·中国（长沙）国际雕塑艺术节”。而法棱公园占地2853亩，为1988年重建的美国圣保罗市安姆斯湖上游湿地公园，是城市中营造人工湿地的一个成功案例。值得一提的是，两大公园都安置有“国际艺术雕塑节”发起者之一、著名湘籍雕塑艺术家雷宜锌的雕塑作品。法棱公园安置的是他的雕塑作品《遐想》，而永久落户洋湖湿地公园的是《洋湖女神》和《秋风袅袅》。

【长沙全力整治湘江库区乱象】 2015年10月16日，从长沙市趸船整治处置和渔民转产转业推进会上获悉，长沙决定对湘江长沙段趸船进行整治，对专业捕捞渔民实施转产转业。市委常委、常务副市长陈泽珲，市委常委、副市长张迎春出席。

经初步统计，目前湘江长沙段专业捕捞渔民有600余户，趸船39艘。为贯彻落实长沙“山水洲城”发展战略，提升长沙品质，保护湘江生态环境和渔业资源，更好对湘江长沙段进行管理和保护，长沙将对湘江长沙综合枢纽库区水域趸船及其附属设施开展综合整治，规范河道和航道管理，改善水域环境，打造安全环保、整洁优美的库区水域环境。陈泽珲要求，对趸船整治处置和渔民转产转业工作要高度统一思想、切实提高认识；要注意时间节点、把握工作重点、全面规范管理，加快方案实施；要加强组织领导、强化督促检查、严格责任追究，切实落实责任；要确保宣传发动、政策补偿、舆情掌控、资金调度等四个方面的到位，确保平稳推进。

【长沙市小餐饮餐厨垃圾集中收运工作正式启动】 自2012年开始，长沙市对大中型餐饮单位餐厨垃圾实行了统一收集、无害化处理，“餐桌安全”自此从源头掀起一场变革。2015年10月17日，在东风路“六顺厨房”小餐馆，作为东风路环卫所餐厨垃圾收集的第一家餐馆，其剩饭剩菜按合同予以回收，此举意味着东风路街道小餐饮餐厨垃圾集中收运工作正式启动，也意味着开福区餐厨垃圾集中收运“全覆盖”在全市率先开启，“餐桌安全”变革掀起新一轮纵深推进。下午2时多，各餐饮门店的午餐服务基本结束。东风路街道城管办与东风路环卫所联合出动，开着全新配备的餐厨垃圾收集车上了路。印有“开福环卫”、“餐厨收集”字样的密封餐厨垃圾收集车，相比此前的餐厨垃圾收集车，车身略小。“原来剩饭剩菜沥干后打包当垃圾丢了，现在统一回收处理是好事，我也省事多了。”来自湘乡的“六顺厨房”老板谭雯说。东风路环卫所副所长周玲介绍，街域内的小餐饮门店餐厨垃圾，由环卫所负责收集，每天清运一到两次。为此，该所配备了5名专职环卫工和餐厨垃圾收集车，并为每家餐馆统一提供了一个餐厨垃圾收集桶。“除全市已实行统一收集的大中型餐饮单位外，我们对辖区所有餐饮门店及单位食堂摸底造册，包括盒饭店和私家餐馆，实现了全覆盖。”东风路街道城管办主任李银华说。目前，东风路街道辖区内的157家餐饮门店和单位食堂，大部分已签订餐厨垃圾回收合同。接下来，街道将组织执法力量，对不签订合同或不履行合同的单位和个人依法展开整治，对私自收集的非法车辆依法进行打击。据了解，根据开福区实施餐厨垃圾集中收运“全覆盖”工作部署，该区餐厨垃圾集中收运，由湖南联合餐厨垃圾处理有限公司委托开福区环卫局实施。为此，开福区环卫局在各环卫所已配备专业餐厨垃圾收集车辆和专业人员，将按照规定的区域、路线，在规定的时间内统一收运。

【长沙市召开三年造绿大行动暨环城绿带生态圈建设工作推进会】 2015年10月23日，长沙市召开三年造绿大行动暨环城绿带生态圈建设工作推进会。根据部署，从2015年到2020年，长沙将集中开展环城绿带生态圈建设。会议对《长沙市造绿大行动2016年工作方案》《长沙市环城绿带生态圈建设工作实施方案》进行了解读。市领导徐宏源、芮英姿、黎春秋、龚振湘出席。

2016年是长沙三年造绿大行动的收官之年，是全面实现第一轮三年造绿大行动目标任务的关键之年，同时也是长沙市环城绿带生态圈建设的开局之年。2016年计划完成全市重点绿化项目36个，创建绿色示范集镇10个、示范社区40个、示范村庄40个、示范庭院3000户，全民义务植树1200万株，实现总投资61亿元，森林覆盖率提高至55%以上。同时，长沙市环城绿带生态圈将以三环线为骨架，辐射18条主出入城通道，连接长株、京港澳、长永、长常、长潭西、长韶娄高速，对接沿线山体、河流、湿地、湖泊、公园，形成立体辐射状绿环，环绕整个长沙城区。市委副书记徐宏源强调，要提高思想认识，以加快建设具有国际品质和湖湘文化标识的现代化大都市为指引，持续开展更高标准、更大规模的城乡绿化建设攻坚；要突出长沙地方特色，全力提升城乡绿化水平。贯彻植物造景理念、绿色生态理念和绿色人文理念，全面启动实施环城绿带生态圈建设，持续加强国土扩绿步伐，加快形成城市水生态圈，确保长沙大地的绿化总量、人均均量、绿色质量“三量齐升”；要坚持统筹兼顾，更加注重生态文明建设。坚持绿化建设与生态保护相结合、绿化建设与群众需求相结合、绿化建设与绿化管护相结合，努力走出一条高端发展、绿色发展、集约发展、循环发展之路；要强化工作保障，层层落实任务和责任。积极探索建立生态补偿机制，整合绿化建设资金投入，创新造林绿化投入机制，鼓励和支持社会团体、民营企业和个人参与绿化建设和管护，全面凝聚城乡绿化工作合力。

【2015年长沙空气优良天数已达207天】 2015年1月1日至10月20日，长沙市空气质量优良天数为207天，优良率为70.7%。长沙市环保局表示，目前秋冬霾已经显现，长沙已进入大气污染防治特护期。据市环保局专家介绍，造成雾霾的主要原因是PM2.5，而机动车排气、工业过程、扬尘、餐饮油烟等则是PM2.5的主要来源。环境监测专家呼吁市民绿色出行，不要焚烧秸秆，减少空气污染，并提醒市民在雾霾天减少户外活动。

空气优良天数同比增加23天。长沙市环保局提供的监测数据显示，2015年1月1日至10月20日，长沙市空气质量优良天数为207天，优良率为70.7%，比2014年同期优良天数增加23天，优良率提高7.9个百分点；主要污染物PM2.5和PM10累计平均浓度分别为60微克/立方米和76微克/立方米，较2014年下降18.9%和9.5%。每年的1月、2月、10月、11月和12月是长沙市容易出现雾霾天气，空气质量污染较重，需要积极应对和特别对待的时期。10月25日，长沙市发布了《大气污染防治特别防护期工作方案（征求意见稿）》，将10月至次年2月确定为长沙大气污染防治特别防护期，将采取五大举措防止大气污染。

长沙雾霾形成的三大原因。雾霾到底是怎样形成的呢？2015年10月26日，长沙市环保局有关专家对长沙雾霾成因进行了解读。1.地形不利于大气污染物扩散。长沙位于湖南省的东部偏北，地处洞庭湖平原的南端向湘中丘陵盆地过渡地带的湘江谷地，地势总体南高北低，西北方向比较空旷，为平原区，其他三面环山，成马蹄形结构。这种地形不大利于大气污染物扩散，特别是污染严重的秋冬季节，长沙以西北风为主，很容易形成挤压型污染，也容易受北方空气输入影响。2.特护期内一般少雨风速小，10月至次年2月的特护期内，长沙的雨水一般较少，不能对污染物产生漂洗作用；气温较低，污染物不易挥发；很多时候风速较小，容易形成静稳天气，不易横向扩散；容易出现逆温天气，污染物不易纵向扩散。3.空气首要污染物为PM2.5。特护期内，长沙市绝大部分时间的空气首要污染物为PM2.5。PM2.5是造成雾霾的主要原因，而从长沙市PM2.5来源解析研究的初步结果看，机动车排气（约占25%）、工业过程（约占20%）、扬尘（约占15%）、餐饮油烟（约占10%）、生物质燃烧（约占3%）是PM2.5的主要来源。机动车尾气——目前长沙市的机动车已达200万辆，且以超过20万辆/年的速度快速增长。迅猛增长的机动车带来的是不断增加的汽车尾气，也增加了空气质量改善的难度。工业污染——2014年长沙市的标煤消耗量为600万吨，特别是火力发电、水泥制造、机械加工等耗能大户产生大量废气，这也是构成空气污染的重要部分。

扬尘主要包括建筑工地扬尘和道路扬尘，2014年长沙市的建筑施工面积为9647万平方米，随之带来的施工、运输等扬尘对颗粒物尤其PM10影响很大。餐饮业油烟——长沙市民多盐、多油、高温的烹饪习惯，会产生分散性油烟，并且长沙餐饮业发达，夜宵、烧烤随处可见，难于监管，使得餐饮油烟源也成为长沙市大气PM2.5的来源之一。生物质燃烧——生物质燃烧主要是秸秆焚烧，虽然占PM2.5的总比例不大，但是秸秆焚烧时间相对集中，特别是秋收季节局部和短时的影响可能占主导地位。

尽量绿色出行，减少户外活动。根据气象部门的预测信息，2015年第四季度，长沙市的降雨量较2014年同期将有所减少，加上长沙特有的不利地理条件，秋冬季节的季节性霾污染将不可避免，总体形势不容乐观。专家建议，雾霾天气，广大市民朋友应适量减少户外活动，儿童、老人及易感人群尽量减少外出。市环保局党组书记、局长付旭明表示，长沙正在全力实施环境保护百日攻坚行动，将清霾作为整治的重点。环保部门呼吁广大市民绿色出行，不要焚烧秸秆，降低污染物排放，共同为长沙多一些蓝天白云尽一分责，出一分力。

空气质量小时值，是指任何一小时污染物浓度的算术平均值；空气质量日均值，是指一个自然日24小时平均浓度的算术平均值。小时值主要反映污染物的变化趋势，空气质量优良率采用日均值评价。比如2015年10月20日上午9时30分，长沙10个空气质量指数（AQI）监测点有2个达到重度污染状态，分别是湖南中医药大学和长沙火车站两个监测点，AQI分别为224和219，但这只是瞬时值，不能单独评价。10月20日火车站的空气质量状况为轻度污染，湖南中医药大学空气质量状况为中度污染，而长沙市的空气质量状况为轻度污染。因此，评价空气质量应该严格按照国家标准，做到科学规范，不能以点代面，也不能以瞬时代替整日。

PM2.5口罩什么时候戴，专家表示，人体自身具有一定抵抗力，短期的PM2.5环境并不会对健康造成严重的损害。身体健康的人在日常出行时，无须专门佩戴防PM2.5口罩。但是雾霾比较严重的时候，空气中所含的PM2.5浓度过高，可能会对人的身体产生危害，所以可以选择佩戴PM2.5口罩。值得注意的是，这类口罩透气性较差，所以，心脏或呼吸系统疾病患者、孕妇，以及佩戴后头晕、呼吸困难和皮肤敏感的人不适宜佩戴PM2.5口罩。

空气质量指数及相关信息表

空气质量指数	空气质量指数级别	空气质量指数类别及表示颜色	建议采取的措施
0～50	一级	优　绿色	各类人群可正常活动
51～100	二级	良　黄色	极少数异常敏感人群应减少户外活动
101～150	三级	轻度污染橙色	儿童、老年人及心脏病、呼吸系统疾病患者应减少长时间、高强度的户外锻炼
151～200	四级	中度污染红色	儿童、老年人及心脏病、呼吸系统疾病患者避免长时间、高强度的户外锻炼，一般人群适量减少户外运动
201～300	五级	重度污染，紫色	儿童、老年人和心脏病、肺病患者应停留在室内，停止户外运动，一般人群减少户外运动
>300	六级	严重污染褐红色	儿童、老年人和病人应当留在室内，避免体力消耗，一般人群应避免户外活动

【长沙市生态绿心地区监测工作会议召开】 长株潭城市群生态绿心是长株潭两型社会建设的重要标志。在2015年10月29日召开的全市生态绿心地区监测工作会议上，市委常委、常务副市长陈泽珲强调，要当好铁面无私、执法如山的“包公”，管住违法违规、挖山不止的“愚公”，坚决遏制违法违规行为发生，坚决遏制绿心森林覆盖率下降，守住生态绿心，让绿色永驻。自《湖南省长株潭城市群生态绿心地区保护条例》实施以来，长沙明确了绿心保护分级管理等目标任务，建立了市、区县（市）、乡镇（街道）三级目标责任制度。同时，12个专项规划获批，初步形成了从顶层设计到职责分工、从制度设计到实践操作的保护体系。实行了严格的项目准入制度，先后对20多个项目进行准入审查，严禁污染工业、劳动和土地密集型的第二产业、高能耗产业、高密度房地产等项目进入。坚持监管执法与体制修复并举，在绿心地区重点实施生态工程，近两年完成造林2580亩、森林抚育13400亩、低产林改造3000亩，绿心保护工作取得初步成效。陈泽珲指出，各相关区县（市）和市直部门要按照“做好一个顶层设计，编制一套综合规划，成立一支执法队伍，设立一个专项基金，建立一个工作机制”的要求，抓绿心谋划、项目管理、修复提质和执法监管，严格项目准入，加强项目整治，优化项目铺排，创新产业引导政策，制定绿心产业引导目录。要强化责任落实、生态补偿、投入保障和常态督查，共同促进绿心地区绿色崛起，建设长株潭“公共客厅”，交出无愧于后人、无愧于历史、无愧于自己的时代答卷。会议传达了长株潭生态绿心地区总体规划实施监测工作会议精神，省国土资源规划院对我市2015年第一、二季度绿心监测及核查情况进行了通报，相关市直部门和区县（市）、园区负责人分别作表态发言。

【长沙进一步加强城镇供水安全】 2015年11月，长沙下发《进一步加强城镇供水安全工作的通知》（以下简称《通知》），要求进一步加强水源监控、水质监测，增加取水口水源、出厂水的水质监测项目和频率，同时加强自来水厂安全保卫，完善或者增设周界报警和防冲撞设施，禁止一切非生产管理人员和车辆进入厂区，确保供水水质安全。

长沙具备220个参数检测能力。为了保证市民饮用水的安全，长沙供水公司对水质进行水厂随班专检、水厂化验、城市供水水质监测网长沙监测站三级检测。长沙早在2007年7月就已开始实施新的《生活饮用水卫生标准》。2013年，长沙监测站通过国家计量认证换证评审，具备了对水源水、生活饮用水、水处理物质等12类产品220个参数检测的能力。在水厂的水质检验室中，看到有两个水龙头一直在滴水，却无人管理。这并不是浪费，而是要随时监测水质。其中一个流出的水是湘江原水，另一个流出的是出厂水，每隔一段时间，质检员就会取水分别进行化验。

八水厂已启动提质改造工程。据了解，2007年长沙二水厂投产时，就采用了深度处理工艺，出厂水水质全面优于国家标准。四水厂经过改造也具备了深度处理能力。“目前，长沙三、八水厂已启动水质提质改造工程。”长沙水业集团相关负责人说，“长沙市第一水厂和望城区水厂提质改造等项目正稳步推进，长沙城区供水同城、同质的目标也正逐步实现。”同时，长沙水业集团为保障城市供水安全，已安装水质在线监测仪器和设备，提升水质检测能力，建立健全从原水、出厂水、管网水、末梢水水质的全程水质检测、在线监控体系，并且严格执行国家生活饮用水水质标准。每日在长沙水业官网上公开10项日检水质信息，每周三前公布上周109个管网监测点管网水水质9项指标、8家制水单位出厂水水质指标，每月15日前公布42项月检水质信息，每年1月和7月公开106项半年检水质信息。市民登录长沙水业集团网，点击供水服务进入公告信息栏，即可查询到全市供水水质日报、周报、月报等报表信息。

【中国传统乡村保护与研究论坛在长沙举行】 在城镇

化进程中，许多美好的村落和各具特色的村落文化正在逐渐消失，如何处理传统村落发展与保护的矛盾？2015年11月，光明日报社、中南大学联合主办的“中国传统乡村保护与研究论坛”在中南大学举行，来自全国各地的专家学者进行了讨论。据悉，中国城镇化率已经达到55%。当前，我们有2.74亿农民工从乡村走入城镇，部分农村也正呈现空壳化。在这样的背景下，我们的传统乡村正在发生深刻变化。比如，很多村子的年轻人外出打工，老年人出去“陪读”，有的村庄为了便于旅游或房地产开发，选择让村民整体搬迁。传统村落的开发与保护是一对矛盾，要破解这对矛盾需要开拓新思路、采取新办法。专家们在发言中指出，当前的新型城镇化，不在于物理空间上的塑造，根本是对人的塑造。要保护好这些传统村落，首先是要保护好传统村落的生态环境，包括村落自身的土质、水质等。其次，在传统村落密布地区实行旅游扶贫战略，把旅游、扶贫和生态有机结合，带动当地特色农业发展，让农民在乡村中留得住、干得好、过得幸福。最后，保护好传统村落的“活态文化”，既要保证人在村中，也要保证当地独具特色的文化与村落同在，让“活着的文化”活得更好。

【长沙红星商圈将建湖南首个非遗产业街区】 湘绣大师江再红现场飞针走线；女书传人陈立新扇面上题写“蚊形字”，解码女书神秘文化。2015年11月19日，在非物质文化遗产传承大师们现场助兴下，2015中国雨花非遗文化节在位于红星商圈的雨花非遗馆开幕，市民可在逛农博会的同时来逛非遗、赏民俗、淘古玩、尝夜市、看大戏。据悉，雨花区将在红星商圈建设非遗流通基地，打造湖南首个非遗文化特色产业街区。省文化厅副厅长孟庆善，市委常委、市委宣传部部长张湘涛参加启动仪式。19日的非遗文化节上，一个个传统非物质文化遗产项目让市民如同在千年长沙的时空走廊里穿越。非遗文化节将围绕“非遗现场展演”“古玩艺术品交易会”“百年湘绣展”三大主题，推出文化夜市、谜语竞猜、企业剑客路演互动、古典服饰礼仪展示、“镇宅、镇店之宝大PK”全民鉴宝行动、“小辣椒逛农博”非遗专场、寻找儿时记忆——亲子非遗DIY等八大系列活动，有看、有买、有吃、有玩。据了解，雨花非遗馆建筑面积4.8万平方米，已入驻签约的国家级、省级、市级非遗传承人200多位，非遗项目600多个。文化节上将展出铜官窑、菊花石、浏阳夏布、江永女书、宝庆根雕、长沙剪纸等30多个非遗项目，推出玉和醋、糖画、面人等20多款非遗美食手艺，湘绣、旗袍等10余种非遗商品。雨花区筹备以该馆为中心，在红星商圈卉园路、杉木冲路扩展，以传统的非遗流通产业和德思勤城市广场现代服务业呼应，建设湖南首个非遗文化特色产业街区。

【长沙迎接全国城乡环境卫生整洁行动督查】 2015年11月23日，国家卫生计生委副主任、国家中医药管理局局长王国强率全国城乡环境卫生整洁行动督导检查组，对长沙城乡环境卫生整洁行动开展情况进行督导检查，并召开会议听取情况汇报。省、市领导李友志、何寄华出席。长沙自2010年在全省率先启动城乡环境卫生整洁行动以来，新创省级卫生镇11个、省级卫生村83个。制定了2010至2012年、2013—2015年两轮整洁行动工作方案，按照“干净-整洁-美丽”逐步递升的层次，持续深化城乡环境整治。城市生活垃圾无害化处理率达100%，全市污水处理能力达180万吨/日，主城区污水处理率达到95%以上。完成100个社区、100个重点单位病媒生物防制设施标准化建设。并将整洁行动纳入对各区县（市）政府年度目标管理，每年由市爱卫办牵头组织开展半年度和年终集中督查，对区县（市）进行评比排名，将整洁行动评比结果与经费补助、干部任用、年度评优直接挂钩。督查组对长沙城乡环境卫生整洁行动工作给予了充分肯定。督查组指出，长沙市城乡环境卫生整洁行动推进有力，特别是在督查评比、群众参与、农村垃圾分类减量和美丽乡村建设等方面积极创新并取得良好的成效，同时对存在的问题提出了意见和建议，要求长沙总结经验，巩固成果，进一步加强领导、加大投入，广泛动员人民群众和社会各界参与，推动爱国卫生工作和整洁行动再上新台阶。

【《长沙市2015年大气污染防治特别防护期工作方案》发布】 2015年11月24日，长沙市政府对外发布了《长沙市2015年大气污染防治特别防护期工作方案》（以下简称《特护期方案》）。《特护期方案》将2015年10月至2016年2月确定为长沙市大气污染防治特别防护期。据悉，长沙将通过严格控制燃煤污染、严格控制涉气工业企业污染、强化机动车排气污染治理、严格控制扬尘污染、严格控制其他污染五大铁腕手段，保护长沙的蓝天白云。副市长李蔚要求，全市各级相关部门要落实责任，居安思危，思想上决不能麻痹大意，要坚守环境保护底线，全面落实各类专项整治、环保百日攻坚项目，为全市环境质量稳步提升做出新贡献。

严查无环保标志机动车闯禁。“截至11月22日，长沙空气质量优良率为71.2%，空气优良天数为232天，同比2014年优良率提高了8.9个百分点，优良天数增加29天。特护期以来，即10月1日至11月22日，优良率为69.8%，优良天数为37天，同比2014年，优良率提高了24.5个百分点，优良天数增加13天。”市环保局党组书记、局长付旭明介绍，特护期内，长沙将从影响空气环境质量最直接、最严重的问题入手，努力减少秋冬季节重污染天气出现的频次，降低空气污染程度，最大程度控制和减缓大范围、长时间重污染天气造成的危害，切实改善空气环境质量，保障人民群众身体健康。据悉，长沙将进一步强化环保与公安联动，严厉打击环境违法犯罪。严厉查处销售不合格车用油品的违法行为和成品油经营企业的违规行为，加大机动车排气定期检测力度。市公安局将采取电子抓拍和人工取证的方式，对无绿色环保标志机动车进入限行区域的行为严格依规处理。特护期内，除重大节日或市人民政府批准的重要活动（遇重度污染天气时，重大节日或重要活动取消燃放）外，市旅游局停止每周六晚橘子洲烟花燃放活动。

遇重污染中小学幼儿园或停课。据悉，根据特护期工作实际，在执行《长沙市空气重污染应急预案（试行）》有关措施的基础上，《特护期方案》增加了暂停渣土运输、重点企业限产停产、机动车限行禁行等应急响应措施，加强应急响应。根据空气质量指数，对空气重污染的预警分为三级：Ⅲ级（黄色）、Ⅱ级（橙色）、Ⅰ级（红色）预警，Ⅰ级为最高级别。当启动Ⅰ级应急响应时，开展机动车上路执法，暂扣尾气排放超标的机动车；全市停驶60%公务车；对城区内大型货车进行远引分流，从严控制城区内的大型货车数量；城区内停驶黄标车（特种车辆除外）；实行机动车单双号限行（新能源车辆和特种车辆除外）；对重点涉气企业分别实施限产、停产措施，确保工业烟（粉）尘、二氧化硫、氮氧化物排放量削减60%以上；停止全市与建设工程有关的生产活动；扩大水洗作业范围，城区道路洒水不少于每日3次；对全市中小学校及幼儿园停课；根据气象条件实施高炮、火箭等人工增雨作业。

【长沙多措并举治理大气污染】 严厉打击环境违法犯罪、加大机动车排气定期检测力度……虽然秋冬季节是雾霾高发期，但长沙2015年11月份的空气质量交出了一份满意的答卷。2015年12月4日，长沙市环保局对外发布，11月份长沙全市空气质量优良天数达到28天，优良率为93.3%，与2014年同比增加8天，优良率提升26.6%；与2015年10月份相比，优良天数增加11天，优良率提升34.5%。同时，截至12月3日，长沙空气质量优良天数为243天，优良率为72.1%，比2014年同期增长30天。

严查无环保标志机动车闯禁。为切实改善空气环境质量、保障人民群众身体健康，长沙制定了《2015年大气污染防治特别防护期工作方案》。将2015年10月至2016年2月确定为长沙市大气污染防治特别防护期。据悉，长沙不断强化环保与公安联动，严厉打击各类大气环境违法犯罪。严厉查处销售不合格车用油品的违法行为和成品油经营企业的违规行为，加大机动车排气定期检测力度。同时，市公安局还采取了电子抓拍和人工取证的方式，对无绿色环保标志机动车进入限行区域的行为严格依规处理。市环保局党组书记、局长付旭明介绍，长沙通过严格控制燃煤污染、严格控制涉气工业企业污染、强化机动车排气污染治理、严格控制扬尘污染、严格控制其他污染5大铁腕手段，从影响空气环境质量最直接、最严重的问题入手，努力减少秋冬季节重污染天气出现的频次，降低空气污染程度，切实改善空气环境质量。

秸秆禁烧实行"一票否决制"。从9月21日开始至12月31日，长沙在全市范围内开展了为期100天的环境保护攻坚行动，并重点开展清霾专项整治。据介绍，长沙以城区为重点，加强了建筑施工工地扬尘污染控制，当出现空气重度污染时，加强执法监管，加大执法检查频次。并严格执行渣土处置行政审批制度和实时监管，建筑垃圾（含渣土、砂卵石等）运输车辆采取密闭措施，实行24小时管理，严禁沿途撒落、带泥上路。市区范围内纯居民住宅楼，原则上不得设置产生油烟污染的饮食服务经营场所，餐饮服务项目必须安装油烟净化设施并有效维护清洗，餐饮油烟稳定达标排放。将农村地区秸秆禁烧工作作为全市环境卫生十佳十差乡镇、村评比和生态乡镇、村创建工作的约束性指标，实行"一票否决制"。

长沙污染气象条件优于2014年。除了各项整治措施，"老天"帮忙也是原因之一。"11月份长沙污染气象条件优于2014年，区域性、长时间静稳天气减少。"市环境监测中心站副站长许雄飞介绍，"11月份长沙平均风速为2.7米/秒，明显高于2014年同期1.8米/秒，而且降水天数达20天，比2014年同期增加了6天，比11月增加12天，这些都有利于污染物的洗涤、扩散。"

【长沙环保开展"碧水"执法行动】 2015年12月9日，长沙市环保局组织开展2015年第四季度以来第7次"碧水"执法行动。其中，天心区拟对两家涉嫌排放水污染物超过国家规定的排放标准的企业进行立案查处。9日上午，执法人员对多家企事业单位进行检查，并发现部分单位存在污水处理设施运行不正常，运行台账登记不齐全等违法行为。据悉，此次执法行动旨在严查企业偷排、直排、超标排放水污染物等环境违法行为，重点检查工业企业、污水处理厂、医院等涉水单位。据悉，11月，湘江长沙段猴子石、三汊矶、乔口断面水质分别为Ⅱ类，优、好，均符合或优于相应水环境功能区标准要求。1–11月份，全市集中式生活饮用水源地水质达标率为100%。

【长沙389家企业被责令停产停业整顿】 2015年12月，位于长沙县的某输油站在进行国Ⅲ号柴油临时倒罐作业时发生泄漏，泄漏的约1.9立方米柴油经站内排水系统流入站外排水明渠，致使约400米排水沟和排水明渠及2.7亩农田受到油水混合物影响，造成21.31万元的直接经济损失。事故发生后，长沙市安全生产监督管理局会同长沙县有关部门到现场指导救援和督促做好善后相关工作，依据《安全生产法》规定，给予罚款20万元的行政处罚，事故相关责任人责任追究已经按程序落实到位。2015年以来，长沙市安全生产监督管理局在全市安监系统全面推行安全生产监管执法"立案三比、无案三查、办案三严"，以最负责的态度、最务实的作风、最有效的措施，开展"史上最严安全监管年"活动。2015年1至11月，市、县两级安监局共责令389家企业停产停业整顿，罚款514起、1059万元，暂扣吊销许可证8个，提请关闭企业24家，采取其他行政强制措施59件，六项数字分别比2014年同期增长60.8%、41.2%、58.5%、100%、26%和320%。

【胡衡华督查湘江枢纽库区长沙城区段截污工程建设情况】 "一江五河"流域湘江枢纽库区长沙城区段建成区101个排水口，已有94个完成截污改造，还有7个排污口尚未完成任务。2015年12月16日，长沙市委副书记、市长胡衡华在督查截污工程建设情况时强调，要加快工程进度，务必在12月20日前完成所有截污改造，不折不扣兑现政府承诺，确保湘江水质安全。副市长李蔚、市政府秘书长谭勇参加督查。胡衡华一行先后来到龙王港、坪塘、高铁新城片区，对7个排污口改造情况进行现场督查。其中，龙王港九骏排水口项目、坪塘排水口项目正在有条不紊施工，进入工程收尾阶段。而浏阳河和平闸、李家山、侯照、渔山港、羊古脑5处排水口项目，由于受浏阳河冬汛高水位的影响，进度滞后，正在采取临时措施避免污水下河。已实现截污改造任务的94个排水口中，仍有9个存在少量污水溢流现象，相关部门正在全力整改。据悉，随着截污工程的逐步完成，城区污水日均处理量由两年前的100余万吨提升到130万吨左右；城区水体水质明显提高，经检测湘江段11个断面水质出现明显好转。胡衡华指出，湘江水质安全事关人民群众切身利益，必须高度重视，务必在12月20日前完成101个截污口的截污改造任务，不得排污，这是政府的公开承诺，不能按时完成将追究相关单位和相关责任人责任。他强调，2015年雨季长、冬汛多，给改造工作带来了不少困难和阻碍，相关单位要以“时不我待”的精神，争分夺秒，攻坚克难，加快截污改造，做好河道清淤清杂、编号标牌制作等工作，强化动态管理，加大社会监督，不折不扣完成截污改造工作。政府部门将邀请志愿者及社会各界人士，检验工作成果，监督工程质量，给全市人民群众交上一份满意的答卷。

【湘江长沙综合枢纽举行鱼类增殖放流活动】 2015年12月28日，湘江长沙综合枢纽在电站尾水平台举行2015年鱼类增殖放流活动。此次投放鱼苗共290万尾，主要为青、草、鲢、鳙“四大家鱼”。不少渔民表示，随着近年来连续对湘江全面实施禁渔期制度和开展人工放流，湘江里的鱼越来越大、越来越多了。

“四大家鱼”比重越来越小。据介绍，湘江“四大家鱼”产卵场是我国“四大家鱼”三大产卵场之一。但受滥捕、环境等因素影响，湘江鱼类资源出现衰退。据推算，湘江家鱼苗已由20世纪末的5亿尾以上，降至现在的1亿尾左右，家鱼苗的比重越来越小。“湘江长沙库区江段渔获物明显以鲤、鲫、鳊、鲶、黄颡鱼为主，鳊鱼在冬季捕捞中占有较大比重，四大家鱼的比重已从过去的40%左右降至25%左右。”枢纽库区部副部长饶志茹介绍。

鱼类可以净化湘江水质。上午10时许，来到综合枢纽尾水平台，只见经过检验合格的290万尾鱼苗“乘坐”的10余辆鱼苗车停靠在岸边。10时15分，放流活动正式开始。据介绍，放流要贴近水面，杜绝抛洒或高空倾倒的方式，以确保鱼苗安全。“开展增殖放流活动对修复湘江多样性水生生物资源、消解富营养化、改善水域生态环境将起到很好的作用。”饶志茹说，鲢鱼、鳙鱼取食浮游生物，可以减缓水体富营养化；草食性鱼类取食杂草，可以减轻河道淤塞；有水中“清洁工”之称的鲤、鲫、鲮鱼取食残饵、有机碎屑等，可以防止水质变腐。渔政部门表示，28日起，他们将在投放地全天候进行值班巡逻。

【长沙重度污染以上天数比同期减少13天】 2015年12月29日，长沙市环保局局长付旭明向市第十四届人大常委会第二十六次会议报告了2015年全市大气污染防治工作情况。报告显示，截至12月24日，我市空气质量优良天数为258天，优良率为72.1%，优良天数比2014年同期增加了31天。2015年，长沙空气质量除优良天数明显增加外，城市空气环境质量持续改善，不仅污染程度大幅降低，空气质量排名也有所提升。数据显示，截至12月24日，重度污染以上天数为12天，比2014年同期减少了13天。2015年1—11月，我市空气环境质量状况在全国74个重点城市的综合排名为36位，较2014年同期排名上升2位。“针对我市每年10月至次年2月重污染天气相对集中的实际情况，在广泛征求意见、科学分析论证、反复修改完善的基础上，出台了《长沙市2015年度大气污染防治特护期工作方案》。”付旭明说。此外，长沙率先全省升级改造了10个空气自动监测站点，完成望城区、长沙县、浏阳市、宁乡县县城空气环境质量监测体系建设。自主研发了空气质量实时发布系统，每天实时发布空气质量信息。应急管理和预测预警能力得到提升，已具备空气质量48小时预报能力。

基础设施建设

【2015年长沙重点工程年度投资预期将达712亿】 2015年长沙将推进万家丽路、湘江路、三一大道快速化改造；建成湘江长沙综合枢纽、河西综合交通枢纽；实现磁浮工程车通，地铁2号线西延线试运行；实现营盘东路东延线、星沙联络线、芙蓉北路北延线、京港澳复线（望城段）通车。从3月14日召开的长沙市住建委工作会议上获悉，2015年，长沙重点工程年度投资预期将达到712亿元，备受关注的长沙地铁5号线将在年内启动建设。副市长姚英杰出席会议。

2015年实现磁浮工程车通。长沙的地铁建设正在加速推进。目前，地铁2号线一期工程已经顺利试运营，1号线、2号线西延线、3号线、4号线正在加快建设。3月14日，会议明确提出地铁5号线也将在2015年内启动建设。2015年长沙还将推进万家丽路、湘江路、三一大道快速化改造；建成湘江长沙综合枢纽、河西综合交通枢纽；实现磁浮工程车通，地铁2号线西延线试运行，营盘东路东延线、星沙联络线、芙蓉北路北延线、京港澳复线（望城段）通车，进一步打通“断头”路、“瓶颈”路；建设一批公交站场、修建一批园林景观、完善一批供水、污水处理、电力设施。

协调房贷优惠增强住房消费能力。长沙2015年将结合棚户区改造，推行住房保障实物供给与货币补贴并举，建立存量房与公租房、安置房的转换渠道，进一步释放刚性需求。支持居民自住和改善性住房要求，协调银行给予更多房贷优惠，增强住房消费能力。加强市场管控，健全预警机制，维护市场信用，为老百姓放心消费住房创造条件。“我们要引导房地产向养老地产、旅游地产、特色地产等多元方向发展，提高开发品质，推广全装修住宅，结合教育、医疗等优势资源开发‘优质型、差异化’的特色楼盘。”市住建委党委书记、主任范焱斌表示，2015年长沙还将大力推广绿色建筑，禁用保温浆体材料，推广烧结类自保温墙材，加强建筑外窗节能管理，完成120万平方米既有建筑的节能改造，并通过落实激励政策等，确保绿色建筑占新建建筑比例超过30%。

【长沙5条地铁线交织建设】 2015年长沙将有5条地铁线同时建设，与此同时，随着一批“断头”路、“瓶颈”路的拉通，城区路网将更加完善。2月25日从市住建委获悉，全市2015年度重点工程建设项目计划（以下简称计划）共铺排重点工程项目65个，预计年度投资712.24亿元，地铁、城市道路、城市环境整治等有关市政基础设施和民生保障的项目均为建设重点。

地铁5号线年内启动建设。在地铁2号线一期工程顺利试运营、1号线、2号线西延线、3号线、4号线加速推进的基础上，5号线计划年内开建，长沙将进入地铁建设的黄金时期。

根据2015年计划，1号线将完成车站结构及区间工程、轨道工程，完成部分车站装饰装修工程，机电工程方面基本完成系统设备的安装、调试；2号线西延线将基本完成安装工程和公共区装修相关施工；3号线将完成一期交通疏解和部分车站主体结构工程施工，开始盾构区间施工；4号线将完成部分交通疏解和管线迁改；5号线将开展项目前期工作，启动建设。

23个项目打通“断头”路和“瓶颈”路。2015年全市共有23个打通“断头”路和“瓶颈”路子项目被列入重点工程建设计划。按照部署，潘家坪路和开福寺路均将打通芙蓉路至东风路路段；黄兴北路将打通营盘路至三一大道段；川河路将修建跨圭塘河的桥梁；劳动路将进行赤岗冲路口、东塘路口、侯家塘路口、白沙路口的改造；嘉雨路将打通晚报大道至浏阳河大道段；新花侯北路将拓宽长沙大道以北路段。纬二路周边、东二环两厢、香樟路至韶山路周边、五一商圈周边将实施交通微循环的改造。在万家丽路快速化改造快速推进的同时，长沙2015年还计划推进湘江大道快捷化改造和三一大道快速化改造，2015年将完成部分节点改造方案设计等前期研究。劳动东路将延长至黄兴大道。高铁新城未来将被打造成为长沙次中心、靓丽风景线和城市新名片，其基础设施建设引人注目。

在2015年计划中，有关高铁新城基础设施建设的子项目共有13个。劳动东路延长线起于浏阳河大桥，止于黄兴大道，全长约5420米，路幅宽70米，2015年计划完成部分桥梁、路基及排水工程，基本完成综合管廊主体工程建设；红旗路浏阳河大桥及红旗中路2015年将基本完成建设；京港澳高速公路长沙黎托段改造及辅道工程2015年计划完成主线，辅道完成路基、排水及电力箱涵；火车南站站前东广场位于长沙火车南站东侧，是沪昆高铁出入站站前广场，2015年计划完成部分主体结构工程。此外，高铁新城2015年还计划启动东四线、东六线、高塘坪路等道路建设。渔业路将向东延伸至福元路。预计两年后建成，为城北新增一条东西向主干道。随着渔业路下穿京广铁路和芙蓉路的隧道主线贯通，其继续向东延伸的工程也将于2015年启动。2月25日从长沙市城投基础设施建设项目管理有限公司了解到，渔业路延长线将直达福元路，东延过程中将以隧道形式下穿车站北路和福元路，为城北新增一条东西向主干道。根据设计，渔业路延长线西起家园路、东至福元路，全长约1.3公里，其中约1公里为隧道段，将下穿车站北路和福元路，路幅宽度为29.5米至46米，设计为城市主干道。结合周边地形与生态环境，长约1公里的隧道并非全封闭式下穿，而是采用半敞开段与封闭段相结合，隧道上方没有通行要求的路段均为半敞开段，半敞开段顶部将设置横梁进行绿化景观的布置，将来人们驾车经过该段渔业路将感受上方绿荫遮阳的清新凉爽。

目前，长沙县的车辆经福元路、芙蓉北路上福元路大桥去往河西，交通高峰时段，福元路和芙蓉北路交叉路口经常出现拥堵。渔业路及延长线建成后，长沙县去往河西的车辆过了东二环后，便可从福元路直达渔业路，再直达福元路大桥。据了解，双河路以西的渔业路目前已经主线贯通，预计2015年8月将实现通车。与此同时，渔业路延长线正在进行工程招投标，预计上半年开始进场施工，大约2017年，渔业路将直达福元路。

【长沙万家丽路主线高架10月1日前通车】 万家丽路快速化改造项目自2014年4月8日开工以来进展顺利，截至目前累计完成投资23亿余元，地面主线高架快速系统已基本完成。从9月1日召开的万家丽路高架后续工程与轨道5号线车站建设时序问题新闻通气会上了解到，万家丽路高架部分将于10月1日前实现通车，但由于地铁5号线、地面辅道及地下管线迁改工程建设的需要，地面道路预计到2018年2月基本恢复畅通，比原定计划有所推迟。

三大工程交叉统筹，难度全国罕见。万家丽路快速化改造项目是一个系统工程，将形成“三位一体”的快速立体交通格局，即地上高架桥快速路、地面BRT快速公交和辅道、地下地铁5号线层次分明的快速立体交通。地上高架工程部分主线高架已于8月15日全线贯通，正在进行路灯、监控及交通设施安装和沥青摊铺、伸缩缝等施工，预计10月1日前可完工通车。地面将建设长沙首条BRT快速公交线路，北起湘龙路龙塘枢纽站、南到湘府路市广电中心枢纽站，全线约20.1公里。地下除地铁5号线，还将进行全线排水管线提标扩容改造、综合管线共沟、22万伏电力隧道等工程建设。地上、地面、地下三大系统，在主城区16.635公里主干线上同时启动建设，工程交叉统筹难度全国罕见，必须要科学合理安排建设时序。为避免造成路面反复围挡开挖，避免交通组织和延长分流对市民出行的更大影响，避免大量重复建设投资浪费，市委、市政府决定按照“先地上、后地下、再地面”的思路进行统筹建设。

【长沙农产品物流中心11月底试运营】 2015年8月，从长沙市三大市场迁建和高桥市场片区提质改造工作领导小组月调度会上获悉，长沙农产品物流中心预计11月底建成试运营，将成为马王堆蔬菜批发市场外迁后的“新家”。目前，马王堆蔬菜批发市场、长沙市家禽批发市场、红星农副产品市场的迁建，以及高桥市场片区提质改造正有序推进。长沙农产品物流中心项目一期6栋已封顶，其余6栋预计9月8日封顶。长沙市家禽批发市场项目用地已获省国土厅批准，预计10月完成招拍挂，年底实现开工建设。红星农副产品市场项目落地跳马镇的土地手续正在办理。高桥市场片区的火焰大市场、水暖建材城、涟源百货城等几大市场提质改造也正有序推进。市场迁建和提质改造是基础性工程、民生工程、城市品质提升工程，要建立常态工作机制，追赶进度，用好政策，强化考核，发挥市场积极性，努力实现预定目标。廖健要求，各相关部门要快马加鞭，优质高效抓落实，全力提速市场外迁，确保2016年底以前，建成三大布局合理、运作高效、管理先进的现代商品交易市场。

【长沙湘江新区综合交通枢纽全面竣工】 2015年9月6日，从长沙综合交通枢纽建设投资有限公司获悉，湘江新区综合交通枢纽（原长沙市河西交通枢纽工程）日前已全面竣工，按照长沙市委市政府安排，2015年10月，这个集地铁、长短途客运、城市公交、出租车、社会车辆等多种交通功能及写字楼、购物中心、商业街等商业功能于一体的城市交通综合枢纽将正式投入运营。

经过三年的建设，湘江新区综合交通枢纽工程基本完成，土建、安装、屋面绿化、高架桥工程都已扫尾，进入幕墙、装饰等最后性的工作，正在进行相关设备的调试。枢纽采用立体交通方式运作，在无缝衔接地铁、公交、长途客运等交通方式的同时，又将公路客运与市内交通在空间上分离，实行公交、长短途分区运行，出租、社会车辆分区行驶、停放，并严格实行到发分离、人车分离。根据规划，未来长短途客运车辆将在高架层运行，公交车在地面层运行，社会车辆和出租车集中在换乘大楼负一层，地铁轨道在负二层运行。其中，售票大厅在枢纽站场一楼，旅客购票后可坐扶梯或走楼梯抵达二楼候车大厅，通过检票口检票后进入高架发车平台前往省内外各个地区。

作为原长沙汽车西站的“升级版”，枢纽充分运用两型技术。在环保节能方面，应用污水源热泵系统（可再生能源），并在后期运行中通过能耗控制监测系统、热回收系统对能耗进行有效控制；采用了立体园林屋顶绿化，充分体现了绿色两型的特点。同时，全面应用信息技术，实现智能化管理，在信息上实现互联互通。

据了解，湘江新区综合交通枢纽位于湖南湘江新区的核心区域，项目总投资约30亿元，总用地面积218亩，总建筑面积31.5万平方米，交通站场面积14.5万平方米，商业17万平方米。项目主体工程于2012年11月全面开工，2014年7月底项目全部单体建筑实现封顶。2015年更名为湘江新区综合交通枢纽，8月31日项目全面竣工。

【长沙城北建17公里沿河风光带】 作为打造浏阳河文化旅游产业带战略举措的组成部分，备受市民关注的浏阳河开福区段风光带建设进入实施阶段。2015年9月7日，从负责该项目实施的开福区工务局获悉，浏阳河开福区段风光带规划设计已趋完善，9月底滨河南路段（芙蓉北路—长阴路）率先动工开建。预计到2016年，浏阳河开福区段17公里风光带将建成开放。

规划设计：打造成标志性景观轴。浏阳河流经开福区月湖、洪山、浏阳河等6个街道，流域长约9.6公里，岸线总长约17.22公里，自然形成“三道湾”：芙蓉区东岸街道与开福区月湖街道交界处的苗圃南湾，鸭子铺的金鹰湾（鸭子嘴湾）以及在月湖公园西北角与洪山路交界处的最后一道湾。

开福区浏阳河南北两岸风光带建设规划，将围绕滨江岸线功能品质的提升，以“绿色、人文、休闲、运动”为导向，充分利用好独特的自然景观和人文禀赋。其中金鹰湾朝正垸段，将结合金鹰文化产业园区定位，以文化休闲、商业娱乐配套为主；捞湖垸段沿途以居住配套服务设施、生态休闲为主；入江口段结合三馆一厅及湘江世纪城沿江面的文化商业氛围，以文化休闲为主。整体风光带分为休闲互动区、生态游乐区、绿色活力区三大分区，整段将两岸风光带打造成开福区的标志性景观轴。

建设：两岸沿河路将拉通至芙蓉区。据开福区工务局负责人介绍，浏阳河开福区段南北风光带按10段分三期建设，其中一期为北岸滨河南路段、南岸三馆一厅段、海洋半岛段；二期为北岸世纪金源段、月湖公园段、南岸北辰三角洲段、栖凤路段；三期为北岸金鹰湾（鸭子铺段），南岸胜利村段、黑石渡段。9月开建的滨河南路段长2.4公里，预计11月完工，其余各段也将陆续开建。

与此同时，为完善浏阳河开福区沿河两岸道路互联互通，该区计划在2015、2016年两年内将两岸沿河道路从入江口一直拉通到与芙蓉区交界处，形成贯通长沙市主城区的沿河通道。其中北岸的滨河南路将于9月底竣工通车，南岸的栖凤路海洋半岛段已完工，胜利村段年内将启动建设。

【长沙“三馆一厅”部分开放】 位于开福区新河三角洲、占地面积约196亩的长沙市滨江文化园正逐渐撩开其神秘的面纱，即将与市民见面。2015年9月18日，从市工务局了解到，滨江文化园将在2015年国庆节对外开放市图书馆、市规划展示馆和景观塔。“两馆一厅”原来指的是市博物馆、市图书馆、市音乐厅，现在变成“三馆一厅”，主要是因为在市博物馆架空层新设市规划展示馆。2015年7月市规划展示馆对外试开放，成为滨江文化园首个开放的单体建筑，展馆通过三维复原、总体规划沙盘模型和3D影院等技术手段展示长沙风貌。市图书馆位于滨江文化园东北角，总建筑面积逾3万平方米，共4层。一层有少儿阅览室、报刊阅览室、报告厅、活动教室等；二层有动漫馆、电子阅览区、高清影视室、电子文献借阅区、少儿视听室、儿童游戏区；三层为中文图书阅览区、地方文献阅览区和研究室；四层是外文阅览区和行政办公区。目前，工作人员正在对3万册图书进行整理、编号、上架，市民国庆节就能来这里看书了。作为园内标志性建筑、高118米的景观塔也将于国庆节开放，届时市民可通过景观塔里的电梯上到93米高的平台上俯瞰长沙。

作为滨江文化园的“灵魂建筑”，市音乐厅引入了流传于欧洲、距今已有2200余年历史的西方教堂乐器管风琴，所以建设进度上相对滞后，目前正在对管风琴进行安装和调试，预计将借2016年元旦新春音乐会契机开放。博物馆也正在进行内部布展，预计将在2015年12月底部分开放。

【湘江新区综合交通枢纽“十一”试运营】 2015年“十一”黄金周，旅客到汽车西站乘车不用再忍受此前过渡站的拥挤。9月21日，从湘江新区综合交通枢纽项目竣工验收及转场运营调度会上获悉，目前枢纽项目整体工程基本竣工，进入最后验收阶段，按市政府部署，计划在2015年10月1日试运营，届时长沙至常德、益阳等5条专线将在此发班。目前，车站站务运营设施设备的采购已全部完成，其中16台生产用电脑、26台自助售票机、1300多套候车室座椅、29台检票闸机、7台三品检查仪等已陆续进场安装调试。站务系统、联网售票管理系统、旅客信息服务系统、运政监管系统等均已完成升级，预计9月28日全部完成安装，从而实现车辆进站、安检、报班、备班、发班和旅客购票、取票、检票的智能化运营管理，保证10月1日枢纽站的试运营有序进行。

枢纽站投入试运营时间恰逢国庆客流高峰，站场计划在此期间将长沙西至常德、汉寿、益阳（含319线）、沅江、桃江等5条专线转至枢纽站发班，高峰日发送客流计划在2.5万人左右，其他班线待正式开业后转场。同时，试运营期间，枢纽将在地铁站、公交车站等区域对旅客进行导乘指引，确保旅客清楚知晓乘车地点。据了解，湘江新区综合交通枢纽项目集地铁、长短途客运、城市公交、出租车、社会车辆等多种交通功能及写字楼、购物中心、商业街等商业功能于一体。项目位于湖南湘江新区的核心区域，总投资约30亿元，总用地面积218亩，总建筑面积31.5万平方米，交通站场面积14.5万平方米，商业17万平方米。项目主体工程于2012年11月全面开工，2014年7月底项目全部单体建筑实现封顶，2015年更名为湘江新区综合交通枢纽。枢纽采用立体交通方式运作，在无缝衔接地铁、公交、长途客运等交通方式的同时，又将公路客运与市内交通在空间上分离，实行公交、长短途分区运行，出租、社会车辆分区行驶、停放，并严格实行到发分离、人车分离。此外，全面应用信息技术，实现智能化管理，在信息上实现互联互通。

【长沙公共自行车租赁系统向市民开放】 2015 年 9 月 22 日是“世界无车日”，伴随着“智慧城市·绿色出行”——长沙市 2015 中国城市无车日活动暨长沙公共自行车系统上线首发千人骑行仪式的启动，长沙公共自行车租赁系统正式向市民开放，千名“骑友”跨上公共自行车，成为首批体验者。副市长黎春秋出席启动仪式。

9 月 22 日，在天心区九峰小区北门广场，首批投放的千辆公共自行车正式亮相，从全市征集的千名体验者整装待发。新投用的自行车为纯蓝色，车架用的是铝合金材质，没有后座架，但车前装有铝合金车篮。73 岁的段水生是一名自行车“发烧友”，他说，得知长沙有自己的公共自行车租赁系统了，他和 10 多名“伙伴”第一时间报名参加。“经常骑自行车，不仅绿色环保，而且能锻炼身体，应该大力提倡，希望长沙的公共自行车早日普及到全市，让更多人都加入进来。”段水生说。作为公共自行车租赁系统的运营方，长沙市益民公共自行车服务有限公司副总经理林鸿钧向记者介绍，公共自行车租赁系统 2015 年 4 月开始第一期建设工程，第一期一批站点选址岳麓区咸嘉新村。截至目前，岳麓区和天心区共建设站点 100 个，计划年底完成 250 个站点建设并投入运营，投放公共自行车 5000 辆。未来 5 年内，分期分批在主城区逐步推进，全面覆盖整个长沙城区，拥有约 2000 个站点，近 5 万辆公共自行车的服务网络，进一步解决市民出行“最后一公里”的难题。“从今天起，我将尽可能选择绿色的交通方式出行，多步行、多骑行、多坐公交和地铁，为长沙的美好未来尽一份责任与义务……”9 月 22 日启动仪式现场，千名市民代表共同宣读《绿色宣言》，湖南绿行信息系统有限公司向环卫工人捐赠 100 张价值 260 元的智慧生活益通卡。之后，千名“骑友”踏上公共自行车，由九峰小区北门出发，沿黑石路、书香路、新韶路及新姚路围合的区域骑行 7.4 公里。

【长沙市水利建设直指“3335”总目标】 从 2015 年 9 月 25 日召开的全市水利建设动员会上获悉，长沙市今冬明春水利建设总体目标任务是实现“3335 目标”，即投入各类水利建设资金 30 亿元以上（其中市级以上投入 8.5 亿元），完成 3 万处水利工程建设任务，投入劳动工日 3000 万个，移动土石方 5000 万立方米。市委副书记徐宏源、副市长黎石秋出席。去冬以来，全市各级党委政府和有关部门以水生态文明创建试点为契机，开拓创新、抢抓机遇、克难攻坚、务实重干，农田水利建设成效明显、水利基础工程建设加快，防汛防旱工作扎实有效、水生态文明建设稳步推进、依法管水能力得到较好提升。会议指出，今冬明春水利建设工作将围绕水安全保障，扎实推进防洪工程建设；围绕水资源利用，大力推进农田水利建设；围绕水环境提升，继续推进水生态项目建设；围绕水持续发展，全面开展水利“十三五”规划编制工作。具体任务主要覆盖除险保安工程、生产生活保障项目、生态水利建设项目等，其中生产生活保障项目主要包括解决农村 30 万人口饮水安全问题、实施骨干山塘清淤扩容 5 万亩、实施沟渠疏淤疏浚 2000 公里等。徐宏源要求，各级各部门要增进共识，进一步把握水利建设趋势；突出重点，进一步加快水利建设步伐；敢于担当，进一步落实水利建设责任。他强调，当前，长沙正朝着率先建成全面小康加快实现基本现代化的战略目标迈进，水利需求呈现多样性，水利建设既是经济工程，也是民生工程，办好了更是德政工程，中央、省委、市委都高度重视，水利发展面临十分难得的历史机遇。全市水利建设要积极转变思路，科学制定发展规划，统筹考虑各方需求，紧紧围绕水安全、水资源、水环境三个重点，切实增强水安全保障能力、提升水资源保障水平、加大水环境保护力度，以强烈的责任感推进水利建设，以严格的监督保障水利建设，以有效的投入支撑水利建设，以浓厚的社会氛围助推水利建设，高质量、高标准、高起点谋划，为“十三五”水利发展建设开好局、起好步。

【长沙跻身全国学习型城市联盟】 2015 年 10 月，从日前召开的长沙市全民阅读体系建设现场推进会上获悉，长沙已跻身全国学习型城市联盟首批成员。随着新的长沙市图书馆的建成开放，一座溢满书香气息、富有文化品位的学习型城市正在崛起。副市长何寄华出席会议。据长沙市图书馆馆长王自洋介绍，近年来，长沙以构建“全民阅读，共建共享”为目标，大力推进公共图书馆市、区（县市）、街道（乡镇）、社区（村）四级服务网络建设，开通了公共图书服务体系的总分馆“一卡通”服务，使其成为全民阅读活动的支撑点。目前，全市已建分馆 83 个、农家书屋 1464 个、市区两级流动图书车服务点 82 个、街区 / 地铁自助图书馆 3 个、流动图书车 3 台、自助阅览室 2 个、自助读报机 / 电子读书机 32 台。长沙新图书馆正在向国内一流图书馆的目标坚实迈进，将逐渐建设成为长沙的文献信息资源服务中心、全民阅读终身教育中心、区域图书馆网络中心、文化学术交流中心。

【长沙已实施棚改 2.8 万户】 加快棚户区改造是事关千家万户的民生福祉！市安居棚改办日前传来喜讯，2015 年全市棚户区改造共铺排项目 82 个、计划改造 27648 户。截至 2015 年 10 月，全市已开工棚改项目 76 个、实施改造 28053 户，开工率为年度任务的 101.5%。

内五区棚改“你追我赶”据市安居棚改办负责人介绍，2015 年，内五区铺排 35 个棚改项目，计划改造 12967 户（其中征收签约 11458 户），计划改造面积 174.41 万平方米，计划投资 191.46 亿元。截至近日，已有 29 个项目启动征收签约和开工建设，共计改造 13392 户，为年度任务的 103.28%；完成面积 184.94 万平方米，为年度任务的 106.04%；完成投资 164.55 亿元，为年度任务的 85.95%。芙蓉区友谊商店东边地块，天心区南湖片区（含碧湘街一期）、新建西路零星地块，岳麓区桐梓坡大板房，开福区黄兴北路、朝正垸，雨花区长钢新老 11 栋等 20 个项目签约率已完成年度任务的 100%以上，进入项目征收扫尾阶段。其中雨花区长钢棚改项目成为内五区首个当年启动、签约归零、全面腾房的棚改项目。除了“你追我赶”的进度竞赛，内五区还赛品质提升。各棚改项目坚持以“四增两减”为导向，在规划方案编制中着重增加公共绿地、公共空间、配套设施、支路网密度，减少居住人口密度、开发强度，实行城市立体化改造，实现空间布局再优化、公共配套再完善、建筑品位再提升。在改善居民居住条件和生活环境的同时，完善教育、道路、停车等公共建设，通过棚户区改造把城区原来最脏乱的地方打造成设施齐全、服务配套、环境优美、管理有序的现代社区。

棚改安置尊重群众选择权。要让群众安心棚改，先要做好安置工作。尊重群众选择权，坚持以就近、就地实物安置为主，鼓励货币安置，做到公平、公正、公开，是长沙棚改安置工作的“法宝”。为了保障安置房源，市政府印发了《关于购买商品住房用于公共租赁住房和棚改安置房的实施意见》，各区积极组织订购2092套商品住房用于棚改安置；各级住房保障部门、各项目指挥部还筛选一批优质实惠的楼盘，与开发商达成购房优惠协议12500余套，并组织“棚改购房大集市”等多种形式的房源对接活动等，鼓励居民自主购房。为优化住房保障服务，兜住民生底线，我市加大了对棚改征收中的住房困难对象的保障，对符合一定条件的被征收对象按照每户15万元的标准进行棚户区改造安置补贴，支持被征收对象到市场上购买普通新建商品住房和二手房，已累计办理棚户区改造安置补贴资格审批4137户，发放1495户、22424万元；各级住房保障部门为黄兴北路、坪塘片区、南湖片区等棚改项目调配经适房2469套、公租房872套；办理廉租房、公租房等各类住房保障资格审批2564户。灵活多样的安置方式，得到了老百姓的欢迎。

【长沙汽车南站将改扩建为交通枢纽】 2015年10月9日，从长沙市发改委获悉，长沙南、北横线工程，长沙汽车南站综合交通枢纽工程等一批项目的可行性研究报告已获批复。长沙市轨道交通5号线一期工程可行性研究报告，S328、S218线宁乡林塘至东湖塘公路工可报告也在日前获省发改委批复。南横线位于长沙市南部区域，起于浏阳市文家市镇湘赣交界处，经浏阳市、长沙县、雨花区、天心区、岳麓区、宁乡县，止于宁乡县与娄底市交界处。北横线位于长沙市北部区域，起于浏阳市大围山镇湘赣交界处，经浏阳市、长沙县、开福区、望城区、宁乡县，止于宁乡县与安化县交界处。汽车南站综合交通枢纽项目位于长沙市雨花区洞井铺中意路东侧，韶山路与时代阳光大道交叉口东南角，系在原长沙汽车南站站址的基础上进行改扩建。项目总用地面积11.58万平方米，总投资估算为23.51亿元，建设周期3年。建成后可有效满足长沙日益增长的客运需求，形成长株潭城际铁路、规划建设的地铁7号线和城市公交等一体化的综合客运枢纽。轨道交通5号线是长沙轨道交通线网中主城区东部的南北向骨干线路。一期工程线路长22.7公里，投资估算约163.93亿元，设车站18座，计划2015年开工，2020年底建成通车。此外，市发改委日前还批复了长沙市公共自行车智能租赁系统（试点工程）工可报告。该项目试点范围在岳麓区北部主城区。设置自行车站点200处，存车位5390个，自行车数量4900辆，投资总估算为7930万元。

【长沙打造立体交通网络】 长沙依湘江而建，北去的湘江把长沙分隔成河东、河西。2010年以前，市民只能选择从桥上过河，6座湘江大桥担负起城市过江交通的重任。2011年10月，营盘路湘江隧道通车，从江底穿行而过变成了现实。湘江两岸，长沙三环内的过湘江通道数量已达10条之多。2014年，长沙地铁2号线开通营运，正式开启长沙地铁时代。地铁2号线把岳麓山、橘子洲、五一广场等热门地段串起来。从江面到江底、从单一到立体，长沙人过江方式的改变也是这五年来长沙交通发展的一个缩影。首条地铁运营、首条城市快速路通车……一个个重大交通项目为长沙构筑起全新的立体交通网络，以前所未有的力度改善着长沙市民的生活。眼下，沪昆、京广两条高铁动脉在长沙交会，市民坐高铁可直达省内9个市州及19个全国省会城市；地铁2号线西延一期工程年底将开通试运营，地铁1号线、3号线、4号线正在全面推进建设，5号线即将启动建设；同时，国内首条具有自主知识产权的中低速磁浮交通线路——长沙磁浮工程计划年底试运行，长株潭城际铁路也将抓紧建设步伐。一张四通八达的交通网正在长沙城徐徐铺开，便捷通畅的出行环境将为城市带来更多动力与惊喜。

【长沙规划21个客运枢纽项目】 2015年11月20日，长江中游城市群省会城市交通运输合作联席会第二次会议在长沙召开，长沙、武汉、合肥、南昌签署《长江中游城市群省会城市交通运输合作联席会第二次会议合作协议》。副市长何寄华，市政协副主席、市交通运输局局长刘明理出席。此次会议上，长沙市建议加强四市交通运输合作，打造长江中游城市群综合交通运输体系，建设以武汉、长沙、南昌、合肥为中心的“多边形、放射状”的公路、铁路、航空、水运项目。长沙市对“十三五”综合交通运输发展已进行规划设想，“十三五”期间，长沙朝着构架“大交通”、建设“大枢纽”、形成“大路网”、搭建“大平台”、布局“大市场”的五大目标，力争构建“4321”综合运输格局，即“4个对接”（临港、临空、临铁、临园）、“3个基本”（路网基本成型、港口基本建成、枢纽基本定格）、“2个体系”（客运出行服务体系、货物运输服务体系）和“1个平台”（智能交通服务管理平台），重点推进10大工程、100+项目、1000亿投资。

新建、扩建5条高速公路。根据《湖南省高速公路网规划（修编）》，长沙市高速公路布局呈“一环七射六纵”，高速公路由“初步连通”向“覆盖成网”转变。“十三五”期间，将新建、扩建5条高速公路，新增里程约127.1公里，预计投资84亿元。“十三五”期间，全市国省干线公路将由“基本成网”向“能力提升”转变，重点建设南、北横线，高速公路连接线，绕城（镇）公路及拥堵路段改扩建工程，国省道断头路，跨省跨区域通道，重要景区连接通道，连接水路、铁路、航空枢纽的集散通道等。共规划项目103个，累计1700余公里，预计投资493.7亿元。

规划21个客运枢纽项目。“十三五”期间，长沙将加快国家公路运输枢纽客运站场建设，重点建设集轨道、公路、城市公共交通中转换乘功能于一体、具有示范效果的综合客运枢纽，如汽车南站综合交通枢纽、金桥综合客运枢纽、黄花机场综合客运枢纽、高岭综合交通枢纽等，初步形成与城镇布局相协调、方便百姓安全便捷出行的公路客运枢纽场站系统。共规划项目21个，预计“十三五”投资62.3亿元。将在有效整合资源、强化集约发展的基础上，以机场、港口、公铁站场等物资集散中心为依托，拓展货运枢纽的现代物流功能，推进公路货运枢纽向物流园区转型，合理布局承担对外运输任务的大型物流基地、特色物流园区。规划建设湖南农产品物流中心、湾田国际物流园、长沙金桥物流中心、长沙临空物流中心等20个物流园区、物流中心项目，预计“十三五”投资203亿元。

打造智能交通项目。“十三五”期间，长沙将以霞凝港区、铜官港区和客运港区为建设重点，新建码头、锚地、通航保障系统和客运旅游码头等22个项目，预计投资31.08亿元，重点建设新港三期，铜官港区一、二期，浏阳河、捞刀河航道整治工程，客运港区，金霞一期，湘江枢纽三线船闸，华电长沙煤码头和长沙水上客运码头。同时，将打造智能交通项目，共规划市交通运输信息化基础支撑体系升级工程、智慧执法信息系统、公路综合管理系统、驾培系统二期工程、甩挂运输信息系统、综合出行信息服务系统、市出租汽车服务管理信息系统等16个项目，预计“十三五”投资2.24亿元。

民航、铁路方面，主要是对接国家、省、市在民航和铁路方面的规划。铁路方面，建立高速铁路、城市群城际铁路和普速铁路三个层次的对外铁路网络：一是高速铁路重点推进渝长厦高铁的规划实施；二是城际铁路重点建设长株潭城际铁路、长株潭城际铁路延长线、长益常城际铁路和长浏城际铁路；三是普速铁路重点建设蒙西至华中地区煤运通道和京广铁路货运外移线。航空方面，续建黄花国际机场飞行区东扩工程（二跑道），适时启动T3航站楼建设。重点完善机场配套设施，规划建设黄花机场西交通中心、地铁6号线，建成火车南站至黄花机场磁浮线并投入使用。

【长沙腾地900亩为动车建“家”】 高铁列车每天在路上风驰电掣地运行，夜晚也要回“家”休息。随着沪昆高铁逐段开通运行，长沙火车南站的“动车之家”亟待扩容。2015年12月4日，从长沙市铁路建设办公室了解到，经过多方努力，雨花区为沪昆高铁配套工程腾出的900亩土地近日正式交付，为沪昆动车所2016年6月建成投用提供了用地保障。动车所作为高铁列车的“家”，为奔波了一天的列车提供养护、检修和停放场所。随着沪昆高铁贵州东段全线开通运营，长沙的高铁版图再次扩大，从长沙出发坐高铁可直达19个省会城市或直辖市，长沙作为中部高铁黄金枢纽城市的影响力进一步凸显。新建的沪昆动车所位于长沙火车南站以南区域，南至时代阳光大道以北，西至武广动车所，东至红旗路延长线。按照省委省政府加快沪昆高铁建设的要求，雨花区及相关部门积极行动，在150天内共完成房屋拆迁58户，拆除仓储建筑约9.4万平方米，已迁坟1018家，基本实现清零，顺利交地。了解到为了抢抓沪昆动车所建设进度，2015年7月，雨花区就已先期腾地300亩，作为沪昆动车所一期工程建设用地交付使用。目前相关配套设施正在建设当中，同时后期土地正在进行土方平整，需进行平整的土地总计约400万方，目前已完成150万方。如果天气条件满足，施工方将加大施工力度，赶在2016年雨季来临前完成土方平整。

【长沙磁浮快线开启空铁联运模式】 2015年12月26日，中国首条具有完全自主知识产权的中低速磁浮商业运营示范线——长沙磁浮快线正式试运行，而最快3个月后，长沙磁浮快线将会对外开通载客。届时，航空、高铁、公路客运、地铁、磁浮等多种交通方式将在长沙形成零距离对接，铁路、公路、航空三位一体的立体交通将使市民出行更加便利。23分29秒，贴地飞行，长沙火车南站直达长沙黄花机场，长沙开启“空铁联运”一体化交通模式。

最高时速100公里 年前将到位5列车。12月26日上午，在长沙磁浮车辆段综合基地，登上一列黑白红颜色相间的磁浮列车，这也是正式试运行中开行的首趟列车。此次投入试运行的列车共有两列，一列蓝白颜色相间，一列黑白红颜色相间，列车设计最高时速100公里时，总长48米，均由中车中机公司制造。根据计划，长沙磁浮快线年前将总共到位5列车，第三列车将在本月底交付。长沙磁浮快线是国内首条具有完全自主知识产权的中低速磁浮商业运营示范线，也是目前世界上规划线路最长的中低速磁浮线路。长沙磁浮快线于2014年5月16日动工，历经一年半的建设，全长18.55公里，位于长沙市雨花区和长沙县境内，起于长沙火车南站东广场北侧，沿劳动路、黄兴大道、机场高速敷设，止于黄花国际机场，全线设磁浮高铁站、磁浮 梨站和磁浮机场站共三座车站，车辆段综合基地一处。

最多可载客363人，车内噪音似轻声说话。上午9时22分许，首趟磁浮列车从磁浮高铁站发出，正式开始首趟试运行旅程。发现磁浮列车共分三节车厢，最多可载客363人，还预留有半截行李车厢供值机行李托运。磁浮列车综合了高铁和地铁的车厢布局，每节车厢有24个座椅，座椅套为红色。其中16个座位为横排排列，共4列，每列4个座位，每2个为一组，中间为过道，类似高铁二等座。而剩余座位则采用竖排排列，类似地铁座位。磁浮列车以每小时60至80公里的速度前行，站在车内感觉十分平稳。当记者在车厢内用盛满水的一次性水杯和香烟做平稳度测试时，水没有洒出一滴，香烟也屹立不倒。同时，无论是启动、制动、转弯还是全速爬坡，车厢内也几乎听不到任何噪音。发现虽然列车行驶在长沙东郊，但手机信号却并没有受到影响，同时车内还设有4G免费WiFi网络，旅客只要扫描车内二维码即可上网。此外，每节车门上方安装有电子到站提示牌，方便旅客了解行程。上午9时45分许，磁浮列车抵达终点站磁浮机场站。工作人员介绍，因为是试运行首日，列车时速都进行了一点限制。未来，高铁站到机场的时间还将进一步缩短。同时，列车还计划每10分钟双向开行一趟，进一步方便乘客换乘出行。

打造三位一体立体交通，高铁站内就可办乘机手续。2014年，沪昆、京广两条高铁动脉在长沙形成黄金十字，沪昆、京广两个站场合二为一，长沙火车南站成了中国高铁枢纽。从长沙火车南站出发，可坐高铁直达19个省会城市或直辖市，以及全省除常德、益阳、张家界、湘西州之外的其余9个市，高铁客流量超过普铁成为出行首选。“长沙高铁虽然方便，但此前接驳主要是在铁路与公路之间，从高铁站到机场，乘客只能选择巴士或者的士，而磁浮快线运营后，乘客将多一种省时又省力的选择。”湖南磁浮公司相关负责人说，“未来，乘客从长沙火车南站下高铁后，如果要转乘飞机，在高铁站内就可以办理好登记手续，坐着磁浮列车一路欣赏长沙美景，一刻钟时间抵达磁浮机场站后，乘客可在站内直接进候机楼，完成安检登机。”同时，长沙磁浮快线不仅连接了高铁和航空两大枢纽，更让长沙乃至湖南迎来新一轮交通功能升级。一条磁浮快线，将航空、地铁、高铁、公路班线、城市公交等多种交通方式盘活，铁路、公路、航空形成三位一体的立体交通体系，令长沙和湖南成为全国最重要的交通枢纽之一。

【9条长株潭城际快速干道贯通】 加快推进长株潭一体化发展，必须坚持交通先行，构建域外联通、域内便捷的长株潭一体化综合交通网络。2015年12月31日，省委副书记、省长杜家毫来到洞株公路长沙段，看望慰问建设者，调研长株潭城际快速干道建设情况。杜家毫强调，建设长株潭城际快速干道是构建湖南“一核三极四带多点”发展新格局的首站工程，要以“功成不必在我，建功必须有我”的境界，大力推进长株潭交通一体化建设，更好发挥长株潭城市群核心引领作用，不断探索城市群一体化发展的路子。据悉，为加快长株潭城市群一体化发展，2015年初，省政府部署要求洞株公路、坪塘大道等9条长株潭城际快速干道年内建成通车。目前，9条道路已全部贯通，分别是芙蓉大道北延长线、坪塘大道、九华大道、洞株公路长沙段、洞株公路株洲段、板霞路、铜霞路、武广客专连接线株洲段、武广客专连接线湘潭段。长沙按照省政府要求，加强调度协调，克服各种困难，圆满完成了三路年底通车的目标。三路从动土到建成具备通车条件仅用时7个月，刷新了长沙公路建设的纪录。全长13.7公里的洞株公路长沙段已于日前通车，目前正进行道路两厢场地平整、绿化等扫尾工作。芙蓉北大道和坪塘大道实现了路面通车。

城镇规划建设

【湖南湘江新区总体方案发布】 2015年5月，国家发改委官方网站发布《关于印发<湖南湘江新区总体方案>的通知》。通知称，《方案》已经国务院同意，并要求湖南省人民政府全面做好《方案》的组织实施工作，依据《方案》和依法批准的土地规划、城镇规划等组织编制湖南湘江新区发展规划，认真落实《方案》提出的战略定位、空间布局、发展重点等各项任务，确保实现《方案》确定的发展目标。

空间布局：建设“两走廊、五基地”。通知明确，湖南湘江新区位于湘江西岸，包括长沙市岳麓区、望城区和宁乡县部分区域，核心区域为岳麓区岳麓街道等15个街道、望城区喻家坡街道等8个街道以及宁乡县金洲镇，覆盖长沙高新技术产业开发区、宁乡经济技术开发区和望城经济技术开发区3个国家级园区，面积490平方公里。2014年常住人口85万人，地区生产总值970亿元，财政总收入167亿元，工业总产值2110亿元。

湖南湘江新区的战略定位为：高端制造研发转化基地和创新创意产业集聚区，产城融合、城乡一体的新型城镇化示范区，全国“两型”社会建设引领区，长江经济带内陆开放高地。

《方案》要求，统筹新区与周边地区联动发展，根据资源环境承载能力、现有开发强度和发展潜力，综合考虑人口分布、产业结构、城镇布局、交通网络、自然资源、生态环境等因素，优化功能分区，构建功能协调互动、空间舒展有序的“两走廊、五基地”总体格局。其中，“两走廊”为湘江西岸现代服务业走廊和319国道战略性新兴产业走廊；“五基地”是自主创新引领基地、先进制造业发展基地、总部经济集聚基地、生态旅游休闲基地、现代都市农业示范基地。

发展重点：六大任务提升新区综合实力。《方案》指出，建设湘江新区有六大重点任务：一是探索创新发展路径。形成具有较强竞争力的自主创新体系，建设全国一流的科技成果转化交易平台，建立健全富有活力的科技创新体制机制。二是构建高端产业体系。促进战略性新兴产业集群发展，推动现代服务业集聚发展。三是培育文化产业高地。提升文化产业规模化、集约化、专业化水平，推进文化体制机制创新。四是推进生态文明建设。构筑生态安全屏障，加强环境基础设施建设，推行绿色低碳生产生活方式，创新生态文明建设机制。五是提高城镇化发展质量。推进产城融合发展，提升城市建设和治理水平，构建新型城乡关系。六是提升开放型经济水平。完善立体综合交通网络，构建大通关体系，打造综合性开放平台。

到2025年，实现新区综合实力大幅提升，城镇化率达到80%左右，地区生产总值年均增速明显高于湖南省平均水平，战略性新兴产业增加值年均增速达20%以上，现代产业体系更加完善，生态环境进一步优化，全方位对内对外开放格局基本形成，成为带动湖南省和长江中游地区经济社会发展的重要引擎、长江经济带建设重要支撑点、全国“两型”社会建设先行区。

【长沙将现十大专业市场群】 2015年9月，《长沙市专业市场布局规划（2015—2020）》通过。随着城市的发展，不少位于城市中心地带的专业市场面临搬迁。为了引导市场搬迁更加科学合理，长沙市商务局、市城乡规划局共同组织编制了《长沙市专业市场布局规划（2015-2020）》，该规划结合未来长沙城市发展空间格局，提出在三环线周边及外围地区形成十大专业市场群，为市内市场外迁提供承接地。该规划经市规委会表决通过。长沙的批发市场经过20多年的发展，市场类型、布局和建筑形态趋向多样化。为了优化市场集聚布局，完善功能和服务配套，促进专业市场升级换代，市商务局、市城乡规划局在综合考虑区位、用地、交通、物流、产业、生态等影响因素的基础上，对现有的和规划的专业市场进行摸底和统筹分析，编制了《长沙市专业市场布局规划（2015-2020）》，提出了市场提质改造和外迁选址的引导方案。规划的十大专业市场群为：望城经开区市场群、金霞经开区市场群、丁字市场群、安沙镇市场群、黄兴镇市场群、跳马镇（白竹）市场群、莲花镇市场群、双江口镇市场群、镇头镇市场群、永安镇市场群。本次规划分近、远两期实施，其中近期为2015—2017年，远期为2018—2020年。方案中规划选址的十大专业市场群分为农产品交易市场、工业品交易市场和生产资料交易市场三类，规划对每个市场群提出业态导向建议，如黄兴镇市场群主导业态为蔬菜、水果、家禽，金霞经开区市场群主导业态为粮油副食品、日用工业品，丁字市场群主导业态为家居建材等。

【强化长沙中心城市地位，大力推进湘江新区建设】 2015年8月28日，省政府发布《湖南省贯彻落实国家〈长江中游城市群发展规划〉实施方案》，着力推进环长株潭城市群内部及与武汉城市圈、环鄱阳湖城市群之间城乡、产业、基础设施、生态文明、公共服务"五个协同发展"。

《长江中游城市群发展规划》于2015年3月获国务院批复，4月由发改委发布。这是《国家新型城镇化规划（2014—2020年）》出台后，国家批复的首个跨区域特大型城市群规划。其中，湖南省规划实施范围为环长株潭城市群，即以长沙、株洲、湘潭三市为核心，辐射衡阳、岳阳、常德、益阳、娄底五市，总面积9.68万平方公里，2014年常住人口4105.9万人，地区生产总值21599亿元，分别占长江中游城市群的30.4%、33.9%和36%。

《方案》明确，湖南将充分发挥"一带一部"区位优势，通过促进城镇联动发展、完善基础设施网络、强化产业协同发展、推进生态文明共建、强化公共服务共享、深化开放合作等举措，将环长株潭城市群打造成为全国"两型"社会建设示范区和现代化生态型城市群、内陆地区开放新高地、长江经济带重要支撑、长江中游城市群核心增长极。

而对于省会长沙，《方案》明确强化长沙中心城市地位，大力推进湘江新区建设，争取设立国家级长沙临空经济示范区；培育宁乡、浏阳等15个左右30万～50万人口的中小型现代城市，抓好大瑶镇等约50个全国重点镇和省新型城镇化试点镇建设；建设以长沙为中心的长株潭"十一纵十横"城际快速干道网和洞庭湖环湖公路网；加快空军长沙机场军民合用建设，形成"一枢纽多支线"空运网络；支持以长沙为中心的城际交通网建设，形成"一心六射"的城际轨道交通网络；加快建设长沙到株洲七斗冲长株潭城际西线，实现高铁、城际铁路和城市轨道、公共交通"零换乘"；加快推进长沙市第二轮城市轨道交通项目建设，启动第三轮规划项目建设等。

据悉，2015—2020年是全面推进阶段，湖南将重点强化长株潭核心引领作用，加速扩容提质、经济转型和一体化发展，初步确定在长江中游城市群中的核心地位。统筹推进环长株潭城市群重大基础设施和公共服务体系建设，形成一批优势特色产业基地。建立与武汉城市圈、环鄱阳湖城市群的合作发展机制，并取得实质性进展。到2020年，人均地区生产总值达8.58万元，森林覆盖率55%，城镇居民人均可支配收入4.5万元，农村居民人均可支配收入2.25万元，常住人口城镇化率60%，农民工随迁子女接受义务教育比例不低于99%等。

2021–2030年是品质提升阶段，湖南将进一步提升长沙、株洲、湘潭三市综合竞争力，全面巩固和加强在长江中游城市群的核心地位，基本建成具有国际影响力的国家级现代化生态城市群。与武汉城市圈、环鄱阳湖城市群开展多领域合作，协同发展格局全面形成，共同推动长江中游城市群成为我国经济增长与转型升级的重要引擎和具有国际竞争力的现代化城市群。

【2015年全国测绘法宣传日主场活动长沙开幕】 8月29日，2015年全国测绘法宣传日主场活动暨测绘地理信息成果装备展在长沙开幕，湖南地理信息产业园落户天心区暮云经开区举行授牌暨重大项目签约仪式。预计到2020年全省地理信息产业总产值将超过1000亿元。国土资源部副部长、国家测绘地理信息局局长库热西·买合苏提，省委常委、常务副省长陈肇雄，市委副书记、市长胡衡华，副市长黎春秋等出席相关活动。

8月29日是全国测绘法宣传日，2015年的宣传主题是"树立国家版图意识，维护国家主权安全；监测地理国情为国为家，发展地信产业利国利民"。近年来，数字湖南、数字城市建设取得重要成效，覆盖全省的现代化测绘基准体系和网络化地理信息公共服务体系基本形成。8月29日在湖南省地质博物馆举行的2015年全国测绘法宣传日主场活动暨测绘地理信息成果装备展开幕式现场，展出了一批"数字湖南"先进技术装备。价值千万元的高分辨率航摄仪、形态像八爪鱼的航摄无人机、能透视地下6米的高密度探地雷达等地理信息"高精尖"技术装备吸引了上千名市民前来参观。

8月29日，湖南地理信息产业园授牌暨重大项目签约仪式在天心区暮云经开区举行，库热西·买合苏提、陈肇雄一同为产业园授牌。湖南地理信息产业园近期规划占地约300亩，远期规划占地约1000亩，将建设地理信息云服务中心、大数据中心、军地融合协同创新基地等12个功能分区。北京超图软件股份有限公司等10家企业8月29日首批签约入驻该产业园。同时设立地理信息产业扶持专项资金1亿元，用于支持湖南地理信息产业发展。8月29日下午，测绘地理信息军民融合战略合作签约仪式在国防科大举行，国家测绘地理信息局、湖南省政府和国防科大三方决定共同推进军民测绘地理信息融合创新发展。

【长沙召开浏阳河文化旅游产业带规划建设领导小组全体会议】 打造浏阳河文化旅游产业带，是经济发展新常态下推动长沙城市格局之变、城乡品质之变、产业结构之变的重大战略举措。2015年9月1日，长沙召开浏阳河文化旅游产业带规划建设领导小组全体会议，省委常委、市委书记易炼红出席并强调，要不负"母亲河"天赐之美，举全市之力、集各方之智，加快浏阳河文化旅游产业带建设。

2015年4月，长沙市委、市政府提出以"醉美浏阳河、神奇九道湾"为中心，将浏阳河打造成展示长沙昨天、今天和明天的新名片，市民休闲活动的新空间，品质长沙建设的代表作，产业转型升级的示范区和国际文化旅游的大品牌。为此，市委、市政府专门成立了规划建设领导小组，开展资源普查、规划设计等各项工作，目前，已取得了阶段性成果。

会上，市旅游局、市规划局、芙蓉区、开福区、雨花区、长沙县、浏阳市等部门和区县（市）分别汇报了前期工作情况，提出了下阶段工作思路。会议讨论审议了《关于浏阳河文化旅游产业带建设的指导意见》。据了解，浏阳河文化旅游产业带将分三期建设，到2030年，实现现代产业体系全面建立、生态文明魅力全面彰显、沿岸群众生活水平全面提升的目标。

会议要求，怀着依恋和感念，带着特殊的情感保护好"母亲河"，挖掘和利用沿河丰富的生态景观、独特的自然优势和厚重的文化底蕴，不负这份天赐之美，造福两岸人民群众，助推长沙转型创新发展。要高起点完成浏阳河文化旅游产业带的顶层设计。以先进的理念定向，树立文化传承、生态优先、岸线保护、空间开放的理念，打造具有时代特征、长沙特色、滨水特点的文化河、生态河、产业河。以科学的目标定位，建设市民休闲活动的新空间、品质长沙建设的代表作、世界级文化旅游的大品牌，使产业带成为湖湘文化的展示带、生态文明的引领带、现代产业的承载带、城乡融合的示范带。以系统的思维定型，不搞修修补补、“各自为政”，坚持全流域统一规划，做好控制性规划以及交通、地下管网、公共设施配套等专项规划。要高品质抓好具体推进。优先实施环境保护，沿线污水处理要全面配套，污水排放要全面截流，提高项目准入门槛，坚决拒绝污染型项目。优先配套基础设施，交通网建设、管线网铺排和旅游网构建都要提速。优先打造文化品牌，抓紧对浏阳河文化资源的挖掘、整理。优先布局项目建设，加快启动一批产业项目、基础设施项目、民生项目、生态环保项目。要落实保障措施。领导小组要牵头抓总，成员单位狠抓工作落实，形成积极主动推进产业带建设的生动局面。要配套相关政策支持，为引进战略投资商开辟“绿色通道”、营造良好环境。要创新开发模式、融资模式等，进一步激活民间资本。要加强科学立法，进一步强化对生态资源、文化资源、产业资源的保护。

【长沙获批成为国家住宅产业现代化综合试点城市】2015年9月9日，第十四届中国国际住宅产业暨建筑工业化产品与设备博览会在北京开幕。开幕式上，长沙被住房城乡建设部授牌“国家住宅产业现代化综合试点城市”，成为2015年获批的三个城市之一。住建部副部长王宁出席开幕式。副市长黎春秋就长沙住宅产业现代化作经验交流发言。

长沙市住宅产业现代化起步于1996年，至2012年技术体系基本成熟，2013年开始大规模推广住宅产业现代化建设模式。截至目前，长沙住宅产业化项目涵盖了商品房、保障房、酒店、写字楼、别墅、学校等市场类型，已有远大住工、三一集团两个国家住宅产业化基地，打造了长沙经济技术开发区、高新技术开发区、金霞经济技术开发区三大产业集聚区，住宅产业现代化预制构件年产能逾1000万平方米，已实施面积近1000万平方米，3年内拟再实施产业化项目1000万平方米。2015年，长沙积极申报“国家住宅产业现代化综合试点城市”，并于5月通过专家组评审。黎春秋表示，大力推进住宅产业现代化，是建设领域“调结构、转方式”的根本途径，也是提升城市品位、改善人居环境的重要举措，长沙将进一步借鉴先进发展经验，促进住宅产业现代化更好更快发展，为全国住宅产业现代化提供更多实践经验。

【长沙公示45个控规层面城市设计成果】 2015年9月，长沙市城乡规划局官方网站公示双杨路至鸭子铺片区城市设计成果，其中鸭子铺规划建设有“鸭咀公园”，位置为东二环线以西与浏阳河合围的区域内。以前的鸭子铺仓库与民居混杂，具有很大的安全隐患，被称为长沙最大的“城中村”。2014年以来，在长沙大拆违行动中，鸭子铺内的违建已基本完成“清零”。鸭咀公园将与浏阳河风光带接驳。以前的鸭子铺，大部分道路、用电、通讯及给排水等基础设施处于乡村等级，远远达不到城市市政基础设施等级的要求。2009年开始，市政府决定对鸭子铺进行城中村改造。根据整体规划，该区域将打造成为设施完善、环境优美、生活便利的宜居、宜游、宜业的高尚生态综合功能区，成为长沙城市的“新客厅”。

根据此次公示的双杨路至鸭子铺片区城市设计图，该范围除规划多个居民建筑，还将新增几个主要商业、商务集中区，同时规划建有鸭子铺幼儿园、开福区全民健身中心、老年人日间照料中心等。其中规划最大亮点是在东二环线以西与浏阳河合围的区域内新建鸭咀公园，公园与浏阳河风光带接驳，形成一条狭长的绿色景观带。同时，公园内还规划建设鸭子铺健身广场、鸭子铺多功能运动场等。此外，规划中的桐梓坡至鸭子铺大通道拟采用匝道与东二环对接，让交通路线更流畅，也更能节约用地。

45个城市设计成果请您提建议。2015年7月，长沙全面启动控规层面城市设计、2050远景发展战略规划和近期建设规划三项规划的公众参与工作。9月13日从市城乡规划局了解到，该局近日对全市45个控规层面城市设计成果进行公示，市民可以针对自己所在片区的规划设计提出意见和建议，亲自参与到城市未来规划设计中来。这45个城市设计单元包括汽车南站、树木岭至圭塘河地区、麓谷新区等，基本覆盖了长沙市都市区范围内城市建设用地区域，按行政区划涉及长沙市内五区、望城区、长沙县。本次城市设计结合了棚改，对长沙市老旧社区实施以“四增两减”为主要内容的更新改造，增加幼儿园、老年人日间照料中心、文体活动场所、停车场、社区绿地、雨水调蓄池等设施，并采取打通断头路、增加支路、规划社区绿道等措施。此次公示时间截至到10月9日，市民可登录长沙市城乡规划局官方网站（www.csup.gov.cn）查看。如果您有好的意见和建议，可以通过城乡规划局官方网站和“长沙规划”官方微信（公众号：csghwx）提出来，也可以拨打热线96333畅所欲言。

【中部智慧城市建设发展高峰论坛在长沙举行】 未来的长沙会是什么样子？一部手机能坐公交、地铁，租公共自行车，还能缴水电煤气费，甚至还能到超市购物、到医院看病、到电影院看电影。在2015年9月22日举行的长沙2015无车日“中国中部智慧城市建设发展高峰论坛”上，来自全国的智慧城市研究领域专家向我们描述了“互联网+城市”下，未来智慧城市的新愿景。9月22日论坛上，还举行了长沙公共自行车系统、智能停车场系统和绿行智慧城市信息化管理平台启动仪式，标志着长沙这三大系统正式上线运营。省住建厅巡视员廖援村、副市长黎春秋等出席论坛。

益通卡：长沙将实现“一机通刷”。论坛现场播放了长沙智慧城市专题片《未来之路》及长沙市智慧生活微电影《长沙2020》，不仅向现场嘉宾介绍了近年来长沙智慧城市建设的丰硕成果，还展望了未来长沙基于湖南绿行信息系统有限公司研发的智慧生活“益通卡”及“益通百通”手机APP平台的智慧、乐活生活。该项目通过智能手机NFC近场支付系统，将手机模拟成为一张IC卡，并通过人民银行相关标准，为用户实现安全、便捷的小额支付。未来长沙市民只需要携带一台手机即可实现公共交通，智能停车场，超市便利店，生活水、电、气缴费，药房等生活领域的“一机通刷”。

同时，为解决城区停车难题，长沙贯通交通设施有限责任公司率先在长沙推出“城市智慧停车系统”，目前正在市内规划新建2个智能立体停车场，将实现智能检测车位、智能诱导停车、智能计时收费、综合车位管理等。预计到2020年，长沙城区将新建650个停车场，新增15万个公共停车泊位，彻底解决城市“停车难、管理乱”的问题。

一卡通：未来得入口者得天下。2003年，全国开始推行“城市一卡通”，2009年长沙启动这一工作，现在城市IC卡已深深地融入我们的生活。国家住建部IC卡服务中心副主任兼总工程师、城市物联网技术研究院院长王辉指出：“在‘互联网+’的环境下，城市一卡通将为智慧城市的服务带来极大的提升。”“目前，按照住建部统一标准建设的‘城市一卡通’项目的城市已经达到180多个，覆盖了中国6.5亿以上的城市人口，这个数字还在不断刷新。”王辉首先分享了一组数据，他提出，作为智慧城市最贴近的落脚点，城市一卡通的发展将为市民构筑智慧生活圈。“城市一卡通应用领域包括综合交通、市政缴费、小额消费等40多个领域，形成的上下游产业链有近千家企业，产业链工业产值近5000亿元，同时直接或间接带动数百万就业人口。”王辉说，“未来是得入口者得天下。”王辉说，在“互联网+城市”发展下，城市一卡通具备小微、黏性、活跃的特性，将会延伸到市民的衣、食、住、行、乐等各方面，亦可运用于社区、校园等场景，不久的将来，智慧城市长沙将迎来新的景象。

【第十一届泛珠三角区域省会城市市长联席会议在福州举行】 2015年9月25日至27日，第十一届泛珠三角区域省会城市市长联席会议在福建福州举行。长沙市委副书记、市长胡衡华受邀出席并寄语，希望放大“一带一路”战略优势，最大限度整合区域内要素和资源，推动更深层次、更广领域、更高水平的合作，共同将泛珠三角区域打造成为中国乃至世界最具活力的新的经济增长引擎。市政府秘书长谭勇参加相关活动。自2004年正式签署区域合作框架协议以来，泛珠三角区域已发展成为全国范围最广、规模最大的命运共同体，9个省会城市及港澳地区互联互通，在项目投资、商贸合作、旅游文化、文教卫生、科技信息、交通物流多方面合作取得丰硕成果。2004年以来，长沙先后与泛珠三角区域范围内八个城市缔结友好城市，并举办或参加“港洽周”、“珠洽会”等多种主题的招商（经贸）活动。2014年，泛珠三角区域另外八省在长沙投资246.19亿元，占全市利用省外境内资金总量609.7亿元的40.38%；香港、澳门对长投资23.6亿美元。2015年5月至6月举办的“港洽周”活动中，长沙签约项目39个，总投资403.6亿元，涉及智能装备制造等众多高新技术领域和战略性新兴产业。同时，长沙在泛珠三角区域广泛开展金融投资合作，长沙银行设立广州分行，目前各项存款达202.32亿元，贷款总额27.28亿元。兴业、招商、广发、南粤和东莞等五家银行都在长沙设立分行，截至2015年上半年，合计本外币存款达1612.93亿元，贷款余额738.57亿元。胡衡华表示，长沙作为泛珠三角区域省会城市之一，将主动承载区域使命，以更加开放的理念融入区域合作，以更加积极的态度参与分工协作，在优势互补中奋力书写泛珠三角区域合作的长沙篇章。

【湘江新区七年建设项目1700个】 2015年11月17日从湘江新区传来好消息，湘江新区（前身为先导区）成立7年多来，项目建设快速推进，共建设项目约1700个，长达300余公里的骨干路网全面拉通，片区配套得到完善，70万平方米保障房建成入住。

项目招标率和进场交易率实现两个100%。近年来，湘江新区通过大力创新监管方式，狠抓工程招投标监管。经初步统计，截至目前已监管项目（标段）2000多个，其中国有资金项目（标段）1000多个。在加强招投标管理的强力推进下，确保了应招标项目招标率100%，进场交易率100%。据湘江新区相关负责人介绍，该区加大招投标改革创新力度，政府投资项目在全市率先取消基本资格审查制和实行无业主评委制，在全市率先全面推行施工和监理电子化招投标，在全市率先建立了湘江新区政府投资项目招标代理中介机构库。湘江新区还强化“标”后监管，严肃查处中标企业转包和违法分包行为。强化对施工和监理关键人员的考核，及时将考核结果运用于市场准入、招投标方面，获得湘江新区精品工程奖项可在同类工程招标时予以加分，有效遏制了围标串标行为，极大地促进了项目建设。

初步建成精装修住宅项目20个。“为进一步规范建设行为，我们制定了《关于进一步加强政府投资建设项目管理的实施办法（试行）》，坚持依法建设，严查违法开工。”该负责人示，湘江新区大力规范建设行为，严抓工程建设管理。对非法、违法建筑施工行为建设项目，一律责令停工全面整改；对存在违法违规建设行为的责任主体和责任人员，一律依法行政处罚（并上报不良行为记录）；对拒不停工整改的，一律由媒体曝光并予以严惩；对责令停工整改的建设项目，复查合格后方可复工。作为严格建设管理的重要一环，湘江新区还大力推广精装修住宅。目前，湘江新区已初步建成精装修住宅项目20个计170万平方米。

标准化施工、绿色施工示范项目涌现。湘江新区严格品质新城的建设要求，实现工程品质率与绩效考核挂钩。打造潇湘风光带提质改造工程（洋湖城市中心广场）等精品工程7个，强化了建设单位品质管理意识，形成了品质建设氛围。新区还强力推行安全生产标准化施工和绿色施工。近年来，湘江新区涌现了许多标准化施工、绿色施工示范项目，被省住建厅、市住建委列为观摩项目，如由中国建筑第三工程局有限公司施工的金茂苑二期、梅溪湖国际广场一期、晟通梅溪湖国际总部工程等。工程质量品质显著提升，先后有洋湖大道（三、四标段）、巡抚路、梅溪湖路及龙王港河道整治一标段、秀峰路（一、二标段）、潇湘南大道等5个湘江新区管委会直接投资项目获得“全国市政金杯示范工程”，长沙公共资源交易中心、好莱城项目获得“鲁班奖”，另有洋湖生态湿地修复等32个项目获得“芙蓉奖”和省优质工程。

【长沙传化公路港将建成区域公路物流中心】 飞机停靠在空港，轮船停靠在海港，你知道货运汽车停靠也有属于自己的公路港吗？2015年11月20日，长沙首个智能公路港项目——长沙传化公路港在开福区金霞经开区开建，未来这里将成为区域公路物流中心。市委副书记、市长胡衡华宣布长沙传化公路港项目正式开工。全国工商联副主席、传化集团董事长徐冠巨，中国物流联合协会会长何黎明，副市长廖健，市政府秘书长谭勇出席。传化集团是中国500强企业，是以“物流＋互联网＋金融”的创新模式引领行业发展新趋势的国内领先公路物流行业平台运营商。从2003年建设第一个公路港以来，传化集团成功探索出“公路港物流”模式，并启动全国连锁复制，截至目前已在80多个城市落地。根据规划，到2022年，传化集团将形成全国性的公路港网络，在全国核心交通节点城市建成10大枢纽，同时在二级城市布局160个基地。20日开建的长沙传化公路港是传化物流在湖南的首个投建项目，也是传化物流布点全国的十大枢纽平台之一。徐冠巨表示，长沙项目开建是传化构建全国网络的重要节点，传化将助推长沙成为全国经济战略布局中承东启西、联南接北的重要枢纽，助力湖南省物流产业转型发展。廖健表示，长沙传化公路港运营后不仅能够极大丰富长沙的物流业态，促进“三港互通、多式联运”，而且能够带动相关产业转型升级和快速发展，为推动长沙跨越式发展注入强劲动力。长沙传化公路港项目选址金霞经开区，绕城高速以北，湘江以东，东临城市主干道中青路，西至城市支路李家冲路，南起大明大道，北至曲湾路。项目立足长沙，服务长株潭，辐射华中，将成为区域公路物流中心。项目占地604亩，总投资约10亿元，预计到2016年底，一期核心区将建成投用。

【长沙深入推进湘江古镇群保护与开发】 2015年11月，省委常委、市委书记易炼红对望城区湘江北段古镇群提质发展做出重要批示，要求“组织相关部门和望城区认真研究，务求形成共识，谋定方略，大手笔地打造‘中国最具魅力古镇群’”。11月20日，长沙湘江古镇群建设工作会议召开，研究部署湘江古镇群的建设工作。市领导徐宏源、廖健、陈中出席。长沙湘江北段的望城境内，沿江两岸分布着靖港、乔口、新康、铜官、书堂等古镇，各镇相距均在10公里以内，统称为湘江古镇群。自2008年启动此项工作以来，古镇群前期开发投入累计已超过20亿元。2014年湘江古镇群接待游客440.5万人次，实现旅游收入20.5亿元，初步打响了“到靖港寻古、到乔口吃鱼、到铜官玩陶、到新康看戏、到书堂鉴书”的旅游品牌。望城区委、区政府主要负责人汇报了湘江古镇群建设工作整体情况和《打造中国最具魅力古镇群三年行动计划（送审稿）》，市委政研室相关负责人介绍了课题调研情况。据悉，湘江古镇群建设将精致建设一批底蕴深厚、魅力绽放的特色古镇，构建完善一个错位发展、融合互补的产业体系，探索建立一套科学有效、富有活力的运作机制，开发提质一个功能完善、规模集聚的古镇群落，打响一个引领湖湘、享誉全国的文化旅游品牌。市委副书记徐宏源强调，要立足战略全局，深刻认识打造“中国最具魅力古镇群”的重要意义；围绕总体目标，牢牢抓住打造“中国最具魅力古镇群”的重要抓手；坚持整体推进，切实强化打造“中国最具魅力古镇群”的保障措施。他指出，要提升规划定位，彰显湖湘特色；加快项目建设，提升服务品质；推进产业融合，发挥带动效应；做好营销策划，打造强势品牌。要以建设布局最集中、风格最独特、底蕴最深厚、品质最精致、配套最完善、品牌最响亮、人气最旺盛的“中国最具魅力古镇群”为总目标，以促进区域内要素集聚、产业融合为主要内容，努力把湘江古镇群建设成为湖湘文化的展区、湖南旅游的客厅、生态经济的展示区和全国古镇旅游的经典之作。

【长沙对30条背街小巷进行提质改造】 2015年12月26日，从长沙市城管执法局获悉，2015年，该市对城区30条背街小巷进行提质改造，便河边巷就在其中，30条街巷均于12月已完工。便河边巷南起营盘路，北至体育馆路，全长495米。由于道路年久失修，路面已不堪重负，多处路面坑坑洼洼，且脏乱不堪。排水管道淤塞严重，一到雨天污水横流。为了改善居民生活环境，2015年，开福区市政部门对辖区8条街巷进行了提质改造，便河边巷便在其中。据了解，2015年，长沙共提质改造30条支路街巷。分别为芙蓉区湘湖路、南元宫巷、留园路、宝南街、车东五路，天心区披塘村路〈拖机道〉、赤黄路、机场口路、县正街、高正街，岳麓区永青东路、新大路、峻峰岭路、银桐路、金桂路、银桂路、咸嘉湖西路、杜英路重阳路，开福区六堆子巷、左局街、便河边巷、上麻园岭巷、西园巷、西园北里、泰安里、石油厂宿舍道路，雨花区王家冲路、长塘里路、王公塘路、桂花树路，街坊居民们彻底告别以往“晴天灰沙遍地，雨天污水横流”的生活。

【长沙获评中国可持续发展城市奖】 2015年12月29日，以“创新路径、共享发展”为主题的2015年中国城市可持续发展论坛在北京举行。论坛上，联合国开发计划署与新华社《瞭望东方周刊》共同发布《2015年中国城市可持续发展报告》。长沙、武汉荣获“中国可持续发展城市奖”。副市长李蔚出席论坛并领奖。《2015年中国城市可持续发展报告》是联合国193个会员国在9月份通过新的17个可持续发展目标后，首份在华发布的城市可持续发展评估报告。报告依据“中国城市可持续发展指标体系”，运用联合国人类发展指数和生态投入指数，对中国35个大中城市、长三角核心区16个地级以上城市进行了研究。报告不强调城市在具体指数上的排名，而是划定了人类发展和生态投入的理想范围，为城市的可持续发展提供目标。报告指出，在列入研究范围的35个城市中，长沙、武汉等7个城市，在取得高人类发展水平的同时将环境影响控制在较低水平；北京、广州、海口和长沙4个城市具有相对高的城市发展效率。

论坛上，长沙、武汉荣获“2015中国可持续发展城市奖”，广州垃圾治理项目、佛山现代职教体系建设改革试点项目和重庆武隆生态旅游可持续发展项目荣获“2015中国可持续发展城市范例奖”。报告学术负责人、同济大学可持续发展与新型城镇化智库主任诸大健对长沙深入开展两型社会建设，着力降低经济社会发展的资源消耗和环境负荷表示充分肯定，认为对于《2015中国城市可持续发展报告》的结果有很大的帮助作用。在论坛进行的以“推进城市可持续发展的多方责任与角色”为主题的讨论环节中，李蔚作为特邀嘉宾，从规划创新、路径创新、产业创新、制度创新等层面，介绍了长沙推进“两型社会”建设综合配套改革、建设可持续发展城市的经验和做法，获得了与会人员的广泛认同与赞誉。李蔚表示，长沙将朝着“率先建成两型引领之市”的目标，按照“生态宜居、低耗低碳、创新创业、开放共享”的思路，继续深化“两型社会”建设，优化可持续发展路径，建设宜居宜业、精致精美、人见人爱的品质长沙，让人民群众共享改革红利、绿色福利。此次获评“2015 中国可持续发展城市奖”，正是长沙城市品质、知名度和美誉度不断提升的体现。

两型产业建设

【打造中国智能制造产业集聚区】 打造中国智能制造产业集聚区，加快产业集聚和创新转型。2015 年 3 月，浏阳制造产业基地召开 2015 年经济工作会议，首次提出在“十三五”末努力实现“千亿园区”的发展目标。2015 年，园区经济发展主要目标是实现技工贸收入 300 亿元，同比增长 20%；财政总收入突破 10 亿元，同比增长 20.6%；合同引资 80 亿元，完成固定资产投资 95 亿元；力争在长沙市 9 个省级园区排名中实现“保三争二”的目标。

近年来，浏阳制造产业基地智能制造产业发展较快，拥有宇环数控、华恒机器人、佳能泵业、五新重工、龙光科技等一批骨干企业，2015 年园区将依托国家再制造产业、智能制造产业、新能源汽车产业、“芙蓉王”复烤项目、人人家食品工业园、浏阳国际家具城等平台，着力引进一批带动力强、产业链长的领军企业，力争在新型业态上实现新突破。2015 年力争引进投资过 10 亿元的项目 3 个以上，投资过 3 亿元的项目 5 个以上，投资过亿元的项目 5 个以上。

【工业产品装传感器千里外传回大数据】 长沙生产的工程机械装备装上了“传感器”，中联、三一的技术人员，坐在办公室内，可以通过网络终端实时远程监控每台工程机械的运行状况，可以帮助用户更及时有效地安排设备检测和维修，这使得工程机械装备更加稳定、可靠。而且，为数众多的工程机械运行的“大数据”，已经引起国家有关部门的关注，它可以为经济运行决策提供丰富的数据。随着工业与互联网的加速融合，长沙制造正快速向“长沙智造”转变，越来越多的工业互联网产品投放市场，从产品品质、技术应用、服务内容、商业模式各方面都对传统的制造业带来巨大的提升。

远程监控：把故障消灭在萌芽状态。位于长沙城东的远大城，是远大空调联网监控中心所在。这里全年 365 天、全天 24 小时不间断循环地对全世界 80 个国家（地区）范围内，所有远大空调联网机组进行扫描监控。美国、欧洲、亚洲……远大空调的客户遍布全世界，如何为远在千万里之外的客户提供更加及时、迅捷的服务？给空调装上“传感器”！远大很早就开始开发“远程联网监控系统”，这一智能网络分为三级，除设在长沙的监控中心总部之外，还建有第二级网络，即由各地服务部每天对本辖区的机组扫描；第三级网络，则是由责任工程师对自己的责任机组监控。远大集团有关技术人员介绍，通过全年 365 天、全天 24 小时不间断循环扫描，可以将用户数据存储进数据库，再由“专家系统”对采集来的数据进行分析，得出机组的运行状况。一旦机组出现异常，监控中心便能及时发现并加以排除；如监控中心无法排除，便电话通知工程师排除，避免因未能及时发现故障隐患使其发展成故障，而给用户造成不必要的损失。这一全新服务，改变了过去的“救火”式服务，将故障消灭在萌芽状态，为实现机组不间断运行和机房无人化提供保证。

商机无限：未来 20 年可带来 3 万亿美元 GDP 增量。“互联网 +”是创新 2.0 下的互联网发展新形态、新业态。在新常态之下，“互联网 +”行动计划已上升为国家战略，举国上下正大力推动移动互联网、云计算、大数据、物联网等与现代制造业结合。2015 年，湖南将大力推动“互联网 +”行动计划，其中一个重点是突出产业互联网发展，大力发展智能制造和电子商务。产业互联网不是简单地“互联网 + 工业”，它将带动工业物联网、工业电子商务、工业大数据等一系列新型业态的发展，具有非常大的发展潜力。据国际权威机构估算，在未来 20 年中，中国工业互联网发展至少可带来 3 万亿美元 GDP 增量。根据本地的产业特色，湖南 2015 年将大力支持智能制造企业发展工业物联网和务（服务）联网等新业态，重点在工程机械、智能交通、机器人三大领域大力发展移动互联网智能产业，组织开展工业电子商务试点，推动工业物流与制造业的融合发展。

发展迅速：高新区新增移动互联网企业 413 家。经过二十年的蓬勃发展，消费互联网在面对一般消费者的电子商务、社交网络、搜索引擎等行业形成了模式化的发展态势，已经形成较为稳定的行业发展格局。而随着新一轮的产业变革，更大的发展空间将来自方兴未艾的产业互联网，它以企业为中心，通过在研发、生产、交易、流通、融资等各个环节的网络渗透，有利于提升生产效率、节约能源、降低生产成本、扩大市场份额、畅通融资渠道。为进一步发展壮大产业互联网，长沙出台了《移动互联网产业发展行动计划》《工业机器人产业发展三年行动计划》《关于促进电子商务产业发展有关事项》等一系列新政策。

长沙明确提出：将依托长株潭自主创新示范区、国家软件产业基地、国家数字媒体技术产业基地、动漫游戏振兴基地、移动电子商务园区等品牌优势，吸引全国乃至全球高端移动互联网企业和人才在长沙高新区汇聚，使长沙成为移动互联网产业创新和发展高地。截至 2014 年 12 月 31 日，长沙市高新区新增移动互联网企业 413 家。到 2016 年，长沙市移动互联网产业发展水平达到国内领先水平，集聚 3～5 家具有较强影响力的龙头示范企业，培育 200 家具有创新活力的成长型企业，扶持 10 个移动互联网公共服务平台，从业人员达到 5 万人，加快软件、平台、应用、创意等环节的创新发展，促进移动互联技术在各行业的广泛应用。

【长沙高新区全面推进国家自主创新示范区建设】 2015 年 3 月 27 日，长沙高新区召开 2015 年经济工作会议，来自中联重科、远大住工、华曙高科等企业的代表齐聚一堂，共话自主创新。长沙高新区 2015 年将全面推进国家自主创新示范区建设，努力建设具有全国影响力的创新创业中心，预计 10 年全面建成国家自主创新示范区。从会上获悉，2014 年，麓谷园区企业总收入达 2200 亿元，高新技术产值突破 1400 亿元，规模工业总产值达 1280 亿元；长沙高新区综合经济实力在全国的国家高新区中居第 14 位，创新能力进入全国前十强，迈入国家高新区“第一方阵”。2015 年，麓谷力争再引进 1～2 个投资 50 亿元以上、3～5 个投资 10 亿元以上的项目；不断培育新兴产业，进一步做优做强移动互联网产业，力争新增移动互联网企业 1000 家，实现营业收入300亿元以上；加快建设以先进装备制造、节能环保、电子信息、现代信息技术为主的4个“千亿级集群”，以电力智能控制与设备、生物医药、先进电池及材料、光伏新能源、现代信息技术为主的5个“超百亿级产业”，大力培育和扶持60家以上技术水平高、产业带动力强的行业领军型企业实现总收入过10亿元，壮大“十亿企业”方阵，全年目标瞄准实现企业总收入2500亿元。

【长沙61家企业推介特色两型产品】 2015年6月，意大利米兰当地时间20日11时08分，米兰世博会湖南活动周在中国馆开幕，副省长何报翔出席开幕式。6月19日，以“天蓝水绿，人与自然和谐相处”为主题的长株潭两型社会城市日活动在中国馆举行，拉开米兰世博会湖南城市日活动的帷幕，此次活动由长沙市政府、株洲市政府和湘潭市政府共同举办，副市长何寄华推介了长沙这座拥有深厚历史文化沉淀的山水洲城、快乐之都。推介会以精彩的沙画刻画了长沙世界上独一无二的山、水、洲、城自然美景：岳麓山、湘江、橘子洲、长沙城……时尚与古典、诗意和动感、优雅和激情完美融合；突出了2015意大利米兰世博会中国馆形象代言人袁隆平院士、运用“智能制造”和“互联网+”点亮中国“智造”的长沙工程机械巨头中联重科股份有限公司。推介会上，长沙代表团61家两型企业推介了特色产品和两型产品。湖南湘江新区代表做主题推介，长沙高新技术产业开发区隆平高科技园管委会代表讲述了一个关于“种子”的故事。作为株洲的代表，株洲轨道交通科技城代表向世界各地的朋友描绘了株洲轨道交通的蓝图，湘潭高新技术产业开发区代表推介了总建筑面积达131万平方米的科技企业加速器和“新能源装备谷”。据悉，作为全国重点参与此次世博会的8个省（区、市）之一，湖南还推出了多个精彩的主题活动，包括“湘恋米兰”经贸洽谈会、“锦绣潇湘、快乐湖南”旅游推广活动、中联重科企业推介日、“中国湖南之夜——谭盾音乐会”、湘菜美食周等系列经贸文化交流活动。

【长沙现代服务业发展驶入快车道】 长沙现代服务业发展驶入快车道。从2015年8月举行的长沙市现代服务业综合试点“回头看”活动座谈会上获悉，三年来长沙围绕打造“全国农副产品交易集散中心”目标，共审核实施了131个现代服务业项目，总投资211.6亿元。长沙连续三年在全国同批试点城市绩效考核中被评为“优秀等级”，列同批试点城市第一名。副市长廖健出席座谈会。2012年7月，长沙获批成为全国第二批现代服务业综合试点城市，也是中部唯一试点城市，共获得中央补助资金9亿元。三年来，部分项目已竣工顺利投产。如中南粮食交易物流园，汇米巴社区五全便利店、快乐购农副产品立体交易平台等项目，有效地升级产业、服务民生。试点工作促进了全市第三产业的快速增长，2014年服务业增加值比2013年增长9.7%，持续两年提升，占GDP比重达41.7%。服务业增速居全国省会城市第6位、中部省会城市第1位。廖健指出，现代服务业综合试点是国家经济发展的重大战略，是长沙经济转型升级的重点途径，是企业跨越发展的重要动力；要充分发挥试点领跑示范作用，大力推动全市现代服务业发展；切实加强协调联动力度，努力加快试点工作进程；不断完善扶持政策，全力促进产业倍增计划。

【国务院印发三网融合推广方案　长株潭试点进程将进一步加快】 2015年9月4日，国务院办公厅印发《三网融合推广方案》（以下简称《方案》），加快在全国推进三网融合。长株潭城市群是国家2010年确定的首批12个三网融合试点地区（城市）。而此次国家印发推广方案，势必将进一步加快长株潭三地三网融合的进程。

通过几年的试点，湖南有线长沙网络的广电网络已初步实现双向接入，但与电信运营商互联互通还须进一步打通关节。而国家最新出台的政策，将加快这一进程。

此次全新出台的《方案》明确，一要在全国范围推动广电、电信业务双向进入。各省（区、市）结合当地实际确定业务开展地区，电信、广电行业主管部门按照相关政策要求和业务审批权限开展业务许可审批，加快推动IPTV集成播控平台与IPTV传输系统对接，加强行业监管。二要加快宽带网络建设改造和统筹规划。三要强化网络信息安全和文化安全监管。四要切实推动相关产业发展。

【“中国制造2025长沙在行动”举行】 长沙颁布实施的“智能制造、新材料三年行动计划，创新创业、小微企业培育平台”系列政策，给长沙非公经济发展带来了新机遇。9月7日，2015中国（湖南）非公有制经济发展论坛暨海外侨领侨商三湘行、湖南海联三湘行之系列活动——“中国制造2025长沙在行动”隆重举行，来自中国侨联、香港国际商会联合体、民建中央及全国各地代表团、中国中小商业企业协会等的众多嘉宾出席。市委常委、市委统战部部长文树勋致辞，市委常委、副市长张迎春，市政协副主席段安娜出席。

非公有制经济是推动社会发展的重要力量，长沙非公经济为全市经济社会发展做出了突出的贡献。长沙企业60%是非公企业，全市税收一半来自非公经济，经济总量六成来自非公经济，七成的投资来自非公经济，同时非公经济提供了80%的就业机会。面对复杂的经济形势，如何适应新常态、促进新转变、谋划非公经济新发展，对加快非公有制经济发展方式转变具有十分重要的意义。长沙制造是非公经济发展的重要阵地，非公经济是长沙制造发展的主力军。长沙制造主要靠非公经济的发展来带动和实现，市政府前不久颁布实施的“两计划、两平台”将为长沙非公经济发展带来新机遇。长沙智能制造、新材料、移动互联网产业发展前景广阔，全市在产业发展、创新创业、小微企业发展方面出台了系列优惠政策，欢迎各界企业家朋友来长投资兴业，共同谋划美好明天。

推介活动后，来自国内外的客人对长沙投资表达了浓厚的兴趣，纷纷与区县、园区对接、探讨合作的方式。

【长沙实施智能制造三年行动计划】 2015年9月，作为湖南融入国家战略的关键节点，长沙积极落实国务院“中国制造2025”和省委、省政府“制造强省”战略部署，发布实施《长沙智能制造三年（2015—2018年）行动计划》，促进长沙制造业转型升级、提质增效，全面提升产业综合竞争力。计划到2018年底，长沙实现制造业重点领域智能化水平显著提升，通过推动智能制造发展带动传统产业、优势企业转型升级，并培育、引进一批智能制造装备的代表企业，形成长沙装备产业新的增长点。“智造”改变人们生活。日前湖南已确定依托华曙高科3D打印技术在五家医院（中南大学湘雅医院、湘雅二医院、湘雅三医院、省肿瘤医院、省人民医院）开展为期一年的3D打印医疗模型试点，3D打印技术将为更多的患者服务。智能制造是把物联网、云计算、大数据等新一代信息技术，贯穿于设计、生产、管理和服务等制造活动各个环节，具有信息深度自感知、智慧优化自决策、精准控制自执行等功能的先进制造过程、系统和模式的总称。机器人、3D打印、工业自动化、智能机床等工业产品，都是智能制造的结晶。从“制造”到“智造”，以往冷冰冰的机械零件正悄悄改变着人们的生活。

“智造”推动产业高速发展。制造业是长沙产业的主体，也是未来发展的重点。经过60多年的快速发展，长沙制造业已经取得了巨大进步，以三一重工、中联重科为代表的大型骨干企业在自动化制造方面已处于国际先进水平，聚集了2500多家规模以上工业企业和一大批成长性很好的小微企业，具备广阔的智能制造产业应用市场。目前，长沙规模工业总产值已进入“万亿俱乐部”。2015年1月至7月，长沙规模工业总产值5565.72亿元，同比增长8.3%；完成规模工业增加值1729.5亿元，同比增长8.4%。2015年以来，园区工业发展的速度加快。1月至7月，全市产业园区完成规模工业总产值3946.7亿元，同比增长9.2%。工程机械、汽车零部件、食品、新材料、电子信息、生物医药等六大产业集群，完成规模工业总产值4057.8亿元。在浏阳制造产业基地，看到整个园区正在掀起一股智能制造产业高速发展的浪潮，以往的“制造”变为了“智造”，成为长沙智能装备和再制造产业集聚地之一。“目前，园区拥有智造产业核心企业11家，还有关联企业40家。”园区相关负责人说，“在创新能力方面不断增强，23家产业链核心企业被认定为高新技术企业，华恒机器人、宇环数控等龙头企业引领的智能制造产业开始壮大。”

2015年8月，长沙发布《长沙智能制造三年（2015—2018年）行动计划》等系列政策，启动首批智能制造试点示范项目，三一集团、中联重科等28家企业的智能制造项目入围。根据三年行动计划工作目标，2016年长沙将边试点示范、边推广应用，2017年、2018年进一步扩大试点示范范围并全面推广。智能制造带动传统产业转型升级。通过三年行动计划，到2018年底，长沙将实现制造业重点领域智能化水平显著提升，试点示范项目运营成本降低30%，产品生产周期缩短30%，不良产品率降低30%。通过推动智能制造发展，带动传统产业、优势企业转型升级，培育、引进一批以机器人为代表的智能制造装备企业、系统集成企业和零部件企业，形成长沙装备产业新的增长点。

“智造”成为新的吸金石。随着创新浪潮涌起，智能制造成为产业界关注的焦点。作为国内重要的制造业基地，长沙向智能制造迈进不仅壮大了本土制造企业，也吸引了国外资本的目光。2015年8月，德国汉堡经济促进局不远万里来到长沙举办德国投资促进活动，长沙从外商眼中的投资热土渐渐成为重点“招亲对象”。同时，湖南省委、省政府积极部署加强对接国家“一带一路”战略，2015年8月底发布《湖南省贯彻落实国家〈长江中游城市群发展规划〉实施方案》，明确将从促进城镇联动发展、完善基础设施网络、强化产业协同发展等多方面入手，推进长江中游城市群发展。其中，在国际开放合作方面，湖南将加强与国家“一带一路”战略的对接，支持长株潭实施产能装备出海行动、对外贸易倍增行动、引资引技升级行动、基础设施联通行动、合作平台构筑行动和人文交流拓展行动，推动与中亚、南亚、西亚、东南亚以及东欧、非洲、南美洲等开放合作等。

通过“智造”占领国内外市场。8月底，中国铁建重工集团在长沙与挪威AMV公司签订了关于数字化凿岩台车合作项目的协议。“挪威AMV公司是世界第一家生产电脑隧道凿岩台车的公司，这次双方联手不但将实现凿岩台车国产化和智能化，而且将推动我国高端装备制造的转型升级。”中国铁建重工集团董秘申智方说，“通过和国外先进技术联手，公司将研制出适合中国国情的高端凿岩设备，满足经济、适用和先进可靠的使用要求，解决制约其推广应用的瓶颈，实现数字化凿岩台车的国产化，达到国际领先水平，快速攻克钻爆法隧道施工装备领域，占领国内外市场。”

【长沙成立城乡融合发展产业投资基金】 2015年9月9日，湖南湘江城乡融合发展产业投资基金、湖南湘江城乡融合发展股份有限公司在长沙举行成立启动仪式。市委副书记、市长胡衡华，市委副书记徐宏源，副市长黎石秋，宁乡经开区党工委副书记、管委会主任戴中亚，市政府秘书长谭勇，中国工商银行湖南省分行行长苏国庆出席。早在2014年10月，长沙市政府就与中国工商银行就城乡融合发展签署了战略合作协议，中国工商银行等为此制定了长沙城乡融合金融创新服务项目。该项目由长沙市政府联合中国工商银行、金润资产打造，将对长沙现代农业、文化旅游、健康养生和现代服务业四大产业的优质资源进行整合，成立湖南湘江城乡融合发展股份有限公司，以实现产业资源的协同化、规模化和产业化经营，解决城乡融合发展过程中企业融资难题。据悉，长沙市政府引导出资设立的湖南湘江城乡融合发展产业投资基金，将通过股权投资的方式支持长沙范围内的城乡融合发展重点项目，基金总规模达300亿元。

9月9日，中国工商银行湖南省分行分别与湖南湘江城乡融合发展产业投资基金管理人、湖南湘江城乡融合发展股份有限公司签订了基金分销顾问合作协议、财务顾问合作协议。据了解，下阶段，长沙将进一步深化与金融机构的合作，更好地发挥平台和资源优势，出台更多支持创新发展的优惠政策；继续发挥政府引导投资的作用，由政府引导出资带动社会投资，充分发挥城乡融合发展产业投资基金的效用，努力推进长沙城乡融合实现高质量发展。

【中国O2O·58岳麓峰会开幕】 2015年9月23日，中国O2O·58岳麓峰会在长沙开幕，本次峰会由58到家主办，58同城及长沙市电子商务协会、神州专车协办，并得到了长沙市政府、长沙高新区的大力支持。副省长何报翔，副市长廖健，高新区党工委书记罗社辉、管委会主任李晓宏出席。此次峰会为期2天，分为主旨演讲和高峰论坛。9月23日的论坛上，58赶集集团CEO姚劲波，腾讯高级顾问吴宵光，创业家董事长、黑马学院院长牛文文等带来了精彩的主题演讲。峰会上，58到家宣布将与创业家i黑马在长沙建立研究院分会，由姚劲波任会长，58到家CEO陈小华任副会长。会上还宣布，58 同城旗下的全国性创新创业服务平台——58 众创将落户长沙，在岳麓区黄金地段拥有 2.8 万平方米江景独栋空间，并在国内首次融合创业空间、创业商业配套、当代艺术中心等元素，升级传统的众创空间概念，构建最具活力的创业生态体系。58 众创——创业社区以开放、共享、多元为核心理念，致力于汇聚中国最优秀的创业者和最具成长性的创业项目。

【长沙再添知名众创空间】 继腾讯众创空间落户长沙高新区后，2015 年 9 月 24 日，在中国 O2O·58 岳麓峰会上，58 众创与岳麓区签约，这标志着长沙再添一知名众创空间。省经信委副主任陈松岭，市委常委、副市长张迎春，长沙高新区管委会主任李晓宏出席活动。58 众创是 58 同城旗下的全国性创新创业服务平台，致力于聚集中国最优秀的创业者和创业项目。据 58 众创 CEO 吴阔介绍，项目建成后，不仅有艺术中心、众筹咖啡厅、书店等配套设施，还将互联网相关的公司、机构、商业整合在一起，在全国超过 20 个最具活力的中心城市进行布局。峰会举行期间，已有 200 多个机构现场预约报名。近年来，市委市政府高度重视移动互联网产业的发展，推出了长沙移动互联网产业的三年行动计划。通过近两年的发展，一大批移动互联网企业集聚长沙，初步实现特色化、集群化和高端化的发展。其中，长沙高新区移动互联网"柳枝行动"自 2015 年 6 月启动以来，吸引了 400 多个创业团队报名，已经签订孵化协议 120 个。58 众创的落地，也将为长沙移动互联网产业的发展添砖加瓦。

【长沙跨境电商人才培养基地揭牌】 2015 年 9 月 25 日，长沙跨境电商人才培养基地授牌仪式在湖南商学院举行，这标志着长沙跨境电商的人才培养工作正逐步迈向质量化、实体化、规范化、规模化发展。副市长廖健为基地揭牌。

近年来，外贸进出口承受较大的下行压力，跨境电子商务正成为驱动长沙外贸发展的新增长点。然而，人才缺乏在很大程度上制约了长沙跨境电商企业进一步发展。长沙跨境电商人才培养基地由市政府主管，市商务局（市口岸办）、湖南商学院、阿里巴巴网络科技有限公司、湖南友联供应链管理有限公司四方合作共建。目前，该基地已开设 18 个班级及多个实验室，规划 2015 年培训跨境电子商务人员 1000 人，2016 年培训人员 5000 人，2017 年达到 10000 人，初步满足长沙跨境电子商务企业的人才需要。廖健表示，希望名校、名企联手为长沙培养更多优秀跨境电商人才，助推长沙跨境电商发展，助推长沙外向型经济发展。

【长沙金霞保税店开业】 2015 年 10 月 3 日，从长沙金霞经开区获悉，长沙金霞保税店建设已接近尾声，计划年内开业。市民可通过线上、线下等多种方式到保税店选购进口商品，价格将便宜三成以上。长沙金霞保税店位于长沙金霞保税区，地处水陆空三港枢纽，依江、临港、靠站，是发展保税物流和贸易的"黄金码头"。项目由长沙金霞保税物流中心与湖南嘉德集团联手打造，按照"一馆一特色、一馆一风情"的要求，将 4 栋馆分别定位为"金霞馆""欧洲馆""韩国馆""澳新馆"，分为"一般贸易进口直销区""跨境商品体验区""出口商品区"等板块，采取一般贸易进口、保税展示交易、跨境直购体验三种运营模式，进行招商和经营布局。出口馆则利用中兴供应链全球 140 多个国家海外分拨仓，推动"湘字品牌"开拓国际市场，形成"永不落幕的湘交会"。在长沙金霞保税区看到，海关、国检、国税、外汇等口岸部门已开始联检作业，跨境电商、外贸服务、物流企业等已集中进驻办公。"长沙金霞保税店致力于担当缔造中部跨境电商新名片的使命，通过线上线下、境内境外无缝对接的模式，为长沙市民提供货真价实、物美价廉的进口商品，市民可以优惠价格购买保税商品。"长沙金霞保税物流中心相关负责人介绍。

【浏阳成立长沙首个互联网+农村资源流转交易公益平台】 人们的吃穿住行早已离不开淘宝、美团、滴滴等互联网信息平台，就连农村土地流转如今都玩起了 O2O（Online To Offline，线上到线下）。2015 年 10 月 10 日，浏阳就成立了长沙首个互联网 + 农村资源流转交易公益平台，农民可以将土地、林地、水面等流转信息挂在网上，"买家"也不必再走村串户找资源，交易中心还为双方提供免费审核、评估等服务。浏阳是农业大市，截至 2015 年 9 月底，农村耕地承包经营权流转总面积 41.5 万亩，占耕地总面积的三分之一；近两年来，林木林地流转 1073 宗，流转面积 4.8 万亩。为进一步推动农村资源的合理流动和优化配置，浏阳成立了基于互联网 + 的农村资源流转交易中心，其范围涵盖农村土地承包经营权、林木林地交易权、农业机械机具租售、小型农田水利设施（含河道）使用权和水面承包经营权、水域滩涂养殖经营权等方面。10 月 10 日，7 宗农村资源在此完成流转交易。浏阳市沿溪镇大光湖村村民李忠文就通过这个交易平台，为自己原来承包的 992 亩竹林找到了"买家"，以 59 万多元的价格将剩下 37 年的林权流转给了浏阳市金仁林业集团。"交易中心到现场为我免费查勘估值，感觉既省事又放心。"李忠文说。

【中国电子–IBM 联合创新实验室落户长沙】 2015 年 10 月 14 日，长沙智能制造研究总院成立，中国电子 –IBM 联合创新实验室也落户长沙，这是继 2015 年出台"智能制造三年行动计划"之后，长沙的又一战略举措，标志着长沙智能制造产业进入了一个全新的发展阶段。中国电子信息产业集团有限公司董事长芮晓武，长沙市委副书记、市长胡衡华共同为长沙智能制造研究总院和中国电子 –IBM 联合创新实验室授牌。中国信息安全研究院院长孙迎新、IBM—CDL 业务拓展部总经理顾世山，市委副书记徐宏源，市委常委、副市长张迎春出席。制造业是长沙产业的主力，也是未来发展的重点。随着现代科技的发展，以移动互联网、工业机器人、增材制造、检测检验为代表的制造业、新产业、新业态发展势头非常迅猛。在新常态下，长沙制造业加速向长沙智能制造转变。2015 年 8 月，"中国制造 2025 长沙在行动"启动，《长沙智能制造三年行动计划》正式实施，长沙智能制造产业进入快车道。

长沙智能制造研究总院由中国电子信息产业集团、长沙市委、市政府友好协商共建，定位为立足长沙、服务长沙、辐射全省、示范全国、国际合作，是长沙市智能制造的顶层设计机构，具有三大功能、十五项服务，按照"政府引导、自主经营、协同发展"的宗旨，打造全新的智能产业集群。目前，长沙智能制造研究总院初步开展了长沙智能制造的顶层设计，规划了长沙"13510"智能制造业务体系，即构筑1个基础平台“长沙智能制造工业云”，建设3大基地，包括以重大示范工程为核心的智能制造国家示范基地、以安全可控核心装备为重点的智能制造联合创新基地、以分工协同企业群为核心的智能制造创业孵化基地；培育5类核心产品；树立10个重大示范领域，发挥“顶天立地”的支柱作用，并以此聚集产业资源，形成“铺天盖地”的产业发展局面。长沙智能制造研究总院和IBM联合实验室，将对长沙现有制造业进行全面调查，提供智能制造的解决方案和咨询服务。同时，通过积极培育孵化新的项目，打造智能制造装备新的产业，本着双方的合作目标，完成好既定的任务，为长沙工业的转型升级提供技术咨询和保障服务。

【长沙灰汤跻身国家级旅游度假区】 2015年10月，国家级旅游度假区网上公示期满，全国17家度假区创建为首批国家级旅游度假区，长沙灰汤温泉国际旅游度假区经过层层筛选成功跻身其中，成为湖南唯一入选首批国家旅游度假区单位。灰汤旅游度假区位于长沙市西南部，距长沙市区50公里，与毛泽东故居韶山、刘少奇故里花明楼、岳麓山到橘子洲三个5A级景区共处半小时旅游圈。灰汤温泉为我国三大高温复合温泉之一，有温泉、冷泉、氡泉三泉合一的奇观，富含29种对人体有益的微量元素，被誉为“神水”“国汤”。2014年度假区实现旅游总人数150万人次，旅游收入5.13亿元。国家旅游局相关负责人介绍，国家级旅游度假区是继5A级旅游景区之后，又一块体现我国旅游服务业水平的金字招牌。它与5A级景区分别代表了中国旅游度假产品和观光产品的最高等级。

【全省首个智能交通产业园落户长沙】 2015年10月21日，湖南智能交通产业园起步区项目入驻集中签约仪式在望城经开区举行。项目将以湖南省智能交通行业协会为依托，联合行业领军企业，在望城经开区打造集总部、研发、检测、生产、系统集成等为一体的全省首个智能交通产业示范园区，预计总投资达56亿元。

根据规划，湖南智能交通产业园位于望城经开区金星大道以北、雷高路以西、黄桥大道以东区域，规划面积1200亩，其中首期开发600亩。项目规划有研发及会展中心、总部基地、生产加工区、生活配套区等功能片区，将吸纳50家以上智能交通行业的龙头与领军企业入驻，形成年产值约120亿元、年税收3亿~5亿元的产业规模。签约仪式上，北京路桥方舟交通科技发展有限公司、湖南湘旭交安光电高科技股份有限公司、常州百川新型护栏有限公司、湖南程安交通设施有限公司、南京高侨交通信号工程有限公司等5家企业成为湖南智能交通产业园首批入驻企业。湖南智能交通管理专家蒋水良介绍，智能交通包括智能公交、电子警察、交通信号控制、卡口、交通信息采集与发布和交通指挥类平台等，目前已成为有效利用现有交通设施、减少交通负荷和环境污染、保证交通安全、提高运输效率、改善民生的重要手段，是目前细分领域中最具前景、政策倾斜最多的行业。数据显示，采用智能交通技术提高道路管理水平后，每年仅交通事故死亡人数就可减少30%以上，并能将交通工具的使用效率提高50%以上。随着国家“十三五”交通规划的出台，预计2015年智能交通总体市场规模将增至600亿元，至2020年有望超过1500亿元。

【湘江新区岳麓区现代服务业发展高峰论坛举行】 “远学硅谷，近学深圳。岳麓区要在科教人文优势的基础上，营造创新的文化与创新的氛围，打造‘湖南硅谷’。”10月27日下午，在由湖南湘江新区管委会、中共长沙市岳麓区委、岳麓区人民政府、长沙晚报报业集团共同主办的“湘江新区岳麓区现代服务业发展高峰论坛暨招商推介会”上，著名经济学家赵晓如是说。副市长廖健在致辞中指出，湘江西岸拥有蓬勃发展的广阔空间平台与丰富的生态资源，尤其是各类高等院校和研发机构的创新创业人才集聚，发展现代服务业优良资源禀赋已经形成。随着湘江新区获批中部地区首个国家级新区，湘江西岸产业转型升级的态势更加强劲，一个功能协调互动、空间舒展有序的财富洼地渐具雏形。此次论坛的主讲嘉宾赵晓，曾任国务院国资委研究中心宏观部部长、北京科技大学教授。围绕《风险有多大？风口在哪里?》这一主题，赵晓纵论全球经济形势与中国经济转型。赵晓认为创新、消费与服务、新市场是未来中国经济的三个风口，他看好互联网+服务、养老、旅游、医疗健康等现代服务业产业。在此次论坛上，安利（中国）湖南总部、清华大学·博奥医学检验所、腾讯视频湖南公司、湖湘天街、快乐DS汽车、凌云·云计算、麓客众创空间、区域智慧产业协作平台8大项目集中签约，正式进驻岳麓区。岳麓区即将发布《岳麓区促进现代服务业发展的若干政策意见》，以促进现代服务业发展。

【互联网大数据科技产业园落户长沙】 2015年10月30日，长沙首个互联网大数据科技产业园项目落户望城区，标志着智慧长沙建设迈出实质性步伐。市领导胡衡华、张迎春出席签约仪式。10月30日，市委常委、副市长张迎春，深圳市证通电子股份有限公司董事长曾胜强，中国电信湖南省公司党组书记、总经理廖仁斌分别代表长沙市人民政府、深圳市证通电子股份有限公司、中国电信股份有限公司湖南分公司签署三方战略合作协议；望城区人民政府与深圳市证通电子股份有限公司签订互联网大数据科技产业园项目商务协议。据悉，未来二至五年，三方将在长沙打造首个大数据中心，项目计划总投资50亿元。全球迎来大数据时代，长沙作为长江经济带中心城市、“一带一路”重要节点城市、内陆开放高地、两型社会建设综合配套改革试验区、自主创新示范区，尤其是湘江新区作为中部地区首个国家级新区率先挂牌，长沙承载着国家战略平台发展重任，迎来发展大好机遇和政策红利。战略合作协议的签署，是双方长期密切合作结出的丰硕成果，更是长沙主动作为适应新常态、谋求新发展的重要举措，这将有力地促进三方携手发展，共进共赢。聚焦新技术、新产业、新业态，加快建设智慧城市，推动转型创新发展，长沙将大力支持企业参与互联网数据中心、云计算中心、大数据中心的建设，强强联合，携手共赢谋发展。长沙以此次战略合作为契机，加快工业云、政府云、健康云、安居云、商务云、媒体云等示范领域运用，深入推进互联网大数据与经济社会发展各领域深度合作，推动创新发展，推进双方在更大范围、更宽领域、更高层次的合作，着力打造世界知名、国内一流、富有长沙特色的大数据产业基地。

【长沙国家广告产业园开园】 2万平方米全开放商业

街区，打造体验式互联网商圈；多家专业孵化器运营机构入驻，“智”造中国企业群。2015 年 11 月 21 日，国家级广告产业园——创谷·长沙国家广告产业园盛大开园，园区首届双创（创业创新）嘉年华活动同步举行。新华社、湖南卫视、湖南广电、央视网、清华启迪等一批知名文创广告、新媒体、电商品牌企业和孵化创投机构正式入驻，飞马旅与园区企业爱创业深入合作，一个以广告产业园为“引爆点”的省府新区、双创高地将在天心区崛起。副省长蔡振红宣布开园，国家工商总局广告司司长张国华，市领导徐宏源、廖健、彭继球出席开园仪式。2012 年 4 月，财政部、国家工商总局为全国首批 9 个国家级广告产业园授牌，其中位于长沙市天心区的创谷·长沙国家广告产业园系唯一一个“先挂牌后建设”园区。园区由天心区政府、中信资本、天鸿地产三方合作，采取政府主导、多元投入、公司经营、市场运作。按照产业定位，园区以“广告文化创意、新媒体、移动互联网”为核心进行上下产业链延伸，集研发、制作、发布、信息、培训、服务于一体，涵括政务中心、展示中心、影视广告制作中心、广告产品交易中心、人才培训中心、数据中心等八大硬件平台，配套场地（租、购、托管）服务、人才资源服务、企业经营服务、行业资源对接、金融（投融资）服务等软性服务平台。

截至 2015 年 7 月，先期园区累计培育引进企业 372 家，涉及注册资金共 17.86 亿元；2014 年，先期园区广告经营额 33.9 亿元，同比增长 11.5%。与此同时，位于雀园路两厢和书香路两侧的核心园区快速建设；截至开园，核心园区已完成建筑总面积 21 万平方米，完成投资 16 亿元。开园后，拓展园区将在核心园区已建成部分基础上持续推进建设，累积占地面积达 450 亩，总建筑面积达 80 万平方米，总投资达 35 亿元。到 2016 年，将再引进培育广告企业 200 家，实现园区广告业产值 100 亿元。力争到 2020 年，基本建设发展成为领跑中西部、影响全国的广告示范区和新媒体园区。市委副书记徐宏源在致辞中表示，长沙将加快建设成具有国际品质和湖湘文化标识的现代化大都市，加快广告产业园的发展是实现这一目标的重要举措。要着力引进培育一批广告骨干创意企业入驻园区，努力提升长沙现代服务业、文化创意产业发展水平，为全省乃至全市的广告产业发展做出新的更大贡献。张国华在讲话中指出，湖南是一个文化大省，更是一个创意大省，广告园的建设不仅顺应了国家发展文化创意产业的趋势，更是顺应了经济发展的趋势，将对拉动整个湖南的广告产业起到巨大的推动作用。

【2015 第十三届中国物流企业家年会在长沙召开】 11 月 21 日，从开福区召开的 2015 第十三届中国物流企业家年会上获悉，随着物流业产业结构调整及经济发展方式的转变，到 2017 年，湖南省将基本建立布局合理、技术先进、便捷高效、绿色环保、安全有序的现代物流服务体系，物流业综合实力明显提升，将湖南打造成为长江经济带重要区域性物流中心。副省长何报翔、副市长李蔚出席年会。本届年会以“互联网引领物流新时代”为主题，来自全国的物流企业家们参观考察了湖南金霞现代物流园，围绕推动“一带一路”“长江经济带”“自由贸易区”“互联网+”等重大战略规划的实施，探讨互联网思维对物流业的转型升级带来的促进作用，以及行业、企业应如何把握机遇优化管理、运营、市场等各环节，用互联网改变物流格局，构建高效透明、信息对称、价格公开的社会化现代物流体系。据了解，近年来，湖南省现代物流产业快速发展，特别是相继实施了现代物流业发展三年行动计划、农产品冷链物流三年实施计划，以及省级物流园区示范工程，大力培育物流领军企业，加快物流园区建设，发展壮大特色物流，全面提升物流业专业化、社会化和信息化水平，物流业保持了较快增长。

【中国轻工集团调研长沙机器人产业】 2015 年 11 月 22 日，中国轻工集团公司董事长陈鄂生来到雨花经开区调研长沙机器人产业发展情况。市委副书记、市长胡衡华，市委常委、副市长张迎春，市政府秘书长谭勇参加。陈鄂生一行实地考察了湖南机器人产业集聚区的 89 号地购地机器人集聚区和 58 号地机器人研发、演示、办公中心。89 号地占地面积 565 亩，目前已入驻长泰机器人、佛山精一、拓野机器人等 6 家机器人企业，预计将于 2016 年 1 月底完成厂房主体封顶，春节后启动设备安装工作。58 号地定位为智能制造和工业设计，目前一期 9 万平方米标准厂房已封顶，1 号栋拟打造 4000 平方米机器人技术演示中心及 5000 平方米机器人研发中心。12 栋独立标准厂房中有 3 栋已被订制，将着手建设“众创空间”，设立美国 iRobot 机器人区域总部、美国 Rethink 工业机器人公司总部及销售、展示、生产基地。2014 年 9 月，长沙出台了工业机器人三年行动计划，产业产能力争突破百亿，实现工业机器人密度达 100 台每万人，由“长沙制造”向“长沙智造”冲刺。2015 年 3 月，雨花经开区获授牌湖南“机器人产业集聚区”，规划 1100 亩工业用地，重点发展工业机器人、服务机器人、特种机器人。力争通过 3 年时间，引进 2 家以上全球知名本体企业，30 家以上行业知名骨干企业，100 家集成商，达到 100 亿元年产能。目前已引进各类机器人项目、企业 37 家。胡衡华指出，要坚定信心、调动资源，支持长沙机器人产业发展。要加强顶层设计，挖掘行业特色，提升长沙机器人产业的整体竞争力。要进一步加大投入，充分发挥工业机器人三年行动计划的政策优势，在产业链上实现资源整合，鼓励本土机器人企业发展壮大。

陈鄂生表示，中国轻工集团将加强与长沙交流合作，通过设立智能装备基金、借力资本市场、强化媒体宣传力度、加大研发设计投入、加快智能装备转型升级等，提升长沙机器人产能规模与品牌影响力。

两型技术产品

【聚焦深耕机器人产业集聚区】 2015 年 3 月 7 日，湖南机器人产业集聚区产业推介暨长泰机器人 CTR 新产品发布会在雨花经济开发区企业长泰机器人车间举行。省政府副省长黄兰香，中国机械工业联合会执行副会长宋晓刚，中国中轻集团副总经理马思一，省政府副秘书长陈仲伯，长沙市委常委、副市长张迎春，省经信委、发改委、重庆市及长沙市相关部门领导出席，新华社、人民日报、光明日报及省内主要媒体，省内高校、机器人生产、应用企业代表参加了本次活动。推介会通过多媒体、现场演示等方式重点就湖南机器人产业聚集区（雨花经济开发区）长泰机器人的新产品进行推介，中国机械工业联合会执行副会长宋晓刚、中国中轻集团副总经理马思一及市区领导分别致辞，副省长黄兰香向雨花区区长张能峰授予雨花经开区“湖南机器人产业集聚区”的牌匾。“湖南机器人产业集聚区产业推介和新产品发布会在此隆重召开，是机器人产业发展史上的一件大好事、大实事，标志着园区机器人产业再次攀上智能制造的新高峰，为机器人产业做大做强提供更为广阔的交流平台。希望雨花经开区与园区机器人厂商以此次推介会及《长沙市工业机器人产业发展三年行动计划（2015—2017年）》为契机，进一步深化与国内外行业组织、龙头企业的全方位、多层次合作，加快培育壮大机器人产业。同时也希望广大机器人应用厂商，切实加大机器人推广应用力度，更加重视采用本地机器人产品投入生产，加快实现自身机器人的规模化应用，全力助推工业转型升级再次迈上新的台阶，携手共创机器人产业发展的灿烂明天。”长沙市委常委、副市长张迎春在致辞中表示。“雨花区委、区政府将一如既往地贯彻落实好中央和省、市的部署要求，以最大诚意，尽最大努力，创造最优环境，助推新兴产业的发展，实现互利双赢。真诚希望各位嘉宾、各界朋友为我区发展牵线搭桥，宣传推介，也热忱欢迎社会各界人士来我区考察调研，投资兴业，共同发展，打造中部地区机器人产业集聚区。”雨花区委书记邱继兴如是说。

雨花经开区位于长株潭两型社会建设的核心区，2003年启动建设，2014年实现规模工业总产值305亿元，累计引进企业530余家，目前已引进德国库卡、长泰机器人、佛山精一、湖南艾博特、湖南大捷、醴陵花炮机器人、天马自动化设备公司、湖南天辰、深圳繁兴等企业相继入驻，在本体生产商、烟花自动化设备、餐饮、家电制造、民爆、隧道喷浆等多个领域拥有了核心企业。雨花经开区计划通过三年的时间完成“32335”的目标，即在三年内引进两家以上全球知名本体企业，三家以上机器人上市公司，30家集成商，达到50亿元的产能，跃马腾飞，打造中部领先的机器人产业园区。

【长沙市肉类蔬菜流通追溯体系激光灼刻技术试运行正式启动】 2015年3月12日，长沙市肉菜流通追溯体系建设领导小组在湖南红星盛业食品股份有限公司举行了激光灼刻技术应用启动仪式。长沙市人民政府副秘书长、市肉菜流通追溯体系建设领导小组副组长王体泽出席了启动仪式，市商务局、市农办、市农业局、市畜牧兽医水产局、市工商局、雨花区、长沙县、宁乡县的分管局领导，湖南红星盛业食品股份有限公司、湖南长株潭广联生猪交易市场有限责任公司、湖南现代资源农业科技有限公司、北京志恒达科技有限公司、中国软件与技术服务股份有限公司、湖南天道信息技术咨询有限公司的负责人，以及经营户代表、新闻媒体记者等参加了启动仪式。启动仪式由长沙市商务局吴照舒副局长主持，王体泽宣布仪式正式开始。随后，长沙市商务局党委委员、市肉菜追溯办主任刘利华对激光灼刻技术应用的特点、优势和作用重点做了介绍，激光灼刻技术一是图案立体清晰、造假成本高、防伪功能强；二是激光灼刻无添加、无污染、不浪费；三是一猪一码，物码合一，有利于猪肉产品的溯源；四是机器灼刻代替人工，企业生产效率提高；五是激光灼刻进一步加强政府监管，防控不合格猪肉产品流入市场。长沙是除北京以外，全国第二个将激光灼刻技术全覆盖应用到全市A类大型定点屠宰场的城市，自2014年11月起，长沙市三家大型定点屠宰场展开了激光灼刻技术试应用，设备运行良好，已灼刻出了约12万头生猪。通过激光灼刻技术，将拓展消费者辨别安全猪肉产品的渠道，有效的维护消费者的合法权益。

【物联网传感产业园项目签约落户制造产业基地】 2015年5月14日，浏阳制造产业基地与湖南启泰信息技术有限公司经多次谈判，终于修成正果，物联网传感产业园项目签约落户园区，这已是2015年以来园区签约落户的第12个新项目。该项目是国家战略新兴产业，跨集成电路和网络技术两大领域。该项目先期建设一条先进的金属溅射膜压力传感器MEMS生产线，并以此为基础，开展数字传感器、网络传感器的研发、生产和销售，发展物联网产业。项目分两期建设，总占地面积170亩。第一期用地面积120亩，总投资为5亿元人民币，将建成金属溅射膜6吋MEMS生产线，年产100万支金属溅射膜压力传感器。第二期用地50亩，将完成新的传感器生产线和物联网产业园的建设。项目全部达产后，预计年产值30亿元，创税1.5亿元。

【63个智能制造项目将亮相“港洽周”】 2015年6月2日，湖南（香港）智能制造产业合作推介会将在香港万丽海景酒店举行。会上将发布项目63个，总投资454亿元人民币。本次推介会由湖南省经济和信息化委员会主办。届时，三一重工股份有限公司、长沙长泰机器人有限公司等长沙企业将作推介发言。本次发布的招商项目，都属于湖南重点培育的战略性新兴产业，且已具备良好的产业基础和发展优势；在具体项目选择上，注重促进湖南工业转型升级和配套发展。项目落点主要集中在长株潭以及郴州、永州等地工业园区。这次发布招商项目，突出产业链和集群集聚发展的态势明显。比如，浏阳智能制造产业园，面向高端自动化机械设备生产项目、先进数控机床项目、成套医疗（医药）机械设备项目、先进轨道交通装备项目、工业机器人项目招商；望城经开区侧重航空配套设备生产，包括航空技术装备、飞机结构零部件、航空实验设备及地面设备制造等。

【长沙加快光伏发电应用将成全国重要产业基地】 2015年8月18日，长沙市能源局召开新闻通气会，对市政府日前出台的《关于加快分布式光伏发电应用的实施意见》进行详细解读，明确到2020年末，将长沙打造成为全省乃至全国重要的光伏研发、制造和应用的产业基地。

屋顶山地池塘都可安装光伏发电设施。分布式光伏发电是指在用户所在场地建设运行，以用户侧自发自用为主，多余电量上网为特征的光伏发电设施。具有减少化石能源消费、电力输送损耗小、安装灵活、清洁环保、经济适用等优势，能有效地解决光伏发电消纳能力不足的难题。“分布式光伏发电既可以建在城市屋顶，也可以建在农村的自留山、自留地甚至池塘上。家庭和企事业单位都可以用它来发电。”市发改委副主任缪晨光表示，推进分布式光伏发电工程对改善能源消费结构、提高能源保障能力、推动能源生产和消费革命都具有重要意义。以长沙高新区管委会大楼屋顶475千瓦光伏电站项目为例，每年可减少二氧化碳排放量 388.08 吨，减排二氧化硫 11.68 吨，节约标准原煤 230 吨，节约标准煤 164.35 吨，减排氮氧化物 6.16 吨。同时，电站日均发电量在 1300 度，年均发电量约 47 万度。

长沙具有良好的光伏发展环境，年日照时数 1400～2200 小时，年辐射量 4300 兆焦 / 平方米左右，属我国太阳能资源四类地区，太阳能资源量较丰富。同时，长沙还具有利好的宏观光伏产业政策、较为完善的光伏产业基础及数量可观的屋顶资源。截至 2015 年 8 月，长沙已建成光伏发电项目规模 60 余兆瓦，典型项目包括中电 48 所的“麓谷科技园 12.82 兆瓦光伏并网发电工程项目”和“蓝思科技 5 兆瓦分布式光伏发电项目”。而据保守推算，2020 年，长沙可供利用的建筑屋顶面积将达到 1500 万平方米（约可建设分布式光伏发电站 1300 兆瓦），同时结合农渔业生产建设农光互补、渔光互补等新兴分布式发电项目，都将为长沙分布式光伏发电建设提供坚实的基础。

鼓励符合条件的新建筑光电建筑一体化。意见明确，到 2020 年末，全市确保新增光伏发电装机容量 300 兆瓦以上，光伏发电应用示范区建设形成规模。培育一批具有自主创新优势和市场竞争力的产品制造商、系统集成商和运营服务商，光伏电池转换效率、光伏发电系统集成能力不断提高，发电成本显著下降，光伏产业整体发展水平明显提升，将长沙打造成为全省乃至全国重要的光伏研发、制造和应用的产业基地。意见提出，鼓励按照“自发自用、余量上网”的方式，优先在工业厂房、商业综合体、商贸市场、会展场馆、体育场馆等建筑屋顶建设规模化的分布式光伏发电系统。鼓励新建屋顶面积达 1000 平方米以上的工商业和公共建筑，按照光电建筑一体化要求进行设计和建设。支持农居连片进行光伏发电应用开发改造，建设与绿色设施农业相结合的光伏生态农业大棚、养殖场等光伏发电项目。

【长沙造首批计算机下线】 2015 年 8 月，由国防科技大学和湖南长城银河科技有限公司（简称“长城银河科技”）联合自主研发的“长城银河”计算机，日前在长沙中电软件园正式下线。“长城银河”计算机与国内外主流计算机相比，不仅性能相当，而且保密性更强。“长城银河”系列电脑分台式机、一体机和笔记本三款，依托国防科技大学的科研成果，具有人脸识别登录、自毁、加密、传输、认证等自主可控功能。硬件上，丝毫不输英特尔的运行速度和效果，具有完全自主知识产权。长城银河科技博士水超介绍，该系列电脑生态系统比较丰富，功耗小，适用面广，处理能力、图形显示能力和计算能力都有一个质的发展。自主可控计算机整机产业化，是 2014 年 1 月湖南省政府和国防科技大学确定的成果转化重点项目。半年来，科研团队和企业紧密对接，边组建、边设计、边生产，首批计算机已交付军方某部正式使用。根据国家工信部《中国制造 2025》规划，到 2025 年国产化服务器和高性能计算机需求量约为 1500 万台。长城银河科技将军方特用的保密模块进行低成本化后，价格与市场主流计算机相当，下月起，正式推向民用市场。“我们希望在国产化的高性能电脑市场占据半壁江山，形成湖南制造、长沙制造的新标杆，进入所有老百姓的家庭，未来将简称‘长河’，不仅是长城的银河，更是长沙的银河。”长城银河科技总经理夏利锋说。

【长沙磁浮首列车实现起浮】 2015 年 9 月 12 日，中车株洲电力机车有限公司负责制造的长沙磁浮工程的磁浮车辆，首列车已能够平稳起浮，在厂内调试中跑出了 92 公里时速。据了解，目前长沙磁浮工程已完成投资约 32 亿元，占预估投资总额的 74%，预计将于 2015 年年底建成试运行。长沙磁浮工程连接长沙火车南站和黄花国际机场，线路长 18.54 公里，设计速度为每小时 100 公里，是国内首条具有自主知识产权的中低速磁浮商业运营线。所用磁浮列车由中车株机公司制造，采用 3 节编组。

首次亮相的长沙磁浮列车车体蓝白相间，在防火安全、隔音降噪、乘坐舒适性等方面达到国际标准，运行时无烟尘排放。中车株机公司负责人介绍，参考首列车情况，该公司对后续生产计划进行了调整，余下 4 列车即将进入总成组装工序，总体安排将保证 12 月底前交付 5 列车的原定目标。长沙磁浮工程全线共设三座车站，分别为火车南站、榔梨站、黄花机场站，均为高架车站。火车南站附近新建车辆段与综合基地 1 处，控制中心设置在综合基地内。在磁浮车辆段，相关负责人介绍，项目全线已完成土建部分，正线已完成轨排组装总数的七成左右，并完成浏阳河以西段全部轨排的精细化调整，车站、车辆段装修和机电设备安装正在抓紧进行。

【长沙推动知识产权投融资项目 403 项】 长沙发明专利申请比重持续保持在 40%以上，年发明专利授权量连续 5 年位居全国省会城市前 10 强。2015 年 9 月 16 日，从长沙知识产权工作媒体通气会获悉，2014 年全市作品登记接近 2000 件，目前登记量保持着每年 20%以上的增长。副市长何寄华出席活动。经济新常态下，企业融资难，中小微企业融资更难。为破解企业特别是科技型中小微企业融资难题，长沙从知识产权入手，开始了知识产权投融资模式的努力探索。自 2010 年列为全国首个知识产权投融资服务试点城市以来，至 2015 年 8 月，长沙知识产权投融资服务工作推动知识产权投融资服务项目 403 项，实现金额 31.3 亿元，知识产权中小企业融资难的瓶颈得到有效缓解。何寄华指出，知识产权已经成为长沙践行创新驱动发展的重要支撑，成为打造长沙城市竞争力的核心要素。长沙知识产权工作有特色、有地位、有贡献，尤其是一批骨干企业发挥了知识产权创造、运用、保护的主体作用，长沙五成以上的发明专利来自于企业。下一步，全市在抓好稳增长、调结构、惠民生工作的同时，要注重与知识产权工作结合，要把知识产权作为城市发展战略、主线来贯穿，进一步推动长沙创新发展。

【QQ 钱包启动长沙专项工程】 2015 年 9 月 1 日，湖南省政府与腾讯公司签署战略合作框架协议，强强联合推进湖南“互联网 +”行动计划。9 月 18 日，QQ 钱包宣布正式启动腾讯“互联网 +”长沙专项工程，扶助中小企业发展，助力湖南“互联网 +”计划。“QQ 钱包作为一个连接器，把 QQ 的 8 亿多用户与 O2O 服务连接在一起。”腾讯支付基础平台和金融应用线副总经理、QQ 钱包负责人郑浩剑透露，QQ 钱包将联合步步高、通程万惠、卜蜂莲花、好润佳、新佳宜、家润多、家多邦等 7 家品牌大型连锁超市与便利店总计 400 多家门店，从 9 月 19—20 日开展立减优惠活动，即使用QQ钱包首单将享受满20元立减10元优惠。

【全国首个液化天然气O2O平台落户长沙】 2015年9月19日，长沙高新区与新奥集团签署全面深化能源领域战略合作协议，液化天然气全产业链电商服务平台好气网同步上线，标志着全国首个液化天然气O2O平台正式落户长沙。市委副书记、市长胡衡华，市政府秘书长谭勇与新奥集团总裁张叶生见证签约仪式。长沙高新区管委会主任李晓宏与新奥能源控股有限公司总裁、好气网公司董事长韩继深分别代表长沙高新区和新奥能源签署双方战略合作协议。

打造集“商流、物流、信息流、资金流”于一体的互联网电商平台，天然气行业搭上“互联网+”快车，行业转型升级迈出关键步伐。根据战略合作协议，双方将在清洁能源开发、能源高效利用等领域全面深化合作。从签约现场获悉，由新奥集团投资建设的好气网19日上线并落户长沙高新区。作为全国首个液化天然气O2O平台，好气网将着力搭建集“能源、信息、服务”于一体的多边交易平台，为行业上中下游企业提供平等、开放、分享、协作的第三方平台，为产业用户提供能源电商、智慧物流、大数据和金融等互联网服务，推进能源行业转型和产业生态圈建设。新奥能源自主创新的泛能网也将进驻长沙。未来，泛能网将融合能源网、智能控制网和计算机云服务，利用大数据、云平台，统筹天然气、风能、太阳能、地热、潮汐等多种能源，全面整合能源资源，实现不同能源的优势互补与综合利用，有力缓解高峰期能源压力，服务长沙经济社会发展大局。“长沙高新区已成为互联网创业者的投资福地，人才济济的硅谷。”新奥能源方面表示，将充分发挥自身作为能源服务业标杆企业的优势，与长沙高新区精诚合作，携手打造两型社会建设新标杆，实现双方互利共赢。

【257艘长沙造客渡船10月底完工】 2015年9月19日，从长沙船舶厂了解到，由该船厂打造的257艘标准化客渡船目前进入最后的工艺阶段，计划于10月底交付检验并使用。19日，在长沙船舶厂2万多平方米的露天船台生产区内一派忙碌景象，工人们在为数百艘客渡船进行质量检验以及轮机、电气、装修、涂装等工艺。该厂相关负责人介绍，长沙船舶厂中标建造的这批标准化客渡船共257艘，有50客位、30客位、20客位等7种船型。新标准化渡船不但建造质量良好、外表平整、美观，而且采用“不沉式”设计，主甲板下的各船舱开口密封性能良好，并且设有浮力储备舱，浮力储备舱内用发泡塑料填充，可确保在船舶所有舱室破损或船舶倾覆的情况下船体仍浮于水面，并承载所有核定的乘客和船员而不致沉没。同时，根据湖南标准化客渡船转运频繁和陆路交船的特点，该船型配置了两种型号的6副吊具，用以保证船舶移动时的安全，确保老百姓乘坐“放心船”。根据安排，2015年湖南省安排打造1920艘标准化客渡船，确保农村渡运安全。所有标准化客渡船建造资金由财政承担，所有人确定为渡船所在地乡镇人民政府，由乡镇人民政府统一管理，标准化的新设计将让渡船更稳定安全。

【中部首个全系列人工智能项目落户长沙】 2015年9月18日，长沙市政府和雨花区政府联合在北京举办招商推介会，9大项目成功签约，协议引资近300亿元。值得一提的是，9大项目中，涉及机器人产业的就有3个。其中，中部地区首个集工业、服务全系列机器人研发、产销于一体的湖南人工智能项目成功落户长沙雨花经开区，除常见的工业机器人外，将首次在湖南推广服务机器人。

国家商务部研究院消费经济研究部副主任赵萍、副市长廖健等出席招商推介会，向京津冀经济圈的投资商和企业推介长沙高铁新城片区开发、湖南省工业机器人产业示范园等26个优势产业项目。提起机器人产业，人们会联想到机器轰鸣的厂房里焊接、装卸的大块头，其实除了工业机器人外，服务型机器人越来越和现代生活紧密相关。“通过地形轮廓识别技术，服务机器人不需要轨道，能自动识别室内环境，像普通人一样自由行动。”沈阳新松机器人项目负责人邹文山介绍，目前该企业的公共服务类机器人自动导航技术在国内领先，服务类机器人产品完全可胜任送餐、迎宾、展示、讲解和导游等岗位，高端产品甚至还能识别人脸，像艾娃一样提供细致服务。目前，浏阳胡耀邦故居正准备引进机器人开展讲解服务。

雨花区此次招商推介会成功签约的三大机器人项目为湖南人工智能雨花项目、沈阳新松机器人南方运营中心、ATI工业自动化项目。至此，雨花经开区入驻机器人企业（项目）已达34个，产业聚集效应凸显。前两家都研发生产服务机器人。其中，湖南人工智能雨花项目与沈阳新松机器人合作，项目一期占地2000平方米，将以新松服务机器人为主进行产品品牌推广，二期将购地建设生产基地，开展工业机器人、服务机器人的生产、销售、售后与培训等业务。2016年将动工建设，成为中部首个全系列人工智能项目。另外，签约项目中涉及健康养老产业的湖南健康产业园和海吉亚医院两大项目预计总投资达100亿元，将分别在雨花经开区和长沙汽车南站附近建设养老中心加三甲综合医院和一家以肿瘤专科为特色的综合医院。

【长沙首个环保智能App监管平台全面启用】 居家生活遇到噪音、油烟、垃圾污染烦恼，你是选择霸蛮忍一忍，还是跑到居委会告状？在雨花区高桥街道金环社区，这都不算事儿，街坊们只要掏出智能手机录音或拍照取证，连同GPS定位一同发送给乐住社区App的“不文明曝光”栏目，第一时间就会收到社区、城管和环保部门回应，8小时内迅速解决问题。2015年11月1日，长沙首个环保智能App监管平台在金环社区试点后，正式在雨花区全面启用，将环保监管、宣传和社区治理首次实现“互联网+”。“过去快到吃饭时间，自家炉火还没开，呛鼻的油烟味就灌进屋，过了午休时间，抽油烟机的轰鸣声还一直不歇气。”提起附近的几家餐厅，金环社区锦雅苑16栋居民刘爹一度很恼火。他家附近味语堂餐厅、食在诱惑等几家餐厅扎堆，油烟、噪声和污水污染，让居民们很烦恼，每次上门理论，对方爱理不理，一旦投诉到社区，等执法人员来检查时，餐厅立马表现得很配合，执法人员一走立刻故态复萌，取证投诉很麻烦。2015年6月，社区与区环保局、城管局以及乐住智慧社区项目合作，在全市率先试点环保智能App监管平台。居民们下载乐住智慧社区App后，对各种污染和不文明现象随时可拍照、录音、录像取证，连同精准地址定位一起发送到App的相关栏目，社区、区环保局等在软件后台第一时间就能收到投诉及相关证据，第一时间内进行查实、规劝和执法整治。刘爹通过乐住App投诉后，有关部门立即责成相关餐厅进行整改，把操作间面向小区围墙的窗户全部封堵，加装了油烟净化器，更换低噪音排风扇。目前，在智能App平台的有效监管下，社区内噪声等污染超标的酒店、餐饮店等约20余家单位已完成了治理。

【国内首个SVAC示范应用与产业化基地落户长沙】 2015年11月12日，长沙市人民政府、公安部第一研究所、湖南国科微电子股份有限公司在长沙签署建设“中国安全防范监控数字视音频编解码技术标准（SVAC）示范应用与产业化基地”战略合作协议，这意味着国内首个SVAC示范应用与产业化基地落户长沙。市委副书记、市长胡衡华，公安部第一研究所所长仇保利、副所长陈朝武，副市长唐向阳，公安部第一研究所所长助理余兵，长沙经开区管委会主任李科明出席签约式。活动由市政府秘书长谭勇主持。

公安部第一研究所是国内最大的警察装备科研生产基地，具有雄厚的科研实力和众多国际国内领先科研成果。SVAC标准是由公安部一所牵头，为满足安防监控行业独特要求而编制确立的一项国家标准，不仅填补了国内安防监控视音频专用编解码标准的历史空白，更解决了安防监控普遍存在的信息安全隐患、安防专用功能标准化、全网视频互联互通以及国外专利风险等问题。湖南国科微电子股份有限公司是长沙集成电路龙头企业，其标清解码芯片国内同行业市场占有率第一。此次三方签约合作，将用“产学研用”思路打造SVAC标准的推广、产品应用与产业化平台，助力“平安城市”“平安中国”建设。胡衡华指出，推进SVAC标准的产业化和应用，是国家信息安全的需要，是建设智慧城市、平安城市的基础，也是培育移动互联网、智能交通、智能家居等产业集群的关键。电子信息产业是长沙重点培育的新兴产业，已成为千亿产业。近年来，集成电路产业异军突起，具备了国内领先的研发和制造能力。长沙将为基地和企业创造更加宽松的发展环境，着力打造高端安防监控集成电路芯片与整机制造产业的战略高地，助推“长沙芯”走向世界。

【2015中国（长沙）科技成果转化交易会正式启动】 11月12日，2015中国（长沙）科技成果转化交易会集中活动正式启动。为期两天的科交会集中活动将举办7大主体活动。本届科交会已有151个项目达成合作意向实现签约，金额达148亿元。副省长李友志，科技部创新发展司副巡视员吴向，市委副书记、市长胡衡华出席启动仪式并致辞。市领导袁观清、范小新、芮英姿、何寄华、谢明德出席。本届科交会在继承中创新，实行办会常态化，各类产学研对接活动拓展至全年，之前已先后组织了10余场产学研对接活动。11月12日启动的科交会集中活动，共收集并发布全国近百家高校和科研院所的最新适用科技成果1811项，征集企业技术需求202项、融资需求83项、人才需求112项。活动现场还颁发了2015年长沙市产学研合作与科技成果转化奖、企业科技创新市长奖和第七届长沙市科技创新贡献奖。新能源智能物流车及物流云平台研发及产业化等13个重大项目现场举行了签约仪式。“科交会是一个创造希望、建筑辉煌的平台。”胡衡华说，从2007年开始，科交会已连续成功举办了八届，累计签订各类科技合作项目1997项，签约金额达1559.3亿元，已成为促进创新、创造、创业的重要平台，引导着科研、技术、人才和产业的创新要素深度融合。“敢于创新、敢于担当是湖湘文化最鲜明的特色。”李友志指出，科交会整合了各方力量、集聚了国内外创新资源、促成了一大批科技成果在湖南成功转化，一大批优秀科技人才来湖南创新创业，已成为湖南乃至全国促进科技交流和成果转化的重要平台。他表示，要凝聚各方力量，吸引更多创新要素、创新人才向湖南集聚，共同搭建创新创业的大舞台。

【长沙集成电路创新大赛收官】 公共WiFi不安全，家庭饮水安全隐患难监控，汽车开太快担心追尾，在大型商场内购物找不到路……生活中的大问题，利用“互联网+芯片”就能搞定。2015年11月13日，2015科交会长沙集成电路设计与应用创新创业大赛圆满收官，森林防火自动预警系统创业团队获得团队组一等奖。副市长何寄华出席并为一等奖获得者颁奖。在大商场里找不到路是许多购物一族的烦恼，大家对室内导航的需求越来越强烈。长沙市海图科技有限公司研发的室内导航传感芯片就可以解决这个难题。点开手机APP，商场每个楼层的详细地图都可查看，自己所在的位置会显示在所在楼层的地图中，并实时定位。点击搜索，输入起点与终点，则会生成详细路径规划，引导用户找到商场内想去的地方。该项目的负责人侯佳介绍：“我们在商场现场采集制作室内地图要求误差在0.1米至0.5米之内。”火灾是森林最危险的“敌人”，森林火灾的预防和发现有时比扑灭更具现实意义。以往的森林火灾都是通过无人飞机感应可见光来实现预警。来自国防科大的团队自主研发森林防火自动预警系统，采用红外热辐射探测方式，可全天候保卫森林安全。11月13日，他们凭借这一技术获得大赛团队组一等奖。了解到该系统核心器件都实现国产化，无需进口，而且维修费用非常低，目前已在新疆等地进行试用，取得不错效果。

【长沙智能电力设备产业技术对接会召开】 机动车节能减排是科研人员追求的目标。长沙高新区企业金杯电工股份有限公司通过电线轻量化技术，减轻汽车总重量从而实现节能减排。“用铝合金代替铜导体，重量可以减少三分之二，用新型绝缘材料替代塑料重量减少五分之一。”金杯电工总工程师杨自强说。在11月13日举行的2015科交会长沙智能电力设备产业技术需求与成果对接会上，这一新技术发布。对接会由2015科交会组委会主办，长沙市智能电力设备产业技术创新战略联盟承办，旨在共享联盟成员单位最新科技成果、促进技术交流，推动联盟抱团发展。会上共发布科技成果25项、技术需求6项，主要涉及水利水电、智能控制及其他电力设备配套产业技术项目。活动成功签约项目7项，其中长沙市智能电力设备产业技术创新战略联盟与湖南大学、中南大学、长沙理工大学签署产学研合作协议，金杯电工和长沙福田汽车就“替代铜芯的铝合金芯汽车电线束项目”签署技术合作协议。

【长沙盾构机“掘金”珠三角】 2015年11月14日，国产首台铁路大直径盾构机在长沙下线，这一高端装备开挖直径8.8米，总长100米，每台售价比进口便宜2000万元以上，由中国铁建重工集团和中铁十六局集团合作研发，拥有完全自主知识产权。它填补了我国铁路大直径盾构机自主品牌的空白，标志着国产大直径掘进装备关键技术研究与应用取得新突破。11 月 14 日上午 10 时许，位于星沙东七路 88 号的铁建重工生产车间，随着红色盖头徐徐滑落，国产首台铁路大直径盾构机露出真容：这真是一个大家伙，总长 100 米，重约 1200 吨，从盾头到盾尾，宛如长龙，气度不凡。走进宽敞的生产车间，记者发现这里还有三台铁路大直径盾构机正在建造，除最新下线的“老大”之外，“老二”已初具规模，预计很快就能下线，“老三”、“老四”正在紧张装配中……铁建重工有关负责人介绍，最新下线的大直径盾构机适用于多种复杂地层，能够满足隧道施工安全、快速、环保的要求，将担负广珠城际轨道交通线的掘进。当地地质情况极为复杂，不同岩土类交错组合，在业界有“地质博物馆”之称，安全风险点多，对盾构机的综合性能提出了极高要求。铁建重工结合珠三角城轨工程地质条件，联合中铁十六局开展关键技术研究和科技攻关，突破了长距离超前地质加固技术、自动泥浆保压技术、管片一次吊运技术、长距离高耐磨刀盘设计制造等关键技术，历时 7 个月，创造了自主研制国产首台铁路大直径盾构机的全新纪录。这是铁建重工继煤矿斜井 TBM、煤矿多功能掘锚机、永磁同步驱动盾构、大直径硬岩 TBM、大直径泥水盾构等重大技术突破之后，取得的又一关键性成果，再一次打破了国外技术垄断。

随着城镇化建设的推进，目前国家已初步规划出 20 个城市群，城际铁路已成为连接城市群、提升城市群竞争力的首选。未来 5 至 10 年，我国将迎来城市群城际轨道交通的发展高潮，国内对铁路大直径盾构机的市场需求巨大。

【长沙企业凭水汽能技术获“全球人居环境绿色技术范例”奖】 从 2015 年 11 月 23 日省科协召开的新闻发布会上了解到，在“第十届全球人居环境论坛暨十周年庆典”活动中，长沙东尤工程设备有限公司凭借其独创的“水汽能热泵中央空调”技术，荣获 2015 年度“全球人居环境绿色技术范例”奖。这是湖南省首次荣获该奖的技术类奖项，全球仅 3 家企业入选。该技术将空气中水蒸气所储存的太阳能热量转换成“水汽能”，替代传统的煤炭、石油、天然气等化石能源，以生态能源改写世界化石能源格局。

搬运空气中水蒸气储存热量。“众所周知，空气中最主要的成分是氮和氧，而仅占空气质量 0.03%左右的水蒸气储存的太阳能热量，远远超过了空气中 99%的氮气和氧气所储存的可利用的太阳能热量。”东尤公司董事长黄国和介绍，水蒸气中的这部分能量过去并没有被充分认识，也没有得到很好利用。一直以来，黄国和及其合作团队，与湖南大学暖通空调团队开展产学研合作，历经十余载多方位艰苦研究攻关，在提出完整水汽能理论体系的基础上，最终摸索出了一套以“水汽能型热源塔热泵”为核心的技术体系，并成功应用于传统中央空调的节能改造和新建建筑暖通空调的实践。因为不用煤炭、石油、天然气等化石能源去生产热量，而只搬运空气里的水蒸气储存的热量，因而“水汽能热泵”比传统烧锅炉的中央空调取暖方式更经济、环保。

比常规空调一年省 40%费用。湖南省制冷学会理事长、中南大学能源科学与工程学院院长廖胜明教授认为，水汽能本质上可以视为空气能的一种，相关技术是在热源塔热泵技术的基础上发展而来，虽然其原理并不复杂，但可以有效克服过去直接利用空气能时效率较低、工况较差等弊端，在冬季“低温高湿”的广大南方地区尤其值得推广。水汽能概念的提出开辟了一种新的能量利用思路，如果技术可靠性进一步提高，有利于带动传统空调行业的节能减排和创新发展。“水汽能热泵中央空调”技术比电锅炉空调节省费用 70%；比风冷螺杆空调节省费用 45%；比燃气、燃油空调节省费用 60% ~ 80%。经现场测评的检测报告显示，水汽能热泵系统一年制冷制热费用低于 100 万元，比常规中央空调系统初始成本节省 19%，全年运行费用节约 40%左右。

将研发家用水汽能热泵空调。水汽能热泵不需要像地源热泵那样在地下打井，也没有热量堆积的问题，不需要考虑管道沉降带来的损失问题；水汽能热泵也不像水源热泵那样需要靠近水源，而是直接将水汽能收集器放置在屋顶，不占建筑空间，施工方便、运行简单，对水资源没有要求等。凡是需要利用中央空调的场所，如宾馆、机场、办公楼、医院、学校等公共建筑都可以安装水汽能热泵空调。下一步，东尤公司将致力研发能够服务于家庭的户式水汽能热泵空调，能够用于农业、林业和渔业等特殊的、需要进行热量提供的场所的新型水汽能热泵。

【微软云移动应用孵化平台长沙上线】 2015 年 12 月 2 日，创投中国“+”2015 移动互联网领袖湘江峰会在长沙举办。能说会跳的图灵机器人、能打印好吃又好看煎饼的 3D 打印机、能在现实世界中生成全息图像的微软虚拟眼镜……这些被誉为黑科技的产品 12 月 2 日在创投中国“+”2015 移动互联网领袖湘江峰会上亮相，让大家提前感受了未来的高科技生活。峰会上，微软云暨移动应用孵化平台正式发布上线，这标志着微软云加端加速器正式落户长沙高新区，双方将开展移动互联网产业孵化及发展的多项合作。该孵化平台是由微软（中国）有限公司与长沙高新区共同打造的专业型孵化器，是微软与中国地方城市实施战略合作的首个项目。现场，对首批的 13 个入驻孵化器项目团队进行授牌。此次招募的入驻团队可免费使用办公场地，接受创业导师团的专业指导。还可享受 30 万元的微软技术产品包使用权，获得“柳枝行动”20 万元项目扶持金，拥有与国际国内资本大佬组成的融资创投团进行投融资对接的机会。近年来，长沙致力于打造北京、上海、深圳、成都之后的移动互联网创业“第五城”。据长沙“云暨移动”孵化计划，吸引包括手游、电商等在内的 30 家以上移动互联网相关企业，在华中地区打造第一个全面的“云暨移动”研发产业基地，形成具备向整个华中的数字产业的辐射功能，全面提升长沙的产业附加值和技术能级。“我爱中国，我爱长沙！”微软全球政府企业事业部总经理 Mark Day 在峰会上用中文和现场的观众们打招呼。Mark Day 表示，微软云暨移动应用孵化平台旨在吸引优秀的互联网创业企业入驻高新区，多方全力将孵化中心建设成为全国领先的示范孵化中心，最终目标是建成服务全国、辐射全球的“创新孵化创业中心”示范园区。

【长沙首次使用航拍设备协助拆除楼顶违建】 屋顶上的建筑是否是违建、建了多大面积、如何确定拆除方案和工程量？这一直是城管拆违难题。2015 年 12 月 7 日，从岳麓区获悉，该区望城坡街道在拆违控违过程中，针对违法建筑“躲在林中、藏在山中、悬在空中、夹在合法中”的实际情况，建立起了长效管理机制，实行无人机不定期航拍与执法人员实地巡查相结合，使拆违控违工作取得了初步成效。在现场看到，望城坡街道商贸城片区存在部分住户在楼顶搭建违法建筑的情况，这些违法顶棚的存在既影响市容市貌，更存在严重的消防安全隐患，成了拆违控违工作中的硬骨头。“以前进行楼顶违建认定，户主的思想工作难做通，现场取证更是难上加难。现在使用无人机开展执法工作，如同一个‘天眼’，使违建一览无余。”执法人员介绍。望城坡街道辖区内高楼林立，靠近汽车西站交通枢纽，房屋密度大，很多违建区域是人工难以到达进行巡查的盲区，如果单靠人力，要实现全覆盖的巡查，不仅耗时费力而且效率低下。执法人员介绍，使用无人机，设定一定的高度，在要巡查的区域内巡航是否有新增的违章占地或者楼顶是否有违章建设就能做到一目了然，让违建无处遁形。据悉，从9月份开始，望城坡街道引进了无人直升机航拍设备用于拆违控违查处，提升了“事前主动防范”的能力。截至12月7日，望城坡街道已成功拆除楼顶违章搭建3600平方米。按计划，22栋房屋上的违建将在月底拆除完毕。

【湖南航天新材料技术研究院在湘江新区成立】 2015年12月8日，湖南航天新材料技术研究院在湘江新区揭牌成立，标志着湖南新材料开发应用进入了一个全新的阶段。它由中国航天科工集团公司联手湖南省政府共同推动成立，注册资本1亿元，主要开展新材料应用技术研究、科技成果转化、检测试验服务等三大板块业务，并通过产业孵化，培育一批新材料骨干企业，形成新材料产业集群，倾力打造中南地区新材料研发领军企业、军民融合新材料产业孵化平台。副省长李友志、中国航天科工集团公司副总经理刘石泉，副市长何寄华出席活动。湖南航天新材料技术研究院定位为“立足湖南，面向世界，需求牵引，军民融合”的集新材料产业共性技术和关键技术研发、成果转化、企业孵化、技术服务和人才培养于一体的开放式平台，重点发展金属及金属基复合材料、石墨烯及纳米材料、高分子材料、超材料等产业方向；建设具备物理、化学、电学、分子、原子等基础检测能力的新材料检测试验中心。到2020年，将建成10个以上新材料领域研发中心，建成1个国家级材料检测试验中心，培育30个以上新材料骨干企业。揭牌仪式上，湖南航天新材料技术研究院与国防科技大学航天科学与工程学院、中南大学、湖南大学、东南大学、中国科学院宁波材料技术与工程研究所等8家单位签订了战略合作框架协议，就石墨烯材料、重防腐涂料、聚酰亚胺工程塑料、超材料、镁合金表面防护技术、3D打印等技术研究与产业化研究展开合作。

【长沙首款自主品牌纯电动商务车上市】 2015年12月9日，在长沙县江背镇的梅花汽车制造公司厂区，100辆白色的14座纯电动商务车在飞扬的彩带中列队驶出厂区开往长沙市、北京和广州。这标志长沙自主汽车品牌的首批电动商务车交付上市。据悉，到春节前，将有300辆纯电动商务车进入长沙运营市场，到2016年，长沙街头将出现约3000辆长沙本土中轻型新能源汽车。“这款长沙本地品牌的电动商务车续驶里程可达到200~500公里，补充快速充电15分钟可续驶150公里以上。由于率先采用了自动变速箱系统等，比同类车型节约20%~30%的电能，而爬坡能力却能增强50%。”梅花汽车有关负责人介绍。其中40辆纯电动商务车的买家是长沙本地的汽车营运服务公司。“我们购买的长沙产纯电动汽车主要针对机关及企事业单位的公务市场和物流快递市场。”该汽车营运服务公司负责人江建军说，到春节前，他们的纯电动车队将扩充到300辆，到2016年底，他们接收的电动汽车规模将达3000辆。有知名快递公司表示，将在几年内用纯电动车作为城区快递小哥们的新座驾。据长沙梅花汽车公司相关领导人透露，公司将新建新能源汽车厂区，为新能源汽车生产车间和电池生产车间，规划用地3万平方米，现已全面动工。完工后的总装车间可新增就业人员1000人，年产2万台新能源汽车。同时在未来规划生产和安装充电桩10万台套，并将筹建电池组装基地。

【湖南省机器人研发演示中心在长沙雨花经开区落成开放】 2015年12月18日，湖南省机器人研发演示中心在长沙雨花经开区内落成开放，同时国际机器人企业巨头科马（COMAU）正式签约进入长沙集群发展，和国际著名机器人品牌德国库卡、美国Rethink等13家机器人品牌一起入驻该中心。18日是湖南省机器人研发演示中心的首个公众开放日，国际机器人本体制造巨头科马（COMAU）、库卡（KUKA）、Rethink等13家机器人品牌都展出自己最得意的产品，工业机器人舒展巨臂，给汽车喷涂、电焊，为花炮卷筒装引线，生活服务类机器人则端茶倒水对来宾殷勤伺候，偌大的展示厅像进入一个科幻世界。展台内除工业机器人展区外，还有生活服务机器人展区，目前展出介绍引导、清扫和托盘运送三类服务机器人，今后还将新增烹饪和监控安保机器人，你可以挑个机器帮工回家。湖南省机器人研发演示中心建设面积1万平方米，总投资2亿元，通过共享园区机器人企业技术资源，开展实用型机器人技术的研发及演示，将通过3年的持续投入，构建工业机器人应用技术创新体系，建立应用技术基地，搭建产业公共研发平台，增强工业机器人应用技术研发能力，破解制约机器人产业发展的技术难题，为湖南乃至中部地区机器人产业的应用和发展提供重要技术支撑。18日，科马机器人与园区签订战略合作协议，正式确定科马联合其集成商进入长沙集群发展，同时雨花经开区与上海机器人365、湖南时纬机器人与金生烟花分别签约，标志着国际先进机器人生产集群成规模进入湖南市场，同时与本土烟花等优势产业对接融合。

【长株潭将实现公交“一卡通”】 2015年12月29日从长沙市交通运输局了解到，长株潭三市公交“一卡通”将于2016年1月1日试运行，届时长株潭三市发行的公交IC卡均可在三市范围内乘坐公交、出租车。长沙轨道集团发行的地铁IC卡因技术和历史原因，暂不能在株洲和湘潭的公交乘车刷卡。异地乘车刷卡暂不享受刷卡当地城市的优惠折扣，票价为全价。老年人、残疾人凭卡（证）在三市范围内可免费乘车。此举是贯彻落实国务院优先发展公共交通重要部署的具体行动，将促进长株潭公共交通一体化，实现多种公共交通方式间、不同城市间公众出行一卡通用，让市民出行更加便捷。长沙公交IC卡管理中心主任李晓介绍，“一卡通”目前仅适用于长株潭三地的公交、出租车，但远期的规划并不止于此。“一卡通”在程序设置方面，为今后长株潭公共交通的发展预留了众多信息接入口，随着三市交通融城的推进，未来的“一卡通”还可以运用于地铁、城际铁路、公共自行车等公共交通领域。长株潭公交“一卡通”是在兼容三市原有IC卡技术标准基础上，通过升级改造实现互联互通。因此，系统改造任务繁重，需要支持的卡片种类繁多。试运行期间，市民如遇到公交IC卡不能异地刷卡等情况，请向公交IC卡发行单位咨询。

社会建设管理

【梅溪湖获2014年中国人居环境范例奖】 2015年1月8日，梅溪生态公园正式获批“2014年中国人居环境范例奖”。此次梅溪湖生态公园建设项目申报的主题为“生态保护及城市绿化建设”，申报范围包括4360亩桃花岭及3000亩梅溪湖。我司通过对桃花岭2.4万平方米采矿区的山体修复，对洪寺庵区域的畜禽养殖的迁移，进行专项生态环境的规划，保留生物迁徙廊道；同时广泛采用湖水利用、雨水收集利用等绿色技术，打造以梅溪湖为核心的生态公园，提高了人居环境质量和城市品位，收到良好的生态效益、社会效益和经济效益。

中国人居环境范例奖由原国家建设部于2000年设立，是全国人居环境建设领域的最高荣誉奖项，旨在鼓励和推动城市高度重视人居环境的改造与建设，在环保、生态、大气、水质、绿化、交通多方面为居民提供良好的生活和工作环境。

【洋湖生态新城获得2014年中国人居环境范例奖】 2015年2月，据国家住房和城乡建设部《关于2014年中国人居环境范例奖获奖名单的通报》（建城〔2015〕8号），洋湖生态新城建设项目获得“2014年中国人居环境范例奖”。获此荣誉的项目全国仅54个，湖南省共3个，其中洋湖生态新城是唯一一家以片区整体开发进行申报的项目。该奖项的获得，充分展示了洋湖生态新城“做两型社会标杆，建高端品质新城”的建设成就。

洋湖生态新城是长株潭城市群“两型社会”建设综合配套改革试验区长沙大河西先导区的核心起步区，规划面积13.38平方公里，涵盖城市湿地公园、总部经济区、绿色宜居区三个核心功能区。洋湖生态新城探索人与自然和谐共生，环境保护与城市建设同步发展的建设模式，以绿色理念夯实宜居城市内涵，其规划建设有机结合城市建设与产业发展，解决城市建设中存在的问题，实现区域跨越式发展、绿色发展和创新发展，以实际行动增强湖南“两型社会”建设支撑，打造成为全国“两型社会”生态宜居城市的样板区。通过积极的人工干预，对自然环境进行保护和生态修复，使自然板块重新焕发生机，重塑自然与城市和谐共生的良性发展模式，洋湖生态新城创造了宜人、舒适的居住环境。

【易炼红在芙蓉区调研经济社会发展情况】 2015年8月31日，省委常委、市委书记易炼红在芙蓉区调研经济社会发展情况时强调，要坚定不移走转型创新发展之路，保持定力，精准发力，以新作为打造新风貌。市委常委、市委宣传部部长张湘涛，市委常委、市委秘书长夏建平参加调研。

2015年以来，芙蓉区立足“建设具有国际品质和湖湘文化特色的精品之区”的战略定位，全力稳增长、调结构、促改革、惠民生，1月到8月，全区财政总收入、全社会固定资产投资和社会消费品零售总额实现两位数增长，经济社会发展稳步向好。穿城而过的浏阳河是芙蓉区发展的天然轴线，也是易炼红此行调研的一条“主线”。在浏阳河以西，核心城区正加快建设长沙芙蓉CBD，大力提升城市品质。2015年芙蓉区投入2.5亿元，对58个农安小区、老旧社区进行提质改造。车站北路社区就是其中之一，通过对小区水电、路灯管网等基础设施完善，畅通交通微循环，规范社区服务，社区面貌焕然一新，群众办事更加舒心。易炼红勉励大家扎实推进基层党建工作，不断创新工作方式方法，充分发挥党员联系服务群众的纽带作用，提升人民群众满意度和获得感。浏阳河以东的隆平新区，则成为芙蓉区推进新型工业化、新型城市化的试验田。占地160亩的苏宁云商现代产业园集成了苏宁旗下多个全球和区域总部于一体，9月将建成投产。得知企业提早将注册地转移到了园区，虽未开工却已经为园区贡献税收近亿元后，易炼红给企业负责人打气说：“时间将证明你们的选择是正确的，长沙将以一流的环境、优质的服务给予企业发展有力支持。”易炼红叮嘱随行的芙蓉区有关负责同志说，园区是转型创新发展的主阵地、主战场、主力军，要举全区之力支持园区建设，在要素保障、资源配给、干部配备等方面给予保障，实现园区和企业的良性互动、共赢发展。九曲浏阳河蜿蜒流淌，芙蓉区段两岸共有总长18公里的岸线，市区两级在此倾力打造文化旅游产业带，一个“东西合璧、水陆一体”的开放式旅游景区正在这里形成。芙蓉区在全市率先成立浏阳河产业带管委会，提出建设具有国际品质的“醉美浏阳河，神奇九道湾”。目前，产业布局规划设计经全球招标评选出前三名，正面向广大市民征求意见。“浏阳河的文化底蕴、自然风光得天独厚，必将给世人带来新的惊喜！”易炼红勉励规划建设团队，充分挖掘展示好浏阳河的历史文化底蕴，提升产业规划，打造旅游精品，做活这篇水文章，向世人展示一个可观可游的浏阳河九道湾。

调研中，易炼红充分肯定了芙蓉区2015年以来在拆违控违、产业转型升级和干部队伍建设上取得的成绩，并对芙蓉区各项工作提出四点要求：一要以转型创新为动力，培育高端产业。围绕构建以现代服务业为主导的产业体系，抓实新项目，打造新平台，培育新业态，全力推动产业转型升级，做产业高端化的引领者。二要以品质倍升为目标，打造精品城区。提升城市功能，统筹推进智慧城市、海绵城市、畅通城市、绿色城市建设。提升公共服务，加快实现教育、医疗、文化、体育、科技等领域公共服务标准化、均等化。提升管理水平，实现最严城市管理常态化。三要以民生改善为根本，提升治理水平。提升就业、住房、社会公共服务等民生保障水平；提升基层治理现代化水平，构建现代化的治理理念、治理方式、治理体系和治理机制；

保持社会大局稳定，确保不发生重特大安全事故和群体性事件，对违法犯罪行为保持高压态势。四要以班子队伍为关键，推进全面从严治党。以“三严三实”专题教育活动为契机，进一步强班子、强队伍、强作风、强能力，形成守纪律讲规矩的政治品格、敢担当善作为的良好氛围和抓落实见成效的全新局面。特别是各级领导干部要带头冲在第一线，把心思用在抓落实上，把精力花在抓落实上，把功夫下在抓落实上。

【长沙机关民警启动夜间巡逻防控】 2015 年 8 月 31 日晚，由近 400 名公安民警、辅警和 60 余台巡逻警车组成的夜巡队伍斗志昂扬、整装待发。“长沙机关民警夜间巡逻工作正式启动，巡逻队伍出发！”随着省委常委、市委书记易炼红一声令下，他们立即奔赴全市各大街小巷，开始执行夜间巡逻防控工作任务。副省长、省公安厅厅长黄关春，市委副书记、市长胡衡华，省公安厅党委副书记、常务副厅长周符波出席启动仪式。市领导钟钢、夏建平、谭杭生、唐向阳、龚振湘等出席。当晚，长沙市公安局正式启动机关民警夜间巡逻防控工作，全市公安机关局属各单位、城区各公安分局 1700 余名机关警力在夜间下沉到街面一线，加强全市城区夜间治安巡逻防控，震慑和控压违法犯罪活动。黄关春代表省政府、省公安厅向长期战斗在一线的公安民警表示慰问。他说，长沙启动机关民警夜巡工作是群众所盼和职责所系，公安机关责无旁贷；希望长沙公安机关和广大民警发扬敢于担当、敢打必胜的作风，锐意进取，为长沙安全、百姓安居、社会安定做出更大的贡献，将长沙打造成为治安高地、平安福地。副市长、市公安局局长唐向阳作动员讲话，要求所有参巡单位和民警强化履职，积极作为，发挥社会治安防范工作主力军作用，让犯罪分子无藏身之地，打造长沙治安高地。

为不断提升对社会面犯罪活动的震慑力和对社会面的控制力，进一步增强人民群众的安全感和满意度，长沙警方在 2015 年 6 月 26 日全面实施“大巡防”勤务模式的基础上，组织机关民警开展夜间巡逻防控工作，将进一步构建全天候、全覆盖、立体化治安防控体系，让警力跟着警情走，确保“猫鼠同步”、精准出击，实现“网格布警、武装巡逻、动中备勤、快速反应、高效处置”的工作目标。据介绍，机关民警夜间治安巡逻防控时间为每晚 8 时至次日凌晨 5 时，巡逻区域为中心城区主要道路、街巷组成的 29 个巡区，巡逻模式包括车巡和步巡；所有巡逻警组将全部配备 77 式手枪或 79 式微型冲锋枪等武器，每名巡逻民警配备手铐、警棍、强光手电、喷雾剂等单警装备。主要职责是治安管控，即严格街面管控，预防和制止各类违法犯罪行为，同时还要承担应急处突、警情处置、安全检查、纠纷调解等工作任务。2015 年以来，长沙公安机关全力深化公安改革创新，带动业务工作和队伍建设蓬勃发展，全市社会治安呈现出刑事治安案件总量、八类恶性案件、多发性侵财案件、消防事故起数、交通事故死亡数等八项主要数据全面下降的良好态势。据统计，2015 年 1—7 月份，全市公安机关刑事案件立案数同比下降 13.7%，其中八类恶性案件同比下降 36.1%，侵财犯罪案件同比下降 15.4%。

【住房和城乡建设部副部长王宁一行巡查长沙保障性安居工程】 2015 年 9 月 1 日，住房和城乡建设部副部长王宁来长巡查保障性安居工程，调研棚改工作。省政府副秘书长张值恒、省住建厅厅长蒋益民、副市长黎春秋陪同。2015 年，湖南省下达长沙保障性安居工程建设任务 37318 套，其中公共租赁住房建设 18009 套，棚户区改造 19309 户。截至 8 月 28 日，全市保障性安居工程项目共开工建设 38610 套。

【长沙城区新增或更新 67 个“电子警察”和监控路口】 2015 年 9 月 2 日，根据道路通行情况和管理需求，长沙公安交警部门公布了在花侯路与劳动路交叉路口等 67 个路口设置的“电子警察”和电子监控抓拍设备，将启动对重点路口路段交通监控及交通违法抓拍，确保道路交通安全、畅通、有序。

目前，“电子警察”已遍布全市各主要路口路段，数量近 200 个。据介绍，“电子警察”只是针对一个固定位置的某种特定违法行为进行拍照，属于非现场执法的形式，比如设置在路段上的大多拍摄的是超速情况，路口的则以闯红灯居多。此外，新增的“电子警察”都是高清设备，不但能抓拍交通违法行为，还能通过监控分析获取车流量等交通参数。与传统的监控设施相比，新的“电子警察”还能根据环境条件的变化进行自动适应设置，保证全天候情况下被抓拍车牌、车身痕迹的高清晰度，不仅可以对车辆违法行为的瞬间进行抓拍，还可以录存违法车辆信息。

【长沙推进投资项目在线审批监管平台建设】 2015 年 9 月 6 日，长沙市投资项目在线审批监管平台建设工作会议召开。会议要求，2015 年年底前，长沙市将实现平台上线运行，并与湖南省、国家平台对接，实现“纵向贯通”。这是长沙推进行政审批制度改革的又一重大举措。市委常委、常务副市长陈泽珲出席会议并讲话。

9 月 2 日，省政府召开会议，重点对我省投资项目在线审批监管平台建设进行专题部署，要求全省三级平台统一开发，初步实现“在线审批、并联审批、网上监管”，确保平台在 12 月底前上线运行。目前，长沙与项目建设审批相关部门的审批事项、办理要件和部门流程已清理完毕，并按照国家和省电子政务外网建设技术标准，实现了上联国家和省外网平台、横联 164 家市直部门、下联各区县市、乡镇（街道）的要求。

陈泽珲指出，建设投资项目在线审批监管平台，是新常态下推进简政放权、转变政府职能的重要载体，是改革所需、大势所趋、民心所向，既可以有效提升行政办事效率，又能推进网上受理、办理、监管“一条龙”服务，使权力运行处处“留痕”，让权力在互联网的阳光下运行。他要求，各级各部门务必高度统一思想认识，牢牢抓住关键环节，切实强化责任担当。当务之急必须集中精力和时间，重点抓好审批事项梳理、审批清单编制、信息共享联动、平台对接贯通四个关键环节，确保投资业务和审批监管全覆盖。他强调，在线审批监管平台建设事关重大、牵涉全局，必须责任上肩、紧扣节点、统筹督办，要包干负责、配合联动、倒排工期，确保按时按质完成任务，共同为长沙行政审批制度改革做出新贡献。

【长沙将推进夜巡工作常态化】 2015 年 9 月 7 日，副市长、市公安局局长唐向阳全副武装走上街头，带领民警开展夜间巡逻，先后采用车巡、步巡等方式，在开福区部分街面门店、小区、医院进行巡逻防控。唐向阳要求，要推进夜巡工作常态化，提升人民群众的安全感。9月7日晚8时许，7辆警车从开福区公安分局出发，每辆车上坐有4位民警，配备有手枪、微型冲锋枪等武器。出发后，这些警车分别前往各个区域。唐向阳所在的巡逻警组依次对东风路、芙蓉路、五一大道等部分路段进行了巡逻，并未发现异常状况。约半小时后，他们到达五一广场，针对该区域人员较多、流动性强的特点，他们下车对周边路段、门店进行仔细巡查。“我们这边各种安保措施做得比较严格。”一家珠宝店的保安负责人介绍，整个店内的橱窗玻璃都是防爆玻璃，多个位置装有报警装置，24小时都有多名保安看守。随后，这个警组对湘江中路某小区以及中南大学湘雅医院进行了巡逻。小区业委会的负责人介绍，社区民警平时在小区内巡逻得比较频繁，2014年开始，小区还增加了10多名保安，摄像头增加到了180多个，入室盗窃的事情很少发生了。

【长沙城区9月14日起限货范围再扩大】 2015年9月14日起，长沙城区限货区域进一步扩大。交警部门提醒货车驾驶人严格按照货车限行规定通行，不要抱侥幸心理闯禁行驶或伪造、使用伪造的货车禁区通行证。为了给相关货车驾驶人一个适应和缓冲，在扩大限货范围正式实施一个月内，对违反规定的驾驶人作警告教育放行。一个月后，将采取电子警察抓拍、上路查处等措施，严格依法处罚，请广大货车驾驶人自觉遵守。对于货车闯禁的交通违法行为，将处以罚款100元、记3分，累计记满12分以后，驾驶员要学习并接受相关处罚。对使用假证者，除了罚款100元、记3分外，交警部门还会将其使用假证的行为记录在案，列入办理禁区通行证的“黑名单”。如运送绿色蔬菜、鲜活产品、生活必需物资类货车和专项作业车确有需要在禁行时间、禁行区域及道路上通行的，应该到长沙市公安局交警支队办理通行手续并持证通行。交警部门也将按照调整的城区部分区域道路限制货运车辆通行范围，完善相关标识标牌。

最新限货措施：一、全天24小时禁止载货汽车、专项作业车、人力三轮车、人力车（俗称板车）在五一大道、湘江橘子洲大桥、银盆岭大桥、营盘路隧道、南湖路隧道、湘江路浏阳河隧道、营盘路年嘉湖隧道通行。二、每日7时至22时，禁止载货汽车、专项作业车、人力三轮车、人力车在以下区域内的道路、桥梁、隧道通行：1.西二环的罗家嘴立交桥至汽车西站立交桥路段、枫林路、麓谷大道、桐梓坡路、西二环的桐梓坡路至金星路路段、北二环的金星路至芙蓉路路段、芙蓉路、福元路、东二环、栖凤路、浏阳河大道、人民路、万家丽路、湘府路、韶山路、南二环的桂园立交至罗家嘴立交桥路段围合区域（除麓谷大道、桐梓坡路、西二环、北二环、浏阳河大道、人民路外，其他均含边界道路；区域内长沙大道的东二环至万家丽路路段南北辅道除外）。2.宜春路的新姚路至雀园路、芙蓉南路的新中路立交桥至中意路路段、湘府路的新开铺路至韶山路路段、迎新路的万芙路至韶山路路段、大塘路的迎新路至湘府路路段、万家丽路的湘府路至时代阳光大道路段、万家丽路的浏阳河大道至特立路路段、香樟路的万家丽路至新花侯路路段、新花侯路的火焰路至湘府路路段、长沙大道的东二环至京港澳高速主道路段、三一大道的四方坪立交桥至开元互通路段、营盘路浏阳河大桥、远大路浏阳河大桥。三、每日7时至22时，禁止中型、重型载货汽车在以下区域内的道路、桥梁、隧道通行：1.新开铺路、湘府路、湘江大道、南二环的猴子石大桥至桂园立交路段、韶山路、湘府路、万家丽路、人民路、浏阳河大道、营盘路、京港澳高速的营盘路至火焰路路段、火焰路、新花侯路、机场高速、浏阳河、湘府路、京港澳高速湘府路至绕城高速路段、绕城高速的李家塘收费站至大托互通路段围合区域（除新开铺路、京港澳高速、机场高速、绕城高速外，其他均含边界道路；区域内雀园路除外）。2.枫林路、麓谷大道（临水路）、梅溪湖路（北）、西二环围合区域（除梅溪湖路（北）外，其他均含边界道路）。3.麓谷大道的枫林路至桐梓坡路路段、西二环的罗家嘴立交桥至金星路路段、北二环的金星路至中岭立交桥路段、东二环的中岭立交桥至福元路路段、福元路东二环至锦绣路路段、浏阳河大道的东二环至营盘路路段、人民路的京港澳高速至星沙大道（红旗路）路段、远大路的京港澳高速至星沙大道（红旗路）路段、高家坡路的京港澳高速至星沙大道（红旗路）路段、长沙大道的东二环至星沙大道（红旗路）路段南北辅道、芙蓉路的青竹湖大道至秀峰立交桥路段、湘江大道的青竹湖大道至三叉矶大桥路段。全天禁止低速货车、三轮汽车、拖拉机在上述区域内的道路（含边界道路）上通行。四、每日7时至22时，禁止外籍载货汽车在以下区域内的道路、桥梁、隧道通行：绕城高速、新开铺路、环保大道、京港澳高速的环保大道至湘府路路段、湘府路、浏阳河、京港澳高速浏阳河至绕城高速路段围合区域（不含边界道路及京港澳高速、机场高速、绕城高速区域内路段）。

【长沙拆违控违攻坚战硕果累累】 截至2015年9月6日，长沙共拆除违法建设930万平方米，任务完成率为89.3%。随着大量违法建筑被拆除，时下，长沙城市发展空间得到伸展，产业转型升级加速，社会环境得到净化，长沙城市品质不断提升。为贯彻落实省委、省政府对长沙城市规划建设管理提出的“高起点规划、高融合发展、高品位建设、高水平管理、高效率运行”的“五高”新要求，2015年3月25日，以“一年内基本拆除、两年基本清零”为目标，长沙启动了“史上最大规模拆违控违行动”。

顶层设计。一月一调度纵深推进。要确保全市拆违控违“攻坚战”的胜利，坚强的组织保障必不可少。自行动开始以来，全市即成立了由市委书记、市长亲自挂帅的市拆违控违工作领导小组，下设办公室、政策法规、规划、资金调度、仓储建设协调等9个工作组，坚持一月一调度，协调统筹推进拆违控违工作。全市各区作为责任主体，则把任务细分到每一个大小片区，将拆违控违工作向纵深推进。同时，城管、国土、规划、财政、商务、宣传等主要部门在拆违控违工作中职责明确，加强联动，形成了强大的拆违控违合力。6月，44个市直相关部门抽调181名机关干部奔赴拆违一线，通过47个日夜的共同努力，协助完成高铁新城片区105万平方米的拆违任务。

打铁还需自身硬。要取得违建群众的理解和支持，党员干部理应率先垂范。4月，“零违建”报告制度全面实施，要求市、区机关事业单位、街道（乡镇）、社区（村）、国有企业等党员干部及职工如实自查违建情况，限期自行拆除。

依法依规，“一处一档”程序到位。依法认定、拍照存档……按照“拆违必合法、凡事要有据、程序要到位”的要求，长沙规范拆违程序，违法建筑做到一处一档。城管、国土、规划、住建、法制等部门联合行动，落实违法建设的权属确认、集中丈量、张榜公示、拆除处置等工作。对无法确定当事人的违法建筑，则坚持在媒体公示10日后再按法定程序拆除。

违建仓库拆除后，租约纠纷也是拆违过程中常见的问题。2015年4月，长沙首个被征地农民专属法律维权工作室在雨花区黎托、东山街道成立，由政府购买服务，律师在帮助农民依法理性维权的同时监督政府依法行政。拆违控违“法”字当头，但违建户的生活困难拆违一线干部也看在眼里、记在心上。据统计，各区在拆违控违行动中，共帮助解决违建困难户就业928户、小孩入学793户、住房困难733户、生活保障3988户。而对部分设置在违建仓库中的仓储物流企业，市区两级抽调专人组成对接帮扶组，主动组织仓储物流企业供需对接会，为其联系仓库腾退货物。

四增两减，“惠民政策”增进民生福祉。9月9日下午3时，在人民东路边的一处空地上，几名工人正在抓紧铺设草皮。不久前，这里还是一片灰暗的违建仓库群。而五分钟车程以外，一座崭新的足球场已现雏形。在高铁新城打造现代服务业聚集区、在朝正垸新建城市公园、浏阳河北岸滨江地带打造创意产业……在不少拆违腾挪出的土地上，高端产业正在布局。据悉，在拆违控违强力推进过程中，全市已同步启动项目建设280个，推动产业转型升级发展。据悉，在拆违控违行动中，长沙全面落实增加公共绿地、公共空间、基础设施、道路密度；减少中心城区的人口、减少建筑密度的“四增两减”政策，在拆违腾出的土地上规划绿地、公园、停车场等公共设施。2015年，全市共投入资金7.89亿元，在拆违腾出的土地上新、扩建学校26所、医院9所，新建停车位11186个。

【长沙启动“互联网+”公积金战略】 登录手机APP就能自助办理公积金缴存、提取、贷款、查询业务，公积金账户异动将有短信提醒，足不出户就可实现公积金提取到账……9月10日上午，长沙住房公积金管理中心与长沙银行举行新一代住房公积金管理信息系统（软件）项目签约仪式，此举标志着长沙住房公积金管理中心“互联网+”公积金战略正式启动。2015年年底新系统中的手机APP、网上服务厅个人版等将陆续上线运行。省住建厅副厅长宁艳芳，市委常委、常务副市长陈泽珲出席了签约仪式。

便捷服务。退休提取公积金，将可实时到账。9月10日签约仪式上，长沙住房公积金管理中心党组书记、主任彭欢首和长沙银行行长赵小中签署了长沙住房公积金新一代管理信息系统（软件）建设合作协议。到2015年年底，退休、离职提取公积金的情况，可以坐在家里通过网上服务大厅个人版或打开手机APP操作，而且可以实现即刻申请，实时到账。

“依托互联网，不用再通过那么多的资料来证明‘你是你’。以退休提取为例，以往需要持身份证、退休证到单位去填提取申请表并盖章，再到公积金服务大厅办理，而依托全新的系统，只要将退休人员身份证在机器上一扫，符合条件的退休公积金提取即刻可到账。”长沙住房公积金管理中心副主任梁敏说，这意味着以前需要几个工作日办理的业务现在可缩减至几个小时，甚至几分钟、几秒钟就能完成。

新一代管理信息系统将建立互联网综合服务平台，依托微信、微博、移动APP、12329、银行自助终端等渠道，对以往的住房公积金缴存、提取、贷款、查询等传统业务进行流程再造，简化审批程序，升级客户体验。长沙银行公司业务部副总经理李柏君表示，新系统开发建设历时4个月，在2015年年底前市民有望率先体验到全新的公积金缴存、提取、贷款、查询等便捷服务。

资金安全。12329可短信提醒账户异动。2015年年初，长沙住房公积金网上服务大厅单位版已完成，单位专管员只需要在开户时来服务大厅办理相关开户手续，其余的缴存、变更等所有住房公积金业务都可以在电脑端一键办理。这不仅大大减少了柜台工作人员的工作压力，更方便了缴存单位，减少来回奔波和排队之苦。目前，已有约2800个缴存单位注册登记，约60%的业务已可通过该网上服务大厅完成。

长沙住房公积金微信公众号定期发布相关法规、办事指南等公共服务信息，市民只要在微信公众号中搜索“长沙住房公积金”，即可点击关注。将来，缴存职工输入个人身份信息后还可查询、缴存、提取以及查询还贷明细、贷款进度等。另外，长沙住房公积金官方微博、12329热线、短信等平台也都已推出，可实现信息发布、查询等功能。到2015年底，长沙住房公积金的手机APP和网上服务大厅个人版将陆续上线，届时市民输入个人账号和密码，通过手机验证后即可登录公积金中心系统，办理缴存、提取、贷款的预审预约等业务，还可实现退休、离职等简单类型提取的直接申请和支付。12329短信平台则可对公积金账户异动进行短信提醒，进一步保障资金安全。

湘鄂赣所有城市实现公积金互认。9月，湖南、湖北、江西三省住建厅签订《长江中游城市群住房和城乡建设合作协议》。根据协议，在目前长沙、武汉、南昌3个省会城市实现住房公积金互认互贷的基础上，进一步扩展至三省份的所有城市，实现跨省异地贷款。长沙住房公积金管理中心和湖南省直单位住房公积金管理中心工作人员均表示，相关实施细则正在协商制定之中。据介绍，三省所有城市公积金互认互贷后，缴存职工的住房公积金将可实现异地转移互认，职工工作调动后住房公积金可跟随至现工作地，缴存的年限、金额可以累计使用。职工异地购房时，可提取住房公积金。职工在办理住房公积金异地贷款时，只需凭缴存地住房公积金管理中心出具的相关信息证明，就可按照购房地的贷款政策办理住房公积金贷款。

【长沙市城市管理示范社区创建观摩交流会召开】 2015年9月，长沙市城市管理示范社区创建观摩交流会在浏阳市召开。浏阳在城区天马大桥下设立淮川夜宵摊担市场，让原本零散的夜宵摊担免费入驻集中规范经营，变“堵”为“疏”的创新管理模式让人连连称赞。

此前，在浏阳城区的嗣同路、车站路、北正北路、天马路等多个地段，零散分布着不少路边流动夜宵摊点。占道经营、堵塞交通、乱丢垃圾、噪音扰民……不少市民频频投诉称市容市貌及正常生活受到影响。浏阳决定变“堵”为“疏”，由政府出资建设一个夜宵市场集中规范经营，并最终决定将天马桥下一个离居民区较远、通风条件良好的停车场改造为夜宵市场。

天马大桥下，围墙、铁栅门将夜宵摊担市场与街道相隔离。走进市场，只见坐凳、桌子、摊位台，整齐划一。据介绍，夜宵市场面积达2000余平方米，有51个摊位，90多张餐桌，700个座位。市场内摊位经营权是通过摊贩们公开报名，再按照优先残疾人、下岗职工及长期从事夜宵行业人员的原则筛选确定的，以保障公平公正。“150多人报名，最终51名摊贩入驻。”浏阳市城管局负责人介绍。目前，浏阳城区已基本没有流动夜宵摊担、基本看不见店外经营、基本看不见违规破旧广告，城市品位有效提升。

【长沙首届两型社会建设摄影作品展启动】 2015年10月28日，长沙市首届两型社会建设摄影作品展开展，优秀作品分为“品质长沙、绿色产业、两型生活”三个篇章，在市政府一办公楼大厅免费对外展出15天。7年来，两型社会建设已经成为长沙实现科学发展的强劲引擎、吸引生产要素的重要平台、推进改革创新的有效载体、展现城市形象的亮丽名片。市两型办主任彭鉴西说：“市委、市政府于2013年提出‘率先建成两型引领之市’的战略目标，鼓舞和鞭策全市人民积极投身两型改革试验。经过攻坚探索和不懈努力，长沙的两型梦想渐成现实，在很多方面走在了全国前列，为摄影爱好者创作提供了丰富的素材。”市两型办与长沙晚报社合作举办长沙市首届两型社会建设摄影大赛，共收到摄影作品8000余幅（组）。经过专家评审，《畅享两型品质星城》等71幅（组）作品分获各奖项。

【长沙机动车破200万辆大关】 2015年10月，长沙机动车保有量已突破200万辆大关，其中有近120万辆机动车在长沙市区。大大超过南昌、贵阳、南宁等周边省会城市，直追2015年8月中旬突破200万辆的武汉。长沙公安交警部门表示，将在认真推行刚实施的“创新管理十大便民服务措施”的同时，继续牵头强力推进城市交通疏堵治乱，力争实现城区主干道交通提速5公里的工作目标。

机动车保有量已两次百万级跨越。长沙交警部门的统计数据显示：2011年3月7日，长沙市机动车保有量突破100万辆；2015年10月，长沙市机动车保有量突破200万辆。其中，在市区日常运行的机动车实际保有量将近120万辆。2005年，长沙的机动车保有量是43万辆（其中汽车20万辆，摩托车23万辆）。从2005年到2011年突破百万，六年时间增长了70万辆，平均每年增长11万辆。从2011年底到2015年10月突破200万辆，三年10个月时间增长86万辆，每年增长21万辆，而且主要是汽车在增长（摩托车只增长了4万辆，汽车增长了82万辆）。2011年底长沙市机动车总量114万辆，其中，汽车类80万辆，摩托车34万辆。2012年底，机动车保有量140万辆；2013年底159万辆；2014年底达181万辆；目前的机动车保有量是200万辆，其中，汽车类162万辆，摩托车38万辆。

近120万辆机动车在长沙市区。与此同时，城市道路交通供需矛盾日益尖锐、交通管理难度陡增等现实问题扑面而来。因山水洲城的地理格局影响，南北狭长而东西向被湘江、浏阳河、岳麓山等天然屏障隔断，京广铁路、京港澳高速等重要交通干线穿城而过。“这种地理结构，导致长沙城区形成切断面多，‘断头’路、‘瓶颈’路多，支路少，通达性差的特有交通格局。”市公安局副局长、交警支队支队长徐波跃说，目前长沙的机动车保有量已直追武汉等特大型城市，而武汉的城区建成区面积是长沙城区面积的将近3倍；与全国甚至周边省会相比，长沙的机动车保有量也大大超过南昌、贵阳、南宁等，“其中，贵阳在2011年突破60万辆的时候，长沙已经突破100万辆；2014年底，南昌的机动车保有量仅超过64万辆。”“机动车的迅猛增长，一方面说明长沙的社会经济发展势头良好，老百姓手里有钱了。另一方面也说明长沙市道路交通面临的压力日益增大。”徐波跃认为。

力争城区主干道交通提速5公里。“2014年，长沙市成立城市道路交通领导小组，兼顾规划、建设与管理三大职能。”市公安局副局长、交警支队支队长徐波跃介绍，领导小组在城区‘断头’路、‘瓶颈’路改造，城市快速干道规划建设，公共社会停车场建设与整改，社区微循环及学校周边交通优化，强力推进中心城区市场外迁，人行立体过街设施建设及科技信息化与城市智能交通建设等方面实行定期调度。此外，交警部门牵头强力推进城市交通疏堵治乱。“目前，城区交通流量持续高位运行，早晚高峰主要道路基本饱和，突出的交通乱象仍时有反弹。”市公安局交警支队处罚教育科科长任培罗说。2015年8月，长沙交警以四大乱象为重点，严厉查处八类突出交通违法行为，严密监管“两客一危”等重点车辆，重点疏通主要交通拥堵节点，大力净化枢纽站点、商业网点等区域的交通秩序，开展交通疏堵治乱“百日攻坚”行动，力争实现城区主干道交通提速5公里的工作目标。

【长沙连续八年获评中国最具幸福感城市】 2015年10月31日是第二个“世界城市日”，“2015中国最具幸福感城市”系列榜单当日在北京发布，长沙连续八年获评“中国最具幸福感城市”。副市长何寄华出席相关活动。“中国最具幸福感城市”调查推选活动由新华社《瞭望东方周刊》联合中国市长协会《中国城市发展报告》共同主办，迄今已连续举办9年，是目前中国最具影响力和公信力的城市调查推选活动。本届推选活动组委会广泛吸取国内外专家学者意见，制定了“中国城市幸福感、小康社会建设评价体系”，涵盖教育、医疗卫生、物价、生活环境、社会安全、公共服务、文化生活七大类共42个指标，并首次使用大数据采集的调查方式。当日举行的发布会宣布了十座“中国最具幸福感城市”名单，与长沙一同荣获“2015中国最具幸福感城市”荣誉称号的城市还有成都、宁波、杭州、南京、西安、长春、苏州、上海、北京。值得一提的是，为推选一批在全面建成小康社会进程中有突出贡献的幸福城市典范，本届推选活动与“小康社会建设示范城市”评价活动同时进行。包括长沙在内，南京、成都、西安、杭州、宁波、长春、上海、北京和苏州十座城市荣获“2015 中国小康社会建设示范奖”。“一个具有幸福感的城市，一定是以人为本，坚持民生优先的执政理念，拥有优美的城乡品质、优良的政务环境和优质的公共服务，让百姓有归属感、舒适感和获得感。”在发布会的“幸福城市主题论坛”环节中，何寄华阐述了对于“幸福感城市”的理解，并介绍了长沙在传承与保护历史文化、构建公共文化服务体系等方面的举措。他表示，下一步，长沙将紧扣建设具有国际品质和湖湘文化标识的现代化大都市目标，强力推进，让生活在这里的百姓感到长沙每天都在悄然发生令人满意的变化，让城市真正宜居宜业、精致精美、人见人爱。“累计有 8000 多万人次参与了本届推选活动的公众调查、抽样调查和大数据采集，此次评选的结果可以说是民意的体现。”新华社《瞭望东方周刊》常务副总编辑赵悦说，长沙有山水洲城的优美环境，长沙人有勇于创新、敢为天下先的精神，近几年长沙发展迅速，在交通、教育、医疗等方面为市民提供了更便利的服务，这些都是长沙能连续 8 年获评“最具幸福感城市”的原因。

【长沙将提前三年率先全省实现省定贫困村摘帽】 摘穷帽挖穷根，全民致富奔小康。率先打赢扶贫开发攻坚战，率先建成全面小康，加快实现基本现代化，为此，长沙市委、市政府已出台《关于大力推进精准扶贫的实施方案（2015—2017 年）》，确定了长沙市精准扶贫的工作目标和重点：一是着力消除绝对贫困现象，加大对绝对贫困人口基本生活的保障力度，推动精准扶贫和最低生活保障制度有效衔接；二是着力提升脱贫致富能力，大力发展特色生态产业，推进“一村一品”建设，支持有条件的贫困村发展乡村生态旅游，大力促进贫困人口就业；三是着力防止贫困代际传递，加大农村教育扶贫力度，大力推动义务教育资源向贫困地区倾斜。加强农村医疗服务体系建设，推动医疗卫生和计生服务资源向农村地区倾斜。加大大病救助力度，逐年提高报销范围、比例和补助水平，努力减少因病致贫、因病返贫现象；四是着力改善生产生活条件，全力实施贫困地区农田保收增效、农村公路联网、农村电网升级、农村生态保护基础、农村文化提升五大基础设施改造工程；五是着力推进异地搬迁扶贫。把开展异地搬迁作为精准扶贫的重要途径，以 15 个小城市、中心镇、特色镇建设试点镇为主要载体，对不具备生存发展条件、就地脱贫成本高、难度大的贫困村和贫困户，全力实施异地搬迁。

连线长沙，实施“四个一批”，建立精准脱贫机制。全面消除绝对贫困现象，加大对相对贫困的扶助力度，防止贫困代际传递，确保 2015 年到 2017 年，长沙每年减贫建档立卡贫困人口 5 万人以上，提前三年率先全省实现省定贫困村“摘帽”、建档立卡贫困户“清零”。

建立精准脱贫机制，制定科学的脱贫标准体系，以 2017 年省定贫困村人均可支配收入 10000 元、建档立卡贫困户人均可支配收入 4000 元为绝对贫困脱贫标准。因地制宜研究实施“四个一批”的扶贫攻坚行动计划，即通过扶持生产和就业发展一批，通过移民搬迁安置一批，通过低保政策兜底一批，通过医疗救助扶持一批，确保如期完成脱贫目标。对当年评估达到脱贫标准的贫困村和贫困户列入脱贫观察范围，对连续两年达到脱贫标准的实施退出。建立脱贫激励机制，对提前实现脱贫的省定贫困村和建档立卡贫困户，到 2017 年保持原有扶助政策不变，并适当给予奖励。推动绝对贫困与相对贫困对象管理和扶助措施相互衔接，做好脱贫人口的跟踪服务。

【2015 年长沙市“城市管理示范街道”揭晓】 2015 年 11 月 29 日，从市城管执法局获悉，从 12 月 30 日起，2015 年全市“城市管理示范街道”将开始进行全面验收评分，最终结果预计将于 12 月中旬公布。2015 年 6 月，芙蓉区文艺路街道等 19 个街道经过推荐被纳入“城市管理示范街道”创建候选名单，加上后来新增的坡子街街道和参与复查的两个 2014 年示范街道，2015 年全市计划从 22 个候选街道中评选出 10 个 2015 年“城市管理示范街道”。“评选出的示范街道必须总分达标，否则‘宁缺毋滥’。”市城管局相关负责人说。在拟创街道雨花区砂子塘街道，建立起一支多达千人的“城管义工”队伍。唐忠华老人是砂子塘街道茶园坡社区居民，现在他也成为这支队伍的一员。尽管是执法“编外军”，但他们这些老邻居劝导乱摆摊、乱占道违规行为有时比城管执法人员和社区干部还管用。街道门店多、开放社区多，专业力量不足，居民参与是基层社区城市管理的重要主体之一。通过 2014 年老旧社区提质改造和 2015 年争创示范街道，老旧社区“软硬件”都焕发了新活力。据悉，验收中市区两级城管部门将对全市 2015 年度拟创示范街道和 2014 年复查街道随机抽检，实地查看环境卫生、市容秩序、设施完整、便民利民情况。此外，考评还将进行民意测评和交叉查阅资料。2015 年是长沙“城市管理示范街道”的全面创建阶段。计划到 2017 年，长沙将分步骤在内五区和高新区 78 个街道（乡镇）开展示范创建工作。

【宁乡入选全国生态文明先行示范区】 2015 年 12 月 14 日从宁乡县政府获悉，在国家发展改革委等 6 部门近日公示的全国第二批生态文明先行示范区建设的 45 个地区里，宁乡县榜上有名，同时，也是此批生态文明先行示范区中唯一入选的县级行政单位。作为长沙市的生态屏障，也是长株潭“两型社会”综合配套改革试验区和湘江新区的重要组成部分，宁乡县林地面积 13.08 万公顷，森林覆盖绿 48.57%，拥有 10 个国家级环境优美乡镇和 5 个国家级生态村，并先后获评“国家卫生县城”“全国绿化先进县”。2015 年 6 月，在国家发展改革委等部门联合下发《关于请组织申报第二批生态文明先行示范区的通知》背景下，《宁乡县生态文明先行示范区建设方案》顺势出炉。方案中明确了创建生态文明先行示范区“155”总体思路，即建设“生态强县”一个目标；创建国土空间布局功能优化、工业转型创新与资源循环利用、互联网与现代农业融合发展、全民参与的美丽乡村、区域经济与生态文明协同发展的五个先行示范区；构建城镇“一主七辅、三轴三带、五大板块”、农业“一区一园五走廊”、工业“一带三区，一廊一基地”、城乡一体服务业“一区、一中心、三基地”、生态“一廊、二脉、三区、四带、五湖”的五大空间开发格局。

体制机制创新

【长沙为跨境电子商务出口全国第七个试点城市】 2015年1月21日，随着长沙海关测试组关员启动分拣线实施监管，由湖南卓志供应链服务有限公司出口至意大利的抱枕等包裹顺利完成跨境贸易电子商务出口货物上线测试，成为长沙顺利完成跨境贸易电子商务出口货物上线测试第一单。此举标志着跨境电商通关平台开始在长沙投用，也标志着长沙市跨境贸易电子商务服务试点工作迈出实质性步伐。测试首日，长沙海关共测试并验放跨境贸易电子商务出口货物清单50单，一批抱枕、卫生纸等商品发往意大利、美国、加拿大、新加坡等地。电商出口包裹逐一"验身"，分拣线设置在长沙金霞跨境贸易电子商务监管中心。在中心现场，记者看到，随着分拣线实施监管启动，发货暂存区专业包装的出口包裹被工作人员送上分拣线，接受关员的一一扫描核验，随后顺着分拣线的传动装置，随即进入海关快件在线检查系统，接受系统的自动检测"验身"。在关员的现场监管下，确认无问题的包裹顺利通过分拣线实现通关，对发现存在疑点的问题包裹，则顺着另一条传动装置分拣送进监管室，接受关员的现场人工检查。关员告诉记者，如毒品等违禁品，或者登记信息与检测情况不一致的，在分拣线就会作为有疑点的问题包裹分拣下来，接受人工查验。而顺利通关后的包裹，在分拣线的另一端被整理送上车，转运至黄花国际机场，在海关的监管下，送达国外买家。电商可得出口退税实惠。2014年1月，经海关总署批准，长沙市被列为跨境电子商务出口试点城市，成为全国第二批、第七个试点城市。

此次长沙顺利完成跨境贸易电子商务出口货物上线测试，带来的变化和意义在哪？作为长沙"第一单"的跨境电商，湖南卓志供应链服务有限公司副总裁于崇刚告诉记者，以往，这些商品通过快递或邮寄的方式出口，现在则通过跨境贸易电子商务出口通道，不仅减少大量中间环节提高效率和速度，最直接的好处是电商可以凭增值税发票和报关单办理退税，而快递和邮寄则没有。

【湖南湘江新区新型城镇化发展将获450亿融资】 2015年7月30日，湖南湘江新区管委会与建行湖南省分行成功举行新型城镇化发展备忘录签约仪式。长沙市人民政府党组成员、湘江新区党工委委员、管委会副主任凌勤杰致辞并表示："下一步，湘江新区将大力推进区域金融中心建设和综合金融试点改革，积极搭建金融合作平台，畅通银企对接渠道，营造良好的信用环境和金融生态环境，合作备忘录签订后，我们双方将积极开展交流对接、细化合作方案、共同推进工作、确保合作实效。"中国建设银行湖南省分行党委书记、行长刘力耕表示："建行有实力、有信心服务好湖南湘江新区的经济社会发展，未来将充分依托自身大银行和传统业务的优势，加快转型创新，强化综合服务能力，为促进湖南湘江新区产业经济全面发展做出更多的努力。"

根据备忘录，签约双方将本着互利互惠、合作共赢的原则，建立紧密、稳定的政银合作关系，重点在城市基础设施、健康医疗、文化旅游、生态修复等新型城镇化重点产业项目开展合作，未来三年内将通过贷款、投资基金、集团子公司金融产品或其他理财等方式，合作金额不低于450亿元；同时，双方还将在资金管理、外汇业务、投资银行、国际融资、职业年金及其他综合类服务等领域开展全面的合作。

湖南湘江新区管委会与湖南建行共推新型城镇化，开展全方位合作，加快湘江新区基础设施项目的建设，符合《湖南省推进新型城城镇化实施纲要（2014—2020年）》的导向要求，有利于《湖南湘江新区总体方案》的加快实施，为湘江新区经济社会实现持续、快速、健康的发展的奠定了良好的基础。

【长沙市政府与中国电子信息产业集团在北京签订战略合作协议】 2015年7月19日，长沙市政府与中国电子信息产业集团在北京签订战略合作框架协议，双方将深入开展智能制造产业合作，共建智能制造研究院。中国电子信息产业集团董事长芮晓武，市委副书记、市长胡衡华出席。市委常委、副市长张迎春与中国电子信息产业集团副总经理杨军作为代表签署协议。长沙高新区管委会主任李晓宏、市政府秘书长谭勇参加签约仪式。长沙市政府与中国电子信息产业集团（以下简称中国电子）的合作始于2008年，双方合作共建的长沙中电软件园，为长沙电子信息产业特别是移动互联网、军民融合、智能制造产业的聚集发展提供了良好的产业发展平台。中国电子依托信息安全产业发展战略，强化在长沙的产业部署，在金融信息安全、医疗信息安全、光纤水下信息安全、军用自主可控整机方面加大投资与战略合作，进一步推动长沙军民融合发展，为双方合作共建长沙信息安全产业基地奠定坚实基础。

【长沙经开区"飞地工业"加速】 2015年8月，长沙经开区汨罗产业园"135"标准化厂房工程启动建设，这一项目占地266亩，规划建筑面积30万平方米，全面竣工后，可入驻企业50多家。长沙经开区汨罗产业园，位于汨罗市弼时镇，是湖南首个实施建设的"飞地工业园"，由长沙经开区与汨罗市合作共建，实行公司化运作模式，园区初步规划控制性面积为15至20平方公里，其中第一期开发3平方公里。"飞地工业"是指打破行政区划限制，以产业园区为主要载体，在异地建设工业项目，双方合作开发，共享园区的税收、GDP等，此举可让欠发达地区共享工业化带来的收益，在不破坏生态环境的前提下加快发展，实现资源互补和差异发展的模式。长沙经开区汨罗产业园"135"标准化厂房的建设，标志着这一飞地工业园的发展步入快车道。

【长沙发布气象灾害防御规划草案并公开征求意见】 2015年10月19日，从长沙市发改委获悉，《长沙市气象灾害防御规划（2015—2020年）（草案）》（以下简称《规划》）已于近日出台，并正面向社会征求意见。《规划》提出，未来5年，长沙将着力完善气象灾害防御业务服务体系和气象灾害风险评估体系，并重点构建气象灾害综合防御体系和气象灾害应急救援体系。《规划》明确，到2020年，长沙将建成完善的气象灾害防御工作机制和气象灾害监测预警及信息发布系统；气象灾害监测预报预警能力进一步提升，预警信息发布时效性进一步提高，突发气象灾害的临近预警信息至少提前20～30分钟发布，气象灾害预警信息的公众覆盖率达到95%以上，基本消除预警信息发布“盲区”。同时，市民关心的天气预报有效可用时间将延长到10天；雷电防护能力得到加强；城市内涝气象灾害预警信息至少提前半小时发布。

【长沙“绿色城市建设”方案出台】 2015年11月10日，从市园林局了解到，2016年，长沙市在2015年第二轮造绿行动基础上，将继续推进城市公园和立体绿化等建设，完成新增绿地600公顷，其中新增公园绿地300公顷，建设林荫道路20条，林荫景观广场10个，林荫停车场20个，推动立体绿化建设30万平方米，使长沙城市建成区绿地率达35%，绿化覆盖率达40%，人均公园绿地面积达到11平方米以上，打造出品质长沙的绿色升级版。据市园林局局长李洪波介绍，在2015年的“三年造绿大行动”中，长沙市围绕“让公园变成‘绿肺’，让街道变成‘绿网’，让河道变成‘绿脉’，让庭院变成‘绿点’”的总体规划，着力改善城市生态环境，市民生活品质明显提升，市民的认同感、获得感和幸福感得到增强。据初步统计，全市1—9月共建绿化项目212个，涵盖道路绿化、公园建设、出入城口绿化、立体绿化等10大工程，为长沙2016年末完成“绿色城市”建设目标任务，打下了基础。据悉，2016年长沙市将进一步进行环城绿带生态圈的建设，以环线绕城快速道为骨架，辐射18条主出入城通道，对接沿线山体、河流、湿地、湖泊、公园，形成长沙城的立体辐射状绿化带。届时长沙市将形成“城在林中，路在绿中，人在景中”的绿化新格局。而在“绿色城市”具体建设中，长沙将把规而未建公园建设、林荫道路建设、出入城口（含道路绿化）提质建设、立体绿化建设、城市健身休闲绿道建设、林荫广场和林荫停车场建设、滨河风光带建设、环城绿带建设、拆违拆墙覆绿增绿、单位社区绿化建设作为十大任务来进行。

【长沙市与中国通号签订战略合作框架协议】 2015年11月15日，长沙市政府与中国铁路通信信号股份有限公司签订战略合作框架协议，建立长效合作机制，开展多层次、多领域和多形式合作，促进中国通号高端装备制造产业在长沙发展壮大。省委常委、市委书记易炼红，中国铁路通信信号股份有限公司董事长周志亮见证签约，市委副书记、市长胡衡华，中国铁路通信信号股份有限公司总裁尹刚代表双方签约。中国通号是我国轨道交通控制系统龙头企业，是全球最大的轨道交通控制系统解决方案提供商，在轨道交通通信信号领域拥有国内一流、世界领先的系统技术和产品，市场遍及海内外铁路、城市轨道交通、城市信息化等领域。从8月份初次接洽中国通号长沙产业园项目事宜，到10月在北京正式签约，仅仅3个月时间，长沙高新区与中国通号实现了牵手合作：在麓谷投资50亿元建设列车控制系统与城市轻轨车辆生产基地。易炼红代表市委、市政府欢迎中国通号进一步拓展在长投资合作，并向中国通号多年来取得的辉煌成就表示祝贺。他说，中国通号是国内轨道交通控制系统行业的先行者、领军者，成功依靠自主创新抢占了国际国内市场、走在了世界前沿。中国通号的发展历程，折射出了民族工业崛起的雄姿，为国人增长了志气、为民族赢得了荣誉、为祖国争得了地位。易炼红说，中国通号将决定自身长远发展的核心基地布局在长沙是富有战略眼光的选择。长沙是长株潭城市群国家自主创新示范区核心城市，也是“一带一路”的重要节点城市和长江中游城市群的中心城市，近些年经济一直保持健康发展的良好势头，不仅体现在经济总量的不断攀升，更体现在产业结构由“一业独大”到“多点支撑”的不断优化，相信中国通号新的重大项目投资一定会收获丰厚回报，也能为长沙新一轮转型创新发展注入新的动力，实现双方互利共赢。周志亮说，当前，中国通号正在加快产业转型升级，长沙良好的投资环境和优质服务给了企业极大的信心。下一步，将在长沙积极开展轨道车辆产业化基地、列车控制系统、“四电集成”成品生产研发基地、智慧城市系统研发基地以及产业相关配套设计建设，进一步建立全产业链运作模式，不断提升中国通号企业品牌影响力，助推长沙成为全国重要的先进装备制造业基地、电子信息高技术产业基地。根据协议，双方将在高端装备制造产业、轨道交通建设及维护、智慧城市建设等领域展开合作。中国通号将把长沙作为中长期战略布局的重点区域，积极进行产业投资及项目建设，服务长沙轨道交通建设和地方经济发展。中国通号拟在长沙高新区投资建设中国通号长沙产业园，入驻中国通号车辆产业研发中心、有轨电车车辆制造基地、无轨电车车辆制造基地等。据了解，中国通号将参与正在规划的长沙第一条有轨车线路（湘江风光带轨道交通项目）的承建，该项目将采用中国通号长沙基地生产的车辆。

【中部六省省会城市在长沙联合签署《发展协议》】 2015年11月19日，第十届中部六省省会城市农业经济协作联席会议在长沙召开。与会代表以“现代农庄与乡村旅游”为主题，就推动休闲农业和乡村经济发展进行了交流探讨。大会联合签署了《中部六省省会城市加强现代农庄建设，促进乡村旅游发展协议》。会上，长沙市以《全力打造现代农庄和休闲农业“升级版”》为题，介绍了我市现代农庄建设近年来的发展实践情况。近年来，长沙农业以深化改革为主线，紧扣现代农业和城乡融合发展两个重点，大力推动农业经济转型升级，每年铺排100多个重大现代农业项目，引资100多亿元；大力培育新型农业经营主体，新型农业经营主体增加到14100多家；大力促进一二三产业融合发展，休闲农业、电商农业、会展农业等新兴业态迅速壮大；大力提升农业产业化经营水平，扶持农产品加工业发展，规模以上农产品加工企业达450家，农产品加工销售收入突破1300亿元；大力实施现代农业领军人才培养工程，大力优化农业资源运作，加快农业开发与资本经营，助推了现代农业的快速发展。来自武汉、太原、合肥、郑州、南昌、长沙的中部六省省会城市主管农业的有关负责人，交流了各自发展现代农业促进农旅产业融合、发展休闲农业促进一二三产业发展的做法与体会。联合签署的《发展协议》就建立日常联系机制、加强工作信息交流、加强对口业务协作、联合拓展六城市乡村旅游市场、共同营造发展环境等内容达成合作协议。

【长沙市领导调研两型示范创建工作】 2015年11月20日，副市长李蔚在调研全市两型示范创建工作时指出，要以真抓实干的劲头，纵深推进两型创建工作，努力擦亮长沙这块“两型”的“金字招牌”。近年来，长沙市共培育省级两型综合示范片区2个、示范单位6个、示范基地13个、创建单位137个，市级示范单位32个、创建单位300多个，有效发挥了示范引领作用。上午，李蔚一行先后来到岳麓区咸嘉湖街道咸嘉新村社区、白鹤咀社区以及湘江新区达美D6区，实地了解全市两型示范创建工作。咸嘉新村社区和白鹤咀社区建设了一批引领性两型项目，如智能垃圾分类回收、生活垃圾干湿分类、屋顶光伏发电等。达美D6区的有机生活垃圾微生物处理站，将厨余垃圾降解99%以上。在随后召开的座谈会上，长沙市两型办通报了2015年全市两型示范创建工作考核情况，介绍了近年来全市两型示范创建工作主要情况及下阶段的主要工作打算。李蔚指出，要高度重视两型创建的示范作用，切实贯彻绿色发展的全新理念，深刻把握“三严三实”的基本要求，提高两型示范创建工作的质量水平，不断强化齐抓共管的工作格局，形成两型社会示范创建的强大合力。

【长沙县蝉联中国十佳“两型”中小城市榜首】 长沙县蝉联中国十佳“两型”中小城市榜首，中小城市综合实力排名再进一位。2015年中国中小城市综合实力百强（科学发展百强）名单11月23日在《人民日报》公布，长沙县位列第六，较上届跃升一位，继续保持中西部第一。同时公布的2015年中国十佳“两型”中小城市排名中，长沙县超越昆山蝉联榜首。中国中小城市科学发展评价指标体系分为经济发展、社会进步、环境友好、政府效率四大类。在中国中小城市综合实力排行榜上，这是长沙县连续5年位居中西部第一，而湖南还有醴陵市入百强名单列92位。其中，反映中小城市在资源节约和环境友好方面建设成绩的“两型”社会发展指数受人关注，从区域来看，东部地区中小城市科学发展指数为76.0，两型指数为63.7，而中部地区的两项指数分别为68.9和58.6，在十佳“两型”中小城市中，东部地区占5席，中部地区占3席，东北和西部各占1席，长沙县连续两年超越昆山成为全国最佳“两型”中小城市。此外，长沙县同时在中国最具投资潜力中小城市百强县排名中列第4位。“两型”社会发展指数包含资源节约、要素产出、环境友好三大指标。长沙县2014年万元GDP能耗0.5718吨标准煤，万元GDP用水量58立方米，全县实现了城镇生活垃圾无害化处理率、饮用水源地水质达标率、城镇生活污水处理率均达100%，在全省率先实现了城乡自来水、污水处理设施全覆盖。长沙县在2015年被评为国家级生态县。

从2008年的第58位，到2015年的第6位，长沙县成功的科学发展经验和模式，成为被关注的焦点。以长沙县为代表的中西部县正在缩小和东部发达地区的差距，并迎头赶上。长沙县2015年还跃入全国县域经济百强县第8位，2015年1—10月工业总产值完成1815亿元，增长6.7%，财政总收入已经达到173.9亿元，社会消费品零售总额达293.4亿元，同比增长15.8%。为实现“三个共同”“三个共享”理念，长沙县从2014年开始把每年新增财力的80%用于民生，目前全县已经在全国率先实现校车镇街全覆盖、县城WiFi全覆盖，在全国率先实现城乡公交镇街全覆盖、综合文化站镇街全覆盖，农家书屋等已经覆盖到所有村。

【长沙加大PPP模式推广运用力度】 2015年12月，长沙市政府在官方网站发布《关于推广运用政府和社会资本合作模式的实施意见》，明确推广政府和社会资本合作（Public-PrivatePartnership，简称PPP）模式的基本原则、实施范围、运作方式、操作流程和保障机制，鼓励和引导社会资本参与公共服务领域投资运营。

《意见》明确，长沙将在市政基础设施（包括城镇供水、污水及垃圾处理、能源、会展、公共停车场、公共充电设施、地下综合管廊等）、交通（包括轨道交通、城市公交、城乡道路、桥梁隧道、港口枢纽等）、社会事业（包括教育文化、医疗卫生、体育健身、健康养老、保障性安居工程、棚户区改造等）、生态环保、农林水利、新型城镇化等领域重点推广运用PPP模式，优先选择投资规模相对较大（1亿元以上）、市场化程度相对较高、社会需求相对稳定、定价机制相对灵活、合作期限相对较长（不低于10年）的项目进行试点示范。建立健全政府、公众共同参与的综合性评价体系，积极引入第三方评估机制，对项目产出、成本效益、运营管理、服务质量、可持续性、社会评价等进行绩效评价，并按项目规定公开评价结果。将绩效评价结果与政府付费、使用者付费挂钩，并作为项目价格、合作期限等调整的重要依据。

【《长沙市较大环境问题（事件）责任追究实施办法（试行）》出台】 如何让最严环境管理落到实处？2015年12月27日，从长沙市环保局获悉，长沙市委办公厅和市政府办公厅联合下发的《长沙市较大环境问题（事件）责任追究实施办法（试行）》（简称《办法》）明确，长沙对因失职渎职造成较大环境问题（事件）的责任人实行终身问责，对《办法》下发后在生态环境保护方面严重失职渎职、违法行政的责任人，不论其是否调离原单位、已提拔重用或者退休，都一并严格问责。

出现五种情形将进行问责。《办法》适用于全市各级党委、政府（含各园区党工委、管委会）及其所属部门，以及上述单位的领导干部和工作人员；各级党委、政府及其部门管理的企事业单位及社会团体，以及上述单位由各级党委、政府以委任、派遣等形式任命的领导干部和工作人员。较大环境问题（事件）问责情形包括：发生较大突发环境事件的；在环境保护工作中失职渎职，或者对已经发生的环境敏感问题不重视或者应对处置不当，导致事件恶化，造成较坏社会影响的；未完成主要污染物总量减排目标任务，或者发生其他较大环境违法事件，导致上级对长沙实行全市域区域限批或者局部限批、扣减环保专项资金等惩罚性措施的；不执行市委、市政府有关环境保护重大工作部署，情节严重的；其他较大环境问题（事件）需要问责的情形。

责任追究方式可以合并使用。《办法》规定，发生较大环境问题（事件），根据调查认定的情节、性质及责任，对责任单位和责任人可采取以下形式问责：对单位领导班子集体或者个人警示通报、约谈、责令整改；对单位按照规定采取追回、扣减有关生态环保财政转移支付和专项资金等措施；对单位新上建设项目实行限批；对相关责任单位，情节较轻的，责令做出书面检查；情节较轻的，给予通报批评；情节严重的，对领导班子进行调整处理。同时，发生较大环境问题（事件），情节较轻的，对相关责任人给予批评教育或者责令做出书面检查；情节较重的或者群众反映强烈、造成恶劣影响的，给予停职、调离岗位、引咎辞职、责令辞职、免职、降职等组织处理；构成违纪的，按照有关规定给予党纪政纪处分；涉嫌犯罪的，依法移送司法机关处理。责任追究方式可以单独使用，也可以合并使用。

阻碍环境监督管理将从重问责。《办法》明确，凡发生违法实施行政审批的，以及利用权力强令有关部门违法审批的；利用权力限制、干扰、阻碍行政执法部门依法履行环境监督管理职责的；违反科学民主决策程序，做出错误决定造成严重后果的；对已经发生的环境问题不重视、不采取措施，导致问题恶化，造成较大损失的；阻碍和干扰环境问题（事件）问责调查的；其他问题情节严重需要从严问责的，应当从重问责。

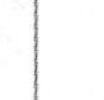

株洲市

株洲市2015年两型社会建设改革综述

2015年，株洲市深入实施转型升级战略，坚持打好“两型建设攻坚战”，在攻坚克难中前行，在改革探索中发展，取得了良好成效，株洲调结构、稳增长受到国务院督查表扬，成为全国20个受表扬的市州之一。

一、抓转型升级，两型产业蓬勃发展

大力实施产业振兴工程，大力转方式、调结构，不断推动产业绿色化、低碳化、创造化，两型产业体系加速形成。

（一）产业结构更优。现代服务业突飞猛进，通过大力发展旅游业、金融业和信息服务业等现代服务业，2015年，全市第三产业增加值达818.5亿元，比2014年增长13.6%，对GDP增长的贡献率达到46.4%，三次产业结构由2014年的7.7∶59.3∶33调整为7.6∶57.3∶35.1。高新技术产业比重不断提高。2015年高新技术产业完成增加值525.9亿元，增长17.9%，占工业增加值比重为44.5%，比2014年提高3.5个百分点。农业现代化水平稳步提升，全市“三品一标”认证农产品达到320个，休闲农业发展格局初步形成，全市休闲农业经营总收入实现7.1亿元，同比增长10.5%，农业机械化综合化水平达到70%。

（二）产业质量更高。以科技创新为动力，不断提高产业的集约化、科技化和品牌化水平，产业发展后劲更足。产业集约化水平进一步提升。2015年，全市省级及以上产业园区规模工业增加值增长9.5%，园区规模工业增加值占比达68.3%，比2014年提高6.1个百分点。轨道交通产业集群实现总收入1003.7亿元，成为我市首个、全省第5个过千亿产业。大力推动创新创业园区“146”工程，科技创新动力不断增强，中车株洲所参与和主持的“京沪高速铁路工程”项目、“高速、重载列车牵引控制关键技术及应用”项目分别获得国家科技进步奖特等奖、国家技术发明二等奖；中车株机公司轨道交通装备工业设计中心成为国内轨道交通行业首个国家级工业设计中心；中车株洲电机有限公司成为我省首家国家“工业企业知识产权运用标杆”企业。2015年，科技创新对经济增长贡献率达55%，年均提升1个百分点。品牌效应不断提升，全年新增省著名商标68件，拥有中国驰名商标41件，省著名商标178件，地理标志商标12件，数量均列全省第三。炎陵县成首批国家全域旅游示范区。

（三）产业业态更新。电子信息、新能源、新材料、生物医药等战略性新兴产业成为经济发展重要增长点，中国电子可控计算机项目开工建设，麦格米特、炎帝生物等一批企业快速成长。“互联网+”催生新业态，阿里巴巴株洲产业带销售收入突破20亿元，炎陵“互联网+黄桃”电商模式全省推广，我市成为全国首批信息消费示范城市，炎陵县成功入选第二批国家电子商务进农村综合示范县，芦淞服饰电子商务产业园被评为省级电子商务示范基地。2015年，全市战略性新兴产业实现增加值397.36亿元，增长11.4%，占规模工业比重达到36.56%。大力发展节能环保产业，全市节能环保企业达59家，实现增加值9.78亿元，占战略性新兴产业的2.7%。节能环保产业装备制造产业园项目已经签订框架协议，目前有20余家环保型企业签约入驻，涉及提供环境检测服务、污水处理等领域。

二、抓机制创新，重点改革深入推进

坚持以前瞻的思维谋划两型改革，以自觉的行动率先改革，将两型改革与生态文明体制改革紧密结合起来，率先制定出台并推进实施了生态文明体制改革“1+6”方案，改革红利进一步释放。

（一）自然资源资产产权管理体制改革方面。全面铺开农村土地经营权登记确权颁证工作，完成市区宅基地和集体建设用地使用权确权登记外业调查工作；完成不动产登记机构职能整合，启动五县（市）相关工作及部分地区“房地一体”登记发证试点工作；改革完善农村宅基地制度，健全农村土地交易市场。全市农村流转耕地面积91.68万亩，比2014年底增加5.28万亩，流转比例达到38.2%。

（二）环保市场化机制改革方面。第三方治理、PPP模式、合同能源管理、合同环境服务等环保市场化机制得到进一步应用。抓住全国首批PPP模式试点城市的有利契机，出台了《株洲市关于推广运用政府和社会资本合作（PPP）模式的实施方案（试行）》，推出了11个示范项目，总投资230亿元，其中，投资35亿元的轨道交通城路网、铁东路核心段两个PPP项目开工建设。第三方环境治理体制改革，株洲市枫溪污水处理厂及配套污水管网一期工程，南州新区污水处理厂及西山岭垃圾场治理等3个项目获得全省首批第三方环境治理重点项目；在攸县、醴陵市、石峰区等地开展了试点工作，其中清水塘治理模式得到国家发改委肯定。

（三）生态文明执法联动机制改革方面。成立了环境保护委员会，建立了市、县两级大环保格局，与公安部门共同搭建了环境执法联动协作平台，在全省率先成立了公安局驻环保局工作联系室，建立了定期联络、临时联络、线索共享等长效机制，开展了26次环保联合执法行动。建立空气质量预测预报联动机制，市环保局与市气象局合作共同启动市区环境空气质量监测预测预报工作。建立污染物清单制度，启动大气排放源摸底调查，为每处排放源建清单，对超标、违规排污的，实行限期整改。

（四）水生态文明建设试点改革方面。大力推行“河长”责任制，在市县乡村四级确定“河长”，设立“河长”监督牌，明确责任，落实源头监管，逐步形成“制度健全、主题明确、责任落实、保障有力、机制长效”的河湖管护新体制新机制，成功入选全国第二批水生态文明城市建设试点、全国第一批河湖管护体制机制创新试点城市。云峰湖、万丰湖水系连通工程作为水生态文明建设示范项目，进入国家“水系连通”项目笼子。

（五）城市建设管理改革方面。推广环卫作业市场化运作的成功经验和有效做法，逐步扩大市场化运作范围，不断完善渣土运输、“牛皮癣”治理、园林绿化管养、市政灯饰维护、河道保洁等领域的市场化管理模式。深入推进环卫、市容、渣土、户外广告等管理方式改革，推行标准化、精细化管理方式，推动环保智能渣土管理转型升级。

（六）两型技术产品发展应用机制改革方面。开展了第二批两型技术及产品的评审认定工作，120 多家企业踊跃参加，确认了 28 个（项）两型产品和技术，为稳增长、促升级做出了积极贡献。

三、抓污染治理，生态建设成效显著

围绕人民群众最关心，反映最强烈的突出问题，多措并举，综合整治生态环境，环境质量和城市品位进一步提高，人民的自豪感、认同感和获得感进一步增强。

（一）大力治水、治气、治土。一是合力治水。省政府“一号重点工程”第一个三年行动计划圆满完成，全年投入资金近 83 亿元，完成 289 个重点项目（任务），重点开展湘江株洲段综合整治，彻底关停拆除 113 家砂场，清运各类河道垃圾 2000 余吨，基本实现了“岸上垃圾不入河，水面垃圾不出境”，湘江株洲段水质持续保持三类标准。二是科学治霾。健全环境监测网络，市区建成 7 个环境空气自动监测子站，率先在全省实现县城 PM2.5 监测全覆盖。“三个基本行动”，拆除烟囱 44 根，关闭企业、生产线 10 家（条），完成燃煤锅炉除尘脱硫、挥发性有机物治理等大力治理项目 45 个，淘汰黄标车 7745 辆，全市空气质量优良率达 77.0%，比 2014 年提高 12.9 个百分点。三是修复土壤。清水塘老工业区搬迁改造，实质性启动了“株化”搬迁，柳化桂成及中成化工正在选择搬迁地，138 家中小企业已有 40 多家确定了搬迁意向；完成霞湾港重金属污染治理、大湖治理等一批重金属污染治理项目；重金属污染修复及农作物种植结构调整试点区域扩大到 67 万亩，完成粮油、经济作物种植结构调整面积 4.5 万亩。

（二）大力实施生态建设。实施城市绿荫行动，开展植树造林行动，绿化造林 21.4 万亩，封山育林 16 万亩，完成低产林改造 14.5 万亩，“裸露山地”造林 2.8 万亩；投资 3000 万元，建成 100 个街心小公园，提质改造绿化面积 13.42 万平方米，栽植乔木 2061 株；婆仙岭成功获批省级森林公园，省级以上森林公园达到 8 个；加强生态绿心保护，绿心地区新造林 3500 亩，林相改造 600 亩。2015 年全市建成区绿化覆盖率达 41.36%，森林覆盖率 61.85%。加大湿地保护力度，全年新增湿地保护面积 4269 公顷，湿地保护面积达 22195.69 公顷，湿地保护率 67.08%。

（三）大力提升城市品质。城市功能更加完善，完成霞湾、龙泉一二期、董家塅等污水处理厂提标改造，12 个建制镇完成污水处理设施主体建设，全市污水处理率达到 89%；建成了生活垃圾焚烧发电厂，城市生活垃圾减量 85%以上；餐厨废弃物处理项目成功申报为全国第五批餐厨废弃物资源化利用和无害化处理试点城市。城市“动脉”更加顺畅，洞株路、铜板路、S330 武广株洲西站至沪昆韶山站连接线等 3 条城际道路建成通车；湘江株洲至城陵矶 2000 吨级船舶标准航道实现全线贯通；城际铁路及 5 个站场建设加快推进；莲株公路改建工程、湘江大道、株洲航电枢纽二线船闸等项目开工建设。“公交都市”创建加快推进，神农城首末站、栗雨公交基地投入使用，金山公交基地主体竣工，市区新开公交线路 3 条，优化调整 8 条，新增站点 20 个，建成农村招呼站 164 个，“掌上公交 APP”上线使用，成功入围申报绿色交通城市区域性试点。

四、抓节能降耗，资源利用节约高效

大力实施节能减排全覆盖工程，抓好社会各领域的节能降耗，全面提高资源能源利用水平。

（一）突出工业节能。开展百家企业节能行动，实施节能技术改造项目 11 个，年节约标煤 4.01 万吨，减少 CO_2 排放约 9.98 万吨。除保留 20 吨 / 小时以上的大吨位燃煤锅炉外，市区内 20 吨 / 小时以下燃煤锅炉基本淘汰到位。推动 4 家企业开展资源综合利用，综合利用煤矸石 124 吨，石英矿渣 82 万吨，实现产值 3670 余万元。加强重点企业能耗监测，中材水泥等 2 家企业建成能源管理中心，株硬集团等 6 家企业建成能耗在线监测平台。2015 年，全市万元 GDP 能耗同比下降 8.05%，万元规模工业增加值能耗下降 19.5%，超额完成“十二五”下降目标。

（二）突出绿色建筑推广应用。出台《株洲市绿色建筑推广实施方案》，完成可再生能源应用项目 52 个，应用面积 192.65 万平方米，节能设计及实施率均达 100%。启动了 40 栋公共建筑能耗监测系统建设，城市建设管理及公共信息平台建成试运营。建筑新材料、新技术得到进一步推广应用，推广铝合金模板工程图项目 4 个，应用建筑面积达 80 多万平方米。成功获批中欧低碳生态城市合作项目绿色建筑、绿色交通试点城市。

（三）突出交通节能。建成公用充电站 3 个，充电桩 36 个；推广新能源公交车 100 台，出租车 200 台，社会车辆 872 台，百公里油（气）耗减少 50%以上，综合能耗降低 40%以上，成为全省首个批量投用纯电动出租车的城市。水运在综合运输中的比重得到进一步提升，2015 年水路运输总量、总周转量分别增长了 29%、61%。

（四）突出节约用水。加强对节约用水指标监测考核，完成了国控点第一期实时取水管控点的建设验收，实现了对全市重点水功能区、饮用水水源地、县市交届断面水质监测的全覆盖。实施了株洲时代新材、北汽、南车时代电气、株洲科瑞变流等 4 个企业节水改造项目，2015 年单位 GDP 用水量为 95 立方米 / 万元，同比下降 11.13%。

（五）突出应用新能源。建设余热发电机组15台，全市总装机容量达10.13万千瓦，超额完成年度目标。株洲县渌鸿风电项目一期工程25台2兆瓦风力发电机组实现并网发电。5个县城基本实现路灯节能改造全覆盖。

五、抓全域创建，示范引领效应凸显

坚持严格按标准创建，着力推进全元素进入、全单位覆盖、全员参与创建，创建方法更加完善，标杆示范效应日益突出。

（一）示范创建全面铺开。严格按照创建标准，全面落实“10进14”要求，开展了“三百工程”，创建了100个市级两型机关单位、100个市级两型企业、100个市级两型社区。开展了市级两型示范单位的认定工作，制定了《株洲市两型示范单位认定管理办法（试行）》，认定26个市级两型示范单位、20户两型示范家庭。

（二）综合示范片区创建形成集成格局。天元区神农片区基本形成省级两型综合示范片区，职教园省级两型综合示范区正在稳妥推进，8个市级两型示范区创建效果良好。其中神农片区内社区实现“两型爱心交换站”建设全覆盖，泰西、大湖塘、广场、云里等4个两型社区，全面实施了片区内节能路灯改造工程，主要交通干道的路灯全部更换为LED灯；职教园片区内的分布式能源基地获得省级两型示范基地。

（三）典型示范效应强化。进一步总结全市两型创建经验模式，提升和完善两型建设标准（试行），新编制了《两型公众场所的建设标准》，形成了两型机关、学校、医院、社区等14类《株洲市两型建设标准》体系。全年16个社区和12个村庄获评省级两型示范创建单位，西子社区、时代新材2个单位获省级两型示范单位、6个单位获省级两型示范基地。

六、抓差异发展，示范区建设纵深推进

坚持示范区发展定位，在发展方式、发展速度和改革创新上示范引领，积极探索可持续发展之路。

（一）云龙示范片区。着力推进生态建设，率先成为湖南省强制推行绿色建筑试点区域，新建建筑全部达到一星级绿色建筑标准，公共建筑全部达到二星级绿色建筑标准；“磐龙湖绿色生态城区”成为全省当前规模最大的绿色建筑群；云龙发展中心获批为“全国三星级绿色建筑”。着力推进重点项目建设，云龙水上乐园、云龙大道二期、玉龙路二期、微软创新中心、云田学校一期、职教城分布式能源站等6个项目全面竣工，轨道交通城、龙母河大项目顺利推进。建设500公里的绿道系统，建成全国首个城乡绿道网络体系城区。云龙示范区被列为全国10个重点智慧城市试点示范之一，并被确定为国家5个绿色生态示范城区之一。

（二）天易示范片区。两型产业集聚发展步伐加快，新能源汽车产值超过12亿元，北汽第50万辆整车生产下线；建成标准厂房67万平方米；获批国家轨道交通装备制造业标准化试点。重点项目加快推进，中国动力谷自主创新园顺利开园，15个项目成功入园，成立清华大学中国动力谷自动化技术研究中心成果转化基地；万丰湖生态水系景观工程一期基本成型；大汉·惠普软件信息产业园等12个项目开工。创新投融资机制，7家企业在新三板、新四板挂牌，科技银行增至6家，天易科技城自主创业园等PPP项目试点进行。启动农村土地确权登记颁证工作。关停6家灯饰玻璃企业，新建和改造绿化街心小游园20个，新造林地3000亩，生态环境明显改善，人均公共绿地面积达到11.69平方米，万元GDP能耗下降至0.62吨标煤/万元。高新区综合排名跃升至全国第28名，并成为全省首批实现全面小康社会的县市区。

（三）清水塘示范片区。关闭取缔搬迁污染企业14家，拆除烟囱25根，区内化工、建材、火电等高耗能行业比重从22.8%下降到18.1%，工业能耗实现总量、单耗“双下降”，万元规模工业增加值能耗下降32.4%。中车株机不锈钢城轨车辆生产线、联诚轨道牵引部件基地等11个项目竣工投，25万平方米标准厂房全面开建，轨道智谷一期标准厂房投入使用，保税物流中心（B型）获批，中车物流基地、湘江金属物流城顺利推进。强力推进环境治理，霞湾港治理二期、大湖治理、乌丫港治理、废渣治理、霞湾新桥低排渠污染治理工程全面完成。2015年，区域重金属总排放量较2008年相比净削减35%；新增绿地面积68万平方米，绿化覆盖率达到52%。成功获批“国家级可持续发展实验区”。

七、抓文化培育，两型理念深入人心

重视两型文化建设和创新，充分发动和整合媒体、群团组织的作用，共同推进两型社会建设，形成全民参与两型和全社会共建两型的长效机制。

（一）完善两型宣传载体。与株洲电视台、报社、政府门户网站联合开展了3次集中采风活动。在株洲电视台开设了“株洲话——两型创建·引领未来”“两型大家谈”等大型访谈节目；在株洲日报设立了36期两型专栏。同时，天元区、芦淞区全体小学生实现两型读本全覆盖，并实现了义务教育阶段每学期6堂以上两型课程的目标。

（二）开展主题鲜明的活动。充分利用“世界地球日”“世界无车日”“植树节”等国际、国内重大节日，深入开展节能宣传周、“1135”绿色出行、节能技术产品展览、“甩油大作战”千人趣跑活动等主题活动；开展了“2015株洲市‘两型生活随手拍’手机摄影大赛”，收集5000多幅作品，让人民群众在记录两型元素的同时，感受到了两型魅力。开展“两型生活进社区”服务活动，在城市四区和株洲县举办了38场志愿者活动。通过两型成果展示、两型维修服务、两型交换站等内容，让两型理念更加深入民心。

（三）积极宣传推介两型成果。在《人民日报》上发表了《两型社会建设，株洲发展升级的强大引擎》《生态宜居的八年穿越——工业株洲两型社会建设实录》《大美株洲 打造中国绿色动力谷》3篇文章，系统宣传我市两型社会建设成果。清水塘老工业区搬迁改造升级、生态绿心保护等工作模式作为长株潭城市群绿色发展的经验和启示，被国务院研究室采用以参阅件的形式报国家领导人。

株洲市2015年两型社会建设成果

资源节约利用

【株冶非招标采购告别“帽子价格”】 2015年2月7日，从有关部门获悉，从“帽子价格”到书一般的价格清单，株冶集团物资采购部材料室通过对非招标类材料价格的形成、审批、实施进行详细具体的规定，彻底改变了以前的价格管理模式，节省了成本。

【太阳能路灯惠及居民】 2015年3月23日，从有关部门获悉，茶陵县高陇镇集镇街道换上了53盏太阳能路灯，一年下来可节约5万余度电，节省电费3万余元。

【茶陵110千伏输变电工程10月开工】 2015年3月31日，省发改委公布，茶陵县云阳街道办事处110千伏输变电工程建设项目，已获省发改委核准批复。该工程静态投资3435万元，动态投资3521万元，计划于2015年10月开工。

【冲刺“国家新能源示范城市”】 2015年4月8日，从有关部门获悉，作为全国首批创建新能源示范城市之一，目前，株洲市正陆续建设新能源项目。根据《株洲市新能源示范城市发展规划》的编制，2015年年末，株洲新能源累计开发利用能力达到62.3万吨标准煤，新能源消费量占到城市能源消费总量的6.03%，就能冲刺“国家新能源示范城市”，取得国家能源局正式授牌。

【龙凤风电场并网发电】 2015年5月26日，由南车株洲所提供全部风机的株洲龙凤风电场，完成了首批24台风机的并网发电，剩余20台风机将于2015年年底全部完成并网发电。

【公务接待费用大缩水】 2015年7月28日，株洲市审计局发布《关于2014年度株洲市本级预算执行及其他财政收支情况的审计工作报告》，对预算执行和其他财政收支、专项资金等情况进行审计，审计结果显示“总体较好”。根据审计结果，株洲市政府还进行了专题研究，除责成株洲市财政局等预算部门认真整改审计查出的问题外，还专题拟定了相关加强和完善预算管理的意见，如规范预算编制、大力培植财源、严格审批程序等。本次审计主要关注了本级财政、部门预算、安居工程和“三公”经费等。

【株洲不再新建30万吨以下小煤矿】 2015年8月2日，从株洲市安全生产监督管理局传出消息，株洲市年底前将境内煤矿数量从110家压缩至64家。株洲市将督促和引导9万吨及以下的突出矿井2015年年底前全部退出，严格项目安全准入，不再批准建设30万吨以下的小煤矿和90万吨以下的突出矿井。

【华银株电有望成为全省首家“趋零排放”燃煤电企】 2015年8月8日，从大唐华银株洲发电有限公司（简称华银株电）获悉，该公司燃煤发电机组超低排放改造工程，已完成前期准备工作，本月内，将先行启动4号机组改造。该公司将成为省内首家实现超低排放的燃煤发电企业。

【10月底200台纯电动的士上路营运】 2015年8月16日，据悉，10月底，株洲市200台纯电动出租车将正式投入营运。同时，株洲市公交总公司将与中国普天公司联合建设充电桩，计划布点在体育中心、高铁站、中心医院等，首批建设20个，一次可供80台车充电。除环保外，新能源出租车的运营成本也低。据介绍，按一天跑400公里计算，该车日用能源成本只需40元左右。而目前株洲燃气出租车日用能源成本需约180元。

【株洲将普及超低能耗住宅】 2015年9月17日，住建部中德合作提高城镇化能效技术与示范调研座谈会在株召开。会议透露，株洲市将与德国能源署等单位，在低碳技术等领域展开合作。株洲市住建局相关负责人介绍，株洲市已被确定为“中欧低碳生态城市合作项目专项试点城市”，将建立中欧低碳生态城市建设国际联合工作平台，共享欧洲先进城镇化经验，提高城镇化质量和水平，为全国低碳生态城市发展建设做出示范。

【城区90%以上工业企业已用上天然气或其他清洁能源】 2015年9月17日，株洲市人大常委会巡回集中督办株洲市人大代表建议（天元区）工作会议上，相关职能部门公布了消息：目前，株洲全市城区95%以上的居民家庭，98%以上的学校、医院、酒店、餐饮店等服务行业，90%以上的工业企业已用上了天然气或其他清洁能源。

【株洲造“移动发电机”助力朔黄铁路】 2015年10月10日，中车株洲电力机车研究所有限公司发布消息，该公司自主研发的制动能量回馈系统在朔黄铁路装车运行，经过严格考核，该产品各项技术运行良好，节能效果超出预期目标。据测算，如果朔黄铁路153台机车全部安装该套节能“神器”，每年将节省2.29亿元电费。

【株洲节水经验引来水专家】 2015年12月15日，全球水伙伴（中国湖南）委员会2015年学术研讨会近日在株召开，来自全国各地的80多名专家学者，围绕“节水型社会建设”的主题展开研讨，会上，株洲市的节水型社会建设效果受到关注。

【“株洲造”新能源汽车雁城开跑】 2015年12月16日，中车时代电动汽车股份有限公司的80台新能源公交车，日前交付给衡阳公交集团。这是衡阳市2015年5月开展创建全国文明城市以来，第三次从时代电动购入新能源公交车。据了解，衡阳市自2013年以来，共采购新能源公交车近700台，全部由中车时代电动提供。数据显示，时代电动新能源公交车与传统客车相比，百公里油耗降低50%以上，颗粒物排放降低90%，氮氧化物排放降低75%，二氧化碳排放降低50%，减排、环保指标远超同类型车辆。

生态环境保护

【株洲“加减法”为城市添绿】 2015年1月5日，从有关部门获悉，作为国家“两型社会”建设综合配套改革试验区，株洲如何下好生态这盘棋，决策者展开了广泛调研和深度研判。大家认为走生态文明的发展道路，推进绿色发展，要以国际视野和理念，创新城市发展模式，提升城市的现代化、国际化水平和生态宜居水平，将株洲建设成具有独特魅力的生态宜居城市，让经济发展的红利普惠全体株洲人民。要让绿色成为株洲的底色，让“工业文明、生态宜居”成为人们对株洲记忆的“符号”。给“三高”产业做减法；给清洁产业做加法；给山水做“乡愁”文章。

【株洲环保部门打出“组合拳”迎接新《环保法》实施】 2015年1月5日，从有关部门获悉，2015年1月1日起，新《环保法》正式实施，株洲市环保局部署一系列严查重罚“组合拳”行动，实行强力执法。1月1—3日，株洲市环保局组织开展环保夜查行动。与此同时，四区也分头开展环保“拔钉子”行动，对群众投诉的环境污染问题，采取强制关停行动。为加强监管力度，株洲市环保局部署，1月4日至9日，环保监察人员将组成6个组，分别对5家直管企业和清水塘中大型企业开展为期一周的驻厂巡查和不间断督查行动。

【株洲枫溪污水处理厂将引入社会资本】 2015年1月8日，从湖南省发改委获悉，株洲枫溪污水处理厂一期工程，被列入湖南省首批30个PPP示范项目，这是株洲地区唯一的一个被列入湖南省政府和社会资本合作项目。该项目或将引入包括银行业金融机构、社会资本的资金支持。

【株洲2012—2014年累计关闭淘汰涉重金属污染企业127家】 2015年1月9日，从株洲市环保局了解到，攸县包括龙华化工在内的14家涉重金属污染企业，已于日前完成关停并通过省环保厅验收。2012—2014年，全市累计关闭淘汰涉重金属污染企业127家。

【酒埠江正式成为国家湿地公园】 2015年1月16日，从国家林业局传来消息，酒埠江国家湿地公园（试点）已通过国家验收，正式成为我省4个国家湿地公园之一。同时，醴陵官庄湖国家湿地公园、茶陵东阳湖国家湿地公园正式获批国家湿地公园建设试点。

【醴陵市烟花爆竹“闪电”行动开展】 2015年1月19日，醴陵召开烟花爆竹安全生产综合整治“闪电”行动动员大会，宣布从即日起至2月18日，集中1个月时间彻底清理、排查、打击烟花爆竹领域各类非法违法行为，促进烟花爆竹产业安全、健康、有序发展。闪电划过，瓷城醴陵以雷霆万钧之势，力扫安全生产隐患，根除安全生产顽疾。

【株洲石峰区复查被关停企业】 2015年1月22日，石峰区对早前已下达停产通知书的多家企业进行了复查。在最近启动的专项整治行动中，石峰区“地毯式”排查了辖区工业企业，并对300余家相关企业分门别类地制定了综合治理方案。按照目前进度，到本月底，还将有15家企业关停到位。

【株洲2015年将完成35个大气治理项目】 2015年1月24日，据悉株洲2015年将对工业企业大气污染展开全面治理，年内将完成35个大气污染治理项目，还将构建大气污染防治网格化管理平台。

【株洲清水塘197万立方米含重金属废渣治理完成】 2015年1月25日，从株洲市环保局获悉，继大湖重金属污染综合治理工程完成之后，清水塘工业区含重金属废渣综合治理工程已经完工，197万立方米含重金属废渣完成无害化处置，春节后将接受国家相关部门的验收。

【长株潭提前完成“十二五”节能减排任务】 2015年1月27日，从全国节能减排财政政策综合示范工作会议获悉，近3年来长株潭三市投入节能减排财政资金113亿元，实施综合示范项目549个，提前1年完成“十二五”节能减排主要指标任务。

【株洲2015年将关闭小煤矿10家】 2015年2月2日，从株洲市安监局了解到，2015年株洲市将继续整合关闭落后小煤矿10家，力争将全市的煤矿控制在60家左右。同时，按照向产区集中、行业集中的原则，对保留的矿井进行改造升级和能力提升，实施兼并重组，实现企业集团化，全市煤炭生产能力大幅提升。

【株洲“十二五”节能任务有望提前完成】 2015年2月3日，从株洲市经信委了解到，2014年，株洲市共关闭淘汰企业98家，万元规模工业增加值能耗下降18.63%，全市单位GDP能耗每万元从2013年的0.876吨标煤，已降至2014年的0.778吨标煤，下降11.19%，占“十二五”节能目标的96.93%，预计可提前完成“十二五”节能目标。

【环保部门突查重点排污单位】 2015年2月23日，株洲市环保局监察支队的工作人员已经奔赴工作岗位。突击检查“株冶集团”“经仕集团”“中成化工”等重点排污单位，各企业的环保设施均正常运行。

【株洲400余个项目封堵湘江污染源】 2015年3月3日，从株洲市湘江办了解到，2015年株洲市计划实施400余个湘江保护和治理项目，全面完成“堵源头”任务。目前，株洲市已经做出清水塘地区搬迁改造的初步打算，计划实施“五个一”力促清水塘搬迁改造。

【株洲市位列2014年湘江保护工作考核全省第一】 2015年3月3日，株洲市湘江办发布消息称，省湘江保护委员会近日通报2014年度全省湘江保护第一个“三年行动计划”实施考核结果，株洲市位列全省第一，获评优胜单位。

【启动株冶等企业搬迁改造】 2015年3月11日，株洲市召开全市环境保护工作会议，2015年全市的环保工作目标被概括成了实现“1234”，即“一个保持”：全市生态环境质量继续保持良好水平，城区大气、水、声环境质量在2014年的基础上，实现稳中向好；“两个确保”：确保不发生重大环境安全事故。确保“十二五”污染减排目标任务的全面完成；“三个突破”：在《新环保法》正式实施的基础上，环境监管执法上取得新突破。“大环保”工作机制运行上取得新突破。在清水塘工业区正式启动搬迁改造的基础上，区内环境质量改善上取得新突破；“四个完成”：全面完成湘江保护与治理“一号重点工程”、大气污染防治、农村环境综合整治、重金属污染治理等工作年度任务。

【株洲环境监察全面实行网格化管理】 2015年3月11日，2015年株洲市环境保护工作会议召开，株洲市将实施环境监察网格化管理。这一管理模式执行后，全市将被划分为若干个环境监管网格，每个网格内的排污企业，均明确环保责任人，可以消除环境监管的死角和盲区。

【株洲空气质量监测实现全覆盖】 2015年3月11日

召开的全市环保工作会议透露，6月底前，五县市的空气自动监测站将开始监测PM2.5，实现空气质量监测全域覆盖。

【株洲将建设一批“口袋公园”】 2015年3月12日，株洲市林业局相关负责人介绍，2015年株洲市将实施城市绿荫行动“六大工程”，即城市林荫道路和绿道建设、公园和广场林荫景观建设、单位庭院小区绿化建设、林荫停车场建设、立体绿化建设、山体和水系生态修复建设工程，巩固提升园林城市建设成果。

【株洲水生态文明构建体系成型】 2015年3月26日，从株洲市水务局了解到，《株洲市水生态文明城市建设试点实施方案》已于日前通过水利部专家审查。根据该《方案》，株洲市计划从2015年至2017年，累计投入上百亿元，围绕严格的水节约体系、友好的水环境体系、健康的水生态体系、安全的水保障体系、科学的水管理体系及先进的水文化体系等6个方面，全方位构建具有株洲特色的水生态文明。

【芦淞区组织多个部门行动强制断电关停10家污染企业】 2015年4月2日，芦淞区政府组织区环保、经信、安监、公安等多个部门，对余德军洗石场、李爱民塑料加工作坊等10家环境污染企业，实施强制断电关停。

【环保部门下达处罚决定“鑫恒材料”拆除设备并搬离】 2015年4月3日，从株洲市环保局环境监察支队了解到，“鑫恒材料”未做环保评估，未经任何审批就开始试生产，责令企业停产整治，并被做出了“继续停产、补办环评报告书，罚款6万~10万元”的处罚决定，已于日前主动拆除设备并搬离。

【中英专家认可云龙发展模式】 2015年4月14日，中国住房和城乡建设部建筑节能与科技司、中国城市科学研究会、英国外交与联邦事务所和英国阿特金斯公司等机构的专家日前汇聚云龙示范区，调研中英低碳生态城市规划方法研究试点。近年来，云龙示范区通过规划引领，突出“两型”主题，围绕“生态城、文化城、旅游城”的定位，实行规划全过程管控与创新，初步形成了“两型”社会建设规划引领管理体系。

【全市共17家企业安全不过关被停产整顿】 2015年4月21日，从株洲市安全生产监督管理局获悉，3月份，株洲市桃水煤矿泉塘冲井、醴陵市荣发引线厂、醴陵市白兔潭镇峤岭村规范引线厂等17家企业，因重大事故隐患未报、未对事故隐患进行排查治理擅自生产经营等原因，被责令停产整顿。

【株洲23处地质遗迹入选省保护名录】 2015年4月22日，省国土资源厅举行的全省重要地质遗迹资源调查成果发布会公布，我省共有省级及以上重要地质遗迹518处，其中世界级的地质遗迹有10处。株洲市国土局地质环境科相关负责人介绍，株洲共有23处地质遗迹入选保护名录，其中有8处是国家级地质遗迹，15处为省级遗迹。从分布上看，攸县最多，占8处；茶陵7处；炎陵4处；醴陵2处；株洲市区2处。

【株洲清水和铜霞土壤污染治理两年内搞定】 2015年4月24日，从株洲市“项目攻坚年”活动领导小组办公室获悉，“清水片区土壤治理工程”和“铜霞片区土壤治理工程”被纳入株洲市2015年重点建设项目，计划两年内完成片区污染治理。

【消灭湘江“移动污染源”】 2015年5月4日，从株洲市湘江办了解到，运输船舶的污水治理，已被列入株洲市2015年湘江保护和治理工程。11月底前，株洲市所有运输船舶都要加装污水处理装置，停止向湘江排污。目前株洲市已经完成运输船舶的摸底以及船运企业的协调工作，制定了详细的工作计划，目前已经有2艘船完成了污水处理设施的安装。

【株洲城区7个空气质监站将安装“眼睛”】 2015年5月9日，从株洲市环保局环境监测中心站了解到，城区7个环境空气质量监测站点，即将安装摄像设备，监测数据实时传输的同时，还能“看”到周边景象。该负责人还介绍，2015年以来，株洲市城区空气质量持续向好。截至目前，空气质量优良天数已达到80天，比2014年同期多了17天，4月1日至5月9日，仅1天空气质量为轻度污染，其余均为优良。

【全省环境诚信企业株洲占7席】 2015年5月20日，湖南省环保厅在其官网上公示了全省2014年度企业环境信用评价结果，其中89家企业因环境问题被挂上“红牌”。31家环境诚信“绿牌”企业中，株洲共占7席，包括株洲千金药业股份有限公司、株洲硬质合金集团有限公司、株洲建设雅马哈摩托车有限公司、南车株洲电力机车研究所有限公司等7家企业。环境合格企业有130家企业上榜。

【节能减排引领攸县“绿色”发展】 2015年5月21日，据了解，2015年来攸县环保部门已否决5个不符合产业政策和环保要求的建设项目。近年来，该县大力推进节能减排，低碳发展，还人们碧水蓝天。据环境监测数据显示，2014年，攸县县城空气质量明显提升，全年优于三级空气的天数达330天，创下20年来的最好水平。与此相印证，该县万元生产总值能耗同比下降4%，二氧化硫（SO_2）减排900多吨。

【到2020年株洲绿色建筑占比有望达65%】 2015年5月22日，株洲市住建局相关负责人透露，入选“中欧低碳生态城市合作项目专项试点城市”后，株洲市将实施多项举措，推广应用绿色建筑，就是能够达到节能减排目的建筑物。“被动房”这种住宅的特点就是在制冷和采暖方面，最大限度避免使用传统化石能源，仅靠建筑自身产生的能量以及合理利用再生能源，来满足室内气候环境要求的舒适度。

【株洲城区再拆55根烟囱】 2015年5月26日，从株洲市湘江办了解到，株洲市2015年湘江保护和治理工作任务项目清单已敲定，在完成省里186个考核项目的同时，株洲市自加压力，总共计划实施269个湘江保护和治理项目，全面完成“堵源头”任务。此外，计划投资10亿元的老霞湾港、霞湾新桥低排渠重金属污染，底泥清淤治理和生态修复工程、霞湾港生态修复工程、清水及铜霞片区重金属污染土壤治理工程也将于2015年上马，基本完成清水塘老工业区核心区第一阶段历史遗留重金属污染治理。

【茶陵2015年将完成38个项目保护湘江】 2015年

5月26日，茶陵县湘江保护和治理领导小组办公室公布了2015年湘江保护和治理必须完成的38个项目。2015年是我省湘江保护和治理第一个“三年行动计划”的最后一年，该县将加大巡查力度，严厉查处偷采行为，杜绝乱采乱挖现象，确保到年底洣水及主要支流水质达到Ⅲ类或优于Ⅲ类标准，城镇集中式饮用水源保护区水质达到Ⅱ类或优于Ⅱ类标准，重点工业企业污水稳定达标排放。

【株洲100个污染防治项目年内全面完成】 2015年6月4日，省环保厅派出工作组，督查株洲市库区污染防治。从督查活动中了解到，截至3月底，株洲市已完成城区排污口截流、湖南柳化桂成化工有限公司总废水处理扩改、霞湾新村乌丫港垃圾场封场覆盖与生态修复等89项库区污染防治工程。根据计划，株洲市2015年将继续实施11个库区污染防治项目，全面完成库区污染防治目标，消除蓄水隐患。

【株洲“好空气”唱了234天】 2015年6月4日，从全市环保工作会议上了解到，为消除“心肺之患”，2015年株洲市将出三记“重拳”。首先，2015年株洲市对各类环境违法行为采取限制生产、责令停产整治、查封扣押、按日计罚不封顶和移送公安机关对当事人拘留等措施并实行顶格处理。环保执法将实行网格化管理，环保监测人员负责自己网格内的企业。其次，株洲市环保局2015年将严守环境准入关，对违反准入条件的建设项目一律不批；商住区不进工业企业，高新区不进环境污染企业；对防护距离不足或居民搬迁不落实的建设项目一律不批；对没有总量指标来源或者不满足总量控制要求的建设项目一律不批。另悉，6月底前，五县市的空气自动监测站也要开始监测PM2.5，实现监测全域覆盖。此外，2015年株洲市还将继续拆除株洲市区烟囱34根。

【农发行力挺株洲“湘江治污工程”20亿元贷款明年到位】 2015年6月4日，从有关部门获悉，明年底，农发行将“湘江治污工程”款项全部发放到位。湘江流域（新马、栗雨片区）水系治理工程是属于国家《关于湘江流域重金属污染治理实施方案》中的子项目。该项目将对两个片区水系及周边配套工程进行配套达标治理。项目的实施，能逐步消除湘江流域的重金属污染，并为湘江流域重金属污染治理实施积累经验。

【2015年已查处26起环境违法案】 2015年6月5日，株洲市严格按照新《环保法》的规定，充分运用新《环保法》赋予的法律手段，加大了执法力度。截至2015年5月，全市共查处环境违法案件26起。移交公安部门的违法案件3件，其中刑事立案1件，追究刑事责任3人，行政立案2件，行政拘留3人；按日计罚25万元，使用了查封扣押等环保行政执法手段，关停污染企业25家。与此同时，株洲市环保部门2015年将结合湘江保护与治理“一号重点工程”、大气污染防治、农村环境综合整治、重金属污染治理等工作任务和“十二五”污染减排任务，再关闭淘汰搬迁一批企业，重点推进株洲市区35家洗水企业关闭搬迁入园，重点推进清水塘工业区搬迁改造，关停株化所有生产线，启动株冶、柳化桂成、湖南昊华、海利化工等企业搬迁改造，促进株洲市环境质量的进一步好转。

【株洲首发2014年度企业环境行为信用等级“红黑榜”】 2015年6月10日，株洲市环保局公布了2014年度企业环境行为信用等级评价。公布的“红黑榜”上，参评的九成企业被评定为环境合格企业，但有6家企业被评为环境风险企业，2家企业被公示为“环境不良企业”。这份“企业环境行为信用信息”，将81家株洲市级参评企业，划分为“环境诚信企业”“环境合格企业”“环境风险企业”以及“环境不良企业”。

【株洲46家污染企业关闭　搬迁时间表出炉】 2015年6月12日，株洲市发布了《株洲市湘江保护和治理第一个“三年行动计划”2015年度目标任务》（以下简称《目标任务》），对重金属污染、采砂船偷采砂石、生活污水等方面进行重点整治。此外，2015年城区将关闭搬迁46家污染企业，拆除石峰区、荷塘区、芦淞区和云龙示范区55根烟囱。启动神农公园、石峰公园临江改造工程，启动清水、铜霞片区土壤治理，根据《目标任务》安排，2015年12月底前，河东湘江风光带建设工程北段，要完成石峰大桥至电厂后门段道路景观工程，启动彩虹桥、反修桥拆除重建工程，完成白石港路80%的建设工程。

【到2017年底株洲城市林荫道路比例超七成】 2015年6月19日，株洲市政府第五十一次常务会议，研究开展城市绿荫行动、国有林场改革、发展油茶产业、国家自主创新示范区建设等工作。会议审议并原则通过了《株洲市城市绿荫三年行动计划》。该计划提出，到2017年底，全市城市林荫道路比例超过70%，林荫广场和停车场的比例超过60%，林荫小区比例超过50%，立体绿化、山体和水系生态修复保护全面推进。

【株洲再拆4家洗砂场】 2015年8月5日，从有关部门获悉，株洲市再次开展行动，拆除湘江沿岸4家非法洗砂场。至此，湘江城区段沿岸再无非法洗砂。

【上个月株洲空气最干净】 2015年8月13日，省环保厅发布7月全省空气质量状况，14个株洲市州所在城市环境空气质量平均达标天数比例为96%；按照城市环境空气质量综合指数排名，吉首、株洲、张家界列空气质量较好的前三名。株洲市环保局环境监测中心站相关负责人介绍，截至7月31日，株洲市2015年环境空气质量优良天数为156天，较2014年同期增加了34天，良好率为73.6%。影响城市空气质量的6项主要污染浓度中，除二氧化氮浓度与2014年同期持平外，其他5项污染物（可吸入颗粒物、细颗粒物、一氧化碳、二氧化硫、臭氧）浓度均较2014年同期下降。

【茶陵县污水处理厂二期工程开建】 2015年8月21日，茶陵县污水处理厂二期工程启动建设，项目预计明年2月建成，建成后将有效解决目前污水处理能力不足等问题。据悉，污水处理厂二期工程总投资6998万元，污水处理能力将由一期2万吨/日提升至4万吨/日，出水标准由原来的一级B提升至一级A，污泥含水率从现在的80%降至不高于50%。该项目采用氧化沟工艺进行二级生物处理后，再将一、二期污水统一进入深度处理系统，消毒达标后排向洣江河下游。

【攸县6乡镇申报国家级生态乡镇】 2015年8月24日，攸县江桥等6个乡镇（街道）申报国家级生态乡镇

（街道）审查考核会召开，经省环保厅专家组现场考核验收予以通过。据了解，该县申报国家级生态乡镇的6个乡镇分别为黄丰桥镇、江桥街道、皇图岭镇、上云桥镇、坪阳庙乡、莲塘坳镇。

【城市绿化覆盖率达36.23%】 2015年8月26日，省级园林城市复查专家组来到醴陵，对该市“省级园林城市”进行复查评审。专家组一致认为，醴陵市城市园林绿化有关指标达到或超过省级园林城市标准，宣布复查合格。目前，醴陵城市建成区绿地面积达952.01公顷，城市绿化覆盖率达到36.23%。

【攸县引导产业向“绿色”转型】 2015年8月27日，从有关部门获悉，近年来，攸县大力推进节能减排、低碳发展，还人们碧水蓝天。据环境监测数据显示，2014年，攸县县城空气质量明显提升，全年优于三级空气的天数达330天，创下20年来的最高水平，而攸县万元生产总值能耗同比下降4%，二氧化硫（SO_2）减排900多吨。攸县开展环境综合整治行动，2014年来，共投入环保专项资金近2亿元进行环境综合治理。同时，投资5000多万元，建设农村生活污水四池净化设施4500处，完善10个乡村垃圾处置场、123个再生资源回收点。支持企业淘汰落后产能，改造重组，促进产业升级。攸县关闭或合并后仅存的40余家煤矿企业，先后投入环保资金1000多万元，植被覆绿200多公顷，建成污水处理设施16处。眼下，攸县已实现重点企业主要污染物100%达标排放。突出污染整治重点。攸县与24家涉重金属企业法人代表签订企业退出行政目标管理责任状，并向省环保厅争取专项资金2000万元，用于重金属污染综合防治工作。环保部门专业技术人员深入涉重金属污染企业处置现场达28批86人次，收集利用处置废渣3600多吨，清理收集处置残液240多吨，处理废水46池2200多立方米。近年来，该县共退出涉重金属企业29家，退出小型冶炼企业26家。

【醴陵2015年实施22处安全饮水工程】 2015年9月7日至9日，水利部督查醴陵市2015年农村饮水安全工程实施情况，认为醴陵市工作到位，进度理想。2015年，醴陵市实施安全饮水工程22处，目前，工程整体进度已达90%。据了解，醴陵市2015年计划总投资3760.76万元，解决7.9万人的饮水安全问题。其中，中央投资2256.47万元，省级投资515.71万元。项目涉及16个乡镇、街道办事处的54个行政村、15所学校，共计22处工程。其中，新建工程2处，续建工程2处，管网延伸工程2处，联村工程2处，单村供水工程14处。

【湘江保护治理112个项目】 2015年9月18日，全省2015年湘江保护工作调度会在株洲市召开。在会上了解到，株洲市2015年计划实施的112个保护类项目，目前已完成90%，任务完成情况在全省名列前茅。

【长株潭进入大气污染防治特护期】 2015年10月12日，省政府印发《长株潭大气污染防治特护期工作方案》，将每年10月至次年2月（共计5个月）确定为长株潭三株大气污染防治特护期。该《方案》明确了长株潭三市政府的主体责任，三市制定《长株潭地区大气污染防治特护期空气质量保障措施》并负责实施，省政府开展特护期工作专项督查。主要措施包括：严控燃煤污染，长株潭城市建成区加快淘汰20蒸吨及以下燃煤锅炉；城乡结合部地区和其他远郊区县的城镇地区淘汰10蒸吨及以下燃煤锅炉；65蒸吨以下燃煤锅炉要按照《锅炉大气污染物排放标准》要求，实施脱硫、脱硝、除尘设施提标改造；使用含硫量低于0.7%、灰分低于15%的优质煤炭。

【株洲12个水污染点源限期整改】 2015年10月13日，从株洲市环保局了解到，针对省人大公布12个水污染点源，株洲市环境保护委员会已制定整改方案。除醴陵二圣河黑臭水体分期治理外，其他水污染点源必须在本月底前完成整改。目前，该市正在跟株洲市规划设计部门对接，制定该地区生活污水的截流实施方案。2015年年底，截流施工方案就会出台，截污施工随之展开。

【茶陵投资1.3亿治理大江小河】 2015年10月15日，从有关部门获悉，茶陵县投资1.3亿元，对大江小河进行全面综合治理，实现了江河水清、流畅、岸绿、景美的目标。到目前，全县已治理水土流失面积64.2平方公里，修建水保工程1586处。通过采用格宾、雷诺等现代生物新技术治理茶水和建设村河部分河段共64公里。实施“四水”治理项目重要堤防的县城古城区段。同时，该县实行最严格的水资源管理制度，严控用水指标，严抓水功能区限制纳污制度，严管取水许可。初步建立河湖水域巡查机制，出台《茶陵县河道保洁工作方案》《茶陵县河道保洁考核办法》等，共清理扫障河道48公里，清除涉河违章4500多平方米。

【株洲节能环保产业园总投资近40亿】 2015年10月15日，株洲市节能环保产业装备制造产业园正式落户该县南洲新区。目前，园区已有20余家环保型企业签约入驻。据了解，环保产业园整体规划建设3000亩，总投资近40亿元，将分三期开发建设。其中，项目1.1期占地500亩。园区遵循“节能、环保、生态、集聚、高效”的发展理念，建设企业定制区、企业孵化区（标准厂房）、总部办公区等，计划吸聚近百家节能环保企业入园，项目全面建成后将实现年产值100亿元以上。园区内，优先采用入园企业产品和技术，形成“企业小展厅，园区大展厅”的示范基地。目前，首批入驻企业已有20余家，涉及提供环境检测服务、污水处理等领域。今后，这里还将入驻一批环保设备制造企业和环保节能产品生产企业。

【12月底株洲五县市空气质量实时可查】 2015年11月12日，从株洲市环境监测中心站了解到，五县市的空气自动监测站已基本完成升级改造，下月底将开始监测PM2.5等6项污染物。株洲市环境监测中心站工作人员介绍，升级改造前，五县市的空气自动监测站只具备监测PM10、二氧化硫、氮氧化物3项污染物的能力。空气自动监测站升级改造后，五县市都将具备监测PM2.5、PM10、氮氧化物、二氧化硫、一氧化碳、臭氧6项污染物的能力，并采用新的空气质量评价标准，向社会实时发布空气质量信息。

【株洲县20天内拆17家非法砂场】 2015年11月15日，株洲县渌口镇象石码头砂石场设备开始拆除。20天时间内，株洲县将全面拆除17家非法砂石场。据悉，该县17家被拆除对象分布在渌口镇的王家洲、象石、渌口三个村。

【攸县投资3亿多元整治河道】 2015年12月12日22日，从有关部门获悉，攸县共投资3.6亿多元，实施了攸水大同桥段、沙河丫江桥段、攸水酒埠江至网岭段和沙河槚山段合计41.25公里的河道治理，以及对旺田、南田垅等9条农村河道的全面整治。

【株洲首家社会化环境检测机构通过资质认证】 2015年12月23日，从株洲市环保局获悉，湖南新九方检测技术有限公司日前通过资质认证，成为我省首批、株洲市首家具有环境监测综合资质的社会化环境检测机构。该公司以健全的组织机构、过硬的分析技术、严格的流程管理，得到了省、市专家组的认可。

基础设施建设

【炎陵县筷子篓水电站增效扩容改造工程竣工】 2015年1月2日，炎陵县筷子篓水电站增效扩容改造工程竣工，顺利并网发电。据悉，该电站是国家农村水电增效扩容改造项目在炎陵县启动以来首批实施改造的电站之一。该工程总投资1046.5万元，其中，中央补助资金375万元，省级配套资金59万元。改造后总装机由3000千瓦增加至3750千瓦，设计年发电量由原来的923万千瓦时增加到1352万千瓦时。新机组采用微机全自动控制，综合自动化系统达到国内同类型水电站先进水平。

【长株潭城铁12个地面站效果图亮相】 2015年1月4日，长株潭城际铁路12个地面站效果图首次公开亮相。湖南城际铁路有限公司总工程师透露，2015年上半年将全面启动12个地面站建设，计划明年6月以前全面竣工并交付使用。长沙至株洲段共设13个车站，长沙（暮云）至湘潭段设昭山、荷塘、板塘、湘潭4个车站。全线高架站8个，地下车站8个，其余5个为地面车站。长株潭城际铁路使用双线，区段最高设计行车速度200公里/小时。采用电力牵引，自动控制。

【株洲农村饮水安全工程建设完成90%】 2015年1月4日，株洲市召开农村饮水安全工作电视电话会议，要求相关部门倒排工期，加快推进工程建设。据了解，去冬今春株洲市开工建设59处农饮工程，总投资1.31亿元，其中新建工程28处，改扩建4处，续建工程6处，管网延伸21处。截至目前，全市农村饮水安全工程建设总体进度达到90%。

【茶陵65个重点项目开工】 2015年1月6日，茶陵县有关部门透露，截至2014年12月初，茶陵县70个重点项目已有65个开工，全县重点项目开工率达92.9%，重点建设项目完成投资28.9亿元。此外，2014年茶陵县共引进项目20个，合同投资近39亿元；向上争取项目81个，投资总规模达134.2亿元，到位资金突破4亿元。

【株洲方特二期7月左右开园迎客】 2015年1月6日，从湖南华强文化产业有限公司获悉，预计2015年7月左右，方特二期将正式开园迎客。目前，方特二期内的诸多娱乐项目主体都已完工，现进行装饰施工。方特二期的30多个项目中，有十多个以中国文化元素为主，通过把中国传统文化与高科技完美结合，形成产业园独特的文化氛围和底蕴。

【醴陵陶瓷城中心片区一期主体工程基本完工】 2015年1月7日，从醴陵世界陶瓷艺术城（以下简称陶瓷城）项目部了解到，目前陶瓷城中心片区首期工程建设已基本完成，正在进行工程扫尾和内部装修工作，部分展厅已经开始布展。陶瓷城项目总投资27亿元，建筑以陶瓷器皿为外观，空间形态自由奔放，将“环境保护”与“文化艺术设施建设”有机结合，建成后，将成为目前国内最大体量的异形建筑群。

【醴陵旅游专线路基月底全线贯通】 2015年1月9日，在醴陵市东堡乡沩山村葡萄坳，挖掘机轰鸣作业，开山修路。按照目前进度，醴陵北乡片旅游专线本月底路基可全线贯通。据了解，按照醴陵市“一心六组团”的规划布局，北乡片为旅游组团，专线涉及4个乡镇，规划有“枫林印象”“黄乡民居”“官庄山水”“沩山古窑”等优质旅游资源。

【株洲将全面实现先安置后拆迁】 2015年1月13日，据株洲市国土局相关负责人介绍，株洲市2014年列入“民生100”的安置房项目33个8109套已全部封顶或交付使用。其中，天元区续建项目6个1709套，荷塘区续建项目7个3143套，石峰区续建项目4个1398套，芦淞区续建项目7个1010套，云龙示范区续建项目9个849套。与此同时，株洲市2015年新建项目29个5482套也如期开工。其中，天元区新建项目10个2563套；荷塘区新建项目1个105套；石峰区新建项目4个1270套；芦淞区新建项目4个744套；云龙示范区新建项目10个800套。到2015年底，株洲市预计可供应安置房总量可达27019套，与需求量相比，可节余3916套，可以确保完成株洲市委、株洲市政府提出的“2015年全面实现株洲市先安置后拆迁”总体目标。

【株洲两大灌区改造工程本月完工】 2015年1月13日，全省大灌区项目建设管理工作现场会在株洲市召开。会议透露，2014年株洲市酒埠江、官庄两大灌区共争取续建配套与节水改造资金6250万元，两处工程将于本月底完工，届时，株洲市农田灌溉水利用系数将提高到0.51。据了解，株洲市有大中型灌区25个，其中大型2个，分别为酒埠江灌区和官庄灌区；中型23个，其中5万亩以上的重点中型灌区6个。

【株洲产业类项目领跑项目建设】 2015年1月15日，从相关部门的全年项目建设统计报表得知，无论是投资额，还是建设进度，产业类项目始终领跑全年的项目建设。2014年，株洲市158个重点建设项目，涵盖产业、基础设施、民生三大类别，计划投资325亿元，全年共完成投资336亿元，为年计划的103.4%。其中，84项产业类项目，年计划投资159.96亿元，全年完成投资180亿元，为年计划的112.5%。

【株洲拟建5个公交综合枢纽】 2015年1月15日，从有关部门获悉，株洲市要构建大容量的城市公共交通快速客运走廊，并加快公交专用车道和公交专用道网络建设，保障交叉口公交优先通行权。据透露，株洲市目前拟上报5个综合枢纽，争取将这5个综合枢纽纳入交通部城市综合客运枢纽建设项目库。这五个综合枢纽分别为株洲、滨江、职教城、大美、湘水湾公交综合枢纽。

【河东风光带 2015 年将建好 10 余个子项目】 2015 年 1 月 15 日，株洲湘江河东段综合治理工程工作调度会透露，该工程 2015 年拟投资 7.8 亿元，完成沿江路等 10 多个子项目建设。该工程全线 9.2 公里，分北、中、南三段建设，总投资 36.66 亿元，2014 年已完成投资 5.5 亿元，占整个工程投资约 15%。按照总体计划，2016 年 12 月 31 日工程将全面竣工。

【河东风光带 2015 年将建好 10 余个子项目】 2015 年1 月 15 日，株洲湘江河东段综合治理工程工作调度会透露，该工程 2015 年拟投资 7.8 亿元，完成沿江路等 10 多个子项目建设。该工程全线 9.2 公里，分北、中、南三段建设，总投资 36.66 亿元，2014 年已完成投资 5.5 亿元，占整个工程投资约 15%。按照总体计划，2016 年 12 月 31 日工程将全面竣工。

【株洲高新区四大产业项目开工】 2015 年 1 月 16 日，从有关部门获悉，进入 2015 年株洲高新区产业项目建设实现“开门红”，涉及新材料、轨道交通、生物医药等领域的四大产业项目近日陆续开工，株洲高新区相关负责人表示，2015 年上半年，株洲高新区园区还有株洲普天中普防雷科技有限公司、株洲旭阳机电科技开发有限公司、株洲肯特硬质合金有限公司等 7 个工业产业项目开工，将掀起新一轮项目建设高潮。

【株洲加快建设东部新城路网】 2015 年 1 月 16 日，芦淞区委相关负责人称，2015 年芦淞区将继续推动基础设施建设，加速服饰和航空产业发展。2015 年，我们将加快推进航空服饰东部新城基础路网建设。这包括江渌路二期、铁东路、迎新路、果园路、服饰大道一期 5 条道路建成通车；服饰大道二期、千亿大道、通用路、服瑞大道二期 4 条道路的启动建设；以及东城大道的建设、莲易公路的改扩建工作。构建“区内大循环、株洲市域大连接、城际大接轨”的综合交通体系。

【株洲 2015 十大基础设施项目出炉】 2015 年 1 月 20 日，株洲市十四届人大四次会议今日开幕，报告明确提出，2015 年株洲市将集中力量抓好十大基础设施项目、十大农业产业化项目、十大工业项目、十大服务业项目、十大重点改革和民生 100 工程。十大基础设施项是：1. 湘江河东城区段综合治理工程；2. 长株潭城际铁路株洲段、站场及铁东路核心段建设工程；3. 湘江大道（S210 株洲市王家坪至朱亭）；4. 城市交通堵点畅通工程；5. 莲株公路改扩建工程；6. 湘江六桥、七桥建设工程；7. 中环大道贯通工程；8. 醴炎长输管道燃气工程；9. 株洲通用机场；10. 服饰大道。十大农业产业化项目是：1. 株洲市高标准农田建设；2. 中华茶祖文化产业园；3. 花卉苗木产业园；4. 无患子产业化；5. 攸县桑草猪养殖；6. 茶陵黄牛产业化；7. 龙华农牧扩建；8. 中联天地高产油茶林；9. 炎陵特色水果基地；10. 神农林下中药材基地。十大工业项目是：1. 轨道交通科技城；2. 新马汽车产业园；3. 南车株机整机扩容、新品研发及产业化工程；4. 南车株所核心部件及新材料产业化工程；5. 高性能超细硬质合金生产线技术改造（株硬精密工具产业园）；6. 旗滨玻璃生产扩能；7. 创新创业园区“146”工程；8. 煤电一体化；9. 攸茶炎风电场建设；10. 信息产业园。十大服务业项目是：1. 城铁株洲站综合体；2. 湖南（株洲）职业教育科技园；3. 云峰湖国际文化旅游度假区；4. 南车株洲物流基地；5. 大美新芦淞商贸物流园；6. 株洲服饰电商产业园；7. 汽车博览园；8. 湖南移动数据中心；9. 炎陵炎帝文化旅游综合开发；10. 攸州义乌国际商贸城；十大重点改革是：1. 政府机构改革；2. 行政审批制度改革；3. 商事制度改革；4. 国资国企改革；5. 投融资体制改革 6. 财税体制改革；7. 土地经营制度改革；8. 科技体制改革；9. 公共资源交易管理体制改革；10. 公立医院改革。

【茶陵确定重点扶持尚竹二期等项目】 2015 年 1 月 23 日，茶陵乡镇（街道）、园区财税工作座谈会确定，2015 年该县公共财政收入法定预算目标为 12.1 亿元，比上年完成数增长 8%。2015 年，该县将通过培植实体经济、推进新型城镇化、加快土地流转、增强园区经济内生动力、强化财税征管、清理规范财税优惠政策，以及稳步实施乡镇国库集中支付改革 7 大重点，创新和强化工作措施，力争圆满完成这个目标任务。据了解，2015 年，该县将重点扶持烃醇燃料项目、强强陶瓷、尚竹二期、红星盛康油脂二期等项目，继续加强重点项目、龙头项目对财政的拉动作用。

【茶陵打造旅游产业集群】 2015 年 1 月 26 日，坐落于国家 4A 级景区云阳山麓的中华茶祖文化产业园项目建设工地一派火热的施工景象。为了建立完善的旅游产业，茶陵县顶层策划、高端规划，努力打造旅游产业集群。该县做大做强县文化旅游开发投资有限公司，引导社会资本与政府资本多元合作参与开发运营，完善旅游景区基础设施建设，推进旅游招商和旅游项目建设。2015 年该县将继续加强与国内知名旅游策划公司和旅游投资开发公司的对接，做好茶陵旅游总体规划。同时，茶陵县继续完善“鹰击长空”旅游品牌。目前，茶陵县茶祖文化公园已基本建成。2015 年，茶陵县计划加快洣水沿江风光带建设，加强对南宋古城、云阳山、东阳湖等旅游景点的保护开发。此外，茶陵县将着手规划和建设茶陵诗派、祖庵家莱展览馆和“湖口挽澜”纪念碑，启动东阳湖码头、云阳山赤松山广场等项目建设。

【旗滨集团在马来西亚建生产基地】 2015 年 1 月 26 日，该公司在马来西亚森美兰州投建浮法玻璃厂、收购三星康宁精密材料（马来西亚）有限公司签约仪式在旗滨福建东山生产基地举行。据悉，马来西亚基地将是旗滨集团在海外建立的首个生产基地。根据协议，旗滨集团将出资 1600 万美元，购买三星康宁公司位于马来西亚森美兰州的工厂，并投资建设两条优质浮法玻璃生产线。2015 年 10 月办完各项手续后动工，分两期进行建设。一期总投资约 12 亿元，建设 2 条优质浮法玻璃生产线，二期计划投资建设 1 条光伏玻璃生产线。建成投产后，年可实现销售额 9 亿余元、利润 4850 万元。

【株洲轨道交通产业瞄准“三个千亿”】 2015 年 1 月 26 日，石峰区召开的区委四届六次全体（扩大）会议透露，2015 年建成全市首个千亿产业集群后，到“十三五”末，将力争轨道交通产业再新增产值一千亿，总规模达两千亿元。与此同时，依托 IGBT 核心技术，形成以 IGBT 核心企业为龙头、其他关联企业集聚发展的新的千亿产业集群。

【株洲通用机场建设加速】 2015年1月31日，位于株洲通用机场规划范围内（跑道上）的观音古寺完成搬迁。2015年，通用机场被列为全市10大基础设施项目，力争年内建成。新芦淞集团相关负责人介绍，目前房屋拆迁近半，预计4月份可全部完成。机场的建设周期为8个月，年内建成。

【攸州义乌国际商贸城昨奠基】 2015年2月2日，攸县攸州义乌国际商贸城项目奠基。该项目位于攸县东城新区迎宾大道，距平汝高速攸县东出口仅300米，总投资16亿元，占地360亩，是株洲市十大服务业项目之一。该项目分三期进行开发，一期将投资4亿元打造小商品城，二期打造五金机电及家居建材城，三期打造仓储物流配套、高档酒店及电子商务孵化中心。

【茶陵将建3个诗词主题公园】 2015年2月3日，茶陵正式启动创建“中华诗词之乡”。据悉，该县将在云阳山国家森林公园打造以风景诗词为主题的“汲秀园”，公园布景将以历代文人墨客描写云阳山的诗词歌赋为主；在茶祖文化园内增加以茶为主题的诗词景观园；在即将完工的东阳公园内新添以明代内阁首辅大臣李东阳的诗词为主的诗墙、诗碑等。

【株洲县全力打造“一城两基地”】 2015年2月3日，株洲县十一届五次人民代表大会开幕，184名人大代表听取和审议政府工作报告。2015年该县主要预期目标是：GDP增长10%，公共财政预算收入增长10%，城镇居民人均可支配收入增长10%，集中力量抓好“十大产业项目、十大基础工程、十大民生实事”建设。该县把2015年确定为“改革创新年、法治建设年、项目突破年”，将紧扣株洲市“南进战略”，围绕“撤县建区”部署，坚持“按区规划”主线，主动融城对接，努力实现与株洲市区规划同编、交通同网、基础同标、设施同建，加快形成“一主三核”（县城主城区，南洲新区、梅子新区、伏波新区三个核心片区）、“两江三岸”（湘江东岸和渌江南、北两岸开发建设）组团发展新格局，全力打造“一城两基地”（以现代装备制造为主导的生态新城，以新型清洁能源为特征的“两型”示范基地，以高端商务服务为特色的休闲旅游基地）。产业是发展的支撑，项目是产业的基石。2015年，株洲县将以渌鸿风电、光伏发电和时代绝缘等项目为基础，打造新能源、新材料产业园；以光明重机、三联重工、丰达电气等项目为基础，打造先进设备制造产业园；以对接株洲市区汽车、轨道交通、航空产业为契机，打造汽车、轨道交通及航空零部件配套产业园；以无患子、神农林下中药材等项目为支撑，打造农产品加工产业园。此外，该县计划全年引进投资过亿项目5个，超5亿项目2个，超10亿项目1个。

【石峰轨道交通产值2015年力争过800亿】 2015年2月9日，石峰区政府工作报告透露，2015年，将全力支持“南车株机”“南车株所”产业规模分别过300亿元，南车电机、联诚集团分别过50亿元，力争全区2015年轨道交通产业产值超过800亿元，助力全市轨道交通产业产值达到千亿规模。2015年，支持轨道交通产业发展，株洲市会有大动作：株洲市区两级共同筹措轨道交通产业发展建设资金50亿元；完成轨道科技城征地征收5000亩；启动50万平方米标准厂房建设。

【河东再添区域性商业新贵】 2015年2月13日，从多部门获悉，该项目2015年拟投资60亿元，重点加快龙母河周边基础设施配套建设。龙母河国际商贸城建成后，云龙示范区“北部旅游、中部商贸、南部科教”的地理空间框架将成型。2015年计划投资60亿元，预计2020年建成据介绍，该项目主要包括基础设施配套和商业综合体建设两部分。基础设施配套工程，主要包括水系湖区道路工程、水下工程、湖区蓄水及沿江、沿湖景观工程等。商业综合体主要布局在磐龙湖社区，将建设商业会展中心、购物中心、专业株洲市场等。

【2015年株洲将建10536套公共租赁住房】 2015年2月28日，从株洲市房产局住房保障处了解到，2015年，株洲市将新建公共租赁住房10536套，并对18464户城市棚户区房屋实施改造。根据计划，株洲市2015年计划建设公共租赁住房建设45.8万平方米。棚户区改造也是2015年保障性安居工程的重头戏。株洲市2015年将对63个项目、共18464户进行棚户区改造。根据计划，株洲市2015年将基本建成公共租赁房9152套，城市棚户区改造18106户，垦区危房棚户区改造177户，发放租赁补贴14540户。据悉，金彩明天、水竹湖、荷塘家园一期等保障房项目的共5000套均计划于2015年年底前交付使用。

【株洲“神农”药材基地二期建设3月开启】 2015年3月1日，株洲县砖桥乡穿石村神农林下中药材基地里，一期核心基地建设及3000亩脱毒种苗基地建设已进入扫尾阶段。本月中旬，投资1亿元的二期工程就将启动，并有望于2017年竣工。神农林下中药材基地是株洲市2015年“四个十”重大项目之一。该项目分三期建设，其中一期建设接近完工；二期工程为3万亩基地建设及一万头牛羊猪生态养殖场；三期建设为中药养生、旅游、休闲中心等内容。整个项目将于2022年完工。

【株洲将崛起一个重点农业休闲基地】 2015年3月2日，从有关部门获悉，在芦淞区邻近航空服饰城的白关镇白关村，将崛起一个侧重于培育国外名贵花卉的重点农业休闲基地——汉唐·周庄项目。该项目总用地面积约500亩，按照规划，美国紫薇、美国杜鹃、非洲菊等名贵花卉种植面积约150亩，宝瓶枣树、嘉宝果等珍稀特种果树约50亩，无公害生态型蔬菜瓜果约50亩，建设珍稀野生动物养殖基地约100亩，农业配套生态休闲观光旅游设施占地约150亩。据介绍，项目总投资1.2亿元，拟分两期开发，有望于明年8月全部竣工。

【株洲石峰区年内启动智谷二期建设】 2015年3月2日，石峰区轨道交通标准厂房一期工程竣工后，受到轨道交通配套企业青睐，目前已有株洲南车特种装备科技有限公司、株洲天力锻业有限责任公司、株洲盛大实业有限公司等4家企业入驻。从该区获悉，为了提高产业承接力，2015年该区将启动轨道交通标准厂房二期工程（即智谷二期）建设。智谷二期计划投资5.68亿元，占地275亩，建筑面积19.6万平方米，其中包括研发中心、企业总部、创业工坊，目前土地已经报批，正在进行拆迁工作。

【株百物流中心预计7月全面竣工】 2015年3月3

日，坐落于芦淞区董家塅高科园内的株百物流中心建设正酣。株百相关负责人介绍，预计2015年7月该项目将全面竣工。届时物流中心年吞吐能力达500万吨，将为株百各个门店提供仓储、配送、加工等各项服务。株百物流中心规划建设常温配送中心、家电配送中心、生鲜配送中心、中央厨房、综合用楼共5座建筑。全部建成后，株百将拥有10多万平方米的仓储设施齐全、交通便利的物流基地，物流中心可实现超市年销售17亿元、家电年销售7亿元的配送。

【株洲有轨电车产业规模扩能】 2015年3月4日，轨道交通产业被确定为2015年全市重点发展产业。作为该项目的重要组成部分，储能式有轨电车将实现产业规模扩能，其实施后，株洲市轨道交通产业链将得以进一步完善。据了解，储能式有轨电车产业化项目，将对南车株机城轨基地现有厂房设施进行技术改造，新增工艺设备119台（套）。项目总投资3.37亿元，其中，2015年拟完成投资1.5亿元，预计2016年全面完成扩能投产。

【株洲规划建设10个创新创业园区】 2015年3月5日，株洲市印发《株洲市创新创业园区“146”工程实施方案》的通知。力争在2015年至2016年在全市规划建设10个创新创业园区，包括2个标准厂房规模过100万平方米的大型创新创业园区，3个标准厂房规模过50万平方米的中型创新创业园区，5个标准厂房规模30万平方米以下的小型创新创业园区。建成标准厂房规模460万平方米以上，引进符合产业定位的企业600家以上（简称创新创业园区“146”工程）。创新创业园区以引进创新创业型企业为主。禁止引进国家《产业结构调整目录》中的限制类和淘汰类项目，禁止园区内企业生产国家明令规定的淘汰类产品。2015年1月底前，各县市区制定实施方案，启动前期工作。5月，举行全市标准厂房推介活动。8月底前，完成各项前期工作，全面开工建设。2016年12月底前，完成全部项目的竣工验收。

【2015年炎陵主攻“十大项目”】 2015年3月8日，炎陵县召开第十六届人民代表大会第四次会议，报告提出，2015年该县将工作重心放在产业升级、民生改善等工作上，将主抓十大产业项目、十大基础设施项目和十大民生项目建设。同时，确定发展目标为：GDP增长9.5%以上，公共财政预算总收入增长10%以上，城镇和农村居民人均可支配收入分别增长10%、11%以上。在产业转型升级方面，该县将目光紧紧锁定在旅游升温、园区攻坚、农业开发三大块。同时，电子商务成为发展重点，该县将推行农产品网售和大中城市直营模式，并围绕黄桃、红茶、白鹅、高山茶油等产业，规划建设一批特色农业标准化基地，创建一批有知名度、有竞争力的品牌。

【醴陵标准化泥釉模配制中心投产】 2015年3月9日，醴陵标准化泥釉模配制中心的制泥车间开始生产首批产品，标志着国内泥、釉、模三大陶瓷原料标准化生产空白得到填补。醴陵泥釉模配置中心制釉车间各工序的自动化生产率为90%，现在主要生产普通炻瓷泥和白炻瓷泥，日产量为100吨，3月中旬，成品泥的种类将增至6种，日产量可达250吨。制模车间将于6月份正式投产。

【株洲依托“146”工程园区技工贸总收入超2600亿】 2015年3月12日，从株洲市园区管理办公室获悉，2015年株洲市将依托“146”工程，力争园区技工贸总收入达2621亿元，工业增加值770亿元，固定资产投资达938.5亿元，三项指标分别增长15%，14%和25.5%。

【联诚集团助力株洲轨道交通产业】 2015年3月13日，从该项目获悉，项目将在年内竣工投产，投产后一年将为全市轨道产业新增10亿元产值。项目负责人介绍，该项目主体工程包括3栋工业标准厂房，目前，1号厂房主体工程已经完成，2、3号厂房也已完成了地面施工，进入墙体施工、厂房焊接等地上工程阶段。预计到5月，4万平方米的厂房主体建设将完成，届时，项目将进入新设备安装调试阶段。

【“株洲制造”大步走出国门】 2015年3月17日，从株洲海关了解到，2015年1至2月，株洲市累计进出口总值23.1亿元，同比增长19.2%；完成加工贸易进出口额8.2亿元，增长76%。对南非、美国、日本贸易位居前三，对马来西亚贸易快速增长。国有企业进出口独占鳌头。1—2月份株洲市国有企业进出口13.4亿元，增长40.8%，占同期株洲市进出口总值的58%，其中出口9亿元，增长57%，进口4.4亿元，增长16.5%。电力机车及相关轨道交通产品出口大幅增长，传统劳动密集型产品出口形势良好。1—2月，株洲市出口电力机车4.3亿元，增长91%，占同期株洲市出口总额的18.6%；出口陶瓷产品2亿元，增长21.4%，占同期株洲市出口总额的8.6%。

【株洲高新区五大百亿工程齐头并进】 2015年3月17日，中国动力谷自主创新园工地上一派繁忙景象，目前9.1万平方米的研发中心已完成主体工程与安装工程，正在进行装饰。2015年要突出抓好中国动力谷自主创新园、新马EBD、汽车博览园、汽车产业集群、月塘生态新城五大百亿工程项目。株洲高新区计划2015年新征、续征项目用地10000亩，交地8000亩以上。

【芦淞区攻坚服饰、航空两大千亿产业】 2015年3月18日，新芦淞（白关）服饰产业园一期项目现场一派繁忙，16栋标准厂房完成主体建设，正在进行室内装饰，预计2015年8月可投入使用。2015年要围绕服饰、航空两大产业及现代服务业，狠抓项目建设，加速东部新城建设。力争到2017年，服饰产业过千亿，全产业链全面投产。2015年将加快建成新芦淞（白关）国际服饰产业园、洗水工业园等项目。

【株洲荷塘区推进两大产业集聚】 2015年3月18日，荷塘区金城·国投新材料示范园项目正在紧张施工，10月份前，这里20万平方米的标准厂房主体将建成。有了省级工业园区的‘金字招牌’，2015年荷塘区将立足园区，狠抓项目建设，打好两大主导产业及配套产业攻坚战。医学健康产业是荷塘区的新兴产业。在金山新城北部规划占地面积2000亩、总投资10亿元的株洲国际医疗康复产业园项目。湖南亿和医药仓储物流中心、千金净雅卫生用品基地、千金湘江医药物流等近10个相关产业项目正在加紧对接，力求转为开工项目。在金山工业园一期，已有飞鹿高新材料研发中心、科能LED电子电极材料、金城国投新材料产业园等30个以有色金属深加工为主的新材料产业项目开工建设或竣工投产。而新建项目金城·国投新材料示范园、轨道交通配套产业园将聚集轨道交通设备、硬质金属、机械制造等有色金属深加工产业链上下游企业，以及相关产业领域的制造与研发企业，形成产业集群。

【株洲城区将改造新建100个小游园】 2015年3月19日，株洲市园林绿化局发布消息，株洲市城区将改造或新建100个小游园。据悉，这100个小游园将在3月底前完成施工设计图，6月底前完成绿化种植，10月份之前全面建成。

【炎帝陵新建续建八大项目】 2015年3月19日，从炎帝陵管理局获悉，2015年炎帝陵景区将大手笔投入新建续建重点项目8个。目前，5个新建项目的筹备、开工建设工作正在紧锣密鼓进行中。新建续建的8大项目：1.神农园项目；2.中医药文化纪念馆项；3.游客服务中心；4.华夏广场；5.旅游设施建设；6.景区交通管网工程；7.游客祭祖祈福服务中心；8.文物修缮及保护工程。

【茶陵华能风力发电项目即将开建】 2015年3月19日，茶陵县经济开发区，强强陶瓷有限公司一期项目建设工地一片忙碌景象。强强陶瓷有限公司总投资4.8亿，占地370亩，是一家集研发、设计、生产为一体，专门生产陶瓷内墙砖的大型现代化陶瓷生产企业。目前，5万平方米的钢构厂房和两条生产线已基本建成，预计4月中旬点火，5月初正式投产。2015年，茶陵县将全力实施项目攻坚‘347’工程，即推进全县‘三个十’项目、40个产业培育项目、70个重点建设项目。力争完成固定资产投资128亿元，供地4000亩，拆迁2.7万平方米，融资15亿元。2015年，茶陵将项目建设主攻点放在做强工业上，进一步加强园区水、电、路、网、地等要素保障，提升园区吸引力和承载力，加快启动华能风力发电等新项目的开工建设，抓好烃醇燃料、强强陶瓷、尚竹二期等续建项目。主攻龙头企业，支持和扶助湘东钨业、华盛陶瓷、贵派电器等现有龙头企业做大做强，开展技术改造。

【株洲轨道科技城将建“北都新城”】 2015年3月20日，轨道科技城的配套建设正在抓紧实施。据悉，株洲市将在田心立交北面（时代大道与迎宾大道所夹范围），建设中高端城市综合体，以服务轨道科技城的生产生活。该城市综合体命名为“北都新城”，其定位是石峰区新的区域商业中心。规划显示，项目总用地面积576亩，总投资14亿元，拟分期开发。根据计划，项目2015年要启动一期（约195亩，为轨道科技城配套商住项目）开发建设，并将启动二期项目的土地报批。另据了解，支撑该综合体开发的田心大道等区域内主干道，年内也将启动建设。轨道科技城用地将扩容4000多亩，2020年，这里的轨道交通产业总规模将冲刺2000亿元。

【株洲万丰湖湿地生态公园一期驳岸整形完成】 2015年3月23日，株洲高科集团发布消息称，万丰湖一期（仙月环路至新马南路）驳岸整形基本完工，乔木种植完成50%，游道路基开始整形，电瓶车道碎石垫层80%。万丰湖生态水系景观工程总面积约为2000亩，全长约4.5千米，其中水体面积约为800亩，山体公园面积141亩，工程建设总投资约4.5亿元。据悉，万丰湖全景区分为七个区，分别是：水溪休闲区、活力商业区、疏林水岸区、水净化展示区、游船湖区、滨水运动区、游艇码头区。

【株洲将启动一批重大减排项目】 2015年3月23日，从株洲市环保局了解到，到2015年底，株洲市二氧化硫、氮氧化物、化学需氧量、氨氮等4项主要污染物排放量，要在2010年的基础上，分别削减15.96%、13.68%、9.52%和13.64%，但目前仅氮氧化物完成减排目标。同时，2015年全市力推“株化”全面关停，该项工作如果能够顺利完成，可削减二氧化硫3798吨、氮氧化物1286吨、化学需氧量389吨、氨氮59.5吨。此外，还有攸县酒埠江钢厂等20个重点排污企业的关停改造，也已列入2015年的减排计划。建成2座污水处理厂。2015年，攸县污水处理厂二期、醴陵污水处理厂二期，都要建成投入使用，市区生活污水处理厂完成提质改造，尾水排放实现由一级B标提高至一级A标。此外，结合省“一号重点工程”，2015年株洲市还将实施38个规模化畜禽养殖污染治理项目，关停湘江沿岸1公里范围内的197家畜禽养殖场。

【攸县推进“五个百亿”工程】 2015年3月23日，从有关部门获悉，攸县2015年主抓五大工业项目、五大农业项目、五大服务业项目、五大农村项目和五大城建项目。攸县将围绕项目来源、项目推进、项目瓶颈、项目环境4个环节攻坚，奋力实施“五个百亿”工程，即实施百亿投资项目、打造百亿投资平台、构筑百亿商贸物流圈、建设百亿产值园区、培育百亿煤炭产业集群。

【株洲云龙铺排30个重点项目】 2015年3月23日，从有关部门获悉，按照以发展高端服务业和创新型产业为重点的“两型”社会新城的定位，云龙示范区围绕北部旅游休闲板块、中部智慧产业板块和南部职教创新板块，以优势产业、骨干路网和片区开发为重点，结合土地报批征拆计划等实际，2015年铺排了30个重点项目，其中，新建项目11个、续建项目15个、前期项目4个。

【株洲布局“一轴三区，三网六城”】 2015年3月25日，水利部会同省水利厅在北京召开《株洲市水生态文明城市建设试点实施方案》（以下简称《方案》）审查会，经专家严格评估，《方案》顺利通过水利部审查。根据《方案》，株洲市水生态文明城市建设试点期为2015年至2017年，提升期为2018年至2020年。《方案》对株洲市创建全国水生态文明城市进行了布局。其中，全市的总体布局为：“一轴三区，三网六城”，最终形成山、湖、河、城相融合的“生态株洲”。而株洲水生态文明城市建设的核心区位于株洲市区，布局为：“一江两岸三山十港”。另外，根据《方案》，株洲市将通过6个体系15个行动40类项目，作为株洲市水生态文明城市建设试点的主要实施内容。包括构建严格的水节约、友好的水环境、健康的水生态、安全的水保障、科学的水管理及先进的水文化6个体系，开展工业节水行动、控源减排、水土涵养等15个行动，实施小企业关闭搬迁、沿湘江畜禽养殖场关闭及以重金属废水治理为主的企业废水治理等40类项目。总投资398.78亿元，其中试点期投资255.65亿元，提升期投资143.13亿元。“一轴三区”是指：位于“株炎城镇发展轴”轴端的株洲城区作为水生态修复区，在水生态文明建设中发挥核心区作用；位于轴中位置的株洲县、醴陵市、攸县作为水生态治理区，在水生态文明建设中发挥重点区作用；位于轴末位置的茶陵县、炎陵县作为水生态保护区，在水生态文明建设中发挥辐射区作用。“三网六城”是指：建设湘江干流株洲段、洣水、渌水三大健康水网，打造株洲市区、株洲县城、醴陵市区、攸县县城、茶陵县城、炎陵县城六大水生态文明示范城市。“一江”是指一江成轴：以湘江生态带建设为主轴，把湘江打造成为“东方莱茵河”。“两岸”是指两岸同绿：在湘江河东与河西两岸，新建与改造20余个城市公园，200余个“口袋公园”，打造星罗棋布、玉珠点缀的水生态节点。“三山”是指三山为脉：以株洲市区九郎山至法华岭、五云峰、婆仙岭至柏岭山等三片山脉为株洲市区生态屏障。“十港”是指十港筑城：以治理、修复株洲市区白石港、建宁港等十条湘江主要支流的水生态、水环境，建设云龙新城、湘江新城等十大新城，与原有城市格局有机结合，构筑新的株洲城市格局，实现以水筑城，碧水穿城的生态株洲。

【公路建养投资2015年将达6亿】 2015年3月25日，株洲市公路工作会议召开，根据规划，全市2015年将完成公路建设、养护投资约6亿元，较上年度增长20%。2015年，株洲市干线公路投资2.2亿元，完工40公里，新开工12公里；县域城市道路投资额将达2.8亿元，完工10公里，新开工3.6公里；公路养护投资1亿元，完成国省干线大中修82公里，完成147公里公路安保设施隐患治理，改造危桥10座。与此同时，完成S345攸县段路基工程，及攸县网岭镇网岭大道、旭日大道主体工程的建设。

【南岳岭、塘片区棚改启动】 2015年3月27日，株洲市下发南岳岭、上月塘片区棚改一、二期项目在国有土地上的房屋征收补偿方案，标志着株洲市历史上最大的棚改项目正式启动，这也是株洲市2015年“项目攻坚年”新建项目中首个正式实施的项目。南岳岭、上月塘片区棚改项目是包括长株潭城际铁路株洲站站前广场、铁东路建设和周边棚户区改造提升的重点工程建设项目。项目涉及荷塘区月塘街道南岳岭社区、石塘冲社区和合泰管理办公室合泰社区、东湖社区等多个社区，总占地面积32.68万平方米，涉征房屋总面积42.35万平方米，其中住宅28.57万平方米，产权户数2506户，12075人；单位32家，房屋13.79万平方米。

【渌枫大道、和谐大道年内开建】 2015年3月27日，从多部门获悉，株洲市年内将启动建设渌枫大道、和谐大道两条城市主干道，以实现株洲县核心区域与株洲市区的快速对接。此外，湘江河东风光带（含道路建设）也有望南延至渌口。这些道路竣工后，株洲市区与株洲县核心区域间，将形成伏波大道（即S211省道渌口段）、渌枫大道、湘江风光带道路、和谐大道4条快速通道。

【芦淞区铺排73个重点项目】 2015年3月27日，芦淞区“项目攻坚年”动员大会做出部署，芦淞区铺排重点项目73个，其中株洲市级重点项目32个；完成全区固定资产投资292.91亿元以上；力争完成2500亩以上集体土地征收计划，6.64万平方米国有土地上房屋征收任务；实现14个重点招商项目的80%以上履约落地。与此同时，株洲通用机场、洗水工业园等多个项目正在同步加快建设。

【炎陵重点项目计划完成投资35.46亿】 2015年3月28日，从有关部门获悉，炎陵县2015年计划固定资产投资突破100个亿，着力抓好“三个十”重大项目建设，全年安排16个株洲市级重点项目，62个县级重点项目，计划完成投资35.46亿元。在项目布局上，突出抓文化旅游、生态工业、特色农业等产业项目。加快推进炎帝陵、神农谷创建国家5A级景区，加快神农福地体育休闲娱乐主题公园等项目建设；进一步力推中小企业创业园、九龙产业孵化园等项目发展；加快“一带八基地”特色水果、茶叶、笋竹林等项目建设。着力抓好用地、融资、审批、施工环境“四个关键”。在用地上，将继续加大拆迁腾地力度，力争解决项目用地1500亩；在项目融资上，2015年将积极探索PPP等合作模式，加强政银企对接，力争融资6亿元以上；在项目审批上，全面推行联审联批、并联审批和统一收费制，提升工作效能；在优化环境上，将深入开展“一严三打”大行动，严厉打击侵害群众利益、打击破坏发展环境、打击严重刑事犯罪行为。

【株洲市2015年规划建1~2个规模50万~100万平方米的城市综合体】 2015年3月30日，全市房地产开发工作会议透露，2015年株洲市将规划建设1～2个规模50万～100万平方米的城市综合体，并对房地产开发企业建设的旅游配套设施项目按照“一事一议”制度给予财政和政策支持。

【河东风光带2015年分4个节点进行建设】 2015年3月30日，湘江集团对外公示了湘江株洲城区河东段综合治理工程2015年项目建设节点任务。该工程采用边建设边开园的模式，2015年，该工程设置了5月1日、7月1日、10月1日及12月31日等四个时间建设节点任务，每个节点都要启动或建成一批子项目。据项目业主单位湘江集团介绍，该工程全线9.2公里，分北、中、南三段建设，总投资近40亿元。该工程2015年拟投资7.8亿元，完成沿江路等10多个子项目建设。

【攸县58个城建重点项目启动】 2015年3月30日，从有关部门获悉，2015年是项目攻坚年，该县立足“三个支撑带”“一部一带”“湖南东大门”等重点区域发展战略，大力实施“五个百亿”工程，策划了一大批产业项目、基础设施项目、生态环保项目和民生项目。该县推行“阳光拆迁”，2015年目标完成2732亩土地征收和40000平方米房屋征收任务。该县将放开投资领域，探索政府与社会资本合作（PPP）模式，鼓励社会资本参与到重点项目建设中来，同时，加大向上争资力度。该县还出台了“优化项目环境十条禁令”，力求做到项目服务“零距离”、项目管理“零缺位”、项目建设“零干扰”。截至目前，该县58个城建重点项目已全部启动，根据计划，2015年将完成项目23个，其他项目陆续完成主体工程建设。

【株洲将建服饰主题公园】 2015年3月30日，从芦淞区株洲市场管理局获悉，根据日前株洲市与中国服装协会签署的战略协议，中国服装协会近期将组织相关行业专家参与主题公园研讨，共建一个传播中华服饰文化的基地和国际服饰文化交流的中心。该主题公园位于芦淞区太子路株洲小巨蛋附近，天池公园内，占地面积1200亩，其中天池湖280亩，以炎帝服饰文化为历史底蕴，融合文化传播、时尚体验、生态观光、娱乐休闲。

【株洲将再建150个农村客运招呼站】 2015年3月30日，全市道路运输管理工作会议发布消息，与株洲市民生活息息相关的一揽子惠民交通举措将在年内实施，给株洲市民带来不同的“福利”。梳理出以下几大亮点：再建150个农村客运招呼站。根据计划，全市2015年将投资300万元，再建150个农村客运招呼站，并出台《农村客运站、客运招呼站建设管理办法》，落实农村客运站、招呼站建管责任。与此同时，在公路村村通的基础上，大力推进客运村村通工程，建制村客运班车通车率达97.5%。开通2条高铁客运接驳线，实现各种运输方式的“零换乘”。

【石峰区攻坚“千亿”轨道交通产业产值要达800亿】 2015年3月31日，召开的石峰区“千亿攻坚年”活动动员大会上，博雅实业有限公司将投资1.5亿元，在石峰区建立轨道交通配套的机车逆变电源循环式冷却系统基地，该项目70亩用地有望在5月前完成“三通一平”，8月前开工建设。轨道交通产业来势看好，被国家列入《中国制造2025规划》予以重点支持，2015年轨道交通产业投资总规模保持在8000亿元以上；省里已经明确给予株洲相关优惠政策支持，要求在“十三五”末实现2000亿目标，将轨道交通打造成全省又一个标志性产业；株洲市里明确将轨道科技城的基础设施和城市建设作为“一号工程”，给予30亿专项产业基金和20亿政策性银行贷款支持。石峰区相关负责人表示，围绕轨道交通产业产值达到1000亿元，石峰区2015年将全力推进19个株洲市级重点项目、44个区级重点项目建设，完成固定资产投资177.88亿元，增长20%；完成3500亩集体土地征拆和3.66万平方米国有土地房屋征收任务；完成重点建设项目年度投资20亿元（开工项目不少于5个，竣工项目不少于2个）；包装策划9个重大前期项目，跟踪服务5个重点前期项目；全面推进11个重点招商项目履约，实现8个亿元以上重点招商项目履约落地的任务。

【攸县今春人工造林5.4万亩】 2015年4月2日，攸县林业部门透露，今春以来，攸县已完成人工造林5.4万亩，面积相当于5000个足球场大小；美化绿化公路192.5公里。攸县是湖南省林业大县，也是全国生态文明先进县，全省首个全国绿化模范县，有林地面积251万亩，森林覆盖率达60%。2015年，攸县计划完成“四个五”，突出“三个必造”，让造林升绿化再上一个新台阶。“四个五”，即完成人工造林5.4万亩，森林抚育5万亩，油茶低改5万亩，楠竹低改5万亩，发动群众人均植树3~5棵，完成义务植树200万株；“三个必造”，即“五边”（城边、水边、路边、村边、屋边）必造、大面积宜林荒山必造、迹地（火烧迹地、采伐迹地）必造，重点抓好县人大7个约见单位的示范林基地建设，在每个乡镇建立2个以上300亩以上示范林基地。

【株洲为项目建设提供“保姆式”服务】 2015年4月2日，从有关部门获悉，2015年项目攻坚年有一大硬指标——工业投资要占固定资产投资的68%以上。全市130个重点建设项目中，工业项目占50个，投资额超过130个项目总投资的50%。目前，总投资超百亿元的轨道科技城、投资超50亿元的北汽二工厂、煤电一体化等项目都在加快推进实施。不仅如此，在50个工业项目中，战略性新兴产业项目占比超七成。2015年该产业冲刺千亿、“十三五”末争取过两千亿，它将扮演至关重要的角色。

【2015年推进“5123”工程】 2015年4月3日，首届湖南（醴陵）瓷博会刚刚落幕，瓷城醴陵又传来好消息，2015年一季度，该市公共财政预算总收入完成102306万元，同比增加9744万元，增长10.53%，比株洲市平均增幅高出4.73个百分点，实现首季开门红。2015年，醴陵市全面实施《工业强市实施意见》，出台《工业强市十条政策》，推进“5123”工程（力争用5~8年时间，培育年主营业务收入过10亿企业10家，过5亿企业20家，过亿元企业300家），加上特色县域经济重点县等政策支持，助推工业经济快速发展。一批新的税收增长点涌现，以旗滨玻璃、时代金属、升华科技为代表的一批新兴产业快速发展壮大；渌江新城项目启动，带动房地产业、建筑业发展；沪昆高铁开通，促进以“枫林印象”为代表的休闲旅游产业和以醴陵·世界陶瓷艺术城为代表的展会经济的发展。

【攸县布局多元文化旅游产业】 2015年4月3日，享有“潇湘百景”美誉之称的攸县白龙洞景点，每天游客络绎不绝。近年来，攸县完成了旅游产业发展规划、旅游产业“十二五”规划和酒埠江旅游区总体规划。在景区开发建设方面，围绕“慢”字，突出“慢行、慢餐、慢宿、慢养生、慢休闲、慢交流”等传统理念，致力将酒埠江风景区打造成“湖南省第一个国际慢城”。同时，以酒埠江旅游重镇为依托，全面提升景区承载力，以做大做强酒埠江的水、鸾山的洞、柏市的林等为代表的乡村旅游，逐步形成攸县旅游景区“一日游”、“二日游”精品旅游线路。2015年，该县计划进一步加大投入，启动了景区星级酒店、酒仙湖脱拓展训练基地、阳升观等一批旅游重点工程，加快景区开发建设步伐。同时，该县还加大宣传力度，创建攸县旅游官方微信平台。

【湘江株洲至衡阳段整治年内开工】 2015年4月7日，省发改委透露，国家发改委日前正式批复湘江二级航道二期工程（衡阳至株洲段）可研报告。项目总投资为30多亿元，计划2015年开工建设。在株洲枢纽新建2000吨级二线船闸1座。湘江二级航道二期工程主要建设内容为：按2000吨级标准整治湘江衡阳蒸水河口至株洲枢纽154公里航道，并在大源渡、株洲枢纽各新建2000吨级二线船闸1座，设计年单向通过能力均为2450万吨;建设跨船闸桥梁2座、鱼道2座、衡阳水上服务区及其他相应配套设施。项目总投资估算30.03亿元，由省水运建设投资集团公司担任项目法人。

【茶陵10个市重点工程开工】 2015年4月7日，在茶陵强强建筑陶瓷公司厂区，道路建设及绿化工程正在有序进行，第二条生产线也在紧张建设之中。一季度，茶陵县10个市重点工程已全部开工建设。除10个市重点工程外，2015年茶陵县还将全力实施项目攻坚“347”工程，即推进全县“三个十”项目、40个产业培育项目、70个重点建设项目，力争完成固定资产投资128亿元，撬动社会融资15亿元。围绕建筑建材、有色金属、商贸物流、电子电器等产业，茶陵县借力在外商会大力招商，推进“茶商回归、资金回流、企业回迁”。一季度，茶陵县引进了东方园林、华能两个重大项目，合同引资20亿元；引进外资项目一个，到位外资793万美元；跟踪洽谈项目九个，其中三个项目已拟定好合同条款。

【拟建综合型园林式生产厂区】 2015年4月8日，株洲市委常委、宣传部部长张雄率株洲市经信委、株洲市自来水公司等部门负责人，赴“项目攻坚年”活动联点企业湖南旭日陶瓷有限公司调研，现场督查项目建设进展情况。旭日陶瓷公司成立于2013年9月，是攸县首家专业生产节能环保、新型绿色建筑外立面装饰产品的企业。项目总投资10亿元，计划建成一个集生产车间、办公楼、科研中心、会所及员工宿舍楼为一体的综合型园林式生产厂区，建成8条全自动化窑炉生产线，预计提供就业岗位3500多个。据测算，该项目对当地上下游产业的拉动效应每年达110亿元。目前，该项目已有3条生产线建成投产，第4条生产线预计2015年6月底试投产。

【株洲汽车博览园2020年全面建成】 2015年4月8日，天元区调研汽车博览园项目的调研座谈会透露，汽车博览园将视条件成熟程度，分三个阶段来推动建设，力争在2020年全部开发完毕，以形成株洲新的城市标志。该项目规划总占地面积5640亩，总投资200亿元。按照计划，项目第一个开发阶段为2013年9月至2015年底，主要启动株洲大道北侧的汽贸区建设，其中包括4S店集群、汽车交易会展中心、一站式服务中心、二手车株洲市场等业态；2016年将进入第二个开发阶段，重点建设汽车文化主题公园、汽车小镇、汽车研发基地；2017年以后为第三阶段，全面启动商业、居住项目地块（约1600亩）的开发。根据计划，2015年内将有6家4S店建成并开业。

【株洲将再添一座“城市公园”】 2015年4月8日，召开万丰湖水系景观工程项目专项调度会议，就项目当前存在的问题进行了深入研究。万丰湖水系景观工程位于新马创新城的中轴地带，它横穿株洲大道，南岸为中国动力谷自主创新园，北岸为新马EBD，占地近2000亩，全长近4.5公里，西北通湘江，东南与株洲大道“十字”交叉，其中水面面积800多亩，项目总投资11.5亿元。该项目负责人介绍，目前，一期工程驳岸、游道、电瓶车道、微地形、绿化等工程已基本形成，二期工程已完成南侧驳岸回填40%工程量，湖岸清淤已完成过半工程量。该工程竣工后，将为株洲市再添一座以水为主、山水结合的超级“城市公园”。

【城铁株洲站、龙母河等项目推进中】 2015年4月10日，从有关部门获悉，总投资132亿元的城铁株洲站、总投资109亿元的轨道交通科技城、总投资120亿元的龙母河水利综合开发工程等一大批重大项目正在紧张推进中。全年计划新开工的57个重点项目中，在一季度已有17个实现开工，项目攻坚已成为全市经济战线的最强音。

【湘江文化旅游产业带预算总投资约200亿】 2015年4月13日，株洲市湘江集团负责人透露消息。湘江文化旅游产业带，将先期启动城区段建设，力争用10年左右时间，重点开发湘江一江两岸15公里长的水陆文化旅游带，初步实现打造“东方莱茵河”的梦想。根据项目业主单位株洲市湘江集团制定的战略计划，湘江文化旅游产业带预算总投资约200亿元，拟分为三期推动：一期城区段（古桑洲至建宁大桥），二期郊区段（建宁大桥至航电枢纽），三期县域段（航电枢纽至挽洲岛）。该计划确定，湘江文化旅游产业带将先期重点建设南起天元大桥、北至石峰大桥的区段。该区段两岸约15公里，总占地约2500亩，总投资近50亿元，文化旅游设施总建筑面积约35万平方米，码头体系岸线约1260米，可提供105个泊位。

【“醴陵旗滨”易洁膜玻璃生产线投产】 2015年4月14日，从有关部门获悉，一季度，醴陵旗滨玻璃3条生产线总产能突破18万吨，远超株洲原厂产量，季产量创历史新高。目前2号线生产的易洁膜玻璃，是企业历经1年半时间自主研发的新品种，通过在线镀膜工艺，将易洁材料涂镀到玻璃上，使玻璃具有易于清洁的特性。以旗滨玻璃项目为龙头，醴陵市着力在东富工业园区引进玻璃产业上下游企业，延伸产业链条，力争5年内年产值达100亿元，打造中南地区最大的玻璃工业集群。

【攸县农业产业“组团”闯株洲市场】 2015年4月14日，从有关部门获悉，经数年发展，攸县麻鸭现已形成拥有110多个养殖基地的产业集群雏形，带动农户180多个，户均年增收1万元以上。在攸县，像这样的农业产业集群雏形已有10多个，当地农民通过“组团”闯株洲市场，助推农业产业化，形成一个个各具特色的“板块经济体”。作为该县“四大亿元产业”之一的花卉产业，目前已建成云田花木、红旺园林、金叶花木等花卉苗木基地42个，发展种植大户112个，总面积逾3万亩，年创产值15亿元。创建金富、金岭、同发等专业合作社10个。近年，该县引进新技术兴建的我省首个桑草猪养殖基地，已在坪阳庙等地形成3个养殖基地，年出栏桑草猪1.5万头。

【炎帝陵8大项目建设快马加鞭】 2015年4月，在炎陵县炎帝陵见到景区8大项目建设正在加快推进，炎帝陵创建国家5A级旅游景区工作已全面展开。炎陵县大力发展以炎帝陵为重点的祭祖游、以红军标语博物馆为主的红色游、以神农谷为重点的生态游，全县文化旅游产业迅速崛起。

【株洲首支棚改投资基金发行】 2015年4月16日，从有关渠道获悉，株洲市已成功发行首支棚改投资基金，为南岳岭、上月塘片区棚改项目“输血”。南岳岭、上月塘片区棚改项目系株洲市迄今为止最大的棚改项目，涉及荷塘区月塘街道南岳岭社区、石塘冲社区和合泰管理办公室合泰社区、东湖社区等多个社区，总占地面积32.68万平方米。此次发行的棚改投资基金，经株洲市政府批准，由株洲市棚改投资有限公司联合株洲兆信企业管理有限公司、长沙银行共同发起，总规模约20亿元。该基金项目完成审批，目前首笔规模12亿元的基金已发行到位。

【株洲城区将建成最大、功能最齐全的交通枢纽】 2015年4月22日，从有关部门获悉，未来，南岳岭、上月塘片区将成为株洲城区最大、功能最齐全的交通枢纽，是推动长株潭三城融合的关键工程之一。依托长株潭城际铁路株洲站和铁东路的建设，一个崭新的株洲，即将呈现。

【攸县新增15项县级“非遗”项目】 2015年4月22日，攸县人民政府发文公布了第二批县级非物质文化遗产保护名录，极具特色的攸县草鞋、董公酒泡制等15项入榜。这批上榜的非遗项目种类繁多，有六大类，其中民间手工技艺5项，为攸县草鞋、传统钩瓦技术、传统手工熬糖技术、洪源剪纸与剪字、董公酒泡制；消费习俗4项，为攸县血鸭、攸县艾叶斋、攸县米粉、灯盏油货；生产商贸习俗2项，为攸县藤茶、传统榨油；人生礼俗2项，为攸县闹洞房、攸县葬礼民俗；民间舞蹈与传统游艺各1项，分别为香火龙、攸县字牌游艺。目前，该县县级“非遗”名录总数达47项，株洲市级“非遗”保护项目8项，省级“非遗”保护项目2项。

【株洲蛟龙社区建22个项目绘美丽乡村】 2015年4月22日，在云龙示范区龙头铺镇蛟富路提质改造现场，看到了一派紧张施工场景。作为株洲市“美丽乡村”建设综合示范点，蛟龙社区年内计划完成22个项目建设。其中，基础设施建设项目6个、产业发展项目6个、文化建设项目5个、环境美化项目5个。

【云龙水上乐园6月开门迎客】 2015年4月22日，从云龙文化旅游产业开发有限公司了解到，云龙水上乐园工程主体项目已完工，目前正在收尾阶段，6月将正式对外开业。这是目前长株潭地区最大的水上主题公园，将让云龙旅游从“一日游”变成“多日游”。据介绍，项目一期共有18个娱乐项目。水上乐园是云龙打造著名旅游目的地的重要一环。

【一季度建成标准厂房28.4万平方米】 2015年4月23日，从株洲市园区管理办公室获悉，目前株洲市在建标准厂房项目21个，面积185.2万平方米。其中，一季度已建成标准厂房28.4万平方米；新开工标准厂房10.2万平方米。按照“146”工程计划，2015年到2016年，株洲市将力争在全市规划建设10个创新创业园区。一季度，株洲市在创新创业园区的规划、方案制订及资金、土地等前期工作上，进展良好。

【一季度株洲16个重点新开工项目开建】 2015年4月25日，株洲市“项目攻坚年”活动领导小组办公室通报了株洲市一季度重点项目建设情况，全市重点项目完成投资42.26亿元，共有16个重点新开工项目启动建设。电机工程研究实验中心等27个项目预计上半年可开工建设，全年新开工项目可达100个左右。

【莲株公路改建工程计划2017年完工】 2015年4月29日，省发改委发文公布2015年湖南省第一批重点建设项目名单。首批省重点建设项目总共40个，有9个项目涉及株洲。涉株的省重点建设项目之一莲株公路改建工程，莲株公路是株洲市公路运输的主动脉之一，与京港澳高速相连，计划于2017年建成。而另一个涉及长株潭三市的省重点建设项目——“宽带中国”长株潭示范城市群建设项目，将主要围绕宽带提速、光纤到户、三网融合、4G网络建设、下一代互联网升级改造、宽带乡村建设、智慧城市建设、移动互联网产业发展、两化深度融合、信息消费促进等10大工程的建设与完善。此外，涉株重点项目还包括湘江二级航道二期工程、湖南省天然气有限公司建设项目、通信铁塔及配套设施建设项目、重点场所室内分布系统建设项目、湘江治理和保护第一个“三年行动”计划工程、中储粮储备仓建设项目。

【石峰区一季度完成重点项目投资近4亿】 2015年4月29日，时代电气大功率半导体重点实验室暨碳化硅器件产业化项目现场机器轰鸣、一派繁忙，工人师傅正在进行桩基施工。该项目占地约28.83亩，建设内容包括组建SiC芯片模块封装及功率器件重点实验室，半导体器件生产I、II线搬迁等，为一季度新开工项目。与此同时，该区其他18个市级重点项目也在稳步推进。其中，南车电机工程研究实验中心项目正在进行方案设计招投标；地铁配件扩建项目已完成土地挂牌出让；轨道科技城完成主干道路修建情况摸底；南车电气技术与材料工程研究院、新明安置小区C地块、轨道交通智谷二期等项目已启动征地拆迁；南车株机整机扩容工程已有2个子项目全面完工。

【醴陵市2015项目攻坚年】 2015年4月30日，醴陵市召开经济工作会议暨“项目攻坚年”活动动员大会。2015年，该市计划实施重点项目80个，完成固定资产投资395亿元，同比增长30%。实施“工业十条”，助推工业强市。开展“六大行动”，打响项目攻坚战。湖南省中联天地油茶开发项目，被列为2015年株洲市“项目攻坚年”重点项目和醴陵“十大产业”项目。根据预算，项目将用5年时间，投资3亿元以上，分期建设10万亩以上优质高产油茶基地，年产、加工茶油5000吨。目前，项目已与均楚等3个乡镇20个村签订意向林地流转协议。

【攸县2015年来已有39个重点项目开工】 2015年4月，攸县投资6亿元的澳维高分子膜材料产业化基地、投资1.5亿元的桑草猪养殖等重点项目相继开工。至此，2015年来该县已有39个重点项目开工，完成投资9.23亿元。

【醴陵2015年计划实施重点项目80个】 2015年4月30日，醴陵市召开经济工作会议暨“项目攻坚年”活动动员大会。2015年醴陵市计划实施重点项目80个，完成固定资产投资395亿元，同比增长30%。完成征地5100亩、拆迁1100栋（套），着力推进一批有利于壮大实体经济、有利于创造消费需求、有利于改善民生的重大项目，扩大有效投资，保持投资合理较快增长。

【2015醴陵重大招商项目】 2015年5月，从有关部门获悉，2015年醴陵重大招商项目是：1.高档艺术陶瓷卫浴用品生产项目，项目规划用地150亩。拟引进国内外著名卫浴品牌，采用釉下五彩工艺研发、生产高档艺术卫浴陶瓷，建设成为国内领先的高档艺术卫浴陶瓷基地。2.陶瓷泡沫隔热保温材料生产项目。项目位于醴陵市经济开发区陶瓷产业园，计划总投资1.2亿元，占地160亩，建设1条年产200万平方米新型陶瓷泡沫保温材料生产线。3.生物医用陶瓷产业化项目。本项目产品主要应用于骨科、整形外科、牙科、口腔外科、心血管外科、眼外科、耳鼻喉科及普通外科等方面。4.节能自动化连续化陶瓷机械装备制造产业。本项目拟建设集研发、制造、销售、安装、技术服务于一体的陶瓷机械装备基地，开启株洲市陶瓷产业节能化、自动化、连续化生产模式。5.陶瓷废料生产陶瓷砖项目。本项目通过利用陶瓷生产过程中产生的废料、废泥、废坯、废渣、沉渣和粉尘生产，建设陶瓷砖生产

线。6.多孔陶瓷与陶瓷过滤膜项目。本项目产品主要利用多孔陶瓷具有耐高温，高压、抗酸、碱和有机介质腐蚀，良好的生物惰性、可控的孔结构及高的开口孔隙率、使用寿命长、产品再生性能好等优点，研发生产陶瓷过滤膜、新型无毒蜂窝陶瓷催化剂、汽车尾气净化用蜂窝陶瓷载体、泡沫陶瓷等产品。7.醴陵光纤通讯氧化锆陶瓷光纤插芯国产化项目。项目建成后，可年产6亿件光通讯氧化锆陶瓷光纤插芯。8.醴陵建筑陶瓷产业园基础设施建设项目。项目选址于湖南醴陵经济开发区北部，规划总用地面积2000亩。9.醴陵窑国家考古遗址公园开发项目。建设项目包括展示体验项目、综合服务项目两大部分。10.国瓷商务走廊项目。项目地块开发注重“产城融合”，协调统筹经开区生产功能和城市生活功能。11.陶瓷商贸城项目。项目主要建设集陶瓷交易市场、仓储物流、陶瓷展示、电子商务等多个功能为一体的综合性陶瓷交易市场。

【炎帝陵神农园开园】 2015年5月3日，从炎帝陵管理局获悉，2015年炎帝陵景区将重点建设神农园和炎帝陵创国家级5A景区两大过亿项目。其中，神农园项目位于炎帝陵阙门——鹰鹿广场以西，洣水以南，衡炎高速连接线以东区域，占地面积约137亩，总投资1.12亿元。现已完成主体建设，计划于6月12日开园。

【攸县文化公园二期对外开放】 2015年5月3日，位于攸县文化公园内的文化园正式开放，整个文化公园占地面积达59.84万平方米，是百姓休闲的好去处。据了解，“以人为本、以水为源、以山为依、以绿为美”，整个公园分为礼仪文化区、湿地游赏区、规划控制区、发展穿越区、山林保育区、农耕体验区、革命教育区、山林恢复区和水上活动区9个区域。攸县文化公园是该县集休闲、旅游、娱乐为一体的综合性生态公园，概算投资约1亿，工程建设统筹规划，分期实施，一期占地面积29万平方米，二期30万平方米。

【株洲大美物流园一期拟定7月初开业】 2015年5月5日，在株洲县与芦淞区交界地带，占地近千亩的大美新芦淞商贸物流园，一期项目拟于7月初开业。据悉，株洲市重点项目大美物流园由大美物流、株洲市国投及新芦淞集团三方联合开发。相关资料显示，项目定位为中南五省商贸物流枢纽港、国际商贸采购交易中心。根据规划，将分批建设服饰商贸园等8个分园区，园内的8车道物流大道将8个分园串成一体，并共享6个货运岛的接驳服务。项目估算总投资约45亿元，预计2019年完全建成后，可容纳10余万人就业，进而促进株渌实质性融城。

【株洲1—3月47个项目达成协议】 2015年5月6日，株洲市发展开放型经济领导小组办公室发布2015年春季招商成果。1—3月，全市共计完成合同签约、合作协议或框架协议的项目共47个，引资额达到160亿元。项目主要覆盖轨道交通、新能源、新材料、商贸流通、服饰加工等产业。其中，投资1亿元的上海自贸区外高桥进口商品直销中心中南分中心项目有望落户芦淞区。

【多家外地企业欲投资株洲轨道科技城】 2015年5月8日，召开的经济推进工作会议透露，正是由于拥有轨道交通这样一个国际一流的产业，目前成都置信集团、重庆民投集团等许多战略投资商和产业发展商纷纷看好石峰区，前来洽谈投资合作，强烈要求参与建设轨道科技城。轨道交通产业发展越来越强劲。一季度，石峰区轨道交通装备制造产业完成工业总产值130.5亿元，实现增加值44亿元，同比增长16.6%，比规模工业快9.8个百分点，占规模工业的比重从2014年年初的71.8%提高到79.3%，对规模工业增长的贡献率达175.6%。2015年，石峰区将采取强有力措施，推进时代电气碳化硅器件产业化、轨道智谷二期等19个市级重点项目和44个区级重点项目建设，确保完成年度投资20亿元以上。

【株洲“芦淞服饰”全产业链基本形成】 2015年5月10日，芦淞服饰物流配送中心（汇通金港），已有近300家品牌服饰企业入驻。该中心总投资4亿元、总建筑面积15万平方米，专业化、智能化的仓储物流配送，是最大卖点。在物流配送方面，芦淞区还布局了大美新芦淞商贸物流园，总投资35亿元，总建筑面积150万平方米，目前一期工程50亩仓储物流项目已封顶，招商完成80%；二期工程已启动征拆。这两大项目完全展开运营后，将彻底扭转“芦淞服饰”仓储不足、物流不畅的格局。除布局两大物流配送项目外，在生产加工方面，布局新芦淞（白关）国际服饰产业园（含洗水工业园），总投资200亿元，1.1期7.8万平方米标准厂房基本完工，已有“佛山童装”9家标杆企业入驻，1.2期17万平方米标准厂房即将交付；研发设计、品牌推广方面，布局中国品牌服饰发布中心（株洲“小巨蛋”），总投资6亿元，7月将开门营业，同时举办第二届中国女裤高峰论坛；展示销售方面，布局芦淞服饰国际博览交易中心，总投资100亿元，已选定广东添龙集团为战略合作商，一期征拆已经展开；电商方面，打造株洲服饰电商城，前期审批工作已完成，目前征地拆迁进展顺利。

【株洲县完成万亩国家高标准农田建设】 2015年5月12日，经过5个多月时间奋战，最近，炎陵县三河“小农水”建设项目顺利完工。三河镇霍家、庙前等12个村2.18万亩农田“水脉”得以畅通，多年用水供求矛盾成为过去。株洲县在全省24个候选县（株洲市、区）中综合排名12位，成功跻身全省第六批小农水建设重点县。据悉，项目实施后，可新增和恢复灌溉面积0.81万亩，改善灌溉面积1.7万亩，新增粮食生产能力272.5万公斤。

【攸县煤炭力争建成10个示范企业】 2015年5月12日，攸县召开煤炭加工经营产业工作会议，出台奖励政策，鼓励企业增强信心，规范管理，走集团化发展的道路，让“攸煤”抱团闯株洲市场。根据规定，在攸县注册登记的煤炭加工经营企业，须进销攸县本地产的煤炭、在本县境内正常申报纳税、月销售2000吨以上（含2000吨）的企业才符合奖励条件，企业月销售2000吨至5000吨（含5000吨），每吨奖补7元；企业月销售5000吨至10000吨（含10000吨），每吨奖补10元；企业月销售10000吨至15000吨（含15000吨），每吨奖补15元；企业月销售15000以上每吨奖补20元。奖励截至日期为2015年的12月31日。

【醴陵进军千亿陶瓷产业集群】 2015年5月13日，在陶瓷方面已签约项目16个，合同引资42亿元，并实现旅游收入近2亿元。醴陵是我国8大陶瓷主产区之一，拥有“醴陵瓷器”“醴陵陶瓷”“醴陵釉下五彩瓷”“醴陵红瓷”等4个国家地理标志证明商标及42个国家及省级著名商标、名牌产品，产品涵盖日用瓷、电瓷、工艺瓷、工程陶瓷、陶瓷新材料等5大系列4000余个品种。

【未来3年茶陵将投入2.3亿元建设“小农水”项目】 2015年5月14日，茶陵县从省水利厅获悉，茶陵县以全省排名第二的优势成功入围全国第七批中央财政小型农田水利建设重点县。未来3年，茶陵县将投资2.3亿元用于“小农水”项目建设。未来三年，茶陵县“小农水”建设项目将覆盖茶陵8个乡镇107个行政村，新建、改造渠道838条，清淤、整修排涝沟道220条，新建、改造渠系建筑物5007座，新建、改造山塘446口，重建、加固河坝148处，改造泵站79处。届时，茶陵新增有效灌溉面积达3.46万亩，新增节水灌溉面积2.54万亩。28万百姓将从中受益。

【株洲县启动三期工程】 2015年5月15日，从株洲县城管局了解到，株洲县即将启动公共自行车租赁系统三期工程，年内沿南洲大道先期建设两个公共自行车租赁点，建设60个租还车锁柱。一二期工程只在渌口镇布点，也就是渌江北岸，三期则主要考虑渌江南岸，与南洲新区的开发同步，逐步扩大布点范围。

【炎陵县神农古镇一期年内完工】 2015年5月18日，从神农古镇项目相关负责人了解到，2015年年底，炎陵县神农古镇旅游接待中心就将建成。目前该项目正抢抓工期，进行土地平整和河道改造等工程，贯穿整个古镇的河道改造也有望在2015年完工。整个项目分四期建设，预计总投资5亿元。目前正在进行的一期工程，主要建设内容包括北岸旅游中心、河道改造、管线迁移以及附属商业配套设施。贯穿神农古镇的河道改造工程，计划投资逾3000万元。

【荷塘跨线桥启动建设】 2015年5月19日，从项目业主方金城集团了解到，目前该项目已完成招标手续等前期工作，现场布置及现场杆线的迁移也已准备就绪，进入开工阶段。荷塘跨线桥位于金山新城北部，属于在建的荷塘大道北延段。项目南起沪昆高速连接线，北至麻园路，全长约1500米，分为路、桥两大建设内容。其中公路约1000米，跨高速路桥梁426米。按照计划，跨线桥沪昆以南段将以“主线+辅道”的形式建设，跨沪昆高速桥梁宽34.5米；沪昆高速以北段设计红线宽度为40米。

【株洲天元区建设省级两型综合示范片区】 2015年5月21日，天元区本年度两型单位申报工作正式启动，目前已有近40家单位进行申报。2015年，该区将实现综合示范片区内80%的主体单位创建达标，有望全面建成首批省级两型综合示范片区。

【株洲投资10亿的最大“菜篮子”下半年动工】 2015年5月21日，从湖南省发改委获悉，年内株洲将开建一个农副产品批发交易物流中心，也是株洲市内唯一一个综合性一级农副产品批发基地，选址于荷塘区明照乡青草坝村及菱塘村境内，与沪昆高速株洲东收费站邻近，规划隶属于荷塘区金山新城板块。这个株洲市最大的“菜市场”拟定于2017年开业。

【炎陵县神农古镇入选中国旅游投资优选项目】 2015年5月22日，在北京举行的2015年中国旅游产业促进座谈会发布了《2015年中国旅游投资优选项目》名录，我省有炎陵县神农古镇等16个项目入选。《2015年中国旅游投资优选项目》是国家旅游局联合国家开发银行、中国进出口银行等9家银行，综合考虑项目的成熟度、开工条件、株洲市场前景和引领示范作用等因素，从各省上报的667个旅游项目中评选出的符合条件的优秀项目。

【株洲城铁三站配套工程启动招标】 2015年5月22日，株洲市城发集团相关负责人介绍，城铁白马垄站、七斗冲站、时代站配套工程（含站前广场及联络线）目前已启动招标，最快将于8月开工。招标公告显示，白马垄站（位于石峰区清水塘街道白马村）总投资约12509万元；时代站（位于时代大道与田林路交会处）总投资约6034万元；七斗冲站（位于京广线七斗冲站东侧）总投资约8260万元。另外，根据2015年株洲市政工程项目建设计划，白马垄站的站前广场初步设计面积为7050平方米，时代站为3880平方米，七斗冲站为5430平方米。

【娄醴高速2016年动工】 2015年5月24日，从株洲市交通运输局了解到，省里正式敲定娄醴高速的项目建设，并预计2016年动工建设。据悉，醴陵到娄底高速公路扩容工程，是我省七纵九横高速公路网规划的第四横中的一段。醴陵到娄底高速公路，起于醴陵与江西交界的金鱼石，向西经过醴陵、株洲县、天元区、湘潭县、湘乡市、双峰县，止于娄底。整条线路全长150公里，估算总投资128亿元，全线按双向四车道高速公路标准设计，设计时速为每小时120公里。

【株洲枫溪新城步入开发期】 2015年5月26日，全国城投协会信息工作会议在株召开。从会上获悉，株洲市城发集团年内计划完成投资46.59亿元，用于武广新城、枫溪新城、全市棚户区改造和长株潭城际铁路综合开发等项目建设。13.2平方公里的枫溪新城（位于湘江东岸、曲尺路以南的芦淞区范围内）现已进入开发期。规划显示，枫溪新城的功能定位为“幸福生态城”。将依托湘江风光带建设，打造“江湾第一城”；利用山水资源，重点开发旅游地产。未来，新城将形成一湾（湘江第一湾）、两港（新老枫溪港）、五园（伏波公园、湿地公园、枫溪公园和天池公园等）的空间结构布局。

【株洲天元区打造“两型产业”高地】 2015年5月26日，从天元区获悉，作为全市高新企业聚集高地，天元区从“绿化”企业着手，对项目入园实行环保一票否决制，大力扶持企业发展成“两型主力军”。截至目前，该区已有50余家企业成为两型企业，2015年又有6家企业正在申报创建“两型示范单位”。

【株洲中国动力谷自主创新园7月开园】 2015年5月26日，株洲国家高新技术产业开发区管委会发布消息称，总投资逾200亿元的中国动力谷自主创新园预计7月份开园。据悉，该项目位于长株潭“融城”核心位置，总用地面积5382亩，定位为中国动力谷引进和培育企业研发机构的核心载体，力争5年内吸聚300家高水平研发机构、200家科技型中小企业和科技中介服务机构、5000名各类科技人才，年新增超过300个发明专利授权。项目一期总占地436亩，建筑面积约50万平方米，主要包括创业苗圃、孵化器、加速器、研发中心、公共技术服务中心、管理服务中心（展示馆、会议服务中心、动力谷大厦）、人才公寓和公寓住宅等七大功能区。

【株洲荷塘区97个项目正加快建设】 2015年5月27日，南岳岭、上月塘片区棚改项目单日完成签约109户。统计数据显示，2015年以来，该区已完成固定资产投资43.2亿元，97个项目正在加快建设，推进率达83%。其中，市级重点项目完成投资9.11亿元，占年计划的45.5%；有4个市级重点项目开工，2个市级重点项目竣工，两项指标均完成全年考核基数的66.66%。2015年，荷塘区实施各类建设项目117个，涵盖了产业项目、基础设施项目和民生社会项目，总数较上年增多，覆盖面也更广。

【株洲有3家“省级特色产业园”】 2015年6月1日，“湖南省特色产业园”授牌仪式举行，全省共有17个产业园区获得授牌，其中，株洲航空航天产业园、轨道交通装备产业园、复合新材料产业园获此殊荣。据了解，株洲通用航空城、轨道交通装备产业园是株洲市五大千亿产业之一。目前，通用航空城已聚集了山河科技阿若拉、北航小蜜蜂、美国罗特威等一批整机制造项目，中航动力航空零部件制造、高精传动等一批航空配套和衍生产业项目，初步形成了“航空发动机+通用飞机整机制造+通航运营+配套产业+衍生产业”的航空产业链。预计到2017年，株洲通用航空产业产值将突破400亿元。而轨道交通产业产值2015年将达到1000亿元。

【攸县强力推进重点项目建设】 2015年6月2日，在攸县网岭循环经济园，旭日陶瓷二期厂房已完成土建工程，综合办公楼已完成装修，预计6月底可投入使用。目前，该项目已完成年度总投资的30%以上。2015年，该县共安排重点项目78个，其中市重点项目29个，年度计划总投资69.27亿元。目前，该县的农民健身工程等5个项目已100%完成年度投资计划，攸水桑草猪产业化项目、攸县麻鸭加工等17个项目已完成年度计划投资的30%以上，物流商贸仓储中心、内环路二期、谭桥大道等23个项目的前期工作正在紧张筹备中。截至5月底，该县共完成投资12.72亿元，已动工在建项目55个。

【株洲36个项目月底前须开工】 2015年6月4日，株洲市征拆办发布城区征地拆迁“清零行动”最新完成情况：截至5月底，国有土地“清零”完成6913.3亩，占任务量的41.8%；集体土地完成1974.6亩，仅占任务量的17.9%。数据显示，“清零行动”国有土地征收任务，主要集中在芦淞区和石峰区。从目前来看，两区推进情况较为明朗。另据株洲市“项目攻坚年”活动办近日的部署，全市有36个项目必须在本月底前开工。株洲市征拆办相关负责人据此表示，接下来城市各区必须下大气力，推进征地拆迁“清零行动”，以便项目尽早开工落地，特别是完成率较低的区更要加油。相较先前，我们将扩大考核范围，强化考核力度。

【株洲永利码头周边将建城市综合体】 2015年6月5日，从株洲市湘江集团获悉，位于芦淞区纺织路西端的永利码头，被确定为河东湘江风光带规划建设的重要节点。根据最新规划，永利码头周边，将建一个集景观与商业配套于一体的城市综合体，与南边的神农公园形成景点组合。根据株洲市“项目攻坚年”活动办的最新部署，永利码头项目，将与河东湘江风光带中心段（芦淞大桥至天元大桥）一起，定于本月开工建设。年底前，永利码头及神农公园路段的路基工程完工；明年底，该路段景观全面建成。

【株洲“云龙”6年开建100多个两型项目】 2015年6月5日，是我国新《环保法》实施后的首个“世界环境日”。作为长株潭城市群“两型”社会建设综合配套改革试验五大示范区之一，云龙示范区挂牌6年，走出了怎样的“两型”之路？开建100多个两型项目。示范区成立伊始，就特邀国内外知名城建规划专家共商建设规划，确立了以高端服务业为主导的“两型”新城发展定位，绘出了生态宜居城、文化科教城、旅游休闲城发展蓝图。接着，就顶层设计进行国际招标，经过初选、优化等多个回合，最终形成总体规划。打造绿色建筑群。可再循环材料使用重量占10%以上，拆除的建筑建材回收利用率不小于20%；空调余热回收供热水需求；全部采用节水器具，收集屋面雨水用于绿化和广场冲洗……在云龙水上乐园，“两型”理念无处不在，每年预计可节约用电1.97万千瓦·时，节约用水54000吨，全年减少运行费用约27.6万元。点面结合集成示范。通过项目建设，制定出台操作可行的两型指标体系，建成两型规划展示厅，将其建成两型成果展示、两型理念传播、两型技术体验的综合展示厅。预计至2017年，示范区将全面完成两型社会建设基本任务，届时，全省乃至全国各地就可以复制“云龙模式”。

【炎陵新材料产业渐成气候】 2015年6月5日，炎陵县新材料检测中心购进的第一批500万元的新材料检测设备，试运营期间，结果显示运行正常。该中心进入前期试验阶段，有望年底完成检测大楼建设及实验室搬迁，对外运营。上半年，该县新材料规模企业预计可实现全县规模工业总产值与税收的50%、30%，占该县县域工业经济的半壁江山。依靠炎陵生态，越来越多的新材料项目落户炎陵，新材料产业已发展成为该县主导产业。产品种类丰富，新材料产品40余种，既有先进硬质材料，包括硬质合金、硬面材料、稀有金属、稀有金属化合物；又有先进储能材料，包括锂离子、石墨、石墨电池材料；还有高纯金属材料和化工新材料。

【长株潭城铁株洲段5个站场配套工程2015年全开工】 2015年6月8日，从株洲市多个部门获悉，位于石峰区清水塘街道白马村的白马垄站前广场及联络线新建工程项目，集体部分涉拆房屋62栋。长株潭城际铁路株洲段5个站场的配套工程将于2015年年内全部开工建设，其中白马垄、时代、七斗冲3个站场将于8月底正式开工。据株洲市城市建设投资控股有限公司相关负责人介绍，配套工程的建设内容包括5个站场的站前广场及联络线新建工程，项目规划占地面积742.44亩，项目计划总投资60亿元。2015年9月之前，株洲市将有89个项目必须开工建设。截至目前，株洲市共有68个计划开工项目未开工，有21个计划外项目符合开工条件。6月之前必须开工建设项目为36个。

【株洲天元区将打造6万余亩示范工程】 2015年6

月9日，株洲市天元区启动“小农水”竣工项目。2014年，该区被列为全国第六批“小农水”项目建设重点县（区）后，加快全区农田水利综合规划建设。首先对基础最薄弱的雷打石、三门两镇42个村，实施“小农水”三年行动计划。共投入1.1亿元，每年推进2万亩农田小型水利设施建设，力争3年内整治排灌渠道198.79公里、渠系建筑物1974处、塘坝320处、泵站65处，全力打造6万余亩效益显著的“小农水”示范工程。天元区“小农水”3年行动计划完成后，可新增有效灌溉农田2万亩及旱涝保收1.6万亩，年增产粮食1.2万吨以上。整饬一新的渠系田畴，也将成为新农村水生态景观。

【醴陵拟推一卡通助力旅游业】 2015年6月10日，醴陵研究部署陶瓷博物馆建设、烟花爆竹安全视频监控系统建设、加强禁毒工作和政府机构改革等工作，积极探索“旅游一卡通”模式，积极发展醴陵旅游业。通过一张旅游卡把全市景点有机串联起来，有效解决旅游产业经营维护、后续开发和经费来源等方面问题。

【株洲枫溪大桥南岸连接线开工】 2015年6月11日，株洲市“项目攻坚年”活动办传来消息，作为枫溪大桥的配套工程，大桥南岸连接线及江湾路已经开工，建成后，株洲市民驾车从天元区过枫溪大桥，便可直通南环线。项目业主单位市城发集团相关负责人介绍，该道路预计在明年年中和枫溪大桥同步建成通车。另据了解，枫溪大桥南端至枫溪大道的天池路也已启动建设。从路网结构来看，江湾路、天池路将与枫溪大桥形成整体，既能有效缓解城区跨江交通压力，又可实现枫溪片区与天元区的紧密连接。

【攸县将融资10亿深度开发酒埠江】 2015年6月12日，株洲市委常委、常务副市长赵文彬赴攸县调研酒埠江旅游综合开发等情况。酒埠江景区将于9月全面启动旅游深度开发项目，以丰富旅游产品业态，提升旅游接待能力。据了解，攸县将采用鼓励民间资金参与建设等方式，融资10亿元推动酒埠江深度开发。按照部署，株洲市城发集团将和攸县将于本月组建新公司，共同开展融资和开发建设工作。该县旅游局还透露，政府准备组建酒埠江风景区管委会，建立“景镇管理一体化”的管理体制。目前，《酒仙湖重要景点概念性规划和详规》编制已完成，即将进入评审。根据规划思路，景区综合开发将围绕S339线、平汝高速连接线和酒仙湖环湖游道建设，突出酒仙湖开发和酒埠江建设，以此带动柏市、鸾山等周边乡镇旅游发展。具体项目开发上，该县已制定三年行动计划。

【攸县七成以上重点项目开工】 2015年6月15日，投资6亿元的澳维高分子膜材料产业化基地项目在攸州工业园正式开工。在攸县项目办工作人员“保姆式”服务下，该项目从签约到动工用时不到3个月。2015年，全县已有55个重点项目开工，占年计划任务的70.5%。2015年，该县安排重点项目78个，其中株洲市重点建设项目29个、续建项目12个、新建项目19个。为了把项目建设由“纸上”尽快落实到“地上”，该县倒排工期，快速推进项目建设。

【攸县9个招商引资项目集中签约】 2015年6月15日，攸县举行第二季度招商引资项目集中签约仪式，现场签约各类项目9个，共协议引资29.7亿元。这9个签约项目分别是：投资约1.8亿元的现代脐橙产业示范园项目、投资3亿元油茶开发项目、投资4000万元的PVC生产加工项目、投资1亿元的光敏新材料项目、投资1.2亿元的非金属轨道交通配套装备新材料产业项目、投资8亿元的光伏电站项目、投资4.3亿元的风力发电项目、投资10亿元的闽泰陶瓷项目和村镇银行项目。

【到2020年株洲城区将新建住宅2703万平方米】 2015年6月17日，由株洲市房产局牵头组织，联合发改、规划、国土、住建等有关部门共同参与，委托株洲市规划设计院编制的《株洲市城市住房建设规划（2014—2020年）》给出了答案：到2020年，城区将建住宅2703万平方米，新增保障性住房10.14万套。湘江风光带和长株潭城际铁路将成住房建设带。到2020年，中心城区住房需求总量为2703.05万平方米，其中，公共租赁住房新建量166.6万平方米，商品住房新建量2536.45万平方米。县域房地产市场被强化。株洲县县城建设各类住房建筑面积201.11万平方米，合计2.28万套；醴陵市中心城区531.89万平方米，合计6.06万套；攸县县城504.34万平方米，合计2.24万套；茶陵县城209.61万平方米，合计2.11万套；炎陵县城137.04万平方米，合计1.37万套。新增保障性住房10.14万套。到2020年，新增保障性住房10.14万套。其中，公共租赁住房7.08万套，拆除重建的棚改安置房3.06万户。

【株洲市入列全国区域级流通节点城市】 2015年6月18日，商务部等10部门联合印发《全国流通节点城市布局规划（2015—2020年）》（下称《规划》），株洲市入列区域级流通节点城市。这意味着，株洲市将在项目建设、财政金融等方面获得政策支持。借着这股“东风”，株洲市还将在近期启动两项重大铁路项目建设，其中一个就是火车站重建项目，预计在7月份签订框架协议，并尽快进入施工阶段。另一个项目是即将启动的铁路货场项目，同样也将在7月份签署框架协议，初步选址在铜锣湾码头附近，占地约1300亩。目前，株洲市在建的9大物流项目包括普洛斯物流园、安得现代物流园、中特物流中心、株洲烟草物流、太平洋药业仓储物流基地、株洲神农千金药品食品交易中心、湘江金属物流城、芦淞服饰物流配送中心、株百物流二期工程，总投资达95.9亿元。

【首批国家“智能制造”专项项目公示】 2015年6月20日，国家工业与信息部网站公示了首批智能制造专项项目，总共有94家公司、研究机构的相关项目入选。株洲市有4家企业项目上榜，这也是湖南省入围的全部专项项目。据了解，这四家企业项目分别是：中车株洲电力机车研究所有限公司的轨道交通网络控制系统应用标准试验验证项目；中车株洲电力机车有限公司的轨道交通车辆转向架智能制造车间项目；株洲中车时代电气股份有限公司的轨道车辆核心部件智能制造工厂建设项目、湖南中车时代电动汽车股份有限公司的新能源客车智能化工厂项目。

【时代新材将投资10亿元在株洲县建一个新材料产业园】 2015年6月22日，株洲时代新材料科技股份有限公司（以下简称时代新材）发布公告称，该公司与株洲县人民政府已于日前签订战略合作框架协议，双方将加强战略合作，力争在2020年前将新材料产业园建成。据悉，新材料产业园位于株洲县南洲新区，占地面积350亩。株洲县政府将加快南洲新区产业园片区开发，并将通过招商引资完善园区周边的基础设施，加快相关配套产业项目落户产业园。时代新材负责产业园内的主要项目建设。经双方协商，先期入园项目有高性能聚酰亚胺薄膜、芳纶材料、高端绝缘材料和树脂产业提质扩能等。

【攸县七成以上重点项目开工】 2015年7月24日，从有关部门据悉，上半年，该县已有22个重点项目开工（含1个竣工项目），占年计划任务的76%。近年来，该县先后成功引进上市公司华盛烟花、外墙瓷砖行业领头羊旭日陶瓷、零售巨头沃尔玛和益力盛电子、云田花卉、义乌国际商贸城等一批重大项目落户，其中，2015年已签约落户项目14个，签约资金39.05亿元。

【株洲有9个省信息产业和信息化专项资金拟支持项目】 2015年7月24日，湖南省发布信息产业和信息化专项资金拟支持的信息化项目。在全省122个项目中，株洲市有9个项目入选。株洲市入选的9个项目如下：1.株洲神农千金医药食品物流有限公司，食品仓储物流信息化项目；2.株洲钻石切削刀具股份有限公司，电子商务平台及信息化协同系统开发与运营项目；3.株洲南方阀门股份有限公司，生产制造信息化升级项目；4.株洲市中心医院，移动互联网医院项目；5.株洲市芦淞区樟树坪小学，数字校园建设项目；6.湖南鸿远高压阀门有限公司，物联网智能高端阀门项目；7.湖南星都物流有限责任公司，物流信息云平台项目；8.株洲市永茂电子有限公司，高端磁芯（镍锌系软磁）电子材料项目；9.贵派电器股份有限公司，电工产品设计、制造及供应链管理信息化项目。

【城铁云龙站配套工程9月底开建】 2015年7月24日，城铁云龙站配套工程（含站前广场和联络线）初步设计原则通过专家评审，预计9月底可启动实质性建设。根据评审结果，城铁云龙站规划建设面积16.3万平方米，其中站前广场面积约1.6万平方米，3条进出站联络线总长约1140米（藏龙路长约400米、规划路幅宽40米，站前路长约310米、路幅宽26米，广场通道长约430米、路幅宽15.5米），工程总投资约2.2亿元。7月25日，云龙站部分站场建设用地已进行平整，轨道主线北端紧邻城铁云龙制梁场，南端连着白石港特大桥，目前该桥箱梁架设已基本完成。城铁云龙站设计为地面站，设侧式站台2座，站房总建筑面积2500平方米。

【株洲市园区办晒出上半年各园区建设成绩单】 2015年7月25日，株洲市园区办，晒出上半年各园区建设成绩单。根据株洲市园区办提供的数据进行了简单梳理。“146”工程标准厂房指标前三位：河西示范园、荷塘工业集中区、攸县工业集中区。项目指标前三名：荷塘工业集中区、河西示范园、攸县工业集中区（后两者并列第二）。招商引资指标前三名：荷塘工业集中区、芦淞工业园区、茶陵经济开发区。土地报批征拆指标前三名：茶陵经济开发区、炎陵县工业集中区、荷塘工业集中区、河西示范园（后三者并列第二）。园区公司发展排名前三位：河西示范园、荷塘工业集中区、渌口经济开发区。

【“水印计划”项目通过验收】 2015年7月27日，炎陵县垅溪乡学校“水印计划”项目通过省妇联验收，该校2400多名师生喝上了安全水。“水印计划”是湖南省妇女儿童发展基金会与中国妇女发展基金会、赛莱墨公司的合作项目，改善农村学校饮水、厕所卫生条件等是项目实施的目标。2014年，垅溪乡学校成为株洲市唯一一所“水印计划”项目实施学校。根据方案，该项目在垅溪乡学校总投资28.9万元，新建饮用水房、卫生厕所等设施。目前，洗手房、厕所和净水设备已投入使用。

【首批175户环卫工住上保障房】 2015年7月27日，株洲市175名住房困难的环卫工将陆续与株洲市住房保障处签订保障房租赁合同，住上保障房。负责人还表示，株洲市环卫工主要为农村户口或外来人口，按照株洲市以前住房保障的相关政策，不能纳入住房保障范围。但是，此次株洲市突破了户籍的限制，这在全国都比较少见。据了解，按照分步计划，下一步，住房保障政策将逐步从工作满5年以上住房困难环卫工，覆盖到连续工作满3年但不满5年、连续工作满1年但不满3年的住房困难环卫工。环卫工人住房保障资格实行动态监管和年审制度。租赁合同一年一签，因条件变化，不再符合保障条件的，应主动申请退出保障，对未及时申请退出的，由株洲市城管部门配合株洲市住房保障部门进行清退。

【株洲中心城区将建首条地下隧道】 2015年8月3日，从株洲市城发集团获悉，作为城铁株洲站配套联络线的铁东路核心段（新华路至石宋路）工程的初步设计，近日已通过专家评审，预计9月份可以进场施工。按照设计方案，铁东路核心段会配套建设一条900余米的地下隧道。工程采用有路面交通、隧道及高架的立体交通。铁东路核心段北起新华路，南至石宋大桥既有预留接口，全长约1.6公里，紧邻规划中的城铁株洲站。铁东路核心段路幅宽40米，设计标准为双向6车道，工程总投资约8.2亿元。该工程采用的是集路面交通、隧道及高架于一体的立体化交通设计。主线隧道自新华路交叉口开始下穿，在合泰路交叉口北边钻出地表，长914米，设计时速50千米/时，最大坡度为5%，较为平缓。主线隧道上方将建设匝道隧道，与站前广场南北两条道路相通，以方便长途汽车站及公交首末站车辆进出。加上路面交通，三层道路都可以通行。

【株洲职教园确保2017年基本建成】 2015年8月6日，从有关部门获悉，株洲职教园要在2017年基本建成。目前，职教科技园入园办学院校已达5所，铁道职院、中医药高专、汽车职院、工业学校、幼师学校正在积极开展入园前期工作。

【株硬精密工具产业园项目】 2015年8月6日，株洲市委副书记阳卫国赴所联系的重点项目株硬精密工具产业园调研，了解项目建设情况，协调解决相关问题。株硬精密工具产业园位于株洲高新区新马工业园内，规划建设物流中心、混合料厂、传统刀片厂、超硬刀具及陶瓷厂、数控刀片厂等。园区达标达产时，预计年可实现销售收入60亿元、利润5亿元，大大提高综合实力。目前，该项目正在进行基础设施、厂房等建设。

【株洲县16个征拆重点项目全启动】 2015年8月7

日，该县共征地1244亩，签订房屋征收协议28栋，完成目标任务近70%。16个征拆重点项目中，7个项目已完成交地，2个项目已开工建设。目前，株洲县16个征拆重点项目已全部启动。湘江七桥、九丰燃气、西海岸鞋业、渌浦公园、南洲新区污水处理厂、湘融服饰城等7个项目征拆工作已全面完成，其中湘融服饰城、南洲新区污水处理厂2个项目仅30天就完成了交地。

【株洲红港路三大节点将启动改造】 2015年8月7日，从株洲市住建局获悉，该工程已启动施工招标，即将开工，预计年底前可竣工。根据治堵工程施工设计，第一个改造节点为红港路与建设路交叉口，该路口将进行拓宽改造；第二个改造节点为天鹅湖小区交叉口，该路口将优化公交专道设计及增设红绿灯；第三个改造节点为汽车城交叉口，该路口也将优化交通组织设计，增设信号灯。

【茶陵帮助80个贫困村改善基础设施】 2015年8月7日，茶陵县委十一届九次全会通过了《关于实施精准扶贫加快推进扶贫开发工作的决议（草案）》，下半年将实施扶贫开发"八大工程"，帮助2.2万人口脱贫，帮助80个贫困村改善基础设施。"八大工程"分别为农村基础设施改善提质工程、农村幸福安居工程、农村产业培育和农民增收工程、教育培训和劳动就业工程、社会保障工程、金融扶贫和信息化工程、农村生态保护工程和强基固本工程。为顺利推进这"八大工程"，该县在全县80个贫困村实施水、电、路、气、房、环境治理"六到农家"活动。用3年时间为全县建档立卡扶贫对象中所有无建房能力、经济特别困难的无房户，建设幸福安居房。以"一户一计划、一户一策"为基本模式，针对贫困村、贫困户的不同情况，精准施策，因村选业，因户定项，通过贴心贷款、产业直补等方式，为每个贫困村培育一个致富产业，让每个贫困户有一个能致富的项目。

【华银株电启动超低排放改造4号机组力争2015年完成改造】 2015年8月8日，从大唐华银株洲发电有限公司（简称华银株电）获悉，该公司燃煤发电机组超低排放改造工程，已完成前期准备，8月内，将先行启动4号机组改造。所谓超低排放，又称趋零排放，国家并无标准。目前，燃煤发电业内将燃煤机组的污染物排放指标达到燃气轮机排放标准，即视为超低排放。该公司环保部介绍，要达到超低排放标准，就要对烟气的烟尘、二氧化硫、氮氧化物进行深度净化处理。改造完成后，烟气脱硫效率将由目前的95%提升到98.8%，脱硝效率由80%提升至95%，预计年可分别削减二氧化硫、氮氧化物逾千吨，烟尘200余吨。4号机组力争2015年完成改造，明年完成3号机组的改造。

【时代金属轨道交通部件生产基地一期加紧施工】 2015年8月9日，作为醴陵2015年的"十大产业项目"之一，轨道交通部件生产基地（一期）工程项目正抓紧晴好天气加紧施工，这里的主体结构施工目前已经进入倒计时，预计10月份左右可以完工。据施工方介绍，整个生产基地占地总面积150亩，总投资约5.6亿元，将分成两期进行建设，正在进行的一期工程将要建成3栋标准化生产车间和其他附属设施。基地投产后，将主营轨道交通重要部件的研发和生产，包括冷却系统、钣金屏柜、压力容器和机车门窗等五大系列、上千个品种，有望实现产值6亿元以上，新增税收5000万元以上，新增就业岗位800多个。

【株洲火车站改造等8个项目受关注】 2015年8月9日，上海市委统战部、市工商联组织企业家来湖南考察。在长沙举行的招商推介会上，株洲市推介的株洲火车站改造、株洲市会展中心建设等8个重点招商项目，受到上海企业家的高度关注。株洲火车站改造开发项目是将原株洲火车站改造为京广、沪昆干线上的特大枢纽站，并与城轨株洲站统一建设，打造成中南地区的大型综合交通枢纽。该项目总投资100亿元，设有5个功能区，将采用PPP模式等合作方式开发。湘江新城项目位于天元区西南，总投资302.6亿元，规划面积36.48平方公里。株洲市轨道交通科技城项目总投资160亿元，主要建设"一廊""两带""五园""三中心"，将以PPP合作等投资模式开发。其他5个项目分别是株洲市会展中心项目、龙母河综合开发项目、武广新城片区综合开发项目、神农太阳城项目和云龙电子信息产业园项目。

【株洲政府投资项目试行设计施工总承包】 2015年8月10日，从株洲市发改委了解到，即日起，株洲市将在政府性投资项目上，试行设计施工总承包的管理办法。这也意味着，今后株洲在政府投资项目管理上，不再将设计、施工分开，而是试行一揽子总承包方式。实行设计施工总承包，将进一步提高设计和施工质量，同时还起到节约资源和控制造价的作用。据了解，实行这一管理模式后，总承包原则上在项目工可批复以后实现，但对不确定因素多和风险大的项目，可在初步设计批复以后实行。同时，管理办法还明确，承包人不得以肢解的方式将承包的全部工程对外分包，也不得将承包的工程全部转包；发包人不得将其发包的设计、施工和货物采购对外转包，不得再分包。据介绍，目前设计施工总承包管理办法在全省范围内的高速公路新建、改扩建和独立特大桥、长大隧道项目已经推广。此次株洲市出台的总承包管理办法，将这一范围扩大到株洲市本级投资建筑安装费在1000万元以上的房屋建筑工程和市政公用工程项目。

【株洲7个项目获320万扶持资金】 2015年8月10日，省发改委、省财政厅公布2015年度现代服务业发展专项资金安排表，株洲7个项目入选，共获得320万元扶持资金。株洲市本级、茶陵县各有两个项目，醴陵、攸县、炎陵各有一个项目。其中，对神农千金药品食品交易中心仓储工程项目的支持金额最高，为100万元；云龙冰雪世界旅游项目一期获80万元。

【未来3年新建道路21处以形成内环与中环】 2015年8月11日，从相关部门获悉，《株洲市城市交通堵点畅通工程三年行动计划》（以下简称计划）已出炉。该计划实施后，城区道路拥堵现状将得到有效缓解。改造19处节点，黄河路拟拓宽。根据计划，2015年至2017年，株洲市要对黄河路韶山路口等13个已存在交通拥堵问题的交叉口、路段及区域，进行重建或改造；还要优化6个交叉口交通组织，以使这些节点通行能力平均提高约30%。

【株洲湘江七桥河西段项目启动征拆】 2015年8月

11日，天元区征管办发布消息称，湘江七桥河西段项目已启动征拆工作。湘江七桥下距渌水汇入湘江河口约600米，距上游株洲航电枢纽5公里，主桥长650米，引桥长300米。该桥连接天元区与株洲县，是河西城区和河东株洲县南洲新区之间的快速过江通道，也是株洲市城市向南发展的重要过江通道。项目征收土地面积2.5725亩，涉及2个村民小组，拆迁房屋2栋，拆迁房屋建筑面积650.06平方米。

【株洲县朱亭镇新镇开工】 2015年8月13日，株洲县朱亭镇小城镇建设项目在天长坪村盛大开工。5年后，一个全新的集商贸、休闲、旅游、文化为一体的朱亭新镇将呈现在世人眼前。据悉，朱亭新镇项目位于镇域中心的天长坪村，紧临S211、亭网公路，距京港澳高速朱亭互通口4公里，交通十分便利。项目由朱亭镇与株洲嘉墅房地产开发有限公司通过PPP模式联手推进，分3期进行开发，开发周期5年，总建筑面积预计100万平方米，总投资30亿元，将打造成集商贸、休闲、旅游、文化为一体的株洲县南部经济、文化、政治中心。

【株洲市特殊教育学校新校区下月开建】 2015年8月17日，投资1.35亿元的株洲市特殊教育学校将于下月动工。8月16日，学校搬迁扩建指挥部负责人称，学校预计2017年投入使用，将增加特教学位150个，满足社会对特殊教育的需求。

【茶陵虎踞镇前7月实现工业总产值2.18亿】 2015年8月20日，在茶陵县虎踞镇湘南皮革有限公司的生产车间里，工人们正将刚加工好的牛皮进行挂晾。2015年，该公司投资4000万元的技改扩建项目已经顺利投产，生产线技术改造提升后，将年产20万张牛皮革，年产值逾2亿元，安排就业人员500余名。金沙10万吨烃醇燃料项目以红薯为原料，红薯经粉碎、蒸煮、糖化、发酵、蒸馏等工艺后脱水，生产出体积浓度达99.5%以上的无水乙醇，即燃料乙醇。目前，项目已完成投资1.2亿元，一期办公楼、科技楼等主体部分已封顶粉装，生产厂房仓库、污水处理厂等基础设施已全面施工，镇政府正全力协调股份重组，破解企业融资瓶颈，争取年前投产见效。该项目一、二期全部投产后，计划可年产燃料30万吨，将需要木薯、改良红薯等原材料270万吨。不仅如此，该镇还积极调整农业产业结构，大力发展高效、生态农业，“茶陵三宝”生姜、大蒜、白芷种植面积分别达2000亩、5000亩和500亩，依托虎源生态园林有限公司做大做强苗木产业，苗木种植面积达1000亩。目前，该镇正在洽谈乔下九女仙2000亩安吉白茶项目，合湖三角湖现代农业休闲项目已达成初步意向。

【株洲武广新城年内还将建成渌江路、西站南路】 2015年8月21日，株洲西站北边，站前北路已经建成。这条长约850米、设计为双向4车道的道路，将和湘芸路、栗雨南路、西环线一道，对接月塘生态新城路网，助推武广新城融入主城区。武广新城开发建设有限公司相关负责人介绍，武广新城片区内，目前还有渌江路（原名长江西路）、西站南路（即京广高铁株洲西站至沪昆高铁韶山南站连接线的株洲段部分）、博古山东路、响泉路4条道路在建。西环线、炎帝大道、西站南路、渌江路、湘芸路，是武广新城的主要对外通道。交通引领城市发展。

【株洲市拟组建（中国—东盟）株洲商品交易中心】 2015年8月21日，株洲市召开（中国—东盟）株洲商品交易中心组建工作调度会，听取南宁（中国—东盟）交易所（简称“东盟交易所”）负责人提出的建议和意见，并就组建（中国—东盟）株洲商品交易中心签署合作框架。东盟交易所是专门为中国东盟自贸区、北部湾经济区服务的跨境现货电子交易平台，专门从事各类工业品、农产品、林产品、能源产品、大型机械设备、技术产品、文化产品和进出口商品等大宗物资的现货电子交易，是集交易、结算、信息、融资、物流、商品展示和国际采购等全程式服务于一体的现代化综合型电子交易场所。借助该平台搭建株洲商品交易中心后，株洲的陶瓷、烟花、女裤等各类商品可顺利打入东盟株洲市场。

【第三批拟建“企业国家重点实验室”发布】 2015年8月26日，科技部对“第三批企业国家重点实验室拟新建立项名单”进行了公示，共包含了75个实验室，中车株洲电力机车研究所（下称株洲所）、中车株洲电力机车有限公司（下称株机公司）申报的两家实验室入列。其中，株机公司申报是“大功率交流传动电力机车系统集成国家重点实验室”，株洲所是“新型功率半导体器件国家重点实验室”。

【株洲37家洗水企业将整合为10家左右】 2015年8月28日，位于芦淞区五里墩乡五里墩村的洗水工业园项目，一期全面启动标准厂房、污水处理设施及工业蒸汽设施建设，预计年底前主体设施建设项目全部竣工。届时，株洲市现有的37家洗水企业将整合成10家左右，搬入园内。株洲市目前共有洗水企业37家，从业人员1万多人，年加工服饰2.5亿件，年实现工业增加值8亿元，年排放污水约1100万吨。据悉，这些洗水企业主要分布于芦淞区、石峰区、荷塘区，多数集中在芦淞区龙泉街道龙泉村，大都是自发形成的。洗水工业园建成后，日处理工业污水2万立方，排放达到国家污水处理一级A标准，污水装置可实现24小时自动化控制，污水处理过后还能循环利用，提高工业用水效率。

【株洲获批国家电子商务、物流快递协同发展试点城市】 2015年8月28日，从株洲市商务和粮食局获悉，经财政部、商务部、国家邮政局评选认定，株洲市与山西省大同市、辽宁省大连市、吉林省吉林市、安徽省蚌埠市、河南省洛阳市被列为2015年国家电子商务与物流快递协同发展试点城市。据悉，株洲市获评该试点城市后，将获得3000万元中央财政资金支持。目前，株洲市已经制定了《株洲市电子商务与物流快递协同发展试点实施方案》。

【708套改造房预计明年建成】 2015年8月31日，位于茶陵县利民办事处的312套棚户区改造房顺利完工，不久即可入住。据悉，2014年来，该县共投资8000多万元，对棚户区进行全面改造，现已建成或在建708套，预计明年全部建成。现已建成的工矿棚户区就地建成在利民街道办事处，异地在县城建设的汉背棚户区，现主体工程完工，已进入完善水、电、路等基础设施阶段，预计3个月后全面完成。

【株洲首个集中式太阳能发电项目】 2015年8月31日，从有关部门获悉，株洲市首个集中式太阳能发电综合利用项目，就要在龙洲村开建了。SPI阳光动力能源互联网股份有限公司是一家在美国上市的公司，致力于光伏电站开发、投资、建设和运营管理。这一情况反馈到荷塘区招商局后，该局立即对项目可行性及合理性、选址、规模大小进行评估，并赶赴公司上海总部对接。3个月内，对方定期来株考察水文、日照等情况，并经过3次会议协商，双方达成合作协议，由后者投资5亿元，在龙洲村建集中式太阳能发电综合利用项目。这种“新能源+农业”模式，污染少、排放低、效益高，可实现土地的深度利用，村里每年还可增加集体经济收入几十万元。

【醴陵新增4件中国驰名商标】 2015年9月2日，国家工商总局下发文件，醴陵市4件商标被认定为中国驰名商标。至此，醴陵市已拥有中国驰名商标14件，此次被认定的4件中国驰名商标，分别为湖南省科富花炮实业有限公司的“科富”、湖南省醴陵市吉利鞭炮烟花有限公司的“传奇”、湖南耐渗塑胶工程材料有限公司的“NAISSANT”、湖南泰鑫瓷业有限公司的“taisun”。其中，“科富”和“传奇”的认定，实现了该市花炮产业驰名商标零的突破。近年来，醴陵市把品牌建设作为推动经济转型升级的重要抓手，出台一系列鼓励扶持政策，大力培育、发展和保护各类品牌，提升品牌价值，增强竞争优势。目前，醴陵市有效注册商标达2000件，马德里国际商标17件，省著名商标59件，位居全省县级市前列。

【美的地产将打造城市综合体】 2015年9月2日，从株洲市荷塘区相关部门了解到，即将竣工通车的新塘路三期及向阳北路周边地块，目前已获得包括美的地产在内的多家知名房产开发商的青睐。这些房企对片区的商住及产业开发，将吸引中心城区人口向该片区转移，从而带动荷塘区城市空间的拓展。荷塘区招商局相关负责人介绍，美的地产将在此板块投资建造城市综合体，项目开发模式，或将延续其在河西栗雨湖片区开发美的城的模式。新塘路及向阳北路周边地块，环境好且离市中心较近，这是开发商看中该地块的主要原因之一。另据荷塘区城乡建设局相关负责人介绍，荷塘区规划定位为生态宜居大东城，近年来，通过完善基础设施等途径，城区环境整体大幅提升，各片区区位条件有效改善，这为吸引投资奠定了基础。

【时代金属轨道交通部件生产基地建设】 2015年9月7日，作为醴陵2015年“十大产业项目”之一，轨道交通部件生产基地（一期）工程项目正利用晴好天气，抓紧施工。据时代金属轨道交通部件生产基地负责人介绍，项目于2014年11月启动建设，整个生产基地占地总面积150亩，总投资约5.6亿元，分两期建设。一期工程3栋标准化生产车间，预计10月底完成，力争年内开工投产。旗滨玻璃项目已累计完成投资近40亿元，目前已有4条生产线点火投产，第5条生产线基本完成建设；标准化厂房二期12万平方米已完成建设，正在进行对外招租，三期12.29万平方米已完成规划设计，正在进行土方平基和建筑设计，近期将启动建设；公租房二期12万平方米已完成主体结构验收，进入装饰装修施工阶段，有望年底全部投入使用；釉下五彩生产基地已有6家企业入驻；高强电瓷二期扩产项目的球磨机车间与企业办公楼目前已完成主体框架建设。2015年，是醴陵市的“项目攻坚年”，作为醴陵新型工业化的主阵地和产业发展的主战场，醴陵经开区加快项目推进，新开工项目12个，竣工项目5个，累计完成投资14.565亿元。“146”工程计划新开工标准厂房面积15万平方米，建成25万平方米，截至目前，新开工标准化厂房面积23.25万平方米，建成15.06万平方米。

【炎帝陵神农园“潇湘八景”盆景工程完工】 2015年9月7日，从炎帝陵管理局获悉，炎帝陵神农园项目内的“潇湘八景”大型盆景工程已全部完工，游客可入园欣赏。炎帝陵神农园项目选址炎帝陵阙门——鹰鹿广场以西，洣水以南，衡炎高速连接线以东区域。项目涵盖圣德林、福林、福桥、福园等，园区总用地面积约130亩，包括精品盆景展示区、管理培植区、景观配套设施及防洪泄洪设施等。目前，整个炎帝陵神农园项目已完成全部配套道路、桥梁、中心岛、管线铺设及部分景点的建设，约占工程量的90%。

【株洲河东风光带建设加速】 2015年9月11日，湘江株洲城区河东段综合治理工程中心段征收工作动员大会上传来消息，株洲市将在年底前完成该项目679户住户的征收工作。作为我省“一号重点工程”的重要组成部分，湘江株洲城区河东段综合治理工程中心段自启动之初就受到株洲市委市政府的高度重视。目前，自来水一水厂、建宁闸一期和二期3个标段的征收任务已经完成。还有6个标段的征收工作亟待完成，它们分别是月形山A地块、人民银行、株洲市妇幼保健院及新道康、神龙湾段、湘江一号、纺织路至彩虹桥段。这6个标段涉征面积9.29万平方米，涉征住户679户。

【建宁大桥西匝道2016年年中完工】 2015年9月11日，从株洲市城发集团获悉，建宁大桥西匝道工程设计招标已经启动，即将开建。按照市政基础设施建设计划，该工程将在2016年年中完工。届时，株洲市民从滨江南路驱车，可直接上建宁大桥，快速通往枫溪新城、三三一片区及航空服饰新城。项目业主单位市城发集团负责人介绍，2006年西环路主线建成通车时，道路沿线周边还未开发，建宁大桥与滨江南路交汇处，只是设置了预留出入口。如今，建成区日渐扩大，交通需求随之增加，打通这个匝道口，成为缓解城市道路拥堵的一项举措。这个互通匝道建成后，获益最大的，将是天元区泰山路以南片区，此外，工程对规划待建的湘江新城也是交通利好。

【株洲枫溪大桥预计年底全桥合龙】 2015年9月12日，从枫溪大桥项目部获悉，施工进入攻坚阶段，300米主桥桥面开始架设钢箱梁，预计2015年年底，大桥可实现全桥合龙，明年三季度可全部完工。按照株洲市“一桥一景”的设计理念，枫溪大桥设计为株洲市目前唯一一座双塔单跨自锚式悬索桥。大桥中间有300米主桥桥面不需要桥墩支撑，96米高的两个索塔之间通过悬索相连，悬索两端锚固在梁体内部，再通过吊杆吊住桥面，实现承重。据承建方中交二航局相关负责人介绍，主桥钢箱梁采用顶推施工技术，由27片钢箱梁焊接而成，钢箱梁最重的单片有 240 吨，轻的单片也有 137 吨。钢箱梁在工厂制作好后，由船运至河中桥位处，再由提梁机提起架设。目前，枫溪大桥北接黄河南路的 170 米引桥已经完工，南接航空大道的引桥正在进行上部现浇箱梁施工。从记者航拍的图片可以看出，大桥的基本轮廓已经成形，上述负责人介绍，该桥造型和湘西矮寨大桥相似，都属于悬索桥，全部建成后，会成为湘江上一道靓丽的风景线。大桥主线全长 1729.4 米，设计为双向六车道，车速 50 千米 / 小时，对缓解城区拥堵情况，对连接河西城区与河东枫溪生态城、航空新城片区起着重要作用。

【株洲云龙年底前完成征地拆迁项目 37 个】 2015 年 9 月 12 日，云龙示范区发布消息，即日起至 12 月 31 日，实施项目攻坚“征拆安置、制违拆违、环境整治”三大行动，举全区之力狠抓项目建设，提速发展。同时，示范区启动“百日攻坚”行动。至年底，完成征地拆迁项目 37 个，交地 6029 亩。其中，新征项目 13 个，交地 2027 亩；清零项目 24 个，交地 4002 亩；拆除存量违法建设 1.2 万平方米以上，实现违法建设零增长；阻工现象得到全面遏制，实现项目建设“零阻工”；妥善化解安置问题，处理遗留问题 20 个以上；续建安置房 12.5 万平方米，其中竣工 6.8 万平方米；新开工安置房 6.2 万平方米，分配安置房 12 万平方米。

【湘江七桥等项目完成征拆】 2015 年 9 月 14 日，株洲县连接湘江七桥的南洲新区和谐大道最后一栋征拆房被拆除，至此，24 栋征拆房全部征拆完毕，和谐大道建设驶入快车道。2015 年来，该县以拆违促拆迁，优化项目拆迁环境，确保了 10 余个重点征拆项目快速推进。和谐大道是株洲县南洲新区东西向主干道，全长 2.83 公里，是该县 2015 年优先建设的重点路网项目之一。为保障项目快速建成，该县实行多部门联合办公，规划局、征拆办、国土局、拆违大队等部门各司其职，协调配合推进征拆工作，不到两个月，就基本完成了各项补偿安置与房屋拆除工作，和谐大道成为 2015 年该县项目推进速度最快的在建项目。目前，该县 16 个重点项目都已启动。湘江七桥、九丰燃气、西海岸鞋业、渌浦公园、南洲新区污水处理厂、湘融服饰城等 7 个项目征拆工作已全面完成，渌枫大道一期（城区段）27 户已全部签订征拆协议，航电枢纽二线船闸项目已完成前期各项工作，进入拆迁阶段。

【株洲湘潭未来有 2 条轨道线对接】 2015 年 9 月 12 日，从有关部门得知，继株洲市轨道交通初步规划出炉后，湘潭近期也对外公布了其轨道交通初步规划成果。综合两市的规划，株潭这两座直线距离仅 20 公里的城市，未来将有 2 条轨道线相互对接。根据《湘潭市公共交通专项规划》，湘潭远期拟建设 3 条轨道交通线路。其中，1 号线起自湘潭北站，经湘潭火车站、建设路口、汽车东站等重要节点，与株洲地铁联络线对接；3 号线也起于湘潭北站，经九华经开区、岳塘区、湘潭天易示范区等片区，止于株洲西站，接株洲地铁 1 号线。株洲市 2014 年公布的《株洲市城市公共交通体系规划》显示，城区规划轨道交通线（又称地铁）共 4 条，其中，有 2 条将与湘潭实现对接。一条连接石峰区与湘潭岳塘区，另一条串起天元区与湘潭天易示范区。在上述轨道线走向上，两市规划基本一致，不过，在具体对接点等细节上，两市的初步规划并未做出说明。而据知情人士透露，为加快推进一体化，长株潭正在着手建立三市规划信息共享机制。此外，省级层面也已开展长株潭城区轨道交通规划建设情况调研，根据初步思路，三市轨道交通将与长株潭城际铁路相连，形成一个闭合的轨道环线。

【株洲新增 7 个农网改造升级工程项目】 2015 年 9 月 15 日，省发改委网站公布 2015 年农网改造升级工程新增项目表，株洲共有 7 个项目入选，总投资 1.99 亿元。9 月 14 日，国网株洲供电公司相关负责人证实，这 7 个项目均已进入施工招标、设计阶段，年底前将正式启动。根据规划，攸县皂角 110 千伏变电站、株洲县渌口 110 千伏变电站都将新增 1 台主变压器；株洲市区及醴陵、攸县、茶陵、株洲县累计新建、改造低压线路 1371.5 公里，其中株洲县改造线路最长，为 483.9 公里。上述项目均为中央预算内投资计划项目，本轮改造工程将在 2016 年 6 月份之前完工。这些改造项目大部分集中在城郊结合部和较偏远的村镇。农村电网改造升级可以有效解决线路“卡脖子”、转供能力不强和设备“过负荷”等问题，为城乡居民带来更可靠的用电保障。此外，株洲市计划用 3 年时间，完成全市低压线的整改工作。

【中航标准件项目总投资 20 亿】 2015 年 9 月 14 日，中航标准件项目现场一派繁忙，“三通一平”工作正在推进，预计本月底能完工。该项目位于芦淞区五里墩乡，是株洲市航空产业发展重点项目之一，占地 142 亩，主要生产航空发动机标准件、钢制件，将建成国内一流的航空零部件专业化生产基地，年产值可达 10 亿元。新芦淞集团相关负责人认为，该项目建成后，将完善航空产业配套，吸引整机制造企业进驻，提升株洲通用航空城在航空产业领域的影响力。项目业主方相关负责人介绍，项目分两期开发建设，总投资 20 亿元，将建设办公楼、机加厂房及动力站、污水处理站等配套设施，总建筑面积约 3 万平方米。其中，一期主要建设厂房，预计年底可开工，明年年底交付使用，投产后年产值约 3 亿元。

【“东部·美的城”正式落地株洲荷塘区】 2015 年 9 月 15 日，美的地产集团与荷塘区正式签约，“东部·美的城”正式落地荷塘。项目涵盖低密度洋房、高层住宅、集中式商业街区、大型购物中心、星级酒店、小学、幼儿园、文化休闲公园等多元业态，是目前“美的地产”在株布局规模最大、最高档的项目。这个预计投资 30 亿元的城市综合体项目，从意向到签约用时不到 3 个月。2014 年起，荷塘区对全区的房地产情况进行摸底，发现房源存量不足，难以满足南岳岭、上月塘片区棚改需求。而且，正在扩容提质的荷塘区，一直缺一个高品质的城市综合体。

【上月株洲规模工业增加值增长 8%】 2015 年 9 月 16 日，株洲市统计局发布消息称，8 月份，株洲市规模工业完成增加值 75.08 亿元，同比增长 8%，比上月增幅提高 1.2 个百分点，高于全国平均水平 1.9 个百分点。8 月份，全市 38 个行业大类中有 31 个行业实现增长，其中贡献最大的三大行业是非金属矿物制品业，铁路、船舶、航空航天和其他运输设备制造业，橡胶和塑料制品业，其中，橡胶和塑料制品业同比增长达 117.2%。部分大型企业订单充裕，生产形势好，拉动作用明显。8 月份，全市大型工业企业实现增加值 24.7 亿元，增速高于规模工业增速 15.1 个百分点，大型企业对规模工业增加值增长的贡献率达 83%。中车株洲电力机车有限公司当月新增马来西亚动车组 24 辆，月产值增长 30.6%；株洲时代新材料科技股份有限公司不断拓展橡胶零件制造及风电株洲市场，当月产值增长 1.9 倍。小微企业成为一大亮点。8 月份，全市小微工业企业实现增加值 23.6 亿元，增长 11%。株洲南方燃气轮机成套制造安装有限公司、湖南炎帝生物工程有限公司当月产值分别增长 7.9 倍和 2.1 倍。

【株洲天易科技自主创业科技园 10 月交地】 2015 年 9 月 19 日，该项目指挥部召开工作调度会，立下了项目 10 月全面交地的“军令状”。明确目标，责任到人，分户到组，不断加快签字、拆房和腾地的速度，确保完成目标任务。天易科技自主创业科技园项目，是天元区向南发展的重要起始项目，也是省“135”重点项目、市重点项目。该项目征拆范围跨天元区群丰镇白莲和响塘两个片区，房屋总编号 86 个（白莲 57 个、响塘 29 个），土地面积 628 亩（白莲 310 亩、响塘 318 亩）。目前白莲片区已完成 32 个房屋编号的算账签字工作，以及 200 亩的土地分类工作；响塘片区已完成 15 个房屋编号的算账签字工作，以及全部土地分类工作。

【首批市本级 PPP 项目库筛选 9 项目】 2015 年 9 月 17 日，召开的市政府常务会议，通过了株洲市首批市本级 PPP 项目库清单，其中包括规划建设的有轨电车 2 号线项目。株洲市本级 PPP 项目库清单共筛选项目 9 个，总投资约 178 亿元，分别为有轨电车 2 号线项目、枫溪污水处理厂项目、城市排水有限公司社会化改革项目、机动车驾驶人考试中心项目、铁东路核心段项目、轨道科技城路网工程、武广新城片区土地综合开发项目、枫溪新城核心区土地综合开发项目、城际铁路站前广场项目。该清单显示，有轨电车 2 号线东起车辆厂，西至武广高铁株洲西站，全长 22.5 公里，设站 30 个，平均站间距 780 米，项目总投资约 40 亿元。PPP，是指政府和社会资本在基础设施及公共服务领域建立的一种长期合作关系，是投资领域一项重大的制度创新。运用 PPP 模式，有轨电车 2 号线等项目建设将得以加速。首批市本级 PPP 项目库清单：1.有轨电车 2 号线项目：线路横贯株洲城市东西，总投资 40 亿元。2. 枫溪污水处理厂项目：选址芦淞区早禾坪，污水处理能力每日 50000 立方米，总投资 2.57 亿元。3. 城市排水有限公司社会化改革项目：霞湾、龙泉、董家塅污水处理厂和清水塘工业废水处理利用厂、白石港水质净化中心整体改造 PPP 项目，总投资 14.4 亿元。4. 机动车驾驶人考试中心项目：选址株洲县南阳桥乡马家湾，总投资约 4.5 亿元。5. 铁东路核心段项目：石宋路至新华路，全长 1.6 公里，总投资 8.93 亿元。6. 轨道科技城路网工程：由田心大道、中车大道、卧龙路及云霞路 4 条道路组成，总投资 30 亿元。7. 武广新城片区土地综合开发项目：武广片区内约 6517 亩土地的综合开发，62.53 亿元。8. 枫溪新城核心区土地综合开发项目：枫溪新城内 788 亩土地综合开发，总投资 14.14 亿元 9. 城际铁路站前广场项目：白马垄站、时代站、云龙站、七斗冲站站前广场，总投资 1.368 亿元。

【株洲两个通航整机项目本月开建】 2015 年 9 月 17 日，新芦淞集团发布消息，罗特威直升机整机制造项目和北航小蜜蜂整机制造项目已完成交地，本月将开工，年底完成主体建设。上述两个项目是株洲市 2015 年重点项目。罗特威直升机整机制造项目占地 50 亩，其中一期占地 40 亩，二期占地 10 亩，总投资约 2 亿元，主要建设内容为厂房、办公楼及综合配套设施，投产后年产值 5000 万元以上。北航小蜜蜂整机制造项目占地 37 亩，总投资约 2 亿元，主要建设厂房、办公楼及综合配套设施，生产小蜜蜂系列飞机以及研发生产农用飞机、水陆两用飞机，年生产能力 200 架，同时进行航空新材料的研发生产。项目建成后，将促成株洲航空产业迈上整机制造新台阶。

【中车株机与大马合作】 2015 年 9 月 18 日至 21 日，在第 12 届中国—东盟博览会上，中国中车株洲电力机车有限公司展出了多款出口马来西亚和其他国家的高端产品，推介了轨道交通系统解决方案。轨道交通装备是一个高使用频率、高磨耗的公共产品，对于维护保养有着严格的要求。如果不对城际动车组进行维护保养计划，将出现使用难题。基于此，中车株机向马来西亚用户推荐了为城际动车组提供全方位的维护保养方案。切身实地的考虑，增加了业主的合作信任。最终，业主接受了中车株机的系统解决方案。2015 年 7 月，东盟制造中心投产，具备每年制造 100 辆、架修 150 辆动车组兼营电力机车和轻轨车辆的能力。至此，双方合作模式由“输出产品”向“输出产品 + 服务 + 技术 + 投资 + 制造”转变。

【龙头企业引领茶陵农业产业化】 2015 年 9 月 21 日，在茶陵县飞鹏竹木业有限公司生产线上，工人们正在加紧赶制订单。近年来，茶陵县以龙头企业为牵引机，大力推进农业标准化生产，走绿色加特色、优质加优势的产销路子，仅 1 年，就发展了 4 家省级龙头企业，居全市之最。以生猪养殖加工为主的龙华农牧公司、以黄牛培育加工为主的林丰农业、以油茶加工为主的红星盛康油脂、以纺织加工为主的东信棉业……一个个龙头企业扛起了茶陵农业产业化发展的大旗。截至目前，该县共有农产品加工企业 529 个，其中规模以上企业 18 个，省级龙头企业 5 家，株洲市级龙头企业 10 个。到 9 月底，预计全县可完成农产品加工总产值 18.5 亿元，实现利润 1.02 亿元，上交国家税金 1123 万元。在省级龙头企业的带动下，一批市级龙头企业也“力争上游”。茶祖印象（湖南）茶业有限公司是一家集茶叶加工与销售、茶叶品牌展示交易、茶业观光旅游与休闲度假等于一体的综合性茶产业集团。目前，该公司累计投入资金 8 亿元，通过“公司 + 基地 + 农户”的模式计划 10 年内重点在 10 个乡镇发展茶园，带动全县种植茶叶 10 万亩，实现 2000 户农户家门口就业。目前，康圣堂药业、飞鹏竹木、众康乡村土特产、湘冠农业、尚竹家具和鑫丰人造板 6 家企业申报了市级龙头企业，该县农业企业竞相发展、百舸争流的局面正在形成。以“百家企业帮扶行动”为抓手，该县全力“优环境、提效能、促升级”，解决重点企业的个性化问题，企业发展速度明显加快。如今，茶陵康圣堂药业成功由家族式企业蜕变为股份制公司，设备工艺全面升级，并进行了特色中药产品 GMP 改造；华盛陶瓷实现“零污染、零排放”的目标，并且开发出新的“超平釉”系列产品，其产品利润初步估计是现在产品的3倍。优质的发展环境也引来了优质绿色企业落户，湖南金沙新能源有限公司利用木薯、改良红薯生产燃料乙醇，该项目投产后，将年产燃料乙醇10万余吨、杂醇油420吨、氨基酸肥料1.5万吨，可产沼气3840万立方米，同时可发电2160万度，节省煤炭3.6万吨，年产值将达7.5亿元。

【株洲云龙到2015年年底力争逾10个项目开工】 2015年9月21日，11户居民签订协议；22日，又有13户签订协议。仅2天时间，菖塘片区项目完成24户房屋征收协议签约，剩余3户本周内可完成。该项目位于云龙示范区云田镇，涉征面积411亩，涉及11个居民小组，包括移动数据中心和云海大道两个项目，11月份可清表交地。这样的速度，今后在示范区将成为常态。从9月12日至12月31日，示范区实施项目攻坚“征拆安置、制违拆违、环境整治”三大行动，举全区之力狠抓项目建设，提速发展。产业发展，项目先行，而要保障项目上马，征地拆迁是关键。2015年7月和9月，示范区分别两次组织大规模培训，并首次对辖区所有居民小组组长、社区干部等进行集中授课，提前宣传动员，旨在破解征拆难题，推进项目建设，掀起示范区新一轮开发建设高潮。根据安排，至年底，示范区通过开展“三大行动”，要完成征地拆迁项目37个，交地6029亩；拆除存量违法建设1.2万平方米以上，实现违法建设零增长；阻工现象得到全面遏制，实现项目建设“零阻工”。目前，示范区400余名机关干部下到一线，服务项目建设。相关工作组、各镇街也积极行动，形成氛围。数据显示，8月份至今，共交地1139亩，依法拆除违法建设46处，面积15997.17平方米，为项目落地提供了空间。据介绍，云海大道项目全长1.24公里，为城市主干道，涉征拆面积108.9亩。移动数据中心项目主要建设内容包括仓储式机房、运维管理中心等，涉征面积293.9亩。建成后，将为智慧城市、电子信息产业及互联网各类客户提供专业的全方位服务，一期预计18个月建成投产。目前征拆力度很大，很好地配合了项目建设。示范区发展规划部相关负责人表示，已有规划七路、学林路等6个项目先后开工，正在对新征拆的13个项目进行调度，力争至年底有10个以上项目开工，云龙大道二期、云峰大道等6个项目竣工。

【攸县要建第二水源列入2016年株洲市重点项目范围】 2015年9月22日，株洲市人大常委会巡回集中督办株洲市人大代表建议（攸县）工作会议上，代表们为民生问题频频发问，相关部门负责人逐一回复。阳升观中型水库项目前期工作正在扎实推进，目前立项审批需填写的32项专题报告已完成了12项。株洲市还计划将该项目列入2016年全市重点项目范围。株洲市水务局相关负责人回复称，2015年，该局通过绿色通道先后完成了该项目的涉河事项批复、水工程规划同意书许可等配套手续，并衔接省水利厅完成了水土保持方案审查批复。下阶段将与攸县水利局共同加强与上级部门的衔接，加快前期工作进度，确保项目尽快启动实施。

【攸县酒埠江生态新镇综合开发项目开建】 2015年9月23日，攸县酒埠江生态新镇综合开发项目的安置区、酒仙湖拓展培训和水上娱乐项目、花香里酒店3个项目同时开工建设。酒埠江生态新镇综合开发项目是由株洲市城发集团和攸县共同开展融资和开发建设的PPP项目，该项目以“休闲度假、康体养生”为主题，包括山水观光体验、运动健身娱乐、宗教文化、温泉疗浴等内容，重点建设以酒埠江镇为核心的特色旅游名镇，打造长株潭都市休闲的后花园、全省著名的旅游目的地。项目计划投资19.5亿元，大体分3期建设，首期工程包括安置区、旅客服务中心、饶镇路、环湖游道、镇区污水处理站及其管网等；二期工程包括镇区基础设施改造，商业土地开发整理，滨湖酒店别墅群，景区内项目改造等；三期工程则包括宝宁寺片区开发，柏株洲市温泉、红豆杉公园、鸾山片区景点开发等。

【前8个月株洲建成标准厂房149.7万平方米】 2015年9月23日，省委督办专员一行来株，就株洲市园区发展情况进行调研。2015年来，株洲市各主要园区顶住经济下行压力，攻坚克难，确保稳增长、促发展。1月至8月，全市建成标准厂房149.7万平方米，为年计划的58.9%；新开工项目95个，引进项目78个，批回土地3362.8亩，园区公司新增资产95亿元，全市园区呈现出项目建设增效、产城融合提速等新亮点。

【电力大鳄抢滩株洲】 2015年9月24日，攸县太和仙风电项目前期道路工程开工。该项目由中电投五凌电力公司承建，装机容量为50兆瓦。自2011年至今，株洲市已与3家国内电力大鳄签约7个风电项目，其中1个已并网发电，2个在建。一般来说，3级风就有利用的价值，风速大于每秒4米就适宜发电。株洲市部分风电项目的测风数据显示，年平均风速在5.6米/秒以上，达到发电的风速要求。全市5个县市均是风力发电宝地。目前，株洲市正在积极创建“国家新能源示范城市”，风电等新能源领域敞开大门迎客，国内电力大鳄闻风而至也就成为必然。

【中电投三湘风电等3大项目落户茶陵】 2015年9月24日，茶陵举行重大招商项目签约仪式，中电投三湘风电等3个项目将落户，合同引资达16.8亿元。据悉，中国电力投资集团公司湖南娄底新能源有限公司预计将投资15亿元，在茶陵县高陇、秩堂、严塘境内开发15万千瓦风力的风电项目；富盛针织有限公司投资1.2亿元在茶陵经济开发区二园区建设年生产能力400万件的港盛针织服装；浙江籍投资商刘旭凯将投资6000万元，在秩堂镇建设茶叶种植和生产加工为一体的农业项目。大项目频频落地，与该县创新招商服务举措息息相关。

【攸县太和仙风电项目开建】 2015年9月24日，攸县太和仙风电项目道路工程开始施工，这标志着由五凌电力有限公司投资建设的太和仙风电项目正式启动。太和仙风力发电项目位于攸县鸾山镇和莲塘坳镇之间，计划投资4.4亿元，共安装24台风力发电机组，预计工期1年，建成后年发电量将达到1亿万千瓦时。该项目具有无污染、无公害、资源可再生等优势，可替代燃煤电站，减排大量二氧化硫等有害气体，有利于加快株洲市风能资源的开发利用，促进能源结构优化调整。

【株洲市首个湘江水上旅游项目“畅游湘江”试运营】 2015年9月26日，株洲市首个湘江水上旅游项目——“畅游湘江”投入试运营。“畅游湘江”项目以天元区四桥码头为湘江水上旅游集散服务中心，依托湘江风光带及沿岸的景观和沿江城市景色，带动湘江株洲段沿岸的旅游观光、景区开发、码头休闲等多个产业发展。项目运作方湘江创景游轮公司相关负责人介绍，目前，该公司已推出“溯古湘江”和“夜画湘江”两个游览主题。与此同时，由株洲湘江集团根据《湘江流域株洲段旅游产业发展总体规划》制定的湘江旅游产业经济带发展战略则明确，除今天开始试运营的“畅游湘江”项目外，还将逐步开发湘江水上风情休闲街，怀杜岩景区、古桑洲文化休闲旅游岛、昭陵主题文化村落、雷打石湖湘健康休闲小镇等在内的多个特色旅游项目，形成株洲湘江文化旅游产业经济带。

【株洲年内要建成2000个充电桩】 2015年9月26日，从中国铁塔株洲分公司了解到，按照国务院的最新精神，该公司今后将承接并主导株洲市充电桩的建设运营工作。按照计划，2015年株洲市将铺开建设2000个充电桩，以解决新能源汽车车主的充电之忧。截至2015年9月初，公司共投资1.43亿元，完成了1094个基站建设，实现基站共享率71.18%，为“宽带株洲”战略的实施打下了坚实的基础。

【株洲县渌枫大道开工】 2015年9月29日，株洲县渌枫大道启动建设。3年后，株洲市区去渌口将添一条快速路。渌枫大道南起湘醴大道，北至南环线，道路全长约10公里，宽60米，其中株洲县境内6.9公里，估算总投资约14亿元。此次开工建设的路段为株洲县县城城区段，南接渌江大桥和南洲大道，总长度880米，估算总投资约1.3亿元，预计2016年10月份完工。株洲县境内6.9公里预计3年内完成建设。

【株洲14个“菜篮子”项目纳入省级价调基金拟扶持计划】 2015年10月7日，省发改委、省财政厅关于2015年省级价格调节基金拟扶持“菜篮子”建设重点项目名单发布，株洲市龙洲湾生态农业发展有限责任公司绿色蔬菜基地建设等14个“菜篮子”项目入围，现正接受公示。据了解，省级价格调节基金主要用于扶持“菜篮子”产品的生产、流通、销售三大领域。其中，菜篮子”产品生产领域重点扶持“菜篮子”基地建设；流通领域重点扶持有利于增加“菜篮子”产品调运、流通和储藏的设施配建；销售领域重点扶持农产品平价店建设。

【“株洲制造2025”确定首批项目】 2015年10月8日，从株洲市经信委获悉，经过之前数月的筛选，全市共有40个项目入选“株洲制造2025”首批重点建设项目，总投资达117亿元。据统计，这40个项目，涉及新一代信息技术、高档数控机床和机器人、航空航天装备、先进轨道交通装备、节能与新型能源汽车、电力装备、新材料、生物医药及高性能医疗器械等8个国家战略重点领域，以及工程机械这个湖南优势制造领域。入围项目来自全市30余家工业“十百千”工程重点企业，包括中车株机、中车株洲所、株硬集团、联诚集团等业内“大腕”。在产业类别上，先进轨道交通装备项目有8个，高档数控机床和机器人（硬质合金）项目有4个，彰显了株洲特色。入选项目既符合“高大上”的制造趋势，更切合了株洲制造业的实际发展情况。本次项目的征集和筛选工作借鉴了国家工信部、省经信委的相关成果，其中4个中国制造2025智能制造专项、10个湖南制造强省建设重点项目全部纳入“株洲制造2025”范畴。

【江苏绿钢集团彩钢项目在攸县开工】 2015年10月8日，江苏绿钢集团旗下的湖南华产新材料科技有限公司的彩钢项目，在攸县攸州工业园开工奠基。该项目总投资约8亿元，预计2016年竣工投产后，可年产热镀铝锌板和功能型有机涂层板35万吨，实现年销售总额17.6亿元，年创税收3000万元。2015年4月，江苏绿钢集团在攸县实地考察。7月16日，短短3个月时间内，绿钢集团就与攸县正式签订了关于建设“攸县年产35万吨热镀铝锌板和功能型有机涂层板”的合作协议。

【大美新芦淞商贸物流园已开工】 2015年10月9日，副市长谭可敏一行走访了芦淞服饰物流中心（小巨蛋）、大美新芦淞商贸物流园，就芦淞区商贸物流情况进行现场调研。小巨蛋项目一期已于2015年7月全部竣工，建设了展示中心、小巨蛋发布厅、服装总部大楼及服饰主题酒店。这里年内还将举办中国女装高峰论坛、上海自贸区进口商品展览会等。项目二期预计2015年年底启动，主要建设设计师大楼三栋，以及一个3万平方米的旗舰店商业街区。大美新芦淞商贸物流园项目9月28日开工，目前正处于征拆扫尾及启动基建施工阶段。该项目将建成现代仓储区、多式联运区、配送服务区、办公区等，打造成“互联网+”的现代商贸物流园，为服饰设计师建设创意中心和交易中心，形成全产业链。

【3个农业产业化项目提前完成】 2015年10月9日，从株洲市畜牧兽医水产局获悉，攸县桑草猪养殖、茶陵黄牛产业化、龙华农牧扩建3个农业产业化项目，已提前完成任务。据了解，攸县桑草猪养殖项目，目前建成了宁家坪养殖、鸟水垅农场种植和攸县工业园加工3个基地，发展蛋白桑种养基地3000亩，建成年出栏3万头的攸县桑草猪现代化养殖场，年加工配送冷鲜肉6500吨，并建成10家攸县桑草猪系列产品专卖店。茶陵黄牛产业化项目，完成投资0.85亿元，配套溯源系统和电子商务平台，建成长株潭地区第一家清真食品物流及冷链加工和清真食品深加工产业化基地。

【时代金属轨道交通部件生产基地预计年内可投用】 2015年10月13日，在醴陵经济开发区的时代金属轨道交通部件生产基地建设现场，工人师傅正在开挖地面，安装下水涵管。目前，该项目一期主体结构施工已基本完工，预计年内可以投入使用。轨道交通部件生产基地是醴陵市2015年确立的“十大产业项目”之一，占地150亩，总投资5.6亿元，分两期建设。一期工程将建成3栋标准化生产车间和其他附属设施，目前，1、2栋标准化生产车间主体已完工，附属设施正在抓紧建设。其中，下水道管网本周可完成，预计下月中旬，厂区两条主干道将完工。

【神农谷旅游服务区项目开工】 2015年10月16日，伴随着炎陵县十都镇南流河畔隆隆的机器声，神农谷旅游服务区项目开工。神农谷旅游服务区项目是株洲市重点建设项目之一，主要服务于神农谷景区，集停车、住宿、娱乐、餐饮为一体，其功能定位为游客集散中心、居民安置中心、形象展示中心、区域发展中心。该项目规划用地面积约842亩，预计总投资2.08亿元。项目分三年建设，建设内容包括游客中心、生态停车场、行政管理中心、商业区、居民安置区、酒店群、道路、绿化及附属配套设施等，预计2016年5月1日，游客中心和大型生态停车场可投入使用。

【醴陵渌江新城签订PPP项目合作框架协议】 2015年10月17日，醴陵市与中国核工业华兴建设有限公司（下简称“中核华兴”）成功签订“渌江新城市民服务中心、学校、医院”项目PPP合作框架协议，总投资估算20.7亿元。创新合作模式，加速推进项目建设，醴陵市突破公私界限，在基础设施建设、公共产品与服务投融资领域首次引入PPP模式。该项目以渌江新区建设管理委员会为实施单位，以醴陵市渌江投资控股集团有限公司为投资单位，采取DBOT（设计到施工到运营到移交）模式，引进中核华兴实行PPP模式合作，双方组成SPV公司（特殊目的公司），按照醴陵市政府的规划要求，进行渌江新城市民服务中心、学校、医院的建设，并由中核华兴负责设计、施工总承包。

【株洲芦淞区项目建设快马加鞭】 2015年10月19日，前三季度，芦淞区项目建设捷报频传，数据显示，36个市级重点项目（含跨区）中，已新开工10个，竣工3个，重点项目完成投资约33.72亿元。2015年是该区的“基础设施突破年”。为此，该区专门成立多部门联动的工作组，加强监督考核，共投入33.48亿元，开建13条主干道，已有机场大道一期等6条道路部分通车。年内，铁东路、迎新路等4条道路路基也将基本成型。

【株洲8家企业入围2015全省制造业50强】 2015年10月20日，从株洲市经信委获悉，在日前由湖南省工业经济联合会、湖南省企业联合会和湖南省企业家协会联合发布的2015湖南省制造业50强榜单中，株洲市有8家企业入围，数量仅次于长沙。这是我省连续第七年发布制造业50强名单。从总体上看，株洲入围制造业50强企业实力不断增强，2014年共实现营业收入660亿元，较上年增长23%。从产业布局来看，此次入围的株洲企业涉及先进轨道交通、通用航空、医药健康及新材料4个行业，这说明过去的一年，工业“十百千”工程的顺利推动，为株洲传统优势产业带来新的活力。

【株洲有轨电车拟优先建2号线】 2015年10月21日，株洲市政协召开八届三十三次主席会议，听取株洲市政府关于城市快速公交系统建设情况通报，并对其开展了民主评议。通报建议率先建设有轨电车2号线。该线主线全长21.7公里，计划设站29个，行经炎帝大道、栗雨南路、泰山路、珠江路、天台路、新华路，沿线串起向阳广场、红旗广场、城际株洲站、中心广场、长江广场、神农城、湖南工业大学、株洲市二中和株洲西站等人流密集区域，计划总投资41亿元。建成后，在交通高峰时段，长江广场到红旗广场只需要13分钟。

【“一江两岸”项目将使醴陵老城焕发新的活力】 2015年10月21日，醴陵成功签约十大招商引资项目，签约总金额近82亿元。据了解，“一江两岸”项目计划分期施工，南岸一号段作为该项目的示范段，旨在为株洲市民提供儿童活动空间、林下健身活动空间、休憩空间、运动球场等设施，并设立亲水台阶及观江台阶。南岸一号段西起渌江书院桥，东至渌江石拱桥，全长740米，用地面积约34615平方米，估算总投资为8000万元，已于8月10日动工，预计春节前将开放。

【株洲武广新城筹建两大公园】 2015年10月22日，从武广新城开发建设公司获悉，武广新城正在筹建两大公园——星月湖风光带及博古山公园。星月湖风光带初步方案已经出炉。两大公园建设预计在未来3年内完成。根据设计，星月湖风光带主要建设内容包括：星湖湿地公园、月湖湿地公园以及联系月湖与星湖的景观长廊。项目总用地面积1000亩，其中月湖占地193亩，星湖占地252亩，中央景观廊道占地约160亩，沿景观廊道周边商业设施及图书展览设施占地约395亩。

【高铁新城旁新建万人创业园区】 2015年10月29日，该园区规划对外公示。继中国动力谷自主创新园9月建成开园后，天元区又一园区——天易科技城自主创业园走进人们的视野。根据规划，该自主创业园位于武广新城以南、湘江新城以西，属于天易科技城的组成部分。规划指出，园区将定位为株洲市创新创业基地，以及面向中小微企业的商务服务平台。园区规划容纳人口1.5万，将形成“一心、一轴、两带、四区”的总体空间结构，其中，“一心”是指温泉景观湖，沿湖打造园区商业服务中心。交通规划上，园区内将形成“两纵一横”方格网式主干路网系统，“两纵”即湘芸路、乐山大道，“一横”即健康大道。天易科技城自主创业园是天元区第六大百亿工程，拟建设标准工业厂房500万平方米及相关配套设施，计划总投资120亿元。创业园现已开工建设，预计2018年投入使用。

【株洲21个重点项目开工】 2015年10月31日，从株洲市“项目攻坚年”活动领导小组办公室获悉，到9月底，全市项目开工率为70.5%，预计四季度，全市有21个项目能够实现开工。其中包括城铁株洲站城市综合体及铁东路、龙母河水利综合开发工程、迎新路等基础设施类项目。天易科技城自主创业园、海纳川汽车零配件产业园等二期产业类项目。

【茶陵投资5亿建保障房】 2015年11月2日，茶陵县又一批保障性住户入住金星小区。近年来，茶陵县全力保障和解决困难家庭的住房问题，目前共投资5.054亿元，累计改造棚户2199个，新建（购买、改造）保障性住房4420套，现已入住2596套，解决了6490人的住房困难问题。近年来，茶陵县将住房保障工作列为“民生100工程”之一，建立健全相关配套政策，出台近10个相关政策文件，茶陵县积极探索主管部门、实施机构、物业企业的三位一体后期管理运营模式。

【炎陵建茶叶基地8000余亩】 2015年11月2日，从省茶叶博览会组委会传来喜讯，炎陵县“洣溪茗峰”神农白茶荣获2015第七届湖南茶业博览会“茶祖神农杯”名优茶评选金奖。目前，炎陵县已形成大院、中村、龙渣等8个茶叶生产基地，面积达8565亩，年产茶叶220吨，其中名优茶60吨；发展茶叶龙头加工企业10家，其中4家获QS认证，加工能力300吨以上。目前该县已创建万

阳红、涞溪茗峰等9个茶叶品牌和注册商标，“高山乌龙茶”先后荣获“中茶杯”全国名优茶评比一等奖、特等奖及“国饮杯”全国茶叶评比特等奖，“万阳红·炎陵”红茶和“涞溪茗峰·神农白茶”均获2014湖南省第六届茶博会金奖，神农白茶获“2014中国（长沙）国际食品展览会”——“湘茶大赛”金奖。

【株洲县渌水二桥有望年底开建】 2015年11月2日，株洲县交通运输局传出消息，渌水二桥（南岸渡口渡改桥）工程已获株洲市发改委批复，工程可行性研究报告也获通过，有望在2015年年底开工建设。渌水二桥起于南洲新区北部，与已建渌湘大道相接，终于渌口镇老城区，与南江南路相接，是连接老城区和南洲新区的一条便捷通道。项目线路全长874米，其中渌水二桥长655米，桥梁两头连接线共长219米。项目投资估算2.4亿余元。

【株洲拟投13亿建设水利工程】 2015年11月4日，召开的全市水利建设推进会明确，今冬明春计划投入水利建设资金13亿元，投入2500万个劳动工日，完成各类水利建设工程2万处，全面提升株洲市防洪保安、供水保障、生态保护能力。2015年株洲市以国家投资项目和“五小”水利建设为重点，高速推进水利工作。投资约1.01亿元，兴建108处饮水工程，解决20.72万农村居民的饮水安全问题。目前，醴陵市、攸县、茶陵县、炎陵县等地的农村饮水安全工程已全部完工，剩余工程也将于11月底前全面竣工。

【天桥起重拟增资华新机电1亿元】 2015年11月5日，天桥起重晚间发布公告称，拟将华新机电的注册资本由1.01亿元增至2.01亿元，增资后公司欲在物料搬运系统整体解决方案领域大展拳脚。华新机电是我国领先的物料搬运系统整体解决方案提供商，为客户供应“定制化”的物料搬运设备，主要包括港口装卸设备、电力搬运装备及其他起重机械，主要客户包括神华集团、中广核集团、国电集团等，并出口世界几十个国家。

【醴陵前9月实现地区生产总值350.2亿】 2015年11月5日，从醴陵市召开的新闻发布会上获悉，该株洲市2015年经济社会持续保持健康发展，前9个月实现地区生产总值350.2亿元，完成财政总收入30亿元。统计显示，2015年前10月，醴陵市新签约项目97个，合同引资额达437.3亿元。到位醴陵域外项目资金61.8亿元，是近年来同期资金到位最好时期。项目开工形势良好，截至10月，新开工招商引资项目95个，其中2015年签约的玻璃余热发电项目、湖南陶瓷技师学院、新型烟花环保材料基地项目等一批签约项目均已开工。根据计划，全年将策划开发包装招商项目130个，截至9月已实际完成项目策划170个。2015年是醴陵市的“项目攻坚年”，全市共安排重点项目共80个，其中新开工重点项目53个，重点竣工项目13个。截至10月，80个重点项目已开工72个，13个竣工项目年底可全部竣工。下阶段该市将围绕“一城三片区”“一心六组团”“一环三纵横”的发展格局，加快传统产业提质改造，加快旅游产业发展，加速推进新型城镇化，“以项目促发展，以项目强后劲”。

【甘肃立起株洲产“大风车”】 2015年11月6日，甘肃省环县甜水堡风电场首台风力发电机组顺利完成吊装，2015年年底，甜水堡风电场还将矗立起24台株洲产的风力发电机组。华润新能源甜水堡项目总容量为50兆瓦，采用中车株洲所生产的WT2000/D110型风力发电机组，共25台，目前已全部交付，年底可实现并网发电。WT2000/D110机型是中车株洲所风电事业部针对低风速环境开发的一款风电机组，具有良好的环境适应性。

【未来株洲有22条电车线路】 2015年11月6日，根据此前交通部门的信息，株洲未来的有轨电车将由中车株机研制生产。株洲市电车线路的1号线、2号线走向目前已基本敲定。2014年7月，《株洲公共交通体系规划方案》出炉，根据该方案，株洲市未来有22条无轨或有轨电车线路，运营里程为340.9公里，设站268处。

【株冶完成一项国家科技支撑计划项目】 2015年11月8日，由株洲冶炼集团股份有限公司牵头承担的“十二五”国家科技支撑计划“有色金属资源基地重金属污染减排与资源循环利用”项目，在北京顺利通过了科技部验收，项目的成功实施将为湖南省乃至全国的重金属污染防治提供重要技术支撑。据了解，该项目历时3年，以重点推进湘江流域大型金属基地生态化建设为目标，开展了铅、砷、镉等重金属减排及废物循环利用关键技术攻关，构建了重金属冶炼过程污染风险控制模式，进行重金属污染防治技术集成及示范，显著提升了有色金属资源基地的清洁生产、重金属减排及废物循环利用技术水平。整个项目研发了常压氧浸砷盐净化除镉、镉真空连续蒸馏等12项关键技术，并建立了2个中试线和年处理4万吨含铅固废等7项示范工程。建立了重金属冶炼过程污染风险预警、评价及控制体系。

【2030年株洲将有159座公共加油站 17座公共加气站】 2015年11月10日，株洲市规划局公示了《株洲市区加油（气）站布点规划（2014—2030年）方案》（以下简称《方案》），到2030年市区将共有公共加油站159座，公共加气站17座。根据《方案》，此次规划范围包括天元区、石峰区、芦淞区、荷塘区、云龙示范区，总面积为864.4平方公里。至2030年，株洲城区将共有公共加油站159座，其中保留现有的48座公共加油站，改造2座公共加油站，续建1座公共加油站，迁建12座公共加油站，规划新建96座公共加油站。同时，株洲城区有公共加气站17座，其中保留现有的加气站4座（2座为加油加气合建站），加油站改造为加油加气合建站2座，规划新建11座加气站。株洲城区内合建式充电站有16座，其中加油、充电、加气合建站4座，加油、充电合建站12座，水上加油站共有2座，公交加油（气）站4座。

【株洲规划新建4800个高清摄像头】 2015年11月11日，从株洲市公安局保安服务监管支队了解到，为加快株洲“智慧城市”电子眼工程进程，也为了更好地开展创文工作，全市规划新建高清摄像头4800个，并同步整合12个政府职能部门原有监控平台、社会单位、部分居民小区等在内的共计1.58万个监控电子眼。目前，“智慧城市”电子眼工程正在规划论证，该工程成功实施后，株洲市电子眼将基本覆盖全市城区主要交通路口、公共复杂场所、案件多发地段、城区出入口，实现城区监控无死角。据悉，经前期调研测试，全市各单位、各行业公共区域视频监控已基本覆盖全市约40%以上重要路段和复杂地域，通过对这些独立运行，图像信息技术标准不统一的视频监控图像进行技术整合，建立政府专网，达到全市区域内联网共享目的，最大化地发挥社会视频监控的社会效应。目前，各县市也在大力建设智慧城市“电子眼”，如醴陵市规划投资3598万，新建431个和改造132个摄像头（不含卡口）；攸县投资2977万，新建摄像机546个（含卡口、电警前段摄像机）。

【株洲规划建设一系列公共文化设施】 2015年11月13日，经株洲市政府常务会通过的《株洲市创建国家公共文化服务体系示范区建设规划（2015—2017）》，描绘出全市公共文化设施建设蓝图。在城区，将规划建设一批株洲市级标志性公共文化设施。比如：完成神农大剧院内部装修、演出设备安装，实现对外开放；建设湖南工业博物馆，保护珍贵的工业文化遗产等。在县城，也将规划建设县级骨干性公共文化设施。比如：炎陵县将新建朱毛首次会晤纪念馆、连队建党纪念馆等；茶陵县将新建影视会展中心、工农兵政府旧址二期工程等。而在乡镇和街道，在社区和村，也将以乡镇（街道）综合文化站、村（社区）文化活动室为基础，建设功能全、设施全、人员全、资源全、覆盖全的基层综合文化服务中心。

【3亿元电子项目落户攸州工业园】 2015年11月15日，攸县招商工作又结硕果，广西天睿精工精密电子项目落户攸州工业园，总投资达3亿元。该项目总用地约200亩，其中一期投入10条全自动化机芯制造生产线，固定资产投资不低于1亿元，项目竣工投产后，可年产1.8亿只机芯，预计年销售收入可达3亿元，年出口创汇5000万元人民币。

【有轨电车2号线力争即将开工】 2015年11月16日，从株洲市财政局获悉，有轨电车2号线项目拟采用PPP+EPC（政府与社会资本合作+工程总承包）模式建设。该项目已完成项目建议书编制等前期工作，将成为株洲市开建的第一条城市快速公交线。目前，株洲市区建成区面积已有108平方公里，人口达118万，建设城市快速公交系统成为迫切的现实需要。根据近期规划，株洲市将遵循客流优先原则，构筑“十字加分支”的快速公交线网结构，内含4条主线、5条支线。4条主线分别是1号线（建设路通道）、2号线（新华路通道）、3号线（红旗路通道）、4号线（长江路通道）。

【株洲市重点项目建设10月发力】 2015年11月18日，从株洲市“项目攻坚年”活动办获悉，10月份株洲市重点项目投资取得突破性进展，完成投资93.5亿元，较9月环比增长81.2%。10月份投资额迅猛增长，也拉动了前10月的投资总额。前10月，株洲市重点项目完成投资403.3亿元，为年度计划的80.7%。在2015年243个株洲市重点项目中（分新开工、续建、前期三大类，计划完成投资500亿元），重点续建项目已完成投资202.9亿元，为年度计划的99%。1—10月，共有中航动力航空零部件制造、湘赣汽贸城、渌枫大道等80个重点项目开工建设（含跨区开工项目和13个重点前期项目），开工率为71.4%。攸县花卉苗木产业园、中国醴陵陶瓷艺术园等34个重点项目已实现竣工投产，竣工率为81%。项目招商履约方面，全市120个招商履约项目，按招商履约标准，前10月已有93个招商项目履约，项目履约率达77.5%。年初制定的全年履约率目标为70%，现在该项任务已圆满完成。

【株洲市首个两型规划展厅建成】 2015年11月19日，从示范区发展规划部了解到，株洲首家两型规划展厅已经建成，明年上半年验收后，即可对外开放。依次分为序厅、城市总体规划、六大探索展厅和控规及重点项目厅4大展区。云龙是湖南省强制推行绿色建筑的示范区，我们的绿色建筑要求达到100%。示范区将在土地利用、水资源保护和利用、城乡统筹发展、节能与可再生能源利用、生态保持与重构、绿色交通六大领域的积极探索，归纳总结，集中展示，构成“两型”社会建设综合配套改革试验的云龙模式，让外界可借鉴、可复制。而在控规和重点项目厅，则从规划、定位等方面，详细介绍了龙母河综合整治工程、总部经济园、职教大学城等多个重大开发项目。展厅以“两型云龙、生态云龙、人文云龙、魅力云龙”为主题，突出两型社会规划、示范区生态、科技创新和旅游四大特色，采用大量高科技手段，将发光图片、数字沙盘、3D影院等现代声光电技术融入多项展示环节，是示范区新城形象展现平台，为其他城区两型建设，提供参考。

【一批基础设施项目获批】 2015年11月20日，从相关部门获悉，湘江七桥西端连接线（即龙洲路）等一批基础设施项目，日前陆续获得株洲市发改委的批复。株洲市发改委相关负责人表示，这些项目与株洲市民出行息息相关，业主单位接文后，要依法办理相关手续，严格控制项目建设规模和标准，争取早日建成。在此轮株洲市发改委批复的项目中，多个项目涉及新区开发。汽车博览园、天易科技城自主创业园、轨道科技城都将启动大规模路网工程、天易科技城将新建乐山大道、响泉路、栗塘路、创业大道等道路。该批新城路网项目建设期基本为3年左右，建设总投资超过30亿元，建设资金拟通过PPP和自筹等方式解决。

【茶陵迎来首家一站式购物广场】 2015年11月20日，茶陵朝阳新城商业购物广场与步步高集团在这里举行签约、开工仪式。据了解，该购物广场位于茶陵最大的城市商业综合体内，即朝阳新城城市商业综合体，总投资5亿元，占地面积5万平方米，这是茶陵首家一站式购物广场，集购物、娱乐、美食于一体，计划2017年10月投入运营。

【天元区新增10家高新技术企业】 2015年11月22日，从天元区产业局获悉，在国家最新一批认定的高新技术企业名单中，天元区新增10家高新技术企业，另有7家已通过复审。这10家企业，包括株洲佳邦难熔金属有限公司、株洲市创锐高强陶瓷有限公司、株洲市微朗科技有限公司等，产业领域涵盖新材料、高新技术改造传统产业、电子信息技术等。

【株洲出口铁路货车订单创单笔之最】 2015年11月22日，由中国中车长江公司株洲分公司生产的1196辆矿石敞车全部交付并发运澳大利亚RoyHill公司，创下株洲市单笔出口铁路货车订单之最。这批矿石敞车自重21.8

吨，载重 138.2 吨，能适应翻车机卸货，最大的亮点是车体侧墙全部采用压型侧墙板，比同类敞车自重轻、载重大，可有效提高运能。据介绍，RoyHill 矿石敞车项目是中国中车长江公司近年来开拓海外株洲市场单笔签约最大的订单之一，也是株洲出口铁路货车单笔最大的订单。

【天元区 3 项“民生 100”工程提前完成】 2015 年 11 月 24 日，从天元区相关部门获悉，截至 10 月 31 日，本年度该区社保中心承担的企业养老保险征缴等 3 项“民生 100”工程提前超额完成任务。1—10 月，天元区企业养老保险征缴扩面人数达到 2682 人，完成全年任务的 103%，同比增长 11%。2015 年，天元区加快实施创新驱动发展战略，园区企业经营业绩稳步提升，创造了大量就业岗位，为社保基金征缴创造了有利条件。另外，社会保障卡制卡 7.8 万张，完成全年任务的 104%。天元区社保中心与银行合作，对全区机关事业单位、企业、灵活就业人员和被征地农民进行全面摸底，收集并提交有效数据信息至省社保制卡中心，数据核对完成后与银行合作完成制卡发放。

【长城电脑株洲项目拟本月开工】 2015 年 11 月 24 日，株洲市委书记贺安杰在长沙会见中国电子信息产业集团有限公司（以下简称“中国电子”）董事长芮晓武一行。双方就长城电脑自主可控计算机整机项目建设、“智慧株洲”合作等事项达成共识，长城电脑株洲项目拟于本月下旬开工。中国电子是中国最大的国有综合性 IT 企业集团。该项目一期建成后，具备年产整机 50 万台规模，预计年产值 20 亿元，二期建成后年产值可达 80 亿元。

【本年度市重点项目增至 254 个】 2015 年 11 月26 日，从株洲市“项目攻坚年”活动领导小组办公室了解到，为助力稳增长、促发展，促进有效投资，株洲市政府决定对 2015 年市重点项目计划进行调整。调整之后，2015 年度市重点项目由原来的 243 个增加到 254 个。这是继 6 月份之后，株洲市再次调整年度市重点项目计划。据了解，此次共增补了 27 个市重点项目，其中重点新开工项目 22 个，重点续建项目 5 个，预计总投资44.4 亿元。

【株洲市首个大型基础设施建设 PPP 项目成功招标】 2015 年 11 月 25 日，株洲市首个大型基础设施 PPP 项目——铁东路核心段新建工程成功招标。此次 PPP 模式成功招标，将有力助推城铁株洲站综合体交通枢纽工程建设，并掀开株洲市投融资体制改革新篇章。招标人株洲市城市建设投资控股有限公司（市城发集团集权型子公司）负责人介绍说，此次是采用“PPP+ 施工总承包”模式招标。由政府授权出资人市城发集团与中标社会投资人合资设立项目公司，具体负责铁东路核心段新建工程 PPP 项目的投资、融资、建设及运营维护等（含道路工程、桥梁工程、隧道工程、排水工程、绿化工程、照明工程及交通附属工程等）。项目进入运营期后，政府方将按照 PPP 项目合同的约定支付可用性服务费和运维绩效服务费，具体的支付安排以 PPP 合作协议约定为准。合作期满后，由项目公司将项目资产移交给政府方或政府方指定的机构。株洲市 PPP 项目库中现有 11 个项目，总投资为 201 亿元。其中，轨道交通科技城路网建设 PPP 项目也进入了招标采购阶段，其他项目处于前期准备中。

【省重点项目淮川线工程全线开工】 2015 年 11 月 26 日，云龙示范区云田镇高福社区路边组，挖掘机挥舞着“手臂”铲着泥土。当天，株洲至长沙 220 千伏淮川线路工程完成清表，在云田镇范围内实现全线施工。据介绍，该项目为省重点工程，在云田镇范围内，将建设 16 座塔基，并将完成西起云田变电站，东至荷塘区全长 21 千米的输电线路建设，项目涉及 3 个社区、11 个村民小组。建成后，将缓解浏阳等地的用电压力。

【未来连通长株高速和云峰大道】 2015 年 11 月 30 日，从云田镇获悉，云龙示范区云水路项目完成土地清表工作，开始全面施工。云水路全长 2.35 公里，北起云峰大道，南接华强路，与规划四路、烟竹路构成了一个“女”字形交通网。该项目沿线经过云西二组、云西一组、凌家组等 9 个村小组（街道），涉拆房屋 15 栋。目前项目红线范围内已全部交地，施工通道已全线拉通，具备进场施工条件。

【长江商圈拟启动核心片区升级开发】 2015 年 11 月 30 日，从多个部门获悉，长江核心商圈片区开发项目已被纳入株洲市重点前期研究项目。按照该项目计划，长江商圈正在酝酿整体提质升级。株洲市“项目攻坚年”活动办相关文件显示，长江核心商圈片区开发主要建设内容为：以长江广场为核心打造城市商务中心，包括长江广场提质改造、未来国际中心建设、工人文化宫改造、大型商业综合体建设等。整个开发将统一设计，分地块、分项实施。作为长江商圈开发的子项目，株洲市第二工人文化宫提质改造项目方案确定，年内有望启动建设。

【轨道科技城路网工程为株洲市大型市政基础设施 PPP 项目】 2015 年 12 月 4 日，继铁东路核心段新建工程之后，株洲市又一大型市政基础设施 PPP 项目——轨道科技城路网工程成功实现招标，成为株洲市投融资体制改革的又一实践。株洲市公共资源交易中心相关负责人介绍，此次招标的轨道科技城路网工程由田心大道、中车大道、卧龙路和云霞大道 4 条道路组成，投资概算为 28.19 亿元，项目建设期 2 年，运营期限不少于 8 年。合作期限内，株洲市国投轨道科技城发展有限公司为本项目的出资代表与中选社会资本合资设立 PPP 项目公司，具体负责本项目的投融资、建设、运营维护、桥涵工程及移交。合作期满后，项目设施无偿移交给政府指定机构。中选社会资本承担本项目的施工总承包任务。

【株洲县打造全省唯一功能性电商实体商圈】 2015 年 12 月 6 日，株洲县第一高楼黄金地标·神灯 e 创电商城（简称黄金地标）开始对外开放、神灯股份 e 创学院株洲分院正式挂牌授课。至此，以培训、创业、推广及服务为一体的集群式电商实体商圈正式拉开帷幕。以农副产品为主销带动周边农业发展定位。以配套式服务设施针对性创业培训服务。以借助成熟平台提供企业帮扶服务推广。黄金地标将提供电商培训孵化实际操作、创业咨询、政策解读、大数据支撑等全方位服务，培育中小微企业成长，在企业呈现规模后借助“e 创金融岛”提供股权融资与上市服务，利用平台资源，吸引天使投资人。

【S330 株洲段建设火热】 2015 年 12 月 7 日，从株洲市公共资源交易中心获悉，天易科技城自主创业园首条主干道——湘芸路已启动工程设计招标。这条紧邻京广高铁的城市“大动脉”建成后，将自南向北串起河西4大新城：天易科技城、武广新城、月塘生态新城、栗雨新城。

【最大“菜篮子”计划2018年投入运营】 2015年12月9日，从荷塘区相关部门获悉，位于该区金山新城（沪昆高速株洲东收费站附近）的株洲市农副产品批发交易物流中心，目前已启动征拆工作，预计2018年年中建成并投入运营。该项目业主单位株洲市交发集团相关负责人表示，农副产品批发交易物流中心，为株洲市唯一综合性一级农副产品批发基地。项目总投资约10亿元，规划用地面积约849亩，其中，株洲市场区一期规划380亩。该项目将主要以农副产品批发交易为核心业务，此外，还将具备冷链物流、加工配送、信息可追溯系统等功能。

【轨道科技城将建3大研究院】 2015年12月11日，从石峰区政府获悉，轨道科技城明年除启动建设田心大道、中车大道等基础设施建设外，还将在3家企业各建一个研究院：新开工建设中车株机研究院和中车株所研究院、续建中车电机研究院。根据石峰区政府提供的相关文件，中车株机研究院，集轨道交通整车集成技术研发创新平台、检测调试基地和维修服务中心于一体，项目投资5亿元；中车株所研究院，将建成办公、基础研究、开发性研究三个功能分区，项目投资2.79亿元；中车电机研究院，将打造与国际接轨的系统高端智能化、数字化研究实验中心，新增各类实验验证设备270套，项目投资2.37亿元。

【2015年新增“三品一标”农产品45个】 2015年12月12日，株洲市农委发布的统计数据显示，截至11月底，株洲市已提前完成320个“三品一标”农产品认证，其中，无公害农产品为228个，绿色食品85个，有机食品3个，地理标志农产品4个。2015年新增“三品一标”农产品45个。此外，2015年以来全市共制定地方标准60项，建成5个国家级标准化生产示范园、69个株洲市级标准化生产示范基地，本地菜在市场中占比达七成以上。

【中车株机牵引埃塞俄比亚铁路进入电气化时代】 2015年12月13日，中国出口埃塞俄比亚的首批22台电力机车运抵吉布提港。由中车株洲电力机车有限公司研制提供的这批机车，不久后将在埃塞俄比亚首都亚的斯亚贝巴和吉布提的跨国铁路线上运行。首批抵达的22台电力机车，其中19台用于货运，3台用于客运。

【东部新城两交通要道有望2016年通车】 2015年12月15日，从新芦淞集团获悉，株洲市2015年的重点项目——服饰大道一期和千亿大道一期已开工建设，正在加速推进施工，有望于2016年通车。届时，株洲航空、服饰东部新城将增加两条交通要道。该项目于2015年6月份开工建设，目前正在进行路基平整工作，预计2016年上半年可建成通车。千亿大道一期位于航空城五里墩片区，北起机场大道，南至航翼路，道路长约1.87公里，路幅宽为42米，双向六车道，计划投资2.8亿元。该项目于2015年11月开工建设，目前正在进行清表和路基平整工作，预计2016年底通车。

【万丰湖与湘江“水系连通”】 2015年12月15日，株洲市水务局传出消息，万丰湖水系实现与湘江连通治理，有望成为国家“水系连通”示范项目。“水系连通”是区域防洪、供水和生态安全的重要基础。“水系连通”工程是指通过水库、泵站、渠道等必要的水工程，恢复和建立河流、湖泊、湿地等水体之间的水力联系，形成引排顺畅、蓄泄得当、丰枯调剂、多源互补、可调可控的江河湖库水网络体系。万丰湖水系治理工程，位于天元区新马创新城的中轴地带，横穿株洲大道，南岸为中国动力谷自主创新园，北岸为新马EBD，总占地近2000亩，全长近4.5公里。

【至2030年株洲将建5个通用机场】 2015年12月16日，民航中南地区管理局在广州召开专门会议，对《民航中南地区“十三五”发展规划（征求意见稿）》进行补充完善。根据上述《规划》，至2030年，湖南将建设100个通用机场，其中株洲5个，实现对县级行政区域的普遍覆盖。《规划》要求，按照地区面积和机场面积密度，中南地区应有各类通用机场2100个，形成通航网络。其中，株洲将建设5个通用机场（包含目前在建的），其中一类机场2个，所在区位为株洲市区和茶陵县；二类机场3个，所在区位为醴陵、攸县和炎陵。

【汽车博览园首条主干道北汽大道一期完工】 2015年12月18日，从高科集团获悉，汽车博览园首条主干道——北汽大道一期已经完工，道路二期（即道路南段）即将开工。据悉，南段项目的一个标志性节点，就是道路将下穿株潭城际干线——株洲大道，以实现园区道路与城市既有干道的快速对接。项目业主单位高科汽车园投资公司相关负责人介绍，为进一步完善基础配套设施，园内即将启动北汽大道南段（按城市主干道标准设计，路幅宽40米）等3条道路。目前项目已经启动招标，招标文件显示，项目总投资超过3亿元。

【醴陵全力推进基础设施建设】 2015年12月21日，沪昆高铁醴陵连接线施工现场，道路附属工程施工已接近尾声，预计明年春节前全线通车。沪昆高速醴陵东互通改扩建项目，于2015年4月启动，目前已完成A匝道箱涵顶推就位，醴陵大道箱涵顶推已进入高速公路，匝道路基基本成型，正在进行水稳层施工，春节前有望竣工通车。渌江新城一期路网项目位于渌江新城核心区，2015年已相继启动梧桐路、向阳河路、彰仙岭路、云盘山路等道路建设，共完成投资约6600万元。此外，旗滨大道二期路基工程、S333老关至铁河口（醴陵）段、李畋中路等道路基础设施工程均进展顺利，正在快马加鞭建设。在“十大基础设施”中，小街小巷提质改造、污水处理厂二期、垃圾处理场二期、城区“两改六化”等项目也在全面推进。污水处理厂二期扩建项目占地33.2亩，投资6500万元，设计标准为日处理污水2万吨（一、二期总规模为5万吨）。2015年来，醴陵市计划投资3723万元，改造小街小巷49条，包括道路改造、排水改造、绿化补植等，预计春节前可全部完成。

【新能源汽车充电基础设施网络建设（二期）布局】 2015年12月23日，从株洲市发改委获悉，株洲市新能源汽车充电基础设施网络建设（二期）已获批。项目共建设4座新能源汽车充电站，其选址分别是：高家坳立交桥下公交停车场、神农城公交站场、田心立交桥下公交停车场、富家垅公交停车场。高家坳立交桥下公交停车场建设12个充电桩，占地1000平方米；神农城公交站场建设3个充电桩，占地300平方米；田心立交桥下公交停车场建设12个充电桩，占地750平方米；富家垅公交停车场建设4个充电桩，占地400平方米。

【株洲首项工业视觉检测技术成功应用】 2015年12月23日，从湖南远见视觉科技有限公司（下称远见视觉）获悉，该公司的视觉检测技术成功应用。这是株洲市诞生的首款工业视觉检测技术。“远见视觉”成立于2015年5月，是动力谷第一家入园企业。该公司的视觉检测系统通过工业相机对物体全方位拍照，获得对应图像，进而利用视觉算法检测物体是否存在瑕疵、尺寸是否规范，可广泛用于工业生产中任何需要人眼检测的环节。据了解，目前该公司已成功研发出全自动胶囊检测仪，这套设备一个小时可以完成10万粒胶囊检测。

【“大球泥瓷艺”醴陵生产基地点火投产】 2015年12月26日，湖南大球泥瓷艺有限公司（下称“大球泥瓷艺”）醴陵生产基地窑炉点火，正式投产。2016年，新基地产值预计将达到1亿元。“大球泥瓷艺”醴陵生产基地位于醴陵经开区标准化厂房A区，面积达两千余平方米，有两个烧制窑口。2015年，该公司被纳入文化部特色文化重点项目，同时被认定为湖南省文化产业重点扶持企业。大球泥瓷不仅通过了企业标准，更通过了地方标准，这也是我国第一个高端艺术瓷标准。

【“首航直升机”想来株洲建机场】 2015年12月30日，北京首航直升机股份有限公司称希望能来株建设、运营通用机场。据了解，该公司由北京市政府与海航旅游集团有限公司2011年共同出资成立。目前，已在北京、宁波等地建设或运营通用机场。该公司负责人表示，株洲发展通航的产业基础优势无可替代，而且经济活跃，区位优势明显，这次规划建设5个通用机场，且可获政策补贴，将为产业发展提供足够承载力。希望能和株洲共同成立通航基金公司，撬动社会资本，或独立建设运营等其他合作方式，提前布局通航株洲市场，赢得话语权。

【3条城际干线主体贯通】 2015年12月30日，从项目业主单位了解到，涉及株洲市的3条长株潭城际干线（云龙大道二期、西站南路、铜霞路三期）主体均已贯通，顺利“会师”对应干线的长沙段或湘潭段。3条城际干线中，建设进展最快的是云龙大道二期，该道路预计2016年春节前通车。

城镇规划建设

【茶陵县申报“省直管县”试点】 2015年1月5日，株洲市政府常务会议审议通过《茶陵县省直管县体制改革试点工作方案》（以下简称《方案》）。如果试点申报成功，该县9项经济社会管理权限将扩大，10项配套改革将直接改善群众生活。茶陵将稳步实施并乡（镇）合村工作，改革行政审批制度等。根据《方案》，茶陵县16个乡镇、359个建制村将进行合并调整，缩减近三分之一。在经济管理权限方面，省、株洲市将下放规划直接上报、项目直接申报、用地直接报批、统计数据直接上报、证照直接发放、财政直管、政策直接享有、承接下放事权、加快扩权强镇改革9项权利。

【2040年株洲市将培育10个县域新兴城市】 2015年1月6日，《株洲市域城镇布局规划（2014—2040）》或许能给我们部分答案。规划勾勒出2040年株洲市域城镇发展格局。在空间布局上，株洲市将主导“一核两轴三带”发展战略。一核为株醴都市核，两轴为株醴城镇发展轴、长株炎城镇发展轴，三带为衡攸萍城镇带、衡茶吉城镇带、郴炎吉城镇带。株洲市将培育10个县域新兴城市，实现县域崛起的战略构想。村镇规划方面，规划提出，城镇化要扩权强镇，拟建设7个镇级市，实现小城镇自主发展；逐步提高小城镇配套水平，引导人口集中居住，带动片区发展。根据规划，株洲市101个乡镇将整合为48个乡镇发展片区；另外，还将适当减少行政村，在现有1559个村中，集中建设242个中心村。

【加快株醴融城形成“双城”】 2015年1月9日，中共株洲市委十一届八次全体会议暨株洲市委经济工作会议召开。会上，工作报告提及了“株醴融城”。“株醴融城”是“株醴都市区”的另一种提法。株醴都市区由株洲市区、株洲县、醴陵市组成，总面积4073平方公里，占全市的36%，三地融为一体，将强化“核心至边缘效应”，更好地带动南部三县发展，而都市区将形成“双城”，即株洲中心城区、醴陵中心城区。

【攸县加快“撤县设市”步伐】 2015年1月13日，攸县县委召开十一届八次全体（扩大）会议，确定该县2015年主抓产业发展、撤县设市、深化改革等工作。1月14日，攸县举行项目集中签约仪式，现场签约5个项目，共协议引资9.95亿元，实现开门红。攸县瞄准煤电能源、建材陶瓷两大核心产业，探索推行PPP（公私合作）、特许经营、项目融资等模式，加大招商引资力度，着力打造百亿园区、百亿商圈、百亿产业。现在，攸县下辖19个乡镇、4个街道和304个行政村，2014年全县财政收入25.25亿元，三次产业结构比为14.2∶55∶30.8，县域交通、卫生、民生保障、配套设施等方面均比较完善，已经达到了国家县级市的标准。为此，攸县加快推进撤县设市，以此带动新型城镇化和农村现代化。该县将启动城市总体规划修编，计划设置一批工业重镇、商贸大镇、旅游名镇、农业强镇和国家省市重点镇。在农村，2015年将正式启动苏洲灌区配套工程和220KV攸东变电站项目建设，推进S345、S339道路建设，争取渝长厦高铁、天然气长输管道、长株攸公路等一批重点项目落户立项。城乡同治将继续深化，两江四岸保护开发、封山育林、农村环境连片整治三项工作是重点。

【醴陵市将渌江新城建设作为“重大战役”来打】 2015年1月16日，醴陵市委十一届八次全体（扩大）会议召开。作为醴陵未来发展的主要方向，渌江新城将是醴陵新的城市经济政治文化中心。2015年，该市将把新城建设作为“重大战役”来打，确保新城建设高水平、大力度、快节奏，大力推进市民服务中心、新城新天地、珊田安置区、核心道路环线等项目，构筑新城骨架。此外，该市将构建集镇组团，突出以点带面，抓好白兔潭、霞阳、东富3个镇级市建设，带动片区发展，打造一批工业强镇、商贸重镇、文化古镇、旅游名镇。坚持“以水为源、以绿为美、以文为魂、以人文本”的理念，该市将持续推进“两改六化”和城市门户改造，全力创建全国卫生城市、全国交通模范城市、省级文明城市，进一步提升城市品位。

【攸县启动县城总体规划编修】 2015年2月4日，攸县将继续加快撤县设市步伐，启动县城总体规划编修，推进县城的扩容提质。在具体操作上，2015年，攸县将重点开发东城新区，启动华天城、义乌商贸城、烟草物流中心等项目，并完成环湖路、紫云路、香山路建设。在老城区的建设上，将推进城市慢行道、内环路二期、枫岭大道、文化路延伸段等道路的建设，启动长输管道燃气项目，完善绿化、排水、公厕和停车场等城市功能，实现社区物业管理全覆盖。并建好城市视频监控系统、消防应急指挥中心和公交总站。

【株洲启动建制镇试点申报】 2015年3月19日，从株洲市芦淞区相关部门获悉，芦淞区白关镇创建建制镇示范试点申报工作已经启动。白关镇的建制镇示范试点申报工作将体现沿海服饰产业转移、推行新型城镇化工业化融合发展、生态文明建设、城乡一体的内容。2015年，在国家新型城镇化综合试点的基础上，湖南将按照地级市、县市和建制镇3个层面开展试点，通过试点示范总结经验，再进行全面推广。

【炎陵名列小康社会湖南“三类县”之首】 2015年3月30日，省全面小康办、省统计局公布湖南省全面建成小康社会推进工作2014年度考评结果：炎陵县2014年全面建成小康社会总实现程度为88.5%，在全省全面建成小康社会考评中位居全省48个“三类县”之首，被评为“全省全面小康推进工作前十位县”。

【湘赣拟共建开放合作试验区】 2015年4月15日，湖南省人民政府与江西省人民政府在南昌市签署《共建湘赣开放合作试验区战略合作框架协议》，将探索在湖南长株潭地区和江西赣西地区共建开放合作试验区，打造跨省区域合作示范区、开放型经济体制机制创新区、区域发展重要增长极。根据上述《协议》，规划建设的试验区范围包括湖南省长沙市、株洲市、湘潭市和江西省萍乡市、宜春市、新余市。该《协议》提出，赋予试验区更大的发展自主权，鼓励依法依规在产业、土地、金融、财税等方面开展先行先试，争取试验区共享两地叠加扶持政策。适时将试验区上升为国家级区域合作示范平台。

【株洲打造湖南“东大门”】 2015年4月27日，在省发改委组织的建议提案交流会上获悉，“东大门”规划编制有望年内启动，2015年的省“两会”上，株洲代表团正式提出打造“湖南东大门”，加快推进湘赣开放合作试验区的建议。省发改委答复称，日前我省和江西省签订了两个框架性协议，将“湘赣开放合作试验区”上升为两省重大战略予以推进。下一步，两省将建立省级领导互访机制、部门联系交流机制，并以泛珠三角区域经济合作领导协调机构为平台，重点推动框架协议事项和已有政策的落实运用。

【中国农业发展银行拟投资12亿参与醴陵“渌江新城”建设】 2015年5月20日，中国农业发展银行投资考察团来醴，就“渌江新城”核心区基础设施综合开发一期工程项目展开对接，拟投资12亿元支持“渌江新城”建设。“渌江新城”核心区基础设施综合开发一期工程项目位于醴陵市城区东北部，北至规划中的澄潭江路，南到梧桐山路，东接佛子岭路，一期工程包括土地整理、公共基础设施、渌江新城学校、渌江新城医院、珊田安置区5个子项目，总用地面积1452.91亩，总投资17.5043亿元。

【株洲枫溪新城步入开发期】 2015年5月26日，全国城投协会信息工作会议在株召开。从会上获悉，株洲市城发集团年内计划完成投资46.59亿元，用于武广新城、枫溪新城、全市棚户区改造和长株潭城际铁路综合开发等项目建设。规划显示，枫溪新城的功能定位为“幸福生态城”。将依托湘江风光带建设，打造“江湾第一城”；利用山水资源，重点开发旅游地产。未来，新城将形成一湾（湘江第一湾）、两港（新老枫溪港）、五园（伏波公园、湿地公园、枫溪公园和天池公园等）的空间结构布局。

【醴陵首个“五彩社区”开建】 2015年6月15日，醴陵首个“五彩社区”在西山街道办事处财源塔社区开始建设，项目计划总投资60万元，预计6月26日前可全面完成。该社区办公楼总面积720平方米，按照“一社区、一特色”的要求，墙面、机构挂牌、社区标识和服务窗口都将接受改建；社区还将重点改造老年活动中心，并配备图书阅览室、娱乐室、休息室和厨房等功能区域。2015年醴陵市计划建设19个五彩社区，其中新建7个，改建12个，所有社区建设任务都将在年底完成。首批改建的有6个社区，预计7月1日前可全部竣工，届时，“五彩社区”将以统一的外在形象展示在株洲市民面前。

【株洲河西将添“月塘生态新城”】 2015年8月3日，从天元区政府及天易集团综合获悉，栗雨新城与武广新城之间的地块，将被进行有效整合、包装策划，规划打造成河西又一新城——月塘生态新城。该新城规划商住用地2200亩，建筑总面积约360万平方米，总投资约120亿元。月塘生态新城位于西环路以西、京广高铁以东，北邻栗雨工业园，南接武广新城，西靠汽车博览园。根据规划，建成后，该新城可提供约4000个就业岗位，年可贡献财税收入3亿元，可容纳6万～8万人生活居住。

【株洲武广西片区控制性详细规划年内编制完成】 2015年8月21日，省第三届城乡规划院院长论坛在株洲市举行。从会上了解到，株洲市2015年将完成全市村庄规划编制任务，每个县（市）区打造1～2个示范中心镇、2个示范中心村；并从配套政策、资金投入等方面进行改革创新，推进农民集中居住点建设。

【株洲年内完成9个片区规划或设计】 2015年8月21日，从省第三届城乡规划院院长论坛了解到，长株潭三市将进一步加强规划对接，建立规划信息共享平台，推进三市实现协调发展。株洲市规划设计院相关负责人介绍，长株潭三市规划信息共享平台，主要内容包括重大规划决策共享、基础地理信息共享、重大项目信息共享、重大规划编制共享等。另据下半年规划工作总体部署，株洲市将针对城市重点建设发展区域进行深化研究，年内将编制完成《天易科技城北片区控制规划》《武广西片区及汽车博览园控规》《湘江沿岸城市设计（株洲县城段）》等9个片区的控制性详细规划或城市设计。

【株洲2015年创建32个市级美丽乡村】 2015年8月24日，从市农业委获悉，2015年株洲市将创建32个株洲市级美丽乡村，计划启动项目242个，总投资1.5亿元。株洲市农委相关负责人介绍，目前全市共启动建设项目162个，完成投资8129万元。其中，28个村已完成村庄规划，所有32个村均建有村部活动场所，所有村均实施了环境综合整治。2015年株洲市重点抓好2个美丽乡村综合示范村、10个新农村示范片和32个美丽乡村的创建，力争年内成功创建4个省级美丽乡村。

【炎陵要打造山水园林旅游城市】 2015年9月24日，从有关部门获悉，炎陵县生态资源优势，将观光旅游和度假旅游相结合，打造山水园林旅游城市。炎陵生活环境优美，旅游资源丰富，共有8个主类22个亚类50种基本类型226处景观，其中有国家4A级旅游景区炎帝陵和国家3A级旅游景区红军标语博物馆。2015年1月至8月，炎陵县共接待游客296.62万人次，综合收入14.83亿元，分别增长20.1%和21.9%。

【株洲101个乡镇合并成68个】 2015年10月12日，《湖南省乡镇区划调整改革工作方案》公布。按照该方案，株洲将减少乡镇33个（现有乡镇101个），减幅约为33%。根据我省乡镇合并工作任务指标分解表，株洲市所辖行政区乡镇减少数额分别为：荷塘区1个、芦淞区2个、石峰区1个、天元区1个、株洲县6个、攸县6个、茶陵县4个、炎陵县5个、醴陵市7个。根据方案，改革重点是要合并1万人以下的小微乡镇和人口不足5000人的民族乡，以及1000人以内的建制村，但不搞“一刀切”。按已确定的原则，镇与镇合并继续设镇；乡与镇合并可以设镇；乡与乡合并继续设乡，符合设镇条件的可以设镇。

【株洲县2020年前或撤县建区】 2015年10月20日，从有关部门获悉，根据株洲市规划，2020年前，株洲县或将实现“撤县建区”，成为株洲市第五区——渌口区。扩大空间，突破“县城”定位，确立“市区”概念。产业融城，以新能源为主导，加快产业对接，建设总装机容量为5千瓦的风电项目。组团连片，打造“一主三核、两江三岸”新县城。围绕主城区，分别规划了南洲新区、梅子新区、伏波新区3个城乡统筹发展片区。

【株洲两大片区控规调整方案出炉】 2015年10月21日，芦淞区董家塅建宁片区、荷塘区桂花片区控规调整方案相继公示。根据方案，这两个片区将分别成为芦淞区、荷塘区扩容提质的重要载体，助推城市向东向南发展。向南17.4平方公里 工业旧区将变身宜居新城。片区主要为龙泉街道、董家塅街道、五里墩乡辖区。向东6.6平方公里 扩容提质有了新载体。根据规划方案，桂花片区地处市区东北部，北靠金山新城，东邻荷塘商贸城，南临601区域，西靠430铁路专用线，总规划用地面积6.6平方公里，定位为居住、商贸片区。

【株洲县14个乡镇拟合并成8个】 2015年10月27日，按照省委、省政府的统一部署，株洲县制定乡镇区划调整改革预备方案，14个乡镇拟合并成8个。株洲县现辖14个乡镇和1个国有林场，下设248个村民委员会和18个居民委员会，总面积1053.6平方公里，总人口35.2万人。

【株洲县迈步新型城镇化建设】 2015年11月，从有关部门获悉，近年来株洲县重点打造渌口、朱亭、淦田、砖桥等特色乡镇，完善基础配套，规划建设中小企业园和农业产业基地，形成以产业为支撑、以城镇为基础、以集中居住区为支点的城乡一体格局。入列全国深化县城基础设施投融资体制改革试点县。打造秀美、宜居新镇，助推城乡全面发展。按省一级标准建成“建设信息中心”。

【茶陵16个乡镇合并为12个】 2015年11月10日，茶陵县部分乡镇行政区划调整正式公布，该县将16个乡镇合并为12个，新成立的乡镇统一在12月下旬举行挂牌仪式。茶陵现辖4个街道16个乡镇。按照新颁布的《茶陵县部分乡镇行政区划调整实施方案》，该县将划分为4个街道和12个乡镇。具体调整情况为，八团乡与火田镇合并，设立新的火田镇，镇政府设在原火田镇政府所在地，在原八团乡政府所在地设社区便民服务中心。浣溪镇与湖口镇合并，设立新的湖口镇，镇政府设在原湖口镇政府所在地，在原浣溪镇政府所在地设社区便民服务中心。潞水镇拆分，潞水镇的龙溪、庙市、庙坪3个村并入思聪街道，思聪街道办事处在清水设立社区便民服务中心。潞水镇的大台、农元、首团、田土、下坊、元王、大元、双关、碣石9个村并入腰陂镇，设立新的腰潞镇。原腰陂镇土沙、仙源、竹塘3个村并入洣江街道。

【醴陵、天元区分别入选百强县和百强市辖区】 2015年11月24日，由中国中小城市科学发展评价指标体系研究课题组、中国城市经济学会中小城市经济发展委员会等推出的“2015年中国中小城市科学发展评价指标体系研究成果”在《人民日报》公布，全国综合实力（科学发展）百强县市、区、镇的名单中，株洲醴陵市、天元区入选。中小城市综合实力百强县市中，醴陵市位列第九十二名。江苏省昆山市位列第一，长沙居第六。百强株洲市辖区中，湖南有四个市辖区入选百强市辖区，株洲市天元区位列第九十八名，长沙市开福区、岳麓区、望城区分别位列三十七名、六十七名、七十九名。

【株洲县乡镇区划调整和政府机构改革到位】 2015年11月30日，株洲县召开县委常委会议，专题研究乡镇区划调整、政府机构改革等工作，改革涉及部门的班子调整、职责整合和机构编制已全部到位。该县14个乡镇合并为8个，缩减率为42.9%。与此同时，该县大力简政放权，于9月出台《株洲县人民政府职能转变和机构改革方案的实施意见》，政府工作部门精简为24个。将县卫生局的职责、县人口和计划生育局的职责整合，组建县卫生和计划生育局；将县农业局（县乡镇企业局）的职责、县委农村工作部（县人民政府农村工作办公室）的职责、县商务局承担的生猪定点屠宰监督管理职能整合，重新组建县农业局；将县食品药品监督管理局的职责、县工商行政管理局的职责、县质量技术监督局的职责、县食品安全委员会办公室的职责、县商务局的酒类食品安全监督管理职责整合，组建县市场和质量监督管理局等。

两型技术产品

【2020年株洲电商交易额将破1500亿】 2015年1月3日，株洲市出台《电子商务发展规划》和《加快发展电子商务的若干政策措施》。上述《规划》提出力争在2020年实现全市电子商务交易额超1500亿元，大中型企业基本普及电子商务应用，全市企业电子商务应用率超过95%。上述《政策措施》则提出株洲市将提供18项政策支持，主要包括：加快建设电子商务产业园区，支持电子商务平台建设，支持电商企业发展壮大，大力发展跨境电子商务，提升传统企业电子商务应用水平，加快物流配送体系建设，加大税费支持力度等。

【湖南产业技术创新十大标志性成果出炉】 2015年1月5日，省经信委公布2014年度湖南省产业技术创新十大标志性成果，株洲市包括IGBT在内的三项科研技术入围。由株洲南车时代电气股份有限公司承担的8英寸IGBT技术，通过开发薄片加工工艺等核心关键技术，形成了独特的高压IGBT制造全套技术与工艺。南车株洲电力机车有限公司研发的双流制窄轨重载四轴电力机车，构建了我国首个具有完全自主知识产权的双流制窄轨电力机车平台。湖南千金湘江药业股份有限公司研制的拉米夫定原料和片剂，可用于乙型肝炎病毒感染所致肝胆疾病的治疗。该产品拥有自主知识产权，技术含量高。该药品也成为近三年我省唯一销售过亿元的医药新产品。

【株洲两企业科技创新大事件上榜】 2015年1月6日，2014年湖南十大科技新闻近日揭晓，长株潭国家自主创新示范区获批领衔榜单，株洲两企业科技创新大事件上榜。2014年湖南十大科技新闻包括：长株潭国家自主创新示范区获国务院批复；“天河二号”以每秒33.86千万亿次浮点运算速度实现世界“四连冠”；袁隆平领衔攻关的“两系法杂交水稻研究与应用”荣获国家科技进步奖特等奖；我国首条、世界第二条8英寸IGBT专业芯片生产线投产；国家电网湖南省电力公司为首攻克的“电网大范围冰冻灾害预防与治理关键技术及成套装备”项目荣获国家科技进步奖一等奖；中国化工长沙设计研究院以院企合作方式完成的“罗布泊盐湖120万吨/年硫酸钾成套技术开发”项目，获得国家科技进步奖一等奖；湘雅医学院百年华诞之年硕果累累；中国南车株机公司多项技术创全国和全球第一；省优质稻在育种、绿色栽培上居国内领先地位；湖南大学与清华大学、复旦大学合作研究，从一大批战国竹简中发现世界最早十进制的乘法表《算表》。

【株洲首个电商产业园3年内投运】 2015年1月9日，从有关部门获悉，3年内株洲市首个电商产业园项目将正式投运。“依托阿里巴巴株洲产业带，集智能、3D、大数据、云计算于一体，规划有产业带平台、门户网站信息共享平台、综合管理服务平台、教育培训平台、研发设计支持平台、演示平台、菜鸟物流网络服务平台七大功能。通过推进电商产业孵化园建设，还将形成高端与初级的高低搭配，培育小微电商企业成长。

【株洲增添一家国家专利运营试点企业】 2015年1月30日，国家知识产权局日前公布第二批国家专利运营试点企业名单，株洲市技术转移促进中心有限责任公司榜上有名，成为继南车株洲电力机车研究所有限公司后，本埠第二家入围企业。株洲市技术转移促进中心有限责任公司申报的国家专利运营试点企业（服务型）项目，是国家专利导航工程的重要内容。

【株硬盾构刀具项目获4项专利】 2015年2月3日，株硬“盾构刀具集成制造技术及其产业化技术”项目，日前顺利通过国家科技支撑计划专家组验收评审。其中4项成果获得了国家发明专利和实用新型专利授权，取得了良好社会效益。该项目由有色金属钨及硬质合金产业技术创新战略联盟负责组织，株硬集团公司负责实施。

【2015年春运南车株机有3000余辆电力机车服役】 2015年2月16日，南车株机工作人员介绍，该公司有超过500余名服务人员，全方位、全天候保障机车安全稳定运行。目前，全国铁路有南车株机生产的和谐1型系列大功率交传电力机车超过3000辆。此外，该公司最新研制的350余辆“中国红”HXD1D型客运机车，也凭借其卓越性能和平均160公里的时速，成为铁路直达和特快旅客列车的主力军。

【八达电子信息智慧谷落户株洲】 2015年2月19日，从该区获悉，继大汉·惠普软件（湖南）信息产业园在该区开工建设后，占地300亩的八达电子信息智慧谷已经启动建设，2015年计划引进100家以上科技型企业入驻，5年内产值达到10亿元以上。八达电子信息智慧谷项目由湖南四为置业有限公司投资，总投资20亿元，目前由深圳九通力科技开发有限公司运营，后期有望引进深圳天安数码城电子信息产业和高端人才。

【中国大数据和智慧城市研究院建立株洲分院】 2015年2月26日，株洲高新区发布消息称，中国大数据和智慧城市研究院已与株洲君安软件技术研发有限公司签约建立株洲分院，并在高新区建立株洲电子商务和智慧产业孵化创新园，为株洲提供智慧产业创业的公共服务平台，包括人才培养、创业孵化和项目计划实施等。

【株洲时代金属62万引进“自动焊接机器人”】 2015年2月27日，在新产品研发车间，3名设备操作员正在聚精会神地对这条全自动焊接机器设备进行最后的调试。全自动焊接机器设备是世界上目前最先进的焊接设备，可以根据程序取代手工操作，快速、精准地完成一系列焊接，被工人们亲切地称为“自动焊接机器人”。该公司依托“自动焊接机器人”正在研发一款高质量、高规格的压力容器，应用到高铁、火车等轨道交通的制动系统中，这款产品将会是国内首创。

【时代电气进军深海机器人领域】 2015年3月1日，在南车时代电气会议室里，20余名领导及员工聚集，讨论收购英国SMD公司深海机器人业务相关准备工作。收购英国SMD公司是时代电气2015年开展的首次海外并购。SMD公司位于英国纽卡斯尔，是国际领先水平的工作级深海机器人和海底工程机械制造商。目前，该公司是全球深海机器人第二大提供商，主要提供以深海应用为主的、适应极端恶劣环境的、工作级和高可靠性的、远程遥控自动化的水下工程机械和深海机器人设备。

【株洲电商产业园年内启动主体工程建设】 2015年

3月19日，从有关部门获悉，电商产业园项目2014年9月正式启动，项目规划有产业带平台、门户网站信息共享平台、综合管理服务平台、教育培训平台、研发设计支持平台、演示平台、菜鸟物流网络服务平台七大功能，预计2016年底投入运营。届时，产业园将集聚各类电商及相关配套服务体系高端人才4000多人，5年内实现成交额400亿元。目前，该项目正处在征拆阶段。

【株硬国家重点实验室通过科技部验收】 2015年3月20日，中国硬质合金领域唯一一家、株洲市首批企业国家重点实验室之一的株洲硬质合金集团国家重点实验室，顺利通过科技部验收。目前，除株硬集团的国家重点实验室，株洲市还有南车集团和中国铁科院、北车公司共建的机车轨道牵引与控制国家重点实验室。

【株洲将自主研发或引进城区空气电子预报系统】 2015年3月26日，从株洲市环保局了解到，株洲市空气质量预报系统已进入试运行阶段，4月1日起正式向社会发布株洲市区24小时空气质量预报信息。届时，株洲市民可根据预报，决定是否做户外运动、出行是否戴口罩等。

【时代新材“一枝独秀” 斩获最大单笔配件订单】 2015年3月29日，从中国南车株洲时代新材料科技股份有限公司（简称时代新材）获悉，该公司日前斩获89列CRH380A高速动车组项目抗侧滚扭杆订单，总金额逾9400万元，刷新其在高速动车组配件市场单笔订单金额的纪录。CRH380A高速动车组是高铁外交的明星车型，为南车四方股份有限公司自主研发设计，其最高运营时速可达380公里，与飞机起飞速度相当。

【株冶获评“国际标准研制创新示范基地”】 2015年4月8日，在日前召开的2015年全国有色金属标准工作会议上，株洲冶炼集团荣获“国际标准研制创新示范基地”称号。本次评比全国仅有6家企业获此殊荣。

【炎陵要建全市首个“电子商务村”】 2015年4月8日，从株洲市商务局获悉，湖南经天纬地网络科技有限责任公司与炎陵县政府达成合作，并拟定了炎陵农产品县域电商发展策略，打造株洲市首个“电子商务村”。根据规划，第一阶段，该公司将帮助炎陵建设线上电商平台，包含建设特色中国炎陵馆、1号店炎陵特色馆、产业带炎陵特色商城等三大板块，从B2C、B2B、C2C等多板块、多渠道帮助炎陵特色农产品拓宽销售渠道；第二阶段将协助炎陵县政府开展“电商村”项目的规划和建设，帮助农民建设电商分享交流平台，提供电商村组织的电商培训，帮助新型农民掌握和应用电商技能。

【一大型生物医药项目落户荷塘区】 2015年4月13日，荷塘区与南华生物医药股份有限公司正式签约南华生物干细胞与组织工程技术产业化项目。项目投产后，年销售收入将达到1.8亿元，税收突破2800万元。此次签约的生物干细胞与组织工程技术产业化项目选址在千金湘江药业高端药物制剂研发产业基地西南角，总占地面积59.06亩，总投资为3.6亿元，拟建设符合国际标准的细胞库。

【世界最快闪充储能式电车下线】 2015年4月16日，由中国南车株洲电力机车有限公司全球首创的十秒级闪充超级电容储能式现代电车，在宁波生产基地正式下线。这种新纯电动公交车无须架设空中供电网，只需在公交站点设置充电桩，利用乘客上下车的时间即可把电充满，并维持运行5公里以上，可在线循环往复运营。在制动和下坡时，新电车还可把80%以上的刹车能量或势能，转换成电能回收存储起来再使用。在同样的运行工况下，新电车比没有回收能力的电车节约30%～50%的电能消耗。此次下线电车的核心技术是我国领先的超级电容，可反复充放电100万次以上。此外，该车采用低地板设计、铝合金车身等轻量化技术，相比采用锂电池的慢充式纯电动公交车，平均减重约1.2吨；在保证低噪音、低电耗、无污染的同时，新电车还设计了安全逃生窗以确保乘客安全。

【高端纯电动汽车项目落户炎陵】 2015年4月17日，高端新能源纯电动汽车项目签约仪式在炎陵县举行。这是炎陵县策源乡继2014年引进1.2亿元的金色年华养老公寓项目（落户垅溪乡）后，2015年牵头引进的一个大项目。该项目总投资20亿元，占地500亩，主要生产纯电动汽车、中巴车、校车，以及为上海大众汽车有限公司生产配套汽车零部件。全部建成投产后，3～5年内可达到年生产整车20万辆的规模，预计年销售收入可达400亿元，可吸纳1000多人就业。

【“山河科技”携两款航空器赴京参展农博会】 2015年4月19日，为期3天的2015中国国际现代农业博览会在北京开幕，湖南山河科技股份有限公司携自主研发的阿若拉农林版和SUMA2208无人机两款航空器参展。“山河科技”的阿若拉农林版是2015年新研发产品，使用无铅车用汽油，作业时速170公里，两侧翼展8.6米，药箱容积大240升，每分钟喷药量最高为20升，一般硬土路面就能起降。

【株洲首款低速电动轿车上市】 2015年5月5日，株洲南方宇航电动车辆制造有限公司（简称南方宇航电动公司）发布消息，该公司推出的首款电动轿车已经正式上市，目前已经销售80辆。“悦驰”采用的是胶体铅酸蓄电池，大约能重放电600次左右，最高车速为50公里/小时，续航里程为120公里，相较于采用锂电池的多数纯电动新能源汽车，车速要慢，也更安全。

【湖南发布55个信息建设重点项目】 2015年5月5日，湖南省发改委公布55个省级“信息网”建设重点项目。未来3～5年内，湖南将在信息基础设施建设项目、“互联网+”建设项目和电子信息制造产业建设项目等三大类上投入2703.5亿元，重点建设湖南移动无线基站、云计算平台等55个项目，加速布局覆盖面广、性能高、内容丰富的湖南“信息网”。在55个重点项目中，除了覆盖全省范围内项目外，还有8个项目直接涉及株洲，其中“下一代互联网基础网络设施改造项目”和“下一代互联网应用示范工程”将在长株潭城市群建设。

【阿里巴巴株洲产业带炎陵馆上线】 2015年5月21日，由炎陵县政府与湖南经天纬地网络科技有限公司共同打造的阿里巴巴株洲产业带炎陵馆正式上线，炎陵黄桃、白鹅、有机茶、油茶等特色农产品，均实现网上直接交易。炎陵县政府与湖南经天纬地网络科技有限公司、湖南惠农科技有限公司签订战略合作协议，“经天纬地”“惠农科技”将帮助炎陵建设阿里巴巴株洲产业带炎陵馆、淘宝特色中国炎陵馆、中国惠农网炎陵农业产业带三个平台。平台建立后，炎陵将成为株洲首个拥有多个平台的电商特色县，预计2015年交易额将达到2亿元，争创全国电子商务进农村综合示范县。

【第二批株洲两型技术及产品出炉】 2015年8月4日，从株洲市两型办获悉，历时两个多月，经过企业申报、专家评审、社会公示，21家企业的27个产品及1项技术，被列入《2015年株洲市第二批两型技术及产品目录》。据介绍，此次获选产品（技术）共分为6大类别，包括建筑与建材类、交通设施设备类、节电装备类、智能化系统类、节能环保装备类及化工技术类。其中，株洲飞鹿高新材料技术股份有限公司、湖南斯迈尔特智能科技发展有限公司（以下简称“斯迈尔特”）等7家企业的产品（技术）尤为突出。该系统采用以物联网技术为核心的智慧城市综合信息平台设计思路，采用开放式设计，在城市公共服务物联网大框架下构建。

【株洲市全新“互联网+科普”模式满足公众的个性化需求】 2015年8月20日，从召开的株洲市《全民科学素质纲要》实施推进工作会议上获悉，株洲市将采取“互联网＋科普”模式，满足公众的个性化需求，提高科普时效性和覆盖面。按照计划，株洲市接下来将进一步加大对“五大重点人群”“五大基础工程”的工作力度，并对科普信息化、农村和贫困地区等薄弱地区群众的科普服务力度、农村留守人群和城镇新居民等“短板”进行补足。在科普工作方面，株洲市将采用“互联网＋科普”的新模式，通过多种网络便捷传播，利用市场机制建立多元化科普运营方式，满足公众的个性化需求。

【株洲再添8家省级新材料企业】 2015年9月7日，从株洲市经信委获悉，在省经信委、省统计局公布的全省93家新材料企业（第三批）名单中，株洲市湖南永盛新材料股份有限公司、株洲西迪硬质合金科技有限公司等8家企业上榜。新材料是发展信息、航空、航天、能源、生物、汽车、医药等涉及国民经济各主要领域的重要基础材料，具有广阔的行业发展前景。

【新能源客车智能化工厂2017年12月完成】 2015年9月8日，湖南南车时代电动汽车股份有限公司（以下简称“时代电动”）“新能源客车智能化工厂”项目，成功入选国家2015智能制造项目专项，成为本次入选的94家公司（研究机构）中，唯一一家专业研发制造新能源客车的企业。据了解，项目构成主要包括设计数字化、试验智能化、制造装备智能化、生产过程智能管控、智能物流、智能服务等。新能源客车智能化工厂项目分4年实施，2017年12月完成。届时，该公司新能源客车的制造有望实现“6个20%”的目标，即产品研制周期缩短20%以上，生产节拍提升20%以上，生产效率提升20%以上，资源综合利用率提升20%以上，产品不良品率降低20%以上。

【世界最高速米轨动车组正式载客运营】 2015年9月9日，从该公司了解到，这款动车组首列车在完成4万公里空载、重载、重联试验，并通过1万公里无故障运行考验后，日前正式奔驰在吉隆坡至巴东勿刹新开通的600多公里南北线路上。据中车株机动车组研发专家周安德介绍，这款动车组共60辆10列，首列车于2014年11月下线，设计时速为160公里，是目前世界上米轨（一米宽轨距）铁路最高速度的动车组。动车组采用世界上最先进的欧洲标准和国际铁路联盟标准，整车设计、生产、试验均通过了第三方认证。在10000公里无故障运行测试中，动车组创下时速176公里的米轨铁路世界速度之最。

【时代新材申请专利122件】 2015年9月15日，从天元区产业局获悉，上半年，该区申请专利633件、授权专利460件，双双创历史新高，均位居全市各县市区首位。其中，发明专利申请量占36%，获授权的发明专利同比增长68%。随着天元区创新型特色园区建设的不断深入、长株潭自主创新示范园区的获批，该区辖内各企业纷纷加大自主研发力度，申请、获授权专利呈现井喷之势。据初步统计，1—6月，天元区申请专利633件、授权专利460件，同比分别增长0.32%、40%，相当于日均申请3.5件、授权2.5件；其中申请发明专利230件、授权发明专利94件，同比分别增长32%、68%。

【株洲两个国家重点实验室获批组建】 2015年9月15日，株洲市召开新闻发布会，介绍株洲市科技平台建设的相关情况和计划。株洲市又有2个国家重点实验正式获批组建，即“新型功率半导体器件国家重点实验室”和“大功率交流传动电力机车系统集成国家实验室”。至此，株洲市共有4个依托企业建设的国家重点实验室。

【新一代大功率石墨烯超级电容亮相株洲】 2015年10月9日，从中车株洲电力机车有限公司传出消息：该公司自主研制的新一代大功率石墨烯超级电容问世，其功率提升了3倍，电能运用效率更高，可运用时间更长。中车株机公司的“3伏/12000法拉石墨烯/活性炭复合电极超级电容器”和“2.8伏/30000法拉石墨烯纳米混合型超级电容器”性能指标居于国际领先水平。根据不同的容量和额定工作电压，3伏/12000法拉超级电容适用于有轨电车，在30秒内即可充满电，单次充电行驶里程可达6公里，具有零排放特点，比有网电车节能30%以上。目前全国规划有轨电车线路5000公里，如果有轨电车全部使用该超级电容作为主驱动电源，每年可节约电能2.19亿千瓦时，减少二氧化碳排放250万吨。2.8伏/30000法拉超级电容适用于无轨电车，单次充电行驶里程可从目前的4～6公里提高到8～10公里，车辆只需在首尾站点充电，充电时间在1分钟内。目前全国每年在线运营公交客车更新约6万辆，如果全部使用该超级电容作为主驱动电源，每年可节约电能5.84亿千瓦时，减少二氧化碳排放670万吨。

【中车株洲所一实验室入选国家重点实验室】 2015年10月16日，中国中车株洲电力机车研究所有限公司传来消息，该公司旗下时代电气的“新型功率半导体国家重点实验室”，成功入选国家科技部第三批75家企业国家重点实验室。此次获批，意味着中车株洲所拥有7个国家级科技创新平台，将进一步巩固该公司在功率半导体器件研究领域的领军地位。

【芦淞电商服务区入选省首批15个服务业示范集聚区】 2015年10月22日，从有关部门获悉，2015年度湖南省服务业示范集聚区创建评审工作已经完成，全省第一批15家申报单位通过审核，芦淞区电子商务位列其中，这是全市唯一一个示范集聚区。据介绍，芦淞电子商务示范集聚区规划面积150公顷，依托芦淞服饰产业集群，以电子商务销售、培训、代运营、咨询、美工设计等为主导，上游服务的对象主要以服饰企业为主，辅以硬质合金、陶瓷、农产品企业，下游集聚了大量物流快递公司，有开展电商培训的服务机构数十家。

【中车株机掘进机亮相中国国际煤机展】 2015年10月29日，中车株洲电力机车有限公司携三款新煤机产品，亮相第十六届中国国际煤炭采矿技术交流及设备展览会。此次中车株机的参展产品为智能硬岩掘进机和EBZ200智能变频掘进机以及新型工矿电机车。对比此前国内的最先进掘进机，该产品截割硬度最大可达100兆帕，接近花岗岩硬度，堪称同类产品中的“穿山甲”。其作业时，最大截割高度5.2米、宽度7.3米，截割断面为36平方米，能为采煤快速打开一条便捷运输通道。EBZ200智能变频掘进机集中了中车株机的核心先进技术，包括电控系统在内的所有部件均为自主设计、自主制造。

【欧洲迎来首列中国动车组】 2015年10月30日，从中车株机公司传来消息，由该公司生产的中国出口欧洲的首列动车组已运抵马其顿首都斯科普里。马其顿动车组项目既是中国出口到欧洲的第一个动车组项目，也是中国动车组产品符合欧洲TSI（欧洲铁路互联互通技术规范）要求进入欧洲株洲市场的第一单。这款动车组具有流线型的外观和雅致内饰，以白色为主基调的车厢外饰配上马其顿国旗中的红黄两色，使得动车组更具视觉冲击力。该动车组设计按照最严苛的欧洲标准EN15227-2008的要求，采用三级碰撞能量吸收系统，确保乘客和司机的安全。

【200台“株洲造”纯电动出租车】 2015年10月30日，株洲市公交公司与北汽银建公司签订合作协议，共同出资组建湖南北汽银建巴士汽车服务有限公司（暂定名），经营200台纯电动出租车。这批纯电动出租车将在12月份投运。这批纯电动出租车车型为北汽新能源EV200三厢汽车，其续航里程为200公里，有两种充电方式，慢充充满需耗时7～8小时，直流快充只需20～30分钟，电量即可冲到80%～90%。如果按出租车每天400公里的总里程计算，该款纯电动出租车每天需充电2～3次，相比燃料车每天可节约100多元的能源成本。充电桩建设也在同步推进，芦淞大桥（河西）桥下、体育中心公交站场内共约60个充电桩将在12月份投用，可基本满足这200台出租车的充电需求。

【中国出口东盟首个轻轨项目投运】 2015年10月31日，中国出口东盟的首个轻轨项目——马来西亚安邦线轻轨正式投入运营。首批投入使用的轻轨车辆共5列，每天在安邦线第一阶段开通运营的5个站点、12.5公里的线路上载客运营。据该公司技术专家介绍，针对列车运营在人口稠密、线路坡度大、转弯半径小的特殊环境，公司使用了国内首创、自主研发的铰接式转向架技术，可使列车呈蛇形自由摆动平稳通过小弯道。

【家重点电子商务项目落户茶陵】 2015年11月4日，邮政电子商务、农商通电子商务、母婴之家三家重点电子商务项目签约落户茶陵，标志着该县电子商务进农村工作全面启动。此次落户的邮政电子商务项目拥有集“邮政实物运递网”“综合业务计算机网”及“实物流、信息流、资金流”于一体的“两网三流”核心竞争力，将有效解决“最后一公里”物流配送瓶颈。农商通电子商务项目由湖南农商通电子商务有限公司投资建成，合作内容包括86077.com电子商务平台在茶陵落户运营、茶陵电子商务配送中心和运营中心建设、茶陵本土特色产品的全网销售、茶陵电子商务人才引进与培训、互联网金融业务等。未来，该县将加快电子商务产业园、网商园、孵化园中心建设，加快建立覆盖县、镇（街道）、村的三级物流配送体系，同时，加强对农民使用网络、应用电子商务的培训，使广大农民成为电商和互联网经济的参与者和受益者。

【德法外宾来醴陵考察陶瓷3D打印技术】 2015年11月5日，德国BASF公司、法国prodways公司等世界五百强企业负责人来到醴陵，专程考察陶瓷3D打印技术。作为“高分子复杂结构增材制造国家实验室”今后的分支机构，醴陵陶瓷3D打印研究所项目预计总投资3500万元。项目已投资1500万元，组建了一支专门的技术团队，致力于陶瓷3D打印设备、材料以及工艺的研发，技术将广泛应用于医用陶瓷、艺术陶瓷以及日用陶瓷生产领域。项目将采用技术研发与株洲市场运营相结合的方式，实现陶瓷3D打印的产业化和株洲市场化，成为醴陵陶瓷产业技术研发的一大公共服务平台。

【中车株机在甘肃布局储能式电车产业】 2015年11月5日，以中国中车株洲电力机车有限公司为主体的产业联合体，与甘肃省工信委、兰州市政府签订《储能式无轨电车应用及产业发展务实合作协议》。以储能式无轨电车在兰州应用为起点，甘肃未来将形成一个百亿规模产业集群。按照协议，2016年春节前后，兰州启动1条储能式无轨电车（超级电容纯电动车）运营示范线。3至5年内储能式无轨电车在兰州株洲市推广运营达到1000台；后续将辐射甘肃全省，逐步在其他重点城市推广应用。据了解，储能式无轨电车是中车株机的全球首创产品，2015年4月在中车株机宁波基地下线。目前，宁波市196路公交线已率先采用储能式无轨电车，而在5年内，宁波将有1200辆电车投入使用。

【中车株洲所助跑首列中国标准动车组】 2015年11月8日，装载了中车株洲电力机车研究所有限公司研制的八大子系统，具有完全自主知识产权的首列中国标准动车组在大西高速铁路客运专线开展型式试验。这标志着我国动车组的研发又迈上了新台阶，在轨道交通领域掌握了更多的话语权。据了解，中国标准动车组所装载的八大子系统包括主辅一体牵引变流器、网络控制系统、显示器、DC110V充电机、无线数据传输装置、轴温实时监控系统、转向架失稳监测装置等。按照中国铁路总公司要求，中国标准动车组将进行为期2年的正线调试、型式试验及列车的运用考核，最高试验速度将达到时速385公里，计划在2016年春节前完成型式试验。

【株洲泳迪农业科技园牵手“特色湖南”】 2015年11月10日，株洲泳迪农业科技园与湖南思洋集团旗下的“特色湖南”平台在长沙签订了“特色湖南＋泳迪农业科技园”战略合作协议，双方共同打造“互联网＋”模式下的新农业交易平台。该园主打科技农业的理念，用更加生态、更加科学的方式进行农业生产，打造集种植、观光、休闲为一体的新型农业生态园区。此次牵手“特色湖南”，旨在将传统农业科技实力、科研项目、农业技术等通过互联网平台进行宣传展现，进而谋求互联网＋农业的新常态发展之路。

【中国标准动车组核心动力完成线路试验大考】 2015年11月10日，中国中车株洲电机有限公司透露，搭载该公司研制的核心动力——牵引电机和牵引变压器的中国标准动车组，在太原大西铁路客运专线（从大同至西安），顺利通过350千米／时线路阶段性试验大考。为此，株洲电机公司引入项目激励机制，全面、系统、科学地开展设计和试验验证工作，并发挥自身专业技术优势，为中国标准动车组精心研制出质量可靠的核心动力——牵引电机和牵引变压器。

【株洲市新增三家省级工程技术研究中心】 2015年11月17日，在日前举行的2015年度湖南省工程技术研究中心验收评审会上，株洲市“湖南省轨道装备冷却工程技术研究中心”“湖南省汽车转向系统工程技术研究中心”“湖南省轨道工程机械测控系统工程技术研究中心”3个平台通过验收。截至目前，株洲市已有23家省级工程技术研究中心，每个工程技术研究中心，都具有独占性，代表该企业在该领域内的先进性。

【i株洲3.0即将震撼上线】 2015年11月17日，株洲首款城市生活手机APP“i株洲”3.0全新版本即将上线，现诚邀深植本地株洲市场的行业及商家入驻。“i株洲”是株洲日报社适应移动互联时代，整合优势资源，自主研发的手机客户端。经过数月的研发，“i株洲”3.0版本已经完成。改版之后，“i株洲”将新增包括本地资讯、便民服务、智慧社区等在内的众多实用功能。“i株洲”将通过线上线下共同推广，打造城市智能生活综合体，并设置大型抽奖游戏互动环节。同时，“i株洲”还可提供智能WiFi登录页面、微信平台开发和运营等多种合作形式，或根据客户需求，提供全方位定制服务等。

【全国首款遥控自动破玻器“株洲造”】 2015年11月19日，从株洲南冠安全科技有限公司（下称南冠科技）获悉，该公司成功研发生产出全国首款遥控自动破玻器，目前已成功装车运行。“南冠科技”是一家研发制造公共安全产品的军民融合型企业，据了解，与市面上现有的破玻器不同，该款产品除了使用军工技术外，还具有遥控、自检、双向控制操作等功能。

【时代电动三款新品客车亮相香港国际新能源汽车展览会】 2015年11月24日，2015世界新能源汽车发展高峰论坛暨中国国际新能源汽车展览会在香港拉开帷幕。湖南中车时代电动汽车股份有限公司携其8米纯电动、11米纯电动、11米增程插电式新能源城市客车列席展览。其中，素有全能王美誉的8米纯电动，除了采用全承载、低入口的结构设计外，特别采用了“短前、后悬、大轴距”的创新设计，使8米车达到了10米车的载客空间，承载量可达60人。另一款11米纯电动客车，有效解决了用户企业的“续航焦虑症”。实际运营数据显示，该款车百公里油耗较传统客车降低50%以上，颗粒物排放降低90%，氮氧化物排放降低75%，二氧化碳排放降低50%，减排、环保指标远超同类型车辆。

【中国首条中低速磁浮铁路“冲刺”试运行】 2015年12月2日，长沙中低速磁浮快线上线试车，由中车株洲电力机车有限公司自主研发的中低速磁浮列车“追风者”，跑出了每小时100公里的速度，并将持续进行悬浮系统调试。这条磁浮快线连接长沙火车南站和长沙黄花机场，全长18.5公里，于2014年5月开工建设。长沙磁浮工程全线计划在明年春节前后投入试运营。

【“株洲造”南宁首列地铁列车试跑】 2015年12月8日，中车株洲电力机车有限公司制造的南宁地铁1号线首列地铁列车，在南宁屯里地铁车辆段开始试跑。这是广西首条投入运营测试的地铁线路。该地铁列车采用技术先进、成熟可靠的无线通信移动闭塞列车控制系统，能让列车在保证安全的前提下，最大限度地缩短行车间隔，提高线路的行车效率。该列车还采用了先进的空气弹簧悬挂系统和微机控制系统，列车具有良好的减震功能，能根据载荷量自动调节空簧高度，使车厢地面时刻与站台保持水平。车门如被强制打开，列车会直接施加紧急制动，直至车辆停下，确保乘客安全。

【株洲产第二辆磁浮列车交付长沙】 2015年12月9日，从中车株洲电力机车有限公司获悉，由该公司研制的第二列磁浮列车，已于日前运抵长沙磁浮车辆段综合基地。据了解，第二列磁浮车辆整列车系统、结构、设备配置、设计制造等核心技术均与首列车一致，同样采用3节编组，设计最高时速100公里，每列最大载客量363人。

【中车电机荣获我国首个国际维修联合会TPM示范线证书】 2015年12月13日，国际维修联合会（IWE）授予中车株洲电机公司牵引电机焊接TPM示范线荣誉证书。中车株洲电机公司通过推进牵引电机焊接TPM示范线与牵引电机绝缘TPM示范线TPM示范线建设，使示范线停机时间降低20%，在制品库存降低45%，可视化、定置化率均达到85%以上。公司已连续四年在全国TnPM大会斩获TnPM信息化应用一等奖、“TnPM卓越班组奖”、“TnPM卓越推进者”、TnPM金点子优胜奖、六项改善案例优胜奖等奖项。

【“时代新材”牵手西班牙地铁制造商】 2015年12月15日，株洲所时代新材海外轨道交通市场再传佳讯，该公司成功拿下西班牙铁路建设和协助股份有限公司（简称CAF）旗下EMU和Toluca两个项目共计148列车抗侧滚扭杆系统的全部订单，合同总金额近千万元。时代新材中标的两个项目，属于该公司旗下主流EMU车型的Civity平台，是CAF历史上获取的同类型车辆最大的项目。

【株洲造新能源公交车张家界“上岗”】 2015年12月22日，中车时代电动汽车股份有限公司生产制造的60台新能源公交车，在张家界市火车站广场正式投用。该批车为10.5米增程插电式公交车，是时代电动结合高铁技术自主研发的一款纯电驱动新能源公交车，也是目前国内唯一入选国家战略性新兴产品的新能源商用车。这款新能源商用车拥有油电结合的低碳动力系统，能够实现纯电驱动。通过采用集成化网络控制系统和高铁级变流技术，该车综合能耗较传统车降低50%以上，PM2.5等颗粒物降低排放 90%，氮氧化物降低排放 75%，一氧化碳、二氧化碳降低排放 50%以上。

【时代电气 SMD 公司造出全球首套商业深海采矿设备】 2015 年 12 月 23 日，由中车株洲所旗下时代电气 SMD（Soil Machine Dynamics Ltd）公司研制的世界上第一套商业深海采矿设备在英国纽卡斯尔通过干试（即“陆上测试”）阶段，这意味着，SMD 公司生产的全球首套商业深海采矿设备已完成出厂试验，并具备了交付条件。根据计划，2016 年，该设备将在中东阿曼湾进行水试，将完成产品交付。

【打破日本公司垄断“时代新材”成功研发芳纶 A 板胶】 2015 年 12 月 25 日，由株洲时代新材料科技股份有限公司研发的芳纶 A 板胶已通过首件评审，即将小批量应用于机车辅助变压器。“时代新材”正式成为全球第二家芳纶 A 板胶生产制造企业。芳纶 A 板胶是一种基于芳纶 1313 体系的胶粘剂，主要在芳纶 A 板间起黏结作用，广泛应用于川崎动车和变频交流机车变压器中。

【“中车株机”南宁城轨基地首列本地化地铁下线】 2015 年 12 月 27 日，中车株洲电力机车有限公司（以下简称“中车株机公司”）旗下南宁城轨基地制造的首列南宁本地化地铁列车驶下生产线。南宁地铁 1 号线是南宁首条地铁线路，覆盖南宁中心城区东西方向的主要客流，衔接主要客流集散点和对外交通枢纽，是地铁骨干线路。该项目采用 6 节编组，时速 80 公里的 B 型地铁列车，一列车最大载客量可达 2088 人。

【株洲造淮安储能式有轨电车试运营】 2015 年 12 月 28 日，一列由中车株洲电力机车有限公司研制的储能式现代有轨电车在江苏省淮安市投入试运营。该线路是国内首条进入城市核心区的有轨电车线路。该线路全长约20 公里，电车运行时无须架接触网，完全利用车载超级电容提供动力，利用乘客上下车的时间，在站台 30 秒内快速完成充电，一次充电后能连续行驶至少 4 公里，到达下一个站台后再行充电，如此反复。最关键的是它还能将 85%以上的制动能量转换成电能存储起来再利用，节能环保。

社会建设管理

【炎陵县连续 9 年获评“省综治先进县”】 2015 年 1 月 3 日，在省民调中心公布的 2014 年社会管理综合治理民意调查数据表中，炎陵县在全省 128 个县（株洲市、区）中排名第二，其中“社会治安状况”得分居全省第一。该县已连续 9 年获评“省综治工作先进县”，连续 10 年保持“省平安县”荣誉。

【石峰区北岭社区等 8 个社区成全省和谐社区建设样板】 2015 年 1 月 9 日，从省民政厅传来消息，株洲市石峰区北岭社区、芦淞区沿河社区等 8 个社区成全省和谐社区建设样板。

【株洲新增 43 件省著名商标】 2015 年 1 月 25 日，省工商局公布 2014 年湖南省著名商标评选结果。株洲市醴陵天马花炮机械有限公司、湖南泉湘陶瓷有限公司、湖南神农米业有限责任公司等 43 家企业的商标成功获评。株洲市目前拥有中国驰名商标 34 件、湖南省著名商标 180 件、地理标志证明商标 11 件、马德里商标国际注册 29 件，数量分别居全省各市州前茅。

【中国第一所书院在攸县“复活”亮相】 2015 年 1 月 26 日，攸县石山书院经过 3 年建设，正式对外开放。当天，“石山书院·攸州大讲堂”正式开讲。据悉，石山书院的创立最迟可推断为南梁初期，比开元六年所建的洛阳丽正书院早 200 年，应为中国民间第一家书院。

【株洲首个温馨之家活动室建成】 2015 年 2 月 2 日，省计生协会会长、省政协原副主席石玉珍一行，来株洲市考察计生工作。据介绍，首个温馨之家活动室已在株洲县渌口敬老院试点建设，预计 2015 年将完成所有敬老院建设。

【株洲“四同创建”收获硕果】 2015 年 2 月 2 日，在全市统战工作座谈会上，各统战成员单位总结成绩、谋划发展，积极为 2015 年统战工作献智献策。目前，全市共确定 64 个“四同创建”示范点，其中市级直接指导 15 个。经考核审定，第一批验收合格的创建示范点有 13 个，将分别获得 10 万元资金支持。

【株洲 2015 年将定期发布食品药品“黑名单”】 2015 年 2 月 4 日，株洲市食药监局 2015 年将定期发布食品药品安全“黑名单”，对违法者实行“零容忍”。据悉，2014 年，株洲市未发生一起食品安全事故，也没有发生一起因行政许可不到位而引发当事人投诉举报事件。

【株洲 2015 年底安置房总量可达 2.7 万余套】 2015 年 2 月 24 日，据株洲市国土部门介绍，该市 2014 年实施的“民生 100”工程安置房建设项目，已交付使用及封顶的有 33 个项目 8109 套住房。2015 年新建 29 个项目 5482 套住房，已如期开工。到 2015 年底，全市安置房总量可达 2.7 万余套，比目前需求量多出 3916 套，完全可以做到先安置、后拆迁。

【株洲快递布局乡镇市场】 2015 年 2 月 27 日，据统计，全年株洲快递业务量和业务收入分别突破 1800 万件、1.6 亿元，同比分别增长 67.63%和 32.6%，均稳居全省第二。城区已有 32 家公司，一些企业在各县都设有分公司。

【株洲居全省环保考核前三】 2015 年 2 月 27 日，株洲市环保局发布消息称，省环保厅近日通报 2014 年度全省重点环保工作和湘江污染防治第一个“三年行动计划”实施考核结果，株洲市均获评为优胜单位，考核排名位列前三。

【株洲在全省教育考核中获“优秀”】 2015 年 2 月 27 日，从省教育厅传来消息，在该厅组织的 2014 年度有关教育及教育督导工作考核中，株洲市教育局连续第三年获得优秀等次，全省共 4 个州市获此奖项。

【2014 年株洲城镇居民人均可支配收入 31338 元】 2015 年 2 月 27 日，株洲市统计局发布数据显示，2014 年，该市城镇居民人均可支配收入比上年增长 9.2%，达到 31338 元，比全省的平均数 26570 元高出 4768 元，位列全省第二。

【株洲石峰区 2015 年新建 5 个安置小区】 2015 年 3 月 3 日，石峰区重点办发布消息称，2015 年将新建长石安置小区、田心叫鸡岭安置小区、霞湾二期安置小区、井龙二期安置小区、大冲安置小区5个安置小区，可以安置居民1600多户。

【株洲11家高危行业企业停产整顿】 2015年3月4日，株洲市安全生产监督管理局对外通报1月份全市高危行业生产经营单位安全生产事故隐患排查治理情况，其中湖南华盛化工有限公司等11家高危行业企业，因重大事故隐患未报、未对事故隐患进行排查治理擅自生产经营等原因，被责令停产整顿（含暂扣安全生产许可证企业）。

【株洲2015年至少要增加20家高新技术企业】 2015年3月9日，株洲市加速推进新型工业化暨科技创新工作会议透露，全市规模工业增加值预计增长11.5%，高新技术产业增加值、产值预计增长15%以上，高新技术企业增加20家以上。

【巨型“世界和瓶”气模将亮相醴陵】 2015年3月15日，从中国陶瓷艺术大展暨首届湖南（醴陵）陶瓷博览会组委会获悉，巨型釉下五彩巴拿马瓶气模——“世界和瓶”将于3月20日起，在醴陵·世界陶瓷艺术城进行为期10天的巡展。

【茶陵涌现自主创业者500余人】 2015年3月17日，据茶陵县有关部门负责人介绍，通过“扶上马、送一程、护一路”，该县“大众创业、万众创新”的动力被激活，近年涌现自主创业者500余人，带动就业2万余人。2014年，该县专利授权量达122件，较上年增长34%。

【株洲全面小康程度排全省第二】 2015年3月21日，全省全面建成小康社会推进工作会上传出消息，初步测算，2014年，全省全面小康实现程度为88%，比上年提高3.7个百分点。其中，株洲全面小康实现程度为91.6%，排名全省第二。此外，当日的会议还通报了2014年度全省全面小康考评结果和奖励名单，株洲市获得了全面小康管理成效优秀奖。天元区、株洲县获评全省“经济快进县”，炎陵县获评全省“全面小康推进工作前十位县”，醴陵市、攸县获评全省“经济强县”。

【株洲中介服务业存在规模小、能力弱、株洲市场准入不规范】 2015年3月23日，株洲市发改委、统计局发布相关调研数据显示：截至2013年底，株洲市已有中介服务法人单位1386家，从业人员达4.62万。虽然发展迅猛，但规模小、服务能力参差不齐、市场准入有待规范等问题已成该市中介服务机构的“通病”。

【株洲市职业教育发展“路线图”确定】 2015年3月24日，株洲市政府常务会议审议通过了《关于加快发展现代职业教育的决定》《株洲市职业教育发展三年攻坚计划（2015—2017年）》《株洲市现代职业教育发展规划（2015—2020年）》。这3个文件构建了该株洲市未来几年现代职教发展的“路线图”。

【株洲第三次全国经济普查基本结束】 2015年3月24日，株洲市政府新闻办召开新闻发布会，介绍该市第三次全国经济普查相关数据，据悉，此次普查首次采用PDA和联网直报系统，提高普查工作透明度，确保了普查数据真实可靠。

【株洲云龙2015年提质4个农贸市场】 2015年3月30日，从云龙示范区招商合作部获悉，在2014年完成翠竹路农贸株洲市场改造的基础上，2015年，示范区将改造提升辖区内兴隆、云田、马鞍、五星4个农贸市场，预计总投资320万元，通过硬件改造和管理提升，优化群众购物环境，彻底解决马路市场问题。

【株洲2015年“清零行动”目标确定】 2015年4月16日，株洲市举行征拆征收工作清零行动流动现场会。根据计划，该株洲市2015年的“清零行动”要完成集体土地征地拆迁1万亩，完成国有土地房屋征收1.6万平方米，总计79个项目。

【“数字醴陵”一期系统开通】 2015年4月17日，“数字醴陵”一期系统正式开通。该系统总预算投资4100万元，包括“平安城市”“智能交通”“数字城管”3个子项目，563只“电子眼”遍布大街小巷，为瓷城醴陵织就一张平安建设“天网”。

【株洲电子眼建设及联网项目6月开工】 2015年4月19日，《株洲市“智慧城市”电子眼建设及联网项目可行性研究报告》已获得批复，近期将开始招投标，预计6月份开工，工期预计在13个月左右。

【株洲城市阅读综合指数跃居全省非省会城市第一】 2015年4月23日，第二十个世界读书日。根据最新的湖南省城市阅读指数显示，株洲城市阅读综合指数跃居全省非省会城市第一。

【株洲市体育中心等20个公共场所将建充电站】 2015年4月24日，从株洲市汽车办获悉，株洲市将于2015年在公共场所建20个充电站，其中体育中心将建成重点站，一期规划20个充电桩，其余充电站充电桩数量规划为4～6个。

【“智慧株洲”正在加载】 2015年4月29日，从株洲市电子政务管理办公室获悉，日前，《智慧株洲建设总体规划（2015—2017）》已通过专家评审。2017年，株洲市将基本建成智慧株洲云计算数据中心。

【炎陵获评“中国生态魅力县”】 2015年5月7日，在北京举办的2015（第三届）生态城乡科学发展年会暨生态城乡科学发展成果评估活动会上，炎陵县被评为“中国生态魅力县”，株洲市仅此一县入围。

【株洲高新区创业服务中心入选我省首批8家众创空间试点单位】 2015年5月17日，在科技活动周开幕式上，省科技厅厅长童旭东公布了我省首批8家众创空间试点单位名单，株洲高新区入选。

【株冶能源管理中心预计年内投用】 2015年5月18日，从株洲冶炼集团有限公司获悉，该公司建设的能源管理中心将于年内投入使用。通过该中心，株冶可对能源实施精细化管理，每年的节能量相当于1.37万吨标准煤，年节能经济效益可达3800万元。

【株洲名列中国宜商城市竞争力第78位】 2015年6月15日，中国社会科学院发布《2014年中国宜商城市竞争力报告》。在宜商城市竞争力前200名城市中，株洲名列第78位。

【株洲首个公安局驻环保局工作联络室正式挂牌】 2015年7月23日，株洲市公安局驻市环保局工作联络室正式挂牌，环保、公安两部门间将形成定期联络、临时联络、线索共享等工作长效机制。

【攸县1400户城区困难家庭将获廉租房租赁补贴】

2015年7月24日，从攸县县政府了解，2015年，攸县将给城区1400户困难家庭，发放廉租房租赁补贴，每户每月有150元。

【醴陵开展安全生产“打非治违”行动】 2015年8月6日，省安监局现场将违规生产的王坊镇梧桐烟花制造有限公司查处，该厂生产场所被查封，产品被扣押，醴陵市安监局和公安局已立案处罚，公司法人代表陈某及安全管理员已被当地公安机关分别处以行政拘留15天和5天的处罚。

【醴陵下重手开展“两打三治”】 2015年8月9日，获悉自2015年5月27日，“两打三治”专项行动动员大会召开后，截至目前，醴陵已排查了企业安全隐患4365处，整改到位4344处，整改率99.5%。醴陵市公安局共立案331起，破获各类刑事案件141起，环比上升442.3%。破获“盗窃机动车”案50起，破涉黄涉赌案3起，涉毒案12起，涉枪涉危涉爆案3起，查处行政案件42起，刑拘37人，治安拘留77人。

【株洲54个乡镇（街道）建成一站式便民服务中心】 2015年8月10日获悉，目前，株洲市135个乡镇（街道）中，54个已建成标准的一站式便民服务中心，77个乡镇（街道）正在改建或新建。

【株洲6单位被授牌为省级两型示范基地】 2015年8月17日，全省32个单位被授予2015年省级两型示范基地，其中包括株洲市天元区泰山路街道泰西社区等6单位。

【株洲已建成数字城市并通过验收】 2015年8月25日，从省国土资源厅召开的数字城市地理信息基础设施建设新闻发布会上获悉，2015年底，全省14个市州将全部完成数字城市建设，株洲、湘潭等12个市州已建成并通过验收。

【茶陵安全生产大检查大整治】 2015年8月25日，据悉，茶陵县自8月20日起在全县开展安全生产大检查、深化“九打九治”打非治违和危险化学品专项整治工作。

【株洲加入中德工业城市联盟】 2015年9月10日，中国（广东）国际“互联网+”博览会在佛山开幕，应广东省佛山市人民政府邀请，株洲市派代表参加了中德工业城市联盟建立启动仪式。株洲成为6个国内首批发起城市之一，也是国内发起城市中唯一的广东省省外城市。

【株洲小微信贷风险补偿基金启动】 2015年9月16日，株洲市小微信贷风险补偿基金正式启动，“中普防雷”“永盛新材”等7家企业成为该项基金的首批受益者，授信金额达4610万元。后续，还将有更多企业得到信贷支持。

【株洲首次上榜“中国外贸百强城市”】 2015年9月18日，海关总署发布“2014年中国外贸百强城市”名单，我省长沙、衡阳、娄底、株洲上榜，分别排第65名、第67名、第90名、第97名。其中衡阳、娄底、株洲均为首次上榜。株洲海关数据显示，2014年，株洲市累计进出口总值达172.2亿元，同比增长7.8%。其中，出口112.3亿元，进口59.9亿元，进口增幅达50.9%。外贸总值居全省第四。

【炎陵“五大行动”扶贫确保2017年建成全面小康社会】 2015年10月12日，从炎陵县扶贫攻坚工作动员大会上获悉，该县县委、县政府出台《炎陵县2015—2017年精准扶贫工作实施方案》，提出推进“五大行动”，打好扶贫“组合拳”，确保2017年与全市同步建成全面小康社会。

【2017年株洲贫困人口要全部脱贫】 2015年10月12日，从株洲市扶贫办获悉，株洲市已印发《全市扶贫攻坚市级领导包县到村和驻村帮扶单位到县联村工作安排表》，要求44名市级领导包县到村、驻村帮扶单位到县联村扶贫，以全面推进扶贫开发工作，实现2017年底贫困县、贫困村达标摘帽，贫困人口全部脱贫的目标。

【株洲启动新一轮驻村帮扶活动】 2015年10月15日召开的派驻村帮扶工作队培训会拉开了株洲市新一轮驻村帮扶活动的序幕。株洲市委常委、组织部部长、统战部部长彭爱华对相关工作进行部署。

【醴陵大口坪村推出“1+3”帮扶模式】 2015年10月20日，获悉，2015年，醴陵市进驻大口坪村的帮扶工作队走访摸底后，深入分析致贫原因，并围绕山、水、田、房，提出“1+3”的帮扶模式。年底前，这里将建成1061平方米的老年福利中心，采取集中供养的方式，让40多名贫困老人住进“幸福之家”。

【11家株洲企业上榜“湖南省电子商务企业”名单】 2015年10月30日，省商务厅、省国税局公布2015年第一批“湖南省电子商务企业”认定名单，株洲市11家企业上榜。

【株洲最大养老基地开建】 2015年11月3日，株洲市最大的养老基地“盛康·国际老年颐养苑”启动建设，项目总投资近亿元，集养老、医疗救护、康复健身、文化娱乐、休闲度假于一体，可解决城区及渌口周边乡镇失能、失智老人集中供养问题，第一期工程预计在明年完工。

【株洲高新区22家中小企业组团招聘】 2015年11月7日，株洲高新区举办的2016年校园招聘活动圆满结束，22家企业在长株潭三地募得贤才。这是高新区内规模以上中小企业首次组团开展校园招聘。

【湘运集团已开通株洲至长沙等5条快递线路】 2015年11月16日，湘运集团公司正式受理小件快递业务，受递货品可随客运班车直达目的地。株洲至长沙、醴陵、攸县、茶陵、炎陵的5条快递线路于当日开通。

【521家迷你型消防站明年3月入驻社区、重点单位】 2015年11月30日，从株洲市消防支队获悉，目前该市已建成66个微型消防站进行试点推广。在明年3月冬春火灾防控工作结束时，将有521个微型消防站出现在株洲市社区和消防安全重点单位。

【株洲市启动建设4大公共服务平台和8家众创空间】 2015年11月30日，从株洲市科技局了解到，该市共有200多家科技研发平台，4家支撑创新创业的公共科技服务平台。

【全市站点“双超”治理工作】 2015年12月2日，株洲市召开新闻发布会，介绍“双超”治理的相关工作，目前，全市站点超限超载率由2014年10月的7.1%，下降到目前的0.6%。根据计划，至2015年12月底时，全市超限超载率要控制在0.5%以内。

【株洲再登“福布斯最佳商业城市百强榜”】 2015年12月11日，福布斯中文网发布了“2015福布斯中国大陆最佳商业城市百强榜”，株洲再次登榜，排名第68位。

【荷塘区居家养老信息服务平台启动】 2015年12月21日，荷塘区居家养老信息服务平台正式启动，目前，平台已建成集健康信息、养老服务技能人才、心理咨询人才一体的信息等，可一键式呼入。

【株洲7件产品获评“2015年湖南省名牌产品”称号】 2015年12月23日，省质监局公布了“2015年湖南省名牌产品”名单，株洲市有7件产品入列。

体制机制创新

【将文化惠民进行到底】 2015年1月3日，株洲市文广新局党组书记、局长吴安浩介绍，近年来，株洲市公共文化机构实行免费开放，乡镇综合文化站建成115个实现全覆盖，农家书屋建成1922家实现村村有，村和社区建有文化活动室，每年送戏千场，送电影数万场，文化活动五彩纷呈，基础设施和服务供给全面提升，覆盖市县乡村的公共文化服务体系基本建成。目前，全市文化产业增加值已达137亿，占GDP比重上升到7.03%，居全省地州市第二位。

【株洲针对县市区增设一项考核指标】 2015年1月3日，据悉本月，株洲市125个单位将面临年终集中考核，以检验2014年一年来的工作成效。2014年，该市对绩效考核办法进行了修订和完善，强化了对班子副职的履职考核，同时，增加了“群众路线教育实践活动”“全面建成小康社会”“全面深化改革”等考核指标，针对县市区还增设了“经济发展升级重点工作”的考核指标。

【株洲拟出台专项措施护航国家创新示范区】 2015年1月4日，株洲市科技局收到国务院【2014】164号文件，正式批复同意支持长株潭三个国家高新技术产业开发区建设国家自主创新示范区。

【《关于全面推进依法治市的实施意见》通过】 2015年1月9日召开的市委十一届八次全体会议暨市委经济工作会议表决通过了《中共市委关于全面推进依法治市的实施意见》，该《意见》明确了株洲市全面推进依法治市的指导思想、基本原则和目标任务，并从维护宪法法律权威，提前谋划立法工作；推进依法行政，加快建设法治政府；推进公正司法，全面提升司法公信力；强化法治信仰，推进法治社会建设；加强法治工作队伍建设，强化依法治市人才保障；加强党的领导，为法治株洲建设提供坚强保障等方面，对该市全面推进依法治市工作做出部署。

【企业编造虚假统计数据将被列入“失信黑名单”】 2015年1月12日，株洲市统计局发布《统计上严重失信企业信息公示暂行办法》法律事务告知书。根据告知书，统计上失信企业将在株洲市统计门户网站公示1年，同时加载到省统计门户网站失信企业信息公示专栏。

【株洲将公示统计上严重失信企业】 2015年1月12日，株洲市统计局发布《统计上严重失信企业信息公示暂行办法》法律事务告知书。今后，株洲市将对统计上严重失信的企业进行公示，并将其纳入金融、工商等行业和部门的信用信息系统，与企业融资、政府补贴、工商注册管理等挂钩。

【株洲清理整顿媒体驻株、驻县市机构】 2015年1月14日起至3月20日，株洲市将集中清理整顿省直新闻单位驻株机构和市直新闻单位驻县市机构，重点撤并一批机构，撤并一批网站地方频道和清退一批人员。1月12日下午召开的全市清理整顿新闻单位驻地方机构工作会议对相关行动进行了动员部署。

【株冶2014年节省4000多万业务招待费】 2015年1月22日获悉，2014年，株冶集团着力控制各项可控费用支出，业务招待费实际开支总额455万元，节省4000多万元，仅为财务制度许可开支额度的8.75%，其中直接用于生产、经营方面的招待费占到总支出的84%。

【株洲拟在5月初出台市级权力清单和责任清单】 2015年2月5日，从行政审批制度改革推进会得知，株洲市拟在5月初出台市级权力清单和责任清单，接下来还要出台负面清单和审批事项收费清单。

【株洲市或将对行政审批事项实行“目录管理”】 2015年2月5日，从行政审批制度改革推进会得知，会议还讨论审议了《株洲市行政审批事项目录管理暂行办法（征求意见稿）》，其中对行政审批事项明确提出要实行“目录管理”，要求各级行政审批事项纳入目录，进行统一管理。根据征求意见稿，行政审批的实施、监督和公开等应当以目录为依据，未纳入目录的行政审批事项不得随意实施。

【醴陵在涉诉信访中引入远程视频技术】 2015年2月26日，醴陵市法院首次在涉诉信访中引入远程视频技术：通过摄像头和视频画面，让几千里之外的最高人民法院法官“当面”接访。目前，该院已成功预约符合接访要求的远程视频接访案件3件，其中行政案件1件，民事案件2件。

【株洲出台国资经营预算管理办法】 2015年2月26日，株洲市正式出台首个针对国有资本经营预算的管理办法——《关于推行国有资本经营预算的实施意见》。《意见》确定，国有独资企业的年度净利润按不高于30%的比例上交等。

【株洲出台办法紧盯超编配公车等4类行为】 2015年2月26日，《株洲市“三公”经费审计监督暂行办法》正式出台，今后，株洲市将重点审计监督“三公”经费收支的真实性、合法性和效益性。监督对象包括各级党政机关、事业单位等，监督内容是经费使用的公开情况及真实性，违反财政法规，将依法处理、处罚。

【株洲党政机关厉行节约反对浪费实施细则出台】 2015年3月4日，株洲市委、市政府印发《株洲市党政机关厉行节约反对浪费实施细则》，对经费管理、国内差旅和因公临时出国（境）、公务接待、公务用车、会议活动、办公用房、资源能源节约、教育与监督、责任追究9个方面提出规范要求。株洲市此前制定的“三公”经费开支等系列财经制度与《细则》没有冲突，将继续执行。

【株洲50项涉企服务收费清单公开】 2015年3月4日，市减轻企业负担办公室、市经信委向社会公布了50

项涉企服务收费清单。明确清单之外的各种收费均属违法违规，企业有权拒绝缴纳。

【2015年市本级“三公”预算1.89亿】 2015年3月5日，株洲市财政局对外公布了2015年市本级“三公”经费预算情况。2015年市级部门，包括市级行政单位（含参照公务员法管理的事业单位）、事业单位和其他使用财政拨款的单位预计“三公”经费支出18900万元，较2014年预算减少1495万元，下降7.33%。本月下旬，市本级29家单位晒“三公”决算。

【株洲87个部门晒预算和“三公”经费】 2015年3月19日，株洲市87个部门陆续在株洲市政府门户网站、各部门门户网站晒出2015年的部门预算和“三公”经费预算。据统计，2015年各部门“三公”经费继续下降，预算公开部门由29个增至87个。株洲市财政局预算科相关负责人介绍，如此“全、细、严”部门预算和“三公”经费公开是株洲首次，不过这也仅仅只是开头，接下来还有许多措施要实行，晒“三公”将成为常态化，未来还将把各部门会议费纳入公开内容中，让市民更好地了解经费的用途和去向。同时，下一步株洲市将逐步实现重大专项资金预算全程公开。

【株洲市争取4月份完成县（市）级食品药品监管机构改革】 2015年3月20日，株洲市食品药品安全工作会议召开，会议确定了2015年全市食品药品安全监管工作要点。2015年，株洲市将加快市县食品药品监管体制改革，争取4月份完成县（市）级机构改革，5月份完成乡镇（街道）建所等。

【株洲市规范政府性项目投融资管理】 2015年4月6日，株洲市政府出台《关于规范株洲市本级政府性项目投融资管理的意见》，明确要求政府债务不得通过企业举借、企业债务不得推给政府偿还，建立“借、用、还”相统一的地方政府性债务管理机制。

【网上审批“打包”收费】 2015年4月7日，《株洲市建设投资项目审批改革实施方案（讨论稿）》已经进入征集意见阶段。方案一经出台，建设投资项目整个审批时限将缩短50%以上。

【株洲审批权下放】 2015年4月15日，从株洲市国税局获悉，2015年以来，市国税局将生产企业免抵退税审批权全部下放至县市区国税局，停止执行市、县局两级审批等措施，办结时限大大提速，出口退税“快车道”变“高速道”。

【株洲县首家居家养老服务中心启用】 2015年4月21日，株洲县淦田镇铜锣村福泰救助互助中心正式投入使用，8位老人入住。据悉，这是株洲县首家居家养老服务中心。

【湘鄂赣三省检察机关拟建行贿犯罪档案查询信息共享平台】 2015年5月20日，为围绕推动三地检察机关的合作，拟出台《鄂湘赣三省监察机关服务长江中游城市群建设的合作框架意见》、探索建立沟通交流平台、筹备召开第一次联席会议等工作开展调研。

【株洲将建立行政执法全过程记录制度】 2015年5月26日，株洲市推进依法行政工作会议召开。就加快建设职能科学、权责法定、执法严明、公开公正、廉洁高效、守法诚信的法治政府等进行研究部署。

【株洲“三清单一目录”网上公布】 2015年5月31日，株洲市“三清单一目录”在株洲政府门户网上公布，市民可“按图索骥”打电话咨询或登门办理。市民查看“三清单一目录”（权力清单、责任清单、涉企收费清单和外商投资准入管理目录）的步骤如下：登录株洲政府门户网（http://www.zhuzhou.gov.cn/）→政务公开→政府信息公开目录→三清单一目录。株洲市涉企收费清单有收费事项80项，此次在网上公布了67项行政事业性收费事项。

【11315全国企业征信系统入驻株洲】 2015年6月5日，11315全国企业征信系统入驻株洲启动仪式暨诚信面对面栏目开播仪式在株洲天台山庄举行。株洲湘东仙竹米业有限责任公司等九家企业荣获株洲市首批立信示范单位。

【茶陵等13个县（市）启动省直管县改革试点】 2015年6月5日，省直管县经济体制改革试点工作动员大会召开，确定在浏阳、茶陵等13个县（市）开展改革试点。

【株洲11家大学生创业孵化基地敞开“怀抱”】 2015年6月8日，从株洲市人社局获悉，截至目前，全市已有11个大学生创业孵化基地，为青年创业者提供创业平台。数据统计，全市11个大学生创业孵化基地，参加创业培训人数达19383人，为大学生减免租金约171万元，发放创业小额担保贷款600余万元。

【株洲出台规范性文件管理实施细则】 2015年6月11日，株洲市出台规范性文件管理实施细则，对文件审查再次明确了创设方面的11个“禁区”，并要求文件审查工作原则上在3个工作日完成。

【诚信“红黑榜”每两个月发布一次】 2015年7月31日，株洲市创建全国文明城市市场环境建设专业组召开深化文明创建再动员会议，要求健全诚信奖惩制度，规范市场经营秩序。会议要求，株洲市中级人民法院、质监局、环保局、工商局等部门要建立“红黑榜”制度，每两个月定期发布。

【攸县推行“三清五改”村容村貌洁净美丽】 2015年8月11日，攸县新市、网岭等一些乡镇农村，开展“三清五改”（清垃圾、清污泥、清障碍，改水、改圈、改厨、改厕、改环境）工程，促使洁净的村容村貌让人赏心悦目。

【茶陵县实行“四项制度”】 2015年8月14日，为从根本上解决发展党员“近亲繁殖”的问题，茶陵县纪委会同组织部门实行“推优、公开、审查、处理”四项制度，从常态化制度上取得突破，还发展党员一个风清气正。

【天元区试行数字计生“村直报”】 2015年8月14日，天元区人口计生局将配备的服务管理工具——“村直报”手机发放到全区所有计生专干手中，在全市率先试行数字计生“村直报”。

【市县政府职能转变和机构改革工作有序推进】 2015年8月19日获悉，2015年，以市县政府职能转变和机构改革为主体的一场政府自株洲革命，正由市级向县级延伸，政府部门数量变少了，基层执法力量增强了，机关行政效率提高了。

【长株潭规划信息三地共享】 2015年8月21日，从省第三届城乡规划院院长论坛了解到，长株潭三市将进一步加强规划对接，建立规划信息共享平台，推进三市实现协调发展。

【茶陵县完善自办案件“双审”机制】 2015年9月2日，从有关部门获悉，2015年以来，茶陵县纪委监察局按照纪检监察机关“二十四字”办案方针的要求，注重抓好三个环节，进一步完善自办案件“双审”管理机制，将案件质量由审理单独把关改为检查、审理双方共同把关，不断提高办案质量，实现了自办案件“零差错”。

【醴陵成立全市首个县级新闻办】 2015年11月9日，醴陵市委宣传部相关负责人证实，该市日前正式成立市政府新闻办公室，且承诺每年至少举行10次以上的新闻发布会。据悉，醴陵是株洲市第一个成立新闻办的县市。

【“株洲发布”政务微博微信平台上线】 2015年11月18日，株洲政务微博微信平台——“株洲发布”上线，标志株洲市政务信息化建设步入新阶段。市民只需用手机扫描二维码或搜索“株洲发布”（新浪微博）添加关注，就可随时随地了解株洲最新信息。

【机构编制实现“只减不增”】 2015年11月24日，从有关部门据悉，通过严控总量、盘活存量、建立健全联合管控机制等措施，目前，全市行政编制、事业编制和政法专项编制在2012年底的基数上做到了“只减不增”，财政供养人员也做到了“只减不增”，在编总人数比2012年底减少了807人。

【株洲县成立首家土地托管中心】 2015年12月2日，株洲宏畅惠农服务中心在株洲县砖桥乡诸前村成立，这是该县首家可进行土地托管的惠农服务中心，其中县供销社参股35%。

【株洲市探索建立招标、服务、评估体系】 2015年12月8日，株洲市已拟定《株洲市市本级政府购买服务指导目录（第一批）》征求意见稿，涵盖基本公共服务、社会管理性服务等6大类352项。

【株洲户籍制度改革迈出大步】 2015年12月14日，株洲市政府印发的《株洲市人民政府关于进一步推进户籍制度改革的实施意见》要求，到2020年，株洲市将基本建立与全面建成小康社会相适应，以人为本、科学高效、规范有序的新型户籍制度。今后，将取消农业户口与非农业户口性质区分，统一登记为居民户口。

【株洲“创新十条”出炉】 2015年2月16日，株洲市政府门户网站对外发布了《株洲市人民政府关于支持长株潭国家自主创新示范区建设的若干意见》，该意见被简称为株洲“创新十条”，将为株洲市创新创业带来政策红利。

【株洲市市本级政府购买服务指导目录出台】 2015年12月21日，《株洲市市本级政府购买服务指导目录》日前印发。该目录包括基本公共服务、社会管理服务、行业管理与协调服务、技术服务、政府履职所需辅助性服务和其他事项共6类，明确了政府购买服务的具体事项。

【株洲市到2020年基本建立现代财政制度、生态文明制度体系】 2015年12月29日，《株洲市全面深化财税体制改革实施方案》获得市深改领导小组第六次会议原则性通过，该方案提出全面深化财税体制改革等工作目标。该项改革共有30项具体的改革任务，涉及构建量质并重的收入管理体制、构建规范透明的预算管理机制、构建权责对等的财政体制机制、构建效益优先的绩效管理机制、构建科学监管的资产管理机制、构建规范可控的债务管理机制、构建运行有序的财务管理机制7个方面。

湘潭市

湘潭市两型社会建设综述

2015年，湘潭市两型社会建设工作坚持以十八届四中、五中全会及习近平总书记系列重要讲话精神为遵循，积极适应新常态，深入开展“三严三实”活动，主动将两型社会建设作为推动湘潭市生态文明建设的抓手，努力推进全市两型社会建设进程，各项工作取得明显成效。

2015年是完成湘潭市“十二五”规划和两型社会建设第二阶段目标任务的收官之年。在这一年里，湘潭市两型社会建设一直走在深化改革的前沿，谋求新发展，打造新亮点，多项工作居于全省前列。一是2015年争取了长株潭城际干道（“断头路”）建设专项补助资金12895万元，占全省该项资金的37.33%；二是主动创新绿心地区保护工作模式并得到省委主要领导的高度认可。“创新昭山绿心保护发展模式”写入2015年省人民政府工作报告。12月4日，全省首次长株潭创新生态绿心保护发展模式研讨会在湘潭市昭山示范区召开，湘潭市绿心保护工作经验作为重要典型进行推广；三是湘潭市“宽带中国”示范城市创建工作可圈可点。云盘花园小区率先全省完成了智慧社区服务系统建设，“互联网+社会建设”湘潭云盘花园模式作为典型向全省推介等。2015年省委常委、省长株潭两型试验区工委书记林武多次来潭调研，均高度肯定湘潭市两型社会建设工作：“湘潭作为长株潭两型社会试验区的核心区，在生态绿心保护、两型示范创建、清洁低碳技术推广、绿心GDP评价体系、区域环境整治等方面均取得重大突破，形成了很多好的经验和模式，特别是竹埠港的退二进三措施非常有力，为全省树立了标杆”。

2015年，湘潭城市饮用水水源地总体水质为良，各市级饮用水源地水质累计达标率均为100%。万元规模工业增加值能耗下降9.8%；全年城镇污水处理率达92.5%，生活垃圾无害化处理率达100%；全市森林覆盖率稳定在46.2%以上，全市人均公共绿地面积达到10.05平方米，城区绿化面积近900万平方米；高新技术产业总产值占GDP比重达31.5%以上。

一、紧抓规划，积极推进长株潭一体化进程

一是积极开展《长株潭城市群区域规划（2008—2020）》（2014年调整版）（以下简称《区域规划》）宣传工作，印发《长株潭城市群区域规划（2008—2020）》（2014年调整）文本500份。二是湘潭市基本实现现代化“十三五”规划工作已基本完成。三是督促指导城市总规及示范片区规划调整工作。目前总规修改进展较为顺利，已完成了《〈湘潭市城市总体规划（2010—2020年）〉实施评估报告》与《强制性内容修改论证报告》的报审稿，并已上报至省政府审查；昭山示范区总体规划修改已完成并已获得省政府的批复；九华示范区总体规划修改已完成规划实施评估和强制性内容修改报告并已上报省政府正在审查、修改初步方案；天易示范区总体规划已完成总体规划实施评估和强制性内容修改报告的初步方案；中心城区其他片区规划列入修改对接计划，待城市总规修改完善并获批后再启动正式修改工作。同时，示范区实现了建设用地控制性详细规划的全覆盖，生态保护规划等专项规划和重大项目规划的编制工作也有序推进。四是积极协调推进长株潭一体化工作。协调组织市直22个部门召开了长株潭一体化发展政策调研座谈会。

二、保护绿心，进一步加强绿心地区监测

一是严格核查绿心地区信息监控情况。出台了《湘潭市生态绿心地区监测反馈信息处理办法（试行）》；组织相关县区、示范区对辖区内绿心地区各类违规行为进行了全面核查，并向省长株潭两型试验区管委会核实说明了湘潭市生态绿心地区监测情况。二是做好绿心地区项目审查。对湘潭盘龙生态农业示范园（二期）花卉产业园等21个项目进行了审查，并上报省两型管委。三是开展《湘潭市绿心地区规划建设导则》《湘潭市生态绿心地区水环境治理与生态修复规划》及《湘潭市绿心地区绿色村庄规划》等课题研究，并得到了省两型管委主要领导对湘潭市主动创新绿心地区保护工作思路的高度认可。四是促成省两型管委义务植树示范基地落户湘潭绿心地区。2015年初，经湘潭市多次与省两型管委协商争取，确定在湘潭市昭山示范区虎形山设立义务植树示范基地，成为长株潭绿心地区唯一的省级义务植树示范基地。3月10日，时任省两型委常务副主任徐正宪率省两型委全体委领导和处室同志共40余人来湘潭市进行义务植树活动，共建两型林。

三、深化改革，积极推行改革项目激励措施

一是有序推进两型改革工作。积极推进“深化资源性产品价格改革、两型金融财税改革、两型工业准入退出提升改革、大气污染防治等十大改革，将任务分解为35个子项改革，有3项改革获得国家试点，有10项改革经验做法在国省媒体刊载宣传推广。其中绿色GDP评价试点采用第三方模式，邀请湖南师大的专家团队全程参与，已形成了包括绿色GDP的研究背景与国内外研究动态、绿色GDP评价指标体系、指标权重和演算方法、自然资产负债表、绿色GDP评价先行先试模式、绿色GDP评价体系实施的保障政策等6个方面成果的《韶山市绿色GDP评价体系研究》报告。省委改革办高度肯定了湘潭市在推进绿色GDP评价改革试点工作中体现的迎难而上、敢于碰硬、勇于探索的改革精神和借助社会第三方专业团队力量推进政府改革试点工作的模式。二是组织开展两型改革项目化激励项目的评审工作。从16个改革项目中遴选出了6个具有成效、可推广示范的改革项目进行奖励，发放引导资金17万元。三是积极组织申报生态文明体制改革创新案例。收集案例22个，上报案例14个参与评审，其中的4个入选省生态文明创新案例。四是扎实做好课题研究工作。完成了第三方评估课题《湘潭市两型社会建设绩效综合评估报告》。积极开展《湘潭市生态文明体制改革实施方案（2015—2020年）》编制工作。

四、探索试点，努力推广清洁低碳技术

一是加强督促考核。为确保完成《湘潭市推广十大清洁低碳技术三年行动计划（2013—2015）》任务，湘潭市年初对项目库进行了梳理，将未完成的各类项目列入年度考核计划，形成倒逼机制，力促清洁低碳技术的推广运用。新能源技术推广和风电产业联盟的经验，在全省清洁低碳技术推进会上作典型发言。二是积极推进清洁低碳技术试点工作。加强了对高新区、昭山示范区、天易示范区清洁低碳技术试点项目的指导，督促其制定工作计划，每季度上报工作台账。目前各项试点成效显著，高新区成功获批国家工业园区低碳试点、天易示范区城市矿产综合信息云平台建成运营“互联网＋回收利用”的管理模式基本形成、昭山生态法庭建设获得省高院认可和肯定。三是积极组织申报2015年清洁低碳技术推广项目专项资金，共申报项目11个，获批项目5个，争取省级资金支持180万元。

五、加强协调，积极推动两型项目建设

一是全力推动示范区发展。2015年，全市高新区和各示范区共完成技工贸总收入3350亿元，完成固定资产投资879.27亿元，完成财政收入76.7亿元。二是积极推动两型项目建设。建立了湘潭市2015年十大两型项目库，并切实监督推动各项目的建设。威胜电气产业园、珠江啤酒、屹丰汽车等重大两型项目已竣工投产。三是积极调度长株潭城际快速干道（断头路）建设。湘潭市积极向省两型工委、管委会汇报衔接，2015年争取了长株潭城际干道（断头路）建设专项补助资金12895万元。涉及湘潭市共4个项目，分别是武广客运专线连接线湘潭段（争取资金4131.5万元）、板霞路（争取资金2188.5万元）、九华大道（争取资金4305万元）和昭云大道（争取资金2270万元）。四是积极推进“宽带中国”建设工作。贯彻落实《湘潭市人民政府关于推进“宽带中国”战略的实施意见》（潭政发〔2014〕13号），制定出台《湘潭市推进“宽带中国”示范城市建设实施方案（2015—2016年）》（潭政办发2015〔43〕号）。在9月22日湖南省“互联网＋”高峰论坛上，湘乡市政府与省电信公司成功签约战略合作，成为全省“互联网＋乡村”首个试点县。通过严格的筛选，云盘花园被定为省“宽带中国”长株潭示范城市群智慧社区示范项目，目前，该项目已完成建设。五是制订了《湘潭市两型示范项目申报细则（试行）》。明确了两型示范项目申报条件、流程等内容。

六、加强宣传，纵深推进两型示范创建

一是认真开展了省级两型示范创建单位、两型示范单位、两型示范基地和两型综合片区四个类别的申报工作。经县（市）区、示范区初审推荐，组织财政和市直牵头单位实地考察和综合评审，报市政府同意后，推荐参加省评审，获批省级两型示范创建村庄13个、两型示范创建社区12个、两型示范创建机关1个，省级两型示范单位2个，两型示范基地6个和两型综合片区1个，争取省级两型专项资金910万元。韶山村两型创建经验在全省两型示范创建大会上作典型推介。二是认真组织开展市级两型示范创建评审工作。湘潭市围绕省长株潭两型试验区管委会的“双百工程”，以两型村庄、两型社区为龙头着力推进了12个领域的两型示范创建，2015年新培育了市级两型示范创建备选单位81个，通过自愿申报、实地评审、专家综合评审确定了两型示范创建单位10个，两型示范创建项目13个，其他单位、项目列入储备库继续提升打造。三是积极推动两型综合示范片区建设。全面铺开梅林桥、九华、昭山、韶山、湘潭水府庙五个两型综合示范片区创建工作，影响带动效应逐步凸显。韶山积极推动“全域两型”，已成为全省两型示范的创建亮点、两型生产生活方式的展示窗口。岳塘区、天易示范区踊跃申报省级两型综合示范片区，其中岳塘区已获得省级支持300万。四是认真做好专项资金绩效评价工作。按要求、按程序积极做好专项资金绩效评价工作，严把资金使用关。2015年5月，省长株潭两型试验区管委会和省财政厅联合发文，对下拨湘潭市2014年度省级两型社会建设专项资金进行绩效评价，绩效评价最终评定为优。2015年7月，省人大预工委对湘潭市近几年来的省级两型专项资金使用情况进行了调研考察，对湘潭两型社会建设工作给予了充分肯定。五是加大宣传工作力度。新总结两型创建模式8个，组织开展了两次市级集中宣传活动。2015年在人民网、新华网、湖南日报等省级以上新闻媒体发布的宣传湘潭市两型社会建设成效的新闻有近300条。上报信息至省办绿网311条，采用信息179条。湘潭两型社会网站上更新信息700余条。4月份，湘潭市在湘潭日报开辟“建设两型社会、推进生态文明”专栏，共刊发新闻消息或通讯48篇，刊登专版3个。其中，刊登版面头条文章10篇，头版头条2篇。制作完成了《两型社会大美湘潭》宣传片和画册。

资源节约利用

【节俭清新务实　湘潭两会新风成常态】　2015年1月19日，湘潭市政协十一届三次会议在华宇国际大酒店开幕，市十四届人大三次会议也将于1月20日在盘龙山庄大酒店召开，19日到大会报到的湘潭市政协委员纷纷为两会的清新风气点赞。

1月18日，市人大常委会秘书长肖树人和市政协秘书长周佩珞均表示，今年的两会，更节俭务实，纪律也要求更严了。“市委多次会议强调，两会要巩固党的群众路线教育实践活动成果，开成团结鼓劲的大会，开成风清气正的大会。经过征求意见和衔接沟通，市委专门制定了大会纪律。”周佩珞介绍，以往是市人大常委会和市政协在“报到须知”里写明大会纪律。“自觉和严格遵守组织纪律，不参与、不隐瞒、不袒护选举中搞非组织活动的行为；不组织和参加同学会、同乡会、同事会、战友会等联谊活动；

不传播小道消息、编造或散布谣言。”肖树人说，市委严明纪律，要求与会人员自觉和严格遵守中央、省委、市委作风建设系列规定，崇尚俭朴务实的会风，不以各种名义请吃、请喝；不参与、不安排各类休闲娱乐活动或商业性活动；不参与任何下属单位、企业和服务对象组织的各类慰问活动；不接受、互赠任何纪念品、慰问品、土特产等礼品。“认真履行职责，认真讨论、审议各项报告（草案）；按时参加各项会议和活动，不迟到、早退、无故缺席会议或安排他人替会；会议期间，不在会场交头接耳、玩手机、打瞌睡、随意来回走动以及做其他与会议无关的事情；自觉遵守会议作息时间，按时到指定地点就餐、住宿……”市委对大会纪律做出详细的规定，正风肃纪。肖树人介绍，会议期间，大会秘书处与市纪委、市委组织部将组成专项督查组，对会风进行明察暗访，发现问题将依法依规严肃处理。周佩珞透露，大会期间给予委员充分发言时间，除了大会发言外，今年安排了4场分组协商讨论（部分界别进行联组讨论），要求全体委员和列席人员参加，每位到会人员签到，有特殊情况必须以书面形式向秘书长请假。

中国人民政治协商会议会徽高悬在主席台正上方，10面鲜艳的红旗分列两旁……在市政协十一届三次会议的主会场，场内布置简朴、庄重。市十四届人大三次会议主会场，横幅高悬，主席台、代表席桌椅摆放整整齐齐，整个会场朴实而庄严。肖树人说，在保证会议质量的前提下，大会尽可能节约经费，减少开支。“自助餐少了高档菜，多了地方特色的家常菜。”“我们为所有参会人员安排了住宿，要求他们在会议驻地吃工作餐、自助餐。这样保证了与会人员按时按点参会，避免了以往没住在会议驻地因交通堵塞造成的迟到现象。”周佩珞说，今年政协会议的办会经费，严格按照中央、省委、市委的会议管理标准执行，在去年大幅度减少的基础上，今年又减少了30%左右。“今年大会较去年增加了一天，主要是因为委员们提出，去年参会时讨论的时间少了。”周佩珞说，“大家关注湘潭经济发展新常态，关注民生改善，关注法治湘潭建设，他们想建言献策，发表真知灼见，我们本着务实办会的态度，尊重委员们提出的要求。”“2014年‘瘦身’后的市两会，已经让我们眼前一亮，今年我们又要点赞。”很多委员代表们说，在中央“八项规定”和省委、市委作风建设规定以及“反四风”等背景下，节俭、清新、务实的新会风渐成常态，崇清尚俭的新风尚深入人心，已成不可遏制的潮流，传递出作风转变的新气象。

【湘潭重拳治理尾气污染　两万非“绿标”车将被限行】　2015年2月5日，《湘潭市人民政府关于实施限行车辆区域限行的通告》（下称《通告》）正式公布。《通告》规定，湘潭部分地方从7月份开始启动时段限行，未取得绿色环保检验合格标志的车辆将禁止进入限行区域。湘潭近两万辆汽车将受限行措施影响。

市环保局机动车排气污染监管中心负责人介绍，此次限行主要针对未取得绿色环保检验合格标志的车辆。湘潭市目前机动车保有量近50万辆，其中汽车保有量将近20万辆，未取得“绿标”的汽车近两万辆。限行工作将分两步实施，从7月1日起，每天7：00—22：00时段内限行；2017年开始，则实施全天候限行。

实行区域限行主要是为了治理机动车尾气污染，限行区域选定在湘潭市车流量较大的地区。《通告》划定的限行区域为：建设中路全段、湘江湘潭一大桥、建设北路部分路段（建设路口至长途汽车站路口）→韶山中路、韶山东路全段（长途汽车站路口至护潭广场路口）→文星门路部分路段、湘江湘潭三大桥、双拥北路全段（护潭广场路口至双拥广场路口）→河东大道部分路段（双拥广场路口至建设路口）的合围区域。

为让车主逐步适应限行，湘潭市将6月份定为过渡期，限行车辆在此期间进入限行区域的，公安机关交通管理部门以口头警告为主，责令车主驶离限行区域。从7月1日起，交通管理部门的处罚力度则会加大，虽然目前并未出台具体措施，但专家预测处罚主要是注销和扣分两种。

湘潭市此次公布的通告，主要根据《湖南省加快推进黄标车及老旧车淘汰工作方案》等文件制定。这一方案规定，相关部门要加强对强制报废车辆和“黄标车”上路行驶及时进行注销的执法力度，要做到发现一辆，查扣一辆，处理一辆。此外，根据去年年底公布的《湖南省机动车排气污染防治办法（征求意见稿）》，对未取得相应环保检验合格标志的机动车实施交通管制措施，或将对驾驶员进行扣分处罚。

【湘潭百家单位相约倡导“绿色春节”　摒弃不良习俗】
2015年2月6日，上百家单位响应由湘潭市环保局、湘潭环保协会发起“绿色春节”活动，共同号召市民在春节期间减少空气污染，摒弃不良习俗。为了普及“绿色春节”的理念，环保志愿者计划在街道、社区、企业等地开展多场绿色知识普及活动。2月6日，在河东东方名苑广场上举办的“绿色春节”活动启动仪式上，便吸引了百余名社区居民参加。一位参加完活动的市民表示，她制定了春节期间的“绿色计划”，不燃放烟花鞭炮，尽量低碳出行，还将及时劝导制止各种污染空气的行为。岳塘区中洲路街道禾花塘社区积极响应“绿色春节”的号召。社区工作人员还发动了10余名小学生在社区分发倡议书，进一步宣传“绿色春节”内容。今年“绿色春节”活动除了呼吁市民减少空气污染外，还增加了节约粮食、爱护公共环境、举止文明等内容，涉及生活的各个方面，目的是劝导市民摒弃春节期间的不良风俗习惯，希望能让“绿色春节”变成全民活动。

【湘潭开展“世界水日”宣传活动　呼吁节约用水保护水资源】　2015年3月22日，湘潭水务部门在东方红广场举行形式多样的宣传活动，通过广播、展板、分发资料，向来往行人宣传《水法》《水土保持法》等法律法规，呼吁全社会节约用水，保护宝贵的水资源，纪念“世界水日”，开展“中国水周”宣传活动。

今年3月22日是第二十三届“世界水日”，3月22—28日是第二十八届“中国水周”，活动的宣传主题为“节约水资源，保障水安全”。市县两级水务部门将深入各堤防、水库、乡镇，采取巡回宣传等形式，呼吁全社会关注水资源、保护水资源，合理节约使用水资源。

水是生命之源、生产之要、生态之基。社会生产力的发展，人民生活的改善，都离不开水资源的强有力支撑。即使是处于南方降雨较多的湘潭，近年来，也面临缺水、少水等问题。据统计，全市水资源总量按多年平均值约29亿立方米，其中地表径流水资源量约21亿立方米，地下水资源量约7．9亿立方米，人均水资源占有量约1300立方米，是全省人均水资源占有量的1／2，属于典型的南方丘陵区水源型、水质型问题并存地区。随着湘潭市经济社会快速发展，季节性缺水、区域性缺水、水质性缺水、工程性缺水等问题对经济社会发展的瓶颈制约影响日益突出。

【今年湘潭城区25%新建建筑须达绿色标准】 “集中连片使用太阳能，其购置成本为45元/平方米，使用3年后就可‘省’回成本，如果房子寿命为50年，那么相比电热水器，一套100平方米的房子能‘省’出8万元，1000平方米的建筑能‘省’出80万元。”2015年5月14日，湘潭举行绿色建筑设计交流会，市住建局节能办负责人算的这笔节能账让参会的各工业园区代表、建筑工程开发商等心服口服。市住建局节能办负责人介绍，2008年开始，湘潭所有建筑工程都强制采用了节水、节电、节材、节能和环保的外围结构。目前湘潭市重点推广新能源、种植屋面、雨水回收等节能环保技术，并广泛应用于公务大楼、学校、医院、宾馆建筑及居民住宅小区，其中最常见的是“集中连片太阳能”和“地源热泵”（中央空调的一种）等取暖设备，用户采用这两项科技可分别获得每平方米18元、35元的节能补贴。市住建局节能办负责人介绍，今年湘潭将力争实现城区25%以上新建建筑达到绿色建筑标准要求，创建1个以上绿色建筑集中示范区。市政府投资建设的项目、公共建筑、保障性住房和（规划）建筑面积10万平方米以上的居住小区，必须按照一星级以上绿色建筑标准进行规划设计，所有新建建筑在设计中要求至少采用一项绿色建筑技术。

【湘潭开展三大主题活动　倡导“无烟生活”】 为进一步加大控烟宣传和健康教育力度，维护市民健康，2015年6月1日，湘潭启动无烟车厢、禁烟志愿者行动、烟草知识宣讲等三大主题活动，倡导“无烟生活”。今年的5月31日是第28个世界无烟日，主题为“无烟生活”。结合湘潭控烟履约工作新形势，湘潭市卫计委、市交通运输局、市广播电台、市爱卫办、雨湖区政府举办了此次无烟主题宣传教育活动。这次宣传教育活动将在一段时间内持续开展，包括三大主题活动。无烟车厢行动，在私家车、公交车内张贴禁烟标志；发放无烟车厢宣传标语、健康实用工具。禁烟志愿者行动，组织身着禁烟标志服装的中小学生担任禁烟小卫士，现场号召公众远离烟草；在周边公共场所开展禁烟志愿者巡查活动；现场招募禁烟志愿者宣誓，增强公众参与禁烟工作的积极性。烟草知识宣讲行动，组织湘潭各大医院医卫专家现场坐诊，面对面解答市民烟草危害知识，引导吸烟者科学戒烟；开展控烟知识有奖问答，发放禁烟宣传资料。

【既节能节地节水节材又保护环境　湘潭集中推广“绿色施工”】 在建筑工地安装小流量设备和器具，利用雨水或施工废水减少施工期间用水量，降低工地用水费用，这是“绿色施工”的节水方法。2015年7月2日，湘潭市建筑业协会召集300多家施工企业，首次集中宣传、推广“绿色施工”。“绿色施工”是指工程建设中，在保证质量、安全等基本要求的前提下，通过科学管理和技术进步，最大限度地节约资源并减少对环境负面影响的施工活动，实现节能、节地、节水、节材和环境保护（简称“四节一环保”）。市建筑业协会相关负责人介绍，2010年开始，湘潭很多大型项目在建设时开始引入“绿色施工”概念。近5年，经过实地推广使用，湘潭市不同程度地使用“绿色施工”方法的工程项目达30%。“前期推广主要集中在一些大型公共基础设施项目。”这位负责人表示，目前，湘潭市所有报建的“绿色节能建筑”项目必须使用“绿色施工”方法，全程实现节能减排，保护生态环境。“如万达广场、湘潭中心等在建项目都在使用。”

市节能办相关负责人介绍，拿“绿色施工”的节水模式来说，实际就是工地施工用水和生活用水的循环重复使用过程，可将雨水沉淀后用于混凝土和工地作业面的养护用水，工地生活用水也可通过专门管道运输至施工现场进行二次使用，甚至三次使用。该负责人透露，为进一步推广“绿色施工”，很多大型建筑公司还将对旗下所有采用了“绿色施工”的项目部给予10万元现金奖励。

市建筑业协会负责人认为，随着节能减排成为建筑行业趋势，“绿色”成为考核各建筑和施工企业社会形象和品牌的重要参数，今后，80%以上开工项目将采用“绿色施工”。

【湘潭27个饮水项目全开工　今年将新增15万多农村人口喝上安全水】 2015年7月6日，湘乡市金薮乡永乐村地南水库大坝下农村人饮工程主泵房、蓄水池、清毒间已基本完工，管网铺设正在展开。到下个月底，附近居民将喝上安全水。根据中央、省统一部署，到“十二五”末湘潭市要全面解决现有农村饮水不安全问题，实现100%乡镇集镇通自来水，农村自来水普及率达75.6%。经统计，“十二五”期间湘潭已累计解决农村饮水不安全人口63.58万人，其中农村居民57.64万人，师生5.94万人。兴建工程95处，完成工程投资31001.23万元，其中中央资金18883.91万元，省级配套4088.96万元，地方配套4860.12万元，群众自筹3168.24万元。

据省发改委、省水利厅投资计划，今年重点安排湘潭市湘潭县、湘乡市和韶山市三县（市）解决15.77万农村饮水不安全人数的建设任务，计划兴建集中供水工程27处，其中新建17处，改扩（续）建1处，管网延伸9处；工程总投资7538万元，其中中央投资4541.01万元、省级配套1026.23万元、地方配套1246.02万元、群众自筹724.74万元。今年以来，市水务、财政等有关部门协同努力，及早谋划，加强调度，狠抓落实，湘潭农村人饮安全工程方案编制、招投标、选址、征地拆迁、水质检验检测等各项工作进展顺利。市水务局负责人介绍，到6月底止，今年农村人饮工程所有27个项目开工率100%，已完成投资6159.24万元，占总投资82%。年底前将全面完成2015年度目标任务及“十二五”计划，湘潭农村供水保障能力逐步加强。

【湘潭新能源公交车将实现全覆盖 6路车更换26台新车】 2015年8月4日，更换为全新气电混合动力车辆的26台6路公交车上路运营。湘潭市公汽公司负责人表示，15路和23路公交车也将在最近几天更换为新能源车辆，意味着新能源公交车将在湘潭基本实现全覆盖。这3条线路首末站发车时间、间隔以及票价均不变。相比正在运营的纯天然气公交车和油电混合动力能源车，这些气电混合动力车的最大区别在于能源的转换使用上实现“零排放”。湘潭市公汽公司相关负责人介绍，气电混合车在时速30公里以下时使用电力驱动，30公里以上则使用天然气和电混合驱动。“新车型是自动挡的，挂个前进挡就可以走了，平稳度比柴油车更好。”6路公交车司机聂师傅说。

湘潭市公汽公司营运中心主任龚林介绍，这种气电混合动力公交车充电3~4小时，可以运行200公里左右。“与燃油动力公交车相比，气电混合动力公交车能节省30%~40%的燃料，减少了碳的排放量，更加节能环保。”此外，气电混合动力公交车的座椅靠背在人体工学的角度上重新进行了调节，更加的舒适安全。在车厢内，龚林展示了这款新型能源公交车的另一特点，他拉动车窗两侧的液压拉杆，将车窗向外推动，车窗就完全打开了。这意味着，遇到危险情况，乘客可以通过车窗逃生。湘潭市公汽公司负责人介绍，自湘潭开展公交体制改革以来，先后引进了纯天然气清洁能源车、油电混合动力能源车，以及这次的气电混合动力能源车，并用实际行动一步步践行和诠释着“绿色公交”“环保公交”的理念。

【智能垃圾回收机现身湘潭县易俗河　可用积分兑奖】 2015年8月10日，从湘潭县相关部门了解到，目前易俗河镇在天易小学、天易示范区机关、上水西郡小区安放了4台智能垃圾回收机，附近市民通过注册登记并领取分类手册、二维码、环保卡后，即可将家中的可回收垃圾收集打包并贴上二维码进行投放。随后，工作人员会对垃圾进行扫描称重，然后送到工厂分拣。市民投送的可回收垃圾越多，积分也就越高，积分可兑换洗发水、沐浴露等日常生活用品。通过近半个月的试运行，目前这个智能回收平台已有注册用户100余户，回收废纸240公斤、废金属143公斤、废塑料262公斤、旧衣服187公斤。

【湘潭23路公交换新车】 2015年8月19日，36台全新插电式气电混合动力的23路公交车上路运营，线路首末站、发车时间、间隔均保持不变。市公汽公司相关负责人表示，随着近期多条线路更换为新能源车辆，新能源公交车将基本实现全覆盖。19日上午，36台新车依次平稳驶离市公汽公司河西营运分公司，很多乘客登上新车后很惊喜，“坐着很平稳，没有异味、噪音很小。”市公汽公司负责人介绍，这次车辆更换除了硬件提升外，公司还对驾驶员进行了整体服务培训，欢迎大家监督。

【湘潭公共自行车系统有望年底试运行　首期将投放5500辆车】 2015年8月26日，从相关会议获悉，湘潭步行和自行车交通系统（一期）在9月份启动各项招标工作，9—11月进行站点建设和设备安装工作，11月底完成系统调试工作，12月份试运行并组织项目验收。为了完善湘潭市公共交通体系，破解最后一公里出行难题，减少机动车尾气排放，市委、市政府把建设步行和自行车交通系统作为一件民生实事项目来办。据市城管局负责人透露，该项目分两期建设，一期工程在2015年度完成建设，二期建设工期为2016—2017年，届时，湘潭市将形成完善的公共自行车循环系统。其中，一期计划在中心城区范围建设244个站点，投放5500辆公共自行车，6600套锁止器，同时建设后台管理中心机房。为了让这个民生项目、公益项目尽快落地，今年初，城管部门制定了详细的进度计划，倒排工期、强势推进。在市委、市政府及其他相关部门的支持下，城管部门已顺利做好了可研评审、规划意见、环评、能评、招标核准等前期准备工作。

据市城管局相关负责人介绍，湘潭市步行和自行车交通系统将依据由点及面、方便换乘、环境协调和远近结合等4个原则进行站点选址。按照这些原则，城管部门将在中心城区基本按照300米左右的间距设置站点，即每平方公里10~11个站点。站点主要分布在交通枢纽、重要公交站点；大型居住小区的出入口；商场、超市、医院、学校等公共服务场所；体育中心、文化中心、公园、广场等休闲活动场所；行政中心、机关及大型企事业单位。现已初步选定244个站点，其中，河西104个站点，河东140个站点（含昭山片区）。河西一级站点14个、二级站点28个、三级站点62个，河东一级站点13个、二级站点26个、三级站点101个。怎样才能把政府的实事办实办好？8月26日，城管部门邀请了人大代表、政协委员、交警代表、自行车协会代表、网友代表和媒体代表，广泛征求意见。各位代表踊跃发言，他们就自行车颜色选择、站点选址、怎样保障安全性、如何设置办卡点及加强后期管理等提了很多建设性意见。

【湘潭公共自行车系统开始安装　一期工程年底试运行】 2015年9月20日，位于岳塘区湖湘西路的40台城区公共自行车系统锁止器已经全部安装完成。目前，湘潭公共自行车租赁系统一期工程正在全面展开，计划在中心城区范围内建设244个站点，同时投放5500辆公共自行车，6600套锁止器，并建设后台管理中心机房。一期工程将在今年底试运行并投入使用，将初步形成城区公共自行车循环系统，方便市民绿色出行。公共自行车将采取通借通还，一小时内免费，一小时外收费的运营方式，中心城区将设立6至7个租赁卡办理点。

【全省“一张纸一件衣献爱心”活动在湘潭启动】 2015年10月10日上午，湖南省“一张纸一件衣献爱心”慈善活动在湘潭市体育中心举行启动仪式。中华慈善总会副会长李宏塔、中华慈善总会新闻界慈善促进会执行会长徐镱轩、湖南省民政厅副厅长李劲夫、共青团湖南省委副书记廖良辉、省文明办副主任李力明出席启动仪式。湘潭市副市长杨真平和市民政局、市文明办、团市委、市两型办、市慈善总会的负责同志，以及200多名志愿者参加活动，并现场捐献了旧衣服和废纸。这次活动由省民政厅、省文明委、共青团省委、省慈善总会和长株潭两型试验区管委会共同主办。活动倡导节俭节约理念，倡议全省人们都来践行义举、奉献爱心，把废旧纸张、书刊和旧衣服捐献出来，帮助特困群体解决燃眉之急。省民政厅相关负责人介绍，“一张纸一件衣献爱心”活动旨在充分发挥全省各级慈善组织、志愿者作用，倡导和发动机关、企事业单位、学校和家庭收集废纸和书刊，捐赠旧衣服，将售卖所得款统一捐赠给中华慈善总会设立的专项账户，用于救治贫困家庭先心病、白血病儿童和建立“救急难”基金。

【湘潭城区5个小区启动垃圾分类处理试点】 在日常生活中，很多市民都没有把垃圾进行分类的习惯，一般而言，不管是可回收的还是不可回收的，全扔在了一个垃圾袋中。市民的这一习惯有望随着湘潭市生活垃圾分类试点工作的推进而改掉。2015 年 10 月 15 日，从市环卫处了解到，城区将有 5 个居民小区将开展垃圾分类处理试点工作，目前湘潭市已向试点小区发放了 30000 个分类垃圾袋，倡导源头垃圾分类投放。

目前我国的垃圾处理多采用卫生填埋甚至简易填埋的方式，占用土地多。进行垃圾分类收集可以减少垃圾处理量和处理设备，降低处理成本，是目前全国大多城市正在推进的一项工作。湘潭市城区首批开展垃圾分类处理试点的居民小区分别为雨湖区的湘大教师公寓小区、阳光山庄小区，岳塘区华融湘江银行小区、烟草局小区、盘龙名府小区。除此之外，雨湖区还计划在雨湖路、昭潭、城正街街道办事处和长城乡政府 4 个机关单位内开展垃圾分类处理试点工作。

“垃圾分类处理有利于健全‘前期分类投放、中期分类收集运输、后期分类处理利用’的垃圾分类回收利用体系。”市环卫处相关工作人介绍。推行生活垃圾分类处理将分为 4 个步骤实施，第一是产生环节，即居民家庭做到垃圾分类规范化，试点小区每个家庭配备三个垃圾分类桶（可回收垃圾、餐厨垃圾、不可回收垃圾），并配发对应的分类收集袋。第二是投放环节，即小区各楼道口及主要干道交汇路口设置配套的大型分类收集容器，以不同颜色和标识区别（可回收垃圾桶为绿色，餐厨垃圾桶为蓝色，不可回收垃圾桶为灰色），便于群众识别。第三是处置环节，即物业公司根据小区实际配备适当的保洁员工负责垃圾分类收集、清运和分拣，业主将分类垃圾投入分类垃圾桶后，有毒有害垃圾由小区物管方集中收集储存，区环卫部门定期转运，做到定向无害化处置；可回收垃圾由居民直接投售至废品回收系统，或投入到可回收垃圾桶中，经分拣后纳入废品回收系统。小区物业管理部门可采取积分制办法（手机 APP、微信）推动可回收垃圾的收集；其他垃圾和餐厨垃圾由辖区环卫部门（公司）负责收运，做到日产日清，进入生活垃圾末端处置系统和餐厨垃圾处置中心。第四则是小区设定跳蚤市场，定期开展二手用品的交换再回收利用活动。

【湘潭黄标车淘汰进程提速　已淘汰 1970 台黄标车】
2015 年 11 月 18 日，从湘潭市环保局了解到，湘潭已淘汰 1970 台黄标车，预计年内总计可淘汰黄标车 2400 台。市环保局相关负责人表示，明年湘潭市或将出台新政策推进黄标车的淘汰进程。黄标车的淘汰任务分为 2005 年年底前注册营运的黄标车和一般黄标车两个部分，今年省政府给湘潭市下达的黄标车淘汰任务一共为 2166 台，其中 2005 年年底前注册营运的黄标车为 161 台。今年，湘潭市已经完成了 1970 多台黄标车的淘汰任务，其中 2005 年年底前注册营运的黄标车淘汰数量为 174 台，进度排在全省地市前列。市环保局相关工作人员表示，今年预计能总共淘汰 2400 台黄标车。“一台黄标车的尾气排放量相当于 3 台绿标车之和，为此湘潭市于 2013 年启动黄标车的淘汰工作。”市环保局相关负责人介绍，湘潭市应于 2017 年内完成所有 1 万多台黄标车的淘汰工作，目前已淘汰了 6000 多台，还有 4000 多台需淘汰。下一步，他们计划对属于行政单位的黄标车的车辆信息进行摸底，随后出出台新的政策措施，加快黄标车淘汰工作的步伐。

【湘潭 327 台“健康公交车”正式运营　提升居民健康素养水平】　2015 年 12 月 11 日，“车行健康·幸福湘潭”（第二季）2015 年车行健康大型公益活动暨健康直通公交车举行开通仪式，湘潭市湘运汽车公司从 101 路到 127 路共 327 台健康直通公交车正式运营。本次活动由市健康教育工作暨推进医疗卫生创建工作领导小组指导，市卫计委、市交通局、市广播电视台主办，市健教办（市健康教育所）等单位承办。启动仪式上，苏健全给“健康公交”司机代表披上锦带，并授予湘运公司车队“健康公交专列车队”铭牌。现场进行了健康知识有奖问答活动。同时，12 家市直医疗卫生单位的专家设点为市民提供义诊咨询。仪式后，苏健全与市民一同乘坐 115 路“健康公交”车。公交车内，整齐摆放了各类健康宣传手册。车头处，设置了健康药箱，里面装有晕车药、创可贴、纱布、酒精等应急药物，车身两侧设置了健康宣传栏，公交移动电视循环播放着健康教育系列宣传片。湘潭健康教育工作以“政府主导、部门协作、专业指导、项目推广、考评提质、全民受益”的方式管理，形成了湘潭特色，得到了社会各界的广泛关注和高度认可。下一步，还将以“健康公交”为切入点，创新健康宣传形式，努力提升居民健康素养水平。

【绿色出行低碳生活　湘潭公共自行车系统正式启动】
2015 年 12 月 30 日，湘潭公共自行车系统启动仪式在东方红广场举行，这标志着湘潭人民向健康、低碳生活又迈进了一大步。当天上午，东方红广场人声鼎沸、热闹非凡，人们从四面八方涌来，纷纷在“绿色出行、低碳生活”签名墙上签名留念，倡导绿色低碳理念。现场的数百志愿者骑上崭新的绿色自行车，从广场出发，在城区部分主次干道举行了骑行活动。为了完善湘潭公共交通体系，破解最后一公里出行难题，减少机动车尾气排放，市委、市政府把建设步行和自行车交通系统作为一件民生实事项目来办。2013 年，湘潭市公共自行车系统项目被列为国家发改委、财政部“节能减排财政政策综合示范城市典型项目”，并入选国家住建部“第三批步行和自行车交通系统示范项目”。2014 年，市城管局启动了自行车道改造和公共自行车系统建设。截至 2015 年 12 月，湘潭市公共自行车道改造、标识标线、站点建设、设备安装、系统调试已基本完成，共设置便民服务点 7 处、安装站点 182 个（其中河东 112 个，河西 70 个），锁止器 5250 套，一期投放自行车 5500 辆。

【湘潭经开区创新创业园集约节约用地促“两型”】
在湘潭经开区有一个创新创业园，园内 290 亩的土地上不仅建有一栋集实验、研发、商务、办公于一体的钢结构大楼，还建有 7 栋标准厂房、6 栋公共租赁房及许多商业配套设施，可容纳上百家企业、上万名员工在此工作和生活，可谓资源集约节约型的典范。湘潭经开区两型办负责人介绍，这些年来，创新创业园在“两型”建设上花了不少工夫，除引进绿色环保企业外，还通过节约土地的方式建成了功能齐备的园区，不仅提高土地利用效率和集约化程度，还有效推动了两型社会持续发展。如今，园区已陆续引进了环球信士、联瑞电商等创新创业企业。这些企业项目都将为加快湘潭经开区的发展，促进长株潭“两型”社会的建设贡献自己的力量。

生态环境保护

【国、省人大代表视察竹埠港“退二进三”工作】 2015年1月14日，湘潭部分全国人大代表和省人大代表视察竹埠港“退二进三”工作。竹埠港“退二进三”项目在2013年被列入省政府“一号重点工程”，至2014年9月底，竹埠港地区28家污染化工企业实现全面关停。目前，已经有21家企业完成验收，9家企业签订征收协议，两家企业完成拆除。当天，国、省人大代表深入电化集团、金环颜料、立发釉彩等企业在竹埠港的原厂区进行了实地查看，并对企业搬迁后的生产情况，及竹埠港地区未来的发展方向进行了详细了解。座谈会上，人大代表们认为竹埠港地区变化大，“退二进三”工作已经取得了突破性成效。

【湘潭绿化“裸露山地”歼灭战打响　3月底前完成1.3万亩任务】 2015年1月16日，湘潭就打响绿化“裸露山地”歼灭战进行动员，要求于2015年3月底前完成约1．3万亩裸露山地的造林绿化任务，消除“生态伤疤”。近年来，湘潭大力推进绿色湘潭建设，实施了绿色通道建设、“天坑”治理等一系列林业生态工程，大大改善了全市的生态环境和道路绿化景观。但受采石、采矿、取土、林木采伐、森林火灾等人为因素和特殊自然因素的影响，全市仍然存在着“裸露山地”等“生态伤疤”，特别是交通要道两旁“裸露山地”问题仍然较为突出，严重影响湘潭市城市形象。为贯彻落实好省相关会议精神，市政府决定立即在全市范围内打响绿化“裸露山地”歼灭战。行动中，各县（市）区将通过采取人工造林、补植补造、封山育林和封山护林等措施，突出完成已通车和2015年、2016年将通车的高速公路、国省道和铁路两旁第一层山脊或平地100米范围内的“裸露山地”造林绿化任务。

【水府庙获批国家级湿地公园】 2015年1月24日，从湘潭市林业局获悉，国家林业局已正式批准水府庙湿地公园为国家级湿地公园。这是湘潭拥有的第一个国家级湿地公园。水府庙湿地公园位于湘潭与娄底市交界处，是目前全省唯一一个横跨两个地级市的湿地公园，也是湘潭目前面积最大的湿地资源之一，拥有44.3平方公里的水域面积，内有大小岛屿44个。水府庙湿地公园于2007年11月经国家林业局批准为国家湿地公园试点单位。近几年来，市委、市政府高度重视水府庙湿地的保护和开发，在湿地的保护与恢复、大力开展湿地保护宣传教育、加强科研监测工作、加强湿地公园制度建设等方面开展了大量工作，取得了实实在在的成效，得到了国家林业局、湖南省林业厅的高度肯定。

【湖南省湘江保护和治理委员会全体会议在湘潭召开】 2015年2月12日，湖南省湘江保护和治理委员会2015年第一次全体会议在湘潭市岳塘区召开。会议由湖南省委副书记、省长杜家毫主持。与会人员首先到湘潭电化集团和土壤修复中心，实地考察了竹埠港地区“退二进三”工作。“工作抓得很扎实，不然很难想象在一年的时间里能完成28家企业的搬迁。”杜家毫高度赞扬湘潭市“市领导、区实施、市场化”的工作机制，既从加强领导的角度提供了经验，又在政府推动和市场结合上走出了路子。同时，把转移和转制，把搬迁与改造、提升结合起来，形成了可供借鉴的经验。按照省政府“一号重点工程”的总体部署，从2013年开始实施的第一个“三年行动计划”的主要任务是“堵源头”。围绕源头治理，2014年，我省全面实施了淘汰污染严重企业、工矿企业和单位废水治理、城镇污水处理设施建设、两岸规模畜禽养殖单位退出和治理、饮用水源保护等一大批项目，实现了湘江水环境质量持续向好。2014年，湘江干支流42个省控断面中，汞、铅、砷、六价铬和镉的年均浓度均符合一类标准限值要求。其中，镉和铅平均浓度与上年相比分别下降33．9%和30．5%；氨氮、总磷的年均浓度均优于二类标准限值，总磷年均浓度下降5.6%。在湘江污染防治第一个“三年行动计划”2014年度实施情况考核中，湘潭、衡阳、株洲被评为优胜单位。

省环保厅、水利厅、省农委负责人分别发言，长沙、衡阳、株洲、岳阳、郴州、永州、娄底7市市长谈了2015年的工作打算。杜家毫指出，今年湘江保护和治理委员会的第一次全体会议放在湘潭竹埠港地区召开，充分表明了省委省、政府保护与治理湘江，为子孙后代留下一江清水的坚定决心。要坚定信心，全面完成湘江保护与治理的第一个“三年行动计划”；要强化措施，确保各项工作迅速、有力、有序开展；要明确责任，以最严格的制度保护和治理好湘江。

【湘潭百余市民获大气污染举报奖金　单人最高领奖金达2600元】 为发动全民守护蓝天，市环保局于2014年12月份起，开展了为期3个月的大气污染有奖举报活动。2015年2月15日，市环保局开始发放举报奖金，当天近90位市民领走了18000元，其中单人最高领现金达2600元，最低为200元。市民张先生在2个月内向市环保局举报了14起大气污染行为，其中13起举报为有效举报，最终张先生获得了2600元现金奖励，堪称大气污染举报“第一人”。市环保局工作人员介绍，开通大气污染有奖举报热线后，市民投诉的积极性明显提高，与以往月份相比，同类型热线投诉同比增长三分之一。据统计，从2014年12月份至今，市环保局综合值班室共接热线180起，其中8成举报为垃圾露天焚烧。市环保局首批确认有效举报热线为145起，预计将发放奖金25000元。此次大气污染有奖举报活动将持续至2月28日，市民可以擦亮眼睛积极举报。市环保局相关负责人表示，有奖举报的主要目的是鼓励市民共同参与抗击雾霾，从受害者转变为维护者，最终形成广泛严密的监督，以威慑大气污染行为。

【春节假期湘潭空气质量优良　燃放烟花爆竹减少】 受冷空气过境等因素影响，春节期间湘潭空气质量总体良好，其中2015年2月18、19日的污染类别为轻度污染，20日至24日空气质量等级为优良。根据市环保局监测数据显示，今年燃放烟花爆竹对空气的污染程度较往年大大降低。市气象局曾预测春节假期，湘潭空气质量等级多轻度污染，但春节期间多风雨天气，使得空气中的污染物迅速扩散，空气质量比专家预测的要好，其中4天为优良，AQI（空气质量指数）最低为40，最高为94，其余2天都属于轻度污染，首要污染物为PM2.5。市环境保护监测站相关负责人表示，春节假期空气好有两方面原因，一是有利的天气条件，二是燃放烟花爆竹减少。

【全市环保工作会议召开 政府企业环保不力将追责】 2015年3月18日，全市环保工作会议召开，市环保局、雨湖区政府、华菱湘钢等25家部门单位向市政府递交年度任务责任状。2015年为湘江污染防治第一个"三年行动计划"的收官之年，水体保护迈入冲刺阶段。湘潭今年将实现湘江干流沿岸禁养区内的养殖企业全部退出或搬迁；进一步推进竹埠港、锰矿等重点区域污染整治，确保湘江涉重企业数和重金属污染物排放总量比2008年减少一半以上；启动全市饮用水源保护区调整和1000人以上村镇饮用水源保护区划定工作。在大气污染防治方面，湘潭市今年将推进火电、钢铁、水泥、有色等行业企业污染治理设施改造升级等。

【湘潭绿化"裸露山地"12898亩 进度及超额任务数居全省前列】 截至2015年3月18日，湘潭完成"裸露山地"造林绿化12898亩，对照省林业厅下达1万亩的生产任务，超额完成2898亩，进度及超额完成数位居全省前列。1月16日，全市"裸露山地"歼灭战动员大会召开后，各县（市）区、示范区主要领导立即主持召开工作部署会，安排生产任务，明确部门职责，制定施工方案。市财政按每亩500元的标准安排市级专项资金，县级财政按不低于每亩500元的标准安排配套资金，纳入县级财政预算，昭山示范区还为昭山乡玉屏、楠木等村的采石场绿化特批经费26万元。两个月来，全市各级林业部门根据适地适树原则，坚持工程措施与生物措施相结合，做到宜乔则乔、宜灌则灌、宜藤则藤，乔灌藤结合，科学编制作业设计，绿化工作有声有色。其中，湘乡市以高速、铁路、国道公路为工作重点，完成"裸露山地"造林绿化5724亩；湘潭县以12个乡镇公路、铁路两旁裸露山地为重点，造林5200亩，让"生态伤疤"重披绿装，近百公里交通干线喜成"绿色长廊"；雨湖区瞄准岳临高速、沪昆高速、沪昆高铁等3条交通线路21处"裸露山地"，完成绿化384亩；韶山市关停了几家采石场，在辖区内高速公路、国省道和铁路两旁100米范围内的"裸露山地"造绿1228亩。

【湘潭林业工作确定"六上两下"目标 今年营造林12万亩以上】 2015年3月24日，全市林业工作会议确定了今年"六上两下"的目标：营造林12万亩以上，有林地面积稳定在334万亩以上，森林覆盖率稳定在46.2%以上，森林蓄积量增长4.13%以上，湿地保护率达到70%以上，林业产业总产值增长15%以上，林业有害生物成灾率控制在4‰以下，森林火灾受害率控制在1‰以下。去年，全市林业系统进一步释放林业发展活力，全方位推动绿色湘潭建设，全面完成了各项工作任务。其中，退耕还林工作名列全省第一，绿委办考核全省名列第一，公益林保护建设为民办实事组织工作获得全省一等奖，市林业局荣获省级文明卫生单位。湘潭林业工作将围绕"六上两下"目标，突出5个重点，即持续推进生态建设，强化生态要市地位；严格资源保护，维护全市生态安全；优化三次产业，打造产业强市品牌；深化改革创新，激发林业发展活力；强化保障机制，促进林业持续发展。

【进一步改善城市环境空气质量 湘潭"禁燃区"面积扩大一倍】 2015年4月17日，从湘潭市环保局了解到，为进一步加强大气污染防治，改善城市环境空气质量，提高城市气化率，湘潭今年扩大了城区"禁燃区"范围，较2007年首次划定的范围扩大了一倍多。"禁燃区"是指相关区域内的机关、企事业单位、个体经营户的食堂和餐饮服务等部门，不能使用高污染燃料。高污染燃料包括原（散）煤、煤矸石、煤粉、煤泥、燃料油（重油和渣油）、各种可燃废物和直接燃用的生物质燃料（树木、秸秆、锯末、稻壳等），另外，硫含量（指可排放硫含量）大于0.3%的固硫蜂窝型煤，硫含量大于0.1%、灰分含量大于0.01%的轻柴油、煤油，硫含量大于20毫克/立方米、灰分含量大于10毫克/立方米的人工煤气也包含在内。市环保局减排办工作人员介绍，新增禁燃区范围内按期淘汰改造的业主单位，经验收合格后，相关部门给予一定的奖励和补助。

【湘潭煤矿关闭退出工作加快推进 2015年10月底前全部关闭】 为进一步贯彻落实国家、省关于落后小煤矿关闭退出的有关文件精神，加快推进湘潭煤矿关闭退出工作，2015年4月21日，有关部门召开煤矿关闭退出工作调度会。根据《湘潭市人民政府办公室关于加快推进煤矿关闭退出的实施意见》（潭政办发〔2014〕60号）文件精神及有关会议决议，全市煤矿必须在2015年10月底前全部关闭退出到位。截至2015年4月，全市已按照省政府关于关闭退出的要求和标准直接关闭煤矿6处，其中湘潭县5处，韶山市1处。

【新《环保法》实施环境执法变严 湘潭已开出90万元罚单】 2015年4月24日，从市环境保护监察支队获悉，市本级环保部门今年以来已立案处罚10起环境违法案件，共处罚金近90万元，比2014年全年金额只少10万元。随着新《环保法》的实施，湘潭环保执法强度越来越大，60多台在线监控设备24小时实时"盯梢"重点排污企业，每天至少有4支队伍在一线巡逻执法，节假日、夜间等时段还开展行动对企业进行突击检查。一旦遇到群众举报投诉，执法人员会及时受理并督促相关企业单位整改到位。同时，湘潭市的环境执法力度也越来越严，2015年以来，市环保局共立案查处10起环境违法案件，共开出近90万元的环保罚单，1人被公安机关行政拘留，3起案件将移送司法部门处理。

【湘潭退耕还林工作成效明显 复查获省优】 2015年4月30日，从湘潭市林业局获悉，湘潭近3年来退耕还林任务均圆满通过省级复查，获优秀评价。此次复查内容包括2009年度的退耕还林封山育林和2011年度荒山造林成效，以及2014年度退耕地造林实绩，共抽查了湘潭县7个乡镇167个小班面积1869亩，检查组对苗木质量、造林质量给予了高度评价，特别是油茶造林小班质量好。检查结果认定，全市整体情况符合优秀标准。市林业局有关负责人介绍，湘潭各级党委政府及林业部门高度重视退耕还林工作，层层落实目标责任，齐抓共管，市林业局和湘潭县、韶山市林业部门在生产计划执行、资金投入使用、机制创新等方面开展了大量工作。通过实行造林进度周报制，及时总结提炼先进经验和做法，对存在的问题提出整改措施，落实责任，从作业设计、整地、栽植到培管环环把关，办点示范、以点带面等措施，全市退耕还林工作成效明显。

【湘潭4月份空气质量优良率100% 创近3年来单月

最佳】 2015年5月4日，从湘潭市环境保护监测站了解到，湘潭4月空气质量优良率为100%，这是自2013年起，湘潭将细颗粒物（PM2.5）纳入监测对象以来，首次出现单月空气质量全部达标。4月份，湘潭累计监测空气质量28天（另外有两天因两个站点同时停电跳闸，造成有效数据不足），其中3天空气质量等级为优，25天为良，空气达标率为100%。市环境保护监测站工作人员介绍，自湘潭2013年开始监测细颗粒物（PM2.5）以来，首次出现了全月空气质量全数达标，这一方面得益于多雨、多风等有利的气候条件，同时也离不开工业废气减排、打击露天垃圾焚烧、扬尘控制等大气污染防治措施的有效执行。此外，今年"五一"期间湘潭空气质量也全数合格，两天为优，一天为良。2015年1—4月，湘潭累计监测空气质量120天，有效监测天数117天，优良天数为74天，优良率为63.2%，较2014年同期上升了9.9个百分点，优良天数增加了10天。

【雨湖环保开出全省首张"按日计罚"罚单】 2015年5月14日，一张罚金为70万元的"按日连续处罚决定书"送到了雨湖区万楼街道建发伟业有限公司，这是新《环保法》实施以来，我省对违法排污企业实行按日计罚的第一例，其处罚金额创下了湘潭环保罚单新高。建发伟业是一家成立了10多年的混凝土制造企业，4月21日，雨湖区环保局执法人员对建发伟业进行检查时，发现其清洗地面、搅拌机、运输车罐的废水未经任何处理，直接排进护潭乡二级撇洪渠，而撇洪渠下游正是湘江。4月29日，环保部门要求该企业停止违法排污行为，并根据相关法律做出了10万元的行政处罚决定。5月6日，当环保执法人员对建发伟业复查时，发现其违法排污行为并没有停止，白色污水仍然直接流进撇洪渠，经再次监测，外排废水中的PH值、悬浮物超标。根据相关法律规定，雨湖区环保局启动按日处罚程序，从4月30日至5月6日对建发伟业实施按日连续处罚，罚金以首次罚款额度为基数，7天累积处罚70万元，加上第一次的罚金，总共80万元，创湘潭市环保罚单新高。

【湘潭多举措推进湿地保护 新增湿地保护面积3365.89公顷】 2015年5月，湘潭召开全市湿地保护领导小组会议，专题研究湿地保护及迎接省检等事项。多年来，湘潭一直高度重视湿地保护工作。通过湿地保护资源宣传和保护措施的实施，结合全国"湿地日""爱鸟周"等宣传活动，湘潭以湘江流域、水府庙国家湿地公园等区域为重点，加强湿地建设与保护，新增湿地保护面积3365.89公顷，湿地保护率达到64.61%。会议要求，各职能部门要建立湿地保护联动机制，及时研究解决工作中的问题，不断提高执法效率；市、各县（市）区要加强对湿地保护的财力投入，积极争取国家、省有关项目支持；切实加强生态文明宣传教育，增强全民生态保护意识，逐步形成关心湿地、爱护湿地、参与湿地保护的社会氛围。

【全国首个"放鱼日" 湘潭向湘江投放1400万尾鱼苗】 2015年6月6日是农业部确定的全国首个"放鱼日"，活动主题为"增殖水生生物资源，促进生态文明建设"。当天，湘潭市畜牧兽医水产局在雨湖区九总码头组织开展大规模人工放流活动，将1400万多尾鱼苗投放湘江。市畜牧兽医水产局相关负责人介绍，近年来，湘江沿线城市工业排污、采砂作业、过度捕捞等行为，对渔业资源造成了破坏。为恢复湘江渔业资源，维护生态平衡，提高渔民捕捞产量，湘潭市已连续12年开展了大规模鱼类人工增殖放流活动。

【湘潭锰矿遗留废渣综合治理即将启动】 2015年6月7日，从雨湖工业集中区了解到，雨湖区即将启动锰矿地区彭家塘、友谊村388万余方历史遗留废渣综合治理工程项目，以减少重金属向土壤及水体扩散，改善当地群众生产生活条件，减轻湘江流域重金属污染。锰矿地区逾百年的矿山开采历史导致矿区出现众多环境问题，大量的工业废渣及污水严重破坏周围环境安全，影响当地居民的生产、生活，制约地方经济的可持续发展。为推进治理进程，市、区两级计划对约900万方历史遗留废渣进行综合治理。其中，彭家塘锰矿废渣堆和友谊村废渣堆两处历史遗留废渣综合治理即将启动，共计388万余方。该项目计划总投资24050万元（其中争取中央财政专项资金7200余万元），拟在友谊村新建一个填埋场，就近处理友谊村约120万方含锰废渣；对彭家塘及周边约268万方的废渣进行封场、防渗、截洪、坝体加固、边坡防护、生态恢复等治理。目前，项目实施方案已经通过专家评审，正在着手前期准备工作。

【湘潭重金属治理项目通过国家评审 获4亿元专项补助资金支持】 2015年6月，财政部和环保部联合公布全国重点区域重金属污染防治竞争性评选结果，湘潭竹埠港及周边地区污染防治项目的综合评分位居第三位，被定为2015—2017年重金属污染防治专项资金支持之列，获得4亿元专项补助资金支持。此次补助资金将直接由中央向地市及重点区域分配，为史上首次。市环保局相关负责人介绍，此次竞争性评审的目的之一是为了加快推进《重金属污染综合防治"十二五"规划》实施，确保完成目标，并与"十三五"规划衔接。"十二五"期间，湘潭市重金属污染治理着力在"堵源头"，期间共规划了105个国家规划重点项目，目前已完成93个；完成100家涉重企业产业结构调整，其中取缔关闭企业53家，淘汰企业45家，铅、镉、铬、砷等污染物减排效果明显。

湘潭市2015—2017年重金属污染防治计划已经出台。市环保局相关负责人介绍，湘潭市制定了《湘潭竹埠港及周边地区国家重点防控区域重金属污染防治2015—2017实施方案》，期间的环保重点在于"治"与"调"，竹埠港地区将重点解决企业退出后的厂房拆除、场地清理和综合整治；锰矿地区将重点处置近200万吨废渣，并对28家涉锰企业退出后的企业污染场地和牟渠进行治理；湘潭县易俗河地区将重点对牛头化工有限公司等污染场地进行整治；湘乡湖铁地区将重点对周边风险较大的区域开展土壤和地下水污染治理。

这一重金属污染防治计划共有16个项目，2015年实施4个，分别是竹埠港工业园易家坪片区废弃场地综合治理工程，湘潭锰矿地区涉锰企业综合整治三期工程，湘乡市铅锌淘汰退出企业遗留废渣治理，湘钢3号高炉除尘及水处理系统节能减排技术改造。2016年和2017年分别实施6个，侧重废渣等历史遗留问题的解决。

【湘潭市人大开展水污染防治法执法检查】 2015年6

月 15 日，湘潭市人大常委会召开动员会，正式启动《中华人民共和国水污染防治法》执法检查。此次执法检查时间将持续至 7 月份，集中检查时间为 6 月 15 日至 19 日。根据 2015 年工作要点安排，7 月份，市人大常委会将听取和审议湘潭贯彻实施《中华人民共和国水污染防治法》的情况，并进行专题询问。为此，市人大常委会组织开展关于全市贯彻实施《中华人民共和国水污染防治法》和国务院《水污染防治行动计划》情况的执法检查。执法检查将按照全面检查和重点检查相结合的原则，重点了解市政府及有关部门在贯彻实施"一法一计划"中，开展执法监管、主要水系流域和水源区域水污染防治、饮用水安全保障、工农业水污染防治等情况。通过检查，总结经验、发现问题、分析原因、提出意见，督促市政府及其有关部门更好地履行法定职责，切实保护和改善水环境，有效保障饮用水安全。

会议强调，执法检查要坚持以问题为导向，边检查边推动整改，确保取得看得见、摸得着的实际效果。就如何更好地开展执法检查工作，会议提出，执法检查组要认真学习相关法律及理论知识，提升执法检查的能力；以高度负责的态度，认真听汇报、看现场、进行暗访、开展补充调查和延伸调查，严肃提问追责。各检查对象要做好自查自纠工作，在调研的基础上，认真准备汇报材料，讲成绩，更要讲问题及今后的措施。市直相关部门和单位"一把手"要做好接受专题询问的准备工作。

【湘潭排污费征收实施新标准　部分标准提高一倍】 2015 年 6 月 30 日起，湘潭将按照新标准征收排污费，废气、废水中的部分污染因子的征收标准提高了一倍，部分企业将受影响。现行排污收费制度从 2003 年开始建立，已经实施 11 年。此次新的排污费征收标准由省发改委、省财政厅和省环保厅联合制定，主要针对废水和废气的排污费征收进行了调整。其中废气中的二氧化硫和氮氧化物排污费征收标准每污染当量从 0.6 元上调至 1.2 元，废水中的化学需氧量、氨氮和五项主要重金属（铅、汞、铬、镉、类金属砷）污染物排污费征收标准每污染当量从 0.7 元上调至 1.4 元。市环保局工作人员解释，此次排污费标准调整主要目的是进行产业结构调整与加大环境治理力度。排污费征收执行新标准后，对湘潭火电、钢铁、水泥等行业影响很大。同时，此次新的排污费征收新规还增加了污染物的种类，废水中的 3 项污染因子增加至 5 项，铅、汞、铬等 5 项主要重金属全部纳入排污收费体系。

虽然大幅提高了排污费征收标准，但如果企业改进技术减少排污，那么企业的污染成本反而会相应大幅减少。市环保局工作人员介绍，新的排污费征收标准遵循"奖罚分明"原则，实行差别化收费政策。如果企业生产工艺、装备及产品，属于《产业结构调整指导目录（修正）》规定的淘汰类的，或者企业超标排放污染物的，环保部门则翻倍征收排污费；但是如果企业污染物排放浓度值低于国家或省规定的污染物排放限值 50%以上的，则实行减半征收排污费，相当于没有涨价。市环保局工作人员表示，实施新的排污费征收标准后，环保部门将加强环境执法检查和排污费征收情况的检查，及时向社会公开企业污染物排放、排污费征收及使用情况等信息，主动接受社会监督。

【湘潭空气质量持续向好　上半年优良天数同比多了 27 天】　据湘潭市环境保护监测站统计，2015 年 1—6 月份，湘潭空气质量累积有效监测 177 天，其中优良天数共 129 天，优良率为 72.9%，较 2014 年同期上升了 16.5 个百分点。据市环境保护监测站统计，6 月份湘潭的空气质量达标率为 96.6%，其中 16 天为良，12 天为优，仅一天为轻度污染，首要污染物为 PM10。其实不止上月空气质量喜人，湘潭市上半年空气累积监测 181 天，实际有效天数为 177 天，其中优良天数为 129 天，优良率为 72.9%，较 2014 年同期上升了 16.5 个百分点，优良天数增加了 27 天。上半年空气质量共有 31 天为优，98 天为良，30 天为轻度污染，15 天为中度污染，3 天为重度污染。

【日处理污水 15 万吨　湘潭投资近 5 亿元建河东第二污水处理厂】　2015 年 7 月 22 日，岳塘区荷塘乡正江村建设工地一片繁忙景象，湘潭市河东第二污水处理厂项目建设正如火如荼进行。这是湖南首个全地下式污水处理厂，项目分两期建设，一期建设周期约为两年，一期建成后污水处理规模将达到 7.5 万吨 / 日。届时，河东污水处理量将达到 22.5 万吨 / 日，完全满足河东污水处理的需要。为了满足河东区域特别是昭山示范区发展需要，解决该地区的生活污水、部分工业废水的处理问题，经市政府批准，湘潭产业投资发展集团有限公司（以下简称产业集团）作为建设业主，负责牵头采用 PPP 模式运作河东第二污水处理厂项目。

项目初步设计总概算为 4.8 亿元，产业集团将依法选择两家社会资本，共同出资组建项目公司，负责污水处理厂的投资、建设、运营及维护，政府向项目公司支付污水处理服务费。污水处理厂采用全地下式布局不仅更节约土地资源，上面将结合湘江风光带、昭山片区旅游资源，打造一个文体公园。项目建成后，对周边地区的开发、提升城市建设品位和结合昭山地区生态文化旅游定位具有重要意义。建成后，污水处理厂出水水质将达到《城镇污水处理厂污染物排放标准》（GB18918—2002）一级 A 标准。经污水处理厂处理后排出来的水符合 cod≤50mg/l，bod≤10mg/l 等条件，可以直接用于农田灌溉、绿化、工业用水等。项目分两期完成，河东第二污水处理厂总规模将达到 15 万吨 / 日，第一期为 7.5 万吨 / 日。

【部分环保项目进展滞后　湘潭 3 单位收到市长督办函】 根据相关规划，湘潭年内须完成的环保任务共 195 项，其中以 2015 年上半年为限期的任务共 31 项，截至 2015 年 8 月，湘潭有 25 个项目已经完工，16 项目进展滞后，154 个项目正按计划推进。2015 年 8 月 5 日，3 家单位因任务滞后收到市长督办函。

市委督查室、市政府督查室、市绩考办、市环保局对各县（市）区、园区、市直机关单位的环保任务落实情况进行了半年度督查，督查结果显示，湘潭市清洁能源车辆推广、湘潭港十六总码头散货存储装运退出、湘江沿岸禽畜养殖退出、韶山整体推进农村环境整治、高新区禁烟区与油烟整治等环保任务进展较好，取得了阶段性的成果。其中，湘潭市新增或更新公交、出租等公共服务行业车辆中的清洁能源车型数量已经超过 80%，处于全省领先地位。

然而，根据 2015 年全市环保责任目标任务，湘潭市有 16 个环保项目进展滞后，其中不乏民众关注的热点项目。

例如城镇污水处理及管网工程建设滞后，建成后运行管理也存在问题，不能充分发挥减排作用，一旦长沙湘江航电枢纽开始蓄水，将有可能加重水体污染；水府庙生态环保项目推进缓慢，网箱取缔工作进度滞后，库区污染源治理及生态修复项目被随意更改，库区周边的棋梓镇、翻江镇、壶天镇污水处理厂项目进度缓慢。此外，扬尘污染防治、工业废气治理、农村秸秆禁烧、重金属污染防治等10多项任务进展也没达到预期目标。

为了狠抓落实重点环保工作和任务，市政府向市城乡发展集团、湘潭县人民政府、华菱湘钢等3家单位下达了市长交办函。其中，市城乡发展集团主要因为铁牛埠提升泵站建设和城市污水管网工程和截污项目滞后；湘潭县人民政府因为城市污水处理、上马垃圾场垃圾渗液处理等多项任务滞后；华菱湘钢因为二氧化硫达标工程、烧结脱硫废水铊污染治理项目滞后。市绩考办相关负责人表示，今年将增加各部门在环保任务上的考核比重，并将出台新的措施处罚对重点项目推进不力的单位和负责人。

【湘潭竹埠港地区将开启第三方治污之路】 2015年8月12日，从市发改委得到消息，国家发改委已下发复函，批准湘潭市竹埠港地区为国家环境污染第三方治理试点单位。目前，湘潭市正在编制《竹埠港污染第三方治理试点实施方案》。《方案》批复后，国家发改委及其他多部委将从多个方面给予支持和指导，力图在竹埠港地区形成可复制、可推广的管理制度和典型模式。环境污染的第三方治理是指通过引入市场机制，由排污企业付费，把治理污染设施的建设、运营维护交给专业的第三方机构完成。实现“产污”和“治污”的分离。市发改委有关负责人介绍，相较于传统的“谁污染谁治理”模式，环境污染的第三方治理有不少优势。首先是便于环保部门监管企业治污情况。其次是提高企业治污效率、降低治污成本。最后，第三方治理模式有利于环保产业的快速发展，引导和带动社会资本投入，提升我国环境污染治理水平。

【湘潭50艘船舶装污水处理装置　明年初实现湘江生活污水“零排放”】 2015年8月13日，在湘潭永胜船舶制造有限公司厂区内，最后几台船用生活污水处理装置已经准备就绪。市海事局工作人员介绍，目前湘潭市已完成船舶加装污水处理装置38艘，力争8月底前全面完成50艘船舶加装计划任务。船舶生活污水主要是船舶卫生间及厨房产生的污水，具有体积量大、分类处理难等特点容易形成流动的“污染源”。市海事局相关负责人表示，2016年1月1日起，湘潭市将严禁生活污水排放不达标的船舶进入湘江流域航行，以实现船上的生活污水、生活用水向河道‘零排放’。

【湘潭15个环境问题集中交办整改】 2015年8月，省人大一行就《水污染防治法》贯彻落实情况来湘潭开展执法检查，一方面肯定湘潭重金属治理成效，同时也提出了问题。8月25日，湘潭市就检查中发现的15个环境问题进行部署交办，10多个相关责任单位收到整改书。省人大执法检查共发现了8大类15个问题。五矿湖铁地下水污染、牟渠流域工矿企业污染等历史遗留重金属问题；湘潭县恒盛化工有限公司工业废水污染问题；双马垃圾场、湘乡皮革工业园、湘潭经开区鼎盛石油、湘潭碱业等单位处理设施运行问题；河东污水处理厂附近三个排口、湘潭经开区蓝思科技、雨湖区长城乡二级渠等地生活废水直排问题；爱劳渠的城市黑臭水体污染问题；新五丰股份有限公司湘潭分公司的禽畜养殖污染问题；水府庙库区的饮用水源水质保护问题；南天农药厂、景翌湘台环保等企业的环境污染隐患问题。此次问题整改交办会，明确了15个环境问题的治理主体责任和整改方案，其中湘潭县恒盛化工、双马垃圾场、湘乡皮革工业园、九华工业园鼎盛石油的环境问题必须在9月内整改到位，部分整治难度大的环境问题也将在年内完成污染整改或者启动阶段性任务。市委督查室、市政府督查室、市环保联席会议办公室等部门将于9月10日至9月15日再次开展督查，跟踪了解各单位整改落实情况，因相关单位整改工作不到位或整改不力而影响湘潭市评议工作的，责任单位和负责人将被问责。

【湘乡重点民生实事项目有序推进　确保11月底前高质量完成】 “10个项目已提前完成目标，6个项目已进入收尾阶段……”2015年9月2日，从湘乡市实事考核办获悉，湘乡市今年实施的44项重点民生实事项目中，除4个项目进度略显滞后外，其余均快速、科学推进。危桥改造关乎群众的安全出行。2015年，湘乡市将位于毛田镇的跃进桥、金石镇的太平坝桥、东郊乡的菜石港桥等五座五类危桥的改造纳入重点民生实事项目。2015年9月，这五座桥已全部修葺一新投入使用，解决了近2万群众的出行难问题。除了危桥改造项目外，资助贫困学生、救治救助贫困重性精神病患者、帮助0～7岁的残疾儿童实施抢救性康复、新增城市公交线路、重点扶持创业孵化基地及城镇污水处理等9个项目均已完成目标任务，其中有3项超额完成任务。

重点民生实事项目是造福于民的大好事，为了让这些项目早日惠民，湘乡市负责项目实施的责任单位均想方设法如期如质推进。湘乡市交通运输局每月不定期督查项目进度和质量，发现问题立即整改。湘乡市移民局制定一整套机制，把好项目立项关、预算关、建设关、验收关和后续管理关。湘乡市教育局等单位除了制定具体的实施方案和考核办法外，还与相关乡镇和经办部门签订责任状，形成合力推进项目顺利实施。截至8月底，除了完成任务的10个项目外，还有30个项目正按计划稳步推进，剩余4个滞后项目也正迎头赶上。湘乡市政府相关负责人表示，该市将克服一切困难，确保11月底前高质量完成2015年的民生实事项目。

【湘潭县开展“利剑行动”　护航候鸟南迁】 湘潭县境内近10条河流、渠道沿线，10多座水库周围，以及晓霞山、昌山等大小山脉内外，新增或修缮了许多“严禁非法捕捉鸟类”“爱护野生动物、维护生态平衡”等宣传牌(横幅)，全县护鸟巡逻、市场清查等各项行动同时进行，一场护航候鸟南迁的“利剑行动”全面展开。入秋近冬将有大量鸟类经湘潭境内南迁，为保护候鸟迁飞安全，打击非法捕捉、经营野生动物行为，湘潭县林业局结合往年工作经验部署了这场“利剑行动”。2015年9月1日至11月10日为集中打击阶段，采用宣传先行、执法紧跟、督查垫后的方式推进，加紧落实“四强化”，即强化宣传教育、强化巡护值守、强化执法力度、强化检查监督，对候鸟相对集中的重点地区、地带进行周密巡查，落实保护措施，对宾馆、酒店、农贸市场等进行周密清查，努力杜绝收购、经营候鸟等野生动物的不法行为发生。县林业局负责人介绍，2015年以来，全县野生动植物保护工作得到了广大人民群众的积极参与和大力支持，他们已接到各类野生动植物保护报警电话20余次，拆除并销毁捕鸟网2000平方米，收缴捕鸟夹30个，捕鸟杆若干，放生野生蛇类20多公斤。林业部门希望大家继续加大对野生动植物的保护，积极参与“利剑行动”，主动提供有关线索，共同保护候鸟南迁及其他野生动物的生活环境。

【湘潭河西污水处理厂再扩建　污水处理能力将达20万吨/日】　2015年10月19日，湘潭市河西污水处理厂二期扩建工程（厂区建设）二阶段项目在雨湖区护潭乡湘竹村动工建设。当天上午，施工现场举行了一个不到10分钟的简朴开工仪式，仅监理单位、建设单位和施工单位共30余人参加。河西污水处理厂二期扩建工程（厂区建设）项目是湘潭的重点工程，该项目总投资约1.36亿元，整个项目分两阶段建设。一阶段5万吨／日建设项目已于2011年12月底竣工通水；2015年5月二阶段5万吨／日扩建项目正式启动，建设内容为增加一个5万吨／日的氧化沟及配套设施，工程总投资估算为6000万元。项目建成后，河西污水处理厂的污水处理能力将达到20万吨／日，出水水质达到《城镇污水处理厂污染物排放标准》（G B18918—2002）一级A标。“近年来，随着雨湖区和湘潭经开区经济的迅速发展，河西污水处理厂现有日处理污水15万吨的规模已经不能满足需求，扩建迫在眉睫。”湘潭市污水处理有限责任公司负责人说。他表示，二阶段扩建项目预计2016年3月底可完工，该项目建成后，能进一步减少污染物排放，大大改善城市水环境。

【湘潭农业专家为修复污染耕地支招】　2015年12月1日，雨湖区（含经开区）、岳塘区（含高新区、昭山示范区）重金属污染耕地修复及农作物种植结构调整通用技术培训班举行，各区、乡镇农业部门有关负责人，农技推广与监理工作人员，村干部、农业合作组织、种粮大户、农事服务组织代表等共计100余人参加。这次培训由湘潭市农委组织实施，邀请中科院亚热带农业生态研究所、省棉花科学研究所等单位的专家团队主讲，内容包括水稻降镉安全生产的重要性与意义，重金属污染耕地修复与种植结构调整实施方案解读，VIP技术讲解，VIP配套技术讲解，高产降镉施肥技术讲解，棉麻桑替代种植技术，粮油替代种植技术，重金属污染源排查与灌溉水净化技术等。湘潭市农委相关负责人介绍，2015年全市重金属污染耕地修复及农作物种植结构调整技术培训活动，按市级集中培训、县（市）区级集中培训两种形式进行，另将开展田间技术服务或分散小型培训。目前，市级3期集中培训已经结束，县（市）区级3期集中培训也将在近期完成。

基础设施建设

【湘潭窑湾老街区改造加速】　2015年1月4日上午，位于窑湾潭宝汽车站旁的沿江西路323号民宅在机械轰鸣声中被拆除。湘潭窑湾文化旅游街区建设项目从2014年9月10日正式动工，目前已进入大规模拆迁阶段。窑湾文化旅游街区项目位于雨湖区窑湾社区和唐兴桥社区范围内，东起望衡亭，西至杨梅洲大桥，项目规控面积627亩。据湘潭市城市文化建设投资公司负责人介绍，窑湾项目一期工程从望衡亭至潭宝汽车站，除保留大约30%的历史建筑之外，总征拆面积达4万平方米，需拆迁市直公房、企业用房、私产房等共计337户。由于坚持了“一把尺子丈量”“一个口径补偿”和“程序先行”，征拆工作得到了广大拆迁户的积极响应，目前已签搬迁协议328户。预计到农历年前将完成全部征拆。改造后的窑湾是一个体现近现代风格的民俗文化街区，将成为湘潭一张亮丽的城市名片。预计一期工程将于2016年上半年建成开街。

【湘潭全民健身示范城市创建工作完成过半】　2015年1月5日，湘潭市有关部门就湘潭全民健身示范城市创建工作进行调研。乡镇公共体育设施的建设和完善是创建全民健身示范城市的重要内容。当天，调研组先后来到湘潭县锦石乡、射埠镇和谭家山镇，现场查看和了解乡镇文体广场的建设和农民健身工程的安装使用情况。锦石乡文体广场位于该镇卫生院旁，面积近2000平方米。尽管周边绿化还有待完善，但灯光篮球场、乒乓球台、全民健身器材等已安装就绪，吸引了不少周边居民前来休闲。2014年5月，湘潭正式启动全民健身示范城市创建工作。截至2015年1月，主要任务指标已经完成过半。全市人均体育场地面积达1.48平方米，建好和落实农民体育健身工程570处；新增健身路径工程192处，全市公共体育健身场地和设施得以进一步完善。

【湘潭67个建筑工地装上高清摄像头　实行24小时实时监控】　2015年1月6日，湘潭各建筑工地安装的高清摄像头实现联网，对建筑工地实行24小时实时监控。湘潭市住建局相关负责人介绍，经过3个月的测试，湘潭67个在建主体工程均安装了3个以上高清摄像头。在市质安监站系统监控中心32块监控屏组成的大屏幕上，市区范围内所有预拌商品混凝土生产厂（场）、临街项目、基础和主体建设阶段的67个在建项目，其作业现场情况一览无余，视频滚动显示十分流畅。整个监控系统由大屏幕显示系统、96T存储、4台服务器、1台防火墙操作电脑、100M互联网光纤、百余个超高清摄像头等组成，所有视频可保存1个月，便于监管部门调取证据和查询信息。“对扬尘太大、车辆未冲洗就上路等情况，我们会实时截屏，把图片发给工地，督促其及时整改。”指挥中心相关负责人说，监控中心将根据系统显示的实时PM2.5、PM10情况，分析建筑工地空气质量，督促污染严重工地整改。另外，建工地塔吊、大门、施工区、冲洗区等核心区域都安装有高清摄像头，一旦发现不文明施工或者存在质量安全隐患，监管人员将第一时间向责任人发出整改指令，并持续监督整改过程和结果。“目前，湘潭市正在申请办理该项目的手机终端服务软件，今后有望实现手机流动监管。”市住建局相关负责人介绍，今后，市区所有新开工的项目均必须将视频监控信号接入平台，否则不予办理施工许可和开工安全条件审查手续。

【湘潭“百村千盏”工程点“亮”新农村　解决农民晚间出行难题】　2015年1月，湘潭县齐白石中学一到晚上就齐刷刷亮起了13盏太阳能路灯，全校300多名上晚自习的师生甭提有多高兴。这是湘潭市外侨办利用“百村千盏”太阳能路灯亮化工程为齐白石中学的师生送来的福音。这13盏路灯不但解决了师生照明的问题，还为学校节约了一笔应急灯的费用，即便停电，太阳能路灯也能正常照明。“百村千盏”太阳能路灯亮化工程是市外侨办配合国侨办侨爱工程——“万侨助万村”活动打造的侨务工作新品牌，计划自2011年开始，积极发动侨界和社会各界力量募捐，在全市考察选取100个对安装路灯有强烈需求和愿望的乡村，送去1000盏太阳能路灯，以改善村民生活环境，解决广大农民群众晚间出行难题，服务新农村建设。

截至2015年1月，湘潭市外侨办已争取到专项捐赠资金128万元，先后在湘乡市花亭村、湘潭县梅林村、韶山市三华村等17个村，安装了206盏太阳能路灯，惠及周边群众20多万人。这一惠民工程不仅照亮了农村道路，方便了群众出行，减少了交通事故，还为村民创造了更好的晚间娱乐活动条件，受到了广大农民朋友的欢迎。为推进“百村千盏”工程的顺利实施，湘潭市外侨办积极与海外侨团侨胞以及各地侨商组织联系，广泛募集捐赠资金，选择了一家本地企业作为施工单位并达成优惠安装协议，尽量降低工程造价，节约资金，并与有关部门一起严把项目建设监督关，确保每一分捐赠资金都用在刀刃上。

【潭锰路昨日试通车　方便沿线居民出行】　2015年1月20日，潭锰路试通车。潭锰路起于建设北路延长线桃园路口，止于雨湖区响塘镇，途经先锋街道、响水乡、鹤岭镇，道路全长13．369公里，路基宽10米，路面宽8．5米。作为沿线15万居民进出市区的唯一干道，潭锰路项目建设受到各界关注。市委副书记、市长胡伟林3次召开专题会议，并先后5次到潭锰路建设现场实地了解情况，研究、部署项目建设工作。湘潭经开区、雨湖区也分别成立了主要领导负责的项目建设指挥部，并定期召开项目调度会，解决各种难题。同时，潭锰路建设也得到了沿线群众的理解和支持。市湘运公交公司负责人说，为方便潭锰路沿线居民出行，21日起，116路公交车将开进潭锰路，因锰矿至响塘路段正在修缮，116路公交车暂时从牛头岭发往锰矿。26日起，从长城建材市场发往锰矿的2路车也将开进潭锰路。潭锰路项目指挥部负责人介绍：“目前，潭锰路的一些配套设施还在不断完善中，提醒过往的司机朋友注意安全。试通车期间，严禁大货车通行，所有车辆必须限速通行。”

【一季度湘潭重大项目建设开局良好 253个项目完成投资161.5亿】　2015年一季度固定资产投资增速继续位居全省前列，253个重大项目完成投资161.5亿元，28个新建项目开工。4月13日，从全市一季度重大项目建设讲评工作会议上获悉，湘潭重点项目建设实现良好开局。2015年以来，在经济下行压力加大、深层次矛盾不断凸显的大背景下，湘潭重大项目建设进展良好，有力地支撑了全市经济的平稳运行。预计1—3月，全市完成固定资产投资199.76亿元，增长32%，增速继续位居全省前列。1—3月，全市318个重大项目已产生投资的项目有253个，完成投资161.5亿元，占全市重点项目年度计划投资的18.3%，其中37个项目完成投资过亿元；120个新建项目，已开工28个，重点项目建设实现良好开局。重大项目建设支撑投资保持高位增长，节后组织复工较快，合力攻坚的氛围更浓，抓项目、促投资的办法亮点不断涌现，谈文胜对这一成绩表示肯定。他同时要求，正视项目建设过程中整体进度不够快、项目进展不平衡、问题解决不到位等问题，通过创新举措，着力抓好重点工作及力量整合、要素保障、环境优化和责任落实，掀起项目建设新高潮，确保全力完成今年项目建设各项任务。

【湘潭37个国有土地房屋征收项目确定　新启动项目18个】　2015年4月19日，从湘潭市征收处2015年工作会议获悉，2015年湘潭将继续集中财力、物力、人力突破一批重点项目，为供地要素提供保障，全力服务重点项目建设，推进阳光征收。

2015年湘潭共安排市城区国有土地上房屋征收项目37个，其中新启动项目18个，结转项目15个，扫尾项目4个；涉及房屋征收约3914户，房屋面积58.8万平方米。2015年湘潭将着力推动城市基础设施项目的征收工作，集中精力抓好滨江风光带、一环东路（东段）、城际铁路站场、新马路等项目的征收。围绕棚户区改造和竹埠港“退二进三”等民生社会项目，为城市基础设施改善提供保障。为助推征收进程，服务重大项目建设，湘潭征收工作推出一系列举措。市国有土地上房屋征收管理处负责人表示，2015年将根据征收项目情况适时举办专场“征收房源展示会”，积极落实“征拆购房税费政府补贴”政策，以服务重点项目建设、服务经济发展为主线，突出加快棚户区改造征收，进一步强化监管职能，加大考核力度，加强信息化管理，努力实现依法征收、阳光征收。

【一季度湘潭建筑行业开局良好　基础设施建设投资近60亿】　2015年4月24日，湘潭市住房和城乡建设局发布建筑行业一季度经济运行情况，包含基础设施建设投资、建筑业发展、商品房库存情况的详细数据。2015年，湘潭计划实施项目共210项，计划投资199.83亿元。一季度实际开工项目134个，为年度计划的63%，其中，已完成城市基础设施建设投资59.94亿元，为年度计划的29.73%，同比增长7%。市住建局质安科相关负责人认为，一季度基础设施建设实现小幅增长还得益于县（市）项目增幅大，项目重点突出、特色鲜明，村镇建设成为新战场。

随着全市新型城镇化步伐加快，县（市）更加重视基础设施项目建设，其建设模式也在逐步成熟，2015年县（市）计划实施基础设施项目73个，增幅达102%。同时，市级投融资平台功能进一步明确，各园区和示范区围绕各自特点，实施了特色发展战略，经开区的对接长沙大河西战略、昭山示范区的绿心发展战略、高新区的创新发展战略，均有效提升了区域的集聚效应和投资洼地效应。“另外，银田、花石、棋梓三个特色小城镇完成设计终审，即将下拨部分专项扶持资金，对乡镇基础设施建设提供了较大的支持。”市住建局质安科相关负责人说。

一季度完成建筑业总产值60亿元左右，其中外拓产值达到22亿，同比分别增长7％、23%；主营业务税金及附加约1.9亿元，利润总额为2亿元，分别增长7%、5%。“十年磨一剑，我们一直鼓励建筑企业实施‘走出去’战略，一季度建筑企业的外拓产值有了喜人的收获。”市建筑行办相关负责人认为，外拓项目为湘潭市建筑业打了一剂“强心针”。2015年4月，全市共有建筑业施工企业342家，2014年有5家晋升一级资质，7家晋升二级资质。外拓产值占建筑业总产值的35%以上，其中电力工程、防腐保温工程等外拓型企业所完成的外拓产值占到95%以上。相比往年，2015年湘潭市建筑业企业的结构更加合理，企业外拓步伐也更铿锵有力，逐渐走出了一条具有“湘潭特色”的发展之路。特别是电力工程、防腐保温工程等具有湘潭特色的行业，市场份额在不断扩大。

【湘江风光带九华段预计8月通车　北接长沙湘江新区】　“湘江风光带九华段，预计2015年8月全线通车。到年底，包括人行道，绿化，亮化等在内的整个道路工程将全部完成。”2015年5月8日，湘江风光带九华段项目部相关负责人介绍，湘江风光带九华段分8个标段，目前已有4个标段的主路面达到通车条件。湘江风光带九华段18．9公里，是北接长沙湘江新区的重要干道之一，将对接长沙潇湘大道，南至湘潭莲城大桥。建成后，九华至长沙的车程将缩短至20分钟。按照规划，湘江风光带九华段项目以“三湘胜境、九韵风华”为主题，致力建设成为集交通、防洪、景观、文化于一体的湘潭历史文化长廊。2015年5月，湘江风光带九华段已初见雏形。在七标段项目现场，九华湖德文化公园对面的主干道畅通无阻，挨近湘江一侧的防洪大堤，已经基本成形。从七标段一直往前，六标段、五标段一路畅通，6公里的路程，全部已铺好了沥青路面。到了四标段，一片火热施工的场面，几台摊铺机正在摊铺沥青，有压路机跟在后面，来回行驶。正在项目现场的工程师龚德明介绍，目前7标段、6标段、5标段分别完成道路工程的95%、75%、65%，完成道路工程后，将陆续推进造型规划、景点布置和绿化建设等相关配套建设。根据计划，湘江风光带九华段主路面要在2015年8月份通车，目前项目建设正根据季节特征，科学调度，见缝插针安排工期，晴天时加班加点，雨天则进行边坡防护、检查井砌筑等建设，确保工程按期完成。

【湘潭河西湘江风光带建设稳步推进 将保留“古城印记”】　一边道路通畅，车水马龙，另一边正在紧张拆迁。站在三大桥下，河西湘江风光带东西两侧的风景截然不同。“河西湘江风光带城区段正实施建设的Ⅰ标段从铁路桥到大埠桥，全长2.1公里，项目概算总投资14.8亿元（含征拆）。”市棚改公司相关负责人介绍，河西湘江风光带Ⅰ标段由堤防、道路和景观工程构成。目前，三大桥至柏荫路已于2014年12月全线通车，目前道路通畅，可直达窑湾历史文化街区。届时，铁路桥到大埠桥全线贯通后，将有效地将熙春路、沿江东路、柏荫南路、泗洲南路及三大桥串联起来，形成交通环路。

2015年6月9日，在河西的湘潭县人民医院老县城分院，征收工作正在紧张进行。“征拆是重中之重。”市棚改公司相关负责人介绍，因所处位置是老城区，征拆难度大。6月，三大桥至柏荫路段征收已全部完成，铁路桥至三大桥段已完成房屋征收8500平方米，柏荫路至大埠桥段现已完成征收协议签订85%，正积极推进县人民医院老县城分院等单位的征收工作。“按目前的进度看，河西湘江风光带Ⅰ标段预计2016年底达成通车条件。”相关负责人介绍，河西湘江风光带建成后，不仅能优化河西地区的交通网络布局，方便群众出行，同时将完善城市功能，提高防洪排涝能力，加快推进长株潭一体化进程。

防洪和道路工程建成后，将开展景观工程建设。根据规划，风光带全线塑造了9大中心节点，自西向东将望衡亭、宽裕行、“白公渡”总文化广场、古城墙广场、樱园栈道、观湘门、城市视窗、船坞花园等串联起来。6月，河西风光带城区段工程的初步规划设计方案已通过专家评审。Ⅰ标段景观工程已完成施工招投标。下一阶段，湘潭将科学调度、加强监管、克难攻坚，全力推进河西湘江风光带建设，尽快完成柏荫路至大埠桥段征拆并启动道路建设，同时加快推进铁路桥至大埠桥段景观工程施工以及三大桥至铁路桥段道路工程、堤防和下穿铁路箱涵施工。

【湘潭保障性安居工程开工率超六成　上半年开工9185套】　2015年7月9日，从湘潭市房产局年中工作会议上了解到，1—6月，全市共开工建设各类保障性住房和棚户区改造9185套（其中货币安置3424户），开工率65.1%；基本建成各类保障性住房和棚户区改造住房7807套（含结转量），为年度目标任务的90.43%；竣工7238套（含结转量），为年度目标任务的92%，实现了全市保障性安居工程在6月底开工率达到60%以上的目标。市房产局相关负责人介绍，为顺利实现保障性安居工程建设“双过半”，2015年上半年，市房产局多措并举，强化统筹调度，分解任务落实责任；加强督查考核，全力助推建设进度；着力深化改革，进一步完善住房保障政策体系，湘潭市住房保障管理信息系统即将进入试运行阶段。从项目推进情况看，下一阶段，市房产局将紧扣时间节点，狠促建设进度，全力确保新开工项目10月底前全部开工建设，12月25日前2015年新开工多层建筑基本建成量达到开工量的1/3以上，高层项目建设要完成主体结构的2/3以上；往年结转项目加快推进扫尾竣工，力争尽早交付使用。

【湘潭打造“大交通”版图48个重点项目进展顺利】　2015年7月，湘潭市重点办发布湘潭上半年重点项目建设完成情况，2015年318个重点项目中，涉及交通领域的重点基础项目建设共计48个，目前已完成投资38.58亿元，占到目标任务的40%左右。“按照交通建设投资‘一二三四’（各个季度完成目标任务的比重）的规律，6月底应完成目标任务的30%，目前湘潭处于超额完成状态。”市交通运输局相关负责人介绍，今年湘潭将逐步完善以公路、铁路、水运交通网络为主体，以综合换乘枢纽为依托，真正具备节能、高效、畅通、集约化功能，以及具有湘潭特色、与红色旅游名城相得益彰的现代化综合交通系统。

对外：着力打通长株潭融城“动脉”。湘潭是长株潭地区中心城市之一，是全省重要的工业、科技和旅游城市。早在2005年10月，省委省政府正式批准长株潭城市群区域规划后，这10年来，湘潭市一直致力于加快三地融城步伐，着力推进对外交通基础设施建设和发展。2015年，湘潭将主要在1条高速公路——益娄高速湘乡段和11条干线公路建设上下功夫。截至7月13日，益娄高速湘乡段已签订全线征地协议和坟墓迁移协议，迁改工作已完成95%，房屋征拆协议签订75%，基本实现全线腾地。这11条干线公路项目中，备受关注的芙蓉大道二期湘潭县段（与武广大道重合段 5.99 公里）、S 330 武广高铁株洲站至沪昆高铁韶山站连接线第一标段（2.27 公里）、G 320 绕城线二期九华段（奔驰路）、九华大道（8.61 公里）、昭华大道（4.3 公里）等，均可在 2015 年下半年建成通车。另外，市民较为关心的湘潭至锰矿改建工程的前期工程——七亩丘至响塘段即将建成通车，S 107 湘潭至锰矿公路 13.369 公里全线于2014 年 6 月初开工，雨湖段共 8.16 公里，目前已完工 5.38 公里，剩余 2.78 公里正在进行级配碎石垫层施工，九华段共 5.22 公里，目前完成了沥青路面的下面层（共二层）工程，两条路段年底可均可建成通车。市规划局相关负责人介绍，通过新建和对既有公路的改造，沿湘江两岸构筑分别与长沙、株洲直接连通的多层次市际交通通道。今后，中心城区每个方向至少有两条以上主要公路与外围组团及城镇衔接，东面有芙蓉东路、G 320 与株洲对接；南面有 G 107、芙蓉大道、环城东路、潭花线与衡阳及外围组团对接；西面有原 G 320——环城北路、杨梅洲大桥西连接线，与外围组团对接；北面有伏林大道、潭锰路、长潭西线、九华大道、芙蓉大道、滨江大道与长沙对接。

对内：完善“两路六纵六横”格局。从市重点办了解到，呼声较高的北二环提质改造工程完已成主车道和沥青面层、完成地下通道 60%和给水管道 90%，完成部分绿化工程和非动车道，而西二环和一环东路即将开工，加上 2015 年 4 月东二环全线通车，湘潭城区外环道路即将拉成“一环”，四条道路均对外延伸与外围高等级公路衔接。市规划局相关负责人透露，正在新建和提质改造的城市道路完工后，湘潭“两路六纵六横”城区道路网状图也将几乎全部“画完”。其中，最主要的河西滨江风光带 I 标段（铁路桥至大埠桥）项目进程较快，目前其三大桥至柏荫路段滨江大道已竣工通车，堤防工程基本完成，I 标段景观工程施工单位已进场，项目竣工后，将与河东滨江路联通，完成“两路” 城市江滨景观游览道路建设。主城区道路方面，截至 7 月 13 日，清水路一标段已经完成水稳层第一层铺设；二标非机动车道施工完毕，并已完成路面垫层、道路闭水试验、土石方的验收；铜板路也已完成路基填方施工 1 万方任务，产业北路段盖板涵顺利完成基础开挖，霞光东路段顶管工作井混凝土浇筑也已进入尾声。加上 2015 年上半年，潭锰路和建设路正式打通，城区道路建设进程有了质的飞跃。湘潭市住建局相关负责人介绍，近 10 年，湘潭“六横”和“六纵”城区道路网逐步完善，今年城区道路重点工程建成后，将进一步加强湘江两岸的交通联系和城市结构有机完整性。例如，湘潭五大桥和东二环对接之后，大有“一桥飞架南北，天堑变通途”的雄浑气势，不仅搭建了湘潭县与城区的快速通道，也在很大程度上缓解了湘潭二大桥的交通压力。

【以项目促投资以投资稳增长　湘潭 50 个重大项目集中开工】　2015 年 7 月 17 日，随着湘潭市委书记、市人大常委会主任陈三新的一声令下，岳塘经开区中部国际商贸城加工仓储项目施工现场礼花绽放、机器轰鸣，工人们开始动工建设。当天，与这个项目一同开工的，还有湘潭县、湘乡市、韶山市等县（市）区、园区和平台公司的另外 49 个项目。这 50 个重大项目的集中开工，掀起了湘潭市“大战七八九、全力稳增长”重点项目建设的高潮。集中开工的 50 个重大项目，是从湘潭市 2015 年布局的 318 个重点项目中精心筛选出来的，总投资计划为 238.5 亿元。按责任单位划分，湘潭县 13 个，湘乡市 9 个，韶山市 3 个，雨湖区 5 个，岳塘区 4 个，湘潭高新区 4 个，湘潭经开区 3 个，昭山示范区 4 个，城乡集团 2 个，地产集团 2 个，产业集团 1 个。按照项目性质分，产业项目 25 个，计划投资 156 亿元；基础设施项目 16 个，投资 50 亿元；生态环保项目 4 个，计划投资 4 亿元；社会民生项目 5 个，投资 2.85 亿元。这 50 个项目都具有前期手续完备、产业导向明显、区域布局均衡、带动示范性强等特点。湘潭市计划以 50 个项目的开工建设，带动全市项目建设进度，促进项目早落地、早开工、早达效，为“稳增长、调结构”完成全年目标任务奠定坚实基础。

【马家河霞湾路段封闭施工　湘潭 104 路、7 路公交车临时改道】　2015 年 7 月 28 日，从市客运管理局了解到，受马家河霞湾路段全封闭施工影响，从 7 月 29 日开始至 2016 年 2 月 28 日，CZT–104 路的部分线路和 7 路车的终点站将进行调整。由于马家河霞湾路段将采取全封闭施工，CZT–104 路无法通行，该线路是湘潭往返株洲的重要公交线。为了确保沿线居民出行不受影响，市交通局、市客管局、公交公司相关负责人到现场实地查看，并与株洲公交公司协调衔接，决定自 7 月 29 日开始，临时调整 CZT–104 路由迅达大道上东二环经五桥后进入天易公路，行驶至株洲境内经株洲二桥到达株洲石峰区后按原线路行驶至终点站。同时，为了确保霞湾附近沿线居民的出行，在 104 路改道期间将 7 路车的终点站从马家河延伸至霞湾。

104 路临时调整后走向：白石古莲城→许家铺子→九中→汽配城→砂子岭→汽车西站→南盘岭→湘潭宾馆→芙蓉影院西→长途汽车站→基建营东→大同花苑→文家围子→金海大布市→三桥北→盘龙名府→双拥广场→职业技术学院→军分区→市委→锦源广场→芙蓉农贸市场→电厂新村→汽车东站→人防指挥中心→高新国土分局→湘潭救助站→青年路口→迅达集团→东二环→五大桥→天易大道→株洲二桥→石峰区→株洲火车站

7 路临时调整后走向：东坪镇→体育中心南门→停靠站→福星中路→工程学院→红旗商贸城北门→福星国际金融中心→双拥广场→双拥广场东→汽车城→房产交易中心→板摄路口→货运东站→板塘铺步步高→三医院→五一村→七中→新农村→隧道口→马家河供电所→石灰厂→马家河

【昭山 20 亿打通“三纵四横”路网】　昭山，湘潭的“北大门”，北望长沙，西临株洲，可谓扼三市交通之咽喉。过去，昭山被京港澳高速、沪昆高速、京广铁路等分割成不同地块，给群众出行和项目引进带来不利。为此，近年，昭山着力打造“三纵四横”骨干路网，进一步促进长株潭城市群协同发展。从 2013 年开始，昭山示范区投资近 20 亿元，打通“三纵四横”路网，打造“昭山通衢”。随着路网的建设和拉通，一批项目纷至沓来，“绿心昭山”成新投资洼地。

“三纵”是指：连接湘潭与长沙湘江风光带（昭山段）、芙蓉大道，以及向北直通长沙新韶山南路，向南连接岳塘新城的昭山路。“四横”分别是指：红易大道，由东往西，通往株洲;昭云路将拉近昭山与株洲云龙示范区的距离;白合路向东将与株洲相连;昭华路通过即将建设的昭华大桥到达湘潭经开区。此外,京港澳高速、沪昆高速昭山互通工程已获省高速公路管理局批准,征拆工作正在进行,将在近期开工建设。长株潭城际铁路设有昭山站,并且将在2016年实现通车。

昭山示范区管委会主任成秋兴介绍,该区决定在2015年7月20日至10月30日期间,开展项目建设、招商引资、征地拆迁"三大攻坚·百日会战"行动,加快区域发展。2015年,该区共安排重点项目46个,年度计划投资76.57亿元。其中市级重点项目35个,年度计划投资60.12亿元,上半年,已完成投资28.9亿元,为年度计划的48.1%。昭山示范区党工委书记杨晓军表示,以争创国家级生态文明示范区、国家级文化产业园区、国家级旅游度假区为目标,昭山将充分利用好"绿心"核心区的天然生态优势,围绕"一江"(湘江)、"两片区"(金屏、玉屏生态片区)、"三山"(昭山、虎形山、凤形山)、"四水"(仰天湖、东风水库、朝阳渠、王家晒渠)做好生态文章,规划建设好露营基地、景区提质改造、美丽乡村等项目。同时,将区位交通优势转化为流通优势,融入区域发展。继续完善"三纵四横、一水、一条轻轨、两条高速公路、五条铁路"的综合立体交通网络,促进人流、物流、信息流集聚,推动湘潭城区"北进"。

【湘乡经开区两项目同时开工　计划投资2000多万】 2015年7月30日,湘乡经开区黄金大道东线延伸线、公租房两个项目同时开工建设。黄金大道东线延伸线长510米,宽40米,计划投资978万元,由湘乡市建设工程有限责任公司承建。目前正在进行土方开挖,计划年底完成路基、路面硬化,该条道路的建成将有效拓展园区道路网络框架,使园区项目可用地范围延伸至石江村。该区公租房工程项目总用地面积4824.5平方米,总建筑面积9845平方米,计划投资1200余万元,预计年内完成主体工程建设。它的建成将有效解决部分企业职工的住房问题,为助力企业发展,解决员工的后顾之忧方面发挥重要作用。

【湘潭危旧直管公房提质改造加速】 "以前的楼体老旧,垃圾任意堆放。和现在翻新的房子简直没法比。"8月5日,方阿姨站在雨湖区沿江东路滨江楼2栋前,对这栋刷新成深灰色的"新房子"赞不绝口。2015年上半年,湘潭市切实加大危旧直管公房提质改造力度,保障了住户居住安全。滨江楼2栋是直管公房,建于20世纪70年代,因建设年代久远,房屋出现屋面漏水、混凝土构件钢筋锈蚀等问题。为保证居住安全,2014年10月,市平政房管所对滨江楼2栋进行从外至内的大改造。6月底,滨江楼2栋基本竣工。湘潭市城区直管公房大部分建于20世纪六七十年代,使用年限久远,房屋破损严重。2015年来,湘潭6个房管所切实加大对这些危旧直管公房的提质改造力度。"雨湖区平政路十三总自立巷内的一栋建于新中国成立前的二层土木结构公房,自2014年11月份起,平政房管所对其进行了就地重建,目前已经竣工;岳塘区自建村12号的一栋平顶公房,因房屋漏水,岳塘房管所将屋顶换上石棉瓦,同时粉刷了外墙。"市房产局相关负责人介绍,为确保居民居住安全,这些直管公房经危房改造后,焕然一新。

【前8个月,湘潭政府性投资重点项目共完成投资189.5亿元】 2015年9月23日,从市十四届人大常委会第十九次会议上了解到,今年1—8月,湘潭市143个政府性投资重点项目共完成投资189.5亿元,为全年计划的56.6%,总体推进情况良好,但困难同样存在。

2015年共有143个项目纳入全市重点项目实施计划,年度计划投资335亿元,其中续建项目94个,占比78%。在项目类别上,更加注重基础设施和民生改善项目。其中,基础设施项目63个,主要包括湘江防洪景观道、北二环提质改造、九华大道北段、武广大道、鹤岭地区供水、沪昆湘潭北站和韶山南站、潭锰路等,年度计划投资187.2亿元。社会民生工程项目41个,主要包括保障性安居工程、农村危房、湘潭县中医院住院综合楼、教师周转宿舍等,年度计划投资80.7亿元。生态环保建设项目15个,主要包括竹埠港地区"退二进三"、锰矿矿山地质环境治理、河东污水处理厂、湘乡乡镇污水处理厂等,年度计划投资26.7亿元。

截至8月底,各项目总体推进情况良好。从项目类别看,产业发展、基础设施、生态环保、社会民生4大项目分别完成年度计划的43.8%、59.6%、41.4%、60.8%。一批事关民生改善的关键性项目快速推进。如,芙蓉大道二期(东二环)、北二环提质改造工程主车道提前通车;河东污水处理厂扩建工程顺利试水;河东污水处理工程配套管网河东大道段已竣工验收;农村安全饮水工程27处主体工程已基本完成,10月底可实现供水入户;长株潭互联互通工程(含九华大道北段、昭云路、武广大道、铜板路)年底可顺利通车。

【湘潭重点项目建设顺利推进　前三季度完成固定资产投资1151亿】 2015年面对严峻复杂的宏观经济形势,湘潭目前投资暨重点项目建设发展情况如何呢?10月23日,从三季度投资暨重点项目建设讲评会上获悉,2015年来,湘潭市委、市政府把抓投资、促项目作为稳定经济增长的关键举措,克服各种不利因素,确保了三季度投资暨重点项目建设顺利推进。1月至9月,全市完成固定资产投资1151亿元,同比增长19.4%,高于全省2个百分点,增速排名全省第三。全市318个重点建设项目,已产生投资项目285个,占项目总个数的89.6%;完成投资635.8亿元,为全年计划的72.2%。此外,2015年计划开展前期工作的重大项目有197个。截至9月底,197个重大项目中已有31个项目开工建设,42个项目完成审批,还有11个项目完成规划、国土、环评、能评等部分前期手续,19个项目完成可研编制或已委托编制可研。

【长株潭城铁铺架基地正式启用】 2015年11月4日,新建成的长株潭城际铁路铺架基地通过验收,正式开始启用。长株潭城际铁路铺架基地位于湘潭火车站内。中国铁建二十五局集团一公司长株潭铺架项目部负责人介绍,铺架基地承担着长株潭城际铁路全线的500米长钢轨条存放及铺设任务,计划存放长轨条60千米,道碴数万方及大量轨道扣配件。今后,铁路专用材料将通过基地源源不断的转运到施工现场。接下来,中铁二十五局将利用该铺轨基地,正式启动长株潭城际铁路范围内正线铺轨180.37公里、站线铺轨48.59公里、道岔22组、铺道砟57.1万立方的施工任务，确保长株潭城际铁路2016年年底如期竣工通车。

【昭山示范区四大民生项目集中开工】 2015年11月21日，昭山示范区集中开工棚户区改造集中安置区等四大民生项目。本次开工的四大项目分别为昭山棚户区改造集中安置区项目、美丽乡村水利和绿道项目、农村环境综合整治项目、“智慧昭山”一期工程。昭山棚户区改造项目总规划用地约541亩，完成新区建设面积40万平方米，安置4000余户，承载该区工矿、城市棚户区拆迁的住房安置任务，改善困难群众的居住条件。美丽乡村水利和绿道项目主要是对湘江昭山段的金江机埠进行扩容改造，对立新村境内长约3.1公里的渠道进行生态修复，并建设约3公里的自行车绿道，将重点解决湘江水系行洪安全问题，建成该区乡村旅游的示范项目。农村环境综合整治项目是对该区20个村开展饮用水水源地保护、农村生活污水和农村畜禽养殖污染治理工程，“智慧昭山”一期工程则包括云数据中心和智慧城市管理平台的硬件和软件建设。昭山示范区负责人介绍，这次开工的四个项目都是民生工程，将极大改善人民群众生产生活条件，极大提升湘潭北大门的城市形象，优化昭山招商引资环境，为重大产业项目落户腾出空间，为提升产业承载能力、加快经济社会发展注入新的活力。

【湘潭窑湾历史文化街区二期项目征拆启动签约】 2015年12月3日，湘潭召开窑湾历史文化街区二期项目动员大会，正式启动房屋征收签约工作。窑湾历史文化街区二期项目于9月10日启动，涉及征拆总建筑面积18605.82平方米，共110户，其中公产5户，私产105户。12月已全部完成入户摸底和测绘工作，已于11月30日公布分户价格评估表，公示期为5个工作日，公示期后全面启动签约工作。根据安排，2016年1月10日前，将完成全部房产的签约工作。备受关注的窑湾历史文化街区建设项目于2013年10月开工建设，12月已完成潭宝汽车站文物保护修缮及广场码头建设。唐兴桥、江山胜迹文物正在修缮，市政管网、唐兴渠水系改造和河街、酒吧街单体建筑正抓紧设计，运营招商工作也同步推进中，计划2016年10月一期工程实现开街。二期项目完成征拆后，也将陆续投入建设。

【湘潭河西沿江风光带万楼段启动建设　预计于2016年7月完工】 2015年12月8日上午，河西沿江风光带万楼段正式启动建设，挖掘机、工程车陆续进场，开始了基础施工，标志着湘潭的沿江风光带建设又向前迈开了一大步。河西沿江风光带万楼段项目自铁路桥到万楼主楼，全长700多米，宽42米，将建双线6车道，占地11.1万平方米，预计于2016年7月前后完工。风光带区域内的水渠、电线管网经改造、重设后，预计最快可于2016年下半年拉通。湘潭地产集团工程部相关负责人说，万楼段河西风光带将建设特色草阶、树阵广场以及挑空观景平台等，计划打造出一个多层次、高活力的生态滨水景观空间体系。万楼段全线拉通后，河西湘江风光带将向莲城大桥继续延伸。整个风光带建成之后，不仅能优化河西地区的交通网络布局，方便群众出行，同时将完善城市功能，提高防洪排涝能力，加快推进长株潭一体化进程。

【湘潭城区油气回收改造工作年底全面完成】 2015年12月11日，从湘潭市商务局了解到，经过3年的油气回收改造，目前湘潭市已有58座加油站、2座油库和中石化公司下属的16辆油罐车完成了改造工作。年底前市城区将全面完成油气回收改造任务，为大气污染防治交上一份圆满的答卷。油气回收改造工程是湖南十大环保工程之一。自2012年8月份开始，市商务局牵头组织环保、安监、质监、消防等部门以及湘潭中石化、中石油公司，针对油库、加油站和两大石油公司下属的油罐车开展油气回收系统工程建设，取得了显著成效。自2012年，湘潭市启动实施油气回收改造工作，各成品油经营企业投资，2014年底对中心城区的油库、加油站和油罐车进行了油气回收改造。2015年，这一工作推广到了城市区所有的乡镇。预计到2015年底，湘潭市城区油气回收改造工作可全部完成。

【湘潭杨梅洲大桥开工　城区又将多一条过江通道】 2015年12月30日，杨梅洲大桥、南北引线及西二环（一标段）项目正式开工，意味着湘潭将再多一条连接河东、河西主城区的大动脉。杨梅洲大桥、南北引线及西二环（一标段）项目北起羊牯大道与北二环交叉口，跨湘江杨梅洲与岚园路相接，南至建设路口，全长约10．6公里。南北引线及西二环长8．5公里，为城市一级主干道，规划路幅宽60米，道路设计时速80公里／小时。杨梅洲大桥桥长2．1公里，宽36米，双向六车道。桥型选用了以“韶峰湘水”为主题的双塔斜拉桥，为保护湘江及沿岸生态环境，采用了“一跨过江”的形式，体现城市发展与生态环境的共生融合。

目前项目招投标工作已经完成，将由中交第三航务工程局有限公司承建。项目总投资约30亿元，合同工期40个月。整个项目完成后，将拉通城市交通环线，大大缓解湘潭河东、河西中心城区的交通通行压力，方便市民的生活出行，并将有力带动雨湖新城发展。

城镇规划建设

【湘潭房屋征收面积创历史新高　保障重点工程项目推进】 2015年1月，湘潭市房产局征收处传出消息，湘潭市房屋征收面积2014年较2013年同比翻了一番，创历史新高，阳光征收取得成效，有力保障了省、市重点工程项目的全面推进。其中，大湖南路60天内签约率达98.2%，创湘潭市签约期内签约最高纪录。2014年，湘潭市城区实施的国有土地上房屋征收项目（包括结转和新启动）36个，其中新启动8个项目，涉及征收房屋面积82.2万平方米，公、私产3270户，全面完成了大湖南路、棚改4～5、羊牯大道、城际铁路、南岭南路项目、东二环等12个项目（片区）的房屋征收工作。“形成了1+6的征收政策体系，推出小型专场征收房源展示会，实行征收购房税费政府补贴政策，分步开发建设征收房源信息系统，这些都是湘潭市国有土地上房屋征收工作的宝贵经验。”湘潭市国有土地上房屋征收处相关负责人介绍，科学、和谐、贴心、高效、阳光的征收模式，让湘潭市征收工作稳步推进，助力湘潭市重点工程项目建设。

【湘潭2016年规划形成“十横九纵”公交专用道　里程123公里】　2015年1月5日，从湘潭市城乡规划局获悉，《湘潭市公共交通专项规划》已于年前编制完成，根据近期规划，到2016年，湘潭将规划形成“十横九纵”公交专用道网络，里程123公里。公交专用道是指在城市道路路段上通过特定的交通标志、标线或隔离设施等手段，限定该路段上的某一条或几条行车道只允许公共汽车以及部分特殊车辆在规定时间内使用，其他车辆禁止通行，以此为公交车辆提供道路优先通行权。设置公交专用车道，对于提升公交优先地位，提高公交出行效率有重要意义。

湘潭城区公交线网里程达207公里，目前仅在河东大道、吉安路设置公交专用道7.5公里，随着车辆日益增加和道路设施的不足，交通拥堵越来越严重，公交出行耗时长、效率低。为改变这一现状、提高公交出行的效率，湘潭市出台了《湘潭市公共交通专项规划》。规划结合客流走廊分布、大中运量公交及常规公交快干线规划、道路断面布局，近期（2016年）规划形成“十横九纵”公交专用道网络，里程123公里。具体线路布局“十横”为：长城路、奔驰路、学府路、北二环、环东路、羊牯大道至韶山路、河东大道、芙蓉路、凤凰中路至迅达大道、大鹏路；“九纵”为：建设路、车站路、江南大道、步步高大道、莲城大道、九华大道、双拥路、芙蓉大道至吉安路、海棠路。而到远期（2030年），将规划形成“21横21纵”的网络化公交专用道系统，总里程达到352公里。

【新版湘潭市行政区划图出炉　相关单位可免费领取】　2015年1月20日，从市民政局区划地名科了解到，最新版《湘潭市行政区划图》已经出版发行，大家的疑惑可以在行政区划图上找到答案。近年来，随着湘潭市城市建设步伐的加速，2005年出版的《湘潭市行政区划图》已经不能适应社会、经济快速发展形势以及现实生活的需要，改版迫在眉睫。自2008年以来，湘潭市先后进行了几次较大的行政区划调整。先是把湘潭县响塘乡、姜畲镇成建制划归雨湖区管辖；而后又把湘乡市龙洞镇7个村和金石镇2个村成建制划归韶山市管辖；2012—2014年，又先后撤销双马镇、板塘乡、霞城乡、昭潭乡、先锋乡、护潭乡建制设立街道，把响塘乡改为响塘镇的行政区划调整。2014年，湘潭市还开展了建制村合并工作，全市减少了299个建制村，整个全市的行政区划发生了较大的变动。在市管辖的行政区划调整后，市民政局区划地名科同省勘测设计院的工作人员一同对湘乡市、韶山市的界线进行了重新实地勘定，形成1∶5万的行政区域界线勘定图。2014年湖南省地图院运用了卫星影像数据和1∶5万的最新地形图数据资料及最新地理信息资料，运用专门制图软件技术，经过反复的校核，在2015年1月《湘潭市行政区划图》正式定稿出版发行。市民政局区划地名科负责人表示，新版行政区划图的出版与发行，不但有助于推动湘潭市的经济建设与国防建设，还能为湘潭市总体布局、发展及构想起到引领作用。

【湘潭第二次地名普查展开　将用近4年时间查清全市地名情况】　2015年2月4日，湘潭第二次全国地名普查工作暨加强地名管理工作会议召开。这项工作将延续到2018年6月底，湘潭将用近4年时间查清全市地名基本情况。据了解，1979年至1986年，湘潭按照国家统一部署，组织开展了第一次地名普查工作。近30年来，随着经济社会快速发展和城镇化进程的不断推进，地名情况发生了巨大的变化，地名数据不新、不全、不准的问题比较突出，迫切需要进行新一轮地名普查。按照全国统一部署和要求，湘潭第二次全国地名普查的范围是全市所有陆地国土。普查目标任务是：查清地名基本情况；对有地无名且有地名作用的地理实体进行命名；依据国家有关标准设置地名标志；建立和完善市级国家地名数据库；开展地名信息化服务。这次地名普查从2014年11月开始，至2018年6月30日结束，分三个阶段实施，普查标准时点为2014年12月31日。

【湘潭3个特色小城镇规划进入初审】　花石镇的湘莲、棋梓镇的水府庙、银田镇的银河，都是湘潭人民熟知的地方特色景观。2014年，湘潭决定在这3个镇启动特色小城镇建设。2015年2月5日，湘潭邀请多名专家和相关单位代表，对3个特色小城镇的整体专项规划进行初审。为积极推进以人为核心的新型城镇化，按照湘潭2014年《政府工作报告》要求，决定启动湘潭县花石镇、湘乡市棋梓镇、韶山市银田镇3个市级特色小城镇的建设工作，并出台了《湘潭市特色镇专项引导资金管理暂行办法》，成立了特色小城镇建设工作专家服务组，从项目申报、资本运作、城乡规划等方面提供服务和指导。2月，经过多次实地调研和讨论，3个特色小城镇的总体规划进入了专家评审程序。在当天的评审会上，评审专家对3套规划方案分别进行讨论，提出了各自的意见和建议。专家们表示，一是规划方案必须凸显重点，切忌大而全，定位必须明确。如韶山银田的红色乡村休闲游规划设有10个旅游点，分段式排列，却缺少了核心景区，没有重点特色；二是应注重外围和内部的交通便利设计，尤其景观区应遵循入城快、城内慢的设计原则，便于旅客观光；三是要遵循“两型”设计理念，遇山留山，遇水留水，保护好自然资源；四是城镇产业开发和发展设计，尤其是主导产业的规划应进一步细化和加强；五是设计方案的各个细节都应从实际出发，切忌理想化。

【湘潭公布2015年318个重点项目名单　其中100个新建项目】　2015年3月3日，全市投资暨重大项目推进工作会议上，确定2015年全市重点建设项目名单，这批项目共318个，总投资800亿元。从公布的项目名单看，这批项目与历年一样，涵盖了产业项目、基础设施项目、生态环保项目和民生社会项目。其中，有100个新建项目，218个续建项目，形成了以续建项目为主的项目建设格局。重点项目建设，将继续发挥对全市经济发展的“领头羊”作用。

100个新建项目，主要围绕事关湘潭产业转型发展、城市扩容提质、生态环境和民生改善等重要领域，杨梅洲大桥、吉利新能源汽车、斐讯韶山云计算大数据产业园、湘潭河西中心港物流园等均在其列。依托100个重点工程，统筹协调300个建设项目的快速推进，确保完成投入800亿元以上，努力实现重点工程建设由重速度、重数量管理向重效益、重质量的转变。备受关注的杨梅洲大桥，将在2015年启动前期工作，计划在2017年竣工。杨梅洲大桥建设项目是湘潭重要的跨江通道基础设施之一，桥长1900

米。建成后将连接河西片区和河东片区，是湘潭路网的重要组成部分。有新建，也有竣工或达产。50个项目计划在今年竣工扫尾。根据安排，2015年湘潭重点选取中国（中部）国际商贸城（一期）、湘潭中心大厦、东二环、河东污水处理厂扩建工程等项目，计划2015年实现竣工。同时，力争实现屹豐汽车（一期）、泰富重工（二期）、韩国梨树、威胜电气产业园一期等30个项目投产达效。产业项目往往发挥稳增长的支撑作用，促使经济运行总体平稳。根据安排，2015年的185个产业项目，包括87个工业类、83个服务业类和37个农业类项目。湘潭综合保税区产业配套项目，2015年主要开展基础设施、标准厂房、物流仓库及可可国际仓储物流、品新科技等产业项目建设。计划2015年完成一期扫尾工程，启动二期项目，启动部分入园企业项目建设。湖南金阳农产品商贸物流中心、神龙丰物流园、湘潭蔬菜食品物流配送中心综合配套区等服务业产业项目的建设，将进一步促进湘潭市现代物流的发展。农业类产业项目中，盘龙现代农业示范园项目，计划2015年完成风情购物街、休闲度假酒店、老湘潭十八总风情水街、休闲渔业基地、农耕园、中小学生教学体验区的建设。届时，更多人将涌入那里休闲度假。

70个基础设施建设项目，城市、交通、园区基础设施分别占37个、27个、6个。湘江风光带建设项目仍然是基础设施建设的一大重点。2015年，湘江风光带建设将分为湘江防洪景观道路九华段、河西滨江风光带 I 标段（铁路桥至大埠桥）、河东风光带（上瑞高速至三大桥）、湘江防洪景观道路万楼段、湘江防洪景观道路湘潭县段（凤凰东路至银杏北路）建设、湘江风光带昭山段、湘江防洪景观道路高新段（二大桥至青年路）。其中，河东风光带（上瑞高速至三大桥）、湘江防洪景观道路高新段（二大桥至青年路）为今年新建项目。

长株潭城际铁路湘潭段及站场配套建设项目将进一步推进。其中，长株潭城际铁路建设湘潭段项目，2015年将建暮云至湘潭火车站城际铁路，湘潭境内长23公里。长株潭城际铁路湘潭段站场配套项目，项目包括昭山站、荷塘站及板塘站规划范围内的站前广场、道路、公交站场、停车场、绿化等配套基础设施，以及商业配套设施等。两个项目2015年均计划完成省下达任务。此外，各县市区的农村公路建设项目，计划2015年完成400公里公路建设。

15个生态环保项目助力“两型”建设。15个生态环保项目，将继续助力湘潭“两型”建设。根据计划，竹埠港地区重金属污染治理和搬迁工程（“退二进三”工程），计划2015年在竹埠港地区对重污染化工企业实现征收、拆除整体搬迁，并对搬迁后的企业厂区和周边区域重度受重金属污染土壤进行生态修复。

其他续建项目包括水府庙生态环境保护工程及配套建设项目、湘潭锰矿区矿山地质环境治理示范工程、湘江排水口（铁牛埠段）整治工程、河东污水处理工程配套管网等。同时，一些新建项目被列入计划。河东第二污水处理厂岳塘区段管网配套建设、湘潭县第二污水处理厂及污水管网建设、截污干管工程、生态护坡专项和城市绿道工程、南天化工厂受污土地综合治理、湘乡市乡镇污水处理厂建设均在其列。

48个民生社会项目惠及民生。48个民生社会项目，涉及保障性安居工程、危房改造、大学校园新区建设等医教文卫各个领域。

以保障性安居工程项目为例。根据计划，2015年湘潭市计划完成廉租房市本级3个项目，共2439套，总建筑面积15．7万平方米。公租房2500套建设。城市棚户区6000户，国有工矿棚户区500户。一系列新建项目备受关注。这些项目包括2000户农村危房改造、高新区农居点建设、市疾病预防控制中心综合楼（公共卫生服务中心）、医护人员周转宿舍建设项目、教师周转宿舍建设项目、湖南科技大学校园新区建设、湖南工程学院校区扩建市民之家、市档案馆、四大桥桥头公园建设、云盘社区公园等。

【湘潭2015年将完成三大规划任务　修改城市总体规划】　2015年，湘潭在规划工作上将重点完成三大任务，打造新的亮点和实现新的突破，城乡规划对城市建设和经济社会发展的导向和支撑作用将进一步强化，为建设美丽湘潭描绘新蓝图。

剑指三大任务。2015年，湘潭规划工作将着重从进一步健全规划体系、提升管理效能和强化规划监管等方面服务于社会经济、城市建设和民生。具体任务包括城市总体规划修改、规划审批化繁为简、规划批后全过程监管。在健全规划体系上，作为湘潭2015年规划工作头等大事的《湘潭市城市总体规划（2010—2020年)》修改工作已启动。同时，《国家新型城镇化规划（2014—2020年)》《湖南省推进新型城镇化实施纲要（2014—2020)》2014年相继出台后，湘潭市的《集镇布局规划》也已在酝酿之中。办理规划审批更方便快捷，这将是湘潭2015年在规划工作上通过进一步提升管理效能后，给市民带来的最直观感受。

在强化规划监管方面，湘潭也将有一些新变化。一是实行规划批后全过程监管。今后将对开工项目的基础管线等地下隐蔽工程、正负零、主体过半、主体完工、竣工规划条件核实5个阶段进行跟踪管理，从而强化规划执行刚性。二是健全规划实施机制和监督机制。其中一个突出变化是，在项目竣工验收阶段，今后将坚持“先环境、后建筑，先设施、后主体”的原则进行验收，以保证项目总体的品质、景观效果和公共服务设施配套到位。

湘潭市城市总体规划修改将是亮点之一。《湘潭市城市总体规划（2010—2020年)》实施几年来，有效指导了湘潭的城市建设。但随着国家宏观政策的调整实施，湘潭市国家级、省级开发区的批准设立、区域内重大基础设施的建设并投入使用，以及市域行政区划的调整，湘潭市社会经济发展面临许多新情况、新问题，2010年版总体规划中的土地利用、空间布局，已难适应湘潭市城市发展建设的需要。因此，这次修改主要着眼于在中心城区发展空间及用地性质上实现突破，并确保总体规划修改成果的超前性、科学性、实用性、可操作性。把关注点放在湘潭市民普遍关心的过江难问题上，则是2015年湘潭规划工作另一个值得期待的亮点。目前，湘潭正在做宝塔路过江通道选址论证和杨梅洲大桥选址论证。在不远的将来，随着这两处新的过江通道的打通，湘潭过江交通拥堵问题将得以缓解。此外，在2015年，大家期盼已久的规划展示馆也将正式开馆。根据计划，“三馆”（规划馆、博物馆和党史陈列馆）

将于2015年11月30日前试运行，12月26日正式运行开馆。规划展示馆的正式开馆后，将在提高公众参与规划的水平和提振市民对于城市发展的信心等方面发挥积极作用。

【湘潭土地利用总体规划完善调整稳步推进】 湘潭市国土资源局相关负责人2015年3月27日透露，目前，湘潭土地利用总体规划完善调整工作正按计划进度稳步推进。这次覆盖全国的土地利用总体规划完善调整工作，要完成合理调整耕地和基本农田保护，合理确定建设用地规模，更新完善土地利用总体规划数据库等多项任务。湘潭将依据土地调查和规划评估成果，结合"十三五"规划发展要求，在保持土地利用总体规划基本稳定前提下，优化土地利用结构布局，保障土地管理制度改革和生态文明体制改革，落实最严格的耕地保护制度和节约用地制度，服务新型城镇化和城乡统筹发展，促进全市经济社会又好又快发展。根据《湘潭市土地利用总体规划（2006—2020年）》调整完善工作方案要求，2015年3月底前湘潭根据国家下达的规划指标，结合规划实施评估成果，启动市级土地利用总体规划调整方案编制工作，7月底前将提交市级土地利用总体规划调整方案初稿，征求相关市直部门意见。12月底前全面完成全市各级土地利用总体规划的调整完善工作。到2016年6月底前，要完成规划数据库更新和报备工作。

【湘潭城市管理三大举措推进市容改善　将规划建设一批公园】 经过全市上下的艰辛努力，2015年，湘潭获得了"全国文明城市提名城市"荣誉称号。湘潭市委市政府提出，要用三年时间争创全国文明城市。创全国文明城市，基础设施建设非常关键。在城市绿化品质建设方面，湘潭将大手笔规划建设一批公园绿地。市城管执法局负责人透露，2015年，湘潭将重点推进宝塔公园、张家浸生态公园、云盘公园、爱劳渠带状公园、一级撇洪渠带状公园建设。2015年，云盘公园将完成公园主体工程建设，争取完成投资5530万元。新建5个社区公园，完成投资950万元。同时，启动湘潭植物园、杨梅洲公园的筹备建设工作。继续开展城市绿荫行动，抓好城郊结合部、老旧小区、背街小巷等的绿化提质改造，实施公园、小游园增绿补绿工程，提升城市主次道路绿化水平，加快芙蓉大道、步步高大道、羊牯大道等城市出入口道路的绿廊绿道建设，计划完成投资2000万元。为方便市民绿色出行，减少汽车尾气带来的环境污染，湘潭市将加快步行和自行车交通系统建设。2015年，将继续在全市范围内（含高新、九华、昭山）实施步行和自行车专用车道的改造、建设工作，计划改造和建设长度100公里；启动雨湖、岳塘、高新三个片区的公共自行车租赁系统建设，年内完成投资6000万元，真正实现主城区的绿色出行，完善城区慢行道路系统。此外，在基础设施建设方面，湘潭还将在城区灯饰照明、老旧线路改造、环卫设施提质等方面加大投入，为创文达标夯实基础。

【湘潭布局"一轴一带"经济走廊　勾画融合发展新蓝图】 2015年召开的湘潭市第十四届人大三次会议上，湘潭市委副书记、市长胡伟林在《政府工作报告》中提出：2015年要重点布局"一轴一带"经济走廊，积极融入长江经济带。"一轴"即湘江高端服务创新产业轴。指依托湘江黄金水道，对接长沙湘江新区，以湘江两岸为核心空间，布局滨江经济。在这一区域内，重点发展金融、商务、现代物流、科技创新、文化创意、休闲旅游等高端服务业。"一带"即环线经济带。指依托湘潭目前已建成的北二环和即将建成的东二环，整合环线区域的产业、科教、区位优势，培育连接长株潭3座城市，贯串湘潭高新区、湘潭经开区、昭山示范区、天易示范区、岳塘经开区、雨湖工业集中区6大园区及多所高校的环线经济带。在"一轴一带"经济走廊发展战略中，"一轴"侧重于发展高端服务业，"一带"重点发展工业和生产性服务业，两者错位发展，形成互补优势。市政府研究室负责人表示，"一轴一带"经济走廊布局成功之后，这一区域经济规模将占到全市的70%左右。产业规模的适度集中，将形成新的经济增长带和增长极，这不仅为湘潭市经济转型发展积蓄能量，更为全面融入国家长江经济带打好了基础。

【湘潭2015年首批PPP项目发布　涉及项目45个总投资389亿元】 2015年4月20日，湘潭市政府和社会资本合作（以下简称"PPP"）项目发布会在长沙召开。湘潭市政府对外重点推出了首批45个PPP项目，总投资389亿元，涉及市政基础设施建设、社会事业、生态环保、文化旅游等多个领域。PPP模式，意为政府与社会资本合营模式，是深化财税体制改革，也是创新投融资方式、激活社会资本的一种新举措和新途径。湘潭市是全省推广运用这一模式的首批试点城市。2014年，湘潭经开区污水处理厂一期工程和湘乡市城市污水处理厂项目还分别被列为国家、省首批PPP示范项目。当天，湘潭共现场发布PPP项目45个，包括市政基础设施项目23个，社会事业项目11个，生态环保项目8个，文化旅游项目3个。其中，投资额1亿元以上的有38个，占项目总数的84.5%。在这45个项目中，湘潭市还选择了13个社会关注度更高、预期收益更稳的项目，作为全市PPP重点示范项目予以发布，希望通过这些项目的示范带动，为湘潭市今后更广泛地应用这一模式形成相对统一、可复制的经验。

名词解释：PPP。PPP是英文"Public-Private-Partnership"的简写，指政府部门（Public）通过与社会资本（Private）建立伙伴关系（Partnership），也称公私合作模式。在该模式下，鼓励私营企业与政府进行合作，参与公共基础设施等的建设。

【新版《长株潭城市群区域规划》发布　湘潭增5个潜力示范区】 巧借"长江中游城市群"的发展契机，助力湘潭发展。2015年4月23日，从湘潭市两型办获悉，日前省人民政府正式批准实施《长株潭城市群区域规划（2008—2020）》（2014年调整），湘潭经济社会长远发展迎来新契机。这份2014版新规划根据2013年国家提出的"长江中游城市群"和依托长江建设中国经济新支撑带的区域纵深发展战略，在基本延续了2008版规划的空间层次和结构的基础上，通过完善目标指标、优化战略路径、强化行动工程、注重机制创新等方面对2008版规划进行了调整和深化。市两型办相关负责人介绍，新规划对湘潭的发展定位、核心区范围进行了优化，对湘潭市的空间发展方向、产业及交通布局进行了完善，对湘潭经济社会发展造成重要影响的内容进行了调整和提升，新增了杨河、雨湖、韶山、白石至花石至乌石、湘乡经开区五个潜力示范区，并重点强调了湘潭市在长株潭城市群一体化、两型社会发展转型、绿心的创新发展、示范区的两型发展等方面的重要作用。下一阶段，各县（市）区、高新区、经开区、示范区，各市直部门将通过各种方式和渠道组织学习、加强宣传贯彻落实区域规划，以新规划为指导调整完善相关市域规划和专项规划，并要认真落实规划的内容和要求，整理策划重大项目、重要政策，作为指导十三五规划和建设的重要依据。

【湘潭经开区谋划5年内打造“南北双核”主商圈】 2015年5月9日，从以“新中心 新九华 新未来”为主题的湘潭经开区商业网点发布会暨促进现代服务业发展对话研讨会上了解到，湘潭经开区将在5年内打造一个以步步高·新天地为核心的南商圈和以生态型城市客运枢纽为核心的北商圈，共同构筑起经开区的主商圈。

会上重点探讨的湘潭《经开区商业网点规划》（以下简称《规划》）分为近期和远期，近期为2015—2020年，主要发展九华南商圈和高铁新城商圈。九华南商圈覆盖北二环、伏林路、九华大道、江南大道合围的区域。该商圈将主要以现有商业设施为基础，布局大型购物中心、百货店、大型超市、商业步行街等商业设施；重点面向中高端消费人群，发展家电超市、高档餐饮、星级酒店、大型影城、商务中心、KTV等休闲娱乐设施。高铁新城商圈则在以生态型城市客运枢纽为核心，以现代商业商务休闲服务为主导功能的城市北部启动区。2020—2030年的远期发展则将打造经开区北部片区兴隆湖商圈。在南片区商圈中，步步高·新天地具有商业航母般的商业价值。该项目是集大型购物中心、国际时尚商业街区——九华大街、国际五星级喜来登酒店、5A写字楼、两型智慧住宅、国际公寓等业态，是汇聚购物、休闲、娱乐、文化、餐饮、商务、居住多功能为一体的139万平方米的世界生活元素体验之都和长株潭中心CBD。

【湘潭“十三五”规划基本思路初步形成】 当前，湘潭经济发展进入新常态，面临的机遇前所未有，面临的风险和挑战也前所未有。“十三五”时期（2016—2020年）是湘潭市经济社会发展进程中非常关键的五年，是确保湘潭提前全面建成小康社会、加快建成全国“两型社会”示范区、实现经济发展方式取得实质性转变的重要五年。因此，“十三五”规划具有特殊重要的地位，编制好“十三五”规划意义重大、影响深远。

为编制好“十三五”规划，湘潭结合实际，充分发挥各方面积极性，以职能部门“自行研究”和援引外脑“委托研究”的方式，对38个重大课题进行了攻关行动，为“十三五”规划的编制工作提供了智力支撑。其中部门研究课题有28个，由相关责任单位研究本领域、本行业要解决的主要问题和突出矛盾，提出发展路径和战略举措。其中，市发改委负责研究湘潭“十三五”发展目标及指标体系、高新技术产业和战略性新兴产业发展思路及对策、投资增长和结构优化、节能降耗形势及对策等；市经信委负责研究工业结构调整和转型升级；市商务局负责研究开放型经济发展、现代流通产业发展；市农办负责研究现代农业发展；市科技局负责研究自主创新体系等。此外，为了突出规划的前瞻性和全局性，湘潭市尝试跳出传统模式，援引外脑，对10个综合性重点课题开展了“委托研究”。市发改委选聘了省社科院、湖南师大等研究单位，对湘潭“十三五”经济社会发展战略和发展思路、全面建成小康社会难点与对策、产业转型升级、新型城镇化发展、城市空间发展战略、深化经济体制改革、综合交通运输体系发展、教育强市、城乡统筹、长株潭一体化视角下湘潭城市定位与融合发展等10个课题进行了深入研究，借助外脑的力量，输入智慧，支撑湘潭市“十三五”规划的编制工作。同时，湘潭市还通过课题研究和前期调研，精心筛选、论证、包装、储备了700多个重大项目，为今后五年发展储备了强大动能。目前，这些课题已全部结题并形成了高质量的研究成果。

“规划规划，纸上画画，墙上挂挂。”一直以来，规划尤其是中长期规划难以落地的现象，给人们留下了不良印象。为避免“十三五”规划重蹈覆辙，成为能落地、能操作的好规划，这次的编制工作在大量调研的基础上，对工作方式方法予以了创新。首先强调了四个字：问题意识。在规划编制工作会议上，市里主要领导多次强调，要利用“十三五”规划编制的契机，强化问题意识、坚持问题导向，对发展不充分、不协调、不平衡等深层次问题进行系统研究。先找问题、症结、短板，再对症施药，在这种逆向思维的工作方法下，“十三五”规划编制更具合理性。

在处理政府和市场的关系上，这种问题导向得到充分体现。中长期规划是政府工作的主抓手，以往的规划或多或少存在一些政府错位、越位的现象，对市场经济发展带来了不良约束。对此，湘潭市在“十三五”规划编制中，对政府和市场的定位予以了明确界定。总的说来，是坚持政府“不越位、不缺位”的总原则，凡是市场机制能够充分发挥作用的领域，就少编或不编规划，减少不必要的政府干预。政府主要针对关系发展全局而且存在市场失灵的重要领域编制规划，明确战略意图、重点任务、重大布局和重大政策。而且，规划也只着眼于引导市场主体的行为，引导资源配置的方向，是以市场为基础进行规划，而不是代替市场发挥作用。

“开门办规划”，广泛听取社会各界的意见，也是这次编制的一个创新。为全面反映社会各界的真实想法与发展愿望，市发改委不仅听取专家、学者的意见，更是广开言路，以网络、微信留言和热线电话的形式，广泛听取群众的意见和建议，以更为亲民的形式拉近规划与市民的距离，也缩短纸上规划与实际操作的距离。通过形式多样的意见征集，“神秘莫测”的规划编制工作走下了神坛，成为市民心中有、口中谈的大众话题，在全市形成了人人都关心、个个都参与的良好氛围。

【未来3年，湘潭将建多个大型客运枢纽】 2015年8月7日，从市交通运输局了解到，从2014年12月份开始，市交通运输局就在积极筹备，市级层面成立了专门的领导小组和工作机构，积极与各相关部门沟通协调，推进示范城市创建的开展。

湘潭位于长株潭区域内，基础设施网络条件发达。在综合客运枢纽基础设施建设方面，客货枢纽体系初步建成；在铁路方面，湘潭火车站及湘潭北站、韶山南站均建设完成；在道路客运方面，湘潭市共有道路客运站场74个，对促进城乡客运的发展起到了重要的支撑作用；在公交衔接方面，已开通城市公交与铁路客运站的衔接，以湘潭火车站为首末站的公交线路共有8条；以湘潭北站（高铁站）为首末站的公交线路现有5条；途经湘潭西站、长途汽车站的公交线路有18条。根据交通建设部要求，综合运输服务示范城市建设实施时间为期3年，示范城市要按照要求制定实施方案和分年度计划。市交通运输局相关负责人介绍，在目前基础上，根据“十三五”的政策走向和要求，目前正在考虑启动湘潭河西公共客运总站、湘潭河东公共客运总站以及荷塘客运枢纽站等建设。目前，韶山客运枢纽站已经动工建设，年底将竣工。湘潭火车站配套的中心公路客运站已完成征地拆迁工作，开始动工建设；正开展汽车东站货运站场的选址工作，为汽车东站搬迁做好前期准备。一力公路物流港建设进展顺利。

“通过综合运输服务示范城市的创建，有利于进一步提升湘潭的城市品位，提高城市竞争力，促进经济社会发展。”陈荣说，未来3年，湘潭市综合运输服务水平提升的愿景为：依托长株潭城市群的发展，以综合运输枢纽为基础平台，立足湘潭，面向区域，打造中小城市综合运输服务的样板，致力于为旅客提供灵活、便捷的一体化出行服务，为企业提供高效、绿色的货物联运服务，从而创造更加切实而长久的经济社会价值。具体目标为：打造适应长株潭城市发展的，以市区为核心，县市为中心，乡镇为节点，村镇为末梢的功能完善、层次分明的综合运输服务体系，不断提高综合运输服务的社会感知度和公众满意度。

【湘潭“十三五”规划意见征集受广泛关注　已收到500余条】　编制“十三五”规划，是2015年湘潭的一项重点工作。为提高规划编制工作的社会关注度、参与度，湘潭采取各种形式征集意见和建议，实施“开门办规划”。从2015年5月份开始的网上征集意见活动已经取得明显成效，网友们纷纷为湘潭“十三五”规划建言献策，提出了宝贵的意见。截至10月20日，湘潭市发改委已经收到建议和意见500余条，涉及城市发展、产业布局、文化旅游、交通建设、社会保障等方方面面，为规划编制工作起到了有效的借鉴作用。“十三五”时期（2016—2020年）是湘潭市经济社会发展进程中非常关键的五年，是确保湘潭提前全面建成小康社会、加快建成全国“两型社会”示范区、实现经济发展方式取得实质性转变的重要五年。因此，“十三五”规划具有特殊重要的地位，编制好“十三五”规划意义重大、影响深远。为编制好“十三五”规划，湘潭市结合实际，充分发挥各方面积极性，不仅以职能部门“自行研究”和援引外脑“委托研究”的方式，对38个重大课题进行了攻关行动，还广开言路，以网络、微信留言和热线电话的形式，广泛听取群众的意见和建议，以更为亲民的形式拉近规划与市民的距离，也缩短纸上规划与实际操作的距离。网上意见征集自2015年5月正式启动以来，受到广泛关注和踊跃参与，社会各界人士和市民群众纷纷参与其中，以各种方式对湘潭“十三五”经济社会发展战略和发展思路、产业转型升级、综合交通运输体系发展、教育强市等方面提出了自己的看法和意见。

【湘潭县完成乡镇总体规划修编　打造现代宜业宜居生态文明县域】　2015年11月30日，从湘潭县城乡规划局了解到，根据省、市政府三年完成乡镇总体规划修编任务的精神，从2013年开始，湘潭县按照“城市现代化、农村城镇化、城乡一体化”的要求，以全、精、实、准为标准，如期完成所有乡镇总体规划的编制工作。湘潭县乡镇总体规划修编立足于建设“现代壮县、幸福莲乡”，打造一个以县城为核心、中心镇为骨干、立体交通网络完备、市政设施完善，具有莲乡特色的现代宜业、宜居生态文明的县域规划。规划部门以争创全国文明县城为契机，按照生态园林城市、宜业宜居城市、“海绵城市”和“智慧城市”的建设理念，加强对县城和各乡镇标志性建筑、重要节点、重要街区的城市景观设计，从功能布局、交通组织、文化传承、景观塑造、开发强度、高度引导、建筑风格、生态空间给予重点谋划，着力提升城市景观品质。在充分学习借鉴周边省市在推进城乡一体化、新型城镇化和特色小镇、美丽乡村建设、传统村落保护工作中的好经验、好做法的基础上，湘潭县规划部门以花石、石潭、乌石、白石等乡镇为重点，以建设“宜业宜居宜游”的美丽乡村为目标，务求“绘”全、“绘”美、“绘”精、“绘”实“美丽莲乡”蓝图。与此同时，以乌石景区为龙头，以齐白石故居等人文旅游景点为依托的旅游规划编制工作也在顺利推进，根据这一规划，湘潭县将着力打造“红色旅游、水墨乡村、文化胜地、生态养生”的魅力莲乡。

湘潭县还将利用五年时间完成全县各乡镇中心村村庄规划编制工作。

【湘潭初步确定“十三五”旅游规划方案　打造国际旅游目的地】　2015年12月11日，从湘潭市旅游外事侨务港澳局了解到，目前湘潭“十三五”旅游规划已初步确定，其总体定位为将湘潭打造成为以红色文化为核心，以湖湘文化、湘军文化、艺术文化、生态文化为特色的国际旅游目的地。并力争到2020年，全市接待国内外游客达到4500万人次，旅游总收入达到400亿元。市旅游外事侨务港澳局负责人介绍，“十二五”期间，湘潭通过打造毛泽东成长之路、盘龙大观园一期工程、窑湾文化旅游街区等旅游项目，以及建立与运营智慧旅游系统，启动湘潭市旅游服务信息中心建设等方式，带动了旅游产业的快速发展，促进了湘潭市旅游经济效益逐年提高。据统计，5年来，湘潭市旅游总人数和旅游总收入均得到大幅度提升，分别从2010年的1634.65万人次和94.79亿元增加到2014年的3096.4万人次和190.6亿元。下一个五年，湘潭市的旅游业发展格局可概括为“一核、一龙头、二轴、六区。”其中，湘潭市将重点发展红色旅游、美丽乡村旅游、健康养生游、研学旅游、老年旅游等旅游新业态，扩大旅游购物消费，抓好昭山乡、银田镇、白石镇、花石镇、壶天镇、环韶山核心景区周边乡镇等地乡村旅游开发和建设，创建一批特色旅游名镇、特色旅游名村以及乡村旅游区（点），以适应多元化的旅游市场，为游客提供多样化的市场需求。

两型产业建设

【1月1日起湘潭居民生活用天然气执行阶梯价格】　2015年为引导居民合理用气、节约用气，确保居民基本用气需求，促进天然气市场可持续健康发展，湘潭市根据湖南省发改委的统一部署，自2015年1月1日，正式执行居

民生活用天然气阶梯价格。

本次居民生活用天然气阶梯价格执行范围为天然气管道直达的区域，目前，湘潭市城区及湘潭县属于天然气管道直达区域。居民生活用气阶梯价格共分为三档，第一档：年用气量在390立方米（含），即月用气量32.5立方米及以下，执行现行的居民生活用天然气价格（2.45元/立方米）；第二档：年用气量390立方米以上至600立方米（含），即月用气量32.5立方米以上至50立方米（含）的，第二档气价为现行居民生活用气价格的1.2倍，即2.94元/立方米；第三档：年用气量600立方米以上的，即月用气量50立方米以上的，第三档气价为现行居民生活用天然气价格的1.5倍，即3.68元/立方米。居民生活用天然气阶梯价格以年度为周期，购气量额度在周期之间不累计、不结转。

对于学校、养老福利机构（经民政部门批准设置的）等执行居民气价的非居民用户，暂不执行阶梯气价，气价按居民生活用气价格的1.1倍执行，即：2.7元/立方米。对民政部门核定的特困户和低保户，每户每月免收6立方米的天然气费。

【湘潭构建数据管理“集散地”　已建成10余家二级数据中心】　2015年1月从有关部门获悉，湘潭市纪委和市委宣传部的二级数据中心分别成立，成为湘潭10余家二级数据中心的一员。湘潭数据管理又多了两个“集散地”。在大数据时代背景下，如何提升数据管理效能和利用价值，是政府部门的一项重要任务。市档案局积极作为，主动承担数据管理职能，率先在全国成立了市级档案数据中心，并努力构建起一个“市级数据中心”与多个“二级数据中心”的层级管理框架。围绕档案和数据的“收、管、用”，湘潭采取“分散存储，集中管理”的管理模式，通过各二级数据中心，将管理的触角伸展至全市各个角落。自2012年湘潭市档案数据中心成立以来，市档案局在机关、经济园区、专业档案馆和大型企事业单位积极推进数据中心建设，现批复成立了湘潭县、雨湖区、岳塘区、湘乡市、韶山市、湘潭经开区、城建档案馆、高新区、宣传部、纪委等10余家二级数据中心。在功能上，两级数据中心合理分工，由湘潭市数据中心负责市直部门及大型企业、院校等单位的数据管理工作，并具体指导各二级数据中心开展工作；各二级数据中心负责本行政区域内各部门、相关机构等的数据管理工作，建立数据管理台账，并交市数据中心集中管理。1月市本级档案数据中心存储容量达到12T（字节单位），数据存储量1T。湘潭县、湘潭经开区、高新区等部分二级数据中心也取得较好的工作成效，全市各数据中心数据存储总量达到12．7T。

【市委经济工作会议解读湘潭经济新常态】　2015年1月9日，从市委经济工作会议上获悉，2014年，面对下行压力加大的经济形势和艰巨繁重的改革发展稳定任务，湘潭实现地区生产总值1595．3亿元（预计数）。质量效益不断提升，财政总收入159．3亿元，增长10%。与以往不同，当下“新常态”成为统领市委经济工作会议的主题词。通过各级各部门的努力，2014年湘潭市实现规模工业增加值820．1亿元，增长11．0%。其中，高新技术产业增加值占规模工业增加值的比重已达50%，居全省第二位。为全面贯彻省政府“一号重点工程”，早日还湘江一湾清水，2014年，市委市政府以壮士断腕的勇气，舍弃了45亿元的工业产值和1.12亿元的财政收入，全面关停了竹埠港地区28家化工企业。2014年，湘潭市自主创新平台建设获得突破进展。市政府与驻潭3所本科院校签订产学全面合作协议，全市研发（R＆D）经费占生产总值比重居全省第一，每万人拥有专利数居全省第三，全年取得省级以上科技成果120项，74项成果进入产业化阶段，实施自主创新战略取得初步成效。2015年，湘潭市主要预期目标是：地区生产总值增长9%，公共财政收入增长9.5%，固定资产投资增长20%，社会消费品零售总额增长13%，城镇居民人均可支配收入增长10%，农民人均纯收入增长11%。

【湘潭综保区春节前后封关运行　致力打造外向型经济新平台】　2015年1月12日，湘潭综合保税区召开经济工作会议，安排部署今后一段时间目标任务，其中“今后3～5年主要经济指标要保持年均30%以上增幅”的目标格外引人注意。自2013年10月，湘潭综合保税区启动建设以来，目前，基础建设有序推进，招商引资初显成效，省级层面的验收已顺利通过，只等1月下旬国家各部委正式验收后，春节前后即可封关运行。无论从园区性质，还是运营管理，对湘潭而言，综保区都属于新兴事物，未来3～5年要实现年均30%的增长谈何容易。但是湘潭综保区负责人表现出了足够的信心和底气。这位负责人介绍，今后，湘潭综保区将锁定3项重点工作，致力成为区域性对外开放大平台。一是加快培育先进制造、电子信息、食品加工、玩具生产等行业和产业，促进产业升级，发展高端制造业。二是发挥保税仓储、国际中转等功能优势，推进钢铁、有色、矿石、工业设备等大宗原材料商品集散、交易，并建设茶叶、茶油、湘莲、生猪及猪肉制品等特色农产品出口基地。三是推动实体商业与电子商务相结合，建设进口商品展示交易中心，打造国际保税名品商城。

【大型红色旅游系列纪录片《红色地标》在韶山开机】　2015年1月13日下午，大型红色旅游系列纪录片《红色地标》开机仪式在韶山毛泽东广场举行。《红色地标》是首部围绕全国红色旅游经典景区及所在地进行分集创作的大型红色旅游系列文献纪录片。以寻访革命遗迹，宣传红色文化，弘扬革命传统，加强爱国主义和社会主义核心价值观教育为目的。本片将采取实地拍摄、人物访谈、情景再现等方式，集中展现中国共产党在各地的光辉历史和今天的巨大变化，展示红色旅游发展10年的成就与经验，进一步挖掘各地丰富的红色文化资源，促进红色旅游持续健康发展。《红色地标》计划拍摄50集，每集30分钟，拍摄完成后将在中央电视台及各地电视台陆续播出。作为全国三个一号工程之一、四大革命纪念地之一，韶山在全国红色旅游中具有标志性意义和价值。2014年6月，湘潭（韶山）红色旅游融合发展示范区获批，是全国第一个红色旅游融合发展示范区。未来三年，示范区将建设红色旅游、生态旅游、休闲度假游等旅游业态相互融合的旅游产业发展新格局，全力打造中国红色旅游第一品牌。

【政府买单为8家企业购买专利保险】　2015年1月15日，从湘潭市知识产权局获悉，为切实加强知识产权保护，规避知识产权侵权风险，推进专利保险试点工作，湘潭为2013—2014年度获得中国专利奖、湖南省专利奖的8

家企业 12 个专利项目，投保了专利执行保险，承保金额共 45 万元。知识产权发生侵权行为时，企业往往要支付高昂的取证、诉讼等维权费用，这严重制约着经济的健康发展。企业购买专利保险，投保人或企业在保险期间所产生的维权费用可由投保公司承担。2013 年，知识产权部在全国范围内推广专利保险，由于投保费用较高，截至 2014 年底，湘潭只有平安电气、三峰数控两家企业主动投保。为了进一步服务企业，市知识产权局决定为 12 个优秀专利的保险费用“埋单”，其中最高保单为宏大真空的“大面积抗反射导电膜连续磁控溅射镀膜生产线”项目。截至 2015 年 4 月，全市有 10 余家企事业单位投保专利执行保险，承保金额共 61.8 万元。市知识产权局相关负责人介绍，政府部门全额“埋单”专利保险费用的方式比较少见，其他地区都是按 80%、60%等比例进行补贴，此次投保主要目的是希望能够起到“抛砖引玉”的作用，让企业投保行为从获赠到主动，从少数示范到全面覆盖，从而促进全市企业核心技术不断增多。

【湘潭将打造全国最大海泡石生产基地和科研实力最强研发基地】 2015 年 1 月 21 日上午，第一届中国海泡石新材料产业研讨会在湘潭鑫田国际大酒店召开。来自全国各地的近百位知名专家、学者和行业相关人员齐聚伟人故里，共同探讨中国海泡石产业发展方向和技术动态，为海泡石产业的发展出谋划策。海泡石属特种稀有非金属矿，具有吸附、脱色、隔热、绝缘、耐腐蚀、抗辐射等性能，广泛应用于涂料、油漆、油墨、造纸、铸造、环境保护、国防科工等多个领域。目前世界上已探明储量约为 8000 多万吨，中国海泡石已探明储量 2600 万吨。中国海泡石 90%分布在湖南，湖南海泡石 80%以上分布在湘潭。湘潭市境内探明储量为 2000 多万吨，远景储量在 3000 万吨以上，约占世界探明储量的 25%，其中湘潭杨家桥至石潭地区是全国最大的海泡石矿集区，矿带长达 16 公里，湘潭堪称“中国海泡石之都”。海泡石已成为湘潭非金属矿优势矿种，发展潜力巨大。

【湘潭获批国家现代农业示范区　成为全省率先整市推进创建单位】 2015 年 1 月 25 日，从农业部传来消息，湘潭被确定为国家现代农业示范区，成为全省率先整市推进的创建单位，全市农业现代化迈入新的发展阶段。农业部对申报整市创建的国家现代农业示范区有五大要求：党委政府高度重视，农业现代化水平较高，改革创新举措扎实，区域代表性强，示范作用明显。湘潭市是全国“两型社会”建设综合配套改革试验区核心成员，久负“金湘潭”盛名，且现代农业优势明显，特色突出，完全符合这五大要求。自 2013 年起，在市委市政府的正确领导下，由市农业局牵头，其他相关职能部门大力配合，历经一年多的精心筹备和组织，湘潭市创建国家现代农业示范区工作顺利通过了省人民政府和农业部层层筛选。

【湘潭县茶恩竹木工业园获批省级农业特色产业园】 2015 年 1 月 26 日，从湘潭县获悉，茶恩竹木工业园获批湖南省现代农业特色产业园省级示范园，并获得省财政 100 万元专项资金支持。湘潭县茶恩寺镇楠竹资源丰富，竹林面积达 6 万亩，闻名全国的茶恩竹木制品市场位于该镇茶恩村护湘关 107 国道两厢、占地近 500 亩，是集生产加工、产品陈列和批发交易于一体的大型竹制品市场。2014 年，依照湘潭县“一区带多园”总体发展战略，该市场成功晋级为湘潭天易示范区竹木工业园。截至 2015 年 1 月，该园区共有竹木加工企业 69 家，其中省龙头企业 2 家，市龙头企业 2 家，产品畅销国内和港澳地区。

【创业带动就业成绩突出 7 家企业获岳塘区 20 万补贴】 2015 年 1 月 27 日，岳塘区发放 20 万元给区内 7 家企业，作为创业带动就业示范单位招收就业困难对象岗位补贴。今年，岳塘区还将有 10 家企业享受这一补贴。就业一直是岳塘区的大事，也是难事。2014 年，岳塘竹埠港地区企业关停后，影响到 1.2 万人就业，其中失业人员 6000 多人。岳塘区通过扶持创业带动一批，鼓励企业吸纳一批、公益岗位帮扶一批、提前退休安置一批的方式，努力促进该区域人员创业和充分就业。

为了进一步扩大就业，岳塘区正努力打造创新创业“硅谷”，以创新创业带动就业。岳塘正合力为下岗失业人员、大学毕业生、返乡创业者等各类创业主体开辟绿色通道，实行优先咨询、优先受理、优先登记、优先办证，最大限度降低注册公司门槛和创业成本，取消和调整了一批行政审批项目。同时，岳塘区从支持方式、扶持对象、贷款贴息、项目申请、税费减免等方面，落实了一系列优惠扶持政策，并建立了以信息服务、技术服务、培训服务、市场服务、政策服务为主要内容的创业支持和服务体系。

【湘潭高新区重奖科技人才 7 人获奖 65 万元】 2015 年 1 月 31 日，湘潭高新区召开 2015 年工委经济工作暨奖励大会，1 名科技领军人才、3 名科技骨干人才、2 名高级技能人才和 1 名大学生优秀创业者受到表彰，奖金总额 65 万元。

2015 年 1 月，高新区出台了《湘潭高新区人才奖励办法》。办法规定，该区人才奖励共设立科技领军人才奖、科技骨干人才奖、高级技能人才奖、大学生（海外留学人员）创业奖等 4 个奖项，前两个奖项分别给予 20 万元和 10 万元的奖励，后两个奖项分别给予 5 万元的奖励，人才奖励每两年进行一次。通过前期的宣传发动，收集资料，评审组对参加申请的人才进行了初审、复审、专家答辩、考察公示等多个环节，最终产生了该区出台人才奖励办法后的首批获奖人员。其中，湘电风能公司技术副总经理龙辛主持完成的多个科技项目均取得重大突破，在高新区新能源产业发展中起到了技术引领作用，获得本次的科技领军人才奖。此外，湘潭高新区 2014 年还出台了《湘潭高新区高层次人才生活津贴办法》等系列政策，对符合条件的企业人才发放每月 2000～5000 元不等的生活津贴。截至 1 月，已有 9 名人才进入了考察环节。

【明确定位精准招商　湘潭综保区招商推介会开进深圳】 2015 年 2 月 3 日，湘潭综合保税区在深圳举行电子信息及物流行业专场招商推介会，向与会的深圳华强集团、深圳中兴供应链、品新科技等 50 家企业发出诚挚邀请，希望到综合保税区进行商务考察，投资兴业。湘潭综合保税区是湖南省第二家、长株潭目前唯一的综合保税区。自 2013 年 10 月启动一期建设以来，目前，综合服务中心、电子信息平台、监管仓库等 7 个必检项目已按要求全部完成建设，并于 2015 年 1 月 28 日正式通过由海关总署牵头的国家10部委联合组成的验收小组的验收，预计春节后正式封关运行。作为海关特殊监管区域，湘潭综合保税区享有“保税、免税、退税、征税”等系列特殊政策。规划之初，湘潭综合保税区即明确了“四区一中心”的定位，将加快建设区域性外向型高端制造业集聚区、现代国际物流区、配套服务样板区、改革创新先行区和进口商品展示交易中心。而随着沪昆高铁的开通，湘潭综保区交通区位优势也进一步凸显，具备了形成大商贸、大流通格局的优越条件。更值得一提的是，电子信息产业及现代物流业目前均已列入湖南及湘潭重点发展和扶持的产业行列。湘潭综保区发展电子信息产业及现代物流业的产业优势十分明显。

【湘潭成立现代农业产学联盟 促进现代农业产业发展】 2015年2月13日，湘潭现代农业产学联盟在湘潭生物机电学校成立，全市80多家高校、企业、单位代表参加成立大会。湘潭现代农业产学联盟是以服务现代农业为宗旨，以行业为依托，以涉农专业建设、人才培养、项目开发为纽带，以校际交流、校企合作和工学结合为基本形式，以资源共享、合作育人、集团化办学、构建湘潭农业教育体系和农民培训体系为主要目标，在湘潭市农办和教育局的指导下，由湘潭生物机电学校牵头，联合湘潭市范围内办有涉农专业的职业院校、农业类行业协会、农林牧渔相关企事业单位和其他社会团体，按照平等、互利的原则，自愿组成的多法人联合体和非营利性社会组织。湘潭现代农业产学联盟的成立，可实现设备、技术、教学等方面的优势互补，资源共享，形成现代农业产业链，进一步提高湘潭现代农业职业教育的质量和效益，全面增强成员单位的市场竞争力，促进湘潭现代农业产业发展和社会主义新农村建设。

【湘潭“春风行动”新春首场招聘会举行】 2015年2月28日，由湘潭市人社局举办的2015年“春风行动”暨“就业援助”招聘会在这里举行，吸引了众多城镇就业困难人员和农民朋友前来求职。76家企业进场招聘，提供岗位7675个。当天，也是市人力资源市场整合后的“首秀”。湘潭市将多年来各自运行的人才市场和劳动力市场统一为人力资源市场，并于春节前整合到位。受经济形势影响，大型国企以及房地产企业没有出现在招聘会上，现场的招聘单位以中小微企业为主，提供的岗位主要是制造行业的普工、技工，其次是服务行业的业务员和服务员。招聘会吸引了2000多名求职者前来应聘，达成就业意向的有300多人。湘潭2015年“春风行动”暨“就业援助”专场招聘会共有45场，持续到3月底，广大求职者可以到各个县（市）区、园区的招聘会现场挑选岗位。

【湘潭“艾爱国工作室”获评全国示范性劳模创新工作室】 2015年3月23日，在江苏出差的艾爱国得知以自己名字命名的劳模创新工作室获评“全国示范性劳模创新工作室”，非常开心。这也是湘潭唯一一家获此殊荣的劳模创新工作室。65岁的艾爱国是湘钢集团首席焊工技师，早在1989年就被评为“全国劳动模范”。2008年，湘钢投资1100万元，由艾爱国领衔成立了“艾爱国劳模创新工作室”，工作室共7人，成立以来，为湘钢攻克100多项焊接技术难题，改进焊接工艺100多项，创造直接经济效益6000多万元。同时，工作室积极做好“传帮带”工作，这些年艾爱国和他的团队带过的徒弟不下600名，培养焊工技师和高级技师100余名。2014年，工作室还获得“全国机械冶金建材系统职工创新工作室”、省“职工（劳模）示范创新工作室”荣誉称号。目前湘潭市共有21家劳模创新工作室，发挥了较好的示范引领作用。接下来，中华全国总工会将来潭考察，并根据考察情况，给予“艾爱国劳模创新工作室”15至30万元不等的资金支持。

【湘潭市宝庆商会举行5周年庆典 探讨“互联网+”】 2015年3月30日下午，“互联网+”邵商发展高峰论坛暨湘潭市宝庆商会五周年庆典活动在华银国际大酒店举行。湘潭宝庆商会自成立以来，坚持以“立足湘潭、情系邵阳、面向全国”为追求，以促进会员企业“互通有无、资源共享、优势互补、合作互赢”为目标，精准定位，以文推商，快速融入湘潭社会、经济、文化的大发展之中。5年来，商会积极参加省、市领导调研、各种论坛、经贸考察、展销招商、产品推介、市场调研等活动。通过组织商务考察、项目对接、专题汇报等，商会共引进项目20多个，引进资金近50亿元。

【湘潭吹响创建国家现代农业示范区号角】 2015年3月31日，湘潭市委农村工作暨创建国家现代农业示范区动员大会召开，正式吹响湘潭创建国家现代农业示范区的号角。国家现代农业示范区是以现代产业发展理念为指导，以新型农民为主体，以现代科学技术和物质装备为支撑，采用现代经营管理方式的可持续发展的现代农业示范区域。与传统农业相比，现代农业具有生产专业化、经营产业化、管理企业化等多项特征。近年来，湘潭市按照率先实现城乡统筹发展、率先实现全面小康的目标与要求，加大对“三农”工作的关注与投入，全市农业农村工作形势总体向好。2014年，全市农林牧渔业增加值达132亿元，同比增长4．3%；农民人均纯收入达14092元，增长11．2%，并成功申报创建国家现代农业示范区。为不断提升农业现代化水平，进一步推动湘潭市农业农村的可持续发展，2015年，湘潭市将正式启动国家现代农业示范区创建，计划用6年时间，把湘潭发展成为全国“两型”现代农业先行区、都市高效生态农业示范区和旅游休闲农业引领区，实现农业强、农民富、农村美，力争到2020年，湘潭市现代农业发展水平全省领先。

【湘潭扶助中小微企业专项行动启动 “智力”帮扶金融支持双管齐下】 2015年4月15日至16日，由湘潭市经信委组织的“走进园区、走进企业”中小企业管理思维与管理提升培训，分别在湘乡市中小企业创业孵化基地和天易示范区举行，有约400名企业管理者参加培训。这次“智力”帮扶活动，拉开了2015年湘潭扶助中小微企业专项行动的序幕。这次培训班具有较强的针对性，邀请了企业团队训练专家，北大清华总裁班特邀培训师刘易民讲授企业管理思维和管理技巧。与此同时，为了解决中小微企业融资难的问题，市经信委还在培训结束后，组织了专场银企对接，为中小微企业提供融资服务。截至4月湘潭约有2600家中小微企业，2015年将实现“全市非公经济增加值同比增长10．5%以上，工业中小企业增加值同比增长11%以上，新增规模企业30家，新创办各类小微企业500家”的目标。市经信委负责人介绍，2015年将全面落实各项惠企政策，进一步加强中小企业服务体系建设，做实、做专、做优市中小企业公共服务，重点抓好中小企业产业指导、管理咨询、技术创新、融资、上市、培训、市场开拓等方面的服务，不断提高工业企业的整体素质，促进工业持续稳定发展。

【湘潭积极推动中小微企业挂牌“新三板”】 2015年4月23日，湘潭中小微企业“新三板”挂牌培训和创新创业投资对接会在梦泽山庄举行，相关部门负责人和100多家中小企业老总参加了培训会。这是继全市银行贷款产品对接会以来，湘潭推出的又一次有力的金融帮扶。这次培训和对接会由市政府主办，市经信委、市金融办、市工商联、市产业投资发展集团承办。培训邀请全国中小企业股份转让系统有限公司发展部经理顾筝筝和中国投资证券有限责任公司北京分公司副总经理李彦平，为大家讲解关于股权转让和资本市场等方面的知识。培训结束后，湘潭“新三板”挂牌后备企业的负责人与创业投资机构的投资专家进行了交流。

解决中小企业融资难、融资贵的问题，湘潭已出台了一系列金融帮扶举措：政府财政每年预算安排500万元，设立发展资本市场引导资金，对于申请在上海或者深圳证券交易所挂牌上市的企业分阶段进行补助；对成功借壳上市、境外上市的企业进行补助；对申请进入全国中小企业股份转让系统和在湖南股权交易市场及经批准的其他区域性股权交易市场挂牌融资超过一定额度的企业进行补助；对上市公司再融资进行补助等等。

【湘潭高新区一季度经济“开门红”】 从高速增长转向中高速增长，从结构不合理转向结构优化，从要素投入驱动转向创新驱动，经济“新常态”下，湘潭高新区经济发展依然给力。2015年4月28日，从湘潭高新区了解到，一季度园区经济运行总体平稳，各大经济指标实现正增长，收获“开门红”。1—3月，高新区预计实现技工贸总收入222.2亿元，同比增长11%；工业总产值153.3亿元，同比增长9.2%；规模工业总产值99. 6亿元，同比增长5.7%；规模工业增加值30.5亿元，同比增长7.7%；固定资产投资40.1亿元，同比增长48.8%。新能源装备成新的高新名片。受国家新能源战略和企业技术领先的双重利好，湘电风能今年一季度产销创历史新高，实现工业产值8.14亿元，同比增长84.6%。依托湘电风能的带动作用，湘电新能源、世优股份、铁姆肯等30余家上下游配套企业，累计完成产值超过20亿元，基本实现了16%左右的较高增速。在受政府融资政策收紧，基础设施投资下降的基础上，高新区投资继续保持较高增速。工业项目1—3月完成投资19.5亿元，占全区总投资46%，同比增长43.8%。三产项目方面1—3月完成投资5.4亿元，同比增长89.6%。另外，高新区矿山装备、钢材深加工等传统制造产业，则积极谋求提质转型，成效初显。如专业提供矿山瓦斯管道的双马新材积极向天然气、市政管网发展，1—3月产值同比增长40%。

【湘潭窑湾历史文化街区建设有序推进 文物保护与商业开发相映生辉】 2015年5月4日，在湘潭窑湾历史文化街区工地看到，施工人员正按照修旧如旧的原则细心修缮唐兴桥。这座连着市区与窑湾正街的古桥，在文物专家的指导下，经过能工巧匠的精雕细琢，其原貌逐渐清晰，即将成为窑湾老街遗存历史记忆中的经典作品之一。城发集团旗下的湘潭城乡历史文化投资发展有限公司（以下简称“城文投公司”）负责人介绍，窑湾历史文化街区建设项目是湘潭一项民生工程、文化工程和窗口工程。项目于2013年10月开工建设，现已完成潭宝汽车站文物保护修缮及广场码头建设。改造后的潭宝汽车站广场恢复了历史景观，赢得广大市民的赞誉，已经成为附近市民茶余饭后休闲的好去处。潭宝汽车站及广场建成后，城文投公司开始了唐兴桥的文物保护修缮工作。唐兴桥是湘潭现存最古老的石拱桥，距今已有300多年历史。该桥原名壶山桥，因东侧的唐兴寺（现已不存在）而改名。桥身系单孔石拱结构，桥长13米，桥宽6米，净跨12米，桥栏柱头饰以狮、象、鹿、兔等动物，形态生动，惟妙惟肖。

【湖南成立高铁旅游推广联盟 在韶山启动中国旅游日主题宣传活动】 2015年5月19日是第五个中国旅游日，湖南省政府在湘潭韶山毛泽东广场举行了“争做文明游客，畅游快乐湖南”主题宣传活动。这天，沪昆高铁湖南穿越之旅推广联盟和首个湖南省大学生文明旅游志愿者劝导队成立。沪昆高铁湖南穿越之旅推广联盟突出区域联合旅游，打造高铁经济带，沪昆高铁沿线的长沙、株洲、湘潭、娄底、邵阳、怀化等6市参与旅游优惠政策项目。这天，湖南省14个市州齐推公益惠民措施，各大旅游区推出系列优惠措施65项。韶山毛泽东故居，宁乡刘少奇故居，怀化粟裕故里免费或优惠向公众开放。张家界大峡谷景区对全球19岁以下（含19岁）中小学生免费开放，持续到2015年年底。娄底辖区景区，2015年游客可凭借沪昆高铁票（六市沿线出入站均可）和身份证在三日享受半折优惠；老年游客（男游客60岁以上，女游客55岁以上）凭沪昆高铁票（六市沿线出入站均可）和身份证在五日内免票游览。湖南各市州在这天都将开展各种形式的“5·19”中国旅游日宣传活动，为游客和广大市民提供优质、优惠服务，进一步推动湖南旅游产业又好又快发展。

【湘潭银企融资对接 现场签约118亿元】 2015年5月26日，湘潭第十二届银企融资对接签约会在华银国际大酒店举行。24家银行与35家企业的40个项目现场签约，签约金额达118亿元。2014年以来，面对复杂的经济金融形势，湘潭金融部门迎难而上，积极作为，不断加强与企业的对接，加大信贷投放力度，2014年新增贷款168. 63亿元，为湘潭经济发展做出积极贡献。此外，委托贷款、票据等表外业务快速发展，短期融资券、中期票据、非公开定向融资工具等直接融资不断扩展，全市社会融资规模总量达到248.96亿元，多元保障了全市经济增长的资金需求。2015年，湘潭市金融部门保持信贷总额合理适度增长，一季度，全市贷款存量和增量继续保持全省排名第二。本届银企融资对接活动，共促成108个项目达成年度融资意向297.19亿元。现场安排集中签约项目40个，签约金额118亿元。重点突出了项目对接、产业对接和园区对接三个层次的融资对接。其中，重点项目方面，全市各银行业机构与21个中央、省、市重点项目签署新增融资协议83.6亿元，占集中签约总金额的70%；产业经济方面，各银行业机构与24个大中小型企业签署新增融资协议39.8亿元；园区经济方面，各银行业机构与8个园区项目签署新增融资协议28亿元。

【湖南“港洽周”湘潭收获丰富　签约7个项目总投资213亿】　香港是湖南重要的经济伙伴，从20世纪80年代湖南（香港）投资贸易洽谈会首次在香港举办以来，“港洽周”已成为港湘经贸交流合作的重要平台和载体。2015年5月31日至6月3日，两年一届的“港洽周”再次开启。带着对促发展、促转型的渴望与决心，湘潭市委副书记、市长胡伟林率领湘潭代表团前往香港，借力“港洽周”平台，积极宣传推介湘潭，拜访重要客商，学习先进经验，开展了一系列卓有成效的招商引资和学习考察活动，进一步密切了与港企之间的多层次联系，为湘潭未来发展再添新动力。“港洽周”期间，在随省代表团参加威胜电子公司考察、香港工商界知名人士恳谈会、香港新市镇规划建设考察及经验座谈会等活动之余，胡伟林还率队密集拜访会见了三湘集团、浦发银行（香港）、民生银行（香港）、工银国际、黄河集团、威胜集团、富力集团、隆平高科、中国华茂（邵氏）控股集团有限公司等多家企业高层，深化彼此了解，发掘更多合作发展机会，为促成或深化双方合作打下坚实基础。在6月2日举行的湖南（香港）农产品精深加工与贸易对接会上，湘潭县获重点发言推介机会。为确保效果，会前，湘潭县专门针对这次活动，制作了繁体字版本的PPT，新的宣传光盘和投资指南等等，周到的准备给众多港商留下了良好印象，为接下来的合作奠定坚实基础。湘潭市江冶机电、银河新能源、尚泰测控、方棱聚氨酯等4家企业也带项目参加了长株潭国家自主创新示范区科技项目（香港）推介会，向与会企业推介自身，并与多家港企进行对接和会谈。最终，经市商务局统计，这次“港洽周”，湘潭经精心筛选，共发布含长潭城际铁路昭山站综合交通枢纽工程建设、湘潭火车站片区开发建设等多个项目在内的招商项目42个。签约光伏发电等7个项目，总投资213亿元。

【湖南金融生态评估结果：湘潭居市州第三　韶山排县市第一】　2015年7月20日，湖南省金融生态评估课题组会同人民银行长沙中心支行，发布了2015年湖南省金融生态评估结果。综合排名中，位列前五的市州依次为：株洲市、长沙市、湘潭市、岳阳市和永州市；县市排名前50名中，韶山市居首位，浏阳市、耒阳市、长沙县、华容县分别排名第2至第5名。据湖南省金融生态评估课题组牵头人、湖南大学金融学院教授彭建刚介绍，2015年湖南金融生态评估得分为72.47分，较上年上升3.9个百分点。此外，2015版湖南金融生态评估报告公布范围增加了经济基础、金融运行、司法环境、行政环境、信用环境、金融服务环境6个单项排名前3位的市州和前10位的县（市）。岳阳、株洲、永州等三市获得市州司法环境单项排名前3位，而信用环境前3位的市州依次为株洲市、湘潭市、永州市。

【湘潭今年获批引智项目26项　获经费资助168万元】　2015年7月29日，从湘潭市外国专家管理局了解到，2015年度湘潭共获批国家级、省级引进国外智力项目26项，获得引智专项资助经费168万元，位居全省第二。其中国家级引智项目6项，资助经费56万元；省级引智项目20项，资助经费112万元。近年来，国家和省外国专家局不断加大对湘潭市引智工作的支持力度，重点资助湘潭市国家级、省级引智示范单位（推广基地）和国家级园区、企业海外工程师、管理精英、惠农技师和两型社会建设大师等项目。2015年，市外国专家局指导引智单位积极申报、突出特色和重点，精心组织申报材料；邀请省局领导到重点企业现场考察，增进省局对湘潭市企业引智项目的了解等措施，积极做好各类引智项目申报，争取到国家和省级更大力度的经费资助。湘电集团有限公司成功获批国家级引智成果示范单位，这是继市家畜育种站后第二家列入国家级的引智单位。至此，湘潭市在全省5家国家级引智成果示范单位（推广基地）中占得2席，引智工作已成为服务经济建设的有力抓手，为湘潭市引进高端人才、攻克行业难题、突破技术创新等方面提供了强有力的智力支撑。

【潭机电一体化产业基地在崛起中跨越发展　规模企业达500多家】　10年前，湘潭机电一体化产业基地获批国家火炬计划特色产业基地。10年后，机电产业已成为湘潭一大支柱产业，占全市工业产值的70%以上，形成了电机与电控设备、新能源装备制造、矿山装备制造、车辆及关键零部件制造等为特色的产业集群。目前，基地拥有机电类规模企业500（全市883家）多家，高新技术企业91家，可生产42大类2000多个规格机电品种和1120余种机电新产品，其中有17个机电主导产品平均市场占有率已超过35%，并出口东南亚及世界各地。新兴企业看准了“老基地”上人才多、经验足、名气大和环境好等优势，纷纷上马项目。基地以湘潭高新区为核心载体，辐射区包含九华经开区等。拥有68种机电产品，机电产业初具规模，是全市乃至全省机电产业和高新技术产业发展的相对密集区，它形成了以新型城市公交电动客车、电动轮自卸车、塔式起重机、振动式压路机、高效低噪节能风机等为代表的高新技术特色产品群，集聚形成了一批技术水平高的高新技术。基地在充分发挥老工业基地优势的基础上，经过转型升级和产业优化，重点培育了泰富重工、湘电重装等一批实力强劲、具有较强影响力的先进矿山装备制造产业龙头企业；湘电风能、铁姆肯、江麓机电、崇德科技、新新线缆等新兴的风力发电装备制造整机和关键零部件骨干企业；湖南吉利汽车、江南奥拓轿车、江麓机电、江滨机器、威斯特、湘电莱特等整车和关键零部件制造为主体的汽车产业企业。

【湘潭高新区主攻“新能源+精钢材”】　两个特色产业园区工业总产值比重近年连续上升，2015年上半年，已占全区工业总产值的56%，规模工业总产值、规模工业增加值等主要经济指标均实现17%以上增长。”2015年6月初，我省在湘潭举行“湖南省特色产业园”授牌仪式，湘潭高新区被授予“新能源装备特色产业园区”和“精品钢材及精深加工特色产业园区”。湘潭高新区以风电装备为核心的新能源装备产业从无到有、从小到大，科技竞争优势不断凸显。以湘电集团、湘电风能为龙头的风电产业集群异军突起。该产业集群在国内有很大竞争优势。其中，5兆瓦海上风力发电为国内首创。目前，园区已拥有迅达科技、崇德科技、铁姆肯、华菱线缆等骨干企业，2014年实现规模以上工业总产值288亿元。湘潭钢铁集团是国内线、棒材和宽厚板专业生产优钢企业之一，也是全国仅有的6家能生产管线板产品的企业之一，在品种、品质、品牌上具有母材优势。湘潭高新区以湘潭钢铁集团作为钢材深加工产业上游企业，着力打造精品钢材及精深加工特色产业园。园区现有钢材深加工企业22家，占湘潭市深加工钢材企业的52%。湘潭高新区还将继续培育新能源装备的龙头项目，强势推进两大特色产业园建设，照“工业园区化、园区产业化、产业集群化”思路，按照产业链分工实现集群发展，促进产业转型升级，全面提升工业整体发展水平。到2020年，争取实现600亿元的产值。

【湘乡5大项目集中签约　投资总额11.2亿元】　2015年10月，湘乡市举行招商引资项目集中签约仪式，5大项目涉及投资总额11．2亿元。此次集中签约项目分别为城市生态环境建设及旅游开发项目、水府交通物流园项目、洁源生物能源科技项目、博裕塑业项目以及教学设备与实验仪器生产项目，5个项目总投资达11.2亿元。近年来，湘乡市深入实施“工业强市、开放兴市、产业立市”发展战略，紧紧围绕打造“长株潭重要工业基地”，突出财源抓项目，围绕民生促发展，举全市之力加快对外开放步伐，招商引资硕果累累。特别是近两年来，该市以园区建设为平台，以招商引资为抓手，以优化环境为重点，形成了政通人和、亲商爱商的良好氛围，大批上亿元的项目接踵而至。2015年前9月，湘乡市引进市域外资金29．6亿元，为该市经济社会持续健康发展注入了新活力。

【湘潭经开区创新创业园获评“全国青年创业示范园区”】　2015年12月，共青团中央下发《关于命名第二批“全国青年创业示范园区”的决定》，湘潭经济技术开发区创新创业园喜获殊荣，成为本批次中湖南省唯一入选的园区。2015年，湘潭经开区创新创业园新增入园企业51家，完成年度绩效目标的204%；实现技工贸总收入20．5亿元，完成年度目标的170．8%；实现工业总产值13亿元，完成年度目标的144．4%；完成税收收入4500万元。湘潭经开区管委会设立创新创业扶持资金，以提供创业启动资金或创业贷款贴息的形式，专项用于扶持自主创业项目和小微企业发展。经开区还为符合条件的创业者提供租金补贴、参展补贴、“创业之星”奖励等优惠政策。创新创业园的青年创客是主要受益者。与此同时，经开区创新创业园搭建平台、聚集资源，增强创业企业的“造血功能”。创新孵化服务平台，成立“九华创客汇”，为创客们免费提供办公场地及孵化服务；创业者可免费使用“智慧九华”众创平台，免费发布众创项目。引进西南证券、长沙银行、人保财险等金融机构，为企业提供各种金融服务创新活动载体，有针对性地开展专题讲座、培训、项目路演、分享会、推介会。

两型技术产品

【经开区泰富重工项目入选省产业技术创新十大标志性成果】　2015年1月，湖南省加速推进新型工业化领导小组办公室、省经济和信息化委员会对外公布2014年度湖南省产业技术创新十大标志性成果。泰富重工长距离大运量圆管带式输送机项目获此殊荣。据介绍，目前我国在冶金、矿业、建材、港口等行业中普遍采用普通槽式带式输送机，输送距离仅为5千米，输送能力不足1000吨／小时。国外设计制造商在技术方面对我国进行封锁，且产品价格高昂，开发5千米以上大运量输送机属国内首次开发。泰富重工长距离大运量圆管带式输送机具有高生产效率、低运行能耗、低噪声、低成本等显著优点，填补了国内技术空白。泰富重工作为散料装卸输送成套装备、海工装备和港口机械的专业制造商，具有很强的自主创新能力和加工制造能力。公司每年将销售收入的3%以上投入到技术研发，截至2015年1月公司已申请专利63项，已授权31项，其中发明专利3项，实用新型专利26项，软件著作权2项。

【全市首台自助办税终端机亮相高新地税】　2015年1月，湘潭市首台自助办税终端机在高新地税安装使用。自助办税终端机，是湘潭地税按照国家税务总局“便民办税春风行动”要求，依托现代化信息网络，推出的又一项便民服务举措。终端机的启用能够有效减轻纳税人负担，提升纳税服务质效，让办税更加快速、便捷，同时还能减轻办税服务厅的压力，提高工作效率。纳税人通过自助办税终端机，不仅可以自行申报缴税款、打印完税证、开具个人完税证明等，它还能有效缓解纳税人重复排队、多窗口办理的拥堵局面，实现办税业务分流。

【湘潭高新区企业双马新材料荣获中国煤炭工业科学技术二等奖】　2015年2月，从湘潭高新区获悉，在中国煤炭工业协会科技发展部主办的“中国煤炭工业科学技术奖评审”工作中，湖南双马新材料科技有限公司申报的“煤矿瓦斯抽采用聚乙烯覆层螺旋焊接波纹钢管的研制”项目喜获二等奖。这是该公司的第一个省部级奖励，也是全国煤矿行业内唯一一个获奖的湘潭企业。煤矿瓦斯抽采用聚乙烯覆层螺旋焊接波纹钢管的研制项目由湖南双马新材料和湖南科技大学合作承担，项目产品于2008年开始研究，2011年获国家发明专利授权，2012年开始投入市场，经冀中能源有限公司、丁集煤矿、山西大同煤矿等各大型煤矿的使用，市场反响良好。至2014年年底共产生1．8亿元的销售收入，净利润2000余万元，上缴国家税收500余万元。评审专家组认为，聚乙烯覆层螺旋波纹钢管相比于前几代瓦斯抽放管道，项目产品重量比普通钢管轻便，形体结构固定，环刚度、抗负压强度高，内外特殊ＰＥ覆层保护内部钢管不生锈，耐腐蚀，抗静电性强，冲撞摩擦无火花，阻燃性能好，是从瓦斯抽采管路源头上杜绝安全事故的新一代瓦斯管。专家组的肯定让“煤矿瓦斯抽采用聚乙烯覆层螺旋焊接波纹钢管的研制”项目在来自全国各煤炭企事业单位、科研院所、高等院校的807个项目中脱颖而出，被评为科学技术类二等奖。

【高新区大唐湘潭电厂余热利用项目进展顺利】　2015年3月12日，财政部中国清洁发展机制基金管理中心专家组来高新区考察该项目，有望带来6000万元的贴息贷款。湘潭高新片区能源综合利用示范项目，是利用大唐湘潭电厂生产过程中的余热蒸汽向高新区域的生产企业、商业区、行政办公区、医疗服务区、高档住宅小区等区域提供集中供冷、暖及生活热水服务的建设工程。项目规划布局为6个片区，共19个能源站点，总体分6期进行开发。3月12日，该项目业主单位湘潭高新集团的工作人员向财政部中国清洁发展机制基金专家组汇报了项目基本情况，面对面回答了专家组成员的提问，接受专家组关于贷款相关问题的审核。随后，专家组还赴大唐湘潭电厂进行了实地考察。大唐湘潭电厂目前有两台30万千瓦发电机组和两台60万千瓦超临界发电机组，满负荷运行的发电功率可达180万千瓦。对于火电厂燃料产生的总热量转化过程来看，只有40%左右能量转变为电能，而其余大部分的热能通过锅炉排烟或者循环水排热而被浪费。因此，按项目一期工程利用电厂余热20万吨蒸汽计算，即项目整体工程实施后年可节约20万吨蒸汽，折成标煤年可节约标煤25720吨。作为“两型”示范园区，湘潭高新片区能源综合利用示范项目的建设，将综合利用这部分热能，既可以减少能源的消耗，又能减少由于排热对环境造成的热污染及水质污染，具有较好的经济效益和社会效益。

【高新区企业湖南能创“节能减排器”获国家权威机构认证】 2015年3月19日，高新区企业湖南能创环保科技有限公司收到了《中国质量万里行》市场调查中心寄来的证书。该公司生产的“PCV节能减排器”，经国家质量监督检验部门检测合格，被列入2015年国家权威检测质量合格产品展示活动。公司自主研发的“PCV节能减排器”能最大程度保护发动机，减少排放，更能节油，已获国家发明专利授权。他说，质量是企业生存和发展的基本条件，公司从设计到生产、售后都以质量为中心，狠抓细节。公司成立一年来，先后发展了广东东莞、湛江分公司，其产品得到成千上万车主的认同和推广。2015年3月，“PCV节能减排器”还获得中国质量检验协会授予的“全国质量检验稳定合格产品”和“全国质量信得过产品”荣誉证书。2014年，该产品还荣获“全国交通运输绿色循环低碳建设推荐产品”证书。身为专利发明人的周伟波，因其在节能减排领域的贡献，于2014年国庆被授予“新中国建设功勋人物”，并被邀请参加国庆庆典。

【湘潭电力部门试点新技术　线网检测将不用停电】 2015年3月23日，国网湘潭供电公司相关负责人透露，随着2015年公司开展“以带代停”（以带电检测代替停电检修）对比检测工作，全市居民和用电单位将能切实享受到更稳定的电力供应。国网湘潭供电公司是湖南省“以带代停”5个试点单位之一。据了解，带电检测技术是一种在不停电状态下，对供电设备状态量进行现场检测的重要技术手段。由于检测时无须停电，测试灵活高效，能最大程度减少停电时间，节约停电成本。3月18日，国网湘潭供电公司组织带电检测技术人员首先对110千伏棋梓桥变电站进行了停电前的全面带电检测。检测中，该公司严格依照国家电网公司《输变电设备状态检修试验规程》《电力设备带电检测技术规范》《带电设备红外诊断应用规范》等规程，充分利用现有的检测设备和高科技检测手段，对全站开展一次设备红外成像诊断、变压器铁芯接地电流测试、充油设备的色谱分析及避雷器运行中持续电流检测等。下一步，该公司将把带电检测数据与停电试验数据进行对比研究，为深入开展“以带代停”工作奠定基础，深化状态检修，真正实现最大程度的带电检测和最低程度的停电检修。

【湘潭召开科技奖励暨科技创新大会　30项科研成果获市科技进步奖】 2015年3月25日，湘潭召开科技奖励暨科技创新大会。大会上，“新型圆管带式输送机的研究与应用”等30项科研成果被市人民政府授予“湘潭市科学技术进步奖”，2家单位和5名个人被授予“产学研合作奖”，同时还颁发了17项“青少年科技创新奖”。获奖代表作了典型发言，市科技局负责人进行了表态发言。

【湘潭经开区三项目获市科学技术进步奖】 2015年4月，湘潭召开科技奖励暨科技创新大会，经开区三项目分获市科学技术进步一二三等奖。泰富重工的“新型圆管带式输送机的研究与应用”荣获全市科技进步一等奖。泰富重工长距离大运量圆管带式输送机具有高生产效率、低运行能耗、低噪声、低成本等显著优点，填补了国内技术空白。圆管带式输送机还可以带动电机、钢铁、橡胶、土建等相关配套产业的快速发展，形成产业集群，带动相关产业的发展400个亿以上。该项目曾被湖南省加速推进新型工业化领导小组办公室、省经济和信息化委员会评为2014年度湖南省产业技术创新十大标志性成果。兴业太阳能的“基于高效热管的光伏光热一体化组件关键技术开发”项目获评二等奖。项目制造出能够实现光伏电池热量快速、高效传递的微沟槽毛细芯热管，弥补了重力热管只能竖直放置、导热的缺陷。据介绍，项目投产后，实现高效热管光伏光热一体化组件及其相关应用产品的批量生产，达产新增年产值1060万元，新增利税200万元。园区企业江麓重工与湖南工程学院联合研发的“挖掘机动力系统轴系振动测试技术及应用”获得三等奖。

【九华企业湘潭锅炉入选国家重点节能低碳技术推广目录】 2015年4月，国家发改委发布国家重点节能低碳技术推广目录及技术报告（节能部分），湘潭锅炉的高效利用超低热值煤矸石的循环流化床锅炉技术成功入选。我国是煤炭生产和销售大国，煤炭生产和洗选过程中产生了大量的煤矸石。所谓煤矸石就是采煤过程和洗煤过程中排放的固体废物，是在成煤过程中与煤层伴生的一种含碳量较低、比煤坚硬的黑灰色岩石，可利用价值低。湘潭锅炉的高效利用超低热值煤矸石的循环流化床锅炉技术则变废为宝，大大提高了煤矸石的热值。湘潭锅炉的循环流化床锅炉运用高效循环燃烧技术、多元内循环流化床技术等，可将不同等级的煤矸石锅炉效率提高到75%～88%以上，并降低污染物的形成。我国煤矸石、煤泥等低热值煤资源丰富，每年产生3亿吨以上，合理高效利用这些资源对我国节能减排具有重要意义。根据国家发改委公布的技术报告显示，预计未来五年，该技术推广比例可达10%，投资建设约100个35吨／小时的低热值煤发电锅炉系统，每年可以节能50万tce（即“标准煤当量”，意思就是每年能够节省50万吨煤），年碳减排能力132万吨二氧化碳。该技术曾通过湖南省经信委组织的新产品鉴定，典型产品35吨／小时锅炉获国家火炬计划支持，35吨／小时锅炉、40吨／小时锅炉列入工信部“节能机电（设备）产品推荐目录”。该技术获得国家发明专利1项，实用新型专利2项。

【湘潭300爱卫专干接受病媒生物防制技术培训】 2015年4月16日，湘潭市爱卫办组织举办了2015年度病媒生物防制技术培训，邀请全国病媒生物防制专家、湖南省病媒生物防制协会副秘书长黄谊授课，全市市直单位以及各街道、社区的爱卫专干共300余人参与。病媒生物一般指能传播人类疾病的生物，常见的病媒生物有苍蝇、蚊子、老鼠以及蟑螂等。病媒生物不仅可以通过直接叮咬、污染食物等影响或危害人类的正常生活，还可能传播乙肝、疟疾等一系列的传染病。培训围绕如何控制病媒生物这一主题，黄谊详细讲解了病媒种类以及灭鼠、灭蟑的标准等内容。黄谊说，通过了解病媒生物的生长规律和环境，依靠专业技术，将其控制在不影响正常生产、生活的水平下，还是不足危害的。通过培训，爱卫专干们对病媒的种类、生态习性、危害等知识有了更深了解，为湘潭市防治病媒传染病工作打下了良好的基础。

【新能源汽车企业在湘潭举行高峰论坛】 2015年5月7日下午，长沙顺达新材动力有限公司、湘潭电机集团有限公司等企业齐聚湘潭，参加新能源汽车产品技术高峰论坛，共同就新能源汽车产品及技术研发进行思考，就新能源汽车企业战略性整合、合作进行探讨交流。当时国内新能源汽车产业正处于重要的发展阶段，行业间必须协同合作、优势互补。在国家系列政策的扶持下，企业之间的通力合作成为行业健康发展的重要前提。湘潭市新能源汽车产业基础较好，新能源汽车的三大核心的电池、电机、电控，湘潭有其二，在电池和电机生产、研发上实力强劲。企业方面，湘电集团被誉为“中国机电产品摇篮”，湘电莱特电气有限公司是全球唯一非晶电机生产企业，湖南桑顿新能源有限公司为新能源汽车电池产品重要生产企业。另外，长沙顺达新材动力有限公司也把目光瞄上了湘潭，准备在湘潭经开区投资办厂。省内外多家公司负责人畅所欲言，纷纷就新能源汽车产品及技术研发，以及企业间战略性整合、合作等提出看法和建议。大家认为，新能源汽车是国家重点发展战略，电传动是未来发展的重点方向之一。当时，新能源汽车领域还处于群龙无首的状态，相关企业今后的合作不能再停留在低层次，要在总体技术、关键零部件技术等方面发力；各成员要发挥各自优势，形成团队力量，把组建代表中国水平的新能源汽车战略集团作为合作发展目标。

【湘潭新能源汽车产业方兴未艾　打造500亿元产业】 2015年6月，在湘潭举行的新能源汽车产品技术高峰论坛上，多家外地知名新能源汽车企业负责人来到湘潭，纷纷表达了与湘潭市本土企业合作的愿望，希望组建代表中国水平的新能源汽车战略集团。湘潭市发改委传出消息，湘潭已把节能及新能源汽车作为湘潭重点发展的一大优势工业产业来打造，目标直指年产值过500亿元。可以预见，湘潭新能源汽车产业正迎来新的机遇，方兴未艾。当时，湘潭市有吉利、江南、恒润高科等3家新能源汽车整车生产企业。其中，吉利汽车正在进行结构调整，下一步将以生产新能源汽车为主攻方向；江南奥拓电动版已面世，当时正以每月50台的产能进行生产。另外，湘潭电机也准备把触角伸向新能源汽车。新能源汽车零部件及配套企业方面，湘潭市现在也有一定数量的企业汇集，有提供电池产品的桑顿新能源和银河新能源，有以非晶电机及集成产品、电动汽车关键零部件等为主导产品的湘电莱特等。

长株潭三市成为国家新能源汽车推广运用首批试点城市，实行对国家界定的四类新能源汽车（包括纯电动客车、乘用车，插电式混合动力车（含增程式），超级电容电动车和燃料电池电动车）给予财政补贴；新能源汽车实行免征车辆购置税；使用新能源汽车在用电价格上享受优惠政策……随着新能源汽车产业发展上升为国家能源战略高度，近几年，国家一系列支持新能源汽车产业发展的政策接连出台，对湘潭市新能源汽车产业发展无疑带来了利好消息。与此同时，很多外地新能源汽车企业纷纷把目光瞄上了湘潭。6月在湘潭市举行的新能源汽车产品技术高峰论坛上，拥有清华大学、中国科技大学等强大学术与技术背景的新型新能源汽车电池与整车研发高新企业长沙顺达新材动力有限公司，国内最早从事新能源客车研发与制造的国家级高新技术企业深圳五洲龙汽车集团有限公司，致力于打造新能源汽车动力总成领军企业的南京越博汽车电子有限公司等知名企业都纷纷来到湘潭，表达与湘潭市本土企业合作的愿望，长沙顺达新材动力有限公司更是捷足先登，已在湘潭经开区投资办厂。参加论坛的企业负责人还强调今后的合作不能再停留在低层次，要在总体技术、关键零部件技术等方面发力。湘电集团负责人则发出号召，各成员要发挥各自优势，形成团队力量，组建代表中国水平的新能源汽车战略集团。

【湘潭高新区Ⅰ号能源站即将动工】 2015年6月，从相关部门传来消息，高新区能源综合利用项目将进行Ⅰ号能源站的土地平整工作。2015年10月份，项目将正式动工。届时，高新区的部分市民将率先享受到集中供暖、冷和生活热水。湘潭高新区Ⅰ区能源综合利用项目是该项目的首期启动项目，规划蒸汽管线长度约7.1公里，供能面积约300万平方米，总投资2.3亿元，建成后预计可实现年销售收入6180万元，年税收847万元。Ⅰ区项目规划建设2个能源站，其中Ⅰ号能源站规划供能面积180万平方米。

【酒泉至湖南特高压直流输电工程在湘潭开工】 2015年6月3日，酒泉至湖南±800千伏特高压直流输电工程在湘潭开工，这是落户我省的第一个特高压项目。预计全线于2017年6月投运，每年可输送400亿千瓦时电量，可满足我省1／4以上的用电需求。该输电线路起于甘肃酒泉，途经甘肃、陕西、重庆、湖北、湖南等5省市，止于湘潭县，新建酒泉、湘潭2座换流站。线路全长约2383公里，动态投资262亿元。其中湖南境内途经常德、益阳、长沙、湘潭等4市，线路全长356公里。特高压是目前世界上最先进的输电技术，具有远距离、大容量、低损耗、占地少等综合优势，是实现能源资源集约开发、促进清洁能源发展的重要载体。据国家电网公司相关负责人介绍，酒泉至湖南工程是当时世界上在建的电压等级最高、送电距离最长、输送容量最大的特高压直流输电工程，也是首条直接为湖南省供电的特高压线路。线路建成后，可构建起外电入湘“直通车”，为湖南能源供应提供可靠保障。经测算，该线路每年可为湖南送电约400亿千瓦时，相当于6座长沙电厂的年发电量，可满足湖南1／4以上的用电需求；可减少燃煤运输1800万吨，减排烟尘1.5万吨、二氧化硫8.8万吨、氮氧化物8万吨、二氧化碳2960万吨，将有效促进大气污染防治目标的实现。

陈肇雄要求，省直各有关部门和沿线各市县政府要强化协调配合，主动排忧解难，提供优质服务，全力以赴做好工程保障工作。建设单位要坚持高标准、严要求，全面加强安全管理，严格控制工程质量，确保工程按期竣工，及时发挥能源保障作用。

【湘潭高新区4个项目集中签约　含特种机器人项目】 2015年6月30日，2015年湘潭高新区项目集中签约仪式举行，院士创新产业园及其首批引进项目特种机器人项目、超纯高阻硅X光探测器项目、多肽药物研发中心项目集中签约入园。院士创新产业园是高新区立足长株潭国家自主创新示范区搭建的政、企、研合作平台和招才引智平台，由中国工程院院士、湘潭大学材料学院院长欧阳晓平牵头成立。特种机器人项目是院士创新产业园的首个产业化落户项目，该项目实现了机器人多领域多工况作业，主要应用与环境监测、消防搜救等领域。超纯高阻硅X光探测器项目是国内唯一的超纯高阻硅X光探测器实验室和全球首家三维探测器实验室，主要应用于航天、医疗等。多肽药物研发中心是国内首个多肽原创药物研发产业化项目，可以用于治疗癌症、器官移植等。高新区相关负责人介绍，将以此为契机，力争引进一批院士或高端人才带项目汇集高新区，集中研发和产业化，将高新区打造成为区域自主创新的强大引擎。

【经开区光伏屋顶发电项目获评全省低碳技术推广示范项目】 2015年7月，经开区建设的光伏屋顶发电项目获评湖南省2015年清洁低碳技术推广试点示范项目，成为全省六个试点示范项目之一。经开区作为长株潭两型社会建设试验区的示范区，一直以来重视低碳发展，尤其是在太阳能光伏屋顶电站的建设方面更是不遗余力，并取得了良好成效。2010年，经开区企业兴业太阳能投资5.65亿元建设的20.8兆瓦光伏屋顶发电项目成功申报当年“金太阳”示范工程；2013年，经开区建成了50.8兆瓦屋顶光伏电站。未来3年，湘潭经开区将在长株潭地区参与规划1000兆瓦屋顶光伏电站项目，建设具有示范效应的规模分布式光伏发电示范区，完成后将形成亿吨减排的综合效益。经开区创新推进两型社会建设工作。一是通过整合资源搭建各类平台，引导企业发展模式的改革创新；二是在产业政策的制定上，鼓励企业技术创新，做大做强做精环保企业和产业，积极打造两型园区标杆。此次项目申报成功，是省、市两级对我区两型工作，尤其是对我区在扶持太阳能产业做大做强，推广使用清洁能源所做努力的充分肯定。经开区产业局相关负责人介绍，下一步经开区将以光伏屋顶发电项目推广合同能源管理为突破口，进一步在创新制度、整合资源、搭建平台等方面着力，探索、提炼、总结一套政府服务模式，为园区清洁低碳技术推广和园区产业发展开辟新路径。

【新能源汽车团购报名最后两天　众泰“云100”仅需49988元开回家】 2015年7月31日，“一元抢订电动汽车，一次性优惠10万元／台车”的报名活动进入倒计时的最后两天了。众泰“云100”凭借其节能、灵动、便捷、智能和安全等优点赢得了不少市民的青睐。众泰“云100”外形精致，线条流畅、圆润，前低后高的俯冲造型动感十足，简约而不失时尚。新车为自动挡，装配有7英寸彩色显示屏、安卓车载系统，电池管理系统、蓝牙、WiFi热点、行车记录仪、电动助力转向、倒车雷达、坡道辅助系统等，GPS远程安保等安全设计也一应俱全。据了解，“云100”的最高时速在85千米／小时左右，满电状态下的最大续航里程在150～180千米。采用家用220伏电源可直接充电，6～8小时可将电池充满，而采用380伏高压充电时，1小时可完成80%的充电量。相对于燃油汽车，在使用方面“云100”拥有无可比拟的使用成本优势——每公里仅需7分钱，一年跑2万公里仅需1400元，远远低于燃油车使用成本，并受到城市家庭、快递、邮政、物流、酒店、出租等多个领域的欢迎。此外，“云100”为纯电动力，因其零排放，零污染，得到国家大力推广和支持。在售价上，一台“云100”总价为158900元，国家补贴和地方政府补贴共计90000元，而参加本次《湘潭晚报》与众泰“云100”携手举办的团购活动，10人成团，就可享受49988元／台的优惠价格，而且，每个10人团中，还将抽取一名幸运购车者奖励iPhone6一台。活动详情可咨询58201045，13657323355。

【湘潭15项目入选湖南首台（套）重大技术装备】 湘潭市11家企业申报的15项产品获得2015年湖南省首台（套）重大技术装备认定及奖励。这些入选项目中，包含市本级项目10项，县市区项目5项。其中，湘电风能自主研制的“5兆瓦海上直驱永磁风力发电机组”、泰富重工自主研制的“多功能带斗门起重机”等本报都进行过报道。值得一提的是，由湘潭县企业湖南鼎珩智能机械有限公司申报的HZC5310JQJ桥梁检测车帮助湘潭县在这一领域实现了零的突破。与此同时，素有地方工业“老大哥”称号的国有企业也一改往年的“高姿态”。在本次2015年湖南省首台（套）重大技术装备认定及奖励名单中，湘潭市有江麓等3家国企入围，成功突破“零”的记录。据悉，申报湖南省首台（套）重大技术装备认定产品的前提是产品为本省企业首次自主研发，掌握核心技术，拥有自主知识产权，并具有原始创新、集成创新或引进技术消化吸收再创新等显著特点，在原理、结构、性能等方面具有重大创新突破

【湘潭经开区金海钢构获评省级“住宅产业化基地”】 2015年8月，湖南省住建厅公布了我省第一批省住宅产业化基地名单，湘潭经开区企业金海钢构荣登此榜，成为全省6家省住宅产业化基地之一，并成为唯一一家以钢结构为主体的综合型基地。据了解，我省住建厅考察组通过审议，认为金海钢构拥有较多与钢结构建筑相关的发明专利和新型实用专利，科研实力雄厚、创新成果显著、具备住宅产业化人才高地潜力，其核心技术能够合理降低钢结构建筑的单位面积成本，提高园区的土地资源利用率，促进园区单位面积产值比的提升，极具重要的应用推广价值。据悉，金海钢构是国家高新技术企业、省级企业技术中心，在全国行业综合实力排名中位列前50强第14位。公司依托省级企业技术中心及马克俭院士工作站创新平台，与广东省建筑科学研究院、湖南大学等高校建立了联合研发机构。目前，金海钢构拥有国际先进水平的各类钢结构生产设备及生产线共15条，可年产各类型钢结构产品共20万吨。据金海钢构负责人介绍，公司将以自身的院士工作站、技术中心、检测中心和制作工厂等部门为依托，打造一个日趋完善的系统平台，全面加速推进金海钢构绿色节能建筑的研发和试用进度，以有效发挥其在住宅建设模式转变中的示范性作用，催动我省绿色环保建筑的快速发展。

【湘电风能首批“5兆瓦海上风力发电机组”启运】

在吉利汽车“坐”上铁运的好消息传来的同时，在河东高新区传来另外一则好消息：2015 年 10 月 1 日，湘电风能有限公司平海湾项目首批“5 兆瓦海上风力发电机组”启运，这标志着公司在海上风电领域迈出了实质性的步伐，也为湘潭未来的海上风电发展奠定基础。2014 年十月，湘电风能在福建莆田平海湾“50 兆瓦海上风电项目风电机组”及附属设备采购项目中，以 3.93 亿元成功中标。湘电风能生产处副处长皮湛书说：“目前我们接到的生产任务充足，已经排产到了 2017 年。风机产量提升的关键，是风机叶片的生产，目前公司正在全力保障叶片生产。为了完成订单，公司所有职工几乎每天都在加班加点。”据了解，湘潭风电产业目前已经初具规模，2014 年，湘电风能完成了 27 亿元产值，带动了高新区 23 家企业完成总产值 110 亿元。目前，一个围绕风电产品的配套企业集群已经形成，如新新线缆为其配套生产电子电缆，崇德科技为其生产小型轴承，海诺电梯为其生产提升设备，湘能重工为其生产塔筒，宇电机械为其生产底座等等。根据湘潭高新区相关部门预估，到“十三五”末，在湘电风能的直接带动下，打造产值超过 600 亿元的风电产业，产值过百亿的风电企业 1～2 家，过 50 亿的企业 3～5 家，将不再是梦想。

【超级稻双季亩产 1371.7 公斤　湘潭泉塘子中试基地“超优 1000”攻关成功】　超级稻“超优 1000”双季亩产 1371.7 公斤，超目标 71.7 公斤，攻关成功！2015 年 10 月 20 日，“杂交水稻之父”、中国工程院院士袁隆平等一行，来到雨湖区姜畲现代农业示范园泉塘子中试基地，经实地测产后做出了令人欣喜的结论。当天下午，在中试基地“超优 1000”双季稻栽培晚稻高产示范区，袁隆平不时弯腰取样，仔细查看稻穗。随后，经现场测产，亩产量达 801 公斤，加上早稻亩产 570.7 公斤，双季亩产量达到 1371.7 公斤。泉塘子中试基地是袁隆平院士授牌的国家杂交水稻工程技术研究中心中试示范基地，率先承担了湖南省“早籼晚粳高产栽培技术研究与推广”项目，从 2008 年起连续 8 年引进杂交晚粳组合，示范种植获得成功，累计推广面积达 12000 多亩，取得了早籼晚粳种植模式的配套栽培经验。今年基地内“三一粮食丰产工程”双超配套模式示范区组合搭配实施品种早稻为“潭两优 215”、面积 117 亩；晚稻为“Y 两优 1998”、面积 110 亩和“超优 1000”、面积 7 亩，攻关目标为双季亩产 1300 公斤。

【湘潭食用菌菌渣养猪新技术获专家好评】　2015 年 10 月 26 日，从湘潭市畜牧兽医水产局获悉，省市专家组通过现场屠宰测评，对用灵芝、猴头菇等食用菌菌渣饲养湘沙猪（沙子岭猪的二元杂交猪）新技术给予了高度评价，认为这一技术达到了国内目前同类研究领先水平，值得大力推广使用。调查显示，每生产 1 公斤食用菌，会产生约 3.25 公斤菌渣。如何科学处理和利用好这些菌渣，探索湘潭现代农业可复制的生态养殖新模式？在市畜牧兽医水产局的指导下，从 2014 年开始，湘潭县龙湖清生态养殖基地开展了食用菌菌渣饲养湘沙猪课题研究。10 月 21 日，课题组邀请湖南省畜牧水产局、中科院亚热带农业生态研究所、湖南农业大学、湖南省畜牧兽医研究所等单位有关专家组成评议组，进行现场屠宰测评。专家们通过肉质分析、现场考察、审阅有关资料、听取汇报和质疑，认为灵芝、猴头菇等食用菌菌渣可代替部分精饲料，节约生猪饲养成本；能增强猪的免疫机能，提高生猪免疫力，减少抗生素的使用；能在一定程度上改善猪肉品质与风味。推广食用菌菌渣养猪技术能产生良好的经济、社会与生态效益，项目研究为食用菌菌渣的资源化利用提供了一条新的技术途径，建议在现代畜牧业发展和“两型”社会建设中大力推广使用。

【湘潭泉塘子试验基地实割测产　超级稻平均亩产 702.7 公斤】　2015 年 11 月 3 日上午，在中国科学院亚热带农业生态研究所、湖南省农科院、湖南农业大学、市农业委员会等单位专家的见证下，雨湖区泉塘子农技站承担的“三一粮食丰产工程”晚稻“Y 两优 1998”进行了现场实割测产，测得平均亩产 702.7 公斤。“三一粮食丰产工程”由袁隆平院士牵头，已列入国家科技富民强县计划，是国家超级稻第四期目标的试验基地。该项目晚稻示范片面积 110 亩，示范品种为“Y 两优 1998”。早稻品种“潭两优 215”亩产达到了 570.7 公斤，“晚稻 Y 两优 1998”亩产 702.7 公斤，两季亩产总量已达 1273.4 公斤。

【湖南今年 10 个重大科技专项湘潭分担实施 3 项】　2015 年 11 月，省人民政府新闻办公室召开新闻发布会，2015 年全省将启动实施十个重大科技专项，其中，湘潭企业将承担实施其中 3 个重大科技专项。湘潭这 3 个重大科技专项，分别是泰富重装与湖南科技大学联合承担实施的“港口散料成套输送装备专项”，江冶机电联合中联重科等企业及中南大学、湘潭大学等高校承担实施的“固体废弃物处置与利用专项”，以及世优电气联合国网湘潭供电公司、湖南大学承担实施的“智能配电网自愈控制系统专项”。

【兴业太阳能新产品行业领先】　2015 年 11 月，湖南兴业太阳能科技有限公司产品“高性能 CVD SiC 涂层石墨转子”被评定为湘潭市重点新产品。目前，国内高性能石墨产品产能不足，我国每年大量进口高性能石墨产品及其涂层产品，进口依赖度非常高，未来尤其是在核电、机械、冶金、光伏、半导体等领域，高性能 SiC 涂层石墨产品的消费增长迅速，未来 5 年左右，我国 SiC 涂层石墨的年需求量突破百亿元人民币。兴业太阳能的高性能 SiC 涂层石墨产品通过在石墨产品上制备抗氧化、耐腐蚀、高纯度的涂层，可解决国内普通石墨产品应用存在的问题，替代国外进口的石墨产品。不仅可以带动国内石墨产品的消费，还可以减少冶金、光伏、半导体等相关行业对国外石墨产品的依赖，有效降低企业的生产成本。也能提高我国高性能装备的质量和寿命，如高性能 MOCVD 炉国产化，核工业生产与提纯装备，高纯度冶金、光伏、半导体等装备。提高高温产品的品质和性价比，提高产品的国际竞争力。目前，兴业拥有先进的涂层制备设备，还成立了相关的实验室对产品性能进行检测，具备原材料检测、工艺控制、生产制造和成品检测的雄厚实力。公司依托中南大学在有色金属熔炼和抗氧化涂层制备方面的雄厚科研实力，建立了以知名专家为核心，高级工程师为主体的研发技术团队。

【湘潭十大清洁低碳技术推广取得较大进展　助力“两型”发展】　2015 年 11 月 16 日，在湘钢 135 兆瓦超高温高压余能发电站集控室内，工作人员一丝不苟地观测主蒸汽压力等数据。湘潭市两型办政策改革科相关负责人介绍，目前，湘钢利用锅炉回收烧结废气余热发电项目已建成，投产后年机组发电量可达7亿度，年节约标煤1万吨，节约外购电费2.532亿元，为企业创造了良好的经济效益。

利用锅炉回收烧结废气余热进行发电，只是湘潭新能源发电技术推广的集中体现之一。据了解，为充分发挥科技创新“两型”社会建设的促进作用，2012年底，我省提出“十二五”期间，在长株潭试验区范围内重点推广新能源发电技术、“城市矿产”再利用技术、节能与新能源汽车技术，沼气化推动农村畜禽污染治理和资源化利用技术等十大具有示范带动作用的清洁低碳技术。目前，湘潭十大清洁低碳技术推广取得了较大进展，为促进湘潭经济发展方式转变、产业结构优化，实现绿色、循环、低碳发展起到了积极作用。

除了风能发电，湘潭市坚持集中规模化开发与分布式“开花”相结合，搭建产业技术联盟，鼓励企业采用合同能源管理等新型商业模式。经过几年的培育，湘潭市的风能、光伏、地热能利用等产业无论在技术上还是产业规模上均达到国内先进水平。目前，湘潭市已在湘潭经开区、天易示范区、岳塘区、韶山高新区建设50.8兆瓦光伏屋顶电站项目，实现年发电量6250万度，可替代标准煤2万吨，减排二氧化碳6.25万吨；在全省率先建设家庭太阳能光伏发电站，已有十几户家庭光伏电站实现并网发电。生物质能方面，在湘潭县梅林桥镇郭家桥村建成了湖南首个大型秸秆沼气工程，可年处理水稻秸秆600吨，处理猪粪水2500吨，年产沼气15．33万立方米，供气400户。据不完全统计，通过开展十大清洁低碳技术推广工作，湘潭市已争取各类专项或补助资金33879万元。

大力发展低碳型新兴产业，倡导全民参与的低碳绿色生活方式和消费模式，将是湘潭市清洁低碳技术“十三五”规划的基本思路。市两型办相关负责人介绍，湘潭市将主动与国家和省相关规划衔接，将低碳发展与实施可持续发展战略、加快建设资源节约型和环境友好型社会相结合，纳入社会经济发展总体战略框架。同时，努力聚集国内外各种低碳领域创新要素和资源，引进一批湘潭市低碳发展转型急需的能源、工业、建筑、交通等领域的低碳技术和管理经验，推动湘潭市低碳发展。密切跟踪低碳领域技术最新进展，发挥科技进步先导作用，加快低碳技术创新，推进低碳技术研发、示范和产业化，形成低碳发展的科技支撑体系。构建低碳产业体系、优化能源结构、提高能源利用效率、提升碳汇能力等低碳发展重点环节，有计划有步骤地启动和建设一批重大专项工程，全面推动绿色低碳城市建设。

【潭林业科普增添实体平台　野生动植物标本室属全省首个】　2015年11月18日上午，湘钢一中部分学生在市林业局上了一堂生动的生物课。同学们一边观察，一边听讲解、做笔记，忙得不亦乐乎。当天，位于霞光中路市林业局园内的林业科普园开园，供市民参观学习，全市中小学林业科普教育基地同时挂牌成立。市林业科普园占地面积约4000平方米，2014年下半年动工建设，历时一年多完工。园内种植了80余科200多种植物，其中有国家一级保护植物伯乐树、南方红豆杉、水杉、苏铁、银杏；国家二级保护植物红椿、榉树、鹅掌楸、樟树等；国家二级珍贵树种杜仲、黄枝油杉两种；省重点保护植物青钱柳、赤皮青冈等15种。另外，园内还设置了林业科普知识宣传栏，动态更新内容。野生动植物标本室建在市林业局办公楼内，2014年9月动工，目前已基本建成，属全省首个野生动植物标本室。这里收集了常见生物标本300余种，分为植物标本区、两栖爬行动物标本区、野生动物标本区、昆虫标本区和电子沙盘互动区等5个部分。

【中国特种轮胎技术创新研讨会在湘潭举行】　2015年12月18日上午，由国家橡胶与轮胎工程技术研究中心、湘潭高新区管委会主办，橡胶谷集团、湖南众满轮胎科技有限公司联合承办的中国特种轮胎技术创新研讨会暨众满特种轮胎专利新品下线仪式在盘龙山庄大酒店举行。在中国特种轮胎技术创新研讨会上，中国橡胶工业协会名誉会长范仁德、青岛科技大学高分子科学与工程学院院长赵树高、橡胶谷集团有限公司董事长张焱等各专家学者们重点对湘潭农民发明家、湖南众满公司总工沈正满的发明专利产品防扎穿安全轮胎的环形链板带的原理、功能、特性、应用前景等进行了技术分析和讨论，就中国特种轮胎技术创新的发展趋势、技术途径、突破方向、创新方法进行了认真交流和探讨。各专家学者对众满公司的金属环形链板带专利产品给予充分肯定，认为将该项专利产品应用于橡胶轮胎中，是橡胶轮胎骨架结构设计中的一项成功创新，也是子午线轮胎之后的一次重要技术革命。环形链板带专利产品置入于橡胶轮胎中技术，具有较强操作性，现有生产橡胶轮胎的生产线不需要作任何改动，都可以将链板带置入轮胎中。这使众满公司金属环形链板带专利产品应用于橡胶轮胎中技术具有了广阔的市场前景，也为我国从轮胎制造大国走向轮胎创造大国奠定了技术基础。据了解，众满轮胎已通过国家橡胶与轮胎制品工程技术研究中心、国家轮胎检测中心两级检测，并成功进行路面测试，可广泛用于军车、矿山、工程、载重车等其他特种行业用车。

社会建设管理

【全省农村饮水安全工作电视电话会议召开】　2015年1月4日，全省农村饮水安全工作电视电话会议召开。近日，国家审计署对我省部分地区2014年农村饮水安全任务完成情况进行了审计，指出我省农村饮水安全工作存在建设进度偏慢、入户不理想、水质保障偏低等问题。面对严峻形势，会议要求直面问题不掩饰，抓紧整改不懈怠，严格问责不留情。2014年度湘潭共需解决21.09万人农村饮水不安全任务，计划兴建供水工程35处，其中新建27处，改扩（续）建1处，管网延伸7处。截至1月，已完成27处工程建设任务，累计解决18.89万人农村饮水不安全问题，占总数的89.57%。其中10处分散式供水工程已全面建成；17处集中供水工程的主体工程建设任务全部完成，管网铺设基本入户，正在试运行。

【元旦假期湘潭社会治安秩序良好】　2015年元旦假期，湘潭全体执勤民警坚守岗位、连续奋战，共出动警力2200余人次，确保了全市社会治安秩序持续稳定，未发生重大案（事）件、重大交通事故、重大安全事故。节日期间，全市公安机关坚持领导带班制，实行“三个三分之一”的值班备勤模式。各派出所、警务站、巡特警、武警支队及参与巡防工作的局直单位严格落实市局“八位一体”巡防要求，增派力量加强城区主要路段、重点场所、要害部位的巡逻执勤；交警部门动态发布路况信息，共出动警力1451人次、警车920余台次，切实强化重要路口、进出城重点路段、事故易发路段的值守和管控，科学合理组织分流，全市未发生重特大道路交通事故及长时间交通堵塞现象。节日期间，全市消防安全形势持续平稳，共出动消防官兵327人次、车辆48台次，参加灭火救援24起。为全面做好火灾预防和灭火救援工作，消防部门在2014年12月31日晚，联合相关单位对KTV、酒吧、餐厅、宾旅馆等公共娱乐场所开展了“零点行动”集中清查整治，检查消防安全，整改发现问题。韶山市公安局全警参与，科学安排，确保韶山景区秩序良好，前来韶山参观的21万余游客、1.5万余台车辆出入顺畅、旅游平安。

【处罚力度空前严厉　新《环保法》执行首个工作日湘潭3人被拘】　2015年1月1日，新环保法实施首日，雨湖区环保局执法人员对9家严重污染环境的企业下达了“责令停止排污决定书”。时至4日，新法施行后的第一个工作日，3人因拒不执行停产决定被依法行政拘留，高效与严苛的执法拉开了湘潭2015年向污染宣战的第一幕。4日上午9时多，当环保、公安的执法人员走进雨湖区先锋乡金塘村桃园路一家非法废旧塑料加工厂时，里面的机械仍在不停运作，发出阵阵轰鸣声，一股难闻的废水不断向厂外排出，工人们对执法人员的到来也漠不关心，仍各自忙活手头的工作。2014年3月，雨湖区环保局就开始对该企业调查取证，随后经历了漫长的立案、行政处罚告知、行政处罚决定等多个环节，直至2014年年底，相关程序还没有走完。而随着新《环保法》的出台，环境执法一改以往软弱形象。根据新《环保法》第六十三条规定，“违反法律规定，未取得排污许可证排放污染物，被责令停止排污，拒不执行的”，可将案件移送公安机关，处以行政拘留。当天，金塘村这家非法废旧塑料加工厂负责人被公安机关依法行政拘留。同时，被处以行政拘留的还有先锋乡先锋村一家非法废旧塑料加工厂负责人、湘潭德园食品有限公司负责人。仅1月4日一天，湘潭市就有3人因环境违法被行政拘留。

“新环保法实施后，一旦下达了‘责令停止排污决定书’，企业就必须在规定的期限内整改，如果有明显危害环境的行为，可以现场责令企业停止排放，而过去走完执法程序则至少需要3个月。”雨湖区环保局负责人介绍，新法刚颁布，环境违法的处罚力度空前严厉，很多企业还处在观望阶段，没把法律的威压放在心上，但环保部门将严格贯彻新《环保法》，加大了对污染企业的打击力度，将对各污染源开展地毯式大排查。对拒不执行决定违法排放污染物的企业，一律移送公安机关查处。

【各级党委、纪委迎来“年度大考”　湘潭首次启动双百分制考核】　从2015年1月5日起，湘潭将开展为期11天的集中检查。此次检查考核首次实行双百分制，湘潭是全省第一个实行该考核制的市州。1月4日，市纪委监察局召开会议对相关工作进行安排部署。集中检查考核由市级主管领导带队，共分为16个小组，考核对象为各县市区（园区）党（工）委及其领导班子成员，市直机关各单位党组（党委）及其领导班子成员，各县市区纪委、监察局及其领导班子成员。党委主体责任考核主要包括坚持把党风廉政建设纳入经济社会发展和党的建设总体布局、健全责任落实机制、强化反腐倡廉宣传教育、建立作风建设的常态化机制、选好管好干部、强化权力制约与监督、领导和支持查办案件，带头廉洁从政等八个方面。纪委监督责任考核主要包括加强组织协调、严格纪律监督、深化作风检查、严肃查办案件、强化警示教育、加强信访举报和网络舆情处理、推进“三转”和加强纪检监察机关自身建设情况等七个方面。

【湘潭多部门联合整治非法货运　共查处15台违规货车】　2015年1月5日下午，各县（市）区运管部门联合交警共30余名执法人员，在沪昆高速岳塘收费站出口，对出站的危货和普货车辆进行仔细检查，共查处15台违规货车。下午3时左右，交警示意一辆牌号为湘C·07509的普货靠边接受检查，运管人员查后发现，驾驶员贺某无从业资格证和道路运输证。检查中，因货运证件被注销或过期而被查处的车辆多达8例，市运管执法人员介绍，无道路运输证和从业资格证经营的车辆，将被处以2万～20万元罚款。下午4时许，执法人员发现一辆油挂车停在站口不开过来，随即，多名执法人员走到站口对这辆牌号为湘A·C3095的挂车进行检查。原来这辆满载30吨柴油的挂车没有配备押运员，驾驶员陈某道路运输证已经过期，执法人员当场扣留车辆，做进一步处理。“重型油挂车没有押运员是十分危险的，一旦不留心，就有爆炸隐患。”

【湘潭打击非法集资成绩显著　综合评分全省第一】　2015年1月6日，全市打击和处置非法集资工作会议召开。会议透露，2014年湘潭打击和处置非法集资工作取得较好成绩，总体风险可控，全省综合评分98分，居全省第一位。2014年以来，与全国其他地方一样，由经济下行和银根收缩带来的“钱荒”在湘潭蔓延，非法集资、违法民间借贷等案件呈现上升态势。对此，市委、市政府高度重视，及时成立了涉众型经济问题工作领导小组，对重大案件成立了专案组（帮扶组），实行“一案一组”处置。另一方面，湘潭市还开展了近年来规模最大的“普及金融安全知识、防范金融风险”宣传活动，做到了村组小区有横幅、党报党刊有文字、电视广播有声音，切实增强了社会公众的法律意识和对非法集资的抵御能力。对涉非案件，湘潭予以严厉打击，最大限度追缴涉案资产，产生了明显的威慑效果。2014年1月—2015年1月，湘潭涉嫌非法集资案件共立案26起，涉案金额18.02亿元，已破案17起，抓获嫌疑人51人，查封房产472处，查封生产流水线11条，扣押车辆19台，共挽回经济损失4886.66万元。

谈文胜对湘潭前一阶段打击非法集资工作予以充分肯定。他指出，2015年，湘潭要坚持“属地负责、条块结合”“统筹调度、协作配合”“法检并行、民刑并举”“有案必究、追缴尽责”等四大原则，果断打击和处置一批非法集资、吸收公众存款等违法金融案件，依法从严打击一批非法集资的企业老板、中间人和参与非法集资活动的党政领导干部。要继续加大宣传力度，普及金融知识，曝光典型案例，提高老百姓风险防范意识。要按属地原则，加大考核督查，做好信访维稳等工作，为湘潭市发展营造良好的金融环境和稳定的社会环境。

【湘潭市公安局开展“一打三治”专项行动　确保春节社会治安稳定】　为确保湘潭春节期间社会治安大局稳定，2015年1月15日上午，湘潭市公安局召开“一打三治”专项行动动员部署会，决定从即日起在全市范围内开展为期3个月的专项行动，重点打击多发性侵财型犯罪、整治治安重点地区和突出问题、整治道路交通秩序。

岁末年初是各类违法犯罪和交通事故多发期。为此，公安机关将充分发挥职能作用，始终坚持严打方针不动摇，重拳出击。行动期间，各县（市）区公安（分）局将列出一批“两抢两盗”、涉众型经济犯罪、诈骗等侵财型团伙和重大案件，成立若干个专案组开展专案攻坚。特别是对入室盗窃、砸车玻璃盗窃案以及盗窃汽车、摩托车、电动车等群众反映强烈的侵财型现行系列犯罪案件，要集中时间、集中警力，快侦快破。同时，警方还将集中整治社会治安乱源和公共安全隐患，并加强交通隐患排查，强化交通突出问题整治，优化交通勤务模式，确保湘潭市春节和两会期间社会治安大局稳定，交通秩序安全畅通，不断增强人民群众的安全感。

【湘潭发放首批重度残疾人护理补贴　保障残疾人基本生活】　2015年1月15日，湘潭市首批重度残疾人护理补贴（银行卡）发放仪式在岳塘区中洲路街道启动。来自湘潭中洲路、下摄司、书院路三个街道的313名首批重度残疾人护理补贴全部发放到位。通过前期筹备，中洲路街道“一站式”政务服务大厅设立了发放银行卡服务台、网上注册服务台、激活银行卡服务台等3个便民服务窗口，同时市华融湘江银行派驻7名业务骨干协同街道民政所开展工作，群众感受着工作人员热情、高效的服务。中洲路街道相关负责人介绍，重度残疾人护理补贴从2014年5月1日起补发，当天，313名重残对象银行卡内已补齐8个月400元补贴金。今后，银行将直接按月把补贴金打入补贴对象的银行卡内，保障残疾人基本生活，改善残疾人生存状况。

【湘潭工商部门约谈60家汽车销售企业　开展汽车市场专项整治】　2015年1月29日下午，湘潭市工商局组织召开了全市整顿规范汽车市场经营行为约谈会。集体约谈汽车销售及维修领域60余家企业负责人，宣传相关法律法规知识，通报全市整顿规范汽车经销行业秩序的基本情况和行业中存在的突出问题。近年来，全市工商系统围绕市民反映强烈的问题，加强市场监管执法，深入开展了“整治无照经营”“打击假冒伪劣”“整治霸王条款”“整治虚假广告”等一系列专项执法行动，有效地维护了消费者合法权益。2012年以来，全市工商系统共查处各类经济违法案件2476件，涉案金额1．2亿元，其中涉及汽车销售服务的案件24件，湘潭12315消费者投诉举报中心受理汽车消费维权方面的投诉、举报、咨询1156件，投诉率位列近三年商品类投诉第二位。2014年4月至8月，全市开展了一次对汽车销售行业专项整顿行动，摸底排查汽车销售服务企业及网点83家，行政指导47家，立案调查9起。

【湘潭百支志愿服务队参与社区治理　志愿服务电子地图上线】　2015年2月4日，“1+1+X”百支志愿服务队参与社区治理创新工作正式启动，这是湘潭拓展志愿服务领域新的有效尝试。百支志愿服务队参与社区治理，是志愿服务团队与社区对接的重要环节。针对市委、市政府《关于进一步加强社区治理的意见》，团市委决定全面整合全市高校、民间志愿者团队力量，在湘潭市城市社区构建“1+1+X”志愿服务工作模式：第一个“1”是建设一张全市性的志愿服务网络，第二个“1”是每个城市社区建设一个志愿者工作站，“X”是每个志愿者工作站都配备固定的志愿者工作力量。旨在通过开展关爱重点青少年群体、社区青少年自护教育、扶弱帮困、精神文化建设等服务，让社会爱心人士参与到社区治理中来，帮助群众实现自我教育、自我管理、自我净化、自我提升。当天活动中，步步高雷锋号志愿者工作站也正式启用，志愿服务电子地图正式上线。志愿服务电子地图将全市的志愿服务网点统一发布，让需要帮助的人能最短时间找到志愿服务，让想参与服务的志愿者能最快速度找到服务项目。

【湘潭荣获“全国文明城市提名城市”称号】　2015年2月28日，全国精神文明建设工作表彰暨学雷锋志愿服务大会在人民大会堂隆重举行。会上，湘潭被中央文明委授予“全国文明城市提名城市”荣誉称号，成功获得参加2017年第五届“全国文明城市”评选的“通行证”。自2003年中央首次启动“全国文明城市”评选活动以来，湘潭市即以“伟人故里，文明湘潭”为主题，坚定不移地朝创建“全国文明城市”的目标稳步迈进。期间先后获得了“省级文明城市”“全国创建文明城市工作先进城市”等荣誉称号。“这是全市人民共同努力的结果，既是荣誉，更是动力。”十多年的不懈努力，湘潭终于赢得了“全国文明城市提名城市”的宝贵荣誉，朝“全国文明城市”的目标迈进了一大步，对此胡伟林很高兴也很激动。他表示，湘潭市将以获得“全国文明城市提名城市”为契机，全面贯彻落实习近平总书记在这次全国精神文明建设工作表彰暨学雷锋志愿服务大会上的讲话精神，坚持以“创建为民、创建靠民、创建惠民”为主线，以全面提升市民素质、城市文明程度和群众生活品质为根本，继续在全市范围内广泛深入开展文明城市创建活动，力争2017年成功跻身全国文明城市行列。此外，当天，韶山市也成功跻身“全国文明城市（县级市）提名城市”。韶山市韶山乡获评“全国文明村镇”，湘潭市财政局、湘潭市烟草专卖局（公司）、湘潭市委办公室以及岳塘区国家税务局成功入选全国文明单位。

【湘潭开展学校食堂食品安全专项检查　确保师生饮食安全】　2015年从3月1日起，全市各个中小学春季学期已经全部陆续开学。为全面加强学校食堂食品安全监管，确保广大师生饮食安全，即日起，市食药监部门在全市范围开展春季学校食堂食品安全专项检查。3月6日上午，检查人员对湘钢二中、湘钢一校等学校食堂进行了检查。上午10时，正是学校食堂准备中餐的时候。在湘钢二中食堂，检查人员进入餐厅时，餐厅一片狼藉，学生们用完早餐后的残渣仍留在餐桌上。厨房里，一位厨师正在炒菜，灶台上的卫生状况却有些糟糕。检查人员打开食物留样冰箱，没有任何样品。检查人员还发现，食堂没有粗加工间，所有菜品在厨房里操作，洗菜间也比较狭小，洗菜池也未按相关要求粘贴标识，所有食品没建立台账，并且该食堂的餐饮经营许可证已于2014年11月20日过期。检查人员对该食堂下达了整改文书，表示将立案查办。在湘钢一校食堂，检查人员发现食堂整体情况较好，食品留样齐全，但是也存在一名从事食品加工的人员未能提供健康证、采购的鲜肉制品未索取动物检疫证明、厨房工作人员未按照标识规定在洗菜池洗碗等问题。此外，检查人员还检查了雨湖区风车坪学校食堂和湘潭市二中食堂，整体情况良好，未发现明显的违规行为。记者了解到，3 月 1 号起，雨湖区食药监部门便已率先启动了春季学校、幼儿园食堂专项检查行动，目前对部分有违规现象的学校食堂下达了整改文书。

【3 月 12 日植树节　湘潭计划植树 544 万株】　2015 年 3 月 10 日，湘潭市绿委办发布了今年湘潭全民义务植树活动的任务分解和有关要求。今年活动中，全市计划植树 544.46 万株，其中湘潭县 200 万株、湘乡市 175.46 万株、韶山市 23 万株、岳塘区 20 万株、雨湖区 85 万株、经开区 11 万株、昭山示范区 20 万株、高新区 10 万株。市绿委办要求各级各部门切实加强领导，科学制定方案，严密组织实施，认真组织开展好本行政区域内具有主题鲜明、创意新颖、特色突出、形式多样的全民义务植树活动。在植树节期间，组织适龄公民直接参加义务植树活动，结合实际情况积极鼓励大家开展绿地养护、古树名木保护、认建认养绿地树木、参加绿化宣传等，提升和丰富义务植树的内涵。

【湘潭 2015 年将投入 700 万元帮助 500 多名残疾人解决实际困难】　2015 年 3 月 16 日，湘潭市 2015 年省市人民政府为贫困残疾人办实事项目启动。2015 年，湘潭将投入 700 万元，帮助214 名残疾人和 300 个贫困残疾人家庭解决实际困难。2015 年省市人民政府为残疾人办理的实事为：省人民政府实事“贫困残疾人救助工程”救助 214 名贫困残疾儿童，其中救助脑瘫儿童 90 名、孤独症儿童 29 名、智力儿童 85 名、人工耳蜗适配 10 名；市人民政府实事“为 300 户贫困残疾人家庭实施无障碍改造”。两项实事共投入资金 700 余万元。根据湘潭市残疾康复机构的情况和多年以来承办实事的经验，确定 2015 年的贫困残疾儿童抢救性康复项目中的脑瘫儿童康复项目由市一医院和市四医院承担，孤独症儿童康复项目由亲园培智学校承担，智力康复项目由亲园培智学校和韶山博爱融合幼稚园承担，人工耳蜗语言康复项目由市特校承担。无障碍设施进残疾人家庭的项目由各县（市）区政府确定实施单位和实施方式。

【今年湘潭拟建成保障性安居工程 8633 套】　2015 年 3 月 17 日，从全市保障性安居工程工作会议上获悉，2015 年全市将基本建成各类保障性住房和棚户区改造 8633 套（户）。2014 年全市共新开建各类保障性住房和棚户区改造 18638 套，基本建成 15735 套，新增发放租赁补贴 348 户，完成农村危旧房改造 3050 户，均超额完成目标任务。2015 年，湘潭计划新开工各类保障性住房和棚户区改造 14110 套，其中公租房 3264 套、城市棚户区改造 9944 户、国有工矿棚户区改造 902 套；基本建成各类保障性住房和棚户区改造共 8633 套（户）；新增发放租赁补贴 270 户。保障性住房和棚户区改造最迟将在 11 月底前全面开工建设，农村危房改造将在 11 月底前全部竣工。

【全国“全民健身挑战日”启动　湘潭作为承办城市在京介绍经验】　2015 年 3 月 20 日，“全民健身挑战日”全国总启动仪式在北京举行，北京、辽宁、湖南、重庆、南京、杭州、昆明等 7 个地区的 23 个城市（州）和城区代表与国家体育总局嘉宾、国际奥委会委员，以扫描官方 APP（应用软件）的方式共同启动这一年度全民健身盛事。湘潭市副市长苏健全代表湘潭在北京作经验介绍。“全民健身挑战日”活动由中华全国体育总会主办，国家体育总局群体司发起，相关省市体育局联合主办，并由北京体坛华奥体育文化发展公司推广。2013 年，国家首次在湘潭市先行先试举办了该活动。此后，湘潭市于 2014 年连续成功举办第二次挑战日活动，直接参与群众超过 18 万人，逐步探索出“全民健身科学化、体育设施便民化、群体活动常态化、服务体系网格化”经验，开创了“政府引导、部门支持、协会主办、市场运作、群众参与”的大格局。

【湘潭将建设企业安全生产诚信体系　失信企业将进“黑名单”】　2015 年 3 月 27 日，从湘潭市安监局了解到，从今年开始，湘潭将稳步推进企业安全生产诚信体系建设。企业诚信体系建设的主要内容包括安全生产诚信“黑名单”制度、不良行为记录、承诺和报告制度等。各级政府和有关部门将采取相应措施，激励企业安全生产诚实守信。同时也将健全失信惩戒制度，完善市场退出机制，严格惩戒安全生产失信企业。被列入“黑名单”的企业在管理期限内将被严格限制新建项目审批、核准、备案及用地，暂停享受证券融资、贷款的相关优惠政策。相关部门或保险机构可根据失信企业信用状况调整其保险费率。湘潭企业安全生产诚信体系建设将分步骤进行，2015 年，湘潭市将在矿山、交通运输、建筑施工、危险化学品、民爆器材、特种设备和冶金等行业领域启动企业安全生产诚信体系建设，2016 年将推广到其他行业领域。

【湘潭社会组织蓬勃发展　成为服务经济社会发展重要力量】　2015 年 4 月 22 日，从全市社会组织管理工作会议上了解到，湘潭市注册登记的社会组织总数为 1374 个，其中，市本级社会组织 387 个，社会组织数量近两年以 10% 以上速度递增，成为服务湘潭经济社会发展的一支重要力量。近年来，湘潭通过依法严把关口，改革创新社会组织登记管理体制，加大了对行业协会商会类、公益慈善类、科技类和社区服务类社会组织的培育力度，不断激发社会组织的活力，全市各类社会组织蓬勃发展，呈现出布局更加合理、结构更加优化的良好态势。各类社会组织也有力推动了经济发展，扩大了社会公共服务，促进了社会职能转移，维护了社会和谐。

【湘潭“未成年人帮教考察基地”揭牌　为全省首家】2015 年 5 月 7 日，全省首家“未成年人帮教考察基地”在湘潭市揭牌。基地由湘潭市综治办、市人民检察院、团市委与湖南凌天科技有限公司合作设立，将对涉罪未成年人进行考察、教育和矫治。为在司法过程中真正实现对涉罪未成年人“教育、感化、挽救”的法律效果和社会效果相统一，市人民检察院在全省率先建立未成年人犯罪“附条件不起诉社会调查和帮教社会化”机制，并于 2014 年 10 月 23 日被中央综治委预防青少年违法犯罪专项小组立项。今后，湘潭已做出附条件不起诉处理的、已满 16 周岁未满 18 周岁的非在校未成年人将由市人民检察院出具帮教方案，再由团市委委托湖南凌天科技有限公司开展心理辅导、劳动教育以及技能培训。涉罪未成年人与基地签订劳动实习协议，基地按约定给予一定的劳动报酬。考察期通常为6～12个月，帮教期满后，基地将出具评估意见，并提交市人民检察院，作为是否起诉审判的依据。

【“防灾减灾日”湘潭集中开展应急知识宣传】 2015年5月12日，是我国第7个“防灾减灾日”，湘潭市政府组织相关部门在江麓广场、白石广场、莲城步行街、河东大道等地举办应急知识集中宣传活动，并组织专家在现场向市民进行解答。市应急办负责人介绍，集中开展应急知识宣传，是为了在全社会广泛宣传和普及应急知识，提高公众应急避险和自救互救能力。当天的活动，城区主要设有4个宣传点，分别由民政、安监、卫生、公安等部门牵头，在宣传点设置宣传展板、发放宣传资料、播放应急知识动漫片、组织专家现场咨询、举办应急知识讲座，扎实开展应急知识宣传活动。当天，各县（市）区以及乡镇（街道）、学校等基层单位也同步开展了应急知识宣传。市应急办负责人表示，下一步，各级各部门要结合各自实际，深入开展形式多样的应急知识宣传活动，推动应急知识进机关、社区、学校、企业和乡村，并及时总结活动开展的经验和存在的问题，探索建立应急知识宣传长效机制。

【湘潭登记电梯5392台　民盟湘潭市委关注电梯安全】 2015年6月11日，部分民盟界人大代表、政协委员共十余人前往湘潭市质量技术监督局，听取《关于加强电梯安全的建议》提案、建议办理情况汇报并进行座谈。《关于加强电梯安全的建议》是湘潭市人大常委、民盟湘潭市委专职副主委胡运坤所提，也是2015年市人大10件重点处理建议之一，也是湘潭市政协第2113094号提案。目前，湘潭登记电梯共有5392台，电梯制造企业1家，电梯安装改造修理企业8家，电梯检验检测机构1家。市质监局高度重视民盟提案和建议，加大了电梯安全宣传力度。2015年2月以来，在全市范围内开展电梯安全监管大会战，对“问题电梯”集中攻坚，消除风险隐患；对“无物管、无维保、无维修资金”的电梯向政府专题汇报，并联合有关部门推动解决。

【湘潭入选中国首批综合运输服务示范城市】 2015年8月6日，从市交通运输局获悉，交通运输部近日发出通知，确定湘潭等16个城市（城市群）为第一批综合运输服务示范城市。对入选的城市，交通运输部将在客货运枢纽（含物流园区）的建设、综合运输服务协调支持信息系统建设（改造）等方面予以资金支持。

综合运输服务示范城市建设内容主要包括综合客运枢纽示范建设、城市物流集疏运中心示范建设、运输服务信息共享示范建设等。在客运方面：以“零距离”换乘为主要目标，加快现有综合客运枢纽改造升级，在综合客运枢纽内建设多种运输方式之间无缝、快速衔接的换乘设施系统，建设标准化、规范化、人性化的旅客换乘信息引导标识系统。在综合运输组织模式方面：将提供“空铁通”、“空巴通”、异地候机候车等客运联程服务产品，减少接驳服务中断、接驳时间不合理的情况，同时将推动建设集合不同运输方式的客运联网售票系统。在信息共享方面：将形成涵盖公路、铁路、水运、民航、气象、旅游等动态信息报送和共享机制，在突发事件和极端天气等情况下，实现各种运输方式之间协调联动。

入选综合运输服务示范城市对于湘潭市大幅提高交通运输立体化网络服务水平，提升旅客出行的便捷程度和物资流通的高效程度，具有十分重要的意义。根据相关建设实施方案，3年后，通过公共交通方式，长株潭三市城市中心之间的联系时间小于30分钟；主要建成区的联系时间小于60分钟；通过长株潭公共客运系统优化，实现以公共交通方式在本次规划区内的95%的出行时间控制在90分钟内；全市乡镇及村通过直达或者一次中转可到达城际客运枢纽；公共交通成为市域内旅客最主要的出行选择。通过建设完成湘潭市交通信息监测中心、韶山综合交通信息中心；实现“一卡通”功能完善，建立城市公交、城际公交、城乡客运、城际铁路、出租汽车、公共自行车为一体的支付平台，市民出行将更智慧。

【2015年湘潭将新建15个残疾人示范社区（村）】 2015年8月11日是第六次全国“肢残人活动日”，从雨湖区肢残人协会联合市残联举办的“残疾人健康周”活动中了解到，2015年湘潭市将在各县市区新创建15个残疾人示范社区（村），全力帮助残疾人康复。届时，湘潭市将有54个残疾人工作示范站，其中乡镇、街道9个，社区24个，村21个。市残联相关负责人介绍，新建残疾人示范社区（村）必须具备室内残疾人活动场地，并挂牌“残疾人之家”；必须组织残疾人进行有益活动，要掌握残疾人基本数据、情况并建档，要建立残疾人工作和帮扶宣传栏，有残疾人服务窗口以及康复器材，还需配置残疾人联络员，专门协助残疾人工作，还得有“阳光助残”志愿者工作站，确保示范站有提升残疾人康复能力。

【智慧旅游综合服务管理平台启用　动动手指就能玩转湘潭】 2015年8月14日上午，湘潭市智慧旅游综合服务管理平台通过了专家组的验收，游客们只要带着手机就能随时随地玩转湘潭。市旅游外事侨务港澳局相关负责人介绍，2012年湘潭被列为第二批国家智慧旅游试点城市，2013年开始搭建湘潭市智慧旅游综合服务管理平台，旨在丰富湘潭的旅游公共服务，通过APP等应用终端，将旅游产业链上的旅行社、景区、酒店等多个行业企业和交通、旅客、旅游宣传等连接起来，进一步提升吃、住、行、游、购、娱等旅游环节中的附加值，同时又能通过平台的监控，提高旅游生态环境检测和保护的能力，提高旅游业务的营销和服务能力，为游客提供便捷的信息服务，使旅游经济效应最大化。通过一年多的努力，目前平台已经启用，游客们只要扫二维码，就可根据自己所需选择性下载“位置共享”“旅行足迹”“我的导游”和“信息推送”等项目的APP，更方便、快捷地了解景点的相关信息。比如，如果要去韶山旅游，只需要进入“我的导游”，输入“韶山”，平台就会自动定位游客当时所在的位置，并规划出到景点的线路，轻松游玩。另外，游客在游览中，还可通过智能终端向相关部门发出求助和第一时间进行旅游投诉。

【拒绝危险驾驶　湘潭“全国交通安全日”主题宣传启动】 2015年12月2日是第四个“全国交通安全日”。11月10日，湘潭市道路交通委员会通报，今年我省的宣传主题是“拒绝危险驾驶、安全文明出行”，各部门将围绕这一主题开展广泛宣传。据介绍，《刑法修正案（九）》（以下简称“刑九”）出台后，针对校车、客车的严重超员、超速，以及危爆运输车辆不按规定进行运输等危险驾驶行为，明确入刑。因此，今年“122”主题宣传活动中，市道路交通委员会倡导全民抵制追逐竞驶、醉酒驾驶等构成危险驾驶罪的交通违法行为，抵制“路怒”、不礼让斑马线、占用应急车道等危险驾驶行为，努力形成人人抵制交通违法、人人践行文明交通、全社会共建共享文明交通的良好风尚。具体实施过程中，交通部门将督促客货运输企业向每一位驾驶人告知刑法新规定的短信。交警、交通部门要在农村地区、客货运输企业、驾校组织开展“拒绝危险驾驶”法规主题宣传教育活动；排查修缮农村地区交通安全宣传设施，组织交通安全宣传队深入农村地区宣讲危险驾驶行为及“刑九”法律法规，争取覆盖到全部乡、镇和行政村。市文明办、交警、交通、司法、教育等部门将通过送交通安全法律法规、道路礼仪书籍、车贴、课件等宣传资料进校园、进社区、进企业、进农村，让学生、家长、企业负责人及相关从业人员进一步提升交通安全道德水平。鼓励企事业单位、社会名人发挥示范作用，积极履行社会责任，抵制危险驾驶行为，积极参与“降速五公里”“系上安全带”“送头盔下乡”等公益活动。交警、交通部门将针对“黑校车”，以及校车、旅客运输车辆严重超员、严重超速，违规运输危险化学品等危险驾驶行为开展集中整治。在城市道路，整治追逐竞驶、酒驾、闯红灯、不礼让斑马线等危险驾驶行为；在高速公路，整治超速、货车占道行驶、占用应急车道等违法行为；在农村道路，整治面包车超员、货车违法载人、摩托车无牌无证上路等突出违法行为。

【湘潭地质资料“两化”项目有序推进】 2015年12月7日，从湘潭市国土资源局获悉，湘潭市地质资料信息服务集群化产业化项目（以下简称“两化”）有序推进，目前“两化”第一阶段的地质资料收集与标准化工作已完成。地质资料是地质工作的重要基础信息资源，具有可被重复开发利用、能够长期提供服务的重要功能。2008年，国土资源部与省人民政府签署合作协议《共同推进湖南省国土资源工作，促进长株潭城市群“两型”社会建设合作备忘录》，双方就建立长株潭城市群地理信息系统达成一致意见；2011年，省国土资源厅下发通知，启动长株潭地质资料“两化”工作，湘潭于2012年启动“两化”工作。有关负责人解释，地质资料管理方面长期存在资料信息分散、综合研究不够、数字化信息化程度不高、服务渠道不畅等问题，使地质资料信息的巨大潜在价值未能得到充分发挥。湘潭市“两化”工作旨在充分利用、综合和集成已有城市地质资料的基础上，运用计算机信息技术，建立城市地质资料信息服务和管理系统，为湘潭市城市规划、建设和管理提供基础数据，为政府决策和应急指挥搭建可视化平台，为公众与专业人员提供查询、检索和增值信息服务。目前，湘潭“两化”第一阶段的地质资料收集与标准化工作已完成，共收集并录入工勘资料1683册，录入钻孔数据45774个，建立了地质资料目录、全文、钻孔3个数据库。接下来，将整合初步收集的数据，为第二阶段的三维地质空间数据库、三维可视化地质资料信息服务与管理系统及服务产品开发工作打下基础。

【湘潭医养融合养老模式获重点推介】 2015年12月，由国家卫计委与民政部共同举办的全国医养结合工作会议在青岛召开，湖南、山东等12个省、市、自治区在会上进行了经验交流。会上，湖南省将湘潭医养融合养老模式作为“湖南样本”进行了重点推介，获得与会者一致点赞。湘潭作为率先进入老龄化的城市，近年来，湘潭市委、市政府高度重视养老服务事业。本次我省向全国作重点推介的，就是由市养老康复中心打造的医养融合养老模式。

市养老康复中心是整合市六医院医疗资源同步建设的医养融合型养老机构，是部省共建养老示范项目、湘潭市重点民生工程。该院按照“大病可医、小病可疗、无病可养、临终可孝”的功能布局建设，合理分区养护。一期工程老年养护楼项目总投资7000万元，于2013年1月建成投入使用。现有养老床位300张。其中，以生活照料为主的托养型养老床位150张、医疗护理加生活照料的医养型床位150张。主要为长期患病的半失能、全失能、失智、临终关怀老人提供集养老、医疗、康复、护理和临终关怀于一体的多元化、全方位的医养融合服务。当前该院养老床位处于一床难求的满负荷运行状态。市委、市政府出台多项创新政策，支持医养融合事业发展。湘潭首先在市养老康复中心（市六医院）试点采取按医保日包干结算管理模式。免除长期患病老年人不断住院、出院、再住院的麻烦。同时，市民政局、市财政局从市福彩公益金中每年拨款50万元，设立了“天年爱陪”爱心资助项目。凡在该院医养中心连续入住3个月以上，具有湘潭市户籍、年满60周岁、生活完全不能自理的全失能或需要临终关怀的老人，给予300元/月的生活护理费（护工费）补助，大大减轻了这类老人及其家庭的经济压力。

体制机制创新

【湘潭狠刹收受红包礼金歪风　廉政账户收到上交红包569万】 2015年1月5日，从湘潭市纪委监察局了解到，截至2014年12月底，全市各级5910廉政账户收到上交红包礼金569.72万元。领导干部收受红包礼金，毒化了党风政风，污染了社会风气，人民群众反映十分强烈。为此，2014年，湘潭市各级纪检监察机关结合党的群众路线教育实践活动的深入开展，狠刹收受红包礼金歪风，进一步加大对党员干部党的先进性、纯洁性教育和反腐倡廉思想教育。2014年年初，湘潭市在全省率先开通了5910廉政账户，充分发挥了促廉作用。每逢重要节假日，如元旦、春节、端午、中秋，市纪委会向全市、县处级以上领导干部发送廉政短信，强化纪律约束，要求对无法拒收的礼金礼品上交廉政账户。全年，累计向全市干部发送廉政信息6000多条。

【湘潭市委十一届七次全体（扩大）会议提出：打造法治湘潭建设的“升级版”】 2015年1月9日，市委召开十一届七次全体（扩大）会议，审议通过了《中共湘潭市委关于全面推进依法治市建设法治湘潭的实施方案（讨论稿）》。全会指出，全面推进依法治市、建设法治湘潭的总体目标是，打造法治湘潭建设的“升级版”，依法执政、依法行政、公正司法和全民守法全面落实，宪法法律意识普遍增强，公共权力行使有效规范和制约，公民权利得到有效保障，法律实施监督体系完备，安全诚信规范的社会经济秩序建立，从严管党治党措施全面落实，湘潭跻身全国法治先进城市行列。当前和今后一个时期内，湘潭的主要任务是加强法律法规的检查监督落实，做好地方立法工作，建立符合湘潭实际的法治政府指标体系，深化行政体制改革，加快建设法治政府，落实审级管理、刑法执行等司法改革措施，加大司法规范化建设力度，健全和落实确保司法公正的制度措施，深化司法公开，拓展司法为民渠道，加强和改进法治宣传教育，规范和完善法律服务，以项目化理念加强法治文化建设，夯实基层法治治理，强化全民法律意识，提升全民法律素质，提高各级党委依法执政的能力和水平。

【团市委与人大代表、政协委员“面对面” 探索志愿者服务长效机制】 2015年1月16日，团市委组织“共青团与人大代表、政协委员面对面”交流活动。部分人大代表、政协委员及湘潭市各级团干部、学生、民间志愿者团体负责人齐聚一堂，围绕“湘潭市志愿服务工作现状与长效机制探索”畅所欲言。近年来，湘潭市志愿者服务活动成绩可圈可点。如情人节义卖鲜花，为“最美雨湖人”杨柳筹集善款；募集救灾物资送往云南、贵州等地；帮扶品学兼优的贫困学生，关爱敬老院老人；开展助残行动……但是湘潭市志愿服务活动散见于社会生活的各个层面，自发和有组织的活动交叉并存，项目单一，参与面窄，对象不明，亟待规范有序的统筹管理和长效机制的探索建立。交流会上，人大代表、政协委员及志愿者团体负责人建议，将志愿服务与爱心企业、社区服务、政府购买服务等结合起来，开发志愿服务项目，充实服务内容；成立志愿者基金。人大代表和政协委员表示，将在两会上提出相关建议、提案等，争取得到全社会重视。

【项目化管理推进惩防体系建设】 2015年1月上旬，湘潭各级党委、纪委迎来“年度大考”。此次检查考核，是湘潭推进惩治和预防腐败体系建设的全面体检，意味着湘潭正按照《中共湘潭市委关于贯彻落实＜建立健全惩治与预防腐败体系2013—2017年工作规划＞的实施意见》（以下简称《实施意见》，走科学有效地惩治和预防腐败之路。惩治和预防腐败，是一场正义与邪恶的政治搏斗，又是各种矛盾交织的复杂斗争。《实施意见》把坚持不懈抓好党的作风建设、坚决有力惩治腐败、科学有效预防腐败和认真落实党风廉政建设“两个责任”等四个方面的内容细化分解，将任务量化为28项，责任涉及市级主管领导14位、市直牵头单位25个。通过任务分解将责任、压力层层传导到部门、单位和领导，要求按照《实施意见》分阶段分步骤有序推进，确保惩治和预防腐败体系各项任务落到实处。

【湘潭3.88万亩土地完成确权颁证】 2015年2月11日，全国农村土地承包经营权确权登记颁证工作视频会议召开。会议指出，开展承包地确权登记颁证，是中央全面深化农村改革的决策部署，事关亿万农民切身利益，事关巩固农村基本经营制度，事关农村改革发展稳定全局，要求积极稳妥开展工作，稳定现有土地承包关系，充分调动农民群众积极性，坚持进度服从质量，确保承包地确权登记颁证工作积极稳妥、扎实有序推进。根据中央、省要求，2017年前湘潭要全面完成农村土地承包经营权确权登记颁证工作。2014年，湘潭在2012年湘乡市承担农业部确权登记颁证试点工作的基础上，确定将湘乡市龙洞镇作为市级试点乡镇，各县（市）区各选择1个村进行试点，分别是湘潭县谭家山镇泉丰村、湘乡市龙洞镇建时村、韶山市大坪乡黄田村、雨湖区姜畲镇泉塘子村、岳塘区霞城乡顺江村。这次试点共确权登记1镇4村，涉及260个村民小组，共确权土地面积3．88万亩。

【湘潭市直机关“巡回讲坛”送课到基层】 2015年3月，湘潭市直机关“巡回讲坛”送课下基层来到湘潭市高新区双马街道。这是市直机关工委、市直机关党校为加强社会主义核心价值观宣传教育开展的首场讲座，100多名党员干部参加了巡讲。这次巡讲以“找回失落的精神家园”为主题，从身边的事例说起，循循善诱、深入浅出，勉励广大党员干部在基层一线要有智慧地工作，处理好党群干群关系，巧妙化解工作中出现的矛盾纠纷，修炼有才、有智、有信的精彩人生。在整个讲座中，台上台下不时互动交流，气氛轻松活跃。市直机关负责人介绍，今年市直机关“巡回讲坛”将围绕习近平总书记提出的“四个全面”设置全新的课题目录，把学习贯彻总书记系列重要讲话精神作为主课，深入开展理想信念教育，形势政策、国情、党史教育，切实凝聚党员干部全面深化改革的思想共识，增强党的观念和政治意识、组织观念和规矩意识，不断提高党员干部的法治思维和依法办事的能力。

【湘潭“家庭律师基层行”活动启动 普法宣传进社区】 2015年3月13日，由湘潭市妇联、市司法局、市律协主办的2015年湘潭市“家庭律师基层行”普法宣传活动启动仪式在岳塘区东坪街道横街社区举行。县市区（园区）妇联维权干部、市律协女律委成员、讲师团律师、东坪街道辖区居民等100余人参加。这次开展普法宣传活动是为深入贯彻党的十八大和十八届三中、四中全会精神，推进“法治湘潭”建设，提高广大妇女群众依法维权的意识和能力。市妇联相关负责人介绍，接下来，他们将组织家庭律师讲师团，深入各个县市区（园区）的社区（村），开展13场“家庭律师基层行”普法宣传活动，这也标志着湘潭市“三八维权周”活动正式拉开序幕。当天，“家庭律师基层行”讲师团讲师张建辉从夫妻婚姻、财产、小孩抚养、继承等具体案例深入浅出地讲解“法治湘潭，平安家庭”相关法律知识及妇女维权知识。潭州、湘晋、湘剑、同升4家律师事务所的律师也在现场为居民提供法律咨询服务。

【湘潭成功获批国家知识产权示范城市】 2015年3月15日，从湘潭市知识产权局获悉，湘潭成功获批国家知识产权示范城市，再添一块“国字号”金字招牌。湘潭近年来始终坚持创新驱动发展，深入实施知识产权战略，全市知识产权事业实现跨越发展。2009—2014年，全市申请专利16166件，年均增长25.74%，授权专利9297件，年均增长29.75%。截至2014年12月，全市每万人有效发明专利拥有量达3.27件，每万人专利申请量达91.50件，居全省第三位，每万人专利授权量达50．80件，居全省第二位。国家知识产权示范城市是国家对城市知识产权工作最高层次的评价，示范时限为3年。接下来，湘潭将按照知识产权强国建设的总目标和知识产权示范城市的工作要求，主动适应经济新常态下城市创新发展的客观要求，大力实施知识产权战略，继续推进自主创新，推动知识产权与经济发展的良性互动，使知识产权工作成为促进经济社会发展、提升城市综合竞争力的有力法宝。

【行政审批再做“减法” 湘潭全面施行并联审批制度】 2015年3月17日，根据湘潭市政府日前印发的《湘潭市市级行政许可项目并联审批实施意见（试行）》（以下简称《意见》），湘潭开始在全市范围内施行行政许可并联审批制度，将进一步提升审批效率，优化政务环境。施行并联审批制度后，按照市政府公布的市级行政许可项目目录，凡两个及两个以上行政机关进行行政许可的项目（包括建设工程项目和其他项目），将由牵头单位设在市政务服务中心的窗口统一受理，由市政务服务中心召集、牵头单位组织、联办单位参加，根据项目的实际情况及需要，采取会议审查、现场踏勘、批件会签等形式，同步办理许可。整个工作流程可概括为“一家受理、抄告相关、联合审批、限时反馈、办结告知”。《意见》规定，适用并联审批行政事项的审批时限，将在之前进驻市政务服务中心审批事项承诺时限的基础上再次进行大幅压缩。其中，政府投资建设项目将在法定时限802天压缩至承诺时限274天基础上，再次压缩至128天；社会投资建设项目将在法定时限683天压缩至承诺时限234天的基础上，再次压缩至96天。《意见》还首次对项目审批过程中涉及的中介服务的办理时限做出了明确规范。对政府投资项目中涉及社会中介机构受理一般时限由320天压缩至139天，缩减56.6%，社会投资建设项目受理一般时限由245天压缩至119天，缩减51.4%。

【湘潭启动固定资产投资统计制度方法改革试点工作】 2015年4月6日，从湘潭市统计局获悉，湘潭已正式启动固定资产投资统计制度方法改革试点工作，从3月开始报送1—2月试点数据，到2017年1月底结束。目前全市及各县（市）区已完成相关培训，试点工作正在稳步进行。此次投资统计改革，将实现两个转变，即固定资产投资调查对象由投资项目转变为法人单位，固定资产投资额计算方法由形象进度法转变为财务支出法。试点数据的采集分为三种方式。一是现有的全部联网直报调查单位，通过国家统计联网直报门户报送试点数据；二是有亿元以上在建项目的、联网直报和小微企业以外的调查单位（主要包括部门及新建企业），同样通过国家统计联网直报门户报送试点数据；三是小微企业，采取抽样调查的方式采集试点数据。

【湘潭出租车体制改革成效显著 打破“世袭制”回归“准公益”】 2015年2月6日，湘潭正式对出租车行业实行“公司化管理，公车公营模式”。这些勇于打破出租车经营权“世袭制”，切断“食利链条”的一系列改革举措，让出租车行业回归到了“准公益”的服务定位。4月15日，是原驾驶员享有优先租赁326个出租车经营权的最后时限。这批出租车经营权2014年8月到期，由政府依法收回并重新投放市场。这是湘潭市对出租车行业实行“公司化管理，公车公营模式”改革的重大举措。早在2014年下半年，湘潭就开始陆续推行出租车行业改革。截至目前，这一改革成效显著，出租车服务整体投诉率由过去的70%下降到15%，2015年元旦期间出租车有责投诉仅7件，相比去年同期下降50%，春节7天假期受理市民投诉、咨询等电话83起，相比去年147起下降了43.5%，通过GPS监控平台，乘客失物查找率上升50%。日前，省政府主要领导对湘潭出租车运营体制改革及所取得的成效予以高度肯定，多家中央媒体来潭实地采访，刊发报道推广湘潭改革经验。

【湘潭权力清单6月底确权公开 进一步调整完善市级行政权力】 2015年4月15日上午，湘潭市召开湘潭市推行权力清单制度联席会。按照省委、省政府要求推行的“三清单一目录”即法无授权不可为的“权力清单”、法有规定必须为的“责任清单”、法无禁止皆可为的“负面清单”和政府核准投资项目目录，湘潭将结合已公布的“1+3”清单目录，对市级行政权力作进一步调整、修改完善。推行权力清单制度工作将分三个阶段开展：4月底前为各部门填报阶段；5月底完成审核规范、论证阶段；6月底为确权公开阶段。

【湘潭廉政账户一季度收到上交红包94万元】 2015年4月19日，从湘潭市纪委了解到，2015年1—3月，全市有192名党员干部向廉政账户上交红包礼金94万元，其中向市本级廉政账户上交33.8万元，向5个县（市）区廉政账户上交60.2万元。据统计，自2014年年初设立廉政账户以来，全市各级党员干部主动向廉政账户上交红包礼金达690余万元，该款项已分别缴入同级国库。根据相关规定，公务人员对因各种特殊原因未能拒收、难以退回的礼金，必须自收礼之日起1个月内自行将现金实名交存相应的廉政账户，或者如实登记、上交纪检监察机关（机构）。违规收受礼金礼品不在规定期限内上交的，经查实后，一律按照有关规定给予纪律处分或者组织处理。涉嫌犯罪的，移送司法机关依法处理。

【湘潭启动政府职能转变和机构改革 改革后市政府工作部门为32个】 2015年5月11日，湘潭召开政府职能转变和机构改革动员大会，改革后市政府工作部门将为32个。会前，印发了湘潭市政府职能转变和机构改革方案的实施意见，改革后市政府设置32个工作部门。与前6次政府机构改革相比，“以职能转变为核心”是此次改革的鲜明特点。改革工作将于2015年6月底前基本完成。

【湘潭推进现代化档案和数据资源建设 明确四个体系建设目标】 2015年5月12日，全市档案和数据资源体系建设工作会议召开。会议就新形势下档案部门如何加快档案和数据资源建设，推进现代化档案事业发展进行研究和部署。近年来，湘潭在全国率先提出和开展现代化档案资源体系建设，把档案和数据资源建设置于信息化、智能化、网络化、社会化的重要位置，纳入智慧湘潭等全市信息化建设发展计划，全面规划、总体布局、系统推进。2015年3月19日，市委办、市政府办正式出台《关于加强新形势下档案和数据资源建设的意见》，首次以文件形式授权档案行政管理部门履行数据资源监督管理职能。但是，湘潭市还有不少单位对档案和数据资源的管理没有引起足够重视，资源分散、管理松散、利用零散，导致资源利用率低，也存在信息安全、数据安全隐患。会议要求，全市各级档案行政管理部门、数据管理部门和广大档案、数据工作者要解放思想，转变观念，进一步坚定现代化档案事业的发展道路，明确档案和数据两个资源建设，档案和数据资源、资源管理、资源利用、资源保障四个体系建设目标。

【湘潭积极推广安全生产责任险 不少企业因此受益】 2015年5月，省安责险防灾防损办公室对湘潭市安全生产领域责任保险（以下简称安责险）推广工作进行了调研。安责险在提高企业抵御事故风险的能力，建立安全生产社会化风险防范机制、预防和控制事故发生、加快事故善后处理、维护社会稳定等方面发挥了积极作用，得到了政府、参保企业和社会各界的高度评价和充分肯定。近年来，湘潭按照“政府引导，市场运作”的工作思路，企业投保稳步推进，做到了高危行政许可企业“应保尽保”，保险公司共保体基本上做到了及时立案、快速理赔，不少企业因此受益。2015年，湘潭进一步加大了安责险工作的宣传培训力度，让企业自己有主动购买保险的意识，让安责险成为企业可信赖的保险；加大了安责险推动工作力度，继续推广前两年各地各单位比较好的经验和方法，确保湘潭安责险“应保尽保”常态化；扩大安责险保险覆盖面，迅速探索出台八大行业安责险保险规则，进一步巩固生产安全事故防范基础；加强生产安全事故防控体系建设，严格过程监管，确保了全市经济社会安全平稳、健康发展。

【湘潭“先照后证”改革半年 平均每天新增40户市场主体】 据市工商局注册分局统计，2015年1月至5月，全市新登记市场主体共6018户，较2014年同期增加了22.11%。细看这个数据会发现，在实施工商登记前置审批制度改革5个月的时间里，湘潭市平均每天新增约40户市场主体。自2014年以来，国务院分三批审议决定将一些工商登记前置审批事项调整或明确为后置审批。依据国务院相关决定，2014年12月湘潭市出台了《湘潭市工商登记前置审批制度改革实施方案（试行）》，对工商登记前置审批事项进行了明确。目前，湘潭的工商登记行政审批工作按2015年5月国家工商总局发布的《关于严格落实先照后证改革严格执行工商登记前置审批事项的通知》执行。通知对前置审批事项和后置审批事项做了明确规定：228项工商行政审批事项中，共保留73项前置审批事项，其中包括39项登记前置审批事项和34项企业变更登记、注销登记前置审批事项，前置审批项目较改革前大幅减少。

【湘潭全力推进国家现代农业示范区创建】 2015年6月26日，湘潭创建国家现代农业示范区工作推进会、联席会、调度会“三会合一”，各县（市）区、园区、市直18个成员单位分管领导及市农委各科室负责人参加会议。会上，市委农办、市农委负责人就湘潭国家现代农业示范区建设进展情况，以及下一步工作进行了总结和部署；各县（市）区、园区分管领导作表态发言，并向市政府递交重金属污染耕地修复及作物种植结构调整试点责任状。会议审议了《湘潭市创建国家现代农业示范区工作联席会议制度（讨论稿）》《湘潭市创建国家现代农业示范区工作考核办法(讨论稿)》《湘潭市创建国家现代农业示范区工作指标任务分解表（讨论稿）》和《湘潭市重金属污染耕地修复及农作物种植结构调整试点2015年实施方案（征求意见稿）》等文件。

【湘潭城管月考结果喜人：城市区（园区）成绩整体提升】 2015年6月25日至26日，湘潭市城管委办公室对各城市区(园区）的城市管理工作进行月度随机抽样检查。结果显示，整体情况较好，与上月相比，进步较大，各区扣分均未超过30分。从抽查结果看，高新区排名第一，总共扣了8分；湘潭经开区排名第二，扣14分；昭山被扣20.5分。两个城市区被扣分相对较多，其中雨湖区被扣25分，岳塘区被扣24.2分。

【湘潭投资项目在线审批监管平台年底前运行】 2015年9月11日，全市投资项目在线审批监管平台建设工作会议召开。会议要求，年底前全市实现平台上线运行，并与国家、省平台对接，实现“横向到边、纵向到底”。这是湘潭推进行政审批制度改革的又一重大举措。湘潭市委常委、常务副市长谈文胜出席会议。自2014年12月以来，国务院出台了一系列相关文件，推动投资项目在线审批监管平台建设。2015年9月2日，省政府召开会议，要求全省三级平台统一开发，初步实现“在线审批、并联审批、网上监管”，确保在12月底前上线运行。目前，湘潭市已依照国家、省工作部署，成立了工作领导小组，制定了相关工作方案。接下来将在原来梳理的权力清单基础上，抓好梳理审批事项及业务流程、甄别对接协调和政务外网联通。

辐射区域篇

至张家界
常德
60KM
常德城市圈
至武汉
岳阳
60KM
岳阳城市圈
大都市区
长沙
娄底城市带
110KM
娄底
至怀化
80KM
衡阳城市圈
至郴州

衡阳市 2015 年两型社会建设综述

2015 年是“十二五”规划和两型社会建设第二阶段的收官之年，也是“四个全面”战略布局形成并大力推进之年。2015 年以来，全市深入贯彻落实五位一体、五化协同和五个发展战略部署，坚持绿色化核心理念，以又严又实的工作作风推进两型社会和生态文明建设，总体发展水平实现新提高。

一、2015 年主要工作成效

2015 年，全市以创建全国文明城市为统揽，以建成“工业重镇、文化名城、旅游胜地、宜居家园”为愿景，按照年初预定任务目标，精准施策，定向发力，扎实推进两型社会和生态文明建设，取得较好成效。

（一）*经济调速不减势，量增质更优。*全年，全市完成地区生产总值 2606.37 亿元（预计数，下同）、增长 8.8%，三次产业结构优化为 15.2:44.7:40.1。产业质量有效提升，农业产业化进程加快，农村土地承包经营权流转面积突破 500 万亩，粮食总产实现“十二连增”，新增 5387 户新兴农业经营主体，农产品加工总产值增长 23%；高新技术产业增加值增长 18%，占地区生产总值比重达到 13.8%；服务业占比提高 2.1 个百分点，增加值增长 12.8%。经济动能转换明显，开放型经济来势较好，南岳机场新增 4 条航线，综保区 9 个项目投产运营，全省首家综保购正式营业，外贸进出口总额达到 32 亿美元、增长 10%，实际利用外资 10.25 亿美元、增长 14%；内需消费强劲，实现社会消费品零售总额 927 亿元，增长 12.3%；金融支持经济发展效应提升，融机构存贷款余额分别达到 2787.28 亿元、1445.77 亿元，增长 15.8%、17%，存贷比提高到 51.9%。

（二）*环境美化成锐势，生活更宜居。*成功获批全国第二批生态文明先行示范区。实施完成湘江治理“一号工程”第一阶段“堵源头”目标任务，2013 年以来，累计淘汰落后产能企业和关闭小企业 90 家，关停并转涉重金属企业 117 家，铅、汞、镉、铬、砷 5 种污染物排放总量在 2008 年的基础上削减 52%；2014 年以来，全市共拆迁湘江干流规模养殖场 941 个、栏舍面积 32.9 万平方米；2015 年，计划实施的 986 个湘江保护项目全部开工，完工 758 个、完工率达 76.8%，通过治理，全市水功能区达标率 95%以上，水库水质合格率为 90%以上，全市 38 个水功能区监测断面有 22 个达到了Ⅱ类水质标准，城市污水处理率和城镇垃圾无害化处理率分别达到 85.6%和 100%。酃湖公园、东洲岛、幸福河改造及风光带建设扎实推进，城区绿化提质改造取得明显成效，城市建成区绿化覆盖率为 38.2%，绿地率达到 34.3%，中心城区人均公园绿地面积达到 9.45 平方米，三项数据均超过国家园林城市标准。切实加强“三边”造林、城市园林、封山育林等工作，全市森林覆盖率达 46.3%。深入实施《衡阳市大气污染防治行动计划》，实施 279 个防治项目，化学需氧量、氨氮、二氧化硫、氮氧化物排放量分别削减 2%、1.98%、2%、14.2%，城区空气质量达标率 97%。

（三）*资源循环蕴大势，利用更高效。*成功争创全省循环经济示范城市，常宁市水口山经开区获批国家级园区循环化改造示范试点。目前，衡阳市共有 2 个国家级循环化改造示范园区，1 个国家级循环化改造示范企业，循环经济正在成为全市经济全局中的一大亮点。全年，全市单位 GDP 能耗下降 6.1%，“十二五”时期单位 GDP 能耗累计下降 27.27%，完成“十二五”省定任务的 170%。严格水资源“三条红线”，全市用水总量控制在 34.2 亿立方米以内，万元工业增加值用水量由 85.5 下降到 83 立方米以下;农田灌溉水有效系数提高到 0.477 以上，均满足红线控制要求。

（四）*城乡建设显均势，发展更惠民。*城、乡居民人均可支配收入分别达到 26514 元、14500 元，增长 8.8%、9.5%，城乡居民收入势差加快弥合。民生支出占财政总支出的比重达 62%，16 大项 25 个指标的重点民生实事项目全部完成，25 个指标中有 8 个专设农村、6 个专设城镇，全年共减少贫困人口 8 万余人；新增城镇就业 7.08 万人、农村劳动力转移就业 6.3 万人；“两房两棚”新开工 5.8 万多套；五大社会保险参保人数达到 803.76 万人次，企业退休人员养老金实现“十一连调”，月人均增加养老金 189.8 元，城乡低保月人均救助水平持续提标，分别达到 276.5 元、118.5 元；社会物价保持温和上涨，居民消费价格总指数增长 1.3%。

二、2015 年工作主要经验做法

一年来，我们按照既定工作计划和上级部署，着力抓好一批打基础、利长远的工作，主要做好了以下五个方面的工作。

（一）*重宣教聚共识。*对 6 月份的环保日、低碳日、节能宣传周等主题日（周）进行统筹策划，由市政府印发《衡阳市 2015 年两型社会建设宣传月活动实施方案》，从 6 月上旬到 7 月上旬在全市范围内开展两型宣传月活动。同时，在衡阳日报开辟“两型发展看衡阳”专栏，对湘江流域综合治理衡阳模式、南岳两型景区、幸福社区两型社区、田心村两型村庄、松木循环经济园区、安邦农业、绿色出行等 15 个两型建设模式进行了典型宣传，通过开展活动和密集宣传，进一步凝聚全社会共建两型的共识。

（二）编规划谋长远。将《长株潭城市群区域规划（2008—2020）》融入衡阳市“十三五”规划编制之中，以区域规划为主要依据，编制完成《推进两型社会 建设美丽衡阳——衡阳市“十三五”两型社会建设规划》，确保“十三五”时期全市两型社会建设目标明确、路径明晰、保障有力；以区域规划为重要依据，完成《衡阳市城市总体规划（2006—2020）2015修订》文本、说明书以及图件成果，明确指导思想为“认真贯彻两型社会战略，突出衡阳在环长株潭城市群的区域中心作用”，为划定城镇发展、农业生产、生态保护三类空间开发管制界限提供了法定规划依据。同时，参照省里的好做法，衡阳市开展了两型社会建设综合评价工作，市政府专门印发《衡阳市两型社会建设年度综合评价工作方案》，成立了由市委常委、常务副市长任组长的领导小组，报告编制小组围绕经济社会、资源节约、环境友好三个方面，选择务实性强的33个数据指标作为评价依据，通过前期调研、数据收集、起草报告、专家评审、完善发布等严谨程序，公布了《衡阳市2014年两型社会建设综合评价报告》，《报告》客观全面反映了全市两型社会建设成绩、存在的问题差距，为我们准确把握下阶段工作重点提供了科学依据。

（三）建项目强支撑。全年开工建设重点项目500个，完成投资900多亿元，平均每天有2.5亿元投资落地。扎实推进总投资523亿元的“两岸新区”建设，共计完成投资139亿元，完成企业搬迁20家，关停企业54家，拆除厂房面积42.7万平方米，防洪工程、道路、沿江风光带等基础设施建设稳步推进。积极完善城市功能，新建成运营污水处理厂9座，新增污水处理能力36.5万吨/日；完成4个城镇生活垃圾治理设施建设项目，还有16个项目开工在建、6个项目开展前期。大力推广十大清洁低碳技术，重点建设衡阳县樟树乡100兆瓦太阳能光伏电站项目，建成光伏发电产能23.2兆瓦；顺利实施共创光伏100座以上居民示范屋顶电站，华菱衡钢、中钢衡重10兆瓦屋顶光伏发电项目；开工建设衡阳市首座城市生活垃圾焚烧发电厂，项目完成后，可日处理垃圾1500吨，全年累计发电量可达1亿度；积极引进投资5亿港元的中民筑友绿色建筑科技园项目，着力打造湘南地区包括PC制造、部品部件制造及物流配套基地一体的重要建筑产业现代化园区，年产能将达到150万平方米；投资近70亿元的水口山金铜项目完成各工序的单体试车，将在2016年3月正式投产，建成后可年处理金、铜物料及综合回收物料达55万吨。

（四）抓创建树典型。坚持“先进制造业集聚区、循环经济示范区和城乡统筹样板区”定位，高标准推进白沙两型示范片区建设。全年片区实现规上工业总产值118.12亿元、增长15.12%；完成进出口总额15.32亿美元；招商引资成效明显，9个项目签订合同，18个项目已确定入区，另有70余个项目意向入园；综合保税区运行良好，共签约项目30个，9个项目投产运营，各类经济指标在全国52家综保区中居中上水平。平台建设初显成效，与银行合作搭建要素支撑平台，建立了助保贷，有效缓解了中小微企业贷款难问题；与中科院建立了产学研用协同创新平台；成立了白沙洲信息中心，通过市场化运作，打造园区、企业和社区“三位一体”互联互通的大数据共享平台；白沙洲物流园入选全省8大示范物流园区。严格对照省两型“九进社区”“八进村庄”标准，开展两型样板社区（村庄）建设试点，通过组织居（村）民开展两型宣传教育，推广节能器具，加强绿化和垃圾污水处理设施建设等措施，社区（村庄）风貌实现良好转变。对2014年省级两型示范（创建）项目开展了专项资金绩效评审，确保专款专用、高效使用。开展了两型创建督导工作。

（五）推改革不停步。坚持以改革的方式释放潜在发展红利，为两型社会和生态文明建设提供有力保障。成功申报成为全国第二批生态文明先行示范区，是全省唯一一个地级市。全国服务业综合改革试点城市加快建设，石鼓现代商务、南岳文化旅游和健康养老成功跻身全省首批15个服务业示范聚集区；出台《衡阳市居民生活用天然气阶梯价格实施办法》，推进非居民用存量气价与增量气价并轨，有效降低工商企业运营成本；印发《关于规范和加强固定资产投资节能评估和审查工作的通知》，把节能评估审查作为固定资产投资项目前期工作的必备要件；农村金融改革形成经验，探索出以土地流转经营权、林权、农机等六种农村产权抵押贷款模式，得到人民日报专版推介；完成全市865家合法工业企业排污权初始分配，全面实施排污权二级市场交易；印发《衡阳市林业生态红线保护管理办法》《衡阳市林业生态红线保护规划》，开展林业生态补偿试点工作，对于占用自然保护区、森林公园、风景名胜区和湿地土地的工程建设和资源开发项目，必须进行生物多样性影响评价，并签订长期生态补偿协议；拟定了《衡阳市绿色建筑行动方案（草案）》，实行灵活的激励政策，凡绿建项目在检测费用上予以减免；推进全省建筑废弃物综合利用试点建设，研究提出了建筑废弃物收运系统、处理工艺、项目开发、技术协作、财政补贴、税费优惠、绿色信贷等核心措施。同时，衡阳市探索出的河道采砂规范化管理机制建设、林业生态红线保护及监督管理机制改革等2项改革模式入选《省2015年生态文明体制改革创新案例》；常宁市探索资源枯竭型城市转型，蒸湘区推进绿色发展等模式，得到湖南日报推介报道。

三、2016年工作打算

2016年是“十三五”开局之年，是两型社会建设第三阶段起步实施之年，更是进入到全面建成小康衡阳的决胜阶段。衡阳两型社会建设将继续贯彻落实党中央、国务院关于五位一体、五化协同和五个发展战略谋划，坚持绿色化发展理念，着力在深化改革、产业发展、生态建设、示范创建、技术推广、宣传教育、保障机制等方面下功夫、求实效，努力建设天更蓝、地更净、水更清的美丽衡阳、宜居家园。

（一）加快两型改革进程。一是深化十大改革。继续推进两型工业准入提升、联合产权交易平台、资源性产品价格、农村环境治理、排污权交易、生态补偿、大气监测与联防联治、绿色建筑、绿色出行、绿色GDP评价等十大改革，争创省级及以上改革经验。二是构建四个市场。启动运营市公共资源交易中心。开展排污权抵押绿色信贷，在国控污染源试点刷卡排污制度。深化林权交易市场化进程，推行“一证多权”林权发证模式和“林权返租”流转模式。

开展碳排放交易前期工作。三是建立一个体系。出台《衡阳市生态文明体制改革实施方案（2015—2020）》，推进自然资源生态空间统一确权登记、林业生态红线划定、生态补偿、国土空间开发保护、环境保护责任规定及责任追究等改革，逐步构建“源头严防、过程严管、责任追究、保障有力”的生态文明建设体系。

（二）推进两型产业发展。一是推进农业向集约绿色转型。经营体系集约，推进农村土地承包经营权确权和“一流转五服务”，盘活农村资源资产，全年实现每个乡镇新增家庭农场、合作社2个以上，新增省级示范农机合作社50家。生产方式绿色，推广清洁种养、清洁加工技术，科学使用农药、化肥、饲料和食品添加剂，保障舌尖上的安全。产业形态集成，推进城区3万亩蔬菜标准园和县市8大特色蔬菜基地建设，加快衡阳县、南岳等林下经济重点县（区）建设，推进华夏湘江、衡阳国家现代农业科技园等十大园区建设，加快构建粮食、畜禽、油料、林木等十大现代农业产业体系。二是提升工业清洁低碳水平。加大造纸、钢铁、水泥、电解铝等行业的淘汰整合力度。提高机械、煤炭、冶炼等产业的清洁低碳生产水平。依托富士康、特变电工、水口山等龙头企业，打造电子信息、高端制造、有色金属加工三大千亿产业集群，促进战略性新兴产业蓬勃发展。加快制造业与生产性服务业融合发展，促进衡钢等制造企业向制造服务业转变。加快衡阳省级循环经济示范城市建设，推进松木、水口山国家级循环化试点建设。抓好陆家新区和雨母智慧生态发展区规划建设。完成衡山科学城红树林样板区一期建设、启动二期建设。三是促进现代服务业两型提质。按照节约、低碳、绿色理念，加快国家服务业综合改革试点城市建设，积极构建区域性服务业中心。抓好石鼓现代商务，南岳文化旅游和健康养老省级服务业示范集聚区建设。推进华耀城、万达、崇盛国际中心建设。加快白沙、衡缘、铁路物流园、松木水路口岸建设，发展云集空港物流、第三方物流和智能物流，打造中国南部物流中心。推进大南岳衡山旅游经济圈建设，打造国际旅游目的地。推进“数字衡阳”二期工程建设，加快“数字衡阳”市县一体化建设。助力湘梦电子商务产业园、湖南精英电子商务产业园发展。

（三）抓好生态环境建设。一是促进城乡发展与生态建设相融合。严肃“十三五”环保、节能减排、水利、林业、国土等生态规划实施。编制完成中心城区控制性详规，体现尊重自然、顺应自然、天人合一理念，留住城市特有的地域环境、文化特色、建筑风格等“基因”，让居民望得见山、看得见水、记得住乡愁。制定新农村建设规划，建设一批山水风光型、生态田园型、古村保护型、休闲旅游型特色村庄，引导村民规范有序建房，促进民居适当集中。二是启动湘江流域治理第二个“三年行动计划”。出台《衡阳市湘江流域综合治理第二个“三年行动计划”实施方案》，整体目标是“四个全面、一个好转”，即全面深化工业企业污染整治，依法关停取缔各类严重污染企业，推进重化企业搬迁入园；全面推进流域内城镇垃圾污水治理，处置率达90%以上，中心城区黑臭水体控制在10%以内；全面实施流域内农村环境综合整治；全面抓好水口山、松木经开区、雁栖湖等重点区域治理，推进企业搬迁、关停和遗留固废治理，加快“两岸新区”建设；到2018年实现“一江四水”水质稳定在Ⅲ类以上，优于Ⅱ类以上水质断面增加30%以上。实施《衡阳市湘江保护2016年工作要点》。三是加强大气污染防治。落实《衡阳市大气污染防治行动计划实施方案》，继续推进污染物综合治理、机动车污染防治、产业结构升级、能源使用结构调整、监测预警及应急体系建设等5大任务建设。完成空气质量预警预报发布平台，湘衡盐化1#、2#炉脱硫设施改造等项目建设。四是推进生态工程建设。实施“健康森林、美丽湿地、绿色通道、海绵城市和管廊城市、秀美村庄”建设，造林50万亩，封山育林30万亩；加快耒水、常宁天湖、衡南莲湖湾、衡山萱洲4个国家级湿地公园试点建设，推进横江、洣水、酃湖、幸福河湿地公园建设；完成通道绿化3800公里以上，中心城区完成25条道路76.24万平方米绿地建设；启动建设海绵城市和管廊城市，促进城市水循环利用和工程管线集约铺设；抓好43个美丽乡村、344个环境整治重点村和526个“秀美村庄”示范点建设。

（四）提质两型创建水平。一是抓好白沙示范片区建设。夯实要素、技术创新、物流、综合服务及市场开拓五大平台。做好产业规划，提高清洁技术、清洁生产和清洁项目占比，壮大智能制造、电子信息、生物医药、现代物流四支柱大产业。提高绿化覆盖率、资源循环利用率、两型技术产品普及率、垃圾污水处理率等指标水平，加快完善商业、住宿、娱乐、医疗、教育等配套服务设施，促进产城融合。二是推进专项领域创建。在村庄、社区、学校、城镇等领域开展专项创建，评选市级两型创建单位50家左右。按照《湖南省两型社会建设专项资金管理办法》，对2011年以来的两型创建单位进行全面评价，对创建情况进行通报。三是编印经验模式集。启动两型社会建设模式征集评选，编印《衡阳市两型社会建设模式集》，总结和推广一批好的经验。四是召开创建工作会议。召开全市两型示范创建工作会议，以现场观摩、交流经验等形式，集中研究两型创建工作，推进全市两型社会建设。

（五）推广清洁低碳技术。一是制定实施方案。出台《衡阳市“十三五”清洁低碳技术推广工作实施方案》，对新能源发电、工业锅（窑）炉节能改造、绿色建筑等技术推广，从发电上网、税收优惠、财政补贴、贷款贴息等方面，分类别制定支持政策。二是构建技术推广服务体系。加快绿色金融服务、政府两型采购、绿色产业技术联盟、公共服务网络平台等服务体系建设，宣传推介技术推广商业模式、骨干企业。三是推进项目工程建设。实现水口山金铜项目、樟树乡100兆瓦光伏园一期项目建成投产。推进官家嘴风电场、坳家台风电场建设。推广新能源汽车使用，加快充电站、充电桩及配套停车位的铺设步伐。探索推广生态厕所。

（六）扩展两型宣教形式。一是加强媒体宣传。在报纸、广播、电视、网络等常设两型宣传板块，定期定时段进行两型知识、标准、政策、时势宣传。二是深化课堂教育。编印完善《两型教材》，小学实行两型课程全覆盖，纳入中学自选兴趣课程表，组织大学开展两型讲座。市县两级党校常设生态文明和两型社会建设科目。三是开展主题活动。6月份，开展以推介两型产品和技术为主的“两型宣传月”活动，开展两型建设论坛、两型宣传文艺演出等主题活动。

（七）推进保障机制建设。一是加强评价运用。开展2015年两型社会建设评价工作。加强《两型社会建设评价报告》结果运用，通过网络、电视、报纸、广播等进行宣传，市直部门牵头对各地的逆向发展指标进行帮助整改，将评价结果与两型引导资金、政策试点争取等挂钩。二是加强考核调度。按照省对衡阳市2016年两型社会建设考核任务，建立各相关部门参加的“月协调、季通报、年考核”的协调推进机制，确保完成全年任务目标。三是加强法规建设。启动城乡建设与管理、环境保护法下位法、历史文化保护等方面的立法项目征集、筛选、起草和论证工作，着重强化城市绿地保护与植被恢复、烟花爆竹燃放管理、渣土车辆管理、餐饮行业油烟排放管控、非国（省）控企业污染源监管等方面的立法研究，及时实施一批地方性两型法规。

衡阳市2015年两型社会建设成果

【衡阳剑指重金属污染】 2015年1月20日，衡阳市石鼓区合江套街道的居民周军林，站在刚刚拆除的一个老厂房旁，望着正在加紧施工的湘江西岸风光带，喜笑颜开。前不久，合江片区内的水口山二厂、衡阳化工厂的厂房拆除完毕，片区内20余家涉污企业彻底关停或搬迁。

近年来，衡阳市为落实全省“一号重点工程”，着力强化环保和安全底线思维，大力推进湘江流域重金属污染综合治理，关停产能落后、污染严重的企业。该市依托松木经济开发区、水口山有色循环产业园等专业化园区，加快有色产业循环化改造，对涉重金属企业重新规划布局，全部搬迁入园，推行清洁化生产。

截至1月20日，全市共关停并转涉重金属企业111家，完成重金属污染源治理项目47个。2014年，全市单位工业增加值能耗下降9%，单位GDP能耗下降4%。

【衡阳力推农村饮水安全工程　开怀畅饮安全水】 2015年2月15日《湖南日报》报道，连日来，在衡阳市衡山县湾塘水库除险加固现场，10多名工人正在抓紧施工。按工程计划，他们要抢在2015年3月底前，完成水库坝体加固、护坡除险、溢洪道整修等。

湾塘水库是附近两个村稻田的灌溉水源，也是村民的饮用水源。由于年久失修，水库出现了险情，水质也受到很大影响。“主坝和副坝一直漏水，两个村的稻田无法耕种，连村民饮水都出现困难。”当地村民杨会生介绍，2014年11月，总投资近400万元的湾塘水库除险加固工程正式开工，水库除险加固后，可解决2个村3000多人的饮水问题。

据了解，为了让农村居民喝上安全水，衡阳市采取有力措施，全力推进农村饮水安全工程项目建设。据该市水利部门介绍，2014年，该市共兴建供水工程187处，让15.5万多名农村居民喝上了安全水。

为解决部分农村居民饮水困难，衡阳市从实际出发，采取多种模式兴建供水设施。从2005年国家实施农村饮水安全项目以来，该市共争取有关项目资金10.43亿元，兴建各类饮水工程1902处。在衡南县栗江镇、衡阳县金兰镇、衡东县三樟镇、祁东县河洲镇、衡山县白果镇等人口密集的乡镇，兴建了日供水1000吨以上的集中供水工程。特别是2013年11月动工兴建的祁东河洲水厂，以湘江为水源，总投资819.39万元，经一年多建设，目前工程已进入扫尾阶段，近期正式供水，将又有周边近2万居民告别饮水难。

【常宁走出枯竭困境】 2015年3月17日，《湖南日报》以“常宁走出枯竭困境”为题报道了常宁转型发展。全文如下：

“不好意思，有机鱼卖断货啦!下次打捞一定提前通知您……”常宁市金源农业综合开发有限公司董事长汪永盛，日前在电话中向客户耐心解释。汪永盛原来经营冶炼厂，2011年，他关闭粗放式加工厂房，投入1500万元，转型搞生态农业开发，成了远近闻名的“菜老板”。

常宁市曾有“有色金属之乡”“非金属之乡”之称，常宁水口山是有名的“世界铅都”。但随着矿产资源日益减少，常宁面临发展困境，2011年被列入全国第三批资源枯竭城市。为走出资源枯竭困境，该市大力推动产业转型升级，摸索出“工、农、旅”多元支撑的发展新路。2014年，完成GDP244.88亿元，比上年增长9.8%。

为推动原有企业进行提质改造，近3年来，常宁市将17家硫酸锌企业整合重组成4家，并投入108.7亿元进行大规模技改。推动有色行业转向精深加工，使产品由单一的粗铅、粗锌发展为电铅锌、硫酸锌、氧化锌等10多个品种。严格关停高污染、高排放企业，已完成水松地区39家企业淘汰退出工作。将部分企业整合重组成5家上规模企业，整体搬入水口山有色循环产业园，实现循环化、清洁化生产。

同时，着力发展生态农业，推动经济由“灰色”向“绿色”转型。目前，常宁市初步形成了油茶、烤烟、茶叶三大农业产业。其中，引进中粮集团、中联天地等龙头企业，带动当地油茶产业快速发展，全市油茶年产值已达5亿元。

该市还把旅游产业列为转型发展主攻产业之一，创建了中国印山国家4A级旅游景区以及天湖国家湿地公园、涪洲岛旅游生态园等景区景点。2014年，全市接待游客156万人次，实现旅游综合收入3.9亿元，比上年分别增长13%和12%。

【衡阳首家规范化砂场投入运营】 2015年4月1日11点左右，随着机房控制室的一声令下，松木经济开发区内的标准化新砂场——金兰砂场首次定点卸砂，标志着衡阳市砂场整治进入新的阶段，另外5个新砂场将陆续投产，同时，6月底前将取缔所有的非法砂场。

金兰砂场位于金兰管理处慈善庙组，占地面积79亩，总投资近7000万元，建有2个标准厂房，并配2条专业化生产线。

【衡阳入列全省第二批循环经济示范城市】 2015年4月12日，从省发改委传出消息，我省9个市(县)被确定为全省第二批循环经济示范城市(县)，衡阳市名列其中。创建循环经济示范城市的主要任务是：构建循环型生产方式，形成循环型流通方式，推广普及绿色消费模式，健全社会层面资源循环利用体系，创新发展循环经济的体制机制。

据悉，衡阳市将按照大力推进生态文明建设的战略部署，依靠循环经济来提高资源利用率，降低生产过程中的污染控制成本。并根据自身资源禀赋、产业结构和区域特点，实施大循环战略，把循环经济理念融入工业、农业和服务业发展，以及城市基础设施建设。在生产、流通、消费各环节推行循环型生产方式和绿色生活方式，构建覆盖全社会的资源循环利用体系，普及绿色循环文化。通过循环发展带动绿色发展和低碳发展，加快构建循环型社会，以提高本市环境友好水平、资源节约效益和新型城镇化质量。

【衡阳湘江保护与治理“一号重点工程”工作会议召开】 2015年4月13日下午，衡阳市政府召开全市湘江保护与治理“一号重点工程”工作会议。市委副书记、市长周海兵强调，要进一步加大工作力度，力争早日全面解决问题，努力打造山清水秀、天蓝地绿的宜居衡阳。

2015年是湘江保护与治理第一个“三年行动计划”的最后一年。环保方面，衡阳市将切实加强环境监管执法，深入推进各项污染整治工作，抓好环境保护宣传和培训；水利方面，衡阳市将继续加强污染源头防控，落实最严格水资源管理制度，扎实推进湘江保护水利项目建设及湘江流域生态治理和修复，抓好河道保洁工作；畜牧水产方面，衡阳市将继续抓好湘江干流和重点支流的规模养殖场退养工作，继续抓好养殖场污染治理项目建设，建立湘江干流禁养区巡查监管机制；住建方面，衡阳市将提标改造、建成或开工建设17座生活污水处理厂，新增处理能力38.92万吨/日。

周海兵强调，各级各部门一定要牢牢抓住机遇，扎实抓好湘江流域保护与治理“一号重点工程”各项工作。一是湘江流域重金属污染治理，要抓好重点项目建设，抓好重点区域防治，加强重金属污染监测；二是强化水功能区环境质量保护，要强化饮用水安全保障，加快污水处理设施建设，抓好湘江主要支流污染治理；三是巩固提升养殖污染防治成效，关停后再养的要依法处理，坚决停批在禁养区内新建养殖场，加快规模养殖场的污染治理，做好扩大退养范围准备；四是统筹推进湘江流域保护和修复工作，要突出抓好项目建设，落实最严格水资源管理考核办法，突出抓好河道管理。

市领导段志刚、罗东海、陈竞、胡水龙参加会议。

【武吉海就耕地污染修复治理到衡阳调研】 2015年4月16日至17日，省政协副主席武吉海率调研组来到衡阳，对耕地污染修复治理情况进行调研。市政协主席廖炎秋，副市长陈竞，市政协党组副书记、正厅级干部肖长河参加调研。

调研期间，武吉海一行先后来到衡东县白莲镇马房村、衡山县白果镇绍庄村，实地考察耕地污染修复治理情况。据了解，衡阳市现有耕地面积567.33万亩，常年产粮330万吨左右。近年来，为进一步修复耕地污染，衡阳市突出抓土壤保护与治理，编制了《衡阳市土壤环境保护规划(2011—2015)》，规划了珠晖区酃湖乡白鹭湖无公害蔬菜基地和祁东县石亭子镇黄花菜基地2个重点耕地土壤修复工程；突出抓农业面源污染防治，2008—2014年，中央财政对衡阳市共投入资金2853万元，累计推广测土配方施肥技术面积5372.57万亩，肥料利用率提高了5.5个百分点。截至2014年年底，衡阳市共完成重金属污染源治理项目47个、湘江保护类项目158个；突出抓重金属污染修复治理，“关停并转”涉重金属污染企业111家，重金属污染物排放总量大幅度降低。

武吉海要求，衡阳要进一步做好耕地重金属污染和治理的试点工作，并在技术上找到一条安全、可持续性、低成本的技术路线；要进一步加大财政投入力度，形成以政府为主导、多部门联动共同治理的长效机制。同时，调研组将综合调研情况，认真吸纳意见和建议，形成可行的调研报告，推动耕地污染防治工作顺利开展。

【衡阳争创国家循环经济示范城市】 2015年4月17日，从衡阳市发改委获悉，衡阳市被正式确定为全省第二批循环经济示范城市后，2015年将着手开展国家循环经济示范城市的创建工作。据悉，目前衡阳市正积极着手衔接工作，抓紧编制完善《国家循环经济示范城市创建实施方案》等材料，力争在国家第二批申报创建循环经济示范城市中脱颖而出。

据悉，在此次创建省级循环经济示范城市过程中，衡阳市不仅成功入列，且得分最高，具备了在湖南省内优先创建国家循环经济示范城市的前提条件。据悉，衡阳市将作为2015年度湖南省唯一推荐单位上报国家发改委。

据介绍，目前，衡阳市创建国家循环经济示范城市的条件基本成熟。市委、市政府一直高度重视节能减排、循环经济和生态文明工作，市财政在2013年8000万元专项资金的基础上年均递增10%以上安排循环经济引导资金，近三年来也未发生过重大环境污染事件，支撑和支持创建循环经济示范城市的基础扎实。近年来，衡阳市还成功入列了《全国老工业基地调整改造规划》《全国资源型城市可持续发展规划》，成为全国服务业综合改革试点城市、湘南承接产业转移示范城市、国家餐厨废弃物资源化利用和无害化处理试点城市，松木经济开发区获批为国家级园区循环化改造示范试点，衡阳市发展循环经济和推进资源综合利用取得明显成效，有力推动了全市绿色、循环、低碳发展。

【衡阳三风电项目列入国家核准计划】 2015年5月7日，从相关部门获悉，衡阳市衡东坳家台风电场项目、衡南天光峰风电场项目、耒阳太平风电场二期3个风电项目列入国家核准计划范围，总装机容量14万千瓦。

衡东坳家台风电场项目位于衡东县栗木乡境内，设计装机容量5万千瓦，由中国电建集团中南勘测设计研究院有限公司作为业主投资建设；衡南天光峰风电场项目位于衡南县川口乡、花桥镇境内，设计装机容量4万千瓦，由北京天润新能投资有限公司作为业主投资建设；耒阳太平风电场二期项目位于耒阳市沙明乡、亮源乡境内，设计装机容量5万千瓦，由江苏远景集团耒阳太平风电有限公司作为业主投资建设。

根据要求，衡阳市相关部门将加强组织协调，认真落实项目建设条件，特别是电网接入条件和消纳市场，督促项目建设单位深化前期工作，按规定及时核准项目建设；高度重视项目建设过程中的质量监督、环境保护和项目建成后的运行管理工作。同时，衡阳市相关部门将采取有效措施确保列入核准计划的3个项目年内完成核准，争取年底前开工建设。

【2015年衡阳环保世纪行活动启动】 2015年5月14日，2015年衡阳环保世纪行活动正式启动。

据悉，衡阳市环保世纪行活动自1993年开始，已成为一块响当当的品牌，12年来，衡阳环保世纪行活动的开展，提升了人们环保意识，取得了不少成效。2015年衡阳环保世纪行活动主题为“守护碧水蓝天，建设美丽衡阳”。重点围绕湘江污染防治和贯彻实施《水污染防治法》《地质灾害防治条例》《衡阳市大气污染防治行动计划实施方案》和市人大常委会《关于衡阳市贯彻实施〈大气污染防治法〉情况报告的审议意见》《关于衡阳市贯彻实施城市绿化条例和湖南省实施城市绿化条例办法》落实情况开展采访报道，会同有关部门组织好中华环保世纪行、三湘环保世纪行在衡阳的采访活动。

市委常委、常务副市长段志刚要求，正确认清形势，增强责任感和使命感；突出宣传重点，切实解决突出的环境问题；强化组织领导，发挥活动重要抓手作用，发挥法律监督、舆论监督、群众监督作用，为衡阳的天更蓝、水更清做出新的更大贡献。

市人大常委会副主任苏营主持会议。

【衡阳湘江污染防治将实施169个项目】 2015年5月21日，从衡阳市环保治理工作调度会上获悉，按照《湘江污染防治“三年行动计划”实施方案》，2015年衡阳市将从6大方面实施169个项目，比2014年多出80项。市委常委、常务副市长段志刚出席会议并讲话。

2014年，衡阳市89个湘江流域重金属污染治理项目全部按时完成。全市基本实现流域企业污水达标排放，涉重金属企业数量在2008年基础上削减51%,湘江干流水质达到地表水功能区Ⅲ类水质标准，全市县级以上饮用水源保护区水质达标率为100%。在2013年和2014年中考核衡阳市排名分别为全省第一、第二。

按照《湘江污染防治“三年行动计划”实施方案》，2015年衡阳市将从工业（矿山）污染综合治理、饮水水源地保护、重金属历史遗留污染治理、湘江重点支流综合整治等6大方面实施“一号重点工程”环保治理，共计169个项目，其中环保部门牵头组织实施项目116个，目前项目总体实施率为48.3%。

段志刚对衡阳市前期湘江污染防治工作给予充分肯定。他要求各部门迎难而上，注意实施好重要的、进度慢的、难治理的项目；各职责部门要强化职责，摸清“家底”，深入一线解决问题；要加速推进项目，全方位实施调度；要切实形成联动机制，把每个任务落到实处；要切实加大投入，吸纳多方面资金投入到环保事业中来。

市领导胡水龙出席会议。

【衡阳将建3万辆公共自行车租赁系统】 2015年5月26日，衡阳市城管执法局就公共自行车系统建设和租赁点布局征求市民意见，在该市高新区发放调查问卷5000多份。很多市民对此表示支持，并积极献计献策。

目前衡阳市正创建全国文明城市，建设公共自行车租赁系统，能有效缓解城区交通拥堵、环境污染等问题，方便市民出行。

衡阳市公共自行车租赁系统建设规划已通过专家初评。按规划，将在全市设置公共自行车租赁站点1636个，共投放3万辆自行车。项目总投资预计为2亿元，分3期建设。一期在衡阳高新区建78个站点，每个站点安排自行车20至40辆，力争在2015年内建成。二期主要在中心城区布点，最后覆盖整个城区。整个项目计划在2020年完工。

【衡阳举办新环保法专题讲座】 2015年6月5日，新《环境保护法》贯彻实施动员会议暨新《环境保护法》讲座召开。环境保护部政策法规司副司长别涛、湖南省环保厅厅长刘尧臣应邀作专题讲座。

在专题讲座中，刘尧臣围绕《湖南省环境保护工作责任规定》及《湖南省重大环境问题(事件)责任追究办法》进行了深入细致的讲解，要求在今后工作中要坚持环境保护优先、预防为主、综合治理、公众参与、损害担责的指导思想，按照“属地管理，分级负责”和“谁决策，谁负责”“谁监管，谁负责”“谁污染，谁负责”的原则，建立责任体系和问责制度。

别涛结合其全程参与新《环境保护法》立法的体会，对新《环境保护法》修订的时代背景和主要亮点等进行了详细讲解。他指出，新《环境保护法》增设了较多强制措施，这将有利于发挥新《环境保护法》的实效性，提高执法的有效性。别涛还重点阐述了各级政府、环保部门和企业在保护环境过程中应各自承担的责任和义务。

同日，由衡阳市政府主办、市环保局承办的纪念环境日暨新《环境保护法》知识抢答赛在衡阳市广电中心演播大厅举行。经过近两个小时的多轮脑力竞技比拼，最终市环保局机关代表队以220分的成绩勇夺一等奖，市监察支队和市环境监测站代表队获得二等奖，市环保城区分局、华菱衡钢、环保志愿者代表队获得三等奖。

【衡阳开展两型宣传月广场宣传活动】 2015年6月13日至19日，是第25个全国节能宣传周，6月15日是第三个全国低碳日。为了延伸和拓展活动效果，衡阳市政府把整个6月作为“两型宣传月”进行了整体部署，并安排在6月23日举行广场宣传活动，旨在让居民感受到建设两型之迫切、参与两型之快乐、建成两型之美好，让低碳节能成为全社会的自觉行为。

6月23日上午9点，广场宣传活动拉开帷幕，衡阳12个县（市、区）的两型建设成果以展板形式进行展出；15个市直部门、国网供电公司、天然气公司等单位就职能范围内的两型政策开展了现场咨询；汉能薄膜、共创光伏、安邦新农业科技股份有限公司等两型企业进行了产品展销和成果展示，活动得到了市民的热忱响应和积极参与。

晚上7点30分，2015年衡阳市“广场旬旬演、社区周周乐”群众文化活动暨“欢歌中国梦·共建创两型”专题晚会在莲湖广场举办。晚会在欢快的舞蹈节目《欢天喜地吉祥灯》中拉开序幕。音乐快板《衡阳两型社会面貌新》极其振奋人心；萨克斯与唢呐独奏《转珠帘》《山丹丹花开红艳艳》优美动听、饱含深情，令人沉醉；小组合唱《爱在天地间》让观众倍感亲切，博得阵阵掌声；小品《社区大忙人》将整场文艺晚会推向了高潮……当晚 12 个节目一一上演，分别以不同的形式展示两型社会建设成果。晚会还两次穿插两型社会建设知识抢答，吸引市民踊跃参与。观众在享受文艺大餐的同时，节能环保意识也有所提高。

衡阳市市委常委、常务副市长段志刚在晚会致辞中指出：建设两型社会，需要社会各界和全体市民积极参与进来，赶快行动起来，从自己做起、从现在做起、从小事做起，推动形成崇尚节约、绿色低碳的社会风尚，为建设资源节约型和环境友好型社会贡献自己的力量，共享美丽宜居衡阳。

市委常委、市委宣传部部长刘丽华，市人大常委会副主任李慧星到场观看演出。

【耒阳白洋渡污水处理厂试通水】 2015 年 6 月 19 日上午，耒阳白洋渡污水处理厂成功试通水。

白洋渡污水处理厂是国家环保部督办项目、“省长一号工程”和省“三年行动”计划重点工程，也是耒阳人民万众瞩目的民生工程、环保工程。2014 年 5 月，耒阳市委、市政府大胆开拓，科学决策，决定易址扩建，开启了白洋渡污水处理厂项目建设的新篇章。该项目总投资 3.3 亿元，总设计规模为 20 万吨 / 日，用地面积 240 亩，纳污面积约 80 平方公里，服务人口约 80 万人，分两期建设，其中一期设计规模为 10 万吨 / 日，用地面积 157 亩，采用 A2/0 处理工艺，出水水质为一级 B 标。

白洋渡污水处理厂仅用 8 个月时间，就完成了厂区全部工程建设，厂区建筑面积达 18000 平方米，完成了综合楼、生化池、二沉池、鼓风机房等 17 个单体工程和设备安装工程。管网建设自 2015 年 3 月 5 日正式启动以来，历时 3 个月，完成了 5.7 公里管网铺设，先后租征土地 100 多亩，拆除房屋 64 户共计 2800 平方米，完成了一座提升泵站，填筑片石施工便道 7000 余米。

【大美湘江的衡阳贡献】 2015 年 6 月 23 日，《衡阳日报》报道了衡阳市两型社会建设成效。全文如下：

常宁市松柏镇松渔居委会，寂静的湘江从一旁流过。这里曾是全省首批硫酸锌生产基地，重金属随水流渗入湘江，镉浓度最高超标 100 倍。

近两年来，这里发生了令人欣慰的巨变——工厂陆续迁走，通过添加稳定剂、种草等措施，周边的水质已开始达标。

“松渔居委会遗留下来的废渣，可以运到危险废物处理中心处理。”常宁市环保局负责人说。

不远处的首座危险废物处理中心，每小时处理能力达 60 立方米。据测算，足够消化该地区的废渣增量。同时配建的废水处理中心，配套管网就有 17 公里长，日处理能力可到 1 万立方米，今后的目标是实现废水零排放。

湘江之疾，主症在“重”。据统计，2014 年以来，衡阳市关闭涉重金属污染企业 112 家，铅、汞、镉、铬、砷 5 种污染物排放总量在 2008 年的基础上削减 52%，湘江干流水质达到地表水功能区Ⅲ类水质标准，全市县级以上饮用水源保护区水质达标率为 100%。

2015 年夏天，常在湘江两岸散步的人们发现另一大变化：“现在，江边臭味散了，蚊子少了，河水变清了！”

“一号工程”启动以后，衡阳市在湘江流域养殖区域划定生态功能区，分设禁养区、限养区和适养区，对湘江干流及蒸水河城区两岸 500 米范围内的规模养殖场实行关停搬迁，对限养区和适养区的规模养殖场进行污染治理，减少污染排放。

到目前为止，全市共拆迁规模养殖场 765 户，栏舍面积 32 万平方米，减少化学需氧量（COD）排放量 450 吨、氨氮排放量 36 吨；每年减少污染治理 68 个规模养殖场，减少 COD 排放量 14 吨、氨氮排放量 1.3 吨。

城市因水而生，而城市下水道不分昼夜排放的生活污水，已成为湘江不能承受之重。在城西污水处理厂，氧化池内，发黑的污水涌动着泡沫，生物细菌正在“作业”，而毗邻的沉淀池里则是一汪清水。

据城西污水处理厂负责人介绍，该厂日处理污水达 22.5 万吨，年 COD 减排量达 2.58 万吨。目前正在进行提质改造，预计 2015 年 10 月完工，届时年 COD 减排量将增加 1 万吨以上。

据悉，在水污染防治方面，衡阳市共建成投运 12 座生活污水处理厂，日处理能力为 54.5 万吨。2015—2016 年，计划新（扩）建 4 座城市污水处理厂及配套管网，并将沿线排污口全部关闭取缔，城市污水处理率将达到 95%以上。

尤其值得一提的是，正在建设中的来雁新城和滨江新区，总投资 523.2 亿元，规划在旧城区 17 平方公里的土地上，建设商业金融、教育科研、文化娱乐以及湘江风光带等，将彻底改变老城区的污染问题。同时，中心城区 108 公里河段禁止采砂，全面拆除城区范围内的非法砂场，建立 6 个规范化砂场，确保城区堤防安全和饮水安全。

【邓三龙到衡阳考察】 2015 年 6 月 25 日，全国人大代表、省林业厅厅长邓三龙带领省林业厅办公室处室主要负责人到衡阳考察。衡阳市委常委、秘书长邓柯，市人民政府副市长陈竞、市林业局局长吴伟生等陪同考察。

邓三龙一行先后考察了新园路城市绿化、湖南环境生物职业技术学院、衡阳富士康科技集团和特变电工等项目建设。随后与衡阳市委、市政府举行林业工作座谈会。衡阳市长周海兵出席了林业工作座谈会，副市长陈竞就全市林业工作情况做了汇报。

目前，全市林业用地面积达 1179.18 万亩，有林地面积达 799.51 万亩。近五年来，高标准完成人工造林 149.05 万亩，现森林覆盖率达到 45.96%，活立木蓄积量达到 1636.49 万立方米，实现了林业“双增长”。创造了通道绿化、森林防火、林地流转、科技兴林等多项“衡阳经验”。近五年，3 次被省政府评为“湘林杯”林业建设目标管理考核优胜单位。

【衡阳湘江保护与治理项目开工 559 个】 2015 年 7 月 31 日下午，衡阳市政府召开湘江保护和治理“一号重点工程”工作会议。市委副书记、市长周海兵强调，“一号重点工程”是重大的民生工程，各级各部门要以问题为导向，突出工作重点，守住工作底线，确保圆满完成年度目标任务。

2015 年，全市“一号重点工程”湘江保护与治理项目共计 1154 个，上半年共开工项目 559 个。截至 6 月 30 日，全市列入 2015 年度项目集的 169 个湘江污染治理项目已完成 53 个、正在建设 102 个；湘江保护省考核项目 985 个，已开工 404 个、完工 253 个。

周海兵强调，各级各部门要坚持以问题为导向，齐心协力、扎实推进，确保湘江流域保护和治理第一个“三年行动计划”圆满收官。要聚焦短腿项目，加快推进小型病险水库除险加固，扎实抓好农村饮水安全工作，加快污水处理厂建设，加快垃圾收集转运设施建设进度；要把保障措施做到位，完善工作机制，破解资金难题，强化督查落实；保护治理要统筹，既要抓好重金属污染治理、加强水环境治理、扎实推进养殖污染防治等湘江治理各项工作，又要完成排污口截污、城区饮用水源保护地综合整治、河道采砂整治、植树造林、湿地保护、矿山复绿、农业面源污染防控等湘江保护相关工作，全面提升区域内环境水平。

市领导段志刚、罗东海、陈竞、唐文峰出席会议。

【杜家毫莅临衡阳考察水口山地区污染治理工作】 2015 年 8 月 4 日，省委副书记、省长杜家毫莅临衡阳考察水口山地区污染治理工作及衡阳市项目建设情况，以“非常高兴”和连串“好”字盛赞衡阳发展变化，充分肯定衡阳市生态保护和项目建设工作所取得的显著成效。

一栋栋标准化厂房拔地而起，一条条厂区道路纵横交错……4 日上午，顶着炎炎烈日来到水口山金铜项目建设现场，杜家毫说，记得 2013 年 8 月 26 日参加这个项目开工典礼时，这里还是一片荒地，没想到近两年时间已经发生了这么大的变化。他对项目建设的进度表示满意，并指出，水口山金铜项目是全省的重大工业项目，对全省、全国都将产生重大的经济社会效益，同时还将带动水口山有色金属冶炼迈上一个新台阶，朝多元化、高档化的方向发展，并推进当地经济社会发展和城乡面貌改变。

随后，杜家毫考察了水口山八厂废水综合治理工程，得知该工程由膜过滤处理系统、电化学处理系统和除铊综合反应系统组成，实现了达标排放，并在回收利用方面基本做到了“吸干榨尽”的情况后，杜家毫连声称“好”。

现场考察之后，杜家毫主持召开了水口山地区污染治理工作汇报会。他说，衡阳的发展变化让自己受到鼓舞和启发。衡阳变得天更蓝，水更清，地更绿，气更净，老百姓的生活更加舒适。看了之后感到非常高兴。

杜家毫指出，“行百里者半九十”。衡阳在生态保护、项目建设方面取得了很大成绩，对全省的生态文明建设，尤其是湘江保护方面做出了重大贡献，还需要继续以抓铁有痕的精神一抓到底，久久为功。要充分利用国内外的先进技术，进一步加大技改投入，通过回收利用“变废为宝”，做到既有利于社会，又有利于企业。

杜家毫指出，既要金山银山，又要绿水青山。这两者不是对立，而是统一的，是互为依托、互相促进、共同发展的关系。湘江水质如今一年比一年好，水口山地区污染治理工作做出了大量贡献。目前，水口山地区污染治理工作已经走出了很好的第一步，这是水口山企业的新生，也是水口山地区的新生。今后还要向第二步、第三步迈进，希望中国五矿进一步坚定在衡阳发展的信心，在已经做出巨大努力的基础上，进一步延长产业链，发展精深加工，省里将全力予以支持。

杜家毫要求，要进一步加大对水口山污染治理、企业转型升级和新城镇建设的支持力度。在技术改造、保障房建设、“135”工程优惠政策等方面向水口山地区倾斜。

杜家毫强调，要全力以赴加快瓦松铁路建设进程，力争按期竣工通车，为水口山金铜项目提供物流保障。要让企业和老百姓有更多的“获得感”，享受更多改革发展的成果。

省政府秘书长向力力，省政府副秘书长、办公厅主任石谋军，省政府副秘书长、研究室主任虢正贵，省国土资源厅厅长方先知，省环保厅厅长刘尧臣，省政府督查室主任毛健刚，中国五矿集团副总裁李福利，中国五矿集团总裁助理曹修运，市领导邓群策、段志刚、邓柯参加了考察。

【刘莲玉率省人大常委会《水污染防治法》执法检查第三组到衡阳考察】 2015 年 8 月 6 日至 7 日，省人大常委会副主任刘莲玉率省人大常委会《水污染防治法》执法检查第三组来衡考察，充分肯定了衡阳市在水污染防治方面取得的明显成效。

两天里，刘莲玉一行考察了衡阳市湘江流域重金属污染综合治理来雁新城项目、城区饮用水源截污工程、铜桥港污水处理厂、幸福河污染治理及南华附一医院医疗废水处理情况。她还深入衡东、衡南、常宁，检查大浦工业园、水口山经开区的工业污水处理厂、松柏镇的生活污水处理厂、松江工业小区、水口山的历史遗留含重金属危险固废无害化处理项目。

在大浦镇狮塘村，得知村民崔光文主动拆除位于湘江边的养猪场时，刘莲玉赞赏他这种“舍小家，为大家”的奉献精神，并嘱咐有关部门帮助他儿子实现去学技术的心愿。

登上来雁新城高处，一场规模宏大的重金属污染综治与旧城改造正在如火如荼进行中。该区域内 117 家污染企业将被关停、淘汰或搬迁。这个衡阳历史上有名的老工业区环境污染问题，将随来雁新城的崛起而迎刃而解。极目远望，刘莲玉被衡阳市治理污染的大手笔和火热场面所震撼，她频频点头表示赞赏。

近年来，衡阳市按照《水污染防治法》要求，强化水污染防治各项工作，有效确保了全市人民生产生活用水安全。2014 年，全市城区饮用水源和 15 个县级以上城镇集中式饮用水水源地水质达标率均达到 100%。湘江干流监测的 7 个断面，各项监测指标年均值均符合或优于地表水环境质量Ⅲ类标准。

座谈会上，刘莲玉肯定了衡阳市在水污染防治重点区域、重点企业取得的明显成效。她希望衡阳进一步提高思想认识，把水污染防治工作摆到更加突出的位置，增强忧患意识，落实法定责任；加强统筹规划，从严执法监管；聚焦重点问题，加紧督查整改，争做湘江全流域水污染防治的标杆。同时，各级人大要抓好跟踪监督，督促解决污染问题。

省人大教科文卫委主任委员梁尔源，市领导谢宏治、段志刚、邓柯、李慧星、苏营、胡水龙等参加考察。

【横江湿地公园拟建“一心三谷三片区”】 2015 年 8 月 27 日上午，衡阳市委副书记、市长周海兵专题调研横江湿地公园建设工作。他强调，要以湘江保护与治理“一号重点工程”推进为契机，加快启动横江湿地公园建设，优化生态环境，提升衡阳旅游产业。

因大源渡工程提升了湘江及其支流横江河水位，淹没了石鼓区三里村、桎木村及衡阳县樟木乡塔兴村的部分地区，形成了一片湿地，并吸引白鹭等候鸟在此栖息。同时，湘江保护与治理“一号重点工程”要求在湘江两岸大力建设湿地。因此，市委、市政府决定建设横江湿地公园。按照初步规划，横江湿地公园拟建设“一心、三谷、三片区”，即稻香村综合服务中心，稻千谷、花千谷、瓜千谷，湿地生态保育区、家庭农场体验区、入口形象展示区。

周海兵全面察看了横江湿地公园规划区域现状，听取了相关情况汇报。他指出，横江湿地公园建设涉及衡阳县、石鼓区、松木经开区和市多个部门，相关单位要通力合作，形成合力，加快启动横江湿地公园建设，提升衡阳旅游产业。要把横江湿地公园建设成为生态保护示范区，把生态保护放在首位，既是湿地保护的要求，更是湘江保护与治理的要求，要把横江湿地公园打造成为全省湘江保护与治理的样板；要将横江湿地公园建设成为城乡统筹发展的示范区，以湿地公园建设带动资源集聚，让当地群众依托城市资源致富；要将横江湿地公园建设成为休闲旅游示范区，要搞好景区、景点建设，以适度规模增强景区承载功能，以特色景点吸引游客，增强横江湿地公园的知名度和美誉度。

周海兵强调，横江湿地公园是一个系统工程，要整体规划、分步实施，尽快制定湿地保护方案，确定项目规模，启动核心区建设；要加大争资跑项力度，加强与上级相关部门沟通，争取国家和省里的政策、资金支持。要协调处理好湿地保护、工业发展、开发建设三者之间的关系，相关部门要解放思想，理清发展思路，确保三个方面同步推进。要加强领导，加快推进项目建设，市、区政府领导要实行联村责任制，帮助解决项目建设中的各种问题，为项目建设创造优良环境。

市领导罗东海、陈竞参加调研。

【衡阳巩固砂场整治成果】 2015 年 8 月 26 日上午，衡阳市委副书记、市长周海兵现场调度城区非法砂场整治工作。他强调，各级各部门要增强责任感，打好组合拳，下决心完成整治工作任务，确保河道安全、岸线美丽，提升城市品位。

列入市城区非法砂场清单的共有 125 个砂场，位于湘江、蒸水、耒水两岸。2013 年开始，衡阳启动城区非法砂场整治工作，市中心城区 108 公里河道全面禁止采砂，金兰、江霞、文昌、藕塘、国庆、太山 6 个新建的规范砂场全面建成并陆续投产，125 个非法砂场已有 121 个整治验收合格。

周海兵从雁峰区岳屏砂场码头乘船，察看了湘江、耒水城区段非法砂场整治情况，就发现的相关问题现场督办。听取了相关工作情况汇报后，周海兵指出，各级各部门要以对历史负责、对人民负责的态度，增强工作责任感，打好组合拳，下决心完成整治工作任务，确保河道安全、岸线美丽，提升城市品位。要通过河道封航、整治非法砂场、建设规范砂场等手段，将整治工作做到位；要实行区、乡镇（街道）联动，做好非法砂场整治扫尾工作，并进行回头看，巩固整治成果，提升工作执行力。

周海兵强调，要迅速启动河堤安全整治行动。湘江、耒水、蒸水沿岸 100 米范围的混凝土搅拌站，严重威胁河堤安全，相关部门要摸清底子，制定工作方案，确保现有混凝土搅拌站年底前完成搬迁工作。要成立联合执法机构，由水利、公安、交通、海事等部门组建衡阳市河道执法队，对水上保洁、水上餐饮、运砂管理、安全管理、网箱养鱼进行联合执法；要建立河道管理长效机制，并尽快出台定点卸砂制度；要尽快启动河岸修复，补绿增绿，美化河岸，防止非法卸砂、堆砂；要采取得力措施，促使已建成的 6 个规范砂场走上运营正轨，确保砂场整治工作取得根本性的成效。

市领导陈竞、唐文峰参加调度。

【衡阳年输送天然气 2.5 亿立方米　位居全省第二】 2015 年 9 月 9 日上午，衡阳市委常委、副市长罗东海专题调研天然气发展建设情况，并针对项目规划中存在的问题和困难，提出指导意见。

罗东海先后察看中油金鸿华南总部、珠江帝景山庄安全防护工作、杨柳加气站项目建设、蒸湘南路加气站及新址规划。自 2006 年“西气东输”进入衡阳以来，天然气利用发展迅速。目前，衡阳市天然气居民用户 32 万户，商业用户 2500 家，国内工业用户 35 家，出租车和公交车 2000 辆，年输送天然气 2.5 亿立方米，居全省第二。

衡阳市天然气公司计划将在来雁新城、滨江新区之间通过底下穿越方式敷设天然气过江管线，按燃气专项规划要求连通湘－衡长输管线、松木工业园、来雁新城、滨江新城、船山东路、衡州大道、东外环、武广新城等，逐步实现衡阳市天然气大环状管网，开辟“西三线”新气源，以确保衡阳市天然气长期稳定供应。该系统工程的关键是管道穿越湘江，项目正开展前期工作，计划在 10 月份实施。

罗东海表示，针对天然气过江管线工程和珠江帝景山庄项目建设，各相关单位要及时出具评估报告，按程序报批，让周边群众早日享受燃气能源的便捷与实惠，各项工程建设标准确定，验收不合格的要处罚和处理，加强调整和协调矛盾，蒸湘南路加气站搬迁选址过程中要提前筹划布局，考虑周边因素，确保衡阳市天然气长期稳定供应，为城市建设以及城市交通提供良好支撑。

【周海兵调研城市环境整治工作】 2015 年 9 月 14 日下午，衡阳市委副书记、市长周海兵深入珠晖区、雁峰区调研城市环境整治工作时强调，要全面开展城市环境整治，为市民提供一个舒适环境，着力提升城市形象和品位，力争早日跨进全国文明城市行列。

武广高铁衡阳东站是衡阳门脸，经过前段多方联合整治，无论是交通秩序还是环境卫生，都有了明显改善。周海兵全面察看了车站周边环境整治情况，他要求，要进一步优化交通组织，特别是王江汽车站投入使用后，要合理规划原有停车坪，整修好周边道路，使车辆进出有序、安全；要做好绿化工作，搞好环境卫生，为乘客提供舒适的候车环境。相关部门要加大联合执法的力度，抓好出租车管理工作，严厉打击各类违法违章行为，确保乘客乘车安全；要提升公交服务，适当延伸公交线路和收车时间，确保乘客出行便捷。

在雁峰区蒸阳南路，城管队员和市民一起正通过铲、喷、涂等方式清除“牛皮癣”，一些小学生正在捡拾花坛内垃圾。周海兵对此表示赞赏，他说，搞好城市环境整治就是要全民动手，大家一起参与。“牛皮癣”不仅要加大整治力度，而且要堵住源头：要加大宣传力度，发动广大市民巡逻、监督，一旦发现有人张贴、喷洒“牛皮癣”立即予以制止；要加大执法力度，对于张贴、喷洒“牛皮癣”的，视情追究责任；通讯单位要对所留号码采取措施，限制其通话。

在雁峰区先锋社区，周海兵走进社区日间照料中心，看到许多老人正在娱乐休闲，便与大家攀谈起来。详细询问了老人吃饭、休息等情况以及大家对办好中心的意见和建议后，他认为这种社区服务形式值得推广，希望社区进一步完善相关设施，更好地服务市民。

市领导唐文峰参加调研。

【衡阳创建国家园林城市工作调度会召开】 2015年9月23日下午，衡阳市创建国家园林城市工作调度会在市政府召开，市委常委、副市长罗东海出席会议。罗东海强调，创建国家园林城市是打造城市名片、美化城市环境、建设生态宜居城市的重大举措，全市各单位要进一步提高认识、明确任务，落实责任，确保衡阳市顺利创建成为国家园林城市。

会议上明确，《衡阳市绿线管理办法实施细则》的审查和《城市绿地系统规划》的重新修编工作需抓紧时间完成，划出城市绿线、城市蓝线和城市紫线，并制定城市湿地资源保护规划和实施措施；同时，尽快开展绿化遥感测绘，掌握绿化现状；衡阳市城区公共自行车租赁系统建设着手开始规划，并在高新开发区进行试点；全市主次干道绿化提质改造也需全面启动，打造好衡阳市城市绿化的骨架。罗东海提出，以上任务内容需多措并施，确保2015年年底前完成。

罗东海要求，各单位及时传达相关会议精神，常抓不懈，对照任务清单和评审要求，凡是规划类、管理办法类工作，必须在年底之前完成；技术、实践方面，如遥感测绘等工作现在开始抓紧，把握好时间节点，细分目标，分阶段推进。同时，各成员单位根据各自工作实际，分别制定实施意见，明确工作时限、标准、要求，确保各项工作抓出成效，要形成一个主要领导亲自抓，分管领导靠前抓，责任人员具体抓的责任体系。

市领导唐文峰出席会议。

【工业废气循环利用成为治理重点】 2015年10月8日衡阳新闻网报道，大气污染防治既是约束性指标，又是环保工作的重中之重，化工生产中尾气的排放是大气污染的主要因素，对尾气排放前进行净化处理是大气污染防治的重中之重。衡阳松木工业园区是衡阳市以化学工业定位的省级工业园区，园区的化工企业是如何有效进行工业尾气的排放治理的，成了走访的首站。

湖南衡阳新澧化工有限公司在松木工业园中是一家专门生产元明粉的企业，是湖南省招商引资重点项目及衡阳市政府重点工业项目。成立10年来，企业年生产能力已达到60万吨，其产品广泛用于洗衣粉、造纸、印染等行业，但企业在生产过程中，却会产生二氧化硫、氮氧化物和粉尘等有害气体。

为确保达标排放，公司从德国引进具有世界先进水平的机械设备和生产工艺，投入资金1890万元，运用脱硫、脱硝、锅炉烟气除尘、工艺废气除尘、炉渣和粉煤灰综合利用、环保达标排放监测等一系列措施，对烟气排放指标进行严格控制，自2010年通过环保建设验收以来，公司对废气和粉尘排放进行了有效控制。

衡阳新澧化工动力车间主任刘建伟介绍：“经公司检测系统统计，从2015年元月至8月，公司在正常生产期间，烟气在线监测达标排放率达到96.6%，已经做到了完全达标排放，目前，我们还在不断投入经费，等9月6日开始的检修结束再恢复生产时，环保排放还将做得更好。”

无独有偶，在松木经济开发区，湖南恒光化工也将企业环保治理放在首位，成为工业企业大气污染防治推行的坚实力量。

湖南恒光化工有限公司目前年产硫酸30万吨，为松木经开区其他行业提供了所需的基础化工原料和清洁热能源，项目余热发电既可满足自身需要，还可以缓解经开区日益紧张的供电矛盾，有利于补齐经开区“三酸两碱”的基础化工产品。但是，其在生产过程中，会产生大量的尾气——二氧化硫。

对此，该公司投入资金2500万元建设硫酸尾气治理项目，对有含硫废气和制酸废气产生的地方采用脱硫设施和旋风除尘设施进行处理，尾气和酸雾通过二期“双亚”项目进行处理，确保尾气进行再回收、再利用。

湖南恒光化工公司安环部经理肖志舟说：“没有经过治理之前，生产尾气都是直接排放，但自7月份试生产以来，工艺废气中二氧化硫排放总量得到了很好的控制，实现了整体意义上的节能减排和绿色循环经济。”

在走访中了解到，松木经开区高度重视大气环保治理，为了切实加强环境执法检查，加强对治理项目设施的监管力度，确保设施稳定高效运行，除恒光化工、新澧化工外，金山水泥、建滔化工等主要排污企业成为园区大气污染防治工作的重点。

据悉，当前衡阳市正在大力推进工业企业向园区集聚，加快位于城市主城区的钢铁、化工、有色、水泥等重污染企业搬迁、改造工作，突出工业作为大气污染防治的重点，从加快工业烟气污染防治方面着手，2014年年底前，全市20万千瓦以上火电机组完成了低氮燃烧改造和烟气脱硝设施建设，到2015年底，全市将新建和改造燃煤机组脱硫装机容量12万千瓦，新建和改造钢铁烧结机脱硫180万平方米。

【衡阳重金属污染综合防治工作会议召开】 2015年10月10日下午，衡阳市政府召开重金属污染综合防治工作会议。市委副书记、市长周海兵强调，要以湘江保护与治理“一号重点工程”推进为抓手，加快项目建设，确保圆满完成“十二五”重金属污染综合防治各项任务。

“十二五”以来，衡阳市积极推进重金属治理项目实施，大部分项目已完成或正在实施。99个列入国家规划的项目已完成71个、在建18个；176个列入省规划的项目已完成150个、在建13个；市争取重金属专项资金项目110个已完成66个、在建31个。这些项目实施后，全市主要重金属污染物合计排放量在2007年基础上削减了51%，涉重金属企业数量削减了52%，涉重金属产业“散、乱、小”的现象得到了有效遏制，湘江衡阳段水体重金属浓度显著下降。

周海兵指出，2015年是“十二五”规划收官之年，2016年初，国家环保部和省环保厅将对衡阳市“十二五”以来重金属污染治理工作进行全面考核，全市各级各部门要增强工作责任感和紧迫感，确保圆满完成“十二五”重金属污染综合防治各项任务。要逐个分析各个项目建设中存在的问题，分类施策，按照时间节点倒排工期，在建项目要加快建设进度，未开工项目要尽快开工，确保按期完成各项建设任务，以优异成绩迎接国家、省里的考核。

周海兵要求，要对照湘江保护与治理“一号重点工程”实施标准，加快推进相关项目进度。各县(市)区及市相关部门要重新梳理项目，加强与省相关部门的衔接与沟通，争取政策和资金支持；各级各部门要加强配合协调，加密项目调度，加快推进项目建设；要强化督查和考核，通过考核层层传递工作压力，确保所有项目按期保质完成。

周海兵强调，各县(市)区要根据各自实际，科学制定污水处理长远规划，确保2020年实现乡镇污水处理全覆盖。

【高污染燃料将相继“退出”衡阳】 2015年10月10日衡阳新闻网报道，燃煤锅炉是引起衡阳市空气环境质量恶化的一大原因，其产生的二氧化硫、氮氧化物、烟尘等有害物质不仅会造成大气污染，还会引发人体呼吸道疾病等。近年来，衡阳市加强燃煤小锅炉清洁能源改烧工作力度，加大清洁能源的供应和推广力度，逐步提高城市清洁能源使用比重，旨在推动新能源发展。

在湖南工学院学生食堂了解到，锅炉一度成为食堂运作的“主力军”，自从2013年改造完成天然气工程后，干净、节约的使用方式，赢得了学校老师、学生“点赞”一片。

据介绍，燃煤锅炉烧的是煤，不仅污染严重，员工工作不适，而且成本也高，但是天然气恰恰相反，清洁卫生，且成本大大降低。“用上天然气后，现在每年成本要减少12万多元，6年内就可以全部收回管道天然气建设费用，这项改革让经济效益和社会效益共存。”目前，湖南工学院每年使用管道天然气65000立方，较之以前，能减少成本支出近13万元，预计6年即可收回管道天然气建设全部费用。

位于衡阳市蒸湘北路的乐福大酒店负责人唐先军对于燃煤改革非常赞同，率先支持环保部门，成为石鼓区第一家煤改气的酒店。唐先军表示：“以前供热水全靠锅炉，用煤是既污染又肮脏，排烟对附近居民都有影响，请锅炉师傅照看成本增加的同时，还要时时照看，有时水温时冷时热，很不稳定。”

如今，更多的企业一改过去烧煤的方式。如衡钢、中钢衡重、长丰六合等一批重点工业企业及第三产业共296台锅炉(炉灶)改烧了天然气；衡东中兴陶瓷、新辉陶瓷、衡阳县振弘陶瓷等一批陶瓷生产企业已改烧液化石油气。

据了解，全市大气污染防治行动计划实施以来，已完成燃煤小锅炉淘汰或清洁能源改烧项目85个，占总任务要淘汰或清洁能源改烧133个的63.9%，超额完成省政府下达的目标任务。

预计到2017年，衡阳市将基本淘汰10蒸吨及以下燃煤锅炉，煤炭占能源消费总量比重降低到65%以下。

【衡阳预计2017年全面淘汰“黄标车”】 2015年10月12日衡阳新闻网报道，为加强衡阳市机动车排气污染防治，保护和改善大气环境，衡阳将实现社会化的环保检验覆盖，全面推行机动车环保检验合格标志管理，对不达标车辆不得发放环保合格标志，目前，衡阳市杨柳、松木、珠晖三家机动车排气检测站已经启动建设，监测站的启用，意味着“黄标车”将逐渐淡出人们视线，尾气排放的环保监测将作为车检的前置监测，从而，有效控制汽车尾气排放。

在位于中亿汽贸城的松木机动车环保监测站现场，检测汽车尾气的设备已经准备就绪。据衡阳市机动车排气污染检测中心主任罗杰介绍：“汽车尾气检测比较简单，只要将一个探头放置汽车排气管，通过仪器分析，几分钟就能得到结果,通过检测可以发现不达标的车辆，督促他进行维修，对减少空气中氮氧化物，各方面污染物的排放是很有好处的。”

除此之外，衡阳市城区还有杨柳、珠晖两个机动车尾气检测站建设也已全面完工，待省相关部门技术验证和授权后，即可正式投入运营。今后，全市机动车需经过环保检测，检验合格方可上路行驶，未通过环保检测的车辆，公安交管部门将不予核发安全技术检验合格标志。

衡阳市各县(市)除南岳区、衡山县合建一个外，其他各县（市）分别建立一个机动车尾气检测站。根据《排气污染检测服务收费有关问题的通知》明确，核定环检车辆收费标准为：实行简易工况法监测的在用机动车85元/车次，采用双怠速法或自由加速法监测的在用机动车40元/车次。

与此同时，衡阳市还实行了逐步淘汰“黄标车”和对“黄标车”限行机制。

黄标车是指未达到国Ⅰ排放标准的汽油车，或未达到国3排放标准的柴油车。据衡阳市车管所所长朱跃红介绍：“黄标等于尾气排放不达标，一旦通过调试、治理仍然达不到排放标准的，要进行强制报废。”

2014年，全市共淘汰黄标车及老旧车13947台，超额完成了省政府下达的11433台的年度任务，排名全省第一。截至到2015年8月底，衡阳市共发放机动车环保检验合格标志2万余套，开具异地监测委托书200多份，按照省政府要求，全市将于2015年年底前全部淘汰2005年底前注册运营的黄标车。对于2005年后注册运营的黄标车，衡阳市将在年底前划定黄标车限行区域，逐步开展黄标车电子抄牌和遥感自动检测系统。

目前，衡阳市还有3000多辆“黄标车”，有900多台“黄标车”得到强制报废，预计到2017年，将全部淘汰黄标车运营。

【油气回收改造让呼吸间“无油”】 2015年10月13日衡阳新闻网报道，随着社会经济的快速发展，近年来机动车数量呈快速增长趋势，与之对应，成品油需求量也随之大幅增长，导致油气排放量不断增加的同时，油气挥发出来的有机物分子，在阳光的作用下和大气中的氮氧化物进行反应，严重影响着人们的健康生活，大力推进油气回收改造刻不容缓。

船山路加油站位于蒸湘区船山西路，3年前就开始进行一次油气回收和二次油气回收改造，中石化衡阳分公司负责人龙志俏介绍，通过一次油气回收系统将油罐车卸油时地埋罐产生的油气通过密闭的方式进行收集，然后重新收集到油罐车罐内；通过二次油气回收系统将加油站对汽车加油过程中抽箱口挥发的油气，通过密闭方式进行收集，使其重新返回地下油罐。与此同时，还在油库安装了油气回收处理装置，主要用于处理回收的油气。

据市商粮局商贸服务管理科科长万雨云说：“汽油买卖过程中挥发量约3%，通过对加油枪出油口等关键部位进行改造，并通过一定管线连接，能基本实现挥发油气的全回收。”

据了解，2015年1—8月，衡阳市累计销售成品油69万吨，其中汽油44万吨。按照3‰的油气回收比例，可收集汽油1320吨。

目前，衡阳市成品油批发企业6家，在营加油站430座，自2014年启动加油站油气回收工作以来，到目前已完成回收改造的加油站37个，正在改造或正准备改造的65个。按照要求，衡阳市年内需完成144个加油站的油气回收改造任务。万雨云表示：“油气回收装置价格比较昂贵，是推进节能减排的一个重要阻力。”

下一步，市商粮局计划出台相关规定，要求城区新建加油站必须安装油气回收装置才可验收，发放证件，并把油气回收改造作为城区加油站能否通过年度验收的先决条件。

预计到2017年，将完成所有加油站的油气改造工作。

【合江套老工业污染区的“大变身”】 2015年10月14日衡阳新闻网报道，传统工业是环保治理的“天敌”，除了应该加大治理力度，还应对重污染企业实施淘汰退出机制，实行“关、停、并、转”，还市民一片“绿水蓝天”。位于衡阳市西北部的合江套老工业区是衡阳市传统化工、冶炼和建材企业的聚集地，有各类企业117家，烟囱林立，污染严重，其中，水口山二厂、衡阳化工厂是大气污染的主要“源头”之一。

水口山有色金属有限责任公司第二冶炼厂始建于1938年，是我国最早的氧化锌生产厂家，年产能氧化锌2万吨，工业硫酸2.6万吨，1977年的老厂从设备、设施、工艺上都相当落后，对应产生的废气、废水、废渣也成为衡阳人民的“心腹大患”。

据悉，衡阳早在2014年底前，祁东县金创炼铁有限公司等9家企业被淘汰，2015年底前，衡阳县鑫联化工有限公司、衡东县景泰化工有限公司将被淘汰，下一步，将在2017年底前淘汰常宁市志强瓷厂，并大力推进工业企业向园区集聚，加快位于城市主城区的钢铁、化工、有色、水泥等重污染企业搬迁、改造工作。

今后，衡阳市相关部门将进一步提高环境准入门槛，严格控制高能耗、高排放行业新增产能，采取综合手段，加快落后产能淘汰步伐。积极推动工业项目向园区集中，严格禁止淘汰落后产能向农村转移。

衡阳市来雁新城的建设紧锣密鼓展开，水口山二厂也被整体征收，自2014年10月份开始拆除，目前，水口山二厂的生产系统设备、部分厂房已被整体拆除，而衡阳化工厂也免不了面临相同的命运，一同被淘汰关停。

目前，合江套老工业区有24家被搬迁，52家被关停，26家被淘汰，合江套这个曾经辉煌半个多世纪老工业基地，目前已慢慢淡出人们的视线。淘汰关停后，这里将成为来雁新城的中心区，规划为金属聚集区和会展中心，“大气污染源头”已经成为过去。

来雁新城公司副总经理彭晓峰说：“通过对这些企业的退出来引进一些新的产业，按照市委、市政府的定位，我们主打四个区：现代商贸的核心区、旅游休闲的引领区、文化风情的展示区以及城市开放的示范区。”

据悉，衡阳早在2014年年底前，祁东县金创炼铁有限公司等9家企业被淘汰，2015年年底前，衡阳县鑫联化工有限公司、衡东县景泰化工有限公司将被淘汰，下一步，将在2017年年底前淘汰常宁市志强瓷厂，并大力推进工业企业向园区集聚，加快位于城市主城区的钢铁、化工、有色、水泥等重污染企业搬迁、改造工作。

今后，衡阳市相关部门将进一步提高环境准入门槛，严格控制高能耗、高排放行业新增产能，采取综合手段，加快落后产能淘汰步伐。积极推动工业项目向园区集中，严格禁止淘汰落后产能向农村转移。

【周海兵调度城区污水处理厂及管网建设工作】 2015年10月14日，衡阳市市委副书记、市长周海兵专题调度城区污水处理厂及管网建设工作。他要求制定污水处理长远发展规划和近期实施规划，形成工作合力，加快推进污水处理设施建设，确保污水处理全覆盖。

周海兵现场察看了铜桥港污水处理厂幸福河截污管网、铜桥港污水处理厂、松木污水处理厂滨江北路截污管网、角山污水处理厂雁栖湖截污管网等项目建设情况，听取相关部门关于污水处理厂及配套管网建设情况的汇报。目前，全市中心城区已建成生活污水处理厂3座，处理能力达到35.5万吨/日，并计划2016年年底完成4座污水处理厂新(扩)建及配套管网建设任务。4座污水处理厂及配套管网建成投入使用后，衡阳市城区将新增生活污水处理能力21万吨/日，总处理能力将达56.5万吨/日。

周海兵强调，要认真制定污水处理长远发展规划和近期实施规划。相关部门要根据城市发展规划，仔细测算城区污水处理需求，合理布局污水处理厂；要详细分析每个污水处理厂长远规划能力和近期处理能力，科学设计建设方案，分步搞好建设，确保按期完成污水处理两年行动计划，实现污水全收集、排污口全关闭、污水处理全覆盖。各级各部门要加强配合，形成工作合力，加快推进污水处理设施建设，各单位要明确要求，细化责任，强化考核，认真做好征地拆迁，已开工项目要加快工程进度，未开工项目要加快立项、规划、用地、环评等手续办理，争取早开工、早建成、早投入使用。

周海兵指出，要按照公开、公平、公正的原则，加快污水处理资产处置，盘活资产，实现资产效益最大化；要多渠道融资，保障污水处理设施建设的资金需要；要探索污水循环利用方法，节约用水，建设“两型”社会。

衡阳市领导唐文峰参加调度。

【衡阳首例家用汽车充电桩落户“寻常百姓家”】 2015年10月14日，国网衡阳供电公司为衡阳首例家用汽车充电桩成功通电，此举标志着汽车充电桩顺利落户“寻常百姓家”。

“我买的这款比亚迪唐系混合动力电动汽车，既响应了国家节能减排的号召，又支持了国产新能源汽车发展，车是好车，可就是充电不太方便!”家住衡阳市雁峰区高兴村的秦兴春在向邻居们介绍自己刚买的新能源电动汽车时既喜又忧。

原来秦兴春的新能源电动汽车在电池电量耗完充电时，一次充电需9个小时以上，他从家里牵了根线到车库充电，这样既不安全又不方便还会提高阶梯电价，确实有点不划算。在邻居们的建议下，秦兴春抱着试试看的心态来到了衡阳供电公司客服中心。公司听明来意后，该中心工作人员立即为秦兴春启动了客户充电桩报装流程，秦兴春也成了衡阳首位家用充电桩报装的客户。

施工中，该中心市场拓展班紧紧围绕客户需求，从充电桩报装流程启动到接入方案答复、工程验收、合同签订、计量安装及送电只用了3天时间。“衡阳供电公司的服务真是太给力了!”秦新春非常满意的竖起了大拇指。

据悉，为顺应新能源应用的市场需求，自2015年5月起，该公司客服中心就已经做好了家用充电桩报装这一新兴业务的各项准备工作，随时为客户充电桩业务报装提供智能化、互动化的服务，全力助推电动汽车新能源发展迈开坚实的步伐。

【衡阳年底将建成18个空气监测站】 2015年10月15日，从衡阳市环保局获悉，为切实有效地对衡阳市大气污染状况进行监管，衡阳市加大环保投入，在衡阳城区建立了6个空气监测点位，并加强对各县区的监测点投入，确保衡阳每日的大气状况可知、可查、可公布。

衡阳市城区环境空气质量监测共设有6个自动监测点位，对臭氧、一氧化碳、细颗粒物（PM2.5）等指标进行监测，分别位于市环境监测站（雁峰区）、市委党校（雁峰区）、衡阳化工总厂（石鼓区）、珠晖区环保局（珠晖区）、真空机电公司（蒸湘区）、原169医院（蒸湘区），已于2015年1月1日开始对公众发布数据。

据悉，衡阳市环境空气质量监测采样与分析监测实行24小时实时连续动态采集、自动监测，各子站的监测数据经采集后同步传输至衡阳市环境监测站、湖南省环境监测中心站及中国环境监测总站，通过环保部、湖南省环保厅、衡阳市环保局官方网站的环境空气质量发布平台实时发布城市环境空气质量指数。

据介绍：“2015年1—8月，衡阳市空气优良天数为187天，优良率为77%，从2015年的情况来看，衡阳市区空气质量总体位于全省中游水平，市民可登录国、省、市三级环保部门官网进行相关查询。”

从2013年开始，空气监测站的建设就未曾停止，常宁市和衡东县由当地财政出资分别建设2个和1个自动监测站，配齐了6个参数，衡阳市2014年建成的水口山地区重金属空气质量自动监测站，可监测包括重金属指标在内的30余项指标，已通过省环保厅验收。

目前，各县市空气自动站部分已经建成。2015年底以前，各县市及南岳区将完成18个空气自动监测站建设，2016年1月1日按国家新标准发布空气质量状况。

【中民筑友绿色建筑项目落户松木】 2015年10月26日，衡阳市政府与中民筑友科技集团举行签订战略合作协议仪式，总投资5亿港币的衡阳中民筑友绿色建筑科技园签约落户衡阳松木经济开发区，将推进衡阳市建筑工业化进程，未来盖房子将像搭积木一样方便快捷。签约仪式由衡阳市政府副厅级干部唐文峰主持，衡阳市委常委、副市长罗东海代表衡阳市政府与中民筑友科技集团总裁闫军签订战略合作协议。

据悉，衡阳中民筑友绿色建筑科技园由中民筑友投资建设，占地面积150亩，项目将辐射湘南地区，包括PC制造、部品部件制造及物流配套基地一体的重要建筑产业现代化园区，整合建筑行业产业链上下游，打造产业集群。完成投产后，年产能将达到150万平方米，销售额将超过20亿元，上缴利税超过了1亿元，解决1500人以上就业需求。

市领导李彗星、李平出席仪式。

【衡阳县开展蒸水流域环境污染专项整治暨河道保洁工作】 2015年10月，为推进“生态立县”发展战略，切实改善蒸水流域地表水质，确保全县城乡居民饮用水安全和农业生产用水安全，衡阳县委、县政府对县城内蒸水及其支流武水、演水流域涉及13个重点乡镇影响地表水水质的污染源进行全面排查整治；对全县26个乡镇辖区内的集中式饮用水源地保护区、小2型以上水库以及影响地表水水质的重点污染源进行全面排查整治。

为确保工作顺利开展，县委、县政府制定了保障措施。一是强化组织领导。成立了衡阳县蒸水流域环境污染专项整治暨河道保洁工作领导小组；二是强化监管执法。从严审批、从严治污、从严取缔、从严监管；三是强化协调配合。建立蒸水流域环境污染专项整治责任分工和上下联动机制；四是强化调度考核。加强对专项整治的督查和调度；五是强化资金保障。各部门要积极向上争取专项资金用于蒸水专项整治，县财政对县饮用水源保护区划定与防护、标示标牌、应急处置、水质监测、督促考核等经费给予重点保障。

【衡阳淘汰黄标车2235台】 2015年11月11日上午，在衡阳市城北机动车排气检测松木站，一台面包车在接受检测，结果显示其尾气排放不合格，被勒令“下岗”。

据了解，衡阳市采取源头控制、严格准入检测等举措，2015年前10个月，共淘汰黄标车2235台，提前完成省里下达的任务。

黄标车是指新车定型时排放水平低于国Ⅰ排放标准的汽油车和国Ⅲ排放标准的柴油车，是影响大气环境质量的主要污染源之一。从2012年起，衡阳市将淘汰黄标车提上重要议事日程，在城区对黄标车进行限行，设立了松木、珠晖、杨柳等机动车尾气排放检测站。还对出租车及公交车制定准入条件，从源头上防止黄标车及老旧车辆上路营运。对达不到检测要求的营运车辆，坚决予以报废。至2015年10月底，提前完成了全部淘汰2005年年底前注册运营的黄标车的任务。目前，该市还有3000多台黄标车，到2017年将全部淘汰。

【衡阳举办乡村生态旅游发展高峰论坛】 2015年11月12日，2015年中国·衡阳乡村生态旅游发展高峰论坛在雁城衡阳举行，有关方面向参加论坛的客人介绍衡阳乡村游。

据介绍，衡阳市乡村除了有原生态优美风光，还有深厚的历史人文底蕴，以及农家美食。近年来，该市大力发展乡村旅游，将乡村旅游作为扶贫、富农、美乡的重要抓手，加快推进旅游业与休闲农业融合发展，实施乡村旅游扶贫富民工程。目前，已成功创建2个“旅游强县”、4个“特色旅游名镇”、14个“特色旅游名村”，发展星级乡村旅游服务区（点）100余处，初步形成了以衡南宝盖、衡山萱洲等为代表的一大批乡村旅游品牌。据统计，2015年前9个月，全市接待国内外游客3923.2万人次，实现旅游综合收入240.5亿元，其中乡村旅游收入占旅游总收入20%以上。

此次论坛是2015中国·衡阳乡村生态旅游节暨衡南宝盖银杏文化节系列活动之一。论坛上，北京巅峰智业旅游文化创意股份有限公司首席顾问刘峰以《新常态下衡阳乡村旅游创新发展》为题做了专题讲座，常德市鼎城区旅游局局长杨友莲介绍了常德乡村旅游发展布局和成功经验。

【衡阳9个产品获省农博会金奖】 2015年11月27日，从衡阳市农业委员会获悉，在举行的2015中国中部（湖南）农业博览会上，衡阳市实现销售收入300余万元；签订销售合同6份，合同金额260余万元。

本届博览会上，衡阳市共有湖南寒梅蜂业有限公司、祁东吉祥食品有限公司、衡东兴薇三樟黄贡农产品有限公司、衡阳市金钱福食品有限公司、衡阳市万康土特产公司5个企业参展。湖南寒梅蜂业有限公司的“寒梅”被授予2015中国中部消费者“最喜爱的农产品品牌”；祁东吉祥食品有限公司生产的“祁富牌黄花菜”、湖南金鲲米业科技发展有限公司生产的“金鲲生态香米”、衡阳市金钱福食品有限公司生产的“金钱蝠”手擀麻糖、湖南大三湘茶油股份有限公司生产的“大三湘原香茶油”、“蓓恬特级初榨山茶油”、衡东兴薇三樟黄贡农产品有限公司生产的“兴薇皇贡椒”、湖南文妹子现代农业科技生态园有限公司生产的“文妹子乌骨鸡”、“文妹子乌骨鸡蛋”、湖南胡家园茶业有限公司生产的“胡家园江头红茶”7个公司选送的9个产品获2015中国中部（湖南）农业博览会“金奖”产品荣誉称号，获奖产品数量占全省的10.5%；市农业委荣获2015中国中部（湖南）农业博览会优秀组织奖（第一名）。

【衡阳创国家园林城市：四大精品景观有望明年亮相】 2015年12月6日，从衡阳市创建国家园林城市办公室获悉，衡阳市正着眼提高“创园”起点，在重点区域谋划建设园林精品景观，打造园林景观新亮点。预计2016年四大精品景观将亮相，分别为107国道城市改造项目、幸福河改造项目、蒸水南堤风光带三期及耒水西岸风光项目。

据了解，为了进一步推进创建国家园林城市工作，圆满完成“创园”工作任务，衡阳市将对城区25条主干道进行全面绿化提质改造，并对城区140个小区的绿化进行提质改造，全面开展市容环境、交通秩序、环境卫生及绿化提质的专项整治工作，通道绿化、荒山改造等工作正有序稳步推进，行道树、绿地花坛管理、病虫害防治及缺绿补绿工作效果明显。

市创园办有关负责人称，衡阳市将突出重点，将在重点区域谋划建设园林精品景观，预计2016年完工的107国道城市改造项目、幸福河改造项目、蒸水南堤风光带三期及耒水西岸风光带等项目建设将突显各自特色，将建设成为城市精品景观。衡州大道、船山路、解放大道（高新开发区段）、蒸湘路、蒸阳路等道路的绿化植物标准高，花草配置合理，层次感鲜明，四季常青，景观优美，将建成城市园林景观新的亮点。

【衡阳25条城市道路启动绿化提质改造工程】 2015年12月9日，从衡阳市城管行政执法管理部门获悉，衡阳市将斥资9000余万元对全市25条城市主要道路绿化进行提质改造，目前改造设计方案已出炉，即日起全面开工建设，2016年3月底之前将全面完工。

依照“绿量充沛，季相丰富、物种多样、景观优美、因地制宜及生态节约”的原则，连日来，衡阳市组织园林专业设计团队，分3组对25条城市主要道路进行绿化提质改造方案设计，共规划设计绿地面积76.24万平方米。其中，提质改造绿化面积为43.79万平方米，新建主干道路旁两厢绿化带绿地面积32.45万平方米，更换行道树1109株，补种行道树2332株。

对蔡伦大道、蒸湘南路延伸段（衡州大道至南岳机场）、蒸阳北路（雁栖湖大桥至松木工业园）、衡州大道（东三环至光明街）等4条主干道两侧新增10米绿化带。据介绍，为突显“一路一景、一街一品”道路园林绿化景观效果，4条主干道将各具鲜明特色，蔡伦大道以竹文化为主题，将青翠作为主打色彩；蒸湘南路延伸段则突出芙蓉花的粉红花色；衡州大道珠晖段则显现落羽杉、银杏等树种的彩叶色调；蒸阳北路集中栽植木槿、花石榴等花灌木。此外，还将利用道路节点及路边空地建成小游园，增加绿量和景观的同时，为市民提供健身游憩的好去处。

衡阳市将对解放大道、东风北路、白沙大道、船山路（南华附一医院至船山大桥）、五一路、黄白路等6条道路绿化进行全面提质，解放大道在保留原有樟树的基础上，将以茶花、月季作为主打植物。重要节点部位点缀海枣、蒲葵等南国风情的树木，添增亮点。在中山北路、雁城路、红湘南路等路段，增设705个移动花箱或树箱，并新增3810平方米的垂直绿化面积，让生硬呆板的路边围墙变得绿意盎然，鲜活生动起来。唐肇基介绍称，衡阳市还将对回雁路、衡祁路、酃白路等多条建成而尚未绿化的道路加紧进行绿化，增设行道树和花池；并对现有道路绿地展开全面补种，东风北路在保留原有绿化植被及补种的基础上，新增3处小游园，并丰富道路节点景观。

衡阳市还将在黄茶路、中山北路、和平南路、和平北路、金果路、道源路、廖家湾路等7条道路新栽观花观果树木，除了添增花叶女贞、大叶女贞、秋枫等常绿树之外，还将挑选观花观叶落叶树无患子，观果香泡（柚子树）加入行道树行列，以彻底改变行道树单一的局面。据悉，施工工期为120天，衡阳市将加大提质改造工程监管力度，确保按质如期完工。

【衡阳三家机动车排气检测站营运】 2015年12月10日上午，衡阳市机动车排气检测工作正式启动，城区三家机动车排气检测站同时投入营运，衡阳市机动车排气污染防治工作迈出实质性步伐。

上午，在蒸湘区衡钢产业园附近的杨柳机动车排气检测站，公交车、面包车及私家小车纷纷驶入站内，依次排队等候检测，佩戴口罩的工作人员操纵分析仪表，对车辆尾气进行精准检测，两条检测线路同时高速运转，每台车辆检测耗时约 4 分钟。工作人员依据检测结果，对检测达标的车辆张贴环保绿标，检测不合格的车辆需通过维修治理后复检，仍未达标的车辆不得上路行驶。

据了解，目前，衡阳市城区共有三家机动车排气检测站，分别是松木机动车排气检测站，位于石鼓区中亿汽贸城；杨柳机动车排气检测站，位于蒸湘区衡钢产业园对面；珠晖机动车排气检测站，位于飞机坪航空学校对面。三家机动车排气检测站每年检测能力可达 30 万台。

统计数据显示，截至 2014 年年底，衡阳市机动车保有量已突破 65 万台。为加强机动车排气污染防治，保护和改善空气质量，衡阳市自 2014 年 7 月起正式启动机动车排气污染防治工作，依法依规核发环保标志，加大对新注册及免检车辆，即 2010 年 9 月 1 日起注册登记非运营汽车（面包车、7 座及 7 座以上的车辆除外）的监管。对在用车进行污染监控，及时发现超标排放车辆，加快推进黄标车及老旧车辆淘汰。

【衡阳启动城区通道切坡绿化工作】 2015 年 12 月 10 日，从衡阳市林业部门获悉，根据市委、市政府的安排部署，为落实《衡阳市创建国家园林城市工作实施方案》的目标任务，衡阳市启动城区通道切坡绿化工作。

按照前期市林业部门进行的城区通道切坡绿化摸底调查和规划设计，各城区共确定通道切坡裸露地 262 个小班，切坡绿化长度 277765 米，总面积 262860 平方米，预计总投资 560 万元。为实现全面覆绿，提高绿化效果，城区通道切坡绿化主要规划设计为狗牙根草籽混合紫穗槐和马尾松种子混合后机械喷播绿化。

目前，市林业部门购置了 2 台喷播机，招聘了 10 名技术工人，并对技术工人进行技术培训，计划春节后全面启动城区通道切坡绿化施工。预计 2016 年 6 月底前，各城区全部完成城区通道切坡裸露地覆绿。

根据安排，2016 年年底各县（市）区将启动通道切坡裸露地绿化，为全市实现“三年消灭裸露荒山”目标打下坚实基础。

【衡阳将引进 10 台多功能抑尘车提升空气质量】 2015 年 12 月 10 日，从衡阳市环保局获悉，为提高空气质量，改善城区环境，衡阳市正式启动机动车排气检测工作；为有效降低空气中的 PM10 和 PM2.5，市环保局将再引“神器”，于 12 月底引进一批能改善空气质量的多功能抑尘设备。

据了解，1 月至 11 月，衡阳市空气质量良好，全市空气优良率达到 78.8%，但 PM10 指标仍有所上升。多功能抑尘设备能除尘、降温，特别是对抑制 PM10 等因子有明显作用。

据介绍，“12 月份衡阳市的 PM10 平均浓度必须降至 69μg/m³，PM10 年均浓度才能与 2014 年持平；要完成 2015 年全年 PM10 平均浓度比 2014 年下降 3%的目标任务，12 月份 PM10 平均浓度必须控制在 39μg/m³ 以下。”

据悉，12 月底前，衡阳市将引进 10 台多功能抑尘车，每天根据区域内路面和天气情况，调配多功能抑尘车的行驶路线、喷洒水雾距离，提升作业效率，提升空气质量。

【衡阳召开第一次大气污染防治联席会议】 2015 年 12 月 14 日下午，衡阳市召开第一次大气污染防治联席会议，会议通报了 1 月至 11 月全市大气污染防治工作进展情况，分析了存在的问题，部署了下一阶段重点工作。市委常委、常务副市长段志刚出席会议并讲话。

就做好现阶段大气污染防治工作，段志刚提出三点要求。一要认清形势，高度重视大气污染防治工作。指出加强大气污染防治，既是环境问题，也是民生问题，更是重大的政治问题，各级各部门一定要高度统一思想，认真研判形势，查找工作差距，强化工作举措，不折不扣落实大气污染防治的工作要求。二要突出重点，打好大气污染防治攻坚战。要突出抓好加强城区空气环境质量管理、加大燃煤锅炉淘汰和禁燃区监管的力度、加大油气回收装置推进力度、加强机动车排气管理、在城区主要道路实施喷淋降尘等五项具体工作。三要狠抓落实，确保完成大气污染防治目标任务。强调要建立健全联席会议工作机制，加强督查督办，确保年度重点项目全部完成。

副市级干部胡水龙出席并主持会议。

【保护母亲河：158 艘客货船加装生活污水处理器】 2015 年 12 月 15 日，历时半年安装作业，衡阳市 158 套船用生活污水处理器已全部组装调试到位，投入使用。自此，水上运输船舶污物将全面实行水污分离，统一收集，更加有效地保护好“母亲河”。

客货船生活污水处理器处于底舱内约 50 升的收集储存器主要用于收集船舶上生活污物，离心器则快速实现水污分离，通过过滤净化处理，清水排回湘江；污物真空压缩后，收集至储存器内，污物每个月清理一次，集中回收上岸，送往水上船舶垃圾回收站处理。

目前，衡阳市 158 艘客船及货船(其中客船 8 艘)全部安装了船用生活污水处理器，共耗资约 500 万元。同时，衡阳市已完成了水上船舶垃圾回收站选址工作，共设立了两处水上船舶垃圾回收站，一处位于衡东大源渡，另一处位于石鼓区松木乡。

【湘江土谷塘航电枢纽首台机组实现并网发电】 2015 年 12 月 24 日，湘江土谷塘航电枢纽工程首台机组实现并网发电，标志着历时 3 年的该项工程建设取得重大突破。省交通运输厅厅长刘明欣，衡阳市委副书记、市长周海兵一同出席并网发电仪式。

刘明欣、周海兵一行向土谷塘航电枢纽工程的建设者们表示亲切的慰问。并一同按下水晶球，启动土谷塘航电枢纽工程的首台机组发电。

刘明欣在讲话中充分肯定，2015 年是土谷塘航电枢纽工程的攻坚之年，参建者们克服了防洪度汛压力大、施工作业交叉多、现场安全及协调管理难度大等重重难题，确保按质按量完成了施工任务。

刘明欣同时希望广大参建者继续保持昂扬向上的斗志、求真务实的作风，坚定不移地完成 2016 年的建设任务，使其他机组也尽快实现发电，力争为湖南水运事业发展做出更大的贡献。

土谷塘航电枢纽工程是湘江干流航道发展规划八个梯级中待开发的最后一级，也是交通运输部和湖南省“十二五”利用亚行贷款的重点内河建设项目，列入了省委省政府建设“东方莱茵河”战略重点的基础设施工程。

土谷塘航电枢纽工程的水库正常蓄水位 58 米，相应库

容 1.97 亿立方米，电站为河床径流式电站，总共装机 4 台 9 万千瓦，年均发电量可达 3.68 亿千瓦·时。

项目全部建成后，可消除大源渡和近尾洲之间的“瓶颈”航道。为湘江高等级航道延伸至永州苹岛创造必要条件，使湘江近尾洲坝下至城陵矶河段全线达到千吨级航道标准。同时为建设远景规划的湘桂运河，沟通长江和珠江两大水系，打通湖南第二条水路出海通道提供便利。

市领导陈竞、李辉出席。

岳阳市

岳阳市2015年两型社会建设综述

2015年，面对复杂多变的宏观环境，持续加大的经济下行压力、艰巨繁重的改革发展稳定任务，岳阳市全力统筹稳增长、调结构、促改革、惠民生、防风险，经济社会持稳发展。全市GDP增长8.7%，规模工业增加值增长8.3%，固定资产投资增长20.4%，城乡居民人均可支配收入分别增长9%、9.3%，主要经济指标增幅居全省第一方阵。在推进两型社会综合配套改革和生态文明建设中，成功获评全国文明城市、全国绿化模范城市。

一、2015年工作主要成效

（一）抓重大项目建设，助推经济提质增速。牢固树立“项目为大、项目为重、项目为要”理念，组织举办“一区一港四口岸”专题招商推介会、重大项目集中开工和集中竣工仪式。持续开展禁拆治违、土地依法征收“百日攻坚”行动，中心城区拆除违法建设62.9万平方米，依法征收土地10761亩。“双百工程”重大项目开工115个、竣工69个；岳阳三荷机场、洞庭湖博览园、神华国华岳阳电厂等一批打基础、管长远的项目开工建设；高速公路“两路一桥”、临湖公路、环南湖旅游交通三圈等一批重点督办的项目加快推进；岳阳端午文化产业整体开发、云溪静脉产业园生活垃圾焚烧发电等9个项目进入全国、全省PPP示范项目库。

（二）抓绿色园区发展，转变经济发展方式。市委、市政府出台《关于进一步促进园区产业发展的意见》，强力推进“135”工程，竣工标准化厂房204.5万平方米，超年度计划21%。出台支持大众创业、万众创新政策，新登记企业主体6688家，增长24.3%。岳阳绿色化工产业园建立了凡新入园项目必须经随机抽取确定的专家组审定通过，再转入技评、环评和能评三关的工作机制，从源头上把握入园项目两型准入关口。临港产业新区严格实行工业项目供地准入制度，规定生产工艺无特殊要求的项目不得建造单层厂房，凡项目总投资在5000万元以下的工业项目不单独供地，鼓励引导使用标准厂房进行生产。湘阴工业园建立了园区项目进退出机制。制订了园区“退二进三”工作规划，把不良企业清退工作作为园区工作重点。岳阳绿色化工产业园先后被评为国家新型工业化化工新材料产业示范基地、国家高技术产业基地、国家火炬计划特色产业基地、国家循环化改造示范试点园区、国家低碳工业试点园区等。

（三）抓文明创建活动，统筹城乡协调发展。开展“五创提质”“秀美系列”评选和“美好社区、温馨家园”创建活动，中心城区改造小街巷1153条，市体育中心、王家河流域生态休闲和历史文化记忆长廊等标志性工程加快建设，污水日集中处理能力比“十一五”末提高6.5倍，城镇垃圾无害化处理率98%，城镇化率54%。城乡基础设施大为改善，蒙华铁路岳阳段加快推进，随岳、通平、岳常、石华高速和芙蓉大道湘阴段建成通车，公路通车里程突破2万公里；实施农田水利“百千万”工程，完成中小河流治理、水库除险、堤防加固等各类工程22.1万处；投产输变电项目59个，升级改造农网2445个村。完成湘江保护与治理第一个“三年行动计划”，开展“洞庭风雷”行动，加强铁山水资源保护，成为全省唯一设立重要水源地保护专项资金的市州。

（四）抓民生福祉改善，促进社会稳定和谐。加大财政民生投入力度，2015年完成25项38件省市民生实事。率先在全省启动规范农村村民建房试点，强力推进城市棚户（旧城）区和农村危（旧）房改造，中心城区“十大片区”改造全面铺开，1.97万农户享受到农村危房改造惠民政策，“两房两棚、两供两治”工作经验在全省推介。启动“精准扶贫三年攻坚行动”，着力帮扶412个贫困村，脱贫8.1万人。出台高校毕业生就业创业扶持政策，大学毕业生就业动态清零。开展大气污染防治攻坚行动，空气质量达标率88.3%。成功应对中心城区“4·03”特大暴雨、临湘“6·01”特大山洪地质灾害、“东方之星”客轮翻沉事件，防汛抗旱救灾有力有效。

（五）抓生态文明建设，增强改革发展活力。在大气污染防治方面，认真贯彻落实《湖南省大气污染防治2015年度实施方案》，开展了全市各个加油站、油库、油罐车油气回收工作专项督查，2015年度大气污染防治任务全面完成。在推动临湘市“多规合一”试点方面，修改完善了《临湘多规合一总体规划技术报告》，完成了“多规合一”图件修订以及“一张空间蓝图”数据库建设。在完善主要污染物排污权有偿使用和交易管理办法方面，认真落实财政部、国家发展改革委、环境保护部2015年7月23日出台的《排污权出让收入管理暂行办法》（财税〔2015〕61号），全市全年排污权有偿使用费征收1188万元，超额完成目标任务。在推进环境污染责任险改革试点方面，制定了《岳阳市环境保护局2015年度推进环境污染责任险工作计划》，确定了我市购买环境污染责任险企业名单3家。在湿地生态补偿试点方面，制订了《东洞庭湖国家级自然保护区湿地生态效益补偿试点资金使用方案》，在华容县、君山区、汨罗市、屈原管理区、岳阳监狱、东洞庭湖国家级自然保护区管理局等单位开展生态效益补偿试点，形成了《东洞庭湖国家级自然保护区2014—2015年度生态效益补偿试点工作总结》。启动海绵城市规划与建设方面，已基本完成城镇污水处理及再生利用设施“十三五”专项规划和海绵城市建设规划、城市水系规划、城市防洪规划、主城区排水防洪综合规划编制。

二、2016年工作重点和主要措施

（一）加快实施一批重大项目。坚持把“大抓项目、抓大项目”作为一种常态，深入开展项目大招商、大竞赛、大帮扶活动，推动项目建设攻坚提速。以重大产业项目推动经济转型发展。重点抓好军民融合产业园、中粮城陵矶产业园、神华国华岳阳电厂、华电平江电厂、中航浮空器、株冶绿色改造升级等项目建设，支持长岭炼化、巴陵石化等技改升级，鼓励中航长动、金秋红日等企业“退二进三”。推进韩国首尔大学岳阳数字化医院、友谊阿波罗、金悦洋商业广场、海吉星农产品市场等项目建设。以基础设施项目提升综合承载能力。推进杭瑞高速洞庭湖大桥、岳阳东和岳阳南客运枢纽站、皇姑塘立交桥、武警长沙直升机场进场公路和G240岳阳城区至湘阴段、临湖公路城区段、进港铁路、松杨湖鸭栏专线等项目建设，建成岳望、大岳高速公路和京港澳高速新开联络线。启动第二批农村水电增效扩容改造。投产4个110千伏、5个35千伏输变电项目。推进钱粮湖垸、大通湖东垸蓄洪安全工程建设，完成集成安合、白泥湖、义合金鸡、君山垸加固工程扫尾和23座重点病险水库整治、474座水库除险加固、65平方公里水土流失治理。以生态环保项目构筑绿色保护屏障。扎实推进洞庭湖水环境综合整治、湘江保护与治理第二个“三年行动计划”，继续开展“洞庭风雷”、南湖水环境综合治理、铁山水库等饮用水源地保护攻坚行动，加快推进整县市区农村环境整治，坚决守住生态保护红线。

（二）强力推进一批升级行动。必须牢牢抓住发展的“牛鼻子”，强力推进“五区”建设，构建多元支撑、多点发力的新格局，打造岳阳发展升级版。进一步提升城区品位品质。加快城市总体规划修改。抓好中心城区“十大片区”棚户（旧城）区改造和南湖、芭蕉湖区域开发建设，将“十片两湖”区域逐步建设成为中心城区宜居宜业宜游的新亮点。推进九华山、珍珠山公园建设和城市主干道、桥梁立体绿化改造，丰富城市空间景观。完善城区道路微循环系统，加快治理交通“堵点”，规划建设一批停车场。进一步提升园区发展水平。全面落实市委、市政府“园区十条”，对省级以上产业园区实行灵活的审批、用人、分配政策，推动园区提速发展。加快洞庭湖电子商务新城、健康医药产业园、现代装备产业园等示范基地建设。突出抓好“135”工程，建成标准化厂房259万平方米，引进创新创业企业250家以上，经开区、城陵矶新港区引进投资过20亿元项目1个以上，其他园区引进投资过5亿元项目2个以上。支持企业孵化、技术研发、质量检测等平台建设，新增著名商标20个、名牌产品12个。进一步提升景区人气指数。突出抓好岳州古城、洞庭湖博览园、环南湖“13118”综合工程、屈子文化产业园、洋沙湖国际旅游度假区、张谷英古建筑群等项目建设，丰富景区内涵。创新景区运营机制，推进景区所有权和经营权分离，加快君山岛景区（芦苇荡）和野生荷花世界景区整体开发。开展“热游岳阳”活动，加大创意及营销策划力度，重点推介3～4条精品旅游线路，运用市场手段办好特色旅游节会。进一步提升县区综合实力。牢固树立“强县才能强市”理念。按照“一核三极两区多点”空间布局，坚持宜农则农、宜工则工、宜商则商、宜游则游，走错位竞争、特色发展之路，力争3～5个县市区综合实力进入全省20强。突出县域经济“六个一”工作重点，着力解决“指挥棒”过多的问题，支持各县市区依托区位优势、资源禀赋和产业基础，培育壮大主导产业。继续开展“学长沙、赶宜昌、超九江”活动，力争2个以上县市区率先实现对标赶超，进一步昂起县域经济“龙头”，挺起市域经济“脊梁”！

（三）认真开展一批创建活动。在认真总结前一阶段两型示范创建工作的基础上，围绕两型生产、生活、消费领域，完善“两型”标准体系，加大扶持力度，重点在学校、社区、村庄等单位开展两型创建活动，力争培育20个以上市级两型示范创建项目单位，着力推动两型技术产品、两型生产生活方式、两型服务设施、优美生态环境、两型文化等两型要素进社区、进村庄。积极申报省两型示范创建单位，力争至少有一家单位能够纳入到省级示范单位范畴，6家以上单位被纳入省级创建单位范畴。指导岳阳楼区开展两型社会建设综合评价工作，编制好《岳阳楼区两型社会建设综合绩效评价报告》。与此同时，加强与相关单位合作，研究形成《岳阳市中心城区两型社会建设综合评价报告》。进一步加大两型宣传力度，巩固两型学校“小手牵大手，1+2+n”宣传阵地作用，发挥两型社区创建志愿者宣传主体作用，倡导形成低碳出行方式、节约消费模式、两型生活方式；认真总结市城区两型综合评价试点工作经验，进一步量化指标体系，全面实施两型评价。

（四）努力夯实一批发展平台。我市拥有“一区一港四口岸”开放平台优势，一定要利用好这个优势，发挥好这个优势。要在“一区一港四口岸”的基础上，建成运营湖南航运交易所、汨罗公路口岸、七里山铁路口岸和岳阳电子口岸，构建现代口岸体系。整合港口水运资源，加快港口码头群建设，实施荆江航道整治二期工程，打造长江中游区域性航运物流中心。用好用活启运港退税政策，推进21世纪海上丝绸之路岳阳—东盟、岳阳—澳大利亚接力航线和城陵矶至港澳台直航常态化，开通城陵矶至日本、韩国、东南亚等近海直达航线，拓宽湖南通往世界的出海口。积极对接国家“一带一路”和湖南“一带一部”战略，支持本土企业到海外扩张市场，鼓励外地客商来岳投资创业。加强与沿江环湖和高铁沿线城市在基础设施、航运物流、旅游开发等领域合作，促进区域融合发展。深化与长株潭城市群合作，加快“两型社会”滨湖示范区建设，大力发展“飞地经济”，支持长沙经开区汨罗产业园发展，打造区域共建共享示范窗口。

（五）加速推进一批改革任务。按照《中共岳阳市委全面深化改革领导小组2016年工作要点》要求，着力重点推动七个领域的重点改革。①协调推进两型社会建设改革。配合省里出台“五化同步”、加快绿色发展的意见；按照两型标准化建设要求，加快洞庭湖生态经济区和“两型社会”滨湖示范区（岳阳区域范围）建设。②健全生态环境治理。制定合同环境服务、环境污染第三方治理的实施意见；收集和掌握《湖南省人民政府关于加快环保产业发展的意见》和《湖南省加快环保产业发展实施细则》的落实情况。③健全生态环境保护机制。完成生态红线划定方案；落实湿地保护修复制度；落实耕地、草原、河湖休养生息规划；制定岳阳县新开茅栗铺矿山复绿项目设计实施方案。④完善生态环境监管机制。制定岳阳市国控重点企业环境信息自主公开奖惩机制和生态环境监测网络建设实施细则。⑤完善资源总量管理和全面节约制度。编制完成水流产权确权试点方案和市级空间规划方案；完成全市排污许可证发放情况调研、档案整理以及核发2015年纳入环境统计企业排污许可证等工作，督促各县市区核发纳入排污权管理企业的排污许可证；完成市县乡三级土地利用总体规划调整完善工作；开展全市永久基本农田划定工作。⑥健全生态文明建设考核和责任追究机制。落实生态文明建设目标评价考核办法和绿色发展指标体系；落实环境保护督查实施办法。⑦推进海绵城市的规划和建设。编制中心城区海绵城市总体规划和技术导则，印发中心城区海绵城市建设规划管控办法和奖励补助办法，完成城区海绵城市三年滚动项目建设库，启动南湖新区、洞庭新城和三大湖项目建设。

岳阳市2015年两型社会建设成果

【岳阳市领导参加义务植树活动】 2015年3月12日上午，岳阳市委书记卿渐伟，市长盛荣华，与李志坚、赖社光、康代四、徐新启、向伟雄等市领导，以及市四大家机关领导干部、部队官兵、市直机关干部和志愿者共200多人，来到经开区康王乡羊角山的市森林生态博览园参加义务植树造林活动。

【宋爱华参加王家河流域综合治理调度会】 2015年3月12日，岳阳市人民政府副市长宋爱华参加王家河流域综合治理调度会，就进一步加快工程建设进行全面部署。

王家河流域综合治理工程是省、市重点工程，是“四湖两河”连通的一期工程，也是岳阳市重点民生民心工程，集生态保护、旅游休闲、文化展示和水利交通于一体。该工程概算投资10亿元，主要建设内容为“一河两带四路”。目前，累计完成工程投资5.79亿元，除9座跨河桥梁和文化创意工程外，河道综合治理主要建设任务已进入扫尾阶段。

【“跟着大雁去迁徙”活动在岳阳启动】 2015年3月15日下午，“跟着大雁去迁徙”活动启动仪式在岳阳东洞庭湖保护区举行。来自全国各地共200多名志愿者从岳阳出发，跟随大雁北迁。

据介绍，这是我国首次以候鸟迁徙跟踪为主题的全国性公益活动，当日在湖南东洞庭湖、江西鄱阳湖两个点同步启动。志愿者将通过摄影、摄像，以微信和微博的方式，同步报道候鸟栖息地和途经地的现状和环境，让人们清楚地知晓候鸟迁徙路径，提醒人们给候鸟“让道”、保护并提供帮助，以实际行动向公众宣传保护候鸟和湿地的重要意义，体现人与自然和谐相处的美好愿景。据岳阳市东洞庭湖保护区的志愿者姚毅介绍，岳阳点的跟踪路线为：洞庭湖至长垣至呼伦贝尔，志愿者们驾车跟踪，还有骑行志愿者沿线接力护送，一起跟随大雁北迁。

据悉，此次活动由保护地友好体系、中科院动物研究所、“让候鸟飞”全国护鸟网络和《汽车与运动》杂志社联合发起。

【贾治邦、解振华率队就“长江经济带开发中的湿地保护”到岳阳调研】 2015年3月24日，全国政协常委、人口资源环境委员会主任贾治邦，副主任解振华率队就“长江经济带开发中的湿地保护”到岳阳市调研。省政协副主席杨维刚，市领导卿渐伟、盛荣华、赖社光、熊炜、李平、万五龙等先后陪同。

岳阳市共有3个国家级和7个省级森林公园，1个国家级和4个省级自然保护区，4个国家级湿地公园。目前，全市林地面积942.7万亩，占土地总面积的42.2%，森林覆盖率45.3%。近年来，岳阳市按照绿化城乡、强化管护、多措并举、突出民生的工作理念，不断推进林业事业发展，全市生态环境明显改善，生态安全保障有力，湿地保护成效明显，林业产业不断壮大，被誉为一座“可以深呼吸的城市”。

贾治邦一行先后乘船考察洞庭湖、实地调研君山后湖和东洞庭湖国家级自然保护区采桑湖站。在采桑湖站，贾治邦翔实了解保护区的规划和管理情况，观看实时监控操作，饶有兴致地观鸟、放鸟，并参观了动物标本馆。

贾治邦指出，湿地在满足民生需求、促进绿色增长中显现出越来越突出的效益，东洞庭湖自然保护区要在过去良好的工作基础上，大力推进湿地保护立法和制度建设，继续谋划实施好湿地保护工程，加快构建湿地保护长效机制；促进湿地公园健康发展，进一步完善湿地保护体系建设；系统加强湿地保护科技支撑，研究建立湿地生态系统健康、功能和价值评价指标体系；广泛开展宣传教育，提高全社会湿地保护意识。切实发挥林业部门的组织协调指导监督作用，通过各部门的通力协作和社会各界的共同努力，推进湿地保护与管理工作，为加快建设湖南通江达海的新增长极和推进生态文明建设做出新的更大贡献。

【岳阳市环保志愿者协会获首批“全国志愿示范团队”称号】 2015年3月24日，在由中央宣传部、中国志愿服务联合会联合召开的社会主义核心价值观建设与学雷锋志愿服务工作座谈会上，全国52个志愿服务团队被命名为首批“全国志愿服务示范团队”，岳阳市环保志愿者协会榜上有名，成为湖南省唯一获此殊荣的志愿服务组织。5月7日，市环保志愿者协会理事长朱再保接过这块金闪闪、沉甸甸的牌子。市委常委、宣传部部长徐新启出席授牌仪式。

岳阳市环保志愿者协会由“中国民间环保第一人”朱再保在2001年倡导创建，拥有中小学环保社团65个，青少年会员10万人，“无偿服务，持之以恒”是协会的宗旨。十五年来，协会在朱再保的引领下，开展了系列活动——结合岳阳生态环境实际，普及环境科普知识，营造防洪、护水、碳汇林，30年守护洞庭候鸟安全越冬、倡导家庭节能减排、参与“保护湘江”活动、宣传《新环保法》，开展集“三关爱”于一身的跨系统、跨行业教育实践活动等，极大地推动了岳阳市志愿服务的发展。

【岳阳召开环南湖水环境保护和综合治理调度暨警示约谈会】 2015年3月26日，根据前段时期的监督情况，岳阳市召开环南湖水环境保护和综合治理调度暨警示约谈会，岳阳市政府副市长宋爱华与会。

根据督查暗访情况，环南湖水岸各污水处理厂存在部分指标超标的问题，部分设备未按要求运转，沿湖禁养工作依旧未取得明显进展。目前南湖水质介于中度—轻度污染之间。会议决定对市环保局、市城建投、岳阳楼区和经开区等相关单位主要负责人进行约谈，督促将其存在的问题迅速整改到位。同时对环南湖水环境综合整治方案进行讨论修订和研究落实。

【鄱阳湖4头江豚"迁居"华容长江故道】 2015年3月27日，国家农业部与环保部、中科院及湘鄂赣三省联合开展长江江豚迁地保护行动，从江西鄱阳湖迁移4头江豚，投放华容县境内的长江故道，并增殖放流部分鱼类。农业部副部长于康震、湖北省副省长曹广晶、省人大常委会副主任徐明华等领导出席。

在长江流域生存了2500万年的江豚现已不足千头，被国际自然保护联盟（I–UCN）濒危物种名录列为"极度濒危"物种。2014年10月，农业部发布《关于进一步加强长江江豚保护管理工作的通知》，明文规定长江江豚按照国家一级重点保护野生动物的保护要求，实施最严格的保护和管理措施。农业部每年拨付华容县江豚保护项目资金30万元。

据介绍，长江故道下游与长江自然连通，没有航运的干扰，江豚可在自然条件下繁衍生息。华容县已于2012年在华容集成长江故道成立江豚自然保护区，现已申报省级及国家级江豚自然保护区。

据悉，此次迁入的4头江豚雄雌各半，2015年冬将从湖北省天鹅洲再迁入4头江豚，以丰富江豚群体遗传多样性和加快建立江豚繁殖种群。

【岳阳市绿色农产品产销协会成立】 2015年3月27日上午，岳阳市绿色农产品产销协会成立暨第一次会员代表大会召开。产销协会的成立，标志着岳阳市绿色农产品产销行业将逐渐步入科学化、制度化、规范化的轨道。

绿色农产品产销协会由湖南新泰和绿色农业集团有限责任公司、市蔬菜研究所、市农科所等7家单位联合组建。到目前为止，该协会已接收会员单位42家。据协会负责人介绍，协会将积极组织全市绿色农产品生产和流通企业联手开拓市场，组织人才、技术、管理法规等培训，帮助会员企业增强创新能力、改善经营管理，促进全市绿色农产品产销行业的健康发展。

【25个重点项目强力推进湘江保护治理】 据2015年4月3日《岳阳日报》报道：湘江保护和治理"一号工程"启动以来，岳阳市认真落实省政府的决策部署，组织实施重点工程项目103个，有力地促进了湘江流域生态保护和人居环境改善。2015年，岳阳市将进一步加强污染综合防治，强力推进25个重点项目建设，确保湘江流域水质持续改善。

全面完成月田、毛田、湖滨污水处理厂建设。据悉，在湘江保护和治理工作中，岳阳市将继续突出基础设施建设，着力加强城镇污水处理厂配套管网建设和排污口截污、雨污分流改造工作，加快环南湖截污管网工程建设，全面完成月田、毛田、湖滨污水处理厂建设，启动临港产业新区污水处理厂建设，新增污水管网600公里，提高城镇污水收集能力和处理效率。加快工业园区污水集中处理设施建设，加快推进农田水利"百千万"工程、中小河流和水土流失治理，完成157座集中供水工程。

划定干流两岸20公里范围内涉重金属项目禁入区。把重金属污染治理作为重中之重，扎实推进平江黄金、临湘桃林铅锌矿、云溪松阳湖等重点区域污染集中整治，切实抓好临湘钟杨选矿厂等《重金属污染综合防治"十二五"规划》治理项目的实施和终期评估工作。划定湘江干流两岸20公里范围内涉重金属项目禁入区，引导涉重金属企业在稳定达标排放的基础上，提升清洁生产和深度治理水平，提高资源利用率和工业用水循环利用率。

完成干流500米范围内年出栏50～300头生猪养殖场退养。扎实抓好城乡环境整治，推进湘江干流两岸500米范围内年出栏50～300头生猪规模养殖场（户）退养工作，确保2015年完成省政府下达的工作任务。继续开展以农村面源污染、生活污水、垃圾处理为重点的农村环境连片整治，坚持"两保"并重，严格落实《铁山饮用水水源保护与库区民生保障意见》，每年安排专项资金，支持库区生产生活污水截污处理、田改林、生态涵养林等项目建设。加强农村饮用水源保护，各县市区全面建立饮用水水源污染应急体系，完成500人以上的农村集中式饮用水水源地保护区划定和调整工作。

关停高污染、高能耗企业10家。大力实施节能减排攻坚，深入推进城区重点排污企业"退二进三"，严格落实排污总量前置审批、新上项目环境影响评价和"三同时"制度，确保污染物排放持续下降。加快淘汰落后产能，计划关停高污染、高能耗企业10家，大力发展清洁生产、绿色低碳技术和循环经济，调整优化产业结构和布局。强化大气污染防治，加快燃煤锅炉污染治理设施建设与改造，加强PM2.5监控，加大渣土扬尘、机动车尾气治理力度，继续淘汰黄标车，确保空气质量稳步提高。

深入推进"洞庭风雷"行动。进一步加强环保执法监管，深入推进"洞庭风雷"行动，严厉打击湘江和洞庭湖水域非法捕捞、采砂、排污、营运等行为。继续开展"环境风险隐患大排查大整治"行动，严格实施"四个一律"：对国家明令取缔的"十五小"企业、风险隐患突出且治理无望的企业一律关停；对偷排、非法排污、不正常使用污染防治设施的企业一律严惩；对未批先建、边批边建的项目一律叫停；对未完成减排和治理任务的区域一律限批。

【岳阳市自主研发的钵苗插秧机正式"下水"】 2015年4月6日，在岳阳县长湖乡举办的全省钵苗育插秧技术推广演示会上，许多农机手对水田里大显身手的新型插秧机赞不绝口。

这种新型插秧机学名叫2ZB–825型钵苗插秧机，是由市农机研究所研发生产的，其最大特点在于通过使用钵体软盘育秧，使秧苗既可用于机械插秧又可用于人工抛秧；同时，通过本土化改良，将进口插秧机33公分秧苗间距缩小到25公分，使每亩机插秧苗数从16835蔸提高到22223蔸（株距12公分），更符合双季稻全程机械化生产要求。

据市农机研究所负责人介绍，该型号插秧机伤秧率低、返青期短、工作效率高且造价便宜，避免了因农机具水土不服造成的资源浪费和财产损失。作为湖南省双季稻全程机械化绿色增产模式攻关示范项目（农业部948项目），该型号插秧机目前在全省选取了12个县市区作为示范推广点。

【巴陵石化提前完成"十二五"节能进度】 2015年4月9日，从中石化巴陵石化公司传来消息，截至2015年3月底，按产品单位统计，该公司"十二五"已累计节约标准煤23.15万吨，完成"十二五"节能量目标的115.75%，超额完成进度计划。按中石化集团要求的万元产值能耗统计口径，该公司已实现节能量为61.53万吨标准煤。

巴陵石化是"十二五"万家企业节能行动单位之一。湖南省2011年给该公司下达的"十二五"节能指标是上市板块和非上市板块各10万吨标准煤。

经统计，最近两年，巴陵石化列入总部考核的7项可比能耗中，全部项优于考核指标，公司内部考核的50项能耗指标，有29项创历史最优。2015年一季度，公司同比上年节能价值4200多万元。

【岳阳绿色化工园产业链凸显"倍增效应"】 2015年4月21日，在岳阳绿色化工园内，投资8000万元的甲乙酮项目正在加紧建设，该项目以园区骨干企业中创化工生产的醋酸仲丁酯为原料，年产10万吨甲乙酮，提供给园区下游企业深加工。而中创化工的原料则来自长岭炼化衍生的碳四。目前，在园区的"碳四"产业链上，已集聚了5个投资过亿元的骨干项目，并向下延伸，形成了梯级利用的4级深加工，吸引投资20多亿元，全部项目建成后，将形成近100亿元的产值。

岳阳绿色化工园是一个包含长岭炼化、巴陵石化和原云溪工业园在内的专业化工园区，其中长岭炼化、巴陵石化衍生的上下游产品达70多个。园区把两大厂作为最大的龙头，对接其上下游工艺，搭建起丙烯、碳四、芳烃、碳一等四条产业链。根据大厂的垂直供需链和横向协作链，绘制了产业链树状图，围绕大厂的采购半径、销售半径，编制了《招商路线图》，瞄准国内外知名企业，积极引进伴生化工企业，形成了"主攻龙头企业，引进配套企业，形成产业集群"的产业链招商方式。园区还累计投资10多亿元完善了污水处理、双回路供电、天然气、蒸汽、物料管线等公用工程配套设施，项目承载能力持续走强。先后引进了催化剂、环氧丙烷、粗苯加氢、苯甲酸、邻甲酚、高纯氨等一大批关联度高、带动能力强的战略性项目。

围绕产业链招大引强，形成了引一个、带一串的"连锁效应"和产业"集聚效应"，投资12.8亿元的环氧丙烷项目竣工投产后，吸引了南京红宝丽、高桥石化、泰州苏扬等企业前来洽谈，发展聚醚多元醇、聚氨酯等下游产业。投资12亿元的催化剂新基地入驻园区后，带来了聚成、鑫鹏、长旺等10多家企业进行上下游配套，新增20多个品种、牌号，形成了40多亿的产值。关联企业扎堆不仅提高了公用工程的利用率，降低了企业的运输等生产成本，还促进了资源的循环利用。园区企业凯美特回收大厂制氢装置的尾气，处理后产生的甲烷作为燃料使用，一氧化碳一部分进入碳一产业链，一部分转化成二氧化碳提纯生产碳酸饮料、制成干冰或进入丙烯产业链，而氢气则被大厂重新回收利用，"黑色污染"变成了"绿色效益"。

通过装置互联、产品互供、管网互通，岳阳绿色化工园产业链"倍增效应"凸显。目前，园区155家企业有138家附着在4条产业链上集群发展，催生出30多家规模企业，形成了全球最大的醋酸仲丁酯、亚洲最大的催化剂、中国最大的环氧树脂和高纯氨等10多个生产基地，2014年实现产值近200亿元。

【赖社光调研平江生态旅游】 2015年4月27日，岳阳市政协主席赖社光赴平江调研，专题为平江旅游把脉问诊、座谈会商，赖社光指出要抢抓机遇，齐心合力把平江建设为中国生态旅游强县。市政协副主席罗陆平、秘书长江玉祖等一同参与。

据悉，平江县共有各类旅游景点490处，已形成一江（汨罗江）一馆（平江起义馆）三山（幕阜山、连云山、福寿山）一寨（石牛寨）旅游精品，生态旅游资源十分丰富，但存在总体规划设计定位缺少全盘考虑、成熟景区少、配套设施不齐全等问题。

【岳阳城区首批200台新能源公交车投用】 2015年5月12日，岳阳市城区首批200台插电式混合动力新能源公交车正式投入使用，从2013年以来，岳阳市已更新高等级公交车400台。市长盛荣华出席推进公交优先发展"三年行动计划"暨新能源公交车启运仪式并宣布新能源公交车启运。市领导陈国荣、陈恢清、唐文发、欧江平，市政府秘书长谈正红等参加。

近年来，市委、市政府高度重视，支持公交优先发展，大力实施公交优先发展"三年行动计划"，不断优化公交发展规划，加快完善城市公共交通网络，并通过财政补助、企业自筹等方式，筹集资金2.5亿元，三年内更新具有低碳化、人性化、智能化等特点的高等级公交车辆500台。

【环保公众开放日 零距离接触污水处理】 2015年6月5日上午，岳阳市环保局联合长岭炼化举行"环保公众开放日"活动，市人大常委会副主任包忠清、市政协副主席欧江平参加活动。

此次"环保公众开放日"邀请了部分居民代表、长岭地区各企业代表等走进长岭炼化，零距离接触新建环保装置、污水处理程序，亲身了解长岭炼化的环保理念。

当天一大早，大家首先观看了环保宣传片和环保宣传展板。随后参观了800万吨炼油改扩建观景平台和长岭炼化中心控制室。据长岭炼化工作人员介绍，为引入社会公众监督，进一步促进企业生产、管理水平的提升，今后他们将"环保公众开放日"常态化，不定期组织市民来参观，接受群众的监督。

【岳阳绿色产业园挂牌省石化化工产业园】 2015年6月10日，从省政府常务会议上传来消息，省政府原则同意岳阳绿色产业园挂牌省石化化工产业园。

会议指出，石化化工产业集中布局、集约发展，是适应经济发展新常态、促进产业转型升级的迫切需要。要坚持"退"和"引"相结合，全省搬迁或新上石化化工项目，原则上向岳阳绿色产业园集中和转移，其他地方不再新布局石化化工项目。省市有关部门要加强对园区的监管和服务，严格环保、节能、节水、节地等准入，确保入园企业积极运用新技术、新工艺，走绿色发展、循环发展、可持续发展之路。

【王瑰曙调研洞庭湖生态经济区】 2015 年 6 月 11 日，岳阳市市委常委、组织部长、统战部长王瑰曙赴东洞庭湖自然保护区，调研“同心服务洞庭湖生态经济区建设实践基地”工作。

王瑰曙一行来到东洞庭湖国家级自然保护区采桑湖站，翔实了解保护区的规划和管理情况，饶有兴致地观鸟、参观动物标本馆，并召开现场座谈会。相关部门负责人为推动保护东洞庭湖湿地提出意见建议。

王瑰曙指出，要有强烈的奋发意识，思想上要进一步重视，要有全新认识，要联系实际，着眼长远，做好规划，利用独特优势，积极作为，分解责任，加大工作力度，处理好环境和发展、现在与未来、旅游和生态的关系，推进湿地保护，打造“同心工程”，发挥主人翁精神，推动洞庭湖生态经济区建设。

【湘阴白水江流域污染治理列入国家备选目录】 2015 年 6 月 13 日，从湘阴传来消息：该县白水江流域污染治理项目列入 2015 年中央预算内重金属污染治理备选目录。

近年来湘阴县对白水江上游沿岸冶炼企业展开了大规模的环境污染综合治理，全部关停了上游工艺水平和设施落后冶炼企业。上游长康镇、石塘乡矿业冶炼企业已经于 2011 年底彻底关停，白水江外源污染已经得到控制。2015 年该县将白水江流域污染治理列入“三十工程”之一。后期治理工程主要包括白水江江水截流、清淤和引排，堤身护坡，排污口整治，污泥稳定 / 固化和填埋，生态修复等内容。

据悉，治理工程项目投资估算过 5 亿元。项目建成后，白水江河堤将进行绿化及景观美化，同时将成为东湖公园的一部分，与东湖公园成为相互呼应的区域水景，有利于区域景观的整体形成。

【长岭炼化：全密闭式改造实现零排放】 2015 年 6 月 13 日，从长岭炼化传来消息：经全密闭式完善改造后的长岭炼化重整等多套生产装置大气质量达到国家优良标准，轻污油回收量较往年同期高出 3.5 个百分点，较好地实现了零排放高收益目标。

长岭炼化有部分装置是 20 世纪 70 年代建设的项目，产品采样流程大多为直接放空设计，油气离开管道挥发后，不但污染大气，而且对采样作业人员健康有影响。如何从工艺技术上彻底消除装置异味难题？长岭炼化在投资 3 亿多元启动脱硫脱硝、油气回收等大型“碧水蓝天”项目建设的同时，着手装置采样器、地漏、放空等老旧流程完善改造，实行“西瓜”和“芝麻”一起抓，确保炼厂在生产运行、开停工、检修消缺过程中全密闭作业。

长岭炼化与其类似的小项目改造还有装置地漏等 10 多个。他们将敞口式地漏流程改为，将排放管线接入轻污油回收罐，百分百回收装置在紧急或不平稳运行状态下排放的各类轻质油品。技术人员还对部分特殊漏斗进行了加垫加盖处理，不仅杜绝了违章排放操作，每月同样可以多回收轻污油将近 20 吨，既保护了驻地环境，又满足了企业创效增效需求。

【“国家电子商务示范基地”花落岳阳】 2015 年 6 月 16 日，从岳阳市商务局传来消息，岳阳电子商务产业园项目已获得商务部最终评审通过，荣获第二批“国家电子商务示范基地”的称号，岳阳市已成为湖南省获得此项殊荣的三个城市之一。

岳阳电子商务产业园，位于岳阳大道东两侧，由岳阳经济技术开发区倾力打造，规划建设面积 2000 亩。开通岳阳实体企业内贸、外贸线上交易，完善第三方服务，创新营销模式、繁荣仓储物流、促进区域产业转型升级。产业园区将建立可信交易监管中心、客服呼叫中心、金融结算中心等“九中心”，打造“工艺产品、农业产品、旅游产品、生活服务业产品、建材家居产品”等“五位一体”的单品行业电商平台。优先发展岳阳地区“名优特”产品，力争将“岳阳电子商务产业园”打造成为中南地区电子商务产业示范基地。

【唐道明到南湖新区调研南湖水环境综合整治工作】 2015 年 6 月 16 日，岳阳市委常委、副市长唐道明来到南湖新区，实地调研南湖水环境综合整治工作，并启动 2015 年南湖水环境综合整治应急工作。

南湖水域包括南湖主湖、三眼桥湖、五眼桥湖及王家河、北港河等“四湖四河”水系，为切实治理好南湖水质，岳阳市成立了“南湖水环境综合整治指挥部”，大力治理南湖水生态环境。通过严控污染源、开展沿湖“禁养”行动、推进截污管网项目工程等建设、打捞漂浮物等行动进行治理，目前，南湖原有 35 个排污口，已整治到位 28 个。黄梅港污水处理厂、郭镇泵站的工程验收已经完成，城东南路泵站实现了 24 小时的监控运行。此外，餐饮、水产养殖业等整治工作也取得了实质性进展。

【“气化湖南”汨罗至湘阴至屈原支线开工】 2015 年 6 月 17 日，湖南省创新创业园区“135”工程暨洞庭湖生态经济区建设“气化湖南”工程汨罗至湘阴至屈原支线开工仪式在湘阴县举行。省政府副秘书长、省气化湖南工程指挥部指挥长陈仲伯宣布项目开工，副市长陈恢清主持开工仪式。当日，该县还在金龙新区举行了 20 万平方米集中工业厂房开工仪式。该项目投资 3 亿元，承载机械制造、电子信息产业各类项目的入驻。

“气化湖南”工程是省委、省政府调结构、惠民生、促发展的重大战略决策，对我省优化能源结构、改善生态环境、提高居民生活质量、促进新型工业化、推进“四化两型”建设具有重要意义。据了解，汨罗至湘阴至屈原天然气支线线路总长约 48 公里，工程总投资 1.71 亿元，预计明年 6 月底完工并投产。湘阴分输站为本工程的综合性战场，包括维修班、支线管道调度室等，占地面积约 14 亩，包含清管、过滤、计量、调压等功能，远期为湘阴县城每年供气量达 1.215 亿方。

【刘和生到汨罗市调研循环经济产业】 2015 年 6 月 18 日，岳阳市委副书记、市长候选人刘和生赴汨罗，实地调研汨罗新型工业化发展，市政府秘书长谈正红一同考察。

近年来，汨罗大力发展循环经济，变废为宝，催生了再生资源产业。目前，汨罗市循环经济产业园聚集制造企业 300 多家，年再生资源吞吐量超过 200 万吨，已经形成再生铜、铝、塑料、不锈钢、电子废弃物及报废汽车拆解等产业集群，生产再生制造产品 200 多类，初步实现“再生资源、标准材料、品牌产品”三级跳，为循环发展、两型建设探索了可复制、可推广的做法。

刘和生深入循环经济产业园区的同力电子、中联铝业、金正科技等企业，下车间，看项目，详细了解企业发展状况。考察中，刘和生认为，汨罗市循环经济发展基础好、前景广，并肯定了汨罗市工业发展成果。他指出，汨罗要整合各方资源，引导企业联合，形成产业集群，发挥规模效应；加大科技创新力度，促进企业提质升级，创新驱动，不断发展壮大，努力探索一条可持续发展的循环经济道路，为建设“两型社会”探索新途径、提供示范。

当天，刘和生一行还考察了武广高铁汨罗东站、汨罗市沿江风光带和国际龙舟竞渡中心等。

【省人大调研组到岳阳调研大气污染防治工作】 2015年6月18日至19日，省人大常委会委员、环境资源保护委员会主任委员邹学明带领省人大常委会大气污染防治法执法检查组来岳，就岳阳市大气污染防治工作情况进行调研。市委常委、副市长唐道明，市人大常委会副主任包忠清以及相关部门负责人等参加。

近年来，岳阳市委、市政府始终坚持可持续发展战略，将大气污染防治纳入全市经济社会发展总体规划，分阶段、有步骤地予以推进，建立健全了工作机制，建立监测体系，实施排污总量控制，强力推进大气污染防治，开展重点企业污染整治，加大燃煤炉、灶取缔淘汰力度，加大对建筑工地的监管，禁止燃放烟花爆竹、焚烧垃圾，做好机动车尾气污染防治等。

会上，相关部门主要负责人结合自身职能，对开展大气污染防治工作情况向检查组进行了汇报。在听取相关情况汇报后，检查组对岳阳市大气污染防治工作给予了充分肯定。检查组指出，岳阳是宜居的生态城市，空气质量、良好的生态环境尤为重要，要进一步加强领导、完善组织结构，高度重视，提高对大气污染防治工作重要性的认识；要在原有基础上，摸清底数，全面、精准地分析问题，采取切实措施，积极研究解决问题的方法和路径；要充分调动县一级的积极性，发挥各自职能作用，下大力气抓好大气污染防治工作。

【国家质检总局一循环经济试点项目在岳阳启动】 2015年6月，岳阳市召开工业尾气（废气）回收利用国家循环经济标准化试点项目启动会议，湖南凯美特气体股份有限公司获国家质检总局标准委、国家发改委批准，正式启动工业尾气（废气）回收利用国家循环经济标准化试点工作。

据了解，工业尾气（废气）回收利用国家循环经济标准化试点实施期三年，凯美特股份有限公司将重点以石油化工尾气生产食品级二氧化碳为对象，加快制定不同类型尾气的回收利用技术规程和规范，围绕气体生产、销售、售后、环保等过程，建立健全以技术标准、管理标准和工作标准体系。

【岳阳发放首批排污权证　倒逼企业节能减排】 2015年6月30日，岳阳市首批排污权证发放仪式举行，77家企业代表领取了《排污权证》。市委常委、副市长唐道明出席仪式。

推行排污权有偿使用和交易改革，是党的十八大明确要求，省委、省政府及市委、市政府也先后把排污权交易制度的建立列入了全省、全市生态文明体制改革的重要内容。岳阳市作为全国首批11个省试点交易城市，必须先行先试。

为建设宜居、宜业、宜游的美丽幸福岳阳，岳阳市严格落实总量控制制度，按照省有关部门要求，抽调专业技术人员对全市工业企业开展了主要污染物初始排污权的申报、核定和分配工作。目前，经过一系列审核程序，已对全市第一批、第二批共计800家工业企业排污权初始分配核定明细进行了公告，共核定化学需氧量初始分配量15356.7吨，核定氨氮初始分配量2159.6吨，核定二氧化硫初始分配量40266.9吨，核定氮氧化物初始分配量36870.2吨。确保了初始排污权申报数据的真实和准确。

此外，按省、市相关文件要求，岳阳市扎实开展排污权有偿使用和交易工作。截至目前，已征收排污权有偿使用费754万余元。其中市本级已征收608万余元，县（市）区已征收145万余元。在严格实施新改扩建项目主要污染物排放总量指标前置审批制度的同时，岳阳市全面启动排污权交易，目前已实施排污权交易19笔，其中省级交易7笔，市级交易12笔，交易金额为97万余元。。

【岳阳两年治理水土流失面积95平方公里】 2015年7月7日，从岳阳市水务局了解到，近年来，岳阳市大力推进水土流失治理工作，实现生态环境改善，近两年来共治理水土流失面积近95平方公里，投资金额2165万元，投资额度、治理面积均创历史新高。

据了解，目前全市6个县、市相继成立了独立的副科级水土保持局，岳阳县、平江县、临湘市、汨罗市、湘阴县、华容县均被列为全国第二批水土保持监督管理能力建设县。还建立专用档案库和监督管理数据库，便于档案数据的录入、调用、统计、分析和规范管理。岳阳市还进一步严格水土保持审批，规范审批流程，生产建设项目水土保持方案的审批从没有出现过逾期审批、越权审批、“人情”审批和“吃拿卡要”的现象，已批复的水土保持方案也未出现过技术性错误，审批率达100%。

为了增强水土保持法律法规和规章的可操作性，规范水土保持监督执法行为，各县、市结合实际，通过政府审议，完善了实施《水土保持法》细则，明确、细化了水土保持方案审批、监督检查、验收、案件查处、水土保持补偿等规定，并以县人民政府文件下发。进一步明确了水土保持方案审批作为生产建设项目建设立项、核准等前置条件，水土保持设施验收作为生产项目竣工验收前必须完成的专项验收，并完善了一系列内部监督执法管理规则制度。

扎实有效的水土流失治理工作带来了实在的成效。2014—2015年，岳阳市完成了湘阴县农发水保治理项目，共治理水土流失面积6.67平方公里；完成平江县、临湘市、华容县2014年度国家革命老区水土保持重点治理项目，共治理水土流失面积84.82平方公里；完成岳阳县小流域治理项目，共治理水土流失面积3平方公里。三个项目共治理水土流失面积94.49平方公里，投资金额2165万元。

【岳阳“绿色通道”建设任务完成】 2015年7月18日，从岳阳市林业局传来消息，岳阳市全力推进“绿色通道”建设，目前境内2381公里县道、京广铁路的造林绿化已完成2145公里，绿化达标率达90%。

为加快推进绿色岳阳建设，2015年起，岳阳市计划用

3年时间完成全市“绿色通道”和“秀美村庄”建设。

【我省首台“超低排放”燃煤机组问世】 2015年7月20日23时45分，华能岳阳电厂6号机组完成超低排放技术改造，顺利通过168小时试运行，正式并网发电，成为湖南省首台“超低排放”燃煤机组。

华能岳阳电厂积极推进清洁生产，三期共有两台60万千瓦燃煤机组，是我省目前唯一的超临界燃煤机组，也是我国第一批取消脱硫烟气旁路的工程，2012年全部建成投产后，各项污染物排放指标远低于国家规定值。2015年，该厂又投资近一亿元进行“超低排放”升级改造，按照烟气出口烟尘、二氧化硫、氮氧化物排放浓度分别不高于国家颁布的燃气机组排放10毫克/立方米、二氧化硫35毫克/立方米、氮氧化物50毫克/立方米的标准进行改造。于2015年5月份开始动工，7月初全面竣工。在“超低排放”升级改造中，该厂采取烟气协同治理技术路线，对脱硫系统进行增容提效改造，对锅炉进行低氮燃烧器改造和安装低温省煤器，其大量采用的新技术、新工艺和新设备，代表了国内60万千瓦超超临界燃煤机组“超低排放”先进水平。

【岳阳严控森林资源消耗】 2015年7月，从岳阳市林业局传来消息，上半年岳阳市共办理采伐证414份，采伐林木8.2万立方米，比2015年同期减少4.9万立方米，同比减少37.4%。

另据了解，岳阳市还进一步规范资源林政管理，强化资源管护。2015年来，全市共依法办理征占用林地手续59宗、241.47公顷，足额征缴森林植被恢复费。加大林业案件查处力度，办理林业行政案件73起，刑事案件17起。震慑了违法犯罪行为，保护了森林资源。

【戴道晋率队来岳调研水利综合建设】 2015年7月30日至31日，副省长戴道晋深入君山、华容两地，调研环洞庭湖区水利建设情况。市领导李志坚、熊炜，省、市直各相关部门负责人等陪同。

岳阳水系发达，湖泊星罗棋布，河流网织，有280多条大小河流直接流入洞庭湖和长江。近年来，随着江湖关系发生深刻变化，洞庭湖区的城镇居民饮水资源矛盾突出，农田灌溉问题严峻。

在君山连接华洪运河与东洞庭湖的渠道上，戴道晋前往团结闸、友谊闸和六门闸进行视察，实地察看了洞庭湖水利工程图和长江干流位置示意图，全面听取了江湖关系变化、形成状况等情况介绍，并与相关负责人和水利专家进行了研究商讨。他指出，水利项目建设与湖区人民生活息息相关，要加高加宽河堤建设，加强丰水期和枯水期的水利配套设施，牢牢把握水文走向，做好引水灌溉工程。

紧接着，戴道晋又马不停蹄先后奔赴华容河源头调弦口闸、洪水港闸、小荆湖闸、三汊河闸和藕池河等地，察看了华容县城关二水厂建设，听取并研究华容缺水的原因和解决的办法。

调研会上，戴道晋指出，综合来看，周边湖区水资源分配现状不平衡和生态环境的变化导致用水不足。要认真研究江湖关系，科学完善河湖治理思路，抓好综合治理；加强水资源综合利用，提高水资源供给和水利保障能力。同时，各部门单位还要加大周边湖区治理基础研究的力度，对河堤加固、堤水流量、水库容量等提出针对性措施和建议，科学推动湖区建设，促进地方经济发展。

调研途中，戴道晋一行还来到华容建新乡，随机深入农户家中走访，并与当地农民亲切交谈，详细询问饮用水质和供水保障等情况。随后，戴道晋现场试烧试喝自来水，检查饮用水质是否达标。他要求进一步提高农村自来水普及率、水质合格率和供水保障程度，让广大农村群众喝上更加方便、更加安全的饮用水。

【岳阳港获批全国绿色循环低碳港口试点】 2015年7月，从国家交通运输部传来消息，经逐级评审和全面公示，国家2015年度车辆购置税收入补助地方资金支持交通运输节能减排项目，岳阳港创建全国绿色循环低碳港口项目正式入选，在全国内河既是首个、也是至今唯一的获批港口，又为岳阳增添了一张闪亮的名片。

据悉，2013年，交通运输部发布《关于加快推进绿色循环低碳交通运输发展指导意见》，提出在全国选择若干港口作为试点创建绿色循环低碳港口，给予相应的政策、资金扶持。开展绿色港口创建试点是交通部落实国务院“节能减排”部署、推进绿色交通建设的重大措施，全国沿海和内河主要港口纷纷响应、积极争取，包括全球第一大港上海港也在2015年全力申报。在市委、市政府的高度重视和大力支持下，岳阳市地方海事局及岳阳市主要港航企业团结一致、奋力争取，历时两年终于获批。申报成功后，交通部将通过政策、资金支持方式，力助岳阳主要港航企业逐步更新升级设备、节能减排，对岳阳水运乃至岳阳市的健康快速发展、形象提升具有重要推进作用。

根据创建绿色港口实施方案，今后三年，岳阳港将从绿色能源应用工程、绿色装备工程、节能工艺工程、智慧港口工程、绿色环保和资源循环利用工程、绿色交通能力建设工程、自选项目七个方面实施节能减排重点工程，共计重点支撑项目23项，总投资估算4.67亿元，其中节能减排投资4.52亿元，中央、省市补助资金7085.63万元。项目建成后可形成年节能能力5099.61吨标准煤，替代燃料25212.58吨标准油，减少二氧化碳排放89285.37吨。

【“2015年岳阳环保世纪行”活动启动】 2015年7月，“2015年岳阳环保世纪行”活动开启。本次活动围绕“保护蓝天碧水，建设美丽岳阳”为主题，开展环境与资源保护宣传报道和督查活动。市人大常委会副主任包忠清参加。岳阳环保世纪行将人大监督与媒体监督、群众监督相结合，将日常监督与跟踪督办相结合，促使岳阳市环境与资源保护问题得到解决。

据了解，本次活动以水污染防治工作为重点，配合省人大常委会开展的《水污染防治法》执法检查，围绕地方政府责任落实情况，和工业污染、城镇水污染、农业和农村水污染以及船舶水污染防治情况，以及饮用水安全保护情况，开展宣传报道和督查活动，宣传先进典型，推广先进经验，进一步提高人民群众环境与资源保护意识，推动环境与资源保护法律法规的正确实施，促进解决岳阳市环境与资源保护工作中存在的突出问题，推进生态文明建设。

【岳阳市饮用水源地水质情况纳入水文常规监测】 2015年7月，根据《岳阳市实行最严格水资源管理制度考核工作实施方案》等有关文件精神，岳阳市水务局与市水文局达成协议，委托岳阳市水文局对全市43个水功能区的水质情况进行常规监测，根据监测结果，每季度发布水质简报，并形成年度监测报告，作为所在县、市、区落实最严格水资源管理绩效考核的评分依据。

此次纳入水文常规监测的水功能区包括饮用水源区、工业用水区、农业用水区、排污控制区、过渡区、景观娱乐用水区、保留区等，其中全市县级以上所有饮用水源区均涵盖在内。今后，市水文局将在此基础上覆盖全市其他水功能区，逐步实现岳阳市水功能区常规监测全覆盖。饮用水源区水质监测的常规化和科学化，是岳阳市落实最严格水资源管理制度的具体体现，将进一步有力保障岳阳市居民饮用水的安全优质。

【“绿色船舶产业链”项目正式落户临港】 2015年7月，湖南城陵矶临港新区与玉柴集团大连玉柴能源有限公司签订“绿色船舶产业链”项目框架合作协议，总投资预计将达到54.8亿元。岳阳市委副书记李志坚、玉柴集团投资总监王元乾等出席。

据了解，“绿色船舶产业链”项目立足洞庭湖区，玉柴集团充分利用在天然气发动机领域的国际领先地位，整合船舶设计、船舶制造、航运管理、水上物流、清洁能源供应为一体，融入“互联网+”先进理念，建设供应链金融和服务。拟用6~8年时间，全力打造“两中心两基地”，即“绿色船舶产业链服务中心”“清洁能源供应链物流中心”“河运网”和“临港产业发展基金”等四个项目，建设“绿色生态的洞庭湖”，将城陵矶打造成“长江航运中心”。

【华容江豚保护区升为省级】 2015年8月4日，从华容县传来消息：经省人民政府批准，华容县集成长江故道县级江豚自然保护区升级为省级江豚自然保护区。自然保护区总面积为2747公顷，其中核心区域874公顷，缓冲区948公顷，实验区725公顷。

生活在长江流域的江豚现已不足千头，被国际自然保护联盟（IUCN）濒危物种名录列为“极度濒危”物种。2014年6月与11月，华容、监利两县两次共商江豚保护事宜，签订了“共同支持申报保护区、共同推进保护区建设、共同管理保护区”的书面协议，并分别申报省级江豚自然保护区。目前，两县计划通过10年建设，将其建成长江江豚迁地保护区，储存约60头长江江豚种质资源。

【李志坚调研铁山水源保护】 2015年8月4日，岳阳市委副书记李志坚到铁山水库进行专题调研。

来到毛田镇孟城村和月田镇湾头桥拦污设施前，李志坚仔细询问拦污效果和污渣打捞情况，他对高分子移动式拦污排主动适应水位变化进行拦挡予以肯定。走进毛田镇道仁村库区居民集中安置点，李志坚屋前屋后查看房屋设计，与村民代表仔细交谈，询问基础设施建设及补助到位情况。再次来到公田镇黄田村，李志坚耐心细致听取村民对危房集中安置工作的意见，并现场解读新的文件政策要求。在在建的月田镇集镇污水处理厂现场，李志坚详细询问建设和施工进度。他强调，铁山饮用水水源是岳阳重要的战略资源。既要切实加强饮用水水源保护，确保城乡饮用水安全，又要强化库区民生保障，全面建立科学的管理、投入、生态补偿机制，确保库区群众生活水平稳步提升。要集中精力切实解决好主要污染源防治工作，有步骤地关闭规模养殖场，有效控制面源污染。要统筹推进集中安置和危房改造工作，加强宣传引导，强化综合协调，落实工作责任，提升库区居民生活品质。要加快建设进度，确保污水处理设施早建成，早使用，从根本上保障饮用水水资源的安全。

【华能岳阳电厂建成长江中上游最大煤炭专用码头】 2015年8月12日，首条万吨级煤船在华能岳阳电厂水运码头正式上档卸载，标志着历时277天的码头扩容改造工程正式完工投入运行，成为长江中上游靠泊等级最高、可卸载船型最大的煤炭专用码头。据了解，华能岳阳电厂投入4450万元，对原码头进行扩容改造，将原码头改造为5000DWT（载重吨）、水工结构兼顾10000DWT（载重吨）的专用煤码头。码头扩容改造后，其水路卸载能力由原日卸煤1万吨增至1.6万吨以上，一年就可节省3000万元燃料成本。

【省人大水污染防治法执法检查组来岳检查】 2015年8月14日至16日，省人大常委会党组书记、副主任于来山率省人大常委会《水污染防治法》执法检查组深入岳阳市检查指导。市领导盛荣华、刘和生、李湘岳、唐道明、樊进军、包忠清、熊炜和市人大常委会秘书长孔福建、市政府秘书长谈正红陪同或出席汇报会。

近年来，岳阳市认真贯彻落实《水污染防治法》和《水污染防治行动计划》，紧紧围绕重点区域、重点项目和重点环节抓防治，加快建设“水墨丹青岳阳”。目前，全市地表水以II类和III类水质为主，市级地表水监测达标率81%。同时，市人大常委会每年都将水污染防治监督列入监督内容，切实保护岳阳的碧水蓝天。

在湘阴第二污水处理厂建设工地、汨罗市循环经济产业园重金属污水处理厂以及菲菲毛巾、长康实业和湖南振纲铝材、湖南同力电子等企业，于来山一行一边认真检查一边与企业负责人深入交流，要求深入开展好《水污染防治法》执法检查，通过坚持不懈的努力，让岳阳的水更清、天更蓝。岳阳县枫树湾畜牧有限公司初步形成了“猪—沼—鱼—果—蔬”一体化特色产业链。步入企业，于来山对该公司的发展模式表示赞许，勉励企业为全县解决规模养殖场粪污治理难题做出贡献。查看岳阳林纸公司污水处理工程时，于来山希望企业通过优势技术为国家节能环保、可再生事业多做贡献，当好绿色发展排头兵。检查组还来到新墙水库、南湖风景区、城陵矶新港公司等地检查指导。

汇报会上，于来山首先高度评价了岳阳经济社会发展所取得的可喜成绩。他说，作为一名“老岳阳人”，3天时间的所见所闻，深刻感受这片热土欣欣向荣，一派生机。特别是市委、市政府提出的发展思路，把党中央国务院和省委、省政府重大战略决策部署落到了实处，符合岳阳实际，目前发展势头十分强劲，必将开创经济社会发展的新局面，大有希望。于来山指出，环境就是生产力，水和空气是最大的民生，是人民群众最基本的生活质量。要进一步高度重视环境保护和水、空气污染防治的重大意义，突出铁山水库和南湖水资源治理等重点，把各项工作抓紧抓实。省直相关部门要给予大力支持，共同保护好碧水蓝天。

汇报会由市委书记盛荣华主持，他说，省人大执法检查组3天来马不停蹄深入县、市、区、乡镇、企业检查指导，充分体现了于来山同志对岳阳的深厚感情和对岳阳生态保护、民生福祉、经济社会发展的关切之情。各级、各部门要认真领会、消化和贯彻好检查组的要求，把反馈意见，一项一项落到实处，限期整改到位。要高度重视环境保护，对环保问题严格督查、严肃问责。要切实抓好洞庭湖生态环境治理，抓紧谋划开发一批重大项目，争取更多支持。

市长刘和生汇报了岳阳市工作情况，希望省委、省政府在洞庭湖入湖水源保护调度、生态补偿政策等方面进一步加大支持力度。市人大常委会主任李湘岳作监督水污染防治法实施情况汇报。

【华容五星村上榜全省两型示范基地名录】 2015年8月17日，从华容县传来消息：在全省两型示范创建工作座谈会上，华容县护城乡五星村被省长株潭“两型社会”实验区建设管理委员会授予“湖南省两型示范基地”称号。据悉，这是岳阳市唯一一个入选全省两型基地的单位。

五星村地处华容县城郊。近年来，该村紧紧围绕两型主题，集中推进农村环境综合整治，探索能源使用新模式，节约土地引导群众集中居住、民房改造和发展现代农业等工作。村容村貌焕然一新，2015年1月被评为湖南省“美丽乡村建设示范村”。“我村将以此为新起点，努力把五星村建设成两型元素集聚区、两型成果展示区。”村支书叶玉章说。

【国家调研组到岳阳考察洞庭湖水环境】 2015年8月24日，国家发改委、环保部、住建部、水利部等多部门组成的洞庭湖水环境调研组抵达岳阳，就如何恢复“一湖清水”开展考察调研，岳阳市领导刘和生、陈奇达等分别陪同调研。

调研组本着问题导向开展调研。24日上午，考察了南湖、王家河、松阳湖等内湖的污染治理情况，并乘船到城陵矶三江口，实地察看了规划建设的城陵矶水利枢纽选址。24日下午，调研组前往华洪运河、六门闸、华容河及潘家渡、东洞庭湖湿地，了解水质、水文和生物资源状况。

市委副书记、市长刘和生向调研组做了汇报。他说，岳阳作为洞庭湖的大本营，通过工程和生态措施，加强了对洞庭湖水环境的保护和治理。但是，由于江湖关系演变等多方面的原因，洞庭湖地区水资源短缺、水生态恶化、水工程抗灾标准偏低等问题仍然严峻，请求国家在项目建设、资金安排上予以支持。调研组表示，将充分考虑岳阳的意见，加强洞庭湖水环境治理，保护“长江之肾”。

据悉，岳阳是考察组的第一站。其后，调研组还将分赴常德、益阳，并于8月27日在长沙召开座谈会议，专题研究洞庭湖水环境治理问题。

调研期间，刘和生还就洞庭湖博物馆建设等重大项目，与省发改委主任谢建辉进行了对接。

【环洞庭湖现代农业科技区获批国家首批示范区】 2015年8月27日，从省科技厅传来消息：国家科技部下发了《科技部关于发布第一批国家现代农业科技示范区的通知》，湖南环洞庭湖现代农业科技示范区获批国家首批现代农业科技示范区。

根据《通知》，科技部将结合中央财政科技计划（专项、基金等）管理改革，坚持以省为主、部省共建的原则，充分发挥市场对资源配置的决定性作用，通过建设科技金融、农业信息、创新品牌等公共服务平台，支持国家现代农业科技示范区建设和发展。

据悉，根据科技部国家现代农业科技示范区建设的总体要求和部署，下一步，湖南环洞庭湖国家现代农业科技示范区将以国家和省级农业科技园区创新能力建设为核心，以促进现代农业产业示范园发展为重点，全面推进现代农业科技创新体系建设，实施“科技创新驱动、产业集群引领、高端品牌提升、生态持续发展”四大战略，打造环洞庭湖“一部三核”（长株潭科技总部、常德、益阳、岳阳核心区）、“三带多园”（环湖丘岗、洞庭平原及湖域湿地现代农业科技示范带、农业科技示范园）现代农业科技示范格局，把湖南环洞庭湖国家现代农业科技示范区建设成为创新驱动城乡一体化发展的示范区、一二三产融合全链条增值现代农业的先行区、大众创业万众创新的聚集区、长江中下游生态服务功能区和亚热带现代农业发展示范区。

【岳阳召开湘江保护工作电视电话会议】 2015年8月27日，岳阳市召开湘江保护工作电视电话会议，副市长熊炜与会。

2013年，省委、省政府把湘江保护与治理明确为“一号重点工程”，岳阳是湘江保护与治理范围的八个市之一，2015年是第一个“三年行动计划”的最后一年，岳阳市湘江保护和治理已经取得了初步成效。熊炜指出，要进一步增强责任感和紧迫感，全力推进湘江保护与治理，绝不能拖全省的后腿，以农村污染防治为抓手，强力推进流域环境治理；以“三条红线”为核心，强力推进最严格水资源管理。各级、各部门要团结协作，加强对湘江保护的宣传，发动群众参与湘江保护监督，对单位不重视、措施不得力、工作不到位、责任不落实、未完成任务指标的，严格追究相关领导和责任人员的责任。

【国家发改委赴岳阳调研产城融合发展】 2015年8月27日，国家发改委地区经济司副司长于合军率队到岳阳市就创建产城融合示范区情况开展调研。市委副书记李志坚陪同。

于合军一行先后来到芭蕉湖综合服务区、城陵矶新港口岸平台实地调研，对岳阳市在推进产城融合发展方面取得的进展给予充分肯定。他指出，推进产城融合发展，要按照生产空间集约高效、生活空间宜居适度、生态空间山清水秀的原则，科学规划空间发展布局，统筹规划产业集聚区、人口集聚区、综合服务区、生态保护区等功能分区，提升城市综合服务功能，实现产业发展、城市建设和人口集聚相互促进、融合发展。

【副部长库热西·买合苏提到岳阳调研】 2015年8月28日，由国土资源部副部长、党组成员，国家测绘地理信息局党组书记、局长库热西·买合苏提带领的国家测绘地理信息调研组到岳阳考察调研。市委副书记、市长刘和生，市委常委、副市长唐道明等陪同考察。

库热西·买合苏提一行深入君山岛实地考察洞庭湖地理国情监测工作，并看望慰问正在岛上开展地理普查监测的工作人员。他强调，地理国情普查关乎民生，是今后建立常态化监测的坚实基础。要进一步把测绘工作做细，科学、权威地挖掘出有价值的数据信息，充分发挥测绘成果在政府科学决策、公共服务、社会管理、综合监管能力等方面的作用，加快数字城市建设步伐，让更多群众受益。

【湖南唯一千亿级绿色产能发展先导区在湘阴开建】 2015年8月31日，蓝天豚硅藻泥千亿产业园在位于湘阴的湖南轻工产业园动工建设，一期工程预计2015年底竣工投产，年产量将达到100万吨，年产值超300亿元。2018年全线投产后，将成为全球研发能力最强、生产规模最大的绿色建筑装饰材料——硅藻泥新材料全球总部基地，这将是湖南唯一千亿元级绿色产能发展先导区。

蓝天豚硅藻泥千亿产业园占地面积3000亩，总投资58亿人民币。蓝天豚千亿产业园集产、学、研为一体，将成为中国硅藻泥生产基地、学术交流基地、产品研发基地及产品技术质量标准制定基地。

【巴陵石化："碧水蓝天"7项目已建成投用】 2015年8月，中石化巴陵石化动力事业部2号锅炉烟气脱硝治理项目一次点炉开车成功，至此，该事业部4台锅炉的烟气脱硝"碧水蓝天"项目全部建成，进入运行状态。

自中石化2013年部署启动"碧水蓝天"环保专项治理行动以来，巴陵石化先后有8个环保治理项目获批建设，批复投资总额近5.5亿元。其中，7个项目已建成投用。

【陈肇雄到岳阳考察洞庭湖生态经济区建设】 2015年9月1日，省委常委、常务副省长陈肇雄到岳阳考察长江经济带和洞庭湖生态经济区建设。市委书记盛荣华，市委副书记、市长刘和生，市领导陈奇达、樊进军，经开区工委书记王小中和市政府秘书长谈正红等参加考察或出席座谈会。

2015年来，岳阳市紧紧围绕湖南经济发展新增长极的战略部署，统筹实施长江经济带与洞庭湖生态经济区战略，做到规划上相互衔接、产业上相互承接、项目上相互对接，促进两位一体、融合发展。

陈肇雄走进城陵矶临港产业新区，考察国际集装箱码头、进口肉类指定口岸查验平台和临港经济发展。在详细了解码头集装箱业务、进出口货物通关流程、港口运营模式等情况后，陈肇雄希望岳阳把区位、平台、政策等优势加快转化为发展优势，促进临港经济发展。

环南湖三圈建设正加紧推进，位于君山岛的洞庭湖博物馆项目预计年内开工，建成后将成为国内首个湖泊馆。陈肇雄实地考察后要求，要立足靠着一江、守着一湖的独特区位，坚持"保护第一、生态优先"理念，科学开发和合理利用湖区资源。

陈肇雄还考察了科伦制药、中科电气等企业以及南翔万商国际商贸城、洞庭新城等项目。

考察中，陈肇雄对岳阳市领导班子、干部状态、生态保护、改革工作等几方面工作给予充分肯定。他强调，岳阳是我省融入长江经济带的"桥头堡"，也是洞庭湖生态经济区建设的重要区域。要抢抓机遇，科学谋划，精准对接，加快融入长江经济带建设，打造湖南发展新增长极。要依托黄金水道，建设高效便捷的综合交通运输体系。要发挥比较优势，培育具有国际竞争力的特色产业集群。要加强生态环境保护和治理，建设宜居宜业宜游城市和美丽乡村。要用好用活"一区一港四口岸"平台，全面提升对外开放层次和水平。

盛荣华主持汇报会，他介绍了岳阳市建设"一极三宜"江湖名城的战略发展目标并表示，岳阳将认真领会、贯彻落实好省委、省政府要求，充分调动干部想事干事的激情，一步一个脚印，扎扎实实推进各项工作，不断创造新的亮点。刘和生在会上介绍了2015年来岳阳市经济社会发展情况和长江经济带、洞庭湖生态经济区战略推进情况等。

【岳阳拟调整自来水价格】 2015年9月8日，从岳阳市相关部门传来消息，岳阳市拟调整自来水价格，并于近期举行城市供水价格调整听证会，从即日起公开征集16名代表参加听证会。

根据2015年我省颁布的《关于加快城市供水价格改革有关问题的通知》等相关规定，城市供水实行分类水价，水价调整按照国家发改委的意见要求实行阶梯价格，严格按照"第一阶梯水量每人月3.6立方米、第二阶梯水量5.5立方米"的指标核定阶梯用水量。据市自来水公司相关负责人介绍，上一次岳阳市调整主城区自来水供水价格还是在2012年。

据市发改委相关负责人表示，实行阶梯水价，将有利于加大国家水价战略执行力度，推进"两型"湖南建设，优化供水企业外部环境，促进城市供水企业可持续发展。价格听证后，发改委还将组织专家对价格进行评审、风险评估，以及组织社会各界代表前往铁山水库供水源头沿途实地考察。

【岳阳启动城市总规修改工作】 2015年9月9日下午，岳阳市委副书记、市长刘和生主持召开市城乡规划委员会2015年第二次全会。市领导陈奇达、唐道明、包忠清、李为、陈恢清、欧江平，市政府秘书长谈正红及相关单位负责人参加。

会议听取了《岳阳市城市总体规划（2008—2030年）》修改工作情况汇报和2015年度规划编制工作计划汇报，审议了《岳阳空港产业园概念性规划》和《市十四中周边区域地段概念性规划》等，并对下一步工作进行了安排部署。

会议同意启动岳阳市城市总体规划修改工作并指出，国家战略层面的相关规划和省级、市级重大决策、区域规划对岳阳市城市发展和定位提出了新的要求，启动城市总体规划修改工作很有必要。要做到城市总体规划与经济社会发展相结合、国家战略和岳阳本地实际相结合、长远发展和近期发展相结合、总体规划与专项规划相结合、专家把关和群众意见相结合，高标准编制好总体规划，以更高水平的规划加快推进岳阳城乡建设和经济社会发展。要依法依规、科学确立编制单位，加强对规划修编工作的领导。

会议原则上同意并通过了《岳阳市空港产业园周边区域概念性规划》方案，要求尽快启动下一阶段工作。

【唐道明督查全市大气污染防治工作】 2015年9月10日下午，岳阳市委常委、副市长唐道明带领市住建局、环保局负责人对市区建筑工地扬尘污染防治情况进行暗访督查。

唐道明一行先后暗访督查了岳阳楼区王家河综合治理工程循环水泵站建设工地、经开区南翔万商、四化建综合楼、金悦洋项目建设工地，对检查发现的一些建筑工地存在裸露的物料未进行覆盖，未采取洒水降尘措施，车辆冲洗设施不达标，工地道路和操作场地未采取硬化措施，洒水降尘与空地绿化不到位等问题，提出了严肃的批评。

唐道明要求不达标工地立即整改，市住建局、市环保局在一周之内组织再督查；市住建局要对城区建筑施工工地进行逐一排查摸底，采取有力措施，督促施工工地在一个月内对照扬尘控制要求整改到位，对整改不到位的工地依法处罚并公开曝光；市环保局要按照《大气污染防治法》要求对各责任单位履职情况进行督查并通报情况。

【“江湖名城”牵手“山水洲城”打造旅游一体化】 2015年9月11日下午，岳阳旅游推介会暨中央电视台“乡约”走进君山岛新闻发布会在省会长沙举行，宜游江湖名城的美景胜状引爆了省内业界和不少星城市民。

此次活动由岳阳市政府主办、市旅游外事侨务办公室承办，岳阳楼至君山岛景区、市旅行社行业协会协办，来自全市各县市区及多家景区、旅行社的代表与省内几十家旅游客商汇聚一堂，也吸引了湖南卫视、湖南日报、潇湘晨报、三湘都市报、湖南经视等多家媒体和众多市民的高度关注。会上，长沙、益阳、娄底、邵阳、湘潭和岳阳的旅行社协会及多家旅行社现场签约推进我省区域旅游一体化进程，共同打造旅游发展升级版。市旅游外事侨务办公室主任任焱辉在推介时说，长沙、岳阳同属“3+5”城市群，两地经济相融，文化相近，人缘相亲，合作发展条件优越，多年来在旅游市场开拓、景区推介上一直紧密合作、互利共赢，特别是高铁时代，两市旅游的交流合作将呈现优势互补、资源共享、市场联动、利益互惠的美好前景。

【省委调研组关注洞庭湖及湘江水质】 2015年9月15日，省委调研组来到岳阳市，就洞庭湖及湘江流域环保治理问题进行调研。市委常委、副市长唐道明，市人大常委会副主任包忠清陪同参与。

调研座谈会上，唐道明在汇报中说，岳阳水域占洞庭湖面积50%以上，大部分面积通过科学统筹、项目建设、生态修复和综合治理，加强了对洞庭湖水环境的保护和治理工作，湖区生态环境得到有效改善。调研组希望继续强化忧患意识，多为子孙后代着想，协调好城市发展矛盾，科学调度治理好一湖四水生态环境，推动水资源保护与管理科学化、规范化、常态化，确保一江清水入洞庭。

【第六届中国长江三峡国际旅游节举行 岳阳旅游景点获青睐】 2015年9月15日，第六届中国长江三峡国际旅游节三峡城市群文化旅游宣传周在宜昌市夷陵广场拉开序幕。此次活动由湖北省人民政府、重庆市旅游委、宜昌市旅游局主办，岳阳、荆州等城市共同承办。

在岳阳旅游专场推介会上，岳阳市旅游外侨办主任任焱辉积极推介岳阳旅游资源，发布岳阳旅游精品线路，宣传岳阳旅游奖励政策，引起了宜昌、重庆、常德等地旅行社的强烈反响，很多旅行社围绕岳阳旅游线路和奖励政策提出了一些宝贵意见。会上，岳阳楼至君山岛景区管委会主任黄二良推介了岳阳楼君山岛景区，通过媒体发布中央电视台“乡约”走进君山岛活动，岳阳旅行社发放了岳阳旅游宣传资料3000多份，获得许多宜昌市民的青睐，并现场咨询国庆期间岳阳景区的促销情况，准备带家人一览岳阳风情，感受文化魅力。

【洞庭湖生态经济区大型采访团来岳】 2015年9月17日至18日，由省委宣传部、省外宣办和省发改委联合组织的洞庭湖生态经济区大型专题采访团来岳。采访团的记者们通过听介绍、走访了解等形式，用手中的笔和镜头近距离、多角度记录了洞庭湖生态资源的保护、岳阳市投资环境以及经济社会发展的成就。

该采访团由人民日报、新华社、中新社、中国日报、香港文汇报、大公报、香港商报、凤凰新媒体以及中国国际广播电台组织的英、德、西、俄等8个语种的外籍记者和专家共约50人组成。

17日下午，采访团首先来到华容县铭泰米业，参观了解企业从稻谷收购到烘干、脱粒、包装加工成大米等生产过程。铭泰米业主要从事稻谷收购、储备及销售，大米加工、销售等，年生产加工能力15万吨，是省级农业产业化龙头企业。

【岳阳园林惊艳中国国际园博会】 2015年9月29日，在第十届中国（武汉）国际园林博览会上，岳阳园以情系天下、先忧后乐的造园理念和“山、湖、田、城、楼”的文化特色得到了与会专家和观众的高度评价。市委常委、副市长唐道明应邀参加了此次园博会的开幕式。

据悉，中国国际园林博览会是国内风景园林界的最高盛会。本届武汉园博会旨在扩大国内外园林绿化行业交流与合作，展示园林绿化建设成果，传播园林文化和生态环保理念。武汉园博园对外开放将持续至2016年5月闭幕。闭幕后园博园将作为城市公园永久保留，成为市民群众日常休闲、游憩、健身的活动场所。岳阳市作为武汉园博会的参展城市，由市城管局牵头组织市园林局兴建岳阳园。在筹备期间，岳阳园的建设曾得到园博会组委会的高度评价。参园者普遍认为，岳阳园将岳阳地域特色、文化特色与现代园林前沿理念有机结合，打造了具有鲜明岳阳城市特色的城市展园。作为雨水花园典范，岳阳园吸引了众多游客驻足拍照留影。

【岳阳万元GDP用水量下降】 2015年9月，《2014年岳阳市水资源公报》正式对外发布。《公报》显示，2014年人均综合用水量为576立方米，比上年减少5立方米，万元GDP、万元工业增加值用水量分别为121立方米和84立方米，分别比上年减少12立方米和16立方米，用水效率明显提高。

据悉，岳阳市水资源公报由市水文局编制，并由市水务局、市水文局定期向各级政府、社会各部门公布水资源数量、质量和开发利用的年报。公报反映了2014年全市来水、蓄水、用水、耗水、水质的动态状况，以及水资源开发利用、节约、保护、管理等情况。

【东洞庭湖联合巡查清缴网围】 2015年10月6日上午，由国家农业部、长渔办部署的东洞庭湖渔政执法联合整治行动拉开序幕。岳阳市渔政站、岳阳县渔政局、岳阳楼区、君山区渔政近50名渔政人员和公安干警披风破雨向东洞庭湖纵深水域疾驰而去。

渔政执法人员先后巡查了裤裆湾、君山壕坝、后湖、北洲、岳华界、新安闸、八角包、上下红旗湖、扁山等水域，巡查水域面积近150万亩。目前专项整治联合行动正有序强力推进。

据悉，在此次联合行动整治前天就开展了清缴网围行动，当天在红旗湖水域清除残留竹竿近100根、残留网围近200米。同时，从8月20日至11月底，渔政部门正在开展为期近 4 个月的东洞庭湖专项清理、整治、打击非法捕捞行动。

【岳阳农村环境综合整治整体推进工作会议召开】 2015 年 10 月 10 日，岳阳市农村环境综合整治整体推进工作会议召开，市委常委、副市长唐道明与会。

近两年来，全市共清除各类陈年垃圾 90 多万吨，配备农村保洁人员 9000 余人，建成垃圾池（箱）5.8 万处。目前，农村大部分地方已很难看到成片、成堆垃圾和漂浮物，环境整治在不少地方已变成了农民群众的自觉行动，多数地方正在着力打造“洁净有序、生态环保、美丽宜居”三位一体的“秀美新农村”。

加强农村环境综合整治，不仅是生态文明建设的重大工作举措，也是改善农村人居环境的重大民生实事，更是“一极三宜”江湖名城建设的重要内涵。近年来，岳阳市各部门着力推进农村环境连片整治试点工作，有力推动了饮用水水源地保护、生活污染治理、畜禽水产养殖污染防治，取得了明显成效。会议要求：提高认识，强化工作责任；把握重点，提高工作成效；突出污染防治这个重点，统筹推进，多元投入，加强监管，对不执行环境影响评价、超标排污等各类环境违法行为“零容忍”，做到有法必依、执法必严、违法必究。

【盛荣华督查王家河流域综合治理工程】 2015 年 10 月 10 日下午，岳阳市委书记盛荣华深入项目现场督查，他强调，进一步优化完善文化创意工程，大力开展周边环境整治和棚户区改造，打造一条生态景观休闲和历史文化记忆长廊。市委常委、副市长唐道明等一同前往。

王家河流域综合治理工程实施以来，盛荣华多次深入实地调研，召开专题会议梳理规划思路，优化设计方案，推进建设进度。目前，项目已按设计完成景观工程，建成截污管网 12129 米、驿站 5 座，安装文化创意作品 17 组，全线 9 座跨河桥梁已完成施工图设计。

【何立峰到岳阳调研洞庭湖水环境综合治理】 2015 年 10 月 11 日，国家发改委党组副书记、副主任何立峰率队来到岳阳市，调研洞庭湖水环境综合治理等工作。副省长何报翔，省发改委主任谢建辉和市委书记盛荣华，市委副书记、市长刘和生等陪同。

近年来，岳阳市抢抓洞庭湖生态经济区建设机遇，坚持“保护第一、生态优先”原则，严格湖区规划管控，加大水利设施建设和环境保护治理力度，洞庭湖综合治理取得积极成效。但是，由于江湖关系演变等多方面的原因，洞庭湖地区水资源短缺、水生态恶化、水工程抗灾标准偏低等问题仍然严峻。乘船至城陵矶三江口，何立峰翔实了解水质、水文、生物资源和水利工程建设等方面的情况，实地察看规划建设的城陵矶水利枢纽选址。他指出，洞庭湖承担着调洪蓄水的重要功能，对维护区域生态平衡具有不可替代的作用，要加强科学规划和执法监管，统筹推进水利建设和生态修复。将充分考虑岳阳的意见建议，加强洞庭湖水环境综合治理，保护好“长江之肾”。

云溪河与松阳湖共同构成松阳湖流域，这里的水环境综合治理按照污染治理、环境改造、生态修复三个方面进行，目前，已启动云溪河治理、河湖岸固废渣治理等。黄梅港湿地修复工程是南湖水环境综合治理的重要组成部分，项目正抓紧施工，全力推进，建成后可实现海绵湿地示范、生态人文旅游、市民休闲港湾的愿景。来到两个项目施工现场，何立峰对照规划图纸，细致询问建设背景、规模和工程进展，他指出，松阳湖和南湖区位独特，环境优美，要突出“截污、清淤、引水、监管”的工作重点，综合施策，加快恢复山清水秀的自然景观，形成人与湖泊和谐相处的湿地乐园。

当天，何立峰还来到城陵矶综合保税区查看，对综保区的建设、运营提出意见建议。

【封加平到平江调研】 2015 年 10 月 13 日，国家林业局总工程师封加平、国家林业局农村林业改革发展司司长刘拓一行，来到平江县调研林下经济和林业合作社发展。省林业厅党组副书记、副厅长胡长清，岳阳市委副书记李志坚等陪同调研。

封加平一行实地调研了湘北盛林农林合作联社发展林下经济的情况，并与平江县和合作联社负责人座谈了解该县发展林业合作社造福林农的经验做法。据介绍，盛林农林合作联社入社林农 3685 户，涉及平江县 9 个乡镇 24 个村，集约山林面积 6 万余亩、水田 2200 亩、旱土 1500 亩、水产养殖面积 800 余亩，初步构建了以林业生产为核心，林下种养立体开发与林业休闲旅游并举的林农合作联社。联社 2015 年产销 1.3 亿元，预计 2015 年度产值可达 3.5 亿元，有效解决农村闲散贫困劳力 7000 余人就业，入社农户的农村医疗保险和养老保险都得到了解决。

封加平对平江县引导林下“掘金”、实现“绿富”双赢的做法给予充分肯定，他指出，要不断深化林改工作，巩固提升林改成果，创新林下经济经营方式，真正把山林保护好、把经济发展好，切实造福林农。

【岳阳两个工业区搬迁改造获国家支持】 2015 年10 月 17 日，从岳阳市发改委前期环资办传来消息：2015 年来，岳阳市抓住国家重视老工业区转型发展的机遇，先后争取临湘桃矿独立工矿区、市城西老工业区搬迁改造获得省政府批准，并纳入国家支持范畴。

据了解，临湘桃矿独立工矿区改造搬迁将实施基础设施、公共服务设施、避险安置、替代产业发展等领域项目 49 个，项目总投资达 75.32 亿元。通过这些项目的实施，以推进矿区转型，发展矿区产业，在近 7 年内形成一个集矿产品深加工、工业物流园区、旅游风景区、商业生活区于一体的新型独立工矿区。市城西老工业区搬迁改造将实施市政基础设施建设改造、企业环保搬迁改造、老厂区老厂房老设施改造和工业遗产保护利用等领域项目 63 个，项目总投资达 286.3 亿元，从而将城西老工业区这一“化工旧城”打造成国际知名的“景区乐城”和“商住新城”，营造一个宜居宜业宜游的新高地。

截至目前，两个工业区搬迁改造已争取到位中央预算内资金支持项目 2 个、资金 3650 万元；争取到位国家第二批专项建设基金支持项目 5 个，争取国家专项建设基金 1.87 亿元。此外，整合城陵矶新港区、绿色化工产业园区申报了国家产城融合示范区，组织城陵矶新港区申报了长江经济带国家级转型升级示范开发区，并分别争取省发改委排在全省第一的位置申报到了国家发改委，有望年内获批。

【盛荣华调研督查南湖水环境综合治理工程】 2015 年

10月26日，岳阳市委书记盛荣华调研督查南湖水环境综合治理工程时强调，全面打响南湖水污染综合防治攻坚战，力争2017年末达到III类水质目标，把南湖打造成一颗更加迷人的璀璨明珠。市委副书记、市长刘和生一同前往并主持调研座谈，唐道明、樊进军、李为、李可波、王小中、文春方等市级领导和市政府秘书长谈正红参加调研或出席座谈会。

来到岳阳教会学校、环南湖旅游交通三圈陈家咀施工现场、南客运枢纽站、黄梅港污水处理厂、湖南理工学院排污口等地，盛荣华仔细了解情况，与相关部门单位负责人共同探讨加快推进南湖综合治理的措施。2015年以来，岳阳市紧紧围绕2017年南湖水质达到III类的目标，大力实施“13118”工程即，以治好“一湖水”为龙头，建设交通“三圈”和“商业”三街（包括酒吧一条街、茶文化一条街、商业步行水街），开发好龙山植物园，保护好教会学校，包装好南湖八景）。目前，各项工作正加快推进。

在实地调研并听取情况汇报后，盛荣华对南湖新区所取得的工作成效给予充分肯定。“‘13118’工程既是南湖水环境综合治理工程，也是生态修复保护工程、历史文化保护工程、旅游休闲产业壮大工程和‘三圈’建设工程。”盛荣华指出，南湖新区要全力以赴加快推进“13118”工程建设，实现南湖的水清水美，把南湖打造成一颗更加迷人的璀璨明珠。

盛荣华强调，要按照“截污、禁养、清淤、管理”的总体要求，抓紧完善截污管网规划，按照时间节点推进，从源头上整治南湖水环境；要深入摸排，坚决禁止沿线养猪养鱼，着手启动清淤工作，加强日常管理。要加快建设进度，确保交通“三圈”2016年“五一”节前全面拉通，商业“三街”2017年建成。要不断优化龙山植物园规划设计，保护开发好教会学校遗址公园，深度挖掘南湖八景资源，打造个性鲜明的文化品牌。当前，要进一步加强组织领导，迅速成立南湖水污染综合防治攻坚领导小组，下设“13118”工程指挥部，抓紧制定规划，突出抓好禁拆治违和依法征拆安置工作，建立月报告月调度和季度督查通报制，各级部门单位要大力支持，形成强大合力。

刘和生要求，要认真贯彻落实好会议精神，按照“13118”的工作思路，禁止南湖沿线养猪养鱼，坚决取缔水面餐饮经营，充分发挥现有治污工程作用，大力推进南湖水污染综合防治。要加快交通“三圈”建设，保护开发好教会学校，扎实抓好禁拆治违。各部门要全力支持，确保完成目标任务。

【岳阳召开资源环境类指标推进调度会】 2015年10月30日，岳阳市召开资源环境类指标推进调度会，市委常委、副市长唐道明与会。

2015年1—9月，岳阳市空气质量、PM2.5和地表水质量均达到目标值以上。但由于岳阳市为重化工业区和重要能源基地，污染物排放量大，且随着秋冬季的来临，PM10、PM2.5浓度有走高趋势，影响岳阳市空气质量。

唐道明指出，全面建设小康社会是一项重大的政治任务，资源环境的保护与老百姓生活息息相关，各部门要认真对待，深化认识、强化责任、严格落实，切实增强指标工作的责任感和紧迫感；要找准症结、对症下药、突出重点，加强部门职责，抓好黄标车和船舶治理，控制扬尘污染，改变乡镇村焚烧秸秆和垃圾的习惯；要紧盯目标、切实履职、狠抓落实，做好统计工作，明确责任将指标分解到位，一周之内针对难点指标制订方案，同时加强督查，严格考核，确保资源环境类指标有效提升。

【《天岳幕阜山国际度假旅游区总体规划》专家评审会召开】 2015年11月17日下午，《天岳幕阜山国际度假旅游区总体规划》（简称《规划》）专家评审会在岳阳召开，市政协主席赖社光、省旅游局副局长高扬先、市人大常委会副主任陈志莲、副市长宋爱华参加会议。

幕阜山，古称天岳，岳阳因位于天岳之南而得名。三国东吴名将太史慈拒刘表大军，扎营幕于山顶，遂称幕阜山。主峰位于平江县南江镇东面，海拔1596米，为湘、鄂、赣三省边界最高峰，以山雄、崖险、林奇、谷幽、水秀著称。据了解，此项目自9月17日市城投集团和平江县人民政府签订合作开发框架协议以来，经过合作双方两个多月的全力推动，该项目已成功纳入国家发改委“十三五”规划的重点支持项目，被确定为岳阳市、湖南省重点工程项目。

评审会上，在认真听取北京大地风景旅游景观规划院《规划》编制情况后，专家组成员和岳阳市、平江县相关部门单位负责人对《规划》方案分别提出了建设性意见。

赖社光在会上对《规划》的编制给予了很高的评价，他要求《规划》在项目定位、空间结构、功能分区、产业体系、生态环境保护等方面要全方位研究斟酌，尽快拿出最佳的方案，争取把幕阜山打造成为岳阳旅游一张亮丽的新名片。

最后，评审组组长杨振之教授宣布了专家评审意见，原则性通过《规划》方案。

【岳阳加大对环境违法行为的惩处力度】 2015年11月24日，从岳阳环保部门传来消息，岳阳市将依法采取按日处罚、查封扣押、行政拘留等措施，重拳打击偷排偷放、非法排放有毒有害污染物等违法行为。日前，市人民政府办公室出台《关于加强环境监管执法的实施意见》（简称《意见》），要求健全环境监管执法责任机制、加大对环境违法行为的惩处力度、规范和约束环境监管执法行为，加强环境监管执法能力建设。各级人民政府应进一步查清排污单位底数和存在环境风险隐患，对检查出来的各类问题，切实采取依法“限期整改一批、停产一批、关闭一批”的铁腕措施整治到位。利用按日处罚、停产限产、查封扣押、行政拘留等措施，重拳打击偷排偷放、非法排放有毒有害污染物、非法处置危险废物、不按规定使用污染防治设施、伪造或篡改环境监测数据等违法行为。对涉嫌犯罪的，依法移送司法机关。

【岳阳市政协召开“铁山饮用水水源保护与库区民生保障”专题协商会】 2015年11月24日，岳阳市市政协召开“铁山饮用水水源保护与库区民生保障”专题协商会。市委副书记李志坚，市政协主席赖社光，副市长熊炜，市政协副主席万岳斌、欧江平、罗陆平、黎四清、方争奇、万五龙，市政协秘书长江玉祖参加。

2015年来，市政协把铁山水库“两保”工作落实情况作为重点协商专题，组织政协委员围绕“两保”工作开展了扎实有效的调研，与相关部门面对面进行专题协商，提出了大量中肯而有建设性的意见。

认真听取大家发言后，李志坚指出，市政协组织的这次专题协商活动，形式新、效果好，对继续加强和推进铁山水库“两保”工作具有积极意义。他强调，市委、市政府高度重视和积极推进库区“两保”工作，各级各部门认真贯彻落实市委、市政府要求，“两保”工作成绩可喜。但“两保”工作任重道远，要以严实的作风、严实的精神和严实的态度，切实加强法律保障、资金保障和工作保障，持续用劲，久久为功，确保“两保”工作进一步落到实处，真正使铁山水质更好、库区百姓生活更美。

【许又声在城陵矶综合保税区和王家河综合治理工程考察】 2015 年 11 月 27 日，省委常委、省委秘书长许又声来到岳阳考察调研，市委副书记、市长刘和生，市委常委、市委秘书长樊进军等陪同。

11 月 23 日，城陵矶综合保税区一期通过预验收。目前已签约入区或意向签约的项目共 18 个，投资总额达 57 亿元，其中 5 个项目已开工建设，初期主要发展进口粮食加工、进口橡胶加工、进口肉类加工等产业。许又声深入城陵矶综合保税区建设现场，详细了解保税区规划建设和项目招商情况，认真观摩了保税区内监控系统运行状况，对综合保税区的规划定位和运营发展方向表示肯定。他指出，城陵矶综合保税区对岳阳乃至全省外向型经济发展具有重要意义，希望保税区抓住国家战略实施的重大机遇，更好地整合资源，进一步提升平台档次，做大做强产业经济。

随着截污管网和污水提升泵站的全面完工，王家河流域所使用的一套全省独有的生物技术污水处理系统即将投入使用，该系统每天可处理污水 6 万吨。走在面貌一新、风景秀美的王家河畔，许又声详细听取了王家河流域综合治理工程建设情况，对岳阳市加速生态建设，治理污水，改善民生所取得的成效给予了充分肯定，他希望岳阳市继续加强生态文明建设，将治理环境和改造提质相结合，关键要做好截污工作，彻底解决王家河流域水污染问题。

许又声一行还前往环南湖“三圈”等地进行了考察。

【李金早在京会见盛荣华一行】 2015 年 11 月 30 日，国家旅游局局长李金早、副局长李世宏在京会见了岳阳市市委书记盛荣华一行。此次盛荣华赴国家旅游局汇报对接工作，旨在积极争取支持，高起点规划、高品质建设宜游岳阳。市委常委、市委秘书长樊进军，副市长宋爱华等一同前往。

汇报座谈中，盛荣华简要介绍了岳阳市旅游产业规模、发展业态、品牌影响、区域合作、带动效应等方面的工作。他说，岳阳有得天独厚的自然资源禀赋，是一个可以惬意深呼吸的美丽城市，也是全国最具幸福感的城市之一，值得向全球推荐。当前，全市上下正认真学习贯彻党的十八届五中全会精神，全面落实“四个全面”战略部署，大力推进“一极三宜”江湖名城建设。我们将立足江湖特色，抢抓机遇，挖掘潜力，优势优先，以优制胜，打响岳阳滨江畔湖的区位品牌、江湖形胜的生态品牌、通江达海的开放品牌、浩瀚包容的文化品牌，让江湖名城岳阳走出中国、走向世界。盛荣华还汇报了岳阳市旅游产业发展中的具体项目，请求国家旅游局给予大力支持，助力宜游岳阳建设。

李金早对岳阳市旅游产业的发展思路给予充分肯定，对岳阳市丰富的旅游资源、厚重的文化底蕴表示认同。他指出，要继续加大旅游体制改革力度，创新理念，树立全域旅游观；要加快旅游人才的培训开发力度，为旅游业的快速发展，提供强有力的智力支撑。对岳阳市请求支持的具体事项，李金早作了明确答复：关于创建国家级旅游度假区，按程序申报，国家旅游局全力支持；关于洞庭湖博览园、环南湖旅游交通“三圈”、3517 文旅新城等项目，在旅游公共服务基础设施建设方面给予大力支持；关于引进打造旅游实景剧和举办国家级节会论坛活动，国家旅游局积极支持。

当天，盛荣华还来到国家发改委，就岳阳市“十三五”规划编制等工作进行了汇报对接。

【第八届洞庭湖（岳阳）国际观鸟节暨首届洞庭湖生态经济区绿色发展论坛开幕】 2015 年 12 月 11 日上午，第八届洞庭湖（岳阳）国际观鸟节暨首届洞庭湖生态经济区绿色发展论坛在岳阳文化艺术会展中心开幕。来自海内外的朋友欢聚一堂，共享这一生态文明盛事。国家林业局副局长陈凤学，全国政协委员、国家发改委原副主任徐宪平出席，中国文联副主席、中国音乐家协会党组书记徐沛东受聘为中国洞庭湖湿地保护形象大使和岳阳市文化艺术顾问，副省长戴道晋宣布开幕，省林业厅厅长邓三龙致开幕词，岳阳市市委书记盛荣华致欢迎词，市委副书记、市长刘和生主持，市领导赖社光、陈奇达、康代四、徐新启、樊进军、张作坤等出席。

本次活动的主题是“绿色化引领未来”，由中国区域经济学会、中国野生动物保护协会、世界自然基金会、省林业厅和市委、市政府共同主办。开幕式上，市政府与常德、荆州、益阳、长沙市望城区政府签署《洞庭湖生态经济区绿色发展岳阳宣言》。

洞庭湖是养育湖湘儿女的母亲之湖，东洞庭湖湿地被世界自然保护联盟评选为全球 23 块绿色保护地之一，每年吸引 300 多种、数十万羽候鸟来此越冬、繁殖，被誉为“候鸟天堂”。从 2002 年开始，岳阳市已成功举办七届国际观鸟节，成为享誉中外的“中国观鸟之都”。“冬季到岳阳来看鸟”，已成为岳阳的生态宣言和品牌。

【城陵矶进口固体废物原料获质检总局批准】 2015 年 12 月 14 日，从香港启航的岳港 017 号运载着城陵矶口岸首批进口废塑料直抵城陵矶，该批废塑料共 3 个集装箱、重 58.3 吨，通关放行后将直接调入汨罗循环经济产业园区加工利用。

2015 年 11 月 30 日，质检总局正式批复同意岳阳城陵矶港开展香港直航进口固体废物原料检验检疫业务，这是获批后城陵矶港首次进口该类货物。为支持城陵矶从香港直航业务的顺利开展，检验检疫部门指导城陵矶新港规划和建立了 1.3 万平方米的全封闭式进口固体废物原料综合作业区，设置相应的掏箱、分拣、监管及隔离等功能区域，提升口岸作业和安全监管基础设施水平，可满足年 50 万吨以上进口固体废物原料作业需要。

据悉，汨罗循环经济产业园区是中南地区有名的再生资源的集散中心，固体废物原料年加工量在 100 万吨以上，进口市场潜力巨大。

【华电投资4亿元建设君山光伏发电项目】 2015年12月16日，君山区政府与中国华电集团湖南分公司签订能源基地建设战略合作框架协议，华电湖南分公司拟在该区太阳湖规划建设年发电量达1900万千瓦的渔光互补光伏发电项目，投资近4亿元，并将在风力发电、开发LNG等新能源项目上与君山区加强合作。

据了解，太阳湖位于君山区广兴洲渔场，面积8000多亩，该项目将于明年初正式启动。君山区北靠长江，南濒洞庭，生态环境优美，资源禀赋优良，交通区位优越，蒙华铁路、杭瑞高速公路横贯东西，并有长江岸线近50公里，洞庭湖岸线42公里，是全省长江岸线最长的县区，沿长江可通江达海，涉洞庭可入三湘腹地，特别是风力资源丰富。

【岳阳建设污水处理工程让铁山水更清澈】 2015年12月16日，岳阳市政府副市长熊炜深入岳阳县毛田镇、月田镇，就铁山水库污水处理工程建设进度、民生保障措施落实情况进行调研。

在毛田镇，熊炜实地察看了污水处理工程建设工地，并详细询问进展情况。毛田镇污水处理工程占地面积为18.33亩，日处理能力为750立方米，工程总造价为2600万元，目前工程正抓紧施工建设中。月田镇污水处理厂位于月田集镇徐中路西侧鱼池，总用地面积19亩，其中建筑面积810平方米，其他部分为人工湿地，项目总设计处理能力为每天处理2400吨污水，分两期建设，一期工程设计每天处理污水1200吨。目前该项目厂区主体建筑已基本竣工，调节池等设施已安装完毕，排污主管网建设也进入收尾阶段。

【东洞庭湖保护区发现大型野生麋鹿群】 2015年12月17日，东洞庭湖自然保护区工作人员在君山公园往注滋口方向的湿地发现有41只野生麋鹿的群体，其中雄麋鹿20只，雌麋鹿21只。因为现在是非繁殖季节，雄雌麋鹿分群聚集生活在一起，它们在湿地悠闲踱步觅食，尽情享受着这里的阳光雨露。在它们不远处，还栖息着不少飞鹤、小天鹅。

【神华国华华容电厂煤炭清洁高效利用示范工程建设启动】 2015年12月18日上午，省重点建设项目——神华国华华容电厂煤炭清洁高效利用示范工程建设在华容县东山镇启动。岳阳市委常委、常务副市长陈奇达宣布工程项目建设正式启动。

该项目是为落实国家煤炭清洁高效利用行动计划，打造湘北能源基地而筹建。项目于2014年11月14日取得国家能源局“路条”，2015年10月23日获得湖南省环保厅环境影响评估批复，2015年11月20日经省政府批准，湖南省发展和改革委员会核准。项目选址于华容县东山镇石家港村和关山村，规划建设4×100万千瓦超超临界燃煤发电机组，同步建设高效烟气脱硫、脱硝、除尘装置，配套建设煤炭储备、中转煤场及铁路专线。项目一期工程总投资81.65亿元，建设2×100万千瓦机组及蒙华铁路松木桥站至关山村8公里铁路专线。项目将执行最新国家和地方环保标准、法规，以煤炭清洁高效利用为宗旨，实现“近零排放”；以缓解地方能源需求为目标，实现500千伏和220千伏电压接入电网系统两级输出；以降低能耗为要求，实现能效指标在国内行业处于先进水平。项目计划于“十三五”期间建成投产，届时每年将有100多亿度电从华容县经岳阳南源源不断输送到国家电网。

【巴陵石化获34件“绿色环保”专利授权】 2015年12月18日，从中石化巴陵石化传来消息，该公司紧紧围绕主业开展专利申请工作，2015年申请专利42件，获授权专利34件，专利申请和获授权件数均为近年来最多。至目前，该公司已累计申请专利620件，获得授权310件，其中发明专利200件。这些专利均具有绿色环保特点，助推企业技术进步、新品开发、清洁生产和节能减排。

在2015年申请的专利中，一种多层导流筒鼓泡反应器及其使用方法、一种低离膜膨胀率线型氢化苯乙烯类热塑性弹性体离膜膨胀的方法、一种制备用于改性乳化沥青或改性沥青的聚合SBS胶乳的方法、一种适用于3D打印的SEBS弹性体粉末及其制备方法和应用等33件为职务发明专利；管式皮带输送机非工作面清扫装置、一种热塑性弹性体悬臂挤出机螺杆结构、一种精馏塔的改进型回流罐等9件为实用新型专利。

【岳阳百余“两型”先进受表彰】 2015年12月24日上午，由岳阳市教育体育局、市环境保护志愿者协会主办的“‘十二五’双先表彰暨2016‘续建’工作会议”在市十中举行，100多名先进个人及先进代表参加会议。

据悉，“十二五”期间，岳阳市以创建“两型学校”为载体，配合“国家环保模范城市”创建活动，扎实开展了系列生态道德教育活动，取得了丰硕的成果，涌现出了一大批先进集体及先进个人。会上，授予了彭志诚“两型学校”创建特殊贡献奖，授予程浩等5位同志“两型学校”创建优秀校长称号，授予全市82所中小学为“两型学校”创建先进单位，授予君山区教育局“两型学校”创建优秀组织奖，授予吴赛平等71位同志为“两型学校”创建优秀教师称号，授予岳阳市29位媒体记者生态文明传播优秀记者称号。

【岳阳城陵矶港首次直航进口固体废物原料】 2015年12月25日，湖南省出入境检验检疫局发布消息，由香港起航运抵岳阳城陵矶口岸的58.3吨的废塑料已调入汨罗循环经济产业园区，正式开始“变废为宝”。

我省对进口固体废物原料需求较大，以汨罗循环经济产业园区为例，园区现有生产企业200余家，固体废物原料年加工量在100万吨以上。

2015年11月30日，国家质检总局批准岳阳城陵矶口岸从香港直航进口固体废物原料。目前，城陵矶新港已建立了1.3万平方米的全封闭式进口固体废物原料综合作业区，设置相应的掏箱、分拣、监管及隔离等功能区域，可满足年50万吨以上进口固体废物原料作业需要。

【洞庭湖博物馆开工建设】 2015年11月28日上午，洞庭之滨的君山濠河岸边旌旗猎猎，机器轰鸣，投资8.75亿元的洞庭湖博览园核心工程——洞庭湖博物馆暨洞庭湖生态经济区规划展览馆开工仪式在这里隆重举行。全体在家的市级领导，各县、市、区党政负责人，居民代表等300余人参加仪式。

洞庭湖博览园是洞庭湖生态经济区建设的重大战略项目，是以文化展示、文物保护、文化旅游、文化创意、生态环保、休闲度假、电子商务、健康产业于一体的大型综合文化旅游产业集群，总占地面积18平方公里，总投资约110亿元。博览园分为七大功能区：核心文化展示区、鱼米文化体验区、水上游憩区、欢乐世界度假区、生态休闲区、生态宜居区、配套商业服务区，布局有洞庭湖博物馆、五星级酒店、爱情婚庆园、芦苇荡漫游、游乐场、洞庭美食街、自驾车营地、湿地鸟语林、洞庭垂钓、游船观光、水生植物观赏、农耕体验等特色旅游项目。

洞庭湖博物馆与洞庭湖生态经济区规划展览馆为两馆合建，由清华大学设计。总占地面积139亩，主馆建筑面积41000平方米，外形呈现为一艘即将出海的航母，又像一尊青铜巨鼎，分上中下三层，一层为江豚馆和鸟类馆，二层为洞庭湖博物馆，三层为洞庭湖生态经济区规划展览馆，主要展示洞庭湖的历史变迁、生物多样性、气候水文环境变化、综合治理以及洞庭湖区的风土人情、资源特色和规划发展等。

据介绍，洞庭湖博物馆定位为中国湖泊第一馆、中国乃至世界级湖泊经济和生态保护论坛平台，通过把文化、旅游和商业有机结合，充分展示洞庭湖特色，加速洞庭湖生态经济区规划建设，助推洞庭湖区社会经济快速发展。

【“环保型”华电平江电厂项目启动】 2015年12月29日上午，湖南华电平江电厂工程项目启动暨安置区开工仪式在平江县余坪镇范固村安置区举行。岳阳市委常委、政法委书记向伟雄，副市长陈恢清和省、市直各相关单位负责人一起出席开工仪式。

湖南华电平江电厂是国家规划电力建设重点项目，是湖南省“十三五”重点能源工程之一。该电厂将采用目前国内先进发电技术，按照我国“史上最严”的火电环保技术标准执行，同步建设脱硫、脱硝、除尘等有关环保设施，建成节能、环保型现代化电厂。工程静态投资73亿元，动态总投资78亿元，建成后，具备提供年发电量100亿千兆·时的能力。

据悉，该项目自2015年12月12日重启以来，平江县委、县政府严格按照党的十八届四中全会提出的“把公众参与、专家论证、风险评估、合法性审查、集体讨论决定确定为重大行政决策法定程序”，推进各项工作。2015年5月12日，国家能源局正式批复，同意华电平江电厂开展项目前期工作，标志着该项目正式取得国家“路条”。2015年8月，省国土资源厅通过了项目用地预审，12月上旬拿到项目开工建设的全部支持性文件。在火电项目环评过程中，先后进行了三次公示公告，召开多次座谈会，征求意见6次，社会监督组全程参与，设立火电征求公众意见办公室，敞开接受群众咨询。环评报告提交湖南省环境保护厅审查后，于2015年11月9日至20日进行了网上公示，于2015年12月7日至12日对审批意见进行了公示，公示期间，社情舆情稳定，项目推进得到了社会各个层面的理解支持。

【岳阳120个电能替代项目助力生态建设】 截至2015年12月，国家电网岳阳供电公司致力于资源节约型、环境友好型社会建设，在电能替代的道路上阔步前行，共开展电能替代项目120个，累计完成替代电量32053.4514万千瓦·时，这一节能减排举措让“碧水蓝天岳阳梦”一步步照进现实。

在大型陶瓷、水泥、石化等工矿企业，推广电窑炉、热泵等成熟电能替代项目，在城陵矶国际码头大力推行船舶靠岸“油改电”项目，在学校、居民小区推广电热膜等先进电采暖技术，扩大清洁能源在能源终端消费中的比重……国家电网岳阳供电公司深入研判市场，细分客户用能需求，电能替代项目扎实稳步推进。

据最新统计，截至12月初，国网岳阳供电公司10个县级供电单位均已建立项目储备库，储备项目共31个，累计储备电量20250万千瓦·时。目前已完成可行性分析的储备项目就有7个。

常德市

常德市 2015 年两型社会建设综述

2015 年，常德市按照省两型委的统一部署和安排，大力推进两型社会和生态文明建设，在产业结构调整、城乡宜居程度、生态环境保护等方面取得了突出成绩，两型社会的实现程度进一步提高。全年完成地区生产总值 2709 亿元，增长 8.7%，人均地区生产总值达到 46408 元。三次产业结构由上年的 13.9：47.7：38.4 调整为 13.1：45.7：41.2。

一、坚持调整产业结构，不断发展两型生产

注重调整产业结构，加快发展新兴产业，不断改造传统产业，着力走资源消耗低、环境污染少的现代产业之路。

（一）*大力发展新兴产业*。抓住产业升级，力促工业结构转型，提高低能耗、低污染和高附加值产业比重。一是加速“信息网”建设。近年来，常德市引进浪潮集团投资 30 亿元新建了云计算中心，为“智慧城市”进行顶层设计。投资 17 亿元建成了以智慧城管、智能交通等为核心的社会管理信息网。投入近 40 亿元建设电信、移动、联通各类通信基站 9778 个。投资 10 亿元建成了一批大数据中心、传送网、核心网设施。二是推动“两化”融合。先后启动了“登高”计划、“两化”融合水平评估和示范试点、“数字企业”、“数字园区”创建等活动，引导企业提高生产全流程的信息化水平。常德市已建成省级“两化”融合试验区 1 个，省级“两化”融合试点企业 16 家，市级“两化”融合示范企业 20 家。三是提速创建新型园区步伐。顺应省“135”工程，在全市创建创新创业园区 10 个，申报省级科技企业孵化器 3 个、省级中小企业创业基地 6 个。武陵区省级移动互联网产业园已经挂牌，京东商城“中国特产·常德馆”投入运营。四是加快发展新能源。临澧经开区太阳能发电站、桃源宝胜装机 10 兆瓦沼气发电厂项目均已完成，华电常德电厂项目一期实现“双投”。横跨桃源、临澧、石门、澧县、安乡和津市的“五县一市”管道天然气输配工程全线贯通，总投资 4.8 亿元，常德市比全省规划提前 5 年实现县县通气目标。汉寿 60 兆瓦光伏项目具备并网发电条件，津市 20 兆瓦屋顶光伏发电已经完成主体工程建设，桃源 60 兆瓦光伏项目主体工程完工，汉寿凯迪生物质电厂建设顺利推进，石门子良风电场和桃源牯牛山风电场完成测风和资源评测，正在着手项目前期准备工作，已基本具备开工条件，投资 30 亿元汉能常德 300 兆瓦太阳能薄膜生产线开工建设。

（二）*积极改造传统产业*。一是加快淘汰落后产能。制定了淘汰落后产能的发展规划和调整方案，分期分批取缔和关停达不到产能要求的小企业、小作坊。“十二五”期间，先后淘汰了 27 家企业的落后生产线，关停了 60 余家小企业。二是加强工业技改，在传统产业中积极推广应用先进工艺技术。全年完成工业技改投资 397 亿元，同比增长 10%，在建工业项目 959 个，新开工亿元项目 44 个。恒安纸业五期、金天钛业高性能钛合金加工项目一期、常德烟机超高速、高速卷接机组技术改造项目、金鹏印务杜家溶厂房改造项目等已经建成，常德烟厂易地技改项目、华电常德电厂项目、安乡晋煤金牛化工有限公司 20 吨 / 小时燃煤锅炉技改工程项目等一批重点项目推进有序。常德市 6 条新型干法水泥生产线均采用低氮燃烧 +SNCR 的工艺进行脱硝，生产线脱硝改造年底可以全部完工，大唐 #1 机组、创元火电厂 1/2 号机组脱硫技改项目均已完成。

（三）*积极发展循环农业*。不断推广生态农业、发展循环农业，提高农业资源利用效率。一是推进农业清洁生产示范。实施绿色植保工程，全市每年推广性诱剂诱虫等生态调控技术 8.8 万亩，使用频振式杀虫灯诱杀成虫 28.2 万亩，黄板诱虫 4.5 万亩，实施翻耕灭蛹等农业措施面积 193.7 万亩，推广赤眼蜂防治技术 400 亩，以螨治螨 0.2 万亩，推广使用生物农药、高效低毒农药分别达到 2340 万亩次和 132.4 万亩次，实施专业化统防统治 150 万亩。推广秸秆还田、保护性耕作、秸秆腐解还田、过腹还田等秸秆综合利用技术，2015 年全市秸秆综合利用率达到了 70%以上。二是着力推进标准规模清洁养殖。科学规划和调整禁养、限养和适养区，合理确定畜禽养殖规模，积极推进标准化、规模化生产和养殖方式的转变，畜禽生产结构发生了明显变化，散养户和小规模户逐步退出，禁养区内的畜禽规模养殖场退出率达到 80%。全市重点组织实施生猪清洁养殖，80%生猪规模养殖场科学采用了垫料养殖、清理干粪、多级沉淀、生物发酵、净化处理等工艺，实现了养殖粪污减量减排、雨污分流、干湿分离、达标排放。加强养殖废弃物肥料化利用，支持养殖企业配套建设生物肥料厂家，无害化处理率和肥料化率得到较大幅度提升。三是建设循环农业示范产业。以全市 100 个循环农业示范村为基础，开展美丽乡村创建，畜禽粪便、农作物秸秆、生活垃圾及污水得到无害化处理，农田区域内农业投入品废弃物得到有效回收利用。对已有循环农业示范企业进一步规范，扩大了湖南万木汇生物质燃料有限公司、津市和平生物科技有限公司的产能，新增湖南省厚德农业发展有限公司等农作物秸秆综合利用企业。完善已有循环农业产业示范园区建设，新建 10 个园区，园区内产业废弃物得到充分利用，主要农产品质量安全水平达到无公害农产品国家标准或行业标准要求，其中大多数产品达到国外同类产品质量安全水平，优质、安全、名牌农产品比例达到70%以上。

二、坚持改善生活环境，不断扩大宜居空间

统筹城乡发展，大力推进新型城镇化和新农村建设，加强环境综合治理，提高人民生活品质。

（一）*提高城市品质*。以打造“山水桃花源、绿色新常德”为目标，不断改善城市生态，提高宜居水平。一是成功创建全国绿化模范城市。大力发展生态林业、城市绿化，着力改善绿色环境、壮大绿色产业、倡导绿色消费、传播绿色文化，城市生态环境明显改善。二是创建国家森林城市。丁玲公园新建、滨湖公园提质改造和阳明湖公园一期工程全部完工，善卷文化广场土建工程已完成60%，已开始实施绿化。柳叶湖南岸环湖景观大道绿化、北岸道路工程基本完工，部分地段在实施绿化；沅水干流皇经阁至盐关码头段绿化工程已经完工，丹洲隔堤至盐关码头段8内堤花堤工程正在进行施工，江南沅江风光带建设工程已经开工；穿紫河船码头机埠、夏家垱机埠改造及相应驳岸及节点景观绿化工程完工。82.5公里环城高速绿色通道初步形成，德山森林公园与孤峰公园合并工程基本完成。三是建设海绵城市。从130座城市的比拼中脱颖而出，成功入选全国首批16家海绵城市建设试点城市，试点区为36.1平方公里，3年内将获得国家专项补贴资金12亿元。按照“一年重点突破、两年基本建成、三年形成示范”的目标，市中心城区已启动79个海绵城市建设试点项目，重点推进十大工程：穿紫河综合治理工程；护城河西段、屈原公园海绵城市改造工程；新河渠、龙港连通改造工程；花山湿地环境科学园区建设工程；“芙蓉王”新厂区、万达广场等工商企业海绵城市建设工程；恒大、德景园等住宅小区海绵城市集中改造工程；市委机关、高职院等院落海绵城市改造工程；紫缘路、柳叶大道等道路海绵城市改造工程；北部新城低碳生态示范区海绵城市新建样板工程；机埠建设、水系截污、屋顶绿化和水生态修复工程。四是全面实施绿色建筑标准。2014年10月15日后立项的政府投资公益性公共建筑、2万平方米以上大型公共建筑全面执行绿色建筑标准，市城区范围内10%以上的新建建筑正按绿色建筑标准进行设计和建设，已开工在建的项目有常德湘雅医院、芙蓉观邸、常德万达广场、常德幼儿师范高等学校等，其中芙蓉观邸已通过绿色建筑立项审查。

（二）*改善农村环境*。按照村强民富生活美、村庄宜居环境美、村风文明行为美、村稳民安和谐美、公共服务一体化的“四美一化”建设标准，积极开展百村示范、千村创建、村村整治行动的美丽乡村建设行动，突出抓好100个示范村建设，共计完成投入6.4亿元。一是深化推进农村环境综合整治。积极开展农村垃圾治理、养殖业污染治理、农业面源污染治理、农村水源保护，农村大面环境得到较好保持。大力开展绿色村庄、绿色庭院建设，庭院美化、庭院经济、庭院文化齐头发展。二是大力发展美丽乡村生态旅游。鼎城区“五朵金花”、桃源县“枫林花海”、柳叶湖“太阳谷”持续引爆上半年全市乡村旅游市场。临澧县开展了一乡一个星级休闲农庄建设活动。桃源县围绕“花源里”示范片建设，以景区标准建设美丽乡村，引入社会力量建设生态茶园、樱花园、玫瑰园等。三是积极规范和引导农村住房建设。全市所有县、市、区均以县市区政府名义出台了规范农村建房管理办法，高标准农村小区成为农村建房主流，年内百村示范村共修建住房519户，其中集中修建率达75%。

三、坚持治污增绿，不断改善生态水平

大力治理已经存在的各种污染，加强自然生态环境的保护与恢复，全力推进生态文明建设，不断改善和增强自然环境的生态功能。

（一）*大力推进污染治理*。一是生态环境质量持续改善。全年市城区空气质量优良率（AQI）为78.1%，同比上升14.6%，其中11月份空气质量优良率达到100%，空气中主要污染物（PM10）浓度下降幅度排名全省第二。沅、澧两水水质均稳定在Ⅱ类至Ⅲ类之间，城市饮用水水源地水质全部达标，农村主要水体水质持续好转。城市建成区环境噪声平均值满足2类功能区标准，辐射源及固体废物处置规范达标，环境应急管理到位，没有发生重大及以上环境污染和生态破坏事件。二是各项环保工作指标任务基本完成。各类污染减排指标和减排重点项目全面完成，二氧化硫和氮氧化物减排提前半年完成“十二五”目标任务。集中开展了燃煤锅炉煤改气、非煤矿山关闭、工业大气污染防治、黄标车淘汰、餐饮油烟治理、加油站油气回收、工地扬尘管理等7项大气污染专项整治行动，全市共关闭或改烧10蒸吨以下燃煤锅炉79台，其中机关事业单位和星级酒店已全部完成；关闭黏土砖瓦厂149家，市城区大气保护圈内非煤矿山和黏土砖瓦厂基本关闭到位；完成了工业大气污染防治项目20个和82家加油站、3座油库、47台油罐车的油气回收治理，启动了市城区餐饮油烟治理“示范一条街”建设；淘汰黄标车7780辆，超额完成7745辆的年度考核任务。率先在全省完成了1000人以上集中式地表水饮用水水源保护区划定，并在2015年8月份召开的全省饮用水水源划定布置会上介绍了经验；全市共新划定保护区193处，人口覆盖率达到86%；与中科院水生所合作的水环境生物治理试点工程取得较大进展，市城区柳叶湖、滨湖公园、朝阳湖等3个试点水域水质明显改善，为全市推开积累了经验。三是环境监管能力建设得到提升。建成了覆盖全市的空气质量监测网络，全市完成了14个空气自动监测站、4个水质自动监测站的升级改造，市城区新建饮用水水源地水质自动监测站1座。启动智慧环保、环境安全防控体系、环保文化建设，国家环境信息与统计能力建设项目（环保专网）已覆盖全市14个县级环保机构且运行状况良好，全市74台（套）国控重点污染源在线监控平台传输有效率99.21%，全省排名第二。市环境监测监察中心正式投入使用，市本级具备了饮用水水源地109项监测能力，并基本实现了环境监管移动执法。全年在环保部成功立项了农村环境综合治理、土壤污染综合防治、重金属污染治理、良好湖泊保护等国家级重点治理项目，共计资金3.73亿元，现已到位环保专项资金2.12亿元，超过了“十二五”前四年争取资金总和。

（二）*加强自然生态保护*。一是加强林业生态保护。2015年常德市共完成营造林88.2万亩，其中人工造林26.2万亩、封山育林17万亩、低效林改造17万亩、中幼林抚育28万亩；完成“三边”造林绿化4.6725万亩，绿色通道建设3334公里，“裸露山地”造林1万亩，新一轮退耕还林1.15万亩；完成油茶育苗308万株，调剂林木种子近1400公斤。全市参加义务植树共达318万人次，植树11075万株。全市森林覆盖率达47.98%，有林地面积达1097万亩，活立木蓄积量达3409万立方米。始终坚持林业有害生物防治，科学布防，全市全年林业有害生物发生总面积51.35万亩，发生率4.7%，成灾0.39万亩，成灾率0.36‰，防治总面积33.8万亩，防治率为65.8%，无公害防治面积31.11万亩，无公害防治率92.0%。全市今年实现林业总产值180亿元，同比增长10.2%，全市林业投入资金达1.5亿元，争取上级各类项目资金近5000万元。二是加强水资源保护。严格开展水资源管理，联合发改、财政等部门出台了《常德市实行最严格水资源管理制度的考核工作实施方案》，对各区县（市）进行了严格考核。同时，迎接了省里对常德市落实最严格的水资源管理制度工作的专项考核，考核结果位列全省第一方阵。不断巩固“禁投”成果，在全市所有水库、湖泊、河流和公共水域全面禁止投肥养殖，制定了《常德市农村水源保护工作方案》，督促各地、各部门严格落实“禁投”责任，加大水质监测力度，继续聘请水源保护监督员，开展水源保护规范化管理和污染源整治，河流、湖泊的水质得到了明显改善。根据最近的水质监测结果表明，全市饮用水水源地Ⅲ类水质达标率为97%。三是全力推进生态文明建设。在全省率先启动了生态文明示范市规划编制工作，基层生态创建连续三年保持全省领先，全市省级以上生态乡镇总数达到179个，占全市乡镇总数的86.05%；石门县、桃源县成为全省第一批省级生态县，石门县是国家级重点生态功能区，安乡、汉寿、澧县是省级重点生态功能区。

四、坚持试点示范，不断增强工作推力

以试点为手段推进改革，以示范为方式推进两型单位创建，让各个地方、各个单位开展两型社会建设“做有动力，学有样板”，努力形成两型社会建设的浓厚氛围。

（一）*开展示范创建*。在村庄、社区、企业、园区、学校、景区、小城镇、机关、农民专业合作社9大领域开展了示范创建活动，共评选出市级两型创建单位30家，申请省级两型创建单位13家，两型示范基地2家。并将柳叶湖太阳谷打造成为常德市两型样板村庄。“太阳谷”位于太阳山下、柳叶湖畔，辖郑家河、肖伍铺、梁山三个行政村，地域总面积25510亩，其中耕地9537亩，水面1112亩，山林11858亩，总人口4786人。在打造两型样板村庄的过程中，以“美丽庭院”建设为切入点，实施“基础设施建设、产业发展培育、宜居村庄改造、公共服务配套、基层管理创新”等五大工程，形成了明显特色。一是探索“美丽庭院”建设的基本模式。庭院是乡村群众生产生活的微观活力单元，“庭院美”是“乡村美”最首要、最直接、最精彩的表现形式，通过开展庭院保洁、发展庭院经济、实施庭院美化和倡导庭院文明等一系列举措，努力实现“片区增绿、环境增色、农户增收”的目标。二是拓展“美丽庭院”建设的空间外延。坚持把“美丽庭院”建设放在美丽乡村建设的大局中去整体谋划推动，不断加强片区基础设施建设，推动农业产业发展，完善公共服务配套，打造名副其实的美丽乡村。三是形成“美丽庭院”建设的整体合力。在具体工作实践中，坚持集思广益、整体联动，最大限度地调动各个层面的积极性，发挥基层群众主体作用，整合部门社会各方力量，探索建立长效工作机制，凝聚最大的力量投入到具体建设实践中。

（二）*抓好示范区建设*。切实强化大河西示范区常德经开区片区和柳叶湖旅游度假区片区两型示范区特色。常德经开区全年完成地区生产总值92.6亿元，同比增长10.2%；完成规模工业总产值292亿元，增长10.3%；完成固定资产投资140.5亿元，增长18.6%。全年工业用电量5.32亿千瓦时，同比增长16.8%。新增规模工业企业7户，新开工亿元项目4个，申报高新技术企业4家。柳叶湖旅游度假区继续在发展符合两型要求的生态旅游业上进行探索，全年完成固定资产投资37.8亿元，同比增速超25%。首先是加大了基础设施建设。重点实施了骨干道路及水利整治的建设，进行了环湖路、万寿路、泉水路、太阳大道、月亮大道、柳明路和北部新城桥梁等骨干道路建设。二是启动了一批水利综合整治工程。实施了穿紫河水系整治和河湖连通等工程。三是大力打造两型旅游品牌。完成了柳叶湖环湖路、白鹤山旅游小镇提质改造工程、沙滩公园、环湖路景观工程、太阳山旅游基础设施工程、湘西北旅游集散中心等一批旅游基础工程。四是大力推进旅游产业项目。完成了华侨城常德欢乐水世界等项目，为柳叶湖旅游经济又增一个强力引擎。

（三）*广泛开展两型评价和宣传*。联合湖南文理学院环境保护学院开展常德市两型社会建设评价指标体系研究，在研究完成《常德市县域两型社会建设综合评价指标体系（2015）》的基础上，出台了《常德市2014年县域两型社会建设综合评价报告》，并已在网站上公布，同时完成《津市市2014年两型社会建设综合评价报告》，拟作为县、市、区自主评价的样板。充分利用新媒体力量，开通运营“常德两型”微信公众号，每周定期发布两型微刊，以图文并茂方式普及两型政策、两型常识和两型科技，以趣味阅读的方式吸引大家学习，把握示范创建的标准和方向，倡导资源节约和环境友好的生活方式。在市政府网站、市发改委网站、常德日报、尚一网、微信公众平台等媒体刊登两型标准和相关知识，推广先进典型的做法和经验。通过制作宣传展示牌、张贴公告和海报等形式，结合科技活动周、知识宣传月等活动，加大两型示范创建的典型宣传力度，市民两型意识明显增强。

常德市2015年两型社会建设成果

【2014年常德市完成六项重点环保工作】 2015年1月5日至6日，省环保厅副厅长彭翔一行来常调研督导重点环保工作。

调研组查看了常德市环境监测站、桃源县和津市市部分重点企业及农村环境综合整治整县推进项目、西毛里湖生态环境保护项目建设等现场，对常德市环保工作给予了充分肯定。

2014 年，常德市圆满完成了主要污染物减排、重金属污染治理、环境监管执法、农村环境综合整治、环境监测体系建设及大气污染防治等六项重点工作任务，省控断面水质、集中式生活饮用水水源地水质达标率均达 100%，市城区空气质量优良率 85.2%、同比上升 10.8 个百分点。同时，常德市创新举措，率先在全省乃至全国启动了 1000 人以上集中饮用水水源保护区划定工作，目前已有 150 处地表水获省政府批准；与中科院水生所合作成立了水环境工程治理中心，在市城区选择柳叶湖、滨湖公园、朝阳湖试点，通过科学投放水生植物和水体动物，采用生物技术改善城乡水体水质，目前已取得初步成效。

【常德环保部门启动环境污染隐患排查】 2015 年 1 月，从常德市环保局传来消息，按照省环保厅的统一部署，本月起常德市市县两级环保部门在当地政府的主导下，将再次启动为期一年的环境污染隐患排查行动，排查对象为全市各类工业园和排放废水、废气、废渣及核与辐射、噪音等污染物的企事业单位。

据悉，工业园区的排查重点为环评制度执行情况、污染集中治理设施建设及运行情况、阻碍环境监管执法“土政策”清理情况等。企事业单位的则为环评审批及“三同时”制度执行情况、在线监测情况、危险废物管理情况、历史遗留隐患治理与管控情况等。

【常德生态市十年一剑显成效】 2015 年 1 月，从常德市环保局了解到，常德市提出生态市建设 10 年来，18 项建设指标中，已有 10 项指标达标。

2005 年，市政府颁布了《关于加强生态市建设的意见》，提出了常德市生态市建设分三步走，通过 10～15 年的努力，到 2020 年前全面建成生态市。10 年来，常德市持续推进基层生态创建，生态乡镇、生态村创建成绩显著，目前全市已命名省级以上生态乡镇 158 个、省级以上生态村 331 个、市级生态村 966 个，生态乡镇、生态村数量分别占全市乡镇、行政村总数的 75.96%、42.8%。生态乡镇、生态村命名总数名列全省第一。市城区大气污染整治初见成效，35 家粉煤厂已全部关闭，20 家黏土砖瓦厂有 11 家已停产并拆除设备，5 家烟囱已炸破拆除。常德市以建设生态宜居城市为目标，共创建省级园林式单位、小区 60 多个，市级园林式单位、小区 100 多个。城市规划区绿地率达 39.01%、绿化覆盖率达 43.45%、人均公园绿地面积达 14.21 平方米。全市晋升国家级自然保护区 1 处（汉寿县西洞庭）、新增省级自然保护区 1 处（桃源县望阳山）、风景名胜区 1 处（临澧县太浮山），实施“两区一园”保护能力建设项目 2 个，壶瓶山、乌云界等 5 个自然保护区，桃花源、嘉山等 3 个风景名胜区，太阳山、河洑等 10 个森林公园得到重点保护和建设，石门县壶瓶山被评为 2 家省级生态旅游示范区之一。汉寿县、澧县、安乡县被省纳入洞庭湖生态经济区生态补偿试点县。

经过 10 年努力，常德生态市建设成效显现：对照国家生态市建设考核指标，5 项基本条件中，有 3 项达到考核标准，分别是：市县乡（镇）三级生态建设规划编制、建立健全环保机构和工作机制、完成节能减排任务；1 项基本达标，即中心城市为环保模范城市和生态环境质量评价指数在全省名列前茅；1 项刚启动申报，即 80%的县创建为国家级生态县。18 项建设指标中，农民人均纯收入、森林覆盖率、环境空气质量、水环境质量、声环境质量、集中式饮用水源达标率、生活垃圾无害化处理率和工业固体废物处置利用率、城镇人均公共绿地面积等 8 项指标可以稳定达标，单位 GDP 能耗、公众对城市环境的满意率等 2 项指标可以基本达标。第三产业占 GDP 比例、单位工业增加值新鲜水耗和农业灌溉水有效利用系数、应当实施强制性清洁生产企业通过验收的比例等 8 项指标距考核标准还有差距。据悉，下一步常德市生态市建设将继续加大力度，力争明年实现国家级生态县零的突破，2018 年建成省级生态市，2020 年建成国家级生态市。

【常德 6 处国家湿地公园试点成功获批】 2015 年 1 月，国家林业局下发通知，批准常德市鼎城鸟儿洲和石门仙阳湖两处湿地进行国家级湿地公园试点建设。加上津市毛里湖国家湿地公园、安乡书院洲国家湿地公园、桃源沅水国家湿地公园和澧县涔槐国家湿地公园等 4 处，常德市已有 6 处国家湿地公园试点成功获批。

常德市有湿地面积 190071.81 公顷，占土地总面积的 10.45%，湿地面积位列全省第二。近年来，常德市坚持“保护优先，合理利用”的原则，以天然湿地保护与恢复为重点，实施了一系列湿地保护与恢复工程，并大力推进保护体系建设，在重要区位规划建立了一批湿地公园和湿地类型自然保护区、保护小区。目前，全市约 70%湿地面积纳入了湿地保护范围。

【常德城区对高污染燃料说“NO”】 2015 年 1 月，常德市将市城区高速公路环线外延 1 公里以内，总面积 622.8 平方公里的范围划为高污染燃料禁燃区。禁燃区内，现有燃用高污染燃料的 10 蒸吨及以下锅炉、炉窑、工业及经营用炉灶等燃烧设施，须在 2015 年 12 月 31 日前进行拆除或改造，改用天然气、液化石油气、电或其他清洁能源。

高污染燃料是指非车用的燃料和物质，主要包括原（散）煤、煤矸石、粉煤、煤泥、燃料油（重油和渣油）、各种可燃废物和直接燃用的生物质燃料（树木、秸秆、锯末、稻壳、蔗渣等），以及硫含量大于 0.3%（指可排放硫含量）的固硫型煤，硫含量大于 0.5%、灰分含量大于 0.01% 的柴油、煤油。从 2016 年 1 月 1 日起，禁燃区将禁止销售此类高污染燃料。

禁燃区的范围主要包括：武陵区全部行政辖区，鼎城区的玉霞街道办事处、红云街道办事处、郭家铺街道办事处、灌溪镇、斗姆湖街道办事处、牛鼻滩镇 2 个村（白洋湖村、拦马口村）、许家桥乡 4 个村（民族村、中堰村、跑马岗村、双堰岗村）、石门桥镇 15 个村（观音庵村、桐林坪村、青龙岗村、八斗湾村、鲍家湾村、范家潭村、湾堤村、洞阳观村、何家堤村、二港桥村、二牛岗村、新堰岗村、乌塘岗村、邱家岗村、伍家嘴村），柳叶湖旅游度假区和常德经济技术开发区。

【常德耕地总量连续 14 年实现动态平衡】 2015 年 2 月 5 日，从常德市国土资源局传来消息，常德市不断加大耕地建设与保护力度，已连续 14 年实现耕地占补平衡和耕地总量动态平衡。

近年来，常德市进一步加强耕地保护工作，严格落实耕地保护责任，各项保护政策措施得到有效执行。2014 年，全市共审查非农建设占用耕地项目 86 个，涉及占用耕地面积 3323 亩，所有项目全部按要求落实了先补后占和占补平衡，既严格保护了耕地，又有力地保障了全市经济建设发展用地需求。同时，全市进一步加大农村土地整治力度，2014 年共实施各类土地整治项目 88 个，建设规模 38.7 万亩，总投资约 7.8 亿元，新增耕地 1.5 万亩，其中环洞庭湖基本农田建设重大工程项目 7 个，建设规模 21.9 万亩，总投资 4.5 亿元，新增耕地 1.1 万亩。

【常德 1 月空气质量全省第一】 2015 年 2 月，省环保厅发布全省 14 市、州政府所在地城市 2015 年 1 月空气质量排名，常德市以 6.59 的综合指数位列榜首。据悉，这是我省首次按新的《环境空气质量标准》（GB3095-2012）实施排名，空气监测项目包括二氧化硫（SO_2）、二氧化氮（NO_2）、PM10、PM2.5 以及一氧化碳（CO）、臭氧（O_3）等 6 项，综合指数越大，表明综合污染程度越重，城市环境空气质量越差。据介绍，常德市等 6 个环保重点城市环境空气质量均有所上升，平均达标天数同比上升 15.7%，其中常德市上升比例达到 41.9%。

【常德各界参与“地球一小时”活动】 2015 年 3 月 27 日，在湖南文理学院内，来自常德市环保志愿者协会以及学院志愿者团队一起为学生们当起了“宣传手”。活动现场，志愿者身穿红色统一服装，向过往学生发放倡议书：建议大家在 3 月 28 日晚 8：30—9：30 熄灯一小时，节约能源，保护地球，保护人类赖以生存的环境。同时，还引导过往的学生们在宣传横幅上签名，并承诺参与明天晚上的“地球一小时”活动，保护地球的环境，共同抵御气候变化。

【省人大常委会调研组调研常德农业环境保护工作】 2015 年 4 月 9 日至 10 日，省人大常委会副主任徐明华带领省人大常委会调研组来到常德市的桃源、安乡，专题调研农业环境保护工作。市人大常委会副主任王先蒙、副市长朱晓平陪同调研。

调研期间，调研组一行先后来到桃源县陬市镇，调研三里铺村农村清洁工程以及湖南三尖农牧公司生物有机肥生产情况。在安乡县，调研组一行来到安丰乡美丽乡村建设示范村——出口洲村，就浮盘无土栽培植物净化水体进行详细调研，并在该乡黄家台村察看了挡土墙式生态拦截沟。

调研组对常德农业环境保护工作所取得的成绩表示肯定。调研组认为，常德是农业大市，在农业环境保护方面探索出的经验值得在全省推广。同时，常德农业环境保护存在的问题也是湖南的一个缩影，各级政府要高度重视农业环境保护工作。

调研组强调，要制定农业环境保护的科学规划，把推广先进农业技术作为农业环境保护的重要手段；要就农业环境保护出现的新情况、新问题进行研究，进一步完善相关法律、法规；要引导农民切实转变生产方式，不利于环境保护的生产方式都要发生转变，同时要把生产发展和环境保护统一起来，走标准化、规模化、集约化的现代农业之路。各级政府要加大投入，进一步建立完善农村生产生活基础设施，并加大对农业环境污染违法行为的整治力度，依法依规进行监督管理。

【全国 16 个“准海绵城市”代表团共谋大计】 2015 年 4 月 26 日至 28 日，全国海绵城市试点城市建设部署启动会在常德市召开，16 个全国首批海绵城市建设试点城市的代表和相关专家齐聚一堂，进行汇报交流，总结各城市建设经验，并部署下一阶段的工作。

根据财政部、住房城乡建设部、水利部《关于开展中央财政支持海绵城市建设试点工作的通知》和《关于组织申报 2015 年海绵城市建设试点城市的通知》，经过资格审核和竞争性评审，2015 年 4 月，确定了常德、迁安、白城、镇江、嘉兴、池州、厦门、萍乡、济南、鹤壁、武汉、南宁、重庆、遂宁、贵安新区和西咸新区 16 个城市为 2015 年海绵城市建设试点。为确保试点工作在 3 年内取得成效，会议要求各试点城市要按照《海绵城市建设技术指南》及相关行业技术要求，在海绵城市建设试点实施方案的基础上，抓紧编制海绵城市建设试点实施计划。

27 日上午，与会人员一行参观了常德市海绵城市建设的亮点项目，一路上对常德市的城市发展以及建设海绵城市所做的前期工作给予了充分肯定。住房城乡建设部城建司副巡视员章林伟表示，常德在全国 16 个海绵城市建设试点城市中，起步算是很早的，目前已经在水环境的综合整治中，尤其是流域整治项目做出了成绩。但是相对国家提出整个海绵城市建设的要求，还没有全覆盖，某些方面还要进一步完善。常德开始试点之后要按照国家海绵城市的要求，全面展开工作，根据整个城市的降雨情况，设置更多的雨水调蓄设施。

当日下午，16 个海绵城市建设试点城市的代表开始依次汇报，然后由出席专家相应地给出指导性意见。常德市第一个汇报，大屏幕首先播放了常德市申报海绵城市建设试点的专题片《筑民福祉》，市住建局副局长黄金陵汇报了常德市建设海绵城市正在进行的工作以及下一步的计划安排。北京建筑设计研究院总工、教授级高级工程师郑克白肯定了常德市海绵城市建设过程中净、蓄、排所取得的阶段性成果，但总体感觉常德市老旧小区的改造量很大，实施方案里多是对拆除重建小区的“海绵”应用，可以考虑如何在保留老城区的记忆和功能的前提下，实行海绵城市建设改造。水利部水利水电规划设计总院教授级高级工程师张艳春建议，常德市目前海绵城市建设主要依赖城市内河水系，可以探索如何发挥沅江等“大海绵体”的作用。

【常德城区开展渣土污染整治行动】 2015 年 5 月 1 日起，常德市城市管理委员会开展渣土污染专项整治行动，计划 3 个月内解决市城区渣土污染严重的问题，年内达到省内渣土管理先进水平。

整治重点包括工地渣土运输车辆的监督检查，对达不到净车出场要求的工地责令停工整顿，对拒不进行整改的工地要进行封堵；严格审批制度，对特殊时段和跨区运输把好审批关；及时掌握情况，对现有在建工地进行全面摸底；加强巡查，对违规运输车辆、非运输时段进行抢运的承建单位及时进行查处；严格执法，一是工地设施不全的责令停工，二是没有审批手续的要查扣车辆，三是在新型智能环保车辆没有满足市场需求的情况下，经过严格审批的其他运输车辆必须采取覆盖措施，禁止超载，防止抛洒，出现路面污染情况要及时清理，确保市容整洁；做好渣土专营车辆升级换车工作。

【常德“助力治水 青春有为”河道保洁公益行动举行】 2015年5月19日上午，由常德市河道保洁联席会议主办，团市委、市水利局承办的“助力治水 青春有为”常德市青少年河道保洁公益活动在市城区诗墙公园正式启动。现场设置了“河道保洁”科普知识展、治水知识有奖问答、节水立体画互动体验、环保骑行、鱼类人工放流等十余个展位及活动，充分调动市民参与互动积极性，现场气氛极其活跃。不少市民都表示这样的活动举行得好，学到很多治水知识，增强了爱水、护水、节水的意识。

活动上正式启动了全市河道保洁志愿者实名注册系统，通过“志青春”数字化服务平台，市民们不仅可以更加便捷地成为“在编”河道保洁志愿者，同时河道保洁志愿者也可通过这一平台主动选择适合自己的服务项目。

市人大常委会副主任王先蒙，副市长朱晓平，市政协副主席敖建斌参加活动。

【常德“环保世纪行”连续3年关注大气环境保护】 2015年5月25日，2015年常德环保世纪行集中采访活动正式启动。

2015年常德环保世纪行的主题为“守护碧水蓝天”。主要针对有关大气污染治理设施建设、大气环境监测信息公开、燃煤锅炉改烧、机动车尾气监测以及发放环保标识、规范扬尘管理、淘汰黄标车等情况，通过明察暗访、回访等方式，开展多项实地调查。从2013年环保世纪行以“生态常德，你我共建”为主题，聚焦大气污染防治和城乡饮用水安全等热点话题以来，“环保世纪行”已连续3年关注大气环境保护。

【常德重点污染源企业实施在线监控】 2015年5月26日，从常德市环保局网站看到了湘澧盐化第1季度污染源废气监测数据。近年来，常德市加强对重点污染源企业的在线监控，全市安装在线监控的企业共80家，47家国控重点污染源企业实行了自行监测信息公开。2014年，常德市总量减排监测体系考核全省排名第一。

除了接受来自环保部门的监督性监测，常德市47家国控重点污染源企业还按照国家环保部下发的《国家重点监控企业自行监测及信息公开办法》规定，通过湖南省国家重点监控企业自行监测信息发布平台，公布了自行监测信息及数据。

【省人大农业委调研常德湿地保护工作】 2015年5月28日，省人大常委会委员、省人大农业与农村委员会主任委员李小平一行来常德市，专题调研生态环境建设工作。市人大常委会副主任王先蒙陪同调研。

调研组深入汉寿西洞庭湖自然保护区，视察了半边湖湿地恢复、岩汪湖综合执法及保护区派出所运转等情况，并听取了该县贯彻实施《湖南省湿地保护条例》工作情况汇报。西洞庭湖自然保护区于1998年1月经省人民政府批准成立，是洞庭湖湿地保护体系的重要组成部分，是世界自然基金确认的全球200个生态热点地区之一，2002年被列入《国际重要湿地名录》。保护区内有维管植物416种，鸟类217种，鱼类114种。自保护区成立以来，该县扎实开展湿地宣传教育、监测巡护、违法行为打击、生态保护与恢复建设等工作。

调研组对汉寿县湿地保护工作给予了充分肯定，并要求该县加强湿地保护和科学管理，建立健全西洞庭湖湿地保护联系协调长效机制，提高全民生态环保意识；要在污染源管理治理、解决湿地渴水等方面进一步加大工作力度，让西洞庭湖尽早实现“人和、鸟多、鱼畅、水清、草绿、湖美”的远景目标；要服务旅游产业，合理利用湿地，把汉寿湿地资源打造成为提升常德影响力和竞争力的品牌。

【常德接受国家环保部华南环保督查中心综合督查】 2015年6月9日下午，国家环保部华南环保督查中心正式启动对常德市的环保综合督查。环保部华南环保督查中心主任岳建华、副主任袁道凌，省环保厅党组书记、厅长刘尧臣，党组成员、总工程师姚斌，市委副书记、市长周德睿，市委常委、副市长赵建国参加会议。

至2015年9月底，环保部华南督查中心将联合省环保厅，采取宏观掌握、中观剖析、微观彻查的系统性督查做法，通过工作调研、现场督查、研究分析等多种方式，重点对政府履责中主要体现生态文明、改善本行政区域环境质量、落实环境保护管理制度、执行政策法规规划、建立健全目标责任体系、财政保障环保能力建设6个方面的情况开展督查。

市政府30多个相关部门及各区县（市）相关责任人参加会议。

【常德城区将进一步加强水环境保护】 2015年6月11日，常德市政府第30次常务会议审议并原则通过了《常德市人民政府关于加强市城区水环境保护的通告（草案）》。《通告》除了对加强饮用水源保护、整治城区黑臭水体等做出规定，还对市城区的餐饮、洗车等服务企业保护环境的行为做出了规定。

市城区水环境保护范围包含市城区高速公路环线外延1公里内的范围，总面积622.8平方公里，包括武陵区全部行政辖区、柳叶湖旅游度假区和常德经济技术开发区、鼎城区大部分区域。重点保护柳叶湖、沾天湖、沅江市城区段、花山河、新河、马家吉河、杜水河、穿紫河等水系。

市城区水环境保护范围内明令禁止从事以下5类行为：畜禽禁养区内禁止从事商业化养殖，现有规模化养殖场和规模以下养殖专业户2016年底前全部关闭或搬迁；禁止在自然水体从事投肥养殖；禁止从事水上餐饮活动；禁止非法从事矿山开采活动，现有排污不达标、破坏生态环境的矿山2015年底前全部关闭；禁止向水体内排放倾倒工业废渣、城镇垃圾、废液和其他废弃物（含危险废物）。

【杜家毫在常德主持召开洞庭湖生态经济区建设领导小组第一次会议】 2015年6月17日，洞庭湖生态经济区建设领导小组第一次会议在常德召开，省委副书记、省长杜家毫主持会议并强调，洞庭湖生态经济区建设要立足洞庭湖这个核心，做活“水”文章，努力打造全省经济发展新的增长极。省委常委、常务副省长陈肇雄，副省长黄兰香，省政府秘书长向力力，省发改委、省财政厅等省直单位负责人，常德市委副书记、市长周德睿，益阳、岳阳、望城政府负责人参加会议。

会上，省发改委汇报了洞庭湖生态经济区建设有关情况，并就2015年工作重点和有关问题提请会议研究讨论。洞庭湖生态经济区规划范围包括湖南省岳阳市、常德市、益阳市，长沙市望城区和湖北省荆州市，共33个县（市、区），规划面积6.05万平方公里，2013年末常住人口2200万，地区生产总值7152亿元。根据规划，生态经济区将按照“一年起好步、三年打基础、五年新跨越”的战略步骤，着力推进生态系统、产业体系、民生保障和基础设施建设，稳步提升生态经济区发展水平，力争到2020年区域生态文明建设取得重大进展，综合实力跃上新台阶，实现科学发展、进位赶超、绿色崛起，再现“八百里洞庭美如画”的宏伟画卷，力争到2015年底地区生产总值突破1万亿元，2020年达到1.7万亿元。2015年作为洞庭湖生态经济区规划全面实施的开局之年，将重点抓好规划引领、项目建设、改革试点、建设资金、工作体系5个方面的工作。

杜家毫在会上指出，洞庭湖生态经济区建设对湖南发展有非常重大的意义，全省上下要形成合力、共同努力推进这项工作，特别是常德、岳阳、益阳三市要在洞庭湖生态经济区建设中起主体作用，一件一件地抓好落实，一件一件地向前推进。在洞庭湖生态经济建设推进过程中，一定要找到几个好的抓手，一定要形成特色。比如益阳就是要为全省现代农业做出示范，岳阳要探索城陵矶临港产业新区发展和打造绿色化工产业园。常德已在城乡安全饮水和城市建设方面走在全省前列，下一步就是要在新型城镇化建设方面探索出一条更新的路子。杜家毫要求，环湖三市每个地区要重点抓好一到两个新的经济增长点和特色抓手，把自己的优势充分发挥出来，形成不可替代的特色，这样不仅能带动本地的发展，也能带动洞庭湖生态经济区的发展和全省经济社会的快速、跨越发展。

【水利部推介柳叶湖水利风景区】 2015年6月16日至17日，中部片区水利风景区建设与管理座谈会在柳叶湖旅游度假区召开，国家水利部景区办负责人重点推介了柳叶湖水利风景区建设与管理经验。

近年来，柳叶湖水利风景区开发建设实现了生态水利和景观水利的有机融合，为建设全国一流的城市河湖型水利风景区奠定了基础。该区全面实施生态养殖；建设完成了16公里亲水游道，贯通了环湖42公里马拉松赛道；投资20亿元建成了欢乐水世界、紫色庄园花海等一批旅游项目。同时，强化水利风景区管理意识，在保证水资源统一管理、统一调配和有效保护的前提下，将水利风景区资源实行资产化管理，所有权和使用权分开。

【环保部专家组肯定常德市水环境保护工作】 2015年6月19日，国家环保部污防司饮用水水源保护处处长石效卷、南方科技大学工程技术创新中心（北京）主任胡清率环保部专家组，来常德专题调研水环境保护工作。常德市委常委、副市长赵建国陪同调研。

常德市域共有河湖面积78万亩，年均径流总量1356亿立方米，占洞庭湖年均入湖径流总量的48%。常德水生态保育、水环境安全、水污染的治理对洞庭湖的水质改善、湿地保护、生态安全至关重要。2013年以来，按照生态文明建设的总体要求，新一届市委、市政府领导班子注重环保顶层设计，以战略性的前瞻视野、高规格的领导机制、大力度的务实行动，把“绿色常德”建设、蓝天碧水净土行动作为民生工程强力推进，实现了党委政府的执政理念由重发展轻保护向保护优先转变，环保部门自身由过去的为地方发展跑项目、争资金向环境监管、污染整治转变，环境保护路径由点源治理、面源控制向生态恢复转变“三个转变”。经过这些年的努力，全市水环境质量保持总体稳定，在2015年住建部、财政部、水利部联合开展的全国首批海绵城市建设试点城市竞选中脱颖而出，成为全国16个首批海绵城市建设试点城市之一。

专家组对常德市环境保护与治理工作给予了肯定，并指出，对取得的成绩，要坚持以人为本，尊重规律，长期保持；对水环境保护工作，要以“水十条”的贯彻落实为重要抓手，做到环境效益、社会效应、投入效益、管理效应“四效合一”，努力提高工作质量，全面改善环境质量。

【常德市政府与农发行湖南省分行签订海绵城市建设战略框架协议】 2015年7月8日上午，常德市政府与中国农业发展银行湖南省分行签订合作备忘录，共同打造常德海绵城市。市委副书记、市长周德睿，中国农业发展银行湖南省分行行长谢文出席签约仪式。

中国农发行湖南省分行副行长郑丽娟，市委常委、常务副市长朱水平代表双方签订协议。市委常委、副市长赵建国，市政府秘书长周代惠，市政府副秘书长李长春参加签约仪式。

【常德市人大常委会启动《水污染防治法执法》检查】 2015年7月14日，从常德市人大常委会《水污染防治法执法》检查动员会上传来消息，7月至8月，市人大常委会将对《水污染防治法》在常德市的贯彻实施情况开展执法检查。市人大常委会主任刘明主持会议，市委常委、副市长赵建国出席会议。

本次执法检查主要内容为检查市政府及其有关部门贯彻落实《水污染防治法》、国务院《水污染防治行动计划》的情况，工业水污染防治情况，城镇水污染防治情况，农业和农村水污染防治情况，船舶水污染防治情况，饮用水源地保护情况及其他特殊水体的保护情况等6个方面。分为动员自查、重点抽查、综合审议、督促整改4个阶段。

市人大常委会副主任文承保、王孝山、曾再农、王先蒙、谭弘发，代理秘书长万利参加会议。

【常德“三管齐下”力促治污减排】 2015年7月14日，从常德市人大城环委传来消息，近年来常德市坚持结构减排、工程减排、管理减排“三管齐下”，到2014年底，全市化学需氧量较2010年下降7%，氨氮下降3.07%。

全市加强结构减排，每年确定1～2个重点行业开展专项整治，全市造纸企业由过去的72家减少到目前的34家，产能由原来的50.4万吨增加到66.8万吨，污染负荷比整治前降低65%；苎麻脱胶企业由过去的13家减少到目前的6家，削减化学需氧量8000多吨；纺织印染企业由过去的近70家减少到目前的19家。在工程减排方面，近3年来，全市共完成各类减排项目335个，目前，全市重点工业企业都建有治污设施，各区县（市）城区都建成了污水处理厂，市城区建成了医疗废物处置中心、生活垃圾焚烧发电厂，市污水净化中心、德山污水处理厂污泥处置项目均已建成运行，畜禽养殖污染治理项目取得较好成效。在管理减排方面，2014年，全市106台（套）在线监控设备运营评估、主要污染物总量减排监测体系考核均位列全省第一；充分运用排污费征缴、排污权交易、排污许可等行政和经济手段，加强总量管理，减排效益进一步发挥。

【周德睿到石门调研文化旅游及美丽乡村建设】 2015年7月16日至17日，常德市委副书记、市长周德睿调研石门县的乡镇文化旅游产业和美丽乡村建设。

近年来，石门县坚持生态立县、旅游活县、产业强县等战略，充分发挥天然禀赋的效益，带动石门经济发展。周德睿一行从夹山旅游区到维新民俗风情小镇，再经"湖南屋脊"壶瓶山，到避暑休闲胜地东山峰、南北镇，一批特色乡镇的生态旅游项目给他留下了深刻印象。他指出，石门自然生态环境独特，文化旅游发展基础较好，发展开发潜力巨大。当前，石门要以项目建设为抓手，加大旅游基础设施建设，特别是要加大交通基础设施和配套服务的建设力度，努力打造一批特色精品景区。石门良好的生态本身就是资源、就是财富、就是特色，在旅游发展中，不能过度开发，切忌以牺牲生态环境为代价。同时，要做好特色旅游品牌的宣传推介，使石门特色旅游走出常德、走出湖南、走向世界。

石门作为全市唯一一个国家扶贫攻坚试点县，美丽乡村建设也是周德睿此行调研的重点。三圣乡的山羊冲村围绕现代农业基础设施一体化、产业发展及新型农村经营体系一体化、村民宜居小区一体化、生态环境建设一体化及社会治理模式一体化要求，探索出了一套美丽乡村建设的新模式。周德睿指出，美丽乡村建设首先要改善基础设施建设，特别是交通基础设施建设。一个地方要发展，要有带头人、领头雁，村支两委班子建设非常重要，要让一批有理想、有本事、眼界开阔、思想解放的年轻人和返乡能人进入村支两委工作。培育发展特色产业则是美丽乡村建设的重中之重，产业项目找准了、发展了，村级集体经济壮大了，村民们才能真正走上脱贫致富之路。

市委常委、副市长赵建国，副市长陈华、市政府秘书长周代惠以及市财政局、市旅游局、市经建投公司主要负责人陪同调研。

【常德城乡绿量全面提升】 2015年7月17日，从常德市林业工作半年总结暨创森工作调度会上传来消息，2015年常德市以打造山水桃花源、绿色新常德为目标，以创建国家森林城市为抓手，大力发展生态林业、民生林业、现代林业，各项工作进展较好。全市完成人工整地造林26.2万亩，植树1075万株，森林覆盖率由46.05%提升到47.98%，有林地面积增至1248万亩，活立木蓄积量增至3409万立方米。

【常德市政协调研沅水流域水质现状】 2015年7月28日至7月29日，常德市政协副主席、党组副书记韦绍斌一行前往汉寿县坡头镇和桃源观音寺镇调研沅水流域水质现状。

此次调研组在沅江段共布设有3个监测断面。其中，国控断面2个（陈家河、坡头），省控断面1个（凌津滩），在常德市境内沅江干流上按水域功能与水文特征共布设9个监测断面，共27条采样垂线；分别在20条沅江一支流的主流线上布设1条采样垂线，共计20条。其中干流监测23项水质项目，支流监测14项水质项目。

调研组一行还调查了沿岸污水排放口等主要入河污染源基本状况；在水质分析与水环境调查的基础上，收集、汇总、综合分析基础资料，进一步为"十三五"环境保护提供相关数据。

市政协提案委主任莫宏光，市政协常委、市政府副秘书长吴新涛，市环保局党组书记关建锋等陪同调研。

【常德综合防治重金属污染获中央资金支持】 2015年7月，中央财政下达专项资金约28亿元，用于重点支持30个地市加快推进重金属污染综合防治，常德名列其中。

中央财政重金属污染防治专项资金设立于2010年，支持了一大批重金属污染防治、民生应急、清洁生产等项目。为提高专项资金效益，2015年5月，财政部、环保部联合组织开展了重点区域重金属污染防治竞争性评审工作，择优支持一批重点区域开展综合整治。此次入围的30个地市是通过竞争排名确定的。常德市编制了《重金属污染防治实施方案》及其配套的可行性研究报告，积极完成了前期相关工作，通过初步审查和现场竞争评审，以全国第二、全省第一的成绩获得中央专项资金支持。

【常德引进两大光伏发电项目】 2015年7月，常德市在桃源和石门连续引进了两大光伏发电项目。

桃源县枫树乡60兆瓦光伏发电项目建设期约6个月，建成投产后设计寿命25年，由协鑫新能源（中国）投资有限公司在桃源县注册成立的桃源协鑫太阳能发电有限公司为主体开展项目投资和建设，总投资约5亿元人民币。达产后年平均销售收入近6000万元人民币，年平均单位面积产出约3万元人民币，年税收可达800万～1000万元。

由香港客商投资的石门县红太阳新能源科技项目总投资1.2亿元，拟分三期实施，其中第一期为石门县赛奥硅工业园分布式光伏发电项目，投资额2000万元；第二期为石门县原雄黄矿厂区分布式光伏发电项目，投资额5000万元；第三期为石门县双佳农牧公司分布式光伏发电项目，投资额5000万元。一期项目有望于2015年8月动工建设。

【常德开征初始排污权有偿使用费】 2015年7月，常德市伊康食品有限公司向环保部门缴纳了初始排污权有偿使用费，这标志着常德市正式开始向排污企业征收初始排污权有偿使用费。今后，环境将作为一种有价值的重要资源，通过市场调节，对环境资源进行配置，排污企业不再免费享有排污权，而要像使用水电等资源一样，为自己所占有、消耗的环境资源付费。

排污权有偿使用费，是指现有单位以环保部门核定的达标排放量为基准，在满足环境质量要求和主要污染物排放总量控制的前提下，为获得相应的主要污染物排污权，应缴纳的费用。按照现行收费标准，化学需氧量为每年230元/吨，氨氮为每年260元/吨，二氧化硫和氮氧化物为每年200元/吨。据市环保局污染减排办工作人员介绍，这笔费用每年征收一次，根据目前全市已核定污染排放指标的情况，排污企业平均每年将为环境污染增加上千元开支，部分重污染企业甚至可能超过百万元。

【环保部华南督查中心核查常德市污染减排工作】 2015年7月，环保部华南督查中心对常德市2015年上半年主要污染物总量减排项目进行资料核查。此次核查采取各督查中心交叉核查方式进行，主要是集中审查各地减排项目资料，并抽查部分现场核查。检查组分大气、水2个小组，分别对常德市已上报的34个减排项目资料台账进行核查审查。

2015 年，省政府下达给常德市的年度减排任务为在2014 年减排完成情况的基础上，COD 削减 1.5%，氨氮削减3%，二氧化硫持平，氮氧化物削减 3%。根据该任务，2015 年常德市共安排国家、省重点、市重点减排项共计 39 个，截至到 6 月 30 日，已经完成减排的项目有 34 个，完成主体工程的项目有 4 个，关闭的有 13 个，还未动工的项目有 1 个。

核查期间，环保部核查组肯定了常德市上半年的污染总量减排工作成效，初步认定常德市已完成的 COD 削减量701 吨，氨氮削减量 60.22 吨，二氧化硫削减量 1446 吨，氮氧化物削减量 4903 吨。

【常德园林植物废弃物处理站正式运行】 2015 年 8 月 4 日，从常德市园林局传来消息，常德市园林植物废弃物处理站正式投入运行，以后全市各园林养护单位产生的植物废弃物将运输至处理站进行集中处理，要求日产日清，并纳入常德市园林养护考核范畴。

建立常德市园林植物废弃物处理站是推进海绵城市和建设生态文明的一大举措，是对常德市园林绿化养护管理过程中产生的植物废弃物进行减量化处理和循环再利用。处理站位于柳叶湖旅游度假区白鹤山乡郑家河村，占地面积 3000 平方米，现有处理设备、运输车辆等 10 余台（套），能够满足市城区园林植物废弃物的收集处理。处理站实行收集、运输、减量化处理以及循环再利用植物废弃物的一整套工艺流程。

处理站前期产品主要为堆肥，将作为土壤改良基质使用。下一步将与高校深度合作研发，对堆肥产品筛分并与其他原料调配，形成土壤改良剂、高效营养基质、生物有机肥三个系列，使产品向系列化、专业化、功能化方向发展，为常德市园林植物提供良好的有机肥料。园林植物废弃物处理站的投入使用，将有效解决园林废弃物引起的环境问题，加强废弃物的资源化利用，实现生态效益、环境效益和经济效益的统一。

【省人大常委会检查组到常德开展《水污染防治执法》检查】 2015 年 8 月 5 日至 7 日，省人大常委会副主任徐明华率《水污染防治法》执法检查组来到常德检查工作。市委副书记、市长周德睿，市人大常委会主任刘明，市人大常委会副主任王先蒙参加了检查活动。

5 日至 6 日，检查组先后来到澧县国人啤酒公司污水处理厂、临澧县合口镇澧水河段污水排放口、澧县供水公司澧水河取水口等地检查水污染防治和水源保护工作。在桃源县黄石水库，徐明华一行还乘船深入张家界慈利县水域，现场查看了当地村民网箱投肥养鱼情况。

在 7 日举行的工作汇报会上，检查组听取了市人大常委会关于《水污染防治法》执法检查情况汇报，听取了市政府《水污染防治法》贯彻实施情况汇报；澧县、临澧县、市环保局、市水利局等单位汇报了水污染防治和治理工作。省人大常委会检查组通报了前段时间在常德市暗访调查的情况和问题。

刘明在汇报中说，近年来，常德市对辖区内所有河流、湖泊、水库、堰塘全面禁投；全面实行农村环境综合整治；全面压减珍珠养殖；2014 年报请市政府划定了 192 处饮用水保护区；全面推进城乡居民安全饮水；全面开展城市水环境生物治理和海绵体城市建设，常德市被国家列为首批海绵体试点城市；全面加大工厂污水减排力度；对重大污染源进行关、停、转、搬，多项举措得到了群众认可。

周德睿代表市委、市政府作了表态发言：常德市高度重视水污染防治和水源保护工作，是“一号”工程，而且“三改四化”中的“水改”工作就是要把“水害”变成水利。目前，常德市水污染防治和水源保护工作与老百姓的要求还有很大差距，常德市有责任、有义务把这项工作做好。之后将迅速落实省人大常委会检查组的建议，迅速解决检查中发现的问题，水污染防治、水源保护工作要常抓不懈。

徐明华在总结讲话中强调，常德市水污染防治、水源保护体系建设、基本框架是好的，认识到位，从规划、治理、投入、保护、建设、考核等方面抓得早、效果好，下一步要做得更好。常德市转变农业生产方式、从源头治理农村水污染、面源污染的任务很重，希望常德高度重视，创造经验；要继续重视城镇污水治理工作，搞好规划、加大投入，在城镇污水处理厂建设上先行一步，走在全省前列。希望常德市高度重视、解决这次检查中的问题，省人大常委会大力支持常德市的方案，并将向省政府反馈，力争尽快解决黄石水库问题。

【常德创建全国绿化模范城市】 2015 年 8 月 6 日，省绿化委员专家组一行来到常德市，对常德创建全国绿化模范城市进行预检，专家组一行先后来到柳叶大道道路绿化、环湖景观大道、金色晓岛小区、丁玲公园等地，现场查看市城区的绿化工作。专家组一致认为，常德市各级党委政府对创建工作高度重视，目标思路明确，组织领导有力，政策措施得力，森林资源总量明显增加，生态环境明显改善，符合“创模”的各项指标要求，顺利通过省级预检。

根据常德城市特色，常德市委、市政府提出“山水桃花源，绿色新常德”的城市建设理念，按照统筹城乡绿化发展要求，科学编制了《常德市国土绿化总体规划》《常德市城市园林绿地系统规划》等生态建设规划，着力构建完备的森林——湿地生态体系、发达的林业产业体系和繁荣的森林文化体系，实现“生态优质、产业高效、文化繁荣”的发展目标，从宏观上构建起复合型、多层次、多功能的城市绿色生态体系，形成了“一城（核）、三区、七组团、多廊道”的绿色生态网络格局。

近 3 年来，常德市共计投入资金 80 亿元用于城乡造林绿化建设，极大地加快了城乡绿化步伐，城市绿色景观不断提升，乡村生态环境明显改善。目前，常德市有林地面积 70.3 万公顷，森林覆盖率 47.98%；建成区绿化覆盖面积3803.2 公顷，绿化覆盖率 43.66%，绿地面积 3422.4 公顷，绿地率 39.29%。其中，公园绿地 1002 公顷，人均公园绿地面积 14.3 平方米，各项指标达到或超过申报全国绿化模范城市的要求。

在当天召开的常德市创建全国绿化模范城市省检汇报会上，专家们听取了市政府关于“创模”工作情况的汇报，观看了常德市“创模”工作专题汇报片，查看了“创模”档案材料，并对常德市“创模”工作提出了很好的意见和建议。

【常德通过国家节水型城市考核组复查】 2015年8月6日至7日，国家节水型城市复查考核组对常德市国家节水型城市进行了复查。依据最新修订的《国家节水型城市考核标准》有关规定，常德市复查得分95.5分。考核组一致同意复查通过，并将上报国家住房城乡建设部、发改委审核确定。

市节水办相关负责人表示，常德是一个不缺水的城市，人均水资源占有量达到全国人均占有量的149%。但丰沛的水资源并没有使常德人得水忘忧，一直以来，常德市委、市政府始终把保护水资源、节约水资源、高效利用水资源作为可持续发展的核心要素来抓。自2011年被授予"国家节水型城市"称号以来，常德依据国家节水型城市新的考核标准和要求，找差距、挖潜力、求突破，实现了城市节水工作多层次、多方位、多行业的推进，节水能力和效率不断提高，在常德城市规模、人口数量、经济总量高速增长的情况下，用水量反而下降。尤其自"三改四化"的建设以及全国海绵城市落户常德后，常德节水工作更将走向深入，努力开创城市节水新局面。

两天来，考核组听取了市节水办相关报告，并对穿紫河船码头机埠、恒安纸业、江北污水处理厂、天源新城小区等工业企业、单位、小区进行了现场实地考核。考核组认为，常德市自2011年获得"国家节水型城市"称号以来，城市节水管理的基础性工作进一步加强，节水管理体制健全，节水规划逐步完善，城市水生态文明建设成效显著，2014年全市万元GDP取水量7.10立方米，工业重复利用率80.2%，工业废水100%达标排放，水环境质量100%达标，为常德市经济社会可持续发展做出了积极贡献。

【常德上半年城区空气质量优良157天】 2015年8月11日，常德PM2.5指数为38，空气质量等级为优，这是过去16天时间里的第13个"优"。由市环保局提供的数据显示，2015年上半年，市城区空气污染指数优良天数达到了157天，环境空气质量达标率为72.4%，与2014年上半年比提高了21个百分点。

继2001年划定面积为300平方公里的城市大气环境保护圈后，2014年市委、市政府又将市城区规划区622.8平方公里范围确定为高污染燃料禁燃区。在多地多部门综合整治的浪潮中，鼎城区关闭了35家粉煤厂，江北城区20家黏土砖瓦厂全部停产，武陵区已关闭或改烧55台燃煤小锅炉。全市范围内，有26个扬尘污染严重或整改不及时、不到位的在建项目接受了行政处罚。全市所有火电、水泥企业目前均已完成脱硫脱硝治理并投入运行，35蒸吨以上燃煤锅炉脱硫工程已全部完成。

另外，从2013年10月起，市城区2个新车上户点均设置了机动车环保标志发放点，对符合条件的新上户机动车免费发放环保标志；2014年9月，市城区机动车环保检测站正式建成运营，市政府采取"购买服务"的方式对近3万台机动车实施了免费检测。2013年9月，城市管理体制下放区级政府后，建筑施工、烟花爆竹燃放、饮食娱乐服务业油烟排放等管理日趋规范化；目前，全市建成垃圾焚烧发电厂1家、生物质发电厂2家，秸秆综合利用率达到100%。

下一阶段全市大气污染防治工作将持续加力，总体思路是"三个关闭、四个配套、五个强化"，即关闭10蒸吨以下工业燃煤锅炉和生活锅炉，关闭城区周边石煤矿、粉煤厂及黏土砖瓦厂，关闭落后产能企业和生产线；电力、水泥企业配套脱硝设施，餐饮行业配套油烟治污设施，大型燃煤锅炉配套脱硫设施，加油站配套油气回收治理设施；强化机动车排气污染控制，强化建筑施工扬尘及道路、渣土、矿山、运输污染监管，强化社会生活扬尘污染监管，强化宣传教育及城市绿化，强化大气污染监测监察及应急能力建设。

【常德新河水系综合治理工程稳步推进】 据2015年8月14日《常德日报》报道，全长23.24公里、汇水总面积84.18平方公里的新河水系，目前正在按市委、市政府"水安、水净、水亲、水流、水游、水城"的水系改造总体目标，分花山闸站枢纽工程、新河渠南段水系生态治理、新河渠北段水系生态治理、新河沿线相关雨水机埠建设等四部分进行水系综合治理。

位于新河与花山河交汇处的花山闸站枢纽工程，站址距新河河口80米，枢纽轴线长187米，泵站装机规模2800千瓦。控制集雨面积59.18平方公里，排水设计流量65.9立方米每秒，新河设计常水位30.6米，校核水位31.6米，花山河设计洪水位32.34米，校核洪水位33.46米。该工程建成后，可保证在枯水期新河水系的正常景观水位，在汛期防止花山河洪水倒灌新河并兼顾新河水系排涝，同时此工程还位于规划的环湖路延伸线上，按照满足通航的远期规划要求，可实现新河与柳叶湖的互通。目前，花山闸站枢纽工程已完成泵站主体施工，正进行船闸、节制闸主体施工，10月份主体基本完成。

南起桃花源大桥，北至柳叶大道的新河渠南段综合治理工程，长度16公里，正在进行总面积1100亩区域内的施工图设计和备案工作，计划12月开工；南起柳叶大道，北至太阳大道的新河渠北段综合治理工程，全长7公里，现已启动初步设计工作。

【国家调研组抵常考察洞庭湖水环境】 2015年8月25日至26日上午，由国家发改委、环保部、水利部、农业部组成的调研组来到常德，对洞庭湖水环境开展考察调研。市委副书记徐正宪陪同考察。

近年来，常德市委、市政府高度重视水资源保护工作，为强化水源保护采取了一系列的整治措施，尤其是近年的"水改"工程，让常德市城区湖泊内河水质得到明显改善。

25日上午，调研组考察了安乡县藕池西支河丁家渡流域的水资源短缺和断流情况，并前往安乡县大湖口大桥实地察看了规划中的安乡县西水东调工程。下午，调研组前往安乡县出口洲村、珊珀湖等地，对哑河、沟渠垃圾污染治理及湖面养殖污染治理展开调研，随后前往临澧县察看农牧污染治理情况。

26日上午，调研组一行前往市城区船码头机埠、滨湖公园、敖家巷等地，就城市水资源保护和污水治理展开调研。在船码头机埠，调研组详细了解了该处的污水处理模式，并表示这种生态的污水处理模式值得推广。

副市长朱晓平、陈华分别陪同考察。

【常德城区拟执行新阶梯水价】 2015年8月31日，从常德市发改委传来消息，通过召开市城区水价调整与改革听证会，经市政府研究同意，并报省发改委批准，市城区供水价格调整及居民用水阶梯水价完善的方案已正式出台。从9月1日开始，第一次抄表仍依照原价格，第二次抄表将依照新价格执行。

据了解，按照“补偿成本、合理收益、自我发展、逐步到位、节约用水、公平负担”的原则，市城区自来水平均水价由每立方米1.83元调整到2.22元，其中各分类用水每立方米价格调整为：居民生活用水1.81元、非居民生活用水2.72元、特种用水7.24元。

在现有市城区居民生活用水各阶梯用水量不变的情况下，按照1∶1.5∶3的比价关系，市城区居民生活用水第一、第二和第三阶梯价格每立方米分别调整为1.81元、2.72元和5.43元。

【622.8平方公里划定为市城区水环境保护范围】 2015年8月，常德市政府出台了《关于加强市城区水环境保护的通告》（常政发〔2015〕8号）（CDCR-2015-00006），其中划定了622.8平方公里的市城区水环境保护范围，明确了在保护范围内的各项禁止事项，并对未来的水环境治理制定了各项措施。

据悉，市城区水环境保护范围包括武陵区全部行政辖区；鼎城区部分乡镇、街道；柳叶湖旅游度假区和常德经济技术开发区，并重点保护柳叶湖、沾天湖、沅江市城区段、花山河、新河、马家公式河、枉水河、穿紫河等环城水系。

《通告》明确在保护范围内禁止五类行为，主要有畜禽禁养区内禁止从事商业化养殖，现有规模化养殖场（小区）和规模以下养殖专业户于2016年底前全部依法关闭或搬迁；禁止在自然水域从事投肥养殖污染水体；禁止无证从事水上餐饮活动；禁止非法从事矿山开采活动，现有排污不达标、破坏生态环境的矿山于2015年底前全部依法关闭；禁止向水体内排放倾倒工业废渣、城镇垃圾、废液和其他废弃物（含危险废物）等。

《通告》要求加快市城区及其周边乡镇污水处理厂建设，提高城区污水处理率，完善城区污水管网建设和雨污分流系统，截断排入城区水体的生活污水。实施穿紫河河道清淤、沅江至渐河至花山河至沾天湖河湖连通、沅江至新河至穿紫河江河连通、花山河湿地建设、沾天湖水生生态修复工程，逐步改善环城水系水质。对于市城区黑臭水体的整治，要求在2015年年底前完成黑臭水体排查；并采取控源截污、垃圾清理、清淤疏浚、生态修复等措施，加大黑臭水体治理力度，在2020年年底前基本消除市城区黑臭水体。

【常德“三大领域”污染治理　守护蓝天碧水净土】 2015年9月1日，常德市环境保护工作会议在市规划展示馆召开。市委常委、副市长卢武福参加会议并讲话。

会上，与会人员观看了市人大常委会《水污染防治法》执法检查暗访片；市环保局主要负责人、各区县（市）政府相关负责人分别介绍了主要环保工作进展及检查情况，并对下阶段环保工作进行了安排和部署。2015年来，环保部门以“蓝天碧水净土行动”为抓手，大力推进大气、水、土壤“三大领域”污染治理，全市环境质量进一步改善。1—7月，市城区空气质量达标率（AQI）为75.5%，同比上升20.3%；沅、澧两水水质稳定在Ⅲ类以上，城市饮用水水源地水质全部达标，农村主要水体水质持续好转。

【江南沅江风光带开工建设】 2015年9月7日，江南沅江风光带正式开工建设，这是常德市委、市政府统筹江南、江北两个城区，实施“一江两岸同步发展”策略的重大标志性举措。

江南沅江风光带东起鼎城区花溪东路、西至桃花源大桥，全长4.35公里，总面积120公顷，总投资约2.4亿元，由国内顶尖设计团队——上海市政工程设计研究总院设计。项目设计秉承了“海绵城市”建设理念，力求实现城水共生、人水和谐、人文与自然的完美结合。江南沅江风光带设计了树林、草甸、花田、沙滩等自然景观，可以休闲漫步；设计了游泳场、篮球场、排球场、极限运动场、儿童游乐场、自行车道等活动场所，可以健身娱乐；设计了江南画墙，可以感受人文魅力。项目建成后，将按“一江两岸、诗画长廊”的设计构想，形成“北诗南画”交相辉映的独特沅江风光带，全面带动江南片区的城市开发，有力推动常德滨水生态宜居城市建设。

市人大常委会主任刘明，市政协主席李爱国，市委常委、市委秘书长黄清宇，市政协副主席杨新辉等共同见证了项目开工。

【常德河道保洁工作总评为优秀】 2015年9月8日至9日，省河道保洁工作巡查组一行3人，到常德市安乡、津市、市城区巡查河道保洁工作，现场查看了毛里湖、珊珀湖、柳叶湖、常德市船码头机埠改造白马湖桥至长胜桥河段景观绿化工程、沅江护丹垸河段和诗墙公园河段，总体评价为优秀。

巡查组负责人、省委宣传部副部长宋智富现场巡查并听取市水利局及市农业委的汇报后，对常德市河道保洁工作给予了充分肯定：常德市领导高度重视治理工作，河道保洁工作位置高，市委、市政府领导水平高，专题研究、全面部署，用尽了全力，想尽了办法，提高了群众意识；治理措施很有力，投入很大，制定了严格的考评标准，奖罚分明，巡查检查到位，部门配合有力；效果很明显，没有看到漂浮物，全市水源地三类水质达标率92.5%。

宋智富强调，河道保洁是一项系统工程，更是一项全民工程，要加大河道保洁、水源保护的宣传力度，利用多种宣传形式提高全民的河道保洁意识；要加大巡查监管力度，持之以恒地把河道保洁工作抓好，扩大巡视群体，充分发挥志愿者的作用；要加强城乡统筹，抓好农村垃圾、企业污染和游客垃圾的管控，逐步实现“水清、河畅、岸绿、景美”的保洁目标。

市人大常委会副主任王先蒙、副市长朱晓平陪同巡查并参加工作汇报会。

【洞庭湖生态经济区大型专题采访团来常】 2015年9月16日，由中国国际广播电台驻俄罗斯、德国、韩国、西班牙、印度、泰国等国记者，及人民日报、中新社、中国日报、香港文汇报、大公报、香港商报驻湘记者组成的中外“洞庭湖生态经济区大型专题采访活动”采访团，先后来到江南善卷文化墙、市规划馆、穿紫河机埠城市污水净化工程、柳叶湖等地进行现场采访。

市委常委、市委宣传部部长唐贵平会见了采访团成员。

【湖南卫视新闻联播专题推介常德美丽经济】 2015年9月17日晚，湖南卫视新闻联播以“美丽经济看过来”为主题，推介了常德发展美丽经济，实现经济转型升级的实践成果。市委副书记、市长周德睿此前接受节目专访时，详细介绍了常德“美丽之城”的转型升级历程。

9月10日起，新华社、湖南日报、湖南卫视等10余家中央、省级媒体推出“湘江北去”专栏专版。此次报道，湖南卫视用“高、低、远、近有讲究”对常德经济发展进行了解读。常德的“高”，一是指中华道德文化的高地，二是指城市建设高品位。“低”主要表现为在经济发展过程中，引进落户汉能光伏、新浪潮、新能源汽车等一大批低碳企业。“远”是指9月12日开幕的湖南国际旅游节吸引了来自15个国家的300多位海外客人；同时，与一批远方投资者签订战略合作协议。“近”一是指常德与邻近的张家界、湘西结成旅游“金三角”联盟，二是指在交通基础设施建设上有较大突破，常德与世界的距离变得越来越近。最后，报道以评论“生态文明必须等得起”，总结了常德在转型升级方面的经验做法。

【全国人大环资委调研组来常调研土壤污染防治立法】 2015年9月22日至23日，全国人大环资委副主任委员王鸿举一行来到常德市，开展土壤污染防治立法调研。

调研组实地察看了石门县雄黄矿砷渣治理现场、雄黄矿中科院土壤修复实验基地等地，详细询问了常德市土壤污染防治工作开展情况，并就相关立法工作听取了意见建议。

据悉，2014年，常德市被列入全国6个土壤污染综合防治示范区之一，目前，《常德市土壤污染综合防治示范区建设方案》已通过专家评审，土壤污染防治办公室正在组建，土壤污染状况详查、土地环境质量评估与等级划分等工作已在安乡县、汉寿县先期启动。石门雄黄矿土壤污染治理和生态修复工程正抓紧建设，砷污染土壤植物萃取、生态修复100亩小试已运行2年，1000亩中试基地已全面建成。同时，常德市大力开展沅水流域电镀行业污染整治，关闭淘汰小电镀企业，治理、修复电镀污染场地，启动常德电镀中心建设，推进电镀行业集中发展、规范发展。

市人大常委会副主任曾再农陪同调研。

【常德拟出台环境问题（事件）责任追究办法】 2015年9月29日，从常德市政府第33次常务会上传来消息，会议审议并原则通过了《常德市环境保护工作责任规定（试行）》《关于印发〈常德市环境问题（事件）责任追究办法（试行）〉的通知》。这意味着，今后常德市在落实环境保护责任过程中不履职、不当履职、违法履职，导致产生严重后果和恶劣影响的责任单位和责任人将依法依规进行责任追究。

《常德市环境问题（事件）责任追究办法（试行）》确立了权责一致、尽职免责（减责）、失职追责的原则。将主要问责对象限定为各级党委、政府（含党工委、管委会）及其部门以及上述单位的领导干部和工作人员，各级党委、政府及其部门管理的企事业单位以及上述单位由各级党委、政府以及人事部门任命的领导干部和工作人员。该办法规定了环境追责的6种情形：一是区域环境质量持续恶化，即按国家规范监测，行政区域内重要环境功能区的大气、水、土壤三大类环境质量监测指标中的两项连续2年下降，或者一项连续2年下降情节严重的；二是发生较大及以上环境污染事件的；三是在环境保护监督管理中严重失职渎职，造成恶劣社会影响，或者对已经发生的环境敏感问题不重视或应对处置不当，导致事件恶化，发生影响社会稳定群体性事件的；四是未完成主要污染物总量减排目标任务，或发生其他严重环境违法事件，导致上级对常德市实行全市域区域限批或局部限批、停拨环保专项资金等惩罚性措施的；五是不执行市委、市政府有关环境保护重大工作部署，情节严重的。以及其他需要问责的情形。

【常德保护候鸟过境】 2015年9月，常德市启动为期3个月的野生动物保护“利剑”专项活动，在全市范围内开展打击非法猎捕、贩卖、经营、运输候鸟等野生动物违法犯罪行为宣传活动，为候鸟安全过境保驾护航。

常德市是候鸟迁徙的重要通道之一，境内野生动物种类繁多。为有效抵制破坏野生动物资源违法犯罪活动的发生，常德市分三个阶段开展“利剑”专项整治行动。此次野生动物保护专项整治行动，将依法从重从快打击非法猎杀、收购、携带、运输、藏匿、出售、食用野生动物及其制品的各类违法犯罪行为；深入湖区腹地全面清除天网、粘网、迷魂阵、定置网、毒饵等危害候鸟安全的隐患；深入林区全面清除设套、铁夹、电网、埋设诱捕器等危害野生动物安全的隐患。同时，全面清查餐馆、酒店、农贸市场以及野生动物驯养繁殖场所；全面清查车站、码头等野生动物及其制品运输通道、集散地、销赃窝点；对申请养殖野生动物的个体户（企业）严格报批程序，并进行现场考察，以加大野生动物保护力度，并对非法运输，走私野生动物及其产品的参与者予以曝光。

【常德“五县一市”天然气输配管道全线通气】 2015年9月，经过多个部门坚持不懈的努力，常德“五县一市”天然气输配管道主体工程全线贯通。目前，从西三线经长沙送来的管道天然气，从皇木关分输站用一种极为顺畅和安全的方式抵达五县一市，让这一清洁、环保、经济的绿色能源逐步进入了沿线群众的生活。该工程已成为“气化湖南”工程的重要一页。

为优化常德市燃气使用结构，提升资源利用效率，改善大气环境，常德市在2014年3月正式启动常德市“五县一市”天然气输配管道工程项目，具体由湖南湘赣三峡燃气投资有限公司实施，市政公用事业管理局全程督导。该项目旨在连接桃源、临澧、石门、澧县、安乡和津市天然气输配管道，解决数百万群众用气问题。管道全长245.9公里，设计压力4.0兆帕，设计最大年输气能力为4.42亿立方米，工程总投资4.8亿元，管道沿线涉及9个区县（市）、30个乡（镇）、124个行政村、3个街道、5个社区、7个工业园区、3000余农户和30多家企业。

【常德调整城镇土地使用税地段等级税额标准】 2015年9月，常德市政府印发《关于调整城镇土地使用税地段等级税额标准的通知》，调整市中心城区（含常德经开区）、鼎城区、西湖管理区、西洞庭管理区城镇土地使用税地段等级税额标准。

《通知》明确，市中心城区地段等级共分三、四、五、六、七级，其税额标准分别为20、16、12、8、6元/平方米。纳税人应税的土地按其临街地段确定等级，对坐落在路段内不临街的土地，其土地等级经主管地方税务机关审核后可按临街地段等级降一级确定；整体性市场坐落在路段内的，按临街地段确定；对坐落在未列举地段的临街土地，按紧邻的列举地段土地级别确定等级；对坐落在十字路口（包括坐落在路段交汇处、交接处）的土地，其土地等级从高确定。

《通知》要求，各地要严格执行新标准，更好地发挥城镇土地使用税调节土地级差收入，促进土地节约集约利用。

【常德环保部门督办石门澧县重金属污染治理】 2015年10月15日，常德市环保局局长杨成英带队深入石门、澧县两地，现场督办当地重金属污染综合防治项目建设进度。据悉，石门雄黄矿区含砷渣综合治理项目已完成一、二期，三期以及澧水流域历史遗留重金属治理工程均已进入财政评审、招标阶段，预计年底前完成项目验收。

重金属污染是指由重金属金、铜、锌、铁等或其化合物造成的环境污染。重金属污染与其他有机化合物的污染不同，很多有机化合物可通过自然界本身的净化，使有害性降低或解除，而重金属很难在环境中降解，一旦在其开采过程中进入大气、水、土壤，将会不断累积，引起严重的环境污染。同时，过量重金属会导致人体中毒，引发肾衰竭、癌症等多种疾病。因此，国家对其制定了严格的管控措施，并将石门雄黄矿区含砷渣综合治理（三期）、澧水流域历史遗留重金属治理工程纳入了2015年省政府对常德市绩效考核的主要内容，要求在2015年年底前完工并通过验收。

据悉，石门和澧县的重金属污染问题，分别源于当年石门雄黄矿的开采，以及澧县境内冶炼重金属的小作坊。由于此类重金属冶炼企业早已被关停，目前主要处理当地遗留的重金属废渣问题，一般采取建立填埋场，通过安全填埋的方式，阻止重金属流散到自然环境中。

【常德2015年世界粮食日和爱粮节粮宣传周活动启动】 2015年10月16日是第35个世界粮食日，10月16日至22日是第25个爱粮节粮宣传周。上午，常德市2015年世界粮食日和爱粮节粮宣传周活动正式启动。副市长匡加才出席启动仪式并宣布活动启动。

活动期间，参与单位将围绕“兴粮惠农进万家”的主题，组织20余个工作组走村入户、深入田间地头，面对面地向农民群众宣传国家粮食政策，实地调研了解秋粮收购工作开展情况、国家粮食托市收购政策执行落实情况等。通过专家宣讲、座谈交流、入户走访、发放宣传手册、现场指导、媒体推介等方式，向农民讲解粮食生产、收获、运输和保管等方面的科技知识，增强农民的节粮减损知识和技术，发掘和宣传在保障国家粮食安全中的先进典型、先进事迹，以活动良好的气氛效应唤起大家对爱粮节粮的重视并付诸实际行动，在全社会养成居安思危、惜粮如金、节粮成习的良好风尚。

【常德城区管网“扩容”500平方公里】 2015年10月27日，从常德市政府第34次常务会议传来消息，常德市拟将市中心城区及周边500平方公里规划圈纳入市本级城乡一体化供水范围，受益居民将新增32万多人。

据了解，已部分纳入城乡供水一体化的乡镇将尽量整体纳入，规划圈外市自来水公司、鼎城区自来水公司有条件覆盖的也一并纳入。

常德市计划通过向灌溪镇、河洑镇、丹洲乡、南坪街道、白鹤山镇、芦山乡、斗姆湖镇等乡镇敷设辐射型主干管网和支干管网，收购、处置500平方公里规划圈内乡镇小水厂，按供水专项规划建设加压泵站等方式，使市政供水新增122个村（居委会）、22个企业、6所学校，受益居民新增32万多人，实现城乡供水一体化，市政供水普及率达100%，出厂水质达国家106项生活饮用水卫生标准，按供水类别实现区域同价，切实保障城乡居民饮水安全。

【常德创建全国绿化模范城市迎检动员大会召开】 2015年11月2日，常德市创建全国绿化模范城市迎检动员大会在芷园宾馆召开。当前，全国绿化模范城市迎检工作任务重、时间紧，会议要求，各级、各部门务必要迅速行动起来，抢抓时间、赶超进度、确保质量，成功增添一块新的“国”字品牌，为建设生态宜居常德做出新的更大贡献。市委副书记徐正宪主持会议并讲话，市领导王先蒙、朱晓平出席会议。

“全国绿化模范城市”是全国绿化委员会受国务院委托，自2003年起，在全国范围内组织评选的国家级奖项，代表一个城市绿化成就的最高荣誉，是一个城市生态环境优良的重要标志。争创“全国绿化模范城市”对于改善常德市生态环境，提升城市综合竞争力和知名度，提高市民生活质量和幸福指数，都具有十分重要的战略意义。根据全国绿委办的通知，“全国绿化模范城市”评选核查工作将于11月初开始，11月中旬结束，每个城市的核查时间为3天，常德市实地核查的时间基本确定在11月9日至11日。

徐正宪指出，成功创建“全国绿化模范城市”是全市上下的共同责任和荣耀，各级各部门要高度重视，把创模迎检工作作为近期最重要的中心工作来抓，确保迎检各项工作有序进行、不出纰漏。他要求，各级、各部门、各单位要认真按照《常德市创建全国绿化模范城市迎检工作任务分解表》，将任务迅速分解下去，分头去落实好，在规定的时间内按质按量完成。此次创模国检工作任务的落实情况将作为2015年“创森”工作的年度绩效考核主要评分依据，严格考核。

【常德公共机构节能将试点“市场化”】 2015年11月4日，从常德市发改委传来消息，为提高公共机构能源利用效率，引导社会资金投入公共机构节能领域，常德市拟于年内启动合同能源管理试点，启动时将优先选择在部分学校、医院等公共机构进行试点。

公共机构包括本市行政区域内全部或者部分使用财政性资金的国家机关、事业单位和团体组织以及政府投资建设的学校、医院、科技馆、体育馆、文化馆等。节能服务公司与公共机构签订能源管理合同，为公共机构提供项目节能诊断、安装调试、人员培训等一系列节能服务，保证节能量或节能率，并从节能效益中回收项目投资和取得合理利润，这是一种全市场运作模式。据了解，常德市公共机构目前尚未开展严格意义上的合同能源管理。公共机构能耗总量虽然只占社会总能耗的一小部分，但公共机构单位能耗较高，节能潜力大，且多为对外窗口，推行能源管理不仅能减少财政支出，更能带头提高全社会节能意识。

【坚持旅游开发和生态环境保护并重】 2015年11月13日下午，常德市委书记王群召开专题会议，听取并研究东山峰旅游开发项目规划方案。王群强调，东山峰的旅游开发项目规划要坚持旅游开发和生态环境保护并重，充分挖掘东山峰独特的自然资源，高标准规划愿景，做好东山峰旅游经济这篇文章。

来自瑞士格尼斯公司的两位专家从旅游行业概览、开发方案、建筑设计等方面介绍了东山峰旅游开发项目的中期成果，提出了“小瑞士”度假胜地、家庭度假村、瑞士特色运动和教育营地、高端健康休闲胜地、茶历史和文化体验胜地等5个开发方案，5个方案可分阶段实施，并相互融合。

听取了两位瑞士专家的汇报后，王群指出，东山峰平均海拔1300~1500米，生态植被很好，还形成了属于自己的聚集地，这个在全国乃至世界范围内都很少，怎样借鉴瑞士先进理念，又充分体现东山峰特点，将来融入整个壶瓶山旅游开发中，这个关系要处理好，东山峰的交通瓶颈问题将来肯定会解决，所以我们提前做好规划，目的就是为了把东山峰规划好、保护好、控制好。东山峰的开发应该以度假、休闲、山地运动为主，因为它周边区域大，活动多种多样，春夏秋冬都有亮点，冬天可以滑雪，春天可以赏花，夏天可以避暑，秋天可以欣赏景色的变幻。针对建筑规划，王群特别指出，可以在保持本土特色的同时，融入瑞士风格。王群还邀请瑞士专家前往东山峰，亲自体验美景。

两位瑞士专家表示，东山峰的地质地貌、季节气候等与瑞士有相似之处，可以很好地借鉴瑞士相关景区的成功经验；东山峰同时又有浓郁的本土历史文化特色，下一步将继续实地勘察东山峰，回去后进一步完善规划方案。

会议还听取了来自美国、奥地利、中规院等4家设计院负责人对阳明湖城市设计方案的汇报。王群表示，4套方案各有特色，非常感谢各位参与阳明湖城市设计竞赛，相关部门要继续跟进，整合汇总大家的智慧。

市委常委、市委秘书长黄清宇主持会议。

【常德三年新造林5.6万公顷】 据2015年11月17日《常德日报》报道，桃源县沙坪镇金明村800亩成片的人工杉树林生长整齐、一片葱郁，每年给村民带来可观的收益。据介绍，3年来，常德大力实施长江防护林、退耕还林等一系列造林绿化工程，共完成新造林5.6万公顷。

在造林工作中，常德市积极推广良种良法。全市建立了湿地松、杉树等良种基地68公顷，杉树、湿地松、樟树、楠树等苗木基地230公顷。在城乡造林绿化中，大量使用良种和适宜规格的全冠苗木，良种使用率达到100%，适宜规格的全冠苗木使用率达到99%。严格按照湖南省人工造林技术规程要求，根据不同立地条件，选择合适的造林绿化树种科学规划，按照项目管理要求，编制项目规划、实施方案、作业设计，造林作业设计率、审批率均达到了100%。

全市造林绿化坚持以杉木、马尾松、杨树、香樟、油茶、楠竹等乡土树种为主，科学选择绿化树种，宜乔则乔，宜灌则灌，宜草则草，并做到了乔灌草相结合。每年乡土树种造林面积都在1.67万公顷以上，占造林总面积的95%。

【改善城乡宜居环境 提升百姓幸福指数】 2015年11月24日，常德市委副书记、市长周德睿到津市调研城乡一体化建设、生态环境治理等工作。

在毛里湖国家湿地公园，周德睿登上游艇查看沿途生态环境。2011年，毛里湖湿地公园被国家林业局批复为建设试点，根据规划，毛里湖将实施水源涵盖林建设、面源污染控制、实体水体恢复、湿地科研监测等12大建设工程。周德睿指出，毛里湖景观独特，生态资源丰富，大家一定要保护好、利用好这一笔珍贵财富。

当天，周德睿一行还视察了保河堤污水处理厂、中南村农户垃圾分类处置现场和渡口镇金盆村饮水安全工程。他要求，在安全饮水方面，津市要加大投入、加快建设，高标准推进农村饮水安全工程提质增效，让群众喝上干净水、放心水。在农村环境整治方面，继续以改善、镇村环境、留住美丽乡愁为目标，充分调动农民的主动性、积极性，扎扎实实推进农村环境整治工作，加快美丽乡村的建设步伐。

市政府秘书长周代惠陪同调研。

【环保部向常德市反馈环保综合督查情况】 2015年11月25日，受国家环境保护部委托，华南环境保护督查中心会同湖南省环境保护厅向常德市反馈环保综合督查有关情况。11月23日上午，环保部华南督查中心主任岳建华、环保部华南督查中心副主任袁道凌、省环保党组副书记、副厅长王会龙出席会议。市委副书记、市长周德睿参加反馈会。

督查组认为，常德市委、市政府高度重视环保工作，相关职能部门积极开展工作，注重规划的引领作用，大力实施城市提质工程，逐步完善环境基础设施，不断调整优化产业结构和产业布局，强化环境综合管理，环境监管能力逐步加强，区域环境质量总体稳定。

督查组发现，常德市环境保护工作虽然取得了积极进展，但从生态文明建设的要求来看，有些工作仍然差距明显。一是国家环境保护决策部署落实还不够到位，如水污染防治工作进展缓慢，城镇生活污水收集管网建设滞后，全市11家污水处理厂有7家存在个别指标超标问题，安乡县珊珀湖、汉寿目平湖等大中型湖泊水质总体呈富营养化加重之势；二是部分领域存在突出环境问题。如部分集中式饮用水水源存在污染，工业园环境管理存在漏洞，环境保护执法难等；三是环境保护责任落实还不够到位，地方党委和政府环保责任体系尚未建立，政府绩效考核尚不能体现生态文明的要求。针对存在的问题，督查组要求常德市要正确处理好经济发展和环境保护的关系，明确党委、政府以及相关部门、企业的环保责任，逐步健全体现生态文明要求的政绩考核和责任追究制度，切实加强环境监管，确保环境安全。

周德睿在听取反馈意见后明确表示，这次反馈是对常德市工作的帮助和指导，既充分肯定了常德市环保工作取得的重要进展，同时也客观精准地指出了存在的问题。一定要正视问题，虚心接受，照单认领，真正将反馈意见和落实有关问题的整改作为推动环保工作再上新台阶的重要机遇，要把压力变成工作动力。

周德睿强调，未来常德市要重点抓好三个方面工作：一是建立健全整体联动执法机制，定期会商和及时通报相关信息，开展联合执法行动，重点解决噪声、粉尘、油烟、饮用水源污染、投肥养殖等群众关心的环境问题。二是抓紧抓好污染减排，确保全面完成“十二五”减排任务；打好大气、水、土壤污染防治“三个战役”，扎实推进生态文明示范区建设和农村环境综合整治，严厉打击环境违法行为，严格把好环评准入关口，进一步提升环保工作水平。三是创新环境监管体制机制，将环境监管的重心由督企业向督政府及部门转变，倒逼责任落实。让良好生态环境成为人们生活质量的增长点，打造桃花源里的城市，真正实现蓝天碧水净土。

市政府秘书长周代惠，各区、县、市和有关部门主要负责同志参加反馈会。

【“陈二郎生态山茶油” 获国际农博会金奖】 2015年11月底，在长沙举办的2015年中国中部（湖南）国际农业博览会上，临澧陈二郎农产品商贸有限公司生产的“陈二郎生态山茶油”荣获“金奖”产品荣誉称号，为该县农业主导产业再添一块“金”字招牌。

本届农博会以“绿色与品牌、交流与合作”为主题，吸引了来自省内外的1000余家企业参展。“陈二郎生态山茶油”以其自然清新的包装风格、无可比拟的品质保证备受客商青睐。在经过专家层层评选后，“陈二郎生态山茶油”从众多农产品中脱颖而出，成为本届农博会的10个金奖产品之一。农博会上，该公司展出的陈二郎生态稻米、陈二郎临澧黄花鱼、陈二郎纽荷尔脐橙等特色农产品同样挣足眼球，受到观展者热捧。

【柳叶湖湿地公园有望跻身“国家队”】 2015年11月，从常德市绿化委传来消息，柳叶湖国家湿地公园申报已进入国家级专家评审阶段，2015年年底前，该地有望成为常德市第7个国家级湿地公园（试点）。

湿地公园是指以水为主题的社会公益性生态公园，具有湿地保护与利用、科普教育、湿地研究、生态观光、休闲娱乐等多种功能。目前，常德市设有津市毛里湖、桃源县沅水、安乡县书院洲、澧县涔槐，鼎城区鸟儿洲和石门县仙阳湖等6个国家级湿地公园（试点）。

柳叶湖国家湿地公园申报范围包括柳叶湖、沾天湖、花山河水域及附近湿地、山体等，南、西、北三面分别以穿紫河闸、花山闸、新河口闸（柳叶湖贯通沅水）为界，总面积2749.45公顷。建设内容为湿地保护工程、湿地恢复工程、科普宣教工程、科研监测工程、生态旅游工程、基础设施工程、保护管理基础能力建设工程等7部分，总投资12650万元。

常德近50%的面积属于西洞庭湖区域，境内江河纵横、水网密布，有大小河流432条，沅江和澧水流经全市296公里，湿地资源十分丰富。近3年来，全市共计争取国家投入湿地保护资金12377.3万元，通过恢复湿地面貌，改善湿地生态环境，加大对乱捕滥猎的打击力度，为湿地生物提供了良好的繁衍生息环境，野生动物种群数量不断回升。在常德境内沅水、澧水流域和西洞庭湖区域，白鹤、黑鹳、白鹳等珍稀鸟类常常能见，且数量明显增多；一度濒临绝迹的银鱼又回到西洞庭湖水域。特别是候鸟南迁期间，西洞庭湖、毛里湖、花岩溪等地随处可见成千上万的鸟儿成群嬉戏，几十年不见的鹤舞雁鸣景象再现眼前。

【常德城区绿化总体水平领先全省】 2015年11月，国家林业局西北院总工李立球来到常德市，经过多地现场走访，对常德市的绿化工作赞不绝口。在李立球来常之前，省绿化委员会办公室将常德和郴州确定为全省市州创建“全国绿化模范城市”的代表，向全国绿委办进行了推荐。

近年来，常德市多举措开展城市绿化，由粗放式设计、建设与管理向精细化转变，总体水平有了明显提高，城市形象得到快速提升，人居环境进一步改善。截至目前，常德市建成区绿化覆盖面积达到3803.2公顷，绿化覆盖率达到43.66%；绿地面积达到3422.4公顷，绿地率达到39.29%，其中，公园绿地1002公顷，人均公园绿地面积14.3平方米。

市委、市政府将园林绿化工作纳入城市建设和社会经济发展构架，大力开展园林式单位创建。全市共创建全国绿化模范单位2个，省级园林式单位166个，市级园林式单位322个。先后打造了紫桥小区、西园小区等50多个示范性的老旧社区绿化改造精品，对荷花路、竹叶路等100多条小街小巷进行了绿化配套改造。按照市民出行300米见绿的目标，结合地域历史文化元素的挖掘，提高街头游园的文化品位和内涵，打造了一批精品街头绿地：桃红园、罗湾大桥桥头绿地、洞庭大道东延线三角绿地等60多个街头绿化项目相继建成，渐渐形成了“绿中有景、景中溢翠、移步换景、景绿共赏”的城市园林景观。

为方便市民休闲，市城区精心打造了一批公园游园：新建了白马湖文化公园、丁玲公园等7个公园广场，实施了滨湖公园、屈原公园、诗墙公园3个公园提质改造，新增街头小游园24个。对207条城市主次干道、小街小巷进行改造，对武陵大道、洞庭大道、常德大道、柳叶大道等10多条道路进行绿化提质。为让市民共享绿色，市政府机关带头拆围透绿，全市100多家临街单位拆除围墙总长约11690米，城市主干道沿街单位拆墙透绿率达100%。

围绕太阳山、河洑山、德山，开展“三山”保护提质。以山为界，把“三山”范围由2000公顷扩大到8700公顷。并在“三山”范围实行“六禁”：即严禁乱挖林地，严禁乱占林地，严禁乱砍林木，严禁乱葬坟墓，严禁乱用野外火源，严禁工商企业进山入园。环城高速及出入城口绿化工程，建成了环城高速82.5公里绿色廊道，形成了一道环绕常德的生态“绿圈”。

在绿化创新方面，常德市重点创新花卉造景，城市花化，大力推进桥体、窗台、屋顶等立体绿化，实施水体水质改善工程，水生植物种植得到了广泛应用。如今，漫步常德街头，不管是道路、广场，还是机关企事业单位、居住小区，以及小游园建设，都呈现了充分利用每一寸土地、见缝插绿的特点。规则式、自然式、混合式形式多样，中式、欧式、古典、现代风格各异；各类绿地中乔木、灌木、藤本、草本配置方式多样，植物种类丰富，绿地质量良好。

【常德开展主要污染物排放总量刷卡排污工作】 从2015年12月起，常德市将有10家重点排污企业已全面完成刷卡排污系统建设，并实现与市环保局平台联网。今后，企业要排污的话，要先刷卡。刷卡排污工作的开展可以促进该市的总量减排工作，总量减排作为国家确定的约束性指标，其中很重要的一点就是实施污染物排放的总量控制。刷卡排污总量自动控制系统是实施总量控制的基础和手段，是今后环保工作的一项硬任务、硬指标。

目前，常德市作为全省总量刷卡排污试点市，制定了刷卡排污总量控制系统试点工作方案，第一批确定10家企业作为试点企业，刷卡排污系统将主要控制企业排放的废水中的化学需氧量和氨氮两类污染物。该系统由省环保厅全额出资安装，现已完成对试点企业刷卡排污总量控制系统建设条件进行前期调查，编制了实施方案，下一步将抓紧做好安装调试等相关工作，力争在12月底前完成。

当前，常德市环境容量非常有限，环保工作已逐步从粗放式管理向精细化管理转变，通过该系统的建设，环保部门对企业的监管将实现从“浓度控制”向“浓度、总量双控制”的转变，有利于监管部门及时掌握不同污染物排放情况，为科学落实和制定减排工作任务、有效监管排污行为提供决策依据和管理手段，有利于推进排污权有偿使用，实现环境资源的市场化配置，也是促进企业加强管理、改进工艺、促进转型升级、提升企业竞争力的重要契机，同时倒逼企业淘汰落后产能，助推常德市工业转型升级。

【常德开展水泥行业第二轮清洁生产审核】 据2015年12月9日《常德日报》报道，为全面贯彻《大气污染防治行动计划》，强力推进重点行业大气污染治理，常德市水泥行业清洁生产审核工作进入第二轮。

省环保厅分别于2014年对常德市临澧冀东水泥有限公司，2015年对常德市石门海螺水泥有限责任公司、湖南石门特种水泥有限公司、中材常德水泥有限责任公司、湖南常德南方水泥有限公司下达了开展第二轮清洁生产审核的任务。5家水泥企业均于2011年开展了第一轮清洁生产审核。临澧冀东水泥有限公司于2014年完成第二轮清洁生产审核，湖南常德南方水泥有限公司目前已完成清洁生产审核报告的编制，石门海螺水泥有限责任公司、湖南石门特种水泥有限公司、中材常德水泥有限责任公司3家公司清洁生产审核工作正在开展中，计划年底前完成审核报告的编制。

【周德睿深入汉寿调研生态农业产业发展情况】 2015年12月15日，常德市委副书记、市长周德睿一行赴汉寿调研生态农业产业发展情况，市政府秘书长周代惠陪同调研。

在西洞庭湖国家级自然保护区，周德睿登上游艇查看沿途生态环境。西洞庭湖湿地保护区位于汉寿县境内东南部的西洞庭湖，总面积达30044公顷。2013年12月，经国务院批准升格为国家级自然保护区。区内水系发达，水质净化能力强，湖泊换水周期一般小于20天。保护区内珍惜濒危物种众多，被誉为珍稀濒危物种基因库。周德睿指出，要加强西洞庭湖湿地的保护和宣传，保护湿地生态系统和生物的多样性。结合湿地的防洪保安升级，打造成为国内外知名的生态旅游目的地。

周德睿一行随后来到湖南思雅园生态农业产业园和株木山乡韩家冲村。思雅园农业生态产业园是一家集高效无土种植、工厂化育苗、生态养殖、休闲度假为一体的大型农业产业园。株木山乡韩家冲村依托思雅园生态产业园发展生态蔬菜、休闲观光农业。大力发展乡村旅游，农民收入可观。周德睿高度肯定了生态产业园“绿色、环保、有机、无公害”的经营理念，他强调，汉寿是一个传统的蔬菜生产大县，要加大政策扶持力度、积极推进现代生态产业园建设，同时还要加大广告宣传，抓住市场，形成高端品牌，做精品蔬菜。

【全省最大光伏地面电站在常德汉寿完成带电实验和调试工作】 2015年12月31日,我省最大发电容量的光伏地面电站工程——利腾晖汉寿昊晖光伏电站一期项目完成带电实验和调试工作。

为增强电力保障能力，汉寿县积极响应国家大力发展清洁能源的号召，以国家大力支持分布式光伏电站项目为契机，着力建设分布式光伏发电项目。2014年6月，引进了江苏中利腾晖光伏科技有限公司光伏发电项目。该项目总投资50亿元，总装机容量500兆瓦，第一期项目位于汉寿县太子庙镇吉庆村长张高速公路附近，总投资6亿元，占地1800亩，装机容量60兆瓦，共分三组，每组容量为20兆瓦，单组年上网电量约0.19亿千瓦·时。

项目引进后，为确保一期项目于2015年底顺利投运，汉寿县委、县政府高度重视，成立了以县长为组长的项目协调领导小组，开展从前期服务到并网投产的全过程、保姆式服务。针对项目各项前期工作，相关责任单位优化服务流程，为项目备案、用地批复、环评、国土预审、电网接入批复等提供“一站式”协同服务，于2014年12月29日破土动工。县委书记罗先东将该项目作为全县重点工程建设的标志性项目，多次召开专题调度会，明确工作重点、主要节点与完成时间，实时管控项目各个环节进度，解决项目建设存在的问题。县长杨昶多次带领相关责任单位深入到项目所在地现场办公，了解掌握工程进展情况，研究工程建设进度方案，“点对点”解决项目用地流转、征地拆迁、电力接入点等具体问题。项目责任单位组建了专门工作班子，实行日调度、周总结的调度协调机制，为项目建设提供优质服务。

【常德22名环境监测人员通过省厅持证上岗考核】 2015年12月，省环保厅派出持证上岗考核组，对常德市22名环境监测人员持证上岗工作进行了现场考核。考核组严格按照《湖南省环境监测人员持证上岗考核实施细则》，采取操作演示与现场提问、盲样测试、召开首末次会议等形式，对240项次（其中非重复项次105项内容）进行全面考核。结果显示，常德市环境监测站通过考核项目达234项，合格率达97.5%。

【常德多举措保障饮用水水源安全】 2015年12月，省环保厅在全省范围全面开展集中式饮用水水源保护区划分工作。据了解，2014年，常德市在全省率先开展了1000人以上集中式饮用水水源保护区的划分工作，目前，全市已完成212处集中式饮用水水源保护区水域划定工作。

为加强饮用水水源地环境管理，2015年来，常德市按照《水污染防治行动计划》中“保障饮用水水源安全”的要求，在2014年划定集中式饮用水水源保护区的基础上，将全市饮用水水源保护区的环境整治纳入水污染防治重点工作之一。10月，市人民政府办公室下发了《常德市饮用水水源保护区环境整治工作方案》，对全市范围内依法划定的饮用水水源保护区环境整治提出了工作目标，按照不同的工作任务提出分步骤实施的具体要求，明确2017年12月底前完成全市饮用水水源保护区污染整治，实施饮用水水源保护区生态修复建设，完善饮用水水源保护区规范化标准建设，全市饮用水水源水质达标率达到90%以上。同时，常德市将依据2007年环保部颁布的《饮用水水源保护区划分技术规范》，对2003年划定的集中式饮用水水源保护区划分陆域保护区范围。

益阳市

益阳市2015年两型社会建设综述

2015年，益阳市两型社会建设坚持稳中求进的总基调，重点推进大会战、大整治、大帮扶、大招商、大拆迁五大重点工作，攻坚克难，全力投入，实现了经济建设的平稳增长和社会发展的和谐稳定。全市生产总值较上年增长8.5%；一般公共预算收入增长10.2%；固定资产投资增长18.5%；社会消费品零售总额增长12%；城乡居民人均可支配收入增长9.2%。

一、三次产业平稳发展

农业生产稳步增长。实现农林牧渔业总产值388.7亿元，较上年增长4.5%。国家现代农业示范区建设高效推进。粮食产量稳步提高，生产面积持续增加，蔬菜、黑茶、畜禽、水产品等产量产值均有不同程度增加。全市农业综合机械化水平为68.5%。农民专业合作组织数量达到2509个。安化黑茶"全国知名品牌创建示范区"顺利通过验收。工业经济稳中有升。通过务实开展"企业大帮扶"行动，规模工业增加值较上年增长7.5%。新增规模工业企业105家。高新技术产业增加值达195亿元，增长率12%。食品加工、电子信息等优势产业持续发展壮大。艾华集团顺利实现主板上市。第三产业实现较快发展。第三产业增加值达533亿元，较上年增长11.7%。金融机构本外币存贷款余额分别为1344.3亿元和616.9亿元，存款余额比年初增加186.1亿元，各类贷款实际新增115.9亿元。电子商务快速发展，全市电商企业7450家，益阳高新区中南网商园成功获批国家电子商务示范基地。旅游产业方面发展迅速。成功举办了第三届中国湖南·安化黑茶文化节、湖南省第三届家具博览会和益阳市第六届房交会。

二、项目建设务实推进

抓好省市重点项目特别是洞庭湖生态经济区重大项目建设。在大力推进项目征地拆迁工作的同时，注重组织保障、司法保障和纪律保障。益阳市在建项目、新开工项目较上年分别增加439个和366个。交通建设大会战成功实现新突破。全年交通建设投资达120亿元，较上年增长33%，其中高速公路投资达73.9亿元，增长率95%。益阳南线高速实现通车。益娄、益马、南益、马安高速全面开工建设；常安、安邵高速恢复施工；长益高速复线；安官、宁韶高速正在全力开展前期工作。干线公路、铁路、桥梁、站场和水运等项目顺利推进。园区建设大会战取得新成果。益阳市工业园区新建标准化厂房182.7万平方米，完成基础设施投资125.8亿元，新开工项目110个，新投产项目112个，引进创新创业企业300家，规模工业增加值增长8.8%，增速高出全部规模工业1.3个百分点。

三、改革开放取得实效

各项改革全面推进。完成了9大类62项改革任务。将两型改革任务和省委、市委生态文明体制改革工作结合起来抓，务实制定了2015年生态文明体制改革工作要点。并报市委深化改革领导小组审定，市委办、市政府办印发《益阳市生态文明体制改革实施方案（2014—2020年）》方案（益办发〔2015〕29号）。明确了全市生态文明改革的路线图、任务书、时间表，建好了中长期和当前两本"改革台账"。督促推进重点改革工作任务。将市委、市政府明确的目标任务，一一对账盘点，按照倒排进度时间节点要求，实行目标责任管理，适时开展专项督查和全面督查，及时掌握工作进度，确保如期完成改革目标任务。生态文明改革工作取得实效。重点推进三大项12项改革工作，开展省级以上改革试点工作4项，各项改革工作进展顺利，部分改革工作成效初显。在大气污染防治、重点湖库生态环境专项保护、水资源和饮用水管理等方面不断创新机制，涌现了一批典型经验。通过不断总结、挖掘，安化集约节约用地和益阳市高效林业建设两个模式获全省生态文明创新先进案例。市、县政府机构改革基本完成，并乡并村工作有序开展。"四项清单"制度、行政审批制度改革效果显著。现代农业改革试验全省率先试点。金融、农村、财税体制、商事制度、医疗卫生体制、户籍制度、国有企业、城市管理和乡镇国土规划建设体制等改革顺利推进。引资争资成效明显。利用市域外资金形成固定资产投资376亿元，比上年增长12.2%。新引进项目285个，其中投资5亿元以上项目17个，引进了万达广场、海洋城等一批重大项目。争取上级各类财政性资金180亿元。对外贸易稳步增长。实现进出口总额5.9亿美元，新增30家外贸破零企业。

四、城乡建设统筹推进

"一江三路"综合整治扎实开展。启动了资江风貌带规划建设，以美化、绿化、亮化、序化为重点的"一江三路"综合整治工作取得重要成果。城乡规划不断健全。启动了《益阳市城市设计导则》和《益阳市美丽乡村导则》编制工作。完成了84个镇（乡）域村镇布局规划和130个农民集中居住区修建性详细规划。城镇建设加快推进。完成城镇基础设施建设投资98.8亿元，比上年增长21.9%，其中中心城区完成投资46.6亿元。全国文明城市、国家交通管理模范城市等创建工作有序开展。完成市政基础设施项目58个，城市生活垃圾焚烧发电项目主体工程已经建成，益阳大桥建设顺利推进。建成供水、供气和污水管网209.9公里，大通湖、灰山港、梅城污水处理厂建成运营。县城扩容提质和重点镇、特色小城镇建设扎实有效。城镇管理体制不断完善。围绕大益阳城市圈建设，进一步理顺了中心城区市区两级城市管理体制。整合了乡镇国土规划建设环保职能。新农村建设不断深化。美丽乡村建设扎实开展，13 个美丽村庄、190 个人居环境整治重点村建设进展顺利。农村清洁工程深入推进。建成农村公路 286.8 公里。完成 239 个村的农网改造。建成 285 处农村安全饮水工程，解决了 94 万人口的饮水安全问题。

五、绿色发展力度加大

生态建设扎实推进。加强生态修复和生态保护，生态乡镇、生态村创建效果明显。完成植树造林 23 万亩，高效生态林业建设取得新成效。节能减排取得成果。万元规模工业增加值能耗下降 9.5%，超额完成目标任务。加强重点减排项目建设，四项主要污染物总量减排全面完成目标任务。环境保护得到加强。扎实推进“两河”治理、大气污染防治、“矿山复绿”、农村环境综合整治等重点工作，加强环境监督执法，保证了环境安全。两型示范创建有序开展。着力培育省级示范单位。以区县（市）为主体，全面开展示范创建。按照单位自主申报、区县（市）审查、市两型办实地考察、专家评审等程序，评选了一批省市示范创建单位。13 个单位获批省级两型示范创建单位；赫山区赫山街道银东社区、沅江市三眼塘镇三眼塘村获批省级两型示范单位；赫山区泉交河镇竹泉山村获批为省级两型示范基地。益阳市山乡巨变第一村获全省第一批两型认证景区。两型综合示范区和两型标志性项目建设取得重大进展。以八大县级两型综合示范区为平台，推动县级两型示范创建资源向区域倾斜，市、县级示范单位向区域集中，促进了示范创建由“盆景”变“花园”。不断打造创建特色，总结创建经验，全市共总结 22 个创建模式，形成了《两型示范创建经验模式集》，供各地各单位学习参考。全力推进十大两型标志性项目建设。资阳玉马庄绿色安居工程、南县南茅运河生态走廊等两型标志性项目，形成了较好的示范引领作用。

六、协调推进示范区建设

明确了两型社会建设示范区内三区 2015 年开发建设目标，形成了招商引资项目、基础设施建设项目、市直部门服务示范区开发建设措施三个清单。并将年度目标任务和三个清单任务完成情况，纳入对三区和相关市直部门绩效考核范围。共研究、协调解决具体问题 13 项。市主要领导组织召开示范区路网建设等各类具体问题调度会，有效推动了示范区项目建设。深入实地开展调查研究。为全面真实掌握示范区项目建设情况，通过深入示范区三个建设主体单位、建设项目，实地察看了项目进展情况，形成了《示范区项目建设情况基础台账》《关于示范区改革建设的思考》，为领导科学决策提供了第一手资料。全力服务示范区规划修编。针对示范区交通与市政配套不完善，产业基础薄弱，主导产业与品牌企业不突出，园区产业缺乏统筹，产业同构与恶性竞争等问题，组织开展了示范区实地调研、市直部门优惠政策调研、湘江新区产业发展情况调查，对示范区 285 平方公里的总体规划进行了初步调整优化。

七、广泛开展宣传教育

开展“两型家庭说两型”专题采访报道。以普通人的两型生活为视角，制作了专题报道片在益阳电视台新闻联播播放。组织省级媒体专题报道东部新区改革建设。依托湖南省 2014 年度新闻奖颁奖活动，组织三湘都市报等省级媒体以及来自 13 个市州的主流媒体，在两型社会示范区益阳东部新区开展了专题采风活动，益阳日报通过“丽都益阳看东方、市两型社会示范区开发建设纪实”专版专刊报道了益阳东部新区改革建设成绩。开展“绿色崛起看对接”系列报道。联合相关市直部门推出了“绿色崛起看对接”系列报道，将益阳两型社会建设工作纪实以专版形式刊发，在全市引起了较大反响。开展全国有奖征文活动。联合赫山区文联举办了“两型共创、你我同行”全国有奖征文比赛，优秀作品在益阳主流报刊刊登，面向全市发行。推动两型知识进党校课堂。两型知识全面进入市委党校和区县主体班课程，在广大机关干部中宣传普及了两型理念。

八、扎实推广清洁低碳技术

重点推广清洁低碳园区试点工作，赫山区龙岭工业园、长春经济开发区试点工作正稳步推进，龙岭工业园内企业工业锅炉煤改气、煤改生物质完成 60%以上。园区内适建屋顶大力推进光伏发电，已完成龙源纺织 2 兆瓦光伏屋顶建设。长春工业园超胜、鹰飞等六家线路板企业污水集中处理系统投入运行，形成了政府牵头、企业为主，政府企业共同参与的重金属废水第三方治理模式，日处理污水 300 吨。园区内皇爷食品、辣妹子食品、森华木业、鑫海绳网的工业锅炉改造煤改气、煤改生物质已经完成，锅炉水处理 100%达标排放。

九、开展两型综合评价工作

制定益阳市两型综合评价方案。对 2014 年八个区县（市）两型社会建设情况做出初步评价。建立两型统计报表制度。联合市统计局印发了《两型社会建设综合评价统计报表制度（试行）》的通知，明确统计、国土、住建、国家统计局益阳调查队等部门责任。充分吸纳统计分析和两型相关知识人才组成专家组，确定两型评价体系，对相关统计监测资料进一步分析开发并形成统计监测成果。完成项目委托制定实施方案。为保证两型综合评价项目委托合法合规，通过第三方开展评价工作，确定了湖南省城市学院两型研究会为益阳市 2014 年两型综合评价工作报告项目承办单位。确定了两型评价体系。通过专家组讨论确定了益阳市的两型综合评价体系。形成评价报告并发布。多次修改论证评价数据模型和评价报告，评价报告已经专家组讨论通过，并于 12 月发布。

益阳市 2015 年两型社会建设成果

【益阳环境保护工作会议召开】 2015 年 3 月 12 日，益阳市环境保护工作会议提出，2015 年将抓好 1 个整县、1 个整乡镇环境综合整治，启动实施 37 个土壤优先保护区和土壤综合治理重点项目，对益阳市区域内被列入良好湖泊保护范围的洞庭湖、大通湖和柘溪水库、三仙湖水库实行生态保护，加速推进生态市创建工作。市委常委、副市长彭建忠出席会议。

2014年，益阳市生态文明建设和环境保护工作多个领域取得重要进展。区域环境污染治理初显成效，“两河”整治继续推动水质改善，农村环境综合整治整体推进。环境监管执法力度明显增强，环境监测能力不断提升，经济发展环境进一步优化。

彭建忠要求，要用新常态来对照观察、分析判断当前环境保护的新形势、新任务，研究提出新思路和新办法；要强化部门环保责任，抓好区域环境治理，下大力气解决好“两河”污染、农村生活垃圾污染、畜禽养殖污染等影响市民健康的环境问题；要加大环保执法力度，建立健全环保机制，做到源头严控、过程严管、后果严惩；要搞好环保宣传引导，并加强党风廉政建设，齐心协力做好全市环境保护工作。

【彭建忠调研国土整治和重点镇建设工作】 2015年3月10日至11日，益阳市委常委、副市长彭建忠率国土部门负责人，先后深入大通湖区、沅江市的千山红、河坝、草尾、阳罗、黄茅洲、共华等乡镇调研考察国土整治和重点镇建设工作。

彭建忠一行深入田间地头，重点考察了近三年实施的环洞庭湖国土整治项目，特别对工程质量、方案设计等进行了检查、指导，并与当地乡镇干部、村干部和社民群众进行了讨论交流，对工程项目存在的困难和问题以及群众的期望诉求进行了深入了解，对计划安排项目进行实地查勘。彭建忠要求国土部门结合实际，充分考虑群众的期望要求，进一步优化项目计划安排，并切实加强对工程质量的监管，确保国土整治项目高质量、高标准，赢得群众的普遍满意。

彭建忠还对河坝、草尾这两个国家级重点镇的建设情况进行了全面考察，从市基础设施建设、供水供气、垃圾污水治理、地下管网建设、地方特色产业等多个方面进行深入了解，先后实地考察了大通湖区的污水处理厂、供气母站和城区环线等重点项目以及沅江市共华镇的芦笋加工企业和市区的在建重点工程。彭建忠要求当地党委、政府按照“紧扣创建、紧贴民生、紧抓配套”的思路，进一步加快城镇建设步伐，全面提升城镇化建设水平。

【益阳荣膺“国家卫生城市”】 2015年3月24日，益阳市再添一个“国字号”荣誉——“国家卫生城市”。当日，在安徽马鞍山市召开的全国爱国卫生工作暨城乡环境卫生整洁行动现场会议上，益阳市被授予“国家卫生城市”荣誉称号。与益阳一同被命名的还有娄底、永州等72个城市(区)。市委副书记、市长胡忠雄代表益阳参加会议并捧回荣耀。

国家卫生城市，是由全国爱国卫生运动委员会评选命名的。从2009年初正式启动国家卫生城市创建活动，到获得“国家卫生城市”荣誉称号，益阳市走过6年创建历程，先后实施了先导工程、清洁工程、提质工程、绿化工程以及亮化工程，随后又将创卫与其他创建活动相结合，创建活动高潮迭起，城市建设大步向前，人居环境不断改善，综合环境质量连续稳居全省各市州之首，先后获得“全国双拥模范城市”“中国杰出绿色生态城市”“国家森林城市”“最宜人居城市”等荣誉称号。

6年来，益阳市委、市政府始终将改善人居环境，提高市民幸福指数作为创卫的出发点和落脚点，创卫成为与市民息息相关的民生工程、造福工程、德政工程。短短几年间，市本级直接投入城市基础设施建设的资金达26亿元，拉动社会资金投入120亿元；组织实施了429个建设项目，投入力度与建设强度都是1994年建市以来前所未有的；新建、续建城区道路36条，完成了90%以上的主次干道和535条背街小巷的提质改造和综合配套工程；连续5年实施“十万棵树进城”工程，中心城区“300米见绿、500米见园”目标逐渐成为现实；城区25个农贸市场全部改造达标，29个城中村相继达到市级卫生村标准，12个城乡结合部旧貌换新颜。

创卫重在坚持，贵在长效。根据全国爱卫办的要求，国家卫生城市每满3年复审一次，复审未达标准的城市限期1年进行整改，再次复查仍不合格的将撤销命名。

【张桃林益阳调研农业环境保护和污染治理】 2015年3月30日，中国科协副主席、九三学社中央副主席、农业部副部长张桃林率农业部科教司副司长王衍亮、财务司副巡视员何斌等益阳调研农业环境保护和污染治理、现代农业发展、农业科技教育和培训等工作。张桃林高度评价益阳市三农工作，鼓励益阳市进一步发展现代农业，推进农村清洁工程，为农民营造良好的居住和发展环境。

副省长张硕辅，九三学社省委主委、省政协副主席张大方，省农业委员会主任刘宗林、副主任兰定国，市领导魏旋君、胡忠雄、何俊峰、谢寿保，市政府秘书长汤瑞祥陪同调研。

张桃林一行首先走进赫山区泉交河镇竹泉山村。2014年，该村按照美丽乡村建设任务和标准，确定了“生态菱湖、秀美竹泉”的创建主题，在完成村庄建设规划编制的同时，还完成了村部改造、风貌改造、污水处理、山塘修整等16个建设项目。村级资金来源、去向都有哪些？土地流转、利用情况怎么样？农民是否增收？张桃林走在苗圃旁，不时向村支书陈楚如发问。他表示，要积极探索，在不改变土地用途的基础上，想方设法改善农村的发展环境，为农民增收提供有利条件。在村部，张桃林饶有兴趣地走进农家书屋。得知来农家书屋看书借书的村民不少，且科技类书籍大受欢迎，张桃林说，农业科技教育和培训要作为发展现代农业的一项重点工作来抓。一定不能让农家书屋成为摆设，要使它成为农民提升科技文化素养、掌握最新农技知识的好去处。沅江市三眼塘镇三眼塘村连续10年狠抓农村清洁工程建设和生态文明建设，利用有限的项目支持，发动群众筹资投劳。目前，596个生态庭院农户全部建好了生活污水处理系统，1960亩基本农田全部实施测土配方施肥，建设了128个封闭式垃圾池和52个田间垃圾池。在整洁干净的乡间道路上行走，张桃林一行步履轻盈。他详细询问全村清洁工程的运行模式，不时停步和路过的村民交谈，了解对农村清洁工程的看法。还走进农户家中，揭开生活污水处理池的水泥盖，查看污水处理效果。张桃林说，三眼塘村环境优美，空气清新，农村清洁工程的效果明显。希望涌现更多这样的美丽村庄，不但能让农民生活好，还可以发展乡村旅游，为村民带来更美好的生活。

【益阳正式启动公共自行车低碳出行试点活动】 2015年4月1日下午，益阳公共自行车低碳出行试点活动正式启动，试点公共自行车正式分配到各个单位和各人。

目前，市政府机关大院建成公共自行车服务网点3处，停车桩位220个，自行车200辆。根据各单位之前的申报情况，申请自行车的机关干部每3人使用一辆自行车，车钥匙发放到各单位负责公共自行车管理的专干，由各单位配合市行政管理处管理好公共自行车的使用和保管。

【益阳积极支持洞庭湖国家公园建设】 2015年4月9日，益阳市政协召开会议，专题部署洞庭湖国家公园建设调研工作，要求下大力气推进这一建设项目。市政协副主席卜铁洪出席。

2002年2月，南洞庭湖湿地和水禽自然保护区正式列入《国际重要湿地名录》。2014年4月，经国务院批复的《洞庭湖生态经济区规划》指出：创新生态环境保护机制，支持设立洞庭湖国家湿地公园。1月底，市委书记魏旋君在省“两会”期间，提出了“以南洞庭湿地保护区为依托建洞庭湖国家公园”的建议，引起各方热议和关注。3月初，省发改委2015年工作要点中提出，推动生态文明建设，研究谋划洞庭湖国家公园建设。3月23日，全国政协副主席罗富和率领全国政协人口资源环境委员会调研组来湘调研，座谈探讨洞庭湖湿地保护。洞庭湖国家公园建设正当其时。

卜铁洪指出，建设洞庭湖国家公园，是积极落实国家洞庭湖生态经济区发展战略的有力举措，对于保障环湖生态安全、修复生态环境、丰富旅游产品、提升宜居品位、焕发城市活力、履行国际湿地公约等都具有积极意义。他希望各级各有关部门、单位积极支持调研，献计出力。

【益阳全面开展主要污染物排污权储备有偿使用和交易工作】 2015年4月16日起，益阳市全面开展主要污染物排污权储备有偿使用和交易工作，排污单位的正常生产经营活动，在满足环境质量要求和主要污染物排放总量控制的前提下，通过缴纳排污权有偿使用费，才可以获得排放主要污染物的权力。

根据《中华人民共和国环境保护法》（2014年4月24日修订）第二十二条、第四十四条、第四十五条中的相关规定，依据《湖南省主要污染物排污权有偿使用和交易管理办法》（湘政发〔2014〕4号）及《益阳市主要污染物排污权储备有偿使用和交易实施办法》（益政办发〔2015〕3号）规定，从2015年3月16日开始，益阳市对所有合法工业企业实行主要污染物排污权有偿使用和交易政策。

获悉，现有排污单位在满足环境质量要求和主要污染物排放总量控制的前提下，以环境保护行政主管部门核定的达标排放量为基准，缴纳排污权有偿使用费，获得相应的主要污染物排污权；已获得环境影响评价批准文件但未投入正式运行的排污单位，以环境影响评价批准文件确认的排污量为基准，在投入试运行以后、竣工环境保护验收以前，缴纳排污权有偿使用费，获得相应的主要污染物排污权。排污单位新、改、扩建项目需新增主要污染物排放指标的，必须通过排污权储备交易机构按交易方式购买所需的主要污染物排污权；新、改、扩建项目以市场交易方式有偿获得主要污染物排污权后，在排污权有效期内不再缴纳主要污染物排污权有偿使用费。从排污权有效期满的次年开始按规定标准缴纳主要污染物排污权有偿使用费。目前，参照《湖南省物价局关于征求对主要污染物排污权有偿使用收费和交易政府指导价格标准意见的公告》，以市场交易方式购得主要污染物排污权的排污单位，十年内不需缴纳主要污染物排污权有偿使用费，十年之后再按照规定标准缴纳。

排污单位填写《初始排污权指标申报表》，向当地环保部门提出初始排污权申报量。县、市、区环保（分）局初步核定企业申报的初始排污权指标，将初始排污权指标核定结果反馈排污单位，排污单位如有异议则送市环保局复核，市环保部门复核初始排污权指标，公示初始排污权分配结果，环保部门向排污单位下达《初始排污权有偿使用费缴款通知单》，排污单位根据《初始排污权有偿使用费缴款通知单》缴纳初始排污权有偿使用费，排污单位凭《初始排污权有偿使用费缴款通知单》、缴费凭证及附件材料，到交易机构领取《初始排污权申购确认表》和《排污权证》，排污单位凭《初始排污权申购确认表》到环保部门申领或变更《排污许可证》。

逾期不申请视为自动放弃初始排污权，将不予分配排污权指标，并依据相关法律法规不予核发或换发排污许可证。同时，将相关信息告之银监、国土、安监、质监、规划、发改、经信委、住建、工商等部门，共同监管。根据《中华人民共和国环境保护法》（2014年4月24日修订）第六十三条第二款：“违反法律规定，未取得排污许可证排放污染物，被责令停止排污，拒不执行的可由县级以上人民政府环境保护主管部门或者其他有关部门将案件移送公安机关，对其直接负责的主管人员和其他直接责任人员，处十日以上十五日以下拘留;情节较轻的，处五日以上十日以下拘留。”

【益阳入选首批十大休闲旅游目的地】 2015年4月29日，在北京召开的第21届亚洲旅游业金旅奖盛典暨2015大中华区旅游文化榜发布会传来喜讯：益阳市入选“亚洲金旅奖·首批十大休闲（度假）旅游目的地”和“亚洲金旅奖·首批最美生态旅游目的地”。

该峰会由亚洲旅游文化联合会、亚洲旅游业CSR研究中心、亚洲旅游业品牌研究会联合主办，从1995年举办首届，至今已经成为国内最具影响力和权威性的旅游专业峰会之一。得到第21届峰会在北京举办，并在盛典期间面向全国发布100家旅游目的地的消息后，益阳市外事侨务旅游局抢抓机遇，精心准备申报资料。经“综合测评考核、专家意见分值、网络公示投票、媒体负面监测”四个环节，益阳市凭借休闲度假与生态旅游的差异性优势，从入围的全国1300多个旅游目的地中脱颖而出，斩获殊荣。

近年来，益阳市高度重视旅游产业发展，实施项目带动发展战略，优先发展战略。按照“规划一批，建设一批，运营一批，提升一批，储备一批”的原则，以资源为基础，以市场为导向，以产品为纽带，重点打造黑茶文化旅游、南洞庭湿地生态旅游，着力完善健身康体旅游，推进红色旅游，旅游产业发展态势良好，品牌知名度不断提升，影响力不断扩大，成为集观光、休闲、度假为一体的独具特色的旅游目的地城市。2014年，全市接待国内外旅游者2538万人次，实现旅游综合收入160.5亿元。

【武吉海到益阳调研耕地污染修复治理】 2015年5月5日至6日，省政协副主席武吉海率调研组来到益阳调研耕地污染修复治理情况，对益阳市调查监测、修复治理等工作予以充分肯定。省政协常委、人资环委主任胡伟林，省政协委员、人资环委副主任、省林业厅副厅长康苗生，省政协委员、市政协副主席卜铁洪陪同调研。市领导魏旋君、胡忠雄、黄加忠、谢寿保，市政府秘书长汤瑞祥先后陪同或出席座谈会，魏旋君主持座谈会。

调研组先后前往赫山区、桃江县、益阳高新区的工矿企业、农村察看农村清洁工程、养殖污染综合治理、“三废”和凉席加工对耕地的影响，并在江南古城和顺德城考察项目整体规划、建设进展等情况，听取各地有关工作人员和群众对耕地污染修复治理的建议。

谢寿保汇报了情况。他说，益阳市耕地质量整体较好，但受地质因素影响，土壤中重金属含量较高，农药化肥以及矿山开采、竹凉席生产使耕地受到一定程度的影响。目前，益阳市在多个区县（市）共建立农业环境质量定位监测点21个，并在稻田、蔬菜种植区等地布设采样监测点，为土壤保护和治理提供了科学依据；广泛推广应用减肥减药技术，整建制推进测土配方施肥，化肥使用总量明显下降，施肥结构逐步优化，通过农作物病虫害专业化统防统治，大量减少使用化学农药；全面实施农村清洁工程示范村建设，通过源头控制、终端拦截、末端治理三个环节入手提升农业生态文明。同时，有序推进稻田重金属污染治理、不断推进面源污染治理示范工程、开展志溪河兰溪河流域农业面源污染综合治理，调查监测、修复治理等方面工作取得了初步成效。

武吉海说，近年来，益阳市委、市政府注重开展生态环境综合整治，尤其在矿山和工业污染治理以及农村清洁工程等方面取得了显著成绩。在耕地污染源头治理方面，益阳着力推广科学施肥、安全用药、绿色防控等生产技术，卓有成效。希望益阳市认真研究，用发展的办法来解决发展中出现的问题，探索能为全省乃至全国提供借鉴的经验。

魏旋君表示，益阳各级各有关部门将切实增强法治意识，加强培训，以科学的方法推进耕地污染修复治理。

【陈肇雄视察益阳东部新区】 2015年5月7日下午，省委常委、常务副省长陈肇雄率省发改、国土、环保、统计、政府研究室等负责同志来到长株潭城市群两型社会示范区益阳东部新区考察调研。益阳市委书记魏旋君，市委副书记、市长胡忠雄陪同考察。

陈肇雄一行在益阳东部新区管委会听取了益阳东部新区负责人关于规划建设的情况汇报，在江南古城项目建设现场实地察看，他细致地询问起项目的投资、业态和销售等情况，并要求省市相关职能部门加强沟通，提升服务水平。

随后，陈肇雄一行来到高新区东部产业园会议室举行座谈，他听取了市委、市政府的工作情况汇报，并就益阳经济社会发展中的重大问题进行了研究。他强调，益阳东部新区的规划层次高、项目创意新，有很大发展潜力，同时，这一区域大力发展高端三产业，与高新区的工业发展形成联动互补，是新常态下益阳加快发展方式转变、提升经济结构的关键着力点，要抢抓机遇叠加、政策汇聚等有利条件，积极对接长沙，对接洞庭湖生态经济区建设战略，实现科学跨越发展。

【以对人民高度负责精神抓紧抓好两河治理】 2015年5月18日，益阳市委副书记、市长胡忠雄主持召开2015年“两河”综合治理工作调度会。他强调，“两河”治理既是环保工程、城建工程、民生工程，更是良知工程、民心工程、道德工程，各级政府一定要以对人民高度负责的精神，把工作抓紧抓好。市政府秘书长汤瑞祥出席调度会。

从2013年开始，益阳市对资江支流志溪河、赫山兰溪河进行以遏制环境污染为重点的综合治理。两年来，尤其是2015年来，各个部门、单位通力协作，重拳出击，两河流域工业污染治理、畜禽养殖污染治理已有突破性进展，农业面源污染得到有效控制，但目前工作进展还不平衡，一些具体工作落实不力，竹凉席产业的转型升级才刚刚起步。

胡忠雄要求，2015年“两河”治理要持续发力，强化责任，突出重点，加强督查，统一调度，形成强有力的工作机制。胡忠雄强调，益阳水资源丰富，优势明显，但如果被严重污染了，或者已经污染的水域没有治理好，水资源优势就不复存在；而且，“两河”环境污染还直接影响到沿线群众的生产生活。因此，各级政府一定要高度重视，市政府分解到三区的治理目标任务必须落到实处，不打折扣。当前要进一步突出治理工业污染、养殖污染和农业面源污染，一些污染严重且治理效果不明显的工业企业，该关停的坚决关停；竹凉席产业转型升级要强力推进；畜禽养殖污染物达标排放或退养搬迁都要有明显效果。为抓紧抓好这项工作，今后，市政府每两个月将调度一次。

【益阳加强绿色化建设打造生态化家园】 2015年5月20日，省林业厅厅长邓三龙、副厅长唐苗生、副巡视员吴剑波一行到益阳市考察林业工作。益阳市委副书记、市长胡忠雄，副市长谢寿保，市政府秘书长汤瑞祥陪同考察或参加座谈。

邓三龙一行先后到益阳市珍贵乡土树种“育繁推”一体化基地、顺德城家居博览中心、吉林森工、湖乡情生态农业科技示范园、资北干线绿色通道等地，考察益阳市生态林业和林业产业化建设。在顺德城家居博览中心，邓三龙听取了湖南省第三届家居博览会筹备工作汇报，他要求承办方按照规划，加快进度，将家居博览会办成有影响力的展览，并希望益阳市以此为契机，加强城市和乡村绿化建设，对外展示良好的城市形象。

下午的林业工作座谈会上，邓三龙一行听取了益阳高效生态林业建设工作汇报。近年来，益阳市林业资源总量、均量和质量三量齐升，林业一、二、三产业协调发展，林业生态、经济、社会效益同步发挥，林业增效、林农增收、林区和谐稳步推进。下一步，益阳市将进一步改善生态、深化改革、提升产业效益，抓好现代林业建设。

邓三龙说，益阳生态林业发展有思想、有规划、有重点、有成效。今后要继续加强生态风光带建设，做好珍贵树种进农家、国有林场改革和森林防火工作，力争在绿色化建设中再创佳绩。

胡忠雄表示，益阳市将按照省林业厅要求，扎实做好林业工作，加强绿色化建设，建设好绿色、生态、美丽家园。

【益阳大力开展环保执法共同守护绿水青山】 2015年5月21日，益阳市人大常委会召开环保法和水污染防治法执法检查动员会。市委常委、副市长彭建忠讲话，市人大常委会副主任袁国军作动员报告，市人大常委会副主任程道峰主持。

根据全国、省人大常委会文件精神，市人大常委会于2015年5月至9月在全市范围内开展《环境保护法》和《水污染防治法》执法检查，重点检查对象为市政府及其职能部门、排污企业、养殖等生产经营单位。环保法执法检查主要包括农村环境保护"白色垃圾"处理情况、企业执行环境影响评价制度和"三同时"制度情况等八大项内容；水污染防治法执法检查主要包括工业水污染防治、农业和农村水污染防治情况等6个方面。

彭建忠说，环境保护是关乎民生民利、备受群众关注的重大问题。当前环境污染形势依然严峻，各相关部门要积极迎检，主动整改，切忌讳疾忌医、盲目隐瞒，要切实增强环境保护的紧迫感和责任感，要齐心协力，抓好区域的环境治理，加大环保执法的力度，健全环保机制，搞好环保宣传引导，共同守护青山绿水蓝天白云。

【推进生态文明建设丽都益阳】 2015年5月22日上午，益阳市举行2015年第二次"学习型组织创建"辅导报告会，邀请联合国国际生态安全科学院院士、清华大学教授、国家一级注册建筑师、著名建筑大师和建筑评论家彭培根先生作题为《生态文明与中国城镇化的矛盾与和谐的辩证》辅导报告。市委常委、副市长彭建忠参加学习，市委常委、宣传部部长胡立安主持报告会。

彭培根在生态安全与建筑学界有着一流的建树，主持或参与过的厦门总体规划、武汉金银新城规划、青岛"黄岛总体规划"、深圳华侨城规划等，在国内外都有较大的影响。彭培根以其渊博的知识经验、广阔的国际视野、深邃的学术思考，就生态文明、生态安全、城镇化建设、可持续发展等为益阳干部上了十分精彩的一课。

胡立安在总结时指出，良好的生态是益阳最宝贵的资源，也是发展的优势所在，在2013年益阳市提出了建设区域性生态中心城市、打造丽都益阳的总体发展思路。围绕这一发展思路，我们必须大力发展低碳经济和循环经济，坚持走新型工业化道路，坚持走新型城镇化道路，突出抓好长株潭城市群两型社会示范区益阳东部新区的建设。

市直及中央、省属驻益正处级单位主要负责人，各区县（市）长和分管城建工作的副区县（市）长，市规划局、住建局、农委、环保局、林业局、房管局、城管局、两型办的班子成员，中心城区及附近乡镇、街道党政主要负责人等参加学习。

【益阳中心城区环境质量总体良好】 2015年5月26日，益阳市政府新闻办公室召开新闻发布会，通报益阳市环境保护工作的相关情况。市环保局负责人就益阳市2014年环境质量状况、企业环境信用等级情况及环境监管执法等工作发布新闻。

市环保局负责人介绍，2014年，益阳市中心城区全年空气优良率达93.7%，空气质量为优的天数累计为30天，良好的天数为312天，轻微污染的天数为23天，中心城区空气质量级别为二级，空气质量评定为良好。全年酸雨频率为94.7%；饮用水水质符合《地表水环境质量标准》中Ⅲ类水质标准，符合功能区要求；资水干流河段水质为优。中心城区环境噪声昼间平均等效声级为51.7分贝，等级为较好；道路交通噪声昼间加权等效声级为64.9分贝，等级为好。

根据《湖南省企业环境信用评价管理办法》，省环保厅对益阳市2014年度企业环境行为进行了信用等级评价，范围包括国家重点监控企业、上市公司、日常环境监管中发现存在环境问题的企业，以及其他自愿参评的企业等。在参评的77家企业中，共有62家被评定为环境合格企业、9家为环境风险企业、6家被评为环境不良企业。

据环保局负责人介绍，从2015年实施新环保法以来，全市采取强制处罚措施，整治环境违法企业27家，其中取缔关闭2家、查封扣押3起、经济处罚1起、停业限产及停止建设17家、移送司法机关4起，有力打击了企业的环境违法行为。

【胡忠雄调研兰溪河治理情况】 2015年5月27日，益阳市委副书记、市长胡忠雄在中心城区调研兰溪河治理情况。胡忠雄指出，要做好顶层设计，明确阶段目标，系统完成兰溪河治理工程。市政府秘书长汤瑞祥参加调研。

胡忠雄沿兰溪河察看治理情况。目前，兰溪河所有支流清淤疏浚、沿河涵闸、护坡护岸工程水下部分都已完工，累计完成土方开挖、清淤与回填34万立方米，综合治理长度80公里，整个工程的形象进度为85%。胡忠雄指出，对兰溪河的治理首先要做好顶层设计，确保水清、堤固、岸美，使治理经得起时间和老百姓的检验；要将治理列为赫山区委区政府的一项系统工程，整合资源、资金和人员，为全市探索整治河、湖、沟、港、渠的有益路子；要明确治理的阶段目标，2015年确保水质比2014年有明显提升，消除全部漂浮物，河堤上房屋坟墓等规范有序，不再出现违章建筑物；要突出重点，落实责任，确保各项治理措施落到实处，让沿河群众能以河为荣、以河为乐，享受水生态改善带来的美好生活。

【加强环境保护工作走可持续发展之路】 2015年5月28日至29日，益阳市人大常委会副主任王刚强率执法检查组到赫山区、资阳区、益阳高新区等地，开展《环境保护法》和《水污染防治法》执法检查。

28日，王刚强先后来到双强化工、团洲闸、龙岭污水处理厂及纳爱斯等地，仔细查看了污水处理、城镇水污染、农业和农村水污染防治处理、污染减排、环评制度监督管理等情况，听取了赫山区和益阳高新区关于贯彻落实"两法"的情况汇报。情况表明，政府部门对贯彻落实"两法"高度重视，执法严格，效果明显，但需要继续加大水源保护、污水处理等方面的力度。29日，王刚强察看了幸福渠河道排污口、接城堤排污点、奥士康科技有限公司等地的水源污染与废水处理情况，检查情况表明，资阳区污水管网基础设施较薄弱，需要加强污水处理项目的建设。

此次执法检查主要是为了督促市政府及相关职能部门认真贯彻执行相关法律法规，提高群众的环境保护意识，进一步加强和改进环境保护工作，增强可持续发展战略的自觉性，促进经济社会健康发展。

【谭喜华开展环保执法检查】 2015年5月29日，益阳市人大常委会副主任谭喜华一行到市发改委检查《环境保护法》和《水污染防治法》贯彻实施情况。

市发改委向检查组汇报了相关工作情况。近年来，市发改委认真贯彻实施两部法律，取得较好成效。一是严把项目申报环评关。把环评作为项目申报的首要前置条件，对没有做好环评的项目，一律不予受理申报。同时加强了项目实施过程中的环境影响管理。二是积极争取和实施环保项目。2014年以来，益阳市在环境保护和水污染防治方面共争取国家、省资金支持5.85亿元，拉动水污染防治投资23.93亿元，为环境保护提供了硬件支持。三是运用价格杠杆服务绿色益阳建设。深化水价改革，通过伴征污水和垃圾处理费，每年筹措城市治污资金4000多万元。运用价格调节措施，淘汰高耗能、高污染企业，支持小水电、生物质能、风能等清洁能源开发利用，促进了资源节约和环境保护。

谭喜华对市发改委所做工作表示肯定，对今后工作提出了要求。他指出，市发改委要谋划长远，将环境保护和水污染防治作为益阳市"十三五"规划的重要内容，突出重点，合理、科学制定相关配套措施。一要突出加强对"母亲河"资江的治理，提高资江综合水质；二要积极争取国家和省农村生活垃圾处理项目和资金支持；三要大力开展水源周边污染源的清理整顿，提高市城区饮用水质量。

【益阳启动2015环保世纪行活动】 2015年6月5日，纪念2015年世界环境日暨益阳环保世纪行启动仪式举行，市人大常委会副主任袁国军，市政协副主席卜铁洪出席启动式。

活动由市人大城环委、市政协人资环委、市环保局、共青团益阳市委和市环境与资源保护志愿者协会主办，团市委义工联和益阳共享文化传媒有限公司协办。

6月5日是我国新环保法实施后的首个世界环境保护日，2015年的主题是"践行绿色生活"。活动当天，开展了"践行绿色生活"签名活动、环保义工现场注册、环保咨询、环保志愿者"低碳出行"自行车队环保宣传等活动，一些志愿者还参观了环境教育基地——益阳市团洲污水处理厂。

2014年，益阳市已创建生态乡镇13个、生态村336个，2015年5月20日，《益阳市生态文明建设规划》获得国家环保部的评审通过。下阶段，益阳市将狠抓污染治理、狠抓项目落实、狠抓环境执法，推进绿色政府、绿色示范企业、生态生活示范区建设，引导广大市民积极践行绿色生活，推进绿色低碳、文明健康的生活方式。

【益阳1250万尾鱼苗放流资江】 2015年6月6日，益阳市在资江河畔举行鱼类人工增殖放流活动，将青、草、鲢、鳙优质鱼苗1250万尾投放资江水域。副市长谢寿保宣布放流仪式启动。

本次活动由市政府主办，市畜牧水产局承办，赫山区、资阳区畜牧水产局和市鱼类良种繁育场协办。水生生物增殖放流是改善水域生态环境、增加生物种群、维护生态平衡、促进渔业可持续发展、构建人与自然和谐相处的一项重要举措。2015年是益阳市承担三峡后续项目"长江中下游鱼类增殖放流"实施的第一年。省里下达益阳市的人工放流任务是1200万尾鱼苗。截至目前，安化、桃江、资阳、赫山、沅江等区县（市）已相继在洞庭湖、资江及一些沟渠溪流等水域开展放流活动，全市共投放鱼苗达3000万尾。

【益阳"多城同创" 一百四十多亿改善中心城区设施】 2015年6月16日，《湖南日报》报道，在益阳市资阳区向仓路棚户区住了几十年的杨娭驰，最近搬进了春临小区。小区内整洁干净，周边有超市、公园、广场等。杨娭驰说："住在这里真舒服!"据了解，资阳区近3年来已有1500多户棚户区居民喜迁新居。

从2011年开始，益阳围绕创建全国文明城市，开展国家森林城市、国家卫生城市、国家园林城市、国家环保模范城市、国家交通管理模范城市与省级创业型城市等"多城同创"活动，建设宜居宜业、文明和谐的美好家园。中心城区投入140多亿元改善基础设施，并加大棚户区改造力度，强力推进拆违等专项整治行动，使城市环境卫生状况实现根本好转。

同时，在中心城区植树55万株。目前城市建成区绿化覆盖率、绿地率、人均公共绿地面积分别达到40.02%、38.89%、9.51平方米。实施12大环保工程。2014年中心城区空气质量优良率达93.7%，资水干流河段水质为优。并推动智能交通、路网建设，实行公交优先，倡导低碳出行，使市民出行更便捷、通畅、安全。

为改善民生，益阳市还大力推动全民创业。2012年以来，全市新增经济实体8.3万余家，带动就业24.8万余人。同时，通过多种途径提升市民素质，努力形成"知荣辱、讲正气、树新风、促和谐"的文明风尚。近几年，全市评选出30位道德模范，引领越来越多的人守义行善。目前，仅市本级注册的义工团体就有192支、义工1.3万余人。"红网益阳爱心家园"义工先后筹集发放善款、物资200多万元，服务2万余人次。

"多城同创"，惠泽百姓，也提升了城市美誉度。2015年来，益阳先后捧回了全国文明城市提名城市、国家卫生城市、首批省级创业型城市3块牌匾。此前，已获评国家森林城市、中国杰出绿色生态城市、中国优秀旅游城市等。

【益阳打好工业生态"组合拳"推动经济更好更快发展】 2015年6月25日，益阳市市委副书记、市政府党组书记许显辉率市发改、经信、农业、国土、规划等部门负责人赴南县、沅江市调研经济社会发展情况。他指出，南县、沅江市要在益阳整体战略布局统领下，加速推进工业产业和生态经济建设。市政府秘书长汤瑞祥一同调研。

在南县，许显辉考察了南县福利院老年公寓项目，并与入住的老人亲切交谈。他指出，养老项目是民生产业，要进一步做好做细，力争服务再上新台阶。南县经开区创新创业园是南县"筑巢引凤"的基地，建成后预计能容纳企业60家。许显辉听取了相关情况汇报后指出，标准化厂房建设是创新创业的载体和平台，要继续加强园区建设，使企业进得来、留得住，持续发展壮大。

在沅江，许显辉一行先后走访了辣妹子食品、华兴玻璃和太阳鸟游艇，了解企业生产经营情况，倾听企业家心声。许显辉鼓励企业坚定信心，创新发展理念，努力把品牌和优质产品推向更大的市场。

当日，许显辉一行还走访调研了南县山桥公租房及城市棚改安置区、海大饲料、克明食品、南县三水厂、沅江市污水处理厂等项目和企业。

座谈时，许显辉指出，南县处于洞庭湖生态经济区的中心区域，面临良好的发展机遇，要进一步抓好产业建设，加大招商力度，力争在招大商、招产业集群、招特色项目上有所突破；要坚持抓好基础设施建设，加快推进高速公路、国道、高铁等项目的落地开工；要进一步抓好城镇建设，加强规划引领，提升城镇管理水平；要加强民生项目建设，按照既定目标，完成好建设任务；要突出抓好生态建设，以南茅运河为中心，打造集文化、休闲、生态等于一体的生态经济带，推动县域经济发展。

在沅江市座谈时，许显辉强调，沅江历史悠久、文化厚重，城市格局特色鲜明。下一步，各级各部门要突出抓好招商引资工作，引进更多符合当前发展需求的项目；要抓好以交通建设为重点的基础设施建设，完善高速公路、干线公路路网建设；要突出抓好新农村建设，努力实现农业增效、农民增收的目标；要突出抓好城市规划建设管理，挖掘城市文化内涵，将工业产业布局与生态经济布局有机结合，协调好工业强市与生态宜居的关系，进一步提升城市品位，提高综合竞争力。

【提质增速打造“大益阳”城市圈】 2015年7月6日，益阳市委副书记、市长许显辉专题调研中心城区重点项目建设和城市规划建设管理工作。许显辉强调，要统一规划，抓好建设、协调、督查和管理，加速打造“大益阳”城市圈。市委常委、副市长彭建忠，市政府秘书长汤瑞祥一同调研。

许显辉一行察看了三里桥棚改二期工程、白马山路延伸线、益沅线、幸福渠路沿线城中村改造、益阳大桥、益阳大道西沿线、垃圾焚烧发电等项目和工程。每到一处，许显辉认真听取汇报，了解项目建设进展情况，询问工程建设中遇到的困难和问题，督促有关部门抓紧时间拿出解决办法。调研中，许显辉要求重点项目责任单位和施工单位进一步增强责任感和紧迫感，切实解决好征地拆迁、融资等问题，扎实推进项目建设。

座谈会上，许显辉听取汇报后，要求各级各部门对照年初设定的目标任务，加速推进城市重点项目建设；切实提高城市规划水平，做好“一江两岸”、重大单体的规划设计，提升城市品位；创新完善城市管理体制，理顺市、区两级规划、建设、管理关系，上下联动，协调合作；积极稳定房地产市场，助推楼市健康发展；集中打好征地拆迁攻坚战，为下一阶段项目建设打好基础；加大资金筹措力度，尽快突破资金瓶颈；加大城市综合管理力度，以资江河道城区段、益沅路、益桃路、银城大道的整治为重点，打造“大益阳”城市圈；抓紧准备“十三五”规划，拓展思路，用心把握，积极推动各项工作有效落实。

【省人大到益阳调研两型社会建设】 2015年7月15日，省人大常委会委员、省人大财经委主任委员田家贵，省人大常委会财经委副主任委员姚茂椿，省长株潭两型社会试验区管委会副主任单铸飞等相关负责同志来到益阳调研两型社会建设省级专项资金使用情况。市人大常委会副主任谭喜华，市政府常务副秘书长、市政府办党组副书记杨光辉，市人大常委会财经委副主任委员李建勋，市人大常委会财经委副主任委员、预工委主任张俊英，市两型办主任张慧参加汇报。

上午，省人大调研组一行现场考察了益阳龙源纺织有限公司的余热回收系统、标准化厂房的太阳能光伏发电顶棚，益阳东部新区的两型道路、两型机关创建，赫山街道银东社区硬件建设及社区服务新模式，清溪村景区建设等项目情况，实地了解益阳市两型社会建设省级专项资金使用情况。在下午召开的座谈会上，调研组一行听取了市政府常务副秘书长、市政府办党组副书记杨光辉关于益阳市近年来两型社会建设概况、两型社会建设省级专项资金使用等情况汇报以及市直相关部门和项目单位对省级专项资金使用的意见建议。省人大与长株潭两型社会试验区管委会领导充分肯定了益阳市两型社会建设及省级专项资金使用所取得的成绩，并对下阶段工作提出了相关要求。市人大常委会副主任谭喜华表示：将进一步加强相关省级专项资金的管理，在专项资金使用上不断优化提效，充分发挥资金撬动作用，同时打造更多更好的两型示范创建单位和项目，推进全市两型社会建设又好又快发展。

【益阳打好生态文明建设组合拳】 2015年7月15日，随着沅江市内最后一台15吨以下小锅炉关停，沅江市“3年行动计划”得以顺利实行，近30家长期使用的小型锅炉企业，全部更新为清洁能源。这是该市大力推进生态环保建设的一个缩影。

2014年4月，国务院正式批复《洞庭湖生态经济区规划》。作为这一区域内的主阵地，益阳市紧紧围绕大湖经济区建设，坚持绿色生态理念先行，不断加大生态建设和环境保护力度。依据大湖经济区的整体编制定位，结合该市实际，分别制定了山水生态修复、产业转型发展、宜居家园建设、民生事业改善、基础设施支撑等多个生态保护整体规划。各区县（市）也随之出台了相应的办法和措施。如沅江市出台了《沅江市重点生态功能区县域生态环境质量考核工作实施方案》，将全市16个乡镇场、街道的生态环保工作纳入全年绩效考核内容，实行生态环保工作“一票否决”制度。南县在“十三五”规划编制中，将生态环保突出定位，力争实现生态建设与经济社会发展的同步推进，达到资源环境承载力与产业竞争力的同步提升，重点抓好国家级生态县的创建工作，争取更多的生态建设项目得以实施，努力改善生态环境，并加大耕地、水资源、湿地、鱼类等资源的保护力度，长期开展环保专项整治，切实保障好县域内的生态安全。6月25日，市委副书记、市长许显辉在南县、沅江市调研时，分别就生态建设与保护提出要求，要求两地打好工农业生态的“组合拳”，抓住当前建设大湖经济区的发展机遇，将工业布局与生态经济布局有机结合，推动经济更好更快发展。

许显辉在市五届人大四次会议上强调，益阳市应突出抓好以自然山体和水体保护为重点的生态建设。益阳山美水美，生态优良，值得倾力保护。同时要严格遵守自然山体、水体保护有关规定，下力气保护好秀美的山水资源。深入推进国家生态市和园林城市创建工作，全面加强高效生态林业建设，抓好薄弱地区的生态恢复，加快资江流域益阳段和洞庭湖综合治理，建设一批国家公园、自然保护区、风景名胜区、优美乡镇和生态示范村，促进全市环境的进一步改善，打造生态城市品牌。

【卜铁洪调研洞庭湖国家湿地公园建设工作】 2015年7月16日，益阳市政协副主席卜铁洪率市政协调研组一行来到市林业局，就洞庭湖国家湿地公园建设课题开展调研座谈，市林业局领导和相关业务科室人员参加座谈会。

政协调研组在调研报告中对当前湿地保护的形势、面临的问题进行了深入分析，探讨了建设洞庭湖国家湿地公园的重要性和可行性，并就湿地公园如何准确定位、加强保护、搞好宣传教育、齐抓共管加快推进建设等几个方面提出了具体意见建议。

卜铁洪对市林业局在湿地保护方面所做的工作给予充分肯定，并表示市政协将继续大力支持洞庭湖国家湿地公园建设，为湿地保护事业鼓与呼。

【大通湖区3镇创“国家级生态乡镇”通过省级验收】 2015年7月中旬，省环保厅自然生态处调研员周胜文率国家生态乡镇省级考核验收组对益阳市大通湖区河坝镇、北洲子镇、金盆镇创建“国家生态乡镇”工作，通过听取汇报、实地考察、民意调查等形式，进行考核验收。在召开的考核评审会上，考核验收组专家一致同意该区3镇通过“国家级生态乡镇”的省级验收。

考核验收组一行先后察看了大通湖区北洲子镇北胜村集中居住区污水处理工程、北洲子镇乡村环境卫生整治、金盆镇格子湖村有机农业示范基地、金盆镇污水处理厂、民源科技畜禽养殖场污染治理情况和金盆镇王家坝环境卫生整治情况。

在国家级生态乡镇创建验收会上，该区3个乡镇主要负责人汇报了本乡镇在生态文明建设方面所做的工作、采取的举措和取得的成效。考核验收组对该区生态创建现场及项目申报资料表示了高度肯定，并提出了建设性建议。周胜文指出，大通湖区的生态创建得到了各级领导的高度重视，在环境整治、环保基础设施建设、垃圾分类减量方面取得了非常可喜的成效，下阶段，各乡镇要严格按照考核验收组专家提出的意见修改申报资料并完善现场，确保环保部审核过关。

【益阳累计完成“两供两治”建设投资17.54亿元】 截至2015年7月28日，益阳市共完成“两供两治”建设投资17.54亿元。

城镇供水。全市累计完成城镇供水基础设施建设投资3.61亿元。加强供水管网建设，减少管网二次污染，全市新建或改造供水管网58.1公里，益阳东部新区和衡龙新区供水主干管网铺设全部完成。加强水质检测能力建设，中心城区水质检测能力达到77项，沅江市达到了42项常规检测能力，其他区、县、市不断改进制水工艺和设备，全市城镇出厂水水质基本达到了《生活饮用水卫生标准》规定的106项指标要求。进一步加强供水行业监管，2015年上半年全市城镇安全供水4337万立方米，供水普及率95.6%，自来水综合合格率达99%以上。城镇供气。全市累计完成供气基础设施建设投资6.27亿元，其中市本级4.42亿元、沅江市0.22亿元、桃江县0.1亿元、南县1.38亿元、大通湖0.15亿元。加强天然气管网建设，全市建成中压供气管网72.6公里，中心城区完成了衡龙新区供气管道建设，完成了资阳乡镇管道燃气建设的招投标工作。扎实有效开展燃气用房安全检查，强化燃气特许经营许可，确保全市未出现燃气安全事故。2015年上半年城区新增天然气用户8000户，全市城镇燃气普及率达到96.8%，其中天然气普及率达38%。

城镇生活污水治理。累计完成建设投资2.99亿元。积极推行雨污分流，建成污水管网116.38公里（市本级21.48公里；沅江8.39公里；桃江9.61公里;安化9.4公里；南县10.5公里；大通湖18公里），城镇污水处理率达92%；强力推进城镇污水处理设施建设，大通湖污水处理厂投入运营，沅江市污水处理厂二期开工建设，沅江市第二污水处理厂、桃江县污水处理厂二期、龙岭工业园污水处理厂以及污泥处置等项目前期工作有序推进；按照“十二五”专项行动要求，扎实推进草尾、茅草街等小城镇污水处理设施建设，灰山港、梅城镇污水处理设施预计2015年9月份建成。

城镇生活垃圾治理。全市完成垃圾收集、转运和处理基础设施建设投资2.25亿元。着力推广“户分类、村收集、镇（乡）转运、县（市）处理”的城乡生活垃圾处理一体化模式，赫山区购置转运车辆，完成了部分乡镇垃圾中转设施建设，其他县（市）区加快村镇垃圾收集和转运设施建设进度，小城镇垃圾收集率达到60%以上。扎实推进益阳市城市生活垃圾焚烧发电项目建设，已完成投资2.5亿元，为工程总造价的50%。全市已建成的6个垃圾填埋场，上半年处理城镇生活垃圾16.7万吨，城镇生活垃圾无害化处理率达到92%以上。

【省内首台客船生活污水处理装置在沅江研发成功】 2015年7月28日，沅江精一科技制造有限公司传来好消息，该公司充分结合安化库区、沅江洞庭湖区客运船舶实际情况，成功研发了省内首台客运船舶生活污水处理装置，并顺利通过了省水运管理局专家组测试。

省水运管理局专家组现场测试了处理装置的运行情况，通报了水质环境检测的达标合格报告，现场初步认定污水处理装置基本符合要求。专家组要求公司根据提出的意见建议尽快组织生产样机安装到客运船舶，进行进一步的测试和定型，用自主创新减少湖南省客运船舶水域的污染。

【益阳“一江三路”综合整治暨重点工程征地拆迁攻坚行动动员大会召开】 2015年7月29日，益阳市召开“一江三路”综合整治暨重点工程征地拆迁攻坚行动动员大会，市委副书记、市长许显辉要求各级各部门突出重点，动真碰硬，坚决打赢这场攻坚战。市领导杨跃涛、彭建忠、周振宇、谢寿保、瞿晏平，市中级人民法院院长董岚，市政府秘书长汤瑞祥出席。

“一江”整治范围为资江青龙洲至资江二桥以下3000米全长约12.5公里的河道及两侧防洪大堤、沿江风光带、堤坡、河滩等；“三路”整治范围包括银城大道、益桃线、益沅线和国道319、省道308及其两侧区域，泉交河、朝阳、幸福渠、迎风桥4个高速公路入口地段。全线涉及赫山、资阳等5个区县的10多个乡镇。

许显辉指出，启动“一江三路”综合整治和中心城区重点工程征地拆迁攻坚行动是市委、市政府审时度势做出的重要战略部署，是建设“大益阳”城市圈的首要任务，是建设美丽乡村、推进城市创建工作、优化发展环境的重要抓手。各级各部门要按照“净化、序化、绿化、亮化、美化”的总体要求，从最难、最棘手的问题着手，以点带面、全力攻坚；要依法依规，综合执政，加强宣传保障、组织保障、司法保障和监督问责，敢于碰硬，勇于亮剑，对执行不力、效果不佳、严重影响行动进展的单位和个人依法依规处理；要克服困难，负重奋进，严格按照时间节点推进各项工作，确保按时完成任务。

【益阳263家企业列入关停取缔名单】 2015年7月，从益阳市环保局获悉，自1月1日新《环境保护法》实施以来，截至5月底，全市共检查企业1547家，其中263家企业列入关停取缔名单，584家企业被责令停产。

新《环境保护法》实施后，该市环境保护检查工作领导小组检查了辖区内各类工业园区和所有排放废水、废气等污染物的企事业单位，至5月底，全市共检查企业1547家，查出违法建设项目330家、违法排污企业688家，其中责令停止建设28家、责令停产584家、责令限期改正或限期治理125家，列入关停取缔名单的263家。目前，已有83家企业完成整改。

为更好地贯彻落实新《环保法》，益阳市政府制定了加强环境监管执法的实施意见，按照省政府《关于印发〈湖南省环境保护工作责任规定〉（试行）的通知》（湘政发〔2015〕6号）要求和相关法律法规规定，明确了有关部门和单位在环境监管执法中的责任，建立健全了环保部门对环境保护实施统一的监督管理机制，形成了齐抓共管的环境执法监管机制，让违法企业无处遁形。截至目前，全市共采取强制处罚措施29次，整治环境违法工业企业26家，其中取缔关闭2家、查封扣押3起、经济处罚3起、停产限产及停止建设17家、司法移送6起，有力打击了企业的环境违法行为。

【陈君文到益阳开展水污染防治执法检查】 2015年8月4日至6日，省人大常委会副主任陈君文率省人大常委会《水污染防治法》执法检查组来到益阳，就益阳市水污染防治工作开展执法检查。陈君文对益阳市的工作给予充分肯定，要求益阳市进一步坚持问题导向，加强综合治理，严格执法监管，推动水环境质量持续改善。益阳市市委书记胡忠雄出席汇报会并讲话。省人大环资委主任邹学明，省人大侨外委主任委员石光明，省人大教科文卫委副主任委员董岳林等一同检查。益阳市领导徐云波、彭建忠、袁国军等陪同检查或出席汇报会。

此次执法检查，旨在通过对水污染重点难点问题的调查分析，推动《中华人民共和国水污染防治法》《水污染防治行动计划》的贯彻落实。在益期间，检查组实地察看了安化柘溪水库水面垃圾污染、安化县污水处理厂运营、益阳高新区谢林港镇志溪河环境污染综合整治、市白鹤山生活垃圾卫生填埋场渗漏液处理、中石化会龙山油库、益阳双强化工有限公司关停及资阳区奥士康科技有限公司水污染治理等情况。8月6日，省检查组听取了益阳市水污染防治工作情况汇报，就执行水污染防治法过程中遇到的困难和问题，提出了指导性的意见建议。检查组认为，近年来，益阳高度重视水污染防治工作，通过强化饮用水水源保护、实施水污染物排放总量控制、推行排污许可制度等，不断加大监督工作力度和治污投入，水污染防治工作取得较好成效。

陈君文指出，开展水污染防治法执法检查，是推动水污染防治法律、法规和政策贯彻实施的重要举措，是回应人民群众关切的迫切要求，是促进经济社会可持续发展的现实需要。通过这次执法检查，可以看出益阳市委、市政府对水污染防治工作的高度重视，水污染防治工作认识高、力度大、效果好。

陈君文希望益阳进一步坚持问题导向，充分认识做好防治水污染、保护水环境工作的重要性、紧迫性、艰巨性和复杂性，以钉钉子的精神，坚持不懈把水污染防治工作抓紧、抓实、抓到位。要围绕水污染防治法贯彻实施中的重点和难点问题，抓住关键环节，全面推动水污染防治法的贯彻实施；要加强综合治理，严格执法监管，推动水环境质量持续改善，确保清水长流。

胡忠雄表示，把一方水土守好，是地方党委政府义不容辞的责任。益阳一定会以此次执法检查为契机，进一步科学制定并实施水环境保护规划，加强饮用水源保护、加强环境监管执法，推进农业面源污染控制，把检查成果变为上下联动、推动工作的切实成效。对执法检查组在益阳市检查发现的问题将照单全收，认真抓好问题的整改落实，并针对存在的问题，细化目标、明确责任，完善工作，在原来的基础上争取更大的进步。

【许显辉督查资江城区段综合整治情况】 2015年8月13日，益阳市市委副书记、市长许显辉带队督查资江城区段综合整治情况。他要求相关部门坚持原则，完善措施，加强河道环境治理和生态形象建设，还市民一条秀美资江。副市长谢寿保一同督查。

许显辉一行先后视察了资江城区段北岸窑湾至资江一桥、南岸二桥杂货码头至千吨级码头的河道环境和综合整治情况，听取了相关情况汇报。7月29日“一江三路”综合整治行动启动后，市水务、交通等部门和赫山、资阳两区成立了“一江”整治工作组，并制定了工作方案，对整治内容进行责任分解。结合河道现状，相关部门采取边整边纠、源头控制与岸线值守相结合的办法，实行控制和整治。

许显辉指出，资江是益阳的母亲河，要将其打造成提升城市品位、带动城市发展的靓丽风景和产业高地。“一江三路”综合整治行动中，资江城区段综合整治面临的形势最为严峻，整治难度最大。下一步，各级各部门要坚定信心，完善措施，加快步伐，全力以赴，齐抓共管，力争实现资江水清、岸靓的目标。

许显辉强调，各级各部门要明确主体责任，确保任务落实到人；要加强宣传发动，妥善处理纠纷和矛盾；要坚持原则，严格依法行政，照章办事，该取缔的一律取缔，该搬迁的一律搬迁；要加强督查问责，抓好责任落实，提高工作效率，确保整治工作顺利推进；要加快资江城区段规划设计，尽快制定过渡性绿化方案，边整治边美化，确保按时按量完成任务。

【益阳政协关注洞庭湖鱼类资源保护】 2015年8月14日，益阳市政协召开“洞庭湖鱼类资源保护双月协商座谈会”，市政协人资环委负责同志及部分政协委员与市政府相关职能部门负责同志就如何加强洞庭湖鱼类资源保护共商良策。市政协副主席卜铁洪主持协商。

益阳市是南洞庭湖的中心城市，是全国知名的“淡水鱼都”、渔业资源大市，素有“鱼米之乡”的美誉。但一个时期以来，由于种种原因，鱼类资源持续下降，尤其是资源总量明显下降，品质变差，种类减少。

早在7月初，卜铁洪就率市政协人资环委的同志和参与这次协商的政协委员，分头深入沅江、南县、大通湖等地，实地调研，并多层次召开座谈会，征求当地群众与专家学者的意见。14日的协商会上，委员们畅所欲言，就洞庭湖鱼类资源保护提出了许多建设性意见建议。卜铁洪要求，各级各部门要厘清思路，形成重视关注洞庭湖鱼类资源保护的浓厚氛围，尽快制定鱼类资源保护的地方性法规，做到有规可循；明确责任与目标，形成齐抓共管的联动格局；强化管理与执法，对严重破坏鱼类资源的违法行为，形成严管重罚的高压态势。

【益阳获“国家卫生城市”授牌】 2015年8月24日下午，全省爱国卫生工作现场会暨启动城乡环境卫生整洁行动电视电话会议在益阳市召开，会议总结和部署了全省爱国卫生工作，全面启动全省城乡环境卫生整洁行动(2015—2020年)。副省长、省爱卫会主任李友志，全国爱卫办负责人出席会议并讲话。

爱国卫生运动是一项惠及群众、造福社会的民生工程。2015年是贯彻落实国务院《关于进一步加强新时期爱国卫生工作的意见》的第一年，湖南省政府结合当前形势和实际，印发了《关于加强新时期爱国卫生工作的意见》。李友志强调，各地各部门要准备把握这两个文件精神，找准重心，狠抓落实，着力破解新时期爱国卫生工作的重点难题，包括农村基础差、城镇管理难的突出问题；着力应对传统传染病威胁持续存在、新发传染病不断发生的严峻形势；着力纠正形式主义、形象工程的不良风气，真正让老百姓共享“创卫”成果。

会议还对2012—2014年新命名的“国家卫生城市”益阳市、郴州市、娄底市、永州市进行了授牌。益阳市、郴州市和望城区、宁远县分别就创建“国家卫生城市”和城乡环境整洁行动做了典型发言。

【国家调研组到益阳调研洞庭湖水资源现状】 2015年8月25日，由国家发改委牵头，环保部、住建部、水利部、林业局五部门组成调研组，来到益阳市调研洞庭湖水资源综合利用保护情况。副市长谢寿保陪同。

调研组在南县浪拔湖镇先后考察了藕池河中支断流情况和该镇两太村南洋哑河内湖水质。随后，一行人来到兴盛立交桥，站在桥头，就南茅运河水质情况认真听取了南县有关部门的汇报。在南县三仙湖镇石坝村，调研组一行通过实地比对，考察了该村村民饮用水铁锰超标的情况。下午，调研组一行还深入大通湖区，实地考察了大通湖区内湖围养情况和大通湖区南湾湖猪场的排污处理情况。在沅江城区，调研组一行对该市五湖连通项目赞不绝口，对沅江城市品位提升和水质提质给予了高度评价。

【徐云波考察城区自然山体水体保护工作】 2015年8月25日，益阳市人大常委会主任徐云波率队考察城区自然山体水体保护工作，副主任张群华、袁国军、谭喜华、刘时贵、王刚强、程道峰、李志宏，益阳军分区副政委贺启明，秘书长熊勇军一同视察。市委常委、副市长彭建忠和益阳高新区工委书记陶世群陪同考察。

为保护生态资源，促进可持续发展，2014年6月，益阳市人大做出《关于加强益阳市城市规划区内自然山体水体保护的决定》，明确规划区内自然山体水体的保护范围和内容；12月，益阳市政府出台相应的管理办法，严格执行山体水体保护政策，取得明显成效。

25日上午，考察组先后考察了新世界地产保留山体、梓山湖引水隧洞、益阳高新区竹凉席加工示范园等地。随后，听取了益阳市人民政府和相关部门的工作汇报。彭建忠表示，山体水体保护是结合地方实际依法治市的正确决策，益阳市政府将进一步加大宣传力度，处理好保护与利用的关系，明确责任、强化管理，完善程序、接受监督。

徐云波说，《决定》出台后，益阳市人民政府及其相关部门做了大量工作，山体水体保护取得初步成效，人大决定的战略意义得到初步显现。他指出，益阳市人民政府及相关部门、各区县（市）要进一步理顺保护与发展的关系，调整思路，提高规划的高度、广度和水平；要细化规则，强化责任，认真落实中办、国办《党政领导干部生态环境损害责任追究办法（试行)》的要求，切实履行生态和资源保护责任，创造良好生产生活环境，留下终身政绩；要落实“党政同责”，把保护生态和资源作为目标考核和干部考察的重要内容。

【陈昌智到益阳调研】 9月7日，全国人大常委会副委员长、民建中央主席陈昌智来到益阳调研湖南融入长江经济带发展情况。他指出，在国际国内经济形势严峻的背景下，湖南省和益阳市都保持稳定发展，取得了可喜成绩，应予高度肯定。他强调，要从推动长江经济带发展、区域内经济协同发展的角度，建立健全协调机制，改善交通条件，注重生态保护，强化金融支持，推动湖南进一步融入长江经济带发展。

省委常委、常务副省长陈肇雄汇报湖南融入长江经济带发展情况，省人大常委会副主任陈君文，省政协副主席、民建湖南省委主委赖明勇，省政协原副主席、民建湖南省委原主委龙国键陪同调研。市委书记胡忠雄汇报益阳市工作情况。

上午，陈昌智一行实地考察赫山区衡龙新区民建（湖南）科技园、沅江市太阳鸟游艇、南洞庭湿地。在民建科技园，陈昌智听解说，观图片，看实物，不时询问征地拆迁、环境保护、配套设施等情况，鼓励科技园探索自己的发展模式，发挥好示范带头作用。陈昌智说，科技园处在创业初期，要发挥艰苦奋斗的精神，集中精力抓建设、促发展；认真讨论好、研究透园区的规划和制度设计，明确政府和企业职责，调动双方积极性；注重政策的统一性和延续性，减少园区运行的不确定因素。

在湖南融入长江经济带发展调研座谈会上，胡忠雄说，帮助湖区解决好人、水、地、路的问题，即百姓的就业、增收、住房问题，生产、生活用水问题，耕地、湿地保护利用和宅基地“入市”问题，交通问题，有助于区域发展。胡忠雄表示，益阳将立足洞庭湖生态经济区建设，发挥自身优势和潜力，促进益阳与长沙、岳阳和常德三市联动发展，实现与周边三市整体对接融入长江经济带。

陈肇雄说，国家提出实施长江经济带战略后，湖南迅速行动、主动对接，按照中央决策部署和工作安排，制定省内实施意见和工作方案，积极推动重大工程实施，加快综合立体交通走廊建设，着力推动结构调整升级，加快生态环境建设，加强内陆开放高地建设，促进区域联动，加快飞地经济发展。陈肇雄表示，下一步，我省将认真研究解决目前存在的问题，加快融入长江经济带建设，推动湖南经济社会持续健康发展。

陈昌智边听边记，不时插话询问有关市州和部门负责人，与大家深入交流。陈昌智指出，推动长江经济带健康发展，要避免行政区划将经济带分割，着力推动协调发展。一是加大长江经济带区域合作的力度和深度，建立健全长江经济带发展协调机制，定期研究解决经济带发展中的重大问题。二是推动解决航运能力不足问题，畅通公路、铁路、航空与水路联运的衔接，加快建立综合立体交通体系。三是研究建立长江生态保护基金，以此为抓手，加强长江流域生态环境保护力度。四是提高区域金融支撑能力，联合各省市力量，探索支撑长江经济带发展的金融模式。

7 日晚，陈昌智与益阳民建会员座谈，认真解答会员提出的问题，高度评价民建益阳市委近年所取得的成绩。他强调，民建益阳市委要把思想建设放在首位，继续开展坚持和发展中国特色社会主义学习实践活动，增强政党意识，履行好参政党职能；要坚持“注重质量、注意数量”的组织发展原则，积极发展高素质人才入会，提高民建组织的凝聚力、战斗力；要做好参政议政工作，围绕益阳市委、市政府中心工作，围绕人民群众关心的问题，积极调查研究，建睿智之言，献务实之策。

省委统战部副部长崔永平、省政府副秘书长张银桥、省人大常委会办公厅副主任张慧、省发改委副主任王亮方、省水利厅副厅长甘明辉、省交通运输厅副巡视员陈健强、民建省委副巡视员杨继烈，市领导徐云波、黄加忠、杨跃涛、彭建忠、孙达良、谢寿保、曾斌以及岳阳、常德市委、市政府相关负责同志陪同调研或出席座谈会。

【全国人大代表益阳小组专题调研益阳市畜禽规模养殖污染防治工作】 2015 年 9 月 9 日，益阳市委书记胡忠雄、湖南桃花江核电有限公司总经理郑砚国、安化梅山文化园董事长张青娥等全国人大代表益阳小组 3 位代表和武警湖南总队原副司令员陈庆强、中国航天科工集团〇六八基地（湖南航天管理局）党组书记文晓林、省台湾同胞联谊会会长林华生、省保障性安居工程投资有限公司董事长陈耀年、市人大常委会主任徐云波等 8 位益阳选举产生的省人大代表，专题调研视察益阳市畜禽规模养殖污染防治工作。

省人大常委会联工委副主任符乔荫等应邀参加调研。市人大常委会副主任李志宏等一同调研。副市长谢寿保汇报有关工作。

近年来，市委、市政府切实加强组织领导，强化项目建设，严把准入关口，推广治理技术，强化监督管理，加大整治力度，畜禽养殖污染问题有所好转。但随着规模化养殖迅速发展，受资金投入不足、治污技术不高等困扰，仍存在污染隐患突出的问题。

代表们先后前往诚远种猪场、中晶农业原种猪扩繁场、泊湖岭公司生猪养殖场等地，实地了解当前畜禽养殖污染和开展综合整治的情况，在肯定工作成绩的同时，对畜禽养殖污染防治提出了许多具有针对性和指导性的建议。

代表们在视察时认为，畜禽养殖污染防治是全省面临的重要问题，建议有关单位立足益阳，放眼全省，将畜禽养殖污染防治作为重点建议向省人大提出，推动全省生态文明建设；建议在获得地方立法权后，将畜禽养殖污染防治作为重点立法内容，从民生改善、产业发展、环境保护等方面着手，提高污染防治的法治水平；建议省直有关部门加大对益阳市畜禽养殖污染防治工作的督办力度，加强技术指导，积极开展有关试点工作。

胡忠雄要求，有关部门要认真谋划，综合防治畜禽养殖污染。要思考“养多少”“在哪养”“怎么养”“养了怎么办”的问题。“养多少”，就是要根据产业结构和环境承载能力，科学控制畜禽养殖规模；“在哪养”，就是要划定好禁养区、限养区和适养区，并严格落实到乡镇、村组；“怎么养”，就是要提高技术指导水平，创新养殖模式，推广绿色养殖、生态养殖；“养了怎么办”，就是要通过政策保障、技术和信息服务、开展深加工等方式，提高养殖户收益，实现畜禽养殖可持续发展。

【沅江万子湖村获益阳首个“全国生态文化村”称号】 2015 年 9 月 11 日，由中国生态文化协会组织的 2015 年“全国生态文化村”遴选命名活动揭晓，在全省获授这一名誉的 6 个村中，沅江市万子湖乡万子湖村名列其中。自 2009 年首届评选活动开展以来，全省共 20 个村获此殊荣，万子湖村是益阳市首个摘取这一称号的行政村。

万子湖村位于沅江市东郊，东濒南洞庭湖及其湿地核心保护区，是一个生态环境优良、资源丰富的湖乡渔村。近几年，万子湖村坚持保护和发展并重，加强生态保护，发展“两型”产业，完善基础建设，推动人与自然和谐发展。特别是产业的快速发展，让万子湖村步入全市富裕村行列，乡村环境秩序和基础设施建设日新月异。如今走进村里，具有湖乡特色的民居连排成片，整齐划一，宽阔的水泥路直通每家每户，绿树掩映，鲜花盛开，村容村貌堪比高档小区。在村支两委的努力下，一个设计新颖、功能齐全的村民文化休闲广场，正在加快建设，不日将以全新的形象，为万子湖村增添一道新的风景线。

【中外记者聚焦益阳洞庭湖生态经济区建设】 2015 年 9 月 16 日至 17 日，省委宣传部和省发改委组织的洞庭湖生态经济区大型专题采访活动采访团来到益阳采访报道。

采访团由中国国际广播电台英、德、西、俄、朝、泰、印地、斯瓦西里等 8 个语种的外籍记者和专家，以及人民日报、新华社、中新社、中国日报、香港文汇报、大公报、香港商报、凤凰新媒体等媒体记者组成。采访团深入环洞庭湖生态经济区，对当地历史脉络、发展现状和未来趋势，以及区位优势、资源禀赋、生态建设、民生福祉等方面展开全方位、多层级的报道，让世界更多地关注洞庭湖，让洞庭湖更好地走向世界。

【益阳加快推进资江城区河道整治工作】 2015 年 9 月 21 日，益阳市政府召开资江中心城区段河道整治工作推进调度会，会议总结前段工作情况，对下步工作进行安排部署。市水务局、市经信委、市交通局、市农业委、市国资委、市海事局等单位负责人和资阳区、赫山区政府分管副区长参加会议。副市长谢寿保出席会议并讲话。

会上，市水务局局长王新春通报了资江中心城区段河道综合整治进展情况，并提出了相关建议。在听取了相关责任单位和资阳、赫山两区政府整治工作情况及下步工作打算汇报后，谢寿保充分肯定了各单位和两区政府整治工作。他指出，自“一江三路”综合整治行动开展以来，各级各部门加大整治力度，多管齐下，资江河道市中心城区段综合整治工作取得阶段性成效，资江河道秩序明显改善，环境大为改观。截至9月21日，17个违章砂石（堆）场已整治到位，清运砂石达138万吨，转运预制构件54068块；取缔5个违章货物码头，清运货物4.8万吨；6艘水上餐饮船全部责成停业；24处摊点全部取缔；拆除11个违章搅拌站；拆除2套跨堤皮带运输设备；船舶规范停靠71艘；拆除广告牌92块；清除大堤杂草3万平方米²、清除河道垃圾220吨。

当前整治工作已进入攻坚阶段，为确保各项目标任务完成，谢寿保对各单位下步工作明确了具体要求。同时他强调，要紧盯时间节点，加快推进综合整治工作。各责任单位要切实增强工作责任感、紧迫感，对照整治任务在资阳、赫山两区政府全力配合下抓紧落实，力争在9月30日前完成整治任务。要突出重点，全力打好整治攻坚战。按照“三严三实”要求，扎实推进综合整治工作，砂石场地及时清理到位，针对捕（钓）鱼船、趸船、搅拌站等整治重点难点，各级各部门要坚定决心，齐心协力，采取切实可行的方案，进一步强化措施，按照时间节点要求完成整治工作任务。

【益阳做活“水文章” 打造特色风貌带】 2015年9月23日，益阳市委副书记、市长许显辉赴资江两岸调研资江风貌带和城市防洪工程建设情况。他要求规划设计部门从特色化方面做文章，将资江两岸打造成国内外知名的滨水风光带。市委常委、副市长彭建忠，副市长谢寿保，市政府秘书长汤瑞祥一同调研或参加座谈。

许显辉一行先后到江北防洪大堤古城墙、江南防洪大堤建设路口、大渡口码头、宝塔码头等地，实地察看防洪工程建设和两岸生态情况。座谈会上，资江风貌带设计单位详细汇报了设计方案，许显辉边听边记，不时就一些设计事宜与大家交流、讨论。

许显辉指出，资江风貌带是重要的城市生态景观，做好风貌带景观设计规划，对进一步提升城市品位与形象具有重要意义。各级各相关部门要利用好宝贵的绿水资源，站在历史和发展的高度，从特色化方面做文章，将其打造成国内外知名的滨水风光带。

许显辉要求，要按照整体规划、统一布局的原则，充分考虑各要素，努力把资江风貌带打造成益阳的文化带、休闲带、生态带和产业带。要在保证防洪功能的前提下，对河堤两岸进行提质改造；要联通堤顶道路、慢行系统、亲水栈道三大交通系统，构建流畅的三级交通格局；要突出主体树种，花树结合，形成绿化特色景观；要完善沿线亮化工程；要对河道上方桥梁实行统一配色包装，打造独特的桥梁景观；要合理规划沿线房屋建筑，形成统一风格；要疏密结合，科学布置沿线景观节点，打造休闲平台。

许显辉还对资江两岸工业遗迹、文物保护、信息化建设、公共服务设施等设计方案提出具体意见。

【益阳设置国土规划建设环保所】 2015年9月，从益阳市环保局获悉，益阳市召开政府常务会议，专题研究整合乡镇国土规划建设环保职能，决定在全市乡镇统一设置国土规划建设环保所。

按照完善乡镇职能、综合设置机构的基本原则，益阳市决定将乡镇国土资源所与村镇建设站整合，设立国土规划建设环保所，实行双重管理，建立以乡镇管理为主、上级主管部门进行业务指导的体制。国土规划建设环保所的设立，也是益阳市环保机构设置延伸最后一千米的体现。

益阳市编制部门对乡镇国土规划建设环保所的职能作了明确规定，其环境保护方面的职责是：负责辖区内环境污染现状及治理情况的调查，建设项目环境影响评价的初审和呈报，农村环境污染防治和综合整治，环境污染突发事件的风险控制、应急处置、事后恢复工作，环境污染信访与举报，以及协助上级环保部门对环境违法行为依法实施处罚，协助环境污染事故调查等。

益阳市按照乡镇类别和工作任务情况，对乡镇国土规划建设环保所按一般乡镇和重点乡镇8～15名的标准核定全额拨款事业编制，不足部分在乡镇现有事业编制中调剂解决。国土规划建设环保所设所长1名、副所长2名，其任免以乡镇党委为主，所长任免前须征求县级国土资源、环境保护和相关部门的意见。

【益阳：不折不扣完成“十二五”主要污染物减排目标】 2015年9月30日，益阳市2015年环保重点工作推进会召开，就全市2015年四项环保重点工作存在的问题和薄弱环节以及有关工作要求进行通报。市领导彭建忠、袁国军、卜铁洪出席。

2015年是“十二五”主要污染物总量减排的最后一年。会上，市环保局局长杨禄仁通报了益阳市“十二五”主要污染物总量减排工作进展情况、突出环境问题整治工作开展情况、全面推进农村环境综合整治工作等。分析了各项环保重点工作中存在的问题，并提出了整改措施，将责任细化到各相关单位。

彭建忠指出，环保部门和其他相关职能部门，要进一步强化责任感和紧迫感，在发展的同时，不增加环保负担；工作中要明确目标、突出重点、打好组合拳，明确“三个达标”目标，重点从“治气、治污水、治面、执法”四个方面开展工作；要强化工作保障，构建良好格局，严格考核标准，加强监管落实，形成全市人民都关心环保，监督环保工作，共同参与环保的氛围。

各区县（市）环保工作负责人和相关职能部门均作表态发言，表示将尽全力完成“十二五”主要污染物减排目标。

【许显辉调研绿化工作】 2015年10月8日，益阳市委副书记、市长许显辉到银城大道、益桃路、益沅路绿化工作现场调研。要求各地各施工单位保进度、保质量，不拖后腿不打折扣地完成“三路”绿化任务。市领导彭建忠、谢寿保，市政府秘书长汤瑞祥一同调研。

当日下午一上班，许显辉一行就步履匆匆赶往调研第一站——位于中心城区银城大道的顺德城绿化样板点。在顺德城绿化样板点和同处银城大道的三一重工绿化样板点，许显辉向施工方细细询问绿化设计、视觉通道、草皮养护、浇水排水设施等情况。他叮嘱道，道路绿化亮化都要秉承简单耐用原则，要控制成本，每一个项目的费用要清晰明白。

在银城大道调研完，一行人马不停蹄赶往桃江，益桃路的绿化也正在抓紧进行。在新桃缘生态园前，听说排水有困难，许显辉和住建、规划等部门的同志蹲下来实地测量道路与绿化带的层差，了解实际情况，讨论解决办法。他要求，面对问题要一段一段落实责任，不拖后腿、不打折扣，确保完成任务。

在益沅路资阳区保安村段，看到正在绿化的道路一侧路基松动，许显辉马上问明情况，要求当地重新固化路基，确保安全。在沅江竹莲段，听说水毁工程恢复有压力，他又前去查看道路原排水沟，要求相关部门务必克服困难，保进度、保质量完成绿化任务。

调研中，许显辉强调，要高度重视绿化工作，确保工程质量，按时完成任务；各项工程账目要清晰，绝不允许弄虚作假；在绿化养护的长效机制建立起来前，各地要有专门机构管理，确保绿化成果；绿化工作时间紧任务重，要分头落实责任，不拖后腿、不打折扣。

【许显辉到东部新区调研】 2015 年 10 月 13 日上午，益阳市委副书记、市长许显辉到益阳东部新区调研两型项目规划建设情况，市政府秘书长汤瑞祥陪同，市国土局、市规划局、市住建局、市旅游局、市两型办以及赫山区主要负责人参加调研。

许显辉首先到灵宝山、宝林冲等地实地察看了海洋城项目选址，随后在益阳东部新区管委会听取了益阳东部新区工作情况汇报、市两型办关于第八次调度会所议定事项落实情况的汇报，市直相关部门就海洋城项目充分发表了意见。许显辉指出，益阳东部新区的生态、区位、交通等优势突出，前期工作扎实全面，有着广阔的发展前景。要找准两型建设方位，明确产业发展方向，广泛招商引资，扎实抓好平台融资和征地拆迁两大工作重点，谱写两型示范的美丽篇章。

【九三学社常德市委到益阳开展“湿地保护”调研】 2015 年 10 月 15 日，常德市政协副主席、九三学社常德市委主委朱传宏一行 6 人，到益阳开展“湿地保护”课题调研。通过召开座谈会，了解益阳在湿地保护方面取得的成果和经验。市政协副主席徐德华主持座谈会。

会上，益阳市林业局、市水务局、市林业局湿地保护局等部门的同志分别就益阳市当前湿地保护的现状、存在的问题，对中央、省、市湿地保护补偿政策的期望和建议，以及地方在落实湿地保护有关政策要求及具体举措进行了介绍。调研双方围绕有关问题进行了深入探讨。

中共益阳市委统战部常务副部长秦本华，市林业局副局长曹卫平，市住建局副局长、九三学社益阳市委副主委蔡剑文及市林业局湿地保护局、市水务局相关负责同志出席座谈会。

【中美科学家相聚益阳东部新区 共商新能源汽车智能充电项目】 2015 年 10 月 16 日上午，湖南格尼纳动力系统有限公司与美国通用汽车公司全球研发中心合作研发的电动汽车智能快速集中充电技术及网络运营平台项目报告会在益阳东部新区鱼形山智慧谷网络科技国际示范园隆重举行。全球制造工程师协会会士、通用汽车制造领域首席科学家、通用汽车制造系统研究院院长、美国商务部制造顾问委员会主席（2015～2016）Susan·Smyth（苏姗·史密斯）博士，中国工程院院士、湖南省科协主席黄伯云教授等中美科学家，省、市有关领导，国内相关企业领导和专家兴致勃勃地参观了全球首个电动汽车智能快速集中充电平台的演示。

湖南格尼纳动力系统有限公司董事长兼 CEO 叶常富先生介绍：电动汽车智能快速集中充电平台采用美国通用公司专利技术，首次提出“一桩多车”全新充电方式，较好解决了传统充电桩用地需求大、电网要求高、充电速度慢、维护成本高等问题。网络运营平台以互联网为载体，整合政府、整车厂商、充电设备商及充电运营商等资源，把充电站导航、服务预约和购物、就餐、娱乐、旅游等消费查询和支付集于一体，在用户手机或电动车上完成操作，大大提升了人们行车和生活效率。

湖南格尼纳动力系统公司的工作效率让史密斯博士很惊讶，她通过视频资料展示了美国通用汽车公司在相关领域取得的最新技术成果和多方应用。她同时表示，中国的公司在短短 3 个多月时间就将她三年前画下的草图变成了现实，并且第一代产品的操作性能已经很强，非常了不起，她将会全力支持该技术和平台的推广运用，利用美国通用汽车公司的最新智能技术和国际影响抢占全球市场，特别是欧美市场。

黄伯云对这一项目予以高度评价。他满怀激情地说，当前世界面临的资源、能源、环境、气候四大问题，在电动汽车身上均有很好地解决。未来的汽车产业一定属于电动汽车。梦想照亮现实，科技成就未来，昨天的梦想已经成为今天的现实，今天的梦想也必将是明天的腾飞。湖南格尼纳动力系统有限公司的技术成就，为我国新能源汽车的发展奠定了基础，希望早日成为电动汽车梦想的实现者。益阳市委、市政府敏锐地抢抓了这一重大战略机遇，必定为益阳经济发展提供强大动力，造福人民。

副市长黄东红在会上要求，政府各级各有关部门要高度重视，扎实履职，以最好的环境、最优的服务、最惠的政策支持企业实现快速发展，促进项目早日实现规模应用、尽快发挥技术效应。

据悉，电动汽车智能快速集中充电技术及网络运营平台项目是益阳东部新区鱼形山智慧谷网络科技国际示范园启动的首个高科技项目。按照产业规划，示范园将努力通过项目引进、成果转化、企业孵化、创业投资、科技与金融结合，打造一个集“互联网＋传统产业”、国际先进科技成果转化、高新技术创业投资于一体的新型科技生态产业园。

【益阳超额完成船舶加装生活污水处理装置目标任务】 截至 2015 年 10 月底，益阳市共完成 223 艘船舶加装生活污水处理装置，其中货船 189 艘、客船 34 艘，超额完成省里下达的目标任务。

益阳市 2015 年开展运输船舶加装生活污水处理装置以来，按规章制度严抓货运船舶加装生活污水处理装置各项工作。针对益阳市客运船舶船型小、载重轻、型深浅、无交流发电设备等特点，在省水运管理局的指导下，市地方海事部门会同沅江精一机械科技有限公司通过多次实地调研，共同研发了客运船舶生活污水处理装置，经过环保、船检等部门的认证、验收，安装使用效果获得一致好评。据悉，此客运船舶生活污水处理装置将在省内其他市州大力推广，并推荐至江西、河南等省。

【彭建忠督导检查环保重点工作】 2015 年 11 月初，益阳市委常委、副市长彭建忠率市环保局相关负责人深入高新区、桃江县、资阳区现场督查环保重点工作落实情况。

彭建忠一行先后察看了纳爱斯、信汇生物、凯迪电厂、华发包装、鸿源稀土、春龙竹艺、口味王槟榔等相关涉污企业，重点督查了污水、废气处理设施建设运行情况和清溪村等农村环境污染整治情况。在督查现场，彭建忠强调，相关企业要严格遵守新环保法，治理污染必须舍得投入，不断改进工艺，在落实整改要求上不能有丝毫侥幸心理，一定要按期整改、严格整改，在落实环保设施升级改造的同时，一定要抓好设施设备的运行管理，确保环保设备能全天候正常运行，全面实现达标排放。彭建忠指出，新常态下环境保护要立足于不欠新账多还旧账，环保等职能部门要切实加强环保监测监管，做到违法必究，执法必严。他要求，本次环保重点工作专项督查后，各督查小组要把检查情况进行整理，梳理出问题，拿出来晒一晒，要落实各级各部门的主体责任，按照推进环境保护重点工作的责任分工和时限，认真抓好整改落实，确保环境保护重点工作督查取得实实在在的成效。

【益阳前 10 月空气质量达标率 79.2%】 2015 年 11 月 5 日，从市环保局获悉，2015 年 1 月至 10 月，益阳市中心城区空气质量优良天数共有 228 天，优良达标率 79.2%。其中，从 10 月起，城区空气质量有所下降，“罪魁祸首”就是细微颗粒物 PM 2.5。

据了解，中心城区共设赫山环保分局、资阳政务中心、市环保局旧址和市特殊学校 4 个空气质量监测站。根据 4 个空气自动站的监测，2015 年 1 月至 10 月环境监测有效天数共 288 天，影响益阳市环境空气质量的首要污染物为 PM 2.5。其中，20 天空气质量为优，208 天空气质量为良，优良达标率为 79.2%。此外，轻度污染、中度污染、重度污染天数分别为 51 天、8 天和 1 天。

根据数据对比发现，从 10 月起，中心城区空气质量开始有所下降。环境监测有效天数 30 天中，只有 20 天为优良，其他为轻度污染和中度污染，空气质量优良达标率仅 66.7%，较 9 月下降了 7.4%。市环境监测站工作人员解释，每年秋冬时节，空气质量都会有所下降，主要有三方面的原因：一是秋冬季节降水较少，不能很好地冲刷空气中的细微颗粒物；二是大气活动减弱，污染物容易沉积，再加上秋冬季节经常出现逆温层，使得大气处于静稳状态，从而使得污染物无法扩散；三是秋收后是焚烧秸秆的高峰季节，严重影响空气质量。

【益阳城市生活垃圾焚烧发电项目 2016 年试运行】 2015 年 11 月 6 日，从益阳市住房与城乡建设局获悉，光大益阳市城市生活垃圾焚烧发电项目核心设备 #1 锅炉水压试验成功，土建基本完工，接下来是后期设备安装，11 月底进入单机调试阶段，春节前后具备垃圾进场条件，2016 年 3 月左右试运行。位于赫山区会龙山街道红星村的白鹤山垃圾填埋场将同步关闭，会龙山生态保护区将成为名副其实的城市“绿肺”。

数据显示，2014 年，中心城区日产垃圾近 600 吨，2005 年投入使用、设计使用年限为 20 年的全市唯一的垃圾卫生填埋场所白鹤山垃圾填埋场超负荷运转致“减寿”，仅可再用 2 ~ 3 年，而近几年中心城区日产垃圾则按 3% ~ 8% 的年增长率增长。但由于填埋的选址十分苛刻，一般要建在城市下风向、水源下游，同时顾及垃圾运输成本及当地的生产生活情况特别是农业生态状况，再建一个卫生填埋场难度颇大，且不符合环保要求。

破解“垃圾围城”之困，益阳市自 2011 年就开始筹建生活垃圾焚烧发电项目，最终选择了 PPP 模式，于 2013 年引入国内垃圾焚烧行业中规模最大的投资运营商中国光大国际有限公司作为社会资本，以 BOT 方式建设运营，30 年后移交。

据悉，该项目选址益阳高新区谢林港镇青山村，一期投入近 5 亿元，建成后每日可焚烧处理生活垃圾 800 吨，年上网电量 8000 万度，服务区域为中心城区及长春、迎风桥等 10 个周边乡镇；远期规模为每日处理 1600 吨，年上网电量 16000 万度，建成后，桃江、沅江的垃圾也可运送至此处理。

据了解，该项目是专门用于无害化、减量化、资源化处理生活垃圾的市政项目，属于益阳市洞庭湖生态经济区重大建设项目和湖南省十大环保工程项目，同时列入了湖南省“两供两治”建设计划和湖南省“十二五”能源发展规划。建成后的垃圾焚烧发电厂，会是国内一流、国际领先的现代化环保能源工厂，且项目建设标准优于招标文件规定的标准，垃圾处理服务费单价低于招标文件的最高限价。

【彭建忠到大通湖督导大湖保护工作】 2015 年 11 月 25 日，益阳市委常委、副市长彭建忠在大通湖区督导大湖保护工作时充分肯定了大通湖区管委会在大湖保护方面的“三铁”措施。

在现场察看大通湖水质后，彭建忠指出，大通湖的保护已引起各界关注和省环保厅领导的高度重视；要牢固树立大通湖湖体是我们立足的根本思想，大通湖就是一张名片，大湖水质的好坏是经济发展的核心竞争力所在，无论采取什么措施来保护都是应该的。

针对大湖保护下一阶段的工作，彭建忠强调，对大湖的治理、水质的保护要统一思想。各级、各部门、相关企业和老百姓思想都要保持一致，不能阳奉阴违，企业不能进行掠夺性经营；要落实切实可行的治理措施，“三铁”措施要落实到具体行动上。在投肥、投苗上要严格控制数量，要加强监管、联合执法，要充分发动基层组织的作用，充分发挥舆论监督的作用；要强化问责机制。如未按要求完成任务，要说明情况并追究相关责任人的责任；要加快国家资金项目和配套项目的实施进度，提高项目实施的效益，项目的实施要以改善大湖水质为目的；要摆脱当前水质瓶颈的被动局面，防止出现更大的被动。

【益阳两型办举行“两型共创，你我同行”全国征文活

动颁奖仪式】 2015年11月30日，“两型共创，你我同行”全国征文活动颁奖仪式在益阳市两型办举行。部分市内的获奖代表应邀参加颁奖仪式，益阳市两型办主任张慧出席并致辞。

此次征文大赛由益阳市两型社会建设办公室、益阳城市报社、赫山区文学艺术界联合会、益阳市沧水铺诗词学会联合主办。活动于2015年3月26日至6月30日共收到全国10多个省市区15000余篇征文，经过专家评委的严格评审，共评选出一等奖2篇、二等奖4篇、三等奖8篇、优胜奖24篇。

颁奖仪式上，市两型办副主任李建军首先总结回顾了此次征文活动的历程，随后，市两型办副主任刘则平宣读了获奖名单。市两型主任张慧在致辞中向获奖的同志们表示祝贺。她充分肯定了征文活动的积极意义，认为此次活动为进一步提升两型建设的宣传力度，增强全社会对两型社会建设的认识，展现两型社会建设成效，探索两型崛起之路具有重要意义。

【黎石秋调研皇家湖国家湿地公园】 2015年12月7日下午，益阳市委副书记黎石秋带领副秘书长李劲松、市林业局局长肖正军、市水务局局长王新春等人在资阳区委副书记马文才、政府办主任谢可赞等人的陪同下，到资阳区皇家湖国家湿地公园考察皇家湖湿地生态保护建设与可持续利用开发工作。

黎石秋一行沿着皇家湖环湖路进行视察，来到湖乡情生态示范区后，他详细询问了皇家湖湿地公园的整体规划、湿地生态核心区、湖乡情生态示范区科普宣教中心的建设情况。得知湖乡情正投资4亿元建设一个集湿地生态景观、洞庭湖湿地植物展示、珍稀植物培育、科普教育和生态休闲于一体的示范园，并计划与南洞庭湖湿地管理局、皇家湖国家湿地公园一起，投资2000万建设一个高标准的湿地宣教馆。

黎石秋听取情况介绍后，对皇家湖国家湿地公园及湖乡情生态示范园项目建设工作给予了充分肯定。并表示益阳最大的资源就是生态资源、水资源，对大型的生态建设项目，市委、市政府非常关注，并将大力支持。要求资阳区在皇家湖国家湿地公园的整体建设上更好地规划，学习国内外湿地公园建设的先进经验，与美丽乡村、特色园林、湿地文化完美结合，建设一个全省超一流的国家湿地公园。

【彭建忠调研中心城区渣土管理工作】 2015年12月11日下午，益阳市委常委、市人民政府副市长彭建忠带领市城管执法局、市水利局、市环卫处、高新区建设局、市渣土执法大队等有关部门单位及六家大型工地的负责人调研中心城区渣土管理工作，副秘书长黄育文陪同。

彭建忠一行先后来到益阳康雅医院、万达、海洋城、迎宾小学、龙洲中学、资江景观工程等工地查看渣土运输防污设施，沿线检查迎宾路、银城大道、团圆路、益阳大道、青年东路、十洲路、白马山路、资阳大道路面卫生。海洋城等几个项目渣土运输及银城大道两侧的社会道口车辆带泥上路对路面的污染严重，团圆南路万达卸土场渣土车辆回程污染尤为突出。

在随后的渣土工作部署会上，彭建忠针对当前渣土管理形势，指出工地施工方和职能管理部门要强化各自责任，全力维护好国家卫生城市这块牌子，强化两种意识：一是负责，二是服管。施工方要积极采取措施，减少源头污染，车辆进出工地一定要清洗车轮；渣土执法大队要严管重罚，问责到位；高新区建设局要立即组织对迎宾路和银城大道的社会道口进行硬化或整改；环卫部门要加大清洗力度，道路洗出底色、绿化带洗出绿色、栏杆洗出白色。确保城市环境卫生达到国家卫生标准不下滑，主次干道无明显渣土污染，积极响应全省治超行动，以干净整洁的市容市貌迎接全国文明城市暗检，全省家博会、房交会及人大、政协两会的召开。

【益阳中心城区居民生活用水将实施阶梯价格】 2015年12月24日上午，益阳市政府新闻办召开新闻发布会，通报中心城区居民生活用水将从2016年1月1日起实施阶梯价格。

市发改委工会主任金俊超介绍，这次调整是根据国家和省的相关政策规定，在深入调研和召开听证会广泛征求意见的基础上，经市人民政府同意实施的。益阳市阶梯水量设三级，第一级水量为每户每月15立方米以内（含15立方米），第二级水量15～25立方米（含25立方米），第三级水量25立方米以上。家庭常住人口超过4口的，可凭户口本等有效证件，按实超人数核增每人每月第一、二级水量基数4立方米。目前，第一级、第二级水量分别覆盖益阳市86.7%和95.9%的城区居民用户。

根据全省已实施阶梯式水价的市州标准，益阳市阶梯式计量水价分为三级，级差为1：1.5：2，到户水价分别为每吨2.68元、3.49元和4.3元。计量缴费周期暂以“年”为单位，待抄见水量智能化水平提高后，改按以“月”为单位。自来水到户价格中只有纯水价部分，伴水征收的污水处理费、水资源费等不适用阶梯水价政策。未抄表到户的居民户以及城区低保户按原政策不变。

娄 底 市

娄底市2015年两型社会建设综述

2015年，娄底市面对前所未有的压力，全市上下深入贯彻党的十八大和十八届三中、四中、五中全会精神，认真落实省委、省政府的决策部署，以资源型城市转型发展为抓手，以全面深化改革为突破口，在危机中抓机遇，在困难中谋发展，在逆势中稳增长，以转型促两型，以改革促发展，纵深推进两型社会建设，全年地区生产总值增长7.6%；一般公共预算收入、地方收入从9月份起开始实现正增长，扭转了连续8个月负增长的局面；固定资产投资增长18%；社会消费品零售总额增长10.8%；城乡居民人均可支配收入分别增长7.5%、10.5%。确保了全市经济运行缓中趋稳、稳中有升、逐步向好，确保了民生事业的持续改善，确保了社会大局的总体稳定，确保了“十二五”目标任务和六个“四年行动计划”的圆满收官，两型社会建设不断迈上新的台阶。

一、经济发展稳步提升

地区生产总值、固定资产投资总额相继迈上千亿台阶，2015年分别达到1291.38亿元、1108.39亿元，年均分别增长10.2%、28.6%。实现规模工业增加值410.88亿元、社会消费品零售总额433.82亿元，年均分别增长11.9%、14.8%。一般公共预算收入、地方收入分别达到95.37亿元、59.92亿元，年均增长11.2%、14.6%。银行机构本外币存款余额、贷款余额分别达到1285亿元、791亿元，年均增长14.4%、15%。全面小康总体实现程度达到83%。

二、产业转型持续推进

以产业改造升级作为两型社会建设的主体工程。在经济下行压力加大的形势下，我市部分传统产业持续走低，一些企业主动发挥自身优势，淘汰落后产能，延长产业链条，降本增效，谋求转型发展，在危机中寻找机遇，焕发出了新的活力和动力，产业结构继续调整。积极争取省直相关部门做好省政府9号文件的贯彻落实，为我市转型发展提供政策与项目等方面的重点支持。结合国家循环经济示范城市与国家资源综合利用“双百工程”示范基地建设，大力发展循环经济。培育有色、钢铁、化工、电力、机械制造、煤炭、建材等循环经济产业链。重点支持泰基建材、博环渣业等20家骨干示范企业建设，其资源综合利用率98%以上。培育新材料、电子信息、医药、食品、先进装备制造等新兴产业，依靠技术创新、品牌优势，表现出强劲发展势头。去年，高技术产业、医药制造业、节能环保产业分别增长18.6%、32.7%和10.5%，分别高于规模工业增速13.2、27.3和5.1个百分点，六大高耗能行业占规模工业的比重下降2.5个百分点。三次产业结构调整为14.7:51.3:34，第三产业提高2.5个百分点。工业内部结构逐步优化，六大高耗能行业增加值占比下降15.43%，高技术、高加工度和战略性新兴产业年均分别增长17.6%、18.3%、15.9%。

三、改革创新取得突破

把机制体制改革作为两型社会建设的突破口，科学谋划、大胆创新。先后完成了《娄底市服务业转型发展研究报告》《娄底市产业转型发展研究报告》，起草了《娄底市推进公共机构合同能源管理的实施意见》《娄底市政府关于扶持重点产业加快经济转型的若干政策措施》。着力抓好排污权交易、资源性产品价格机制、产业转型升级机制、农村环境污染治理机制、再生能源利用机制、绿色建筑技术推广机制、投资体制、产权制度和要素市场、工业园区管理体制等重点改革，并且成功争取到全国老工业基地城市调整改造、全国资源型城市可持续发展、全国二级物流园区布局城市、国家循环经济示范创建城市、武陵山片区扶贫攻坚与生态文明先行区建设等一系列政策支持。分四批争取了国家专项建设基金32.39亿元、申报发行企业债券36亿元。创新项目建设模式，推出了首批40个PPP项目，撬动社会资本131亿元。全市经济环境、生态环境同步改善，改革红利不断释放。

四、示范创建全面展开

把两型示范创建作为两型社会建设的先导行动。着力建设成一批可看、可学、可控、可复制、可推广的两型示范创建单位和项目，建立了全市两型示范创建项目储备库，并且逐年更新。设立了两型引导专项资金，制订了《娄底市两型专项资金管理办法》，培育了一批两型示范单位。今年共获批万宝镇东方红村、乐坪办事处大塘社区等12个省级两型创建单位，湘村高科晋升为全省两型示范基地，产生了良好的示范带动作用。扎实做好省级两型专项资金项目督查与绩效考评工作，确保两型示范项目顺利实施。同时以东部新区作为新型工业基地、以万宝新区作为现代服务业基地，创新推进水府示范片区建设。去年，水府示范片区实现规模工业增加值43亿，同比增长12.2%；完成两型固定资产投资164.3亿元；完成区财政总收入5.5亿元，同比增长9.1%；实际到位外资1.07亿元，同比增长36.2%；内联引资97.9亿元，同比增长23.7%。

五、清洁低碳技术深入推广

把清洁低碳技术推广作为两型社会建设的重点工程。完成了娄底中心城区高污染燃料禁燃区范围划定和调整工作，并配套制定燃煤锅炉淘汰方案。组织各县市区、相关企业参加省发改委地区处组织的高碳企业绿色增长研修班。推广实施了一批重点绿色能源建设项目，大熊山风电场于2014年8月底正式投产。积极开展有色渣、钢渣、高炉水渣、高炉除尘灰、粉煤灰、煤矸石和建筑废弃物等产业固废深层次利用，实现产业固废综合利用产品向高附加值转化。重点支持湖南宜化、涟钢、冷钢等“三余”循环发电、华润电力热电联产技术改造和废水处理及回收工程等一批污水处理示范工程。

六、生态环境显著改善

把优化生态环境作为两型社会建设的生命线。制定下发了《娄底市节能减排低碳发展行动方案》，2015 年预计单位 GDP 能耗下降 3%，超年度目标 1.5 个百分点，超额完成了 2015 年年度节能目标。锡矿山转型发展建设传统矿区环境整治生态修复示范区加快推进，成功入围国家择优重点支持的重金属污染防治重点区域。成功发行了 12 亿元湘江流域重金属污染治理专项债券，锡矿山地区历史遗留砷碱渣无害化处理工程等项目建成发挥效益。与凯天环保合作，通过 PPP 模式开展生态环境第三方治理试点。湘江保护一号重点工程、四水三库保护治理取得阶段性成果。加大了对水府庙库区的保护与利用，与湘潭市签署了《共同保护水府庙行动宣言》，在顶层设计、绿色发展、环境保护、项目推进等方面达成了广泛共识。新型城镇化建设步伐加快，城镇化率达到 43.8%。新农村建设、城乡环境综合整治成效明显。实施大气污染防治计划，中心城区环境空气质量达标率为 90%，全市森林覆盖率达到 50.21%，城市生活垃圾无害化处理率达到 100%，县城以上城镇生活污水集中处理率达到 89.04%。

七、两型宣传扎实深入

以娄底日报、娄底电视台、娄底新闻网为主，深入开展两型建设的集中宣传，弘扬两型理念、生态理念、推介两型示范创建亮点，对长株潭城市群区域规划调整与省政府 9 号文件进行了专题解读与重点宣传。各示范创建单位以两型文化建设为重点、生态文明改革为中心，结合示范创建类别，通过开设宣传栏、印发宣传资料、张贴宣传图画等方式方法，大力推广宣传两型社会建设，两型理念深入人心。

娄底市 2015 年两型社会建设成果

【娄底城区发布空气质量指数】 2015 年 1 月 1 日，娄底城区空气质量指数正式发布，市民可从市环保局官网上查询相关数据。

空气质量指数（AQI）是《定量描述空气质量状况的无量纲指数。针对单项污染物，还规定了空气质量分指数。参与空气质量评价的主要污染物为细颗粒物、可吸入颗粒物（PM2.5）、二氧化硫、二氧化氮、臭氧、一氧化碳等六项。空气质量指数级别实行分级评价，空气质量指数级别为一至六级，对应的空气质量指数分别为 0～50、51～100、101～105、151～200、201～300、>300，对应的空气质量类别分别为优、良、轻度污染、中度污染、重度污染、严重污染。

按照环保部和省政府的部署，市政府对于空气质量指数的监测和发布调度重视，多次开会研究细颗粒物监测能力建设问题，拨出专款，由市环保部门负责实施。市环保局精心组织，选定了第三方运营机构，做好了仪器设备的统一招标、采购，按要求做好了设备安装调试、数据联网、设备比对验收等工作，在娄底城区及周边设置了市政府、市监测站、市委党校、双江、涟钢等 5 个监测点，对空气质量的六项指标进行实时监测，每天在市环保局官网公布，同时上传至省环境监测中心站、中国环境监测总站发布。

【《娄底市节能减排低碳发展行动方案》出台】 2015 年 1 月 5 日，为确保 2015 年全面完成“十二五”节能减排降碳目标，娄底人民政府办公室市印发了《娄底市节能减排低碳发展行动方案》（以下简称《行动方案》）。《行动方案》对 2015 年全面完成“十二五”节能减排降碳目标提出了具体的要求，节能减排降碳的指标更加明确、任务更加量化、措施更加得力。

指标方面。《行动方案》在进一步明确必须确保实现节能减排约束性目标的基础上，又要求各地区严格控制能源消费增长。到 2015 年底，规模以上工业单位增加值能耗比 2010 年降低 20%以上，节能环保产业产值实现年均增长 20%以上，重点行业单位工业增加值主要水污染物排放量下降 30%以上。

任务方面。《行动方案》将节能减排非常关键的几项任务，如火电脱硝、钢铁烧结机脱硫等任务分解到地方。对工业、建筑、交通运输、公共机构等领域节能减排提出了量化任务要求，如到 2015 年底，全市公共机构人均综合能耗比 2010 年降低 15%，单位建筑面积能耗比 2010 年降低 12%，万家企业实现节能量 112 万吨标准煤以上的节能任务。

措施方面。主要是要进一步加强价格、财税、融资等政策扶持，推行市场化节能减排机制，加强监测预警和监督检查，完善法规制度体系，落实目标责任等，充分体现了方案对落实的重视。同时提出了重点任务分工安排，将重点工作落实到相关部门，并明确了牵头单位和具体工作内容。

【冷水江召开锡矿山“两型社会”建设办公会议】 2015 年 1 月 12 日，冷水江市市长何志光主持召开锡矿山“两型社会”建设办公会议，要求尽快完善领导体制和工作机制，加快推进锡矿山有关项目建设步伐，确保取得工作实效。市领导刘杰、李振兴、段平屏出席会议。

近年来，冷水江市大力推进锡矿山地区综合整治，开展了涉锑企业整顿，积极实施重金属污染治理、工业污染源治理、安全饮水工程、集中砷碱渣库建设、历史遗留砷碱渣无害化处理等项目，启动了宝大兴采空区搬迁避让工程，取得了初步成效。在此基础上，市委、市政府决定用 10 年左右的时间，以产业整合、环境治理、基础设施、生态修复、新兴产业、民生工程为重点，着力建设锡矿山“两型社会”示范片区。

何志光指出，2015 年是锡矿山“两型社会”建设全面实施、强力推进的关键之年，全市各部门单位要迅速行动，加快推进；要进一步建立健全领导体制和工作机制，办公室抽调人员、各项工作制度、办公场地等本月必须落实到位，确保办公室工作高效运转；要以项目建设为抓手，全面推进锡矿山地区“两型社会”建设。同时要完善该地区项目建设规划方案，积极争取上级支持，加大项目投资力度，加快项目申报和在建项目的推进，特别是要加快生态环保、民生改善等项目建设，确保锡矿山“两型社会”建设出成果。

【娄底启动中心城区周边高速互通绿化提质工作】 2015年1月13日，娄底市政府组织林业、交通、旅游、高速公路管理处、园林处等部门单位，就主城区周边高速公路互通地段绿化提质改造工程进行专题协商。各个参会部门就本部门的职责和绿化任务发表了意见，并对园林部门的绿化设计方案进行了评审。会议确定，未验收的互通绿化工程要抓紧按设计要求验收到位；已验收的工程由政府投一点、部门筹一点的方式进行绿化提质，争取春节之前施工到位；在建和待建的公路要加强管理，提高绿化档次，确保绿化成林成景。同时，为保持互通周边绿化环境的整体协调，按照属地管理原则，互通周边山地的绿化，由相关县市区负责同步实施，纳入裸露山地绿化等工程造林范围，并作为绿化娄底四年行动计划重点内容予以考核。

【娄底湘潭两市对接环水府庙库区公路规划】 2015年1月20日，娄底、湘潭两市交通运输部门对环水府庙库区公路规划进行对接研究，并达成共识。

两市交通运输部门一致认为，水府庙库区作为长株潭城市群极其重要的湿地，山水资源独特丰富，区位优势得天独厚，是全省水源战略保护区和核心生态旅游资源节点，蕴含着巨大的生态、经济和社会效益。经过两市交通运输部门充分协商研究，一致同意：迅速启动编制规划工作，由湘潭市负责、娄底市配合编制环水府庙库区公路规划；对环水府庙库区的重点项目开展前期工作，争取列入全省“十三五”国省干线公路规划；积极争取支持，逐步完善交通基础设施项目，为保护和开发水府庙库区提供强有力的交通基础设施保障。

【水府庙获批国家级湿地公园】 2015年1月24日，从娄底市林业局获悉，国家林业局已正式批准水府庙湿地公园为国家级湿地公园。

水府庙湿地公园位于娄底与湘潭市交界处，是目前全省唯一一个横跨两个地级市的湿地公园，拥有44.3平方公里的水域面积，内有大小岛屿44个。水府庙湿地公园于2007年11月经国家林业局批准为国家湿地公园试点单位。近几年来，市委、市政府高度重视水府庙湿地的保护和开发，在湿地的保护与恢复、大力开展湿地保护宣传教育、加强科研监测工作、加强湿地公园制度建设等方面开展了大量工作，取得了实实在在的成效，得到了国家林业局、湖南省林业厅的高度肯定。

【省政府颁布《关于支持娄底市资源型城市转型发展的实施意见》】 2015年1月27日，省人民政府正式颁布实施《关于支持娄底市资源型城市转型发展实施意见》（以下简称《实施意见》）。《实施意见》共分为4个部分，14条。省人民政府将从用地、规划调整和区划管理、财税、投资、生态环保、金融、产业发展、社会民生等8个方面实实在在地支持娄底的转型发展。《实施意见》的出台是娄底市发展的又一重大利好政策，将有力支持娄底市在经济新常态下实现转型发展。

【娄底保护美丽湿地　志愿者在行动】 2015年2月2日，是第19个世界湿地日。为了让全社会更多的人了解湿地、关注湿地、保护湿地，当天，娄底市湿地保护志愿者协会一行20人迎着寒风、冒着细雨在娄星广场开展主题为“湿地——我们的未来”的义务宣传。

早上8点，志愿者们准时到达宣传点，与娄底市、区林业局及水府庙国家湿地公园管理处的工作人员一起迅速开展世界湿地日宣传活动，冒雨向过往市民发放湿地宣传保护资料，对前来参观的市民进行一对一义务讲解，向他们宣讲湿地保护的重要性和有关法律法规，活动共接待市民280余人，发放宣传传单870份，讲解165场次。活动中，当市民了解到娄底市湿地保护志愿者协会长年累月主动义务开展对外宣传湿地、定期清理湿地垃圾等志愿者活动时，有11名普通市民当场主动填表，要求加入娄底市湿地保护志愿者协会，为保护娄底湿地尽心尽力。

【娄底实施四年行动开展联村建绿　着力打造生态环境建设新常态】 2015年2月9日，《娄底日报》报道了娄底生态环境建设情况。全文如下：

近年来，娄底市委、市政府将保护生态、改善环境、造福百姓作为党委政府工作的重中之重，在全市范围内掀起了联村建绿、开展四年绿化行动高潮，效果明显，初步达到了实施“一年出亮点，两到三年全覆盖，四年见成效”的目的。全市共投入资金16.8亿元，联村建绿237个村，建秀美示范村庄8个，建秀美村庄2441个，完成绿色通道工程建设2958公里，到处呈现出山青水绿、文明洁净的新气象。

植树造林全面提质。在规划上，娄底市重点工程造林坚持科学规划、突出重点，严格执行造林技术规程和作业设计规定；在布局上，坚持突出“三边一区”，集中连片，规模化经营；在林种、树种安排上，按照定向培育的要求，适地适树。同时，利用科技下乡、联村建绿等活动，鼓励、指导农民在房前屋后、自有土地上种植珍贵树种，并将珍稀树种纳入机关院落绿化和城市园林绿化，近3年来，全市栽植银杏、桢楠、青冈栎、南方红豆杉等珍稀树种200多万株。

“绿色通道”亮点纷呈。2014年，全市把高速公路和交通主干线的绿化作为绿化的重中之重。年初正式启动潭邵高速公路沿线长45公里的造林绿化提质工程，为将此段高标准打造成生态线、风景线和致富线，市委、市政府以沿线39个村的路边、水边、村边的“三边”绿化为重点，按照每个单位每人植5株树的要求，完成潭邵高速公路沿线线路外旱土10米、宜林荒山荒地20米造林，并将此工作列入了市委、市政府对各市直部门单位绩效考核的主要内容。至2014年3月底，已超额完成全部工程任务。娄新高速公路娄底涟源段全长48公里，在两个月内完成了绿化任务。

“秀美村庄”风格各异。2014年，娄底市以“绿化娄底四年行动计划”为契机，着力建设“村在林中，屋在树中，人在景中”的秀美村庄。在各级干部职工的积极参与下，全市各县市区已联系村庄237个，参与建绿的行政单位达829个，取得了良好的绿化效果，产生了极大的社会反响，获得广泛好评。建设中涌现出了新化县洋溪镇白地村、曹家镇展望村；涟源市湄江镇蒿子村；双峰县花门镇仁山村、冷水江市铎山镇北元村；娄星区石井镇石江村、杉山镇万乐村；经济技术开发区大埠桥办事处上元村等一大批区域不同、风格各异、特色鲜明、亮点纷呈的生态秀美示范村。

生态保护前所未有。全市近3年湿地保护增长率年均达到15%以上，保护湿地10448公顷。2014年底，新化龙湾国家湿地公园批准试点；水府庙国家湿地公园正式授牌，成为全省湿地公园建设的一面旗帜；森林防火推行生物防火林带建设，野生动物保护成效果显著。

【娄底强力推进“裸露山地”绿化工作】 2015年2月15日，从娄底市两型办获悉，娄底市委市政府坚决落实杜家毫省长关于“抓好裸露山地绿化”的指示精神，高位推动，全方位联动，多措并举，取得了明显成效，赢得了社会各界的广泛响应和一致好评。截至目前，已完成3.16万亩整地任务，为计划的105%。已造林2.6万亩，有望在3月中旬全面完成2015年度的绿化任务。一是主要领导亲自部署。在市委全会和市人大四届三次会议上，书记、市长都强调了“裸露山地”绿化的重要性和必要性，人大代表积极为全市28.2万亩荒山绿化献计献策。二是市长当面交办。易鹏飞市长将当年的绿化任务，当面交办给每个县市区的一把手，要求务必在3月底前高标准完成高速公路、国道省道两旁的“裸露山地”绿化，明确要将此项工作作为“绿化四年行动”的重要内容予以考核。三是现场核查督办。市林业局安排技术人员对全市境内高速公路、国道省道两旁面积达50亩以上的“裸露山地”进行了实地踏查，登记造册，将51个乡镇190个村241个小班共53882亩面积点对点、面对面、硬对硬落实任务，责任到人。四是“三动”并举成合力。即林业、国土等部门强力推动企业主动参与矿山造林绿化，国有林场联动周边乡村一起对“裸露山地”实施全方位、大范围的造林绿化，工商户带动林农齐心协力搞好“裸露山地”绿化，不分地域、不留死角。五是加大联村建绿力度。采取部门出资、整合资金、调整项目、消灭荒山的方式，全市829家党政机关和企事业单位参与，建绿重点村达237个。六是强化技术措施。各地根据不同的立地条件，采取适地适树的方式，分别采用人工造林、补植补造、封山育林、撒播种子等方式，由专业队伍施工，高标准整地，高质量造林。能造经果林的宜林地以促进农民增收为目标，充分调动农民造林绿化的积极性，建成特色经果林基地、珍稀树种基地等。冷水江市在紫云峰营造3000亩珍稀树苗，作为林苗一体化培育。只能造生态林的“三难地”就以提高生态效益为目标，努力提高绿化效果。涟源市在龙塘镇境内的“三难地”上新建了2000亩义务植树基地，增强群众的绿化意识。新化县已完成孟公、炉观、西河三镇连片2256亩裸露多年的火烧迹地的造林，提高植被覆盖率。

【娄底实现华丽转型】 2015年3月17日，位于娄底经开区的新合作湘中国际物流园工地热火朝天。以该物流园为龙头，娄底正加速向区域性物流中心迈进，并成为国家二级物流园区布局城市。这是娄底摆脱单一资源依赖，实现华丽转型的一个缩影。

娄底是我省重要的资源基地，为确保资源枯竭后经济的持续发展，娄底近年来大刀阔斧推行工业、交通、服务业、绿化、教育、城乡整建6个“四年行动计划”，提出了“四转三化”的发展思路：推动工业产业结构由单一重化工主导向多元主导转变，粗放型增长向高技术和高附加值的精深加工转变等等，实现传统产业高新化、新兴产业规模化、特色产业集群化。

娄底加快传统产业技术改造，将煤矿矿点总量控制在125处以内。积极完善现有产业链，打造汽车及零部件产业集群；主动承接珠三角产业转移，建设千亿不锈钢产业基地，推动不锈钢与煤机、农机等特色产业融合；大力扶植战略性新兴产业发展，协助文昌科技等企业建设省级企业技术中心；实施一大批循环经济和资源综合利用项目，有力推动第二产业转型发展。

同时，娄底市创造机遇加快现代服务业发展，建立了娄底经开区生产性物流基地和万宝新区生活性物流基地。整合特色旅游资源，构建了以文化旅游、广告会展为重点的现代旅游产业体系，开发了黑茶、红米、新化田鱼、剪纸、溪砚等特色旅游商品，实现了旅游产业升级发展。

几年探索，成功转型。2014年，娄底规模以上工业增加值增长9.5%；轻工业增长24.8%，高于重工业增速17.3个百分点；高新技术产业、高加工度产业分别增长11.0%、16.7%。全市住宿餐饮、批发零售、金融、信息、电子商务、健康养老等服务业发展势头良好。全年旅游业增加值占全市第三产业增加值33.04%，对全市GDP贡献率为10.37%，成为名副其实的支柱产业。

【娄底开展重点流域重点镇污水处理设施建设督查工作】 2015年3月24日至26日，为确保完成省人民政府下达的娄底市重点流域重点镇污水处理设施建设工作任务，娄底市住建局协同市政府督查室对荷叶、杨市、付口、茅塘、禾青、洋溪等6个重点流域重点镇污水处理设施建设情况进行了专项督查。近年来，全市6个重点镇对污水处理设施建设工作高度重视，均编制了排水专项规划，截至2014年底，已建成污水管网36.06公里，占“十二五”期间任务总量的55%。杨市镇污水处理厂已建成投入试运营，总处理能力5000立方米/日，茅塘镇污水处理厂已开工建设，其余四个镇的污水处理厂建设均已完成选址、可研和环评等前期工作。预计到2015年10月底，茅塘镇、禾青镇可完成污水处理厂主体工程建设，所有建设任务将于2016年底完成。

【娄底“爱鸟周”活动正式启动】 2015年4月2日，由娄底市林业局、水府庙国家湿地公园管理处、双峰县林业局共同举办的“关注候鸟保护，守护绿色家园”爱鸟周启动仪式在双峰县溪口中学正式启动，娄底市野生动物保护志愿者、当地民众、学校师生等1000多人参加了此次活动。

活动现场，学生代表宣读了“关注候鸟保护，守护绿色家园”活动倡议书，倡议全社会都来爱鸟护鸟，守护生态环境；近千名师生踊跃参加了“爱鸟护鸟”万人签名活动；市林业局鸟类专家现场讲解了娄底市鸟类资源和鸟类保护的情况；野生动物保护志愿者现场发放宣传资料2000余份。这次活动贯彻了“保护动物就是保护我们人类自己”的理念，增强了广大青少年对爱鸟、护鸟与保护野生动物的意识，推动了“野生动物保护进校园、社区、乡村”活动，营造了全社会关心、爱护鸟类的良好氛围。

【娄底落实省政府“9号文件” 扎实推进转型发展】 2015年4月3日，娄底市委书记龚武生主持召开市委常委会议，研究落实《湖南省人民政府办公厅关于支持娄底市资源型城市转型发展的实施意见》责任分工等工作。龚武生强调，要倍加珍惜省委、省政府支持娄底转型发展的大好机遇，明确责任，谋划好项目，落实好政策，把政策转化为促进娄底转型发展实实在在的效果。

2015年1月27日，省政府办公厅以湘政办发〔2015〕9号文正式印发实施《湖南省人民政府办公厅关于支持娄底市资源型城市转型发展的实施意见》。针对娄底资源型城市转型发展存在的矿产资源逐步枯竭、产业持续发展乏力、生态环境污染严重、社会矛盾凸显等现实问题，“9号文件”明确将在加快产业转型升级、推进新型城镇化、加强生态修复和环境保护、保障和改善民生、创新体制机制、加大用地支持力度、支持依法开展规划和区划调整、加大省级一般性转移支付补助力度、加大基本建设投资支持力度、加大生态环境整治支持力度、加大金融支持力度、加大解体产业发展扶持力度、加大服务业发展支持力度、加大社会事业发展支持力度等14个方面，给予娄底重点支持和帮助。

为贯彻落实《实施意见》等一系列优惠政策，娄底研究制定了《中共娄底市委、娄底市人民政府关于加快突进科学发展、加速转型的实施意见》，对照“9号文件”的各项政策，有针对性地对各项任务进行了分解和责任分工。

龚武生指出，“9号文件”的下发实施体现了省委、省政府对娄底发展的高度关心、关注和重视支持，对提振娄底发展信心，推进娄底经济的可持续发展具有重要意义，要珍惜机遇，强化机遇意识，在思想上要重视，在措施上要给力，在落实上要到位。龚武生强调，要明确责任，当务之急是要对照文件谋划好项目，市县两级发改委要充分发挥挑大梁作用，对各个项目的各方面工作给予具体的指导，要做好做实项目的基础性工作和前期准备工作，在确定项目后要抓紧研究、抓紧上报、抓紧对接。要将“9号文件”与国家层面关于资源型城市转型发展的相关政策紧密结合起来，特别是在谋划“十三五”的时候，要充分依据政策，充分发挥政策的巨大推动作用。要抓好落实，依据文件，有重点、有针对性地逐项把政策争取到位，把政策转化为促进娄底转型发展实实在在的效果。

【娄底中心城区生活垃圾水泥窑协同处置项目开工】 2015年4月10日，娄底中心城区生活垃圾水泥窑协同处置项目举行开工仪式。项目计划2015年4月开工建设，10月底前完成土建，11、12月份完成设备安装与调试，2016年1月1日投产，每年可将娄底中心城区产生的16万多吨生活垃圾实施无害化处理。

娄底中心城区生活垃圾水泥窑协同处置项目是市长向社会承诺的民生工程。该项目投资约1.5亿元，占地1.2万余平方米，主要建设一条处置1000吨/天的生活垃圾水泥窑协同处置生产线，包含一个垃圾预处理车间和一个热盘炉车间。项目引进国际先进的“机械生物法脱水+热盘炉处置”工艺，最大的优点是社会适应性强，可以收集处置所有生活垃圾，既免去分类收集的麻烦，还能把生活垃圾作为原料和燃料进行回收利用，吃干榨净，变废为宝。同时，该项目运行参数及排放指标符合国际及国家法律法规要求，能有效控制二恶英、臭气等有害物的排放，避免渗滤液及重金属进入土壤和地下水，不产生二次污染，真正实现生活垃圾处理减量化、资源化、无害化。

【娄底召开城乡环境整建工作暨农村垃圾分类减量无害化处理现场会议】 2015年4月14日下午，娄底市召开城乡环境整建工作暨农村垃圾分类减量无害化处理现场会议，回顾总结过去一年的工作，推广经验，对下阶段工作进行安排部署，确保城乡环境整建四年行动计划圆满收官。市委常委、市委秘书长王雄作重要讲话。此外，娄星区杉山镇万乐村负责人作了试点经验介绍，全市6个县、市、区的负责人分别作了表态发言。

2014年，全市乡镇中心区域投入资金达10919万元，拆除乱搭乱建棚点11006个，新建统一门店招牌8801块；规范和取消马路市场71个，新建农贸市场17个；50%的村配置了入户垃圾桶，生活垃圾无害化处理率保持在80%以上；投入绿化建设资金3.5亿元，完成工程造林16.77万亩；2929个村达到整治标准，占任务的89%，超过预期任务9个百分点；30%的村已经建立了长效保洁机制，有80%的村建立了保洁队伍，其余的村基本做到了有人管事、有人保洁，并且按月按季定期开展考核评比工作。据统计，2014年，全市各级共投入整建经费40663万元，村级投入13895万元。

王雄指出，2015年是城乡环境整建四年行动的最后一年，是巩固提升整建成果、实现城乡环境四年整建目标的最后一年。一定要保证“第四年大幅提升，根本改善娄底城乡环境卫生面貌”的总体目标，按照时序计划安排，要不折不扣实现“2015年娄底市的城乡环境卫生整建行动要步入全省先进行列”这个阶段目标。2015年城乡整建的所有工作，都要围绕这个目标任务去实施。特别是在“创国卫”成功、中心城区环境卫生大幅改善的基础上，2015年重点要把农村一块的工作抓上来。

王雄提出，2015年重点是要突出镇村整建，80%的村要建立长效保洁机制，健全保洁员制度，落实“四员”（公共区域的保洁员、文明卫生的宣传员、垃圾分类的指导员、环境卫生的监督员）职责；突出农村垃圾分类减量无害化处理，2015年，全市计划完成800个示范村的建设任务，每个县、市、区要选择2~3个乡镇全面推行；突出专项治理，着力开展河道保洁、农业面源污染、养殖污染等专项整治。

王雄最后强调，各级各部门要切实加强领导，狠抓责任落实和工作保障，确保工作落到实处，取得实效。市整建办要对照目标进度，对各县、市、区、乡镇和相关部门的工作进展情况进行全方位的明察暗访。坚持一月一督查、一季一排位、一季一奖罚，对责任心不强、工作推进不力、效果不佳的单位和责任人，该曝光的坚决曝光，该通报的坚决通报，该问责的坚决问责。要建立长效机制，形成“经常抓、抓经常”“反复抓、抓反复”的压力和动力，使这项工作不因时间推移而松懈、不因人员变动而改变。

【娄底矿山披绿装】 2015年4月，冷水江锡矿山耐贫瘠的茅草，已栽下两年的构树、臭椿、楸树等抗污树种一片绿色。百年锡矿山，由于长期污染一度寸草不生，如今生态渐渐恢复。矿山复绿，娄底正在行动。

娄底是我省的资源型城市，锑、煤、石膏等地下矿业开采的兴盛，使娄底欠下了生态环境的“旧账”。为修复矿山生态环境，娄底市争得多方支持，积极开展矿山地质环境治理。从娄底市国土资源局了解到，国土部门对近60处地质灾点实施砌筑挡土墙、填埋裂缝、清理防渗、恢复植被、退耕还林等治理工程，使冷水江市锡矿山、双峰县坳头山磺矿等矿山，既披上了绿装，也治理了地质灾害隐患。

同时，娄底市全面实施“矿山复绿”行动，2013年至2015年年初全市共安排59座矿山进行复绿。为了治理锡矿山，娄底市从9年前开始与省林科院合作开展重金属污染区域防污抗污树种选择与推广项目研究。近年来，实施“绿化娄底四年行动计划”，又把绿化锡矿山作为重中之重，已累计造林4000余亩。

目前，娄底已复绿新化县石冲口镇罗家湾煤矿和冷水江市良木冲、棋盘石煤矿等8座矿山，复绿面积6.29公顷。

【娄星区引进37家高科技民营企业投身环保经济】 2015年5月6日，从娄底市娄星区获悉，随着投资1.2亿元的娄底市娄星区高安环保科技公司90万吨矿渣微粉生产线工程竣工，娄星区将减少大气粉尘排放量万吨以上，至此，娄星区已有10亿民营资本投资环保经济。

娄星区作为我省能源原材料基地，在政策税收方面帮扶环保产业，引领民营高科技企业，在环保经济中寻商机，先后引进37家高科技民营企业，投资达10亿多元。

过去严重污染环境的烟尘、污水、废渣都成了环保企业的抢手货。娄底市裕德科技公司，瞄上污水处理厂的污泥，投资近亿元建立污泥无害化处理项目，把污泥高温发酵，制成有机肥料，有机肥年均产值达3亿多元。娄星区钢铁产业的高炉烟灰、高炉钢渣、废旧钢铁等烟尘废渣的丰富资源成了环保企业丰富资源，娄星区先后引进服务涟钢烟尘、废水、废品的高科技环保企业就有16家。广东大发科技公司，专门收集涟钢的烟窗灰生产氧化锌，销往沿海地区，年产值近千万元。2014年，娄底泰森再生资源有限公司投资1.6亿多元，建成年产50万吨的钢铁加工项目，该项目已被国家商务部列为全国第三批城市试点再生资源回收利用核心产业。

2014年，娄星区环保企业总产值达38亿多元，相当于全区年经济总量的30%，实现税收9700多万元，比上年同期增长31%。2014年，该区还先后被评为全国卫生城市，全国园林绿化城市。

【以《规划》为引领，加快推进锡矿山地区生态修复】 6月初，冷水江市委、市政府出台《锡矿山转型发展建设传统矿区环境整治生态修复示范区近期（2015—2017）工作规划》，标志着冷水江市锡矿山地区生态修复工作正式驶入快车道。

《规划》指出，要坚持远近结合、分步实施、标本兼治、综合治理的方针，加快推进资源整合、产业转型、环境整治和生态修复，促进锡矿山地区转型发展、绿色发展和安全发展。

《规划》指出，要大力推进生态修复，坚持统一规划、分片推进的原则，通过分散渣堆整治、区域土地平整、砌筑排洪渠及其他水利工程、表层覆土、栽种抗污染树种、植草绿化等方式，改良重金属污染土壤，全面开展矿山、村庄、机关、公路、河道和荒山绿化。从2015年起到2017年，累计完成石漠化治理5万亩，矿区生态保护与植被恢复工程新造3.2万亩、封山育林10万亩，新建抗污染树种研发中心、抗污染树种培育基地和试验林1000亩，区域内县乡公路绿化率达到60%，青丰河、涟溪河两岸宜绿化地段绿化率达到60%。

《规划》指出，要依托现有林业产业基地，因地制宜发展林下经济、林药林果加工、花卉苗木培育、特色养殖，打造城郊型特色林业产业基地。要加强锡矿山、波月洞、紫云锋和周头湖等旅游资源的开发利用，开发特色森林旅游产品，大力发展森林旅游。

《规划》的实施通过以点带面、形成示范、全面推进的方法，力争通过三年的努力，基本实现锡矿山地区经济发展方式有效调整、环境污染有效治理、生态植被有效修复，再建一个绿水青山的新锡矿山。

【省两型委到娄底调研餐厨废弃物资源化利用和无害化处理试点项目】 2015年7月9日，省两型委改革处处长刘建华一行对娄底市餐厨废弃物资源化利用和无害化处理试点项目进行了调研。娄底市餐厨废弃物资源化利用和无害化处理项目是湖南省2014年清洁低碳技术推广试点项目，同时娄底市是2014年国家第四批餐厨废弃物资源化利用和无害化处理试点城市，该项目的建设受到社会和市民的高度关注。调研组一行轻车简从，通过召开座谈会、实地走访、现场讨论交流等形式对项目的基本情况进行了了解。项目单位负责人和主管部门负责人就项目的进展情况、存在的困难和问题及下步的工作计划向省调研组进行了汇报。刘建华指出，要进一步加快项目建设的进度，确保2016年6月份能投产运营；市两型办要加强对项目资金的监督和管理，要侧重于机制模式的创新。在项目考察结束后，调研组与市两型办就2012年以来娄底市清洁低碳技术推广情况及下步的工作建议进行了讨论交流。

【冷水江首个垃圾气化处理设施投入使用】 2015年7月9日，从娄底市两型办获悉，冷水江市首个垃圾无害化处理气化发电站在铎山镇王家村投入试运行，村里的可燃垃圾全都变成了“宝贝”可燃气，低碳生活对王家村的村民来说，已是触手可及。

垃圾气化站设在王家村垃圾填埋场后的山坡上，目前主体设备和储气罐已经建成，尽管附属设施正在安装调试，但垃圾无害化处理工作已经开始了，每天可处理垃圾100吨左右。整个处理流程是先把垃圾进行筛分、风干、破碎，然后将处理好的垃圾通过气化再发电。一吨干燥的垃圾大约能够产生2000～2300个立方的气，转换成电能约为600度到700度电。研发这套垃圾气化处理设备的是湖南省人文科技学院的陈庆平教授，据悉，这套设备最大的优点就是环保，基本可以做到废气、废水、废渣零排放，而垃圾燃烧所产生的热能又可以利用来发电，供应附近村民使用，可以说是一举两得。

据了解，垃圾气化站工程项目是国家大力推广扶持的新型能源项目，位于王家村的气化站项目总投资200万元，占地3亩，每年能处理可燃垃圾3000吨，项目投入运行后不仅可以解决周边村庄的生活垃圾污染问题，还实现了

90%以上的垃圾实现资源化利用。

【娄底四年变新妆 "绿化行动"显成效】 2015年7月22日，从娄底市"绿化四年行动"领导小组办公室传来消息，通过实施"绿化四年行动"，娄底市呈现出森林资源持续增长、生态理念不断普及、干群关系融洽的良好局面。据森林资源监测统计：全市有林地面积、森林蓄积量由2011年的481.1万亩、1182.5万立方米分别增长到2014年的514.6万亩、1389.4万立方米；森林覆盖率由48.15%增长到50.21%；林业总产值由80亿元增加到172亿元。

2012年10月，为推进生态文明建设，市委、市政府部署实施"绿化娄底四年行动"，计划以"三边一区"（路边、水边、城边、景区）绿化和工程造林为重点，全面实施森林生态保护与建设工程，要求到2015年年底，投资10.27亿元，人工造林60万亩，义务植树3800万株，森林覆盖率、有林地面积、林木蓄积量分别达到50%、497万亩、1400万立方米以上，林业产业总产值达到140亿元。为确保绿化四年行动的顺利实施，全市各级各部门实行党政一把手负总责，市、县两级党政机关、事业单位全面开展了声势浩大的"联村建绿造林、共建秀美村庄"活动。截至目前，全市已投入资金14.2亿元，人工造林47.35万亩，占计划的105%；完成义务植树栽植树木3068.1万株；绿化公路等通道7537.3公里；参与联村建绿的单位达2089家，联村建绿村庄达到546个；绿化景区2.96万亩，矿区植被恢复1.91万亩；绿化公路6699.6公里，绿化铁路88公里，绿化河流750公里。娄新高速初步建成百公里绿化长廊，娄韶长高速等一条条公路、铁路、河流将成为一道道亮丽的风景线。自2014年3月全省秀美村庄建设在娄星区万乐村全面启动后，全市秀美村庄建设方兴未艾，新化县白地村、冷水江市金星村等一大批村庄村容村貌焕然一新。

【娄底开展机动车维修行业消耗臭氧层物质现状调查】 2015年7月29日，从娄底市机动车辆排污管理站传来消息，娄底市机动车辆排污管理站为落实省环保厅《关于做好全省消耗臭氧层物质现状调查工作的通知》精神，对娄底市机动车维修与报废汽车拆解企业认真开展了消耗臭氧层物质的调查工作，重点对机动车维修企业的制冷设备和使用消耗臭氧层物质的使用种类、年使用量、来源和去向进行调查。

通过调查，娄底市辖区内正在使用的被纳入淘汰目录的氟利昂仅有全氯氟烃中的CFC-12(R12)一种物质，主要用于汽车空调制冷，根据要求，CFC-12(R12)被要求于2020年前淘汰;氟利昂134a、氟利昂R410A和氟利昂R600a为新型的环保制冷剂，不会破坏空气中的臭氧层，作为替代品逐步普及。此次调查，为下一步制定加速淘汰消耗臭氧层物质政策，保证加速淘汰工作的按时完成提供了依据。

【娄底积极推进机动车环保检验机构建设】 2015年7月，从娄底市环保局传来消息，"十二五"以来，娄底市机动车以每年10%以上的速度快速增长，截至2015年6月，娄底机动车保有量764189辆，其中汽车226048辆，居全省第三。机动车尾气排放已成为影响空气质量改善的重要因素，成为娄底大气污染防治工作最突出、最紧迫的问题之一。娄底机动车尾气环保检测站点建设是2015年全省大气污染防治实施方案中的建设项目，纳入了省政府对各市州人民政府2015年绩效考核内容，机动车环保检验机构建设势在必行，刻不容缓。为此，按照合理布局、方便群众、经济高效、立足当前、着远长远的原则，环保部门将协助指导企业建设3～7个机动车环保检测站点。

娄底市环保局结合娄底市机动车环保检验机构管理实际情况，制定出台了《娄底市机动车环保检验机构建设实施方案》，在环保局网上进行公示，实行方案、过程、评审全程公开，实行先建设后评审，先公示后授权，并以此为契机积极推进环保检验机构建设，在娄底市现有机动车保有量的基础上，2015年年底前，在新化县、冷水江市、双峰县、涟源市、娄星区、万宝新区、娄底市经济开发区7县（市、区）暂定各建1家环保检测机构，其中汽油车检测线14条，轻型柴油车检测线7条，重型柴油车检测线7条。并明确要求环检机构应尽可能地远离居民住宅，减少噪声与汽车尾气对居民和周围环境的影响。

【省人大领导率工作组来娄底开展水污染防治法执法检查】 2015年8月4日至6日，省人大常委会副主任蒋作斌，省人大常委会委员、省人大财经委主任田家贵一行率省环保厅、财政厅、水资源勘测局等相关部门负责人来到娄底开展《水污染防治法》执法检查。

蒋作斌一行先后深入涟源市、冷水江市、娄星区等地现场查看，并于6日上午召开座谈会听取了娄底市政府关于贯彻实施《水污染防治法》的情况汇报。娄底市委书记龚武生，市委副书记、市长李荐国出席汇报会，市人大常委会主任易春阳，市委常委、副市长谢志雄，市人大常委会副主任赵应良陪同检查。

4日下午，省执法检查组一行冒着酷暑来到涟源市杨市镇污水处理厂察看二期工程。该工程于2014年8月开工建设，2015年6月试运行。污水处理厂正常运行可每天处理污水2万吨，但检查过程中发现，污水处理厂因资金短缺等原因，未能每天正常运行。

5日上午，检查组一行对冷水江市锡矿山北矿和放水巷废水污染治理项目进行检查。看到以往寸草不生的锡矿山，现在是一片绿色，天蓝云白，检查组成员纷纷表示，锡矿山的环境变好了，生态在逐年修复。5日下午，蒋作斌一行参观了位于娄星区茶园镇的湘村黑猪有限公司畜禽类废水处理示范性工程，还沿着孙水河、涟水河仔细查看了水质。查看过程中，发现在孙水河娄底市第一自来水厂取水口水域有人游泳，检查组对游泳者进行了严肃劝阻，并告诫市民要爱惜、保护自己的饮用水源。

近年来，娄底市坚持以"让群众喝上放心水"为目标，牢固树立"既要金山银山，又要绿水青山，若毁绿水青山，宁弃金山银山"的理念，严格环保执法，防治结合，标本兼治，促进了"一法一计划"在娄底的贯彻落实，有效改善了娄底的水环境质量。娄底国控重点污染源监测做到了每季度监测一次，9个地表水和7个集中式饮用水水源监测断面每月监测一次；积极推进重点项目的实施，列入湘江保护与治理"三年行动计划"的2013年、2014年的66个重点项目已全部完成，2015年列入的69个重点项目也已完成了38个；同时，加强饮用水源地的保护，2015年按照省环境保护厅的安排完成1000人以上农村集中式饮用水水源保护区划定和调整；开展生活污水设施配套建设及城市黑水臭水治理。目前娄底市7个水源地水质达标率均为100%，9个地表水监测断面均达到《地表水环境质量标准》Ⅲ类及以上标准。但存在的问题也不容忽视，锡矿山地区重金属污染依然严重，涟溪河船山水库的锑浓度仍然长期超标，涟水中心城区段水污染问题也比较突出。

蒋作斌表示，娄底市委、市政府高度重视《水污染防治法》的贯彻实施，采取了多方面的措施，初步取得了比较好的效果。但娄底水污染防治的任务还十分繁重，水源地不充分，受季节影响很大，基础很脆弱，污染没有从根本上得到遏制。蒋作斌强调，今后要把环保纳入大的发展战略来研究，要结合大发展，搞好大规划，上好大项目；要用铁的手腕抓饮用水的保护和提质，要把饮用水水源地建设和保护作为重中之重，既要治标，更要治本；监管要落地，发现的问题要逐一落实，整改到位；要逐步从严执法，突出治污重点，在较短时间内集中治污，确保市民饮用水安全。

李荐国代表市人民政府作表态发言。他表示，要从灵魂深处高度重视水污染的防治和水资源的保护；要全方位高标准落实责任，政府、政府各部门、企业包括群众都要落实好主体责任，环保部门要肩负起监管责任，按照省里的要求落地、生根；要抓关键问题，当务之急是要抓紧落实，无论长远规划、近期规划、都要从眼前做起，把最棘手的问题解决好；进一步建立畅通、有序、有力的工作机制，依法治理，做好区域协调；建立部门联动机制，下最大的决心，争取把工作做得更实，做得更有效。

【省社科联到娄底调研自然资源资产与环境保护工作】 2015年8月27日至28日，省人大常委、省社科联党组书记周发源，省社科联党组成员、副主席汤建军率队来到娄底就自然资源资产与环境保护工作进行专题调研。市政协副主席吴合群出席调研活动。

在冷水江市锡矿山地区，周发源一行先后实地察看了锡矿山地区砷碱渣无害化处理生产线、七星居委会生态修复示范点、再兴锑矿关闭点、闪星锑业放水巷废水处理系统，全面了解冷水江市锡矿山自然资源资产开发利用和环境保护及污染防治基本情况、存在的安全隐患和环境隐患，地方政府采取的举措和相关管理制度及考核制度建设和执行情况。

据了解，娄底立足建设两型社会，着重从强基础、调结构、减排放、抓创建等方面着手，加大生态环境保护力度，取得明显成效。四项主要污染物中，氨氮、二氧化硫、氮氧化物均提前完成“十二五”总量减排目标总体任务，完成率分别为129.43%、131.6%、219.15%。2014年，娄底中心城区的空气质量优良天数为345天，空气质量优良率达94.5%，全市地表水共布设9个水质监控断面，达Ⅱ类水的有5个，达Ⅲ类水的有3个，属于Ⅳ类水的1个，并先后5次对锡矿山地区涉锑企业进行强力整治，关闭涉锑企业75家，取缔手工选矿小作坊145家，取缔非法锑浮选企业6家，将84家民营锑冶炼企业整合至9家，共关闭淘汰产能20余万吨。

通过听取有关部门的情况汇报和实地调研了解后，周发源充分肯定娄底在自然资源开发和环境保护等方面所取得的成绩。他指出，娄底市如实地反映了自然资源资产和环境保护工作各方面的情况，并且把生态文明建设作为一项重大的政治问题来抓，自觉提高了环境保护工作要求。娄底环保部门与有关职能部门强化配合协调，齐抓共管，形成工作合力，共同解决环境保护方面的有关问题。冷水江市锡矿山地区要创造条件，强化人力、物力、财力保障，加强对砷碱渣无害化处理力度，全面改善冷水江市锡矿山地区生态环境，从源头上控制水污染，确保附近水体及整个冷水江市城区居民饮用水安全。

【娄底：绿色发展现“生态红利”】 2015年9月20日，中国经济网报道了娄底市绿色发展情况，全文如下：走进湖南娄底市，浓郁的绿色随处可见。蓝天白云下、青山绿水间，远方来的游客拿出手机、相机连连拍摄，对生态绿景赞不绝口。但在当地人记忆中，以前娄底的主色调是灰黑色：山头因为采矿变得像“癞痢头”，污水让部分河流颜色发黑、鱼虾绝迹，烟尘使天空显得灰蒙蒙的。

“灰头土脸”变光鲜夺目，实现这样的转变并不容易。作为重要的能源原材料产业基地，娄底是个典型的资源型城市，拥有千万吨煤、千万吨钢、千万吨水泥和百亿千瓦时电的工业产能。资源并非取之不尽、用之不竭，粗放的发展模式还带来了空气和重金属污染、固废垃圾堆放等一系列问题，遭遇“经济发展不足，环境保护不住”的尴尬。

娄底正视困难、直面问题。在保护中发展、在发展中保护，近年来环境面貌焕然一新，经济社会发展也呈现勃勃生机。“既要金山银山，又要绿水青山；若毁绿水青山，宁弃金山银山”成为共识，绿色发展之路越走越亮堂。“青山常在柴不空”，绿色发展不仅使空气和水变好了，也带来了更多“生态红利”。如今，娄底资源优势向循环经济优势转变，简单粗放式加工向精深加工转变，传统产业高新化、新兴产业规模化、特色产业集群化成效初显。2015年上半年，该市城镇、农村居民人均可支配收入分别增长8.3%、10.8%，高于经济增速，让更多人受益于良好的生态环境。

为了减少污染源，娄底将淘汰落后产能作为节能减排的主要手段，并严把关口，近3年共否决高污染、高耗能项目40余个。娄底冷水江市的工业企业密度在湖南省各县、市中最高，锑产量占全球的60%。当地干部回忆称，前些年有些山头上分布了近百家小型冶炼厂，“远远看去，空中黑烟滚滚，地表千疮百孔”。近年来，通过环境综合整治，已开采百年的不毛之地重新披上了绿装。娄底市环保局局长刘时东介绍说，锑冶炼企业已全部配套建设了烟气脱硫设施，所有非法建设的涉锑项目全部被取缔。如今，在消化新增产业废弃物的基础上，锑冶炼渣、钢渣、水渣、高炉渣、煤矸石、粉煤灰等原有废弃物得到有效利用和综合开发，效益反而比粗放经营时增长了5倍。

娄底把改造提升传统产业作为转型升级的首要任务，不断优化产业结构、延伸产业链条，几大传统支柱产业普遍采用了先进技术和工艺，总体上摆脱了原来“傻、大、黑、粗”的格局。在华菱安赛乐米塔尔汽车板有限公司，六七层楼高的厂房内排列着各种设备，头戴白色安全帽的工人们在数百米的生产线上忙碌。据介绍，当地投入大量资源进行技术改造后，传统钢铁产业焕发出新优势，吸引了全球钢铁巨头米塔尔集团入股投资。该精深加工项目完成管理和工艺创新100多项，可为客户提供更环保、更安全、更轻便的新型汽车钢材，全部投产后预计将占领中国轻型车辆用钢市场约15%的份额。据悉，公司有24名外籍员工，他们之所以选择扎根娄底这个中部地区的地级市，“一方面是因为中国汽车销售市场正在从东部向中西部转移，有着广阔的发展前景；另一方面是因为当地生态环境和产业环境都很好。”

近年来，当地实施“绿化娄底四年行动”和“城乡环境整建四年行动”，围绕“旅游兴市”战略大力发展观光游、体验游、养生游、运动休闲游等旅游新业态，保护好青山绿水带来了生态旅游财源。站在新化县海拔上千米的紫鹊界山崖边举目四望，脚下500余级梯田层层叠叠，无边绿浪向起伏的远山绵延。紫鹊界梯田高处没有山塘、水库，全靠森林植被、土壤、田埂、基岩裂隙等天然储水保水，被评为首批世界灌溉工程遗产和国家自然文化遗产“双遗产”，引得远近游客纷至沓来。2015年上半年，娄底共接待国内外旅游者1154万人次，旅游总收入达79亿元。

自然美景比比皆是，人文风光也欣欣向荣，为保护环境奠定了坚实的基础。双峰县是湖湘文化的发祥地之一，双峰溪砚文化艺术研究所内，一款款制作精致、意境优美的砚台吸引了参观者的目光。据介绍，当地正全力做出溪砚品牌，建设集生产、传承保护、展示展演于一体的主题文化产业园。未来，双峰县还将努力打造耕读文化园，使曾国藩故里成为5A级景区和海内外著名的文化旅游目的地；深度打造蔡和森、蔡畅故居等红色旅游景点，做大做强红色文化旅游品牌。

经过多年科学发展，秀美画卷重新映入眼帘。据统计，2014年该市万元规模工业增加值能耗比上年下降7.72%，森林覆盖率为50.21%，空气质量优良率达94.5%，城市生活垃圾无害化处理率达100%。与绿意盎然的环境相一致，城市的居住环境、市民的生活品质均得到了大幅提升，“城在林中、人在绿中”正成为现实。

“我们尊重实际，不唯GDP，也不刻意去比名次、排位次。”娄底市委书记龚武生表示，必须矢志不渝地坚持转型发展，更加注重发展质量，努力使产业结构变“轻”、发展模式变“绿”、经济质量变“优”、生态环境变“美”。

【李荐国赴双峰泉塘村调研市生活垃圾填埋场项目】 2015年10月13日下午，娄底市委副书记、市长李荐国深入双峰县蛇形山镇泉塘村调研市生活垃圾填埋场项目建设情况，并主持召开专题会议，协调解决项目建设中的矛盾与问题。他强调，市、县、镇三级与泉塘村村支两委要共同努力，把市生活垃圾填埋场建设与周边居民的拆迁安置工作以及泉塘村的生态文明建设有机结合，既要解决娄底中心城区生活垃圾处理问题，也要确保泉塘村有良好的生态环境。

在市生活垃圾填埋场，李荐国一行认真察看了正在施工建设的三库区以及正在运行的渗透液处理系统，详细询问了库区的承载能力、填埋场周边居民的拆迁安置等情况。据了解，市生活垃圾填埋场项目于2005年开工建设，2007年11月投入运行。为了不影响村民的生活质量，市委、市政府决定对市生活垃圾填埋场附近500米内的村民进行集中安置。目前，第一期300米以内居民的拆迁安置工作已全部完成，第二期300～500米范围内居民的拆迁安置工作正在进行。

李荐国指出，泉塘村为市生活垃圾填埋场项目的建设、运行创造了良好的环境，为娄底中心城区的清洁工作做出了贡献。下一步，市、县、镇三级与泉塘村村支两委要共同努力，把市生活垃圾填埋场的建设与周边居民的拆迁安置工作以及泉塘村的生态文明建设有机结合，统一规划，整体打造，既要解决中心城区生活垃圾处理问题，也要确保泉塘村有良好的生态环境，既造福娄底中心城区市民，也造福泉塘村村民。

李荐国强调，要在确保质量和安全的前提下，加快三库区扩建项目的建设进度，争取在11月底之前竣工并投入使用。要进一步做好项目第二期的拆迁安置工作，努力按预期完成工作任务。镇、村两级要进一步做好群众工作，继续为市生活垃圾填埋场的建设和正常运行创造良好环境；市环保、城管等部门要加大垃圾清运、储存、处理过程中的环境治理，确保不对当地的生态环境造成影响。要围绕“美丽乡村”和生态文明建设，全力解决老百姓急需解决、普遍受益、长期受益的问题。

李荐国还就泉塘村的交通、水利等基础设施建设以及村容村貌整治等事项一一明确了解决办法，落实了牵头单位和协助单位，并要求市直各有关部门要按照各自的职责，各尽所能，积极支持。

【娄底中心城区禁燃工作进展顺利】 2015年10月13日，娄底召开中心城区禁止燃放烟花爆竹工作调度会议，市禁燃办全体人员和禁燃工作成员单位参会，市委常委、市委政法委书记吴建平，副市长石超刚参加会议并讲话。

自9月15日娄底中心城区禁止燃放烟花爆竹工作动员大会召开以来，在市禁燃办的牵头组织下，各责任主体按照市委、市政府的统一部署，严格落实禁燃责任，积极履职作为，思想发动和宣传教育有序推进，各项工作进展顺利。会议贯彻快。禁燃动员大会后，娄星区、经开区及市直各单位迅速行动，第一时间相继召开了班子成员会、中层骨干会、干部职工会，传达会议精神，成立工作机构，研究工作措施，明确工作责任。宣传发动早。市委宣传部赶在动员大会前，提前对禁燃工作的媒体宣传做出了专题部署。9月17日，市禁燃办召开了禁燃宣传工作会议，出台了禁燃宣传方案，对全市禁燃宣传周密部署。目前，宣传发动的来势较好，禁燃的氛围逐步形成。大部分单位在机关院落张贴了禁燃通告，有禁燃电子宣传标语，制作了宣传栏；市城管局、娄星区、经开区出动了流动宣传车；市城管局启动了进门店宣讲，发放了禁燃宣传手册近3万份，在城区主要人流密集区设置了宣传展板，利用大型户外广告、公交站台、红绿路灯口开展了公益宣传；市经信委及时协调三大通讯公司落实了短信发送任务，并对全体干部职工和企业管理人员进行了短信宣传；市教育局与各学校主要负责人签订了禁燃责任状，向城区学生家长发放了告知书，通过家校通向学生家长发送了禁燃短信；市房产局狠抓物业公司禁燃责任的落实，发放宣传册1.2万份，出台了专门的管理制度和考核细则；市交通运输局及时落实了出租车顶灯广告宣传；市直机关工委向市直各单位印发了《关于做好禁燃宣传工作的通知》，并开展了相应的督查，市直单位的禁燃宣传来势良好。督促检查实。9月28日至30日，市政府督查室、市禁燃办联合开展集中督查，分两个督查组，重点对中心城区禁燃宣传工作17个主要责任单位进行了督查，对工作中存在的不足进行现场指出，并对整改情况进行了跟踪督查，编发了督查通报。

石超刚充分肯定了前阶段取得的成绩，要求市禁燃办细化考核方案，强化宣传发动，发挥媒体作用，曝光违法行为，并积极做好禁燃区内经营网点退出工作。

吴建平强调，各成员单位要抓紧制定集中整治和经营网点退出方案，明确时间节点和工作任务，落实队伍建设和经费保障，确保各项工作顺利推进。

【娄底杉山镇万乐村荣膺“全国生态文化村”】 2015年10月28日，由中国生态文化协会组织的2015年“全国生态文化村”遴选命名活动结果出炉，娄底市娄星区杉山镇万乐村被授予“全国生态文化村”称号，是娄底市首个获此殊荣的行政村。截至目前，全省已有17个村获评“全国生态文化村”。

万乐村位于娄星区东北部，距娄底城区20公里，与湘乡市壶天镇、娄底市经济技术开发区接壤，总面积3.15平方公里，总人口1324人。林地面积2100亩，其中退耕还林500亩。耕地1028亩，其中水田面积648亩，旱土面积380亩。

“绿化娄底四年行动”实施以来，万乐村充分利用丰富的生态资源与深厚的文化底蕴，以建设“美丽乡村”为主题，以营造良好的生态人居环境为主线，以构建人与自然和谐发展为目标，着力推进生态文化建设。根据湖南大学设计院编制的整体发展规划，先后实施了省级清洁示范工程、农村安全饮水工程、湖南省农村环境连片综合整治工程等重点项目，建成了生态休闲文化广场，新修村级公路2.5公里，完成人工造林500亩，新栽杨梅林150亩、桂花林263亩，完成12公里村级公路绿化，庭院绿化254户，建成了7公里的桂花林景观带，全村各项基础设施建设和生态环境改善有了质的飞跃。

经过不懈地努力，如今的万乐，山间绿树成荫，塘边杨柳依依，亭台楼阁，一派迷人的田园风光，先后被湖南省授予“秀美村庄”示范村、“卫生示范村”、“清洁工程示范点”，被娄底市评为“绿化示范村”，已成为新农村建设、乡村旅游的一张金字名片。

【娄底稳步推进中心城区禁燃工作】 2015年11月12日上午，娄底市中心城区禁止燃放烟花爆竹领导小组成员单位会议召开。会议审议了《娄底中心城区禁止燃放烟花爆竹工作考核办法》和《娄底中心城区禁止燃放烟花爆竹集中整治方案》，同时对当前禁燃主要工作进行了调度。市禁燃办常务副主任、市城管局局长谢万春主持会议，市政府副秘书长、市禁燃办主任朱前明出席会议并讲话，娄星区、经开区等20多家禁燃领导小组成员单位负责人参加会议。

考核办法对禁燃区内所有单位分A（实施主体单位）、B（主要责任单位）、C（重要责任单位）、D（相关责任单位）四类进行，分类考核，每类单位制定了考核计分细则，采取日常考核和专项考核相结合的原则。对年终考核90分以上的单位实施奖励，对80分以下的不合格单位全市通报批评，并对单位主要负责人实施问责。考核结果同时纳入全市绩效考核、综治考核和文明单位创建内容。

2015年12月1日起，娄底中心城区禁燃区内正式开始禁止燃放烟花爆竹，为确保工作成效，市禁燃办将组织相关单位从2015年12月1日至2016年2月底开展为期三个月的集中整治。集中整治行动秉着“分块负责、市区联动”的原则，按照娄底中心城区城市管理责任范围划分，由市城管执法局、娄星区、经开区三个责任主体分别牵头组织实施。整治期间，各责任主体要建立指挥协调、宣传教育、巡查监管、执法处罚和督查考核五个体系。实行24小时全天候巡查监管和执法处罚，科学合理安排人员力量，确保整治效果良好。

会议还就当前的主要工作进行了调度。朱前明强调，要继续搞好宣传发动，娄星区、经开区和各行业主管单位要做细、做实，深入每家每户发放宣传手册，并登记在册。要做好禁燃区内销售网点的退出工作，按照市领导批示，采取“依法关闭、有序退出；疏堵结合、有情操作；政府主导，部门协调”的办法，11月30日前全部退出到位。要加强督查考核力度，市禁燃办督查组要强化考核措施、细化考核办法，深入基层一线，重点对宣传手册入户发放和门店退出工作开展督查，确保各项工作按照时间节点落实到位。

【娄底在全省“两型在我心”中小学生征文大赛成绩优异】 2015年11月17日下午，由省长株潭两型试验区管委会、省教育厅、省文明办联合主办的“两型在我心”全省中小学生征文大赛颁奖仪式在长沙举行。省委常委，省长株潭两型试验区工委书记、管委会主任林武出席并致辞。这次征文大赛由省长株潭两型试验区管委会、省教育厅、省文明办联合主办。活动自2014年10月开展以来，共收到全省各市州中小学校推荐的参赛作品近3000篇，其中娄底市报送稿件435篇。经过专家评委、大赛组委会的严格评审，全省共评选出一等奖20名，娄底市2名；二等奖60名，娄底市12名；三等奖100名，娄底市18名；优胜奖305名，娄底市85名，涟源市教育局等4个单位获优秀组织奖，娄底一中彭慧等11位老师获得优秀指导老师奖。一等奖获得者涟源市伏口镇漆树中学康凯同学发表了获奖感言。

林武在致辞中向获奖的同学们表示祝贺。他指出，建设两型社会，教育是基础，必须从娃娃抓起。这次比赛既是两型教育的一次创新实践，也是两型知识的一次普及传播，还是两型故事的一次精彩展示，对于青少年培养两型意识、普及两型知识、投身两型实践，推动两型社会建设具有重要的现实意义和促进作用。他还强调，要认真贯彻落实好中央和省委、省政府系列部署要求，将比赛成果运用好、展示好、宣传好，将比赛形式固化好、包装好、推介好，将比赛经验总结好、挖掘好、提升好，把比赛打造成夯实两型教育基础性作用的一个载体、一张名片、一个品牌，让“两型”种子在孩子们心田开花结果，让“两型”成为社会新时尚。

【娄底：全力向智能制造迈进】 2015年11月24日，据娄底政府网报道：近年来，市委、市政府全力拓展工业经济发展的新空间，强力推动传统产业转型升级，大力扶植培育战略性新兴产业，工业结构不断优化，工业总量不断扩大。2014年，娄底实现规模工业总产值1710亿元，其中，制造业贡献率达80%以上。

娄底制造业发展历史久远，门类齐全，尤其是以农机、煤机、工程机械、汽车及配套零部件为主打产品的装备制造业优势更为突出，目前全市规模以上装备制造工业企业达111家，成为中南最大工程机械再生产基地、全省农机装备和矿山装备特色产业基地、泛长株潭重要的汽车零部件生产基地。

近年来，娄底市加速对接融入长株潭，全力向智能制造迈进，汽车整车及零部件产业异军突起、发展势头强劲：

华菱集团牵手全球最大的钢铁集团安赛乐米塔尔，投资52亿元，建设世界顶级VAMA汽车板项目。VAMA采用安赛乐米塔尔转让的最先进的汽车板生产技术，致力于将过剩的热轧卷转化为市场亟须的高强度汽车用钢。达产达效后的VAMA将占领中国轻型车辆用钢市场10%~15%的份额，为汽车制造业提供更安全、更环保、更轻量化的汽车用钢，使C级车总重量降幅可达19%、在整个汽车生命周期内可减少14%的碳排放量。

同时，三一集团追加投资，在娄底缔造全球最大的油缸生产基地；光华机械生产的油缸零部件产品达十大系列1000多个品种，是三一集团重要的零部件供应商；大丰和电动车辆传承经典工艺、铸造低碳引擎，建设绿色动力科技园；金华车辆拥有全省独一无二的半挂车、油罐车、垃圾清运车生产资质，最新研制的防爆运输车填补了国内空白；文昌科技与北京有色金属研究总院合作，采用先进的半固态加工技术，严格执行ISO/TS16949质量管理体系，汽车空压机斜盘、活塞等系列关键零部件产品替代进口；华达汽车空调采用株式会社法雷奥热系统先进的压缩机生产工艺和组装技术，高品质汽车空调压缩机深受市场欢迎；定园汽配、腾达半轴生产的汽车半轴及轴类产品，国内市场占有率达30%以上；安地亚斯生产的新型动力电池陶瓷密封连接器等产品性能国内领先，是国内最大电动汽车制造企业比亚迪的“优秀供应商”。

“十二五”以来，娄底市全力打造全省的汽车产业配套基地，目前，整车及零部件生产企业发展到45家，主要产品有专用汽车、电动汽车、农用车、汽车半轴、汽车空调压缩机、等速传动轴、汽车轮毂、汽车发动机外壳、汽车结构件等30多个品种，已初步形成了1万台专用汽车、15万台特种车、5万台低速电动汽车、400万支汽车半轴、40万台汽车空调压缩机、10万支进排汽门、1万台汽车发动机外壳的生产能力。越来越多的车辆正在烙上娄底制造的印记。

【娄底与湘潭签署《共同保护水府庙行动宣言》】 2015年12月1日，娄底湘潭第二届水府庙库区保护与利用协商会议召开。娄底、湘潭两市在会上签署了《共同保护水府庙宣言》，携手保护水府庙，共建生态示范区。双方将进一步加强合作、共谋发展，让这一自然瑰宝更好地造福两市和全省人民。

娄底市委书记龚武生出席会议并讲话。娄底市委副书记、市长李荐国，湘潭市委副书记、市长胡伟林分别代表两市签署《共同保护水府庙宣言》。

根据宣言，两市将共同肩负保护责任，任何时候、任何情况下都决不改变，让水府庙永远保持最原始的风貌和功能，自由绽放自然朴素之美、清澈秀丽之美、文明生态之美；采取一切必须之措施，确保水府庙保护与开发始终在科学的轨道运行；构建畅通一致的管理机制，合力争创跨区域省级生态示范区，形成紧密协作、统筹推进的工作格局，实现共建共护共享共赢；全天候全区域加强保护、治理工作，制止一切开发性破坏、掠夺性索取的竭泽而渔的行为，为子孙后代在日益喧嚣的天地间，留下一方静谧而清新的水土。

“要像保护我们的眼睛一样保护水府庙，使这里青山常在，绿水长流，空气清新，环境优美，成为人人向往之地，为两市人民永续利用。”会上，李荐国从顶层设计、环境保护、项目申报、基础建设、旅游发展等方面阐述了共享共治共用水府庙库区。胡伟林则从积极推进生态圈建设谈了下阶段的工作设想，他表示可以对旅游船舶和现有岛屿景点进行提质改造、采购环保客运船艇、建设水面垃圾拦截收集系统等。

龚武生指出，水府庙是娄底、湘潭两市共同拥有的极其宝贵的自然资源，保护好水府庙是艰巨的历史责任，必须下定决心长期坚持。两地政府要把水府庙的保护与利用作为当前和今后生态文明建设共同的优先工作，齐心协力，务实推进。要一起制定好《保护与利用总体规划》，搭建好工作平台，夯实库区基础设施建设。要把当前已经开展但推进不协调、不一致的工作，比如保护红线问题、网箱养鱼、库区采砂、流域治理等专项行动问题，列出问题清单，坚决整治，力争在短时间内取得立竿见影的效果。

龚武生强调，保护与利用是相辅相成的，不加强保护，就不可能长久利用，利用应该是在保护的基础上进行，要防止把利用搞成简单的开发建设，大挖大建，造成对水府庙的破坏，造成不可弥补的生态创伤。保护水府庙要特别突出人民群众的主体作用。要大力加强对群众的宣传教育和引导，大力开展对破坏水府庙行为的处置行动，大力解决好相关群众的生产生活和利益调整问题。要着力发展旅游、休闲观光、会展等与保护自然相一致的产业，尽可能地让群众从保护中受益，协调好保护水府庙与增加群众收入的关系，使美丽水府、生态水府成为当地群众的安居之所、乐业之所，努力把水府庙打造成为两地共有共享的生态文明品牌。

娄底市领导易春阳、周纯良、谢志雄、王雄、龚彧、刘益丈、向世聪、吴合群，市政府秘书长钟楠修，湘潭市政协主席周放良，市委常委、常务副市长谈文胜，市委常委、副市长杨广，市政府秘书长杨英杰等参加会议。

据悉，水府庙库区水面相当于9个杭州西湖，周边分属娄底和湘潭的4个县、市、区。库区是娄底、湘潭两市的饮用水水源和长株潭城市群的第二水源，也是全省水源战略保护区和核心生态旅游资源节点。因受行政区划限制，库区保护与利用工作中还存在保护体系不完善、保护措施不同步等问题。

2014年10月，两市在湘潭举办了第一次协商会议，达成了两市携手共同保护水府庙资源的共识。一年多来，围绕水府庙库区环境保护、水体质量改善、生态恢复等，两市政府做了一系列工作，其中，娄底市共恢复库区湿地3000亩、封滩育林5000亩、退耕还湿800亩。娄底、湘潭两市还同步开展了取缔影响水质的库区网箱养鱼专项行动，共取缔网箱9954口，拆除扳罾、迷魂阵等非法渔具2287件。目前，水库水质已稳定达到Ⅲ类标准，部分水质达到Ⅱ类标准。库区森林覆盖率得到提升，野生动物种群数量稳步增加，库区生态环境明显改善。水府庙被正式授牌为“国家湿地公园”，纳入“国家良好湖泊”专项支持范围。

【娄底城市生活垃圾无害化处理率超99%】 2015年12月22日，从娄底市城管执法局、市统计局获悉，娄底市城市生活垃圾无害化处理率实际达到99.04%，意味着市城管局圆满完成2015年重点民生实事工作任务。

为办好重点民生实事，市城管局从实处着手，扎扎实实做好以下两项工作：一是市本级做好生活垃圾无害化处理的相关配套工作。针对市生活垃圾填埋场第二填埋库区库容已饱和的情况，为解决中心城区生活垃圾处置无处去的问题，及时启动了第三填埋库区的建设，2015年第三填埋库区已完成投资1600余万元，已基本建成可投入使用。与此同时，为解决生活垃圾填埋场附近村民合理诉求，启动第二期环保拆迁安置工作，根据市长办公会议纪要要求，年底前双峰县有关职能单位将与所有被拆迁户签订好拆迁安置协议。为实现生活垃圾的减量化、资源化、无害化，市城管执法局与华新环境工程有限公司签订娄底中心城区生活垃圾水泥窑处置协议，项目建成后，娄底中心城区日均450吨的生活垃圾将全部运送到华新水泥窑进行处置，避开了市生活垃圾填埋场使用年限届满后再次选址的难题，节约了土地资源，消除了环境污染。二是各县、市加快了生活垃圾无害化处理设施建设进度。双峰县与海螺集团合作，建设了一条水泥窑日处理生活垃圾200吨的生活垃圾处理线，完成投资8000余万元，年底将进行试运行，是娄底市生活垃圾处理方式一次颠覆性的变革。此外，4县、市共新建垃圾转运站21座，新购置生活垃圾专用运输车辆13台，提高了生活垃圾收集转运的能力。

【《2014年娄底市两型社会建设综合评价报告》发布】 2015年12月，娄底市两型社会建设领导小组办公室发布了《2014年娄底市两型社会建设综合评价报告》。本评价报告共分八个部分：第一部分为娄底市两型社会建设情况综述，主要介绍两型社会建设历史背景和由来，取得的成效，包括水府示范片区成效。第二、三部分为娄底两型社会建设综合评价结果，即量化评价结果。第四、五部分为根据评价结果，提炼主要特点，找出差距。第六部分为各县、市、区两型社会建设量化评价结果。第七部分为纵深推进两型社会建设对策建议。第八部分为附录、评价方法与权重、指标体系和指标解释。

2009年11月6日，湖南省人民政府同意水府片区纳入长株潭城市群两型社会示范区（湘政函〔2009〕239号）。2012年9月，省政府批准娄底市两型社会建设综合配套改革试验实施方案。按照实施方案，娄底两型社会建设由示范到全面推进，到2015年第一阶段基本结束。按照湖南省长株潭两型工委和管委会的工作部署，2015年6月10日，娄底市发改委、两型办拟定了娄底市两型社会建设评价工作方案，经市政府领导同意后，成立了娄底市两型社会建设评价工作领导小组，委托第三方评估机构对全市2014年两型社会建设情况进行综合评估。在参考湖南省两型社会建设综合评价报告的基础上，结合娄底实际，第三方评估机构确定了36个指标，按纵向、横向指数分别计算评价。并按德尔菲法赋予各项评价指标、一级指数、二级指数权重，对娄底市所辖五个县、市、区两型社会建设全面进行了综合评价。经第三方评估机构计算评估，娄星区两型社会建设横向指数175.95，排名第一位，新化县两型社会建设综合评价纵向指数为127.62，排名第一位。

【冷水江统筹城乡发展推进新农村建设】 2015年，省发改委简报第16期报道了冷水江市统筹城乡发展情况。全文如下：冷水江市积极探索城乡发展一体化体制机制，在全省率先实施全市域统筹城乡发展整体推进新农村建设，取得初步成效。2011年开始，全市分5个批次推进153个行政村的新农村建设，目前已完成前4批共122个村的初步建设任务，覆盖率达到80%，2015年将实现市域全覆盖。

坚持规划“一张图”，把城乡摆上同等重要的战略地位。实施“一转三化”战略，即深化转型工程，推进产业规模化、城市生态化、城乡一体化，在顶层设计上把城乡一体化与产业发展、城市建设摆上同等重要的战略地位。根据发展战略，编制了城乡一体化规划，按照“一中心、四组团”的空间格局，以主城区为中心，4个中心镇为节点，26个中心村为基础，构筑起城乡互动、整体推进的空间发展形态，以统筹城乡发展总体规划、城乡一体化建设规划和村庄建设规划为核心，在尊重村民意愿的基础上，完成了全市212个村（居）的规划修编，同时对村庄布局、产业布局、市域交通、供排水、电力、通信、供气、生态建设等方面进行专项规划，实现规划市域全覆盖。

坚持建设“一盘棋”，把乡村建设得像城市一样美丽。一是规范农村住房建设。按照“一户一宅”模式，鼓励引导村民住房集中新建，凡集中建房的，在不违反国家关于农村土地方面政策法律的基本前提下，由政府提供统一样式的建筑设计图和适当奖励。投资近1.5亿元，实施房屋风貌改造，逐步改变“有新房没新村”的现象。二是完善农村基础设施。实施“三清四改五化九建二处理”工程，在农村全面进行清垃圾、清污泥、清路障；改水、改厕、改厨、改圈栏；搞好村庄硬化、净化、亮化、绿化、美化；建好村级医疗室、社区警务室、社区环卫室、文化体育室、计划生育室、综合服务室、幼儿园、农村超市、村民活动中心；抓好生活污水处理、生活垃圾处理。投资近4亿元加强农村交通和水利建设，实现区域共建、城乡联网、设施共享。三是抓好村庄环境整治。城郊乡镇建立“户分类、村收集、乡（镇）转运、市处理”的垃圾四级处理模式，偏远乡镇采用“户分类、村收集、联村焚烧或填埋处理”的三级处理模式。目前，全市规划建设10个垃圾中转站和5个垃圾集中焚烧炉，确保农村垃圾及时收集和无害化处理。

坚持政策“一个样”，努力削除城乡二元结构的政策壁垒。一是改革户籍制度。凡在本市城镇购买了商品住房或门店或有稳定职业的，经自愿申请，都可将户口转为当地城市户口，享受与当地居民同等待遇。凡经市里确定为试点村的，可以提出申请，经批准后可改为“农村社区”。二是探索农村土地流转制度改革。鼓励开展土地复垦，引导农民以转包、出租、互换、转让、股份合作等形式，因地制宜推进农村土地承包经营权流转，引导土地有序向经营大户集中。市里成立了土地流转服务中心，乡镇办成立了土地流转站，采用“组集中，村承包，大户种植”土地流转模式，由老百姓将闲置或自身责任地流转给村组承包，村里通过招标的方式将全村所有流转成功的土地整体转租给种养大户。三是推进城乡保障制度改革。建立健全农民工养老、工伤、医疗、失业、生育等保险制度，推动城市教育、住房、医疗、就业等资源向农民工开放，加强面向农民的公共服务体系建设，实行“同城同待遇”政策。

坚持产业“一条龙”，用工业化、城镇化的理念促进农业增收和农民致富。作为工业城市，冷水江市坚持“工业反哺农业、城市支持农村”的方针，用工业化、城镇化的理念发展农村经济，积极探索一条符合全市实际、特色鲜明的城乡产业互融互补的新路子。大力扶持农产品深加工，壮大瑞生源科技、响莲实业、富康油茶林等龙头企业，培育知名品牌，推动农业企业向规模化、产业化发展。按照“生态化、标准化、品牌化”要求，大力发展生态农业、特色农业、休闲观光农业，打造庭院经济、庄园经济。重点抓好中药材、油茶林、金银花、水产养殖、特色水果、无公害蔬菜基地和无公害养殖小区建设。

坚持投入“一条心”，努力构建城乡统筹发展的长效机制。一是加大财政支农力度。市本级财政预算每年安排8000万元，带动社会资金投入新农村建设。落实各项惠农支农政策，继续扩大新农村建设“一事一议”财政奖补范围，上级立项支持的项目，市里优先申报，并进行相关政策配套；本市立项支持的项目，市里按工程结算量进行奖补，为新农村建设提供强力保障。二是广泛开展结对联建。对被确定为新农村建设村的，实行“四个一”帮扶联建机制，即：一个市级领导驻点、一个市直单位结对、一个企业支持、一个工作队指导。挂点单位帮扶资金每年不少于5万元。三是发挥农民主体作用。在村庄规划、建设、产业发展等关系全村的大事上，充分听取农民意见；在村镇管理上，注重发挥农村基层作用，建立“村为主体”的工作机制，完善村规民约，实现农民自我管理。

【娄底“美丽湿地”建设成效显著】 2015年，娄底市委、市政府以“美丽湿地”建设为抓手，全面加强湿地保护与利用工作，在湖南省率先实施了湿地保护“四有四落实”，即有政府行文，落实湿地保护地段、范围；有规划设计，落实湿地保护增长率；有永久性固定标牌，落实湿地保护措施；有管理机构，落实湿地保护责任人。重点对水府庙库区水面环境卫生进行了专项整治，并相继开展孙水河流域环境综合治理、水质净化等工程，采取新造、补植和封山育林等方式，恢复临水植被500多公顷，绿化河道坡岸20多公里，水府湿地焕然一新。2015年，娄底市委书记龚武生，市委副书记、市长李荐国亲自调研考察水府湿地的保护和利用情况，成立了以市委书记任顾问、市长任组长的水府库区湿地保护与利用领导小组，为娄底美丽湿地建设描绘出新蓝图。“一分耕耘，一分收获。”2014年12月30日，娄底市水府庙国家湿地公园正式授牌，同日，新化县龙湾国家湿地公园正式试点。2015年，涟源湄峰湖湿地申报国家湿地公园正式通过省级验收。截至2015年底，全市湿地总面积1800.62公顷，湿地保护率达到59.18%。在市委、市政府的高度重视下，在林业部门的全力呵护下，如今湘中大地以水府湿地、龙湾湿地、湄峰湖湿地为代表的湿地已成为鸟类的天堂、动物的乐土、生态的样板。

全省带动篇

邵阳市2015年两型社会建设综述

2015年，邵阳市紧紧围绕省委、省政府的“两型社会”建设决策部署，以“八个建成”“三个高于”贯穿于全市“两型社会”建设的全过程，有力地推进了邵阳市“两型社会”建设各项工作。

一、“两型”城乡统筹发展

中心城区建设投资总额达到60亿元，建成面积拓展到70平方公里，城区人口达到70万。突出抓好了以世纪大道、邵阳大道、资江桂花大桥、资江雪峰大桥和蔡锷大道拓改等为标志的城市骨架工程建设；以紫薇博览公园、资江南路文化休闲街、爱莲池公园、西苑公园和时代公园为标志的城市休闲工程建设；以体育中心、文化艺术中心、中心医院东院、污水处理厂、垃圾填埋场等为标志的一大批城市民心工程建设；以行政中心、军分区营院、湘林温德姆至尊豪廷国际大酒店、烈士陵园、殡仪场馆为标志的城市配套工程建设。同时，财政投入2亿元对中心城区367条小街小巷进行改造，推进“最美十条街”建设和城市“穿衣戴帽”工程，城区面貌焕然一新。城市管理长效机制基本建立，管理水平不断提升，创建国家卫生城市取得阶段性成果。重点城镇建设步伐加快。围绕扩容提质和完善功能，强力推进县城及重点镇建设重大项目100个。国家级重点镇申报工作积极推进，邵东县廉桥镇、新邵县坪上镇、隆回县金石桥镇等18个建制镇被评为全国第二批重点镇，重点镇数量位于全省前列。城步苗族自治县南山镇、邵东县堡面前乡大羊村被评为全国特色景观旅游名镇名村，武冈市邓家铺镇被评为省级美丽乡镇。美丽乡村建设积极推进。加强“美丽乡村”示范村建设，18个省级“美丽乡村”创建村顺利通过了省里验收。大力开展城乡环境卫生整治，新农村建设成效明显，配置垃圾筐（桶）54.9万个，新建垃圾池3.6万口，新建填埋场110处。高位推进农村危房改造工程。全年农村危房改造23400户，居全省各市州之首。武冈市农村危房改造“四步走”工作方法，经验在全省推广。

二、“两型”产业快速发展

三次产业结构由上年的21.8∶38.2∶40.0调整为21.6∶36.6∶41.8。工业经济平稳运行。全市实现规模工业总产值1920亿元，同比增长11.6%，规模工业增加值增速始终保持在全省前2位。完成工业固定资产投资660亿元，同比增长9.7%。全市规模工业企业增加到1050家，产值过亿元的企业达550家，过10亿元企业达到12家。湘商产业园建设加快，新开工建设标准化厂房261万平方米，签约入园企业243家，正式入园企业108家，实现税收1.95亿元，带动就业2万余人。“四百工程”有序推进，新开工工业项目145个，竣工投产项目130个，招商工业项目150个，新增规模企业150家，新增数量居全省第二。大力推行“企业工作服务站”工作机制，全年深入企业化解拆迁、改制矛盾630起。农业生产持续推进。主要农产品生产稳中有进，实现粮食播种总面积910.33万亩，经济作物总播种面积245万亩。农业标准化建设进展顺利，建设农业标准化示范县1个、示范乡镇14个，创建标准化示范面积达38.6万亩。农产品加工业快速发展，全市农产品加工规模企业达374家，农产品加工企业总产值193.6亿元。农村土地承包经营权确权登记颁证全面铺开。“三边三区三年”绿色行动持续深化，全年完成各类造林35.21万亩，为省计划任务的130%。水利工程加速推进，全年完成水利投资19.3亿元，新建集中供水工程350处，解决55.3万人的安全饮水问题；完成3座大型水闸、34座新出险小（1）型病险水库和123座一般小（2）型水库的除险加固。第三产业提质发展。旅游业快速发展，全年接待游客突破2700万人次，增长22.4%，实现旅游综合收入200亿元，增长26.1%。崀山创5A景区通过国家旅游局评审，上堡古国侗寨申遗工程项目加紧推进，蔡锷故居保护开发建设项目主体工程完成。电子商务蓬勃发展，涌现出了中国卤菜交易网、洞口农业产业带、邵东购等一批电商品牌，武冈卤菜、雪峰蜜橘网上交易额突破30亿元，邵东县被评定为全国电子商务进农村综合示范县，城步苗族自治县被评为湖南省电子商务进农村试点县。商贸流通服务体系加快构建，金罗湾国际商贸城、宝骏国际商贸物流园等重点项目建设进展较快。

三、“两型”项目全面推进

全年安排重点建设项目310个，年度投资额600亿元，完成投资612亿元，为年度计划的102%。娄邵铁路扩改工程竣工通车，邵阳火车站开行至长沙、广州、深圳、上海等地动车，怀邵衡铁路邵阳段全线开工，征拆工作基本完成，累计完成投资65.7亿元，为工程量的36%；邵坪高速顺利实现通车，安邵高速有望春节前后通车，武靖高速正在加紧施工；武冈机场2016年可望试飞。农网改造争取投资全省最多，全市农网改造未改村741个，已下达计划669个，总投资11亿元。为推动清洁能源在邵阳的长足发展，目前我市建成和在建风电项目总量居全省第一，隆回宝莲风电、望云山风电、洞口苏宝顶风电、新邵龙山风电、邵东真乡风电基本建成投产。“气化邵阳”稳步推进，市区至邵东县、市区至邵阳县的2条天然气输气管网建设全面启动，已完成核准、初设和工程招标；邵阳至隆回至洞口至武冈至新宁长输管线已完成路由选址。光伏发电加快推进，洞口益智光伏发电站基本建成，新邵、武冈等地光伏项目正在开展前期工作。争取上级支持成效明显。特别是在争取上级政策和资金支持方面取得了明显成效，娄邵承接产业转移示范区已获省政府批准，国家发改委批复同意比照湘南承接产业转移政策；产城融合示范区已通过国家评审，即将获批；国家生态建设先行示范区获批，8县、市申报生态主体功能区已上报国家发改委。项目前期工作取得突破。全年141个重大前期项目有130个完成年度计划目标。其中新华南路二期工程、邵东县国际商城路网工程、邵阳天娇汽配城建设等50个项目开工建设；木瓜山水库及第二水源建设等80个项目进展顺利；兴永郴赣铁路、呼宁高铁、崀山水库建设等一批重大基础设施项目进入国省专项规划。

四、“两型”建设成效明显

目前，全市自然保护区的数量共有7个，其中国家级自然保护区3个、省级自然保护区1个、县级自然保护区3个。我市国家级生态示范区有4个，分别为新宁县、绥宁县、隆回县和城步县。双清区、隆回县、洞口县、武冈市、绥宁县、新宁县均被列入湖南省农村环境综合整治全省域覆盖第一批整县（区）推进项目。到2015年9月，全市已成功创建省级生态乡镇93个、生态村100个，其中隆回县虎形山瑶族乡于2013年10月底通过国家环保部考核验收，成为我市首批创建的国家级生态乡镇。对重点区域邵东县电镀行业进行了集中整治，取缔关闭47家电镀企业（车间），并拆除原有电镀生产设备，对47家电镀企业（车间）关停后遗留的电镀废槽液和电镀废水清运至和天电镀中心污水处理站进行集中处理，遗留的电镀废渣及厂区内受重金属污染土壤经固化或稳定化处理后全部进行了安全处置。为加快老工业基地综合整治，对于区域内龙须塘、小江湖等老工业基地，加大了区域工业污染源治理力度，关闭了十多家小企业，搬迁、升级改造了3家企业，整治达标了4家企业。狠抓火电、水泥等行业的大气污染物减排工作，严格环保准入和排污许可证制度，禁止高污染企业审批，关闭不符合产业政策的企业6家，完成燃煤小锅炉淘汰、工程治理项目等大气污染防治项目80余个。为加强环境综合整治，2015年9月7日，市委、市政府出台了《关于印发<邵阳市较大环境问题（事件）责任追责办法（试行）>的通知》（邵市办发〔2015〕41号），明确规定了对在落实环境保护职责过程中不履职、不当履职、违法履职，导致产生较严重后果和较恶劣影响的责任单位和责任人依法依规进行责任追究。2015年9月23日，邵阳市人民政府发布了《邵阳市环境保护工作责任规定（试行）》（市政发〔2015〕12号），进一步完善了各级政府和33个政府职能部门应承担的环保职责。

五、民生民利持续改善

精准扶贫稳步实施。市县财政配套资金1.3亿元，实现了所有市级领导干部、所有市直单位以及1273个贫困村“三个全覆盖”。8个重点县和2个面上县成功申报10个重点产业项目。全年贫困地区新增各类农产品基地150多个、5万余亩。全市贫困地区共新修公路180条，维修公路330条，修建大、中型饮水工程56处，新建和维修各类水利工程600多处，架设高低压线路480公里。12个县、市、区全部进入了全省金融扶贫试点县范畴。邵东县、洞口县、武冈市3个第一批试点县市共计为贫困户发放小额贷款1.2亿元。异地扶贫搬迁基金项目顺利推进，邵阳、绥宁县均落实异地扶贫搬迁贷款8亿元。民生工程统筹推进。28个省定和市定为民办实事项目全面完成或超额完成。“两房两棚”和“两供两治”建设加快推进。全年完成公共租赁住房项目293个，23271套；完成城市棚户区改造项目47个，27393户；完成国有工矿棚户区改造项目3个，2444户；共发放租赁补贴资金5052万元，惠及4.5万户。改造供水管网200公里，新建管网280公里；新建燃气管网318公里，改造管网36.92公里；完成生活垃圾无害化处理场和生活垃圾压缩转运设施建设项目，更新垃圾桶、果皮箱9000余个，新建改建公共厕所220座。社会事业协调发展。养老、医疗、失业、工伤、生育保险覆盖面进一步扩大，新农合参合率达到98.3%；社会就业积极推进，城镇零就业家庭就业援助达100%。教育事业健康发展，新建农村公办幼儿园25所、义务教育合格学校272所；化解城区大班额“三年行动”计划全面实施，市区改扩建学校16所；邵阳学院和邵阳医专合并组建湖南工程科技学院已通过评审，市一中搬迁和邵阳幼师高等专科学校项目加快推进。市区“五馆一院两中心”项目完成竣工，市体育中心建设加快，全市建成体育工程215个。文化遗产和非物质文化遗产的保护、传承力度加大。成功举办中国绥宁苗族“四八姑娘节”和中国湖南（南山）“六月六山歌节”等节庆活动。送戏下乡演出583场，为5542个农家书屋配送图书240万册。

2015年两型社会建设创建工作取得了一些成效，但离省委、省政府的要求还有一定的差距，部分单位的环境整治意识不强，部分地方仍然以牺牲环境为代价抓招商引资和工业发展，对此，我们要高度重视和认真对待，在发展和改革中努力加以解决。2016年，邵阳市要建立“两型”社会建设考核机制和奖惩措施，着力将“两型”社会建设工作推向新的台阶。

下一步工作重点：

1.大力推进新型工业化。进一步深化“两型”社会建设理念，实现新型工业化。一是壮大规模工业企业。全市实现规模工业增加值570亿元，增长12%，工业固定资产投资达到760亿元，增长15%以上。全市规模工业企业达1200家。二是突出抓好“四百工程”。实现新开工工业项目、竣工投产工业项目、招商引进工业项目、新增规模工业企业各100家以上。加快推进富士电梯、统一集团、发制品产业园、辰州锑矿搬迁、百威啤酒等50个重大工业项目建设，年度完成投资50亿元以上。三是加快推进园区建设。加快湘商产业园标准化厂房建设，新建标准化厂房170万平方米，续建130万平方米，招商入园企业390家。尽快完成洞口县、邵东县、武冈市、新邵县等园区调区扩区工作，启动隆回县、邵阳县等园区调区扩区工作。加快医药、发制品、特种纸业等特色园区建设，园区规模工业增加值达到400亿元，增长12%以上。四是加快宝庆工业集中区建设。推进国家级经开区和国家级创业示范区建设，加快宝庆工业集中区、邵阳经开区和龙须塘化工区“三区”

整合，建设国家级产城融合示范区。宝工区要加快推进白马大道、高新路等路网工程，加大工业项目招商引资，完成世纪花苑、爱莲雅苑、吉兴家园等8个集中安置小区建设，实现工业总产值260亿元，税收20亿元。

2.大力推进新型城镇化。一是启动实施新型城镇化“五年行动”计划，掀起新一轮城市建设新高潮。全面落实中央城市工作会议精神，结合“十三五”规划，将城市建设五年目标分年度进一步精准化，工作任务进一步项目化，措施进一步具体化，分解落实到各级各部门。二是加快城区的扩容步伐，提升城镇的辐射和带动功能。全年力争中心城区面积扩容6平方公里，邵东县、新邵县、隆回县、邵阳县、武冈市、洞口县等县城扩容3平方公里，新宁县、城步苗族自治县、绥宁县等县城扩容2平方公里。加快重点乡镇、特色乡镇建设步伐。全年城镇化率提升1.5个百分点。三是推动东部城镇群建设。加快市区与周边四县快速通道建设，南城快线建成通车，东城快线开工建设，西城快线完成规划建设前期工作。加快推进周边四县水、电、气、通讯等同网建设。四是加快中心城区建设。全年中心城区完成基础设施投资50亿元。片区开发方面，加快世纪大道、邵阳大道、蔡锷大道等迎宾大道两旁土地利用开发，桃花新城、体育新城主干道路基本拉通，江北新城路网基本建成。城区路网方面，启动“三环线”建设，启动虎形山路、魏源西路、中山路、昭阳北路建设，完成双清路、资江北路、宝庆西路延伸段等道路提质改造和学院路二期路基工程建设，推进白马大道、北塔大道北段、龙须塘片区两沟两路、雪峰大桥、桂花大桥建设。棚户区改造方面，加快推进棚户区改造五年行动计划，着力推进资江南岸、小江湖半岛与龙须塘等十四大片区棚户区改造。城市公园方面，推进西苑公园、东塔公园、北塔公园等改造建设，基本完成蔡锷故居开发建设，推进邵水西岸亮化工程和城区“穿衣戴帽”工程。五是大力发展城市产业。促进房地产健康发展，全年完成房地产投资165亿元。调整房地产供给结构，规范房地产市场秩序，积极改革安置户、棚改户、国有企业下岗职工、异地搬迁户等购房刚性需求，有序化解房地产库存。加快勘察设计、建设业等建设产业发展，完成建筑业建安总产值300亿元。推动城市旅游、批发零售、金融等现代服务业发展。六是提升城市管理。完成城市供水供气、地下管廊、城市停车场等专项规划，争取上级专项资金，启动建设。建立城市管理长效机制，大力推进文明城市、卫生城市、健康城市、森林城市、智慧城市、海绵城市创建。

3.大力推进农业现代化。全市实现农业总产值460亿元，增长3.5%以上。一是稳定大宗农产品生产。落实“藏粮于地、藏粮于技”战略，加快推进粮食产能建设、高标准农田建设、娄邵盆地基本农田建设等工程，完成高标准农田建设42.8万亩，粮食播种面积稳定在910万亩以上，总产340万吨以上，蔬菜种植面积稳定在150万亩以上，出栏生猪1300万头，主要禽畜和水产品数量稳定增长。二是做大做强特色农业。加强脐橙、柑橘、油茶、烤烟、中药材、奶业等基地建设，每个县、市、区至少围绕一个特色产业，从基地规模化、生产标准化、营销现代化、产业链条化，推进特色农产品建设。三是大力发展龙头企业和知名品牌。推进“百企千社万户”工程，新增农业产业化省级龙头企业7家以上，重点扶持李文食品、洞口辣妹子、新宁满师傅、武冈华鹏、隆回军杰等10家重点龙头企业，在卤菜、辣椒加工、罐头制品等方面形成一批在全国、全省有较大影响力的知名品牌，新增省级著名品牌3个。邵阳市国家级现代农业科技示范园建设完成申报，并启动建设，启动建设武陵山农机产业园、武冈市现代农业产业园等项目。四是创新农业经营形态。培育农业经营新型主体，新发展种粮大户8000户以上、家庭农场发展到3000个以上、新发展农民合作社60家以上、新增农民成员1万个（户）以上。创新直销、配送、电子商务等新型农产品流通方式，开展农产品电子商务示范，重点发展洞口蜜橘、新宁脐橙等大宗农产品电子交易和期货交易。五是逐步完善农业保障体系。努力提升农业装备水平，推广先进适用农机具3万台套，水稻生产耕、种、收全程机械化水平达到66%。新建市级农产品质量安全检验检测中心。加快土地流转步伐，做好农村土地确权登记颁证工作，完成确权颁证任务。

4.大力推进信息化。一是加快信息基础设施建设。推进“宽带乡村”和县（市）基础网络完善工程，加快“自然村通电话”“行政村通宽带”和“广播电视村村通”工程进度，实现城市光纤到楼入户，加快宽带网络从乡镇向行政村、自然村延伸。到2016年底，邵阳市城区、县城及乡镇家庭用户光纤接入覆盖率达到100%，城镇家庭用户宽带接入能力全部达到50Mbps，4G网络全面覆盖城市和农村，80%以上的行政村实现光纤到村，98%以上行政村通宽带。二是大力实施“互联网+”行动。积极推进“互联网+制造”“互联网+政务”“互联网+服务”“互联网+三农”“互联网+商务”“互联网+旅游”等应用示范，促进互联网与经济社会广泛融合，构筑网络化、智能化、服务化、协同化的“互联网+”生态经济。三是大力发展电子商务。出台相关扶持政策，加强行业监管，积极推进国家电子商务进农村综合示范县、全省农村电子商务试点县、“农村商贸综合服务体”等电商模式建设。扎实做好邵东的国家级示范县试点工作，大力支持其他县、市、区创建国省试点工作，加快建设邵阳电子商务智慧产业园。四是促进大数据广泛深度应用。拓展相关应用服务，基本建成覆盖全市的人口基础信息库、企业信息数据库、自然资源和地理空间基础信息库、宏观经济运行数据库，筑牢信息化发展基础。五是加强网络信息安全。建立健全信息安全等级分类和保护机制，推进涉密专网、电子政务服务内网、电子政务外网3个物理隔离网络建设。

5.大力推进绿色化。一是启动“四边五年”绿色行动。加快实施巩固退耕还林工程，完成人工造林36万亩、低效林改造15.5万亩、封山育林32万亩、中幼林抚育54万亩。完成泸昆、二广（邵永段）、衡邵、洞新、邵坪高速公路绿色通道的提质改造，S219、S315绿色通道和资江绿色水道建设以及沿线100个秀美村庄、市区2个森林公园、2个专业花卉园和市农林科技示范园建设。完成新邵县、邵阳县、隆回县、洞口县、邵东县、新宁县等6县石漠化治理工程，治理岩溶面积219.28平方公里，力争将城步、武冈、绥宁和三区纳入省石漠化治理项目实施范围。二是推进污染减排工程。严格控制主要污染物排放新增量，淘汰落后产能。大气污染防治方面，加强工业企业大气污染防治和环保管理，完成3个二氧化硫治理项目任务，重点推动宝庆电厂、海螺水泥、南方水泥等企业深化治理。强化机动车尾气污染治理，完成市区和武冈市机动车尾气监测站建设，建立健全黄标车信息台账和信息共享机制，完成年度黄标车淘汰任务。启动各县、市空气自动检测站在内的26个大气污染防治项目，PM10浓度下降2%。水环境治理方面，强化对重点流域沿江、沿河企业环境污染隐患排查整治，确保水源合格率达到100%，尽快完成江北污泥处置中心、洋溪桥污水处理厂提质改造和配套管网扩改、龙须塘“两沟”治理、工业园区污水处理厂和截污管网、各县区污水处理二期及配套管网建设。加强市区和各县、市已建污水处理厂的正常运营，污水处理率达到88%。三是推进城乡环境综合治理。加快推进邵阳市垃圾焚烧发电、邵阳市餐厨废弃物资源化利用和无害化处理、邵阳市城乡一体化垃圾收运等项目工程进度，城镇生活垃圾处理率达到97%。抓好农村环境连片整治工作，全面完成双清区、隆回县、洞口县、绥宁县、武冈市、新宁县整县（区）推进各项目标任务。四是推进美丽乡村建设。全面启动国家生态文明先行示范区建设。深入推进农村环境卫生综合整治，继续开展“三清五改”，控制和治理农业面源污染，扎实推进农村禽畜养殖污染集中整治，因地制宜发展绿色清洁能源，完成646个人居环境重点村整治。五是推进美好社区建设。优化行政区划和社区规模，推动资源和服务管理下沉，理顺社区工作职责，完善社区基本公共服务设施。街道建好派出所、学校、政务服务中心、卫生计生服务中心、文体活动中心、社会服务中心。社区建好“一站一园一场七室”，即社区服务站、幼儿园、室外文体活动场所、党群活动室、警务室、卫生计生健康服务室、社会工作室、社区居民代表议事室、文体活动室和档案室等。加强小街小巷建设、老旧社区改造和环境综合整治，完善社区水、电、路、气、灯、环卫、园林绿化、停车场、公厕等基础设施，实现社区绿化、亮化、净化、美化。

邵阳市2015年两型社会建设成果

【邵阳城步召开全县肉食品质量安全专项整治工作会】 2015年1月6日，城步畜牧局组织召开了全县肉食品质量安全专项整治工作会，各乡镇动物防疫站、动物检疫所、县兽医局及县畜牧局股级以上负责人共30人参加了会议。会议传达了市食品安全工作会议精神，并要求全体畜牧工作人员要抓好屠宰场、规模养殖场、边境检查站和南山奶牛四个重点部位的鳌治工作，严格做好值班值守、责任落实、检疫监管、排查处置、规范出证和信息报送六个到位，确保该县不发生重大畜禽水产品质量安全事故。

【邵阳城步农业局开展特色农业产业化大讨论】 2015年1月6日，城步苗族自治县农业局就2015年农业工作如何立足区位优势抓好特色，实现农业强县进行大讨论。讨论一致认为，根据本地实际，该县应以南山萝卜、高山延季西红柿、三茶、红茄等为特色农产品，全县整合资源，打造特色，形成商品生产基地，建成特色农产品品牌。同时，会议要求，要进一步细化农技人员的奖励政策，充分调动农特队伍工作人员的积极性，在农业特色技术研究、基地建设、品牌创新、市场开拓等方面给予资金倾斜。

【邵阳市推进依法治市　确保社会和谐稳定】 2015年1月8日，邵阳市委书记郭光文主持召开2015年第1次市委常委会议，听取全市政法综治维稳工作情况汇报。郭光文在即席讲话中强调，要下更大的气力、用更硬的措施深入推进依法治市，确保社会和谐稳定。邵阳市委常委会议成员和相关市级领导出席会议。

【邵阳市全面清理大型户外广告】 2015年1月，为巩固创“国卫”阶段性成果，邵阳市城管执法局组织开展大型户外广告整治专项行动。此次专项整治行动将从规范设置、减量拆除、提质改造三个方面，重点对市区大型户外广告进行专项整治和统一管理。2015年邵阳市城管执法局将按照城区户外广告清理整治方案和标准，对辖区户外广告进行全面清理整治。重点规范商业中心、大型商场、城市出入口和市政广场的大型户外广告牌，城区建筑物的临时布幔广告将全部清理拆除，6月底前全面完成整治拆除工作。同时按照《邵阳市城区户外广告设置管理暂行办法》规定，充分发动广告经营企业利用现有的户外广告设施发布公益广告。

【邵阳城步大力推行“低碳耕作”模式促农业经济发展】 2015年1月9日，据了解，近年来，城步县大力推行“低碳耕作”模式，在13个乡镇推广测土配方施肥技术，派出科技特派员和农业技术人员深入乡村、种植示范基地和重点片，采取举办科技讲座、田间地头指导、发放技术手册等形式，指导群众实行稻草还田、多积农家肥，开展“低碳耕种”。农民每亩土地的化肥农药用量平均减少30%左右。据悉，在城步种低碳田、算低碳账的农民越来越多，每年种植面积达10万。

【邵阳县造林绿化通过验收　两年完成公路造林206公里】 2015年1月20至21日，邵阳市“三边三年”绿色行动检查组一行，考核检查邵阳县“三边”造林工作。对该县“三边”造林、尤其是公路造林给予“五个好”的高度评价，即领导班子好、任务完成好、质量成效好、造林模式好、政策机制好。至此，邵阳县两年共完成公路造林206公里。为搞好“三边”造林工作，邵阳县成立了以县长为组长的工作领导小组。按照政府主导、社会参与、市场运作原则，建立稳定、多元的投入机制。县财政、公路、交通、发改、水利、林业等部门将项目、资金向“三边”地区倾斜。邵永高速、邵新公路、S317等重点路段的造林绿化实行市场化运作，采取公开招标方式，由中标单位负责造林绿化，落实包整地、包苗木、包造林、包成活、包管护的“五包”要求，一包三年。所在乡镇负责落实造林土地流转和纠纷矛盾的调处。每年10月，全县组织成果验收。验收结果作为县政府对乡镇政府和部门单位的年度绩效文明考核以及兑付造林补助的依据。三年期满，县政府将组织有关单位对“三边三年”造林绿化成果进行达标验收，并召开全县总结表彰大会。

【武冈市110名养殖业技术指导员带富农家2420户】

2015年1月29日，从武冈市畜牧水产局获悉，2014年武冈共有110名技术指导员下基层，累计培育科技示范户220个，辐射带富农家2420户，创纯利逾2亿元，实现人均增收580元，标志着该市养殖业技术推广工作取得阶段性成效。目前，该市共投入基层农技推广（养殖业）补助项目资金80万元，累计发展主导产业5个、主推品种11个、主推技术16项，涉及畜牧水产规模养殖户5787个。其中示范基地3个、养殖小区6个、加工企业82家、专业合作社126家，同比分别提高34%、17%、18%、16%。

【邵阳双清区民生幸福指数连年攀升】 近年来，邵阳双清区常抓不懈，深入推进“创文创卫创园”工作，大力改善基础设施，美好绿化环境，打造宜居双清。提质改造双坡路、昭陵西路、五一南路、铁砂岭路、建设中路等城市主干道和城区148条小街小巷，启动邵水东路、宝庆东路、邵阳大道“最美十条街”改造，完成农贸市场标准化改造10家，改建新建公厕169座、垃圾中转站26座。投入2000余万元，在全市率先推行城乡环境同治。双清区在各乡镇(街道)的村(社区)全部建立群众工作站，在企业建立34个服务站。在全区深入开展“干部联村包户”活动，实行处级领导联乡镇(街道)、区直机关干部联村(社区)、乡镇(街道)干部联小组(院落)，每名干部联户不低于20户群众，全区约3000名干部区包户6万余户，共收集到各类意见、建议15大类问题2150条，先后召开了4次“民情民意交办会”，问题解决率达到98%以上。持续加大民生投入，全年民生支出占地方公共财政预算支出比重为80%。

【邵阳市成功创建省级文明城市】 2015年2月在省文明委全会上，邵阳市“创文”获得通过，成功创建省级文明城市。近五年来，特别是近两年来，市委、市政府将创建省级文明城市作为树立城市形象的迫切需要，提升城市管理水平的有效手段，造福邵阳人民的惠民工程。围绕“八个建成”“三个高于”目标，市委、市政府主要领导挂帅，分管市级领导牵头，组建“八大环境”建设工作组，层层签订责任状，落实测评指标，全力打造廉洁高效的政务环境、民主公正的法治环境、公平诚信的市场环境、健康向上的人文环境、有利于青少年健康成长的社会文化环境、舒适便利的生活环境、安全稳定的社会环境、可持续发展的生态环境，形成了领导重视、部门联动、全民参与的工作格局。

【城步九村获国家乡村旅游扶贫支持】 国家发改委、国家旅游局等六部门联合下发《关于实施乡村旅游富民工程推进旅游扶贫工作的通知》，城步长安营乡大寨村等9个村入围国家乡村旅游重点村名单。旅游富民工程重点实施五个方面的任务，即加强基础设施建设，改善重点村旅游接待条件和服务设施；大力发展乡村旅游，提高规范管理水平，依托区位和资源优势，挖掘文化内涵，发挥生态优势，开发乡村旅游产品，不断提高乡村旅游管理水平和服务质量；发挥精品景区辐射带动作用，带动重点村脱贫致富，规划建设一批知名度高的精品景区，加强资源和产品整合，逐步形成旅游线整体开发态势，通过多种方式吸引群众参与旅游发展；加强旅游宣传推广，提高旅游市场竞争力；加强人才培训，为重点村提供智力支持。

【邵阳市强力推进三个“十大项目建设”】 2015年3月5日，邵阳市召开市委经济工作会议，敲定全市强力推进三个“十大项目建设”。一是十大立体交通项目建设；二是十大城市基础项目建设；三是十大民生工程项目建设。

【邵阳120亿治“城市疮疤”】 2015年3月6日，邵阳龙须塘老工业区综合治理暨棚户区改造(资江生态科技新城)建设项目，在人们的期盼中拉开序幕。邵阳市政府携手湖南永清集团，将用8年左右的时间，投资120亿元，把这里打造成为一个宜居宜业的生态科技新城。据悉，项目初步预计总投资120亿元左右，实施滚动开发，新城建设与环境整治改造同步进行。项目拟采用PPP模式实施，采用市场化经营、公司化运作的方式，将该区域打造成以现代区域交通为依托，以商贸、金融、文化、信息、会展、教育、居住、物流、高新产业为支撑，设施完备、环境良好、风景优美的生态科技新城。

【邵阳市提高城市管理水平打好“创卫”迎检攻坚战】 2015年3月10日，邵阳市创建国家卫生城市工作推进大会召开。邵阳市委副书记、市长龚文密在会上要求，要进一步提高项目建设标准和城市管理水平，打好“创国家卫生城市、迎省级技术评估”攻坚战。邵阳市创建国家卫生城市攻坚自启动以来，各项工作全面推进，营造了全民“创卫”的浓厚氛围，广大群众以实际行动积极参与到“创卫”中来。目前，市区已完成了一批惠及民生的“创卫”项目。

【邵阳市双清区铁腕整治违法建设推进重点项目】 截至2015年3月13日，邵阳市双清区共拆除历史存量违法建设项目156100平方米，拆除新增违法建设项目1300平方米。在全市2014年月度考核中，取得7个第一、5个第二，年度考核第一名的良好成绩。双清区坚持标本兼治、疏堵结合推进违法建设集中整治，力促违法建设零增长，确保重点项目顺利推进。

【邵阳市创“国卫”基本通过省级基础评估验收】 2015年3月19至21日，省爱国卫生运动委员会组织省卫计委、住建厅、环保厅等部门的专家，严格对照《国家卫生城市标准(2014版)》，通过听汇报、查资料、看现场、访民情等方式，对邵阳市创建国家卫生城市工作进行了全面的基础评估。3月21日，从邵阳市创建国家卫生城市工作汇报暨省级基础评估验收反馈会上传来好消息，邵阳创“国卫”基本通过省级基础评估验收。

【国家油茶产业示范园落户邵阳县】 2015年3月29日，中国·邵阳国家油茶产业示范园授牌奠基仪式暨油茶产业推进会在邵阳县举行。国家林业局计财司副司长孙建向邵阳县颁发“国家油茶产业示范园”牌匾。中国·邵阳国家油茶产业示范园由邵阳县人民政府授权中诚大通投资(集团)公司进行建设、开发、管理，总投资8亿元，规划面积137.836公顷，拟建成以现代电子商务、现代金融服务、现代物流商贸来引领产业发展为特征的国家级产业示范园。园区建成后，预计将成为年茶油大宗商品交易超100亿元，茶籽交易量至100万吨以上的全国最大的油茶及衍生品交易基地。

【全省首个县级森林经营方案通过评审】 2015年4月8日，经过省林业厅和市林业局等单位专家认真评审，《湖南省绥宁县森林经营方案》获得通过。这是全省首个获得通过的县级森林经营方案。森林经营方案是森林经营主体编制林业生产年度设计、安排林业生产、组织经营活动的法定性规划设计文件，能有效指导经营主体科学、合理、有序地培育、保护和利用森林资源，提高森林资源数量和质量，增强森林生产力和森林生态系统的整体功能，实现森林可持续性经营。

【省首届花炮经营创新峰会在邵“开坛”】 2015年4月18日，湖南首届花炮创新经营战略峰会在邵阳“开坛”，来自湖南、河南、山东等地的花炮行业精英，以及国家、省、市等有关领导、专家500余人济济一堂，共同探讨在新的形势下传统产业创新发展之大计。近年来，尤其是2015年，花炮产业内有竞争过度、产能过剩、资金紧张等方面的压力，如何才能走得更远?如何实现转型突围?成为困扰行业发展的一个重要问题。会上，权威专家们的政策解读、市场分析，令各地花炮经销“大佬”受益匪浅，特别是浏阳花炮连锁公司的“统一形象、统一管理、统一价格、统一配送、统一服务”的经营理念、连锁模式以及O2O的电子商务模式，更让他们耳目一新，大受启发。

【邵阳拟3年内为1273个村摘贫困帽】 2015年4月29日，邵阳市召开“2015—2017年驻村帮扶工作动员大会”，全市2000多名乡镇干部与会。省扶贫办主任王志群出席了会议，邵阳市委书记郭光文和市委副书记、市长龚文密分别就扶贫工作做了重要讲话。会议强调，计划在3年内实现1273个贫困村整村脱贫。要求全市各级党委、政府一定要按照“村为单元、统一规划、整合资源、分工实施”的原则，确保规划到村、项目到村、扶贫资金到村、行业扶贫到村、领导联系到村和社会帮扶到村。会议要求扶贫工作做到“六到农家”和“六个落实”，把全市1273个贫困村3年内如期建成全面小康社会。

【邵阳双清区力促规模工业实现稳步增长】 2015年5月4日，邵阳双清区委书记郑再堂率区企业服务站工作人员，深入阳光发品、神风动力、维克液压和达力电源4家规模企业调研生产经营状况，想方设法帮助企业排忧解难，力促规模工业在经济下行的宏观环境下持续健康发展。

【邵阳各地闻“汛”而动保安全】 2015年5月7日，针对省气象台发布的天气预报，全省各地将迎来一次大范围降水天气过程，邵阳市召开防汛工作调度会。市委副书记、市长龚文密强调，各级单位部门要提前做好防汛抗旱准备工作，严格落实纪律和责任，全面提升防汛抗旱水平。随后，全市各地闻“汛”而动落实责任保安全，及时部署防汛工作和排查安全隐患，全力以赴应对较强降雨，确保人民群众生命和财产安全。

【邵阳城步加快推进小农水建设项目】 2015年5月11日，城步苗族自治县已完成小型农田水利建设项目年度任务的85%。这是该县加快推进小农水项目建设的结晶。该县的第一轮小农水重点建设项目集中在西岩镇、茅坪镇、蒋坊乡的21个行政村，共需改造渠道33条55.24千米、新建小型渠系建筑物503处、改造泵站1处45千米、整修山塘14口、拆除重建河坝21座、铺设低压输水管道8.06千米、建设高效节水灌溉面积510亩，工程总投资1716.45万元。目前，已完成小农水项目年度建设任务的85%。项目的建成，可新增和恢复灌溉面积0.16万亩，改善灌溉面积0.81万亩，新增节水灌溉面积0.05万亩，新增粮食生产能力109.8万公斤。

【邵阳农产品对接香港市场】 2015年6月3日，“邵品入港”对接洽谈会在港举行。一大批纯天然、无公害的邵阳农产品吸引了香港餐饮界企业的目光。对接洽谈会上，宝庆肉联、三可食品、瑞柏茶油、满师傅等8家农产品加工企业代表带来了实物展示，并对产品的原材料、生产加工渠道、营养价值进行了详细的说明介绍。与会的香港餐饮界知名人士对邵阳农产品大加赞赏，十分看好其市场前景，希望邵阳农产品继续保证品质、树立口碑。当天，宝庆肉联与香港潮记食品现场签约，达成独家经销烤富硒中猪协议。邵阳市农产品在香港占有一定的市场份额，每年销售额超过2亿美元。

【“2015湘商邵阳行”邵阳市湘商产业园推介座谈会隆重举行】 2015年6月10日，“2015湘商邵阳行”邵阳市湘商产业园推介座谈会在邵阳华天宾馆隆重举行。湖南异地商会联合会、山西省湖南商会、青海省湖南商会、湖南省浙江商会等数十家来自全国各地的湘商联合会会长、秘书长、会员聚集一堂，建言献策。邵阳市人民政府与湖南异地商会联合会战略合作协议成功签约。

【邵东强化考核奖惩机制严防性别比失衡】 2015年6月19日，邵东县专题研究安排15万元专项经费用于整治性别比工作奖励。为进一步建立健全关爱女孩、综合治理出生人口性别比偏高问题的长效管理机制，实现打击“两非”工作常态化、经常化，促进男女观念平等化，构建性别平衡、人口和谐的良好社会环境。邵东县加大了性别比防治力度，进一步强化了考核奖惩机制，把出生人口性别比列为计生目标管理责任制的一项重要内容进行督查和考核，助推了性别比防治工作的深入开展。

【邵阳市铅酸蓄电池回收有了“正规军”】 2015年7月19日上午，湖南圣恒再生资源有限公司邵阳分公司一片忙碌，工人们忙着把数十吨的废旧铅酸蓄电池小心翼翼地装上专业的危货货车，再转运到湖北的一家有废旧铅酸蓄电池处置资质的厂家。5月，该公司经省环保厅批准，获准在我市从事废铅酸蓄电池、手机电池回收业务，成为邵阳市首家具有废旧铅酸电池回收资质的企业。

【邵阳市北塔区整改夜宵店】 2015年7月21日，北塔区城管、食药监、环保、状元洲办事处联合拆除资江北路夜宵店的门前灶30余个，清理运输垃圾10多车。多年来，资江北路夜宵一条街名气不小，但给街边的商户和居民带来很多困扰。该区借创“国卫”东风，积极变夜宵市场创建“难点”为“亮点”。年初，北塔区顺利完成夜宵市场门前灶“煤改气”工作，共投资200多万元，改造夜宵门店30多户，分别修建了油烟地下排放管网，各门店安装了油烟净化处理设备、燃气灶具等。

【武冈市三年要建成18个美好社区】 2015年7月27日，纳入武冈市美好社区建设三年计划的18个社区已列出创建时间表，挂点领导、责任单位、市直单位等也全部落实到位。2015年，该市财政将安排240万元社区创建专项经费，重点建设花塔、陶侃、梯云和石牌坊等四个美好社区。根据邵阳市美好社区建设指导规范的要求，每个社区服务用房面积将不少于300平方米，配置社区服务大厅、社区警务室、党群活动室、社区工作室、计生健康服务室、文体活动室、党员(代表)议事室和档案室以及社区幼儿园、社区文体活动场所。为将社区建成居民幸福生活的大家园，武冈的美好社区建设将实行市团领导挂点和市直单位共建制，各社区遇到的具体问题由挂点领导协调解决。

【邵阳市不断提升城市污水防治能力】 2015年8月10日，邵阳市区洋溪桥污水处理厂内设备不停运转，从双清区和资江南岸的大祥区约30万人产生的生活污水，经过沉淀、氧化、消毒等工序，最后变成清水，达到《城镇污水处理厂污染物排放标准》一级B标准，排入资江。自2008年起，为加快城市污水处理设施及配套管网建设与改造，我市开始实施城镇污水处理设施建设三年行动计划。到2010年，全市建成污水处理厂11个，完成市本级和9县(市)中心镇第一期污水管网工程。十二五”期间，我市又先后 完成了江北污水处理厂一期工程、洞口县污水处理厂二期扩改工程建设。宝庆工业集中区工业污水处理厂，邵东、新邵、绥宁污水处理厂二期等新建扩建项目也正在启动。目前，全市共有污水处理厂12座，污水日处理能力达40.5万吨。

【崀山高分通过两型景区认证评审】 2015年8月13日，在新宁县崀管局二楼会议室召开的崀山两型景区审核结果通报会上，崀山风景名胜区以总分686分的成绩顺利通过了由湖南省旅游局、长株潭“两型社会”试验区建管委员会联合组织的湖南省两型旅游景区的认证评审，成为湖南省首批通过两型认证的旅游景区之一。本次对崀山两型景区的认证审核旨在落实湖南省旅游局和湖南省长株潭“两型社会”试验区建管委员会联合下发的《关于开展两型旅游景区认证试点工作的通知》的文件精神，按照《湖南省两型认证管理暂行办法》，结合《湖南省两型旅游景区认证实施指南》的要求具体实施。

【邵阳双清区创新服务促工业经济升温】 2015年8月24日，邵阳双胞胎饲料有限公司进行了“搬运堆垛机器人”现场演示，机器人有条不紊地搬运、堆垛，至少相当于9个工人的工作效率，不仅大大减轻工人的劳动强度，而且可以保障搬运货物不受损伤。该公司在双清区提供的优质服务帮扶下，不断创新发展，成功通过国家统计局审核为规模工业企业。1—7月，全区100家规模以上工业企业累计实现产值135亿元，同比增长10.5%。全区规模以上工业企业累计实现工业增加值37.3亿元，同比增长8.7%，产销率达99%。

【邵东拟投资30亿打造国际化商贸之都】 2015年9月8日，邵东国际商贸城正式开工建设，开启了邵东商业转型发展的新时代。邵东国际商贸城项目坐落在县城昭阳大道以北，金声路以东，连云路以西，开发面积400余亩，建筑面积105万平方米，总投资30亿元，是集商品贸易、电子商务、仓储配送等多功能于一体的大型商贸平台，将高起点规划、高标准建设，着力打造现代化、国际化商贸之都。

【邵阳市积极推进乡镇区划调整改革】 2015年9月25日，邵阳市召开2015年第27次市委常委会议，传达贯彻省乡镇区划调整改革工作会议精神。邵阳市委书记郭光文强调，要高度统一思想认识，切实加强组织领导，积极推进乡镇区划调整改革，要不折不扣按照省里要求，确保全市乡镇区划调整工作在2016年春节前完成，合村工作在2016年年底完成。

【邵阳举行第十一届湘台经贸交流会】 2015年10月13日，由国务院台办和湖南省政府共同主办的第十一届经贸交流合作会在邵阳市举行。会议围绕两岸“互联网+”促进中小企业转型发展、湖南省承接产业转移等共同关注的热点问题进行积极探讨。此次会议主题是“深化交流合作，共享发展红利”，致力于为湘台中小企业搭建平等交流、信息互通、成果共享的平台。此次活动还邀请了台湾工商界行会、都市型业协会及中小企业负责人，围绕两岸“互相网+”促进中小企业转型发展、湖南省承接产业转移等共同关注的热点问题进行了积极探讨。

【崀山特色商品在省旅游博览会上受追捧】 2015年10月16—18日，2015湖南省(第六届)旅游休闲博览会在长沙红星国际会展中心举办。新宁县各旅游企业参展的特色商品受到广大客商的追捧，完成现场交易4.1万元，达成商品研发合作意向2项，其中崀峰茶业、瑶家竹琴分别获得2015湖南特色旅游商品铜奖。博览会上，我县通过崀山景区美丽风光的立体造型及美图展板、全县旅游宣传片滚动播放、特色旅游商品展示、本土民俗文化表演等形式，聚焦了各参展商及旅游客商的目光。

【邵阳双清倾情打造城郊生态文化旅游第一村】 2015年11月4日，邵阳市双清区火车站乡莲荷村迎来市文艺界14名专家顾问组成员，就如何合力打造城郊生态文化旅游第一村进行专题座谈，并为“邵阳市直书法家协会采风创作基地”“邵阳市中国画艺委会写生创作基地”等5个文化创作基地举行揭牌仪式。莲荷村距邵阳市城区仅8公里，境内风景秀丽，果林葱郁，森林保护完好，是理想的城郊休闲度假胜地。双清区把该村打造“同心乡村”作为第一品牌，创新统战工作思路，凝聚社会各方力量，致力建设成全市同心乡村“样板点”、市民休闲“旅游点”、新农村建设“示范点”。

【第七届湘商大会在邵阳隆重开幕】 2015年11月26日，2015湖南经济合作洽谈会暨第七届湘商大会在邵阳开幕。本次大会共有1200多名客商参加，纵论湘商发展大计。现场共签约45个重大合作项目，其中包括工业制造业、能源与城市基础设施建设、农业产业化、第三产业及其他方面的投资，总投资额达550.92亿元。其中涉及邵阳地区的有13个项目，总投资额达140.92亿元。

【邵阳北塔路全线亮化　邵阳市区又添靓色】 2015年12月9日，邵阳市北塔路至魏源路至南山路段华灯齐亮，灿若星辰，将该路装点得五彩缤纷，也为市民的生活带来了极大便利。北塔路是北塔区交通“循环线”的重要组成部分，2014年实现魏源路至崀山路段竣工通车，但路灯一直未安装。对此，区政府主要领导高度重视，亲自调度，抓住创建国家卫生城市的契机，大力推进该路通车路段全面亮化。此次亮化共投资400余万元，安装路灯158盏，其中中杆灯140盏，高杆灯18盏。该路的亮化进一步改善了群众出行条件、提高了城市品位。

【新宁夫夷江国家湿地公园通过国家评审】 2015年12月18日，从国家林业局传来消息，新宁县申报的夫夷江国家湿地公园总体规划已顺利通过国家级评审。夫夷江国家湿地公园位于湖南省新宁县境内，拟建为国家级湿地公园，规划总面积1722.7公顷，其中湿地面积1230.1公顷，湿地率71.41%。湿地公园及周边共有野生脊椎动物5纲25目64科186种。

【邵坪高速建成通车实现沪昆高铁对接】 2015年12月31日，倍受830万邵阳人民热切期盼的邵坪高速公路竣工通车，从沪昆高铁邵阳北站至邵阳市区的车程，将由以前的1个多小时缩至40多分钟。邵坪高速公路是邵阳市“十二五”时期的重点工程，通车里程35.2公里，连接线28.6公里，总投资30.1亿元，历经两年半的建设期。邵坪高速连接衡邵、安邵、娄新三条国、省高速公路，也是连接市区到邵阳北(高铁)站的快速干线。邵坪高速公路的正式竣工通车，进一步完善了该市高速公路网布局，拉近了邵阳市区与沪昆高铁的距离，实现了邵阳与沪昆高铁的精彩对接，将邵阳人民带入了真正的高铁时代，对于凸显邵阳区位优势，扩大邵阳市对外开放，促进全市经济社会又好又快发展，具有十分重要的战略意义。

张家界市2015年两型社会建设综述

一、2015年张家界市两型社会与生态文明建设情况

2015年是“十二五”规划收官和“十三五”规划编制之年，是全面深化改革的关键之年，也是张家界市提质升级战略加速推进、重大交通基础设施建设、城市“两区两带”建设、重大产业项目落地建设的关键之年。张家界继续按照“四化两型”战略部署，以建设生态市、国家环保模范城市、绿色张家界为目标，积极推进生态文明建设，打造绿色、低碳、宜居、宜游的美好家园。

（一）产业发展向两型升级

1. 产业结构继续优化。2015年，三次产业比由上年的11.6：24.3：64.1调整为11.6：22.8：65.6，服务业比重稳步提升，对经济增长的贡献率居于绝对主导地位。

2. 旅游产业转型升级。以稳定旅游经济增长为目标，深入推进旅游产品由观光型向观光休闲度假复合型转变，旅游产业由数量型向质量效益型转变，旅游品牌由国内旅游目的地向国内外知名旅游胜地转变。转型项目建设加快推进，永定城区南门口特色街区、武陵源城区特色街区、世界最大文化酒吧——“云顶文化酒吧”项目开工建设，远大蓝色港湾酒店群一期、碧桂园二期、大成山水酒店二期等旅游接待设施基本建成，华天城二期、禾田居度假酒店二期等项目前期工作正在加速推进，张家界大峡谷玻璃桥建设主体工程基本完工，2016年5月试运行。旅游大交通组织取得新突破，新开通兰州、银川、沈阳、青岛、石家庄等5个客源地的航班，航点到达城市由22个增加至35个，新增航线14条；成都至张家界专列和北京至昆明列车绕行张家界的列车开通，新增图定列车两对。户外休闲旅游成效显著，积极推进户外项目建设，引进冰雪世界、槟榔谷、四十八寨等户外项目10个，策划户外活动20余项；加强户外休闲营销，制作了十二集户外线路电视片和《行走张家界》宣传片对外展播，户外休闲旅游异军突起。旅游市场持续火爆，全市各景点接待游客5050万人次，接待过夜游客2225万人次，分别增长30%、31%；实现旅游总收入339亿元，增长36%；三项指标增速均创下了近十年来最高增幅，旅游接待人次在全国同类景区和旅游目的地城市中名列前茅。

3. 新型工业加快发展。工业提质升级“135”行动计划加速实施，全市完成工业固定资产投资64.7亿元，同比增长18%；完成工业技改投资47.74亿元，同比增长18%；新开工工业项目20个，新增规模工业企业28家。旅游商品蓬勃发展，全市规模以上旅游商品企业增加值同比增长10%，高于规模工业增速3个百分点，茅岩莓等26家商旅企业获中国驰名、全省著名、国家地理标志证明商标，张家界旅游商品产业园启动建设。加强工业园区建设，完成基础设施建设投资4.7亿元，新增入园企业15家，创新创业园区“135”工程新建标准厂房面积40万平方米，污水处理系统基本完成，园区承载能力显著增强。

4. 现代农业富有生态品质。以旅游为依托、市场为导向、生态为品牌，实施两个“百千万”工程，加快转变农业发展方式，提升农业向“专、精、特”水平发展。全市新增商品蔬菜基地面积4.5万亩，创建市级以上蔬菜龙头企业19家，蔬菜专业合作社121家；新增大鲵32.9万尾，养殖规模达到123.3万尾。新型农业经营主体稳步增长，新发展农民专业合作社135家，新注册家庭农场120个。农村土地适度规模经营有序推进，全市新增农村土地经营权流转面积2.8万亩。

5. 现代服务业富有比较优势。信息化建设加快推进，“智慧张家界”建设全面铺开，核心景区已实现全覆盖。现代物流业规划编制完成，张家界商贸物流园、汽贸城、建材城等项目开工建设。现代金融业创新发展，慈利、桑植农村商业银行组建接近尾声，交通银行来张设立分支机构已完成选址。文化体育业得到拓展，2015天门山翼装飞行世锦赛成功主办。家乐福、中商广场等商贸零售实体店正式开门迎客，农产品流通“新网工程”和直销店建设步伐加快，一批特色农产品、旅游商品进入电商市场，电子商务、邮政快递正以两位数的速度大幅增长。

（二）城乡统筹发展协调推进

2015年，张家界市安排重点建设项目91个，完成投资110亿元，推动城镇一体化建设。

1. 旅游城市提质升级。荷花机场新航站楼扩建完成投入使用，张桑高速、黔张常铁路、武陵源游客服务中心建设进展顺利。中心城区澧兰桥、澧兰中路建成通车,滨水环线南环道路全线贯通，沙堤大道、澧水大桥、白马泉高架桥、南门口滨河路等“四路两桥”新建项目正在按时间节点加速推进，小街小巷改造工程即将全面完成，仙人溪市民文化广场项目开工建设，“三化三改”提质工程全面启动，城市管理“八大行动”深入开展，国家森林城市、国家环保模范城市、省级园林城市等“六城同创”工作统筹推进，武陵山片区中心区位优势逐步提升，据《中国300个省市城市管理与人居环境指数》报告披露，张家界高居全国前十位。

2. 区县市政设施建设提速。武陵源城区武陵路白改黑工程等6个项目、慈利县城澧阳大桥建设等8个项目、桑植县城鸟儿岭路建设等6个项目正在加速推进。

3. 新型城镇化全面铺开。制定出台了《中共张家界市委、张家界市人民政府关于加快推进新型城镇化的实施意见》等9个文件，建立健全配套措施，为推进新型城镇化创造良好的外部环境。建成天子山镇、教子垭镇、三官寺乡、洪家关乡等四个旅游风情镇。

4. 农村基础设施进一步完善。建设农村公路195公里，农村客运站9个、农村客运招呼站239个，农村电网改造、人畜饮水、农田水利、小流域综合治理、病险水库除险加固等工程顺利推进。

（三）两型示范创建扎实推进

1. 两型宣传形式多样。张家界市委宣传部发挥主力军作用，组织各相关单位在全市各新闻媒体开设专栏专题，以节地、节水、节肥、节药、节能、资源综合循环利用和生态环境建设保护为重点，全方位、多视角、深层次地宣传两型社会和生态文明建设典型，全年在中央主要媒体上稿24篇、《湖南日报》上稿52篇、湖南卫视上稿63条、湖南经视上稿40条、省红网推稿200条，市妇联、团市委、市教育局、市环保局等单位组织系列宣传活动12次。同时，借力“微张家界”等一批新兴自媒体广泛加强宣传。

2. 创建示范工作取得实效。按照《张家界市两型示范创建工程实施方案》，市直相关单位积极开展创建示范工作，2015年，张家界市农委创建市级两型示范村庄4个、两型农民合作社2个，张家界市机关事务服务中心创建节能示范机构2家，张家界市妇联创建两型示范家庭10户，张家界市旅游局创建两型示范景区2个、酒店2家，张家界市工商局创建两型示范门店4个，张家界市民政局创建两型示范社区4个，张家界市经信委创建两型示范企业2家，张家界市教育局创建两型示范学校（绿色学校）4所，张家界市住建局创建两型示范小城镇1个。积极争创省级两型创建单位4个。

（四）生态文明建设成效显著

1.试点示范全面铺开。4月，《张家界市国家主体功能区建设试点示范实施方案》获国家发改委、环保部批复；7月，市委、市政府联合行文开展张家界市国家主体功能区建设试点示范工作，成立了领导班子和7个专项小组，明确了工作任务，细化了工作责任。至此，张家界市3个国家级试点示范工程——国家主体功能区建设试点示范、国家生态文明先行示范区和国家生态文明示范工程试点全面铺开。

2. 生态环境不断改善。实施环境整治“6+1”行动，积极开展大气污染防治，全市共取缔拆除燃煤炉灶160家，治理餐饮企业油烟46家，推广使用农村节能灶具14000多台，关闭取缔禁养区畜禽养殖企业（户）214户，完成18家规模化养殖企业废水治理，取缔搬迁城市规划区内烟花爆竹经营户307户。新建城市公厕5座，垃圾中转站19座。大力实施城市周边绿围工程，2015年，完成营造林10.5万亩，较省定计划多2.5万亩；森林蓄积量达2572.5万立方米，全市森林覆盖率达70.98%，森林覆盖率继续稳居全省首位。切实加强湿地保护，全市受保护湿地面积14285公顷，湿地保护率达82.31%，超省定目标12.31个百分点。大力推进城市绿化建设，城市建成区绿化覆盖率达39.31%，比2014年提高6.7个百分点。城市空气质量优良率连续多月居全省第一位，景区空气质量全年达优。全市各省控地表水监测断面水质常年保持在Ⅱ类以上，集中式饮用水源地水质达标率为100%。城市声环境质量达到环境功能区划要求，辐射处于安全水平。新获命名省级生态乡镇13个、市级生态村195个，绿色张家界实至名归。

3. 节能减排完成省定任务。落实《张家界市“十二五”节能减排综合性工作方案》，张家界市节能减排目标任务全面完成，成功解除国家环保部对我市的“区域限批”。

（五）相关改革深入推进

对照《中共张家界市委全面深化改革领导小组2015工作要点》，市生态文明体制改革专项小组组织市环保局牵头制定了《张家界市生态文明体制改革实施方案（2014—2020年）》，以张家界市两办名义下发实施，各项改革任务进展顺利。

1. 实行资源有偿使用制度。阶梯水价及污水处理费方案已经市政府批准，并于2016年1月1日起开始执行。制定《张家界市推行工业企业合同能源管理工作方案》，重点对桑梓火电厂“高压电机变频改造项目”和“整体节能改造项目”2个工业企业实施合同能源管理。

2. 建立绿色发展激励机制。推动张家界南方水泥有限公司、张家界昌明医废处置中心购买污染强制责任险。制作印发《张家界市排污权有偿使用和交易工作手册》，完成144家工业企业初始排污权核定，全市共84家企业缴纳有偿使用费，缴费率85.1%。推动荣丰新材料公司、长兴汽车电器公司、中菱新能源公司、锦隆环保建材公司等4家企业通过省清洁生产审核，向20余家企业推广水循环工艺。制订《关于推广使用本地工业“两型”产品的若干意见（讨论稿）》，积极推行绿色采购。

3. 健全环境治理和保护机制。张家界市本级、永定区、武陵源区相应成立公安部门驻环保部门联络室，推动全市各乡镇设置国土和规划建设环保站，制定出台《张家界市贯彻落实＜湖南省环境保护工作责任规定（试行）＞实施细则》和《张家界市环境问题（事件）责任追究办法（试行）》，进一步明确了各级各部门环境保护责任。积极向省财政厅、省环保厅申报老道湾流域环境综合整治项目，力争成为湖南省PPP模式水污染治理重点项目。推动全市运营的污水处理厂、生活垃圾填埋场均实行第三方污染治理。

二、2016年张家界市两型社会与生态文明建设工作思路

2016年是“十三五”和全面建成小康社会决胜阶段的开局之年，张家界两型社会与生态文明建设的总体思路是，以“四个全面”为总揽，深入贯彻落实中央、省委经济工作会议精神和市委重大部署，主动适应经济发展新常态，牢牢把握两型社会与生态文明建设的核心，继续推进“一战略七行动”，力争全市两型社会与生态文明建设取得新成绩。

（一）突出两型项目攻坚

将两型理念贯穿项目建设始终，以开展“项目建设推进年”活动为抓手，注重资源节约、环境友好，推进重大项目建设。安排重点工程83个，重点抓好黔张常高铁、张桑高速公路、荷花大道、武陵山大道等十大重点工程建设，力争张吉怀高铁和桑龙高速公路等项目开工建设，进一步完善重大基础设施；抓好西线旅游开发、张家界茶叶开发、张家界国际家居广场建设等十大产业项目，进一步增强发展后劲。加快推进项目前期工作，确保宜张、张新高速公路和安张衡铁路等项目取得实质进展。

（二）突出旅游提质升级

坚持旅游兴市，按照“提质核心、振兴东线、发展西线”的要求，努力构建全域旅游发展格局，致力打造国际知名旅游目的地。把握旅游发展大势和竞争趋势，加快核心景区提质改造，全力推进“厕所革命”，进一步提高景区接待能力和水平。大力拓展旅游线路，积极发展乡村旅游，促进旅游产品多样化发展。着力抓好特色街区、景区景点、休闲度假酒店等项目建设，积极培育一批有竞争实力的旅游企业。针对游客市场供求新趋势，打好“旅游＋互联网”牌，大力发展在线旅游，推动旅游产品业态创新、发展模式变革、服务效能提高。打好“旅游＋生态”牌，加快建设一批健康、休闲、养生、养老服务区，积极发展温泉游、山地游、森林游等度假产品。打好“旅游＋文化”牌，鼓励支持演艺业做优做强，深入挖掘本地历史文化，积极发展都市休闲游、名人文化游。打好“旅游＋商贸”牌，加快形成“旅游＋购物”“旅游＋物流”“旅游＋会展”的联动发展格局。要通过旅游产业的加快发展，增加更多就业岗位，让更多群众享受旅游发展成果。

（三）突出产业转型发展

1. 积极推进新型工业。充分发挥资源优势，立足本地实际，加快推进具有张家界特色的新型工业化。扶持中小企业发展，引导旅游装备企业发展，支持五倍子等生物医药资源开发利用，鼓励大鲵、蔬菜、茶叶等农产品精深加工，推进旅游商品产业园建设。加快三个工业园区发展，进一步完善园区体制机制，不断增强园区活力。进一步完善园区服务平台，做好园区道路、污水处理等项目建设；加快标准厂房建设，完成两年70.8万平方米建设任务。抓好工业项目建设。推进工业与旅游融合发展，以旅游市场为导向，依托工业园区，发挥资源优势和生态优势，支持企业技术改造，加快发展旅游商品、食品加工、生物医药和新材料等新型工业，推动形成旅游商品产业集群。

2. 加快发展现代农业。紧紧依托旅游市场，支持发展规模种养和农产品加工，巩固提高水果、烟叶等优势产业，稳定发展茶叶、油茶、苗木花卉等特色农业。重点扶持大鲵和蔬菜产业发展。支持农业企业基地建设，建设农业产业园区，加快实施两个“百千万”工程。着力推进农产品批发市场和农贸市场建设，大力开展农超对接，不断拓宽农产品流通渠道。规范农村土地流转，促进土地适度集中，不断提高农业的规模效益。促进农业与旅游业融合发展，加快生态休闲农业基地、户外基地、家庭农场建设，大力发展旅游型农业。

3. 加快发展现代服务业。积极发展现代商贸物流业，开工建设南门口、仙人溪、桃花溪谷、大观园等特色街区，大力发展电子商务。加快发展特色餐饮业，积极引进国内外知名餐饮品牌。培育发展会展业，支持会展服务企业专业化、品牌化发展。创新发展现代金融业，支持发展中小银行，积极发展村镇银行，加快推进慈利、桑植农村信用社股份制改革，支持、鼓励有条件的企业上市。不断拓展体育服务业，积极引导户外运动俱乐部健康发展。大力发展信息、科技等服务业，加快“智慧张家界”建设，建立数字化互联互通平台。培育壮大健康养老、社区服务、中介服务等服务新业态。积极化解房地产库存，引导旅游地产、家庭旅馆健康发展。

（四）突出城镇统筹发展

1. 打造宜居宜游城市。以“三化三改”为着力点，大力开展中心城区重要道路、重要节点提质改造，城市棚户区、道路设施、地下管网改造。推进沙堤和且住岗片区、市经开区、澧水两带的基础设施建设，加快澧水大桥、白马泉高架桥等“四路两桥”续建项目建设，推进市民广场、城区交通岛提质改造、鹭鸶湾滨水绿道景观等工程建设，全面启动武陵山大道、子午西路延伸段、天子山大道建设。

2. 加快区域城镇建设。突出抓好慈利蒋家坪新区、桑植老观潭新区建设，积极推进国家级重点镇、省级示范镇、“边界口子镇”、旅游风情镇和沿水、沿路、沿城、沿景的重点乡镇等小城镇建设，着力构建城乡一体的交通网络、公共基础设施、商贸流通体系，引导人口合理流动和集聚，推进农村人口市民化。

3. 创建美丽乡村。按照生态宜居、生产高效、生活美好、人文和谐的要求，加快推进美丽乡村建设。深入挖掘历史文化、特色景观等资源，注重历史文化名村、传统村落保护，打造一批自然风貌独特、民族风情浓郁、产业发展突出的特色村寨。

（五）突出生态环境保护

加快推进国家主体功能区建设试点示范、全省首批低碳景区试点、国家生态文明先行示范区和国家生态文明示范工程试点工作，加大森林资源和生物多样性保护力度，抓好森林防火、森林病虫害防治和地质灾害监测治理，大力实施石漠化治理、退耕还林、生态公益林和天然林保护、矿山复绿等生态修复工程，不断加快生态市建设进程。巩固提高环境整治“6+1”行动，大力开展生态文明示范镇（村）和绿色学校、小区、酒店、家庭、机关等创建活动，实施100个村居家庭清洁行动，打造绿色张家界。淘汰落后产能、落后工艺，继续实施主要污染物排放总量前置审批、污染物排放许可证等制度，全面完成节能减排省定目标。加强对桑梓火电、南方水泥、万福药业等重点企业的环境监管，着力打造天更蓝、水更清、地更绿、空气更新鲜的宜居张家界。开展旅游扶贫试点，把扶贫开发与生态建设、新型城镇化、特色产业发展等结合起来，加快改变贫困地区面貌。

（六）突出两型化改革

坚持以改革创新促发展、以两型促和谐，深入推进关键环节和重点领域改革、推动改革措施落地见效。重点推进投融资体制、财税体制，金融体制、国有企业、不动产登记、农村土地承包经营权确权登记、价格体制、公共资源管理体制、生态文明体制、行政执法体制等改革，破除体制、机制障碍，释放改革活力。

张家界市2015年两型社会建设成果

【张家界天子山索道今起改造】 2015年1月1日，安全营运17年之久的张家界武陵源核心景区天子山索道全线关闭。年底前，重新扩容升级的天子山索道将在原址“新装”亮相。17年来，天子山索道公司注重品牌宣传，狠抓安全生产，强化精细服务和运行管理，运行17年无一起重大投诉，无一起安全事故，累计接待中外游客超过2400万人次，实现了质量效益双赢。据悉，天子山索道的改造工程将在原址进行，在现有基础上增加两个支架以进一步提高稳定性和安全性。改造后总线路长2097米，结构为单线循环脱挂式。

【武陵源区“三措施”助推“名山名茶”产业做大做强】 2015年1月11日，自武陵源区农业局获悉，2014年该区茶叶产业喜讯不断，茶叶产业已经进入发展的快车道。近年来，武陵源立足资源优势，把茶叶产业作为富民强区的重点产业来培育，按照“一个产业、一套班子、一个规划、一个政策、一套实施办法”的要求，加大品牌建设、加大宣传推介、进行资产盘活，多措并举推动茶业产业化做大做强。

【武陵源530万元打造环保出租车“新时代”】 2015年1月24日，为让武陵源景区风景更美丽、发展更健康、服务更环保，武陵源投入530万元打造的50台“燃气两用”出租车将全部投入运营，与已经投放营运的24台天然气公交车一起开启景区环保公共交通新时代。据出租车公司负责人介绍，新出租车是天然气和汽油两用的，利于景区环保建设，同时使用天然气还降低了50%以上的营运成本，可谓一举两得。

【张家界市将大力实施人才工作“四化两建”工程】 2015年1月28日上午，2015年张家界市委人才工作领导小组会议召开。2015年张家界市将大力实施人才工作“四化两建”工程，突出实施旅游人才“157”专项计划，统筹推进其他人才队伍建设，强力引进高层次人才，注重人才培养使用，推动人才工作提质升级。

【改善环境卫生面貌　提升张家界国家森林公园旅游形象】 2015年2月11日，为改善公园环境卫生面貌，进一步提升张家界国家森林公园旅游形象，确保广大游客与市民过上一个干净整洁、文明祥和的新春佳节，张家界国家森林公园环卫所积极组织，开展了迎春节环境卫生综合整治活动。据公园环卫所负责人介绍，此次环境卫生综合整治活动包括四个方面内容：一是加强主干道、停车场、售票广场等重点区域周边的清扫保洁，确保垃圾日产日清。二是对公路沿线、绿化带、溪河沿岸等地进行全面细致清理，做到无卫生死角死面。三是对公交亭、路标路牌、垃圾箱上的小广告进行集中清理，全面消除“牛皮癣”。四是用高压水枪对园内主次干道、人行道、路标路牌等公共设施进行彻底冲洗，达到净化除尘作用，确保路面干净整洁。

【武陵源“一带两园多点”构筑现代农业区域新布局】 2015年2月11日，自武陵源农业局获悉，在“十三五”期间，武陵源将采取“串点成线、连线成片、集聚成块”，构筑以省级现代农业园区示范引领的“一带、两园、多点”的现代农业区域新布局。武陵源区农业局负责人介绍，“十三五”期间，武陵源区现代农业将大力发展生态旅游农业，努力实现农业增效、农村增色和农民增收的目标。

【张家界市以推进新型城镇化为抓手　住建工作目标明确】 2015年3月6日，张家界市住房和城乡建设工作会议召开，确定了2015年工作思路、主要工作目标、任务及措施。2015年，张家界市住建工作的基本思路是“围绕一条主线，把握二个重点，确保三个安全，规范四个秩序”。主要工作目标是城镇化率增长2个百分点，达到46%；建筑业总产值达到32亿元；完成市政工程投资落地12.98亿元；城市污水处理率达到82%；新增管道燃气用户6000户；完成4500户农村危房改造任务。张家界市委常委、市委组织部部长罗智斌对于2014年住建工作给予了高度肯定，并指出，2015年是张家界项目建设的突破年，全市住建系统要着力在“突破”二字上做文章，推动住建工作再上新台阶。

【张家界新一轮“八大行动”亮剑城市管理】 2015年3月10日，2015年张家界市城市管理暨控违拆违工作会议召开，总结成绩，部署任务。近年来，张家界市城市管理水平不断提高，控违拆违取得了较好成效，城市形象逐步提升。2015年是城市管理工作再上新台阶的一年。巩固成果、乘势而上、全面提质仍然是重中之重。张家界市将继续深入开展新一轮城市管理综合整治“八大行动”，进一步巩固提升城市管理成果，确保城市净化、美化、绿化、序化、亮化水平显著提升，城市空气质量稳步保持全省前列。

【助力森林城市创建　张家界市领导带头义务植树】 2015年3月12日，张家界市委书记杨光荣，市委副书记、市长许显辉来到永定区阳湖坪镇张花高速旁的植树点，与市直机关干部职工、部队官兵等400余人一起参加义务植树。全市上下一起行动，共同助力张家界市创建国家森林城市。据了解，张家界市目前森林覆盖率将近70%。2015年，张家界市将以国家森林城市创建工作为契机，以植树造林为抓手，大力实施城区绿化攻坚工程、绿色通道建设工程、水岸绿化工程、生态恢复工程、森林资源保护工程、宜林荒山绿化工程、镇村绿化工程、林业产业提质工程、森林文化建设工程，从而不断促进城市林业和绿化建设，改善生态环境，达到创建国家森林城市的目标。

【张家界上榜全球十大“静美森林”】 2015年3月16日，全国多家知名网站推出了阳春三月最值得拥抱的全球十大“静美森林”名单，张家界国家森林公园作为中国唯一代表上榜。张家界国家森林公园，为中国首座国家级森林公园，公园总面积4810公顷，森林覆盖率98%，境内奇峰林立，秀水迤逦，风景如画，是张家界旅游的发祥地。1992年，以张家界国家森林公园、索溪峪和天子山自然保护区为核心内容的武陵源风景名胜区被联合国教科文组织列为世界自然遗产；2004年，联合国教科文组织再次将张家界列为世界地质公园。此前的2013年，世界知名的美国在线旅行网站评选的“全球十大魅力森林”中，张家界国家森林公园也以自身的独特魅力作为中国的唯一代表顺利当选。

【张家界市武陵源区实施绿色提质计划打造“国家森林

城市”】 2015年4月14日，《张家界市武陵源区三年城乡绿化提质加快推进“国家森林城市”创建工作方案》已正式出台。武陵源区拟用三年时间，全面加快城市森林建设，打造“天蓝、地绿、山青、水净”的宜居宜游森林生态环境。按照“大范围覆盖、大力度推进、大手笔投入、大幅度提质”的总体要求，武陵源区以创建“国家森林城市”为目标，以开展三年城乡绿化攻坚为抓手，以沿城、沿水、沿路、沿景绿化为重点，全面实施城区绿化攻坚、绿色通道建设、水岸绿化、生态恢复、森林资源保护、宜林荒山绿化、镇村绿化、林业产业提质、森林文化建设等“九大工程”，努力构建以绿化为背景，形成水岸绿化特色明显、道路绿化整齐贯通、公路绿地分布合理、庭院绿化一院一景、节点绿化耳目一新、周边山地色彩斑斓的城市绿化景观。

【张家界市深入推进生态市创建　全面改善生态环境质量】 2015年4月16日，2015年张家界市生态市创建暨环境整治六大专项行动推进会召开，总结2014年工作成效，部署2015年工作。2015年生态市建设将紧紧围绕市委、市政府“提质张家界打造升级版”战略部署，将生态市创建与城市管理攻坚八大行动、“六城同创”相联动，开展大气污染防治、水污染防治、垃圾治理、畜禽养殖污染整治、噪声污染整治、群众性绿色创建六大专项行动，突出“四沿”(沿水、沿路、沿城、沿景)重点区域环境专项整治，全面改善生态环境质量，提高城乡居民生活水平。

【“三大提质升级”让张家界跨越发展更有底气】 2015年4月25日，在湖南省党政代表团赴江西广西考察总结暨经济工作推进会上，张家界市委书记杨光荣表示，张家界市将重点推进旅游业、中心城区、产业融合发展三大提质升级行动。在全面深化改革关键之年，全市上下应当抓住机遇、团结一致，把心思凝聚到干事创业上，把功夫下到具体落实上，把本领用在促进经济社会发展上，加快转变发展方式，以奋发有为的精神状态、求真务实的工作作风努力推动经济社会实现科学跨越发展，创造出“提质张家界，打造升级版”的新业绩。

【特色张家界农产品电商平台上线】 2015年5月11日，特色张家界农产品电商平台上线暨品牌发布会在慈利宾馆三楼多功能会议室举行。近年来慈利县积极探索创新为农服务方式，着力提升服务三农水平，在全省率先创建农产品电子商务平台，有利于慈利县经济社会取得更快发展。副市长田华玉在会上指出，张家界自然资源丰富，农特产品众多，希望通过特色张家界农产品电商平台的上线，让更多的人关注张家界，让更多的人深入了解张家界、吸引各方客商来张家界投资兴业、旅游度假假、娱乐休闲，希望供销合作社系统强化为农服务宗旨，助推企业发展，为推进企业的增效、农民增收、城乡繁荣、加快张家界经济社会发展做出更大更积极的贡献。

【张家界武陵源300万元提质核心景区旅游厕所】 2015年5月28日，张家界武陵源核心景区十里画廊上、下站的旅游厕所破损的蹲位挡板、水龙头及墙面砖等全部更换一新。按照省旅游局5A级景区复核组提出的整改意见，武陵源核心景区一次性投入300余万元先期对现有的旅游厕所进行提质改造，涉及的21个厕所已基本改造到位。2015年，国家旅游局在全国开展旅游厕所建设管理行动，让干净、无味且免费的厕所覆盖全国景区。武陵源作为国家首批5A级旅游景区，将借此东风对核心景区旅游厕所不断进行完善，实现“数量充足、干净无味、实用免费、管理有效”的要求。

【张家界市水污染防治法执法检查启动】 2015年6月2日，从张家界市水污染防治法执法检查动员会上获悉，张家界市将在2015年5月至2016年2月期间，全面检查水污染防治法和国务院水污染防治行动计划在全市的执行情况。本次执法检查将对市人民政府及其有关部门贯彻落实水污染防治法和国务院《水污染防治行动计划》的情况，工业水污染防治情况，城镇水污染防治情况，农业和农村水污染防治情况，船舶水污染防治情况，饮用水水源地保护情况和其他特殊水体的保护情况进行检查。同时，以会议座谈、实地检查、个别走访、随机暗访、调查核实的方式对市人民政府及其发改、科技、国土资源、环保、水利、农业等相关部门进行检查。通过检查，总结经验、发现问题、分析问题，督促市人民政府及其有关部门更好地履行法定职责，适应经济新常态，推动全市经济社会平稳健康可持续发展。

【武陵源“城中村”改造效益初显】 2015年6月19日，张家界武陵源区军地坪街道索溪河畔北岸一家投资1500万元的美食店盛装起航。这是武陵源区“城中村”改造以来投入营运的首家高品位美食店，不仅提升了武陵源城区的旅游餐饮品质，还为“城中村”改造起到了引领示范作用。武陵源“城中村”项目2013年起列入当地重点工程，位于武陵路南侧、索溪河北岸一带，牵涉居民户达272户，总建筑面积达20.3万平方米。为顺利推动“城中村”改造工程，武陵源区推出了一系列看得见、摸得着的惠民措施。一是政府投入6000万元完善天子路改扩建和小街小巷改造，“城中村”每户平均受益20多万元；二是对整体改造进行了高品位设计，让居民户在改造中看得到潜在的商业价值；三是规划、国土、房管、银行等部门搞好房屋申请改造户的延伸服务工作，多次召开现场办公会，解决手续办理、消防安全、按设计图纸施工及资金筹措问题，让居民户在改造过程中感受到党和政府的关怀和温暖。

【慈利县获国家环保部重金属污染防治专项资金支持】 2015年7月1日，国家环保部发布通报，中央财政下达专项资金约28亿元，用于重点支持30个地市加快推进重金属污染综合防治，慈利县名列其中。慈利县是国家环保部列入的138个重金属污染综合防治区域之一，也是湖南省湘江流域重金属污染综合防治“十二五”规划列入的28个重金属污染县之一。按照国家财政部、环保部的部署，慈利县组织力量编制了《张家界慈利县镍钼矿开采重金属污染防治实施方案》，参加了中央重金属污染防治专项重点区域竞争性评审，并获得通过。一期获得国家重金属整治专项资金8000万元。为确实搞好重金属污染源头整治，慈利县决定从自2015年始至2017年底，对洞溪乡大浒矿区镍钼弃渣的污染进行综合整治。

【张家界市水污染防治法执法检查汇报会召开】 2015年7月14日，张家界市水污染防治法执法检查汇报会召开，听取相关汇报，通报检查情况。之前，张家界市水污染防治法执法检查组通过实地调研、突击暗访、精确回访的方式，对《中华人民共和国水污染防治法》和国务院《水污染防治行动计划》在全市的执行情况进行了详细检查。通过检查，检查组充分肯定了全市认真贯彻实施《中华人民共和国水污染防治法》和国务院《水污染防治行动计划》，在水污染防治工作上所取得的成绩，并对存在的问题进行了深入研讨。副市长龚明汉作表态发言指出，市政府高度重视水污染防治工作，下一步将继续强化统筹规划，按照检查组提出的问题，严格执法、拿出措施、迅速整改，重点解决当前城区污水管网整治和农村水资源保护问题，确保《中华人民共和国水污染防治法》和国务院《水污染防治行动计划》的贯彻落实。

【张家界市积极开展优化经济发展环境工作获肯定】 2015年7月22日，省发改委调研督查组来到张家界市，就优化经济发展环境工作进行专项督查。省发改委调研督查组对张家界市扎实开展优化经济发展环境工作取得的成绩给予肯定。就下一步工作的开展，省发改委调研督查组要求，全市各级各相关部门要及时沟通，保持联动，加强重视硬件设备的完善，创建信息共享平台；要着力优化政务环境，简政放权，把改革各项工作落到实处；要重视项目建设环境，通过抓重点、抓态度、抓作风，形成长效机制；要重视企业运营环境，助推企业发展，努力为经济发展提供优质的环境。

【张家界市大力支持小微企业发展】 2015年8月12日，张家界市开展小微企业金融服务现场推介活动暨签约大会，旨在进一步贯彻落实党中央、国务院和市委、市政府关于支持小微企业发展的各项政策措施，推介小微企业金融服务产品，推进银企合作，促进银企双方互利互惠，共同发展。小微企业是实体经济中不可或缺的重要组成部分，张家界市银监分局多措并举，加强小微信贷投放目标引导、督促设立适应小微企业特点的小微金融服务机制、提高小微金融监管指标容忍度等。全市银行业金融机构采取调整经营方式，创新服务模式等措施，持续加强与改进小微企业金融服务工作。

【2015年市城区小街小巷提质改造工程开工】 2015年8月14日，“改造百巷，造福百姓”2015年市城区小街小巷提质改造工程正式开工，拉开了第三批小街小巷提质改造工程序幕。据悉，2015年启动的第三批小街小巷提质改造工程，共有85条涉及市城区6个街道办事处，改造道路总长度17341米，工程总投资2759万元。“双百工程”计划两年内完成全区150条小街小巷和4条城市次干道提质改造，分三批实施，改造道路总长度44公里，改造道路面积约23万平方米，预计总投资9000万元。2014年永定区已经分两批提质改造65条小街小巷和3条城市次干道，改造后的小街小巷面貌焕然一新。

【张家界武陵源区开展索溪河水草清理活动】 2015年9月10日，张家界武陵源区组织近300余名干部职工到索溪河开展水草清理活动，以实际行动维护母亲河的干净整洁，生态靓丽。索溪河是武陵源区的母亲河，由西向东贯穿整个城区，建区以来，武陵源区委区政府高度重视对索溪河的生态保护。因受气候因素影响，索溪河水草生长迅速，非常稠密，对休闲观瞻和生态保护造成了一定影响，因此开展本次清理活动。另据了解，武陵源区除了组织干部职工开展清理水草活动以外，同时还发出倡议，号召广大志愿者和社会人员积极参与水草清理活动，齐心协力，共同保护母亲河。

【张家界武陵源区“五个一”推进旅游扶贫　建设美丽乡村】 2015年9月18日，从武陵源区扶贫办了解到，武陵源区作为全省纳入的旅游扶贫整区推进示范区，2015年将围绕建设扶贫与城乡互助共建行动，全力推进旅游扶贫和美丽乡村建设工作。通过重点扶持贫困村开展旅游扶贫，集中精力实施“五个一”示范工程。即建设一批美丽乡村示范村和旅游扶贫重点村，培育一批旅游扶贫产业，实施一批旅游扶贫项目，培养一批旅游扶贫人才，建立一套旅游扶贫工作机制。到2020年，全区将全面建成6个美丽乡村示范村和16个旅游扶贫重点村、10个乡村旅游企业、10个乡村旅游项目、1000个乡村旅游人才，确保贫困户户均增收1万元以上、贫困村集体经济收入达10万元以上。

【张家界市吹响“旅游市场集中综合整治行动”号角】 2015年10月16日，2015年张家界市旅游市场集中综合整治工作会议召开，为期3个月的“旅游市场集中综合整治行动”全面启动。会上，市工商局、市发改委、市公安局及旅游购物场所代表、旅行社代表作了表态性发言，纷纷表示将为广大游客提供合法权益的保障，为旅游产业发展提供优良的发展环境。为努力营造和谐有序的旅游市场秩序，全面提升旅游服务质量和游客安全满意度，在2015年10月16日至12月31日期间，将对张家界市所有旅行社、导游、涉旅网站、宾馆酒店、休闲娱乐场所、餐饮点、景区景点、旅游购物场所、旅游交通运输行业、旅游环境卫生及旅游安全设施等，进行旅游行业经营秩序、旅游交通秩序、旅游市场治安秩序、旅游环境卫生、旅游价格秩序、旅游食品药品安全、旅游市场经营七大方面的整治，进一步规范旅游市场秩序，着力解决张家界市旅游发展中存在的突出问题，推进张家界旅游市场良好发展。

【黔张常铁路（桑植段）征迁工作接近尾声】 2015年10月16日，随着桑植县利福塔镇安置点房屋补偿协议的签订，历时3个月的黔张常铁路(桑植段)征地拆迁工作正式步入尾声。截至10月15日，该项目共完成土地征收1017.69亩，拆迁房屋67栋，迁坟642座，足额及时发放征地拆迁各类补偿费5628.54万元，土地征收完成任务数91.4%，房屋拆迁完成任务数79.7%。黔张常铁路(桑植段)项目涉及桑植县4个乡镇17个村，红线用地面积1112.55亩，需拆房屋84栋，迁坟642座。自启动征地拆迁以来，桑植县国土资源局抽调18名工作人员，连续奋战在征地拆迁工作一线。工作中，通过深入推行“一把尺子丈量，一个标准测算，一个账户出进，一根杆子插到底”的征迁工作机制，做到了征地测量、房屋丈量数据准确无差错，青苗登记逐株清点无遗漏；在签订房屋拆迁协议时，配合项目指挥部和乡镇工作人员，采取因人而异灵活运用各种工作方法，耐心细致地做好政策解释工作，做到了依法拆迁、和谐拆迁，切实维护了群众和合法利益。

【慈利县成功签约15万千瓦风能开发项目】 2015年10月26日，慈利县人民政府与湖北龙源新能源有限公司成功签署慈利县15万千瓦风能开发投资框架协议。协议确定项目名称为湖南省慈利县天鹅池5万千瓦风能发电开发项目和金坪10万千瓦风能发电开发项目。湖北龙源新能源有限公司经过现场勘查，确定对东岳观镇、杨柳铺乡、金坪乡、南山坪乡、高桥镇及周边地区风力资源，进行项目投资建设。根据目前风电场造价水平，预计协议所涉风场共需投资约15亿元人民币。湖北龙源新能源有限公司已在该区域开展了测风工作，并依据现有测风结果对该区域风能资源进行了初步分析论证，认为该区域基本符合风力发电的开发建设条件。下一步，将进一步对该区进行资源评估、整体规划并开展项目核准，根据风资源及现场建设条件优劣选址分期开发建设。

【张家界市中心城市棚户区改造工作会议召开】 2015年11月11日，张家界市中心城市棚户区改造工作会议召开，专题研究2016年张家界市中心城市棚户区改造项目。据了解，拟列入2016年度国民经济和社会发展年度计划的棚户区城中村改造计划项目共32个、8211.01亩；向省住建厅申报全市2016年棚户区城中村改造计划项目78个、25779户。张家界市委副书记、市长王志刚在会上指出，棚户区改造事关城市发展和民生改善，各部门各单位要注重规划，进一步完善方案，将重点项目、民生项目、基础设施项目建设纳入棚改规划，以项目建设推动城市配套完善，有效提升居住环境和城市品质；要分类改造，针对不同类型的棚户区，采取不同的改造方式，推动改造项目顺利推进；要多元投资，通过采取政府投资、引进社会资本和居民自筹方式，多渠道筹集改造资金，切实防范政府性债务风险；要加强协调，统筹做好各项工作，积极落实好各项支持政策，合力保障棚户区改造项目建设。

【张家界市武陵源区摘取“绿色中国城市奖”】 2015年12月1日，在香港举办的绿色中国环保国际论坛中，张家界市武陵源区入选“绿色中国——2015环保奖”，并摘取其中的“绿色中国城市奖”。“绿色中国环保奖”大型评选活动由香港环境保护协会、中国绿化基金会、香港《文汇报》等单位联合评选，旨在推进中国环保事业的发展，共同展示中国致力于“绿色发展”的成就。该活动自2011年起举办，每年一届，在历届评选活动中，内地各级政府、环保企业踊跃参与，取得了极大的社会反响。本次评选组委会认为，张家界市武陵源区作为世界自然遗产、世界地质公园所在地，在景区品质打造、旅游产业发展的过程中，坚持生态理念，保持自然景观的原汁原貌，坚持生态优先，努力培育新的经济增长点，取得了令人瞩目的成绩，可作为中国城镇绿色发展的典范与楷模。

【张家界阳湖坪污水处理厂搭棚施工　确保工程进度】 2015年12月4日，张家界经济开发区阳湖坪污水处理厂正在搭棚施工。连日来，张家界雨水不断，严重影响了工程进度，为了抢工期，经开区采取在主体工程上面搭棚，确保厂区内防腐和设备安装等扫尾工程按期完工。阳湖坪污水处理厂于2014年12月5日正式开工，占地面积58.9亩，总投资1.1亿元，建设规模为日处理4万吨。项目建成后可使市城区澧水北岸5.9平方公里范围的工业和生活废水收集率达到100%。截至2015年11月底，阳湖坪污水处理厂建设项目已完成投资9350万元，占总投资85%，目前主体工程已完工，正在进行池内防腐和设备安装等扫尾工程。

【张家界市重大城市基础设施项目注入新力量】 2015年12月22日，张家界市人民政府与中国建筑第五工程局有限公司、湖南省建筑工程集团总公司签订战略合作协议。根据协议，张家界市与中建五局、省建工集团将按照“优势互补、合作共赢、互动发展”的原则展开全方位战略合作，在重大城市基础设施项目的投资与建设，新型城镇化、智慧城市、海绵城市、城市综合管廊、污水处理厂、自来水厂、棚户区改造、保障房等项目的投资与建设，重大公共建筑的施工总承包、融资总承包、融资代建以及BOT、PPP等形式的投资融资项目建设，生态、文化旅游等产业项目合作开发和建设等方面不断提升合作层次，共同推进张家界市的新型城镇化建设和区域经济社会的发展。

郴 州 市

郴州市2015年两型社会建设综述

郴州市坚持两型引领、生态立市、绿色惠民，积极探索循环、低碳、绿色发展模式，经济质量效益持续提升，两型社会建设成效显著，生态系统功能稳步增强，逐步形成了节约资源和保护环境的空间格局、产业结构、生产方式和生活方式。

一、2015年两型社会与生态文明建设情况

2015年，郴州市主动适应经济发展新常态，认真贯彻省长株潭两型试验区工委（管委）的决策部署，坚持生态优先，注重两型引领，大力推进转型发展、创新发展、绿色发展、开放发展战略，郴州经济社会发展平稳健康，两型社会和生态文明建设取得丰硕成果。

（一）积极应对，经济增长稳中有进

2015年，全市上下紧紧围绕年度经济工作目标，着力"兴产业、强实体、提品质、增实效"，经济总量站上2000亿台阶，位居全省第6位。全年实现规模工业增加值增长7.2%，增加值总量占全省的10.5%，排全省第3位；城乡居民人均可支配收入分别为25534元和11778元，分别比上年增长8.1%和9.2%；固定资产投资比上年增长19.5%，达到2169亿元。三次产业结构调优为9.6：54.8：35.6，万元规模工业增加值能耗下降16%；全市社会消费品零售总额809.6亿元，同比增长12.2%。消费对经济拉动比上年增长4.1个百分点。各类融资总量达到280.5亿元，比上年新增贷款165.3亿元。

（二）增创优势，改革开放深入推进

2015年，按照党中央和湖南省委部署，有7项国家级、28项省级试点在郴州市相继推进。各级政府机构改革全面完成，对乡镇区划进行适度调整，事业单位分类改革逐步推进。对产业引导资金实行竞争性分配，有效提高了资金使用效益。加快推进投融资体制改革，莽山水库被纳入国家第一批PPP模式试点水利项目。深入推进行政审批制度改革，投资项目在线审批监管平台实现试运行，工商登记制度采取"三证合一、一照一码"制，商事制度改革试点工作基本完成。国有林场改革任务全面完成。积极推进郴州铁路口岸内陆"无水港"建设，加强海关、口岸、检验检疫等机构协调，开放平台进一步完善。坚持精准招商，加强承接产业转移和引进战略投资者，加强以商引商和产业链招商，招商引资取得较大突破，实际利用外资13.5亿美元，到位内资408.2亿元。对外贸易进一步发展，2015年外贸进出口总额达28.2亿美元。

（三）以人为本，城乡统筹持续优化

一是健全专项规划体系。基本完成城市总体规划修改方案，控制性详规覆盖面进一步拓宽，并加强农村地区规划编制和执行工作。2015年，郴州市中心城区实施基础设施项目171个，合计完成投资107.9亿元，"两供两治"完成投资22.8亿元，郴州国际会展中心项目荣获中国建筑工程"鲁班奖"。二是加快推进各县城和示范镇建设。东江湖引水一期工程进展顺利，资兴市国家新型城镇化综合试点建设顺利推进，桂东县纳入省级新型城镇化试点县，桂东县沙田镇列入全国建制镇示范试点镇，安仁县、宜章县列入国家智慧城市试点县，汝城县大坪镇、嘉禾县龙潭镇被评为全国第四批文明村镇，郴州市成功创建湖南省节水型城市。汝城县土桥镇黄家村、桂东县四都镇角塘村、永兴县湘阴渡镇松柏村、苏仙区望仙镇高坪村、临武县花塘乡铺下村、桂阳县共和农场三关村等6个村被评为湖南省美丽乡村建设示范村。三是大力推进统筹城乡发展"十大示范工程"。农村客运公交化工程顺利推进，农村环境整治取得突破，农村村民建房进一步规范。2015年，郴州市入选中国50大"氧吧"城市，全国绿化模范城市创建通过验收，安仁县获评全国生态魅力县，嘉禾国家森林公园通过评审，西河、永乐江国家湿地公园创建成功，狮子口省级自然保护区获批。四是全国水生态文明建设试点工作扎实有效。2015年，郴州市进行水利投资51.5亿元，保障了41.9万农村人口的饮水安全，农田水利工程、河流治理工程、水库加固除险工程进一步推进，西河生态休闲风光带建成，全线达140公里，东江湖、青山垅至龙潭水库获批国家水利风景区。

（四）综合施策，生态建设成效显著

全国生态文明示范工程试点工作稳步推进，郴州市生态文明示范工程试点市评价指标体系建立健全。基本完成国有林场体制改革，制定了《郴州市国有林场体制改革实施方案》，11个县、市、区国有林场体制改革实施方案报省国有林场改革办并批复，资兴、汝城、苏仙、嘉禾、永兴、桂东、桂阳、临武等县完成了改革任务并通过省级验收。建立健全绿化攻坚长效机制。继续实行了造林补贴制度，针对"裸露山地"绿化造林工作实行财政预算以奖代投、项目资金优先安排、支持林地流转等形式，吸引社会资金投入造林绿化。2015年，郴州市完成造林面积43.04万亩，为计划任务的119.56%。生态环境保护改革成效显著，生态红线制定建设工作方案出台，纸上画线工作基本完成。郴州在全省空气质量排名中位列第三。排污权交易改革工作力度显著加大，排污交易工作在全市铺开。环保责任险购买工作稳步推进，强制全市所有涉重金属企业购买保险，鼓励其他企业购买保险，全年新增加购买保险企业33家。

全市环保产业总产值达206亿元，居全省第二。引进中科院在郴州设立“环保智慧平台”，桑德集团、凯天环保集团、华时捷环保、万容环保科技等一批省内外著名的环保公司落户郴州。对全市99家企业开展强制性清洁生产审核。扎实推动生态补偿制度建立，出台郴州市湘江流域生态补偿（水质水量奖罚）暂行办法，逐步建立起了湘江流域郴州段生态补偿机制。郴州中院在全国中院中率先设立环境资源审判庭，专门审理环保维权案件，全年共受理环境资源类案件869件，审结779件，判处罪犯149人，判处罚金300余万元，为郴州市生态文明建设提供了有力的司法服务和保障。

（五）示范带动，两型社会展现新貌

2015年，嘉禾县成功纳入郴资桂两型社会建设示范带，对利用相关有利政策，推进嘉禾两型发展，促进郴州市两型社会建设和城乡统筹发展提供了强大动力。成功申报省级两型示范创建单位15家，会同市旅游局评出6家市级两型示范创建旅游景区。资兴市白廊乡获评省级两型示范单位，汝城县福泉山庄成为全省首批两型认证景区，苏仙区望仙镇和平村、安仁县稻田公园入选全省首批两型示范基地。资兴市湖泊生态环境保护与综合治理机制改革、郴州市临武县重金属污染防治体制机制改革跻身湖南省首批生态文明改革创新案例示范类名单。临武县分布式光伏发电项目纳入省级清洁低碳技术推广试点，安仁县工业集中区30兆瓦生物质能发电项目并网发电，引入生平方米业有限公司为企业提供燃料、大江东建材公司处理灰渣。嘉禾经开区坦塘工业园在15家入园铸造企业成功推广应用“城市矿产”资源再制造技术，推进13家铸造企业转型应用覆膜砂铸造工艺并配套上马了砂覆膜既废砂回收再利用生产线；按期完成了园区重金属污水处理建设，并竣工验收。出台了郴州市两型社会建设统计监测评价工作方案，率先引入第三方评价机构对全市两型社会和生态文明文明建设展开客观评价，研究提出了两型社会建设评价指标体系，建立了两型社会建设统计监测报表制度，将各县、市、区全部纳入监测评价范围，编制完成了2014年郴州市两型社会建设评价报告。

二、2016年两型社会与生态文明建设思路

2016年郴州市两型社会与生态文明建设的总体思路是：全面贯彻党的十八大和十八届三中、四中、五中全会精神，按照“四化两型”战略布局，牢固树立党中央提出的五大发展理念，坚持两型引领，打造生态郴州，深入改革创新，推进转型发展，统筹城乡建设，着力抓好两型重点改革、两型示范创建、两型区域统筹、两型技术推广等工作，务实推进郴州市两型社会建设取得新实效，生态文明建设创造新格局。

（一）大力发展绿色产业，加速推动转型升级

围绕“兴产业、强实体、提品质、增实效”，推进供给侧推改革，促进产业绿色化发展，重点落实“市场主体培育工程”，提高产业发展层次，提升产业竞争力，提高产品质量和生产效率。充分利用国家级质检中心这一优势，推进工业绿色化转型，加速去产能工作推进，推进传统优势产业向高端化、数字化、绿色化发展。加速发展高端装备制造、新材料、新能源等产业，培育发展大数据、生物医药、矿物宝石等新兴产业。以“厕所革命”为突破口，加快建设旅游公共服务体系，积极创建“休闲城市”。全面提升乡村旅游品质，抓好西河生态休闲风光带旅游开发。承办好中国湖南首届国际美丽乡村生态休闲旅游节。完善金融组织体系，加快绿色金融发展，加强进入对节能环保产业的支持。大力发展文化创意、网络服务、数字动漫、健康养老养生、体育产业等新型服务业态。切实加强耕地抛荒治理，实施最严厉的耕地保护制度。规范农村土地流转，推进农村土地确权登记颁证工作，重点培育新型农业经营主体，促进农业向规模化、专业化方向发展。大力推进郴州国家农业科技园区建设。抓好庄园经济、现代休闲农业、花卉园林等农业示范园区建设，推进农业规模化、集约化、标准化发展。推动大数据和信息技术工程，促进“互联网+”产业发展，支持利用互联网技术进行创新，促进三次产业融合发展。大力发展电子商务，加快郴州国际电商谷、郴州东谷电商产业园等电子商务基地建设，重点打造一批电子商务龙头企业和示范平台，加强跨境电商发展，争取试点。

（二）突出推动绿色投资，着力提升发展质量

突出绿色投资理念，培育新增长点，促进有效投资增长。加强政银企合作，搭建沟通平台，加强信贷对实体经济的支持，尤其是支持生态项目建设。创新招商方式，重点引进世界500强和国内500强企业，推进产业链延伸和产业集聚。加强项目跟踪和服务，提高项目落地率。创新企业和项目进入民间资本方式，在政策允许范围内放宽民间投资准入范围，充分发挥社会投资作用。大力推进项目建设，2016年，全市计划总投资1亿元以上的重大建设项目1287个，计划总投资约1683亿元。重点推进东江湖大数据中心、金旺铋业深加工材料基地、飞天山旅游文化产业园、长鹿国际旅游休闲度假区等575个产业建设项目；推进人民东路延伸段、郴州机场大道、武广高铁郴州西站扩容提质改造、市城区地下综合管廊（一期）、中石化新疆煤制天然气外输管道（新粤浙线）等共305个基础设施项目；推进郴州市“四馆一厅”、郴州康复医院、郴州技师学院改扩建等334个民生和社会发展项目；推进鲁塘独立工矿区搬迁改造及转型发展、东江湖生态环境保护与综合利用等73个生态环保项目。

（三）创新激活绿色动力，全面推进改革创新

坚持以绿色发展引领改革创新方向，以改革创新激发绿色发展动力，实施创新驱动、绿色发展战略。落实全面深化改革的各项任务，深化公共资源管理体制改革，加快建立公共资源市场交易体系。深化要素配置市场化改革，促进人才、技术、资金等有序流动。促进开放型经济体制改革，促进开放型经济发展。深化财税体制改革，稳步推进“营改增”、消费税、资源税等税制改革。以农村集体产权制度、农业经营制度为核心，深化农村综合改革。积极稳妥推进自然资源生态空间统一确权登记工作。优化口岸服务，提升口岸功能，推进“无水港”城市建设，将郴州公路口岸打造成为国家一类口岸。加快推进国际快件监管中心扩容、口岸物流中心、往来港澳公路跨境快速通关等项目建设，支持国际快件个人物品清关业务发展。大力推进大众创业万众创新。推进稀贵金属深加工技术突破，加

快建设永兴国家稀贵金属再生利用高新技术产业化基地，加快石墨烯产品研发和技术攻关，支持“微晶石墨提纯技术”成果应用及产业化。加快环保产业成果转化基地建设，将重金属污染治理、资源综合回收利用、矿山生态修复等关键技术作为转化重点。

（四）精心构建绿色家园，扎实抓好城乡统筹

推进人的城镇化发展，按照城市发展规律，将郴州打造成绿色宜居城乡，推进城乡一体化和城乡统筹发展。坚持规划的指导作用，加强城乡规划体系发展，对城市总体规划进行更新修改，配套县城、村镇规划编制，加速推进空港新城总体发展规划编制，编制交通网络、综合管廊等规划。因地制宜壮大特色产业，支持建设临武特色农副产品加工产业省重点县、永兴特色制造业省重点县和资兴、宜章、汝城文化旅游产业省重点县。完善公共服务和生活配套，抓好交通互联互通，促进新老城区融合发展。加快创建“公交都市”。积极推进垃圾分类及收转运体系一体化建设。扎实推进“棚户区改造三年行动计划”。推进“两供两治”，加快“气化郴州”和东江湖引水一期工程步伐。推进农村公路养护和农村客运公交发展。完成全国水生态文明建设试点相关任务，推进农田水利、饮水安全、河流治理等工程建设，提高防汛抗旱能力，加强水源保护。加强村民建房规范化发展，推进危房改造工作，注重农村生态环境和文化传统的保护，加快建设美丽乡村。

（五）建立健全绿色机制，抓牢抓实生态保障

倡导两型发展方式和两型生活方式，把握生态底线，加强生态保护。提高城乡绿化率，在城市推进道路绿化和立体绿化，加强沿江风光带建设，推进交通干道绿化，提升生态景观质量。对“裸露山地”、天坑和石漠化地区进行治理，加强矿山修复及这些地区的绿化工作，禁止破坏性开发进行。加强环境综合治理，继续推行湘江污染防治工程，加快实施东江湖保护和翠江、舂陵江流域综合整治项目，加强重金属污染地区的综合治理工作，全力推进大气污染防治行动计划，实行最严格水资源管理制度。加强企业节能减排降耗工作，推进排污权交易制全面实施，对污染排放实行精细化管理，加强对排放总量的控制，加强环境质量检测，有效控制环境质量，抓好重点能耗和污染行业和企业的节能减排工作，加强循环经济发展，推行清洁生产方式，支持各示范地区和示范园区的发展，鼓励绿色低碳出行。构建“一湖两山三水”生态屏障，加强生态功能区建设，对资源消耗、生态保护、环境质量进行严格要求，建立严格标准。通过一系列措施，促进郴州绿色发展，实现人与自然和谐相处。

郴州市2015年两型社会建设成果

【郴州将进一步筑牢建设工程质量安全防线】 2015年1月6日，郴州市召开全市建设工程质量安全生产会议。会议要求，要贯彻落实全省在建工地安全生产紧急现场会议精神，全力以赴抓监管、优施工、保质量、促进度，进一步筑牢建设工程质量安全防线。要认清形势，正视问题，切实增强建设工程质量安全工作的责任感和紧迫感；要明确目标，突出重点，务必打好工程质量治理攻坚战、安全隐患排查阵地战、“打非治违”持久战以及建筑市场监管协同战；强化措施，健全机制，确保建设工程安全生产形势持续稳定好转。

【郴州王仙湖取水工程连夜加紧施工】 2015年1月10日，郴州王仙湖取水工程现场灯火通明，一根根供水管网一字排开，施工人员开动焊机，连夜施工。据该项目负责人介绍，王仙湖取水工程从王仙湖取水，就近引至山河水厂，经净化处理后补充山河水厂水量，工程需铺设DN800钢管3.2公里，工程共9个工作面，扬程达60米，投入资金1600余万元。该工程将在一个星期内完工，届时，可增加山河水厂日供水量8万吨，满足市城区的用水需求，城区供水无忧。同时，王仙湖湖水完全符合国家地表饮用水标准。经市水文站专家测算，王仙湖河道流量，也完全具备向山河水厂日供8万吨水的能力，并且对王仙湖的生态环境不会造成任何影响。

【郴州28个交通产业生态和民生项目集中竣工】 2015年1月12日，郴州城区“庆新年迎两会”重点项目举行集中竣工仪式，28个交通道路建设项目、产业建设项目、生态和民生建设项目集中竣工，为郴州市项目建设烧旺了“第一把火”。当日竣工的6个交通建设项目中有南岭大道南段提质改造项目、造香公路、郴资公路（苏仙段）、卜里坪路、温泉路、塘尾大道。开工的4个交通项目有郴州西站扩建项目、京港澳高速公路郴州北互通项目、高壁公交枢纽站、同福路。当日竣工的4个产业项目中，包括总投资9.5亿元的格兰博年产300万台家用智能机器人项目，总投资1亿元的华磊光电LED封装及应用产品制造项目，总投资4.4亿元的市城镇生活垃圾焚烧发电项目（一期），总投资6亿元的中远泓广物流项目；开工的5个产业项目总投资27亿元，分别为总投资2.2亿元的金贵白银城项目，总投资1.2亿元的中天粮油仓储及加工基地项目，总投资0.78亿元的御林企业孵化基地项目，总投资20亿元的银泰新能源汽车产业园，总投资2.8亿元的湖南湘工焊材新型不锈钢特种焊条生产项目。当日竣工的民生建设类项目有7个，分别为绿城攻坚（四期）、东河湿地公园及治理、市国际会展中心建设、郴江河综合治理下游段、骆仙公园、昆剧苑、市特殊教育中心学校；开工建设的2个民生项目为市中心城区电子防控系统二期“智能天网”工程和高山背城市棚户区改造项目。

【郴州争取镇（乡）域村镇布局规划补助资金逾千万元】 2015年1月27日，从郴州市规划局获悉，郴州市2014年争取新型城镇化省级引导专项资金——镇（乡）域村镇布局规划补助资金1050万元，在全省各市、州位列第一。据了解，2014年湖南省安排镇（乡）域村镇布局规划补助资金总计3299万元，市规划局迅速组织申报，精心包装编制项目，主动跟省住建厅衔接，争资占省镇（乡）域村镇布局补助资金总额的1/3。

【郴资桂“两型社会”示范带新增20平方公里建设用地】 2015年2月11日，从郴州市国土局获悉，新修订的苏仙区、北湖区和桂阳县土地利用总体规划近日获省政府批准实施。新修订的土地规划实施后，郴资桂“两型社会”

示范带将净增加20平方公里建设用地，划定40平方公里有条件建设区，优化30平方公里建设用地和1100公顷基本农田布局，极大拓展了示范带的用地空间，优化了用地布局。郴资桂“两型社会”示范带建设是郴州市贯彻落实省委、省政府全面开展“两型社会”建设要求而做出的战略部署和重大举措。通过几年来的建设，示范带产业初具规模，交通提质基本成型，各项城市配套设施基本完善，示范带的经济社会发展取得了明显成效。但旧版土地规划制约了示范带区域经济发展。为此，市国土资源局以郴州市获批“湘南承接产业转移示范区”“郴资桂两型社会示范带”为契机，积极争取省政府和省国土资源厅的大力支持，及时启动了北湖区、苏仙区和桂阳县的土地利用总体规划修改工作。新修订的两区和桂阳县规划分别于2014年12月和2015年1月分别获得省政府批准实施。新规划统筹安排了各业各类用地，实现了区域空间组织结构新的突破，重点满足郴州高新技术产业园、郴州经济开发区、桂阳冶炼工业集中区、苏仙林业产业园等园区扩区调园的需求；重点保障了城东新区、郴州西区、高铁新区、飞天新城、槐万两厢、温泉新镇等重点区域的发展空间；正需建设的龙女温泉扩建、苏仙传奇实景演出中心、王仙岭生态度假区、太阳城老年公寓、市工业交通学校、郴州机场等1000多个市重点项目的用地都得到保障，有效破解制约示范带发展的土地瓶颈问题，为助推示范带发展提供强有力的土地支撑。

【郴州市严防死守全面杜绝森林火灾隐患】 2015年2月12日，郴州市副市长、市森林防火指挥部指挥长雷晓达到市森林防火指挥部办公室检查调度我市森林防火工作。临近春节，进山旅游、燃放烟花爆竹、祭奠扫墓等活动急剧增多，野外火源管理难度不断加大，加上入春以来郴州市一直处于晴好天气，天干物燥，森林防火进入了高火险期和防火紧要期。雷晓达先是电话抽查了各县、市、区值班值守情况，并对苏仙岭、高铁西站森林防火视频监测点进行了实时监测调度。他要求，要切实抓好“人防、物防、技防”的结合，做到森林防火视频监测系统的“全程监控、全面覆盖、全面推进”，真正做到“打早、打小、打了”。并要求各地要持续深入开展森林防火“大宣传、大培训、大排查、一落实”行动，深入开展野外违规用火巡查，落实整改措施，以严防死守的决心，全面杜绝森林火灾隐患；要加强检查督查，督促森林防火措施落实到位；要增强对森林火灾的控制和扑救能力，确保在处置重特大森林火灾时反应及时、准备充分、决策科学、措施有力，把森林火灾造成的损失降到最低程度。

【郴州2015年新建及续建重点项目102个　总投资1146亿】 2015年2月28日，从郴州市发改、统计和重点项目建设工作会议上获悉，2015年郴州市102个重点项目力争实现“四个百分之百”目标，即年内应新开工项目100%开工并完成年度投资计划和形象进度，年内应竣工项目100%竣工，续建项目100%完成投资计划和形象进度，在郴州建设的省重点建设项目100%完成投资计划和形象进度。2015年郴州市按合理工期组织建设的重点建设项目102个，总投资1146亿元，年计划投资261亿元。102个建设项目中，省级重点项目15个、年内计划竣工项目30个。会议要求，要进一步深化改革开放，增强经济发展活力；扩大有效投资，增强经济发展后劲；加快提质转型，提高经济发展质量。积极稳妥推进统计改革，重点抓好投资统计、核算制度、就业统计、服务业统计等六方面改革；切实抓好全国第三次农业普查和人口抽样调查，确保普查和调查工作落实到位；进一步提高统计数据质量，提供优质统计服务，并强化统计工作保障。要严格工作责任，按要求抓好重点项目进度，加强协调服务，开辟绿色通道，优化项目建设环境，确保按计划完成项目建设目标任务。

【郴州城投年内计划完成项目投资18.94亿元】 2015年3月2日，从郴州城投获悉，2015年郴州城投将紧紧围绕建设国际化、现代化开放城市的总目标，多轮驱动，提质增效，进一步助推郴州起飞。在项目建设上，郴州城投将加快推进所承担建设的18个项目，计划年度完成投资18.94亿元。其中新建项目5个，计划完成投资4.5亿元；续建项目13个，计划完成投资14.44亿元。在拓展融资上，郴州城投将主动适应经济发展的新常态和新一轮财税制度改革的新要求，大力推进企业债券、中期票据、私募票据、项目收益债券等直接融资，积极探索PPP融资模式，增强市场融资能力，多渠道多形式筹集资金，为城市建设和发展提供强大的资金保障。2015年，计划完成融资40亿元。与此同时，郴州城投将加大片区储备土地招商引资力度，力争完成实物土地储备1000亩，进一步放大土地效益，推动土地增值和升值。大力实施城投资产市场化、产业化经营发展战略，提升资产运营效益。

【郴州两小区入选“全国小城镇宜居小区”】 2015年3月9日，从汝城县住建局了解到，国家住房和城乡建设部公布全国第一批8个小城镇宜居小区示范名单。其中，汝城县热水镇汤河老街小区、桂东县清泉镇下丹小区榜上有名。热水镇汤河老街小区主要围绕“热水”旅游主题，街坊布局合理，空间变化丰富，配套设施齐全；建筑风格具有地域特色，房屋层数不高，建筑密度和容积率适中。清泉镇下丹小区整体与周边山水协调，街坊式布局合理；建筑具有畲族特色，户型节约，可利用空间多。

【郴州市2015年计划完成植树造林36万亩】 2015年3月9日，郴州市春季植树造林现场推进会在永兴县召开，会议号召全市上下行动起来，抢抓季节，不折不扣地完成今年植树造林目标任务。2015年郴州市计划完成植树造林36万亩。目前已完成整地38.8万亩，完成造林26.98万亩。“裸露山地”绿化方面，2015年省定计划任务8.5万亩，现已完成整地9.19万亩，完成造林6.33万亩。油茶等经济造林方面，今年计划油茶造林5万亩，目前已完成整地5.38万亩，完成造林3.71万亩。会前，与会人员来到永兴县高亭镇“三难地”绿化工程现场、桂高公路沿线大水坝“裸露山地”珍贵树种造林工程现场、武广高铁沿线黄土裸露治理工程现场和武广高铁沿线“秀美村庄”建设项目现场等地参观，交流工作经验。

【郴州供电公司为环保开展公益宣传活动】 2015年3月15日，国网郴州供电公司在郴州八一路生源时代广场开展一场名为“蓝天行动”的公益宣传活动，通过摆摊设点、流动提供咨询服务、问卷调查等方式，向广大市民和用电客户介绍电能替代和节能减排相关知识，积极倡导“以电代煤、以电代油、电从远方来”的能源消费新模式，发挥电能便捷、安全、清洁、高效等优势。漫画式的宣传展板吸引了不少市民驻足观看。许多市民对空气热泵安装以及光伏发电业务表现出了极大的兴趣，主动上前咨询、填写问卷调查，通过与工作人员交流，详细了解业务办理程序、优惠政策等等。此次活动共发放“电能替代”宣传单页、宣传册共计 300 多册，接受咨询 150 余次。近年来，郴州供电公司大力宣传、倡导“电能替代”能源消费新理念，在城市集中供暖、商业、工农业生产等领域大力推广热泵、电采暖、电锅炉、双蓄等电能替代技术，积极推动电动汽车和轨道交通发展，在居民生活领域积极推广“家庭电气化”，引导社会淘汰高污染、低效率的用能方式。

【郴州市掀起新一轮市容环境整治风暴】 2015 年 3 月 16 日，郴州市掀起新一轮市容环境整治风暴，确保以最靓丽的城市面貌迎接即将在我市召开的中国（湖南）国际矿物宝石博览会。3 月 9 日，郴州市城市管理和行政执法局下发了《关于认真做好中国（湖南）国际矿物宝石博览会市容环境综合整治工作的通知》，明确重点任务，实行责任分解。其中，北湖区的重点任务是对郴州大道至万华岩景区道路沿线进行环境综合整治，拆除沿线村庄违规搭建的各类建构筑物；对郴州大道北湖区段进行集中整治，拆除沿线乱搭乱建厂棚，清理垃圾，破硬建绿等。苏仙区的重点任务是拆除郴州大道与高斯贝尔路交汇处临街搭建的临时建构筑物；对郴州大道苏仙段道路两侧的空地实施“破硬建绿”等。郴州高新区的重点任务是对郴州大道高新区段道路两侧的市容环境卫生进行清理整治，清除违规设置的栏杆等。

【郴州干线公路建设打好“三大战役”】 2015 年 3 月 23 日，从郴州市公路工作暨廉政建设会议上获悉，2015 年郴州市公路部门将在继续稳住全省干线公路建设第一方阵的基础上，打好迎国检、治超、安保设施建设“三大战役”，全面完成“十二五”公路规划目标，为郴州市打造省际区域现代综合交通枢纽城市“升级版”提供公路交通保障。2015 年，郴州市公路部门将围绕创建省际现代综合交通运输枢纽城市、全国综合运输服务示范城市、全国低碳交通运输试点城市和公交都市目标开展工作，全面提升路网通行能力、路况水平、路政管理水平等。

【郴州市被正式命名为“国家卫生城市”】 2015 年 3 月 24 日，在 2015 年全国爱国卫生工作会议暨全国城乡环境卫生整洁行动现场会上，郴州市被全国爱国卫生运动委员会命名为“国家卫生城市”。2009 年 4 月，郴州市做出创建“国家卫生城市”的决定。创卫工作开展以来，郴州市建立健全了政府投入机制、领导责任机制、部门协调配合机制和全社会参与机制，开展了市容环境卫生综合整治、市城区农贸市场卫生整治、城中村和城乡结合部卫生整治等十大攻坚战。通过全市上下的共同努力，城市基础设施更加完善，综合管理水平明显提升，人居和发展环境显著改善，市民卫生文明素质不断提高。在先后经历省级申报考核、全国爱卫办暗访、技术评估、社会公示等程序后，郴州市被全国爱国卫生运动委员会正式命名为“国家卫生城市”。

【郴州投资 220 亿构筑“四网” 推进基础设施大提质】 2015 年 3 月 30 日，从郴州市发改委获悉，郴州市今年计划投资 220 亿元以上，努力构筑交通网、能源网、信息网和水利网，推进基础设施大提质。郴州市 2015 年将加强交通枢纽节点和铁路、公路、水运重大项目建设，实现多种交通方式互通、无缝链接，预期投资 100 亿元以上。同时，突出抓好风电、生物质能发电、光伏等清洁能源建设，配合抓好天然气长输管道等能源通道建设，继续抓好农村电网改造等重大项目建设和督查，预期投资 42 亿元以上。在构筑信息网和水利网方面，预期分别投资 31 亿元以上和 47 亿元以上。4G 无线网络、宽带提速、光纤改造等信息化项目建设是信息网建设的重中之重，并加强水库、“四水”治理等重大水利基础设施项目的开发和储备，加强水利防灾减灾、农村水电电气化以及小水电代燃料等项目建设，继续实施青山垅灌区续建配套和节水改造工程建设。

【郴州市 63 个工业建设项目计划总投资 446 亿元】 2015 年 4 月 9 日，从郴州市经信委了解到，为主动适应经济新常态、引领经济新常态，坚持新型工业化第一推动力不动摇，打造郴州经济升级版，2015 年郴州市将继续开展工业项目“大会战”，并出台了《郴州市 2015 年工业项目建设大会战实施方案》。《方案》提出，继续实行市级领导联系重点项目制度，重点调度 63 个年度投资亿元以上的工业建设项目，计划总投资 446 亿元，其中 2015 年要完成投资 110 亿元以上，新开工项目 30 个以上，实现竣工投产项目占比 40%以上，重点做好银泰新能源汽车、金贵白银城、郴州卷烟厂异地技改等重大项目跟踪服务。继续跟踪八达玻璃厂异地技改、华润 A 厂燃气技改工程等 7 个重大项目前期。

【郴州“两房两棚”筹建保障性安居工程 37891 套】 2015 年 4 月 23 日，从郴州市城乡生活垃圾收转运体系建设暨“两供两治”“两房两棚”推进会上了解到，2015 年年底前郴州市 11 个县、市、区基本建立城乡垃圾收转运体系；“两供两治”项目建设完成年度建设任务；“两房两棚”筹建保障性安居工程 37891 套。该三项工作既是重要的民生工程，也是发展工程。会议指出，全面推进城乡垃圾收转运体系、“两供两治”“两房两棚”是作为改善民生的重要体现，作为推进城镇化和新农村建设的重要支撑，各级各部门要切实增强三大民生工程重要性的认识；要切实加快进度，全面推进项目建设；要做好规划，列好计划，解决好项目资金等问题；要切实加强项目服务质量，争取把这一惠民、利民的民生项目早日建成投入使用。

【郴州着力把生态文明建设打造成“拳头产品”】 2015 年 5 月 6 日，郴州市召开会议，调度全市生态文明建设工作。郴州市委副书记刘和生要求，统一思想、集中精力，把生态文明建设打造成为郴州市的“拳头”产品、亮点工作。会上，郴州市生态文明建设工作领导小组办公室汇报了目前全市生态文明建设工作情况。会议还下发了《郴州市生态文明建设工作任务分解表》。

【郴州加快推进创新创业园区标准厂房建设】 2015 年 5 月 13 日，郴州市园区“1555”工作计划调度会召开，郴州市委副书记刘和生在会上指出，要紧紧抓住“1555”工程这个重中之重，加快推进标准厂房建设，力争提前实现时间过半、任务过半的目标。2014 年 10 月，郴州市正式启动了全市创新创业园区“1555”工程。截至2015年3月底，已完成创新创业园的规划编制、选址布局、三通一平、征地拆迁等前期工作。目前，每个省级园区都建设了1个创新创业园区，共规划面积16.4平方公里，且都已挂牌。刘和生指出，要不遗余力地加大招商引资力度，各司其职，为园区建设做贡献。各部门要加大与省里的衔接力度，为园区建设建立“绿色通道”，主动搞好企业服务，建立健全体制机制，创造良好环境助推园区发展。

【郴州市2015年筹建保障性安居工程37891套】 2015年5月18日，郴州市保障性安居工程工作领导小组暨住宅产业化发展联席会议召开。2015年郴州市保障性安居工程项目6月底前开工率将达到80%，8月底前开工率达到100%。2015年郴州市筹建保障性安居工程37891套。截至4月底，已开工建设13034套，开工率47.58%，位居全省第二。全市已到位中省补助资金4.4亿元，争取国家开发银行政策性贷款授信规模30亿元。

【郴州市城区启动节水型单位创建活动】 2015年5月21日，郴州市创建办下发了通知，启动创建节水型企业、单位、社区（小区）活动。5月20日至7月20日为创节水型企业、单位、社区（小区）水平衡测试阶段。郴州市城区45家用水大户（含单位、企业、学校、小区等）将按规定开展水平衡测试。6月20日起，各申报创建单位或小区对照考核标准要求进行自查并整改。7月底，郴州市创建办、郴州市城市节约用水办公室组织专家对创建单位进行考核评估验收，提出初审意见。对通过市级评审合格的企业、单位和社区（小区）上报省住建厅审核；经省住建厅审核通过后，授予“湖南省节水型企业（单位）”“湖南省节水型社区（小区）”称号。得节水型企业（单位）称号的企业（单位），新建、改建、扩建项目优先保证用水，对其节约的水量可留作企业（单位）发展的用水指标；对获得“湖南省节水型企业（单位）”“湖南省节水型社区（小区）”称号的由市政府给予表彰。

【郴州饮用水水源地水质全部达到Ⅱ类以上标准】 2015年6月5日，郴州市环保局在世界环境日新闻发布会上公布了郴州市水环境状况。郴州市正全力创建全国水生态文明城市，倡导全面保护“山青水碧”环境，精心打造“城水相依”景观，弘扬“人水和谐”文化，打造宜居利居乐居的山水名城。水环境质量状况良好，正是大力推进水生态文明建设的基础。发布会上公布，2014年，郴州市境内耒水、舂陵江、永乐江、武水和集中式饮用水水源地等43个水质监测断面中，达到水域功能区划要求的断面37个，断面功能达标率为86.0%。郴州市11个集中式饮用水水源地中，小东江、山河水库、方元水库水质达到Ⅰ类标准，城关松山村、龙虎洞水库、肖家山水库、盘江水库、长河水库、大源水库、龙潭水库水质达到Ⅱ类标准。郴州市环保局加强了对企业排放重金属的监测和排放区水环境质量监测，摸清重金属排放对水环境的影响，统计区域重金属排放总量，分析其与周边区域水环境质量的关系。郴州市有62个重金属污染治理项目通过了省环保厅组织的验收，完工待验收的项目15个。一系列治理项目的实施，使得郴州市之前重金属经常超标的出境断面水质现在基本稳定在地表水Ⅲ类标准，水体质量得到了显著改善。

【郴州卷烟厂实现锅炉燃料油气切换】 2015年6月14日，湖南省中烟工业公司郴州卷烟厂燃油锅炉经技术改造后，以天然气为燃料成功点火并安全运行，实现锅炉燃料油气切换，标志其清洁生产再上台阶。6月14日上午，华润燃气有限公司对烟厂厂区天然气管道进行全面检查与管道内的空气置换，将天然气成功输送到锅炉房。下午，锅炉厂家技术员与司炉、维修操作人员一道对锅炉相关设备进行全面检查后，点火，经两小时安全调试运行，锅炉燃气燃烧工况各参数均调整设置到最佳值，从此烟厂锅炉可实现燃油、燃气运行方式的自由切换。据悉，从15日起，该厂两台20吨燃油锅炉全面以燃烧天然气提供蒸汽，燃油只作为应急备用。改造后的锅炉以清洁能源天然气为燃料不仅可以降低生产成本，更能减少烟尘、二氧化硫等污染物排放量，使烟厂的清洁生产水平得到进一步切实提升。

【郴州持续推进生态文明建设 实现经济社会持续健康发展】 2015年7月3日，郴州党政考察团在贵州省遵义市召开考察座谈会。市委副书记、市长瞿海在会上要求，对照先进、认清差距、加大力度，持续推进生态文明建设，实现经济社会持续健康发展。会上，考察团成员结合工作实际，畅谈考察感受和下步工作打算。在认真听取大家的发言后，瞿海指出，近年来，郴州市生态文明建设和环境保护成效斐然，但对照新常态下国家对生态文明建设、环境保护的更高标准、更高要求，仍存在一定差距。下阶段，要对照先进、认清差距、加大力度，持续推进生态文明建设，实现经济社会持续健康发展。瞿海强调，要强化绿色发展理念，要扎实推进“新三创”工作。会议还通报了上半年“一号重点工程”、重金属污染治理、大气污染防治、农村环境综合整治等工作进展情况，对下阶段工作作了部署。

【郴州7.9万株古树名木保护实现“数字化”】 2015年7月13日，从郴州市林业局获悉，自3月郴州全面部署创建全国生态文明示范工程试点市工作以来，郴州市林业局牵头负责组织全市生态文明建设工作，各项建设工作亮点纷呈，特别是对古树名木保护实施“数字化”管理，鼠标轻轻一点即可全面了解全市古树名木的基本情况。全市几十个林业技术人员经过几个月的艰苦努力，对全市古树名木情况进行了全面调查摸底，共核实建档古树名木7.9万株，其中城区(含县城)30至99年的大树和名木3万株，100年以上古树名木4.89万株，300年以上2200株。建卡数2.2万张，拍摄照片9800张，挂牌保护1.6万株，落实管护单位及个人3700个，全面系统地理清了全市古树名木资源分布、生长状况和保护等基本情况。郴州市林业局通过创新工作方式，将古树名木保护纳入“数字林业”平台进行管理，建立了数字林业监控平台的古树名木管理子系统，通过数字林业平台可以按古树名木的树龄、分布地域、树种等具体分类方式直接调取查询古树名木的基础数据，并实时三维显示古树的具体经纬度和现场定位。同时该局还逐步开展对古树名木牌的“微信二维码”管理，增加了古树名木保护的知识性和趣味性。

【郴州上半年环境空气质量排名湖南省第一】 2015年7月16日，湖南省环保厅公布了湖南省14个市州6月份及2015年上半年城市空气质量排名，郴州在6月份和上半年空气质量排名中均为第一。据统计，1—6月，全省14个城市全年平均达标天数比例为71.8%，空气质量排名前三位的城市为郴州、吉首、张家界。6月份，湖南省14个城市的平均达标天数比例为98%。根据省环境监测中心站监测，与5月份相比，平均达标天数比例上升15.2%。据郴州市环保局统计，郴州市上半年的环境空气质量总计优秀53天、良好95天，空气达标率为81.77%，相较于2014年同期提升0.55个百分点。在省内排名方面，郴州除了4月份排名第四以外，其余月份均稳居在全省前三位。

【东江湖被批准为“国家5A级旅游景区”】 2015年7月20日，国家旅游局官方网站公布了全国旅游资源规划开发质量评定委员会第1号公告，经过评定和公示，郴州市东江湖旅游区等15家景区达到国家5A级旅游景区标准的要求，批准为国家5A级旅游景区。东江湖成为全省唯一的上榜景区。郴州的东江湖能够脱颖而出，再一次证明郴州市创建工作的扎实有效和东江湖的景区魅力。为成功创建5A景区，郴州市于2011年启动创建工作，先后投入资金完成了门楼旅游购物点、小东江东岸旅游厕所、小东江东岸游园、大坝入口岗亭、大坝游客中心提质、兜率岛返程码头、漂流调度平台延伸、漂流游客接待中心改造等项目的建设，以及景区标识标牌、休憩凳椅的更换、增添、修缮等任务。2014年，全国旅游景区质量等级评定委员会组织专家对东江湖景区暗访时也给东江湖的硬件设施给予了充分肯定，并给出了中肯意见，要求景区加以改进。根据暗访意见，东江湖景区从硬件和软件两方面提质改造，进一步提升了景区的品质。2015年上半年，东江湖共接待游客46.68万人次，实现旅游总收入2377.17万元，同比分别增长9.81%、8.75%。

【“环保世纪行”关注翠江流域环境治理】 2015年7月29日，郴州市环保世纪行组委会来到翠江流域内的污水处理厂及部分企业，了解该流域内污水处理厂的建设和企业的工业废水处理情况，关注翠江流域环境污染综合整治工作。在郴州高新区含重金属工业废水治理及配套管网工程现场，项目负责人肖志昌介绍，该项目土地平整和管网配套工作目前已经完成，预计将于2015年年底正式建成投产，届时将具备每天3500吨含重金属废水的处理能力，从而提高高新区环境质量水平。而同样处于施工建设中的资兴市鲤鱼江污水处理厂，占地面积6.21公顷，建成运行后每天可处理污水2万吨，相当于8万人口产生的生活废水。

【郴州黄草镇、热水镇入选全国特色景观旅游名镇】 2015年8月5日，从有关部门获悉，住房和城乡建设部、国家旅游局下发了《关于公布第三批全国特色景观旅游名镇名村示范名单的通知》，资兴市黄草镇、汝城县热水镇榜上有名。近年来，黄草镇大力发展旅游产业，全力打造“潇湘风情水镇”，先后投入8000万元对金牛岛街道立面、环岛游道、景观绿化、立体停车场等基础设施进行提质改造。同时，积极发展旅游文化，先后举办了“水乐年华”文艺晚会、“新丝路”模特大赛、“世外桃源杯”水上自行车赛、首届“鱼文化”摄影艺术节等大型文体活动。2015年上半年，黄草镇游客量接待达11万人次。汝城县热水镇位于湘粤赣三省交界处，境内有国家级汤河风景名胜区、4A级温泉旅游度假区、3A级南国天山旅游景区，有蜗牛塔、仙人桥、飞水寨、温泉文化园、高滩畲族村寨、冰川遗址等景点。近年来，该镇科学规划温泉小镇，配套完善基础设施，优化生态自然环境，城镇面貌日新月异。

【郴州16个新能源发电项目上半年发电总量49257万千瓦时】 2015年8月6日，从郴州市发改委了解到，根据调度数据显示，郴州市已经并网发电的新能源发电项目16个，2015年1至6月发电总量达49257.5万千瓦·时，同比增长81.6%。其中，上半年郴州市风电场发电量同比翻番。目前，位于苏仙区马头岭乡板子楼村的郴州市城镇生活垃圾焚烧发电项目并网试运行。该项目一期工程现已完工，于2015年4月15日接收垃圾并进入联调阶段，7月初并网试运行。其他新能源发电产业也出现了蓬勃发展的势头。风电场发电成为我市新能源发电的一大亮点。截至2015年6月底，全市已经完成268台风机吊装，比2014年同期新增121台。并网发电209台，比2014年同期新增72台。

【郴州城乡规划突出科学化人性化 打造特色“两型”城市】 2015年8月11日，郴州市委书记易鹏飞在市规划局调研了全市城乡规划工作。易鹏飞指出，城乡规划要强化“两型”建设理念，突出科学化、人性化、特色化，打造具有郴州特色的“两型”城市。近年来，郴州市城乡规划编制体系不断深化和完善，修编了城市总体规划，持续推进市城区各类规划编制，先后完成了23个专业专项规划，全市90%乡镇完成所辖区域的村镇布局规划，北湖、苏仙率先实现村庄规划全覆盖。在规划引领下，郴州市中心城区首位度不断提升，建成区面积由2009年的41平方公里增至目前的76平方公里，各县、市、区全力加速推进旧城提质和新区建设，建成区面积均拓展近一倍，城市周边卫星镇、示范镇和新农村示范点成效明显。在听取了大家的发言后，易鹏飞指出，规划是城市的灵魂，城乡规划要凸显一个城市的思想、城市的理念、城市的品质。要重点把握好三化：一是科学化，二是人性化，三是特色化。

【郴州市水质监测断面达标率91.5% 五年提升11.5%】 2015年8月17日，从郴州市环保局了解到，郴州市水质监测断面达标率由2011年的80%提升到2015年的91.5%。郴州市共设置了47个水质监测断面，覆盖了翠江、舂陵江、永乐江、武水河、东江湖等主要水体。监测显示，郴江河上游海泉村断面过去重金属经常超标，经过治理后，现已能达到地表水三类水质；梁家湾断面由过去的长期劣五类水质到现在基本达到三类水质。翠江黄泥滩断面2014年全年稳定达到三类水质标准。舂陵江欧阳海水库2013年至2014年两年间，达到二类水质20次、三类水质4次。东江湖白廊断面、出湖口头山断面稳定达到二类水标准。2015年，郴州市顺利通过了国家环保部与财政部联合组织的全国138个重点地区重金属污染治理专项资金竞争性评审，成为全国30个获得国家重金属治理专项资金的地区之一。国家将连续三年实施重点支持，预计2015年将获得国家专项资金2.8亿元。郴州市一手抓水环境治理，一手抓产业结构调整与技术支撑。“十二五”以来，郴州市共依法关闭、淘汰200余家小非法采选、小冶炼和存在重大环境安全隐患的涉重金属企业。目前，郴州市已与中科院地理与资源研究所签订了《共建中科郴州智慧环保产业研究中心的协议》，力争用2—3年时间，把研究中心建设成为国家级环保产业技术研发和服务基地，为全市水污染防治提供技术支持。

【郴州推动雨水利用设施建设】 2015年8月18日，从郴州市创建办获悉，为在郴州市城区实现雨水资源化，节约用水，修复水环境和生态环境，减轻市城区城市洪涝，郴州市全面推动雨水利用设施建设，并于日前出台《关于推进郴州市雨水利用设施建设的实施方案》。今后，符合条件的新、改、扩建工程项目要同期配套建设雨水收集利用设施，对雨水进行就地入渗回补、收集直接利用或调蓄排放，实现雨水综合利用，同期配套率要达到100%。已建成的公园绿地，具备建设场地条件的，应补建雨水收集利用设施，到2020年补建率达100%。《方案》对需配套建设雨水利用设施的工程进行了明确，并明确了此项工作的重点任务：开展小区雨水利用示范试点；推进路面雨水利用设施建设；实施绿地雨水收集利用设施建设。

【郴州启动工业固定资产投资项目929个 完成投资427.7亿】 2015年8月24日，从郴州市经信委了解到，1—7月，郴州市启动实施工业固定资产投资项目929个，完成固定资产投资427.7亿元，同比增长8.1%。其中，嘉禾、桂东、安仁3县的工业固定资产投资增幅位居全市前3位。统计，1—7月，郴州市启动实施工业技改投资项目574个，完成工业技改投资267亿元，同比增长32%，排全省第一位；全市工业大会战项目完成投资额72.5亿元，完成进度71.4%。

【郴州市将对市城区铁路沿线环境进行集中整治】 2015年9月18日，从郴州市提质办获悉，郴州市将对市城区铁路沿线环境进行集中整治。铁路沿线环境是展示郴州对外形象的重要“窗口”，直接体现城市文明建设和管理水平。然而，铁路沿线的环境卫生却长期处于“脏乱差”状态。此次整治旨在彻底改变铁路沿线环境面貌，树立良好的城市“窗口”形象。目前，各责任部门正在对市城区铁路沿线可视范围内的乱堆物料、暴露垃圾杂物、违章搭建、建筑现状、绿化现状等，进行摸底调查。10月11日起，全面进入整治阶段，整治工作持续到明年3月31日。

【经遥感测试郴州市市域三分之二以上实现森林覆盖】 2015年9月21日，从郴州市绿化委员会办公室获悉，经遥感测试，郴州市市域三分之二以上实现森林覆盖，森林覆盖率达67.71%。近年来，郴州市委、市政府立足“山、水、林、城”的区位自然优势，围绕创建“全国绿化模范城市”目标，先后组织实施了林业灾后恢复重建、主要交通干线绿化、绿城攻坚、三年城乡绿化攻坚、森林景观提质等一系列国土绿化工程。9月2日，“绿城攻坚”（六期）和城市绿荫行动（二期）正式启动。至此，郴州市已持续7年开展大规模的增绿行动。

【郴州获“湖南省节水型城市”称号 公示期一个月】 2015年10月7日，从湖南省住房和城乡建设厅城市建设管理处得知，根据《关于印发〈湖南省节水型城市申报与考核办法〉和〈湖南省节水型城市考核标准〉的通知》的要求，在湖南省住房和城乡建设厅、湖南省发展和改革委员会共同组织专家进行现场考核和综合评审的基础上，拟授予郴州市为“湖南省节水型城市”称号。郴州“湖南省节水型城市”称号将公示1个月，10月29日前单位或个人都可以实名反馈意见和建议。

【郴州市城区开展“环卫大提质” 环卫考核标准提升】 2015年10月15日，郴州市城区开始开展“环卫大提质”，环卫考核标准提升。一是环卫保洁管理提质。郴州市城区环卫推行快速和常态及定点保洁相结合的办法，实行精细化管理，做好环境卫生深度清洗保洁工作，使机械化清扫率达到70%，路面见本色。保洁考核标准为，城区散落垃圾5～10分钟内得到有效处理，路面尘土量控制在5克/立方米以内，确保市城区市容环境卫生干净整洁亮丽。“三区”环卫部门要加强对密闭式垃圾箱、手推车、果皮箱等环卫设施的刷新、清洗、清掏，重点要对以上设施摆放位置进行冲洗，保持地面干净整洁。二是清运管理提质。改善垃圾、粪便清运车辆的车容车貌，所有车辆必须进行维护刷新，杜绝“二次污染”；防止垃圾、粪便清运车辆运输过程中的垃圾渗滤液滴漏，要求所有车辆安装接水箱。所有车辆在垃圾倾倒后必须进行冲洗。郴州市城区垃圾站内增加除臭灭蝇自动喷洒装置，进一步扩大除臭灭蝇范围。

【郴州市生态景观美如画】 2015年10月18日，2015年环中国国际公路自行车赛顺利闭幕，郴州至资兴赛段荣获“2015环中最美赛道奖”。近年来，郴州市在大力实施封山育林、抚育管护、补植补造和重点区域绿化等提高森林覆盖率的同时，强化生态景观提质。2014年，郴州市出台《郴州市2015—2017年森林生态景观提质工程实施方案》，重点对交通干线、水系沿岸、城区和城区周边可视第一层山脊内的林地、河流等区域，开展生态景观提质建设。将辖区内高速公路（铁路）及国省干线、重要水系两侧及城区周边可视第一层山脊范围内的质量不高、林相层次简单、景观类型单一的森林，通过采取补植套种不同树种、树形、叶色、花色、花期的景观植物调整林分结构，提升森林质量。同时加强城区公园、游园绿地和单位庭院绿化以及城镇区域和重要风景区河流、水体景观建设，打造自然生态景观。目前，城市绿化中，城区街道树冠覆盖率达26.25%，城区建有104处以各类公园为主的绿地。村镇绿化中，突出自然、乡土、多样的特点，大力推进村旁、宅旁、水旁、路旁以及村口、庭院、公共活动空间等绿化美化建设，形成四季有绿、特色鲜明、层次丰富的村庄绿化景观，共完成村庄绿化1.64万个，创建绿化示范乡镇200个，绿化示范村800个。道路绿化中，建成了武广高铁郴州段、京港澳高速郴州段、郴州大道、郴永大道等几十条绿化示范大道和特色景观路，形成多树种、多层次、多功能、多色彩的生态景观屏障。

【郴州市实施九大生态示范项目成果丰硕】 2015年11月1日，临武三十六湾展现在人们眼前的是云海翻腾，绿意盎然的生态美景。三十六湾矿区地处湘江上游，曾经无序开采，尾砂堆得漫山遍野，扬尘满天，重金属污染严重。其治理效果事关湘江流域整体治理、事关民生改善、事关发展全局、事关全面建成小康社会。近年来，我市对三十六湾实行“休克疗法”“铁拳整治”，重金属综合治理全面铺开，大规模栽树植草，过去的荒岭、“癞子”山纷纷披上绿衣，区域生态环境质量明显改善。近年来，郴州市站在建设生态文明高度，重新认识、定位、谋划全国绿化模范城市创建工作，围绕“青山、碧水、蓝天、净土”

四大重点工程，先后启动实施了三十六湾治理等九大生态示范项目。森林生态景观提质工程涉及11个县（市区），截至5月底，全市完成造林面积41万亩。三十六湾区域生态植被恢复治理工程涉及桂阳、嘉禾、临武3县，共完成植树造林166公顷，封山育林4445公顷。东江湖生态环境保护工程涉及资兴、桂东、汝城、宜章4县、市，共规划64个项目，目前已经基本完工9个，其余正在有序推进。"三江"（湘江、珠江、赣江）流域水源保护工程，桂阳坡耕地治理完成2130亩。汝城小流域综合治理完成一期工程，热水河风光带完成一期工程。西河水生态风光带建设涉及北湖、苏仙、永兴、桂阳4县、区，目前已完成资金投入8.8亿元，完成河道绿化62.2公里，游道88.9公里。国家主体功能区生态基础建设工程，全市主体功能区建设示范试点实施方案已上报省发改委，申报永乐江、仰天湖、西河为国家级湿地公园，申报狮子口大山为省级自然保护区进展顺利。生态文明教育基地建设工程，南岭植物园生态科普馆项目、苏仙岭生态展示馆项目、九老峰景区建设省级生态文明教育基地进展顺利。乡村生态建设示范工程完成216个村的农村环境整治任务，完成了96个乡镇、461个村的绿化提质改造工作。

【郴州举行2015年"119"消防宣传月活动】 2015年11月9日，为迎接全国第25个"119消防宣传日"的到来，进一步提高广大社区居民的消防安全意识，增强社会防控火灾能力，营造浓厚的消防安全氛围，以"参与社区消防，建设平安家园"为主题的郴州市"2015年度'119'消防宣传月"活动启动仪式在郴州市公安消防支队机关院内隆重举行。郴州市市政府副市长、市公安局局长王周以及11个县、市、区分管消防工作的领导出席了启动仪式。市消防安全委员会成员单位负责同志和消防志愿者代表、社区比武竞赛团队队员、乡镇专职消防队队员、学生代表、消防官兵共1000余人参加启动仪式。

【郴州嘉禾县三家企业获国家高新技术认定】 2015年11月23日，嘉禾县科技局公布，嘉禾巨人机床有限公司、众合铸业有限公司和精工锻铸有限公司等3家企业被省科技厅认定为国家高新技术企业，这标志着该县实现高新技术企业零的突破。

【中国矿业循环经济暨绿色矿山建设经验交流会在郴州召开】 2015年11月26日，以"绿色发展——我们矿业人的誓言"为主题的中国矿业循环经济暨绿色矿山建设经验交流会在郴州市召开。国土资源部总工程师彭齐鸣指出，近五年来，我国绿色矿山建设取得了明显成效，先后开展了四批共661家国家级绿色矿山试点工作。试点单位均能按照绿色矿山建设规划要求，完成各项任务，部分企业甚至超额完成规划预期目标，近三分之二的矿山达到了优秀标准。但从全国整体推进效果来看，与构建绿色矿山建设基本格局的目标要求还有不小的差距。彭齐鸣要求，推进下一步工作，要总结典型发展模式，推广成功经验；要加强绿色矿山建设工作，形成国家和地方各级绿色矿山建设于监督管理体系；进一步加强宣传交流，全面深入推进矿业绿色发展、建设绿色矿山。近年来郴州市着重实施绿色发展战略，创造了用"绿城攻坚"和"绿矿建设"双轮驱动绿色发展的新模式及矿山复绿行动计划。截至目前，郴州市共完成697家矿山复绿工作，矿区造林1.6万亩，8个国家级绿色矿山试点单位建设均取得实质性进展。

【中国（湖南）国际矿物宝石博览会永久性落户郴州】 2015年11月30日，湖南省政府常务会确定：从2016年起，中国（湖南）国际矿物宝石博览会固定在郴州市举办，争取通过3—5年努力，使之办成具有国际影响力的矿物宝石博览会。这意味着郴州市成功争取到了该会展的永久性落户。

【郴州上榜中国50大"氧吧"城市】 2015年12月10日，新浪网等网络媒体盘点出一份《2015年中国大陆城市"氧吧"50强》的图表。郴州市位列其中，是湖南省唯一入选的城市。图表上显示，盘点排名由署名"标准排名研究院"的研发机构绘制推出。相关数据分别由"2013年建成区绿化覆盖率、2013年人均公园绿地面积、2014年空气质量优良天数"三组数据组成。统计数据来源于2014年出版的《中国城市建设统计年鉴2013》，各城市2014年国民经济和社会发展统计公报。郴州这三项数值分别为：42.4%、11.06平方米、335天。研发者称，森林覆盖率、绿化覆盖率、绿地率等指标反映的是一个地区或城市的"肺活量"，数值越大，说明这个地区或城市的"肺活量"越大，抵消污染的能力也越强。因此，标准排名研究院从一个城市的建成区的绿化覆盖率、人均公园绿地面积以及空气质量优良天数三个维度，考量一个城市是否能称得上"氧吧"。

【郴州两案例被评为全国卫生计生监督执法优秀典型案例】 2015年12月18日，全国卫生计生监督执法案例评查结果出炉，郴州市卫生监督所选送的"某餐具消毒中心消毒后的物品未达到卫生标准和要求案""某西医内科诊所使用未取得抗菌药物处分权医师开具抗菌药物处方案"被评为"2014年度全国卫生计生监督执法优秀典型案例"。此次获奖是继2014年报送案例入选"全国2013年度国家卫生计生监督执法优秀典型案例"后，连续第二年被评为国家级优秀典型案例。

【郴州市首条地下综合管廊规划方案确定】 2015年12月25日，据了解，郴州市城区同福路综合管廊规划设计方案评审会在郴州市规划局完成技术评审。郴州市规划局局长徐延波表示，这是根据《郴州市综合管廊建设专项规划》设计的郴州市首条地下综合管廊，项目的实施将填补郴州市尚无地下综合管廊的空白，并为后续的综合管廊建设、管理、运营等探索有益经验。据了解，该综合管廊南起同心路，北至温泉路，总长约3000米，拟采用单舱结构，计划将给水、电力、通信等管线纳入廊道统一布置，并预留空间。

永州市 2015 年两型社会建设综述

2015 年,在省委、省政府的正确领导下，永州认真贯彻落实“四化两型”战略，坚持科学引领、先行先试，始终坚持“生态优先”，齐心协力创建生态文明示范市，坚定不移推进生态文明体制改革，坚持不懈加强生态建设和环境治理，生态文明和“两型社会”建设取得初步成效。生态美已成为永州的城市名片，成为永州实现跨越赶超的软实力。

一、主要成绩

（一）*发展势头稳定向好*

2015 年地区生产总值完成 1418.17 亿元、增长 9%。按常住人口计算，2015 年全市人均地区生产总值 26222 元，同比增长 8%。固定资产投资完成 1543.6 亿元、增长 17.8%；完成农林牧渔业总产值 555.34 亿元、增长 3.9%；实现全部工业增加值 437.34 亿元、增长 9.2%，工业增加值占 GDP 的比重为 30.8%；规模以上工业实现增加值 330.16 亿元、增长 10.1%，财政总收入完成 131.14 亿元、增长 15.7%；三次产业结构比重调整为 21.8：36.5：41.7，非公有制经济增加值 813.47 亿元、增长 10.4%。主要经济指标增速高于全省平均水平，经济总量排全省第 8 位。

（二）*“生态优先”扎实推进*

永州市按照“两型”社会建设要求，以承接产业转移示范区建设为总抓手，以实施“锦绣潇湘十大工程”为龙头，大力加强环境保护和生态文明建设，加快推进品质活力永州建设，全市两型社会建设成效明显，生态优势更为凸显。

1、生态空间不断优化。积极开展永州市主体功能区规划编制工作。以乡镇级行政区为基本单元，将全市国土空间划分为重点开发区域、限制开发区域和禁止开发区域，不设置优化开发区域。其中重点开发区 3181.52 平方公里，占全市国土面积的 14.29%，分为中心城市发展区、产业承接发展区、特色城镇发展区；限制开发区 17079.75 平方公里，占全市国土面积的 76.70%，分为农产品主产区和重点生态功能区；禁止开发区 2007.26 平方公里，占全市国土面积的 9.01%，包括各级自然保护区、森林公园、湿地公园和风景名胜区等。积极推进国家主体功能区试点示范建设。2014 年，新田、宁远、双牌、蓝山四县作为南岭山地森林及生物多样性生态功能区建设试点示范县已获得国家发改委批复。2015 年永州充分利用国家生态功能区调整增补机会，争取将东安县、江永县、江华瑶族自治县三县成功增补为国家重点生态功能区。

2、生态产业转型加速。产业结构逐步优化。积极推进农产品精深加工、矿产品精深加工、轻纺制鞋三大传统优势产业改造提升，大力培育先进装备制造、电子信息、新材料新能源、生物医药四大战略性新兴产业。上半年，七大主导产业除矿产品深加工增速下降外，其他六大产业都保持了快速增长。永州市委、市政府着力打造千亿矿产业，大力推进零陵百亿锰产业发展，努力整合矿业资源，探索绿色环保发展之路。文化旅游等绿色产业发展态势良好。技术改造稳步推进。大力实施技术改造，着力化解过剩产能，坚决淘汰落后产能，一批重大项目的技改工程进展顺利，零陵卷烟厂完成技改升级。节能降耗成效突出。2015 年我市单位 GDP 能耗下降 7.38%，超额完成省定单位 GDP 能耗下降 1%的工作目标。2012—2014 年度，永州市在省政府组织的节能目标责任评价考核中，连续三年被评为超额完成等级。

3、生态治理富有成效。加快推进两型项目建设。近年来，永州市一批与改善生态环境质量、减少主要污染物排放、防治重金属污染相关的重大工程项目取得了突破性进展。永州湘江纸业公司关停并转，零陵区废弃矿山综合治理工程全部通过省环保厅验收，宋家洲综合整治有序推进，下河线污水处理厂二期扩建及配套管网工程完工并投入运行。近年来，全市实施千万元以上生态保护建设项目 150 多个，投入资金 180 多亿元。全面实施污染禁入、森林禁伐、矿产禁采、干流禁渔、畜禽禁养、河道禁挖“六禁”政策，湘江流域实现了青山长绿、清水涌流、空气常新的良好局面，蓝山湘江源水利风景区和江永县千家峒水利风景区获批国家水利风景区。永州市湘江干流出境水质达到《地表水环境质量标准》Ⅱ类标准要求，县级以上城市集中式饮用水水源达标率为 100%，全部达到省政府的考核要求。积极推进大气污染治理。制定出台了《永州市贯彻落实<大气污染防治行动计划>实施细则》，下发了《关于提升潇湘城市群大气环境质量的意见》，从 2015 年 1 月 1 日起，启动网络平台实时发布中心城区 PM2.5 空气环境质量指数。积极推进农村环境污染治理。农村环境污染治理是市委、市政府重点推进的六件惠民实事之一。计划用三年时间，在全市范围内集中开展以农村生活垃圾和污水、畜禽养殖污染、农业面源污染、工业污染源为重点的农村环境治理，重点实施“清洁村庄、清洁生产、清洁水源、清洁空气”四大工程。各县区都组建了专抓班子、制定了专门方案、落实了专项资金，小城镇建设全面提速、各显特色，纷纷变大、变美、变新、变绿、变畅。对农村地区工业企业进行了全面排查，对小造纸、小冶炼、小炼油等非法企业进行了取缔。加强了乡镇饮用水水源保护，完成了饮用水水源地风险评估基础调查和农村集中式饮用水水源调查。加强矿区生态环境治理。重点针对零陵区的锰矿开采进行整治，开展了石期河流域综合治理工作，有效地规范了开采秩序。推进城市绿化。2015 年永州市完成人工造林 40.11 万亩，超额完成了人工造林 40 万亩的年度计划。

4、生态试点有序推进。启动排污权有偿交易试点。出台了《永州市排污权有偿使用收入使用工作规程（试行）》，排污权有偿使用和交易改革推进顺利。2015 年以来，征收了 226 家企业的排污权有偿使用费 314 万元，完成排污权交易 32 笔，金额 98.6 万元。推进环境污染责任险改革试点。制定了承保方案，并积极组织各相关企业投保环境污染责任险。出台了永州市合同能源管理指导意见。推进湘江源头区域国家生态文明先行示范区建设。编制下发了《湖南省湘江源头区域国家生态文明先行示范区建设工作方案》，明确了相关市直单位和源头县、区政府的责任，创建工作有序开展。全面启动国家生态文明城市创建。市委、市政府成立了永州市国家生态文明城市创建工作领导小组，办公室设市环保局，创建工作全面启动。

5、生态机制逐步建立。坚持将制度创新作为生态文明建设的重要保障，逐步建立了生态文明建设长效机制。组织保障更加健全。成立了以市委书记为顾问，市长为组长，分管副市长为副组长的生态文明建设工作领导小组，明确成员单位的职责分工，签订了责任状；各县、区也相应成立领导小组，建立了一级对一级、一级带一级的常态化责任体系。顶层设计更加完善。根据《永州市“十三五”规划纲要》，全力实施“生态立市”战略，把优良生态环境作为永州城市发展特色和“金字招牌”，增强生态产品提供和永续发展能力。通过争创国家生态文明试验区，将我市建设成为蓝天常有、青山常在、绿水长流的美丽城市，打造在全国具有一定知名度和影响力的生态宜居山水名城，建设湘江源头生态城市群。考核机制更加严格。制定了《深化生态环境体制改革年度目标任务》，强化生态文明建设考核和责任追究机制，制定出台了党政领导干部生态环境损害责任追究办法实施细则。力争在优化发展环境、修复生态系统、完善生态文明基础建设等方面取得新突破。

6、生态宣教广泛开展。广泛开展生态文明宣传教育，牢固树立节约资源、保护环境的理念，大力弘扬生态文化，增强全社会生态意识。全市城区中小学校开设了环境教育课程。二是丰富活动。围绕永州市委市政府安排部署，利用“6·5”世界环境日、中华环保世纪行等重大宣传活动，持久开展绿色社区、绿色学校创建和“环境友好型企业”和“环保市民”评选等活动，努力形成全社会共同关心支持生态环境保护的良好氛围。三是组建环保志愿服务队伍，开展“湘江探源”“绿色出行、低碳生活”等大型环保志愿服务活动，倡导绿色消费理念，形成节约、健康、文明、科学的生活方式，使珍爱自然、保护环境、节约资源、低碳生活等生态文明观念深入人心，成为全社会的共同追求。

总体上看，永州市通过切实加大“两型”产业培育力度和城乡环境整治力度，全市环境质量不断改善，生态优势更为凸显，近些年全市常年空气质量优良率 100%，江河水质 90%以上断面达到国家二级以上标准，总体环境质量位居全国地级市前列。这些，不仅为永州市当前和长远发展奠定了基础、拓展了空间，也为全省生态建设和经济社会发展增添了动力、做出了贡献。

二、存在的困难和问题

对照“两型”社会建设要求，永州市生态保护和建设也还存在一些不容忽视的问题，生态环境优化的空间还很大。

（一）生态意识有待加强

少数干部群众认为永州山好水好，生态总量大，环境容量大，因而没有树立强烈的生态危机意识，没有把生态资源当作最可宝贵的物质财富和竞争优势，无视生态、轻视生态甚至破坏生态的现象时有发生。

（二）部分区域生态功能退化

一些林区森林砍伐量过大，导致水土流失严重；城镇废气、污水治理不力，高能耗、高污染项目控制不力，导致大气污染和水污染日益严重；农村环境保护重视不够，面源污染日益恶化；特别是一些重点矿区，乱采乱挖、滥采滥挖现象严重，造成植被大量破坏，污水肆意横流，生态基本摧毁，有的地方甚至变成“无人区”，一些河流变成“死水河”。

（三）生态治理任务十分繁重

由于长期粗放发展等历史原因，一些矿区、企业关停后遗留的生态恢复任务十分艰巨，并难以在短期内得到解决。仅以零陵区的锰矿区为例，废弃的采矿坑达 1000 多个，破坏的植被近 20 平方公里，需处理的尾渣 500 万吨以上，需治理的大小尾矿库 600 余个、河流 100 余公里，工程十分艰巨。

（四）生态建设投入难以筹措

生态建设投入大、见效慢、筹资难，以治理重金属污染耕地为例，永州市现有此类耕地 44 万亩，按每亩治理经费 5000 元计算，需要 22 亿元。如果没有国家、省里支持，单靠自身财力极为有限。

三、下一步工作打算

永州最靓的名片是山水，最大的优势是生态，最厚的底蕴是文化，最好的发展方向是“两型社会”。下一步，永州将坚定实施“生态优先”方针，采取综合措施，着力推进生态文明建设。

（一）全面落实主体功能区规划

深化和完善永州市主体功能区规划，逐步落实好以“重点开发区、限制开发区、禁止开发区”三大片区为主体的空间开发战略布局。

（二）加快产业转型升级

加快传统产业技改升级，培育发展先进装备制造、新材料新能源、文化创意、生物医药、电子信息等战略性新兴产业，优先发展现代物流、现代金融、电子商务等现代服务业。坚决防止为了短期利益而引进高污染高能耗项目。完善生态环保产业技术支持体系，进一步整合高校、科研院所、重点园区和重点企业的科技资源，推进生态环保产业技术的研发、应用和推广。

（三）促进体制机制创新

加快推进工业发展促进机制、联合产权交易平台及其机制、排污权交易、农村环境污染治理、资源性产品价格、土地流转制度、生态小城镇建设体制等重点改革，全力突破生态文明建设体制机制障碍。

（四）加大环境保护和整治力度

加快推进节能减排工作，全面实施排污权交易制度，强化对工业、建筑、交通运输等重点领域和重点环节的污染物排放行为监管。扎实开展农村环境污染治理，推进农村生活垃圾和污水、畜禽养殖污染、农村面源污染等治理工作。继续抓好生态建设，突出抓好重金属污染治理、矿山整治、水源保护等生态环保工程建设，强化生态脆弱地区的生态保护和修复。

（五）加强考核监督

不断完善绿色 GDP 考核指标体系，加快建立生态文明建设问责机制，严格执行环保标准和资源集约节约利用标准，对于违反环保要求的项目坚决不批，大力提升土地等资源要素的利用效率。建立健全生态环境和资源利用监测网络和预警机制，及时发现和处理污染环境、资源浪费的行为，确保生态文明建设在有效监管中进行。

（六）增强政策保障能力

积极推进农业发展规划、土地利用规划和城市总体规划等相关配套的专项规划编制。加快制定两型产业、招商引资、投融资、简政放权等方面的配套政策，构建支持生态文明建设的政策法规体系。加大生态文明建设的宣传力度，推动生态文明意识进机关、社区、企业、农村，强化居民的生态文明理念和环保意识。

四、请求解决的问题

现阶段，永州的经济发展正面临“两难”：一是环保的问题，永州作为湘江源头，保护湘江生态义不容辞；二是“温饱”的问题，多年来，永州为了搞环保，高“生态门槛”丧失了许多发展机会，长期的生态投入无法获得经济回报，我们虽拥有丰富的自然资源，却有矿不能挖，有树不能砍，有猪不能养，有塘不能放鱼，守着金山过穷日子。建议省里加快建立湘江生态补偿机制，具体建议如下：

一是建议明确补偿主体、对象。根据“谁受益、谁补偿”的原则，将湘江生态补偿主体明确为湘江中下游用水主体以及当地政府。补偿的对象明确为湘江上游因保护水质、涵养水源付出成本以及经济发展受影响的上游地区政府。

二是建议确定补偿额度、标准。建议对湘江生态补偿标准的确立从保护湘江生态已经付出的成本、因保护湘江生态减少的发展机会成本、为保护湘江生态将要投入的成本三个方面衡量，对湘江上游生态保护成本和损失进行评估测算，并建立定期调节机制，保持与经济发展水平一致。

三是建议创新生态补偿方式与途径。建议省财政建立湘江生态补偿转移支付制度，设立专项资金，通过“财政直补”、资金补偿、项目补偿、市场补偿、资源税费返还五条途径，对湘江上游地区进行补偿。比如，“财政直补”方面，建议省财政每年根据测定的标准，将补偿资金直接划入湘江上游的市、县、区财政，由受偿市、县、区统一管理、统一使用；资金补偿方面，建议省财政逐步增加现有生态保护专项资金额度，新设一批生态保护专项补助资金，增加对湘江上游地区的转移支付额度；项目补偿方面，建议在生态环保项目、重大基础项目和民生保障项目方面给予大力支持；市场补偿方面，建议建立水权交易模式，湘江上游地区将流域区内一定年限一定容量的水质和水量出售给中下游各市，由中下游各市按照标准向上游地区提供补偿金；资源税费方面，建议将水资源费、资源税、水土保持实施补偿和水土流失防治费、矿产资源补偿费中上缴省级部分返还永州。

永州市2015年两型社会建设成果

【永州市出台国土资源管理规定　制度化规范化管理】 2015 年 1 月 1 日，永州市人民政府出台的《永州市国土资源管理规定（试行）》在全市行政区域内施行。这标志着永州市的国土资源管理工作制度化、规范化、精细化建设取得实质性进展，永州也成为全省第一个由政府发文明确国土资源管理各项工作措施的市州。《规定》指出，土地利用实行规划管理和计划管理，一切土地利用必须符合土地利用总体规划。中心城区用地布局应当将生态建设与耕地保护有机统一；县级土地利用总体规划应当重点划定城镇村用地扩展边界，确定土地整治重点区域，因地制宜引导园地、林地向条件适宜的丘陵和荒坡集中。基本农田保护区内不得安排城镇村建设用地和未列入土地利用总体规划的其他非农建设项目。各类建设宜不占或者少占耕地，鼓励利用低丘缓坡地、未利用地进行建设。建设占用耕地应及时补充同等质量和数量的耕地。城乡规划建设用地应当避让基本农田。《规定》明确，市中心城区范围内工业项目申请用地计划，应当符合一定条件：投资强度不低于 150 万元 / 亩、预期年税收不低于 10 万元 / 亩、配套设施用地不超过总面积的 7%、厂房按多层建设、绿地率小于 10%。投资总额低于 1 亿元的工业项目，原则上不单独安排用地，推荐使用标准厂房。工业、商业、旅游、娱乐、商品住宅等用地应当采取招标拍卖挂牌方式出让。国有建设用地使用权出让最高年限按三类标准执行：居住用地 70 年，工业、教育、科技、文化、卫生、体育等用地 50 年，商业、旅游、娱乐等用地 40 年。《规定》要求，建立土地供后动态联合监管机制，国土、住建、房产等部门及项目所在地人民政府等按各自职责共同促进项目按期开工、竣工。对低效利用土地的处置，应当遵循盘活存量、以用为先的原则进行处置。依法收回闲置土地，对依据规划经批准建设的地上建（构）筑物按照经审计认定的重置价格予以相应补偿。收回的闲置土地、低效利用土地应当纳入政府土地储备。闲置土地在依法处置前，国土资源管理部门不得办理土地使用权转让、抵押、出租手续。被认定有闲置土地的土地使用权人，在闲置土地依法处置前，国土资源管理部门不得受理其新的用地申请。辖区内年度违法占用耕地面积占新增建设用地占用耕地总面积 15%以上的，市人民政府将对县、区政府主要负责人进行问责；辖区内年度违法用地和违法勘查开采矿产资源情况在全省、全市排名靠前的，市人民政府将对县、区政府主要负责人进行警示约谈。《规定》强调，采矿权设立应当符合矿产资源总体规划和矿业权设置方案，并依法经国土、环保等部门审查批准。不符合采选行业准入条件或者大矿小开的，不予设立采矿权。

地热（温泉）资源属于国家所有，未经批准，任何单位和个人不得擅自勘查和开发利用，并实行有偿开采和使用制度。矿泉水水源地实行年检制度。

【永州市农产品物流园项目战略合作框架协议签订】 2015年1月14日，据了解，永州市人民政府与中国供销农产品批发市场控股有限公司签订永州市农产品物流园项目战略合作框架协议书，这标志着又一个国字号央企项目将成功落户永州。中国农批公司是中华全国供销合作总社为有效服务“三农”、搞活农产品流通、适应社会主义新农村建设而成立的全资直属企业，也是唯一一家国字号的专司农产品批发市场建设的央企。自2014年以来，永州市供销社积极贯彻落实市委、市政府关于招商引资的决策部署，在永州市委常委、副市长蒋善生的带领下，主动与中国农批公司进行项目对接，协助该公司来永州开展市场调研及项目合作洽谈，最终促成农产品物流园项目落户永州。根据协议规定，中国农批公司将投资20亿～30亿元，在永州市规划建设一个占地约1000亩，集农副产品交易、批发、物流、仓储、加工、配送于一体的农产品现代物流园。项目建成后，将通过政策引导、技术引进、市场调节，打造一个与国际市场接轨、华中地区规模最大、品种最多、配套功能最完备的农产品贸易集散基地、物流中心、农副产品信息中心、检测中心、价格中心、果品标准形成中心，实现全市农产品特别是果品生产的产业化、标准化、信息化和国际化。

【永州投资13亿余元完成536座水库除险加固】 2015年1月30日，从永州市水利局获悉，2014年，水利部门积极申报、多方争取，全市1197座水库列入病险水库除险加固规划。截至2014年底，共完成536座水库除险加固，完成投资13亿余元。永州市现有水库1229座，其中大型2座、中型26座、小一型159座、小二型1042座。这些水库大多建于20世纪50至70年代，限于当时的历史背景和经济技术条件，工程标准普遍偏低，质量较差，加之后期维修养护经费短缺，管理粗放，大部分水库病险隐患严重，存在着严重的安全隐患。2014年，永州市把水库除险加固作为一项重要的民生工程来抓，全市上下通过不懈努力，完成投资13亿余元，完成536座水库除险加固，水库共恢复和新增防洪库容7683.71万立方米，恢复新增兴利库容13569.16万立方米，恢复灌溉面积45.23万亩，改善灌溉面积93.21万亩，新增供水人口23.6万余人。

【绿色环保新能源电动汽车项目进驻永州　总投资30亿元】 2015年2月11日，绿色环保新能源电动汽车项目签约仪式在冷水滩举行。绿色环保新能源电动汽车项目总投资30亿元，主要生产环保型纯电动力循环自充电客车，属国家重点支持项目。项目采用加拿大气纯电动力汽车的核心技术，车辆达到了零排放标准，市场发展潜力大。根据协议，项目选址冷水滩高科技工业园内，6个月内生产出第一台样车，一年后完成达到年产2000台左右的规模目标，预计实现年产值40亿元，税收2.4亿元。未来二期将电动汽车厂建成永州新能源高科技产业园，将达到年产1万台规模，实现产值200亿元，税收12亿元。目前，该项目已获得国内外总计1万辆左右的电动巴士意向性预定。

【永州创建国家森林过程中处处绿意】 2015年3月12日，据悉，永州人民不断感受到永州在创建国家森林城市过程中带来的新惊喜。2011年，永州迈开建设绿色永州、创建国家森林城市大步。以中心城区为核心，在舜皇山、阳明山、九嶷山生态山区、湘江及潇水两岸、铁路、公路旁等重点地段，全面开展植树造林活动。2014年12月17日，永州召开创建国家森林城市攻坚大会，市委书记陈文浩，永州市委副书记、市长向曙光要求，在全市全面开展城区绿化攻坚、森林生态建设、林业产业经济、森林生态文化和森林资源保护五大攻坚会战。新年伊始,全市城乡随处可见植树造林的身影。截至目前，永州全市共完成整地40万亩，完成造林面积22万多亩,通道绿化完成造林1515公里。几年来，全市每年百万株大苗进城，30余条主次干道绿化提质，实施“裸露山地”绿化攻坚，年均常规造林50万亩。永州市实施了1000万亩封山育林、“三边”造林绿化、绿色乡镇和秀美村庄建设等造林绿化工程，全市森林覆盖率达到61.89%，城市人均公园绿地面积11.15平方米，水岸绿化率80%。永州市建起了8个国家森林公园、3个国家湿地公园和4个国家级、2个省级自然保护区。

【永州水埠头矿区探获碳酸锰矿石资源量4913万吨】 2015年3月13日，湖南省地勘局对外发布，2014年共承担各类勘查项目251项，新发现矿产地13处，为经济社会发展再添新动力。据统计，省地勘局去年新发现各类矿(化)点25处，矿产地13处，新增煤炭资源储量3139万吨、铁矿石量3792万吨、锰矿石量6600万吨、金资源储量12万吨等。在怀化至平江长达500多公里的“雪峰弧形带”上，省地勘局实施“金腰带”找金行动，相继在金井至九岭、幕阜山、洪江横碧洞、平江桥上、通道茶溪等矿区斩获新成果。此外，湘南地质勘查院首次在汝城的南岭花岗岩体里，发现具有大型找矿潜力的较新类型钨钼多金属矿床。湖南省地勘局找矿足迹延伸至国外。2014年，该局在印尼、赞比亚、缅甸、柬埔寨等国家推进的境外风险勘查项目不断传来好消息，如在柬埔寨桔井省五千山预查项目中，发现金多金属矿脉9条;在桔井省乌可列扩矿区金矿详查项目中，发现金资源量4310.29公斤。

【永州宁远县现代农业聚“庄园”】 2015年3月17日，在宁远县冷水镇看到，总投资1.2亿元的刘家洲休闲度假农庄全面开工。该项目占地1500多亩，集农业种养、旅游、度假、餐饮、娱乐于一体,这是宁远县结合旅游资源、生态优势，以“庄园经济”引领传统农业向现代农业转变的一个实例。2014年以来，宁远县通过制定优惠政策、健全服务体系、搞好资金扶持等措施，鼓励和支持懂市场、会经营的企业、农户规模化发展农、林、牧、渔等多种形式的“庄园”。全县先后建成了九嶷山太平2000亩脐橙核心示范园、卢家和李志保700亩无公害蔬菜核心示范园、西湾300亩花卉核心示范园、东安头九嶷山兔养殖园等多个特色农业观光休闲示范园。签约引进了农业科技园、禾行肉牛养殖园等4个投资过亿元的种养殖示范园。据统计，全县已有九嶷山庄、麻塘铺农庄、聚龙山庄、云东海农庄、桃花岩休闲度假农庄、龙头山庄、重华山庄等农村旅游接待区（点）50家，省级授牌挂星的乡村旅游区（点）32家，年创产值4000万元。

【永州市工商局揭牌】 2015年3月17日，永州市工商局举行揭牌仪式，标志着其行政管理体制由省以下垂直管理改革为市委、市政府直接管理。在揭牌仪式上，永州市委常委、常务副市长易佳良要求，市工商局干部职工要积极适应新体制，展示新风貌。易佳良要求市工商局的干部职工要以新的管理体制为契机，紧扣业务工作改进作风，进一步树立为企业、为群众服务的思想。围绕市委、市政府优化产业结构的主攻方向，积极推动现代服务业、电子商务发展，全面深化商事制度改革，为永州经济发展助推加力。不断完善监管机制，创新监管方式，提高监管效能，为全市经济社会发展营造一个公平、守信、安全、放心的市场环境。

【永州农业委员会挂牌见面会召开】 2015年3月19日，中共永州市委农村工作办公室、永州市农业委员会召开挂牌见面会。永州市委常委、副市长蒋善生出席并为“永州市农业委员会”揭牌。据了解，新组建的永州市农业委员会，将永州市农业局的职责、永州市委农村工作部(永州市政府农村工作办公室)的职责、永州市商务局的生猪定点屠宰监督管理职责整合，组建永州市农业委员会为永州市政府工作部门，挂永州市委农村工作办公室牌子，不再保留永州市农业局、永州市委农村工作部(永州市政府农村工作办公室)。

【零陵濒岛拟申报国家湿地公园　提升品位和影响力】 2015年5月21日，据悉，零陵区林业局邀请有关专家对濒岛湿地现状进行了实地调查，为申报国家湿地公园的总体规划做好前期准备工作。零陵区本着“生态优先、全面保护、合理利用，持续发展”的基本原则，通过湿地恢复、保护、封山育林、植树造林、流域治理、面污控制，全面保护湿地植物、水鸟和水体等湿地资源。濒岛国家湿地公园项目的建成，有利于更好地保护湿地，更大地体现科普教育、湿地研究、生态观光、休闲娱乐等社会价值，提升零陵旅游品位和影响力，充分发挥生态经济社会效益，加快生态文明建设步伐。

【永州5家景点上榜首批“全国旅游价格信得过景区”】 2015年5月25日，据了解，湖南省旅游局公布“全国旅游价格信得过景区”名单，永州5家旅游区上榜，它们分别是永州九嶷山舜帝陵景区；永州新田县龙家大院旅游区；永州宁远县文庙旅游区；永州新田谈文溪古村；永州舜帝庙考古遗址公园。永州九嶷山舜帝陵景区拥有国家4A级旅游景区、中国唯一的舜帝陵墓、“华夏第一陵”等金字招牌，景区以舜帝陵及有关碑刻古迹、奇峰异洞、摩崖石刻、湖光山色、诗词碑林为游览主题。它和永州新田县龙家大院旅游区（3A级）、永州宁远县文庙旅游区（3A级）、永州新田谈文溪古村（3A级）、永州舜帝庙考古遗址公园（3A级）旅游区在规范景区门票价格、信守诚信经营、提升服务品质等方面为全省旅游景区做出了表率，成为永州旅游当之无愧的“龙头”。　它们郑重承诺：全面实行一票制;三年内不上涨门票价格。全面落实对老年人、青少年、学生、军人、残疾人的门票优惠政策，对预约门票实行价格优惠。

【零陵举行“2015年太极拳健身活动月”启动仪式】 2015年6月14日，永州市零陵区第三届太极拳健身活动月启动仪式在区体育馆隆重举行。同时也标志着该区第三届“太极拳健身活动月”正式拉开了帷幕。体育馆内，来自全区近千名太极拳爱好者一展风采。壮观的场面、宏大的气势、完美的太极神韵，博得了在场观众的阵阵掌声。有些观众情不自禁地投入到队伍中，一起打起了太极拳。丰富多彩的太极拳、器械和组合拳等节目，充分展示了太极拳爱好者积极向上的精神风貌和健康良好的身体素质。该区太极拳运动爱好者近万人，太极拳健身活动月已成为全民健身运动的一大品牌。在全区开展丰富多彩的太极拳主题活动，展示太极拳运动魅力，旨在吸引更多的人加入到太极拳健身运动中来，引导更多的人练习太极拳，强身健体，享受太极拳运动带来的健康生活，领略太极拳的传统文化魅力，引领健康新时尚，进一步普及推广全民健身运动。

【永州市移动互联网产业制造业年产值将达15亿】 2015年6月15日，从永州市经信委获悉，永州市11个区县实现了千兆全光接入网和PTN传送网络建设。2015年，全市规模以上移动互联网产业制造业产值接近15亿元，重点及限上软件和信息服务业收入达到3.5亿元。近年来，永州市移动互联网行业发展较快，尤其是在省政府《关于鼓励移动互联网产业发展的意见》及相关厅局《关于鼓励移动互联网发展的若干政策》等相关政策的出台，在市委、市政府的大力扶持下，永州市移动互联网行业上升到了一个新的台阶。2010年通过了10GE传送网部署，实现了“十百千”光网络接入能力；2013年专线接入能力达到万兆，传送网能力提升至400G，全面启动小区光宽带业务发展;2014年开启4G网络服务，现已实现4G无线宽带覆盖全市所有乡镇。2015年，全市信息基础设施建设完成投入将突破6亿元，新建4G基站2154个，全市基站总数达5776个；城域网光缆总长达4.56万皮长公里，新增光网宽带端口86600个，总端口数达58.7万个;完成204个乡镇、11个行政村无线宽带覆盖，以及6.4万有线电视双向网络改造。

【永州市取消流动人员人事档案多项收费】 2015年6月16日，从市人力资源管理中心获悉，从2015年起，永州市取消了流动人员的档案保管费、查阅费等。这意味着流动就业人员以及刚离校还没落实工作的大学毕业生等群体，都可以免费存放档案了。据了解，新规实施将为市民减少开支，以2014年为例，人事档案保管费每人一年就能节省240元的费用。此次取消收费的服务项目包括：档案的接收和转递；档案材料的收集、鉴别和归档;档案的整理和保管；为符合相关规定的单位提供档案查(借)阅服务；依据档案记载出具存档、经历、亲属关系等相关证明;为相关单位提供入党、参军、录用、出国(境)等政审(考察)服务;党员组织关系的接转等7个方面的内容，其他服务没有纳入取消收费的范围。同时，个人不得保管本人或他人人事档案，对于跨地区流动人员的人事档案，可由其户籍所在地或工作单位所在地的公共就业(人才)服务机构管理。截至目前，全市各级公共就业(人才)服务机构在存流动人员人事档案8.5万余份，其中市公共就业(人才)服务中心在存流动人员人事档案4.2万余份，每年为流动人员提供人事人才服务2.6万人次。

【永州市鼓励社会力量兴办养老服务机构】 2015年6月19日，据悉，永州市政府印发了《关于扶持社会力量兴办养老服务机构的意见》,明确永州市将积极引导和扶持社会力量投资兴办养老服务机构，要求每年新增一定数量的社会养老服务机构和养老床位，确保到2020年，力争全市社会力量投资兴办养老机构床位数达到1.5万张，占全市养老床位总数的35%以上，整体提升我市养老服务机构建设、管理和服务水平。意见明确，在用地用房方面，鼓励社会力量对企业厂房、商业设施及其他可利用的社会资源进行整合改造，用于兴办养老服务机构，开展养老服务。鼓励社会力量在行政村和较大的自然村，依托闲置的学校、村部等场所，通过改造修缮、添置设备、拓展内容，开展村级老年人互助养老服务。社会力量(含境外资本)投资兴办的非营利性养老服务机构依法享有与公办养老服务机构同等的税费优惠政策。营利性养老服务机构提供养护服务取得的收入免征营业税。此外，在统一收费项目基础上，社会力量投资兴办的非营利性养老服务机构的收费标准实行政府指导价管理，营利性养老机构的收费标准由其自主确定。

【永州市强势推进土地确权工作】 2015年6月30日，从永州市确权登记颁证工作领导小组办公室了解到，截至5月底，全市212个乡镇、5048个村完成了农村土地承包经营权调查摸底和实地测绘等外业工作，占总数的99%和99.3%，186个乡镇、4535个村进行了审核公示、资料归档等内业工作，占总数的87%和89%。6月24日，全省农村土地承包经营权确权登记颁证试点工作会议在祁阳县召开，市委书记陈文浩在会上介绍了永州经验。2014年，市委、市政府决定，把抓好农村土地确权登记颁证作为全面深化农村改革尤其是推进农村产权制度改革的“牛鼻子”和“先手棋”，各县、区也相应成立了高规格的领导机构和工作班子，把土地确权作为“三农”工作的“第一菜单”来抓。3月份开始启动试点，7月底全面完成试点任务，8月初在全市全面铺开。在全力推进确权登记颁证的同时，我市还着力抓好确权成果利用，同步推进流转服务平台建设、新型农业经营主体培育和经营权抵押贷款等配套建设，极大激发了农村发展活力。

【九嶷山、阳明山成为湖南省科普教育基地】 2015年7月1日，从省科协获悉，永州市九嶷山、阳明山国家森林公园被命名为“湖南省科普教育基地”，示范期为2015—2019年。科普教育基地是为公众提供科普服务的重要平台。2014年以来，永州市创森办将九嶷山、阳明山国家森林公园创建省级科普教育基地纳入永州市委、市政府2015年“创森”工作的一项重要内容，市“创森”办、市科协先后多次到九嶷山、阳明山进行现场动员、指导和检查，通过积极创建和申报，6月中旬顺利通过了省考评组的书面材料评审和现场考核。

【永州启动“孤儿保障大行动”】 2015年7月15日，永州市“孤儿保障大行动”正式启动。凡符合条件的孤儿每人将获得一份“孤儿重大疾病公益保险”，保额为10万元。该项目是由民政部与中国儿童少年基金会联合主办的慈善公益项目。为确保“孤儿保障大行动”实施到位，活动组织方要求各县、区民政局认真摸底排查，全面掌握辖区内孤儿生活情况，对符合条件的孤儿发放“孤儿保障大行动”保险单，有效期1年。在保期内，孤儿本人患恶性肿瘤(含白血病)、重大器官移植术或造血干细胞移植术、急性肾功能衰竭或终末期肾病、重型再生障碍性贫血、良性脑肿瘤、急生或亚急性重症肝炎、脑炎后遗症或脑膜炎后遗症等12种保障内重大疾病中的任何一种，可一次性最高获得人民币10万元的赔付。

【永州市交通三年大会战圆满收官】 2015年7月15日，永州市交通运输工作暨三年大会战总结表彰大会召开。会议贯彻落实市委经济工作会、市“两会”和全省交通运输工作会议精神，认真总结了交通建设三年大会战工作，安排了新一轮交通三年大建设和今年的工作任务。市委常委、常务副市长易佳良，副市长唐能武出席并讲话。易佳良充分肯定了我市扎实开展三年交通大会战所取得的成绩，并客观分析了当前形势。会议还表彰了先进典型，各县、区（管理区）向市政府递交了交通运输发展目标管理责任书和三年交通大建设目标管理责任书。据统计，三年来，永州市累计完成交通重点项目建设投资136.33亿元，永蓝高速、厦蓉高速永州段、湘桂高铁在2012年底全面建成通车，永州市公路、铁路、水运、航空四位一体的综合交通体系框架基本成形。

【全力打造永州旅游龙头“零陵古城”】 2015年7月17日，为推进永州市“零陵古城”文化旅游综合保护开发项目建设，永州市委常委、常务副市长易佳良率市直有关部门负责人深入零陵区就该项目建设相关工作进行专题调研。7月10日，永州市政府与伟光汇通就“零陵古城”文化旅游综合保护开发项目在北京正式签约。签约以来，零陵区迅速搭建起工作班子，抓紧推进前期各项工作，正举全区之力推动项目建设。易佳良指出，“零陵古城”文化旅游综合保护开发项目是近年来永州市成功签约最大的旅游项目之一，项目的落户和实施对于加快永州旅游产业的升级发展具有重要意义。他要求，要迅速搭建起高规格的领导班子，进一步加强沟通和协调，全力以赴，切实解决项目建设中存在的资金、用地等相关问题，为推进项目前期各项工作提供保障。要吃透消化合同，制定出完善的整体工作方案，进一步明确时间节点，落实好工作目标和责任。要着力加强调研，对项目建设可行性进行充分论证，准确把握项目建设定位，进一步把各项工作做细做实，确保项目的科学建设和稳步推进。易佳良强调，各级各有关部门要全力支持项目的建设，推动“零陵古城”项目顺利落地建设，全力打造永州旅游龙头“零陵古城”。

【永州市启动三年“交通大建设”拟完成投资200亿】 2015年7月20日，从永州市交通运输管理局获悉，永州市委、市政府制定并下发交通建设实施方案，将在全市开展为期三年（2015年至2017年）的“交通大建设”活动。此次活动以“建设品质活力永州，构建现代立体交通、智能交通”为目标，举全市之力大力推进交通基础设施建设，力争完成交通建设投资200亿元。通过新的三年奋斗，将永州逐步打造成湘南区域交通枢纽和物流中心，基本实现铁路、航空优势明显，水运条件明显提升，出省跨市通道和市到县（含管理区）及县、区之间用二级及以上公路连接，市、县交通结构更加优化，乡镇交通网络更加改善，综合交通运输效应更加显现。

【2015年上半年永州完成地方生产总值610亿元　增长8.5%】 2015年7月28日，永州市半年经济形势分析会召开。经初步测算，2015年上半年，永州市完成地方生产总值609.54亿元，增长8.5%，其中，第一、第二、第三产业

分别完成 105.69 亿元、214.69 亿元、289.16 亿元，同比分别增长 3.7%、9.1%、9.4%。农业生产稳定。1—6 月，全市实现农林牧渔业总产值 205.73 亿元，增长 3.8%。全市春播粮食作物 344.31 千公顷，蔬菜播种面积 95.3 千公顷。全市牛出栏 14.14 万头，羊出栏 30.49 万只，家禽出笼 4440.54 万羽，同比分别增长 4.7%、4.5%、4.4%。工业增长较快。上半年，全市规模工业完成增加值 142.51 亿元，同比增长 10.2%。木材加工及木、竹制品业、化学原料及化学制品制造业、医药制造业等增长较快，分别增长 40.4%、20.5%、19.3%。零烟、猎豹、湘纸三大标志性企业完成总产值 40.18 亿元。园区工业完成增加值 91.8 亿元，增长 7.1%。新入统规模工业企业 72 家，成为工业经济增长新动力。第三产业提速。上半年，第三产业分别比第一、第二产业高 5.7、0.3 个百分点。全市金融业发展较快，实现增加值 13.04 亿元，增长 24.1%，非营利性服务业完成增加值同比增长 13.8%。全市规模以上服务业营业收入同比增长 8.3%，其他营利性营业收入增长 18.9%。

【永州上半年完成农村公益电影放映 30521 场】 2015 年 8 月 5 日，从永州市文体广新局获悉，2015 年永州市农村公益电影放映任务为 60708 场，上半年已完成放映 30521 场。2015 年以来，永州市农村电影各项管理和服务工作有序开展，制定下发文件，完善了各项管理制度和服务准则，确保招标工作公正、公平、公开，在片源管理、队伍管理、设备管理、放映管理、资金管理、培训管理、优质服务上进一步制度化、规范化，为永州市广大人民群众送上影视精神文化大餐。为确保永州市在“十二五”期间全面实现每县拥有一家多厅数字影院的目标，永州市文体广新局采取“全面规划、积极引导、招商引资、同步推进”的办法。截至目前，永州市影院建设共招商引资 1.4 亿元，已争取国家扶持补助资金 1560 万元；已建成多厅数字影院 13 家、在建 4 家。已营业的 13 家影院经营状况良好，年票房收入及其他营业收入共计将突破 1 亿元。

【永州经开区创新引领发展】 2015 年 8 月 10 日，据悉，永州经济技术开发区湖南猎豹汽车有限公司生产车间里 372 米长的生产线上，每 3 分钟下线一台公司自主研发设计的猎豹 CS10。即使这样，提新车至少得等两个月以上。猎豹 CS10 的走俏，正是该企业自主研发设计，开展 600 多项技改、整改的结果。2015 年来，永州经济技术开发区推动企业加快研发创新和技改提质，推动全区经济运行全线飘红。该经开区通过加快人才引进，重奖有贡献的专业技术人员等，引导和鼓励企业加快技改，不断研发新产品，抢占市场先机。仅 2015 年上半年，园区企业申报专利 89 件，获批 36 件，同比分别增长 16.3%和 16.9%。2015 年以来，该经开区希尔医药、熙可食品等企业先后推出 10 多个新产品，不但原有市场得到巩固，还开拓了东南亚市场。同时，该经开区以优质项目引导和推动园区企业转型升级。上半年签约引进精成科技、泽沐祥胶粘、象外科技等项目，总投资 306 亿元。目前，园区内发展高新技术企业 25 家，上半年完成产值 23.4 亿元，同比增加 16.1%，占工业总产值的 22.1%。上半年,全区实现技工贸总收入 148.2 亿元，同比增长 16.7%;外贸进出口总额 6543 万美元，同比增长 18.8%。

【《永州桂林高铁旅游合作框架协议》签订】 2015 年 8 月 11 日，由永州市人民政府主办的“高铁一线牵　畅游潇湘源”——2015 湖南永州旅游推介会在桂林举行。这是湘桂高铁开通后，永州市首次举办的高铁旅游推介会，是深化跨区域旅游合作发展的重要举措。当天，两市旅游主管部门签署了高铁旅游合作框架协议。据介绍，永州与桂林国际旅游胜地交界，境内横亘着南方五岭的越城岭、都庞岭、萌渚岭，生态环境良好，森林覆盖率高，已开辟八个国家级森林公园，可以视作桂林旅游的有效补充。随着交通条件的不断改善，湘桂高铁、泉南高速的贯通，永州到桂林地区的距离拉近，高铁只需要 1 个多小时，自驾 2 个小时可到达零陵古城，桂林游客到永州已经非常方便。当天，永州市旅游外事侨务局针对桂林地区游客特点，发放了《永州自驾游地图》，发布了“文化溯源、生态休闲、民俗风情、猎奇探秘”四条高铁、自驾游精品线路。

【永州等 4 个“国家卫生城市”获授牌】 2015 年 8 月 24 日，全省爱国卫生工作现场会暨启动城乡环境卫生整洁行动电视电话会议在益阳市召开，会议总结和部署了全省爱国卫生工作，全面启动全省城乡环境卫生整洁行动(2015—2020 年)。爱国卫生运动是一项惠及群众、造福社会的民生工程。2015 年是贯彻落实国务院《关于进一步加强新时期爱国卫生工作的意见》的第一年，湖南省政府结合当前形势和实际，印发了《关于加强新时期爱国卫生工作的意见》。会议还对 2012—2014 年新命名的“国家卫生城市”益阳市、郴州市、娄底市、永州市进行了授牌。益阳市、郴州市和望城区、宁远县分别就创建“国家卫生城市”和城乡环境整洁行动进行了典型发言。

【园区经济成永州发展新引擎】 2015 年 8 月 25 日，走进江华瑶族自治县的工业园区，可以看到园区建设风生水起，中国风电、中国五矿、中国稀土等一家家“中”字头的大企业生产井然有序，经营普遍趋好。据了解，作为永州经济发展的一颗耀眼“明星”，江华狠抓园区发展,上半年多项经济指标排名全市第一。据介绍，不仅江华，永州其他县、区也在一批重点项目落户各自园区的情况下，拉动了县域经济的大提升，有力地助推了永州经济的稳增长。2015 年上半年，永州完成地方生产总值 609.54 亿元，同比增长 8.5%,增幅进入全省前 6 位。近几年，永州市委、市政府抓住承接产业转移和高速公路、高铁开通的历史契机，大力引进项目，以园区发展为着力点，实现后发赶超。在园区经济的推动下，永州各区县县域经济正形成各自的鲜明特色。2015 年上半年，永州完成固定资产投资 521.69 亿元，增长 15.2%；财政收入完成 66.46 亿元，增长 17.8%；全市城镇、农村居民人均可支配收入分别达到 10298 元、5053 元，同比分别增长 8.7%、9.9%。

【永州市安全生产示范创建工作流动现场会启幕】 2015 年 8 月 27 日，永州市安全生产示范创建工作流动现场会在江永县拉开帷幕。会议持续 3 天，与会人员现场参观全市 11 个县、区各行业安全生产示范创建活动成效；总结永州市“安全生产示范创建年”推进情况，安排部署下阶段示范创建工作。并于 8 月 30 日召开集中会议，传达贯彻习近平总书记、李克强总理关于做好安全生产重要指示精神和全国、全省安全生产电视电话会议精神；通报上半年全市安全生产情况，部署下阶段安全生产重点工作。此次会议旨在通过观摩各县、区安全生产特色、亮点工作，牢固树立“以人为本”“安全发展”理念，坚持“安全第一、预防为主”方针，全面贯彻落实安全生产法律法规和政策措施，强化安全监管，落实基层责任，夯实安全基础，健全规章制度，提高基层安全生产规范化、制度化、标准化建设水平，增强广大人民群众安全意识和自我防范能力，保障人民群众生命财产安全，实现安全生产形势持续稳定好转。

【全力打造好“潇湘源头第一城”】 2015年8月27日，永州市委书记陈文浩，市委副书记、市长易佳良组织召开专题会议，研究湘江西岸棚改安置小区等项目建设工作。陈文浩强调，要抢抓棚户区改造这一机遇，在推进安置小区建设及道路提质改造等工作中进一步科学定位，以对历史和群众负责的态度，重塑湘江沿岸商业业态，着力打造高品质的“潇湘源头第一城”。会议先后听取了设计单位关于文昌阁安置小区、将军岭安置小区的设计方案，听取了湘江东路商业策划方案及样板段立面改造设计方案调整和翠竹路立面改造设计方案以及老永州四中生活小区及周边用地棚户区改造项目设计方案等。陈文浩指出，一定要坚持高标准，精心打造好各个项目。并强调，永州的城市建设要注重彰显永州厚重的历史文化，要同步规划生态建设，进一步提高建筑水平和建筑品质，要经得起历史和人民的检验，真正打造好“潇湘源头第一城”。

【永州市领导挂牌整治重大安全隐患　为期四个月】 2015年8月28日，永州市委书记陈文浩主持召开市委常委会，专题研究部署重大安全隐患挂牌整治工作。他要求全市各级党委、政府加大重大安全隐患和突出问题整治力度，及时消除各类事故隐患，确保人民群众生命财产安全。会议强调，这次市级领导挂牌整治重大安全隐患时间为4个月，按照“一个重大安全隐患、一名牵头责任领导、一套整改工作方案、一个牵头责任部门和一个整改期限”的“五个一”工作要求，对多年来各县、区、各行业领域排查出来的29个未解决的重大安全隐患进行挂牌整治，每个隐患明确了一名市级领导负责督办，限定整改时间，12月31日前必须整改到位。同时，将整改工作纳入领导干部政绩业绩考核内容，对整改工作无故拖延、不按时完成整改任务的责任领导和单位，取消年度评先评优资格；对因整改不力而引发事故的，实行“一票否决”，并从重从严追究相关责任。

【永州江永县将生态优势转化为工业优势】 2015年9月4日，据悉，永州江永县黄甲岭风电场11台风机日前成功并网发电。这是江永县大力发展绿色工业的又一成功典范。江永县立足全国生态示范区和全国首批绿色能源示范县的优势，大力推动绿色工业发展。2015年上半年，该县招商引资成果喜人，引进投资过亿元项目15个，创历年之最。在招商引资中，江永县坚守“冒烟的企业一律不要，影响环境的企业一律不要”的发展底线，将生态优势转化为工业优势，推动绿色工业发展。2015年以来，先后引进中国供销集团智慧社员城、湖湘商贸、崧顺科技、香港慧桥电子、果蔬综合加工循环利用等16个“无烟”项目。同时，把风力发电、生物质能源、太阳能光伏等“绿色”项目作为重点来抓。江永县还大力实施乡村清洁工程和以沼气为纽带的农村生态家园建设项目，优化农村生态环境，发展乡村生态旅游。在绿色项目的推动下，江永县经济社会实现稳步增长，上半年，全县完成GDP突破20亿元，同比增长8.2%;城镇居民人均可支配收入9084元、农民人均纯收入3328元，同比分别增长8.5%、11%。

【民间水上清洁队成双牌潇水河“守护神”】 2015年9月7日，在永州市双牌县潇水河上，一支由当地沿河两岸村民和义工、志愿者共同组成的水上“清洁队”用自己辛勤汗水换来了潇水河上的碧水蓝天，柳树成荫，成为潇水母亲河的“守护神”，赢得市民纷纷点赞。双牌县委、县政府为切实做好湘江上游水资源保护，将潇水河日月湖国家湿地公园内列为重点清理整治对象，关停了上游所有采沙船和化工冶炼企业，定期巡航打击非法捕鱼捕鸟行为，其次鼓励社会力量共同参与对潇水河的保护治理，由人大代表和群众共同监督，政府安排一定资金补贴这支民间水上“清洁队”的运作，有了社会力量的参与，潇水河的水质和生态得到了翻天覆地的改变，过去的垃圾扎堆河岸现象明显得到改善。

【湖南省华侨同心产业园落户蓝山县　一期投资10亿元】 2015年9月8日，2015中国（湖南）非公经济发展论坛暨海外侨领侨商三湘行活动走进蓝山。9月8日，在海内外各界嘉宾见证下，湖南省华侨同心产业园在蓝山县揭牌。湖南省华侨同心产业园2015年5月落户蓝山，规划用地3000亩，一期规划面积938.5亩，投资10亿元，以发展现代服务业、加工业、制造业等行业和高科技产业为主。建成后，将发挥对外贸易合作、国际产业合作和侨商发展三大功能，助推蓝山经济发展。据介绍，包括蓝山县在内的“蓝宁道新加工贸易走廊”，已经成为永州乃至湖南承接沿海产业转移、发展开放型经济的重要平台，中国侨联、湖南省侨联和海外侨领侨商齐聚永州蓝山，谋划非公经济发展，必将给永州发展注入更多活力，也将为永州扩大对外开放、促进非公经济发展带来新的发展机遇。近年来，蓝山县委、县政府抢抓“一带一部”的重要节点机遇，提出建设“湘粤生态工贸创新城市”的战略目标，形成了清洁能源、生态石材、矿循环冶化、加工贸易、现代农业、商贸物流等六大产业集群。

【永州市第一家“国字号”检测中心奠基】 2015年9月19日，国家焊剂产品质量监督检验中心项目举行奠基开工仪式，意味着在经济欠发达地区的第一个“国字号”检验检测中心即将开工建设，标志着永州市产品质量检验检测能力将跨入一个新的阶段。该项目位于永州大道以东、阳甸三路以北，规划建设面积14000平方米，2012年1月12日经国家质检总局批准，由永州市质监局承建的政府公共检验检测技术服务平台——焊剂国检中心建成以后，长江以南的焊剂和相关产品将全部送到永州检测，这必将增强永州知名度和美誉度，进一步促进永州的焊剂产业、旅游业和服务业等相关产业的长足发展，也将对建设品质活力永州和质量强市战略产生积极的推动作用。

【8月份永州规模工业增加值增速达到10.2%】 2015年9月20日，省经信委对外发布信息，1月至8月，全省规模工业实现增加值6397.56亿元，同比增长7.9%；与前7

个月相比，增幅提高 0.2 个百分点，较全国平均水平高 1.6 个百分点。8 月份，全省规模工业实现增加值同比增长 8.6%，比 7 月上升 0.8 个百分点，排名居全国第 10 位。据省经信委调度分析，8 月份单月增幅较大，部分新兴产业快速增长贡献较大。比如，医药制造业增长 18.7%，增速较 7 月份加快 2.2 个百分点；计算机、通信和其他电子设备制造业，铁路、船舶、航空航天和其他运输设备制造业，电气机械和器材制造业增加值分别增长 9.9%、12.4%、16.1%。分地区来看，8 月份，长沙、邵阳、永州三市规模工业增加值增速均超过 10%，分别达到 10.4%、10.3%和 10.2%。

【永州承接产业转移项目 1500 多个】 2015 年 9 月 21 日，据悉，世界四大著名运动鞋品牌全部汇聚永州，年产鞋量达到 8000 万双，全省每出口 3 双运动鞋中就有 2 双产自永州。湘南承接产业转移示范区获批 4 年，永州市产业集聚创新发展，承接效应逐步显现。2012 年以来，永州市共承接产业转移项目 1500 多个。在这些承接的产业转移项目中，投资 2 亿元以上项目 83 个，总投资 80 亿元的神华国华永州火电、70 亿元的零陵古城文化旅游综合保护开发、20 亿元的五矿江华稀土产业园、达福鑫电子信息产业园、台湾高科技产业园等一批重大项目相继落户建设。永州市坚持以龙头企业引进带动上下游关联产业配套跟进，初步形成了“大项目－产业链－产业集群”的发展格局，产业引进由生产车间到集团总部、单个环节到整个链条的态势非常明显。电子信息、先进装备制造、生物医药等技术密集型项目不断增多，占到总引进项目的 30%，项目园区集中率达到 90%。制鞋、轻纺、服饰等加工贸易产业不断发展壮大，永州市正成为具有区域影响力的制鞋、毛纺基地，全市轻纺制鞋年进出口额占到外贸进出口总额的三分之一。产业转移的集聚发展，有力地促进了全市经济增长、财税增收、投资增大、就业增加。四年来，承接产业转移共为全市提供了 40%的 GDP 贡献率、50%的新增财政收入、60%的固定资产投资和 80%的城镇新增就业，“蓝宁道新江”加工贸易走廊六县新增财政收入的 80%来自产业转移。

【第三届湘南投洽会启幕　永州发布项目 39 个＼总投资 441 亿元】 2015 年 9 月 24 日，湘南承接产业转移示范区投资环境说明暨重大项目推介会、第三届湘南承接产业转移投资贸易洽谈会开幕式在郴州市举行。会上，永州、郴州、衡阳三市共发布项目 156 个。其中永州市发布项目 39 个，总投资 441 亿元。永州发布的 39 个项目，涵盖基础设施、商贸物流、旅游、农产品加工、交通、园区建设等，其中重点推介的 10 个项目为：冷水滩区中小企业创业园、永州市“两供两治”中心城区供水和污水处理 PPP 项目、零陵工业园创新创业园建设、祁阳电子信息产业园招商、道县电子信息产业园产业招商、江永麒麟岩园区配套产业园招商、江华耀丰产业园招商、宁远湘南农业机械产业城建设工程、永州经开区青年创新创业园建设、蓝山光电显示信息产业园。

【永州力争两年内开通至广州、深圳直达高铁】 2015 年 9 月 24 日，第三届湘南投洽会开幕，省政府办公厅正式发布了《关于进一步支持湘南承接产业转移示范区建设的若干政策措施》，力推湘南承接产业转移示范区建设迈上新台阶。永州市商务部门负责人表示，要大力提高招商实效。精心建好项目库和客商库，围绕资源优势和发展重点，策划包装一批大项目、好项目。继续开展小分队招商，扩大商会招商，充分发挥异地商会作用，打响“永商”品牌。加强物流招商，着力引进一批大型物流和电商企业落户。推进产业链招商，完善招商项目联席会议机制。要不断深化区域合作。以示范区建设为平台，在更高层次、更广领域上推进与珠三角、长三角、港澳、东盟地区以及央企、省企、名企的对接合作，着力引进区域总部企业、行业领军企业。科学规划，做实做强“蓝宁道新江”加工贸易走廊。扩大对外经贸合作，鼓励水电、采矿、农产品加工、装备制造等产业抱团走出去。要加快完善基础平台。强力推进创新创业园区“135”工程建设，两年内重点发展 12 个创新创业园区、新建 360 万平方米以上标准厂房、引进 500 家创新创业企业，将永州经开区建成国家级经开区，“蓝宁道新江”加工贸易走廊实施错位发展，努力建成“一县一产业、县县有特色”的省级示范区。力争衡永高速公路开工建设，争取洛湛铁路永州段电气化改造工程尽快实施，开通永州至广州、深圳的直达高铁。加快湖南农副产品集中验放场封关运行并叠加“保税物流”功能，做好永州公路口岸项目二期规划设计和交易区建设，争取成为国家进境水果指定口岸和一类公路口岸。

【永州市被列入 2015 年国家森林城市拟批准名单】 2015 年 10 月 12 日，中国林业新闻网发出《2015 年国家森林城市拟批准名单公示》。公示明确，“根据《国家森林城市评价指标 LY/T2004—2012》等相关文件要求，综合专家审评结果，国家林业局拟批准河北省石家庄市等 21 个城市为国家森林城市。”湖南省永州市在列，这标志着永州市创建国家森林城市工作取得重大成果。永州市从 2011 年以来，在市委、市政府的正确领导下，在全市人民的共同努力下，通过四年的拼博，在城市森林网络、城市森林健康、城市林业经济、城市生态文化和城市森林管理等五个方面，取得了可喜的成绩。城乡绿化大幅度提升、生活环境有效改善、林业产业不断发展、经济建设相应提高、市民幸福指数逐步攀升。

【永州乡镇区划调整改革启动】 2015 年 10 月 20 日，永州市召开乡镇区划调整改革工作动员会，安排部署下步乡镇区划调整改革工作。根据《永州市乡镇区划调整改革工作实施方案》，按照省下达永州市合并建制村目标任务，结合永州市实际，经测算，永州市合并乡镇 35 个，减幅 19%，合并建制村目标任务为 2016 个，减幅为 39.8%。第一阶段合并乡镇工作从 2015 年 10 月至 2016 年 1 月。

【永州正式启动祁阳、道县撤县设市】 2015 年 10 月 23 日，永州市人大常委会第三十三次会议第三次全体会议召开，会议听取了永州市政府关于祁阳县、道县撤县设市的议案及说明，并表决通过了《市人大常委会关于同意祁阳县、道县撤县设市的决议(草案)》。上述永州市政府议案提及，永州市政府同意祁阳县、道县撤县设市，并将采取积极措施，组织相关方面依法依程序申报。一旦祁阳、道县撤县设市成功后，永州市将改变没有下辖县级市的历史。目前，永州市下辖冷水滩、零陵两区和祁阳、东安、双牌、道县、宁远、江永、江华、新田、蓝山 9 县。

【全省电子商务进农村综合示范工作推进会在江永召

开】 2015年11月3日，全省电子商务进农村综合示范工作推进会在江永县召开。会议强调，要积极适应经济发展新常态，抢抓机遇、主动作为，全面动员、全民参与，强化措施、真抓实干，奋力推进农村电子商务高速发展，让老百姓的钱袋子鼓起来，加快同步全面小康步伐。近年来，我省电子商务持续高速增长，呈现出追赶式跨越发展的良好势头。2015年以来，江永县坚持“政府主导、企业主体、市场运作”原则，全力以赴发展电子商务，打造互联网经济生态圈。截至目前，全县已发展电商企业70家、开设网店1000余个；创建电商集聚区2个，入驻电商企业60余家；建设农村电商服务网点56个，电商从业人员达3000余人；1月至9月电商销售产品总收入达7.5亿元。

【永州市推进农村产权制度改革专题调研会召开】 2015年11月5日，永州市召开推进农村产权制度改革专题调研会。市委书记陈文浩在会上强调，进一步认清形势，结合中央深化农业农村改革精神，加快推进永州市农村产权制度改革。2013年底，市委、市政府在认真调研的基础上，充分考虑，科学决策，拿出了顶层设计，全面启动农村产权制度改革，并在全省率先整市推进农村土地承包经营权确权登记颁证工作。目前，确权登记颁证内外业工作基本完成，农地利用规划正在编制，县（区）乡（镇）流转平台基本建立，改革成效初步显现。按照《关于加快全市农村土地流转服务平台的意见》文件要求，全市建成县、区农村土地流转服务中心13个，乡镇服务中心205个。截至10月底，永州市农地流转面积（含耕地、林地和四荒地）638万亩，流转率达25.8%。

【永州15家企业进入省重点上市后备企业资源库】 2015年11月12日，从永州市政府金融办获悉，湖南省企业上市工作领导小组、湖南省政府金融办分别公布了“2015年省重点上市后备企业资源库名单”及“2015年新三板后备资源库企业名单”，永州市分别有15家和10家企业榜上有名。为进一步培育企业上市（挂牌）梯队，提高企业规范化运作水平，促进企业利用资本市场做大做强，永州市委、市政府将此次入选的企业作为重点扶持对象，按照国家、省、市相关政策，在降低上市成本、强化项目扶持、实施上市奖励、激励转板上市和企业直接IPO等方面予以大力支持。

【永州获批“国家森林城市”】 2015年11月19日，从永州市林业局获悉，国家林业局正式批准永州市为“国家森林城市”。2011年以来，永州市深入开展国家森林城市创建活动，取得了明显成效，城市森林网络、城市森林健康、城市林业经济等40项“创森”指标达到国家验收标准，通过了国家“创森”验收专家评审。

【永州区划调整撤并乡镇35个】 2015年11月25日，从湖南省民政厅获悉，永州市的乡镇合并方案已获得省政府批复，本轮区划调整撤并乡镇35个，减幅为19%，12月底前将全部改革实施到位，撤并建制村2016个，减幅为39.8%，确保在2016年6月底前完成合并工作。永州市总面积2.22万平方公里，总人口627万，辖九县二区。本轮区划调整前，永州共有乡镇186个，建制村5060个。据了解，永州市是第一批向省政府提交区划调整申报方案的，其速度走在了全省其他市州前列。本轮区划调整,在全省14个市州中，永州乡镇撤并数量排第7位，建制村调整比例排第4位。永州市委、市政府对区划调整工作极为重视，从乡镇区划调整改革工作方案的起草、审核均认真把关，做到了申报程序一个不漏，提高了申报审批的效率。通过加强宣传和舆论引导，县、区开展层层谈心制，做通干部群众的思想工作。同时，市、县两级制定了切实可行的社会矛盾化解和处理工作预案，以应对改革期间可能出现的各种问题。

【永州市召开全面建成小康社会推进工作调度会】 2015年12月7日，永州市召开2015年全面建成小康社会推进工作调度会。从前三季度全面小康指标初步测算情况看，全市49项指标中有34项指标小康实现程度在80%以上，3项指标小康实现程度在70%以上。从省统计局公布的前三季度全省小康工作运行情况来看，永州市小康社会建设提升幅度在全省排名第二，湘南地区排名第一。今年永州市经济社会发展亮点纷呈，县域经济活力强劲。

【永州市农产品入沪合作交流暨购销签约会举行】 2015年12月17日，永州市农产品入沪合作交流暨购销签约会在冷水滩举行，24家“永”字号企业携带产品进行现场交流展示。会上，永州市农业委与上海中军集团签订了战略合作协议。上海中军集团还与果秀、自然韵、恒惠公司签订了合作协议。据悉，中军集团是省政府与上海市政府合作交流项目“湘品入沪，沪品入湘”指定的承办单位和运营机构，中军集团将把永州名优农产品入沪整体纳入“湘品入沪”项目计划。双方将按照“政府推动、市场主导、企业运作”的原则，充分发挥各自优势，加快推进永州名优产品入沪;并以“永品入沪”为纽带，不断扩展政企合作领域，探索政企合作新模式，促进两地经济往来，共同推进两地经贸合作和产业升级发展。

怀化市2015年两型社会建设综述

2015年，怀化市紧紧围绕省委、省政府提出的“四化两型”战略部署，围绕建设“生态怀化、法制怀化、智慧怀化、幸福怀化”的发展战略，积极谋划，大胆创新，扎实工作，不断进取，在两型产业培育、生态环境保护、绿色消费倡导以及体制机制创新方面，取得了较好成效。

怀化市全年实现生产总值1273.25亿元，增长8.5%，实现了全年目标。完成全社会固定资产投资1008亿元，增长18.4%。完成公共财政收入110.79亿元、增长10.7%，地方财政收入73.56亿元，增长11.1%。规模工业增加值增长7%。实现社会消费品零售总额502.76亿元，增长11.5%。城、乡居民人均可支配收入分别达到20693元、7203元，增长7.8%和11.2%。

一、2015年怀化市两型社会与生态文明建设情况

按照“建设新怀化，奋力创新业”工作目标，调整结构，转变方式，创新管理，激发活力，改善民生，促进和谐，努力实现经济健康调协可持续发展。

（一）合理配置，不断优化产业结构

1.推进重点项目建设。实施市级重点项目259个，正清新版GMP口服制剂生产线、华能苏宝顶风电等一批重大产业项目竣工投产，怀邵衡快铁、武靖高速、芷江机场改扩建等一批重大基础设施项目顺利推进，石煤综合利用、渝怀复线已经开工，怀芷高速即将开工。大力招商引资，全年引进产业项目195个，美达集团投资100亿元的武陵山现代商贸物流城、华美立家投资40亿元的武陵国际商贸城、浪潮集团投资6亿元的智慧怀化建设等重大项目正在建设。获批建设用地1.56万亩，征拆腾地平稳有序，重点项目建设用地保障有力。持续开展专项整治，重点工程建设环境得到优化。

2.推进服务业提质转型。围绕打造西南一流商贸物流基地，启动怀化铁路编组站搬迁工作，同步规划建设现代物流产业园。实施重点商贸物流项目29个，完成投资38.5亿元，为年计划的101.7%。国际汽车城建设进度加快，迎丰路与人民路、鹤洲路合围区域现代商业街建设稳步推进。淘宝电子商务平台上线运营，成为全省首家上线的地市馆，电子商务交易额达到45亿元。实施农贸市场标准化改造项目34个、万村千乡市场工程3个。围绕建设全国知名生态文化旅游目的地，出台《关于加快推进生态文化旅游业发展的意见》，实施“1354”工程，全年接待国内外游客、旅游总收入均增长15%。围绕推动各类服务业提质升级，规范和引导房地产市场平稳健康发展，妥善解决13836户办证遗留问题，销售商品房398.58万平方米，增长69.85%；成功举办房交会、汽车博览会和生态食品博览会等节会，会展营销、服务外包、健康养生等新兴服务业加速发展。

（二）协调持续，稳步推进城乡统筹

1.推进中心城区提质改造。不断打造宜居环境，提高人民生活水平与质量。加快城区断头路拉通及改造，瑞丰路、刘塘路延长线改造基本完成，红星北路、高堰路、云集路、南环线等拓改工程即将竣工，城东、城北等高速公路主入口拓改加快推进，锦溪桥改扩建进展顺利，92条背街小巷改造完成。扎实推进城区供水管网、污水处理厂、垃圾中转站等公用设施建设，提质改造中心城区9个农贸市场。以创建国家卫生城市和省级文明城市为载体，开展以街边清洁、街头清静、街道清新为主要内容的集中整治行动，依法依规推进控违拆违工作。以入列全省新型城镇化试点市为契机，推进城乡共促、基础共享、服务均等一体化建设，市本级30个棚改项目完成投资5.67亿元，建成14个6835套，实施43个村民安置区项目，建成投用11个；加快推进县城和小城镇建设管理及综合提质，一批经济强镇、中心城镇、特色新镇加快规划和建设。

2.推进强农惠农工作。着力强化三农工作，不断改善农民生活。加速发展现代农业。完成粮食播面485.3万亩，总产182万吨。新建农业标准化核心示范园区120万亩，新增省级示范合作社10家，新获“三品一标”认证45个。实现农产品加工销售收入288亿元，增长19.7%。涉农电子商务平台发展到500多家，农村电子商务来势良好，溆浦县、中方县被确定为电子商务进农村示范县。着力改善农村基础条件。完成70座病险水库除险加固，升级改造农网6.8万户，新建和改造农村低压线路3800千米，建设高标准农田10万亩。扎实抓好精准扶贫。出台《精准扶贫攻坚行动实施纲要》，启动10项“到村到户”行动。

3.推进交通设施完善。怀化进入“高铁时代”，高铁里程达178公里，域内设有4个站点，均居全省首位；杭瑞、沪昆、包茂、娄怀、绕城高速公路在境内纵横交错，通车里程680公里，居全省首位；芷江机场开通北京、上海、广州、深圳等7条航线通达11座城市；国省干线改造验收、县乡村道升级为国省道均居全省之最。相比五年以前，今天的怀化，立体交通网络更加便捷，可以全方位实现南下北上、东进西出、通江达海，在五省边区具有独特的区位交通优势。

4.推进美丽城市建设。怀化中心城区建成区面积拓展到64平方公里，常住人口达到60万，城镇化率提升到43%。所有乡镇和99%的行政村通水泥（沥青）路，解决165万农村人口饮水安全问题，实施村容村貌整治工程200

项。城、乡电网改造率分别达到100%和97.3%，互联网普及率达到38%，在全省率先实现宽带基础网络全光网化。加快“美丽乡村·幸福家园”建设，创建“秀美村庄”示范村95个。森林覆盖率提高到70.8%，环境质量不断改善。相比五年以前，今天的怀化，现代都市气息更加浓郁，青山绿水和蓝天白云辉映着美丽乡村、幸福家园，正在向城乡一体化迈进。

（三）保护生态，深入开展两型建设

1．推进生态怀化建设。开展市区空气质量提升行动，市区空气环境质量不断提高。加强水环境污染治理，完成重金属污染治理项目37个，启动村镇集中式饮用水源保护区划定工作，水质达标率100%。完成高铁高速沿线造林2.6万亩、幼林抚育10.5万亩、封山育林25.9万亩、国省干道两旁绿化提质338公里，绿化“裸露山地”4.7万亩。启动农村环境综合整治全市域覆盖工作。实施重点减排项目120个，加快淘汰落后产能和黄标车，全面完成省政府下达的主要污染物减排目标。深入推进生态创建，中方县、芷江县、会同县、洪江区成功创建省级生态区，国家级生态乡镇达到44个，居全省首位。创建全国医疗废物综合管理示范城市通过验收。

2．推进社会事业和谐发展。全年民生支出占财政总支出比重提高到77.36%。在全国率先启动550个空巢老人和留守儿童关爱服务中心建设，改扩建乡镇敬老院9所。开工保障性住房4.3万套，改造农村危旧房2.1万户。解决44万农村人口饮水安全问题。建成义务教育合格学校90所、农村公办幼儿园26所、农村教师公租房4928套，改造农村中小学危房9.5万平方米。在全省率先推行新农合大病保险制度和医疗应急救助，农村孕产妇住院分娩基本医疗实行全免费，新农合参合率98.4%。

（四）创新务实，切实推动示范区建设

1．推进产业园区倍增计划。把产业及产业园区发展作为经济工作的第一大主战场，启动三年倍增计划，逐季逐县开展现场巡检讲评，全市产业园区完成基础设施建设投资42亿元，建成标准化厂房170万平方米，实现技工贸收入710亿元。出台产业引导政策，推动优势特色产业向园区集聚，建设园区技术创新平台，高新技术、电子信息、广告创意等优势特色产业发展来势向好，新增高新技术企业9家，国家高新技术企业增加到35家，省级技术中心增加到8家。强化工业经济运行调度和重点企业帮扶，选派20名处级干部进驻重点企业一对一帮扶指导，协调煤电油气等要素供应，帮助企业解决融资、招工和拓展市场等问题。

2．推进创新发展。下放怀化工业园区、怀化经开区市级经济社会管理权限76项。积极推动投融资体制改革，怀化市城建投、水务投、交建投和土地收储中心四大平台加快整合。积极推行PPP融资模式，融资渠道进一步拓宽。农村金融改革取得重大进展，怀化农商行等6家农商行顺利组建，沅陵县跻身全国第二轮农村金融改革试验区。靖州县向乡镇简政放权、麻阳县金融产业扶贫、会同县林业投融资体制和“互联网+民生服务”改革形成可复制经验，溆浦县入列省直管县试点。乡镇区划调整基本完成，撤并乡镇93个，超省定任务5个。完成市政府部门“四张清单”梳理编制，行政审批“两集中两到位”改革全面实施。不断深化开放合作，长沙海关驻怀化监管机构筹备办已经挂牌。全年招商引资到位资金486亿元。怀化农业科技园、靖州现代农业示范区获批国家级园区。大力推动大众创业、万众创新，新增市场主体2.7万户，增长5%。

怀化市2015年两型社会建设成果

【赵应云调研沪昆客专怀化南站站前广场建设】 2015年1月6日，怀化市委副书记、市长赵应云调研沪昆客专怀化南站站前广场建设管理时强调，要强化配套规划、加快配套工程、严格配套管理、优化配套服务，形成设施先进、管理严格、服务周到、秩序井然的高铁站广场。市委常委、副市长石希欣，市政府秘书长张干太及市直有关部门负责人参加调研。截至目前，沪昆客专怀化南站站前广场项目累计完成投资6.45亿元。广场主体建筑结构施工、换乘大厅及通道（一期）装饰装修已完成，排水、暖通、消防管道安装施工已完成81%，地面铺装完成2.1万平方米，装修完成了综合执法室、公交管理办公室并提供使用。高堰路建设完成路基挖方29.5万立方米，路基填方25.2万立方米，沥青混凝土路面66120平方米，路面标线1100平方米。

【怀化市部署农村安全饮水工作】 2015年1月13日，怀化市召开全市农村安全饮水工作视频会议，部署怀化市农村安全饮水相关工作。2014年，怀化市计划投资2.16亿元，兴建工程372处，解决44万人的饮水不安全问题。截至2015年1月9日，全市共落实投资20036万元，完成投资20318万元，已支付4206万元，解决饮水不安全人口417176人，其中管网到集中供水点151139人，安装到户266037人，工程形象进度95%。

【怀化市8家企业获批国家高新技术企业】 2015年1月14日，湖南省科技厅、财政厅、国税局、地税局联合发文，批复怀化市湖南天佑科技有限公司、湖南汉清生物技术有限公司、怀化市水利电力勘测设计研究院、会同县康奇瑞竹木有限公司等8家企业通过国家高新技术企业认定。“国家高新技术企业”作为金字招牌，标志着企业具有一定的自主创新能力，拥有一定的自主知识产权，所处产业领域属于国家鼓励和支持的高新技术领域。企业被认定为国家高新技术企业后，在企业所得税减免、研发费用加计扣除、固定资产加速折旧等方面可以享受相应的优惠政策。同时，这些企业加大研发投入的社会期望值迅速提高，大众希望高新技术企业规范研发管理，形成可持续创新能力。

【五强溪国家湿地公园全省领跑】 2015年1月19日，据了解，湖南五强溪国家湿地公园LOGO标识品牌形象建设于2015年新伊始顺利完成，成为湖南省第一家拥有自主品牌形象LOGO标识的国家级湿地公园。该LOGO标识整合了五强溪湿地——沅酉水优美形态、沅陵人的图腾——龙舟、湿地公园内特有的国家一级保护动物——中华秋沙鸭，形象、生动且寓意深刻地展现了五强溪国家湿地公园品牌形象，丰富了沅陵县生态文明建设与沅陵山水旅游文化内涵。湖南五强溪国家湿地公园 LOGO 标识以其独具魅力的河流、人工湖、沼泽和环湖森林组成的湿地——森林复合生态系统为基础元素，以湖南五强溪国家湿地公园所在地域沅陵县、沅陵人的图腾——龙舟为主创元素，并融入多次监测发现把该湿地公园作为越冬栖息地的国家一级保护动物“中华秋沙鸭”的影像。标识颜色取自于湿地色彩体系，分别由绿色、橙黄和蓝色三种色系渐变过渡而成。绿色给人以自然生态、健康环保、和谐有序的视觉冲击；橙黄代表湿暖食物、鲜明亮丽、富有喜悦；蓝色通常让人联想到海洋、天空、水、宇宙，它代表干净透明、智慧包容、美丽文静；同时，传达了“保护湿地、合理利用资源、生态与经济和谐发展”共荣共生的理念。

【怀化市加速推进“裸露山地”绿化】 2015 年 1 月 27 日，据悉，怀化市林业部门组织沅陵、麻阳、溆浦、芷江、靖州、通道等六县在溆浦召开“裸露山地”绿化现场会，加快推动“裸露山地”绿化工作，为建设绿色怀化打造美丽的生态环境。“裸露山地”，主要是由于受采石、采矿、取土和森林火灾等人为因素和气候、立地条件等自然因素影响，造成部分地方出现“裸露山体”的问题。加快“裸露山地”的造林绿化，是提升怀化形象、坚守生态底线和统筹城乡发展的需要。各县、市、各相关部门在接到任务后，高度重视，在工作中不断强化措施，突出重点，扎扎实实地开展 “裸露山地”绿化和森林防火工作。各县先后编制了规划方案，以高速公路、高铁两旁为重点，抓好样板亮点工程，并将不断强化管护，坚持三年抚育，制定管护措施，高度重视森林防火和病虫害防治工作，确保早日成林。市林业局将对各县“裸露山地”绿化工作实行目标管理考核，根据完成情况进行奖罚。2015 年，怀化市将完成“裸露山地”绿化任务 4 万亩，其重点是高速公路、国省道和铁路两旁第一层山脊或平地 100 米范围内的“裸露山地”。目前基本完成了林地清理和整地工作，预计在春节前可以全部完成“裸露山地”的绿化任务。

【怀化市雪峰山旅游开发创四个“全国第一”】 2015 年 1 月 28 日，湖南雪峰山生态文化旅游公司 2014 年年会召开，旗下山背花瑶梯田景区、阳雀坡古村落、统溪河休闲小镇建设指挥部、穿岩山森林公园和雪峰山文化研究会、雪峰山文化传媒的中高层管理人员 40 余人聚集一堂，共商 2015 年发展大计。公司凭借强大的开发实力，目前已与溆浦县政府签订了山背花瑶梯田、统溪河休闲小镇、阳雀坡古村落三个景区的开发协议，中国花瑶梯田的道路、排水渠道建设和农家客栈建设以及景区开发规划设计等工作全面启动，统溪河休闲小镇现已动工兴建，抗战古村落阳雀坡开发的村内家什器皿登记造册、防火安全知识培训和消防缸、消防桶的配置、入户电线的改造已全面完成，与美国圆木屋公司战略合作正式启动。

【11 大道路建设项目联通新怀化】 2015 年 2 月 11 日，从市道路建设与改造指挥部了解到，2015 年 怀化市共有 11 个道路建设与改造项目，其中新建项目 4、续建项目 7 个、在建项目 5 个，总投资约 178312 万元（除湖天桥扩宽工程未确定外），这 11 大项目的顺利实施，将联通崭新怀化，让广大市民出行更顺利。据悉，4 个新建项目包括背街小巷改造工程、湖天大桥拓宽工程、迎丰路立交桥工程、锦溪北路断头路接通，目前，都在进行前期准备工作。7 个续建项目为卢林北路和四方路建设、城东高速公路延长线扩宽工程、红星北路断头路接通工程、云集路断头路接通工程、南环线接通和拓改工程、瑞丰路建设、刘塘路建设。5 个在建项目，包括卢林北路和四方路建设、城东高速公路延长线扩宽工程、红星北路断头路接通工程、南环线接通和拓改工程、刘塘路建设，目前都已开始建设。

【怀化市水务投力推迎丰路综合提质改造项目等五大项目建设】 2015 年 2 月 12 日，从怀化市水务投资集团有限公司 2014 年度总结表彰大会获悉，2014 年全年完成供水量 4404.84 万立方米，完成售水量 3070.83 万立方米；全年完成发电量 21,507.59 万千瓦·时，同比增加 1,647.27 万千瓦·时；集团组织实施建设沪昆客专怀化南站区域撇洪排涝工程等 9 个项目，完成投资 3.16 亿元；集团全年完成融资 6.49 亿元，完成投资 2.7 亿元，水务投融资模式走在全省前列。2015 年，怀化市水务投资集团有限公司将紧扣创新发展这个关键，突出民生服务、融资保障两项重点，抓好供水、发电、污水处理三大产业，夯实人力资源管理、财务管理、安全生产管理、党风廉政建设四个基础，推进迎丰路综合提质改造项目、沪昆客专怀化南站区域撇洪排涝工程项目、怀化市城区供水管网建设、沅陵县西水白田段河道治理项目、怀化市应急备用水源工程项目五大项目建设，不断提高水务集团的经济实力和核心竞争力，为全市奋力创新业、建设新怀化开局之年提供水务保障和支撑。

【30.92 亿元综合提质怀化城区棚户区改造】 2015 年 2 月 27 日，从怀化市本级保障性安居工程建设调度会上获悉，怀化将加大保障性安居工程建设力度，确保新建项目 2015 年 5 月底前全面开工，结转项目 10 月底前全部基本建成。2015 年，怀化市保障性安居工程计划任务 44156 套，其中市本级 16086 套。中心城区综合提质棚户区改造任务为 30 个项目 11155 套，计划总投资 30.92 亿元。截至 2 月底，中心城区棚户区改造项目共开工 11 个项目 4205 套，开工率 37.69%，完成投资 2.74 亿元。其中，市商行办 60 套已全部开工；经开区开工 162 套，开工率 68.07%；鹤城区开工 3216 套，开工率 41.61%；市城建投开工 767 套，开工率 23.68%；市交建投、怀化学院、市工商联、市国资委、市农机局尚未开工。

【怀化市被确定为全国集体林业综合改革试验示范区】 2015 年 3 月 3 日，国家林业局下发《关于确定集体林业综合改革试验示范区的通知》，在全国选定 12 个地级市、10 个县（区）开展集体林业综合改革试验示范区建设，怀化市入选其中，并且是全省唯一被列入试验示范区建设的市、州。要求主要在“建立健全林业社会化服务体系、完善金融支持制度和建立公益林管理经营机制”等方面开展示范试点工作，为深入推进全国农村林业改革发展创造新经验。为深入贯彻落实党的十八届三中、四中全会精神，全面深化集体林权制度改革，探索破解制约农村林业发展体制机制问题，国家林业局决定在全国部分地方开展集体林业综合改革试验示范工作。怀化市因多年来积极推进林业改革工作和良好的工作基础，成功入选其中。近年来，怀化市林业改革得到了上级党委政府和主管部门的充分肯定，先后有国务院办公厅、国家林业局、国家发改委和 20 多个省

（市、区）来我市考察调研。

【怀化市交通安全形势持续向好】 2015年3月6日，从全市治超工作会议上获悉，截至2014年12月底，怀化市累计切割“马槽车”近10000台，查处超限车辆8.8万余台，卸载货物1.56万余吨；全市货运车辆“双超”率下降至3%以下；全市国省干线公路优良率达83.4%以上，通畅率大幅提升，大面积、长时间拥堵现象基本消除；全市因超限超载运输引发的交通安全事故明显减少，因超限超载运输监管不力引发的交通事故为零，全市交通安全形势持续向好。

【2015年怀化市规模工业增加值计划完成340亿元增长12%】 2015年3月17日，从全市加速推进新型工业化工作暨一季度产业园区调度会上获悉，2015年，怀化市将大力实施产业园区倍增计划，着力稳增长、调结构、转方式、促改革，全市规模工业增加值计划完成340亿元，增长12%；工业投资计划完成288亿元，增长15%；工业招商引资计划到位资金160亿元，增长12%，其中市本级到位资金30亿元，增长25%，引进亿元以上项目16个；全市万元规模工业增加值能耗下降4.5%。为实现全市工业经济和产业园区跨越发展，2015年怀化市工业经济将着力抓好五方面工作。一是大力实施倍增计划，二是要着力稳定工业增长，三是切实增强发展后劲，四是持续推进国企改革，五是加快建设智慧怀化。

【湖南药店联盟2015年第一次会议在怀化召开】 2015年3月24日，湖南药店联盟2015年第一次会议在怀化怀仁健康产业集团（总部）举行。湖南药店联盟是由湖南怀仁连锁、千金连锁、九芝堂连锁等主流医药零售连锁公司共同发起成立。湖南药店联盟以“诚信、务实、高效、创新、共享、共赢”为宗旨，以“搭建平台，自愿参与，舍得付出，承诺兑现”为原则，以“开启省级联盟新风尚，以为会员单位和上下游合作企业创造价值”为目标，旨在促进行业的良性互动和发展。

【怀化机插水稻旱土育秧技术全省推广】 2015年3月25日，据悉，在娄底市新化县召开的2015年湖南省第三期水稻育插秧机械化技术培训工作会议上，沅陵县农机推广站站长杨国庆代表怀化作大会交流辅导，介绍推广机插水稻旱土育秧技术。这标志着怀化市总结推广的机插水稻旱土育秧技术已经成熟，在全省大面积推广。自2005年以来，为了突破山区水稻机插秧技术瓶颈，解决水稻机育秧这一薄弱环节，怀化市通过办点示范等方式，积极探索适合本地推广的农机育秧模式。通过对比试验，以沅陵县为代表主推的“旱土育秧”技术，具有省力、省水、省秧田等优点，且不受水源和秧场环境限制，培育出的秧苗秧龄短、秧苗壮、盘根好，管理方便、高产高效，符合机插要求，深受农机合作社和农机大户喜爱。湖南省农机局领导和专家多次莅临怀化市指导水稻机插秧工作，充分肯定了旱土育秧技术并提出了许多宝贵意见和建议，怀化市农机局及时对旱土育秧技术进行总结并在全市范围内重点推广，取得了较好的效果，成为山区农机育秧的一种主要形式，具有较大推广应用价值。据怀化市农机局党组书记、局长易延凤介绍，此次湖南省农机局在全省举办水稻育秧机械化技术培训，将怀化沅陵试验成功的机插水稻旱土育秧技术作为主推技术，进行大会交流，深受与会农机合作社代表好评。同时，怀化市农机局2015年计划新推广插秧机380台，完成机插秧面积80万亩，报请怀化市政府与县市区政府签订了目标管理责任状，将目标任务分解到县。怀化市农机局将在全市的51个机插秧示范点上，重点推广旱土育秧技术。

【怀化市启动环境保护大检查】 2015年4月3日，怀化市启动开展环境保护大检查工作。这次大检查坚持“全覆盖、零容忍、明责任、严执法、重实效”的要求，全面排查整治环境风险隐患，依法严厉打击环境违法行为，全方位夯实环境保护日常管理、执法监督、司法联动、能力建设等工作基础，建立健全环境监管执法长效机制，防范重特大环境污染事件发生。这次大检查的重点对象为各类工业园区和所有有废水、废气、废渣及辐射、噪音等污染物排放行为的企事业单位。检查行动自2015年3月开始至12月结束，在6月前所有企事业单位必须完成整治任务并对阻碍环境监管执法的“土政策”进行彻底清理，在2015年年底前所有工业园区必须完成整治任务。各地要列出环境问题及违法企业清单，研究提出整改措施、期限和要求，整改结果向社会公开。对所有要检查的企业，按照企业基本信息、地理坐标、建设项目情况、污染防治设施情况、现场检查情况、违法行为处理情况等，建立完善一厂一档环境管理制度。

【怀化向环境违法行为“亮剑”】 2015年4月8日，怀化市环境保护工作会议召开。会议要求，全市各级环保部门要把工作重心、主要精力集中到加强环境监管执法上来，严字当头，铁腕执法。2014年，怀化市开展了“坚决纠正环境保护中损害群众利益行为”专项整治行动、检查企业1735家次，取缔关闭企业25家、挂牌督办2家、停产整治45家、限期治理45家，整治环境安全隐患单位284家，查处环境违法案件65起。2015年将认真落实环境执法属地管理职责，各县（市、区）环保局要认真履行执法监管属地责任，对本区域的排污单位严格执法监管。在6月30日前所有企事业单位要完成自查自纠并对妨碍环境监管执法的“土政策”“土规定”全面进行清理，在2015年年底前所有工业园区完成环境问题整治并全面完成大检查、建立健全网格化监管制度，在2016年年底前完成其他因安全防护距离搬迁不到位等历史原因导致的环保验收不正常等高难度隐患整治。

【2015年怀化市粮食总产瞄准180万吨】 2015年4月15日，怀化市粮油生产工作暨油菜现场观摩会在会同召开，会议要求2015年怀化市要确保粮食面积480万亩，总产稳定180万吨任务圆满完成。会议指出，各级农业部门要充分认识粮油生产严峻形势，采取有效措施确保粮油目标任务落实；要积极培育新型经营主体，促进粮油规模效益增强；要大力巩固油稻轮作产业，稳定粮食生产；要实现良种、良法、良肥等配套，增强粮油生产可持续发展；要积极转变工作作风，创新服务新方式。组织开展面对面、一对一的个性化服务。

【怀化市新农合大病保险完成公开招标】 2015年4月21日，从怀化市政府采购中心了解到，该中心受市卫生局的委托，集中代理机构对市全市新农合大病保险承办机构定点采购项目进行公开招标采购，怀化市6家保险公司参与了竞标。经评标委员会对参与竞标的保险公司进行了标书审议、倡标、评标、综合评分，中国人寿保险股份有限公司怀化分公司、中国人民财产保险股份有限公司怀化分公司两公司中标。

【怀化规模以下工业企业大幅增加】 2015年4月22日，从国家统计局怀化调查队获悉，随着国家促进小企业发展政策的不断推出，对小企业的服务体系不断完善，怀化企业单位数大幅增加。调查数据显示，2015年1—2月，怀化规模以下工业企业2099家，比上年同期增加40.03%，吸纳从业人员14291人。据调查显示，2015年1—2月，全市规模以下工业总产值7.1亿元，比上年同期的7.19亿元有所减少。在企业数量大幅增加的情况下，户均工业产值33.84万元，比上年同期的47.97万元减少了29.5%。传统行业仍是全市规模以下工业的支柱，其中水电、非金属矿物制造和木材加工业牢牢占据全市规模以下工业的前三位。

【怀化“地球日”宣传活动进公园】 2015年4月25日，怀化市国土资源局的30余位干部职工来到中坡山国家森林公园开展“世界地球日”宣传活动。活动通过悬挂宣传横幅、制作宣传展板、设立咨询台、发放宣传手册和环保袋等方式，宣传地球科学知识，普及国土资源国情，向市民传达了善待地球人人有责，节约资源从身边起、从自身做起的全民意识，引导广大市民积极树立节约集约利用资源意识，加快推进经济发展方式转变，有效保护和合理利用国土资源。

【怀化市产业园区建设提速】 2015年5月4日，从怀化市经信委获悉，一季度全市园区加快产业聚集，园区建设保持平稳较快增长的势头。1—3月，怀化全市产业园区完成技工贸总收入183.1亿元，完成年度计划的29.1%；完成规模工业增加值19.6亿元，完成年度计划的22.8%；税收收入增幅同比增加8.4%；招商引资到位资金31.2亿元，完成年度计划的24%，引进5000万元以上项目18个；工业固定资产投资完成27.1亿元，完成年度计划的28.5%;基础设施建设完成8.6亿元，完成年度计划的24.6%；标准化厂房开工面积71.5万平方米，竣工面积14.1万平方米，完成年度计划的42.1%。

【怀化大力推进保障性安居工程建设】 2015年5月7日，从怀化市房地产信息日报暨保障性安居工程建设工作调动会上获悉，截至2015年4月底，怀化市保障性安居工程累计开工108个项目26961套，开工率56.57%。会议指出,全市保障性安居工程建设存在项目进度不平衡、部分项目施工安全存隐患、分配入住及信息公开工作有待加强等问题。下一步，将全力以赴抓项目进度，确保新建项目5月底前全面开工，10月底前全面完成任务。市政府自5月份开始，将对进度缓慢的县市区进行重点督办，进度仍然缓慢的，由市政府主要领导实行约谈，并全市通报，直接在绩效考核中扣分；重点抓质量安全，各项目责任单位要定期会同项目监理单位，对项目质量安全进行全面排查，发现问题及时整改到位；把保障性安居工程作为质量和安全监管重点，定期组织开展质量安全检查，消除质量缺陷和安全隐患。

【怀化市环保气象部门签订合作协议】 2015年5月11日，怀化市环保局、怀化市气象局在市气象局气象预警中心联合举行重污染天气监测预警预报合作协议签约仪式。根据合作协议，怀化市环保局、怀化市气象局将按照“优势互补、平等合作、资源共享、共同发展”的原则，建立长期合作关系，共同做好重污染天气空气质量预警预报工作，为保护和改善大气环境质量、保障群众身体健康提供公共服务。双方共同成立领导小组，负责组织协调研究确定重要合作、信息共享、预警信息会商等事项，并组织环境保护、气象专家成立重污染天气监测预警专家委员会。双方将在大气环境监测和信息共享、大气污染预警预报会商和预警预报信息发布、重大环境污染事件调查和评估、大气环境及气象领域科研开发和培训交流等方面深入开展合作。在市区环境空气质量预警预报方面，怀化市环保监测站、怀化市气象台将共同建立环境空气质量预警预报数据共享平台，联合建立预报预警业务流程和会商应急机制，探索预测未来24小时空气质量等级并探索发布相应预报预警产品。

【怀化科技活动周启动】 2015年5月19日，2015年怀化科技活动周启动式暨科技金融政策宣讲项目对接会在怀化工业园举行。本届科技活动周以“创新创业，科技惠民”为主题，时间为5月19日至25日。期间，将在怀化全市范围内组织开展科技进校园、进农村、进社区、进企业等系列活动，进一步传播创新思想、践行创新理念，提升科技意识，增强科学素养，为建设创新型怀化奠定坚实的群众基础。当天，清华大学公共管理学硕士、长沙高新区副主任刘清文围绕科技金融概念功能，国家、省里宏观政策，长沙高新区实践经验等，作了科技金融专题讲座。全市各金融机构与科技型企业代表进行对接交谈发言后，共签约科技融资项目2900万元。

【怀化19家景区上榜国家首批“全国旅游价格信得过景区”】 2015年5月25日，国家旅游局公布了首批“全国旅游价格信得过景区”名单，1801家旅游景区成为首批“信得过”景区，怀化19家A级景区入选。首批“全国旅游价格信得过景区”名单公布后，国家旅游局将在“七一”暑期旅游高峰期前、“十一”旅游黄金周之前，持续向社会集中发布新增“信得过”旅游景区名单。要成为“全国旅游价格信得过景区”，景区需自愿承诺“全面实行一票制；景区没有价格欺诈行为；全面落实对老年人、青少年、学生、军人、残疾人的门票优惠政策；对预约门票实行价格优惠；公布真实的门票价格构成；三年内不上涨门票价格”等六项内容。同时，要想保住“信得过”的招牌，还需要接受公众和广大旅游者的社会监督，因为国家旅游局会定期清退不再符合条件的景区。

【怀化展开第三次全国林业有害生物普查】 2015年6月2日，从怀化市林业局获悉，怀化第三次全国林业有害生物普查工作全面铺开，怀化林业部门组织力量到各县（市、区）检查指导林业有害生物普查工作。据介绍，有害生物普查是林业有害生物防治的基础性工作，可为“十三五”期间有害生物防治提供科学决策依据，怀化市13个县（市、区）按照普查进度要求，完成了工作方案的编制，普查队伍和经费均已落实到位，现有85%的单位进入外业调查阶段。通道、靖州、会同、中方、洪江市、鹤城等6县

(市、区)创新普查模式，在湘西南林业有害生物联防协会的统一组织下，集中技术人员，组成联合队伍，开展联防联查工作。下阶段，按照普查总体要求，各地将严格按照每20天一次的普查强度，全面深入地推进普查工作的开展。

【怀化舞水河截污干管已铺设完毕】 2015年6月15日，在舞水河综合治理截污干管铺设工程施工现场，多名施工人员正在炮古园提升泵站搭建施工支架。据项目负责人介绍，舞水河综合治理工程的截污干管已铺设完毕，月底可完成炮古园提升泵站主体施工。据悉，舞水河综合治理截污干管铺设工程包括铺设安装截污干管3130米和修建炮古园污水提升泵站一座。

【怀化市食品安全宣传周活动启动】 2015年6月16日，怀化市启动全市食品安全宣传周活动，副市长、市公安局局长胡长春与来自市食药监局、市农业局、市盐务局等19个市直单位和企业的代表参加启动仪式。据悉，此次食品安全宣传周的时间为6月16日至7月2日，主题为"尚德守法，全面提升食品安全法治化水平",宣传重点是紧扣法治和诚信两大宣传主线，加强相关法律法规的学习宣传贯彻和教育培训等，引导食品企业及从业人员学法、知法、守法、用法，强化主体责任意识；引导社会各界参与食品安全普法宣传和科学知识普及，增强社会监督意识；坚持实事求是，改进食品安全监管工作作风，畅通信息公开与民意表达渠道。宣传周期间，市教育局、市商务局、市公安局等相关单位将根据自身职能展开一系列活动。

【怀化成立生态环境保护委员会】 2015年6月24日，据悉，怀化市政府下发文件，成立怀化市生态环境保护委员会。随着经济社会的加快发展，环境问题日益受到群众关注，加强环境保护也日益迫切。而根据现行环保管理体制，环保工作职责分散在各个行业部门，迫切需要在市委、市政府层面成立一个综合协调机构实行统一领导和统筹推进。为适应这一形势，怀化市委、市政府积极创新环保机制体制，成立怀化市生态环境保护委员会，从市政府层面探索建立生态环境保护组织机构和议事机制。委员会负责全市生态环境保护的组织领导和综合协调，并建立部门"环保责任清单"和联席会议制度，定期研究部署、督查生态环境建设和污染综合防治等重大工作。对各部门环保履职，怀化市政府决定参照省政府《环境保护工作责任规定》先执行一年，再根据实际情况调整和完善。

【怀化新农合大病保险开始兑付　封顶线30万元】 2015年7月14日，从怀化市卫生局获悉，自当天起，怀化市新型农村合作医疗大病保险正式开始兑付。此举可惠及全市近400万参合农民，使之病有所医、医有所助。2015年，怀化推行新农合大病保险制度，在基本医疗保险制度的基础上，对全市新农合参合人因重大疾病住院治疗发生的高额医疗费用，在新农合按政策补偿后，年内个人承担的合规医疗费用达到大病保险补偿标准的，给予大病保险补偿。《怀化市新型农村合作医疗大病保险实施方案（试行)》规定，新农合大病保险期限为每年的1月1日至12月31日，一年为一个参保结算年度。为保证新农合大病保险稳定运行，保障参合人受益水平，怀化采取切实措施，规范大病保险资金管理、加强对商业保险机构的监管、加强对医疗服务和次均费用的管理、建立健全社会监督机制。据悉，此后，随着筹资、管理和保障水平的不断提高，将进一步合理确定怀化市新农合大病保险报销比例，最大限度地减轻个人医疗费用负担。

【怀化全境纳入国家重点生态功能区】 2015年7月18日，从怀化市财政局获悉，国家财政部近日正式下发《财政部关于下达2015年中央对地方国家重点生态功能区转移支付增量资金的通知》，怀化市通道侗族自治县、洪江市(含洪江区)、中方县、鹤城区、溆浦县被列入国家重点生态功能区转移支付补助范围，标志着怀化全境纳入国家重点生态功能区。随着怀化市全境纳入国家重点生态功能区，怀化市建设生态中心城市的"输血"渠道已经稳固建立。今后，怀化市将把生态优势作为转变经济发展方式、调整产业结构的主要抓手，使"输血"功能与"造血"功能有效转换，有力有序推进生态经济、生态环境、生态文化、生态社会、生态制度建设，坚持走经济发展与生态保护并重的可持续发展之路。

【怀化市3项目获中央重金属污染治理专项资金】 2015年7月20日，据悉，国家环保部近日通报了今年中央财政重金属专项资金，共计约28亿元，在全国入围的30个市州中，湖南占11席，获得资金总额10余亿元，怀化市有3个项目将获得专项资金支持。从市环保局业务科了解到，2014年怀化市获批"湖南华锋新宇电子有限公司重金属废水综合改造治理工程"等6个中央重金属污染治理专项资金，资金总额2300万元。至此，全市争取到中央和省级重金属专项治理资金的项目累计37个，总计获得1.56亿元的专项治理资金。2015年，怀化市上报辰溪县张家湾钒矿矿区重金属污染综合治理三期工程等7个项目申请中央财政重金属专项资金，有三个项目获得专项资金支持。

【2015年上半年怀化市经济运行稳中有进】 2015年7月31日，从怀化市发改委获悉，2015年上半年，怀化市上下按照"奋力创新业，建设新怀化"要求和"一个中心，四个怀化"战略目标，认真贯彻落实"扩投资、稳增长、促改革、惠民生"政策措施，全市经济运行呈低速开局、总体平稳、稳中有进的发展态势。据悉，2015年上半年，怀化市实现地区生产总值549.3亿元，为年计划的42.9%，增长8.2%。分产业来看，第一产业实现增加值53.9亿元，增长3.9%；第二产业实现增加值231.1亿元，增长6.2%；第三产业实现增加值264.2亿元，增长10.9%。一、二、三产业对全市经济增长贡献率分别为3.7%、34.7%、61.6%，分别拉动GDP增长0.3、2.8、5.1个百分点。上半年全市经济社会发展呈现出5个特点：一是产业发展态势向好，二是社会需求保持稳定，三是结构调整稳步推进，四是发展质量稳步提升，五是民生建设持续加强。

【怀化城区"限摩规电"整治行动打响第一枪】 2015年8月3日，怀化城区"限摩规电"整治行动打响了第一枪，由市工商局牵头的违法销售整治组，在全城范围内开展了全面清查超标电动自行车、电动三轮车销售行为。市工商局、质检局、商务局等部门抽调了15名工作人员，深入城区各个电动车销售点进行巡查，对在店铺内摆放超标电动自行车、电动三轮车进行违法销售的，开展行政执法。按照相关规定，车重在40公斤以上时速控制超过40公里每小时的电动自行车均属于违规销售的电动车，工作人员现场要求电动车商铺整改，停止销售行为。据悉，此次巡查组共检查电动车销售店铺10余家，发现违规摆放超标车辆数十辆，10余家电动车销售商签订“限摩规电”承诺书。

【怀化中心城区燃煤锅炉将限期改用清洁能源】 2015年8月5日，从怀化市燃气办了解到，为进一步改善城市空气环境质量，创建国家环境保护模范城市，怀化市将从今年起开展怀化中心城区燃煤锅炉限期改用清洁能源三年行动计划，对禁止使用高污染燃料区域内的工业企业、机关、学校、医院、宾馆等95家单位使用的10蒸吨（含10蒸吨）以下的锅炉、窑炉等将全部改造为使用清洁能源的锅炉。市燃气办主任张英介绍，本次整改将按照分步实施直至取缔的原则，对被确定的整改对象，限期自2015年至2017年完成改用管道天然气等清洁能源。对逾期拒不整改继续燃用高污染燃料的单位，湖南省特种设备检验检测研究院怀化分院将不再对其锅炉等燃烧设施进行年检，并由相关部门依法进行查处，责令拆除或没收燃用高污染燃料的设施，并依法予以处罚。

【怀化市坚持生态立市推动绿色发展】 2015年8月12日，从有关部门获悉，怀化市全境已纳入国家重点生态功能区，这标志着建设“五省边区生态中心城市”的“输血”渠道已经稳固建立。近年来，怀化市坚持在发展中保护，在保护中发展，实现经济与环境双赢的原则，既要金山银山，更要绿水青山。2014年底，怀化市确立了“建设五省边区生态中心城市”战略目标，将绿色发展与加快发展统一起来，着力发展循环经济、低碳经济和生态经济，从根本上改变过去高消耗、高污染、低效益的“两高一低”经济发展方式。围绕旅游、林木、食品、医药等重点产业进行资源整合，大力推进节能减排工程，鼓励企业技术改造和新上循环经济项目。在招商引资过程中，加大选商力度，引导新能源、新材料等重点项目来怀落户。

【怀化市建设生态林业拓展良好生态空间】 2015年8月22日，从市林业局获悉，怀化市通过林业改革，改善生态环境及发展林业产业等举措，林业建设取得较好成绩。其中活立木蓄积量和森林覆盖率增幅均排全省第一，全市林业总产值达到268亿元，较“十一五”末增长了2.25倍。据悉，怀化市在全省率先建立林银互动和考核机制，积极引导金融部门开展林权抵押贷款，累计实现林权抵押贷款18亿多元。加入湖南中部林业产权交易服务中心，建立省、市、县对接的林权信息网络，每年实现林权流转30余万亩、20余万立方米，交易总额近3亿元。

【怀化市加大保障性安居工程督查整改力度】 2015年9月1日，怀化市保障性安居工程督查整改暨麻阳现场经验交流会召开。怀化市委常委、常务副市长杨亲鹏指出，保障性安居工程是国家在民生方面的一个重要战略举措，是必须完成的刚性任务。2015年，怀化市保障性安居工程目标任务48719套，年度投资98亿元。截至8月底，全市累计开工43749套，开工率89.8%，投资41.38亿元，完成年度投资额的42.2%。

【怀化城区环境空气质量提升行动全面展开】 2015年9月11日，从怀化城区环境空气质量提升行动动员会上获悉，为有效提升怀化城区环境空气质量，从即日起至12月底，怀化市7个市直部门及鹤城区、经开区将联合开展为期近4个月的综合整治。2015年1—8月，城区空气优良率为75.9%，无严重污染，大气污染物主要为PM2.5，其次为PM10，偶尔有臭氧超标。针对城区大气污染问题，怀化市环保局协同相关部门开展了污染源排查及调研活动。经综合分析，影响城区空气质量主要存在于建筑工地施工及道路运输扬尘污染、机动车尾气污染、燃煤结构性及餐饮油烟污染、矿山企业粉尘污染、挥发性有机物污染和垃圾废弃物焚烧、烟花爆竹燃放产生一定的大气污染等几方面。为有效解决空气污染问题，9月11日起至12月底，7个市直部门以及鹤城区政府、经开区管委会明确分工、部门联动，全面展开综合整治行动。

【怀化市集中整治乱搭乱建现象】 2015年9月30日，由怀化市行政执法局、市公交公司、鹤城区政法委、鹤城区行政执法局等15家单位，共计520人组成的综合整治小组，针对人民南路、鹤洲路沿街门面门头、广告牌乱搭乱建现象，进行集中整治行动。从现场看，整治行动有条不紊，人民路提质改造工程也在如火如荼地进行当中。据了解，人民路提质改造工程进行当中，街边的违规搭建严重影响了施工进度，开展此次整治行动是为了确保提质改造项目如期完工。此次整治行动共涉及房屋44栋，违规广告牌280多处，10月10日之前将全部完成拆除工作。

【渝怀铁路增建第二线工程获批　总投资185.52亿】 2015年10月15日，国家发改委批复两条铁路项目，其中一条与怀化息息相关，就是渝怀铁路梅江至怀化段增建第二线。届时将大幅提升渝怀铁路运能，为怀化建设五省边区生态中心城市，助力武陵山片区扶贫攻坚增添新能量。渝怀铁路2005年通车以来，沿线运量快速增长，单线运能已饱和。2009年，经原铁道部和重庆市政府批准渝怀铁路增建二线，采取分段建设，其中渝涪二线已于2013年底建成通车。目前，重庆境内涪陵至梅江段增建二线工程已完成招标。按照2013年铁路总公司的要求，贵州省、湖南省人民政府将境内渝怀铁路路段增建二线的可研审批所需相关要件上报国家发改委，并在10月15日获批。渝怀铁路第二线是以货运为主，客货混线。此次批复的线路起自渝黔省界梅江，经松桃、桃映、铜仁、锦和，终至怀化南客站，全长169公里。设计时速120公里/小时。项目总投资185.52亿元，建设工期为3.5年。

【怀化成功创建全国医疗废物综合管理示范城市】 2015年10月15日，国家环境保护部组织由中国科学院、国家和省环保专家组成的考评组，对怀化市创建全国医疗废物环境可持续管理全额项目医疗废物综合管理示范城市进行了考评验收，怀化市由此成功创建全国医疗废物综合管理示范城市。国家环保部为加强医疗废物管理，在全国启动了创建全国医疗废物综合管理示范城市项目试点工作，怀化市是6个试点城市之一。对于怀化来说，开展全国医疗废物综合管理示范城市的创建意义重大，既是建设五省边区生态中心城市的重要内容，是展示怀化城市管理水平的优质名片，也是加强生态环境保护的有力举措。

【怀化城区提质改造9个农贸市场】 2015年10月20日，从怀化市商务局市场体系建设科获悉，2015年怀化市商务局对城南、红星中路、西站、芷江路、天星坪、锦绣五溪、云箭、舒家塘和城东等9个农贸市场进行新建或改造，总投资20449万元，建设改造面积30800平方米。据悉，怀化市2015年计划实施9个农贸市场新建或改造任务。到2015年年底，城南、芷江路、天星坪、舒家塘、锦绣五溪、云箭等6个市场需完成主体建设，西站、红星中路等2个市场需完成改造投入使用，新增农超市场13100平方米、社区办公用房2800平方米、夜市6000平方米、停车场3900平方米；社会投资5400万元，新增农超市场12700平方米。

【怀化强化入河排污口监管】 2015年11月5日，怀化市入河排污口及基础情况调查工作暨培训会议在怀化市水文局召开。怀化市辖区范围内将全面启动入河排污口及基础情况调查工作。此次排污口调查工作主要是针对各区、县（市、内）的一级水功能区、二级水功能区以及中型水库范围内集中生活排污口和大型工矿企业的入河排污口进行基础情况调查和核实工作，通过采集入河排污口水样，进行水质化验，从而全面、准确、及时地掌握入河污染物基础信息。据怀化市水文局相关负责人介绍，依法对入河排污口实施监督管理，是保护水资源、促进水资源可持续利用的重要手段，通过对入河排污口的调查，水文局将全面掌握入河排污口的数量、分布、类型以及排放的污水量、污染物等基本情况，从而动态分析怀化市排污口特点及其主要问题，进而为入河排污口的规范化管理提出对策和建议。

【怀化市全力加快水利工程建设】 2015年11月19日，据了解，怀化全市水利建设现场会在洪江市召开，怀化市全力加快水利工程建设进度，截至目前，全市已累计完成中央投资5.39亿元，投资完成率70%；开工项目142处，开工率98%，进度较往年有较大提升。特别是农村饮水安全建设，已完成中央投资1.21亿元，中央投资完成率达97%，大部分县（市、区）在10月底前全面完成了建设任务。2015年怀化市水利建设的目标任务是：开展363座病险水库除险加固工作，新建和加固堤防、护岸61公里，解决农村饮水不安全人口33.8万人，完成各类小型农田水利工程建设3.4万处，实现新增和改善有效灌溉面积65万亩。下一步怀化市将加快做好未开工项目的前期准备工作，确保11月中旬全面开工。

【怀化保障性安居工程完成年度任务】 2015年12月2日，从怀化市房产管理局获悉，截至11月底，全市保障性安居工程开工43792套，开工率126.25%，基本建成34384套，基本建成率99.1%。其中，公租房开工19199套，开工率126.3%，基本建成套，基本建成率72.6%；城市棚户区开工23645套，开工率126.44%，基本建成13947套，基本建成率；国有工矿棚户区开工543套，开工率181%；垦区棚户区开工585套，开工率120.61%，基本建成585套，基本建成率120.61%，已全面完成目标考核任务。

【怀化市新增21个残疾人就业扶贫基地】 2015年12月3日，从怀化市残联了解到，2015年来，怀化市新增21个残疾人就业扶贫基地，新增残疾人就业700人。同时，怀化市共有1500名重度残疾人享受托（安）养服务，对一、二级残疾人发放护理补贴；扶贫脱困750名残疾人。此外，怀化市还组织开展了康复工程、残疾儿童抢救性康复、无障碍进家庭等对象的筛查工作。为帮助残疾人实现就业，怀化市举办各类职业技能和实用技术培训班20余期，培训残疾人达2000人次，全年全市新增残疾人就业700人。同时通过给予创业资金补助、贷款贴息等形式，怀化市1200名残疾人得到就业和创业帮扶。

【怀化市水果行业协会成立】 2015年12月11日，在反复酝酿和征求意见的前提下，经过多轮选举，怀化市水果行业协会正式挂牌成立。水果行业协会的成立，标志着怀化市水果业主有了加强交流互助、产业协作、市场共享的平台，有了进一步联通政府部门、企业、客户的桥梁，有了深入连接生产、加工、销售等市场环节的纽带。水果是怀化市的优势特色产业。目前种植面积已达178.8万亩，年产水果169.7万吨，年产值49.4亿元，水果的种植面积、产量、产值均居全省第一位。涌现出了许多依靠发展特色水果产业而富裕起来的"柑橘村""葡萄村""杨梅村"，培育出了麻阳"锦红""锦玉"冰糖橙，"黔阳"冰糖橙，"靖州"杨梅，"中方"葡萄等知名水果品牌。据统计，全市水果产业占农林牧渔业总产值的比重接近20%，已经成为农村经济的支柱产业和农民增收的重要来源。

【怀化石煤资源综合利用发电厂项目开工】 2015年12月25日，怀化石煤资源综合利用发电厂项目在会同县金竹乡楼脚村正式开工。怀化石煤资源综合利用项目采用国际先进的大型循环流化床燃烧技术，达到超低排放标准，符合国家产业政策，属国家鼓励的清洁能源项目，是国内首创，同时也是世界上第一个大型石煤综合利用项目。项目总规划10台35万千瓦超临界循环流化床发电机组，配套露天煤矿、提钒生产线、建材生产线，总投资340亿元。10台发电机组建成后，年产值71.25亿元，年创税收近10亿元；每年消耗石煤3161.5万吨，相当于节约标煤542.5万吨。

【怀化交通建设2015年将完成投资50.34亿元】 2015年12月25日，从怀化市交通运输局获悉，预计2015年年底，全市交通建设可完成投资50.34亿元，为年度目标46亿元的109.4%。据悉，2015年，怀化铁路建设可完成投资24亿元，占年任务24亿元的100%。怀邵衡铁路建设稳步推进，渝怀铁路增建二线、怀化铁路货运编组站搬迁工程正在抓紧进行前期工作。机场建设可完成投资0.79亿元，占年任务0.79亿元的100%。高速公路建设可完成投资1.5亿元，占年任务1亿元的150%。怀芷、芷铜、靖黎高速公路正在加快推进前期工作。干线公路建设可完成投资9.06亿元，占年任务7.3亿元的124.1%。

【怀化市成立农村饮水水质检测中心及城区水文水资源局】 2015年12月30日，怀化市举行农村饮水水质检测中心授牌及怀化市城区水文水资源局成立大会。农村饮水水质检测中心的建立，将推进怀化市建立科学、规范、完善的农村饮用水卫生检测体系，维护农民群众身体健康和生命安全。而城区水文水资源局的设置，则将促进我市城区水资源保护和水环境监测工作更上台阶。怀化市农村饮水安全工程水质检测中心由市水利局和市水文局合作建设，机构设置在市水文局内，加挂"怀化市农村饮水安全工程水质检测中心"牌，市水利局为主管部门，委托市水文局负责日常管理及维护。

湘西自治州2015年两型社会建设综述

2015年，面对严峻复杂的宏观环境，湘西州全州上下坚守州委“542”发展思路，深入开展“环境改善优化年、项目推进加速年、发展提质增效年”活动，统筹抓好稳增长、调结构、促改革、惠民生等各项工作，全面完成全年目标任务。

一、经济运行提速增效，主要经济指标增速攀升

湘西州实现生产总值511.9亿元，增长9.2%。实现固定资产投资370.9亿元，增长19.4%，高出全省平均水平1.2个百分点。财政总收入78.4亿元，增长21.3%，高出全省平均水平11.1个百分点。社会消费品零售总额227亿元，增长10%。城乡居民收入分别达19267元、6648元，分别增长7.7%、13.4%。完成省下达的节能年度目标任务。

二、加强项目要素保障，重点项目推进成效明显

深入开展“项目推进加速年”“环境改善优化年”活动，重点项目推进顺利。一是资金筹措有力。突出跑项目争资金，湘西州直部门、县市争资取得新突破，发改口全年争取中央、省预算内投资24.54亿元，较上一年有新增长；争取国家专项建设基金13.6亿元；争取到位下浮电价补贴1亿元。继续落实差别化金融政策，金融机构贷款余额423.8亿元，较年初增长32.3%，增速居全省第一。二是前期项目推进有力。围绕国省“十三五”规划及战略行动，筛选湘西州“十三五”规划的重大项目600个左右，“十三五”计划投资7000亿元以上。动态项目储备保持在1400亿元以上。张吉怀客专预可研通过国家铁路总公司审查。湘西机场预可研通过评估。辛女溪、乌巢河2个水库可研通过国家烟草局复审。湘西州获批为国家生态保护与建设示范区。吉首、凤凰、保靖纳入国家“宽带乡村”示范工程试点县。花垣、保靖入围全国小农水重点县。凤凰进入第二批全国水生态文明建设试点城市。三是在建项目推进有力。221个州重点项目完成投资318亿元，为年投资计划的118%。300个州庆重点项目、省政府支持湘西发展的34个重点项目顺利推进。黔张常铁路湘西段完成投资7.9亿元，为年计划的157%。龙永高速部分路段通车。永吉高速完成90%路基。龙山岳麓大道改扩建、永顺老司城遗址公园等一批项目竣工。张花高速三条连接线、龙山洗洛至里耶公路、古阳河水库、羊峰山大青山风能发电等项目进展顺利。四是项目管理不断加强。严格执行“一月一巡查调度，一季一督查通报，一季一奖惩兑现”的考核机制，有效推动了项目建设。严格核准招投标有关事项，对32个标后管理不到位的项目下发限期整改通知书。加大项目稽查力度，对湘西州人民医院等20个中央预算内投资项目开展了专项稽查。

三、产业结构调整成效显著，经济增长新动能不断形成

三次产业结构从2014年的15.1∶34.3∶50.6调整为14.8∶33.9∶51.3，第三产业比上年同期提高0.7个百分点，成为拉动经济增长的主导力量。一是服务业发展势头强劲。生态文化旅游业发展提速增效，老司城遗址申遗成功并顺利开园，实现了湖南省世界文化遗产零突破；凤凰十大文化旅游扩容提质工程推进顺利，5A级景区创建通过资源评审；矮寨旅游观光通道建成运营；两条生态文化村镇游精品线建设有新进展，申报的89个国家级传统村落已通过省评审；成功举办了“新春走基层·直播惹巴拉”、吉首国际鼓文化节等活动，进一步提升了神秘湘西旅游品牌影响力。全年接待游客3362.41万人次、实现旅游收入216.97亿元，分别增长19.6%和24.3%。商贸流通业来势较好，国盛商业广场一期工程竣工，亿利购物广场、龙山湖湘商贸广场等项目进展顺利，完成30个农贸市场标准化建设。电子商务发展迅速，积极实施“互联网+湘西”专项工程，与腾讯公司、长虹集团开展战略合作，“湘西馆”在苏宁易购、淘宝网正式上线运行，全年电子商务交易额达12亿元。二是工业转型发展效果初显。大力实施创新创业“73”计划和工业振兴“四百工程”，全省创新创业园区“135”工程建设现场推进会在湘西州召开。新建标准厂房123万平方米，新引进投资2000万元以上工业项目37个、入园企业64家，奥鑫车业、洁宝日化等一批入园企业建成投产。金天铝业、湖南众鑫、保靖新中合在“新三板”成功挂牌，边城生物、凤飞传媒等10家企业在湖南股权交易所成功挂牌，恒裕科技等一批高新技术企业快速成长，湘泉药业、南方水泥等企业保持良好发展态势。酒鬼酒公司入库税收1.64亿元，增长91.9%。吉首大学杜仲综合利用国家地方联合工程实验室通过国家发改委批复，填补了湘西州无国家级产业研发平台的空白。三是农业现代化进程加快。粮食总产量达85.4万吨。大力实施农业精品园、标准园、示范园建设，19个万亩标准园建设力度加大，花垣国家级现代农业科技示范园、永顺山地生态示范园等县市农业园区建设有形象、有成效。特色产业开发加快推进，柑橘栽培面积57.37千公顷，产量69.2万吨；茶叶面积发展到15.57千公顷，产量0.27万吨；百合种植面积10万亩，产量8万吨；种植烤烟18.25千公顷，产量3.2万吨；猕猴桃种植面积6.92千公顷，产量6.6万吨；湘西黄牛、湘西黑猪等养殖规模进一步扩大，单头牛、羊的平均利润分别达5000元、600元左右。农业产业化步伐加快，全州农产品加工企业达652家，其中规模以上农业企业59家。新型农业经营主体不断壮大，农民专业合作社达2146个，实现农村土地流转24.3万亩，带动农户15万人以上。

四、同建同治深入推进，城乡面貌变化明显

湘西州城镇化率达41.1%，比2014年提高1.2个百分点。一是城市扩容提质。8县（市）实施一批城市综合体、商贸综合体、学校、医院、两棚两房、两供两治等项目，吉首启动实施了城区道路“白改黑”、地下综合管廊工程。二是村镇建设力度加大。30个特色重点集镇建设推进有力，芙蓉镇、浦市镇、矮寨镇等污水处理厂开工建设，193个传统村落全部列入全国传统村落保护管理信息系统，完成特色民居改造4000户。三是城乡管理不断加强。城乡同建同治深入推进，建成生态村庄101个，10个乡镇被授予“省级生态乡镇”称号，全州森林覆盖率达70.24%，城乡环境、道路交通秩序得到有效整治。查非纠违深入开展，立案查处违法用地、违法建筑8741宗，拆除违法建筑2679处，“两违”现象得到遏制，城乡面貌发生新的变化。

五、改革创新激发活力，发展红利有效释放

完成了8大类72项改革任务。简政放权力度加大，机构改革、乡镇区划调整改革顺利完成，出台公布了州、县、市政府“三清单一目录”，湘西州公共资源交易中心建成运行。商事制度改革深入推进，实行“三证合一、一照一码”，新增1.4万户市场主体，增长30%。投融资体制改革有新成效，交通银行湘西分行正式营运，农村信用社全部成功改制为农村商业银行。社会融资模式不断创新，PPP项目签约11个，实际利用社会资本28亿元。大力推行非经营性政府投资项目代建制。金融风险防范力度加大，加强民间融资管理，严厉打击非法融资等行为。财税体制改革扎实推进，全面实施政府预算、部门预算和“三公”经费预算公开，建立财政专项资金清单管理制度。各重点领域改革进一步深化，公车改革、价格体制改革、工资收入改革、国有企业改革等工作有序推进，农村土地宅基地流转、不动产统一登记等改革积极争取先行先试。工程建设领域突出问题专项治理成效明显，审计监督范围不断拓展。招商引资取得新突破，引进投资过亿元项目23个，实际利用内资201.6亿元，增长22.4%，引进了湖湘商贸公司、太平洋集团、高平教育集团等战略投资者。

六、社会民生保障有力，发展合力不断增强

一是精准扶贫成效突出。坚持把扶贫攻坚作为头等大事来抓，编制了州、县市、行业和贫困村精准扶贫实施规划，开展了贫困人口精准识别工作，整合投入各类扶贫资金18.8亿元，集中推进发展生产、公共服务、全民教育“三件大事”，组建驻村扶贫工作队690个，实现1200个贫困村驻村帮扶全覆盖，全年减少贫困人口12万人。二是民生事业不断改善。2015年民生支出161.89亿元，增长21.6%，占一般公共预算支出的66.1%，省定重点民生实事和州定20件民生实事任务全面完成。教育“四大工程”进展顺利，新建、改扩建城镇学校45所，新增城区学位1.2万个，建设农村学校校舍16.6万平方米。卫生事业加快发展，城乡居民大病保险工作全面启动，基本医疗保障和基本药物制度在全州公办基层医疗卫生机构全面实施。社会保障水平不断提高，新农合、新农保、城镇养老保险在全省率先实现全覆盖。托底政策贯彻落实到位，城乡低保实现“应保尽保”，农村五保老人集中供养率达36%。全年开工建设城市保障性住房4.3万套，农村安居工程1.43万户。新解决20万人饮水不安全问题。新增城镇居民就业2.59万人、农村劳动力转移就业3.32万人，建设创新创业园9个，孵化基地9个。三是市场调控能力不断增强。全年CPI累计涨幅1.7%左右，价格总水平保持稳定。食品药品安全状况改善，“两违”整治、网格化管理等工作深入推进，全州社会大局和谐稳定。

湘西自治州2015年两型社会建设成果

【湘西州科学技术奖励大会在吉首召开】 2015年1月5日，湘西州科学技术奖励大会在吉首召开，会议贯彻落实国家和省创新驱动发展战略，表彰奖励为湘西州科技发展和经济建设做出突出贡献的先进集体及个人。湘西州委书记叶红专，州委副书记、州长郭建群，州人大常委会副主任刘小刚，副州长支可知，州政协副主席李汉林出席会议并为获奖代表颁奖。会议宣读了《湘西自治州人民政府关于科学技术奖励的决定》，大会表彰科学技术贡献奖1名，科学技术进步奖一等奖1名、二等奖3名、三等奖6名，科学技术合作奖1名。

【泸溪推进浦市古镇电力改造　预计1月底竣工】 2015年1月10日，在泸溪县浦市镇古镇电网改装施工现场，该镇沅江3公里多长的防洪堤坝内沅江民居仿古塑造工程低压配电电缆入地一期工程正在紧锣密鼓施工作业。为配合好古镇保护和开发打造浦市镇古镇旅游品牌，按照古镇旅游规划，在制作该镇配网改造规划时，泸溪供电公司进行了深入细致踏勘，严格按照县城配网设计标准做好旅游古镇配网规划，并充分考虑社会效益和企业经济效益。目前，根据县政府对沅江防洪堤处沅江民居仿古筑建旅游特色的进度，该公司已经组织了3个电力工程施工分队共46个工程施工人员加紧对该镇9个台区的电缆入地改造工程施工作业，预计2015年元月底可以竣工。

【我州首个PPP示范项目在长沙签约】 2015年1月14日，湘西州首个PPP示范项目——双河新区战略合作开发项目在长沙签约。州委书记叶红专，州委副书记、州长郭建群，省财政厅巡视员易继元，副州长向清平，州副厅级干部、州委秘书长张永中，以及中铁城建集团董事长、党委书记罗海滨，中铁城建集团总经理、党委副书记倪真出席签约仪式。州发改委、州财政局和湘西经开区相关负责人参加签约仪式。罗海滨与湘西经开区负责人代表双方签约。双河新区PPP战略合作开发项目包括武陵山大道延伸工程、自来水厂、污水处理厂、金融平台建设、棚户区改造、学校建设等，涉及基础设施、市政公用设施、金融平台、保障性住房和教育卫生事业等五大领域，预计该项目总投资逾30亿元。合作双方抢抓首批“PPP”试点项目契机，充分发挥各自优势，进行多层次、多渠道、多形式的合作，实现共同发展。

【湘西州交通运输系统全力确保道路畅通】 2015年1

月 30 日，从湘西州交通运输局获悉，该局已下发了《关于认真做好 2015 年春节运输工作的通知》，要求各单位完善应急预案，落实各项措施，妥善应对恶劣天气影响，全力保障道路畅通。特别要求公路管理部门完善冰雪天气工作预案，做好应急处置各项准备工作。对陡坡、急弯、重点路段、桥梁、涵洞等进行一次全面检查和维护，及时排除隐患，对陡坡、弯道要备好砂石、草包等防冻防滑物料；在公路交叉路口、陡坡、弯道要设置醒目的路牌标志。据初步统计，全州公路部门已准备应急车辆 65 辆，应急机械 30 台，储备防滑盐 164 吨，防滑砂 3987 方，防滑麻袋 6800 余条，防滑工具 1900 余个。

【湘西州 4 村镇 4 单位入围全国文明村镇文明单位】 2015 年 1 月 31 日，中央文明委公示第四届全国文明城市（区）、文明村镇、文明单位候选名单，湘西州 4 村镇 4 单位入选。入围第四届全国文明村镇候选名单的村镇分别是吉首市社塘坡乡、寨阳乡坪朗村，花垣县花垣镇蚩尤村、麻栗场镇老寨村，入围文明单位候选名单的单位分别为州移动公司、古丈县财政局、泸溪县供电公司、龙山县地税局。

【吉首入选 2014 中国最具价值文化（遗产）旅游目的地】 2015 年 2 月 5 日，作为全国 14 个入选"2014 最具价值文化（遗产）旅游目的地城市"之一，吉首市组成代表团赴北京参加现场推介活动。全省仅吉首市和安化县入选。除赴北京参加 2 月 5 日至 7 日的现场推介会外，入选城市还将通过全国 60 多家主流媒体进行推介展播，集结进入《2014 中国最具价值文化（遗产）旅游目的地推介》大型画册，并参加"2015 中国文化遗产探访之旅——走进最具价值文化（遗产）旅游目的地"大型寻访活动。吉首市旅游品牌在全国的知名度和影响力将得到进一步拓展。

【湘西州生态文化旅游工作会议召开】 2015 年 2 月 6 日，湘西州生态文化旅游工作会议召开，总结回顾 2014 年工作，安排部署 2015 年工作重点要点。2014 年，湘西州进入全国十大旅游热点地区，"神秘湘西"国内知名旅游目的地品牌逐步打响，并朝着国际旅游目的地快速发展。全年接待国内外游客 2810.72 万人次，实现旅游收入 174.51 亿元，分别比增 21%和 20.4%。2015 年生态文化旅游工作主要工作目标是：老司城遗址成功"申遗"，全力推进凤凰古城、矮寨奇观国家 5A 级景区创建，成功创建国家 4A 景区 2 个，全年接待游客和旅游收入分别比增 15%和 20%以上。

【湘西机场选址获国家民航局批复】 2015 年 2 月 12 日，据了解，国家民航局以民航函〔2015〕125 号正式对湘西机场老天坪场址进行了批复。湘西机场已纳入国家《民航发展"十二五"规划机场建设调整目录》和《依托黄金水道推动长江经济发展规划》，是湖南省武陵山片区区域发展与扶贫攻坚重大基础设施建设项目，并进入湖南省重点建设项目笼子，已列为州庆六十周年重点建设项目。湘西机场老天坪场址位于长渝高速吉茶段、张花高速交汇处的花垣县境内。2014 年初，湘西机场选址工作正式启动，通过选址咨询单位领导专家深入湘西实地考察，先后在龙山县、吉首市、花垣县、保靖县初选了 12 个场址，然后从中筛选了花垣县老天坪、董马库和保靖县复兴 3 个条件较好场址作为湘西机场预选场址。在确定 3 个机场预选场址和完成《机场选址》《飞行程序设计》及《飞机性能分析》报告后，7 月上旬，国家民航局机场司建设处及时组织专家组深入湘西州对湘西机场 3 个预选场址进行实地踏勘，并在吉首召开了专家评审会，通过综合分析比较，专家组推荐花垣县老天坪作为湘西民用机场建设场址，初步确定湘西机场规划为国内民用支线机场，飞行区指标近期规划为 4C，远期规划为 4D。

【湘西州首部苗族题材微电影《寂寨》花垣首映】 2015 年 3 月 4 日，湘西州首部苗族非遗保护题材微电影《寂寨》首映式在花垣县图书馆会议大厅举行。《寂寨》由花垣籍导演彭景泉执导，影片讲述了一位苗家姑娘远离村寨去到大城市谋生，最终因为对家乡及爷爷的思念，回到家乡，跟随爷爷学习学唱苗歌，在爷爷去世后，坚守在苗寨，将苗歌传承下去的动人故事。电影在花垣县实地取景，人物语言采用纯苗语，演员来自普通群众。影片构思新颖，情节感人，表演本色，并融入现代影视元素，艺术地反映了随着时代发展，民族传统文化逐渐式微的现实境况，充满了深切的人文关怀和艺术感染力，获得观众一致好评。

【湘西州开展非法加油站点集中整治工作专项督查】 2015 年 3 月 10 日，湘西州人民政府督查室、州商务局、州安监局组成 4 个督查组开始对各县市开展非法加油站点集中整治工作进行专项督查。此次督查采取随机抽查、查阅资料和情况反馈等方式进行，每个县、市随机抽查 5～10 个已上报关停取缔的非法加油站点整改情况，现场查阅各县、市及相关职能部门台账资料，全面掌握了解各县市工作安排部署及相关部门履职情况。

【湘西州对工程建设领域突出问题进行专项治理】 2015 年 3 月 13 日，湘西州纪委召开会议，对专项治理全州工程建设领域存在的突出问题进行部署。根据会议安排，本次专项治理的治理范围为，2014 年 1 月 1 日至 2015 年 3 月 31 日期间全州单项投资 100 万元以上新开工并在建的政府投资项目。治理的重点为，住建、交通运输、水利、发改、财政、国土资源、烟草等部门主管、实施项目中存在的不招标、规避招标，围标、串标、买标、卖标，挂靠、借用资质投标，弄虚作假骗取中标，非法转包、违法分包及其他违法违规行为。治理的方法主要采用自查自纠与重点抽查，督促整改与督办问责相结合的方式进行。治理的步骤分自查自纠阶段、督查抽查阶段和处理整改阶段。治理要达到的目标是，通过对工程建设领域进行专项治理，着力解决建设工程中违法违规突出问题，建立健全招投标管理制度，进一步规范和完善招投标有形市场，加快招投标与公共资源交易平台对接，启动并规范州公共资源交易平台运行，促进招投标透明化管理，提高招投标管理能力和水平。

【湘西州首个风电场项目开工建设】 2015 年 3 月 24 日，湘西州第一个风电场项目——羊峰山、大青山风电场正式开工建设，标志该县加快电力基础设施建设、破解电力瓶颈，加快发展新能源产业，迈出了跨越的一步。永顺县羊峰山、大青山风电场项目地处永顺县石堤镇与松柏镇境内，海拔高度在 1000 米 1450 米之间，占地面积 69.589 公顷，风能密度大，是我州境内最为理想的风能发电场址。该项目总投资 5 亿元，总装机容量 5 万千瓦，年上网发电量为 10003 万千瓦时，预计 2016 年 6 月底全面建成，建设工期为一年半；项目建成后，每年可实现上网发电 1 亿度，产生经济价值6100万元，上缴税收1500多万元。据了解，该项目自2014年10月正式落户永顺以来，各项前期准备工作已完成，项目中枢工程升压站已破土动工。

【全国土司文化遗产保护论坛在永顺举行】 2015年4月21日至22日，全国土司文化遗产保护论坛在永顺县举行。其间举行了土司制度研究、土司遗址考古、土司遗产保护、土司遗产展示与利用、武陵山片区文物保护与区域协作等专题学术研究座谈。论坛由中国考古学会文化遗产保护指导委员会、湖南省文物局主办，湖南省文物考古研究所、永顺县承办。这次举办论坛，就是要借助各位专家学者的智慧，更好地保护土司遗址和传承土司文化，建设好武陵山片区土司遗址考古基地，彰显永顺老司城作为800年土司古都的土司文化品牌，使永顺成为传统土司文化与现代文明交相辉映、经济社会与文化事业竞相发展的中国土司文化名城。

【湘西经开区安排部署产业发展项目建设工作】 2015年3月25日，湘西经济开发区召开动员大会，总结回顾2014年经济发展工作，安排部署"经济三年倍增" "项目三年突破"、60周年州庆重点项目工作及2015年产业发展和项目建设工作。明确2015年为"项目突破年"、2016年为"项目决战年"、2017年为"项目形象年"，持续掀起项目建设新高潮，确保州庆60周年展示州府新城新形象。2015年，湘西经济开发区将围绕"州府新城、产业新区"和"创建国家级开发区"的战略目标，全力打造全州新的经济增长极。致力"双轮"驱动，推进产业大发展，实现工业商业融合发展，提升产业集聚度，增强产业竞争力；致力项目带动，推进发展大提速，按照经济工作项目化、项目建设责任化、责任落实具体化的要求，全力以赴推进项目建设；致力城市提质，推进配套大提升；致力服务优化，推进园区大和谐。

【湘西州被确定为国家生态保护与建设示范区】 2015年4月23日，国家发改委、科技部、国土资源部等11个部委联合公布的全国生态保护与建设示范区名单，湘西州被正式确定为国家生态保护与建设示范区。生态文明建设是推进特色社会主义建设"五位一体"之一，国家先后出台了一系列重大决策部署，推动生态文明建设，此次国家生态保护与建设示范区，是推进生态文明建设重要举措之一。此次全国生态保护与建设示范区共有143个，其中30个市(州、地区)级生态保护与建设示范区，113个县(市、区)级生态保护与建设示范区。湖南省共有4个入选，湘西州是湖南省唯一市(州、地区)级生态保护与建设示范区，其余3个均为县(市、区)级生态保护与建设示范区。

【古丈获"中国生态魅力县"称号】 2015年4月26日，在北京举办的"2015生态城乡科学发展年会"上，湘西州古丈县以良好的生态环境和丰富的旅游资源荣膺"中国生态魅力县"称号。本次活动由中国市场调查研究中心、中国城市经济专家委员会、中国城乡发展基金会联合主办，以推进绿色发展，建设美丽中国为主题，根据"生态发展良好、生态文化繁荣、生态产业兴旺、人与自然和谐"等标准，由行业内权威媒体广泛发布问卷调查及专家评审团的评定确定获奖单位。近年来，古丈县在生态建设方面取得了突出成绩，森林覆盖率达72.93%，林木绿化率达80.71%，依据该县在发展绿色经济、倡导生态平衡、创建生态文明进程中的措施与显著成效，通过"组委会专家推荐、综合测评考核、专家意见分值、媒体负面监测"等环节，古丈县获评"中国生态魅力县"。

【湘西州10个乡镇荣膺 "省级生态乡镇"称号】 2015年5月5日，湖南省环境保护厅公布第七批湖南省生态乡镇，湘西州泸溪县浦市镇、保靖县的野竹坪镇，永顺县的高坪乡，花垣县的排料乡，凤凰县的廖家桥镇，龙山县的桂塘镇，古丈县的罗依溪镇和吉首市的太平乡、丹青镇、双塘镇等10个乡镇获得"省级生态乡镇"荣誉称号。

【2015年湘西州建筑业总产值将超80亿　城镇化率达41%左右】 2015年5月12日，2015年湘西州住房和城乡建设工作新闻发布会召开。2015年湘西州建筑业总产值将超80亿元，房地产业完成投资35亿元以上，城镇基础设施完成投资10亿元以上，城镇化率达41%左右。据悉，2015年，湘西州住房和城乡建设工作还将实现城镇人均道路8.8平方米，城镇人均公共绿地6.55平方米，城镇供水普及率91%，燃气普及率75%；重点抓好"两房两棚" "两供两治"等省为民办实事年度建设任务，集中开展城镇和农村人居环境综合治理；大力实施传统村落保护与利用三年行动计划，力争全州新增30个村列入中国传统村落名录，"里耶·乌龙山"成功申报世界自然与文化双遗产；新增一批历史文化名城名镇名村和省级园林式单位；积极开展工程质量治理两年行动，大力实施住宅产业化，全面推进建筑业、房地产业、城镇物业服务等规范化管理，促进提质增效和转型升级。

【古丈毛尖获中国（上海）国际茶博会金奖】 2015年5月15日，第十二届中国（上海）国际茶业博览会在上海开幕，湖南省天下武陵公司作为湘西州茶产业界唯一的代表参加，该公司选送的古丈毛尖在300多个绿茶样品激烈的竞争中，获得了总分第四名的好成绩，荣获"金奖"；公司选送的黑茶样品在黑茶紧压茶评审中荣获总分第一名的好成绩，黑茶在没有设立金奖的情况下获得银奖。这是该公司成立以来第一次参展，初战告捷，为湘西乃至武陵山片区的茶产业争得了荣誉。本次茶叶博览会规模大，共有800多家茶商参展，茶叶检测评审由国家茶叶质量监督检验中心专家组评审，采用"盲评"的方式，评比严格而公正，评审结果得到了社会和广大参展企业的认可。

【湘西黄金茶首届国际品茶节成功举办】 2015年5月23日，2015湘西黄金茶首届国际品茶节开幕式在矮寨大桥观景平台举行，国内外100余名客商以及众多茶叶专家、文化界名人、媒体界人士参加。"湘西黄金茶"树种品质优异，具有"高氨基酸、高茶多酚、高水浸出物"等优质特征。目前，湘西州府吉首已有茶园3.6万亩，今年春茶产量45吨，茶均价450元/斤。吉首市茶叶办介绍，该市力争到2020年实现"四个十"的总目标：打造十条生态茶谷，培育十家龙头企业，实现十亿综合产值，致富十万吉首茶农。

【湘西州部署校园及周边治安综合治理集中专项行动】 2015年5月29日，湘西州召开全州校园及周边治安综合治理集中专项行动工作会议，对该项工作进行安排部署。为切实加强我州校园及周边治安综合治理工作，全面落实公安部、教育部有关校园安全防范工作的要求，湘西州委、州政府决定从5月底开始，在全州范围内开展校园及周边治安综合治理集中专项行动。本次行动重点突出五个方面的集中整治。一是校园及周边社会治安隐患的集中整治，加强治安防控，严厉打击校园及周边违法犯罪活动；二是校园及周边文化市场环境的集中整治，严厉打击校园周边文化经营单位违法违规经营行为；三是校园及周边饮食卫生环境的集中整治，保障学生饮食安全；四是校园及周边交通安全隐患的集中整治，重点整治公路沿线学校周边的交通秩序；五是学校消防安全隐患的集中整治，集中排查火灾隐患，落实管理责任。

【湘西经开区拆违“百日行动”全面打响】 2015年6月5日，湘西经开区联合有关部门，对位于该区木林坪社区，武陵山大道和工业大道交汇处两边的违法建筑进行拆除。据了解，此次拆违“百日行动”将以园区项目落地急需用地范围内的违法建筑、木林坪社区为主已签协议长期未倒房的建筑、双河社区为主乱搭乱建违法建筑、主次干道旁违法建筑以及安置区超层超面积的处置类建筑等为重点范围，拆除双河、木林坪、牯牛坪和湾溪社区各违法建筑2000平方米以上，龙凤和捧捧坳社区按实际存量全部拆除。确保在一百天内，拆除违法建筑100栋，拆除违法建筑面积10000平方米，拆违率达到90%以上，“零”新违建的工作目标。在向违章违法建筑宣战的同时，形成强有力的高压震慑态势，狠刹违建歪风，为开发区项目建设大突破、州府新城提升赢得先机。

【芙蓉镇入选首批“湖南省美丽乡镇”】 2015年6月30日，经过省住建厅严格审查和层层筛选，芙蓉镇成功入选首批“湖南省美丽乡镇”。全省共有10个乡镇入选，湘西州仅有1个。芙蓉镇历史文化悠久，自然风光优美，古街风貌古朴，民俗风情独具特色，旅游资源十分丰富，是湘西四大名镇之一，享有“挂在瀑布上的千年古镇”美誉。近年来，该镇先后列入中国历史文化名镇、国家4A级旅游景区、全国重点镇。6月初，该镇芙蓉镇景区、克必村、保坪村列入省发改委、省旅游局重点建设的大湘西地区文化生态旅游融合发展精品线路。

【永顺老司城申遗成功】 2015年7月4日，在德国波恩召开的联合国第39届世界遗产大会上，老司城遗址成功列入《世界遗产名录》，这是湖南省首个世界文化遗产，也是中国第48处世界遗产。此次联合申报世界遗产的“中国土司遗产”，包括湖南永顺老司城遗址、湖北唐崖土司城遗址和贵州播州海龙屯遗址。其中，老司城遗址是国内目前规模最大、保存最完整、历史最悠久的古代土司城市遗址。

【凤凰获“中国最美人文休闲旅游名县”称号】 2015年7月8日，凤凰县被“美丽中国·第三届全国特色生态旅游城市发展论坛”组委会评为“享誉世界的中国最美人文休闲旅游名县”称号。这是该县继取得“中国首批旅游强县”“国家旅游名片”“全国生态文明先进县”“2013中国最佳休闲小城”“中国最宜居城镇”等称号之后，取得的又一张金字名片。

【湘西州2015年半年林业工作顺利实现“双过半”】 2015年7月16日，从湘西州林业局获悉，上半年湘西州林业部门以“建设绿色湘西”和“打造国内外知名生态文化公园”为目标，扎实推进各项工作，在顺利实现“双过半”的基础上亮点纷呈：绿色湘西建设再创佳绩，资源管护持续加力，林业改革有效推进。

【吉首入围全省新型城镇化试点】 2015年7月20日，湖南省委、省政府同意并正式印发《湖南省新型城镇化试点工作总体实施方案》，决定将5个地级市（城市群）、15个县市区（新城）、28个建制镇作为全省新型城镇化试点地区。吉首市为湘西州唯一一个入围湖南省新型城镇化试点县市区。龙山县里耶镇、泸溪县浦市镇入围试点建制镇。

【湘西2015年上半年工业经济平稳较快发展】 2015年7月29日，湘西州召开上半年工业经济工作调度会，总结上半年工业经济进展情况，安排部署下半年工作。2015年来，面对复杂严峻的宏观经济形势，湘西州经信系统认真贯彻落实各级决策部署，深入实施工业振兴“四百工程”专项行动，上半年主要工业经济指标好于上年同期，呈现出“企稳向好、多极发展、提质增效、后劲增强”的基本态势。下半年，湘西州经信系统将按照年初确定的工作目标要求，坚持“传统产业信息化、特色产业集群化、新兴产业园区化”的方针，组织招商、示范、上市、园区“四大带动”战役，重点抓好重点项目投产达产、企业入规、标准厂房建设、生产要素保障等工作，确保下半年工业经济平稳较快发展。

【湘西州加速推进货运车辆超限超载集中治理】 2015年8月6日，湘西州货运车辆超限超载集中治理暨道路交通安全工作电视电话会在吉首召开。会议指出，自2014年9月下旬我州集中治理车辆超限超载工作启动以来，特别是2015年3月开展集中治理“三项行动”以来，全州各级各部门高度重视，扎实推进，治理工作取得了阶段性成绩。下半年，全州治超工作要按照力度不减、标准不降、措施不松的要求，在巩固已有成果的基础上，进一步提高认识，加强组织领导。明确目标，突出重点，扎实开展割“马槽车”专项行动。强化宣传教育，营造浓厚氛围。突出源头治理，确保治超全覆盖。强化督察考核，严格责任追究。

【湘西州民族传统节庆活动入选创建国家公共文化服务体系示范项目】 2015年8月6日，第三批创建国家公共文化服务体系示范区（项目）名单公布，湘西州民族传统节庆活动正式入选，获得国家公共文化服务体系示范项目创建资格，成为湖南省入选的2个项目之一。

【湘西经开区荣获“中国湘商十大最具投资价值经济园区”】 2015年8月14日，第五届（2014）中国湘商力量总评榜在长沙最终评定，湘西经济开发区荣获“2014年度中国湘商十大最具投资价值经济园区”奖项。

【350万元地质环境治理项目落户龙山】 2015年8月28日，从龙山县国土资源局了解到，在县委、县政府支持下，经过积极争取，湖南省财政厅和国土资源厅以《湖南省财政厅湖南省国土资源厅关于下达2015年第二批地质灾害综合防治体系建设项目资金的通知》文件，给龙山县下拨湖南省地质环境治理项目专项切块资金350万元。近年来，龙山县国土资源局在县委、县政府支持下，想千方设百计，努力向上争取各类地质环境类项目，共争得地质灾害治理项目4个、应急排险项目2个、勘查项目1个、地质遗迹保护项目2个，累计金额达8755万元。除2个项目

正在设计批复阶段外，其他项目均已完成施工建设。地质灾害项目是民生工程，它的实施将极大程度保护人民生命财产安全。

【控制污染保护母亲河湘西州部署酉水流域垃圾治理工作】 2015年9月7日，湘西州政府召开酉水流域垃圾治理工作会议，研究部署酉水流域垃圾治理工作。副州长艾可知指出，酉水河是我们的母亲河，是水上丝绸之路、黄金水道，各级各部门要高度重视，认真开展全面的、系统的治理行动。州、县相关部门要加大履职力度，做到水岸同治。实行属地管理原则，各县政府各负其责，州直相关部门对各县要加大支持力度。要加大对酉水流域垃圾治理的考核督查力度，对周边乡镇要加大教育教化，力求有效控制污染，形成流域生态良性循环。

【吉首市荣获"2015创建生态文明标杆市"荣誉称号】 2015年9月13日，在2015绿色发展与创建生态文明新标杆发布仪式上，吉首市被授予为"2015年创建生态文明标杆市"。2015绿色发展与创建生态文明新标杆发布会暨第二届城市发展与生态平衡高层论坛是由中国互联网新闻中心主办、中国环境科学学会协办、北京经中联国际文化发展中心承办。

【老司城国家考古遗址公园正式开园】 2015年9月29日，湖南省副省长李友志宣告永顺县世界文化遗产老司城国家考古遗址公园正式开园。湘西州委书记叶红专主持开园仪式并讲话。永顺县主要负责人介绍了老司城国家考古遗址公园及其建设的基本情况。国家文物局文物保护与考古司副司长唐炜，以及省政府办公厅、省委宣传部、省文化厅、省民宗委等省直相关部门领导，中国社科院研究员、中国土司学会专业委员会主席李世愉等国内专家和州领导郭建群、彭武长、龙靖波、周云、刘小刚、李平、向顶天、麻兴志等参加开园活动。

【湘西州通信建设驶入"快车道"】 2015年10月7日，从湘西州经信委了解到，2015年以来，全州以数字化信息工程为主要抓手，全州通信建设驶入"快车道"，为打造成为全国"互联网+"先行先试示范州提供网络基础设施支撑。据了解，湘西州以光纤宽带为重点，推进光纤宽带网络改造升级，提高宽带网络普及水平和应用能力。截至目前，全州城市家庭100Mbps和农村家庭4Mbps以上宽带接入能力覆盖比例分别达到70%和80%，基本实现了城市光纤到楼入户、农村宽带进乡入村。加快2G向3G/4G网络演进升级，全州县级以上城区、乡镇和重要行政村和主要高速公路已实现3G和4G信号的连续覆盖。另外，全州三大运营商与铁塔公司加强资源整合，不断实现优化共享，基站共建共享率大幅提高，达到67.32%。

【湘西四家合作社和公司被认定为"省级林下经济示范基地"】 2015年10月8日，从湖南省林业厅传来喜讯，2015年度省级林下经济示范基地名单近日公布，其中湘西州泸溪县金土地中药材种植专业合作社、古丈县云雾山生态园综合开发专业合作社、州太志中蜂业农民专业合作社、龙山县恒龙中药业拓展有限公司等4家涉林农民专业合作社和公司被认定为湖南省林下经济示范基地，全省共36个单位获得该项殊荣。

【发挥生态优势省蔬菜产业技术体系研讨会在湘西州召开】 2015年10月10日，据悉，湖南省蔬菜产业技术体系研讨会在湘西州召开。会议期间，与会人员在省蔬菜产业技术体系首席专家，湖南农大博士生导师刘明月教授的带领下，考察了永顺县松柏镇兴棚村高山叶菜类蔬菜示范基地、州农科院科研展示基地、凤凰县腊尔山苏马河村甜豆示范基地。考察期间，与会人员不时与基地农户进行询问交流，认真观察基地生产情况，积极解答基地农民提出的问题。在随后召开的座谈研讨会上，湘西州农科院和州农科院蔬菜所负责人分别介绍了全州蔬菜产业基本情况、湘西高山生态区蔬菜试验站工作开展情况；县、市基层蔬菜专业合作组织负责人和种植大户代表分别就蔬菜生产现状及存在的问题踊跃发言；湘西州直部门负责人结合各自部门职能，围绕全州蔬菜产业发展发表了意见；省蔬菜产业技术体系专家针对湘西州蔬菜产业现状、如何破解制约产业发展瓶颈积极建言献策。

【全省创新创业园区"135"工程建设现场推进会在湘西州召开】 2015年11月4日，湖南省创新创业园区"135"工程建设现场推进会在湘西州召开。省委副书记、省长杜家毫强调，深入贯彻落实党的十八届五中全会精神，把创新创业园区"135"工程与精准招商、转型升级、创新创业、扶贫开发、"三严三实"专题教育结合起来，打造全省"双创"动力的"策源地"，促进县域经济更好更快发展，加快全面小康建设步伐。

【2015湘西州保障性安居工程建设完成投资12.5亿元】 2015年11月15日，湘西州保障性安居工程开工共99个项目39550套，完成投资12.5亿元，开工率达92%。其中公共租赁住房开工41个项目10847套，完成投资4.9亿元；城市棚户区改造开工56个项目27653套，完成投资7.48亿元；国有工矿棚户区改造开工2个项目1050套，完成投资0.12亿元。花垣县、凤凰县、泸溪县、永顺县、古丈县等的建设开工率均达100%；湘西经开区、龙山县、保靖县、吉首市的建设开工率分别为91%、86%、84%、80%。据悉，2015年省政府明确给全州保障性安居工程目标任务为108个项目43218套，其中公共租赁住房48个项目13397套、城市棚户区改造58个项目28771户、国有工矿棚户区改造2个项目1050套。当前，除少数项目招投标等前期工作未完成暂未开工建设外，其他各项目正在有序推进。

【湘西州新获批保障房配套基础设施补助资金4915万元】 2015年11月18日，湘西州新获批2015年省级财政城镇保障性安居工程配套基础设施补助资金4915万元。据悉，资金主要用于吉首市城区及峒河沿线、雅溪、凤凰县沱江镇等城镇棚户区小区外配套的污水干管、垃圾收转运、供水干管等项目建设。下一阶段，湘西州将根据《关于进一步做好城镇棚户区和城乡危房改造及配套基础设施建设有关工作的意见》《湖南省2014—2016年两供两治设施建设实施方案》等文件精神，进一步争资上项，将与棚改项目直接相关的城市道路、供水、供气、停车场站、污水垃圾处理等城市基础设施纳入棚改三年行动计划，力争获批更多的项目资金支持，大幅度改善城镇棚户区配套基础设施建设。

【凤凰古城旅游区申报创建5A级旅游景区获专家评

审】 2015年11月18日至19日，由全国旅游资源规划开发质量评定委员会组织的申报创建5A级旅游景区资源与景观质量专家评审会在北京召开。评审专家通过观看申报宣传片、PPT，听取介绍，现场提问，审阅申报文本，听取各省旅游局推荐意见等形式，对包括海南三亚蜈支洲岛旅游区、新疆巴音州和静巴音布鲁克景区、西藏林芝巴松措景区、贵州贵阳花溪青岩古镇景区、广西桂林两江四湖象山景区等全国24家景区进行评审，凤凰古城旅游区作为湖南省唯一一家景区参加评审。凤凰古城旅游区包括凤凰古城景区和南华山神凤文化景区两个4A级旅游景区，拥有国家历史文化名城、国家森林公园、全国十佳优秀旅游城市、中国最佳休闲小城等品牌。景区文物古迹众多，文化气息浓厚，现有古建筑68处，古遗址116处，涌现了郑国鸿、熊希龄、沈从文、黄永玉等一批出类拔萃的政治、军事和文化艺术人才，构筑了一条厚重而脉络清晰的历史人文景观。近年来，为创建国家5A级旅游景区和建设国际知名旅游目的地，该县多方筹集资金112亿元，实施环境综合整治，景区的旅游产业承载能力和品牌得到极大提升，成为展示神秘湘西、锦绣潇湘的名片，备受中外游人的青睐。2015年，凤凰古城预计接待海内外旅游者达到1200万人次，旅游收入100亿元。

【湘西州招商引资提质增效行动计划实现“开门红”】 2015年12月12日，据悉，2015年以来，湘西州商务局以绩效考核为引领，克服国内经济下行压力、招商引资优惠政策清理整顿、传统竞争优势消退、机构改革变动等因素影响，按照州委州政府的工作部署，强化绩效考核、着力招大引强，在全州启动了“招商引资提质增效行动计划(2015—2017)”，取得了三年行动计划的“开门红”。1月至11月，全州实施新建、续建、改扩建招商合作项目241个，到位资金194.3亿元，完成今年湘西州政府目标管理任务的97.1%，同比增长21%。其中，实现内联引资到位资金193.9亿元，完成年度任务的97.6%，同比增长22%。完成省外境内资金49亿元，同比增长2%。引进实施投资过亿元项目21个，完成目标任务的100%，到位资金21亿元。实施承接产业转移重大产业项目5个，完成湘西州政府目标管理任务的160%。谋划、发布投资上5000万元州级重大产业招商项目76个，完成州政府目标管理任务的117%。

【老司城遗址获世界重大田野考古发现奖】 2015年12月14日上午，第二届“世界考古论坛·上海”在上海大学图书馆报告厅隆重开幕，以老司城为代表的中国西南土司遗址荣膺世界重大“田野考古发现奖”，其内容《中国西南土司遗址考古调查和发现：帝国扩张及其与边疆的动态关系》，名列本项世界奖首位。会上，共颁发了10项“田野考古发现奖”，以老司城为代表的中国西南土司遗址成为中国唯一获此殊荣的考古项目。本次论坛由中国社会科学院、上海市人民政府联合主办，中国社会科学院－上海研究院、中国社会科学院考古研究所、上海市文物局、上海大学共同承办。

【湘西富硒柑橘进入上海高端果品市场】 2015年12月15日至17日，中国上海国际特色农业展览会召开，品质优良的湘西富硒柑橘受到外来客商的青睐，成功进入上海高端果品市场。本次大会系华东地区规模最大、层次最高、效益最好的农产品产业高峰聚会，展出面积10000平方米，500家来自国内外的农产品企业参展，荟萃海内外众多产业知名品牌，为农产品产业发展提供最佳发展平台。在湘西州柑橘办的组织下，湘西州泸溪、龙山、吉首的3家柑橘农民专业合作社和凤凰县柑橘产业办来到上海光大会展中心参加此次展览会。通过此次展览会，展示了湘西柑橘精品，打造了湘西柑橘品牌，赢得了上海等大都市对湘西柑橘高端果品的认同，湘西富硒柑橘成功进入了上海高端果品市场。

示范区片篇

大河西示范区

长沙大河西先导片区

长沙大河西先导片区2015年建设概况

湖南湘江新区规划面积1200平方公里，包括岳麓区全境以及望城区、宁乡县部分区域，核心区面积490平方公里。2015年，新区实现地区生产总值1602.5亿元，同比增长11.5%；规模工业增加值855亿元，增长12.2%；固定资产投资1762.7亿元，同比增长21.7%；高新技术产业产值3090亿元，增长13.8%；第三产业增加值472亿元，增长13.2%；社会消费品零售总额486.7亿元，增长13.5%；财政总收入217.32亿元。

一、加快项目建设，融合发展步履坚实

加大产业项目、公共配套、区域融合等重点领域投资力度，产业项目、公共配套项目年度投资增加40%。新区管委会147个重点项目完成投资285亿元（含拆迁），其中政府性项目完成投资135亿元，完成目标任务的101%;社会项目投资约150亿元，完成118%；全年竣工项目34个，新开工项目24个。推进区域融合，加快岳宁大道、坪塘大道南延线、莲坪大道（含浦段）等跨区域重大交通项目建设，投资2亿多元支持中南大学科技园建设，支持莲花“慢谷”等特色小镇发展。完善综合交通体系，湖南湘江新区综合交通枢纽竣工运营，地铁2号线西延线试运营，三环线隧道完成主体工程，莲坪大道（学士段）、潇湘大道南延线等骨干路网加快建设。大幅提升公共配套，骑川小学、长郡滨江中学、长沙市一中附属中学等5所中小学竣工开学，川塘小学、东方红小学完成主体建设，南雅实验中学完成基坑施工，可新增学位近5万个；建成蓝天保障房、梅溪湖保障性住房三期、西片保障房、坪塘南片区保障房、坪塘北片区保障房等5个保障性住房小区，总面积200万平方米，可安置拆迁户2万余人。

二、培育高端产业，转型升级稳健有力

发挥工业园区和城市片区的主阵地作用，全年实现二产业增加值1084.12亿元，同比增长11.3%；高新技术产业增加值831.84亿元，同比增长11.4%。优势产业量质齐升，工程机械、食品加工、有色金属等传统优势产业加快转型升级，智能制造、新材料、新能源与节能环保等新兴产业成为新增长点，新开工建设中国通号、中兴通讯、格力电器、金洲锂电谷、中粮可口可乐等高端制造项目。创新创意产业势头强劲，新增湖南增材制造（3D打印）应用工业技术研究院、湖南锂电池产业研究院、长沙智能制造研究总院、湖南航天新材料技术研究院等产业研究院，中南大学科技园、湖南大学科技园、军民融合科技产业园等校地合作示范项目，华曙高科、红太阳光电、科霸汽车动力等智能制造示范企业和尖山湖国际创新中心、腾讯众创、创智天地等代表性众创空间加快建设。现代服务业加速集聚，引进普仁健康医疗中心和法国居里研究所肿瘤质子治疗中心、国内第四个宜家购物中心、德国卓伯根公司中国区总部、华谊电影文化城、首创钜大欢乐天街等重大产业项目。

三、推进生态文明，两型特色更加鲜明

坚持绿色生态理念，两型社会建设深入推进。湘江西岸景观提质和亮化工程开工建设，洋湖湿地公园三期、靳江河景观工程全面建成，梅溪湖东湖泊完成土建工程，推进三年造绿大行动，新增绿地面积200万平方米。绿色技术推广形成示范，编制实施《湘江新区居住建筑节能设计导则》及技术规范，下拨绿色建筑专项资金439.95万元，绿色建筑设计标识项目累积43个，占全市54%，累积面积约424.35万平方米，新增绿色建筑面积220万平方米。完成湘江枢纽库区长沙城区段截污工程一期17个项目建设，推进龙王港、雷锋湖、靳江河等生态治理和铬盐厂污染治理等。加大综合行政执法力度，拆违控违、水务管理、环境监测不断加强，全年清理处置闲置土地32宗。

四、深化改革创新，引领示范效应彰显

改革创新总体谋划与重点领域突破相结合，取得一批改革创新成果。制定重点改革三年行动计划，推出了行政管理、产业发展、土地制度、投融资等“十大改革”；推进国家自主创新示范区建设和简政放权、投融资、PPP模式、综合管廊、智慧城市、绿色生态示范城区等方面探索创新；加快《湖南湘江新区发展规划（2016—2025年）》编制，国家级新区建设顶层设计深入推进。重点推进生态文明体制机制创新，制定生态文明建设五年实施方案，实施直接补偿到村的综合型生态补偿机制，明确每年安排补偿资金3000万元以上。一批改革创新成果全国推介，开发性金融支持国家级新区建设、老工业基地“退二进三”、产城融合发展等经验得到国家发改委肯定，在全国进行推介。

五、加强队伍建设，奋进风采有力展现

省委、省政府高度重视新区领导班子建设，配齐配强了新区领导班子，形成了心齐气顺、精神振奋、目标明确、步调一致的良好局面。完善基层组织机构，成立湖南湘江新区投资集团有限公司和梅溪湖投资（长沙）有限公司党委。全面开展制度“废、改、立”工作，规范管理得到加强。落实党风廉政建设党委主体责任和纪委监督责任，优化纪检监察机构职能职责，构建了廉政风险防控机制；深入开展“三严三实”专题教育，扎实开展学习习总书记系列重要讲话精神及省市领导讲话精神专题学习教育，打造忠诚干净担当的干部队伍。

长沙大河西先导片区2015年建设纪事

4月8日，国务院正式批复设立湖南湘江新区，湖南湘江新区成为全国第12个、中部地区首个国家级新区。根据国函〔2015〕66号文件精神，湖南湘江新区将努力建设高端制造研发转化基地和创新创意产业集聚区、产城融合城乡一体的新型城镇化示范区、全国“两型”社会建设引领区、长江经济带内陆开放高地。

5月24日，湖南省委书记、省人大常委会主任徐守盛，省委副书记、省长杜家毫为新区授牌，标志国家级湖南湘江新区建设全面启动。湖南省领导陈肇雄、韩永文、易炼红、张文雄、陈君文、武吉海出席授牌大会。省委常委、常务副省长陈肇雄宣读《国务院关于同意设立湖南湘江新区的批复》，省委常委、长沙市委书记易炼红致辞。

5月4日，国家发改委印发《湖南湘江新区总体方案》。《国家发展改革委关于印发湖南湘江新区总体方案的通知》(发改地区〔2015〕924号)，明确了湖南湘江新区的区域范围、战略定位、空间布局、发展重点、发展目标等重大事项。提出了湖南湘江新区“三区一高地”的战略定位，即：高端制造研发转化基地和创新创意产业集聚区，产城融合、城乡一体的新型城镇化示范区，全国“两型”社会建设引领区，长江经济带内陆开放高地。

5月24日，湖南湘江新区发布未来三年投资建设的十个重大新项目，加大产业导入和招商力度，加快新区建设发展。“十大”新建项目：湘江新区国际医疗健康城；美丽中国·长沙文化产业示范园；格力智能家电产业园；中光通信二代光纤研发生产项目；网讯通光电产业园项目；坪塘、三汊矶、桐梓坡大板房、熊家湾棚户改造工程；长沙儿童公园；麓景路南延线；潇湘大道景观道以及岳宁公路(岳麓区及高新区段)。

5月24日，湖南湘江新区发布未来三年重点推进的十个方面的改革，分别为：深化行政管理体制改革、探索国土管理机制改革、创新多规合一模式、创新产城融合模式、创新投融资模式、推进生态文明机制改革、推进城乡一体化发展机制改革、建立开放型经济模式、推进自主创新示范、深化内部管理体系。

6月，湖南湘江新区管理委员会下发《湘江新区生态补偿试点方案》(湘新管发〔2015〕9号)，全面启动区域范围生态补偿试点。实施直接补偿到行政村的生态补偿机制，保护新区范围自然生态资源，尤其是重点生态廊道和流域水环境，构筑生态保护长效机制，推动经济社会全面协调、可持续发展。9月10日，《2015年湘江新区生态补偿试点名单公示》，确定了符合《试点方案》申报要求的38个试点行政村。

长沙金霞片区

长沙金霞片区2015年建设概况

2015年以来，在开福区委、区政府的正确领导下，开发区认真落实区委、区政府“两个率先、领跑三湘”的总目标和“建设五区”的总要求，紧紧围绕园区“打造千亿级产业，争创国家级园区”的奋斗目标，大力实施产业提质、招商质效、精美园区、平台升级和政务优质“五大工程”，推动园区经济逆势上扬，实现较快增长。全年完成财政收入20亿元，同比增长21%；完成固定资产投资120亿元，同比增长6%；完成工业总产值440亿元，同比增长8%；完成规模工业增加值95亿元，同比增长7.5%；完成物流货物吞吐量3750万吨，同比增长20%；实现主营业务收入350亿元；同比增长6%。园区成功获评“中国优秀物流园区”“湖南示范物流园区”和“湖南首批服务业示范集聚区”。

一、实施产业提质工程，产业发展日益壮大

园区以现代物流为基础、商贸市场为主体、跨境电商为亮点、特色工业为补充，全力打造国家一级物流节点和引领中部的商贸市场群。全年产业项目续建21个、新启动13个、正式投产4个、中小企业进入试生产55个。中民筑友、三新住工、台北豆浆、宝盛钢材加工等项目正式投产；湖南跨境电商产业园完成揭牌，跨境电商进出口通道全面打通，业务量已近万单/天；长沙佳海工业园二期南片区25万平方米、长沙医药健康产业园一期26万平方米已全部建成；快乐购芒果汽车正式开业，高岭国际商贸城一期、长沙金霞保税店年内将试营业；中石油西南化工、爱尚通程、普洛斯、九州通等“十大”产业项目全面启动建设。

二、实施招商质效工程，战略项目抢滩入驻

园区以构建引领全国的商贸物流产业生态圈为目标，锁定世界500强企业、行业龙头企业和上市公司，开展有针对性选商招商。战略招商共引进投资过亿元的重大项目9个，包括香江二期、高岭综合交通枢纽、嘉里物流、辉瑞医药、平安惠尔、明湘科技、金健油脂、山河供应链、快乐购芒果汽车等，协议投资达130余亿元。已进入合同谈判的项目6个，其中丰树物流、湘雅国际项目投资过10亿元，郑明、纽曼、北鑫建材、炫烨生态农业等项目投资过亿元。平台招商取得实质性突破，高岭国际商贸城、长沙医药健康产业园、佳海工业园、卓尔电商总部基地共引进投资5000万元以上的企业30家。同时，长重、恩瑞、统一等企业积极开展“二次招商”，共引进投资过亿元企业3家(包括恒盛瑞通建材、恩瑞八方物流园、统奕包装等)。

三、实施精美园区工程，产城融合不断加快

园区以“十大市政道路”和“十大配套项目”为重点，纳入年度建设管理的工程项目29个，现已全面完成的项目14个，其中捞刀河路二期(兴联路至柏叶路段)、植基路、纸笔塘路、鹅秀路(南段)和湘捞西路西延线等已建成通车，青竹湖创业中心商业节点、公租房、湘江截污工程、沙坪污水处理工程、进港大道绿化提质、高岭1万伏电缆、沙河桥下公交站场等完成建设。正在加速推进的项目15个，冯蔡西路东段、金灿大厦、友谊大厦等年内将完成建设，长青路、大安路、广胜路、高岭组团路网（已启动3条）等正抓紧施工，湘江风光带一期已经开标，华宁路、湘江北路等节点绿化提质已经进场，市六水厂正在拆迁，汤家湖路污水顶管施工已完善技术方案，即将启动建设。

四、实施平台升级工程，竞争优势更为凸显

园区始终坚持将核心物流平台作为立园之本，不断拓展平台功能，提升物流效益，涵养核心竞争力。长沙新港三期完成拆迁启动了建设，计划修建的6个2000吨级泊位已建成2个，港区铁路专用线已与广铁集团达成接轨协议；湖南粮食集团9个千吨级粮食专用码头已建成投入使用，每年将新增1000万吨粮食吞吐量；长沙传化公路港正式开工建设，打造全国首家3.0版“智能公路港”，全面解决物流“最后一公里”问题；火车新北站二期已完成项目可研审批，将重点完善集装箱、特货、快运等作业区建设；园区信息平台建设已完成方案设计，致力打造省内一流、全国领先的物流信息平台。

五、实施政务优质工程，服务效能大幅提升

扎实开展“三严三实”专题教育工作，大力推进“产业兴园”评选活动，全面实施“一线工作法”和党政领导联点项目制、重点产业项目周工作调度制等工作机制，全方位优化项目服务，共召开项目专题调度会议68次，协调解决项目困难和问题400余个；共完成拆迁扫尾项目9个、1447.82亩，在拆且计划年内完成的有3570亩；完成挂牌土地6宗/521亩，正在办理挂牌手续的9宗/440.84亩；完成统征储备土地6宗/844.52亩，正在办理统征手续的项目10个/1400亩，为园区发展奠定了坚实基础。

长沙金霞片区2015年建设纪事

1月6日，湖南省物联网行业协会落户金霞青竹湖组团。协会是湖南省从事物联网产业的企事业单位自愿组成的地方性、行业性、非营利性的社会组织，目前协会会员单位有三一重工股份有限公司、湖南光明乳业有限公司、中国联通湖南分公司等92家企业，涵盖长沙、株洲、湘潭、岳阳等10个市、州。

1月9日，金霞经开区2014年度工作总结表彰暨2015年经济工作会议在青竹湖影剧院召开。会议全面总结回顾2014年工作，安排部署2015年工作。大会明确，2015年是园区“产业品质年”，总体思路是：深入贯彻中央和省、市、区委经济工作会议精神，在区委、区政府的正确领导下，在区人大、区政协的监督支持下，全面落实区委“两型引领、南提北拓、五轮驱动、领跑三湘”的发展战略，全力推进园区“打造千亿级产业，建设国家级园区”的宏伟目标，以提升产业品质为主题，以推进香江项目为重点，全力实施产业提质、招商质效、精美园区、平台升级和政务优质“五大工程”，全面争创国家级示范物流园区，全力申报国家级经济技术开发区。

1月13日，湖南冷链技术研发中心项目正式落户金霞经济开发区。项目拟以医械、医药、食品、保化品冷链需求进行研发，可以有效解决医药流通行业全程温控与物流质控难题，将填补湖南省医药健康品冷链服务空白。

1月21日，在位于金霞保税物流中心内的长沙市跨境贸易电子商务监管中心，长沙顺利完成了跨境贸易电子商务出口第一单货物上线测试。这标志着自2014年1月长沙获批为全国第7个跨境电子商务出口试点城市以来，试点工作迈出了实质性一步。未来，长沙跨境电商将走上规范有序发展道路，商品来源和品质将得到更可靠的保证，消费者将通过正规渠道采购到世界各地的更多优质商品。“买全球、卖全球”的贸易新格局将成为现实。

1月23日，湖南省物流与采购联合会授予金霞经开区“2014年度先进会员单位”。进入“十二五”以来，金霞经开区物流产业地位不断提升，物流企业群体快速成长，医药、粮食、钢铁、能源四大物流产业集群规模明显扩大。2014年，园区完成规模工业总产值410亿元，实现物流业主营业务收入330亿元。

2月10日，长沙市委、市政府召开长沙市工业和信息化工作会议。会议通报了2014年度工业和信息化工作考核情况，金霞经开区荣获“2014年度长沙市加速推进新型工业化工作优胜单位”。2014年，园区实现规模工业总产值416亿元，同比增长30.3%；实现规模工业增加值92.41亿元，同比增长13.4%；实现工业投资36.48亿元，同比增长18.4%，食品加工、机械制造、现代商贸物流等产业不断发展壮大。

2月11日，西班牙庞莎工业集团总裁庞莎、东莞庞莎织造有限公司负责人欧瑞来园区进行了考察。庞莎详细询问了园区水运、铁路运输等相关情况，表示园区布局合理、功能齐全、设施完善的现代标准厂房以及便利的交通条件和显著的物流优势给其留下了良好印象，他期待能有机会与园区开展更深入地洽谈与合作。

2月25日，长沙市委、市政府召开2014年度“六个走在前列”绩效考核通报讲评暨2015年度重大项目推进大会。根据会议通报，2014年，金霞经开区在省级园区2014年度考核中名列第一。随着园区的加快发展，金霞经开区经济在全市所占的分量越来越重，在“五区九园”中的站位越来越高，主要经济指标的总量和增幅不仅居全市省级园区前列，其中财税收收入、外资引进、企业入园的数量和质量等多项指标名列全市省级园区第一位。

2月26日，金霞经开区召开2014年工作总结表彰暨2015年工作动员大会，表彰先进、激励斗志，动员全体干部员工转变作风、调整状态、再鼓干劲，全面冲刺国家级现代物流园区。2015年，金霞经开区确立了全面争创国家级物流示范园区、全力冲刺申报国家级经济技术开发区“两大目标”，将大力实施产业提质、招商质效、精美园区、平台升级和政务优质“五大品质工程”。

2月28日，长沙市委、市政府召开全市商务工作会议，正式向社会公布了2014年全市发展开放型经济和发展现代服务业两项目标管理考核结果，金霞经开区荣获一类单位；园区招商合作局荣获2014年全市招商引资工作目标管理考核一类单位。2015 年，园区将进一步加大项目招商力度，以电商物流、冷链物流、快递物流、建筑工业产业链、食品工业、健康产业为招商重点，积极“引大引强”，全面提升项目品质，增强园区竞争力。

3 月 10 日，湖南省知识产权局党组书记、局长（省科技厅副厅长）肖祥清一行来金霞经开区调研园区企业知识产权及科技创新工作。肖祥清表示，开福区和金霞经开区高度重视知识产权和科技创新工作，区域经济及产业发展令人欣喜。肖祥清指出，要抓增量提质量，使企业拥有更多的自主知识产权和核心专利技术成果；要抓保护创新，政府和园区要建立专利保护机制，加大执法力度，打击侵权行为；要抓转化运用，推动科技成果的转化，建设“开放的北城”“创新创业的北城”。

3 月 10 日，长沙市副市长何寄华在北京与香江集团董事长刘志强进行了会面，双方就香江商贸在长投资事宜进行深入交流。何寄华对项目建设及招商情况表示肯定和赞赏，并希望高岭国际商贸城项目立足湖南、辐射中部、面向全国，在积极营造湖南、长沙产业氛围和有效利用区域优势的基础上，进一步提升项目品质，实现业态升级，树立行业标杆。他表示，长沙市政府将进一步优化政务环境，切实营造亲商爱商的良好氛围，努力将长沙打造成为中部商贸集散中心和全国重要物流节点城市。

3 月 11 日，开福区委书记李蔚赴金霞经开区专题调研电子商务发展工作。李蔚指出，要抢抓电子商务发展机遇，尽快打通进口商品的跨境贸易通关渠道，实现线上、线下两种商贸业态齐头并进。他表示，近年来，区委、区政府及园区高度重视电子商务这一战略性新兴产业发展，并进行了很多有益探索，建成了多条“高速公路”。下一阶段，要以新的观念，充分整合资源、发挥综合效应，实现各条“高速公路”互联互通，加快开福区电子商务发展步伐。

3 月 13 日，长春市委常委、副市长王路带领长春市政府办公厅、二道区等有关负责人，到金霞经开区调研高岭国际商贸城项目。市委常委、副市长张迎春等领导陪同。王路表示，此次学习考察非常深入、很有启发、收获很多。高岭国际商贸城项目体量大、政策支持力度大、政府服务到位、项目进展顺利，给他们留下了深刻印象，提供了许多有益的启示，值得长春市认真借鉴和学习。

3 月 18 日，位于开福区新港大道的〔2015〕长土网 008 号地块被长沙通程控股有限公司以 4060 万元成功摘牌。宗地挂牌出让面积 48012.25 平方米（合 72.018 亩）。规划用途为仓储，容积率≤1.8，建筑密度≤55%，绿地率≥10%。长沙通程控股有限公司“爱尚通程”电子商务物流园项目拟打造集电子商务总部办公、商务洽谈、线上交易平台基地、线下交易及商品展示中心、支付结算中心、仓储物流配送基地为一体的综合电子商务物流园。项目的成功引进，将树立传统商贸企业向电商企业转型升级的良好典范，有利于加快湖南电商产业园建设，提升园区电子商务产业发展实力。

3 月 19 日，湖南省商务厅厅长徐湘平带队，长沙市副市长何寄华、湖南省商务厅主要处室、长沙市商务局主要领导一行到金霞经开区就开放型经济发展情况进行调研。何寄华对开福区政府、金霞经开区、金霞保税物流中心近几年在发展开放型经济方面所取得的积极成效给予充分肯定，希望能够在现有基础上引进和培育一批开放型经济的龙头企业。同时，他建议开福区政府要认真学习郑州在如何打造开放型经济给予政策支持的创新模式，突破瓶颈，抢抓机遇，顺势发展。徐湘平表示，省政府已同意出台《跨境电商和进出口商品展示交易中心配套扶持政策》，希望市政府、区政府先行制定方案；省商务厅将重点从功能定位、政策支持、招商引资等方面对湖南进出口商品展示交易中心给予全面支持。

3 月 31 日，长沙市副市长何寄华率市直相关部门负责人赴金霞经开区现场办公，详细了解高岭国际商贸城和传化公路港项目建设进展情况，帮助解决项目建设中存在的实际困难。何寄华对项目建设前段取得的成绩予以充分肯定。他指出，高岭国际商贸城项目和传化公路港项目是长沙市重要的功能性项目，符合城市规划、产业定位和区域发展的需要，将成为长沙经济新的增长极。何寄华强调，高岭国际商贸城项目要具备国际化、市场化、高端化的业态内容，实现“线上线下”融合；要注重项目辐射功能，通过成立相应的协会，增加话语权、掌握定价权；要加大一期招商力度，并对入驻商户进行严格把关。

4 月 8 日，湖南龙骧交通发展集团有限责任公司与长沙金霞经济开发区签订了高岭综合交通枢纽项目入园协议书。按照规划，高岭综合交通枢纽由湖南龙骧交通发展集团有限责任公司投资建设，位于高岭组团兴联路与彭家巷路交汇处西北角，项目总用地面积 179.95 亩，净用地面积 131.9 亩，项目初步规划总建筑面积 20.3 万平方米，总投资 11 亿元。龙骧集团将致力于把高岭综合交通枢纽打造成为长沙城北交通枢纽中心。2017 年，同时具备长途客运、城市公交、出租、社会停车、邮政及地铁等功能“六位一体”的高岭综合交通枢纽将在长沙金霞经开区投入运营，长沙交通将再添“国家级客运枢纽”。

4 月 10 日，湖南省住房和城乡建设厅副厅长高东山来到金霞经开区中民筑友（长沙）产业园项目，考察调研建筑产业化情况。高东山指出，建筑产业化是“两型社会”建设的必由之路，用工业化生产的方式来建造住宅，既有利于节能减排，也是建筑业转型升级的重要方向，市场空间巨大。高东山表示，金霞一定要走两型发展道路，抢占市场，培育一批龙头企业，加快推进建筑产业化，形成产业链，打造具有国际一流水准的产业集群。

4 月 20 日，江苏省太仓市政协主席、太仓市港口经济发展研究会会长宋建中一行来金霞经开区调研考察港区经济社会及物流业发展情况目。宋建中对开福区和金霞经开区的发展成效表示充分肯定。他认为，金霞经开区有三个显著的特点：一是规划定位比较准。以现代物流为基础、商贸市场为主体、加工贸易为补充的产业定位，充分利用了园区的区位优势。二是发展势头非常好。2014 年，园区主要经济指标的增幅都达到了 20%，这充分彰显了园区强劲的发展势头。三是增长潜力非常大。园区基本建立了多模式集疏运体系、逐渐提升了多功能平台承载力、大力培育了多板块临港产业，这些都将成为园区未来发展的巨大潜力。

4 月 23 日，香港总商会中国委员会主席余国贤一行到金霞考察。余国贤表示期望香港企业抓住湖南口岸贸易转型升级的合作机遇，拓展港湘合作领域，促进港湘经贸合作发展。双方初定于6月在香港“2015湖南（香港）投资贸易洽谈周”活动期间进行深度对接。

4月23日，长沙市住建委党委书记、主任范焱斌相关部门负责人一行到金霞经开区调研。范焱斌表示，低碳、绿色的新型建筑产业发展模式是未来住宅产业的发展方向，也是提高住宅使用功能和质量的有效手段，更是推进节能减排、促进房地产业健康、持续发展的重要途径。市住建委将开辟绿色通道，简化程序，加强沟通，形成合力，全力支持园区市政道路和相关配套设施建设，积极推进金霞经开区打造全市建筑产业化示范基地工作。范焱斌要求，要狠抓质量安全不放松，安全是建设管理的底线，强化施工过程的精细化管理，着重提升建设品质，打造一批优质精品工程。

4月28日，高岭一期100万方仓储物流区开工奠基暨小商品城封顶·招商启动仪式在高岭国际商贸城A1地块举行。随着高岭一期仓储物流区开工奠基和高岭国际商贸城小商品城封顶，以及此前普洛斯、深国际等顶级仓储企业成功签约进驻，标志着开福区、金霞经开区“十年巨擘”产业规划的大商贸、大物流格局，已经版图初具。从2014年7月正式开工，到计划2015年开业100平方米，再到2017年计划开业300万平方米，“高岭速度”成为长沙商贸市场产业发展的一道风景。作为政企商联手打造的商贸物流产业标杆，高岭国际商贸城将被打造成一个立足湖南、辐射中部、影响全球的中部商贸集散中心、仓储物流配送中心和长沙城市副中心。

4月28日，位于开福区中青路以西、曲湾路以南的〔2015〕长土网14号地块由长沙传化公路港物流有限公司以14180.00万元的总价成功摘牌，单价为67.44万元/亩。长沙传化智能公路港项目净用地约600亩，将以“公路港3.0”版本落地长沙，深度贴合长沙当地市场需求。项目落地后，预计年带动物流服务及相关收入200亿元，提供新的就业岗位20000个，降低空载率50%，降低商贸及制造企业40%以上物流成本。

5月10日至17日，长沙金霞经济开发区业务培训研修班（三期）在浙江大学举行。此次培训班学员由34名来自青竹湖生态科技园、保税物流中心、开发区各部门干部员工组成，业务培训主要采取课堂学习和实地考察相结合的方式。这是园区积极搭建“充电”平台，进一步开阔园区干部员工视野，提升园区干部员工业务水平和管理能力的有力举措。

5月14日，第四届中国药品冷链物流峰会在长沙金霞开幕。同时，备受关注的湖南首家冷链技术研发中心项目正式启动，总规划用地1000亩、总投资28亿元的长沙医药健康产业园也正式开园。未来，长沙医药健康产业园将自行投资1000万元建设的湖南省首家冷链技术研发中心。该项目将围绕医械、医药、食品、保化品冷链需求进行研发，将填补湖南省医药健康品冷链技术空白，解决全城温控与物流精细化与质控的问题。

5月14日，长沙市委常委、统战部长文树勋率市直相关部门负责人来金霞经开区调研工业经济发展情况。文树勋对园区走差异化发展路线，着力打造特色工业版块的做法给予高度肯定。他表示，尽管当前宏观经济形势趋紧，但是开福区和金霞经开区充分发挥独有的交通和物流平台优势，加大基础设施配套，大力发展食品加工、住宅工业化和机械制造等特色工业，全力打造特色园区工作卓有成效，发展态势较好。文树勋强调，园区要把握机遇，稳中求进，加快转型创新发展，为长沙提速工业发展贡献力量。

5月15日，湖南省首家医药健康产业主题园区——长沙医药健康产业园盛大开园。长沙医药健康产业园选址长沙市开福区中青路577号，落地金霞沙坪工业组团。总规划用地1000亩、总投资28亿元。未来，长沙医药健康产业园将全面谋划产业聚集、管理有序、健康发展的“500亿专业医药健康航母”。这标志着中南地区首个医药流通企业总部和医药物流集散中心正式扬帆起航，对整合医药行业资源，提升医药健康产业水平，满足人民群众日益增长的医药卫生保健需求意义重大。

5月21日，老百姓大药房连锁股份有限公司总裁助理余勇一行来园区参观考察。余勇表示，金霞经开区便利的交通条件及得天独厚的物流优势给其留下了深刻印象，他期待公司能有机会与园区展开更深的洽谈与合作。

5月23日，中部（湖南）进出口商品展示交易中心1A栋封顶仪式隆重举行，标志着一期项目工程已经取得实质性进展。中部（湖南）进出口商品展示交易中心项目总体占地面积260亩，建筑面积24.8万平方米。目前，一期4栋展示交易中心馆已经封顶完工，1A栋企业总部办公大楼封顶，将顺利推进后期开盘及“金霞保税店”开业。

6月5日，长沙金霞经济开发区“三严三实”专题教育工作座谈会召开，标志着园区“三严三实”专题教育正式启动。开福区委常委、金霞经开区党工委书记张毅围绕“三严三实”主题，从“三严三实”的重大意义、不严不实的具体表现、“三严三实”的具体实践、专题教育具体要求等四个方面，为园区、保税物流中心110多名党员、干部员工讲了一堂生动的专题党课。园区、青竹湖生态科技（产业）园、保税物流中心全体县级领导参加。

6月4日至5日，长沙市副市长何寄华带队赴广州考察宏光物流项目并与广州湖南长沙商会代表座谈。在考察宏光物流总部公司时，何寄华要求，金霞经开区要高度重视宏光物流相关项目的发展，详细了解企业发展需求，全力做好服务工作。市委、市政府相关部门也要在规划、国土、报建等工作上提供良好服务，破解项目发展难题，为企业发展保驾护航，提升来湘投资者的信心。

6月8日，开福区委书记廖建华率区四大家领导专题调研金霞经开区。会上，与会领导对金霞经开区今年以来取得的工作成绩给予了高度肯定，并就后段工作如何推进提出了具体的意见和要求。廖建华表示，今年以来，金霞经开区班子团结务实、干部奋发进取、各项工作按计划顺利推进，值得充分肯定。就做好下步工作，廖建华强调：一是要保持定力，巩固改革成果。二是要优化环境，提升区域价值。三是要抓实项目，扩大产业规模。四是狠抓落实，共促园区发展。

6月16日，德国萨克森至安哈尔特区域发展和交通部部长Thomas Webel一行来到金霞经开区考察，寻找两地合作方式和机遇。Thomas Webel 表示，园区完善的基础设施建设，便利的交通条件和显著的物流优势，尤其是园区主要物流平台运营模式让人印象深刻，他希望把在园区的学习的先进经验应用到德国萨克森州的经济建设当中去。

6月18日，“湘恋米兰”经贸洽谈会在米兰举行，金霞经开区管委会主任袁政国推介了中国中部（湖南）进出口商品展览展示中心项目。意大利国家工商联主席帕斯夸莱·埃美柯、对外贸易委员会米兰局主席玛丽内拉·德托、自然环境与生态旅游协会主席卡罗·德托里，湖南省副省长何报翔以及意大利知名企业负责人等200多人出席了洽谈会。会上，湖南省商务厅、长沙金霞经济开发区、湖南嘉德集团有限公司、美麟文化发展股份有限公司、意大利COOP公司等签署多项合作协议。会上达成的多项成果，有利促进中部（湖南）进出口商品展示交易中心（IECC）全球化进程，加速“湘品出海”和“精品入湘”，推动湖南开放型经济快速发展。

6月18日，围绕“严以修身”主题，金霞经开区组织全体县级领导干部到宁乡花明楼刘少奇同志故居开展“三严三实”专题教育学习。大家集体参观了刘少奇广场，向刘少奇铜像敬献花篮，表达对一代伟人的无限敬仰和缅怀。在参观刘少奇同志纪念馆时，大家怀着崇敬的心情，认真观看了刘少奇伟大的、革命的一生事迹展览。随后大家听取了刘少奇故里管理局局长、刘少奇同志纪念馆馆长罗雄主讲的《党风楷模刘少奇》专题党课。

7月6日，湖南省国税局副局长胡荣桂、市国税局局长文延风到金霞经开区就金霞国税分局成立事项进行调研，并实地考察了金霞电商大厦、高岭国际商贸城等项目。胡荣桂对园区发展平台及质效予以充分肯定，指出金霞是长沙的“希望之地”，表示将尽快落实金霞国税分局成立事项，并报国家税务总局批准。

7月9日，长沙市委副书记、市长胡衡华率住建、国土、商务、规划、政府研究室等市直相关部门负责人到金霞专题调研项目建设工作，现场解决企业建设难题。胡衡华充分肯定了园区项目推进的速度、建设的品质和发展的成效。他要求各级各部门要积极帮助企业解决各种困难和问题，切实为项目服好务。他强调，要按照既定目标有序推进，既要注重建设品质，又要加快推进速度，确保项目早日建成运营，投产达效。

7月13日，湖南省发改委召开国家级示范物流园区申报专家评审会议。湖南金霞现代物流园凭借多元化的大交通，对外开放的大口岸，临港靠市的大物流，工业物流的大基地等独特优势，得到了专家组的一致好评和推荐，成为湖南省唯一一家向国家推荐申报的省级示范物流园区。

7月14日，金霞经开区组织召开“三严三实”专题教育学习研讨会，围绕“严以修身，加强党性修养，坚定理想信念，把牢思想和行动的‘总开关’”主题，对照“三严三实”要求，结合各自思想、工作、生活和作风实际，深入交流对“三严三实”的认识，深刻查摆“不严不实”问题。廖建华、张毅、袁伟洁、袁政国等区、园区领导，及园区全体县级领导参加。廖建华要求，园区要严格按照中央和省、市、区委安排，从严从实抓好专题教育，使党员干部思想得到升华、工作得到提升、作风得到转变，推动园区各项工作再上新台阶。

7月15日，长沙市副市长何寄华来园区调研湖南进出口商品展示交易中心项目。何寄华指出，湖南进出口商品展示交易中心项目是长沙“加快走出去、扩大外向度”经济战略目标的重要载体，是提升长沙现代服务业水平的重大项目，是聚合优质资源的重要平台，更是促进城市外贸工作发展的市场主体。何寄华强调，金霞经开区要切实完善展示交易中心的保税展示等基本功能，围绕项目功能定位，在突出特点、确保品质的前提下，加大招商力度，加强专业人才队伍建设，全力助推长沙市外向型经济发展。

7月24日，湖南省住房和城乡建设厅党组成员、副厅长姚英杰率相关部门负责人一行到金霞调研。姚英杰充分肯定了园区项目推进的速度、建设的品质和发展的成效。他表示，省住建厅将开辟绿色通道，简化程序，加强沟通，形成合力，全力支持金霞经开区打造全市住宅产业化示范基地工作。他要求，要狠抓质量安全不放松，着重提升建设品质，打造一批优质精品工程。

7月28日，芒果汽车打造的国内首个“互联网＋汽车生活”主题馆在长沙市青竹湖会展中心举行项目启动仪式。快乐购希望与汽车之家联手打造真正的汽车文化生活圈。地面体验式汽车生活主题馆，力求为湖南地区汽车消费者提供包含试乘试驾、车辆展示、汽车购买、提车验车服务的全流程、一站式汽车消费服务，真正实现汽车电商从线上到线下的闭环。而借助“互联网＋汽车”的销售新模式整合不同平台和媒介资源，快乐购有望加速互联网战略转型。

7月30日，中国物流与采购联合会物流园区专业委员会第四次会员代表大会在山东烟台召开。长沙金霞经济开发区在本次会议上被选举为“物流园区专业委员会副主任单位”，这标志着园区在国家物流行业的地位进一步提升。

7月31日至8月1日，2015年全国物流园区工作年会在烟台召开，园区在此次会议被授予“2015年度优秀物流园区”荣誉称号。作为承接国家“一带一部”、长江经济带战略发展的重要节点，金霞已迈入了快速发展的轨道，跻身“国家级物流先锋队”。

7月30日，意大利马尔凯大区政府中国代表处主任克里斯·瓦洛蒂一行考察了湖南进出口商品展示交易中心。克里斯·瓦洛蒂表示，湖南进出口商品展示交易中心拥有独特的优势，有省、市、区各级政府的大力支持，全面享受保税功能政策，便捷的通关一站式服务体系。通过双方合作，可对接意大利一线厂商，直接引进意大利知名品牌入驻湖南进出口商品展示交易中心，砍掉中间商的运营成本，让利于广大消费者。

7月31日，从国家知识产权局传来了好消息：中国专利查询系统数据显示，截至目前，中民筑友有限公司2015年申请专利共计275件，申请量位居长沙市企业第1名。其中发明专利99件，实用新型专利176件，发明占比36%，授权专利69件。中民筑友定位为新型建筑工业化制造商和核心成套技术提供商，公司高度重视技术创新和知识产权的保护，每年投入过千万元的研究经费。

8月7日，湖南省委书记、省人大常委会主任徐守盛率省、市领导一行深入开福区调研城市建设工作，先后视察了芙蓉北路提质改造、高岭国际商贸城和标准化仓储建设等情况。湖南省、长沙市领导韩永文、易炼红、胡衡华、陈献春、黎春秋，区领导廖建华、沈裕谋、谢伟峰、许振勤、熊建伟、刘文立、张毅、袁伟洁、邹犇淼、袁政国、廖勇等陪同调研。徐守盛对开福区城市建设推进情况和整体发展态势表示肯定，对奋战在项目建设、城市建管、拆违控违工作一线的全体干部表示敬意和谢意。在高岭国际商贸城项目现场，徐守盛指出，随着城市发展规模的不断扩大，要把仓储物流作为一个专项纳入“十三五”规划进行顶层设计。一方面，抓住违章仓储拆除的契机，加快标准化、现代化仓储建设，倒逼仓储物流产业升级；另一方面，对各地仓储物流业进行分类规划，在科学合理的半径范围内引导、扶持相关产业集聚发展，避免同质产业陷入低水平竞争。

8 月 7 日，长沙金霞保税物流中心、韩国 Dana Metro Inc 及湖南嘉德集团三方签订《入驻企业入园协议书》，标志“韩国馆”正式落户金霞跨境产贸城。“韩国馆”拥有 6000 平方米独栋展馆，将由韩国政府组织 300 家厂商和贸易商入驻，汇聚 7000 多种商品，价格将与首尔同步。当日下午，长沙金霞保税物流中心、澳洲 163 控股集团及湖南嘉德集团三方举行《入驻企业入园协议书》签约仪式。该企业入驻后，将成为湖南首家澳大利亚、新西兰进口商品体验店。

8 月 8 日，由开福区人民政府主办、金霞经济开发区和高岭国际商贸城承办的“开启商贸 4.0·打造中国智贸区——中国智慧商贸战略”发布会在长沙举行。省政府副秘书长王光明，省贸促会会长李沛等领导以及全国商贸行业精英、湖南商贸协会代表、湖南金融机构代表、湖南高等院校代表等逾千人出席。高岭将开启中国“商贸 4.0”时代，“线上线下一体化、仓储物流一体化、全产业链一体化、全服务链一体化”将极大提升商贸行业标准和未来前景，而高岭国际商贸城项目，将通过“43 大市场集群、12 大功能分区和 30 大服务平台”使得商贸 4.0 概念得以落地。高岭组团的建设对长江经济带的提速发展有着积极意义，长沙大城北的开放开发再次全面提速。

8 月 15 日，湖南省副省长戴道晋率领省安监等部门督查长沙新港危化品安全生产工作，对港口烟花爆竹集装箱堆放待运区进行了突击检查，并现场抽查了长沙港口消防演练。戴道晋强调，各级各部门必须认真落实党中央、国务院指示精神，全面彻底地查找隐患，深刻吸取天津港“8·12”瑞海公司危险品仓库特别重大火灾爆炸事故教训，必须按照消防灭火的特点，对危化品进行分类储存。同时，要严格落实企业主体责任，进一步细化危化品储存管理制度，合理规范安全操作规程，全面加强危化品企业防火防爆设施的建设。

8 月 16 日，湖南省委常委、市委书记易炼红对中石化江岸油库进行突击检查。他指出，全市各级各部门要警钟长鸣，坚决贯彻习近平总书记、李克强总理关于安全生产工作的一系列重要指示批示精神和全国安全生产电视电话会议精神，坚决落实安全发展理念，始终把安全生产摆在首要位置，切实维护人民群众生命财产安全。易炼红强调，全市各级各部门要认真贯彻落实党中央、国务院和省委、省政府关于安全生产工作的部署要求，深刻吸取“8·12”事故的惨痛教训，举一反三，查漏补缺，牢固树立安全发展理念，时刻绷紧安全生产这根弦，确保不出现重大安全事故，维护人民生命财产安全。

8 月 20 日，长沙霞凝港正式接受国家质检总局验收，有望获得“进口粮食指定口岸”资质。如获此资质，金霞从越南、泰国、缅甸等国家进口的粮食，可减少粮食中转所带来的起吊、存储、报关报检、损耗等费用，有利于长沙乃至湖南全省粮食企业降低进口粮食物流成本，充分发挥长沙霞凝港水运口岸辐射带动作用，成为湖南乃至中部地区最大的粮食物流集散地。

8 月 25 日，开福区委书记廖建华率区四大家领导来到金霞经开区，就加快推进高岭国际商贸城项目建设与园区和项目方面对面座谈，帮助解决项目建设中遇到的困难和问题。廖建华强调，要珍惜机遇，牢牢把握长沙中心城区传统市场提质外迁和产业转型升级的机遇；要精心设计，进一步提升顶层设计，从市场规划、经营模式、管理方式、配套建设等方面进一步升级。要切实将该项目作为抢占商贸高地的标志性项目，将高岭国际商贸城打造成为业态最全、档次最高、配套最全、信息化和智能化程度最高的具有国际一流水准的商贸物流产业国际示范区。

9 月 6 日，来自全国各地的 600 多位非公经济精英人士和 400 多位海外侨胞代表齐聚长沙，参加 2015 中国(湖南)非公有制经济发展论坛暨海外侨领侨商三湘行活动。全国人大常委会副委员长、民建中央主席陈昌智出席活动开幕式并致辞。省委书记、省人大常委会主任徐守盛作书面致辞，省委副书记、省长杜家毫等省、市、区领导出席。会议期间，现场举行了盛大的项目签约仪式，共签约项目 30 个，签约总额达 237.38 亿元，涉及现代服务、先进制造、农业产业化和基层设施建设等多个领域。金霞经开区高岭国际商贸城二期、香港嘉里金霞高端物流项目也在本次大会上顺利签约。

9 月 9 日，湖南省委改革办专职副主任秦国文一行来开福区调研和指导改革工作。秦国文充分肯定了开福区的改革工作，对金霞经开区的发展和体制改革工作给予了高度评价。他指出，2015 年是全面深化改革的关键之年，开福区和金霞经开区抓住了重点项目，找准了关键问题，拿出了切实举措，各项改革工作稳步推进。他强调，要坚持以问题导向来推动改革发展，突出“顺”“活”“好”三个字。体制要“顺”，做到关系简单、规矩简单、权责简单，进一步简政放权；运行要“活”，守住政策底线、纪律底线和发展底线，进一步释放发展活力；效益要“好”，做到精用规划、精用工具、精用职能，进一步提升发展水平。

9 月 18 日，长沙市委副书记徐宏源率市直相关部门负责人一行来园区先后视察了中民筑友、高岭国际商贸城等园区产业项目。徐宏源指出，园区项目建设的成效显著，发展态势较好，值得充分肯定。他要求，下阶段要进一步加大项目推进力度，既要加快建设进度，又要注重建设品质，确保项目早日建成，早日投产，早日达效。

9 月 22 日，湖南省商务厅党组成员、省政府口岸办主任杨中万莅临保税中心调研指导长沙口岸工作。杨中万指出，长沙口岸工作发展领导重视、意识超前、基础好、有潜力，其中开福区集众多口岸优势于一体，是长沙打造口岸的新高地。杨中万表示，省级层面将全心、全意、全力给予协调和支持，并健全口岸管理机制，出台口岸经济发展的指导性意见，促进口岸从单一功能向多功能叠加发展，使其成为湖南经济发展的支撑及后劲。

9月29日，湖南对接“一带一路”重点平台通道推介会在长沙金霞经济开发区电商大厦举行。湖南省人民政府副省长何报翔等领导出席活动。推介会重点推介了金霞跨境电商的大发展。湖南省商务厅还现场授予长沙金霞保税物流中心“湖南跨境电子商务产业园”并同步举办了开园揭牌仪式。推介会前，与会领导嘉宾共同见证了长沙跨境电子商务监管中心正式运营。这标志着长沙市跨境电商进口业务落地运行，预示着连接国内外两个市场的电商新丝路将从长沙金霞扩展开来。当天上午，何报翔还在推介会现场宣布，湖南长沙通达德国杜伊斯堡等欧洲、中亚城市的“湘欧快线”常态化运营班列开通。

10月9日，长沙218路公交线路正式开通，从湘江世纪城可以直达湖南进出口商品展示交易中心金霞保税店。218路起止点为湘江世纪城至沙河大桥，线路长13公里，途径金霞经开区湘江北路、秀峰路、芙蓉北路、冯蔡路、新港大道等道路。

10月15日，216路公交路线（高岭国际商贸城至星沙）通车仪式在高岭国际商贸城举行，标志着216路正式通车。216路具体路线为：从高岭国际商贸城发车，经捞刀河路、兴联路、双河路、车站路、三一大道、锦绣路、博展路、时中路、开元路、天华路、明月路、东升路至东升公交首末站。

10月19日，开福区委书记廖建华，区委副书记、区长沈裕谋率区直相关部门负责人来到金霞经开区，就重点项目建设进展情况进行专题调研。廖建华强调，项目建设是拉动经济增长的重要动力，金霞经开区作为大城北经济建设的主战场，项目建设的主阵地，要在项目建设上打头阵、当先锋、做表率。

10月23日，“中国（长沙）五金机电行业发展论坛暨高岭国际五金机电城信息发布会”在长沙举行，高岭国际五金机电城产品发布成为全场的焦点。根据规划，高岭国际商贸城打造的五金机电城是全国唯一一座双首层设计、全街区排铺布局的专业市场。同时，全国工商联五金机电商会与长沙金霞经济开发区、高岭国际商贸城签署合作协议，宣告中国（长沙）国际五金机电博览会，从2016年起将每年定期在高岭国际商贸城举办。

10月28日，国家住宅产业化基地技术创新联盟长沙论坛建筑产业现代化技术交流会暨中民筑友科技集团国际合作战略签约仪式在长沙举办。现场，中民筑友科技集团与新加坡YEE预制设计集团、德国RIB集团、内梅切克工程公司、金蝶国际软件集团、同济大学、中南大学签署合作协议。通过战略合作的签订，中民筑友科技集团将进一步推动自身在产业链合作、信息化管理、技术研发等多个环节的创新和发展。

10月30日，高岭国际商贸城承办的“城北大商贸·物流大通道”战略发布会暨高岭国际商贸城“供应链一体化”信息发布会在长沙举行。现场，高岭国际商贸城还与湖南省物流与采购联合会、长沙市仓储与供应链商会、湖南物流专线联盟（专盟）、湖南聚信供应链有限公司签署了物流高地合作共建协议，将为长沙传统市场提质外迁创造更好的条件和平台。高岭国际商贸城能成为中部现代商贸物流产业承接地，得益于金霞有着得天独厚的区域规划、产业聚集、交通组织、资源配套、商贸平台等五大优势。纵观长沙四个方向，城北高岭无疑是最适合对接内陆开放型经济高地，发展物流产业的区域。近日，湖南省经济和信息化委员会、湖南省财政厅《湖南省2015年第二批移动互联网产业发展专项资金拟支持项目名单》公示完毕，青苹果《“书香湖南·数字阅读”公共服务平台建设项目》喜获移动互联网产业发展专项资金支持。“书香湖南·数字阅读”作为青苹果在移动互联网时代推进“书香湖南”建设的创新项目，为广大市民提供个性化、人性化和一站式的智慧阅读服务新体验，是湖南省推进“互联网+”行动计划的重要项目载体。

11月3日，根据交通运输部统一安排，中央电视台大型纪录片《长江交响——中国黄金水道》摄制组，到长沙新港进行前期采访座谈。这是该片摄制组到湖南前采的首站，也是新中国成立以来央视来湘江沿线港口最大规模的一次专题纪录片节目前期采访。湘江是长江的一级支流，摄制组将对接长江经济带的腰部——湘江的长沙港、岳阳港作为湖南列入该《纪录片》采访摄制的重点港口。

11月4日，长沙市委常委、副市长张迎春率长沙市发改委、住建委、经信委、交通运输局、长沙供电公司、广铁集团长沙办事处、龙骧集团等部门到园区调研，深入了解园区工业经济运行情况和重点产业项目建设情况。张迎春对金霞良好的发展势头给予充分肯定。她表示，开福区今年的各项经济指标走在全市前列，金霞经开区作为开福区经济发展的主阵地和主力军，在宏观经济形势压力较大的情况下，呈现了经济保持快速增长、招大引强成效显著、产业规模日益壮大等特点，为全市经济发展做出了贡献。

11月6日，由“芒果汽车”与汽车之家联手打造的汽车生活主题馆在青竹湖全新开馆，由“芒果汽车”与汽车之家联手打造的汽车文化生活圈正式在长沙落地，将创新“互联网+汽车”的电商销售新模式，开启国内全新的汽车销售方式和汽车文化体验。

11月9日，来自全国近40家主流新闻网络媒体的记者们走进金霞经开区，深入湖南进出口商品展示交易中心、中民筑友建筑工业化产业园、高岭国际商贸城等项目，采访见证金霞在跨境电商、建筑工业化和引领全国商贸物流生态圈等方面取得的成效。“湘欧快线”自2015年9月起常态化开行以来，货量快速增长。和全国其他欧洲班列比，“湘欧快线”虽然起步较晚，但发展最快。11月份开始，“湘欧快线”班列就出现“爆仓”。为满足市场需要，“湘欧快线”平台公司决定，通过加密开行班列的办法来满足市场需求。11月15日起，班次由每周一趟增加到每周两到三班。同时，为进一步完善国内外服务网络的建设，正积极筹备在“欧洲东大门”波兰建设分拨仓。

11月20日，随着长沙市委副书记、市长胡衡华一声令下，现场礼炮齐鸣、十余台工程设备一同发出轰鸣声，长沙传化公路港项目在长沙金霞经开区正式开建。中国物流与采购联合会会长何黎明，全国工商联副主席、传化集团有限公司董事长徐冠巨出席开工典礼。开工仪式上，徐冠巨表示，长沙传化项目开建是传化构建全国网络的重要节点，传化将助推长沙成为全国经济战略布局中承东启西、联南接北的重要枢纽，助力湖南省物流产业转型发展。长沙市副市长廖健表示，长沙传化公路港建成运营后不仅能够极大地丰富长沙的物流业态，促进“三港互通、多式联运”，而且能够带动相关产业转型升级和快速发展，为推动长沙跨越式发展注入强劲动力。

11月20日，高岭国际小商品城招商政策发布会在高岭国际商贸城举行。活动现场，高岭国际商贸城与开福区政府签订1500亩仓储用地协议。同时，高岭国际商贸城与红星美凯龙签署战略合作协议，双方将建立全球家居建材博物馆与四维立体家居体验设计中心，开辟家具建材产业公园 Mall+ 时代。此外，高岭国际商贸城还与广东商协会签订协议，达成战略合作伙伴关系，助力湖南商贸物流行业的发展。发布会上，高岭国际商贸城营销总监戴乐详细介绍了项目小商品城的业态布局、开盘优惠政策等相关情况，特别是发布了“永久免租”政策。

11月20日，2015中国（湖南）住宅产业化与绿色建筑发展论坛暨新技术产品博览会在湖南国际会展中心开幕。园区企业中民筑友科技集团携部分精品预制构件参展，吸引了众多客户的眼光，展现了集团从设计、研发到制造的全产业链综合实力。展会首日，湖南省住房和城乡建设厅厅长蒋益民、副厅长高东山等领导前往展位参观。蒋益民一行详细询问了长沙绿色建筑科技园的建设进度情况，对项目进展给予了高度肯定，并鼓励中民筑友要勇于创新，不断提升管理水平，加快扩张市场。

11月20日至22日，以“互联网引领物流新时代”为主题的2015(第十三届)中国物流企业家年会在湖南长沙召开。中共中央对外联络部原副部长于洪君，中国物流与采购联合会会长何黎明，中国物流与采购联合会副会长兼秘书长崔忠付，全国工商联副主席、传化集团董事长徐冠巨，湖南省副省长何报翔，湖南物流与采购联合会会长刘平等领导出席开幕式或相关活动。

11月20日，主办方召开2015·长沙金霞商贸物流招商推介会，重点对金霞商贸物流产业进行主题推介。现场，还举办了重大项目签约仪式，高岭国际商贸城二期、中国中部·红星家具建材博览中心、湖南粮食集团食用油加工物流园、湖南北鑫绿色建筑产业园、嘉里物流湖南区域总部、辉瑞控股医药电商产业园、国美（长沙）电商运营中心等7个项目现场签约。推介会还重点系统发布了金霞经开区开发性招商项目以及10大平台性招商项目。

11月23日，金霞经开区举行新任领导见面会开福区委常委，长沙金霞经济开发区新任党工委委员、书记杨应龙在会上作表态发言，对金霞的情谊溢于言表。他表示，今后的工作责任更大、担子更重、要求更高，要做到“三个绝对”：政治上绝对忠诚可靠；工作上绝对扎实务实；作风上绝对廉洁自律。以金霞发展为重，带好班子、带好队伍，做好表率，履行好“一岗双责”职责和纪检监督责任，在干工作过程中用心谋事、干事、成事，在大家共同努力下，精诚团结、扎实工作，使园区实力倍增、品质倍增，促进园区健康、平稳、有序发展。

11月26日，金霞经开区金灿大厦项目举行封顶仪式。该项目是园区自主开发建设的第一个房地产项目，总投资5100万元，共15层，项目建成后将为园区招商引资提供配套服务，为园区引进高端人才提供住房。项目自2014年12月底正式进场施工以来，在园区各部门通力协作，施工单位、监理单位的共同努力下，工程进展顺利。

12月2日，开福区委常委、金霞经开区党工委书记杨应龙主持召开金霞经开区“十三五”发展规划重点企业座谈会。会议明确，要充分认识“十三五”规划的重要意义，要准确把握“十三五”规划的基本构想，要完善拟定“十三五”规划的文稿。“十三五”时期，园区的总体目标是“打造千亿级产业，争创国家级园区”，通过建设开放型、品质型、实力型、创新型、智慧型“五型”园区，将园区打造为“国家级现代物流中心、国家级商贸集散中心和湖南对外开放高地”。

12月5日，金霞经开区首家创客空间——长沙医药健康产业园总裁俱乐部“创业营”成立了。该创客空间的核心理念是“牵手、成长”，旨在打造医药健康领域的“黑马”营，通过“创业营”给创客们提供孵化空间、创业辅导、政策支持、人才交流等服务，孵化和培育一批生物医药健康领域“黑马”企业，打造区域生物医药健康生态圈，引领长沙生物医药健康产业发展。

12月14日，国家商务部公布《2015—2016年度国家文化出口重点企业和重点项目的通知》名单，青苹果数据中心再次荣膺“2015—2016年度国家文化出口重点企业”称号，这已是青苹果连续三年夺得该荣誉。未来，青苹果将继续探索一条集文化性、技术性、商业性于一体的数字出版创新之路，积极向海外推介中国优秀文化，助力中国文化产品大胆“走出去”。

12月16日，湖南省政府举行“金霞跨境保税直购体验中心正式运营”新闻发布会，集中推介金霞经开区的湖南跨境保税直购体验中心。发布会上，沈裕谋致新闻发布辞，对金霞跨境保税直购体验中心(保税店)进行了全面推介。杨应龙在答记者问时表示，湖南进出口商品展示交易中心项目是湖南对接“一路一带”重点平台通道的基础项目和重要载体，也是推广复制上海自贸区保税展示交易政策经验的重要成果。在对接“一带一路”和“长江经济带”战略的转型发展中，金霞将充分整合独特的交通、口岸和平台等优势资源，全力打造“开放型、品质型、创新型、实力型、和智慧型”园区，致力建设国家级现代物流中心、国家级商贸集散中心和湖南对外开放高地。

12月19日，主题为“乐享全球　遇见世界”金霞跨境保税直购中心（金霞保税店）开业盛典在金霞跨境产贸城广场举办。湖南省副省长何报翔，省商务厅厅长徐湘平，长沙市副市长廖健出席。在“一带一路”的大战略背景下，金霞保税店就是跨境电商的“绿色捷径”，湖南对接“一带一路”、缩短与世界距离的步伐大大提速，湖南人在家门口快乐购全球成为现实。

12月17日、20日，金霞经开区召开2016年工作务虚会。大家结合工作实际，站在园区全局高度，谋划未来，畅所欲言，提出2016年和“十三五”的工作思路及对园区工作的意见和建议。2016年是园区的“品质提升年”，园区将以“打造千亿级产业，建设国家级园区”为奋斗目标，以争创国家级园区为核心，以板块推进为路径，以机制理顺为抓手，升级核心产业、提升集聚能力，拓展城市功能、提升承载能力，完善配套建设、提升平台能力，深化改革开放、提升创新能力，加强干部管理、提升办事能力，加快建设实力型、品质型、开放型、创新型和智慧型“五型”园区建设，全力打造中国金霞物流谷。

12月28日，高岭国际商贸城建材城正式启动运营。高岭建材城是高岭国际商贸城核心专业市场，南临兴联路，北临北辅路，西接捞刀河路，东接竹隐路，一期规划用地面积为147亩，建筑面积13万平方米。作为市政府指定老市场外迁承接地，高岭建材城截至目前已登记入驻来自瑞祥、马王堆、三湘、南湖、高桥及株洲、常德、湘潭等地建材家居行业商户超16000余户；未来，将规划建设建材家具批发交易馆、建材家具国际奢侈品馆、建材家具主题村、建材家具历史博物馆、建材家具奥特莱斯馆、建材家具MALL等，全面打造中部最大规模、最全品类、最具文化属性、最强消费力建材家具交易集散中心，也将成为全国建材家居工厂总部展销基地。

益阳东部新区

益阳东部新区2015年建设概况

2015年，在益阳市委、市政府的坚强领导，益阳市直各部门和赫山区的大力支持下，突出项目建设、招商引资、拆迁安置、土地报批、平台融资五个重点，全面实行分管领导和部门联系项目制度，努力推进开发建设，取得了来之不易的工作成绩：一是预计完成各类投资12亿元，实现税收4500万元；二是引进重大战略产业项目1个，新开工产业项目1个、基础设施项目1个；三是已报批土地800亩，力争再进窗300亩；四是鱼形山智慧谷项目一期进展顺利，有望成功打造“互联网+”背景下传统产业园区升级发展新模式。鱼形山路基本建成、内环路完成路基工程，外环路按计划推进建设。

一、2015年各项工作推进情况

（一）基础设施建设稳步推进

一是道路建设抓紧推进。鱼形山路已完成综合管沟的建设，路基工程基本完成，沥青路面铺设计划在春节完成。内环路计划春节完成路基铺筑。外环路建设工程做好了1月份开工的准备工作，其中石长铁路复线下穿框架桥工程复线框架桥已完工，既有线框架桥正在顶推。二是基础设施配套积极跟进。鱼形山路自来水管网正抓紧施工。电力专项规划已完成。区域燃气完成了建设审批，可以随时开工建设。污水管网鱼形山路段正在进行施工。弱电管网已经完成招投标前期工作。

（二）产业项目进展顺利

江南古城项目一期已基本完成，项目二期累计批回用地500亩。鱼形山智慧谷国际网络科技示范园项目已有8家企业完成工商注册登记，其中湖南普云智能科技股份有限公司已登陆湖南股交所成长板；在建总部办公大楼11栋，3栋完成封顶；配套道路新府路正在进行图审、财评等工作；与美国通用集团合作的“电动汽车智能快速充电技术及国际网络运营平台”于10月16日举行了起航仪式，社会反响良好。

（三）招商引资积极拓展

邀请国内知名文化旅游产品策划公司包装了鱼形山梦幻谷（休闲娱乐旅游项目）、鱼形山养生谷（健康产业集群）、四方山特色文化风情园等5个项目。在益阳市委、市政府的关怀下，正与嘉兆控股集团就海洋主题公园项目开展深度对接，积极与湖南广电对接微影视基地项目。

（四）征地拆迁知难而进

批回用地303亩，已进窗用地500余亩，力争再进窗300亩。完成各类征地1258亩，拆除房屋54栋，移栽各类苗木210亩。查违拆违75处，共计4600余平方米。基本完成益阳市“一江三路”综合整治及拆迁攻坚行动任务。内环路四个安置区正在启动招投标工作，2015年年前开工建设。

（五）平台建设逐步夯实

建设银行第一批次2亿元贷款年初已到账，第二批次2亿元贷款计划年内完成放贷。与长沙银行合作的7亿元城市发展建设基金项目和与东北证券合作的10亿元企业项目正按计划推进。公司总资产达到18.6亿元。

（六）两型示范常抓不懈

宝林冲村成功申报省级两型示范创建村庄并获得20万元的扶持资金；完成了湖南省两型示范机关项目的现场评审验收，做好了两型示范创建储备项目的申报工作。

二、2016年工作计划

新的一年，将围绕“产业项目”这个核心，努力强化基础设施、用地、资金、环境、服务等要素保障，进一步明确目标，抢抓机遇，加快发展。

（一）工作目标

全年完成各类投资15.8亿元，税收7700万元；新签约重大战略合作项目2个，确保1个产业项目开工；基本完成江南古城项目一期旅游展示区建设，核心区域景观全线开通；加快基础设施建设，鱼形山路、内环路、外环路全部建成通车；完成安置区一期工程；报批土地1500亩，出让商业用地500亩；完成融资8亿元，争取发行企业债券。

（二）保障措施

1. 强化责任，确保工作落实到位。一是要做到思想不乱，人心不散，工作不放松。加强队伍的思想教育，努力打造一支思想业务素质过硬、能吃苦耐劳、时刻保持廉洁自律的干部队伍。二是要建立完善的考核机制和激励机制。三是要有切实可行的约束机制。

2. 开拓创新，想方设法招大商。一是瞄准目标，围绕文化旅游产业下功夫，加紧包装一批有特色的招商项目，制作好益阳东部新区宣传片。二是继续抓紧与湖南广电集团、嘉兆控股集团等战略投资者的对接谈判，争取最大的可能性将海洋公园、微影视拍摄基地等大型项目落户，并进一步挖掘碧云锋、青秀山的人文资源，打造文化生态主题公园。三是强化优质服务，让项目能进得来、住得下、安得心。

3. 加强部门对接，强化与赫山区的合作。一是更进一步谋求市直部门加大支持力度。二是紧密依靠赫山、鱼形山街道在规划执法、拆迁及社会事务上的主体作用，

4. 夯实融资平台，满足发展需求。一是强化资本注入。拓宽融资渠道，全年融资 8 亿元，公司总资产达 25 亿元。二是强化土地储备。2016 年拟完成江南路、宝林路、接龙路以及相关项目用地的报批工作，力争批回土地 1500 亩，收储土地 1000 亩以上，出让商业用地 500 亩以上。三是强化税收征管。依法依规挖掘潜力，做到应收尽收，确保全年财税收入达到 7700 万元。

5. 突出重点，夯实发展基础。一是强化基础设施建设。确保内环路、外环路建成通车。完成宝林路、江南路及接龙路的规划设计、土地报批等前期工作。做好水、电、气、污水处理等配套基础设施建设。二是抓好安置房建设。确保内环路安置房年内建成，外环路安置房进行提前谋划，高标准进行规划设计，完成土地报批等前期工作，力争 2017 年春节前开工建设。三是全力服务好项目。确保江南古城在国庆节前投入运营。全力支持智慧谷项目入驻。

常德德山片区

常德德山片区 2015 年建设概况

一、概述

常德经济技术开发区，坐落在素有“善德之源”美誉的德山，位于常德市东南面，与市主城区隔（沅）江相望，其前身为 1992 年 5 月成立的德山经济开发区，2010 年 6 月经国务院批准为国家级经济技术开发区。全区管辖面积 155 平方公里，规划面积 70 平方公里，现有人口约 15 万。经过 20 多年的发展，常德经开区由弱到强发展壮大，园区产业集聚，基础设施日趋完善，各方面发展成果显著。

（一）四通八达的立体交通

207、319 国道在区内交汇；杭（州）瑞（丽）、二（连浩特）广（州）等六条高速公路在此贯通；连接京广、枝柳的石长（石门至长沙）铁路穿境而过，拥有年装卸量 120 万吨的火车货运站；黔（江）张（家界）常（德）、长（沙）益（阳）常（德）高铁和常（德）岳（阳）九（江）等 3 条高速铁路建成后将把常德提升为中国铁路网重要节点；湖南省第二大河流——沅江穿境而过，常年可通航千吨级船舶，可西达重庆、东抵上海，区内建有千吨级德山新港，可实现铁水联运；新扩建升级为 4D 级的桃花源机场距常德经开区 5 千米车程，目前已开通至北京、上海、广州、深圳等 16 条国内航线。

（二）日趋完善的配套设施

区内道路都按城市Ⅱ级道路标准建设，30 平方千米建成区域路网实现了全覆盖，70 平方千米规划区域基本完成主次干道的建设。拥有 110 千伏变电站 3 座、220 千伏变电站 2 座，装机 320 万千瓦的湖南华电常德电厂 2015 年建成并开始发电。有 2 座日总供水量达 40 万吨的自来水厂。已建成一座日处理能力 10 万吨的污水处理厂。区内建有天然气高中压调压站，常德电厂的余热蒸汽可为其周边 5 公里范围内的企业提供蒸汽。移动、联通、电信在区内设有分公司，宽带、通讯光缆及信号全面覆盖。区内规划有一平方公里的物流园区，已有湘西北物流、明威吊装、宜达物流和万路达物流等多家物流企业落户；6 条公交线连接市城区，其中 3 条为快速公交（BRT）线路，今后还将开通 5 条快速公交线路链接常德市城区。目前，经开区已完全具备水、电、路、气、照明、网络、通信等条件，生产生活设施日趋完善，能够满足工业、三产和物流等重大项目建设需要。

（三）不断壮大的产业集群

园区现有各类企业 700 余家，其中规模工业企业 110 余家，高新技术企业 25 家，战略性新兴企业 26 家，20 多家上市公司在此投资兴业，产值过亿元企业 45 家，基本形成了高端装备制造、新能源及新材料、食品加工、生物医药、林纸加工、纺织服装等六大主要产业板块，以恒安纸业、金健米业、中锂新材、洞庭药业、云锦集团、惠生国际、三一机械、中联液压、常德纺机、力元新材、金天钛业、武陵酒业、德山酒业、三金药业为代表的一大批骨干企业正在快速成长。

二、2015 年的主要工作

2015 年，面对不断加大的经济下行压力和艰巨繁重的开发建设任务，常德经开区工委、管委在市委、市政府的正确领导下，坚持“推进二次创业、建设千亿园区”，突出抓好园区攻坚、城市提质和民生升温，保持了经济社会稳中有进、稳中向好的发展态势。主要表现在以下六个方面：

（一）主要经济指标稳中有升

全年完成技工贸总收入 548 亿元，同比增长 15.1%；地区生产总值 92.6 亿元，同比增长 10.2%；规模工业产值 292 亿元，同比增长 10.3%；固定资产投资 140.5 亿元，同比增长 18.6%；财政总收入突破 14 亿元，同比增长 13.5%；融资到位 41 亿元。

（二）项目建设稳步推进

全年新签约供地项目 17 个，合同总金额 100.6 亿元，其中亿元以上项目 11 个，包括投资 48 亿元的中欧产业园、投资 16.5 亿元的智慧产业园、投资 16.7 亿元的拍马纸业等项目。全年建设产业项目 23 个，计划投资 202.8 亿元，建设标准化厂房 32.9 万平方米，出租率达到 62%。其中，一些重大项目进展较快。华电常德电厂建成并网发电，其排放远远优于国家标准；汉能薄膜太阳能项目主体工程完工，预计 2016 年 9 月份可投产；金德镭射正在安装测试设备，即将投入生产；三创大楼已经建成，创业服务中心获批省级科技企业孵化器。特别是集中力量办大事，南区 8000 亩范围完成了 750 户的征地拆迁和土方平整，路网配套基本成形，具备重大项目落户条件。

（三）企业转型升级初见成效

在“稳增长、促转型”的大环境下，我区通过工业扶持奖励资金、开展专家讲座以及省、市各类引导资金等举措促进区内企业进行技术改造和科技创新。完成投资 500 万元以上的技术改造项目 19 个，累计投资达 21.1 亿元。在

新常态下，通过资金引导，涌现出一批转型升级、以科技创新寻求发展新空间的企业典型。恒安纸业通过五期技改，实现了生产到包装的全自动化，节约了成本；昊天汽车从机械配套转型研发生产直臂随车吊，市场保持稳定；三一重工增加风电叶片生产项目，发展势头看好；塞凡电气实现了从高低压开关柜到变压器的产品转型；嘉盛电陶成功研发出新产品，产销两旺。

（四）城市配套加快建设

启动了沅水二桥西片区、演舞堆一期、水电八局常德生活基地、洞北二期、德山大道以西片区维修改、阀门厂宿舍区及周边地块和青山片区7大棚改项目；临枫路改建工程建成通车，常德大道改造工程已实现通车；千吨级码头主体框架平台建成，城市防洪圈三合垸防洪堤、姚湖公园主体工程完成施工；以德山大道、莲池路、常德大道、桃林路“四条严管街”为重点，建立了职能部门和责任单位“五位一体”的整体联动模式，在市容市貌标准化、交通秩序规范化方面开展了一系列的强化整治行动。城市管理精细化、科学化水平明显提升，夺得了四区考评综合第一名。

（五）社会民生持续改善

全年新增城镇就业人员3313人；开工建设700余套公租房；建成2个自来水厂和城乡供水一体化工程，解决了农村近5万人安全饮水问题；完成黄石岗、新包垸、邱家岗等3个排水泵站新建改造，切实保障了汛期安全；青山社区已经建成，便民配套服务水平有所提高，九龙庵村获得市级美丽乡村挂牌；化解各类社会矛盾和信访积案350余起，社会大局稳定。

（六）党的建设不断加强

扎实开展“三严三实”专题教育，清理在编不在岗人员25名，调整4个软弱涣散村的党支部书记，新建3个村级活动场所；严抓党风廉政建设，对34个单位进行财务检查，查处违反党纪政纪案件11起，免职2名村居干部，立案6人，处分5人，其中科级干部2人。

三、2016年的工作规划

2016年是“十三五”的开局之年，常德经开区将始终坚持建设美丽现代幸福新德山的战略定位，抓好工作落实，开好头，起好步。做好2016年工作的总体思路是：深入贯彻中央、省、市经济工作会议精神，紧扣“推进二次创业、建设千亿园区”主题，全面实施“一三五”工程，强力推进“十大产业项目”，全力启动“三百计划”，大力建设“三个一号”工程，加速建成美丽现代幸福新德山。

贯彻总体要求，实现预期目标，全面完成省、市下达的节能减排任务。重点做好以下三个方面的工作：

（一）建设现代新德山，园区攻坚要有新突破

园区就是生命，项目就是灵魂。在经开区要做到项目高于一切、大于一切、压倒一切。2016年，深入推进园区攻坚要牢牢抓住项目建设这个“牛鼻子”，大力实施“三个一批”工程，即：对一批意向战略项目，要紧盯不放，不达目的不罢休；对一批签约在建项目，要一抓到底，加快建成投产；对一批存量优质企业，要精准帮扶，尽快做大做强。

1.要引来一批投资。实现“一三五”工程目标，关键要靠项目支撑。在项目引进上，我们要下更大的决心，派更强的力量，用超常的手段，努力实现总量和质量“双突破”。全年引进资金130亿元，其中外资到位1亿美元，引进亿元项目15个以上，其中10亿元以上项目3个。紧密跟踪新型铝材、中国中车、恒天新能源汽车等重大战略项目，力争年内成功签约2个以上。

2.要建好一批项目。项目引进是前提，项目落地是关键。我们要以强力推进“十大产业项目”建设为抓手，全面掀起项目建设的高潮，全年新开工项目20个，投产项目15个。“十大产业项目”即：力促二代光纤、智慧产业园、润田农机、新能源汽车、烟用包装项目主体工程建成完工；确保三创大楼、红星美凯龙、汉能光伏、千吨级码头项目投产运营；争取新型铝材项目顺利落地。

3.要壮大一批企业。通过实施“三百计划”，逐步实现“千亿园区”目标。一是百亿产业集群发展计划。重点培育高端装备制造、新材料新能源、食品生物医药和三产物流等4个产业，注重上下游配套，打造完善的产业链条，形成4个百亿产业集群；二是百家规模企业壮大计划。对现有百家规模以上工业企业，实行一对一精准帮扶，重点支持金健米业、恒安纸业、云锦纺织、三一重工、大汉汽车、金帛化纤、金天钛业、武陵酒、惠生肉业、力元新材等“1115”工程企业和常德电厂、洞庭药业、中锂新材、海利化工、海大饲料等骨干企业做大做强，逐步壮大成过十亿、上五十亿、超百亿的大中型企业；三是百万平方米标准化厂房建设计划。要继续加大标准化厂房建设力度，达到100万平方米规模；重点依托中小企业园、电子信息产业园、电镀产业园，为“大众创业、万众创新”提供平台；充分孵化入驻小微企业，对其实行优质服务、优惠政策、优秀奖励，促进一批“专、精、特、新”小微企业成长升级。

（二）建设美丽新德山，城市提质要有新变化

坚持产业建设与旧城改造并重发展，成立城市提质指挥部，由管委会主任任政委，力争一年出亮点、两年变形象、三年上台阶。重点是在70平方公里范围内，按照“旧城提质、产业配套、功能完善”的要求，着力建设“三个一号”工程。实施一号民生工程，以沅水二桥西片区棚改为重点，加紧推进绿地世纪城、姚湖公园建设，力争用一年时间彻底改变二桥东西两侧的城市景观；启动一号交通工程，打通桃林路，把东西向的汉德大道向西延伸对接机场大道；建设一号配套工程，重点完善东区产业配套，加快污水泵站、热力供应和排污管网等建设。

1.要用新规划引领新未来。专项规划要配套，在155平方公里概念性规划的总体框架下，全面启动70平方公里范围内的道路交通、给水排水、道路管网、片区功能等专项规划的编制，确保城市配套功能完善。乡村规划要启动，高度重视规划对镇街、村居的引领作用，指导镇村两级编制好城乡一体化发展规划，把未开发的土地很好地保护利用起来。规划水平要提升，要认真研究城市绿化、美化、亮化的规划方案，不搞千篇一律，可以一街一景，形成协调统一、多元并存的景观形象。

2.要用新建设打造新亮点。启动产城融合的战略工程。完成常德大道德山段综合改造工程，塑造主出入口靓丽的景观；启动桃林路西延线建设，构架与桃花源机场的快速通道；积极谋划对接临枫路过江道路，建设与主城区的第

二通道；密切跟踪长益常高铁建设，争取在德山设站。推进产业的配套工程。在南区，加紧开工建设兴德路，为金德镭射、三金药业等企业打通物流通道；在东区，尽快完成污水泵站建设，动工建设民建路、东沿路；开工建设热力供应管网；建设乾明北路、文峰路等道路，进一步完善老城区路网格局。实施棚改主导的民生工程。把棚改作为2016年城市提质的一号工程来抓，以连片开发棚户区为抓手，大力推进高标准的富有经开区特色的城市综合体开发，认真研究去库存办法，搞活房地产市场，集聚德山人气。

3. 要用新机制管出新水准。强化队伍建设。引进专业化企业和人才参与到城市管理中来，进一步扩大环卫市场化作业范围，积极探索绿化市场化管理途径。加强精细管理。继续加强调度考核，按“集中权限、分级负责、严格考评、失职追责”的城市管理工作思路，把城市长效管理工作的各个方面有机结合起来，使经开区的城市管理精细化、常态化再上一个新的台阶。实行重心下移。明确镇街城市管理主体责任，按照“权责利对等、人随事走、费随事转”的原则，对辖区执法中队实行“属地化”管理；建立城市管理联席会议制度、日常工作对接制度、基层城管执法工作保障机制和信息资源共享机制，实现城市管理和行政执法信息资源共享，稳步推进城市管理重心下移。

（三）建设幸福新德山，民生升温要有新实效

坚持经济与社会统筹发展，在发展经济同时，积极探索社会事业管理新模式，主动打好“民生升温”战，让广大群众共享开发建设成果。

1. 完善社会保障体系建设。积极推进养老保险改革，完善城乡居民最低生活保障、被征地农民养老保险、城镇居民医疗保险、重大疾病保险等社会保障体系。积极开展失地农民安置和再就业工作，多渠道开发就业岗位，引导失地农民劳动就业和创业就业，完成就业培训2600人次以上，新增城镇就业4000人以上，新增农村劳动力转移就业600人以上。

2. 推进文教卫事业发展。进一步加大教育卫生攻坚任务的建设力度，加快学校基础设施建设改造步伐。深化医药卫生体制改革，完善医疗质量监督、教育和考核机制，规范和完善基本药物制度，全面落实村卫生室信息网络建设工作，加大对流动人口管理和均等化服务，全面提升全区医疗卫生水平。充分挖掘善德文化资源，整合文化资源、自然资源、工业旅游资源，探索出一条适合经开区旅游发展的路子，扎实推进一批以弘扬善德文化为核心的项目，加快沅江风光带、乾明寺、孤峰公园等旅游资源建设。

3. 建设完美社区和美丽乡村。按照市委、市政府完美社区建设的要求，结合经开区的实际情况，借鉴外地先进经验，创新社区管理体制和服务方式，规划建设大的社区服务中心，着力在社区环境、管理体系、民生服务等方面实现新突破。按照科学规划、村容整洁、创业增收、乡风文明的要求，整合各类资金、加大美丽乡村建设投入，着力打造宜居、宜业、宜游的美丽乡村，努力办成一批群众看得见、摸得着、感受得到的好事实事，提高群众的生活品质和获得感。

常德德山片区2015年度两型建设纪事

1月7日，常德市委书记王群、市政府副市长朱晓平等在经开区工委副书记、区管委主任向绪彦，经开区工委委员、调研员廖嗣忠的陪同下现场视察三合垸沅水一线大堤防洪圈建设情况。

1月27日，经开区管委会与万路达物流有限公司就物流（二期）项目建设签订协议，项目（二期）投资1亿元，占地100亩。

2月6日上午，省政府副省长李有志专程来经开区调度引进重大项目报批土地事项，市委书记王群、市长周德睿，经开区工委书记周运来、管委会主任向绪彦参加调度会。

2月12日，经开区管委会与湖南中以光纤通信科技有限公司就建设“中欧产业园”项目签订投资合作协议。项目投资约46亿元，首期工程建设二代通信光纤及相关产品生产项目，占地约600亩。

3月1日，常德市委书记王群分别到力元新材、恒安纸业、翔宇机械等工业企业调研，常德市领导黄清宇、沈习淼以及经开区工委书记周运来，管委会主任向绪彦，工委副书记、管委会副主任张帆陪同。

3月4日，省政协副主席武吉海到洞庭药业、金帛化纤、三一机械、常德电厂调研企业生产经营情况，并现场察看企业技改项目。常德市领导周德睿、李爱国、沈习淼、肖朝进以及经开区领导周运来、向绪彦、张帆陪同。

3月10日，区管委会主任向绪彦、工委委员陈帮辉接待台湾华通集团董事长陈品元一行，双方就TFT–LCD项目签订投资补充协议。项目拟先期租用标准厂房进行生产，同时开展新厂区前期建设准备工作。

3月17日，汉能常德300兆瓦铜铟镓硒柔性薄膜太阳能电池生产项目开工典礼在常德经开区项目选址点举行。市委书记王群、市长周德睿、汉能控股集团执行总裁冯电波以及经开区领导周运来、向绪彦等出席开工仪式。汉能常德项目主要建设300兆瓦铜铟镓硒柔性薄膜太阳能电池生产项目，总投资30亿元，项目建设期18个月。

4月3日，区工委书记周运来、管委会主任向绪彦、工委委员陈帮辉等领导参加常德市第二届德商恳谈会。会上，我区共邀请客商16名，签约1个投资48亿元的项目，发布招商项目5个。

4月4日，国土资源部财务司司长赖文生、省国土资源厅副厅长尹学朗、财务处处长王群来常德经开区实地考察金陵水库灌区耕地现状。

4月13日，常德市党史办副主任周华辉、经开区工委委员廖嗣忠等参加德山镇枫树岗村《村志》首发仪式。

.4月30日，常德经开区与湖南航发重钢结构有限公司签订项目二期建设协议，项目计划投资约5000万元，新建2.6万平方米的50吨级高标准厂房及配套设施。

5月8日，莲花池小学获得第五批省级语言文字规范化示范学校称号。

5月20日，经开区首个采用政企合建模式新建的公租房项目——河家坪公租房竣工交付使用。项目占地7.42亩，总建筑面积14639平方米，总投资约2500万元，共建公租房2栋293套。

5月25日，经开区管委会主任向绪彦陪同市委书记王群、市长周德睿等领导前往北京、河北等地对接11家央企和战略投资者，与中国恒天集团、丰联集团、中国兵器装备集团达成合作意向。

5月28日，经开区工委书记周运来、质监分局局长樊平一起赴北京，向国家质检总局党组副书记、副局长梅克保汇报，为国家生活用工产品质量监督检验中心（常德）争取到购买检验设备资金800万元。

5月31日，经开区工委委员陈帮辉带队前往深圳参加2015年湖南（香港）投资贸易洽谈周的常德市（深圳）投资推介活动，会上签约项目3个。

6月2日，常德市委副书记宋冬春、市政府副市长朱小平、市水利局局长黄云新等一行12人在区工委委员廖嗣忠、区农办主任涂自广等的陪同下检查我区防汛备汛情况，并现场察看了三合垸沅水一线大堤情况。

6月9日，国家环保部华南督查中心对常德市进行了环保综合督查，经开区作为工业园区接受了环保综合督查。

6月15日，《华青大讲堂》走进常德经开区——新形势下企业融资途径与资本设计专题讲座在经开区大礼堂举行，主讲教授王平。

6月25日，在经开区大礼堂举行常德经开区“百名干部联系服务百家企业”活动动员会议，在家的工委、管委全体班子成员以及90名参与服务企业干部及90位企业负责人参会。

7月1日，省发改委党组成员、省发改委国家投资项目评审中心主任匡竹述到华电常德电厂进行调研。

7月9日上午，省委常委、省委秘书长韩永文来常德督导“三严三实”工作，并到常德电厂、南区重大项目选址地视察。市领导周德睿、黄清宇以及经开区党政主要人员周运来、向绪彦陪同。

7月13日至14日，经开区工委书记周运来带领经开区副处级干部邹吉茂、招商合作局局长覃宏和恒年集团董事会代表等一行，考察了河南保税物流中心。

7月17日，香港恒海投资控股集团董事长姚伟平、常德华蓝德通信有限公司符总一行8人来我区考察，就二代通讯光缆项目融资事项进行了洽谈，明确了投资项目的合作意向。

7月20日，常德市人大常委会主任刘明等一行在经开区工委书记周运来，经开区工委委员、调研员廖嗣忠等陪同下督查了我区安全饮水工作进展情况。

7月24日，经开区石门桥镇九龙庵村被市评为“美丽乡村”称号。

7月27日，常德经开区三严三实专题教育暨区工委中心组第二次集中学习探讨会召开，区工委委员、纪工委书记唐成模为全体中心组成员做了题为《严以律己，严守党的政治纪律和政治规矩，自觉做政治上的明白人》的辅导报告。

8月，经开区崇德中学、乾明路小学、莲花池小学、苏家渡小学四所学校被教育部评为首批“全国青少年校园足球特色学校”。

8月11日，常德市人大常委会副主任曾再龙等一行10人，在区工委委员、调研员廖嗣忠等的陪同下对我区水污染防治执法检查，并到金陵水厂察看了水厂建设及金陵水库水质情况。

8月19日下午，经开区工委书记周运来、工委委员陈帮辉接待了联想集团丰联公司董事长陈绍凯，双方就武陵酒业下一步发展进行洽谈，并达成了一致意见。

8月27日至29日，经开区工委周运来书记带领招商合作局局长覃宏和惠生国际控股有限公司行政总裁于济世等一行，到上海考察了睿莱宝医药科技、上海交通建设总承包公司、启维进出口贸易等公司。就睿莱宝医药中间体项目、稀土永磁体项目、上海交通建设总承包公司的投资合作进行了深入探讨。

8月31日，省委宣传部组织的“湘江北去”新闻采访组来经开区现场采访，先后到了恒安纸业、表面处理产业园、常德电厂、汉能光伏等企业和项目工地。

9月11日至12日，湖南国际旅游节系列活动期间，经开区工委书记周运来、管委会主任向绪彦、工委委员陈帮辉等领导分别接待中国华电集团、中国建筑材料集团、中国恒天集团等央企负责人，常德市人民政府分别与三家企业签订了战略投资协议书。与中国兵装集团合作的安防产业园进行了合同洽谈。

9月13日，省质监局党组书记、局长欧阳彪莅临国家生活用纸产品质量监督检验中心（常德）项目建设工地视察。

9月18日，中联重科工程机械关键液压元件产业升级项目举行开工仪式。区工委书记周运来，工委副书记、管委会主任向绪彦，工委委员陈帮辉，中联重科集团高级总裁方明华，常德中联液压有限公司总经理谢智勇，市经信委党委委员、副主任祖华及经开区相关部门负责人参加了开工仪式。

9月22日，常德市人大常委会主任刘明及常委会其他成员来我区视察园区攻坚暨优化经济发展环境工作，刘明一行先后视察了经开区汉能常德公司、三创大楼、电镀产业园。管委会主任向绪彦陪同视察。

9月22日，常德市人大常委会全体组成人员到我区开展园区攻坚暨优化经济环境视察活动。

9月23日，国家安监总局监管四司副司长王小拾率国家安监总局督查组来我区湖南武陵酒业有限公司开展有限空间作业专项督查。

9月23日，经开区工委书记周运来参观考察湖北拍马纸业集团，双方就下一步工作达成了共识，市商务局局长涂贤春、工委委员陈帮辉一同参加考察。

9月23日，管委会主任向绪彦、工委委员陈帮辉、杭州启维进出口贸易有限公司孙航一行就稀土永磁体项目进行了洽谈，双方就下阶段工作进行了初步安排，市商务局副局长胡晓明参加。

9月28日，常德市安委组织相关部门和企业在中石油常德油库开展火灾事故综合应急演练。常德市副市长、市公安局局长、市安委副主任胡丘陵，市安委办主任、市安监局局长郑家火，经开区工委副书记、管委会副主任张帆参加此次演练。

9月28日，经开区管委会与常德纺织机械厂正式签约，接管常德纺织机械厂职工医院人、财、物，着手将纺织机械厂职工医院转型为社区卫生服务中心。

9月29日，省国土资源厅土地执法监察处处长佘建华带领省土地卫片执法监督检查组，对常德经开区土地卫片执法监督检查工作进行验收。

10月，委托湖南农业大学完成《金陵水库饮用水源地综合保障工程实施方案》编制工作。

10月7日，总投资约1.3亿元的睿莱宝医药中间体项目签订入区框架协议。

10月10日管委会机关200名工作人员参加了人市柳叶湖马拉松长跑活动。

10月15日，常德市人民政府副市长沈习森、管委会主任向绪彦一行前往北京拜访汉能控股集团相关负责人，双方就加快厂房建设及设备采购等工作进行了沟通。

10月21日，经开区工委副书记、管委会主任向绪彦召集建设管理局、产业发展局、社会事务局、国土分局、规划分局、住建局等22个相关单位的负责人在石门桥镇会议室召开了石门桥镇小城镇建设专题会议，共同讨论研究了石门桥镇未来城市规划、功能定位及城市建设管理等方面的问题，会议的召开将加快推进石门桥镇城镇建设的步伐。

10月23日，占地600亩、总投资75亿元的常德华兰德通信有限公司二代光纤项目在常德经开区开工建设。该项目以二代光纤研发、制造为核心业务，未来可形成集产、销、研于一体的大型高端产业基地。市委书记王群宣布常德华兰德通信二代光纤项目开工，市委副书记、市长周德睿致辞。

10月26日，烟草包装配套产业园项目与拍马纸业集团达成共识，项目总投资16.7亿元，建设年产20万吨烟用卡纸、年产8万吨转移纸和年产5亿平方米转移膜三个子项目，双方同意11月份签订框架协议，12月份签订正式投资协议。

11月5日，根据经开区工委会议纪要（2015年第5号）关于“园区集中供热”工作安排，经开区委托武汉德威工程技术有限公司编制完成可行性研究报告并正式启动热力管网建设设计工作。

12月，经开区三合垸沅水一线防洪大堤4.1公里的防洪圈建设顺利竣工，标志着经开区一线防洪减灾的能力得到了进一步提升，为下一步的防汛抢险打下了坚实的基础。

12月3日，经开区纪检监察系统学习廉政准则及党纪处分条例宣讲会在区公安局会议室召开。市纪委常委汤杰现场授课，全区纪检监察干部及区公安局全体党员干部参加。

12月5日，经开区2015年度落实党风廉政建设责任制民主测评大会在区工委会议室召开。常德市委检查组分别听取了区工委履行党风廉政建设主体责任情况汇报及区纪工委履行党风廉政建设监督责任情况汇报，并进行了民主测评。常德市委常委、政法委书记何英平出席会议。经开区工委管委全体班子成员，区属及驻区各单位主要负责人参加会议。

12月6日，经开区召开全区领导干部大会，新上任的区工委书记尹正锡、管委会主任李育智与区中层领导干部见面。会议由常德市委常委、常务副市长朱水平主持，市委常委、市委组织部部长雷绍业宣读了省委对常德经开区党政主要负责同志的任免决定，新上任的党工委书记尹正锡、管委会主任李育智分别做了表态发言，市委书记王群在会上做了重要讲话，要求全区上下在新的工委、管委主要领导及其班子带领下，团结一心，奋发作为，全面掀起“二次创业”和“实施一三五工程，建设美丽、现代、幸福新德山”的热潮。

12月9日，常德市“三大战役”推进会全体与会人员来经开区进行了现场督导，先后视察督导我区汉能常德公司项目施工现场和表面处理产业园。

12月30日，经开区管委会和华电常德电厂在电厂会议室举行新闻发布会，就社会各界广泛关注的常德电厂有关环保问题回答了省、市媒体记者的提问。

昭山示范区

湘潭易家湾、昭山片区

湘潭易家湾、昭山片区 2015年建设概况

2015年，昭山示范区实现全社会固定资产投资105.5亿元，同比增长25%；完成财政总收入5.6亿元，同比增长12%；完成技工贸总收入150亿元，同比增长14%。实际使用内资15.3亿元，增长21.7%；到位外资5605万美元，增长20.3%；社会消费品零售额完成20485万元，增长12.9%。昭山镇路口社区获评“中国淘宝村”。

一、项目推进

2015年，重点项目完成投资62.87亿元，为年度目标任务的104.6%，主导产业聚集度同比增长5个百分点。省重点项目昭云路道路工程顺利实现主车道通车，得到了省级层面的充分肯定。31.27公里的骨干路网基本实现全线贯通，骨干道路下穿（上跨）京广铁路、京广高铁、沪昆高铁、京港澳高速等15个道路节点全部打通。京港澳高速昭山北互通正式开工建设。省政府决定将湖南省大健康产业园总部经济区和湖南健康产业集团总部落户昭山。昭山景区在成功创建国家4A级景区基础上，有序推进古寺落架大修及其他子项目。美丽乡村建设全面启动，已完成部分民居改造。中建仰天湖项目完成展示馆、沿湖景观工程，展示馆招商达成合作意向。5家文化和电商企业正式入驻两型产业发展中心。积极申报政府性债务置换，完成定向置换债券4.16亿元，有效降低了负债成本，调优了债务结构。争取上级转移支付约1.15亿元。报批土地1854.32亩，供地1207.17亩，全年完成征地1965亩，签订房屋协议283栋5.1万平方米，拆除房屋272栋4.9万平方米。片区总体规划修改文本获省人民政府批复，土规修编基本完成，进一步优化了发展空间，有效破解了发展瓶颈。

二、两型建设

植树造绿1200亩，森林覆盖率达64.2%，昭山森林公园获批省级森林公园，为湘潭第三个省级以上森林公园。投入200余万元完善了昭山景区消防管网，建成防火通道5公里、生物防火带11公里，昭山综合防灾工程基本完成。依法从严从重打击乱砍滥伐、未经审批随意占用林地、破坏绿心标识等违法违规行为，严格项目两型准入审查，关停污染重、能耗高的工业企业2家，新南化工厂重金属污染土壤治理通过省验收。扎实开展示范创建，务实推进30个两型综合示范片区项目，开展了“十大创建活动”，顺利通过了省两型委组织的30个项目现场资金绩效评价。同时，积极完善群众参与“两型社会”示范创建常态化机制，扎实开展“两型五进”活动，红旗村被评为省级“秀美村庄”示范村，石金村获评省级两型村庄，和平学校获评市级两型学校，立新村成为全市唯一获市两型办100万资金支持的美丽乡村。免费安装节能省电壁挂太阳能热水器1269户，免费发放节能灯泡1000只。大力开展两型知识宣传，“两型进村庄”活动在省级媒体重点报道。

三、发展环境

积极推进“两房两棚”“两供两治”工作，按精装商品房标准建成高档公租房745套、49500平方米，启动858套棚户区改造集中安置房建设。扎实开展文明城市创建工作，荣获全市唯一一家创建文明城市先进园区，易家湾镇被评为湘潭市2014届文明村镇，大塘社区、双建社区被评为湘潭市2014届文明社区。大力推进“治超”工作，集中开展渣土运输等“五项”整治，修复乡村道路3.5公里，改造小街小巷7条。累计拆除违法建设面积63606.57平方米，为年度目标任务的127.2%，拆除的长株潭大市场摩配K区11820平方米的违建仓库为全市全年拆除面积最大的单体违法建设。在全市率先实现大型户外广告清零，拆除广告面积19996平方米，为年度目标任务的117.6%。严厉打击整治违法犯罪，开展各类排查整治34次，协调处理各类纠纷83起，调解率达100%。接待来区上访75批450人次，办理来信40件，市长热线处理率、回复率100%，满意率达95%以上。在2015年全市民调中，综合排名为全市园区第一名。金屏村、红旗村获评创建国家基层群众自治示范创建村。

四、民生保障

全面、超额完成16项省、市级重点民生实事任务。开展职业技能培训7期286人次，举办大规模招聘会4场，新增城镇就业501人，实现再就业325人，转移农村劳动力192人，实现零就业家庭动态清零。继续实行全覆盖的社会保障体系，为特困家庭建立帮扶基金。扎实开展“一进二访”“千万帮扶”“脚步为亲”等活动，走访贫困户350户，发放慰问物资7万余元，扶助资金3.37万元，帮扶基础设施项目2个，帮创业扶产业57件，帮生活扶家业166件。诺贝尔摇篮湘潭昭山幼稚园正式开园，实现学前教育、小学教育优质资源覆盖。组织学校参加省级赛课获3个一等奖，市级赛课获8个一等奖，昭山和平小学成功申报全国足球试点学校，易家湾中心学校成功申报市级足球试点学校。完成7个村卫生室规范化建设，在全市率先完成2015年度村卫生室规范化建设，获评全省基本公卫考核先进单位。认真办理人大代表议案、政协委员提案14件，

办理态度和办理结果满意率100%。

五、自身建设

创新月度考核模式。实施"4+3"月度考核模式，对部门（单位）根据月初交办任务、工作亮点、重大情况、作风建设等指标进行考核，个人考评根据履职、出勤、作风等情况，结合部门（单位）考核结果，确定考核等次，考核结果与个人绩效工资挂钩，通过严格考核，倒逼工作绩效的提升。党风廉政建设持续深入。严格落实"两个责任"，扎实推动纪检监察系统"三转"，减少了纪检监察机关牵头或参与的议事协调机构60余个，全年党政纪立案6件，处分12人，结案5件。创造性开展"组账村代理"试点，积极推进廉政文化建设，微电影《莲村纪事》荣获市莲城廉韵廉政微电影创作大赛一等奖。队伍建设进一步加强。注重抓班子、带队伍，按照"三严三实"要求，推进作风建设常态化、长效化，打造精干高效、敢打能胜的干部队伍。党建工作亮点纷呈。分级分类实施"领头雁工程""先锋工程""堡垒工程""素质工程"，举办各类培训班50多期，培训3500余人次。摩托车城党支部荣获"全市非公经济组织基层党组织规范化建设示范单位"称号，摩配城党支部荣获"全市非公有制经济组织先进基层党组织"称号，区非公有制经济组织党工委在全市非公有制企业党组织"解难题·促发展"活动中荣获"组织优秀单位"称号。精准扶贫扎实有效，全区678户贫困户全部实现脱贫。

湘潭易家湾、昭山片区 2015年建设纪事

1月15日，昭云大道、白合大道下穿京广铁路两处节点成功打通。

4月10日，昭山大道上跨京广铁路立交桥开工建设。

5月26日，湖南省人民政府批准设立湘潭昭山省级森林公园。

6月9日，省委副书记、省长杜家亳莅临昭山调研长株潭城际铁路、城际快速干道建设及城区轨道交通规划相关情况。

6月15日，昭华大道上跨京港澳高速公路立交桥、昭山大道上跨沪昆高速公路立交桥顺利合龙。

7月17日，中建健康养生城市政道路路网工程、昭山大道二期项目、昭山电力改造项目与王家晒渠截污干管工程集中开工。

9月1日，《长株潭城市群两型社会示范区湘潭易家湾昭山片区规划（2010—2030年）（2015年修订）》获湖南省人民政府批复。

9月12日，京港澳高速公路昭山北互通工程、昭易六号路项目、美丽乡村项目、朝阳渠水系改造项目集中开工。

11月6日，副省长何报翔莅临昭山考察湖南健康产业园项目。

11月22日，公建民营幼儿园——诺贝尔摇篮昭山幼稚园正式开园。

11月29日，第四届中国（湘潭）齐白石国际文化艺术节"艺术与世界和平"论坛在昭山举行。

12月14日，省委常委、省长株潭两型试验区工委书记、管委会主任林武莅临昭山调研两型社会建设。

12月24日，昭山镇路口社区获评"中国淘宝村"，成为湖南首批三个"淘宝村"之一。

12月底，昭云大道下穿京港澳高速道路节点打通，标志着我区"三纵四横"骨干道路下穿（上跨）京广铁路、沪昆铁路、京港澳高速、沪昆高速等14个道路节点全部打通。

湘潭九华片区

湘潭九华片区2015年建设概况

2015年，在湘潭市委、市政府的正确领导下，湘潭经开区深入学习习近平总书记系列重要讲话精神，全面贯彻落实党的十八大和十八届三中、四中、五中全会精神，攻坚克难，锐意进取。

一、顶住下行压力，加快转型升级，确保经济运行稳中有进、稳中向好

2015年，在宏观经济下行压力下，湘潭经开区技工贸总收入1420亿元，工业总产值860亿元。

（一）三大主导产业特别是龙头企业来势良好

三大主导产业全年完成产值548.8亿元，产业聚集度进一步提升。一是汽车及零部件产业完成产值189.8亿元，同比增长14.9%，其中吉利汽车完成产值130.1亿元，增长30%，实现月产销过万台。塔奥地通完成产值16.6亿元。二是先进装备制造业完成产值230.3亿元，进一步支持泰富重装不断创新商业模式，实现从传统制造业向制造服务业转型，并成功获批湖南省海工装备特色产业园，完成产值165.5亿元，同比增长50.4%。三是电子信息产业完成产值128.7亿元，兴业太阳能、桑顿新能源、全创科技、蓝思科技等7家企业产值过亿。龙头企业的强势增长，有效弥补了园区部分中小型企业发展不足，确保经济整体运行稳中有进、稳中向好。

（二）重点项目招商和建设取得重大突破

一是产业精准招商成果丰硕。围绕主导产业进一步延伸产业链招商向纵深发展，成功引进投资35亿元的吉利汽车新能源SUV项目、投资30亿元的蓝思科技产业园项目等重大产业招商项目，为全市扩大投资、做大优势产业注入了新动力。二是重点项目建设成效显著。全年新建和续建固定资产投资项目113个（其中新开工项目47个），完成投资360.5亿元，增长25.2%；威胜电气等4家企业建成投产，泰富二期主体全部完成；湘江风光带、九华大道北段全线通车，成功实现与湘江新区的互联互通，区域融合发展再进一步；沪昆高铁湘潭北站站前综合枢纽主体完工。

（三）发展质量得到明显提升

一是财税收入再创新高。实现32.03亿元，同比增长18.9%；税收过千万的企业21家、过百万的企业154家。二是创新能力显著增强。全面实施创新驱动，制定出台鼓

励创新创业、促进宜居兴业的“21条”实施意见，推出了共有产权房、创新创业扶持资金、众创空间、鼓励引进高层次人才就业等系列政策，湘潭经开区创新创业园获批全国青年创业示范园区；全力推进产学研合作，成立了园区第二家“院士工作站”（欧阳晓平院士工作站）；与上海交大签订了战略合作协议，共建汽车工程联合研发中心，在工程实验室建设、技术创新、人才培养等方面开展深入合作。

二、创新社会治理，落实公共责任，确保民生事业长足发展，社会大局稳定

坚持发展为了人民，发展成果与民共享，切实改善民生，落实各项公共责任，全力打造和谐园区、幸福园区。

（一）创新社会治理方式，打好“智慧牌”

进一步强化智慧九华综合服务平台功能，完成云计算平台升级扩容；进一步优化完善社区“网格化”管理，完成网格内人口信息与公安人口信息比对分析，提高准确性；大力推进平安城市建设，实时监控园区内各主支干道路和人员密集区域；4月，经开区获批全省首家国家“智慧城市”试点园区。

（二）全力改善民生质量，出好“组合拳”

出台系列民生发展措施，对已有民生产品、公共服务进行提质升级。引进北大培文、湘潭市和平小学等名校资源合作办学，并正式开学；投入155万元对生态保育区内农村学校进行提质改造，为广大师生营造了良好的教学和生活环境；优化园区免费公交线路，开通九华到市区的3条免费公交线路；推进公共自行车二期工程建设，增加64个站点、1137台自行车；全市最大的滨湖公园——九华湖公园建成开园；加快推进城乡统筹，积极做好生态保育区规划；加快推进城乡公共服务均衡配置，重点推进建成区连接生态保育区的主干道规划建设。

（三）全面落实公共责任，做好“份内事”

全力推进创建全国文明城市各项工作，狠抓拆违控违，完成基本清零任务；全面推进为民办实事工程；认真开展“双联”帮扶活动；严格落实安全生产责任，深入开展安全生产百日大检查行动，全年没有发生一起较大及以上安全责任事故；严格实行计划生育“一票否决”责任追究制，确保全区计生工作正常有序推进；认真做好群众来信来访工作，全年没有发生大规模越级上访和群体性事件，确保了经开区社会大局稳定。

三、强化规范管理，加强自身建设，确保党建从严从实，服务优质高效

以深入开展“三严三实”专题教育为契机，坚持严的标准、严的要求、严的措施，切实规范园区内部管理、提高服务水平。

（一）全面提升服务水平

根据园区发展实际，设立企业（项目）服务中心，进一步厘清和明确了经开区的服务事项、服务流程，建立了服务清单，采取领办、代办、协办等方式，构建为企业和项目提供高效服务的综合体系；狠抓工作落实，对全年重点工作和绩效目标任务逐条逐项进行分解，建立健全由分管领导、责任部门、责任人为要素的三级督查责任体系，一级抓一级、层层抓落实；积极完善督办问责机制，把日常督查与年终绩效考核紧密结合起来，制订了《重点工作项目联动考核奖惩办法》《督查督办考核暂行办法》，对未能按要求、按时限完成工作任务的，从主要领导、分管领导、牵头部门以及配合部门予以层层追责，确保各项重点工作、重大项目建设任务落实到位。

（二）坚持党要管党、从严治党

严格贯彻落实“八九九”规定，集中组织开展学《准则》《条例》活动，并认真执行；深入开展“三严三实”专题教育，进一步巩固和拓展党的群众路线教育实践活动成果，认真查摆“不严不实”问题，立行立改；坚持密切联系群众，认真开展“一进二访”活动，确保34个村共587户1071个贫困人口“全覆盖、不漏户”；坚持民主集中制，制定“三重一大”事项集体决策制度；狠抓党风廉政建设，层层签订党风廉政建设责任状，深化纪检监察体制机制改革，在投资公司、征拆办派驻专职纪检员，在组织部、党政办公室等14个重要部门选定一名副职任兼职纪检员，对工程管理、征地拆迁、资金拨付、行政审批等重点部门和重点岗位进行有针对性的防控；把抓好基层党建作为最大政绩，全面推进“基层党建工作年”活动，夯实执政基础。

湘潭九华片区2015年建设纪事

1月，九华城乡养老保险并轨，生态保育区及未征拆区域的九华群众是主要受益者。

1月5日，泰富重工长距离大运量圆管带式输送机项目被省相关部门评定为全省产业创新十大标志性成果之一。

1月20日，潭锰路试通车，惠及我区2万余人出行。

3月，《2014年度湘潭市新型工业化考核结果的通报》出炉，九华在产业园区中排名第一。

3月3日，2015年经济工作会议召开，提出全力打造两个“过500亿元产业集群目标”。

4月，九华成为国家智慧城市试点园区。

4月2日，省委书记、省人大常委会主任徐守盛来九华调研，肯定湘潭经开区科技创新工作。

4月30日，湘潭市委书记陈三新调研湘潭经开区PPP模式项目建设情况，并给予充分肯定。

5月9日，经开区商业网点规划隆重发布，提出建设“三大商圈”规划。

5月21日，威胜电气产业园一期竣工投产，致力于打造湖南省、华中地区智能配用电业务领域里技术水平最领先、产品系列最完整、经营规模最大的智能配用电产业园区。

6月1日，湖南省特色产业园授牌仪式在九华举行，我区获“海洋工程装备特色产业园”授牌，湘潭经开区将把海工特色产业打造成千亿产业集群。

6月10日，省委常委、组织部长郭开朗来湘潭经开区调研。

6月10日，财政部副部长史耀斌调研九华污水处理厂PPP示范项目，称赞项目好，管理规范。

6月25日，副省长蔡振红来我区调研，肯定湘潭经开区创新创业工作。

7月9日，湘潭经开区发布《关于鼓励创新创业、促进宜居兴业的实施意见（试行)》，出实招鼓励大众创业、万众创新。

7月10日，湘潭经开区与上海交大汽车工程联合研发中心项目签约仪式举行。

7月17日，吉利新能源SUV项目落户九华，项目达产后将达到新增年产15万辆SUV整车的生产能力，年产值150亿元，年创利税 5 亿元以上。

8月21日，省委书记、省人大常委会主任徐守盛来湘潭经开区调研，实地考察了园区企业威胜电气，徐守盛称赞威胜智能产品科技含量高，工艺先进，要求经开区干部职工要把“三严三实”转化为干事创业的精气神，转化为攻坚克难的正能量。

9月1日，备受关注的九华和平小学正式开学。

9月5日，北大培文九华实验中学正式揭牌，我区将借助北大教育资源，打造地区名校。全国人大常委会委员、北京大学原校长、中科院院士周其凤出席揭牌仪式。

10月12日，国家发展和改革委员会党组副书记、副主任何立峰率队来湘潭经开区调研。

11月11日，湘潭市委书记、市人大常委会主任陈三新来湘潭经开区专题督查拆违控违工作，称赞九华带头拆违有声有色。

11月6日，湘潭经开区院士工作站揭牌，工作站由中国工程院院士欧阳晓平率团队成立。

11月20日，吉利新远景上市一周年，销量超10万台。

11月20日，泰富重装宣布打造出全球首个港口海工O2O平台。

11月30日，共青团中央下发《关于命名第二批“全国青年创业示范园区”的决定》，湘潭经济技术开发区创新创业园喜获殊荣,成为本批次中湖南省唯一入选的单位。

12月4日，省委常委、副省长陈向群来湘潭经开区调研。

12月7日，湘潭经开区召开干部大会宣布省委市委决定，孙银生任湘潭市副厅级干部、经开区管委会主任。

12月10日，省委法治湖南建设领导小组成员单位领导，各市、州党委政法委书记、司法局长、市州委法治办专职副主任等100余人来九华考察法治建设成果，湘潭经开区成为全省法治建设的参考样本。

12月13日，“2015经济全球化与中国城市创新发展论坛暨‘环球总评榜城市榜’发布典礼”举行，湘潭经开区获评“中国最具投资吸引力园区”“最具发展潜力园区”。

12月16日，湘潭市委副书记、市长胡伟林来九华调研，对湘潭经开区吉利汽车发展及九华大道建设表示非常满意。

12月，九华大道胜利“会师”长沙坪塘大道。

12月，沪昆高铁湘潭北站新增20趟车次，总车次达到51趟，从九华乘高铁可直达全国多个城市。正在建设中的湘潭北站站前广场将于2015年3月竣工。湘潭北站将成为展示九华区域价值和推动九华发展的重要平台和力量。

12月，湘江风光带九华段主干道完工，具备通车条件。

娄底水府片区

娄底水府片区东部新区 2015年建设概况

近年来，娄底经开区面对错综复杂的宏观形势和前所未有的困难挑战，紧紧围绕“打造千亿园区，建设幸福新城”的战略目标，掀起了“二次创业”新热潮，园区发展呈现出稳中奋进、跨越提升的良好态势。

一、回眸过去五年，成绩令人鼓舞、来之不易

“十二五”是娄底经开区成功晋升国家级开发区、开启“二次创业”新征程的五年。面对错综复杂的宏观形势、前所未有的困难挑战、极其繁重的转型任务，在娄底市委、市政府的坚强领导下，娄底区围绕“打造千亿园区，建设幸福新城”的战略目标，矢力攻坚，克难求进，推动经济社会取得了“全面性、实质性、突破性”的跨越提升。特别是2015年，党委、管委会团结和带领全区人民不退缩、不畏惧、不懈怠，奋力打赢了“十二五”收官之战。一年来，娄底经开区一是凝心扛压力，持续发展的潜能有效释放：技工贸总收入达到1012.31亿元，成为全省第六家“千亿园区”。工业总产值、规模工业增加值的增速，位居全省园区前列、全市第一。园区工业用电量增长25%，位居全省园区第一。工业复苏加快，投资效应放大，新需求、新动力、新增长点正在加快形成。二是矢力敢担当，稳中奋进的势能不断迸发：全年新开工项目184个，竣工投产项目94个，完成固定资产投资151.76亿元，同比增长21.7%，项目投资增长率、开工率、竣工率均居全省园区前列、全市第一。实现内联引资80.29亿，实际到位外资1.45亿美元，总量排名全省第9，增速排名全省第6，全省园区“十强”地位更加巩固。三是拼搏勇争先，辛勤付出的动能广获点赞：节约集约用地连续3年获得全省先进，安全生产连续7年获得娄底市先进，计划生育等多项工作获得全市先进；征地拆迁、标准厂房建设、投融资创新等工作，市委、市政府给予高度赞扬“走在全市前列，为全市创造了先进经验”。创造性化解民间融资风险，“一企一策”帮扶企业恢复生产，赢得广大债权人点赞。

2015年的奋力拼搏，不仅实现了“十二五”完美收官，更加夯实了“十三五”发展基础。从稳中看进，缓中看新，难中看机，变中看势，娄底经开区有理由对经开区发展前景充满信心。

（一）坚持发展之要，综合实力稳步攀升

坚持“三量齐升”，推进“质效同步”，发展一年一个台阶稳步攀登。一是实力迈上新台阶。晋升“国家队”，跻身“千亿级”，园区排名升至全省第8位，综合实力“超益阳”后成功“超常德”，主要经济指标进入中部10省区70家国家级经开区前30名，外向型指标进入全国219家国家级经开区前90名，园区在新起点、新站位上实现了与

"鹰"攀高、与"狼"共舞。二是发展实现新跨越。超额完成市定"工业四年倍增"计划，到2015年，园区规模以上企业从2010年的54家增加到84家；工业总产值年均增长30%，规模工业增加值年均增长16.22%，分别是2010年的4倍和3倍，实现了由"百亿"向"千亿"迈进的新征程。三是质效得到新提升。全区财政总收入年均增长19.58%，地方公共财政预算收入年均增长27.73%，分别是2010年的2.7倍和3.3倍。人均税收提前实现小康目标，工业税收占比超过90%。在全市7个县市区财税收入的排名由2010年的全市倒数第一跃升到全市第三，为攻坚"全市第一"的发展目标奠定了坚实基础。

（二）立足项目之本，发展动力持续增强

紧扣"四个一批"，突出"一核五区"，坚定不移推进项目建设，"投资洼地"效应持续彰显。一是项目落地更多更优。"十二五"累计引进项目230个，内联引资270亿元，利用外资3.06亿美元，占全市引资总额的一半。西班牙Gonvarri、华润集团、供销集团等世界500强、上市企业、央企相继落户园区。累计建设项目652个，其中投资过亿元项目72个、过10亿元项目12个。累计完成固定资产投资462.3亿元，是"十二五"之前10年总和的2倍。二是开发建设更快更好。汽车板项目建设速度"全球第一"，三一中兴（二期）"当年开工竣工、当年达产达效"实现"全省最快"，三泰新材成功上市实现全市"零"突破，新的"园区速度""发展奇迹"持续涌现绽放。安地亚斯、天益高科、健缘医疗等一批战略性新兴产业项目迅速成长，"3+2"现代产业体系日益壮大，产业转型精彩破题。三是承载平台更强更实。五大专业园区蓬勃发展，支撑作用不断强化。创业（创新）孵化园累计新建标准厂房70万平方米，入驻企业65家，得到省政府表彰在全省推广，成为园区招商引资的"最优名片"，入园企业的"落户首选"；湘中国际物流园建设初具规模，红星美凯龙、香港奥特莱斯等上市集团落户园区，成为全市服务业集聚的"最强磁场"。

（三）突出生态之美，产城融合持续提升

坚持"工商并举、产城融合"，致力"优布局、强功能，美环境""幸福新城"建设步伐坚定。一是城市蓝图更加清晰。五年来，累计完成征迁土地1.54万亩，报批土地1.2万亩，开发土地1万亩，占中心城区总量的80%以上。新增城市面积6平方公里，建设面积达22平方公里。累计完成城建投资38.98亿元，全长75公里的"四横四纵"城市主干道、25条园区道路先后建成，通车里程和硬化面积达到前10年的总和。"十里热土，活力新城"跃然而出。二是城市功能日臻完善。众一桂府等高端商居项目相继建成；大汉建材城、湘中陶瓷城等专业市场运行良好；奥迪、沃尔沃等知名品牌4S店入驻园区；金融机构、高端酒店、联锁商业不断入驻，园区金融服务、商贸物流、信息咨询、中介服务等城市生态逐步成型、渐成规模。三是城市品质全面跃升。国家卫生城市、园林城市创建成功，城区精细化、长效化、市场化综合管理迈上新台阶；迎春南路、娄涟公路和二工业园十余条道路绿化亮化提质升级，绿化面积超过7.2万平方米，绿化社区庭院1500余户，新增森林面积1000亩。自来水普及率达92%，生活垃圾无害化处理率达90%。园区功能逐步完善，要素不断集聚，从"建区"到"兴城"加快实现。

（四）夯实和谐之基，共建共享普惠民生

坚持共建共享，普惠群众，不断改善民生福祉。一是民生投入持续加大。坚持把30%的财政支出用于民生实事，年均发放扶助、救助资金500万元以上，新农合年均补助1500万元以上、惠及群众1.2万人次。新婚夫妻免费优生检测、45岁以上居民免费体检，失能特困人员生活财政兜底，基层卫生室基本药物"零差价"，越来越多的民生事项实现"政府买单"。二是社会事业加快发展。大力实施就业和再就业工程，城乡居民人均纯收入分别达到2.85万元和1.65万元，年均增长30%以上，率先达到"小康收入"；新建扩建学校4所，增加学位2250个，率先化解"大班额"；建成保障房5万平方米、安置基地9个，安置群众1万余人，保障率、安置率全市第一；建设敬老院3所，城乡居民养老保险基本全覆盖。劳有所得、学有所教、住有所居、老有所养，群众生活越过越舒坦，获得感大幅提升。三是社会治理不断创新。构建了区乡居三级联动的食品药品监督体系，全力保障"舌尖上的安全"；新增道路安全标识2000余处，优化交警监管体系，4条专用公交线路开通运行，基本实现"出入畅安"；天网、平安乡村工程全面推进，社区管理网格化，治安巡逻常态化，信访实现"三降一无"，安全生产实现标准化，连续五年未发生重特大安全事故，群众的安全感不断提升。

（五）开辟兴区之道，改革创新激发动力

推行新型财政管理体制，理顺权责关系，有效激发加快发展的内生动力。一是革红利充分释放。加快行政审批制度改革，推行"三二一"限时限次办结机制，开启"四证联办""三证合一"新模式，打通审批快速通道，服务质效明显提升。二是创新动力更加充沛。积极争取市委市政府出台了《关于将部分市级行政审批事项及管理职能下放给娄底经济技术开发区的实施意见》，授予娄底经开区8类51项市级经济管理权限，"审批不出园"即将实现。注重补齐拉长信息化和人才"短板"，编制了《雇员管理办法》《信息平台建设方案》，"引智工程""智慧园区"即将实施。三是比较优势逐步汇聚。成功晋升"国家级经济技术开发区"，国家新型工业示范基地、湖南省承接产业转移示范基地、湖南省"千亿园区"、湖南省最具产业影响力的产业园区、湖南省汽车配套产业基地等"国字号""省字号"金字招牌成功获批，累计获得国家级奖牌（项）2项，省级奖牌（项）4项，对全市和全区来说都具有"里程碑"意义。

（六）厚植党建之根，发展保障扎实有力

全面加强党建创新和基层党组织建设，先后实施"1+3+X""115"村（居）党支部书记锻造工程、基层党建标准化工程，累计建成69家党群活动中心，实现非公企业党组织全覆盖。深入开展党的群众路线教育实践活动、"三严三实"专题教育，党员干部的责任意识、担当能力持续提升。全面落实"两个责任"，专项开展"三为"整治，持续深化"家庭护廉"、案例警示教育等专题活动，有效构建行政权力阳光操作的制度体系，党委主体责任坚强有力，纪委监督责任坚实有效。

成绩浸透汗水，发展历经艰辛。过去的五年，是经开区稳中奋进、砥砺前行的五年，也是经开区矢志突破、赶超跨越的五年。回首“十二五”的发展历程，既积累了诸多宝贵经验，更留下了深刻启示，主要体现在“几个得益于”：一是得益于咬定发展不放松，经济社会科学发展、跨越发展、创新发展、和谐发展的良好势头得到了保持提升。二是得益于锐意改革不停步，以改革创新激发新动力，敢试敢闯、敢为人先的创业理念得到了接续发展。三是得益于以民为本不动摇，改革发展成果得到充分共享，群众的获得感得到了显著提升。四是得益于和衷共济不折腾，经开区人“同心同德干事业、心无旁骛谋发展”的生动局面得到了充分体现。

二、谋划“十三五”，务必抢抓机遇、奋力作为

“十三五”时期，是娄底经开区全面深化改革、扩大开放的关键期，是加快转型升级、创新发展的攻坚期，更是率先建成小康社会、迈向现代化的决胜期。抢抓好“十三五”的发展机遇，经开区就可以创新转型、跨越赶超；把握好“十三五”的发展良机，经开区就可以乘势而上、阔步向前。

（一）置身新的历史方位，要求娄底经开区理性看清“时”与“势”

进入经济发展新常态，持续发展的任务越来越重，改革创新的要求越来越高，融合发展的趋势越来越紧，要求娄底经开区必须审时度势、因时就势。一是要以世界眼光洞察经济风云。从国际看，虽然世界经济不确定性、不稳定性因素始终存在，但是发达国家持续实施“再工业化”“工业 4.0”等实体经济发展计划，新一轮国际产业分工已经到来，全球大宗商品价格从泡沫化回归常态，为世界经济复苏奠定了良性基础，全球经济“向前看”的态势更加明显。二是要以坚定信心应对发展挑战。从国内看，我国经济长期向好的基本面没有变。中央全面推行供给侧结构性改革，为今后一段时期加快转变发展方式、调整经济结构、培育新的增长动力指明了方向、找准了路径。加之“一带一路”、长江中游经济带等国家重大战略的纵深推进，以及“中国制造 2025”“互联网 +”等重大行动计划的深入实施，我区将迎来更广阔的发展空间。三是要以开放胸怀用好发展平台。进入“十三五”，湖南的对内对外开放格局将进一步打开，省委、省政府将娄底纳入长江中游城市群建设和长娄邵经济带建设，沪昆、娄邵高铁引领娄底进入“高铁时代”，经济地理格局和区域交通运输方式的极大改变，园区迎来了向境内外、中西部“双向开放”的良好契机；娄底市委、市政府全力把园区打造成全市重要增长极，出台了一系列支持园区发展的政策措施，为娄底经开区谋求更高层次跨越，注入了强劲动力。

（二）站在新的发展起点，要求娄底经开区科学把握“利”与“弊”

发展从来都少有坦途、多有挑战，娄底经开区只有在趋利避害中因势而谋、因势而动、因势而进，才能在变中求新、新中求进、进中突破。一是要高度警醒自身发展不足，致力形成跨越发展态势。经开区目前最大的矛盾依然是经济体量不大、质态不优、动力不强，城市承载力、辐射力、拉动力不足，功能配套不够齐全，功能布局不尽合理，产城融合水平不高。这些都要求我区必须始终坚持“发展第一要务”，用更好更快发展抢占先机、赢得主动。二是要高度警醒区域竞争变化，致力形成创新发展态势。新常态下的区域竞争不仅有增无减，并在发生深刻变化。竞争格局不再限于一域一地，而是全国同台竞争；竞争内容不再困于比拼土地价格，而是向配套功能、体制机制等全方位拓展；竞争周期越来越短，慢走一步就会差之千里，耽误一时就会落后多年。因此，娄底经开区必须通过创新培育发展新动力、塑造发展新优势，做到人无我有、人有我强、人强我优。三是要高度警醒产业革命大势，致力形成特色发展态势。中央推进供给侧结构性改革，启示我区产业发展不能一拥而上、不能随波逐流，必须要精准把握产业发展的大势，追求以特取胜、以快取胜、以精取胜。这就要求我区，要把握发展绿色化趋势、产品智能化趋势，紧紧咬定新能源汽车、智能制造等新兴产业持续发力、久久为功，致力打造具有鲜明特色和竞争力的“产业新名片”。

（三）担当新的责任使命，要求娄底经开区全力突破“量”与“质”

就经开区当前发展而言，务必坚持“量质并举”，既要有“量”的扩张，更要有“质”的提升。一方面，要保持发展的爆发力、冲击力。坚持先进制造业与现代服务业“双轮驱动”、工业化与信息化“两化融合”、招引增量与盘活存量“双量并举”，打好“去产能、去库存、去杠杆、降成本、补短板”的组合拳，加快培育新的发展动能，改造提升比较优势，持续增强增长动力，努力实现新一轮发展的历史性飞跃。另一方面，要彰显发展的开放性、实效性。主动融入全国经济大格局，主动对接“大长沙”，更好集聚市场要素，综合叠加区域优势。要把发展重心转到提升质量效益上来，形成投资有回报、产品有市场、企业有利润、员工有收入、政府有税收、环境有改善的良好格局。

鉴于上述研判认识，“十三五”时期，经济社会发展的总体思路是：高举中国特色社会主义伟大旗帜，全面贯彻党的十八大和十八届三中、四中、五中全会精神，以邓小平理论、“三个代表”重要思想、科学发展观为指导，深入贯彻习近平总书记系列重要讲话精神，协调推进“四个全面”和“五大发展理念”，以“创新转型，跨越赶超”为总基调，坚持开放引领、创新驱动、产城融合、生态优先，紧紧围绕“打造千亿园区，建设幸福新城”的“十三五”战略目标，努力实现“两个千亿”，奋力跻身全省产业园区“第一方阵”，真正把娄底经开区建设成为“全国有影响、全省有地位、全市是引领”的国家级开发区，加快建成具有现代工业文明特色的生态幸福新城。

今后五年，经济社会发展的主要指标是：技工贸总收入年均增长 15%以上；工业总产值年均增长 11%以上；规模工业增加值年均增长 10%以上；公共财政总收入年均增长 10%以上；固定资产投资年均增长 20%以上；城乡居民人均可支配收入年均增长 20%以上。

今后五年，娄底经开区的总体目标是：坚持转型发展，建设“品牌更响”的国家级园区。全面深化改革创新，推动产业转型升级、经济转型升级和城市转型升级，实现更高质量、更有效率、更加公平、更可持续的发展，确保到

2020 年，园区实现技工贸总收入突破 2000 亿元，工业总产值突破 1000 亿元，财税收入突破 20 亿元，建成“双千亿园区”，综合实力排名全省产业园区前五、财税总量全市第一。一是坚持开放发展，建设“实力更强”的国家级园区。主动融入全国全省开放新格局，着力提升城市承载力，初步建成“海绵城市”“智慧园区”，努力实现区域路网全覆盖、市政设施配套全到位，综合服务功能明显增强。提升综合吸纳力，在更大范围内吸引资源、聚集要素，在供给侧充分发挥国家级园区的辐射带动作用。提升产业竞争力，全力建设五大专业园区、六大优势产业，推动产业迈向中高端化。二是坚持绿色发展，建设“生态更美”的国家级园区。自然生态更加秀美，以东部新区为龙头，推动生产方式和生活方式更加绿色、低碳，“两型”园区基本建成。城乡环境更加精美，以“美丽乡村”新农村建设、城乡环境综合整治为重点，推动城乡基础设施、公共服务达到基本现代化水平，城乡管理常态化，形成“宁静洁美、绿意盎然”的良好环境。城市风貌更加优美，山水新城特色更加鲜明，“宜居宜业、精致精美、人见人爱”的品质更加突出。三是坚持共享发展，建设“民生更爽”的国家级园区。人民对美好生活的向往，就是我区的奋斗目标。在率先建成全面小康社会、加快实现基本现代化进程中，坚持把增进人民福祉、促进人的全面发展作为一切工作的出发点和落脚点。加强以保障和改善民生为重点的社会建设，使改革发展成果更多更公平惠及全区人民。

娄底水府片区东部新区 2015 年建设纪事

1 月 5 日，娄底经开区举办大型人才交流会。

1 月 12 日，建行湖南省分行副行长卢刚一行来娄底经开区考察对接创新金融合作。

1 月 19 日，省建行强化与娄底经开区金融合作。

1 月 20 日，娄底经开区与中国水电八局进行合作对接。

1 月 20 日，娄底经开区举办首届“百企千岗　竞揽精英”现场招聘会暨企业文化创意创新展览会。

1 月 27 日，省商务厅调研娄底经开区对外经贸工作。

2 月 11 日，娄底经开区举办 2015 年首场企业独家专场招聘会。

2 月 14 日，娄底经开区狠抓“一节两会”期间食品药品安全。

2 月 27 日，娄底经开区优环境，树形象，促招商。

3 月 4 日，原娄底市政府巡视员罗德才考察娄底经开区。

3 月 12 日，省政府“135”工程建设督查组现场考察我区创业孵化园。

3 月 18 日，招行长沙分行胡冠军副行长一行到访娄底经开区。

5 月 12 日，娄底经开区成功举办大型公益招聘会暨职业技能大赛。

6 月 29 日，省工资集体协商交叉检查组来娄底经开区检查指导工作。

8 月 12 日，娄底开发区局多措并举开展“四风”和腐败问题专项自查自纠活动。

8 月 12 日，东部新区物流园片区污水管线临时规划评审。

8 月 17 日，省财政厅为娄底经开区工业企业排忧解难。

8 月 21 日，陈肇雄到娄底经开区调研经济社会发展。

9 月 11 日，省财政厅调研娄底经开区企业发展情况。

9 月 11 日，省委调研组调研娄底经开区园区发展情况。

10 月 13 日，省政府“稳增长”第二督查组深入娄底经开区实地督查。

11 月 11 日，第六届“湘博会”上，娄底经开区签约七个项目，引资 65 亿元。

娄底水府片区万宝新区 2015 年开发建设概况

2015 年，万宝新区在省、市的正确领导和相关部门的大力支持下，迎难而上、锐意进取，在危机中抓机遇，在困难中求突破，在逆势中稳增长，确保了开发建设稳中有升、发展有序。

一、真抓实干，开发建设稳步向前

一是经济指标全面完成。强化宏观指导和具体操作，全年完成固定资产投资 98.7 亿元，同比增长 21.6%，增速排名全市第二；完成重点项目投资 79.3 亿元，为目标任务的 137%，同比增长 21.5%；到位内资 51 亿元，为全年目标任务的 101%，同比增长 20.3%；完成财税收入 2.04 亿元，为全年目标任务的 102%，圆满完成了市里下达的主要经济指标任务。二是重点项目推进较快。全年召开项目建设专题会议 20 多次，下发会议纪要 19 个，及时为项目建设明方向、解难题。特别是高铁广场项目投资体量大、社会关注度高、施工任务艰巨，新区主要领导多次召开会议，协调解决具体问题，有力地促进了项目的推进。至目前，37 个建设项目已全部开工，其中 169 棚户区改造、新世界建材城、富冲大桥及高铁枢纽一体化等 7 个项目已竣工并投入使用；娄星南路南段、万宝隧道建成通车；中国物流诚通物流园、众一健康城一期等 9 个项目正式开工建设；文昌科技新品样品已完成台架试验，年初进入小批量生产阶段；洪山殿棚户区改造项目已经进场施工。三是招商引资成果丰硕。为有效破解娄底区域经济下行压力带来的招商引资难问题，新区积极参加“中博会”“湘博会”“娄商会”等系列重大招商节会活动，全年新引进项目 13 个，协议总投资 35 亿元，其中已签约项目 11 个，总投资额 27.4 亿元。围绕高铁片区的招商开发，完成了万宝新城的规划展示和 117 中部欢乐城的策划方案，并与中科招商集团、九鼎投资就项目合作开展洽谈；积极推动娄底移动互联网产业发展，协助市里出台相关支持政策，万宝新区电子商务集聚区成功申报成为全省第一批服务业示范聚集区，目前已有 8 家实力企业落户进驻，第一期移动互联网产业基地正在紧张装修筹备中。四是支持企业资本运营初显成效。与深创新投、达晨创投等国内知名投资机构积极对接，并出资2000万元参与娄底担保公司的运作。协助湘村黑猪引入深创新投、味菇坊引入德同资本、文昌科技引入雷石鼎乾等国内外一线创投机构合作，完善企业股份制治理体系，可望实现娄底企业主板上市零突破。特别是为了文昌科技交通轨道制动盘新品的上线，市政府主要领导亲自率领新区及企业相关工作人员多次到北京和相关部门协调汇报，争取上市支持。

二、强化举措，生产要素保障有力

围绕重点项目的推进，新区始终把资金筹措、土地供给等关键要素作为头等大事，牢牢抓在手上，丝毫不敢懈怠。一是全力筹措建设资金。全年共筹措各类资金15.6亿元，为企业争取上级专项资金1亿余元，特别是15个亿的债券发行工作取得圆满成功，从2015年6月正式启动到12月31日正式审批，只用了半年时间，确保了全额批准，成为湖南发债史上为数不多的高效项目之一。因为有市政府的支持，农发行对孙水河南岸风光带项目的10个亿的贷款业已办妥。新区还在2014年年底成功将新区24个亿的项目融资贷款纳入了中央政府一类债务，2015年已经置换完成4.58亿元，通过建行提前放贷7.42亿元，剩余部分在下一步将有序置换到位，届时新区债务将大大减负。另外，新区还就具体项目和有实力的公司探索PPP新模式争取资金，先后和四川葛洲坝集团、广东清远工程集团、中建五局等实力企业开展了多轮洽谈，相关合作模式正在形成当中。二是大力推进征迁安置。加强与市、区征迁部门的配合协作，完成了百亩安置基地二期、娄星南路、众园路、中国物流诚通物流园等项目的扫尾工作，基本完成娄底大道新区段、众一健康城一期等项目的征迁，全年完成征租地1296亩，有效保障了项目的及时落地开工。同时加快了安置基地的建设，大石、三元等安置基地已经投入使用，凤凰、丰园等安置基地正在进行基础施工。三是着力优化发展环境。一年来，新区大力开展文明城市创建和城乡环境综合整治专项行动，先后投入500余万元硬化施工辅道近4公里，对所有建筑工地及渣土运输进行了严格的管理和整治。同时，积极联合娄星区相关部门开展了控违拆违、优化环境专项整治活动，对项目建设过程中出现的"三强"行为坚决予以打击，协助公安机关共查处"三强"案件3起，为重点项目建设营造了良好的施工环境。

三、凸出特色，两型元素不断彰显

一年来，新区严格落实两型指标，积极运用、推广新技术和产品，开发建设朝着"两型"之路不断迈进。一是以新技术促两型。娄星南路堪称娄底的"创新之路"，工程建设采用了创新性技术多达10余项。其中富冲大桥斜拉杆装饰性造型系全国首创，相比结构性造型节省建设资金上千万元。地下人行通道进出口雨棚太阳能发电和万宝隧道洞顶"蓝天白云"装饰两项技术分别获国家专利。高铁南站枢纽一体化项目严格按照绿色建筑的要求进行建设，项目整体按绿建一星标准进行设计和施工，采用了雨水回收利用、光导照明系统、太阳能热水系统、屋顶绿化等多项低碳新技术，将成为我市"两型"建筑的典范。二是以新产品促两型。风光互补与节能路灯在高丰路、万宝大道等广泛使用、文昌科技交通轨道制动盘的新产品可以替代国外同类产品、瑞奇电器推出了互联网智能平台建设项目、湘煤机推出了智能车库产品，节地节材节能更加突出。同时，娄底市第一条绿道在万宝新区建成，其中路面采用土壤固化酶材质，造价更低，更加环保，两型示范效应明显。三是以新理念促两型。组织、指导企业和单位参加省、市两型示范创建，成功申报市级两型创建单位3个、省级两型示范创建单位1个；湘村黑猪第一育种场按照能源化、生态化的循环经营理念，最大限度地实现养猪废弃物的资源化利用；味菇坊每年可完成3万吨农作废弃物的利用，有效避免了资源浪费。仙女寨生态公园在保护中开发，宗教文化园建设正在规划设计当中。

娄底水府片区万宝新区2015年开发建设纪事

1月1日，万宝新区重大招商成果——斥资8000余万元打造的娄底首个"家具航母店"广东家具批发广场盛大开业。

1月9日，娄底市委书记龚武生在娄底市人大常委会主任易春阳、娄底市委常委、副市长谢志雄，娄底市委常委、市委秘书长王雄等的陪同下，深入高铁娄底南站查看了地面广场和地下停车场的建设情况。

1月8日，娄底市政协主席姚兵率娄底市第四届人民代表大会娄星区第四代表小组，来新区开展代表小组活动，了解娄底高铁南站项目的规划与建设，并亲身感受新区成立以来开发建设所发生的巨大变化。

1月16日，娄底市委常委、常务副市长、万宝新区党委第一书记何文君在新区党委书记罗孝贵，党委副书记、管委会主任向乾勇等陪同下，到万宝新区实地调研，要求加强规划设计，抢抓当前大好机遇，加快建设进度，确保建设质量和施工安全，推动新区又好又快发展。

2月2日，省委常委、组织部部长郭开朗来到万宝新区，走访慰问万宝新区部分困难企业和困难职工，为他们送上党的温暖及新春祝福。

2月10日，娄底高铁南站站前广场部分投入使用，将极大地缓解春运客流高峰期的压力。

2月11日，万宝新区召开2014年度述职测评大会，各部室负责人分别作2014年度口头述职，各分管领导、各部室及派驻机构负责人分别向党委和管委会递交2015年党风廉政建设责任状。全体与会人员对新区高管、部门正副职及聘用人员分别进行了民主测评打分。

3月3日至4日，万宝新区组织全体副科以上干部召开务虚会，客观总结新区开发建设以来取得的成绩，科学研判当前形势，理性分析目前存在的问题，为2015年乃至今后的工作集思广益，出谋划策。

3月19日，娄底市委常委、常务副市长、万宝新区党委第一书记何文君带领娄底市发改委、国土、财政、编办等部门相关负责人到万宝新区调研，为万宝新区的发展理思路、想办法。

3月20日，在娄底市总工会三届三次全委（扩大）会议上，万宝新区一批先进集体与个人受到表彰。

3月25日，娄底市政协主席姚兵到万宝新区调研商贸物流组重点项目建设情况，要求重点解决重点商贸物流项目的资金、征地拆迁、项目推进等突出问题，加快招商引资，确保按期完成各重点项目建设。

4月15日，万宝新区党委副书记、管委会主任向乾勇率扶贫工作队，深入挂点扶贫村万宝镇匡家村开展调研，要求工作队和村支两委拓宽思路，积极培育村级自主经济，同时加大基础设施建设力度。

4月16日，万宝新区召开2014年度两型统计工作总结及2015年统计工作安排会议，明确新区联网直报区域统计范围，总结表彰2014年度两型统计工作先进单位和先进个人，并对2015年统计工作进行安排部署，明确全年工作目标。

4月29日，湖南省2015年第一批省重点建设项目名单公布，万宝新区在建的娄底高铁南站枢纽一体化项目和中国物流娄底诚通现代物流园等2个项目名列其中。

5月18日，娄底市委副书记、市长李荐国率领市政府研究室、市政府金融办、市经信委、市国土局、市规划局等单位负责人深入湖南文昌科技有限公司考察调研。

5月13日，湖南煤矿机械有限公司旗下的全资子公司——湖南金塔机械制造有限公司研制的PPY平面移动类机械停车设备（智能停车场）投入使用，这是娄底市首个智能停车类项目。

5月27日，娄底市委常委、常务副市长、万宝新区党委第一书记何文君率领娄底市发改委、市国土资源局等部门负责人来到万宝新区，调研万宝新区重点项目建设情况，深入察看豪布斯卡国际综合街区、众一健康城、中国物流园项目，召开专题会议，对项目面临的难题进行研究。

5月29日，娄底高铁南站枢纽一体化项目公交综合体和长途综合体主体工程正式封顶。

6月1日，万宝新区召开“三严三实”专题教育工作座谈会，娄底市委常委、常务副市长、万宝新区党委第一书记何文君出席会议并发表讲话。新区党委书记罗孝贵为100多名党员干部上了一堂生动深刻的党课，党委副书记、管委会主任向乾勇主持会议并就各项工作作了安排。

6月8日，洪山殿棚户区改造项目正式开工建设，项目由此全面进入实质性建设阶段。

6月10日，总投资达3.2亿元的万宝新区共荣街项目举行开工仪式，标志着该项目正式进入实质性施工阶段。

6月10日，省党代表、万宝新区党委书记罗孝贵轻车简从，冒雨来到万宝镇旺兴村调研考察。

6月16日，湖南神斧集团一六九公司棚户区改造项目封顶。

6月18日，娄底市政协主席姚兵到新区调研商贸物流重点项目建设情况。

6月25日，娄底高铁南站枢纽一体化项目广场雕塑方案评选结果揭晓。

6月29日至30日，省委改革督察专员贺仁雨带队，就全面深化改革工作来娄底开展中期督察。30日下午，督查组在娄底市委副书记、市长李荐国陪同下，来新区视察湖南文昌科技有限公司和湖南煤矿机械有限公司两家企业，实地了解深化改革和转型发展推进情况。

7月1日，万宝新区举行庆祝建党94周年暨“三严三实”专题教育辅导报告会，会议对新区上半年发展进行了总结，对下半年发展做出了安排部署；表彰了一批先进基层党组织、一批先进共产党员，受邀主讲的市委讲师团主任谭清华为新区党员干部上了一堂生动的“三严三实”专题教育辅导课。

7月9日，娄底市委书记龚武生深入万宝新区调研考察，对新区上半年工作给予肯定。

7月14日，万宝新区召开推进互联网产业座谈会，娄底正好网络科技服务有限公司、湖南大视野集团秒赚运营中心等多家知名互联网企业负责人汇聚一堂，共商发展机遇与合作。

7月15日，万宝新区党委中心组举行“三严三实”专题学习研讨会。

8月7日，娄底市委书记龚武生在娄星南路建设现场视察时强调，要强力推进项目建设，确保10月1日前全线通车。

8月10日，娄底市人大常委会副主任杨金含率市人大水污染防治执法检查组及市环保局、城管局等有关部门来万宝新区就水污染防治情况进行执法检查。

8月11日，娄底市委副书记、常务副市长何文君，市人大常委会主任易春阳，副市长石超刚率市国土、规划、住建及娄星区、万宝新区主要负责人就娄星南路路网工程与高铁南站枢纽一体化项目的建设进行调度。

8月25日，新区党委书记罗孝贵在党委委员、管委会副主任杨新康和新区工会主任张矿生等人陪同下，来到新区部分重点项目施工现场，慰问一线工程建设者。

9月1日，娄底市委副书记、市长李荐国轻车简从，深入万宝新区部分重点项目的施工现场调研项目建设情况。他指出，万宝新区作为项目建设的集中区，要高速、优质推动项目落地、见效。

9月1日，娄底市委书记龚武生主持召开众一健康城、中国物流娄底诚通物流园项目开工前准备工作调度会。他强调，这两个项目是娄底转型发展的重点项目，我们不能“叶公好龙”，必须举全市之力，主动服务，不畏艰难，加速推进，确保项目在9月下旬开工建设。

9月3日，新区召开纪念抗日战争暨世界反法西斯战争胜利70周年大会，部署当前新区工作，干部职工集中收看大阅兵现场直播。

9月10日，娄底市委书记龚武生到万宝新区调研，了解娄星南路建设情况。他指出，要科学调度，保证安全、保证质量，高效推进娄星南路的建设。

9月7日，万宝新区党委中心组以“严以律己，严守党的政治纪律和政治规矩，自觉做政治上的明白人”为主题，召开“三严三实”第二个专题学习研讨会。

9月22日，娄底市委常委、常务副市长、纪委书记周纯良深入万宝新区和娄星区，督查安全生产工作。督查中，他要求，相关部门和单位要严格落实安全生产措施，强化安全监管，做到人和制度双管理，全力确保安全生产。

9月25日，中国物流娄底诚通商贸物流园在万宝新区正式开工奠基。

9月1日，娄底市委常委、市委秘书长王雄率娄底市规划局、娄底市经信委负责人到湖南煤矿机械有限公司调研，为企业排忧解难。

10月8日，由省科技厅、省国土资源厅、省政府督查室组成的省政府稳增长第二督查小组，深入万宝新区部分重点企业和重点项目建设现场督察指导工作。

10月13日，娄底市委常委、常务副市长周纯良来新区调研指导，督促项目建设工作。

10月14日，娄底市人大常委会主任易春阳率娄星区、万宝新区以及市住建、国土等相关单位负责人，现场调度娄星南路、高铁南站枢纽一体化项目和众一健康城项目的建设工作。

11月10日，沪昆高铁娄底南站站前广场部分正式投入使用。

11月25日，新区召开学习新《准则》《条例》暨党员秋冬季集中教育整治大会。

11月27日，万宝新区党委中心组召开“三严三实”第三个专题学习研讨会。

12月17日，娄底市绩效考核组一行来到新区，通过查看资料，听取汇报，实地察看等方式对新区2015年度的绩效评估工作进行检查，充分肯定了新区2015年度在经济发展、为民办事、党建工作等方面取得的成就。

12月29日，娄底市委书记龚武生到万宝新区视察娄底高铁南站枢纽一体化及商业配套项目、娄星南路建设。

12月30日，众一国际健康城首期工程众一医院在万宝新区正式奠基。

12月30日，娄底南站枢纽一体化及娄星南路以及城市内环线竣工，万宝新区移动互联网产业基地启动。

株洲云龙片区

株洲云龙片区2015年建设概况

2015年，是主动作为、富有成效的一年。面对复杂多变的宏观环境和经济下行的巨大压力，在株洲市委、市政府的坚强领导下，锐意进取，苦练内功，强力破解征地拆迁、项目推进、资金筹集、工作协调等诸多发展难题，经济社会呈现良好发展态势。全年完成固定资产投资168.1亿元，增长18.5%；完成公共财政预算总收入8.18亿元，增长11.3%，税收比重达76%，位居全市第三；融资到位74.65亿元，征拆交地6050亩。主要成效表现为“五提”。

一、项目建设明显提速

始终把项目建设作为发展的“第一菜单”，坚持“工作围绕项目转，部门围绕企业转”，全力以赴强势推进项目建设。一是竣工投产了一批。云龙大道二期建成通车，与长沙对接又添新干道；湖南微软创新中心、展示中心、创客中心，株洲首家众创空间“零创空间”建成开放；云龙水上乐园开园营业，累计接待游客25万人次，实现营业收入3700万元，云龙旅游又添新名片；玉龙路一期、太平洋仓储物流中心、云田中学一期、职教城分布式能源站等项目全面竣工；云峰湖国际旅游度假区成功创建为湖南省首批省级旅游度假区之一。二是加速推进了一批。中特物流中心、盘龙路、云峰大道二期、城铁云龙站场配套工程、学府华庭、中车大道、田心大道、学林路等16个项目实现开工；北欧小镇二期、碧桂园、总部经济园、化院二期、中医药专科学校、工贸技师学院、铁路科技职业技术学院等44个续建项目稳步推进；轨道科技城、龙母河片区综合开发两个百亿工程正在抓紧推进。三是招商储备了一批。紧扣商贸物流、电子信息、旅游休闲等产业开展精准招商，云龙商贸物流城等项目招商进展顺利，职教科技园成功与中科院云计算中心达成合作，中国移动数据中心落户并将启动建设。

二、要素保障明显提效

举全区之力实施项目攻坚“三大行动”，有效破解了项目建设的要素瓶颈。土地保障方面，实行“日调度、周汇总、月考核”工作机制，统一政策标准，坚持“阳光拆迁”，强化司法保障，扭转了征地拆迁的被动局面。全年铺开征地拆迁项目68个，签订房屋拆迁协议415户，实现交地6050亩。其中，完成新征项目25个，交地2770亩；清零项目22个，交地3280亩。在土地指标紧缩的情况下，批回土地2268亩，出让土地11宗852亩。资金保障方面，积极探索多元化的投融资模式，支持云发、教投、城乡等平台公司通过贷款、信托等多渠道进行融资。云发集团、教投集团、城乡建设公司均超额完成年度融资任务。安置保障方面，实行安置工作“三年行动计划”，着力理顺安置房建设管理机制，拓宽安置资金渠道，逐步解决安置遗留问题。全年续建安置房12.5万平方米，新开工安置房8.5万平方米，竣工7.66万平方米，完成分房9.7万平方米。安置房办证、消防验收、水电气配套等建设和管理遗留问题得到有效解决，建设资金得到有效保障。

三、对外形象明显提升

坚持多管齐下，强化综合治理，加大对外宣传力度，辖区群众与社会各界对示范区的认同度不断提升。一是全面整治建设环境。建立部门、镇街、社区多级联动处置机制，集中开展了13次联合专项整治行动，对非法阻工、强揽工程等违法行为露头就打，及时化解非法阻工事件64起，建设环境得到全面改善。二是全面推进治违拆违。建立有奖举报制度，搭建与群众沟通平台，区域内形成了共同治违、强力拆违的良好态势，对违法建设发现一处拆除一处，违法建设势头得到了全面控制，实现了新增违法建设“零增长”，全年拆除违法建设190多处，面积4.6万平方米。三是全面加强对外宣传。营造积极向上的舆论氛围，广泛宣传发展正能量，在主流媒体、市级重要报刊发表宣传稿件150多篇，发展的口碑、发展的势头得到社会各界广泛认可，塑造了良好的发展形象，增强了投资客商的信心。

四、群众生活明显提质

突出民生民利改善，将66%以上的公共财政预算支出用于发展民生事业，省、市45项民生实事指标全面完成。一是社会事业加快发展。按照湘江保护和治理第一个“三年行动计划”的统一部署，加快淘汰落后产能，强化污水处理等环境保护措施，湘江保护和治理工作取得明显成效；

投入6000多万元，完成云田中学一期工程建设；学林街道公办幼儿园、云田花卉产业园、云峰湖消防站等项目建成投入使用；血防阻断标准通过国家达标验收；蛟龙、鸡嘴山社区美丽乡村示范点加快建设；自来水管网延伸工程全面完工，解决了4920人安全饮水问题。二是社会保障不断完善。全区12763名被征地农民纳入养老保险和基本生活费特惠政策范畴，其中1460人实现参保，发放基本生活费11197人（次）共541万元，确保了被征地农民“即征即保”；城镇职工养老保险新增参保1842人，失业保险参保扩面1100人，累计参保1607人；新增农村劳动力转移就业500人，建设就业创业保障平台5个，实现“零就业家庭”动态援助100%。三是社会大局和谐稳定。全年接待群众来访140余批次，包案化解信访积案重点人员14人，重点问题17个，协调处理各类突发事件20余起。加强食品药品安全监管，出动执法人员1000余人次，确保了食品药品安全。突出抓好群防群治，实现了重大刑事案件、严重暴力恐怖事件、重大群体性事件、赴省进京群体上访事件、重大安全事故五个“零发生”的目标。

五、干部士气明显提振

以“三严三实”专题教育为主线，加强党员干部队伍管理，党的建设全面加强。一是高标准开展专题教育。严格按照上级安排部署，扎实推进专题教育各项工作。组织领导干部讲党课，开展集中学习研讨，确保了“三严三实”本真内涵在党员干部中内化于心、外化于形。深入开展“一进二访”活动，党员干部带头进村入户、访贫问苦。多次集中培训全区党员干部，着力提高人员素质、提振队伍士气。全面落实中央“八项规定”、省委“九项规定”，开展党员干部违规收送红包礼金等“正风肃纪”5个专项整治行动，干部作风明显转变。二是多方面创新基层党建。出台加强基层党建“1+10”系列文件，从制度上强化了基层组织管理。创新运行载体，深化“党建双联”“设岗定责”“志愿服务”等活动，基层社区治理不断加强，群众满意度不断提升。三是严要求历练党员干部。注重在项目建设、征地拆迁等重点工作中锤炼、培养干部。机关干部全部上项目一线，人人都有征地拆迁任务，个个都要联系服务项目。实施项目攻坚“三大行动”以来，“5+2”“白加黑”成为工作常态，很多干部焕发出敢于担当、勇于创业的良好精神面貌。

株洲云龙片区2015年建设纪事

1月6日，株洲市长毛腾飞一行到云龙示范区调研，调研碧桂园、奥悦冰雪乐园、龙母河国际商贸城、总部经济园，随后在管委会六楼常务会议室，召开工作汇报会，党工委副书记、管委会主任刘玉平等领导陪同调研并参加会议。

1月18日，在龙头铺镇龙升社区（沿云龙大道过沪昆高速约2公里处），举行中国移动（湖南）数据中心开工奠基仪式。文彬、宋虎、剑波、明刚等株洲市领导参加，党工委副书记、管委会主任刘玉平等领导参加。

2月10日，党工委副书记、管委会主任刘玉平带队赴湘江新区考察学习半天。

2月15日，长郡中学杜慧书记一行来云龙示范区进行合作办学调研，参观林科大株洲校区等项目，在管委会六楼常务会议室，召开座谈会，党工委副书记、管委会主任刘玉平等领导陪同并参会。

2月26日，中国人寿湖南公司总经理伍立平到示范区进行考察，在管委会六楼常务会议室，召开座谈会，党工委副书记、管委会主任刘玉平等领导陪同并参会。

3月5日，娄底市党政代表团来株参观学习基层党建工作，参观云龙示范区云田村、云田花木基地，卫国、爱华、湘晖等株洲市领导陪同，党工委副书记、管委会主任刘玉平等领导陪同。

3月11日，在管委会二楼400人报告厅，召开云龙示范区2015年度工作大会，株洲常务副市长赵文彬、党工委副书记、管委会主任刘玉平等领导参会。

3月26日，娄底水府示范片万宝新区管委会来云龙示范区学习考察，在管委会六楼常务会议室，召开交流座谈会，党工委副书记、管委会主任刘玉平等领导参会。

3月31日，在管委会六楼常务会议室，召开新书记（蔡周良同志）履新见面会，党工委副书记、管委会主任刘玉平等领导参会。

4月7日，省编办廖跃贵副主任一行来云龙考察职教园、方特欢乐世界、示范区规划展览馆，欧阳瑞丰等株洲市领导陪同。党工委书记蔡周良等领导陪同。

4月27日，在管委会六楼会议室，召开株洲云龙示范区干部会议（付访华同志履新见面会），党工委书记蔡周良等领导参会。

4月28日，湖北省党政考察团到株洲考察，先后考察职教大学城、华强。党工委书记蔡周良，党工委副书记、管委会主任付访华等领导陪同考察华强和职教城。

5月25日，华南城控股有限公司总裁梁满林一行来云龙示范区考察，在管委会六楼会议室，召开华南城项目座谈会，谭可敏副市长等株洲市领导参会，党工委书记蔡周良，党工委副书记、管委会主任付访华等领导参会。

5月29日，在管委会三楼视频会议室，举行株洲云龙示范区“三严三实”专题教育工作活动，党工委书记蔡周良，党工委副书记、管委会主任付访华等领导参会。

6月4日，长城计算机深圳股份有限公司副总裁于吉永来云龙示范区考察，在管委会六楼会议室，召开长城计算机项目洽谈会，党工委书记蔡周良，党工委副书记、管委会主任付访华等领导参会。

6月12日，衡阳市党政代表团一行来云龙示范区考察，考察职业教育科技园参观沙盘、就业创业指导中心，党工委书记蔡周良陪同。

6月15日，华南城控股有限公司总裁梁满林一行来株洲考察，在天台山庄九仙湖会议室召开工作座谈会，党工委书记蔡周良，党工委副书记、管委会主任付访华等领导参会。

6月26日，省党代表贺安杰驻云田镇党代表工作室接待党员群众及走访基层党员群众，贺安杰、彭爱华、罗绍昀、周琪、易湘东、段谭云等株洲市领导参加，云龙示范区党工委书记蔡周良，党工委副书记、管委会主任付访华等领导参加。

6月27日，在云龙大道与老长株公路交会处（马鞍社区位置），举行云龙大道（洞株路株洲段）二期项目开工仪式，党工委书记蔡周良，党工委副书记、管委会主任付访华等领导参加。

7月30日至31日，在化院图书馆二楼报告厅，进行株洲云龙示范区集中学习培训活动。党工委书记蔡周良，党工委副书记、管委会主任付访华等领导参加。

8月17日，株洲市委副书记阳卫国一行来示范区总部经济园检查标准厂房建设，党工委副书记、管委会主任付访华等领导陪同。

8月21日，省委常委、长沙市委书记易炼红一行来株考察。8:45—9:05考察职教科技园（参观沙盘），党工委副书记、管委会主任付访华等领导参加。

8月26日，长城电脑深圳股份有限公司副总裁于吉永一行来示范区考察，在管委会六楼会议室召开座谈会。党工委书记蔡周良，党工委副书记、管委会主任付访华等领导参加。

9月1日，在管委会六楼会议室，召开云龙示范区安全生产谈心对话会议，党工委书记蔡周良，党工委副书记、管委会主任付访华等领导参加。

9月12日，在化院图书馆二楼报告厅，召开株洲云龙示范区项目攻坚"三大行动"工作大会，党工委书记蔡周良，党工委副书记、管委会主任付访华等领导参加。

9月16日，副省长李友志一行来株调研华强项目，在华强二楼会议室召开工作座谈会，党工委书记蔡周良，党工委副书记、管委会主任付访华等领导参加。

9月24日，株洲市委书记贺安杰一行来云龙示范区调研。党工委书记蔡周良，党工委副书记、管委会主任付访华等领导陪同。

9月29日，省委常委、省两型工委林武书记一行来云龙示范区调研绿心工作，在管委会六楼会议室召开座谈会，党工委书记蔡周良，党工委副书记、管委会主任付访华等领导参加。

11月20日，在管委会六楼会议室召开申报经开区有关事项调度会，党工委书记蔡周良，党工委副书记、管委会主任付访华等领导参加。

11月26日,在管委会六楼会议室召开向省发改委地区处工作汇报会，党工委书记蔡周良，党工委副书记、管委会主任付访华等领导参加。

12月2日，株洲市人大刘力量主任一行来云龙示范区考察。在管委会六楼会议室召开工作汇报会，党工委书记蔡周良，党工委副书记、管委会主任付访华等领导参加。

12月8日，在管委会六楼会议室，召开云龙示范区乡镇区划调整改革实施工作部署会，党工委副书记、管委会主任付访华等领导参加。

12月11日，省委常委、长株潭两型试验区工委书记、管委会主任林武来株调研。调研了湖南（株洲）职业教育科技园，党工委书记蔡周良陪同。

12月11日，在管委会618室，株洲市长毛腾飞主持召开当前经济工作调度电视电话会议，党工委副书记、管委会主任付访华等领导参加。

12月17日，在蛟龙社区田心大道现场，举行株洲轨道交通城路网工程开工仪式，党工委书记蔡周良，党工委副书记、管委会主任付访华等领导参加。

12月17日，省委常委、常务副省长陈向群来株调研，党工委书记蔡周良，党工委副书记、管委会主任付访华等领导陪同。

12月21日，株洲市委书记贺安杰在云田镇二楼会议室召开征求意见建议座谈会，党工委书记蔡周良，党工委副书记、管委会主任付访华等领导参加。

12月22日，在管委会六楼会议室，株洲市人大领导到云龙示范区调研人大换届选举工作，党工委书记蔡周良，党工委副书记、管委会主任付访华等领导参加。

12月24日，在管委会六楼会议室，召开创建省级旅游度假区迎检汇报会，党工委副书记、管委会主任付访华等领导参加。

云龙示范区

株洲清水塘片区

株洲清水塘片区2015年建设概况

2015年，石峰区在省、市两级政府的领导下，以科学发展观为引领，以资源节约型、环境友好型社会建设为核心，致力于污染治理、节能减排，大力推进产业转型升级、城区环境美化优化，全面提升居民幸福感和获得感，两型社会建设取得了丰硕的成果。初步统计，2015年实现地区生产总值330.2亿元，增长7.3%，“十二五”年均增长9.1%；实现一般公共预算收入18.7亿元，增长11.8%，“十二五”年均增长20.6%；完成固定资产投资175.5亿元，增长18.4%，“十二五”年均增长27.7%；实现社会消费品零售总额46.3亿元，增长12.2%，“十二五”年均增长14.7%；城镇居民人均可支配收入36225元，增长8.2%，“十二五”年均增长11.3%；农民人均纯收入18115元，增长10%，“十二五”年均增长15.7%。

一、产业结构继续优化

农业保持稳定。实现第一产业增加值1.9亿元，增长4%。九郎山开发建设稳步推进，配套基础设施进一步完善，秋瑾故居建成开馆，美丽乡村建设卓有成效。工业快速发展。新型工业化快速推进，工业主导地位不断凸显，实现工业增加值270.7亿元，增长6.8%，占GDP比重为82.0%；规模工业增加值247.4亿元，增长7.0%。轨道交通装备产业飞速发展，总产值达640.7亿元，创新能力不断提高，轨道交通城喜获“国家轨道交通装备高新技术产业化基地”“国家轨道交通装备制造创新型产业集群试点”“国家战略性新兴产业区域集聚发展试点”三块国家级金字招牌。第三产业转型升级。第三产业实现增加值49.3亿元，增长10%。物流业蓬勃发展，中车物流基地、长株潭商品汽车铁路物流基地等项目建设快速推进。株洲铜塘湾保税物流中心（B型）项目已获得省政府批文。房地产业、商贸业持续繁荣，亿都新天地、万博珑建材市场改扩建等项目建设顺利推进。

二、“千亿攻坚”硕果累累

项目建设卓有成效。深入开展“千亿攻坚年”活动，全力推进项目建设，申报项目50个，争取资金1.38亿元。轨道智谷一期标准厂房投入使用，中车株机不锈钢城轨车辆生产线、联诚轨道牵引部件基地等11个项目竣工投产，功率半导体重点实验室暨碳化硅器件产业化、轨道智谷二期等10个重点项目建设全面启动。资源要素充分保障。征地拆迁成效显著，投入征拆资金15.4亿元，完成集体土地征拆项目19个，交地3564亩，完成国有土地房屋征收项目3个，交地33803平方米。融资能力不断增强，全年融资35.6亿元，14亿元公司债券、世界银行1.5亿美元贷款顺利推进。改革开放纵深推进。全力推进国企改革、医疗卫生体制改革、行政管理体制改革，全面启动8家中央驻区企业“三供一业”分离移交工作，清理162项行政许可、10项非行政许可项目。招商引资再创新高，成功引进过亿元项目9个，总投资64.8亿元。内联引资31.7亿元人民币，到位外资1亿美元，分别增长17.1%和26.9%。

三、城区环境显著改善

基础设施不断完善。铜霞路三期全线拉通，田林路二期（石峰段）、时代大道北辅道顺利实现通车，秋瑾路、杉田路等道路建设稳步推进。老旧城区提质升级。建成街心小游园30个，新增绿地面积5.2万平方米，绿化覆盖率达到52%。积极推进棚户区和老旧小区改造，建成株洲桥梁厂二生活区等3个棚户区，完成选矿一二生活区、云峰阁有机生活区、起重南部生活区等10个老旧小区的改造。治污减排取得实效。清水塘地区企业搬迁改造正式启动，成立了清水塘老工业区搬迁改造指挥部，积极推进中盐株化关停改制工作，完成了138家中小企业的前期调查摸底工作。环境治理强力推进，废渣综合治理工程全面完工，老霞湾港一期、霞湾新桥低排渠、霞湾港二期等项目建设快速推进。关停中小污染企业14家，拆除烟囱5根，砂场22家，万元GDP能耗下降15%。

四、幸福指数不断提升

社会保障不断加强。切实改善民生。新增城镇就业11453人，失业人员再就业4554人，困难人员再就业1455人，新增失业保险参保3475人，养老保险服务补贴覆盖率达到100%。安置房建设稳步推进，井龙一期全面完工，九郎山A、霞湾一期竣工，井龙二期、霞湾二期等小区快速建设，建设公共租赁住房780套。教科文卫蓬勃发展。圆满完成义务教育跨越发展新三年行动纲要，深入实施“155工程”，正式启动九方小学提质建设。科技再创佳绩，成功申报国家可持续发展实验区，申请专利967件，专利授权总量708件。扎实推进卫生工作，门诊医疗“5+10”模式全面铺开，区公共卫生服务综合大楼开工建设。新建农民健身工程5处，着力推进“阳光计生”，省模、国优成果持续巩固。社会管理水平不断增强。“平安石峰”“法治石峰”创建工作深入推进，应急管理水平显著提升，安全生产、食品药品监管不断加强，人民群众生命财产安全得到有效保障，社会大局和谐稳定，人民群众安居乐业。

五、两型工作喜见成效

两型示范创建快速推进。大力开展两型创建“10进14”活动，深入推进两型学校、两型社区、两型家庭、两型村庄等创建工作，太平寺村、东门社区被评为省级两型示范创建单位，田心轨道科技城确定为市级两型社会建设综合示范片区，两型改革纵深推进。清水塘战略性改造取得实质性突破。清水塘老工业区成功获批国家老工业区搬迁改造试点。组建了清水塘老工业区搬迁改造指挥部，全面完成了清水塘搬迁企业的前期摸底工作，中盐株化基本停产。清水塘环境第三方治理取得显著成效。创新第三方治理模式，健全资金筹措和技术保障机制，大力引进专业公司治污，解决技术制约难题，清水塘治理老工业区环境治理案例被列入湖南省污染治理的三大模式之一。两型宣传全面铺开。积极推进绿色出行，组织开展了“两型生活随手拍”“最美驾驶员”等大型活动。在田心轨道科技城综合示范创建片区，投入4万余元，设置墙面广告牌9块。积极完成绿心保护工作。落实绿心保护责任，签订了层级责任状，确保绿心保护责任梯次覆盖，做到无遗漏、无死角。组织实施株洲市石峰区生态绿心地区农村环境综合整治项目。完成了项目实施方案、可研报告，完成了招投标工作，部分项目开工建设。全面排查整治绿心违法违规行为进行，查处违法违规行为5起。

株洲清水塘片区2015年建设纪事

1月4日，石峰区召开区委务虚会议。区委书记罗伟强调，全区上下要积极认识新常态，准确把握新机遇，实现发展新突破。

1月6日，石峰区人民政府召开环境保护专题会议，就进一步打击辖区内环境违法行为进行研究部署。

1月9日，株洲南车时代电气股份有限公司和南车株洲电机有限公司参与的“基于自主技术平台的系列化大功率交流传动电力机车研发及应用”项目荣获2014年度国家科学技术进步奖二等奖。

1月26日，石峰区召开区委四届六次全体(扩大)会议，认真贯彻落实中央、省委经济工作会议和市委十一届八次会议精神。

1月22日，石峰区组织专项督查，对早前已下达停产通知书的多家企业停产情况进行检查，确保关停到位。截至当天，已依法关停21家违法违规企业。

1月31日，石峰区清水塘街道大冲村入围全国文明村镇名录。

1月26日，石峰区召开的区委四届六次全体(扩大)会议提出2015年建成株洲市首个千亿产业集群后，到“十三五”末，将力争轨道交通产业再新增产值一千亿，总规模达两千亿元目标。

2月3日，石峰区政协四届四次会议隆重开幕。

2月4日，石峰区第四届人民代表大会第四次会议在区机关报告厅隆重开幕。

2月6日，石峰区首场“十八届四中全会精神走基层微宣讲”在区机关大楼开讲。

2月10日，中共株洲市石峰区第四届纪委第五次全会暨全区反腐败工作会议召开。

2月26日，石峰区召开重点项目建设调度会，对2015年全区项目建设工作进行研究部署。

3月12日，石峰区四大家领导前往九郎山，与干部群众一起参加义务植树活动。

3月23日，石峰区区长龙志华主持召开区四届人民政府第16次常务会议，研究政府职能转变和机构改革、秋瑾故居建成后经营管理、加强国有土地上房屋征收等工作。

3月25日，石峰区召开2015年安全生产暨环境保护大检查动员大会。

3月27日，石峰区召开全区森林防火工作会议，安排部署清明节期间森林防火工作。

3月12日，中国南车株洲电力机车研究所自主研制的船舶电力推进变频驱动系统，被应用到“海上叉车大力神”的5万吨半潜船上，成功打破了国外公司在该领域的垄断。

4月28日，石峰区召开铜霞路三期和环境治理项目工作部署会议。

4月29日，石峰区召开湘江保护和治理工作会议，部署安排2015年全区湘江保护和治理工作。区委副书记、区长龙志华要求，凝聚湘江保护和治理工作的强大合力，力争全面完成第一个“三年行动计划”目标任务。

5月13日，副省长黄兰香在南车株洲电力机车研究所有限公司，就轨道科技城建设情况进行现场调研。

5月27日，石峰区区长龙志华主持召开区四届人民政府第17次常务会议，研究轨道科技城征地拆迁、农贸市场综合考评、九郎山片区开发等工作。

6月12日，石峰区开展区委“三严三实”专题教育第一次学习研讨暨2015年区委理论学习中心组第三次学习，全区、县处级领导干部参加。

6月24日，历时11年，累计1000万次试验，积累150G数据，耗资1亿元，中国中车旗下株洲电力机车研究所有限公司(下称“株洲所”)攻克了第三代轨道交通牵引技术，即永磁同步电机牵引系统(下称“永磁牵引系统”)，掌握完全自主知识产权，成为中国高铁制胜市场的一大战略利器。

7月15日，株洲秋瑾故居开馆仪式在石峰区清水塘街道大冲村举行。湖南省委常委、宣传部部长许又声宣布株洲秋瑾故居开馆，株洲市委书记贺安杰致辞，株洲市委副书记、市长毛腾飞主持仪式，石峰区委书记罗伟介绍故居修复情况。

9月24日，石峰区召开扶贫攻坚暨“一进二访”活动动员大会，对我区扶贫攻坚“进村入户、访困问需、访贫问计”活动进行动员部署。

10月10日，石峰区召开“十三五”规划编制工作座谈会，通报了我区“十三五”规划编制工作前期进展情况，对我区“十三五”规划相关工作进行安排和部署。

11月3日，省委老干部局老年教育处处长李金华率评估验收组对石峰区老年大学创建省级示范校工作进行评估验收。

12月9日，石峰区举行区委中心组2015年第七次集中(扩大)学习暨市委宣讲团“学习贯彻党的十八届五中全会精神报告会”。

12月30日，石峰区召开区委务虚会，谋划2016年工作。

株洲天元片区

株洲天元片区2015年建设概况

2015年以来，株洲天元片区强力推进六大百亿工程，全力打造中国动力谷，积极推动两型综合配套改革，深入推进综合示范片区创建，加快推进两型产业集聚，加大绿心保护力度，两型社会建设改革工作取得了较好的成绩。片区实现地区生产总值268亿元，增长10%；完成固定资产投资393亿元，增长18.7%；城镇居民、农村居民人均可支配收入分别达到41480元、21424元，增长8.5%和8.8%。连续4年进入全国百强区行列。

一、全面推进两型示范创建，重点建设省级两型综合示范片区

持续推进区级14类两型示范单位创建，全年按照“十进”和集成创建的要求，多次上门指导综合示范片区内、外的单位开展创建工作，做到全元素进入、全单位覆盖、全员参与。按照“规范提升、整体一致”的总体思路提质综合示范片区创建工作。委托专业团队对片区整体形象进行包装设计，对各创建主体单位的宣传内容、形式进行统一要求和规范，营造片区整体创建氛围；对综合示范片区创建单位的创建历程、建设成效进行总结提升，形成可复制、可推广的十二类经验模式；制作综合示范片区创建宣传画册和汇报VCR。2015年，泰西社区、北师大附校、神农城新能源站等获评省级两型示范基地；大岭社区、株木村等5个社区、村庄获评省级两型创建单位；株洲时代新材料科技股份有限公司获评省级两型示范单位；众普森科技有限公司、天元小学、家园社区等20余个单位获评区级两型创建单位。

二、全力推进两型项目建设，突出推动两型产业集聚发展

大力推进两型重点项目建设，中国动力谷自主创新园顺利开园，12个创新型项目签约入驻，成立清华大学中国动力谷自动化技术研究中心成果转化基地，引进湖南省轨道交通协同创新中心。新马EBD完成投资8亿元，万丰湖生态水系景观工程一期基本成型。汽车博览园完成土地开发710亩，汽车交易中心主体启动建设，3家4S店试营业，6家开工建设。大汉惠普软件信息产业园、宏大高功能塑料工业园等12个工业项目开工，麦格米特、天瑞钣金等7个项目竣工，北汽二工厂30万辆新能源汽车项目全面启动，长城电脑株洲基地入驻天易科技城自主创业园建设。严格两型化审核评估，按照《株洲高新技术产业开发区河西示范园入园工业项目评审决策体系方案》，对松本药业、蓝宝石芯片、亚太、九华等项目进行了两型化审核评估。全年引进长城电脑、北京亚太等亿元以上项目10个。

三、突出发展新能源产业，大力推广清洁低碳技术

推动河西示范园10兆瓦屋顶光伏发电项目建设，钻石工业园2.5兆瓦、高新大厦300兆瓦、株洲国投众普森科技园0.66兆瓦、谢家冲社区10兆瓦等屋顶光伏发电项目相继建成并发电；北汽株洲分公司纯电动汽车于8月成功生产下线。投资50万元，将泰西、广场、云里、大湖塘等社区10个小区约3000盏路灯改造为LED，部分改为光伏路灯，节能效果显著。投资240万元，在绿心区域5个社区620户居民家庭范围内，组织实施以农村饮用水源保护、农村污水治理、垃圾处理、畜禽养殖污水治理等四大工程为核心的绿心区域农村环境治理项目建设。

四、纵深推进两型改革，加快推进生态文明建设

调研制定《天元区加快推进生态文明建设办法》《企业环保信用体制改革办法》和《天元区土地集约节约利用办法》，强化企业环保意识和责任，将企业的环保行为与金融、信贷、立项等事项挂钩，对遵守环保法规并起到示范效应的企业，优先考虑其银行贷款、财政补助、项目立项等优惠政策。设立土地评价机构，土地综合评价强化投资强度、产出水平、两型指标、就业容量四个方面的内容，根据评价结果确定最终出让价格和调整城镇土地使用税征收标准。修改土地出让合同，增加补充协议，明确城区工业用地的投入、产出、节能、环保、就业等约束性指标，约定项目达产期限、违约责任认定和处罚措施等事项。向省两型委申报生态文明建设改革创新案例《株洲高新区两型产业集聚发展体制机制创新》。

五、扎实开展绿心保护工作，积极推动绿心地区发展

根据《湖南省长株潭城市群生态绿心地区保护条例》和《株洲市生态绿心保护管理暂行办法》文件要求，积极做好绿心保护工作。组织召开两型创建暨绿心保护部署会议，制定并下发天元区2015年绿心保护工作计划，将生态绿心保护责任进行分解，组织马家河镇、群丰镇、农村工作局等10个单位与区政府签订了绿心保护责任状。协助上级部门每季度对绿心区域违法违规监测情况进行现场核查，并组织相关单位对生态绿心地区沿河沙石场、采石洗砂、违规毁绿建房堆土等违法违规情况进行整治，督促其限期恢复原貌。在绿心区域所属乡镇组织大型绿心保护暨两型生活宣传活动一次。组织策划了高塘、古桑洲、石塘等三个绿心区域特色生态农村项目。加强绿心保护标识的维护工作，投入4万元更新维护绿心保护界牌21个，新埋设界桩、界碑6个。

六、着力抓好两型宣传培训工作，推进两型文化建设

扩充两型志愿者队伍，组织开展两型主题活动，全年相继开展“天元两型，你我同行”“学雷锋、倡两型”、大型旧玩具义卖等大型主题宣传活动，免费发放了2000只节能LED灯、20000份宣传测试卷、40000余只环保袋。在北师大附校、区法院等10个站牌和4个站亭进行为期半年的两型宣传，片区范围内公交站牌和站亭随处可见“共建两型天元，同享碧水蓝天”“倡导低碳生活，共创美丽天元”等两型宣传标语。组织两型示范创建观摩交流，50多家单位前往北师大附校、时代新材观摩学习两型学校和两型企业典型创建经验。

株洲天元片区2015年建设纪事

1月26日，区委四届六次全体（扩大）会议暨工委、区委经济工作会议召开。2015年，高新区实现地区生产总值665亿元，增长8.5%；完成工业总产值1766亿元，增长8.0%。在全国高新区总数不断增加的前提下，综合排名不断上升。天元区完成地区生产总值268亿元，同比增长10%，公共财政预算总收入突破60亿元，同比增长15.5%，新区财政第一次突破30亿元大关，用了19年时间，第二个30亿元仅用了4年时间，财政总量、增幅、税收占比等指标稳居全市第一。

2月7日，湖南炎帝生物工程有限公司二期项目合作合同签署仪式暨一期技改升级项目举行奠基。

3月25日，征拆征收、控违治违总结动员大会召开。全年共引进长城电脑、北京亚太等亿元以上项目10个，5亿元以上项目5个，实际到位外资2.9亿美元，内资53亿元。全年征地拆迁完成交地46宗8868亩，控制和拆除违法建设446处，面积16.2万平方米；高科、天易等平台融资到位120亿元。全年开工建设安置房1527套，协调安置房办证2529本，改造棚户区2552套，有序推进1198套公租房，完成111户农村危房改造。麦格米特、天瑞钣金、湘怡中元、兴盛、华龙气体等7个项目竣工。

3月27日，“走读新区、聚力发展”主题活动正式启动。共组织了机关干部、人大代表和政协委员、离退休老干部、企业商会、各类专业人才、重点高校学子等11批次2300余人“现场走读”汽车博览园、众普森科技有限公司、中国动力谷自主创新园、万丰湖、北汽株洲基地、月塘生态新城等重点项目一线。一场“走读”，凝聚起了新区人热血沸腾的自豪感和干事创业的热情，更使广大人民群众切身感受了新区如火如荼的发展和日新月异的变化。

4月1日，株洲市委副书记、市长毛腾飞深入新区企业，实地调研企业创新能力建设、技术研发等情况。

4月16日，省国土资源厅副厅长王善明来新区调研园区工业用地供应制度改革等相关工作，对新区园区工业土地集约利用做法给予肯定。

5月28日，“三严三实”专题教育工作座谈会召开。高新区工委书记、天元区委书记谢高进以“自觉践行‘三严三实’持续加强作风建设”为题讲党课，正式启动全区的专题教育活动。

6月29日，省委常委、常务副省长陈肇雄率省直部门相关负责人来株调研“三严三实”专题教育开展情况。在新区实地调研中国动力谷自主创新园项目，强调要坚持统筹兼顾，以“两手抓”实现“两促进”，用经济社会发展成果检验专题教育成效。

6月29日，珠江北路三、四街区竣工。

7月16日，省委组织部副部长蔡建和率“三严三实”专题教育工作第一督查调研组，来新区调研企业党建工作。

7月30日，科技部火炬中心副主任盛延林一行来新区，就长株潭自主创新示范区工作调研。

7月30日，天元区文化馆正式开馆。该馆位于神农城天易公司大楼，馆内设有合唱室、书法室、美术室、多媒体室、电子阅览室、舞蹈排练厅和艺术展示厅等12间文化活动厅室。辖区市民和群众文艺团队可通过预约免费使用馆内活动场地和设施设备，每年可为6万人次免费提供文化服务。

7月31日，神农城北开往中国动力谷自主创新园的“动力专线”T72路公交车正式开通。

8月10日，新区与湖南省人民医院签署合作框架协议，拟在万丰湖生态景观工程旁建设健康产业合作项目。

8月21日，省委常委、长沙市委书记易炼红率长沙市相关部门负责人来新区考察万丰湖生态水系景观工程、中国动力谷自主创新园、湘水湾生态公园、神农城。

8月31日，中国动力谷自主创新园开园，12个创新型项目签约入驻，8位院士为创新创业导师，与14所高校签订战略合作协议，与10家专业投资机构对接建立优质项目互通机制，引入14家科技中介服务机构，成立了清华大学中国动力谷自动化技术研究中心等科技成果转化基地。全年开工建设100万平方米标准厂房，已建成67万平方米；正式运营“新动力咖啡”和“新动力众创空间”，创业苗圃—孵化器—加速器的科技创业孵化链条基本建成。全年新增2家国家级重点实验室、8家高新技术企业，17家规模企业，申请专利1400件。支持引导企业进入资本市场，7家企业在新三板、新四板挂牌，3家企业在区域股权交易市场挂牌。科技银行扩展到6家，财政风险补偿资金扩充到1亿元，累计为116家中小企业授信4.7亿元。累计认定瞪羚企业30家，发放扶持资金3700万元。

9月17日，云南省委常委、组织部部长刘维佳，率云南省跨越发展专题培训班成员来新区考察。

10月14日，湖南天易集团与香港高德置地控股有限公司，举行神农太阳城商圈整体招租签约仪式。

11月4日，株洲市委书记贺安杰率国土、规划、城投、城建、自来水、供电等部门负责人，来新区督查项目建设。

11月27日，天易科技城自主创业园项目开工。

11月29日，省纪委副书记、省监察厅厅长周农率省党风廉政建设责任制检查考核组来我区检查。

12月11日，株洲市委书记贺安杰会见中泽嘉盟投资基金董事长、数字中国联合会主席吴鹰，双方就中国动力谷三大核心优势动力产业（轨道交通、新能源汽车、通用航空）的智能制造升级发展做了深入交流。

12月18日，新马学校开工建设。

12月18日，中国动力谷自主创新园海智计划工作基地挂牌。中国动力谷自主创新园北片区的展示中心、会议中心、公共管理中心基本完成主体，进入扫尾。新马东路、新马南路、万丰路、新丰路、仙月环路等园区路网进一步完善，园区配套功能得到提升。汽车博览园正在完善北汽大道、一汽大道等园内道路基础设施，汽车交易中心、汽车形象店、汽车广场等项目启动建设，沃尔沃、雪佛兰、福特3家4S店试营业，另有6家正在建设，累计签约4S店25家，摘牌15家。北汽一工厂第50万辆整车下线，年产30万台汽车的二工厂全面开工，海纳川二期、首鹏汇隆二期等汽车产业配套项目，正在进行征地拆迁和场地平整。月塘生态新城的"三纵两横"路网格局基本形成，区域内房地产项目全面建设。天易科技城自主创业园于2015年11月底启动建设，长城电脑株洲基地项目开工，衡山路正式通车，一张集产业、科技、生态、人文、宜居、宜业等要素于一体的城市版图正恢宏展开。

12月29日，北京汽车株洲基地二工厂建设举行启动仪式。

12月29日，北汽集团旗下的北汽新能源公司与中国中车旗下的时代电气正式签署战略合作协议。

湘潭易俗河片区

湘潭易俗河片区2015年建设概况

一、概况

2015年，湘潭易俗河片区完成技工贸收入606.4亿元，增长25.01%（同比，下同）；完成工业总产值406.6亿元，增长23.53%；完成规模工业总产值338.04亿元，增长20.72%；完成固定资产投资150.2亿元，增长25.01%；完成财税总收入15.5亿元，增长14.8%。

二、招商品质化

一是创新定位招商模式。按照定位置、定产业、定体量、定团队的"四定"方针，围绕食品医药、东城区建设等园区重点工作，设立2个项目谈判小组，组建3个招商小分队，分别赴广东、福建、长三角等重点地区招商；充分利用商会、校友会、园区企业家等优质资源，不断拓宽招商信息来源；建立健全招商引资信息奖励机制，积极开展"招商引资突破年"活动，动员全县各级各部门参与招商引资，有力促成了动力配件产业园、凯依克物流等项目落户。全年签约项目21个，实际到位资金40.21亿元，直接利用外资7100万美元，其中，投资过亿元项目10个，其中过10亿元项目2个；ADM动物营养项目落户，实现了园区世界500强企业直接投资零的突破。二是创新定标安商模式。加强对已落户园区项目的服务，加大主导产业培育力度，继续实施"三促"服务机制和一线工作法，促使新向维、珠江啤酒、傲龙生物、信诺颜料、电线电缆二期等13个项目建成投产。推进产学研合作，聘请3位科技特派员为五里重机等企业解决关键技术；促使炜达与省经贸高级技工学校、市电机车厂与湖南大学、华宇电炉与中南大学开展产学研合作。指导帮助企业申报新型工业化、科技、中央专项建设债券等专项资金6400万元，引导傲派自动化、康宁达、圣雅凯等企业启动新三板上市的前期工作。截至年底，园区规模工业企业达113家，其中产值过亿元企业84家。食品医药、装备制造、新材料三大产业完成规模产值321.34亿元，增长20.01%，占全区规模工业产值的95.05%，产业集聚效应进一步增强。

三、资产效益化

一是加强资源整合。加快县建设投资有限公司市场化运作步伐，融资渠道进一步畅通，融资成本逐步下降，争取专项建设债10亿元，融资到位资金38亿元。加大争资争项力度，全年争取资金2.39亿元，其中示范区可用财力资金8300万元；中央专项建设债项目3个，争取资金7400万元，分别是县艺体馆1400万元、供排水4000万元、湘江生态治理2000万元。二是加强科学规划。围绕园区产业发展配套、县城居民生活服务补短板，进一步完善配套，全年完成基础设施建设总投资35.2亿元，启动了县一中艺体馆、潭花复线等48个项目建设，大鹏路、海棠路提质改造、天易公路二期、湘江防洪景观带建设（贵竹路至凤凰路）、凤凰东路Ⅰ期等23个项目建成通车，档案馆、质检中心完成主体建设，芙蓉大道、武广大道一期主车道实现通车，背街小巷提质改造一期工程基本竣工。农产品精深加工物流园内路网框架基本成型，自来水、电力、天然气等配套基本完善，为招商引资、项目落户奠定了良好的基础。三是加强协调联动力度。健全了从项目选址、前期调查、用地报批、征地拆迁、土地供应到后期监管、问题协调的流水操作线模式。重点推动了遗留项目上房屋腾地扫尾工作，全年共批回土地93.65公顷，签订土地征收协议44个21.78公顷，签订房屋拆迁补偿合同164户，其中国有土地上48户，安全拆除房屋220户，腾地241.27公顷，有效保障了园区重大项目建设的需要。依法查处各类国土资源违法案件37起，查处闲置土地12宗，进一步盘活闲置资源。进一步完善了资源信息库，完成了子敬学校、海狮路、天马西路等27个项目433.33公顷土地资源信息调查，为规范管理和高效征拆提供了依据。

四、环境优质化

一是进一步优化创业环境。理顺管理体制，提请县人民政府进一步理顺了示范区与县直部门、乡镇的职能职责，将建成安置区管理、建成基础设施维护、环保、安全生产等事项分批移交至县内相关部门、单位，促使园区集中精力谋发展，轻装上阵搞建设。提请县委、县政府研究帮扶困难企业脱困的指导意见和办法，积极做好困难企业的矛盾纠纷化缓解工作。继续实施"一站式办理""全程代办"等服务制度，进一步精简审批、办事程序。加快推进宏信创新产业园、农产品精深加工园建设，着力完善创新创业平台，其中农产品精深加工园内映日荷花、傲农饲料已经投产，湘久阳、浏阳河饲料、杰萃生物、乡味食品等项目正加紧建设；宏信创新产业园一期全面建成，二期有13.8万平方米基本完成主体建设，有8万平方米正在基础施工，全年签约项目8个，共入驻企业40余家，投产企业20余家。，二是进一步优化建设环境。依法依规做好了园区信访维稳、拆违控违、安置社保等工作，健全完善信访工作制度，建立完善矛盾排查预警机制，重点协调处理了洛口鱼香、海棠南路提质改造项目、碧桂园、香樟路、小龙王、伍子醉等突出问题30余起。深入开展平安创建活动，安全生产形势持续好转。健全示范区、镇、村（社区）联动机制，加强巡查监管，杜绝违法建设，实现项目区“零新增”。全年共查处违法建（构）筑物260处3.5万平方米，处置率100%；组织集中拆违行动37次，依法强制拆除违法建筑75处2.2万平方米；依法开展强制腾地，拆除项目上违法建筑109处2.7万平方米。开展拆违控违集中专项行动，对城区内13个社区进行了全面摸底调查，涉及1300余户，违法建筑面积8万余平方米，动员群众进行自拆，138户自拆违法建筑5000余平方米。三是进一步优化生态环境。加快两型示范创建和引导，争取省、市两型示范创建引导资金4166万元；推进了工业固废综合利用试点工作，开发天易城市矿产综合信息云平台，建立“互联网+回收利用”的管理模式；严格执行环保“三同时”验收，加快原四通化工重金属污染防治项目建设，统筹推进云水支渠水体治理、上马垃圾填埋场提质改造，人居环境逐步改善。

五、管理规范化

一是理顺体制机制，内部管理进一步规范高效。全面开展“三严三实”专题教育活动，认真落实“两个责任”，调整机关党组织设置，部长兼任书记。严格各部门编制管理，完善机构设置，调整优化人员；完善了示范区内部的绩效考核办法和薪酬管理办法，将村（社区）统一纳入示范区考核体系，实行动态考核，并将考核结果与村（社区）主要负责人的评先评优和工资奖金挂钩，进一步调动村（社区）工作积极性；制定并实施关于加强行政效能建设的若干意见，继续实行预安销号制度，加大执纪问责力度，确保了党工委、管委会的各项决策部署贯彻落实。二是完善程序制度，工程管理进一步规范有序。科学制定项目前期工作计划，对可研、环评、地勘、方案、初步设计、施工图等关键环节严格把关，完成了商贸物流园、文体广场、第二污水处理厂等规划编制和项目包装策划工作，完成了背街小巷提质改造等24个项目的前期工作。加强在建工程的现场管理，完善监督考核机制，对园区基础设施在建工程实行季度考核，引入外委检测单位，在季度考核中对在建项目实体质量进行随机抽检，及时反馈，保障了工程实体质量与外观。三是坚持从严把关，财政管理进一步规范节约。建立了党工委领导联系企业的分片包干制度，加强对财税工作的领导；按季召开税收形势分析会，重点加强对建安营业税、个人所得税、耕地占用税、契税等审核把关，确保税收征管到位。同时，加强资金支出管理，加强征拆稽核工作，严把工程项目预算评审关、跟踪监督关和结算审查关，从紧编制部门预算，全年“三公”经费支出同比下降10%。

湘潭易俗河片区2015年建设纪事

2月9日，参加十五届人大三次会议的全体人大代表及县政协第八届委员会三次会议的全体委员，集中视察了珠江啤酒、天易公路二期及涓水二桥项目、农产品精深加工园以及芙蓉大道二期、滨江风光带等重点工程项目建设情况，实地感受湘潭县、湘潭天易示范区发展新成就。

3月27日，湖南省长株潭两型试验区管委会副主任周上游，宣教联络处处长李红卫、宣教联络处正处级干部刘少健一行，就两型示范创建、宣传教育工作专项调研湘潭县、湘潭天易示范区。

3月28日，投资20亿元湘潭天易商业文化广场项目正式开启，双方举行了简约而隆重的项目签约仪式。共同见证天易示范区与湘潭中库投资置业有限公司的牵手合作、共进共赢。

3月31日，湖南省人大常委会委员、环资委副主任委员姜玉泉一行调研湖南珠江啤酒有限公司环保工作。

4月16日，湖南省统计局党组成员、副局长李绍文一行考察湘潭县、湘潭天易示范区。

4月22日，湘潭市委常委、常务副市长谈文胜率湘潭市发改、国土、住建、银信等部门负责人一行，到湘潭县、湘潭天易示范区调研“135”工程建设。湖南省人民政府为促进创新、推动创业立足现有省级以上园区，实施创新创业园区发展“135”工程，即：重点扶持100个布局合理、优势突出的创新创业园区，新建3000万平方米以上统一规划、功能配套的标准厂房，引进5000家以上创新能力强、成长性好的创新创业企业。

5月5日，湘潭市委副书记、市长胡伟林来我县调研园区经济发展情况，他要求园区要进一步抓好项目建设，优化政务环境，为企业发展提供更为优质的服务。

5月15日，位于湘潭天易示范区的湖南珠江啤酒有限公司正式竣工投产。

5月26日，湘潭市政协主席周放良一行到湘潭县、湘潭天易示范区调研非公经济发展。

7月17日，总投资约9.7亿12个重点工程项目集中开工。包括湘江防洪景观道路（湘潭县水厂取水口至金桂北路）摩托车及电动车配件仓储物流项目、宏信创新产业园公租房项目、湘潭县一中艺体馆、节能环保型农作物烘烤专业设备研发生产项目、湖南伍子醉食品有限公司技改等项目。

9月28日，阿里巴巴农村淘宝湘潭县服务中心暨淘宝特色中国·湘潭县馆揭牌运营。

11月11日，湘潭天易示范区与世界500强ADM公司签订协议，标志着投资6000万元的动物营养项目正式落户天易示范区。湘潭县委副书记、县长、天易示范区管委会主任傅国平，县委副书记、天易示范区管委会常务副主任唐正武，天易示范区党工委委员、管委会副主任唐争耀以及ADM亚太区总裁Ismael先生、ADM动物营养总裁Brent先生等参加签约仪式。

12月14日，湘潭市副市长陈小山来到湘潭县、湘潭天易示范区就槟榔产业发展情况进行调研。湘潭县副县长唐仁光，示范区党工委委员、管委会副主任唐争耀陪同。

12月28日，中信银行湖南省分行行长陆金根一行到湘潭县、湘潭天易示范区考察湖南伍子醉食品有限公司、宏信创新产业园，县委书记、示范区党工委书记谢振华，天易示范区党工委委员、管委会副主任胡庚、唐争耀参加考察。

衡阳白沙片区

衡阳白沙片区2015年建设概况

2015年，在衡阳市委、市政府的坚强领导和大力支持下，两型示范区白沙片区认真贯彻落实中央、省、市经济工作会议精神和“三严三实”要求，努力克服宏观经济下行压力，积极推进各项工作，主要经济指标稳中有升，重点工程项目建设如期推进，再次进行了调区扩规，为白沙片区实现新的腾飞打下了坚实基础。

一、2015年白沙片区开发建设取得的主要成绩

（一）主要经济指标稳中有升

预计全年可实现地区生产总值36.2亿元，同比增长20.2%；规模工业总产值118.5亿元，规模工业增加值31.6亿元，同比分别增长6.4%、5.9%；实现财政总收入26.1亿元，同比增长15.5%；完成进出口总额15.5亿美元。较好地完成了市里下达的年度绩效目标管理任务。

（二）主导产业发展态势趋好

以富士康、欧姆龙为代表的电子信息产业，预计实现产值85.3亿元，同比增长45.8%。受经济下行影响，输变电、汽车及零部件等制造业实现总产值33.2亿元，同比减少16.4%。现代物流业发展比较快速，恒大物流、白沙洲综合物流园已正式营业，入驻企业发展态势良好。

（三）招商引资富有成效

新签了中州新能源电能发电机、衡阳峰邸特种零配件高强高精特种零配件生产基地等7个入园项目合同，汽车零部件产业园已有清华大学苏州汽车研究院和美国亿科动力2个项目签约、18个项目已确定入园。包括百度、北京互易联盟、52017控股集团、步步高云猴支付、中国邮政衡阳分公司、深速易电商在内的57个项目签约进驻湘梦电商产业园。

（四）重点项目建设如期推进

29个重点项目预计完成投资50.05亿元。其中，基础设施和民生工程项目完成投资14.24亿元、产业项目完成投资39.97亿元。一是基础设施项目。东三环提质改造工程已全部竣工。湘江风光带（铜桥港至白沙南路）正在实施路基和防洪堤护坡工程；富强路、衡常路和铜桥路湘江风光带（白沙南路至衡云干道）已开工。二是产业项目。金泓机械、海龙欣激光、林肯液压、华南出版4个项目已基本建成，省、市重点在建工业项目达到19个，其中，南岳生物制药、白沙物流园年度完成投资都超过1.5亿元。鸿富锦新增4栋厂房，南岳生物制药等8个项目竣工投产，富泰宏新上3条平板电脑生产线。三是民生项目。市八中初中部、新民路小学已基本完成征地拆迁，年底前可开工建设；新民公租房有10栋已完成主体工程，12栋已开工，其余年底前开工；和谐小区廉租房主体工程已全部竣工；金茶家园公租房有7栋已完成主体工程，4栋已开工；金桥安置区有31栋主体工程已竣工；茶园安置区（一片区）8栋已开工，完成主体6层以上，8栋年度前开工；金雁安置区8栋主体工程已竣工；茅叶安置区年底前开工。

（五）征地拆迁进度逐步加快

完成征地1200余亩，拆迁房屋5.3万平方米，平整土地1500余亩，核发征地拆迁、土地平整资金3.5亿元。28个征地拆迁项目已完成了14个项目征地拆迁和交地工作，完成27个项目征地工作。

（六）社会事务管理正常有序

一是社会保障。办理参保721人，办妥289人退休手续、372人转保手续，启动了金龙村一组、五组新参保人员资料整理。二是信访维稳。简化了领导接待日制度、领导包案制度、联席会议制度和积案化解制度。共接待来访群众80批次，339人次，其中群访15起134人次；化解信访积案5起，处理突发事件2起；信访回复23起，电话回复3起，网络系统办结信访件13件；辖区京访2起，省访4起，实现了重大节点维稳工作零上访的目标。白沙片区群众来访同比下降40%，非正常上访同比下降25%，呈现出群众来访明显下降，来访秩序明显好转的良好态势。三是人口与计生。围绕“强基础，抓落实，保先进”的工作思路，坚持依法行政，完成手术61例，其中结扎6例，流引产5例，上环45例。共出生101人，其中计划内89人。四是民政工作。共发放城市低保、农村低保、五保供养、临时救助、大病救助、城乡医疗救助等社会救助资金286.17万元。城市低保达到1100户次、2081人次，农村低保达3583户次、5582人次。发放被征地农民临时性生活困难补助3597人324.8万元。五是湘江流域治理。关停养殖户69户，整治非法砂场4家。殡葬改革、应急管理、食品安全、涉农等社会事务工作均取得良好成绩。

（七）财政管理和融资工作成效明显

一是财政收入增幅较大。进一步加强入园企业税源调查，堵塞税源漏洞，提高税收征管水平和税收质量，完成财政总收入26.1亿元，完成了年度绩效目标任务。二是融资工作成效明显。完成融资12.7亿元，正在落实和跟进的38亿元，包括民生银行发行的中期票据、农发行棚户区改造项目贷款、光大银行金桥安置房项目贷款、光大证券发行公司债30亿元等，为白沙片区项目建设做出了积极贡献。三是非税、国有资产管理、账务管理等方面均取得良好成绩。

（八）两违整治和城管工作秩序井然

重拳整治两违，共处理各类违法建设约2.5万平方米。尤其是南江办事处成立后，白沙片区出台了《关于开展南江办事处辖区内违法用地违章建筑综合整治的实施意见》和《白沙洲工业园南江办事处辖区内无房户少房户危房户过渡安置方法》；市容秩序、广告招牌、市政交通等管理得到加强，取缔乱设摊点30余起，处置卖盒饭事件30余次；拆除广告牌匾10余块，清除白沙片区牛皮癣5500余张，横幅49条；及时更换各类破损井盖达390余套；保障了白沙片区企业梭巴的正常运行；整治非法搅拌站场7个，拆除各类罐体35个；出台渣土整治方案，先后处置渣土车辆洒落57次；日常保洁工作正常开展，投入180万元购置环卫保洁设备，新建两座压缩式垃圾站；绿化养护管理进一步强化，工业大道、中航路、南三环路等行道苗木补植21390余棵，完成绿化全面施肥3次，对白沙片区内树木进行了两次大规模白蚁防治。

（九）服务企业力度加大方式创新

企业服务中心（投资服务中心）即将运作，服务平台得到巩固和拓展。为南岳生物制药、华南制造、鸿辉石油管材、华南装潢彩印4家企业申请了2015年度省技术改造项目专项资金，为富泰宏申报了2015年湖南省移动互联网产业发展专项资金；南岳生物制药有限公司“国家产业振兴和技术改造专项项目”报批资金1000多万元、现正在与市财政局对接；金则利特种合金有限公司“湖南战略新兴产业科技攻关类重大核心技术类项目”已通过答辩，正在等待申报资金审批；白沙物流园申报2015年承接产业转移专项资金已到位20多万元；正在积极争取将白沙片区内企业纳入养老保险过渡试点；积极协助富士康、欧姆龙等20余家企业招募各类员工达2000余人，目前正在与衡阳工学院对接，签订政校、校企合作协议。

（十）安全生产监管进一步加强

积极开展“三项行动”，落实安全生产“一岗双责”和企业主体责任，抓好台账管理，实行一企一档，落实目标考核。大力开展宣传培训，共发放安全生产宣传资料1.5万余份，宣传板报6块，在白沙片区各站台、主要路口悬挂安全横幅60幅，电子显示屏2块，开展安全培训5期、648人次，形成了浓厚的宣传氛围；组织安全专家开展交叉循环检查，节假日和汛期值班与安全监管到位；开展了安全整治专项行动，共检查室外消防栓136个，对32家企业单位下达责令限期改正通知书28份，发现隐患126处，整改隐患102处，当场改正24处，整改率95%。完成了应急预案编撰，并在欧姆龙、湖南华菱、鸿富锦等企业开展了应急演练。

（十一）党群工作开展规范有序

党的组织建设、“三严三实”专题教育活动扎实有效。党风廉政建设进一步加强，成立了“四检查一整治”工作领导小组，切实改进工作作风，推进政府采购、建设工程招投标、财政资金和公用经费规范化管理；加强了“三重一大”监督检查，确保权力在阳光下运行，促进事务公开操作，查处违纪违规问题4个，资金89.89万元，追回国有资金65.39万元。调处劳资纠纷46起，调解成功率100%。成立了白沙片区机关工会和金则利、特达液压、中电物流等15家基层工会组织，企业工会组织的组建率达97.8%；完成志愿者注册1800人，组织志愿者参加全国文明城市创建活动2次；为湖南华菱汽车经理肖小华、鸿富锦课长刘建兵申报并分别授予“省级劳模”“市级劳模”称号。

（十二）扩区调规顺利推进

在衡阳市委、市政府的高度重视和珠晖区的大力支持下，东阳渡镇的新塘村、曙光村、栗塘村、荷塘村、高山村5个行政村共16.58平方公里已成建制划归白沙洲工业园管辖，成立了南江办事处，拓展了白沙片区发展空间，有效缓解了工业用地紧张局面。东阳渡镇京广线以西其他行政村划归白沙片区管辖事宜正在积极推动。

2015年，白沙片区开发建设虽然取得了一定的成绩，但还存在一定的困难和问题。一是受经济下行的影响，区内企业市场萎缩，生产经营困难，电子信息业企业主要经济指标增幅不大，尤其是制造业同比下降幅度较大，招商引资难度加大。二是工业企业税收贡献率有待提高，尤其是白沙片区32家规模企业中有15家在其他城区纳税，影响了白沙片区的税收占比和税收总额。

二、2016年经济发展预测及主要工作思路

“十三五”时期，是我国全面建成小康社会最关键的时期。正确认识和科学把握“十三五”时期我国经济发展面临的挑战和机遇，更好地适应并引领新常态，实现“双中高”，即经济保持中高速增迈向中高端水平，是“十三五”时期经济发展的主要任务和目标。下一步，白沙片区将认真落实市委、市政府提出的“打造白沙片区升级版”的总要求，按照建设“经济发展带动区、高端产业集聚区、产城融合示范区、两型社会引领区”的发展定位，做大做强智能制造、电子信息、生物医药、现代物流四大支柱产业，着力打造精密模具制造园、汽车零部件产业园、电子信息产业园三大省级产业白沙片区，力争“十三五”期间建成500亿白沙片区。2016年是“十三五”开局之年，经济下行的风险和压力依然存在，货币政策未来仍会保持稳健偏松。发展是时代的永恒主题。

2016年白沙片区的主要目标任务是：完成固定资产投资65亿元，其中：基础设施投资15亿元，入园项目投资50亿元；新签合同15个、合同引资额50亿元，新开工产业项目15个；实现技工贸总收入180亿元，其中工业总产值160亿元、工业增加值45亿元，实现财政总收入28亿元，完成融资20亿元。为实现上述目标任务，要着力做好以下几个方面工作：

（一）着力做好规划设计完善白沙片区整体功能

在进一步加快东部和西部路网建设与提质、硬件设施配套、商业地产开发等整体开发的同时，启动东阳渡新扩区域规划设计，做好总体规划和控制性详细规划，明确功能定位和产业布局，统筹推进平台开发工作，推进新区基础设施和配套设施建设，推动产业快速发展。加快土地开发整理。以破解平台建设的土地要素制约为着力点，强化与国土部门协调配合力度，力争全年完成1500亩土地报批、征地2000亩，平整土地1500亩。按照“产城融合”要求，扎实推进白沙片区主干道建设，实现城园互动。

（二）围绕主导产业着力做好招商引资工作

坚持“招商引资第一工程”不动摇，依托现有工业平台和创业园等基地，按照招大引强选优原则，大力实施精准招商、专业招商及衡商回归工程，引进一批高大上项目。一是实施精准招商。总结过去招商引资先进经验和成功做法，对正在对接的项目和掌握的信息，抽调精干力量，成立专项工作组，制定明确的方案和措施，实行“一对一”

盯引，确保一批大项目、好项目落地建设。二是实行专业招商。切实发挥白沙片区专业招商优势，根据国家、省产业发展导向，结合我市实际开展产业招商。着重培育精密模具制造产业，争取将模具产业打造成为衡阳工业的一张名片。三是利用平台招商。与中科院共同搭建基于微槽群复合相变热管理与节能技术创新工程平台，探索与中科院科技成果对接和转化的新机制，构建产学研有机结合的有效模式，促进形成区域高新技术产业集群，推动衡阳市新型产业发展与结构调整。四是实现衡商回归。充分挖掘和利用在外衡阳能人资源，吸引和鼓励衡阳在外经商和创办企业的成功人士回乡投资创业。重视科技人才和青年大学生群体的创业，依托创业园和湘梦电子商务等平台，积极引进和支持一批富有激情的青年创业创新。

（三）着力提升白沙片区现有企业的产能与规模

富士康、欧姆龙、燕京啤酒、合力叉车、华菱汽车、南岳电控、共创光伏等企业，发展空间大，要进一步加强企业服务力度，大力鼓励企业加强技术创新和管理，努力拓展市场，提升产能和规模，同时充分发挥其辐射引领作用，发挥磁场效应，为白沙片区经济发展注入新的活力。

（四）督促在建工业项目加快建设投产进度

目前白沙片区投产或即将投产的工业项目主要有南岳生物血液制品、懿科药用包装材料、金泓机械轮胎起重机、南岳电控燃油喷射系统升级、金扬重工矿山冶金二期及鸿富锦设备维修中心等，这些项目的投产成为白沙片区新的经济增长点。

（五）加快发展现代物流等服务业

充分发挥衡阳白沙洲物流园和恒大物流的作用，吸引更多的物流企业入驻物流白沙片区，为衡阳本土企业和社会经济发展提供强有力的物流服务。推进商贸中心和文体中心建设，加快发展第三产业，促进产城融合，打造宜工宜商宜居的现代工业新城。

（六）打响企业服务主窗口品牌

争取投资服务中心正式运作，扎实履行为企服务职能，努力为企业排忧解难，引导和支持企业转型升级，切实优化白沙片区工业经济发展环境。

衡阳白沙片区 2015 年建设纪事

3 月 22 日，衡阳市纪念第二十三届“世界水日”和第二十八届“中国水周”。衡阳市副市长陈竞深入强调了治水兴水的重要意义，指出要保障水安全，必须从观念、意识、措施等方面入手，像抓节能减排一样抓好节水。

3 月 26 日，蒸湘南路延伸线全线拉通。2015 年衡南县启动县城中心城区路网及万云公路（万家山至衡云干线段）提质改造、沿江风光带工程（云集大桥至鸿业路段）等项目建设；促进县城北片整体开发；继续抓好县城基础设施建设，确保全年新增城镇道路 5.5 公里、绿地面积 2 万平方米、供排水管网 15 公里。

3 月 31 日，衡阳市召开投融资工作座谈会。根据衡阳市委、市政府的安排部署和 2015 年第一批重点项目建设要求，衡阳市七大投融资公司 2015 年要着力推进 67 个项目建设，确保年度完成投资 150 亿元以上。

4 月 1 日，松木经济开发区内的标准化新砂场——金兰砂场首次定点卸砂，标志着衡阳市砂场整治进入新的阶段，另外 5 个新砂场将陆续投产，同时至 6 月底将取缔所有的非法砂场。

4 月 3 日，酃湖公园及周边地段规划方案评审会召开。此轮评审是酃湖公园及周边地段规划方案的终极评审，由碧桂园集团和绿城集团设计的规划方案经过多轮角逐，最终脱颖而出进入了最终评审范围。

4 月 8 日，衡阳市委常委、市委政法委书记谢恒斌调研蒸湘区呆鹰岭镇新农村建设及扶贫工作。谢恒斌重点考察了堰头村。在随后召开的座谈会上，谢恒斌听取了新农村建设和扶贫工作情况汇报，充分肯定蒸湘区的新农村建设和扶贫工作思路清晰、重点突出、措施得力、成效明显。

4 月 30 日，常宁市加快 356 国道建设。320 省道贯穿常宁，是衡阳通往株洲、永州的一条重要通道，为提升干线公路等级，改善路网路况水平，常宁市 2015 年将加快推进 320 省道升级为 356 国道，结束无国道入境的历史。

9 月 1 日，衡阳市率先出台林业生态红线保护监督管理办法。为切实加强林业生态文明建设，严格实施林业生态功能区划，加强重要林业生态功能区保护，衡阳市在全省率先划定林业生态红线，并出台了由市委办、市政府办联合印发的《衡阳市林业生态红线保护监督管理办法》。

9 月 11 日，滨江新区 13 条市政道路建设全面提速。抢抓当前晴好天气，滨江新区已经规划的 13 条市政道路加快建设，其中湘江东路已进入路面施工阶段。道路建设的保障，将推动滨江新区的基础设施建设全面提速。

9 月 11 日，衡阳城市建成区绿化覆盖率达 37.34%。衡阳市城区自 2013 年底启动城市绿化提升工程。截至 2014 年底，已投资 2.29 亿元，新增绿地近 200 万平方米，城市建成区绿地率达 35.12%、绿化覆盖率达 37.34%，人均公园绿地面积达 9.18 平方米。

9 月 12 日，湘大两博士来衡调研环境污染治理。衡阳市环保志愿者协会主办的环保调研座谈会在衡阳市环保局举行，来自湘潭大学的张立平博士与高青松博士与衡阳市关心环境保护问题的各界人士展开了一场学术上的讨论。本次座谈会调研内容主要为环境污染第三方治理机制，提高污染治理专业化水平和治理效果、吸引和扩大社会资本投入环境治理领域、推动环保产业特别是环境服务业加快发展的方案，以“水污染、谁付费、专业化治理”为原则，推行治污集约化、产权多元化、运行市场化，将污染治理委托给专业化环境服务公司进行。

9 月 15 日，衡阳重拳出击治理雾霾。取缔黄标车、燃煤工业锅炉淘汰、大气污染防控能力建设是衡阳市治霾的重点项目。衡阳市环保局表示，2015 年我市将淘汰黄标车 8722 辆，其中城区为 2500 辆。

9 月 17 日，衡阳市委副书记、市长周海兵前往衡东县部分乡镇，调研非物质文化遗产、新农村建设、农村产业发展等工作。他要求，衡东县要加大非物质文化遗产保护和宣传力度，弘扬传统文化；要大力发展特色农业，改变农村生活方式，大力推进农业现代化，提升农村居民生活质量和水平。

9月19日，由中交第二公路工程局承建的怀邵衡铁路8标段罗古头隧道顺利贯通，这是怀邵衡铁路在衡阳境内全线贯通的首条隧道，标志着怀邵衡铁路建设进入一个新阶段。怀邵衡铁路8标段在衡阳境内全长44.72公里，施工进度一直走在其他标段前列。

9月22日，《衡阳市大气污染防治2015年度实施方案》印发。《方案》明确，到2015年年底，全市二氧化硫、二氧化氮、可吸入颗粒物年均浓度相比2014年有所下降，其中，可吸入颗粒物（PM10）年均浓度指标比2014年下降3%，细颗粒物（PM2.5）不高于全省年均浓度。同时，2015年底前，确保完成“十二五”期间大气主要污染物减排目标，二氧化硫、氮氧化物均比2014年分别下降2%。

9月24日，湖南省发改委核准了衡阳市城市生活垃圾焚烧发电厂项目，指出该项目建设有利于实现城市生活垃圾无害化、减量化、资源化处置；可进一步促进生态环境保护和城市基础设施完善，满足衡阳市城市发展需要。

10月9日，新一轮绿化遥感测绘10月底将启动。衡阳市创建国家园林城市工作领导小组办公室透露，衡阳市将全力推进“创园”工作，尽快完成25条主要道路绿化提质改造施工图设计工作，加紧开展绿化遥感测绘工作，全面掌握全市的绿化“家底”及现状。城市园林绿化基础资料需通过遥感测绘进行认定，目前衡阳市绿化遥感测绘数据是2012年测定的，已不能反映现在的绿化成果，衡阳市将在年内开展新一轮绿化遥感测绘工作，尽快完成遥感数据的收集和整理备案，对照国家园林城市标准，有效开展绿化查漏补缺工作。

10月12日，衡阳城区165个社区环卫作业实现市场化。衡阳市政协主席廖炎秋率队到市城市管理行政执法局，听取该局民主评议整改落实情况的汇报。廖炎秋对衡阳市城管工作表示充分肯定。他要求，市城市管理行政执法局要加强领导，认真整改，进一步推动我市城市管理工作从被动向主动、定性向定量、静态向动态、单一向综合、滞后向实时进行转变；要进一步加大投入力度，加强基础建设，强化管理手段、制度和方式；要加强宣传力度，强化职业道德教育，提高职工队伍素质，使城管执法者成为城市的形象和名片。

10月14日，衡阳市将加快推进污水处理设施建设。衡阳市委副书记、市长周海兵专题调度城区污水处理厂及管网建设工作。他要求制定污水处理长远发展规划和近期实施规划，形成工作合力，加快推进污水处理设施建设，确保污水处理全覆盖。

10月19日，衡阳市委副书记、市长周海兵率队专题调度东洲岛及湘江东岸风光带项目建设。他要求加快推进项目建设进度，早日将该项目打造成为衡阳城市名片，提升宜居指数。

10月19日，衡阳年底将建设成18个空气监测站。从2013年开始，就未曾停止空气监测站的建设，常宁市和衡东县由当地财政出资分别建设2个和1个自动监测站，配齐了6个参数，衡阳市2014年建成的水口山地区重金属空气质量自动监测站，可监测包括重金属指标在内的30余项指标，已通过省环保厅验收。目前，各县、市空气自动站部分已经建成。2015年年底以前，各县市及南岳区将完成18个空气自动监测站建设，2016年1月1日按国家新标准发布空气质量状况。

10月27日，衡阳有望“像搭积木一样建房子”。市政府与中民筑友科技集团有限公司正式签约，标志着中民筑友绿色建筑科技园项目正式落户衡阳，衡阳也将进入用工业化生产的方式建造住宅的“住宅产业化时代”。推进住宅产业化，是衡阳市建设“美丽衡阳”的重要内容，对于实现“宜居家园”的目标具有重要意义。

10月28日，据“互联网+众创衡阳”高峰论坛暨湘梦电子商务产业园开园仪式媒体见面会透露，衡阳目前唯一的电商集聚区——湘梦电商产业园将在11月10日正式开园，这标志着衡阳的电子商务发展即将驶上快车道。

10月29日，省林业厅副厅长唐苗生率省政府办公厅、省发改委、省林业厅等有关部门负责同志对衡山县紫金山国有林场改革工作进行了评估验收。衡山紫金山国有林场改革工作通过省级评估验收。

11月3日，为扎实推进全市创建全国文明城市工作，强化各级各单位创建工作责任，努力实现创建目标，衡阳市出台了《衡阳市创建全国文明城市工作问责办法》，《办法》明确了问责对象和范围，提出对9种情形展开问责。如严重影响创建全国文明城市工作的，市创建办将建议市委将其调离岗位。

11月4日，在湖南国际会展中心举行了湖南首批最美“古村镇、老手艺”授牌仪式，衡东草市镇获得了“湖南省最美古村镇”荣誉称号。

11月6日，节能减排衡阳将研究制定“黄标车”限行区域。随着珠晖、杨柳、松木三个排气检测站的验收，市公安局交警部门将会同环保部门采用固定检测和流动、移动、遥感检测相结合的方式，对正在使用机动车排气污染进行路检，对于在道路上行驶的排放黑烟或者明显可见污染物的机动车要求其停车接受检验。

11月10日，衡阳市林业局通过全民义务植树、通道绿化防护绿地建设、城市四周荒山造林、古树名木保护等措施，积极参与衡阳市创建国家园林城市活动，衡阳市城区146个行政村“联村建绿”。

11月10日，国际汞履约试点项目成果推广会暨履约需求对接会在衡阳召开。本次会议旨在介绍国内外最新履约动态及进展，宣传国际汞合作项目初步成果，介绍涉汞行业汞污染防治先进技术和经验。此次会议还将推动汞公约履约与地方需求对接，为我国汞污染防治和履约工作提供管理和技术支持。

11月12日，2015年中国·衡阳乡村生态旅游发展高峰论坛顺利召开，北京巅峰智业旅游文化创意股份有限公司首席顾问刘峰博士应邀出席论坛。刘峰博士以“新常态下衡阳乡村旅游创新发展”为题做了专题讲座，他从看大势、他山石、衡阳路三个方面认真分析了我国乡村旅游发展趋势，详细解读了乡村旅游发展的成功案例，提出了衡阳乡村旅游发展的思路和出路。常德市鼎城区旅游局局长杨友莲详细介绍了常德乡村旅游发展的思路布局和成功的经验做法，会上两位专家和与会人员进行了交流和互动。

11月14日至15日，中国传统村镇协同保护与发展南岳论坛在衡阳举行，共商新型城镇化背景下的传统村镇协同保护与发展。会议发布了《南岳共识》：市场、政府、公众形成合力，促进传统村镇保护与发展，打造充满田园诗意、舒适美好的人居环境。《南岳共识》呼吁，学术界应充分挖掘传统村镇的历史、文化、经济、科技及思想等价值；政府部门之间应建立合作机制，打破因各自为政而导致的或重复建设或保护缺位的不利局面；要充分利用现代科技手段，广泛开展传统村镇景观的数字保护，促进网络虚拟旅游产业发展。

11月19日，衡阳市12个国有林场改革各项任务全面完成，全部通过省政府验收。这12个国有林场全部定性为公益Ⅰ类事业单位，纳入全额拨款事业单位管理，主要功能为保护培育森林资源、维护国家生态安全。全市国有林场共核定全额事业编制827人，较改革前精简984个，精简54.33%。全市国有林场职工全部参加社会养老保险和医疗保险，解决了后顾之忧。

11月28日，来自全省各地的44个志愿者协会的代表们齐聚衡阳，参加湖南省第四届义工高峰论坛。

12月1日，衡阳市委副厅级干部王雄飞调度石鼓区两路两厢提质改造情况，要求乘文明之风，创古城特色，打造衡阳古色古香一条街。

12月2日，南岳区举行中心景区交通整治工作方案行政决策专项听证会，就将要出台的《南岳中心景区交通整治工作方案》广纳民意。听证会上，南岳区旅工办就做出行政决策的内容、理由、依据和背景资料等进行了说明，来自景区村居民代表、人大代表、政协委员、党代表、景区内工作单位代表、相关职能部门代表等21名代表分别就方案的相关内容发表了意见和建议。

12月5日，创国家园林城市四大精品景观有望2016年亮相。衡阳市创建国家园林城市办公室表示，衡阳市正着眼提高“创园”起点，在重点区域谋划建设园林精品景观，打造园林景观新亮点。预计2016年四大精品景观将亮相，分别为107国道城市改造项目、幸福河改造项目、蒸水南堤风光带三期及耒水西岸风光项目。

12月9日，衡阳市委副书记、市长周海兵调研衡阳县西渡高新技术产业园区建设时强调，要搭建工业发展平台，打造经济增长新极。周海兵全面察看了衡阳县高新技术产业园区核心片建设情况，与项目建设现场的企业家交流园区建设意见及企业发展方向。

12月9日，衡阳市将斥资9000余万元对全市25条城市主要道路绿化进行提质改造，目前改造设计方案已出炉，今起全面开工建设，2016年3月底之前将全面完工。

12月10日，为落实《衡阳市创建国家园林城市工作实施方案》的目标任务，我市启动城区通道切坡绿化工作。

12月15日，为实现水上运输船舶污物零排放，经过半年安装作业，衡阳市158套船用生活污水处理器已全部组装调试到位，投入使用。自此，水上运输船舶污物将全面实行水污分离，统一收集，更加有效地保护好“母亲河”。

12月16日，衡阳市委副书记、市长周海兵周海兵赴常宁市调研湘江保护与治理等工作。周海兵察看了水口山民生搬迁工程、松柏工业污水处理和生活污水处理项目、土壤污染治理工程、金铜项目、新园路工业项目建设情况。

12月17日，衡阳全力争创全国文明城市。近年来，衡阳围绕“工业重镇、文化名城、旅游胜地、宜居家园”4个具体目标，“一江两岸、九桥四环、南工北旅、东文西商、三横四纵、主辅相连、东延北扩、靓河纳山”总体布局的“大城衡阳”蓝图奋进前行，扎实有效地推进创建全国文明城市工作。

12月22日，为规范中心景区交通秩序，优化旅游发展环境，南岳区为中心景区的宗教场所以及景区单位、企业和村民发放了第一批景区车辆通行证，并与各车辆所有人签订了不非法营运承诺书，要求他们自觉遵守规章制度，维护好南岳旅游环境。南岳区将通过严控、严管、严打等措施规范中心景区车辆管理。

12月23日，衡阳市对环卫洒水作业行为进行规范，尽可能降低洒水车对道路交通及市民正常生活的影响。

12月24日，湘江土谷塘航电枢纽工程首台机组实现并网发电，标志着该项目历时3年的工程建设取得重大突破。省交通运输厅厅长刘明欣，市委副书记、市长周海兵一同出席并网发电仪式。

12月24日，衡阳市政府副市长陈竞带领市水利局一行，前往衡南县洪山镇杉木冲水库和咸塘镇架塘水库视察工程和进度，陈竞要求，全市各级相关部门、人员全力以赴，克服困难，力争按时、按质、按量完成项目建设，为2016年平稳度过汛期和旱期打下坚实基础。

12月26日，衡阳市将调遣一台多功能抑尘车奔赴珠晖区，对珠晖区在建施工工地、拆迁工地及主要道路展开全天候喷雾作业，抑尘降尘，改善环境空气质量。衡阳市环保部门已经积极采取强化环境监察巡查等措施，对于污染物超标排放的企业，将坚决依法依规进行查处，除此之外，增加城区洒水车洒水频次等措施，在一定程度上也能起到抑尘降尘、改善空气质量的作用。

12月28日，为促进全国文明城市创建工作，雁峰区在全市率先推广铺建3000平方植草砖。新增的这种植草砖达3000平方米，覆盖蒸湘南路、蒸阳南路、中山南路、先锋路、雁城路、天马山南路等多条主次干道。

12月31日，城建城管系统完善服务机制显成效。2015年衡阳市城建城管系统紧紧围绕衡阳市发展，振奋精神、埋头苦干，努力完善衡阳市服务机制，取得了较好成绩。

滨湖示范区

长沙县安青片区

长沙县安青片区 2015 年建设概况

2015 年，安青片区坚持“长株潭地区的绿色农产品生产和加工基地、健康休闲服务基地”的发展定位，以深入推进城乡一体化建设为抓手，开拓进取，扎实工作，各项工作进展顺利。

一、坚持优化布局，融城对接不断加快

一是坚持规划先行。按照县委、县政府要求将安沙镇毛塘片区定位为星沙城北新区，积极开展《安沙现代物流园建设与发展规划》修编工作，确定 21 平方公里城北新区的功能定位、结构分区及发展策略，为捞刀河北岸大开发大建设打好基础。二是加强基础设施建设。全面启动“两路一桥”（松雅湖路、物流大道二期、捞刀河大桥）建设前期工作，积极探索和实践 PPP 政策融资建设模式。北山大道完工并做好了预验收准备，12 月底实现全面通车。金山大道于 2015 年 6 月 17 日正式开工建设，投资总额约 15660 万元，今年计划投资 11700 万元，预计 2016 年年底竣工通车。京珠高速连接线拓改二期、107 国道提质改造工程已完工。三是强力推进拆违控违工作。联合国土、公安、城管等部门依法开展集中拆违行动，建立全天候全覆盖网格化巡查机制，共拆除违法违章建筑 119800 余平方米。

二、坚持责任上肩，项目建设顺利推进

一是加快产业转型升级。优化一产，抓住县功能分区安青片区纳入“现代农业区”契机，支持鼓励合作经济组织发展特色种植和水产养殖，实现传统农业向现代精致农业转型；壮大二产，积极对接汨罗产业园需求；做强三产，制定出台产业发展相关奖励扶植政策。利用独特的生态、人文和农业资源，引进和培育了一批精致农业、农产品深加工企业，农村经济合作组织大众创业热潮兴起，现代农庄和特色种植、水产养殖蓬勃发展。举办了以“零碳长沙县、文明旅游、出行”为主题的大型葡萄节暨“印象青山”摄影大赛，加快天华山景区打造，争创市三 A 级景区。

二是推进重点项目建设。青山铺镇共铺排建设项目 18 个，预算投资 1.4 亿元，其中文化公园二期、社区服务中心及文化广场、梅数集镇整治、深远路白改黑项目已列为 2015 年城乡一体化建设补助项目。安沙镇积极推动唐田集镇综合整治工程（一期）、泗州集中居住区、鼎功桥集镇综合改造、107 国道部分路段两厢房屋前坪及立面改造项目、白塔村集中安置区、安沙镇美丽乡村示范区配套项目建设。北山镇完成了北山产业园 11 瓦伏变电站选址，完善了工业园招商引资方案，按计划推进了北山新区建设和蒿塘集镇、新桥集镇、荣合桥集镇改造，其中，荣合桥生态扶贫移民安置点部分工程已基本完工。

三是加大招商引强力度。争取三湘毛塘综合大市场、长沙恒广、鑫瑞祥二期、嘉祐联仓储建材基地等生态产业投资项目在安沙镇新区落户，积极引进国内外大型企业和高等院校、科研机构在安沙新区建立企业总部和研发中心，提升安青片区综合后勤服务功能。

三、坚持城乡统筹，生态安青初显成效

一是环境治理多措并举。坚持政府主导、全民参与、综合治理的环境卫生治理原则，重点从日常保洁、环境保护、畜禽治污三方面入手，完善农村环境卫生整治相关制度，建立了农村环境卫生治理长效机制。在日常保洁方面，完善镇对村环境卫生考核激励机制，将日常督查和季度考核相结合，在各村（社区）公共区域推行保洁承包责任制，由村级统一管理并按月进行考核，考核成绩与保洁员待遇直接挂钩。组织开展“乡村清洁月”活动，每月组织开展一次大扫除活动，做到村组干部和党员带头表率，广大群众积极参与，家家户户打扫庭前院后，调动村民参与日常保洁的积极性。在环境保护方面，切实做好散户生活污水处理设施发放，认真做好黄鹄、广福、梅数、赛头等 7 处集中式污水处理设施建设，积极推进污水治理工作；认真贯彻落实“三年造绿大行动”，组织联点部门、机关团体、企事业单位、学校、村、社区等单位工作人员，开展义务植树活动，为生态宜居环境建设再添新绿。在畜禽治污方面，青山铺镇完成了五福村刘家湾组生态示范组拆除栏舍工作，通过逐户宣传、核实面积、绘制栏舍图纸的方式，与养殖户签订拆除栏舍协议；新中、五福、常乐三个村安装散户生活污水四池净化系统 317 套并全部验收合格。

二是美丽乡村建设如火如荼。深入推进美丽乡村建设，结合农民集中居住点和乐和乡村建设，打造美丽乡村建设品牌。进一步完善环境治理长效机制，实施最严格的环境保护制度，强力开展生猪养殖退出和拆除生猪养殖栏舍行动，坚决依法打击猪粪直排、病死猪乱丢乱弃等违法行为，巩固好生态建设成果。加大生态示范组创建力度，认真开展三年造绿大行动，全面建设提升生态环境质量。按照“政府以奖代投、村组为主导、村民为主体、社会力量共同参与”的要求，安青片区各乡镇制定了实施方案，加强宣传引导，发动村民筹资筹劳，无偿腾地，积极投身到美丽乡村的建设中来。安沙镇拿出 300 万元资金，打造 2 个县级美丽乡村示范村和 13 个镇级美丽乡村示范村民小组，北山镇推进北山镇青田村、蒿塘社区美丽乡村建设。

三是最严数字城管强力推进。充实了城管执法队伍力量，由专业的市政基础设施维护队来负责片区管理维护。安沙镇加大对以毛塘社区为中心和以安沙社区为中心的集镇区域巡防巡治力度，重点加强了万家丽北路、物流大道、东八线、107国道沿线的治理力度。青山铺镇实行“镇域管理、村级自治、主体承担、属地消化”的环境治理模式，建立农村有毒有害垃圾无害化收集和处置网格化管理体系，全面减少和降低生活垃圾清运量，坚持畜禽减量养殖、生态治理和生态修复同步推进，深入推动农村环境综合整治。北山镇成立了城管中队，制定各项管理制度和措施，加大了对旧货市场和农贸市场的整治力度，拆除文化站至老干所路段临时棚架，规范青田村、荣合桥社区赶集时期农贸市场经营，杜绝占道经营和交通拥堵的现象。

四、坚持改善民生，群众满意度大幅提升

一是进一步维护社会和谐。为加大矛盾纠纷调处力度，片区积极整合各方力量，将工作重心下沉到村、组，排查调解了一批矛盾纠纷，如北山镇全年排查化解矛盾纠纷854起，调解成功率100%，无进京信访、群体性、民转刑事件。大力开展例行检查和突击检查，联合派出所严厉打击地下“六合彩”和犯罪团伙；加大集镇整治力度，扎实组织“道路交通安全整治”“消防安全大排查和大整治”等专项行动。进一步加强了人民调解工作队伍建设，扩大人民调解队伍，提高人民调解员的业务能力。

二是进一步加强安全生产及食品安全监管工作。开展了工业、企业、非煤矿山、烟花鞭炮、商贸流通、旅游市场等各领域的安全生产隐患大排查、大检查行动，发现并整改隐患82处，开展了烟花爆竹清剿行动。开展了商务系统安全生产大检查，对商贸领域生产的2家加油站、3家大型超市和镇域内所有农家乐进行了检查。开展了片区私屠乱宰黑窝点调查，未发现私屠乱宰现象。组成联合执法组对片区中小学、幼儿园食堂进行全面检查，取缔校园周边流动摊贩。

三是进一步创新文化建设。2015年4月9日，中央电视台《远方的家》栏目播放了北山山歌、洞房赞茶、水腻子粑粑制作过程。北山镇全面完成村村响广播工程，220个流媒体广播全部安装完毕并投入使用。片区农家书屋建设再结硕果，北山镇塘社区农家荣获“市级示范性农家书屋”光荣称号。安沙文化站2015年获全省“服务农民，服务基层”文化建设先进文化站，并被推荐参加全国先进基层文化站评比。青山铺镇青洪湖主题文化公园举行一月一专场演出暨各村村级文化艺术节，围绕抗战胜利70周年开展歌咏、征文、展览、群众文艺晚会系列活动。

长沙县安青片区2015年建设纪事

1月8日，长沙市2014年度人口计生工作“十佳”和模范乡镇（街道）予以公示，安沙镇荣获人口计生“十佳”单位（详见1月8日长沙晚报A2版）。

2月7日，湖南省文联组织省内书法名家在安沙镇举办了“送文化下乡”活动。

2月13日，长沙市委副书记、市长胡衡华来到长沙县青山铺镇，看望慰问困难群众。长沙市领导文树勋、刘新程，市政府秘书长谭勇参加慰问。

3月3日，长沙市安监局群工队员在局纪检组长杨友良带领下，3名群工队员入驻长沙县北山镇金星村开展新一轮“一推行四公开”群众工作。

3月12日，长沙县政府办、法制办、人防办、安沙镇政府工作人员等一行40余人组成义务植树小分队来到安沙镇唐田新村林场开展义务植树活动，小分队共计植树15亩。

4月9日，安沙镇联合国土、公安、城管、交警等多个部门开展拆除违法违章建筑联合执法行动，拆除12处违法违章建筑共4000余平方米。

4月10日，长沙市警备区王忠斌司令员、望城区人武部刘要明部长一行来到安沙镇，检查镇2015年度民兵预备役部队整组工作。4月22日，王忠斌一行到青山铺镇调研基层武装部建设和民兵整组工作，长沙县人民武装部部长陈晓成，政委刘立如陪同。

4月14日，在长沙市农业农村工作会议上，北山镇喜获“十快乡镇”荣誉称号。

4月23日，湖南卫视《爱的妇产科》第二季拍摄组为剧本中的一所乡村学校场景在安沙小学进行了为期一天的拍摄工作。本次拍摄的主要内容是针对乡村小学留守儿童缺乏性知识、缺乏自我保护意识的现实，对孩子们进行一次性的科普知识传授以及自我保护能力的教育，剧组的杨俊波医生和叶紫医生给五、六年级学生上了一堂生动的性科普知识课。

4月18日至5月12日，北山镇城管办组织城管北山中队会同村镇建设服务中心、规划所、派出所等相关单位对北山镇新桥社区集镇改造项目进行了前期的拆违工作，在22个工作日内拆除新桥社区沿街各类棚架6000余平方米、221处。

5月11日，北山镇残联和爱尔眼科工作人员一起，到北山镇高仓村和新桥村，为70多名视力不好的村民检查了眼睛，其中有6人，需在第二天前往爱尔眼科做进一步的检查，开展后续治疗。并配发低视力助视器和放大镜等相关器材。

5月12日，107国道安沙至青山铺段白改黑提质改造动员会在安沙镇政府召开。

5月23日，由湖南省体育局主办、湖南省太极拳运动协会、长沙县文化体育广播电视局承办的湖南省第六届太极拳锦标赛暨湖南省中国武术段位制（太极拳）考试在长沙县松雅湖中学体育馆落下帷幕。青山铺镇运动员骆振华荣获湖南省第六届太极拳锦标赛24式太极拳男子青年组项目第三名，杨春芳荣获24式太极拳女子青年组项目第四名。

5月28日，长沙市委常委、组织部长程水泉一行到青山铺镇调研村级集体经济发展情况。他先后来到梅数村、青山村，认真了解村级集体经济发展、村级组织运转保障、村干部待遇和基层群众诉求等情况，并在青山村组织召开座谈会。

5月30日，长沙地区最大的敬老院项目——新青松老年公寓主体工程在安沙镇白塔村开建，位于黄兴大道北延线旁边，距离星沙城区仅10分钟车程。新青松老年公寓共投资3.4亿元，建成后可提供2400余个床位。

6月5日，首场安沙镇“欢乐大家唱”第三届歌手赛初赛在镇综合文化服务中心隆重举行。

6月16日，青山铺镇商贸综合体国有用地成功拍卖，占地面积7.23亩成交价1116万。该项目坐落在107国道与京珠高速连接线交汇处，计划投资5000万元，建成后将集购物、休闲、娱乐、餐饮于一体，辐射弼时、福临、路口、北山等周边乡镇，将成为长沙县北部乡镇地标性建筑。

6月26日，为进一步提高辖区村民知毒、防毒、禁毒、拒毒意识，强化抵制毒品的能力，安沙镇组织开展了禁毒宣传教育活动。

6月26日，安沙镇召开了《安沙镇总体规划（2015—2035）及星沙城北新区城市设计》编制工作动员会议。会议安排部署了镇规划修编工作，动员各村（社区）及各部门积极参与，全力配合支持规划修编工作。

7月14日，长沙县委常委会正式研究并同意启动安沙镇析置街道工作，县委成立了筹备工作领导小组，由县委副书记吴新伟牵头、副县长李开兴负责。

7月16日，原省委常委、纪委书记许云昭一行到安沙镇调研指导工作，并视察了安沙镇的安沙国际建材城重点项目。

7月23日，长沙县首家粮食银行（长沙哲农粮食银行）在安沙镇成立，正式启动了代民储粮、农户和企业双盈利的新模式。

7月26日，青山铺葡萄节暨“印象青山”摄影大赛在长沙县青洪湖文化公园盛大启动。本次活动是“零碳长沙县”系列活动之一，以“文明旅游·绿色出行”为主题，旨在倡导“绿色环保、低碳出行”的理念，全面提升青山铺镇北部旅游形象，打造青山铺镇周末生态休闲旅游名片。

8月12日，镇综治办、城乡一体化办、生态办联合工商、城管、派出所、唐田新村开展取缔唐田新村马路市场整治行动。

8月13日，湖南省卫计委党组书记、副主任詹鸣一行来安沙镇开展计生专项调研，长沙市政府副市长何寄华、县委副书记吴新伟等市、县领导以及市卫计委、县计生局等主要领导陪同调研。

8月19日，长沙市检察院检察长陈绍纯，党组成员、机关支部书记薛乐基等一行，来到“一推行四公开”工作联点村安沙镇和平村开展调研。

8月25日，安沙镇第五届人民代表大会第六次会议在镇政府三楼会议室隆重召开，67名镇人大代表出席了会议。

8月28日，省委常委、长沙市委书记易炼红赴北山镇长沙危险废物处置中心调研，他强调，要以高度负责的态度，确保处置中心安全、高效运行，服务长沙两型社会建设，回报人民群众的理解和支持。

8月至9月，安沙镇、北山镇、青山铺镇举行了多场纪念抗战胜利70周年专题活动。

9月8日，北山镇在政府一楼会议室召开北山森林公园勘界及防火工作会议，森林公园范围涉及的荣合桥社区、北山、常乐、官桥、福田、福高、牌楼、明月、狮山9个村（社区）主任参加了会议。

9月9日，2015年长沙县第三届“书香星沙”中华经典诵读比赛（安沙至北山片区）在安沙镇政府会议室举行，来自北山镇、安沙镇的9组选手参加了此次比赛。经过激烈角逐，北山镇五福村文化书屋选送的《雨巷》摘得桂冠。

9月9日，长沙市委副书记、市长胡衡华率队到青山铺镇进行调研，长沙市政府秘书长谭勇陪同区县领导杨懿文、李科明、张庆红、吴新伟、王国良、黄梁、李开兴等参加调研。

9月10日，长沙县委常委、宣传部长彭勇一行来到安沙镇调研“乐和乡村试点村”建设工作，并召开了安沙、北山、青山铺、果园片区的乐和乡村试点村调研座谈会，

10月9日，长沙县委副书记、县长张庆红，县政协副主席张小春前往安沙镇，深入走访贫困户，召开座谈会，进行“一进二访”活动。

10月9日，安沙镇组织各级党政干部前往各个村组开展环境卫生大督查行动。

10月13日，长沙县老干局组织百余名离退休老干部前往安沙镇参观安沙国际建材城、湖南信息职院、恒广国际物流园等地，县委常委、组织部长、统战部长沈光陪同参观。

10月30日，青山铺镇举行青山铺镇梅数村特色集镇建设项目简易招标，该项目合理定价为1919749.87元，有32家建设单位参与投标，经评标委员会资质审定合格，通过两轮抽签，最终确定了三家中标候选人。

10月22日，长沙县开通两条城乡公交线路，分别是灰埠至青山铺、青山铺至开慧，沿线青山铺镇、福临等5个镇街的居民乘坐到盼望已久的公交车了。两条城乡公交运行时间均为6:00—19:00，票价2元。青山铺至开慧线路因福临修路，暂只往返于青山铺与福临，待道路修整完毕，将及时开通到开慧镇，届时，青山铺、福临、开慧三镇将实现公交直达，有效服务沿线经济发展和居民出行。

11月5日，长沙县第五届党员教育教学资源观摩评选决赛中，安沙镇选送的入围PPT作品《活力安沙 环湖星城》荣获三等奖。

11月6日，长沙县国家公共文化服务标准化试点工作推进会在北山镇综合文化站召开。

11月13日，长沙市委常委、长沙警备区政委李春艳一行莅临青山铺镇天华村开展“一进二访”活动，调研精准扶贫工作，走访慰问当地困难群众。

11月20日，长沙县安委办来安沙镇考核安全生产工作，考核组先后在安沙镇政府、毛塘社区、圣保罗地板有限公司检查安全生产工作。北山、青山铺镇同步开展安全生产考核工作。

11月25日，北山镇召开全镇党务工作者集中培训暨党建工作会议，全体党员领导干部、21个村（社区）支部书记、118名党小组长、部门单位及非公企业党组织负责人参加会议。

12月4日，长沙县美丽乡村建设考核小组前来安沙镇对两个示范点白塔村、和平村进行验收。

12月30日，湖南省人民政府省长助理袁建尧同志一行来青山铺镇调研政务服务中心建设工作。

望城区铜丁片区 2015年片区建设概况

2015年，在省、市各级领导的关心和指导下，铜丁片区（铜官循环工业基地、铜官街道、丁字湾街道）以项目建设为中心，始终抓牢发展的主旋律，不断完善基础设施建设，城市管理、社会事业等各项工作取得新突破。

一、概况

铜官街道位于望城区北境、湘江东畔，2015年11月由原铜官镇、书堂山街道合并设立，东临桥驿镇和茶亭镇、南接丁字湾街道、西邻湘江、北连茶亭镇。总面积90.3平方千米，总人口5万人，办事处驻华城村。下辖万星、花实、华城（含五杉片）、郭亮、书堂山、何桥、石渚湖、中山、彩陶源9个建制村，誓港、袁家湖、铜官街、高岭、潭州5个社区。铜官于2012年7月确定为长沙市小城市试点镇，2015年10月被确定为国家建制镇示范试点镇，在各级各部门的指导和支持下，全力以赴抓落实，实现了小城市建设和经济社会各项事业全面发展。近年先后获评“湖南省特色旅游名镇”“全国重点镇”“全国特色景观旅游名镇”等荣誉。

丁字湾社区共2.2平方公里，辖区共5268人，28个居民小组，包括丁字湾（原名金紫湾）、大字岭（原名寨子岭）和天然洲三个片区。丁字古镇即老丁字湾，位于湘江下游东岸，历史悠久，是中南地区最为集中的优质天然麻石集中地，花岗岩储量丰富，被列为中国十大石材基地之一。丁字湾丁字古镇距长沙城区仅15分钟车程，紧临国内大型内陆航运港霞凝新港，绕城三环，毗邻芙蓉北路，地理位置优越。

2009年，铜官循环工业基地经省发改委批准立项正式成立。园区近期规划面积11.85平方公里，已建成区4.5平方公里。园区位于湘江航电枢纽和长沙饮用水水源保护区的下游，依托京珠复线、芙蓉北路、湘江大道、电厂铁路专用线，重点发展新材料、新医药、住宅产业化等产业，现已纳入湘江新区重点建设的铜丁片区工业集中发展区，是望城区融入洞庭湖生态经济区中的产业基地链接带。目前，园区基础设施建设已较为完善，以铜官大道、花果路、白杨路等为主干的路网，以道路为载体实行雨污分流的管网及污水处理系统，供水、供电和集中供热系统等基础设施全面建成投运；引进关西涂料、金驰能源、华纳制药、九典制药、天济草堂等50多个项目，其中长沙电厂、中石油长沙油库、金驰能源等20多家企业已建成投产。

二、2015年的主要工作

（一）经济指标稳步增长

2015年，铜官街道全年完成地区生产总值103.4亿元，同比增长21.0%，其中第一、二、三产业分别是1.1亿元、93.7亿元、8.6亿元；完成财政总收入3.9亿元，同比增长15.8%；完成社会固定资产投资60.5亿元，同比增长59.2%；完成社会消费品零售总额3135万元，同比增长17%；城镇、农村居民现金可支配收入分别为27916元、25582元。7月份，铜官镇获评“全国特色景观旅游名镇”称号，10月份被确定为国家建制镇示范试点镇。

2015年，丁字湾街道财税收入实现过亿，全年新增企业数占全区总数的40%，在整体消费品供需不旺的大环境下，社消零总额达2.4亿元，超出全年目标任务数6倍。2015年全街道有26个项目交地，23个项目启动建设，东野门窗等3个项目已经竣工。从全年铺排建设数量上、启动建设时间分布上、建设速度推进上来看，都较往年有大突破。安全生产评为省内示范乡镇、综治工作评为“红旗单位”、财政所评为省级示范财政所、信访工作被作为全省逐级走访观摩点、城市管理被评为“2015年全市环境卫生十佳乡镇”。2015年度，街道经济社会发展有新起点，经济指标排名前列、项目建设取得突破、内部管理创新举措，被评为“项目建设攻坚年”狮子型团队，综合目标管理考核第一名。

2015年，铜官循环工业基地完成规模工业产值67.1亿元，同比增长50%；完成固定资产投资47.6亿元，同比增长63%；累计实现税收6472万，同比增长80%。全年引进投资过10亿元，产值过20亿元的项目1个；投资过5亿元，产值过10亿元的项目2个。全年实现金驰、博奥等12个项目新投产运营（含新雅内小微企业），共有包括华纳、关西（均投资过10亿元）在内的10个项目新开工建设。成为望城区唯一被省发改委纳入“135”工程的创新创业园区。以此为契机，铜官园区已申报“省级工业集中区”，现已被纳入省发改委省级工业集中区动态管理体系备选园区范围。

（二）项目建设快步推进

1. 基础设施建设逐步完善。近年来，丁字湾街道相继投入20多亿元，拉通了湘江大道、太阳山路、芙蓉北大道、汤家湖路等对接省会主城区的交通干道，全长30余公里，丁字大道、书堂大道、园区路、湖外路等长20余公里的内部道路也全部打通，基本保障了街道内部产业发展和人民群众出行需求，区域内部实现了“四纵三横”的路网骨架；自来水和万伏线路铺设基本实现了主体发展区域全覆盖。近年来，铜官街道累计投入约15亿元，用于建设和完善各项基础设施，完成了集镇南、北二区、官山、翻身、西沃等八个安置小区配套设施建设；完成了湘江大道北延线、湾田三路（即汤家湖路、蜡树塘路、湾田路）、太阳山路、园区路、外贸路等多条市政道路建设，建设长度20多公里，给排水、天然气、公交线路等目前已与长沙市区全面对接；铜官大道实现全线通车，与湘江北大道景观道形成铜官对接市、区的两大快捷通道，公租房、丰盛园安置小区三期环境整治、四期桩基础工程按期完成。

2. 城乡品质不断提升。长沙铜官窑国家考古遗址公园二期博物馆主体建设基本完成，完成欧阳询文化园一期工程，书堂小镇初具雏形，完成铜官古镇滨江、古窑路两厢民居改造及景观建设；铜官古街跃入长沙市三大历史文化街区，拓展规划设计工作及铜官古镇棚户区改造正稳步推进，成功打造太丰村城乡一体化示范点，完成梅铜公路两厢绿化工程，全镇新增造绿面积1000亩；对古镇核心区实施最严城市管理，集镇区域实行市场化保洁，健全村（社区）环境卫生评比常态机制，城乡环境卫生整洁有序，在全市城乡环境卫生整洁行动集中帮扶现场观摩活动中，让大家切身感受到了铜官的“蝶变”，得到了市领导和现场观摩团的高度肯定和一致好评。

（三）重点产业加速发展

1. 科学规划产业布局。多年来，丁字街道坚持规划先行，统筹发展，始终把好产业发展的布局规划关，坚持集约用地、节约用地的发展理念，做好发展用地储备；坚持产业招商、以商招商、服务招商等，进一步拓宽招商渠道和增加融资手段；不断做好产业发展要素保障的同时，不断加大基础设施建设的投入，已经形成了“四纵三横”的交通路网；相继引进了60多个产业项目，形成了市场物流、商业服务、高端生态地产及文化旅游业等四大产业板块，努力实现“产业兴街、园街合一”发展目标。我区按照“整合资源、一体规划、分区发展、协调推进”的原则，整合铜官镇与循环经济工业基地、书堂山、铜官窑发展规划，编制了《铜官创意发展规划》，全镇范围明确了“两轴四区”的发展格局，即：以湘江北大道和铜官大道作为产业发展主轴，空间布局自北向南依次为：循环经济工业园区，专门设立了工业陶瓷发展区；新镇发展区，主要承接园区和古镇配套服务功能；古镇保护区，主要发展以陶瓷为主的文化创意产业和旅游业；生态休闲区，主要将太丰垸、洪家洲打造成连接铜官窑遗址公园和古镇之间的生态走廊。

2. 搭建行业服务平台。2013年成立了铜官陶瓷行业协会，积极组织陶瓷企业走出去，2015年组织辖区陶瓷企业先后参加中国湖南（醴陵）首届陶瓷博览会、青岛“金凤凰创新产品设计大赛”、北京2015年中国国际轻工消费品展览会等节会，荣获12项金奖、8项银奖、16项铜奖，为铜官陶瓷赢得了良好声誉，下半年组织辖区企业参加第12届景德镇国际陶瓷博览会、东阳“中国工艺美术百花奖”评选、厦门第8届海峡两岸文化产业博览会等活动，发挥陶瓷协会的组织引导作用；上半年，成立铜官镇联合商会、长沙市版权登记工作站（铜官分站），促进行业交流合作，规范行业经营行为，加强铜官陶瓷知识产权保护，发挥商会和知识产业组织的规范作用；首批在全国15个城市麦德龙分店设立了铜官陶瓷生活馆和销售专柜，建立了铜官陶瓷全国销售体系。引进了和万月陶瓷有限公司，着力完善陶瓷制作原料供应链，拓展铜官陶瓷外销渠道，成功将铜官仿古陶瓷打入了景德镇陶瓷市场。着力拓展营销合作渠道。

3. 全力打造重点产业。一是全面复兴陶瓷产业。铜官陶瓷产业主要聚集在铜官古镇，逐步形成了“一街两带”的产业布局，全镇现有陶瓷规模生产企业13家，陶艺作坊（门店）65家，国家级陶艺大师1名，省级工艺美术大师6名、陶瓷艺术大师12名，陶瓷产业从业人员近3000人，年产值达2.4亿元。目前，以陶瓷为支撑的文化旅游方兴未艾，铜官古镇、铜官窑国家考古遗址公园、郭亮纪念园、欧阳询文化园、新华联铜官窑国际旅游度假区等文化旅游点一脉相承。2015年，新增陶瓷企业（门店、工作室）15家，达到77家，新增5000万元以上项目4个，实现产值5.9亿元；积极搭建交流合作平台，成立铜官镇联合商会、望城区版权工作服务站，为铜官陶瓷产业健康发展营造了良好的环境；与景德镇市构建了市、区、陶协三级合作框架协议，深入合作，推动陶瓷产业发展；成功组织陶瓷产业复兴和陶瓷技艺创新论坛，积极探索陶瓷产业转型创新发展新路径；组织辖区陶瓷企业先后参加景德镇、青岛、北京、醴陵等地节会，大力推介铜官陶瓷，并荣获金奖27项、银奖37项、铜奖52项，进一步提升了铜官陶瓷知名度和美誉度；坚持陶瓷与文创、旅游产业融合发展，着力加强产业招商，引进了软银旅游云客栈、大学生创客中心等文创旅游项目，中建一局铜官古镇综合开发项目、迈高铜官古镇旅游开发项目目前正在洽谈，发展形势越来越好。

二是三年打造丁字特色古镇。通过前期调研、论证，丁字湾街道提出打造丁字特色古镇总思路是遵循古镇历史，以“石”为主线，通过一系列主题项目，再现石的渊源、石的创意文化、石的历史与现在等，凸显丁字古镇在湘江古镇群中的独具魅力。三年计划主要包括：对现有古镇老街进行改造，恢复古镇的街道布局，修复龙潭寺、回龙寺等古镇寺庙，复原三层花岗石宝塔等，再造和重现丁字老镇的熙攘繁华；在临古镇的沿江一带，建设以“石雕石刻”为主题的创意风光带，对接市区沿江风光带，把丁字湾古镇临江堤段打造成慢行绿道及创意骑行公路，复原建设古镇“八码头”，打造沿江石文化创意风光带；古镇2014年已被评为全市非物质文化保护遗产，在此基础上，我们计划腾出专门的区域，建设创意石刻工坊，工坊配备石雕石刻经验丰富的师傅，专职制作创意的麻石雕刻艺术品，开设石雕石刻艺术培训班体会石雕石刻的大器之度；鉴于麻潭山的地理、人文实际，拟将麻潭山定位为生态景观地质公园，深挖麻潭山的历史人文，即主要打造“麻潭十景”，将石文化融入其中，呈现一个别样的生态景观地质公园；

三是双桥片区的市场物流产业。湾田国际2009年落户丁字老镇，项目一期开发用地面积1400余亩，建筑面积近100万平方米，现已建设完毕。二期30余万平方米配套工程，将于年内竣工，其产业龙头的带动效应已逐步显现；柏强创业园、湘妮物流城、京阳物流等10余个专业仓储物流项目发展良好，为湾田国际等专业市场提供强大的仓储物流配套。通过多年的发展，丁字镇的市场物流业的产业链条逐步完善，已经成为丁字镇的支柱产业。

四是新镇高校片区的商业服务产业。中南林科大涉外学院、湖南外贸职业学院两所高校分别于2009年、2010年进驻丁字镇，现已建成；湖南外国语学院项目的拆迁工作也已经完成，即将启动建设；金子湾商业广场、方城广场等商业项目已经建成或正在启动建设。目前，仅高校片区就集中了2万余人，片区人气、商气进一步增强。下一步，我们将在新镇片区、芙蓉北大道两厢引进更多超市、酒店、影院、企业总部、商业综合体、商业步行街等商业业态，把丁字镇打造成为长沙城北的商业中心。

五是滨江片区的高端生态地产业。丁字镇拥有近6公里长的湘江岸线，沿江2000余亩商住用地已经完成拆迁，1000余亩储备用地，都将用来开发高档生态商业住宅区；金富北城、北城天籁等建成楼盘销售情况良好，起到了较好的示范效应；此外，学府星城、嘉宇置业、湘诚实业、湘江北城等房产项目入驻并将启动建设。下阶段，我们将依据产业定位，实施精准招商，加大对地块的招商推介力度，着力推动绿城或西沃实施连片开发，推动滨江片区高端生态地产业加快建设，为市场物流、商业服务等产业发展提供住宅配套。全部建成后，滨江片区，有望发展成为居住10万人的高档、成熟的住宅区。

（四）两型建设卓有成效

1. 环境品质逐步提升。实施城乡环境综合整治，新镇丰盛园安置小区环境综合整治现已完成一、二期工程，三期正在抓紧施工，排水、绿化、亮化、环卫设施进一步完善。4月份，启动了“美女晒羞”片区环境综合整治，将打造成为城乡环境卫生整治示范片。通过颁布城市管理通告，加强拆违控违，动员群众参加美丽乡村、美丽庭院、美丽屋场创建，城乡环境越来越美。2015年，彩陶源村被评为“全国宜居村庄”。

2. 打造全国生态优美镇。构筑“二点、一线、一洲”（二点即铜官古镇和铜官重建安置新镇，一线即湘江大道北沿江景观道铜官集镇段，一洲即洪家洲绿色生态洲）城市新格局，打造全国生态优美镇（即全镇下辖华城、花实、万星、太丰四个村全部纳入长沙市生态优美示范村）。街道将老镇区梅铜公路以西、以南，西至湘江，南至郭亮路的135.50公顷划分为历史文化名镇保护区，在保护区内严格控制古镇的建筑高度，对保护区内建筑修旧如旧。加强对古镇的文物古迹和有价值的历史风貌地段进行具体分析研究，在充分保护的基础上，予以恢复或修复，从整体上改善古镇的景观风貌，全面恢复其历史环境，重现古镇风貌。

3. 不断加大三农投入。成立各类种养植合作社和协会3个，发展壮大华城村药材、万星村油茶、洪家洲蔬菜等种植基地1000余亩，发展养殖大户12家。打造华龙山庄、彩陶缘等星级农家乐2家，促进了餐饮休闲业的加快发展。大力推进农业产业化步伐，在加强农业基础设施建设的同时，更加注重农业产业的培育。以太丰、万星和华城等村为重点，加快农业产业化、品牌化步伐，大力发展绿色生态农业和休闲体验农业，逐步实现由传统农业向现代都市农业转变。

4. 注重节能减排。在街道、村（社区）、村民小组设立专门的两型社会建设宣传栏，宣传节能减排政策；定期开展节能减排能手评比活动；不定期抽查节能减排任务完成情况，以促进古镇和新镇的宜居城市建设；从街道、村（社区）财政中设立专项资金，用于防治大气污染、水体污染、土壤污染以及对节能减排先进单位进行奖励；将新能源与可再生能源的推广应用作为其特色，在洲上安装风力发电路灯，在每户推广使用太阳能热水器等，全力打造江心生态绿洲。铜官街道在两型城镇创建过程中取得了良好效果，先后被评为望城区节能降耗先进单位、望城区两型创建示范小城镇、长沙市特色旅游示范点、长沙市铜官窑国家考古遗址公园开园大赏先进单位，并作为长沙市五个小城市建设示范点，多次获得上级领导好评，铜官陶瓷烧制技艺更是入选了国家非物质文化遗产名录。

（五）社会事业蓬勃发展

按照“保基本、补短板、兜底线”的原则，全力落实民政救助、优抚、防灾减灾、社会保障等民生底线工作，让老百姓共享发展红利。扎实做好社会福利、残疾人工作，铜官镇中心卫生院被评为全市助残“善行四十佳”单位。推进创业促就业，全年新增工商注册商户60余家，新增就业538人，新增农村劳动力转移就业385人。促进教育事业优质均衡发展，完成陶城小学撤并和铜官中学提质改造工程。大力发展文体事业，完成350户广播电视户户通工程，积极组织代表参加全区广场舞、象棋、迎新春文艺汇演、廉政文化作品展等活动。全面落实计划生育利益导向，实施“单独两孩”政策，坚持固本强基，积极应对人口和计划生育新形势。深入推进“平安铜官”建设，兴建了平安广场，扎实有效推进“平安家庭”创建，积极开展大走访，着力引导群众通过依法依程序解决各类诉求，实施“万人红袖章”工程、“月月亮剑”行动，依法打击各类违法犯罪活动，在全区民调排名较2014年上升了7个名次。发挥重建地丰盛园小区综合管理办公室的作用，切实抓好矛盾纠纷排查整治，规范小区管理，净化了社会风气。全面加强安全生产、环境保护、食品安全工作，社会大局持续稳定。

三、存在的困难和问题

一年以来，虽然片区已取得了一些阶段性的成绩，但仍存在问题与不足，如片区的管理体制需理顺；片区经济总量还比较小，经济结构不优，综合实力不强；由于地方财政运转艰难，部分基础设施投入无法按计划到位，项目方征拆资金不到位，导致部分项目扫尾困难；招商项目落地难，项目用地指标问题突出；古镇保护提质和新镇建设任务艰巨；城市管理、公共服务水平与人民群众的期待仍然存在差距；行政效能与群众的期望有差距，政府自身建设有待进一步强化等。

四、2016年的工作规划

（一）整合资源，做精旅游开发

1. 以规划整合提升为先导，构建品质精美小城市。铜官街道结合区划调整后的发展新形势、新要求，以《铜官小城市总体规划》为基础，编制控制性规划和专业性规划，坚持“分区发展、功能集中、协调推进”的原则，合理构建“两轴四区”空间布局，“两轴”，即以湘江北大道、铜官书堂大道为小城市建设发展主轴；“四区”即空间自北往南依次分为新型工业园区、城市功能拓展区、文化旅游发展区、生态涵养保护区。

2. 积极对接湘江古镇群战略，建设丁字特色古镇。按照望城区建设“四大产业集群”的战略构想，除专业商贸市场群外，丁字还将主动对接湘江魅力古镇群的建设，以“石”为主线，通过一系列主题项目，再现石的渊源、石的创意文化、石的历史与现在等；学习借鉴周边及江浙地区特色古镇的先进经验，规划定位、运营及管理模式，尽早出台古镇规划；进一步深挖古镇相关的可考信息、史料等，查漏补缺，为规划提供更翔实的参考；广泛宣传古镇蓝图，动员群众支持参与，尤其是调动古镇核心区的商户、住户的参与热情；积极协调，理顺废弃的集体、国有资产的产权、确立处置原则和相关标准；主动搜寻目标合作商，提前接洽沟通等，把丁字古镇（含麻潭山景区）打造成独具魅力的“麻石风情文化旅游小镇”。

（二）因地制宜，做强特色产业

1. 依托铜官循环经济工业园，培育新型工业。紧紧依靠科技进步，改进传统优势产业，加快新型工业的发展。

优先选择农产品深加工和先进制造业作为支柱产业加以培育和发展，把有限的资源用于支持市场需求量大、经济效益好、示范作用强的产品和行业，建成一批事关全局、影响深远的新型工业项目，尽快形成优势，增强在全区、全市的竞争力，助推街道经济社会发展。

2 .依托湘台文化创意产业园，复兴传统陶瓷业。全面推进陶瓷产业转型升级，举全街之力复兴传统产业。支持陶瓷规模企业开拓市场、扩大产能、做大做强；依托一批技艺精湛的本地行业能手，提高陶瓷产业知名度和影响力；定期举办陶瓷产业专题招商推介活动，积极引进重大陶瓷产业项目，吸引一批大师、名家来铜官投资兴业；加大对古窑、古陶矿遗址、历史文化古迹的保护和修复力度；组织举办陶瓷创意设计、学术研讨和陶艺文化节等活动，加大品牌宣传推介与文化传播力度；盘活闲置资产，借鉴北京 798 艺术区和景德镇陶溪川模式，打造省内一流的陶瓷文化创意产业集聚区。

3. 依托现代农业综合改革试验区，发展特色农业。稳步推进农村集体土地“三权分置”等各项改革，充分释放农业农村发展活力。紧紧围绕“农业增效、农民增收”发展主题，坚持因地制宜，调整产业结构，在农业发展布局上，以稻谷、果树种植为主体，以油菜、油茶种植等为辅助。加大农业技术培训的力度，积极引进专家型技术人才，建立健全农村农业科技服务站，及时有效化解生产难题。构筑新型农村市场流通网络，积极建设现代物流服务业，加强农村市场监管力度，规范农村市场秩序，切实保护农民合法权益，调动农民进入市场积极性，使农民真正成为市场主体。积极为农民和企业牵线搭桥，畅通营销渠道。

4. 创造条件成立商贸物流园，打造专业商贸市场群。近年来，丁字商贸物流园发展建设已初具雏形，京阳物流、红星北盛、湾田国际等 10 多个商贸物流企业先后落户丁字。下一步我们将结合丁字古镇的“二次规划”，进一步完善商贸物流园所需配套设施、进一步提高新引进商贸物流类项目的数量和质量。争取商贸物流园早日挂牌，助推专业商贸市场群的打造。

（三）凝心聚力，做优项目建设

1. 优化环境，做好项目服务。铜丁片区拥有新华联铜管窑国际文化旅游度假区、航电大道、欧阳询文化园等一大批全区六个十大重点项目，服务好项目建设是职责所在，也是经济社会实现跨越式发展的关键之举。要始终坚持“园区兴、铜官旺”的发展理念，全力以赴支持铜官园区项目建设；要牢牢把握小城市建设政策倾斜优势，积极优化投资环境，实行项目审批手续全程代办制度，简化行政审批程序，提升行政效能，服务好社会投资项目；要继续实施党政干部牵头负责制，强化“保姆式”服务，健全项目跟踪服务和督查机制，严格兑现奖惩措施，服务好基础设施项目。

2. 聚力基础设施，拓展配套服务。不断完善辖区水、电、气、电信，以及排水管网等市政配套设施，实施太丰垸、洪洲安全饮水工程，提升公共服务承载能力。完成重建地市民公园建设，古镇选址配建休闲广场及公共停车场等公共配套服务设施。完成翻身污水管网、农贸市场、金富北城三路等基础设施工程的主体建设，启动长线公路提质拓改工程。

3. 聚力项目建设，加大招商引资。拓宽招商渠道，重点面向陶瓷产业、生态文化旅游、现代服务业等招商。搭建招商政策平台，向政府争取优惠的土地政策，在土地招商上做活文章。铜官循环工业基地园区重点发展新材料、新医药、住宅产业和陶瓷产业。一是在华城路以南、白杨路以北，利用电厂热能，打造以“关西涂料”为龙头的国内较大高端汽车涂料生产基地、以五矿“金驰能源”项目为代表的电池材料生产基地；二是华城路以北至黄龙河，集群发展污染可控、创新能力强、经济效益高的以方盛制药、华纳大药为代表的化学创新药产业；三是接纳能够利用长沙电厂“粉煤灰”与“脱硫石膏”的企业，打造新型住宅产业材料；四是依托千年陶都底蕴，结合铜官小城市建设，规划发展高科技、高附加、规范化的陶瓷特色产业。

（四）强化责任，做优城乡面貌

1. 从环境保护上入手。始终以对历史和人民负责任的态度，珍惜、保护和利用好生态资源。在招商引资和产业发展中，严格实施项目建设环保准入制度，严格控制高耗能、高排放的企业进入。认真落实区人大《关于加强自然生态环境保护的决定》，推行生态补偿机制，强化生态保护和环境提质。完善城乡环境卫生整治投入、管理、考评等机制，推广垃圾分类减量处理，实现城乡环境卫生常态化管理。

2. 从绿化美化上入手。继续推进“三年造绿大行动”，重点打造书堂大道、梅铜公路、电厂大道等主干道绿化，新增洪家洲、太丰垸植树造绿面积 500 亩。结合区委群众点赞工程，深入推进“十美创建”行动，开展形式多样的宣传教育活动，营造人人参与绿化美化环境的良好氛围，采取政府引导、部门参与、群众主体的环境治理模式，广泛发动驻街企事业单位创美工作。

3. 从城市管理上入手。时刻把城市管理摆在突出位置，回应群众呼声，针对薄弱环节，有效突破难点。重建地、主要路段实现保洁市场化。强化“门前三包”责任制，开展户外广告、违章占道等专项整治行动，规范市场和自由摊点管理，引导占道经营退路入市，规范主次干道车辆停放秩序。进一步强化拆违控违力度，全面实现网格化管理，加大宣传和监督巡查，按照“新违章建筑零增长，旧违章建筑逐消除”的策略，继续保持拆违控违高压态势，以铁的手腕和决心逐步清除街道违章建筑。

（五）统筹兼顾，做实民生事业

1. 逐步完善公共设施。加强卫生院、敬老院、幼儿园等公共服务设施建设力度；加大对中小学资金支持力度，改善教育环境，提高教学质量；大力发展农村文化事业，繁荣农村文化，丰富农民文化体育活动，建立文化体育服务中心和村级文化活动场所；大力发展广播电视事业，加大广播电视“村村通”工程的实施力度，大力发展通信网络建设，进一步提升网络覆盖率；加强农村基层卫生队伍建设，不断提高农村卫生人员专业知识和医疗水平，巩固农村新型合作医疗成果，加强医疗保健，提高救助水平，基本解决农民看病难的问题；积极向上争取项目支持和优惠政策，充分调动群众积极性，争取实现各村之间四通八达的交通网建设；以农村饮水、农田灌溉为重点，加大水利项目建设力度，加大农村安全用水工程建设，加快建设节水型农业和节水型社会。

2. 逐步提高管理水平。进一步畅通信访渠道，多从群众实际出发，做细群众工作，努力把矛盾纠纷化解在基层，营造安定和谐的社会环境，把维护稳定的各项工作做深做细、做实做好；着力关注民生、改善民生，进一步解决好就业、就学、就医、住房和社会保障等方面的民生问题，最大限度地让人民群众共享改革发展带来的成果；要保持健康向上的思想舆论环境，牢牢把握正确的舆论导向，为经济社会发展营造良好的舆论氛围。

3. 逐步提升服务能力。继续实行机关干部联村到组入户工作机制，定期深入群众家中，解决群众困难，融洽干群关系。完善“托底型”公共服务，统筹城乡创业就业，实施城乡居民医疗保险制度，推动基本养老服务补贴全覆盖，加快农村危房改造，加强“一进二访”工作力度，推进扶贫济困常态化，守住基本民生底线。

4. 全面建设生态文明。按照“两型”发展要求，着力推进绿色发展、循环发展、低碳发展。加快完善集镇污水收集管网、农村散户生活污水处理设施，确保园区、集镇污水处理率分别达到100%、85%；深入开展城乡环境卫生整洁行动，实施农村垃圾分类减量工程，强化砂石、扬尘、餐饮油烟污染长效治理，全面提升环境卫生品质；大力推进“三年造绿大行动”和“十美”创建活动，新增绿化面积700亩。

望城区铜丁片区
2015年片区建设纪事

1月6日，长沙市人民政府夏建平副市长一行在苏敏芳副区长、书堂山街道王涧波书记等陪同下视察书堂山科教文卫工作。上午九点半，夏市长一行参观了书堂山街道书堂中学校园文化，重点察看了雷锋精神引领品行教育活动成果展，夏市长一行还饶有兴致地参观了学校书法兴趣小组学生在书法老师龙志山的指导下进行现场书法练习，就学校书法特色工作与苏区长、王书记、龙志山老师充分交流意见，夏市长充分肯定了学校的办学思想及办学特色，认为“书法是祖国的传统文化，希望学校好好地传承下去。”并勉励学校进一步发扬优良传统，坚持改革创新，抓住难得机遇，办出学校特色。

1月10日，中国（望城）斑马湖国际旅游文化节系列活动“心善渊书堂山孝文化之旅”圆满收官。活动邀请了岳麓书院国学研究与传播中心副主任，湖南知名文化栏目《湖湘讲堂》和中央电视台《法律讲堂》主讲嘉宾李兵教授开堂授道，畅谈国学与中华孝心礼仪。现场还由望城区书堂山街道的村民和仁乐义工为观众们呈现了精彩的《弟子规》《礼仪之乡》等节目。“心善渊·书堂山孝文化之旅”还从新浪湖南网上招募的数百人报名者中挑选出三位即将成年的网友，由其父母相伴，在书堂山孝文化之旅的舞台上举行了盛大的汉代成人礼。此次斑马湖国际旅游文化节以“上善无尤·若水望城”为主题，围绕“善”“美”两大核心开展“镜”显最美望城、书堂山孝文化之旅、尊老爱幼系列慈善活动、国际旅游文化小姐大赛四大主题活动，自2014年11月持续到2015年4月。

1月16日，在书堂山街道党工委指导下，由书堂山中心小学和书堂山村支村两委联合在书堂山中心小学成功举办了孝德文化书法比赛，这是书堂山街道根据“五乡”望城建设要求，开展“书画之乡”创建的系列活动之一。活动共分硬笔书法比赛、毛笔书法比赛和多位书法界名人现场书写羊年春联三个阶段举行。最后由区书协主席周海斌作总结讲话，他表示，书法教育在书圣的家乡受到如此重视，不出3～5年时间，书堂山街道在书法方面一定会是人才济济，在中国的书法领域争得一席之地的。

1月20日，长沙市政协副主席刘明理、长沙市政协港澳台侨和外事委主任谢丽华等市政协领导组织市政协港澳台侨和外事委员会成员视察欧阳询文化园。

1月23日，望城区召开社会贤达表彰大会，书堂山街道曾敬仪同志荣获“十佳社会贤达”称号，周宏敬、谢伟两位同志荣获“社会贤达”称号。

1月24日，由书堂山街道热心慈善事业的爱心人士共同发起成立的雷锋慈善会书堂山慈善分会正式授牌，并举行首次书法慈善拍卖会。本次爱心拍卖会现场共有50幅书画作品，囊括了来自全国各地的名家名作，以及望城书法爱好者书写的作品。一幅幅作品饱含了大家的爱心，飘散着翰墨之香。为组织这场书法慈善拍卖会，望城书堂山将从全国征集来的50幅书法名家的作品进行了整理，并邀请书堂山籍的爱心人士参与拍卖会。现场50幅书法作品共拍得爱心善款32万元，同时现场还有爱心企业、单位和个人捐款20多万元，这些款项都将注入新成立的雷锋慈善会书堂山分会，用于对书堂山范围需要帮助的困难家庭，为群众排忧解难。

1月27日，长郡梅溪湖中学初三的20多名学生、老师、家长志愿者走进铜官镇敬老院，聚集院内，用真情为老人们送上温暖与欢乐。学生志愿者带上水果、糖果、饼干等慰问品，为敬老院的老人们送上一份冬日的温暖，一一为他们的居住环境清扫卫生，并为老人们按摩、削苹果等，当他们看到敬老院有菜园和猪圈时，不顾脏和累来到菜园里扯起了杂草，有的男同学更是拿起了扫帚打扫起猪圈的卫生来，最后大家在院内现场展示着自编自演的精彩文艺节目，有舞蹈、独唱等，令在场的老人们既开心又感动。

2月1日，长沙市计生委科技处处长文永明一行十余人克服恶劣天气带来的出行困难，放弃个人的休息时间，亲临街道为失独家庭送去了党和政府的亲切慰问与暖心关怀。慰问小组来到何桥村左大屋组失独家庭周建兵、谢桃香夫妇家中，文永明亲手将2000元慰问金交到女户主谢桃香手中，详细询问了他们的生产、生活状况，并嘱咐他们在遇到实际困难时一定要第一时间向各级计生部门反映，主动寻求各方面的支持与援助，计生部门也一定会对他们给予全方位的密切关注，尽一切可能为他们争取更多的实际利益。

2月1日至4日，在铜官镇残联工作人员的组织下，将惠及残疾人的一批辅助器具免费陆续发放到了残疾人手中，此次共向13名残疾人士发放了拐杖、盲杖、助视器、放大读屏软件、台式放大镜、近用眼拉式助视器等多种残疾人辅助器具。对每位发放辅助器具的残疾人朋友，镇残联工作者都仔细地告诉他们使用方法。此次发放辅助器具不仅帮助残疾人更方便、自如地生活和学习，极大解决生活中不便，还使他们感受到了残联组织及社会各界对他们的关爱，同时也增强了他们对生活的热爱，提高了自尊、自信、自立、自强的信念。

2月6日，由铜官镇工商业优秀企业家共同组建的“铜官镇工商业联合会”在铜官镇商会前坪正式挂牌落户，为促进我镇非公有制经济健康发展迈出重要一步。长沙市国有资产监事会主席刘湘荣，望城区工商联李建龙、周英姿、胡正科等领导、铜官镇党委书记周志国及党政领导班子成员出席本次揭牌仪式。仪式由镇纪委书记刘灿主持。铜官镇联合商会会长谭月良介绍了商会筹备工作和相关工作。长沙市国有资产监事会主席刘湘荣表示，铜官镇联合商会积极参加地方经济建设，推动地方经济发展，为铜官镇的发展做出自己应有的贡献。希望铜官镇联合商会在今后的工作中充分发挥自己的优势，密切联络，加强合作，共同发展。

2月8日，在望城书堂山彩陶源村上演了一台“弘扬孝德、城乡互助、共筑中国梦”的草根农民公益春节联欢晚会。24个节目130个演职人员分别来自长沙的各个社区的艺术团，这些优秀的节目都是经过海选评审以后才有资格上台表演的。晚会有演员130人，服务义工96位，不只有来自七乡八里的百姓们，还有来自长沙市区的118位爱心大使和45位爱心天使，共计168人。这台晚会是长沙市仁乐公益发展中心联合彩陶源村、为民网、湖南省红十字志愿者艺术团等共同组织的，也是由爱心人士众筹资金举办的。

3月4日至5日，书堂山街道欧阳询文化园内的元宵灯会正在如期举行。古香古色的文化园内，既有猜灯谜、舞龙表演、皮影戏等传统活动，又有篝火晚会、卡拉ok等新式活动，让这个元宵节可以“传统”可以“潮”。

3月10日，湖南省住房和城乡建设厅厅长蒋益民一行深入铜官镇调研铜官小城市建设情况。望城区委书记谭小平，区长孔玉成，铜官镇党委书记周志国陪同调研。蒋厅长详细了解了铜官小城市建设目标定位、区域规划及进展情况，并对窑火陶城文化广场和铜官古街进行了实地调研。通过调研，蒋厅长充分肯定了铜官小城市建设，并鼓励铜官党委、政府再接再厉，做大做强。

3月11日，街道在书堂中学大礼堂召开群众“点赞”工程之“庭院绿化美化”大赛启动仪式。正式启动我的家在书堂“五星庭院、五星村民组、星级企事业单位”绿化美化大赛活动，迅速掀起春季全民造绿大行动的高潮，推进“三年造绿大行动”，建设美丽家园，深入实施群众工作“点赞”工程。

3月11日，长沙市统计局胡处长、熊处长来街道进行统计工作调研，望城区局晏思局长等领导陪同调研。期间，市、区局领导在街道办事处王润波书记、梁志辉主任的陪同下对街道统计工作进行了视察，并以座谈会形式听取了街道统计基本概况及2015年统计工作计划。

3月30日，第20个全国中小学生安全教育日，书堂山中心小学将3月30日至4月4日定为今年的“安全教育周”，以“我安全，我健康，我快乐”为主题开展了形式多样的安全教育活动，进一步强化师生安全意识，提高自救自护能力，有效防范校园安全事故。

4月1日，为认真贯彻落实望城区委群众工作“点赞”工程，顺利开展街道庭院绿化美化大赛，切实加强村民庭院绿化美化建设，进一步打造书堂美丽乡村。何桥村组织该村佘家场组和务廉塘组全体村民在街道二楼会议室召开动员部署大会，书堂山街道党工委书记王润波参加了此次会议。会上，何桥村支部书记杨建成主持会议并做动员部署，随后街道王润波书记就庭院绿化美化工作发表讲话，进一步坚定了大家建设美丽庭院的信心。

4月1日，书堂山街道政务中心成立，标志着书堂山街道自身建设和软环境建设进入了一个新的阶段。书堂山街道政务服务中心设在街道办公楼北侧，服务大厅总面积约120平方米。现有党政办、组织纪检办、规划建设办、计生办、社会事务办、农办等7个部门进驻，另设有咨询及信访接待窗口负责信访接待工作。目前大厅共有工作人员10人，其中窗口人员8人，政务中心主任、副主任各一名。政务大厅内配套办公微机6台，全部保持上网办公，同时配备了等离子显示屏1个，多功能打印机2台。另设有便民服务项目，包括《便民服务指南》、便民饮水机等。大厅门口处设有意见箱及日常工作公布板。

4月1日下午，由长沙市教育局组织以市教科院雷建军院长带领的专家评估组对书堂中学进行长沙市区域教育特色创建中期评估暨第二批区域教育特色发展建设学校现场考核。评估组首先听取了望城区教育局曹小平局长和书堂中学邹智雄校长分别对望城区域教育特色创建中期工作及书堂中学有关书法特色学校建设工作情况的汇报，并查阅了相关资料（含特色定位、特色规划、特色创建、特色成果等），同时进行了现场听课。最后，专家对检查情况进行了反馈。评估组对望城区及书堂中学的各项工作给予了充分肯定，认为书堂中学环境优美、特色突出、成果显著，同时，也对书堂中学提出了许多建设性的意见和建议，希望学校全体老师提升理论水平、加强书法教学研究，制定出一整套完整科学的评价体系，争取使自己的特色品味更加突出，以期惠及当地百姓，使之得以大力传承和推广。

4月3日，书堂山街道在书堂山村何章杰烈士墓前举办流动“道德讲堂”，将纪念“我们的节日”和弘扬“爱国奉献”的“道德讲堂”主题宣讲相结合，放到了爱国主义教育基地现场，让参加此次活动的书堂山街道党员干部和群众，受到了一次不一样的教育和心灵的洗礼。

4月13日至17日，铜官镇残联联合长沙爱尔眼科医院在辖区内进行为期五天的“光明、关爱”眼疾筛查活动。铜官镇是爱尔眼科医院今年开展筛查工作的第一站，各村、社区积极宣传发动，组织人员到位，医务人员对每位前来义诊的居民进行视力检查，详细询问每位患者的情况，并为他们讲解了患白内障的症状、预防及治疗方式。对确诊为白内障和胬肉患者的基本情况进行登记，并安排时间由专车接到医院进行手术。我镇共有445名患者接受检查，其中疑似白内障73人、疑似胬肉10人、疑似青光眼和眼底病各1人，筛查工作全面覆盖镇域内各村、社区眼疾患者。

4月14日，在铜官镇人民政府二楼大会议室，一场“微理论·微宣讲”选拔赛如火如荼地进行。来自铜官镇机关、各村社区和驻镇单位的13名参赛选手各显所长，给观众带来一场视听盛宴。13名参赛选手以朴实的话语，真挚的感情，对社会的深刻思考及对生活的美好期待赢得评委和观众的一致好评。评委会从宣讲内容、宣讲效果、个人仪态等方面对每位选手进行打分，最后评选出一等奖一名，二等奖二名，三等奖三名。微理论·微宣讲是一种宣讲方式的创新，每人八分钟的微宣讲正是适应快节奏的“信息爆炸”时代，用短、平、快的方式展现理论的魅力。此次活动的开展，带动了广大干部群众关注理论，学习理论，弘扬时代精神，传递社会正能量。

4月14日，书堂山街道微信公众平台书堂山·我的家“微课堂”正式启动。信息内容国学经典释句和最新活动动态等，街道党员干部、群众动一动手指，点一点手机，便能在微信里面看到国学知识和动态消息。为确保成效，街道安排专人，负责“微课堂·国学经典”信息的内容编排，坚持每两天发一条。近年来书堂山街道不断加强对辖区内学生的国学教育，设立了专门的国学讲师团，与学生们开展国学的交流，图书室里配备国学书籍，保障读书资源，培养学生的国学思想。

4月28日，在群众工作集中工作日这天，铜官街社区联点单位长沙市国资委领导一行九人在国资委党委书记李国莲的带领下，来到了铜官街社区，参观了铜官古街。随后，市国资委领导分三队，走访慰问结对帮扶对象，亲切询问群众生活情况，有何困难难题，真正做到了与群众同坐一条板凳，体味群众的冷暖。走访结束后，市国资委领导一行召开了工作会议，听取了铜官街社区群工站的工作汇报情况，李国莲书记在会上对铜官古街旅游打造提出了很多建设性的意见，比如做好餐饮、住宿，更好的服务观光的游客等意见。今年铜官街社区群工站为群众承诺实事是双华岭地段修缮300米道路项目，针对这一项目，全体人员展开了研究讨论，李国莲书记指出，要落实好这一项目的实施，真正为铜官街社区居民做一件实事、好事，市国资委会全力支持项目的进行。

5月12日，书堂山街道法制宣传月启动仪式在书堂山街道办事处前门有序开展。此次活动由街道司法所牵头组织，社会事务办、计生办、爱卫办等其他办代表积极参加。活动当天，设有法律咨询、计生政策、城乡居民养老保险、就业政策劳动保障、安全生产、城管爱卫等宣传台6个，启动仪式现场，街道政法书记宾臻做了重要讲话，活动过程中，街道司法所成员就有关法律做了宣传和解释，现场发放相关法制宣传读本90余册、宣传资料300余份，使街道干部受到了一次法律的洗礼，也使本街道的法制宣传工作更加贴近百姓、贴近实际、贴近生活，为书堂山街道的发展创造了和谐的法治氛围。

5月12日，省教育厅教育工作“两项督导评估考核”团分两组深入铜官镇，分别实地检查了郭亮小学、铜官中学、花果中心小学、亲亲幼稚园（公办园）和陶城幼稚园。通过检查校容校貌、教学生活设施设备及查阅相关资料、现场核实教育发展水平的相关数据和师生、家长座谈等方式，对我镇近年来的教育工作进行了综合评估考核。检查组一行对镇党委政府的教育投入、办学条件的改善所做的工作给予了高度肯定。特别是郭亮小学的陶艺特色学校、铜官中学的美丽校园和校园文化建设、雷锋精神引领品行教育示范校建设和公办幼儿园的常规管理等工作为望城区的迎省检工作增添了亮点。

5月17日，第二十五次“全国助残日”，铜官镇残联紧紧围绕“关注孤独症儿童，走向美好未来”的主题，助残日期间镇残开展了走访慰问辖区内残疾儿童活动，以实际行动帮助、关心他们。5月26日至28日，铜官镇残联专职委员李兴和村、社区残协专干在铜官镇社会事务办的统一安排下，走访慰问了全镇13名残疾儿童，并给每户残疾儿童送去了400元慰问金。专职委员与残疾儿童进行亲切地交谈，仔细询问了他们的学习、生活情况，提出了很多关于残疾儿童健康成长的建议，并激励残疾儿童，要好好学习，虽然身患残疾，但一定要克服困难，用知识弥补身体的残疾。

5月19日，湖南省统计局投资处处长匡浩堂带领投资处一行赴望城区书堂山街道调研项目投资、建设情况。长沙市统计局、望城区统计局、书堂山街道、长沙新华联铜官窑国际文化旅游开发有限公司等单位相关人员等参加了调研。调研组视察了书堂山欧阳询文化园项目、长沙铜官窑国际文化旅游度假区一期工程项目建设现场。

5月19日，欧阳询文化园与国内30家旅行社正式签订旅游合作协议，全面推出以书法、国学、陶艺体验、休闲观光为主题的亲子旅游线路，意味着省内外游客到长沙旅游又多了一种选择。欧阳询文化园由“一山一镇”组成。整个文化园规划面积2775亩，目前一期工程完工，一座以唐风为主调的文化公园已经鲜明呈现。来到书堂山，最好先拾级而上，拜欧阳阁以敬先贤，至洗笔泉临摹欧阳询的八分隶书，登文笔塔一览美景；再下山至欧阳询书法学校体验书法学习乐趣；农家乐内钓河鱼、挖紫薯、摘野菜、品美味；午后还可去铜官窑看龙窑遗址感叹先人之智、登觉华宝塔俯瞰湘江北去、观博物展览感受唐朝文化、做传统瓷器体验工艺精湛。

5月21日，湖北省宜昌市教育考察团在望城区政府、望城区教育局相关领导陪同下来到铜官郭亮小学参观学习。考察团一行听取了铜官镇中心学校谭雄辉校长、郭亮小学张文校长的情况介绍，参观了校园和陶艺特色学校教学阵地，查阅了学校管理相关资料，详细了解了教育投入、教师待遇、办学条件等相关情况。考察团一行对郭亮小学优美的校园环境、深厚的陶艺文化底蕴、严谨的学校管理和一流的教学生活条件赞不绝口，特别是对镇党委政府历年来对教育事业的重视支持和为改善学校办学条件所做的工作给予了高度评价。

5月26日，书堂山街道党工委、办事处组织全体党政班子成员、各办主任和5个村的支村两委成员，来到长沙市开福区沙坪街道学习考察，参观学习了现代休闲农庄和特色文化产业等，所有成员满载而归。书堂山街道一行在沙坪街道领导的带领下，来到沙坪湘绣文化广场，参观考察了湘绣博物馆，出自名家之手的湘绣作品充分展示出中华文化的独特魅力，让所有参观人员叹为观止。书堂山街道考察团成员还参观学习了国家级五星级生态园、全国十佳休闲农庄和道源休闲农庄；全国休闲农业与乡村旅游四星级农庄云尚庄园；五星级专业婚庆主题公园星月岛婚庆主题公园；长沙唯一的少数民族聚居村汉回村；具有八百余年悠久历史的佛教道场铁炉寺等地，半天的参观行程非常充实，大家受益颇多。

5月27日，一封来自湘阴县检察院的感谢信寄到了书堂山街道，失主对李志先老人拾金不昧的精神表示赞赏，并感叹不愧为雷锋家乡出雷锋。5月6日大约晚上十一点左右，李志先老人当从丁字新镇回家在边的草丛中捡到一个包，包中有一些零碎东西，有银行卡，没有电话号码，也没有身份证，只有一张驾驶证，无法联系失主。街道办事处工作人员李舟协助老人在互联网上找到了失主单位的电话，当天就联系到了失主本人前来取回失物。李志先拾金不昧的事情发生后，街道组织全体干部职工推介了李志先的事迹，并号召更多的居民向他学习，宣传这种正能量，鼓励更多的人发扬“拾金不昧”的精神。

5月28日，为庆祝中国计划生育协会成立35周年，倡导和谐稳定、文明幸福的生活方式，由铜官镇党委、政府主办，镇纪委、计生协会协办，以“廉情直通车”启动式暨“529”计划生育协会活动”为主题的文艺汇演在窑火陶城文化广场隆重举行。晚会在鼓舞《浏阳河》的欢快旋律中拉开序幕，雷锋艺术团演职人员以歌舞、小品、花鼓戏等形式，充分体现了新时期育龄群众在党和国家的领导下的幸福生活，唱响了“弘扬婚育新风，共创健康幸福生活”的主旋律。来自高岭社区的计生助理黄佳锦还登台倾情演唱了一曲《八百里洞庭我的家》，赢得了现场观众热烈的掌声。最后晚会在舞蹈《欢乐的节日》中拉下了帷幕。整场晚会内容丰富、精彩纷呈，全场座无虚席，直到晚会结束还是有满满的围观者，受到了广大群众的热烈掌声和一致好评。

5月29日，是中国计生协成立35周年暨全国计生协会会员第17个活动日。为纪念这个重要的日子，也为了加强计生知识的宣传力度，提高计生优质服务质量，铜官镇计生办联合计生协会在5月12日一同开展了计生服务“零距离”活动。此次活动地点设在陶城文化广场，悬挂了计生宣传横幅标语，设置计生服务咨询台，摆放了计生政策、法律法规、优生优育、关爱女孩等宣传展板。同时，计生办工作人员和村、社区专干向来往行人发放了《网上办理〈一孩生育证〉服务指南》《科学育儿宝典》《避孕节育知识》《出生缺陷知多少》等宣传品500余份，接受咨询35人次，免费发放避孕药具100份。

6月5日，铜官镇农科教中心举办的新农村“最美庭院”创建培训班，在望城区铜官镇花实村村委会即铜官镇农科教中心花实村教学点三楼多媒体室顺利开班。铜官镇花实村各村民组长、庭院建设方面有一定经验的村民、对美化和打造美丽庭院有愿望和要求的村民共计150余人参加了本期培训班学习。

6月9日，书堂山中心小学开展向“见义勇为小英雄”周美玲同学学习的活动。学校大队部组织全体师生学习了《关于授予周美玲同学“学雷锋标兵”荣誉称号的决定》和《向茶亭镇西华中心小学“见义勇为小英雄”周美玲同学学习倡议书》，并结合六一儿童节学校评选的“美德少年”和“日行一善，微善行动”的优秀事迹，号召全体学生向美玲小英雄和身边的“美德少年”学习。学校文虎校长在活动现场也做了《学习小英雄周美玲，传递社会正能量，争做新时代活雷锋》重要讲话，他号召全体师生学习周美玲同学见义勇为、乐于助人、坚强乐观的崇高精神，人人争做新时代的活雷锋。同学们听了文校长的讲话后，心灵都受到了强烈的震撼，纷纷表示在今后的学习和生活中，将向周美玲同学学习，从自身做起，从现在做起，从小事做起，在践行社会主义核心价值观的实践中努力将自己塑造成一名有坚强意志、有理想、有抱负，对国家和社会有用的人。

6月16日，书堂山街道办事处协调消防中队在新河小学举行防踩踏和消防演练。活动经过精心准备和周密布置，演练过程相当顺利成功。演练结束后，消防中队对演练过程需注意的事项进行了强调，并就灭火器使用邀请师生代表进行了现地扑救。街道还对学生暑假安全工作提出了要求，作了强调。

6月19日，2015“相约长沙最美乡村”第三站在望城区书堂山街道开启，此次活动由湖南省文明办、长沙市文明委主办，长沙市委宣传部、市文明办、市农业委员会，市旅游局、长沙晚报报业集团、望城区委宣传部、区政协办、区文明办、区教育局、区文体广电局、区旅游局、团区委、区妇联、区关工委、中华孝心示范村工程组委会承办，书堂山街道党工委、办事处、长沙铜官窑遗址管理处、长沙晚报星恒传媒执行承办。活动当天，一台以长沙市市民道德讲堂“孝亲感恩”为主题的文化节目全面展示“四乡书堂”的文化底蕴和独特魅力，赢得了现场观众的好评。省文办副主任熊科文为书堂山颁发“孝心教育基地”牌匾，书堂山街道王涧波书记接牌。节目结束后省、市、区领导、全国道德模范、孝星代表和市民一起做粽子、送粽子、品尝粽子。此外，活动当天全国道德模范代表、中国好人代表、长沙孝星代表、孝亲家庭以及市民代表等一起参观了欧阳询文化园、铜官窑遗址公园两大特色景点。

6月24日，长沙市统计局局长刘金文带领联点处室长一行赴望城区书堂山街道调研基层统计站建设情况。望城区统计局、书堂山街道等单位相关人员参加了调研。

6月24日，在望城区人社局和区总工会的指导下，丁字湾街道完成18家工资集体协商签订工作，其中丁建集团、佳和饲料、兴龙玻璃、大光明交通设备4家企业进行单独协商，相聚食品等14家企业进行区域协商。

6月30日，在袁家湖社区梁家岭地质灾害点举行地质灾害应急演习。此次地质灾害应急演习进一步增强了广大群众的防灾意识，锻炼了应急队伍。在地质灾害发生紧急情况下，能迅速、高效、有序地调动各应急小组做好地质灾害抢险救灾应急工作，最大限度地减少地质灾害造成的损失，保护人民生命财产安全。

7月8日，望城区人民政府、湖南省茶业协会、湖南省茶业学会在铜官镇举办铜官陶瓷与湖南茶业产业对接座谈会。共同探讨陶瓷产业与茶业融合发展，探索铜官陶瓷转型创新发展的突破口。湖南省茶叶协会、省、市、区领导、湖南茶叶和陶瓷专家、企业代表等50余人参加座谈会。会上，省、市、区、镇领导和企业、协会代表就如何加速铜官陶瓷与湖南茶业融合发展进行了发言。镇党委书记周志国介绍了铜官镇的基本情况以及发展陶瓷和茶业的优势。近年来，区、镇政府坚持不断改善铜官镇的投融资环境，积极争取和落实产业扶持政策，陶瓷产业发展基础日渐夯实，为湖南茶业产业融合发展创造了良好条件。

7月12日，书堂山街道雷锋号志愿者工作站开展志愿者服务培训班。参加这期培训班的有来自湖南工程学院经济学院的志愿者，书堂中学的学生志愿者和书堂山街道本地的志愿者。本次培训邀请了书堂山街道办事处副主任姚旭科主任为志愿者介绍文化园的建设历程；望城区十佳社会贤达、为文化园捐赠了他毕生收藏的一千多枚古钱币并编撰了《书堂胜境》一书的曾敬仪老师为志愿者讲述书堂山文化、欧阳询及其家族历史；专业礼仪老师讲述志愿服务相关礼仪。培训在轻松愉快的气氛下进行，志愿者们表示经过这次培训，对“志愿者”“志愿服务”有了更深入的认识，也将在以后的志愿服务中以实际行动为社会奉献自己的爱心。

7月18日至24日，望城区丁字湾街道文化站在街道党工委、办事处的大力支持下，举办了为期6天的“才艺展示文化周”活动。文化周主体活动由象棋比赛和书法展示组成，街道文化站发动街道残联，组织26名喜爱象棋和书法的残疾人积极参加此次“才艺展示文化周”活动。活动期间，文化站特别邀请街道党、政班子成员、各村社区民政专干、残协主席、残疾人和居民代表观摩比赛，让各界人士了解和关注残疾人这个特殊群体。

7月21日，长沙市委宣传部副部长陈海波一行来到铜官调研铜官陶瓷产业发展。调研组一行先后开展了座谈会、考察了铜官府窑和铜官古街前街项目。座谈会上，调研组听取了铜官镇陶瓷产业发展的汇报、企业代表考察景德镇情况汇报和湘台文创园的工作汇报。陈海波在听取汇报后指出，市委对铜官陶瓷产业发展十分重视，将优先给予政策支持。对于加快铜官陶瓷产业发展，强调要有时不我待的急切，要有心无旁骛的开拓，要有永不退缩的保障。

7月23日，新西兰、斐济著名华人书画家，斐济华人文化艺术经济联合会名誉主席、新西兰中华文化艺术学院院长区本先生前来欧阳询文化园参观。讲解员为区本先生悉心讲解书堂山每一处的文化历史，驻足欣赏“书堂八景”，区本先生赞叹书堂山的景色秀丽，文化氛围浓厚，并向欧阳询文化园赠送了书画作品《区本书画集》。区本先生自幼随父学习书画，后师从广东画院著名山水画家李云、广州美术学院著名画家谭大鹏，并长期从事中国书画艺术工作。1984年出国到斐济定居，2002年移居新西兰，多年来区本先生为促进中、斐、新三地的文化交流做出积极的贡献。

7月29日，胡武强大师铜官窑臻品世界巡展活动启动仪式在长沙市铜官镇火陶城广场举行，长沙市铜官陶瓷协会等单位嘉宾来到现场，共同见证启动仪式。据悉，本次活动中计划用3年时间将铜官窑精品带到29个国家和地区。本次活动由长沙市铜官陶瓷协会主办，深圳市芹菜头财富管理有限公司承办。在活动启动仪式上，还对胡武强作品“双鱼壶”进行了拍卖，最终拍得32万元，拍卖费用将全部用于铜官窑非物质文化遗产的传承。

8月13日，住建部、国家旅游局下发了第三批全国特色景观旅游名镇名村示范名单，铜官镇成功入选。2012年，住建部和国家旅游局开始全国特色景观旅游名镇（村）评比活动，依据相关办法和标准，对参选乡镇的特色景观、旅游经济、规划建设、基础设施、人居环境、综合管理、旅游服务等7大项指标进行考核评审。本次评比活动全国共337个镇、村入选，湖南有7镇6村进入名单，其中望城区有铜官镇、白箬铺镇光明村1镇1村入选。

8月15日，丁字湾街道办事处在机关五楼会议室举行丁字慈善会成立大会预备会，街道党工委书记聂荣、区民政局局长甘志武、副局长黄小娟、民组局局长杨金花出席会议，街道全体机关干部、村（社区）干部、企事业单位负责人等约180人参加会议。会议由办事处主任刘灿辉主持，选举产生慈善会会长、副会长、秘书长。预备会募集资金50余万元。聂荣书记、甘志武局长分别讲话，总结了原丁字镇雷锋慈善协会取得的工作成绩，号召各界人士慷慨解囊救助、资助困难人员和家庭，要求慈善协会工作人员扎实工作，努力促进丁字慈善事业蓬勃发展，共建幸福和谐美好的新丁字。

8月23日，由长沙心思灵文化传媒有限公司联合仁乐公益组织志愿者在中国美丽宜居村庄彩陶源村组织了“仁乐爱心书堂山助学、助农夏令营公益活动”。这次爱心人士共捐赠了10000多元100套书，用于帮助孩子们新学期开学的学杂费和生活费，同时也勉励孩子们要勤奋学习，奋发图强，长大后成为栋梁之材，建设美丽的家乡。

8月29日，广西梧州市委副书记、市长朱学庆率代表团来铜官镇考察文化旅游产业发展情况。长沙市副市长廖健，市政府秘书长谭勇，望城区委副书记、区长孔玉成，副区长刘洪波、镇党委书记周志国，镇党委副书记、镇长杨毅陪同考察。

9月1日，为庆祝抗战胜利70周年，铜丁片区书堂山中心小学、新河小学等一些中小学校纷纷举行了“勿忘国耻，圆梦中华”新学期开学典礼暨纪念抗战胜利70周年系列活动启动仪式。全校师生均参加了此次活动。书堂山中心小学利用开学典礼及抗战胜利70周年这一良好教育契机，进行开学第一课教育，组织学生参加书堂山街道文艺汇演，组织学生慰问抗战老兵系列活动，进一步统一思想，明确新学期的奋斗目标，增强师生责任感和使命感，激励全校师生振奋精神、锐意进取;充分发挥学校主阵地、主渠道和青少年铭记历史、缅怀先烈、珍爱和平、开创未来的作用，营造和谐、浓厚的工作氛围，为新学期创造一个良好的开端。

9月7日，丁字湾街道启动“国学经典、心口相传”主题系列活动，首场《国学践行与企业管理》专题讲座吸引了近200名街道、村（社区）干部，企事业单位代表参加。课堂上，中南大学颜爱民教授结合当前基层管理和企业管理工作中面临的新情况、新问题，阐释了践行传统国学的重要性和必要性，并对基层干部、企业家如何使用传统国学知识进行高效管理进行了详细讲解，深入浅出地引导基层干部、企业家学习、践行国学，寻求团队壮大和自身境界提高的突破之道。通过2个小时的专题学习，大家纷纷表示：将认真领会国学内涵及相关精神，把学到的工作思路和工作方法运用到实际行动中去，为基层管理和企业管理工作贡献力量。

9月7日至10月25日，丁字湾街道成立丁字湾街道“国学经典、心口相传”志愿活动工作小组，在机关内、综合文化站、街道辖区内各中小学、幼儿园开展“国学经典、心口相传”主题活动。活动主要学习国学经典和社会主义核心价值观，包括组织国学专题讲座、组建志愿者宣讲团和开展宣讲系列活动。

9月8日，在中国抗战胜利70周年纪念日暨世界反法西斯战争胜利纪念日来临之际，来自长沙市岳麓区实验小学和阳光博才小学的学生们，以及其他一些志愿者朋友，给长沙书堂山街道中山村92岁的叶菊明先生（长沙抗战老兵）送上了温情问候与诚挚祝福。老人给志愿者讲解了70年前自己怎样打日本人的经历，老人这种在民族生死存亡关头视死如归拼搏的精神，给志愿者朋友们深深的上了一堂爱国教育课。

9月10日，铜官镇工商业联合会、铜官镇中心学校在铜官中学隆重集会，举行了铜官镇工商业联合会首届兴教助学、扶贫济困主题活动暨庆祝第31个教师节大会。活动由铜官镇中心学校校长谭雄辉主持，参加活动的有区教育局联点领导熊学范、铜官镇工商业联合会主席谭月良女士、镇政府社会事务办主任刘小妹、铜官镇工商业联合会秘书长徐忠于、镇中心学校办公室主任郭建刚以及为本次活动慷慨解囊、无私奉献的爱心人士和镇属各中小学校（幼儿园）负责人、获奖教师代表以及铜官中学全体师生等共计400余人。会上表彰了16位先进教育工作者和优秀教师，资助了48位品学兼优的寒门学子。本次活动的举办，得到了区教育局、镇政府的高度重视，得到了铜官镇工商业联合会的大力支持，特别是区人大代表谭月良女士热心公益事业，积极发动广大爱心人士筹集善款，为本次活动的成功举办付出了很多的努力。广大爱心人士不求名利，用他们的善心善意表达了对教育事业的崇敬，对寒门学子深切的关爱。

9月12日至14日，为深入学习“瓷都”陶瓷文化与产业发展经验，加强合作交流，助推铜官陶瓷产业复兴，长沙市委常委、宣传部长张湘涛带队，市、区、镇一行近40人赴江西景德镇学习考察，并签订了重要合作框架协议。景德镇陶瓷产业转型发展路径使我们考察组一行受益匪浅，为实现铜官陶瓷产业复兴提供了许多可借鉴的成功经验和有益启示。

9月14日，在景德镇举行了长沙市与景德镇市陶瓷产业交流合作座谈会暨签约仪式，长沙市委宣传部与景德镇市委宣传部签订推动陶瓷产业发展战略合作框架协议；望城区政府与景德镇珠山区政府签订陶瓷产业发展合作框架协议；铜官陶瓷协会与景德镇陶瓷协会签订合作框架协议。根据协议，长沙与景德镇将本着“资源共享、相互促进、共同发展”的目标，在产业促进、资源共享、企业合作、文化共建、技术交流、展览展示、人才培养和招商引智等方面开展合作，促进本区域产业发展；望城区和珠山区建立陶瓷文化产业战略合作伙伴关系，双方将以陶瓷文化与产业为纽带，实现战略融合、抱团发展，携手共进，进一步彰显“瓷都景德镇”和“陶都铜官”的历史文化，打通文化脉络，策划举办产业对接、文化交流、展览展销、艺术家创作营和设计大赛等活动，促进两地文化艺术互动与合作；同时，景德镇陶瓷协会与铜官陶瓷行业协会将在产业促进、资源共享、企业合作、文化共建、技术交流、展览展示、人才培养等领域开展深入合作，共同推动陶瓷产业发展。

9月15日至18日，为做好第六届“中国统计开放日”各项宣传活动，根据区统计局关于开展好宣传活动的通知安排，书堂山街道、丁字湾街道和铜官镇统计站结合本街道的实际，第一时间成立活动领导小组，印发活动实施方案，“五大活动”助力宣传第六届“中国统计开放日”。

9月16日，书堂山街道互联网创业培训班免费开班授课，从前期产品展示、网店装修到后期开店运营、线上推广等一系列策划培训，吸引了辖区内百余名有志于成为电商“掌柜”的群众参加。培训班请来了淘宝大学讲师，为有志于农村电商创业的群众传授“马云经验”。结合实例，培训从淘宝电商发展趋势、传统农企转型之路、淘宝店铺开店流程、电商团队培养等方面，为学员传道授业解惑，打通书堂山农村电商通道。书堂山街道也将继续为本土农特产品走出家门铺路搭桥、培育电商人才，助力农村电商发展。

9月17日，国家教育部2015年秋季开学工作暨“护校安园”行动落实情况专项督查组在湖南省教育厅副厅长唐亚武、湖南省教育厅副厅级督学马兰花、长沙市教育局副局长邓芸、望城区政府副区长苏敏芳、望城区教育局局长万畅红等各级领导的陪同下，莅临铜官镇公办幼儿园视察指导工作。国家教育部检查组一行对我镇公办幼儿园优美的办园环境、严谨的安全管理、规范的办学行为、精致的校园文化、特色的素质教育活动、一流的硬件设施等多个方面给予了高度的肯定和评价。

9月17日至20日，根据望城区委安排，铜官镇由镇党委书记周志国同志带队，组织相关党政领导、办主任及村（社区）书记赴成都市考察学习古镇特色街区建设。期间，考察组还与宽窄巷子管委会进行了深入交谈，并与三道堰镇政府、青杠树村及惠里商业街设计开发单位迈高旅游资源开发有限公司相关负责同志进行了座谈，交流学习。为期三天的考察中，考察组一行先后实地考察了青羊区宽窄巷子、郫县三道堰古镇、武侯区锦里古街等古镇和历史文化街区，发现这些古街无一不人流如织，绽放着旺盛的生命力。考察组一行被宽窄巷子等文化街区的人气和特色所吸引，更受其背后建设管理和运营模式所启发，进一步坚定了“打造铜官陶城，建设中国名镇”的信心。

9月24日，雷锋故里望城区首届陶瓷廉政文化作品大赛在铜官镇举行。这是铜官镇依托“千年陶瓷”地方特色文化，通过推“产品”、求“精品”，传播廉政文化，弘扬清风正气的又一创举。本次“清风陶韵”廉政文化作品征集活动，有57家陶瓷文化爱好者参与，共征集作品60余幅。经过作品现场展示、作者自荐作品、专家现场打分、点评、50名大众评审团投票等四个环节，最终评选出20幅优秀作品。其中，府窑陶瓷艺术有限公司的《大唐清廉诗文陶板及纸镇》荣获大赛一等奖。活动后，这些陶瓷作品将以产品形式流入市场，使廉洁文化真正走进家庭、融入社会，营造出良好的舆论氛围。

10 月 4 日，长沙市综治办副主任王伟峰在区政法委副书记瞿礼义陪同下，对书堂山街道综治工作进行年度检查。

10 月 9 日，鲁迅文学院原常务副院长、中国作家书画院执行院长白描，中国作家协会会员、中国书法家协会会员张瑞田，中国作家协会会员、中国戏剧家协会会员水运宪等知名学者在区委领导和书堂山街道党工委书记王涧波同志的陪同下到欧阳询文化园参观考察。学者们从文化园主入口忠勇门开始一路向核心景区书堂山游览，悉心听讲解员介绍书堂山的每一处历史文化，驻足欣赏“书堂八景”，对书堂山秀丽的景色，浓厚的文化氛围表示由衷的赞叹。

10 月 14 日，湖南省政协副主席张大方等省政协文史学习工作会成员在区政协主席骆志平等各级政协领导和书堂山街道党工委书记王涧波同志的陪同下，先后参观考察了书堂小镇、中国历代钱币馆、欧阳询纪念馆、欧阳阁峙等欧阳询文化园核心景点。省政协文史学习工作会成员认真听取讲解员对文化园工程建设规划、建设理念以及书堂山本土历史文化等情况介绍，对书堂山秀丽的景色，浓厚的文化氛围，文化园的规划发展和建设成果给予了高度评价。

10 月 16 日，湖南省首批文艺创作基地授牌仪式暨“艺术家下乡记”专题纪录片开机仪式在欧阳询文化园欧阳阁前坪举行。省文化厅党组书记、厅长李晖为书堂山街道、靖港镇等全省首批 32 家文艺创作基地授牌，并寄语全省文艺创作基地继续繁荣文艺创作事业，丰富人民群众精神文化生活，创做出更多更好的文艺精品。随后，湖南省花鼓戏剧院的艺术家们为大家送上了一堂精彩的特色文艺演出。

10 月 21 日，是一年一度的重阳佳节，也是我国法定的“老年节”。为欢度这一传统佳节，书堂山街道孝心村请来村上一百余名 75 岁以上的老人来到村部同吃“百老宴”。孝心志愿者和村民们一起为老人包起饺子，台上精彩的舞蹈、奏乐、魔术等节目引得老人们开怀大笑。大家共同举杯互相祝福，浓浓的敬老情弥漫了整个孝心村。

10 月 26 日，书堂山街道安监站特邀了资深安全生产讲师对辖区所有行业重点单位负责人开展了一次“千人送训进万企”安全大培训。培训课上，讲师采取灵活生动案例、典型图片、音影资料等形式对全街道重点企业的主要负责人和员工开展《新安全生产法宣讲》《工伤保险条例解读》《职业健康职业病防治》和《八大行业事故预防与控制》等相关内容开展了专题讲座，全面提升了企业安全员的安全意识和安全技能，保障企业安全生产环境，达到“提素质、促规范、控事故”的培训效果。

10 月 27 日，铜官镇召开 2015 年度“平安家庭”表彰大会。全体党政领导、联点干部、村支两委、获奖家庭户代表、派出所、镇综治办等 160 余人参加了会议。镇党委、政府研究决定，授予黄均良等 460 户家庭为“平安家庭”的荣誉称号。

10 月 28 日，绥宁县教育局领导一行在区教育局肖跨局长的陪同下来到书堂中学参观指导工作。丁字中心学校高跃辉校长代表丁字中心学校和书堂中学对他们的到来表示热烈欢迎，肖跨和高跃辉向各位来宾介绍了书堂中学的基本情况；书堂中学陈望金主任带领客人参观了整个校园向他们介绍学校书法特色建设情况，各位客人观摩了学校书法兴趣小组现场书法练习、参观了书法创作室并与书法专职教师龙志山进行书法教学和书法创作的交流，他们对书堂中学在雷锋精神引领品格教育，以“书品”促“人品”教育活动中所取得的成绩以及浓厚的校园文化大加赞赏。随后，客人们在肖局长、高校长和学校陈主任陪同下，参观了书堂山欧阳询文化园，感受浓厚的欧阳询书法文化。

11 月 8 日，教育部职业院校艺术设计类专业考察团一行共 200 余人来铜官镇考察陶瓷产业发展情况。考察团一行先后参观考察了铜官国际陶艺村、铜官古街，与陶瓷艺人围桌而立，细细品味陶瓷雕塑的独特魅力，了解传统陶瓷作品的制作加工过程。

11 月 10 日，由省陶瓷行业协会、市科协、湘台文创园和区工商联共同举办的铜官陶瓷产业复兴和陶瓷技艺创新论坛在铜官国际陶艺村举行。活动上，表彰了“铜官陶瓷产业复兴和陶瓷技艺创新论坛”优秀论文作者；全国拉坯大师占绍林和铜官拉坯泰斗谢福祥同台竞技；8 位陶瓷领域专家学者就创新发展陶瓷技艺建言献策，为铜官陶瓷产业复兴和创新发展注入了强劲活力。下午，全国拉坯大师占绍林进行了拉坯技艺授课。

12 月 2 日，由长沙市农委、市住建委、市财政局等单位组成的考核小组对铜官镇 2015 年度城乡一体化工作进行了考核验收。考核组听取了铜官镇工作情况汇报，现场察看了项目建设情况。

12 月 9 日，铜官镇中心学校加快推进陶艺特色学校建设步伐。铜官镇郭亮小学是区委、区政府明确重点建设的全区三所特色学校之一。今年以来，在区委区政府、区教育局和镇党委政府的帮助指导下，铜官镇中心学校加快推进郭亮小学“陶艺特色学校”建设。目前，郭亮小学具有鲜明地方特色的校园文化基本形成，教学阵地建设已全部完工，软件建设——陶艺教学的专用校本教材即将编印成册、投入使用。

湘阴县界头铺片区

湘阴县界头铺片区 2015 年建设概况

滨湖示范区界头铺片区面积 378.64 平方公里，涵盖 9 个乡镇，占湘阴国土面积的 23.94%，占整个滨湖示范区总面积的 55.8%，占长株潭城市群核心区空间的 4.28%。近几年来，湘阴县牢牢把握这一机遇，强力推进滨湖示范区建设，推动了县域经济又好又快发展。2015 年预计完成财政收入 12.32 亿元、固定资产投资 266.8 亿元、社会消费品零售总额 65 亿元，同比分别增长 10%、22%、18.3%，主要经济指标增幅均居岳阳市前列。近几年来，湘阴县紧紧围绕“对接长株潭、借力环湖区，进军省十强、争当排头兵”这根主线，扎实推进滨湖示范区建设：

一、突出城乡统筹，科学抓好顶层设计

近年来，湘阴县全县累计投入规划编制资金 400 多万元，聘请中国城市规划设计院编制了滨湖示范区湘阴片区总体规划，确保了湘阴片区规划与长株潭总体规划的有机统一，并对县城总体规划、土地利用总体规划进行了修编，制定了县城控制性详规、产业发展规划、生态保护规划等五大专项规划。按照规划要求，重点推进“两核两带、三港三区、五大基地”建设。“两核”，即县城和金龙新区。“两带”，即沿芙蓉大道湘阴段产业带和沿湘江生态经济产业带。“三港”，即漕溪港、樟树港、虞公庙三大港口。“三区”，即洋沙湖经济片区、金龙经济片区、漕溪港经济片区。“五大基地”，即长株潭现代装备制造业配套基地、电子信息产业基地、绿色农产品生产供应配送和加工基地、区域性港口物流基地和休闲度假服务基地。

二、突出转型升级，推动经济换档提质

按照两型发展要求推动产业转型升级，三次产业结构比由2010年的21.2∶51.2∶27.6调整为今年的13.9∶55.7∶30.4。一是积极承接产业转移。把两型产业作为招商引资的主攻方向，紧盯长株潭和沿海发达地区产业转移，严格项目准入门槛，拒绝高能耗、高排放、高污染型企业，加快招商引资向招商选资转变。近几年来，共引进各类项目200多个。二是大力发展新兴产业。除引进远大可建、中联重科等先进制造项目外，还引进了信达电梯、地生智能车库等一批符合两型要求的项目，战略性新兴产业逐步成为新型工业的主导力量。三是加快改造传统产业。先后实施了长康实业、宏耀工业、湖湘木业等一批技改项目，成功引进尔康制药与洞庭生物合作建设预胶化淀粉生产基地，培育了一批“小巨人”企业。同时，全县有20多家企业与省内外高等院校、科研院所等建立了“产学研”合作关系，先后开发新产品、新工艺300多项，专利申请量、授权量连续五年居全市第一。四是努力发展休闲旅游业。顺天洋沙湖项目累计完成投资20多亿元，2016年可正式开园；左宗棠文化园获评国家3A级旅游景区，以鹤龙湖蟹城为代表的“农家乐”“渔家乐”在长株潭地区形成品牌效应。

三、突出融城对接，加速城乡深度发展

坚持把融城对接与两型社会建设紧密结合起来，全力推动城乡深度发展。一是畅通交通网络。先后完成了S308线拓改、武警长沙直升机场及机场公路建设，岳望高速湘阴段加速推进。特别是总投资13.8亿元的芙蓉大道湘阴段全线竣工通车，这是湘阴迄今投资最多、规模最大的基础建设工程，也是全省以县为主投资最大、等级最高、里程最长的交通工程。二是加快新区开发。把金龙新区开发作为滨湖示范区建设的先导工程，采取“两型引领、政府主导、市场运作、产业支撑”模式，全面加速金龙新区建设。目前，“两路两管、一线一站、两大基地”八大基础工程强力推进，同时，先后引进先进制造项目14个，6个项目竣工投产。三是提质县城建管。采取市场办法，创新城市监管，加速推进“城市病”治理，着力增强城市记忆，提升城市文明。先后建成了宗棠广场、左宗棠文化园、城市生活垃圾无害化处理厂、远大路等一批市政重点工程，成功创建国家卫生县城和省级文明县城。四是做美集镇乡村。坚持以新型城镇化带动新农村建设，着力打造一批特色集镇，争创一批省级示范村庄。目前已有石塘乡的齐心村和黄泥村、白泥湖乡的楠竹村、玉华乡的华光村、新泉镇的王家寨村、金龙新区的新金社区6个村和社区获得省级两型示范创建村庄称号。

四、突出资源节约，致力打造友好环境

坚持把建设资源节约型、环境友好型社会作为加快转变经济发展方式的重要着力点，着力增强可持续发展能力。一是切实加强生态规划建设。制订了全县生态环境保护规划，划定严格禁止开发区和限制开发区。推进绿化攻坚三年行动，全县林木绿化覆盖率达20.4%，东湖——洋沙湖获批国家级湿地公园，鹅形山获批省级森林公园，横岭湖湿地列入省级湿地保护区。二是加大落后产能淘汰力度。利用市场和资源约束形成“倒逼”机制，依法关停、取缔“五小”企业30余家；大力开展湘江流域综合治理，万元规模工业增加值能耗降低率为10.4%。三是推进节约集约利用资源。全面封闭城区企业自备水井，每年节约地下水资源1500万吨以上；强化砂石码头管理，对沿河165家非法砂场码头全部关停取缔，统一规划建设沿河砂场37处。

湘阴县界头铺片区2015年建设纪事

1月4日，湘阴县组织收看全省2015年重点生态功能区县域生态环境质量考核工作电视电话会。会议指出，党的十八届三中全会对全面深化改革做出了全面部署，提出了“完善重点生态功能区生态补偿机制”和“建立资源环境承载能力检测预警机制”的目标任务。要求在继承发扬过去好经验、好做法的同时，以当前存在的突出问题为导向，有针对性地加强和改进薄弱环节，不断推动县域生态环保工作，改善县域生态环境质量。会议强调，要进一步统一思想认识，加强组织领导，明确考核工作任务，切实抓好转移支付资金使用，全面推动生态环境保护和管理各项工作开展。要准确把握优化后的考核指标体系，进一步加强数据质量管理，扎实做好日常生态环保工作，提升环境监测能力，确保考核工作顺利实施。

1月5日，岳阳市副市长陈恢清来湘阴县调研工业项目建设工作。陈恢清一行先后来到远大可建、元亨科技、鑫光铸造、西姆西焊材等企业和项目实地查看，详细了解湘阴县工业项目投资、建设和企业运行、产销等情况。陈恢清对湘阴县工业项目建设所取得的成绩给予充分肯定。他希望我县抢抓省委、省政府建设洞庭湖经济生态区这一战略机遇，利用自身优势，不断提高服务能力和服务水平，积极、主动、高效为企业排忧解难，突出加强要素保障，提升工业发展后劲，力促在谈项目早签约、签约项目早落地，培育新的经济增长点，为湘阴乃至岳阳经济的快速发展做出新的更大贡献。

1月22日，湘阴县组织召开芙蓉大道湘阴段工程建设总结大会，回顾建设艰辛历程，讴歌建设者感人事迹，弘扬芙蓉大道建设精神，进一步提振信心，鼓舞斗志，激励全县干群在富民强县的康庄大道上高歌猛进、奋勇前行。湘阴交通便捷、区位优越，县城至省会长沙仅38公里，位于长株潭半小时经济圈内。为更好地对接长沙、服务长沙、融入长沙，积极主动接受长沙的经济辐射，湘阴县委、县政府审时度势，大手笔谋划，决定修建芙蓉大道湘阴段。芙蓉大道湘阴段顺接芙蓉大道（望城段），主线经金龙镇、文家铺、袁家铺镇，于袁家铺下穿京珠复线岳望高速，经玉华乡、长康镇、涝溪桥后与县城新世纪大道相交，止于规划中的湘阴县火车站路口，全长 28.777 公里，主线路基宽度为 60 米，按城市快速干道标准建设。全线总投资 10 多亿元，主车道采用双向六车道，设计时速为 80 公里 / 小时。三年多来，通过全县各级各部门、项目建设指挥部、各参建单位凝心聚力、克难攻坚、加速推进，工程于 2014 年 10 月竣工通车。

2 月 16 日，湘阴县委书记黎作凤来到东湖北岸风光带建设项目工地督战工程建设进展。一路走来，黎作凤看得仔细，听得认真，并就如何加快速度、确保质量、提升品位、丰富文化内涵提出具体要求。黎作凤强调，当前要突出重点，分步实施，加快绿化。特别是要加强苗木养护，做好施肥浇水，精心修剪，确保成活。年后加快工程附属设施建设，进一步加强指导，完善功能配套。县文联和规划局在突出湖湘特色、体现水乡文化上要做到精益求精，让东湖风光带因深厚的文化底蕴而更加上档次、有内涵。

3 月 17 日，省林业厅副巡视员吴剑波来我县调研生态湿地项目建设和保护工作。吴剑波一行先后来到西湖、洋沙湖——东湖国家湿地公园和县污水处理厂等地，详细了解我县生态湿地项目建设和保护工作情况。湘阴县是典型的湿地大县，除农田湿地外，全县共有 120 亩以上的连片湿地 94 万亩，占县域总面积的 41.1%，发展湿地生态旅游潜力巨大。近年来，湘阴县坚持以横岭湖省级自然保护区和洋沙湖——东湖国家湿地公园为依托，大力推进湿地保护和特色林业发展，争取湿地保护与建设项目 3 个，项目资金达 2700 多万元。吴剑波对湘阴县生态湿地项目建设和保护工作给予充分肯定，并指出湘阴区位优势明显、湿地资源丰富、保护工作有力，希望结合全县功能区划定位，着眼长远，创新规划，进一步加强湿地生态系统和珍稀物种栖息环境保护，促进湿地资源合理利用，推动湿地保护和开发持续发展。要把湿地保护与改善民生结合起来，进一步加大对群众的宣传教育力度，增强公众保护湿地意识，着力营造保护好生态湿地的良好氛围。

4 月 9 日，参加由岳阳市委、市政府举办的“旅游专家岳阳行”活动的全国各地知名旅游专家来湘阴县考察调研旅游工作。专家组一行先后来到顺天洋沙湖国际旅游度假区、左宗棠文化园、东湖生态公园等景点景区，实地参观湘阴县旅游硬件设施和相关配套建设情况，详细了解湘阴县旅游产业规划及开发情况，亲身感受湘阴的秀美风光。专家组一致认为，湘阴县旅游资源丰富，自然风光独特，基础条件很好，旅游开发初显成效。就如何加快我县旅游产业发展，专家们表示，湘阴要发挥资源优势，做好旅游发展总体规划，加大对外宣传营销力度，不断提升旅游知名度和竞争力；要迎合市场需求，增强服务意识，拓展服务领域，完善旅游公共服务体系，为游客提供全方位、多功能、多元化服务；要立足长远、突出重点，充分发挥长沙“后花园”优势，积极整合东湖生态公园和左宗棠文化园等旅游资源，形成自己的拳头产品，促进湘阴文化旅游产业发展再上新台阶。

4 月 13 日，岳阳市长盛荣华来湘阴县考察调研工业项目建设、春耕生产和防汛备汛工作，对湘阴各项工作所取得的成绩给予充分肯定，并要求湘阴进一步发挥区位优势，围绕用三年左右时间进入全省十强县目标，加力攻坚，历力作为，争当岳阳环长株潭区域发展排头兵。盛荣华认为，近年来，湘阴招商引资和项目建设延续前几年签约项目多、项目投资大、动工建设快的良好态势。2014 年，湘阴招商引资和项目建设及新型工业化考核排名全市第一。2015 年来，湘阴县委、县政府高度重视项目引进建设，推动有力、氛围浓厚、成效明显，经验值得各县、市借鉴。

4 月 21 日，湘阴县委书记黎作凤在调研调度洋沙湖国际旅游度假区项目建设时强调，要把洋沙湖项目作为岳阳打造湖南发展新增长极的重要项目强力推进。来到项目工地，黎作凤仔细察看各景点工程建设进展情况。洋沙湖国际旅游度假区项目落户湘阴县以来，累计投入资金近 20 亿元，今年进入建设高峰期。目前已制定整体项目建设三年规划。启动欢乐水世界设计及前期准备工作，力争 2017 年 6 月 1 日开业；2015 年下半年启动湿地公园建设，力争 2017 年 5 月开园；全面启动渔窑小镇及悦榕湾建设，确保 2016 年 5 月开盘、6 月开始招商，2017 年古镇开业；2015 年 9 月温莎半岛开工，2017 年 10 月 1 日酒店开业。

4 月 24 日，广东、香港和湖南的 20 多位知名企业家来我县考察。此次前来考察的包括香港两岸经济文化促进会、湖南对外经济文化促进会副会长唐学伟及广东、香港和湖南本土的 20 多名知名企业负责人。双方就工业、资本运作、融资、新型城镇化建设、文化旅游产业发展的深入合作进行对接交流。各位企业家们表示，湘阴区位优越、交通便捷、人文厚重、资源丰富、产业承载力强、环境宜居、发展来势看好。粤港湘企业将利用自身的资金、技术、经验优势与湘阴的区位、交通、资源优势互补，实现互利共赢、共同发展。

5 月 8 日，湘阴县长尹培国调度漕溪港码头二期和物流园建设，强调要加快推进漕溪港码头二期和物流园建设，在岳阳打造湖南通江达海的新增长极中做贡献。漕溪港深水码头南通长沙新港，北接岳阳城陵矶港，是全省地理条件最优越的内河港口，上可达长株潭城市群综合物流枢纽金霞物流园，下经洞庭湖、入长江、出吴淞，通江达海。目前，漕溪港码头二期工程正抓紧施工，计划新建 3000 吨级多用途泊位和杂货泊位各 1 个，同时配套建设相应仓库、堆场、配电等基础设施，计划用地 70 亩，概算投资 1.2 亿元，现已累计完成投资 3630 万元。尹培国要求，要加速码头二期建设，加快用地报批，尽快完善手续，明确时间节点，倒排工程进度，抓紧施工建设，确保漕溪港码头二期 2016 年元月正式投入使用。要尽快启动物流园建设，县国土、规划、交通、财政、文星镇等部门单位要全力支持、密切配合，协调业主做好物流园建设前期工作，完善规划设计，加快征地拆迁，保障项目用地，力争物流园建设 9 月份动工。要落实项目保障，项目建设协调指挥部要进一步加强组织领导，加大协调力度，深化帮扶帮促，抢抓项目进度，狠抓工程质量，抓好安全管理。要加强资金保障，业主单位要积极筹措资金，确保项目建设需要。要加强环境保障，文星镇和相关部门要做细群众工作，化解矛盾纠纷，努力创优环境，确保项目加速推进、如期建成，确保湘阴在岳阳打造湖南通江达海新增长极中走在前列，争当排头兵。

6月3日，岳阳市委常委、宣传部部长徐新启来湘阴县督查国家公共文化服务体系示范区创建工作。徐新启表示，这几年，湘阴的公共文化基础设施建设加速，群众文化活动丰富多彩、亮点纷呈，特别是创建国家公共文化服务体系示范区工作领导重视，措施得力，效果很好。徐新启要求，一要进一步深化创建工作认识。人民的幸福、社会的稳定，离不开文化的支撑。文化的大发展、大繁荣，增加了人民群众的发展信心，增强了干部干事创业的激情，促进了社会家庭的和谐稳定。要以更高的文化自觉，采取更加有力的措施，扎实深入推进创建工作。二要瞄准工作目标，一件一件抓落实。要对照创建考核指标，扎实做好基础工作，既要抓住大、又要抓住小，做到让老百姓有地方看书、有地方看戏、有地方跳舞，确保人民群众基本文化需求得到满足。要办好、用好、管好文化广场、文化礼堂、农家书屋，抓实抓好乡镇文化站建设，着力搭建人人参与、人人享有的公共文化平台，让党的文化政策惠及老百姓。三要大力鼓励和支持民间资本办文化。要采取政府购买服务的方式，积极引导、扶持、鼓励社会力量和民间资本进入公共文化市场，推动公共文化服务发展社会化，广泛传递社会正能量，构建文化发展新格局。四要着力解决基层文化建设发展难题。要妥善解决好文化专干不专、业务水平不高等问题，进一步加强基层文化人才队伍建设，努力打造一支素质高、业务精、群众欢迎的基层文化干部队伍。

6月4日，国家发改委专家组来我县现场考察并集中评审白水江流域重金属污染治理工程。专家组实地考察了白水江河道尾砂治理、西甽填埋场、大冲填埋场等项目后，认为白水江流域重金属污染综合治理效果明显，废石、废渣、废水处理到位，白水江水质得到改善，植被得到恢复。近年来，我县针对白水江上游沿岸冶炼企业组织开展了大规模环境污染综合治理，位于白水江上游的长康镇、石塘乡矿业冶炼企业已于2011年底彻底关停，白水江外源污染已经得到控制。2014年，湘阴县委、县政府将白水江流域污染治理列入湘阴县“三十工程”之一，并进入2015年中央预算内重金属污染治理备选项目。后期治理工程主要包括白水江江水截流、清淤和引排，堤身护坡，排污口整治，污泥稳定、固化和填埋，生态修复等内容。专家组指出，白水江作为湘江重要支流之一，重金属污染综合治理刻不容缓。湘阴县要按照中央、省、市要求，采取“固源分流、固坡减污”治理规划原则，修改完善好治理方案，争取上级部门更大支持，加大治理宣传力度，确保白水江重金属污染治理取得实效。

6月17日，湖南省“135”工程暨洞庭湖生态经济区建设重大项目“气化湖南工程”汨罗—湘阴—屈原支线和20万平方米厂房集中开工仪式举行。省政府副秘书长、省气化湖南工程指挥部指挥长陈仲伯、省气化湖南工程指挥部副指挥长、湘投控股集团董事长邓军民、湖南天然气有限公司总经理耿志杰、县领导尹培国、刘正仁、刘建民及沿支线市区负责人出席汨罗—湘阴—屈原支线工程开工仪式。副市长陈恢清主持仪式。湖南天然气有限公司总经理耿志杰介绍了“气化湖南”工程汨罗—湘阴—屈原支线项目情况。2013年12月20日，省发改委下发了《关于同意开展湘潭—益阳等9条省内天然气管道项目前期工作的通知》，按照文件要求，湖南省天然气有限公司成立了支线项目部，全力开展湘潭—益阳、汨罗—湘阴—屈原、汨罗—平江等9条支线项目前期工作。汨罗—湘阴—屈原天然气支线总投资1.71亿元，包括汨罗站、湘阴站、屈原站3座站场。湘阴支线为本工程的综合性站场，包括维修班、支线管道调度室等，占地面积约14亩，远期为湘阴县城每年供气量达1.215亿立方。该支线于2015年6月动工建设，预计2016年6月完工并投产。

7月6日，云南省城市建设投资集团有限公司董事长许雷来湘阴县考察青山岛旅游开发工作。许雷一行实地察看了青山抗日死难军民纪念亭、长寿奇树、十里银滩等景点，详细了解青山岛镇旅游发展规划和当地风土人情、人文历史、自然资源等相关情况。青山岛是洞庭湖中最大的完全岛屿，是湖南省最后一座渔村，四面环水，湿地广阔，拥有植物82科337种、鸟类207种，山水生态和历史人文资源十分丰富，已初步形成了春季踏青、夏季避暑、秋季露营、冬季观鸟、一年四季吃鱼的户外休闲游和湿地生态游发展格局。许雷对我县坚持在开发中保护、在保护中开发的旅游开发工作理念给予充分肯定，并表示青山岛拥有浑然天成的自然风光、深邃厚重的历史文化、独特富饶的生态资源，民风非常淳朴，开发前景广泛，十分看好青山岛的旅游发展，云南省城市建设投资集团有意向今后与湘阴开展合作，共同将青山岛打造成为洞庭湖著名的休闲旅游度假目的地。

7月20日，深圳市宝惠丰电子有限公司和无锡安飞纤维材料有限公司共同投资建设的年产10000吨铝合金、镁合金焊丝项目正式签约落户我县工业园区。该项目由深圳宝惠丰电子有限公司投资兴建和无锡安飞纤维材料有限公司强强联手，共同建设，项目总占地面积120亩，竣工投产后，年产值可达6亿元，税收2000万元以上。深圳宝惠丰电子是国内知名的电子元器件代理和新材料制造企业，与国内外众多知名品牌有着良好的合作关系，行业影响力大。无锡安飞纤维材料由海归博士团队创办，技术实力雄厚，研发的高品质铝镁合金焊丝新工艺，获得中国兵器工业公司认证，具有世界领先水平。

7月31日，岳阳市副市长陈恢清来我县督战岳望高速湘阴段工程建设。陈恢清对湘阴工作给予充分肯定和高度评价，认为湘阴措施有力、工作扎实、成效明显。陈恢清指出，岳望高速的建设，不仅方便了人民群众出行，而且成为产业发展的大动脉，对促推全市经济社会发展具有积极意义。湘阴要切实抓好施工过程中矛盾纠纷处理，搞好协调服务，依法加大对“三强”行为打击处理力度，营造良好施工环境，为重点工程建设保驾护航。施工单位要明确责任，分解任务，做好计划，加快施工进度，狠抓工程质量，力争尽早完成全年目标任务。

8月12日，湘阴县委书记黎作凤主持召开全面小康湘阴建设推进会，部署有关工作。黎作凤在会上强调，各责任单位和责任人要站在讲政治、讲忠诚、讲大局的高度，牢固树立“抓全面小康建设就是抓发展”的理念，切实强化抓小康、促发展的责任担当，对照全面小康标准和年度指导目标要求，一个一个问题解决，一项一项工作落实。全面建成小康社会是一场攻坚战，只有坚持抓关键、明重点、破难题、补短板，才能勇往直前、决战决胜。要抢抓重大发展机遇，千方百计招大引强，强力推进项目建设，着力推进新型城镇化，加快推进农业现代化。要集中精力加快发展，突出城乡统筹、转型升级、园区经济、民营经济和生态文明，做到既统筹推进又因地制宜，分类施策，做强特色，实现差异化、特色化发展。要进一步坚持问题导向，精准发力，精准施策，克服各种困难和问题，以饱满的精神状态勇往直前，不断取得新成效。

8月14日，湖南省人大常委会党组书记、副主任于来山深入湘阴县检查指导工作。来到正在建设中的湘阴第二污水处理厂，于来山仔细察看项目建设情况，询问工程设计规模、总投资、建设模式和投入运营时间。于来山指出，一个地方的经济发展靠工业项目支撑，作为承载项目的县工业园区要建好污水处理厂，做好入园企业污水处理，保护好生态环境。随后，于来山又来到菲菲毛巾有限公司察看生产情况。厂区机械轰鸣，工人紧张忙碌。于来山边看边详细询问有关情况。县委书记黎作凤介绍，近年来，湘阴加大力度对接长沙、承接长沙，引进了包括远大可建、元亨科技等一批税收高、科技含量高、发展前景好的项目，目前中铁重工、中联重科已经签约。于来山表示，这几年湘阴充分发挥邻近省会长沙的优势，发扬滴水穿石、不达目的誓不罢休的精神，引进了很多项目，连续几年获得全省招商引资先进，“长沙牌”打得很好。

9月7日，湘阴县委书记黎作凤召集城建投、住建部门和东湖北岸风光带项目施工方负责人召开会议，部署工程扫尾建设和景区后期开发管理的有关工作。

9月11日，由湖南省水运管理局副局长刘仁煦带领的省河道保洁巡查组来湘阴县检查河道保洁工作。巡查组一行先后深入燎原水库、洋沙湖和静河、樟树两个乡镇检查河道清洁工作，听取相关负责人的情况汇报。

9月21日，岳阳市委书记盛荣华来湘阴县考察调研时强调，湘阴各项工作思路清晰、措施有力、工作扎实，效果明显，无论是经济社会发展、城市建设，还是新农村建设、社会建设等各方面成效显著，对湘阴各项工作给予充分肯定。

9月22日，湖南省委常委、省军区司令员黄跃进来我县参观左宗棠文化园。黄跃进认真参观左公生平事迹图片展，详细询问纪念馆建设的有关情况。他指出，左宗棠是中国近代史上最杰出的人物之一，他以自己的智慧、担当、作为，在中国历史上写下了浓墨重彩的一笔。他“身无半亩、心忧天下”，在受尽列强欺侮的年代，毅然请命，勇赴国难，收复了新疆160多万平方公里的国土，捍卫了国家主权和领土完整。我们纪念左宗棠，缅怀左公的丰功伟绩，就是要大力传承和弘扬他报国忧民、抗击外侮的爱国精神，大力传承和弘扬他革故鼎新、奋发图强的自强意志，大力传承和弘扬他敢于担当、百折不挠的铮铮风骨！

10月28日，岳阳市绿色通道建设现场推进会在湘阴县召开。湖南省林业厅党组副书记、副厅长胡长清，岳阳市人大常委会副主任许伟奇出席会议并讲话。湘阴县始终把绿色通道建设作为美化人居环境、建设生态文明的一项基础工程和民生工程来抓，深入开展绿化攻坚三年行动，大力建绿造绿、添绿插绿，近两年来，全县共完成“五边”绿化植树300多万株，绿化渠路600多公里，打造县乡干道特色“绿化长廊”217条，建设村镇公共绿地30多处，全县绿化覆盖率不断提高，生态环境不断改善，初步形成了“城乡绿景、山上绿屏、水岸绿网、道路绿荫”的绿色生态格局。

11月16日，岳阳副市长宋爱华，岳阳市政协副主席、岳阳市工商联主席刘晓英来湘阴县调研招商引资和农商行筹建工作。宋爱华、刘晓英一行先后察看金龙新区卓达金谷创业园、蓝天豚硅藻泥、洋沙湖国际旅游度假区、东湖生态公园等项目，并听取湘阴县的有关工作情况汇报。

11月30日，湘阴县长尹靖国在调度武警长沙直升机场进场公路工程建设时强调，要全力加快项目进度，严格项目管理，加强项目保障，确保将机场公路建设成为阳光大道、生态大道、民生大道。

12月4日，湖南省人大常委会原副主任陈叔红来我县考察调研。陈叔红先后考察金龙新区地生智能车库、禾田山湖鹭岛、洞庭洋沙湖国际旅游度假区、知源学校、东湖生态公园、鹤龙湖集镇提质改造工程等项目。

12月16日，湘阴县十个重点项目举行集体竣工仪式。这十个重点项目的集体竣工是我县强力实施“三十工程”、加快建设“一极三宜”江湖名城的又一力作，充分展示了湘阴开放奋进、宜居宜业的良好形象，凝聚了全县广大干群的辛勤汗水和智慧结晶。

12月27日，湘阴县委书记黎作凤在全省经济工作大会上就《做活机制，做出特色，做大县域经济》作典型经验发言，得到与会领导和同志们的一致好评。这是全省122个县、市区、中大会发言的四个县之一，这是省委、省政府对湘阴县工作的充分肯定，也是全县人民的荣光，将更加激励我们朝着“进军省十强，争当排头兵”宏伟目标奋勇迈进。

汨罗市新市片区

汨罗市新市片区2015年建设概况

2015年来，按照市委、市政府统一部署，汨罗市迅速推进滨湖示范区新市片区建设，区域完成固定资产投资154亿元，增长18.5%，万元GDP能耗降低6.8%，完成省和岳阳下达的主要污染物削减任务，全面小康社会实现程度达89%。加快对接长株潭重大基础设施项目建设步伐，在“两型社会”试点创建上有明显成绩。

一、发展“飞地经济”，加快对接长株潭

汨罗循环经济产业园弼时片区以“飞地经济”试点的模式，建设将在3年内完成一期3平方公里基础设施投入约5亿元、项目投资累计达50亿元；5年内完成5平方公里基础设施投入约10亿元、项目投资累计达180亿元；10年内完成15平方公里基础设施投入30亿元以上、项目投资累计达500亿元，实现园区年产值过1000亿元、年税收过50亿元。同时，产业园的建设将助推区域经济发展，形成三位一体、产城相融格局，建设宜工宜商宜居绿色工业城市。

弼时片区建设顺应了两地发展的现实需要，必将产生良好的社会经济效益。“飞地”园区旨通过聚集大量企业，以产业集群或产业链耦合撬动园区经济增长，释放巨大的辐射效应，加快工业化、城镇化进程，切实增强两地经济综合实力。一是顺应两地经济结构调整的需要。产业园作为汨罗市和长沙经开区产业对接的重要枢纽，将充分发挥市场对资源配置的基础性作用，实现要素资源在两地经济组织之间的合理流动，通过相互竞争、合作、交流和优化配置，实现知识共享和文化共通；通过建立完善的基础设施和服务系统，推动产业结构调整和升级；通过知识溢出和典型引路，区内带动区外、龙头带动一般，实现各经济组织的利益分配，拉动地方GDP增长，提升两地整体经济的发展水平。二是顺应两地加速城镇化建设的需要。工业化与城镇化是一个相互促进、相互推动的过程。通过产业园区的建设，加快弼时和青山铺两镇人口集聚，引导企业入园、社会资本建园，以项目带开发，以开发促发展，使园区成为长沙城市的副中心，成为又一个经济发展极。就长沙县的整体开发而言，在北部打造一个工业园区，融入长沙县的一体化发展，可迅速带动长沙县北部几个乡镇的经济增长，从而实现经开区、汨罗市、长沙县三位一体发展。预计10年内，产业园将建成一个经济繁荣、绿色环保、人口达8万～10万的宜工宜商宜居园区。三是顺应两地促进可持续发展的需要。长沙经开区在发展上受土地资源的制约，而汨罗产业园可弥补这一“短板”。在充分发挥土地、资金、水、电、人才、信息等生产要素集聚效益的同时，汨罗产业园可拉长产业链条，降低企业成本，成为长沙经开区经济持续、协调发展的有力补充。同时产业园将成为汨罗工业“引擎”，调优汨罗产业结构，实现持续发展。

二、加强生态环保，推进节能产业

一是抓好循环经济。汨罗作为全国循环经济试点和“城市矿产”示范基地，在发展经济的同时历来重视生态环境保护和节能环保产业发展。2014年以来，强力推进城乡环境整治、再生资源行业污染整治和违规燃放销售烟花爆竹整治，连片治理农村环境污染，制止乱焚烧、乱排放行为229起多，停产整顿企业37家，取缔污染企业52家，开展万家企业节能低碳行动，推进“城市矿产”示范基地建设和重点节能技术改造工程，力争既要金山银山、又要绿水青山。

二是保护恢复生态。加大湿地保护力度，保护开发汨罗江国家湿地公园。加强“裸露山地”绿化，全面消灭高速公路、国省道和铁路两旁第一层山脊或平地100米范围内的“裸露山地”。建好生态公益林等13个国家投资林业项目，继续抓好通道绿化和“五边”造林。实行公益林和商品林分类经营，大力扶持林业龙头企业，发展油茶产业，推动毛竹、林下经济、森林旅游、花卉苗木实现集约经营，抓好楠竹资源培育管护、加工、利用，加强苗圃和种苗基地建设。

三是治理水和大气污染。做好洞庭湖生态经济圈水污染治理和水生态修复，构建洞庭湖绿色生态屏障。完善水源地保护机制，加大水源地监测，并将监测结果向社会公布，力争饮用水水源水质完全达标。全面治理饮用水水源上游的工业企业，尽快搬迁或关停水源上游或周边畜禽养殖企业。全力治理大气污染，实施城市清洁空气行动计划，全面加强重点区域大气污染防治，加强对工业烟尘、粉尘、城市扬尘、机动车污染物、挥发性有机物等空气污染物排放的协同控制。加强工业园区环境整治，建设工业区和生活区生态隔离带，完善再生资源二期市场，加快重金属污水提质二期工程建设，实现再生资源划行归市。深入推进农村环境整治，建设乡镇污水处理厂，推进垃圾分户分类，严格治理畜禽养殖、麻石、砖厂等污染。

三、加快新农村建设，促进生态文明

农村环境有效改善，整合资金1000万元，农村垃圾集中处理率97.08%，正逐步开展垃圾分户分类减害化处理和生活垃圾处置市场化运作。今年我市新农村建设专项投资4318万元，评选人居环境整治重点村30个、美丽乡村建设村2个。民生建设深入乡村，惠民政策得到了很好的落实。加速推进生态文明建设，累计造林16.6万亩，各级道路基本绿化。黄柏镇神鼎山被评为“省级森林公园”，白水镇西长村被评为“全国美丽乡村”和“全国生态文化村”，桃林寺镇东塘村、古培镇大兴村被评为“省级绿色村庄”。

四、建设重点项目，促进两型升级

近年来，屈子文化园建设在中央、省、市领导的高度重视和大力支持下，项目推进步伐不断加快。2015年，该项目列入岳阳市重点项目和汨罗市“一号工程”，各级领导亲自牵头，重点推进，10月份获得国家2015年第三批专项建设基金4000万元的大力支持，促推文化园建设，如期完成全年工作计划。屈子文化园屈子书院建设完成投资1.2亿元，完成主体工程建设，屈子文化园区水仙湖护堤和清淤、砂场整治、滑坡治理等基础设施建设基本完成。循环经济产业园东的新市古镇旅游建设与开发工程稳步推进，10月份改项目获得国家2015年第三批专项建设基金3000万元的大力支持，为我市“两型社会”建设注入了巨大的活力。

汨罗市“两型”社会建设虽取得了一定成绩，但在改革建设过程中，还存在着亟待解决的问题：

一是用地指标偏紧。汨罗工业园区目前占地面积18平方公里，水、电、路、通信、绿化、亮化等基础设施已初步建立，但随着经济社会的迅猛发展和循环经济的不断做大，园区现有规模和服务功能已不能满足园区工业发展和生活服务的需求，急需进一步拓展园区面积，在现在园区规模基础上完善园区功能、优化园区布局。但国家在土地管理方面出台了一系列非常严格的政策措施，对新增建设用地指标控制得越来越紧，致使工业园区的土地供需矛盾日益尖锐。

二是建设资金短缺。自汨罗市循环经济列入国家试点以来，中央、省、岳阳市各级政府对汨罗市再生资源集散市场和工业园区建设给予了较大的政策和资金支持。但由于汨罗市近年来财政比较紧张，工业园区基础设施建设仍不可避免存在较大的资金缺口，导致各项建设开工不足，进展缓慢。

三是污染治理不够。汨罗市再生资源集散市场堆积废旧物资比较多，园区污染治理配套设施建设不完善，园区的固体废物污染、大气污染和水污染比较严重，给周边居民的生活造成了较大影响。

四是行业发展缓慢。由于国际国内经济形势的影响，汨罗市再生资源行业企业出现了资金紧张，发展乏力的现象，出现了一批转产或停产的加工企业，我市再生资源行业的就业人数锐减，大量的失业人员已成为影响我市社会和谐发展的重大隐患。与此同时，园区大部分企业科技研发水平不高，自主创新能力不强，产品精深加工不够，产业链条延伸不长，生产出来的产品附加值较低，严重制约了循环经济产业水平的进一步提升和产业规模的进一步扩大。

汨罗市新市片区2015年建设纪事

1月，集运动、停车、休闲功能于一体，大操坪提质改造主体工程本月内基本完工。

1月30日，汨罗市被评为2014年全国“平安农机”示范市。这是继“全省粮食生产标兵县”后的又一项国家级殊荣。

2月6日，岳阳首届网络春晚举行，汨罗节目《爱心路上》点赞最多。

3月3日，汨罗市三级干部大会在市电影院召开，总结2014年工作，表彰奖励2014年度先进集体和先进个人，全面部署2015年工作。汨罗市委书记白维国鼓励全体干部，恪守忠诚，奋力作为，敢于担当、廉洁自律，干出一番无愧于时代、无愧于人民、无愧于历史的业绩，做新常态下的好干部。

3月21日，汨罗市获评2014年全省“经济强县”，全面小康实现程度达84%。

4月2日，来自北京、河南、广东、湖南、贵州、重庆等6省、市的100余名屈氏后裔在清明前齐聚汨罗江畔，祭祀屈原。

4月8日，省委副书记、省长杜家亳一行调研汨罗鼎升农机合作社。

4月15日至16日，全省水稻生产全程机械化推进会在汨罗市召开。

4月，汨罗市成品茶远销欧盟国家，去年产茶4000余吨、创2300万交易额。

4月23日，岳阳市委书记卿渐伟，市委常委、市委秘书长樊进军一行，先后来到汨罗市三江镇和天井乡，调研春耕生产和防汛工作。

5月27日，岳阳市“三防”工作座谈会在汨罗市召开，岳阳市委书记卿渐伟要求，各级各部门要提高思想认识，强化工作举措，以认真负责的态度和从严从实的作风，奋力夺取今年防汛抗灾工作新胜利。

6月2日，汨罗市28个项目入选全省特色县域经济重点项目，将获不低于1亿元专项资金支持。

6月17日，水利部副部长李国英率队来到汨罗，督导农村饮水安全工作。省水利厅厅长詹晓安，岳阳市副市长熊炜，水务局局长骆岳梨，汨罗市委书记白维国，汨罗市副市长杨景，汨罗市委办、水务局负责人等陪同。

6月20日，“我们的节日·端午”第十一届中国汨罗江国际龙舟节暨汨罗江民间龙舟邀请赛在端午源头·龙舟故里汨罗开幕。

6月21日，汨罗市委副书记、市长周金龙代表汨罗市政府与中国建筑一局（集团）有限公司、古今集团有限公司签署汨罗江端午文化产业整体开发建设项目框架协议，三方拟通过20年努力，合作投资打造汨罗端午文化产业。

7月22日，岳阳市委书记盛荣华，岳阳市委副书记、市长刘和生带领各市直部门、县市（区）主要负责人，来到汨罗循环经济产业园，观摩、点评、督导“135”工程建设推进工作。

7月31日，汨罗市“对标找差，赶超瑞昌”动员暨上半年工作讲评会在汨罗江会议中心召开。

8月10日，岳阳首座全智能变电站落户汨罗市，预计2016年5月投运。

8月14日，省人大常委会党组书记、副主任于来山带领省人大常委会水污染防治法执法检查组第一组来到汨罗，检查循环经济产业园水污染防治工作。

8月24日，省农委主任刘宗林带领全省社会主义新农村建设工作推进会视察团，来到汨罗市桃林寺镇大托村，视察社会主义新农村建设工作。

9月8日，岳阳市委副书记、岳阳市长刘和生来到位于弼时镇的长沙经开区汨罗产业园调研。

10月15日，岳阳市委书记盛荣华，岳阳市委常委、组织部长、统战部长王瑰曙，来到汨罗市弼时镇、红花乡、白水镇、范家园镇和磊石乡，调研“飞地”工业园建设、党建、集镇和新农村建设等工作。

11月26日，汨罗市召开乡镇区划调整改革指导组专题会议，宣布向全市派出15个指导组，负责全面指导、督促所联乡镇的区划调整改革工作。这标志着我市乡镇区划调整改革工作全面铺开。

12月1日，省委常委、宣传部部长张文雄带领宣传部、发改委、文化厅、财政厅相关负责人，来汨罗调研屈子文化园建设情况。

屈原营田片区

屈原营田片区2015年建设概况

一、综合实力稳步增强

2015年，屈原管理区完成地区生产总值78.43亿元，增长8.2%；完成固定资产投资45.33亿元，增长20%；完成规模工业增加值52.5亿元，增长8.1%；实现社会消费品零售总额8.05亿元，增长12.3%；实现农民人均纯收入17646元，增长10.8%，城镇居民可支配收入24594元，增长9.1%。同时，做实了财政收入，完成公共财政收入1.49亿元，地方公共财政收入1.07亿元。

二、现代农业坚实发展

2015年，屈原管理区引领行进在现代农业国家队 的第一梯队中，综合效益不断提升，示范效应不断彰显，其中"屈原作为全国水稻生产全程机械化暨水稻生产绿化攻关模式现场会唯一现场观摩点并作大会典型发言；屈原在全国现代农业示范区综合水平测评中排名第18位、湖南省第1位。特别是惠众生态农庄、千秋明昊山庄、屈子庙旅游名胜开发等一批农旅项目加快推进，实现了农旅产业的破题发展。

三、项目建设扎实推进

2015年，争取项目101个，到位资金3.29亿元。抓好了"十三五"规划编制工作。开展了联手帮扶帮促活动，正虹科技、德科纺织、双胞胎饲料、湘天科技等企业稳步发展，凯迪电厂等"老大难"企地纠纷得到有效处理。中农联 成生物饲料厂竣工投产，天下洞庭5万吨仓容一期项目投入使用并启动二期建设；吉林农投推山咀仓储物流园项目成功签约并如期开工。

四、城乡环境明显改善

2015年，美丽乡村"七个一"示范工程建设、城镇提质改造、文明创建全面推进，城乡面貌、城镇品位、文明风尚明显提升。完成了城区四条主街道提质改造工程的竣工扫尾工作；启动了消防 站片区、主干道临街立面改造、誉园休闲健身广场、污水处理厂等项目建 设；整区推进规范村民建房工作，全市现场会在屈原召开；禁止了城区红白喜事搭棚行为和随意燃放烟花鞭炮 行为；治超治限专项整治考评排名全市第一。

五、民生福祉普惠提升

2015年，屈原管理区民生支出8.2亿元，占一般公共预算支出的82%。16项民生实事任务全面完成，湖南省统筹城乡就业示范区成功创建，全区城乡登记失业率为2.8%。社会保障不断加强，医保参保率达95.6%，养老保险参保率97.2%，农垦职工月平均退休金达1664元。脱贫攻坚力度加大，全年减少贫困人口1620人。社会事业加快发展，启动了区域教育信息化建设和"全面改薄"工程；推进了公共卫生服务，居民健康建档率达70%以上；开展了丰富多彩的群众性文化体育活动，成功出版了《岳阳市屈原管理区志（1988—2011)》。社会改革有效推进，完成了9大类56项改革任务。

屈原营田片区2015年建设纪事

1月28日，岳阳市长盛荣华到区检查指导工作并征求对岳阳市政府工作报告的意见，屈原管理区党委书记孔福建，屈原管理区党委副书记、管委会主任许平亚，屈原管理区党委委员、办公室主任田荣陪同检查，全体屈原管理区领导及部分岳阳市人大代表参加会议。

1月29日，屈原管理区区委、区管委印发《关于推进2015年度经济社会发展重点工作 的实施意见》。

2月1日，在屈原管理区集中开展"五打五整治"专项行动中，公安部门成功破获一起特大贩卖毒品案和一起网络赌博案。

2月13日，屈原管理区党风廉政建设暨反腐败工作大会在区办公楼中心会议室召开，屈原管理区党委书记孔福建出席会议并作重要讲话，屈原管理区党委副书记、管委会主任许平亚主持会议，屈原管理区党委委员、纪委书记宋可权作大会报告，全体区级领导参加会议。

2月20日，屈原管理区委印发《关于落实省委、市委党风廉政建设党委主体责任和纪委监督责任的实施办法》。

2月21日，屈原管理区管委会公布管委会工作部门权力清单。

3月6日，屈原管理区三级干部大会在屈原文化艺术中心举行，屈原管理区党委书记孔福建作题为《再接再厉，改革创新，为建设"特强富美"的屈原努力奋斗》的大会报告，屈原管理区党委副书记、管委会主任许平亚主持会议，并就贯彻会议精神作总结讲话。会议传达中央、省、市经济工作会议精神，回顾总结2014年的工作，表彰先进单位，明确和部 署2015年全区发展工作思路、目标和 措施。

3月15日，屈原管理区管委会印发《屈原管理区管理委员会工作规则》。

3月31日，获悉屈原管理区在全国现代农业示范区综合水平测评中排名第18位、湖南省第1位。

4月7日，岳阳市委书记卿渐伟到区检查指导工作，屈原管理区党委书记孔福建，屈原管理区党委副书记、管委会主任许平亚，屈原管理区区党委副书记、政法委书记田明清，屈原管理区党委委员、区办公室主任田荣陪同检查，全体区级领导参加汇报会。

4月8日，屈原管理区社会管理综合治理暨信访工作会议在区办公楼中心会议室召开，屈原管理区党委书记孔福建出席会议并作重要讲话，屈原管理区党委副书记、管委会主任许平亚主持会议，屈原管理区党委副书记、政法委书记田明清作大会报告，全体区级领导参加会议。

4月16日，全国水稻生产全程机械化演示会暨育插秧绿色增产模式攻关现 场会将屈原管理区作为唯一现场点进行观摩。农业部农机化司司长李伟国、种植业司司长曾衍德以及各省农 机化系统、种植业系统有关负责人、农机推广站站长、种粮大户、农机专业合作社及农机生产企业和经销商代表约500多人观摩100多台水稻生产全程机械化作业。屈原管理区领导孔福建、许平亚、田明清、金晨、谢忠厚、李德友、吴奋发、金辉良、田荣、周陆军等参加观摩。

4月29日，经岳阳市委研究同意，邱虹任屈原管理区党委书记。

5月8日，副省长黄兰香在省政府副秘书长陈仲伯的陪同下到屈原考察堤防建设，屈原管理区党委书记邱虹、副书记金晨、屈原管理区党委委员、办公室主任田荣陪同考察。

5月21日，岳阳市长刘和生到区调研现代 农业发展情况，屈原管理区党委书记邱虹，屈原管理区党委副书记金晨，屈原管理区党委委员、办公室主任田荣陪同调研，全体区领导参加汇报会。

5月26日，屈原管理区妇联发起"微爱留守，我在行动”彩虹邮包捐赠活动，动员社会力量弘扬奉献互助的公益慈善精神，关注、关爱留守儿童。活动共募集到彩虹包裹304个。

6月1日，屈原管理区领导邱虹、金晨、谢忠厚、李德友、谢辉煌参加全区“六一”儿童节庆祝大会，亲自向全区留守儿童代表赠送彩虹包裹。

6月6日，屈原管理区委在全区党组织和党员中开展“双十佳”评选活动。

7月2日，屈原管理区委在区文化艺术中心召开庆“七一”活动，并对荣获“双十佳”先进单位、先进个人进行表彰。

7月8日，经岳阳市委研究同意，金晨任屈原管理区党委副书记、管委会主任。

7月16日，屈原管理区“雅韵·中意杯”篮球友谊赛在区机关篮球场举行，岳阳市人大原主任陈志刚、原副主任胡罗涛，屈原管理区党委书记邱虹，屈原管理区党委副书记、管委会主任金晨，屈原管理区人大、政协工委党组书记李德友，屈原管理区管委会副主任谢辉煌出席开幕式。

7月28日，投资4500万元的天下洞庭5万吨仓容一期项目投入使用。

8月3日，屈原管理区委、区管委会印发《关于加强人才队伍建设的意见》。

8月8日至14日，屈原管理区委在浙江大学举办屈原管理区“美丽乡村”建设专题培训班。

8月21日，屈原管理区重大项目集中开工仪式在凤凰乡河泊潭村举行，全体区级领导出席开工仪式。

9月1日，屈原管理区党委书记邱虹、屈原管理区党委副书记、管委会主任金晨率屈原管理区党政考察团到郴州市桂阳县考察规范农村建房工作，到郴州市北湖区考察文旅结合、农旅结合项目。6日，全区美丽乡村美好社区建设、精准扶贫暨引导农村村民规范建房动员大会在区文化艺术中心举行，屈原管理区党委书记邱虹、屈原管理区党委副书记、管委会主任金晨出席会议并作重要讲话，全体区级领导出席会议。

9月21日，浙江大学旅游研究所副所长、规划学博士周永广到区举办乡村旅游规划讲座，全区村党支部书记、副科级以上负责干部参加听课。

9月23日至25日，屈原管理区党委书记邱虹、屈原管理区管委会主任金晨率屈原管理区党政考察团到江西九江市庐山管理局考察学习发展经验，并到老革命根据地井冈山接受“三严三实”教育。

10月12日，农垦“两大”信访群体430多名代表到区机关办公楼集体上访，区委、区管委高度重视，主要领导亲自接访，做好稳控工作，确保没有发生赴省进京上访。

10月14日，投资4500万元的湖南天下洞庭粮食集团5万吨仓容建设第二期项目开工，屈原管理区领导邱虹、金晨、沈小星、刘柏荣出席开工典礼。

10月15日，湖南省计生工作检查组到屈原管理区检查，屈原管理区党委书记邱虹、屈原管理区党委副书记田明清、屈原管理区管委会副主任谢辉煌陪同检查并作专题汇报。

10月20日，吉农投推山咀仓储物流园项目签约仪式在誉园宾馆举行，屈原管理区领导邱虹、金晨、田荣、沈小星、刘柏荣、韩德辉出席签字仪式。20日，屈原管理区委、区管委在金秋俱乐部主持召开老干部重阳节座谈会，通报全区经济和社会发展情况，听取老干部对经济和社会发展意见和建议，屈原管理区领导邱虹、金晨、田明清、傅大斌、田荣出席座谈会。

10月27日，屈原管理区第四届道德模范颁奖暨“德耀屈原”第七届广场文化艺术节在天问街道天问广场举行。岳阳市委常委、宣传部部长徐新启宣布大会开幕，屈原管理区党委书记邱虹致辞，全体区级领导出席开幕典礼并为10位道德模范颁奖。

10月28日，湖南省环保厅党组书记、厅长刘尧臣到区考察环保工作，屈原管理区领导邱虹、金晨、田荣、沈小星、曹正平陪同考察。

10月30日，屈原管理区党委书记邱虹率屈原管理区党政代表团赴湘阴考察招商引资暨农村环境建设工作。

11月2日，屈原管理区委、区管委召开全区第三季度经济形势分析暨重点工作讲评会，屈原管理区党委书记邱虹、屈原管理区管委会主任金晨作重要讲话。

11月3日，屈原管理区管委会下发《关于屈原管理区殡葬管理实施办法》。

11月4日，屈原管理区城乡管理推进暨殡葬改革动员大会在区文化艺术中心举行，屈原管理区党委书记邱虹、屈原管理区管委会主任金晨出席会议并作重要讲话，全体区级领导出席会议。

11月4日，岳阳市老科协组织建设现场经验交流会在屈原召开，岳阳市老科协会长赵协成、名誉会长罗传根、区领导邱虹、田明清、田荣、傅大斌、曹正平、韩德辉出席。

11月5日，屈原管理区党委书记邱虹率相关部门负责人到重庆考察招商引资项目。

11月13日至14日，屈原管理区党委书记邱虹率相关领导及部门负责人到深圳、广州考察招商引资项目。17日，屈原管理区委，区管委会，区人大、政协工委组织岳阳市七届人大屈原代表团全体代表视察区重点工程建设，并听取代表们意见及建议，屈原管理区领导邱虹、金晨、田明清、谢忠厚、曾兰芝、田荣、曹正平、周陆军、曹建赓等陪同视察。

11月19日，屈原管理区乡镇区划调整改革动员会议召开，屈原管理区党委书记邱虹、屈原管理区管委会主任金晨出席会议并作重要讲话。20日，启动屈原管理区委第一轮巡察工作，巡察单位为屈原管理区民政局、区招商旅游局。

11月23日，屈原管理区管委会印发《屈原管理区环境保护工作责任规定（试行）》。

11月26日，湖南省人事社会保障厅党组成员、社保局局长陈范勋到区就农牧职工社保问题开展调研并召开座谈会，屈原管理区领导邱虹、金晨、田明清、田荣、曹正平、韩德辉参加座谈会并作专题情况汇报。

11月29日，屈原管理区党委书记邱虹率党政代表团赴重庆市璧山区考察学习。

12月8日，屈原管理区管委会下发《关于建立统一的城乡居民基本养老保险制度的实施意见》。10日，屈原管理区委、区管委下发《关于推进创新创业带动就业的实施意见》。

12月10日，《岳阳市屈原管理区志》历经3年编纂、审定、验收，由方志出版社正式出版发行。全书除概述、大事记、人物、附录、索引、专记外，共22篇91章，106.7万字，详细汇述了全区1978—2011年自然、政治、经济、文化、社会发展情况。

12月13日，屈原管理区慈善总会联合团区委在全区开展“节约一张纸、一件衣献爱心”公益慈善活动，募集善款14.5万元，救助先天性心脏病及白血病儿童26名。

12月15日，岳阳市人民政府副市长熊炜到屈原管理区调研规范村民建房工作，屈原管理区领导邱虹、金晨、田明清、曹正平、韩德辉等陪同调研。

12月16日，岳阳市人民政府副市长李为到屈原管理区就《政府工作报告》征求意见，全体区级领导、相关部门负责人、部分市级人大代表参加座谈会。22日，岳阳市引导农村村民规范建房工作现场会在屈原召开，并现场参观琴棋、黄金、河市规范建房点。

12月28日，岳阳市重点项目建设流动现场会到屈原管理区现场观摩中农联成生物科技有限公司和惠众生态农庄，屈原管理区党委书记邱虹、屈原管理区管委会主任金晨参加流动现场会。

12月30日，获悉屈原管理区社会治安综合治理民调工作得分89.68分，在全省128个县、市、区中位列第3名，全市第1名，被评为全省社会管理综合治理先进县(市区)、平安县（市、区）。

12月30日，获悉屈原管理区被评为全省人口和计划生育工作优秀单位、全市人口和计划生育工作红旗单位。

12月31日，获悉屈原管理区党风廉政建设和反腐败工作连续第9年进入岳阳市先进行列。

12月31日，获悉屈原管理区安全生产工作被评为全市先进单位。

12月31日，获悉屈原管理区财政局被评为市级文明标兵单位；屈原小学、区住建局被评为市级文明单位；凤凰乡黄泥会村、河市镇和平村被评为市级文明村镇；营田镇槐花社区被评为市级文明社区。

12月31日，投资1.2亿元，年产饲料20万吨的中农联成生物饲料厂竣工投产。

岳阳城陵矶片区

岳阳城陵矶片区2015年建设概况

2015年，是新港区亮点最多、发展最快、成效最明显的一年。一年来，在岳阳市委、市政府的坚强领导下，在云溪区、岳阳楼区和市直各部门的大力支持下，新港区按照“建设先行、项目为重、服务至上”发展理念，抢抓机遇，苦干实干，着力推进大建设、大招商、大融资、大宣传“四大行动”，各项工作取得了可喜的成绩。全年完成地区生产总值73.4亿元，同比增长11%，增幅排名全市第一；固定资产投资78.1亿元，同比增长25%，增幅排名全市第一；财政总收入6.5亿元，同比增长24.1%，增幅排名全市第一；规模以上工业增加值37.5亿元，同比增长12%，增幅排名全市第二。

一、口岸平台建设运营初见成效

大力实施口岸平台升级工程，以“一区一港四口岸”和港口码头等平台为依托，着力扩大对外开放。城陵矶综合保税区在不到9个月的时间里全面完成封关必检的综合服务中心、监管仓库等七大项目建设，顺利通过国家十部委的联合验收。汽车整车进口口岸顺利通过国家正式验收，首批38辆进口汽车抵达城陵矶口岸，开创了中部内陆地区转关进口平行汽车的先河。进口肉类指定口岸全年完成进口肉类80标箱、1000吨。进口粮食指定口岸全年直接进口粮食及其加工品22万吨，粮食进口对城陵矶口岸新增集装箱吞吐量的贡献达到50%。进口固废指定口岸全年完成750标箱、1.5万吨固废的引进。落实省政府与上港集团合作框架协议，湖南城陵矶国际港务集团正式营运，将整合长沙港、岳阳港优质资源，打造区域性航运物流中心。加强与中远集团战略合作，相继开通城陵矶至洋山港直航航线和岳阳至东盟、岳阳至澳大利亚接力航线，城陵矶对接世界的出海口更加顺畅。出台《关于促进岳阳城陵矶“一区一港四口岸”加快发展奖励办法的实施细则（试行)》，“一区一港四口岸”平台优势进一步显现，全年进出口货物1960万吨，比上年增长6.8%；集装箱吞吐量达到24万标箱，比“十一五”末期增长了3倍，增幅连续五年保持长江内河港口第一，长江中游枢纽港地位初显。

二、社会化招商大格局初步形成

促成市委、市政府出台《关于开展“一区一港四口岸”大招商行动的通知》，主要领导亲自带队先后赴重庆、长沙、武汉、上海、香港、澳门等地举行专题招商推介会，成功举办“第十届中国仓储大会”“第七届保税物流协会”，主动参与首届岳商大会、第七届湘商大会、第十届中博会等大型招商活动，形成了举全市之力、集全市之智开展“大招商”行动的新格局。全年共签约项目20个，合同引资163.8亿元，内联引资到位资金29亿元。新开工项目12个，新投产项目7个，储备在谈项目20个。特别是成功引进了投资55亿元的中粮城陵矶产业园、投资54.8亿元的“绿色船舶产业链”、投资15亿元的中瑞铝型材等3个过10亿元项目，投资7亿元的高分子材料加工贸易项目、投资5.8亿元的中铁物流园等6个过亿元项目成功签约。3517、巴陵油脂、海吉星、湘江纸业、海圣祥、新永利、高澜节能等项目正加速建设。新港区初步形成了以现代物流业、装备制造业、军民融合产业、新材料产业、粮油加工业、商贸服务业齐头并进的发展局面，初步构建了多点支撑的特色产业体系。

三、产城融合发展步履铿锵

坚持港产城一体发展思路，不断加大基础设施投入力度，产城融合扎实推进。全年共启动基础设施项目26个，完成基础投资18.9亿元，成功承办2015年全市重大项目集中开工和集中竣工仪式。报批土地23宗、面积5407亩，批回13宗、面积2963.1亩。兴港东路、城陵矶路、云欣大道加快推进。污水处理厂基本建成，污水处理顺利试运行。凌泊湖小区800套保障性住房建设已基本完成。永济新镇提质改造工程加速推进，碧桂园、恒泰雅园一期开盘销售，二期启动建设。特别是云溪片区电力迁改工程，原计划半年的工期，不到2个月就完成。标准化厂房开工建设75万平方米，已建成40.5万平方米，进度排名全市第一。

四、打通管理服务“最后一公里”成效显著

以“三严三实”专题教育为契机，以反“四风”和“三提升”活动为抓手，全面加强作风建设，提升管理服务水平。科学编制《湖南城陵矶新港区总体规划建设方案》和《湖南城陵矶新港区产城融合示范区建设总体方案》，促成省政府正式下发新港区机构批文、国家发改委批复同意新港区创建国家级产城融合示范区。出台《新港区服务企业发展暂行办法》，落实一站式服务，提高行政效能，积极为企业解决用电、用水、企业融资、项目推进等难题，得到企业好评。开展劳动就业培训工作，促成签订劳动就业合同268人次。加强安全生产监督检查，全年安全生产实现零事故。加强党风廉政建设和反腐败工作，推进市委“三个办法”落地生根，“四风”突出问题整治深入推进，干部作风持续改进，形成了一心一意谋发展，聚精会神干事业的生动局面。

岳阳城陵矶片区2015年建设纪事

1月12日，国家海关总署正式发文同意岳阳城陵矶口岸以直航方式进口国家限制类、自动许可类固体废物，标志着岳阳城陵矶固废进口指定口岸申报成功。

1月14日，中粮集团副总裁、中粮贸易有限公司总经理迟京涛一行到临港新区考察对接项目。岳阳市领导李志坚、陈恢清、苏耀辉和临港新区领导李永丰、李运帷等出席项目对接会。

1月21日，岳阳市委副书记李志坚主持召开综合保税区项目建设和汽车整车进口口岸建设工作调度会，要求加快建设进度，加大招商力度，加强协调组织，确保综合保税区如期建成验收，汽车整车进口口岸如期验收运营。

1月23日，城陵矶“一区一港四口岸”招商推介会在星城长沙举行。会上，首次发布了《促进岳阳城陵矶“一区一港四口岸”加快发展的奖励办法（试行）》，现场签约项目3个。省人大常委会党组成员陈叔红，市领导盛荣华、李志坚、宋爱华，临港新区领导李永丰、李运帷等领导和200余位客商参会。

2月2日，岳阳城陵矶“一区一港四口岸”专题招商推介会在武汉举行。岳阳城陵矶商贸物流综合基地项目、岳阳港至东南亚集装箱快班航线项目、启明星岳阳临港工业孵化器项目现场签约，签约资金13亿元。岳阳市委书记卿渐伟、市长盛荣华亲自参加，岳阳市委副书记李志坚主持招商推介会，岳阳市领导宋爱华、熊炜、陈恢清，临港新区领导李永丰、李运帷和200余名客商参会。

2月11日，临港产业新区临港体育产业园水上健身乐园项目、永济新镇建设项目签约仪式举行。北京城建亚泰建设集团常务副总经理秦树东、广州大浪集团常务副总裁易会强分别代表项目投资方与临港产业新区正式签约。岳阳市领导李志坚、包忠清、李为、黎四清等共同见证签约。

2月25日，岳阳市委书记卿渐伟深入临港新区督战项目建设。岳阳市委副书记李志坚，岳阳市委常委、市委秘书长樊进军和临港新区领导李永丰、李运帷等陪同调研。

2月26日，岳阳市委副书记李志坚深入到泰格林纸和华能电厂等纳税大户走访调研，送上新春祝福，共商发展大计。

3月13日，临港新区与中国工商银行岳阳分行举行全面战略合作框架签约仪式。工商银行湖南省分行副行长张龙清，岳阳市委副书记、湖南城陵矶临港产业新区党工委第一书记李志坚等见证签约。

3月18日，省商务厅厅长徐湘平率队深入临港新区实地调研“一区一港四口岸”建设、运营工作。省商务厅党组成员、省口岸办主任徐双荣，岳阳市领导盛荣华、李志坚、宋爱华和市政府秘书长谈正红以及临港新区领导李永丰、李运帷一同调研并出席座谈会。

3月20日，岳阳市长盛荣华深入临港新区实地考察项目建设，主持召开第三次“一区一港四口岸”建设推进会。岳阳市委副书记李志坚、岳阳市人大常委会副主任陈国荣、岳阳市政府秘书长谈正红出席会议。临港新区和市直有关部门主要负责人参加会议。

4月9日，长沙海关关长黎对贞一行深入临港产业新区调研“一区一港四口岸”建设运营工作。岳阳市领导盛荣华、李志坚、宋爱华，岳阳市政府秘书长谈正红和临港新区领导李永丰、李志坚陪同调研或出席座谈。

4月11日，岳阳市委副书记李志坚到临港产业新区，实地察看并现场调度重点项目建设。

4月14日，一批来自西班牙的25.3吨冻猪龙骨顺利运抵城陵矶港，这是城陵矶进口肉类指定口岸投入运营以来，首批进口冷冻肉类产品。

4月20日，装载7500吨、444个标准集装箱进口货物的“长江新星”号江海轮抵达城陵矶口岸，此举意味着城陵矶口岸至上海洋山港航线开通，启运港退税政策落地实施，将开启湖南航运史上又一崭新篇章。

4月20日，岳阳市长盛荣华赴深圳对接海吉星农产品物流产业园项目。岳阳市政府秘书长谈正红等一同前往。

4月29日，城陵矶“一区一港四口岸”专题招商推介来到上海，宣传推介岳阳发展的新机遇、新思路、新战略，进一步深化与上海及长江沿线城市的交流合作，促进互利共赢，加快将岳阳发展成为湖南通江达海的新增长极。岳阳市领导盛荣华、李志坚、宋爱华和市政府秘书长谈正红及近200位客商参会。

5月5日，岳阳市委副书记李志坚专题调度岳阳城陵矶汽车整车进口口岸一期验收筹备工作。

5月9日，岳阳市副市长宋爱华主持召开洽谈会，就加快推进城陵矶进口肉类指定口岸查验平台与恒阳集团项目合作进行了专题协调。

5月13日，在城陵矶国际集装箱码头，举行了湖南城陵矶国际港务集团有限公司揭牌暨海上丝绸之路岳阳至东盟接力航线启航仪式。省委副书记、省长杜家毫，上海市委常委、常务副市长屠光绍，省、市领导张剑飞、戴道晋、卿渐伟、盛荣华、李志坚、李湘岳、赖社光、陈奇达、唐道明、樊进军、宋爱华、陈恢清、熊炜等一同见证了这一历史性时刻。

5月15日，城陵矶汽车整车进口口岸第一期工程基础设施和监管设施建设通过由省政府口岸办、长沙海关、省出入境检验检疫局、省发改委、省经信委、省商务厅组成联合工作组的预验收。

6月2日，湖南城陵矶“一区一港四口岸”专题招商推介会，在香港2015“港洽周”上如期上演。副省长何报翔、省政府驻深办主任廖克勤、中国银行湖南分行行长郭德秋和岳阳市长盛荣华、岳阳市副市长宋爱华及香港地区客商、乡友代表共100余人参加了活动。

6月3日，岳阳市委副书记李志坚、岳阳市人大常委会副主任陈志莲、岳阳市政协副主席万岳斌到临港新区督查调研土地依法征收“百日攻坚”行动进展情况。

6月11日，岳阳市委副书记、市长候选人刘和生来到临港新区考察调研。岳阳市政府秘书长谈正红陪同。

6月19日，岳阳市委书记盛荣华深入临港新区调研并主持召开全市口岸经济发展战略推进会，研究部署“一区一港四口岸”建设运营工作，这标志着新增长极建设“621”行动正式拉开大幕。岳阳市领导刘和生、李志坚、李湘岳、赖社光、陈奇达、樊进军、张作坤、向伟雄、陈国荣、宋爱华、陈恢清、方争奇等出席。

6月23日，岳阳市委常委、政法委书记向伟雄来到临港新区，主持召开土地依法征收“百日攻坚”推进会。

6月29日，中国仓储协会第十届仓储业大会在岳阳市召开。本届大会以“互联网思维引导仓储业转型升级”为主题，与第七届中国保税物流发展论坛合并召开。会议期间，全体与会代表参观考察了临港新区。

6月29日，省委常委、省委统战部部长李微微在临港新区调研时指出，全力支持港区发展就是落实省委、省政府的决策部署，省市两级要联动发力，把认准的事情抓在手上，落到实处，久久为功，推动港区开放发展、绿色崛起。

7月1日，受省委、省政府委托，岳阳市委书记盛荣华赴北京拜会中交集团，就加快湖南城陵矶国际港务集团资产重组工作，进一步深化交流合作进行商讨。岳阳市委副书记李志坚、岳阳市副市长陈恢清和市政府秘书长谈正红等一同前往。

7月16日，中部地区首个汽车整车进口口岸——岳阳城陵矶汽车整车进口口岸，顺利通过海关总署、商务部、国家发改委、国家质检总局、工业和信息化部等国家五部委联合验收组的正式验收。

7月27日至29日，岳阳市委书记盛荣华、岳阳市长刘和生等率队赴京，就中粮城陵矶产业园等一批重大项目与中粮集团等企业进行对接。

8月20日，“一区一港四口岸”大招商行动推进会在城陵矶新港区召开。市委书记盛荣华强调，落实责任，精准发力，强力推进“1131”工作措施，迅速掀起“一区一港四口岸”大招商行动的新高潮。岳阳市委副书记、市长刘和生主持，岳阳市领导李志坚、樊进军、陈国荣、宋爱华、刘晓英、方争奇和市政府秘书长谈正红出席。

8月20日，岳阳市今年第一批重大项目集中开工仪式在城陵矶新港区举行。岳阳市委书记盛荣华宣布项目正式开工，岳阳市委副书记、市长刘和生做工作部署，岳阳市委副书记李志坚主持，岳阳市市级领导李湘岳、赖社光、陈奇达、樊进军、宋爱华、唐文发、张益民和市政府秘书长谈正红等出席。

8月27日，国家发改委地区经济司副司长于合军率队来我市就创建产城融合示范区情况展开调研。岳阳市委副书记李志坚陪同。

8月30日，城陵矶新港区与黑龙江恒阳集团合作项目签约仪式举行。岳阳市委副书记李志坚，岳阳市人大常委会副主任陈国荣，岳阳副市长宋爱华，岳阳市政协副主席方争奇，恒阳集团董事长陈阳友等参加签约仪式并见证签约。

9月1日，省委常委、常务副省长陈肇雄来岳阳考察长江经济带和洞庭湖生态经济区建设。岳阳市委书记盛荣华，岳阳市委副书记、市长刘和生，岳阳市领导陈奇达、樊进军，经开区工委书记王小中和岳阳市政府秘书长谈正红等参加考察或出席座谈会。

9月6日，岳阳市委副书记、临港产业新区第一书记李志坚先后主持召开城陵矶综合保税区、汽车整车进口口岸、岳阳海吉星冷链物流和农贸物流园项目建设调度会，就加快推进项目建设进行调度部署。

9月30日，岳阳市委副书记李志坚主持召开城陵矶新港区项目建设调度会，要求以严实的精神、严实的举措、严实的作风，分秒必争狠抓项目建设，确保圆满完成全年任务。

10月11日至12日，长江流域园区与产业合作对接会在上海国际展览中心举行。湖南城陵矶新港区作为湖南省唯一园区参与本次对接会和园区主题展览。岳阳市副市长宋爱华以及相关部门负责人作为我市代表出席本次对接会开幕式及一系列活动，并参与巡展。

10月14日，岳阳市委副书记李志坚主持召开第一次“一区一港四口岸”大招商行动调度会。岳阳市人大常委会副主任陈国荣，市政协副主席刘晓英等参加。

10月20日，岳阳海吉星项目推进座谈会召开，研究讨论项目建设推进情况。副市长宋爱华出席会议，世界批发市场联合会荣誉主席马克先生，深圳农产品股份有限公司及临港产业新区等部门负责人参加。

10月23日，湖南城陵矶“一区一港四口岸”专题招商推介会在澳门特别行政区举行，岳阳市委副书记、市长刘和生亲自上阵，宣传推介岳阳独特的优势、产业发展态势以及合作项目，诚邀澳门及海内外客商及游客来岳阳投资兴业、观光休闲。岳阳市领导宋爱华、方争奇，澳门贸易投资促进局主席张祖荣及近百名客商参会。

10月27日，岳阳市人大常委会组织十二届全国人大代表岳阳小组代表，围绕岳阳市港口经济发展情况开展专题调研，游劝荣、李湘岳、李华、刘德辉、杨莉等5名全国人大代表参加。岳阳市委书记盛荣华，岳阳市委副书记、市长刘和生陪同考察或参加汇报会。

10月30日，岳阳市委书记盛荣华赴上海拜会上港集团董事长陈戌源，双方就加快湖南城陵矶国际港务集团运营，实现良性发展，打造长江中游港航龙头企业达成共识。岳阳市委常委、市委秘书长樊进军，岳阳市副市长陈恢清和上港集团高管等参加会谈。

11月6日，岳阳市委副书记李志坚主持召开城陵矶综合保税区预验收责任分解工作会议。岳阳市副市长宋爱华参加。

11月15日，岳阳本土江海轮船队——岳阳港澳船务有限公司3000吨级“岳港017”集装箱江海轮从城陵矶启航开往香港，与11月10日在香港正式启航的5000吨级集装箱江海轮“岳港018”实现对开直航，标志着岳阳自己的江海直达船队正式首发，结束了城陵矶口岸至港澳直航依靠外地船舶的被动局面，开启岳阳新的航运史。

11月22日，一批12吨原产自新西兰的冻绵羊腿肉由岳阳城陵矶口岸直接进口，经检验检疫合格后投入湖南本地市场。这是城陵矶进口肉类指定口岸获批运营以来，首次进口羊肉产品。

11月23日，城陵矶综合保税区（一期）预验收纪要签署仪式在城陵矶新港区举行。预验收工作组通过现场实地预验收和评审后宣布：城陵矶综合保税区（一期）1.28平方公里区域范围的基础和监管设施，符合海关特殊监管区域基础和监管设施标准，符合国家有关法律法规要求，通过预验收。

11月30日，质检总局正式批复同意岳阳城陵矶港开展香港直航进口固体废物原料检验检疫业务。

12月8日，岳阳市2015年重大项目集中竣工仪式在城陵矶新港区举行。岳阳市委书记盛荣华宣布项目竣工，市委副书记、市长刘和生作工作部署。

12月10日，中粮集团董事长宁高宁一行来岳考察，并出席中粮岳阳城陵矶产业园建设项目签约仪式。

12月10日，岳阳市委常委、副市长唐道明率党风廉政建设检查组来到城陵矶新港区，检查考核党风廉政建设“两个责任”落实情况。

12月11日，《岳阳市现代物流业发展规划》和《湖南城陵矶物流园区总体规划》专家评审会在城陵矶新港区召开。专家评审组由国家发改委综合运输研究所所长汪鸣、中国物流与采购联合会、华融证券及省发改委、省商务厅等相关部门负责人组成。

12月22日，由国家海关总署牵头，国家发展改革委、财政部、国土资源部、住房城乡建设部、商务部、税务总局、工商总局、质检总局、外汇管理局等10部委组成的联合验收工作组，对岳阳城陵矶综合保税区（一期）项目进行正式验收。经实地查验和综合评审，验收组一致认为，岳阳城陵矶综合保税区（一期）范围内的基础和监管设施符合《海关特殊监管区域基础和监管设施验收标准》，同意通过正式验收。

12月30日，随着岳阳市委书记盛荣华一声令下，首批36辆平行进口汽车到岸，开创了我国中部地区转关进口平行汽车的先河。

政策法规篇

湖南省第十二届人民代表大会常务委员会公告

（第 37 号）

《湖南省实施〈中华人民共和国城乡规划法〉办法》于 2015 年 12 月 4 日经湖南省第十二届人民代表大会常务委员会第十九次会议通过，现予公布，自 2016 年 5 月 1 日起施行。

湖南省人民代表大会常务委员会
2015 年 12 月 4 日

湖南省实施《中华人民共和国城乡规划法》办法

（2015 年 12 月 4 日湖南省第十二届人民代表大会常务委员会第十九次会议通过）

第一章　总 则

第一条　根据《中华人民共和国城乡规划法》，结合本省实际，制定本办法。

第二条　本省行政区域内制定、修改和实施城乡规划、在规划区内进行建设及其监督管理，应当遵守本办法。

第三条　本办法所称城乡规划，包括城镇体系规划、城市规划、镇规划、乡规划和村庄规划。

城镇体系规划，分为省域城镇体系规划、设区的市和自治州域城镇体系规划、县（市）域镇区（集镇）布局规划、跨行政区域城镇体系规划。

城市规划，分为总体规划、专项规划和详细规划。详细规划，分为控制性详细规划和修建性详细规划。县人民政府所在地的规划（以下称县城规划）按照城市规划的要求制定。

镇规划，分为镇域村镇布局规划、镇区规划和集镇规划；乡规划分为乡域村镇布局规划和集镇规划。镇区规划和集镇规划应当达到控制性详细规划的深度。

第四条　城市、县城、镇、乡应当制定城市规划、县城规划、镇规划、乡规划。

镇（乡）域村镇布局规划确定需要制定规划的村庄，应当制定村庄规划；村庄规划可以以建制村为单元制定或者多个村庄联合制定。鼓励其他村庄制定村庄规划。

在城市总体规划、县城总体规划确定的规划建设用地范围以内的镇、乡、村庄的部分区域，不再纳入相应的镇规划、乡规划、村庄规划的规划范围；在镇区规划和集镇规划确定的规划建设用地范围以内的村庄的部分区域，不再纳入相应的村庄规划的规划范围。

第五条　县级以上人民政府应当将城乡规划的编制和管理经费纳入本级财政预算；镇规划、乡规划、村庄规划的编制经费，上级财政应当予以保障。

第六条　县级以上人民政府城乡规划主管部门负责本行政区域内的城乡规划管理工作。其中，设区的市的城市规划区内的城乡规划工作由市人民政府城乡规划主管部门直接管理。城市、县人民政府城乡规划主管部门的派出机构按照规定职责承担有关城乡规划管理工作。

镇、乡人民政府依法承担城乡规划管理职责，并确定相关机构和人员负责具体工作。城市、县人民政府城乡规划主管部门可以将其职权范围内的镇、乡、村庄规划管理具体事务委托镇、乡人民政府实施。

县级以上人民政府其他有关部门应当按照各自职责，做好城乡规划管理的相关工作。

第二章　城乡规划的制定和修改

第七条　省域城镇体系规划，由省人民政府组织编制，报国务院审批。

设区的市域城镇体系规划以及县（市）域镇区（集镇）布局规划纳入相应的城市总体规划、县城总体规划一同编制、审批。自治州域城镇体系规划由自治州人民政府组织编制，报省人民政府审批。

跨设区的市、自治州行政区域的区域城镇体系规划，由省人民政府城乡规划主管部门会同有关设区的市、自治州人民政府组织编制，报省人民政府审批。跨县级行政区域的区域城镇体系规划，由设区的市、自治州人民政府组织编制，报省人民政府审批。

第八条 设区的市的总体规划，由城市人民政府组织编制，报省人民政府审批；其中，长沙市和国务院确定的城市的总体规划，经省人民政府审查同意后报国务院审批。县城总体规划和其他城市总体规划，由县（市）人民政府组织编制，经上一级人民政府审查同意后，报省人民政府审批。城市总体规划、县城总体规划应当包括城市设计的内容，明确城市设计导则。

镇（乡）域村镇布局规划、集镇规划和村庄规划，由镇、乡人民政府组织编制，报城市、县人民政府审批；镇区规划由镇人民政府组织编制，经县（市）人民政府审查同意后，报设区的市、自治州人民政府审批。

第九条 城镇体系规划、城市总体规划、县城总体规划在报送审批前，应当先经本级人民代表大会常务委员会审议，规划组织编制机关应当对常务委员会组成人员的审议意见进行研究处理，并报告处理情况。

镇规划、乡规划在报送审批前，应当先经镇、乡人民代表大会审议。镇、乡人民政府应当对代表的审议意见进行研究处理，并报告处理情况。

村庄规划在报送审批前，应当经村民会议或者村民代表会议讨论，镇、乡人民政府应当对村民的讨论意见进行研究处理。

第十条 交通、水利、电力、燃气、通信、给排水、环境卫生、绿化、消防、人民防空、住房保障、医疗、教育、文化、体育等专项规划由城市、县人民政府城乡规划主管部门会同有关部门组织编制，报城市、县人民政府审批。各类专项规划的内容应当相互衔接，符合总体规划。

专项规划的分类、内容和深度要求等技术规范，由省人民政府城乡规划主管部门会同有关部门制定。

第十一条 城市、县人民政府城乡规划主管部门应当对城市总体规划、县城总体规划确定的规划建设用地范围，划定规划控制单元。专项规划应当对规划控制单元提出明确的规划要求，控制性详细规划应当在空间上落实专项规划。

第十二条 城市、县人民政府城乡规划主管部门应当依据总体规划以及专项规划，组织编制控制性详细规划，报城市、县人民政府审批，并自批准之日起二个月内报同级人民代表大会常务委员会和上一级人民政府备案。

省级以上产业园区控制性详细规划由所在地城市、县人民政府城乡规划主管部门会同产业园区管理机构组织编制，经城市、县人民政府审查同意后，报省人民政府审批。

未经依法批准的控制性详细规划，不得作为实施建设项目规划许可的依据。

第十三条 重要地块的修建性详细规划可以由城市、县人民政府城乡规划主管部门组织编制，也可以在建设用地规划条件中明确由建设单位编制；由建设单位编制的修建性详细规划应当报城市、县人民政府城乡规划主管部门备案。

重要地块应当在控制性详细规划中确定。修建性详细规划应当符合控制性详细规划。

第十四条 经省人民政府认定的省级历史文化名城、名镇、名村、历史文化街区的保护规划，由所在地城市、县人民政府负责组织编制，报省人民政府审批。

历史文化名城、名镇、名村核心保护范围的详细规划由所在地城市、县人民政府城乡规划主管部门组织编制，报同级人民政府审批。

第十五条 规划组织编制机关应当组织有关部门、公众代表和专家对规划实施情况进行评估，并采取座谈会、论证会或者听证会等方式征求公众意见。城市总体规划、县城总体规划实施情况每三年评估一次，城镇体系规划和镇规划、乡规划实施情况每五年评估一次。

第十六条 城镇体系规划、城市总体规划、县城总体规划有《中华人民共和国城乡规划法》规定需要修改情形的，规划组织编制机关应当依法组织修改。

有下列情形之一的，规划组织编制机关应当按照法定的权限和程序对专项规划、控制性详细规划做出修改：

（一）所依据的规划修改后确需修改的；

（二）因国家或者省批准的重大基础设施、公共服务设施、防灾减灾等工程项目确需修改的；

（三）经评估论证、城乡规划委员会审议同意确需修改的。

依法需要修改镇规划、乡规划和村庄规划的，规划组织编制机关应当向原审批机关提出申请，获得批准后，依法组织修改。

第十七条 修改城镇体系规划、城市总体规划、县城总体规划、专项规划、控制性详细规划和镇规划、乡规划前，规划组织编制机关应当对原规划的实施情况进行评估总结，并向原审批机关提出专题报告，经同意后，方可编制修改方案。修改方案应当按照原审批程序报批。

第十八条 城市规划、县城规划的制定和修改应当注重地下空间开发利用，对防灾减灾、人民防空、综合交通、公共服务、防洪排涝、市政管线、文物保护等设施以及其他地下建筑物、构筑物进行统筹安排。

城市规划和县城规划应当包括地下空间的开发战略、规划目标、重点地区建设范围、平面布局等内容。

城市、县人民政府城乡规划主管部门应当会同人民防空等有关部门，建立地下空间资源的普查制度，加强地下空间综合管理信息系统建设，及时更新和动态维护地下空间开发利用信息。

城市、县城应当结合新区建设、旧城改造、道路新（改、扩）建，推广建设地下综合管廊。

第十九条 规划组织编制机关应当委托具有相应资质等级的单位承担城乡规划的具体编制工作。专项规划和控制性详细规划的编制和修改工作应当委托非营利性的城乡规划技术机构等单位承担。

第二十条 城乡规划报送审批前，规划组织编制机关应当依法将规划编制的依据、规划文本的主要内容和主要图纸等予以公示，公示时间不得少于三十日。

规划组织编制机关应当采取座谈会、论证会或者听证会等方式听取专家和公众的意见，并在报送审批的材料中附具意见采纳情况以及理由。

城乡规划自批准后二十日内应当向社会公布，公布的内容应当包括规划批准文件、规划文本的主要内容和主要图纸。但是，法律法规规定不得公开的内容除外。

第三章　城乡规划的实施

第二十一条　城市、县人民政府应当与国民经济和社会发展规划同步编制城市、县城的近期建设规划，经同级人民代表大会常务委员会审议，并对常务委员会组成人员的审议意见进行研究处理，将近期建设规划报总体规划审批机关备案。

近期建设规划应当以国民经济和社会发展规划、城市总体规划、县城总体规划、土地利用总体规划为依据，结合城乡发展的实际情况，确定近期控制、引导城乡发展的原则、措施以及实施总体规划的发展重点和建设时序。

第二十二条　城市、县人民政府应当依据近期建设规划制定规划年度实施计划，报同级人民代表大会常务委员会备案。

规划年度实施计划应当与年度投资计划、年度国有土地供应计划相衔接，明确规划年度实施的主要内容，统筹安排城乡基础设施、公共服务设施和中低收入居民住房建设。

第二十三条　以划拨方式提供国有土地使用权的建设项目，建设单位在报送有关部门批准或者核准前，应当向批准或者核准机关的同级人民政府城乡规划主管部门申请核发选址意见书。其中，应当由国务院有关主管部门批准或者核准的建设项目，由省人民政府城乡规划主管部门核发选址意见书。

建设单位申请核发选址意见书，应当持申请文件、地形图、规划选址论证报告等材料，向城乡规划主管部门提出申请。受理申请的机关对符合城乡规划或者相关专业规划的，核发选址意见书。

选址意见书有效期二年，到期未取得建设项目批准或者核准文件的，应当在有效期届满三十日前向原核发机关申请办理延期手续，延长期限不得超过一年。逾期仍未取得建设项目批准或者核准文件的，选址意见书自行失效。

第二十四条　在国有土地上进行建设活动的建设单位或者个人，应当取得城市、县人民政府城乡规划主管部门核发的建设用地规划许可证。建设用地规划许可证应当载明建设用地的位置、范围、面积、用地性质、建设规模等，并附建设用地规划条件、规划用地图件等材料。

以划拨方式提供国有土地使用权的建设项目，建设单位应当持有关部门批准（核准、备案）文件和建设项目选址意见书，向城市、县人民政府城乡规划主管部门申请核发建设用地规划许可证。建设单位在取得建设用地规划许可证后，方可向县级以上人民政府土地主管部门申请划拨土地。

以出让方式提供国有土地使用权的建设项目，在国有土地使用权出让前，城市、县人民政府城乡规划主管部门应当依据控制性详细规划，确定出让地块的规划条件，作为国有土地使用权出让合同的组成部分。建设用地规划条件确定后一年内国有土地使用权未出让的，应当由城市、县人民政府城乡规划主管部门重新确定建设用地规划条件。未经城乡规划主管部门确定建设用地规划条件的，国有土地使用权不得出让；建设用地规划条件未纳入国有土地使用权出让合同的，该国有土地使用权出让合同无效。在签订国有土地使用权出让合同后，建设单位或者个人应当持建设项目批准（核准、备案）文件和国有土地使用权出让合同等材料，向城市、县人民政府城乡规划主管部门领取建设用地规划许可证。

建设用地规划许可证有效期二年，到期未取得建设工程规划许可证的，建设用地规划许可证自行失效。

第二十五条　建设用地规划条件应当依据经依法批准的控制性详细规划、镇规划、乡规划确定，并具有下列内容：

（一）用地位置、面积、界限；

（二）用地性质和容积率、建筑高度、建筑密度、绿地率等土地开发强度指标；

（三）周边建设和环境保护、安全设施要求；

（四）配套设施要求及其具体建设时序；

（五）地下空间开发利用要求；

（六）该地块的城市设计相关要求；

（七）法律法规规定的其他内容。

第二十六条　在国有土地上进行建设活动的建设单位或者个人，应当取得城市、县人民政府城乡规划主管部门核发的建设工程规划许可证。建设工程规划许可证应当载明建设项目位置、建设规模和使用功能等内容，并附经审定的建设工程设计方案的总平面图。

建设单位或者个人申请办理建设工程规划许可证，应当持项目批准（核准、备案）文件、使用土地的有关证明文件，以及经审定的建设工程设计方案等材料，向城乡规划主管部门提出申请。需要编制修建性详细规划的，还应当提交修建性详细规划。受理申请的机关对符合控制性详细规划和建设用地规划条件的，核发建设工程规划许可证。

受理申请的机关应当在建设项目开工前组织定位、放线；其基础、管线等隐蔽工程完工后，应当组织验线。受理申请的机关应当依据修建性详细规划审定建设工程设计方案的总平面图，并予以公布；申请人应当在建设项目施工现场或者其他显著地点设置建设工程规划许可公告牌，载明建设工程规划许可的主要内容和图件。公告内容应当真实、有效。

未取得建设工程规划许可证的，建设主管部门不得办理施工审批手续。

建设工程规划许可证有效期一年，到期未取得施工许可证的，应当在有效期届满三十日前向原核发机关申请办理延期手续，延长期限不得超过一年。逾期仍未取得施工许可证的，建设工程规划许可证自行失效。

第二十七条　建设单位或者个人应当按照建设用地规划条件和规划许可的内容进行建设，不得擅自变更。确需变更的，应当向城乡规划主管部门提出申请。受理申请的机关应当依法将批准的建设用地规划条件和规划许可的变更内容予以公布；申请人应当在施工现场公布经批准的建设用地规划条件和规划许可的变更内容。变更内容不符合控制性详细规划的，城乡规划主管部门不得批准。

对以出让方式提供国有土地使用权的住宅、商业、办公类建设项目，除公共利益需要外，申请变更建设用地规划条件涉及改变土地使用性质、提高容积率、降低绿地率、减少公共服务设施和基础设施配套的，城乡规划主管部门不得批准。

第二十八条 在城市、县城、镇区、集镇的规划建设用地范围内集体土地上，进行乡镇企业、乡村公共设施和公益事业建设以及农村村民住宅建设的，应当符合城市规划、县城规划、镇区规划、集镇规划，建设单位或者个人应当向城市、县人民政府城乡规划主管部门申请核定建设用地规划条件，并按照本办法第二十六条的规定办理建设工程规划许可证。

第二十九条 村庄的规划和建设，应当从农村实际出发，体现地方特色，合理布局，节约用地，保护耕地、自然生态环境和历史文化资源，尊重村民意愿，发挥村民自治组织的作用，改善农村生产、生活条件。

第三十条 在村庄集体土地上进行乡镇企业、乡村公共设施和公益事业建设的，建设单位或者个人应当持建设工程设计方案、村民委员会书面意见等材料向镇、乡人民政府提出申请，由镇、乡人民政府提出审查意见，报城市、县人民政府城乡规划主管部门核发乡村建设规划许可证。

在村庄规划区内进行农村村民住宅建设的，申请人持宅基地批准文件或者宅基地使用证明、户籍原件、村民委员会书面意见、住宅建设工程设计方案或者政府提供的通用设计图等材料，报所在地镇、乡人民政府审批，核发乡村建设规划许可证；需占用农用地的，申请人应当依法办理农用地转用审批手续，由镇、乡人民政府提出审查意见，报城市、县人民政府城乡规划主管部门审批，核发乡村建设规划许可证。

乡村建设规划许可证应当载明建设项目位置、建设范围、建设规模和主要功能等内容，并附经审定的住宅建设工程设计方案。

乡村建设规划许可证有效期一年，到期未取得用地审批手续的，应当在有效期届满三十日前向原核发机关申请办理延期手续，延长期限不得超过一年。逾期仍未取得用地审批手续的，乡村建设规划许可证自行失效。

第三十一条 临时建设应当办理规划审批手续，但建设项目用地范围内因施工需要的临时建设除外。临时用地应当经城市、县人民政府城乡规划主管部门审查同意。

临时建设规划批准文件应当载明临时建设的使用性质、使用期限及其他相关内容，并附经审定的建设工程设计方案。申请人自取得临时建设规划批准文件之日起三十日内未进行建设的，临时建设规划批准文件自行失效。

第三十二条 有下列情形之一的，城市、县人民政府城乡规划主管部门不得办理临时建设规划审批手续：

（一）历史文化名镇、名村核心保护范围和历史文化街区内；

（二）影响近期建设规划、控制性详细规划实施的；

（三）影响道路交通、公共安全、市容市貌或者其他公共利益的；

（四）侵占绿地、水面和广场、公共停车场等公共活动场地的；

（五）侵占电力、通信、人防、气象观测、防洪保护区域或者压占城市地下管线的；

（六）法律法规禁止的其他情形。

第三十三条 临时建设不得超过二层且高度不超过十二米，使用期限不得超过二年。临时建设因特殊情况需要延长使用期限的，经原批准机关批准，可以延长一次，但延长期限不得超过二年。延期申请应当在使用期限届满前三十日内提出。

临时建设使用期限届满，或者因城乡规划建设需要，原批准机关通知提前拆除的，使用人应当自届满之日或者接到通知之日起十五日内自行拆除并清理场地。因施工需要的临时建设，应当在建设工程用地范围内全部建设工程申请规划核实之前拆除。

临时建设使用期限未满，因城乡规划建设需要提前拆除造成损失的，依法给予补偿。

第三十四条 临时建设使用期限内，建设单位或者个人应当在临时建设的显著位置设置标牌，载明批准机关和使用期限。

第三十五条 地下空间与地面建设工程一并开发利用的，应当与地面建设工程一并办理规划审批手续；独立开发利用地下空间的建设项目，应当单独办理规划审批手续。

任何单位和个人未经批准，不得擅自开挖建筑底层空间，不得擅自改变经规划许可确定的地下空间的使用功能、高度、层数和面积。

第三十六条 转让以出让方式取得的国有土地使用权的，转让方、受让方应当持转让合同等材料向城市、县人民政府城乡规划主管部门申请变更建设用地规划许可证。转让国有土地使用权不得改变原建设用地规划条件。

第三十七条 分期建设的建设项目，应当分期向城市、县人民政府城乡规划主管部门申请办理建设工程规划许可证。城市、县人民政府城乡规划主管部门应当审查确定各期建设的建设用地规划条件、内容和范围，分期核发建设工程规划许可证。

分期建设的建设项目，应当符合修建性详细规划、建设工程设计方案的总平面图。同一建设期的建设内容应当包括相应的配套设施和绿地。

第三十八条 城市、县人民政府城乡规划主管部门应当对建设项目是否符合建设用地规划条件和修建性详细规划、经审定的建设工程设计方案予以核实。未经核实或者经核实不符合的，建设单位不得组织竣工验收，不得交付使用；不动产登记机构不得办理权属登记手续。

镇、乡人民政府应当对农村村民住宅建设是否符合乡村建设规划许可证予以核实。未经核实或者经核实不符合的，不动产登记机构不得办理权属登记手续。

第三十九条 房屋权属证书记载的用途应当符合建设工程规划许可证或者乡村建设规划许可证载明的使用性质。

第四十条 建设项目规划审批机关在实施建设项目规划管理时，可以委托具有相应资质的城乡规划编制单位、建设工程勘察单位、建设工程设计单位等提供技术审查服务，其提出的审查意见应当作为建设项目规划管理的依据。

城乡规划编制单位应当依据国家和省有关技术标准和规范计算规划技术经济指标，并对指标的合法性、真实性、准确性负责。

建设工程勘察单位在开展建设工程勘测、放样和竣工测量时，应当遵守国家和省有关工程测量技术规范、程序的规定，并对勘察成果的真实性、准确性负责。

建设工程设计单位应当依据建设用地规划条件和修建性详细规划、经审定的建设工程设计方案进行工程设计。

第四章　监督检查

第四十一条　城市、县人民政府应当每年向本级人民代表大会常务委员会和上一级人民政府专项报告规划年度实施计划的实施情况。本级人民代表大会常务委员会对规划年度实施计划的实施情况进行审议，审议意见交由本级人民政府研究处理。本级人民政府应当将研究处理情况向本级人民代表大会常务委员会报告。必要时，本级人民代表大会常务委员会可以对规划实施专项工作报告做出决议；本级人民政府应当在决议规定的期限内将执行决议的情况向本级人民代表大会常务委员会报告。

第四十二条　省、城市、县人民政府及其城乡规划主管部门应当建立健全城乡规划监管制度，对城乡规划的编制、审批、实施、修改等活动进行指导和监督。

省人民政府应当建立城乡规划督察制度，加强对城市、县人民政府城乡规划工作的监督检查。

第四十三条　各级人民政府应当加强对本行政区域内违法建设防控和处置工作的领导，建立健全违法建设防控和处置工作体制机制，督促有关部门依法履行违法建设防控和处置工作职责。

第四十四条　城市、县人民政府城乡规划主管部门和镇、乡人民政府应当建立对建设活动的日常巡查制度，落实建设项目验线、施工现场跟踪检查、建设用地规划条件核实等管理措施。发现违法建设的，应当责令当事人停止建设；当事人拒不停止建设的，城市、县人民政府应当责成有关部门采取拆除继续建设部分的措施。

对于依法应当由其他部门处置的违法建设，城市、县人民政府城乡规划主管部门或者镇、乡人民政府应当及时将案件移送有关部门处理。

第四十五条　对无法确定建设单位或者所有人、管理人的违法建设，城市、县人民政府城乡规划主管部门或者镇、乡人民政府应当在报纸、电视、网络等公共媒体和违法建设现场发布公告，督促建设单位或者所有人、管理人依法接受处理，公告期限不得少于六十日。公告期限届满，建设单位或者所有人、管理人仍不申报接受处理的，城乡规划主管部门或者镇、乡人民政府应当及时报告城市、县人民政府，由城市、县人民政府责成有关部门予以拆除或者没收。

第四十六条　城乡规划主管部门违反本办法规定做出规划许可的，上级人民政府城乡规划主管部门或者本级人民政府有权责令其撤销或者直接撤销该规划许可。

镇、乡人民政府违反本办法规定做出规划许可的，城市、县人民政府可以责令其撤销或者直接撤销该规划许可。

因撤销规划许可给当事人合法权益造成损失的，应当依法给予赔偿。

第五章　法律责任

第四十七条　违反本办法规定，未取得建设工程规划许可证或者未按照建设工程规划许可证的规定进行建设的，由城市、县人民政府城乡规划主管部门或者镇、乡人民政府责令停止建设，当事人应当自接到停止建设通知书之日起立即停止建设；尚可采取改正措施消除对规划实施影响的，限期改正，处建设工程造价百分之五以上百分之十以下的罚款；无法采取改正措施消除影响的，限期拆除，不能拆除的，没收实物或者违法收入，可以并处建设工程造价百分之十以下的罚款。

有下列情形之一的，属于前款规定的无法采取改正措施消除影响的情形：

（一）未依法取得建设工程规划许可证，且不符合控制性详细规划的强制性内容或者超过建设用地规划条件确定的容积率、建筑高度、建筑密度的；

（二）超过建设工程规划许可证确定的建筑面积（计算容积率部分）或者建筑高度，且超出合理误差范围的；

（三）在已竣工验收的建设项目用地范围内擅自新（改、扩）建，或者利用建设项目擅自新（改、扩）建的；

（四）存在建筑安全隐患、影响相邻建筑安全，或者导致相邻建筑的通风、采光、日照无法满足国家和省有关强制性标准的；

（五）侵占现状以及规划确定的道路、消防通道、广场、公共绿地、河湖水面、地下工程、轨道交通设施、通讯设施或者压占城市管线、永久性测量标志等公共设施、公共场所用地的；

（六）其他应当认定为无法采取改正措施消除影响的。

第四十八条　违反本办法规定，未取得乡村建设规划许可证或者未按照乡村建设规划许可证的规定进行建设的，由城市、县人民政府城乡规划主管部门或者镇、乡人民政府责令停止建设，限期改正，当事人应当自接到停止建设通知书之日起立即停止建设，并在十五日内采取改正措施，消除对规划实施的影响；对逾期不改正或者无法采取改正措施消除影响的，可以责令限期拆除。

第四十九条　违反本办法规定，单位或者个人未经批准或者未按照批准内容进行临时建设的，由城市、县人民政府城乡规划主管部门发出责令停止建设通知书，当事人应当自接到停止建设通知书之日起立即停止建设，并在十五日内自行拆除；临时建设超过批准使用期限不自行拆除的，责令当事人自接到拆除通知书之日起十五日内自行拆除。在十五日内不自行拆除的，可以并处临时建设工程造价的百分之三十以上一倍以下的罚款。

第五十条　违反本办法规定，城市、县人民政府城乡规划主管部门或者镇、乡人民政府做出责令限期拆除的决定后，当事人逾期不拆除的，建设工程所在地城市、县人民政府可以责成有关部门采取查封施工现场、强制拆除等措施。

第五十一条　各级人民政府及其城乡规划主管部门和其他有关部门违反本办法规定，对直接负责的主管人员和其他直接责任人员依法给予处分；构成犯罪的，依法追究刑事责任。

第五十二条　违反本办法其他规定，有关法律法规规定处罚的，从其规定。

第六章　附　则

第五十三条　本办法自 2016 年 5 月 1 日起施行。2009 年 9 月 27 日湖南省第十一届人民代表大会常务委员会第十次会议通过的《湖南省实施〈中华人民共和国城乡规划法〉办法》同时废止。

湖南省人民政府
关于推进创新创业园区发展加快实施“135”工程的意见

（湘政发〔2015〕2号）

各市州、县市区人民政府，省政府各厅委、各直属机构：

为促进创新、推动创业，现就大力推进创新创业园区发展、加快实施“135”工程提出以下意见：

一、发展目标

2015年、2016年，立足现有省级以上园区，着力实施创新创业园区发展“135”工程：重点扶持100个布局合理、优势突出的创新创业园区，新建3000万平方米以上统一规划、功能配套的标准厂房，引进5000家以上创新能力强、成长性好的创新创业企业。着力打造一批标准厂房、美丽园区、精准管理的示范试点，切实走出一条工业兴县、园区兴工、企业兴园、创新兴企的新路子，努力实现“一年起步、两年建成、三年运行”的整体目标。

二、基本原则

（一）坚持高效集约原则，突出以标准厂房为平台。通过标准厂房的集中建设和充分使用，有效避免“圈地”现象，促进土地节约集约利用；有效缩短项目建设落地周期，促进企业快速投产达效；有效降低企业成本，增强园区招商引资竞争力，构筑“筑巢引凤”的开放新格局。

（二）坚持市场导向原则，突出以民营经济为重点。通过市场化改革的深入推进，促进园区发展由政府主导向市场主导转型，政府职能由开发建设向公共服务转型。鼓励以工业地产的方式，实现建设主体和招商主体市场化，建立以民营经济为主的多元化投入新机制。

（三）坚持转型发展原则，突出以创新创业为特色。坚持因地制宜、结合地方特色，大力引进创新创业型企业，通过创新推动更高层次创业、通过创业带动更广领域就业，打造园区经济升级版。加快形成一批配套齐全、规模适度、“两型”发展的新型园区，加快建立一批机制科学、管理完善、运作高效的服务平台，促进创新智慧充分涌流、创业活力充分迸发，形成万众创新、大众创业的发展新局面。

三、保障措施

（一）加强组织领导。省人民政府建立省创新创业园区工作联席会议制度，由省人民政府常务副省长任总召集人，分管工业、商务工作的副省长任召集人，省发改委、省科技厅、省经信委、省财政厅、省人力资源社会保障厅、省国土资源厅、省环保厅、省住房城乡建设厅、省农委、省商务厅、省工商局、省政府金融办等单位为成员单位。联席会议负责协调、解决创新创业园区建设中的项目安排、监督考核等重大问题。联席会议办公室设省发改委，承担联席会议日常工作。各市州要加强对创新创业园区工作的组织领导，建立健全工作机制，理顺工作关系，形成分工协作、齐抓共管的工作格局。

（二）加大财政扶持力度。省本级安排专项资金，按照“谁投资、补偿谁”的原则，采取以奖代补、滚动扶持、差异补贴的方式，通过竞争性立项，对标准厂房建设给予适当奖励性补助。各级财政相应加大地方配套支持力度。

（三）加大金融扶持力度。鼓励和引导各类金融机构加大对创新创业园区建设项目的融资支持力度。向入驻企业提供法人按揭贷款服务。建立多元化企业贷款担保体系，扩大企业贷款担保规模。加强银企合作，开展多形式的银企洽谈会。搭建全省性融资平台，积极吸纳国家开发银行等政策性、商业性专项贷款。引导省内外风险投资，为创新创业园区提供优质服务。

（四）加大用地扶持力度。按规定开展开发区土地集约利用评价工作，加强园区用地现状调查和评估，有效盘活利用闲置土地，提高土地利用效率。各地对园区标准厂房建设用地指标要优先予以保障，土地供应可以将标准厂房建设要求作为招拍挂出让的条件。标准厂房建设期间不得转让土地使用权，建成后允许对标准厂房占用的土地进行分割发证，但严禁改变功能用途。鼓励对标准厂房建设用地采用“先租后让、租让结合”的供地方式。

（五）营造良好环境。着力加快园区管理标准化、企业化和去行政化步伐，建立与新型工业化相适应的新型园区管理体系。着力推进简政放权，做到优惠政策率先在园区实行、行政审批率先在园区简化、办事效率率先在园区提速。切实加强各类公共服务平台建设，着力完善配套基础设施，加大创业扶持，全力落实创业投资、科技创新、融资担保、贷款贴息、养老保险缴费费率试点等方面的优惠政策。注重人才保障，大力推进企业家队伍建设，创造条件积极吸引营销、科研、技工人才入园。

四、监督考核

建立全省创新创业园区和标准厂房建设目标管理和绩效考核体系。由省创新创业园区工作联席会议办公室牵头，对全省创新创业园区和标准厂房建设情况实行通报，对建设质量实行评审，对建设绩效实行奖惩。

湖南省人民政府

2015年1月15日

湖南省人民政府办公厅关于加快实施“气化湖南工程”的意见

（湘政办发〔2015〕3号）

各市州、县市区人民政府，省政府各厅委、各直属机构：

为推进湖南能源发展战略实施，充分调动投资主体积极性，促进天然气输气管网投资和运营的可持续发展，降低经济欠发达地区用气价格，培育发展天然气消费市场，确保到2017年全省14个市州中心城市和66个县市通管道天然气，经省人民政府同意，现就加快实施“气化湖南工程”提出以下意见：

一、基本原则

（一）统筹建设，投资多元。以湖南湘投控股集团有限公司（以下简称湘投控股）为主，引进国有和其他社会资本参与，负责全省天然气输气管网的投资、建设、运营和管理。

（二）管网配套，气源同步。按照天然气输气管网自上而下梯度延展的特性，优先建设与国家干线和省内已建支干线相连的管道，同步建设沿线支干线、支线和城市燃气管网，充分发挥管网和气源效益。

（三）科学论证，分步实施。对管道里程长、用气量较小、建设难度大、投资回报低的县市，通过CNG（压缩天然气）或LNG（液化天然气）的方式先期培育市场，再逐步实现管道“气化”。

二、主要目标

到2017年底，力争全省14个市州中心城市和66个县市实现管道“气化”，争取其余县市通过CNG、LNG方式实现“气化”。

三、政策措施

（一）强化组织协调，优化建设环境。为保障项目顺利实施，省“气化湖南工程”指挥部负责协调推进省内天然气输气管网的投资建设，落实年度建设计划，协调中石油、中石化和省直有关部门，指导督促地方政府和相关部门，解决省内天然气输气管网项目实施过程中的困难与问题。各市县建立相应的协调机制，按照省人民政府统一部署和要求，协调督促本级有关部门，落实征地拆迁，依法依规补偿，优化施工环境，确保施工安全和项目进度。相关主管部门和施工单位要重视天然气管道建设规划、设计、施工、验收、监测、控制调度等环节的安全工作，省气化湖南工程指挥部会同省质监等部门制订气化湖南工程建设质量技术安全监督管理实施办法。

（二）明确实施主体，落实建设进度。按照《关于筹备湖南省能源委员会有关问题的会议纪要》（湘府阅〔2014〕48号）要求，湘投控股、湖南省天然气有限公司（以下简称省天然气公司）和湖南省天然气管网有限公司（以下简称省天然气管网公司）要加快推进天然气输气管网项目建设，按建设期限要求抓紧启动前期工作，落实项目建设资金，确保按期开工、投产。对于省天然气公司无法按期开工建设的管网，在合资公司股比不变的情况下，双方共同开展前期工作，由湘投控股先投资代建；对于省天然气公司没有投资意愿的，由湘投控股投资建设与运营。对于省天然气公司和省管网公司都没有投资意愿、经论证确有必要建设的天然气输气管道项目，由湘投控股或其他公司投资建设与运营。

（三）加大资金投入，促进持续发展。天然气输气管网建设三年行动计划工程量大，时间紧、任务重，要充分发挥市场配置资源的决定性作用，更好地发挥政府调控作用。以湘投控股集为主，引进国有和其他社会资本参与，负责全省国家干线分输站以下、城市门户气站以上天然气输气管网的投资、建设、运营和管理。为缓解资金压力、减轻企业负担，使天然气输气管网投资与运营具备可持续发展条件，2014—2016年，省人民政府安排湘投控股一定额度的资本金，作为国有股权投入。2017年以后根据新开工项目资本金比例、项目经济与财务分析情况，再研究注入资本金或者贴息补助等扶持措施。

（四）实施扶持政策，加快项目建设。省内天然气支干线管网建设项目和沿线天然气调峰储气设施项目，纳入湖南省重点建设项目范围，享受省重点建设项目相关扶持政策；优先保障天然气管道和调峰储气设施用地。天然气管道分输站、清管站、阀室、城市门站和调峰储气设施永久用地，按照工业用地出让最低价标准供地，但不得低于实际各项成本费用之和。纳入《湖南省天然气输气管网建设三年行动计划（2015—2017年）》的天然气输气管道项目，项目单位可直接开展核准前的各项前期工作，省直有关部门据此按规定开展项目专项审查，采取打捆审批、并联审批的方式，简化程序，提高效率。鼓励投资主体在项目所在地注册项目公司，营业税及相关费用依法依规属地征收、属地使用，投资按属地原则统计。

（五）规范管输定价，促进市场发展。优化管输价格评价与核定办法，管输费要综合考虑管道和沿线调峰设施建设、运行成本进行核定，鼓励管输企业同步建设调峰设施，提升管道天然气保障能力。统筹考虑政府投资补助、税费减免等政策效应，核减投资成本，降低管输价格，减轻下游用户负担，培养壮大天然气市场。

湖南省人民政府办公厅

2015年1月15日

湖南省人民政府办公厅
关于支持娄底市资源型城市转型发展的实施意见

（湘政办发〔2015〕9号）

各市州人民政府，省政府各厅委、各直属机构：

根据国务院《关于促进资源型城市可持续发展的若干意见》（国发〔2007〕38号）和省人民政府《关于促进资源型城市可持续发展的实施意见》（湘政发〔2012〕20号）等文件精神，经省人民政府同意，现就支持娄底市资源型城市转型发展制定如下实施意见：

一、总体目标

深入贯彻落实党的十八大和十八届三中、四中全会精神，以加快转变经济发展方式为主线，以体制机制创新为动力，统筹推进新型工业化和新型城镇化，加强生态环境保护和治理，切实保障和改善民生，努力构建有利于娄底市资源型城市可持续发展的长效机制。到2017年，娄底市实现地区生产总值达1750亿元，建设成为国家循环经济示范城市、国家资源综合利用“双百工程”示范基地。到2020年，娄底市地区生产总值达2500亿元，资源型城市历史遗留问题基本解决，转型发展任务基本完成，建设成为国家生态文明城市，全面建成小康社会。

二、重点任务

1. *加快产业转型升级*。完善循环经济产业链，推行绿色冶炼，促进源头减量，促进废弃资源综合回收利用；加快煤炭产业循环化改造，提高煤炭采掘、洗选机械化率。积极培育工程机械及零部件、特种汽车及汽车零部件、新能源汽车、矿山机械、农业机械等制造产业，大力发展建材循环经济产业和新金属材料、先进储能材料、先进功能及复合材料、先进陶瓷材料等新材料产业。大力发展生态农业、立体农业、有机农业，推广农业机械化；加强农村清洁生产改造，提高农业资源综合利用率，推广农村节地、节肥、节水，减少农药使用量，建设一批农业循环经济示范基地，促进农产品深加工，延伸产业链。积极发展现代服务业，推进新合作湘中国际物流园、湖南诚通现代物流园等大型物流项目建设，实施新农村现代流通服务网络建设工程，加快发展文化创意、电子商务、会展、服务外包、信息、咨询、健康养老、家政服务等新兴业态。

2. *推进新型城镇化*。加快城乡统筹，积极实施融城战略。优化城乡空间布局，加快中心城区扩容提质，增强其辐射带动功能；因地制宜、稳步有序推进县城和小城镇建设，着力打造一批现代农业大镇、特色工业强镇、商贸物流重镇、文化旅游名镇、生态环境美镇；加强“城中村”和城乡结合部改造。完善城镇公共服务设施，推进公交站场配套设施建设，加强各种交通方式的衔接换乘，构建多功能、多层次、集约型、一体化的城市公共交通网络和高效、通畅、舒适、便捷的新型城市公共交通系统；加强城镇电网、水网、通信、污水和垃圾处理、平战结合的人防工程等综合基础设施建设；推进数字城市、智慧城市建设，提升城市管理信息化水平。加快实施衡邵干旱走廊治理，建设一批骨干水资源配置工程，提高水资源保障能力，为城乡供水安全、农业发展和生态修复提供有力保障。

3. *加强生态修复和环境保护*。抓好退耕还林、植树造林、封山育林、“三边绿化”等生态建设，加强林地、湿地、风景名胜区及锡矿山等生态脆弱地区的保护和修复。加强水污染防治和大气污染治理，扎实推进历史遗留污染的治理，逐步改善饮用水源水质。加强污染耕地治理修复，推进高标准基本农田建设，切实提高耕地质量。建立健全环境问责制，从源头上预防和控制污染排放。加快实施一批重大环保工程，推进锡矿山地区重金属污染治理、资水涟水孙水流域环境综合治理；制定涟钢和冷钢转型升级实施方案，推进周边环境整治，加大无主尾矿库等矿山整治力度，加强地质灾害防治，保障人民群众生命财产安全。

4. *保障和改善民生*。着力落实促进就业鼓励创业的各项政策，推进省级创业型城市建设，重点扶持大学生、农民工等群体创业，促进市民就近就业、自主创业，切实解决就业难题；大力发展劳动密集型产业，加快建设创业孵化基地、小企业创业基地，扶持发展小型微型企业，多渠道增加就业岗位。加强社会公共安全建设，落实安全生产责任制，切实加强煤矿等高危行业和交通安全监管；强化食品、药品、饮用水、餐饮等安全监管，切实保障人民群众生命健康安全；完善气象、水文、地震等监测预警预报体系，提升自然灾害监测预报能力、防御能力和应急救援能力；加强社区建设管理，推进综合执法，化解社会矛盾，打造平安娄底。

5. *创新体制机制*。探索建立生态补偿政策机制，实行“谁开发、谁治理”生态指标动态考核机制；推动企业与企业之间、产业与产业之间政策性排污权交易等生态补偿机制试点；设立自愿碳减排交易中心。加快建立促进产业转型的体制机制，探索建立接续替代产业发展扶持机制、衰退产业转型援助机制，加快产业结构调整和优化升级。深化农业经营体制、土地管理制度、农村金融、水利综合等改革，扎实做好农村土地确权工作，推动建立不动产统一登记制度，破解制约现代农业发展的体制障碍，为农村稳定和发展奠定坚实基础。

三、支持政策

6. *加大用地支持力度*。适度增加新增娄底建设用地年度计划，支持娄底市开展城乡建设用地增减挂钩试点，优先保障两型社会示范区和资源型城市转型项目建设用地。

（责任单位：省国土资源厅）

7. *支持依法开展规划和区划调整。*支持娄底按照法定程序调整城市（县城）总体规划和土地利用规划，将确需在规划范围外选址的重大产业项目纳入规划建设用地范围；根据城市发展需要，建立城市拓展区，并纳入土地利用总体规划。支持娄底依法开展行政区划调整。（责任单位：省国土资源厅、省住房城乡建设厅、省民政厅）

8. *加大省级一般性转移支付补助力度。*均衡性转移支付、县级基本财力保障机制奖补资金等财力性转移支付资金，在分配时向娄底市重点倾斜，帮助提高“保工资、保运转、保民生”基本财力保障能力。加大义务教育、医疗卫生、支农、社会保障和就业等重大基本公共服务一般性转移支付补助力度，促进基本公共服务均等化。积极争取中央资源枯竭城市转移支付资金，省财政每年安排一定补助资金给予配套支持。将娄底市在资源型城市转型发展阶段基本公共服务方面的必要支出需求，纳入县级基本财力保障机制测算范围，在资金分配时给予适当倾斜。在分配中央财政转移支付时向娄底市重点倾斜。（责任单位：省财政厅）

9. *加大基本建设投资支持力度。*省加速推进新型工业化、省培育发展战略性新兴产业、省开放型经济、省基础设施配套建设等省本级有关专项资金向娄底市适当倾斜，支持娄底市符合政策条件的产业发展、基础设施、社会保障、教科文卫等方面项目建设。（责任单位：省发改委、省经信委、省财政厅、省商务厅）

10. *加大生态环境整治支持力度。*支持娄底市创建国家循环经济示范城市，在转移支付、项目布局、金融创新、先行先试等方面予以倾斜。在完成总量减排年度目标任务的前提下，对娄底市符合产业政策、规划定位及法律法规要求的重大项目主要污染物总量指标，在区域污染物削减量或通过排污权交易中给予适当倾斜。加大对娄底市湘江流域重金属污染治理、大气污染防治、矿山综合治理、土地开发整理、生态公益林保护、退耕还林、防护林及小流域治理、水土保持、农田休养生息、石漠化治理、森林防火等项目的支持力度，在国家项目申报和省级专项资金安排上重点倾斜。支持娄底市开展湘江流域重金属污染修复与种植结构调整试点。支持娄底市地质灾害防治，污染耕地修复治理，地质公园和矿山公园申请。在娄底征收的森林植被恢复费和育林基金，按相关政策予以倾斜支持，用于支持娄底生态修复。加大水府庙生态文明建设支持力度，在水府庙库区合理利用区进行“湿地农业综合利用”示范，重点支持库区农业现代化与城乡一体化建设。改善农村人居环境，在农田水利建设、农村危房改造、安全饮水、农村河道综合治理、农村清洁生产、农村土地整治和美丽乡村建设等方面向娄底倾斜。（责任单位：省发改委、省财政厅、省国土资源厅、省环保厅、省农委、省林业厅、省水利厅）

11. *加大金融支持力度。*扩大对娄底的信贷规模，加大对娄底金融优惠政策的倾斜力度；适度提高对娄底循环经型工业贷款的不良贷款容忍度，增强娄底抵御融资风险能力，加大对娄底现代农业、现代服务业的信贷支持力度。完善金融组织体系，支持股份制商业银行在娄底设立分支机构、发起或参与设立村镇银行。支持娄底农村信用社改制组建农村商业银行。支持万宝新区金融集聚区建设。支持娄底“湖南金融生态良好城市”和娄底市各县市区“省级金融安全区”创建。支持开展金融改革创新。支持娄底企业上市融资，支持娄底企业通过发行中小企业私募债等途径进行债券融资。支持在娄底设立钢材、煤炭、锑品等大宗商品期货交割库。支持娄底发行“湖南省娄底市国家循环经济示范城市”专项债券。支持娄底银行业开展土地承包经营权、农民住房财产权、林权抵押贷款试点，扩大抵押担保物范围。支持娄底开展民间融资创新管理试点改革，开展民间借贷登记服务中心试点，规范引导民间借贷行为。支持符合条件的县市区开展农村金融综合改革试点，加快发展新型农村金融机构，积极开展金融扶贫工作。（责任单位：省发改委、省财政厅、省商务厅、省政府金融办、湖南银监局、湖南证监局）

12. *加大接替产业发展扶持力度。*落实相关税费优惠政策，鼓励娄底资源回收利用，发展清洁生产，提高资源产出率和资源利用率。支持娄底工业改造升级，优先支持娄底不锈钢、煤化工、有色金属深加工、汽车零部件、机械制造、环保产业等接续替代产业列入全省产业规划和重大建设项目；支持娄底中心城区加快推进老工业基地调整改造，加大对涟钢和娄星工业集中区的支持力度。支持娄底黑猪、黑米、黑茶、食用菌、中药材及蔬菜等特色产业发展，将其纳入农业综合开发产业化经营项目扶持范围。支持娄底做好黑牛的保护和发展工作；将新化县列入全省新一轮茶叶产业重点布局，享受全省茶叶主产县待遇；将娄底打造成为长株潭城市群重要的蔬菜供应基地。鼓励企业发展集中供气和发电并网，支持娄底在发展沼气集中供气和发电并网方面先行先试。（责任单位：省发改委、省经信委、省财政厅、省农委）

13. *加大服务业发展支持力度。*支持娄底大力发展服务业，增强创新发展驱动，提高服务业比重，在现代物流、健康养老、旅游、文化创意、电子商务、节能环保等方面予以重点倾斜。（责任单位：省发改委、省科技厅、省教育厅、省文化厅、省财政厅）

14. *加大社会事业发展支持力度。*支持娄底开展就业再就业培训工作。鼓励和指导娄底市职业院校和技工院校创造条件争取省级重点项目和专项资金的支持，切实提升职业学院和技工院校服务娄底转型发展的能力；扶持娄底职业学院和技工院校做大做强，支持有条件的中职院校设立养老护理等新兴专业，为养老等居民服务产业发展提供专业人才。支持娄底贫困农村危房整村改造，省直有关部门在实施贫困农村户危房改造整村推进试点时，对娄底国、省贫困县给予重点倾斜。（责任单位：省发改委、省教育厅、省财政厅、省住房城乡建设厅、省人力资源社会保障厅）。

四、组织保障

15. 娄底市人民政府要编制和实施转型发展总体规划及相关专项规划，制定和实施转型发展年度工作方案，统筹用好中央和省级各项政策、资金。省直有关部门要根据自身职能，制定落实具体措施，指导和支持娄底市转型发展。

湖南省人民政府办公厅

2015年1月27日

湖南省人民政府办公厅关于加快推进以农村饮水安全为重点的中小型公益性水利工程建设的意见

（湘政办发〔2015〕13号）

各市州、县市区人民政府，省政府各厅委、各直属机构：

为认真贯彻党的十八届三中全会关于进一步深化行政审批制度改革的精神，经省人民政府同意，现就加快推进以农村饮水安全为重点的中小型公益性水利工程建设提出如下意见：

一、创新建设管理模式

1. 全面实行项目集中管理。按照精简、高效、统一、规范和专业化管理的原则，县级人民政府应全面加强县级水利建设管理中心能力建设，健全管理机制，完善管理制度，全面实行项目集中建设管理，认真履行工程建设期项目法人职责，工程建成后移交运行管理单位。

2. 鼓励创新建设管理模式。具备条件的地区，可以在中小型公益性水利工程建设管理中试行代建制和总承包制，由项目法人通过招标选择专业化的项目建设管理单位（代建单位）或具有总承包资质的单位，负责工程建设。适合村民自建的小型公益性水利工程建设项目，可由项目投资主管部门会同项目所在乡镇确定项目建设村，村民会议或村委会提出项目建设建议，在乡镇人民政府的监督下，组织召开村民代表大会，由村民代表投票选定项目、成立村民理事会或不同形式的合作组织，由理事会或合作组织履行项目法人职责，采用自选、自建、自管、自用方式组织建设。

二、简化前期工作

1. 合理划分审批事权。中小型公益性水利工程，应严格按照《湖南省水利工程建设管理事权划分规定》（湘水办〔2012〕60号）履行审批职责，除跨市州的项目以及国家和省有明确管理办法或审批权限要求的项目外，不得随意变更审批门槛设置审批事项。合并部门审批，建立水行政部门为主，发改、财政共同参与的联合审批机制；杜绝重复审批，项目经相关部门审批后，下级相关部门不再审批和评审，包括不再进行招标前的预算评审。

2. 简化审批事项。中小型公益性水利项目前期工作应按照特事特办、能简则简的原则，进一步依法简化程序，限时办结。新建中小型公益性水利工程原则上简化程序、快速办理，防洪影响评价、水资源论证、水土保持方案、节能评估等相关专题根据国家有关规定，纳入初步设计一并审批；对不属于《文物保护法》和《湖南省文物保护条例》要求范围内的，不需办理相关手续；经查询，用地范围内不压覆矿产资源的、不属于地质灾害易发区的，由国土资源部门依法直接出具证明文件。除险加固、续建配套等其他改扩建中小型水利工程，可根据批复的规划，直接开展初步设计（实施方案）工作，原则上按规定不再编制和审批相关专题。

三、优化施工环境

1. 加强协调配合。县级人民政府应建立由发改、财政、国土资源、水利等相关部门参与的水利工程建设领导协调机制，加强对中小型公益性水利工程建设的组织领导，协调落实工程建设地方配套资金和征地拆迁、移民安置和社会矛盾处理等工程建设相关的重要事项，为工程建设创造良好的外部环境。

2. 强化要素保障。加强农村饮水安全工程等中小型公益性水利项目用地管理，保障项目用地需求，优先列入年度用地计划，确保用地指标落实。坚持依法依规和谐征地拆迁，着力破解征地拆迁难题。

四、加强建设管理

1. 全面落实项目法人责任。中小型公益性水利工程建设项目法人是项目建设的责任主体，对项目建设的全过程负责，对项目的质量、安全、进度和资金管理负总责。

2. 严格执行招标标准程序。中小型公益性水利工程建设项目招标投标的范围、规模标准和程序应严格执行水利部《水利工程建设项目招标投标管理规定》（水利部14号令）、《湖南省实施〈中华人民共和国招标投标法〉办法》和省水利厅《关于印发〈湖南省水利工程建设项目招标投标管理实施办法〉的通知》（湘水办〔2014〕54号）有关规定，各地不得随意调整标准或增加相关程序；符合不招投标条件的，由项目法人自行选择承包单位。

3. 加快施工前期准备。项目法人应在年初做好开工前的各项准备工作，根据批复的初设概算（实施方案）及时编制招标文件，须在省投资计划文或资金文下达十个工作日内发布招标公告。

4. 加快工程建设进度。中小型公益性水利项目应按有利工程尽早动工原则，缩短施工前期准备，加快工程款拨付。各地应按上半年下达计划的项目年底前完工，下半年下达计划的项目在次年3月底前完工的要求，做好施工组织，倒排建设工期，确保如期完成工程建设任务。

5. 加快资金拨付。项目法人根据施工合同按进度付款，工程完工后，财政、审计部门要积极配合，财政部门应缩短评审时间，加快资金拨付，审计部门依法对资金筹集、管理、使用实施审计监督。

6. 严格工程验收。加强验收管理，项目法人和主管部门要按规定做好各阶段验收工作，小型工程可适当简化程序，未经验收或者验收不合格的，不得进行后续工程施工或交付使用。

7. 严格进度考核。水行政部门根据年度目标任务，结合项目建设和资金管理有关要求，定期对中小型公益性工程建设进度和质量进行考核，考核结果直接与后续项目和资金安排、“芙蓉杯”评比挂钩。

8. 落实后期管护制度。研究制定切实可行的管理制度和措施，确保管护费用有稳定的来源渠道；县级水利主管部门对现有供水水源要进行定期排查，加强水源地保护；县级卫生、水务等职能部门要采取定期、不定期抽检的办法，对水厂水质进行抽检，确保供水水质。

湖南省人民政府办公厅

2015 年 2 月 5 日

湖南省人民政府办公厅关于推进公共机构合同能源管理的通知

（湘政办发〔2015〕21 号）

各市州、县市区人民政府，省政府各厅委、各直属机构：

为充分运用市场机制推动公共机构节能工作，更好发挥公共机构节能减排示范效应，促进节能产业发展，经省人民政府同意，现就推进公共机构合同能源管理工作有关问题通知如下：

一、整体要求

（一）指导思想。深入贯彻落实党的十八大和十八届三中、四中全会精神，牢固树立生态文明理念，立足当前，着眼长远，以市场为导向，以项目为依托，强化政府引导，完善政策支撑，培育规范市场，创新机制体制，通过合同能源管理在公共机构节能领域的有效推广示范，促进全省公共机构能效明显提升，市场潜在需求有效释放，带动形成新的增长点。

（二）基本原则。一是市场主导，政府引导。充分发挥市场配置资源的决定性作用，以市场需求为导向，用创新的办法，改革制约机制，激发节能主体和市场的积极性。二是创新制度，政策激励。健全公共机构节能标准与制度，强化监督管理，完善政策机制，加强自律，规范市场秩序，形成促进公共机构节能的激励和约束机制。三是积极稳妥，分步推进。立足公共机构能源管理实际，兼顾领域和区域公共机构基础条件差异性，因地制宜，多方联动，积极稳妥开展节能改造。

（三）发展目标。到 2020 年，全省公共机构能效水平与 2014 年相比整体提升 15%，科学、先进、适用的公共机构标准体系基本完备，节能服务产业发展明显加快，公共机构节能市场化机制有效运转。

二、合同能源管理适用范围和实施主体

（一）适用范围。我省行政区域内全部或者部分使用财政性资金的国家机关、事业单位和团体组织等公共机构，对建筑的围护结构、供配电设备、空调系统、锅炉、灶具、照明、电梯、用水设备，以及使用财政性资金建设的道路、隧道、公园、文化广场照明等实施的节能改造，应优先采用效益分享型、能源费用总承包型、费用托管型等合同能源管理模式。

（二）实施主体。在我省实施公共机构合同能源管理的节能服务公司须为具有独立法人资格、信用良好、具备一定技术资金实力的企业。合同能源管理项目涉及的节能服务公司和能源审计、能耗监测、节能诊断、节能量核定等工作的第三方机构，可参照国家做法，由发改、财政会同有关部门建立节能服务公司备案名单，并向社会公布。

三、合同能源管理基础工作

（一）完善计量与能耗基准。公共机构应加快能源分类分项计量和统计体系建设，完善公共机构能源计量器具安装配备，确保工作区域与生活区域能源消费计量分离，做好能源计量数据采集、分析、使用和管理工作。公共机构节能改造前三年的平均能耗，为开展合同能源管理的计量基础。其中，城市道路照明等节能改造可通过检测和计算得出整体节电率，作为开展合同能源管理的计量基础。

（二）健全标准体系。全省各公共机构应对照我省公共机构相关能耗标准，组织开展达标对标工作，认真分析情况，查找节能空间。我省党政机关、高等院校、医院和道路照明等公共机构能耗限额地方标准的制定（修订）工作于 2015 年底以前完成，形成科学、先进、适用的全省公共机构能耗限额标准体系。全省公共机构于 2018 年底以前达到能耗限额标准。

（三）加强能源审计。公共机构应当委托有实力的节能服务机构开展能源审计，依法对能源使用效率、消耗水平、能源综合利用等经济和环境效果进行综合监测、诊断和评价，分析能源利用状况，挖掘节能潜力，提出技术方案，形成能源审计报告，推动节能改造。

（四）及时发布信息。建立完善全省统一的公共机构节能信息发布平台，向社会公示公共机构能源消耗信息，定期收集和发布公共机构节能改造信息，促进合同能源管理项目对接。

四、项目管理和实施

（一）加强项目管理。公共机构要遵循公开、公平、公正和诚实守信的原则，通过政府采购确定节能服务公司实施合同能源管理，确保项目规范运作。签订合同时，应参照《合同能源管理技术通则》（GB/T24915-2010），明确项目总造价、节能量、保证期和节能效益分享方式，以及节能改造设计、施工资质要求、标准依据、节能措施，双方义务和违约责任等。公共机构合同能源管理涉及节能新技术新产品、新能源应用或固定资产投资较大的项目可适当延长效益分享期限，但合同期限原则上不超过 10 年。对年水电油气等能源费用支出在100万元以下的单位，可与同类单位联合实施合同能源管理项目。节能服务公司应在合同签订后1个月内，将合同能源管理项目报同级机关事务、发改、财政主管部门备案。

（二）规范项目实施。合同能源管理项目突出节能效益优先、技术成熟、经济适用原则，节能服务公司应从技术先进与可靠性、产品质量稳定和经济性等方面对公共机构实施合同能源管理进行可行性分析，并严格按照国家和省相关规定，执行现有标准规范，确保工程质量和安全。必要时，应委托相关资质机构对设计方案和改造效果进行论证和检测评估。实施合同能源管理项目应优先选择符合我省两型标准的节能服务公司，在选择节能产品时，应采用经质量技术监督部门检验的合格装备产品；同等条件下，应当优先选择纳入《湖南省两型产品政府采购目录》、《湖南省节能新技术新产品目录》的产品。合同能源管理项目合同执行完毕后，节能服务公司应按照合同约定，将设备、设施及相关技术资料等全部移交公共机构。

五、支持政策

（一）创新预算制度。逐步完善和改革公共机构实施合同能源管理预算和财务管理制度。各级政府机构采用合同能源管理方式实施节能改造，应当按合同支付给节能服务公司的支出视同能源费用进行列支。事业单位采用合同能源管理方式实施节能改造，按照合同支付给节能服务公司的支出计入相关支出。2018年底前，通过实施合同能源管理项目达到能耗限额标准的公共机构，合同存续期内，可按照实施前能耗标准申请水电经费预算。单位节能节余的经费指标按合同能源管理项目约定，一部分支付节能服务公司能源节约分享效益，一部分留存单位统筹使用。2018年底前，未达到我省公共机构能耗限额标准的公共机构，由机关事务管理部门会同有关部门提出名单向社会公告，并由同级财政部门根据该公共机构近三年能源消费平均水平，每年核减其一定比例的水电经费预算，连续核减三年。公共机构不得使用其他预算经费调整冲抵能源经费，不得追加相关预算。

（二）加大扶持力度。完善配套鼓励支持政策，积极培育合同能源管理市场。对符合国家合同能源管理财政奖励相关规定的项目，优先推荐申报国家合同能源管理财政奖励资金支持；对符合两型标准的节能服务公司及其应用的列入两型产品目录的产品，试行优先采购政策；积极推动公共机构将合同能源管理采购编入年度政府采购预算，并在年初预算中落实财政奖补资金。节能服务公司不得采取虚报、冒领、关联交易等手段虚列节能收益，不得在合同期满后虚报能源费用预算，骗取财政奖励资金。

（三）落实税收政策。节能服务公司实施的公共机构合同能源管理项目，可按照《财政部、国家税务总局关于促进节能服务产业发展增值税营业税和企业所得税政策问题的通知》（财税〔2010〕110号）、《关于落实节能服务企业合同能源管理项目企业所得税优惠政策有关征收管理问题的公告》（国家税务总局、国家发改委2013年第77号公告）、《财政部、国家税务总局关于将铁路运输和邮政业纳入营业税改征增值税试点的通知》（财税〔2013〕106号）等文件有关规定以合同能源管理项目为单位进行财务处理，申请享受相关税收优惠政策。

六、加强组织领导和监督管理

（一）按照试点先行、稳步推进原则分两个阶段实施。

1. 试点阶段（2015–2016年）。启动省级和长株潭地区公共机构合同能源管理试点，重点对建筑面积超过2万平方米公共建筑，高等院校、三级医院以及由财政性资金建设的城市道路照明系统进行节能改造，达到能耗标准限额。

2. 实施阶段（2017–2018年）。全省公共机构，由财政性资金建设的隧道、公园、文化广场照明系统进行全面节能改造，达到能耗标准限额。

（二）落实责任。各级各有关部门要落实责任，认真组织，及时出台具体实施细则。机关事务管理部门负责统筹推进、督促协调公共机构推广实施合同能源管理工作，建立完整、清晰的能源统计台账，督促开展能源审计，加强公共机构节能工作目标管理考核，并将该工作作为节约型机关建设工作考核的重要内容纳入政府绩效考核范畴，推动公共机构合同能源管理示范项目建设。发展改革部门要加强对公共机构合同能源管理工作的指导、协调和政策支持，加强宣传培训，征集和发布节能新技术新产品目录，规范节能服务公司的管理，并开展节能监督执法；会同有关部门对第三方节能机构进行认定和委托。财政部门要强化政策支持，加快对公共机构实施合同能源管理的配套预算、财务管理制度的改革，监督公共机构推行合同能源管理过程中的预算执行，会同有关部门发布公共机构合同能源管理服务采购目录和政府采购节能产品目录。税务部门负责落实节能服务产业税收优惠政策，建立和健全相关税收优惠执行机制。质监部门负责牵头制定（修订）相关能耗标准体系，督促公共机构安装配备完善的能源计量器具，强化节能产品质量监管。住房城乡建设部门负责制定（修订）相关配套能耗标准体系，统筹推进城市道路照明改造合同能源管理。审计部门要加强对公共机构能源使用经费进行审计监督，确保预算执行和资金规范使用。教育、卫生、科技、文化、体育等行业管理部门按照各自职责推进本系统公共机构合同能源管理工作。各相关部门要加强协调配合，共同做好节能减排工作。

湖南省人民政府办公厅

2015年3月11日

湖南省人民政府办公厅转发省经信委《关于鼓励集成电路产业发展的若干政策》的通知

（湘政办发〔2015〕22号）

各市州、县市区人民政府，省政府各厅委、各直属机构：

省经信委《关于鼓励集成电路产业发展的若干政策》已经省人民政府同意，现转发给你们，请认真贯彻执行。

湖南省人民政府办公厅
2015年3月18日

关于鼓励集成电路产业发展的若干政策

（省经信委2015年3月1日）

为加快全省集成电路产业发展，提升全省集成电路产业总量和发展质量，制定本政策。

一、培育壮大市场主体

（一）大力引进集成电路企业。

1. 积极吸引国内外一批集成电路企业落户湖南。对新注册的集成电路企业，根据其投资规模、市场前景和项目进展情况，给予适当的项目落地补助资金支持。

2. 大力推动国际国内知名企业（近三年营业收入行业排名国际前20名，国内前10名企业，下同）在湖南设立研发中心、生产中心和运营中心。在首次缴纳税收后，根据其投资、缴纳税收、吸纳就业和产业水平，一次性给予100万–2000万元项目落地补助资金支持。

3. 对大型集成电路产业投资项目，采取“一事一议”政策。

（二）支持集成电路企业发展壮大。

1. 对首次进入全国十强的集成电路企业，或年度营业收入首次突破1亿元、5亿元、10亿元、30亿元、50亿元的集成电路企业，根据其规模、增速和类别（集成电路设计、制造、封测、装备、材料等），一次性给予50万–500万元项目资金补助。

2. 对年度营业收入300万元以上1亿元以下且年度营业收入增长超过30%的集成电路中小微企业，根据其规模和增速情况，给予30万–150万元项目资金补助。

3. 对获得国家规划布局内集成电路设计企业资质的企业一次性给予100万元奖励。对首次分别被认定为国家集成电路生产企业、设计企业的，一次性分别给予50万元、20万元奖励。

4. 鼓励省内其他企业剥离集成电路业务，创办具有行业特色的集成电路企业，按照新设集成电路企业实际到位注册资本的10%给予资金补助，最高不超过200万元。

5. 鼓励集成电路产品与服务出口。优化集成电路企业进出口货物通关流程，优先适用于节假日提前预约报检报关、快速验放等便利措施。

6. 鼓励企业开拓国际市场，赴境外参加专业国际展会的，对其展位费给予适当补贴。

（三）支持创业型企业成长。鼓励园区或工业集中区建立集成电路产业创业孵化园。鼓励园区或工业集中区在办公用房、生产场地购买、租赁等方面制定相应优惠政策。

二、鼓励人才引进和培养

（一）鼓励引进高端人才。将集成电路产业高端人才引进纳入“千人计划”和“百人计划”等省内各类人才引进计划范畴，单列指标，加大服务力度。对在国内外集成电路知名企业有3年以上工作经历，且担任高管和核心技术人员（团队）来本省集成电路企业工作的，经认定给予以下政策：

1. 工作企业所在地政府按照每人不超过50平方米的标准免费提供周转房或给予相应住房补贴（最长不超过5年）；对在本土集成电路企业工作5年以上，且在湖南购房的，由企业所在地政府按照购房合同金额给予40%的购房补贴，最高补贴60万元。

2. 工作所在地政府有关部门在其配偶工作、子女入学、本人及配偶和子女在工作企业所在地落户、本人出国出境、本人及配偶、子女、父母就医等方面提供便利和优质服务。

（二）鼓励引进骨干和专业人才。对集成电路骨干人才（须获得相应主管部门颁发的与集成电路相关的《集成电路布局设计登记证书》、《软件产品登记证书》、《发明专利证书》等证书，或具有高级职称，且年薪在30万元以上，下同），经认定，由工作企业所在地政府给予相应住房租金补贴（最长不超过5年，最高不超过2万元/年）。对具有普通高等院校大学本科以上学历的外省籍集成电路相关专业毕业生来我省就业的，可实行先落户后就业政策，对具有中级以上职称的集成电路专业人才来我省工作的，有关部门要优先为其办理相关人事和落户手续。

（三）加强专业人才培养。鼓励企业与高等院校、科研院所联合建立人才实训基地或自建培训机构，按照培训人次给予一定补贴，每单位每年总额不超过50万元。鼓励国内外知名高等院校、科研院所和培训机构来湘开展培训、实训等相关人才服务工作。支持省内人才参加境内外高层次研修、培训。集成电路企业优秀技术人员赴美、日以及台湾等集成电路产业先进国家及地区的国际知名集成电路企业进行一年以上专业深造或培训，并签订回原单位至少服务5年协议的，经所在单位申请给予培训期间每人每年5万元的资助。

三、大力支持企业创新

（一）鼓励设立研发机构。对新认定的国家企业技术中心、国家工程研究中心、国家工程实验室、国家工程技术研究中心和新认定设在企业的国家重点实验室，一次性给予100万元项目补助支持。

（二）鼓励培育核心知识产权。对新获得“中国专利金奖”、“中国专利优秀奖”并在省内实际转化的，省本级分别安排50万–100万元项目补助资金。对企业获得国内外集成电路布图设计专有权或授权的发明专利，有关专项资金给予优先支持。鼓励企业向境外企业购买技术使用权或所有权，对所购技术列入当年国家《鼓励进口先进技术和产品目录》的给予适当补助。

（三）鼓励项目研发。支持以企业为主体申报国家重大科技专项，对集成电路企业获得国家级重大项目立项支持的，给予一定比例的配套资金支持。对国家和省级产业技术创新战略联盟承担的创新项目给予优先支持。支持企业开展新装备、新材料、新产品、新技术、新工艺研发。对在研发过程中产生的知识产权核购买、首台套试用或新材料首次试用、研发流片等费用采取后补助的方式进行支持，补助资金不超过合同额的30%，最高不超过500万元。

（四）鼓励联动发展。支持集成电路全产业链建设。鼓励集成电路产业链上下游企业间以及集成电路企业与省内软件、移动互联网、通信、广电、工程机械、汽车等企业开展合作，推动产业优势互补，增强核心竞争力。

四、促进产业集聚发展

（一）鼓励培育集成电路产业集聚区。鼓励有条件的地区在现有园区或工业集中区设立集成电路产业集聚区。鼓励园区加强基础设施建设。鼓励战略投资者参与集聚区的建设经营。鼓励集聚区建设企业员工周转房，并按国家政策规定纳入保障性住房建设政策范围。鼓励民营企业依托现有基础设施条件，设立集成电路产业聚集区，对符合条件的企业给予国家孵化器同等优惠政策的支持。

（二）鼓励企业向园区集聚。对入驻集成电路产业集聚区的企业，由集成电路产业集聚区所在园区或工业集中区给予租金减免或办公用房租金补贴。对重大集成电路项目，给予用地优先保障，并在容积率等建设政策方面给予优惠和倾斜。

（三）加强公共服务平台建设。对符合相关政策条件的公共服务平台（包括公共设计技术服务平台、测试平台、行业协作服务平台和人才交流培训平台等）建设项目，省本级给予适当补贴扶持。

五、完善投融资环境

（一）设立省集成电路产业投资基金。省本级和各集聚区所在地政府设立一定规模的产业投资基金，先期联合设立规模为2.5亿元的集成电路天使投资基金，其中，省本级从省创业投资引导基金出资5000万元。

（二）鼓励社会资本投向集成电路产业领域。对在我省境内设立的集成电路创投基金和支持我省集成电路产业发展的创投基金，按实际投资额给予一定的风险补偿或奖励。

（三）加大对集成电路企业的贷款担保和贴息补助力度。企业所在地政府对集成电路企业担保贷款给予1.5%的担保费用补贴；对集成电路企业贷款按照不超过同期银行贷款基准利率的标准，在2年内给予财政贴息补助，单户企业每年最高贴息补助不超过100万元。

六、加大财税支持力度

（一）加大集成电路产业发展财政支持力度。省财政整合培育发展战略性新兴产业、信息产业和信息化等专项资金，支持落实集成电路各项扶持政策。

（二）落实集成电路产业税收优惠政策。认真落实《国务院关于印发进一步鼓励软件产业和集成电路产业发展若干政策的通知》（国发〔2011〕4号）中关于增值税、企业所得税。

湖南省人民政府办公厅关于加强全省农村能源建设的实施意见

（湘政办发〔2015〕28号）

各市州、县市区人民政府，省政府各厅委，各直属机构：

为加快农村可再生能源资源利用步伐，提高农村清洁能源利用水平，经省人民政府同意，现就加强全省农村能源建设提出如下实施意见：

一、加快农村能源建设的指导思想和目标任务

1.指导思想。深入贯彻落实党的十八大及十八届三中、四中全会精神，按照“因地制宜、建管并重、加强服务、提质增效”原则，以大力普及农村沼气、积极发展农村清洁可再生能源为主要建设内容，将农村能源建设与农村生态环境保护、社会主义新农村建设、美丽乡村建设和现代农业发展紧密结合起来，推动农村能源建设由单一解决农村能源问题向综合解决能源、生态、肥料问题和提高民生质量转变。

2. 主要目标。到2020年，全省沼气产量突破10亿立方米，使用清洁能源的总户数达到700万户，新建大型沼气工程500处，联户和小区沼气工程2.5万处，特大型沼气工程和沼气工厂8–10处，管道沼气用户30万户，因地制宜发展户用沼气；新增太阳能开发利用面积120万平方米、高效节煤省柴炉灶60万台；每年新增秸秆能源化利用消耗量50万吨；提升后续服务水平，实现网点覆盖区域内清洁能源使用率80%以上。

二、坚持改革创新，进一步加快农村沼气建设

3. 积极推进改革，科学谋划格局。充分尊重基层人民政府和农民意愿，根据各地的自然条件和实际需要，以实施中央农村沼气项目为抓手，因地制宜，科学安排农村沼气建设计划，进一步提高沼气的普及率。对沼气建设需求量大、积极性高的县市区、乡镇和村，要集中资金重点投入，建设一批沼气化示范县市区、示范乡镇和示范村。强化省级对中央农村沼气项目的监督管理。扩大大中型沼气工程先建后补试点范围，鼓励有条件的项目单位按相关程序报批后先垫资建设，待竣工验收合格后安排中央补助资金。鼓励各县市区采用先建后补方式发展户用沼气和小区联户沼气。

4. 切实提高沼气工程综合利用水平。推广合同能源管理等模式，对沼气工程综合利用和粪污治理进行专业经营。支持鼓励沼气工程集中供气、沼气发电上网、有机肥加工、沼液喷滴灌和袋装开发等综合利用方式。推广中温发酵工艺，提升沼气提纯罐装、生物天然气、沼气车载利用等沼气高值利用技术水平，进一步提高沼气工程产气率和运行效益。

5. 大力改善农业生态环境。充分发挥沼气工程在农业生态建设中的重要作用，大力支持规模养殖户、养殖合作社和养殖企业建设沼气工程。推进以沼气为纽带的生态农业建设模式，促进种植业与养殖业、农业与旅游业有机结合。

三、拓展开发领域，建立清洁能源多元供应体系

6. 抓好农作物秸秆能源化利用。在农作物秸秆资源丰富的地区，建设秸秆型沼气工程、秸秆气化站、生物质成型燃料厂，通过沼气化、气化、固化成型等方式将农作物秸秆进行能源化利用。重点支持秸秆沼气工程集中供气试点和秸秆型户用沼气池建设。

7. 推广高效节煤省柴炉灶。在大湘西、湘南山区和使用煤炭、薪柴作为主要生活用能的农村地区，推广热效率较高的节煤省柴炉灶，减少农村薪柴和煤炭的使用量，降低生活成本，改善环境质量，提高生活品质。

8. 加速太阳能等其他新能源利用。结合新农村建设和美丽乡村建设，在国家相关政策支持的同时，各级人民政府要加大支持力度，大力推广太阳能热水器、太阳能路灯和小型光伏发电，逐步提高太阳能的推广应用范围。因地制宜开展风能、地热能、微水电等开发利用。

四、强化体系建设，提升农村能源后续服务能力

9. 促进后续服务体系建设提质增效。农村能源后续服务体系是农技推广体系的重要组成部分。各级人民政府要按照“政府扶持、市场运作、专业服务”的原则，鼓励和引导农民、集体、企业或社会力量开办农村能源技术服务公司、组建农村能源服务合作社或承办农村能源服务网点，为用户提供优质服务。有条件的市州、县市区要通过政府购买服务、给予服务补贴资金等方式支持后续服务体系建设，推动农村能源后续服务体系提质增效。

10. 推广农村能源后续服务体系新模式。大力推广“三联两解一提升”服务模式，以服务网点为纽带，将养殖场、沼气用户和种植业基地有机联结，解决规模养殖集中污染和退养农户原料不足的问题，提升农产品产量和质量，促进现代农业发展。各县市区要根据实际情况，通过办点示范等方式逐步推广，构建反应迅速、便捷高效、服务周到的农村能源服务体系。

11. 加强行业规范和技术人才培训。各级农村能源部门要依法履行监管职责，切实保护农民利益。抓好农村能源标准制定，完善技术标准和操作规程，规范建设行为。按规定坚持职业准入制度，加强技术人员的职业技能鉴定和技术培训。有条件的高等院校和中等职业学校应增设农村能源相关专业，培养专业人才。鼓励和支持科研单位、科普部门和农村能源学术团体进村入户，积极开展农村能源技术指导、知识普及和咨询等活动。

五、完善保障措施，促进农村能源持续发展

12. 加强组织领导。各级人民政府要把农村能源建设作为全面建成小康社会和推进农村生态环境建设的重要举措，列入议事日程，认真研究制定扶持农村能源建设的具体政策措施。各有关部门要根据职责分工，在规划制定、项目安排等方面出台具体支持办法。农村能源主管部门要及时掌握和通报工作进展，建立工作完成情况与项目资金安排挂钩的奖惩机制。

13. 加大财政投入。省财政要积极支持省级农村能源建设，整合能源建设有关资金，集中财力发展农村能源，加大对重点项目的扶持力度。重点支持沼气集中供气、发电上网、生物天然气及后续服务体系建设，支持家用太阳能热水器推广、高效节煤省柴炉灶改造和农村能源示范建设。研究开展农户使用清洁能源用气补贴试点等工作。各市州、县市区要加大对农村能源建设的投入力度，每年的投入增加幅度将作为安排中央和省级农村能源财政投入的重要依据。

14. 加强科技创新。重点扶持农村可再生能源利用的创新研究，强化科技的支撑和引领作用，努力提高农村可再生能源开发利用水平。运用科技创新成果，加快现有科技成果转化。积极引进、消化、吸收国内外先进成熟技术，鼓励和支持对现有农村可再生能源利用技术的优化组合、有效集成和技术创新，形成一批适应当地农村生产生活实际，低成本、可规模化应用的农村可再生能源利用技术和利用模式。

15. 落实政策优惠。对符合税法规定条件的农村可再生能源项目给予税收优惠；对农户自用的能源开发，依法免收税费；对开发农村可再生资源的企业符合税法规定优惠条件的，可依法减免有关税费。对涉及农村能源建设的合理用地需求予以保障。

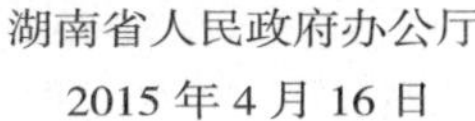

湖南省人民政府办公厅

2015年4月16日

湖南省人民政府办公厅关于印发《湖南省加快环保产业发展实施细则》的通知

（湘政办发〔2015〕35号）

各市州、县市区人民政府，省政府各厅委、各直属机构：

《湖南省加快环保产业发展实施细则》已经省人民政府同意，现印发给你们，请认真组织实施。

湖南省人民政府办公厅

2015年5月6日

湖南省加快环保产业发展实施细则

为加快环保产业发展，打造实力雄厚、特色鲜明、敢于创新、蓬勃发展的“绿色湘军”，制定本实施细则。

第一条 扩大政府采购。以政府为责任主体的生活污水垃圾处理、城镇污染场地修复、农村环境整治、大江大河及湖泊治理、土壤重金属治理等项目工程，应当通过政府采购以政府和社会资本合作模式（PPP）、特许经营、委托运营、环境绩效合同服务等方式引入第三方治理。鼓励支持本省环保企业参与以上项目工程政府采购竞争，省本级按照特许经营、委托运营或环境绩效服务合同约定年支付费用10%的比例，对中标企业给予最高200万元的一次性补贴，从省环保专项资金中安排。对采用PPP模式建设和运营环保项目的，享受国家和省支持PPP政策。大力推行政府绿色采购，鼓励并支持本省环保企业申报两型产品，定期发布《湖南省两型产品政府采购目录》，对列入目录的两型产品选择政府首购、订购和评审优惠等优先采购措施。政府投资建设项目再生资源综合利用材料及产品使用比例不得低于30%。（牵头单位：省发改委、省财政厅，配合单位：省科技厅、省环保厅、省住房城乡建设厅、省水利厅、省农委、省长株潭试验区管委会）

第二条 壮大龙头企业。对从事环境污染第三方治理、当年主营业务收入超过2亿元的服务型企业，各级按对地方财政贡献年度新增部分的50%给予奖励。对从事环保装备制造、当年主营业务收入超过5亿元的生产型企业，各级按对地方财政贡献年度新增部分的70%给予奖励。（牵头单位：省财政厅，配合单位：省经信委、省统计局、省地税局）

第三条 鼓励创新研发。鼓励环保企业设立或与省内科研机构共建研发机构，对新认定国家企业技术中心、国家工程研究中心、国家工程实验室、国家工程技术研究中心和新认定设在企业的国家重点实验室，安排100万元项目补助资金，从省战略性新兴产业和新型工业化专项资金中安排。（牵头单位：省经信委，配合单位：省发改委、省科技厅、省财政厅）

第四条 加强人才引进。鼓励引进列入“海外高层次人才引进计划”的环保专业高端人才，以及在国际国内环保产业知名企业（近三年营业收入行业排名国际前30名、国内前10名）有3年以上工作经历的高层管理人员和核心技术人员。以上人才到湖南环保企业或科研机构从事环保领域工作和研究的，经认定后，由工作所在地政府按照不超过人均50平方米的标准免费提供周转房或给予相应租房补助（最长不超过5年）；在湖南企业工作5年以上且在湖南购买商品房的，由工作所在地政府按照购房合同金额给予40%的购房补贴，最高补贴100万元。工作所在地政府有关部门在其配偶工作、子女入学、本人出国出境、学术休假，以及本人及配偶、子女、父母就医等方面提供便利优质服务。个人在环保领域的研究成果新获得国家级奖励的，省本级按照1：1的比例给予配套奖励，从省人才发展专项资金中安排。支持省内高层次人才参加境内外高层次研修、培训，对培训费用给予一定补贴，从省专业技术人员培训资金中安排。（牵头单位：省人力资源社会保障厅，配合单位：省科技厅、省教育厅、省环保厅）

第五条 促进成果应用。符合条件的省内企业首次自主研发或国产化制造的首台（套）环保重大成套技术装备，按照销售价格1%对研制和购买使用单位分别给予奖励，奖励总额最高不超过200万元，单台设备和关键部件按照定额方式对研制和购买使用单位分别给予奖励，奖励总额最高不超过50万元，也可以都采取定额奖励方式奖励，从省战略性新兴产业和新型工业化专项资金中安排。优先安排首创性环保技术应用试点示范，在政府采购（招投标）等方面给予优先支持，比照前述首台（套）政策对研发单位和应用单位分别给予奖励。对取得发明专利的研发成果，在2年内以技术入股、技术转让、授权使用等形式在省内实际应用的，按技术合同成交额对专利发明者给予适当奖励，最高不超过50万元。对发明专利新获得国家专利金奖并在省内转化的企业安排100万元项目补助资金，对发明专利新获得国家专利优秀奖并在省内转化的企业安排50万元项目补助资金，从省战略性新兴产业和新型工业化专项资金中安排。（牵头单位：省经信委，配合单位：省科技厅、省财政厅、省知识产权局）

第六条 加大财税金融扶持。整合现有相关专项资金，用于落实环保产业发展政策所需奖励补助。按照市场化运作，通过财政性资金参股等方式，引导各类社会资金、金融资本设立长株潭节能环保产业投资基金，重点支持长株潭地区环保产业发展，并进一步辐射全省。鼓励支持环保产业龙头骨干企业发起设立环保产业投资基金，省本级以出资参股等方式支持参与。鼓励引导天使投资、创业投资、风险投资和私募股权投资等支持我省初创型、成长型环保企业发展，省直相关部门管理的相关风投基金、产业基金相应跟进，省财政给予贴息支持。优先将符合条件的环保企业纳入省重点上市后备资源库，对环保企业新三板融资、股权交易、发行企业集合债和私募债的融资行为给予资金补助。环保企业上市成功后，各级对首次变现收益所得按“一企一议”的方式研究给予奖励。支持设立服务环保产业园的专业小额贷款公司，引导其以较优惠的利率为园区内的中小微环保企业提供资金支持。引导融资担保机构加大对环保企业贷款担保力度。企业从事符合条件的环境保护、节能节水项目所得，自项目取得第一笔生产经营收入所属纳税年度起，第一年至第三年免征企业所得税，第四年至第六年减半征收企业所得税。（牵头单位：省财政厅、省政府金融办，配合单位：省发改委、省科技厅、省经信委、省环保厅、省地税局）

第七条 加强土地供应。对符合土地利用总体规划的环保产业项目，优先保障用地，对纳入《湖南省重点产业振兴实施方案》且用地集约的环保产业项目，在确定土地出让底价时可按不低于所在地土地等别相对应国家工业用地出让最低价标准的70%执行。对环保企业现有工业用地，在符合规划、不改变用途的前提下提高土地利用率和增加容积率的，不再增收土地价款。鼓励有条件的地区依托现有园区或工业集中区设立环保产业集聚区。环保产业集聚区和环保企业建设员工周转房可纳入保障性住房政策范围。（牵头单位：省国土资源厅，配合单位：省财政厅、省发改委、省住房城乡建设厅）

第八条 鼓励开拓市场。企业参与省外大型环境污染第三方治理项目招投标中标，且中标合同价在5000万元以上的，每个项目按合同价的1%给予最高不超过100万元的奖励，单个企业当年奖励总额最高不超过300万元，从省对外投资合作专项资金中安排。企业赴境外参加鼓励类国际展会的，省本级在展位费方面给予一定比例的支持，从省开放型经济发展专项资金中安排。（牵头单位：省财政厅，配合单位：省商务厅、省贸促会）

第九条 加大监管力度。对于工业企业对环境治理设施主动实施第三方建设运营（含设施改造），省本级按照合同约定年支付费用的10%，对委托方给予最高不超过200万元的一次性补贴，从省环保专项资金中安排。对因污染物超过排放标准或总量控制要求，被环境保护主管部门责令限制生产、停产整治且拒不自行治理污染的企业，列出企业清单向社会公布，限期委托环境服务公司进行污染治理，且不得享受本条款所列支持政策。（牵头单位：省环保厅，配合单位：省财政厅）

第十条 本实施细则适用范围为湖南省内工商登记注册且税务关系在湖南，以环保技术装备产品开发、工程服务、资源循环利用等为主营业务的独立法人企业及机构。本实施细则有关规定与其他政策有重复的，按照就高原则享受政策，但不重复享受政策。各牵头部门要按照职责分工，抓紧制定相关工作措施，明确具体工作程序，切实落实支持奖励等各项政策，省财政厅要统筹协调督促落实奖励补助资金，各职能部门要积极配合，做好相关工作。各市州、县市区人民政府要加强组织领导，健全工作机制，结合本地区实际，切实加快环保产业发展。

本实施细则自公布之日起施行。

湖南省人民政府
关于依托黄金水道推动长江经济带发展的实施意见

（湘政发〔2015〕15号）

各市州人民政府，省政府各厅委、各直属机构：

为积极对接和全面融入长江经济带建设，根据国务院《关于依托黄金水道推动长江经济带发展的指导意见》（国发〔2014〕39号）精神，结合我省实际，提出如下实施意见：

一、总体要求

（一）*指导思想*。以邓小平理论、“三个代表”重要思想、科学发展观为指导，全面贯彻党的十八大和十八届三中、四中全会精神，着力发挥湖南作为东部沿海地区和中西部地区过渡带、长江开放经济带和沿海开放经济带结合部的区位优势，充分发挥市场配置资源的决定性作用，更好发挥政府规划和政策的引导作用，创新发展体制机制，强化基础设施建设，推动经济结构升级，扩大内陆开放开发，加强生态文明建设，形成结构合理、方式优化、区域协调、城乡一体、开放发展的新格局。

（二）*发展定位*。

内陆开放引领区。敞开南北两口，打开东西大门，依托黄金水道，推动形成联通长三角与珠三角、对接丝绸之路经济带和海上丝绸之路的开放新格局，构建内陆开放发展新高地。

转型升级创新区。加大产业合作承接，推动优势产业融入全球产业链，促进传统产业转型升级，形成现代农业、新型工业、新兴服务业协调发展的现代产业体系。

城乡统筹示范区。推动城市化地区、农产品主产区和重点生态功能区统筹发展，形成人口有效转移、产业合理配置、城市科学布局、城乡协调共进的新格局。

生态建设先行区。探索推进跨区域污染防治联动、生态补偿制度，加快资源节约型和环境友好型社会建设，实现水清地绿天蓝、人与自然和谐相处。

（三）基本原则。

改革引领、创新驱动。推动重点改革先行先试，建设统一开放、竞争有序的现代市场体系。健全技术创新市场导向机制，推动创新资源综合集成，增强市场主体创新能力。

基础先行、四化同步。完善综合交通运输、能源、水利、信息等基础设施，促进资源要素汇聚流动。强化城乡统筹、两化融合，实现新型工业化、农业现代化、新型城镇化、信息化同步发展。

双向开放、融合发展。实施全面开放战略，加强与沿江省份的合作交流，推动“引进来”和“走出去”相结合，以开放促融合、以开放促发展。

民生为本、生态为基。坚持富民优先，着力改善人民群众生产生活条件。加强生态环境综合治理，协调江河湖泊关系，实现流域绿色低碳循环发展。

二、构建高效便捷的综合交通运输体系

加强运输大通道和交通枢纽建设，构建便捷、安全、经济、高效的综合交通运输体系，打造湖南作为全国的交通枢纽地位。

（一）建设“一纵五横”为重点的水路运输网。协调推进长江航道治理，尽快实现长江湖南段常年5000吨级通航标准，推进长江湖南段航道6米维护水深的前期研究工作，并适时启动洞庭湖岳阳综合枢纽工程项目前期工作。全面推进“一纵五横”（一纵：湘江；五横：沅水、淞虎－澧资、澧水、资水、涟水）航道建设，建设通达便利的内河运输网。统筹推进全省港口建设，优化港口功能布局。进一步完善港口基础设施和集疏运体系，改善港口配套服务，将岳阳城陵矶新港打造成为长江中游重要的航运物流中心，将长沙霞凝港区打造成专业化运输核心港区，提升株洲、湘潭、常德、益阳、衡阳、永州等重点港口功能。大力发展现代航运服务业，积极培育港口龙头企业，鼓励物流向港口码头集聚。推进内河船型标准化，鼓励发展江海直达船型。（牵头单位：省交通运输厅，责任单位：省发改委、省财政厅、省国土资源厅、省环保厅、省住房城乡建设厅、省水利厅、省农委、有关市州人民政府）

（二）建设“六纵六横”为主干的铁路运输网。抢抓沿江快速大能力铁路通道建设机遇，加快沪昆、怀邵衡等快速铁路，蒙华、黔张常等铁路新线，渝怀、焦柳等既有线扩能改造项目建设。规划建设西安至长沙快速铁路、兴（贵州兴义）永郴赣、常德至桂林至海口等铁路。加快形成以“六纵六横”（六纵：焦柳、安张衡、常德至桂林至海口、洛湛、京广、蒙华；六横：黔张常和常岳九、重庆秀山至益阳、沪昆、渝怀及怀邵衡和衡茶吉、湘桂、兴永郴赣）为主干的铁路运输网。加快长沙（株洲）、怀化、衡阳三大铁路枢纽建设，提升编组站以及大型货场等综合货运设施水平，优化客运综合枢纽功能，建设具有增值服务功能的铁路客货运中心。（牵头单位：省发改委，责任单位：省交通运输厅、省财政厅、省国土资源厅、省环保厅、省住房城乡建设厅、省水利厅、有关市州人民政府）

（三）建设“七纵七横”为骨架的公路运输网。重点推进新增国家高速公路网项目、繁忙路段扩容项目、出省通道和断头路建设，加快形成“七纵七横”（七纵：武汉至深圳、北京至港澳、许昌至广州、华容至常宁、二连浩特至广州、呼和浩特至北海、龙山至通道；七横：杭州至瑞丽、浏阳至花垣、平江至安化、浏阳至芷江、上海至昆明、泉州至南宁、厦门至成都）高速公路网。着力提高国省干线公路技术等级与服务水平，普通国道二级及以上公路比重超过90%。推进干线公路省际通道和连接重要景区、资源基地、工业园区、物流中心公路建设，启动环洞庭湖公路建设，规划建设沿江高等级公路。继续改善农村交通条件，实现所有具备条件的建制村通沥青（水泥）路。（牵头单位：省交通运输厅，责任单位：省发改委、省财政厅、省国土资源厅、省环保厅、省住房城乡建设厅、省水利厅、省旅游局、省扶贫办、有关市州人民政府）

（四）建设“一枢纽一干多支”为支撑的航空运输体系。实施长沙黄花机场飞行区东扩工程、空港配套工程等项目，将长沙空港打造成长江中游重要的航空枢纽。推进张家界荷花国际机场改扩建工程，将张家界机场打造成为大型旅游机场和重要的干线机场。加快常德、怀化机场改扩建，永州零陵机场迁建，衡阳、武冈、岳阳机场新建等项目建设；规划建设湘西自治州、郴州、娄底支线机场。加快形成以“一枢纽一干多支”（一枢纽：长沙黄花国际机场；一干：张家界荷花国际机场）为支撑的航空运输体系。完善航线网络，提高长沙飞往主要城市间航班密度，开辟新的国际航线，加强支线机场航班航线培育，鼓励有条件的地区大力发展通用航空。（牵头单位：省发改委，责任单位：省机场管理集团、省交通运输厅、省财政厅、省国土资源厅、省环保厅、省住房城乡建设厅、有关市州人民政府）

（五）建设完备通达的管道运输体系。积极对接国家油气运输通道，合理布局省内油气管网设施和储备系统。启动仪征至长岭原油管道复线九江至长岭段、长岭至重庆原油管道等项目，加强沿江区域向流域腹地辐射的成品油输送管道建设。加快实施“气化湖南”工程，推进中石油西气东输三线湖南段、中石化新疆煤制气外输管道湖南段建设，抓紧组织实施《湖南省天然气输气管网建设三年行动计划（2015–2017年）》，加强省内天然气支干线管网建设，形成完善的油气供应保障体系。（牵头单位：省发改委，责任单位：省财政厅、省国土资源厅、省环保厅、省住房城乡建设厅、中国石化湖南分公司、中国石油湖南分公司、有关市州人民政府）

（六）建设无缝对接的综合交通枢纽。加快长沙、岳阳等一批全国性、区域性综合交通枢纽城市和物流节点城市建设，按照“零距离换乘、无缝化衔接”要求，实现城市轨道交通、地面公共交通、私人交通等设施与干线铁路、干线公路、机场等紧密衔接、同站换乘；加强水运、铁路、公路、航空和管道的有机衔接，统筹货运枢纽与开发区、物流园区等空间布局，完善货运枢纽集疏运功能。鼓励发展多式联运，提高集装箱和大宗散货铁水联运比重。推进公共信息平台建设，建立各种运输方式间的信息采集、交换和共享机制。（牵头单位：省发改委、省交通运输厅，责任单位：省国土资源厅、省环保厅、省住房城乡建设厅、省商务厅、有关市州人民政府）

三、培育具有国际竞争力的产业集群

依托长江黄金水道优势，加大产业承接合作和开放引进力度，积极推动传统产业转型升级，加快发展战略性新兴产业，大幅提高服务业比重，培育具有国际水平的现代产业集群。

（一）打造全国先进制造业中心。培育万亿级装备制造业集群。抓住长沙国家成套智能制造装备区域集聚试点建设的契机，依托中联重科、三一重工、山河智能、泰富重工等核心企业，建立和完善面向全球的技术创新、产业配套、社会化服务和人才培育体系，形成全球智能制造装备产业区域创新中心和工程机械制造中心；依托南车株机所、南车株机、南车电机等龙头企业，以及变流技术国家工程研究中心、机车和动车组牵引与控制国家重点实验室、国家级企业技术中心和国防科大磁悬浮研究中心，加强技术创新和系统集成能力建设，形成全球领先的高端轨道交通装备研发与制造中心。做强千亿级特色产业。启动炼化一体化工程，建设国家煤炭、天然气等战略资源储备基地，促进煤化工产业发展，打造重点石化产业基地；依托上海大众、湖南吉利、广汽菲亚特、长沙比亚迪等骨干企业，提高整车和关键零部件及总成的自主研发能力，建成更加完善的生产、研发、营销服务和供应链体系，建成重要的汽车及零部件制造基地。（牵头单位：省经信委，责任单位：省发改委、省科技厅、省财政厅、省人力资源社会保障厅、省商务厅、有关市州人民政府）

（二）建设现代服务业区域中心。推进长沙市、衡阳市开展国家现代服务业改革试点，充分发挥试点的示范引导作用，改革服务业发展体制，创新服务业发展模式和业态。围绕服务实体经济，加快发展现代物流业，建成一批年物流收入过500亿元的现代物流园区、培育一批年交易额过100亿元的专业市场、扶持一批年营业收入过50亿元的物流企业、构建一批跨区域的物流信息平台，打造全国性的现代物流中心；培育发展节能环保服务业，依托中西部地区生态资源优势，加快发展生态修复、环境评价、排污权交易、绿色认证、环境污染责任保险等新兴环保服务业，打造一批节能环保产业集聚区。围绕满足居民需求，大力发展健康养老产业。加快建设东部沿海地区健康休闲和养老服务“后花园”。鼓励不同所有制性质、不同行业的社会组织和企业，跨区域合作兴建健康养老基地。探索建立居家为基础、社区为依托、机构为支撑的全覆盖养老服务体系。积极发展健康咨询服务、营养保健指导、健身美容等非医疗性健康管理服务产业。同时，引导传统服务业技术、组织、布局和行业结构优化升级，推动重点服务业企业并购、重组、上市，提高服务业发展层级。（牵头单位：省发改委，责任单位：省商务厅、省经信委、省科技厅、省文化厅、省民政厅、省环保厅、省旅游局、省新闻出版广电局、有关市州人民政府）

（三）建成全国文化产业中心和重要的旅游目的地。围绕服务中西部地区传统工业改造升级和承接沿海产业梯度转移，依托中南传媒、芒果传媒、金鹰卡通、蓝猫动漫等品牌优势，大力发展工业设计、软件设计、广告与咨询策划等创意设计产业，建立中部地区工业创意中心和全国性互联网文化产业基地。依托沪昆、京深高铁通道，整合区域底蕴丰厚的特色文化资源和自然生态资源，推动文化与旅游产业融合发展，与沿江省份联手建设世界级生态文化旅游经济走廊。精心培育张家界、韶山等十大国际旅游目的地，突出建设屈子祠、茶马古道等十大国内旅游著名品牌，重点打造湖湘文化精品游、湘西生态民俗风情游等十条精品旅游线路，加快建成国际国内生态文化旅游首选目的地。依托沿江环湖区域丰富的农业资源和自然生态优势，挖掘文化内涵，突出乡村特点，开发一批形式多样、特色鲜明的乡村旅游产品，大力发展乡村休闲度假旅游。（牵头单位：省文化厅、省旅游局，责任单位：省发改委、省经信委、省财政厅、有关市州人民政府）

（四）建设现代农业和特色农业示范区。充分利用沿江环湖区域丰富的农业资源和自然生态环境，依托国家级商品粮基地，加强高标准农田建设，打造全国重要的粮食高产示范区。大力发展水产养殖、草食动物养殖以及特色种植，打造国内一流的特色农产品生产基地。立足农产品主产区的主体功能定位，推进具有比较优势的农产品规模化生产和加工，建设国内一流的绿色农产品加工基地。完善适应规模农业、现代农业需要的现代粮食收储体系。依托杂交水稻的品牌和技术优势，建设隆平国际“稻都”，将湖南打造成国际水稻种业创新研发中心。探索现代农业投入新模式，推进以益阳市为试点先行市的洞庭湖环湖现代农业综合配套改革试验区建设，促进农业集约、高效发展。（牵头单位：省农委，责任单位：省发改委、省科技厅、省粮食局、省供销社、有关市州人民政府）

（五）推进信息化与产业融合发展。加快新一代信息基础设施建设，进一步加强网间互联互通，增加光缆路由密度。大力推动有线和无线宽带接入网建设，扩大4G网络覆盖范围。推进国家信息惠民试点城市和下一代互联网示范城市建设，争取国家物联网重大应用示范工程区域试点。积极对接国家“互联网+”行动计划，促进信息技术与制造业结合，加快制造业服务化。推动移动互联网产业基地和产业链建设，发展面向优势行业、公共服务的云计算服务平台。依托国家级超算中心，构建辐射长江中上游地区的大数据应用平台。建设国家电子商务示范城市，开展跨境电子商务试点，推动电商平台与湖南优势产业合作。（牵头单位：省经信委，责任单位：省商务厅、省科技厅、有关市州人民政府）

（六）培育国家级创新示范区。依托长株潭国家级自主创新示范区，建设中部地区区域创新中心。深化科技成果使用、处置和收益权改革，加强知识产权运用保护。加强科技龙头企业合作，建立一批集成创新、引进消化吸收再创新的重要创新源和技术源。完善共性技术平台和高新技术产业化服务平台，建设一批国家级工程中心、实验室和国家企业技术中心。以产业技术链为中心，组织产业技术创新战略联盟，为中部地区创新发展提供经验和示范。围绕先进装备制造、北斗导航、超级计算、新能源、新材料、节能环保、生物育种等领域，培育壮大一批具有国际影响力和竞争力的高新技术领军企业。（牵头单位：省科技厅，责任单位：省发改委、省经信委、省财政厅、省知识产权局、有关市州人民政府）

（七）打造沿江绿色能源产业带。安全有序发展核电，争取国家核准桃花江核电站，适时启动其他核电项目前期工作。发挥核工业方面的资源、技术、人才优势，做大做强核产业。在蒙华煤运通道沿线适度规划一批大型高效清洁的燃煤电站，积极开展低热值煤利用，加快现役燃煤火电机组节能减排升级改造。积极发展新能源，争取国家支持扩大风电、光伏发电年度建设规模，适度调整生物质资源用途，有效推进地热能资源的开发利用，稳妥推进余热余压利用和垃圾填埋气、焚烧发电。优化电网布局，推动甘肃－湖南直流特高压项目建设，争取西南优质大水电入湘；加强新能源、分布式电源等清洁能源输出工程建设，简化分布式电源入网报装和审批程序。加快中标页岩气区块勘探开发，尽快实现商业化开采。推进能源体制改革，开展峰谷分时和阶梯电价、阶梯气价和季节性气价等绿色能源价格改革，择机推广大用户直供、天然气建设与经营等市场改革。（牵头单位：省发改委，责任单位：省电力公司、省国土资源厅、有关市州人民政府）

（八）建成中西部承接产业转移示范区。强化园区基础设施建设，提升园区承接产业转移平台功能。创新园区建设模式，鼓励发展“飞地”园区。实施产业链招商，着力承接产业龙头企业、上下游配套企业和技术研发中心，加大与东部地区大企业对接力度，积极承接具有成本优势的资源加工型、劳动密集型，以及具有市场需求的资本、技术密集型产业落户。充分利用湘南国家级承接产业转移示范区和国家级经济技术开发区优势，推动沿江与沿海产业、长三角与珠三角产业的转移合作，打造全国产业协作核心示范区。（牵头单位：省商务厅、省发改委，责任单位：省经信委、省财政厅、省国土资源厅、省环保厅、有关市州人民政府）

四、以新型城镇化带动区域发展

坚持沿江聚集、组群发展、互动协作、因地制宜、突出特色，抢抓长江中游城市群建设机遇，着力优化全省城镇发展格局，提升城镇化水平和质量。

（一）培育区域增长极。以“三极一中心”带动四大板块协调发展。长株潭核心增长极：依托现有国家级园区及产业基地，重点提升湘江新区发展水平，以融入长江中游城市群为重点，加强主要城市间交通建设，实现长沙与城市群内城市、城市群内相邻城市间1–2小时通达；推进基础设施、产业体系、合作机制一体化，将长株潭打造成“中三角”的重要一极。岳阳增长极：积极推动岳阳综合交通网络建设，大力发展临港经济和临江产业，将岳阳打造成为我省依托长江释放水运能力的主要节点、辐射长江流域的重要物流中心、对外开放的重要门户和洞庭湖生态经济区的重要支撑。郴州增长极：加快基础设施建设和产业承接合作，将郴州打造成长江经济带与珠三角区域、中西部与粤港澳对接合作的重要窗口，带动“两江”流域融合发展，形成辐射带动大湘南和中西部的重要增长极。怀化区域边贸物流中心：加快综合交通运输体系和国家物流节点城市建设，打造中部地区与大西南和东盟地区合作交流的重要窗口，形成带动武陵山片区发展的重要增长极。同时，坚持精准扶贫，积极推进武陵山与罗霄山等特殊困难地区扶贫攻坚，提升贫困地区自我发展能力和保障水平。（牵头单位：省发改委，责任单位：省住房城乡建设厅、省经信委、省交通运输厅、有关市州人民政府）

（二）加快城市群、区域中心城市和重点镇发展。因地制宜发展区域城镇群。大力促进岳阳长江新区、郴州大十字城镇群提质提速发展；加快培育邵阳东部城镇群、衡阳西南云大经济圈、永州冷零祁城镇带、怀化鹤中芷城镇带、娄底城镇带、津澧新城城镇带。着力发展区域中心城市。完善城市基础设施，提升承载能力，壮大城市经济实力，增强辐射带动功能，引领周边区域发展。扶持一批县级市和县城发展。全面提升中心城市和县城的承载能力和公共服务水平，实施特色县域经济强县工程，形成一批在全国具有较强竞争力的县域经济强县。积极发展重点镇和中心镇。依托特色资源、特色产业、区位优势，培育一批工业强镇、商贸重镇、旅游名镇。大力发展省际边界镇，疏通对外通道，建设一批特色化省际边界区域性经济中心。（牵头单位：省住房城乡建设厅，责任单位：省发改委、省交通运输厅、有关市州人民政府）

（三）创新城镇化发展体制机制。积极推进农业转移人口落户城镇，到2020年全省所有城镇原则上全面放开落户限制，长沙市、衡阳市可结合本地实际确定中心城区落户条件。开展新型城镇化试点示范，探索建立农业转移人口市民化成本分担机制、与农业转移人口居住年限挂钩的基本公共服务提供机制。研究省级财政转移支付同农业转移人口市民化挂钩机制，实行城镇建设用地增加规模与吸纳农业转移人口落户数量挂钩政策。鼓励社会资本以特许经营、租赁经营、股权投资、公私合作等方式参与城市基础设施建设和运营。优化城市政府行政层级和职责，适时推进行政区划改革试点。（牵头单位：省发改委，责任单位：省住房城乡建设厅、省公安厅、省民政厅、省财政厅、省国土资源厅、有关市州人民政府）

五、全面提升开放的层次与水平

利用长三角地区对外开放引领功能，全面对接国家战略，培育和提升湖南开放型经济新优势。

（一）推动形成新的开放发展格局。积极对接长三角与长江中下游地区发展，强化与长三角城市群在贸易、金融、产业领域的合作，加快融入沿江产业发展链。深化泛珠区域合作，对接21世纪海上丝绸之路，建设湘粤（港澳）开放合作试验区，辐射带动湘南区域开放。加强与中西部省份合作，对接丝绸之路经济带。扩大向西、向北开放，深化与新疆、内蒙古等沿边区域合作交流、东盟湄公河流域开发。拓展与成渝城市群、兰西城市群合作交流领域，畅通西向、北向国际物流通道，增强对中亚、西亚、俄罗斯、欧盟经贸交流合作。（牵头单位：省商务厅，责任单位：省发改委、省经信委、省财政厅、有关市州人民政府）

（二）打造高层次开放平台。学习推广上海等自贸区建设经验，推进投资、贸易、金融、综合监管等领域制度创新，打造国际化、法治化的营商环境，建立与国际投资、贸易通行规则相衔接的基本制度框架。积极推进长沙自由贸易区研究论证和申报建设，加快外商投资管理体制改革，大力发展服务贸易，扩大服务业对外开放，争取打造承接东西部、连接南北方、辐射长江中游城市群，具有综合性、多元化经济功能的中国内陆（长沙）自由贸易区。争取开展国家离岸金融试点，支持区内企业发展离岸业务，逐步将长株潭城市群建成中部地区离岸金融结算中心。推进岳阳城陵矶、湘潭综合保税区、长沙黄花综合保税区和衡阳综合保税区实现口岸物流与保税物流、保税加工有机融合。充分发挥岳阳口岸平台、综合保税区及启运港退税等政策优势，发挥岳阳肉类、汽车整车、粮食等进口指定口岸功能作用，发挥大宗进口商贸物流，壮大口岸经济和临港产业，支持城陵矶新港区申报国家级高新技术产业开发区。加快无水港和公路、铁路口岸建设。推动开通定期“班轮、班列”。建立湖南航运交易所，打造长江中段功能齐全、信息共享、资源集聚、交易便利的信息和物流交易中心。建设集“平台监管、数据处理、政策发布和国际物流动态”于一体的电子口岸。（牵头单位：省商务厅，责任单位：省发改委、省经信委、省交通运输厅、人民银行长沙中心支行、长沙海关、有关市州人民政府）

（三）*深化长江流域区域通关一体化改革*。加强与沿江口岸执法部门的信息互换、监管互认和执法互助。积极实施长江经济带区域通关一体化改革。推行关检“一次申报、一次查验、一次放行”，加快口岸信息化等基础建设，全面推行货物通关无纸化，提高口岸大通关效率。提高海关、检验检疫、商务、外汇、税务等相关单位合作效率，简化通关审批程序和办事环节。（牵头单位：长沙海关、省出入境检验检疫局，责任单位：省商务厅、省公安厅、有关市州人民政府）

六、推进流域生态环境保护和治理

以洞庭湖为中心，以水资源为重点，以生态保护修复、污染综合整治、提高能源资源利用效率为举措，着力打造“一湖三山四水”生态安全战略格局，为依托长江建设中国经济新支撑带提供坚强可靠的生态安全保障。

（一）*全面治理“一湖四水”*。全面实施湘江污染防治“一号工程”，加强洞庭湖和湘、资、沅、澧四水水质监测，严格控制入河（湖）排污总量。推进湘江流域重金属污染治理，加快城镇污水垃圾处理设施建设，实现四水沿线城镇污水垃圾全收集全处理。实施重点水域水生态修复工程，确保全省城镇集中式饮用水源地水质稳定达到功能要求，“四水”干流达到Ⅲ类以上水质标准，洞庭湖水生态系统得到明显改善。适时启动相关优质水资源的开发利用工程建设，推进中心城市和重点城镇建立应急饮用水水源和备用水源。建设沿江、沿河、环湖水资源保护带、生态隔离带，增强水源涵养和水土保持能力。（牵头单位：省环保厅，责任单位：省发改委、省住房城乡建设厅、省水利厅、省国土资源厅、省农委、有关市州人民政府）

（二）*妥善处理江河湖泊关系*。实施长江中游河势控制工程、以松滋口建闸为重点的四口河系整治工程及洪道整治工程。加强洞庭湖区蓄洪垸、重要一般垸和重点垸堤防建设，加快蓄滞洪区建设，完善洞庭湖区综合防洪工程体系。启动洞庭湖岳阳综合枢纽工程项目前期工作，调节洞庭湖枯季出流，实行蓄水养湖。对条件成熟的区域，实行退田还湖。统筹规划长江岸线资源，建立岸线资源有偿使用制度，严格岸线后方土地的使用和管理，加大生态和生活岸线保护力度。（牵头单位：省水利厅，责任单位：省发改委、省国土资源厅、省环保厅、省住房城乡建设厅、省交通运输厅、有关市州人民政府）

（三）*强化生态保护和修复*。实施最严格的生态环境保护政策，坚决落实主体功能区制度，划定生态保护红线，强化国土空间合理开发和重点生态功能区保护。加强饮用水源地保护，划定饮用水源保护区，坚决取缔饮用水源保护区内的排污口。实行最严格的耕地保护制度，坚决杜绝乱占耕地行为。加强长江物种及栖息繁衍场所保护，强化水产种质资源保护区建设和管护。加大各类湿地、自然保护区、风景名胜区保护力度，在武陵山、洞庭湖等特色地区探索建立国家公园。推进武陵山片区、湘江源头区域全国生态文明先行示范区建设，加快循环经济示范试点建设。加快环洞庭湖区域生态防护林、长江天然林、长江防护林、水源涵养林、血防林体系建设，持续推进沿湖、沿河、沿路林带建设及岸线整治与生态景观恢复，支持创建森林城市。强化石漠化、水土流失、地质灾害以及衡邵干旱走廊地区的综合治理。加强大气污染防治，健全大气质量监测预警和应急体系，提升大气污染防治基础能力。（牵头单位：省环保厅、省林业厅，责任单位：省发改委、省国土资源厅、省住房城乡建设厅、省水利厅、省旅游局、有关市州人民政府）

七、创新区域协调发展的体制机制

构建市场体系统一开放、基础设施共建共享、生态环境联防联治、流域管理统筹协调的新机制，有效推动与长江上中下游地区优势互补、分工协作、协同发展。

（一）*建立区域互动合作机制*。推动沿江省份合作协商平台建设，定期研究解决区域合作中的重大事项。建立生态环境协同保护治理机制，扩大生态补偿、水资源治理等领域的交流合作。建立统一规范的劳动用工、资格认证和跨区域职业教育培训等就业服务制度。落实基本养老保险、基本医疗保险等社会保险关系转移接续政策。建立应对突发事件联动治理和相互支援机制。推动跨区域重点工程联合监管。充分发挥社会力量，建设各类跨区域的合作组织。（牵头单位：省商务厅，责任单位：省发改委、省人力资源社会保障厅、省环保厅、省水利厅）

（二）*推进一体化市场体系建设*。完善区域要素市场体系。建设区域性金融服务、科技创新、劳务共享等平台，组建区域性技术转移中心和产业技术创新战略联盟，促进高端人才和劳务资源流通。推动区域社会信用体系建设，建立守信激励和失信惩戒联动机制，健全知识产权保护机制。推进工商登记、食品药品检验、消防安全等领域的互通互认及招投标、政府采购等领域的市场一体化建设。（牵头单位：省工商局、省商务厅，责任单位：省发改委、省科技厅、省财政厅、省人力资源社会保障厅、省金融办、省食品药品监管局、省知识产权局、人民银行长沙中心支行）

（三）*加大金融合作创新力度*。推动金融机构向发展资产管理、融合互联网金融和实施普惠金融转型，大力发展直接融资，健全多层次资本市场体系，引导符合条件的中小企业进行股权融资、债权融资、资产重组等。积极争取全国股份转让系统中部路演中心落户长沙，打造环长株潭城市群金融生态圈。创新企业债券品种，扩大湘江流域重金属污染治理专项债、中小企业集合债、小微企业增信扶持债和部分符合条件的县域经济债发行规模，探索发行洞庭湖区污染治理债券，推进资产证券化。支持符合条件的民间资本发起设立民营银行等中小金融机构。鼓励开展融资租赁服务，支持长江船型标准化建设。鼓励大型港航企业以资本为纽带整合沿江港口和航运资源。鼓励政策性金融机构加大对沿江综合交通体系建设的支持力度。增设我省优势产品期货交易平台，支持农产品、有色金属等省内大宗优势商品上市交易。（牵头单位：省金融办、湖南银监局，责任单位：省发改委、省交通运输厅、人民银行长沙中心支行、湖南证监局、湖南保监局、国家开发银行湖南省分行）

八、推动长江经济带发展的保障措施

（一）加强组织领导。成立由省长牵头，分管省领导负责，发改、财政、交通运输、经信、住房城乡建设、国土资源、农业、水利、林业、商务、科技、环保、旅游、海关、检验检疫、人民银行等部门及市州参与的协调领导小组，负责全省长江经济带建设的组织领导工作。领导小组办公室设在省发改委，负责与部委、沿江省份联系协调；负责重大项目储备及前期工作；负责涉及长江经济带建设的日常协调工作。各责任部门要按照本意见要求，抓紧制定本部门融入长江经济带建设的具体措施，相关市州人民政府要出台实施办法。

（二）强化政策支持。财税政策方面，省本级财政性建设资金安排向涉及长江经济带发展项目倾斜。投资政策方面，争取国家加大对我省涉及长江经济带发展项目投资补助力度，鼓励社会资本参与涉及长江经济带发展的重大项目建设。产业政策方面，争取国家对我省产业项目适当给予倾斜；对符合国家产业政策的产业转移项目，优先予以核准或备案；省内承接产业转移发展专项向纳入长江经济带发展的重点产业倾斜。土地政策方面，探索跨省域的合作园区建设，创新相应的用地与人口挂钩机制，试点区域合作“飞地经济”共建共享模式；争取国家新增建设用地年度计划指标向涉及长江经济带发展项目倾斜，稳步推进农村土地整治和农村土地流转试点。（牵头单位：省发改委，责任单位：省经信委、省财政厅、省国土资源厅）

（三）强化监督检查。领导小组要加强对《实施意见》的监督指导，建立工作进展情况季度报告制度，及时了解重点工作进展情况、及时协调解决突出问题。各牵头单位要制定具体落实措施和年度实施计划并报省发改委汇总。各责任单位要密切配合，形成工作合力。相关部门和市州要将推动长江经济带发展工作纳入年度考核任务，定期将落实情况报送省发改委。省发改委要做好跟踪分析与统筹协调，及时汇总工作进展情况报省人民政府。

湖南省人民政府

2015 年 5 月 8 日

湖南省人民政府关于加快环保产业发展的意见

（湘政发〔2015〕17 号）

各市州、县市区人民政府，省政府各厅委、各直属机构：

为推动资源节约型和环境友好型社会建设，培育新的经济增长点，现就加快我省环保产业发展提出如下意见：

一、总体要求

深入贯彻落实党的十八大和十八届三中、四中全会关于全面推进生态文明建设的要求，按照综合利用、循环发展、控污治污、改善环境、修复生态的宗旨，坚持需求牵引、创新驱动、政策扶持、监管推动的原则，强化政府引导，激发市场活力，壮大产业主体，提升发展质量，为促进经济增长、建设生态文明、改善社会民生提供有力支撑。

二、发展目标

2015–2020 年，全省环保产业增加值年均增长 20%以上，省产环保装备产品性能大幅提升、结构趋于合理，一批拥有自主知识产权的环保技术达到国内先进水平，环保服务业占环保产业的比重明显提高，省内环境公用设施、区域性环境整治项目和工业企业环保设施基本实现专业化、市场化建设运营，再生资源回收和废旧资源循环利用基本形成规范化、制度化体系，龙头企业和产业集群确立在全国的特色优势地位。在环保产业发展驱动下，全省资源产出率水平明显提高，突出环境污染问题逐步缓解，生态人居环境明显改善。

三、支持重点领域

鼓励扶持水土气治理、重金属治理等环保领域技术创新和研发。加快发展大气治理、水处理、污染土壤修复、农业面源污染治理、环境监测等环保装备和产品制造。大力创新环境污染第三方治理和研发、设计、制造、治理综合环境服务等服务模式，不断丰富环境工程咨询、清洁生产审核、排污权交易、水权交易等服务内容，突出发展环保服务业。积极推进大宗工业固体废弃物、危险废弃物、生活垃圾、建筑废弃物、农林废弃物等无害化处置和资源循环利用技术研发、装备和产品制造，推动建立废旧资源回收利用和再制造体系。

四、实施示范工程

以大气污染防治行动计划、水污染防治行动计划、湘江保护和治理、土壤污染修复与治理等为重点，创新模式，加快实施“两供两治”基础设施、重点行业脱硫脱硝、燃煤锅炉节能环保提升、机动车尾气治理、农村环境整治、污染耕地修复等一批环境公用设施、区域性环境整治和工农业污染场地治理修复等示范工程。以餐厨废弃物无害化处置和资源化利用试点城市、建筑废弃物综合利用试点城市、水生态文明建设试点城市、再生资源回收体系建设试点城市、“城市矿产”示范基地、园区循环化改造试点、秸秆综合利用示范等为基础，实施一批循环经济和资源综合利用示范工程，推进循环经济标准化试点。加快实施一批环保技术创新和产业化示范工程，组织关键技术攻关，加快技术成果商品化、市场化。

五、促进产业集聚

支持有条件的地区建设环保产业集聚区，引导环保产业集聚发展。支持集聚区建设和完善公共服务平台，对平台建设费用给予贴息支持，优化和改善服务，为环保企业打造优良发展环境。支持环保产业集聚区相关重大基础设施和产业项目建设，优先保障用地并给予适当的资金扶持。

支持长株潭等有条件的地区整合产业链资源，打造集研发、设计、生产、运营于一体的环境治理装备制造、环境监测仪器制造和环境服务产业集聚区。依托国家级园区循环化改造试点、再制造示范基地、“城市矿产”示范基地和资源综合利用“双百工程”等示范试点，建设再生资源回收网络和交易市场，围绕废旧汽车拆解、工程机械再制造和稀贵金属、废旧电池、废旧家电回收利用等优势领域，构建资源循环利用产业链条，打造中南地区最具影响力的再生资源和再制造产业集群。

六、壮大龙头企业

鼓励环保企业通过收购、兼并、联合、重组等方式，实行规模化、品牌化、网络化经营。重点扶持一批规模大、创新能力强、装备产品质量和服务水平高、带动性强的龙头企业，实施动态滚动支持，每年对省内规模较大、带动作用较强且增长较快的骨干企业给予适当奖励。每年评选一批“走出去”先进环保企业，并按规定给予奖励。

七、加大财政投入

采用政府引导、市场化运作模式，设立省环保产业投资基金，并调剂整合相关专项资金，对重大基础设施建设、重大产业项目、第三方治理示范项目、关键核心技术攻关、重点园区循环化改造、特殊人才引进、公共平台建设等进行重点支持。

八、落实税费政策

全面落实国家关于环境保护、资源综合利用等税收优惠政策，用好用足企业研发费用加计扣除、高新技术企业所得税按15%税率征收、小型微利企业结构性减税等政策。落实脱硫、脱硝、除尘等环保电价政策，强化监管，督促燃煤发电企业建设、改造和运行脱硫、脱硝、除尘等环保设施。对污水处理、垃圾处理设施运行企业生产用电给予大工业用电政策优惠。

九、强化用地保障

对符合土地利用总体规划的环保产业项目，优先保障用地。对纳入《湖南省重点产业振兴实施方案》且用地集约的环保产业项目，在确定土地出让底价时可按不低于所在地土地等别相对应国家工业用地出让最低价标准的70%执行。鼓励环保企业建设员工周转房，并纳入保障性住房政策范围。

十、拓宽融资渠道

加大信贷支持力度。坚持“区别对待、有保有压”的原则，鼓励和支持银行业金融机构建立健全绿色信贷政策，加大环保产业信贷投入，创新针对环保产业的信贷产品和服务方式，探索特许经营权、环境服务合同权益以及专利权等知识产权抵质押贷款业务创新。

加大资本市场融资。优先将符合条件的环保企业纳入省重点上市后备企业资源库，省促进企业直接融资专项资金给予重点扶持，力争到2020年新增5家左右环保企业上市。鼓励环保企业通过新三板和区域性股权交易市场挂牌、发行债券等途径直接融资。

创新融资模式。鼓励引导天使投资、风险投资和私募基金等支持我省环保企业发展，对投资额达到一定规模的，给予适当奖励。支持社会资本以PPP等模式参与污水垃圾处理等环境治理设施建设，鼓励成立环保设备融资租赁公司。

十一、加强技术创新

支持园区、产业基地、孵化器等，采取免租、低租等方式，搭建研发设计、试验试制、检验检测和技术推广等公共服务平台，对环保领域初创企业进行孵化。对获得国家（含国家地方联合）和省级新认定的工程（重点）实验室、工程（技术）研究中心、企业技术中心、企业博士后工作站等平台，给予项目补助资金。对取得发明专利的研发成果，在2年内以技术入股、技术转让、授权使用等形式在省内转化的，按技术合同成交额给予适当奖励。对发明专利获得“中国专利金奖”、“中国专利优秀奖”、“湖南专利奖”以及国家级科技奖励的企业，给予适当奖励。支持先进适用环保新技术、新产品的推广应用，切实保护知识产权。

十二、突出人才培养

支持省内高等院校和职业院校加大环保学科建设力度，为企业定向培养专业人才。引进一批海外高层次人才、学科带头人、科技领军人才和高级管理人才，按照国家和省有关政策规定，对其在湘创办并控股的环保企业，给予一定启动资金补助或贷款贴息支持，对其医疗保障、子女教育、家属就业、人才公寓入住或住房补贴方面给予重点支持。支持省内高层次人才参加境内外高层次研修、培训，对培训费用给予一定补贴。

十三、完善配套机制

按照“谁污染、谁付费”的原则，健全各类废弃物处理成本分担机制。落实污水处理费征收管理办法，将污泥处理费用纳入污水处理成本，加强城镇生活垃圾处理费收缴力度。开展餐厨废弃物处理利用试点、建筑废弃物综合利用试点和生活垃圾分类试点的地区，依法建立健全废弃物处理收费机制，切实加强征收管理。

建立再生资源回收再利用机制。研究制定再生资源回收再利用管理办法，对建筑废弃物、工业固体废弃物、废旧金属等依法强制实行回收再利用。新建楼盘或者小区必须预留再生资源回收站点用地，建设标准规范的再生资源回收站点。建立健全鼓励使用再生水、促进垃圾资源化的价格机制。

培育交易市场。进一步完善排污权有偿使用和交易制度及价格形成机制改革，加快完善相关程序机制和信息服务平台建设。环境污染第三方治理取得的污染物减排量，计入排污企业排污权账户，作为排污权的交易和收益主体。

十四、强化市场推广

政府示范引导。定期更新发布“两型”采购目录，省内各级机关事业单位和社会团体对列入目录的产品予以优先采购。有关财政专项资金同等条件下对采购“两型”产品进行建设的项目优先支持。建立再生资源综合利用产品绿色标识制度，切实提高政府投资建设项目再生资源综合利用材料及产品使用比例，鼓励社会投资项目使用再生资源综合利用材料及产品。

加大监管力度。制定完善并强制执行污染物排放标准，强化环保监察执法，对在监察执法中有不良记录且不予及时改正的企业，暂停各类环保专项资金补助，根据相关规定禁止其产品或服务进入政府采购目录。对不符合环保要求、产业政策的企业，严格控制新增授信或贷款。选择若干高污染行业，对因污染物超过排放标准或总量控制要求，被环保部门责令限制生产、停产整治且拒不自行治理污染的企业，实施限期第三方治理。通过强化监管，加快环保产业潜在市场向现实需求转化。

扩大省内外市场。支持创新性环保技术在省内示范应用，在政府采购（招投标）等方面给予优先支持。符合相关政策条件的国内和省内首台（套）环保重大技术装备，按照相关规定对研制和购买使用单位分别给予适当奖励。鼓励环保企业走出去，对参与省外大型项目或政府采购项目招投标中标，符合条件的按照一定标准给予奖励，对赴境外参加大型国际展会的企业，在展位费、人员费方面给予一定补贴。鼓励业内交流和宣传，支持有影响力的展会或行业峰会落户湖南。

十五、规范市场秩序

建立健全发展环保产业相关的政策法规、规划、规范标准。完善各类环保资质认定和特许经营权制度，规范设置环保产业市场准入门槛。加强环境工程招投标管理，形成有序竞争的市场环境。建立完善环保产业调查统计制度，健全环保产业统计管理信息系统，为引导产业健康发展提供科学依据。充分发挥行业协会和产业技术联盟的自律作用以及公众和社会舆论的监督作用，引导企业遵纪守法、诚信经营，促进市场规范发展。

十六、加强组织协调

各有关部门要按照职能分工，加强规划指导和目标考核，及时出台相关领域实施细则。各市州、县市区人民政府要加强组织领导，健全工作机制，结合本地实际，切实推动环保产业发展。

附件：加快环保产业发展重点工作任务分解表

湖南省人民政府

2015 年 5 月 13 日

附件

加快环保产业发展重点工作任务分解表

序号	重点工作		牵头部门	配合部门
1	实施示范工程		省发改委	省经信委、省环保厅、省住房城乡建设厅、省水利厅、省农委等
2	促进产业集聚		省发改委	省经信委、省财政厅、省国土资源厅、省环保厅等
3	壮大龙头企业		省环保厅	省发改委、省经信委、省财政厅等
4	加大财政投入		省财政厅	省发改委、省经信委、省科技厅、省环保厅等
5	落实税费政策		省发改委、省财政厅 省地税局、省国税局	
6	强化用地保障		省国土资源厅	
7	拓宽融资渠道		省政府金融办、 人民银行长沙中心支行	
8	加强技术创新		省科技厅	省发改委、省经信委、省知识产权局等
9	突出人才培养		省人力资源社会保障厅	省教育厅等
10	完善配套机制	完善废弃物处理成本分担机制	省发改委	省经信委、省环保厅、省住房城乡建设厅等
		建立再生资源回收再利用机制	省商务厅	省发改委、省经信委、省住房城乡建设厅等
		培育排污权交易市场	省环保厅	
11	强化市场推广	政府示范引导	省财政厅	省发改委、省经信委、省环保厅、省商务厅等
		加大监管执法力度	省环保厅	省发改委、省财政厅等
		扩大省内外市场	省财政厅	省发改委、省环保厅、省经信委、省商务厅等
12	规范市场秩序		省环保厅	省统计局等
13	加强组织协调		省环保厅	各有关部门

湖南省人民政府办公厅
关于对长沙市再下放部分省级经济社会管理权限的通知

（湘政办发〔2015〕44号）

各市州人民政府，省政府各厅委、各直属机构：

为支持长沙市深化改革、率先发展，发挥省会城市的辐射带动作用，经省人民政府同意，决定对长沙市再下放27项省级经济社会管理权限，其中，直接下放11项，委托下放16项。现就有关事项通知如下：

一、长沙市对下放的权限要积极对接，研究制定相应的管理制度，建立承接权限的有效机制。要依法依规行使权力，进一步规范审批程序，减少审批环节，提高办事效率和服务水平。

二、省直各有关单位要主动做好下放权限的落实和衔接工作，搞好对下级对口部门的业务培训指导，加强事中、事后监管力度，防止出现管理脱节，提高下放权限的运行质量。省编办、省监察厅要会同有关部门，对下放权限的落实情况适时开展督查，确保下放的权限“下得去、管得好”。

附件：再下放长沙市的省级经济社会管理权限目录

湖南省人民政府办公厅
2015年5月19日

附件：

再下放长沙市的省级经济社会管理权限目录

序号	单位	内容	放权形式	备注
1	省财政厅	政府采购集中采购目录和限额标准及公开招标数额的制定权	委托下放	报省财政厅备案
2	省发改委	政府出资的非新建省道干线公路（二级以上公路）项目的审批	委托下放	审批、核准的项目报省发改委、省交通运输厅备案
3	省发改委	政府出资的非高速公路、国省道独立公路桥梁、隧道项目的审批	委托下放	审批、核准的项目报省发改委、省交通运输厅备案
4	省发改委	政府出资的内河航运千吨级以上港口码头（非占用内河港口深水岸线）项目的审批	委托下放	审批、核准的项目报省发改委、省交通运输厅备案
5	省发改委	政府出资的公路客运、货运枢纽项目的审批	委托下放	审批、核准后，报省发改委、省交通运输厅备案
6	省住房城乡建设厅	省立项（非政府投资类）建设工程初步设计审批	直接下放	与省发改委同步下放相关的初步设计审批（具体项目类型与省发改委一致）
7	省住房城乡建设厅	城市古典名园修复方案和20公顷以上公共绿地、居住区绿地、风景林地的设计方案审批	委托下放	
8	省交通运输厅	国省干线公路施工图设计审批	直接下放	
9	省教育厅	民办非学历教育高等学校审批	委托下放	报省教育厅备案
10	省商务厅	外国非企业经济组织在湘设立常驻代表机构审批	委托下放	
11	省商务厅	对外劳务合作经营资格核准	直接下放	
12	省文化厅	举办外国、港澳台文艺表演团体或个人参加的营业性演出审批	委托下放	报省文化厅备案
13	省文化厅	设立经营性互联网文化单位	委托下放	报省文化厅备案
14	省卫生计生委	市属三级医院医师注册（变更）权限	直接下放	

序号	单位	内容	放权形式	备注
15	省发改委	公办学前教育收费	直接下放	
16	省发改委	城市供水价格、农业灌溉价格、水利工程排水价格，城市污水处理收费，回用水、自备水源单位地下水价格	直接下放	
17	省发改委	规划设计、房地产测量测绘及向建设项目征收的服务收费	直接下放	
18	省发改委	5A 级以下景区门票价格	直接下放	
19	省旅游局	经营国内和入境旅游业务旅行社的设立审批	委托下放	报省旅游局备案
20	省旅游局	旅行社分社设立备案登记	直接下放	
21	省旅游局	国家 3A 级及以下等级旅游景区的等级评定	直接下放	
22	省旅游局	导游人员年审管理	委托下放	报省旅游局备案
23	省食品药品监管局	食品生产许可证核发权限（国家明确不能下放和监管风险高的企业类型除外）	直接下放	
24	省食品药品监管局	医院类别医疗机构申请中药制剂委托配制标准（本行政区域范围内）	委托下放	
25	省食品药品监管局	科研、教学单位及药品生产企业申购麻醉药品、精神药品的标准品、对照品审批	委托下放	
26	省食品药品监管局	科研、教学单位及药品生产企业申购毒性药品、药品类易制毒化学品等特殊管理药品的标准品、对照品审批	委托下放	
27	省食品药品监管局	非药品生产企业购用咖啡因审批。	委托下放	

湖南省人民政府办公厅
关于进一步缓解企业融资成本高问题的实施意见

（湘政办发〔2015〕46 号）

各市州、县市区人民政府，省直和中央在湘有关单位：

根据《国务院办公厅关于多措并举着力缓解企业融资成本高问题的指导意见》（国办发〔2014〕39 号）和《国务院办公厅关于印发进一步缓解企业融资成本高问题工作方案的通知》（国办函〔2014〕105 号）精神，结合我省实际，经省人民政府同意，现就进一步缓解企业融资成本高问题提出以下实施意见：

一、统筹信贷资源配置，落实资金保障供给。推动各银行业金融机构扩大对我省的信贷投放，在有效提高小微企业贷款增量的基础上，努力实现小微企业贷款增速不低于各项贷款平均增速，小微企业贷款户数不低于上年同期户数，小微企业申贷获得率不低于上年同期水平；统筹信贷资源配置，加大小微企业信贷资源倾斜力度，单列小微企业信贷计划，将有限信贷资源更多用于小微企业；落实“定向降准”措施，适时运用常备借贷便利，改进合意贷款管理，增强调控节奏和力度把握的弹性，加大支农、支小再贷款和再贴现力度；引导银行业金融机构执行有保有控的信贷政策，对产能过剩行业中有市场有效益的企业继续给予支持；引导金融机构完善利率定价机制，落实降息政策，积极适应利率市场化改革进程，合理确定存贷款利率水平；推动地方法人银行业金融机构争取面向企业和个人的大额存单业务试点。（人民银行长沙中心支行、湖南银监局、省政府金融办负责）

二、盘活信贷与债务存量，提高资金使用效率。全国性商业银行在湘分支机构要盘活存量、用好增量，支持将信贷资产纳入其总行资产证券化资产池；支持地方法人银行发行信贷资产支持证券常规化，扩大信贷资产证券化融资规模；鼓励省内法人银行业金融机构发行小微企业、“三农”专项金融债券，募集的资金专户管理，专项用于小微企业、“三农”贷款发放，金融债所对应的小微企业贷款，不纳入存贷比考核范围；用好国家发行地方政府债券置换存量债务的政策，优化地方债务结构，降低利息负担，保障在建项目融资。（人民银行长沙中心支行、湖南银监局、湖南证监局、省财政厅负责）

三、发展多层次资本市场，扩大企业直接融资规模。鼓励符合条件的企业和项目，到银行间市场交易商协会发行债券融资工具，扩大非金融企业债务融资工具发行规模；培育和发展我省私募市场，加快金融资产交易中心、中小企业融资服务中心建设，促进民间融资阳光化；出台相关优惠政策，推动更多中小微企业到湖南股权交易所挂牌融资，鼓励省内企业到全国中小企业股份转让系统挂牌融资，鼓励省内非上市企业股权集中到湖南省股权登记管理中心进行登记托管；支持湖南股权交易所转型发展，通过发行中小微企业私募债、股权投资和转让、金融资产交易、为沪深交易所培育上市企业等，促进企业融资；鼓励银行、证券等金融机构与湖南股权交易所合作，开发服务小微企业创新产品。（省政府金融办、人民银行长沙中心支行、省发改委、省经信委、湖南证监局负责）

四、支持企业境外上市融资，引入境外低成本资金。支持组建省内企业境外融资服务中心，发挥专业机构作用，宣传普及境外上市和发行债券的条件、流程和法律事务等知识，做好企业境外上市、发行债券等融资服务工作；支持省内企业赴境外上市和发债，相关职能部门要在国家政策允许范围内开辟“绿色通道”，对省内企业赴境外上市融资、债券融资过程中的外资审批、固定资产投资项目备案或审批、境外资金回流境内等方面给予支持；完善短期外债指标管理，支持成长性好的中小企业开展境外融资；开展外汇市场创新，为企业提供汇率避险服务。（省政府金融办、省商务厅、省发改委、人民银行长沙中心支行、湖南银监局、湖南证监局负责）

五、建立保险资金运用长效机制，拓宽企业融资渠道。充分利用保险资金投资期限长、综合成本低的特点，引导保险资金通过债权投资、股权投资计划等形式，支持省内民生工程和重大基础设施建设；鼓励保险公司通过投资企业股权、债权、基金、资产支持计划等多种形式，为科技型企业、小微企业、战略性新兴产业等发展提供资金支持；推动政府资金与金融资金的结合，设立重大基础设施、重大产业等专项基金，吸引保险、银行、券商等金融机构资金及社会资金；制定小微贷款保证保险扶持政策，探索农业保险保单质押贷款试点，推进小额贷款保证保险发展，发挥保险的增信作用。（省政府金融办、省财政厅、湖南保监局、省发改委负责）

六、培育中小金融机构，增强薄弱环节供给能力。鼓励引导国有企业和社会资本积极参与农村信用社改革，按省政府部署，力争两年内完成农村信用社改革任务；出台支持村镇银行发展的政策措施，吸引省外金融机构来湘批量发起设立村镇银行，支持省内监管评级二级以上的农村商业银行在省内外发起设立村镇银行，逐步实现农村商业银行和村镇银行县域全覆盖；鼓励银行业金融机构向行政村、社区、小微园区延伸基础金融服务，设立社区支行、小微支行，简化审批流程，允许在规划内一次申请设立多家社区支行、小微支行，并对其筹建开业一次审核；推动我省首家民营银行尽快获批筹建，推动筹建省级金融资产管理公司、金融租赁公司和消费金融公司；支持小额贷款公司通过发行结构化产品、信贷资产证券化等拓宽资金来源，鼓励小额贷款公司降低利率，减轻企业负担。（省政府金融办、湖南银监局、人民银行长沙中心支行、湖南证监局、省农信联社负责）

七、加快融资性担保机构建设，健全贷款风险补偿机制。加快国有担保机构建设，2015 年底前建立覆盖全省各县市的中小微企业融资担保服务体系；加快再担保体系建设；建立完善资本补充和风险补偿机制，推动国有全资和控股的融资性担保机构适当集中，以融资性担保机构的代偿率、担保放大倍数、担保费率、新增担保额及户数等指标为基础建立绩效考核体系，鼓励各融资性担保机构重点向“三农”、中小微企业提供低成本融资服务，鼓励县市政府、融资性担保机构、商业银行和中小微企业建立新型合作模式，共同促进小微企业融资，降低融资成本。（省财政厅、省政府金融办、省经信委负责）

八、规范收费行为，降低企业融资成本。支持银行业金融机构按照有关政策规定，及时清理不合理收费，规范收费行为；依法公开收费项目、收费标准、收费依据、优惠政策，严禁以贷转存、存贷挂钩、以贷收费、浮利分费、借贷搭售等行为，特别是对发放贷款收取利息应尽的工作职责，不得再分解设置收费项目；推动贯彻落实小微企业流动资金贷款续贷相关管理办法，运用好循环贷款、年审制贷款、分期偿还等措施，允许符合条件的企业借新还旧，减少搭桥融资行为，缩短融资链条，减轻小微企业资金周转压力；规范担保、评估、审计、验资、保险、登记备案等中介机构服务收费行为，严格按标准收费，取消各种不合理收费；规范银信、银基、银证等各类合作业务，清理各类“通道”、层层加价、抬高企业融资成本的现象；加强对银行和相关中介机构收费情况的监督检查，依法严肃查处各种违规收费行为。（省发改委、湖南银监局负责）

九、完善监管制度和办法，抓好风险防范和控制。督促银行金融机构加强管理，严密监测信贷资金流向，防止借款企业违规挪用贷款，确保贷款资金直接流向实体经济；加强对影子银行、同业业务、理财业务的管理，规范各类理财业务，严禁超范围经营和套利行为，金融机构之间的交叉产品和合作业务，以合同形式明确风险承担主体和通道功能主体；规范小额贷款公司、典当行、投资公司、融资租赁公司等非存款类机构业务，严肃查处违规吸收存款和发放高利贷行为，严禁对小微企业进行暴力逼债、追债；加强对互保联保、过剩产能等重点风险的识别、防控，支持建立企业风险防范化解的联动机制，搞好风险防控，严守风险底线。（省政府金融办、人民银行长沙中心支行、湖南银监局、省商务厅负责）

十、落实各项扶持政策，实施差异化的监管措施。贯彻落实国家和我省金融支持“三农”、小微企业的各项奖补政策；优化省级金融机构融资考评指标，强化绩效考核倾斜，对金融支持小微企业设立专门的考核指标，适当增加金融支持小微企业考核权重，引导金融机构更好地服务实体经济发展；落实小微企业贷款存贷比考核优惠政策，对小微企业不良贷款率实行差异化政策考核政策，适度提高小微企业不良贷款容忍度，建立完善小微企业金融服务不良贷款尽职免责制度；开展小微企业信贷政策导向效果评估，适时向银行机构通报，并将评估结果作为人民银行灵活运用再贷款、再贴现等货币政策工具、开展金融市场管理工作以及省政府融资奖励考核等的重要依据；细化和完善相关政策，严格政策执行要求，纠正单纯追逐利润，攀比扩大资产规模的经营理念，树立正确的经营理念，突出支农支小导向。（省政府金融办、省财政厅、湖南银监局、人民银行长沙中心支行负责）

十一、推进社会信用体系建设，缓解信息不对称问题。加快中小微企业和县域信用信息采集工作，完善地方信用信息共享平台；加快信用评级推广应用工作，推动金融机构提高信用贷款比重，缩短融资链条；尽快将符合条件、提出接入申请的小额贷款公司和融资性担保机构接入金融信用信息基础数据库，缓解信息不对称问题；推进地方金融服务与监管信息平台建设；广泛开展诚信宣传教育活动，引导企业健全财务制度，增强信用意识；深入开展金融创安活动，依法打击逃废金融债务行为，维护金融债权，优化金融生态环境。（省发改委、人民银行长沙中心支行、省政府金融办负责）

省政府办公厅要组织有关部门对市州落实本实施意见情况进行跟踪督查，对执行政策不力或违反政策的行为，加大问责力度。各市州人民政府、省直和中央在湘有关单位要认真贯彻落实本实施意见，于每年1月中旬将落实情况书面反馈省政府金融办，由省政府金融办汇总后报省人民政府。

湖南省人民政府办公厅

2015年5月28日

湖南省人民政府关于促进旅游业改革发展的实施意见

（湘政发〔2015〕28号）

各市州、县市区人民政府，省政府各厅委、各直属机构：

为加快旅游产业改革发展步伐，推进旅游强省建设，根据《国务院关于促进旅游业改革发展的若干意见》（国发〔2014〕31号）精神，现提出以下实施意见。

一、树立科学旅游观

（一）*创新发展理念*。主动适应经济发展新常态，坚持深化改革、依法兴旅，正确处理政府与市场的关系，推动形成政府依法监管、企业守法经营、游客文明旅游的发展格局。树立“全域旅游”观，突出融合发展，推动旅游业与新型工业化、信息化、城镇化和农业现代化相结合。树立“两型旅游”观，突出以人为本，按照资源节约型和环境友好型社会建设要求，推进“两型旅游”发展，让旅游更安全、更便利、更文明、更舒心。

（二）*加快转型升级*。以旅游强省建设为目标，不断提升旅游业发展的质量和效益、不断提升人民群众的满意度，推动产业结构优化升级、市场营销创新升级、旅游监管规范升级、队伍建设提质升级、改革创新探索升级、政策保障强化升级，全力打造湖南旅游经济升级版，为全省经济社会发展做出更大贡献。全省旅游业保持15%的平均增长速度，力争到2020年，全省接待游客总人天数达到7.5亿，过夜人次数达到3亿，入境旅游者达到400万人次，入境旅游收入10亿美元，实现旅游业总收入达到7000亿元以上，相当于全省GDP的15%以上。旅游直接就业人数达到300万人以上，带动就业人数达到600万人以上。到2020年，基本建成旅游强省。

二、增强旅游发展动力

（三）*推进旅游综合改革*。强化旅游行政管理部门产业促进和综合协调职能。进一步简政放权，推动旅游行业监管重心从“事前审批”向“事中事后监管”转变。支持、引导旅游行业协会、市场中介组织健康发展，切实发挥行业自律和专业服务作用。积极推进景区管理体制改革，鼓励旅游景区的所有权与经营权、管理权分离。加快推进张家界国家旅游综合改革试点、长沙及衡阳国家现代服务业综合试点、湘潭（韶山）全国红色旅游融合发展示范区建设，支持张家界、湘西自治州开展国家旅游扶贫试验区建设。积极推进国家公园体制试点。开展省级文化旅游产业示范区试点，建立一批以文化旅游产业为主导的省级现代服务业集聚示范区，支持其在区域合作、资源配置、金融创新、生态补偿等方面先行先试，并参照省级经济开发区给予相关政策支持。

（四）*全面开放旅游市场*。打破行业、地区、部门壁垒，建立公开透明的市场准入标准和运行规则，鼓励和支持社会资本进入旅游市场。探索开展旅游资源产权交易试点，整合涉旅国有资产，吸引社会资本参与，发展旅游混合所有制经济。吸引跨国公司、集团公司等大型旅游企业在湖南设立总部、分支机构或销售中心，重点引进一批规模大、辐射带动能力强的国内外知名旅游企业和管理服务品牌。支持旅游企业参与政府采购、旅游公交运营。到2020年，全省年营业收入亿元以上旅游企业达到200家、10亿元以上企业达到50家，重点培育5–10家百亿元综合性旅游企业。

（五）*积极推动区域旅游合作*。依托长江经济带、泛珠三角区域合作、中部投资贸易博览会等合作平台，以旅游交通互连、旅游线路共推、旅游信息平台共建、市场监管互动为重点，深化与周边省市的区域旅游合作，构建统一、便捷、有序的区域旅游大市场。以沪昆、京广、湘桂等高铁线路为纽带，加强与沿线省区的对接合作，共同打造高铁旅游精品线路。鼓励省内外旅游企业跨行业、跨地区兼并重组和投资合作，支持品牌信誉度高的旅行社、旅游车船公司跨地区连锁经营，促进区域旅游市场的融合发展。推进长株潭、大湘西、大湘南、环洞庭湖四大旅游板块协同发展。

（六）持续拓展旅游市场。完善上下联动、部门联合、政企联手的宣传促销机制，进一步扩大“锦绣潇湘、快乐湖南”总体旅游品牌形象的影响力。加强境外旅游市场研究，根据港澳台、韩国、东南亚等传统市场和欧美、日本、澳大利亚等高端市场的不同需求和发展形势，采取有针对性的营销策略，有重点、有计划、有步骤地开展宣传促销，以点带面，实现重点市场重点突破。加强与国际旅游组织、境外旅行商、境外媒体的合作，以政府购买服务的方式提高旅游宣传促销的专业化、市场化水平。依托国家旅游局驻外机构、湖南境外商务代表处等机构加强湖南旅游形象宣传。鼓励旅游目的地和旅游企业通过互联网、移动互联网开展旅游宣传和营销活动，大力发展旅游电子商务。

（七）大力发展智慧旅游。基于全省地理信息公共服务平台，编制智慧旅游规划，制订智慧旅游城市、智慧旅游景区和智慧旅游企业的湖南省地方标准，支持创建一批智慧旅游示范城市、示范景区与示范企业，将智慧旅游标准逐步纳入各类等级评定范畴。构建全省旅游基础信息数据、旅游公众信息服务、旅游产业运行管理和旅游市场营销推广“四个平台”，实现旅游与交通、公安、商务、银行、气象、测绘等部门的数据信息共享。鼓励和支持社会资本参与旅游电子商务平台建设。

三、完善旅游产品体系

（八）优化旅游产业发展布局。以长沙为中心，以张家界为龙头，促进长株潭、大湘西、大湘南、环洞庭湖四大旅游板块协调发展，着力打造湘江旅游带、京广高铁旅游带、沪昆高铁旅游带、大湘东旅游带、大梅山文化旅游带、环洞庭湖旅游带、湘南山水人文旅游带、湘西南生态旅游带等八条黄金旅游带，构建“一个中心、一个龙头、四大板块、八条黄金旅游带”的总体格局。

（九）突出旅游目的地建设。坚持合理保护与科学开发并重，进一步加大旅游资源整合与开发力度，加快培育一批优秀的国际旅游目的地、县域旅游目的地和乡村旅游目的地，构建要素集聚、多点支撑、彰显特色、错位发展的旅游目的地体系。加快现有景区提质升级，推进“两型景区”建设，创建“两型旅游示范省”。整合资源打造一批精品景区、精品旅游线路、特色旅游小城镇、美丽乡村和自驾营地。

（十）加快休闲度假旅游产品建设。在城乡规划中统筹考虑国民休闲度假需求。加强对城市公园、街头小游园、林荫广场、休闲街区、环城市游憩带的规划和建设，提升城市的休闲服务功能。加大以山岳、水体、乡村为依托的休闲度假旅游产品建设，进一步增强森林公园、湿地公园、地质公园、矿山公园、风景名胜区、水利风景区的休闲服务功能，建立一批国民休闲基地。积极发展体育、汽车、游轮游艇旅游。规范发展特色医疗、疗养康复、美容保健、温泉健身等医疗旅游，形成一批旅游与养生、养老相结合的健康旅游服务产品。支持有条件的景区创建国家级旅游度假区、生态旅游示范区。

（十一）大力发展乡村旅游。依托各地区位条件、特色资源，根据市场需求，加快开发一批形式多样、特色鲜明的乡村旅游产品。推动乡村旅游与新型城镇化有机结合，因地制宜建设一批特色旅游小镇。扎实推进乡村旅游富民工程，把乡村旅游开发纳入武陵山、罗霄山片区扶贫重点内容，建设一批特色旅游乡村。加快美丽乡村、乡村旅游富民工程等国家平台入选乡村的建设步伐。支持创建乡村旅游协会、专业合作社，提高乡村旅游组织化程度。加强规划引导，加快配套设施建设，促进乡村旅游规范发展。支持农业电商与乡村旅游融合发展。加强乡村旅游从业人员培训，鼓励旅游专业毕业生、专业志愿者和科技工作者驻村帮扶，为乡村旅游发展提供智力支持。

（十二）创新文化旅游产品。深度挖掘南岳宗教文化、炎帝舜帝蚩尤始祖文化、大湘西民族民俗文化，打造具有湖湘文化特色和国际知名的文化旅游品牌。鼓励湖南卫视等知名媒体开办新的文化旅游品牌栏目。鼓励专业艺术团体与旅游目的地合作，打造艺术水准高、市场潜力大的文化旅游演艺节目。进一步开发建设文化旅游街、演艺博览文化带、音乐街、书画街、茶文化街、酒吧文化体验街等特色文化旅游聚集区，支持传统戏剧的排练演出场所、传统手工艺的传习场所和传统民俗活动场所建设。延伸文化旅游产业链，形成新的文化旅游热点。加快推进大湘西文化旅游融合发展示范区建设。充分利用我省红色旅游资源优势，大力发展红色旅游。

（十三）积极培育新兴旅游业态。建立研学旅行体系，创新研学旅游产品，建设一批研学旅行基地。将研学旅行、夏令营、冬令营、春游、秋游等纳入中小学生日常德育、美育、体育教育范畴。积极开发多层次、多样化的老年旅游产品，推出精品老年旅游线路和老年旅游服务品牌。制定老年旅游服务规范，规划引导各类景区加强老年旅游服务设施建设，严格执行无障碍建设标准。旅游景区门票针对老年人的优惠措施要打破户籍限制。规划建设一批汽车旅馆，支持有条件的地区发展房车营地、自驾游基地、自行车骑行基地、露营基地。完善旅居全挂车上路通行的政策措施，鼓励汽车租赁公司开展异地还车业务，促进落地自驾游业态快速发展。支持郴州市创建全国自驾车示范城市。

（十四）扩大旅游商品消费。注重挖掘创新，实施旅游商品品牌创建工程，引导品牌企业研发生产精品、名品旅游纪念品，鼓励各景区开发标志性旅游商品，鼓励将非物质文化遗产资源转化为文化旅游商品，加大对老字号旅游商品、特色手工艺品、土特产和农副产品开发支持力度，开发一批具有地域特色、有自主品牌、深受游客欢迎的特色旅游商品。加强旅游商品知识产权保护，促进版权交易、创意转化。探索实施境外游客购物离境退税政策，争取设立进境口岸免税店。探索利用综合保税区、保税仓库等平台，建设购物旅游目的地。提升旅游装备制造标准化、科技化水平，打造集研发、生产、展示、销售于一体的旅游装备品产业基地或产业园区。支持邮轮游艇、索道缆车、游乐设施等旅游装备制造业发展。

四、优化旅游发展环境

（十五）加快旅游交通建设。强化长沙、张家界等国际机场的旅游区域枢纽功能及其他支线机场的旅游服务功能，积极增开国际国内旅游航线，鼓励开展国内、入境旅游包机业务。实施交通干线与3A级以上景区“最后一公里”通达工程，加快旅游交通连接线建设。在交通枢纽、游客集散中心、主要旅游景区、乡村旅游集聚地之间开通旅游公交专线、旅游直通车，有效解决“大交通”与“小交通”的衔接问题，实现机场、车站、码头、城市与景区之间的无缝对接。加快旅游航道及沿江沿湖公共旅游码头建设，开通长江、湘江、洞庭湖等水上旅游专线，增开游轮航线。

（十六）优化旅游公共服务。加快游客集散中心和旅游咨询中心建设，为游客提供旅游咨询、交通气象、旅游预订等公共服务和旅游商品销售等经营服务，受理旅游投诉。增强机场、火车站、汽车站及高速列车、旅游专列的旅游服务功能，将高速公路服务区打造成为旅游形象展示窗口和自驾游咨询中心。完善旅游指引标识，将通往重要旅游区的标志纳入道路交通标志设置范围，进一步规范国家级、省级旅游度假区和A级旅游景区、星级乡村旅游点旅游指示标识。完善重要旅游景区警务资源配置，加快景区警务室建设。加快重点游览场所的导览系统、停车场等配套设施建设。按照相关设施与服务标准，加强旅游厕所的建设和管理。加强旅游标准体系建设。

（十七）切实保障旅游安全。落实各级各有关部门的安全监管职责，建立部门联动综合执法机制，构建监管有力、应对快速高效的旅游安全保障体系。支持有条件的市州成立旅游综合执法队伍。按照属地管理原则，加强旅游交通、旅游消防、旅游治安、餐饮食品、旅游场所特种设备等安全监督检查。建立旅游安全预警信息发布制度，及时发布预警信息。建立健全节假日游客高峰时段、地段安全风险评估、排查、预警、防范机制。将旅游应急管理纳入各级政府应急管理体系，完善旅游突发事件应对机制。落实旅游景区经营管理者旅游安全主体责任，完善旅游安全服务规范，加强从业人员旅游安全培训。

（十八）规范景区门票价格。加快建立景区门票预约制度，对景区游客进行最大承载量控制。鼓励景区实行淡旺季门票价格，引导游客错峰出行。鼓励有条件的景区通过拉长产业链条，增设住宿、餐饮、茶社、演艺等经营性项目增加综合收入。景区要严格按规定，在醒目位置公示门票价格、另行收费项目价格及团体收费价格，并对未成年人、在校学生、老人、军人、残疾人等实行门票费用减免。进一步加强价格监督，坚决制止各类变相涨价行为。

（十九）加大旅游市场监管。建立和完善旅游市场秩序综合评价和督查督办制度、服务等级退出制度、旅游目的地警示制度、游客满意度调查和反馈制度。在社会诚信体系建设中，加快完善旅游相关企业和旅游从业人员诚信记录。加强景区文明旅游宣传引导工作，重点整治出境旅游不文明行为，引导游客文明出游、文明消费。加强综合整治，重点打击“黑社”、“黑导”、“黑车”、“黑店”、“黑网站”及诱导、欺骗、强迫消费等行为。构建高效的旅游投诉平台，及时处理投诉，保护游客和旅游企业的合法权益。

五、加强旅游发展保障

（二十）加强组织领导。充分发挥省旅游产业发展领导小组的综合协调作用，充分调动各级各部门的积极性，形成齐抓共管、合力推进的旅游产业发展格局。各市州政府和省直各相关部门要把旅游业发展改革作为一项重点工作来抓，根据本实施意见，进一步明确工作目标和工作重点，整合资源，创新举措，加快推进，确保各项工作落到实处。省政府将旅游产业发展工作纳入政府绩效考核范围，对各级各相关部门的工作力度和效果等进行考核。

（二十一）落实职工带薪休假制度。切实落实《国民旅游休闲纲要》，加大职工带薪年休假制度的执行力度。鼓励机关、团体、企事业单位引导职工灵活安排全年休假时间，完善针对民办非企业单位、有雇工的个体工商户等单位职工的休假保障措施。在教学时间总量不变的情况下，高等学校可结合实际调整寒暑假，中小学可按有关规定安排放春假。各级各部门要将职工带薪年休情况纳入年度考核，人力资源社会保障部门要加强对带薪年休假落实情况的监督检查，司法行政部门要做好职工休息权益保障方面的法律服务工作。

（二十二）加大财政金融支持。各级财政要加大对旅游业发展的支持力度，省级及地方有关专项资金要将符合条件的旅游企业和相关项目纳入支持范围。积极探索以股权投资、设立基金等方式支持旅游产业发展。鼓励有关部门、金融机构、大型旅游企业共同设立旅游产业促进基金。金融机构要探索开发和推广适应旅游业发展需求的个性化金融产品和服务，加大对重大旅游项目、旅游公共服务设施建设、小微型旅游企业等的信贷支持力度。鼓励旅游企业上市融资，鼓励担保、再担保机构为旅游企业提供优惠服务。全面落实旅行社、景区、宾馆饭店用水、用电、用气与一般工业企业同价政策。

（二十三）落实用地保障。各地在编制和调整土地利用总体规划、城乡规划时，要充分考虑相关旅游项目、设施的空间布局和建设用地需求。各地年度土地供应要适当增加旅游业发展用地，对符合条件的旅游项目，要依法纳入城乡建设用地增减挂钩试点、低丘缓坡荒滩等未利用地开发利用试点，优先予以支持。在符合土地利用总体规划的前提下，支持依法利用废弃矿山、矿区和荒山、荒地、荒滩、荒岛等开发旅游项目，支持依法利用民宅、工矿厂房发展旅游。在符合规划、用途管制的前提下，鼓励农村集体经济组织依法以集体经营性建设用地使用权入股、联营等形式与其他单位或个人共同开办旅游企业。对符合划拨条件的旅游项目，可依法申请使用划拨土地。对重点旅游道路等旅游基础设施，可适当放宽用地定额标准。

（二十四）提供人才支撑。实施“人才强旅、科教兴旅”战略。编制全省旅游人才中长期发展规划，将旅游专业人才队伍建设纳入各级人才队伍建设规划。强化校企合作，加快旅游职业教育发展步伐。加强旅游从业人员职业培训，建立健全旅游职业资格和职称制度。把符合条件的旅游服务从业人员纳入就业扶持范围，享受相关扶持政策。加快导游体制改革，建立健全导游人员社会保障体系。建立全省旅游专业人才信息库和网上旅游人才市场，支持旅游科研单位和旅游规划单位建设，加强旅游基础理论和应用研究，支持旅游智库发展。

附件：重点任务分工及进度安排表（略）

湖南省人民政府

2015年6月5日

湖南省人民政府关于加快发展服务贸易的实施意见

(湘政发〔2015〕27号)

各市州、县市区人民政府,省政府各厅委、各直属机构:

为提升全省服务业国际化水平,促进服务贸易转方式、扩规模、优结构、提质量,根据《国务院关于加快发展服务贸易的若干意见》(国发〔2015〕8号)精神,结合我省实际,现提出如下实施意见:

一、总体要求

(一)总体思路。深入贯彻党的十八大和十八届二中、三中、四中全会精神,以深化改革、鼓励创新为动力,加大政策支持力度,优化发展环境,促进服务领域开放,扩大服务贸易规模,提升服务贸易国际竞争力,着力培育开放型经济发展新优势。

(二)基本原则。

深化改革,扩大开放。深化服务业改革,减少行政审批事项,破除制约服务业发展的体制机制障碍;坚持有序推进服务业开放,大力开展国际交流与合作,以开放促改革、促发展、促创新。

市场竞争,政府引导。发挥市场在服务贸易领域资源配置中的决定性作用,着力激发各类市场主体发展新活力;强化政府在制度建设、宏观指导、环境营造、政策支持等方面的职责,更好发挥政府在服务贸易发展中的引导作用。

产业支撑,创新发展。注重产业与贸易、货物贸易与服务贸易协调发展;依托优势产业发展服务贸易,带动湖南服务"走出去";发挥服务贸易的支撑作用,提升货物贸易附加值,增强服务业的国际竞争力。

(三)发展目标。全省服务业国际化水平进一步提高,利用外资和对外投资范围逐步扩大,质量和水平逐步提升。到2020年,服务贸易进出口额超过80亿美元,年均增长10%以上,占对外贸易比重逐步提高。传统服务出口规模不断扩大,新兴服务出口占全省服务贸易的比重不断提高,服务贸易逆差逐步缩小。区域特色明显的服务贸易产业布局基本形成。

二、主要任务

(四)扩大服务贸易规模。推进优势产业的国际化进程,打造湖南服务贸易品牌,努力扩大服务贸易规模。加快旅游强省建设,大力打造国际旅游目的地和旅游产品,创新国际旅游宣传和营销方式,简化入境旅游手续,促进入境旅游发展。加快文化强省建设,大力发展对外文化贸易,支持广播影视、新媒体、出版印刷、动漫游戏、演艺娱乐、创意设计、工艺美术等行业服务及衍生产品出口。充分发挥工程建筑等产业优势,通过开拓国际工程承包业务,拓展劳动密集型服务出口市场。充分发挥信息产业人才优势,加快发展计算机和信息服务出口。依托轨道交通、工程机械等优势制造业,大力开展境外咨询、研发设计等资本技术密集型服务出口。以长株潭城市群为龙头,大力发展国际会展服务,加快培育区域国际会展产业圈。

(五)提升服务贸易质量。优化服务贸易发展结构,开拓服务贸易新领域,稳步提升资本技术密集型服务和特色服务等高附加值服务贸易的比重。加快培育和发展国际商务、度假等高附加值旅行服务。健全技术贸易促进体系,支持企业扩大技术出口,引导企业进行技术引进和消化吸收再创新。加快建设现代金融市场体系,积极发展金融领域服务贸易。加快发展医疗和生物医药服务,健全健康服务贸易链条。鼓励全省服务贸易错位竞争、协同发展。

(六)培育服务贸易促进平台。加快建立面向全球的高标准服务贸易自由贸易平台,支持企业参与境内外综合性、专业性服务贸易展会,推动在投资贸易类展会增设湖南服务贸易展区。培育一批省级服务贸易示范基地,促进服务贸易集聚发展。以长沙国家服务外包示范城市为依托,推动一批省级软件出口基地建设,扩大离岸服务外包规模。在符合条件的海关特殊监管区域开展保税服务贸易试点,扩充国际转口贸易、国际物流、中转服务、研发、国际结算、分销、仓储等功能。支持行业协会和促进机构开展多种形式的服务贸易促进活动。

(七)创新服务贸易模式。大力推进服务贸易信息化建设,依托大数据、物联网、移动互联网、云计算等新技术推动服务贸易创新发展,打造跨境电子商务服务平台,促进服务业与制造业、各服务行业之间的融合发展。依托软件外包、数据处理外包、动漫原创设计、呼叫中心外包、物流外包等优势特色产业,做大做强信息技术服务。鼓励中小企业"服务剥离",支持有条件的生产型企业设立专业服务提供机构,推动服务环节外包,促进专业化服务发展。拓展服务外包业务领域,提升服务跨境交付能力。

(八)壮大服务贸易主体。扶持发展一批服务贸易龙头企业,支持企业通过兼并、联合、重组、上市等多种方式扩大规模和壮大实力,培育若干具有较强国际影响力的服务品牌。加强与国际服务企业战略联盟合作,吸引世界500强企业、境外大型企业在湘设立具有贸易营运和管理功能的贸易型总部。支持有特色、善创新的省内中小服务企业发展,融入全球供应链。

(九)进一步扩大服务业开放。推进教育、金融、文化、医药等领域有序开放。鼓励省内医疗健康服务机构与国际知名医疗服务机构合作,大力发展中医药服务贸易。支持省内教育机构提高教育服务创新能力,开发具有比较优势的国际化教育服务项目。积极推动会计、法律、广告代理、检测认证、品牌价值评估等专业服务对外交流,逐步实现高水平对内对外开放。充分利用高层互访、国际友好城市、境外商务代表处等平台，建立多边合作机制，加强服务业对外推介。依托泛珠三角合作机制、湘台经贸合作论坛等平台，推动与港澳台的服务业合作。

（十）大力推动服务业“走出去”。积极抢抓“一带一路”机遇，扩大对东盟、中东、俄罗斯、拉美、非洲等新兴市场的技术、劳务输出和建筑工程承包服务出口，拓展美、欧、日、韩等传统服务市场。支持有条件的企业设立境外分支机构和研发中心，拓展境外业务、发展国际营销网络。支持各类服务业企业通过新设、并购、合作等方式，在境外开展投资合作。推动金融、保险、管理咨询、法律、会计等行业“走出去”。支持服务业企业参与投资、建设和管理境外经贸合作区，积极构建跨境产业链，带动国内劳务输出和服务、技术出口。

三、政策措施

（十一）加强规划引导。发挥规划的引领作用，科学编制全省“十三五”服务贸易发展总体规划，各地要根据实际明确服务贸易主导行业和发展重点，扶持特色优势行业发展。加强对重点领域的支持引导，建立不同层级的重点企业联系制度。

（十二）完善财税政策。积极争取国家相关专项资金的支持。省开放型经济发展专项资金等相关专项资金要加大对服务贸易的支持力度，优化资金安排，突出支持重点，完善和创新支持方式。结合全面实施“营改增”改革，对服务出口实行零税率或免税，鼓励扩大服务出口。鼓励符合条件的服务贸易企业申报高新技术企业，享受相应的税收政策。

（十三）创新金融服务。鼓励金融机构在风险可控的前提下创新金融产品和服务，开展供应链融资、海外并购融资、专利权质押贷款、应收账款质押贷款、仓单质押贷款、融资租赁等业务。鼓励政策性金融机构在现有业务范围内加大对服务贸易企业开拓国际市场、开展国际并购等业务的支持力度，支持服务贸易重点项目建设。鼓励保险机构创新保险品种和保险业务，探索研究推出更多、更便捷的出口信用保险险种，在风险可控的前提下采取灵活承保政策，简化投保手续。引导服务贸易企业积极运用金融、保险等多种政策工具开拓国际市场，拓展融资渠道。推动小微企业融资担保体系建设，积极推进小微企业综合信息共享。加大多层次资本市场对服务贸易企业的支持力度，支持符合条件的服务贸易企业在交易所上市、在全国中小企业股份转让系统挂牌、发行公司债和中小企业私募债等。

（十四）提高便利化水平。建立和完善与全省服务贸易特点相适应的口岸通关管理模式，开辟通关“绿色通道”，在保证有效监管的情况下，为以实物载体形式出口的服务提供通关便利。探索对会展、拍卖、快递等服务企业所需通关的国际展品、艺术品、电子商务快件等特殊物品的监管模式创新，完善全省跨境电子商务通关服务。加强金融基础设施建设，便利跨境人民币结算，鼓励省内银行机构和支付机构扩大跨境支付服务范围，支持省内服务贸易企业采用出口收入存放境外等方式提高外汇资金使用效率。加强人员流动、资格互认、标准化等方面的国际合作。

四、保障体系

（十五）强化人才培养。大力培养、引进服务贸易人才，对引进的高层次人才在落户、子女入学等方面提供便利。加快培养和引进金融、会计、法律、评估、保险、信息、商务中介等领域亟须人才。鼓励高等学校、职业院校增设服务贸易相关课程，加强服务贸易实务课程的学科建设。鼓励各类市场主体加大服务贸易经营管理和营销服务人员培训力度。

（十六）优化发展环境。建立完善服务贸易领域标准体系，培育各类市场主体依法平等进入、公平竞争的营商环境。引导企业提升知识产权创造、运用、保护和管理能力，加强专利、商标、版权、商业秘密、客户信息保护，做好境外专利申请与商标注册，积极应对国际知识产权纠纷。鼓励行业商协会建立健全行业经营自律规范、自律公约和职业道德准则，规范会员行为，推进行业诚信建设，自觉维护市场秩序。

（十七）加强统计工作。建立和完善全省服务贸易统计监测、运行和分析体系，定期发布服务贸易统计数据。推广集跨境资金流动、部门填报、企业直报、重点企业联系、中介机构辅助调查于一体的服务贸易统计方法。各市州政府要积极支持服务贸易统计工作，加大培训力度。

（十八）加强组织领导。建立由省商务厅牵头、省直相关部门参与的加快发展服务贸易省级工作协调机制，及时研究解决全省服务贸易发展中的重大问题。各级各部门要充分认识大力发展服务贸易的重要意义，制订相应的实施方案和配套政策措施，进一步完善工作机制，形成工作合力，推动全省服务贸易加速发展。

湖南省人民政府

2015 年 6 月 5 日

湖南省人民政府关于加快发展服务外包产业的实施意见

（湘政发〔2015〕26号）

各市州、县市区人民政府，省政府各厅委、各直属机构：

为促进服务外包产业加快发展，根据《国务院关于促进服务外包产业加快发展的意见》（国发〔2014〕67号）精神，结合我省实际，现提出如下实施意见：

一、总体要求

（一）指导思想。以邓小平理论、“三个代表”重要思想、科学发展观为指导，全面贯彻落实党的十八大和十八届二中、三中、四中全会精神，主动适应经济新常态，坚持改革创新、扩大规模、优化结构、集聚发展的原则，统筹国际国内两个市场、两种资源，培育竞争新优势，促进大众创业、万众创新，加快将服务外包产业打造成为湖南产业转型升级、构建开放型经济新高地的重要亮点。

（二）发展目标。力争到2020年，全省服务外包业务额实现翻番，年均增长15%以上，规模达到260亿元，进入全国前列。产业转型升级明显推进，高技术、高附加值服务外包业务占比持续提升。区域布局明显优化，初步形成主体突出、各具特色、分工合作、协调发展的产业发展格局。集聚示范效应明显显现，建设好20个左右主导产业突出、创新能力强的省级服务外包示范基地。企业竞争力和专业服务能力明显增强，服务外包业务额超过亿元的企业达到20家。人才队伍规模和素质明显提高，全省服务外包从业人员达到30万人，其中大学毕业生20万人。

二、重点任务

（三）优化产业区域布局。发挥“一带一部”区位优势，贯彻落实全省区域经济协调发展的决策部署，立足区域联动，打造“示范带动、一极突破、多点支撑”的战略布局。充分发挥长沙市“中国服务外包示范城市”的辐射带动作用，以长株潭城市群为龙头，带动湘南承接产业转移示范区、洞庭湖生态经济区、武陵山经济协作区协调发展。以服务外包产业集聚区为主体，融入长江经济带建设，主动对接“一带一路”沿线国家和地区，积极承接发达国家和地区以及发达省市的服务外包业务。支持符合条件的市州申报“中国服务外包示范城市”。

（四）促进产业集聚发展。立足现有服务外包产业集聚区，做好统筹规划，合理配置资源，加强教育培训、物联网、大数据、云计算、移动互联及新技术应用等基础设施建设，重点发展软件开发、动漫制作、呼叫中心、数据处理、工程设计、工业设计、物流外包等优势领域的服务外包，加快发展文化创意、医疗、研发、金融等领域的高技术含量、高附加值服务外包业务，做好服务外包产业及配套设施布局的城市规划。

（五）协调发展离岸、在岸业务。鼓励和支持服务外包企业积极开展国际交流合作、出国参会参展、参与国际项目招投标等市场拓展活动，支持有实力的服务外包企业到美、欧、日、香港等国际发包量大的国家和地区设立分支机构，积极承接离岸服务外包业务。鼓励制造业企业分离内置服务业务，将软件开发、产品研发、系统运营和部分流程性业务等外包给专业服务企业。鼓励政府职能部门和国有企事业单位，依据政府采购有关规定，不断拓宽服务购买领域，将政务信息化建设、系统开发和运营维护等不涉密的可外包业务发包给专业服务企业。鼓励在湘金融机构将非核心业务外包给专业服务企业。

（六）培育壮大市场主体。积极鼓励知名服务外包企业来湘投资，大力引进龙头企业和产业链配套企业，对知名服务外包企业在湘设立地区总部、研发中心、交付中心等分支机构给予支持，提高我省承接服务外包业务的层次、规模和能力。创新服务外包企业孵化模式，支持各类企业从事服务外包业务。支持服务外包企业取得各类国际资质认证。鼓励服务外包企业兼并、收购、重组、联营、境内外上市，重点扶持已形成规模、具有一定知名度的服务外包企业做大做强。

（七）鼓励企业创新发展。鼓励服务外包企业加大研发投入力度，建设研发机构、公共技术服务平台，增强自主创新能力，对企业开发具有自主知识产权的关键技术和核心技术给予支持。鼓励和支持企业充分利用大数据、物联网、云计算、移动互联等新技术，拓展跨界融合和跨界服务，实现向产业价值链高端延伸。

（八）加强人才队伍建设。充分发挥湖南人力资源优势，加强中高端人才队伍建设，逐步建立和完善具有湖南特色的多渠道、多形式的服务外包人才培养、培训和引进机制。鼓励在湘高等院校加强服务外包相关专业建设，进行服务外包课程体系设置改革试点，创新与服务外包企业的合作模式，积极开展互动式人才培养，共建实习实训基地，扩大人才培养规模。鼓励各类培训机构与服务外包企业加强合作，开展多种形式的定制培训，增强人才培训的针对性和实效性。吸引具有从业经验和熟悉市场的服务外包专业人才来湘发展，重点支持熟悉离岸外包业务流程管理、能与国内外客户进行直接业务沟通、能直接取得境内外客户订单的高级专业技术人才和管理人才来湘创业。

三、保障措施

（九）加大财政支持力度。完善现有财政资金支持政策，优化资金安排和使用方向，改进支持方式，加大对省级服务外包示范基地、人才培训、资质认证、服务外包创新创业、市场拓展、行业促进等方面的支持。积极探讨产业发展引导基金等市场化支持方式，引导社会资金加大对服务外包产业的投入。支持我省服务外包企业争取国家外经贸发展、促进服务业发展、科技计划、新兴产业创业投资等各类相关专项资金和基金，加大省级相关专项资金和基金支持服务外包企业和项目发展的力度。

（十）落实现行税收优惠政策。全面实施好国家离岸服务外包业务增值税零税率和免税政策。全面落实好国家对技术先进型服务企业减按15%的税率缴纳企业所得税和职工教育经费不超过工资薪金总额8%部分税前扣除政策的税收优惠政策。

（十一）构建多元化投融资渠道。鼓励省内金融机构针对服务外包产业特点，稳步有序地开展应收账款质押、许可专利及版权等无形资产质押、订单贷款等金融服务创新。推动省内各类融资担保机构和保险机构创新产品，扩大规模和覆盖面，积极为服务外包企业提供各种形式的融资担保和保险服务。多渠道拓展直接融资，支持有条件的服务外包企业在境内外上市。鼓励风险资金投资服务外包企业，支持符合条件的服务外包企业通过发行企业债券、公司债券、非金融企业债务融资工具等方式扩大融资，实现融资渠道多元化。

（十二）优化发展环境。加大专利、商标、版权等知识产权以及个人信息、商业秘密保护等法律法规的执法力度，加强知识产权保护和信息安全管理。加快企业诚信体系建设，促进行业自律，创造良好营商环境。对接全国企业信用信息公示系统，加快服务外包企业信用记录和信用评价体系建设。鼓励服务外包中介组织健康发展，发挥其在市场环境培育、行业规范制定、国内外市场拓展、人力资源提供等方面的作用。

（十三）提高公共服务水平。落实国家外汇管理便利化措施，完善离岸服务外包收汇管理，推进服务外包境外投资便利化，支持服务外包企业开展跨境人民币结算业务。建立和完善与服务外包产业特点相适应的检验检疫和通关监管模式。支持基础电信运营商为服务外包企业网络接入和国际线路租赁等提供便利，做好服务外包产业集聚区国际专用通道的调配和相关通信服务工作。构建知识产权公共服务平台，为服务外包企业提供方便、快捷、专业的知识产权保护和管理等信息服务。

（十四）加强统计分析体系建设。以国家服务外包统计报表制度为基础，逐步完善和建立反映全省产业发展特点的统计指标体系和统计制度。加强全省服务外包统计信息系统建设，强化统计监测功能，建立健全有关部门服务外包信息共享机制。加强服务外包发展的趋势分析，动态掌握产业发展基本情况，为科学决策提供依据。

（十五）加强组织领导。充分发挥湖南省发展开放型经济领导小组的组织协调作用，加强信息沟通和共享，协调解决服务外包产业发展中的重大问题，形成促进服务外包产业加快发展的合力。各地各相关部门要高度重视，强化工作举措，明确工作责任，把加快发展服务外包产业作为鼓励创新创业、促进转型升级的重要工作来抓，切实将本实施意见的各项任务落到实处、取得实效。

附件：重点任务分工及进度安排表

湖南省人民政府
2015年6月5日

附件：

重点任务分工及进度安排表

序号	工作任务	负责单位	时间进度
1	鼓励在湘金融机构将非核心业务外包给本地专业服务企业	人民银行长沙中心支行牵头，省商务厅、湖南银监局、湖南证监局、湖南保监局参加	持续实施
2	鼓励行政和企事业单位通过购买服务方式将一般性业务发包给本地专业服务企业	省财政厅	持续实施
3	鼓励在湘高等院校加强服务外包相关专业建设	省教育厅牵头，省商务厅参加	持续实施
4	支持服务外包企业拓展国内外市场	省商务厅牵头，省财政厅参加	持续实施
5	完善现有财政资金支持政策，优化资金安排和使用方向，引导社会资金加大对服务外包产业的投入	省财政厅牵头，省商务厅参加	持续实施
6	建设好20个左右主导产业突出、创新能力强的省级服务外包示范基地	省商务厅牵头，省财政厅参加	2015年6月启动
7	鼓励省内金融机构创新服务，扩大支持服务外包产业投融资的规模和覆盖面	人民银行长沙中心支行牵头，省商务厅、湖南银监局、湖南证监局、湖南保监局参加	持续实施
8	落实服务外包现行税收优惠政策	省国税局、省地税局	持续实施
9	加强服务外包统计分析建设	省商务厅牵头，省统计局参加	持续实施

湖南省人民政府关于加快科技服务业发展的实施意见

(湘政发〔2015〕25号)

各市州人民政府，省政府各厅委、各直属机构：

为推动我省科技服务业发展，根据《国务院关于加快科技服务业发展的若干意见》（国发〔2014〕49号）文件精神，现提出以下实施意见。

一、总体思路和发展目标

（一）总体思路。加快政府职能转变和简政放权，有序放开科技服务市场准入，营造平等参与、公平竞争的发展环境，激发各类科技服务主体活力，依托省级以上工程（技术）研究中心、重点（工程）实验室和企业技术中心等研发机构、技术转移（示范）机构、检验检测机构、科技企业孵化器、科技咨询服务机构等各类科技创新载体，整合开放公共科技服务资源，推动技术集成创新和商业模式创新，积极发展新型科技服务业态。

（二）发展目标。到2017年，全省科技服务业实现较快发展，培育具有知名品牌的科技服务骨干机构100家，建成特色鲜明、结构合理、配套完善的省级以上科技服务业集聚区10个。到2020年，基本形成市场化机制与公益性服务相结合、覆盖科技创新全链条的科技服务体系，为加快长株潭国家自主创新示范区建设、实施“湖南制造2025”和“互联网+”战略、加快打造转型创新发展新引擎、推动大众创业万众创新提供有力支撑。

二、加快研发设计及其服务的发展

（三）培育发展新型科研机构。加快研究制定新型科研机构的认定管理办法，明确新型科研机构在创新体系中的定位。支持高校、科研院所、企业依法共建新型研发机构。鼓励企业（民间机构）建立产业技术研究院等新型研发中心，完善协同推进机制，整合科研资源，按照市场规律和创新规律加强合作，面向市场提供研发服务。（责任单位：省科技厅、省发改委、省经信委、省教育厅、省财政厅、各市州人民政府。列第一的为牵头单位，下同）

（四）大力提升研发设计服务能力。加大对国家（省）工程（技术）研究中心、重点（工程）实验室、企业技术中心等研发设计公共服务平台的支持力度，提高其研发设计服务能力。鼓励研发设计企业组建或参与产业技术创新战略联盟，面向产业集群开展协同创新和共性技术与标准研发。（责任单位：省科技厅、省发改委、省经信委、省教育厅、省质监局、省环保厅、省财政厅）

三、提升技术转移服务水平

（五）构建新型技术转移服务体系。依托长株潭国家自主创新示范区建设，完善科技成果转化激励机制，推动事业单位科技成果使用、处置和收益管理改革。支持建设具有独立法人资格、市场化运作的省科技成果（知识产权）交易中心，探索建立基于互联网的在线技术交易模式，健全科技成果科学评估和市场定价机制，发展多层次的技术（产权）交易市场体系，开展科技成果（知识产权）托管、挂牌、交易、拍卖等服务。支持省级以上技术转移示范机构和符合条件的社会团体，创新技术转移服务模式，面向市场为企业提供跨领域、跨区域、全过程的技术转移集成服务。（责任单位：省科技厅、省教育厅、省财政厅、省科协）

（六）加快军民融合和国际技术转移服务。加快国防科技成果转化和产业化进程，推进军民技术双向转移转化。支持湖南省产业技术协同创新研究院等科技服务机构开展综合服务，推进军民融合深度发展。支持民营企业取得“民参军”资质、开展军民两用技术联合攻关、承担军品研制任务、参与军工项目建设。加快推进科技文化融合服务，提升公共文化事业科技服务能力。支持亚欧水资源研究和利用中心、国际科技合作基地、国际技术转移中心、工程机械国际标准化技术委员会秘书处、烟花爆竹国际标准化技术委员会秘书处等国际科技平台建设，集聚国际科技创新资源助推我省经济社会发展。（责任单位：省科技厅、省经信委、省质监局、省文化厅）

四、完善检验检测认证计量服务

（七）加快检验检测机构的培育和发展。支持检验检测认证机构与行政部门脱钩、转企改制，推进检验检测机构市场化运营，提升认证计量、分析测试、检验检测、标准研究、风险评估等专业化服务水平。加快检验检测认证机构的跨部门、跨行业、跨层级整合，培育一批国家级质检和技术中心。（责任单位：省质监局、省食品药品监管局、省农委、省环保厅、省卫生计生委、省住房城乡建设厅、省交通运输厅、省安监局）

（八）强化检验检测认证计量服务。加快发展第三方检验检测认证服务，鼓励不同所有制检验检测认证机构平等参与市场竞争。加快食品药品、重要消费品、节能减排、特种设备应急救援等公益性检验检测计量公共服务平台建设，完善质监、卫生、安全、环保、交通运输、农业等领域的公共检验检测及产业计量服务体系，发展高端装备制造、新材料、信息技术、新能源、生物、节能环保等战略性新兴产业的技术检验检测计量服务。（责任单位：省质监局、省食品药品监管局、省农委、省环保厅、省卫生计生委、省住房城乡建设厅、省交通运输厅、省安监局）

五、加大创业孵化服务

（九）拉通创业孵化服务全链条。建立健全创业孵化服务体系，构建以专业孵化器和创新型孵化器为重点、综合孵化器为支撑的创业孵化新业态。引导企业、社会资本参与孵化器建设，推广“孵化+创投”等孵化模式，探索基于互联网的新型孵化方式，促进天使投资与创业孵化紧密结合，提升孵化器专业服务能力。整合创新创业服务资源，加快发展“众创空间”，完善“创业苗圃＋孵化器＋加速器＋专业园区”的创业孵化服务链条。营造创业文化和良好的创新创业生态。（责任单位：省科技厅、省教育厅、省财政厅、各市州人民政府、各国家〔省〕高新区管委会）

（十）加大创业孵化服务支持力度。创业苗圃、孵化器、加速器用地按照科技研发用地管理，新增的科技研发用地按照招拍挂方式出让，符合划拨用地目录的公益性科研机构用地可以采用划拨方式供应土地。落实国家大学科技园、科技企业孵化器相关税收优惠政策，对符合条件的国家大学科技园、科技企业孵化器自用以及提供给孵化企业使用的房产、土地，免征房产税、城镇土地使用税；对其向孵化企业出租场地、房屋以及提供孵化服务的收入，免征营业税；放宽孵化器内新注册企业场所登记条件限制，推动“一址多照”、集群注册等住所登记改革。（责任单位：省发改委、省国土资源厅、省财政厅、省国税局、省地税局、省工商局、各市州人民政府）

六、强化知识产权服务

（十一）完善知识产权保护和维权服务体系建设。健全各级知识产权维权机制，支持和鼓励建立地区间、行业间的知识产权维权组织；加强市场主体应对知识产权纠纷尤其是重大、涉外专利案件的维权援助工作，健全知识产权侵权违法行为举报投诉服务体系。（责任单位：省知识产权局、省科技厅、省财政厅、省科协、各市州人民政府）

（十二）鼓励开展多元化知识产权转化运用服务。完善知识产权转化运用机制，努力构建全链条的知识产权转化运用服务体系。大力培育知识产权运营服务机构，支持其联合企业、高校、科研院所等建立产业知识产权联盟，开展专利信息、专利分析评估、专利运营等多元化服务。探索建立服务机构、知识产权供需双方的多边合作经营模式。（责任单位：省知识产权局、省科技厅、省财政厅、省科协、各市州人民政府）

七、加快发展科技咨询服务

（十三）大力推进科技咨询服务。加快发展科技战略研究、科技评价、科技招投标、管理咨询、技术创新方法等科技咨询服务业，积极培育管理服务外包、项目管理外包等新业态。支持科技咨询机构积极应用移动互联网、国家超级计算长沙中心等，创新服务模式，开展网络化、集成化的科技咨询服务。推进国家科技成果评价试点，加强科技信息资源的市场化开发利用，大力发展面向各类创新主体的竞争情报分析、科技文献检索、工程技术咨询等服务。支持利用国家（省）农业农村信息化服务平台，服务县域经济发展。注重发挥科技社团开展科技咨询服务的优势和作用。（责任单位：省科技厅、省发改委、省经信委、省教育厅、省农委、省科协、各市州人民政府）

八、鼓励多元化科技投融资服务

（十四）建立科技金融服务体系。充分利用省科技成果转化引导基金，引导支持市州、国家（省级）高新区设立各级政府性科技成果转化引导基金，逐步建立以长株潭为主，覆盖全省所有创新资源集聚区域的成果转化引导基金体系，引导社会资本联合设立支持科技成果转化和产业化的多种形式的基金、专项资金，开展创业投资引导、风险补偿和促进科技金融产品创新。成立科技成果（知识产权）转化投资战略联盟。支持建立专业化的科技金融服务中心，开展一站式的科技金融结合服务。（责任单位：省科技厅、省财政厅、省政府金融办、省发改委、省经信委）

（十五）开展多元化科技投融资服务。建立融资风险与收益相匹配的激励机制。支持天使投资、创业投资等股权投资对科技企业进行投资和增值服务，支持银行机构设立科技支行，探索试点为创新活动提供股权和债权相结合的融资方式，鼓励银行与投资机构实现投贷联动。加大科技保险补贴力度，鼓励保险机构开发中小企业贷款履约责任险、专利权质押贷款类保险等创新险种，实现保贷联动。鼓励开展股权众筹融资试点，支持互联网企业开办专门针对科技型小微企业的网络小贷业务。支持技术产权交易所、股权交易所发展。鼓励符合条件的科技型企业发行公司债、项目收益债。支持科技服务企业“走出去”，扶持龙头骨干科技服务企业通过多层次资本市场融资。（责任单位：省科技厅、省财政厅、省政府金融办、人民银行长沙中心支行、湖南银监局、湖南证监局、湖南保监局、各市州人民政府）

九、大力加强科学技术普及服务

（十六）开展科学技术普及服务。健全科普服务体系与工作网络，整合资源，协同推进科普工作。鼓励引导科普服务机构探索市场运作方式。加大科普投入，拓宽科普融资渠道，鼓励社会组织、企业、个人捐助或投资建设科普设施，举办科普活动。加强科普队伍建设，打造特色品牌科普基地，拓展科普传播与信息服务平台，支持科普产品研发和科普创作，发展科普文化创意产业。举办好科技活动周、科普日、科技下乡等大型主题科普活动，面向社会公众特别是青少年进行科普宣传和教育。组织动员科技人员广泛开展科普惠民活动。（责任单位：省科技厅、省教育厅、省科协、省食品药品监管局、省质监局、各市州人民政府）

十、加强科技资源开放共享服务

（十七）加强科技资源开放共享服务。强化平台顶层设计和规划布局，通过部门协同、政企合作，探索采用政府主导、社会参与的共建模式，推动研发设计、技术转移、检验检测、创业孵化、科技成果（知识产权）、科技投融资、科技咨询、科技文献资源、科普等科技服务平台的信息对接和资源整合，切实提高服务效率和效益。完善科研设施和仪器设备开放运行机制，建立跨部门的新购大型科学仪器设备设施联合评议制度，严格控制在新上项目中使用财政资金购置科学仪器设备。制定《大型科学仪器设备设施共享目录》，将使用财政资金购置的单价50万元及以上的科学仪器设备纳入共享目录，建立共享目录内科学仪器设备设施开放共享的后补助制度。探索开展生物种质资源、科技数据库、研究实验基地等科技资源的开放共享服务。（责任单位：省科技厅、省财政厅、省发改委、省经信委、省教育厅、省环保厅、省质监局、省食品药品监管局、省国税局、省地税局、各市州人民政府）

十一、加强人才引进与培养

（十八）加强科技服务业专业人才培养和引进。支持高校开设科技服务业相关专业课程，鼓励高校、科研机构、社会机构开展科技服务业从业人员的培训。充分发挥国家万人计划、省科技领军人才、省121人才工程、科技创新创业团队、湖湘青年科技创新人才等人才培养（支持）计划的作用，加强高层次科技服务人才的培养。将研发设计、知识产权、检验检测等科技服务人才需求纳入年度紧缺急需人才引进指导目录，研究制定高端科技服务人才引进和住房、生活补助及子女入学等方面的相关优惠待遇标准，依托千人计划、百人计划、院士工作站等各类人才引进计划，吸引国内外高层次科技服务人才来湘创新创业。对经认定的技术先进型服务企业发生的职工教育经费支出，不超过工资薪金总额8%的部分，准予在计算应纳税所得额时据实扣除，超过部分，准予在以后纳税年度结转扣除。（责任单位：省人力资源社会保障厅、省教育厅、省财政厅、省科技厅、省国税局、省地税局、省科协）

（十九）推进高校、院所和企业人才双向流动。鼓励高校、科研院所科技人员在职和离岗创办科技服务企业，经原单位同意，可在3年内保留人事关系，与原单位其他在岗人员同等享有参加职称评聘、岗位等级晋升和社会保险等方面的权利。原单位应当根据科技人员创业的实际情况，与其签订或变更聘用合同，明确权利义务。科技人员开展科技服务的业绩作为评聘职称和进行考核的重要因素。鼓励高校、科研院所与企业及其他组织开展科技人员交流，根据专业特点、行业领域技术发展需要，聘请企业及其他组织的科技人员兼职从事教学和科研工作，支持本单位的科技人员到企业及其他组织从事科技服务活动。（责任单位：省人力资源社会保障厅、省教育厅、省科技厅、省经信委）

十二、强化科技服务业发展保障

（二十）推进科技服务业区域试点。依托长株潭国家自主创新示范区和长沙高新区国家首批科技服务业区域试点建设，以点带面，加快推进省级科技服务业区域试点，积极探索有利于科技服务业发展的新路径和新模式，培育科技服务新业态，营造科技服务新生态，到2017年建成10个特色鲜明、结构合理、配套完善的省级科技服务业集聚区。（责任单位：省科技厅、省发改委、各市州人民政府、各国家〔省〕高新区管委会）

（二十一）完善省科技服务业发展协调机制。强化部门协同和上下联动，协调推动科技服务业改革发展。将科技服务业纳入全省现代服务业统筹规划，在省服务业发展联席会议的指导下，将研发设计产业专项协调小组优化重组为科技服务业专项协调小组，具体负责制定科技服务业发展目标、支持方向和重点、协调解决科技服务业发展中相关问题等。（责任单位：省发改委、省科技厅、省经信委、省质监局、省直其他有关部门、各市州人民政府）

（二十二）建立科技服务业统计调查制度。对我省科技服务业进行界定，研究确立不同业态的科技服务标准，制定科技服务新业态的统计方式方法，整合有关部门科技服务业统计数据，完善科技服务业统计调查制度，开展统计和运行分析监测。（责任单位：省统计局、省发改委、省科技厅、各市州人民政府）

（二十三）创新科技服务业支持方式。依法将各级国家机关、事业单位、团体组织使用财政性资金购买科技服务纳入政府采购管理。研究制定适应科技服务特点的政府采购和招投标评价指标体系。探索和完善政府采购政策功能途径，灵活选用竞争性谈判、竞争性磋商和单一来源等非招标采购方式，支持科技服务业发展。积极发挥财政资金的杠杆作用，利用中小企业发展专项资金、科技成果转化引导基金等渠道加大对科技服务企业的支持力度。创新财政支持方式，探索采用创新券等新型政府购买服务、"后补助"等方式支持公共科技服务发展。完善价格政策，逐步实现科技服务企业用水、用电、用气与工业企业同价。鼓励符合条件的科技服务企业申报高新技术企业，依法享受税收优惠政策。落实国家有关科技服务企业研发费用税前加计扣除政策和新购仪器设备加速折旧的税收优惠政策。（责任单位：省财政厅、省发改委、省科技厅、省国税局、省地税局、各市州人民政府）

（二十四）完善科技服务业监管体制。规范市场秩序，支持组建省级科技服务业行业自律组织，引导支持科技服务机构制定执业规范和服务标准，加强科技服务业信用管理，定期向社会发布科技服务机构信用报告，推动科技服务业健康发展。（责任单位：省科技厅、省发改委、省民政厅、省工商局、各市州人民政府）

各地各部门要充分认识加快科技服务业发展的重要意义，加强组织领导，强化部门协同和上下联动，按照职责分工，细化政策措施，确保各项任务落实到位。

湖南省人民政府

2015年6月5日

湖南省人民政府办公厅
关于成立长株潭国家自主创新示范区建设工作领导小组的通知

（湘政办函〔2015〕72号）

各市州人民政府，省政府各厅委、各直属机构：

根据工作需要，省人民政府决定成立长株潭国家自主创新示范区建设工作领导小组。现将领导小组组成人员名单通知如下：

组　长：杜家毫　　省人民政府省长
副组长：李友志　　省人民政府副省长
成　员：石华清　　省人民政府副秘书长、省政府金融办主任
陈小春　　省人民政府副秘书长
庄　超　　省委组织部部委委员
徐正宪　　省长株潭两型试验区管委会常务副主任
廖跃贵　　省编办副主任
谢建辉　　省发改委主任
王柯敏　　省教育厅厅长
童旭东　　省科技厅厅长
谢超英　　省经信委主任
郑建新　　省财政厅厅长
胡伯俊　　省人力资源社会保障厅厅长
方先知　　省国土资源厅厅长
刘尧臣　　省环保厅厅长
蒋益民　　省住房城乡建设厅厅长
刘宗林　　省农委主任
徐湘平　　省商务厅厅长
李　晖　　省文化厅厅长
张　健　　省卫生计生委主任
丛培模　　省国资委主任
张云英　　省地税局局长
陈立新　　省质监局副局长
朱建纲　　省新闻出版广电局局长
肖祥清　　省知识产权局局长
丁永安　　省国税局局长
黎对贞　　长沙海关关长
李赛辉　　湖南银监局局长
熊国森　　湖南证监局局长
胡衡华　　长沙市人民政府市长
毛腾飞　　株洲市人民政府市长
胡伟林　　湘潭市人民政府市长

领导小组办公室设在省科技厅，童旭东兼任办公室主任，省科技厅分管副厅长兼任办公室副主任，领导小组其他成员单位分管负责人为办公室成员。领导小组办公室承担领导小组的日常工作。

今后，领导小组组成人员因工作变动需要调整的，由所在单位提出意见，经领导小组办公室审核，报领导小组组长批准后，由领导小组行文，报省政府办公厅备案。

湖南省人民政府办公厅
2015 年 6 月 12 日

湖南省人民政府关于印发《促进海关特殊监管区域科学发展的若干政策措施》的通知

（湘政发〔2015〕29 号）

各市州、县市区人民政府，省政府各厅委、各直属机构：

现将《促进海关特殊监管区域科学发展的若干政策措施》印发给你们，请认真贯彻执行。

湖南省人民政府
2015 年 6 月 26 日

促进海关特殊监管区域科学发展的若干政策措施

为搭建对外开放新平台，推动湖南开放型经济健康平稳较快发展，根据《国务院关于促进海关特殊监管区域科学发展的指导意见》（国发〔2012〕58 号），结合湖南实际，制定促进海关特殊监管区域科学发展的若干政策措施。

一、培育主导产业

1. 积极引进战略投资者。鼓励和支持世界 500 强企业、国内 100 强企业在区内投资设厂或设立研发中心、采购中心、结算中心等功能性服务机构。

2. 鼓励和支持区内加工贸易企业扩大进出口规模，对发展势头好和贡献大的企业给予重点支持，对新引进的年进出口额达到 10 亿美元的企业给予重点服务。

3. 支持区内加工贸易传统产业转型升级。鼓励和支持加工贸易企业加大对关键、核心技术的研发投入，提高技术创新能力。鼓励和支持区内企业扩大设备进口和技术改造，对符合条件的企业视同技术改造予以资金支持。

二、加强用地和厂房保障

4. 对入区企业在合规审查、用地报批等方面依法予以支持。入区企业项目用地，可根据地方产业政策，以行业分类为条件采取招拍挂方式出让，经批准可采取弹性年期出让或租赁方式办理土地有偿使用手续。

5. 对为区内企业配套，且配套产品总量占其自身生产总量50%以上的企业，给予在海关特殊监管区域周边地区优先购地的优惠政策。

6. 支持标准厂房和标准仓库建设。实施标准厂房、标准仓库工程报建“绿色通道”制度。加大对区内标准厂房、标准仓库建设的财政支持力度，积极引导社会资金参与标准厂房、标准仓库建设。对区内加工贸易企业租赁和建设生产用厂房给予支持。

三、加强配套保障

7. 支持公共服务平台建设。对在区内建设海关电子商务平台、检测维修平台、商品展示平台、国际采购分销和配送平台、国际中转平台等，根据建设情况给予适当资金支持。

8. 鼓励律师事务所、会计师事务所、税务师事务所、知识产权服务机构、公证机构、信用服务机构等专业机构在区内开展业务。加大对配套区内的教育、医疗、休闲娱乐、餐饮等生活配套设施建设的支持力度。

9. 鼓励区内企业申请国际通行的环境和能源管理体系标准认证，采用先进生产工艺和技术，节约能源，减少污染物和温室气体排放。探索开展环境影响评价分类管理，并给予适当资金支持。

四、强化人力资源保障

10. 保障企业用工需求。根据企业需要，采取专场招聘等形式协助区内企业招聘员工。对用工超过1万人的企业，可在海关特殊监管区域周边地区配套建设职工宿舍。

11. 协助企业开展培训。支持职业院校等相关机构采取校企合作、定向培训、订单培训等方式为海关特殊监管区域内企业培养合格员工。支持区内企业对新招员工进行上岗培训，新招员工考试合格上岗并签订1年以上劳动合同的，按相关政策给予培训补贴。贯彻落实《社会保险法》，坚持统一规范、维护权益、方便企业、及时准确的原则，为区内企业参保提供优质的服务。切实做好跨省区域流动劳务人员社会保险、医疗保险的转移、接续工作，保障企业职工合法权益。

12. 积极引进各类人才。对海关特殊监管区管委会及区内企业聘请外国专家项目，省直各相关部门给予优先支持。对区内企业引进的外籍人员，在办理《外国人永久居留证》及就业许可等相关证件时享受便利服务；高层次外国专家申请《外国专家证》时，不受签证种类的限制。对引进的境内外高管和高级专业技术人才，符合相关规定的，在户籍、医疗、配偶就业、子女就学等方面给予优先照顾。

五、强化金融支持

13. 鼓励金融机构针对区内企业创新金融产品和服务，大力发展产业链融资、供应链融资，依法探索、开展知识产权、股权和大宗商品仓单质押等权利类抵质押物融资。优先支持监管区基础设施建设和入区重点企业的融资，监管区建设资金贷款享受开发区基础设施建设项目贷款的贴息政策。帮助入区企业申请不超过项目投资总额的贷款，并给予一定年限的贴息。

14. 鼓励企业多渠道融资。支持符合条件的区内企业通过境内外上市及新三板挂牌、发行企业债券、私募债券、短期融资券、中期票据、集合票据、信托股权等方式直接融资，对成功融资的企业给予适当补助。

15. 推动银行、证券、保险、信托等多种融资渠道开展合作，发展符合区内中小企业需要的交叉型金融业务和产品创新。

六、优化政务服务

16. 加快转变政府职能，改革创新政府管理方式。清理和精简行政审批项目，规范和简化产业转移投资项目核准、备案等管理程序，提高行政服务效能。重大项目实行项目全程代理服务。推进政府管理由注重事前审批转为注重事中、事后监管。

17. 积极创新保税监管模式。改进加工贸易单耗管理模式和制度，以企业申报的实际单耗核销。省内各海关特殊监管区域间保税货物流转按“分送集报、自行运输”模式办理海关手续；海关特殊监管区域与省内其他口岸间货物流转按“区港联动、自行运输”模式办理海关手续。进一步完善“分送集报”、“两单一审”作业模式，优化保税货物进出区通关手续，减少不必要的通关单证。

18. 各级出入境检验检疫部门要进一步优化货物监管流程，实现电子化申报与放行。在海关特殊监管区域实行进口货物预检验制度、检验检疫分线监督管理、动植物及其产品检疫审批负面清单制度等创新改革，提高入境通关效率，降低企业进出口成本。

湖南省人民政府办公厅关于加快农业互联网发展的指导意见

（湘政办发〔2015〕61号）

各市州、县市区人民政府，省政府各厅委、各直属机构：

农业互联网是指通过互联网技术在农业生产经营各环节中的应用，实现人与自动化机械和智能机器间的连接，进而重构农业生产经营模式。农业互联网是经济新常态背景下一场深刻的农业生产力革命，顺应“互联网+”趋势，发展农业互联网，对构建新型农业经营体系、发展新兴业态、提高农业现代化水平，推进新型工业化、信息化、城镇化、农业现代化同步发展，具有十分重要的意义。为加快农业互联网发展，经省人民政府同意，现提出如下意见。

一、总体要求

（一）指导思想。深入贯彻党的十八大和十八届二中、三中、四中全会精神，主动适应经济发展新常态，强化互联网思维和互联网服务能力，加强统筹规划，围绕农村经济社会发展和贫困地区脱贫致富的实际需求，以市场为导向，以企业为主体，以培育产业为重点，以保障安全为前提，营造发展环境，创新服务模式，强化标准规范，合理规划布局，加强资源共享，打造具有市场竞争力的农业互联网产业体系，为全省经济社会持续健康发展注入新的动力。

（二）基本原则。

统筹协调。准确把握农业互联网发展趋势，加强科学规划，统筹推进农业互联网应用、技术、产业、标准的协调发展，加强部门、行业、地方间的协作协同。加强资源整合协同，提高资源利用效率，避免重复建设。

创新发展。强化创新基础，提高创新能力，完善公共服务平台，建立以企业为主体、产学研用相结合的技术创新体系，加快推进关键技术研发及产业化。拓宽发展思路，创新农业生产经营模式和电商扶贫模式，发展精准农业和农村电子商务。

市场主导。发挥市场在资源配置中的决定性作用，完善市场准入制度，减少行政干预，鼓励企业根据市场需求丰富服务种类，提升服务能力，对接应用市场。建立公平开放透明的市场规则，完善监管政策，维护良好市场秩序。

安全可控。强化安全意识，注重信息系统安全管理和数据保护。加强农业互联网重大应用和系统的安全测评、风险评估和安全防护工作，保障农业互联网重大基础设施、重要业务系统和重点领域应用的安全可控。

（三）发展目标。到2020年，农业互联网基础设施条件不断完善，基于农业互联网的协同研发设计、定制生产营销等广泛应用，基于互联网的农村公共管理和社会服务能力显著提升、产业扶贫应用更为广泛，农村网络金融和电子商务普及深化，培育一批具有全国影响力的农业互联网企业，建成一批各具特色的农业互联网平台和产业集中区，打造较完善的农业互联网产业链，农业互联网产业体系初步形成。

二、重点任务

（一）完善农业互联网技术创新体系。适应农业互联网发展新趋势，围绕产业需求，采取政府与社会资本合作、产学研用科技协同创新联盟等新机制、新模式，形成创新资源配置国际化、响应市场需求快速化、整体运行高效化的农业互联网技术协同创新体系。着力突破农业互联网技术瓶颈，加快农业互联网应用基础平台、传感器网络、智能终端、大数据处理、智能分析、服务集成等核心关键技术和服务模式创新，构建基于农业互联网能力开放的应用聚合及业务创新体系。开展农业物联网技术攻关，推进农业物联网与新一代移动通信、大数据、云计算、下一代互联网、卫星通信等技术融合发展，建设农业物联网与互联网相结合的技术、测试、资源管理、信息等公共服务平台。推动农业移动互联网应用发展，鼓励开放第三方应用开发程序接口并形成跨终端平台的应用商店，推动大规模协作的应用创新。加强精准农业技术研发，尽快开发出适合我省实际的智慧农业、立体生态农业、B2C互联网农业模式的技术和样板。依托国家级、省级农业科技园区搭建农业互联网技术融资、信息、品牌服务平台。

（二）促进农业互联网广泛应用。加快农业基础设施与互联网深度融合，研制推广智能节水灌溉系统，积极发展节水农业，不断提高农田水利信息化水平；研发和推广基本农田整理、复垦和耕地质量、森林资源、湿地资源、野生动植物资源监管保护信息化技术与装备，扩大测土配方施肥信息系统建设，提高测土配方信息系统的知晓率和利用率，提升耕地、林地产出率；建设一批集智能感知、智能传输、智能控制为一体的设施化畜禽、水产养殖场，提高畜禽水产养殖的智能化及自动化水平，促进畜禽水产增产增效。加快农机及农业装备与互联网融合，发展智能作业机具及装备，开展农业数字化综合应用示范基地建设，提高农业生产设施装备数字化、智能化水平。以大宗农产品生产为突破口，逐步探索农业生产的数字化设计、智能化控制模型，推进精细化管理和科学决策，促进农业产业优化升级和农业持续、高效发展。以全球卫星定位系统、地理信息系统、北斗导航、物联网、互联网、遥感遥测等技术应用为基础支撑，开展农业云计算应用，实施农业大数据分析，智能指导农业灾害应对和产业化布局优化。

（三）深化移动互联网与农业产业化合作。利用移动互联网的移动、实时、定位和双向互动等优势，构建跨越时间、空间、物理障碍的资源共享与协同工作平台，农业生态环境监测管理平台，电子商务扶贫平台，实时化、精准化农业科技服务系统，快捷高效推广农业农村实用技术。在大田种植、畜禽标准化养殖、设施农业、高端特色畜牧业、农产品（屠宰）加工、森林防火、有害生物防治中，积极推进基于物联网的生产技术和基于移动互联网的管理技术的应用，建设具有远程诊断、远程监控、自动控制、射频识别、适应性分析等功能的农业生产管理信息系统，形成集生产、加工、销售、服务一体化的完整产业链。积极促进移动互联网企业与农业产业化龙头企业及特色基地对接，利用移动互联网整合业务链、价值链、产业链，构建农业新型经营体系，增强龙头企业的带动力和特色基地的集聚力。依托现有国家级、省级现代农业示范区和发展基础较好的农业科技园区、循环经济园区、生态农业园区、农业机械化示范基地和农产品加工园区等，开展移动互联网与农业产业化示范试点，通过集聚产业要素，完善基础设施，培育新型经营主体，打造优势特色品牌，建设一批农业信息技术应用示范基地和现代农业示范区（园）。大力引进国内外著名互联网龙头企业与政府及地方企业合作，在县、乡、村建立运营体系，投资建设农村信息服务站，完善乡村配送体系，创新扶贫模式和农村代购服务，促进农民提高收入、增加就业、脱贫致富，实现新型城镇化。

（四）强化农村农业信息化服务。积极推进国家农村农业信息化示范省和信息进村入户试点省建设，构建公益化的农村服务体系、社会化的农村创业体系和多元化的农村科技服务体系“三位一体”的新型农村农业信息服务体系，为农业互联网发展提供信息化支撑。进一步加强省、市、县级农业综合信息服务平台和农村基层服务站点建设，完善“12316”三农服务热线、12396呼叫指挥中心系统、12119森林火灾报警系统、短彩信服务系统、手机报、双向视频系统等信息服务支持系统，探索app等农业新媒体运用，提升信息采集、处理、传播、利用、安全能力，为广大农民、农民专业合作社、农业企业等用户提供政策、科技、市场等方面的信息服务。建立适应现代农业发展的电子政务体系，积极构建综合性网络服务平台，充分利用移动终端，推行行政审批事项全程网上流转，方便群众咨询、办事和查询、监督。支持电商、物流、运输、商贸、供销、邮政、金融、通信等企业参与信息进村入户示范点建设。坚持政府引导和市场运作相结合，支持和鼓励社会各方面力量参与农业信息化建设，发展涉农信息服务业，打造公共型、专业型、市场型等多种信息资源和服务平台。推进农业农村信息化服务云计算迁移，实现数据资源融合共享，推动农业大数据挖掘、分析、应用和服务。

（五）*大力发展农村电子商务*。顺应商业模式和消费方式深刻变革的新趋势，加快发展农村电子商务，形成网上交易、仓储物流、终端配送一体化经营，实现线上线下融合发展。加强“万村千乡”农家店、“农超对接”信息化建设，支持电商、运输、商贸、供销、邮政、物流、金融、通信等企业参与涉农电子商务平台建设，开展电子商务进农村综合示范，重点打造一批集商业服务、金融服务、通信服务等功能为一体的信息化农家店及一批具有全国影响力的农业电商平台。推广应用全国农产品商务信息公共服务平台和农村商贸综合服务体电商模式，做好农村商务信息服务和农产品网上购销对接，畅通工业品下乡和农产品进城渠道。鼓励和支持农业龙头企业、农民专业合作组织、农业生产经营大户等社会力量建立电子商务网站，开设网上直销店。推动涉农电子商务平台与农业产业化基地、农产品产销大户、大型超市、农产品批发市场、加工企业、大型餐饮连锁企业及中高档酒店对接，引导地方性特色农产品开展网上交易，通过“基地＋合作社＋网络营销”联动模式，实现产销一体化的产业化经营。支持开展农资电子商务平台建设，构建高效物流协同对接的农资商务一体化服务系统，探索 B2B、B2C、B2B2C、O2O 等农资电子商务运营机制，开展农资电子交易试点示范。支持利用电商平台、移动支付平台等推动休闲农业发展。积极鼓励贫困县开展电商扶贫试点工作，以电子商务带动贫困农户脱贫致富。

（六）*建立健全农业互联网配套支撑体系*。在国家统筹布局新一代移动通信网、下一代互联网、数字广播电视网、卫星通信等设施建设的背景下，推进农村信息化基础设施建设。实施农村宽带普及工程，加快农村地区宽带网络建设，全面提高宽带普及率和接入带宽。对建设成本过高的边远地区、山区，采用移动、卫星等无线宽带技术解决信息孤岛问题；对新规划建设的成片新农村、农民安居工程，积极推进光纤到楼和光纤到户建设。推进互联网、电信网、广电网在农村地区的融合。优化互联网网间互联架构，提升互联互通质量，扩展网络容量、覆盖范围和服务能力，降低带宽租费水平。加强农村互联网专业软件开发和公共基础数据库建设。深入推进农村广播村村响、直播卫星户户通、广播电视无线数字化，以及通信、邮政快递村村通工程。加快全省农产品市场体系转型升级，着力加强设施建设和配套服务，完善全省农产品流通骨干网络，着力打造快递到乡镇、配送到村寨的物流网络，形成农产品进城、工业品下乡的大生产、大流通、大市场一体化物流格局。加强农产品产地市场建设，完善产地预冷、销地冷藏和保鲜运输、保鲜加工等设施，加快构建跨区域冷链物流体系。继续开展公益性农产品批发市场建设试点，推进农产品批发市场电子化交易改造。进一步完善电子支付服务，鼓励金融机构、支付机构在农村地区推广应用手机支付及其他新兴电子支付方式，发展农村互联网金融，强化网络支付功能。大力发展包装、IT 等相关服务性产业，为农民网商特别是贫困农户网商提供完善的配套服务，降低网商交易成本。建立全程可追溯、互联共享的农产品质量和食品安全信息平台，提升农产品质量和食品安全水平。

三、强化保障措施

（一）*加强组织领导*。完善互联网管理领导体制，加强对全省农业互联网发展的统筹协调。坚持积极利用、科学发展、依法管理、确保安全的方针，推动跨部门、跨区域协同工作机制，实现系统间的高效联动和资源共享。营造积极的创业环境，从基础设施硬环境建设到优化行政服务、加强市场监管、开拓市场等软环境建设等方面给予扶持，尽可能扫除创业障碍、降低成长成本。

（二）*创建示范典型*。以加快现代农业发展和贫困地区脱贫致富为目标，鼓励各类农业生产经营主体积极应用现代信息技术，探索农业互联网发展模式和可持续发展机制，打造一批省级互联网农业示范工程。各级各部门要把互联网农业示范工程作为现代农业发展重点来抓，研究制定支持农业互联网发展和电商扶贫的政策措施，并推动落实到位。

（三）*加大投入力度*。统筹利用现有专项资金，加大对农业互联网基础设施建设的投入，增强线上线下营销能力，提高管理水平和服务质量。探索通过增加补贴等方式，推进农村网络和物流体系建设。统筹利用现有专项资金，加大对移动互联网、云计算、物联网等领域技术研发的支持，推动产业化。支持互联网企业按照国家和省人民政府相关规定依法享受财税等优惠政策，制定贫困农户互联网用户资费优惠政策。探索农村农业信息化公益服务政府购买机制，有效引导并培育社会力量参与农村农业信息化服务供给。积极探索适应农业互联网发展的风险投资、融资担保、责任保险等投融资模式。认真落实有关财税政策，对参与农业互联网建设的金融机构、支付机构给予激励，促进农村互联网金融发展。充分调动社会力量积极性和主动性，逐步形成政府引导下的投资主体多元化、运行维护市场化，合力推进农业互联网发展的良好局面。

（四）*加强人才培养*。建立多层次多类型农业互联网人才培养和服务体系，大量培养和引进农业互联网创业和从业人员。支持相关高校和科研院所加快培养农业互联网相关专业人才，积极鼓励农业互联网相关专业人才到贫困地区从事互联网创业和工作。依托国家重大专项、科技计划、示范工程和重点企业，培养农业互联网高层次人才和领军人才。加快引进农业互联网高层次人才，完善配套服务，鼓励海外专业人才来湘创新创业。充分整合乡村资源，完善乡、村两级信息员队伍。重视农民互联网专业知识和生产技能的培训，鼓励各级各部门有针对性地对农业生产经营主体、农业互联网管理和服务人员开展专业培训，强化广大农民的互联网应用意识、信用意识、信息安全意识，提高网络应用能力和应用水平。

（五）保障网络安全。遵循网络与信息安全法律法规，完善农业信息安全标准体系和认证认可体系，实施信息安全等级保护、风险评估等制度。加快推进安全可控关键软硬件应用试点示范和推广，加强信息网络监测、管控能力建设，确保农业基础信息网络和重点农业信息系统安全。推进农业信息安全保密基础设施建设，构建农业信息安全保密防护体系。加强农业互联网管理，确保网络与信息安全。

湖南省人民政府办公厅
2015 年 8 月 5 日

湖南省人民政府办公厅转发省科技厅《关于加快建立湖南省科技报告制度的实施意见》的通知

（湘政办发〔2015〕65 号）

各市州、县市区人民政府，省政府各厅委、各直属机构：

省科技厅《关于加快建立湖南省科技报告制度的实施意见》已经省人民政府同意，现转发给你们，请认真贯彻执行。

湖南省人民政府办公厅
2015 年 8 月 12 日

关于加快建立湖南省科技报告制度的实施意见

（省科技厅　2015 年 7 月 10 日）

科技报告是描述科研活动的过程、进展和结果，并按照规定格式编写的科技文献。建立科技报告制度，是深化科技体制改革、促进科技资源开放共享、促进科技成果转化与产业化的重要手段。为加快建设创新型湖南，根据《国务院办公厅转发科技部关于加快建立国家科技报告制度指导意见的通知》（国办发〔2014〕43 号）精神，结合我省实际，现就加快建立我省科技报告制度提出以下实施意见。

一、总体要求

（一）工作目标。到 2020 年建成覆盖全省科技计划、与国家科技报告制度相衔接的科技报告呈交、收藏、管理、共享工作体系，形成科学、规范、高效的科技报告管理模式和运行机制，为提升我省科技实力、建设创新型湖南提供支撑。

（二）进度要求。按照试点先行、统一标准、分步实施的原则，实现省、市州科技报告工作协同推进。具体工作进度分成 4 个阶段。

1. 启动试点阶段（2015 年 8 月至 2016 年 6 月）。制订《湖南省科技报告制度建设实施方案》、《湖南省科技计划科技报告管理办法》等相关制度；对省科技计划项目开展科技报告试点，实现省级（含）以上各类科技计划（专项、基金）科技报告制度全覆盖；完成省级科技报告服务系统建设，力争完成试点计划项目科技报告回溯工作，实现 500 份以上科技报告上线运行；选择 2 个市州或省直单位开展科技报告试点工作；分类分层次开展科技报告专题培训，建设科技报告人才队伍。

2. 全面实施阶段（2016 年 7 月至 2017 年 6 月）。省级科技报告服务系统正式上线运行。进一步健全工作机制，规范操作规程，初步建立起国家、省、市州和省直单位互联互通的科技报告呈交、收藏、管理、共享工作体系，以及包括进展报告、专题报告、最终报告等较为完善的科技报告体系。科技报告制度延伸至全省所有财政性资金资助科技项目。

3. 完善提升阶段（2017 年 7 月至 2018 年 12 月）。进一步完善科技报告组织管理体系和运行机制，将科技报告全面纳入财政性资金资助的科技项目管理程序，同时引导社会资金资助项目实行科技报告制度，实现科技报告工作常态化。结合用户意见完善科技报告服务系统，探索开展科技报告共享增值服务。

4. 优化运行阶段（2019 年 1 月至 2020 年 12 月）。优化全省科技报告管理模式和运行机制，深度开发科技报告资源，使管理模式和运行机制更加科学、规范、高效，科技报告共享增值服务水平和效率不断提升，为全省科技创新和政府决策提供重要的基础信息支撑。

二、责任分工

按照"谁立项、谁管理"原则，依托现有的科技计划管理渠道，建立省科技厅、市州和省直单位的项目管理部门、项目承担单位科技报告逐级呈交组织管理机制。

（一）省科技厅负责全省科技报告工作的统筹规划、组织协调和监督检查。省科技厅牵头制订湖南省科技报告制度建设的相关政策，按照科技报告的标准和规范组织实施。对各市州和省直单位的科技报告工作进行业务指导。委托相关专业机构承担全省科技报告的接收、收藏、管理和共享增值服务，开展省级科技报告服务系统建设、运行、管理维护和科技报告的宣传培训服务工作。

（二）市州和省直单位的项目管理部门负责科技报告工作组织实施与管理。各市州和省直单位将科技报告工作纳入科研管理程序，在科研合同或项目任务书的预期成果和考核指标中，明确规定科技报告呈交的类型、数量和期限，依托现有机构对科技报告进行统一收藏和管理，并定期向省科技厅报送非涉密和解密的科技报告。对涉及国家安全、商业秘密和个人隐私等不宜公开的科技报告，由项目管理部门根据项目承担单位提出的科技报告密级和保密期限建议，按照国家有关保密规定进行确认，并负责做好涉密科技报告管理工作。

（三）项目承担单位负责科技报告工作落实与审核。项目承担单位应建立科技报告工作机制，将科技报告工作纳入科研管理范畴，根据需要制定科技报告工作鼓励措施，将其作为科技产出统计、考核奖励的重要依据。同时组织和督促项目组按要求撰写科技报告，统筹协调项目各参与单位共同推进科技报告工作。对本单位科技报告进行形式、内容和密级审核，并及时向项目主管部门呈交科技报告。

（四）科研人员负责科技报告撰写。科研人员应增强撰写科技报告的责任意识，将撰写合格的科技报告作为科研工作的重要组成部分，在科研工作中积极参考、借鉴已有科技报告，高起点开展研究工作。项目负责人根据科研合同或项目任务书 要求，组织科研人员按时保质完成科技报告，并对内容和数据的真实性负责。

三、工作要求

（一）严格执行统一的科技报告标准。严格按照国家《科技报告编写规则》、《科技报告编号规则》、《科技报告保密等级代码与标识》、《科技报告元数据规范》以及湖南省科技报告相关规范 进行科技报告撰写、收集、存储、加工处理、检索利用和交流传播，建立完善的科技报告制度操作规程，确保科技报告科学化、标准化。

（二）强化科技报告的持续积累。对目前已结题验收的科技项目，有条件的市州和省直单位应开展科技报告回溯工作。在做好财政性资金资助科技项目科技报告收集的同时，鼓励引导社会资金资助的科研活动呈交科技报告。省科技厅及其委托机构对全省范围内收集的科技报告进行加工整理、集中收藏和统一管理。

（三）建立科技报告共享服务机制。省科技厅及其委托机构根据分级分类原则进行数据化管理，通过省级科技报告服务系统面向项目主管机构、项目承担单位、科研人员和社会公众提供开放共享服务。鼓励有条件的市州和省直单位推动本地、本部门科技报告共享使用。各市州和省直单位要切实做好科技报告共享服务过程中的安全保密管理和知识产权保护工作，保障科研人员和项目承担单位的合法权益。

（四）开展科技报告资源增值服务。省科技厅、市州和省直单位的项目管理部门要组织相关单位开展科技报告资源深度开发利用，做好立项查重，避免科技项目的重复部署；结合科技成果评价，梳理我省重大科技进展和成果并向社会公布，推动科技成果形成知识产权和技术标准，促进科技成果转化和产业化；实时跟踪科技项目的阶段进展、研发产出等情况，服务项目过程管理；加强产业发展态势监测，为我省产业发展和民生保障关键技术选择提供服务。

四、保障措施

（一）加强组织领导。省科技厅会同省直有关单位建立科技报告工作会商制度，加强对全省科技报告制度建设重大事项的沟通和协商，不断提升科技报告管理水平。各市州和省直单位要高度重视，精心组织，健全工作机制，加强协调配合，抓好落实。

（二）健全工作机制。建立分工协作机制，加强责任主体联动配合，各负其责、共同推进。建立第三方评价机制，委托第三方机构综合评价科技报告呈交和共享使用情况，作为考评项目负责人、项目承担单位科研能力的重要指标。建立安全保密工作机制，规定公开和阅读权限，严格数据保密和申请程序，保障科技报告的数据安全。建立培训宣传机制，加强科技报告培训工作，提升科技报告撰写能力和管理水平，确保科技报告质量；利用各种媒体，加大科技报告工作宣传力度，营造重视科技报告的良好氛围。

（三）加强工作考核。省科技厅要加大对各市州科技行政主管部门和省直单位项目管理部门科技报告工作的考核。项目主管机构要将科技报告呈交和共享使用情况作为对项目负责人和项目承担单位后续滚动支持的重要依据。对未按时按标准要求完成科技报告任务的科技项目，按不通过验收或不予结题处理。对科技报告存在抄袭、数据弄虚作假等学术不端行为的，纳入项目负责人和项目承担单位的科研信用记录并依据相关规定向社会公布。

（四）加强工作保障。市州和省直单位要为科技报告制度建设提供人员、经费等基本条件保障；各项目主管部门要将科技报告撰写等相关费用统一纳入课题经费预算，确保科技报告工作顺利开展。

湖南省人民政府办公厅关于加快全省经济技术开发区转型升级创新发展的实施意见

（湘政办发〔2015〕70号）

各市州、县市区人民政府，省政府各厅委、各直属机构：

为贯彻落实《国务院办公厅关于促进国家级经济技术开发区转型升级创新发展的若干意见》（国办发〔2014〕54号）精神，加快促进全省各类经济技术开发区转型升级、创新发展，经省人民政府同意，现提出以下实施意见。

一、明确开发区发展定位

（一）明确发展定位。以邓小平理论、“三个代表”重要思想、科学发展观为指导，深入贯彻落实党的十八大和十八届三中、四中全会精神，主动适应经济发展新常态，充分发挥市场在资源配置中的决定性作用，进一步推进市场化改革，增强开发区发展的内生动力，加快实现开发区由速度数量向质量特色转变，由政府主导向市场主导转变，由硬环境见长向软环境取胜转变，努力把经济技术开发区建设成为促进湖南经济发展的重要载体，成为培育开放型经济新优势的排头兵，成为科技创新驱动和绿色集约发展的示范区。

（二）强化规划引领。坚持规划先行，着眼长远发展，科学合理制定经济技术开发区中长期发展规划、重点产业投资促进规划。坚持科学、高效、有序开发，严格依据土地利用总体规划和城市总体规划开发建设，严禁擅自调整规划，保持规划的科学性、完整性、连续性、严肃性。

（三）完善综合评价。进一步修订完善《湖南省省级及以上园区综合评价暂行办法》，把发展质量、转型升级、创新驱动、环境优化作为考核的重要内容，引导经济技术开发区走质量效益型发展之路；加强对经济技术开发区招商引资、对外贸易、对外投资等开放型经济发展水平的考核和评价，进一步提高开放型经济指标的权重。经济技术开发区综合评价排名纳入地方政府绩效考核。

（四）实施动态管理。支持经济综合实力强、产业特色明显、发展质量高的省级经济技术开发区按程序申报国家级经济技术开发区。在控制新增数量、提升发展质量的原则下，逐步将部分符合省级经济技术开发区基本条件、综合发展水平评价较高的园区认定为省级经济技术开发区。建立省级经济技术开发区退出机制，对土地资源利用效率低、环保不达标、发展长期滞后的开发区，予以警告、通报、限期整改、退出等处罚。综合发展水平评价连续2年列全省后3位的省级经济技术开发区列为整改对象，发出警示通知；对连续3年列全省末位的省级经济技术开发区实行退出机制。

二、努力推进体制机制创新

（五）健全工作机制。各级商务主管部门要加强对经济技术开发区指导和协调，进一步理顺职责关系，建立健全工作机制，提高服务水平。

（六）创新管理体制。鼓励经济技术开发区大胆创新管理体制，率先推广上海自由贸易试验区可复制的经验，加快职能转变，探索体制机制创新。全省各类经济技术开发区要进一步理顺关系，提高行政效率，降低行政成本，要进一步完善决策、执行和监督机制，在安全生产、财政管理等方面加强事中事后监管，严控安全、债务等各类风险。

（七）深化行政审批制度改革。开展行政审批制度改革试点，在依法依规的前提下，经济技术开发区试行“园内事园内办结”。进一步下放审批权限，支持省级以上经济技术开发区开展外商投资等管理体制改革试点，大力推进商事制度改革；推行网上审批，实行审批要素、审批流程过程规范化。鼓励符合条件的国家级经济技术开发区开展人民币资本项目可兑换、人民币跨境使用、外汇管理改革等方面的试点。

（八）创新投融资体制。建立完善经济技术开发区资产运营管理机制，鼓励和引导外资、民营资本和各类社会资本参与经济技术开发区建设，实现投资主体多元化和“一区多园”的发展模式。允许符合条件的经济技术开发区开发、运营企业依照国家有关规定申请上市和发行中期票据、短期融资券等债券产品募集资金。支持经济技术开发区与投资机构、保险公司、担保机构和商业银行合作，探索建立投保贷序时融资安排模式。建立规范合理的经济技术开发区债务管理及风险预警机制，坚持量力而行，严格控制经济技术开发区负债规模。

三、加快促进开放型经济发展

（九）实施经济技术开发区开放型经济五年倍增计划。到“十三五”期末（2020年），争取实现全省省级以上经济技术开发区招商引资、对外贸易、对外投资规模比“十二五”期末（2015年）倍增。每年对经济技术开发区招商引资、对外贸易、对外投资提出工作目标，实施年度考核，将工作目标完成情况作为综合发展水平评价的一项重要内容。

（十）提高招商引资水平。更加注重招商引资质量，大力引进世界500强、中国500强、民营500强企业在湖南设立区域总部、营运中心、采购中心、研发中心和结算中心。充分利用外资的技术溢出和综合带动效应，培育湖南战略性新兴产业。创新招商方式，务实节俭开展招商活动，从政府主导招商逐步向专业化、市场化招商转变。引导经济技术开发区与省内外其他园区合作共建跨区合作园区和合作联盟。支持经济技术开发区标准化厂房建设和入区企业自建、租用标准化厂房。

（十一）扩大外贸规模。鼓励经济技术开发区积极引进出口导向型企业，大力承接沿海加工贸易转移项目，重点引进辐射带动作用明显的行业出口龙头企业。支持经济技术开发区培育发展外贸综合服务型企业，为区内中小微企业进出口提供物流、通关、融资、退税、收汇、信保等全程综合外贸服务，降低企业进出口成本，促进贸易便利化。

（十二）鼓励对外投资。鼓励经济技术开发区主动参与“一带一路”建设，拓展对内对外开放新空间。推动有条件的经济技术开发区“走出去”参与境外经贸合作区建设。鼓励经济技术开发区和区内大企业联合“走出去”，支持区内有实力的企业开展境外投资，更好地利用两个市场、两种资源。

四、大力推动产业转型升级

（十三）优化产业结构和布局。将产业结构调整优化作为经济技术开发区转型升级的主攻方向，以提质增效为核心，加快传统制造业改造升级，大力发展战略性新兴产业，打造园区百亿、千亿产业集群。大力发展现代服务业，重点发展生产性服务业、生活服务业和高端服务业，加快发展国际服务外包业务。大力推进科技研发、物流、服务外包、金融保险等服务业快速发展。对经济技术开发区在产业转型升级方面符合相关专项资金支持范围的重大项目给予贷款贴息支持。

（十四）增强创新驱动能力。积极发挥经济技术开发区科技创新的引领作用。围绕集聚创新要素、激活创新资源、提高创新能力、转化创新成果，进一步优化自主创新环境，健全公共创新平台，加快形成以企业为主体、以市场为导向的创新体系。大力引进国内外关键技术和核心技术，增强引进技术的消化吸收和再创新能力，实现技术跨越式发展。鼓励经济技术开发区内大中型企业和规模以上高新技术企业建设企业研发机构，增强企业自主创新能力。

（十五）加强人才体系建设。加快发展现代职业教育，加强终身职业培训体系建设，深化产教融合、校企合作，鼓励中外合作培养技术技能型人才。大力引进高层次科技人才、高素质管理人才、高技能实用人才和高水平创业团队。支持经济技术开发区通过设立创业投资引导基金、创业投资贴息资金、知识产权作价入股等方式，搭建科技人才与产业对接平台。支持经济技术开发区创新人才保障机制，形成有利于人才创新创业的流动、分配、激励和保障体系。

（十六）提高信息化水平。支持经济技术开发区加快发展软件和信息服务、物联网、云计算、移动互联网、大数据等产业，培育和吸引信息技术重点领域领军企业，利用信息科技手段拓展传统产业链、提升增值水平。以园区各类信息资源为核心推进资源共享，推动经济技术开发区产业发展智慧化、运行管理智慧化和公共服务智慧化。经济技术开发区要坚持信息基础设施和其他基础设施同步规划、同步建设。

五、继续坚持绿色集约发展

（十七）鼓励绿色低碳循环发展。严格资源节约和环境准入门槛，大力发展节能环保产业，推动经济技术开发区产业生态化改造，提高能源资源利用效率，强化环境安全监测监控体系建设，减少污染物排放，防控环境风险。支持经济技术开发区创建国家级、省级生态工业示范园区、循环化改造示范试点园区和低碳经济试点示范园区等绿色园区。省级环保资金要向生态工业园区倾斜使用。鼓励金融机构加大对经济技术开发区内绿色环保项目的信贷支持。

（十八）强化土地节约集约利用。坚持合理、节约、集约、高效开发利用土地。严格执行土地使用标准，加强土地开发利用动态监管。强化经济技术开发区用地挖潜，加大对闲置土地处置力度，推动经济技术开发区存量建设用地盘活利用，鼓励对现有工业用地追加投资、转型改造，提高土地利用强度。建立健全经济技术开发区土地节约集约利用评价、考核和奖惩制度，优先保障国家级经济技术开发区建设项目用地，优先支持符合条件的省级经济技术开发区重大产业项目建设用地，支持符合条件且确有必要的经济技术开发区严格按程序申报扩区和调整区位，对节约集约用地工作突出、成效显著的经济技术开发区每年安排一定建设用地指标予以奖励。

（十九）推动产城融合发展。根据经济技术开发区产业功能、城市功能、生态功能需要，合理确定产业、公共服务、居住和生态用地比例。加快经济技术开发区基础设施建设步伐，统筹建设主城区和开发区医院、学校、文化娱乐、职业培训、就业（人才）和社保服务、城市综合体、交通出行等公共服务设施。鼓励具备条件的经济技术开发区开展城市功能区转型试点。

六、切实优化营商环境

（二十）优化投资环境。大力推动园区管理去行政化和标准化、企业化步伐，健全政企沟通机制，以投资者满意为中心，着力打造法治化、国际化营商环境。切实加强各类公共服务平台建设，完善园区配套服务，健全投资服务机制，拓展延伸服务领域，不断优化投资硬环境和软环境。鼓励经济技术开发区依法依规开办各种要素市场，促进商品和要素自由流动、平等交换，增强对国内外投资者的吸引力。

各地各有关部门要进一步深化对促进全省经济技术开发区转型升级、创新发展工作重要意义的认识，切实加强组织领导和协调配合，制定具体实施方案和配套政策措施，明确任务分工，落实工作责任，形成工作合力，确保取得实效。

湖南省人民政府办公厅

2015年8月26日

湖南省人民政府办公厅印发《关于进一步支持湘南承接产业转移示范区建设的若干政策措施》的通知

（湘政办发〔2015〕71号）

各市州、县市区人民政府，省政府各厅委、各直属机构：

《关于进一步支持湘南承接产业转移示范区建设的若干政策措施》已经省人民政府同意，现印发给你们，请认真贯彻执行。

湖南省人民政府办公厅

2015年9月7日

关于进一步支持湘南承接产业转移示范区建设的若干政策措施

为抢抓新一轮改革开放、区域合作和产业转移机遇，推动湘南承接产业转移示范区（以下简称示范区）建设迈上新台阶，特制订以下政策措施。

一、加大资金和项目支持力度

1. *加大资金扶持力度。*省财政每年安排一定产业引导资金用于支持示范区省级以上公共服务平台、创新创业孵化园、生产生活配套设施等基础设施建设，支持世界500强、中国500强、民营500强等重大企业引进和开放型经济平台建设。在加强监督管理和严格评估审查的基础上，省本级相关产业资金对纳入管理范围内的示范区企业、重点项目给予重点支持。落实中央和省关于涉企收费的优惠政策，收费标准有幅度的，按最低标准收取。

2. *加大项目和产业支持力度。*积极支持示范区发展工业地产和推进创新创业园区“135”工程，重点支持示范区园区标准厂房建设。将示范区内的企业实施结构调整和产业升级重点技术改造项目，优先纳入省“四千”工程项目和省重点建设项目并享受相关优惠政策。支持郴州有色金属产业“五个一”战略体系建设（一个价格指数、一个国家质检中心、一个交易平台、一个展示平台、一批品牌企业），把郴州有色金属产业打造成为全省重大产业集群。支持中国五矿在郴州组建钨业集团，建立钨铋研发中心和精深加工基地。加快推进衡阳常宁水口山经济开发区循环化改造示范试点、衡阳建滔电子信息工业园、衡阳富士康精密模具生产基地、郴州现代烟草、永州锰产业及绿色能源等项目建设。支持郴州飞天山风景区申遗工作。

二、支持开放平台和交通建设

3. *支持平台入驻和转型升级。*鼓励示范区内各园区创建国家级、省级新型工业化产业示范基地、省级台湾高新农业实验园。支持郴州出口加工区申报并建设综合保税区。支持郴州经济技术开发区创建国家级经济技术开发区和国家级电子商务示范基地。支持永州申报保税物流中心和湘南进出口（农副产品）检测中心，建设国家级副食产品检测实验室。鼓励和引导第三方检测实验室等在示范区内设立省级以上区域总部或分支机构。加快推动衡阳、永州等国家农业科技园建设与发展。

4. *创新园区合作和发展模式。*创新园区管理体制机制，高位推动和统筹抓好“湘粤开放合作试验区”建设，加快推进宜章区域经济改革和郴资桂“两型社会”示范带、湖南（郴州）台湾工业园、郴州宝石产业园、衡山工业集中区、衡阳（深圳）工业园、衡阳综保区、永州蓝宁道新江加工贸易走廊等园区或工业集中区建设。

5. *支持示范区交通规划建设。*加强与相邻省区衔接，尽早实现省际运输互联互通。积极争取将兴永郴赣铁路纳入国家十三五规划。完善永州市特别是永州南六县的交通网络，进一步加强与广东、广西及沿海等地区的联系。积极推进湘南三市交通一体化建设，有序启动和加快建设郴州临武至广东连州、郴州黄沙至广东乐昌、衡阳至永州等高速公路，并积极引导社会资本参与投资建设。将湘南三市重大水运项目、国省干线公路项目、综合客运枢纽项目、物流园区项目等重大交通基础设施项目优先纳入全省交通建设规划，并按省政府制定的相关补助标准给予支持。对湘南地区交通建设项目前期工作，同等条件下优先推进、优先审批。

三、强化用地和规划保障

6. *保障项目用地。*加大对示范区新增建设用地计划倾斜力度，继续实行差别化用地政策，优先安排示范区重大招商引资和新型工业化项目用地指标，确保重点项目顺利落地。对示范区内投资额2亿元或与之相当外币以上的符合圈外单独选址条件的重大项目优先保障用地供给，用地指标使用省级计划。将示范区省级工业园区项目用地审批纳入绿色通道。对示范区引进鼓励类的外商投资项目，特别是七大战略性新兴产业和产业振兴实施方案确定的十二项产业项目，依法优先保障用地，并在计划调剂时优先考虑。

7. *创新供地模式。*稳妥推进湘南三市城乡建设用地增减挂钩，节余的建设用地指标优先用于重点招商引资项目。支持湘南三市开展低丘缓坡荒滩等劣质农用土地和未利用地综合开发利用工作。对因生产工艺要求、原材料来源、环境保护等因素制约确需在城镇规划确定的规划建设用地范围之外选址的项目，支持项目地所在地依法依程序开展城镇总体规划修改工作。对示范区重点工业园区工业用地指标在占补平衡上给予优惠。

四、加强环保支持

8. 优化环评审批。建立环评审批时限“倒逼”和超时责任倒查机制，在确保审批工作质量的前提下进一步缩短环评工作时间。对示范区承接项目进行分类管理，简化环保审批手续，有序下放审批权。

9. 加快环保重点工程建设。着力推进湘江流域保护与治理“一号重点工程”各项目建设，建立和完善湘江流域、东江湖水资源保护生态补偿机制，全面开展示范区主要污染物排污权交易，进一步提升区域环境容量和承载能力。大力支持和推进生态环保产业园区建设，对示范区国家重点生态功能县给予重点扶持。

五、加大金融支持

10. 完善融资服务机制。积极鼓励股份制商业银行在湘南三市设立分支机构。支持各类商业银行完善内部管理机制，适当向湘南三市分行下放信贷审批权限，对示范区项目开设绿色通道，简化业务流程，快审快批。支持整合信贷资源，优化信贷结构。引导省市融资性担保体系对示范区鼓励类中小企业产业转移项目给予担保，并在收费上给予优惠。针对示范区企业资金需求特点设计多样化信贷服务，做到“一企一策，一贷一策”，为示范区企业提供贷款、投资、债券、租赁、证券相结合的综合金融服务。根据示范区项目不同时期资金需求特点，为其提供不同的产品配置，缓解企业信贷规模紧张的问题。

11. 支持企业多渠道融资。加大对示范区省重点上市后备企业的培育，鼓励符合条件的产业转移企业通过上市融资、新三板挂牌、发行企业债券（包括项目收益债券、中小企业私募债）等方式筹集资金，支持示范区企业通过股权交易市场挂牌融资。以保理融资、银行承兑汇票等多种方式进一步拓宽非信贷资金来源。对示范区基础设施建设形成的政府债务，省财政加大置换额度，新增债券向示范区倾斜。积极争取将示范区符合条件的市纳入地方政府债券自发自还试点城市。

六、加大口岸通关支持

12. 优化口岸大通关服务。在示范区复制推广上海自由贸易试验区海关、检验检疫等创新经验，实现企业通关通检便利和有效监管的有机统一。在示范区加快推进通关和检验检疫一体化、“单一窗口”建设和“一站式作业”等口岸大通关改革。进一步落实“信息互换、监管互认、执法互助”，加快湖南加工贸易综合服务平台一期推广应用和二期立项建设。尽早实现海关、企业、商务和口岸各方联网的电子化管理以及加工贸易的网上审批、在线服务。

13. 拓展口岸平台服务功能。积极争取把衡阳综合保税区等海关特殊监管区纳入境内外维修业务试点，支持区内企业开展售后维修和全球维修业务。支持郴州出口加工区开展展示展销业务并申报跨境电子商务试点。支持郴州铁路口岸业务发展。加快永州（内陆）港、衡阳港和湖南农副产品集中验放场等项目建设，支持发展通港澳直通车和国际快件业务。支持长沙海关驻永州办事处尽早对外开办业务。支持永州申报进口肉类指定口岸。积极争取将湘南三市纳入粤港跨境快速通关体系。支持郴州国际快件监管中心开办个人物品清关业务，试行国际快件跨境贸易电子商务。积极争取在示范区设立进境水果指定口岸。

七、加大人才和科技支持

14. 完善社保减负政策。在国家政策许可的前提下，合理确定示范区内企业“五险一金”缴纳比例。企业职工基本养老保险试行费率过渡试点政策和园区企业打捆参保、打捆执行费率过渡试点政策。

15. 加大引才引智力度。鼓励国内高校到示范区联合办学、兴办分校或独立院校，并落实建设用地、规费减免、设施建设等优惠政策。在示范区加快建立人才、智力、项目相结合的柔性引进机制。省属高校、科研院所科技人员携带科技成果到示范区创业的，经原单位同意并履行相关手续，可在三年内保留其人事关系。支持示范区创建多个高层次人才创新创业园区和引智示范基地。

16. 鼓励科技创新。鼓励示范区开展科技金融结合工作。通过设立创新投资基金、科技支行和建立科技贷款风险补偿机制，试点专利权质押贷款和科技保险财政补贴，促进科技成果在示范区落地转化。整合相关科技专项资金，加大示范区科技创新支持力度，加快推进示范区内高新技术产业开发区和科技创新平台、产学研基地建设。充分发挥衡阳、郴州等国家级高新技术产业开发区的辐射带动作用，推动示范区加快产业转型升级和高新技术产业集群集聚发展。积极支持科技型中小企业创新创业，努力推动示范区企业加强创新能力建设。

八、支持和鼓励改革创新

17. 支持规划改革试点。支持湘南三市（衡阳市、郴州市、永州市）率先开展县（市）城乡总体规划暨“三规合一”试点工作，实现经济社会发展规划、城乡规划、土地利用规划的“三规合一”或“多规合一”，逐步形成统一衔接、功能互补的规划体系。

18. 推进审批权限下放。深入推进简政放权，赋予示范区更多自主权。省直相关部门在行政审批、公共服务方面最大限度地下放审批权限。鼓励示范区内园区探索体制机制改革创新，大胆创新园区建设管理模式。加快推进商事登记制度改革步伐。

湖南省人民政府关于扩大有效投资稳定经济增长的意见

（湘政发〔2015〕39号）

各市州、县市区人民政府，省政府各厅委、各直属机构：

为充分发挥扩大有效投资对稳定经济增长的关键作用，现提出以下意见：

一、强化稳增长政策的落实。2014年以来国家和省出台了稳定经济增长的系列政策，各地各有关部门要强化落实、强化督查、强化问责。对鼓励产业发展类的政策，要落实到具体企业，体现在盈利增长、市场扩张、员工稳定上。对扩大有效需求类的政策，要落实到具体项目和企业，体现在投资额、消费额、进出口额的实际增长上。对改革类的政策，要落实到简政放权，体现在部门的权力清单、责任清单、负面清单上。对涉及各类重大项目建设的优惠政策，要保持延续性，特别是国家今后出台稳增长政策措施及涉及优惠奖补类的政策，要及时公示、公平操作、足额兑现。（落实单位：省直各相关部门、各市州人民政府）

二、加快行政审批制度改革。出台《关于全面深化投资项目审批制度改革的实施意见》。进一步缩小投资项目核准范围，加快备案进度。对国家鼓励类的产业项目，探索实施事后备案。进一步减少前置手续，合并审批环节，规范中介服务，推动部门审批权限同步下放、审批工作同步实施。加快投资项目在线审批监管平台建设，力争2015年底前实现横向对接、纵向贯通。进一步强化商事制度改革的各项举措，2015年10月1日前全面实现“三证合一、一照一码”。（落实单位：省发改委、省国土资源厅、省环保厅、省经信委、省住房城乡建设厅、省水利厅、省工商局、省委改革办）

三、加快政府投资计划执行。中央预算内投资必须在20个工作日内转发下达到具体项目，省预算内投资及其他省级专项资金原则上在7月底前下达完毕。凡投资计划下达后两年内未启动实施的项目，收回资金调整使用。对2014年及以前年度下达的中央预算内投资计划，存在结转资金的，调整用于资金需求迫切、能够尽快发挥效益的项目。凡中央和省安排专项资金的重大民生建设项目，各级政府要加强调度，尽快形成实物工作量，确保如期建成使用。（落实单位：省发改委、省财政厅、各市州人民政府）

四、加快重大项目建设。围绕国家确定的信息电网油气等重要网络、生态环保、清洁能源、粮食水利、交通运输、健康养老、能源矿产资源保障、城市轨道交通、现代物流、新兴产业、增强制造业核心竞争力等11大工程包，按照开工一批、储备一批、谋划一批的要求做好项目滚动开发储备、建立项目库。适时组织一批重大项目集中开工。针对省重点建设项目和纳入“511”重点投资计划的重大项目，实行“月调度，季考评”，将各市州、县市区人民政府推动项目投资的情况作为省人民政府绩效考核的重要内容。对新增投资过5亿元、年度主营业务收入过10亿元的产业项目，直接纳入省重点建设项目，给予一次性适当奖励。（落实单位：省发改委、省财政厅、省经信委、省人力资源社会保障厅）

五、扩大社会资本投资。全面落实扩大民间投资的各项政策，加快建立和推广政府和社会资本合作（PPP）模式，在公共服务、资源环境、生态保护、基础设施建设等领域，创新投资运营机制，积极扩大社会资本投资渠道。对一批示范性好的民间投资项目和投融资平台转型项目继续给予扶持。对达到一定投资规模，经营守信的社会投资主体，同等条件下优先参与后续的政府和社会资本合作项目。（落实单位：省发改委、省财政厅）

六、鼓励企业扩大投资。从相关专项中安排资金，对规模以上工业企业进口国际先进技术和设备，实施投资规模1000万元以上的技术改造项目，按不超过项目主体设备（含技术、软件等）投资额的5%、单个企业最高不超过200万元给予补助。对规模以上工业企业实施的科技成果转化、扩大先进产能、延伸产业链条、更新关键设备等投资规模1000万元以上的技改项目，在符合相关专项资金管理办法的情况下，按不超过项目设备投资额的5%、单个企业最高不超过200万元给予补助。引导支持中小企业创新创业，对拥有自主知识产权或知识产权直接授权的制造业企业新建生产线、生产厂，总投资额达到1000万元以上的，按不超过实际投资额的5%、单个企业最高不超过50万元给予补助。（落实单位：省经信委、省商务厅、省财政厅、省科技厅）

七、扩大产业园区投资。推进一批产城融合试点。支持开展“财园信贷通”业务，吸引金融资本支持“135”工程建设、园区基础设施建设和园区企业发展。鼓励园区管委会对租赁园区建设的标准厂房，免除入园企业部分租金。从开放型经济发展专项中安排资金，对转移来湘的企业租赁标准厂房，给予租赁企业不超过50%的租金补贴支持，每平方米标准厂房租金补贴不超过10元，对单个企业租赁标准厂房的补贴金额不超过50万元。（落实单位：省发改委、省财政厅、省商务厅）

八、提振企业投资信心。在专项资金中，对采购本省企业产品的能源建设、重大基础设施建设和城市管理等投资项目，以及采购省产工业机器人、工业级3D打印机械等设备的规模以上工业企业，采购金额达到1000万元以上的，按采购实际发生额的1%，给予每个项目单位不超过300万元的奖励；对节能环保等引入本省企业参与第三方治理，采购本省服务及技术的，按服务合同额的1%，给予不超过200万元的奖励。鼓励市州、县市区对本地区投资项目比照出台支持政策。支持“湘品出湘”工程，对参加省外举办的展销会、博览会，并签订200万元以上产品销售合同的企业，由开放型经济发展专项一次性给予一定的产品展销推介费用补助。企业销售新产品或新技术服务，纳入政府定价、政府指导价的商品和服务价格范围的，在消费者自愿选择的前提下，由经营者自主确定试销、试行价格，试销、试行期为三年。对省内的新产品、新技术，优先列入政府采购目录。（落实单位：省财政厅、省经信委、省商务厅、省发改委）

九、降低企业投资成本。扩大大用户直供电范围，将用电电压等级35千伏及以上的电子信息、生物制药、新能源等战略新兴产业纳入直供。对报停、减容及新投产大工业用户实行临时基本电费政策。取消电价调节基金。对代管、上划地方电力各县市区，适度延长地方电网销售电价过渡期。进一步清理行政事业性收费和政府性基金，从严审批涉企收费项目，动态公布行政许可（审批）前置服务收费、涉企服务收费、涉企行政事业性收费等3张收费清单，清单之外无收费。省本级政府定价和指导价的涉企服务收费和行政许可（审批）前置服务收费项目，要在2014年基础上再削减20%以上。进一步优化通行环境，切实加大对公路乱收费、乱罚款的整顿力度。对整车正常装载运输鲜活农产品车辆免收车辆通行费。探索建立最低工资标准与经济增长动态挂钩的调节机制。（落实单位：省发改委、省财政厅、省交通运输厅、省人力资源社会保障厅、省经信委、省电力公司）

十、强化投资要素保障。省财政设立规模50亿元的新兴产业发展基金，重点扶持轨道交通、生物医药、新材料、高端装备制造、节能环保等新兴产业发展。对在“新三板”挂牌成功且融资总额达到1000万元以上（含1000万元）的企业，给予适当扶持。对创新融资模式，成功发行项目收益债、资产证券化产品的企业给予一定扶持。加强闲置土地清理处置，土地闲置1年以上2年以下（含1年）的，按土地出让或划拨价款的20%征收土地闲置费；土地闲置2年以上（含2年）的，依法无偿收回重新安排使用。优先保障纳入省重大项目库、重点工程的项目用地。支持省内特色产业园区调规扩区。强化重点企业、重点项目的水、电、油、气、运保障，适当降低企业接入水、电、气的收费标准，全力保障重点项目建设和企业生产经营需求。（落实单位：省财政厅、省国土资源厅、省住房城乡建设厅、省政府金融办、省电力公司、省石油天然气企业）

十一、优化投资环境。全面落实优化经济发展环境“十条禁令”，严厉打击恶意阻挠项目建设、影响企业正常生产的违法犯罪行为。严格落实涉企检查备案制，减少涉企检查评比，严禁趋利性、骚扰性、刁难型和报复性检查行为。强化项目建设属地的主体责任，及时协调解决项目建设中的困难和问题。全面清理政府招商引资中的违约失信问题，加强招商引资未落地项目督查，推动项目尽快落地。（落实单位：省优化办、省商务厅）

十二、本意见自公布之日起施行，执行年限暂定为两年。

湖南省人民政府办公厅关于印发《湖南省新兴产业发展基金管理办法（试行）》的通知

（湘政办发〔2015〕93号）

各市州、县市区人民政府，省政府各厅委、各直属机构：

《湖南省新兴产业发展基金管理办法（试行）》已经省人民政府同意，现印发给你们，请认真贯彻执行。

湖南省人民政府办公厅

2015年10月30日

湖南省新兴产业发展基金管理办法（试行）

第一章　总则

第一条　为深入贯彻中央和省委、省人民政府深化财税体制改革的要求，落实积极的财政政策，推动我省优势新兴产业加速发展，创新财政资金投入方式，提高资金使用效益，规范基金运作，特制定本办法。

第二条　湖南省新兴产业发展基金（以下简称“产业基金")是指经省人民政府批准，由省财政出资设立，以股权投资方式，采用市场化手段，发挥财政资金杠杆作用，引导社会资本共同投资于优势新兴产业的政策性引导基金。

产业基金也可以通过跟进投资或省人民政府确定的其他方式支持企业发展。

第三条　产业基金总规模50亿元，根据相关工作进展情况分步到位，按照“政府引导、市场运作、科学决策、防范风险、强化监管”的原则，通过与社会资本共同设立子基金（以下简称子基金），对先进装备制造、新材料、文化创意、生物、新能源、信息、节能环保等战略性新兴产业进行扶持，并逐步探索纳入省内其他新兴产业。

产业基金主要资金来源：新增预算安排、盘活财政存量资金、整合现有产业类专项资金和投资收益等。

第二章　产业基金的管理

第四条　省人民政府负责审定产业基金规模、支持的重点产业、资金来源、子基金组建方案等重大事项。

省财政厅代表省人民政府履行产业基金出资人职责，并会同省发改委、省经信委、省政府金融办、省国资委等部门，组成产业基金管理决策联席会议（以下简称联席会议），审议产业基金投资方向、重点、投资方案以及托管机构、托管银行等重要事项，审议产业基金年度情况报告，重大事项报省人民政府审定。省人民政府各有关部门积极支持子基金争取国家基金参股。

第五条　在省财政厅设立产业基金管理办公室（设省财政厅企业处，以下简称办公室），负责落实联席会议的决定事项，制定产业基金的相关管理制度，对产业基金进行监管和绩效考评等。

第六条　产业基金实行委托管理。产业基金受托管理机构由联席会议从省属具有一定规模、较丰富基金管理经验和良好基金管理业绩的国有独资或国有控股企业中择优选择，报省人民政府审定。

第七条　受托管理机构的职责：

（一）根据本办法草拟子基金管理细则及有关操作规程；

（二）对子基金社会出资人和子基金管理机构开展尽职调查，进行入股谈判；

（三）子基金设立方案报省政府审定后，代表产业基金与其他社会出资人签订子基金《章程》或《合伙协议》；

（四）以出资额为限，代表产业基金对子基金行使股东权利，承担股东义务，向子基金委派董事、监事、投资决策委员会委员等，监督子基金运作；

（五）管理产业基金参股子基金形成的股权，及时将所管理的股权退出情况报办公室，及时将产业基金参股子基金的分红和退出资金（含本金和收益）上缴国库；

（六）子基金新投资项目在投资决议后一周内及时报告办公室；

（七）每半年向办公室及有关业务主管部门报告产业基金及其子基金运行情况；

（八）接受省财政厅或其委托的第三方机构对产业基金的审计检查；

（九）负责省财政厅及有关业务主管部门交办的其他事务。

第八条　产业基金资金实行银行第三方托管，托管银行由联席会议从具有基金托管经验的国有股份制商业银行中择优选择。

第九条　为确保产业基金资金安全，由省财政厅、受托管理机构与资金托管银行共同签订资金托管协议，资金实行省财政厅和受托管理机构双印鉴管理。

第十条　产业基金托管银行应当在每年 7 月 10 日和 1 月 10 日之前向办公室、受托管理机构报送产业基金半年度和年度资金收支情况，并在每个会计年度结束后 1 个月内报送上一年度的《资金托管报告》。

产业基金的资金出现异常情况时，产业基金托管银行应及时向办公室报告。

第三章　产业基金的运作

第十一条　产业基金按规定支付受托管理机构管理费用，管理费用按年支付，当年支付上年，原则上按照上年实际投资子基金金额的一定比例超额累退方式核定，具体比例如下：

（一）产业基金投资子基金金额在 2 亿元以下的按 2%核定；

（二）产业基金投资子基金金额在 2 亿 –5 亿元的部分按 1.5%核定；

（三）产业基金投资子基金金额超过 5 亿元的部分按 1%核定。

产业基金管理费用从产业基金中支付，主要用于产业基金监管和受托管理机构管理费用等。

第十二条　受托管理机构应加强对产业基金参股子基金的管理，每年度对子基金的投资进度、经营业绩、投资于省内资金比例等情况进行考核，并将考核结果报办公室及联席会议组成部门。

考核结果较差的，受托管理机构应要求子基金在限期内进行整改。

第十三条　产业基金参股子基金的存续期限，应当在《章程》或《合伙协议》中予以明确。子基金存续期最长不超过 8 年，其中投资期不超过 5 年。

第十四条　产业基金不得用于贷款或股票、期货、房地产、股票型基金、企业债券、金融衍生品等投资以及用于赞助、捐赠等支出。产业基金闲置资金只能存放托管银行。

第四章　子基金的设立及运作

第十五条　子基金按照以下程序设立：

（一）申报。受托管理机构根据省人民政府确定的支持方向和联席会议审议的支持重点组织子基金申报和尽职调查。

（二）评审。联席会议对子基金组建方案进行评审，必要时可以咨询相关专家，专家意见作为审批子基金的参考。

（三）公示。评审通过的子基金设立方案，由省财政厅审定后，受托管理机构对子基金社会出资人在有关媒体公示。

（四）审批。公示无异议的，由省财政厅按程序呈报省人民政府审批。

（五）实施。省人民政府审批通过的，省财政厅通知受托管理机构与社会出资人共同实施方案。

第十六条　子基金的设立必须具备以下条件：

（一）具备《中华人民共和国公司法》、《中华人民共和国合伙企业法》等法律法规的必要条件；

（二）主要发起人、子基金管理机构、托管金融机构已基本确定，并草签发起人协议、子基金《章程》或《合伙协议》，其他出资人基本落实，保证资金按约定及时足额到位，所有出资人均以货币形式出资；

（三）必须在湖南省境内注册，产业基金出资比例不超过子基金总资本的 25%，且不得为第一大股东，子基金总资本（含产业基金出资）不得少于 2.5 亿元；

（四）符合省人民政府确定的投资方向，其投资项目不得超出子基金既定的投资领域。

第十七条 子基金管理机构应当具备以下条件：

（一）在中国大陆境内注册，实缴注册资本不低于1000万元人民币，有较强的资金募集能力；

（二）管理和运作规范，具有严格合理的项目遴选机制、投资决策程序和风险控制机制；

（三）其核心管理团队至少有3名具备3年以上股权投资或基金管理工作经验的专职高级管理人员，且高管人员已取得良好的管理业绩，有3个以上基金投资成功案例；

（四）应对子基金认缴出资，出资比例不低于1%，不高于10%，子基金如出现投资亏损，首先由子基金管理机构以出资额弥补，具体出资比例及亏损弥补办法在子基金《章程》或《合伙协议》中约定；

（五）管理机构及其工作人员无行政机关或司法机关处罚的不良记录。

第十八条 子基金管理机构的管理费用提取及奖励事项在子基金《章程》或《合伙协议》中明确。

第十九条 对特别重大子基金的社会资本，产业基金可将不超过30%的净收益实行让渡。

第二十条 子基金管理机构核心管理团队在子基金成功募集、设立并投出总额的70%以上时，方可受托管理其他与该子基金有竞争关系的基金。

第二十一条 经审批设立的子基金，其社会出资人应及时按投资方案或协议履行出资及其他义务。

首期出资不得低于承诺出资额的30%，全部出资应在基金投资期内到位。

第二十二条 子基金投资项目自主决策，需遵循以下原则：

（一）遵循国家有关规定，遵循产业基金确定的投资方向和基本原则，遵循批准的设立方案；

（二）资金原则上投资于湖南境内项目，投资于湖南省境内项目资金比例最低不得低于70%；

（三）对单个企业和项目的投资不得超过子基金总资本的20%，且原则上不得控股；

（四）不得投资于已上市公司，但参与已上市公司定向增发和所投资的企业上市后，子基金所持股份的未转让部分及其配售部分不在此限；

（五）不得投资于其他基金。

第二十三条 子基金禁止从事下列业务：

（一）从事担保、抵押、委托贷款、房地产（包括购买自用房地产）等业务；

（二）投资于股票、期货、企业债券、信托产品、理财产品、保险计划及其他金融衍生品；

（三）投资于其他创业投资基金或投资性企业；

（四）吸收或变相吸收存款；

（五）向任何第三方提供资金拆借、赞助、捐赠；

（六）进行承担无限连带责任的对外投资；

（七）存续期内，投资回收资金再用于对外投资；

（八）法律、法规及管理部门禁止的其他业务。

第二十四条 子基金闲置资金只能存放托管银行。

第二十五条 子基金未按规定使用资金或从事禁止业务的，受托管理机构应要求子基金限期整改。

第五章 产业基金的退出

第二十六条 子基金应当在《章程》或《合伙协议》中明确下列事项：

（一）子基金的其他股东不先于产业基金退出；

（二）其他情况。如子基金到期、在规定期限社会出资未到位或未开展投资业务等情况下产业基金可以退出。

第二十七条 产业基金可以通过转让、清算、并购、上市、重组等方式退出，退出后的本金和收益缴入国库，可继续作为产业基金滚动使用。

受托管理机构不得截留、挪用产业基金退出后的本金和收益或将其拨入其他账户。

第二十八条 有下列情况之一的，产业基金可以无条件退出：

（一）子基金方案批准后超过一年，未按规定程序和时间要求完成设立的；

（二）产业基金拨付子基金账户一年以上，子基金未开展投资业务的；

（三）子基金未按《章程》或《合伙协议》约定投资的；

（四）受托管理机构要求子基金管理机构整改其违规行为，但子基金管理机构在三个月内不按要求整改或整改后仍无法达到要求的；

（五）子基金管理机构或社会出资人发生重大实质性变化的。

第六章 产业基金的监督

第二十九条 省财政厅及有关部门根据职责分工对基金的运作实施监管和指导。

第三十条 省财政厅每年委托第三方机构对产业基金的运行管理情况进行绩效评价，评价结果报省人民政府，并抄送省审计厅及有关业务主管部门。

第三十一条 受托管理机构应在每年7月10日和1月10日前向联席会议组成部门报送产业基金运行情况，于每个会计年度结束后3个月内，向联席会议组成部门报送经注册会计师审计的《产业基金年度会计报告》。

第七章 附则

第三十二条 本办法自公布之日起施行。

湖南省人民政府办公厅关于加快培育发展家庭农场的意见

（湘政办发〔2015〕106号）

各市州、县市区人民政府，省政府各厅委、各直属机构：

为加快构建新型农业经营体系，发展适度规模经营，经省人民政府同意，现就加快培育发展家庭农场提出如下意见：

一、把握基本特征

家庭农场是指以农户家庭为基本生产经营单位，以家庭成员为主要劳动力，以农业为主要收入来源，从事集约化、商品化及适度规模化生产经营，达到一定经营规模并相对稳定的新型农业经营主体。家庭农场经营的产业须符合当地区域经济发展整体规划，土地产出率、资源利用率、劳动生产率高于当地平均水平1/4以上，农业净收入占家庭总收益的80%以上，家庭成员收入水平接近当地城镇居民水平，常年雇工数量不超过家庭务农人数。现阶段，以种植业为主的，土地经营面积宜在150亩左右；以生猪养殖为主的，年存栏宜在500头左右；从事其他养殖或种养结合的，均应从实际出发，坚持适度规模。土地流转期较长，新流转的土地合同期限不少于7年；由大户改造为家庭农场的，剩余流转期限不少于5年；集中连片的面积原则上不低于经营面积的70%。生产经营管理规范，实行标准化生产。有与经营规模相匹配的农业机械，或与农机合作社签订农机服务合同，接受农业社会化服务。

二、明确总体要求

（一）指导思想。以党的十八大和十八届二中、三中、四中、五中全会精神为指导，紧紧围绕发展现代农业、提高农业集约化经营水平，促进农业增效和农民增收，在稳定和完善农村基本经营制度，强化家庭经营基础地位的前提下，通过规范管理服务、开展示范创建、加强政策扶持，积极培育发展家庭农场，逐步提高农业生产经营集约化、专业化、组织化、社会化水平，推动现代农业不断发展。

（二）基本原则。

——坚持规划引领。依据农林牧渔产业规划，在优势产业或特色产业布局区域内发展适宜的家庭农场，生产有市场需求的农产品，重点发展以粮食生产为主业的家庭农场，鼓励发展种养结合、社农结合的复合型家庭农场。

——坚持分类指导。依据自然经济社会条件、作物品种差异，因地制宜，对山、丘、平湖区制定不同的工作方案和具体措施，分类指导，稳妥推进，不搞行政强制推动，不搞下指标、一刀切。

——坚持适度规模。注重把握好土地经营权流转和规模经营的度，做到与农村劳动力转移规模相适应，与家庭农场经营能力相适应，防止片面追求数量和规模，最大限度提高土地产出率、劳动生产率和资源利用率。

——坚持农地农用。加强家庭农场土地用途管理，最大限度保护耕地资源，落实基本农田保护，严禁以家庭农场名义擅自或变相将农用地进行非农化建设。

（三）发展目标。到2020年，力争全省培育发展家庭农场5万户左右，其中以粮食种植为主的家庭农场3万户，以林木、林果生产为主的家庭农场1万户，养殖型、种养结合型及其他形式的家庭农场1万户。从2016年起，每年创建省级示范家庭农场1千户；全省创建省级家庭农场示范县10个。

三、加强管理服务

（一）实行认定登记管理。家庭农场认定由农户自主向所属县市区农村经营管理部门申请，经审核符合条件的，报省、市农业（经管）主管部门备案。需要取得市场主体资格的家庭农场，向当地工商部门申请办理注册登记，登记类型由申请人根据生产规模和经营需要自主选择，可以登记为个体工商户、独资企业、合伙企业和有限公司四种类型之一。工商部门要按规定免收注册登记等相关费用。家庭农场的认定办法由省统一制定，各地可以结合实际制定相应的实施细则。

（二）开展示范创建活动。各地要认真组织开展示范型家庭农场创建活动，科学设置创建标准，实行动态管理，建立示范型家庭农场名录。农村经营管理部门要通过示范创建，引导家庭农场在经营管理能力、生产发展规模、设施装备水平、生产经营效益等方面发挥示范带动作用。省级选择条件比较好的县市区作为整体推进培育发展家庭农场的试点示范。省级示范型家庭农场和家庭农场示范县的创建标准由省农委会同有关部门制定。

（三）提高经营管理水平。各地要结合新型职业技能培训、农业创业培训和农村实用人才培训等，有计划地加大对家庭农场经营管理者的培训力度。计划用5年时间，对省级示范型家庭农场经营管理者轮训一遍。鼓励大中专院校毕业生、返乡青年农民工、市场经纪人兴办家庭农场。支持家庭农场创建品牌，指导家庭农场开展"三品一标"认证，推行标准化生产，建立质量全程监控、市场准入、可追溯制度，确保农产品质量安全。

（四）鼓励发展合作。家庭农场要与龙头企业、专业合作组织、种养大户共同发展、融合发展。引导同类农产品生产的家庭农场通过组建协会等方式，加强相互交流与合作。鼓励家庭农场与农业龙头企业、农民合作社、农产品交易市场、零售商场等通过订单生产、直供直销、农超对接、利润返还等方式，建立长期稳定、利益共享、风险共担的农产品产销衔接机制和合同履约机制。鼓励家庭农场牵头或参与组建合作社，提高农业组织化程度，带动广大农户共同发展。

（五）*优化农场服务*。建立健全农村土地流转服务平台，为家庭农场提供政策咨询、市场信息、价格评估等服务。基层农业技术推广机构要建立农技人员联系家庭农场制度，主动为家庭农场提供农技应用、良种引进、疫病防控、检验检测、技能培训等服务。引导和鼓励各类农业社会化服务组织开展面向家庭农场的代耕代种代收、病虫害统防统治等经营性社会化服务。运用物联网技术，建立家庭农场与消费者的直达通道，改善家庭农场农产品流通机制，提高农产品收购、存储、运输、加工和销售的市场配套服务水平，帮助培育家庭农场优质名牌。全面准确掌握家庭农场基本信息，逐级建立家庭农场数据库系统和电子商务网络。

四、加大政策支持

（一）*财政支持*。各地要统筹安排涉农项目，支持家庭农场发展。农业综合开发、土地整治、农村道路建设等项目要优先安排在家庭农场比较集中、符合相关条件的地域实施。支持具备条件的家庭农场承担和实施粮油高产创建、农田基础设施建设等现代农业发展项目。鼓励涉农资金向家庭农场倾斜，符合申报条件的农业项目要优先安排，新增农业支持保护补贴要重点扶持以粮食种植为主的家庭农场。支持有条件的家庭农场建设试验示范基地，担任农业科技示范户，参与实施农业技术推广项目。省级财政从今年起将加大家庭农场扶持力度，对省级示范型家庭农场和家庭农场示范县给予重点扶持。各市州、县市区财政也要加大扶持力度，促进家庭农场发展。

（二）*金融支持*。创新财政资金使用机制，灵活采取贷款贴息、风险补偿、创投基金等方式，帮助家庭农场拓宽融资渠道，降低融资成本。引导银行机构为家庭农场进行融资增信，创新家庭农场信用贷款产品。稳妥推进农村土地承包经营权、林权、农民住房财产权等产权抵押贷款试点，拓宽涉农贷款抵押担保范围。推广 POS 机、网上银行、电话银行等新型支付业务，多渠道为家庭农场提供便捷的支付结算服务。推动建立健全农业信贷风险的补偿分担机制，对家庭农场给予贷款贴息、贷款及其担保损失补偿等优惠。鼓励各地由政府出资设立融资担保公司，为符合条件的家庭农场提供担保服务。开展家庭农场综合性保险试点。完善政府补助和商业保险相结合的家庭农场保险体系，鼓励保险公司开发满足家庭农场风险需求的保险产品。

（三）*用地支持*。家庭农场设施农业用地按农用地管理。家庭农场所需的农产品加工场地等建设用地，在符合土地利用规划、城市建设规划和农业相关规划的前提下，认真落实国土资源部和农业部有关农业生产配套设施用地政策并予以优先安排。要积极引导设施建设合理选址，鼓励集中兴建公用设施，规范设施农用地使用。家庭农场因林业生产需要，在所经营的林地范围内修筑直接为林业生产服务的工程设施用地，按照《森林法实施条例》的有关规定办理相关用地手续。

（四）*税费支持*。农民专业合作社享有的税费优惠政策，符合相关条件的家庭农场同等享受。家庭农场销售自产农产品，按照农业生产者销售自产农产品的政策规定，免征增值税。家庭农场按规定享受行政事业性收费减免政策。税务机关要为家庭农场办理税务登记、免税申报、发票领用等事项提供便利和指导。各类经营主体为家庭农场提供劳务取得的收入，符合国家有关税收政策规定的，可申请享受税收优惠。家庭农场生产的鲜活农产品运输按规定享受“绿色通道”政策。

五、强化组织指导

各级各有关部门要进一步深化对家庭农场的认识，真正把家庭农场的培育发展作为现代农业发展的基本组织形式、作为创新农业经营体制机制和转变农业发展方式的重要举措来抓，切实加强组织指导，完善工作机制，落实具体措施。各级农业（经管）主管部门要切实履行职责，制定家庭农场发展规划和促进本地区家庭农场发展的政策措施。特别是农村经营管理部门要认真做好家庭农场指导、管理和服务工作，履行监管职责，及时纠正并依法查处乱收费、乱罚款、乱摊派等侵害家庭农场合法权益的行为。发改、财政、国土资源、工商、税务、金融等部门单位要结合本部门职责，积极配合，加强支持，优化服务，促进我省家庭农场持续稳定健康发展。

湖南省人民政府办公厅

2015 年 12 月 12 日

湖南省人民政府关于加快新材料产业发展的意见

（湘政发〔2015〕48号）

各市州、县市区人民政府，省政府各厅委、各直属机构：

为贯彻落实《国务院关于印发<中国制造2025>的通知》（国发〔2015〕28号，以下简称《通知》）精神，现就促进新材料产业发展提出以下意见。

一、突出发展重点，明确发展目标

1. *发展重点*。遵循新材料产业发展规律，面向经济社会发展的重大需求，以创新体制机制和完善配套政策为保障，大幅提升创新能力与产业化规模，重点发展先进复合材料、储能材料、硬质材料、金属新材料、化工新材料、特种无机非金属材料等六大领域，加快培育和发展前沿新材料，加快研发先进熔炼、凝固成型、气相沉积、型材加工、增材制造、高效合成等新材料制备关键技术和装备，基本形成新材料产业由大到强、由低端到高端、由分散到集聚、具有较强竞争优势的产业发展格局。

2. *发展目标*。到2020年，全省新材料产业产值年均增长15%以上。骨干优势企业规模进一步扩大，年销售收入过100亿元的企业达到5家以上，过10亿元的企业达到50家以上，产业集聚化、规模化发展态势基本形成。新材料总体技术水平明显提高，新材料企业研发投入占销售收入比重达5%左右，新增国家级创新平台10家以上。

二、加大研发投入，增强创新能力

3. *支持新材料企业加强技术创新能力建设*。对新认定国家企业技术中心、国家工程研究中心、国家工程实验室、国家工程技术研究中心、国家重点实验室、国家企业博士后科研工作站、国家质检中心等国家级技术研发平台，以及相应的省级技术研发平台，按照相关规定优先给予一次性项目补助支持。（责任单位：省经信委、省发改委、省科技厅、省财政厅、省人力资源社会保障厅、省质监局）

4. *加强公共技术服务平台建设*。支持各类产业园区加强公共技术服务平台建设，鼓励高校、科研院所和大型企业的技术研发平台面向社会开放，服务新材料企业创新发展。对以上公共技术服务平台建设优先给予一定的资金支持。（责任单位：省发改委、省科技厅、省经信委、省财政厅）

5. *支持开展新材料产业关键技术的产学研用联合攻关*。鼓励以企业为主体建立产业技术创新战略联盟。采取政府与社会合作、政产学研用产业创新战略联盟等新机制新模式，形成一批省级新材料创新中心（工业技术研究基地），开展关键共性重大技术研究和产业化应用示范。对科研成果达到国内同类产品领先水平，并在我省成功实现产业化的企业协同创新项目，优先给予一次性补助。（责任单位：省科技厅、省发改委、省经信委、省财政厅）

三、加快成果转化，激发创造活力

6. *激励科技成果的转化和应用*。提高科研人员成果转化收益比例。省内高校、科研机构转化职务科技成果的净收入，成果持有单位可按不低于70%的比例用于奖励有关科技人员。支持以高新技术成果和知识产权作为无形资产投资入股创办新材料企业，无形资产可作为注册资本出资入股，不再限制占注册资本比例，具体比例由双方协商确定。鼓励科技成果转化和产业化，对取得发明专利的研发成果，在3年内以技术入股、技术转让、授权使用等形式在省内实际应用的，按技术合同成交额对专利发明者给予适当奖励，最高不超过50万元。对发明专利新获得国家专利金奖并在省内转化的企业安排100万元项目补助资金，对发明专利新获得国家专利优秀奖并在省内转化的企业安排50万元项目补助资金。加大财政对新材料军转民的支持力度，促进军用材料技术在民用领域的推广应用，推动军民共用材料技术双向转移。（责任单位：省科技厅、省经信委、省财政厅、省人力资源社会保障厅、省知识产权局、省统计局）

7. *加大知识产权保护运用力度*。实施严格的知识产权保护制度，严惩材料产业领域侵犯知识产权和制售假冒伪劣商品行为，为企业提供知识产权维权援助服务。提升企业专利信息利用水平，建设材料产业专利数据公共服务平台，支持企业开展专利分析预警。组建材料产业知识产权联盟，加强产业核心技术专利布局，对专利授权和重点发明专利维持给予资助。发挥标准的引导和规范作用，对新承担新材料产业领域国际和国家标准制订主要参与单位，按规定给予补助。（责任单位：省知识产权局、省经信委、省质监局）

8. *支持省内高校科研成果产业化*。加大校企合作的支持力度，积极促进省内高校和省内企业自主选择，自愿合作，实现科研成果转化。对重大的高校成果转化项目，重点协调，优先扶持。（责任单位：省发改委、省科技厅、省经信委、省财政厅）

四、支持重组改造，促进做大做强

9. *鼓励开展强强联合、上下游整合等多种形式的企业并购重组*。对兼并重组后从事新材料生产的企业，依法享受契税和减免行政事业性收费政策。对兼并重组后因城市规划调整必须实施搬迁的新材料企业，经市州、县国土资源行政主管部门审核并报市州、县人民政府批准，收回原国有建设用地使用权的，可以以协议出让或租赁方式为原土地使用权人重新安排工业用地。拟安排的工业用地应符合土地利用总体规划布局和城市规划功能分区要求，尽可能安排在工业集中区。需要新增建设用地的，在符合土地利用总体规划、城市总体规划和国家产业政策的前提下，其用地计划由市州、县人民政府在土地利用年度计划内优先安排、重点保障。兼并重组后的企业经核定后可调剂使用被兼并企业的污染物排放总量指标。鼓励金融机构加大对兼并重组企业的信贷支持力度，给予适当的利率定价。兼并重组企业对财政贡献超过上年度的，对其给予一次性项目补助支持。（责任单位：省发改委、省经信委、省财政厅、省国土资源厅、省环保厅、省政府金融办）

10. 支持新材料企业发展壮大。继续实施重点新材料产品首批次应用示范补助政策，支持新产品应用推广。鼓励企业不断完善公司治理结构，加强基础管理，提高经营水平，增强内外资源整合能力，提升竞争能力。积极采取股权投资等市场方式支持符合政策条件的新材料企业发展壮大。完善新材料产业发展统计体系，及时反映新材料产业发展状况。（责任单位：省发改委、省经信委、省财政厅、省统计局）

11. 支持重大项目建设。围绕新材料产业的重点领域，做好项目储备和实施，引导要素投向，优化投资结构，加快推进一批新材料产业化重大项目建设，将新材料产业化重点项目优先列入省重点建设工程，给予绿色通道待遇，优化项目建设环境。（负责单位：省发改委、省科技厅、省经信委、省财政厅、省环保厅）

五、科学规划布局，推动集聚发展

12. 加快产业集群发展。优化产业布局，突出产业特色，依托国家级产业园区，重点支持长沙先进储能材料、碳/碳复合材料、金属新材料，株洲先进硬质材料、高分子复合材料、先进陶瓷材料，郴州贵金属材料，衡阳有色金属材料，岳阳绿色化工新材料等产业集群发展，使之成为创新能力强、产业规模大、特色鲜明、在国内同行业中有较大影响的新材料产业集群。（责任单位：省发改委、省经信委）

13. 支持特色基地建设。依托省级产业园区，重点培育一批创新能力强、创业环境好的新材料产业基地。将新材料产业基地建设与创新创业园区 "135" 工程结合起来，积极支持新材料产业基地基础设施建设。（责任单位：省发改委、省经信委、省财政厅、省科技厅、省住房城乡建设厅）

六、完善财税政策，推动创新发展

14. 加大财政资金支持和统筹力度。加强省级财政资金统筹整合，发挥政府资金的引导作用，倾斜支持新材料开发、产业化和推广应用。省财政引导设立省新兴产业发展基金，按照市场化运作，引导各类社会资金、金融资本，支持新材料产业创新发展。（责任单位：省财政厅、省发改委、省经信委）

15. 落实税收政策。落实国家在高新技术产业化、高新技术企业方面的税收优惠政策，用足用好现有的研究开发费用税前加计扣除、税收减免、资产加速折旧、小型微利企业结构性减税等优惠政策。继续开展好湖南省新材料企业认定工作，优先支持符合条件的新材料企业认定为高新技术企业。（责任单位：省科技厅、省财政厅、省经信委、省国税局、省地税局）

16. 发挥政府采购政策功能。鼓励湖南省新材料企业自主创新产品申报《湖南省两型产品政府采购目录》。对纳入目录的产品给予政府首购、订购、评审优惠和价格扣除等优先采购政策支持。（责任单位：省经信委、省财政厅）

七、加大金融支持，实现便捷融资

17. 创新银行金融服务方式。支持和鼓励银行业金融机构在提高授信额度、增加贷款期限、降低融资成本等方面加大创新，在收益和风险量化的基础上，开展新材料产业无形资产质押融资服务的试点。支持有实力、符合条件的新材料企业设立财务公司，提高资金运转效率。（责任单位：省政府金融办、省财政厅、省知识产权局）

18. 丰富社会融资新模式。鼓励引导天使投资、创业投资、风险投资和私募股权投资等支持初创型、成长型新材料企业发展。（责任单位：省财政厅、省政府金融办、省发改委、省经信委、省科技厅）

19. 支持扩大直接融资。对符合条件的新材料企业纳入省重点上市后备资源库，给予重点扶持。对新材料企业新三板和区域股权交易市场融资、发行企业集合债和私募债的融资行为给予资金补助。（责任单位：省政府金融办、省财政厅）

八、引进培养人才，强化智力保障

20. 支持新材料领域高端人才引进纳入“百人计划”等省内各类人才引进计划范畴，加大服务力度。鼓励引进在国际国内新材料产业知名企业（近三年营业收入行业排名国际前 30 名、国内前 10 名）有 3 年以上工作经历的高层管理人员和核心技术人员。工作所在地政府有关部门在其配偶工作、子女入学、本人出国出境、学术休假，以及本人及配偶、子女、父母就医等方面提供便利优质服务。（责任单位：省委组织部、省发改委、省人力资源社会保障厅、省经信委、省财政厅）

21. 高校要对接产业发展，加强新材料领域相关学科建设，优化专业设置，及时更新教学内容，为新材料产业发展提供人才保障。有关部门要加强产业人才需求预测，为高校人才培养和专业调整提供指引。企业要加强与高校的合作育人工作，联合开展科研和产学合作创新平台建设，为高校学生实习提供便利条件。支持省内高层次人才参加境内外高层次研修、培训，对培训费用给予一定补贴。（责任单位：省教育厅、省人力资源社会保障厅、省财政厅、省经信委）

九、强化土地保障，促进集约发展

22. 对符合土地利用总体规划和城乡规划的新材料产业项目，优先保障用地，对纳入省新材料产业规划且用地集约的新材料产业重点项目，在确定土地出让底价时可按不低于所在地土地等别相对应《工业用地出让最低价标准》的 70%执行，但不得低于实际土地取得成本、前期开发成本和按规定应收取的相关费用之和。（责任单位：省国土资源厅、省住房城乡建设厅、省发改委、省经信委）

23. 对新材料企业现有工业用地，在符合规划、不改变用途的前提下，提高土地利用率的，不再增收土地价款。（责任单位：省国土资源厅、省住房城乡建设厅）

24. 鼓励实行长期租赁、先租后让、租让结合的工业用地供应方式，加快办理产业园区用地手续。鼓励有条件的地区依托现有园区或工业集中区设立新材料产业集聚区。新材料产业集聚区和新材料企业符合住房保障条件的员工

可纳入当地住房保障政策范围。（责任单位：省国土资源厅、省住房城乡建设厅、省发改委）

十、提升服务效能，优化发展环境

25. *提高行政效能*。在新材料产业项目核准备案、高新技术企业和创新型企业认定等方面，减少、简化行政审批程序。除国家或省有明确规定的项目外，环评、能评等审批不再作为项目核准前置条件。（责任单位：省发改委、省经信委、省科技厅、省环保厅）

26. *减轻企业负担*。对新材料企业，政府及其部门涉企收费项目，凡是没有法律法规规章规定的一律取消，凡国家和省里有上下限规定的行政事业性收费，一律按照下限执行。没有规定依据、增加企业支出的各类涉企检查、评比、达标、培训等活动一律不得举办。对信誉度好、生产管理水平高、产品质量监督抽查连续多年合格的新材料企业，降低监督检查频次和产品抽查批次。（责任单位：省发改委、省经信委）

十一、加强统筹协调，完善实施机制

27. *加强组织领导*。湖南制造强省建设领导小组统筹协调新材料产业发展工作，研究解决全省新材料产业发展的有关重大问题。（责任单位：省经信委、省发改委、省科技厅）

28. *加强规划引领*。贯彻落实精神，结合本省实际，加快制定新材料产业发展专项规划，进一步明确发展重点、细化产业发展路线图，推进新材料产业健康发展。（责任单位：省经信委、省发改委、省科技厅）

29. *加强政策协调联动*。建立健全信息发布和政策解读机制，及时充分、全面准确地发布新材料产业有关政策和信息。建立部门之间、部门与地方之间政策协调联动机制，形成强大合力。（责任单位：省发改委、省经信委、省统计局）

30. *加强政策落实情况督查*。加快建立新材料产业发展政策措施落实情况督查督导机制，建立和完善政策执行评估体系和通报制度，确保各项政策措施落到实处。（责任单位：省发改委、省经信委）

湖南省人民政府

2015 年 12 月 12 日

湖南省人民政府办公厅
关于在湘江流域推行水环境保护行政执法责任制的通知

（湘政办发〔2015〕110 号）

各市州人民政府，省政府各厅委、各直属机构：

为加强湘江保护，保障湘江流域生活、生产和生态用水安全，根据国家有关法律法规和省委、省人民政府关于推进湘江流域环境行政执法体制改革的要求，结合我省实际，经省人民政府同意，现就在湘江流域推行水环境保护行政执法责任制工作通知如下：

一、责任主体

湘江流域是指我省境内降雨汇入湘江的区域，东至罗霄山脉、南至南岭山脉、西至湘资两水分水线、北至洞庭湖濠河口，具体为湘江干流及舂陵水、渌水、耒水、洣水、蒸水、涟水、潇水等流域面积超过 5000 平方公里及流域长度超过 150 公里的一级支流流经的区域，包括长沙市、湘潭市、株洲市、衡阳市、郴州市、永州市、娄底市、邵阳市、益阳市、岳阳市等地全部或者部分区域。湘江流域水环境保护行政执法的责任主体为上述各市人民政府，以下统称湘江流域各市人民政府。

二、工作要求

（一）*梳理执法依据*。湘江流域各市人民政府要按照《国务院办公厅关于推行行政执法责任制的若干意见》（国办发〔2005〕37 号）要求，理顺湘江流域环境监管行政执法体制，探索湘江流域环境保护监督体制创新试点，全面梳理本级政府与湘江流域水环境保护相关的行政执法依据与职权，并向社会公布。湘江流域各市人民政府所属职能部门要根据本级人民政府确定的职能分工，严格履行行政执法职责。

环境保护部门依法行使工业废水污染防治、城镇集中式饮用水水源保护区污染防治、医疗废物污染防治等环境保护执法职责，负责水质监测、水环境污染事故调查处理等工作。

水利部门依法行使河道采砂污染防治、水土保持、水工程防洪管理、河道管理等水政执法职责，牵头负责水面保洁，负责水量监测，参与相关水环境污染事故调查处理等工作。

交通运输（水运管理）部门依法行使船舶污染防治等航道执法职责，参与相关水环境污染事故调查处理等工作。

农业部门依法行使农药化肥污染防治、水上养殖污染防治、渔业船舶污染防治等农业执法职责，参与相关水环境污染事故调查处理等工作。

住房城乡建设部门依法行使城市市政排水管网排水许可及违法排水与污水处理的行政处罚等执法职权，参与水环境污染事故调查处理等工作。

林业部门依法行使湿地、森林公园污染和破坏防治、防止森林资源破坏和管理等方面的林业执法职责。

安全生产监督管理部门负责无主尾矿治理。

经济和信息化部门依法对严重污染水环境的落后工艺和设备实行淘汰制度，会同质量技术监督、环境保护等有关部门严格产业政策审查，禁止新建不符合国家产业政策的各类严重污染水环境的生产项目。

卫生计划生育部门依法行使在饮用水水源保护区修建危害水源水质卫生的设施或进行有碍水源水质卫生作业违法行为方面的行政处罚职权，依法协助环保部门开展医疗废物监管工作。

发展改革部门依法加强立项审查，严格控制造成湘江水质污染的投资项目。

公安部门依法查处涉及水资源管理和保护、水污染防治、水域和岸线保护、生态保护等治安案件；协助有关部门处理湘江保护纠纷或其他违法案件；参与突发性水污染事件的应急处置工作。

城市管理部门依法行使生活垃圾、餐厨垃圾管理等方面的行政处罚职权，强化对生活垃圾、餐厨垃圾的规范处置，防止生活垃圾、餐厨垃圾随意倾倒。

（二）*落实执法责任*。湘江流域各市人民政府要根据执法机构和执法岗位的配置，将梳理出来的与湘江流域治理有关的法定职权分解到具体执法机构和执法岗位，规范执法权力的运行。按照中共中央、国务院《生态文明体制改革总体方案》、《党政领导干部生态环境损害责任追究办法（试行）》、《关于开展领导干部自然资源资产离任审计的试点方案》的要求，加大湘江流域各市党政领导水环境保护执法的追责力度，实行领导干部自然资源资产离任审计，建立生态环境损害责任终身追究制，实行领导班子成员生态文明建设一岗双责制。

（三）*严格监督考核*。省人民政府每年对湘江流域各市人民政府的水资源管理进行绩效考核，对其管理的断面水质水量进行监测考核，并结合年度绩效考核与断面水质水量考核工作，在湘江流域推行水环境保护行政执法责任制，细化各级政府水质水量等水环境执法考核指标，加大履行法定执法职责情况、执法规范化的考核权重。按照中共中央、国务院《生态文明体制改革总体方案》要求，探索建立多元化补偿机制，逐步增加对湘江流域重点生态功能区转移支付，完善生态保护成效与资金分配挂钩的激励约束机制。湘江流域各市人民政府要根据省人民政府的部署，落实本级政府工作部门及所辖县市区人民政府湘江水环境保护行政执法责任，严格监督考评。

三、组织领导

湘江流域推行水环境保护行政执法责任制工作涉及面广，工作量大，专业性强，湘江流域各市人民政府要切实负起责任，加强组织领导，认真做好本地区推行湘江流域水环境保护行政执法责任制的组织协调、跟踪检查、督促落实、经费保障等工作，严肃追究不作为和乱作为行为，构建湘江流域安全和谐的生活、生产和生态用水环境。

湖南省人民政府办公厅

2015 年 12 月 15 日

湖南省人民政府办公厅
关于成立湖南省湘江新区建设协调领导小组的通知

（湘政办函〔2015〕172 号）

各市州人民政府，省政府各厅委、各直属机构：

根据工作需要，省委、省人民政府决定成立湖南省湘江新区建设协调领导小组。现将领导小组组成人员名单通知如下：

组　长：杜家毫　省委副书记、省人民政府省长

副组长：陈向群　省委常委、省人民政府常务副省长

易炼红　省委常委、长沙市委书记

成　员：向力力　省人民政府秘书长

陈仲伯　省人民政府副秘书长

魏旋君　省编办主任

谢建辉　省发改委主任

王柯敏　省教育厅厅长

童旭东　省科技厅厅长

谢超英　省经信委主任

段林毅　省民政厅厅长

郑建新　省财政厅厅长

胡伯俊　省人力资源社会保障厅厅长

方先知　省国土资源厅厅长

刘尧臣　省环保厅厅长

蒋益民　省住房城乡建设厅厅长

刘明欣　省交通运输厅厅长

詹晓安　省水利厅厅长

刘宗林　省农委主任

邓三龙　省林业厅厅长

徐湘平　省商务厅厅长

胡衡华　长沙市人民政府市长

领导小组办公室设在省发改委，谢建辉同志兼任办公室主任。

今后，领导小组成员因工作变动需要调整的，由所在单位提出意见，经领导小组办公室审核，报领导小组批准后，由领导小组行文，报省政府办公厅备案。

湖南省人民政府办公厅

2015 年 12 月 25 日

湖南省人民政府办公厅关于清理整治环保违规建设项目的通知

（湘政办发〔2015〕111号）

各市州、县市区人民政府，省政府各厅委、各直属机构：

为进一步改善环境质量，规范市场秩序，有序解决历史遗留问题，根据《中华人民共和国环境保护法》和《国务院办公厅关于加强环境监管执法的通知》（国办发〔2014〕56号）精神，经省人民政府同意，现就清理整治环保违规建设项目通知如下：

一、总体要求

深入贯彻党的十八大和十八届二中、三中、四中、五中全会精神，严格落实《中华人民共和国环境保护法》、《中华人民共和国环境影响评价法》等法律法规，在全省环保违规建设项目全面清查的基础上，对由于各种历史原因存在环境风险隐患和环保手续不全等问题的单位，分类提出处理意见和环境风险管控措施。通过对环保违规建设项目的清理整治，落实违规项目单位环境责任，规范市场竞争秩序，倒逼传统行业转型升级，推动经济社会持续健康发展。

二、工作原则

（一）属地为主，分级负责。各级人民政府是清理整治工作的责任主体，环保、发改、经信、国土资源、规划等部门要按照环境保护责任分工认真做好清理整治有关工作；各级各相关部门要加强沟通协调，形成清理整治工作合力。

（二）分类指导，因企施策。各级各相关部门要充分考虑不同项目的污染物排放、周边环境质量、环境容量等实际，有针对性提出处理意见和环境风险管控措施，督促企业落实整改，确保清理工作扎实有序推进、取得实效。

（三）依法依规，实事求是。各级各相关部门要统筹经济社会发展和环境保护，兼顾政府、社会、企业各方合理诉求，正确面对历史遗留问题，妥善化解矛盾纠纷，实事求是地提出处理意见，积极稳妥推进清理整治工作开展，实现环境保护和经济社会发展共赢。

三、清理整治范围

具有以下情形之一的建设项目，纳入本次环保违规建设项目清理整治范围：未进行环境影响评价或者环境影响评价文件未经环保部门审批擅自开工建设或已建成投产的；配套环保设施未与主体工程同时建成并投入生产的；实际建设内容与环评批复文件存在重大变动的；未经环保竣工验收或验收不合格，投入生产或使用的；未经水行政主管部门批准，擅自违规设立入河排污口的；其他违反建设项目环境保护法律法规的行为。

四、环保违规建设项目清理整治分类处理办法

（一）对在2014年12月31日前已建成，未经环评审批或验收的项目，在符合国家产业政策、企业环保措施完善且能达标排放，周边环境质量达标或可确保环境质量逐步改善，环境安全风险可控的前提下，通过督促企业整改和强化区域环境风险管控措施后，补办有关手续或予以备案管理，允许企业正常生产或运行。

1. 项目建设中有重大变动的（即建设项目的性质、规模、地点、生产工艺和环境保护措施五个因素中的一项或一项以上发生重大变动，且可能导致环境影响显著变化，特别是不利环境影响加重的情形），由建设单位重新报批环境影响评价文件，环保部门依法补充办理审批手续；不属于重大变动的，在验收中直接予以认定，不再办理变更环评审批手续。

2. 在技改工程审批中对防护距离提出搬迁要求的老项目，原审批时防护距离是根据计算得来，因建设单位采取积极有效措施，项目环境影响明显减轻，原防护距离经重新核算缩小，可由环评机构对项目进行现状评价，重新核定防护距离，经公示后由现有审批权限环保部门（可商卫生部门）出具变更意见，予以验收。

3. 建设项目受市场行情、产能过剩等因素影响，只建设了部分生产线（如电解锰、铁合金、电解锌行业），并配套建设了污染治理设施，可按照实际生产负荷实施阶段验收，余下产能在不超过环评审批时限（五年）内可继续建设，建设完成必须进行总体验收后投入生产；建设项目余下产能超过环评审批时限（五年）的，如需建设必须重新报批环评文件。

4. 因国家产业政策调整，降低了行业准入条件，原环评批复中所提出的产业规模可根据新的政策进行调整，按现有权限由现审批单位出具变更意见，予以验收。因国家产业政策调整，提高了行业准入条件（如提高了产能），可按原环评批复的产业规模验收。

5. 原环评批复中提出的"以新带老"淘汰过剩产能的问题没有落实，导致无法验收的项目。由产业政策主管部门（经信、发改等）出具相关意见对企业现有产能进行认可，且企业通过加大环保投入，加强管理，达到节能减排的目的，经总量核算后，由现有审批权限环保部门予以验收。原环评批复中提出的区域内淘汰任务没有落实，导致无法验收的项目，由现有审批权限环保部门予以验收，在区域淘汰任务完成前暂停该区域同类型项目的环评审批。

6. 符合有关产业政策、按要求实施了污染防治措施、污染物能够稳定达标排放、不涉及环境敏感区的未审批项目（如污染小、环境影响较轻、取得城市排水许可证且污染物能排入城市污水管网进入污水处理厂有效处理的项目；有利于于环境保护、减少环境风险和危害的技改工程；单独的污染治理工程等)，由现有审批权限的环保部门简化手续办理环评审批和验收（涉及新改扩建入河排污口的项目由现有审批权限的水行政主管部门办理入河排污口设置审批)，或进行备案管理，同意其生产或运行，纳入日常监管。

7. 对于符合有关产业政策、按要求实施了污染防治措施、污染物能够实现达标排放，通过采取相关措施区域环境风险可控，但因为防护距离等原因验收不了，又难以实施关闭或居民无法实施搬迁的工业类建设项目；或者企业加大环保投入，大幅度削减污染物排放，项目环境影响明显减轻，地方人民政府已有明确搬迁方案或实施计划，处在搬迁过渡期的工业类建设项目。按照现有审批权限，属市、县级审批和验收的项目，由市、县级人民政府组织有关部门研究同意后予以备案管理；属国家和省级审批和验收的项目，由市州人民政府提出处理意见和环境风险管控措施，经省环保厅审核报省人民政府同意后，报请环保部备案管理。备案后，企业必须委托有资质单位开展跟踪监测，定期主动公布监测结果，关注周围环境质量变化和民企纠纷，一旦出现排放超标、周边环境质量显著变化或者因此引发的矛盾纠纷问题，由地方人民政府和企业采取限产、停产、环保技术改造和搬迁等措施确保环境安全。

8. 对于交通、能源、城建、医院或环保等基础设施和公益项目（如污水处理厂、垃圾填埋场等政府工程；高速公路、铁路、机场、桥梁、涵洞、管网建设等民生工程)，按要求实施了污染治理措施、污染物能够实现达标排放，但因为一些特殊原因难以通过审批和验收，又无法实施关闭的设施和项目。按照现有审批权限，属市、县级审批和验收的项目，由市、县环保部门报同级人民政府研究同意后予以备案管理；属国家和省级审批和验收的项目，由市州人民政府提出处理意见和环境风险管控措施，经省环保厅审核报省人民政府同意后，报请环保部备案管理。

（二）对在 2014 年 12 月 31 日前已建成，存在严重环境违法行为和重大环境风险隐患的项目，按以下原则处理：

1. 不符合有关规划、违规建设在环境敏感区、有重大环境风险而又无法就地整改但可以搬迁的项目，依法予以搬迁；

2. 不符合产业政策的落后产能和设备，依法淘汰取缔；

3. 没有建设或者擅自闲置、拆除污染治理设施、超标排放、造成生态损害或者危害群众健康、有重大环境风险的项目，按照有关法律法规从严处理，直至予以关闭；

4. 在环境敏感区内违规设立入河排污口的，依法予以搬迁或关停。

（三）对违反建设项目环境影响评价制度和"三同时"制度，越权审批但尚未开工建设的项目，一律不得开工；未批先建、边批边建，资源开发以采代探的项目，一律停止建设或依法依规予以取缔。

（四）2015 年 1 月 1 日后新上建设项目（含 2015 年 1 月 1 日前违法启动建设，主体工程未完工的)，一律严格按照《中华人民共和国环境保护法》有关规定管理。

五、工作步骤和要求

（一）摸清违法违规建设项目底数（2016 年 1 月 31 日前)。

各级人民政府要制定环境保护违规建设项目清理整治工作实施方案，明确职责分工和时间进度安排，在环境保护大检查工作基础上，再次全面清理、全面摸清项目底数，做到不留盲区、不留死角。按照未批先建、批建不符和久试不验等违规种类，列出项目明细，结合现有审批与验收管理权限，分类建立工作台账。

（二）分类提出处理意见（2016 年 2 月 1 日 -3 月 31 日)。各级人民政府根据环境保护违规建设项目清理整治分类处理办法，按照严查一批、搬迁关闭一批、限期整改一批、备案管理一批的总体思路，对清理出的违规建设项目进行分类处理。

（三）强化督查整改，严格管控环境风险（2016 年 12 月 31 日前)。各人民级政府要根据制定的建设项目清理整治工作实施方案，建立调度通报制度，每月调度，定期通报，强化督导落实。督促各有关部门履行环境保护监管职责，督促企业落实风险管控措施，完善环保手续，按时完成清理整治任务。同时，属地政府与企业共同施策，采取对企业所在区域进行综合整治、对企业和区域污染治理设施改造升级、强化环境质量监测等措施，严格管控环境风险，维护人民群众健康。

六、强化责任追究

省环保厅要加强对环保违规建设项目整改工作的督导，定期调度和通报环保违规建设项目整改工作进展情况，对工作进展缓慢、整改任务落实不到位的地区要及时提醒，必要时进行行政约谈。对清理整治工作履职不到位的，发现建设项目环境违法行为后查处不及时的，对存在严重环境违法行为和重大环境风险隐患环境的建设项目没有依法实施处理、处罚的，对涉嫌犯罪案件不移送、不受理或推诿执法等监管不作为行为，监察机关要依法依纪追究有关单位和人员的责任。对国家工作人员充当保护伞、纵容建设项目环境违法行为或者查处不力、干扰环境监管执法，涉嫌职务犯罪的，要移送人民检察机关处理。

湖南省人民政府办公厅

2015 年 12 月 25 日

湖南省人民政府
关于大力发展电子商务加快培育经济新动力的实施意见

（湘政发〔2015〕50号）

各市州、县市区人民政府，省政府各厅委、各直属机构：

为促进我省电子商务健康快速发展，培育经济新动力，根据《国务院关于大力发展电子商务加快培育经济新动力的意见》（国发〔2015〕24号）精神，结合我省实际，现提出以下实施意见：

一、总体要求

（一）指导思想。全面贯彻党的十八大和十八届二中、三中、四中、五中全会精神，以改革创新为动力，着力解决电子商务发展中的深层次矛盾和重大问题，加快培育电子商务平台，深化普及电子商务应用，完善配套支撑体系，优化电子商务发展环境，激发电子商务创新创业活力，推动电子商务产业集聚发展，把湖南打造成在全国具有较强影响力的区域性电子商务中心，促进经济提质增效升级。

（二）基本原则。一是积极推动。整合资源、优化服务，综合运用政策、服务、资金等手段，积极协调解决电子商务发展中的各种矛盾与问题，优化电子商务发展环境，推动实体经济与网络经济融合发展、实体市场向网络市场拓展。二是逐步规范。以企业为主体，以市场增效为目标，运用市场机制优化资源配置，进一步激发社会创业活力，拓宽电子商务发展领域和空间。简政放权、放管结合，最大限度减少对电子商务市场的行政干预，进一步释放电子商务发展潜力。三是加强引导。把握趋势、因势利导，加强对重点、热点、难点问题的研究，加大对电子商务发展重点领域的支持力度，扶持电子商务龙头企业做大做强，引领电子商务向打造"双引擎"、实现"双目标"发展。四是示范带动。因地制宜、创新举措，积极推进电子商务试点示范，促进电子商务服务业聚集，扩大电子商务普及应用，加快电子商务创新发展步伐。

（三）主要目标。力争到2020年，全省统一开放、竞争有序、诚信守法、安全可靠的电子商务大市场基本建成，电子商务年交易额超过15000亿元。电子商务与其他产业深度融合，成为促进创业、稳定就业、改善民生的重要平台，为全省工业化、信息化、城镇化、农业现代化同步发展做出重要贡献。

二、营造宽松发展环境

（四）降低准入门槛。全面清理电子商务领域现有前置审批事项，无法律法规依据的一律取消，严禁违法设定行政许可、增加行政许可条件和程序。（有关部门按职责分工分别负责）进一步简化注册资本登记，深入推进电子商务领域由"先证后照"改为"先照后证"改革。落实《注册资本登记制度改革方案》，放宽电子商务市场主体住所（经营场所）登记条件，完善相关管理措施，营造宽松平等的准入环境。（省工商局）对快递许可准入实行全流程网上办理，简化办理手续，对快递企业设立非法人快递末端网点实行市州备案制管理，引导快递企业加强末端服务网络建设。（省邮政管理局）鼓励电子商务领域的跨境人民币直接投资。（省发改委、省商务厅、省外汇管理局）按照国务院要求，放开外商投资电子商务业务的外方持股比例限制。（省通信管理局、省发改委、省商务厅）探索建立能源、铁路、公共事业等行业电子商务服务的市场化机制。（有关部门按职责分工分别负责）

（五）合理降税减负。对电子商务企业确有纳税困难的，经地税部门批准，酌情减免房产税、城镇土地使用税。对电子商务企业符合条件的研究开发费用，未形成无形资产计入当期损益的，在按规定据实扣除的基础上，按研究开发费用的50%加计扣除；形成无形资产的，按照无形资产成本的150%摊销。从事电子商务活动的企业，可认定为高新技术企业、技术先进型服务企业，并依法享受相关优惠政策，小微企业依法享受税收优惠政策。实行电子商务企业用水、用电、用气与工业企业同价政策。积极研究解决物流企业代理采购、电子商务税收管辖、税务登记等相关问题，加快网络（电子）发票推广与应用。（省财政厅、省国税局、省地税局、省科技厅、省发改委）按照国务院统一部署，加快推进"营改增"，逐步将旅游电子商务、生活服务类电子商务等相关行业纳入"营改增"范围。（省财政厅、省国税局、省地税局）

（六）加大金融服务支持。建立健全适应电子商务发展的多元化、多渠道投融资机制。（有关部门按职责分工分别负责）支持电子商务企业通过境内外资本市场融资，符合条件的可列为重点上市培育企业。对在新三板和湖南股权市场挂牌融资企业和发行私募债、集合债的电子商务企业给予一定的融资补助。（省政府金融办、湖南证监局）引导银行机构加强与担保公司、保险公司等机构的合作，推广信用保证保险贷款、银担合作贷款、互联网+信贷、无形资产和动产质押等融资方式，扩大对电子商务企业的信贷投入；引导银行机构围绕资金链、产业链和物流链，为电子商务企业提供量身定制的金融服务，开发个性化专属金融产品；鼓励商业银行、商业保理机构、电子商务企业开展供应链金融、商业保理服务；鼓励境外投资者以人民币作为出资币种新设或增资电子商务企业。（人民银行长沙中心支行、省商务厅）引导省级创业投资基金加大对电子商务初创企业的支持力度。（省发改委、省科技厅等）

（七）维护公平竞争。规范电子商务市场竞争行为，促进建立开放、公平、健康的电子商务市场竞争秩序。引导电子商务企业建立健全产品质量管理制度，创新电子商务产品质量监管手段，履行质量主体责任。探索建立风险监测、网上抽查、源头追溯、属地查处、信用管理的监管机制，完善部门间、区域间监管信息共享和职能衔接机制。依法打击网络虚假宣传、生产销售假冒伪劣产品、违反国家出口管制法规政策跨境销售两用品和技术、不正当竞争等违法行为，规范商业信息发布类网站经营行为、互联网广告发布和推送行为、微信等社交网络营销行为，打击利用互联网从事传销和非法直销等违法行为。重点查处达成垄断协议和滥用市场支配地位的问题，通过经营者集中反垄断审查，防止排除、限制市场竞争的行为。（省工商局、省质监局、湖南出入境检验检疫局、省公安厅、省商务厅等部门按职责分工分别负责）加强电子商务领域知识产权保护，加快建立健全电子商务领域专利执法维权监管工作机制，加大涉及电子商务领域的知识产权维权援助工作力度。对电子商务进出境产品的相关知识产权提供预警咨询，维护湖南产品海外良好形象，提升出口商品质量。（省知识产权局、湖南出入境检验检疫局、长沙海关、省工商局、省商务厅、省新闻出版广电局、省经信委等部门按职责分工分别负责）进一步加大政府利用电子商务平台进行采购的力度。（省财政厅）各级政府部门不得通过行政命令指定为电子商务提供公共服务的供应商，不得滥用行政权力排除、限制电子商务的竞争。（有关部门按职责分工分别负责）

三、促进就业创业

（八）*鼓励电子商务领域的创新创业*。把发展电子商务促进就业纳入全省就业发展规划和电子商务发展整体规划。建立电子商务就业和社会保障指标统计制度。经工商登记注册的网络商户从业人员，同等享受各项就业创业扶持政策。未进行工商登记注册的网络商户从业人员，可认定为灵活就业人员，享受灵活就业人员扶持政策，其中在网络平台实名注册、稳定经营且信誉良好的网络商户创业者，可按规定享受创业担保贷款及贴息政策。支持中小微企业应用电子商务拓展业务领域，鼓励有条件的地区建设电子商务创业园区，指导各类创业孵化基地为电子商务创业人员提供场地支持和创业孵化服务。对于入驻电子商务企业较为集中的基地、园区，在认定省级或市级创业孵化基地时予以支持。支持青年、大学生充分利用"互联网+"的优势创办电子商务企业。支持省内高校建立大学生创业培育示范基地，支持大学科技园为大学生创业提供场所和公共服务，促进电子商务领域的创新创业。加强创业导师队伍建设，建立一支高素质的创业导师队伍。加强电子商务企业用工服务，完善电子商务人才供求信息对接机制。（省人力资源社会保障厅、省科技厅、省教育厅、省商务厅、省经信委、省统计局，各市州、县市区人民政府）

（九）*加强人才培养培训*。支持学校、企业及社会组织合作办学，探索实训式电子商务人才培养与培训机制，共建人才培养基地。支持电子商务企业开展岗前培训、技能提升培训和高技能人才培训。参加职业培训和职业技能鉴定的人员，以及组织职工培训的电子商务企业，可按规定享受职业培训补贴和职业技能鉴定补贴政策。将电子商务相关职业（工种）纳入就业技能培训和高技能人才培训补贴范围。鼓励有条件的职业院校、社会培训机构和电子商务企业开展网络创业培训，对参加网络电子商务创业培训的劳动者，按有关规定给予创业培训补贴。对电子商务企业引进的高层次人才，按照国家和我省人才引进的相关规定，享受居留和出入境、落户、子女入学、医疗保险等方面的优惠政策。在推荐选拔百千万人才工程、国务院政府特殊津贴以及省政府特殊津贴等高层次人才选拔项目时，注重向电子商务类人选倾斜。（省人力资源社会保障厅、省商务厅、省教育厅、省财政厅）

（十）*保障从业人员劳动权益*。规范电子商务企业特别是网络商户劳动用工，经工商登记注册取得营业执照的，应与招用的劳动者依法签订劳动合同；未进行工商登记注册的，也可参照《劳动合同法》相关规定与劳动者签订民事协议，明确双方的权利、责任和义务。按规定将网络从业人员纳入各项社会保险，对未进行工商登记注册的网络商户，其从业人员可按灵活就业人员参保缴费办法参加社会保险。符合条件的就业困难人员和高校毕业生，可享受灵活就业人员社会保险补贴政策。长期雇用5人及以上的网络商户，可在工商注册地进行社会保险登记，参加企业职工的各项社会保险。满足统筹地区社会保险优惠政策条件的网络商户，可享受社会保险优惠政策。（省人力资源社会保障厅）

四、推动转型升级

（十一）*创新服务民生方式*。积极拓展信息消费新渠道，创新移动电子商务应用，支持面向城乡居民社区提供日常消费、家政服务、远程缴费、健康医疗等商业和综合服务的电子商务平台发展。加快推动传统媒体与新兴媒体深度融合，提升文化企业网络服务能力，支持文化产品电子商务平台发展，规范网络文化市场。支持教育、会展、咨询、广告、餐饮、娱乐等服务企业深化电子商务应用。（有关部门按职责分工分别负责）推动旅游在线服务、网络营销、网上预订、网上支付等智慧旅游服务，加快旅游在线服务模式创新步伐。（省旅游局、省工商局）完善网上交易在线投诉及售后维权机制，建立网购消费警示机制，落实消费者个人信息保护、7天无理由退货等规定，建立消费环节经营者首问和赔偿先付制度，引入行业协会、第三方机构参与网购消费投诉纠纷处理，促进网络购物消费健康快速发展。（省工商局）

（十二）*推动传统商贸流通企业发展电子商务*。积极推进互联网与商贸流通产业融合发展，依托"互联网+商贸流通"行动计划、"湘品网上行"、湖南网购节、特色·湖南馆、线上产业带等深化普及电子商务应用，扩大湖南产品销售，帮助电子商务企业做大做强。鼓励有条件的大型零售企业开办网上商城，利用移动互联网、地理位置服务、大数据等信息技术提升流通效率和服务质量。支持中小零售企业与电子商务平台优势互补，加强服务资源整合，促进线上交易与线下交易融合互动。（省商务厅）促进城市社区电子商务应用，发展以社区生活服务业为核心的电子商务服务。推动各类专业市场建设网上市场，通过线上线下融合，加速向网络化市场转型，加快完善能源、化工、钢铁、林业等行业电子商务平台规范发展的相关措施。（有关部门按职责分工分别负责）完善市场监测监管体系，规范食品、保健食品、药品、化妆品、医疗器械网络经营行为，推动医药电子商务健康快速发展。（省食品药品监管局、湖南出入境检验检疫局、省卫生计生委、省商务厅）

（十三）积极发展农村电子商务。加强互联网与农业农村融合发展，引入产业链、价值链、供应链等现代管理理念和方式，完善支持农村电子商务发展的政策体系。支持农村电子商务综合服务平台、网络及渠道建设，加快农村电子商务服务业发展。（省商务厅、省农委）加强农产品标准体系、动植物检疫体系、安全追溯体系、质量保障与安全监管体系建设，大力发展农产品冷链基础设施。（省质监局、省发改委、省商务厅、省农委、省食品药品监管局）支持县域电子商务发展，开展电子商务进农村综合示范，推动信息进村入户，利用“万村千乡”市场网络改善农村地区电子商务服务环境，加强农村电子商务基础设施建设，引导知名电商平台建立农村电商县级服务中心和村级服务站。（省商务厅、省农委）加大农产品品牌建设力度，鼓励特色农产品申报地理标志，支持电子商务平台宣传和销售地理标志产品，鼓励电子商务平台服务“一村一品”，促进品牌农产品“走出去”。鼓励农业生产资料企业发展电子商务。（省农委、省质监局、省工商局）支持林业电子商务发展，逐步建立覆盖全省的线上线下林权和林产品交易网络体系。（省林业厅、省商务厅）

（十四）创新工业生产组织方式。支持生产制造企业深化物联网、云计算、大数据、三维（3D）设计及打印等信息技术在生产制造各环节的应用，建立与客户电子商务系统对接的网络制造管理系统，提高加工订单的响应速度及柔性制造能力；面向网络消费者个性化需求，建立网络化经营管理模式，发展“以销定产”及“个性化定制”生产方式。（省经信委、省科技厅、省商务厅）鼓励电子商务企业大力开展品牌经营，优化配置研发、设计、生产、物流等优势资源，满足网络消费者需求。鼓励创意服务，探索建立生产性创新服务平台，面向初创企业及创意群体提供设计、测试、生产、融资、运营等创新创业服务。加快制造与服务的协同发展，促进生产型制造向服务型制造转变，大力发展服务型制造。（省经信委、省科技厅）

（十五）推广金融服务新工具。大力推进金融IC卡在电子商务、物流等领域的应用；加快推广以金融IC卡为基础的移动金融应用，指导协调省内金融机构推出基于TSM（可信服务管理）、HCE（基于主机的卡模拟）等技术的移动支付创新产品，优化移动支付线上线下应用环境，扩大移动支付用户和交易量，支持电子商务创新发展。推广应用具有硬件数字证书、采用国家密码行政主管部门规定算法的移动智能终端，保障移动电子商务交易的安全性和真实性；完善在线支付标准规范和制度体系，提升电子商务在线支付的安全性，满足电子商务交易及公共服务领域金融服务需求；鼓励商业银行与电子商务企业开展多元化金融服务合作，提升电子商务服务质量和效率。（省政府金融办、人民银行长沙中心支行、省密码管理局、省质监局）

（十六）规范网络化金融服务新产品。鼓励证券、保险、公募基金等企业和机构依法进行网络化创新，完善适应互联网证券、保险、公募基金产品销售等互联网金融活动的监管方式。鼓励银行机构借助电子商务平台，优化授信流程、产品种类和服务方式，切实加强对实体经济和"三农"、小微企业的金融支持。（省政府金融办、人民银行长沙中心支行、省网信办、湖南银监局、湖南证监局、湖南保监局）规范保险业电子商务平台建设，加强银行、信托、保险、担保、基金等金融机构合作，完善电商产品体系，鼓励发展小微企业信贷信用保险、个人消费履约保证保险等新业务，扩大信用保险保单融资范围。完善在线旅游服务企业投保办法。（省政府金融办、湖南银监局、湖南保监局、省旅游局等部门按职责分工分别负责）

五、完善物流基础设施

（十七）支持物流配送终端及智慧物流平台建设。以湖南交通物流信息共享平台为依托，建立跨地区、跨行业、覆盖全省的物流公共信息平台，实现物流园区、物流企业等信息资源共享。鼓励在法律规定范围内发展共同配送等物流配送组织新模式。（省发改委、省交通运输厅、省商务厅、省邮政管理局）支持物流（快递）配送站、智能快件箱等物流设施建设，鼓励快递企业与社区物业、村级信息服务站（点）、便利店等合作开展快件派送服务，促进快递服务网络向农村延伸。（各市州、县市区人民政府，省商务厅、省邮政管理局、省农委等部门按职责分工分别负责）推进电子商务与物流快递协同发展试点，促进快递服务与网络零售协同发展。（省财政厅、省商务厅、省邮政管理局）鼓励学校、快递企业、第三方主体因地制宜加强合作，通过设置智能快件箱或快件收发室、委托校园邮政局所代为投递、建立共同配送站点等方式，促进快递进校园。（各市州、县市区人民政府，省邮政管理局、省商务厅、省教育厅）根据执法需求，研究推动被监管人员生活物资电子商务和智能配送。（省司法厅）有条件的城市应将配套建设物流（快递）配送站、智能终端设施纳入城市社区发展规划，鼓励电子商务企业和物流（快递）企业对网络购物商品包装物进行回收和循环利用。（有关部门按职责分工分别负责）

（十八）规范物流配送车辆管理。打通电子商务流通"最后一公里"，着力解决城市配送车辆通行难、停靠难、装卸难等突出问题。推动城市配送车辆的标准化、专业化发展；制定并实施城市配送用汽车、电动三轮车等车辆管理办法，强化城市配送运力需求管理，保障配送车辆的便利通行；鼓励采用清洁能源车辆开展物流（快递）配送业务，支持充电、加气等设施建设；合理规划物流（快递）配送车辆通行路线和货物装卸搬运地点。对物流（快递）配送车辆采取通行证管理的城市，应明确管理部门、公开准入条件、引入社会监督。（各市州、县市区人民政府）

（十九）合理布局物流仓储设施。将物流仓储规划纳入城乡规划，统筹城乡物流仓储布局，明确物流仓储用地的配置标准。在编制控制性详细规划时，合理确定物流仓储用地。在土地利用总体规划和年度供地计划中合理安排仓储建设用地，对重点物流园区和项目建设用地，在土地储备或土地利用年度计划指标内优先予以保障。（省国土资源厅、省住房城乡建设厅，各市州、县市区人民政府）鼓励物流企业建设标准化、现代化仓储设施，统筹有关专项资金及创新创业园区“135”工程的相关政策，对省级以上产业园区新建物流标准仓库给予补助。在政策范围内，优先保障偏远山区仓储设施建设用地，合理减免土地使用税。（省住房城乡建设厅、省公安厅、省发改委、省商务厅、省林业厅）引导社会资本进行仓储设施投资建设或再利用，严禁擅自改变物流仓储用地性质。（各市州、县市区人民政府）鼓励物流（快递）企业发展“仓配一体化”服务。积极推进电商快递物流园区建设。（省商务厅、省邮政管理局）

六、提升对外开放水平

（二十）提升跨境电子商务通关效率。积极推进跨境电子商务通关、检验检疫、结汇、缴进口税等关键环节"单一窗口"综合服务体系建设，简化与完善跨境电子商务货物返修与退运通关流程，提高通关效率。在符合条件的跨境电子商务监管中心优先开展国际贸易“单一窗口”试点，全面实施关检合作“三个一”和“一机双屏双控”查验，推动口岸联检单位一站式作业。依托湖南电子口岸，建设全省跨境电子商务公共服务平台，建成规范统一、互联互通、信息共享、监管互助、协同高效的跨境电子商务公共服务体系。探索建立跨境电子商务货物负面清单、风险监测制度，完善跨境电子商务货物通关与检验检疫监管模式，建立跨境电子商务及相关物流企业诚信分类管理制度。（省商务厅、长沙海关、省财政厅、省国税局、湖南出入境检验检疫局、省外汇管理局）依托海关电子商务通关管理平台，采取事前预备案、事中“清单核放、汇总申报”的方式简化报关流程。对跨境电子商务实行全年（365天）无休日、货到海关监管场所24小时内办结海关手续的通关监管。（长沙海关）优化检验检疫监管作业流程，对跨境电子商务进出口商品实行集中申报、集中查验、集中放行等便利措施。加强跨境电子商务质量安全监管，对跨境电子商务经营主体及商品实施备案管理制度。（湖南出入境检验检疫局）简化跨境电子商务收结汇和购付汇业务的单证审核。对有真实交易背景，但无法提供海关进出口报关单，或虽有海关进出口报关单，但经营主体与收付汇主体不一致的跨境电商交易，允许企业依据跨境电商交易清单在银行办理收结汇、购付汇业务。积极推进第三方支付机构跨境外汇支付业务试点工作。（省外汇管理局）

（二十一）深化电子商务区域合作。争取国家政策性银行在湘分支机构加大对电子商务企业境外投资并购的贷款支持力度，支持符合条件的电子商务企业境外上市。（人民银行长沙中心支行、湖南证监局、省商务厅、省发改委、省经信委）根据国家规定，简化电子商务企业境外直接投资外汇登记手续，拓宽其境外直接投资外汇登记及变更登记业务办理渠道。（省外汇管理局）加大对电子商务企业"走出去"的服务力度，及时为企业提供投资信息咨询、国际法律援助等方面支持。支持电子商务企业建立海外营销渠道，创立自有品牌。积极参与面向“一带一路”沿线国家的电子商务合作。（省商务厅会有关部门按职责分工分别负责）依托我国认证认可制度和体系，完善我省电子商务企业和商品的合格评定机制，提升国际组织和机构对我省电子商务企业和商品认证结果的认可程度。（省商务厅、省质监局、湖南出入境检验检疫局）

七、构筑安全保障防线

（二十二）保障电子商务网络安全。电子商务企业要按照国家信息安全等级保护管理规范和技术标准相关要求，采用安全可控的信息设备和网络安全产品，建设完善网络安全防护体系、数据资源安全管理体系和网络安全应急处置体系，鼓励电子商务企业获得信息安全管理体系认证，提高自身信息安全管理水平。鼓励电子商务企业加强与网络安全专业服务机构、相关管理部门的合作，共享网络安全威胁预警信息，消除网络安全隐患，共同防范网络攻击破坏、窃取公民个人信息等违法犯罪活动。引导基础电信企业、IDC企业等接入商提高对电子商务网站的网络安全防护等级，建立电子商务网站服务细则和应急预案，保障电子商务网站的网络安全。（省网信办、省公安厅、省通信管理局、省密码局）

（二十三）确保电子商务交易安全。健全电子商务交易安全管理机制，明确电子商务交易各方的安全责任和义务。（省工商局、省通信管理局、省公安厅）建立电子认证信任体系，促进电子认证机构数字证书交叉互认和数字证书应用的互联互通，推广数字证书在电子商务交易领域的应用。建立电子合同等电子交易凭证的规范管理机制，确保网络交易各方的合法权益。加强电子商务交易各方信息保护，保障电子商务消费者个人信息安全。（省经信委、省通信管理局、省工商局、省密码管理局等有关部门按职责分工分别负责）

（二十四）预防和打击电子商务领域违法犯罪。电子商务企业要切实履行违禁品信息巡查清理、交易记录及日志留存、违法犯罪线索报告等责任和义务，加强对销售管制商品网络商户的资格审查和对异常交易、非法交易的监控，防范电子商务在线支付给违法犯罪活动提供洗钱等便利，并为打击网络违法犯罪提供技术支持。加强电子商务企业与相关管理部门的协作配合，建立跨机构合作机制，加大对制售假冒伪劣商品、网络盗窃、网络诈骗、网上非法交易等违法犯罪活动的打击力度。加强对网络平台、网络促销行为的监管，规范网络交易平台合同格式条款。（省公安厅、省工商局、人民银行长沙中心支行、湖南银监局、省通信管理局、省商务厅等有关部门按职责分工分别负责）

八、健全支撑体系

（二十五）健全法规标准体系。制定适合电子商务特点的投诉管理制度，制定基于统一产品编码的电子商务交易产品质量信息发布规范，建立电子商务纠纷解决和产品质量担保责任机制。（省工商局、省质监局等部门按职责分工分别负责）逐步推行电子发票和电子会计档案，完善相关规章制度。（省国税局、省地税局、省财政厅、省档案局、省质监局）认真落实电子商务统计制度，逐步扩大电子商务统计的覆盖面，保障统计的及时性、真实性。（省商务厅、省统计局）根据国家规定，统一线上线下的商品编码标识，完善电子商务地方标准规范体系。（省质监局、省商务厅）

（二十六）加强信用体系建设。建立健全电子商务信用信息管理制度，推动电子商务企业信用信息公开。推进人口、法人、商标和产品质量等信息资源向电子商务企业和信用服务机构开放，逐步降低查询及利用成本。加快构建电子商务信用信息系统，完善企业信用信息基础数据库，建立以组织结构代码实名制为基础的企业质量信用档案数据库系统，对网络经营者实行信用监管。（省工商局、省商务厅、省公安厅、省质监局等部门按职责分工分别负责）鼓励推广应用电子商务信用评价结果，加快建立健全电子商务领域失信行为联合惩戒机制。（省发改委、人民银行长沙中心支行、省工商局、省质监局、省商务厅）推动电子商务领域应用网络身份证，完善网店实名制，鼓励发展社会化的电子商务网站可信认证服务。（省公安厅、省工商局、省质监局）发展电子商务可信交易保障公共服务，完善电子商务信用服务保障制度，推动信用调查、信用评估、信用担保等第三方信用服务和产品在电子商务中的推广应用，建设网络商品交易市场诚信体系。（省工商局、省质监局）

（二十七）强化科技与教育支撑。开展电子商务基础理论、发展规律研究。加强电子商务领域云计算、大数据、物联网、智能交易等核心关键技术研究开发。实施网络定制服务、网络平台服务、网络交易服务、网络贸易服务、网络交易保障服务技术研发与应用示范工程。强化产学研结合的企业技术中心、工程技术（研究）中心、重点实验室建设。鼓励企业牵头组建产业技术创新战略联盟。探索建立电子商务学科体系，引导高等院校加强电子商务学科建设和人才培养，为电子商务发展提供更多的高层次复合型专门人才。（省科技厅、省教育厅、省发改委、省商务厅）建立预防网络诈骗、保障交易安全、保护个人信息等相关知识的宣传与服务机制。（省公安厅、省工商局、省质监局）

（二十八）协调推动区域电子商务发展。各市州要把电子商务纳入经济与社会发展规划，加大电子商务龙头企业培养和引进工作力度，完善电子商务配套支撑体系，加快建成一批国内知名的集研发、设计、物流配送、配套服务于一体的电子商务（含快递物流）产业园区，引导各类电子商务业态和功能聚集，推动电子商务产业统筹协调、错位发展。鼓励条件成熟的城市创建国家电子商务示范城市和国家移动电子商务试点示范城市。鼓励电子商务产业集聚基地或园区创建国家电子商务示范基地。（各市州、县市区人民政府）依托长沙市、株洲市等国家电子商务示范城市，加快开展电子商务法规政策创新和试点示范工作。（省发改委、省财政厅、省商务厅、人民银行长沙中心支行、长沙海关、湖南出入境检验检疫局、省国税局、省地税局、省工商局、省质监局等部门按照职责分工分别负责）

全省各级各部门要提高对加快发展电子商务的认识，转变观念、创新举措、加强配合，认真落实各项工作任务。省商务厅等部门要建立电子商务跨部门协调工作机制，及时协调解决重大问题，加强指导服务，共同推动全省电子商务健康快速发展。

湖南省人民政府

2015 年 12 月 28 日

湖南省人民政府办公厅
关于加快转变农业发展方式的实施意见

（湘政办发〔2015〕115 号）

各市州、县市区人民政府，省政府各厅委、各直属机构：

为加快构建产出高效、产品安全、资源节约、环境友好的现代农业发展格局，推动农业生产由追求数量为主向数量质量效益并重转变，根据《国务院办公厅关于加快转变农业发展方式的意见》（国办发〔2015〕59 号）精神，经省人民政府同意，现就加快转变农业发展方式提出如下实施意见：

一、调优农业结构，构建新型农业产业格局

（一）提升粮食产能效益。落实最严耕地保护制度，加快划定永久基本农田，规范耕地占补平衡。稳定双季稻面积，因地制宜扩大玉米、马铃薯等旱杂粮生产。实施耕地质量保护与提升行动，加强耕地质量监测、预警和执法，引导鼓励农民恢复和发展绿肥，加快实施高标准农田建设规划，到 2020 年，全省绿肥面积恢复到 1000 万亩以上，建成高标准农田 3316 万亩，粮食产能稳定在 647 亿斤以上。加快推广应用杂交稻、超级稻，示范推广审定的高档优质杂交稻新品种，到 2020 年，全省发展高档优质稻 1000 万亩。抓好粮食高产创建和绿色增产模式推广，到 2020 年，全省粮食高产创建面积达到 1500 万亩以上，双季稻全程机械化绿色增产模式技术示范面积达到 500 万亩。大力发展粮食适度规模经营，重点培育扶持粮食生产家庭农场和种植面积在 1500 亩以上的种粮大户。积极推进大户储粮，支持规模种粮主体发展机械化生产、建设粮食烘干和仓储设施。

（二）培优经作产业。着力优化蔬菜、茶叶、小水果、食用菌、中药材、油料等特色经济作物布局，建设一批优势产业带和产业集群，到 2020 年，全省重点建成 51 个省级特色优势蔬菜产业重点县。加快推进品种改良、品质改进、品牌创建，建设一批标准园，到 2020 年，创建省级以上蔬菜标准园 200 个，改造橘园 300 万亩、茶园 100 万亩。稳定环洞庭湖区油菜生产，继续实施油菜"西进南下"战略，在大湘西和湘中南地区大力推广稻油轮作模式。稳健推进油茶产业发展，重点支持全省 48 个国家油茶产业重点县，25 个油茶示范园和衡阳市、常德市、怀化市 3 个百里油茶产业带建设。合理调整棉区种植结构，因地制宜发展水果、蔬菜、蚕桑等特色作物，开展棉薯连作高效栽培示范。引导郴州市、永州市发展木薯等热带作物。

（三）推动养殖业转型发展。稳定生猪优势产区和适度规模养殖大户，加快生猪良种化进程和养殖环境提质改造，优化生猪品质结构。推进标准化规模养殖，5 年内全省重点改造 5000 个规模化养猪场，生猪年出栏稳定在 6000 万头以上。加快牛、羊生产大县建设，组织实施国家南方现代草地畜牧业推进行动，建成一批集中连片现代草地畜牧业生产示范基地和基础母畜扩群示范场（家庭牧场），牛羊肉产量和产值年递增 5%以上。继续实施鱼池标准化改造，规范水库养殖，到 2020 年完成 100 万亩池塘标准化改造，培育一批特色渔业经济县。

（四）鼓励发展种养结合循环农业。加快建设现代饲草料产业体系，开展优质饲草料种植推广补贴试点，加大对粮食作物改种饲料作物扶持力度。大力发展"养殖－沼气－种植"三位一体生态农业，积极开展种养结合循环农业试点示范，支持农村地区特别是贫困地区实施稻田综合种养基础设施改造，推广"稻－鱼（虾蟹、鳅鳝、鸭、蛙等）"共生及稻鱼轮养轮种等综合种养新模式，到 2020 年，全省稻田综合种养面积达到 500 万亩。积极推进林下经济示范基地建设，到 2020 年，创建省级林下经济示范基地 200 家以上。

二、推进一二三产业融合发展，提升农业产业附加值

（一）加强特色县域经济建设。加强特色县域经济农产品加工重点县建设，培育 10 个特色县域名片，支持县域特色产业集群发展，建设 50 个左右具有一定规模的县域特色农产品加工园区。建设县域经济监测平台。整合现有地方农产品品牌资源，在每个产业集中扶持 3–5 个优势品牌，积极争创“中国著名品牌”和“中国驰名商标”。

（二）加快发展农产品加工业。重点打造粮食、畜禽水产、果蔬、林产、茶叶等千亿产业。实施"5255"工程，重点培育 5 家年产值过 100 亿元、20 家过 50 亿元、50 家过 10 亿元、500 家过 1 亿元的农产品加工龙头企业。扩大农产品产地初加工实施区域和范围，到 2020 年，农业大县农产品产地初加工设施装备基本普及，农产品产地初加工覆盖率达到 50%。实施主食加工提升行动，支持粮油加工企业节粮技术改造，开展副产品综合利用试点，开发特色杂粮产品。加大生猪屠宰体系建设力度，支持屠宰加工企业一体化经营。

（三）大力开展农业产业化经营。鼓励农民通过合作与联合发展规模种养业、农产品加工业和农村服务业，开展农民以土地经营权入股农民专业合作社、农业产业化龙头企业试点。支持龙头企业与农户、农民专业合作社建立风险保障和利润返还机制，鼓励龙头企业为农户提供技术培训、贷款担保、农业保险资助等服务，大力发展一村一品、村企互动产销对接模式，促进农企互利双赢。支持省级以上农业龙头企业建设原料生产基地。支持农业产业化示范基地开展技术研发、质量检测、物流信息等公共服务平台建设。

（四）培育新型农产品流通业态。加强农产品产地市场体系建设，继续开展公益性农产品批发市场建设试点，支持发展直销、配送、电子商务等新型农产品流通方式。以农产品为重点开展农村电子商务示范，构建以国家级、省级产地批发市场为龙头、田头市场为一体的农产品电子商务公共支撑平台。实施农产品冷链物流三年行动计划，到 2017 年，肉类、水产品与果蔬冷链流通率分别提高 26%、30%和 13%以上。探索建立农产品分等分级制度。推进农超、农校、农企、农社对接。推动发展农产品期货交易。

（五）积极发展休闲农业。依托农业资源，通过景观创意、文化创意、生态涵养，因地制宜拓展农业功能，为消费者提供观光、休闲、度假旅游产品。引导产业、区位优势明显的村创建种养业有规模、加工业有品牌、休闲观光有特色的休闲农业示范村，全省重点扶持建设 500 个休闲农业示范村。注重保持乡村传统风貌、传承农耕文化、挖掘和保护农业文化遗产，加强传统村落、传统民居的保护发展，扶持建设一批具有历史、地域、民族特点的特色景观旅游名镇、名村。支持休闲农业企业完善基础服务设施，提高从业人员素质。开展休闲农业示范创建和星级评定工作。

（六）推进农业对外合作。以“一带一路”沿线国家为重点，推动省内农业企业、非农企业和农业科研院所进行对外农业合作，带动先进农业生产技术、农机等优势产业对外合作和优势农产品出口。加强农业利用外资工作，积极申报国际金融组织和外国政府贷（援）款项目，引导外商投资现代农业。重点建设 10 个农产品出口示范区、100 个农产品出口示范基地。加强农产品贸易出口体系建设，建立农产品出口贸易监测机制。

三、创新经营方式，发展农业适度规模经营

（一）发展壮大新型农业经营主体。认真组织实施“千社”、“万户”工程，开展农民专业合作社、家庭农场示范创建，“十三五”期间，全省重点培育 1000 个农民专业合作社省级示范社，扶持 5000 家现代农机专业合作社、50000 户种养结合的家庭农场、10000 户以林木和林果生产为主的家庭林场。支持农民专业合作社建设农产品加工仓储冷链物流设施。鼓励兴办形式多样的农业企业，发展一批以“企业＋合作社＋基地”为主要形式的产加销一体化综合体。探索推进农业综合开发、中央基建投资等涉农项目由新型经营主体承担建设。

（二）有序推进农村土地流转。稳步开展农村土地承包经营权确权登记颁证工作，确保到 2017 年全省基本完成。建立健全县、乡、村农村土地流转服务体系，推广信托流转、股田制、土地合作社等新型流转模式，引导农户依法流转承包地，发展农业适度规模经营。完善全省林权流转交易服务平台，推进林权依法、规范流转。有条件的地方，在坚持农地农用前提下，可根据农民意愿统一连片整理耕地，扩大耕地面积。探索开展农户承包地市场化有偿退出试点，引导有稳定非农就业收入、长期在城镇居住生活的农户自愿退出土地承包经营权。建立工商资本下乡流转农户承包土地准入、项目审查和风险保障金制度，严禁土地“非农化”。

（三）加快构建新型农业社会化服务体系。继续实施基层农技推广补助，完善基层农业服务体系基础条件。总结推广财政支持农业生产全程社会化服务和新型农业社会化服务试点经验，扩大政府购买农业公益性服务范围，支持经营性服务组织在农产品保鲜、贮运、加工、销售等环节与金融、保险等方面开展服务，引导专业化服务组织开展病虫害统防统治、集中育秧、农机作业、烘干、农资供应、农产品流通等服务。大力推广订单式、合作式、托管式等服务模式，支持农户、家庭农场发展规模生产。支持供销合作社开展农业社会化服务。

（四）大力推进农业园区建设。抓好湘潭市、益阳市、长沙县等14个国家现代农业示范区建设。加快环洞庭湖国家现代农业科技示范区和国家、省级农业科技园区建设，重点支持园区“创新平台”和“星创天地”建设。认真组织实施“千园”工程，在建设好100个现代农业特色示范片、100个现代农业综合园、900个特色园的基础上，选择30个左右的综合园、100个左右的特色园进行重点扶持，使之成为集聚生产要素、低成本高效益发展的样板。深化农垦体制改革，努力把国有农场建设成现代农业示范区。

四、强化科技创新，提升农业核心竞争力

（一）推进农业科研创新。实施现代种业提升工程，推进以企业为主体的商业化育种，重点加强我省南繁基地建设，培育10家年销售额过5亿元的种子企业。加大种质资源创新和新品种开发力度，加强地方品种保护和提质改良。以事业单位改革为契机，整合省、市农业科研、教育、推广等资源，重点推进省农科院体制改革。推动品种权益改革和种业成果转化，扩大科研成果使用、处置、收益管理和科技人员股权激励改革试点范围。支持企业、高校、科研院所联合建立农业科技创新战略联盟。

（二）加快农业科技成果推广应用。建立农业科技成果转化交易平台，积极探索“项目＋基地＋企业”、“科研院所＋生产单位＋龙头企业”等现代农业技术集成与示范转化模式。组织和鼓励农业科研单位与各类规模经营主体合作对接，组建产业技术协同体。认真组织实施“万名”工程，深入开展科技特派员农村科技创业行动，建立一批农业科技成果转化、孵化基地。全省重点建设200个标准化农作物新品种新技术示范基地和600个区域性农业试验示范基地。

（三）推进农业生产机械化。适应我省地形地貌，加快研发推广适地适业新型农机具，重点突出水稻育插秧和谷物烘干等薄弱环节，推进农机农艺融合。完善农机具购置补贴办法，对粮油、水产、畜禽粪污治理等生产关键环节急需机具实行敞开补贴。在重金属污染耕地治理试点地区实行农机深耕作业补助。实施主要农作物全程机械化示范，支持林果、饲草业机械化发展，到2020年，全省主要农作物综合机械化水平达到55%以上。加强农机推广服务能力和农村机耕道建设，到2020年，全省新建和维修改造农村机耕道10万公里。

（四）大力推进农业信息化。全面推进湖南省国家农村农业信息化示范省建设。在14个国家现代农业示范区实施村级信息服务站建设整县推进，探索建立省、市、县三级农业数据中心。实施“互联网＋现代农业”行动，鼓励通过移动互联网为农民提供政策、市场、科技、保险等生产生活信息服务。推广成熟可复制的农业物联网应用模式，加快推进设施园艺、畜禽水产养殖、质量安全追溯等领域物联网示范应用，发展智能化、精准化生产。加强粮食储运监管领域物联网建设。强化农业综合信息服务能力，提升农业生产要素、资源环境、供给需求、成本收益、重大动植物疫情防控等监测预警水平，推进农业大数据应用，完善农业信息发布制度。

（五）培育新型职业农民。加快建立健全教育培训、规范管理和政策扶持“三位一体”的新型职业农民培训体系。实施新型职业农民培育工程，整合培训资源，深化产教融合、校企合作和集团化办学，促进学历、技能和创业培养相互衔接。完善新型职业农民认证制度，加快培育新型职业农民队伍。开展农村实用人才认定，支持农村实用人才创新创业，鼓励进城农民工和大学生等人员返乡创业。到2020年，全省培育新型职业农民30万人，培训农村实用人才带头人1万名。

五、治理农业环境，实现农业可持续发展

（一）加强农业面源污染治理。以专业化统防统治和精准化测土配方施肥为抓手，减药控肥，推行清洁生产，到2020年实现化肥农药零增长。全面开展农业环境容量评价，调整和规划新一轮养殖区域布局，推进畜禽养殖由长株潭等养殖高密度地区向湘西、湘南等养殖低密度地区转移。在湘江一级支流、资、沅、澧水及洞庭湖等重要水域加快推进规模化畜禽适养区、限养区、禁养区划定工作，禁养区规模养殖5年内全部退出。加快洞庭湖经济区水生态保护和治理。开展农作物秸秆、林业三剩物、畜禽粪污资源化综合利用示范。在生猪大县建设有机肥生产企业，鼓励农民利用畜禽粪便积造农家肥。支持生猪、家禽和草食动物养殖大县建设病死动物无害化处理场。推进农村沼气工程转型升级，开展规模化生物天然气生产试点。加快可降解农膜应用，开展区域性残膜回收与综合利用。开展村域径流水体修复，梯级消纳和拦截农业面源污染。

（二）深入实施耕地重金属污染防治。扩大重金属污染耕地修复治理及农作物种植结构调整试点范围，选择部分重金属污染耕地，结合高标准农田建设开展修复治理试点，到2020年全省改良酸性土壤500万亩以上。强化试点县市区人民政府防治责任，调动农民群众参与治理积极性。加强耕地污染防治综合技术集成与示范，大力推广施用石灰、种植绿肥、冬闲田翻耕、增施有机肥等传统技术措施。健全耕地重金属污染监控网络和预警信息平台。加大耕地污染区种植结构调整力度，积极推广低镉水稻品种。加强耕地重金属污染源头管控，防止废水、工业固体废弃物、大气降尘等对耕地及农产品污染。

（三）加强农村人居环境综合整治。深入实施“百城千镇万村”新农村建设工程，推动新农村建设由“单项突破”向“综合发展”、由“千村一面”向“各美其美”、由“物的新农村”向“人的新农村”迈进。加强对农村主干的培训，强化乡村规划建设指导。因地制宜、分类指导开展农村人居环境整治，贫困地区村重点开展改厨、改厕、清污等惠民行动；其他村重点抓好生活垃圾和污水处理，推进乡村公路、民宅庭院、公共活动空间等绿化美化。“十三五”期间，全省每年完成4000个村庄农村人居环境整治，建设300个美丽乡村。

六、加强全程监管，提升农产品质量安全水平

（一）严格农业投入品使用。依法规范农业投入品生产登记注册和审批管理，加强农业投入品安全性评价和使用效能评定。加快高效低毒低残留农药品种筛选、登记和推广应用，逐步淘汰高毒高残留农药。严厉查处非法添加隐性成分以及生产、销售、使用禁用农业投入品行为，严格遵守农兽药等使用安全间隔期休药期规定。落实高毒农药定点经营、实名购买制度，建立高毒农药可追溯体系，依法严控高毒高残留农药施用。加大低毒生物农药和高效大中型药械补贴力度，推行精准施药和科学用药。大力推广生物防控技术。

（二）全面推行标准化生产。制（修）订主要农产品质量安全标准、生产技术规范和管理规程，形成适应农业产业发展、覆盖生产全过程的现代农业标准体系。积极开展现代农业综合标准化示范和农业社会化服务标准化试点，重点推进省级农业标准化示范基地和标准示范县、乡创建，每年支持20个县市区开展创建工作，5年内全省“菜篮子”主产县生产基地基本实现标准化生产。大力发展“三品一标”农产品，扶持100个绿色、有机食品示范基地建设。

（三）强化农产品质量安全监管。落实农产品质量安全地方政府属地管理责任，规范设置各级监管机构，理顺管理体制，明晰职责，完善设施，充实力量，保障经费，提升监管水平。启动农产品质量安全追溯和信用体系建设，健全风险预警体系，加快构建农产品从产地到餐桌的全程监管机制。推进农产品质量安全县创建工作，开展综合监管示范和诚信建设试点。深入开展农产品质量安全专项整治，建立检打联动快速反应机制，坚决杜绝添加瘦肉精、注水、私屠滥宰等违法行为。

七、建立保障机制，确保转变农业发展方式取得实效

（一）加强组织领导。省人民政府建立由省农委牵头，省发改委、省科技厅、省财政厅、省国土资源厅、省环保厅、省水利厅、省林业厅、省商务厅、省质监局、省粮食局、省旅游局、省供销社、省农科院、人民银行长沙中心支行等单位组成的省加快转变农业发展方式联席会议制度。各级各有关部门要按照省人民政府部署，把加快转变农业发展方式工作列入重要议事日程，建立主要负责人亲自抓、分管负责人具体抓、有关部门合力抓的工作机制。各市州、县市区人民政府要按照本意见要求，结合编制“十三五”发展规划，制定具体实施工作方案。

（二）加大扶持力度。各级各有关部门要积极推动出台发展农业适度规模经营、耕地质量建设、农业科技创新、农业信息化、农业机械化、农业面源污染治理、农产品市场建设、休闲农业与乡村旅游等配套扶持政策，推动落实金融、税收、土地等扶持政策，吸引社会资本参与现代农业发展。各级各有关部门要加大涉农项目资金整合力度，制定奖补措施，集中支持粮食产能建设、农业结构调整、农产品加工、农业园区建设、新型经营主体培育、农业环境保护等重点环节。深化农村金融改革，丰富农村金融主体，建立覆盖县市的农业担保体系，稳妥有序开展农村土地承包经营权和农民住房财产权抵押贷款试点。扩大农业保险范围，提高理赔标准。

（三）强化责任落实。将提高粮食产能、农业经营与服务体系建设、农业环境保护等转变农业发展方式的工作内容，纳入地方各级政府考核范围。省农委要强化对农业发展方式转变工作的指导，加强工作协调和调度，定期组织督促检查。发改、财政、科技、国土资源、水利、商务、环保等省直相关部门要按照职责分工，抓好政策落地、工作落实，推动转变农业发展方式取得实效。

湖南省人民政府办公厅

2015年12月29日

湖南省人民政府办公厅
关于印发《湖南省开放型经济发展专项资金管理办法》的通知

（湘政办发〔2015〕118号）

各市州、县市区人民政府，省政府各厅委、各直属机构：

《湖南省开放型经济发展专项资金管理办法》已经省人民政府同意，现印发给你们，请认真遵照执行。

湖南省人民政府办公厅

2015年12月31日

湖南省开放型经济发展专项资金管理办法

第一章　总　则

第一条　为规范湖南省开放型经济发展专项资金（以下简称开放型资金）管理，促进开放型经济构建新机制、培育新优势、实现新跨越，根据《中华人民共和国预算法》、《中华人民共和国政府采购法》以及《中共湖南省委湖南省人民政府关于进一步扩大开放加快发展开放型经济的决定》（湘发〔2011〕6号）、《湖南省人民政府关于深化预算管理制度改革的实施意见》（湘政发〔2015〕8号）

等法律和文件规定，制定本办法。

第二条 本办法所称开放型资金，是指由省级财政预算安排，专项用于支持我省开放型经济发展的专项资金。

第三条 在省发展开放型经济领导小组（以下简称领导小组）协调下，省财政厅负责会同省商务厅等省直相关业务主管部门（以下简称省直相关部门）研究提出开放型资金年度预算方案（包括资金总额、投入方向和方式、预算公开要求、预算执行进度等），审定省直相关部门提出的资金分配方案，下达资金并监督预算执行。省商务厅等省直相关部门负责根据开放型资金年度预算方案，会同省财政厅制定相关支持政策并组织实施，提出资金分配初步方案，指导协调相关项目管理和建设。

第四条 除列入涉密信息目录的事项外，省直相关部门应会同省财政厅对开放型资金申报流程、评审结果、分配结果、绩效评价进行公开。

第二章 使用原则和支持范围

第五条 开放型资金的使用遵循以下原则：

（一）遵循社会主义市场经济的基本要求，符合公共财政支出范围；

（二）契合国家对外开放战略和宏观经济政策，符合国际贸易协定要求；

（三）绩效优先，程序规范，突出重点，统筹兼顾。

第六条 开放型资金支持范围：积极参与长江经济带和“一带一路”建设，支持招商引资、承接产业转移、对外贸易、对外经济合作、口岸建设、对外交流交往、国内区域经济合作等开放型经济发展主要领域的重要平台搭建、重点项目建设、重大活动开展、重大任务落实。

主要包括：

（一）优化开放型经济发展环境，建设公共服务平台；

（二）加强开放型经济载体建设，支持重点区域、基地和园区建设；

（三）提升国际竞争力，推动外贸结构调整和转型升级；

（四）扩大对外交流交往，实施"走出去"战略；

（五）构建国际营销网络，开拓国际市场，培育新外贸业态；

（六）支持口岸建设，畅通国际国内经贸往来通道，提升国际贸易和投资便利化水平；

（七）维护公平贸易和产业安全，应对贸易摩擦；

（八）促进全省开放型经济发展的重大活动和展会；

（九）有利于促进开放型经济发展的重要事项；

（十）省委、省政府决定的其他事项。

第三章 资金分配程序

第七条 开放型资金分配按以下程序办理：

（一）省财政厅会同省商务厅等省直相关部门，在每年10月底前提出次年开放型资金预算方案，报分管副省长、省长审定。

省委、省政府确定举办的开放型经济重大活动，由牵头承办的部门提出活动和资金预算初步方案，省财政厅审核后，列入开放型资金预算方案一同上报。

（二）按项目法确定的项目，省直相关部门会同省财政厅在分管副省长、省长审定开放型资金预算方案后30天内，按照资金投向制定资金支持政策（包括支持范围、对象、支持标准、申报方式等），拟定并下发资金申报通知，明确申报内容和申报要求。

各市州、省直管县市业务主管部门和财政部门根据资金申报通知，组织本地区的资金申报工作，将审核合格的申报资料联合行文报送省直相关部门和省财政厅。省直管县市申报文件应同时抄送所属市业务主管部门和财政部门备案；省直单位直接向省直相关部门和省财政厅提交申报资料。各市州、省直管县市业务主管部门、财政部门分别对所属地区项目申报材料的真实性、合法性负责把关。项目单位直接向省本级申报的，应一并提交材料真实性、合法性承诺书。

省直相关部门会同省财政厅对资金申报资料进行审核，可采取专家评估、投资评审、竞争立项等方式加强对项目的论证筛选，拟定支持项目及资金安排初步方案。

（三）对于按因素法确定的项目，由省直相关部门在分管副省长、省长审定开放型资金预算方案后30天内提出资金分配初步方案，报省财政厅审定。

（四）对于不需要申报的政策兑现资金，由省直相关部门在政策兑现截至日后15个工作日内提出分配方案，报省财政厅审定。

（五）省直相关部门承办开放型经济重大活动的，应于活动举办30天前提出详细活动和预算方案，报省财政厅审定。

（六）省财政厅审定各省直相关部门提出的资金方案后，原则上应在每年12月底前提前将资金预计数相应下达市县。除据实结算等特殊事项外，开放型资金一般应在省人民代表大会批准预算后的60日内下达。

第八条 申报开放型资金的单位须具备以下条件：

（一）在我省依法注册，具有独立法人资格的单位或企业；

（二）具有健全的财务管理机构和完善的财务管理制度；

（三）单位或企业要有良好的会计信用和纳税信用，无不良记录。

资金申报材料的具体要求在下发的资金申报通知中明确。

第四章 支持方式及标准

第九条 开放型资金主要采取因素法进行分配。对省内重大工程、跨地区的投资项目以及外部性强的重点项目，可以采取项目法分配。支持方式为直接补助、贷款贴息、以奖代补等，积极探索股权投资、基金投入等市场化支持方式。股权投资退出时的本金及项目收益按一定比例由股权投资机构负责收回并上缴省财政，补充作为发展资金。

第十条 支持标准：

（一）直接补助标准：对于企业申报的项目，支持比例不超过项目支出总额的30%（企业境外参展项目除外）。省直公共服务类项目支持比例可达到100%，市州县公共服务类项目支持比例不超过项目总支出的50%。

（二）贷款贴息标准：按照银行贷款金额和不超过同期人民银行贷款基准利率的50%计算贴息额，项目贷款期限一般应在1年以上（含1年），贴息期限原则上不超过3年（含3年）。

（三）其他分配方式的支持标准由省财政厅与省直相关

部门协商确定。

第五章　资金下达

第十一条　省财政厅根据《中华人民共和国预算法》，按照省级预算执行进度总体要求、开放型资金投入方向和方式、申报办法以及项目建设进度等情况制定相应支出进度方案，省直相关部门配合执行。

第十二条　省财政厅审定省直相关部门提出的资金安排方案后，通过现行资金拨付渠道下达。

第十三条　资金下达方式分为一次性下达和按照项目进度分次下达，具体由省财政厅会同省直相关部门根据项目性质和类别确定。

第十四条　市州县财政部门应在收到开放型资金后及时将资金拨付至项目单位。项目单位在收到开放型资金后，按照现行财务会计制度进行财务处理。

第六章　监督检查及绩效评价

第十五条　省财政厅、省发展开放型经济领导小组办公室及省直相关部门应对开放型资金实施监督检查、绩效评价，加强绩效评价结果运用。对开放型资金支持的重大项目根据需要进行专项审计。

第十六条　有下列情况之一的，财政部门不予安排或下达资金：

（一）不符合本办法规定的使用原则和支持范围的；

（二）未按本办法规定程序办理的；

（三）未按本办法规定实行公开的；

（四）绩效目标不明确的；

（五）不符合政府采购程序、投资评审以及招投标相关要求的；

（六）其他不符合办法规定的事项。

第十七条　省直相关部门、各市州、财政省直管县使用资金未达到支出进度要求的，省财政可统筹调剂沉淀资金，并相应扣减次年的资金。

第十八条　项目单位应主动接受监督检查。对拒不接受监督检查的单位，检查部门应当责令其改正。拒不改正的，各级财政部门应暂停或停止拨付资金；已经拨付资金的，责令其停止使用，并收回资金；同时取消其以后3年的申报资格。

第十九条　任何单位和个人不得截留、挪用、虚报、冒领、侵占或提供虚假资料骗取开放型资金以及擅自改变资金用途。如发生上述违法行为，省财政厅全额收回资金，并取消其以后3年的申报资格，同时依照《财政违法行为处罚处分条例》等有关法律法规处理。涉嫌犯罪的，依法移送司法机关追究其刑事责任。

第七章　附　则

第二十条　本办法自公布之日起施行。《湖南省人民政府办公厅关于印发〈湖南省开放型经济发展专项资金管理办法〉的通知》（湘政办发〔2012〕6号）同时废止。

湖南省住房和城乡建设厅关于加强“两供两治”污水垃圾建设项目工艺技术专家论证工作的通知

（湘建城函〔2015〕8号）

各市州住房城乡建设局（建委、规划建设局）、城管局、公用事业局、规划局，长沙市水务局：

为确保“两供两治”建设项目高起点规划、高标准建设、高水平运营，充分发挥投资效益，根据中共中央十八届四中全会《关于全面推进依法治国若干重大问题的决定》精神，以及《国务院关于加强城市基础设施建设的意见》（国发〔2013〕36号）、《湖南省人民政府办公厅关于印发<湖南省2014–2016年“两供两治”设施建设实施方案>的通知》（湘政办发〔2014〕75号）等文件要求，各级城市建设管理部门要对纳入“两供两治”实施方案的污水垃圾建设项目技术工艺路线加强专家论证，严格把关。为完善专家论证工作，健全专家论证制度，现就有关事项通知如下。

一、纳入“两供两治”实施方案的县以上城镇范围内的污水垃

圾建设项目，在申报立项、环评和规划选址之前，主管部门要组织有关专家对项目采用的技术工艺路线的先进性、可行性和标准的符合性等方面进行论证，确保技术路线成熟可靠、经济可行。对省级立项的项目、申请中央和省级专项资金的项目以及技术工艺复杂主管部门难以把关的项目，由我厅依据市州主管部门申请，组织省内外有关专家进行论证，专家论证意见作为中央资金和省级资金安排的依据。截至2015年1月底，已开展前期工作但未完成初步设计审查的项目，应补充专家技术论证工作。

二、项目论证的资料应包括《污水垃圾建设项目工艺技术专家论证基本情况表》（样表详见附件1，以下简称《基本情况表》）、项目选址意向、可行性研究、项目工艺技术设计说明等。重大项目，包括污水处理厂新建或改扩建项目、新建生活垃圾焚烧（发电）项目、污泥焚烧处置项目、存量垃圾治理项目、餐厨垃圾处理项目等，还需同时提交社会稳定风险评估报告和论证意见。

三、参加论证的专家应不少于5人。应优先在住房城乡建设部市政行业专家委员会（详见住房城乡建设部网站首页专家委员会专栏）及我厅推荐的专家名单中选择（第一批专家名单详见附件2），且遵循回避原则。专家论证意见要包含对采用的工艺、技术是否符合国家标准和政策、行业发展方向等的评价意见，并对存在的问题提出改进意见。主管部门要督促有关单位根据论证意见及时对项目可行性研究报告和设计等进行优化和调整，并将《基本情况表》以及论证会议纪要或意见一并报我厅。

四、各级城市建设管理部门要认真贯彻有关文件精神，将污水垃圾处理项目工艺技术专家论证意见的落实纳入项目建设的日常管理，加强设施工艺技术路线指导。各级住房城乡建设部门在项目初步设计审查、施工图设计审查、施工和竣工验收阶段，要加强专家论证意见落实情况的把关。已完成立项审批但未完成初步设计审查的项目，在初步设计审查时如发现技术方案需要进行重大调整的，要补充开展专家论证并重新办理有关手续。

五、各级城市建设管理部门要与同级发改、财政、环保等部门加强衔接，主动邀请同级发改、财政和环保部门参加专家论证会议，并将论证结果及时抄送相关部门，取得理解和支持。

六、论证工作应遵循客观公正原则，结合行业发展方向对工艺技术路线进行严格把关，并严格遵守有关廉政纪律。

七、请各市州主管部门及时转发通知，统筹本地区各县市区“两供两治”污水垃圾建设项目工艺技术专家论证工作。

联系人：

湖南省住房和城乡建设厅城市建设管理处

朱浩　电话：0731–88950068，88950069（传真）

附件：

1. 污水垃圾建设项目工艺技术专家论证基本情况表（略）

2. 省级污水处理、垃圾处理行业专家名单（第一批）（略）

湖南省住房和城乡建设厅

2015年1月14日

湖南省环境保护厅
关于做好2015年主要污染物总量减排监察系数核查核算工作的通知

（湘环函〔2015〕88号）

各市州环保局：

为做好2015年度主要污染物总量减排监察系数（以下简称减排监察系数）核查核算工作，进一步加强国家重点监控企业和治理工程减排项目日常监管，按照《关于印发〈“十二五”主要污染物总量减排监察系数核算办法〉的通知》（环办〔2012〕79号，以下简称《通知》）要求，现就2014年减排监察系数核查核算情况进行通报，并对2015年减排监察系数核查核算工作进行部署。

一、2014年减排监察系数核查核算情况通报

2014年全省各级环保部门采用日常监督检查、专项执法检查、监督性监测、在线监测、现场执法即时采样监测等手段，对全省911家重点监控企业以及治理工程减排项目进行了监管，分行业分指标核算了2014年减排监察系数。经核算，我省2014年减排监察系数如下：COD监察系数：纺织印染业为15%，造纸及制品业为-9%，其他行业为-2%。NH3-N监察系数：纺织印染业为15%，造纸及制品业为-9%，其他行业为-2%。SO2监察系数：电力行业为-5%，钢铁行业为-2%，其他行业为0。NOX监察系数：电力行业为-7%，其他行业为0。重金属综合达标率为92.24%（详见附表）。从核算情况来看，存在以下问题：

一是部分地区信息填报不及时。按照《通知》要求，前三季度的相关信息应于每季度结束后5日内填报完毕，第四季度相关信息应于每年12月31日前填报完毕，长沙、株洲、衡阳等市州能严格按照时限要求组织各区县完成填报并进行了认真审核。但仍有少数地区未及时填报，根据核查结果，全省共有54家企业信息填报不及时，严重影响我省综合达标率的核算，其中岳阳27家、湘潭14家、郴州9家、湘西自治州3家、邵阳1家。

二是部分地区国家重点监控企业日常环境监管不能满足《通知》要求。《2014国家重点监控企业和治理工程减排项目环境监管系统》报送信息显示，全省造纸及纸制品业国控监测频次不足率为2.22%；纺织印染业国控监测频次不足率为40%，监察频次不足率为20%，监测、监察频次同时不足比例为20%；其他行业国控监测频次不足率为6.13%、监察频次不足率为6.98%、监测、监察不足率为3.30%。全省电力行业国控监察频次不足率为12%，钢铁行业国控监察频次不足率为16.67%，其他行业国控监测和监察频次不足率均为7.41%。

二、2015年减排监察系数核查核算工作要求

2015年是“十二五”主要污染物总量减排工作的收官之年，减排监察系数核查核算结果将直接影响各地减排任务的完成效果。为确保减排监察系数核查核算工作顺利开展，现提出如下要求：

1. 严格按照《通知》规定的范围开展核查核算工作

各级环保部门要严格按照《通知》要求，对2015年实际监测、监察的国家重点监控企业和治理工程减排项目进行减排监察系数核查核算。其中，国家重点监控企业以环保部《关于印发〈2015年国家重点监控企业名单〉的通知》（环办〔2014〕116号）中最新公布的名单为准，包括废水国家重点监控企业、废气国家重点监控企业、污水处理厂国家重点监控企业、规模化畜禽养殖场（小区）国家重点监控企业、重金属企业国家重点监控企业五部分；治理工程减排项目包括本省2014年底已建成投运能够发挥减排效用的“十二五”治理工程减排项目。此外，环境保护督查中心将各类执法检查和案件督办过程中发现的排放四类主要污染物的环境违法企业纳入减排监察系数核算范围。

2. 严格按照《通知》规定的比例做好核查工作

市、县两级环保部门要严格按照《通知》规定的不低于“每月监察一次、每季度监督性监测一次”的频次开展日常监管工作。我厅将结合日常工作，加大对重点监控企业的抽查力度。

3. 认真核对国家重点监控企业基本信息

为方便各级环保部门报送减排监察系数核查信息，环保部已于2015年1月31日，在“12369”环保热线网站开放“2015国家重点监控企业和治理工程减排项目环境监管系统”（以下简称2015环境监管系统）。国家重点监控企业基本信息已提前录入该系统中，治理工程减排项目相关信息由各单位自行录入。为保证核算信息的准确性，请各地对2015环境监管系统国家重点监控企业基本信息进行认真核对，发现行政区划归属错误、企业名称重复、企业已淘汰或不存在等问题的，于2015年3月20日前将有关信息上报我厅，我厅将统一将有关信息反馈至技术支持单位。

4. 及时填报监管信息

为缓解年终各地集中填报造成的系统运行缓慢问题，请各地及时组织辖区内各区县环保局填报日常监管信息。前三季度的相关信息请于检查结束之日起至每季度结束后5日内填报完毕，第四季度相关信息请于2015年12月31日前填报完毕，逾期未填报的，以“未按要求监管”计。环保部将以2015环境监管系统中“信息统计”模块计算结果作为2015年减排监察系数核定和2015年环境监察年度考核的主要依据。

请各市州在2015年3月20日前上报国家重点监控企业基本信息核对情况以及减排监察系数核查核算工作负责人、联系人的姓名、职务、电话（手机）等信息。

联系人：省环境监察局　张文佳

电　话：13787269102　0731-85698119（兼传真）

附件：

1. 2014 年湖南省减排监察系数核查核算结果表（略）

2. 2014 年全国 COD 减排监察系数汇总表（略）

3. 2014 年全国 NH3-N 减排监察系数汇总表（略）

4. 2014 年全国 SO2 减排监察系数汇总表（略）

5. 2014 年全国 NOX 减排监察系数汇总表（略）

湖南省环境保护厅

2015 年 2 月 26 日

湖南省住房和城乡建设厅关于公布《湖南省地源热泵建筑应用技术企业目录》和《湖南省可再生能源建筑应用示范项目关键技术产品目录》（第四批）的通知

（湘建科〔2015〕22 号）

各市州住房和城乡建设局（建委、规划建设局），各有关单位：

为加快推进我省可再生能源建筑应用工作，提高可再生能源建筑应用项目的质量和投资效益，根据我厅《关于印发〈湖南省地源热泵建筑应用技术企业目录管理暂行办法〉和〈湖南省可再生能源建筑应用示范项目关键技术产品目录管理暂行办法〉的通知》（湘建科〔2011〕257 号）有关规定，以及《湖南省住房和城乡建设厅办公室关于组织申报湖南省地源热泵建筑应用技术企业目录和湖南省可再生能源建筑应用示范项目关键技术产品目录（第四批）的通知》要求，经我厅组织专家对相关申报资料进行形式审查、技术评审和现场实地核查及公示，编制了《湖南省地源热泵建筑应用技术企业目录》和《湖南省可再生能源建筑应用示范项目关键技术产品目录》（第四批，见附件），现予以公布。同时，第一批《湖南省地源热泵建筑应用技术企业目录》和《湖南省可再生能源建筑应用示范项目关键技术产品目录》有效期已满，自动失效。

附件：

1. 湖南省地源热泵建筑应用技术企业目录

2. 湖南省可再生能源建筑应用示范项目关键技术产品目录

湖南省住房和城乡建设厅

2015 年 3 月 5 日

附件 1：

湖南省地源热泵建筑应用技术企业目录

序号	单位	适用工程类型	工程规模
类别　勘察设计			
1	湖南省建筑设计院	地源热泵工程	可承担 5 万㎡以上项目
2	中机国际工程设计研究院有限责任公司	地源热泵工程	可承担 5 万㎡以上项目
3	长沙市规划设计院有限责任公司	地源热泵工程	可承担 5 万㎡以下项目
4	中航长沙设计研究院有限公司	地源热泵工程	可承担 5 万㎡以下项目
类别　施工安装			
1	中建五局工业设备安装有限公司	地源热泵工程	承担 2000㎡以上项目
2	湖南六建机电安装有限责任公司	地源热泵工程	承担 2000㎡以上项目
3	北京市设备安装工程集团有限公司	地源热泵工程	承担 2000㎡以上项目
4	湖南长城建设有限公司	地源热泵工程	承担 2000㎡以上项目
5	湖南凌天科技有限公司	地源热泵工程	承担 2000㎡以上项目
6	湖南有色金建机电设备安装工程有限公司	地源热泵工程	承担 2000㎡以上项目
7	湖南国浩工程设备有限公司	地源热泵工程	承担 2000㎡以上项目
8	湖南天源机电设备安装工程有限公司	地源热泵工程	承担 2000㎡以上项目
9	湖南星泽安装有限公司	地源热泵工程	承担 2000㎡以上项目
10	湖南中宇安装工程有限公司	地源热泵工程	承担 2000㎡以上项目
11	北京泰利新能源科技发展有限公司	地源热泵工程	承担 2000㎡以上项目

附件 2：

湖南省可再生能源建筑应用示范项目关键技术产品目录

序号	产品名称	产品系列	主要技术性能	产品所在单位
类别：地源热泵技术				
1	地源热泵机组	水源热泵机组	水源热泵机组冷量范围：28kW ≤ 制冷量 ≤ 1951kW	北京永源热泵有限责任公司
2	地源热泵机组	水源热泵机组	水源热泵机组冷量范围：128kW ≤ 制冷量 ≤ 2960kW	同方人工环境有限公司
3	地源热泵机组	水源热泵机组	水源热泵机组冷量范围：64kW ≤ 制冷量 ≤ 2300kW	山东宏力热泵能源股份有限公司
4	地源热泵机组	水源热泵机组	水源热泵机组冷量范围：30kW ≤ 制冷量 ≤ 3700kW	浙江盾安机电科技有限公司
5	地源热泵机组	水源热泵机组	水源热泵机组冷量范围：25kW ≤ 制冷量 ≤ 8800kW	珠海格力电器股份有限公司
6	地源热泵机组	水源热泵机组	水源热泵机组冷量范围：72.5kW ≤ 制冷量 ≤ 3600kW	浙江国祥空调设备有限公司
7	水（地）源热泵机组	水源热泵机组	水源热泵机组冷量范围：180kW ≤ 制冷量 ≤ 1000kW	金国达科技（湖南）有限公司
类别：　太阳能光热技术				
1	太阳能集热器	平板式集热器	吸收率≥ 95%，反射率≤5%，透光率≥ 91.7%，瞬时效率 ≥ 0.78，总热损系数≤ 3.97	珠海兴业新能源科技有限公司
2	太阳能集热器	平板式集热器	吸热体涂层红外发射率：0.051；吸热体涂层吸收比：0.96；透明盖板投射比：0.92	广东五星太阳能股份有限公司
3	太阳能集热器	平板式集热器 真空管式集热器	平板式集热器：吸收率 0.94，发射率 0.08，瞬时效率≥0.80，热损失 ≤4.03；真空管式集热器：吸收率≥0.95，半球发射率≤0.05，平均热损系数≤0.53W/㎡·℃	山东力诺瑞特新能源有限公司
4	太阳能集热器	平板式集热器	蓝钛吸热涂层：吸收率 95% ± 2、发射率 5% ± 2；瞬时效率 83%，热损系数 5.58W/（㎡·℃）；透光率≥91.8%	皇明太阳能股份有限公司
5	太阳能集热器	平板式集热器	吸热体涂层红外发射率：0.05；吸热体涂层吸收比：0.95；透明盖板透射比：0.916	北京海林节能设备股份有限公司
6	太阳能集热器	平板式集热器	吸热体涂层红外发射率≤5%； 吸热体涂层吸收比≥95% 盖板玻璃透光率≥91.02%	攀枝花东泰新能源科技有限公司
7	太阳能集热器	平板式集热器 真空管式集热器	平板式集热器：吸热体涂层红外发射率：0.07；吸热体涂层吸收比：0.95；热损系数 4.7，瞬时校率截距 0.86；真空管式集热器：空晒性能 249.9，闷晒太阳辐射量 4.47，热损系数 0.696	湖南光威能源科技有限公司
8	太阳能集热器	真空管式集热器	太阳吸收比≥90%；太阳透射比≥91%；半球发射比≤0.036；平均热损系数≤0.62	新余市莱安建材科技有限公司
9	太阳能集热器	平板式集热器	集热器吸收率：0.95；发射比：0.068；瞬时效率截距：0.75；总热损系数：4.5	山东中科蓝天科技有限公司
10	太阳能集热器	平板式集热器	吸热体涂层太阳吸收比：0.97；透明盖板太阳透射比： 0.92	湖南九盛新能源科技有限公司
11	太阳能集热器	平板式集热器	吸热体涂层红外发射率：0.053；吸热体涂层吸收比：0.93；透明盖板透射比：0.91	湖南科溱热导技术有限公司
12	太阳能集热器	全时逐日槽式太阳能集热器	抛物面槽式集热器反光面积：7.5㎡/单元，反射率≥94%，抛物面焦距 850mm 真空管集热面：吸收比≥95%，发射比 ≤10%，真空度<0.01Pa 逐日控制精度：0.2°	山东奇威特人工环境有限公司
13	太阳能集热器	平板式集热器 真空管式集热器	玻璃盖板透射比：≥0.92； 吸热体吸收比：0.94 ± 0.02；吸热体涂层红外发射率：0.05 ± 0.02； 真空管式集热器： 罩玻璃管透射比：0.92；太阳吸收比：0.92；发射比：0.06；热损系数：≤0.85W/（㎡·℃）	江苏辉煌太阳能股份有限公司

湖南省国家税务局、湖南省交通运输厅关于继续做好公共汽电车辆免征车辆购置税有关工作的通知

（湘国税发〔2015〕35号）

各市州国家税务局、交通运输局，邵阳市、怀化市公用事业局：

为进一步规范全省公共汽电车车辆购置税免税管理，现就有关事项通知如下：

一、继续做好免税申报车辆的审核把关工作。各地要严格按照湖南省国税局、湖南省交通运输厅《关于转发国家税务总局 交通运输部关于城市公交企业购置公共汽电车辆免征车辆购置税有关问题的通知》（湘国税发〔2012〕122号）的要求，做好免税申报车辆的资料提供、审查及手续办理等相关工作。车辆购置税免税企业必须是具备免税资质并纳入省交通运输厅编制的《城市公交企业名录》的企业。各市州交通运输局（含邵阳、怀化市公用事业局，下同）于2015年3月30日和11月30日前将本地区新增和变更的城市公交企业名录（详见附件1）报省交通运输厅汇编后送省国税局备案。省国税局通过省局文件传输服务器下发至各市州国税局。

二、简化公共汽电车辆购置计划管理流程。为进一步方便纳税人，简化流程，公共汽电车辆年度购置计划不再报省交通运输厅、省国税局汇总下发，由各市州交通运输局、国税局负责管理。各市州交通运输局应于2015年3月13日前将本辖区公交企业2015年度车辆购置计划送同级国税局，并抄报省交通运输厅。对于因特殊情况确需调整车辆购置计划的，县级以上（含县级）交通运输局应说明理由，由各市州交通运输局汇总，在2015年11月30日前将本地区《城市公交企业年度车辆购置情况计划（变更）统计表》（详见附件2）送同级国税局，并抄报省交通运输厅。

三、及时总结工作经验。国家对城市公交企业2012年1月1日起至2015年12月31日止购置的公共汽电车辆免征车辆购置税，免税手续办理的截至日期为2016年3月31日。2015年是本轮购置公共汽电车免征车辆购置税的最后一年。各市州国税局、交通运输局要将2012年以来本地区公共汽电车车辆购置税优惠政策执行的基本情况、政策执行效果和工作建议等进行总结，并将纸质材料和电子文档于2015年6月30日前分别上报省国税局和省交通运输厅。

联系人和联系电话：省国税局货物和劳务税处戴勇，0731-85516201；省交通运输厅运输处刘昌春，0731-88770135，0731-88770033（传真）。

附件：

1.城市公交企业名录（略）

2.城市公交企业年度车辆购置计划（变更）统计表（略）

湖南省国家税务局
湖南省交通运输厅
2015年3月6日

湖南省住房和城乡建设厅关于开展全省集镇污水处理设施建设和运营绩效评估的通知

（湘建村函〔2015〕17号）

各市州住房和城乡建设局（建委，规划建设局）、怀化市规划局：

为加强我省集镇污水处理设施及配套管网建设和运营管理，确保项目建设规范、资金使用有效、设施运行稳定，充分发挥减排效能，经研究，我厅定于近期对全省已建成污水处理厂和中央及省级财政专项资金集中支持的城镇污水处理设施及其配套管网的建设、资金使用及运营的绩效进行专项检查与评估。现将有关事项通知如下：

一、检查评估范围

（一）全省已建成的集镇污水处理厂；

（二）国家（含中央和省级）财政专项资金集中支持的集镇污水处理设施及其配套管网项目；

上述合计170个项目（见附件1）。

二、主要内容

（一）集镇污水处理设施运营情况。

对照《湖南省集镇污水处理厂运行管理手册》（湘建

村函〔2014〕163号）要求，抽查已建成投运的集镇污水处理厂运行、达标排放、污染物削减、台账管理等运营情况，以及全国集镇污水处理管理信息系统的信息填报情况；核实建成未投运污水处理厂的情况（见附件2）。

（二）获得国家重点流域重点镇“十二五”中央专项资金、湘江长沙综合枢纽工程库区省级专项资金和新型城镇化建设省级引导资金等有关专项补助的乡镇污水处理设施及管网建设和运营情况。

督查“十二五”规划任务完成情况，检查国家财政专项资金支持的集镇污水处理设施及管网建设进度和资金使用管理情况。主要核查专项规划编制和实施情况、可研、环评、施工图设计；工程施工许可、招投标文件、合同、质量管理、材料设备记录、工程竣工验收记录等；试运行记录（见附件3、4）。

三、时间安排

2015年3月至4月，各市州、县市按层级组织自查自评自改。4月30日前，各市州完成自查。5月至6月，我厅组织分组抽查，主要包括听取汇报、查阅资料、现场检查、交换意见（各组名单和抽查具体时间另行通知）。7月，我厅下发通报，逐项提出评估意见和整改要求。7月至11月，各地组织落实整改。12月，各市州报送整改情况和“十二五”与2015年集镇污水处理设施建设运营情况。

四、有关要求

（一）各级村镇建设主管部门要按照通知要求，认真做好相关准备，逐项准备相关资料，填写有关表格，做好自查自评自改和上报工作。

（二）各市州村镇建设主管部门安排1名负责集镇污水处理工作的同志全程协助检查，联络有关事宜。

（三）检查严格执行国家和省有关规定，一切从简。

附件：

1. 检查范围名单（略）

2. 湖南省集镇污水处理厂运行评价考核表（建成项目）（略）

3. 集镇污水处理厂运行情况年度报告表（建成项目）（略）

4. 城镇污水处理设施及管网工程建设检查表（略）

5. 城镇污水处理设施及管网工程财务检查表（略）

湖南省住房和城乡建设厅

2015年3月10日

湖南省住房和城乡建设厅关于进一步做好可再生能源建筑应用示范市县太阳能热水系统项目验收工作的通知

（湘建科函〔2015〕48号）

各可再生能源建筑应用示范地区住房和城乡建设局（建委、规划建设局）：

按照《住房城乡建设部关于印发〈可再生能源建筑应用示范市县验收评估办法〉的通知》（建科〔2014〕138号）和《湖南省住房和城乡建设厅关于开展可再生能源建筑应用示范项目能效测评工作的通知》（湘建科〔2012〕238号）要求，近期，根据示范地区的申请，我厅组织专家对部分已竣工的示范项目开展了形式检查。发现部分太阳能光热项目存在问题较多，应引起高度重视。一是资料缺失严重，达不到形式检查要求。按照要求，太阳能光热系统形式检查资料应包括设计文件、系统的关键部件质检合格证书、系统运行调试记录、现场核查前连续3天运行记录等。但在检查中发现一些项目太阳能热水系统设计文件不齐全，无设计资质，无施工图审意见，无合法有效的竣工图，无系统运行调试记录，无相关材料的质检合格证书、检测报告等产品质量证明。二是安装制作简陋，太阳能热水系统质量较差。部分项目的太阳能集热器选型未采用我厅认定的《湖南省可再生能源建筑应用示范项目关键技术产品目录》中产品，太阳能集热器安装角度不符合技术要求，无过热保护措施，太阳能集热器的支架无基础，管道支架制作简陋，循环泵无防水措施，管道系统接口处不严密，防雷措施不规范等，对系统的安全运行带来隐患。三是缺乏专业培训，系统运营管理水平有待加强。部分系统无专人管理或管理人员未经专业培训，施工现场无完善的施工技术标准，现场管理体系不健全。产品供应商服务不到位，不及时，影响用户单位正常使用。

为进一步做好太阳能热水系统项目验收工作，达到国家可再生能源建筑应用示范市县验收评估的条件，完成示范任务，现就有关事项要求如下：

1. 狠抓示范项目工作进度。各示范地区的建设主管部门应进一步加强组织领导，明确部门责任，确保示范任务完成。对已完工的项目应在近期制定验收工作方案，做好验收评估工作。同时，认真总结近年快速推进太阳能热水系统建筑应用工作经验，分析研究出现的质量管理、运行维护、使用状况等突出问题，促进我省太阳能热水系统建筑应用工作健康发展。

2. 完善示范项目竣工资料。各示范地区的建设主管部门要加强项目资料管理，按照湘建科〔2012〕238号文件要求，督促示范项目单位、技术支撑单位和设备生产企业补充完善形式检查所需资料，督促通过形式检查的规模以上项目及时报省级以上能效测评机构进行能效测评现场检测工作。

3. 加大技术产品监管力度。各示范地区应严格按照《湖南省可再生能源建筑应用示范项目关键技术产品目录暂行管理办法》要求，规范从事可再生能源示范项目的设计单位和施工企业的市场行为。太阳能产品生产企业要建立完善的产品技术体系和售后服务体系，为用户提供优质的产品和规范、便利的检修、维修服务。

4. 加强专业技术培训。各示范地区的建设主管部门应要求项目单位、技术支撑单位和设备生产企业加大设备后期维护力度，制定详细操作手册，建立技术资料档案，对项目的管理人员进行培训，确保太阳能热水系统的安全运行。

5. 加强有关问题的整改落实。对在形式检查中发现的问题，各示范地区要督促建设、设计、施工、施工图审查、监理等单位及时进行整改，采取有效的补救措施，使之达到可再生能源建筑应用项目验收标准的要求。

湖南省住房和城乡建设厅

2015 年 3 月 12 日

湖南省发展和改革委员会、省财政厅、省环境保护厅关于调整排污费征收标准等有关问题的通知

（湘发改价费〔2015〕306 号）

各市州发改委（物价局）、财政局、环保局：

为贯彻落实国家和省有关促进生态文明建设及节能减排精神，促使企业加大治污力度，减少污染物排放，按照国家发展和改革委员会、财政部、环境保护部《关于调整排污费征收标准等有关问题的通知》（发改价格〔2014〕2008 号）要求，现就调整我省排污费征收标准等有关问题通知如下：

一、增加污染物污染当量值。根据我省重金属污染的实际情况，在湘价费〔2003〕122 号文件基础上，水污染物中新增锑、铊、钒三种污染物污染当量值，分别为：0.02kg、0.0005kg、0.02kg。

二、调整部分排污费征收标准。将废气中的二氧化硫和氮氧化物排污费征收标准，由每污染当量 0.60 元调整为 1.2 元。将污水中的化学需氧量、氨氮和五项主要重金属（铅、汞、铬、镉、类金属砷）污染物排污费征收标准由每污染当量 0.70 元调整为 1.4 元。在每一污水排放口，对五项主要重金属污染物均须征收排污费；其他污染物按照污染当量数从多到少排序，对最多不超过 3 项污染物征收排污费。

其他污染物排污费征收标准仍按湘价费〔2003〕122 号文件相关规定执行。届时根据我省社会经济发展状况及促进治污减排、环境保护实际情况适时进行调整。

三、加强污染物监控。具备安装条件的国家重点监控企业，按照国家规定的时间节点，完成主要污染物自动监控设施的安装并正常运行，实现依据自动监控数据核定排污费。对排放污染物种类多、无组织排放且难以在线监控的企业，要按照环保部规定的物料衡算方法和监督性监测数据及环保部环办〔2014〕80 号文件的有关规定，严格核定排污费。积极推行由第三方负责安装、运营和维护污染物自动监控设施，确保监控数据真实、准确。

四、实行差别化收费政策。企业污染物排放浓度值高于国家或省规定的污染物排放限值，或者企业污染物排放量高于规定的排放总量指标的，按收费标准加一倍征收排污费；同时存在上述两种情况的，按收费标准加两倍征收排污费。企业生产工艺、装备及产品，属于《产业结构调整指导目录（修正)》规定的淘汰类的，按收费标准加一倍征收排污费。企业污染物排放浓度值低于国家或省规定的污染物排放限值 50□以上的，减半征收排污费。具体实施按环保部环办〔2015〕10 号文件执行。但对因电力调度导致发电机组负荷低，脱硝设施退出并致氮氧化物排放值超过排放限值的，经省发改部门、财政部门、环保部门审核确认后，可暂不执行超标加倍收费。

五、强化监督检查。各级发改（价格）、财政、环保部门要密切配合，切实做好政策实施的宣传解释工作。按照各自职责，加强环境执法检查和排污费征收情况的检查，严格按收费标准及时、足额征收，不得以任何理由违规减免排污费。向社会公开企业污染物排放、排污费征收及使用情况等信息，主动接受社会监督。

六、本通知自 2015 年 6 月 30 日执行。

省发改委

省财政厅

省环保厅

2015 年 4 月 27 日

关于印发《湖南省洞庭湖生态经济区建设2015年度工作要点》的通知

洞庭湖生态经济区建设领导小组各成员单位、望城区人民政府：

为全面实施《洞庭湖生态经济区规划》，落实省委省政府关于加快推进洞庭湖生态经济区建设的实施意见，建立健全工作推进机制，完善政策支持体系，扎实推进洞庭湖生态经济区建设，我们研究制定了《湖南省洞庭湖生态经济区建设2015年度工作要点》，经报请洞庭湖生态经济区建设领导小组第一次会议审定同意，现予印发，请结合实际认真贯彻落实。

附件：湖南省洞庭湖生态经济区建设2015年度工作要点

湖南省洞庭湖生态经济区建设领导小组办公室

2015年7月8日

附件：

湖南省洞庭湖生态经济区建设2015年度工作要点

为全面实施洞庭湖生态经济区规划，落实省委省政府关于加快推进洞庭湖生态经济区建设的实施意见，2015年，洞庭湖生态经济区建设要牢牢把握长江经济带建设的重大战略机遇，加快全面小康建设步伐，坚持以总体规划为引领，以重大项目为支撑，以生态文明为主题，以改革创新为动力，分级分类推进项目建设，先行先试推动改革创新，着力健全工作机制，强化规划实施保障，在全面贯彻落实总体规划确定的各项目标任务的同时，力争在以下7个方面取得重大突破和明显成效。

一、全力推进10大标志性工程

1. *环湖公路建设*。适应滨湖经济发展、环湖生态旅游、防汛减灾抢险的需要，以串联区域内重点城镇、重要景点、重要港口和交通动脉为目标，利用现有国省道，完善联络线路，结合堤防和县乡道路建设，新建和改造提升部分临湖亲水路段，按二级以上道路标准建设集经济廊道、生态游道和防汛通道等综合功能于一体的环湖公路899公里，构建环湖路网。2015年完成总体方案设计，力争年内启动已纳入省交通运输“十二五”规划中期评估报告的环湖公路子项目前期工作，完成5个以上子项目、100公里以上路段的建设任务，完成投资31.6亿元。

2. *蓄滞洪区建设*。以提升湖区防洪减灾能力为目标，全面完成24个蓄洪垸堤防加固工程。实施钱粮湖、共双茶、大通湖东垸安全设施、分洪闸工程建设，引导垸内居民搬迁，尽快具备计划分蓄洪条件，同步实施围堤湖等5垸安全建设试点工程。2015年全面实施安化等9个蓄洪垸堤防加固工程，加固堤防100公里，启动钱粮湖、共双茶、大通湖东垸安全建设工程。

3. *河湖连通工程*。适应恢复水域生态的需要，建设跨水系跨堤垸连通、垸内水系连通、城市水系连通三个类别、24个重点项目，对垸内主要水系清淤、整治，活化水系，改善水生态环境。2015年启动岳阳市、常德市和益阳市主城区河湖连通工程以及沅江城区五湖连通工程，加快推进洞庭湖区河湖疏浚近期工程前期工作。

4. *生态廊道工程*。适应构建绿色屏障，建设秀美洞庭的需要，对沿铁路、公路两侧，主要江河湖库沿岸，以及第一层山脊100米范围内宜林地开展造林绿化和绿化提质提效，构建具有水土保持、减灾防灾、美化环境等多功能的绿色走廊。2015年完成前期论证，启动绿化达标和绿化提质提效工作。

5. *高标准农田建设*。适应现代化农业发展的需要，以大规模建设旱涝保收高标准基本农田为重点，推进土地平整、灌溉排水、土壤改良、田间道路、农田防护与生态保持、农田输配电等工程。2015年全面启动汉寿－鼎城－桃源、临澧－澧县－津市－安乡、资阳－赫山－沅江－南县、华容－岳阳县－临湘、汨罗(屈原区)－湘阴5大100万亩农田示范片区工程建设，完成120万亩高标准农田的建设任务。

6. *千亿园区培育工程*。以打造区域经济增长极，推动产业集聚发展为目标，加大园区基础设施、标准化厂房建设力度，协同建设产业公共服务平台，加大招商选资力度，培育主导产业，加快循环化改造，创建低碳示范园区。重点培育岳阳高新区、岳阳绿色化工产业园、益阳高新区、常德经开区、望城经开区5个技工贸总收入过千亿元的园区。2015年推进部分园区基础设施和标准化厂房建设，建设一批产业公共服务平台。

7. *安全饮水工程*。全面解决农村居民安全饮水问题，提高农村自来水普及率。全面完成县级以上区域集中式供水水源地建设，推进城镇第二水源建设。加强安乡、南县、华容等饮水矛盾突出地区调水保水工程建设，加快华容调水引水工程等项目建设。启动常德市城区“引黄(石水库)入常”备用水源建设工程、益阳城区备用水源建设工程、岳阳铁山供水工程建设。2015年解决农村居民安全饮水问题。

8. *铁路工程建设*。加快黔张常、石长复线和蒙华铁路建设。黔张常铁路建设长度339公里，总投资384亿元，其中我省境内260公里，投资280亿元。石长复线(开行动车组)建设长度263公里，总投资118亿元。蒙华铁路建设长度1806公里，总投资1930亿元，其中我省境内304公里，总投资254亿元。2015年加快铁路征地拆迁和基本建设进度，黔张常完成项目投资47亿元，石长复线完成投资18亿元，蒙华铁路完成项目投资51亿元。

9. *血吸虫病综合防控工程*。统筹推进湖区水利、林业、农业、卫生血防等血吸虫病综合防控工程建设，建设灭螺护堤平台加隔离沟、混凝土护坡及进水闸渠道防螺衬砌等水利血防工程，营造抑螺防控林，推动水改旱、养鱼灭螺、家畜圈养等农业血防工程建设，新建、改扩建一批血防医院和血防站。2015年人畜血吸虫病感染率控制在1%以内，在实施综合防控工程的同时，积极推动血防工程利用国外贷款项目前期工作。

10. *城陵矶新港区建设*。充分发挥城陵矶水运资源优势，打造全省通江达海的前沿口岸，加快推进城陵矶综合保税区、启运港退税政策试点港，以及汽车整车、肉类、粮食和固废4个进口指定口岸(“一区一港四口岸”)建设，加强跟上海港的合作，提高对外开放水平。2015年争取综合保税区封关运行，启动启运港退税政策试点，加快四口岸建设进度。

二、加快推进6个重大项目前期工作

11. *生态功能修复工程*。组织对洞庭湖环境质量及污染现状进行调查分析，编制洞庭湖生态经济区环境综合整治方案。加快启动和推进望城区、华容县、鼎城区、赫山区等22个整县(市、区)农村环境综合整治。建立洞庭湖湿地野生动物的繁殖、保护中心，提升洞庭湖现有江豚自然保护区等级，建设中华鲟等其他珍稀水生生物自然保护区，建设若干县级水生生物资源增殖放流基地。加快洞庭湖湖体富营养化治理、百湖湿地修复和污染土壤集中治理等重点项目的实施，恢复洞庭湖湿地、试点区域污染土壤的生态功能，提升环湖森林生态功能，保障洞庭湖生态安全。2015年完成项目前期论证，启动东洞庭湖湖体富营养化治理示范点建设，推动重要生态功能区内的水源涵养林建设与保护。

12. *城陵矶综合枢纽工程*。选址城陵矶七里山坝址，建设集生态环境保护、航运、灌溉、供水、发电、旅游景观于一体的综合性枢纽工程，主要建设内容为船闸、泄水闸、溢流坝、鱼道、电站等，坝轴线总长3420米，预计总投资200亿元。2015年争取国家支持我省开展前期工作，并列为国家重点项目。

13. *洞庭湖博览园建设*。建设全面展现洞庭湖发展历史变迁、自然风貌、人文风情、规划愿景、建设成就的大型综合展示中心，建设文化交流、休闲娱乐、科普教育、互动体验等专题展示馆，配置微缩景观、LED矩阵、4D影院等声、光、电先进展示设施，生动、直观、形象地向观众诠释洞庭湖文化及洞庭湖生态经济区规划和建设成果，配套建设江豚馆、鸟类馆、湿地生态园、湖乡风情小镇等基础设施，预计项目总投资102亿元。2015年启动洞庭湖博览园综合展示中心建设。

14. *松滋口枢纽工程*。选址松滋口建设深孔引水闸，引长江水入松滋河，遏止洪道萎缩，实现松澧错峰。对松滋口洪道中的主干河道进行疏浚扩宽，加高加固堤防，维持10000m/s的洪道过流能力。对淤积严重、日益萎缩的支汊串河进行建闸控制，建成为河道型水库，提升洞庭湖对长江洪水的调蓄能力。2015年完成工程方案论证和项目建议书编制工作。

15. *桃花江核电站建设*。选址桃江县荷叶山，分两期建设桃花江核电站，主要建设4台AP1000压水堆核电机组，总装机500万千瓦，其中一期250万千瓦，二期250万千瓦，总投资概算700亿元。2015年按计划开展设计出图工作，完成可研、环评及相关专题研究，加快主设备锻件制造等开工准备工作，推动1号机组核岛、常规岛及早开工，年底前全面完成桃花江核电项目开工准备工作。

16. *渝长厦(常益长段)、常岳九铁路建设*。渝长厦常益长段建设线路为常德-益阳-长沙，我省境内总里程201公里，总投资275亿元。常岳九铁路建设线路为常德-益阳-岳阳-咸宁-九江，我省境内总里程230公里，总投资230亿元，目前已纳入国家《中长期铁路网规划(2008年调整)》。2015年，推进渝长厦(常益长段)、常岳九铁路前期工作，争取纳入国家“十三五”规划重点项目。

三、统筹推进市县重大项目建设

17. *明确项目建设任务*。湖区各市、县(区)分级分类实施好区域内10个左右的重大项目，整体推进307个重大项目建设，总投资约8140.4亿元，2015年计划完成投资1387.6亿元。其中，湖区三市协调推进32个重大项目，计划完成投资662.3亿元；县级负责实施276个重大项目，计划完成投资621.9亿元。在建项目118个、新建项目146个、前期项目43个；基础设施类97个、生态环保类26个、产业发展类108个、宜居城乡类39个、社会民生类37个。

18. *落实项目实施责任*。省直部门根据各自职能，进一步下放审批权限，简化审批流程，指导、协调地方做好项目前期工作，并协助争取国家项目和资金的支持。项目所在地人民政府负责项目具体实施，进一步拓宽投融资渠道，积极落实项目建设条件，加快推进项目建设进度。

四、积极推进6大改革试点示范

19. *推进生态保护机制改革试点*。建立生态保护红线制度和分区环境管理制度，划定并严守生态保护红线。研究制定促进湖区生态保护的财税、投资、价格、金融等政策措施，形成有利于生态建设和环境保护的激励机制。探索建立洞庭湖湿地生态补偿机制，加大对生态环境保护的转移支付、补偿力度。2015年完成洞庭湖湿地生态补偿试点办法、洞庭湖生态经济区环境功能区划、主要污染物排污权交易管理办法等试点方案。

20. *推进津澧融城一体化试点*。推进津澧两城产业、交通、商贸、金融一体化建设，探索产城融合、城乡统筹发展模式，完善多规合一的城市规划体制，创新政府和社会资本合作等多元化城市投融资模式。结合试点任务，启动城市基础设施、公共服务设施、保障性住房等一体化建设项目，着力将津澧新城建设成为洞庭湖生态经济区副中心城市、澧水流域中心城市、湘鄂边界中心城市。2015年启动津澧新城中小城市综合改革试点工作，完成《津澧融城空间一体化规划》编制，启动津澧城乡供水一体化、湘西北客运枢纽站建设等项目建设。

21. 推进现代农业综合改革试点。探索构建新型农业经营体系，创新土地流转和规模经营方式。探索农村集体所有制有效实现形式，创新农村集体经济运行机制。建立兼顾国家、集体、个人的土地增值收益分配机制，合理提高个人收益。鼓励开展“三农”融资担保业务，完善银担合作机制。2015年以推进益阳现代农业综合改革试点为突破，推进农业主体功能区建设试点，在湖区建设一批商品粮基地核心区、高效生态农业先行区，为全省现代农业综合配套改革试验发挥引领示范作用。

22. 推进城乡统筹建设试点。探索建立以工促农、以城带乡的长效机制，促进城乡居民享有均等化的公共服务和同质化的生活条件。规划统筹集镇建设，加强道路交通、污水处理及配套管网、集中供水设施建设，开展农村生活垃圾治理，加强特色风貌和历史文化资源保护，加强集镇管理，规范农村建房管理。积极培育一批文化旅游、商贸物流等专业特色城镇，建设一批生态城镇、风情小镇和新型农村中心社区。加强城市公共绿地和城郊森林公园建设，提高城市森林覆盖率和建成区绿化覆盖率，建设2–3个森林城市示范工程。2015年结合环湖路网布局，重点建设10个左右的特色生态城镇示范镇、30个左右的农村中心社区，并将其作为城乡统筹示范区给予支持。

23. 探索开展“飞地经济”试点。按照洞庭湖区域经济布局和主体功能区规划，引导、支持因保护生态、不适宜在当地发展的工业企业、项目以“飞地经济”模式异地转移。积极探索“飞出地”与“飞入地”建立共建共管机制和利益分享机制，加强产业转移、功能布局等方面的规划对接与统筹，招商引资、园区基础设施建设等方面的合作共赢。2015年重点支持城陵矶临港新区、赫山区、汉寿县、汨罗市等地，探索“飞地经济”发展模式。

24. 推进省直管县体制改革试点。按照省委、省政府关于省直管县体制改革试点的总体要求，探索建立事权、财权、行政权三统一的省直管县行政管理体制。以转变职能、增强效能为重点，赋予试点地区行使与设区的市相同的行政管理权限。进一步深化行政审批制度改革，努力实现行政运行机制和政府管理方式规范有序、公开透明、便民高效。大力推进扩权强镇改革，充分发挥乡镇在促进经济发展、强化公共服务、加强社会管理、推进基层民主等方面的作用。2015年重点推动平江、安化、石门等县域先行开展省直管县体制改革试点。

五、加快构建规划政策支撑体系

25. 完善规划体系。围绕规划确定的水域生态修复、产业转型发展、宜居家园建设、民生事业改善、基础设施支撑等重点任务，抓紧修改完善水利、农业、工业、交通、城镇、国土、环保、林业、旅游、商贸等10个专项规划和实施方案，将各项重大建设任务落实到项目、落实到年度，争取在6月底前报领导小组审定后印发。促进生态经济区“1+10”规划与各市县区“十三五”发展规划的全面对接，与省内其他专项规划的协调。

26. 完善配套政策。加大对上政策争取力度。协调各级各有关部门，对照国家规划和省实施意见提出的产业转型、市场准入、资金筹措、财税扶持等方面的政策措施，实化细化具体配套政策，逐条兑现。

六、狠抓重大项目建设资金的落实

27. 积极争取国家支持。省直相关职能部门主动加强与国家部委的对口衔接，积极争取更多生态经济区建设项目纳入国家支持的重点建设项目。对生态经济区内国家支持的重大水利工程、生态环境、信息基础设施等项目建设，适当提高省级补助或贴息比例，降低市级和县级政府投资比例。

28. 加大财政增量投入。按照“规划引导项目、项目引导资金”的原则，切实将中央财政专项资金用于项目建设上，重点支持生态经济区标志性工程建设和重大改革试点示范。围绕项目建设加大省级现有各类财政性资金的整合，省市县各级加大财政增量投入用于重大项目建设。政府专项债券向生态经济区公益性、基础性项目适当倾斜。

29. 加强金融信贷支持。搭建银企合作交流平台，促进项目对接。鼓励各类金融机构加大信贷支持力度，提高贷款投放规模。积极争取国开行、农发行等各类政策性银行，以及各类开发性基金加大对生态经济区项目建设支持力度。鼓励创新债券发行的品种、渠道和方式，开展债贷组合、债贷投组合等试点，鼓励企业在各类交易所市场上市，大力引入保险、社保资金支持生态经济区基础设施建设。

30. 鼓励引导社会投入。放宽市场准入，大力支持社会资本投资公路、铁路、水利、环保、医疗、教育等领域基础设施建设。鼓励通过公私合作、社会资本特许经营等多种方式，拓宽城乡建设融资渠道。积极做好重大项目的开发、包装和储备，对于市场化程度较高的项目，一般采取招商引资的方式落实建设资金，对投资和产出达到标准的招商项目给予一次性奖励。

七、着力推进工作体系建设

31. 健全工作制度。充分发挥领导小组统筹协调的作用，制定出台省洞庭湖生态经济区建设领导小组及其办公室的日常工作制度，完善新闻宣传、信息发布、经验交流、典型推广等制度。推动湘鄂两省四市一区建立联席会议制度，合力解决生态经济区建设中的重大问题。

32. 强化工作责任。省直有关部门要按照职能职责和工作分工，如期推进牵头负责的专项规划、实施方案、政策措施和重大项目建设等工作。湖区各市县要切实担负起项目建设的主体责任，逐一抓好本地区重大项目建设。领导小组办公室切实担负起协调服务的责任，及时调度掌握各项工作进展情况，研究解决建设发展中的具体困难和问题，协调、督促落实领导小组决定事项，确保各项工作按照时间节点抓落实。

33. 建立考核评价体系。加强规划实施的跟踪评价，制定出台洞庭湖生态经济区建设考核评价办法，对照项目推进计划表和部门责任清单，定期开展督促检查和综合考评，年底对工作计划执行情况进行考评，充分调动各方面积极性。

附件：

1. 洞庭湖生态经济区建设领导小组成员单位2015年度

责任清单（略）

2. 湖南省洞庭湖生态经济区建设2015年度重大项目推进计划（略）

2.1 湖南省洞庭湖生态经济区建设2015年度10大标志性工程（略）

2.2 湖南省洞庭湖生态经济区建设2015年度重大项目(市县)（略）

2.3 湖南省洞庭湖生态经济区建设2015年度重大前期项目（略）

省住房和城乡建设厅 关于进一步加强城市总体规划制定工作的通知

各市州规划局（规划建设局），县市规划局（建设局）：

城市（含县城，下同）总体规划是引导和调控城市建设，保护和管理城市空间资源的重要依据和手段。为充分发挥总体规划对新型城镇化的引导作用，为以人为核心的城镇化提供空间载体，现就进一步加强城市总体规划制定工作通知如下：

1. 立即启动新一轮总体规划制定工作。总体规划即将到期的湘乡市、临湘市、津市市等三市，攸县、安化县、道县、龙山县等4县，要立即启动新一轮总体规划制定工作，总体规划期限统一至2030年。其中城市总体规划纲要于2015年9月底前，总体规划成果于11月底前，县城总体规划人口与用地规模论证报告于8月底前报送我厅。列为省直管县试点的县城总体规划直接报我厅组织审查。

2. 抓紧开展总体规划实施评估工作。按照住房和城乡建设部《城市总体规划实施评估办法（试行)》和《湖南省实施＜中华人民共和国城乡规划法＞办法》要求，定期对总体规划实施情况进行评估。请岳阳市、常德市、湘潭市、永州市、娄底市、涟源市等6市，湘潭县、衡南县、衡东县、祁东县、绥宁县、新宁县、华容县、石门县、慈利县、桃江县、临武县、会同县、新晃县、宁远县、新晃县、江华县、江永县、蓝山县等18县，立即组织开展总体规划实施评估工作，于2015年12月底前将实施评估报告报我厅。

3. 加强总体规划备案工作。请尚未报送总体规划成果的市、县按照《湖南省住房和城乡建设厅关于做好城市和县城总体规划批后备案工作的通知》（湘建规函〔2013〕181号）要求，于2015年9月底前将总体规划成果报我厅。今后，城市和县人民政府城乡规划主管部门应当在总体规划获批60日内，将总体规划成果报我厅备案。凡未按要求进行总体规划备案的，我厅将不予办理该市、县上报的城乡规划审查和规划许可事项。

联系人：城乡规划处　黎文君　0731-88950049

湖南省住房和城乡建设厅

2015年8月21日

财政部驻湖南省财政监察专员办事处 关于开展水污染防治专项资金预算监管工作的通知

湖南省财政厅、环境保护厅：

根据《财政部关于下达2015年度财政预算监管工作计划的通知》（财预〔2015〕4号）、《关于江河湖泊生态环境保护工作有关事项的通知》（财办建〔2014〕87号）授权，水污染防治专项资金预算监管工作是我办2015年及今后一段时期的重要工作之一，为了更好地开展此项工作，现就有关事项通知如下：

一、充分认识重要性

水污染防治专项资金预算监管工作是专员办调整工作重点后的新增财政预算监管事项，是财政部第一批授权专员办开展的预算执行监控业务事项。做好该项工作对于加强预算管理，推进预算执行监控工作具有重要指导意义，是探索建立专员办与地方财政、职能部门之间有效监管机制和沟通联络机制的重要举措。各相关单位务必要提高认识，高度重视，相互支持，加强沟通配合，提高工作实效。

二、监管内容

一是专项资金管理情况，对湖南省制度体系设计、实施方案等发表意见；二是预算分解情况，对资金安排是否符合政策方向、有无按规定时间下达预算、因素选择是否合理、共同支出责任中地方承担部分是否落实等进行审核；三是预算执行情况，对支出进度是否符合要求、有无挤占挪用、有无结转结余资金、资金使用是否有效等进行监控。

三、工作流程

（一）加强沟通，报送资料。一是根据工作需要，加强工作对接和沟通；二是省财政厅及时将资金下达文件抄送我办，并根据需要收集下级财政部门有关资金分解文件报送我办；三是省环境保护厅及时收集政策文件、实施方案和项目验收证明报送我办。请分别于每年1月、4月、7

月、10 月 15 日之前将上季度上述资料报送我办。

（二）非现场审核。我办分别于 1 月、4 月、7 月、10 月 15–30 日实施非现场审核，按以下口径确定审核结果：一是对于预算分解表，与资料相符的审核通过，与资料不符的审核不通过；二是对于预算执行表，关键是审核开工和完工，对于应采取公开招投标而网上未查到中标公告的项目其预算执行表审核不通过。对于申报执行进度 100% 的，应有项目验收证明资料，否则审核不通过。其他进度以省厅审核为准。

（三）现场审核。我办实地抽查项目个数比例不低于全省 10%。在方式上，一是受你厅邀请，一起参加项目验收、督导或调研等；二是我办根据监管工作需要，提前 3 个工作日通知你厅，再由你厅通知项目单位；三是我办采取随机突击抽查方式。

（四）问题处理。对于监管中发现的问题，我办将根据授权和有关规定提出处理意见，及时通知你厅督促相关单位及时整改。

（五）上报审核意见。我办分别于 1 月、4 月、7 月、10 月底之前完成审核工作，审核意见反映在江河湖泊专项资金管理系统。

（六）分歧处理。各项目单位通过江河湖泊专项资金管理系统可查询我办审核意见，对审核意见有异议的可及时跟我办联系，并按要求报送相关资料，我办重新进行认定。对我办重新认定结果仍有异议者，可向财政部经济建设司反映。

（七）年度工作总结报告。年度终了，我办将总结一年预算执行监控工作开展情况、审核意见、监控中发现的主要问题、工作建议等，以正式文件上报财政部。

四、有关要求

（一）主动报送资料。请你厅根据上述工作要求，主动、及时报送相关资料。为了切实减轻工作负担，充分考虑工作实际，报送的资料至少应包括以下几项：

1. 省政府批复的项目实施方案；

2. 省财政分解到项目的资金拨款文件；如果省级未分解，则需要收集下级财政部门资金分解文件；

3. 竣工验收证明，200 万元以上项目由省环境保护厅提供，200 万元以下项目由验收部门上报省环境保护厅后汇总报我办；

4. 我办要求提供的其他有关资料。

（二）加强沟通协调。为了高效便捷开展工作，提高沟通效率，应设定三方联系人以及地市一级联络人名单报送我办，并建立工作 QQ 群、微信群。我办联系人为业务三处吴柱良，电话 0731–85825213。

（三）做好廉政监督。在我办开展预算监管工作中，请各单位监督我办加强作风建设，切实做好党风廉政建设。

监督电话：0731–85825217　湖南专员办机关党委

地址：长沙市芙蓉中路三段 78 号

财政部驻湖南省财政监察专员办事处

2015 年 9 月 7 日

湖南省住房和城乡建设厅
关于全省建筑节能与绿色建筑检查情况的通报

各市州住房和城乡建设局（建委、规划建设局）：

各地认真贯彻落实建筑节能相关法律法规，围绕省厅年初下达的工作目标责任，进一步加大工作力度，加强监督管理，建筑节能各项工作有所成效。根据《湖南省住房和城乡建设厅关于开展建筑节能与绿色建筑检查工作的通知》要求，各地已完成自查工作。现将有关情况通报如下：

一、检查中发现的问题

1. 部分地区对建筑节能工作重视不够

部分县（市、区）住房和城乡建设部门未设置建筑节能专职岗位和专项资金。县级住房和城乡建设部门对项目中建筑节能工程的监管不严格，检查组专家专业素养有待提高。个别地方政府投资项目为降低工程成本，未将节能工程纳入工程预算，严重违反工程建设强制性标准。如蓝山县三蓝学校食堂，外墙保温、中空玻璃资金被取消。

2. 新建建筑项目节能设计把关不严

建筑节能设计中设计缺项或漏项，产品、材料选择不当，构造错误，设计图纸与计算书不符等现象较普遍，有的项目甚至无节能计算书；一些项目的设计人员按业主要求随意变更节能设计，降低节能设计标准，人为修改节能设计计算结果，甚至采用错误的计算方式计算节能，如将剪力墙面积删除后计算、空调冷热负荷计算时人为减少计算面积等，从而影响节能计算结果。

3. 新建建筑项目节能施工水平亟待加强

建筑节能施工中保温层厚度普遍偏薄，热桥部位未做保温处理，建筑节能专项施工方案未按设计文件编制，有的项目根本没有建筑节能专项施工方案。现场监理在施工过程中未进行有效的过程控制，部分监理单位对进场材料把关不严，对不按图施工、设计变更未经审图机构审核等违规情况未进行制止，或提出异议后对于是否改进没有跟进监督，也未及时报告住房和城乡建设部门，对不符合验收条件的隐蔽工程和分项工程予以验收。

4. 建筑节能材料市场混乱

施工现场节能材料、设备存在型式检验报告检测内容不全、材料进场未做复验、无法提供产品合格证等现象；个别项目提供材料虚假的检测报告，甚至工程实际使用中的材料与复验报告中材料不一致；个别地方对工程材料未按要求进行备案管理和监督，任由伪劣产品流入施工现场。

5. 目标责任状相关工作进度较慢

根据各市州目标责任状完成情况表与实地考察情况，相关工作进度较慢。其中绿色建筑推进过程中，长沙、株洲、湘潭、邵阳、郴州进展较快，有取得标识的项目，娄底、怀化、常德、永州有列入创建计划的项目；既有居住建筑节能改造工作中，长沙、常德较好地完成了任务；国家机关办公建筑和大型公共建筑能耗监管体系等专项工作开展相对较慢，尚无完成监管体系建设的市州。

二、下一步工作重点

各地应加强建筑节能达标管理，加快对问题项目的整改，省厅将在年终建筑节能与绿色建筑专项检查时，对此次检查中发现的问题进行复查。针对检查中存在的共性问题，下一步要重点做好以下工作。

1. 进一步加大建筑节能执法力度

将建筑节能自查工作纳入常态化管理。市州住房和城乡建设部门应定期组织建筑节能工程质量检查，检查可单独组织，也可结合本地建设工程质量安全检查工作开展。各地应建立建筑节能工程台账，根据项目进度严格抽检以下内容：项目建筑节能设计、图审、检测、施工、监理等方面的项目建设文件资料（包括项目施工图设计文件、节能计算书、设计变更文件、施工图审查文件、建筑节能工程施工技术方案）。核查建筑节能工程中有无违规购买和使用质量不合格的建筑节能材料和产品情况（检查节能材料和产品质量证明文件，即出厂合格证、中文说明书、型式检验报告和进场验收资料、进场复验和见证取样送检资料）。对于检查中违反《民用建筑节能条例》、《湖南省民用建筑节能条例》以及有关强制性标准的工程项目，按照《湖南省建筑市场不良行为记录公示制度》要求报至省厅。对检查中发现抽检项目出具虚假检测报告等违法违规的检测机构，按照《建设工程质量检测管理办法》相关规定，予以处罚。同时，各市州应及时将查处结果报我厅（附件1）。我厅已组织编制了《湖南省民用建筑节能工程施工质量监督管理细则（征求意见稿）》（附件2），请各地于9月30日前反馈意见到我厅建筑节能与科技处（附件3），逾期不反馈视为无意见。

2. 进一步提升建筑节能从业人员专业水平

组建全省建筑节能专家库。我厅计划在全省范围的建筑设计院、审图中心、施工企业、质监部门中征集从事建筑节能工作的专业人员，委托相关单位对其进行培训，经考核合格后纳入我省建筑节能专家库，确保每个市州有一支专业齐全、水平高、相对稳定的专家团队，从事建筑节能的管理和监督工作。专家库成员实行动态管理制度，参加检查时间可算入继续教育培训时间。同时加大对建筑节能工作从业人员的培训力度，积极培养建筑节能专家库后备人才。请各市州于9月30日前推荐设计（建筑和暖通）、质监、检测专业人员到我厅建筑节能与科技处（申报表见附件4–5）。

3. 进一步加强材料管理工作

根据《全省建设工程施工现场节能材料（产品）抽检工作方案》要求，省厅将委托检测机构配合各地住房城乡建设主管部门跟踪项目节能工程进度，随时对项目节能材料进场情况进行抽检。重点检测材料（产品）性能和实体质量，包括节能门窗、墙体保温隔热材料、屋面保温隔热材料以及已完成节能施工的建筑部位。对于抽检认定不合格的建筑节能材料和产品，住房城乡建设主管部门应立即停止其在工程中的应用，并责令项目进行整改，对整改达不到要求的不予验收，其生产企业已列入《湖南省建筑节能技术、工艺、材料、设备推广应用目录》的，按照《湖南省建筑节能技术、工艺、材料、设备推广应用和限制禁止使用目录管理办法（试行）》（湘建科〔2012〕216号）进行处理。

4. 进一步加强建筑节能相关工作的管理

各地应加大管理力度，充实管理人员队伍，按照年初工作要点大力推进绿色建筑，扩大可再生能源建筑应用，加快既有居住和公共建筑的节能改造，积极开展国家机关办公建筑和大型公共建筑节能监管体系建设等工作，确保年底前顺利完成目标责任任务。

联系人：熊皓　杨晓林

联系邮箱：hnjstkjc@163.com

联系电话：0731–88950273

附件：

1. 建筑节能检查项目情况（略）

2. 湖南省民用建筑节能工程施工质量监督管理细则（征求意见稿）（略）

3. 《湖南省民用建筑节能工程施工质量监督管理细则（征求意见稿）》意见表（略）

4. 全省建筑节能专家库专家申报表（略）

5. ______市建筑节能专家库申报总表（略）

以上附件请从住房和城乡建设厅官网下载，上交内容请打包发送到邮箱。

湖南省住房和城乡建设厅

2015年9月17日

湖南省技术改造节能创新专项资金管理办法

第一章　总则

第一条　为推进工业结构调整和产业转型升级，促进企业技术创新和节能降耗，进一步发挥财政资金的引导和激励作用，根据《中华人民共和国预算法》、《中华人民共和国节约能源法》、《国务院关于促进企业技术改造的指导意见》（国发〔2012〕44号）、《国务院办公厅关于强化企业技术创新主体地位全面提升企业创新能力的意见》（国办发〔2013〕8号），制定本办法。

第二条　本办法所称湖南省技术改造节能创新专项资金（以下简称“专项资金”）是指省财政预算安排，用于支持企业技术改造、推进工业节能降耗和资源综合利用、促进技术创新、技术研发和产业技术成果转化的专项资金。

第三条　专项资金使用遵循以下原则：

1. 政策导向。符合国家和省产业政策、行业规划和发展方向，强化资金引导带动作用。

2. 创新引领。支持企业（单位）研究开发应用新产品、新技术、新工艺，推进技术改造和成果转化，提升技术装备水平，提高能源利用效率和资源综合利用水平，增强企业核心竞争力。

3. 突出重点。围绕产业结构调整和优化升级，突出支持优势产业、特色产业和新兴业态，促进龙头骨干企业做大做强。

4. 专业配套。引导和鼓励企业提高与大企业的协作配套能力，促进产业集群集聚发展。

5. 科学管理。遵循公开、公平、公正、科学合理的原则；既突出重点，又统筹兼顾。

第四条　专项资金采用无偿资助、贷款贴息、以奖代补或者基金投入的方式。同一项目原则上不重复安排专项资金支持，同一年度一个单位原则上只能申报一个项目。基金投入方式按照有关规定执行。

第五条　专项资金实行制度办法、申报流程、评审结果、分配结果、绩效评价等全过程公开。

第二章　支持范围和申报条件

第六条　专项资金支持范围包括：

1. 工业企业为实现增加产品品种、提高质量、节约能源、降低原材料消耗、提高劳动生产率、提高经济效益等目的，采用先进的、适用的新技术、新设备、新工艺、新材料，改造现有设施、生产工艺条件及辅助设施的技术改造项目。

2. 节能量奖励、合同能源管理、能耗在线监测和能源管理中心建设、清洁生产技术改造、节能与综合利用示范等工业节能降耗和综合利用项目。

3. 新认定的省级企业技术中心等创新研发平台和技术创新示范企业奖励；新产品新技术新工艺研发推广、专利成果转化以及重点领域共性关键和重大技术研发、重大技术创新成果转化项目；企业产品质量、标准、品牌培育体系建设项目。

4. 工业园区和产业示范基地公共服务平台建设、节能管理体系建设、企业技术创新公共服务平台和服务体系建设、工业设计中心等项目。

5. 推进工业结构调整升级、工业节能降耗、工业经济运行等专项工作。

6. 省委、省政府确定的需要支持的重点项目和重要事项。

第七条　申报专项资金的项目单位必须具备以下条件：

1. 在湖南省内依法注册，具有独立法人资格，法人治理结构规范，项目单位如为企业必须为规模以上企业；

2. 具有健全的财务管理机构和完善的财务管理制度，财务状况良好；

3. 具有良好的会计信用和纳税信用；

4. 项目单位如为企业，须配合财政、经信、统计等部门工作，按时报送相关数据报表和情况，无不良记录。

第八条　申报专项资金的项目必须具备以下条件：

1. 必须符合国家产业政策和有关法律法规；

2. 必须符合专项资金支持的范围和具体方向；

3、所采用的工艺技术先进可靠，无知识产权纠纷；

4. 具有良好的社会和经济效益，符合节能、降耗、安全、环保等要求。

第三章　项目申报与审查

第九条　每年7月底以前，省经信委等部门会同省财政厅下发下一年度项目申报通知，对项目的组织申报工作进行部署。申报通知在省经信委和省财政厅门户网站或相关媒体上同时公开。

第十条　专项资金按以下程序申报：

中央在湘单位项目由中央在湘一级单位直接向省经信委等部门和省财政厅申报。

省属单位项目由相应的省直主管部门对申报项目初审、汇总后，行文报省经信委等部门和省财政厅。

市州（不含省财政直管县）单位项目由市州经信委会同市州财政局组织申报。市州经信委、财政局对申报项目初审、汇总后，联合行文上报省经信委等部门和省财政厅。

省财政直管县项目由县市经信局会同县市财政局组织申报。县市经信局、财政局对申报项目初审、汇总后，联合行文上报省经信委等部门和省财政厅，同时抄送市经信委等部门和财政局。

省直主管部门，各市州、省直管县市经信、财政部门负责对所属地区项目申报材料的真实性、合法性进行把关；项目单位直接申报的，应一并提交材料真实性、合法性承诺书。

第十一条 项目申报须提供以下相关材料：

1. 专项资金申请报告（专项资金申请报告编制要求在项目申报通知中予以明确）；

2. 法人营业执照、地税、国税登记证复印件（非营利性组织提供机构代码证复印件）；

3. 企业近一年度纳税凭证、经会计师事务所审计的近一年度会计报表和审计报告（非营利性组织或新办企业投资项目除外）；

4. 项目核准备案文件复印件；

5. 申请贷款贴息的项目，须提供相关部门贷款合同以及付息凭据复印件；

6. 项目单位对其提供的资金申请报告和附属文件真实性负责的申明；

7. 项目申报通知中要求提供的其他有关材料。

第十二条 项目申报除按照申报通知要求上报有关纸质文件外，还需按要求进行网上申报。

第十三条 省经信委等部门会同省财政厅对上报项目进行汇总和初步审查。初步审查包括：申报单位是否符合申报条件，报送材料是否齐全、完整，格式是否清楚、规范并符合要求，申报程序是否符合要求，申报项目是否同时完成了网上申报流程等。

第十四条 对初审合格的项目，由省经信委等部门会同省财政厅从省有关专家库中抽取专家组成专家组进行评审。省经信委等部门会同省财政厅根据专家评审意见和年度专项资金预算规模，确定专项资金支持项目和安排方案，并将拟支持项目在省经信委等部门和省财政厅门户网站或相关媒体上公示5个工作日。

第四章　资金下达与监督检查

第十五条 对经公示后无异议的项目由省财政厅会同省经信委等部门按照确定的资金分配方案和预算管理相关规定下达专项资金，并将资金安排情况在省财政厅和省经信委等部门门户网站或相关媒体上同时公开。每年11月底前，根据资金分配方案将下达资金预计数下达市县并编入预算，除据实结算等特殊事项外，专项资金在本级人民代表大会批准预算后60日内正式下达。

第十六条 经信等部门会同财政部门定期或不定期对项目实施和专项资金使用情况进行抽查，督促项目单位按进度推进项目建设。财政部门会同经信等部门负责资金监督管理，建立项目绩效评价制度并组织开展绩效评价工作，绩效评价结果作为今后安排专项资金的重要依据。绩效评价结果在省财政厅和省经信委等部门门户网站或相关媒体上同时公开。

第十七条 专项资金必须专款专用，严禁虚报、冒领、截留、挤占、挪用。违反规定的，由省级财政部门依照《财政违法行为处罚处分条例》有关规定予以处理、处罚、处分，并取消项目单位专项资金申报资格二年；涉嫌犯罪的，依法移送司法机关处理。

第五章　附则

第十八条 本专项资金设置年限为2016年至2018年，到期自动终止。如需延续，经绩效评估后，按新设专项程序报省政府批准。

第十九条 本办法自公布之日起实施，原《湖南省企业技术改造专项资金管理办法》（湘财企〔2006〕22号）、《湖南省节能专项资金管理办法》（湘财企〔2011〕46号）、《湖南省节能技术改造财政奖励资金管理办法》（湘财企〔2011〕47号）和《湖南省企业技术创新专项资金管理办法》（湘财企〔2008〕42号）同时废止。

湖南省财政厅
湖南省经信委
2015年10月19日

湖南省财政厅、湖南省环境保护厅
关于印发《湖南省环境保护专项资金使用管理办法》的通知

（湘财建〔2015〕100号）

各市州、县市财政局、环境保护局：

为加强环境保护专项资金项目管理，促进污染治理，提高环境质量，根据国务院《排污费征收使用管理条例》（国务院令第369号），财政部、环保部《排污费资金收缴使用管理办法》（财政部、环保部令第17号）和中央及省有关环保资金管理要求，结合我省实际，省财政厅、省环境保护厅修订了《湖南省环境保护专项资金使用管理办法》，现予印发，请遵照执行。原《湖南省环境保护专项资金使用管理办法》（湘财建〔2014〕6号）同时废止。

附件：湖南省环境保护专项资金使用管理办法

湖南省财政厅
湖南省环境保护厅
2015年12月3日

附件：

湖南省环境保护专项资金使用管理办法

第一章 总 则

第一条 为加强环境保护专项资金的使用管理，规范环境保护项目管理，促进污染治理，提高环境质量，根据国务院《排污费征收使用管理条例》（国务院令〔2002〕第369号），财政部、环保部《排污费资金收缴使用管理办法》（财政部、环保部令〔2003〕第17号）和有关环保专项资金管理办法，结合我省实际，制定本办法。

第二条 本办法所指环境保护专项资金指需由省级进行分配和下达的环境保护专项资金（以下简称省级环保专项资金），其来源主要包括：

（一）省级环保部门依法直接征收及市（州）、县（市）按规定比例上解省国库的排污费；

（二）省财政预算内安排的各类环保专项资金；

（三）中央切块下达我省的环保专项资金；

（四）其他省级环保专项资金。

第三条 各级财政部门会同环保部门负责对省级环保专项资金进行分配、监督和管理，各级环保部门会同财政部门负责对环保项目进行审查、监督和管理。

第四条 省级环保专项资金按照合理分配、优化结构、突出重点、择优扶持的原则，实行项目法和因素法相结合的分配方式。

市（州）、县（市）按规定比例上解的排污费主要按照因素法分配；按项目法分配的省级环保专项资金（含省统筹的部分排污费）根据年度预算和环保工作重点发布项目申报指南，按照项目申报、专家评审的程序进行分配。专项资金制度办法、申报流程、评审结果、分配结果、绩效评价等全过程向社会公开。

第二章 资金使用范围

第五条 省级环保专项资金优先支持列入各级环境保护规划、计划的重点项目和重大科研项目，包括：

（一）重点污染源治理项目。支持重点排污企业采用先进工艺和技术治理污染源，推行清洁生产以及化工、冶金、医药、电力、建材、轻工、纺织、机械等重点工业行业的环保示范项目。

（二）区域性污染治理项目。支持省内跨流域、跨地区的重大污染治理项目，支持重点流域、区域实施环境综合整治和污染集中控制。

（三）污染防治新技术、新工艺、新产品的研究开发、示范及推广应用项目。

（四）重要的环保立法项目、环保规划、环保科研及环境政策研究项目补助、控制环境污染和生态破坏的重大环保基础科学研究成果奖励。

（五）环境监管能力建设及运营项目。

（六）环境污染监控和污染事故预警应急系统建设及在线监控设施运行项目。

（七）自然生态保护、生态示范创建和土壤修复、治理和农村环境保护项目补助。

（八）省政府规定的其他污染防治项目以及环境保护重要专项业务工作补助经费。

第六条 省级环保专项资金不支持下列项目：

（一）新建项目需要配套建设的环境保护设施，即环境保护“三同时”项目。

（二）环境影响评价认定对社会或自然环境有较大不良影响的项目。

（三）城市绿化、环境卫生、城镇污水处理、城镇垃圾处理、城市燃气、集中供热等应由其他部门专项资金支持的城市环境基础设施项目以及与污染防治无直接关系的其他项目。

（四）国家产业政策不支持、明令淘汰、禁止的项目。

第三章 申报程序及条件

第七条 省财政厅会同省环保厅年初根据当年预算和年度支持重点，提出项目法及因素法分配资金的方案。每年11月底前，应根据确定的资金分配方案将资金相应提前下达市县或编入预算。

省环保厅会同省财政厅对按项目法分配的省级环保专项资金，根据“突出重点、科学规范、先急后缓”的原则确定支持重点及方向，制定并向社会发布项目申报指南，组织项目申报工作。

按因素法分配的省级环保专项资金由各地每年自行组织辖区内项目申报、审核及资金分配工作，并将资金分配方案、上年度资金使用绩效报告（按湘财绩〔2013〕29号文件要求）报省财政厅、省环保厅备案。

第八条 符合规定条件的项目单位按项目申报通知和规定程序申报。中央在湘（含大型火电企业）和省直单位可直接向省环保厅和省财政厅申报；其他单位按属地原则上报，由市（州）或省直管县（市）环保部门和财政部门联合对项目组织初审后联合行文上报省环保厅和省财政厅。

第九条 申报项目须提供以下有效材料：

（一）专项资金申报项目基本信息表（附件1）。该表由项目承担单位负责填写，并加盖公章。

（二）项目单位法人营业执照复印件。

（三）排污许可证复印件。生产经营危险废物的单位同时提供相应许可证复印件。

（四）项目实施方案或技术方案。

申报项目总投资在300万元（含300万元）以上的，项目承担单位需提供具有相应资质的单位编制的项目实施方案；总投资300万元以下的项目，需提供项目技术方案。

实施方案包括项目概况、项目必要性及可行性分析、建设目标、技术路线、建设内容、项目预算及资金筹措、工作进度安排、组织管理、项目预期效益分析和绩效目标等。

环境监管能力建设项目，由政府采购实施单位按照申报文件编制项目实施方案并组织实施；污染防治和生态保

护项目，项目单位应委托具有相应资质的工程设计单位编制项目实施方案。

（五）按规定要求开展环境影响评价的项目需提供环境影响报告书（表）及其批复文件。

（六）区域污染防治项目需提供区域污染防治规划。

（七）申请以奖代补的项目，需提供项目通过竣工验收的相关资料。

第十条 各地环保、财政部门应对申报项目的实施基础、开工条件、建设方案、工艺流程、环境效益及绩效目标等进行充分论证和审查，择优上报，并对材料的完整性、真实性负责。

第四章 资金分配与拨付

第十一条 因素法资金分配。原则上按照各地上解排污费金额（权重比例40%）、主要污染物削减量（权重比例30%）、环境质量状况（权重比例20%）以及各地因素法分配资金使用情况（权重比例10%）等因素测算。

上解排污费是指上年度该市（州）、县（市）按分成比例上解省国库的排污费总额，该指标由省环保厅与省财政厅（省国库管理局）对账确认。

主要污染物削减量指上年度该市（州）、县（市）主要污染物总量控制实际完成情况，按照国家规定的污染因子削减任务完成率平均计算。

环境质量状况按照上年度各市（州）、县（市）地表水水质和城市环境空气质量达标率平均计算。

资金使用情况按照上年度各市（州）、县（市）因素法分配资金所安排项目的验收完成率计算。

市级主要污染物削减量、环境质量状况由省环保厅核定，县级主要污染物削减量、环境质量状况由市级环保部门核定。

第十二条 项目法资金分配。省环保厅会同省财政厅组织对申报项目按以下流程（必要时可组织实地考察和项目答辩）确定资金分配方案：

（一）项目初审。省财政厅、省环保厅对项目申报条件、材料完整性等方面进行审查。

（二）专家评审。对初审合格的项目，由省环保厅会同省财政厅组织专家进行评审。评审包括技术方案审查和预算审查。

（三）项目确定。省财政厅、省环保厅根据专家评审意见、建议和评分排序，确定资金支持项目和安排方案，并将拟支持项目在省财政厅和省环保厅门户网站上予以公示。

第十三条 监管能力建设资金由省环保厅会同省财政厅定期制定省级环境监管能力建设规划或方案，年度环境监管能力建设资金原则上按照相关规划或方案执行。

第十四条 资金安排条件及原则。

1. 排污单位按时、足额缴纳排污费，近两年内，项目单位无重大环境违法行为和重大环境污染事件，未被各级环保部门处罚，企业环境行为信用评价未被列入环境不良企业，被列为环境风险企业的从严审查。

2. 项目安排以环境效益为主，适当考虑社会效益和经济效益，对环境效益明显的项目适当加大资金支持力度。

3. 专项资金优先安排已开工建设或已完成前期工作可立即开工建设的项目，所补助的项目资金到位后实施期一般不超过1年，治污总投资超过1000万元以上的大型项目一般不超过2年。

第十五条 对上年度未完成主要污染物减排任务、在排污费稽查中发现违反规定坐支、截留、挤占、挪用排污费或对利用虚假材料申报专项资金项目把关不严的市（州）、省直管县（市），省财政厅、省环保厅将视情况扣减或停止安排当年该市（州）、省直管县（市）省级环保专项资金。

第十六条 资金下达。除据实结算等特殊项目外，所有项目资金在当年省人民代表大会批准预算后的60日内正式下达，其中，项目法安排的资金，由省财政厅会同省环保厅对公示后无异议的项目按照确定的资金分配方案下达专项资金；因素法分配的资金，由省财政厅会同省环保厅按测算因素切块下达各地财政部门，再由各地财政部门会同环保部门确定补助项目及金额后下达至项目单位。资金分配方案按规定需呈报省政府审定的，先行报送省政府审定后再行下达。

第五章 管理与监督

第十七条 项目单位（含因素法分配涉及的项目单位）对资金筹措和管理、建设、技术方案、设备采购以及建成后的设施运行全过程负责。要严格执行相关的国家法律、法规和制度，要实行项目法人制、招投标制、合同制、工程监理制。应严格按照可行性研究报告或技术方案编制项目实施方案，实施方案报环保部门审定后组织实施。

第十八条 省级环保专项资金按因素法下达各地的部分，各地应当在资金安排文件下达后1个月内将资金分配方案（含安排原则、理由及明细方案）、专家评审结论等相关资料报省财政厅、省环保厅备案。

第十九条 以专项补助形式安排的环保专项资金项目，环保部门应与项目单位签订《湖南省环境保护专项资金使用任务书》（见附件2）。中央环境保护专项资金项目、大型火电企业污染治理项目、省直单位及省级环保专项资金拨款（含贷款贴息）金额在200万元以上（含200万元）的项目，由省环保厅与项目单位签订，其他项目由项目所在地环保部门与项目单位签订。

第二十条 省级环保专项资金应专账核算、专款专用，任何单位和个人不得截留，挤占或者挪用，不得擅自更改资金的使用范围、补助环节和补助标准等。项目完工验收后环保专项资金若有结余的，报经省财政厅和省环保厅批准，可继续用于本地区其他相关项目。

第二十一条 项目实施过程中，项目技术方案、处理工艺和处理规模等有重大变更时，项目单位应按原渠道提出变更申请，环保和财政部门应及时组织专家进行论证，做出批复。

第二十二条 专项资金补助安排的省级环保专项资金项目执行竣工验收制度。项目完工后3个月内，项目单位应向环保、财政部门申请项目竣工验收。中央环境保护专项资金项目、大型火电企业污染治理项目、省直单位及省级环保专项资金拨款（含贷款贴息）金额在200万元以上（含200万元）的项目，由省环保厅、省财政厅组织竣工验收。其他项目和因素法安排的专项资金项目由项目单位所在地环保、财政部门组织竣工验收。

第二十三条 省级环保专项资金项目验收应根据项目实施方案（项目可研报告、项目建议书）的内容，按环保建设项目竣工验收的有关规定执行。

项目单位申请竣工验收必须提交竣工验收申请报告、《中央和省级环保专项资金项目竣工验收报告表》（附件3）、项目工作总结、招投标（或政府采购）文件、项目建设主要合同文件、监理报告、专项资金拨付凭证、财务决算报告、审计报告（安排专项资金100万元以上的工程类项目需提供审计报告）、实施过程相关图片（或视频）等资料，污染治理类项目还需提供竣工验收监测报告。竣工验收项目的验收监测由具有相应资质的环境监测机构负责。

第二十四条 各地财政、环保部门要加强对省级环保专项资金使用和项目执行情况的监督检查，督促项目单位严格按规定使用专项资金，确保项目建设进度和专项资金使用效益，在每年6月底前将上年度专项资金项目实施进度表（格式见附件4）和绩效评价报告（纸质文本和电子版本各一份）报省环保厅和省财政厅。绩效评价工作严格按照《湖南省预算绩效目标管理办法》（湘财绩〔2013〕29号）要求组织实施。

各项目单位和各级财政、环保部门要加强项目相关档案资料管理，自觉接受审计、监察部门的监督和检查。

第二十五条 采取欺骗等不正当手段骗取专项资金、在项目执行过程中违反国家财经纪律的，各级财政部门、环境保护部门应按职责分工，根据《财政违法行为处罚处分条例》（国务院令第427号）、《排污费征收使用管理条例》（国务院令369号）等有关规定给予相应的处理、处罚。涉嫌犯罪的移送司法机关追究刑事责任。

第二十六条 省财政厅、省环境保护厅不定期对省级环保专项资金项目的实施情况进行监督检查，对各地财政、环保部门项目绩效评价情况进行抽查，检查结果作为下年度省级环保专项资金安排的重要依据。

第六章 附则

第二十七条 中央以项目形式下达我省的环保专项资金的监督和管理适用本办法。各市、县级财政与环保部门应参照本办法制订本地区环境保护专项资金管理办法。

第二十八条 本办法自公布之日起30日后施行，一定三年。原《湖南省环境保护专项资金管理办法》（湘财建〔2014〕6号）同时废止。

附件：

1. 湖南省环境保护专项资金申报项目基本信息表（略）
2. 湖南省环境保护专项资金使用任务书（略）
3. 中央和省级环保专项资金项目竣工验收报告表（略）
4. ** 年度中央及省级环保专项资金项目实施情况汇总表（略）

湖南省发改委、湖南省财政厅、湖南省环保厅关于转发《国家发展和改革委员会、财政部、环境保护部关于制定石油化工及包装印刷等试点行业挥发性有机物排污费征收标准等有关问题的通知》的通知

（湘发改价费〔2015〕1120号）

各市州发改委、财政局、环保局：

现将《国家发展和改革委员会、财政部、环境保护部关于制定石油化工及包装印刷等试点行业挥发性有机物排污费征收标准等有关问题的通知》（发改价格□2015□2185号）转发给你们，同时结合我省实际，制定补充规定，请一并遵照执行。

一、挥发性有机物（以下简称“VOCs”）征收排污费试点行业。根据《财政部、国家发改委、环保部关于印发<挥发性有机物排污收费试点办法>的通知》（财税〔2015〕71号）要求，结合我省实际情况，确定石油化工行业和包装印刷行业为我省本次试点行业。具体行业范围及石油化工行业VOCs排放量计算办法按《挥发性有机物排污收费试点办法》附件1、附件2执行，待试点完成后全面推行。

二、VOCs排污费收费标准。VOCs是指特定条件下具有挥发性的有机化合物的统称，主要包括非甲烷总烃（烷烃、烯烃、炔烃、芳香烃）、含氧有机化合物（醛、酮、醇、醚等）、卤代烃、含氮化合物、含硫化合物等，根据污染物当量值确定原则，鉴于VOCs对环境的损害程度与二氧化硫、氮氧化物等污染物相当，确定VOCs当量值为0.95，VOCs排污费征收标准为每污染当量1.2元。每一排放口排放的VOCs均需征收VOCs排污费，不受对前3项污染物征收排污费的限制。但对VOCs中的苯、甲苯、二甲苯等污染物已征收排污费的，应当将其排放量从VOCs排放量中扣除。

三、对VOCs排放实行差别化收费政策。根据VOCs排放监测技术水平，企业VOCs排放浓度值高于国家或省规定的排放限值，或高于规定的排放总量指标的，按收费标准加一倍征收排污费；同时存在上述两种情况的，按收费标准加两倍征收排污费。企业生产工艺、装备及产品，属于《产业结构调整指导目录（修正）》规定的淘汰类的，按收

费标准加一倍征收排污费。企业 VOCs 排放浓度值低于国家或省规定的排放限值 50□以上的，减半征收排污费。具体实施按环保部环办 □2015□ 10 文件执行。

四、强化 VOCs 排污申报登记及排污费征收管理。各地必须严格要求试点企业按《财政部、国家发改委、环保部关于印发＜挥发性有机物排污收费试点办法＞的通知》、环保部《关于排污申报与排污费征收有关问题的通知》（环办〔2014〕80 号）相关规定在每月或每季后 7 日内向负责征收排污费的环境主管部门据实填报相关申报表，并对报送材料的真实性、有效性和完整性负责。

加强对 VOCs 排污收费政策宣传和培训工作，切实推进试点工作的开展。各级环境主管部门要组织全面摸排，确认辖区试点企业名单，强化对试点企业排污申报登记管理，督促试点企业严格按规定报送《石油化工行业 VOCs 排放申报登记表》、《包装印刷行业 VOCs 排放申报登记表》及相关证明材料，并依据申报材料按照环保部规定的核算方法核定其排污量征收排污费，要开展定期专项稽查，对拒绝申报、虚假申报、少缴排污费的，依法予以处罚并追缴排污费。

五、本通知从 2016 年 3 月 1 日起执行。

附件：《关于制定石油化工及包装印刷等试点行业挥发性有机物排污费征收标准等有关问题的通知》（略）

湖南省发改委
湖南省财政厅
湖南省环保厅
2015 年 12 月 17 日

湖南省财政厅、湖南省科学技术厅关于印发《湖南省科技发展计划专项资金管理办法》的通知

各市州、省直管县市财政局、科技局，省直有关单位：

为规范和加强湖南省科技发展计划专项资金管理，提高资金使用绩效，我们制定了《湖南省科技发展计划专项资金管理办法》，现印发你们，请遵照执行。

附件：湖南省科技发展计划专项资金管理办法

湖 南 省 财 政 厅
湖南省科学技术厅
2015 年 12 月 25 日

附件：

湖南省科技发展计划专项资金管理办法

第一章　总则

第一条　为规范和加强湖南省科技发展计划专项资金（以下简称专项资金）管理，提高资金使用绩效，根据《中华人民共和国预算法》、《国务院关于改进加强中央财政科研项目和资金管理的若干意见》（国发〔2014〕11 号）和《国务院关于深化中央财政科技计划（专项、基金等）管理改革方案》（国发〔2014〕64 号）等法律法规和文件精神，制定本办法。

第二条　本办法所称专项资金是指省级财政预算安排，专项用于支持我省科学研究、技术创新以及科技成果转移转化等科技发展计划的专项资金。

第三条　专项资金的管理和使用要严格按照财政预算管理的有关规定，遵循统筹兼顾、突出重点，分类支持、讲求绩效，科学规范、公开透明的原则，切实提高专项资金绩效水平。

第四条　根据科技创新规律和科技计划类别特点，专项资金综合采用事前资助、事后补助、风险补偿、创投引导、绩效奖励等支持方式。

第五条　专项资金应按照财政预算公开的要求，实行制度办法、申报流程、评审结果、分配结果、绩效评价全过程面向社会公开。

第二章　支持类别与方式

第六条　专项资金按自然科学基金、科技重大专项、重点研发计划、技术创新引导专项（基金）、创新平台与人才专项等五类科技计划（专项、基金）进行分类支持。具体如下：

（一）自然科学基金。主要支持基础研究和科学前沿类自由探索，注重交叉学科、支持研究人才和团队建设，增强我省源头创新能力。原则上主要采取事前资助方式。

（二）科技重大专项。主要支持国家和我省重大战略产品和重大产业化目标，支持我省重大产业发展、重大民生建设和重大社会需求的重大技术攻关与成果转化，强化顶层设计，设定时限内进行集成式协同攻关。原则采取事前资助、事后补助和股权投入等方式。

（三）重点研发计划。主要支持针对重大社会公益性研究、以及事关产业核心竞争力、整体自主创新能力的重大

共性关键技术和产品、重大国际科技合作，凝练形成若干目标明确、边界清晰的重点项目。原则上采取事前资助、事后补助方式。

（四）技术创新引导专项。主要支持通过风险补偿、事后补助和创投引导等方式发挥财政资金的杠杆作用，运用市场机制引导社会资本和金融资本进入技术创新领域，支持技术创新活动，促进科技成果转移转化和资本化、产业化。

（五）创新平台与人才专项。主要支持科技创新平台（基地）建设和运营服务，促进科技资源开放共享，提高科技创新的条件保障能力；支持创新人才和创新团队的引进、培养，进一步优化科技人才资源布局。原则上主要采取事后补助方式。

第三章　项目申报与审查

第七条　省科技厅会同省财政厅按科技计划项目的不同类别，于每年第3季度前分别编制和发布下一年度项目申报通知。

第八条　项目申报按归口和属地管理原则申报。

中央在湘单位、省属单位项目由在湘一级单位和省直主管部门审核汇总后向省科技厅、省财政厅申报。

市州、省直管县（市）项目经同级科技主管部门和财政部门对申报项目进行初审、汇总后，联合行文推荐上报省科技厅、省财政厅。

中央在湘单位，省直主管部门，市州、省直管县（市）科技局应对经其审查并推荐项目资料的真实性、合法性、合规性负责。

第九条　项目申报单位应具备以下条件：

（一）在我省依法注册，具有独立法人资格的单位或企业；

（二）具有完成项目必备的人才条件、基本技术装备和配套资金能力；

（三）涉及动物实验、安全及环保等有关特殊要求的科研项目，应具备相应的条件和资质；

（四）具有健全的财务管理机构和完善的财务管理制度；

（五）具有良好的科研信用、会计信用和纳税信用。

第十条　项目申报负责人应具备以下条件：

（一）具有与所申报项目相关的研究经历和积累；

（二）具有所申报项目所需的组织协调能力和科研团队；

（三）具有良好的科研信用，无不良记录；

（四）有足够的时间和精力用于科研项目的研究工作。

第十一条　申报单位或申报人按项目申报通知要求提交申报材料，申报材料提交采取纸质申报材料与网上在线申报资料结合的方式。申报单位或申报人必须保证所申报项目资料真实、合法、完整、有效，并承担相应法律责任。

第十二条　项目申报由科技计划信息管理系统统一受理并纳入项目库，获批立项的项目分批统一出库，3年未出库立项的项目自动淘汰，严禁库外立项。

第十三条　省科技厅对上报的项目进行形式初审，初审内容包括项目内容是否真实并符合专项资金支持范围、申报单位（或申报人）是否符合申报条件、绩效目标是否明确具体、申报资料是否符合要求、同一项目是否存在多头或重复申报等。

第十四条　对形式初审合格的项目，由省科技厅会同省财政厅组织专家进行评审。对需要现场考察的项目，由省科技厅组织考察。

第十五条　省科技厅会同省财政厅根据省委、省政府年度工作重点、年度资金预算，结合专家评审意见、考察情况等，研究确定拟立项项目和资金分配方案，并按要求进行公示。

第四章　资金下达与使用管理

第十六条　经公示无异议的项目，由省财政厅会同省科技厅按照确定的资金分配方案下达项目专项资金，并按照国库集中支付制度的相关规定及时拨付。除据实结算等特殊项目外，所有项目资金在当年省人民代表大会批准预算后的60日内正式下达。省科技厅负责与项目承担单位及时签订科技计划项目合同。

第十七条　市州、县市区财政部门或相关单位在收到专项资金文件后，应当将资金及时下达到项目承担单位，并按照项目资金的使用和管理要求，督促项目承担单位严格组织实施。

第十八条　项目承担单位和项目负责人要严格按照财政科技资金使用管理的有关规定，对专项资金进行单独核算，做到专款专用。凡涉及政府采购、招投标等事项的，要严格按照有关规定执行。

第十九条　专项资金使用必须严格按预算执行。如果项目实施过程中确需调整预算的，按照《国务院关于改进加强中央财政科研项目和资金管理的若干意见》（国发〔2014〕11号）、《财政部 科技部关于调整国家科技计划和公益性行业科技专项经费管理办法若干规定的通知》（财教〔2011〕434号）等相关文件执行，其中项目预算总额调整、项目承担单位或项目负责人变更、项目合作单位调整等重大调整事项，应当及时报省科技厅、省财政厅办理调整审批手续。

第二十条　规范科研项目直接费用支出管理。科学界定与项目研究直接相关的支出范围，各类科技计划专项的支出科目和标准原则上应保持一致。调整劳务费开支范围，项目单位应当结合当地实际以及相关人员参与项目的全时工作时间等实际支出合理列支劳务费，将项目临聘人员的社会保险补助纳入劳务费科目列支范畴。同时严格控制会议费、差旅费、国际合作与交流费，项目实施中发生的三项支出之间可以调剂使用，但不得突破三项支出预算的总额。

第二十一条　完善间接经费和管理费用管理，对实行间接费用管理的项目，间接费用的核定与项目承担单位的信用等级挂钩，由项目主管部门直接拨付到项目承担单位。间接费用用于补偿项目承担单位为项目实施所发生的间接成本和绩效支出，项目承担单位应当建立健全间接费用的内部管理办法，合理合规使用间接费用。不得在核定的间接费用或管理费用以外再以任何名义在项目资金中重复提取、列支相关费用。

第二十二条　改进科研项目资金结算方式。科研院所、高等院校等实行“公务卡”结算的单位承担科研项目所发生的会议费、差旅费、小额材料费和测试化验加工费等，必须严格执行“公务卡”结算相关规定；未实行“公务卡”

结算的单位和企业，上述支出也必须采用非现金方式结算。项目承担单位对设备费、大宗材料费和测试化验加工费、劳务费、专家咨询费等支出，原则上应当通过银行转账方式结算。

第二十三条 项目实施期限原则上不超过2年，项目实施期内的年度结余资金结转下一年度继续使用。项目实施期满后，通过结题验收且承担单位信用评价好的，结余资金由承担单位统筹安排用于科研活动的直接支出，并向省科技厅、省财政厅报告使用情况；项目终止实施、撤销变更、未通过结题验收、整改后才通过结题验收或承担单位信用评价差的，结余资金按原渠道收回。

第五章 监督管理与绩效评价

第二十四条 省科技厅会同省财政厅对项目实施和专项资金使用情况采取定期检查或不定期抽查的方式进行监督检查。

第二十五条 省科技厅应建立健全专项资金绩效评价制度，牵头组织专项资金使用情况绩效评价，绩效评价结果作为今后安排专项资金的重要依据。

第二十六条 对申报单位、科研人员、评审专家、中介机构等项目评审立项环节的参与主体实行信用评价和记录，并按信用等级分类管理。依法建立黑名单制度，将严重不良信用记录者记入黑名单，按实际情况阶段性或永久性取消其申报或参与科技计划项目的资格。

第二十七条 资金使用单位应主动接受财政、审计等部门的审计与监督。对于虚报、截留、挪用、冒领、侵占或提供虚假资料骗取专项资金以及擅自改变专项资金用途等违法违规行为的，按照《中华人民共和国预算法》、《财政违法行为处罚处分条例》等有关法律法规查处并追回专项资金。涉嫌犯罪的，依法移送司法机关追究刑事责任。

第五章 附则

第二十八条 各类专项资金管理根据财政科技经费改革要求和实际工作需要，结合各类科技计划项目的类别、特点和支持方式，制定具体的实施细则和操作规程。

第二十九条 专项资金设置年限为2015年至2017年，到期自动终止；到期后确需延续的，在对专项资金重新进行绩效评估后，报省人民政府批准。

第三十条 本办法自公布之日起施行。原2008年的《湖南省省级科技计划项目经费管理办法》、原2009年的《湖南省自然科学基金项目经费管理办法》同时废止。

湖南省发展和改革委员会关于印发《湖南省主要产品（工序）能耗限额指导目录（2015)》的通知

（湘发改节能〔2015〕1104号）

各市州发改委，有关企业：

为加强高耗能产品能耗指标限额管理，指导企业开展能效对标活动，深入推进全省节能工作，根据国家相关产业政策和能耗标准，结合我省实际，我委研究制定了《湖南省主要耗能产品（工序）能耗限额指导目录（2015)》，现予发布。

各市州发改委要在固定资产投资项目节能评估审查工作中严格执行能耗限额要求。各级节能监察机构要将能耗限额作为对企业进行节能监察的重要内容。各有关企业要加强节能管理，采取有效措施，提高能源利用效率，确保单位产品能耗达到限额要求。

附件：湖南省主要产品（工序）能耗限额指导目录(2015)

湖南省发展和改革委员会

2015年12月29日

附件：

湖南省主要产品（工序）能耗限额指导目录（2015）

行业	产品	分类	指标名称	指标单位	拟定限额值		备注
					限定值	准入值	
电力	常规火电	超超临界1000MW	供电煤耗	gce/kWh	≤288	≤282	1. 新建燃煤发电项目原则上采用600MW及以上超超临界机组；300MW供热机组及循环流化床低热值煤发电机组原则上采用超临界参数。 2. 供电煤耗限额值 = 基础值 × 各种影响因素修正系数。 3. 供电煤耗准入值按以下方式进行修订：新建机组燃用褐煤煤种，准入值加5gce/（kWh）；新建机组燃用无烟煤煤种，准入值加7gce/（kWh）；新建机组采用空气冷却方式，准入值加14gce/（kWh）；其他影响因素不做修订。 4. 各种影响因素修正系数、能耗计算方法见《常规燃煤发电机组单位产品能源消耗限额》（GB21258-2013）。
		超超临界600MW	供电煤耗	gce/kWh	≤297	≤285 ≤303（循环流化床机组）	
		超临界600MW	供电煤耗	gce/kWh	≤306	-	
		亚临界600MW	供电煤耗	gce/kWh	≤320	-	
		超临界300MW	供电煤耗	gce/kWh	≤319	≤300（供热机组）≤310（循环流化床机组）	
		亚临界300MW	供电煤耗	gce/kWh	≤331	-	
		超高压200MW及以下	供电煤耗	gce/kWh	≤360	-	
	风力发电		综合场自用电率	%	≤5	≤3.5	
	垃圾发电		综合厂自用电率	%	≤20	≤17	
	天然气分布式能源		综合能源利用效率	%	-	≥70	计算方法见《燃气冷热电三联供工程技术规程》（CJJ145-2010）
电力	热电联产（燃煤）		综合热效率	%	≥60	≥70	1. 限定值和准入值中，未含脱硫能耗。 2. 能耗计算方法见《热电联产项目可行性研究技术规定》
			供热煤耗	kg/GJ	≤42	≤40.5	
			供电煤耗	gce/kWh	≤340	≤310	
建材	水泥	熟料	可比熟料综合煤耗	kgce/t	≤112	≤103	1. 熟料相关指标计算值均按熟料28d抗压强度等级修正到52.5等级及海拔高度统一修正后所得；水泥相关指标计算值均按水泥28d抗压强度等级修正到出厂为42.5等级及海拔高度统一修正后所得。 2. 当水泥中熟料占比超过或低于75%，每增减1%，可比水泥综合能耗相应指标值应增减1.10kgce/t。 3. 不包括水泥窑协同处置废弃物。 4. 能耗计算方法见《水泥单位产品能源消耗限额》（GB16780-2012）。
			可比熟料综合电耗	kWh/t	≤64	≤56	
			可比熟料综合能耗	kgce/t	≤120	≤110	
		水泥（无外购熟料）	可比水泥综合电耗	kWh/t	≤90	≤85	
			可比水泥综合能耗	kgce/t	≤98	≤88	
		水泥（外购熟料）	可比水泥综合电耗	kWh/t	≤36	≤32	
			可比水泥综合能耗	kgce/t	≤8	≤7	
	平板玻璃	≤500t/d	单位产品综合能耗	kgce/重量箱	≤13.5	-	能耗计算方法见《平板玻璃单位产品能源消耗限额》（GB 21340-2013）。
			熔窑热耗	kJ/kg	≤6400	-	
		＞500t/d、≤800t/d	单位产品综合能耗	kgce/重量箱	≤13.5	≤12.5	
			熔窑热耗	kJ/kg	≤5900	≤5700	
		＞800t/d	单位产品综合能耗	kgce/重量箱	≤12	≤11	
			熔窑热耗	kJ/kg	≤5600	≤5000	

行业	产品	分类	指标名称	指标单位	拟定限额值		备注
					限定值	准入值	
建材	建筑卫生陶瓷	卫生陶瓷	单位产品综合能耗	kgce/t	≤670	≤300	能耗计算方法见《建筑卫生陶瓷单位产品能耗限额》（GB21252-2013）。
		吸水率 E≤0.5%的陶瓷砖	单位产品综合能耗	kgce/□	≤7.5	≤4.0	
		吸水率 0.5%	单位产品综合能耗	kgce/□	≤5	≤3.7	
		吸水率 E＞10%的陶瓷砖	单位产品综合能耗	kgce/□	≤4.8	≤3.5	
冶金	粗钢	烧结工序	单位产品能耗	kgce/t	≤55	≤45	能耗计算方法见《粗钢生产主要工序单位产品能源消耗限额》（GB21256-2013）。
		球团工序	单位产品能耗	kgce/t	≤36	≤15	
		高炉工序	单位产品能耗	kgce/t	≤417	≤361	
		转炉工序	单位产品能耗	kgce/t	≤-10	≤-30	
有色	电解铝		铝液交流电耗	kWh/t	≤13500	≤12650	能耗计算方法见《电解铝企业单位产品能源消耗限额》（GB 21248-2014）。
			铝锭综合交流电耗	kWh/t	≤14000	≤13100	
			铝锭综合能源单耗	tce/t	≤1740	≤1660	
	铜	粗铜工艺（铜精矿－粗铜）	单位产品综合能耗	kgce/t	≤290	≤150	能耗计算方法见《铜冶炼企业单位产品能源消耗限额》（GB 21248-2014）。
		粗铜工艺（杂铜－粗铜）	单位产品综合能耗	kgce/t	≤250	≤200	
		阳极铜工艺（铜精矿－阳极铜）	单位产品综合能耗	kgce/t	≤330	≤190	
		阳极铜工艺（杂铜－阳极铜）	单位产品综合能耗	kgce/t	≤350	≤280	
		阳极铜工艺（粗铜－阳极铜）	单位产品综合能耗	kgce/t	≤280	≤220	
		铜冶炼工艺（铜精矿－阴极铜）	单位产品综合能耗	kgce/t	≤410	≤280	
		铜精炼工艺（杂铜－阴极铜）	单位产品综合能耗	kgce/t	≤420	≤350	
		铜精炼工艺（粗铜－阴极铜）	单位产品综合能耗	kgce/t	≤360	≤310	
		电解工序（阳极铜－阴极铜）	单位产品综合能耗	kgce/t	≤130	≤90	
交通	高速公路	隧道（长度≥800m）	隧道单位公里电耗	kWh/km.a	≤120	≤105	含通风、照明等能耗。

湖南省财政厅、湖南省水利厅
关于印发《湖南省水资源专项资金管理办法》的通知

（湘财农〔2015〕31号）

各市州、省直管县市财政局、水利（水务）局：

为加强水资源费的使用管理，促进水资源节约、保护和合理利用，我们制定了《湖南省水资源专项资金管理办法》，现印发给你们，请遵照执行。对在执行过程中出现的问题，请及时向省财政厅、省水利厅反映。

附件：湖南省水资源专项资金管理办法

湖南省财政厅

湖南省水利厅

2015年12月31日

附件：

湖南省水资源专项资金管理办法

第一章　总　则

第一条　为加强水资源专项资金使用管理，促进水资源节约、保护和合理利用，根据《中华人民共和国预算法》、《取水许可和水资源费征收管理条例》、《湖南省取水许可和水资源费征收管理办法》和《财政部 国家发展改革委 水利部关于印发〈水资源费征收使用管理办法〉的通知》（财综〔2008〕79号）、《湖南省人民政府关于深化预算管理制度改革的实施意见》（湘政发〔2015〕8号）等规定，制定本办法。

第二条　水资源专项资金设置年限为3年，到期后自动终止，确需延续的，重新评估后按新设专项程序报批。

第二章　使用管理

第三条　省级水资源专项资金主要用于水资源的节约、保护和管理，任何单位和个人不得截留或挪用。其使用范围包括：

（一）水资源调查评价、规划、分配及相关标准制定。包括水资源科学考察与调查评价；水资源规划；水量分配；用水总量控制管理；水权制度建设；水资源管理标准体系建设；水资源重大专题及政策法规研究等。

取水许可的监督实施和水资源调度。包括水资源论证；取水许可总量控制管理与取水许可监督实施；水政执法和水事纠纷调处、水资源调度等。

江河湖库及水源地保护和管理。包括水功能区管理；纳污总量控制管理；入河排污口监督管理；水源地保护；地下水管理、保护与超采区治理；水生态系统保护与修复、河湖水系连通等。

水资源管理信息系统建设和水资源信息采集与发布。包括水资源管理信息系统设计、开发、设备购置与运行维护；水资源监测和应急能力建设；水资源信息采集、传输、发布、维护等。

节约用水的政策法规、标准体系建设以及科研、新技术和产品开发推广。包括节约用水政策法规制定；用水定额管理；节水标准体系建设；节水载体建设、节水和非常规水源利用的新技术和产品开发推广等。

节水示范项目和推广应用试点工程的拨款补助和贷款贴息。

（七）水资源应急事件处置工作补助。

（八）节约、保护水资源的宣传和奖励。包括水资源节约、保护和管理的宣传、奖励以及水资源管理人才培训与交流等。

（九）其他与水资源节约、保护和管理的有关合理事项。

第四条　县级以上水行政主管部门会同有关部门按规定编制水资源专项资金收支预算，并纳入部门预算报同级财政部门审核。

财政部门会同有关部门按照履行水资源节约、保护、管理职能的需要，审核预算支出。资金支付按照财政国库管理制度有关规定执行。

第三章　项目申报与批复

第五条　省级水资源专项资金分配采用因素法和项目法相结合，除省本级重点项目按项目法分配外，其余资金一律按因素法分配，采用面积、人口、经济条件等客观数据作为分配因素。

第六条　省水利厅按照下一年度水资源工作重点，每年5月发布下一年度项目申报指南，各市州水行政主管部门组织本辖区相关县市每年6月底前将项目申报材料以正式文件上报给省水利厅。

第七条　省级水资源专项资金使用项目申请应编制项目实施方案，实施方案应包括以下内容：

（一）目的意义；

（二）立项依据；

（三）拟实现的绩效目标（长期目标和年度目标）；

（四）项目的主要任务、内容及方法；

（五）项目年度实施进度计划；

（六）项目的产出、效益；

（七）项目的组织形式，包括合作单位、参加人员；

（八）经费预算，按支出科目编制，并列出详细的任务量，跨年度项目应提出分年度资金预算；

（九）专项保障措施。

申报单位应对申报资料的真实性、完整性负责。

第八条 省水利厅审查后提出项目资金安排方案，确定资金规模、使用方向和项目承担单位，报省财政厅审核。

第四章 资金监督与检查验收

第九条 省级水资源专项资金使用项目一经批复，不得擅自变更。确需变更的，应当按规定的程序报批。

第十条 省级水资源专项资金使用项目实行项目验收制度。具体验收程序、要求和办法由省级水行政主管部门另行制定下达。

第十一条 省级水资源费使用项目应按照项目进度严格执行。由于特殊原因不能按期完成的项目，项目执行单位应向省级水行政主管部门提交延期申请。

第十二条 项目执行单位应在年末对本年度项目完成情况及资金使用情况进行总结，报本级水行政主管部门。各市州汇总后报送省级水行政主管部门。

第十三条 项目验收前，项目执行单位应向项目验收单位提交书面验收申请，申请材料包括工作总结报告、相关技术成果资料和资金使用情况说明，经项目验收单位审查合格后方可验收。

第十四条 被验收项目存在下列情况之一的，不能通过验收：

（一）项目内容未完成的；

（二）资金支出不符合要求、未提供资金使用情况说明或资金使用情况说明不详的；

（三）提供的验收文件、资料、数据等不真实的。

第十五条 对验收不合格的项目，项目执行单位限期整改；整改后仍不合格的，将给予项目执行单位通报批评，并取消今后承担类似项目的资格。

第十六条 项目实施过程中形成的资产，项目执行单位在项目验收合格后，应及时办理资产移交手续，纳入本单位资产管理的范围。

第十七条 省级水资源专项资金在湖南省水利厅门户网站实行全过程公开。各项目执行单位应当就项目执行情况及时进行公示，接受社会监督。

第十八条 省级财政、水利行政主管部门建立项目绩效评价制度，组织开展绩效评价工作。绩效评价意见作为今后安排专项资金的重要依据，绩效评价结果在省级主管部门门户网站或相关媒体上同时公开。

第四章 违规处理

第十九条 各市州、县市区财政、水利部门及经费使用单位，要自觉接受审计机关、财政部门的监督检查，及时提供相关财务资料。发现财政违法行为的，依照《财政违法行为处罚处分条例》等有关规定处理。涉嫌犯罪的，依法移送司法机关处理。

第五章 附 则

第二十条 本办法自公布之日起施行。

市级政策规定辑目

长沙市相关政策规定辑目

1.《2015年度市委生态文明体制改革工作要点及责任分工》（长生体改〔2015〕1号）

2.《长沙市绿色建筑项目管理规定》（长政发〔2015〕8号）

3.《关于加快节能服务产业发展的实施意见》（长政办发〔2015〕12号）

4.《关于进一步加强环境监管执法工作的通知》（长政办发〔2015〕18号）

5.《长沙市加快推进黄标车及老旧车淘汰工作方案》（长政办函〔2015〕85号）

6.《湘江新区生态补偿试点方案》（湘新管发〔2015〕9号）

7.《长沙市节约集约用地综合标准化试点工作方案》（长国土资政发〔2015〕27号）

8.《关于加强环境保护执法联动工作的意见》（长环联〔2015〕8号）

9.《长沙市实行最严格水资源管理制度考核工作实施方案》（长水发〔2015〕73号）

10.《关于印发〈长沙市两型社会建设综合配套改革2015年工作要点〉的通知》（长政办发〔2015〕37号）

11.《关于印发〈2015年度长沙市两型社会示范创建工作方案〉的通知》（长政办函〔2015〕53号）

12.《关于加快分布式光伏发电应用的实施意见》（长政办发〔2015〕24号）

株洲市相关政策规定辑目

1.《关于印发〈株洲市突发环境事件应急预案〉的通知》（株政办发〔2015〕19号）

2.《关于印发〈株洲市生态绿心保护管理办法〉的通知》（株政办发〔2015〕18号）

3.《关于印发〈株洲市突发性气象灾害预警应急预案〉的通知》（株政办发〔2015〕25号）

4.《关于印发〈株洲市产业发展专项资金管理办法〉的通知》（株政办发〔2015〕32号）

5.《关于印发〈株洲市安全生产“三三”重点工作实施方案〉的通知》（株政办发〔2015〕37号）

6.《关于印发〈进一步稳增长促发展的若干措施〉的通知》（株政函〔2015〕37号）

7.《关于印发〈株洲市河道保洁工作实施方案〉的通知》（株政办发〔2015〕67号）

8.《关于支持长株潭国家自主创新示范区建设的若干意见》（株政发〔2015〕5号）

9.《关于进一步加强环境监管执法工作的通知》（株政办发〔2015〕95号）

10.《关于印发〈株洲市环境保护工作职责规定〉的通知》（株政办发〔2015〕92号）

11.《关于印发〈株洲市城市绿荫三年行动计划〉的通知》（株政办发〔2015〕100号）

湘潭市相关政策规定辑目

1.《关于实施限行车辆区域限行的通告》（潭政通〔2015〕3号）

2.《关于印发〈湘潭市城市绿线管理办法〉的通知》（潭政办发〔2015〕4号）

3.《关于印发〈湘潭市高污染燃料禁燃区管理规定〉的通知》（潭政办发〔2015〕6号）

4.《关于印发〈湘潭市节约集约利用土地评价考核试行办法〉的通知》（潭政办发〔2015〕18号）

5.《关于加强产业发展扶持资金管理的意见》（潭政办发〔2015〕24号）

6.《关于强力推进新一轮农村环境卫生综合整治工作的实施意见》（潭政办发〔2015〕30号）

7.《关于印发〈湘潭市新能源汽车推广应用实施方案〉的通知》（潭政办发〔2015〕40号）

8.《关于鼓励移动互联网和集成电路产业发展的若干意见》（潭政办发〔2015〕42号）

9.《关于印发〈湘潭市推广中国（上海）自由贸易区可复制改革试点经验实施方案〉的通知》（潭政发〔2015〕13号）

10.《关于昭山乡和易家湾镇土地利用总体规划（2006—2020年）（2015年修订版）的批复》（潭政函〔2015〕167号）

11.《关于印发〈湘潭市农村生活饮用水水源保护管理暂行办法〉的通知》（潭政办发〔2015〕79号）

衡阳市相关政策规定辑目

1.《关于规范城区道路客运车辆运营的通告》（衡政通

〔2015〕1号）

2.《关于〈衡阳市湘江流域重金属污染治理合江片区基础设施建设项目国有土地上房屋征收补偿方案〉征求意见及修改情况的通告》（衡政通〔2015〕2号）

3.《关于开展城区砂场综合整治的通告》（衡政通〔2015〕4号）

4.《关于市城区河道水域岸线定点卸砂的通告》（衡政通〔2015〕5号）

5.《关于加快推进气象现代化的意见》（衡政发〔2015〕1号）

6.《关于印发〈衡阳市环境保护工作责任规定（试行）〉的通知》（衡政发〔2015〕14号）

7.《关于印发〈衡阳市贯彻落实〈湖南省加快推进黄标车及老旧车淘汰工作方案〉的方案〉的通知》（衡政办发〔2015〕9号）

8.《关于印发〈衡阳市突发环境事件应急预案〉的通知》（衡政办发〔2015〕10号）

9.《关于印发〈衡阳市2015年两型社会建设宣传月活动实施方案〉的通知》（衡政办函〔2015〕39号）

10.《关于印发〈衡阳市创建国家园林城市工作实施方案〉的通知》（衡政办函〔2015〕51号）

11.《关于进一步加强绿化工程建设施工管理的通知》（衡政办函〔2015〕48号）

12.《关于印发〈衡阳市城市污水排入排水管网许可管理实施细则〉的通知》（衡政办发〔2015〕26号）

13.《关于印发〈衡阳市林业生态红线保护规划〉的通知》（衡政办发〔2015〕32）

14.《关于印发〈衡阳市林业生物灾害应急预案〉的通知》（衡政办发〔2015〕56号）

15.《关于鼓励各种社会主体参与造林绿化的意见》（衡政办发〔2015〕59号）

岳阳市相关政策规定辑目

1.《关于促进岳阳城陵矶“一区一港 四口岸”加快发展奖励办法（试行）的通知》（岳政发〔2015〕1号）

2.《关于京港澳高速公路岳阳收费站改扩建工程主线沿线两侧永久性封闭及施工期间实施临时交通管制的通告》(岳政告〔2015〕1号)

3.《关于整治违规使用长江岸线行为的通告》(岳政告〔2015〕2号)

4.《关于扶持和促进中医药事业发展的实施意见》（岳政发〔2015〕2号）

5.《关于公布市政府工作部门责任清单的通知》(岳政发〔2015〕4号)

6.《关于加快实施“135”工程推进创新创业园区发展的若干意见》(岳政发〔2015〕5号)

7.《关于引导农村村民规范建房的意见》(岳政发〔2015〕6号)

8.《关于开展南湖景区综合整治的通告》(岳政告〔2015〕3号)

9.《关于加强王家河公园管理的通告》(岳政告〔2015〕4号)

10.《关于印发岳阳市环境保护工作责任规定（试行）的通知》(岳政发〔2015〕8号)

11.《关于加强大气污染防治的通告》(岳政　告〔2015〕5号)

12.《关于临湘至湖滨公路一期工程施工期间实施临时性封闭和交通管制的通告》(岳政告〔2015〕6号)

13.《关于洞庭湖大桥至三江口水域砂石过驳作业区整体迁移的通告》(岳政告〔2015〕7号)

14.《关于严禁在市中心城区棚户（旧城）区十大片区改造中谋取非法利益的通告》(岳政告〔2015〕8号)

15.《关于印发岳阳市主要污染物排污权有偿使用和交易管理实施办法的通知》(岳政办发〔2015〕7号)

16.《关于加强环境监管执法的实施意见》(岳政办发〔2015〕31号)

常德市相关政策规定辑目

1.《关于印发 < 常德市贯彻落实党政机关厉行节约反对浪费条例实施细则 > 的通知》（常发〔2015〕3号）

2.《关于划定高污染燃料禁燃区的通告》（常政发〔2015〕4号）

3.《关于印发 < 常德市绿色建筑行动实施方案 > 的通知》（常政办发〔2015〕18号）

4.《关于推进殡葬改革促进殡葬事业健康发展的意见》（常政发〔2015〕9号）

5.《关于整体推进“八大建设”强化农村基层党建的若干意见》（常发〔2015〕5号）

6.《关于印发 < 常德市饮用水水源保护区环境整治工作方案 > 的通知》（常政办函〔2015〕48号）

7.《关于印发 < 常德市环境问题（事件）责任追究办法（试行） > 的通知》（常办发〔2015〕13号）

8.《关于印发 < 常德市环境保护工作责任规定（试行）> 的通知》（常政发〔2015〕12号）

9.《关于加强市城区水环境保护的通告》（常政发〔2015〕8号）

10.《关于加快推进气象现代化的实施意见》（常政发〔2015〕14号）

益阳市相关政策规定辑目

1.《关于印发〈益阳市主要污染物排污权储备有偿使用和交易实施办法〉的通知》（益政办发〔2015〕3号）

2.《关于促进工业地产发展的实施意见》（益政办发〔2015〕4号）

3.《关于鼓励社会力量投资建设社会公共停车场的意见》（益政办发〔2015〕15号）

4.《关于加快推进气象现代化的实施意见》（益政办发〔2015〕21号）

5.《关于加快发展现代保险服务业的实施意见》（益政发〔2015〕11 号）

6.《关于加快推进养老服务业发展的实施意见》（益政发〔2015〕12 号）

娄底市相关政策规定辑目

1. 《关于加快推进住宅产业化的实施意见》（娄政发〔2015〕26 号）

2. 《关于加强新时期爱国卫生工作的实施意见》（娄政发〔2015〕19 号）

3. 《关于在娄底中心城区禁止燃放烟花爆竹的通告》（娄政通〔2015〕6 号）

4. 《关于进一步加强村镇规划建设管理的实施意见》（娄政发〔2015〕17 号）

5. 《关于加强畜禽养殖业污染防治推进生态畜牧业发展的实施意见》（娄政发〔2015〕14 号）

6. 《关于印发 < 娄底市环境保护工作责任规定（试行）> 的通知》（娄政发〔2015〕12 号）

7. 《关于进一步强化企业安全生产主体责任的实施意见》（娄政发〔2015〕6 号）

8. 《关于印发 < 娄底市网格化环境保护监管实施方案 > 的通知》（娄政办函〔2015〕77 号）

9. 《关于加强环境监管执法的实施意见》（娄政办发〔2015〕61 号）

10. 《关于印发 < 娄底中心城区禁止燃放烟花爆竹工作实施方案 > 的通知》（政办函〔2015〕44 号）

11. 《关于加强水府庙库区有关区域用地控制的通知》（娄政办发〔2015〕46 号）

12. 《关于印发 < 娄底市饮用水水源地保护预警应急处置体系建设实施方案 > 的通知》（娄政办发〔2015〕42 号）

13. 《关于印发 < 娄底市河道保洁工作实施方案 > 的通知》（娄政办发〔2015〕25 号）

14. 《关于印发 < 娄底市推进黄标车及老旧车淘汰工作方案 > 的通知》（娄政办发〔2015〕18 号）

15. 《关于印发 < 娄底市工业转型发展引导资金管理办法 > 的通知》（娄政办发〔2015〕17 号）

16. 《关于印发 < 娄底市突发环境事件应急预案 > 的通知》（娄政办发〔2015〕16 号）

邵阳市相关政策规定辑目

1.《关于加快推进气象现代化的实施意见》（市政发〔2015〕1 号）

2.《关于将资水北塔区饮用水水源地划定为饮用水源保护区的通告》（市政发〔2015〕6 号）

3.《关于加强森林防火群防群治工作的实施意见》（市政发〔2015〕8 号）

4.《关于加快油茶产业发展的实施意见》（市政发〔2015〕10 号）

5.《关于印发〈邵阳市环境保护工作责任规定（试行）〉的通知》（市政发〔2015〕12 号）

6.《关于印发〈邵阳市建筑垃圾和工程渣土处置管理办法〉的通知》（市政办发〔2015〕1 号）

7.《关于引导农村土地经营权有序流转推进农业适度规模经营的意见》（市政办发〔2015〕12 号）

张家界市相关政策规定辑目

1.《关于印发〈张家界市市级重要饮用水水源地名录〉的通知（张政办函〔2015〕106 号）

2.《关于印发〈张家界市中心城区“三化三改”工作方案〉的通知》（张政办明电〔2015〕63 号）

3.《关于〈张家界市新型城镇化规划（2014—2020 年）〉的批复》（张政函〔2015〕75 号）

4.《关于成立张家界市推进新型城镇化工作领导小组的通知》（张政办函〔2015〕34 号）

郴州市相关政策规定辑目

1.《关于创建国家生态园林城市、国家环境保护模范城市、全国生态文明示范工程试点市的决定》（郴发〔2015〕6 号）

2.《关于印发〈郴州市城市节约用水管理办法〉的通知》（郴政办发〔2015〕7 号）

3.《关于加强环境监管执法的实施意见》（郴政办发〔2015〕10 号）

4.《关于在全市加强节能降耗推进合同能源管理的通知》（郴政办发〔2015〕17 号）

5.《关于印发〈郴州市市城市规划区粪便处理管理办法〉的通知》（郴州政办发〔2015〕44 号）

6.《关于印发〈郴州市创建国家生态园林城市工作方案〉的通知》郴办字〔2015〕22 号

7.《关于印发〈郴州市创建国家环境保护模范城市工作方案〉的通知》（郴办字〔2015〕23 号）

8.《关于印发〈郴州市创建全国生态文明示范工程试点市工作总体方案〉的通知》（郴办字〔2015〕24 号）

9.《关于创建国家园林城市、国家卫生城市、全国文明城市、全国交通管理模范城市、国家森林城市工作考核结果的通报》（郴办字〔2015〕25 号）

10.《关于启动新一轮“城市大提质”工作的通知》（郴办字〔2015〕26 号）

11.《关于实施创新创业园区“1555”工作计划的通知》（郴政办函〔2015〕36 号）

12.《关于切实加强建筑工程耗用材料增值税管理工作的通知》（郴政办函〔2015〕56 号）

13.《关于加快推进城乡垃圾收转运体系一体化建设的通知》（郴政办函〔2015〕66 号）

14.《转发市环保局〈郴州市武水河流域重金属污染联

防联控实施方案〉的通知》（郴政办函〔2015〕71 号）

15.《关于成立郴州市水利与农田建设委员会建立郴州市高标准农田建设联席会议制度的通知》（郴政办函〔2015〕78 号）

永州市相关政策规定辑目

1.《关于支持农业产业化龙头企业发展的意见》（永政发〔2015〕4 号）

2.《关于印发〈永州市河道保洁工作实施方案〉的通知》（永政办发〔2015〕4 号）

3.《关于提升潇湘城市群大气环境质量的意见》（永政发〔2015〕7 号）

4.《关于印发〈永州市安全生产“三三”重点工作实施方案〉的通知》（永政办发〔2015〕19 号）

5.《关于加快推进气象现代化的实施意见》（永政发〔2015〕11 号）

6.《关于执行国家机动车污染物国Ⅳ排放标准的通告》（永政函〔2015〕166 号）

7.《关于贯彻落实〈湖南省环境保护工作责任规定（试行）〉的意见》（永政发〔2015〕18 号）

8.《关于印发〈关于加强落实＜水污染防治行动计划＞近期工作任务的实施方案〉的通知》（永政办函〔2015〕126 号）

9.《关于印发〈永州市 2016—2018 年森林禁伐减伐实施方案〉的通知》（永政办函〔2015〕138 号）

10.《关于印发〈永州市突发环境事件应急预案〉的通知》（永政办发〔2015〕53 号）

怀化市相关政策规定辑目

1.《关于加快城市综合提质大力推进新型城镇城化的通知》（怀发〔2015〕2 号）

2.《关于印发〈怀化市安全生产“三三”重点工作实施方案〉的通知》（怀政办发〔2015〕24 号）

3.《关于加快推进气象现代化的实施意见》（怀政发〔2015〕4 号）

4.《关于印发〈怀化市涉河建设项目管理办法〉的通知》（怀政发〔2015〕7 号）

5.《关于印发〈怀化市城镇房屋白蚁防治管理办法〉的通知》（怀政发〔2015〕10 号）

湘西自治州相关政策规定辑目

1.《关于印发〈湘西自治州农村饮水安全项目建设与运行管理办法〉的通知》（州政办发〔2015〕9 号）

2.《关于印发〈湘西自治州安全生产“三三”重点工作实施方案〉的通知》（州政办函〔2015〕40 号）

3.《关于推进创新创业园区建设加快实施“73”计划的意见》（州政发〔2015〕6 号）

4.《关于印发〈湘西自治州科学技术奖励办法实施细则〉的通知》（州政办函〔2015〕66 号）

5.《关于认真做好河道保洁工作的通知》（州政办函〔2015〕73 号）

6.《关于印发〈湘西自治州环境保护工作责任实施细则（试行）〉的通知》（州政发〔2015〕15 号）

7.《关于印发〈湘西自治州机动车排气污染防治管理办法〉的通知》（州政办发〔2015〕39 号）

对外合作篇

省部合作

【湖南夺得25项国家科技大奖】 2015年1月9日，在北京举行的国家科学技术奖励大会上，由我省单位主持和参与完成的25项成果获奖。其中，国防科大领衔完成的“天河一号高效能计算机系统”项目获国家科技进步奖特等奖，是我省第二次获得该奖项；清华大学教授、现任中南大学校长张尧学主持完成的“网络计算的模式及基础理论研究”项目获国家自然科学奖一等奖，是新中国成立以来计算机领域第二次斩获此奖项。

“天河一号高效能计算机系统”2009年在国家超算天津中心投入运行，向国内外用户开放使用。该项目已构建起材料科学与工程计算、全数字设计与装备制造等六大应用服务平台，先后在基因分析与测序、大型飞机和高速列车设计、生物医药等方面发挥了重要作用，取得了显著的经济效益和社会效益。

“网络计算的模式及基础理论研究”项目，把计算机体系结构与计算模式的创新与社会重大需求紧密结合，在国际上率先提出被国外同行称为“先于云计算、包含云计算”的网络计算模式——“透明计算”，开辟出新的计算时代，将操作系统和应用程序变成让用户能随时随地获取的服务。

其他23项获奖成果涉及国家自然科学奖、国家技术发明奖、国家科技进步奖三大奖项。由湖南大学谭蔚泓主持完成的“功能核酸分子识别及生物传感方法学研究”项目，获得国家自然科学奖二等奖。由三一集团易小刚主持完成的“高速重载工程机械大流量液压系统核心部件”等3个项目，获得国家技术发明奖二等奖。19项成果获国家科技进步奖，其中1项获一等奖、7个项目获二等奖。

【“天河一号”获得国家科技进步奖特等奖】 2015年1月9日，2014年度国家科技进步奖评奖揭晓，由国防科技大学计算机学院研制的我国首台千万亿次超级计算机系统——“天河一号”获得特等奖。

当今世界，超级计算机被视为高技术的战略制高点，是衡量一个国家综合国力的标志，面对国际超算领域的严峻挑战和我国对高性能计算的迫切需求，国防科大计算机学院瞄准前沿，积极展开千万亿次级超级计算机系统的基础研究与技术攻关，相继突破了一系列核心关键技术，毅然吹响了向千万亿次超级计算机进军的集结号。

【徐守盛会见王作安】 2015年1月10日，省委书记、省人大常委会主任徐守盛在长沙会见了国家宗教事务局局长王作安一行。

徐守盛说，当前，湖南主动把握和积极适应发展新常态，协调推进全面建成小康社会、全面深化改革、全面推进依法治国、全面从严治党，建设“四化两型”，促进“三量齐升”。湖南省委省政府高度重视宗教工作，大力支持宗教工作部门加强和创新宗教事务管理，宗教领域保持了和谐稳定的局面。新形势下，湖南将坚决贯彻落实党的宗教工作基本方针，坚持依法管理宗教事务，鼓励宗教界人士和信教群众为经济发展、宗教和谐、社会稳定多作贡献。

王作安说，近年来湖南宗教工作取得积极成效，有些方面为全国积累了很好的经验，切实维护了宗教领域的和谐稳定。国家宗教事务局将一如既往支持湖南充分发挥宗教界的积极作用，全面提升宗教工作法治化水平。

省领导李微微、韩永文、戴道晋参加会见。

【“中旅联”华中机构落户长沙】 2015年1月10日，中国旅游资源整合联盟（简称中旅联）华中机构在长沙成立，这是中旅联布局全国、挺进华中六省的重要举措，对湖南旅游产业转型发展将具有划时代的历史意义，来自地产、农业、旅游等多个行业的企业家、专家及政府部门代表，共聚一堂，共同探讨旅游产业及中旅联华中机构未来的发展之路。

中国旅游资源整合联盟全国巡回活动暨华中机构成立仪式上，民进中央经济委员会副主任、甘肃省河西走廊星火产业带中央专家组成员、清华大学特邀教授、中旅联华中机构执行主席王林提出，中旅联华中机构的成立，为旅游资源整合发展提供了一个全新平台。对于中旅联华中机构未来的发展，他提出了必须强化与政府的联系、密切和旅游企业的关系等5大任务。他还指出，在这个资源整合的大时代，在旅游产业的发展中跨界性和专业性都十分重要。

活动中，与会企业家和专家还共同探讨了中旅联华中机构应如何进行对接资源与合作，休闲农业与旅游产业之间如何进行跨界融合等问题。中国旅游资源整合联盟主席符奕斌最后总结说，对于未来，他希望能让更多的企业认同、加入中旅联这个大联盟平台，集结资源，共同发展。

中国旅游资源整合联盟成立于2013年，是中国首家旅游全产业链投资运营组织。成立至今，中旅联已吸纳1600余名成员，成员所在行业涵盖旅游景区、酒店、文化、地产等旅游及相关行业。作为中旅联的分支机构，中旅联华中机构秘书长段志军表示，他们将以湖南省现代休闲农业研究院为核心，以会员俱乐部为主要形式，打造中部地区旅游与休闲农业跨界融合发展的高端资源整合平台。

【湖南以生物材料制造工业油脂全产业链技术获“国家科技进步二等”】 2015年1月12日，省林科院在长沙发布，该院主持研发的以生物材料制造工业油脂全产业链技术，目前已经成熟。应用该技术可在不与粮食争地的前提下，生产出生物柴油等能替代部分石油产品的高性能工业原料，减轻不可再生的石油供给压力。

这项名为“非耕地工业油料植物高产新品种选育及高值化利用”技术，由省林科院院长李昌珠领衔，历时15年完成研发。据介绍，这是目前全国唯一一个从育种、种植到加工全产业链实现产业化运作的技术体系，整体水平在全球居于领先地位。在最近举行的国家科学技术奖励大会上，该技术获"国家科技进步二等奖"，成为极为少见的农林传统行业获奖项目。

蓖麻、光皮树、油桐是该技术体系的主要原料植物。目前，李昌珠团队已选育出蓖麻、光皮树、油桐新品种22个，高产高含油，全部通过国家和部省审定；而且，这些植物对土壤要求很低，不需要占用耕地，在山地上即可成林结果，与西方利用玉米作为原料生产工业能源相比，此举"不与粮争地，不与口争粮"。

在种植技术上，李昌珠团队攻克矮化、密植等主要难题，使原料植物果实采摘更便利，大大降低人工成本，实现规模化、集约化高产栽培。林农种植一亩高产蓖麻，每年可获纯利500元至800元。目前，湖南、新疆等20多个省（区）以及马来西亚、印尼等12个国家，已应用该技术栽培蓖麻、光皮树、油桐达610万亩。

生物柴油、生物润滑油、生物沥青等是李昌珠团队研发的主要终端产品。与同类的石化产品相比，这些生物工业油脂性能优异，生产和施工过程更为环保，而且可实现永续生产。目前，国内已有上百家加工企业涉足此领域，经济效益明显。

【中国经济社会理事会来湘调研】 2015年1月12日，由全国政协委员、中国经济社会理事会常务理事范小建带队的中国经济社会理事会调研组一行来湘，调研"武陵山片区生态绿色产业扶贫的实施路径和模式"。省政协副主席武吉海出席座谈会。

近年来，湖南在武陵山片区大力实施生态绿色产业扶贫工程，确定"资金跟着贫困对象走、贫困对象跟着能人走、能人和贫困对象跟着产业项目走、产业项目跟着市场走"的思路，改普惠制为差异化的扶持政策，改"给钱给物"为直接帮扶、委托帮扶和股权合作，提高"造血"能力，取得初步成效。目前，一大批特色产业在片区做大做强，生态文化旅游正成为带动脱贫致富和经济增长的主导产业。同时，全省统一战线成员和教育部门、扶贫部门共同实施"一家一"助学就业·同心温暖工程，全省6800多家非公企业还积极参与"万企联村，共同发展"活动，助推武陵山片区扶贫发展。

范小建指出，要坚持发展生态绿色产业，在宏观上和政策上给予支持，把片区攻坚和精准扶贫结合，把扶贫开发和生态建设结合，把外部支持和内部动力结合，进一步完善落实扶贫到户机制，打造好全社会参与扶贫的平台，更好地提高扶贫效率。

【第三届矿博会筹备会决定矿博会将于5月举行】 2015年1月12日，省委常委、常务副省长陈肇雄在第三届矿博会筹备会上强调，要按照国土资源部和省委、省政府要求，认真总结前两届矿博会经验，切实抓好各个环节工作落实，确保本届矿博会筹备工作有力有序、按时按质推进。

中国（湖南）国际矿物宝石博览会，是经国务院批准，由国土资源部和湖南省人民政府联合主办，国内唯一指定在湘开展的矿物宝石展览交易平台，也是目前亚洲最大的矿物宝石专业展会之一。本届博览会由省国土资源厅、长沙市政府、郴州市政府等联合承办。

陈肇雄指出，举办矿博会对大力推动湖南矿物宝石资源优势转化为经济优势，促进矿业、会展经济发展，扩大对外交流合作具有重要意义。筹备工作任务重、时间紧，承办单位和各相关部门要加强组织领导、落实责任分工，扎实做好场地建设、招商引资、展览布置、宣传报道等各项工作，齐心协力把矿博会办实办好，将其打造成为湖南对外开放的靓丽名片。

【湖南一民营文化企业在沪挂牌】 2015年1月17日，湖南保臻文化艺术品投资有限公司（股权代码：202875）在长沙召开新闻发布会，宣布其成功在上海股权托管交易中心挂牌。这标志着中国首家民营艺术品投资公司正式迈向上市的征程。

保臻文化是湖南本土一家专注于艺术品投资、拍卖与收藏的文化企业。该公司于2014年12月18日在上海股权托管交易中心举行了挂牌仪式，打通了艺术品企业融资与股份转让的渠道。据介绍，上海股权托管交易中心致力于与中国证监会监管的证券市场实现对接，为挂牌公司提供定向增资、重组并购、股份转让等服务，为挂牌公司实现转主板、中小板、创业板上市发挥培育和辅导作用。

【10银行在湘设立社区银行173家】 2015年1月20日，湖南银监局发布，在湘的光大银行等10家银行累计设立社区支行151家、小微支行22家。

社区银行在国内属试验阶段，是指定位于服务社区居民和小微企业的简易型银行网点。如实行"早十晚八"的错时营业，提供商圈贷等特色金融服务，服务方式比传统银行网点更灵活、更贴近。

中国银监会于2013年底下发277号文，推动社区银行进入更加规范化的轨道。去年一年，银监部门还优化审批流程，允许各中小商业银行在规划内一次申请设立多家社区及小微支行，并对其筹建开业一次审核，更好激发了各银行尤其是股份制商业银行的热情。据湖南银监局不完全统计，截至去年11月末，全省151家社区支行共有存款余额25.75亿元，开户数为11.37万户；全省22家小微支行共有存款余额3.73亿元、贷款余额4.25亿元，开户数为7643户。

湖南银监局透露，以发展普惠金融为出发点，今年社区银行批准筹建还将继续"扩容"，拟新设社区、小微支行共206家。

【"快乐购"深交所挂牌上市】 2015年1月21日上午9时26分，湖南广电旗下的快乐购物股份有限公司顺利登陆深圳证券交易所，正式敲钟上市（股票代码为300413）。湖南省委常委、省委宣传部部长许又声等为上市敲钟。

上市首日，快乐购开盘价为11.85元，开盘即报涨停13.05元，较发行价9.06元上涨44.04%，最终报收于每股13.05元，市值超过52亿元。

快乐购物股份有限公司前身为快乐购物有限责任公司，由湖南电视台和湖南广播影视集团于2005年12月28日成立。快乐购定位于电子商务，经营家庭百货，提供生活服务，打造媒体新零售。

【第一届中国海泡石新材料产业发展研讨会在湘潭开幕】 2015年1月21日上午，第一届中国海泡石新材料产业发展研讨会在“中国海泡石之都”湘潭开幕。中国海泡石已探明储量2600万吨，湘潭市境内探明储量为2140万吨，占全国探明储量的八成，远景储量在3000万吨以上，约占世界探明储量的25%。

海泡石属特种稀有非金属矿，具有吸附、脱色、隔热、绝缘、耐腐蚀、抗辐射等性能，广泛应用于涂料、油漆、油墨、造纸、铸造、环境保护、国防科工等多个领域。目前世界上已探明储量约为8000多万吨，其中湘潭县杨嘉桥—石潭地区是全国最大的海泡石矿集区，矿带长达16公里。海泡石已成为湘潭非金属矿优势矿种，发展潜力巨大。

近年来，湘潭市委、市政府高度重视海泡石产业的发展，将海泡石列为重点勘查矿种。湘潭产业集团敏锐洞察市场需求，于去年6月成立全资子公司——湘潭海泡石科技有限公司，与湘潭大学化工学院合作进行产品研发和技术升级。去年11月28日，湘潭产业集团牵头，由4家法人单位、2位自然人为股东，成立湘潭源远海泡石新材料股份有限公司，其中湘潭产业集团下属湖南潭信投资管理有限公司、湘潭海泡石科技有限公司共占股35%。

研讨会由国家非金属矿深加工工程技术研究中心、湘潭产业投资发展集团有限公司、苏州中材非金属矿工业设计研究院有限公司和湘潭大学联合承办。

【徐守盛会见苗圩】 2015年1月22日下午，省委书记、省人大常委会主任徐守盛在长沙会见了来湘调研的工业和信息化部部长苗圩一行。

省领导陈求发、韩永文、黄兰香参加会见。

徐守盛感谢工业和信息化部长期以来对湖南经济社会发展的大力支持。他说，刚刚过去的2014年，湖南经济保持平稳较快增长态势，工业经济运行良好，产业结构进一步优化，综合效益不断攀升。当前，发展不足、不充分、不平衡仍然是湖南最大省情，适应、引领经济发展新常态，必须深入推进新型工业化，加快转型创新发展，着力促进“三量齐升”。希望工信部在核心技术培育、产业转型升级、重大专项引领等方面进一步加大支持力度，加强省部合作，推动湖南经济平稳健康发展。

苗圩说，湖南近年来坚定走新型工业化道路，促进“两化”融合，工业经济发展实现了速度、质量、效益的同步提升，结构调整成效明显，产业链不断向高端发展。工信部将一如既往支持湖南工业结构调整、转型升级，希望湖南积极实践，为全国创造经验。

【省政府与国防科大举行产业技术协同创新联席会议】 2015年1月26日下午，省政府与国防科技大学产业技术协同创新联席会议在长沙举行。会议就湖南省产业技术协同创新研究院（简称省创新院）的发展定位、园区建设、落实专利使用权出资办理企业工商登记等内容进行了审议。国防科大校长杨学军院士、副省长李友志、国防科大副校长庄钊文等出席。

省政府与国防科大于2012年共同组建了省创新院，建立了省校产业技术协同创新联席会议制度。

据介绍，省创新院目前已遴选了100余项技术相对成熟、有望快速转化、市场前景广阔的科技成果，建立了军民融合成果转化项目库，并择优选取了20个项目予以立项支持。2015年，重点支持和推动北斗导航应用、激光陀螺等战略性新兴产业发展。

联席会上，杨学军和李友志共同为“湖南省产业技术协同创新研究院创新创业基地”授牌。据悉，作为建设好长株潭国家自主创新示范区的重要载体，湖南省军民融合科技创新产业园一期640亩，选址于长沙高新区信息产业园内，拆迁工作已完成。目前第一批共8家企业已签订入驻合同。

【邮储银行今年将在湘放贷千亿元】 2015年2月3日，邮储银行湖南省分行发布，今年该行计划向湖南投放各类贷款1000亿元，加大对我省“三农”、小微企业及特色产业的金融支持力度。

2014年该行立足“拾遗补缺、不可或缺”的大型零售商业银行市场定位，实施差异化特色发展，累计向湖南投放贷款889亿元，其中直接面向“三农”和小微企业发放贷款220亿元，有力支持了地方经济发展。

据悉，该行今年将充分发挥资金、管理等方面优势，大力推进公司金融拓展，重点支持现代农业、装备制造、文化传媒等八大行业，为省内72家上市公司及其上下游企业做好全方位金融服务；支持城市棚户区改造、高速公路、地铁、电力等重点项目贷款。

邮储银行湖南省分行负责人表示，他们将继续加大产品与服务创新，支持城镇地区再就业贷款和商户小额贷款，在农村地区围绕“三权抵押”等领域加大创新力度，推进新型农业经营主体涉农贷款；积极推广二手车贷款、车位抵押贷款、助学贷款等特色新产品以及保障房、自建房贷款等新型城镇化产品。

【第五届中国湘商力量总评榜评选启动】 2015年2月8日，第五届中国湘商力量总评榜今天在长沙正式启动，现场发起了“适应新常态 诚信赢天下”百企万人签名大型公益活动。

第五届中国湘商力量总评榜活动由中国商业文化研究会、省工商业联合会、湖南日报报业集团、中国湘商力量总评榜活动组委会主办，湖南日报《湘商时代》、天下湘商网联合承办，共设置“2014中国湘商十大新闻事件”、“2014中国湘商十大推动力人物（机构）”、“2014中国湘商十大最具投资价值经济园区”、“2014年度中国湘商十大新锐人物”、“2014中国湘商十大风云人物”、“2014年度中国湘商十大责任湘商”、“2014中国湘商十大诚信企业”七个评选奖项，其中后两项为今年新增。经过提名申报、公众投票、专家评审、媒体评审等环节，最终将于8月份决出各奖项的前十名。

在今天的活动现场上，“适应新常态 诚信赢天下”百企万人签名大型公益活动也正式启动，湖南民企代表、全国湖南商会负责人等参加了诚信签名活动长沙第一站启动仪式，为湘商诚信鼎揭幕。据悉，整个活动将历时一年，到北京、上海、深圳、重庆等全国30个大中城市开展诚信签名巡回活动。

省领导与老同志刘夫生、张大方以及各地湖南商会负责人、湘商代表等300余人参加了启动仪式。

【徐守盛会见国务院发展研究中心主任李伟】 2015年2月9日下午，省委书记、省人大常委会主任徐守盛在长沙会见了国务院发展研究中心主任李伟一行。

徐守盛感谢国务院发展研究中心长期以来给予湖南的支持。他说，刚刚过去的一年，湖南坚决贯彻落实党中央、国务院的决策部署，主动适应新常态，全省经济社会发展保持了良好态势。新的一年，湖南将结合省情实际，协调推进“四个全面”，充分发挥“一带一部”区位优势，继续推动经济社会持续健康发展。希望国务院发展研究中心继续发挥国家级智库的优势，进一步深化与湖南的合作，在改革发展稳定各个方面为湖南提供精准智力支持。湖南将按照要求，为党中央国务院重大战略决策的前期咨询工作做出积极贡献。

李伟表示，为地方经济社会发展提供智力支持是国务院发展研究中心的一项重要工作，希望在高端智库建设等方面进一步加强与湖南的合作，为湖南的科学发展提供更多高质量的研究成果和政策建议。

省领导陈肇雄、韩永文，国务院发展研究中心党组成员隆国强等参加会见。

【全国政策咨询工作会在湘召开】 2015年2月9日，全国政策咨询工作会议在湘召开。国务院发展研究中心主任李伟作工作报告，副主任张来明主持；副主任隆国强、党组成员余斌出席会议。省委常委、常务副省长陈肇雄致辞。

此次会议的主要任务是全面贯彻落实党的十八届三中、四中全会和中央经济工作会议精神，分析当前我国经济社会发展和全面深化改革面临的形势和任务，总结交流2014年的政策咨询工作，共同探讨如何做好2015年的政策咨询工作，进一步提高政策咨询研究的质量和水平。

李伟首先传达了党中央、国务院领导对政策咨询工作的重要批示，总结了国务院发展研究中心过去一年的工作情况。在谈到今年的工作思路及要点时，李伟表示今年政策咨询工作需要重点关注和深入研究四个方面问题：新常态下的机遇和挑战、培育以科技创新为核心的经济增长新动力、“十三五”时期经济社会发展战略和主要任务，以及当前经济运行中要重点关注的财政、金融、房地产、就业领域可能存在的风险。

与会专家还就2015年经济发展展望、“十三五”规划研究、“一带一路”战略的经济影响等重点专题作专场报告。

陈肇雄在致辞中说，全国政策咨询工作会议在湖南召开，为我省更好学习借鉴各地经验、提高政策咨询水平提供了难得机会。湖南将认真贯彻落实此次会议精神，按照加强中国特色新型智库建设的要求，突出把握正确方向、鼓励大胆探索、服务中心工作、促进规范发展，进一步健全政策咨询机制，加强政策咨询人才培养，努力推动我省政策咨询工作迈上新的台阶。

【中华保险公司与省森林防指建立战略合作关系】 2015年2月9日下午，中华保险湖南分公司与省森林防火指挥部关于加强森林保险和防火宣传合作的签约仪式顺利召开。省防火办主任、省林业厅党组成员、副厅长吴彦承，中华保险湖南分公司总经理江炳忠现场交换协议，双方正式确立了在森林保险和防火推动与宣传、防灾防损等工作上的战略合作关系。2015年，中华保险湖南分公司将投入300万元费用，与省森林防指共同行动，宣传森林保险和森林防火工作。

中华保险湖南分公司是我省首批政策性农业保险经营的保险主体之一。八年来，公司始终践行“顾客至上、服务至上，信守承诺，回报社会”的服务宗旨，勇担社会责任，农业保险工作得到了各级地方政府的认可和好评。2011年，中华保险湖南分公司开始独家经营全省公益林保险，截至目前，已为我省723.99万户次林农提供1331.03亿元风险保障，累计承保森林3.37亿亩，共支付赔款2.52亿元，最大程度地转嫁了林农生产经营风险。

吴彦承表示，搞好森林防火必须坚持“立足于防，突出于早”的方针，中华保险湖南分公司加大防灾防损资金投入，注重森林防火宣传工作，既可确保森林资源安全，减少林农损失，更有利于实现林业、林农与保险公司的三赢。

江炳忠表示，公司将在每年的春节、清明节等火灾高发期，利用省交通频道等广播媒体，进行森林防火集中宣传。除建立森林保险和防火合作关系，中华保险湖南分公司还计划与省林业厅组织开展一次大型森林防火公益活动，全方位、多层次地推进森林保险和防火工作。

此次合作协议的签署，进一步深入贯彻落实了《农业保险条例》和新“国十条”精神，深化和健全了保险经营机构与灾害预报部门、农业主管部门的合作机制，有利于提高林区群众和全社会的森林防火意识、减少森林火灾的发生，保护森林资源和人民群众生命财产安全。

【徐守盛会见农业银行行长张云】 2015年2月10日，省委书记、省人大常委会主任徐守盛在长沙会见了来湘调研的中国农业银行党委副书记、副董事长、行长张云一行。

徐守盛说，刚刚过去的一年，湖南经济发展保持稳中有进的良好态势，其中，离不开金融机构的支持。农业银行与湖南有着良好的合作基础，特别是在惠农贷款、新兴产业培育等方面给予了湖南大力支持。经济发展新常态下，湖南的各项事业发展迫切需要现代金融增添活力。希望根据双方既有的合作协议，进一步深化在金融创新、扶贫攻坚等领域的合作。湖南将营造良好环境支持各类金融机构在湘发展。

张云说，湖南是农业银行重点合作的省份，农业银行将根据湖南经济社会发展的需要，进一步拓展合作领域，创新金融产品，为湖南持续稳定发展作贡献。

省领导韩永文、孙建国参加会见。

【我省煤矿关闭退出工作获国务院安委办肯定】 2015年2月10日，我省煤矿关闭退出工作获国务院安委办肯定。自2013年启动新一轮落后小煤矿关闭退出工作以来，我省按照国务院要求，明确目标任务、严格标准要求、加大政策支持，全省落后小煤矿关闭退出工作取得重大成效。

省里下达2014年关闭煤矿指标300处，实际关闭406处煤矿，超额106处，实现了“早关快关多关”目标。

【全国农产品电子商务暨农村商务信息服务经验交流会议在长召开】 2015年2月11日，全国农产品电子商务暨农村商务信息服务经验交流会议在长召开，总结交流农产品电子商务和农村商务信息服务在促进农产品流通创新方面的成功经验。商务部部长助理王炳南出席会议并讲话。

全国目前涉农电子商务平台已超过3万家，其中农产品电子商务平台已达3000家。2013年，我国农产品电子商务交易额超过500亿元。电子商务对农产品流通的影响不断加深。依托远程教育网络开展的农村商务信息服务，在促进农产品流通、缓解"卖难"、培育农村电子商务市场等方面发挥了积极作用。

今年，湖南将在全省农村推广电子商务应用。力争全省新增15个农村商贸流通县级平台，平台交易规模突破20亿元。

【国家发改委核准7湘企"打捆"发债募资3亿余元】 2015年2月12日，省政府金融办发布，2015年湖南省中小企业集合债券由国家发改委核准并于日前成功发行，募集资金3.22亿元用于各发行人补充营运资金。这是我省发行的首支中小企业集合债券，也是解决中小企业融资难的重大创新。

该债券由省政府金融办牵头组织，在省发改委、省经信委支持下，联合发行人按照"政府引导、企业自愿、集合发行、分别负债、统一担保、统一组织、市场运作"的模式联合发行。联合发行人包括湖南中铁五新钢模有限责任公司、郴州雄风稀贵金属材料股份有限公司、湖南广信科技股份有限公司、湖南金海钢结构股份有限公司、长沙凯瑞重工机械有限公司、自治州丰达合金科技有限公司、永兴县荣鹏金属有限公司7家企业。

该债券发行总额3.22亿元，期限6年。债券按百元面值发行，票面年利率为8.8%，在债券存续期内固定不变。此次通过"捆绑式"发债，打破了只有大企业才能发债的惯例，开创了中小企业直接融资的新模式。

【农发行力"筑"农村基础设施】 2015年2月12日，中国农业发展银行湖南省分行部署，在继续扎实做好粮棉油收储信贷业务的同时，将发力农村基础设施，今年重点支持水利、农村路网和高标准农田建设。

作为我省唯一的一家农业政策性银行，农发行湖南分行2014年全力支持粮棉油产业链发展，大力支持农业开发和农村基础设施建设。截至2014年末，该行贷款余额为995.92亿元，政策性贷款净增15.53亿元。

农发行湖南分行提出，在继续扎实做好粮棉油收储信贷业务的同时，以创新思维发展中长期信贷业务。围绕新型城镇化和新农村建设，积极支持城市周边集体土地收储整治项目和农民集中住房项目，大力支持城乡用地增减挂钩试点项目和纳入棚户区改造计划的城中村改造项目。依托国家发改委确定的长沙市、株洲市、资兴市3个国家新型城镇化综合试点地区，大胆探索，在支持整区域城镇化建设上取得实质性突破。加大对水利、农村路网和高标准农田建设的信贷支持，优先支持中央、省级财政投资的重大水利项目和农村路网项目，尤其要积极支持国务院确定的湖南12个重大水利项目，研究论证建立湖南水利建设投资基金的可行性，争取在支持水利建设上形成湖南特色。

【我省陈运周获评"群众最喜爱的检察官"】 2015年月13日上午，最高人民检察院召开大会，隆重表彰荣获首届"守望正义——群众最喜爱的检察官"称号的10名先进个人。我省永州市新田县人民检察院原党组副书记、副检察长陈运周荣获这一荣誉称号，是我省唯一获此殊荣的检察官。

陈运周从事基层检察工作28年，始终牢记党的宗旨，忠于党，忠于国家，忠于人民，忠于宪法和法律，严格执法，秉公执法，廉洁执法，展现了新时期共产党员的崇高境界和高尚情操。他一生参与、指挥查办案件270件310人，无一错案。他先后被评为湖南省"优秀检察干部"、"优秀侦查员"，入选全省检察机关侦查人才库。他所带领的新田县检察院反贪局先后被记集体二等功，被评为湖南省检察机关先进单位、永州市"十佳政法单位"。

2012年7月，陈运周被确诊罹患鼻咽癌，仍带病坚持在一线工作，直到生命的最后一刻。2014年8月1日，陈运周因病医治无效不幸去世。8月11日，湖南省检察院做出"开展向陈运周学习的决定"。11月18日，最高人民检察院追授陈运周为"全国模范检察官"。12月12日，中共湖南省委追授陈运周为"湖南省优秀共产党员"。

【湖南5种图书入围"中国好书"】 2015年2月16日，由中央电视台科教频道、中国图书评论学会联合举办的"2014中国好书"推选活动，开启大众网络投票。入围的63种图书中，湖南与江苏各占5种，并列全国省市区第一。

湖南的《爱历元年》(湖南文艺出版社)、《从你的全世界路过》(湖南文艺出版社)、《美的沉思》(湖南美术出版社)、《虫子旁》(湖南人民出版社)、《我的简史》(湖南科学技术出版社)等5种入围。读者可点击进入央视科教频道网站（http://kejiao.cntv.cn/special/2014zghs/vote/）、"中国好书"微信公众号参与投票，时间至3月15日。推选结果将于4月23日世界读书日当天揭晓。

【黄兰香会见中轻集团董事长陈鄂生】 2015年2月16日，副省长黄兰香会见了来湘考察的中国轻工集团公司董事长陈鄂生一行。

陈鄂生一行深入长泰机器人等企业，调研工业机器人产业发展情况。陈鄂生表示，湖南装备制造产业优势明显，为智能制造业发展打下良好基础，中轻集团将在智能制造布局方面优先支持湖南发展。

黄兰香表示，中轻集团在湘的产业项目发展良好，衷心感谢中轻集团对湖南国企改革、湖南经济发展给予的支持。她希望中轻集团深化与湖南的合作，从技术、机制、投入等方面给予更多的支持；省政府也将全力做好服务工作，进一步打造"湖南省工业机器人产业示范园区"，形成产业集群，将机器人产业做大做强。

【益丰大药房上交所挂牌上市】 2015年2月17日，发端于湖南常德的平价专业药房——益丰大药房连锁股份有限公司（股票简称：益丰药房，股票代码603939）登陆上交所，成为国内首家在沪市上市交易的药品零售企业、湖南省第一家上市的连锁药房。省委常委、常务副省长陈肇雄等出席上市仪式。

益丰大药房是国内区域领先的大型医药零售连锁企业，主要进行中成药、中药饮片、化学药制剂、抗生素制剂、生化药品、生物制品零售以及医疗用品的销售业务。益丰高效的门店拓展和精细化运营管理模式，使其业务不仅覆盖湖南省14个市州，还进驻湖北、上海、江苏、江西、浙江等6省市。截至2014年底，已拥有直营门店810家，成功跻身全国连锁药店综合实力百强榜五强行列。由于益丰所有门店均为直营，在管控力、复制力、文化传承等方面具有突出优势，为实现跨区域盈利打下了基础，其母公司和跨省子公司均实现盈利。

上市首日，益丰药房开盘即报涨停 28.04 元，较发行价 19.47 元上涨 44.02%，最终报收于每股 28.04 元。益丰药房本次上市计划发行不超过 4000 万股，发行后总股本不超过 1.6 亿股，拟募资金 7.8 亿元。资金将主要用于营销网络建设和补充流动资金等，打造益丰大药房的市场持续竞争力。

【国务院将浏阳列入农村集体经营性建设用地试点】 2015 年 2 月 25 日，全国人大常委会 25 日审议相关决定草案，拟授权国务院在北京市大兴区、湖南省浏阳市等 33 个试点县（市、区）行政区域，暂时调整实施土地管理法、城市房地产管理法关于农村土地征收、集体经营性建设用地入市、宅基地管理制度的有关规定。

为落实党的十八届三中全会决定关于农村土地征收、集体经营性建设用地入市和宅基地制度改革的要求，2014 年 12 月 31 日中共中央办公厅、国务院办公厅印发《关于农村土地征收、集体经营性建设用地入市、宅基地制度改革试点工作的意见》，决定在全国选取 30 个左右县（市）行政区域进行试点。

根据草案，暂时调整实施的具体内容包括：

——暂时停止实施土地管理法第四十三条和第六十三条、城市房地产管理法第九条关于集体建设用地使用权不得出让等的规定，明确在符合规划、用途管制和依法取得的前提下，允许存量农村集体经营性建设用地使用权出让、租赁、入股，实行与国有建设用地使用权同等入市、同权同价。

——暂时调整实施土地管理法第四十四条、第六十二条关于宅基地审批权限的规定，明确使用存量建设用地的，下放至乡（镇）人民政府审批，使用新增建设用地的，下放至县级人民政府审批。

——暂时调整实施土地管理法第四十七条关于征收集体土地补偿的规定，明确综合考虑土地用途和区位、经济发展水平、人均收入等情况，合理确定土地征收补偿标准，安排被征地农民住房、社会保障。加大就业培训力度，符合条件的被征地农民全部纳入养老、医疗等城镇社会保障体系。有条件的地方可采取留地、留物业等多种方式，由农村集体经济组织经营。

【张剑飞会见国开行客人】 2015 年 2 月 27 日，副省长张剑飞在长沙会见了国家开发银行副行长张旭光一行。

张旭光此行来湘，主要是调研棚户区改造有关情况。

张剑飞说，国开行坚持开发性金融理念，历年来与我省在重点项目建设、保障房及棚户区改造、武陵山片区区域发展与扶贫开发等多方面紧密合作，卓有成效。去年底，国开行决定提供 838 亿元融资支持我省棚户区改造，我省也将采取有力措施，加快项目进度，并加强项目储备。

张旭光表示，棚户区改造是新常态下稳增长、惠民生的重要举措，湖南也是国开行合作最好的省份之一，希望双方继续加强沟通协调，推动棚户区改造工作实现新突破。

【岳阳株洲新晋“全国文明城市”】 2015 年 2 月 28 日下午，全国精神文明建设工作表彰暨学雷锋志愿服务大会在北京召开。经中央文明委评定，长沙市、常德市继续保持“全国文明城市”称号，岳阳市、株洲市则首次获此殊荣。

长沙市、常德市均于 2011 年首获“全国文明城市”称号。按中央文明委相关评选要求，对获得“全国文明城市”称号的城市实行动态抽检、3 年复评制。3 年来，长沙市大力培育和践行社会主义核心价值观，全面深化更高水准的文明城市建设，不断提升城市品质和市民素质；常德市在更高更新的起点上谋划文明城市建设管理，推出了工作巡查、专项整治等 10 项工作常态化举措，助推全国文明城市提质升级。在中央文明委的多轮巡视考评后，长沙、常德继续保持“全国文明城市”称号这一殊荣。

2 月 28 日，岳阳人民会永远铭记这一天，巴陵儿女终于梦想成真：经过 16 年持之以恒的艰苦创建，岳阳正式跨入“全国文明城市”行列。这是该市从普通市民到领导干部众志成城奋斗的结果，更是 550 万岳阳人民追梦之旅的崭新起点。株洲市的全国文明城市创建始于 2002 年。13 年来，围绕建设现代化国际化生态宜居城市目标，株洲强力推进全国文明城市创建工程，先后获评“国家卫生城市”、“国家森林城市”、“国家园林城市”、“中国优秀旅游城市”、“全国双拥模范城”、“全国综合治理工作先进城市”等称号。

此外，中国石化巴陵石化公司等 65 个单位被评为全国文明单位，吉首市寨阳乡坪朗村等 52 个村镇被评为全国文明村镇，长沙市岳麓区望城坡街道长华社区等 4 个社区被评为全国文明社区，九嶷山风景名胜区等 3 个景区被评为全国文明风景旅游区。

省委常委、省委宣传部部长许又声，省委常委、长沙市委书记易炼红参加在北京召开的此次会议。

【我省 9 种图书音像制品获“中华优秀出版物奖”】 2015 年 3 月 1 日，在中国出版协会公布的第五届中华优秀出版物奖获奖作品名单中，湖南有 9 种图书和音像制品入选。

获“第五届中华优秀出版物奖”的包括图书 6 种、音像制品 3 种。分别为：湖南教育出版社《兴国之魂——积极培育和践行社会主义核心价值观十讲》、湖南少年儿童出版社《蓼花鼎罐》、湖南人民出版社《中国发展道路》、湖南文艺出版社《我们家这十年》、岳麓书社《湖南出土简牍选编》、湖南美术出版社《怒吼——北京鲁迅博物馆藏抗战版画展图录》；湖南电子音像出版社《昆曲百种 大师说戏》、湖南科学技术出版社《健康科普进农家》、湖南教育音像电子出版社《不能忘却的丰功伟绩》。

据悉，中华优秀出版物奖的评选，每两年一次。本届评选对象是 2012 年 1 月至 2013 年 12 月出版的图书、音像电子游戏、论文，共评出图书奖 100 个、音像电子游戏奖 30 个、论文奖 30 个。

【国家林业局与湖南合作共建南洞庭湖国际重要湿地】 2015 年 3 月 18 日，国家林业局在北京与省林业厅、益阳市永州市有关负责人举行座谈，商议加强全方位战略合作，共同把益阳市南洞庭湖湿地建成国际重要湿地，全力支持永州创建国家森林城市。

地处益阳沅江市东部的南洞庭湖湿地，已列入国际重要湿地名录，总面积 252 万亩，保存着丰富多样、原始完好的湿地景观生态系统。因湘、资、沅、澧四水和长江汇流注入，具有水浸皆湖、水落为洲的沼泽地貌特征。同时具有极其丰富的生物多样性，生长着湿地植物 863 种、鸟类 164 种、鱼类 114 种，其中国家一级保护动物有中华鲟、中华秋沙鸭等 10 多种，是各种珍稀濒危鸟类和长江洄游鱼类理想栖息地，也是东北亚候鸟迁徙的重要通道。

为落实国家洞庭湖生态经济区发展战略，国家林业局将与湖南联手，开展湿地保护与恢复、退耕还湿试点、湿地生态效益补偿试点等。国家林业局负责人表示，湖南是国家生态保护和林业发展战略重要省份，国家林业局将与湖南在生态环境保护和林业产业发展方面进行全方位战略合作，共同实施湿地保护与恢复工程，努力构建绿色生态屏障，促进生态保护与经济社会协调发展。

自 2011 年 11 月正式启动国家森林城市创建工作以来，永州市紧紧围绕“让森林走进城市，让城市拥抱森林”主题，先后完成了规划编制评审等基础性工作，实施了 1000 万亩封山育林、“三边”造林绿化等造林绿化工程。截至目前，全市森林覆盖率达到 61.89%，城区绿化覆盖率 40.3%，城市人均公园绿地面积 11.15 平方米。国家林业局负责人表示，永州是我国南方重要的生态功能区，建设森林城市不仅是对当地生态的保护和传承，更是强力推进生态文明建设的自觉行动，国家林业局将全力支持。

【蓝思科技深交所挂牌上市】 2015 年 3 月 18 日上午 9 时 26 分，视窗玻璃产业领军企业——注册地在湖南浏阳的蓝思科技股份有限公司，登陆深圳证券交易所，挂牌上市（股票代码为 300433）。

上市首日，蓝思科技开盘价为每股 27.59 元，较发行价 22.99 元高出 20.01%，为新股开盘价涨幅上限。随后股价迅速攀升，最终收于每股 33.11 元，涨幅超过 44%，蓝思科技市值 222.95 亿元。按照今日股价计算，蓝思科技董事长周群飞个人身家已达 196 亿元。

一位业内资深人士表示，若按照连续十个涨停板价格计算，周群飞个人身家将超越胡润研究院发布的《女富豪榜》中 2014 年内地女首富杨惠妍，成为新的女首富。

蓝思科技主营业务为电子产品视窗防护玻璃的研发、生产和销售，广泛应用于手机、平板电脑、笔记本电脑、台式电脑、数码相机、播放器、GPS 导航仪、汽车仪表等产品。

蓝思科技本次发行 6736 万股，所募资金将投入以下三大项目：中小尺寸触控功能玻璃面板技改，大尺寸触控功能玻璃面板建设，蓝宝石生产及智能终端应用。

副省长何报翔见证此次上市。

【中国医药零售发展与资本论坛在长沙举行】 2015 年 3 月 17 日至 18 日，中国医药零售发展与资本论坛在长沙举行，来自全国制药企业、医药零售连锁企业、券商投行机构的代表与专家学者，就如何实现医药企业与资本市场的完美对接，促进药品零售行业的健康发展，进行了探讨、交流。省人大常委会副主任陈君文出席。

这次论坛由中国医药商业协会、中国医药物资协会主办，益丰大药房承办。今年 2 月 17 日，我省平价专业药房—益丰大药房登陆上交所，成为国内首家在沪市上市交易的药品零售企业、湖南省第一家上市的连锁药房。“登陆资本市场是公司发展的新契机，益丰大药房将利用上市融资加快门店拓展，通过品牌形象、专业服务、商品创新、医药电商业务模式创新，持续提升公司核心竞争力。”益丰大药房董事长高毅作主题发言时表示。

对中国药品零售企业来说，如何借助资本力量做大做强？今日资本总裁徐新、中信证券执行总经理程杰等认为，资本市场对药品零售行业的关注度持续提升，越来越多的资金涌入这一行业，有利于药品零售行业的整合与发展，打造更多品牌药房，使老百姓能买到价格更优惠的放心药。

【湖南建工集团再获 8 项鲁班奖】 2015 年 3 月 22 日，从湖南建工集团传出喜讯，由该集团承建的“海南三亚国际养生度假中心 2# 栋工程”和“湖南三建兴城培训中心工程”两个项目荣膺 8 项鲁班奖。至此，湖南建工已荣获 70 项鲁班奖，创造了业界佳绩。

由中国建筑业协会组织评选的“2014–2015 年度中国建设工程鲁班奖”，是国内建筑行业工程质量最高荣誉奖。

湖南建工集团董事长、党委书记叶新平介绍，湖南建工始终坚守“质量至上”的理念，以“鲁班奖”的质量标准认真建设每一项工程，坚持“工程质量是企业的生命”，以过程精细确保工程精品，真正把“一流、超越、精作、奉献”作为企业的宗旨与追求。

【罗富和率队来湘调研】 2015 年 3 月 23 日至 24 日，全国政协副主席、民进中央常务副主席罗富和率领全国政协人口资源环境委员会调研组来湘，就“长江经济带开发中的湿地保护”开展调研。记者获悉，到 2014 年底，湖南湿地保护面积已达 1059.98 万亩，湿地保护率达 69.3%，高于全国平均水平。

全国政协人口资源环境委员会主任贾治邦，副主任解振华、庄国荣、凌振国，全国政协常委印红、康耀红，全国政协委员姚中民、聂振邦等参加调研。

省领导徐守盛、杜家毫、陈求发、韩永文到住地看望了罗富和一行。省领导谢勇、武吉海陪同调研，张硕辅、杨维刚出席调研座谈会并发言。

我省高度重视生态文明建设，不断加强对湿地的保护与管理。2005 年，我省制定了《湖南省湿地保护条例》，成为全国第三个出台湿地保护地方性法规的省份。这些年来，我省不仅在贯彻落实全面深化改革中明确湿地保护的改革举措，编制了湿地保护总体规划、绿色湖南建设纲要，去年还制定了“美丽湿地”建设三年行动计划。

我省大力实施湿地保护工程，近 3 年共实施国家湿地保护恢复项目 21 项，中央财政湿地补助项目 27 项，三峡工程后续保护区建设与完善项目 3 项，争取国家财政投入近 3 亿元，并争取全球环境基金无偿援助，在洞庭湖实施了湿地生物多样性保护与可持续利用项目。在严格湿地保护执法的同时，还加大湿地保护宣传力度，仅连续 7 届洞庭湖国际观鸟节就吸引 30 多个国家近 100 万人次参加。

针对湖南湿地保护实际，我省呼吁国家尽快出台国家湿地保护条例，建立湿地生态效益补偿机制，科学编制三峡水库蓄水调度方案，加快洞庭湖综合治理步伐，加大对湖南湿地保护的投入。

罗富和指出，湖南在湿地保护方面开展了多年探索，形成了一些很好的经验，希望能为国家层面出台湿地保护条例提供借鉴。加强长江经济带开发中的湿地保护，应对长江全流域水资源进行综合调度管理，对洞庭湖、鄱阳湖等以水资源配置调节作为主要功能的湖泊，以生态水的调节调度为主要目标，推进水资源可持续发展利用。同时，污染问题必须考虑，要多留意国际国内的技术创新，加大新技术的推广运用，借鉴外地成熟样板经验，着力减少面源污染。

在湘期间，罗富和还与来自长沙的民进基层会员们进行了座谈交流。

【郴州娄底益阳永州跻身“国家卫生城市”】 2015年3月24日，全国爱国卫生工作会议暨全国城乡环境卫生整洁行动现场会在安徽马鞍山市召开。会上，资兴市被全国爱国卫生运动委员会正式命名为“国家卫生城市”，成为我省首个获此殊荣的县级市。同时获得此项荣誉的，我省还有郴州、娄底、益阳、永州4个地级市。

国家卫生城市是由全国爱国卫生运动委员会评选命名的国家级卫生优秀城市，是我国重要的城市品牌之一。创建国家卫生城市，既要考核城市环保、市容环境卫生等，还要考察城市居民健康教育和健康促进、食品和饮用水安全等。

【湖南13个项目获国家出版基金资助】 2015年3月24日，在国家出版基金规划管理办公室公布的2015年资助项目名单中，湖南8个出版单位的13个出版项目入选，获得资助资金共计1066万元。

此次获得资助的主要为具有重要科学研究和文化传承价值的出版项目以及主题出版项目。包括湖南人民出版社的《新中国农村土地制度变迁》，湖南文艺出版社的《中国民间游戏总汇》，湖南教育出版社的《当代老年学名著译丛（第一辑）》、《西方史学思想史》、《从不毛地到米粮川——共和国农业史上的“黄淮海战役”》，湖南科技出版社的《中国野生鸟类》、《畜禽规模化养殖丛书》，湖南美术出版社的《中国抗战版画选集（上下卷）》，岳麓书社的《清代基层社会关系研究》、《走向世界丛书（续编）》，湖南师范大学出版社的《中国生态文明发展战略研究丛书》、《濒危汉语方言研究丛书（湖南卷）》，民主与建设出版社的《非洲译丛（第一辑）》。

据了解，国家出版基金用于鼓励和支持优秀公益性出版项目的出版，对不能通过市场资源完全解决出版资金的优秀公益性出版物给予成本补助。共有274家出版社的346个出版项目获得2015年度国家出版基金资助。

【中国陶瓷艺术大展暨首届湖南（醴陵）陶瓷博览会开幕】 2015年3月26日，中国陶瓷艺术大展暨首届湖南（醴陵）陶瓷博览会在醴陵·世界陶瓷艺术城开幕。省委常委、省委宣传部部长许又声，省人大常委会副主任陈君文，副省长黄兰香，省政协副主席欧阳斌出席开幕式。

千年窑火，千年瓷都。醴陵，素有“湖南东大门”之称，风景优美，曾被著名画家丰子恺叹为“碧水青山，错认杭州”，空气质量良好天数达340天。醴陵是全国著名的三大“瓷都”之一，被评为“中国陶瓷历史文化名城”，如今，在醴陵市郊，一座全省地标性建筑——醴陵·世界陶瓷艺术城为“瓷都”再添神奇魅力。陶瓷城整个建筑群以陶瓷器皿为建筑外观，瓶瓶碗碗，坛坛罐罐，错落有致，总建筑面积100万平方米，为期12天的瓷博会主题活动均在此开展，更彰显此次盛会的大气雍容。

此次瓷博会，以“中国醴陵·瓷彩天下”为主题，并通过中国陶瓷艺术设计中心揭牌落户醴陵、40位国家级陶瓷大师联盟作品展、3000余件中国陶瓷艺术参评作品大展等16项高规格、高品质的主题活动，打造了一场以陶瓷文化为核心的交流盛会和视觉盛宴。

此次瓷博会，开辟11大展区，共设有600余个展位，邀请了全国8大陶瓷主产区200余家企业参展，展品数以万计。

瓷博会由中国轻工业联合会、中国陶瓷工业协会、湖南省商务厅、株洲市人民政府共同主办，醴陵市人民政府承办。

【陈雷来湘检查防汛抗旱准备工作】 2015年3月26日至27日，水利部部长陈雷率检查组来湘检查指导防汛抗旱准备工作，督导重大水利工程建设和农村饮水安全保障工作。省委副书记、省长杜家毫参加在长沙的检查，并出席湖南省防汛抗旱工作汇报会。

长江水利委员会主任刘雅鸣参加检查，副省长张硕辅陪同检查并代表省政府汇报了我省防汛抗旱工作。

在湘期间，陈雷一行先后实地查看了岳阳钱粮湖层山安全区、长江干堤君山垸荆江门段崩岸，以及长沙芙蓉区浏阳河风光带和砂咀子泵站等防洪工程，重点检查了防汛抗旱责任制和各项度汛措施落实情况，并听取了我省防汛抗旱准备工作汇报。

汇报会上，陈雷充分肯定湖南去年防汛工作取得的成绩，以及今年防汛抗旱工作所作的各项准备。他说，受厄尔尼诺事件影响，今年汛期全国降水总体偏多，长江中下游地区可能发生较重洪涝灾害。湖南是长江流域乃至全国防汛抗旱任务最重的省份之一，要结合实际，清醒认识当前防汛抗旱工作面临的严峻形势，树立底线思维，坚持问题导向，努力克服麻痹思想，层层传导防汛责任，做好汛前各项准备，严格落实度汛措施，强化巡查抢险和山洪防御，切实保障供水安全，坚决打赢防汛抗旱攻坚战。要一手抓重大项目，一手抓面上工程，进一步加快相关项目前期工作，落实配套资金，狠抓计划执行，强化建设管理，防范廉政风险，确保湖南各项水利工程建设加快推进，确保如期完成农村饮水安全建设任务。

陈雷说，湖南是水利大省，当前水利改革发展面临难得的重大机遇，希望湖南进一步完善治水兴水思路，大力推进民生水利工作，全面落实最严格水资源管理制度，全面深化水利改革，科学编制水利发展“十三五”规划，实现湖南水利改革发展新跨越。国家防总、水利部将继续加大对湖南的倾斜支持力度，让水利更好地造福三湘大地。

杜家毫感谢水利部一直以来给予湖南水利改革建设发展的大力支持。他说，湖南将认真贯彻落实国家防总、水利部的部署要求，以此次检查为契机，逐条分析研究当前存在的问题，有针对性地做好防汛抗旱各项准备工作，确保全省安全度汛，确保抗旱用水安全。同时，抢抓当前水利改革发展的重大机遇，加大省级资金配套力度，鼓励和吸引社会资本投入，整合资源、形成合力，加快推进重大水利项目、病险水库加固、农村饮水安全等水利工程建设，确保如期完成各项任务目标；全面推进水资源管理、水利建设管理等重点领域改革试点，努力为全国水利改革探索路子、积累经验。

【中国进出口银行助力湘企对外承包工程】 2015 年 3 月 29 日，进出口银行湖南省分行发布，截至 3 月 25 日，该行今年已累计发放 20 亿元贷款支持湘企对外承包工程。

目前，全省已有 70 余家企业获得对外承包工程经营资质，在海外承接了一大批水电、路桥、房建等工程项目。作为支持企业走出去的专业银行，进出口银行湖南省分行为这些企业量身定制了专业的金融服务。

湖南建工集团、湖南路桥集团等企业在银行的支持下，走出去步伐不断加快，对外承包工程遍布亚洲、非洲等国家，中国水利水电第八工程局在马来西亚的康诺桥燃气电站、湖南省交通规划勘察设计院老挝占巴色省孟孔县跨湄大桥、湖南路桥在刚果（布）的国家一号公路二期工程等项目，都获得了进出口银行湖南省分行的大力支持。

【杜家毫会见彭波】 2015 年 4 月 3 日中午，省委副书记、省长杜家毫在长沙会见了来湘出席 2015 移动互联网岳麓峰会的国家互联网信息办公室副主任彭波一行。

杜家毫感谢国信办长期以来给予湖南发展特别是在互联网领域的大力支持。他说，去年以来，湖南把加快移动互联网产业发展作为一项重点工作加以推进，制定出台了专项扶持政策，并取得明显成效。一大批移动互联网企业和相关投资领域的领军人物加速在湘聚集，去年全省移动互联网产业增长 120%。湖南将以此次峰会的成功举办为契机，大力推进“互联网 +”行动计划，把新常态下的这一新机遇加快培育成为新的增长点。希望国信办一如既往给予湖南大力指导和支持。

彭波说，湖南移动互联网产业发展起点高、举措实，并具备良好的人文环境和雄厚的人才储备。国信办将进一步加大支持力度，助推湖南打造成为全国移动互联网产业高地。

副省长黄兰香，以及李新宇、熊晓鸽、倪正东、姚劲波、唐岩等移动互联网产业湘籍企业家参加会见。

【杜家毫会见梅克保】 2015 年 4 月 7 日下午，省委副书记、省长杜家毫在长沙会见了国家质量监督检验检疫总局党组副书记、副局长梅克保一行。

杜家毫欢迎梅克保回家乡考察指导工作，感谢国家质检总局长期以来给予湖南发展的大力支持。他说，近年来，湖南各级质检工作有力有效，促进和保障了全省经济健康持续发展。当前，湖南正深入贯彻落实党中央、国务院决策部署，立足装备制造、轨道交通、航空航天、农产品加工等产业优势，积极对接“中国制造 2025”，推动湖南制造向湖南创造、湖南产品向湖南品牌转变提升。在这一过程中，质量始终是前提和关键。希望国家质检总局一如既往在标准化、品牌和检验检测机构建设以及技术研发等方面给予更多支持和指导，赋予更多先行先试的任务。

梅克保说，国家质检总局将围绕实施质量强国战略，在保障产品质量安全、国门安全和特种设备安全等方面全力以赴支持湖南，以产品质量提升促进产业转型升级，助推湖南经济社会加快发展。

副省长戴道晋参加会见。

【中国计量科学研究院分院将落户长沙】 2015 年月 7 日，中国计量科学研究院与湖南省质监局签署《战略合作协议》。国家质检总局副局长梅克保、副省长李友志、质检总局总工程师刘兆彬出席。

该协议是贯彻落实国家质检总局与湖南省政府《部省合作备忘录》精神的又一重大成果。根据协议，院局双方将在长沙新建中国计量科学研究院长沙分院，围绕北斗导航、惯性制导、轨道交通、工程机械、新材料、环境监测等产业，搭建起世界一流水平的区域性计量标准研发平台、计量器具检定平台和计量技术能力开发平台，使其成为立足湖南、辐射中部、面向重点产业的综合性计量科技创新、技术服务和成果转化基地，为湖南省乃至中部地区的环境保护、新能源开发利用、现代装备制造业等优势产业发展提供计量技术支撑，促进区域经济协调发展。

【梅克保来湘调研座谈】 2015 年 4 月 7 日，省质监局在长沙召开《计量法》修订立法调研座谈会，国家质检总局副局长梅克保出席并讲话，副省长李友志，质检总局总工程师刘兆彬出席。

据悉，来自全国质检部门的领导、专家和相关企业代表共 30 余人参加此次座谈会。《计量法》修改的重点将包括以下内容：减少行政审批事项，完善计量基标准等量值传递溯源体系，改革在用计量器具的管理制度，增加商品量和能源计量管理，提高处罚金额，增大违法成本。

梅克保指出，党的十八届四中全会做出了“依法治国”的战略部署。依法治国首先是“有法可依”，立法、修法是关乎长远和全局的大事，要高度重视、集中精力抓，利用立法、修法为依法治国提供法律支持。要突出重点，积极推动计量法、标准化法的修订。要做好基础工作，加强调查研究，加大宣传力度，广泛征求意见，做到“虚事实做”，提高立法质量。

今天下午，梅克保一行来到湖南省产商品质量监督检验研究院星沙检测基地、湖南省计量检测研究院调研，听取检测领域的专家、技术人员对《计量法》修订的意见。

【全国政协调研组来湘调研】 2015 年 4 月 14 日至 15 日，全国政协常委、全国政协港澳台侨委员会副主任郑立中，全国政协常委、全国政协港澳台侨委员会副主任刘凡率调研组来湘，就“台资企业在大陆经济转型升级中遇到的新问题”开展调研。省政协副主席王晓琴陪同调研。

两天来，调研组听取了省直有关部门情况汇报，并赴长沙台资企业实地考察。据悉，台湾地区是我省利用外资的第二大来源地，实际到位外资仅次于香港。截至 2014 年底，我省共审批台资项目 2313 个，台资企业在湘的合同资金达 72.08 亿美元，实际到位 58.87 亿美元。今年 1 至 3 月，台湾在湘投资企业数 24 个，合同台资 17742 万美元，实际到位台资 19004 万美元，同比增长 56.57%。随着经济发展进入新常态，在湘台资企业转型升级中也面临许多问题。

调研组肯定了湖南省委、省政府在支持台资企业发展方面取得的成绩，并指出要积极引导台商正确认识湖南发展的新速度和新方向，使台资企业真正融入湖南经济社会发展方方面面。要加强全省职业教育水平由中低端向中高端转型，解决台资企业结构性缺工的问题，努力为台资企业在经济发展新常态下的转型升级营造更好的环境。

【张剑飞会见平安银行客人】 2015 年 4 月 15 日下午，副省长张剑飞在长沙会见了平安银行副行长叶望春一行。

平安银行，是中国平安保险（集团）股份有限公司控股的一家跨区域经营的股份制商业银行，总部设于深圳。至去年底，该行资产总额21864亿元，在全国38个主要城市拥有500多家网点。

张剑飞说，热忱欢迎平安银行来湘开设分支机构，希望平安银行与湖南紧密合作，加大对地方金融支持力度。各相关部门也要加强沟通衔接，为平安银行长沙分行年内开业创造良好环境。

叶望春表示，平安银行入湘在即，将依托平安集团全牌照优势，重点围绕产业基金、小微企业等开展业务，扎根湖南市场。

【湘潭经开区成为国家智慧城市试点园区】 2015年4月15日，住建部办公厅、科技部办公厅联合发布了《关于公布国家智慧城市2014年度试点名单的通知》，全省新增六大智慧城市试点，湘潭经开区成功入选。

湘潭经开区党工委书记喻湘提出，要在提供公共产品服务上发力，为老百姓提供精细化的公共设施与公共服务，实现城市管理的精细化。

【全国即开型福利彩票工作座谈会在长沙召开】 2015年4月15日，全国即开型福利彩票工作座谈会在长沙召开，来自全国31个省（自治区、直辖市）的福彩中心主任或副主任及部分即开票部部长，以及中福彩中心相关部室负责人等共计80余人参加会议。民政部社会福利和慈善事业促进司彩票处、财政部综合司彩票处的有关负责同志应邀参加会议。中国福利彩票发行管理中心主任王素英、副主任于文俊，湖南省民政厅党组成员、副厅长邓磊出席会议并讲话。湖南、广东等5个即开型福利彩票工作突出的省份在会上作了典型发言。

会议回顾了2014年全国即开型福利彩票工作情况，对今年即开票的整体工作进行了安排部署。会议确定2015年全国即开型福利彩票工作将围绕游戏开发、渠道拓展、技术保障、业务培训四个方面展开，强调各省要进一步重视即开票销售，加大人力、物力、财力方面的投入和支持力度，要在加强与传统销售渠道合作的同时，解放思想，开拓创新，进一步拓展新的销售渠道，为推动福彩事业的转型发展做出有益探索。

王素英主任在会上做了总结讲话。她首先肯定湖南省的福彩工作近些年取得的成绩，指出此次全国即开型福利彩票工作座谈会定在长沙召开，也是想请大家观摩湖南福彩在政策措施、管理模式、市场营销等方面的经验做法。同时，就与会代表们在座谈会上提出的部分意见和建议进行了解答。她强调，此次会议内容丰富、工作布置清晰明确，各地要认真学习借鉴典型发言中的工作亮点，将会议上部署的各项任务落到实处；要科学分析即开票工作的现状和原因，深入挖掘即开票的销售潜力；要正确对待彩票审计工作中指出的问题和意见，切实抓好整改，确保福利彩票的安全运行、健康发展；要振奋精神，正确分析和把握彩票销售的新形势、新机遇，坚持改革创新，开拓进取，努力实现福利彩票事业新常态下的新跨越。

会议还通报表扬了2014年全国即开型福利彩票销售十强城市及亿元城市彩票机构。

【长沙高新区入选国家首批科技服务业试点】 2015年4月23日，科技部公布了首批25家科技服务业试点区域名单，长沙高新区名列其中，为我省唯一。

去年10月，国务院出台《关于加快科技服务业发展的若干意见》，并启动了首批科技服务业区域试点的遴选工作。国家鼓励试点区域面向科技创新和产业发展需求，积极探索有利于本区域科技服务业发展的新路径和新模式，为区域产业集群提供集成化科技服务，提升区域科技创新和产业发展水平。

据悉，进入试点的长沙高新区将以建设国家自主创新示范区为契机，重点实施科技服务机构聚集工程、科技服务平台提升工程、重点科技服务业态建设工程、科技服务业生态系统形成工程。预计到2020年，长沙高新区科技服务业总收入达到800亿元以上，基本形成覆盖科技创新全链条的科技服务产业体系，成为中部地区科技服务引领区和长株潭城市群科技服务业示范区。

【杜家毫会见国务院消防工作考核组一行】 2015年4月24日下午，省委副书记、省长杜家毫在长沙会见了由住房和城乡建设部副部长易军率领的国务院消防工作考核组一行。

杜家毫欢迎易军一行来湘检查指导工作。他说，湖南省委、省政府历来高度重视消防工作，始终将其作为安全生产的重中之重，尤其是严格落实消防安全责任制，不断加大对消防战线的投入，着力加强重点部位和薄弱环节的隐患排查，不断夯实消防基层基础，保持了全省消防安全形势的总体平稳。湖南将以此次考核检查为契机，始终紧绷安全生产这根弦，认真汲取省内外重大消防安全事故教训，全力查找当前存在的问题和薄弱环节，认真抓好整改落实，努力为全省经济社会发展提供强有力的安全保障。

易军说，考核组将本着求真务实、公开透明的原则，积极帮助湖南查找消防工作中存在的问题和不足，认真总结湖南消防工作的好经验、好做法，进一步增强消防安全的保驾护航能力。

副省长戴道晋，省政府党组成员、省政府办公厅党组书记向力力参加会见。

【王侠在湘调研供销社综合改革】 2015年4月22日至24日，中华全国供销合作总社党组书记、理事会主任王侠率队在湘调研供销社综合改革。她要求湖南供销社系统，迅速行动、提高认识，学习好、落实好中央11号文件精神，加快推进各项改革。

今年4月初，《中共中央国务院关于深化供销合作社综合改革的决定》（中发〔2015〕11号）文件印发，给供销社系统的改革发展带来前所未有的机遇。宣讲中央11号文件精神、听取基层供销社关于改革的具体实施意见，是王侠此行的主要目的。在召开座谈会之前，王侠先后对长沙、湘潭、娄底等地的基层供销社、供销社下属企业进行了考察。

王侠对湖南供销社系统的综合改革试点给予充分肯定。她要求湖南供销社系统，认真学习、正确理解中央11号文件，抓紧出台实施意见；积极主动向各级党委、政府汇报，将供销社综合改革纳入全面深化改革的“大盘子”；以时不我待、机不可失的事业心、责任感，落实改革措施。王侠强调，必须牢牢把握供销社改革的重点，坚持“为农服务”

宗旨，狠抓基层供销社改造，着力提升农业社会化服务水平，创新发展机制。

副省长戴道晋陪同考察。

【湖南消防工作获国务院考核组肯定】 2015年4月22日至25日，由住建部副部长易军率领的国务院第二考核组，来湘检查考核湖南省政府2014年度消防工作。

考核组听取了省政府及湘潭、株洲两市政府工作汇报，查阅了省、市消防工作有关资料文件，实地检查了消防指挥中心、城市消防站建设以及住建、教育、民政等部门消防工作情况，随机抽查了13家社会单位，检查了乡镇、街道、社区消防安全网格化管理和政府专职消防队建设情况。

考核组对我省消防工作取得的成绩给予充分肯定。考核组指出，湖南在全国率先全面推进消防控制室达标创建活动，对全省近5000个消防控制室实施了规范化管理；率先研发推广消防管理服务信息平台“掌上消防”APP软件，并试点政府出资购买消防安全服务、社会机构承办消防公益培训模式。组建了全国首支明星志愿消防队，推出全国首档明星体验消防真人秀节目。打造公安消防铁军，涌现出“时代楷模”望城消防大队、全国消防部队十大杰出卫士刘达京等一批先进典型。

副省长戴道晋，及民政、教育、住建、安监等部门负责人参加了考核情况汇报反馈会。会上，戴道晋表示，将以此次考核为契机，以问题为导向，进一步健全消防安全责任体系，打牢消防安全基础，织密火灾防控网络，推进消防安全宣传教育，加快推进湖南消防事业创新发展，为湖南经济社会发展更好地保驾护航。

【国家农业部等专家学者把脉湖南“美丽乡村”建设】 2015年4月25日上午，来自国家农业部、中国人民大学等部门、高校和相关机构的80余位专家学者汇聚长沙，共同为麻阳苗族自治县谭家寨乡楠木桥村“美丽乡村”建设把脉支招。省领导和老同志杨泰波、董志文、罗海藩、石玉珍等出席研讨会。

此次麻阳楠木桥村“民族文化、休闲农业和生态旅游暨美丽乡村建设”研讨会，由省民族联谊会主办。楠木桥村是省委、省政府首批确定的21个社会主义新农村示范村之一。近年来，在“美丽乡村”建设中，注重保护与传承民族文化，将苗族长寿文化、苗俗风情与新农村建设相结合，打造苗族特色示范村。该村先后荣获全国文明村镇、全国民主法治示范村、全国先进基层党组织等8项国家级和16项省市级荣誉称号。

研讨会上，专家学者们建议楠木桥村突出苗乡特色，传承民族长寿文化，打造富有特色的“宜居宜业宜游”美丽乡村，积极探索适宜发展的乡村特色产业，打造“村村寨寨有景点、家家户户可住人”的乡村特色旅游，努力建设美丽、和谐、富裕的苗乡新村。

研讨会期间，上海、天津、广东、重庆、山东等发达地区的乡村领头人及企业，分别与楠木桥村签订了近千万元的产销合同、帮扶协议等。

【科技部领导参加长株潭国家自主创新示范区建设动员大会】 2015年4月26日上午，长株潭国家自主创新示范区建设动员大会在长沙召开，全面启动示范区建设。省委书记、省人大常委会主任徐守盛强调，要牢牢把握创新创业这个核心主题、创新发展这个中心任务、体制改革这个根本动力，开拓创新、真抓实干，高标准、高水平、高要求推进示范区建设，努力为全国创新驱动发展探索经验。省委副书记、省长杜家毫作动员报告。

科技部党组成员、副部长曹健林讲话，省委副书记孙金龙主持会议，省领导韩永文、易炼红、张文雄、陈君文、武吉海，国防科技大学副校长庄钊文出席。

徐守盛指出，建设长株潭国家自主创新示范区，是贯彻实施国家创新驱动发展战略的重要实践，是适应新常态、培育新动力的重要工程，是全面深化改革的重要载体，担负着为全国创新驱动发展探索经验的重大使命。全省各级各部门要把思想和行动统一到党中央、国务院的决策部署上来，把示范区作为实施创新驱动发展战略的“试验田”，大力推进科技体制改革，充分发挥示范区在全省培育发展新动力、打造发展新引擎中的龙头作用，推动全省经济保持中高速增长、迈向中高端水平。

徐守盛强调，建设长株潭示范区，要牢牢把握创新创业这个核心主题，强化科技创新的引领和支撑作用，大力推进全民创新创业，努力把示范区建设成为创新驱动发展引领区和军民融合创新示范区；牢牢把握创新发展这个中心任务，面向经济建设主战场推进示范区建设，加快把科技成果转化为发展成果，把科技资源转化为经济资源，把科技优势转化为发展优势，努力将长株潭打造成为中西部地区发展新的增长极；牢牢把握体制改革这个根本动力，积极开展科技体制改革和机制创新，在科研院所转制、科技成果转化、军民融合发展、科技金融文化融合、人才引进、绿色发展等方面先行先试，努力把示范区建设成为科技体制改革先行区。

徐守盛强调，建设长株潭示范区，要突出抓科技投入，善于算大账、长远账和投入产出账，整合盘活存量资金，发挥财政资金的杠杆作用，推动科技与金融深度融合。要突出抓人才支撑，加快培养创新创业人才队伍，创新人才引进机制和方式方法，重点解决培养得好、引进得了、留用得住等问题，把长株潭打造成为创新创业人才特区。要突出抓协同创新，大力推进产学研用结合，加强国际国内科技合作交流，打破体制机制壁垒，构建有利于协同创新的制度体系。要突出抓成果转化，面向市场开展科技创新，加强科技成果转化服务体系建设，大力发展高新技术产业。要突出抓创新生态，大力培育创新创业主体，优化创新创业服务，厚植和弘扬创新创业文化，在湖南精神中大力培育创新精神，在湖湘文化中突出建设创业文化，激发全民创新动力，点燃万众创新激情。

徐守盛强调，要按照“省统筹、市为主”的机制，加强组织协调，加强顶层设计，科学编制示范区发展规划纲要和各类专项规划；全面落实国家政策，抓紧制定出台省委、省政府关于加快建设示范区的若干意见，强化服务保障，加快转变政府职能，在权力上做减法，在服务上做加法。

杜家毫指出，建设长株潭自主创新示范区的号角已经吹响，要坚定信心、奋勇攻坚，坚决完成国家赋予的重任。深入领会和贯彻国务院批复要求，将批复要求落实到示范区建设的方方面面和全过程，细化为具体的科研课题、建设项目、行动计划；充分发挥我省优势，进一步激发蕴藏在高等院校、科研院所、企业研发机构和广大群众中的创新创造活力，提高示范区建设的质量和水平；注重学习借鉴各地经验，并结合自身特点，为全省乃至全国的转型创新发展探索更多可复制、可推广的经验；建立协同推进机制，搭建创新合作的联动平台，展示示范区的独特优势和巨大发展空间，广泛凝聚各方合力，营造全社会共同关心、支持示范区建设的良好氛围。

杜家毫强调，要明确目标、科学规划，努力培育全省转型创新发展的强力引擎。坚持规划先行，尽快出台《长株潭国家自主创新示范区发展规划纲要（2015-2025年）》和加快建设示范区的政策意见，在有效推进示范区建设的同时，促进长株潭基础设施、产业发展、生态环保建设等全面升级。加快体制机制创新，建立健全长株潭三市协调联动机制，坚决避免"各唱各的调"。推动产业集聚集群，积极对接"中国制造2025"和"互联网+"行动，提升产业智能化、高端化、绿色化发展水平。强化平台载体建设，加快建设一批国家级技术中心，组建长株潭技术创新中心。提升开放合作水平，以深度融入长江经济带为重点，全面推进跨区域开放合作，强化国际科技合作交流。相关部门要强化"一盘棋"意识，细化规划、落实责任，努力培育创新创业生态，尽快研究出台配套政策，不断强化考核评价，加快试点经验推广，全力以赴、久久为功，着力推动大众创业、万众创新。

曹健林指出，建设国家自主创新示范区是党中央、国务院赋予长株潭的新使命和新起点。希望长株潭示范区抢抓机遇，加强协同发展，充分发挥基层首创精神，加快落实各项改革任务，做好与国家创新驱动发展战略和国家深化科技体制改革的衔接，做好新常态下新兴产业和新创新模式的承接，发挥更大的集聚辐射引领作用，努力建设具有国际竞争力的长株潭创新型城市群和具有全球影响力的"一带一部"创新创业中心。

会上，省科技厅、长沙市、国防科技大学先后作表态发言。

【徐守盛会见雒树刚】 2015年4月26日下午，省委书记、省人大常委会主任徐守盛在长沙会见了来湘调研的文化部党组书记、部长雒树刚一行。

徐守盛感谢文化部长期以来对湖南经济社会发展特别是文化工作的支持。他说，近年来，湖南全面贯彻落实中央各项决策部署，促进"三量齐升"，推进"四化两型"，经济社会保持了又好又快发展。在这过程中，湖南加快推进文化强省建设，文化事业、文化产业都得到了长足发展，文化体制改革加快推进。当前，湖南正有力有序协调推进"四个全面"，希望文化部在文化专项规划、文化惠民项目建设等方面进一步给予支持，推动湖南文化强省工作上新台阶。

雒树刚说，湖南文化底蕴深厚，省委、省政府高度重视宣传思想文化工作，文化产业发展在全国名列前茅，"欢乐潇湘"等群众文化活动雅俗共赏、深入民心。文化部将进一步加大支持力度，推动湖南文化工作取得新突破。

省领导许又声、韩永文，文化部副部长董伟参加会见。

【徐守盛会见姚立功】 2015年4月26日中午，省委书记、省人大常委会主任徐守盛在长沙会见了来湘考察调研的中国人民武装警察部队政治部主任姚立功一行。

徐守盛感谢武警部队长期以来对湖南工作的支持。他说，在武警部队党委的坚强领导下，武警湖南总队坚持围绕中心、服务大局，不断加强自身建设，积极支持地方经济建设，在抗灾救灾、抢险驰援、处突维稳等任务中发挥了主力军作用，是一支能打硬仗、善打硬仗的队伍。希望武警部队一如既往关心支持湖南的发展，湖南将大力加强和改进党管武装工作，支持武警部队各项建设，为部队开展工作创造良好条件。

姚立功说，湖南省委省政府高度重视武警部队建设，武警湖南总队要进一步加强自身建设，圆满完成省委、省政府交给的各项任务，树立威武之师、文明之师的良好形象，为推动湖南经济社会发展做出更大贡献。

省领导韩永文、孙建国，武警湖南省总队司令员刘国荣、政委贾龙武参加会见。

【我省102名全国劳模和先进工作者赴京受奖】 2015年4月26日，在"五一"国际劳动节到来之际，我省102名全国劳动模范和先进工作者将赴京受奖。今天下午，我省在长沙举行欢送会，省委副书记孙金龙在会上勉励大家珍惜荣誉、牢记使命，以高度的政治热情开好大会，传播好"湖南声音"，充分展示湖南劳动者的时代风采。副省长黄兰香主持会议。

孙金龙代表省委、省政府向大家表示热烈祝贺。他说，来自全省各行各业的全国劳模和先进工作者，凭借勤劳和智慧、敬业与拼搏，在不同的岗位上做出了不平凡的业绩，以实际行动诠释了劳动人民的优秀品质，谱写了劳动创造伟业的辉煌篇章，展现了工人阶级勇挑重担、勇当先锋的时代风采，树立起了激励全省人民团结奋进的光辉旗帜。

孙金龙说，作为出席全国劳动模范和先进工作者表彰大会的湖南代表团成员，希望大家珍惜荣誉、牢记使命，以高度的政治热情、良好的精神状态，集中精力开好大会。会议期间，要认真聆听中央领导同志的重要讲话，深刻领会会议精神，切实做到入脑入心；要积极宣传好我省改革开放和现代化建设的新成果，传播好"湖南声音"；要加强与全国各地劳模和先进人物的交流，虚心向他们学习，进一步提升自我；要严格遵守大会纪律，自觉服从大会安排，充分展示湖南劳动者的时代风采。希望大家以此次进京受奖为新起点，以更加饱满的热情、更加旺盛的斗志积极投身全省改革发展火热实践，为协调推进我省"四个全面"，奋力谱写中国梦的湖南篇章再创佳绩、再立新功。

【雒树刚在湖南调研时强调加快构建现代公共文化服务体系】 2015年4月26日至27日，文化部党组书记、部长雒树刚在湖南调研时强调，要深入贯彻落实习近平总书记系列重要讲话特别是文艺座谈会重要讲话精神，加快构建现代公共文化服务体系，推动湖南文化建设再上新台阶，让广大人民群众共享文化发展成果。省委副书记、省长杜家毫参加调研。

文化部副部长董伟，省委常委、省委宣传部部长许又声，以及省政府党组成员、省政府办公厅党组书记向力力参加调研。

雒树刚一行考察了长沙市图书馆、博物馆和音乐厅，详细了解“两馆一厅”的功能规划、建设进展等情况。在长沙县，雒树刚走访了福临镇综合文化站、福临铺社区文体活动中心、开慧镇文化站、葛家山村文化活动中心。每到一处，雒树刚都与当地群众亲切交谈，询问基层文化民生情况，要求进一步加大文化基础设施建设和文化惠民力度。

在省博物馆、省湘剧院、省歌舞剧院有限责任公司、省木偶皮影艺术保护传承中心和省花鼓戏保护传承中心，雒树刚重点调研了湖南文物保护、国有文艺院团体制改革、优秀传统文化保护传承和文艺创作创新等工作，亲切看望慰问广大文艺工作者。他说，湖南文脉广、文源深、文气足，涌现了许多文艺精品和艺术人才。包括花鼓戏等在内的湖南特色传统文艺，不仅是湖南的骄傲，也深受全国人民的喜爱。希望再接再厉，创造更多精品力作，再创新的辉煌。

调研中，雒树刚召开座谈会，听取全省现代公共文化服务体系建设情况汇报，充分肯定湖南近年来文化建设有力有效，群众文化工作开展有声有色，在建设现代公共文化服务体系上取得了阶段性进展。雒树刚强调，文化既是“软实力”，又是“硬需求”，事关国家影响力的提升、社会文明程度的提高以及文化创意等产业的发展。要深入贯彻落实党中央、国务院的决策部署，进一步建立健全公共文化服务体系建设协调机制，整合各有关部门的资源、力量，加快形成建设现代公共文化服务体系的合力。要立足湖南实际，抢抓长沙建设国家公共文化服务体系示范区的重大机遇，充分发挥基层和群众首创精神，抓紧制定具有湖南特色的政策措施，加快形成可推广、可复制、可操作经验和模式。要将公共文化服务体系建设纳入湖南省“十三五”规划，强化预算保障，量化考核指标。要进一步统筹城乡公共文化服务资源，让广大人民群众共享文化发展成果。

【全国艺术创作工作会在长召开】 2015 年 4 月 27 日，全国艺术创作工作会议在长沙召开。来自全国各省市的文化厅局、国家艺术院团、中宣部相关司局等单位代表参加会议。文化部党组书记、部长雒树刚，副部长董伟，湖南省委常委、常务副省长陈肇雄出席会议。

雒树刚作工作报告。他说，去年是我国文艺事业发展非常重要的一年，习近平总书记主持召开文艺工作座谈会并发表重要讲话。全国文化系统掀起学习贯彻习近平总书记重要讲话精神的高潮，组织开展“深入生活、扎根人民”主题实践活动，各级文艺院团推出一批优秀艺术作品，推动优秀传统文化传承发展，完善艺术工作机制和资助体系。

雒树刚指出，当前艺术创作仍存在一些问题和差距，如对艺术创作重视还不够，人才不足成为艺术生产的短板，有数量缺质量、有“高原”缺“高峰”，重形式轻内容，重市场轻责任，重评奖轻评论等。

会议强调，艺术之本就是人民，艺术之源就是生活，艺术之质就是精品。坚持以人民为中心的创作导向，是文艺创作和文艺工作的基本前提。要把文艺创作作为中心任务，推出更多无愧于时代的优秀作品；始终坚持把社会效益放在首位，进一步增强艺术工作者的责任感和使命感；加强艺术人才培养，建设一支德艺双馨的艺术队伍；深化文化体制改革，为艺术事业繁荣发展营造良好的环境。

陈肇雄在致辞中表示，湖南将统筹推进“四个全面”战略布局，全面落实“五位一体”总体布局要求，深入贯彻习近平总书记在文艺工作座谈会上的重要讲话精神，认真落实本次会议精神，坚持以人民为中心的创作导向，深入推进文艺精品战略，加强艺术人才培养，完善文艺作品评价体系，健全文艺作品推广机制，努力创作更多优秀文艺作品，促进文化事业大发展大繁荣。

【文化部部长雒树刚接受湖南专访】 2015 年 4 月 26 日，文化部党组书记、部长雒树刚考察了长沙县福临镇综合文化站、福临铺社区文体活动中心、开慧镇文化站、葛家山村文化活动中心后，接受湖南记者专访。

“湖南是一个文化大省，有悠久的历史积淀，深厚的湖湘文化底蕴，出版传媒、文化创意等方面在全国都具有较强的影响力。”雒树刚说，不久前湖南文艺工作座谈会上，省委书记徐守盛总结的“湖南文源深、文脉广、文气足”这一特征恰如其分。

而经过实地调研和了解相关情况后，雒树刚对湖南文化工作也给予了高度评价，“这几年湖南的文化事业发展迅速，初步建成了公共文化服务体系，文化产业发展势头良好。特别是长沙在创建全国公共文化服务体系示范区中，取得了中部第一、全国第二的优异成绩。”

“解决了‘从无到有’的问题，接下来就是‘从有到优、到强’的问题了。”雒树刚直言，湖南是文化大省，要继续高度重视文化事业，立足良好基础朝文化强省的目标迈进。

“文化既是管民生的，也是管发展的。”雒树刚说，一方面文化建设能够满足人民群众日益增长的精神文化需求，提高社会文明程度；另一方面，也能带动相关产业的勃兴，“在新一轮的创新创业浪潮中，文化产业占据了相当一部分，国家实施商事登记制度改革以来，文化类的工商登记增长率达到了 89%。”

雒树刚认为，在经济形势下行压力大的背景下，文化产业是培育新经济增长点的重要领域。他还引述了韩国发展文化产业的案例：“早在 1997 年，韩国面临经济危机时就提出转型做强文化生产力，经过多年发展形成了强大的‘韩流’文化向外输出，其经济效益和国际影响力都处在世界各国前列。”

“惠民生、促发展是建设文化强省题中应有之义。”雒树刚对湖南下一步文化事业发展充满期待，“希望湖南再加一把劲，再上一层楼，探索、创造出更多好经验。”

【杜家毫会见刘昆】 2015 年 4 月 28 日上午，省委副书记、省长杜家毫在长沙会见了财政部副部长刘昆一行。

杜家毫欢迎刘昆一行来湘考察。他说，长期以来，财政部在转移支付、专项补助资金分配，以及指导财税体制改革等方面给予了湖南大力支持，有力促进了全省经济平稳健康发展和民生持续改善。面对当前经济下行压力加大的复杂形势，希望财政部一如既往在财税体制改革、地方政府发债等方面给予大力支持和指导，帮助湖南更好地领会和把握中央财政、货币政策，努力实现稳增长、促改革、调结构、惠民生。

刘昆表示，财政部将积极做好相关政策解读和跟踪落实，继续加大支持力度，助推湖南经济社会持续健康发展。

中央台办、国务院台办领导参加第九届阳明山“和”文化节

2015年4月28日，以“海峡两岸情，和美一家亲”为主题的第九届阳明山“和”文化节暨海峡两岸文化旅游经贸交流活动在永州双牌县阳明山启幕。

开幕式上，中共中央台办、国务院台办副主任龙明彪宣读阳明山获批海峡两岸交流基地批文并授牌，省委常委、省委统战部部长李微微宣布文化节活动开幕。省领导谢勇、欧阳斌出席开幕式。

在湖南永州和台湾北部各有一座阳明山，台湾阳明山素有“台北后花园”之称，永州阳明山有着“岭北生态画卷”美誉，尤以数万亩数十个品种的杜鹃花海最为醉人，被誉为“天下第一杜鹃红”。自2006年开始举办的阳明山“和”文化节已成为海峡两岸文化、旅游、经贸交流的重要平台。

本届文化节由省台办、省林业厅、省文化厅、省旅游局、中共永州市委、永州市政府主办，共有7项内容，从4月持续至10月，包括文化节开幕式、电影《阳明花开》观看活动、首届“潇湘源”旅游文化节启动仪式暨永州旅游推介会、杜鹃花会、海峡两岸文化旅游经贸交流活动、第二届阳明山海峡两岸四地山地自行车邀请赛，以及寻根溯源活动。

【华融湘江银行与湖南湘涛足球俱乐部达成战略合作】 2015年4月28日，华融湘江银行宣布与湖南湘涛足球俱乐部达成战略合作，并推出足球主题信用卡，通过为持卡人提供专享权益和增值服务，引导更多的社会公众关注足球运动，支持湖南足球事业发展。省足协名誉主席李江出席发布会。

据悉，湖南湘涛足球俱乐部是我省目前唯一一支职业足球俱乐部队。球队前身为2004年成立的湖南湘军队，是中国足球甲级联赛始创球队之一。其秉承湖南人刻苦坚毅、敢打敢拼、永不言败的精神，一直深受湖南球迷支持。

推出足球主题信用卡，这也是华融湘江银行继2012年宣布进军信用卡市场，首发面向行政机关的公务信用卡之后，扩大用户范围，首次推出面向普通大众的信用卡。

同日，华融湘江银行还推出了一款替代活期存款的“天天盈”开放式理财产品，在保证本金安全与稳健收益的同时，充分满足用户的资金流动性需求，当天申购即享收益，当天赎回即时到账。

【2015年中国高中教育发展论坛在长举办】 2015年5月1日，2015年中国高中教育发展论坛在湖南师大附中举办。来自中国教育学会高中教育专业委员会的专家和来自北京四中、深圳中学等国内一流名校的校长们，一起讨论了新常态下深化高中教育综合改革的再探索。

国家教育咨询委员会委员陶西平认为，新常态下高中教育仍然要把德育教育摆在重要位置，这不仅符合我国国情，也是国际上的主流行为。英国、法国、日本、新加坡等国家，都已把核心价值观贯彻在高中教育阶段，美国还将建国史、《独立宣言》、《人权法案》等体现美国核心价值观的内容纳入到2016年的SAT考试中。新常态下，社会主义核心价值观教育在高中学校尤其刻不容缓。

与会专家还就学生的个性发展的培养、信息化技术发展对高中教育的影响、学生综合素质评价的探索等热门话题进行了演讲与交流。

【杜家毫会见全国人大调研组一行】 2015年5月4日，省委副书记、省长杜家毫在长沙会见了全国人大常委会委员、全国人大环资委副主任委员卫留成和王庆喜率领的调研组一行。

调研组此行来湘主要就节能环保科研与产业发展工作进行调研。

杜家毫说，近年来，湖南借两型社会建设的东风，大力推进环保产业发展，涌现出永清环保、凯天环保等一大批优秀环保企业，环保先进技术和产业规模走在全国前列。当前，湖南正加紧制定出台进一步支持环保产业发展的专项政策措施，在更好地发挥政府主导作用和市场主体作用的同时，充分调动全社会关心、支持、参与和监督环保事业发展的积极性，加快推进生态文明建设。希望调研组一行为湖南环保产业发展多指导、支高招。

卫留成说，加快发展环保产业，对于转方式调结构、促进生态文明建设等意义重大，产业发展前景和市场空间巨大。希望湖南再接再厉，为全国环保产业发展探索积累更多可复制、可推广的好经验、好做法。

全国人大常委会委员、全国人大环资委委员杨卫，省领导陈肇雄、陈君文，省政府党组成员、省政府办公厅党组书记向力力参加会见。

【全国人大环资委来湘调研】 2015年5月4日下午，由全国人大常委会委员、全国人大环资委副主任委员卫留成率领的调研组，在我省开展节能环保科技和产业发展专题调研。

全国人大常委会委员、全国人大环资委副主任委员王庆喜，全国人大常委会委员、全国人大环资委委员杨卫参加调研。省委常委、常务副省长陈肇雄代表省政府汇报了我省相关情况，省人大常委会副主任陈君文主持汇报会。

近年来，我省着力推进节能环保技术研发和产业发展，成效明显。据统计，“十二五”以来，全省节能环保产业年均增速超过20%，明显高于同期规模工业增长水平；2014年主营业务收入达到1800亿元左右，其中节能产业约450亿元，环保产业约1350亿元。

卫留成对我省节能环保科技及产业发展取得的成绩给予充分肯定。他指出，作为战略性新兴产业，湖南高度重视节能环保产业发展，注重加强政策扶持引导，科技研发、装备制造、产业规模、市场服务、体制机制探索等方面均取得明显成效。调研组将认真吸收湖南好的经验做法及相关建议，为国家制定“十三五”规划提供有益参考。

陈肇雄在会上表示，湖南将以此次全国人大专题调研为契机，加快节能环保科技和产业发展，强化规划引领，促进产业集群发展，推进自主创新，加强政策扶持，规范市场秩序，扩大对外合作，进一步增强我省节能环保产业核心竞争力。

会后，调研组考察了中南大学国家环境保护有色金属工业污染控制工程技术中心。

【国家发改委印发《湖南湘江新区总体方案》】 2015年5月7日，国家发改委印发《湖南湘江新区总体方案》(以

下称《总体方案》），提出，湖南湘江新区2025年城镇化率达到80%左右，战略性新兴产业增加值年均增长20%以上，构建湘江西岸现代服务业走廊、319国道战略性新兴产业走廊，构建“自主创新引领基地”等五大基地。

湘江新区位于长沙市湘江西岸，包括岳麓区、望城区和宁乡县部分区域，核心区域为岳麓区岳麓街道等15个街道、望城区喻家坡街道等8个街道以及宁乡县金洲镇。

《总体方案》提出湘江新区发展目标:到2025年，新区城镇化率达到80%左右，地区生产总值年均增速明显高于湖南省平均水平，战略性新兴产业增加值年均增速达20%以上，成为带动湖南省和长江中游地区经济社会发展的重要引擎、长江经济带建设重要支撑点、全国“两型”社会建设先行区。

《总体方案》提出建设“两走廊”，即:湘江西岸现代服务业走廊，重点发展金融服务、文化创意、商贸物流等服务业；319国道战略性新兴产业走廊，重点发展高端制造、新材料、电子信息、新能源等产业集群。

《总体方案》提出打造“五基地”:自主创新引领基地，以岳麓山大学城、麓谷科技新城、含浦国际教育培训基地等为主体；先进制造业发展基地，以工程机械、电子信息、航空航天等产业为重点，推动制造业向高端化、集成化发展；总部经济集聚基地，高标准建设梅溪湖总部经济区、洋湖总部经济区和滨水新城，吸引国内外企业总部以及研发中心、营销中心、结算中心集聚落户；生态旅游休闲基地。推进岳麓山风景名胜区等生态资源保护与开发，发展旅游度假、医疗健康、体育健身、养老服务等产业；现代都市农业示范基地。加快望城区、宁乡县农业科技园等特色农业功能区以及莲花、靖港、夏铎铺等特色小镇建设，发展有机农业、高效农业、观光农业和都市休闲农业。

【董志文获第八届中华人口奖荣誉奖】 2015年5月8日，第八届中华人口奖颁奖暨纪念国际家庭日大会在北京召开，表彰奖励为我国人口长期均衡发展和卫生计生事业持续健康发展做出卓越贡献的13位人士。湖南省人大常委会原副主任、省计划生育协会原会长董志文名列其中，荣获第八届中华人口奖荣誉奖。

中华人口奖为我国人口领域的最高奖，设立于1993年，每三年一届。该奖为常设的个人终身荣誉奖，分设荣誉奖、工作奖和科学奖。董志文曾长期参与领导湖南人口计生事业，主持制定了湖南省《关于计划生育若干问题的试行规定》和《湖南省计划生育条例》，把湖南的计生工作纳入了法制管理的轨道；提议并实施省长与市州长签订人口目标管理责任书，并实行从省到村层层签订人口目标责任书的制度。

【长株潭国家自主创新示范区在北京推介项目】 2015年5月12日，借助第十八届中国北京国际科技产业博览会平台，2015长株潭国家自主创新示范区合作推介会今天在北京湖南大厦举行。副省长何报翔出席并作主题推介。

何报翔在推介会上介绍，今年1月获国务院批准建设的长株潭国家自主创新示范区，以长沙、株洲、湘潭三个国家级高新区为基础，依托长株潭城市群雄厚的实体经济基础、灵活的科技体制机制，以及世界最快的计算机等一大批先进科技成果，带动了产业的转型发展。近5年来，长株潭地区高新技术产业产值年均增长36%以上，连续多年居全国第一，被科技部誉为“自主创新长株潭现象”。

何报翔表示，随着长江中游城市群的快速崛起，我省将加快集聚高端人才、先进技术和产业资本，真正把示范区建设成创新驱动发展的核心区和策源地。

本次推介会由省政府主办，省贸促会、省科技厅承办。俄罗斯联邦工商会等28家国内外商协会及机构代表、中国航空工业集团公司等202家企业高管出席。

湖南三大产业项目在京成功推介，以军民融合产业、动力产业、新能源装备等三大产业为重点的531个产业项目获得成功推介，项目投资总金额10849.1亿元，现场签约20.66亿元。

会上，长沙、株洲、湘潭3个国家高新区分别进行了主题推介。长沙高新区的军民融合产业、株洲高新区的动力产业和湘潭高新区的新能源装备产业，引起出席推介会的各大企业和商协会的高度关注。

据了解，长沙高新区的军民融合创新发展模式在全国具有示范效应，如依托国防科学技术大学建立了湖南省产业技术协同创新研究院，依托军工企业建设了一批军民融合产业园。株洲高新区的轨道交通、通用航空、新能源汽车三大动力产业集群迅速崛起，已实现年总产值1170亿元，占全区工业总产值的57%。湘潭高新区以风电装备为主的新能源装备产业规模达300亿元，已成为国内闻名的新能源装备基地。

梅溪湖投资（长沙）有限公司就国际医疗健康城进行了推介。

推介会还举行了中国航天（长沙）空间信息技术工程研究中心、“湘品出湘”湖南名优商品生产基地、奥凯航空长沙运营基地等5个项目的签约仪式，现场签约20.66亿元。

【湖南省机场管理集团获“巾帼”获4项国家级荣誉】 2015年5月13日下午，湖南省机场管理集团被授予“全国五一巾帼标兵岗”、“全国民航五一巾帼标兵岗”、“全国巾帼文明岗”和“全国五一巾帼标兵”4项荣誉。中国民航工会常务副主席黄丽辉为获奖单位及个人授牌。

据省机场管理集团工会主席曾洁玲介绍，近年来，集团工会充分发挥群团组织桥梁纽带作用，积极维护员工权益，帮助员工成长，涌现出了一大批“先锋示范岗”、“技术能手”和“服务明星”，增强了员工的企业归属感，极大提升了员工的幸福指数。

【杜家毫会见申长雨】 2015年5月14日下午，省委副书记、省长杜家毫在长沙会见了国家知识产权局局长申长雨一行。

杜家毫感谢国家知识产权局长期以来给予湖南发展，特别是对长株潭国家自主创新示范区申报、建设的大力支持。他说，创新、人才、知识始终是推动一个地区、一个企业未来发展的关键。湖南高度重视知识产权工作，专利拥有量持续增长，专利质量不断提升，超级杂交水稻、天河二号超级计算机等一大批科技成果纷纷涌现。湖南将以长株潭国家自主创新示范区建设为契机和抓手，把科技创新和知识产权作为重要考核评价指标，大力实施创新驱动发展战略，进一步加强知识产权创造、运用、保护和管理，促进全省经济社会持续健康发展。希望国家知识产权局一如既往给予湖南大力支持和指导。

申长雨说，湖南近年来在推动知识产权创造、转化、推广、运用，加强知识产权保护等方面成效显著。国家知识产权局将在知识产权强省、强市、强企示范建设等方面给予湖南大力支持，让知识产权成为湖南创新发展的坚强保障。

副省长李友志，省政府党组成员、办公厅党组书记向力力参加会见。

【申长雨赴湘大调研知识产权工作】 2015 年 5 月 14 日下午，国家知识产权局局长申长雨一行来到湘潭大学调研。副省长李友志陪同调研。

申长雨考察了湘潭大学低维材料及其应用技术教育部重点实验室，听取了湘潭大学及知识产权学院的汇报。成立 7 年的湘潭大学知识产权学院是我省首家知识产权学院，致力于培养社会急需的复合型、应用型知识产权专门人才，在专利检索分析、评估与预警方面的研究颇具特色。作为国家知识产权示范城市，2008 年至 2014 年，湘潭市申请专利 17576 件，年均增长 16.93%，授权专利 9797 件，年均增长 22.86%。

申长雨指出，现阶段我国知识产权人才非常匮乏，粗略统计约 30 万人，和韩国的知识产权人才数量相当，亟须加强培养。湘潭大学知识产权学院在人才培养方面很有特色，对培养目标、培养模式、课程体系等进行了很好的设计，有一支高水平的师资队伍在支撑。他表示，国家知识产权局将全力做好工作，加强对湘潭大学知识产权学院的支持。

【我省 3 户家庭当选全国“最美家庭”】 2015 年 5 月 14 日，“国际家庭日”前夕，全国妇联在人民大会堂表彰 100 户全国“最美家庭”，我省何利群、吉湘林、曾令超 3 户家庭光荣当选。

全国妇联从今年 2 月至 5 月组织开展集中寻找“最美家庭”活动。集中寻找活动开展以来，我省各级妇联组织充分发动妇女和家庭，在城乡社区“妇女之家”晒家庭幸福、议家风家训、展文明风采、秀未来梦想。截至目前我省共推选出各级“最美家庭”1.1 万多户，省妇联在层层推选的基础上，向全国妇联报送了 10 户全国“最美家庭”候选户。经过群众自荐互荐、层层推选、网上投票和专家评审等各个环节，最终汝城县土桥镇周家村村民何利群家庭，衡阳雁峰区广场派出所公安干警吉湘林家庭和新宁县法院退休干部曾令超家庭脱颖而出，获得全国“最美家庭”光荣称号。其中，吉湘林家庭还作为代表上台宣读全国最美家庭致全国广大家庭的倡议书。

【杜家亳会见郑之杰】 2015 年 5 月 16 日下午，省委副书记、省长杜家亳在长沙会见了国家开发银行行长郑之杰一行。

杜家亳说，自去年双方签署战略合作框架协议以来，国开行在重大产业项目发展、重大基础设施建设、棚户区改造、保障房建设、扶贫攻坚等方面给予湖南大力支持。当前，面对持续下行的经济压力，湖南正积极研究对策措施，更好地调动广大干部群众的积极性，着力加大交通、市政、民生等基础设施建设力度和重大产业项目推进力度，加快调整产业结构，探索推进资产证券化，不断拓宽融资渠道和规模，全力以赴稳增长。湖南将认真落实和推进与国开行的战略合作，希望国开行一如既往为湖南经济社会发展提供强有力金融支撑。

郑之杰表示，国开行将全力支持湖南发展，尤其是在棚户区改造、武陵山和罗霄山片区扶贫攻坚等领域加大支持力度，助推湖南在相关领域加快形成可复制、可推广的经验和模式。

副省长戴道晋，省政府党组成员、办公厅党组书记向力力参加会见。

【我省特奥运动员全国获奖】 2015 年 5 月 17 日，参加第六届全国特殊奥林匹克运动会的我省运动员凯旋。在此次比赛中，我省代表团共获得了 21 金 16 银 15 铜的优异成绩。

全国特奥会是专为智障人士举办的体育赛事，从 1987 年首届到今年已举办 6 届。今年，我省派出了 25 名运动员，参加田径、轮滑两个大项的比赛。在比赛中，我省运动员集中优势，发挥出色，共获得了 21 金 16 银 15 铜的好成绩。据悉，上届特奥会我省获得奖牌数为 7 金 13 银 25 铜。

【项俊波为省委省政府作专题报告】 2015 年 5 月 19 日上午，省委省政府举行专题报告会，邀请中国保监会主席、党委书记项俊波就“保险业的改革与发展”作专题报告。省委书记、省人大常委会主任徐守盛出席报告会，省委副书记、省长杜家亳主持。

省领导孙金龙、黄建国、郭开朗、陈肇雄、许又声、韩永文、孙建国、易炼红、张文雄、黄跃进、于来山等出席报告会。

报告会上，项俊波围绕保险业的改革与发展，结合《国务院关于加快发展现代保险服务业的若干意见》（保险业“新国十条”），全面介绍了保险业发展历史，对保险业在国家治理体系中的定位和作用、我国保险业改革发展情况以及“新国十条”主要内容等进行了深入阐述，并就如何更好地发挥保险功能作用、服务湖南经济社会发展提出了很好的思路和对策。

杜家亳表示，项俊波所作的报告内涵丰富、语言生动、精辟深入，既有理论深度，又有很强的现实针对性，对于我省进一步提高发展保险业的认识和理解，加快推进湖南保险业发展步伐具有很强的指导意义。

杜家亳强调，推进现代保险业进一步发展，有利于加快社会市场经济发展，有利于政府更好地履行社会管理和公共服务职能，有利于转变全社会的思想观念，有利于遏制和减少权力寻租、推进反腐倡廉，有利于提高有限的财政资金的使用效率，对于中部地区加快发展意义重大。

杜家亳表示，今天的专题报告会，主要是深入了解新常态下保险业发展趋势，以及当前我国促进保险业发展的总体思路和工作重点，动员全省各级各部门加大工作力度、创新工作方式，加快推进我省保险业更好更快发展。全省各级各部门要认真学习领会报告精神，进一步加大力度、强化措施、创新方式，实现现代社会管理理念的深刻转变，促进保险业更好地服务于我省经济社会发展大局，为早日建成全面小康社会做出更大贡献。

【百度来湘推广移动互联网】 2015 年 5 月 19 日，2015 年度百度营销中国行长沙站活动举行。来自百度高层、省经信委、学术界的专家学者与本土近千家企业齐聚一堂，共同探讨移动互联网的发展新趋势，助力湖湘中小企业转型升级。

移动互联网正时刻改变人们的日常生活和消费习惯。据不完全统计，目前移动网民手机搜索使用率高达77.1%。活动中，专家学者们结合实例，深入浅出地讲解了最新的移动搜索营销技术，为现场的企业家深度剖析了移动互联网和工业、农业、生活服务业的线上线下联动。

据了解，此次2015年度百度营销中国行将走进全国500座城市，并与全国100个市县政府展开合作，重点扶持当地企业发展。百度还将针对全国农村市场，以大篷车的方式，为全国超过1000个乡、镇、村带去移动推广互联网营销新理念。同时，也将把移动互联网新理念深度落地湖南14个市州。

【杜家毫会见高国富】 2015年5月19日晚上，省委副书记、省长杜家毫在长沙会见了中国太平洋保险(集团)股份有限公司董事长高国富一行。

杜家毫说，现代保险业在灾害风险防范、突发事件处置、医疗养老保障、基本公共服务、社会管理创新等方面发挥的作用日益显著。当前，湖南正充分发挥投资的关键作用，用好用活各类金融工具，不断拓宽融资渠道和规模，全力以赴稳增长。希望太平洋保险集团充分发挥自身优势，不断创新金融产品和合作模式，加快险资入湘步伐，积极参与湖南重大基础设施、民生工程和社会保障体系建设，实现共同发展。

高国富说，湖南近年来保险业发展迅速，太平洋保险集团将不断深化双方在大病医疗救助、基础设施建设、债券融资、公私合营（ppp）等领域的合作，助力湖南经济社会加快发展。

副省长张剑飞，省政府党组成员、办公厅党组书记向力力参加会见。

【徐守盛会见姜大明】 2015年5月20日下午，省委书记、省人大常委会主任徐守盛在长沙会见了国土资源部部长、国家土地总督察姜大明一行。

徐守盛感谢国土资源部长期以来对湖南的支持。他说，湖南一直高度重视土地、矿产资源的管理和利用，严格耕地保护责任，扎实推进基本农田建设和矿山清理整顿，强化土地节约集约，积极稳妥推进各项改革试点工作，为全省经济持续健康发展提供了有力保障。当前，湖南正处于加快发展阶段，希望国土资源部在基础设施建设、生态修复治理、地质灾害防治等方面给予湖南更大支持。

姜大明表示，新常态下，湖南经济社会发展保持了良好态势。国土资源部将一如既往关注湖南改革发展，支持湖南做好国土资源保护、节约集约用地、生态建设等工作。

省领导孙金龙、陈肇雄、韩永文参加会见。

【姜大明宣布第三届矿博会开幕】 2015年5月21日上午，亚洲最大、世界前三的矿物化石宝石展——第三届中国（湖南）国际矿物宝石博览会（简称矿博会）在郴州国际会展中心拉开帷幕。国土资源部部长、国家土地总督察姜大明宣布开幕，省委副书记、省长杜家毫出席并讲话。

开幕式由省委常委、常务副省长陈肇雄主持。国土资源部原部长、中国珠宝玉石首饰行业协会荣誉会长孙文盛，原地矿部部长宋瑞祥，国土资源部原副部长、中国观赏石协会会长寿嘉华，中国科协副主席、中国自然科学博物馆协会理事长程东红，中国科学院院士莫宣学，省领导和老同志武吉海、许云昭、肖求如，省政府党组成员、办公厅党组书记向力力，以及来自美国、韩国、墨西哥、吉尔吉斯斯坦、南非等外国政要、使节、顶级藏家、博物馆科学界及观赏石行业领袖近万人出席开幕式。

由国土资源部和省政府联合主办的矿博会，是国内唯一指定在湘开展的矿物宝石展览交易平台。本届矿博会为期5天，以“矿晶之都年”为主题，移师素有“中国矿晶之都”、“世界有色金属博物馆”美誉的郴州。除设立郴州国际会展中心主会场外，郴州高新区世界有色金属博物馆、柿竹园国家矿山公园博物馆、郴州地质科普博物馆等三大分展馆在展会期间也将同步对外开放，展览总面积达10万平方米，分设恐龙丹霞、精品矿晶、珠宝玉石等8个展区，并将举办高峰论坛、地学科普讲座、产业招商洽谈、地矿科考、矿山寻宝等系列专题活动，使本届矿博会真正成为“开在矿井口的博览会”。

走进各大展区，长达80厘米的世界最长自然金在灯光的照射下，发出耀眼光芒；“中国皇后”菱锰矿、香花石、方解石等各类矿物晶体色彩斑斓，夺人眼球；南非大钻石、郴州通天玉等各类珠宝玉石晶莹剔透、美轮美奂，让人爱不释手……本届矿博会共吸引了10万余件全球顶级矿物晶体、宝石和化石精品前来参展，各国矿物宝石展商、收藏爱好者和广大市民可在此尽情展宝、赏宝、淘宝。

杜家毫说，在各方大力支持和共同参与下，矿博会已成为促进我国矿物宝石产业发展，以及博物馆和地学科普事业与国际接轨的重要平台。本届矿博会移师我省矿物资源最集中、最典型的聚集区郴州，必将为湖南迈向“世界自然遗产圣地”和“矿物宝石产业聚集地”提供新的契机。湖南将充分利用这一平台，发挥矿物宝石业对采矿、有色冶金等传统产业转型升级的促进作用、对现代服务业发展的引领作用，积极吸纳国内外优质要素和资源，不断提升矿物宝石行业的研发、设计、加工和国际化、产业化、规模化水平，促进矿物宝石业、会展业与文化、科教、旅游、信息、商贸等融合发展，力争将矿博会办成世界一流的品牌展会，努力在扩大开放中抢占认识适应引领新常态的先机。

开幕式后，姜大明、杜家毫一行巡视了矿博会主会场和郴州高新区世界有色金属博物馆，实地考察了苏仙区东波村地质灾害搬迁避让安置点。

【第三届矿博会举行高峰论坛】 2015年5月21日，第三届矿博会举行高峰论坛，来自全球矿物、宝石、化石、博物馆领域的专家及行业领袖齐聚一堂，围绕“矿物等自然遗产的科研与科普价值、矿物宝石产业发展”等主题，进行一场全球行业高端对话。

高峰论坛分为上下半场，13位矿物、宝石、化石、博物馆领域的专家代表，围绕“地质遗迹保护与利用，矿物、化石等自然遗产的科研与科普价值，矿物、化石等自然遗产资源的利用、保护与收藏，矿山公园与地质公园开发与建设，矿物宝石产业发展”等主题发表真知灼见。

矿物、宝石、化石，这些蕴藏在地球内部的宝藏，这些藏于人类文明发展长河中的绝世珍品，在历史的光环中，愈加闪亮。如何提高矿博会的科普与社会效益，探讨自然历史遗产（矿物化石）的保护和利用，促进矿山公园和地质公园的建设，加强国际学术与科普交流，与会专家就这些话题展开深入交流。

中国科学院院士、中国地质大学原副校长莫宣学认为，矿物岩石是揭示地球深部的“探针”，记录地球运动的“无字天书”，它与人类社会发展和文明息息相关。美国图桑矿博会原主席彼得·梅高（Peter Megaw）博士介绍了国际矿博会的发展历史与展望。湖南地质博物馆馆长胡能勇则与大家分享了矿物晶体的收藏与价值评议。中国地质大学珠宝学院卢韧教授畅谈了矿物宝石产业发展的趋势与未来。嘉宾的精彩演讲，引来观众掌声不断。

【徐守盛会见国家统计局局长王保安】 2015 年 6 月 1 日下午，省委书记、省人大常委会主任徐守盛在长沙会见了来湘的国家统计局局长王保安一行。

徐守盛感谢国家统计局长期以来对湖南经济社会发展的支持。他说，统计工作是民主决策、科学决策、依法决策的重要支撑。大数据时代，统计事业在推动经济社会持续健康发展中发挥着越来越重要的作用。当前，湖南正按照中央部署，结合省情实际，协调推进“四个全面”，需要发挥统计的基础支撑作用。希望国家统计局在大数据应用、统计人才队伍建设、统计工作改革试点等方面给予湖南更大支持。湖南省委、省政府将始终高度重视统计事业发展，大力支持统计部门依法独立开展工作。

王保安表示，湖南近年发展态势良好，特别是在转型升级、创新驱动、实体经济发展等方面成绩显著。国家统计局将一如既往支持湖南发展，真实全面地反映好湖南的发展成就。

省领导陈肇雄、韩永文，国家统计局党组成员、纪检组长高建华参加会见。

【徐守盛会见人民日报社副总编阎晓明】 2015 年 6 月 2 日下午，省委书记、省人大常委会主任徐守盛在长沙会见了人民日报社副总编辑阎晓明一行。

徐守盛感谢人民日报社长期以来对湖南经济社会发展给予的大力支持。他说，我们都是人民日报的忠实读者。近年来，人民日报坚持“走基层、转作风、改文风”，宣传党的主张，反映人民心声，传播力、公信力、影响力不断提升。当前，湖南正认真贯彻落实中央的决策部署，按照“一带一部”的战略定位，协调推进“四个全面”，推进经济社会持续健康发展，希望人民日报社一如既往给予关注，为湖南的改革发展提供舆论支持、集聚正能量。

阎晓明对湖南省委、省政府大力支持人民日报社及湖南分社宣传报道等工作表示感谢。他说，湖南的良好发展态势令人振奋，人民日报社将一如既往履行好职责，宣传好可爱、可敬、可赞的湖南。

省领导许又声、韩永文参加会见。

【徐守盛杜家毫会见国务院督查组一行】 2015 年 6 月 5 日晚上，省委书记、省人大常委会主任徐守盛，省委副书记、省长杜家毫在长沙会见了以海关总署署长于广洲为组长的国务院第十督查组一行。

徐守盛代表省委省政府对国务院第十督查组来湘检查指导工作表示欢迎和感谢。他说，面对错综复杂的经济形势和较大的下行压力，全省上下坚决贯彻落实党中央、国务院一系列决策部署，把深入学习贯彻习近平总书记的重要讲话作为推动工作的重要动力，迎难而上、主动作为，经济社会发展实现了稳中有进、稳中提质。湖南将以此次国务院督查为契机，认真落实督查组的要求，统筹推进稳增长、促改革、调结构、惠民生各项重点工作，扎实推进作风建设，大力整治“为官不为”，确保国务院重大政策措施落地生根，推动全省经济社会持续健康发展，让老百姓有更多获得感。

于广洲说，湖南省委省政府在贯彻党中央、国务院重大决策部署上态度坚决，措施有力。督查组将重点督查湖南在稳增长、促改革、调结构、惠民生、防风险、保稳定等方面的做法，发掘经验、分析问题、提出建议。

国务院第十督查组副组长、民政部副部长宫蒲光，省领导陈肇雄、韩永文参加会见。

【徐守盛会见凌成兴】 2015 年 6 月 9 日中午，省委书记、省人大常委会主任徐守盛在长沙会见了来湘调研的国家烟草专卖局党组书记、局长凌成兴一行。

徐守盛感谢国家烟草专卖局一直以来对湖南经济社会发展的大力支持。他说，湖南省委、省政府高度重视“两烟”工作，去年以来，烟草产业积极应对经济发展新常态，保持了持续健康发展，为全省稳增长、调结构、促改革、惠民生做出了积极贡献。希望国家烟草专卖局在计划安排、产品结构调整、品牌推介等方面继续给予湖南支持，推动湖南“两烟”工作再上新台阶。

凌成兴充分肯定湖南近年来烟草产业发展取得的成绩。他表示，国家烟草专卖局将着眼打赢卷烟提税顺价攻坚战，在发展规划、项目实施等方面继续给予湖南支持，希望湖南在贯彻落实这项重大政策中积极实践、探索经验。

省委常委、省人大常委会副主任、省委秘书长韩永文参加会见。

【徐守盛会见易会满】 2015 年 6 月 11 日晚上，省委书记、省人大常委会主任徐守盛在长沙会见了中国工商银行行长易会满一行。

徐守盛感谢中国工商银行长期以来对湖南经济社会发展的支持。他说，湖南高度重视金融工作，近年来金融体系不断健全，金融活力日益增强，金融已成为推动经济社会发展的重要支撑。当前，湖南正抢抓国家推进“一带一路”、长江中游城市群建设等重大战略机遇，立足“一带一部”的战略定位，推进经济社会持续健康发展，需要更有力的金融支持。希望双方在基础设施建设、金融改革与产品创新、企业走出去等方面进一步加强合作。

易会满说，湖南积极应对经济发展新常态，面临重大机遇，发展后劲很足。工商银行将创新金融服务方式，在重大项目建设、小微企业扶持、促进消费金融等方面与湖南深化合作。

副省长张剑飞参加会见。

【李国英率督导组来湘督导涉农资金专项整治】 2015 年 6 月 16 日至 19 日，水利部副部长李国英率国家涉农资金专项整治行动督导组来湘，开展涉农资金专项整治督导工作。

督导组一行先后来到宁乡县、醴陵市，实地察看了加加集团、湘都生态农业公司、醴陵市官庄乡大坝村危房改造项目及官庄乡粮食直补项目等。

李国英充分肯定我省涉农资金专项整治工作开展情况。他说，通过前段时间的自查自纠、重点检查，湖南取得了阶段性的整治效果。

李国英代表督导组对我省下阶段涉农资金专项整治行动提出4点要求：一是加大宣传力度。要发动群众，让惠农政策深入人心，畅通民意反馈渠道。二是立足于全覆盖、无禁区、零容忍的原则，进行横向到边、纵向到底的全面检查。要按照“全、严”的要求开展整治行动，全面查找问题，严肃处理。三是加大整改力度。无论是自查自纠中发现的问题还是上级重点检查中发现的问题，都要及时整改，有始有终，并对有关责任人相应追责。四是对发现问题详细梳理，在分析原因的基础上建章立制，加强监管。

副省长戴道晋代表省涉农资金专项整治行动领导小组汇报了我省涉农资金专项整治行动开展情况。

【中国进出口银行推动湘企参与长江经济带建设】 2015年6月23日上午，进出口银行湖南省分行与50多家省内企业举办发展项目对接会，推动湘企参与长江经济带建设、加速融入“一带一路”发展战略。副省长张剑飞、中国进出口银行副行长袁兴永等出席会议。

此次项目对接会，旨在进一步完善进出口银行与省内企业的合作机制，加大双方在项目合作、信用建设、信息共享等方面的建设，加深银企相互了解、拓展多方合作的广度和深度，共同推动长江经济带建设和“一带一路”战略在湖南落地生根。进出口银行湖南省分行还与湖南建工集团、中联重科等4家企业签订了战略合作协议，为湘企在更高层次和更广范围实施“走出去”战略提供金融服务。

据介绍，进出口银行湖南省分行自2006年成立以来，在湖南地区的信用总量已达549亿元，累计信贷支持我省外向型经济业务达878亿元；截至2015年5月，支持“一带一路”和长江经济带项目审批金额123亿元、发放贷款56亿元；先后与三一集团、华菱集团、岳阳林纸等一批进出口企业开展了业务合作，以政策性金融服务全力支持湖南省重点企业做大做强。

【中国进出口银行与长沙市签署战略合作协议】 2015年6月23日下午，进出口银行湖南省分行与长沙市签署战略合作协议，支持长沙大力发展外向型经济。中国进出口银行副行长袁兴永参加签约仪式。

根据合作协议，进出口银行湖南省分行将充分利用自身资源和优势，加大对长沙市发展外向型经济的金融支持力度，未来2至3年，进出口银行将对长沙相关项目提供100亿元信贷支持，涵盖地铁1号线、3号线、长株潭城际铁路、长沙国际会展中心、金桥国际商贸城等重点项目，以及中联重科、远大住工等重点企业的海外收购、对外承包工程和进出口业务。长沙市政府将为进出口银行提供良好的社会信用环境，鼓励符合条件的企事业单位争取银行融资支持，协助银行防范和化解金融风险。

近年来，进出口银行湖南省分行相继支持了长株潭城际铁路，石长铁路等重点项目，2014年审批通过长沙地铁3号线银团贷款10.5亿元，实现长沙地铁1、2、3号线项目融资全覆盖。2014年分行在长沙地区贷款余额达220.86亿元。

【周伯华在湖南调研】 2015年6月24日至25日，全国政协常委、经济委员会主任周伯华率全国政协经济委员会调研组来湘，就“转基因农产品的机遇与风险”进行专题调研，并召开相关座谈会。

周伯华一行先后走访了湖南农大、湖南省农科院、湖南省杂优中心、隆平高科商业化育种核心研究基地等地，深入了解了农业转基因技术研究、应用等方面取得的进展及面临的问题，并调研了农业转基因生物安全监管工作的落实情况。

座谈会上，副省长戴道晋介绍了湖南农业转基因工作的相关情况和下一步工作打算。省科技厅、省农委、中科院亚热带农业生态研究所、省农科院等省直有关部门和科研院所相关负责人介绍了农业转基因技术的研究、应用及安全监管等情况，并提出了意见和建议。

在座谈交流中，调研组成员们一致肯定了近年来湖南农业转基因工作的成效，并建议湖南各级有关部门和科研院所继续加强研发攻关，抓好转基因技术储备，进一步理顺科研成果转化机制，加大在转基因农产品产业化顶层设计、相关安全监管制度建设及社会舆论引导宣传等方面的探索力度。

“这次回乡调研的所见所闻，让我这个湖南人倍感自豪。”周伯华说，湖南省委省政府对农业转基因工作高度重视，在机构建设、队伍建设、基地建设等方面成果显著。希望省直有关部门和科研院所相关负责人，以习近平总书记关于转基因问题的重要讲话精神为指导，积极采纳调研组提出的建设性意见，不断探索创新，坚持确保安全，努力抢占转基因技术制高点。

周伯华指出，大家在会上就农业转基因技术的成果转化、舆论引导、制度改革提出了很有针对性的意见建议，调研组将认真梳理消化，并结合在湖南的调研情况，为党和国家的相关决策提供有价值的参考建议。

省政协副主席武吉海、张大方，省政协秘书长袁新华参加。

【徐守盛会见李金早】 2015年6月28日上午，省委书记、省人大常委会主任徐守盛在长沙会见了来湘出席中俄红色旅游合作交流系列活动的国家旅游局局长李金早一行。

徐守盛感谢国家旅游局对湖南旅游业发展给予的大力支持。他说，湖南是一片红色的土地，旅游特别是红色旅游资源丰富。近年来，湖南立足“一带一部”战略新定位，协调推进“四个全面”，经济社会实现持续健康发展，旅游业发展显示出了巨大潜力。希望国家旅游局在旅游业发展顶层设计、资源开发以及旅游扶贫、绿色发展等方面进一步给予湖南指导支持。

李金早表示，湖南旅游资源优势明显，发展潜力巨大，国家旅游局愿与湖南一道，积极推进旅游产业多层次发展和创新发展，并在探索建立旅游大数据、加快旅游扶贫等方面深化合作。

副省长何报翔、国家旅游局副局长王晓峰参加会见。

【长沙经开区IC产业跻身“国家队”】 2015年6月28日，在湖南省集成电路发展战略发布暨产业对接会上，被称为“大基金”的国家集成电路产业投资基金确定向位于长沙经开区的国科微电子有限公司投资，引起IC（集成电路）业界关注。

据“大基金”总经理丁文武称，此次“大基金”斥资4亿元投资国科微，是其首次在北京以外进行的签约活动。不仅如此，国科微作为我省优秀集成电路优势产品推介企业代表，是省内获得国家单笔产业基金投资规模最大的企业，也是国内首家实际获得“大基金”注资的集成电路设计企业，这意味着国科微电子率先进入集成电路产业“国家梯队”，成为我省集成电路产业发展的先行部队。

为加速中国集成电路产业链的全面布局，打造全球半导体强国，去年，国务院发布了《国家集成电路产业发展推进纲要》，并提出成立产业基金。当年9月，国家集成电路产业投资基金共募得普通股987.2亿元，此外基金于今年一季度发行优先股400亿元，基金总规模达到1387.2亿元。

目前，长沙经开区拥有国科微电子、创芯集成电路等省内最大的集成电路设计企业和生产企业，并正在打造长沙科技新城项目。去年，经开区还发布促进集成电路产业发展试行办法，从2015年起，在全面执行国家、省、市既有优惠政策的基础上，区财政每年安排预算1亿元，用于促进集成电路产业发展。

【国开行与湘江新区全面深化合作】 2015年6月29日，国家开发银行湖南省分行和湖南湘江新区管委会举行全面深化战略合作协议签约仪式。记者获悉，国开行湖南分行计划对湘江新区的重点合作领域和重点项目牵头组织资金570亿元，涉及棚户区改造、市政基础设施、医疗健康养老、文化旅游、轨道交通等。

湘江新区于今年5月正式挂牌，也是全国第12个、中部第1个国家级新区，将努力建设成为高端制造研发转化基地和创新创意产业集聚区、产城融合城乡一体的新型城镇化示范区、全国两型社会建设引领区、长江经济带内陆开放高地。

围绕湘江新区“三区一高地”发展战略，国开行湖南分行将积极推动相关政策在区域内先行先试，组织开展湘江新区系统性融资规划的编制，做好融资规划与总体规划、土地利用规划、生态环境保护规划等衔接；将加大对湘江新区构建现代高端产业体系支持力度，重点支持装备制造、医疗健康、生态旅游等战略性新兴产业集群发展；双方将共同创建新型城镇化示范区，率先开展城镇化投融资机制等方面的改革探索。同时，双方将在基金、债券、PPP等领域开展金融创新合作，并推动湘江新区融资平台转型发展。

国开行首席经济学家刘勇介绍说，与长沙市的合作开展较早，截至今年6月底，该行累计向长沙市政府投资类项目授信840亿元，发放贷款617亿元，贷款余额410亿元。国开行也是最早与湘江新区建立合作关系的银行。自2008年以来向滨江新城、梅溪湖、大王山、湘江新城等重点片区承诺贷款，并通过投资、贷款、债券等多种渠道累计为湘江新区筹集资金160亿元。

【徐守盛会见张晓强】 2015年6月30日下午，省委书记、省人大常委会主任徐守盛在长沙会见了中国国际经济交流中心常务副理事长张晓强率领的“一带一部”课题组一行。

徐守盛说，近年来，湖南立足“一带一部”战略定位，协调推进“四个全面”，经济发展的基础进一步夯实，区位优势日益凸显，省内四大区域发展全部进入国家战略，全省经济社会实现持续健康发展。新常态下，正确把握和深入挖掘“一带一部”战略定位的深刻内涵，做好顶层设计，更好地与“一带一路”、长江经济带建设等国家重大战略对接，是湖南正在积极探索的一个重大课题。希望中国国际经济交流中心发挥人才荟萃的优势，加强与湖南的合作，为湖南未来的发展提供强有力的智力支持。

张晓强说，湖南当前的发展面临着一系列重大机遇，中国国际经济交流中心课题组将紧紧围绕“一带一部”战略定位、结合湖南实际认真开展调研，为湖南的改革发展提供决策参考依据。

省领导陈肇雄、韩永文参加会见。

【中国作协组织网络作家来湖南采风】 2015年7月1日至2日，中国作协副主席陈崎嵘带领中国网络作家“走进抗战历史”采访采风小分队，来到芷江侗族自治县，参观考察了中国人民抗战胜利受降纪念馆、飞虎队纪念馆等，感受芷江浓厚的抗战文化、和平文化。

网络作家详细了解了芷江抗战的相关史实，与抗战老兵刘道民进行了交流。在参观过程中，一副副题联、一张张照片、一件件实物，让作家们激动不已。大家认为，中国的抗战史是一段让人热血沸腾的历史，也是一段让人肃然起敬的历史。

了解抗日战争的起因、过程和结局，体会抗战的艰辛、惨烈和牺牲。6月23日，中国作协组织网络作家“走进抗战历史”活动在北京卢沟桥启动。43名网络作家前往北京、辽宁等6个省市，走访了卢沟桥、“九一八”事变纪念馆等有代表性的抗战遗址、纪念场馆，通过实地考察、采访采风、座谈讨论等形式，“走进抗战历史”。芷江是此次活动最后一站。

在总结座谈会上，作家们认为，通过采访采风活动，正确认识抗战历史，缅怀抗战英烈，开阔了视野，强化了使命意识。他们将进一步端正历史观、国家观、民族观、文化观、战争观、创作观等，创做出无愧于抗战先烈、无愧于抗战历史、更具正能量的优秀作品。

【“中车电机”为中国标准动车提供核心动力】 2015年7月3日，中国中车株洲电机公司发布，日前在北京正式下线的时速350公里中国标准动车组，其核心动力——16台牵引电机和1台牵引变压器，是由该公司提供的。

中国标准动车组是中国铁路总公司主导的重要科研项目，在方便运用、环保、节能、降低全寿命周期成本，进一步提高安全可靠性等方面具有明显优势。中国中车株洲电机公司设计人员称，他们为其提供的牵引电机型号为YQ–625，最大输出转矩和单位功率质量比等技术指标明显优于目前我国成熟运用的CRH380A型动车组产品，具有高效节能、绿色环保、小型化和轻量化等优势。

“中车电机”是我国轨道交通装备牵引动力专业化规模研制企业，研制的高速动车组产品从时速200公里到时速500公里都有，已实现全系列化、全型谱化。目前，公司已累计为中国高铁提供超过1.5万台（套）牵引动力产品，为我国动车组实现全面自主化、标准化打下坚实基础。

【洋湖湿地两建筑获绿色建筑标识】 2015年7月6日，国家住建部发布今年第五批绿色建筑评价标识项目公告，长沙洋湖湿地科普展示馆和次游客中心榜上有名。此次全国共有106个项目获此荣誉。

绿色建筑评价标识项目是由国家住建部组织，根据《绿色建筑评价标识管理办法》等标准评选产生的。洋湖湿地科普展示馆总建筑面积近6000平方米，整个建筑外墙采用本地石材垒砌而成，与环境融为一体，同时增强了建筑隔热保温性。经综合计算，可年节约用电2.1万千瓦时、减排二氧化碳约21吨。洋湖湿地次游客中心总建筑面积近1000平方米，设计采用并网式太阳能光伏系统、地道风空调系统、智能照明控制系统、水平流潜流式湿地、100%土建与装修工程一体化设计与施工、屋顶绿化等。

【中国珠宝地产资本湘江论坛长沙举行】 2015年7月7日，中国珠宝地产资本湘江高峰论坛今天在长沙举行。活动由中国珠宝玉石首饰协会主办。副省长何报翔与全国政协人口资源环境委员会副主任、国土资源部原副部长徐德明，以及北京万通控股集团董事长冯仑、华远集团总裁杜凤超、中国房地产业协会副会长任志强等500多位来自珠宝地产资本的领袖人物出席了此次会议。

地产行业转型升级，商业地产成为行业突破。本次论坛围绕中国珠宝地产商业模式跨界新思维、珠宝行业现状及未来发展、中国珠宝零售渠道终端变革等进行了深度探讨。在论坛上，中国珠宝企业家俱乐部正式成立，华远汇成珠宝主题购物中心也正式启动，这将是省内首个以珠宝为主题的购物中心。与会嘉宾认为，目前珠宝行业各大销售渠道如批发市场、商场专柜、品牌专卖店均面临不少困境，主题珠宝购物中心成最具发展潜力的模式。与传统的珠宝分散于各大卖场的单线营销模式不同的是，珠宝主题购物中心布局更科学、精密，除了珠宝零售外，还具备个性化高级私人定制、珠宝品鉴与收藏等功能。

【张剑飞会见邮储银行领导】 2015年7月7日上午，副省长张剑飞在长沙会见了中国邮政储蓄银行副行长邵智宝一行。

今年4月，邮储银行与省政府签署战略合作框架协议，今后5年内将对湖南提供总额不低于2000亿元的信贷投放，双方合作进一步走向深化。

张剑飞说，经济社会发展离不开金融支持，邮储银行虽然信贷业务起步较晚，但是发展很快，支持了湖南很多项目，希望邮储银行进一步加大对铁路等基础设施建设的支持力度。他表示，湖南将积极做好服务，维护良好金融秩序，欢迎并期待邮储银行继续支持地方发展。

邵智宝表示，邮储银行将充分发挥自身资金、规模等优势，不断加大对湖南的信贷投入，积极跟进并参与地铁、机场、高速、电力等重点项目建设，为湖南经济社会发展多作贡献。

【省政府与中国五矿举行会谈】 2015年7月15日晚上，省政府与中国五矿集团公司在长沙举行会谈，就中国五矿在湘企业转型升级发展及相关业务开展等情况交换了意见。省委副书记、省长杜家毫，中国五矿集团公司董事长何文波出席并讲话。

国务院国资委国有重点大型企业监事会主席寻寰中，副省长黄兰香，省政府秘书长向力力，中国五矿集团公司副总经理李福利出席。

杜家毫充分肯定中国五矿特别是旗下株冶、株硬等在湘企业，长期以来为湖南经济社会发展所作的突出贡献。他说，近年来，湖南与中国五矿按照既定合作目标任务，同心同行、携手共进，有力推动了湖南有色资源的整合和高效集约开发，优化了中国五矿战略布局，取得了丰硕的合作成果。作为有色金属之乡，湖南历来高度重视有色冶炼这一传统优势产业的改革发展，希望中国五矿充分发挥资金、技术、人才、管理等方面的优势，进一步加快在湘企业转型升级，加大在湘项目建设力度，延伸产业链条，助推湖南打造成为全国有色金属精深加工产业发展高地。湖南各级各有关部门将全力精心服务、大力支持配合、尽力排忧解难，为中国五矿在湘企业改革发展、转型升级和项目建设提供良好环境。

何文波感谢湖南省委、省政府长期给予集团发展的大力支持。他表示，中国五矿将更好地肩负起央企的社会责任和经济责任，加快推进集团在湘企业改革创新发展和转型升级，期待湖南各级各部门一如既往在政策、资金等方面给予大力支持。同时，希望双方把各自发展规划更好地结合起来，进一步拓展合作领域，实现相互促进，共同发展。

【长沙市和中国电子签订战略合作框架协议】 2015年7月19日，在长沙市委副书记、市长胡衡华，中国电子信息产业集团董事长芮晓武的见证下，长沙市委常委、副市长张迎春与中国电子信息产业集团副总经理杨军今天在北京签订战略合作框架协议，双方深度开展智能制造产业合作，共建智能制造研究院。

胡衡华表示，长沙市人民政府和中国电子信息产业集团的合作始于2008年，双方相互理解、相互支持，合作共建的长沙中电软件园，为长沙电子信息产业特别是移动互联网、军民融合、智能制造产业的聚集发展提供了很好的产业发展平台。中国电子依托信息安全产业发展战略加强了在长沙的产业部署，在金融信息安全、医疗信息安全、光纤水下信息安全、军用自主可控整机方面加大了投资与战略合作，进一步推动了长沙的军民融合发展，为双方合作共建长沙信息安全产业基地奠定了坚实基础。长沙作为全国两型社会建设综合配套改革试验区、长株潭国家自主创新示范区（核心区），湖南湘江新区3个政策“叠加区”，将紧紧抓住这一重大历史机遇，按照国务院及各部委的要求，开展智能制造专项行动，加强统筹规划和前瞻部署，力争通过3年的努力，通过传统企业转型升级，提升制造业智能化生产水平和产品智能化程度，通过以市场换产业，引进和培育一批智能制造装备生产企业和相关服务企业，培育新的工业增长点，从而全面提升智能制造水平。

中国电子信息产业集团董事长芮晓武表示，中国电子在长沙的发展得到了长沙市委市政府的大力支持。中国电子在信息安全、智能制造方面掌握了一定先机。中国电子正处在转型升级期间，特别今年来，公司加快了转型升级步伐和资产整合力度，将打造信息安全、显示技术、集成电路、信息服务、军工电子五大核心板块。中国电子将以长沙为基地，打造信息安全和智能制造的高地。

【中央督查组在湘督查中央民族工作会议贯彻落实情况】 2015年7月27日至30日，中央统战部常务副部长张裔炯率中央国家机关民族工作联合督查组在我省督查中央民族工作会议精神贯彻落实情况。

在湘期间，省委书记、省人大常委会主任徐守盛，省委副书记、省长杜家毫分别会见了督查组一行。省委副书记孙金龙，省委常委、省委统战部部长李微微，副省长蔡振红出席相关会议或陪同考察。

督查组在长沙召开座谈会，听取了我省贯彻中央统战工作会议、中央民族工作会议精神情况汇报。在长沙市、自治州实地考察了长株潭两型社会展览馆及长沙市岳麓区阳明山庄、长沙开福区回汉村、凤凰县山江镇、吉首大学、湘西经济开发区、吉首市坪朗村等民族团结进步示范单位建设情况。

督查组充分肯定了湖南省委、省政府对民族工作的高度重视，贯彻落实中央民族工作会议精神广泛深入、举措有力。对湖南民族地区经济社会发展和开展民族团结进步活动所取得的成绩给予高度评价，建议认真总结经验，进一步深入贯彻落实中央民族工作会议精神，牢牢把握民族团结这条生命线，推动民族交往交流交融，把民族团结进步事业不断推向新的台阶。

期间，督查组还在长沙看望了“切糕王子”阿迪力及其创业团队，勉励他们更好地融入大众创业、万众创新的洪流，为促进经济发展和增进民族团结做出新贡献。

【湘潭获得“国家知识产权示范城市”荣誉】 2015年7月31日，湘潭市高标准建设国家知识产权示范城市推进会及“国家知识产权示范城市”授牌仪式在市政府大楼举行。湘潭市委副书记、市长胡伟林从国家知识产权局副局长贺化手中接过牌匾。据了解，在今年被批复的第3批“国家知识产权示范城市”中，湘潭市成为全省唯一获此殊荣的城市。

近年来，围绕创建国家知识产权示范城市，湘潭市采取了一系列有利于知识产权事业发展的举措：大力实施知识产权人才培养工程，努力培养高素质的知识产权人才，共组织各级各类培训班40余个，培训人数1700多人次，其中“湘莲商标回归故里”、“湘电集团实施专利战略推动风电产业跨越式发展”两大事件，成功入选“入世十年”湖南省知识产权最具影响力十件大事；建立了多元化专利技术实施投融资体系，近3年共发放专利资助资金297万元，资助专利申请及授权项目7323项。建立专利产业化项目库，入库企业55家、入库项目76个，并对16个重点产业化项目给予政策引导和经费支持，实现产值7.8亿元；通过加快市知识产权局政务网站、湖南省专利分析与评估中心（设在湘潭大学）等服务平台建设，构建起了全市集知识产权政务信息、专利文献信息、专利展示交易、知识产权维权援助为一体的公共服务平台。

近5年里，全市申请专利16166件，年均增长25.74%，授权专利9297件，年均增长29.75%，培育知识产权优势企业47家，培育企业共申请专利4188件，实施专利3260件，实现产值3150亿元，利税160亿元。

【浏阳河农业产业集团“新三板”挂牌上市】 2015年8月3日下午，我省农业产业标杆企业，全国农业产业化重点龙头企业——浏阳河农业产业集团在北京举行“新三板”挂牌仪式。全国政协提案委副主任王国卿出席挂牌仪式。

浏阳河农业产业集团自成立以来，一直专注于旱杂粮育种、种植、仓储、研发、生产加工和销售，用现代工业方式大力发展旱杂粮产业，实现企业绿色发展，是国务院扶贫办和全国工商联直接联系的产业扶贫重点企业，也是国家农业产业化重点龙头企业，全国主食品加工示范企业，国家高新技术企业。

【湖南7镇6村新晋第三批全国特色景观旅游名镇名村】 2015年8月3日，住房和城乡建设部、国家旅游局刚刚下发了第三批全国特色景观旅游名镇名村示范名单，全国共337个镇、村列入，其中我省有7镇6村进入名单。

这7镇6村分别是望城区铜官镇、宁乡县花明楼镇、浏阳市大围山镇、湘乡市壶天镇、城步苗族自治县南山镇、汝城县热水镇、资兴市黄草镇，以及望城区白箬铺镇光明村、长沙县白沙镇双冲村、邵东县堡面前乡大羊村、岳阳县张谷英镇张谷英村、石门县罗坪乡长梯隘村、安化县江南镇高城村。

此前，我省2010年有龙山县里耶镇、韶山市韶山乡韶山村、永兴县高亭乡板梁村入选第一批全国示范名单；2011年有平江县加义镇、双峰县荷叶镇、望城县丁字镇彩陶源村入选第二批全国示范名单。

【中国劳动讲堂来长巡讲】 2015年8月3日，由中国劳动讲堂举办的、题为“互联网+时代下的人力资本价值创造与和谐劳动关系构建”主题论坛在长沙举行，吸引了200余名企业高管、人力资源高管和基层人社工作者。

论坛分两个专场进行。在“人力资本价值创造”专场中，由中国人民大学博士生导师彭剑锋主讲，他围绕企业面对互联网经济，如何构建强大的人力资本战略进行主题演讲。在“和谐劳动关系构建”专场中，省人社厅劳动关系处处长李杰、省劳动人事争议仲裁院院长黄鹏飞，分别就“多元化用工趋势下企业如何构建和谐劳动关系”、“探索现行劳动争议调解机制”作专题演讲和案例分享。

【杜家毫会见彭纯】 2015年8月5日下午，省委副书记、省长杜家毫在长沙会见了交通银行行长彭纯一行。

杜家毫欢迎彭纯一行来湘考察，对交通银行长期以来给予湖南经济社会发展的大力支持表示感谢。他说，交通银行历史悠久、实力雄厚，是国家金融体制改革的先行者。近年来交通银行在湘各项业务迅速发展，吸引带动更多人才、资金在湘加速聚集，为湖南转型创新发展提供了有力的金融支撑。省政府将一如既往支持交通银行在湘拓展业务，不断巩固和深化双方在金融体制改革、基础设施建设、棚户区改造、中小微企业融资等领域的交流合作。

彭纯说，湖南近年来始终保持着良好的发展态势，为交通银行在湘业务开展营造了良好金融生态环境。交通银行将积极对接湖南未来发展战略，更好地服务湖南基础设施建设和实体经济发展。

交通银行副行长侯维栋、副省长张剑飞，省政府秘书长向力力参见会见。

【全国人大代表调研长沙社区治理工作】 2015年8月5日到6日，十二届全国人大代表长沙小组就“新形势下社区治理机制体制创新研究”在长进行专题调研。在长十二届全国人大代表，全国人大常委会委员、全国人大法律委员会副主任委员、全国人大常委会法制工作委员会主任李适时等参加调研。

长沙现有城市社区567个、农村社区1279个。近年来，长沙市委、市政府不断加大对社区工作的政策支持和资金投入，全市社区办公服务用房平均面积达700平方米，社区干部中党员占77.2%，大专以上文化程度占80.5%。

代表们先后对韶山路社区、高升社区、金桂社区、江湾社区、学堂坡社区和阳明山庄社区进行了实地走访，和居民及社区工作者深入交流。这几个社区，有的是城中村改造社区，有的是农民拆迁集中安置小区，有的是超大楼盘社区；他们为社区居民服务也各有特点。代表们对这些好经验、做法连连点赞，也对社区治理工作中存在的突出问题和困难，以及新常态下社区治理工作的新趋势等进行了解探讨。

代表们提出，社区是国家治理体系中最基本的单元之一，是广大百姓生活居住的家园，推进社区治理创新，提升社区服务水平，意义重大。要搞好社区工作，一要有经费，二要有人员，因此，代表们建议，各级政府和职能部门以及社会各界，应该更加关心、支持社区工作，要加大社区去行政化力度，进一步明晰社区承接事项和配合事项，凡不属于社区职责的事项，政府部门不得随意转嫁给社区；要完善社区工作经费自然增长、经费项目化管理等制度，鼓励企业和社会组织参与社区治理和服务；要壮大社工队伍，引导公众参与，不断提升社区居民的认同感、归属感和幸福感。

【中国商业文化研究会主办的第五届中国湘商力量总评榜揭晓】 2015年8月7日，第五届中国湘商力量总评榜在长沙揭晓，“寻找廖厂长”事件、余彭年、周群飞等成为2014湘商力量的典型代表。

此次活动共设置2014中国湘商十大新闻事件、2014中国湘商十大推动力人物（机构）、2014中国湘商十大最具投资价值市场（经济园区）、2014中国湘商十大新锐人物、2014中国湘商十大诚信企业、2014中国十大责任湘商、2014中国湘商十大风云人物等7个评选奖项，旨在综合盘点湘商群体在中国经济社会发展进程中的卓越成就和突出贡献。

本届评选活动从今年2月份开始，历时6个月，经过提名申报、公众投票、专家评审、媒体评审等环节，今天揭晓最终名单。颁奖典礼将于8月21日在长沙举行。

由湖南日报报业集团发起、主导的“寻找廖厂长”系列报道，在全国引发一场关于理想情怀的大讨论，故以极高的支持率获评2014中国湘商十大新闻事件；今年5月辞世的湘籍香港商人余彭年，生前向社会累计捐款超过60亿元，被誉为中国最慷慨的慈善家，因此位列此次评选的2014中国十大责任湘商榜首；经过20多年打拼，从“打工妹”成长为“全球手机玻璃女王”的周群飞，生动演绎了巾帼湘商的创业风采，毫无悬念地在2014中国湘商十大风云人物榜上“独占鳌头”；湾田国际建材总部基地、浏阳国际家具城等被评为2014中国湘商十大最具投资价值市场（经济园区）。

中国湘商力量总评榜活动由中国商业文化研究会、省工商业联合会、湖南日报报业集团、中国湘商力量总评榜活动组委会主办，湖南日报《湘商时代》、天下湘商网联合承办，此前4次评选共吸引了逾1000万人次投票。

【徐守盛接受《求是》杂志社旗下《小康》杂志专访】 2015年8月7日，省委书记、省人大常委会主任徐守盛接受《求是》杂志社旗下《小康》杂志记者专访，畅谈湖南全面建成小康社会的探索与实践。

今年是“十二五”规划的收官之年，回想起五年前作为一个“新湖南人”初到湖南，已成为“老湖南人”的湖南省委书记徐守盛感慨万分。五年间湖南的变化可谓是日新月异，在全国率先走出一条两型社会建设的新路。根据国家统计指标体系初步测算，2014年湖南省小康实现程度高达88%。

但对湖南省来说，到2020年全面建成小康社会，任务还很艰巨。尽管湖南经济总量排名全国第十，但人均均量却比较低，发展不平衡的问题仍然很突出，特别是包括“三农”在内的县域经济还是一个短板，经济结构不优、资源环境约束趋紧和社会矛盾凸显等问题还没有得到有效解决。

湖南能否在全国率先实现“两型社会”，湖南能否成为中部崛起新的增长极，湖南能否在全面建成小康社会，在创新发展、生态保护上走出一条新路来？

带着如何谱写中国梦的湖南篇章的疑问，《小康》杂志社记者对湖南省委书记、省人大常委会主任徐守盛进行了独家专访。

【省政府与中国铁塔公司签署战略合作框架协议】 2015年8月12日下午，省政府与中国铁塔股份有限公司签署战略框架合作协议。签约仪式前，省委副书记、省长杜家毫在长沙会见了中国铁塔股份有限公司董事长刘爱力一行，并见证签约。

杜家毫对刘爱力一行来湘推进双方战略合作表示欢迎。他说，通讯基础设施是信息化发展的重要载体，与经济发展、产业转型升级和民生改善息息相关。当前，湖南正在大力推进包括信息化在内的“四化两型”建设，着力织好水利、交通、能源、信息“四张网”，双方合作前景十分广阔。希望中国铁塔公司充分发挥国有大型通讯基础设施综合服务企业的优势，以此次签约为契机，推动我省信息产业和通讯基础设施建设迈上新台阶，带动相关企业、科研院所加快转型升级和发展步伐。

刘爱力感谢湖南省委、省政府对中国铁塔公司的重视与支持。他表示，中国铁塔公司将加大在湘投资建设力度，积极为湖南“四化两型”等战略部署的实施提供好信息支撑，为服务湖南经济社会发展做出应有贡献。

副省长黄兰香与中国铁塔股份有限公司总经理佟吉禄分别代表双方签署协议，省政府秘书长向力力参加会见及签约仪式。

根据协议，中国铁塔将扩大在湖南信息基础设施建设投资，加大铁塔、基站和室内分布系统等信息基础设施的建设力度，重点优化偏远地区和行政区域交界处的信息基础设施建设。2015年，在湖南投入建设资金22亿元，新建铁塔1万座；至2017年，新建铁塔3万座；到2020年底，累计在湖南投入建设资金超过100亿元，新建铁塔5.5万座。

【杜家毫会见乔世波】 2015年8月12日下午，省委副书记、省长杜家毫在长沙会见了华润集团总经理乔世波一行。

杜家毫说，华润集团是在湘投资项目最多的香港企业之一，双方在城市建设、生物医药、食品加工、商贸物流、能源电力等方面开展了成效卓著的合作，结下了深厚的友谊。湖南是农业大省，粮食、生猪等大宗农产品产量稳居全国前列，独特的自然资源孕育了一大批优质的特色农产品。当前，湖南正积极推进农产品结构、农业生产模式等方面的转型升级，为双方进一步深化合作开辟了广阔空间。希望华润集团立足双方良好合作基础，充分挖掘湖南各项优势资源中蕴含的市场潜力，不断拓展双方合作领域，深化双方合作层次。湖南将一如既往地支持华润集团在湘发展。

乔世波介绍了集团在湘投资项目情况。他说，华润集团将不断加快在湘项目建设步伐，积极开拓特色种养、农产品销售、城市供水等方面的市场空间，实现互利共赢。

省政府秘书长向力力参加会见。

【杜家毫会见王祖继】 2015年8月13日，省委副书记、省长杜家毫在长沙会见了中国建设银行行长王祖继一行。

杜家毫感谢建设银行长期以来对湖南经济社会发展给予的大力支持。他说，湖南当前正积极应对经济下行压力加大的复杂形势，更加注重谋求发展的质量和效益，努力把稳增长与调结构、转方式紧密结合起来，千方百计保持平稳健康发展态势。这其中，离不开包括建设银行在内的各类金融机构的支持。希望建设银行充分发挥资金、管理、服务机制等方面的优势，在重大基础设施、产业项目建设，政府性债务风险控制等方面，继续加大对湖南的金融支持力度。省政府将一如既往地支持建设银行在湘发展，推动双方实现互利共赢。

王祖继说，湖南经济发展态势良好，结构调整和产业升级成效显著。建设银行将围绕湖南的发展思路和战略积极提供金融服务，为湖南经济社会发展贡献应有的力量。

副省长张剑飞，省政府秘书长向力力参加会见。

【杜家毫会见周济】 2015年8月16日下午，省委副书记、省长杜家毫在长沙会见了中国工程院院长周济。

杜家毫感谢中国工程院长期以来给予湖南经济社会发展的关心支持。他说，“中国制造2025”是湖南加快发展的强劲东风，我们坚持把装备制造业作为未来经济发展的重要支撑来加快推进，把贯彻落实好《中国制造2025》作为新型工业化的核心内容和主攻方向，结合自身实际找准发力点，加快推进产业转型升级。希望周济院长及工程院的专家、院士为湖南发展多出主意、指点方向，推动湖南装备制造产业再上台阶。

周济说，湖南科教实力雄厚，自主创新成果丰硕，在装备制造等方面有基础、有特色、有优势，中国工程院将一如既往支持湖南制造业及其他产业发展，为湖南经济社会发展做好咨询，当好顾问。

副省长黄兰香参加会见。

【周济在中联、三一调研】 2015年8月18日8月17日，中国工程院院长周济在中联重科、三一重工调研时指出，科技创新是企业发展壮大的根本出路，要通过创新驱动、智能制造推动企业转型升级、做大做强。副省长黄兰香陪同调研。

周济一行先后来到两家企业的生产车间、工程实验室等进行调研，了解企业生产经营、科技创新情况，并与企业负责人及科研人员亲切交谈，勉励他们着力培育一批科技创新的领军人才，紧盯国际工程机械领域的高端技术，通过不断创新，改变工业生产方式，不断实现生产自动化和产品智能化。

周济对中联重科、三一重工在技术创新等方面所迸发出的活力表示赞赏，希望企业立足智能化、数字化、信息化，利用大数据、云计算、虚拟整合、机器人等前沿技术，提升公司智能制造及运营能力；坚持质量为先，推动由产品竞争向品牌竞争转变，坚持创新驱动，做大做强工程机械产业集群。中国工程院将在技术上给予湖南装备制造企业大力支持。

【杜家毫会见蔡希有】 2015年8月19日下午，省委副书记、省长杜家毫在长沙会见了中化集团党组成员、总经理蔡希有一行。

杜家毫说，近年来，湖南着力发挥“一带一部”区位优势，抢抓湘江新区、长株潭国家自主创新示范区上升为国家战略等重大机遇，主动参与和融入“一带一路”、京津冀协同发展、长江经济带建设，在基础设施建设、传统产业转型升级、战略性新兴产业培育、开放型经济发展等方面取得了较快进展，经济社会保持平稳健康发展态势。中化集团作为我国最大的国有企业之一，在支持各省市加快发展中发挥了重要作用。希望中化集团进一步密切同湖南的联系与合作，积极促进集团优势业务板块同湖南优质资源紧密结合，不断开拓新的合作领域、合作模式，实现互利双赢。

蔡希有说，湖南的发展成果有目共睹，中化集团将继续加大对湖南的投资力度，加快在湘项目的建设进度，积极开拓双方在农业、精细化工、地产等领域的合作空间，进一步深化省企合作。

副省长张剑飞、省政府秘书长向力力参加会见。

【长沙浏阳宁乡醴陵入榜全国百强县】 2015年8月22日，第十五届全国县域经济与县域基本竞争力百强县排名在京发布，长沙县继去年首次挺进全国十强后，再次晋级一位，继续领跑中西部；浏阳市首次进入30强。

入榜的湖南长沙县、浏阳市、宁乡县、醴陵市4县(市)位次分别为8、28、39、82。其中，浏阳市由三年前的第60位进到28位，三年进了32位，在全国百强县中进位最快；宁乡县则在去年基础上进位11个位次，是本年度湖南进位最快的县市；醴陵市进了2个位次。

与往届相比，这次的评价宗旨加入了“二升级”的内容，即打造县域经济升级版和升级县域治理现代化，而长沙县在这两个方面均表现突出。21世纪初，该县经济的主要支撑力量是家电产业；2011年财政收入过百亿时，转变为工程机械产业；而去年财政收入过两百亿时，汽车和电子信息产业已成为新兴的主力军；同时，长沙县坚持两型引领，确定“南工北农”的总体发展格局，全县呈现出“用1%的土地支撑经济发展，99%的土地保护生态环境”的局面。2014年，该县完成财政总收入207.2亿元，增长

15.1%；完成工业总产值2128.2亿元，增长12.5%；全面小康总体实现程度达到90.9%。今年率先全省及中部地区被评为“国家生态县”。

浏阳这些年持之以恒大力实施‘交通融城、产业兴城、人才活城、生态美城’四大战略，由此带来县域经济持续健康较快发展。目前，浏阳高速公路通车里程全省第一；2014年，浏阳市完成财政总收入首次突破百亿元。今年上半年，该市实现地区生产总值477.6亿元，同比增长12.2%，完成长沙考核财政总收入44.6亿元，同比增长16%，主要经济指标增速持续近3年位居长沙9区县（市）和全省前列。

【8湘企入围“2015中国民企500强”】 2015年8月25日，全国工商联在京召开2015中国民营企业500强新闻发布会，我省8家湘企入围“2015中国民营企业500强”榜单。另外，10家湘企入围“中国民企制造业500强”，2家湘企入围“中国民企服务业100强”。其中，我省民营企业龙头三一集团，以743.68亿元的营收总额蝉联湖南省民营企业首位，位列“2015中国民营企业500强”榜单第28位、“中国民企制造业500强”榜单第13位。

入围中国民企500强的8家湖南企业，营收总额达到2729.72亿元。从湖南入围中国民企500强的企业来看，进入的都是“老面孔”，三一集团（28位）、新华联集团（40位）、蓝思科技（110位）、博长控股（131位）、大汉控股（143位）、步步高（158位）、金龙国际（472位）、唐人神（485位）等都是近年来常见的入围“选手”。在这份民营企业风云榜中，不少企业交出了比上年更好的“成绩单”，新华联集团、博长控股、步步高集团、金龙国际等超半数入围企业位次前移，蓝思科技在全国的排名由去年的317名跃居为今年的110名，前进217名。

【湖南环洞庭湖国家现代农业科技示范区获批】 2015年8月26日，科技部确定了首批国家现代农业科技示范区名单，湖南环洞庭湖现代农业科技示范区入围。

发展国家现代农业科技示范区是我国发展现代农业的战略部署。此次科技部共批准北京、河北等8省市区组建国家现代农业科技示范区。科技部将结合中央财政科技计划（专项、基金等）管理改革，充分发挥市场对资源配置的决定性作用，通过建设科技金融、农业信息、创新品牌等公共服务平台，支持示范区建设和发展。

根据建设总体要求和部署，湖南环洞庭湖国家现代农业科技示范区将以国家和省级农业科技园区创新能力建设为核心，以促进现代农业产业示范园发展为重点，全面推进现代农业科技创新体系建设，实施“科技创新驱动、产业集群引领、高端品牌提升、生态持续发展”四大战略。具体来说，打造环洞庭湖“一部三核”(长株潭科技总部、常德、益阳、岳阳核心区)、“三带多园”（环湖丘岗、洞庭平原及湖域湿地现代农业科技示范带、农业科技示范园）现代农业科技示范格局，把湖南环洞庭湖国家现代农业科技示范区建设成为创新驱动城乡一体化发展的示范区、一二三产融合全链条增值现代农业的先行区、大众创业万众创新的聚集区、长江中下游生态服务功能区和亚热带现代农业发展示范区。

【湖南日报报业集团获评国家数字出版转型示范单位】 2015年8月27日，省新闻出版广电局领导为湖南日报报业集团荣获国家数字出版转型示范单位授牌。

传统出版单位数字出版转型示范评选由国家新闻出版广电部门举办。2015年1月，湖南日报报业集团在省新闻出版广电局组织的专家评选中名列报纸类第一，获得了省级数字出版转型示范单位，并推荐参加国家评选。7月，在国家新闻出版广电总局组织的专家评选中，集团从全国1万余家传统出版单位中脱颖而出，获得了国家数字出版转型示范单位的荣誉，全国仅100家传统出版单位获此殊荣。我省仅湖南日报社和《建设机械技术与管理》杂志社两家入选。

面对数字化传媒时代的汹涌冲击，湖南日报报业集团积极探索数字化引领报业转型的新思路，率先提出并实施了多介质全流程全媒体理念，实现了报纸、网络、户外新媒体、移动新媒体内容生产的“中央厨房”架构。今年集团还整合新媒体资源，成立湖南日报社新媒体中心，直接运营报社层级的新媒体平台产品。湖南日报社现有“新湖南”客户端和法人微博、微信以及“湘江”、“湖南里手”、“湖南印象”、“青春8090”等微信公众号及手机报群等资讯类新媒体平台32个，用户已达数百万户。

据省新闻出版广电局党组成员、总工程师王国庆介绍，国家对入选的示范单位有一系列扶持措施，中央文化产业发展专项资金对示范单位将优先考虑重点支持，具备条件的示范单位将承担国家相关工程项目，开展有关试点工作等。获得国家数字化转型示范单位，是对湖南日报报业集团推动传统媒体和新媒体融合工作的充分肯定，对集团产业发展和华声上市等有极大的推动作用。

湖南日报报业集团党组书记、社长覃晓光，总编辑蒋祖烜，总经理皮林参加授牌仪式。

【杜家毫会见库热西·买合苏提】 2015年8月28日晚上，省委副书记、省长杜家毫在长沙会见了国土资源部副部长、国家测绘地理信息局局长库热西·买合苏提一行。

杜家毫感谢国土资源部长期以来给予湖南改革发展，特别是在土地资源管理、地质灾害治理、测绘地理信息等方面的大力支持。他说，当前，测绘地理信息已运用到社会各个领域，深刻改变着人民群众的生产生活方式，是国民经济社会发展的基础性工作之一，测绘地理信息产业未来发展前景广阔，市场空间巨大。希望国土资源部、国家测绘地理信息局一如既往给予湖南大力支持，进一步放大湖南在这一领域的产业、科研、人才和大数据处理优势，共同推进测绘地理信息产业发展。

库热西·买合苏提说，国家测绘地理信息局将进一步深化与湖南的合作，加大政策、资金、技术的支持力度，助推测绘地理信息、北斗卫星等新兴产业在湘加快发展。

省领导陈肇雄、葛洪元，省政府秘书长向力力参加会见。

【全国道德文化公益联盟走进湖南】 2015年8月29日，由全国道德文化公益联盟、中国管理科学研究院人才研究所主办的“道德文化走进湖南”主题活动在长沙举行。

该活动以“倡道德文化、赞时代楷模、播道德种子、树道德榜样”为主题，旨在激励广大干部群众坚定理想信念，发挥模范引领作用，践行社会主义核心价值观，加快道德文化创建工作步伐。活动包括道德文化走进湖南专题报告会、创建道德文化单位启动授牌仪式、国玺艺术团红歌演唱、道德文化走进湖南座谈会等内容。此外，主办方还将在全省范围内开展“四个创建”活动，即创建道德文化区县、道德文化乡镇、道德文化企业和道德文化校园；建设“五大体系”，即建设道德文化教育场所设施网络体系、志愿者服务体系、社会诚信体系、公益宣传体系、考核评估体系。

报告会上，国家著名经济学家、中共中央党校原副教育长王瑞璞，中共中央党校党建部原副主任、博士生导师戴焰军，中共中央宣传部教育培训中心原主任冯复加，红色文化践行者深圳国玺华商文化发展有限公司董事长赵毅等，分别以“从全球视野看中华民族伟大复兴”、“道德自律与人生的成功”、“关于道德文化的几点思考”、“企业发展离不开红色文化、道德文化”等为题，做了专题报告。

随后，与会专家学者围绕“创建道德文化”这一主题，结合当前道德文化建设取得的成绩和存在的难题，进行了深入座谈。

【杜家毫会见王宁】 2015年8月31日晚上，省委副书记、省长杜家毫在长沙会见了住房与城乡建设部副部长王宁一行。

杜家毫感谢住建部长期以来给予湖南发展的大力支持。他说，去年以来，湖南把“两房两棚”、“两供两治”建设作为重大民生工程和稳增长、促投资的重要举措抓紧抓好，不折不扣落实省级配套资金，积极搭建融资平台，有效整合各类资金，切实加强资金监管，确保资金用在刀刃上，既改变了城乡面貌，又改善了百姓住房条件。希望住建部在保障房建设、棚户区改造、城市地下综合管廊和海绵城市建设、住宅产业化等方面一如既往给予湖南大力支持。湖南将抢抓机遇、努力让中央各项决策部署和惠民政策加快在湘落地，更好地造福百姓。

王宁说，湖南推进“两房两棚”建设手笔大、行动快、效果好。希望湖南再接再厉，用好用足当前国家在住房和城乡建设相关领域的重大政策，加大民生改善力度，促进经济持续健康发展，住建部将全力予以支持。

副省长张剑飞，省政府秘书长向力力参加会见。

【6院士受聘为株洲“动力谷”自主创新园创业导师】 2015年8月31日，中国动力谷自主创新园在株洲高新区开园，长株潭国家自主创新示范区建设增添新的动力源。开园当天，8个创新研发项目、13个高校产学研合作项目进驻。中科院院士、中科院信息化办公室主任谭铁牛，中国工程院院士、中车株机公司高速牵引研究所所长刘友梅等6位“两院”院士受聘为创业导师，为园区创新创业前沿领域提供顶尖指导。

中国动力谷自主创新园总投资223亿元，为中国动力谷引进和培育企业研发机构的核心载体，明年底全面完工。目前研发中心、众创空间和新动力咖啡馆等一期工程已建成。入驻中国动力谷自主创新园的企业和项目，可享受国家和省市区4级政策叠加的系列支持。具有国内领先水平和国际领先水平科研团队，分别一次性享受最高500万元和最高1000万元的动力谷产业专项资金支持。首批入驻项目中，包括中国科学院自动化研究所的“中科智能识别分析技术产业化项目”等。

株洲有着“动力之都”的美誉。为“让优势产业优先发展，集聚裂变，做大做强”，2013年，株洲市提出了“打造中国动力谷”构想，计划通过10年的创新发展，将株洲高新区打造成一个动力产业集聚、创新能力超强、引领国际动力产业发展的世界动力谷。

【中国农发重点建设基金在湘首发】 2015年8月31日，中国农发重点建设基金在湘首发。中国农业发展银行湖南省分行投放2.6亿元中国农发重点建设基金，支持湖南潇水涔天河水库扩建、衡阳松木经济开发区棚户区改造、茶陵县浣溪镇易地扶贫搬迁等3个项目。这是农发行为着力解决重点建设项目资本金不足、更好发挥农业政策性银行对社会资金引导作用的创新举措。

据农发行湖南省分行行长谢文介绍，中国农发重点建设基金是由中央政府支持依法设立组建，用于支持国家确定的“看得准、有回报、不新增过剩产能、不形成重复建设、不产生挤出效应”的重点领域项目建设的投资主体，由农发行在银行间市场定向发行专项债券募集资金设立，重点支持投资大、周期长、回收慢、回报率不高的准公益性和基础性项目。专项债券执行固定利率，中央财政给予贴息。

【住建部来湘巡查保障性安居工程】 2015年8月31日至9月1日，住房和城乡建设部副部长王宁在我省巡查保障性安居工程建设，并听取了省政府专题汇报。副省长张剑飞陪同并出席汇报会。

王宁率巡查组先后检查了韶山韶南片区城市棚户区改造项目、长沙市棚改和公租房项目。今年国家下达我省保障性住房和各类棚户区改造目标任务51.83万套，新增租赁补贴1.73万户，任务量居全国第二位。1至8月，全省已开工建设41.99万套，开工率81%，共完成投资414.87亿元。在长沙市，通过加大棚户区改造的货币化安置力度，积极推动楼市“去库存”，也让住房困难群体受益。

听取汇报后，王宁充分肯定了我省取得的成绩。他指出，保障性安居工程既是重大民生工程，也是当前“稳增长”重点，要带着感情和责任，扎扎实实完成今年目标任务。谋划明年工作，要牢牢抓住当前政策机遇，把政策用好、用足、用到位；要充分研究以政府购买服务手段推进棚改，有力拓宽融资渠道；要坚定不移推进棚改工作的货币化安置力度，打通棚改安置和消化存量商品房的渠道。

在韶山，王宁一行向毛泽东同志铜像敬献了花篮。

【陈昌智出席“思源工程”向我省捐赠仪式】 2015年9月5日下午，“2015思源救护中国行”暨芭莎公益慈善基金（湖南）救护车捐赠接收仪式在长沙举行。仪式上，中华思源工程扶贫基金会（简称“思源工程”）联合芭莎公益慈善基金，向我省安化县中医医院等16个国家级贫困县医院捐赠救护车20辆，以缓解当地医疗机构急需救护车等问题，帮助当地更好地开展院前急救、免费巡诊、送医下乡等医疗服务工作。全国人大常委会副委员长、民建中央主席、“思源工程”理事长陈昌智出席仪式并讲话。

全国人大常委会委员、中华全国总工会副主席、民建中央副主席张少琴，省领导黄兰香、陈君文、李友志、赖明勇出席捐赠仪式。

据介绍，自2011年“思源工程”倡导发起的“思源救护”医疗救助扶贫项目启动以来，已联合社会各界，并在中央财政支持社会组织示范项目的支持下，向我国贫困地区、地震灾区等医院累计捐赠救护车955辆，覆盖全国29个省（直辖市、自治区）的400余个国家级和省级贫困县，年均救助患者近百万人次。其中，包括此次捐赠，已累计向我省捐赠救护车55辆，覆盖了全省所有国家级贫困县。

陈昌智指出，多年来，民建充分发挥密切联系经济界的特点和优势，在为我国经济社会发展献计献力的同时，坚定不移地参与中国特色扶贫开发事业。湖南是中部大省，扶贫工作任重而道远，“思源工程”一直以来十分关注湖南经济发展和扶贫开发，通过实施“思源教育移民班”、“思源救护”等公益项目，为湖南贫困地区提供必要的援助。

陈昌智希望民建会员与社会各界爱心人士一起“饮水思源，回报社会”，共同帮助贫困地区和困难群众改善生产生活条件，提高医疗卫生水平，为我国公益慈善事业做出新的、更大的贡献。

副省长李友志在捐赠仪式上对民建中央、“思源工程”和芭莎公益慈善基金长期以来对湖南经济发展和扶贫开发所给予的支持和帮助表示感谢，并希望社会各界爱心组织和人士继续关心湖南、关注中部，积极投身公益事业，共同构筑温暖的社会大家庭，让社会主义核心价值观不断弘扬光大。

【北京大学与湘潭经开区合作办学】 2015年9月5日，北京大学与湘潭经开区合作办学揭牌仪式在湘潭经开区北大培文九华实验中学举行。中科院院士、北京大学原校长周其凤和湘潭市委副书记、市长胡伟林出席仪式。周其凤在挂牌仪式上说，学校要培养出高素质人才，要培养学生自主学习的意识和能力。他勉励学生们要“好好学习，莫负青春好时光”。

据了解，北京大学与湘潭经开区此次合作，由北大选派专家、骨干教师，通过引进、整合区域内教师资源，借助北大先进教学理念、科学管理方法和个性化培养方案，形成先进的、独具特色的素质教育模式和区域教育文化，打造一所“校园环境一流、学校管理一流、师资队伍一流、教育质量一流、北大特色突出”的地区名校。

北大培文九华实验中学是湘潭经开区投资3亿元，高标准、高规格建设的一所国有公办完全中学，总用地面积148亩，总建筑面积约8万平方米。主要建筑包括1栋综合楼、1栋办公室、4栋教学楼、2栋学生宿舍楼、1栋教师周转房楼、1栋4层师生食堂、1座体艺馆及标准田径场，同时，配备现代化的教育教学设施。学校可设立80个教学班，容纳3600名学生就读，满足2000名学生在校寄宿。

该校已于2014年9月正式开班办学，目前共开设27个班级，在校学生1315名，教师111名，计划在近3年内开设高中，让在校学生充分享受到湘潭经开区实施12年免费教育的惠民政策。

【长沙入列全国住宅产业化试点城市】 2015年9月10日，第十四届中国国际住宅产业暨建筑工业化产品与设备博览会在北京开幕。开幕式上，长沙作为今年3个获批“国家住宅产业现代化综合试点城市”之一，做了典型经验介绍，并正式接受了住房和城乡建设部的授牌。目前全国共有10个试点城市。

长沙市住宅产业现代化起步于1996年，至2012年技术体系基本成熟，2013年起开始大规模推广住宅产业现代化建设模式。截至目前，该市住宅产业化项目涵盖了商品房、保障房、酒店、写字楼、别墅、学校等市场类型，已有远大住工、三一集团两个国家住宅产业化基地，打造了长沙经济技术开发区、高新技术开发区、金霞经济技术开发区三大产业集聚区，住宅产业现代化预制构件年产能逾1000万平方米，已实施面积近1000万平方米，3年内拟再实施产业化项目1000万平方米。今年，该市积极申报“国家住宅产业现代化综合试点城市”，并于5月通过专家组评审。

代表长沙市人民政府接受授牌的长沙市副市长黎春秋表示，大力推进住宅产业现代化，是建设领域“调结构、转方式”的根本途径，也是提升城市品位、改善人居环境的重要举措，长沙将进一步借鉴先进发展经验，促进住宅产业现代化更好更快发展，为全国住宅产业化提供更多实践经验。

【杜家毫会见程念高】 2015年9月11日下午，省委副书记、省长杜家毫在长沙会见了中国华电集团公司董事、总经理程念高一行。

杜家毫说，近年来，湖南加大有色、化工、煤炭等传统产业结构调整和淘汰落后产能力度，积极培育发展先进装备制造、新材料、电子信息、节能环保等新兴产业，不断优化经济发展环境，着力放大“一带一部”区位优势，极大拓展了未来发展空间。当前，湖南正按照“基本稳定水电、适度发展火电、加快气化湖南、积极发展新能源”的思路，着力构建稳定、高效、清洁的能源供应体系，为经济保持中高速增长、迈向中高端水平提供保障。希望华电集团在项目布局、资金投入、设备采购、产业发展等方面一如既往加大倾斜支持力度，加快在湘能源开发建设进度，推动双方战略合作不断取得新成果。省政府将为华电集团在湘发展创造良好环境。

程念高说，华电集团将全力推进在湘火电、风电及页岩气等相关项目的改造升级和开工建设，积极寻求更多合作机会，为湖南经济社会发展多作贡献。

省委常委、常务副省长陈肇雄参加会见。

【我省和中国食品土畜进出口商会联合举办2015长沙国际食品展】 2015年9月11日，2015中国（长沙）国际食品展览会（以下简称“食品展”）开幕，展会将在长沙红星国际会展中心举行4天，450家来自省内外及国外的知名企业参展，6000多名采购商、经销商前来参观采购，市民朋友也可前往购买国内外各类美食。副省长何报翔出席开幕式。

食品展集中展示了国内外名企名品，省内龙头企业省粮食集团、正大集团、湖南轻工盐业集团、省茶叶集团、唐人神等悉数到场，宁乡、湘潭、祁阳、安化等九个特色县域经济重点县首次组团参展，带来湘莲、黑猪、黑茶等特色农产品。此外，黑龙江的“北大荒”、“黑森”等知名品牌、云南的野生菌类、贵州的酒类等特色产品亮相展会现场。

本届食品展还特设进口食品专区，展出了来自台湾、澳门、日本、韩国、土耳其、泰国、澳大利亚等地的进口美食，为来自进口食品行业的经销商、零售商提供了与全球食品供应商面对面交流的平台，也为广大市民提供了一个购买异国美食的机会。

展会由省商务厅、省经信委和中国食品土畜进出口商会联合举办，开设了多场“专场采购洽谈会”，为参展商及采购商搭建贸易交流平台。

【王晓峰出席2015年中国湖南国际旅游节】 2015年9月12日，2015年中国湖南国际旅游节在常德开幕，即日起旅游节活动将在全省14个市（州）同步举行。国家旅游局副局长王晓峰、省人大常委会副主任陈君文、副省长何报翔出席开幕式。

晚上8时30分，开幕式在常德柳叶湖旅游度假区司马楼举行。柳叶湖面、湖岸激光、音乐、焰火交相呼应，拉开了本届旅游节序幕。

中国湖南国际旅游节是全国知名旅游节会品牌，已连续成功举办十三届。本届旅游节由湖南省旅游局、常德市人民政府主办，常德市旅游外事侨务局承办，以“锦绣潇湘，快乐湖南”为主题，开幕式后将举行系列主题活动和市州相关活动。

据了解，常德市配合本届旅游节推出了“新常德免费游”等系列活动，全市包括桃花源风景名胜区、柳叶湖旅游度假区、花岩溪国家森林公园等在内的17家A级景区门票全免，游客只需关注“常德旅游”微信公众号，便可获得免费门票，免费游活动持续到9月30日。

为让世界更好地了解湖南旅游资源，旅游节组委会还精心安排了五条不同主题的湖南精品旅游线路，邀前来参加旅游节的国内外旅行商、投资商、媒体前往考察。

旅游节期间，我省其他13个市州也将推出独具特色、风格各异的相应旅游节会活动，包括邵阳市的2015湖南（南山）六月六山歌节和“浪漫崀山 爱的奔跑”大型推广活动、衡阳市首届乡村生态旅游节暨宝盖银杏文化节、岳阳市的江湖名城国际旅游节等。

【国家督查组来湘检查】 2015年9月15日，以中国科协副主席程东红为组长的国家《全民科学素质行动计划纲要（2006–2010–2020）》（以下简称“《纲要》”）实施督查组，来到湖南进行督导检查。副省长李友志在《纲要》实施工作汇报会上表示，湖南将以这次督查作为新的起点，克服困难，逐步推进《纲要》各项任务的落实，提升全省公民科学素质。省科协主席黄伯云院士出席了汇报会。

汇报会上，湖南有关方面从机制建设、未成年人等“五大重点人群”科学素质建设、科学教育与培训基础工程等“五大基础工程”建设3个方面，对实施情况作了详细介绍，并对存在问题及“十三五”《纲要》编制建议作了说明。

据悉，湖南14个市州、120多个县市区普遍建立了《纲要》实施工作领导（协调）机构，并制定了实施方案。“十二五”期间，全省各级财政安排科学技术普及预算支出经费14.02亿元，是“十一五”期间的2.06倍。

国家督查组在湘期间，还将到湖南广电、中南大学及长沙市、常德市等地实地督导检查。

【长沙、衡阳、娄底、株洲上榜“中国外贸百强城市”】 2015年9月16日，海关总署发布了“2014年中国外贸百强城市”名单，长沙、衡阳、娄底、株洲上榜。

中国外贸百强城市评选由海关总署统计部门完成，不仅仅将城市当年的外贸总额作为评选标准，而是根据包括外贸竞争力、结构竞争力、效益竞争力、发展竞争力和潜力竞争力五大类共25个指标，综合计算城市外贸竞争力分值，具有较强的专业性和权威性。评选从2008年开始，每年重新计算排名。

此次我省上榜城市中，长沙以综合得分69.34，位居第65名，得分与上一年相同，排名前进15位。衡阳、娄底、株洲均为首次上榜，分别以综合得分68.9、68.4、68.3位居第67、90、97名。

【杜家毫会见张建龙】 2015年9月23日讯（记者 贺佳）今天下午，省委副书记、省长杜家毫在长沙会见了国家林业局党组书记、局长张建龙一行。

杜家毫欢迎张建龙一行来湘考察指导工作。他说，湖南是林业大省，森林资源丰富，自然风光秀丽。历届省委、省政府高度重视林业和生态保护工作，加快建设绿色湖南，积极推进集体林权制度、国有林场、林权交易等各项改革和林业信息化建设。同时，在坚持保护的前提下，引导鼓励工商资本、社会资本科学开发利用森林资源，促进林下经济、旅游观光、健康养老等产业加快发展。希望国家林业局一如既往对湖南林业改革发展给予大力支持，湖南将努力先行先试、积累经验。

张建龙说，无论是林业用地面积、森林覆盖率、活立木蓄积量，还是集体林权制度改革、国有林场改革、信息化建设等，湖南都走在全国前列。国家林业局将全力支持湖南林业各项改革先试先干，加快推进现代林业发展。

国家林业局总工程师封加平，副省长戴道晋参加会见。

【曲青山来湘调研】 2015年9月20日至25日，中央党史研究室主任曲青山来湘考察调研我省党史研究工作，并与我省党史研究工作者座谈。省委常委、省委秘书长许又声主持座谈会，省委常委、省委宣传部部长张文雄陪同部分调研，省党史联络组顾问赵培义出席座谈会。

党的十八大以来，我省党史工作学习打开了新局面，贯彻习近平总书记关于党史和党史工作重要论述精神形成浓厚氛围，构建“大党史”工作格局形成力量优势，党史征编研究形成配套体系，“以史资政”形成工作亮点，“以史铸魂”形成湖湘特色，“以史惠民”形成地方品牌。

曲青山先后赴湖南党史陈列馆、韶山、宁乡、通道、芷江、桑植、浏阳等地考察调研。他指出，湖南党史部门和党史工作者要在新的更高起点上抢抓机遇、发挥优势、乘势而上，实现由党史资源大省向党史工作强省的转变，以党史资政育人，为推动湖南经济社会发展做出新的更大贡献。

座谈会上，曲青山强调，要牢牢把握党史工作的正确方向，把学习贯彻习近平总书记系列重要讲话精神，特别是关于党的历史和党史工作的重要论述、关于抗战历史系列重要讲话，作为全国党史部门当前和今后一个时期的首要政治任务，认真抓紧抓好。要全面贯彻“一突出、两跟进”要求，始终突出党史研究这个第一位的中心任务，牢固树立跟进意识，坚持对党领导下的经济、政治、社会、文化、生态文明建设和党的建设的重大决策部署、重大理论发展即时记载、即时研究，坚持精编与细研同步部署、同步落实、同步推进，切实克服党史研究与现实发展慢拍错茬、落后二三十年的现象。要立足新的起点，大力抓好抗日战争研究和宣传教育工作。

【中国遥感应用协会与我省主办2015长沙航天展暨遥感技术应用展】 2015年9月26日，2015长沙航天展暨遥感技术应用展在曙光798城市体验馆开幕。CZ-2F火箭、天宫一号对接组合、嫦娥一号、月球车、返回舱实验舱、航天舱内服等高规格航天展品，将在长沙“小住”两月，迎接观众。这也是中南地区迄今规模最大、规格最高的航天展会。省文联主席谭仲池、两院院士李德仁、中国遥感应用协会理事长罗格等出席开幕式。

此次航天展由中国遥感应用协会、省科技厅等主办，分为中国航天足迹馆、中国遥感展示馆、航天多媒体互动馆、航天实物展示馆等8大主题展馆。特别是航天实物展示馆，展出了3件“重量级”真品。有重达10公斤的“舱内航天服”，有“神舟号返回舱”和中国首颗微卫星“天拓一号卫星”。

除让观众看展品，展会还提供多种航天体验。多维滚环、旋转座椅、飞机驾驶体验、发射指挥中心、天体秤、9D飞行影院、返回体验舱等航天互动训练设施，欢迎大家过把瘾。像坐上多维滚环，可以体验空中漂浮翻滚的感觉；进入9D飞行影院，忽上忽下忽左忽右让小伙子也大呼大叫；玩模拟月球跳跃，双腿奋力一跃，大屏幕上便显示出在月球上跳出了好几十米的高度。

据悉，本次航天展会还将邀请中国知名航天员、航天专家出席活动并融入航天科普讲座、航天员训练体验等现场互动环节。同期举行的“我的中国梦”中小学生航天主题书法绘画大赛，将评选出12名优胜选手，赴西昌卫星发射中心开展参观游学活动。

【中国工程院5院士来湘共商施工技术】 2015年10月7日，中国工程院院士王梦恕、肖绪文、郑颖人、聂建国、叶可明齐聚长沙，参加在中建五局举办的基础设施技术论坛与房屋建筑管理论坛。

论坛共选取了14个报告进行讲演，其中涉及长大隧道施工、高海拔隧道通风供氧、大型桥梁移动模架、BIM技术深度应用、互联网+标化管理、混凝土结构无缝施工关键技术等多项专业技术。全面展示了中建五局创建50年来在基础设施、房屋建筑上取得的科技创新与管理创新成果。

“整个冰雪世界，架立在矿坑之中，覆盖了矿坑的三分之一。为了将重达20余万吨的结构安全、稳定地落坐矿坑，设计采取竖向固定支座、水平滑移支座的结构受力形式……”这是中建五局基础设施技术论坛与房屋建筑管理论坛上，项目管理人员对湘江欢乐城项目“百米深坑多功能建筑绿色建造技术”进行展演的精彩一幕。院士们表示：报告代表了业内的领先水平，具有较高的技术含量。

【徐守盛会见何立峰】 2015年10月10日晚上，省委书记、省人大常委会主任徐守盛在长沙会见了国家发改委党组副书记、副主任何立峰一行。

何立峰此行来湘调研湖南经济运行情况，重点考察湘江新区和洞庭湖生态经济区建设。

徐守盛感谢国家发改委长期以来对湖南经济社会发展的大力支持。他说，近年来，湖南立足“一带一部”战略定位，协调推进“四个全面”，经济发展基础进一步夯实，省内四大区域板块全部纳入国家战略。湖南将认真贯彻落实中央的决策部署，发挥区位优势，紧紧抓住湘江新区和洞庭湖生态经济区建设等重大契机，加快创新发展，推动产业转型升级；加快水环境综合治理和开发，推动经济发展与生态环保协调发展。希望国家发改委一如既往在区域经济发展、扶贫开发、交通基础设施等重大项目建设方面给予更多支持。

何立峰说，湖南的发展势头好，面临着一系列重大机遇。国家发改委将积极支持湖南在区域经济发展、生态文明建设、体制机制创新等方面不断实践探索，推动湖南又好又快发展。

省领导许又声、戴道晋参加会见。

【国家发改委调研组考察长沙】 2015年10月10日，国家发改委党组副书记、副主任何立峰率调研组来长沙调研，省委常委、长沙市委书记易炼红参加调研。

调研组一行先后来到湘江新区规划展示馆，高新区人类干细胞国家工程研究中心和中联重科环保产业园考察。调研组对长沙的经济社会发展给予了充分肯定，赞扬湘江新区的规划和建设前景“让人振奋”。

何立峰走进梅溪湖规划馆、大王山湘军文化园、滨江金融规划区等展厅，详细询问发展规划，了解建设进展情况。得知曾经的老工业区，将被打造为中部地区最大的湿地公园，环梅溪湖被定位为“国家级绿色低碳示范新区”，滨江新城将成为“湘江西岸现代服务业走廊核心”，调研组一行纷纷表示赞赏。

在人类干细胞国家工程研究中心，何立峰一行认真听取了关于干细胞新技术、新产品和新材料的研发成果，对中心产学研一体化取得的经济效益和社会效益给予高度评价，并鼓励长沙加大推动生物医药、电子信息、新材料、电子商务等新兴产业的转型发展。

一边洒水，一边清扫，随着一台智能环保车开过，原本脏污的路面立刻干净。调研组实地观看了机器环保作业，对中联重科等企业抢抓机遇、转型发展予以充分肯定。

【全国侨联系统维权工作会议在长举行】 2015年10月12日，全国各省市侨联近200位负责人齐聚长沙，参加2015年全国侨联系统维权工作会议暨维权工作培训班活动。中国侨联副主席李卓彬、省政协副主席王晓琴出席会议并讲话。

李卓彬指出，贯彻好党的十八届四中全会精神，开展好维权工作，需要侨联把坚持党的领导和坚持中国特色社会主义群团发展道路作为维权工作的正确政治方向。加强维权工作是深化改革、建设社会主义法治社会的需要，是广大侨界群众发挥优势服务经济建设的需要，是侨联组织作风建设的需要，必须以保持和增强政治性、先进性和群众性为指导，把党的领导、群众利益和侨联工作创新发展有机统一起来。

王晓琴说，湖南高度重视侨联工作，热情维护侨益，积极参政议政，拓展海外联谊，打造了“创业中华·兴业湖南”、“亲情中华·魅力湖南”、“慈善中华·爱心湖南”三大品牌。在推动依法治国进程中，要发挥侨联优势，把侨界群众力量凝聚到支持、参与、投身全面推进法治国家的伟大实践中来。

会议表彰了2011–2015年度全国侨联系统维权工作先进单位和先进个人。

【中国电子–IBM联合创新研究室落地长沙】 2015年10月14日，长沙智能制造研究总院成立，中国电子–IBM联合创新研究室同时落地长沙。中国电子信息产业集团有限公司董事长芮晓武和长沙市委副书记、市长胡衡华现场授牌。

长沙智能制造研究总院由中国电子信息产业集团和长沙市委、市政府协商共建，是长沙市智能制造的顶层设计机构。长沙智能制造研究总院和IBM联合实验室将对长沙现有制造业进行全面调查，提供智能制造的解决方案和咨询服务。同时，通过积极培育孵化新的项目，打造智能制造装备新的产业，为长沙工业的转型升级发挥技术咨询和保障服务。

这是长沙出台智能制造三年行动计划之后的又一战略举措。智能制造研究总院后，长沙将以资金补贴的方式来研发"智造"技术。对于自主研发"智造"技术的，政府会主导组建"智能制造贷款风险补偿资金"，用以支持孵化资金。在"智能制造"产品的推广使用上，相关部门会搭建"智能制造装备租赁平台"，以补贴方式促进"智造装备"的租赁。

【国家知识产权局在我省主办知识产权强国建设与知识产权人才培养研讨会】 2015年10月17日，由国家知识产权局主办，省知识产权局、湘潭大学共同承办的知识产权强国建设与知识产权人才培养研讨会，在湘潭大学召开。省人大常委会副主任谢勇出席，并与全国各地100多名专家学者，共同探讨知识产权人才培养的模式方法，为知识产权强国建设献计献策。

研讨会设两个分会场，共有25名专家做主题发言。谢勇表示，研讨会开得正当其时。因为，我国正处在大众创业、万众创新的伟大时代，而知识产权的本质就是创新。湖南人具有敢为人先的地域文化特质，湘潭大学知识产权学院思维超前，已走出一条具有特色的知识产权人才培养之路。

湘潭大学知识产权学院2008年成立，已形成知识产权专业本科、硕士、博士3个层次的人才培养体系。

【洞庭湖被国务院纳入三峡防洪目标】 2015年10月21日，洞庭湖被纳入三峡水库防洪调度目标。国务院近日批复的《长江防御洪水方案》（简称"《方案》"）提出："预报城陵矶水位将达到34.40米并继续上涨，调度运用三峡等水库联合拦蓄洪水，以控制城陵矶水位不高于34.40米。"

这份长江防洪调度的战略性、纲领性文件，进一步明确了三峡水库对城陵矶地区实施防洪补偿调度。与国务院1985年批转的《黄河、长江、淮河、永定河防御特大洪水方案》相比，由国家防总制定的《方案》增加了长江上游防御洪水安排，体现了流域防洪的整体性，同时修订了长江中下游防御洪水安排。

根据《方案》，长江中下游防御洪水安排分为发生设计标准内洪水和发生设计标准以上洪水两种情况。

城陵矶河段发生设计标准内洪水，在城陵矶水位低于33.95米时，充分利用河湖泄蓄洪水；预报城陵矶水位将达到33.95米并继续上涨，视实时水情工情，相机运用河段内长江干堤之间、洞庭湖区洲滩民垸行蓄洪水；预报城陵矶水位将达到34.40米并继续上涨，调度运用三峡等水库联合拦蓄洪水，以控制城陵矶水位不高于34.40米；当三峡水库对城陵矶地区的防洪补偿调度库容用完后，预报城陵矶水位仍将达到34.40米并继续上涨，视实时水情工情，相机运用重要蓄滞洪区、一般蓄滞洪区分洪，控制城陵矶水位不高于34.90米；洞庭湖四水发生洪水时，充分发挥各支流水库的拦洪作用，减轻下游防洪压力；洞庭湖四水尾闾控制站水位超过其控制水位，危及重点垸和城市安全，可先期运用四水尾闾相应蓄滞洪区。

城陵矶及以下河段发生设计标准以上洪水，运用重要和一般蓄滞洪区仍不能控制水位上涨，则运用蓄滞洪保留区分蓄洪水；运用蓄滞洪保留区后，仍不能控制城陵矶、汉口、湖口水位上涨，则适当抬高干流1级及2级堤防运行水位，并采取必要措施，保障重要保护对象防洪安全。

《方案》还首次提出"洪水资源利用"原则。在确保防洪安全的前提下，长江干支流控制性水库可采取汛期适度蓄水、汛末提前蓄水、流域调水补水等措施，合理利用洪水资源。

【中国（湘潭）齐白石国际文化艺术节举行北京新闻发布会】 2015年10月23日上午，第四届中国（湘潭）齐白石国际文化艺术节北京新闻发布会举行。本届艺术节由湖南省人民政府和中国文联联合举办，湖南省文化厅、湖南省文联、湘潭市人民政府共同承办，副省长李友志出席发布会。

今年是中国人民抗日战争暨世界反法西斯战争胜利70周年，也是齐白石获得国际和平奖60周年，本届艺术节将以"艺术与世界和平"为主题开展七项活动，包括齐白石文献原作精品展、当代国际艺术作品交流展、大型花鼓音乐剧《齐白石》展演等，多角度，多层次展现齐白石艺术和文化。

齐白石，湖南湘潭人，20世纪享誉世界的艺术大师，集诗、书、画、印"四绝"于一身，为世界艺术史上少有。1953年被授予"中国人民艺术家"称号，并荣获世界和平理事会1955年度国际和平奖，1963年被公推为"世界文化名人"。前三届艺术节分别于2004年、2007年、2011年在湘潭举办，受到了社会各界的高度关注，扩大了湖南文化的影响。

副省长李友志在发布会上表示，湖南将借助此次艺术节弘扬齐白石艺术精神，倡导和平理念，诚邀社会各界朋友来到湖南，让世界更全面更深入地了解湖南。

【文化部副部长董伟出席第五届湖南艺术节】 2015年10月26日，第五届湖南艺术节在长沙开幕。文化部副部长董伟致辞，省委常委、省委宣传部部长张文雄宣布开幕，省领导和老同志刘夫生、谭仲池、欧阳斌、许云昭、唐之享、肖雅瑜等出席开幕式并观看湘剧《月亮粑粑》。

本届艺术节将在长沙、湘潭两地精彩上演，大型剧目、小戏精品、湖南工艺美术创意展等演出展览将轮番为市民送上艺术的盛宴。本届艺术节至11月20日闭幕，以"艺术的盛会，人民的节日"为宗旨，共设置了开幕式、闭幕式及舞台艺术、专业美术、群众文化活动、文化创意四大板块活动，集中展示三年来湖南艺术创作的最新成果。

艺术节期间，共有31台新创舞台剧和18台小戏精品集中展演，包括湘剧、花鼓戏、京剧、木偶戏、祁剧、巴陵戏、汉剧等18个剧种。所有活动都以赠票加低价销售相结合的形式，并将组织部分优秀剧（节）目开展进社区、进军营、进校园专场惠民巡演。

本届艺术节增设政府“齐白石艺术奖”，但与往届相比评奖总量减少20%。为更体现公开、公平、公正，组委会从专家评委库中随机抽取评委，外聘评委超过50%，同时从“寻找全国舞台观众评委”活动产生的观众评委中，抽出5名担任评委。

当晚，现场嘉宾和观众观看了湘剧《月亮粑粑》。该剧由著名剧作家盛和煜编剧，著名戏剧导演张曼君担任总导演，湘剧表演艺术家、湖南省湘剧院院长王阳娟主演，讲述了一位乡村民办女教师的坚守，彰显普通人的中国梦。作为为数不多的湘剧现代戏，《月亮粑粑》让现场观众感受到古老湘剧的现代化。

从2003年开始，省政府批准将湖南综合性的艺术节更名为“湖南艺术节”，每三年一届。本届艺术节由湖南省委宣传部、湖南省文化厅、湖南省教育厅、共青团湖南省委、湖南省文学艺术界联合会、湖南省新闻出版广电局、湖南日报社、湖南广播电视台、湖南出版投资控股集团有限公司、湖南省演艺集团有限责任公司、长沙市人民政府、湘潭市人民政府12家单位联合举办。

【第四届“军地高端战略论坛”在长举办】 2015年10月23日至24日，第四届“军地高端战略论坛”在国防科技大学成功举办。来自军地25家单位的100余名专家学者围绕“科技革命、产业革命和军事革命孕育背景下的国家安全和国防建设”主题展开深入研讨。解放军战略规划部副部长任少龙，军事科学院院长高津，国防科大校长杨学军、政委王建伟，军事医学科学院院长贺福初参加论坛。

“军地高端战略论坛”由军事科学院与国防科大共同发起，与中国科学院、中国社会科学院、北京大学、清华大学、中国人民大学等国内著名院校和科研机构联合建立的高端学术创新平台，旨在聚合国内一流战略研究资源，围绕国家安全与发展、国防和军队建设的重大战略问题，为推进国家安全战略创新和国防科技发展提供理论支撑和有力牵引，至今已成功举办三届。

参加本届论坛的专家学者们深入分析了科技革命、产业革命和军事革命背景下的国家安全问题和发展趋势，以及新时期武器装备建设进行了新的探索，取得了一些新的认识，对新形势新要求下的战略选择提出了新的对策建议。

【长沙获2015年中国最具幸福感的十座城市】 2015年10月31日电，“2015中国最具幸福感城市”系列榜单在京发布，“小康社会·幸福中国”成为今年新主题。

本届推选活动从6月份启动后，累计8000多万人次参加了公众调查、抽样调查和大数据采集。经过活动组委会评审，成都、宁波、杭州、南京、西安、长春、长沙、苏州、上海、北京十座城市荣获“2015中国最具幸福感城市”荣誉称号。杭州获得“2015中国幸福城市政府贡献大奖”。

“中国最具幸福感城市”调查推选活动由新华社《瞭望东方周刊》联合中国市长协会《中国城市发展报告》共同主办，迄今已连续举办9年，是目前中国有影响力和公信力的城市调查推选活动。

【老司城遗址保护获评“全国十佳”】 2015年11月6日，由国家文物局指导，中国古迹遗址保护协会、中国文物报社主办的“第二届（2014年度）全国十佳文物保护工程”结果揭晓，永顺老司城遗址本体保护工程获得“全国十佳文物保护工程”。

根据老司城遗址申报世界文化遗产的要求，2012年省文物考古研究所启动文物保护的前期工程实验。2013年12月，老司城遗址的抢救性保护工程和本体保护工程正式开工，至2014年7月工程顺利完成。工程范围主要包括核心区（即生活区16700平方米、衙署区8520平方米以及这两个区域以西、灵溪河以东的地域（18280平方米）、墓葬区（15217平方米）、教育区（部分）、祖师殿区（5280平方米）及道路、城墙、排水系统、墓葬、建筑基址等。

省文物考古研究所所长郭伟民介绍，在本体保护工程实施过程中，需要破解南方土遗址保护的难题和老司城遗址保护与展示的特殊难题，还要在保护工程中充分阐释遗址的历史、科学和艺术价值。参与工程的专家通过现状勘察，科学分析检测，获取多维信息，听取各方专家意见，圆满完成老司城遗址的本体保护工程。尤其是生活和衙署区排水沟、道路和重点建筑基址的保护与修复，获得评委们的一致好评。

【文凤华获中国管理学青年奖】 2015年11月7日至8日，第十届（2015）中国管理学年会在合肥举行。中南大学升华学者特聘教授、博士生导师、中南大学数据科学与经济行为决策研究中心主任文凤华教授，获得2015年中国管理学青年奖，是湖南省首位获此殊荣的青年学者。

中国管理学青年奖由中国管理现代化研究会组织评审，旨在奖励在管理学领域做出突出贡献的青年工作者，并在由复旦管理基金资助的中国管理学年会上举行“中国管理学青年奖颁奖典礼”对获奖者予以表彰。获奖者需在管理理论、方法中有创新突破，取得标志性成果，达到国际国内同类学科先进水平，学术成果具有较好的社会效益或应用前景，并具有良好的职业道德。

文凤华教授提出了投资者风险偏好的计量方法，突破了以往从假设投资者完全理性出发来研究投资者风险偏好的局限，为研究投资者实际风险偏好的时变特征和影响其变化的主要因素提供了工具；将VMD、EEMD等信号处理方法应用于市场风险的预测，很好捕捉了不同层次的影响因素对市场风险的作用周期和强度，提高了市场风险的预测能力等。到目前为止，其已在SSCI/SCI源刊发表论文30余篇，其中有7篇论文被美国ISI Web of Science的基本科学指标ESI列为学科前百分之一（Top 1%）的高引用论文，并有7篇论文发表在JCR一区期刊上。

此次共21名学者参与评奖，最终仅3名学者获此殊荣。另两位分别是北京大学光华管理学院组织与战略管理系教授路江涌、南京大学商学院教授陈曦。

【科技部与我省签署新一轮《工作会商制度议定书》】 2015年11月14日上午，科技部与我省在长沙签署新一轮《工作会商制度议定书》，在2006年以来部省合作的基础上，全面启动新一轮部省会商合作。全国政协副主席、科技部部长万钢，省委书记、省人大常委会主任徐守盛出席并讲话，省委副书记、省长杜家毫主持。

科技部党组成员、副部长李萌代表科技部提出了推动本次会商事项的有关意见，省领导许又声、李友志、葛洪元出席会议，副省长李友志介绍了上一轮部省会商工作落实情况，并就本次会商事项作说明。

自2006年建立会商制度以来，科技部与我省先后开展了5次会商。通过会商机制，双方共同推动了战略性新兴产业培育发展、农业农村信息化、区域创新体系建设、湘江流域污染治理等重大议题落实，加速推进了我省进入创新驱动发展轨道，创造了独具特色的“自主创新长株潭现象”。

根据今天签署的《工作会商制度议定书》，未来5年，科技部与我省将在长株潭国家自主创新示范区建设、完善协同创新体系、构建创新型经济新业态、构建区域创新发展新格局、开创开放创新合作新局面、推进生态湖南建设等六大领域深化会商合作。

会上，部省双方围绕今年的三个重大议题展开会商，科技部将支持我省加快长株潭国家自主创新示范区建设，打造长江经济带创新驱动强力引擎；推动科技精准扶贫，支撑全面小康社会建设；加强现代农业科技创新，支撑生态文明建设。

“湖南省委、省政府高度重视创新发展，形成了独具特色的‘自主创新长株潭现象’，这是湖南精神的体现，有深厚的文化和底蕴，有一股干劲。”万钢充分肯定湖南多年来坚持走自主创新之路取得的显著成绩。他说，近年来，湖南深入实施创新驱动发展战略，大力建设创新型湖南，动力上依靠科技创新，改革上聚焦科技创新，积极推动科技创新“走出去”，一批重大科技项目深入推进，科技创新工作取得了新的进展；部省合作以来，在提升湖南创新能力、培育和发展战略性新兴产业、共建重大创新平台，以及体制机制创新等方面硕果累累。

“湖南在科技创新方面先人一步，还有很大潜力。”万钢要求部省双方认真贯彻落实党的十八届五中全会精神，深入实施创新驱动发展战略，为建设创新型国家发挥更为重要的作用。要进一步加快长株潭国家级自主创新示范区的建设，充分发挥好政策先行先试、资源集聚融合、产业高端引领的作用。要进一步深化科技体制改革，完善体制机制，用好各项创新的激励政策，充分激发科研人员的积极性，激发大众创业、万众创新的活力。要发挥好区域优势，加快开放式创新，推动更多企业走出去。要注重培育人才，大力引进高端人才、海外人才。加大科技扶贫力度，通过移动互联网等科技手段帮助贫困地区农产品对接市场。

万钢强调，部省合作关键在落实，要进一步加强科技部与湖南省的合作，打通工作“最后一公里”，推动湖南创新发展迈上新台阶。

“近年来，创新型湖南建设不断深入，科技与经济互促互进、融合发展。”徐守盛感谢科技部一直以来对湖南的大力支持，他说，在部省合作十年的实践中，湖南深刻体会到，必须坚定不移地深入实施创新驱动发展战略，依靠创新增强发展的内生动力；必须坚定不移地加强和深化部省科技合作，精准对接国家科技发展战略，充分整合集聚科技创新资源；必须坚定不移地抓住深化改革这一根本动力，着力破解制约创新发展的体制机制；必须坚定不移地推进创新链、产业链、资金链“三链融合”，着力构建以企业为主体的大协同创新格局；必须坚定不移地培育优化创新生态，致力推动形成崇尚创新、宽容失败、勇于创业的良好氛围。

徐守盛表示，湖南省委、省政府将认真贯彻落实党的十八届五中全会精神和中央的系列重大决策部署，进一步制定和完善相关政策措施，更好地发挥科技进步和创新的乘数效应和倍增效应，实现更大作为。今后一个时期，将围绕长株潭自主创新示范区建设这一“核心平台”，突出高端装备制造等“十大优先领域”，实施科技前沿推进、重大科技跨越、关键技术突破、技术创新引导、创新能力提升“五大科技行动计划”，力争到2020年，高新技术产业增加值占到GDP比重的30%左右，科技进步对经济增长的贡献率达到60%。

徐守盛要求，按照本次部省会商会议精神，主动加强衔接汇报，集中人才、项目、资金等资源，逐项分解明确责任，精心制订好施工图、任务书和时间表，将会商确定的各项工作任务抓紧、抓实、抓落地，确保取得实实在在的成效。

【万钢出席长株潭国家高新区建设国家自主创新示范区部际协调小组第一次会议】 2015年11月14日下午，长株潭国家高新区建设国家自主创新示范区部际协调小组第一次会议在长沙召开。全国政协副主席、科技部部长万钢，省委副书记、省长杜家毫出席会议并讲话。

科技部党组成员、副部长李萌，副省长李友志、省政协副主席葛洪元出席。

会议听取了长株潭国家自主创新示范区发展规划纲要编制和建设进展情况。部际协调小组各成员单位围绕修改完善示范区规划纲要、加快新兴产业发展、加强创新创业人才培养、深化金融改革等方面提出了具体意见和建议，并表示将全力支持示范区加快建设发展。

万钢指出，长株潭国家自主创新示范区自获批以来，示范区部际协调小组特别是湖南省委省政府认真落实党中央、国务院决策部署，精心组织、主动作为，深入实施创新驱动发展战略，创新发展成效显著，创新要素加速聚集，体制机制创新不断深化，创新创业空前活跃，军民融合发展效应加速显现，示范区各项建设实现良好开局。

万钢强调，长株潭国家自主创新示范区承载着引领创新驱动发展的重要使命。要深入贯彻落实党的十八届五中全会和国务院批复精神，把编制示范区发展规划纲要与中央“十三五”规划紧密衔接起来，积极在科研院所转制、科技成果转化、文化科技融合、人才引进、绿色发展等方面开展试点示范，大力推进以科技创新为核心的全面创新，努力培养和造就创新创业领军人才队伍，进一步加强协同创新，为“四个全面”战略布局探索新模式、新路径，加快形成可复制、可推广的经验，更好地发挥示范区引领带动作用。部际协调小组及其成员单位要加强统筹指导，及时研究解决示范区建设有关重大问题，在重大项目、资金安排、试点示范等方面给予持续支持。湖南要把示范区建设摆在更加突出的位置，在政策上倾斜、资源上优先布局，支持示范区先行先试、率先突破。

杜家毫说，湖南将以党的十八届五中全会和习近平总书记重要讲话精神为指导，深入贯彻中央关于创新发展的系列部署，把中央“十三五”规划建议理念融入示范区发展规划纲要，对照国务院批复确定的目标任务和部际协调小组的意见建议，抓紧修改完善规范纲要，使之成为引领示范区建设和全省创新发展的行动指南，成为贯彻落实中央“十三五”规划建议的具体举措；坚持把示范区建设与长株潭一体化发展、开放发展、转型升级以及大众创业、万众创新等相结合，做强长株潭核心增长极；及时总结示范区改革发展经验，搞好政策梳理和集成推广，放大示范区的效应，发挥科技创新在全面创新中的引领作用，营造鼓励创新、保护创新的环境，引领带动全省创新发展。希望部际协调小组成员单位在政策、资金、项目、平台，特别是培育发展工程机械、轨道交通、新材料、电子信息、移动互联网、智能制造、生物技术、环保等特色优势产业方面，一如既往给予支持。湖南将珍惜机遇、真抓实干，确保圆满完成各项目标任务，努力在探索创新驱动发展、引领发展的模式方面迈出坚实步伐。

【万钢出席我省第二届“青年海归发展论坛”】 2015年11月14日下午，主题为“海创联盟，合作共赢”的第二届“青年海归发展论坛”在长沙举行，湖南省留学人员回国服务联盟宣告成立。全国政协副主席、致公党中央主席、科技部部长万钢出席论坛并启动湖南省留学人员回国服务联盟。

中共湖南省委常委、统战部部长黄兰香出席论坛并讲话。省政协副主席葛洪元出席论坛。

本届论坛由致公党湖南省委、湖南省人力资源和社会保障厅共同举办，来自全省青年海归代表近200人汇聚一堂，共谋海归发展大计，共商海归创新创业大业。

论坛现场，致公党湖南省委联合相关部门、高校、创业园以及留学人员创新创业企业成立“湖南省留学人员回国服务联盟”。该联盟是专门为留学回国人员提供服务的、开放式的非法人行业联盟组织，首批成员单位62家，将着力打造政策引领、创业辅导、在线教育、投资扶助、基地孵化、加速催化相结合的“全链条”式服务模式，支持留学人员创新创业。

万钢在论坛上向湖南省留学人员回国服务联盟成立表示祝贺。他说，大众创业、万众创新，需要全体人民共同努力、共同参与，使全社会创新创业活力充分迸发出来，真正让创新成为驱动发展的新引擎。在这个过程中，特别需要一大批优秀人才发挥引领作用和主体作用。在座各位特别是年轻的“80后”、“90后”朋友们，都是海外归来的优秀人才，都怀揣着侨海报国的共同心愿。希望大家切实担负起国家发展、民族强盛的历史重任，努力把自己的学术、知识、力量充分发挥出来，积极投身到大众创业、万众创新的大潮中去，为实现中华民族伟大复兴的中国梦做出自己的贡献。

黄兰香在讲话中说，当前，全省上下都在认真学习中共中央十八届五中全会精神，正按照创新、协调、绿色、开放、共享的发展理念，朝着全面建设小康社会总目标，规划湖南“十三五”发展目标和任务。要实现“十三五”全面建成小康社会总目标，核心和关键是靠人才。海归人才、留学人员是重要的、宝贵的人才资源，湖南省委、省政府将为留学人员、海归人才回湘创新创业提供更好服务和更大支持。希望大家发挥知识优势、能力优势、年龄优势和与海内外联系广泛的人脉优势，在湖南未来发展中进一步贡献智慧力量，为实现中华民族伟大复兴中国梦的湖南篇章不断努力。

论坛上，纪效波、毛铁、周建宇、罗炜豪、刘筱泉、周游、崔磊、吴迪等海归代表分享了各自的创新创业经历；中共湖南省委组织部、省人社厅、省教育厅、省经信委、华融湘江银行长沙分行、湖南省中小企业信用担保有限责任公司等部门和机构负责人解读了相关政策，并与大家进行了互动交流。

【科技部和我省携手打造长江经济带创新引擎】 2015年11月14日，科技部与省人民政府在长沙举行2015年部省工作会商会议，全面启动新一轮部省合作。

根据新一轮《工作会商制度议定书》，未来5年，科技部与湖南将在长株潭国家自主创新示范区建设、完善协同创新体系、构建创新型经济新业态、构建区域创新发展新格局、发挥湖南“一带一部”区域优势、推进生态湖南建设等六大领域深化会商合作。

而本次会商，围绕加快长株潭国家自主创新示范区建设、科技精准扶贫、加强现代农业科技创新三个重大议题展开。

100个众创空间支撑长株潭创新发展

在科技部大力支持下，湖南创造了璀璨的“自主创新长株潭现象”。去年12月，长株潭国家自主创新示范区获国务院批准。

新一轮部省合作的重中之重，就是加快长株潭国家自主创新示范区建设，打造长江经济带创新驱动强力引擎。

我省将在科技部支持下，落实《长株潭国家自主创新示范区建设规划纲要（2015–2025）》，设立规模10亿元以上的示范区建设专项资金，构建100个众创空间，新增1万个科技型小微企业，推动示范区成为创新驱动引领区、科技体制改革先行区、军民融合创新示范区、中西部地区发展新的增长极。

科技部将支持湖南拓展先进装备科技产业优势，加快轨道交通、海洋装备、环保装备、应急装备等产业发展。加快株洲轨道交通、湘潭先进矿山装备、长沙电力智能控制与设备国家创新型产业集群试点（培育）发展，建设先进轨道交通装备创新中心、工程机械创新中心、新材料创新中心，提升优势和特色支柱产业创新能力。

用科技为贫困地区插上脱贫致富的“翅膀”

湖南有武陵山与罗霄山两大扶贫攻坚片区，贫困人口近600万，占全国的近十分之一。

如何用科技为贫困地区插上脱贫致富的翅膀，是科技部和湖南省共同思考的重大命题。本次会商，部省明确，将着力推动科技精准扶贫，依靠科技发展产业，推动输血式扶贫向造血式扶贫转变，支撑湖南全面小康社会建设。

进一步加强科技人才支撑，建设一批面向农业农村的众创空间，特别是利用互联网科技，为贫困地区的农产品求商机谋销路，加快贫困群众脱贫致富步伐。

加快中药材等特色产业科技发展，支持湖南加强武陵山、罗霄山特色中药资源高效利用与深度开发技术创新与成果示范推广。

科技部将支持湖南开展“星创天地”试点示范，建设一批“星创天地”，以农业科技单位为载体，利用线下孵化载体和线上网络平台，为农村个人与企业提供创意创业空间、创业实训基地，带动贫困地区产业发展。

部省携手建设美丽生态湖南

本次部省会商的另一个重要议题是，加强现代农业科技创新，支撑生态文明建设。

科技部将支持湖南加快超级稻、淡水鱼、重金属污染治理与饮水安全、循环经济、湿地生态保护等领域科技创新和成果示范推广，发展高效生态农业，加强污染防治与生态保护，助推洞庭湖生态经济区发展。

加强重金属污染防治、土壤污染防治和修复、环境监测与应急保障重大科技攻关，加快转化一批先进适用技术和成果，改善洞庭湖和湘江水系环境。

支持亚欧水资源研究和利用中心牵头建设亚欧水安全科技创新创业示范基地、环洞庭湖水资源环境监测保护公共服务平台。

【中国传统乡村保护与研究论坛在长举行】 2015 年 11 月 14 日，由光明日报社、中南大学联合主办的“中国传统乡村保护与研究论坛”在中南大学举行。来自国内的十多位专家学者，分别围绕“从乡村精英走出去到精英回归——乡村文化传承与创新”以及“从快速城镇化到留住乡愁——乡村文化保护困境”两个议题发表了精彩的演讲。湖南省人大常委会副主任刘莲玉、中南大学校长张尧学、光明日报社副总编辑刘伟出席并致辞。

中国城镇化率目前已经达到 55%。许多传统的村落和各具特色的村落文化正在逐渐消失，亟须我们保护和传承。专家们呼吁，要保护好这些传统村落，首先是要保护好传统村落的生态环境。其次，在传统村落群集密布地区实行旅游扶贫战略，让农民在乡村中过得幸福。第三，要保护好传统村落的“活态文化”。

刘莲玉在致辞中指出，保护传统村落，其实就是保护我们的文化脉络。这次专家们的对话交流，将汇聚智慧、凝聚共识，让我们有更多好的思路、好的办法去保护我们美丽的传统村落，延续我们的文化脉络。

本次论坛由中南大学中国村落文化研究中心承办。该中心研究人员曾用 30 余年的时间，走访我国 4300 多个传统村落，形成了大批富有重要研究价值的学术成果。

【中国通号投资五十亿长沙建基地】 2015 年 11 月 16 日，长沙市政府与中国铁路通讯有限公司签订战略合作框架协议，其将在麓谷投资 50 亿元建设列车控制系统与城市轻轨车辆生产基地。省委常委、长沙市委书记易炼红，中国铁路通信信号股份有限公司董事长周志亮见证签约。

中国通号是全球最大的轨道交通控制系统解决方案供应商，在轨道交通通信信号领域拥有国内一流、世界领先的系统技术和产品。此次将落户长沙的项目，分两期建设，总投资 50 亿元，主要生产城市地面公共交通车辆（智能化有轨电车、轻轨车、跨坐式单轨车、吊挂式空轨电车、无轨电车、新能源大客车）和列车控制系统、“四电集成”成品、智慧城市系统等产品。建成后将满足年产 300 辆有轨电车及轻轨车辆需要。

易炼红代表长沙市委、市政府欢迎中国通号在长投资合作。他说，中国通号是行业的领军者，走在世界前沿，为祖国争得了荣誉。中国通号决定将自身长远发展的核心基地布局在长沙是富有战略眼光的选择。相信新的重大投资项目将获得丰厚的回报，为长沙新一轮转型创新发展注入新的动力，实现双方互利共赢。

今天，与中国通号一起在长沙高新区开工的还有丰树产业园、麓谷环保产业园、湘牛科技园等 8 个项目，涵盖了先进制造、节能、环保、生物等多个方面，总投资超过 75 亿元。

【国家质检总局支持长株潭自主创新建设】 2015 年 11 月 16 日上午，湖南省质量技术监督局、湖南出入境检验检疫局在长沙召开国家质检总局《关于支持长株潭国家自主创新示范区建设的意见》（以下简称《意见》）新闻发布会，省委常委、长株潭两型社会试验区工委书记、管委会主任林武出席并讲话。

《意见》明确，投放到长株潭的质量基础设施项目 17 个，先行先试的项目 8 个。《意见》不仅赋予长株潭自主创新示范区在质量创新发展上享有高度的自主权，还惠及民生民利。如对生产条件没有发生重大变化的换证企业免于实地核查，仅此一项，每年就有 300 多家大中型企业受益；支持申报建设整车、药品等进口口岸和进口肉类、冰鲜水产品、水果、粮食等检验检疫指定口岸，可使老百姓在家门口购买到境外产品，且价格优惠 30%左右。

林武表示，《意见》是中央部委对湖南经济发展特别是长株潭城市群建设的极大关心和支持，也是部省合作的又一重大成果，凝聚了我省质监、检疫两个部门的心血智慧。他对湖南质检工作给予充分肯定，并从用活用足上、联动对接上和在责任实效上对《意见》的落实提出了明确要求。

【湖南建工集团再夺 15 项“鲁班奖”】 2015 年 11 月 17 日，2014 年至 2015 年度中国建设工程鲁班奖（简称“鲁班奖”）表彰大会在北京召开，湖南建工集团再获丰收，喜获 15 项“鲁班奖”。自 1999 年登上中国建设工程质量最高奖的领奖台以来，湖南建工创造了连续 16 年获奖，累计捧回 77 项“鲁班奖”的佳绩，获奖数位居全国同行前列。

据了解，“鲁班奖”是我国建筑行业工程质量的最高荣誉奖，被誉为“中国建筑界的奥斯卡”，评选对象为建成投入使用的、工程质量达到国内一流水平的新建工程。此次湖南建工集团获得“鲁班奖”的工程，包括郴州市国际会展中心、国际养生度假中心产权式酒店 2#（海南三亚）、三建兴城培训中心（湘潭）、常德市天济广场酒店等精品工程。

“湖南建工始终将质量工作作为集团发展的系统工程来抓，所有项目坚持‘质量至上’，这是不可动摇的大前提、大基础。”湖南建工集团董事长叶新平介绍，对每一个项目，都科学安排质量工作计划，建立健全集团质量管理体系并抓好落实，以过程精细确保结果精品，严格执行分项工程的验收，始终以最好的材料设备、技术投入、现场管理，确保最好的工序质量、工作质量，从而实现最好的工程质量，构筑了具有建工特色的质量文化。

持续的质量坚守，赢得了市场回响。今年1至10月，湖南建工集团共承接工程量770亿元，年度可破1000亿元大关；完成企业总产值512亿元，利润稳步增长。

【多家央企成为湖南省新能源商会会员单位】 2015年11月20日，国内新能源行业第二个省级商会湖南省新能源商会在长沙成立。中电48所、新奥燃气等20多家中央、省属和私营股份制新能源企业成为第一批会员单位。

来自省能源局的资料显示，目前湖南从事新能源行业的企事业单位有1400余家，产业整体规模偏小，龙头企业实力不足，上下游缺乏配套，企业各自为阵，行业信息缺乏很好的交流与共享。成立新能源产业商会，将把产业内企业有机地组织起来，加强资源与信息的交流与共享，促进产业结构调整，提高产业综合开发利用效率，密切会员与政府之间、会员与会员之间的沟通服务，打造新能源产业品牌，促进湖南新能源产业更好更快地发展。

【中国物流与采购年会长沙召开】 2015年11月21日上午，中国物流与采购2015年年会在长沙召开。副省长何报翔、中共中央对外联络部原副部长于洪君、中国物流与采购联合会会长何黎明、全国工商联副主席、传化集团董事长徐冠巨出席。

“中国物流企业家年会”是中外物流企业家交流与合作重要平台。今年以“互联网引领物流新时代”为主题，探讨互联网思维对物流业的转型升级带来的促进作用。

近年来，湖南省委、省政府对现代物流产业的发展高度重视、积极推动，相继实施了现代物流业发展三年行动计划、农产品冷链物流三年实施计划和开展省级物流园区示范工程，大力培育物流领军企业，加快物流园区建设，发展特色物流，全面提升物流专业化、社会化和信息化水平，物流业保持了较快的增长。

据统计，本届年会共计吸引了1200余名国内外知名物流企业负责人、物流及相关行业协会及各地政府物流工作牵头部门代表参加。企业家们在现场进行了热烈的交流，并参加多场主题沙龙。

【中国邮政集团副总经理张荣林出席中邮证券湖南分公司成立仪式】 2015年11月22日，中邮证券湖南分公司在长沙正式起航。中国邮政集团副总经理张荣林出席并讲话。

中国邮政各项业务发展迅速，2015年财富世界500强企业排行榜中，中国邮政位列第143位。中邮证券依托集团庞大的网点资源和雄厚实力，拥有强大的金融控股背景和内部资源协同优势，目前，湖南省证券客户已接近800万户，证券资产接近9000亿元。

中邮证券湖南分公司的成立，为湖南邮政新增了一条金融业务通道，增强了邮政金融介入资本市场的能力。银行、证券、保险三业并举，有利于邮政金融平台价值最大化，能有效推动全省邮政转型升级。中邮证券湖南分公司，将充分整合邮政资源，以重点项目为支撑推动中邮证券大发展，力争新增有效证券客户突破2万户。

【长沙县蝉联中国“十佳”两型中小城市第一】 2015年11月23日，2015年中国中小城市综合实力百强榜公布，长沙县荣居第六，稳居中西部第一；在同时公布的中国“十佳”两型中小城市排名中，蝉联第一。

近年来，长沙县积极探索科学发展之路。全县呈现出“很少的土地创造90%以上的财税收入，让绝大部分的土地及其他生态资源得到有效保护”的发展局面。

该县将每年新增财力的80%用于民生。今年1到10月，长沙县完成工业总产值1815.4亿元、固定资产投资699亿元，实现社会消费品零售总额293.4亿元，同比分别增长6.7%、21.2%、15.8%。

【省政府与中国电子签署深化合作框架协议】 2015年11月24日下午，省政府与中国电子信息产业集团有限公司在长沙签署深化合作框架协议，共同推进智能制造、“互联网+”、网络安全、智慧城市等领域战略合作。省委副书记、省长杜家毫会见中国电子信息产业集团有限公司董事长芮晓武，并共同见证签约。

副省长张剑飞、中国电子信息产业集团有限公司副总经理杨军参加会见，并代表双方签约。

杜家毫感谢中国电子长期以来给予湖南发展的大力支持。他说，近年来，湖南加快建设交通、水利、能源、信息“四张网”，把信息产业和信息服务业发展作为当前和今后一个时期的主攻方向加快推进。希望中国电子充分发挥自身优势，把湖南纳入企业未来发展的战略重点，着力放大湖南在信息产业的人才、科研、技术等方面优势，进一步深化双方在智能制造、技术研发、信息服务等领域的全方位合作，不断延伸信息产业链条，推动湖南信息产业和信息服务业加快发展。

芮晓武说，中国电子将在计算机整机生产、显示技术、集成电路、元器件、信息服务等领域积极寻求与湖南的合作，进一步加大在湘投资力度，优化资源配置，实现互利共赢、共同发展。

根据协议，双方将围绕《中国制造2025》，共同推进智能制造技术的研发应用和产业发展，在工程机械、轨道交通等领域建设国家级智能制造实验平台、工程技术中心和产业示范基地，加快推进自主可控计算机测试中心和计算机整机生产基地建设；以电子政务工程为切入点，共同推动湖南网络信息安全、政务服务和信息一体化，积极开展“互联网+医疗”、“互联网+社保”、教育信息化和智慧城市建设。

【我省6个智能制造项目进国家“笼子”】 2015年11月25日，根据国家工信部最新发布的2015年智能制造项目名单，我省有6个智能制造项目获得国家支持；其中中车株洲所一家就有3个项目入选，是全国一次入选项目数量最多企业。

工信部发布的智能制造专项项目和智能制造试点示范项目名单，在总计150个项目中湖南入选6个。它们是：中车株洲所的轨道交通网络控制系统应用项目、轨道车辆核心部件智能制造工厂建设、新能源客车智能化工厂3个项目，中车株机公司的轨道交通车辆转向架智能制造车间项目，三一集团工程机械智能制造综合试点示范项目，华曙高科技工业级3D打印系统试点示范项目。

论坛上，中车株洲所负责人邓恢金与来自韩国三星、中国中车等知名企业的专家，分享了株洲所在智能制造领域取得的成效。轨道交通网络控制系统，在对车辆实施整车控制的同时，可为旅客提供各种智能服务，比如乘客可在高速运行的列车上便捷上网、自助点餐、到站时自动提醒，甚至可帮旅客照看行李。新能源客车智能化工厂则更奇妙，一辆汽车从主体框架调运到拼装、涂漆、检测全过程，全部自动化完成，不需要人工直接参与。

【三一获评“中国企业全球化杰出成就奖”】 2015 年 11 月 25 日，第二届“中国企业全球化论坛”在海南三亚召开。论坛上，三一集团获评“中国企业全球化 2015 年度杰出成就奖”。“历时三年，美国风电项目维权，三一集团用法律为中国企业乃至全球企业在美国投资开辟一条新路。”颁奖词说。

第二届“中国企业全球化论坛”，围绕“中国企业全球化：新的历史 新的舞台”这一主题，探讨新形势下的企业全球化之路。三一集团总裁唐修国出席论坛，与大家分享三一全球化心得，并代表三一集团领取了“中国企业全球化 2015 年度杰出成就奖”。

【全国工商联主席王钦敏出席第七届湘商大会】 2015 年 11 月 26 日上午，2015 湖南经济合作洽谈会暨第七届湘商大会在邵阳市拉开帷幕。来自全国 175 家湖南异地商会的千余名客商代表汇聚一堂，寻商机、找项目，助力家乡发展。全国政协副主席、全国工商联主席王钦敏宣布湘商大会开幕，省委副书记、省长杜家毫出席并作主旨演讲。

省领导黄兰香、陈君文、王晓琴出席，副省长、省工商联主席何报翔主持开幕式。

目前，海内外湖南商会已发展到 238 家，拥有会员企业 6 万多家。广大湘商身在异地、情系家乡，近 5 年我省异地商会参与“同心工程”企业 1300 家。自 2007 年首届湖南经济合作洽谈会暨湘商大会成功举办以来，已累计签订内资合作项目 1652 个，引进资金 5817.2 亿元，成为我省扩大对外开放、推动区域合作的重要平台。开幕式上，45 个重大项目现场签约，总投资 550 亿元。据悉，本届湘商大会全省共有 95 个合同项目签约，总投资达 700 亿元。

王钦敏代表全国工商联对湘商大会的召开表示祝贺。他说，湖南历史悠久，人才辈出，文化底蕴深厚。自古以来，广大的湘商传承湖湘文化精髓，涌现了一批又一批的商界精英。如今，湘商又续写了实业报国的佳话。特别是近几年来，湖南省委、省政府着力全面深化改革，大力支持民营经济发展，搭建湘商平台，凝聚湘商共识，弘扬湘商文化，推动了全省非公有制经济快速发展。广大非公有制经济人士是中国特色社会主义的建设者，是实现中国梦的重要力量，要进一步增强对中国特色社会主义的信念，对党和政府的信任，对企业发展的信心，牢固树立“国家好、民众好、企业才会真正好”的理念，把个人理想追求和祖国的繁荣富强、人民的和谐小康、家乡的发展进步密切结合起来，助推 13 亿人民的小康梦和中华民族伟大复兴的中国梦。当前，湖南已具备加快发展的资源、区位、人才、创新等优势，希望大家走进湖南、扎根湖南，共享湖南发展机遇，为加快企业发展、转型升级寻找商机，开创事业新天地，为湖南富民强省事业做出更大贡献。全国工商联将一如既往全力支持湖南发展。

杜家毫指出，党的十八届五中全会提出的创新、协调、绿色、开放、共享等五大新的发展理念，为建成全面小康社会指明了方向、提供了遵循。希望广大湘商积极参与湖南创新、协调、开放、绿色、共享发展，与家乡人民一道，共同建设美丽富饶幸福新湖南。发扬敢为人先的湖湘文化传统，在联合攻关、平台建设、成果转化，以及新技术、新产品、新业态、新模式培育等方面开展务实合作，投资现代农业，以及文化产业、军民融合产业、互联网产业等的发展，共同推动湖南发展质量和效益的提高；参与我省区域协调发展，以及精准扶贫攻坚工程的实施和洞庭湖生态经济区等国家级战略平台的建设，参与基础设施薄弱环节建设，为构建湖南平衡发展格局贡献力量;积极参与我省环保产业发展、生态环境保护，以及污染治理项目建设，在促进人与自然和谐共生中不断拓展发展新空间;积极发挥桥梁纽带作用，为家乡引进资金、技术、人才以及推动家乡优势产业、产品走向世界，牵好线、搭好桥、出好主意;承担更大社会责任，奉献更多爱心，努力参与公共服务和公共产品提供、精准扶贫工程实施以及社会事业发展，以善行义举促进社会共享发展。湖南将继续坚持重商、亲商、安商、富商，致力打造更加优良、便捷、透明、规范的营商环境，让广大湘商及国内外投资者安心投资、放心创业，成就事业梦想。

开幕式前，杜家毫会见了部分客商代表。在邵阳期间，杜家毫还考察了湘中制药有限公司、口味王科技发展有限公司等企业。

【全国暨地方政协教科文卫体委员会工作座谈会在长沙召开】 2015 年 11 月 26 日，全国暨地方政协教科文卫体委员会工作座谈会在长沙召开。全国政协常委、教科文卫体委员会主任张玉台出席开幕会并讲话。省委副书记孙金龙出席并致辞。

国务院发展研究中心副主任王一鸣，全国政协教科文卫体委员会副主任马德秀、王全书、刘敬民、李卫红、陈小娅、胡振民、段世杰、高敬德、程津培、霍震霆，省政协副主席武吉海、刘晓出席。

张玉台介绍了全国政协教科文卫体委员会今年的重点工作。他指出，2016 年是“十三五”规划实施的开局之年，如何服务“十三五”规划实施，是政协履行职能的一条主线。要深入学习领会十八届五中全会精神，切实把思想和行动统一到中共中央决策部署上来，充分发挥专委会基础和纽带作用，积极稳妥地推进协商民主实践，努力创造畅所欲言、平等协商的良好氛围。要紧紧围绕“十三五”期间我国经济和社会发展，特别是教科文卫体事业发展领域的重要问题，聚焦“短板”科学选题，深入调查研究，广泛凝聚共识，切实建言献策，切实为“十三五”规划的顺利实施献计出力。要积极反映社情民意，协助党和政府做好理顺情绪、协调关系、化解矛盾的工作，为维护社会和谐稳定做出应有的贡献。要积极探索新形势下教科文卫体委员会的工作特点和规律，进一步加强自身建设，充分发挥委员主体作用和界别作用，不断提升履职成效。

孙金龙在致辞中向会议召开表示祝贺。他说，全国政协历来关心支持湖南经济社会发展，特别是近年来在武陵山片区区域发展与扶贫攻坚、洞庭湖生态经济区建设、株洲清水塘老工业区搬迁改造、重大产业和能源布局等方面，给予了湖南大力支持和帮助。恳请全国政协一如既往地关心和支持湖南，为湖南的改革开放和现代化建设多提指导性意见。希望湖南省政协以这次会议为契机，积极向兄弟省区市政协学习取经，不断提高工水平、增强履职实效。

开幕会后，王一鸣为与会人员作了题为“向着第一个百年目标奋勇前进”的报告。

【郑万通出席第四届中国（湘潭）齐白石国际文化艺术节】 2015年11月28日上午，第四届中国（湘潭）齐白石国际文化艺术节在湘潭齐白石纪念馆隆重开幕。第十一届全国政协副主席郑万通出席开幕式。

全国政协常委、中国美协副主席、北京画院院长王明明，省政协副主席王晓琴，省文联主席谭仲池等出席开幕式，副省长李友志致辞并宣布艺术节开幕。开幕式上，宣读了第67届联合国大会主席、世界文化发展组织主席武克·耶雷米奇的贺电。

本届艺术节由省政府、中国文联联合主办，湘潭市政府、省文化厅、省文联共同承办，来自国外的艺术名家、中国当代艺术名家，齐白石后人和弟子代表，以及数千观众一起见证了这一艺术盛况。

李友志说，齐白石先生不仅是艺术上取得辉煌成就的艺术大师，也是一位热爱和平的世界文化名人。今年是齐白石先生荣获世界和平理事会国际和平金奖60周年，又是世界反法西斯战争胜利70周年，本届艺术节以“艺术与世界和平”为主题，就是希望以艺术为媒，共同维护世界和平。

开幕式后，“艺术与世界和平”齐白石文献原作精品展、当代国际艺术作品交流展、当代中国书画名家作品邀请展开展，展出了齐白石获得的国际和平奖奖章证书、文献资料和以和平为主题的齐白石原作精品27件，一批当代国际、国内艺术作品和中国知名艺术家作品等。

本届艺术节还将举办大型花鼓音乐剧《齐白石》展演、“艺术与世界和平”论坛等。

【我省7位专家当选两院院士】 2015年12月7日，备受关注的2015年两院院士增选结果今天揭晓，我省7位专家当选。据悉，这是历届增选中我省当选两院院士最多的一次，是我省高层次创新型人才队伍建设取得的又一重大成就。目前，湖南两院院士增至58位。

据中国科学院官网公布，国防科大邓小刚教授和湖南大学谭蔚泓教授当选中科院院士。

据中国工程院官网公布，中南大学田红旗教授、湖南大学陈政清教授和罗安教授、国防科大廖湘科教授、长沙理工大学郑健龙教授当选工程院院士。

此次两院院士增选，是在中科院和工程院分别修订章程后的首次增选，推荐渠道和选举程序等均有改变，以让院士回归学术本身，更加有利于出创新型成果、出人才。

【省政府与中国联通签署战略合作协议】 2015年12月9日下午，省政府与中国联合网络通信集团有限公司在长沙签署“互联网＋”战略合作协议。省委副书记、省长杜家毫会见了中国联通集团公司董事长、党组书记王晓初，并共同见证签约。

副省长张剑飞参加会见，并代表省政府签约。

杜家毫感谢中国联通长期以来给予湖南经济社会发展特别是信息化建设的大力支持。他说，当前，信息技术特别是移动互联网技术发展迅速，正深刻影响着全社会生产生活方式。湖南高度重视信息化建设，近年来提出打造水利、交通、能源、信息“四张网”。希望中国联通充分发挥实力强、网络广、技术先进等优势，积极参与湖南信息化建设，助推湖南走在中部地区前列。湖南省政府一定认真落实协议，积极推进项目合作，努力实现互利双赢、共同发展。

王晓初说，近年来，中国联通在湘各项业务发展迅速，下一步，将把湖南作为重点发展地区，进一步加大通信基础设施、互联网产业、智慧城市等方面的投入力度，更好造福三湘百姓。

根据协议，未来5年，中国联通将在湖南投入200亿元，进一步加大在湘移动和固定宽带网络等基础设施建设，打造智慧城市，全面推进“互联网＋”项目合作。

【杜家毫会见宁高宁】 2015年12月9日晚上，省委副书记、省长杜家毫在长沙会见了中粮集团董事长宁高宁一行。

杜家毫对中粮集团近年来取得的可喜成绩表示祝贺。他说，近年来，中粮集团与湖南开展了一系列务实合作，为湖南农副产品销售、生物质能源开发、现代农业发展做出了积极贡献。中粮集团是全球最大的粮油食品企业，湖南是传统农业大省，双方合作空间和潜力巨大。下一步，希望双方在港口贸易、仓储物流、粮油加工、茶叶产销、金融服务等方面展开全方位战略合作，结出丰硕成果。

宁高宁感谢湖南省委、省政府多年来给予中粮集团的大力支持。他表示，中粮集团将全面深化与湖南的合作，在巩固原有合作项目基础上，加快推进中粮城陵矶产业园等项目建设，在加快自身发展同时，更好地服务湖南经济社会发展。

中粮集团副总裁迟京涛，副省长戴道晋参加会见。

【中国国家地理杂志社与我省携手推介新湖南】 2015年12月10日下午，在长沙杜甫江阁，中国国家地理杂志社与湖南日报社联合发布新书《地道风物·湘西》，由中国国家地理杂志社、省旅游局、湖南日报社共同主办的“寻找湖南100个最美观景点”活动同时启动。

今天的杜甫江阁是湘西的世界。湘西的美图、湘西的风物、湘西的手艺人和关注湘西的媒体人、出版人、电商、文化学者齐聚一堂，见证《地道风物·湘西》新书发布会。该书是中国国家地理杂志社首次聚焦湖南湘西，由中信出版社出版。刻画了雪峰山、武陵山、沅水、澧水共同的大湘西地貌特征，系统探究了湘西土家族、苗族、侗族的历史文化源流，寻访了湘西最佳物产、捕捉了匠心民艺。

李栓科、孟庆善、高扬先、叶文智、柳肃、张建永、邹容、周小明等文化旅游专家分享了他们的湘西故事和湘西认识，就如何重新了解湘西进行了深度对谈。怀化、自治州、张家界三地市（州）委常委、市（州）委宣传部部长钱德喜、周云、余怀民分别推介了当地风物。刘代娥、何娟、彭望球、高帅、向天顺等湖南手艺人代表展示、讲述了自己的手艺和守艺故事。

“寻找湖南100个最美观景点”活动旨在发掘、展示、传播湖南旅游资源的独特魅力，推动区域旅游和文化的发展。即日起，面向湖南各地旅游景点征集“最美观景点”，通过海选、专家评审等方式，确定100个最美观景点，并在明年4月正式公布。

今年11月10日，中国国家地理杂志社与湖南日报社在北京签订战略合作协议，签约一月后双方即推出首个重磅活动。“这样的文化活动没有先例但有创意，没有功利但有意义。”湖南日报社负责人认为，这一活动，让人感受到了创文化的凝聚力、大湘西的无穷魅力和“富饶美丽幸福新湖南”的无限吸引力，也为依托文化旅游产业推进大湘西精准扶贫探索了现实可行的路径。

【全国网信系统在湘举行五中全会精神报告会】 2015年12月11日，全国网信系统学习贯彻党的十八届五中全会精神报告会湖南专场在长沙举行，清华大学马克思主义学院院长艾四林、中央网信办信息化局副巡视员章晓杭作报告。

报告会上，艾四林从全会的基本情况，全面认识“十二五”时期我国发展取得的重大成就，深刻认识全面建成小康社会决胜阶段的形势，准确把握“十三五”时期经济社会发展的指导思想、主要目标和基本理念，全面落实中央确定的“十三五”时期经济社会发展各项任务和重大举措，党的领导是实现全面建成小康社会目标的根本政治保证等6个方面，对党的十八届五中全会精神作了阐释。章晓杭着眼全国网信系统工作大局，紧紧围绕党的十八届五中全会关于网络安全工作、网上舆论工作、信息化工作的部署要求，对网络强国战略、“互联网+”行动计划等进行了深入阐释，同时还就网信系统深入做好五中全会精神的学习宣传贯彻提出了新要求。

【湖南25项专利获中国专利奖】 2015年12月15日，在北京举行的第17届中国专利奖颁奖大会上，我省25项专利获奖，是历届获奖专利最多的一次。其中，由中冶长天自主研发和申请的专利“一种环冷机台车”获得中国专利金奖。中联重科的“液压系统的控制方法和混凝土泵车的控制方法”等23项专利获得中国专利优秀奖，湖南博联航空技术有限公司的“植保无人直升机机身”专利获得中国外观设计优秀奖。

中国专利奖是我国在专利领域的最高政府奖，由国家知识产权局和世界知识产权组织联合授予。本次评奖活动中，20件发明、实用新型专利获得中国专利金奖，5件外观设计专利获得中国外观设计金奖，507件发明、实用新型专利获得中国专利优秀奖，57件外观设计专利获得中国外观设计优秀奖。

【国家卫计委在湘潭召开国家学校卫生工作研讨会】 2015年12月16日，国家卫计委在湘潭召开国家学校卫生工作研讨会，安排部署2016年全国学生健康危险因素监测及常见病防控工作，充分肯定湘潭在这方面所积累的工作经验。全国20多个省市100余名专家到会。

根据《中共中央国务院关于加强青少年体育增强青少年体质的意见》，国家卫计委明确要求建立健全学生健康、行为危险因素等监测系统。明年，各省级疾病预防控制中心将组织市（区、县）级疾病预防控制中心，获取辖区学校、学校教室环境卫生、学生健康危险因素及常见病情况。重点包括：校医或保健师配备情况、健康教育及体检开展情况；教室人均面积、课桌椅分配符合率、教室采光、教室照明、噪声等情况；学生常见病相关体检数据、健康危险因素（故意伤害行为、非故意伤害行为）、吸烟、饮酒、计算机和网络等精神成瘾行为、饮食相关行为情况等。

今年1月1日，《儿童青少年发育水平的综合评价》国家标准成功实施。据了解，湘潭市疾控中心作为主要起草单位，参与了该标准的制定工作。这在全国地市级疾控中心是唯一的。近年来，湘潭市疾控中心在学生常见病的防治方面，突出了贫血、肥胖、视力低下的监测，重点做好学生心理辅导、驱虫等工作，受到国家卫计委及教育部的充分肯定。

【我省与中粮集团签署战略合作框架协议】 2015年12月20日，我省与中粮集团有限公司在北京签署战略合作框架协议。省委书记、省人大常委会主任徐守盛，省委副书记、省长杜家毫，中粮集团党组书记、董事长宁高宁，中粮集团总裁于旭波参加会谈并见证签约。

副省长张剑飞与中粮集团副总裁迟京涛代表双方签约。

根据协议，我省与中粮集团将在种植、养殖、农产品深加工和收储、食品加工、酿酒、物流、地产及金融服务等领域，进行多层次、多渠道、多形式的合作，形成战略伙伴关系，实现共同发展。未来5年，中粮集团计划在湘投资100亿元，重点推进中粮岳阳城陵矶综合产业园、中茶湖南安化第一茶厂、中粮可口可乐、规模化养殖等合作项目。

徐守盛在会谈中说，多年来，中粮集团以粮为主，成功走出了一条国际化、全球化的路子，为保障国家粮食安全、推动农业产业化做出了突出贡献。湖南是农业大省、粮食大省，历来高度重视粮食生产工作，与中粮集团在粮食收购和精深加工、生物质能源开发、农副产品销售等方面开展了一系列务实合作。当前，湖南区位优势进一步凸显，正处于结构转型、创新发展的关键时期，与中粮集团合作前景广阔、潜力巨大。希望以此次战略框架协议签署为契机，借助中粮集团的国际化平台，加强粮食产销和产业发展合作，利用市场机制配置、整合资源，推动双方实现更大发展。湖南将营造良好环境，支持中粮集团在湘发展。

“湖南的快速发展，令人感受到一种热气腾腾的活力。对今后的合作，我们很有信心。”宁高宁说，中粮集团与湖南合作基础良好，大米、可乐、地产、金融等业务都实现了良好发展。未来，中粮将与湖南开展全方位战略合作，统筹规划中粮在湖南的整体业务布局，以务实高效的合作，为推进湖南现代农业发展发挥更大作用。

【杜家毫会见官庆】 2015年12月25日下午，省委副书记、省长杜家毫在长沙会见了中国建筑工程总公司董事长、党组书记官庆一行。

杜家毫说，作为大型央企，中建长期以来参与建设了国内外许多重大工程项目，其技术和品质在全球享有盛誉。特别是随着国家“一带一路”战略的实施，中建的海外网络和优势进一步显现和放大。作为中部省份，发展不足、发展不优、发展不平衡仍然是湖南当前的省情实际。为此，湖南在积极推进供给侧结构性改革的同时，将继续加大交通、水利、能源、信息等基础设施建设，努力在供给侧和需求侧两端发力，实现更好更快发展。最近召开的中央经济工作会议和中央城市工作会议在城市规划、建设、管理和新型城镇化等方面提出了新的要求和任务，也为双方进一步深化合作提供了广阔空间。希望中建充分发挥人才、资金、技术等优势，深耕湖南市场，加强与各市州对接，共同谱写全面战略合作新篇章，助力湖南加快实现中部崛起。湖南各级政府将一如既往支持企业在湘发展。

官庆感谢湖南省委、省政府长期以来给予中建的大力支持。他说，中建将抢抓国家加大中西部基础设施投资的重大机遇，把湖南作为企业未来发展的主要市场，积极寻求合作项目，不断拓展合作领域，进一步加大投资力度，更好地服务湖南经济社会发展。

省委常委、常务副省长陈向群参加会见。

【杜家毫会见中国工程院院士等磁浮领域专家】 2015年12月25日晚上，省委副书记、省长杜家毫在长沙会见了来湘出席中低速磁浮工程化与产业化专家研讨会的国内磁浮领域的院士、专家。

杜家毫感谢大家长期以来给予湖南发展的关心关注，以及为长沙中低速磁浮工程建设所作的重要贡献。他说，经过近两年的建设，长沙黄花国际机场至高铁长沙南站的中低速磁浮快线即将于明天试运行。试运行一旦成功，将标志着湖南"空铁联运"的一体化交通枢纽正式形成，也标志着我省中低速磁浮技术已具备产业化的基础。长沙中低速磁浮快线不是一件展品，而是要通过科技成果产业化，充分发挥其绿色、环保、低碳、安全的特质，使之成为深受市场认可、具有"人无我有"优势的产品。当前，这项工程仍需不断调试、完善，希望各位院士、专家一如既往给予大力支持和指导，在努力使中低速磁浮的技术更新、性能更优、成本更低的同时，催生出广阔的市场前景，实现社会效益和经济效益双赢。

中国工程院院士钱清泉、刘友梅，同济大学（国家）磁浮中心顾问吴祥明等纷纷表示，湖南省委、省政府做出的战略性、前瞻性决策令人钦佩，建设效率之高、速度之快令人惊叹，国内磁浮领域广大科研人员深感振奋和自豪。我们将在科研、技术等方面全力保障长沙中低速磁浮快线安全、稳定运行，使之成为我国乃至全球的一张新"名片"。

副省长张剑飞参加会见。

省际合作

【南车时电气牵引系统在广州地铁运行】 2015 年 1 月 5 日，南车时电气牵引系统开始在广州地铁运行。在广州地铁 3 号线的 T26 列车无论外表还是乘坐舒适感，与其他列车没有两样，但其内部却悄然发生了变化：电气牵引系统不再是洋品牌，而是由中国南车株洲所自主研制生产。广州地铁 14 号线、21 号线，以及上海、深圳等大城市的地铁上，都将装备南车时代电气的这套电气牵引系统。

广州地铁 3 号线最高运行时速达到 120 公里，是目前国内运行速度最快的地铁线路。受技术制约，此前国内时速达 120 公里的地铁电气牵引系统均依赖国外进口。

中国南车株洲所旗下的南车时代电气依托其在铁路机车领域积累的技术、人才优势和产业化经验，自主研制出适合国内地铁高速运行的电气牵引系统，其性能达到国际先进水平。去年 12 月 26 日，该系统在广州地铁 3 号线上顺利完成 5000 公里以上空载运行考核，具备投入载客运营条件。今年 1 月 5 日，装备南车时代电气自主化电气牵引系统的 T26 地铁列车，正式载客运营。

该牵引系统在 T26 地铁列车上成功投运后，将逐步在其他高速地铁列车上投入使用。据介绍，当前国内地铁时速大部分在 100 公里以下，犹如火车提速一样，地铁提速已成为城市轨道交通领域未来发展的一个重要方向。南车时代电气自主研发的这套国产化电气牵引系统，将为我国地铁提速提供核心技术支撑。

【湖南山东商会与我省合作建商会总部大楼】 2015 年 1 月 14 日，湖南省山东商会总部基地项目在长沙县正式动工开建。项目总投资约 13 亿元，建成后将为鲁籍在湘企业提供良好的投资兴业环境及集聚、融合功能。

该项目是去年湖南省山东商会在与长沙的项目对接会上，商会会员企业鲁商置业责任有限公司与长沙县政府签订的合作项目。项目位于万家丽北路，占地 109.8 亩，总建筑面积 32 万平方米，将打造成集甲级写字楼、大型购物超市、商业步行街、影院、高尚休闲及商住为一体的大型城市综合体。项目计划分两期实施，一期包含总部办公楼，总建筑面积 16 万平方米，预计在 2016 年底竣工投入使用。基地建成后，也将有效提升长沙城市品质，推动长沙经济发展。

据了解，目前在湘的鲁籍企业达 13000 多家，规模为 1800 多亿元，其中湖南省山东商会会员企业 204 家、涉及 30 多个行业。成立于 2011 年的湖南省山东商会，近年来积极为湘鲁经济发展和文化交流牵线搭桥，先后组织了青岛、威海等多地政府部门和山东鲁商集团等企业负责人交流考察，探讨合作商机，去年，山东鲁商集团首期投资两亿元在益阳市开发黑茶饮品。

【中兴通讯拟投资 20 亿建设长沙研究所】 2015 年 1 月 14 日，中兴通讯计划投资 20 亿元，将中兴通讯长沙研究所建设成为其在中部地区最大的研发中心，从事云计算、云存储、云数据中心、移动互联网、视频会议、智慧教育等高新技术开发。今天，副省长黄兰香主持召开会议，研究部署省政府与中兴通讯战略合作框架协议的落实情况，要求各有关部门加强与中兴通讯的对接合作，推进项目尽快落地。

中兴通讯是全球领先的创新型综合通信服务企业，拥有全球一流的信息技术产品开发和服务配套技术研发能力，是国内一流的信息通信技术（ICT）综合解决方案提供商。中兴通讯长沙研究所已于 2012 年注册成立，主要进行云计算、移动互联网方向研发。

根据省政府与中兴通讯去年 12 月签署的战略合作框架协议，中兴通讯长沙研究所建设规划用地 347 亩，一期土地 196 亩左右，总投资 20 亿元，建筑面积约 35 万平方米，建成后预计 5 年内实现产值 5 亿元。

目前，中兴通讯根据一期用地设计了建筑方案，已经申报到长沙市高新区规划处并且通过审批。预计今年下半年将开工建设。

【长沙等 30 个城市合办“城市春晚”】 2015 年 1 月 15 日，长沙市广播电视台（集团）主办的“2015 中国城市春晚新闻发布会”发布，全国 30 个城市电视台倾情打造的“2015 中国城市春晚”将于 2 月 11 日晚 8 时在长沙、北京、上海、广州、深圳等全国 100 余个城市电视台同步播出。这是“2014 中国城市春晚”同步播出的城市电视台数量的 3 倍。

长沙市广播电视台党委书记、台长曾雄认为，城市电视台“抱团取暖”，是突破困境的一种有效方式。相比央视、卫视，城市电视台受地域局限性，在覆盖范围上难以与之抗衡，但如果将现有的资源结成一张网，这种覆盖影响和平台联合价值同样是不可估量的。“城市春晚”这一新类型化的春晚应运而生。

“2015 中国城市春晚”总导演、中广天择传媒副总经理李彦介绍说，这一届“城市春晚”摒弃以往拼大咖、拼阵容的传统套路，独辟蹊径，约 1/4 的晚会内容都是面向全国城市电视台征集，搜集了展现各地风土人情、饮食文化、风景名胜的节目。希望以文化为标杆，打造一台颇具内涵底蕴的艺术盛宴。

【“湘桂艺术家书画作品联展”在湖南举办】 2015 年 1 月 17 日，“湘桂艺术家书画作品联展”在湖南省群众艺术馆举办，共展出湘籍著名书法家盛景华和桂籍著名画家邓夫觉的精品 100 余幅。

此次联展由湖南省书法家协会主办，湖南艺术湖湘文化发展有限公司、湖南省郛体文化传播有限公司、广西桂林市美协等联合承办。

盛景华擅长诗歌、绘画、书法，尤与书艺结缘最深。其小行书、中小楷书、魏体楷书等书法新作点画精到，结体端稳，传统功力深厚、扎实，业内评价“其书艺格高品清，不软，不媚，不俗，如清泉，如幽花，如醇酿，洗心，明目，畅神”。

邓夫觉的每一幅画作都是“我心中的桂北山水”。邓夫觉擅长水墨画、版画，形成了自己平淡简约、中和静穆的画风。其用笔很有特色，中锋、侧锋、逆锋互用，有独特的笔墨韵味，其山水画无论在意境和笔墨上，都极具个人风格。

据湖南艺术湖湘文化发展有限公司艺术总监邬江弯介绍，这次联展旨在促进湘桂两地艺术家的互动、交流与合作，打造艺术湖湘“艺术大融合、文化共兴邦”的品牌。

【张剑飞会见台资银行客人】 2015 年 1 月 20 日上午，副省长张剑飞在长沙会见了台湾合作金库商业银行总经理林鸿琛一行。

台湾合作金库商业银行在台湾业务规模排名第二，仅次于台湾银行。该行近年来把大陆地区业务拓展作为重点，已在苏州、天津、福州开设分支机构。林鸿琛表示，此行来湘，主要是考察开设大陆地区第 4 家分行的选址情况，长沙是座充满活力的城市，双方的合作空间很大。

张剑飞简要介绍了湖南省情。他说，长沙已拥有汇丰、花旗、渣打、新韩、东亚 5 家外资银行，热诚欢迎更多银行机构来湘展业，有关部门对此将提供全力支持。也希望台湾合作金库商业银行来到湖南，能充分发挥对农、渔业及中小企业融通资金的优势。

【杜家毫会见陈群】 2015 年 1 月 23 日下午，省委副书记、省长杜家毫在长沙会见了华东师范大学校长陈群一行。

陈群此行来湘，将与湖南相关企业在农业领域开展校企合作。

杜家毫说，湖南是农业大省，粮食、生猪等大宗农产品产量稳居全国前列，近年来在推进农业规模化、科技化、信息化等方面取得了明显进步；湖南也是科教大省，历届省委省政府都把加快教育强省和人才强省建设作为提升地区核心竞争力、促进转型发展、提高全民素质的重要举措。当前，湖南正着力促进“三量齐升”，全面建设“四化两型”，更加突出创新驱动，更加注重发展的质量和效益。希望华东师范大学充分发挥教育实力强、人才素质高、科研成果转化快等优势，全面深化与湖南在人才输送、师资培养、学科建设、产学研结合、大学生自主创业等领域的合作，实现优势互补、共同发展。

陈群说，湖南科技教育基础雄厚，生源素质优秀，创新创业环境良好。华东师范大学将进一步密切与湖南各级政府及高校、企业的联系，为湖南加快发展做出积极贡献。

【粤湘举行流动人口信息全面对接启动仪式】 2015 年 1 月 23 日，湖南省卫生计生委联合广东省卫生计生委，在广州市举行粤湘流动人口信息全面对接启动仪式，标志着粤湘两省实现流动人口信息的互联互通，数据共享进入一个新时期，将解决超过 600 万湘籍流动人口的生育服务和办证需求。

据统计，广东省共有流动人口 3700 多万人，其中跨省流入人口 2700 多万人，湖南省是广东流入第一大省，流入人口超过 600 万人，绝大部分流入珠三角地区。为解决湖南籍流动人口的生育服务、办证需求问题，以及两省卫生计生部门及时掌握、跟踪服务、核实流动人口信息的迫切需要，两省从 2014 年开始启动粤湘流动人口信息全面对接项目，目前两省全员人口信息系统数据对接接口以及相关功能的调整已开发完成，并在珠江三角洲选择 6 个区（县）进行了试运行。

粤湘流动人口信息全面对接后，湘籍流动育龄夫妇办理一孩生育登记服务和计划生育证明更加便捷高效，办理服务时限从 15 个工作日提速到 5 个工作日；实现婚育证明电子化，流动人口可以不用持有纸质婚育证明，可直接向现居住地街道卫生计生部门申请办理并打印输出；基层卫生计生工作人员可及时查询、调用、反馈流动人口信息，保证流动人口婚育信息、享受卫生计生基本公共服务信息的真实性和鲜活性。

湖南省卫生计生委主任张健透露，两省还将加快应用信息化，对服务管理流程进行全面升级改造，积极探索证件的网上申请、审核、发放，进一步方便群众，做好流动人口卫生计生基本公共服务均等化工作；统筹推进全员人口信息、电子健康档案和电子病历三大数据库建设，实现跨省互联共享以及医疗保险的异地实时结算等。

【长沙银行沿高铁“金十字”加速布局】 2015 年 1 月 25 日，长沙银行发布，该行正全力构建以长沙为核心，以湖南为大本营，沿京广、沪昆高铁沿线两小时经济圈的区域性精品龙头上市银行，目前在长株潭、郴州和广州等地开设分支机构共 98 家。

在去年信贷额度紧张的背景下，长沙银行继续支持国家和省级重点在建、续建项目的合理信贷需求，积极支持产业升级、绿色环保和消费、外贸等重点领域，并做好城镇化配套金融服务。

面对中小微企业的迫切融资需求，长沙银行更是打出一系列“组合拳”。如通过区域化拓展，将小企业信贷中心开到省内各市州；设立 22 家特色专营支行，布局科技、钢贸、环保、花炮等 10 余个行业；截至去年底，该行小微企业贷款余额（含个人经营性贷款）450 亿元，较年初增加 105 亿元，增幅 30.4%，高于各项贷款平均增速 24.4%个百分点。

长沙银行党委书记、董事长朱玉国透露，未来三年，长沙银行将通过“社区化、平台化、综合化、集约化、智能化”来加快布局发展，继续加速推进上市和区域化步伐，提升核心竞争能力。

【澳门基金会行政委员会主席吴志良接受湖南记者专访】 2015 年 1 月 25 日，省政协委员、澳门基金会行政委员会主席吴志良接受湖南记者专访。5 年前，在吴志良的推动下，湘澳联谊会成立，成为湖南与澳门两地经济、文化等社会各界人士增进沟通和交流的重要平台和桥梁之一。3 年前，同样是在吴志良的帮助支持之下，湖南澳门同乡会成立，这个以湘籍澳门居民为主要成员的社会组织，为促进澳门发展稳定，加深湖南与澳门的人员往来、各领域合作发挥了重要作用。这几年，吴志良和同事们多次促成湖南、澳门的经济团体分别赴澳、湘两地考察、访问，并参加贸易洽谈、经贸论坛等活动。

吴志良还特别重视湘、港、澳三地青少年间的交流往来，他与澳门青年联合会、中华学生联合会等团体合作，多次组织湘籍澳门青少年赴湖南学习交流，并为赴港澳交流学习的湖南青少年提供帮助支持，“通过互访增进青少年的文化认同，为密切湖南、香港、澳门三地的交流充实后续力量。”

此次省两会上，吴志良将联合多位港澳委员就湖南引进香港、澳门清洁能源生产、消费模式等方面提出建议。

【徐守盛杜家毫会见上汽集团董事长】 2015年1月29日下午，省委书记、省人大常委会主任徐守盛，省委副书记、省长杜家毫在长沙会见了上海汽车集团股份有限公司董事长、党委书记陈虹一行。

徐守盛说，湖南与上汽集团合作良好，上海大众汽车长沙工厂建设稳扎稳打向前推进，已成为湖南重大产业项目建设的样板。刚刚过去的一年，湖南经济社会保持平稳健康发展，高铁等交通基础设施不断完善，汽车产业发展潜力巨大。湖南将充分发挥“一带一部”区位优势，抢抓新常态下的新机遇，走创新转型、绿色低碳、可持续发展之路。希望双方在已有的良好合作基础上，进一步拓展合作空间，发挥带动效应。

陈虹表示，上汽集团与湖南合作进展顺利、成效显著，希望双方在全力建设好长沙工厂的同时，拓展在汽车物流、汽车后市场开发等方面的合作。

省领导韩永文、易炼红、黄兰香参加会见。

【第五届两岸征文颁奖典礼在台举行】 2015年1月31日，第五届两岸征文颁奖典礼暨大学生茶文化体验营结业式在台湾高雄佛光山佛陀纪念馆举行。中国文化院院长许嘉璐，诗人余光中，来自海峡两岸的征文获奖作者，及北京日报、湖南日报等20多家大陆媒体的负责人出席仪式。

本届征文首奖作品是大陆作者陈凯翔的《司马库斯的美丽与灵性》和台湾作者张雁雯的《一条围巾下的文化分野：乌鲁木齐》，两人各获得10万元新台币奖金。另有优秀奖作品两岸各2篇、佳作奖作品两岸各5篇。

两岸征文活动始于2010年，由台湾《旺报》与凤凰网主办，以“大陆人看台湾”与“台湾人看大陆”为主题，通过民众投稿，以个人真实经历、切身感受，写下对彼此最直接的认知，呈现两岸同胞对两岸社会的观察，令台湾读者得以更了解大陆，也加深了两岸的交流及互动。

许嘉璐在仪式上说，在文化多元化的今天，两岸应携手弘扬中华文化，为两岸青年人创造交流机会，让他们从相互了解、熟悉走向理解、认同。

余光中表示：“不要为了50年的政治，忘了5000年的文化。”两岸青年应该加强交流，特别是文化方面的交流。他以大陆作家王安忆曾任高雄中山大学驻校作家为例，希望获奖作者能成为未来的“王安忆”。

《旺报》社长黄清龙说，活动举办5年来拉近了民众的距离，增进了彼此的了解。他也看到了5年来的变化：“大陆人看台湾”早期应征作品主要在“求同”——找台湾与大陆相同的地方，这几年主要在“寻异”——找台湾不同于大陆的地方；“台湾人看大陆”的应征作品正好相反，早期寻异，近几年求同。

【全国各地艺术家画展在长沙举行】 2015年2月1日，“和声·不异而同”凤凰山艺术园签约艺术家巡回作品展在长沙美庐美术馆开幕。此次展览由南京国际美术展组委会、百家湖国际文化投资集团主办，展出了来自南京、北京、上海、湖南等全国各地的40位艺术家的油画、国画作品近160幅。

湘籍艺术家彭烈洪既是参展画家之一，也是该展览的策展人。据他介绍，湖南有4位艺术家参加了这次展览，这些不同年代、不同年龄的艺术家将风格迥异的作品齐聚一起，在相互碰撞中进行着对话和交流。

开幕式结束后，还举行了题为“复调：差异与共通的和鸣”的学术圆桌对话会，邹建平、陈飞虎、周海歌、彭烈洪、左淮民、杨代习等艺术家分别发言，解读艺术作品的差异和共通，探讨艺术家的成长和艺术市场的培育。许多观众聆听了这场颇具新意的对话会，并参与到讨论中，现场气氛十分热烈。

本次展览将于2月10日结束。4月22日将移至上海虹桥当代艺术馆展出。

【湖南省广东商会2015新春联谊会为慈善加油】 2015年1月30日晚，“慈善”成为湖南省广东商会年会的主题，省社会组织管理局、广东省政府驻武汉办事处等相关领导，30多位在湘异地商会会长和秘书长等嘉宾及湖南省广东商会会员500余人参加了本次活动。

在年会活动前的商会三届二次会员大会上，商会会长张建辉对商会2014工作进行了总结。大会还表彰了2014年度热心商会建设先进单位，商会执行会长高育滨等18人分别获得突出贡献奖、杰出贡献奖、贡献奖三个奖项。

表彰结束后，11幅书画作品，依次登台。由书画家们免费提供，现场进行拍卖，拍卖所得善款全部用于帮扶武陵山区、罗霄山区等地的贫困学子及残障儿童。每一幅作品的竞拍，都得到了商会会员的热烈响应，将近半个小时的拍卖过程中，11幅书画作品共筹集到15.4万元的善款。

“2014年，我们为患病女童真真举办了一场慈善年会，2015年，我们希望通过年会将‘慈善’这一主题传递下去。”张建辉会长介绍，商会一直坚持参与公益事业，商会成立至今，累计捐款捐物超过8000万元。活动现场，不少会员表示这样的年会值得大家点“赞”，既做了好事，又让人记忆深刻。

据悉，湖南省广东商会在湖南素有“第一商会”之称，商会被称为是搭建湘粤两省招商引资平台的“里手”，至2014年，共为湖南促成项目2100多项，招商引资总额超过1200亿元。

【湖南湖北互设居民身份证异地受理点】 2015年2月10日起，湖南湖北两省将互设居民身份证异地受理点，居住在对方省内的群众，证件丢失、到期或损坏，可持户口簿或居民身份证原件、复印件、居住证，到异地受理点申请补领、换领。

据了解，双方异地受理点分别位于湖北省武汉市武昌区付家坡1路33号和湖南省长沙市岳麓区桐梓坡西路185号。受理点处除按国家规定标准收取居民身份证工本费外，不另收取任何其他费用。群众自办理异地受理手续之日起，30天后到异地受理点领取证件。

【杜家毫会见张新】 2015 年 2 月 28 日下午，省委副书记、省长杜家毫在长沙会见了特变电工股份有限公司党委书记、董事长张新一行。

总部设在新疆的特变电工是我国输变电行业的龙头企业，旗下特变电工衡阳变压器有限公司在湘发展态势良好。

杜家毫对特变电工近年来取得的业绩表示祝贺。他说，特变电工包括衡阳变压器有限公司作为高技术、创新型企业，有力促进了当地经济发展，已成为湖南创新驱动、转型发展的榜样。当前，湖南正着力织好交通、水利、能源、信息“四张网”，加快推进重大能源项目建设，这为双方合作提供了巨大的空间。希望特变电工把企业发展规划和湖南能源发展整体战略更好地结合起来，把人才、技术、资金更多地向湖南倾斜，进一步做大做强在湘产业基地，不断延长产业链条。湖南将全力支持企业在湘发展。

张新说，湖南政策、人才、投资、市场等环境良好。特变电工将立足湖南“一带一部”区位优势，加快发展在湘能源装备制造、新能源、集成服务、现代物流等产业，助推湖南培育新的增长点。

副省长黄兰香参加会见。

【全国各地书商参展第 22 届长沙图书交易会】 2015 年 3 月 20 日，第 22 届长沙图书交易会暨长沙市第六届“三湘读书月”在省展览馆开幕，来自全国各地的 400 多家书商参展。

本届图书交易会设立了四大专区：一是湘台精品图书专区，主题为“书香两岸·湘台情深”，主办方邀请了 300 余家台湾出版社、征集 1200 余种精版台湾图书及大批特色文创产品参展；二是全国重点品牌专区，全国出版发行业知名企业将在此推荐发布新书；三是湘版精品图书展示区，主要推介出版湘军的精品力作，展示湖南出版大省形象；四是首次设立数字出版动漫游戏专区，推介数字出版物，推广“书香湖南·数字阅读”公益移动阅读平台。

长沙图书交易会与全国书市、北京图书订货会并称为“全国三大书市”，本届展期为 3 月 20 日至 22 日。长沙市文广新局负责人介绍，与往届相比，此次图书交易实现了“五大升级转变”，即：从协会主办向政府主办的升级转变；从民营书业为主向国营出版发行业与民营书商并进的转变；从酒店订货交易向大型展馆交易互动的升级转变；从教辅图书为主向各类图书齐集的升级转变；从覆盖中部地区向全国甚至境外辐射的升级转变。

【首批 5 个省级海峡两岸交流基地授牌】 2015 年 3 月 21 日，2015 年全省对台工作会议对首批 5 个省级海峡两岸交流基地授牌，分别是岳阳市岳阳楼、张家界市张家界国家森林公园、娄底市曾国藩故居、永州市舜帝陵、湘西土家族苗族自治州吉首市乾州古城。目前，包括芷江侗族自治县、炎陵县炎帝陵、永州市阳明山 3 个国家级海峡两岸交流基地在内，我省已有省级以上海峡两岸交流基地 8 个，湘台交流“名片”闪亮。

2014 年，我省对台工作取得新成效，对台交流彰显湖南特色。经贸合作保持良好势头，全省新批台资项目 65 个，新增合同台资 5.62 亿美元，实际到位台资 5.06 亿美元，同比增长 8.51%。台资企业全年加工贸易进出口总额 18.25 亿美元，占全省加工贸易进出口总额的 20.94%。

2014 年我省组织赴台交流组团 405 个，赴台交流人数 3103 人。圆满开展第十四届“湖湘文化之旅”、第五届“在台湘籍后裔湖南行”、第四届“欢喜回娘家·湘台一家亲”、“2014 年海峡两岸神农文化祭”等活动，在海峡两岸形成独特的“湖南影响”。湘台旅游市场一体化成效明显，台湾同胞 2014 年来湘观光旅游达 50 万人次，同比增幅超过 45%，长沙、张家界对台直航增加到每周 44 个航班，航班密度居中部地区第一。

湘台文化交流亮点纷呈。去年湖南累计邀请和接待台湾媒体 21 批次、66 家次、137 人次来湘采访，并聚焦发展主题，围绕洞庭湖生态经济区建设，举办“第十一届海峡两岸媒体来湘联合采访”活动。湖南日报报业集团旗下的三湘都市报与台湾旺报开展新闻合作，每周向旺报提供一个整版的内容在台刊发，全年共完成 52 个版面，全面推介湖南。湖南广播电视台拍摄的《爸爸去哪儿》在台湾受到热捧，举办的“芒果台湾握手会”、“两岸游泳健儿接力泳渡台湾海峡”等活动，体现湖南对台文化交流的实力和影响力。

【陈肇雄出席 2015 年澳门国际环保合作发展论坛及展览】 2015 年 3 月 26 日，2015 年澳门国际环保合作发展论坛及展览开幕。省委常委、常务副省长陈肇雄率湖南代表团出席。

澳门国际环保合作发展论坛及展览自 2008 年首次举办以来，已成功举办 7 届。该论坛及展览由澳门特别行政区政府主办，泛珠三角省区政府共同协办，主要为泛珠三角区域各省区搭建环保产业交流和技术转移的平台，促进各地在绿色经济、循环经济等领域的合作。今年论坛及展览的主题为“绿色经济 清新空气 绽放商机”，来自 22 个国家和地区的 450 家企业携各自先进环保技术和设备亮相展会。

会上，湖南的 15 家环保企业展示了我省在重金属污染土壤修复、空气水体污染防治、生活垃圾处理、污泥无害化处理等方面的技术优势，显示出我省环保产业的技术和市场优势，扩大了湖南环保产业的影响，拓展了对外合作的渠道。

据省环保厅介绍，近年来，我省环保产业发展迅猛，成绩显著。2014 年全省环保产业总产值达 1350 亿元，同比增长 25%以上。特别是环保装备制造业、环境服务业产值已跃居全国前十位。

【孙金龙率团赴台考察交流农业发展】 2015 年 3 月 22 日至 27 日，省委副书记孙金龙率湖南省农业参访团赴台考察交流，了解台湾农会组织运营情况、精致休闲农业发展以及农村建设等。他指出，湖南要积极借鉴台湾农业发展的有益经验，加大农业改革创新力度，加快全省农业转型升级步伐。

台湾农会组织在农业发展中起着举足轻重的作用，这也是参访团这次考察交流的重点。孙金龙一行先后参访了台东县池上乡农会、台南市麻豆区农会、南投县农会和位于台中市的台湾省农会。每到一地，孙金龙都详细了解当地农会组织在服务农民方面以及农会组织本身运营的情况。他说，湖南要充分借鉴台湾农会组织在农技推广、市场营销、金融保险等方面的有益经验，积极探索农业服务体系建设，不断提升为农服务水平和农业发展水平。他还要求我省相关部门加强与台湾农会的合作，尽快达成合作意向。台湾各地农会负责人也表示要与湖南加强农业合作，希望有更多的台湾农产品进入湖南市场。

参访团一行还考察了台南市南瀛农产国际行销公司水果种植加工基地、南投县清境农场和苗栗县远雄牛樟芝栽培农场等。孙金龙指出，台湾农业拥有成熟的栽培技术、先进的经营模式和健全的供销体系，尤其是发展精致农业、休闲农业的经验很有借鉴意义。湖南要与台湾开展农业深度交流合作，加大农业改革创新力度，着力在做精做优做强上下功夫，不断提高农业生产的效益和水平。

在台期间，孙金龙还会见了海基会董事长林中森，双方就进一步深化湘台交流合作进行了亲切交谈。

【“美丽中国·文化产业示范园”落户长沙】 2015年4月7日上午，长沙市政府与深圳华强集团在长沙签订合作框架协议，华强集团将在宁乡县投资建设“美丽中国·文化产业示范园”。省委常委、长沙市委书记易炼红会见华强集团董事会主席梁光伟，并共同见证签约。

“美丽中国·文化产业示范园”项目包括华夏历史文明传承主题园、复兴之路爱国主义主题园和明日中国主题园，寓意“过去、现在、未来”三部曲，运用全新的文化、科技、艺术手段，全方位展示中国灿烂的传统文化、光辉的革命历程、伟大的改革成就和未来发展的美好图景。

易炼红说，日前，国务院批复同意《长江中游城市群发展规划》，长沙作为区域中心城市的地位得到进一步加强，也迎来新的重大发展机遇。长沙将坚定不移地全面深化改革，持续加大简政放权力度，为各类经济主体的发展创造更加优良的环境。

梁光伟说，在长沙建设文化产业示范园是华强文化科技产业发展的战略选择。相信经过双方共同努力，该项目一定会成为文化内涵丰富、表现形式新颖、市场辐射广泛的示范园区，为推动长沙文化产业创新做出积极贡献。

【梁振英主持驻武汉办启用仪式促香港与中部五省共荣发展】 2015年4月8日，香港特别行政区政府行政长官梁振英亲临武汉主持驻武汉办长期办公室启用仪式及庆祝驻武汉办成立晚宴。

鉴于中部五省在内地经济发展中的地位日趋重要、香港与中部五省的交流日益频繁，香港特别行政区政府继驻京办、驻粤经贸办、驻上海经贸办、驻成都经贸办之后，在武汉成立内地第五个办事处——驻武汉经济贸易办事处（简称“驻武汉办”）。驻武汉办于2014年4月1日投入服务。近日，驻武汉办迁入位于武汉市江汉区新世界国贸大厦的长期办公室。驻武汉办的主要工作包括进一步加强香港特区政府与湖北、湖南、山西、江西和河南五省的联系和沟通、促进有关省份与香港经贸交流与合作、推动区域合作、支持在当地港人港商、吸引内地企业到港投资以及推广香港。

自投入服务以来，驻武汉办积极与中部五省的相关政府单位建立及加强联系，支持有关地区省市政府前往香港举办经贸活动，协调内地官员与香港特区政府高级官员会面，协助内地政府单位就特定议题赴港与相关政府部门交流。另外，驻武汉办主动联系在中部五省的港人港商，了解他们的经营和生活情况，并提供需要的资讯和支援。

驻武汉办亦积极推广香港及协助港商拓展内地的商机，支持香港业界考察有关地区，加强港商对当地营商及投资环境的认识；参加经贸推广活动，鼓励及促进香港及有关地区的经济交流。投资推广方面，驻武汉办致力于联系和拜访有潜质的企业和有关的工商组织，介绍香港作为内地企业“走出去”平台的优势，并为有意到港投资的企业提供全面协助及咨询服务。

中部地区地处承东启西的策略性位置，东与经济蓬勃的华东地区相接，西连广大的西部腹地，面积约89万平方公里，人口超过3亿，占全国人口约22%，各类资源丰富。湖北、湖南、山西、江西及河南五省是2009年国务院常务会议通过的《促进中部地区崛起规划》区域发展策略所涵盖的省份，近年经济发展迅速。2009年至2014年间，上述五省的经济总量从约60000亿元人民币增长到118000亿元人民币，增长率高达94.7%。

香港与中部五省一向关系密切，香港是中部地区最大的外资来源地。截至2013年底，经中部五省批准的港资企业超过3.2万家，累计投资达1664亿美元。香港在中部地区的投资几乎涵盖所有行业，其中包括房地产、制造业、租赁及商贸服务业、批发零售、电力、燃气及光电产品。随着中部五省经济发展，两地的经济来往也从香港单向对中部地区输出资本和产业，变为双向互动。截至2014年9月，湖北、湖南、山西、江西和河南五省在香港投资企业超过420家。截至2014年底，中部五省共有46家企业在香港上市，市值超过2400亿港元。

香港与内地一直维持互惠共赢的关系。香港在国家改革开放和现代化建设的过程中发挥特殊作用，而香港亦从中得益。香港是全球重要的国际金融、服务业及航运中心，连续21年获美国传统基金会评的全球最自由的经济体，在营商自由、贸易自由和金融自由方面皆排名第一。香港在金融、会计、商贸、法律顾问多个专业领域都拥有丰富的人才和先进的管理经验，管理法制跟国际接轨。种种优势使香港成为内地与国际间的“超级联系人”。

香港和中部地区经济发展互补性强，香港的企业和专业服务可以配合中部地区发展策略，协助提升产业结构及服务业发展。在国家新的方针政策指引下，依托“长江经济带”的发展和“一带一路”的策略，两地在经济贸易合作上将有更广阔的空间。

香港特区政府驻武汉办的成立，是进一步加强香港与中部五省的交流与合作的重要一步。香港与中部五省将互相借助各自优势，携手并肩，同根同心，共襄繁荣发展。

【杜家毫会见澳门特区政府代表团一行】 2015年4月10日下午，省委副书记、省长杜家毫在长沙会见了由澳门特别行政区政府经济财政司司长梁维特率领的澳门特区政府代表团一行。

代表团此行来湘出席“活力澳门推广周”系列活动。

杜家毫代表省委、省政府欢迎代表团一行来湘，对“活力澳门推广周”在长沙成功举办表示祝贺。他说，近年来，湘澳两地经贸、人员往来日益密切，有力促进了湖南对外开放和经济社会发展。湖南与澳门在经贸、农业、文化、旅游、环保、会展等领域，以及社会事业发展等方面的互补性很强，希望双方在经济发展新常态下，进一步拓展合作领域，提升合作层次，共同寻求发展新机遇，注入发展新动力。同时期待以澳门为“纽带”和“窗口”，进一步加强与葡语系国家的交流合作，推动湖南加快“走出去”和“引进来”。

梁维特说，随着高铁等交通基础设施的不断完善，澳湘两地交流合作已突破时空限制，空间和潜力巨大。希望围绕国家“一带一路”发展战略，进一步深化双方的交流合作，就如同高铁动车一样，既接地气、又高速向前推进，实现共同发展。

中央人民政府驻澳门特别行政区联络办公室副主任姚坚，副省长何报翔参加会见。

【“活力澳门推广周·湘澳旅游推介会”在长沙举行】 2015年4月10日，“活力澳门推广周·湘澳旅游推介会”在长沙举行，两地旅游业企业洽谈合作，为湘澳旅游爱好者提供更多的互游平台和更好的旅游体验。今年头3个月，我省赴澳门旅游人次超过了12万，湖南成为澳门境内游客第三大客源地。

旅游业是澳门经济支柱产业，澳门旅游局统计显示，澳门旅游最大客源地为中国内地，内地游客已经占到了澳门游客的60%，湖南是其中最多的省份之一。

“湖南还有很大的潜力。”澳门一力旅游有限公司副总经理徐晓光说，目前，周末游等短期自由行是湖南人游澳门的主打形式，为了吸引更多的湖南游客，今后澳门将主推休闲旅游，着力于使交通更加便捷，旅游产品更加丰富，并进一步加大各种优惠。

据省商务厅统计，我省去年对澳门出口贸易额达到393万美元，比上年增长6.8%。截至去年，澳门在我省投资项目293个，占全省投资项目总数2.1%；合同外资114554万美元，占全省投资总额1.42%；实际利用外资87962万美元，占全省总额的1.37%。省商务厅表示，两地间的劳务合作也于去年5月开始对接，预计我省输澳劳务人员未来将出现大幅增长，经贸往来日益密切。

湖南省中旅总经理助理周世名表示，通过此次对接，湘澳旅游业将有更多合作，两地旅游产业可实现双赢。

【湖南江西举行合作交流座谈会】 2015年4月15日省委书记、省人大常委会主任徐守盛，省委副书记、省长杜家毫今天率湖南省党政代表团抵达江西考察访问。下午，两省在南昌市举行座谈会，交流经济社会发展情况，签署关于加强湘赣合作的协议。徐守盛，江西省委书记、省人大常委会主任强卫，杜家毫，江西省委副书记、省长鹿心社出席。

省领导陈肇雄、韩永文，江西省领导莫建成、龚建华、冯桃莲、钟利贵出席。

湖南与江西山水相连、毗邻而居，有深厚的亲缘和友谊。近年来，以中部崛起和泛珠区域合作为契机，湘赣两省合作领域全面深化拓展。目前在湖南发展的江西人达35万人，工商业企业近7000家；同时，在江西发展的湖南人超过40万人，兴办企业8000余家。

座谈会上，徐守盛感谢江西省长期以来对湖南经济社会发展的支持。他说，近年来，江西大力推进“发展升级、小康提速、绿色崛起、实干兴赣”，依靠发展升级破解难题、提质增效、加速崛起，取得了显著成效。湖南省党政代表团这次来江西，就是深入学习江西协调推进“四个全面”的好思路、好做法、好经验。

徐守盛说，湖南和江西同为中部省份，共同面临中部崛起、长江经济带建设、长江中游城市群建设、两湖生态经济区建设等一系列历史机遇，合作发展前景十分广阔。希望两省把深化合作摆在更加突出的战略位置，共同打造互促互帮、协作发展的区域合作典范。加强国家重大战略协作，在交通、产业、市场和开放等方面携手争取国家战略支持，一道分享国家战略红利，实现协同发展、融合发展；加强改革创新工作交流合作，在改革落实、改革试点、万众创新、大众创业、人才培养等方面互相学习借鉴，共同探索走出一条以改革创新引领新常态的发展之路；加强民生保障和社会治理协调配合，进一步探索医疗、教育、卫生等公共服务的互联互通和安全生产、反恐维稳、应急管理、警务协作、社会治安等方面的协作；加强生态环境保护合作，以两湖生态经济区、生态文明先行示范区、两型社会综合配套改革试验区建设为平台，共同探索和全面加强生态屏障建设、流域保护治理、污染联防联控、体制机制创新等方面的交流合作；加强既有合作协议、合作事项的落地见效，把两省合作推向更广领域、提到更高水平。

强卫代表江西省委、省政府对湖南党政代表团的到来表示热烈欢迎。他说，去年9月，江西党政代表团到湖南学习取经。湖南解放思想的勇气和锐气，深化改革的大手笔、大气魄，加快发展的高水平、快速度，给我们留下了深刻印象，让我们学到了好经验好做法。由此，双方也开启了新一轮的深入合作交流并取得积极成效。

强卫指出，江西、湖南都是长江经济带的重要战略支点，希望双方在国家战略的大框架下，进一步发挥优势、聚焦重点、拓展领域，把互利合作提高到新的历史水平。建立定期会商机制，研究解决长江经济带发展中的重点和难点问题，加强国家规划合作项目沟通协调，携手推进国家战略的贯彻实施；积极推进跨省铁路、高速公路项目建设，加强港口、机场和能源管道建设的协调，合力推进综合立体交通走廊建设。抓紧制订《长江中游城市群发展规划》相关实施方案和专项规划，深化鄱阳湖生态城市群、新宜萍城镇群与长株潭城市群的对接合作，积极推进城市群联动发展。尽快启动编制赣湘开放合作试验区发展规划，深化高新陶瓷产业、先进装备制造产业，现代服务业特别是旅游产业的合作，统筹推进重点产业做大做强。共同推动长江生态环境保护，加强鄱阳湖、洞庭湖综合治理经验交流，努力把赣湘鄂交界的幕阜山打造成为“中部绿心”，共同推进生态文明先行示范区建设。

杜家毫介绍了湖南省经济社会发展情况。他说，当前，湘赣两省共同面临“一带一路”和长江经济带建设等重大机遇，沪昆高铁的开通进一步缩短了两地的时空距离，为双方交流合作提供了广阔平台和便利条件。希望双方以长江中游城市群建设为载体，切实加强基础设施、科技创新、城市群发展、产业转型、市场一体化等方面的合作，致力推动两省交流合作迈上新台阶。

鹿心社表示，将认真落实两省签署的合作协议，在推进长江经济带和长江中游城市群建设、基础设施互联互通、重点产业对接协作、罗霄山集中连片特困地区扶贫开发、生态环境保护等领域，进一步深化与湖南的交流合作，着力构建区域合作发展的新格局，促进两省互利共赢、共同发展。

会上，杜家亳、鹿心社代表两省政府签署了《进一步推动湘赣合作框架协议》和《共建湘赣开放合作试验区战略合作框架协议》。

【湘赣签署《共建湘赣开放合作试验区战略合作框架协议》】 2015年4月15日下午，湖南省人民政府与江西省人民政府在南昌市签署了《共建湘赣开放合作试验区战略合作框架协议》（简称《协议》），将探索在湖南长株潭地区和江西赣西地区共建开放合作试验区，打造跨省区域合作示范区、开放型经济体制机制创新区、区域发展重要增长极。

根据《协议》，规划建设的试验区范围包括湖南省长沙市、株洲市、湘潭市和江西省萍乡市、宜春市、新余市。按照总体规划、分步推进的原则，近期选择在江西省萍乡市湘东区老关镇与湖南省醴陵市东富镇、江西省上栗县金山镇与湖南省浏阳市大瑶镇的接壤地带规划一定区域作为启动区，集中力量建设，再逐步拓展至两省六市全境及各领域。

《协议》提出，赋予试验区更大的发展自主权，鼓励依法依规在产业、土地、金融、财税等方面开展先行先试，争取试验区共享两地叠加扶持政策。适时将试验区上升为国家级区域合作示范平台。

试验区将加快基础设施互联互通，加快建设两省快速通道。以浙赣铁路、沪昆高铁、沪昆高速、320国道、319国道为依托，加强两省高速公路、国省道及县乡道路的对接；共同推进修水至平江等高速公路项目建设。积极争取国家支持，规划建设渝长厦快速铁路、岳阳至九江铁路、郴州至赣州铁路。

在产业对接领域，试验区将着力推进先进装备制造、新材料、新能源、节能环保、生物医药、陶瓷、商贸物流、烟花鞭炮、文化旅游等产业合作，形成优势互补、分工协作、特色鲜明的产业集群。

【湘粤共商跨界水环境保护】 2015年4月15日，湖南省与广东省就两省跨界河流水环境保护合作在长沙举行座谈会。湖南省副省长张硕辅、广东省副省长许瑞生出席。

湘粤跨省界河流主要为发源于郴州临武的武水河，它是广东省韶关市内重要河流北江上游的一级支流。近年来，湘粤两省就跨省界河流水环境保护达成多项共识，共同制定并实施了武水河流域污染防治规划，建立并完善了跨省界污染联防联控协作机制和应急管理机制。湖南方面，强化了入粤河流的源头保护与治理，近3年共投资9.35亿元，开工建设24个污染治理项目；同时严格环境执法，积极开展区域环境综合整治。通过一系列举措，跨省界河流水环境质量正在逐步改善。

座谈中，湘粤两省一致同意就跨省界河流水环境保护深入开展交流合作。积极推进河流上游污染防治规划实施，进一步完善跨省界污染联防联控协作机制，加快调整优化区域产业结构，共同推动跨省流域污染治理和生态保护的激励约束机制建设。同时，双方将强化环境监管，严厉打击环境违法行为。

【湖南省党政代表团考察江西】 2015年4月15日至17日，省委书记、省人大常委会主任徐守盛，省委副书记、省长杜家毫率湖南省党政代表团前往江西南昌、景德镇、九江等地，考察江西协调推进“四个全面”的好思路、好做法。江西省委书记、省人大常委会主任强卫，江西省委副书记、省长鹿心社分别参加考察并出席相关活动。

省领导陈肇雄、韩永文，江西省领导莫建成、周萌、龚建华、李贻煌、郑为文等参加考察。

考察中，徐守盛、杜家毫指出，绿色、生态是湘赣两省共同拥有的宝贵财富，鄱阳湖生态经济区自2009年获批后，已经探索积累了不少可复制、可推广的经验，为洞庭湖生态经济区建设提供了有益借鉴。希望以两湖生态经济区、生态文明先行示范区建设为平台，进一步加强生态环境保护合作。

在赣期间，代表团一行还参观了“小平小道”陈列馆，瞻仰了耀邦陵园。

【中国南车现代电车举行宁波首用签约仪式】 2015年4月16日，在浙江宁波中国南车产业基地举行的中国南车超级电容储能式现代电车全球发布暨宁波首用签约仪式上，浙江省副省长熊建平与中国南车董事长郑昌泓等共同启动，由“南车株机”子公司浙江南车现代无轨电车有限公司在全球首推的18米超级电容储能式BRT快速公交车以及12米超级电容储能式公交车惊艳亮相。

这两款纯电动公交车无须架设空中供电网，只需在公交站点设置充电桩，利用乘客上下车30秒时间即可把电充满，并维持运行5公里以上。而其在制动和下坡时，还可把80%以上刹车能量及势能转换成电能，回收存储起来再使用。在同样运行工况下，比没有回收能力的电车可减少电能消耗30%至50%。

这两款超级电容储能式公交车，是“南车株机”在全球首创十秒级闪充超级电容储能式现代电车的两种制式。“十秒级”包含10秒、20秒以及30秒等，是利用乘客上下车30秒内把电充满的一种表述形式。其核心元器件有机体系超级电容主要由高性能炭材料构成，安全性高，可反复充放电100万次以上，适用环境覆盖我国全部地域，使用寿命长达12年，从而解决了锂电池存在的安全性低、环保性差、充电速度慢、低温区衰减、使用寿命短（3至5年）等问题。

【杜家毫会见廖灿昌】 2015年4月20日下午，省委副书记、省长杜家毫在长沙会见了台湾合作金库商业银行董事长廖灿昌一行。

杜家毫欢迎客人来湘考察。他说，近年来，湘台两地在经贸、文化以及农业、旅游、传媒等方面交流合作不断深化，旺旺集团、富士康集团、台达电子等纷纷来湘投资发展。湖南农业基础良好，工业发展富有特色，科教资源丰富，当前正着力打造中部地区综合交通枢纽，进一步放大“一带一部”区位优势，加快实现中部崛起。热忱欢迎包括合作金库商业银行在内的境内外金融机构来湘设立分支机构，既共享湖南发展机遇，又为湖南发展提供有力金融支撑。湖南将为企业在湘发展创造良好法治和市场环境。

廖灿昌说，湖南人杰地灵，是一块宜居宜游宜业的风水宝地。合作金库商业银行愿与湖南分享在支持农村金融、服务中小微企业等方面的成功经验，深化合作，更好服务在湘台商和当地经济发展。

副省长张剑飞，省政府党组成员、省政府办公厅党组书记向力力参加会见。

【湖南启动新疆护理骨干培训班】 2015年4月20日，首期新疆维吾尔自治区护理骨干培训班在中南大学湘雅医院举行开班仪式，来自新疆各级医院的500名护理人员，将接受湘雅医院多科专家的全方位集中培训。新疆维吾尔自治区副主席田文，中南大学党委书记高文兵出席开班仪式并讲话。

据了解，该培训班是由胡锦华健康教育促进中心主办的“援疆项目”第三系列。2012年5月至今，胡锦华健康教育促进中心和中南大学湘雅医院已携手为新疆维吾尔自治区培训了十一期共计1117名乡镇卫生院院长和五期共计505名社区卫生服务机构负责人，获社会各界高度评价。

中南大学湘雅医院此次又承担了第三系列培训班，即为新疆500名护理骨干开展五期培训的任务。培训分为四个部分，包括理论学习、参访考察、爱国主义教育和交流讨论。据悉，湘雅医院还将全面结合新疆农牧区基层实际工作需要和今后发展方向授课，同时为学员提供个性化的健康体检。

【湘赣边六地“论道”浏阳】 2015年4月21日，湘赣边毗邻地区第七届第一次鞭炮烟花税收管理协作会议在浏阳召开。来自湖南浏阳、醴陵、攸县、江西万载、上栗、袁州等六地国税局齐聚一堂，湖南长沙、株洲、江西省萍乡、宜春等地国税局征收管理、货物劳务税、政策法规等职能部门参会指导。在一天的会议时间里，六地的60余名国税干部就鞭炮烟花税收管理及其他税收协作事项进行了深入探讨。

各协作单位简要介绍了本单位的基本情况以及亮点特色工作，同时围绕“鞭炮烟花税收管理”这一会议主题，研究了新常态下鞭炮烟花税收征管的新特点和新举措，共同探讨加快区域税收合作，实现联动发展的有效路径和政策举措，以期做大做强烟花爆竹产业，服务地方经济发展，提升区域整体竞争力，为省际边际地区税收合作提供新的样本。会上，公布了湘赣毗邻地区第六届第五次税收管理协作会议落实情况调查报告，报告调查了协作地区的9户鞭炮烟花企业，对一般纳税人管理、出口烟花管理、运销管理等方面存在的不足进行了通报，并提出了改进建议。会后，六地国税部门负责人还签订了《湘赣毗邻地区鞭炮烟花税收管理协作协议书》，就增值税一般纳税人管理、小规模纳税人管理、纳税人户籍管理、所得税征收管理、纳税地点、运销管理等方面工作达成了战略合作框架协议。

湘赣毗邻地区是我国现阶段鞭炮烟花的主要产地，鞭炮烟花税收也是这一地区的重要收入来源。1982年，湘赣毗邻地区首次召开鞭炮烟花税收管理协作会议，是湘赣两省花炮主产区的税务部门加强和协调鞭炮烟花税收管理的重要平台。多年来，在毗邻地区的共同努力下，协作区探索制定了一整套较为科学、规范和符合产业特点的税收管理办法，解决了鞭炮烟花税收征管中的许多问题，在行业税收管理、促进行业税负公平、打击鞭炮烟花税收“跑、冒、滴、漏”上取得了一定成绩，为促进各地经济发展和税源良性增长做出了重要贡献。

日前，首届湘赣边区域开放合作交流会和湘赣烟花爆竹主产区第一次协作会议相继召开，并达成了湘赣边区域协作“浏阳共识”，成立了区域烟花爆竹产业发展协作联盟。在此背景下，加强湘赣毗邻地区鞭炮烟花税收协作，将大大促进区域间鞭炮烟花产业的良性发展。

【湖南广西举行经济社会发展交流座谈会】 2015年4月22日，省委书记、省人大常委会主任徐守盛，省委副书记、省长杜家毫今天率湖南省党政代表团抵达广西壮族自治区考察访问。下午，两省区在南宁市举行座谈会，交流经济社会发展情况，共商深化合作。徐守盛，广西壮族自治区党委书记、自治区人大常委会主任彭清华，杜家毫，广西壮族自治区党委副书记、自治区主席陈武，广西壮族自治区政协主席陈际瓦出席。

省领导陈肇雄、韩永文、易炼红，广西壮族自治区领导唐仁健、余远辉、范晓莉、杨道喜出席座谈会。

近年来，湘桂两省区高层往来频繁，双方以泛珠合作、中国—东盟博览会、湘桂黔渝毗邻地区经济技术协作区等为平台，在交通、经贸、文化、旅游等多个领域开展务实合作，取得丰硕成果。据统计，近5年，广西企业累计在湖南实施合作项目636个，实际投资263.5亿元。同时，湖南企业每年在广西投资超过100亿元。去年广西企业在湖南实施合作项目达126个，实际投资60.5亿元。

座谈会上，徐守盛感谢广西壮族自治区长期以来对湖南经济社会发展给予的大力支持。他说，近年来，广西抢抓国家“一带一路”建设、中国—东盟自贸区升级版建设等战略机遇，做足“海”的文章，激发“江”的活力，在区域协作发展中的“机枢门户”作用越来越大，为中西部地区实现科学发展、后发赶超提供了一系列可复制、可推广的成功路径。

徐守盛说，湖南与广西同属革命老区和红色土地，同处相同发展阶段，同为“泛珠三角”区域合作成员，在贯彻实施国家重大区域发展战略规划中，共同肩负着新使命、面临着新机遇，需要在深化区域合作中拓展新空间。希望两省区着力加强参与融入“一带一路”建设的协力协作，进一步加强口岸通关合作，推进两地信息互换、监管互认、执法互助和全域通关一体化，加强口岸国际物流合作，共同拓展东盟航班航线，联合开展打私专项行动；着力促进基础设施的互联互通，加强公路、铁路、水运等交通基础设施建设的省际对接合作；着力推进特色优势产业的对接合作，重点加强有色工业、战略性新兴产业、装备制造业、原材料工业、特色农产品开发及深加工等领域合作，支持双方企业加强产业与技术协作，推动湘南地区与大桂林旅游圈有机融合，共同打造一批精品文化品牌；着力深化改革创新工作的交流互鉴，在重大改革试点、省际改革政策衔接、创新创业等方面加强交流与合作；着力推动既有合作协议的落实落地，促进两省交流合作取得新的更大成果。

彭清华说，湖南省近年来大气魄促进“三量齐升”、推进“四化两型”，大手笔推进区域经济协调发展，成为中西部地区深化改革扩大开放、实现跨越发展的典范，值得我们认真学习。

彭清华说，桂湘山水相连、人文相亲，友好往来源远流长。广西要实现中央赋予的国际通道、战略支点、重要门户三大定位和要求，不仅需要实行更加积极主动的开放战略，也离不开湖南等兄弟省份的大力支持。希望双方围绕“一带一路”与长江经济带战略规划在两省区实施的衔接互动，加强“十三五”有关规划编制的对接，共同争取双方的重大政策、重大工程、重大项目纳入国家“十三五”规划；进一步推进互联互通，确保早日全面对接，实现双方航空、铁路、公路、港口间物流的无障碍双向流动；共同建立健全有关鼓励政策，建设优势特色产业基地、高铁经济带和湘桂经济合作区，引导两省区产业集聚发展，打造中西部地区合作推进区域协调发展的样板；推进生态环保联防联治，共同探索绿色发展新途径；突出特色、优势共享，加大旅游、文化等合作力度，促进湘西湘南地区与大桂林旅游圈的有机融合，联手打造文化艺术精品。

杜家毫介绍了湖南省经济社会发展情况。他说，广西是我国西部地区的重要出海口，是国家“一带一路”战略有机衔接的重要门户。当前，两省区正处于相同发展阶段，共同面临国家实施“一带一路”战略、支持中西部地区基础设施建设等重大机遇。希望立足良好合作基础，进一步深化产业转型、基础设施、科技创新、生态建设、文化旅游、口岸通关等方面的合作，致力推动双方交流合作迈上新台阶。

陈武表示，桂湘都处于改革发展关键时期，广西愿与湖南一道，共同完善常态化交流合作机制，继续推进合作事项落实，在参与“一带一路”建设、提升交通互联互通水平、重点产业合作、生态环保联防联治、拓展旅游和文化合作、推进“无水港”建设、社会事业合作，以及共同争取国家“十三五”重大项目、事项、政策支持等方面开拓新的合作领域，取得更多更大的新成果。

【湖南参加长江中游城市群水运合作联席会】 2015年4月23日，我省参加在武汉召开的长江中游城市群水运合作联席会，“十三五”期间，湘鄂两省将合力推进横跨两省的南北向重要水运通道松虎航道整治。该航道将成为继湘江后，我省第二条直通长江的航道，也是我省货船通往重庆等西南方向的最便捷航道。

此次会议是长江中游城市群国家战略出台后，湖南、湖北、江西三省港航部门、重点港口企业首次共同谋划中游城市群水运发展大计。会上，湘鄂两省共谋合力推进松虎航道整治，形成南北水运大通道。

省水运管理局总工程师许足怀介绍，松虎航道覆盖长江支流松滋河与虎渡河的部分水域，是连接澧水、沅水、资水，以及西、南洞庭湖的重要通航水域。

目前，受长江中游水位影响，松虎航道在湖南境内156公里的澧资航道只能季节性通航，不能通航千吨级货船。

根据我省规划，松虎澧资航道将分阶段进行整治建设。其中，安乡至茅草街53公里航段已通过工可审查，预计今年下半年可开工。

通过对该航道的综合治理，可打通洞庭湖与长江的第二条连接通道。届时，洞庭湖水域货船通往重庆等西南方向，无需走湘江从城陵矶入长江，可节约航程100多公里。此外，该航道通过连接江汉运河，可走水路北至河南信阳。

许足怀介绍，我省在“十三五”期间，将共规划（含建成）4条出省航道。除了湘江航道、松虎航道外，还将打通贵州与我省的沅水航道，规划建设沟通长江与珠江两大水系的国家战略通道湘桂运河。

【湖南省党政代表团考察广西】 2015年4月22日至24日，省委书记、省人大常委会主任徐守盛，省委副书记、省长杜家毫率湖南省党政代表团前往广西壮族自治区南宁、柳州、桂林等地考察学习，进一步深化与广西的全方位合作。广西壮族自治区党委书记、自治区人大常委会主任彭清华，自治区党委副书记、主席陈武分别参加考察。

省领导陈肇雄、韩永文、易炼红，广西壮族自治区领导余远辉、范晓莉参加考察。

三天的考察，穿行八桂大地，代表团一行进企业、看项目、话合作、谋发展，大家深刻感受到，新常态下，中西部地区必须始终以发展为大，坚定不移走改革创新、转型升级之路。

【省委省政府召开省党政代表团赴赣桂考察总结会】 2015年4月25日上午，省委、省政府召开专题会议，总结省党政代表团赴江西、广西考察情况，分析当前经济形势，部署下阶段工作。省委书记、省人大常委会主任徐守盛在会上强调，要借鉴外省好思路、好做法、好经验，准确把握形势，创新发展思路，狠抓工作落实，加速打造新引擎、培育新动力。省委副书记、省长杜家毫主持会议。

省领导孙金龙、黄建国、李微微、郭开朗、陈肇雄、许又声、韩永文、孙建国、易炼红、张文雄、于来山等出席。陈肇雄在会上通报了全省及各市州一季度主要经济指标进展情况。

晒出全省14个市州一季度经济发展的成绩单后，14位市州主要负责人就考察赣桂两省区感受、本地区下阶段工作打算等依次发言。大家坦言，看到兄弟省区的清晰发展思路、强劲发展势头，特别是有许多大手笔、大规划、大项目，深感压力和发展的紧迫。通过考察交流，进一步增进了与兄弟省区的合作协作共识，明确了方向重点，必将进一步拓展和释放省际区域协作发展的空间和潜力。

“跳出湖南看湖南，就是要进一步拓宽视野、查找差距、取长补短、创新举措。”徐守盛要求，考察归来后，一定要以改革的精神、开放的视野和谦虚的心态，学习借鉴兄弟省区的理念、做法、经验，比人家的长处、优势、劲头，做到学有所得、学有所悟、学有所用，更好地推动湖南各项工作。“各市州和县市区都要明确目标，守住底线，把成绩单拿出来晒一晒，在全省形成一种比学赶超的竞相发展氛围。”

徐守盛指出，准确把握形势、坚定发展信心是科学应对、稳定预期的重要前提，要充分认识到调速换挡是新常态下的客观规律、转型升级是新常态下的必然趋势、国家战略是新常态下的重大机遇，用新常态下的新心态、新视角来认识和把握当前形势，既要保持清醒，也要坚定信心，既要看当前，更要看长远、看大势。要在抓统筹发展、均衡布局、多点支撑的同时，实行优势优先、重点带动的举措和战略，把看得见摸得着的重大机遇用好用足用活，转化为实实在在的发展成效。

徐守盛指出，更新发展观念，创新发展思路是增速换挡不失势、增长量增质更优的必然要求。新常态下，如何实现有质量、有效益、可持续的增长已是当务之急、重中之重。要更加注重经济发展质量和效益，发挥好政府和市场两只手作用，加强政策引导和调控，根据本地经济运行情况，采取针对性措施，并及时跟进督促举措的落实情况，不能当“甩手掌柜”；要更加注重改革和法治双轮驱动，一项一项落实全年改革任务，形成公正公平公开可预期的法治环境，更好地吸引外地投资者、激活本地创业者；要紧贴民生需求，主攻民生短板，更加注重保障和改善民生。

徐守盛强调，打造新的引擎、培育新的动力是止落回稳、加力爬坡的战略选择，要加速培育和壮大新的增长动力，把省委经济工作会议提出的新增长点、新增长极、新增长带落到实处。要坚持三大需求协调拉动，针对新兴产业、基础设施、民生等领域的巨大投资需求，抓紧谋划、启动、推进一批大项目好项目，对项目资金的落实情况进行全面清理、督促；加大服务业投入，加快培育服务消费热点；加快引进来、走出去，主动融入全国、全球开放大格局，尽快补齐外向型经济“短板”。要坚持两类产业共同发力，找到传统产业转型升级的突破口、着力点，推动自主创新要素集聚，大力发展新兴产业。要坚持四大板块齐头并进，找准差异化发展路径，进一步提升长株潭增长极的地位和作用，规划好、建设好洞庭湖生态经济区，发挥岳阳作为我省融入长江经济带的“桥头堡”作用。要坚持两大建设互促共进，加快推进新型城镇化和城乡统筹发展，不断提升城市品位、气质，以科学规划为引领，实事求是、因地制宜加快推进新农村建设。要坚持公共产品、公共服务和大众创业、万众创新两大引擎协调驱动，在推进过程中找出薄弱环节和工作着力点，尽快拿出有效管用的措施。

“千忙万忙，不抓落实都是瞎忙；千招万招，不抓落实都是虚招。”徐守盛强调，全省各级各部门要转变工作作风、狠抓工作落实，紧扣中心工作，围绕既定目标，集中精力面向经济建设主战场，凝心聚力抓发展、促改革、干事业。要坚持真抓实干、抓铁有痕，决不允许当坐而论道的“空谈家”、口是心非的“两面人”、无所作为的“太平官”。各级领导干部要带头抓落实、抓督查，敢于担当负责，善于攻坚克难，确保干在实处、督出成效，确保上半年时间过半任务过半，为实现全年目标任务打下坚实基础。

杜家毫表示，两次考察让大家很受启发、很受教育。两省区奋发进取、克难攻坚、紧抓机遇、奋发向上的精神值得学习，很多好的经验做法值得借鉴，两省区竞相加快发展的良好态势，也让我们认识了差距，感受到了不进则退的发展压力。希望各级各部门认真贯彻落实这次会议精神，进一步开拓视野、更新观念、提振精神，立足本地发展基础和特色，认真消化吸收近两年来到外省（市、区）考察学习的成果，精准发力，善于作为，提高应对复杂局面、驾驭经济工作的能力，有针对性地在促进传统产业提质升级、强化先进制造业发展优势、创新文化旅游业等方面，精心谋划和探索新的发展路子，逆势而上，抢抓新机遇，取得新发展。当前，要围绕克服经济下行压力，切实帮助企业缓解融资、用地、用工等难题，研究制定重点产业促进方案，以及务实管用的政策措施；要实行重点项目问题清单管理，一个项目一个项目地促，一个问题一个问题地抓；要切实抓好春季农业生产，全面落实国家支农强农惠农政策，加强农资调度和质量价格监管，搞好农业生产技术指导和服务；要认真落实国务院出台的系列稳增长政策，并对省里已出台的政策措施开展“回头看”，对准备出台的政策，要明确工作时限，尽快出台实施。

【上海农商银行在我省县域乡镇拓展网点】 2015 年 4 月 25 日，上海农商银行发布，该行在湘现有 12 家村镇银行今年谋划“开枝散叶”，以小微贷中心、社区便民型支行、跨界服务型支行等形式在县域乡镇拓展网点。不仅如此，该行年内还将选择我省 7 县（市）等地批量增设村镇银行。

上海农商银行是总部设在上海的法人银行，2012 年在我省宁乡县、醴陵市等 12 个县批量设立了 12 家村镇银行。截至今年 3 月末，这批“沪农商系”村镇银行各项存款余额 70 亿元，各项贷款余额 48 亿元，支持了当地县域经济发展。

“金融创新，并不指全盘高大上，而是精准定位‘支农支小’。”上海农商银行村镇银行管理部湖南分部主任戴克明告诉记者，积极引入“台湾中小融辅”技术设立小微贷中心，主要是发放 30 万元以内无抵押小微贷款。目前，星沙村镇银行已经发放了 800 万元，今年小微贷中心还将在所辖其他村镇银行加速铺开。同时，以社区便民型支行辐射乡镇，每家村镇银行至少可以一次性布点 2 至 3 家，实现低成本扩张，迅速提升市场占有率和品牌影响力。

以创新驱动发展，“沪农商系”村镇银行还跨界到了超市领域。目前，星沙村镇银行下属的 2 家支行中，一家引入长沙本土的珊珊便利店，一家与台湾特色超市达成合作。这一特色经营理念，也将推广到所辖其他村镇银行。

【湖北成为我省引进内资最大的中部省份】 2015 年 4 月 27 日，省经济技术协作办公室发布，近年来，两省经贸合作日益密切，湖北已成为我省引进内资最大的中部省份。

“一湖分南北、共饮长江水”。近年来，湘鄂两省以长江经济带建设和长江中游城市集群战略合作为平台，经济协作不断加强，合作交流不断加深。2010 年以来，我省实施与湖北合作项目 1737 个，实际到位资金 796.62 亿元。其中，2014 年两省实施合作项目 339 个，实际到位资金 201.4 亿元。一批投资项目在我省落地。其中，湖北长阳宏信实业集团有限公司在湘潭建设的天易中小企业创新创业基地项目投资 25 亿元，武汉凯迪公司在郴州、常德、湘西自治州等建设的生物质能源发电项目投资 17 亿元。

据悉，2010 年 4 月成立的湖南省湖北商会，现有会员企业 168 家，涉及建筑工程、水泥、电力、房地产等 30 多个行业。随着两省经贸合作加深，大量湖南企业也纷纷在湖北投资兴业。来自湖北省湖南商会的消息称，8 年来，500 余家湘企累计在鄂投资近 350 亿元，提供各类就业岗位近 3 万个。

“除了经济的融合发展，两省在新型农村合作医疗跨省结算、公积金互认、消费投诉一站式维权、旅游无障碍合作、鼓励高校学分互认等方面展开全方位合作。”省经协办相关负责人介绍，随着《洞庭湖生态经济区规划》、《长江中游城市群发展规划》等战略规划的获批，湘鄂两省这对携手共进的“小伙伴”，在基础设施、重大项目、产业、民生等各领域的合作共建迎来更多机会，经济社会发展融合度将进一步加深。

【浏阳广州招商斩获投资大单】 2015年4月28日，在广州举行的“湖湘宝地·美丽浏阳”第三届两型产业招商推介会上，浏阳吸引8个项目签约浏阳两型产业园，协议引资27.5亿元。此次招商会邀请了广东省食品行业协会、广东省佛山市顺德区北滘镇总商会、广州建智集团、广州倬亿集团、佛山盛世工业城投资公司等120家企业负责人参加，发布推介了浏阳两型产业园的特色食品产业、新型工业、农产品物联基地等5类项目。当天，酷口食品、馨盛能源、肝素纳生产等8个项目签约，涉及健康食品、新能源、新材料、工业地产等行业。浏阳两型产业园还与广东省佛山市顺德区北滘镇总商会签订了产业转移的战略合作协议，双方建立长期合作关系，顺德北滘镇区内的家电、家具、塑料、包装、化工等产业项目拟逐步转移到浏阳两型产业园。

浏阳市两型产业园位于湖南东大门，地处浏阳市东郊古港、三口、沿溪三镇交界处，被列为全国农产品加工示范基地、湖南特色食品产业园。目前，园区累计投入建设资金10亿元，现已开发建成3平方公里，聚集了51家优质企业，其中省级龙头企业3家、长沙市级龙头企业11家，获批中国驰名商标1个、湖南省著名商标5个。

【我省又一民企上海挂牌】 2015年4月28日上午，在上海股权托管交易中心，随着铿锵锣声响起，张家界华夏旅游投资开发有限公司挂牌成功。旅游产业发展再添生力军，“华夏旅投”（企业代码为205183）成为张家界第一家挂牌即将上市的民营企业。

华夏旅投成立于2012年3月，注册资金为1亿元人民币，主要从事旅游景点与旅游资源开发，同时兼营文化旅游与文化创意产业。目前正开发建设张家界观音山文化旅游项目，力争5年内，把观音山打造成为集休闲度假、康体养生、商务会展为一体的国际性的旅游度假胜地。董事长车青介绍，当日，上海股权托管交易中心共有50家中小企业挂牌，其中我省有2家，“华夏旅投”上市后，将成为张家界第二股，有力促进张家界旅游业强劲发展。

【省佛慈基金会向西藏地震灾区捐款】 2015年4月28日下午，中国佛教协会副会长、湖南省佛教协会会长圣辉大和尚代表湖南省佛慈基金会，来到湖南省红十字会办公室捐赠25万元援助地震灾区，其中10万元捐给西藏震区，15万元捐给尼泊尔震区。

4月25日以来，尼泊尔发生特大地震并多次发生余震，受灾严重，我国西藏地区也受到地震的影响，造成重大财产损失及人员伤亡。圣辉大和尚从新闻里得知这一情况后，当即决定到省红十字会向灾区捐款。“湖南佛教界将用佛家同体大悲的善心、善念、善款帮助震区人民，为他们祈福，帮助他们渡过难关，战胜困难。”今天的捐赠现场，圣辉大和尚表示。省红十字会负责人告诉记者，将把这两笔善款尽快通过中国红十字会总会捐往地震受灾地区。

湖南省佛慈基金会成立于2000年12月15日，10多年来，足迹遍布三湘四水，长期对湖南贫困地区的孤老孤儿、残疾儿童、麻风病患者、贫困学生、灾区群众及社会弱势群体给予资助，为贫困地区捐建希望小学29所，1.5万多名学生得到长期资助。

【湖北省党政代表团来湘考察】 2015年4月28日至29日，湖北省委书记、省人大常委会主任李鸿忠，省委副书记、省长王国生率湖北省党政代表团来湘考察，两省在长沙举行合作交流座谈会，共商融入长江中游城市群建设等国家重大战略，促推中部崛起。湖南省委书记、省人大常委会主任徐守盛，省委副书记、省长杜家毫出席座谈会并分别参加考察。

省领导孙金龙、郭开朗、陈肇雄、韩永文、易炼红、张文雄、何报翔，湖北方面领导王晓东、阮成发、傅德辉、黄楚平、王君正、贺家铁、曹广晶、万勇等参加考察或出席座谈会。

座谈会上，徐守盛说，近年来，湖北省以“竞进提质、升级增效”为核心的科学发展路子越走越宽广、越走越坚实，“五个湖北”建设不断迈出新步伐、取得新成效，值得湖南学习借鉴。随着一系列国家重大区域战略的布局，湘鄂两省面临着共同的历史机遇，也承担着共同的历史使命，希望两省扎实推进既有合作协议、合作事项落地见效，加强和深化在参与融入国家重大战略实施方面的合作。

徐守盛提出，两省以基础设施互联互通为重点，共同推进中部崛起战略深入实施。共同推进综合交通运输网络一体化，优化布局实施一批环湖高速公路、区域公路、铁路连接线等项目。以口岸通关和航运一体化为重点，共同推进长江经济带建设。推进口岸信息互换、监管互认、执法互助和大通关建设，加强岳阳、武汉国际航运合作，共同打造通江达海的水上高速公路。以武汉城市圈、环长株潭城市群联动发展为重点，共同推进长江中游城市群发展。进一步深化在改革试点、政策衔接、创新创业等方面的交流合作，实现信息互通、政策互鉴、成果共享。以生态环境同治为重点，共同推进洞庭湖生态经济区建设。建立完善两省生态环保合作机制，共同加强环保监管执法，共同推进环洞庭湖湿地保护、重点河湖环境综合整治等工程，促进洞庭湖生态建设一体化。以公共服务共享为重点，共同推进武陵山片区区域发展与扶贫攻坚。进一步健全跨省扶贫工作协调机制，共同争取国家政策、项目支持，在公共服务、文化、旅游、生态环保等领域实行无障碍合作，实现资源共享。

李鸿忠说，近年来，湖南省坚持“一带一部”战略定位，全面推进“四化两型”建设，着力促进“三量齐升”，综合实力稳步提升、绿色发展推进有力、改革开放走在前列，特别是在创新发展思维理念、推动产业转型升级、拓展区域发展空间等方面创造了好经验好做法，值得湖北学习借鉴。

李鸿忠表示，当前，国家正大力实施长江经济带和长江中游城市群等重大发展战略，尤其是《长江中游城市群发展规划》获得批复，为湖南湖北实现科学发展、跨越式发展创造了前所未有的历史性机遇。把长江中游城市群建设成为长江经济带重要支撑、全国经济新增长极和具有国际影响的城市群，是新时期赋予湖南湖北共同的历史使命，是中央赋予湖南湖北的殷切期望和重托。希望鄂湘两省在现有良好合作基础上，围绕合力“共建中三角、打造第四极”，在城乡统筹发展、基础设施互联互通、产业协同发展、生态文明共建、公共服务共享、深化合作开放等方面进一步加强合作对接，共同推进武汉城市圈和环长株潭城市群两型社会综合配套改革试验区建设，务求落到实处、取得实效，开创鄂湘两省更加美好的未来。

杜家毫介绍了湖南省经济社会发展和环长株潭城市群建设情况。他表示，湘鄂两省在重点产业对接合作、长江经济带和洞庭湖生态经济区建设合作等方面已经达成了广泛共识，希望双方立足良好基础，进一步加大科技创新、生态建设、文化旅游等方面的合作力度，深入推进联合防汛、重大水利枢纽工程建设、基础设施对接等方面工作，共同谋划实施一批重大战略性、引领性项目，促进长江中游城市群建设取得更大实质性进展，为共同推动长江经济带发展、促进中部崛起做出新的更大贡献。

王国生介绍了湖北省经济社会发展和武汉城市圈建设情况，并就两省建立协商合作机制，加快推进长江中游城市群建设提出建议。一是在推进机制和项目落地上共同争取国家更大支持。二是按照《长江中游城市群发展规划》明确的战略定位和目标任务，进一步细化和完善合作方案。三是从决策、协调、执行三个层面建立共同推进机制。

座谈会上，两省签署了《长江中游城市群战略合作协议》，明确了合作目标、合作重点与合作机制。

在湘期间，湖北党政代表团一行来到长沙市、株洲市，实地考察了湘江株洲城区河西段综合治理工程、凯天环保科技股份有限公司、橘子洲生态文化公园、洋湖湿地公园，重点了解我省两型社会建设和环保产业发展情况；考察了湖南华强文化科技产业基地、株洲硬质合金集团、南车株洲电力机车有限公司、蓝思科技股份有限公司、三一集团有限公司、广汽菲亚特克莱斯勒汽车有限公司，了解企业创新发展情况。代表团成员表示，武汉城市圈建设与环长株潭城市群建设有许多相通之处，要认真学习借鉴湖南文化创意、轨道交通、电子信息、装备制造等产业发展的成功经验，进一步加强产业协作，促进优势互补，实现共同发展。

【杜家毫会见李庆萍】 2015 年 4 月 29 日下午，省委副书记、省长杜家毫在长沙会见了中信银行行长李庆萍一行。

杜家毫说，当前，湖南正着力发挥“一带一部”区位优势，主动参与和服务国家三大战略，突出创新驱动，大力推进重大基础设施和项目建设，努力织好交通、水利、能源、信息“四张网”，加快传统优势产业转型升级，不断培育新兴产业，经济运行保持在合理区间。特别是随着长株潭自主创新示范区、湘江新区建设等相继上升为国家战略，湖南未来发展空间和潜力巨大。

杜家毫说，签署战略合作框架协议两年来，中信银行认真履行协议承诺，不断扩大信贷规模，提升信贷质量，各项业务在湘发展态势良好，也为湖南经济社会发展提供了强有力金融支撑。希望中信银行充分发挥自身资源和网络优势，在巩固双方原有合作基础上，进一步完善融资服务体系，创新 PPP 等合作模式，加快在湘分支机构和网点建设，不断深化双方在现代农业、城镇化、重大产业项目和基础设施建设、中小微企业服务等领域的合作。湖南将为包括中信银行在内的广大金融机构在湘发展创造良好环境。

李庆萍感谢湖南省委、省政府对中信银行的大力支持，表示将进一步整合金融渠道，搭建综合金融服务平台，创新合作模式和金融产品，积极参与和服务湖南发展战略。

副省长张剑飞，省政府党组成员、省政府办公厅党组书记向力力参加会见。

【湖南参展第六届海峡两岸文化创意产业展】 2015 年 4 月 29 日下午，第六届海峡两岸文化创意产业展在台北松山文创园开幕。湖南以主宾省身份参展，省文化厅组织了 40 家文创企业、近 400 件参展作品亮相本届展会，展示湖湘文化的独特魅力和湖南文化产业的崭新面貌。文化部党组副书记、副部长杨志今，省政协副主席刘晓等参加开幕式并讲话。

湖南主宾省展馆面积达 1200 平方米，围绕“魅力潇湘、创意湖南”的主题展示潇湘风情。近 400 件展品分为“织绣之美”、“雕琢之奇”、“瓷茶之韵”、“剪绘之秀”、“动漫之炫”五大板块集中展示，湘绣、土家织锦、长沙窑、醴陵瓷、梅山剪纸、菊花石雕等湖湘名品悉数登场，吸引了络绎不绝的参观者。开幕式后，杨志今参观了湖南展厅。他对湖南文创产品所体现的湖湘文化特色及创新做法表示肯定。

展会期间，湖南还将举办湘潭昭山示范区、湖南陶瓷、湖南动漫等 4 场专题推介会，邀请台湾岛内知名文创企业到场交流、对接，为湘台两地企业搭建合作平台。此次赴台参展的展品除在实体展馆展示外，还将在“网上展馆”进行发布和销售。

【省委、省政府向西藏捐赠救灾资金】 2015 年 4 月 30 日，中共湖南省委、省人民政府向西藏自治区党委、自治区人民政府发去慰问电，向因尼泊尔强烈地震严重波及而不幸遇难的同胞表示深切哀悼，向奋战在抗震救灾一线的广大军民致以崇高敬意，并向西藏自治区捐赠救灾资金 300 万元。

慰问电说，惊悉“4·25”尼泊尔 8.1 级强烈地震严重波及贵区多地，给当地人民群众生命财产造成重大损失。湖南省委、省人民政府对贵区灾情极为关注，谨向你们并通过你们向受灾群众表示深切慰问，向在地震中不幸遇难的同胞表示深切哀悼，向奋战在抗震救灾一线的广大军民致以崇高敬意！

湘藏是兄弟省区，两地人民情同手足。长期以来，湘藏两省区相互学习、相互支持，结下了深厚情谊。为支持贵区抗震救灾工作，湖南省委、省人民政府决定，向贵区捐赠救灾资金 300 万元。同时，我们将根据党中央、国务院的统一安排部署和灾区需求，全力支持西藏抗震救灾工作，随时准备为灾区人民恢复生产、重建家园提供帮助。我们坚信，在党中央、国务院的坚强领导下，西藏自治区委、自治区人民政府一定能够带领广大干部群众，众志成城，团结奋战，重建家园，夺取抗震救灾的全面胜利。

4 月 25 日 14 时 11 分，尼泊尔发生 8.1 级强烈地震。受此波及，我国西藏聂拉木、吉隆、定日、萨嘎、仲巴、亚东、拉孜、普兰等县受灾严重。截至 4 月 26 日 13 时，已致 18 人死亡、4 人失踪、55 人受伤、1191 户房屋和 1 座寺庙倒塌、5828 户房屋和 54 座寺庙出现不同程度受损，58

座通讯基站受损，20多万人不同程度受灾。

【杜家毫会见邢书成】 2015年5月5日下午，省委副书记、省长杜家毫在长沙会见了广州军区副司令员邢书成一行。

杜家毫说，长期以来，广州军区驻湘部队积极支持和参与地方经济建设，特别是在急难险重时刻，第一时间伸出援手，与湖南人民同患难共战斗，在防汛抗旱、抢险救灾、应对突发事件、军民融合发展等方面做出了重要贡献。湖南是一片红色的土地，历来具有拥军优属的光荣传统。省委、省政府将一如既往支持国防动员建设和民兵预备役工作，积极探索军民融合发展新路子，进一步加强军政军民团结，着力解决部队官兵转业安置、家属就业、子女入学等方面问题，为部队建设提供坚强保障。

邢书成说，湖南省委、省政府一直高度重视国防动员建设和民兵预备役工作，军民鱼水情深。广州军区将在中央军委的统一部署下，继续为湖南经济社会发展和人民幸福创造和平安宁的环境，积极参与湖南各项建设。

省领导陈肇雄、黄跃进、马必强、戴焕、郭辑山，省政府党组成员、省政府办公厅党组书记向力力参加会见。

【杜家毫会见沪商湘行考察团一行】 2015年5月6日下午，省委副书记、省长杜家毫在长沙会见了由中国住房研究会副会长皋玉凤率领的沪商湘行考察团一行。

考察团成员主要来自上海城建系统，包括上海申通地铁集团、上海中军投资、上海城建集团、上海现代建筑设计集团、上海环境集团等多家企业。

杜家毫欢迎客人来湘考察投资，感谢上海各界长期以来给予湖南发展的大力支持。他说，上海城建系统立足上海、辐射全国，为上海乃至全国改革发展、城市建设等做出了积极贡献。湖南拥有良好的工业基础、丰富的农业资源，近年来工程机械、有色冶炼、食品加工等传统产业发展步稳蹄疾，轨道交通、航空航天、生物医药、电子信息等新兴产业发展迅速。随着沪昆高铁开通和国家实施推进长江经济带建设战略，湘沪两地的联系日益紧密，区域合作前景广阔。希望考察团一行充分发挥资金、人才、技术、经验等方面优势，积极在湘寻求合作项目，拓展合作领域，实现共同发展。

皋玉凤表示，愿致力推动沪商与湖南各界常来常往，不断深化在金融投资、城市基础设施、文化旅游、商贸物流等领域的合作，在服务湖南经济的同时，促进广大沪商自身更大发展。

上海市委组织部原副部长陆凤妹，省政府党组成员、省政府办公厅党组书记向力力参加会见。

【李微微率队赴赣"取经"】 2015年5月7日至8日，省委常委、省委统战部部长、省全面建设小康社会洞庭湖地区指导小组组长李微微率考察组赴江西"取经"，考察鄱阳湖生态经济区建设。江西省委常委、省委统战部部长蔡晓明陪同考察。

走进位于共青城的鄱阳湖生态经济区规划馆，先进的声光电技术展示了生态和经济协调发展的生动实践；在九江市，鄱阳湖和长江沿岸的恒盛科技园、艾美特电器、明阳电路板等重点企业和项目建设如火如荼，整合资源建设的上港集团集装箱码头项目，使九江港真正成为中部地区区域性枢纽港。李微微边走边看，边和考察组成员交流。她表示，湖南要学习江西做好资源整合工作，出台鼓励支持政策，发挥城陵矶等港口优势，积极融入长江经济带建设，打造湖南新的经济增长极。

在随后的座谈交流中，李微微指出，湖南洞庭湖、江西鄱阳湖都在大力推进生态经济区建设。鄱阳湖生态经济区起步早、定位高、推进实，成效明显，正走出一条生态与经济协调发展的路子，给湖南洞庭湖生态经济区建设以启发。湖南将积极学习借鉴江西省的好经验好做法，进一步推进洞庭湖生态经济区规划实施，加快全面建成小康社会进程。

【三一海洋重工珠海产业园一期工厂正式投产】 2015年5月9日，三一海洋重工珠海产业园一期工厂正式投产。珠海产业园配有3.5公里的深水码头和海岸线，这也是三一首个拥有码头的产业园区。从此，三一集团在海洋工程装备领域的发展迈入全新的阶段。

承载着三一人海洋之梦的三一珠海产业园，总体规划6000亩，规划产能300亿以上。此次投产的是三一珠海产业园一期工程，占地800亩，厂房面积10万平方米，室外组装调试面积20万平方米，预计产能50亿元。三一集团计划用3至5年时间，将珠海产业园建设成为年产值达200亿元以上的园区。

作为广东珠江西岸高端制造产业基地的标志性企业，三一海洋重工未来将在珠海产业园生产全系列的港口装备、工程船舶以及海洋工程装备。新产业园的投产还将为三一在智能化码头建设、推动全球码头港口物流升级等方面提供良好的平台。

据介绍，三一自2005年开始进入港口流动机械产品领域，在长沙拥有年产近1000台小型流动机械的生产制造基地，其正面吊、堆高机等流动机械产品在行业领先。在流动机械产品业取得行业领先地位的同时，三一于2011年始斥资兴建珠海基地，正式进军大港机和海工装备领域。

2014年以来，三一先后赢得和记黄埔和沙特、印尼等国大客户的多个大港机订单，发展势头良好，并逐步在全球建立起三一港口装备的品牌。同时，三一在新加坡TOC展、埃及港口装备展、俄罗斯物流运输展等国际性展会中频频亮相。

【杜家毫会见屠光绍】 2015年5月12日下午，省委副书记、省长杜家毫在长沙会见了上海市委常委、常务副市长屠光绍一行。

屠光绍此行来湘，将出席上海国际港务集团、中国远洋运输集团、上海外高桥集团与岳阳市相关战略合作协议签署仪式。

杜家毫感谢上海市委、市政府长期以来给予湖南发展的大力支持。他说，近几年来，湖南交通等基础设施日益完善，轨道交通、汽车制造、航空航天等特色优势产业加快发展，"一带一部"区位优势进一步凸显，未来发展的空间和前景巨大。当前，随着"一带一路"、京津冀协同发展、长江经济带等国家三大战略的稳步推进实施，湖南正以城陵矶港为重点和突破口，充分发挥长江黄金水道优势，力争把岳阳打造成为全省新的增长极。湖南将认真学习上海改革发展的成功经验，加强与上海各有关方面的合作，启动实施相关重大项目，主动参与和积极融入长江经济带建设。希望湘沪两地以此次合作为新起点，进一步拓展合作领域，提升合作层次，实现共同发展。

屠光绍说，上海和湖南同饮一江水，合作交流基础良好。希望双方抢抓国家实施长江经济带建设的重大机遇，在深化合作中不断寻求新的领域和发展空间，促进两地加快发展。

副省长张剑飞，省长助理袁建尧，上海市政府秘书长、市政府办公厅主任李逸平，省政府党组成员、省政府办公厅党组书记向力力参加会见。

【上海大众长沙分公司投产】 2015年5月12日，上海大众长沙分公司基本建成投产，副省长黄兰香率省直有关部门负责人深入上海大众长沙分公司调研，为企业投产排忧解难。首辆轿车将于5月25日正式下线。

2013年5月开工建设的上海大众长沙分公司，一期投资达120多亿元，全部达产后，将形成年生产30万台整车的能力。目前，项目冲压车间、车身车间、油漆车间、总装车间以及技术中心已经建成，设备安装调试正在加紧进行，正在热卖中的朗逸将成为首款下线车。据介绍，工厂汽车生产线自动化率将达到85%，整个项目建成后，将成为世界一流的汽车整车生产线。

黄兰香先后来到公司培训中心、生产车间，了解企业的员工招聘、培训及生产准备情况。她指出，上海大众长沙项目，是湖南引进投资规模最大、质量最优的产业项目，既能直接促进湖南当前稳增长，又能带动提升湖南汽车行业整体水平。经过两年的建设，即将建成投产，希望上海大众充分发挥人才、资金和技术优势，高标准、高效率地推进企业建设；各有关部门要全力做好各项服务保障工作，为企业排忧解难，确保项目如期建成投产、发挥效益。

【“文化湘军”新成果闪亮深圳文博会】 2015年5月14日上午，第十一届中国（深圳）国际文化产业博览会在深圳会展中心开幕，湖南文化产业融合创新的成果集体亮相。湖南省委常委、省委宣传部部长许又声为湖南展馆开馆。

本届文博会，“文化湘军”组团参展。湖南日报报业集团、湖南广播影视集团、湖南出版投资控股集团、湖南体育产业集团、湖南广电网络控股集团、华凯文化创意股份有限公司等湖南文化单位和企业一起参展。湖南展团以“互联、融合、创新”为主题，重点展示湖南文化产业融合创新的成果，湖南文化企业的“互联网+”进程和数字化项目及产品。

上午9时40分，湖南展馆举行了简短的开幕式。许又声现场参观了湖南展馆。在湖南日报报业集团的展台前，听取了集团党组书记、社长覃晓光对传统媒体与新媒体融合发展、集团文化产业发展的介绍。本次文博会，湖南日报报业集团重点展示正在建设中的重点工程项目湖南日报传媒中心，及移动互联网的主要产品和传媒新兴产业。湖南日报新闻客户端、无线湖南等新媒体终端，文化金融融合产业项目联合利国文化产权交易所、中南邮票交易平台等新业态，展示传统媒体的融合创新成果。

本次文博会，湖南日报报业集团重点展示了移动互联网的主要产品和传媒新兴产业。湖南日报新闻客户端、无线湖南等新媒体终端，集团的文化金融融合产业项目联合利国文化产权交易所、中南邮票交易平台等新业态，展示传统媒体的融合创新成果。

湖南展馆内，处处体现“互联、融合、创新”的主题。

芒果TV互联网电视现场播放的湖南卫视新节目《真正男子汉》，吸引了不少观众驻足。据介绍，芒果TV互联网电视的用户已达近700万。芒果互动娱乐第一次参展深圳文博会。其研发的《爸爸去哪儿》手机游戏，两季用户数超过3亿。

湖南有线集团参与研发的3D虚拟展览平台，致力于打造虚拟博物馆、虚拟美术馆，为馆藏机构提供3D虚拟解决方案。其系统基于最新的3D技术，可进行设计建模、漫游、数字图像加工处理、色彩还原、超高精度图像存储，实现藏品细节清晰展示、研究和鉴定。

华凯创意的“碧水湘江创意秀”，集中展示湘江治理取得的显著成效。通过高科技展示手段，让观众了解湘江的生态之美、人文之美、和谐之美，领悟人与自然、城市与生活的亲密关系。

湖南12个美丽的“湖湘风情文化旅游小镇”，“搬”到了深圳文博会现场，引人神往。

在湖南展馆的外墙，通过文字、图片生动展示了“黑茶小镇”安化县黄沙坪镇、“湘绣小镇”开福区沙坪镇、“秦简小镇”龙山县里耶镇、“陶瓷小镇”醴陵市陶瓷艺术城、“边城小镇”花垣县边城镇等独具风情的小镇。每座小镇都有二维码，“扫一扫”还能了解更多。

从2015年开始，省旅游局、省文化产业改革发展办公室开展“湖湘风情文化旅游小镇”创建工作。通过挖掘湖湘文化特色和地域风情，形成具有独特文化基因的休闲度假型旅游产品。

位于深圳会展中心文化旅游馆的“神秘湘西”主题展馆，独具湘西民族风格的吊脚楼，配以土家族、苗族文化元素，让人恍若到了迷人的湘西。

湘西山谷居民文化传播有限公司设计生产的女包，用湘西民族民俗元素装饰，市场反响非常好，尤其受国外消费者喜欢。

许又声说，融合是文化产业发展中一条非常好的途径，要通过融合、互联、创新把湖南的文化产业发展到一个新的高度。要通过深圳文博会的平台，把湖南文化推介出去，推动湖南文化产业做大做强。许又声还参观了深圳会展中心文化旅游馆的“神秘湘西”主题展馆。

【广西钦州来长举办城市推介会】 2015年5月14日上午，享有“中国最美内海城市”美誉的广西钦州市在长沙举办城市推介会，该市国土、住建、投促、房协等部门负责人就钦州城市发展、招商引资、房地产业发展等进行专题推介，“营销”其得天独厚的滨海美丽生态和发展商机。长沙市相关部门进行对接并表示欢迎。

钦州市相关负责人介绍，钦州具有1400多年历史，位于广西北部湾经济区的中心位置的钦州市北邻南宁，是面向东盟的国际产业合作高地、区域性国际航运物流枢纽和21世纪“海上丝绸之路”的战略新支点，区位优越，交通便利，是宜商、宜居、宜游的“中国最美内海城市”。

【湖大罗切斯特设计学院落户深圳】 2015年5月14

日，深圳市人民政府、湖南大学、美国罗切斯特理工学院在深圳市正式签署合作办学协议，共同决定在该市宝安区合作举办湖南大学罗切斯特设计学院（深圳）。

协议约定，湖南大学罗切斯特设计学院（深圳）旨在培养具有国际化视野、深厚文化底蕴、掌握先进技术的设计创新人才。开设工业设计、视觉传达设计、数字媒体技术等专业，纳入湖南大学招生计划，面向海内外招收本科生、研究生，办学总规模为1500人。学院采用国际一流大学的办学理念和管理模式，充分利用罗切斯特理工学院的课程资源，专业课程采用英语教学，师资由两校各选派三分之一，面向全球招聘三分之一，毕业生可获得两所大学的学位。

湖南大学与罗切斯特理工学院同为美国商业周刊全球60佳设计院校，其中湖南大学工业设计学科始创于1977年，是全国最早成立的工业设计学科之一，在国内工业设计界具有重要影响力。罗切斯特理工学院以设计、艺术、影像和可持续设计学科闻名于世。

对于本次合作办学，湖南大学校长赵跃宇认为："既是湖南大学服务'中国制造2025'国家行动纲领，服务区域经济，促进教育与产业发展的一种探索；也是与国际优秀教育资源合作，有效调整国际化复合型设计人才培养与输送模式的一种探索。"

【深圳华强集团签约"美丽中国"文化产业园】 2015年5月17日，第十一届深圳文博会期间，"美丽中国·文化产业示范园"项目在深圳正式签约，深圳华强集团将在长沙宁乡打造该项目，项目总投资达到90亿元。

"美丽中国·文化产业示范园"包括：华夏历史文明传承主题园、复兴之路爱国主义主题园和明日中国主题园，寓意过去、现在、未来美丽中国三部曲。项目运用全新的文化、科技、艺术手段，全方位展示中国灿烂的传统文化、光辉的革命历程、伟大的改革成就和未来发展的美好图景。项目总用地约3000亩，预计投资90亿元，分期建设，5年之内全部建成开放。项目建成后，将是一个聚集500万至1000万人的大型项目群，将成为长株潭地区最具影响的爱国主义教育基地和文化旅游景区。

该项目首期工程为华夏历史文明传承主题园，总投资28亿元，以华夏文明从诞生到1840年这段璀璨的历史岁月为背景，以华夏历史文明传承为主题，以"儒释道"文化为核心，内容覆盖中华传统文化多个方面。华夏历史文明传承主题园将深入挖掘中国传统文化精华，结合最新高科技形式，打造一批标志性主题项目，使得古老文化散发出新的魅力。

【杜家毫会见金建杭】 2015年5月17日晚上，来鄂出席第九届中国中部投资贸易博览会的省委副书记、省长杜家毫，在武汉会见了阿里巴巴总裁金建杭一行。

杜家毫说，当前，互联网产业发展的潮流势不可挡，依托信息技术涌现出的一大批新业态、新模式、新产品，正深刻影响着经济社会生活。去年以来，湖南制定出台一系列政策措施，支持移动互联网、电子商务等产业加快发展，大力实施"互联网+"行动计划，取得良好效果。湖南人才、教育、文化优势明显，工业基础和条件较好，交通区位得天独厚，具备敢为人先的创新创业精神。希望阿里巴巴把湖南作为企业未来发展的战略重点，加快在湘设立分支机构，进一步推进双方在互联网金融、电子商务、电子政务、现代物流等领域的全方位、宽领域、深层次合作，更好地推动冰糖橙、百合、猕猴桃等湖南优质农产品加快"走出去"，引领带动更多湖湘有志青年利用互联网平台创新创业，实现互利共赢。

金建杭说，湖南人杰地灵，创新、创造、创意层出不穷。阿里巴巴将在农村电子商务、互联网金融、智能物流、云计算大数据等领域进一步深化与湖南的合作，更好地服务当地经济社会发展。

副省长何报翔，省政府党组成员、办公厅党组书记向力力参加会见。

【厦门航空与湖南省福建总商会签订战略合作框架协议】 2015年5月18日，厦门航空与湖南省福建总商会在长沙签订战略合作框架协议，将于今年8月开通长沙直飞曼谷、长沙直飞吉隆坡两条航线。届时，长沙将首次有航班直达吉隆坡。

8月10日，厦航将开通长沙—福州（经停）—曼谷航线，这是厦航在湖南开通的首条国际航线。开航期间，该航线往返最低票价只需500元（不含税价，下同）。8月11日，厦航将开通长沙—福州（经停）—吉隆坡航线，这是长沙首次有航线直飞吉隆坡。开航期间，该航线往返最低票价只需700元。

【比亚迪电动卡车及专用车项目落户长沙】 2015年5月18日，比亚迪股份有限公司与长沙雨花经开区签署合作备忘录，宣布投资50亿元，将比亚迪电动卡车及专用车项目落户长沙。

目前，该项目已经动工建设，计划年内投产。2016年达产2500辆，规划至2020年达5000辆年产能，2025年扩建到10000辆年产能。长沙将成比亚迪电动卡车及专用车全球制造中心。

比亚迪董事长王传福表示，通过几年布局，比亚迪的公交电动车已进入丰收期。下一阶段，比亚迪将实施新能源车全市场战略，在城市公交、物流、环卫车、私家车等全方位布局，而长沙是其全市场战略布局的首要承载基地。

王传福对消费者关心的电动车电池续航作了介绍。"比亚迪现在使用交流充电，不需要使用直流充电。就像一个大空调，能使用通用电控标准，220V也好，380V也好，都能使用。"王传福说，不用担心长沙的充电站的投资问题。

作为比亚迪汽车最具战略意义的新能源车基地，长沙比亚迪产品布局完善，是其集团唯一横跨乘用车和商用车两大类全系列产品的生产基地。此次比亚迪大手笔投资长沙，也将有助于点亮长沙绿色生态文明城市，助力湖南汽车产业转型升级。

【杜家毫陪同汪洋参观第九届中博会湖南展区】 2015年5月18日，第九届中国中部投资贸易博览会（简称中博会）开幕式暨主旨论坛在湖北武汉国际博览中心举行。中共中央政治局委员、国务院副总理汪洋宣布开幕。开幕式前，汪洋还参观了中博会湖南展区。省委副书记、省长杜家毫陪同参观，并与鄂赣晋豫皖5省省长一道，在开幕式上作主旨演讲。

副省长何报翔，省政府党组成员、办公厅党组书记向力力出席相关活动。

本届中博会以“开放合作、转型发展、振兴崛起”为主题，将举办包括主旨论坛、项目推介洽谈、展览展示等20多项专场活动，吸引了来自全球60多个国家和地区的2.5万余嘉宾和客商参会。中博会期间，我省将发布招商项目574个，涵盖基础设施、新型工业化、园区建设、汽车零部件等多个领域，项目建设投资金额约1.15万亿元。

开幕式上，杜家毫发表主旨演讲，建议中部各省抢抓新机遇，推动新合作，促进中部制造业转型升级。他说，当前，进入经济发展新常态，中部合作面临新机遇，中部各省要按照习近平总书记对中部地区的战略定位，充分发挥东部沿海地区和中西部地区过渡带、长江开放经济带和沿海开放经济带结合部的区位优势，积极抢抓国家实施系列重大战略的机遇，主动实施“中国制造2025”行动计划，加强省际磋商、强化协调联动，加快促进中部制造业转型发展。

杜家毫分析，随着国家三大战略加快推进，“中国制造2025”和“互联网+”行动计划的实施，从区域协调合作、开放促进开发、产业提质升级等方面，为中部制造业的发展带来重大利好，也提出新的要求。建议中部各省积极对接和落实国家战略，充分利用长三角、珠三角、京津冀、成渝经济区对中部地区形成的有力辐射，从发展规划、政策配套、要素保障、工作机制等层面，把国家赋予中部地区的战略机遇具体化，吸纳优质要素、拓展外部发展空间，推动中部制造业加快发展、创新发展。要围绕建设粮食生产基地、能源原材料基地、现代装备制造及高技术产业基地和综合交通运输枢纽，以各类试验区、经济区、示范区为载体，发挥中部地区人才和科教资源丰富的优势，推进中部制造业开放合作、差异发展，努力形成可复制、可借鉴的发展模式。要强化平台和技术支撑，加强武汉东湖、长株潭国家自主创新示范区等创新平台的对接合作，围绕制造业转型升级的核心领域和关键环节，引导区域内高校、科研院所、企业共建产学研平台和产业技术创新联盟，共同承担重大技术攻关项目；加强市场准入、技术标准、资格认证、行政执法等方面的合作，推动中部通关协作，建立中部制造业“抱团取暖”、协同发展的合作机制，共同开拓市场，共同防范风险。

杜家毫说，中部地区的交通运输设备、工程机械、农机装备、汽车及零部件、冶金矿山设备、电子信息、航空航天等产业，既有技术上的优势，也有“走出去”的内在需求。建议按照“中国制造2025”行动计划的要求，围绕“创新驱动、智能转型、强化基础、绿色发展”，以信息化与工业化深度融合为主线，以推行数字化、网络化、智能化制造为重点，在提升设计能力、完善创新体系、提高产品质量、推行绿色制造、培育优势产业和企业等方面加强合作，为实现中国制造向中国创造、中国速度向中国质量、中国产品向中国品牌转变，做出中部地区应有贡献。

【杜家毫会见李德润张学兵】 2015年5月18日下午，省委副书记、省长杜家毫在长沙会见了上海机场(集团)有限公司董事长李德润、党委书记张学兵一行。

杜家毫欢迎客人来湘考察。他说，当前，湖南为更好地参与和融入“一带一路”、京津冀协同发展、长江经济带等国家战略，在不断完善公路、铁路、水运等交通基础设施的同时，把加快航空事业和产业发展摆在更加突出的位置，加快推进长沙黄花国际机场二跑道，以及黄花机场至长沙火车南站中低速磁浮轨道交通等项目建设，积极开辟东南亚、欧美日等国际航线，大力发展支线航空，着力打造中部地区水陆空立体综合交通枢纽，促进省内优势产业、资源、资本加快“引进来”与“走出去”。上海机场集团实力雄厚、理念先进，在机场建设、管理、运营等方面积累的许多好做法、好经验，值得湖南认真学习借鉴。希望双方在更宽领域、更深层次、更高水平进一步深化合作，实现互利双赢、共同发展。

李德润说，湖南“一带一部”区位优势凸显，上海机场集团将落实中央与国家的战略布局，在航线布局、机场建设、安防保卫、航空物流等方面进一步深化与湖南的合作，助力湖南航空事业和产业加快发展，更好地服务湖南经济社会发展。

副省长张剑飞，省政府党组成员、办公厅党组书记向力力，上海机场（集团）有限公司总裁景逸鸣参加会见。

【省政府与上海机场集团举行座谈】 2015年5月18日，省政府与上海机场集团董事长李德润一行举行座谈，就落实去年双方签订的战略合作协议等情况，进行了深入交流。副省长张剑飞主持座谈。

去年6月沪洽周期间，湖南机场集团与上海机场集团签署战略框架合作协议。根据协议，双方将在航空物流、临空经济、航线开发、地面服务、贵宾服务和管理交流等6个方面进行紧密合作，构建共赢、可持续发展的战略合作伙伴关系，共同打造上海国际航空枢纽和长沙区域性枢纽机场。此次李德润一行来湘，主要就协议落实情况及双方合作细节等进行考察。

张剑飞表示，湖南和上海同饮一江水，共同面临新一轮改革开放、长江经济带建设、沪昆高铁湘沪段建成通车等一系列重大历史性机遇。两省经济社会和改革发展具有强大互补性。湖南将严格贯彻落实去年签订的战略框架合作协议内容，为上海机场集团在湘工作创造良好条件、提供热情服务。湖南机场集团要向上海机场集团多学习、多取经，进一步提升机场管理和综合保障能力，促进湖南民航事业快速发展。

【湖南574个项目中博会“招亲”】 2015年5月18日，第九届中国中部投资贸易博览会（简称“中博会”）在湖北武汉开幕，我省574个项目将在为期3天的大会上抛出“绣球”，金额达到11548.23亿元。

我省发布的574个项目包括基础设施建设、新型工业化、现代农业、现代服务业、园区建设等多个领域。开幕当天，我省专题推介了43个汽车零部件项目，吸引了108家汽车零部件厂商前来洽谈，包括16家世界500强企业。

在本届中博会的主会场武汉国际博览中心，比亚迪新能源汽车、工业3D金属打印机、中低速磁悬浮车辆……湖南高新科技令人惊叹不已。达腾科集团展示的“移动互联+云计算倍增现实3D演示”技术，将湖南形象馆变成了梦幻世界，图片上的老虎、海豚、鲸鱼等成为立体可动的影像，在手机屏幕、LED屏幕上与观众互动，受到参会客商和观众热捧。504平方米的湖南馆灯箱、图片、展板和声、光、电及大屏幕LED电视墙，生动形象地展现了我省深入推进“四化两型”，积极融入“一带一路”的主旨。

在本届中博会推介会现场，我省14个市州都搭建了对接台。这种创新，更便利客商、企业直接与市州深入对接。

本届中博会以“开放合作、转型发展、振兴崛起”为主题，以承接产业转移和促进投资贸易为主线。开幕式后将举办主旨论坛和中部6省投资环境推介暨项目对接会等4场专题活动、中部发展金融论坛等11场产业合作系列交流洽谈活动、5场中部省份举办的专题活动以及19场湖北省各市州举办活动。预计大会将吸引2.5万人参加，其中半数为境外客商。

【何报翔参加中部6省共建“一带一路”国际研讨会】 2015年5月18日，中国中部6省共建“一带一路”国际研讨会在武汉召开，来自境内外的400多位嘉宾共同探讨中部发展新机遇。副省长何报翔参加会议。

研讨会以“共建共享、互利共赢”为主题，以加大对外宣传、扩大经贸及人文领域合作为主线，推动中部6省与“一带一路”沿线国家和地区的交流合作，助推中部6省共同发展开放型经济。

何报翔在会上表示，我省有参与“一带一路”建设的热心，也有抓住这一战略机遇实现开放发展的决心。我省的先进装备制造、传统建筑业和新型建筑业、现代农业等产品和技术，与“一带一路”沿线国家和地区有着广阔的合作前景。何报翔建议中部6省共建协调合作机制、共建工作网络、共建合作平台，“以境外经贸合作园区、境外营销网络为平台，推动各省优势产业、优秀企业‘抱团走出去’，实现集群式发展。”

【上海大众长沙工厂首辆轿车下线】 2015年5月24日，上海大众汽车有限公司长沙工厂正式建成投产，首辆轿车同时下线。省委书记、省人大常委会主任徐守盛宣布长沙工厂建成与新车下线，省委副书记、省长杜家毫致辞。

上海汽车集团股份有限公司总裁陈志鑫、大众汽车集团（中国）总裁海兹曼教授致辞；省领导韩永文、易炼红、陈君文、黄兰香、武吉海出席。

上海大众汽车长沙工厂于2013年5月奠基开工，占地面积167万平方米，一期投资120亿元，规划年产能30万辆。今天下线的首辆轿车车型为新朗逸，预计年内生产新车4.05万台。历时两年建设，长沙工厂采用大众汽车集团先进的全球标准化工厂建设理念，拥有完整的冲压、车身、油漆、总装四大整车制造车间，是目前国内自动化和节能环保程度最高的工厂之一。作为我省迄今为止最大的实业投资项目，上海大众长沙工厂的建成投产，将成为推动我省汽车产业快速发展的强劲引擎。

杜家毫说，上海大众长沙工厂的建成投产，既是湖南和上海大众合作发展的里程碑，也是我省积极实施“中国制造2025”的实际行动。近年来，湖南省委、省政府始终坚持把新型工业化作为推进“三量齐升”、引领经济发展的第一推动力，始终坚持把培育壮大汽车产业作为产业发展的重要目标，加快培育集整车和关键零部件研发、制造、销售、服务为一体的汽车产业体系。

杜家毫表示，上海大众长沙工厂作为湖南引进的投资规模最大、质量最优、技术先进的实业投资项目，对提升湖南汽车产业整体水平、推进“大众创业、万众创新”起到重要的示范和带动作用。希望上海大众长沙工厂充分依托湖南“一带一部”区位优势，用一流的管理和技术建设一流工厂，不断延伸上下游产业链，带动相关配套产业特别是本土企业抱团发展，推动湖南和周边省份汽车消费及售后服务市场升级。湖南将为产业、企业发展营造更加优良的环境，提供更加优质的服务。

陈志鑫、海兹曼教授表示，长沙人杰地灵，是一座出名人成大事的历史名城，衷心希望上海大众汽车把握契机，在百舸争流的市场竞争中勇立潮头，在做强做优长沙工厂的同时，充分发挥自身优势和产业带动作用，引领当地上下游企业共同发展，为湖南汽车产业和湖南经济发展做出积极贡献。

【中博会湖南“吸金”超1100亿】 2015年5月26日，省商务厅发布，中博会期间我省签约内、外资项目总投资额高达1129.2亿元人民币。

围绕“开放合作、转型发展、振兴崛起”的主题，聚焦投资与贸易合作，中部六省在本届中博会上集中展示了整体形象。三天会期，我省发布了574个招商项目，投资总额过万亿元。推介会第一天，就吸引100多家企业洽谈，包括16家世界500强企业。据省商务厅统计，中博会期间，我省共签约外资项目21个，总投资额199亿元；签约内资项目90个，总投资额930.2亿元。

我省主办的“湖南省汽车零部件产业推介会”，专题展示了全省汽车零部件产业的优势，43个汽车零部件重大招商项目集中亮相，投资总额为699.23亿元，其中投资额10亿元以上项目12个，投资额达511.86亿元，引起了强烈反响，108家境内外汽车零部件企业前来咨询洽谈。

湖南形象馆同样孕育无限商机。比亚迪长沙工厂生产的新能源汽车、富士康衡阳工厂生产的大屏幕LED液晶显示屏、南车株洲公司中低速磁悬浮列车模型等实物展品吸引了众多客商。“原来3D打印是这样的。”在湖南华曙高科技有限责任公司展位上，俄罗斯商人亚历山大看完该公司研发的3D打印机演示全过程后，竖起大拇指，主动上前交换名片表示合作意向。华曙高科董事长许小曙说，在展会上咨询的客商已超过3000人，有深度洽谈合作意向的客商超过200人，现场签下订单4台，火爆程度令他意外。

【杜家毫会见唐仁健】 2015年5月27日下午，省委副书记、省长杜家毫在长沙会见了来湘考察环保产业发展的广西壮族自治区党委常委、常务副主席唐仁健一行。

杜家毫说，随着近年来湖南两型社会建设持续深入推进，一大批优秀环保企业和行业领军人才加速在湘聚集，引进和创新了许多国内外先进环保技术，全省环保产业规模不断扩大，竞争力显著提升。今年以来，湖南把环保产业作为重点推进的新兴产业，出台了一系列专项扶持政策和措施，把政府和市场作用更好地结合起来，推动环保机械生产、环保技术研发、环保治理与服务等各类环保企业和组织加快发展，充分调动全社会关心、支持、参与和监督环保事业的积极性，形成推进生态文明建设的强大合力。希望进一步深化湘桂两省在环境保护、特色农业、扶贫攻坚等领域的合作。湖南鼓励优秀环保湘企赴桂寻求合作机遇，实现共同发展。

唐仁健说，湖南环保技术水平高、产业规模大。广西将积极借鉴湖南促进环保产业发展的好经验、好举措，更好地推进广西环保产业发展和生态文明建设。

省领导陈肇雄、陈君文，省政府秘书长向力力参加会见。

【杜家毫走访部分在港知名企业】 2015年6月1日，省委副书记、省长杜家毫率省政府代表团先后考察了招商局集团、法国施耐德电气集团、威胜集团、恒隆地产有限公司等多家中外在港知名企业，并与企业负责人座谈。双方就推进务实高效合作交换了意见，并达成广泛共识或签署全面战略合作框架协议。副省长何报翔，省政府秘书长向力力参加走访。

招商局集团是国家驻港大型企业集团，其业务主要集中于交通、金融、地产等三大核心产业。来到招商局集团，杜家毫与集团董事长李建红举行会谈，并共同见证省政府与招商局签署全面战略合作框架协议。根据协议，双方将在交通基础设施建设与服务、区域综合开发、物流产业、金融投资与服务、城市智能交通和装备制造业等多个领域建立多层次、宽领域、全方位的战略合作关系。杜家毫说，当前，湖南全省上下正深入贯彻落实习近平总书记对湖南做出的“一带一部”战略新定位，着力由农业大省向工业大省加快转变，工程机械、轨道交通、航空航天等传统优势产业发展蹄疾步稳，电子信息、环境保护、移动互联网等新兴产业迅速发展。希望招商局集团充分发挥资金、管理、平台以及全球客户网络等优势，不断深化双方在现代物流、农村金融、园区建设、港口和地产开发等领域的合作，助推湖南企业加快“走出去”，推动湖南更好地对接和融入“一带一路”、长江经济带等国家重大发展战略。

施耐德电气是世界500强企业，也是全球顶级电工企业。杜家毫在与施耐德电气全球执行副总裁迈克·科洛臣会谈时说，湖南科教、人才资源丰富，创新创业活力迸发，制造业基础雄厚，拥有长株潭两型社会建设示范区、长株潭国家自主创新示范区、湘江新区等多个国家级发展平台，当前正加快推进“中国制造2025”行动计划。同时，湖南能源相对匮乏，亟待加强能源节约和高效利用。这都为施耐德电气在湘发展提供了广阔的空间和市场。希望施耐德电气把湖南作为集团在华业务发展的战略重点，加快在湘设立研发中心或生产基地，抢占中部崛起发展先机，助推湖南能源绿色化、智能化发展。

威胜集团是我国智能计量、智能配用电与能效管理整体解决方案的领先供应商，也是我省首家在境外主板上市的公司。在认真听取集团董事长吉为的介绍后，杜家毫对企业近年来取得的良好业绩表示祝贺，并希望企业紧紧抓住国内智能电网改造、阶梯水价施行、分布式能源建设、新能源汽车推广等重大发展机遇，借助“中国制造2025”的东风，进一步加大自主创新力度，加快实现由制造向创造、速度向质量、产品向品牌转变，不断提升湖南能源等产业的核心竞争力，促进湖南两型社会建设。

恒隆地产自1992年进入内地市场以来，已先后在上海、天津、沈阳等多个主要城市建立了世界级大型商业群项目。杜家毫在与集团董事长陈启宗会谈时说，随着京广、沪昆高铁在长沙交会，长沙黄花国际机场与长沙火车南站即将建成空铁一体化枢纽，湖南交通区位优势将进一步显现，人流、物流、资金流加速在湘聚集。特别是随着长江中游城市群建设纳入国家规划，长株潭城市群未来发展潜力和空间巨大。热忱欢迎恒隆地产来湘投资兴业，助推湖南特别是长沙不断提升城市品位和吸引力，实现双赢发展。

6月2日，杜家毫在香港考察走访了恒基兆业、汇丰银行、华润集团、新世界集团、嘉里集团等多家在港知名企业，并与企业负责人座谈，希望他们更加关注、支持和参与湖南的发展。

每到一家企业，杜家毫都详细了解企业的发展规划和与湖南的合作情况，真诚询问企业对湖南的发展环境有什么意见，在哪些方面还有合作空间。杜家毫说，湖南各级政府将始终坚持真诚相交、真心服务，让大家在湖南放心投资、安心发展、舒心生活。

恒基兆业是香港最大的地产集团之一。杜家毫在与集团高层会谈时说，当前湖南正加快建设长沙空铁一体化交通枢纽，将进一步放大湖南“一带一部”的区位优势，不断提升城市品位和吸引力。同时，湖南正适应能源革命趋势，加快推进“气化湖南”建设。希望双方在城市综合体开发、城市燃气及能源建设等方面深化合作，实现互利双赢。

汇丰银行是第一家落户湖南的外资银行。杜家毫感谢汇丰银行为湖南开放发展做出的积极贡献。他说，当前湖南正积极融入“一带一路”、长江经济带等国家重大战略，主动参与“中国制造2025”行动计划实施，促进省内先进产能、技术和产品向外拓展，积极参与全球产业分工。希望汇丰银行为湖南提供更多更好的金融服务和产品，一方面助推优势湘企加快“走出去”，一方面帮助湖南有效破解农村金融难题。湖南将为包括汇丰银行在内的广大金融机构创造良好的金融生态和法治环境。

根据省政府与华润集团签署的战略合作协议，华润集团将把湖南作为重要的战略合作投资区域，重点在电力、房地产、燃气、医药、零售、啤酒饮料等领域加强合作。杜家毫感谢华润集团长期以来给予湖南的大力支持。他说，湖南经济发展已进入新常态，面对不断加大的经济下行压力，湖南将更加注重产业转型和科技创新，希望华润集团充分发挥资金、人才、管理等方面的优势，进一步加大在湘投资，寻求更多合作项目和机会，实现共同发展。

杜家毫一行还走访了新世界集团、嘉里集团。会谈中，杜家毫说，湖南正面临难得的发展机遇，尤其是沪昆和京广高铁在长沙交会，以及长株潭国家自主创新示范区和湘江新区的批复建设，为湖南参与实施国家三大战略提供了重要支撑和平台。希望新世界集团、嘉里集团在商业地产、现代农业、酒店旅游等领域深化与湖南的合作，积极参与湖南发展建设，抢占中部崛起先机。

【杜家毫出席香港工商界知名人士恳谈会】 2015年6月1日下午，来港出席2015年湖南（香港）投资贸易洽谈周的省委副书记、省长杜家毫，与香港工商界知名人士欢聚一堂，共谋湘港两地交流合作大计。杜家毫说，湘港两地人民对美好生活的向往，就是我们奋斗的目标。希望进一步推进双方合作向更深层次、更高水平迈进，共同开创湘港两地更加美好的明天。

中央人民政府驻香港特别行政区联络办公室副主任仇鸿，副省长何报翔、张剑飞，香港特区政府商务及经济发展局常务副局长梁敬国，省政府秘书长向力力等出席。

湖南与香港的经贸合作源远流长，香港一直是湖南重要的外资来源地和出口市场，也是湖南企业对外投资聚集度最高的地区之一。截至今年 4 月底，香港在湘投资项目 8384 个，实际到位资金 406.1 亿美元。

会上，杜家毫率省直相关部门和各市州政府负责人，与香港特区政府投资推广署、香港贸发局和各商协会，以及华润集团、招商局集团、正大制药集团等企业的 70 多位负责人坦诚交流，认真听取他们对湖南改革发展的建议、意见。杜家毫感谢香港工商界长期以来给予湖南发展的关心关注和大力支持。他说，作为国际化大都市、现代金融中心，香港长期以来为国家改革开放做出了重大贡献，对内地各省经济发展具有重要的辐射和带动作用。现在，地处“一带一路”重大战略关键节点上的香港，仍然是国家进一步深化改革、扩大开放的“桥头堡”，也是内地省份学习借鉴的榜样。

杜家毫说，湖南有深厚的人文资源，有秀美的自然生态，有领先世界的技术，有优越的创新创业环境。面对持续加大的经济下行压力，湖南正着力发扬敢为人先的湖湘文化精神，充分发挥区位、资源、人才等优势，大力推进园区建设“135”工程，促进大众创业、万众创新，加快把新业态、新模式、新产品、新技术培育成新的增长点。同时，更加注重创新驱动发展,更加注重转方式调结构,更加注重资源节约和生态环保,更加注重法治建设，努力变压力为动力，化挑战为机遇，努力在适应引领新常态中实现新的发展。希望香港工商界人士一如既往关心、支持、推介湖南，进一步扩大在湘投资，推动双方在新型城镇化、现代服务业等领域的合作向更深层次、更高水平迈进，共同开创湘港两地更加美好的明天。

会上，省商务厅与香港中华总商会、香港中华厂商联合会、香港总商会、香港工业总会、全港各区工商联分别签署了战略合作框架协议；省旅游局与香港旅游发展局签署了战略合作框架协议。

【湖南传统村落在港精准招商】 2015 年 6 月 1 日上午，省文化厅、省旅游局、省文物局在香港举办了“湖南传统村落保护与发展专题招商暨湖南旅游推介会”。我省精选出 11 个传统村落到港招商。10 家港、粤企业当场与其中 10 个传统村落所在地的县区市政府进行项目签约。

省文化厅厅长李晖告诉记者，我省是文化遗产资源大省，其中传统村落文化资源十分丰富且富有特色，国家有关部委公布的 2555 个中国传统村落中，湖南有 91 个，其中，国家文物局确定重点支持的 270 个全国重点文物保护单位和省级文物保护单位集中成片传统村落中，湖南有 28 个，占全国十分之一强。

这些传统村落历经千百年历史变迁，大多已是破旧濒危，环境、基础设施条件差，产业发展落后，我省古村落保护、发展资金缺口巨大。此次，我省在 28 个传统村落中精选出 11 个资源禀赋好、区位优势好、交通条件好、发展潜力大的传统村落示范代表，在本届“港洽周”上实施精准招商，一举获得成功。

会同县高椅村是当场签约项目的古村落之一。会同县副县长兰利华说，该村落 2007 年被评为国家级历史文化名村，几年来我省已陆续投入 2 亿元保护和建设资金，但历史欠账太多，还有高达 3.8 亿元的资金缺口。在推介会上，香港摩尔金融有限公司一眼“相中”了高椅村招商项目，当场签约，计划投入 1 亿元左右建设高椅村基础设施。

【杜家毫会见梁振英张晓明谭本宏】 2015 年 6 月 2 日电，省委副书记、省长杜家毫在香港分别会见了香港特区行政长官梁振英、中央政府驻香港联络办主任张晓明、解放军驻港部队司令员谭本宏。

杜家毫代表省委、省政府感谢香港特区政府、香港中联办、驻港部队长期以来给予湖南的关心支持。他说，当前，湖南正深入贯彻落实党中央、国务院的决策部署，主动认识适应引领新常态，一方面全力以赴稳增长，加快转方式、调结构，大力推动传统产业转型升级，促进新材料、新能源、移动互联网等新兴产业加快发展，确保经济运行处在合理区间；另一方面加大保障和改善民生的力度，促进创业带动就业，推动城乡居民收入持续增长，确保社会和谐稳定。湖南与香港地缘相近、人缘相亲，经贸往来、人文交流日益频繁。通过举办“港洽周”活动，进一步密切了与香港政商界知名人士、湖南省港澳政协委员以及中外在港知名企业的联系，发掘和创造了更多合作发展机会。衷心希望特区政府一如既往给予湖南帮助支持，不断深化双方在城市建设、金融服务、文化旅游、健康养老、医疗卫生等领域的交流合作，共创两地美好明天；希望香港中联办一如既往支持、宣传、推介湖南，为湖南了解世界、走向世界多多牵线搭桥；坚信有驻港部队这一坚强后盾，香港的明天必将更加繁荣稳定。

梁振英欢迎杜家毫一行来港考察交流，对“港洽周”活动的成功举办表示祝贺。他说，香港历来高度重视与湖南的交流合作。希望双方进一步拓展合作领域，搭建更多合作平台，努力实现优势互补，共同发展。

张晓明说，香港是湖南加快“走出去”和“引进来”的重要窗口和桥梁。香港中联办将继续推动湘港两地在经贸、金融、旅游等领域的全方位合作，促进两地共同发展。

谭本宏对湖南省代表团看望慰问驻港部队特别是湘籍子弟兵表示感谢。他说，看到近年来家乡发展的巨大变化，感到十分高兴和骄傲。驻港部队将坚决维护国家主权统一、领土完整和香港繁荣稳定，努力为湘港两地交流合作做出更大贡献。

中央政府驻香港联络办副主任仇鸿，驻港部队领导岳世鑫、周尚平、周昊刚，副省长张剑飞，省政府秘书长向力力参加会见。

【杜家毫在香港考察强调学习借鉴香港经验】 2015 年 6 月 3 日，省委副书记、省长杜家毫率省直有关部门和各市州主要负责人，深入香港青衣岛、东涌等地，专题考察香港新市镇规划建设情况，并与香港相关部门负责人座谈。杜家毫强调，各地要认真学习借鉴香港成功经验，始终做到规划优先，坚持以人为本，突出土地集约高效利用，注重公共设施配套，切实加强生态建设和环境保护，努力走出一条具有湖湘特色的新型城镇化道路。

副省长张剑飞、省政府秘书长向力力参加考察；香港特区政府发展局局长陈茂波、规划署署长凌嘉勤出席座谈会。

为应对人口增长和产业转型的压力，20世纪70年代起，香港政府着手规划并启动了新市镇发展计划。经过40多年的建设，目前已发展了沙田、元朗、东涌等9个新市镇。通过提供大量环境优良、配套完善的公共房屋，吸引了全港近一半市民向新市镇迁移。香港也逐渐从以港岛和九龙传统市区为单一中心的集中式城市体系，转型发展为由各新市镇所组成的多中心式城市体系，为加速经济转型和优化经济布局腾出了宝贵的土地和空间资源。

青衣新市镇是香港政府启动建设的第一代新市镇。在青屿干线观景台，杜家毫一行登台远眺，察看青衣岛上社区、教育、住宅等设施规划和空间布局。来到东涌新市镇，当地负责人向杜家毫详细介绍了东涌新区规划建设最新进展。作为第三代新市镇，东涌目前已吸引7万多市民迁移居住，预计全面扩展后，东涌总人口将达到近27万人。

建设用地仅占四分之一，六成以上土地作为郊野公园禁止开发，交通、教育、医疗、休憩用地等配套设施严格按人口密度配置……考察中，杜家毫对当地在规划建设中始终坚持以人为本、均衡配置公共资源、注重与自然生态协调发展的做法给予高度评价。

“如何保障规划蓝图不走形、不变样，真正一干到底?”、“怎样确保新市镇建设财政收支平衡?”、“吸引市民向新区迁移有何妙招?”……在随后举行的座谈会上，大家争相发言，向香港特区政府相关部门负责人寻经问宝。杜家毫认真倾听，衷心感谢香港方面对新市镇规划建设理念、特点、发展情况的详细介绍，以及对所提问题的耐心解答。杜家毫说，香港在推进新市镇规划建设过程中探索积累了许多好做法，也总结了一些经验教训，这些都为正在加快推进新型城镇化建设的湖南提供了难得的学习样本和模式。学习借鉴香港新市镇建设经验，就是要结合省情实际，始终做到规划优先，客观科学做好城市规划，一张蓝图干到底；要坚持以人为本，更加注重市民的居住需求和对生活的满意度，努力做到“城市让生活更美好”；要突出土地集约高效利用，优化城市空间布局，走出一条建设占地少、利用效率高的新路子，实现可持续发展；要注重公共设施配套，充分考虑交通、购物、休憩、教育、社区等各种设施的有效、充分配置和配套；要切实加强生态建设和环境保护，尽量不挖山、不填湖，让市民望得见山、看得见水、记得住乡愁，努力实现人与自然和谐共处。各级各部门尤其是党政主要领导干部，要进一步增强领导城市规划、建设、管理的能力，确保有力有效推进全省新型城镇化。

当天，杜家毫一行还考察了越秀交通基建有限公司和TNT香港转运中心。

【中联重科收购淮安晨洁】 2015年6月8日，中联重科公司与淮安晨洁公司股东达成协议：中联重科投资4573.76万元，获取淮安晨洁公司96%股权。中联重科向环境治理综合服务商转型后，首个特许经营项目正式落地；该项目也是中联重科收购意大利纳都勒公司之后，在国内的首个试点项目。

据不完全统计，淮安市目前的餐厨垃圾产生量远超于95吨/天的设计处理规模，“垃圾围城”的压力较大。

淮安晨洁公司在中标淮安市餐厨垃圾处理项目后，于2014年7月与淮安市城管局签订《特许经营协议》，特许经营期25年。淮安晨洁公司在特许经营期内，独家处理淮安市行政区域范围内包括淮安市清河区、清浦区、淮阴区、淮安区、经济开发区、市生态新城、市工业园区、洪泽县、涟水县的餐厨废弃物。淮安晨洁公司享有对餐厨废弃物的收转运处理处置的项目投资、设计、建设、运营管理、技术改造、设备维护并取得餐厨废弃物政府补贴的权利。

通过本次交易，中联重科将以淮安项目作为试点平台，在技术上加速整合纳都勒公司的国际领先技术和项目运营经验，从预处理—厌氧处理—污水处理，全过程使用中联重科和纳都勒公司的技术；在管理上推动公司由环境装备制造商向集技术、装备及运营为一体的环境治理综合服务商的转型。

中联重科先期以环境装备制造方的角色进入淮安项目，在公司打造环境产业战略思路的指引下，决定主动出击，对淮安餐厨处理项目的承接主体淮安晨洁公司提出了收购要约。

【李微微率团考察台湾农业农村建设】 2015年6月6日至11日，省委常委、省委统战部部长、省海外联谊会会长、省海峡两岸交流促进会名誉会长李微微率我省文化交流团，深入台湾地区台北、南投、台南、高雄等地考察台湾农业农村建设。

南投县农会为了让消费者喝到优质安全健康的茶叶，开发了可以查询茶叶“履历”的二维码，茶叶的采摘、制作、加工等环节是否绿色健康，只要手机一扫就可以追根溯源。李微微对此给予高度评价，并提出湖南要学习南投农会的经验，利用技术手段加强创新，确保农产品质量安全。

1999年台湾“9·21”地震，将南投集集挑米环保社区的房子震塌大半。当地采取顺应自然的环保心态开展重建，促进森林、河川、湿地、农园与多种野生动植物资源和谐相融，成为远近闻名的旅游度假区，村民靠“卖环境”就有稳定的高收入。李微微十分感慨，认为湖南要学习这里的环保理念和文化，在促进“两型社会”建设中取得更大成效。

台南后壁的土沟村，整个村庄是一座农村美术馆。废旧的生活用品改动一下就变成有趣的小摆设，全村细节经过艺术化处理，顿时文艺气质十足。李微微饶有兴致地参观了村里，赞赏地表示，土沟村发展乡村文化的经验，对湖南新农村建设很有帮助。

考察中，李微微表示，湘台两地有很多交流合作的空间，希望两地进一步密切交流交往，开创湘台交流合作的美好前景。

【李微微拜会台湾知名人士】 2015年6月6日至11日，省委常委、省委统战部部长、省海外联谊会会长、省海峡两岸交流促进会名誉会长李微微率我省文化交流团赴台湾参访期间，专程拜会了台湾“中华文化总会”会长刘兆玄、海基会董事长林中森、台湾佛光山开山宗长星云大师、台湾“振兴中华促进会”理事长臧幼侠等知名人士，就湘台两地文化交流合作听取意见建议。

刘兆玄祖籍湖南衡阳，非常关心家乡发展，他表示台湾“中华文化总会”将充分发挥自身优势，进一步促进台湘两地共同弘扬中华文化。林中森曾三次到过湖南，他认为台湘两地在新材料、新能源、生物医药、生态农业、文化创意等领域互补性很强。星云大师对湘台文化交流兴致勃勃，认为台湘两地应“多交流、多来往，你来我往，我往你来，不分你我”，并表示愿意发挥佛光山的佛教文化优势，更多地展示湖南文化，增强对中华文化、两岸一家的认同感。“湖南和台湾两地要常常往来，常常走动。”臧幼侠同样祖籍衡阳，他表示湖南与台湾自古就有渊源，台湘两地要共同努力弘扬中华文化。

李微微代表湖南省委、省政府感谢大家对湖南的关心支持，感谢大家多年来为推动两岸和平发展、促进湘台交流合作所作的贡献，并热忱欢迎大家有机会能“常回家看看”，多到湖南走一走。她说，此行访台是一次文化之旅，切实感受到台湾民众对中华文化历史的认同感非常强烈。希望通过更多饱含乡音乡情的活动，来增进民族情感，推动湘台文化交流常态化发展；希望进一步加强湘台两地之间文化交流和民间交往，将同根同源的中华文化发扬光大，不断增进两地人民福祉。

【湘赣边10县市共推20大交通项目】 2015年6月17日，湘赣边界区域10县市签署了《湘赣边区域开放合作“畅行秋收起义路·融入长江经济带”主题联席会议备忘录》，对接涵盖铁路、高速公路、省际公路在内20项重大交通基础设施建设。

去年12月，平江、浏阳、醴陵、修水、铜鼓、万载、上栗、莲花、井冈山、永新等湘赣边界区域十县市在浏阳签署多项协议，开启全面合作之门。今年的主题是加强区域交通设施建设。本次20个重大交通基础设施项目有10个涉及浏阳，包括主要包括渝长厦快速铁路长沙至赣州段项目、九江至长沙铁路项目、浏萍井高速公路（含G319浏大公路）项目等。其中，长厦快速铁路长沙至赣州段项目，规划路线为长沙望城区—长沙县（机场）—浏阳市—上栗县—莲花县—永新县—井冈山市—遂川县—赣州市，与赣龙铁路对接进入厦门。

据浏阳市交通局总工程师胡浩介绍，目前从长沙去井冈山，约400公里路程，至少要3个多小时，而浏萍井高速公路(含G319浏大公路)项目开通后，浏阳至井冈山有望实现全程高速，其距离将缩短至200公里,时间缩短至2个多小时。

【杜家毫会见付建华】 2015年6月18日晚上，省委副书记、省长杜家毫在长沙会见了山西省委常委、副省长付建华一行。

杜家毫感谢山西省委、省政府长期以来给予湖南经济社会发展的大力支持，特别是在前些年“调煤保电”关键时期给予的鼎力相助。他说，湖南与山西地缘相近、人缘相亲，两省之间情谊与合作比什么都重要。湖南缺煤少电，能源短缺一直是制约经济社会发展的主要瓶颈之一。近年来，湖南立足省情实际，进一步加大煤炭整顿关闭力度，同时按照“基本稳定水电、适度发展火电、加快气化湖南、积极发展新能源”的发展思路，着力构建稳定、高效、清洁的能源保障体系。山西是煤炭大省、能源大省，希望双方进一步加强合作，共同推动两省能源事业和产业加快发展。

付建华说，长期以来，山西、湖南在能源领域的对接合作基础良好，山西将一如既往做好煤炭、电力等能源的供应保障工作，促进两省经济社会又好又快发展。

副省长张剑飞、省政府秘书长向力力参加会见。

【湘晋携手能源合作】 2015年6月18日，我省与山西在长沙举行能源合作座谈会。山西省委常委、副省长付建华，湖南省副省长张剑飞出席。

山西是全国重要的能源输出大省，也是我省煤炭、电力等能源的重要来源地。省经信委主任谢超英介绍，目前湖南发电装机达3567万千瓦，其中火电装机2041万千瓦；受省内电煤产能限制，我省超过60%的电煤需要省外提供，其中主要来源地为山西等中西部省份。2014年我省从山西调入的电煤占总调入电煤的30%；今年1至5月，已从山西调入电煤317万吨。

座谈会上，付建华、张剑飞均表示，山西、湖南同属于中部地区，经济发展互补性强，共同推进双方包括能源在内的多领域合作，具有很好的基础和潜力。希望两省煤炭产需部门积极主动加强衔接沟通，促进交流合作、实现协同发展。相关政府部门要为两省企业能源合作牵线搭桥，做好相关服务工作，携手推进湘晋两省在能源领域的深入合作。

【湘粮入闽签12.6亿元大单】 2015年6月18日，第十一届粮食产销协作洽谈会（简称“粮洽会”）在福建省福州市开幕。作为全国粮食主产区和洽谈会主办方之一的湖南，单日收获23.5万吨价值12.6亿元的粮食购销大单，与粮食主销区福建的合作深入发展。

湖南是全国水稻第一省，每年向省外销售粮食400万吨左右。福建是全国三大缺粮省份之一，粮食自给率不足37%，每年需从各主产省“引粮入闽”约1200万吨。

本届“粮洽会”，省粮食局组织湖南粮食集团、湖南军粮集团等38家湘粮企业到福建发布粮油供应信息，开拓销售渠道。经前期协商，湖南粮食集团与福建泉州市同方创业公司签下10万吨的粮食购销协议，数量居首；另外还有7家湘粮企业共获得福建企业13.5万吨的粮食购销协议、合同。

【徐守盛在贵州省毕节市考察扶贫工作】 2015年6月16日，省委书记、省人大常委会主任徐守盛在贵州参加部分省区市党委主要负责同志座谈会期间，根据中央统一安排，到贵州省毕节市考察学习扶贫攻坚工作。通过近2天的现场观摩、实地考察，他强调最多的就是，湖南的扶贫工作，一定要按照中央的部署要求，学习借鉴贵州省的宝贵经验和创新模式，扎实打好湖南扶贫开发攻坚战，确保按时间节点如期完成各项目标任务。

近年来，贵州省毕节市坚持“开发扶贫、生态建设、人口控制”三大主题，以“六个到村到户”为抓手，探索出了精准扶贫“十子工作法”，驻村干部通过瞄靶子、梳辫子、结对子、理路子、想法子、找票子、甩膀子、强班子、凑份子、造册子10个步骤，建立精准扶贫识别、分类、驻村、规划、帮扶、配置、动力、引领、联动和管理机制，取得了明显成效。

考察期间，徐守盛一行先后来到毕节市双山新区职教城及规划馆、毕节乌蒙山药业有限公司、七星关区现代高效农业示范园区、朱昌镇双堰村等地，围绕教育扶贫、产业扶贫、整村推进、扶贫“同心工程”等方面工作，与当地基层干部、企业负责人和群众进行深入交流，详细了解推进精准扶贫的创新思路、帮扶举措和操作办法。

考察中，徐守盛指出，贵州省、毕节市在精准扶贫实践中探索形成的好思路、好办法、新经验、新模式，在全国树立了样板，为湖南提供了样本。湖南各级各部门要很好地学习借鉴“贵州经验”、“贵州模式”，认真贯彻习近平总书记关于扶贫工作的重要讲话精神，坚定信心决心，强化政策举措，齐心协力共同打赢扶贫开发这场攻坚战，让三湘人民共建共享全面小康。

【海峡两岸媒体联合采访湖南抗战名城】 2015 年 6 月 23 日下午，伴随着湖南抗战宣传片的铿锵有力，主题为“湖南抗战名城巡礼”的第十二届海峡两岸媒体来湘联合采访活动在长沙启动。省委常委、省委统战部部长李微微在启动仪式上为联合采访团授旗。

此次采访持续至 6 月 28 日，旨在纪念中国人民抗日战争胜利暨世界反法西斯战争胜利 70 周年。6 天间，来自海峡两岸 27 家媒体的 40 余名记者，将重回当年重要战场遗址，重点采访长沙、益阳、常德、衡阳、怀化等湖南抗战名城，采访抗战纪念场馆、抗战老兵、专家学者以及各地抗战纪念活动，用自己的笔和镜头记录那段血火淬炼的民族精魂和今天的巨大发展成就。

“希望两岸媒体记者朋友充分彰显海峡两岸同胞铭记历史、振兴中华的共同愿景，进一步促进和深化台湾与湖南全方位的交流合作，号召和激励海峡两岸人民弘扬抗战精神，共同致力于推动海峡两岸和平发展、实现中华民族伟大复兴的中国梦。”李微微在启动式上说。

启动式上，省文史馆馆员郑佳明向大家讲述了湖南抗战历史。省台办、省政府新闻办负责人向抗战老兵代表黄天、陈忠民、王光亚发放了慰问金。

【我省参加 2015 两岸食品产业合作及交流会议】 2015 年 6 月 23 日，2015 两岸食品产业合作及交流会议 22 日在台北开幕，300 余名食品产业专家、企业家就加强产业合作进行探讨。我省克明面业董事长陈克明就如何坚守“食品安全防线”进行了分享。

此次交流会围绕两岸食品产业未来展望及合作、两岸食品安全透明升级及两岸合作等议题，进行经验分享。陈克明介绍了公司严格把住食品安全关的经验。从 1984 年做面开始，陈克明就以恪守诚信为理念，从不在食品中添加任何非食用的物质，对食品安全要求“一根筋”。现在，公司建立起独立的安全检测部门，固定资产及设备投资达到 4000 多万元，其中进口自美国、德国、瑞士等国的电感耦合等离子质谱仪、全自动氨基酸分析仪等先进检测设备，就达到 2000 多万元，能检测农残、重金属等 100 多种有害物质，其水平在全国同行业无出其右。同时，检测部门的职能完全与生产及供应分开，对进厂的各种原辅料及出厂的产品有“生杀予夺”大权。

【首家湘商企业入驻贵阳综合保税区】 2015 年 6 月 23 日下午，中国湘商力量总评榜活动组委会一行应邀参观贵州省贵阳综合保税区，了解贵阳市湖南商会会员企业“贵阳易帆保税国际货运代理有限公司”入驻情况。据了解，这是目前入驻贵阳综合保税区的第一家湘商企业。

贵阳综合保税区是国内首个山地生态型综合保税区，园区产业布局主要以航空航天、电子信息、国际贸易、现代物流等为重点产业，以产城一体化互动发展为目标，建设具有国内特色的生态保税新城。封关运行 6 个月以来，已有 150 多家企业相继签约入驻综合保税区。贵阳易帆保税国际货运代理有限公司是贵阳市湖南商会会员企业，主要从事国际物流、多式联运、进出口报关报检，以及进口商品展销等业务。该公司董事长李立清介绍，作为第一家入驻综合保税区的湘商企业，十分看好这里的投资环境、优惠政策和一站式服务水平，他们将通过综合保税区这个平台，把国外日用生活品、小电器及食品等引进国内，计划在贵州省建立 10 家进口商品连锁超市，满足市场需求。据了解，该公司全面运行后年贸易额将达到 8 亿元以上，上交利税近亿元。

贵阳综合保税区廖俊科长向中国湘商力量总评榜活动组委会和贵阳市湖南商会会长朱彩昀一行介绍了综合保税区开发建设和运行情况，欢迎更多的湘商企业入驻综合保税区，投资兴业，拉动黔湘两地进出口贸易，扩大商贸交流，繁荣两地经济。

中国湘商力量总评榜组委会秘书长谢作钦参观贵阳综合保税区后表示，贵阳综保区高起点谋划，高标准建设，高效率服务值得推介和宣传，并希望综保区以优质服务吸纳更多的湘商企业入园，共同发展。

【华融湘江银行与深圳前海微众银行签署战略合作协议】 2015 年 6 月 25 日，华融湘江银行与深圳前海微众银行在长沙签署战略合作协议，双方将在支付及客户互荐、信用卡、小微及个人贷款、理财、同业授信、互联网金融生态圈等方面开展深入合作，共同为客户提供线上与线下相结合的全方位金融服务。

微众银行成立于 2014 年，是我国首批民营商业银行之一，也是首家上线的互联网银行。此次合作是现代商业银行与新兴互联网银行合作的一次全新尝试，未来双方将通过合作着力发展小微金融、民生金融和普惠金融，通过彼此之间的资源合作、支持和调配，打造银行、金融领域的创新共同体，造福广大小微客户、创业者和个人消费者，共同构建“线上 + 线下”、“支付 + 理财”、“渠道 + 实时”的互联网金融服务体系。

华融湘江银行董事长刘永生表示，双方有着高度的战略契合点和广阔的合作空间。微众银行有数量庞大、资质优良的线上客户资源，华融湘江银行有覆盖湖南全省的 160 多个营业网点，且有中国华融全国性大客户资源，双方在客户资源共享、线上与线下融合方面有着广阔的合作空间；华融湘江银行将大零售业务作为转型发展的重要方向，大力推动信用卡、消费信贷和理财业务发展，与微众银行服务大众创业、万众创新的客户定位也是高度吻合的。

目前，华融湘江银行已构建起包括网上银行、手机银行、微信银行和自助银行等在内的网络金融业务体系，并正在加紧研发直销银行、移动支付等互联网金融产品，努力为各类客户提供优质的网络金融服务。

【“清华五道口金融 EMBA 潇湘行”考察团来湘考察】 2015 年 6 月 23 日至 26 日，“清华五道口金融 EMBA 潇湘行”考察团来湘考察。省商务厅今天在长沙举行考察团对话湖南经济交流论坛，副省长黄兰香出席。

考察团成员包括加华伟业董事长宋向前、洋河股份董事长杨廷栋、壹人壹本董事长杜国楹、天明集团董事长姜明、中关村管委会副主任杨建华、五道口金融学院教授胡蓉等，各位工商界精英参观考察了中联重科、加加食品、蓝思科技、芒果传媒、快乐购等。

据介绍，加华伟业主要合伙人均为湖南人，加华伟业旗下基金在湖南成功投资了加加食品、省茶业集团股份有限公司等企业，目前加华伟业正在与湖南省多家优秀企业进行接触，希望将来可以与家乡企业开展更多的合作，帮助更多家乡企业上市。

黄兰香说，湖南正处于转型发展关键期，希望各位企业家在湘考察期间多进行一些案例分析，为湖南的发展把脉献策，也期待各位企业家多来湖南走走看看，来湖南投资合作，共同发展。

【许又声会见香港新闻联采访团】 2015年6月27日，以香港新闻联执行主席、香港紫荆杂志社社长刘伟忠为团长的香港新闻工作者联会“湖湘文化之旅”采访团昨晚抵湘，省委常委、省委宣传部部长许又声会见了采访团一行。

许又声对采访团一行来访表示欢迎，并介绍了湖南经济社会发展以及文化建设等方面的情况。他说，香港新闻媒体为宣传湖南经济社会发展做出了积极贡献。希望采访团进一步熟悉、了解湖南，多传播湖南好声音、好故事，吸引更多人走进湖南。

刘伟忠表示，港媒采访团将发挥各自媒体优势，在边采访边了解的过程中，加强交流，增进友谊，做好宣传湖南的工作。

此次香港新闻联采访团来湘，将聚焦我省文化演艺、文化旅游、非物质文化遗产等文化产业发展情况，赴长沙、益阳、常德、张家界等地进行采访。

【中兴通讯中部最大研发生产基地落户湖南】 2015年6月30日下午，中兴通讯长沙基地项目启动仪式在长沙高新区信息产业园举行。两年后，中兴通讯在中部地区最大的全球性研发及生产基地将屹立于此，成为我省电子信息产业又一张靓丽“名片”。省委副书记、省长杜家毫宣布项目正式启动建设，中兴通讯股份有限公司董事长侯为贵出席并讲话。

省委常委、长沙市委书记易炼红讲话，副省长黄兰香、省政府秘书长向力力出席。

中兴通讯是全球领先的综合通信解决方案提供商，国内最大的通信设备上市公司。去年12月，省政府与中兴通讯签署战略合作框架协议，共同推进湖南信息化和新能源建设。今年4月，长沙与中兴通讯开展洽谈对接，仅用2个月时间就实现了项目落地建设。根据协议，中兴通讯长沙基地项目总投资40亿元，主要用于中兴通讯旗下的通讯产品、设备生产、研发及相关衍生业务开展。预计该项目整体建设期为两年，5年内可实现年产值40亿元以上，提供就业岗位约6000个。

侯为贵感谢湖南省委、省政府及长沙市给予中兴通讯长沙基地项目的大力支持。他表示，项目能在短短两个月内完成洽谈、签约、落地，充分展示了湖南各级政府在移动互联网时代下的高速度、高效率。未来，中兴通讯长沙基地将更好发挥全球通讯领域龙头企业的示范效应，为湖南经济社会发展做出新的贡献。

易炼红说，通过依托中兴通讯一流的技术实力和创新能力，发挥长沙“一带一路”节点城市和长江中游城市群中心城市的区位交通优势，以及长株潭国家自主创新示范区和国家级湘江新区的聚合效应，中兴通讯长沙基地一定能成为引领行业发展的标杆、整合信息资源的平台、聚集高端人才的洼地、助推区域产业转型升级的重要支撑。长沙将一如既往提供优质服务，确保项目早日竣工达产、开花结果。

【8家机器人企业签约入驻长沙】 2015年7月7日，上海摰优、深圳繁兴科技、广州意戈力自动化等8家机器人企业，与长沙雨花经开区签订正式投资协议，入驻湖南省机器人产业集聚区。此次签约总投资额达5亿元，预计达产后可实现年产值10亿元。

“我们投资3000万元打造的全国最大‘机器人5S店’，将在3个月后亮相长沙。”上海摰优机器人有限公司董事长卞祖鉴表示，这也将是中部第一家机器人5S店，将集中展示各种应用领域的机器人，为有需求的用户提供一站式、点菜式服务。“我们还创新模式，由我们提供机器人，企业只需像对员工一样付给工资。这样能很大程度上减轻企业负担。”卞祖鉴对长沙机器人市场信心十足，他表示摰优的创新销售模式，将为长沙机器人产业带来一股新风。

“湖南的烟花产业优势十分明显，而这个行业机器换人的市场需求也很大。”东莞尔必地机器人有限公司经理卿茂江表示，他们已与浏阳东信烟花集团合作，通过机器人代为作业，不仅效率提高了3倍，更重要的是安全系数大大增加。尔必地将在湖南建立研发、销售、生产为一体的基地，力争打开烟花等行业的机器人市场。

雨花经开区管委会主任郭四军介绍，截至目前，该区已引进机器人企业或项目达31个，一期31家达产后，预计产能将达20亿元。此次签约项目涉及机器人本体、机器人底层设计和控制、汽车焊装、烹饪等领域的机器人制造及应用，这些项目的落地，将为雨花经开区打造机器人产业集群，再添有力支撑。

作为全省工业机器人产业集聚区，雨花经开区在突出10万平方米标准厂房建设的同时，积极搭建“技术、人才、市场推广、检测、投融资、财政支持、产业聚集”的七大平台，构建完整的产业生态，机器人企业群聚的规模品牌协同效应初显。

【杜家毫会见张勇】 2015年7月13日上午，省委副书记、省长杜家毫在长沙会见了阿里巴巴集团首席执行官张勇一行。

张勇此行来湘，将代表阿里巴巴集团与湖南电广传媒、印纪传媒开展全面战略合作。

杜家毫说，湖南高度重视互联网产业发展，去年以来制定出台了一系列专项政策措施，有力促进了互联网人才、技术、资金加速在湘聚集。阿里巴巴长期深耕互联网领域，运用新技术，拓展了一大批新模式、新产品、新业态，特别是搭建的电子商务平台，为广大青年提供了许多创业就业机会，成为大众创业、万众创新的典范。当前，湖南正大力推进“互联网+”行动计划，力争让文化、教育及农业、工程机械等传统优势产业与互联网碰撞出新的火花，形成新的增长点。希望阿里巴巴进一步深化与湖南在金融服务、影视出版、农村电子商务、智能物流等领域的合作，实现共同发展。

张勇说，阿里巴巴将在电子商务、金融服务、云计算、现代物流、文化等领域积极寻求与湖南的交流合作，更好地服务经济社会发展。

副省长李友志、省政府秘书长向力力，印纪传媒董事长肖文革参加会见。

【电广传媒与阿里巴巴全面战略合作启动】 2015 年 7 月 13 日，湖南电广传媒与阿里巴巴全面战略合作启动仪式在长沙举行，印纪传媒参与投资，合作三方联袂宣布携手进军家庭互联网，开创广电网与互联网融合发展新时代。省委常委、省委宣传部部长许又声，副省长李友志出席启动仪式。

据悉，早在今年 6 月下旬，电广传媒就与阿里巴巴签署了《全面战略合作框架协议》。7 月初，电广传媒旗下的湖南有线网络集团、阿里巴巴旗下的浙江天猫、印纪传媒旗下的印纪湘广签署了《三方商务合作协议》，明确在电广传媒全资子公司湖南有线集团覆盖的 600 万户电视用户里，通过搭载阿里巴巴家庭娱乐服务平台的智能机顶盒，引入阿里巴巴“影视 + 电商 + 音乐 + 游戏 + 教育”内容体系，打造“最完整的家庭娱乐信息生态圈”，全方位提升用户体验。

据介绍，智能机顶盒融合了阿里巴巴在云数据存储、云计算服务以及智能设备操作系统等多领域的技术成果，搭建了一个开放规范的平台。该平台通过对用户行为习惯、观看喜好、消费记录等各方面数据进行统计分析，可以实现用户需求精准推送，提供更加贴心的服务。

李友志说，希望合作三方携手共进，共生共荣，探索“互联网 +”融合发展的新路子，为广大用户提供丰富多彩的新内容、新体验，打造行业新标杆。

【吉利新能源 SUV 项目落户湖南】 2015 年 7 月 17 日下午，省委副书记、省长杜家毫在长沙会见了浙江吉利控股集团有限公司董事长李书福一行。会见后，浙江吉利控股集团与湘潭市政府签署合作协议，共同推进吉利汽车湘潭生产基地新增新能源 SUV 产品平台项目建设。

副省长黄兰香、省政府秘书长向力力参加会见和签约仪式。

杜家毫感谢吉利汽车长期以来为湖南经济社会发展所作的贡献。他说，吉利汽车是我国民族汽车工业的骄傲，其创新创业历程充分体现了中华民族自强不息的精神，特别是成功收购世界著名汽车品牌沃尔沃，成为民族汽车工业史上的佳话。近年来，包括吉利在内的一大批汽车企业相继入驻，湖南汽车产业从无到有，逐步发展成为全省特色优势产业。希望吉利汽车充分发挥资金、技术、管理等优势，进一步深化与湖南的合作，加快在湘项目布局和建设，带动上下游企业加速在湘聚集，推动湖南汽车产业再上新台阶。

李书福说，吉利近年来在湘投资发展的实践充分证明，湖南汽车产业发展环境越来越好，各级政府对产业支持的力度越来越大。吉利将把湖南作为集团未来发展的战略重心，进一步放开手脚，不断加大投资力度，导入更多新项目、新技术、新产品，更好地服务当地发展。

根据合作协议，浙江吉利控股集团将在吉利汽车湘潭生产基地现有轿车产品平台的基础上，新增全新 SUV 产品平台，生产涡轮增压节能汽油 SUV、插电式混合动力 SUV 等产品。项目总投资 35 亿元，预计 2018 年实现整车量产，项目建成 3 至 5 年后达到年产销 SUV 整车约 15 万辆，年产值 150 亿元，年创利税 5 亿元以上。

【杜家毫会见王文银】 2015 年 7 月 23 日，省委副书记、省长杜家毫在深圳会见了正威国际集团董事局主席王文银一行。

正威国际集团位列世界 500 强第 295 名，是一家以有色金属完整产业链为主导，半导体、电子信息、高新材料等产业多元发展的全球化集团公司。目前，正计划与郴州市在有色金属领域开展相关合作。

杜家毫说，湖南有色金属资源丰富，开采冶炼历史悠久，素有有色金属之乡和非金属矿产之乡的美誉。特别是新中国成立以后，国家在湘布局了株冶、水口山等一批大型有色冶炼企业，兴建和设置了相关专业院校和学科，为湖南加快发展有色冶炼和新材料产业打下了坚实的教育、科研、人才和产业基础。希望正威集团充分发挥资金实力强、产业链条长、市场覆盖广等优势，进一步深化与湖南在有色金属、新材料等领域的合作，加快相关项目在郴州落地，整合资源优势，延伸产业链条，助推湖南由有色金属之乡加快迈向有色金属之都。

王文银说，正威集团十分看好湖南的发展前景，希望双方积极探索合作模式，实现优势互补、共同发展，力争把湖南有色金属领域的一颗颗“珍珠”，串联成一条价值连城的“项链”。

省委常委、长株潭两型试验区工委书记、管委会主任张文雄参加会见。

【省政府与东航集团签署战略框架合作协议】 2015 年 7 月 30 日下午，省政府与东航集团签署新一轮战略合作框架协议签约，根据协议，东航集团将充分发挥国际国内航线网络优势，支持长沙打造区域性国际航空枢纽。签约仪式前，省委副书记、省长杜家毫在长沙会见了东航集团公司总经理、东航股份公司董事长刘绍勇一行，并共同见证签约。

副省长张剑飞与东航集团公司党组书记、股份公司总经理马须伦分别代表双方签署协议，省政府秘书长向力力参加会见及签约仪式。

杜家毫感谢东航集团长期以来为湖南经济社会发展做出的积极贡献。他说，湖南历史文化底蕴深厚，物产资源丰富，近年来工程机械、有色冶炼等传统产业转型升级步伐稳健，轨道交通、电子信息、旅游文化、新材料、环保等新兴产业异军突起，经济社会保持平稳健康发展。随着区位优势和市场潜力的日益凸显，湖南对外开放不断扩大，外向型经济发展势头强劲。希望东航本着互利共赢原则继续加强同湖南合作力度，在国际长航线、支线航空、航空物流等方面不断深化业务拓展、发掘市场潜力，推动湖南更好地走向全国，走向世界。

刘绍勇说，得益于湖南显著的区位优势和省委省政府的大力支持，东航近年来在湖南取得了长足发展。东航集团将以此次签约为契机，通过加大运力配置、开辟新的国际航线、优化航空业务等不断深化同湖南的合作，更好地服务于湖南经济社会发展。

根据合作协议，湖南与东航集团将根据优势互补、资源共享、共谋发展的原则进一步深化合作。未来五年，东航集团将继续增加在湖南航空运输市场的运力投放，扩大运输规模，满足适应中部枢纽机场资源和航线网络运力需求；进一步拓展湖南省国际航空客运和货运通道，开通长沙—东京的直航航线，并在日韩、东南亚、欧美澳长航线上取得更多突破；探索开展“干线+支线”航空联运、“空铁”联运、“一票到底、行李直挂”中转联程等各类新业务。

【湖南贵州举行建设高铁经济带座谈会】 2015年8月1日上午，湖南贵州两省以高铁为“媒”进行了一场高效率的交流合作活动。两省党政代表团分别从长沙、贵阳乘坐高铁出发，一个多小时后在怀化会合，随即举行了两省建设高铁经济带座谈会，并签署了两省政府关于建设湘黔高铁经济带合作框架协议。湖南省委书记、省人大常委会主任徐守盛，贵州省委书记、省长陈敏尔，湖南省委副书记、省长杜家毫出席上述活动。

湖南省领导陈肇雄、韩永文、易炼红、张剑飞；贵州省领导秦如培、陈刚、慕德贵出席活动。

沪昆高铁贯穿湘黔两省共952公里、24个站点。沪昆客专怀化（新晃）至贵阳段开通后，长沙和贵阳铁路运行时间由12小时缩短至3小时，两省沿途10多个市州将形成紧密的“高铁经济带”，极大地促进两省间人流、物流、资金流、信息流的交流互动，推动形成更加紧密的“湘黔经济圈”和“省际同城生活圈”。

“进入‘高铁时代’，我们走在了时间的前头，原定上午11时开始的座谈会，现在可以提前开始了。”徐守盛主持座谈会的开场白，让大家都会心地笑了。事实上，两省党政代表团一见面，大家就都在感慨高铁带来的种种变化，“现在真是你中有我，我中有你，谁都离不开谁了！”

座谈的话题始终围绕“高铁”展开。徐守盛说，高铁的开通，让湘黔两省交流合作站在了一个新的历史起点，加快建设湘黔高铁经济带，就是建设一条增长带、一条致富路，将为两省老百姓做更多看得见摸得着的实事好事。“要以沪昆高铁为纽带，把湘黔合作打造成我国中西部区域合作的典范。”徐守盛提出，以项目合作为抓手，把湘黔高铁经济带建设作为内陆省份主动融入国家“一带一路”战略的重要通道、共同实施长江经济带战略的重要载体、深化两省交流合作的重要舞台、加快武陵山片区扶贫攻坚的重要平台。他认为，围绕湘黔高铁经济带建设，两省可着眼于加快构建互连互通的综合交通运输网络、推动产业互补联动发展共同谋划和布局一批大项目好项目。随后，他从基础设施、产业、生态环境、扶贫开发等方面列举了一大批可合作和共同向上争取的项目，希望尽快见到实效，以此优化高铁沿线空间布局和产业布局，延伸跨区域产业链条，最终让两省老百姓受益。

“相信我们两省的交流合作必将按下‘快进键’、跑出‘加速度’、打造‘升级版’。”徐守盛希望，以这次合作座谈会为推动，进一步健全完善常态化交流合作机制，加强定期联系沟通和工作对口衔接，加大协调和执行力度，逐项确定有关合作事项的双方责任主体、分工方案、时间进度，保证合作事事有着落、项项有实效。

“高铁的开通，让我们的生活变得高大上。”陈敏尔在简要介绍贵州省经济社会发展情况后说，沪昆高铁贵阳至长沙段开通运营，为贵州在新的起点上深化与湖南的交流合作提供了难得机遇，两省联系将更加便捷紧密，合作空间和前景将更加广阔。希望以此次签署“框架协议”为契机，进一步加强两省高铁沿线的产业转移与对接合作，加大跨省产业园区合作建设力度，推动优势产业互补和区域经济一体化发展；不断加强旅游合作，把旅游作为高铁经济带的先行领域来抓，加快推进旅游市场一体化，连片开发精品旅游资源，携手打造湘黔黄金旅游圈；深化扶贫合作，建立健全省际协调机制，联手争取国家政策支持，加快推进武陵山片区旅游扶贫综合示范区建设；进一步加强交通合作，以铜仁凤凰机场建设为典范，加快构建以高铁为引领的综合交通网络，推动“铁、公、航、水”无缝衔接；进一步加强生态合作，努力把武陵山片区建成长江流域重要生态屏障。

杜家毫介绍了湖南经济社会发展情况。他说，近年来，湖南与贵州坚持互利互惠，不断拓展合作领域、提升合作层次，取得了良好成效。当前，湘黔两省处于相同发展阶段，共同面临适应引领经济新常态、加快转型创新发展的历史重任，合作前景广阔。建设湘黔高铁经济带，是两省共谋合作、共促发展的一大盛事，必将为共同对接长江经济带建设等国家战略，加快武陵山地区扶贫开发，实现又好又快发展提供新的平台和动力。希望两省以共同签署高铁经济带合作框架协议为契机，进一步深化基础设施、产业转型、能源保障、市场一体化、现代物流、生态建设、扶贫开发等方面的合作，共同打造湘黔高铁经济带，致力推动两省交流合作迈上新台阶。

【省政府与贵州省政府签订《关于建设湘黔高铁经济带合作框架协议》】 2015年8月1日上午，省政府与贵州省政府签订了《关于建设湘黔高铁经济带合作框架协议》（简称《协议》），从基础设施建设、产业发展、生态保护、扶贫攻坚等多个方面明确了一系列重大合作项目。

根据《协议》，两省将在基础设施方面推进互联互通，加快推进贵州铜仁至湖南怀化、贵州黎平至湖南靖州等高速公路前期工作，力争同步开工建设；共同推动清水江—沅水高等级航道建设，尽快打通清水江—沅水—长江的水运通道。

在产业方面，推动互补联动发展，跨区域延伸产业链条，共同开发铝、钛等金属冶炼及深加工项目，合作建设一批特色鲜明的资源深加工产业带；共同推进武陵山区优质茶叶基地、特色中药材产业带等建设。

在生态环境方面，协同实施石漠化治理、天然林保护等多项环保工程，建立生态环保联防联治机制，健全信息通报制度和监测数据共享制度，联手打造长江中上游重要生态安全屏障。

扶贫开发方面，以产业扶贫合作为抓手，加强文化旅游、医药养生产业、生态农业、园区共建等多方面的合作，探索推进黔东—湘西区域扶贫攻坚示范先行区建设。

两省境内高铁沿线旅游资源丰富。《协议》提出，携手推进以“大武陵山”文化旅游区、舞阳河（舞水）文化旅游区、清水江文化旅游区及长沙－韶山－怀化－镇远－凯里－贵阳－安顺、岳阳－常德－凤凰－铜仁－遵义－毕节、张家界－凤凰－铜仁－镇远－黎从榕等旅游精品路线为重点的“三区三线”无障碍旅游区建设。

高铁的开通，将带来两省间更频繁的人员交往。《协议》提出，将加强两省社会保险关系转移接续，探索在铜仁、吉首、怀化等毗邻区域开展城镇居民医保和新型农村合作医疗定点医疗机构跨区域互认试点，建立健全异地务工人员权益保障机制。

【李微微向深港澳台企业家推介湖南】 2015 年 8 月 4 日上午，省委常委、省委统战部部长李微微率队赴深圳召开湖南省情介绍座谈会，就即将举办的2015 中国（湖南）非公有制经济发展论坛暨海外侨领侨商三湘行活动，向深港澳台企业家伸出“橄榄枝”。深圳市委常委、市委统战部部长林洁出席。

近年来，湘深经贸交流频繁，200 多万湘籍人士和数以万计湘籍企业在深圳创业发展，在湘投资的深企超过 1 万家。在深企带动下，港澳台在湘投资企业达 10800 家，占全省引资总额 70%。

“希望在市场上给企业更多支持，营造更好环境”、“跨境电商是不是有更好的政策”……会上，林怀、胡宇舟、曹力农、张国一、李享儒、黄德隆、谢鹏程等企业家对湖南不断优化投资环境表示赞许，并就赴湘投资提出建议。

“希望大家到湖南多走走、多看看，了解湖南、加盟湖南、投资湖南、创业湖南、给力湖南。”李微微指出，湖南正迎来新一轮重大发展机遇，真诚期盼海内外有识之士到湖南寻求更大发展商机，推动湖南与深圳等珠三角地区交流合作向更大范围、更宽领域、更高层次发展。湖南将当好“服务员”，提供最佳服务，创造最优环境，实现百姓、企业、政府三方共赢。

【杜家毫会见蒋至刚】 2015 年 8 月 5 日下午，省委副书记、省长杜家毫在长沙会见九兴控股集团董事主席蒋至刚一行。

杜家毫充分肯定九兴控股近年来为湖南经济社会发展所作的积极贡献。他说，当前，湖南正充分发挥“一带一部”区位优势，一方面坚持创新驱动、转型发展，积极培育新兴产业；另一方面依托丰富的劳动力资源，大力承接制鞋、纺织等市场空间广、就业容量大的劳动密集型产业和企业，吸纳更多务工人员就地就近就业，更好地促进当地经济发展和社会和谐稳定。希望九兴控股集团进一步加大在湘投资力度，不断发展壮大。湖南省委、省政府将积极研究相关扶持政策，加快改革试点，切实降低企业成本，减轻企业负担，让包括九兴控股在内的广大劳动密集型企业在湘安心发展、持续发展。

蒋至刚说，有湖南各级的大力支持，九兴控股有信心、有能力在湘不断发展壮大，为当地经济社会发展多作贡献。

省政府秘书长向力力参加会见。

【徐守盛会见上海考察团一行】 2015 年 8 月 9 日下午，省委书记、省人大常委会主任徐守盛在长沙会见了上海市委常委、统战部部长沙海林率领的上海考察团一行。15 家上海知名民营企业随团访湘，寻求交流合作。

徐守盛欢迎上海考察团来湘考察。他说，上海是改革开放的排头兵，在全国开放型经济发展中地位举足轻重，在新一轮全面深化改革中创造的经验值得湖南认真学习。当前，湖南紧紧抓住长江经济带和长江中游城市群建设等重大机遇，立足“一带一部”战略定位，大力发展外向型经济，经济社会发展实现稳中有进。希望双方不断增强政府、园区、企业间的交流，在加强统战工作、扩大开放、发展民营经济等方面进一步深化合作。

沙海林表示，湖南发展速度快、势头好，在两型产业、园区建设、文化产业等众多领域积累了良好经验，今后将推动沪湘两地进一步深化合作，实现共赢发展。

省领导李微微、韩永文、何报翔参加会见。

【沙海林率上海企业家来湘考察招商】 2015 年 8 月 9 日下午，上海市委常委、市委统战部部长沙海林率上海市工商联企业家一行，就推动沪湘合作在长沙参加了招商推介座谈会。湖南省委常委、省委统战部部长李微微，副省长、省工商联主席何报翔出席会议。

加强与上海对接、学习上海的先进经验，既是湖南融入长江经济带、推动跨越发展的战略选择，也是两地优势互补、谋求共赢的迫切需要。座谈会上，省商务厅和长沙、株洲、湘潭、益阳四市负责人作了重点项目推介，与上海企业家代表进行互动交流。

沙海林指出，这次考察了解了湖南的发展思路、规划布局和湖南的投资环境、投资项目。上海非公经济发展逐步形成了都市型、广域型、国际化特征，行业广度和深度不断拓展，但也面临转型发展的机遇和挑战，将动员和鼓励更多有条件有意愿的上海企业到湖南发展。

“湖南将当好‘服务员’。”李微微要求湖南有关部门为企业家们“建档”、“立卡”、“量身”、“跟踪”，为上海企业参与湖南发展做好优化环境的“功课”。

期间，上海企业家们还实地考察了岳阳。

【香港中华厂商联合会在长沙成立办事处】 2015 年 13 日至 16 日，香港中华厂商联合会会长李秀恒一行来湘进行商务考察，并将在长沙成立香港中华厂商联合会长沙办事处，为港湘之间搭建新的经贸合作平台。副省长何报翔会见了厂商会代表团。

省商务厅资料显示，香港是我省利用外资最主要的来源地，居来湘投资国家和地区的第一位,香港也是我省对外投资企业聚集度最高的地区之一。

据介绍，香港中华厂商联合会与湖南省一直保持着密切的关系。厂商会众多会董会员在湖南投资兴业，自 2004 年起，厂商会已与湖南省的多个政府部门及社团签署合作协议书。在 2015“港洽周”活动上，省商务厅与香港中华厂商联合会签订了战略合作框架协议，明确了在信息、项目合作、商品贸易和服务贸易方面的合作。

厂商会长沙办事处的设立，将进一步加强香港和湖南两地在经贸领域的交流。据了解，香港中华厂商联合会将每年不定期地组织会员企业来湘考察；我省将加强与香港的贸易对接，扩大港湘之间的进出口贸易额；双方将加大湖南企业赴港融资上市宣传的力度，鼓励支持有条件的企业在香港上市。

【湖南组团参展香港美食博览会】 2015 年 8 月 13 日，

在开幕的香港美食博览会上，湖南优质农产品首次登台亮相。32家湘籍“三品一标”农企在这个国际化的大擂台上，既展示了特长，也看到了差距。

香港美食博览会是亚洲最盛大的美食展，今年已举办到第26届。与远涉重洋的马来西亚、日本等国以及天南地北的黑龙江、云南等省相比，湖南与香港的距离称得上很近，但湖南此前一直未组团赴港“打擂”。此次参展由省农业委牵头组织，32家湘企的产品都属于“无公害农产品、绿色食品、有机农产品和地理标志农产品”（即“三品一标”）范畴，接受挑剔的香港市民舌尖“打分”。

湖南果秀食品（集团）公司展出的有机杏鲍菇，可生食，营养丰富，价格适中，深受爱煲汤、好清淡的香港市民欢迎。益阳茶厂的湘益茯茶，降脂去腻，口感上乘，赢得上班族的青睐，已经初步谈妥在香港发展总代理商。部分参展湘企也看到了自身明显的不足。比如，有些农产品包装过于简单，既不够“土”也不够“洋”，根本无法激发客商食欲；有些企业派来的参展人员，不懂粤语也不会英语，遇到高端客商做不了介绍，更无从洽谈。

省农业委主任刘宗林表示，农业要由生产导向型转变为消费导向型，湖南是农业大省，也是供港农产品重要基地，一定要走出去关注消费市场，特别是像香港这样的高端消费市场，根据市场需求来引导生产，才能提高效益，助农致富。

【宁夏统战考察团来湘交流】 2015年8月12日至13日，宁夏回族自治区党委常委、区委统战部部长马廷礼率队来湘考察交流统战工作经验。湖南省委常委、省委统战部部长李微微出席有关活动。

马廷礼一行考察了天泉草业、金荣·同心国际工业园、蓝思科技、浏阳河农业产业集团，并与湖南就统战工作座谈交流。这些年，湖南统一战线紧扣全省中心大局，打造了统战成员广泛参与、服务经济社会效果好的工作品牌。宁夏则在民族宗教工作方面成绩突出，经验丰富。

李微微介绍，立足省情统情，从“万企联村、共同发展”、“海联三湘行”活动到搭建“五大平台”，再到统一整合为深入实施同心工程，湖南统战工作不断完善拓展，推动了大统战格局的形成。

“湖南统战工作在思维、方法和模式上始终有创新，感受非常强烈。”马廷礼指出，湖南统战工作站位高、思路新、工作实、氛围浓、影响大，精准发力，善做善成，促团结于发展之中，寓教育于服务之中，潜移默化，润物无声。

座谈交流中，双方表示，将进一步加强两地统战工作交流合作，建立互访机制，为推进两地改革发展更广泛地凝心聚力。

【中部首家清真食品产业园落户长沙】 2015年8月16日，香港大嘉国际集团与宁乡经开区管委会今天正式签署《战略合作协议》,双方将在宁乡创建国际清真认证咨询中心，共建国际清真食品产业园，这也是中部地区首家清真产业园，将吸引大批清真食品龙头企业入驻。

由于宗教信仰和生活习惯的要求，国际清真食品认证要求极其严格，对于食品原材料品质、食品加工工艺、食品储存保质处理等方面的要求极为苛刻。业内人士称，目前中国清真食品仅在宁夏等地有地方认证机构，全国范围内目前缺乏统一的标准认证权威机构，此次国际清真认证平台的创建，将让中部地区乃至全国食品的清真标准从宁乡产生。

近年来，宁乡经开区食品饮料产业快速发展，今年5月获批湖南省食品加工特色产业园，此次国际清真认证平台的合作将为园区带来新的发展契机。宁乡经开区负责人称，将在差异化发展食品产业的道路上不断寻找新增长点，努力将“清真”打造成食品产业的新亮点。

【我省参与主办的中国丝绸之路吐鲁番葡萄节开幕】 2015年8月20日上午，第24届中国丝绸之路吐鲁番葡萄节在新疆维吾尔自治区吐鲁番市开幕。新疆维吾尔自治区政协副主席毛肯·赛衣提哈木扎出席开幕式并宣布开幕。

吐鲁番是全国最大的葡萄生产基地和葡萄干集散地。从1990年起、每年8月下旬举办的中国丝绸之路吐鲁番葡萄节，到目前已成功举办了23届。据悉，为纪念丝绸之路开通2100年而办的丝绸之路吐鲁番葡萄节，已成为在国内外有一定影响、吐鲁番各族群众生产生活中重要的节日。

今年的葡萄节以“丝路葡城，神奇火洲”为主题，由新疆维吾尔自治区旅游局、吐鲁番市委市政府、湖南省新一轮对口援疆前方指挥部联合主办，中国丝绸之路吐鲁番葡萄节组委会承办。葡萄节将彰显丝绸之路文化底蕴，凸显葡萄主题，发展融合旅游。节会期间，将依托吐鲁番葡萄产业，举办百种葡萄展示、葡萄评比、吃葡萄比赛、葡萄酒品鉴会、葡萄绘画等活动；举办吐鲁番手信文化节，做大做强旅游纪念品产业，倡导甜蜜、健康、养生的葡萄文化；将葡萄采摘季、吐鲁番文化艺术节、麦西来甫歌舞巡演等完美结合，让游客欣赏美景的同时体会到吐鲁番的美食和本土艺术。

从1998年起，湖南开始对口援建吐鲁番市。多年来，湖南对口援疆前方指挥部均参与主办这一重大活动。“尤其是今年，湖南省旅游局、林业厅等单位派出多名专家来到吐鲁番，对吐鲁番相关工作人员进行培训，帮助我们提高旅游服务水平，提升这一活动的整体质量。”吐鲁番市旅游局党组书记艾克拜尔·卡哈尔介绍。

除了参与主办、派出专家指导外，湖南和吐鲁番的距离也因下午发布的共同宣言而拉得更近。

【全国行业专家及企业负责人齐聚湖南第二届互联网金融峰会】 2015年8月21日，湖南省第二届互联网金融峰会在长沙召开，来自全国的行业专家和学者及互联网金融领军企业负责人齐聚一堂，共同探讨新政背景下互联网金融发展的“湖南路径”。

据悉，互联网金融在中国自2010年左右开始崛起以来，今年一季度国内互联网金融市场整体规模已超过10万亿元，预计2015年国内互联网金融用户将达到4.89亿人。为了规范行业健康发展，7月18日，央行等十部委联合发布《关于促进互联网金融健康发展的指导意见》（以下简称《指导意见》），互联网金融从无监管状态进入到有监管状态。

与会专家一致认为，《指导意见》的出台，是互联网金融发展史上的大跨越，中国的金融行业在互联网的影响下，正在开始一场新的革命。“在此新政下，互联网金融行业的聚焦点已不再是求新或求快，而是转而关注如何健康发展。”中央财经大学金融研究所所长黄震教授，对新政进行了详细解读。易宝支付联合创始人兼CEO唐彬认为，互联网＋背景下，行业门槛不断被打破，跨界融合更深度，如何能提供基于大数据的个性化服务，真正实现组织形式的变革，也许是未来互联网金融商业模式变革的方向。

此次峰会上，互联网金融千人会中南分会、潇湘互联网金融发展促进中心还举行了挂牌仪式。蜂投网与中央财经大学普惠金融研究中心、阳光保险等多家机构则纷纷“相亲”，签订合作协议。

【株洲招商引资形成强大磁场】 2015年8月22日，株洲市委发布，8月上旬上海市工商联组织部分企业家来湘考察招商推介会上，株洲市株洲火车站改造、湘江新城建设等8个重点招商项目受到高度关注，企业家投资意向强烈。据了解，株洲市近年来内外用功、全力出击，形成了招商引资的强大“磁场”。

为营造“最佳营商环境”，株洲市“软硬兼施”，进一步改善交通等硬件基础设施，大力营造良好投资环境。去年8月，株洲被评为“中国最佳营商环境十大城市”。微软、惠普、西门子、三菱、麦德龙以及北汽集团、中航工业、中国五矿、阿里巴巴等40多家世界500强企业、大型央企与大型电商，纷纷抢滩登陆。今年上半年，株洲实际利用外资5.01亿美元，实际内联引资159.3亿元，同比分别增长12.4%、13.1%。

株洲大胆改革,改善政务环境。去年出台了《“项目建设年”活动项目履约攻坚组工作方案》，要求每个重点招商项目都配备一个市直部门全程跟踪服务，90%的行政审批项目进入市政务服务中心办理，按照“窗口受理、内部运作、限时办结”的方式，实行一个窗口对外、“一站式”办公、“一条龙”服务。

今年，株洲市还拿出5亿元，设立产业发展专项基金，重点支持园区建设、现代服务业、轨道交通以及中小微企业等。同时，通过建立中小微企业窗口平台，专门为其提供创业、技术、人才、投融资、管理咨询等服务。目前，该平台已有50余家机构入驻，被评为“中国中小企业创新服务先进机构”。

为争取更多企业、更多项目落户，株洲市精心包装项目，全力外出招商。仅今年就包装开发项目100个，投资总额2191亿元。带着这些项目，市里组织了149次小分队招商活动，赴广州、深圳、上海、北京等地，与上海元合集团、中国低碳产业投资中心、长城电脑、华南城等达成了40个项目的投资意向。今年7月2日，株洲市举办珠三角系列招商活动，集中签约重大项目37个，总投资达308.6亿元。

株洲市招商引资的强大“磁场”，吸引越来越多的企业和项目入驻，也为全市发展增添了新的生机和活力。今年，该市经济运行保持了全局平稳、整体向好的势头。上半年，全市地区生产总值同比增长8.7%，增速升至全省第4位。

适应新常态、全力稳增长，发展是第一要务。发展离不开项目，项目离不开招商引资，招商引资又与激烈竞争相伴。如何才能更好地招商引资？株洲给出的答案是，全力改善招商环境，付真情善待每个投资企业，用真心善待每个引进项目。

株洲是交通枢纽城市，但当今各地交通条件得到巨大改善，株洲的交通优势其实已不再明显。而作为传统工业城市，株洲原来以重化工为主的产业特点，在一定程度上已变成一种劣势。当此之时，唯有苦练内功、提升内涵，方能增强吸引力。

从政务上“保姆式”服务，到专项资金支持，到主动出击招商引资，株洲无不用心在做。如此一来，结果自然会令人满意。

【电广传媒牵手上海感知科技投资共闯物联网市场】 2015年8月23日，湖南电广传媒股份有限公司（以下简称“电广传媒”）发布公告，与感知科技有限公司（以下简称“感知科技”）合作正式启动，双方各投资1亿元成立上海感知实业发展有限公司，以智慧城市为切入点，共同打造基于广电网络的物联网平台，将物联网延伸至医疗、卫生、交通、消防等领域。

这次合作，于电广传媒而言，感知科技的技术优势，将为电广传媒在物联网领域的腾飞插上翅膀；于感知科技而言，电广传媒的带宽、容量、用户等资源，也将为感知科技的尖端技术提供可执行的样本。同时，电广传媒完成了我省有线电视网络整合，覆盖了全国近2000万有线电视用户，物联网基础成型。

物联网技术被称为人类史上第四次工业革命和第三次信息化产业浪潮。未来，物联网技术通过感应器嵌入到电网、铁路、桥梁、隧道等物品中，这些物品被普遍连接起来，形成物联网，实现人类社会与物理世界的联合。而这一切，可依靠感知终端，传输到大数据中心完成分析计算，指挥人类行为。未来，物联网技术还将运用在工业、农业、城建等各个领域。据预测，到2015年，我国物联网整体市场规模将达到7500亿元人民币，年复合增长率约30%。

【近2000种湘版书参展北京书博会】 2015年8月26日，第22届北京国际图书博览会在中国国际展览中心顺义新馆开幕。“出版湘军”携近2000种湘版书参展，《红藏》《历代辞赋总汇》《中医古籍珍本集成》等重点图书备受关注。

本届博览会，湖南省新闻出版广电局组织全省17家出版单位，精心挑选近2000种图书参展。展馆专设“湖南出版精品图书专区”，重点展示具有较高学术价值、文化积累价值并具有版权输出潜力的精品图书，包括湘潭大学出版社的《红藏》、湖南文艺出版社的《历代辞赋总汇》、岳麓书社的《中华大典·艺术典·陶瓷艺术分典》、湖南美术出版社的《黄永玉全集》、湖南科技出版社的《中医古籍珍本集成》、湖南师范大学出版社的《清季外交史料》等。

“图书出版作为文化产业，最终要以内容取胜。”省新闻出版广电局党组书记、局长朱建纲介绍，此次“出版湘军”带来了很多好书，各出版单位都有自己的亮点、精品，如中南大学出版社有色金属、材料学方面的图书，湖南少儿出版社的《中国民族节日风俗故事画库》等，都立足于把内容做好做足。

北京书博会是全球范围内有影响的图书展示交易平台，是推动中国图书“走出去”的重要载体。

【刘奇葆考察北京书博会湖南展馆】 2015年8月29日上午，中共中央政治局委员、中央书记处书记、中宣部部长刘奇葆参观了第22届北京国际图书博览会，并到湖南展馆考察，称湖南是出版大省，并点赞湖南在有些方面做在前面。

在湖南出版精品图书专区，省新闻出版广电局副局长尹飞舟指着《中国民族节日风俗故事画库》介绍，这套书表现了中国民族的节日故事和文化习俗，由大陆和台湾一流的画家、作家共同打造，是一套精品少儿图书，日本、韩国和一些阿拉伯国家的出版商都表达了引进意向。刘奇葆高兴地说，文化类图书在国外还是很受欢迎的。湖南出版这类型的书，能让外国人了解中国文化。

当刘奇葆听到湖南出版的《百年中国艺术史》版权已输出到俄罗斯，湖南还出版了《中国油画五百年》梳理油画进入中国后的发展历程，他点头予以肯定，并说目前正策划编一套"百年中国画册"，包括国画、油画等各个画种的内容，在这方面你们已经做在前面了。

本届北京书博会期间，为国内外出版业搭建起交流合作的平台。几天的时间里，湖南展馆观众川流不息，湖南10多家参展出版单位与众多国外出版机构进行了洽谈。至8月29日，已达成版权输出意向80多项，达成版权引进意向100余项。

【徐守盛会见马化腾】 2015年8月31日下午，省委书记、省人大常委会主任徐守盛在长沙会见了来湘开展合作的腾讯公司董事会主席兼首席执行官马化腾一行。

徐守盛高度评价腾讯公司近年来取得的骄人业绩。他说，互联网的快速发展，改变了人们的生活，推动了时代进步。"'互联网+'，最终要'+'在老百姓关心的'柴米油盐酱醋茶'上，要'+'进千家万户，真正为广大老百姓提供便利。"徐守盛表示，如何进一步发挥大数据、云计算等"互联网+"的优势，与湖南正在积极推动的智慧城市建设、社会管理创新、城乡统筹发展、便民生活服务等深度融合起来，一直是他关注的重点。

"湖南的区位优势日益凸显，各类人才加速聚集，为包括互联网创业在内的'大众创业、万众创新'创造了良好条件。"徐守盛说，腾讯与湖南合作起步早，在政务信息、民生服务、创新创业等方面有着良好的基础。当前，湖南正立足"一带一部"战略定位，抢抓一系列国家战略机遇，大力推动绿色、低碳、可持续发展，希望双方的合作不断拓展深化，最终惠及三湘父老。

"腾讯与湖南战略合作的时机到了。"马化腾说，腾讯希望紧贴湖南的发展实际，在政务、社保、教育、医疗、金融等领域加强对接，通过深化合作，共同打通政府信息服务"最后一公里"。

省领导许又声、易炼红参加会见。

【省政府与腾讯签署战略合作协议】 2015年9月1日上午，省政府与腾讯公司在长沙签署战略合作框架协议，携手推进"互联网+"行动计划。省委副书记、省长杜家毫会见腾讯公司董事会主席兼首席执行官马化腾，并共同签约。

副省长何报翔，省政府秘书长向力力，腾讯公司副总裁邱跃鹏出席会见和签约仪式。

杜家毫欢迎马化腾一行来湘，祝贺双方达成战略合作。他说，近年来，腾讯公司坚持不断创新，已成为中国民营企业加速国际化、引领世界潮流的典范，成功开创了移动互联网新时代，深刻影响着社会生产生活方式，极大丰富了人民群众精神和物质生活。当前，湖南正多措并举大力发展移动互联网产业，加快推进"互联网+"行动计划，一大批优秀企业和领军人才加速聚集。期待通过与腾讯的战略合作，进一步发挥湖南的产业、人才、大数据和云计算等优势，全面探索互联网加什么、怎么加的问题，推动互联网与各行各业深度融合，形成更多新业态和新的经济增长点。同时，依托腾讯的创新团队和先进的信息技术，促进各级政府在打造智慧城市、创新社会管理、统筹城乡发展、推进扶贫攻坚等方面更好地发挥作用，进一步加快政府职能转变，增强公共服务能力，提升行政效率，方便办事群众。

马化腾说，腾讯将充分发挥用户资源、平台网络、信息技术等优势，积极挖掘与湖南各行各业的合作需求，助力湖南相关产业加快转型升级，推动政府更好地运用信息技术和手段转变政府职能，提升行政效率，提高便民服务水平。

根据协议，双方将重点在政务、社会保障、食品安全、教育、旅游、医疗、电子商务、现代金融、云计算和大数据应用等领域展开合作，推进建设微信"城市服务"湖南项目，共同建设云计算产业集群、大数据服务平台、公共应急云平台和"互联网+"众创空间，以及推进"互联网+媒体"、"互联网+交通"、"互联网+文化"、"互联网+商业服务体系"等。

【杜家毫会见李泽湘】 2015年9月10日下午，省委副书记、省长杜家毫在长沙会见了固高科技（深圳）有限公司董事长、香港科技大学教授李泽湘一行。

固高科技（深圳）有限公司由香港科技大学机器人、微电子和数控领域的3位专家联合创办，通过搭建集教育、科研、产业、资本于一体的协同创新生态系统和创业模式，在工业自动化技术研发、科技成果转化、创新型企业孵育等方面取得了很多成果。

杜家毫高度评价公司把教育科研与产业资本有机结合的先进理念和成功做法。他说，湖南制造业基础良好，工程机械、新材料、智能制造等产业走在全国前列，并拥有较强的科研实力和雄厚的人才储备。当前，湖南正以长株潭国家自主创新示范区建设为契机，大力实施创新驱动发展战略，积极对接"中国制造2025"，努力把制造业培育成为未来经济发展的重要支撑。热忱欢迎固高科技来湘投资兴业，不断深化与湖南相关高校、科研院所和企业的合作。省政府将进一步优化发展环境，共同探索一条政产学研用相结合的协同创新之路。

李泽湘说，固高科技将在人才培养、技术研发、企业孵化等方面进一步加强与湖南的合作，积极搭建创新创业平台，助推湖南制造业加快发展。

【云南跨越发展专题培训班来湘考察】 2015年9月16日至17日，云南省委常委、省委组织部部长刘维佳率领云南跨越发展第二期专题培训班来湘考察。省委常委、省委组织部常务副部长、省长株潭两型试验区工委书记、管委会主任林武陪同。

云南跨越发展第二期专题培训班共有97名学员，主要由云南各省直单位主要负责人、部分县（市、区）委书记、县长组成。此次来湘，旨在考察我省推进长株潭城市群一体化和两型社会建设、深化改革发展等情况。

在两天的考察中，培训班学员辗转长沙、湘潭、株洲三市，先后参观了广汽菲亚特克莱斯勒汽车有限公司、三一集团、泰富重装集团，中车株洲电力机车有限公司等地，实地感受湖南加快转型跨越发展的蓬勃动力。

刘维佳在考察中表示，湖南改革创新、转型发展的系列举措，推进长株潭城市群和两型社会建设的成功经验，对于同为中西部欠发达地区的云南很有借鉴意义。云南与湖南在产业、市场、资源、技术等方面有着很强的互补性，希望两省携手共同谱写合作新篇章。

林武表示，随着国家加快推进“一带一路”、长江经济带等重大战略实施，湘滇两省合作空间巨大。希望两省进一步加强产业对接合作，共同推动低碳发展、绿色发展、可持续发展。

【第十一届湘台经贸交流合作会召开新闻发布会】 2015年9月28日下午，省政府新闻办在长沙召开第十一届湘台经贸交流合作会新闻发布会。湖南省台办主任冯波、邵阳市委副书记刘事青在会上发布，第十一届湘台经贸交流合作会（以下简称“合作会”）定于10月12日至14日在邵阳市举行。

本届湘台经贸交流合作会由国台办和湖南省政府共同主办，湖南省台办和邵阳市政府承办。湖南省经信委、省商务厅、省青年联合会、台湾工业总会、台湾电电公会、台湾青商总会共同协办，将邀请约300名两岸嘉宾参加。

此次“合作会”的主题是“深化交流合作，共享发展红利”，将致力于为湘台中小企业搭建平等交流、信息互通、成果共享的平台。活动重点邀请台湾工商界行会、都市型行业协会及中小企业负责人，围绕两岸“互联网+”促进中小企业转型发展、湖南省承接产业转移等共同关注的热点问题进行积极探讨，以进一步深化湘台产业交流合作，促进企业转型升级，共享创业发展红利。活动中，湖南省领导将会见台湾政要及重要嘉宾，开幕式后将举办“‘互联网+’促中小企业转型升级”、“湖南承接台资企业产业转移”两场论坛。期间还将举行有关考察推介活动。

“本届‘合作会’与前十届相比，一是合作会基础更扎实、条件更完善、时机更有利，二是合作会效果更务实，定位更精准，办会更节俭。”冯波介绍，“湘台经贸交流合作会”是我省最为重要的对台经贸交流合作平台，已在我省连续成功举办了十届。前十届“合作会”成果丰硕，影响深远。通过“合作会”这一平台，不仅全方位展示了湖南经济社会发展成果，有力推动了全省经济社会发展，而且在两岸之间构建了新的平台，对拓展湘台合作领域，促进湘台共同发展起到了积极而重要的作用，湘台经贸合作已成为湖南开放发展的重要方面，成为湖南经济发展新的增长点。

【孙金龙会见台湾客人】 2015年10月11日下午，省委副书记孙金龙在长沙会见了来湘参加第11届湘台经贸交流合作会的中国国民党前副主席詹春柏一行。

孙金龙对客人来湘表示欢迎，并简要介绍了湖南省情。他说，湘台交流源远流长，两地同胞血浓于水。近年来，湘台两地交流交往和经贸合作呈现深入推进的良好态势，截至今年8月底，湖南累计批准台资项目2367个、合同台资78.79亿美元、实际到位台资65.13亿美元。

孙金龙说，本届湘台经贸交流合作会以“深化交流合作、共享发展红利”为主题，旨在促进湖南中小企业转型发展、承接台资企业产业转移，深化湘台两地各领域的交流合作。湖南将以此为契机，进一步加大对台资企业的支持和服务力度，努力为广大台商朋友在湘创业发展营造更加良好的环境。

詹春柏说，感谢中共湖南省委、省政府对在湘台资企业的关心与支持，希望以湘台经贸交流合作会为平台，进一步深化拓展双方合作，促进互惠互利、共同发展，不断开创两地交流合作新局面。

今天上午，詹春柏一行参观考察了由湖南九龙集团与台湾南良集团共同投资建设的台商总部大厦项目。

【湘企参展吐鲁番国际干果交易会】 2015年10月11日，首届吐鲁番国际干果交易会在吐鲁番国际会展中心开幕。来自湖南的45家企业应邀携各自特色产品参展。

本届国际干果交易会上，除新疆当地企业外，对口援疆各省市均组团参会，琳琅满目的特色干果引得美国、澳大利亚、俄罗斯、哈萨克斯坦、吉尔吉斯斯坦等18个国家的客商也慕名前来。表面热闹背后，交易量在网上飞速上涨，阿里巴巴、苏宁云商、上海中粮等大型电商，在这次交易会上大显身手。湖南参展的熟食、干果、黑茶等产品，虽然都只有样品摆在展台，但线上交易直线上升。

基于湖南在农副产品深加工领域的优势，吐鲁番市政府向我省参展的果秀食品、永和食品、巧大娘食品等企业伸出“橄榄枝”，表示将以优惠的政策和优质的服务欢迎湘企在当地投资设厂；江永义华花生等干果加工企业还与新疆当地客商进行了较深入的接洽，合作前景好。

【第十一届湘台经贸交流合作会开幕】 2015年10月13日，主题为“深化交流合作，共享发展红利”的第十一届湘台经贸交流合作会在邵阳市开幕。中共中央台办、国务院台办副主任龚清概，中共湖南省委常委、省委统战部部长黄兰香，中国国民党前副主席詹春柏出席开幕式并致辞。开幕式由省长助理袁建尧主持。

本届湘台经贸交流合作会由国台办和湖南省政府共同主办，湖南省台办和邵阳市政府承办，约300名两岸嘉宾参加。

龚清概致辞时指出，大陆经济发展进入新常态，随着“一带一路”、“自由贸易区”等战略举措实施，特别是一系列创新驱动战略推进，将为两岸经济合作提供更大空间和机遇。大陆将继续推进两岸经济融合发展，继续推进两岸经济合作制度化建设，继续推动ECFA货物贸易协议及争端解决协议商谈，帮助广大台商在新的市场秩序下更好发展。湖南地处长江经济带主轴中心，随着高速铁路、公路网等基础设施建设，湖南区位优势将进一步凸显，成为台资企业梯度转移的理想之地。

龚清概强调，两岸只有在坚持“九二共识”、反对台独的共同政治基础上走和平发展道路，两岸同胞才能共享和平发展红利，两岸青年才会有更美好未来，希望两岸同胞在关键时刻共同维护两岸关系来之不易的成果。大陆将为台湾中小企业发展和青年创业就业提供更好条件，希望把握机遇、实现创业梦想，让两岸青年成为共同打拼的好伙伴、好朋友。

黄兰香在致辞中说，台湾与湖南人缘相亲、文缘相承、商缘相连，两地合作源远流长。在双方的共同努力下，湘台两地经贸、文化、科技、教育交流合作规模逐步扩大，对台招商引资稳居湖南境外引资第二位。当前，湖南经济发展多重政策机遇叠加，湖南协调发展、竞相发展的格局正在形成，也为湘台经贸合作提供了更广阔的空间。湘台两地在产业结构、科学技术、人才管理等方面各具优势，互补性强，希望两地拓展在科技创新、产业转移、高新农业、现代服务业和人文交流等领域的合作，努力提升合作层次、大力促进共同繁荣。

詹春柏表示，两岸关系和平发展以来，台湘两地交流交往不断深入。希望台湘两地加强企业、文化、科技、教育等各方面合作，建立更为深远的互利互惠关系。

现场还举行了签约仪式。湘台双方共签约项目17个，总投资21.92亿美元，引进台资17.51亿美元。

当天，龚清概、黄兰香一行还考察了九兴控股连泰公司，台湾客商们考察了三一重工、湘中制药、湘商产业园。活动随后还举行了分论坛。

【湘台就中小企业交流合作签署框架协议】 2015年10月13日上午，正在邵阳参加第十一届湘台经贸合作交流会的两岸部分嘉宾，参加了"'互联网+'促中小企业转型发展"论坛。大家认为，"互联网+"促进中小企业转型发展势在必行，拥抱"互联网+"将助力中小企业实现新增长。论坛上，湖南省经信委与台湾工业总会签署了《加强湖南与台湾中小企业交流合作框架协议》。

此次论坛由湖南省经信委和湖南省台办共同主办。论坛中，省经信委主任谢超英作了主题发言。他认为，当今时代，"互联网+"浪潮滚滚而来，互联网与经济社会各领域、各行业的融合创新，正深刻改变着传统的生产方式、消费方式、商业模式和管理模式，并成为新一轮科技革命和产业变革的核心内容。落实"互联网+"国家战略、促进中小企业转型发展，是顺应新一轮全球科技革命和产业变革大势、引领经济发展新常态的必然选择，也是推动中小企业和互联网产业健康发展的重要举措。

"'互联网+'不是一门技术，也不是一个行业，而是一个时代。"湘台两地业界代表林瑞阳、万鹏、邱成全、李文金、林定芃等围绕"互联网+"给中小企业带来的新动力畅所欲言。大家认为，"互联网+"实现了产业模式的变更，产品创新、生产制造、技术研发、生产销售等环节在互联网环境下形成了新的竞争和优势，推动了产业转型升级和变革。拥抱"互联网+"，有利于打造中小企业信息平台，助力企业运营互联网化，打造智慧园区，推动中小企业创新创业。

【两岸领导嘉宾参加"湖南承接台资企业产业转移"论坛】 2015年10月13日上午，由省台办、省商务厅和省青年联合会共同举办的"湖南承接台资企业产业转移"论坛在邵阳市举行。9位嘉宾围绕"搭好湘台企业合作平台"作了主旨演讲，两岸百余位领导嘉宾聆听了论坛演说，论坛由省台办主任冯波主持。

论坛上，省商务厅承接产业转移处处长尹荻菲解读了相关产业转移政策。她介绍，我省为了搭好湘台企业合作平台，推进创新创业园区发展，推出"135"工程，即重点扶持100个布局合理、优势突出的园区，新建3000万平方米以上标准厂房，引进5000家以上创新企业，并就相关的优惠政策做了解读。

台商代表九兴控股董事局主席蒋至刚、东莞市台协执行常务副会长赵金和等在演讲中突出了台湘两地一衣带水的深厚感情，以及台商对湖南这方投资热土的浓浓兴趣。邵阳、永州、衡阳以及郴州的相关负责人各自阐述了投资兴业的本土优势，并热忱欢迎广大台商来湘投资。

在场的许多台商纷纷表示，感谢湘台会搭台，让他们更多地了解湖南，了解了湖南的产业优势，也让他们更加迷恋湖南这方投资兴业的乐土。

【住甘全国政协委员考察团来湘调研】 2015年10月15日至18日，全国政协委员、甘肃省政协主席冯健身率住甘全国政协委员考察团来湘，就精准扶贫开展为期4天的调研。18日下午，调研座谈会在长沙召开。

副省长戴道晋出席会议并讲话，省政协副主席武吉海主持。兰州军区原副司令员赵建中，甘肃省军区原司令员陈知庶，甘肃省政协副主席德哇仓、栗震亚、马文云等住甘肃全国政协委员参加调研并出席。

座谈中，省扶贫办、省教育厅、省农业委、省卫计委、省发改委等相关单位介绍了我省近年来推进精准扶贫工作的相关情况，并与考察团成员进行了座谈交流。

冯健身指出，湖南近年来认真贯彻习近平总书记系列重要讲话精神，坚持大力促进"三量齐升"、"四化两型"建设，发展平台取得了新突破，主要经济指标迈上新台阶，中部交通枢纽的地位得到新提升。特别是在分类推进全面建成小康，以"三严三实"要求大力推进精准扶贫方面，推进"五大举措"，坚持"五个立足"，实现"五项创新"，狠抓"五个突出"，取得了令人瞩目的成绩，极大鼓舞了甘肃进一步做好扶贫工作的信心。考察团将认真梳理、总结、吸纳湖南的好经验好做法，转化为甘肃推进精准扶贫的重要参考，以扶贫攻坚的实际成效回报湖南的关心和支持，回应党中央的重托和全省人民的期待。

戴道晋欢迎考察团一行来湘，并详细介绍了湖南精准扶贫的有关情况。他指出，甘肃的扶贫开发工作在全国走在前列，"1+17"精准扶贫方案、"1236"扶贫攻坚行动等工作亮点纷呈、成效显著，值得湖南认真学习借鉴。希望双方以此次考察团来湘为契机，进一步增进了解、深化交流合作，共同促进精准扶贫工作取得新的进展。

省政协秘书长袁新华、甘肃省政协秘书长石晶出席座谈。

【孙金龙会见吐鲁番市党政代表团】 2015年10月21日下午，省委副书记孙金龙在长沙会见了吐鲁番市委副书记、市长伊力汗·奥斯曼率领的吐鲁番市党政代表团一行。

省委常委、省委组织部常务副部长，省长株潭两型试验区工委书记、管委会主任林武参加会见。

孙金龙对代表团来湘考察表示热烈欢迎,并代表省委、省政府对吐鲁番市取得的发展成绩表示祝贺。他说，湖南自1998年对口援助吐鲁番以来，省委、省政府和全省人民带着感情、带着责任，视吐鲁番的发展为本省的发展,积极开展援助工作，促进了当地经济社会发展。这些成绩的取得，离不开吐鲁番市委、市政府对湖南援疆工作的大力支持。

孙金龙说，对口支援吐鲁番是党中央、国务院赋予湖南的光荣使命，湖南将始终以强烈的政治责任感和历史使命感，始终带着对吐鲁番人民的深厚感情，坚决贯彻落实第五次全国对口支援新疆工作会议精神和党中央、国务院各项决策部署，牢牢把握当前和今后一个时期对口援疆工作的指导思想和任务要求，扎实推进对口支援各项工作，助推吐鲁番经济社会持续快速发展。

伊力汗·奥斯曼说，多年来，湖南援疆干部在吐鲁番倾情奉献，在经济、民生、教育、文化建设等方面做了大量卓有成效的工作，吐鲁番人民永远不会忘记，湖南所做的援疆工作将永远铭刻在吐鲁番的发展历史中。

【杜家毫会见刘宗辉】 2015年10月30日下午，省委副书记、省长杜家毫在长沙会见了奥凯航空有限公司总裁刘宗辉一行。

杜家毫说，近几年来，湖南立足充分发挥和放大“一带一部”区位优势，把发展航空业放在更加突出的位置，制定出台相关政策措施，积极开辟欧美、东南亚等国际航线，大力发展支线航空，有力促进了对外开放。奥凯航空作为民营航空公司的优秀代表，近年来积极参与湖南航空特别是支线航空的开发运营，为湖南航空事业的发展做出了积极贡献。希望公司继续以湖南为战略重点，加快建设基地公司，进一步扩充运力，开辟构建干支、支支有效衔接的航线网络，拓展湖南乃至中部地区航空市场。湖南将在基地建设、人才激励等方面给予大力支持。

刘宗辉说，奥凯航空入湘5年来，各项业务发展态势良好。下一步，公司将在湖南加大投入力度，助推湖南航空业加快发展。

【兴业银行与湖南日报报业集团达成全面战略合作】 2015年10月28日，兴业银行与湖南日报报业集团在长沙签署全面战略合作协议，宣布将依托综合金融服务推动文化事业发展。

根据合作协议，兴业银行长沙分行将在符合条件的基础上为湖南日报报业集团提供30亿元授信额度，并通过投资银行、现金管理、财务顾问、国际金融、个人金融等多种手段，为湖南日报报业集团及其下属子公司的生产经营周转、项目建设与投资等提供一站式综合金融服务。

兴业银行是我国首批股份制商业银行，现居世界企业500强、全球银行50强。兴业银行长沙分行设立于1999年，截至今年9月末，该行资产总额1472亿元，各项存款近700亿元，其投资银行、绿色金融、财富管理等业务已在细分市场形成突出优势。

【孙金龙会见平安集团副董事长孙建一】 2015年11月10日上午，省委副书记孙金龙在长沙会见了平安集团副董事长、常务副总裁兼平安银行董事长孙建一一行。

孙金龙首先感谢平安集团长期以来给予湖南的大力支持，并介绍了湖南经济社会发展及金融业发展情况。他说，金融是现代经济的血脉，是经济发展的风向标和晴雨表，省委省政府始终高度重视金融业的发展，近年来湖南经济社会持续快速发展得到了金融业的有力支持。当前和今后一个时期，湖南处于全面建成小康社会决战决胜阶段，对金融的需求将更大。希望平安集团着眼湖南“一带一部”区位优势，进一步加大在湘投资力度，为湖南发展提供更多更大金融支持。湖南将一如既往做好服务保障工作，为平安集团在湘发展提供良好环境，推动双方合作不断迈向新台阶。

孙建一首先对湖南省委省政府长期以来给予平安集团的大力支持表示衷心感谢,并表示将发挥平安集团综合金融优势，突出平安银行金融创新特点，继续深化平安集团与湖南的合作，为推动湖南经济社会发展贡献力量。

【福田汽车长沙再投资50亿元】 2015年11月11日，总投资50亿元的福田汽车纯电动卡车与环境装备产业园在长沙经开区正式开工，标志着福田汽车最先进的纯电动卡车体系落户长沙。省委常委、长沙市委书记易炼红，福田汽车集团党委书记、总经理王金玉等出席开工仪式。

福田汽车是我国新能源汽车最早实现产业化的企业，也是目前国内新能源汽车产销量最大的企业。经过多年发展，福田汽车在新能源汽车，尤其是纯电动卡车的研发、技术、工艺等方面均成为行业标杆。福田汽车1999年入驻长沙经开区，目前已累计产销汽车超过80万辆，累计销售收入400亿元。

落户长沙的福田纯电动卡车与环境装备产业园项目，在维持现有汽车整车业务的基础上，增加了汽车底盘和环卫装备业务，计划打造覆盖汽车底盘、环卫汽车、环卫装备、其他专用车等多种业务为一体的综合性多功能纯电动卡车环境装备产业园区。该项目总投资50亿元，分两期建设，其中，一期项目规划用地约400亩，将形成年产5万辆汽车底盘和2万辆环卫汽车的生产能力，预计2017年6月竣工投产，2019年达产；二期项目将形成年产10万辆汽车底盘和6万台套环卫装备的生产能力。

【张剑飞徐和谊出席北汽株洲分公司第50万辆整车下线仪式】 2015年11月10日下午，北京汽车株洲分公司第50万辆整车下线。副省长张剑飞，北汽集团党委书记、董事长徐和谊等出席下线仪式。

株洲分公司是北汽股份公司第一个自主品牌乘用车基地，拥有先进的冲压、焊装、涂装、总装四大工艺及发动机总成生产线。自2011年正式建成投产以来，2013年3月实现累计生产10万辆，2013年11月实现第20万辆整车下线，今年1月完成第40万辆整车下线，目前主打产品有威旺M30、新能源整车EV200、绅宝X25等自主品牌车型。

据介绍，北汽集团计划年内启动北汽株洲分公司二工厂建设，预计2017年建成投产，其三分之一产能将生产新能源汽车。

张剑飞对北汽株洲分公司50万辆汽车的成功下线，以及近几年取得的成就表示热烈祝贺。希望北汽株洲分公司不断扩大生产规模，深入推进技术创新、管理创新和体制机制创新，尽快推动北汽株洲分公司二工厂建设项目早日建成投产；要求省直有关部门及株洲市进一步增强服务意识，为北汽集团在湖南营造良好的发展环境。

【东海航空开通长沙始发航线】 2015年11月12日下午，东海航空公司在长沙举行发布会宣布，将于15日开通长沙－无锡－长春航线。这将是东海航空首次在长沙开通始发直飞航线。

新开通的长沙－无锡（经停）－长春航线，每天往返各一班，由波音 737 执飞。去程，9 时 45 分长沙起飞，11 时 35 分到达无锡，12 时 50 分无锡起飞，15 时 45 分到达长春；返程，18 时 05 分长春起飞，20 时 45 分到达无锡，21 时 30 分无锡起飞，23 时 20 分到达长沙。

目前，长沙有两趟直飞无锡航班，始发时间均为当天 17 时以后。

东海航空是一家以深圳为主运营基地的客、货、公务机并举的航空公司。今年 10 月，东海航空首次进驻长沙黄花国际机场，开通了海口 – 长沙（经停）– 兰州航线。该公司计划未来在长沙建立基地，逐渐构筑以深圳和长沙为枢纽，辐射全球的国际航线网络。

【湖南参展昆明旅交会】 2015 年 11 月 13 日上午，为期 3 天的亚洲最大的专业旅游交易会 2015 中国国际旅游交易会在云南昆明开幕。在湖南展馆和“长沙记忆”主题展馆，挤满了咨询、看演出、试吃、体验的观众。云南省委常委、省纪委书记张硕辅和湖南省人大常委会副主任蒋作斌参观了湖南展馆。

本届中国国际旅交会以“丝绸之路旅游”为主题，全方位发挥展示、交易和合作的功能。本次展会共吸引了 105 个国家和地区参展，展位总数达 3087 个，参展买家 850 名。以“锦绣潇湘，快乐湖南”为主题的湖南展馆重点推介沪昆高铁旅游、张家界冬季冰雪旅游和多姿多彩的苗侗、花瑶民俗文化特色旅游产品。

距湖南展馆相隔不远的“长沙记忆”主题展馆分外醒目，320 平方米的展馆以色香味俱全的火宫殿小品宴迎宾，观众排长队试吃。湘绣、锦东红瓷、开慧露营基地、远大测血糖仪、湘江帆船赛、尚友堂老粗布、九芝糖养生系列等 400 多种特色产品齐聚，舞台上有演出和抽奖活动，观众川流不息。长沙市旅游局局长孙卫东兴奋地表示借助“长沙记忆”这个大品牌，长沙旅游商品的消费三年内可望达到 100 亿元。

【26 个省外城市来湘揽才】 2015 年 11 月 14 日，在贺龙体育馆的长沙人才市场，第三届跨区域（秋季）高校毕业生巡回招聘长沙站专场活动启动，26 个省外城市的 170 余家企业与长沙近 40 家企业一同入场招聘会，为我省高校毕业生带来一场 7000 余个就业岗位的求职盛宴。

26 个城市，有天津、沈阳、武汉、惠州、昆明、喀什等，涵盖面广，招聘岗位涉及建筑工程、生物医药、食品、贸易、医疗、机械制造等领域。为进一步方便毕业生求职，在长沙站专场活动现场，长沙人才网微信公众号“智微招聘”正式上线。求职者扫描“长沙人才网”二维码加关注后，就可以实现网络投递简历和现场求职面试的完美结合。微信端直接和长沙人才网联通同步，共享数据，求职者和企业能第一时间随时随地查看信息。

同时，自 10 月 15 日开始启动的高校毕业生城市联合网络招聘大会也在持续举办中，省内求职者可登录长沙人才网（www.cshr.com.cn）参加网上招聘。据悉，网络招聘大会共组织约 15 万个用人单位参会，提供 48 万个职位、181 万个岗位信息。

【湖南本土江海轮首发直航港澳】 2015 年 11 月 15 日，岳港船务有限公司 3500 吨级集装箱江海轮“岳港 017”装载浏阳烟花等产品从城陵矶启航，向目的港香港驶去。此举标志着湖南本土江海轮首发成功，正式投入城陵矶口岸至港澳直航运营。

5 天前，5000 吨级的“岳港 018”集装箱江海轮已从香港启航，意气风发向城陵矶口岸奔来。“岳港 017”、“岳港 018”投运、服务于城陵矶口岸 – 香港澳门水运直达航线，这是湖南本土第一条集装箱江海轮船队从城陵矶口岸出发的航线。它扭转了城陵矶口岸至港澳直航依靠外地船舶的被动局面，对于直航常态化运营和提高准航率、航班密度有着重要的促进作用。

岳港船务有限公司青睐于“一区一港四口岸”的平台优势，致力做大做强港澳直达航线运营。为解决城陵矶至港澳直航船舶的关键问题，2013 年以来，该公司投入大量人力、物力在长沙、益阳等地 5 家船厂分别打造 9 条 3000 吨左右江海轮，由于多方原因，江海轮投入直航进程受到影响。为加快推进直航运营，2015 年 5 月，岳港船务有限公司投资 3200 多万元，从深圳方舟海运有限公司购买了新一代经济型集装箱江海轮“岳港 017”、“岳港 018”，分别为 3500 吨和 5000 吨级。经岳阳市口岸办积极主动协调对接，9 月 17 日，交通运输部水运局做出《交通运输部关于同意湖南省岳港船务有限公司建造 9 艘集装箱船从事港澳航线运输的批复》、《交通运输部关于同意“岳港 017”、“岳港 018”集装箱船扩大经营范围从事港澳航线运输的批复》。岳阳市口岸办又协助完成了“岳港 017”、“岳港 018”相关通航备案等手续，并联络落实了货源。

【杜家毫会见邵平、王中军】 2015 年 11 月 16 日下午，省委副书记、省长杜家毫在长沙会见了平安银行行长邵平、华谊兄弟传媒集团董事长王中军一行。

杜家毫欢迎客人来湘考察投资。他说，湖南人杰地灵、文脉厚重，在中国近现代史上占据重要地位。近年来，湖南高速铁路、高速公路、航空等交通基础设施建设日益完善，“一带一部”区位优势进一步放大；工程机械、轨道交通、广电出版等优势产业竞争力不断提升，电子信息、新材料、移动互联网、环保、汽车制造等新兴产业加快发展，经济社会呈现持续健康发展势头。当前，湖南正遵循创新、协调、绿色、开放、共享五大理念加快发展，希望平安银行和华谊兄弟传媒集团进一步加大在湘投资力度，积极对接相关产业和项目，更好地服务实体经济和中小企业，实现互利共赢、共同发展。

邵平、王中军表示，将充分发挥各自企业在金融综合服务、文化创意及旅游等领域的优势，进一步加强双方在基础设施、国企改革、重大产业、文化影视、旅游休闲等方面的合作，更好地服务湖南经济社会发展。

副省长何报翔参加会见。

【华谊兄弟电影文化城落户长沙】 2015 年 11 月 17 日，华谊兄弟电影文化城在长沙湘江新区大王山旅游度假区正式开工。省委常委、长沙市委书记易炼红，省人大常委会副主任蒋作斌，副省长何报翔，华谊兄弟传媒股份有限公司董事长王中军，平安银行总行行长邵平等共同见证项目启动建设。

易炼红在会见王中军、邵平时说，华谊兄弟选择在长沙投资体现了立足长远发展的战略眼光。长沙承东启西，接南转北，拥有带动产业发展的优越区位；经济发展势头强劲，拥有适宜产业发展的良好基础；长沙人激情四射、辣味十足，拥有催化产业发展的活跃氛围。市委、市政府将全力为项目提供良好环境和优质服务。

华谊兄弟电影文化城项目位于湘江新区大王山旅游度假区湘江欢乐城内，包括华谊电影小镇、电影实景秀等具有浓厚电影文化特色的文化旅游实景娱乐项目。作为长沙首个全国实景娱乐体验空间，项目总占地面积约1000亩，分三期开发，总投资120亿元。将于2017年与湘江欢乐城其他项目同步建成、同步运营，成为长沙乃至全省一张新的文化名片。据了解，项目首期将打造传统意大利风情电影街区；二期将通过湘楚文化与影视娱乐的融合，传承和弘扬湖湘文化。

【孙金龙参观2015中国中部（湖南）国际农博会】 2015年11月20日下午，省委副书记孙金龙专程来到长沙红星国际会展中心，参观2015中国中部(湖南)国际农博会。

孙金龙到达农博会现场时天色将晚，但展馆内灯火通明，人头攒动，前来购买农产品的市民仍络绎不绝。在长沙市雨花区展厅，“掌上农博”二维码箱吸引了孙金龙的目光。展厅负责人告诉他，本届农博会推出了农博会史上首个移动电商平台“掌上农博”,市民只要拿着手机“扫一扫”，就能在“掌上”轻松购买500余种名优特新产品。孙金龙为“互联网+农业”的新方式点赞，并叮嘱他们做好“现场逛”和“网上看”的结合，一方面利用“互联网+”为特色农产品插上翅膀，走向更加广阔的市场；另一方面精心组织好展览，营造温馨的购物氛围，让老百姓“逛”得满足，“逛”出幸福。

在省茶叶集团、湘丰茗茶、舜华鸭业、异蛇王酒等“湘字号”农产品展区，包装精美的产品吸睛又吸金，参展企业忙得不亦乐乎。“绿茶和黄茶哪种卖得更好?”“板鸭多少钱一只?”孙金龙来到每户参展企业展位前，详细了解产品市场销售情况，鼓励大家提高品质，拓展市场，努力提升“湘字号”品牌的影响力和竞争力。

在台湾台东展区，孙金龙品尝了来自台湾的水果和高山茶，分享了他今年3月份率团赴台考察交流农业发展的感受。随后，孙金龙向台湾企业发出邀请，希望今后多来湖南参展；并要求随行的农口部门负责同志，认真学习借鉴台湾农业与文创相结合的好路子，不断提升湖南农产品的附加值，让“土气”的农产品穿上时尚的“外衣”，着力打造湖南农产品良好形象和品牌。

孙金龙还来到展馆三楼“乡约长沙”休闲农业专区参观。一路看下来，他强调发展现代农业必须开发农业的多种功能，努力适应老百姓日益多样化的物质文化需求，因地制宜发展精而美的特色乡村旅游，加快休闲农业发展步伐。

【省政府与阿里巴巴集团签署战略合作协议】 2015年11月23日下午，省政府与阿里巴巴集团在长沙签署战略合作协议。省委书记、省人大常委会主任徐守盛，省委副书记、省长杜家毫会见了阿里巴巴集团董事局主席马云一行并见证签约。

省委常委、省委秘书长许又声出席。副省长何报翔，阿里巴巴集团总裁金建杭分别代表双方签约。

按照战略合作协议，双方将建立战略合作协调推进机制，充分发挥阿里巴巴在互联网经济领域的立体化产业发展优势和湖南省在产业、资源、环境、政策等方面的优势，在云计算和大数据、智慧城市建设、电子商务、互联网金融等方面开展全面深入合作。

徐守盛高度评价阿里巴巴集团近年来取得的骄人业绩，并特别祝贺前不久阿里巴巴与湖南广电联袂举办“双11狂欢夜”取得的成功。他说，电子商务的蓬勃发展，深刻影响和改变了人们的购物方式和生活习惯，为中国互联网行业发展开创了广阔前景。

“湖南具有优良的政策环境、广阔的市场前景、强力的技术和人才支撑、雄厚的产业基础。”徐守盛说，湖南近年来认真贯彻落实中央的决策部署，着力发挥“一带一部”区位优势，经济社会保持平稳健康发展。通过大力推进数字湖南建设，全省电子信息产业发展迅速，与阿里巴巴集团在平台合作、技术支持、资本运营方面也取得了丰硕成果。

“要更好地利用互联网+，连接千家万户，连接贫困地区的农户，推进精准扶贫，让老百姓得到更多的便利和实惠。”徐守盛表示，希望以这次签约为契机，本着互惠互利、共同发展的原则，认真落实战略合作协议，建立定期会晤机制，推动双方战略合作再上新台阶。湖南将为阿里巴巴集团在湘发展提供良好环境和优质服务，保障合作项目顺利推进。

“对这次战略合作，我期待已久。”马云说，每次到湖南来，都能感受到新鲜的气息、创新的氛围。互联网+时代的到来，给阿里巴巴与湖南的合作带来了巨大的机遇。阿里巴巴集团希望与湖南在电子商务、云计算、大数据等领域继续深化合作，“共同拥抱互联网+的美好未来”。

【华曙高科联手三迪时空打造国内首个金属3D打印产业基地】 2015年11月25日，工业级3D打印领航企业、湖南华曙高科技有限责任公司与国内最大3D打印公共服务平台、三迪时空网络科技有限公司在青岛签署战略合作协议，共同打造国内首个金属3D打印产业基地。

据了解，初步规划的金属3D打印产业基地，包括中德金属3D打印产业研究院、国家级金属3D打印实验室，将建设设备中心、软件中心、材料中心、总装厂、集中制造中心与金属3D打印人才培训基地，引进同类企业5至8家，双方将在技术研发、设备材料、人才培养和服务创新等方面开展一系列的战略合作。此次合作，将极大地促进国内金属3D打印行业服务水平的整体提升。

华曙高科是全球第三大3D打印企业，也是全球唯一集3D打印设备生产、材料制造和加工服务于一体的3D打印解决方案提供商。继自主研制出中国首台尼龙3D打印机及3D打印尼龙粉末材料、高分子粉末材料后，今年，华曙高科研制出全球首款开源可定制化金属3D打印机，并相继推出了金属3D打印的粉末材料，涵盖硬质不锈钢、钴铬合金、钛合金等，标志我国3D打印全产业链条的进一步完善。

作为行业公认的国内最大3D打印公共服务平台，三迪时空积累了超过1000家3D打印企业会员、61000多家下游应用企业以及科研院所、行业专家等多方资源。

【湘潭与阿里巴巴集团合作的“阿里巴巴·湘潭产业带”正式上线】 2015年11月27日，由湘潭市政府、阿里巴巴集团合作开展的“阿里巴巴·湘潭产业带”正式上线，标志着湘潭市政府与阿里巴巴集团“联姻”的项目正式落地运行，这将极大促进湘潭本土企业实现“互联网 +”产业转型。

湘潭市委副书记、市长胡伟林表示，项目将依托岳塘经开区优良的交通区位优势、强大的市场基础、发达的物流贸易，实现电商交易模式与传统交易模式的深度融合，有力提升电商集聚和辐射效应，加速推进湘潭市电商产业的建设进程。

此前一天，在邵阳举行的 2015 湖南经济合作洽谈会暨第七届湘商大会上，湘潭市政府与阿里巴巴集团现场签订“阿里巴巴·湘潭产业带”项目。该项目立足湘潭本土企业，集聚湘潭特色产品，通过线上媒体平台进行集中推广，为湘潭打造一张独特的网上城市名片。其次，将通过帮助企业建立在线商铺等，打造一个完整的网络交易平台，实现线上线下交易最大化。此外，还将依托阿里巴巴的成熟的线上认证等优势，建立线上数据平台，对线上交易信息进行存储、分析，为后续交易调整奠定基础。

阿里巴巴产业带项目是阿里巴巴集团一个全新的平台，通过它不仅能帮助企业提升竞争力、降低竞争成本，更能够利用阿里巴巴电子商务资源优势，为当地企业搭建现代化电子商务服务平台。据了解，该项目上线后，将为本土企业提供 3 年免费线上运营服务。包括免费运营指导、网店装修、产品拍摄、电商团队打造、推广引流以及人才培训等。项目实现运营后，预计 3 年内运营团队将达 400 人左右，将引入 2000 家本土企业上线，累计实现交易额 60 亿元以上。同时通过创业带动就业，可带动线上线下就业人口达 5 万人以上。

值得一提的是，此次湘潭市政府还与阿里巴巴集团共同合作开展了阿里巴巴进口货源电子商务平台。该平台主打全球优选、各国特色、海量货源。平台凭借阿里巴巴多年来在电商生态产业链、大数据、云计算等方面的优势，为企业开展进口业务提供服务。该平台的建设不仅能引导海外消费回流，同时也大大降低了国内生产企业进口零部件、原料、生产设备的采购成本。目前，阿里巴巴进口货源地方站仅 10 家。

【中部传媒战略合作（长沙）高峰论坛举行】 2015 年 11 月 30 日，由湖南日报报业集团举办的 2015 中部传媒战略合作（长沙）高峰论坛暨“精准扶贫湘西行”大型联合采访活动在长沙举行。来自湖北日报传媒集团、江西日报社、湖南日报报业集团的负责人和编辑记者代表，共同热议党报转型、媒体融合及精准扶贫话题。湖南省委宣传部副部长孔和平为联合采访团授旗并讲话。

两年前，习近平总书记在湘西花垣十八洞村调研时，首次提出“精准扶贫”战略思路。此次联合采访团一行 30 多人于当天奔赴湘西，采访花垣县及十八洞村实施精准扶贫情况。出发前，湖北日报社经济新闻中心记者吴文娟、江西日报社政教部记者齐美煜、湖南日报社新湖南客户端记者龙文泱作为代表发表了感言。

移动互联网时代党报该如何作为？媒体融合发展路在何方？湖北日报传媒集团党委书记、社长邹贤启认为，要把优势媒体推向市场，用市场化的方式去寻找融合发展的途径。江西日报社社长王晖认为，面对新的媒介生态，不适应不行，一味迎合也不行，要正视社会矛盾和问题，科学应对和引导，才能占领新媒体舆论阵地。《中国记者》杂志值班主编陈国权则从一种新的角度来看待媒体融合，在他看来，新媒体最重要的使命是重新夺回纸媒用户。湖南日报报业集团党组书记、社长覃晓光等分享了新媒体的发展经验。

早在 2013 年 1 月，鄂、赣、湘三省省报集团主要负责人签署了《中部传媒战略合作协议》。此次论坛现场，湖北日报传媒集团、江西日报社、湖南日报报业集团签订了关于旅游、文化艺术等产业融合发展的战略合作协议，携手共推三省旅游和文化艺术产业的发展和繁荣。（相关报道见 4 版）

【杜家毫会见毛伟明】 2015 年 12 月 3 日下午，省委副书记、省长杜家毫在长沙会见了江西省委常委、常务副省长毛伟明一行。

杜家毫说，近年来，湖南大力推进高速公路、高铁、民航等基础设施建设，区位优势进一步凸显，为经济社会发展提供了广阔空间。湖南和江西同属中部地区，山水相连、人缘相亲，特别是在有色、航空、陶瓷、机械、轻工、汽车等产业方面合作潜力巨大。当前，湖南与江西共同面临着一系列重大机遇，尤其是长江经济带建设更是把两省紧密地联系在了一起，希望两省在贯彻国家重大战略、推进区域协作、深化改革创新、促进产业发展等方面进一步加强交流合作，互帮互促，携手奔向全面小康。

毛伟明说，江西将认真学习借鉴湖南改革发展特别是湘江新区建设的成功经验，更好地谋划和推进昌九新区建设，促进全省产业升级、开放升级、创新升级和区域升级。

会见后，毛伟明一行实地考察了湖南湘江新区建设。

【粤桂琼湘签订职务犯罪侦查协作框架协议】 2015 年 12 月 9 日上午，粤桂琼湘四省（区）检察机关职务犯罪侦查协作联席会议在长沙举行。广东省检察院检察长郑红、广西壮族自治区检察院检察长崔智友、海南省检察院检察长贾志鸿、湖南省检察院检察长游劝荣代表四省(区)检察机关签订《粤桂琼湘四省（区）检察机关职务犯罪侦查协作框架协议》，达成“长沙共识”，力求建设顺畅、便捷、高效的新型省（区）际间职务犯罪侦查协作机制。

省委常委、省纪委书记傅奎会见了出席会议的代表。

四省（区）检察长对职务犯罪侦查协作进行了深入探讨和交流，并达成共识。一致认为，在新形势下，反腐败力度进一步加大，省（区）际间职务犯罪侦查协作更加频繁，建立职务犯罪侦查协作机制，搭建交流平台，实现资源共享，形成侦查合力势在必行。

此举得到了最高人民检察院和四省(区)党委的大力支持。根据《协作框架意见》，四省（区）检察机关坚持合法合规、密切配合、便捷高效、保守秘密等主要原则，建立职务犯罪侦查协作统一协调机制，成立职务犯罪侦查协作秘书处，统一协调侦查协作中的重大事项、磋商解决争议问题。

【湘闽两省举行行政首长会晤】 2015 年 12 月 10 日晚上，借助泛珠三角区域合作行政首长联席会议召开的契机，湘闽两省在福州市举行行政首长会晤，共商合作发展，达成广泛共识。省委副书记、省长杜家毫，福建省委副书记、代省长于伟国出席并讲话。

福建省委常委、常务副省长张志南，湖南省副省长何报翔出席。

杜家毫说，福建地处改革开放前沿，是海上“丝绸之路”的重要起点。近年来，依托泛珠平台，湘闽两省经贸文化交流日益频繁，两省企业间合作进一步密切，广大在湘闽商为湖南经济社会发展做出了积极贡献。当前，两省面临“一带一路”、长江经济带建设等难得发展机遇，希望双方立足良好合作基础，面向“十三五”进一步拓宽合作领域，提升合作层次，共同为实现中华民族伟大复兴的“中国梦”作贡献。希望双方依托生态文明先行示范区、自由贸易区、海西经济区，以及长株潭两型社会试验区、国家自主创新示范区、洞庭湖生态经济区等重大国家级战略平台，在生态建设、自主创新、产业转型升级、开放型经济发展等领域相互学习、互帮互促，进一步加强海关、商检合作，促进湖南优势产品借道福建“走出去”；加快厦蓉高速公路建设，共同推进渝长厦快速铁路建设，畅通“一带一路”交通走廊；依托两省秀丽的山水风光，丰富的红色旅游资源，共同打造中央苏区红色旅游圈，推进精品旅游线路建设；支持两地商会建设，促进两省企业相互开展投资合作。

于伟国代表福建省委、省政府欢迎湖南省政府代表团来闽。他说，湖南近年来经济社会呈现良好发展态势，在改革、建设、发展等各方面积累了很多好经验、好做法，特别是广大干部群众敢闯、敢试、敢拼的精气神值得福建学习借鉴。当前，闽湘两省既面临千载难逢的发展机遇，也面临经济下行的巨大压力和挑战，更需进一步加强交流合作，共同探寻未来发展的理念、思路和办法措施。希望两省充分发挥在“一带一路”、长江经济带建设中的优势，进一步加快交通互联互通，不断加强经贸合作，做大做强文化旅游等产业，共同提升两省在区域经济中的核心竞争力。

福建省政府秘书长刘道崎出席。

【杜家毫会见在闽湘籍知名人士及湘商代表】 2015年12月10日下午，来闽出席2015年泛珠三角区域合作行政首长联席会议的省委副书记、省长杜家毫，在福州市会见了在闽湘籍知名人士及湘商代表，与大家共叙乡情，共谋发展。

杜家毫对各位老乡取得的成就表示祝贺，并简要介绍了湖南经济社会发展情况。他说，当前，湖南经济社会发展稳中向好，现代立体综合交通体系基本形成，传统优势产业稳步发展的同时，新兴产业迅速发展，总体可完成“十二五”各项目标任务。随着资源、区位、环境、政策等优势不断凸显，湖南未来发展前景将更加美好。

杜家毫感谢广大在外湘籍人士为家乡建设发展做出的积极贡献。他说，前不久召开的省委十届十五次全会，明确了湖南“十三五”发展总体目标、工作思路和重点举措。湖南将深入贯彻党的十八届五中全会和习近平总书记系列重要讲话精神，充分发挥“一带一部”区位优势，大力发扬湖湘文化优秀传统，主动对接国家三大战略，大力推进创新创业园区“135”工程等重点建设，积极引老乡、回故乡、建家乡，拉长补齐县域经济、非公经济、开放型经济、金融经济等“四块短板”。希望大家多回家乡走一走、看一看，一如既往宣传、推介、投资家乡，当好家乡招商引资、扩大开放的桥梁纽带，带动更多企业、资金、技术、人才，共同参与家乡创新、协调、绿色、开放、共享发展的伟大实践。

安徽省委原常委、省军区原政委文可芝说，近年来，在省委、省政府坚强领导下，家乡取得了巨大发展变化，令广大在闽湘籍人士十分高兴和自豪。我们都是喝着湘江水长大的，定将一如既往、竭尽全力为家乡建设发展作贡献。

副省长何报翔，福建省军区原副政委聂全林，福建省湖南商会会长周华松等参加会见。

【泛珠行政首长联席会议在福州召开】 2015年12月11日上午，2015年泛珠三角区域合作行政首长联席会议在福州市召开。省委副书记、省长杜家毫及泛珠合作各方行政首长或行政首长代表出席，并共同签署了《2015年泛珠三角区域合作行政首长联席会议纪要》。

副省长何报翔出席。

会议通报了第十届泛珠论坛暨经贸洽谈会以来泛珠合作工作推进情况。去年以来，泛珠合作各方积极参与国家“一带一路”战略建设，努力推动粤桂黔高铁经济带、珠江—西江经济带、湘赣合作开放区等合作新平台发展，并在基础设施建设、经贸、农业、旅游、通关、生态等方面合作取得显著成效。

会上，泛珠合作各方行政首长或代表对推进泛珠合作的有关重要事项进行了认真审议，并围绕“将泛珠合作纳入国家战略，深化新一轮泛珠合作”议题，以及下一步合作重点进行了互动讨论。会议认为，过去一年，泛珠各方积极配合国家发改委编制《促进泛珠三角区域合作发展的指导意见》，共同争取国家支持，将泛珠合作上升至国家战略和把泛珠合作纳入中央“十三五”规划，推动和促进了泛珠合作向更高层次发展。下一步，把学习贯彻党的十八届五中全会和习近平总书记系列重要讲话精神，与深化新一轮泛珠合作工作实际结合起来，将是“9+2”各方推进泛珠合作的主方向。

经讨论，泛珠合作各方共同签署了《2015年泛珠三角区域合作行政首长联席会议纪要》，审议通过了泛珠三角区域合作机制的修订，并确定了下阶段开展的11项年度工作重点，包括共同争取国家支持将泛珠合作上升为国家战略、共同编制《促进泛珠三角区域合作发展规划》，推进高铁经济带、珠江—西江经济带建设，加强交通基础设施建设合作，加强能源水利等重大基础设施建设合作，加强产业合作，加强生态文明建设和环境保护合作，深化旅游合作，深化社会事业合作，扩大对内对外开放合作，推进区域“互联网+”发展，办好第十一届泛珠三角区域合作与发展论坛暨经贸洽谈会，以及共同推进和督办49个重点合作项目。

会议确定，2016年泛珠三角区域合作行政首长联席会议由江西省人民政府承办。

【名企组团来长寻文化商机】 2015年12月18日，长沙市举行2015文化创意产业投融资推介会，中国文化企业30强以及中国文化产业年度人物齐聚长沙，集体考察了铜官窑文化产业园、长沙规划展示馆等重大文化项目，寻找与长沙文化产业的合作商机。多位文化产业界领军人物现场签订了15个合作协议，协议金额达114亿元。

据了解，2014年，长沙市文化产业总产值为2025亿元，文化产业增加值近700亿，占全市GDP比重为8.8%。

目前，长沙已基本形成了以影视传媒、动漫游戏、数字出版、演艺娱乐、文化旅游、工艺美术为载体的文化创意产业体系。“文化产业将成为长沙千亿产业集群中最具发展活力与潜力的生力军。”长沙市委常委、市委宣传部部长张湘涛说。

活动现场，文化产业大咖们畅所欲言，寻找与长沙最佳的合作机遇，并为长沙文化产业发展献计献策。

北京尚如投资有限公司董事长刘勇感叹，文化产业园区拿政府补贴的时代早已过去，如今产业园区发展一定要做好内容和服务，而不是单纯的“收房租”，在做好线下工作的同时，打造园区线上服务平台。

“我希望有机会能够为浏阳河编排一台舞台剧。”山水集团董事长梅帅元说，长沙有很好的观众基础，但文化不仅仅是生意，浏阳河边有自己儿时的记忆，他表示后续还将继续考察，寻找长沙发展演艺事业的契机。

北京万豪天际传媒公司总经理陈雷说，长沙发展文化产业应该因地制宜，培育出地方文化的土壤，再由专业机构提供文化在场，最后由服务商进行推广。

【湘赣边共同修建25条区域间公路】 2015年12月18日，湘赣边区域开放合作又迈出实质性一步。在江西上栗召开的第二届湘赣边区域开放合作交流会上，浏阳、上栗等湘赣边区域县市决定，明年起共同修建25条区域间公路，并立即启动成立湘赣边区域融资担保基金，助力边界区域发展。

去年12月浏阳市发起承办首届湘赣边区域开放合作交流会后，湘赣边区域进入多角度全方位合作时期，在多领域取得了成效。特别是各方推动了交通互联互通，联动区域产业发展，共同壮大文化旅游、烟花爆竹等优势产业。如浏阳市、上栗县等四县市开展了烟花爆竹联合打非统一行动和烟花爆竹高温期间停产联动，联合推出了浏阳、上栗“红色＋生态”等特色旅游线路。

此次交流会上，各方讨论通过《湘赣边区域金融发展战略合作意见》、《进一步加快推进湘赣边区域重大交通基础设施项目建设的意见》等系列文件，决定立即启动成立湘赣边区域融资担保平台，并于明年起先后修建25条公路连接各方。各县市将共同注资10亿元成立担保基金，通过这一平台担保，预计为区域内企业及社会事业发展提供达到80亿元的资金，在条件成熟时还将成立区域合作银行。“通过金融互动，交通互联，为区域产业融合、商贸流通及项目合作等创造基础性条件和强有力支撑，使湘赣边区域开放合作走向深入。”浏阳市市长余勋伟说。

会上还讨论通过接收萍乡市湘东区和吉安市遂川县加入湘赣边区域开放合作交流会，成员单位在井冈山市、莲花县、醴陵市、浏阳市、平江县、上栗县、铜鼓县、万载县、修水县、永新县等10县市的基础上扩充为12个。

【长江中游城市群共商公路合作】 2015年12月18日，湖南、湖北、江西公路部门负责人齐聚长沙，共商区域公路合作，签署长江中游城市群公路发展合作备忘录。3省将在加强联合治超、养护合作、断头路建设等领域展开深入合作。

随着长江经济带、长江中游城市群等国家战略相继出台，湘鄂赣3省在整合优化公路资源要素等方面有共同需求，可展开深入合作。根据合作备忘录，3省将着力加强联合整治公路超限超载行为。

省公路局局长张汉华介绍，湖南于2014年9月开展公路集中治超。截至今年10月底，共查处非法超限超载运输车辆38.4万台次，卸载货物132万吨；全省普通干线公路综合车辆超限超载率已由2011年底的15.5%降至0.51%；道路运输安全生产责任事故件数同比下降48.6%。

可目前公路治超实际中，仍存在边界区域治超执法难、跨区追查源头难、跨境追逃难等问题。为此，3省今后将开展联合治超，建立省际联合治超机制，统一部署联合治超行动。

据了解，3省今后将轮流主办长江中游城市群公路合作发展联席会议，并共同争取国家政策支持。

【第八届全国“毛泽东论坛”在韶山召开】 2015年12月19日，第八届全国“毛泽东论坛”今天在韶山召开，来自省内外各大高校和研究机构的70余位专家学者参加了本次研讨会。

与会专家学者认为，只有彻底消除了贫困，实现共同富裕，才能体现社会主义的本质，更好地彰显社会公平正义。改革开放以来，从“解决温饱”到“小康水平”，从“总体小康”到“全面小康”，再到发出“全面建成小康社会”的动员令，中国已经进入全面建成小康社会的决定性阶段。毛泽东关于共同富裕和防止两极分化思想，蕴含着丰富的理论内容，对发展生产力与变革生产关系、精神激励与物质激励、公平与效率、公与私、社会理想与现实国情等问题都有独到的见解，有很多值得借鉴的好思路和方法，对于实现全面建成小康社会这一目标具有重要意义。

大家还就“毛泽东关于社会主义时期党群关系、干群关系的思考”、“农民共同富裕思想”、“毛泽东的经济思想”等议题进行了深入交流。

全国“毛泽东论坛”自2008年设立以来，每年举办一届。本次论坛由全国毛泽东哲学思想研究会、湘潭大学毛泽东思想研究中心、韶山毛泽东同志纪念馆等主办。

【杜家毫会见邱未召】 2015年12月24日下午，省委副书记、省长杜家毫在长沙会见了中兴通讯股份有限公司全球执行总裁邱未召一行。

杜家毫说，自去年湖南与中兴通讯签署战略合作框架协议以来，双方无论是在企业研发生产基地建设，还是在推进智能交通、电子政务等项目方面，都取得了积极进展，并有效带动了湖南电子信息、移动互联网等相关产业发展，双方合作进入了向更高层次、更广领域不断深化的新阶段。中兴通讯是全球知名的通信设备厂商和综合通信解决方案提供商，也是国家民族工业的骄傲。希望双方立足当前、着眼长远，进一步加强战略合作，积极推进智慧城市、智慧医疗等项目合作，力争把长沙打造成为中兴通讯在深圳外的一个重要发展基地，实现互利共赢、共同发展。

邱未召说，得益于湖南各级政府的大力支持和良好的政务环境，中兴通讯在湘项目建设正按计划有力有序推进。希望双方在原有合作基础上，进一步拓展在智慧城市、智慧医疗等领域的务实合作。

副省长张剑飞参加会见。

【湖南粮油名优特新产品展示展销会在广州举行】 2015

年 12 月 25 日，湖南粮油名优特新产品展示展销会在广州举行。时隔 16 年之后，湖南再次由省粮食部门组团，南下广东推销湘产粮油。湖南 46 家粮食生产类企业与广东 60 家粮食流通类企业签约，购销粮油近 60 万吨，合同金额超过 25 亿元。

湖南每年外销粮食 400 万吨左右，广东每年粮食缺口达 2800 万吨。长期以来，湖南一半以上的外销粮销往广东，深受欢迎。随着全国最近连续 12 年粮食增产，粮食"紧平衡"状态有所缓解，加之市场经济的快速发展，粮食供求关系发生深刻变化。自 1999 年湖南粮食部门在广东番禺举办湖南粮展之后，就再也没有举办过类似活动。

此次抱团出击，湖南粮食让广东客商惊艳。以湖南粮食集团、湖南军粮集团等为代表的"龙头"企业，成功推出全国米业、面业上市第一股"金健米业"、"克明面业"；自治州、张家界、怀化、永州、邵阳等地的中小粮企，产品主打天然无污染、特色更营养的招牌，收获大量订单。

省粮食局局长张亦贤介绍，此次展销还实现了广东储备粮在湖南异地储备"零"的突破，初步统计，湖南将代储广东储备粮 23 万吨，这将是湖南粮食今后的一个新"出口"。

专家认为，过去，大多是广东到湖南来采购粮食，要求的只是有粮、量多；如今，要由消费来引导需求，优质、安全的粮食才有好的销路。

【北汽株洲基地二工厂启动建设】 2015 年 12 月 29 日上午，总投资 60 亿元、年产 30 万辆整车的北京汽车株洲基地二工厂项目正式启动建设。省委副书记、省长杜家毫出席启动仪式并讲话。

副省长张剑飞，北汽集团党委书记、董事长徐和谊出席。

自 2008 年北汽集团自主品牌乘用车基地正式落户株洲市以来，已累计产销整车 50 万辆。此次启动建设的北汽株洲基地二工厂项目，整车、相关零部件及物流总投资达 60 亿元，规划年产能 30 万辆整车，预计可实现年产值 210 亿元。

杜家毫说，近年来，湖南把汽车产业作为支柱性产业来打造，已形成较为完善的汽车生产、研发、营销服务和供应链体系。今年 1 至 11 月，汽车制造业增加值增长 20.6%，为促进工业经济发展乃至全省稳增长调结构做出了积极贡献，湖南工业已成为生产和效益同步增长，成为全国稳得住、走得好的省份之一。北汽株洲基地二工厂的启动建设，必将有力带动湖南汽车产业更好更快发展。湖南将大力支持北汽集团在湘发展，株洲市及相关部门要各司其职、通力协作，为项目建设提供更优质、更高效、更便捷的服务。希望北汽株洲基地高效组织、精心施工，高起点、高标准、高效率推进项目建设，努力争取项目早日竣工投产。

启动仪式后，北汽集团旗下新能源公司还与中国中车旗下株洲南车时代电气股份有限公司签署了战略合作协议，深入开展包括新能源汽车功率电子器件和电机驱动系统等方面交流合作，共同打造全球领先的自主新能源汽车品牌。

国际合作

【湖南铁路口岸首次实现整车出口】 2015年1月22日，160辆吉利汽车将在四天内从九华基地向长沙霞凝铁路口岸“集结”，它们要搭乘今年发往中亚地区的第一班“湘欧快线”专列，进入哈萨克斯坦。这是我省铁路口岸首次实现整车出口。

我省整车出口长期以来主要依靠海运，出口中亚等内陆地区缺乏直达物流渠道，因此，汽车企业开拓中亚市场受到掣肘。负责吉利汽车九华基地国际贸易的美嘉峰公司湘潭驻厂办主任周术告诉记者，此次160辆吉利汽车搭乘“湘欧快线”出口哈萨克斯坦，也是该基地首次向中亚地区大规模出口整车。

中亚地区潜力巨大，预计今年哈萨克斯坦将从九华基地进口约2000辆吉利汽车整车，全部出口中亚地区的吉利汽车都将搭乘“湘欧快线”。

这一趟吉利汽车“湘欧快线”专列预定2月4日出发，春节前就能抵达哈萨克斯坦。

【湘绣参展第十五届阿曼马斯喀特艺术节】 2015年1月27日，由文化部主办的2015第十五届阿曼马斯喀特艺术节“璀璨中华”欢乐春节行活动拉开帷幕。创办于1998年的马斯喀特艺术节，是阿曼苏丹国一年一度的文化艺术盛事。该艺术节每年1至2月在阿曼首都马斯喀特市举办，侧重民俗、非遗和手工艺展示及户外演出，每届参观人数近百万人次。

由文化部精心挑选的绘画、书法、刺绣、篆刻、茶艺、风筝、剪纸、扎染等15个文化传承项目亮相阿曼首都马斯喀特市，展现了中国博大精深的传统文化与现代文明风采。作为“中国手艺”的当家项目，湘绣是参演的唯一中国刺绣，也是湖南省湘绣研究所第二次受邀携湘绣作品走进阿拉伯，在中华传统新年之际，为阿曼人民送上一道具有浓浓湖湘风味的“春节年货”。

作为湖南文化名片的湘绣，吸引了不少当地人的目光。由于丝绸之路的深远影响，当地人对刺绣并不陌生，但见到如此细腻逼真的湘绣，他们依然很吃惊。特别是此次的镇店之作——双面绣“孔雀”展出时，栩栩如生、精细灵动的孔雀让当地观众竖起了大拇指点赞。阿曼人民提的最多问题是：“真丝的吗？”“全是手绣的吗？那得绣多久啊？”还有男士指着自己头顶的穆斯林帽问：“能不能绣顶这样的小花帽？给我绣顶小花帽吧！”湘绣，在当地受到了热捧。

在中国馆的每日小课堂上，湖南省湘绣研究所的湘妹子们，也带领艺术节的游客体验了一把在中国传统扇面上穿针引线的“艰辛”。日常的刺绣互动体验受到当地人民喜爱，他们的学习热情“热”过沙漠。不仅阿曼的女性热爱刺绣，连男士也不甘示弱，“湘绣”也在阿曼收获了大批“绣粉”。

有位“阿曼好爸爸”，很想为两个喜爱刺绣的女儿带一把扇子回家，但前提是必须在现场绣完一片叶子。在大家“怂恿”下，这位硬汉老爸拿起了针线，有模有样地绣了起来。当他心满意足地拿到扇和针线后，他开心地表示将带两个女儿过来亲自体验中国刺绣。

在阿曼，“湘绣”让参加本次艺术节的其他国家的艺术家们同样赞叹不已，他们其中也不乏刺绣艺术大师。

来自印度、巴基斯坦的刺绣艺术家同行常常来到湘绣展区，交流刺绣针法和创作心得。看着中国刺绣师的手指从一根丝线中婉转两三下便劈丝分抽出比发丝更细的绣线，看着细细的针线几个来回便将叶瓣绣得若隐若现，这些来自异国的艺术家们不由发出赞叹：虽然自己的国家也有刺绣，但从未见过这么精细的刺绣！

参加本届马斯喀特艺术节的中国代表团是历届参与人数最多、内容最丰富的一次。此次活动作为“中阿丝绸之路文化之旅”系列活动之一，既是文化部2015年海外“欢乐春节”活动中的一项重要内容，延续了“璀璨中华”这一文化交流品牌精髓。今年的马斯喀特艺术节，共邀请到中国、埃及、土耳其、法国等十余个国家在国际馆区举办文化交流活动。开展两周来，已吸引了近50万观众前来观展。

【我省实现进口冰鲜水产品零的突破】 2015年2月5日，一批加拿大籍三文鱼通过黄花机场“游到”长沙，并顺利通过检验检疫，春节前将投入生鲜市场。这是我省进口冰鲜水产品“零的突破”，湖南的消费者将可以用直接进口的冰鲜三文鱼烹制春节大餐。

我省此前没有进口冰鲜水产品的资质，在省内吃到的进口三文鱼主要是从北京、上海、广州和重庆等地入境，之后再以“内贸”形式，辗转进入湖南市场，耗时长，成本也高。

长沙黄花机场口岸日前获批为国家进口冰鲜水产品指定口岸，直接进口三文鱼可以大大减少物流成本。湖南出入境检验检疫局预测，今年通过长沙黄花国际机场直接从国外进口的三文鱼将达到1500吨。

据了解，此次入境的三文鱼全程冷链运输，运抵长沙黄花机场后，马上装卸进设在机场的备案冷库，同样设在机场的查验采样室在第一时间对三文鱼进行了微生物、鲜度、药物残留、污染物、添加物、寄生虫等全项目检测。经检测，此批进口三文鱼所有项目都符合国家标准。

【长沙首次开通直飞胡志明市航班】 2015年2月14日，长沙将首次开通直飞越南胡志明市的航班。为满足在越南务工的湖南老乡回家过年需求，14日至26日期间，将开行10趟长沙－胡志明市直飞往返包机航班。15日和25

日两天还将开行长沙直飞大阪包机。

长沙－胡志明市航线是首条长沙直飞胡志明市的航线，采用空客A320客机执飞。14日、17日、20日、24日、26日共执行往返10趟航班。具体时刻为：去程23时50分从长沙起飞，第二天3时10分到达胡志明市；回程4时10分从胡志明市起飞，当日7时30分抵达长沙。

此前，旅客在长沙与胡志明市间往返需从广州中转，单程旅途时间约7.5小时，直航后航程缩短至3个多小时。

为满足赴日本旅游的火爆需求，15日和25日两天还将开行长沙直飞大阪包机。由空客A320执飞，长沙起飞时间为10时20分，13时20分抵达大阪；返程起飞时间为14时20分，18时20分到达长沙（均为北京时间）。

杜家毫会见弗兰克·普瑞欧

2015年2月13日下午，省委副书记、省长杜家毫在长沙会见了法国国家电影委员会首席运营官弗兰克·普瑞欧一行。

会见中，双方愉快的回忆起去年11月在法国会面时的情景。杜家毫说，二十世纪初叶，许多中国有志青年到法国蒙达尔纪勤工俭学，其中包括蔡和森、向警予、蔡畅等在内的湖南籍人士多达300多人。他们中间涌现了一大批中共早期无产阶级革命家和领导人。当前，湖南正积极筹划拍摄以蔡和森为主题的相关影视作品，还原早期无产阶级革命家当年在法国学习、生活和工作的情景，唤起当代国人对这段历史的记忆，从中受到启迪和教育，更好地凝聚起实现“两个一百年”奋斗目标和中华民族伟大复兴中国梦的强大力量。希望法国国家电影委员会充分发挥在电影人才、技术、资讯等方面优势，进一步深化与湖南在影视方面的合作，共同打造出深受中法民众喜爱的精品力作，向世界讲好中国故事、湖南故事。同时，湖南还将在巴黎中国城举办长期文化交流展，通过深化文化交流，进一步促进湖南与法国之间的科技、经贸等合作。

弗兰克·普瑞欧说，先进的交通和通讯手段，可以拉近中法两国的时空距离，文化更能拉近两国人民之间的心灵距离。法国国家电影委员会将尽其所能推进双方合作，努力打造经典影视作品，向世界更好地推介湖南。

【法国国家电影委员会首席运营官弗兰克·普瑞欧接受湖南专访】 2015年2月13日，来湘洽谈影视交流合作事宜的法国国家电影委员会首席运营官弗兰克·普瑞欧接受湖南日记者专访时透露，湖南有望和法国合拍电影，湖南与法国合作拍的有可能搬上大银幕的项目，是一部关于湖南籍无产阶级革命家蔡和森的电影。

项目第一次被提出，还是在4年前。弗兰克回忆，当时潇湘电影集团与法国国家电影委员会就合作进行过初步讨论，双方还一同去了蔡和森学习生活过的蒙达尔纪市取了景。但很可惜，由于种种原因，计划被搁浅。直到去年湖南省委副书记、省长杜家毫访法时与他会见，该合作才被重新提及。

弗兰克介绍，法国国家电影委员会致力于推动法国与中国等国的影视交流合作，尤其是去年适逢中法建交50周年，中法电影合作进入了“蜜月期”。因此，他们希望借着这股东风，实现湖南与法国的合作。

“合作有两种形式。”弗兰克介绍，一种是来法国取景拍片，法国国家电影委员会将为摄制组申请签证、选取拍摄点、获得有可能的经济补助提供帮助。根据法国的相关政策，外国摄制组若在法国拍摄的花费逾100万欧元，便可向委员会递交退还总花费20%的申请，比如成龙的《十二生肖》就曾获得这项补助。

另一种方式是中法合拍。做合拍片项目，法国人更看重的是好故事，所以并不介意片中是否出现明显的法国元素和法国演员，这也是法国人“浪漫的方式”。

一部拥有了中法合拍的电影，能带来哪些好处？“就如同强强联合。”弗兰克说，中法合拍片在法国就是法国电影，在中国是中国电影，因此享有各国制定的相应扶植政策。同时，合拍片将注入电影更多国际化的气质，因此在国际版权的销售、参加国际影展等方面将更有优势。

但要注意的是，不同国家合拍电影就像经营一段“跨国婚姻”，文化差异是难免的。“中国的电影团队普遍要比法国年轻，两国在对一些事情的理解和处理上的确有所差异，但好在大家目的一致，经过磨合后都能保持愉快的合作。”

弗兰克建议，在电影前期准备阶段，双方应多加强关于剧本、演员、取景地等方面的沟通和交流，这样在拍摄时才会更有效率。

【湖南境外商会国际合作项目对接会在长沙举行】 2015年3月3日，湖南境外商会国际合作项目对接会今天在长沙举行，会上成立了境外湖南商会资源整合联盟。从自发到自觉，从无组织到有组织，直至打破行业、国别界限结成联盟，已成为湘企联合“走出去”的新形式。

泰国、老挝、阿联酋、越南、美国、欧盟、法国、印尼、柬埔寨、墨西哥等10家境外湖南商会代表40余人，与省内“走出去”企业90多家参加了对接会。参加今天对接会的多家境外商会发起成立了湖南境外商会资源整合联盟，希望借此充分发挥海外人脉资源优势，协调湖南优势企业抱团发展，打造“海外湘军”品牌。

对接会上，境外湖南商会介绍了所在国投资机遇，并推介了多个湖南省境外园区。据了解，目前，我省已经建有北欧湖南农业产业园、老挝湖南橡胶产业园、泰国湖南工业园、越南湖南商贸物流园等多个境外园区。今天的对接会共签订合作协议17项，包括投资额1.5亿元人民币的泰国养老基地合作协议，以及10项湖南省境外园区投资合作协议等。

此外，省商务厅与工商银行湖南省分行在会上签署了战略合作协议，双方将共同推动湖南企业及优势富余产能走向海外。省商务厅对外投资和经济合作处副处长伍一俊透露，我省正在制定支持优势富余产能“走出去”的三年工作计划，将对省内水泥、钢材等行业出台专项支持政策。老挝湖南商会会长刘小民称，省内已经淘汰的旧款家用电器、手机等产品，在老挝都能找到很好的市场。

【中联重科全球布局80余个国家】 2015年3月4日，中联重科在2015年“开门红”仪式上透露，受益于“一带一路”战略，公司已在全球80余个国家布点，未来3至5年，中联重科海外市场收入在公司总收入中的比重将提升至30%–40%。

中联重科在“一带一路”重点参与国的资源配置上先行一步。2014年，中联重科先后完成对德国M–TEC公司、荷兰Raxtar施工升降机技术公司以及奇瑞重工的并购；成立印尼子公司和财务公司；海外公司巴西服务中心也于当年建成并投入使用。此外，在哈萨克斯坦等中亚国家，在马来西亚、印度尼西亚等东南亚国家，在俄罗斯、意大利等欧洲国家，中联重科都拥有举足轻重的市场地位。

与此同时，中联重科也与中铁建港航局集团有限公司等众多大型施工企业建立了紧密合作关系，成为其上游设备供应商。

中联重科分管海外业务的高级总裁张建国介绍，过去的一年里，中联重科海外业务得到快速发展。最新数据显示，2014 年，中联重科海外业务增长有望位列全行业第一。

【中联重科斩获 8000 万元海外大单】 2015 年 3 月 13 日，50 台 QY75V 轮式起重机，从中联重科泉塘工业园出发，发往印度。这批由印度 Reliance 集团采购的产品，总价值近 8000 万元。这也是中联重科新年以来出口海外的最大订单。

Reliance 集团是印度最大的商业公司之一，经营范围涵盖石化、基础建设、电信、能源等众多领域，对施工机械的性能有着十分苛刻的要求。产品采购招标期间，Reliance 集团在价格、性能、服务等多个方面，对多家全球顶尖的工程机械设备制造商进行了综合对比，中联重科 QY75V 起重机凭借着尖端的科研技术，量身定制的适应性以及保姆式的贴身服务脱颖而出。

中联重科起重机公司副总经理苏敏在发车仪式上介绍，本次出口印度的起重机，针对印度市场的需求特征而量身订制，作了许多本地化适应性改变，并在力矩限制器、主泵等关键部件上采用了进口品牌，充分满足了印度不同复杂工况的需求。

中联重科海外公司执行副总经理潘振洋告诉记者，近几年，中联重科开发了多款受到广大海外客户青睐的适销产品，出口业绩连年攀升；其中，中联重科的起重机在印度的市场份额已连续多年居中国同行业第一。目前，中联重科已在 80 个国家建立了销售和服务平台，在 40 多个国家建有分公司，产品覆盖五大洲。

【东盟首次成为湖南第一大贸易伙伴】 2015 年 3 月 17 日，长沙海关发布前两个月我省进出口成绩：1 至 2 月我省进出口同比增长高达 63.4%，东盟首次成为我省第一大贸易伙伴；汽车出口销量同比增长两倍多，“海上丝绸之路”沿线国家成为湖南汽车的主要客户。

数据显示，1 至 2 月我省进出口 298.04 亿元人民币，与去年同期相比，增长高达 63.4%；全省出口 228.99 亿元人民币，增长 1.2 倍；进口 69.05 亿元人民币，下降 14%。得益于长江经济带一体化改革等一系列利好，我省对“海上丝绸之路”沿线国家进出口增势迅猛，东盟以 51.74 亿元人民币双边贸易额，首次跃升为我省第一大贸易伙伴。

湖南汽车出口一扫去年颓势，迎来“开门红”。前两个月，我省出口汽车 6853 辆，与去年同期相比，销量增长了 2.03 倍；出口金额 7.6 亿元，同比增长 80.8%。而湖南汽车最大的海外客户，就是 32 个“海上丝绸之路”沿线国。根据海关统计，1 至 2 月，32 个“海上丝绸之路”沿线国家一共购买了 5163 辆“湖南制造”的汽车，占据湘车出口总量的 75.3%。中东地区成为“黑马”，前两月进口湘车量暴涨 4.8 倍，达到 1550 辆，价值 1.7 亿元，同比增长 1.02 倍。

长沙海关综合统计处分析认为，我省汽车出口得益于“一带一路”战略政策性推动。“海上丝绸之路”沿线国家人均收入不断增长，而用车率偏低，汽车消费潜力巨大，以东盟为例，据业内分析，该地区到 2019 年对汽车的需求将达到 471 万辆，成为全球第五大汽车市场。

【许又声会见美国客人】 2015 年 3 月 17 日下午，省委常委、省委宣传部部长许又声在长沙会见了美国狮门影业首席执行官乔恩·菲尔海默一行。许又声表示，要鼓励文化企业加强国际交流与合作，让文化走出去成为新常态。

狮门影业是美国最大的独立电影公司，乔恩·菲尔海默此行将出席电广传媒与狮门影业共同投入 15 亿美元的影视项目合作正式起航的新闻发布会。

许又声对乔恩·菲尔海默一行的到来表示欢迎，并简要介绍了湖南经济社会发展情况。他说，湖南文化底蕴十分深厚，文化产业很有特色，已成为我省的支柱性产业，广电湘军、出版湘军、动漫湘军等在国内外产生了广泛影响，此次合作是文化行业的强强联合，期待双方以此次合作为契机，给全球观众不断带来新的惊喜。

乔恩·菲尔海默表示，湖南在文化产业方面取得的成绩，非常值得学习、借鉴，这次合作是一次很好的尝试，一定会实现“双赢”。

【电广传媒与美国狮门影业合作】 2015 年 3 月 18 日，中国传媒第一股——电广传媒与美国最大的独立制片商——狮门影业在长沙正式举行合作启动仪式。美国狮门影业首席执行官乔恩·菲尔海默一行从大洋彼岸飞抵长沙出席活动。副省长戴道晋出席。来自省政府及省委宣传部、省新闻出版广电局等相关负责人以及多家影视文化传媒行业嘉宾参加。

电广传媒与狮门影业签订的战略合作协议内容包括，未来 3 年内双方拟共同投资 15 亿美元进行影视项目合作，涉及电影投拍、发行等多个层面。电广传媒将投资不少于 50 部狮门电影，按照其净制作投资金额的 25%进行投资，并以同等比例获得收益。由电广传媒主导的合拍片的制作及海外发行将得到狮门的协助。此外，电广传媒将获得狮门每年 4 部影片的国内代理销售权。值得一提的是，双方除了共同进行影视项目合作外，还将商议开展网络视频、主题公园等衍生产品的开发。

启动仪式现场，狮门影业方公布了与电广传媒合作的首批片单，包括《惊天魔盗团 2》、《埃及众神》、《女巫猎人》等备受关注的大片。电广传媒也首度发布了公司 2015 年度将推出的 9 部新片，包括《全民目击 2》、《大侦探霍桑》、《不期而遇》等。

【亚行力助湖南建低碳技术创新中心】 2015 年 3 月 25 日，湖南省低碳技术融资与推广机制研讨会透露，亚洲开发银行(以下简称“亚行”)将助力湖南推广低碳技术，力争在湖南创建一个世界领先的低碳技术创新中心。“湖南省低碳技术产业孵化园”在会上正式授牌。

2011 年，亚行建立了亚太气候技术金融示范中心，致力于促进气候变化减缓和适应技术的发展和部署。2013 年，亚行与国家发改委和财政部商定，选择湖南作为亚行在中国的试点，开展促进低碳技术融资与推广机制研究。经过近 2 年的研究，已形成比较成熟的研究成果。以亚行研究成果为基础，湖南省发改委提出了“四个一”的设想，即建立一只基金、一个专业孵化园、一个技术交易平台、一套促进机制。今年1月，亚行派出四位官员来湘调研，对“四个一”提出建议，并表示将继续通过技术援助项目扶持湖南低碳技术推广，并分享国际成功经验。

此次研讨会由亚行与湖南省发改委联合主办。会上，亚行专家介绍了湖南省低碳技术促进机制有关设想，来自韩国、新加坡、荷兰、丹麦、日本等国的专家分享了促进低碳技术发展的经验，中联重科、华菱湘钢等企业介绍了自己推广低碳技术的做法。与会的政府官员、专家和企业家们，还就“湖南省低碳技术发展过程中的机遇和挑战”等议题进行了充分探讨。

湖南省人大常委会党组成员，十一届人大常委会副主任陈叔红出席研讨会。

【远大住工苏里南工厂投产】 2015年3月29日，远大住工苏里南PC（预制混凝土构件）基地，在苏里南共和国帕拉马里博市投产。这标志着湘企对外投资开拓南美市场迈开了新的一步。未来5年内，远大住工将配合苏里南政府规划，利用预制板厂和模块化建房技术，为当地建造1.8万套住房，推动苏里南保障房项目建设。

远大住工国际公司总经理蒋洁表示，工业化住宅在发展中国家有着巨大的潜力，除苏里南外，远大住工也正在推进与巴西、委内瑞拉、阿根廷等南美国家的合作。

【孙金龙会见匈牙利客人】 2015年3月29日下午，省委副书记孙金龙在长沙会见了由欧洲议员、欧洲议会旅游交通委员会副主席、匈牙利社会党副主席乌伊海伊·伊什特万率领的考察团一行。

考察团此次受中联部邀请来湘参观考察。孙金龙对客人的到来表示热烈欢迎，并愉快地回忆了去年9月，应匈牙利社会党邀请，经中联部安排,自己率中共友好代表团对匈牙利进行友好访问时的情形。

孙金龙说，中国和匈牙利虽然远隔千山万水，但两国人民交流交往源远流长。两国建交65年多来，双边关系基础始终牢固，合作一直良好。近年来，湖南主动融入中共中央提出的“一带一路”战略，加大“走出去”力度；匈牙利是“一带一路”沿线重要国家，两地合作前景广阔。希望以这次乌伊海伊·伊什特万议员访湘为契机，双方进一步加强高层互访，推动友好交往，深化经贸合作，加强旅游交流，真正实现互利共赢。

乌伊海伊·伊什特万说，匈牙利是欧盟成员国，拥有悠久历史，农业、工业发达。愿以此次访湘为契机，加强与湖南在人员、教育、旅游、农业等方面的交流合作。

【中南合作首批电力机车下线】 2015年3月31日，随着中国南车株洲电力机车有限公司和南非业主Transnet公司的合作日益加深，双方在南非当地生产出首批电力机车。同时，也结出了“幸福之花”。日前，在机车下线仪式现场，“南车株机”援助南非电力机车生产的一对新人举行了婚礼。

机车下线仪式在南非行政首都比勒陀利亚举行。此次下线的电力机车为双流制四轴交流传动货运电力机车，功率为3000千瓦，最高时速100公里，能实现8台机车重联，并可与内燃机车重联。

为推动南非电力机车生产提速，“南车株机”和Transnet公司紧密合作。Transnet公司先后派出120多名工程师，到中国接受培训。“南车株机”先后派出几百名员工，支援电力机车在南非本地生产。其中，两名员工因项目工作需要，3次推迟婚礼。这次机车下线，为这个项目做出重要贡献的“南车株机”员工鲍伟、盛晓雁举行了“中南合璧”式婚礼。

【步步高全球购移动端全面上线】 2015年4月2日，作为2015年移动互联网岳麓峰会分会场，步步高云猴全球购跨境移动电商平台上线发布会在长沙茉莉花国际酒店举行。150余名政府相关部门领导、电商大佬、投资专家汇聚一堂，共同见证湖南首个跨境移动电商平台上线。发布会期间，云猴网与递四方、广州卓志等跨境服务巨头现场签订了战略合作伙伴协议。

伴随云猴全球购移动电商平台的上线，步步高集团迈向移动电商的新征程已然启动。过去19年间，步步高集团通过一次次与国际零售巨头沃尔玛、家乐福等企业贴身较量，最终确立了“西南零售之王”的行业地位。

海通证券的分析师认为，步步高转型战略清晰、执行力强，看好B2b2C模式下社区网点价值和供应链服务成长空间。

【2015IDG中美校园创业大赛在湖大宣讲】 2015年4月2日下午，2015IDG（美国国际数据集团）中美校园创业大赛湖南大学宣讲会在湖南大学逸夫楼报告厅举行，IDG资本创始合伙人熊晓鸽、IDG资本投资团队代表田里、IDG自由人代表邓耀桓，以及POI创始人夏鹏晔、伏牛堂创始人张天一、CAR+创始人程瀚等年轻湖南创业者出席了宣讲会。

熊晓鸽在会上介绍，在移动互联网领域里，中国和美国的差距在变得越来越小，中国的大学生和美国的同龄人相比，很多方面都不差。希望通过比赛、通过宣讲会上的交流，帮助创业者找到很好的团队，实现梦想。

夏鹏晔、张天一、程瀚等湖南年轻创业者与湖大学子们进行了创业分享，他们身上那种“吃得苦，耐得烦，霸得蛮”的湖湘精神也给大家带来了启发。张天一说：“90后现在毕业后什么资源都需要去抢，有差异化才会有优势。那么在北京卖湖南常德的牛肉米粉，在我看来就有差异化竞争优势。”

据介绍，该比赛由IDG资本及昂立教育、朋友印象联合主办，旨在选拔出在互联网和移动互联网行业最具潜力的校园创业之星，并通过在北美近10所顶尖高校和国内12所一流高校中举办校园宣讲活动的形式，与大学生们分享创业经历与感悟。

奖励设置方面，第一名团队将获得由IDG资本提供的50万至100万美金的启动资金；前五名团队成员有机会加入IDG“自由人”计划，年薪10万美金；昂立教育、朋友印象等联合主办方提供价值1000万人民币的“现金+期权”奖励；此外还享有360的APP线上推广，以及媒体推广、项目孵化等创业资源。

会上还举行了熊晓鸽奖学金、奖教金颁奖仪式。据介绍，熊晓鸽为回报母校湖南大学，已投入奖金960余万元，受益师生超过1000人。

【徐守盛会见英瑞株式会社会长】 2015年4月7日下

午，省委书记、省人大常委会主任徐守盛在长沙会见了英瑞株式会社会长吴文贵一行。

徐守盛简要介绍了湖南的基本情况。他说，近年来，湖南经济社会发展保持了稳中有进、稳中提质的良好势头，尤其是进入高铁时代后，“一带一部”区位优势更加明显。当前，经济发展进入新常态，湖南的发展面临一系列战略机遇，在实现经济转型发展中，湖南将把扩大对外开放作为坚定不移的战略选择，积极学习引进新理念、新技术。湖南高度重视加强和深化与日本等周边国家和台湾地区的合作，希望英瑞株式会社多牵线搭桥，找准对接合作的着力点，实现互利共赢、共同发展。

吴文贵说，湖南历史文化悠久，旅游资源丰富，区位和人才优势明显。希望能为湖南与日本和台湾地区的合作与沟通搭建桥梁，在健康养老、纺织、旅游等产业方面寻求合作。

省委常委、省委秘书长韩永文，台湾清蓝股份有限公司总经理张连丰参加会见。

【湖南、澳门、葡语国家企业举行合作座谈会】 2015年4月10日，“湖南－澳门－葡语国家企业合作座谈会”在长沙举行，22名葡语国家代表与湖南政企代表交流互动，表示愿借澳门之“桥”为湘企开拓葡语国家市场。

近年来，湖南与澳门及其他葡语国家和地区的经贸合作日益密切。2014年，我省对澳门出口3930万美元，同比增长6.8%，出口商品以活猪、鲜冻猪肉、家具建材为主。同年，我省对安哥拉、莫桑比克、葡萄牙等国家的进出口额也超过1000万美元。

“国务院日前批复同意《长江中游城市群发展规划》，这对于加快中部地区全面崛起，促进区域一体化发展具有重大意义。”湖南省商务厅副厅长周越表示，我省下一步将着力实施“架桥拓市”等重点工程，密切与澳门及其他葡语国家和地区的联系，促进双方优势产业的合作。

【中南首台22E型电力机车下线】 2015年4月10日，为南非量身定制的首台22E型电力机车，在南车株洲电力机车有限公司下线。这是该公司近3年来为南非研制的第三款电力机车，填补了中国和南非两国在双流制窄轨六轴电力机车上的空白。

新下线的22E型电力机车身披鲜艳的“中国红”、肩镶南非国旗，是一种新型直流与交流受电双流制窄轨（标准轨距为1435毫米，比标准轨距窄的为窄轨）六轴电力机车。该机车功率达4500千瓦，最高运行时速100公里，能在1065毫米轨距的铁路上单机牵引4000至4500吨货物列车，不仅能实现8台电力机车重联，还能与内燃机车重联，可满足南非铁路电力及燃油机车混跑进行大宗货物运输的需求。

22E型电力机车是在已出口南非的20E型、21E型四轴电力机车的基础上进行研制的。据了解，六轴电力机车相较于四轴电力机车研发难度更大，因为轴越多，对走行部分的转向架设计和车体强度要求更高；窄轨铁路相较于标准轨铁路，对机车的平衡性、稳定性要求也更高。

【“南车电机”牵引动力首次进军北非市场】 2015年4月12日，南车株洲电机公司出口埃塞俄比亚的六轴交流电力机车牵引动力，顺利完成首台交付。这也是该公司牵引动力首次进军北非市场。据介绍，到今年5月底，他们将向埃方交付210台牵引电机和35台牵引变压器。

作为我国轨道交通牵引电机、牵引变压器专业研制、生产企业，“南车电机”产品种类完整、性能先进、质量可靠，在业内享有盛誉。此前，他们已向澳大利亚出口内燃机车电机、向格鲁吉亚出口动车组牵引电机、向南非出口双流制机车牵引电机与变压器、向阿根廷罗卡线出口动车组产品。此次出口埃塞俄比亚的六轴交流电力机车牵引电机，首次采用三轴承结构，可超重载及延长轴承寿命，稳定性、可靠性高。三轴承结构是一个新课题，给“南车电机”带来严峻考验，他们成立项目组，历时近3个月攻关，成功解决了机车运行过程中轴承温升超差问题。

【南车时代电气收购世界知名海工企业】 2015年4月15日，中国南车旗下的南车时代电气与英国海工企业Specialist Machine Developments Limited（简称SMD）签署股权收购合同，南车时代电气斥资1.3亿英镑（约合12亿人民币），正式收购SMD100%的股权。此举标志中国南车从轨道交通装备制造向海工装备领域“跨界”发展，开启陆海两栖产业集群发展新时代。

此次收购的英国SMD公司是全球深海机器人第二大提供商和具有国际领先水平海底工程机械制造商，主要提供以深海应用为主，适应极端恶劣环境、高可靠性的远程遥控自动化水下工程机械和深海机器人设备，其产品遍及30多个国家和地区。南车时代电气，是中国轨道交通装备行业处于领先地位的车载电气系统集成商和供应商。业内人士称，此次收购是“中国领先的高铁技术和世界领先的深海机器人技术的一次成功‘联姻’”。

海洋工程装备产业是我国确定的七大战略性新兴产业的重要组成部分。近些年来，我国海工装备技术取得了多项突破，但与先进国家比较，仍处于全球海洋工程装备的产业链低端，特别是像深海机器人等深海装备，关键技术严重依赖国外进口，国内几乎没有企业涉足此领域。

主导此次收购的南车时代电气董事长丁荣军介绍，南车时代电气将把已有的船舶电力驱动技术和电气控制技术与SMD公司的先进技术、市场和管理经验进行深度融合，打造面向全球的深海装备产业集群。此次收购，既是湖南企业与英国企业一次“门当户对的联姻”，也是中国高铁技术与世界深海工程技术的一次深度融合，将有力促进我国深海高端装备产品的高端化、产业化和国际化进程。

【张剑飞会见德勤华永客人】 2015年4月21日，副省长张剑飞在长沙会见了德勤华永会计师事务所中国区主席洪嘉禧一行。

德勤华永，即世界著名的四大会计师事务所之一的德勤在华机构。德勤华永主要提供上市及年度审计、税务、企业管理咨询等服务，在国内拥有近1.35万名员工，22个分所，总部设在上海。

张剑飞说，热诚欢迎德勤华永来湘设立分支机构，各有关部门将全力提供帮助协调，支持尽早落地。也希望双方进一步加强沟通合作，更好助推湖南经济社会发展。

洪嘉禧表示，德勤华永在湖南已广泛开展业务，下一步将与湖南在审计及境内外上市、发债募集资金、促进国企改革等领域密切沟通，提供专业高效服务。

【中国（湖南）·新加坡企业家交流论坛在长沙举行】 2015年4月23日上午，中国（湖南）·新加坡企业家交流论坛在长沙举行。省委常委、长株潭两型试验区工委书记、管委会主任张文雄，新加坡贸易与工业部兼国家发展部高级政务部长李奕贤出席论坛并致辞。

此次论坛主题为“一带一路”战略下湖南与新加坡的经贸合作新机遇，共有30多位新加坡企业家来湘出席交流论坛，与50余位湖南企业家进行“亲密接触”。

张文雄在致辞中说，近年来，湖南与新加坡经贸往来日益密切。新加坡来湘投资企业现有205家，合同外资近10亿美元，湖南对新加坡进出口总额达4亿美元。今年是中新建交25周年，中新经济走廊又是共建“21世纪海上丝绸之路”的重要组成部分，双方合作前景广阔。希望进一步深化在经贸发展、城市建设、环境治理等领域的合作。

李奕贤表示，湖南发展充满活力，商机无限，正吸引越来越多的新加坡企业前来投资；也欢迎湖南企业借助新加坡的政策和地理优势，加快走出去步伐，实现共赢发展。

论坛开幕前，张文雄会见了李奕贤一行，转达徐守盛书记、杜家毫省长的亲切问候和诚挚欢迎，双方就进一步拓展合作领域、深化项目对接进行了交流。

【湖大设计亮相米兰创客展】 2015年4月23日，今年米兰国际设计周期间，“2015米兰－国际文化创客设计联展”，在意大利米兰著名的创意园区蒸汽工厂亮相，时间从4月14日持续到5月7日。由湖南大学展示的“新通道”项目引起意大利设计界的浓厚兴趣。这是记者今天从该校获悉的。

设计联展上，中国有清华大学、湖南大学、四川美术学院的“品味中国”、“新手工艺”、“生灵”、“游走的时尚”、“感官穿越”及“新通道”等多个主题设计展区，吸引了国际设计界众多知名人士的目光，并向世界展示了当下中国设计的整体实力。

本次展览上，湖南大学展示的“新通道”项目，是湖南大学设计艺术学院与湖南通道侗族自治县开展合作，在充分保留和融合少数民族优秀文化传统的前提下，用现代工业设计的理念对乡村传统生活方式进行改进，从而促使少数民族乡村农民也能享受到现代科技文明带来的生活品质提升的一个课题。展览用实物、图片和视频等多种手法，展示了大量当地少数民族珍贵的传统文化样式，以及参与项目的师生们制作的既有民族特性又有现代气息的系列设计作品。

4月17日下午，意大利设计大师Alessandro Guerriero先生，在详细询问了侗锦、剪纸跨媒体书籍及酉阳面具的设计制作过程后表示，本次展览让他有立刻去中国、去通道看看的冲动。

来源于英文“Maker”的“创客”一词，是指在现代生活中出于兴趣与爱好，努力把各种创意转变为现实的人。本次展览邀请了100多位全球不同领域的“文化创客”，他们以影像、产品、视觉、装置、雕塑等不同的语言，再现与重构不同的地域文化与生活方式，分享创客生产与商业模式、文化创新与社区发展等方面的经验。

设计联展还举行了“文化创客分享会”等多项交流活动，中国驻米兰总领事馆科技教育文化领事赵向东、意大利设计界人士、米兰市政府官员、我国文化部、科技部官员等参加了展览的各项活动。

【杜家毫会见李放】 2015年4月28日上午，省委副书记、省长杜家毫在长沙会见了美国康宁公司大中华区总裁兼总经理李放一行。

美国康宁公司是全球光通信、显示科技、环境科技、生命科学及特殊材料等领域的市场领跑者，也是应用于液晶显示屏的特殊玻璃和陶瓷材料供应商。

杜家毫说，湖南有着较强的工业基础，科教资源丰富，文化创意等产业发展迅速。近年来，湖南致力于调整产业结构，突出创新驱动，着力培育壮大电子信息、新能源、新材料等新兴产业，加快促进传统优势产业转型升级。当前湖南正着力打造中部地区综合交通枢纽，进一步放大“一带一部”区位优势，加快实现中部崛起。热忱欢迎包括康宁在内的国际知名企业来湘投资，湖南将为企业在湘发展创造优质环境。

李放介绍了企业在华业务发展情况，表示愿与湖南有更进一步的了解沟通，寻求合作机会，实现互利共赢。

省政府党组成员、省政府办公厅党组书记向力力参加会见。

【陈肇雄会见英国驻广州总领事】 2015年4月28日，省委常委、常务副省长陈肇雄在长沙会见了英国驻广州总领事卢墨雪先生一行。

陈肇雄对卢墨雪一行来湘访问表示欢迎，并介绍了湖南省情。他说，湖南加快推进“四化两型”、“三量齐升”战略，经济实力明显增强，产业结构持续优化，质量效益全面提升，居民收入稳步提高，生态环境逐步改善，发展基础更加坚实。湖南与英国经济互补性强、合作潜力大。希望双方在生态环保、科技教育、金融、城市建设等方面开展合作。

卢墨雪表示，希望通过高层互访增进了解，加强合作。英国将与湖南共同分享在工业发展、生态环保等方面的成功经验，拓展双方合作领域，扩大合作规模。

【省发改委与英国驻广州领事馆签署合作协议】 2015年4月28日，省发改委与英国驻广州领事馆在长沙签署合作协议，双方将在应对气候变化和低碳发展领域开展深度合作。

根据协议，双方将共同针对湖南省低碳发展战略和顶层设计方面的课题寻求合作，具体领域包括低碳发展路线图，低碳城市发展评价体系，低碳政策框架，创新性的机制设计如碳交易机制及碳金融等。双方将依托湘潭高新区、宁乡金洲工业集中区等，在海上风电设备研发与制造、绿色低碳建筑、低碳交通、环保产业等领域，开展低碳技术合作，探索建立中英低碳产业园区。依托英国“繁荣基金”，为湖南省的重点企业提供低碳改造技术，促进英国低碳技术在湖南推广应用。同时，英方将定期把英国低碳政策及动向等，及时分享给湖南省的相关政府部门和企业。

【湖南首家跨境电商体验店开业】 2015年4月28日我省首家跨境电商体验店——步步高云猴全球购体验店在湘潭正式开业，共吸引了上万名市民来此“尝鲜”，日本的纸尿裤、澳洲的沐浴露、保加利亚的蜂蜜、德国的婴儿奶粉……只需要用手机扫扫商品二维码，全球各地的产品便触手可及。

“体验店面积为60平方米，通过实物展示和虚拟展示相结合，可供购买的商品种类近1000种，一站式解决进口商品实体网购。店内首批展示的实物商品有200多种，还有800多种产品是通过扫码墙、视频等方式进行虚拟展示的。”据步步高云猴全球购体验店相关负责人介绍，该店是依托步步高云猴网而成立的跨境电商业务体验店。通过与湘潭综合保税区合作，以特殊监管区域保税展示政策为支撑，物品以保税展示临时出区的方式向属地海关申报，并交纳规定额度的保证金后，放到体验店展示。

此外，云猴全球购体验店还与欧洲、日本、韩国、美国、澳洲当地最强的电商网站合作，将多个国家的电商网站上的商品数据跟云猴全球购进行无缝打通，消费者可以在该店罗列的商品目录中当场下单，只需3至7个工作日货品就可到手。

“我们争取在24个月之内做到跨境电子商务行业的第一名。”步步高董事长王填告诉记者，此次云猴全球购湘潭体验店只是开端，步步高集团旗下正在建设的70万平方米的梅溪新天地里，已经规划了5万平方米的跨境 outlets。该跨境奥特莱斯落地长沙后，通过跨境电子商务，商品基本可以做到与国外同步上市。

【湖南首次实施欧投行贷款项目】 2015年4月29日，欧洲投资银行（简称“欧投行”）贷款湖南油茶发展项目启动。这是湖南实施的首个欧投行贷款项目，将助力湖南油茶产业发展。

欧投行贷款湖南油茶发展项目总投资5.6亿元，其中欧投行贷款3500万欧元（折合人民币2.8亿元），国内配套及自筹资金2.8亿元，在邵阳、中方、祁阳、醴陵、衡阳、衡山、祁东、汨罗、平江、宁远、桑植、溆浦、花垣、保靖等14个县（市）实施。项目建设内容包括，5年内营造油茶丰产示范林10万亩，亩产茶油达到40公斤；高标准培育油茶林22万亩，亩产茶油达到20公斤。预期效益项目计算期内总共产油茶籽90.5万吨，折合茶油22.6万吨，实现丰产稳产的目标。

根据省政府规划，至2020年，全省油茶种植总面积要达到2200万亩，茶油产量达到50万吨以上，油茶产业产值达到400亿元以上。此次欧投行贷款项目可望有效缓解项目县发展油茶产业融资难、贷款难的问题，推动高标准、高效益、集约化经营的油茶丰产林示范基地建设。

在所有外资贷款项目中，欧投行项目知名度高、信誉好，贷款条件最优惠。各项目县要选择好实施主体，按时足额到位配套资金，推动油茶生产上规模、出效益，确保欧投行贷款“借得来、用得好、还得起”。

【徐守盛率湖南代表团在美国纽约考察】 2015年4月30日到5月2日，省委书记、省人大常委会主任徐守盛率湖南代表团一行6人在纽约考察，先后拜访了中国驻纽约总领事馆、菲亚特－克莱斯勒集团纽约办事处、高盛集团、纽约证券交易所等。

30日，徐守盛一行抵达纽约后，没有停歇即前往中国驻纽约总领事馆拜访，与中国驻纽约总领事章启月进行了会谈。

徐守盛感谢中国驻纽约总领事馆长期以来对湖南的关心支持。他说，美国与湖南交流合作基础良好，湖南将进一步扩大与美国有关州市的经贸往来，加强在产业、金融、节能环保、教育、科技等领域的合作。期望总领事馆一如既往地宣传推介湖南，促进更多世界知名企业来湘投资兴业，进一步深化湖南与美国有关州市的交流合作。

章启月表示，中国驻纽约总领事馆将发挥自身作用和优势，促进美国知名企业与湖南深化在汽车、农业、人才等方面的合作。

在菲亚特－克莱斯勒集团纽约办事处，徐守盛一行与菲亚特－克莱斯勒高层座谈。徐守盛首先简要介绍湖南经济社会发展情况，他说，近年来，湖南省把汽车产业列为全省重点扶持的产业之一，已形成较为完整的政策支持及产业服务体系。湖南长株潭地区尤其是省会长沙汽车产业已具规模，广汽菲亚特项目发展良好。湖南十分重视与菲亚特－克莱斯勒集团的合作，希望菲亚特－克莱斯勒集团积极参与湖南汽车产业的发展，与湖南全方位、多领域深化合作，帮助湖南引进更多汽车零部件企业，培养更多本土汽车人才，进一步促进湖南的汽车产业发展。

菲亚特－克莱斯勒投资关系总监蒂莫西·克劳斯，菲亚特中国董事长、菲亚特－克莱斯勒亚太区副总裁郑显聪表示，菲亚特－克莱斯勒高度重视湖南市场和项目，将在新车型研发生产、新能源汽车开发等领域与湖南进一步加强合作。

高盛集团是在全球享有盛誉的国际性投资银行，也是中联重科等湖南企业的重要合作伙伴。徐守盛详细了解企业管理、项目经营细节和交易流程。他表示，希望高盛集团充分发挥作为战略性财务投资者的优势，及在并购整合、资本运作、优化管理等方面的经验，为湖南优势企业的国际化发展多提供业务咨询、产品增值服务。

高盛集团投资银行部联席主席克里斯·科尔等多位管理高层和财经专家与湖南代表团就大数据开发运用、电子商务发展、全球经济形势等话题展开3个多小时的交流。高盛集团高层表示，高盛与湖南的合作富有成效，希望与湖南进一步增进了解，全方位深化合作。

纽约证券交易所是全球规模最大、最具影响力的证券交易所之一。目前纽交所的日均交易额占到全球交易量的1/3，去年融资总额高达700亿美元。徐守盛一行在纽约证券交易所公司事务总监约翰·图透和政府事务总监布莱顿·维斯的陪同下参观了交易大厅。去年一共有6家中国企业在纽交所上市。徐守盛在多个柜台驻足，与交易员交流，了解上市企业的运营情况和资本活跃程度。他说，湖南省高度重视资本市场发展，随着湖南企业加速成长壮大、“走出去”步伐不断加快，到纽交所上市将越来越成为不少优质湖南企业的发展追求。我们真诚期望纽交所为湖南企业提供更多的资讯和服务，帮助更多的拟上市企业赴海外上市，提高国际化水平。

这次湖南代表团赴美国考察是应与湖南结为友好省州的北卡罗莱纳州邀请成行的，纽约是代表团考察的第一站。

【南航湖南公司执飞长沙–韩国济州岛往返航班】 2015年5月3日，南航湖南公司开始执飞长沙－韩国济州岛往返航班。单程航程只需2小时20分。

该往返航班计划每周两班（周四、周日），由空客

A320 飞机执飞，去程航班 12 时 10 分从长沙起飞，14 时 30 分到达济州岛；回程航班 15 时 50 分从济州岛起飞，18 时 10 分返回长沙（均为北京时间）。目前，往返机票促销价为 1200 元（不含税价）。

济州岛是韩国最大岛屿，许多韩剧曾在此取景拍摄。由于中国公民可免签入境济州岛停留 30 天，旅客只需买好机票，带上护照，即可享受一场说走就走的济州行。

【徐守盛率湖南代表团在美国北卡罗莱纳州考察】 2015 年 5 月 3 日至 4 日，省委书记、省人大常委会主任徐守盛率湖南代表团前往美国北卡罗莱纳州考察。徐守盛一行先后走访了北卡罗莱纳州立大学及三角洲科技园等地，交流大数据研究经验，了解北卡州区域经济运行情况。

徐守盛一行与北卡罗莱纳州立大学校长兰迪·伍德森等多位专家、教授展开交流。建于 1887 年的北卡罗莱纳州立大学在农业、工程、数学、生命科学、设计等方面具有优势。如今学校建起了在全美排名前 5 的大数据研究中心，研究成果已用到当地交通、环保、文化产业、社会管理等方面。徐守盛说，在信息化飞速发展的今天，大数据的价值日益凸显，湖南拥有国家超算中心、高校大数据研究中心等良好基础，期望双方共同探索云计算、大数据、物联网等领域的技术研发及应用。

徐守盛一行还考察了北卡罗莱纳州立大学图书馆。新改造的图书馆，把海量图书数据存入服务器供学生浏览，原有纸质图书则归入这个智能管理系统。在机器臂架的帮助下，数万册图书实现条码识别、自动存取，只需一位管理员值守。几十种风格各异的椅子，为学生提供人性化阅读环境。一个个高新实验室则通过精密的场景模拟和运算，把数据取样结果转化为新概念产品。徐守盛说，要吸收国外高校基础设施建设的先进理念，为大学生提供学习生活、创新创业的良好条件。

在三角洲科技园经济发展委员会，委员会总裁兼首席执行官查尔斯·黑斯向徐守盛一行介绍了园区发展情况。经济发展委员会由园区多家会员企业出资运营，负责帮助企业招商引资，为企业处理商贸事宜等。

从园区规划到产业现状，从政策支持到税费减免，从北卡州的资源优势到湖南与北卡州的合作空间，湖南代表团仔细询问，热烈交流。徐守盛说，要借鉴北卡州产业园区在信息管理、招商引资、服务企业方面的经验，做好园区管理，用国际化的视野规划园区发展；进一步找准湖南、北卡州两地在产业合作方面的契合点和切入点，以园区为载体，推动两地深化合作。

湖南代表团还与北卡州环保资源厅会谈，就湿地生态补偿机制、环保产业发展、环境保护立法等话题展开交流。

【湖南与美国北卡州签署加强友好省州关系备忘录】 2015 年 5 月 5 日到 6 日，省委书记、省人大常委会主任徐守盛率湖南代表团继续在美国北卡罗莱纳州考察，与北卡州州长帕特·麦克罗里会谈并共同签署《关于进一步加强友好省州关系备忘录》，并在美国三角研究院见证研究院与湖南省科技厅、永清环保合作备忘录的签字。

在北卡罗莱纳州州长官邸，徐守盛与北卡州州长帕特·麦克罗里会谈。

徐守盛说，湖南与美国交流交往渊源深厚，二次世界大战期间，美国陈纳德将军在湖南芷江率领飞虎队与中国人民共同作战，为中国抗日战争胜利做出了重要的贡献，其中一名飞虎队员罗伯特·厄普邱奇就出生于北卡州莫尔郡。湖南人民为飞虎队建立了专门的纪念馆和纪念碑。

徐守盛说，进入新的历史时期，湖南与美国方面的交流合作和经贸往来不断深入，合作成效显著。在中美两国建设新型大国关系的背景下，尤其随着“一带一路”等重大战略的实施推进，深化拓展两省州交流合作潜力巨大、前景广阔。希望两地继续以项目为纽带，进一步加强高层往来和经贸合作，不断拓展务实合作的深度和广度，促进优势互补、互利共赢。

帕特·麦格罗里表示，北卡州与湖南合作基础良好，空间很大。希望深化双方在科技、能源、环保、文化旅游等领域的全方位合作。

徐守盛与麦克罗里签署了《关于进一步加强友好省州关系备忘录》。备忘录提出，双方将积极推动成立湖南—北卡友好省州工作机制，积极考虑互设商务代表处，加强科技、环保等部门之间、院校之间、文化机构和艺术团体之间以及旅游方面的交流合作，并初步确定了实施细则。

位于北卡罗莱纳州的三角研究院在医疗健康、环境科学等方面的研究领先全球，80 个国家都有它的项目开展。徐守盛一行来到这里，出席三角研究院与湖南省科技厅、湖南企业永清环保合作备忘录签字仪式。

《合作备忘录》中提出，永清环保将与三角研究院建立战略合作关系，共建中国中部地区环保技术研究中心，研发、推广重金属污染、大气污染治理等前沿技术，在湖南试点空气质量管理、土壤质量管理，为湖南环境治理提供多种技术支持。

徐守盛表示，湖南正大力推进两型社会建设，力争在环境污染治理、生态文明建设中为全国探索经验。希望以此次合作备忘录的签署为契机，促进三角研究院与湖南企业深化合作，催生更多新型环保技术，走出更多两型建设新路子。湖南将为合作项目建设创造良好环境。

签字仪式后，徐守盛参观了三角研究院的产业园区，详细了解研究院正在研发的空气质量检测和生物质装备的技术参数和应用范围。

徐守盛说，湖南环保企业要不断更新理念，与国外最新研发思路保持同步，通过学习、合作，提升创新能力，结合本地区实际研发出更多适用的产品，为建设生态文明注入新的活力。

在美国期间，湖南代表团还与北卡州商务厅举行会谈，就加强科技、环保等产业的合作展开交流。

5 月 7 日到 8 日，湖南代表团一行前往韩国、新加坡考察访问。在韩国，代表团拜访中国驻韩国大使邱国洪，就进一步推介湖南经济、旅游、文化资源等话题展开交流；与韩国京畿道国际合作局局长金敬翰一行座谈，深入交流推进两地经贸合作。在新加坡，代表团拜访了中国驻新加坡大使馆，并前往新加坡国际企业发展局、城市规划馆、公用事业局参观、会谈。

【国防科大援非专家组荣获多哥骑士荣誉勋章回国】 2015 年 5 月 8 日，经过 20 多个小时的长途飞行，由国防科技大学工程兵专家教授、管理干部、士官等人员组成的援非专家组全部顺利返回长沙。至此，为期1年的多哥、贝宁工程兵援建任务圆满完成。此次援助工作得到受援国领导人的高度肯定，专家组全体成员荣获多哥共和国骑士荣誉勋章，这是多哥首次将国家荣誉勋章授予中国军人。

援非专家组于2014年5月前往非洲，先后在多哥洛美、贝宁科托努进行了为期1年的工程装备理论教学、操作使用、保养维护等援助任务。他们克服了由于长时间海上运输导致援助装备出现不同程度机械故障、当地物资紧缺以及埃博拉疫情在西非持续蔓延等诸多困难，圆满完成了6类29种装备的操作使用及维护保养教学，使受援国家的工兵部队具备了较好完成房屋建设、道路构筑、抗洪抢险等任务的能力，形成了体系战斗力，能够随时投入国家的基础设施建设和抢险救灾等多样化非战争军事行动。

【李友志看望援塞抗疫医疗队队员】 2015年5月7日下午，副省长李友志来到长沙枫林宾馆，看望即将远赴塞拉利昂的中国（湖南）援塞抗疫医疗队队员。中南大学校长张尧学等陪同。

据悉，受国家卫生计生委委托，我省组派了一支40人的医疗团队，参与我国第五批援非抗疫行动，将担负援助塞拉利昂抗击埃博拉和运营塞中友好医院留观诊疗中心的双重任务。这支援塞抗疫医疗队在进行集中培训后，将于5月9日和16日分两批出发，赴塞拉利昂开展为期2个月左右的工作。

李友志指出，这既充分体现了国家对我省医疗卫生力量的高度信任，也为我省提供了一个走出国门，在实践中提升应对重大疫情能力的难得机会。他寄语援塞医疗队队员：牢记使命，不负重托，大力弘扬白求恩国际主义精神，把湖南好的医术、医德、医风带到非洲；真心传递中非友好情谊，热心为当地人民提供优质的医疗服务；用心做好塞中友好医院恢复常态诊疗功能的规划、布局等工作，为开创我省卫生援外工作新模式打好基础，积累经验，为祖国、为湖南赢得更多的赞誉。

【“湖南创客”巴黎卖产品】 2015年5月11日，为期12天的第114届巴黎国际发明展览会昨天闭幕。我省参展的2项创客作品首次实现了展会销售。中国发明协会展览部郝晓英部长说，这也是历届巴黎发明展我国参展项目中首次实现展会销售的创客产品。

展会上，宁乡县一中黎国之老师发明的“自助式立体几何学具”及10套产品，很受巴黎观众欢迎。该学具各部件可互相拼接组合形成新的空间关系，秒杀不少高中立体几何难题。25欧元一套的学具产品，几乎全被巴黎市小学生家庭买走。

获奖大户湖南工业职院学生张江杰，也携带了自己的创客产品——“一种以分散式废弃热源为能源的分布式发电单元”上展会交流。最终，5套器材均以5欧元的价格与展会国外发明人及参观者分享。

省创造协会副会长谭迪敖告诉记者，去年参加巴黎国际发明展时，看到很多国外创客的发明变成了精美产品在展会上销售，很受启发。“湖南创客就是要改变拿着图纸、模型参展的局面，尽快将发明变成生产力。”

【孙金龙会见越南党政干部考察团一行】 2015年5月11日下午，省委副书记孙金龙在长沙会见了以越南劳动联合总会副主席阮文昂为团长的越南党政干部考察团一行。

考察团此次访湘主要是考察我省落实“三农”政策、推进工业化和城镇化以及供销合作社改革发展情况。

孙金龙对客人来湘表示热烈欢迎。他说，上个世纪，在以毛泽东、胡志明同志为首的两国老一代领导人的精心培育下，中越双方建立了特殊深厚的革命感情。随着两国友好合作的不断推进，湖南与越南的交流交往也不断深化，越南已成为湖南在东盟最大的投资贸易伙伴。希望以阮文昂副主席此次访湘为契机，双方进一步加强高层互访，推动友好往来，深化经贸合作，促进农业交流，实现互利共赢。

阮文昂说，湖南是传统的农业大省，愿以此次访湘为契机，学习借鉴湖南发展“三农”方面的好经验，进一步推动双方在各领域的交流与合作。

【湖南9项青少年发明巴黎获奖】 2015年5月11日，在刚刚落幕的第114届巴黎国际发明展览会上，湖南工业职业技术学院学生张江杰的发明一举夺得金奖。同时参展的我省9项青少年发明获得了4银3铜与2项列宾奖，宁乡县一中黎国之老师发明的“自助式立体几何学具”也获得了铜奖。

“一种哑语转换语音系统”可以使语言残疾者和正常人交流。它根据哑语手势说出想要表达的意思，还能把正常人的语言转换成文字显示，也能支持方言及多国语言同步双向交流及翻译。意思转换及表达准确率较高，速度较快，并具有语气模拟功能。这也是张江杰继去年“一种脑电波控制假肢系统”获金奖后第二次摘金。此外，他送展的另外3件发明还获得银奖、铜奖及列宾奖各一个。

由长沙市长郡中学17岁女生胡偲妍发明的“蒸腾量监测型山林火险自动警示装置”，受到国际森林防火专家的赞扬，一举夺得银奖。她提出了关于“生长中的植物的蒸腾量与植物含水率存在一定关系”的基本假设，并对此假设进行了科学验证，在使用时突破了人工采摘植枝后测定植物含水率的信息收集方式，对减轻劳动强度、保护植物和实现技术检测具有积极意义。由长郡芙蓉中学14岁男生陈鑫发明的“汽车轮胎扎伤实时监测报警泥挡”，将报警装置与汽车泥挡集成一体化，开发了一种具有汽车驾驶安全预警的泥挡新产品，夺得铜奖。他通过监测线圈的交流电产生交变磁场，在扎入轮胎的钉子内部感生涡流电流，涡流电流影响原来的磁场，引发装置发出声光报警。

【徐守盛会见德国商务代表团一行】 2015年5月13日上午，省委书记、省人大常委会主任徐守盛在长沙会见了由德国《商报》总编辑汉斯－约尔根·雅各布斯率领的德国商务代表团一行，并就湖南经济社会发展情况、投资环境、扩大开放等问题接受了德国《商报》记者采访。

徐守盛说，近年来，在中德关系深入发展的背景下，湖南与德国人文交流日益频繁，经贸合作不断拓展，与德国黑森州的友好关系不断深化。到去年底，德国在湖南投资项目超100个，实际投资9.7亿美元，包括大众、博世汽车、西门子、梅塞尔等在内的一批德国企业先后进驻湖南，湖南也有一批优秀企业在德国投资建厂，发展态势良好。

徐守盛说，近年来湖南经济持续健康发展，交通等基础设施不断完善，区位优势进一步显现，产业门类齐全、基础良好，营商成本比较优势明显。当前，国家层面实施的“一带一路”、长江经济带建设、长江中游城市群发展等区域发展战略，给湖南的发展带来了一系列政策机遇，也为海内外客商来湘投资兴业提供了广阔空间。

徐守盛表示，湖南将坚定不移地实施开放带动战略，坚持“引进来”与“走出去”相结合，稳步扩大国际交流与合作。希望通过代表团此次访湘，推动湖南与德国实现更宽领域、更高层次的合作。湖南诚挚欢迎包括德国企业家在内的海内外投资者来湘寻求合作共赢。

汉斯－约尔根·雅各布斯等表示，湖南近年来经济社会发展带来的巨大变化令人钦佩，是中国取得巨大发展成就的一个缩影。我们愿意不断推动德国与湖南增进交流，进一步促进德国工商界在先进制造业、信息化、环境保护等方面与湖南深化合作。

省委常委、省委秘书长韩永文会见时在座。

【我省融入21世纪海上丝绸之路迈出重要步伐】 2015年5月13日上午，湖南城陵矶国际港务集团有限公司揭牌暨21世纪海上丝绸之路岳阳－东盟接力航线开通仪式在岳阳城陵矶新港码头举行。这是湖南、上海携手融入国家“一带一路”战略、加快推进长江经济带建设的重要举措。省委副书记、省长杜家亳，上海市委常委、常务副市长屠光绍共同为湖南城陵矶国际港务集团有限公司揭牌。随着杜家亳宣布航线正式启航，一艘满载着集装箱的中远01号船舶缓缓驶离洞庭湖，开启了首趟东盟之旅。

副省长张剑飞，省长助理袁建尧，上海市政府秘书长、办公厅主任李逸平，省政府党组成员、办公厅党组书记向力力出席。

去年12月，省政府与上海国际港务（集团）股份有限公司（简称上港集团）签署合作协议，双方决定合资成立湖南城陵矶国际港务集团有限公司，整合岳阳、长沙新港集装箱业务以及省内港口资源，实现提质、升级、增效，构建湖南快捷高效的集疏运体系。

活动现场，岳阳市政府与上海外高桥集团签署了战略合作框架协议。根据协议，上海外高桥集团将发挥外高桥保税区开发经营优势，以管理输出、品牌输出、提供营销解决方案为主，在岳阳城陵矶综合保税区经济发展、园区建设中开展招商方面的合作。湖南城陵矶临港产业新区与中远集装箱运输有限公司（简称中远集运）合作开通的21世纪海上丝绸之路岳阳—东盟接力航线，通过设计每周两班岳阳—上海支线对接上海—东盟港口两班干线，在上海外高桥港进行接力换装，最终形成岳阳—泰国、越南、柬埔寨、老挝的航线服务品牌。随着该条航线正式开通，岳阳至越南全程运输时间为10天，至泰国全程运输时间为13天，较航线开通前减少运输时间近一周。

杜家亳说，湖南城陵矶国际港务集团有限公司的揭牌成立和21世纪海上丝绸之路岳阳－东盟接力航线的正式开通，是我省贯彻习近平总书记对湖南“一带一部”新定位要求，对接国家“一带一路”战略、加快推进长江经济带建设、努力建设中部崛起战略高地迈出的重要步伐。省政府、岳阳市与上港集团、外高桥集团和中远集运开展的战略合作，既有利于整合城陵矶、长沙港口水运资源，进一步强化城陵矶港的湖南水运“桥头堡”作用，加快形成我省通江达海的新增长极；也有利于依托上港集团、外高桥集团和中远集运、中交集团在管理、市场和资源等方面的优势，推动我省融入长江经济带、服务国家“一带一路”战略向更高层次、更深程度、更广范围发展，必将实现互利共赢、共同发展。全省各级各有关部门要努力搞好协调服务，竭力营造更加优质、高效、便捷的政务环境。

屠光绍代表上海市委、市政府对集团的成立和航线的开通表示祝贺。他说，上海与湖南此次合作，既是贯彻国家“一带一路”部署、共建长江经济带的需要，也是两地战略框架合作协议的具体落实和体现。期待沪湘两地进一步促进优势互补，加强改革创新，共同推动国家中部崛起战略和长江经济带建设，实现互惠互利、共同发展。

【全球直采新模式，引进“澳新”生鲜产品】 与所有新型商业模式一样，“海外代购”这一模式也经历了从无到有、从小到精的过程，发展火热的代购市场虽然催生了“海淘族”，但鱼龙混杂的市场中也充斥着以次充好、以假乱真等各种乱象。随着市场的逐步发展，这一局面正在被打破：专业的大型零售企业正涉足跨境电子商务领域，以“原产地直达”的理念为消费者带来更多购物选择。

5月6日至17日，步步高集团董事长王填一行五人飞赴澳洲、新西兰进行商务考察，并与新西兰贸易中心签订了产地直供战略合作协议，为步步高集团旗下的云猴网搭建海外直供渠道，届时，云猴网将成为新西兰商品在国内的最专业电商销售平台。

澳洲安格斯牛排、prime range羊肉、新西兰第一有机咖啡esquires coffee、新西兰大樱桃、奇异果、纽惠康保健品、黑皮诺葡萄酒、BLUE SPRIN（蓝泉水）天然水，随着一系列“澳新”生鲜产品落户云猴网，步步高云猴开启全球直采新模式。

今年3月以来，步步高旗下云猴网开启跨境购，消费者可通过在云猴网或者云猴全球购线下体验店下单购买保税区发货的海外产品。而步步高此次的“全球直采”是指：从海外大批量采购商品直供线上线下，消费者无需等待保税区发货就能立刻享受优质“进口货”。

目前全球直采的商品主要涉及营养品、水、牛羊肉、水果、海鲜、休闲食品、奶制品等多个品类。云猴网生鲜总监徐飞透露，云猴生鲜独立APP将于7月上线，目前云猴生鲜选品正在紧张地进行中，“云猴生鲜的理念是Direct Sourcing，healthy、fresh&food safety，主要服务于中高端客户，为消费者提供采自全球的优质食材，这部分客户本身比较忙，但是又对生活品质有很高的要求。与此同时，云猴生鲜的社区配送站也在紧锣密鼓的建设中，未来我们将保证客户在云猴生鲜下单后2小时内送达。而对于海外的生鲜产品，我们也会采取预售等多种方式结合销售，保证新鲜的同时有效地降低损耗。”

【瞄准2万亿，做中国生鲜电商大户】 在中国，生鲜市场有2万亿元的市场潜力，相对于生鲜在传统零售超市20%的销售额比例，由此可见生鲜市场潜力巨大，而云猴网全球直采首批商品锁定“生鲜”，恰好看准了中国电商目前的“软肋”。

目前，步步高已经与澳洲、新西兰等多地贸易中心签订了产地直供战略合作协议，为步步高集团旗下的云猴网搭建海外直供渠道。届时，云猴网将成为澳洲、新西兰等国商品在中国境内最专业的电商销售平台。

定位中高端，为顾客提供原产地高品质的生鲜商品，即将上线的云猴生鲜频道，正在海外积累全国或全球知名品牌厂商签订合作协议。在谈及海外直采的优势时，王填说道：“海外直采，一方面在原产地直接合作减少中间商，可结合步步高线下 400 多家大卖场 + 便利店的已有销售渠道，开拓 B2B 及预售的销售模型；再者，利用现有自有冷链仓储和物流，开展极速配送来确保商品质量和新鲜度，最后实现价格优势。”

【进行 O2O 尝试，完善配送环节】 “生鲜网上订购和手机订购，相当于减少了实体店面租金。企业可把这部分钱补贴生鲜损耗，减少开支，提高利润空间。因此不少企业都尝试在这片市场‘淘金’。”王填在采访中同时提及。

本土生鲜电商如何突围？业内人士认为，生鲜电商应通过控制自身规模和品类，大幅缩减运营成本，提高产品利润。“对中国现有的生鲜电商而言，与它竞争的不是其他电商平台，而是菜市场、社区店、超市，因此聚集资源，结合线上线下做好社区化营销和服务才是生鲜电商后期的运营重点。”王填说。

【浏阳菊花石赴米兰参展】 2015 年 5 月 18 日，在菊花石原产地浏阳，举行了“玉叠妃”彩色菊花石赴 2015 意大利米兰世博会揭彩启运仪式，一件花朵直径达 68 厘米的彩色菊花石雕“金菊皇后”即将赴米兰展出。

与“金菊皇后”一同赴米兰的，还有两件彩色菊花石雕精品，即“别有洞天”与“傲菊”。

1915 年，在美国巴拿马万国博览会上，浏阳石雕艺人戴清升制作的两件菊花石雕荣获大会颁发的稀世珍宝金奖，并被誉为“全球一”。时隔百年，由湖南两位工艺美术大师袁耀初和李舟联手创作，以天然彩色菊花石为原料，历时 4 个月，终成 3 件巧夺天工的精品。

据湖南玉叠妃中国彩色菊花石有限公司董事长、湖南省工艺美术大师李舟介绍，浏阳菊花石的发现已有 300 多年历史，而浏阳彩色菊花石，直至上世 90 年代初才在浏阳河畔的磊狮山被发现，天然呈现出乳白色、粉红色、浅黄色、橘黄色等，异彩纷呈。彩色菊花石的奇，在于花形硕大、材质通透、硬度已达到宝石级别，堪称瑰宝。普通彩色菊花石的花朵约为 20 厘米，而这件橘黄色的“金菊皇后”，花朵直径达 68 厘米，十分难得。

据了解，在 6 月 19 日至 23 日举办的米兰世博会湖南活动周上，不仅将展出 3 件浏阳彩色菊花石雕精品，还准备了 7 件浏阳彩色菊花石雕，礼赠来中国馆参观的外国国家元首。

【“中法文化之春”亮相长沙】 2015 年 5 月 20 日，“中法文化之春”活动组正式入驻湖南长沙。中法建交 51 年来，文化交流源远流长，继今年 4 月 10 日“中法文化之春 2015”在北京开幕以来，近 3 个月，将在长沙、武汉、成都等国内 30 多个城市组织超过 100 个项目的 400 场活动。

从电影到戏剧，从舞蹈到音乐，从视觉艺术到新媒体艺术，从文学到演艺，“中法文化之春”将向星城观众展现法国艺术与学术上的活力与创新。主题将围绕视觉艺术、建筑与设计、新媒体、古典音乐与现代音乐、爵士与当代音乐、舞蹈、电影、文学、少儿活动和戏剧、新马戏与街头艺术十大门类举行，通过具有国际水平的高质量项目以及具有教育意义的项目、大师班和工作坊等，在音乐厅、剧院、博物馆、电影院、画廊、商业中心、公园、俱乐部等不同地点展现多样化的艺术形式。

【株洲产风电叶片获国际权威认证】 2015 年 5 月 28 日，南车时代新材研制的 TMT2.5-53.8 型风电叶片在经过近乎苛刻的测试后，获得 TUV 南德意志集团（TUV)A 级认证，为产品打入国际市场获得“通行证”。这是我省风电叶片生产企业首次通过这一级别认证，也是全国同类企业中少数几个获得这一认证的企业之一。

TUV 是世界上规模最大、最古老的、拥有国际权威资质的第三方检测认证机构。在业内，通过这一级别的认证，相当于获得国际通用的“安全、可信，可靠和公正”标准，意味着南车时代新材该型号叶片可为世界上任何风电整机企业提供关键配套。

南车时代新材从 2007 年开始进军风电叶片产业，已累计承担国家、省部级及以上重大项目 7 个，取得 25 项国家专利，自主研制 10 余款不同型号的风电叶片，成为国内少数几家形成独立自主研发体系的风电叶片企业。

【中联重科收购意大利环保企业】 2015 年 6 月 1 日晚，中联重科发布公告，中联重科联合曼达林基金，就收购意大利 LADURNER 公司 75%股权与其股东达成协议：双方拟共同投资 7500 万欧元，折合人民币约 5.08 亿元，通过收购老股和增资扩股两种方式获得意大利 LADURNER 公司 75%股权，其中，中联重科拟投资 5700 万欧元，折合人民币约 3.86 亿元，获取意大利 LADURNER 公司 57%的股权。

意大利 LADURNER 公司成立于 1990 年，在意大利及全球其他国家投资、运营的环境项目超过 30 个，业务领域涉及城市固废处理、污水污泥处理、可再生能源、土壤复垦、环境咨询服务等。在环境产业工艺、工程总包、运营、管理及创新等方面已经积累了丰富的经验，具备不少国际领先水平的技术。

中联重科作为中国环卫机械行业的领军企业，目前所生产的环卫机械产品门类齐全，涵盖道路清扫机械、清洗机械、垃圾收运机械、市政养护设备、除冰雪设备、垃圾压缩站成套设备、垃圾填埋场成套设备和餐厨垃圾收运与处理装备等九大类 180 多个型号；同时，中联重科还提供城市垃圾收运与处置、农村垃圾收运与处置、生活垃圾资源化利用、餐厨垃圾资源化利用等系统解决方案和技术。

记者了解到，通过本次交易，中联重科将整合 LADURNER 公司多年来在环境产业积累的国际领先技术和项目运营经验，实现强强联合、优势互补，在短时间内发展成为环境产业领域具备领先技术优势和全球市场竞争力的跨国企业。

【陈肇雄会见韩国驻武汉总领事郑载男】 2015 年 6 月 4 日，省委常委、常务副省长陈肇雄在长沙会见了来访的韩国驻武汉总领事郑载男一行。

陈肇雄向郑载男介绍了湖南省情。他说，近年来，湖南经济社会平稳健康发展，总量规模不断扩大、产业结构持续优化、质量效益明显提升、人民生活日益改善。当前湖南正在适应新常态、抢抓新机遇、谋求新发展，不断提升对外开放水平。湖南与韩国经济互补性强，在汽车、电子信息、食品加工、文化创意、旅游等领域的合作潜力大。希望深化双方交流合作，实现互利共赢。

郑载男表示，韩国民众对湖南的人文历史比较了解，来湖南旅游人数逐年增加。湖南产业基础好，经济规模大，双方合作前景广阔。希望能拓展与湖南在经贸、科技等领域的交流合作，促进共同发展。

【孙金龙率团出访芬兰瑞典丹麦】 2015 年 5 月 27 日至 6 月 5 日，应芬兰国家森林管理局、瑞典耶夫勒堡省及爱立信公司、丹麦农理会及马士基集团的邀请，省委副书记孙金龙率湖南省高级代表团对芬兰、瑞典、丹麦三国进行友好访问。

此次访问的主要目的是促进与上述三国的政府有关机构以及企业的相互了解，增进彼此友谊，推动双边在林业、农业、水利、信息、物流等领域的交流合作及经贸往来。省直有关部门负责人陪同出访。

在芬兰，孙金龙会见了芬兰国家森林管理局总局长埃萨·哈马纳、芬兰国家森林公园和野生动植物局局长罗诺·瓦沙尼等官员，并共同出席了中芬林业合作 20 周年庆典活动，省林业厅与芬兰国家森林管理局在会上签署了合作协议；考察了利明卡湿地、奥鲁斯托拉恩索造纸厂和芬兰自然中心、国家森林公园、括特尼米遗产农场；赴科沃拉出席了湖南省对外投资与芬兰农业及经贸合作座谈会暨北欧湖南农业产业园授牌仪式。

在瑞典，孙金龙会见了瑞典农业大臣国秘伊丽莎白·贝克特曼，双方就加强农业交流合作深入交换了意见；赴耶夫勒堡省考察当地经济社会发展情况，并会见该省政府有关领导，双方达成了建立友好城市的意向；参观了爱立信公司总部演示体验中心，并与公司副总裁佩尔松、爱立信（中国）公司总裁张俊涛等举行会谈。

在丹麦，孙金龙考察了丹麦农理会，与该会负责人肯尼斯·马德森举行会谈，邀请他在适当时候到湖南实地考察，以推动双方农业合作进入实质性阶段；赴马士基集团公司考察并会见副总裁吴安德等公司高层。

访问中，孙金龙着重介绍了湖南经济社会发展情况，并就加强地方合作提出建议。他说，湖南自然资源丰富，区位优势明显，产业发展基础较好，正积极融入国家“一带一路”战略，愿持续推动与芬兰、瑞典、丹麦的务实合作，特别是进一步加强在林业、农业、水利、信息、物流等领域的交流合作及经贸往来。芬兰、瑞典、丹麦三国政府有关机构和企业负责人对此予以积极回应，认为湖南作为中国中部重要省份，近年来经济社会发展取得重大成就，对与湖南开展务实合作充满期待，表示愿为提升与湖南的地方合作水平持续努力。

访问期间，我驻芬兰大使于庆泰、驻瑞典大使陈育明、驻丹麦大使刘碧伟先后会见代表团并参加了部分考察活动。

【徐守盛会见德国驻华大使柯慕贤】 2015 年 6 月 8 日下午，省委书记、省人大常委会主任徐守盛在长沙会见了德国驻华大使柯慕贤一行。

徐守盛欢迎柯慕贤一行来湘访问。他说，湖南山清水秀，历史悠久，近年来经济社会保持持续健康发展。湖南高度重视外向型经济发展，与德国交流合作基础良好，双方产业关联度、互补性强。湖南与德国地方政府、企业间的高层互访和交流交往越来越密切，合作领域不断拓展。当前湖南正处在新一轮发展的上升周期，面临着国家战略带来的一系列重大机遇和利好预期，希望与德国进一步深化在装备制造、节能环保、电子信息、新能源新材料等方面的合作，促进更多德国企业来湘投资兴业，实现共同发展。

柯慕贤表示，随着德中两国关系的深入发展，越来越多的德国企业来湖南投资，湖南的一些知名企业在德国也有着良好的发展。希望双方在工业智能化等领域进一步深化合作。

省委常委、省委秘书长韩永文会见时在座。

【德国驻华大使柯慕贤接受湖南专访】 2015 年 6 月 8 日，德国驻华大使柯慕贤接受湖南专访问。他表示很看好湖南与德国制造业的合作前景。

一身笔挺的西装，灰棕色的头发一丝不乱，深邃的眼睛总是带着友好的笑意，柯慕贤举止间透着外交官的风采。不过，这位德国大使非常喜爱湖南菜，他说，火辣辣的湘菜很合他的胃口，在湖南最爱吃的一道湘菜就是臭豆腐。

“在中国的中部地区，我来的第一个省份就是湖南。”虽然只待了短短一天，湖南却给柯慕贤留下了很好的印象，他说：“湖南的自然风光非常美丽，经济也充满着活力，很少能有地方能兼具美丽风光与经济发展。”

“中德高层往来频繁，中德双边关系也达到了历史上的最高水平。”柯慕贤说，两国都非常重视制造业的发展，都意识到了制造业必须进行现代化转型，才会更有生命力。德国已经启动了“工业 4.0”计划，而中国也提出了“中国制造 2025”的规划，两个方案有很多的共同之处，也有很多的合作空间。

湖南与德国的制造业合作基础良好，德国的大众汽车、博世等企业在湖南设立了工厂，而湖南的三一重工、中联重科、时代新材等公司也已经在德国投资设厂。柯慕贤对湖南在德国发展的企业给予了肯定，他说，湖南企业在德国享有很高的声誉，三一重工等企业被认为是非常成功的投资项目。

柯慕贤认为，中德两国在制造业方面可共同进行更多的高科技合作。他说，中国经济正由投资驱动型增长转向水平更高、更具创新性的创新驱动型增长，今后的发展需要更多地运用高新技术，而这正是德国所长。

“湖南制造业基础良好，经济很有活力，是项目合作的良好伙伴。”柯慕贤对于德国与湖南在制造业上的合作很有信心，他说，大众这样大规模的企业已经在湖南落地生根，一定会吸引更多德国企业来湖南投资。希望湖南的制造业能够积极对接德国“工业 4.0”计划，取得更好发展。

【湖南首开直飞莫斯科航班】 2015 年 6 月 11 日 23 时 35 分，一架满载 364 名旅客的波音 777 航班，从长沙黄花国际机场起飞。按计划，经过 8 小时 45 分钟的飞行后，飞机将于北京时间 6 月 12 日 8 时 20 分抵达莫斯科。

这是继去年开通直飞法兰克福航线后，我省开通的第二条直飞欧洲航线。

“4 月底透露这个消息后，报名去俄罗斯旅游的旅客人数明显上升，现在已经有 3 趟航班全部满员了。”湖南海外旅游有限公司董事长蒋燕妮告诉记者。

新开通的长沙—莫斯科航线由俄罗斯奥伦堡航空公司

执飞，每周1班。去程周四23时35分从长沙起飞，当地时间第二天3时20分抵达莫斯科；回程周三当地时间18时45分从莫斯科起飞，北京时间第二天7时35分抵达长沙。

目前该航班为旅游包机航班，旅客仍需在指定的湖南海外旅游、湖南新康辉两家旅行社报名乘机。

湖南新康辉国际旅行社副总经理宋杰华介绍，该航班开通前，湖南旅客去俄罗斯旅行，均需在北京、新疆等机场转乘，最快也需13小时航程，较为不便。现在，航程大为缩减，费用也减少了。

宋杰华举例说，5月底，新康辉报出的俄罗斯8日游为1.1万元，而现在降至9千元。

“旅行产品除了航班更改为直飞航线后，其他内容没有任何变化。”

据了解，新开通的长沙—莫斯科航线，6月至8月期间为包机航班，将根据市场行情逐步调整为定期航班。

国际航线数量，是衡量一个地区对外开放程度的重要经济指标。

目前，长沙黄花国际机场已开通21个国家（地区）的41条航线。其中，有直飞法兰克福、洛杉矶等14条定期航班，直飞莫斯科等20条包机航班，长沙始发经上海到巴黎等7条国际代码共享航班。

我省还将继续开通更多洲际航班。

湖南机场管理集团市场部部长吴燕介绍，今年下半年，我省还将首次开通直飞澳洲的航线。此外，还将新开通直飞越南、老挝、吉隆坡、东京、静冈等东亚、东南亚的国际航班。

远期，我省还将加密长沙至东亚、东南亚以及欧美的航线网络，并开通中亚、拉丁美洲、非洲等国际航线航班，构建湖南飞向世界的国际航线网络。

湖南省口岸办主任徐双荣透露，口岸办现在牵头积极申报72小时过境免签政策，一旦通过，湖南旅客乘机出境将更加便捷。

【杜家毫会见非洲36国驻华使节】 2015年6月12日晚上，省委副书记、省长杜家毫在长沙会见了非洲36个国家的驻华大使或使馆官员。

非洲国家驻华使节团此行来湘，出席非洲国家驻华使节与湖南企业交流会，并赴三一重工、隆平高科等湖南优势企业实地考察。

杜家毫代表省委、省政府欢迎非洲各国驻华使节来湘访问。他说，湖南是新中国缔造者毛泽东主席的家乡，历史文化底蕴深厚。近年来，湖南在发挥传统优势的基础上，已形成了比较完善的工业体系，杂交水稻、工程机械、新型住宅等产业走在中国前列，并与非洲各国有着很强的产业互补性。中非友好交往源远流长，毛主席家乡人民更加珍视与非洲各国人民的传统友谊。在中国实施“一带一路”国家战略的大背景下，期待以此次“非洲国家驻华使节湖南行”活动的成功举办为契机，加快建立健全湖南与非洲各国常态化合作机制，不断加强农业、基础设施建设、矿产资源开发、旅游、人文等领域的对接合作，推动优势湘企加快“走出去”，促进一批高质量、高水平、大规模项目在非落户，把湖南与非洲人民的友谊不断延续发展下去。

非洲驻华使节团团长、乌干达驻华大使查尔斯·玛迪波·瓦基杜索说，来到毛主席的故乡，心情十分激动。当年毛主席对非洲人民的深厚感情和无私帮助，我们始终铭记在心。非洲各国与湖南在农业、工程机械、有色冶炼等诸多领域的交流合作具有巨大机遇和空间。非洲驻华使节团热忱欢迎并将致力推动更多湖南优势企业来非洲投资兴业，实现互利共赢。

会见后，省商务厅与中非发展基金、中地海外集团签订战略合作框架协议。

省领导何报翔、袁隆平，省政府秘书长向力力参加会见和签约仪式。

【非洲驻华使节与湖南企业交流会在长沙举行】 2015年6月12日，非洲驻华使节与湖南企业交流会在长沙举行，60位非洲国家外交使节与三一集团、省有色地质勘查局、特变电工衡阳变压器有限公司、湖南外经建设有限公司等企业负责人进行了深度交流，副省长何报翔出席。非洲已成为众多湖南企业投资贸易的首选之地，截至去年底，湖南在非洲投资企业达81家。

6月11日至13日，省商务厅和省外事侨务办联合主办了“非洲国家驻华使节湖南行”活动，来自阿尔及利亚、安哥拉、贝宁、中非等36个非洲国家的60位外交使节应邀来湘访问。

“这是湖南近年来规模最大、规格最高的一次助力湘企‘走出去’的对外经贸活动。”6月12日，省商务厅厅长徐湘平在“非洲驻华使节与湖南企业交流会”上说，非洲作为国家“一带一路”战略的重要区域，也是近期湖南对外投资的热点，对湖南“走出去”发展战略和湖南经济的持续发展具有重大意义。

潜力巨大的非洲大陆正被越来越多人视为未来世界经济的新“增长引擎”。商务部西亚非洲司副司长曹甲昌在当天的交流会上介绍，近年来，非洲国家和平与安全形势大为改善，区域一体化稳步推进，工业化和城镇化加速发展，人民生活水平不断提高。国际货币基金组织预测，2015年全球经济增长最快的10个国家，将有7个在非洲。目前，中国是非洲的第一大贸易伙伴国，非洲是中国企业海外投资的新兴目的地。

曹甲昌认为，随着中国“中部崛起”和“一带一路”战略的全面实施，国际产能和装备制造合作的加快推进，湖南优势产业走进非洲迎来了难得的历史机遇。

阿尔及利亚驻华大使哈桑那·拉贝希是此次活动的倡导者，他表示此行是响应中国的“一带一路”战略，希望借此加强湖南与非洲的经贸往来，还希望能借此加强中国与非洲的联系。

“非洲的发展需要中国，但未来的日子里，中国更需要非洲。”中地海外集团总裁纪为民说。

2000年，我省第一家境外企业在阿尔及利亚设立。如今，南车株机、隆平高科、三一集团等一大批湘企纷纷走进非洲，领域涉及农林牧渔业、建筑业、贸易、机械制造业、矿产资源开发，商业服务批发等。

非洲，已成为众多湖南企业投资贸易的首选之地。省商务厅数据统计显示，截至2014年底，已有81家湖南企业在非洲投资，中方合同投资额5.38亿美元。2014年，湖南对非洲进出口总额达34.25亿美元。

作为全球领先的装备制造企业，三一重工早在2002年，就进入了非洲市场，逐步形成了以南非大区和北非大区两大区域阵营为中心的经营格局，业务覆盖整个非洲大陆。三一在非洲的市场销售不断攀升，销售产品超过40种，超过6000台三一设备活跃在非洲大地。如今，“湘字号”工程机械设备忙碌于非洲各国的基建工地,早已不足为奇。

非洲还是湖南境外承包工程的重点地区，2014年完成营业额12.05亿美元。中建五局、中国水电八局、湖南中扬建设、湖南建工、湖南环达路桥等一批工程企业，已在埃塞俄比亚、马里、肯尼亚等国打开了工程承包市场。此外，仅阿尔及利亚、安哥拉、尼日利亚的湖南外派劳务就有7514人。

12日，驻华使节团走访三一重工时，双方还就“住宅产业化”项目合作进行了洽谈。三一总裁向文波介绍，三一在南非约翰内斯堡市OR TAMBO国际机场附近完成征地工作，预计在3至5年内将完成产业园建设。

“到非洲去！”成为12日“非洲驻华使节与湖南企业交流会”上湘企代表一致“心声”。

相比沿海沿边的“一带一路”核心省份，湖南布局非洲似乎并不具优势。然而，在交流会现场，多国驻华使节表示，湖南目前的产业结构非常适合与非洲的合作。

使节团团长、乌干达驻华大使查尔斯·玛迪波·瓦基杜索称，乌干达是传统的农业大国，希望与湖南的农业和农产品加工企业进行深度合作，引进湖南的技术，使当地的丰富资源增值。

“我们正在积极承接来自中国的产业转移，而湖南的农业是我们希望重点合作的项目。”埃塞俄比亚驻华大使塔斯法耶·伊尔马·萨博说。

而肯尼亚驻华大使金扬久伊表示，肯尼亚期盼能与湖南企业在铁路建设、清洁能源开发、制造业、房建等领域进行深度合作。

省商务厅厅长徐湘平认为，作为中部发展中省份，湖南与非洲在产业结构上有很强的互补性，合作空间巨大。

徐湘平介绍，基于“一带一路”建设机遇，湖南在基础设施建设、农业机械、农业育种、矿产开发、食品加工、商贸等领域在非洲市场上将非常具有竞争力。

目前，我省正在筹建埃塞俄比亚“湖南境外加工制造园”，以推进湖南与非洲在农机、农产品加工、汽车及零部件、工程机械、轻工服装、食品加工等领域的深度合作。

何报翔说，随着中国“一带一路”建设的全面铺开、中非合作建设非洲“三网一化”的付诸实施，湖南与非洲的利益契合点将会越来越多，相互需求也会越来越多。

【友阿海外购上线】 2015年6月13日，湖南本土跨境电商族再添新军，在湖南省电商大会开幕式上，友阿股份旗下跨境电商平台友阿海外购tepin.hk正式上线。友阿股份董事长胡子敬表示，友阿海外购是友阿O2O全渠道运营的全新尝试，友阿将在旗下门店开设多家O2O线下体验店，把友阿海外购打造成“全国规模最大、体验店最多”的跨境电商。

随着跨境电子商务快速发展以及国家对跨境电商扶持力度的不断加大，多家国内零售巨头均在开展跨境电商贸易，如苏宁云商、步步高、广百股份等。友阿股份自2014年8月开始打造网络购物平台，目前“特品汇”、“农博汇”等均已经上线运营。5月28日，公司与SAP公司签署战略合作协议，全面启动全渠道运营平台建设，推进公司向数字化零售转型。友阿海外购的上线，标志着友阿O2O全渠道项目正在日趋完善，友阿在互联网+转型之路上又跨出了一大步。

友阿股份成立了香港子公司，全力为友阿海外购服务，以确保“友阿海外购”上架商品均为正品。记者在友阿海外购平台看到，首期有上千个单品上线，商品涵盖母婴用品、美妆个护、营养保健、生活家居、进口美食等多个品类，消费者可直接购买来自日本、德国、美国、荷兰等14个国家的进口正品商

【杜家毫会见白俄罗斯驻华大使】 2015年6月16日上午，省委副书记、省长杜家毫在长沙会见了白俄罗斯共和国驻华大使布里亚·维克托一行。

杜家毫欢迎客人来湘访问。他说，湖南是传统农业大省、文化大省、教育大省。近年来，湖南不断深化改革、扩大开放，经济实力显著增强，工程机械、汽车制造、轨道交通、航空航天、电子信息、有色冶炼等产业迅速发展。白俄罗斯是丝绸之路经济带上的重要一环，随着中白两国全面战略伙伴关系不断向前发展、中国“一带一路”战略加速推进，湖南与白俄罗斯的合作空间巨大、前景广阔。当前，中联重科已成功落户中白工业园，这将引领带动更多优势湘企赴白俄罗斯投资兴业。希望以大使先生此次访湘为契机，加快搭建政府间沟通合作平台，进一步深化在经贸、科技、教育、文化、体育等领域的交流合作。湖南愿与白俄罗斯地方政府缔结友好省州关系，更好地延续和发展中白人民传统友谊。

布里亚·维克托说，白俄罗斯高度赞赏和支持中国实施“一带一路”战略，并将充分发挥自身区位、产业等优势，进一步加强与湖南的交流合作，全力支持中联重科等湖南企业在白发展，同时推动更多白中合作项目在湖南落地。

省政府秘书长向力力参加会见。

【中国首条跨境电商体验街授牌】 2015年6月18日，“中国（长沙）梅溪跨境电商体验街”授牌仪式在长沙举行。省商务厅厅长徐湘平将此牌授予步步高集团总裁陈志强，这标志着步步高·梅溪新天地项目的梅溪大街，作为中国首条跨境电商体验街开始正式起航，这也昭示着湖南省在“做大跨境电商平台，力推湖南内外贸产业升级，实现内外贸融合综合发展”创新道路上迈出坚实的一步。

徐湘平在讲话中表示，希望步步高的跨境电子商务重视大数据，克服传统电商缺乏规范性、公信力以及追溯体系的无解缺陷；在国与国之间互补性强、内外贸融合的基本条件已经具备的今天，逐步走向国际化，真正成为我省商贸企业转型升级、由重资产向轻资产转变的典范。

面对与会的国内外众多知名电商企业，徐湘平详细解读了国家做大做强跨境电商的政策举措以及我省申请长沙跨境电商进口试点城市和湘江新区争取综合保税区的进程。他还热情洋溢地发出邀约，希望国内外跨境电商企业和步步高一道，充分挖掘湖南消费潜力、充分利用湖南独有商品资源，为促进湖南内外贸产业升级做出更大的贡献。

步步高集团董事长王填表示：“中国（长沙）梅溪跨

境电商体验街今天得到湖南省商务厅隆重授牌，这标志着步步高新天地梅溪大街作为中国首个‘O+O’跨境电商产业示范基地正式扬帆起航。”据介绍，在梅溪跨境电商体验街内，步步高规划了众多五星级体验的跨境 O2O 体验店和外国进口商品直销中心，商品品类涵盖全球顶尖奢侈品、母婴用品、食品保健、美妆护肤、流行服饰、潮流数码等。一句话，梅溪大街带给用户的就是“跨境电商体验街 + 全球名品直销街”复合型购物享受。

据了解，在该项目上，作为全国首个‘O+O’跨境电商产业示范基地，梅溪大街设置了跨境电商办公大楼及物流等配套设施，正积极推进保税分仓设立，以及海关、国检等部门入驻，将提供一站式服务，营造跨境电商保税和行邮税的绿色通道。

除此之外，梅溪跨境电商体验街还规划了餐饮、零售、娱乐等业态，和梅溪新天地购物中心、云顶星河游乐园等大型商业项目共享 3 小时经济圈人流。王填说：“我相信，梅溪跨境电商体验街带给顾客的将是极致购物体验：比线上海淘更有场景吸引力，比购物更多国际潮流选择。”

在本次发布会上，综合性网上购物商城当当网签约步步高，将在梅溪大街开设“当当梅溪书院”，将互联网的全球人文精神和源远流长的湖湘精神完美结合，成为湖南省独创的互联网人文体验文化地标。作为奢侈品购物服务平台，寺库集团本次也签约步步高，将在梅溪大街上开设数千平方米极致情调的线下体验区、奢侈品养护中心和国际名品直销区。此次合作为寺库线下体验店之北京、上海、成都、香港之后的中国第五站。

同时，作为德国第一家以及最大一家网上儿童用品商店，Babymarkt 也签约梅溪跨境电商体验街，在此开设中国首家线下体验旗舰店，给国内消费者提供直观接触高标准德国品质的母婴全系列及相关产品。同步签约的还有线上线下国际食品流通超市上海 CITY SHOP。CITY SHOP 的实体店目前主要集中在北京、上海。此次合作为其首次在华中区开展线下实体店业务。

云猴网是步步高集团旗下专注于原装进口母婴、保健品的跨境电商网站，此次合作梅溪跨境电商体验街，也将开出中国首家云猴全球购线下实体体验店。同时，新西兰贸易中心、韩国振兴公社在国内外众多电商企业嘉宾的掌声中，签约梅溪跨境电商体验街，将联合本国众多实力企业集团在此开设极具异国风情的新西兰商品国家馆、大韩商品国家馆，许多国际原产地商品也将第一次得以呈现在湖南消费者面前。

“中国（长沙）梅溪跨境电商体验街发布会”由省商务厅指导、步步高集团主办。梅溪跨境电商体验街将同步步高·梅溪新天地一道，将于今年 12 月同步开街盛大营业。

【“湘恋米兰”经贸洽谈会在米兰举行】 2015 年 6 月 19 日，“湘恋米兰”经贸洽谈会在米兰举行。意大利国家工商联主席帕斯夸莱·埃美柯、对外贸易委员会米兰局主席玛丽内拉·德托、自然环境与生态旅游协会主席卡罗·德托里，湖南省副省长何报翔以及意大利知名企业负责人等 200 多人出席了洽谈会。

随着“湘欧快线”和长沙 – 法兰克福航线的开通，湖南与意大利往来频繁，合作紧密。2011 年，双方签署了《建立友好合作关系意向书》，在经济、文化、教育、旅游，特别是创意设计、手工业等方面，加强了交流与合作。

本次经贸洽谈会主要任务是促进湖南企业与意大利企业对接，实现项目签约。何报翔副省长进行了省情推介。他说，通过对外开放和自主创新，湖南的高端产业特别是先进装备制造业快速发展，在中高端工程机械装备、电力牵引轨道交通设备、超特高压输变电设备、新能源装备、新能源汽车装备等多个领域，确立了国际市场的领先地位，培养了中联重科、三一重工等一批具有国际竞争力的骨干企业。他建议湖南与意大利以深入实施“一带一路”战略为契机，积极融入对接，双方企业共同分享工程机械、轨道交通等行业面临的巨大发展机遇，充分发挥湖南巨大的市场需求，双方企业在商贸流通领域加强对接合作。

这次，湖南代表团踏着“一带一路”的热浪，借助世博会的平台，向欧洲战略投资者抛出“橄榄枝”。近 100 家湘企将通过各种方式亮相米兰世博会。中联重科将举办中联重科企业日和最新 VI 发布仪式，中国中车株洲所、隆平高科代表“创新湖南”、“科技湖南”在中国企业联合馆耀目展示。

【中联重科高调亮相米兰世博会】 2015 年 6 月 20 日，参与世博会中国馆建设的中联重科，借着世博会的平台高调亮相，向中外来宾展现了其“绿色装备，美丽世界”的理念与成果。

当地时间 18 日上午，米兰世博会中国馆迎来了全球高端装备制造领军者——中联重科的企业日。企业日的主题为“绿色制造、美丽世界”，活动分为开幕仪式、现场路演和静态展示三个环节。

米兰世博会中国馆当值馆长张亮在致辞中说：“中联重科是米兰世博会中国馆全球范围内唯一工程机械、农业机械战略合作伙伴以及中国馆参建企业。在 5 个月的施工过程中，中联重科汽车起重机每天工作 10 小时以上，稳定、精准、无故障，向世界展示了中联重科的形象和中国制造的力量。”

米兰世博园里，各国形态各异的展馆中，世博大道旁的中国馆格外引人注目，展馆采用中国传统歇山式造型元素，如同希望田野上的一片麦浪。在自己搭建的舞台，中联重科自然要闪亮登台。中联重科现场进行了混凝土机械公司和起重机公司的路演。在静态展示中，百余幅照片讲述了中联重科国际化发展的精彩故事：先后收购了英国保路捷公司、意大利 CIFA、德国 M–TEC、荷兰 RAXTAR 等公司，并在 80 多个国家建立了销售和服务平台，40 多个国家建立分公司。近期再次并购意大利环境产业公司 LADURNER，显示出中联重科继续融合意大利先进环境治理技术向全球高端环境产业进军的决心。

当地时间 19 日下午 3 时，中联重科邀请何报翔副省长、中国驻意大利大使李瑞宇等中外嘉宾 1 0 0 多人，来到 CIF A 园区参观，并对全球首发新的企业视觉识别系统。来宾们先后参观了 CIF A 的实验室、设计室、车间、博物馆，对中联重科在工程机械、环境产业、农业机械领域的不断攀登创新齐声称赞。李瑞宇大使称，中联重科树立了中意企业合作共赢的典范，向世界展示了中国制造的力量。

【长沙湘江国际帆船赛开赛】 2015 年 6 月 20 日，2015

中国长沙湘江国际帆船赛暨长沙水上嘉年华在湘江橘子洲段水域开幕。省委常委、长沙市委书记易炼红宣布开赛，国际帆船联合会副主席、国家体育总局水上运动管理中心主任李全海出席。

伴随着动人心魄的击缶声，点点风帆驶向橘子洲头开幕式主会场，近百只帆船巡游湘江，向两岸观众致意。恰逢端午，船员向江中撒下粽子，纪念伟大的爱国诗人屈原。这和开场歌舞《百年湘江》、《沁园春·长沙》一起，为国际化的帆船赛增添了浓郁的中国风情、湖湘味道。

据介绍，本次比赛为期两天，是目前国内规模最大的在内河举办的帆船赛事，也是中国内河历史上第一个国际性帆船赛事，吸引了中国、美国、法国、澳大利亚、英国等 9 个国家的近 200 名运动员参赛。湘江两岸独特的山水洲城风景，也是美丽长沙与代表海洋文化的帆船运动的一次完美融合。湘江两岸、橘子洲上，数万长沙市民、外地游客竞相观看比赛。

活动期间，还将举行盛大的湘江水上嘉年华活动，以及水上飞行表演、“《百舸争流》帆船巡演”、“裸眼 3D 秀”等活动。

【“湖南元素”点亮米兰世博】 2015 年 6 月 21 日，2015 年米兰世博会湖南活动周在中国馆精彩启幕。

中国贸促会副会长卢鹏起、省政府副省长何报翔、米兰世博会意大利馆馆长斯蒂法诺·嘉蒂、湘籍音乐家谭盾以及各界代表人士 300 多人出席了开幕仪式。何报翔代表省政府致开幕辞，他深情地回忆了湖南人民与世博会的情缘。他说，104 年前的意大利都灵举办了世博会。在那次盛会上，中国的许多优质产品为意大利和世界各国朋友所熟识和称赞。他表示，湖南将借助米兰世博会的平台，展现湖南在农业经济、科技、生态保护等方面的成果，学习和借鉴各国先进农业与食品产业的好经验，深刻诠释中国馆“希望的田野，生命的源泉”这一主题。

为回报这份情谊，湖南为这次活动周准备了精彩的礼物：湖南古老的农耕文明、优质的农业产品、先进的科技成果、靓丽的山水风情、多彩的文艺表演、美味的湘菜。湖南活动周以“洞庭鱼米乡”为主题，5 天内将接连上演经贸洽谈会、旅游文化交流会、湘菜美食周、谭盾音乐会等等丰富多彩的活动，让“湖南元素”成为整个世博园区内的一大亮点。

【斯洛伐克来湘推介旅游】 2015 年 6 月 22 日，斯洛伐克国家旅游局访问团来到长沙，邀请湖南客商去“欧洲的心脏”旅游、投资。

斯洛伐克共和国地处欧洲中部，比邻奥地利、捷克共和国、波兰、匈牙利、乌克兰。斯洛伐克的温泉 SPA、文化遗产、自然风光等，吸引了每年约 1.6 万人次中国游客前往。

斯洛伐克国家旅游局会展局局长罗伯特·文赞向记者介绍，斯洛伐克国际旅游文化经贸展将于明年 1 月 28 日至 31 日，在斯首都布拉迪斯拉发举行。希望借此平台邀请湖南旅游、经贸领域客商前往参展，促进双方旅游经贸往来。

据潇湘一百旅游公司董事长朱勇军介绍，目前从中国前往斯洛伐克的最便捷方式，是从北京、上海直飞维也纳国际机场，再转乘巴士，30 分钟可抵达布拉迪斯拉发。

【徐守盛会见俄罗斯客人】 2015 年 6 月 28 日下午，省委书记、省人大常委会主任徐守盛在长沙会见了来湘出席中俄红色旅游交流系列活动的俄罗斯联邦旅游署署长萨弗诺夫一行。

徐守盛对客人们的来访表示欢迎。他说，今年是世界反法西斯战争暨中国人民抗日战争胜利 70 周年，中俄开展红色旅游交流活动意义重大，预祝活动取得圆满成功。湖南与俄罗斯合作源远流长，日益紧密。湖南旅游资源特别是红色旅游资源丰富，双方在旅游方面合作空间广阔。希望双方以此次活动为契机，进一步增进友谊，加强在旅游资源推介、目的地拓展等方面的合作，同时欢迎更多俄罗斯朋友来湘投资兴业。

萨弗诺夫表示，特别高兴来到毛泽东主席的家乡访问。俄罗斯愿意与湖南在旅游业发展、友城往来及其他领域深化合作。

省委常委、省人大常委会副主任、省委秘书长韩永文，俄罗斯乌里扬诺夫斯克州州长莫洛佐夫会见时在座。

【中俄红色旅游合作交流系列活动在韶山启动】 2015 年 6 月 29 日上午，“2015 中俄红色旅游合作交流系列活动”在新中国缔造者毛泽东主席的家乡韶山市正式启动。这是我国红色旅游发展历史上首次在国家层面与外国开展的合作。省委副书记、省长杜家毫宣布活动正式启动并讲话，国家旅游局局长李金早，俄罗斯联邦旅游署署长萨弗诺夫，俄罗斯乌里扬诺夫斯克州州长莫罗佐夫讲话。启动仪式后，杜家毫会见了萨弗诺夫一行。

省委常委、省委宣传部部长许又声，国家旅游局副局长王晓峰，副省长何报翔，黑龙江省副省长孙尧，以及省政府秘书长向力力出席相关活动。

杜家毫说，湖南山水风光秀丽，旅游资源丰富，拥有韶山、花明楼等 24 个国家红色旅游经典景区，以及张家界、衡山等一大批风景名胜，近年来全省旅游业不断发展壮大，国际国内旅游合作深入开展。在中俄两国全面战略协作伙伴关系框架下，湖南积极参与中国长江中上游地区和俄罗斯伏尔加河沿岸联邦区合作，与俄罗斯经贸文化交往不断加强，特别是 2009 年湖南与无产阶级革命导师列宁的故乡——乌里扬诺夫斯克州正式缔结为友好省州后，政府高层往来频繁，教育文化交流活跃，经贸合作取得积极成效。希望通过此次红色旅游系列活动的成功举办，进一步增进两国人民的相互了解，并借助旅游这一桥梁，不断加强湖南与俄罗斯在经济、文化、教育、科技等方面的合作。湖南将鼓励优秀湘企赴俄罗斯投资兴业，支持两地相关高校建立友好关系，加密空中航线，不断推进双方合作迈上新台阶。

李金早说，中俄是友好邻邦，两国都是拥有悠久历史和灿烂文化的大国，具有丰富的红色旅游资源。举办中俄红色旅游合作交流系列活动，就是为了铭记历史、缅怀先烈、珍视和平、警示未来，也标志着中俄红色旅游合作交流将向着更大空间、更深层次、更高水平迈进，也标志着中国红色旅游国际化迈出了重要的第一步。

萨弗诺夫说，中俄红色旅游合作交流系列活动是俄中两国旅游资源开发宏伟计划下的一个重要分支，必将互相促进对方客源增长，提高旅游业的经济效益。湖南山清水秀、风光秀丽，湖南人民热情好客，对俄罗斯游客很有吸引力。俄罗斯将认真学习湖南在发展红色旅游方面的好经验，在加强旅游合作基础上，进一步深化与湖南在各领域的交流合作。

启动仪式前，杜家亳、李金早向毛泽东同志铜像敬献花篮。启动仪式上，国家旅游局与俄罗斯联邦旅游署签署了《中华人民共和国国家旅游局与俄罗斯联邦旅游署关于2015–2017年红色旅游合作的谅解备忘录》，对今后3年中俄两国开展红色旅游合作交流的机制体制、内容形式、发展前景予以了明确；湖南省旅游局与乌里扬诺夫斯克州签署了《湖南省与俄罗斯乌里扬诺夫斯克州红色旅游合作协议》，在红色旅游项目、旅游线路、宣传促销、直航线路开通等方面达成合作意向；湘潭市与乌里扬诺夫斯克市签署了《湘潭市与乌里扬诺夫斯克市建立友好城市关系意向书》。湘潭市、广西壮族自治区崇左市被授予"全国红色旅游国际合作创建区"，许又声、王晓峰还为"从毛泽东故乡到列宁故乡红色自驾游车队"授旗。

启动仪式后，中俄双方参会领导为"中俄红色旅游合作交流系列活动纪念林"石碑揭幕并种植了70棵友谊树，以此纪念中国人民抗日战争胜利暨世界反法西斯战争胜利70周年，也寓意中俄两国人民友谊万古长青、世代友好。

【湖南实现世界文化遗产"零的突破"】 2015年7月4日下午，在德国波恩召开的第39届世界遗产大会上，湖南永顺老司城遗址、湖北唐崖土司遗址、贵州播州海龙屯遗址联合申报的"土司遗址"通过审议和表决，成功列入世界文化遗产。这是中国第48个世界遗产。湖南实现世界文化遗产"零的突破"。

此次世界遗产大会，共收到38个申遗项目。会上，国际古迹遗址理事会介绍中国"土司遗址"后，菲律宾、日本、芬兰、德国等16个国家代表发言，支持中国"土司遗址"入选《世界遗产名录》，大会主席宣告中国"土司遗址"列入《世界遗产名录》。

中国"土司遗址"申遗项目于2012年启动，由湖南牵头，湖南永顺老司城遗址、湖北唐崖土司遗址、贵州播州海龙屯遗址联合向联合国教科文组织申报，是中国政府2015年申报世界文化遗产唯一项目。

土司制度，是元明清时期中央政权针对西南地区族群聚居的少数民族实施的一种行政管理制度。此次申遗的三处土司遗址，均是土司制度鼎盛时期的遗存。老司城遗址和唐崖土司城址是土司职级序列中不同等级的土司治所，海龙屯遗址则是等级最高的土司的军事城堡。

老司城遗址位于永顺县城以东的灵溪河畔，是彭氏土司政权统治古溪州地区近600年的治所。这是目前国内规模最大、保存最完整、历史最悠久的古代土司城市遗址，完整反映了土司及土司制度的产生、发展和消亡全过程。该遗址发现的考古遗存类型十分丰富，包括城墙、城门、道路、排水沟渠、建筑基址、墓葬等地下遗存和古建筑群、牌坊、石刻等地上遗存。此次成功列入世界文化遗产，为湖南赢得了又一块国际品牌。

中国世界遗产居世界第二。在中国"土司遗址"列入《世界遗产名录》之前，中国已申报成功的世界遗产有47处，列意大利之后，居世界第二，其中世界文化遗产33处，世界自然遗产10处，世界文化与自然双遗产4处。此前，湖南已有张家界、崀山两处世界自然遗产。

【JW万豪国际酒店落户长沙】 2015年7月6日，长沙湘江新区滨江国际金融中心与万豪国际酒店集团——"JW万豪"品牌举行双方合作备忘录签署仪式。随着"JW万豪"品牌正式落户，滨江国际金融中心加速启航。

美国万豪国际酒店集团是全球三大酒店集团之一，目前在全球拥有超过4276家酒店。集团拥有18个酒店品牌，其中JW万豪、宝格丽、利兹卡尔顿等为国际豪华和超豪华酒店品牌。

滨江金融中心JW酒店拟斥资10亿元建成超五星酒店，待到2020年建成开业时，将成长沙河西新地标。

【中国中车下线中国首列出口欧洲动车组】 2015年7月7日，中国首列出口欧洲动车组在中国中车株洲电力机车有限公司下线。这是一款可与不久前亮相北京的中国标准动车组联合"出海"的"国家名片"。

副省长黄兰香与出口欧洲动车组项目国家马其顿交通部长瓦尔多·米萨珞夫斯基，以及中国中车副总裁楼齐良，株洲市委书记贺安杰和市委副书记、市长毛腾飞等一起，启动车辆。来自马来西亚、捷克、格鲁吉亚、乌兹别克斯坦等多国铁路部门的政要、客商，共同见证具有鲜明马其顿风格的"中国车"下线。

据介绍，此前，中国出口到欧洲的轨道交通产品一般为电力机车、地铁及轻轨列车。这次为马其顿量身订制的动车组项目，是中国动车组首次采用低地板设计技术、铰接式转向架，并首次按照欧洲标准采用三级防撞设计，还充分运用了"中车株机"出口动车组在防火、防寒、人性化、卫生清洁等方面的成果。

下线仪式前，黄兰香与马其顿交通部长瓦尔多·米萨珞夫斯基举行会晤，双方表达了缔结深厚友谊、加强经贸交流合作的意愿。黄兰香说，对接"中国制造2025"，建设制造强省，湖南致力将轨道交通建成全省标志性产业，目前正在加快建设世界一流的株洲轨道交通城，"中车株机"是其中全球最大的电力机车研制基地，创新能力强，相信他们在项目执行中一定能与马其顿加深友谊，有利于中国轨道交通产品"走出去"、"走进去"战略实施，让"中国车"从马其顿起跑，推动建设"一带一路"，加强与亚欧各国经贸联系，大力促进相关国家经济的快速发展。

【孙金龙出席中芬林业合作20周年中方颁奖仪式】 2015年7月18日，中芬林业合作20周年中方颁奖仪式在省林业厅举行。省委副书记孙金龙要求，坚持与时俱进，持续深化开放合作，促进全省林业更大更好发展，让林业发展成果更多更好地惠及全省人民。

中芬林业合作已久，我省1995年开启与芬兰林业部门的交流合作。20年来，双方实施合作项目达10多个，涉及生物多样性保护、植物研究、湿地保护、苗木生产、宣传教育等多个领域。合作期间，为我省制定了全国首部生物多样性保护行动计划，建立了全国首个生物多样性保护宣教馆，引进了国际一流的苗木生产设备和湿地恢复、保护技术。合作项目的实施，促进了我省的林业建设，改善了生态环境。颁奖仪式上，我省18位林业工作者作为中方人员，被授予中芬林业合作20周年纪念奖章。

孙金龙代表省委、省政府，向受表彰的先进个人表示祝贺，向全省林业战线的同志表示感谢，并对我省林业发展提出要求。要进一步深化与芬兰的林业合作，在认真履行签订协议的同时，继续拓展如森林碳汇、国家公园建设等合作领域。要积极扩展我省林业国际合作的范围，在加强与芬兰、瑞典、丹麦等欧洲林业发达国家合作的同时，围绕国家“一带一路”战略，向亚洲、非洲国家延伸。要积极响应党中央推进绿色化的号召，努力推动林业向治理雾霾、间接减排、治理土壤污染等老百姓关注的生态领域发力，向建设绿色国土、发展绿色产业、引导绿色消费、推广绿色理念等关乎长远的工作迈进，促进林业更大更好发展，为绿色湖南建设不断做出新贡献。

仪式结束后，孙金龙还参观了湖南林业展示中心。

【杜家毫会见日本驻华大使】 2015年7月20日晚上，省委副书记、省长杜家毫在长沙会见了日本驻华大使木寺昌人一行。

杜家毫对木寺昌人一行来湘访问表示欢迎。他说，随着交通条件的逐步改善，湖南与日本的经贸交流、人文往来日益频繁，合作的空间和潜力进一步拓展。目前，长沙已开通了至日本大阪、名古屋、静冈等地的直航班机，可保证两地每天都有航班直达，客座率稳定在85%以上。近年来，湖南涌现了工程机械、有色金属、环境保护、电子信息、轨道交通、食品加工、文化旅游、新能源、新材料等一大批特色优势产业，绝大部分与日本相关产业有着很强的互补性，希望通过大使先生此次访问，进一步推动双方全方位、多层次、宽领域合作，不断扩大两地民间友好往来，实现互利双赢。

木寺昌人说，尽管是首次访问湖南，但却倍感亲切。日本驻华大使馆将致力推动日本各界与湖南的交流合作，进一步增进彼此互信，促进日中关系不断改善。希望湖南各界一如既往给予在湘日资企业和民众关心、关照，促进双方共同发展。

省政府秘书长向力力参加会见。

【中国首台出口欧盟5兆瓦风力发电机下线】 2015年7月31日，中国中车株洲电机有限公司研制的中国首台出口欧盟5兆瓦风力发电机下线，将于次日发运德国阿海珐公司。这是中国兆瓦级风力发电机首次进入欧盟市场，也是中车电机实现独立出口业务零突破。

这次为阿海珐研制的5兆瓦永磁同步发电机是为5兆瓦集成半直驱机组配套的一款新型发电机，是将来海上风电的主流风机，采用了全密封耐盐雾结构接线盒、海上盐雾环境绝缘结构、中压永磁等先进技术，成功解决了海上风电防腐绝缘等关键问题。

去年，中车电机以专业的风电设计与制造能力，与3家欧洲发电机制造企业同台竞标，赢得德国阿海珐5兆瓦风力发电机订单。面对阿海珐在产品质量等方面的严苛要求，中车电机完成了100多项文件的提交审核工作，通过了德国方面供应商资质审核和监造体系认可，以及欧盟质量体系中顶级标准VDA质量评审。

中车电机总经理肖安华说，通过与国际行业巨头阿海珐合作，中车电机研发、制造、质量管控实力进一步得到欧盟国家认可，风电产品实现了与欧洲体系无缝对接，这将推动中国高端制造装备产业进一步走向海外。

【60余名国内外企业家长沙谋合作】 2015年7月31日，60余名国内外著名企业家齐聚长沙，组建坚持企业家俱乐部长沙总部，将谋求合作共赢，助推湖南经济发展。

坚持企业家俱乐部于2014年在北京成立。成员为世界500强企业、上市公司，以及行业龙头企业的高管、创始人等。俱乐部已发展至500多名成员，在上海、深圳、武汉、温哥华等地设有城市总部。

湘籍企业家颜苑，4年前与丈夫辞退美国硅谷工作，回国在苏州创业，为谷歌等世界巨头提供磁性感应芯片及相关应用解决方案。她向记者透露，通过加入俱乐部，对湖南本土企业以及湖南高新技术产业发展有了更深了解，并有意回湘投资。

坚持企业家俱乐部长沙总部秘书长唐崇健介绍，俱乐部将以“众智、众享、众筹”为主要运营方式，借移动互联、大数据、物联网等新兴产业发展资源优势，助推湖南传统产业调整升级。

【许嘉璐徐守盛出席“汉语桥”总决赛】 2015年8月2日，第十四届“汉语桥”世界大学生中文比赛总决赛在长沙举行，为期一月的比赛圆满收官。全国人大常委会原副委员长许嘉璐，省委书记、省人大常委会主任徐守盛，省委副书记、省长杜家毫为获奖选手颁奖。

国务院参事、孔子学院总部总干事、国家汉办主任许琳，省领导许又声、韩永文、刘莲玉、李友志、欧阳斌出席。

今年7月至8月，来自97个国家的133名选手汇聚一堂，触摸中国文化，感受中国魅力。经过多轮复赛、决赛的激烈比拼，来自英国的康可、意大利的徐天佑、韩国的申素云、哥伦比亚的马修、新西兰的麦凯平、喀麦隆的孙頫宇等6名选手入围总决赛。总决赛上，经过“人生正反说”、“情景考演秀”、“巅峰对决”3轮精彩比赛，最终麦凯平夺得冠军。

许嘉璐对获奖选手表示祝贺，对所有的参赛选手表示赞许。他说，中国提出建设“一带一路”的国家战略，需要进一步加强与沿途国家的经济文化交流。希望大家建好“汉语桥”，充分利用好这个文化交流的平台，建起人员沟通、文化交流的“一带一路”，让更多中国人走向世界，更多外国人了解中国、喜爱中国，与中国人一同创业，实现和平合作共赢的国际新局面，共同创造富裕安宁的新生活。

“汉语桥”世界大学生中文比赛由孔子学院总部、国家汉办共同主办，旨在激发各国青年学生学习汉语的积极性、增强世界对中国语言和中华文化的理解，如今已成为各国大学生学习汉语、了解中国的重要平台，在中国与世界各国青年中间架起了一座沟通心灵的桥梁。

【中德专家献策长沙磁浮工程】 2015年8月6日，磁浮交通系统RAMS研讨会在长沙召开，邀请了中德技术专家团，共同研究长沙磁浮工程各环节的优化方案。副省长张剑飞到会致辞。

长沙磁浮工程连接长沙火车南站和黄花国际机场，全长约18.55公里。目前，项目完成投资逾六成，预计今年底建成试运行，将成为国内首条具有自主知识产权的中低速磁浮商业运营线。省委、省政府对此给予高度重视，将其列入了全省重大创新示范项目、产业化项目。

可靠性、可用性、可维护性和安全性（英文简写为

RAMS）是中低速磁浮交通的重要质量属性，也是评价长沙磁浮工程建设和运营水平的重要指标。今天，来自德国蒂森克虏伯磁浮列车公司、德国莱茵公司、我国磁浮交通工程技术研究中心等单位的10多位教授学者，通过现场踏勘、座谈交流等方式，介绍了德国高速和中低速磁浮、韩国中低速磁浮、我国上海高速磁浮交通系统的研发和工程实践经验，认为在长沙磁浮工程中引入全过程RAMS管理，将为项目实施和商业运营创造良好条件。

【湖南与俄罗斯地方交流合作成效明显】 2015年8月7日上午，长江中上游地区与伏尔加河沿岸联邦区地方领导人第四次座谈会在成都召开。

我国安徽、江西、湖北、湖南、重庆、四川6省市负责人，俄总统驻伏尔加河沿岸联邦区全权代表处、俄驻华大使馆和联邦区13州官员，以及双方企业家代表等参会。湖南省委常委、常务副省长陈肇雄代表湖南出席座谈会。

为推动中国长江中上游地区和俄罗斯伏尔加河沿岸联邦区经贸和人文合作，两地区于2013年5月启动合作机制，被称为“两河流域”合作机制。这是中俄首个非毗邻地区合作机制。参与合作的主体主要包括上述中国6省市，以及俄罗斯伏尔加河沿岸联邦区14个联邦主体。

陈肇雄在发言中表示，“两河流域”合作是中俄双方深化全面战略协作伙伴关系的重要组成部分，湖南作为中方参与合作的重要成员，近年来通过深化与俄方相关共和国和联邦区的交流，扩大了与俄罗斯的人员往来与经贸合作规模。下一步，湖南将以这次会议为契机，加速融入“两河流域”合作，加强信息沟通和政策对接，强化企业服务，将双方合作引向深入。

在四川今天举行的中俄“两河流域”企业合作签字仪式上，湖南湘拖农业装备有限公司与俄罗斯AGROSER-VICE联合体公司签署合作协议，双方将合作在俄建立农机和建筑工程机械及农产品加工温室大棚的生产基地。这是湖南参与“两河流域”合作取得的又一成就。

在中俄两国全面战略协作伙伴关系框架下，湖南与俄罗斯地方交流合作日益密切，文化旅游交流活跃，经贸合作取得成效。

在俄罗斯伏尔加河沿岸联邦区，湖南中联重科、特变电工、山河智能、长丰集团以及相关农机企业与卡玛兹（KAMAZ）集团、伊拉兹（ELAZ）公司、米拉（MYLA）公司等企业达成了投资合作协议或意向。目前，湖南中联重科等企业在莫斯科等地设立了分支机构，有19家企业与俄罗斯企业达成投资意向，投资金额约1.2亿美元左右。

去年以来，湖南省博物馆与列宁纪念馆就创建“苏联博物馆”文化旅游项目开展了合作，湖南省卫生厅与鞑靼斯坦共和国在中医、基础医学、医疗设备和人才培训等方面达成了合作意向，湖南师范大学等高校与联邦区内的6所高等院校建立了友好校际关系。湖南省与乌里扬诺夫斯克州就毛泽东、列宁故乡红色旅游达成协议，双方在红色旅游项目、线路、宣传、直航等方面开展合作。今年7月，双方在韶山成功举办了中俄红色旅游合作与交流系列活动。

【刘少奇同志纪念馆与列宁纪念馆签订合作协议】 2015年8月7日，在位于俄罗斯乌里扬诺夫斯克州的列宁纪念馆，刘少奇同志纪念馆与列宁纪念馆签署了合作协议。今后5年，双方将在陈列展览和科研等方面进行文化交流和技术合作。

这是刘少奇同志纪念馆第一次与国际同行在学术研究和陈列展览等方面建立广泛交流与合作关系。根据合作协议，列宁纪念馆将分别于2016年9月和11月，在刘少奇同志纪念馆举办《弗·伊·列宁与伏尔加河畔的列宁纪念馆》图片展和《伏尔加河与长江：伟大的河流与友谊》专题展览。刘少奇同志纪念馆将于2017年11月，在列宁纪念馆举办《俄中友谊的奠基人刘少奇》专题展览。

乌里扬诺夫斯克州文化部副部长西多洛娃说，他于今年7月到访中国，对这个美丽的国家留下了深刻印象。今年是列宁同志诞辰145周年，两馆签署合作协议是对列宁同志很好的纪念方式。她祝愿两馆有着良好的合作前景，也希望能再次去中国。刘少奇俄籍亲属、俄罗斯亚洲工业企业家联合会主席刘丽达表示，将积极为发展俄中友谊而努力，为两国文化交流和红色旅游方面的合作牵线搭桥。

【杜家毫会见日本滋贺县代表团一行】 2015年8月10日下午，省委副书记、省长杜家毫在长沙会见了由日本滋贺县知事三日月大造、议会议长西村久子率领的代表团一行。

杜家毫欢迎日本客人来湘访问。他说，自1983年湖南与滋贺县缔结友好省县关系以来，两地政府高层、企业和人民之间交流日益频繁，在经贸、科教、文化、旅游、环保等领域的合作不断深化，双方友谊进一步巩固和发展。目前，湖南已开通了至日本大阪、名古屋和静冈的直航班机，不久还将开通至东京的航线，这将进一步拓展两地交流合作的空间。希望通过代表团此次访湘，进一步深化企业合作，加强两地青年、妇女及其他群团组织的交流联系，推动两地合作和人民友谊不断向前发展。

三日月大造说，时隔13年再次访湘，湖南发展巨变令人惊叹。滋贺县愿与湖南分享在环境保护、企业发展等方面的先进技术和经验，进一步密切两地人民特别是青少年之间的友好交流，让两地人民30多年积累的深厚友谊不断发扬光大。

会见后，杜家毫与三日月大造签署了两省县友好交流备忘录，省科技厅与滋贺县商工观光劳动部负责人签署了两省县水环境领域产业发展备忘录。

省人大常委会副主任谢勇、省政府秘书长向力力参加会见和签字仪式。

【永清环保收购美国IST】 2015年8月10日，永清环保股份有限公司（简称“永清环保”）正式完成对Integrated Science & Technology公司（简称“IST”）51%股权的收购，成为其控股股东。本次收购也是中国上市环保公司2015年完成的海外并购第一例。

IST公司于1991年在美国佐治亚州马丽亚特成立，是一家环境修复技术服务公司，专营土壤及地下水修复所涉及的技术咨询、场地调查、风险评估、方案设计、工程实施、工程总包等业务。IST的技术优势主要集中在场地修复领域，其研发的原位生物修复、土壤淋洗、土壤气体监测等新技术，成功应用于欧洲及美国的1000余个场地修复项目，曾先后参与完成“海湾战争科威特污染场地修复”、“加利福尼亚州六价铬污染地下水修复”等一系列经典修复项目，技术能力和服务质量享誉全球。

作为湖南唯一环保上市企业，永清环保打造了集技术研发、药剂生产与销售、工程施工与运营于一体的土壤修复全产业链，其用于土壤污染治理的“重金属污染土壤离子矿化稳定化技术”居全国领先水平，以自有技术生产的重金属污染修复药剂填补了国内空白。

今年5月，永清环保曾与美国知名科研机构“三角研究院”签订合作备忘录，目前双方正在积极推动共建合作中心。此次海外并购，无疑将提升永清环保在土壤修复领域的技术实力，加速永清环保在土壤修复领域的战略布局。收购IST公司后，永清环保将进一步完善土壤修复业务产业链，一方面将继续扩大IST在美国的市场业务，另一方面IST将在中国成立办事处，利用IST的技术在中国开展新业务。

有消息称，被称为“土十条”的《土壤环境保护和污染治理行动计划》，即将出台。业内人士认为，未来几年，将是土壤修复产业快速发展的黄金期。

【日本滋贺县代表团来湘访问】 2015年8月9日至13日，日本滋贺县知事三日月大造及县议会议长西村久子率团来湘访问。

1983年，湖南与滋贺县因湖结缘，缔结了友好省县关系。洞庭湖和滋贺县境内的日本第一大淡水湖琵琶湖，共同见证了两省县32年来在经济、科技、教育、文化，尤其是水污染治理和环境保护等领域的互利合作。此次，由政府官员、企业代表、友好县民及青少年等100余人组成的滋贺县代表团来湘访问，旨在巩固与加强两省县30多年来的友好关系，进一步深化双方在经贸、环保、青少年、民间等领域的交流。

在湘期间，代表团一行先后来到湖南农业大学、湖南女子学院、岳阳县长湖乡范家村、长沙市第二十一中学等地，并与我省相关部门、工商团体、企业代表等举行座谈，进行环保、生态农业、旅游、经贸、教育等方面的访问交流。

【老挝航空公司长沙办事处正式成立】 2015年8月17日，老挝航空公司长沙办事处正式成立。老挝交通部负责人同时宣布，8月31日，老挝航空公司将开通长沙至万象国际航线，暂定每周一、周五各一个航班。省委常委、常务副省长陈肇雄会见了来湘开展旅游推介的老挝新闻文化旅游部副部长查林一行，并共同出席老挝航空公司长沙办事处授牌仪式。

近年来，湖南与老挝人文交流日趋频繁，经贸往来日益密切。目前，湖南长期在老挝投资、经商的人数达10万人，投资的企业140余家。2014年，湖南与老挝实现进出口总额1181万美元，同比增长22%。

陈肇雄指出，湖南和老挝人员交流源远流长，经贸合作基础牢固。在“一带一路”和“中国—东盟自由贸易区”建设中，湖南与老挝合作发展前景更加广阔。希望以此为契机，进一步健全合作交流机制，搭建交流合作平台，大力拓展工程建设、农业开发、文化旅游、矿业开发等领域的务实合作，实现优势互补、互利共赢，将双方合作提升到一个新水平。

查林感谢湖南省一直以来对老挝交通等基础设施建设给予的大力支持，祝愿即将开通的万象至长沙航线取得良好效益，热忱欢迎湖南朋友到老挝旅游观光、投资兴业。

【本土湘菜首次大批量出口海外】 2015年8月18日，湖南出入境检验检疫局传出好消息，8万余份毛氏红烧肉、腊味合蒸、湘西外婆菜等经典湘菜从长沙出发，正沿着“海上丝绸之路”运往非洲肯尼亚，还未到达就被预订一空。这是本土湘菜首次大批量出口海外。

湘菜作为中国八大菜系之一，早已蜚声海内外，但受制于制作工艺、卫生标准及生产企业资质等原因，用湖南本地原料、在湖南当地制作的“地道”湘菜还从未出口到国外。

前不久，湖南新聪厨食品有限公司通过了出口食品生产企业备案，成为我省首家有资格出口“地道”湘菜的企业。“一位在肯尼亚专门从事进出口食品生意的华人马上就主动找上门。”公司营销总监张鹏飞说，此次出口的8万余份湘菜主要供应肯尼亚的宾馆、酒店等中高档场所，针对当地消费能力较强的人群。后续订单连连不断，产品将出口到埃塞俄比亚、坦桑尼亚等非洲其他国家和地区。

张鹏飞介绍说，首批出口的湘菜全部是冷冻方便菜，食品生产企业将菜肴烹调加工后，采用速冻工艺做成预包装食品，“打包”好的湘菜在低温状态下贮存、运输、销售，消费者购买后只需用微波炉加热就能食用。

据了解，湖南出入境检验检疫局对出口湘菜进行了重金属、微生物等4大类15个项目的检测，以保证卫生安全。

【湖南首条直飞东京航线十月二十六日开通】 2015年8月20日，南航湖南公司发布，该公司将于10月26日开通湖南首条直飞东京的定期航班。届时，从长沙飞东京航程将由目前的7小时以上，缩至3个半小时。具体票价预计8月底出炉。

长沙直飞东京航线由空客A320机型执飞，每周一、五各一班。去程航班号CZ8415，9时从长沙起飞，12时30分到达东京成田国际机场，航程3小时30分；回程CZ8416航班，13时30分从东京成田国际机场起飞，18时10分到达长沙，航程4小时40分（以上均为北京时间）。

南航市场销售部工作人员介绍，目前，长沙没有直飞东京航线，旅客往返东京需在上海、香港、韩国首尔等地转机，且单程耗时一般在7小时以上。

今年以来，南航已经先后开通了长沙直飞静冈、大阪的两条日本定期航线。今年，南航还计划开通长沙飞日本名古屋、广岛和福冈的航班，湖南旅客赴日旅游将更加便捷。

【“印度粮仓”来湘招商】 2015年8月25日，印度（旁遮普邦）——中国（湖南省）商务投资论坛今天在长沙举行。旁遮普邦素有“印度粮仓”之称，印方代表团在论坛上介绍了旁遮普邦的特色产业及投资政策，邀请湖南企业前往投资兴业，其招商引资项目以工程机械、农业、再生能源等为主。

据省商务厅介绍，近年来，我省与印度经贸合作十分紧密，一批优秀的湖南企业在印度投资兴业，目前，我省在印度共设立企业15家，投资额累计1.5亿美元。

旁遮普邦是印度西北部一邦，拥有印度最好的基础设施，经济以农业和小型工业为主，是印度最大的商品粮基地和优质棉花产地。旁遮普邦工业和商业部部长拉尔表示，湖南在装备制造、轨道交通、能源开发、路桥房建、矿业、农业、生物制药等领域具有优势，这些都是旁遮普邦重点关注的产业，希望与湖南企业深入合作。省商务厅厅长徐湘平表示，从双方的产业结构和市场空间来看，发展潜力十分巨大。

在论坛上，长沙国家高新技术产业开发区与印度旁遮普邦签署了合作框架协议。

【张文雄会见南太、非洲客人】 2015 年 8 月 28 日下午，省委常委、省委宣传部部长张文雄在长沙会见了来湘考察的南太非洲新闻业务能力培训班一行。

“南太平洋、非洲地区的朋友一定对湖南不陌生，《爸爸去哪儿 2》就是在斐济拍摄。”张文雄对培训班一行表示欢迎。他说，湖南地处中国“丹田”，交通区位优势明显，工农业基础良好，矿产资源、水资源、旅游资源丰富，是中国最具活力的地方之一。湖南一直高度重视与南太、非洲各国的友好关系，经贸、文化等各领域的交流合作不断深化。湖南文化产业发展良好，电视制作、新闻出版等行业均居全国领先位置。希望南太、非洲的新闻界朋友多推介湖南，推动双方实现共赢发展。

斐济议会高级新闻官员卡尔帕娜 克利斯特·普拉萨德等培训班成员表示，此次培训为南太、非洲各国的新闻事业发展提供了有益经验，而湖南之行则令大家深深感受到了湖南的美丽风光、良好生态与发展速度。希望今后能进一步加强与湖南在政治、经济、文化等领域的交流合作。

【埃塞俄比亚总理会见湖南代表团】 2015 年 9 月 4 日，中国——埃塞俄比亚国际产能合作对接会今天在北京举行。出席本次合作对接会的埃塞俄比亚总理海尔·马里亚姆会见了由省委常委、常务副省长陈肇雄率领的湖南代表团一行。

海尔·马里亚姆说，埃塞俄比亚具有稳定的政治环境、良好的投资环境和优惠的投资政策，劳动力成本低，农业、矿业、电力、交通等领域发展潜力大，欢迎中国企业来投资兴业。埃塞俄比亚与湖南有着良好的合作，包括三一重工在内的众多湖南企业在埃发展良好，较好地促进了当地经济社会发展。埃方愿进一步加强与湖南省的交流互访，增进了解，扩大合作，欢迎更多的湖南企业赴埃投资并为之提供更多便利。

陈肇雄向海尔·马里亚姆介绍了湖南省情。他表示，埃塞俄比亚是海上丝绸之路的重要国家，也是湖南省实施“一带一路”战略、开展国际产能合作的重要地区。在推进产能对接合作中，双方具有很好基础和巨大潜力。希望以此次活动为契机，进一步健全合作交流机制，搭建交流合作平台，大力拓展装备制造、基础设施建设、农产品深加工、文化旅游、矿业开发等领域的务实合作，实现优势互补、互利共赢。

【国际和平论坛在芷江举行】 2015 年 9 月 5 日上午，参加第五届中国芷江·国际和平文化节的部分嘉宾做客国际和平论坛，共议和平与发展话题。

全国政协副主席、民革中央常务副主席齐续春，全国政协常委、民革中央副主席郑建邦，中国人民对外友好协会副会长谢元出席论坛。

省委常委、省委宣传部部长张文雄，副省长戴道晋，省政协副主席刘晓出席，省人大常委会副主任刘莲玉主持。

论坛上，外交部原部长、中国公共外交协会会长、外交学院国家软实力研究中心理事长李肇星，美国飞虎队历史委员会主席詹姆斯·怀特黑德，美国著名侨领方李邦琴，外交学院党委书记袁南生依次演讲。

李肇星在演讲中说，今年是中国人民抗日战争暨世界反法西斯战争胜利 70 周年，我们隆重纪念是为了展示历史真相，在全球传播和平愿景；是为了避免战争阴影重现，让和平的阳光普照大地，让我们对维护和平更加充满刚毅坚卓的决心和信心。然而个别国家少数政客罔顾历史事实，公然挑战“二战”后国际秩序，为世人所不齿。

“大道无遮挡，乏善自作茧。朽木尤可雕，回头金不换。”李肇星引用自己创作的一首诗说，不管你承不承认，历史的明镜永远高悬。中国人民愿同爱好和平的日本人民和各国人民世世代代友好下去，共同为世界和平发展做出新贡献。

詹姆斯·怀特黑德回忆说，在 1941 年飞虎队开始援华至 1945 年 8 月日本投降期间，有许多飞虎队员因飞机坠毁而跳伞逃生，其中 90%的队员得到了当地军民的掩护和救助，使他们躲过了日军的追捕，得以平安返回飞行基地继续战斗，重创日军的空防力量。希望中美两国在战争中缔结的特殊友谊，可以成为未来中美关系友好发展的基石，搭建起联系历史与未来的桥梁。

“二战中约有 600 万犹太人丧生，如今，全世界在 29 个国家设 167 座犹太人纪念馆或纪念碑；而中国在抗日战争中损失了 3500 万人，海外却无一家纪念馆。”方李邦琴介绍，经过一年的筹备，由她发起创建的首个海外抗日战争纪念馆于今年 8 月 15 日在美国旧金山正式开馆。纪念馆以“尊重历史、珍惜和平”为主旨，展现中国人民英勇御敌、美国华人助战和中美两国并肩战斗的史实。她期待通过这一国际性的平台，让更多的外国人能够认识和了解中国在世界反法西斯战役中所做出的牺牲和贡献。

袁南生在演讲中说，中国人民饱尝战祸之苦，深知和平之宝贵。中国将同世界各国各地区广泛开展经济技术合作和科学文化交流，既利用世界和平与发展的有利时机发展自己，又以自己的发展促进世界的和平与发展。

外国驻华总领馆官员、国际友好城市代表、国际友好组织及海外华侨华人代表等 300 余人参加论坛。

【世界知名侨领侨商参观韶山】 2015 年 9 月 5 日上午，来湘参加“2015 中国（湖南）非公有制经济发展论坛暨海外侨领侨商三湘行活动”的 145 名世界知名侨领侨商，专程来到韶山瞻仰伟人雄姿，深切缅怀毛主席。

“我来湖南 6 次，每一次都难掩激动心情。”在毛泽东故居，西班牙中国和平统一促进会主席徐松华说，伟大祖国始终是广大海外侨胞的坚强靠山，而这个靠山的奠基者就是毛主席。今天在韶山缅怀伟人的同时，也将号召更多海外华人华侨为祖国的发展贡献力量。法国法华工商联合会名誉会长林光武告诉记者，虽然是第一次来湖南，但感受到了蓬勃向上的发展活力，回到法国后，他将和朋友们分享此次来湘感受，积极推介湖南。

据悉，“2015 中国（湖南）非公有制经济发展论坛暨海外侨领侨商三湘行活动”由民建中央、工业和信息化部、中国侨联、湖南省人民政府共同主办，将于 9 月 6 日至 8 日在湖南长沙举行。论坛主题为“适应新常态，促进新转变，谋划非公经济新发展”，将对非公有制经济发展进行研讨，并将开展项目考察、交流对接，洽谈签约、投资合作等活动。此前，执委会发布了招商项目600多个，吸引了国内和港澳台海外一批团组来湘考察对接。

【2015中国（湖南）非公有制经济发展论坛暨海外侨领侨商三湘行活动启幕】 2015年9月6日，来自全国各地的600多位非公经济精英人士和400多位海外侨胞代表齐聚长沙，参加2015中国（湖南）非公有制经济发展论坛暨海外侨领侨商三湘行活动。全国人大常委会副委员长、民建中央主席陈昌智出席活动开幕式并致辞。省委书记、省人大常委会主任徐守盛作书面致辞，省委副书记、省长杜家毫出席。

开幕式上，省委副书记孙金龙宣读了徐守盛的书面致辞；民建中央副主席张少琴主持开幕式；国家有关部委领导莫玮、乔卫，省领导和老同志许又声、黄兰香、陈君文、何报翔、赖明勇、龙国键，各省（市、区）民建领导率团出席。

本次活动由民建中央、工业和信息化部、中国侨联、湖南省人民政府共同主办，是今年我省对外招商的重头戏，将开展主题论坛、项目考察、交流对接、洽谈签约、投资合作等系列活动。此前，我省已向海内外发布600多个优质招商项目。

陈昌智代表民建中央向活动举办表示祝贺。他说，当前，我国经济处于转型升级的关键时期，民营经济是有效破解经济发展动力不足、活力不强的关键所在，也是推动我国经济转型升级的重要依托。在全面深化改革的战略部署下，中央政府出台了一系列方针政策，从产业指引、融资方式、税收政策以及减政放权等多个方面促进中小微企业的发展。这些政策的出台，使民营经济的发展环境得以逐步改善。但也要看到，当前民营经济的发展依然存在产能过剩、融资难、融资贵、成本上升、政策落实难等一些较为突出的困难和问题。他建议，政府应进一步推进减政放权、减轻企业赋税，鼓励非公有资本参与混合发展，引导和扶植中小企业公共服务体系建设。同时，民营企业要加大自身内部改革力度，自强不息，创新发展。

“相信本次论坛的举办将为我国非公有制经济加强改革创新和转型升级起到积极的促进作用。”陈昌智希望参加活动的海外侨领侨商充分发挥资金、技术、智力等方面的独特优势，与来自全国各地的非公有制经济人士广泛交流、共谋发展，在促进中国与其他国家经贸技术交流，回国投资兴业、参与国内产业的转型升级，积极引进海外人才、服务创新型国家建设等方面，充分发挥自身优势，积极穿针引线、铺路搭桥。只要坚定信心，奋发有为，中国的非公有制经济必将为确保我国如期实现“两个一百年”的奋斗目标，实现中华民族伟大复兴的中国梦做出新的更大的贡献。

“非公经济撑起了‘半壁江山’，已成为湖南市场经济的主力军、改革开放的主动力、吸纳就业的主渠道。”徐守盛在书面致辞中说，准确把握新常态这个发展的大逻辑，探索加快非公经济发展的新思路新方法，促进非公经济持续健康发展，统筹做好稳增长、调结构、促改革、惠民生各项工作，意义重大。湖南省委、省政府一直把发展非公经济作为一项事关全局的重要工作来抓，今年以来，已相继出台促进非公有制经济发展、促进创新创业带动就业等一系列重大政策举措，着力为市场主体“松绑减负”、“助力加油”，非公经济发展和“大众创业、万众创新”的氛围更加浓厚。

“热忱欢迎各位朋友、各方客商加盟湖南、投资湖南、创业湖南、给力湖南。”徐守盛说，当前，湖南正处于新一轮发展的上升周期，面临国家实施“一带一路”、长江经济带、长江中游城市群建设等一系列重大机遇，这为全省改革开放和非公经济发展提供了前所未有的舞台和机遇，也为海内外广大战略投资者来湖南投资兴业提供了更加广阔的合作商机和市场空间。湖南将认真贯彻中央关于发展非公有制经济的方针政策和决策部署，毫不动摇鼓励、支持、引导非公有制经济发展，坚持以扩大规模、提升质量、增强效益为主攻方向，深化改革创新，完善体制机制，优化发展环境，加快转型升级，做大做优做强，着力打造湖南非公经济发展“升级版”。

开幕式后举行了签约仪式。我省30个重大项目现场签约，总投资237.38亿元，涉及现代服务、先进制造、农业产业化和基层设施建设等领域。此外，还将有一系列项目在本次活动中陆续签约。

在主旨演讲和主题论坛中，11位嘉宾围绕“适应新常态，促进新转变，谋划非公经济新发展”这一主题发表了精彩演讲。

【首届湖南国际友城友好交流活动周开幕】 2015年9月7日，首届湖南国际友城友好交流活动周开幕。截至目前，湖南已与25个国家的67个省州市缔结为友好城市，与全球200多个国家和地区建立了经贸合作关系，在湖南落户的世界500强企业达到135家。

我省自1982年起开始建立国际友好城市关系，陆续与俄罗斯乌里扬诺夫斯克州、法国中央大区、意大利马尔凯大区、美国北卡罗莱纳州、日本滋贺县等缔结友好省州（区、县）关系。33年来，友城工作对促进我省对外交流、对外经贸合作和提升我省国际知名度做出了积极贡献。我省利用友城资源，先后举办了“2015中俄红色旅游合作交流系列活动”、日本滋贺县百人代表团来湘访问、“芷江和平文化节”、长沙“历史文化名城”和“创业之都”活动、湘潭“伟人故里行”、株洲炎帝祭祀等各类影响深远的国际交流和友城交流活动，成功引进了平和堂商场以及法兰克福机场投资入股湖南机场集团公司等项目，促成了湖南湘电风能集团公司与德国黑森州卡塞尔大学、IMO集团开展风能领域关键应用技术以及风能设备生产的实质性合作等。

据悉，此次活动周将持续到9月14日。来自俄罗斯、法国、德国、意大利、芬兰、美国、南非、韩国、日本、越南等四大洲10个国家12个省州的国际友好城市代表，将与部分省直单位座谈并参观考察张家界、韶山及部分重点企业。

【12个发展中国家代表来湘交流新能源开发利用】 2015年9月9日至18日，来自牙买加等12个国家的20多名官员齐聚长沙，参加由中国商务部主办的发展中国家新能源开发利用机制建设交流活动。省委常委、常务副省长陈肇雄会见了部分国家能源领域官员。

在为期10天交流中，各国代表就“新能源开发利用前景”、“可再生能源发展趋势”、“中国新能源建设的促进机制”、“中国风电发电”、“电力可持续发展规划”等课题展开系统研讨。

陈肇雄对大家来湘交流新能源开发利用表示欢迎。他说，湖南在太阳能开发利用、风电装备制造、水电工程建设等领域具备特色优势，与参与交流活动的各国互补性强，合作潜力大。希望以此次交流活动为契机，与参与交流活动各国在新能源领域开展多领域、多方式合作。同时，以新能源合作为基础，积极拓展经贸、文化、旅游等多领域的合作，实现互利共赢、共同发展。

省商务厅在长沙举行新能源产业对接会，27 名发展中国家能源官员出席，与我省新能源重点企业进行了专题对接。

近年来，我省新能源产业不断发展壮大，形成了以中南勘测设计规划研究院、中电科技 48 所、湘电集团、南车时代等为代表的一批新能源核心骨干企业，风电装备、太阳能综合利用、光伏装备制造等技术处于国内甚至国际领先水平。新能源湘企“走出去”的步伐也明显加快，中国电建集团中南勘测设计研究院有限公司先后在埃及、苏丹、毛里塔尼亚、中非、喀麦隆、布隆迪、哈萨克斯坦等国家，开展了 10 余个新能源国际合作项目；湖南月儿太阳能公司与尼泊尔国家电力局签订了合作协议。

参会的 27 名能源官员来自牙买加、巴拿马、津巴布韦、尼日利亚、加纳、南非等 12 个发展中国家。

【徐守盛会见美国专家】 2015 年 9 月 14 日上午，省委书记、省人大常委会主任徐守盛在长沙会见了由美国三角研究院执行副总裁兼首席运营官詹姆斯·吉布森率领的访湘专家团一行。

美国三角研究院在医疗健康、环境科学等方面的研究领先全球，今年 5 月，徐守盛赴美考察时曾到访，并见证研究院与省科技厅及永清环保的合作备忘录签字。

徐守盛说，双方的合作启动以来，进展顺利，在空气质量智能监测、流域动态追踪及环境效果评价等方面取得了积极进展。当前，湖南正大力推进两型社会建设，致力于绿色、低碳、可持续发展，力争在环境污染治理、生态文明建设中为全国探索经验。湖南与美国的交往源远流长，基础良好，前景广阔。湖南愿与美国三角研究院在环保、健康产业等领域全面合作，催生更多新型环保技术。同时也欢迎更多海内外企业、机构来湘投资合作，实现互利共赢。

詹姆斯·吉布森说，湖南是中国环境保护的示范省份之一，美国三角研究院希望将环保领域积累的经验和成果更多地用于湖南，实现长久合作。

省领导许又声、易炼红会见时在座。

【何报翔会见利比里亚等发展中国家农业官员】 2015 年 9 月 14 日，副省长何报翔在长沙会见了来自利比里亚、马拉维、孟加拉国、巴基斯坦等发展中国家的 25 名农业官员，省内 20 家外向型农业龙头企业与各国农业官员进行了对接。湖南农业企业对外经贸活动日益增多，“走出去”的步伐明显加快，目前有 95 家湘企在境外从事农业相关领域投资，投资额达 9.3 亿美元。

这 25 名农业官员目前正在长沙参加 2015 年发展中国家粮食安全部长级研修班，研修班由商务部主办、隆平高科承办。对接会上，隆平高科、省茶业集团、湘粮机械厂等企业推介了产品和技术，来自发展中国家的农业官员表示，希望这些企业尽早去各自国家投资兴业。

l2014 年，我省农产品外贸进出口达到 14 亿美元，截至今年 8 月底，我省在境外从事农业相关领域投资的企业共 95 家，合同投资额 10.41 亿美元，中方实际投资额 9.3 亿美元。隆平高科借助援外培训资源，在利比里亚、东帝汶、印度尼西亚等国家开展了 10 多个农业国际合作项目，并在海外建立了多家分公司。

【湖南路桥获全球道路成就奖】 2015 年 9 月 17 日，国际道路联合会（IRF）欧洲与中亚地区代表大会颁奖典礼在土耳其伊斯坦布尔举行。湖南路桥集团荣获大会唯一一项施工工艺全球道路成就奖，成为湖南首家获此大奖的企业。

全球道路成就奖是颁给湖南路桥集团研发的“矮寨大桥大跨度悬索桥轨索滑移法架设新技术”，系施工范畴内的唯一获奖项目。在矮寨大桥建设过程中，湖南路桥首次研发出“轨索滑移法”架设加劲梁新工艺，成功解决了峡谷悬索桥加劲梁架设难题，实现了高效、经济、安全的施工目标，是中国桥梁技术发展过程中为数不多的原创技术。“轨索滑移法”成功应用于矮寨大桥建设，提高安装速度 6 至 8 倍。

“中国桥梁人用自己的智慧首创了‘轨索滑移法’架梁技术，为世界贡献了一种全新的施工方案。该发明将对今后山区悬索桥的设计、施工产生深远积极的影响。”美国国家工程院院士、中国工程院外籍院士、国际著名桥梁建筑工程大师邓文中如是评价“轨索滑移法”。

国际道路联合会成立于 1948 年，是世界性的公路学术组织。其奖励项目致力于在世界推广具有创造性、可实践性、经济性、可持续环保的道路工业方案。

【湖南“走出去”项目融资服务对接会在长沙举行】 2015 年 9 月 17 日，湖南“走出去”项目融资服务对接会在长沙举行，24 个“走出去”项目在会上成功签约，涉及金额近千亿元。对接会由省商务厅、省财政厅、中国信保长沙营管部联合主办，金融机构、重点企业负责人共计 240 余人参会。

据统计，至今年 8 月底，湘企已在全球 86 个国家和地区开展了对外经济合作，累计境外投资企业家数近 1100 余家，对外贸、外资的带动作用明显增强。省商务厅厅长徐湘平表示，大规模“走出去”恰逢其时，无论是积极参与“一带一路”建设，还是加大国际产能合作，都能让省内企业找到合适的切入点融入国际市场；而企业能否成功“走出去”，离不开银行信保基金等金融服务机构的大力支持。

对接会发布各类有融资需求的“走出去”项目 70 余个，经过银信企之间的对接和洽谈，24 个项目达成融资协议或合作意向并在会上成功签约，涉及金额近千亿元。其中，老挝首都万象至占巴塞省巴色市高速公路项目，由中国进出口银行牵头组成的银团与湖南建工签订，是湖南首次以银行组团形式支持“走出去”项目建设。

【湖南企业境外上市融资论坛在长沙举办】 2015 年 9 月 17 日，省政府金融办、香港交易及结算所有限公司在长沙举办湖南企业境外上市融资论坛。我省目前有境内外上市企业 98 家，其中 15 家企业在境外上市。

今年，我省有蓝思科技、快乐购等6家企业在A股上市、2家企业过会，首发融资53.16亿元，境内外上市企业总数增至98家；同时有69家企业在新三板挂牌、416家企业在湖南股交所挂牌。湘企近些年境外上市也比较活跃，目前有15家企业分别在香港联交所、新加坡证券交易所、德意志交易所、伦敦交易所等市场上市。其中，国讯国际、威胜仪表、南车股份、有色控股、澳优乳业、三一重装、中联重科、惠生国际等8家湘企登陆香港联交所，占比逾一半。

省政府金融办指出，加强与境外金融机构的交流合作，帮助更多湘企了解赴香港等境外资本市场上市的要求、路径和规程。针对香港证券市场的最新发展态势，普华永道会计师事务所有关人士介绍，今年1至8月香港联交所首发上市企业75家，其中内地企业有40家。其最大优势在于融资能力强，企业IPO（首次公开募股）6个月以后就可以增发再融资；审批高效透明，上市时间表可预期；估值比较理想，尤其资讯科技、金融、能源、消费相关的板块优势明显。

【中车株机“东盟博览会”上亮相】 2015年9月18日，在南宁举办的“第12届中国—东盟博览会”上，中国中车株洲电力机车有限公司的产品成为引人瞩目的关注焦点，其展出的轨道交通产品不仅在技术上领先，且覆盖面广、品种齐全，适应于远距离城市间、城市群之间和城市内部轨道交通需要，有效地推动中国东盟装备制造业合作升级。

中车株机不但在157平方米展位里，向世人展示了包括出口马来西亚、土耳其、印度、南非的世界最高速米轨动车组、地铁、轻轨、电力机车等在内的我国轨道交通的成果，而且在室外1350平方米展位上，由该公司自主研制的城市轨道交通装备南宁地铁1号线列车、储能式现代有轨电车和储能式现代无轨电车，能满足大运量和中小运量的城市客运需求，并且绿色环保，适合于东盟国家使用。

围绕本次博览会推动“中国—东盟”在国际产能和装备制造业方面合作，中车株机公司负责人表示，更加坚持以“绿色、智能”公共交通系统解决方案为主旨，依托数字化设计、智能化制造、信息化服务，推出适应于东盟国家的新产品，探寻合作新模式，努力实现与东盟国家互联互通、共同发展。

【我省与亚行共推低碳技术开发】 2015年9月22日下午，亚洲开发银行（简称亚行）与省发改委在长沙签署关于共同促进低碳技术开发与推广谅解备忘录。省委副书记、省长杜家亳会见了亚行行长中尾武彦一行，并共同见证签约。

副省长张剑飞，财政部党组成员、部长助理邹加怡参加会见和签约仪式。

杜家亳欢迎中尾武彦一行来湘访问，感谢亚行长期以来给予湖南经济社会发展的大力支持。他说，湖南是文化大省、农业大省、经济大省，在中国近现代史上涌现了一大批杰出人物。近几年来，湖南工程机械、轨道交通、环境保护、电子信息、汽车制造等产业迅速发展，交通等基础设施日益完善，环境保护和生态建设不断加强，正朝着创新发展、绿色发展、协调和可持续发展的目标加快迈进。希望亚行在基础设施建设、产业发展、环境保护等方面一如既往给予湖南大力支持，在为湖南引入资金的同时，带来更多开放开发理念，推动湖南加快发展。

中尾武彦说，亚行将把湖南作为未来重点支持的区域之一，积极寻求合作机会，加大在环保、水利、低碳技术、基础设施等领域的支持力度，助推湖南相关产业发展。

根据备忘录，双方将以亚太气候技术融资示范中心为平台，以市场化手段推动设立湖南省低碳技术创业投资基金，建立省低碳技术产业孵化园、低碳技术网络和市场服务平台，并拟在湘举办每年一度的国际低碳技术论坛。

【我省承办第28届男篮亚锦赛】 2015年9月22日晚上，第28届亚洲男子篮球锦标赛在长沙举行开幕式。省委副书记、省长杜家亳宣布开幕。从23日起，包括中国队在内的16支球队将展开62场激烈角逐，冠军球队将直通2016年里约奥运会。

亚洲篮球联合会秘书长哈高普在开幕式上致辞，省委常委、省委宣传部部长张文雄主持，副省长李友志讲话，省政协副主席刘晓，以及国家体育总局篮管中心有关负责人等出席。

本届男篮亚锦赛是湖南历史上举办的规格最高、影响最大的体育赛事，具体比赛时间为9月23日至10月3日。本届赛事16个球队被分为4个小组，中国男篮位列C组，同组的对手有韩国、约旦以及新加坡队。9月23日，中国男篮将首场对阵新加坡队。因事关2016年里约奥运会晋级资格，中国男篮十分重视本届比赛，一周前就已抵达长沙进行封闭训练，提前适应场地和气候，目标直指冠军。

李友志代表省政府和7200万湖南人民向来自亚洲16个国家和地区的运动员、教练员表示热烈欢迎。他表示，素负盛名的男篮亚锦赛在长沙举行，对于宣传展示湖南经济社会发展成果，扩大湖南对外交流与合作将起到十分积极的作用。湖南将当好东道主，把本届比赛办得精彩、圆满、成功。

【亚行助推湘企对接全国碳市场】 2015年9月23日，湖南省工商企业低碳发展高峰会暨碳交易能力培训会在长沙举行，来自全国碳交易领域的专家汇聚长沙，就相关专题对湖南相关企业高管进行培训。副省长张剑飞、亚洲开发银行(简称亚行)行长中尾武彦等出席会议并讲话。

今年，全国碳交易注册登记系统正式建立，14个行业企业温室气体排放核算和报告指南也相应出台。目前，国家发改委正在收集各省重点行业企业碳排放数据，酝酿推出全国碳排放交易总量设定和配额分配的方案。

省发改委主办了本次低碳发展高峰会。高峰会上，中尾武彦对湖南在低碳发展上的成就与贡献给予肯定，并表示亚行将把湖南作为未来重点支持的区域之一，加大在环保、水利、低碳技术、基础设施等领域的支持力度，助推湖南相关产业发展。

2011年，亚行建立了亚太气候技术金融示范中心，致力于促进气候变化减缓和适应技术的发展和部署。9月22日，亚行与省发改委签署谅解备忘录。根据备忘录，双方将以亚太气候技术融资示范中心为平台，建立省低碳技术产业孵化园、低碳技术网络和市场服务平台，并拟在湘举办每年一度的国际低碳技术论坛。

【陈肇雄率湖南代表团访问智利巴西】 2015年9月23日至9月30日，湖南省委常委、常务副省长陈肇雄应邀率湖南省政府代表团，访问了智利圣地亚哥、巴西圣保罗。访问期间，代表团与智利首都大区和巴西圣保罗州、雅卡雷伊市相关方面进行了广泛交流。

智利是拉美经济较发达的国家之一，矿业、林业、渔业、农业是其四大支柱产业，素称“铜之王国”。首都大区是智利政治、经济、文化和交通中心，也是拉美地区第七大城市；大区消费占全国消费的60%左右，全国97%的财团总部设在大区内。巴西是重要的发展中国家，经济总量居全球第七位，其矿产资源丰富、农牧业发达，制造业和生物燃料产业有一定优势。圣保罗州是巴西和南美最大的工业、商业、科技中心，工业生产能力占全国的40%，服务业产值占全国的42%。

代表团在圣地亚哥分别会见了智利前总统、现任智利亚太事务全权大使爱德华多·弗雷和首都大区区长克劳迪奥·奥雷戈等，双方就矿业、农业、旅游、新能源等领域的合作进行了深入探讨，并签署了友好省区合作意向书。在圣保罗期间，代表团会见了巴西联邦议员保罗·德谢拉、亚克雷市市长阿密尔顿·莫塔等，双方就支持湖南企业在当地发展、拓展湖南与巴西合作领域等进行了坦诚友好交流。代表团还出席了三一重工巴西新工厂奠基仪式。

【首届湖南中韩经贸文化活动周召开新闻发布会】 2015年10月12日，“2015（首届）湖南中韩经贸文化活动周”举行新闻发布会。湖南与韩国去年的进出口贸易额为9.8亿美元，同比增长14%。截至2014年，湖南共有韩资企业174家，实际到位韩资11.5亿美元。

走在长沙星沙街头会发现，路牌上除了中文、英文，还标有韩文。长沙与韩国的紧密关系由此可见一斑。长沙市政府副秘书长王体泽介绍，2014年，长沙对韩国的进出口额为3.3亿美元，主要为机电、零部件、塑胶制品等产品。其中，蓝思科技、瑞翔新材料、博世汽车等为长沙对韩国进出口的“主力”。长沙是韩国的主要投资地之一，到2014年底，韩国共在长沙设立企业54家，投资额为1.72亿美元，主要集中在制造业领域。

与此同时，截至今年6月，湖南在韩设立企业共7家。湘韩在旅游、文化方面的合作互动也很频繁，韩国首尔、釜山、清州、济州、光州、仁川等地均有航线直达湖南，日均航班达11个，韩国每年到湖南旅游的人数超过30万人，是湖南的第一大客源国。

【杜家毫率团圆满结束对捷克德国比利时的访问】 2015年10月5日至13日，应捷克维索基纳州、德国北威州和比利时埃诺省的邀请，省委副书记、省长杜家毫率湖南省代表团访问了上述3国相关地区。访问期间，代表团与当地政府、企业负责人以及机械制造、环境保护等领域专家学者进行了深入交流，并签署了一系列政府或企业间合作备忘录，就推进双方务实合作和友好交往达成广泛共识，取得丰硕成果。

在捷克期间，杜家毫会见了维索基纳州副州长弗拉迪米尔·诺沃提尼、立博·尤克，并签署两省州经贸合作备忘录，进一步推动双方企业和商业实体在食品加工、汽车制造、轻型飞机制造、生物医药等领域的合作，不断开拓两地市场，促进共同发展。在伊赫拉瓦飞机制造公司，杜家毫热忱欢迎企业来湘发展，在培育湖南轻型飞机市场、加强飞行员驾驶培训等方面发挥积极作用。

在德国期间，杜家毫一行先后走访了西门子、博世、卓伯根等在湘德资公司总部，以及三一贝德堡产业园等湘企，深入企业车间，倾听专家讲座，重点调研德国“工业4.0”最新发展情况。杜家毫在考察后指出，要学习借鉴、引进德国“工业4.0”的成功经验和最新成果，坚持创新驱动、转型发展，发挥区位、人才，以及工程机械、轨道交通、汽车制造、移动互联网等产业优势，推进信息技术与制造技术高度融合，书写“中国制造2025”的湖南篇章。要抢抓国家实施“一带一路”战略的重大机遇，着力构建我省对外开放新格局，推动工程机械、轨道交通、新型住宅等省内先进产能、技术和产品加快“走出去”，同时努力为各类企业在湘发展创造良好政务、法治、金融环境，吸引更多世界知名企业来湘投资兴业。

在比利时，杜家毫先后与东弗兰德省省长简·布瑞尔斯、埃诺省省长汤米·勒克莱尔举行会谈。杜家毫说，比利时交通区位良好，钢铁、有色金属、化工、纺织、机械制造、农产品加工等产业实力雄厚，在欧洲占据着重要地位。希望双方进一步拓宽合作平台，在文化旅游、教育交流、农业开发、工程机械、生物医药、生态环保、航空航天等领域加强务实合作，实现互利共赢。安赛乐米塔尔集团和优美科集团分别是世界钢铁巨头和全球领先的有色金属科技材料企业，其在湘均设有合资或独资公司。在与两家企业负责人会谈中，杜家毫说，钢铁和有色冶炼都是湖南传统支柱产业，期待企业进一步加大在湘投入力度，导入先进技术和理念，引领湖南相关产业转型创新发展。

杜家毫此行还考察了布拉格、杜塞尔多夫、布鲁塞尔等欧洲著名城市，他指出，要认真学习借鉴这些城市在产业布局、轨道交通、环境保护等领域的先进经验和成熟做法，努力提升我省城镇化特别是长株潭城市群的规划、建设和管理水平。

访问期间，杜家毫一行还拜访了中国驻比利时大使曲星、中国驻杜塞尔多夫总领事冯海阳，并专程前往特里尔和伍珀塔尔，瞻仰了马克思和恩格斯故居。

省政府办公厅、省政府研究室、省发改委、省财政厅、省外事侨务办和长沙市政府主要负责人随团访问。

【徐守盛会见俄罗斯联邦委员会副主席乌马哈诺夫】 2015年10月14日下午，省委书记、省人大常委会主任徐守盛在长沙会见了来湘访问的俄罗斯联邦委员会副主席乌马哈诺夫一行。省领导许又声、蒋作斌会见时在座。

徐守盛说，湖南是新中国缔造者毛泽东主席的家乡，历史文化悠久，生态环境良好，交通区位优势明显，近年来经济社会保持了平稳健康发展。在中俄全面战略协作伙伴关系框架下，湖南与俄罗斯交流合作日益密切，高层交往互动频繁，教育文化旅游等领域交流活跃，经贸合作取得良好成效。希望按照两国元首的战略引领，以乌马哈诺夫副主席此次访问为契机，全面加强湖南与伏尔加河沿岸联邦区的交流，共同推动双方在经贸、文化、科技、教育、农业、旅游等领域务实合作，实现互利共赢。

乌马哈诺夫说，来到湖南这个美好的地方，感受到这里人民的热情。中俄地方合作前景广阔，希望与湖南在基础设施建设、农业开发、文化交流等领域进一步深化合作，加强青年议员和代表交流。

今年1至8月，我省对俄罗斯实现进出口贸易额2.4亿美元，同比有小幅下降。我省对俄罗斯的出口以化工产品、有色金属（未锻轧锰）和纺织品为主，进口的产品则以有色金属（未锻轧镍）、木浆和矿产品居多。同时，1至8月，我省对俄罗斯农产品进出口额为3326万美元，其中出口占9成以上，为3321万美元，以果蔬、茶叶、中药材为主。

自2000年开始，我省企业开始赴俄罗斯开展投资活动。截至今年8月，我省在俄罗斯设立境外企业共20家，累计合同投资额1.76亿美元，其中中方合同投资额1.21亿美元。主要投资企业为纺织服装、机械产品销售及售后服务、茶叶销售、建筑材料和其他工业产品的生产经营等。

【俄联邦委员会副主席乌马哈诺夫在湘考察】 2015年10月14日，俄罗斯联邦委员会副主席乌马哈诺夫率领俄罗斯代表团来湘考察访问。他表示，将竭力为湖南企业进军俄罗斯市场牵线搭桥，进一步支持双方企业扩大贸易合作往来。

中午1点半，刚下飞机，乌马哈诺夫一行就马不停蹄地赶往考察的第一站——湖南路桥建设集团有限责任公司。在路桥集团，乌马哈诺夫详细了解了“路桥湘军”的发展历程、业务范围、重点工程及“走出去”的成绩。近年来，路桥集团紧跟国家“一带一路”战略，先后在刚果（布）、卢旺达、斯里兰卡等国参与工程施工，并与俄罗斯科斯特罗马州就当地的道路桥梁建设、社会保障性住房等项目达成合作意向。

乌马哈诺夫说，俄罗斯幅员辽阔，对道路、桥梁、住房等基础设施建设方面的需求很大。欢迎湖南路桥集团到俄罗斯去拓展市场，也期待两国的基建企业在交流合作中实现互利共赢。

随后，乌马哈诺夫一行参加了湖南特色农产品走进俄罗斯推介交流会。水果罐头、袋装黑茶……一进会场，摆放一桌的农产品就吸引了俄罗斯客人的注意。大家一边品尝美味的湖南特色食品，一边与湖南的农业企业家代表座谈。湖南果秀食品有限公司董事长阳国秀，湖南金洲茶叶有限公司副总经理唐冬萍，伟鸿食品股份有限公司董事长王建伟，永州鼎鑫进出口贸易有限公司副总经理姚咏呈先后发言，在不失时机推销自家产品的同时，企业家们也客观说明了在进军俄罗斯市场时遇到的难题和困惑。

“你们的产品很好吃，我都吃光了！”乌马哈诺夫扬了扬手上的空罐头笑着说，如今，在俄罗斯，“中国制造”的产品尤其是农产品备受青睐。同时，受国际局势影响，当前也是中国农产品开拓俄罗斯市场的绝佳机遇。俄罗斯将努力为前来投资兴业的中方企业扫清障碍和壁垒，帮助湖南农产品企业更好更快地融入俄罗斯市场。

【第二届岳麓传媒与文化产业国际论坛开讲】 2015年10月17日上午，湖南大学新闻传播教育20周年庆典暨第二届岳麓传媒与文化产业国际论坛在长沙举行。省人大常委会原副主任、党组成员肖雅瑜出席活动。

活动由湖南大学新闻传播与影视艺术学院与密苏里大学新闻学院联合主办。会上，来自国内外高校50多位知名学者、业界知名专家来到论坛现场，以“传承、创新、融合，互联网+与新闻传播”为主题，进行了研讨和交流。

据了解，经过20年的建设与发展，湖南大学已建立起从本科生教育到硕士生、博士生教育较完备的新闻人才培养体系。建有文化传播二级学科博士点，新闻传播学一级学科硕士点，并建有新闻与传播硕士（MJC）、高教硕士、传媒软件工程硕士等3个专业硕士点。

【“百城同台”海归人才湖南现场招聘会在长沙启动】 2015年10月17日上午，欧美同学会·中国留学人员联谊会举办的“百城同台”海归人才现场招聘会在国内外100多个城市通过实时视频连线启动，全球互联、线上线下延揽海归人才。作为该招聘会的分会场之一，“百城同台”海归人才湖南现场招聘会在长沙高新区启动，省政协副主席、湖南欧美同学会·湖南留学人员联合会会长张大方宣布启动。

这是湖南首次面向海归的专场招聘活动，由湖南欧美同学会·湖南留学人员联合会举办。活动吸引了长沙、湘潭、岳阳、益阳、株洲、衡阳等城市80多家企业参加。活动现场，企业提供的岗位多达800多个，既有年薪百万的职业经理和专业技术人才等高端职位，也有月薪几千元的工薪人才岗位。短短几个小时，现场就吸引了海归人才和留学人员等300余人到场应聘。

【广汽菲克首款国产SUV长沙下线】 2015年10月19日上午，广汽菲亚特克莱斯勒汽车有限公司（简称广汽菲克）首款国产SUV——Jeep自由光在长沙正式下线，填补了我省在高端SUV汽车制造领域的空白，将为湖南汽车产业发展注入新动力。省委书记、省人大常委会主任徐守盛宣布新车下线，省委副书记、省长杜家毫，意大利驻华大使谢国谊分别致辞。

省领导许又声、易炼红，广汽集团董事长张房有、总经理曾庆洪，菲克集团Jeep品牌全球总裁兼菲克集团亚太区首席运营官麦明凯，广汽菲克总经理柏恩翰等出席。

此次Jeep自由光在长沙成功下线，是继今年5月上海大众长沙工厂正式建成投产、首辆轿车同时下线后，湖南汽车产业发展的又一件大事，使湖南汽车产业格局进一步完善。国产Jeep自由光采用全球统一标准制造，首批推出多款2.4L车型，预计售价在20万元至30万元之间，将于11月上市，未来还将增加2.0L车型，年内量产目标约1万台。而出产Jeep自由光的广汽菲克长沙工厂，是国内首家引进并实施世界级制造标准管理体系的汽车企业，也是菲克集团全球技术最先进的整车生产厂之一。

杜家毫说，汽车产业是湖南的支柱产业。省委、省政府始终把培育壮大汽车产业作为推进新型工业化的重要载体，逐步形成了集整车和关键零部件研发、制造、销售、服务于一体的汽车产业体系。特别是长沙的汽车产业发展迅猛，形成了以轿车、越野车、轻中重型载货车、客车、专用车、新能源汽车等六大整车为核心的汽车产业集群，成为“中国汽车产业第六极”。

“广汽菲克Jeep自由光的成功下线，填补了我省在高端SUV汽车制造领域的空白，将为湖南汽车产业发展注入新的动力。”杜家毫希望广汽集团和菲克集团一如既往把广汽菲克汽车有限公司作为合作发展的重中之重，在技术、融资、供应链优化、人才输入、资源共享等方面，开展更深层次合作。希望广汽菲克汽车有限公司积极抢抓“中国制造 2025”的重大机遇，积极引领本地上下游企业共同发展，为做大做强湖南汽车产业做出新的更大贡献。期待以广汽菲亚特为桥梁纽带，进一步加强与意大利的经济交流与合作，吸引更多意大利企业来湘投资兴业。

“广汽菲克 Jeep 项目的成功，证明了意大利企业在中国市场上取得了良好成绩。”谢国谊感谢湖南省和长沙市各级政府给予的大力支持和帮助。他说，今年是意大利与中国建交 45 周年，意中两国在政治、经济、文化等领域都有紧密合作。对意大利企业来说，中国市场十分重要。“相信广汽菲克 Jeep 项目的成功，将为中国和意大利两国友好交流打下更加坚实的基础，进一步推动两国友好交往。”

【三一重工英国再获商机】 2015 年 10 月 23 日，三一重工传出消息，国家主席习近平对英国的正式访问，为国内诸多企业带来发展机遇，该公司与中信集团、道丰控股集团签订协议，在设备供应方面开展合作。

根据三方签订的协议，中信集团、三一重工与道丰控股集团，将依托道丰控股集团旗下的英国皇家阿尔伯特码头项目（“RAD 项目”），在英国共同设立一家设备租赁公司，并将积极引入英国当地合作伙伴开展合作，合作内容将涉及工程设备的租赁与贸易等方面。工程设备主要包括塔吊、汽车吊、混凝土搅拌车、混凝土拌合楼、预制件生产线等，这些都是三一重工的主要产品。

中信集团是国际建筑市场最活跃供应商之一，广泛参与了在中国境内外大型工程项目的招投标、设计、施工和管理领域。

作为国际知名装备供应商，三一重工为国内外诸多重大工程项目的施工建设提供了设备保障。三一重工旗下的普茨迈斯特是英国市场混领土泵送设备、砂浆泵、工业泵等领域的领军品牌。

英国是欧洲工程机械市场 3 强之一。以挖掘机为例，英国是欧洲规模最大的挖掘机市场、第一大微型挖掘机市场、第一大履带挖机市场。2015 年 6 月，三一重工的挖掘机正式在英国上市。当地代理商 TDL 公司已经成功将 30 台三一重工挖掘机销售给客户试用，并获得良好的反馈，这也坚定了三一重工进一步拓展英国市场的信心。

今年，三一重工在欧洲最大吨位履带吊 SCC6300(630 吨)，成功为伦敦奥林匹克体育馆改建提供吊装服务。

【新款锂电池拿下 20 亿国际订单】 2015 年 10 月 26 日，位于宁乡经开区的妙盛动力科技有限公司首创的锂电池“免疫系统”（BIS），其采用的恒温系统，能让电池在外界环境 -40℃到 65℃的温度下依然健康工作，而在极端状况下能让热量瞬时散发，有效保障电池不会发生燃烧、爆炸等危险。新款锂电池刚一上市，日本、韩国、美国等知名汽车厂商纷纷前来考察，公司迅速拿下了 20 亿元的国际订单。

邱则有被业界称为“超级专利发明人”：学技术出身的他和妻子白手起家创办长沙巨星轻质建材股份有限公司后，从 2001 年开始大量申请专利，已提交专利申请 7000 多项，到 2007 年 4 月 25 日，已获授权和公开公告专利 3637 项，被国家知识产权局负责人誉为“中国专利第一人”。多年前，敏锐的邱则有就瞄准了锂电池的巨大前景，创办了妙盛动力科技有限公司。

“现在的电池能量密度越高，容量越大。对于汽车来说，一旦发生起火爆炸，电池就像一颗定时炸弹，瞬间释放巨大能量，危险度就更大。我们研制的高功率锂电池解决了这一世界性技术难题。”邱则有踌躇满志，在技术攻关中，他带领团队通过自有技术，结合先进的聚合物电池封口技术、纳米材料涂覆、双重保护模块、先进的 BMS 电池管理系统等技术，首创了锂电池“免疫系统”（BIS），很好地实现了锂聚合物动力电池的安全性、可靠性、一致性、耐高温和低温性能等技术创新。

“这也是整个电池行业的革命性突破。”邱则有介绍，从高性能的锂电池到新能源汽车及运营服务，妙盛动力科技对整个项目总投资达 28 亿。建成达产后，产能达 150 万安时 / 天，年产便携式启动电源、固定式启动电源和启停电池约 1860 万台套，年产值达 100 亿元，将成为中国最大规模高功率锂电池电源生产基地。

【杜家毫会见英中贸易协会主席】 2015 年 11 月 6 日上午，省委副书记、省长杜家毫在长沙会见了英中贸易协会主席沙逊勋爵一行。

杜家毫欢迎沙逊勋爵率团来湘访问。他说，习近平主席不久前成功访英，开启了中英两国全面战略伙伴关系的“黄金时代”，为湖南与英国深化交流合作带来了历史机遇。湖南文化底蕴深厚，工业门类齐全，旅游资源丰富，经济和科教实力日益增强，特别是随着高铁、航空、高速公路等交通基础设施日益完善，连南接北、承东启西的区位优势正不断放大。希望以主席先生此次访湘为契机，充分发挥英中贸易协会的桥梁纽带作用，增进彼此了解，推动湖南与英国各界在教育、科技、环保、金融、文化创意、高新技术等领域的务实合作。

沙逊勋爵说，英国与湖南友好交流历史绵长，自己虽是首次访湘，但对湖湘文化和韶山、张家界、岳麓书院等名胜心仪已久。英中贸易协会将积极寻求与湖南的合作机会，助推英中关系不断向前发展。

会见后，省商务厅与英中贸易协会签署友好合作关系协议书。根据协议，双方将共同搭建商务合作平台和信息互通平台，促进两地企业交流合作、资源共享，拓展两地经贸关系、技术交流和教育科技合作。

英中贸易协会首席执行官傅仲森参加会见和签约。

【英中贸易协会主席沙逊勋爵接受湖南专访】 2015 年 11 月 6 日，英中贸易协会主席沙逊勋爵在长沙接受湖南日报记者专访。今年 7 月，英中贸易协会联合省商务厅在长沙举办了英国品牌购物节，吸引了近 70 万市民参观，得到很好反响。此行，沙逊勋爵特意率考察团来长沙访问，进一步寻找合作商机。

沙逊勋爵曾担任英国财政部的商业国务大臣，见证了英中贸易日新月异的巨变。

“10 年前，中国还只是英国排名第 14 位的出口对象国，对华出口占英国出口总额的 1.4%；而今年上半年，英国对中国的出口占英国出口总额的比重升到 7%。其中，英中贸易协会帮助了近 4000 家英国企业进入中国市场。”沙逊勋爵说，早在 20 世纪 50 年代，英中贸易协会就致力于促进英中贸易往来。随着中英关系不断“升温”，他也期待湖南与英国的交往步入“快车道”。

“湖南与英国的交往近年来日益密切，很多合作正在逐步展开。”沙逊勋爵举例说，除今年在长沙举行的英国品牌购物节外，今年5月，英国BMT公司的防洪预测系统成功被引进到了湖南。去年，英国国务大臣访华期间，英国水与环境代表团也特意来到长沙，与凯天环保、永清环保等企业进行了交流，达成了合作意向。

“这些交往，标志着英国与湖南省、与长沙市之间的联系日益紧密，也为双方进一步深化合作奠定了基础。”沙逊勋爵说，尤其是此次访湘，英中贸易协会和湖南商务厅签订了战略合作协议，两地合作交往必将蒸蒸日上。

未来我省与英国重点合作领域有哪些？沙逊勋爵认为，英国在绿色建筑、水体与环境保护、企业国家化等领域都具有世界领先优势，两地可以在这些方面作进一步探索。

“比如绿色建筑，中英合作设计的梅溪湖绿色建筑展示中心，是全球范围内首个获得BREEAM2013“杰出级”认证的项目（该级别是享誉全球的英国绿色建筑标准的最高级奖项），这对于推动英国绿色建筑团与湖南建筑业的长期合作十分重要；还比如水体与环境保护，英国不仅水体资源和环境保护技术先进，也具有严格执行环保措施的整体规划和制度，湖南作为重工业制造基地和农业大省，对水体和环境保护的要求较高，这一块应该有很好的合作前景。”沙逊勋爵说。

除此之外，沙逊勋爵还很看好两地在教育领域的合作。他说，湖湘文化底蕴深厚，岳麓书院是中国最古老的书院之一。英国的教育也很发达，他非常希望两地在教育领域加强沟通，共同发展。

【孙金龙会见匈牙利客人】 2015年11月9日下午，省委副书记孙金龙在长沙会见了匈牙利国务秘书佩斯特·伊梅尔一行。

孙金龙对客人的到访表示欢迎，并简要介绍了湖南经济社会发展情况。他说，中匈两国传统友谊源远流长，随着中匈友好合作伙伴关系的不断推进，湖南与匈牙利的交流交往也在深入开展。当前，湖南正积极融入中央提出的“一带一路”战略，与匈牙利在农业、科教、医药、汽车工业等众多领域具有广阔的合作空间。希望以佩斯特·伊梅尔国务秘书此次来湘考察为契机，双方进一步加强高层互访，推动友好往来，深化经贸合作，实现互利共赢。

佩斯特·伊梅尔说，匈牙利作为“一带一路”沿线国家之一，非常愿意进一步加强与中国、与湖南的交流交往，不断深化双方合作。

【国防科大博士获国际大奖】 2015年11月9日晚，拥有168年历史的英国机械工程师学会将该会航空航天领域最高奖——威廉史密斯科学奖（William Sweet Smith Prize），颁给了国防科大信息系统与管理学院27岁的博士生汤俊，以表彰他在研究改进空中防撞系统上做出的重要贡献。这是该奖项设立30多年来，中国学者首次获此殊荣，汤俊也是迄今为止该奖项最年轻的获奖者，表明我国学者在该领域的突破性研究成果得到国际权威机构认可。

汤俊于2006年考入国防科技大学，2010年保送攻读军事运筹学专业硕士研究生，2012年提前完成硕士学业后，选派到西班牙巴塞罗那自治大学攻读博士学位，以指挥控制与决策分析作为研究方向的汤俊，在留学期间将改进空中防撞系统作为研究课题。他通过对当前空中防撞系统性能特点和发生碰撞原因的深入分析，创造性地提出了综合考虑自然与人为因素的防撞系统改进方案，构建了避免空中碰撞模型、四维信息数据库、最优化防撞策略和空管决策支持系统，在多机碰撞检测算法、分布式防撞航迹协调等方面实现一系列创新，有效提高了空中防撞系统在多机环境下的安全性和可靠性，对优化航线密度、提高航空效率、减少人为差错，确保飞行安全具有重要意义。

汤俊以该研究成果完成的《多机态势下的空中防撞系统分析与改进》博士学位论文，受到国际航空航天领域专家的关注和肯定。今年7月，由美、欧权威专家组成的答辩委员会对其研究成果进行了考核鉴定，认为可有效降低多机态势下的碰撞风险，提升了拥挤空域里的航空管理能力，为飞行员提供了更完善的预警信息，对空中防撞系统研究与改进具有重要作用，并将其纳入到全球新一代空中防撞系统改进规划中。

【我省有关部门赴亚洲3国调研】 2015年11月11日，湖南安全与领事保护工作组赴印度、印度尼西亚、斯里兰卡3国调研访问，与有关方面建立突发事件应急处理工作机制，维护湖南机构和人员参与“一带一路”建设中的合法权益。

在“一带一路”国家战略的大背景下，我省与沿线国家经贸往来、参与投资建设的机构和人员逐年增加，投资量越来越大，参与的项目越来越多。以印度、印度尼西亚、斯里兰卡为例，湖南每年赴3国经商、学习、工作、劳务的人员及湘籍侨民等达几十万人，越来越多的湘企也前往三国投资兴业，我省企业去年在3国完成工程承包金额1.6亿美元，仅印度尼西亚湖南商会就有200多家会员单位。据统计，去年，湖南与印度、印尼、斯里兰卡进出口贸易大幅增加。

经贸人员往来日益密切，随之而来发生的安全与领事保护案（事）件也逐年增加。面对新问题，由省外侨办牵头，外事、商务、监察等部门负责人组成湖南安全与领事保护工作组，此次赴3国调研考察，旨在通过相关工作举措，为我省机构和人员今后“走出去”参与“一带一路”建设，维护湖南人在海外的合法权益提供有力保证。

调研期间，工作组与驻外使领馆官员、相关机构人员及企业、商会和华人社团代表召开座谈会，研究制定突发事件应急处理办法。经协商，湖南与中国驻3国的使领馆建立24小时商务、安全、领事保护联络员工作机制，建立巡访工作机制。发生一般领事保护事件时，由企业、商会、华人社团为主自行处理；发生较大领事保护案（事）件，由企业、商会、华人社团报告使领馆共同处理；发生重大领事保护案（事）件，由企业、商会、华人社团第一时间报告使领馆处理，必要时报请家乡政府派人协调处理。

【杜家毫会见世界银行副行长扬·瓦利泽尔】 2015年11月12日上午，省委副书记、省长杜家毫在长沙会见了出席第七届中非共享发展经验高级研讨班的世界银行副行长扬·瓦利泽尔一行。

杜家毫说，近年来，湖南经济社会保持平稳较快发展，基础设施不断完善，工程机械、轨道交通、汽车制造、电子信息、新材料、环保等产业加快发展，扶贫攻坚取得很大进展。当前，湖南正按中央提出的创新、协调、绿色、开放、共享的发展理念制定“十三五”规划，致力保持经济中高速增长、迈上中高端水平，确保如期全面建成小康社会。湖南与非洲国家友好交往源远流长，杂交水稻在非洲国家的推广应用受到普遍欢迎，双方经贸合作潜力巨大，可彼此共享发展经验，在经济建设、基础设施、园区发展、城市化建设等领域开展更多合作。希望世界银行一如既往支持湖南经济社会发展，进一步发挥桥梁纽带作用，推动湖南和非洲国家建立起更紧密的经济合作关系。

扬·瓦利泽尔说，湖南在农业发展、基础设施建设、教育、卫生等领域都创造了很好的经验。世界银行愿推动湖南与非洲国家加强发展经验的总结和交流，继续为湖南发展提供支持、做出贡献。

全国工商联专职副主席林毅夫、国务院扶贫办副主任郑文凯、国家开发银行副行长李吉平，以及副省长张剑飞参加会见。

【中美专家聚湘探讨土壤修复难题】 2015年11月12日，中外土壤修复专家齐聚长沙，共同探讨污染土壤修复难题。

由永清环保发起的潇湘环境论坛·2015——中美土壤污染修复技术交流会，在浏阳经开区永清环保国际报告厅举行。全球顶尖的土壤和地下水修复专家——美国IST公司首席科学家詹姆斯·雷辛格，美国环境生物地球化学首席科学家大卫·伯里斯博士，以及湖南省农业大学等高校、科研院所代表共计400余人参加此次盛会。

詹姆斯·雷辛格和大卫·伯里斯博士分别介绍了美国土壤机物污染修复及二噁烷处理的演讲。湖南农业大学资源环境学院院长罗琳介绍了我国铅锌冶炼废渣堆场污染状况及我国特别是湖南重金属污染分布状况，并介绍了中国土壤重金属污染修复技术以及主要技术难点和重点攻关方向。

由永清环保发起的潇湘环境论坛，旨在推动环境技术和经验的国际交流，今年为第一届，主题为当下最受关注的土壤修复领域。

【世界银行副行长扬·瓦利泽尔接受湖南专访】 2015年11月12日，来湘出席第七届中非共享发展经验高级研讨班的世界银行副行长扬·瓦利泽尔接受湖南专访时表示，“湖南在现代农业、基础设施建设、人力资源管理等领域有着良好优势和丰富经验，与非洲各国有着很强的互补性，湘非合作前景广阔，世界银行十分乐意为此牵线搭桥。”无论是在研讨班开幕式上，还是在与湖南政府官员会面中，他都表达出对湖南与非洲国家交流合作的满满信心。

这信心，不仅源于湖南作为毛泽东主席的家乡，与非洲各国交往源远流长；也不仅是袁隆平院士所培育的杂交水稻，在广袤的非洲大地飘香……在长期负责世行非洲区战略和业务运作的扬·瓦利泽尔看来，经济全球化的今天，随着非洲近年来呈现出的快速发展态势，在基础设施建设、现代农业、科技教育、医疗卫生等领域的需求也愈发迫切。

“近年来全球增长最快的30个经济体中，有16个在非洲；过去7年间，中国每年对非投入的资金也从60亿美元增长到80亿美元以上。”扬·瓦利泽尔说，湖南近年来在高铁、高速公路、装备制造、医疗卫生等领域取得长足发展，这些产能和技术正为非洲各国所需求，完全可以提供典范和经验。这种经济的良性互补，也为双方深化交流合作提供了广阔空间和巨大市场!

尽管来湖南的次数屈指可数，但已在世界银行工作多年的扬·瓦利泽尔，对湖南情况了如指掌。早在1984年，湖南便与世界银行开展了首个合作项目。截至目前，湖南已建成和正在建设的世界银行贷赠款项目48个，协议贷赠款近18亿美元，其中大部分项目都投向了减贫事业和民生领域。

也正是在这期间，扬·瓦利泽尔看到湖南一步一步从传统农业大省向工业大省、经济强省加速迈进。为此，他在研讨班开幕式上建议与会的非洲各国代表，认真学习借鉴中国以及湖南在现代农业发展、基础设施建设、人力资源管理等方面的成功经验，实现本国经济结构性调整，加快摆脱贫困。

此行来湘，扬·瓦利泽尔还带着一个任务：与湖南共同探索推进世界银行发展政策贷款湖南省政府性债务管理能力提升项目（DPL项目）。他介绍，DPL项目将主要关注湖南改革，管控政府债务风险。世界银行将发挥全球资源整合优势，提供部分发达经济体、社会治理成熟国家关于债务管理、中期财政规划等方面在省州层面的典型案例，与湖南建立经验交流平台和机制，在预算改革、债务管理改革等方面发挥积极作用。“这将有力促进湖南政府现代治理能力的提

【我省与马来西亚登嘉楼州达成友好省州关系意向】 2015年11月13日下午，我省与马来西亚登嘉楼州在长沙签署建立友好省州关系意向书。省委副书记、省长杜家毫会见了登嘉楼州州长拿督斯里瑞兹，并共同见证签约。

杜家毫欢迎拿督斯里瑞兹率团来湘访问，对双方达成友好省州关系意向表示祝贺。他说，湖南与马来西亚友好交往源远流长，近年来双方经贸合作、人员往来日益频繁，中车株机、三一重工、湖南建工集团等一批优势湘企都在马来西亚推进了许多合作项目。湖南文化底蕴深厚，山水风光秀丽，民俗风情浓郁，在现代农业、制造业、旅游文化等领域与登嘉楼州互补性强，希望双方在经贸、教育、卫生、科技、文化、体育等领域不断深化交流合作，扩大两地人民友好往来，为增进中马友谊做出新贡献。

拿督斯里瑞兹说，历史上，郑和下西洋就到过登嘉楼州。我们高度重视与湖南建立务实友好的合作关系，并将积极为广大湖南企业赴登嘉楼州投资兴业，创造公平良好的发展环境，努力实现双赢发展。

【马来西亚登嘉楼州州长拿督斯里瑞兹接受湖南专访】 2015年11月13日，率团来湘访问的马来西亚登嘉楼州州长拿督斯里瑞兹，接受了湖南日报记者专访。一见面，拿督斯里瑞兹便对湖南劲爆的辣椒、可口的美食赞不绝口。“我们登嘉楼人也很喜欢吃辣椒。尽管做法有所不同，但我相信，爱吃辣的人，一定能够找到共同语言!”

尽管是首次来湘，但两天时间考察下来，拿督斯里瑞兹坦言，自己已经爱上了湖南这片美丽的土地。在他眼中，登嘉楼州与湖南竟还有几分“兄弟像”。“两地都拥有迷人的自然风光，整洁的城市环境，特别是在湘菜中竟能品尝

出家乡的味道。”拿督斯里瑞兹说，正是有着诸多的共同点，使得此次与湖南省签署建立友好省州关系意向书更是水到渠成。

在湖南，拿督斯里瑞兹先后参观了中国电建中南勘测设计研究院、三一重工等企业，湖南雄厚的科研实力和产业基础给他留下了深刻印象。他告诉记者，更早之前，自己在马来西亚国内，便已充分领教了“湖南制造”的优秀品质。

从2011年起，由中车株洲电力机车有限公司生产的动车和轻轨列车便开始批量出口马来西亚，拿督斯里瑞兹也时常乘坐这些“湖南制造”穿行于城乡之间。“中车株机制造的城轨，座椅舒适，运行平稳，质量完全可以与日本、欧洲的产品相媲美，在马来西亚拥有良好口碑。今后登嘉楼州若规划轨道交通项目，合作伙伴也将首选中车株机。”拿督斯里瑞兹说。

“当前，登嘉楼州正朝着家庭年均收入8000美元的目标大力发展经济，加快推进基础设施建设，这为与湖南进一步深化合作提供了广阔空间。”在谈及与湖南的合作时，拿督斯里瑞兹表示，登嘉楼州将重点考虑引进湖南装备制造、生物科技、电子通讯等高科技领域尖端技术和先进产能。同时，湖南是著名的‘鱼米之乡’，而我们渔业、农业资源同样丰富，双方完全可以相互借鉴，优势互补，实现双赢发展。

就在这周，长沙至马来西亚首都吉隆坡又新增了一趟直飞航班，这令拿督斯里瑞兹对两地加强旅游观光产业合作充满期待。“登嘉楼州拥有幼细的沙滩和清澈的海水，历史上郑和下西洋就曾到过登嘉楼，孙中山先生也在唐人街作过演讲，著名电影《夏日么么茶》也是在我们这里拍摄的……”拿督斯里瑞兹向湖南人民推销阳光、沙滩的同时，也表示将向该州人民介绍湖南的美好河山，通过旅游进一步加深彼此了解，增进两地人民的友谊。

【湖南省对非投资合作推介会在长沙市举行】 2015年11月13日，湖南省对非投资合作推介会在长沙市举行。推介会由省财政厅、省商务厅联合主办，旨在增进非洲各国对我省企业的了解，为我省基础设施、矿业等相关行业企业走进非洲、开展国际产能合作创造条件。

副省长何报翔致辞时说，湖南在资金、技术、人才等方面具有一定的比较优势，特别是在基础设施建设、矿业开发、农业等领域，已在世界范围内成功实施了多个项目。未来在“一带一路”战略引领下，我省将进一步加大“走出去”的力度。

截至今年9月，湖南在非洲地区24个国家共设立企业93家，合同投资额累计7.04亿美元；湖南与非洲的双边贸易额从2010年的10.97亿美元增加到2014年的34.2亿美元，增长212%。

会议由省财政厅厅长郑建新主持。津巴布韦民盟副部长奥西莉亚·姆南加古瓦、非洲能力建设基金会秘书长依曼努·乌左玛·纳度兹先后发言，省商务厅厅长徐湘平作了主题演讲，津巴布韦、马达加斯加等非洲8国和财政部、亚太财经与发展中心派出代表与会。

省农委、省国资委等相关省直部门以及各“走出去”重点企业参加推介会。

【何报翔会见日本客人】 2015年11月13日下午，副省长何报翔在长沙会见日本新潟县副知事森邦雄一行。

新潟县位于日本本州岛中北部，是日本重要的稻米产区。近年来，湖南与新潟县在农业、观光旅游业等方面有较多交流。森邦雄一行此次来湘将赴长沙、张家界参观访问。

何报翔对森邦雄的来访表示欢迎，并简要介绍了湖南省情。他说，湖南是农业大省、有色金属大省、矿产资源大省和旅游大省。湖南与日本有着悠久的交往历史，尤其是近年在各领域交流合作上都有长足发展。湖南与新潟在现代农业、文化创意、旅游观光等领域有着很强的互补性，合作前景广阔。希望以森邦雄一行此次访问为契机，进一步搭建合作平台、密切人员往来，实现互利双赢。

森邦雄表示，这是自己第二次来湖南，深切感受到湖南飞速发展的无穷魅力。希望两县省深化在交通、旅游业等领域的交流与合作。

【湖南·埃塞俄比亚经贸合作对接会在长沙举行】 2015年11月18日，省商务厅在长沙举行了“湖南·埃塞俄比亚经贸合作对接会”，埃塞俄比亚税务和海关总局局长贝克尔·沙莱等出席，与湖南企业进行了交流，共同推动埃塞·湖南装备制造合作园区落地实施。

湖南积极实施“一带一路”战略，将在埃塞俄比亚建设埃塞·湖南装备制造合作园区，这也是我国在非洲国际产能合作的第一个先行先试样板开发区。

埃塞·湖南装备制造合作园区位于埃塞俄比亚阿达玛，以阿达玛风电场为依托，重点发展工程机械、能源电力、汽车及零部件、通用设备等装备制造产业，项目总占地面积4.12平方公里，确定入驻企业有三一重工、特变电工和北汽福田等企业。预计将在2020年建设完成，推动我省装备制造等优势产业向埃塞俄比亚及非洲转移。

埃塞俄比亚是我省实施“一带一路”战略、开展国际产能合作的重要地区。2015年1月至7月，湖南对埃塞俄比亚进出口986万美元，同比增长8.7%。其中出口921万美元，同比增长6.3%，工程机械、蓄电池、鞋类是湖南出口该国的主要商品。目前，埃塞俄比亚已经将“工业化”确定为基本国策，而中国政府已计划建设十大产业园来推动当地工业化发展。

应商务部邀请，埃塞俄比亚税务和海关总局局长贝克尔·沙莱一行9人到访湖南，考察参观了长沙经济技术开发区和三一集团。投资近40亿元选址湘江新区

【全球最大家具家居连锁　宜家落户长沙】 湖南日报11月19日讯（记者 张颐佳）今天，省委常委、长沙市委书记易炼红在省委九所会议中心会见了宜家购物全球中心总裁约翰·泰格纳。双方进行了友好交谈，并签订了合作协议。

宜家集团是全球最大的家具家居用品商家，在全球28个国家和地区拥有328个商场。此次落地长沙的宜家购物中心是继北京、武汉、无锡后的第四家店。选址洋湖总部经济区，总建筑面积约30万平方米。总投资近40亿元，将打造家居为主力店，集超市、时尚、家电、运动、餐饮、娱乐、影院等功能为一体的国际标准一站式购物中心。预计2018年5月开业，将为长沙带来5000个就业机会。

易炼红对约翰一行表示欢迎。他说，长沙是一座具有

3000年历史的文化名城，有着厚重的历史和秀美的自然风光。作为"一带一路"的重要节点城市和长江经济带中心城市，有着无可比拟的区位优势。近年来，长沙的经济总量不断提升，产业结构日益优化，消费活力持续旺盛，双方合作前景十分巨大，一定能结出丰硕的成果。

约翰一行称赞长沙是一座优美的城市，对公共交通、基础教育、可持续发展等多方面经济社会成就纷纷点赞。

【湖南3D打印闪亮国际展会】 2015年11月20日，在刚刚闭幕的全球3D打印盛会——Formnext国际精密成型以及3D打印制造展览会上，华曙高科与国际战略合作伙伴联合推出的一系列最新3D打印设备、材料，成为本届展会的最大亮点之一。

作为全球工业级3D打印领航企业，华曙高科联合战略合作伙伴、全球著名3D打印企业法国Prodways，在展会上发布了以"Prodways powered by Farsoon"品牌命名的SLS 3D打印机及最新3D打印材料PA-12。其中，Pro Maker P2000系列3D打印机的HT机型，能够以最高达220摄氏度的温度打印高性能材料，从而为其工业级应用拓展了新的可能性。

华曙高科还与战略合作伙伴德国巴斯夫公司、LSS公司联合发布了最新研发的3D打印材料PA-6。这种材料具有更好的强度和热稳定性，也非常适合回收利用，其应用与推广将实现3D打印技术在直接制造领域的突破性应用。

华曙高科是全球第三大选择性激光烧结(简称SLS)3D打印企业，也是全球唯一集选择性激光烧结3D打印设备生产、选择性激光烧结尼龙材料制造和加工服务于一体的3D打印解决方案提供商。巴斯夫是世界最大的化工公司，LSS公司是欧洲知名的3D打印系统应用解决方案供应商。3家的战略合作堪称"材料+设备+服务"的强强联手。

【杜家毫会见德国客人】 2015年11月24日下午，省委副书记、省长杜家毫在长沙会见了杜塞尔多夫展览公司、汉诺威展览有限公司、慕尼黑展览公司等德国多家展览公司高管。

杜家毫说，近年来，湖南加快由传统农业大省向工业大省迈进，食品加工、电子信息、工程机械、轨道交通、新能源、新材料等产业走在全国前列。特别是随着高速公路、高铁、航空等基础设施不断完善，湖南区位优势进一步凸显，为发展现代服务业特别是会展业提供了广阔空间。当前，湖南正加快建设长沙国际会展中心，在完善会展"硬件"设施的同时，更加注重专业人才队伍、运营管理机制等"软件"建设，力争打造中国中部会展高地。德国会展业历史悠久，实力雄厚，在全球享有盛誉。希望双方加强交流合作，协力把长沙国际会展中心打造成为具有国际影响力的知名展会品牌。同时以会展为平台和载体，进一步密切湖南与德国乃至全球知名企业的联系与合作。

德国杜塞尔多夫展览公司国际合作部总经理徐凯文说，湖南人文底蕴深厚，工业基础良好，交通区位优越，发展会展业的潜力和空间巨大。很高兴能与长沙国际会展中心在建设和运营方面展开交流合作，促进共同发展。

副省长何报翔参加会见。

【易炼红会见罗德尼·布鲁克斯】 2015年11月24日，省委常委、长沙市委书记易炼红在长沙会见了美国Rethink机器人公司创始人、主席兼首席技术官罗德尼·布鲁克斯，以及中国科学院院士、清华大学教授张钹一行，并见证合作备忘录签署。

会见中，易炼红说，布鲁克斯主席刚刚在北京参加完2015世界机器人大会，就赶赴长沙会谈协商，务实高效的工作态度令人钦佩。中国已成为全球最大的工业机器人市场，Robotics公司聚焦中国、聚焦长沙极具战略眼光。此次，有意向将中国区总部、研发中心及中国区第一工厂优先布局长沙，更体现出对长沙的信任。目前，长沙具备了发展机器人产业的良好基础，可为Rethink公司在中国进一步纵深发展提供有力支撑。

罗德尼·布鲁克斯表示，希望通过合作推动机器人科技创新和产业发展，相信长沙能成为很好的合作伙伴。

据了解，罗德尼·布鲁克斯此次来长沙，促成清华大学智能技术与系统国家重点实验室、湖南瑞森可机器人科技有限公司、湖南机器人产业聚集区（长沙雨花经开区），在长沙共同发起成立协作机器人应用促进产业联盟，以推动机器人在工业智能制造中的应用。

【湖南电力机车制造居世界第一位】 2015年11月27日，在株洲举行的轨道交通产业合作对接会上，根据德国著名咨询公司SCI公司发布的研究报告，湖南电力机车产品制造占据全球20%的市场份额，居世界第一位。随着中国高铁稳健走向海外，湖南产电力机车产品由东南亚逐步覆盖到中东、欧洲等高端市场，并向非洲、美洲、大洋洲等版图拓展。

目前，全省在轨道交通装备领域拥有3家国家级工程技术（研究）中心、4家国家级企业技术中心、2个国家级重点实验室、6个博士后工作站，全国轨道交通装备行业仅有的2名工程院院士也在湖南，取得了世界最大功率电力机车、世界唯一"储能式电力牵引轻轨车辆"等一系列世界级创新成果。在"国际话语权"上，湖南主持7项、参与38项轨道交通装备领域国际标准制定。

整车生产、配套能力较强，产业链完整。湖南能生产37个品种干线机车，具有国际领先水平的A、B型城轨车辆，中低速磁悬浮车辆，具有完全自主知识产权的城际动车，以及超级电容储能式有轨、无轨电车等整车产品。去年，全省轨道交通装备制造领域57家规模工业企业，实现主营业务收入646亿元；湖南轨道交通装备产业形成了集产品研发——生产制造——售后服务——物流配送于一体的完整、成熟产业链，电力机车、地铁车辆、动车车辆的本地配套率分别达90%、60%、50%。

【徐守盛会见拉克什米·米塔尔】 2015年12月3日晚上，省委书记、省人大常委会主任徐守盛在长沙会见了安赛乐米塔尔集团董事长兼首席执行官拉克什米·米塔尔一行，双方就加强全方位战略合作进行了会谈。

徐守盛代表省委、省政府欢迎拉克什米·米塔尔一行。他说，安赛乐米塔尔集团是全球最优秀的钢铁制造商之一。湖南与安赛乐米塔尔集团合作起步较早、成果丰硕，在双方的共同努力下，华菱安赛乐米塔尔汽车板项目进展顺利。当前，湖南主动适应经济发展新常态，着力将新型工业化作为第一推动力，坚持用高新技术改造传统产业，坚决淘汰落后产能，千方百计鼓励创新，多措并举支持企业"走出去”，经济社会发展保持良好势头。湖南正成为新兴的汽车制造基地，与安赛乐米塔尔集团合作空间广阔，希望双方推进全方位多层次合作。

拉克什米·米塔尔表示，湖南发展潜力大，在工业发展、科技创新等方面成效显著。安赛乐米塔尔集团愿意与湖南建立长期的、紧密的合作关系，在加大投资项目推进力度、产品推广等方面进一步深化合作。

省委常委、省委秘书长许又声会见时在座。

【杜家毫会见克里斯蒂安·卓伯根】 2015 年 12 月 9 日中午，省委副书记、省长杜家毫在长沙会见了德国卓伯根家居有限公司总裁克里斯蒂安·卓伯根一行。

卓伯根家居有限公司是德国著名的家族企业，也是德国最大的经营中高端家居用品连锁店之一，年销售额超 10 亿欧元。

会见中，双方愉快回忆起今年 10 月在德国卓伯根总部会面时的情景。杜家毫说，自双方在德国签署合作谅解备忘录以来，湖南省政府有关部门、长沙市政府和湘江新区抓紧落实和推进湘欧快线建设、进出口手续优化、总部规划选址等相关合作事宜，工作进展十分顺利。当前，湖南家居产业正处在换挡升级阶段，逐步由大众化向高端化、个性化转变，为卓伯根公司在湘发展提供了难得机遇。希望卓伯根公司尽快把中国区总部落户长沙，并充分利用供应商网络优势和先进物流经验，加快促进湘欧快线发展。湖南省政府将积极为企业提供有力政策支持和良好发展环境。

克里斯蒂安·卓伯根说，湖南地理区位良好，市场潜力巨大，特别是有各级政府的大力支持，进一步坚定了我们在湘发展的信心。卓伯根公司决定把中国区总部设在长沙，积极参与当地现代化建设，并充分发挥与世界知名物流公司长期合作的优势，为湘欧快线营运发展创造有利条件。

【德国卓伯根家居有限公司总裁克里斯蒂安·卓伯根接受湖南专访】 2015 年 12 月 9 日，来湘考察的德国卓伯根家居有限公司总裁克里斯蒂安·卓伯根在接受湖南日报记者专访时说：“我们卖的不仅仅是家具，而是一种德式生活理念和方式，相信长沙乃至湖南人一定会喜欢，也期待更多德式精工装点湖南人的家。”

卓伯根家居是一家德国百年老店，1900 年，克里斯蒂安·卓伯根的曾祖父开办了一家木工作坊，卓伯根家居由此诞生。由于产品新颖、质量可靠，家庭作坊逐步发展成工厂，到他祖父这一代又开始了家具批发业务。而接过自己父亲的衣钵后，克里斯蒂安·卓伯根再次扩大了经营业态。如今，卓伯根家居已经成为德国最大的经营中高端家居用品连锁店之一，年销售额超 10 亿欧元。

为了考察选址，克里斯蒂安·卓伯根早在 2012 年就首次到访长沙，并在一年后正式将卓伯根家居卖场从德国“搬”到了贺龙体育馆。“长沙的发展变化令人惊叹！”克里斯蒂安·卓伯根说，再次来湘，长沙已建好了新机场候机楼，开通了地铁，磁浮轨道交通也即将运营，这座城市的高效运转和现代化建设水平，进一步增强了自己投资湖南的信心。

此次来湘，克里斯蒂安·卓伯根直言将计划把中国区总部落户长沙。“宜家家居上个月与长沙市签约，更加证明 3 年前我们的决策是多么的明智。”他透露，自己已迫不及待想要踏上湘江新区的土地，实地考察总部及卖场选址。立足长沙、辐射全中国，便是他对于中国区总部的明确定位。而面对宜家等国际巨头落户长沙所带来的市场竞争，克里斯蒂安·卓伯根底气十足：“宜家销售的大多是组合家具，价格相对便宜，而我们销售的是中高档家具。双方更多的是互补，而不是竞争。最终是让广大市民体验到高品质的德国工艺和居家方式。”

令克里斯蒂安·卓伯根感兴趣的，还有湘欧快线。去年 10 月开通湘欧铁路快线，终点站就设在德国的杜伊斯堡，这令克里斯蒂安·卓伯根看到了巨大的市场商机。他介绍，卓伯根家居仓储物流基地距离杜伊斯堡不到 1 小时车程，这为与湖南开展湘欧快线货运代理合作提供了良好契机。“我们在德国拥有强大的供应商网络、现代化物流系统，并积累了一大批国际知名物流伙伴。期待通过我们的努力，真正使湘欧快线成为湖南与德国乃至欧洲开展经贸交流合作的桥梁。”

【中联重科收获“一带一路”援外大单】 2015 年 12 月 14 日，45 台环卫清洁车辆挂着国旗，从中联重科麓谷工业园出发，浩浩荡荡开往阿塞拜疆。这批总值逾 2000 万元的设备，是中联重科“一带一路”的首笔政府援外大单。

阿塞拜疆地处亚欧大陆心脏地带及东西向、南北向交通走廊交会的“十字路口”，是“一带一路”沿线重要国家，名副其实的交通枢纽。此次，中联重科生产的 45 台环卫车成功交付，既是中阿双方推动务实合作的重要成果，也是我省借助国家对外援助项目参与国际合作的一次成功尝试，让湘企看到了深化与阿方合作的巨大商机。中联重科表示，将借此契机，在阿塞拜疆建立起自己的经销网络，进而扩大市场份额。

目前，中联重科已在近 80 个国家建立了销售和服务平台，在 40 多个国家建有分公司，尤其在中亚、东南亚以及俄罗斯、意大利等欧洲国家，拥有举足轻重的市场地位。公司于今年 5 月率先入驻中国－白俄罗斯工业园，并与众多“一带一路”大型施工企业保持紧密合作关系，借助国家“一带一路”战略推动国际化。通过中资外带、自建销售网络、本地化工厂等多种形式的战略布局，近年来中联重科海外市场拓展捷报频传。预计，未来 3 到 5 年，中联重科海外市场收入将提升至 30%至 40%。

【中车株机电力机车助埃塞俄比亚铁路进入电气化时代】 2015 年 12 月 15 日，中国出口埃塞俄比亚的首批 22 台电力机车运抵吉布提港，这标志着埃塞铁路跨入电气化时代。不久后，这些由中国中车株洲电力机车有限公司研制的机车将驰骋在埃塞俄比亚首都亚的斯亚贝巴和吉布提的跨国铁路线上。

当天，埃塞俄比亚和吉布提两国政府官员在吉布提港举行了隆重的机车接收仪式。首批抵达的 22 台电力机车，其中 19 台用于货运，3 台用于客运。专程赶来迎接这批机车的埃塞铁路公司总经理格塔丘表示，这批装备对即将建成投入运营的“埃塞—吉布提”跨国铁路具有里程碑式的意义，为铁路正式运营奠定了坚实基础。

据介绍，新修建的“埃塞俄比亚—吉布提”铁路全长 850 公里，其中在埃境内 681 公里，建成后该线成为埃塞俄比亚经济大动脉。

中车株机技术专家康明明说，设计人员充分借鉴了既有大功率电力机车成熟技术，为这批机车作了多方面的“量身定制”，吸取了国内高原电力机车和出口南非电力机车等多方面优点，并在此基础上作了全面的适应性设计，适合在高温、高原和沙漠地区运行，堪称“耐热型”机车。

据了解，2014年，中车株机获签埃塞俄比亚35台电力机车合同，除本次已抵达的机车外，剩余机车将按计划陆续运抵。目前，中车株机已经累计在南非、东非埃塞俄比亚等市场获得累计30亿美元的订单，并且在南非建立了生产基地，“产品+技术+服务+投资”的出口模式。

【我省举行海内外专家新年联谊会】 2015年12月16日晚上，我省2016年海内外专家新年联谊会在长沙举行，180多位在湘工作的海内外专家及其家属欢聚一堂，共迎新年。省委副书记孙金龙在联谊会上致辞。省委常委、省委组织部部长郭开朗，副省长蔡振红，中国工程院院士、中国科协副主席、省科协主席黄伯云，中国科学院院士、国防科技大学副校长邓小刚,中国工程院院士、国防科技大学计算机学院院长廖湘科等出席。

孙金龙代表省委、省政府向在座的各位院士、专家致以诚挚问候和新年祝福，向长期以来为湖南改革开放和现代化建设做出重要贡献的广大专家学者表示衷心感谢。他说，湖南省委、省政府历来高度重视人才工作。特别是近年来先后制定和实施了一系列重大政策措施，大力推进人才强省战略，努力营造尊重劳动、尊重知识、尊重人才、尊重创造的良好环境，为湖南经济社会发展培养和集聚了一大批优秀人才。

孙金龙说，当前，全省上下正在深入贯彻落实党的十八大和十八届三中、四中、五中全会精神和习近平总书记系列重要讲话精神，全面落实“四个全面”战略布局，认真贯彻“五个发展”新理念，充分发挥“一带一部”区位优势，促进“三量齐升”，推进“五化”同步，加快建设富饶美丽幸福新湖南。面对新形势新任务，湖南对人才的需求比以往任何时候都更加迫切。希望广大专家学者继续发扬奉献进取、追求卓越，淡泊名利、团结协作的精神，积极投身建设富饶美丽幸福新湖南的伟大实践，在各个行业、各自领域潜心研究、攻坚克难，奋力拼搏、勇攀高峰，努力为湖南科技创新、产业发展、文化繁荣、社会进步贡献智慧和力量。

联谊会上，与会嘉宾还观看了精彩的文艺节目。

【中韩两国中学生在湘交流文化】 2015年12月18日，在湖南师大附中高新实验中学举行中韩两国中学生文化交流活动，引来众人关注。

活动上，活力四射的啦啦操、诙谐幽默的相声、刚劲有力的“韩国范”跆拳道，一个精彩接着一个精彩。附中高新的民乐合奏《赛马》，灵动欢悦，抑扬顿挫；韩国学生将跆拳道和舞蹈结合，刚柔并济，炫酷至极。民族舞蹈《女儿花》，合唱《想你的365天》、葫芦丝合奏《太阳出来喜洋洋》、独唱《相聚中华》等节目也是精彩纷呈。中韩学生配合默契，互相鼓励、互相支持，让整场晚会高潮不断。

韩国仁川不老中学是湖南师大附中高新实验中学的结对姊妹校，建交两年来，互动频繁，交流密切。此次中韩国际中学生文化艺术节是韩国仁川不老中学师生访问团来附中高新交流的系列活动之一。

从12月16日至20日，30名不老中学的学生与附中高新学生，将开展结对交流；交流期间，两校学生将同上文化课、剪纸课、民乐课等课程；还将举行友谊篮球赛、围棋赛；游览岳麓山、岳麓书院、湘绣博物馆、岳阳楼等地点。

【湘欧快线“步步高”号专列首发

2015年12月18日，载着3.5亿元欧洲商品的“步步高”号专列从德国杜伊斯堡货运站启程，沿着湘欧快线驶向长沙。“步步高”号专列的首发，标志着“湘欧快线”欧洲回程班列实现常态化运行，未来将有更多“海淘品”搭载“湘欧快线”回程。

“步步高”号专列此次带回的1000个货柜共计3.5亿元商品，主要为糖果、巧克力、酒水饮料、牛奶、牛肉、羊肉等食品，预计年底可到达湖南以及中西部地区消费者手中。步步高集团副总裁胡文明称，步步高在欧洲各国采购的商品通过“湘欧快线”对接，只需12天左右送达，而如果通过水运需要两个月的时间，同时根据协议，步步高集团的铁路运输价格与海运几乎同价，成本也有较大幅度下降。

据了解，“湘欧快线”于今年6月实现了载货返程，回程主要搭载的是矿产品、成套设备，进口量小。随着“步步高专列”的开通，“湘欧快线”欧洲回程班列将实现常态化运行，越来越多的日用品、化工品、塑料制品、食品等“海淘品”将搭载“湘欧快线”回程。

创建活动篇

株洲天元片区2015年两型示范创建方案

为持续推进两型示范创建工作，全面建成以神农城为核心的省级两型综合示范片区，进一步提升全区两型创建工作水平，根据工委、区委、省市两型办的统一部署，结合天元区实际，制定本工作计划。

一、总体思路和主要目标

（一）总体思路

2015年，两型示范创建的总体思路是“突出示范项目，注重总结提升，强化宣传展示”。突出示范项目，就是在全面落实两型元素“十进创建单位”的基础上，每种类型的创建单位结合实际情况，着重建设1–2个兼顾经济性、实用性、示范性的两型便民利民示范工程。注重总结提升，就是加强各类型、各创建主体之间的交流观摩，互相启发，提升创建理念，总结创建经验，形成创建模式；强化宣传展示，就是巩固创建成果，创新宣传手段，扩大宣传阵地，增强宣传效果，进一步在全社会营造两型建设氛围，全面建成首批省级两型综合示范片区。

（二）主要目标

两型综合示范片区：以“补元素、树标杆、成模式”为创建重点，着力完善、提升两型设施，实现综合示范片区内80%的主体单位创建达标，将以神农城为核心的创建区域建成湖南省首批示范性两型综合片区。

两型综合示范片区外：按照“十进十四”（即：10个方面的两型元素进14个创建类别）的要求，新组织申报区级创建单位30个以上，创建区级两型示范单位10个以上。

二、创建重点

（一）综合示范片区内的创建

1. 持续推进“十大两型元素进片区”工作。组织片区内80%以上的创建主体单位对照创建规程和创建考核标准，查漏补缺，在普及使用节能节水产品、推广应用清洁能源、应用保温环保建材、实现绿色出行、普及使用环保袋、实行垃圾分类投放收集、废旧物资回收利用、提升绿化美化、开展两型志愿者行动、规范强化两型标识标牌张贴、营造两型创建氛围等方面开展创建工作。

2、加快建设一批两型示范工程。各创建单位要结合自身实际单独或联合申报建设一批两型项目，增添两型化的设施，如废旧物资回收利用、光伏路灯改造、屋顶光伏发电技术、智能节水洗车设施、电动汽车充电设施建设、垃圾分类试点、空气源（水源）热泵技术应用、办公系统信息化、污染治理等。

3. 成片成线地创建两型门店。2015年两型门店的创建将按照成片成线、形成规模的要求开展，重点在片区内选择1–2条主干道，对其沿街的有一定规模、创建基础较好的门店集中连片地推广十大两型元素，争取建成1–2条两型门店示范街。

4. 重点培育两型家庭示范户。在片区内每个小区推举1–2名两型先进人物，指导其成为两型家庭创建带头人，通过开展结对创建、示范引领等活动，带动小区内一批家庭创建为两型示范家庭。

5. 创新手段，提升宣传效果。推动各创建主体单位以两型社会建设为主题，自创或联合创作微电影、视频短片、照片集锦、宣传标语，结合电视媒体、手机网络、广告站牌、LED电子屏、纸质媒体等方式，宣传展示两型创建经验和建设成果。

（二）综合示范片区外的创建

2015年，参照综合示范片区内的创建做法，组织综合示范片区外的创建单位，创造条件，实施两型化提质改造工作，推动节能节水产品、清洁能源、保温环保建材、绿色出行、环保袋、垃圾分类、废旧物资回收、绿化美化、志愿者队伍、两型文化等“十进”创建单位。

三、主要保障措施

*（一）明确并落实责任。*将全年两型示范创建的任务分解下达到各责任单位，健全工作推进和考核机制，进一步明确各阶段督查指导的要求和标准，规范筛选、督查、考核时间和程序，提高工作效率。

*（二）加强培训学习。*加强两型创建人员的理论学习，促进理念更新。定期组织各创建类别、各主体单位之间的观摩交流，开展两型知识讲座，改进创建手段，提升创建水平。

*（三）强化考核激励。*定期组织对两型示范创建申报单位的督查考核，加大对两型示范工程、两型示范单位、两型创建先进个人的支持和奖励力度。完善项目评估、评级认定和资金使用管理办法等工作制度，确保资金合理使用。

附件1：2015年十四项两型示范创建任务分解表

附件2：2015“两型”社会建设示范单位创建申请表

附件3：2015“两型”项目申报表

附件4：2015两型示范创建进度安排表

附件 1：

2015 年十四项两型示范创建任务分解表

创建项目	创建工作重点	创建数量	牵头单位	参与单位
一、两型企业	1. 综合片区内的企业按照创建规程要求，全面普及十大两型元素，80%的企业创建成为两型示范单位。筹建 1–2 个两型示范工程，重点推进新能源利用、节能改造、资源综合利用项目等 2. 片区外创建申报单位实现两型元素六进以上，着重推广节能节水产品、清洁能源、综合利用、生产绿色认证、绿化美化、两型文化等。 3. 区级两型示范单位参考综合示范片区验收标准，全面普及十大两型元素。	综合片区外创建单位 2 个以上，区级示范单位 1 个以上	产业局	环保分局
二、两型公共机构（机关、学校、医院）	1. 综合片区内的公共机构按照创建规程要求，全面普及十大两型元素，80%的公共机构创建成为两型示范单位。各类型创建主体推动 1 ~ 2 个两型示范工程，重点推进新能源利用、办公系统信息化、循环利用、优质服务等。 2. 片区外创建申报单位实现两型元素六进以上，着重推广节能节水产品、绿色出行、废旧物资利用、绿化美化、办公信息化、两型文化等。 3. 区级两型示范单位参考综合示范片区验收标准，全面普及十大两型元素。	综合片区外各 1 个以上，区级示范单位各 1 个	机关工委 教育局 卫生局	建设局
三、两型经营场所（市场、门店、酒店、影院等）	1. 综合片区内的经营场所按照创建规程要求，全面普及十大两型元素，80%的经营场所创建成为两型示范单位。重点建设 1 ~ 2 个两型示范街道。 2. 片区外创建申报单位实现两型元素六进以上，着重推广节能节水产品、清洁能源、绿色消费、废旧物品利用、环保袋、两型文化等。 3. 区级两型示范单位参考综合示范片区验收标准，全面普及十大两型元素。	综合片区外各 1 个以上，区级示范单位 1 个以上	工商分局 商务局	卫生局
四、两型园区	1. 综合片区内的工业园区按照创建规程要求，全面普及十大两型元素。推动 1 ~ 2 个两型示范工程，重点推进新能源利用、两型产业、循环利用、绿化美化等。 2. 片区外创建申报单位实现两型元素六进以上，着重推广节能节水产品、清洁能源、标准厂房、循环利用、两型体制机制、两型文化等。 3. 区级两型示范单位参考综合示范片区验收标准，全面普及十大两型元素。	综合片区外 1 个，区级示范单位 1 个	高科集团	产业局、招商局、建设局、国土分局、规划分局
五、两型社区、小区	1. 综合片区内的社区按照创建规程要求，全面普及十大两型元素，80%的社区创建成为两型示范单位。推动 1 ~ 2 个两型示范工程，重点推进两型家庭建设、新能源利用、废旧物资循环利用、便民优质服务项目等。 2. 片区外创建申报单位实现两型元素六进以上，着重推广节能节水产品、清洁能源、绿色出行、环保建材、垃圾分类、废旧回收、两型文化等。 3. 区级两型示范单位参考综合示范片区验收标准，全面普及十大两型元素。	综合片区外 3 个以上，区级示范单位 1 个以上	民政局	各街道
六、两型村庄（农村社区、农民合作社）	1. 综合片区内的村庄（农村社区、合作社）按照创建规程要求，全面普及十大两型元素。推动 1 ~ 2 个两型示范工程，重点推进绿色农业、垃圾污水处理、废旧回收利用、新能源利用等。 2. 片区外创建申报单位实现两型元素六进以上，着重推广节能节水产品、清洁能源、规模经营、绿化美化、污水处理、两型文化等。 3. 区级两型示范单位参考综合示范片区验收标准，全面普及十大两型元素。	综合片区外 5 个以上，区级示范单位 1 个以上	农村工作局	各镇
七、两型城镇（街道）	1. 综合片区内的城镇、街道按照创建规程要求，全面普及十大两型元素。推动 1 ~ 2 个两型示范工程，重点推进两型规划、新能源利用、废旧物资循环利用等。 2. 片区外创建申报单位实现两型元素六进以上，着重推广节能节水产品、清洁能源、环保建材、绿色出行、垃圾分类、两型文化等。 3. 区级两型示范单位参考综合示范片区验收标准，全面普及十大两型元素。	综合片区外 1 个，区级示范单位 1 个	镇（街道）	

创建项目	创建工作重点	创建数量	牵头单位	参与单位
八、两型景区	1. 综合片区内的景区按照创建规程要求，全面普及十大两型元素。推动 1～2 个两型示范工程，重点推进新能源利用、废旧物资循环利用等。 2. 片区外创建申报单位实现两型元素六进以上，着重推广节能节水产品、清洁能源、两型规划、垃圾分类、污水处理、两型文化等。 3. 区级两型示范单位参考综合示范片区验收标准，全面普及十大两型元素。	综合片区外 1 个，区级示范单位 1 个	天易集团 文广新局	
九、两型家庭	1. 综合片区内的家庭按照创建规程要求，全面普及十大两型元素。 2. 片区外创建申报单位实现两型元素六进以上，着重推广节能节水产品、清洁能源、两型规划、垃圾分类、污水处理、两型文化等，以小区为单位，一般小区 5 户以上，重点小区 10 户以上。 3. 区级两型示范单位参考综合示范片区验收标准，全面普及十大两型元素。	综合片区外 30 个以上，区级示范家庭 10 个以上	区妇联	各街道、各镇
要求：1. 请各牵头单位积极组织、指导创建单位申报，并于 4 月 10 日前将申报表报区两型办 2. 联系人：杨波 联系电话：28665189				

附件 4

2015 两型示范创建工作进度表

序号	工作内容	时间安排	类　别	牵头单位
1	组织申报	4 月 15 日前	各类别	相关牵头单位
2	前期筛查、确定创建对象	5 月 31 日前	各类别	相关牵头单位
3	中期指导、督查	6 月—10 月	各类别	相关牵头单位
4	评估验收	11 月 1 日—11 月 10 日	机关、企业	机关工委、产业局
		11 月 11 日—11 月 20 日	学校、医院	教育局、卫生局
		11 月 21 日—11 月 30 日	社区、家庭	民政局、街道（镇）、妇联
		12 月 1 日—12 月 10 日	门店、公共场所	工商分局、商务局
		12 月 11 日—12 月 20 日	村庄、农民合作社	各镇、农村工作局
		12 月 21 日—12 月 31 日	景区、园区	文体新局、高科集团、天易集团

注：

1. 考虑到创建单位日渐增加，工作内容日益庞杂，为顺利推进评估验收工作，请牵头单位按照时间表提前预约验收相关事宜，如遇特殊情况需延期请提前告知，原则上不接受后期申报，过期也不再安排评估验收。

2. 中期督查采取抽查方式进行，如被抽查单位创建成效不明显，如无任何启动迹象，视为放弃创建资格，年底不再安排验收。

株洲清水塘片区两型社会创建工作方案

为加快推进两型社会建设进程，广泛动员全社会积极参与两型社会建设，全方位、大面积启动两型示范创建工作，根据省、市关于开展两型社会建设综合示范片区创建的要求，结合石峰区实际，制定本方案。

一、总体要求

（一）指导思想

全面贯彻落实科学发展观，按照两型社会建设要求，以节能、节水、节地、节材、资源综合利用和保护环境为重点，以宣传动员、教育培训、制度标准、行为规范、设施建设和技术进步为手段，建立健全长效机制，广泛开展两型社会综合示范片区创建活动，在各个层面逐步形成与两型社会相适应的思想观念，形成节约环保、健康文明的行为方式。

（二）基本原则

1. 紧扣两型，突出主题。紧紧围绕两型社会建设的基本要求，推动示范创建工作深入开展。

2. 广泛动员，全民行动。通过有效的宣传动员，增强社会成员投身两型社会建设的主动性，扩大创建工作的覆盖面。

3. 务求实效，积极创新。注重实际成效，创新创建方式和途径。

4. 因地制宜，突出特色。紧密结合单位和地域特点，避免千篇一律，形成创建工作的特色。

5. 全面实施，分步推进。按照方案确定的范围和目标，以片区为整体，重点推进一批单位的示范创建工作。

（三）发展目标

按照两型社会建设综合示范片区创建的总体要求，大力推动两型园区、两型企业、两型机关、两型学校、两型社区等综合创建工作，用 3～5 年时间，建成田心轨道科技城两型社会建设综合示范片区，在长株潭城市群起到示范作用。

二、两型社会建设综合示范片区创建范围

以时代大道为轴线的田心轨道科技城片区，包括区域内的园区、企业、学校、医院、社区、机关、景区、家庭，创建范围北至沪昆高速、东至长株高速、南至京广铁路、西至九郎山景区界限，总面积约 3 平方公里。

三、两型社会建设综合示范片区创建优势

1. 有良好的创建基础。该区域的发展以轨道交通先进制造业为基础，长期致力于走资源节约型、环境友好型发展道路。时代集团的太阳能光伏发电幕墙是株洲市最大的新能源应用示范企业，时代社区是省级创建两型示范社区先进单位，南车株机、曙光学校是市级两型示范创建先进单位，时代大道是全省综合利用太阳能和风能作为照明灯的示范道路。

2. 有成熟的园区和产业体系。田心高科园于 2000 年 9 月经国家科技部批准成立，是株洲国家高新区“一区三园”的重要组成部分，2008 年 12 月被省政府授予“湖南省交通电子信息产业园”，拥有中国最大的机车车辆制造企业（南车株）、中国最大的机车车辆研发中心（南车时代）和众多的相关配套企业，是两型示范园区、两型示范企业创建的首选之地。

3. 有完善的配套设施体系。从“一五”“二五”时期中国南车落户株洲以来，田心轨道科技城不断发展壮大，学校、医院、机关、商场、住宅小区纷纷兴建，目前已经形成为一个生活交通方便、各项设施齐备的园区体系，适合作为两型社会建设综合示范片区。

4. 有丰富的景观资源。田心轨道科技城拥有九郎山天然的自然资源优势，风景优美，人文底蕴深厚，是打造长株潭后花园的最好地选。

四、创建内容

（一）创建两型园区

1. 创建范围

从 2013 年起，按照湖南省、株洲市两型园区创建的标准和要求，依据循环经济理念和清洁生产要求，全面开展生态建设，大力发展循环经济，推进节能减排，促进资源综合利用，大力推进田心轨道科技城千亿产业两型园区建设，到 2017 年争取通过专家和领导验收，达到两型园区示范单位标准。

2. 创建标准

（1）开展环境综合治理。完善工业园区的污水收集系统和污水管网系统，积极开展循环用水，到 2017 年，园区工业企业用水重复利用率不低于 85%。加大园区固废处理力度，建设固废回收再利用处理中心，建立完善物资循环利用系统，提高固废综合利用处理率，到 2017 年固废综合利用率达到 90%以上。

（2）切实推进节能降耗，抓好资源综合利用，促进园区物质集成，水系统集成、能源集成、水系统集成、技术集成、信息和设施共赏，提高资源循环利用程度，实现资源利用最大化和无害化。

（3）推动企业采用清洁生产技术和先进工业设备，进行无害化处理，降低原材料和能源消耗，提高物资和能源利用效率，减少污染物排放。

（4）严格入园项目管理。新建项目要符合国家产业政策和园区规划，坚决杜绝引进国家禁止的严重污染环境、生产工艺和设备落后的企业，坚决不搞严重污染环境、人民生命安全和职工健康的项目。

（5）加强园区管理。建立完善的管理制度和管理平台，确保信息平台完善率达到 100%，提高公众对园区的满意度，达到 95%以上，提高公众对两型园区的认知率，认知率达到 95%以上。

（二）创建两型企业

1. 创建范围

田心轨道科技城所有企业，每年选取 1～2 家有条件、环境好的大企业重点开展，开展两型企业创建，符合标准的年底授牌确认。

2. 创建标准

（1）开展节能减排宣传教育。企业两型创建的主要任务是节能减排。企业要充分利用各种宣传阵地，宣传国家有关节能环保的法律、法规和政策，在广大职工中积极倡导节约型生产方式和消费方式，鼓励职工开展节能减排的技术改进和发明创造，自觉养成节能环保的好习惯。

（2）严格执行节能减排相关规定。围绕企业生产经营的各个环节，按照国家节能减排的相关政策和规定，从细微处着手，采取措施杜绝“跑冒滴漏”现象，减少资源浪费。严格执行高耗能产品限额标准，实施耗能设备能耗定额管理制度，新、改、扩建项目按节能设计规范和用能标准建设，根据产业政策淘汰落后的高耗能、高污染工艺、设备和产品，安排节能研发专项资金并逐步增加，制订并实施完成年度节能技改计划。

（3）加强“三废”利用和处理。企业“三废”实现逐年减量与回收再利用，固体废物处置利用率和工业用水重复利用率有效提高，开发应用于资源循环利用的关键技术，从资源消耗的源头减少排放，化害为利。

（三）创建两型社区

1. 创建范围

田心轨道科技城所有社区，每年选择 3–5 个社区开展两型社区创建活动，年底对符合创建要求的予以授牌确认。

2. 创建标准

（1）广泛开展节能环保宣传动员。利用社区、街道宣传栏和黑板报等载体，张贴两型社会建设相关的标语、口号、招贴画、条幅等。向社区居民发放宣传资料和科普读物，引导居民在节水、节电、节材和社区环境卫生等方面增强意识，形成良好习惯。在社区组织居民开展节能环保志愿活动，交流推广节能减排经验。

（2）推进垃圾分类回收和社区卫生物业化管理。引导居民积极参与废旧资源回收和垃圾减量分类工作，在社区建立分类更加精准的回收处理系统，做好废旧电池、废旧家电和危险废品回收工作，对垃圾实行分类集中妥善处理。推行社区卫生物业化管理。

（3）推进社区节能和新能源利用。社区公共灯具更换为紧凑型节能灯，加强公共区域照明节约用电管理。

（4）优化社区综合环境。完善道路、管网、绿化等基础设施建设，加大管理力度，做到社区无污水漫溢、无裸露垃圾、无乱贴乱画。积极开展社区油烟、噪声污染的治理工作，保障社区居民的环境权益。

（5）建设节能环保家庭。推广家庭生活消费新模式，提倡重拎布袋子、菜篮子，自觉选购节能家电、器具和环保产品，拒绝过度包装，使用无磷洗衣粉等。在社区评选表彰两型示范家庭，带动社区两型创建工作。

（四）创建两型机关

1. 创建范围

田心街道办事处。2013 年率先开展，根据工作情况，争取在年内完成创建工作，成为典型。

2. 创建标准

（1）发挥表率和导向作用。政府机关工作人员要带头转变观念，增强生态环保意识和责任意识，从自身做起，形成崇尚节俭、合理消费的机关文化，切实履行推进两型社会改革试验的各项职责，在两型社会建设中发挥示范效应。

（2）节约使用办公用品。选用低消耗低污染的办公设备用品，推进办公用品修旧利废和循环使用，倡导使用再生纸等节能环保办公用品，开展废旧办公用品回收利用，积极推进无纸化办公。

（3）落实节水节电节油措施。推广使用节水型洁具，改造老化设备，杜绝用水浪费现象。加强办公电脑能耗管理，严格执行空调温度控制标准，提倡晚开早关。使用高效照明产品和节电器，尽量减少电梯使用。加强公务用车管理，公务外出尽量合并用车，减少出车次数。

（4）建设绿色办公环境。按照节俭、实用的原则做好机关绿化美化和环境卫生工作。建设机关垃圾分类回收处理系统。采取措施减少办公场地电子辐射和空调污染。

（五）创建两型学校

1. 创建范围

田心轨道科技城所有中小学校。2013 年在区级中学普遍开展，年终根据工作开展情况，按 20%的比例评选两型学校，五年内全部完成。

2. 创建标准

（1）加强节能环保基础教育。学校在相关课程教学中，增加节约能源、环境保护等教育内容，或开设专门的特色课程，将节能、节水、节地、节粮、节材等教育内容纳入学校课堂教学，真正做到两型教育进学校、入课堂，从孩子抓起。

（2）开展主题教育和实践活动。充分发挥学校网络、校刊（报）、广播、宣传栏等宣传媒体的作用，大力开展节能环保宣传。开展形式多样的两型社会主题教育活动，引导中小学生养成节能环保意识和行为习惯。在实践中提高学生的节能环保知识和技能。

（3）加强用电、用水、用纸管理。学校办公室、会议室、活动室要充分利用自然光，尽量不用或少用照明灯具。加强用水设备改造和巡查维护，做到无“跑冒滴漏”和长流水等浪费现象。推广使用办公自动化系统，推行利用电子媒介备课、修改文稿，利用信息系统进行授课、作业、考试、阅览、宣传等，开展教科书的循环使用试点工作。

（4）保持校园整洁美观。加强校园环境的整治维护，完善校园污水、粪便、垃圾的收集处理系统，保持校园清洁卫生，保障学生健康。提高绿化覆盖率，建立护绿、保绿制度，美化环境。

（六）创建两型医院

1. 创建范围

田心轨道科技城所有医院。2013 年在区级医院普遍开展，年终根据工作开展情况，按 20%的比例评选两型医院，五年内全部完成。

2. 创建标准

（1）加强用电用水管理。使用节能灯具、计算机、复印机、饮水机、节水阀和节能医疗设备。

（2）加强办公用品管理。合理配置、降低办公用品的消耗，避免使用一次性办公用品，坚持使用双面纸，努力做到办公用品的循环使用。

（3）合理配置医疗资源，严格执行国家基本药物制度，建立健全监督管理机制，严禁开大药方和高价处理药方，优先使用国产药品，合理控制病人支出。

（4）加强医院行风建设。根据两型医院创建的要求，加强医德医风建设，努力提高医务人员素质，做到视病人如亲人，急病人所急，想病人所想。

（5）加强医疗卫生安全防范措施。严格执行抗生素使用制度，建立毒类、限制类和麻醉类药物管理使用制度，加强放射性设备的管理，建立有效的传染源管理制度。

（七）创建两型家庭

1. 创建范围

田心轨道科技城所有家庭，2013 年首先在企业普遍开展，年终根据工作开展情况，按 20%的比例评选两型家庭，五年内全部完成。

2. 创建标准

（1）加强家庭美德建设。树立文明和谐的社会风气，倡导家庭遵守国家法律法规和《公民道德实施纲要》，做到人人都重道德、树新风、知荣辱，人人都爱岗敬业、尊老爱幼、勤俭节约、热心公益、乐于助人、邻里团结。

（2）树立两型消费理念。树立“节约能源光荣”、“污染环境可耻”的观念，弘扬中华民族勤俭节约的传统美德，提倡科学合理的消费结构，养成良好的生活习惯，建立健康、文明、简约、环保的生活方式，自觉进行家庭能源消耗统计分析比较，挖掘节能潜力，降低能源开支。

（3）节约用水、用电和物资使用。使用节能龙头，及时关闭水阀，定期检查管道、用水器具，提倡一水多用，废水利用，杜绝长流水。家电尽量选用节能绿色产品，定期检查、清理，排除故障，减少待机状态，尽量减少开关冰箱的次数及合理设定空调的温度，空调夏天不得低于26℃，冬天不得高于20℃。节约纸张，多用手绢和抹布，字纸尽量双面使用；按需购买物品，妥善处理闲置物品。

（4）注重生态环保。家庭装修推广使用节能环保产品，减少白色污染，减少生活噪声，减少有害气体的排放；积极参加种养树木植绿护绿活动，因地制宜栽种花草，美化家居环境不过量使用洗发剂、清洁剂，自觉使用无磷洗衣粉，使用无汞电池。少食包装快餐，减少吸烟，饮酒适量。推广使用太阳能、沼气等新能源，科学合理地使用燃气灶，尽量使用公共交通工具和步行，自驾车提高节油技能。

五、资金筹措

田心轨道科技城两型社会建设综合示范片区创建所需资金来源5000万元，按照省、市、区资金3:3:4的投入比例，争取省级投入资金1500万元，市级投入资金1500万元，区级投入资金2000万元。

六、保障措施

（一）加强组织领导。成立由区长任组长，分管两型社会建设的副区长任副组长，区政府办、区发改局、区经信局、区农村工作局、区商务局、区环保局、区教育局、区直机关工委、区机关事务局、区城管局、区民政局、区卫生局、田心街道办事处等为成员单位的两型社会建设示范创建活动领导小组，领导小组下设办公室（设在区两型办），统筹协调两型创建的各项工作。

（二）明确工作责任。两型机关创建工作由区直机关工委牵头开展，县机关事务局参与；两型学校创建工作由区教育局牵头负责；两型园区、两型企业创建工作由区经信局牵头开展负责；两型社区和两型家庭创建工作由田心街道办事处牵头负责，县民政局、城管局参与；两型医院创建工作由区卫生局牵头负责。各有关牵头部门要将两型创建工作纳入议事日程，制定各自的创建实施细则，明确工作步骤、措施和相关责任人，履行职责，分工协作，确保各项创建任务落到实处。

（三）强化督促检查。区委、区政府督查室、区两型办采取一季度一次检查，半年一总结的方式，加强对田心轨道科技城两型社会建设综合示范创建工作的协调和督促，推介典型经验，解决具体问题。

（四）抓好示范带动。各相关部门要在本方案出台后，根据自己的职责分工，尽快拟定田心轨道科技城两型社会建设综合示范创建工作五年创建活动分方案，并将五年内的重点创建示范点报区两型办，抓出创建成效，形成创建特色，培育创建典型，发挥示范带动作用。

（五）搞好总结评比。区两型办在年底开展检查验收工作，评选两型创建优秀单位，将评定结果报区政府审定后，在全区予以表彰，对创建工作有明显成效的单位，给予奖励，并进行典型推介。

岳阳经济技术开发区电商产业园促进产业转型发展模式

一、改革制度成果形式

产业园由岳阳经济技术开发区管委会授权“岳阳火炬创业服务中心”为经营管理主体，专门负责产业园的招商、建设、发展和管理。岳阳火炬创业服务中心是国家级科技企业孵化器的经营管理单位，具有丰富的高新技术企业孵化经验、规范的组织架构及完善的管理制度，能够为产业园电子商务企业提供良好的运营和服务保障。一是搭建了投融资服务平台。岳阳火炬创业服务中心联合国家开发银行、岳阳市中小企业投资担保公司共同搭建了投融资服务平台，开通了园区电商企业融资绿色通道，引进了岳阳市首家创投机构湖南碧城创业投资管理公司入园，新入园电商企业岳阳鑫隆信息科技有限公司已在上海股权交易中心“中国互联网消费金融新三板”成功挂牌。二是构建了社会化服务体系。产业园以岳阳火炬创业服务中心为主导，整合社会服务资源，构建了电子商务社会化服务体系，为产业园的企业提供信用评价、创业辅导、法律服务、管理咨询、现代物流等服务，已纳入服务体系的社会服务机构包括湖南省企业信用评价中心、泊城资产管理公司、碧灏律师事务所、国致管理顾问公司、三元联创电商服务公司等。三是建立了初步的产学研合作机制。产业园以开发区内的“岳阳留学人员创业园”为平台，联合园内企业与湖南理工学院、岳阳技术职业学院等高校、咨询机构建立了产学研合作机制，共建人才培训基地，共同开展电子商务和现代物流等相关课题研究，并积极推动成果转化。电商产业园已被商务部获批为国家级电子商务示范基地。

二、改革思路

深入贯彻党的十八大和十八届二中、三中、四中全会精神，全面落实省委九届八次全会部署，主动适应和引领经济发展新常态，围绕先进制造业大省、高成长服务业大省和现代农业大省建设，以产业转型升级需求为导向，以产业服务能力提升为核心，以技术智力支撑、载体平台建设、产业互动融合、企业品牌培育为抓手，强化创新驱动，深化改革开放，完善保障政策，全力推动生产性服务业发展，实现三次产业在更深领域、更高层次互动融合，构建与产业转型升级相适应的现代服务体系，为经济持续平稳健康发展提供强力支撑。

三、主要改革内容

电子商务主要项目：中国洞庭湖国际电子商务新城

规划布局：中国洞庭湖国际电子商务新城以岳阳大道为轴线，东起随岳高速，西至107国道，北抵金凤湖生态示范区，南连木里港工业区，含康王工业园，整体规划面积15平方公里，分为商务办公区、商贸集中区、物流配送区、金融服务区和生活配套区等5个功能区。

产业定位：中国洞庭湖国际电子商务新城大力推进

“实体经济＋电子商务＋现代物流”产业发展模式，把握电子商务市场的细分特征，依托洞庭湖地区产业特点，致力于打造特色电商之都，形成具有岳阳特色和强大市场竞争力的电子商务品牌，形成在全国具有一定影响力的区域性电子商务中心。

食品电商：充分发挥岳阳食品产业优势，抢抓发展机遇，抢占食品电商蓝海，快速形成大食品、大流通、大信息、大市场的新格局，打造“食品电商之都”。

跨境电商：充分利用城陵矶保税区、港口及进口肉类指定口岸、汽车整车进出口口岸和进口粮食指定口岸等优势，抢占中部地区跨境电商产业发展的制高点。

电商物流：充分发挥区位和水、陆、空交通枢纽优势，建立完善现代电商物流体系，引进培育一批具有专业化、系统化服务能力的物流企业，构建电商物流的支撑体系。

四、改革成效

力争到2020年，省级电子商务示范企业达到10家以上，电子商务直接从业人数达到3万人以上，间接从业人员达到20万人以上，电子商务年交易额达到千亿元以上，跻身省级电子商务示范基地。

力争2015–2020年，园区生产性服务业实现较快发展，增加值增速高于全市生产总值增速和全国服务业增加值平均增速，基本形成与新型工业化、信息化、城镇化、农业现代化进程相适宜的服务体系，对岳阳经济发展的支撑和引领作用显著增强。岳阳电子商务产业园逐步建成为电商产业特色鲜明、集群优势显著、要素支撑有力、基础设施完善、城市功能配套、生态环境优美的国家级电子商务示范基地，成为岳阳经济发展新的增长点和区域竞争的制高点，园区内电子商务企业达到2000家以上，其中省级电子商务示范企业达到20家以上，电子商务交易额突破千亿元，省级以上部门批准或认定的研发机构10家以上，公共服务平台8家以上，直接从业人数达到3万人以上，带动就业20万人以上。

五、社会影响

充分依托岳阳优势产业、岳阳经济技术开发区工业园区的重点产业，充分利用集聚区的各项基础设施，重点打造“六平台九中心一基地”，引导岳阳实体企业开展内外贸网上交易，培育中小企业利用电子商务创业创新，引进大型电商建设区域总部，完善第三方电子商务服务，创新电子商务应用模式，配套建设现代物流设施，形成较为完善的电子商务应用和服务体系，构建完整的电子商务产业链，着力打造岳阳特色显著的电子商务产业集聚发展高地，力争建设成为长江中游区域性电子商务中心。

六大主导产业电商专业平台：

（1）岳阳优质工业产品的电商平台。包括电磁铁、生物医药、电子光伏、精细化工、装备制造、新能源等主导产业，开通网上询价、报价等服务，以电子商务带动工业转型升级，以工业发展促进电子商务发展。

（2）洞庭湖种养殖业电商平台。包括棉粮、蔬菜、林木、牲畜、禽类及水产类等。

（3）中国干鲜水果交易平台。集干鲜水果展览展销、信息发布于一体，实行线上订购、支付和现货交割。

（4）汽车零部件总产合平台。包括汽车零部件交易、展示、电子商务、金融及国际贸易等功能。

（5）洞庭湖区水产类专业电商交易平台。包括龙虾、螃蟹、石硅、银鱼、有机鱼类等。

（6）岳阳茶叶类专业电商平台。包括黄茶银针、绿茶毛尖、临湘黑茶等。

九中心一基地的公共服务平台：

建设包括电子政务中心、可信交易监管中心、结算中心、金融服务中心、教育培训中心、客服中心、网货拍摄中心、网货展览中心、网货仓储物流中心及云数据基地等公共服务平台。

大力推进企业电子商务应用，支持开展原材料、工业品网上交易、定制、销售等业务，实现上下游关联企业业务协同发展。积极培育农村电子商务，重点打造洞庭湖名优特农产品交易平台。加快发展跨境贸易电子商务和移动电子商务。深化电子商务服务集成创新，加快并规范集交易、电子认证、在线支付、物流配送、信用评估等服务于一体的第三方电子商务综合服务平台发展。引导小微企业依托电子商务服务平台开展业务。加强电子商务信用、质量监管和统计监测等体系建设。

积极开展研发设计服务，综合运用云计算、大数据、物联网等互联网技术，加强新材料、新产品、新工艺研发和推广应用。大力发展工业设计，促进工业设计向高端综合设计服务转变，支持研发设计体现地域文化特色的产品。整合现有资源，强化企业创新主体作用，推进产学研用合作，建立产业技术研究院、产业协同创新中心等新型研发机构，培育专业化、开放型的工业设计企业和工业设计服务中心。支持开展产业联盟协同创新，面向产业集群开展共性技术研发。积极开展知识产权培训、专利运营、分析评议、专利代理和专利预警等专业服务。完善知识产权交易和中介服务体系，建立主要由市场评价创新成果的机制，加快研发设计创新成果转化。

汨罗市白水镇生态乡村创建示范项目实施方案

为广泛动员汨罗市白水镇全镇人民积极开展生态乡村创新建设活动，在全镇各村和自然村庄进行项目实施，根据省、市相关要求和精神，结合白水镇实际，制定本实施方案。

一、总体要求

（一）*重要意义*。开展生态乡村创建活动，有利于形成政府推动、社会参与、全民行动的生态文明改革和“两型社会”建设格局，有利于全镇形成节约能源资源、保护生态环境的良好社会氛围，有利于推动白水镇经济社会又快又好的发展。

（二）指导思想。全面贯彻党的十八大“坚定不移沿着中国特色社会主义道路前进、为全面建成小康社会”的宏伟目标，按照生态文明改革和两型社会建设要求，以节能、节水、节地、节材、资源综合利用和生态文明建设为重点，以宣传动员、教育培训、制度标准、行为规范、设施建设和技术进步为手段，建立健全长效机制，广泛开展生态文明建设和两型社会示范创建活动，在各个层面逐步形成与两型社会相适应的思想观念，形成节约环保、生态文明的行为方式。

（三）基本原则。一是紧扣生态文明，提升两型格局。紧紧围绕生态文明和两型社会建设的基本要求，推动示范创建工作深入开展。二是广泛动员，全民行动。通过有效的宣传动员，增强社会成员投身生态文明改革和两型社会建设的主动性，扩大创建工作的覆盖面。三是务求实效，积极创新。注重实际成效，避免形式主义，创新创建方式和途径。四是因地制宜，突出特色。紧密结合单位和地域特点，避免千篇一律，实现一村一品目标，形成创建工作的特色。五是全面实施，分步推进。按照计划确定的目标，重点推进一批行政村和自然村庄先行先试，达到示范创建要求，条件成熟后将生态乡村创建活动在全镇全面铺开。

（三）改革理念。

树立尊重自然、顺应自然、保护自然的理念，生态文明建设不仅影响经济持续健康发展，也关系政治和社会建设，必须放在突出地位，融入经济建设、政治建设、文化建设、社会建设各方面和全过程。

树立发展和保护相统一的理念，坚持发展是硬道理的战略思想，发展必须是绿色发展、循环发展、低碳发展，平衡好发展和保护的关系，按照主体功能定位控制开发强度，调整空间结构，给子孙后代留下天蓝、地绿、水净的美好家园，实现发展与保护的内在统一和相互促进。

树立绿水青山就是金山银山的理念，清新空气、清洁水源、美丽山川、肥沃土地、生物多样性是人类生存必需的生态环境，以发展为第一要务，保护好森林、河流、山塘等自然生态。

树立自然价值和自然资本的理念，自然生态是有价值的，保护自然就是增值自然价值和自然资本的过程，就是保护和发展生产力，能够得到自然的合理回报和经济补偿。

树立山水林田是一个生命共同体的理念，按照生态系统的整体性、系统性及其内在规律，统筹考虑自然生态各要素、山上山下、地上地下，进行整体保护、系统修复、综合治理、科学开发，增强生态系统循环能力，维护生态平衡。

二、创建内容

建设品质优雅的生态白水。乡村整治扎实开展，环境卫生常态保洁，垃圾处理分类减量，污水处置基本达标，产业污染有效遏制。绿化提质全面落实，森林覆盖率稳步提升，继续开展全国美丽乡村、全国生态文化村、全国宜居村庄、新农村建设示范村创建活动，逐步形成可持续的乡村生态格局。绿色理念深入人心，低碳生活成为时尚，人民群众喝上干净水，呼吸新鲜空气，吃上基本放心食品，对人居环境的满意度大幅提高。

建设环境优良的洁净白水。以“生态白水、低碳白水、宜居白水”为原则推进社会主义新农村建设，注重低碳、节能、环保的生活方式，宣传节水、节能、循环经济等消费观念，镇域除必要修建工程外，几乎无任何裸露土地。污水通过化粪池发酵后（部分作农家肥料）排放到污水处理站。农作物秸秆由汨罗市生物发电厂统一收购，通过宣传和制度的形式，确保空气质量达到国家环境质量二级标准，实现环境优良、山清水秀的目标。

建设农民增收的旅游白水。把白水乡村旅游发展规划纳入全市乡村旅游规划的一部分，按照打造“一村一品”的规划要求，着重做好以西长、闵家巷、王家坪、双石为重点的乡村旅游规划，引导各村大力发展特色农林业、农业休闲观光产业园、农家乐等乡村旅游业态，以西长新农村建设示范片和闵家新村为主线，将各村乡村旅游资源连线拓面，形成优势资源集群。通过整合资源，构筑农村产业新格局，繁荣农村经济，使农业增值、让农民获利。同时，通过旅游业的发展，使生态环境得到保护，村容村貌优美舒适，农民素质显著提高，新农村建设与乡村旅游相互促进、共同发展。

建设适应改革的法制白水。培育环境治理和生态开发市场主体。采取鼓励发展节能环保产业和生态乡村创建的体制机制和政策措施。废止妨碍公平竞争的规定和做法，鼓励各类投资进入环保和开发市场。由镇村和社会资本合作开展环境治理和生态乡村创建事务，吸引社会资本参与建设和运营。通过政府购买服务等方式，加大对环境污染第三方治理的支持力度。加快推进污水垃圾处理设施运营管理单位向独立核算、自主经营的企业转变。在组建自有资本投资运营公司的基础上，适时引进生态乡村开发公司，加大环境治理和生态乡村创建等方面的投入，支持生态环境保护和建设多元化投资改革。

三、创建目标

（一）环境整治成为常态。以前乡村环境整治按照定期检查的通知要求搞好村庄和屋场的环境卫生，由于建设生态乡村，发展乡村旅游，经常有游客观赏，每个屋场和村庄必须养成天天讲美化、时时讲卫生的良好习惯。

（二）土地利用高效优化。水田和荒土优化种植品种，特别是冷浸低产田改变种植习惯，丘陵山地残次林改造增收。对田地、残次林地和荒土适时流转开发，使土地资源得到高效利用，增加收入。

（三）农民收入不断增加。乡村劳动力种地人平几分至一亩，劳动量少、收入低微，剩余劳动力只能外出务工获取收入维持生计。开拓创新调整产业结构，引进企业进行土地流转，科学设计发展乡村旅游，劳动力不需外出，而是本地务工，不断增加农民收入。

（四）农民生活丰富多彩。农民日出而作日落而息，晚上看看电视聊聊天，生活比较单调。建设文化娱乐广场和休闲娱乐场所，发展乡村旅游服务业，晚上或劳动之余健身娱乐，丰富生活，使生活多样化，适应新农村改革的形势。

四、工作措施

（一）加强组织领导。成立由镇长任组长、分管生态文明改革和农村环境整治的副镇长任副组长，镇新农村建设办、农村工作办、城建办、司法所等为成员单位的生态乡村创建活动领导小组，领导小组下设办公室（设农村工作办），统筹协调生态乡村创建各项工作。

（二）明确工作责任。生态乡村创建工作由农村工作办牵头开展，负责研究制定可操作、可视化的农村生态化发展指标体系，制定生态文明建设目标评价考核办法，把资源消耗、环境损害、生态效益纳入经济社会发展评价体系。根据一村一品的改革定位，实行差异化绩效评价考核。

（三）强化督促检查。按照市政府新农村建设和农村环境整治管理考核要求，由镇农村工作办负责加强对生态乡村创建工作进行考核，加强协调和督促，推介典型经验，解决具体问题。

（四）抓好示范带动。由镇政府办公室负责尽快将生态乡村创建活动示范经验快速在全镇乃至全市推广，抓出创建成效，形成创建特色，培育创建典型，发挥示范带动作用。

岳阳县铁山库区养殖业退出工作实施方案

为切实做好铁山库区畜禽养殖业退出（以下简称“退养”）工作，有效根治铁山库区畜禽养殖污染，持续推进铁山水资源保护，根据《中华人民共和国环境保护法》、《中华人民共和国水污染防治法》、《畜禽规模养殖污染防治条例》（国务院第643号）、《饮用水水源保护区污染防治管理规定》（环境保护部令第16号）及《中共岳阳市委岳阳市人民政府关于进一步加强铁山饮用水水源保护与库区民生保障的意见》（岳发〔2014〕12号）规定，结合岳阳县实际，制订本实施方案。

一、工作目标

从2015年11月20日起，用3年左右时间，将铁山库区集雨区内畜禽规模养殖场（户）全部关停或搬迁至集雨区范围以外。畜禽规模养殖场（户）是指年出栏20头以上养猪场（户）、年出栏20头以上养羊场（户）、年出栏10头以上养牛场（户）、年出笼300羽以上养鸡场（户）、年出笼500羽以上养鸽（户）。

“以上”均含本数。

二、工作原则

（一）稳步推进。按照先实施一级保护区和二级保护区、后实施准保护区的顺序，逐步推进库区“退养”工作；准保护区“退养”方案另行制定。

（二）合理补偿。对库区“退养”的养殖场（户）进行上户核查，并公开、公示相关信息，按照统一补偿标准分批次给予合理的经济补偿。

（三）产业扶持。科学编制库区产业发展规划，促进库区产业转型。加大培训力度，针对库区“退养”场（户），定期举办产业发展培训班。积极引导、扶持库区“退养”场（户）大力发展药材、油茶、茶叶、楠竹、红薯、百合和特色水果等作物种植。

三、补偿对象、标准及奖罚措施

（一）补偿对象

铁山库区一、二级保护区内，凡签订“退养”协议并在限定时间内自行拆除养殖设施（包括食槽、栏门、养殖用水电设施及栏舍隔栏等相关养殖设施）或将养殖设施改作他用经验收合格的畜禽规模养殖场(户)。

（二）补偿标准

1. 栏舍补偿标准。砖混结构350元/平方米，土木结构260元/平方米，棚架结构180元/平方米，生产配套设施建筑面积按栏舍面积25%折算。

2. 经产母猪补偿标准。600元/头。

3. 饲养设施补偿标准。母猪限位栏100元/套；保育床600元/套；母猪产床1000元/套；沼气池2000元/个；饲料加工机2000元/台。

（三）奖罚措施

1. 在规定期限内完成“退养”的，相应给予10%的奖励；

2. 未在规定期限内完成“退养”的，县人民政府将依法依规组织有关职能部门实施强制“退养”。

四、工作步骤

（一）调查摸底阶段（2015年10月20日—2015年11月19日）

1. 宣传发动。库区乡镇和县铁山水资源保护综合执法局要开展多种形式宣传活动，组织人员深入畜禽养殖场（户），主动做好政策宣传、解读工作，动员畜禽养殖场(户)主动“退养”，做到家喻户晓。

2. 调查摸底。县铁山水资源保护综合执法局会同县财政局、县环保局、县畜牧水产局、库区乡镇，成立专门班子，对库区内畜禽养殖场（户）进行摸底调查。调查摸底情况要在养殖场（户）所在村组公示，接受群众监督，并将公示后的统计结果上报县、市人民政府。

（二）组织实施阶段（2015年11月20日—2016年12月31日）

1. 库区乡（镇）人民政府与公示“退养”的养殖场（户）签订协议，明确“退养”要求和期限，告知相关事宜，督促养殖场（户）在规定时间内自行处理养殖畜禽，拆除养殖栏舍。养殖栏舍拆除后，应将签订的协议、主动拆除的养殖栏舍照片、验收单一并报县铁山水资源保护综合执法局。

2. 对已签订协议在规定时间内不主动拆除栏舍或拒绝签订协议的养殖场（户），由乡（镇）人民政府组织强制拆除，确保按期退出。对强制拆除的栏舍和违规搭建拆除的栏舍不予补偿。

3. 对已签订补偿协议，并按协议要求按时拆除养殖栏舍的养殖场（户），由乡（镇）人民政府报县铁山水资源保护综合执法局审核后，补偿资金由县财政局拨付至乡（镇）人民政府，由乡（镇）人民政府通过“一卡通”打卡发放到户。

（三）总结验收阶段（按年度进行）

根据库区“退养”工作进展情况，由县人民政府牵头，组织县铁山水资源保护综合执法、环保、财政、农办、畜牧水产等部门对畜禽养殖退出工作进行检查验收，检查验收结果纳入库区乡镇全面建成小康社会综合绩效考核内容，并对成效显著的单位和先进个人予以表彰通报。

五、保障措施

（一）加强组织领导。此项工作由副县长易新岳牵头负责，县铁山水资源保护综合执法局具体组织实施，县政府办、县监察局、县财政局、县公安局、县水务局、县国土资源局、县畜牧水产局、县环保局以及库区乡镇等部门单位紧密配合。各相关部门单位要加强对铁山库区畜禽养殖业退出工作的组织领导，建立健全工作机制，明确工作职责，密切部门配合，确保各项工作落到实处。

（二）落实责任分工。库区乡镇对本辖区内“退养”工作负总责，要制定具体方案，精心组织，认真实施，乡镇主要领导要靠前指挥、亲自督查，及时研究解决工作中出现的新情况、新问题；县铁山水资源保护综合执法部门要切实抓好库区“退养”工作的规划指导与监管，做好“退养”补偿资金测算与争取，加强对铁山库区乡镇“退养”工作的考核；县环保部门要加强库区养殖污染的监督执法。县财政部门要积极争取“退养”补偿资金，监督资金使用，确保专款专用；县发改、规划、林业等部门要认真履行职责，为库区“退养”工作提供保障服务。

（三）强化整体联动。县铁山水资源保护综合执法、公安、水务、国土资源、畜牧水产、环保等部门要建立联合执法机制，加大综合执法力度，开展联合执法，严格库区养殖污染违法行为的处罚，库区乡镇对在规定时间内未按规定要求“退养”的养殖场（户），要依法依规予以强制拆除。

"两型村庄"

湘潭市岳塘区昭山乡马安村创建"两型村庄"情况

马安村是省委、省政府确定的省级新农村建设示范村之一，同时也是湘潭市新农村建设示范村，一直以来，该村始终坚持以贯彻落实科学发展观为指导，以创建温馨和谐家园为载体，以促进村民增收为目的，以村民满意为工作的出发点和落脚点，开展"两型社会"创建工作。

一、加强"两型"理论学习和宣传

该村紧紧围绕示范区"两型"建设要求，充分发挥基层党组织推动发展、服务群众、凝聚人心、促进和谐的作用，大力加强自身"两型"相关理论的学习，并大力宣传"资源节约、环境友好"，要求该村村民以身作则，从自身做起，为马安村创建"两型"示范村庄做出自己的贡献。

二、以"两型"示范村为目标狠抓项目发展

该村紧紧围绕发展现代农业、培养新型农民、带领群众致富、维护农村稳定，形成一个富民强村的好思路。

（一）抓好了土地流转的完成

在建设"两型社会"的总体要求下，如何加快新农村建设，如何推动现代农业发展，如何进一步使农民增加收入，成为该村发展的一个重大课题，而使土地集中化经营、机械化经营，现代化经营就能达到此目的，因此，马鞍村先行先试，率先在全村实施了土地流转，以各村民小组为单位，逐家逐户把土地（包括水田、旱田、水塘、水坝以及部分山林地）流转给湘潭市新昭山投资管理责任有限公司。在不改变土地使用性质的前提下再由该公司负责对外招商引资，将使土地整体包装、集中经营，建设各农业项目。此项目在不到10天的时间里全部完成，由公司与组、农户签订了土地流转协议书，农民只留下四个一，即一栋房子、一块禾平、一块菜地、一块风景林。集中经营，发展高效农业，村民成为既拿租金又拿工资的新型农民，这为新农村建设提供了示范。

（二）抓好了土地整理项目的完成

土地整理项目于2008年11月份全面启动，马鞍村内1000亩水田向市国土局进行了立项，并做了实地勘测，投资430万元，将原有的水田、旱地以及部分山地进行平整，于2009年4月已基本完成，完成后的水田形成了田字格，路成网，水自流，田园变成公园。土地整理项目的实施，增加了土地的有效使用面积，完善了农田水利灌溉设施，基本实现了旱涝保收。

（三）抓好了项目的招商引资

山那边度假村——该项目的全称为"湖南昭山山那边度假村"，由湖南纬度投资有限公司独资开发建设，主要从事不动产、农业种植与养殖综合性开发，设立现代休闲度假中心、绿色农产品生产基地两个建设区域，计划总投资2.09亿元，总用地面积1125亩，其中计划建设用地为150亩（采用征用方式），其他土地作为农林业用地（采用流转方式），分三期进行建设。项目内的土地征用、土地流转以及房屋拆迁工作已全部完成。目前，第一期已完成了基础道路建设，开挖了七口鱼塘，新建了9栋湘西小别墅，建立了文化墙，中心广场已基本成形，项目进展总体顺利，目前已对外营业，收益可观，并正在进行二期工程。

南塘生态农业基地——该项目的全称为"湖南南塘生态农业基地"，由湖南南塘生态农业开发有限公司独资开发建设，主要用于稀贵花卉树木种植、其他农业种养殖和休闲旅游业开发，设立花卉树木观赏园、现代素质教育拓展基地、农业休闲度假中心三个建设区域，计划总投资2.6亿元，总用地面积1150亩，其中计划用地200亩（采用征用方式），其他土地作为农林用地（采用流转方式），分三期开发建设。目前项目范围内完成了房屋的丈量、青苗的补偿工作。

碧源春无公害蔬菜基地——由湖南碧源春生态农业科技有限公司独资开发种植，主要从事无公害绿色蔬菜种植，计划投资500万元，占用基地面积400亩，土地采用流转方式，种植采用滴水灌溉等现代技术，全部施用有机肥和禽畜粪。目前工程在准备之中。

长株潭花卉苗木基地——由文清花卉苗木园艺公司独资开发种植，主要从事花卉苗木种植，计划投资600万元，占用耕地230亩，土地采用流转方式（由新昭山投资有限公司流转给该开发商），产品主销长沙地区。项目实施以来，相继完成了用地规划、面积测量、土地基础面开垦等前期工作。目前，基地全部栽种了名贵热带树木，相关配套设施正在建设中，项目基本进入正规运作阶段，安置当地剩余劳动力20余人。

福子旅游生态休闲基地——该项目由长沙天心城建开发公司独家开发，流转土地1200亩，配套建设用地120亩，用于现代农业观光、旅游、休闲、度假等高档次农业项目，投资8000万，完成了流转、征购、三通一坪工作，现正在火热的建设之中，2015年底完成投资，进行试营业，可解决剩余劳动力20余人。

（四）抓好了主导产业及农民技能的培训

为切实增加全村农民的家庭经济收入，根据农业园发展的需求，村支两委将投入10万余元，重点抓好劳动力再就业工作，定期组织村民学习、培训业务知识和劳动技能，负责向园区内业主推荐劳动力，来解决该村劳动力就业难的问题，这样进一步来增加农民的收入，其次抓生猪产业发展，在生猪协会的前提下，利用现代远程教育平台，引导农户大批量饲养，每年出栏生猪8000头。村支两委继续发挥与外界的关系，帮助村里闲置青壮年劳动力寻找商机，给他们提供信息、技术、资金的帮助，积极鼓励和支持懂技术、会经营的本村青年自主创业，为致富增效增加渠道。

（五）积极开展“五改一整治”

1. 大力修整本村水利设施

按照中央一号文件精神，从马安村的实际情况出发，村委会集中力量对尹家坝进行清淤，并整修护墙，此外还整修邹公坡山塘、马安塘。修建水库一座，另外还有清理5口山塘的淤泥，共计8处水利工程项目，耗资27万元。2015年上半年完成了冬修水利验收工作，保证该村灌溉用水安全。

2. 修筑村组公路

根据马安村道路的情况，提升马安村新农村建设的形象，开展“五改一整治”活动，改善村容村貌，经商议决定，修筑了连接株洲的公路，建设长度0.8公里，另外还修整了破损的组级道路1.7公里，使得马安道路状况更加平稳通畅。

3. 积极推广新能源使用

马安村主要干道上新安装了110盏太阳能路灯，每盏造价6000元。亮化工程基本覆盖马安村主要道路。该村还在主干道两旁新栽种了景观树木，进一步美化了马安村的环境。该村村民还购置安装了70台太阳能热水器，修建了60个沼气池，基本改变了以往的能源浪费情况。

4. 落实“百箱千桶”和“村级环卫队伍建设”工程

昭山乡近期开展了“百箱千桶”和“村级环卫队伍建设”工程，该村得到区、乡政府的大力支持，任务基本落实到位，环境卫生状况进一步改善，每家每户都配有一个可移动式垃圾桶，还聘请了5名环卫保洁人员对村主次干道进行日常保洁。

常德市安乡县安康乡仙桃村创建“两型村庄”情况

仙桃村位于安康乡东部，全村耕地面积2710亩，水域面积648亩，总人口2037人。乡党委政府高度重视仙桃村的两型示范村庄建设工作，成立专门班子拿规划、跑项目、抓发动、盯建设。在建设上秉承“资源节约、环境友好”的基本原则，定位于打造“生态休闲乡村旅游”品牌的目标，坚持“生态立村、产业富村、旅游兴村”的发展路径。

一、融入“两种理念”

一是规划先行。按照“富规划、穷建设”的要求，高起点规划两型示范村庄项目和旅游品牌打造。通过深入发动村民积极参与，充分征求村民意愿及各级领导、后盾援建单位、专家、名流和规划、国土、设计院等部门各方面意见，科学编制了仙桃村两型示范村庄建设规划，规划既考虑了当前和长远、又兼顾了整体和局部、文化和内涵的要求，是仙桃村建设两型示范村庄的总蓝本，有效避免了建设上无头绪、无目标、随意性大的问题。

二是生态优先。按照县委提出的“生态、友善、文明、有序”的生态文明建设要求，在项目安排、产业建设上牢牢把握“生态优先”的理念，坚持把“生态优先”贯穿建设始终。在“吃、看、玩、带”上每个项目设计都将是否生态、是否环保作为第一因素考虑，让每一位游客欣赏最生态的乡村美景、品尝最生态的有机食物、带回的是最放心的生态产品。

二、狠抓“三大建设”

1. 产业建设

一是湘莲泥鳅混合生态种养产业。莲池塘内的生态环境符合泥鳅的生长环境，泥鳅以池塘中的浮游生物为食，不需要喂食饲料，是纯人放天养模式，且一次性投资，多元化养殖，常年性收益。这种生态混合种养模式简单、实用，收益可观，每亩纯利润可达4000元至6000元左右，是棉花效益的近3倍和水稻效益的5倍。目前，仙桃村已建300多亩的湘莲泥鳅生态混合种养基地，年产值达到100万元左右，明年再扩大规模至1500亩，让湘莲泥鳅产业真正成为村里的主导产业。

二是大力发展乡村旅游产业。仙桃村充分利用水乡风光、滨湖特色，突出“梦里荷花村、水乡桃花源”的核心主题，紧紧围绕“打造乡村旅游品牌，走生态休闲农业路子”，大力发展乡村生态旅游产业。目前，完善了农家乐、休闲亭、观光栈道、公共卫生间、石拱桥、风雨桥、泊车位建设。正在完善乡村钓庄、农家果园、游客接待中心、农耕文化博览建设。明年四月份前全面完成“观景区、体验区、农耕文化展示区”三大区建设，策划好全县第一届“荷花节”。从“赏农家景，干农家活，住农家屋，吃农家饭，购农家物”的消费需求出发，打造全洞庭湖区最具“水乡风光、滨湖特色”的生态乡村旅游品牌！

2. 宜居建设

一是推进“两型庭院”建设。仙桃村目前危房改造已完成89户，110户立面改造现已完成，立面改造码头上的74户正在进行风格设计；28个化粪池及481个热水坑均已建成，改厨、改厕工作已完成。着力对核心区域农户的房前屋后实行了全方位的整洁和美化，大量运用花卉、风景树、三叶草、丛竹等元素进行装饰，突出微观景点打造，全力体现“移步换景，一户一景”的“精致庭院”效果，房前屋后的绿化美化达20000多平方米。

二是开展“环境卫生整治”行动。以治理柴草乱垛、垃圾乱倒、污水乱泼、畜禽乱跑为重点，推进了农村环境卫生整治。全面落实了“三个三分之一”的垃圾处理模式，即对厨余有机垃圾等采取入热水凼做沤肥处理；对破铜烂铁、塑料等可再生资源进行回收；对残枝败叶等实行焚烧处理。

三是水源生态建设。按照园林美学原则，在仙桃村桃湖沟及萝卜沟均种植了净化水质的水生作物，既兼顾了景观效果又能有效净化水质。种植生态浮盘美人蕉1100平方米，开挖生态拦截沟1250米。

四是全面实施“四化”“三通”工程。仙桃村先后投入175万元，实施“四化”“三通”工程，即硬化、绿化、美化和亮化，硬化村道3公里（3米宽），硬化热水凼481个，农村公路到组的硬化率达95%，28300米沟渠常年畅通，已硬化6500米；栽种红叶石楠4500株，桃树6000株，雪松、水杉、杜鹃和冬菊共3000株，种植三叶草6000米；进行了渠道绿化；新建一座石拱桥（12米长，4米宽）和一座木桥（12米长，3米宽），补建2个木护栏和1个大理护栏；安装节能路灯和景观灯80盏。实施“三通”工程，即通水、通电、通渠。疏洗组级沟渠3千米，铺设自来水管道1000米，实现全村安全饮水率100%；改造村电网2500米，户户实现三网接入，即电、网络、有线电视入户率达到100%。清洁能源入户率100%。

五是公共文化基础设施。为了满足人民群众的精神文明需求，先后投入40万元，修建了观光栈道及观光亭(380米)；农耕文化展示馆正在修建中，建筑面积150平方米，预计11月底完工，农耕文化展示品已基本收集完毕；兴建了村级文化广场，占地300平方米，配有80寸的大型液晶显示屏，修建了公共卫生间。

3. 文化建设

一是完善文化设施建设，引导村民自主参与文娱健身。仙桃村成立了30余人的村民自发组织的舞龙队和广场舞队，丰富了群众业余文化生活。村设功能完备的综合服务中心和村级组织活动中心，卫生室、图书室以及教室设施完备，供村民学习和开展文娱活动；文化活动广场为村民提供了活动、休闲、娱乐、健身的场所。

二是完善村规民约，引导村民自主维护环境卫生。在抓好卫生基础设施建设的同时，卫生管理实行“门前三包”的制度，责任落实到户，引导村民自主提高卫生、环境意识的同时，也实现了村庄环境的整洁卫生。

三是狠抓村务公开，鼓励村民自主监督。加强民主建设，坚持村务、财务、党务、事务定期公开，接受村民监督，村内重大事项的决策程序民主规范，凡是与农民群众切身利益密切相关的重大事项，都能坚持民主决策程序。村内干群关系融洽，集体资金运作良好，实现了保值增值的良性循环。

四是开办乡村讲堂。坚持一月一讲，开办了全县首家乡村讲堂，提高农民素质。先后举办了法治教育，两型示范村庄建设内涵，湘莲泥鳅混合种养技术，党的十八届四中、五中全会及县委十一届五次全会精神等主题讲堂，着力提高农民综合素质。目前村内村风和谐，群众支持拥护两型示范村庄建设。据统计，农户自己投工投劳参与建设达920多万。

三、主要效果

通过近两年的努力，目前的仙桃村村容村貌整洁干净，沟渠通畅清澈，道路宽阔绿荫遍地，房屋漂亮整齐，庭院内果树满园，硕果累累。村内环境和谐，人人讲礼守法，日出而作，日落而息。每到华灯初上的时分，文化广场音乐响起，数百计的村民随歌起舞，看的人群欢声笑语。沿河路两边灯光柔和，散步的人群三三两两，互唠家常，一派祥和、欢乐的景象。2015年3月底，人民日报“寻找最美乡村”栏目来到仙桃考察时，大为惊叹，对仙桃美丽村庄的建设给予高度评价，4月3日《人民日报》04版社会版刊登了“湖南安乡仙桃村，花田醉美春天里”的通讯文章，产生广泛的社会反响。

益阳市沅江市草尾镇乐元村创建“两型村庄”情况

乐元村位于沅江市北部，属典型的湖区农业村。全村辖21个村民小组，712户2680人，其中党员64名。全村共有集雨面积6100亩，其中耕地面积4850亩，以粮食生产、蔬菜苗木花卉种植、水产养殖、劳务输出为主导产业。近年来，乐元村以科学发展观为指导，紧紧围绕两型村庄建设要求，按照“农田增值，农业增效，农民增收，农村增辉”的总体构想，坚持坚持规划与建设并重，开发与保护并行，创建与整治并举，狠抓产业升级，突出村庄整治，注重基础建设，立足民生保障，打造湖乡特色，扎实推进了两型示范村庄创建工作。

坚持规划先行，耗资30万元，聘请湖南省现代休闲农业研究院专家制定了《乐元村村庄规划》，从人口、用地、空间布局、产业布局、基础设施、绿地和生态环境、村容村貌、民居点等各个层面进行了科学论证和综合设计，因地制宜，合理布局集中居住区、村级服务中心、商务配套服务街、酒店宾馆、休闲农庄、汽车超市、农贸中心、物流园、农产品加工厂、无公害蔬菜基地、有机稻种植基地、观赏性花卉基地、四季果园、文体场馆等主要设施。以农民集中居住区规划为重点，制订了可容纳1500户（含周边村）的集中居住区专项规划，并对蔬菜加工、冷藏企业和农贸中心进行了详细规划，为高起点、高品位、高标准打造具有湖乡特色、洞庭风情的两型村庄奠定了坚实基础。以规划为指引，村支两委通过发动村民自筹、鼓励在外成功人士捐助、争取各类建设资金等方式，共筹措各类项目资金1854万元，大力推进村庄建设，完成村内6条居民线的道路提质改造，全面建成通村联组串户村级公路网，并在4公里的主要村道安装50盏太阳能路灯；启动村部大楼和集中居住区的建设；完成渠道护坡12270米，填塘固基181米，改造维修机埠10个，新建机埠1个、桥梁6座、涵闸1座；按每户1.5万元的补助标准实施村民房屋改造245户。村民生产生活环境得到极大改善，宜居村庄逐步成型。

以两型示范村庄创建为加快村级经济社会发展的主线，建立了以村党支部书记为组长，村支两委人员和部分组干部为成员的乐元村两型示范村庄创建工作领导小组，制定并落实各村民小组组长创建岗位和职责。组织召开8次党员组长会、3次群众代表会、1次村民大会和16次广播会，出版4期宣传专栏，向村民印发《节能环保小常识》500余册，举办低碳节能、室内环保、公共环境、生态环保4期培训班，广泛宣传和普及了两型知识。同时，以两型示范家庭创建为抓手，投入4万多元购置1000多支节能灯免费发放给农户，引导村民树立两型生产生活理念，自觉养成节水、节电、节煤（气）的两型生活习惯，全村两型示范家庭创建面达80%。以家庭绿色消费、家庭成员公德等为主要内容，共评出10户两型示范家庭，为其他村民树立了榜样。将村庄环境整治作为推进两型示范村庄建设的重要突破口，加大资金投入，修建无塔式自来水5座，保障了村民用水安全；修建沼气池230个、化粪池300个，启动了集中居住区带粪便净化处理的公厕建设；集中开展两次大规模的清理整治行动，共出动清理人员4800多人次，对农户室内、家畜圈内、房前屋后、道路两侧、沟港渠道、房屋墙体等八乱现象进行了全面整顿，村庄容貌焕然一新。加快农村土地信托流转，做活土地文章，新引进种养大户4户，流转耕地1520亩。至目前，信托流转耕地3943亩，占全村耕地面积的81.3%，有效带动了农田和交通的基础设施建设以及农村公益性事业发展，促进了各类资本向农村流动和现代农业技术在农业生产中的推广应用。通过大户倾注资金、创新技术和加强管理，土地单位面积种植收入由2000元/亩大幅提升至20000元/亩，纯利由1000元/亩提升至10000元/亩以上，全村年农业总产值高达7850万元。农民普遍享受了实实在在的发展成果，农村劳力年均收入由原来传统耕种的5000元左右增长到15000元。大力推进农村集中居住区建设，引导500户村民集中居住，初步勾勒出了小城镇轮廓，并通过流转农户宅基地实行复垦还耕，宅基地还耕面积达300亩，进一步盘活了土地资源，促进了土地的集约节约利用。结合农村清洁工程，加强农村环卫基础设施建设，修建垃圾池45座，果皮箱382个，配备农村环境卫生保洁队伍和管理队伍，探索建立了保洁员承包、广大农民普遍参与的工作运行机制，实现了农村环境卫生管理工作的经常化、制度化、规范化。同时，利用房前屋后“四旁”隙地种花植树，绿化庭院，因地制宜发展“四小园”（小果园、小竹园、小花园、小苗圃园），新增花草果竹苗圃面积43亩；利用村内村旁空地见缝插绿，发展村片林和环村林带，村庄绿化已达到绿色小康村标准；结合农业综合开发、农田水利基本建设、土地整理、土地复垦等项目的实施，建成了高标准农田林网。村庄一派绿意盎然，环境更加优美。

娄底市新化县水车镇水车村创建“两型村庄”情况

新化县水车镇水车村，是水车镇的政治、文化、经济中心。紧邻国家4A景区——紫鹊界梯田。全村总面积1.84平方公里。26个村民小组，总户数603户，人口2750人。2015年该村被批准为“两型示范创建村庄”以来，以科学发展观为指导，以可持续发展为目标，按照“资源节约型、环境友好型”的总体要求，积极创建两型示范村庄。现将创建工作情况总结如下：

一、统一思想、提高认识、健全组织

成立领导机构，加强创建工作力度。为加强建设“两型示范村”工作部署，该村召开了创建工作会议，成立了以支书邹广平为组长、村主任邹云龙为副组长、村支两委成员为组员的创建工作领导小组，负责创建的日常事务。2015年6月份，该村在村民代表大会上重点提出了“两型示范村民”创建工作总体思路，并根据该村的实际情况制订了创建工作实施方案。依照方案，将每次任务落实到各线负责人。创建工作形成了一套完善的领导管理机制，做到事事有人管、人人有责任、各尽其责、各司其职，同时明确了创建工作经费列入村财务支出，形成有力的资金支持，使得整个“两型示范村庄”创建工作得以有条不紊地进行。

二、加大宣传力度，营造浓厚氛围

为使“两型社会”建设意识深入人心，村里通过党员、村民代表、组长、保洁员等多种层面的会议向广大村民学习宣传，同时以横幅、橱窗、传单等形式加强“两型示范村庄”创建态势，通过多种形式的学习宣传，使得村民理解到“两型社会”建设的必要性，增强了群众对资源环境保护意识，明白了每位公民都是“两型社会”的参与者和受益者，也是每个社会成员的职责，从而充分调动提高了村民参与“两型示范村庄”创建工作的自觉性和积极性。同时号召大家节约资源、从我做起、保护环境、人人参与。通过一系列的宣传活动，村民的绿色生活观念得到不断加深，环境意识进一步加强，“两型”意识已是家喻户晓，人人皆知。

三、积极创建、狠抓落实

1. 倡导节约资源。村里根据资源的掌握和利用情况，从自身做起，大力节约资源，同时也倡导村民节约资源。首先对土地资源进行科学规划和合理利用，严格控制人均建房占地指标，提高土地的利用率，其次是集中供水，防止水资源浪费，再次是投资20多万，使全村的路灯全部用LED灯，既节约用电、方便群众，又节约电能。

2. 大力整治村容村貌。为使村容整洁，环境优美，村里投入大量的人力和财力。为解决环境卫生问题，村里对环境卫生进行大整治，每年投资10万元用于清扫、保洁、垃圾清运，并为每户村民发放垃圾桶，对垃圾进行分类处理，使垃圾变废为宝，为我所用。为美化环境，投资12万元对全村进行绿化，投巨资对街道房屋进行风貌改造，对路面加宽并白改黑，使广大村民有一个良好的居住环境。为解决村民出行难的问题，投资20多万元新修公路一条，并着手进行硬化。为解决村民娱乐休闲问题，准备投资120万元，新建村级活动中心和文化广场。该项目9月份启动，12月完工。

3. 对部分偏僻农户，进行集中安置，投资5000多万元，新建了一条仿古商业街，既安置了农户，又带动了地方经济。由于宣传发动到位，落实具体，水车村的“两型示范村庄”创建工作，村支两委带头，广大村民参与，取得可喜的成绩，促进了该村经济社会的健康和可持续发展，改善了居住环境，提高了生活质量，创建工作是起点，没有终点。今后，该村将继续发动村民，一如既往地奉行“环境友好、资源节约”的理念，努力实现“两型示范村庄”创建目标。

娄底市双峰县相思村创建“两型村庄”情况

2015开展创建“两型村庄”工作以来，该村紧紧围绕构建资源节约型和环境友好型社会的目标，坚持“节约资源能源，保护生态环境”，结合实际，深入开展争创“两型”示范村活动，取得了阶段性成效。

一、配强领导机构。成立了村党支部书记为组长、村支两委成员、村民代表等为成员的创建“两型村庄”工作领导小组。村上以党员、村民小组长为骨干，组建了两型志愿者队伍，使“两型”创建工作、资源节约体系、环境友好体系在日常工作中加以推进。村上自上至下将分工、责任层层化解落实，形成责任到人、上引下联、齐抓共管的良好格局。

二、加强基础设施建设。加强农田水利建设改造，修建机耕道2公里，硬化水渠4公里，建成了村部休闲广场和上相思桥文化广场，购置健身器材16台套，完成现有村级水泥道路沿线共4.3公里路段亮化工程，添置太阳能路灯86盏，完成罗水组—下相思桥—新屋组全长1.8公里的砂石路拉通及水泥硬化。

三、加强环境整治。启动相思河整治工程，实施除污、清淤，对破损河道进行加固整修，全面完成村庄改圈、改厕、改厨、改水任务，建成了一批精品院落，聘请4名保洁员每天对村内公共场所进行清扫，实行垃圾集中处理，6.1公里村组干道全面绿化，引导农户庭院绿化、植绿护绿，村庄绿化覆盖率达到70%以上。

四、实现资源节约利用。推广使用节能电器、灯具、灶具，节能灯具入户率达到100%，节能灶具入户率达到60%以上。推广应用沼气、太阳能、液化气等清洁能源，确保使用清洁能源的农户数达90%以上；引导村民安装太阳能热水器50台，新建沼气池20口。建设农膜、农药瓶及废电池等电子废弃物回收站点，做到定时、定点或预约回收。除村上购置太阳能路灯外，其他实行以奖代投投入1.5万元。

“两型企业”

株洲时代新材料科技股份有限公司创建“两型企业”情况

株洲时代新材料科技股份有限公司是湖南省重点高新技术企业，2002年12月在上海证券交易所成功上市。公司主要从事高分子减振降噪产品、汽车轻量化材料、大型风电叶片、高分子复合改性材料和新型绝缘材料等系列产品的研制开发、生产、销售和服务。近10年来，时代新材销售规模以年均40%的速度增长，2014年销售收入突破60亿元，2015年达到100亿元。“十五”以来，公司先后承担了高技术产业化示范工程、国家863计划、国家科技支撑计划、国家科技攻关计划等20多项国家和省部级重点项目，主持起草国际标准2项，主持、参与起草国家、行业标准20余项，取得国家授权专利400余项，其中发明专利230余项。

公司通过工艺技术改进、节能技术创新，基础设备改造、基础设施投入，达到节能灯具使用率100%，生产性用水年循环使用率超过70%，非生产性用水使用节水技术100%，万元生产总值水耗低于13吨水/万元，节水型器具使用率达到100%，清洁能源使用率达到100%，固体废弃物综合利用率高于85%，废弃用品及耗材回收率达到100%，未利用土地绿化率100%，控制工业区噪音，开辟员工公交专线，倡导绿色出行。同时，通过开展各种员工大众喜闻乐见的文体活动，宣传和贯彻两型知识，让“两型”真正深入人心。

湖南云中沥青有限公司创建“两型企业”情况

湖南云中沥青有限责任公司位于岳麓区坪塘街道，是一家专业从事沥青路面材料研发、生产、销售以及道路路面施工的公司。公司在发展战略上一直将路面再生材料的开发利用作为重点，培养成企业的核心竞争力。我们通过三个途径在道路建设中，贯彻“两型”理念：一是循环再生理念。通过利用废旧沥青混凝土、建筑垃圾、废旧橡胶、塑料等材料建设道路，一方面节省大量的沥青、砂石等自然资源，减小采矿对环境的破坏；另一方面又可消化大量的建设垃圾，减少污染。二是资源节约理念。研究、开发了沥青超薄磨耗层、沥青路面养护剂等新材料、新工艺来减薄路面厚度、提高寿命，相应减小的建设过程中资源的消耗；温拌剂的研发与应用节约了生产时所需的燃油。三是生态环保理念。在沥青路面生产、施工过程中采用温拌技术，降低道路建设过程中能源消耗，减少温室气体排放，降低了沥青烟排放。（这些内容在2011年以“两型社会城市道路路面材料研制与工程应用关键技术研究”名称列入了省科技厅重点项目）

湖南云中沥青有限责任公司从2008年以来一直从事实施本项目所需的四大关键技术及其相关技术的研发与工程应用。目前，核心的材料、技术的效果已经过了初步验证，具备可行性，已没有难以逾越的技术屏障，项目实施期内技术工作主要集中在材料配方、技术性能的优化、测试，路面试验、性能跟踪调查、评价等工作。公司拥有较齐全的沥青材料实验设备，拥有湖南省最先进的沥青路面生产、施工设备，设备总价值达5000多万元，具备实施本项目所需的设备条件。

1. 研发五大两型产品

（1）再生沥青混合料：将破除维修旧道路所废弃的废旧沥青混凝土重新回收，然后进行破碎、筛分、配料、加热、再生等加工后，与碎石、沥青拌和，制成再生沥青混凝土，铺筑沥青路面。再生沥青混凝土中可添加40%废旧沥青混凝土，节省40%碎石，30%沥青，性能不降低。每建设一公里沥青路面可消化废旧沥青混凝土3500吨，我厂每年可消化10万吨，每消化10万吨，可多修20公里道路。

（2）再生水稳：将城市改造过程中所废弃的建筑水泥混凝土、砖渣再回收加工成再生骨料，与碎石、水泥拌和，制成再生水稳材料，铺筑道路基层。再生水稳材料中可添加50%——100%再生骨料，节省50%——100%碎石。每建设一公里道路可消化建筑垃圾15000吨，我厂每年可消化100万吨，可多修100公里路。

（3）橡胶沥青：将废橡胶轮胎、废塑料等用物理方法粉碎，与沥青融合，制成橡胶沥青。橡胶沥青中添加20%废胎胶粉，橡胶沥青路面噪声低，抗裂性能好，寿命长。每建设一公里橡胶沥青路面可消化废橡胶轮胎、废塑料60吨。

（4）温拌沥青：在沥青混合料加工过程中，加入温拌剂，可使沥青混合料的加工、施工温度降低30—40℃，与目前广泛使用的热拌沥青混合料相比，降低温室气体排放30%以上，降低沥青烟排放90%以上，节省燃油30%。

（5）高粘减薄乳化沥青（减薄沥青）：用特种改性沥青、改性乳化沥青作粘结材料制作的超薄磨耗层沥青路面的表面层厚度由4厘米减薄到2厘米，并且路面安全性能好、噪声低，节省50%碎石、50%沥青。

2. 推广五大两型技术

（1）湖南云中沥青有限责任公司利用的循环材料再生沥青，已在省内率先实现了成功应用，已在岳塘路、黄桥大道建设及湘府路、二环线的改造中成功应用，总计使用的废旧沥青混凝土有五万多吨。

（2）湖南云中沥青有限责任公司目前将洋湖湿地公园内的公交路、兆新路作为试验路段，利用再生骨料生产水泥稳定级配碎石和铺筑路面基层。

（3）湖南云中沥青有限责任公司建设的长沙滨江新城片区、洋湖垸片区均采用了橡胶沥青，建设的橡胶沥青路面有三十多万平方米。

（4）湖南云中沥青有限责任公司今年在先导区洋湖垸公交路建设项目中生产的温拌沥青混合料5000多吨，降温效果好。不但在生产时缩短了时间、节约了大量能耗，还延长了低温环境施工中碾压作业时间，避免了冬季温度低而造成沥青混合料表面无法压实的情况。

（5）湖南云中沥青有限责任公司在黄花机场维修项目中，采用高粘减薄乳化沥青进行接缝防护处理，渗透效果好，道路摩擦性能良好，预防了因粘结层渗透性不强而产生路面向前推移的病害，同时改善了接缝处的抗渗水能力及粘结能力。

推广上述两型材料的运用，取得了良好的社会效益：再生路面施工过程中，路面的几何线形及厚度能得到很好的保持；不影响与周围道路、设施的衔接和排水等优点；获得了业主对我们的技术肯定。同时，公司取得了较好的经济效益：通过回收再利用废料，由于应用方案、加工工艺合理，且生产设备很先进。投产后大大节约了成本。另外，此举还获得了生态效益：减少自然资源浪费、废气排放；降低能耗，保护环境；为社会的可持续发展做出了较大贡献。

3. 开发应用两型能源

（1）废旧沥青混凝土：对旧沥青路面材料循环利用而生产出新的沥青路面，不但可以节约材料、费用和能源，还有助于解决废物处理的问题。

（2）废旧水泥混凝土、砖块：水泥混凝土，碎石碎砖，是建筑垃圾中的最大部分，约占建筑垃圾总量的50%～80%，综合性能、经济方面的考虑，变为再生骨料修筑道路基层，这样能使建筑垃圾（特别是道路开挖、旧建筑拆除）的70%以上都能再生利用修筑道路。这样一来，保护环境、节约自然资源一举两得。

（3）废旧橡胶轮胎、塑料：橡胶沥青的应用消耗大量难以处理的废橡胶轮胎，减少橡胶、树脂等重要材料的消耗，有利于消除废橡胶轮胎对环境的破坏，节约自然资源。

（4）温拌剂是一种材料的创新，它的研发应用具有很大的两型意义：温拌沥青混合料可以降低温室气体排放50%以上，降低沥青烟排放90%以上，节约燃油20～30%。

（5）超薄磨耗层沥青路面可将表面层厚度由4厘米减薄到2厘米，不仅直接节约资源、降低了成本，而且减少了噪音污染。

这样“变废为宝”和“创新材料”的研发及应用正是符合资源节约、环境友好的新型材料。

4. 试行两型标准主要措施

湖南云中沥青有限责任公司正在与长沙市道路主管部门联合制订再生沥青、再生水稳道路材料的行业标准和有关政策。必须不断地优化管理，降低成本，提高效益，履行节约资源、保护环境的社会责任。我们公司正是基于这一理念，全面推进两型标准的形成，从而更好地引导整个行业的革新和可持续发展。

5. 形成两型模式

湖南云中沥青有限责任公司利用建筑垃圾修筑两型道路这种模式在长沙市取得成功后，将在其他各地建厂推广。近年，在长沙市一些城市道路中采用了一些先进技术和方法，取得了较好效果，但目前仍处于探索阶段，需要解决的问题还很多。发达国家在解决这些问题方面已经积累了丰富经验，可作为我们的借鉴。但任何一种技术都有其适用范围，不能照搬照套，因此我们必须因地制宜地推进我们“两型”材料的研发及应用不断地完善新型材料在不同地区、不同环境的路面性能，为了适应新形势下两型社会建设的要求，城市道路建设行业需要进一步开发新技术，推广新产品，应用新工艺，尽量减少能源、材料消耗，实现资源可回收利用。两型模式的形成，有利于更好地推进两型社会建设。

湖南云中沥青有限责任公司研发的两型技术和推广的两型产品具有重大的社会、经济效益。据测算，公司每年消化废旧沥青混凝土60000吨，废旧水泥混凝土、砖块等建筑垃圾1000000吨，废旧橡胶、塑料3000吨；减少碎石用量1000000吨、减少沥青用量3000吨；减少燃料油消耗2000吨、温室气体排放5000吨。生态效益是显而易见的。同时，公司承担了长是大河西先导区70%左右的道路工程，为两型社会建设的道路建设、新型材料研发起到了“先行先试”的示范作用，并且公司修筑的黄桥大道等工程项目受到了长沙新闻、长沙晚报、三湘都市报、潇湘晨报等多家媒体的报道。

湖南云中沥青有限责任公司的沥青生产、施工技术在湖南省处于领先地位。公司开展的“两型社会城市道路路面材料研制与工程应用关键技术”及“建筑垃圾材料循环再利用技术”项目列入了省科技厅2011年重点研究课题，项目克服了传统废旧沥青混凝土占用土地，浪费资源的问题；传统热拌沥青混凝土存在能耗大、污染严重，沥青路面容易破坏、养护不善等缺陷，通过温拌剂、沥青再生剂、沥青路面预防养护材料、橡胶沥青等关键材料的研发和建筑垃圾材料循环再利用，有效确保沥青路面“资源节约、再生利用；节能、减排；环保、舒适；长寿命、易维护”，实现再生利用建筑垃圾材料（特别是道路开挖、旧建筑拆除）修筑道路，减少环境污染，减少开山、开矿对自然环境的破坏。公司于2012年7月修筑了我省首条用废旧沥青回收后循环利用的“再生”沥青路——黄桥大道二段及南延线道路工程。该工程实现了废渣沥青回收再利用，有效地防止了黑色污染，造价相对较低，各项性能指标完全能达到新料的标准，取得了良好的经济效益、生态效益和社会效益。

湖南省丰康生物科技股份有限公司创建“两型企业”情况

湖南省丰康生物科技股份有限公司是一家专业从事棉籽精、深加工生产脱酚棉籽蛋白、棉籽低聚糖和植物油的省级农业产业化龙头企业，重点实施环洞庭湖区域年加工30万吨棉籽高新技术项目。

公司经营四年来，获得ISO9001：2008国际质量管理体系认证、ISO14001：2004环境管理体系认证、GB/T28001-2001职业健康安全管理体系认证、湖南省“小巨人”企业、湖南省质量信用AAA级企业、中国农业发展银行湖南省分行客户信用AA+级企业、市守合同重信用单位称号、湖南省农业产业化龙头企业、湖南省高新技术企业、中国棉籽加工行业标杆企业。“丰康生物”商标荣获“湖南省著名”商标、“丰康生物”脱酚棉籽蛋白荣获“湖南省名牌”产品称号。

为抓好两型企业创建工作，2012年2月编制了“两型”企业创建工作方案，组建了由总经理任组长的两型企业创建工作小组，开展了一系列的工作，取得了一定成效，具体做法是：

1. 贯彻了两型理念

公司建立了“两型”企业创建工作领导体制和工作机制，严格落实公司“两型”企业创建战略。公司建立由企业法人代表为组长的创建工作领导小组并定期研究部署企业创建工作。认真贯彻创建两型企业和发展循环经济的新理念，号召各部门坚持创建与发展相结合，开发与节约相促进，较快地打开创建工作新局面。领导小组办公室将任务分解落实到各部门并加强了组织推进和督促协调，相关部门之间相互配合，形成合力，推进分工的责任落实。

2. 执行了两型规划

按照创建工作方案，重点开展浸出脱酚等各工序降耗及棉籽低聚糖等关键技术攻关，开发和应用高效、低耗、绿色、环保的生产工艺技术，确保从根源上降低资源能源消耗，提高了资源利用效率。

3. 推广两型技术

公司于2008年引进北京中棉紫光生物科技有限公司“一种棉籽的处理方法”（专利号001345220.6）国家优秀发明专利技术——液-液-固三相萃取生产脱酚棉籽蛋白新技术，该技术先后获得中国饲料重大科技进步奖、绿色产品奖、中国专利优秀奖、国家火炬计划项目证书、国家科学技术进步二等奖。在此基础上，经过多年的实践与对比实验、研究分析各种工艺技术指标，进行技术创新，根据“结构相似溶解”的原理，采用“低温烘胚、两种溶剂分别萃取新工艺生产无酚棉籽油、脱酚棉籽蛋白、棉籽低聚糖和单宁”新技术，发明了用85%—90%低浓度甲醇溶剂，并在一定的温度、浓度和循环量的条件下同时萃取棉酚、棉籽低聚糖、单宁，再用乙醇、草酸等工艺提纯棉籽低聚糖和单宁新技术，即提高了棉籽油、棉籽蛋白的质量，又消除了棉籽蛋白中抗营养因子，同时开发出价值更高的棉籽低聚糖和单宁新产品，实现废水、废渣零排放，该工艺技术系国内首创。

4. 使用了两型产品

公司从创立至今先后采购了北京中棉紫光生物科技有限公司生产脱酚棉籽蛋白成套设备并新建了3条生产线。中棉紫光公司经过多年的研究和实验，于2000年12月11日取得了“液-液-固三相萃取新工艺生产脱酚棉籽蛋白”的国家优秀发明专利和15项相关国家专利。此技术于2000年4月纳入“国家火炬计划项目”，2008年10月评为“中国饲料工业重大科技进步项目”，2009年获得“国家科技进步奖二等奖”，还获得“全国商业科技进步奖”，“全国专利奖优秀奖”，“北京市科学技术奖”，“国家星火计划项目”，“北京市火炬计划”等荣誉，并于2007年列入科技部“十一五科技支撑计划项目”，为开发高蛋白新资源、提升棉籽价值，缓解我国饲料企业依赖进口大豆生产豆粕和进口鱼粉等高蛋白原料做出了较大的贡献。同时，这一技术为我公司创造了较好的经济效益。

5. 试行两型标准、形成了两型模式

公司按照“资源节约型、环境友好型”企业标准，认真执行ISO9001：2008国际质量管理体系标准、ISO14001：2004环境管理体系标准、GB/T28001-2001职业健康安全管理体系标准和脱酚棉籽蛋白、棉籽油生产标准，形成了农民利用土地生产棉花和棉籽—利用棉籽生产棉籽蛋白—利用棉籽蛋白生产饲料养猪—养猪产生猪粪—利用猪粪生产生物有机肥和沼气—利用沼气作为替代热能生产棉籽蛋白—同时利用沼液、沼渣、生物有机肥做肥料种植棉花生产棉籽的循环经济新模式。

湖南艾华集团股份有限公司创建“两型企业”情况

湖南艾华集团股份有限公司创始于1985年，是一家以研发、设计制造及销售铝电解电容器为核心，集电极箔与设备制造于一体的科技型企业。集团总部坐落于湖南益阳，下辖的7个子公司分布在湖南、四川、江苏等地，拥有员工2500余人。公司注册资本为1.5亿元，总资产达9.7亿元，年产铝电解电容器能力50亿支，是全球排名前九、中国排名第一的铝电解电容器制造商。近年来，艾华集团按照“打造中国最大、最健康的铝电解电容器生产基地”这一目标，大力推进清洁生产、循环经济，打造益阳创建两型示范企业的“艾华模式”。

建立制度，灌输两型理念。以制度先行，成立节能减排工作领导小组，制定降本增效、节能减排的具体方案和细则，引导企业员工牢固树立“均衡生产，满负荷生产”是最大的节约的观念，严格按照生产调度指令组织生产，提高工作效率和能源利用率，保证满负荷开机，确保处理量达标。完善工资制度、岗位技能工资制等分配体系，激发了全厂干部职工的积极性和创造性。狠抓管理人员、工程技术人员、技术工人三支队伍建设，坚持开展全员学习培训和企业形势教育活动，提高员工队伍的整体素质，增强员工团队精神。配有内训讲师 20 多人，投入资金 10 万多元开展中层管理人员培训、职工技术技能培训，全员培训率达 100%。投入培训经费近 50 万元，有计划地开展技术培训与技能竞赛相结合的培训活动，做到在职职工培训率达100%。实施技能等级工资等激励手段，激发职工学习积极性，利用局域网、标语、公司宣传板，加强员工之间的学习与交流。推行目标生产，转变以往各自为政的生产模式，形成以机修为组长、品管和操作工为组员的小组式生产模式，生产效率与品质与收入挂钩，充分调动员工工作积极性。

降低能耗，促进资源节约。振动盘是电容器生产过程中的一个重要设备部件，每个工序都会配备不同型号的振动盘，以保证生产能够顺利进行。旧式设备一般配备两个振动盘，在生产过程中不但浪费电能，而且还造成堵料、掉料现象频现。为提高生产效率，减少电能消耗，公司决定斥巨资引进最新型号振动盘，对所有旧设备进行翻新改造，改造后每台设备只保留一个振动盘，并且能够使生产顺利进行，生产效率大幅度提高。据统计，设备改造后每年将节约电能 60 万千万时，折合标煤 73.74 吨。老化工序是生产过程中的高温工序，车间内空气流动差、温度高，员工一直承受着较差的工作环境，普通空调系统很难起到调节空气更换和降温的效果，也是电容器行业普遍面临的问题。面对普通空调耗能高、效果差的问题，在对车间改造的同时，引进工业用水冷空调。升级后，车间温度由原来的 40 多度，下降至目前 25 度左右，为员工创造了一个良好的生产环境。

减少排放，实现环境友好。在裁切与钉卷工序车间安装大功率吸尘设备，生产车间空气质量等级成几何式增长，洁净程度已经达到 30 万等级标准，真正成为无尘车间，在同行业内已经处在领先水平。在含浸与清洗工序，投资引进冷却水塔与水处理设备，改变直排式生产方式，降低设备降温与产品清洗用水量，每年节约用水约 57834 吨，产生了极大的经济效益和环境效益。以绿色环保为主题的科技园的同时，一次性建好集收集管网、PH 调节池、中间混合池、一体化处理设备等完整的污水处理站，形成了日处理污水 300 立方米的处理能力，处理后的废水达到了《城镇污水处理厂污染物排放标准》（GB18918-2002）中规定的一级排放标准，大大降低了污染源的排放。制定了“太阳能屋顶”计划，并与千百亿（北京）投资咨询公司签订房顶出租协议，工厂 30000 多平方米的屋顶将作为太阳能板的铺设区域，建成后预计每年发电 262.8 万千瓦时，折合标煤 1051.2 吨，并且能够减排 2620.1 吨二氧化碳、78.8 吨二氧化硫、39.4 吨氮氧化合物。

湘村高科农业股份有限公司创建“两型企业”情况

一、公司基本情况

湘村高科农业股份有限公司的前身是湖南娄底市天源高科农业发展有限公司，成立于 2004 年 9 月，是黑猪产业开发项目的唯一承担单位，是集猪品种研发、种猪繁育和推广、商品猪生产，生猪屠宰、加工和连锁销售等为一体的农业产业化省级龙头企业。几年来，公司先后确定为国家高新技术产业化示范基地和国家农业标准化示范基地，利用世界银行贷款农业科技创新基金项目和国家 863 计划重点课题承担单位，并获全国科普惠农兴村先进单位和湖南省参与“万企联村 共同发展”先进企业等荣誉称号。湘村高科农业股份有限公司是国家级优良猪种“湘村黑猪”产业开发项目的唯一承担单位，集种、养、加、销为一体的高新技术企业和农业产业化龙头企业，业务涵盖猪品种选育、繁育推广、商品猪养殖与销售、肉制品加工、冷链配送、饲料生产、沼气能源生产与销售等。公司于 2016 年 2 月在新三板挂牌交易（股票代码为 835920），并于 6 月进入新三板创新层。

近年来，公司先后被确定为国家高新技术产业化示范基地、国家农业标准化示范基地、利用世界银行贷款农业科技创新基金项目单位、国家 863 计划重点课题承担单位和全国青少年儿童食品安全科技创新实验示范基地，公司产品分别获得 ISO14001、ISO9001、有机产品和欧盟麦咨达等质量认证。目前，公司已成为中国黑猪养殖规模最大的企业，“湘村黑猪”的品牌形象快速深入消费者心中，市场地位飞速上升。

二、两型创建模式特征

遵循循环经济“减量化、再利用、再循环”理念，立足养殖环节，通过延伸其上、下游产业链条，拓展产业增值空间，实现养殖业、种植业、加工业相融合，构建特色、优质、高效、低耗、生态、健康的养殖业资源化利用模式。

湘村高科农业股份有限公司承载湘村黑猪产业开发的高新技术企业、农业产业化省级龙头企业和湖南省上市重点后备企业。公司在娄底市娄星区小碧乡和茶园镇拥有两座规模化湘村黑猪养殖场，常年存栏黑猪 5 万头左右，年产 12 万吨专用饲料加工厂 1 个，年加工猪粪有机肥 2 万吨生产线 1 条，年产沼气 60 万立方米沼气能源站 2 座，并配套玉米种植基地 1 万亩和蔬菜种植基地约 0.2 万亩。为维护和改善项目区生态环境，实现节能减排和缓解能源供需矛盾，公司通过完善湘村黑猪生态产业链条，构建了“生态养猪—猪粪制沼—沼气发电（或制成车用燃气）—沼渣制肥—沼液种菜—肥料种玉米—玉米制饲料—饲料喂猪”的农业循环经济模式，达到社会效益、经济效益和生态效益三者高度统一，最终实现湘村黑猪产业的健康、可持续发展。

三、两型创建效果

湘村高科农业股份有限公司建立的两型创建模式，一是解决了规模化养殖带来的环境污染问题，同时生产的沼气、有机肥等产品，拓展了产业增值空间，通过节本增收，提高了养殖业的综合效益；二是将养殖废弃物通过能源（沼气）化、肥料化利用，既开发利用了生物质新能源，缓解了农村能源供需紧张的矛盾，又有效治理农业农村面源污染和减排温室气体，有利于促进农村养殖业、种植业可持续健康发展，确保人居环境友好，实现农业节能减排；三是种养结合、循环利用实现了农业生态平衡，是解决规模化养殖与生态农业之间的失衡问题和环境污染的典型示范项目，能极大促进湘村黑猪生态产业链发展，树立湘村黑猪有机产品品牌形象，对当地的经济发展、产业结构调整、农民增收等具有积极的现实意义。

“两型社区”

株洲市荷塘区桂花街道西子社区创建“两型社区”情况

一、西子社区基本情况

西子社区隶属于荷塘区桂花街道，东起桂花路，南临新华东路，西至红旗中路，北抵云龙大道，辖区总面积2.8平方公里，现常住2843户，总人口为7785人。社区由金色荷塘、玫瑰名城、西子花园、嘉盛华府等23个居民小区构成。辖区环境优美、绿化覆盖率高，街巷整洁、干净，治安良好，社区内现洋溢着一派古蕴新风、人文和谐的新型社区氛围。

西子社区两型创建工作起始于2011年，到现在已经是第5个年头了，经过这几年的努力，确实取得了一些成绩，先后荣获：“湖南省两型示范社区”“湖南省两型示范创建社区”“湖南省两型示范社区”“湖南省文明社区”“湖南省先进基层党组织”“株洲市两型示范社区”“株洲市绿色社区”“株洲市园林社区”“株洲市城市管理先进社区”“荷塘区文明创建先进社区”“荷塘环保创建示范社区”“荷塘区交通模范创建示范社区”等荣誉称号。两型之路贵在坚持，环境友好与资源节约是我们工作的追求，我们会继续努力。

二、主要做法及成效

1. 两型文化方面，社区办公楼已设立固定两型知识宣传阵地；两型文化知识宣传展板累计已做30块、横幅60条，累计发放两型宣传单10000余份；创建宣传橱窗6个，两型宣传一条街建设已完成；通过开展“市民学校”讲座、“文明伴我行”手抄报比赛、“变废为宝”制作大赛等多种形式的两型知识讲座、知识竞赛，邀请专业人士向居民普及环保节能知识，告诉居民在日常生产生活中如何节水、节电、节油、节材、废旧回收等，做到节能环保知识家喻户晓；社区经常性开展各类两型志愿服务活动，已成功组建“十大爱心项目”，运转已常态化，已发动1000余名志愿者参与两型社区建设，我社区志愿服务工作已经成为区里品牌，得到市、区领导肯定，有50多批次省、市领导到社区参观。

2. 便民服务方面，我社区现已成功建立一门式便民服务中心，社区办事流程、各项制度均已上墙供居民查阅，制定各项事务办理流程小卡片发放给居民，方便前来办事居民进行咨询及快捷办理各项事务。

3. 绿化美化方面，社区整体绿化率已提高到80%，平均每月开展2次环境卫生综合整治活动，针对背街小巷的一些群众反映强烈的“脏、乱、差”卫生死角进行清理和整治，开展了春季灭鼠和露头蚊蝇消杀统一活动、夏季灭蟑活动，已累计进行40余次环境卫生综合整治工作；硬化社区道路3800米；开展义务植树和树木认养活动，退伍老兵崔援国自筹7万元在勤政巷建立爱心园，面积达1600多㎡，种植花草树木500余株，动员居民百余人进行爱心认养。

4. 废旧物资回收方面，我社区大力宣扬废旧物资的回收利用，现我社区联合各物业公司设立了10处废旧物资回收点，定期对废旧物资进行回收利用。

5. 垃圾分类方面，我社区大力推广垃圾分类处理，垃圾日产日清率达到100%，在辖区垃圾桶覆盖率高，新建居民小区均已完成分类垃圾桶建设，增设了电子产品回收处理点10个。

6. 环保袋方面，我社区定期发放环保购物袋，动员居民自带环保袋、菜篮子，响应禁塑倡议，联合社区门店进行环保宣传，推动绿色消费，一次性购物袋使用率大幅降低，拒绝“白色污染”。

7. 绿色出行方面，我社区大力推行绿色出行，鼓励居民使用步行、自行车、公交车、新能源汽车等方式出行。同时，我社区新建自行车租赁点7个，现已有12个自行车租赁点，自行车租赁点已基本覆盖人流量大的区域，公交车站点规划合理，覆盖面积大，满足居民绿色出行的需求。

8. 保温环保建材方面，我社区大力宣传保温环保建材的使用，在新建房屋及装修中大力提倡使用建筑保温隔热技术与材料，目前我辖区新建小区大部分均已采用符合环保标准的保温环保建材。

9. 清洁能源方面，我社区大力推广清洁能源的使用，在我辖区新桂都、金色荷塘、玫瑰名城等新修小区2000余户家庭均已开通天然气，天然气网络已全面铺开，已引导160户家庭使用太阳能。

10. 节能节水产品方面，鼓励居民自觉选购节能灯、节水龙头等节能产品，大力倡导日常生活用水重复使用、纸张双面利用等环保行为，小区居民积极应用节能灯具、节水器具和节能电器，完成推广节能灯具5000余盏、安装声（光）控开关836个，节水龙头等节水器具使用已普及，据不完全统计，小区居民采购节能电器5000余台，居民应用后电费较大幅度地下降。

自我社区推行两型社区建设以来，取得了良好的经济、政治和社会效益。社区率先开展两型社区示范创建，着力突破节约资源、保护环境两大瓶颈，不仅极大改善社区民生，提升居民幸福感，也将为长株潭、湖南省乃至全国

"两型"社区建设提供诸多的时间经验和创建模式，为节省社区管理改革创新成本，提高改革创新资源利用效能探索出有效的路径，具有很强的推广、运用价值。

三、特色及亮点

1. 全民教育，凝心聚力齐抓创建。开展了"市民学校"讲座、"绿色交通，低碳生活"自行车比赛、"文明伴我行"手抄报比赛、"变废为宝"制作大赛、"呵护花草树木、保护环境卫生"等一系列西子特色的两型宣传教育活动，得到群众一致好评，做到两型知识家喻户晓；同时，发动了1000余名志愿者参与两型社区建设，独创了具有西子特色的志愿服务项目，已成功组建"十大爱心项目"，如晓雷工作室，已成为全区的品牌，得到市、区领导肯定，有50多批次省、市领导到社区参观。

2. 全员发动，齐心协力共创示范。我社区不定期发放《创建省级两型示范社区告知书》，并配合一定的鼓励政策和奖惩制度，从推广使用节能节水产品、鼓励使用太阳能等清洁能源、鼓励绿色出行、认种认养认捐树木、废旧物资回收利用、使用环保袋等多方面入手，号召社区居民从身边的小事做起，携手创建两型社区，充分发动了全员的力量认识创建、参与创建、支持创建。

3. 全域覆盖，你超我赶争当典型。随着我社区创建两型示范的深入开展，涌现了一批优秀的两型典型。如：

两型小区——金色荷塘小区，对雨水进行集中收集、处理、循环利用，建成了独具特色的水幕墙，地下停车场整体采用感应节能LED灯系统，人走灯熄，突出了节能节约理念，为了新能源汽车的推广，新建了三个新能源汽车充电桩。

两型门店——红南大酒店，利用2年时间，投入上千万，整体完成了节能灯、节水产品、空调系统、燃气等节能改造与升级，同时，使用环保餐具，践行光盘行动，实行餐厨垃圾定点回收。

两型家庭——姚卫锋家庭，他们家所有装饰材料及家具符合节能环保的要求，室内全部使用LED灯或节能灯具、空调设备能效标识全部为三级以上，使用天然气节能灶具及热水器、节能环保冰箱和节水型卫生洁具，淘米水用来洗菜、洗涤水用来拖地已成常态，室内所有的门窗均具有双层保温隔热的功能，通过学习践行两型，其家庭在水、电、气方面合计每月至少可节约80元以上，一年至少可节约上千元。

两型教育机构——派乐妈妈幼儿园，大力推行两型体验教育，坚持环保节约教育从小抓起，从小培养保护环境、节约资源的思想，通过一个小朋友影响一个家庭，辐射整个社会，促进了两型社会建设的可继续发展。

通过社区班子成员与全体居民的合作与努力，我社区已初步完成了向"资源节约型"与"环境友好型"转变，辖区环境、居民素质、居民节能环保意识等都得到了极大改善与提升，这给我社区的创建工作带来了极大的信心。下一步，我社区会继续严格按照"十进"要求，在实践中通过考察与反馈不断改进与完善两型工作，坚持不懈的开展两型社会建设，坚定不移地走两型之路！

湘潭市韶山市清溪镇火车站社区创建"两型社区"情况

火车站社区地处韶山市政治、经济、文化中心，面积约1.42平方公里。辖区现有29个居民小组，常驻居民3680户9878人，流动人口8000多人；有企事业单位115家，市场2个，个体经营门店2100多个。社区设总支委员会，下设火车站社区支部和清溪支部2个支部，10个党小组，有党员164名。近年来，社区紧紧围绕"两型"社会建设各项工作要求，以打造新时期优美人居环境为宗旨，按照"创建两型社区、推动文明建设、构建和谐家园"的工作思路，积极探索资源节约型和环境友好型机制，立体化宣传、亲情化服务和星级化标准的"三化"管理服务模式，积极推进"两型"社区建设"四个一"工程，初步形成了以共驻共建居民自治管理的城区创"两型"社区新思路、新模式。

一、采取的主要做法

（一）共建共创，有力构建"两型社区"创建自治新模式

在"两型社区"创建中，社区坚持走"共创共建"的思路，树立"社区事情社区办"的社区自治观念，充分调动驻区单位、企业经理、个体老板全面参与社区建设，为"两型"社区建设和发展服务。通过每季定期或不定期组织驻地单位分管领导、城管、公安等相关部门，分析社区创建存在的薄弱环节，研讨下步工作计划，共同携手解决创建工作经费、宣传燃烧污染、下水道堵塞等多个制约环境建设和困扰居民的问题。通过共同制定并不断完善《环境卫生管理制度》《文明创建办法》等，创建各项工作的开展有章可循、有据可依。通过与驻区单位签订《"绿色单位"共建协议》，与辖区内门店签订《门前三包协议》，与住户签订《绿色家园协议》，有效确保创建工作的有序有力开展。通过组织居民参与"义务护绿队""义务环卫督查队""义务环境保护卫士""义务保洁队""义务文明劝导队"等队伍，形成全体居民共建自治的良好局面。

（二）以立体化宣传态势，全面形成"两型社区"创建新合力

"两型"文化建设有助于增强社区凝聚力、"两型"向心力，形成浓厚建设氛围，凝聚强大建设合力。

一是拓展阵地，增强辐射力。上门向各家各户发放《"两型"社会居家必读》《垃圾分类五步法》《社区服务指南》等宣传资料，动员社区居民积极投入到"两型社区"示范社区建设中来。以居民学校为阵地，邀请相关专家到社区开设"居家环保小窍门""垃圾分类五步法"讲座等环保课堂，为居民讲解环保节能知识，告诉居民在日常生产生活中如何节水、节电、节油、节材以及废旧回收等小常识、小窍门，做到节能环保知识家喻户晓。通过开放社区图书室、绘制环保文化墙、制作"两型"社区宣传栏、发放《节能行动手册》等多种形式、多种渠道，拓展"两型"社区创建宣传阵地。两年多来，共举办两型课堂20期，参加培训人数达1200余人次，购买环保图书5000余

册，张贴创建“两型社区”标语1000多条，开设“两型社区”专题宣传栏12期，发放《垃圾分类五步法》折页5000多份，《致居民节能环保倡议书》5000多份，逐渐在社区形成了“两型建设，人人有责”，“节能降耗，户户可为”的氛围。

二是创新载体，增强吸引力。为使“两型”建设更具吸引力，社区精心设计了广大居民乐意接受的各种教育载体，使广大居民在参与中受教育，在参与中明哲理，在参与中辨是非。开展了“绿色家庭”“两型家庭”创建活动，将两型社区建设触角延伸到家庭，目前社区已评选两型家庭20户；举办了“环保节能”集中行动日、“垃圾分类五步走”培训等各类环保主题活动20次，制作了10000个环保购物袋赠送给居民；携手金天美食城餐饮和港越世纪城开发商主办了“绿色祖国，绿色家园”环保绘画大赛，优秀作品在火车站广场巡展，通过商家平台将环保理念带给广大消费者，增强活动的辐射范围；邀请驻社区单位、辖区内学校团体共同举办了“社区文化艺术节”每年一届五天的大型文艺汇演广场活动，以寓教于乐的形式，让居民在文化艺术活动中接受先进的文化理念。

三是创新思路，增强渗透力。社区以“低碳生活，两型理念”从小孩抓起，并通过学生影响家长以及全社会的思路取得了较好的效果。组织中小学生以“心中的绿色家园”为主题的征文比赛，暑假期间组织辖区内的小学、中学生参与“两型社会”建设知识抢答有奖竞赛，通过激发学生们的“两型”建设热情，在全社区形成浓厚的建设氛围。社区还邀请湘潭环保社团就社区环保意识、环保生活、环境整治等方面进行了调研，并共同主办了“社区环保节”和社区废旧电池兑换联谊活动，联合湘潭市妇联和韶山市妇联举办了废旧利用的手工艺作品展、废旧灯管兑换奖励活动。

通过全方位的宣传发动，社区居民、驻街企业单位“两型”建设潜力竞相迸发，两型文化氛围异常浓厚，两型建设实效全面凸显。

（三）以星级化为标准，不断增强生态文明建设新成效

一是力促资源节约。大力推进能源节约，加强居民有序用电管理，采取利用市民学校举办培训班的形式，积极推广采用高效节电照明产品成本，倡导空调使用夏季不低于26摄氏度，冬季不高于20摄氏度；推广使用太阳能、天然气等新能源，定期检查辖区内用水管道，监督破损下水道的维修改造，督促辖区内工业节水，引导居民家庭水资源再利用。同时，积极号召广大居民尽量少使用塑料杯、纸杯等一次性用品。发放垃圾分类五步走的宣传资料10000份。

二是美化社区环境。紧紧围绕营造良好环境，搞好绿化养护管理工作，进一步创新思路，突出重点，精心组织，狠抓落实，全力以赴投身园林社区创建攻坚战，使社区园林绿化工作取得更大进展。植绿面积3200平方米，柏油破损路面3000平方米，拆除乱搭乱建50处，建设标准化垃圾池10个，增配垃圾桶300个，设立有专人管理的废旧回收点5个，垃圾收集点、果皮箱齐全。同时社区还结合文明城市创建和社区提质改造，大力开展环境综合整治，完善基础设施，及时清除“牛皮癣”、建筑垃圾、死角堆弃物，清理垃圾通道堵塞、下水道，改造垃圾中转站，有效实现了各类污染源全部达标排放，社区环境明显改善。

二、创建工作成效

通过几年的努力，“两型”社区建设取得了一定的成效，社区开创了驻区单位、企业、社区居民、学校学生、离退休人员都能主动宣传、积极参与两型社区建设的良好工作局面，形成了社区管理与服务的长效机制，社区居民和单位、企业、学校都能自觉参与建设，遵守社区环境维护要求、节约要求，“两型”社区创建工作目前已成为居民了解节能环保知识、参与节能环保活动的重要平台和改善社区环境、提升居民素质的重要手段。社区环境面貌得到全面改观，“两型示范社区”创建，增强了居民群众的认同感和“两型观”，维护了整洁的社区环境、良好的社区生态，既美化了环境、节约了能源，也提高了居民的环境保护和资源节约意识，居民都能积极自觉地参加社区的两型创建。通过社区桥梁和纽带作用，社区呈现了“两型社区”建设的良好氛围，社区实现了社区居民新老城区，居民家庭房前屋后的沟通了、道路平了、干净了灯亮了省钱了。90%以上居民用上了天然气，装上了太阳能热水器。居民家庭用热水也方便了，对于新建住宅小区都安装了地热能。冬天也都暖和了，小区环境优美了，心情都愉快了。居民群众对社区环境的满意率达到98%以上。社区为居民做了好事，办了实事，得到了社区居民的一致好评。

三、特色亮点

2012年来获全国规范化建设示范社区、全国妇联基层组织示范社区、全国减灾示范社区、省创新管理网格化服务示范社区、省和谐社区、省科普示范社区、省充分就业社区等荣誉。

创新管理网格化服务的两型社区。以网格化管理精细化服务，形成两型创建的新思路、新模式。以环保、节约的两型生活设施，积极推广居民家庭垃圾分类管理，社区集中收集和废旧电池、电器回收兑换，积极推进“两型”社区建设的四个一工程，即：完善一批“两型”基础设施，创建一批“两型”示范小区，倡导推行一类“两型”生活方式，形成一套“两型”长效机制。

常德市武陵区落路口社区创建“两型社区”情况

落路口社区隶属常德市武陵区芙蓉街道，辖区面积1.1平方公里，成立于1986年，现有居民小组11个、2011户，常住人口5046人、工作人员10名。按照能力建设、体系重构、治理创新、回归自治的“完美社区”建设要求，建有500平方米的综合办公大楼，这里原来是常德市灯泡厂的猪笼街和鸡笼街，棚户区改造之后，原来破烂不堪的危房不见了，取而代之的是舒适、优雅的现代花园式住房。我们按照市、区完美社区建设指挥部的要求，创新了社区管理模式，形成了“3+n”社区管理模式，建有6个网格党支部。原省委书记徐守盛、省长杜家毫等先后视察了社区。

一、主要做法

1. 搭建爱心传递的平台，建立两型幸福驿站。为了倡导节约资源、循环利用、低碳环保的理念，社区与天源星城物业公司成立了第一家社区“幸福驿站”，引导居民将家中闲置且有使用价值的物品在幸福驿站内进行互换或捐赠或以旧换新。幸福驿站设有物品交换区、捐赠区、消毒区等。社区收到捐赠衣物后将其消毒处理捐赠给贫困山区或由废旧衣服回收公司收购，实现了资源的循环利用。

2. 加强节能和新能源利用。倡导居民选择节能产品，推广节能产品的好处，节水提倡一水多用，加强公共区域照明节约用电管理，利用太阳能发电技术，三年内实现路灯、景观灯、楼层照明灯等均采用太阳能供电，推进无纸化办公，倡导节约资源的办公习惯。

3. 打造新都市活性居住公园。天源星城在空间规划及景观设计中遵循了“自然、生态”的原则，力求创造“低碳、节水、绿色环保”的复合性、多层次的生态景观体系，大约节约整个小区的用水量70%。投入100万元在小区利用原用厂房废弃的机器、设备改造成小区的景观，不仅起到了废物利用，也增添小区的景观亮点，延续了居民对小区历史情感的记忆。

4. 开展两型宣传活动。成立美丽家乡环保艺术团，通过小品、常德丝弦等文艺表演的形式在各个小区宣传环保节能，倡导居民绿色出行、绿色环保新生活。同时，社区购置了近万个环保垃圾袋，免费发放给社区居民，增强社区居民的环保意识和两型理念。

二、主要成效

1. 社区单位和居民家庭推广使用节能电器、灯具、灶具，节能灯具入户率达到100%，公共区域的声（光）控开关应用率达到100%，新购家电中节能产品应用率达到80%以上。

2. 天源小区推广应用路灯、景观照明，在西郊七组、八组推行在屋顶可利用区域建设太阳能、水能、分布式可再生能源装置，在新建主要道路的光伏电路灯应用率达到100%，天源星城、创鼎百合园小区的分布式能源应用率达到100%。

3. 各个小区大力宣传低代价的生活方式，劝导居民随手关灯、拒绝使用一次性不可回收物品、每张纸双面打印等，宣传率达100%。，推行自行车、清洁能源汽车交通工具，步行、自行车、拼车、公交出行等绿色出行方式高于60%。

4. 每个居民小组及小区建设垃圾分类收集、处理设施，社区单位和居民家庭的垃圾分类收集率达到100%，实行垃圾分类运输，餐饮场所的餐厨垃圾收集率达到100%。

5. 幸福驿站建立废旧物资回收站及废电池等电子废弃物回收箱，倡导旧衣物、书籍、玩具、家具等的公益捐助、循环利用。住宅小区或楼栋的电子废弃物回收箱设置率达到100%，能做到定时、定点或预约回收。

6. 社区“美丽家乡环保艺术团”志愿者队伍以宣传环保、绿色出行、爱我常德为宗旨，宣传节能、环保理念，积极开展活动，推进社区节能、环保运动，每月三次在常德的各个社区进行宣传，共计演出达800多场次。

娄底市娄星区童家社区创建“两型社区”情况

童家社区位于娄底市乐坪大道东街，面积0.5平方公里，现有住户2495户，常住人口7290人，辖区内有8家行政企事业单位及小区。在上级部门的指导下，童家社区两型社区创建工作取得了一定的成绩，先后被授予“全国和谐社区建设示范社区”“省卫生村示范社区”“创建省低碳示范社区”等荣誉称号。总结如下：

一、加强基础设施建设

以“三创”为契机，历时64天，共拆除原市物资局院内主马路和东西两侧影响消防通道、下水道的违章建筑38处，对占用公共场地的临时棚子和14张桌球台全部取缔，对辖区内的健身休闲公园、房前屋后的绿化带及公共场所进行彻底改造。整合资源，打造一站式服务大厅，筹建老年人日间照料中心，为居民提供热情周到的一条龙服务。

二、严格优化环境卫生

辖区院落及篮球场、小公园四周都种植有树木，道路以外的公共场地铺设草皮，社区公共面积绿化率达到90%以上；每月联合帮扶单位、组织志愿者开展大扫除活动，进行卫生评比，定期开展清除违搭违建专项活动；社区环境卫生工作实现物业化，管理井然有序。

三、使用节能低碳设备

投资引入20多盏太阳能路灯，在社区公共场所设置了80个分类垃圾箱，公共区域LED灯使用率高达100%；在全体居民范围中开展节约意识宣传，超过80%的居民家中照明设施更新为LED灯，超过60%的居民使用了节能空调和太阳能热水器；社区在办公楼和公共场所全面设置了节约用水标志，张贴海报宣传节约用水意识。

四、定期进行宣传培训

社区室外设有45米的宣传橱窗，居住小区内设有小黑板，每月至少出一期低碳宣传知识板报、墙报，内容紧贴生活实际，寓教于乐。不定期组织居民观看《低碳经济与市民生活》专题讲座，开展低碳知识进社区“大宣传”活动，营造“创建低碳家庭——共享时尚生活”的良好氛围。社区在娄底市举行的“创国卫”评比活动中名列前茅；社区通过招商引资和劳动保障，解决了大部分的劳动就业问题，80%的家庭达到了小康水平。

五、广泛开展评比活动

为普及环保节能知识，树立低碳理念，社区开展了“洁美家庭”评比活动，从家庭绿色消费、简约生活方式、家庭成员公德、环保知识普及等方面进行评比，共选出了10家模范家庭并进行资金奖励，提高了居民创建“两型”社区的积极性。

娄底市新化县上梅镇坪山垅社区创建“两型社区”情况

2015 年 6 月，上梅镇坪山垅社区被正式批准创建两型社区，于 2015 年 7 月 20 日新化县发改局以新发改〔2015〕109 号文件转发下达了资金计划，2015 年 8 月创建资金到位〔新财建函〔201〕14 号〕。社区认真谋划，严密部署，开好头，起好步，成立了以支书为组长、居支两委为成员的两型示范社区工作领导小组，组织召开了专题会议，加大宣传力度，紧张有序地全面铺开建设工作。

一、前期宣传：社区成立以居委会支书伍先祥为组长、社区副主任刘喜湘为副组长、居支两委为成员的“两型社会”示范社区建设工作小组。工作小组组织召开了筹划会议，进行了细化分工，明确了责任。认真制定创建工作方案和创建工作的具体实施计划和步骤。每季定期召开工作例会，研究和布置各项工作的落实，确保创建工作的稳步推进，领导小组成员利用时间深入社区对社区居民动态进行摸底，了解民意，摸清居民思想底数。就两型示范社区建设问题与社区居民进行随意攀谈，宣传两型建设的目的，了解居民对建设两型的看法。广泛宣传，营造氛围。迈好建设工作第一步为营造良好的建设氛围，迈好建设工作第一步，在重点采取了四项措施加大宣传力度。

一是悬挂宣传条幅；二是利用文体活动加强宣传；三是利用板报、展牌进行宣传；四是编制发放宣传推介手册。入户发放《推介手册》2000 册，内容包括“两型社会”的概念，建设“两型社会”的目的、意义和任务，如何建设“两型社会”等，下发到两社区每家每户，使居民对低碳经济、低碳生活相关知识了解更多、更深，在提高居民素质的同时，赢得了居民对“两型社会”建设的理解和支持，纷纷表态要配合社区办工作，千方百计发展低碳生活，建设两型社区。

二、亮点回顾：通过两型社会创建活动，广大居民充分认识到了“资源节约，环境好友”的重要性，增强了对节约资源，保护环境的意识，2015 在社区两型领导小组的领导下，以两型示范社区建设为目标，已完成了项目工程：通村、通组公路 2200 米合计 51 万元；安装太阳能路灯 45 盏合计 12.73 万元；绿化 1000 平方米合计 32.45 万元；居民自来水引用覆盖面积 80%合计 97.5 万元；集中安置小区防护及排污工程合计 25 万元；电力工程合计 12.6 万元。项目投入总资金 231.28 万元，其中省财政拨款专项资金 20 万元，有关部门资金 80 万元，自筹资金 131 万元。社区通过创建活动取得了较大成绩，得到了广大居民的认可，同时，也发现了一些问题，经济难，难以承担项目建设所需资金；少数居民认识难以到位，不支持地方建设；请求上级部门加大投资力度和投资年限，使两型示范性社区建设能持续发展。

三、后续工作计划：通过两型社会创建活动取得较大的成绩，社区还将继续把两型社会的活动精神“资源节约，环境好友”发扬，增强对节约资源，保护环境的意识，在两型领导小组的领导下，以两型示范社区建设为目标，计划完成以下项目：碳山岭公路的开通、硬化，全长 1800 米，预计 50 万元；居民自来水引用工程 2、4 组，预计 20 万元，完成后全社区的自来水引用覆盖面积高达 99.9%；全村路段的太阳能路灯安装，前期先投入 100 盏，预计 30 万元，达到太阳能路灯覆盖率达到 99.9%。

郴州市桂东县金田社区创建“两型社区”情况

金田社区位于桂东县城，辖区内有 4 个居民小组、18 个县直机关单位，1040 户 3328 人。近年来，金田社区按照“两型”建设总体部署，紧紧围绕“生产发展迈大步、生活宽裕上台阶、村风文明再提升、村容整洁展新貌、管理民主呈和谐”的目标，夯实“两型”群众基础，建设“两型”示范社区。

一、深入宣传发动，营造“两型”氛围

金田社区居委会将生态文明建设、城乡环境整治、精准扶贫、综合治理和卫生计生等工作纳入“两型”创建，突出宣传发动，注重宣传效果，充分利用宣传、授课、培训等方式，宣传“两型社会”建设意义，宣传资料进组入户，增强群众对“资源、环境”节约保护意识，提高了居民参与“两型”社区创建工作的自觉性和积极性，营造了“两型”社区创建态势。

二、坚持环保节能，争创“两型”社区

创建两型社区，规划要先行。金田社区邀请专家实地考察，制订了《金田社区整建规划》，因地制宜，合理集聚，改善环境，突出特色，积极倡导节地、节能、节水、节材，推进安全、经济、适用型住房建设，完善配套建设相应的公共服务设施，新建封闭式垃圾分类处理站一座，统一配置垃圾分类桶 2500 余个，率先在全县推行垃圾源头分类、清扫保洁、集中收运、综合处理一体化、常态化服务，营造了舒适洁净的人居环境。

三、强化措施落实，推进“两型”建设

金田社区争取部门支持，统一规划，注重发展，加大基础设施建设。挖掘地方文化资源，打造三台山森林公园、织女湖水上乐园、牛郎溪冰臼群等旅游景点，实施县城至三台山公园公路沙改油 4 公里，游步道 10 公里；新建占地 200 余亩的织女湖，三台山休闲广场，集健身、娱乐、比赛等多功能的体育馆，创建了省级 AAA 级三台山森林公园。

金田社区实施创建“两型”社区，居民环境意识、节能意识、公共意识、和谐意识大幅增强，软硬件环境明显改善，居民幸福指数得到提升，金田社区必将成为“最美社区”。

“两型乡镇”

岳阳市汨罗市白水镇生态乡村建设模式

汨罗市白水镇为了建设生态乡村，全力整治乡村环境，力求放大生态农业、休闲产业优势，以农村土地合理流转开发、改造农民居住环境为切入点，以“统一规划、统一设计、统一配套建设、统一景观式样、统一施工管理”为准则，通过“政府引导、市场运作、农民主体”相结合的发展模式，规范建设生态化乡村，发展生态休闲产业，让农村居民过着美好的幸福生活。

汨罗市白水镇人民政府形成的《湖南省岳阳市汨罗市白水镇生态乡村建设示范项目实施方案》，重点提出了优化乡村布局、调整产业结构、美化乡村环境、合理流转土地等主要措施，旨在推进生态乡村建设，探索土地合理流转开发的模式，最大限度利用农村土地资源，积极推进生态乡村建设模式，抓住城市居民向往自然和回归自然的心态，科学规划，探索走出一条乡村秀美、生态文明、环境优雅、农民增收的可持续发展新路子。

白水镇按照“环保、生态、增收”的发展理念，以产业结构调整为核心，通过土地合理流转开发，构建乡村布局最优化、居住环境生态化、市场运作优良化、公用设施一体化的支撑体系，打造全国生态乡村示范区域。

（一）美化乡村路网，为生态乡村建设创造良好的硬件环境。以西长村、闵家新村示范片为核心，带动全镇基础设施建设上水平。重点突出村庄绿化、美化，入户道路的硬化、亮化，加强水利设施建设。目前已完成入户道路硬化198千米，铺设麻石人行道7800米，砌筑路边石17000米，栽种行道树8200株、种植草皮68000平方米，架设路灯470盏，建设健身文化广场8000平方米，高标准改造山塘145口，建设水泥渠道46200米。路网等基础设施建设先行，为秀美乡村建设奠定了良好的硬件基础。

（二）创建文明屋场，引导群众美化、绿化、亮化生产生活环境。在抓好农村大面卫生整治的基础上，按1万元每屋场的奖励标准，鼓励各村组开展文明屋场创建活动。文明屋场的基本要求包括：屋场道路实现了硬化、绿化和亮化；屋场户户清洁卫生，进行了改水改厕，房前屋后进行了绿化；屋场沟渠塘坝实现了净化等，目前已创建文明屋场78个。与此同时，将绿色通道建设作为美化家园的一项大事来抓。目前，已投入600多万元，分别对杨闵线、湘慧线、城界线等几条主要通道进行了高标准绿化，对其周边的残次林进行了清理改造，鼓励各村分别对村组道路进行绿化，现在全镇条条道路绿树成荫。用3～5年时间，将全面改造全镇的残次林，使之成为农民增收的绿色银行。文明屋场的创建活动，达到了乡村环保的目的，为秀美乡村建设创造了优美的源头。

（三）开发乡村旅游，促进生态乡村休闲旅游建设协调发展。白水镇乡村旅游发展规划纳入了汨罗市乡村旅游整体规划，白水镇按照“一村一品”的规划要求，西长、王家坪以观光农业为主，闵家巷、双石以娱乐休闲为主，作为第一批次先行先试发展乡村旅游，引导各村大力发展特色农林业、农业休闲观光产业园、农家乐等，以西长新农村建设示范片和闵家新村为主线，将各村乡村旅游资源连线拓面，形成优势资源集群。通过整合资源，构筑农村产业新格局，繁荣农村经济，使农业增值、让农民增收。通过旅游业的发展，使生态环境得到保护，村容村貌优美舒适，农民素质显著提高，促进生态乡村建设与乡村休闲旅游协调发展。

（四）强化公司化运作，实现农村土地资本和人力资源合理流转，切实增加农民收入。在政府引导下，引进宏昌农业有限公司，流转低产田600亩，进行荷花种植；引进湖南菁果农林开发有限公司在西长投资5600万元，流转土地660亩，建设四季花海和休闲接待中心；引进军事博览园项目，投资1.36亿元，流转土地200亩，建设集军事装备展览、军事体验、军事拓展、学生军训、社会实践、休闲旅游为一体的综合性军事主题园区；引进湖南固佳农林果蔬生态农业开发有限公司投资1300万元，流转田地200亩、山地800亩，建设百果园水果产业基地，打造一个集水果种植采摘、观光休闲及商贸服务于一体的农业果园生态种植基地；引进湖南艺特农业科技有限公司，投资500万元，流转土地200亩，建设一个以种植黄金蜜柚、蜜桔、药用牡丹为主的大型生态果树种植基地；由闵家新村度假山庄牵头，引进拓展训练、露天温泉、水上乐园及儿童游乐场等乡村娱乐休闲及生态旅游项目，引导农户发展“农家乐”。当地农民有的经营农家乐，有的从事乡村旅游服务，有的被聘用为流转土地上种植工人，农民收入不断增加。

通过生态乡村建设示范活动，目前已初步实现了“四个转变”。

一是实现了乡村环境整治由“定期化”向“常态化”转变。以前乡村环境整治按照定期检查的通知要求搞好村庄和屋场的环境卫生，现在由于发展了乡村旅游，经常有游客进村入户游览观赏，已形成了每个屋场和村庄天天讲美化、人人讲卫生的良好习惯。

二是实现了农村土地资源利用由“单一低效”向“优化高效”转变。以前的水田和荒土主要种植水稻和红薯，冷浸低产田、荒土和残次林山地收入低微，通过土地流转，冷浸低产田种植荷花，残次林地和荒土流转开发，种植四季花、名贵苗木、适时水果蔬菜、药材等，优化了种植品种和土地利用模式，使土地资源得到了高效利用。2015年，流转水田900亩，较2014年每亩提高200元收入；流转荒土和山地2000亩，较2014年每亩提高120元收入，村民年人均纯收入提高1400元，增长11.5%。

三是实现了农村劳动力由“外地务工”向“本地输出”转变。以前的乡村劳动力种地人平几分至一亩，收入难以维持生计，剩余劳动力只能外出务工获取收入维持家庭开支。现在白水镇生态乡村建设的示范村农民有的经营农家乐，有的从事乡村旅游服务，有的被聘用为流转土地上从事种植的产业工人，有的通过公司培训成为种植业技术员，劳动力基本不需外出，被本地引进的公司聘用为产业工人和技术员。

四是实现了农民“单一型生活”向“多样化生活”转

变。以前的农民过着日出而作日落而息、面朝黄土背朝天的生活，偶尔外出务工补贴生活不济，晚上看看电视聊聊天，生活比较单调。如今白水镇的农民还是日出而作日落而息，但是他们所干的是有技术的种植业，有经营思维的休闲业，有素养的乡村旅游服务业；晚上生活更加丰富，健身文化广场上有广场舞和健身的团队，度假山庄有许多当地居民参加丰富的娱乐活动。农民们的生活多样化，共同享受社会改革的成果。

通过生态乡村创建示范，努力实现习近平总书记“美丽乡村要望得见山、看得见水、留得住乡愁”的目标。作为汨罗市白水镇人民政府，本项目大胆探索，就如何最大限度地提高农村土地资源利用效率，走出了一条乡村秀美、生态文明、环境优雅、农民增收的发展新路子，开展了农村土地合理流转的尝试，形成了生态乡村建设长效机制，发挥农民的主体作用，既可减少农民外出务工，节省农民生产生活成本，又可美化环境、增加农民收入。总而言之，通过本项目的实施，将对带动全国的生态乡村创建起到示范作用。

汨罗市白水镇大胆创新，形成了生态乡村建设长效机制。

1. 绿色发展机制。农民居住处、乡村道路旁、田土山地上种植秀美的花、草、树木，按照规划搞好道路建设、路灯架设、道路美化、水系建设等配套工程，完善污水处理、改水改厕、垃圾处理等公共设施，建设环境秀美的生态绿色家园。

2. 市场运作机制。通过本地的能人参与引路开发的方式，引进有特色的农业产业化经营的企业，通过市场化合理流转土地，按照公司化运作模式，种植名贵花草、树木，充分发挥土地利用价值，同时有资源 的农户建设农家乐经营规模各异的游客接待中心，促进生态乡村建设科学发展。

3. 工作互动机制。形成了“政府引导、市场运作、农民主体”相结合的发展模式，镇政府牵头引进企业，为企业提供优质服务；企业按公司化运作模式走入市场，发挥土地效益；农民作为土地承包的主体将土地流转给企业，自觉维护企业利益，积极参与企业的经营活动。

4. 土地流转机制。白水镇成立专门领导小组，设立招商引资小组，严格把关，引进企业按照规划进行土地合理流转引导开发。镇政府严格掌控土地流转的价格，5 年定价不变动，全力协调土地流转一切相关手续，使引进的企业专心开发经营。由于政策优惠、措施得力，白水镇生态乡村建设有序开展。

常德市桃源县枫树维回乡创建“两型乡镇”情况

枫树维吾尔族回族乡位于桃源县东部，距桃源县城及常德市区均约 15 公里。全乡总面积 58.95 平方公里，耕地面积 42075 亩，下辖 12 个行政村，其中有 5 个少数民族村。全乡 32896 人，其中维吾尔族 7883 人，回族 1316 人，是除新疆外最大的维吾尔族居住地，素有中国维吾尔族“第二故乡”之称。该乡历来以养殖业、种植业和农产品加工业为支柱产业，是国家级少数民族特色村（寨）保护与发展试点单位，是全国民族团结进步模范村、中国少数民族特色村（寨）及常德市城郊休闲宜游美丽乡村。

一、主要做法及成效

2013 年来，枫树维回乡党委、政府以建设“两型乡镇”为目标，打造特色枫树，建设幸福家园，积极开展“五美”（自然生态之美、产业发展之美、社会和谐之美、历史人文之美、民族风情之美）乡村建设，有力促进了枫树可持续发展，先后被评为“国家级生态乡镇”“全国民族团结进步先进集体”。

（一）实施“三四五六”工程，发掘自然生态之美

枫树维回乡处丘陵地貌，乡党委、政府充分利用山清水秀的自然环境，紧扣两型乡村发展方向，将自然环境与乡村建设融为一体，实施“三四五六”工程，打造景村互动，实现生态与经济双赢。三边造林，枫树维回乡林地面积 2.54 万亩，山地综合开发成效卓然。森林覆盖率达 25%，杂交茶果林、花果苗木基地林，农户果树林、经济用材林比比皆是；开发四季果园 200 亩，种植枫树林 100 亩，乡村道路绿化率达 90%以上；充分发挥林业优势，建设盛世休闲山庄、开发观赏性园林；生态林业从单一的用材林生产向多品种、高效益、宽幅射、久维护的方向发展。四季有花，建设 400 亩“七色花田”，按每年 2–3 季更新花种；结合油菜种植产业，在花田周围辅之以油菜花海，将园区景色与农田景色紧密衔接，相映成趣；利用花海苗圃建设，打造民族风情街，各户自建庭院花坛，打造每家每户的“小花海”。五水共治，建成保障生产生活的 1235（1 个自来水厂，2 个水库，3000 千瓦装机容量的排灌机埠，500 公里干支渠排灌体系）水利设施，完成 11 公里防洪大堤硬化，规划污水处理厂设计方案，安全饮水工程实现全覆盖。六好庭院，按照“绿化美化好、整洁干净好、勤俭治家好、孝悌明理好、尊师重教好，邻里和睦好”的要求，在维回新村 40 户美丽庭院建设试点工程，以“四化”工程为重点，以奖代投，现已完成 28 户。通过“三四五六”重点建设，村庄人居环境得到改善，村庄宜居指数大幅提高。

（二）突出四大支柱，实现产业发展之美

结合生态环境与产业优势，枫树维回乡重点发展了四大产业。水稻种植，实施“打造三万亩优质水稻核心区”发展战略，建设 3.7 万亩双季稻产区，年产达 3.1 万吨以上，成为全县十万亩水稻丰产片和争创全国粮食生产标兵县的核心区，早稻生产工作在中央电视台《新闻联播》中头条播报。泰香米业与合作社、农户之间形成发展合作发展模式，进行粮食粗加工，提升品牌市场竞争力。畜禽养殖，以省级农业龙头企业三尖农牧及浏阳河饲料带动蛋鸡养殖产业发展，养蛋鸡 150 万羽，年产值 4 个亿，保证少数民族清真饮食习惯的肉牛养殖产业，规划建设肉牛屠宰厂，农贸市场实行清真肉食分区，创建了三尖蛋鸡、义哥清真牛肉等特色产品；水产养殖，利用白洋河、田河水库等水资源，大力发展水产养殖，年产大闸蟹 3 吨，“白洋青”河鱼 16.8 吨，打造童家湖水上垂钓乐园。乡村旅游，围绕“伯赞故里、维美乡村”这一主线，大力推进 2000 亩

枫树民族团结示范园建设。通过景区开放、节目定制、特色餐饮等消费行为，为园区及周边农户带来旅游综合效益1.5亿元，带动周边100余家农户自主创业，枫树民族团结示范园核心区“枫林花海”景区成功跻身国家3A级旅游景区。

（三）注重保护传承，凸显历史人文之美

枫树维回乡是伟大的历史学家、教育家翦伯赞的出生地，从哈勒·八士将士南征开垦至今已有600多年，历史人文特色浓厚，乡党委政府不断挖掘历史底蕴，凸显人文特色。加强文化交流，枫树维回乡与新疆吐鲁番、阿克苏等多个地市结为友好对象，多次组团赴新疆交流学习；多次接待过党和国家领导人、阿拉伯国家元首以及众多外省、市领导和穆斯林同胞，现在年接待新疆的客人达5000人次以上，已经成为联系湖南与新疆之间桥梁，展示民族团结进步的窗口。修复历史建筑，翦伯赞故居、清真古寺、哈勒·八十陵墓、马德成将军墓、点将阁、荐德楼、木卡姆广场、百翦墙等一系列历史人文景观让枫树维回乡增添了不一样的历史风韵，少数民族文化与汉族文化的融合也让这片土地展现出了特色的民族风味。加强人文建设，积极组织了“全市道德模范”“感动桃源十大人物”“帮联之星”“身边好人”的推荐工作，国钦棉业总经理丁巧云被评选为“全市道德模范”和“感动桃源十大人物”之一。

（四）维护民族团结，展现民族风情之美

民族团结是社会稳定的基石，是经济发展的重要保证。作为“维吾尔族第二故乡”，枫树维回乡党委政府用好用强这张无可复制的“名片”，从强化民族团结基础工作着手，呈现了多民族和谐共处、民族团结、共同发展的良好氛围。落实民族政策，乡成立了民族宗教工作领导小组，定期研究民族宗教问题；每年向上争取1000万元以上的项目资金扶持维回新村发展，发展民族经济，规划建设民族团结示范园。尊重民族风俗，枫树维回乡党委、政府充分尊重少数民族的风俗和生活习惯，全新改扩建了清真寺，修建了民族公墓；积极支持少数民族欢庆古尔邦节、开斋节等传统节日；对讲经传道的阿訇政治上爱护、工作上支持、生活上关心，使阿訇和众多穆斯林群众感受到党和政府的温暖。开发清真饮食，枫树的清真饮食具有鲜明的特色，清真饮食文化已经成为“维吾尔族第二故乡”招徕游客的新亮点，清真食品在全乡的饮食构成中占有重要地位，乡党委政府不断落实“清真三食”政策，扶植民族食品企业，传承民族清真美食，凸显民族食俗特色。传承民族文化，组建2支民族文艺表演队伍，创作了“乡歌”——《维吾尔族第二故乡》；编演了《维乡追梦》舞台情景剧；相继出版了《湖南维吾尔族》《穆民心声》《翦伯赞的故事》等少数民族历史文化丛书资料，展示少数民族幸福安康的生活现状和团结向上的精神风貌。

（五）改善民生保障，维护社会和谐之美

近年来，该乡始终牢牢把握改善民生这个重点，认真解决人民群众最关心、最直接、最现实的利益问题，努力使全乡群众学有所教、劳有所得、病有所医、老有所养、住有所居。完善服务体系。建好了一厅、两所、三院、两体系，即2000平方米的政务服务大厅，“四优一满意”计生服务所和市级标准化司法所，乡中心敬老院、民族敬老院、乡中心卫生院，农技社会化服务体系和土地流转平台体系；组建了“3+5”枫林花海农村社区，联合维回新村、庄家桥、大马山及陬市镇三里铺、新茶庵5个行政村，共同开发集现代高效农业、民俗传承、生态旅游于一体的“枫林花海”经济共同体。丰富文化生活。农家书屋建设工程、文化信息资源共享工程、现代远程教育工作、农村电影放映工程等工作有序开展；先后组织了多次以“促团结，重民俗”为主题的文化体育活动，包括村级篮球赛、“七一”拔河比赛、党员干部的素质拓展训练，并组织参加了县第一届体育运动会及市“百团大赛”，获得市一等奖。通过多样活动的开展，促进了文化交流及民族团结。保障安全环境。对企业、渡口、校车等进行定期与不定期安全隐患排查，安全隐患不留死角，有效杜绝了安全事故发生；加大刑事打击和治安调解力度；大力宣传民族团结和谐理论，支持引导维回族群众的信教活动，多次有效抵制宁夏“达哇”宣讲团，保证了社会稳定和民族团结。

二、经验体会

乡村生态旅游是该乡在两型乡镇建设中探索蓬勃起来的新兴产业，通过生态旅游带动经济社会健康发展、群众脱贫致富奔小康是该乡要实现的目标。

（一）对接两型乡镇建设资源。大力发展旅游产业，打好两型乡镇创建，要求该乡在先天已有的基础上，善于借力借势，要紧抓“常桃路统筹示范带”“美丽乡村”“特色村寨”等机遇，争取项目和资源，加强环境整治类和生态建设类等方面的项目对接，支撑两型乡镇继续发展。

（二）加强两型乡镇建设队伍管理。以目前两型乡村重点项目民族团结示范园“枫林花海”景区为例，该乡要从景区安全、环境、管理、服务等方面加强管理，打造一支专业的旅游管理团队，加强队伍规范管理。

（三）打造两型乡村品牌。要将枫林花海这个名片打得更响，要出几个独特产品和旅游衍生品，比如在枫林花海景区周边打造“民间小吃一条街”“特色民宿和国际露营基地”“乡村马拉松赛道”等，创新思维，打出我们的民族品牌，跳出“被复制”的套路，做出我们自己的特色，提升市场竞争力。

（四）实现两型生态旅游扶贫。以发展乡村生态旅游为平台，推动旅游道路、上下水联通、环境整治等基础建设，引导贫困群众结合旅游的需求创业，提供技能培训、落实优惠政策，打造农家乐、民宿、小商品贩卖、特色餐饮等，增加群众收入，实施旅游精准扶贫。

“两型家庭”

省科协苏蓉家庭：恪守传统，与时俱进

苏蓉一家成员三人。苏蓉，1971年11月生，中共党员，湖南省科学技术协会办公室副主任；丈夫邓舒旎，中共党员，中南大学教师；儿子邓绎如，就读于湖南师大附中博才实验中学。

一、推广两型社会理念，做两型社会的宣传员

苏蓉出身军人家庭，邓舒旌生于教师家庭，其父母都是厉行节约、勤俭持家的模范。家风熏染、父母言传身教，自幼树立“俭德辟难”朴素的节俭意识。之后的高等教育和党性教育使其得到了升华。他们充分认识到资源节约型、环境友好型“两型社会”对我国社会主义现代化建设、和谐社会构建的重要意义。

在日常生活和工作中，苏蓉家庭积极为普及两型社会理念呐喊、行动。苏蓉夫妇深知要建设好两型社会，不仅要宣传，更身体力行。他们利用自己的工作平台宣传两型社会理念，以实际行动为两型社会建设出力。他们时刻教育自己的儿子、侄儿、侄女、外甥等下一代。让他们明白积少成多的道理，取之有度、用之有节的美德，让他们懂得保护环境、利国利民、利己利他的深意。苏蓉同志从事科学普及、推广、服务等工作，邓舒旌同志则从事教育工作，他们善用自己的工作平台，宣传两型社会理念和好的做法。

二、建设两型家庭，做两型社会的实践者

1. 不赶潮，不随俗，合理消费，生活朴素

苏蓉夫妇能步行则不坐车，可坐公汽，则不打的，能坐火车，则不坐汽车和飞机。该家处河西，苏蓉同志每日携子早出晚归，公交出行，很少乘出租车，十多年如一日。手机不坏不换，坏了先修，修好再用。需要更换，也是更换为同一品牌的手机，为的是不浪费报废手机中尚可使用的电池。苏蓉一家服装朴素。衣服但求舒适暖和，能补则补，能穿即穿，内衣裤不好再穿，也洗净晾好，备出差用后再弃，绝不浪费。其子邓绎如的衣服鞋袜多在其表兄弟中传来转去，无有浪费。其夫邓舒旌，生活朴素，鞋不贪贵，但求合脚。鞋跟磨穿漏水，也留待晴日穿用。

2. 不奢侈，不浪费，抵制污染，绿色生活

家庭装修重实用、环保。装修不破墙，不给城市增渣土，不给环境增负担。装修时背景墙以开人心智，砺人情操的书画代之，不仅教化人，还可反复挂用，绿色环保。选购家具，以经久耐用的实木家具为首选。为省电节水，苏蓉同志不厌疲劳，科学洗衣，先手洗，再机洗，减少了洗衣机的洗衣时间，省电省水还省皂。该家庭使用较小容积的热水器，热水器水控开关总置于温度最高位，火力开关调至火力最小位以省水节气。装修时留下的白乳胶桶，他们用来储存清洗衣服的废水。他们先用该废水拖地，再用拖地后的水冲洗厕所，节约用水。家中客厅、餐厅不装空调。夏日炎热，或以纸扇降温，或以风扇降暑。他们家中所有电源插座，都带开关。电器不用，即闭开关，不让家电待机耗能。该家邓舒旌同志，不用流行的中性笔，而用钢笔，墨尽而汲新墨，多年用笔一支，于资源耗损低。苏蓉夫妇打印时，常利用只印了一面的废弃文件。练习写字，废弃的书报字纸、废旧作业本都是他们一家的首选材料。岁末年终，他们整理书报杂志，尚可继续使用的则分类装订，转送给农村亲友以尽其用。

3. 不因循，不教条，与时俱进，大胆创新

苏蓉夫妇集家庭智慧，改造家庭主卫的座便马桶，将废弃的矿泉水瓶和饮料瓶放置马桶水箱内，减少马桶内储水容量，以此达到节水目的。电脑办公，方便快捷，现成时尚。然苏蓉夫妇，识两型社会之实质，该用电脑则开电脑，不该用电脑则用纸笔。他们深知：电脑也好，纸笔也罢，能少用能源、能节约资源即是真理。节能灯管，较传统白炽灯泡节能高效。但苏蓉夫妇家庭的厕所灯、门厅灯，床头灯却选用低瓦数白炽灯泡，因为他们明白，节能灯启动一次，耗能约相当于其点亮几十分钟甚至一个小时左右的能源。厕所、门厅、床头等灯，亮度不需大，用时不太长，正合节能之需。塑料购物袋，苏蓉夫妇能不用则不用，必须使用则少用。每有多余购物袋，则必依其大小，洁秽收好。或做垃圾袋，或留待日后再用。每隔一段时间，他们便将多余购物袋赠送市场菜农，减少购物袋的浪费。家庭垃圾分类是苏蓉家庭的一个创造和习惯。他们利用多余无用的纸袋、米袋、购物袋、纸盒、纸箱等，将其改造为“家庭垃圾箱”。固体垃圾分门别类放至相应“家庭垃圾箱”内。积以时日，垃圾丰满，再交付小区卫生员，由其处理。这样，城市垃圾分类处理因家庭之力而由难为易，变繁为简。

4. 不乱吃，不滥用药，保护生态，爱护环境

苏蓉同志的家庭清洁卫生，蟑螂等少见。偶尔需除虫，他们首选物理法，不滥用化学制剂。他们不养宠物，不养外来物种，不买蛇，不买蛙，吃肉少，更不吃珍禽异兽。他们善于利用边角余料，如自制的筷子架就很有创意。他们热心公益，遇有蚊灾，虫灾、即报告主管职能部门采取措施。

总之，苏蓉一家积极投身两型社会建设，打造两型生活，建设两型家庭，是两型社会建设的忠实实践者。其言语、行动、居家和工作符合两型社会理念要求，具有一定代表性、示范性和推广性。

长沙市开福区王春林家庭：幸福家庭建两型

王春林，女，现年48岁，是开福区捞刀河镇捞刀河社区居民，她有一个幸福美满的家庭：73岁的婆婆精神矍铄，丈夫苏立雄现任捞刀河社区党委书记、主任，还有个聪明懂事、努力进取的儿子。2010年，他们家庭被评为长沙市“五好文明家庭标兵户”；2011年，被评为“中国红十字会员之星”。现在要是有人向王春林讨教经营幸福家庭的秘诀，她都会笑着说：“长沙市不是在开展‘两型’示范家庭创评活动么，提出的标准——‘勤俭节约、绿色环保、幸福美满、遵纪守法’其实就是幸福家庭营的蓝本。”

“家庭文化氛围一定要浓厚”

王春林一家正是一个集传统美德和平等、互助、进取等现代家庭美德于一体的文明家庭。对于孩子的教育，他们从来不说大道理，非常注重言传身教。平日生活中，王春林待婆婆如亲生母亲般悉心照顾，对于年迈多病的婆婆，她没有丝毫倦怠和嫌厌。2011年，73岁的婆婆因病住院，她不辞辛苦，整整一个月日日夜夜陪伴在老人的病床前，煎药熬汤，端茶倒水，嘘寒温暖，伺候老人的生活起居，直至婆婆病情好转出院。夫妻俩邻里关系一直也保持得很

好，为人处世在当地都是有口皆碑的。谁家有事或困难需要帮忙，他们从不推却，总是第一时间给予关怀和支持，甚至偶尔邻里之间有个小矛盾，王春林和苏立雄俩人都会被叫去当和事佬。只要他们到场，问题都能迎刃而解，纠纷也会化干戈为玉帛。正是在这样的环境耳濡目染下，他们的儿子非常懂事，也非常孝顺长辈。

“生活品质和节约并不冲突”

王春林非常提倡节约环保型的生活方式，“紧巴妈妈”就是她儿子给她取的一个外号。尽管生活水平提高了不少，但她始终坚持勤俭持家，在她的倡导下，全家的电灯全部换成了节能环保的节能灯，家用电器非节能的不用，尤其是生活用水能重复利用使用的绝不浪费。为达到绝不浪费的效果，王春林还特别在家中专门腾出一块空地，挖出了一个小水池，用来积存自然雨水和可重复利用的生活用品，用于浇灌家里的绿色植物、卫生大扫除用水，在她的要求下，甚至儿子洗车也在水池中提水洗。家中在她的打理下井井有条，屋前屋后都种满了各种绿色植物，宾客无论何时走进她们家都如沐春风，舒服自在。此外，她还单独开辟了 4 块菜地，甚至还在家中喂养了十多只鸡鸭，在家里开起了现实版的“开心农场”并乐此不疲。她说：“喂养鸡鸭，一方面剩饭剩菜不会浪费；另一方面他们的粪便又能肥沃自家的菜地，烂叶烂菜又能反过来喂养鸡鸭，做到了真正的循环利用，没有浪费一点的同时，也节约了生活开支，自己又锻炼了身体，更吃到了放心的蔬菜。真是一举多得呢!”在她的提倡下，她们一家基本实现了绿色低碳的生活模式，使用清洁能源，分类各种垃圾，能步行坚决不乘车等等，近来，这位与时俱进的“紧巴妈妈”又关注起了太阳能的清洁能源：“太阳能灭蚊器”“太阳能热水器”“太阳能小电灯”都被她搬进了家。“紧巴妈妈”很骄傲：“实践证明：生活品质和节约并不冲突。

“家庭关系融洽和谐很重要”

和谐家庭是和谐社会的重要组成部分，而夫妻子女和睦又是家庭和谐的重要基础。王春林一家人二十多年来，家里总是充满着和谐的气氛，笑声不断，几十年从没斗过一次嘴，得到街坊邻里的羡慕和赞扬。夫妻俩关系也堪称模范，相濡以沫二十几年，两口子感情也被地方津津乐道。她丈夫苏立雄同志在社区工作，社区大大小小的事情都要管，经常早出晚归，家里事无巨细就都压在了王春林身上，但她从无怨言，不但打理好家里琐事，承担着赡养老人、教育女儿的责任，还默默地支持着丈夫的事业，做丈夫最坚强的后盾。无悔的付出浇灌出来的果实也分外耀眼，苏立雄所负责的捞刀河社区多次被评为省、市、区先进单位；2010 年，还被评为全国妇联基层组织示范社区、湖南省先进基层党组织、湖南省和谐社区。他本人也多次被评为“全市感动社区新闻人物”“市、区优秀共产党员”“党风廉政建设先进个人”等荣誉称号。说起妻子，苏立雄都会动情地说：“我所有获得的荣誉都有她的一份。”

谈起创建两型家庭，王春林说：“一个人的力量是有限的，但是大家的力量是无限的。从身边的小事做起，不断积累，不断地用自己的行动去影响周围的人，去号召周围的邻居朋友共同参与到对资源的节约和对环境的保护中来。相信，会有更好的生活、更美的家园将等着我们!”

长沙岳麓区彭世英家庭：崇尚俭约生活，倡导绿色环保

彭世英同志系中南大学退休教师，居住于岳麓区岳麓街道云麓园社区。其本人以及家庭成员以“崇尚俭约生活，倡导绿色环保，追求和谐幸福”为核心，身体力行，从大局出发，从点滴做起，结合自身工作与生活实际，大力开展废旧物品循环利用、垃圾分类处理、两型环保宣传、两型技术产品推广等活动，带动社区居民和学校师生参与两型社会建设，先后被评为“岳麓区两型示范家庭”和“长沙市十佳两型示范家庭”。

一、注重资源节约

彭世英家庭十分节约，对铺张浪费深恶痛绝，他们处处注意减少垃圾排放，并加强垃圾分类处理。彭世英同志穿衣服仍是“新三年旧三年”补了再穿；一根 15 元的皮带用了 10 年，一头坏了，倒转头修了再用；奶盒、药瓶、包装盒都经清洗整理后送给收废品人员，牙膏袋用完再剪开，将剩余牙刷刮出再用；家里产生的有机垃圾尽量用于种花。节约能源。家里虽然装了空调，因用电量大，基本不开，热天用电风扇，冷天用烤火炉。家里除了还没坏的灯，一律用节能灯。注意节约生活用水。洗澡不超过五分钟，洗了浅色衣服的水洗深色衣服，然后拖地，从不用自来水冲厕所，都是用洗衣、洗碗、洗菜的废水冲。吃完饭后将碗用开水冲水喝后再洗，减少污水排放。

二、注重环境保护

彭世英家庭卫生干净，整洁透亮；厕所无害化处理，家装简单，多为老旧物品。秉持勤俭节约理念，买菜用购物袋，很少使用不可降解和不可回收的一次性用品。出行以步行、公共交通工具为主。

家里洗衣主要用肥皂，减少含磷洗涤剂的排放，还在进行高岭土的研究，加快以高岭土（瓷土）代替含磷洗涤剂的研发工作。为了美化环境，清洁空气，彭世英家种了各种花木，有君子兰、金银花、茉莉花，对口莲、吊兰，还种了环保树，它通过光合作用排出的氧气比一般花木高出 1 到 2 倍，结的红籽能防癌治癌。生活中，彭世英全家注意不产生任何噪音，并在和朋友研究消声器。

三、潜心两型技术的研究和应用

彭世英教授是中南大学环保领域的权威专家，先后发明了垃圾处理的关键设备——固体废弃物分选机，获得了国家发明专利和实用新型专利；创造了 D.R-org 综合利用工艺，可使垃圾生产生物能源，可从根本上解决我国能源短缺的问题和农业生产缺有机肥造成土壤板结的灾害性问题，已申请发明专利和实用新型专利；创造了“生活排污综合利用系统”，可使生活污水不排入地下、江河，从源头上治理水污染问题，使 50%–70% 的水得到回用，发明专利号为：ZL200610031930.9。另外彭世英同志还获得了一系列的节能环保专利成果，如磁旋净水器、风力动力装置（发明专利号：ZL201120173090.6.）、人力储能器（发明专利号：ZL200820053775）、电动污水处理机（发明专利号：

ZL200620053163.7），为我国环保技术的进步和发展做出了巨大的贡献。

四、热心两型文化宣传推广

彭世英教授利用教书育人的平台，一直从事两型文化宣传活动，引导广大教师学生注重资源节约，保护生态环境。他两型知识丰富，且发表多篇论文，出版多部专著，致力于为我省两型社会建设建言献策，先后向胡锦涛主席、温家宝总理、原任湖南省副省长周伯华同志、长沙市环保局提出环境污染治理和资源节约技术的建议。彭世英同志在昆明市、长沙市、郴州市等地的科技协会、大专院校等单位举办环境保护知识讲座。彭世英同志还通过举办太极养生班，担任晨练班教练等方式提倡全民健身以减少群众疾病，节约医疗费用。

五、家庭与邻里和谐

彭世英夫妻互相尊重，互相容忍，和睦美满，子女孝顺，家庭气氛和谐。彭世英家庭热心公益事业，积极参与社区环境整治及相关邻里活动，被评为中南大学“五好文明家庭”。

株洲市教育局刘珊珍家庭：两型理念强，践行成效显

走进位于株洲市教育局园丁小区刘珊珍家中，切身感受到的不仅是宽敞明亮、简洁朴实的风格和气息，更令人叹服的是独树一帜、别具特色的“家庭档案室”，十多平方米的房间里，储存保管、陈列展示家庭档案，极具创新性、示范性和价值性，这个家庭被评为湖南省两型示范家庭，可谓名副其实。谈起创建两型家庭的经验和感悟，刘珊珍娓娓道来，侃侃而谈。总结归纳，概述如下：

一、不断学习，节能环保理念强

家庭主妇刘珊珍，在民进株洲市委担任办公室主任；丈夫谭平，株洲市教育局教育工会副主席；儿子谭煌，作为人才引进“入港”，在香港应用科技研究院从事研发工作。一家人爱学习，勤思考，有着正确的价值观，人生观。特别是在创建两型的当下，对两型知识、环保读物、节能技巧等各门类知识，广泛涉猎，兼收并蓄；尤其是对省、市两型办、妇联制订的两型家庭创建标准、“家庭节能减排七件事”、“家庭低碳排放十五件事”等，或装订成册，或张贴上墙，熟记于心，知行合一。家中独子谭煌，学习精神尤为可嘉，仅举一例：在华南理工大学读研期间，借阅图书量，位居全校第二，可敬可赞。热爱学习、完善自我、与时俱进，是这个家庭的理念和常态。

二、身体力行，践行两型方式巧

刘珊珍是从毛泽东时代走过来的人，她常说，毛泽东的教导“贪污和浪费是极大的犯罪”，把节约的重要和浪费的可耻，阐述得淋漓尽致，这与当今提倡的“两型”，异曲同工。这个家庭几十年来，默默践行着既古典又现代、既传统又时尚的勤俭节约、简单朴实的生活方式。具体来说，他们是这样做的：

1. 节能减排、亲力亲为。其一，节水节电、小事做起：洗衣水拖地板、冲厕所，洗菜水浇花草，淘米水泡蔬菜，使用热水时，前期放出来的水装好备用；人走灯熄，人离机停，冬夏两季，首选能耗小的烤火炉、电风扇，即便是开启空调，也严格控制温度和使用时间；添置家电，首选节能产品，诸如节能台灯、变频冰箱、太阳能热水器。其二，绿色环保、注重细节：新房子装修时，选取环保型材料；洗衣搞卫生，选用无磷洗洁剂；用剩的肥皂尾料，积少成多，将其溶化，捏成大坨，继续使用。其三，低碳排放、持之以恒：不购私家车，家中配置单车20余年，现如今，每人持有自行车租赁卡，出行时，能步行时不骑车，能骑车时不乘车，能乘公交车时，绝不打的。其四，循环利用、动手动脑：纸张双面用，塑料袋多次用，布质袋反复用，纤维绳重复用，旧衣物改造用（做拖把、做座垫等），就算是废纸张、旧纸盒，也不丢不弃，积少成多，回收变卖，利国利己；缝纫机、热熔枪、小钢锯，是常备的修补工具；在生活实践中，摸索了诸多废物利用、变废为宝的小制作、小技巧：可乐瓶锯掉上半部，留下来的就是“笔筒”；大型号的洗洁精塑料桶，锯掉两端，钻几排小孔，穿上松紧带，装上塑胶杆，便是“乒乓球拾球器”，多球练习时，既不要弯腰，又提高了捡球速度；下瘪的乒乓球，用开水一烫，继续当做练习用球；平日里收集的包装袋、包装盒，在整理家庭档案时，也派上了大用场。其五，生活方式、文明健康：刘珊珍家庭，有着健康的生活方式和理念，栽花种草、打球健身、家庭建档，旧物收藏，“百度”解疑，丰富多彩。“家庭档案室”的成果，仅仅是她工作之余的“杰作”，其高尚的追求，可见一斑。

2. 公共资源、倍加珍惜。两型理念植根于心，是一种境界和情操，所以刘珊珍同志无论何时何地，看见“长明灯”“长流水”的状况，抑或是损坏水管和树木的行为，也会心疼不已，心急如焚，或将其关闭，或电话报告有关部门及时处理，因为她手中常备相关部门的应急电话，难能可贵。刘珊珍常说，节约节能，保护环境，功在当代，利在千秋，惠及子孙，举手之劳，何乐而不为，所以，在与同事朋友相处时，不忘与人分享物尽其用的窍门和快乐，交流“两型为人人，人人可两型”的认识和体会。

3. 家庭档案、彰显亮点。家庭建档，是这个家庭极具文化品位的特色和亮点，又符合当今倡导的两型理念，在株洲乃至全省堪称独树一帜，名列前茅。她系统整理了积淀三十年、跨越三代人的家庭档案，受到了各方的肯定和赞誉，成为有口皆碑的“株洲市家庭建档示范户”。三十多年来，别人可能当作废品处理的故纸、旧物，女主人却把它当作宝贝、文物来珍藏，并按国家标准档案要求，分门别类予以整理。现已建立文书档案百余本（盒），检索工具和编研资料30余本，实物资料数千件，收藏在数个铁制文件柜和玻璃展示柜，亲朋好友慕名参观，所写故事见诸报端，征文藏品喜获奖励，媒体记者频频采访。2011年，在株洲炎帝服饰商务节“老照片、老故事、老物件征集展览”活动中，刘珊珍提供的征文和藏品，被采用和展出，获得优胜奖和奖金，她戏称自己是社会效益和经济效益双丰收，在我们看来，这确实是健康的生活方式，高尚的文化品位，高雅的业余爱好，变废为宝的典范，创建两型的楷模。刘珊珍的“家庭档案室”的成果，仅仅是她工作之余的“杰

作”，其高尚的追求，可见一斑。

三、提升境界，良好德行代代传

刘珊珍家庭，风清气正，邻里和睦，友善他人。女主人刘珊珍，始终注重完善思想修养，提升道德境界。对内，可称贤妻良母；对外，与人友好相处；对工作，竭忠尽智，兢兢业业，主管的工作，受到省、市领导甚至民进中央领导的肯定与好评，被市政府记功一次，受省市级奖励数十次。男主人，被女主人封为“四不两全型人才”：不抽烟喝酒，不打牌赌博，不嫖赌逍遥，不铺张浪费，工资奖金全交，剩饭剩菜全包；在单位多次被评为“优秀共产党员”，所写论文获省级一等奖。家中独子，已长大成人，在香港应用科技研究院从事科研工作，他严谨务实，乐于吃苦，友善他人，人缘极好，所获“优秀学生干部”“最佳辩手”“优秀员工”“优秀志愿者”等称号无数，获奖学金多次，获发明专利多项；虽是独生，但从不乱花分文，在外求学，所花费用，记载明细，回家汇报；在广州华南理工大学攻读本、硕七年，往返途中，从未购买卧铺，通宵达旦，硬座而归……对自己如此节俭，对他人却大度慈善，他常说的一句话是“广做善事、广结善缘”：一次，一同学家中遇难，才参加工作两月的他，拿出现金二千元，帮助其渡过难关。全家人极富爱心，扶贫济困，抗震救灾，捐款捐物，热心公益，为构建和谐社会尽心尽力。

四、厚德载物，天道酬勤口碑佳

刘珊珍创建两型家庭的经验，受到广泛认同和赞赏。在陈至立副委员长、周强书记等中央、省委领导参加的“湖南省两型社区节暨两型家庭评选启动仪式”上，刘珊珍同志代表株洲百万家庭出席仪式，并向全省两千万家庭发出倡议；省两型办副主任刘怀德率队来株督查两型创建工作，刘珊珍家庭作为两型家庭的代表接受考察，深受好评。刘珊珍同志撰写的创建两型家庭的体会文章，被媒体多次采用。不仅如此，《株洲晚报》和《长株潭报》分别以“株洲市民刘珊珍‘记了’34年的家庭档案成为历史”和“巧手主妇擅长变废为宝，自制小物件，还建了家庭档案”为题，用整版的篇幅作专题报道；同时有湖南电视台公共频道、湖南卫视台、《潇湘晨报》、株洲新闻网、株洲新闻广播、《株洲品位》、《楚帆》杂志等二十余家媒体作专题播报，被媒体誉为“档案达人”“两型达人”。她建立的“家庭档案室”，已接待领导考察、媒体采访、朋友参观数十批，并纷纷留言，赞赏有加，其典型示范作用，不言而喻。

株洲市柴卉家庭：柴家人的“两型生活”

“节约”的殷实家庭

说起来，柴妈妈一家5口人算是家境殷实，女儿在荷塘区文体局上班，女婿在物业公司当管理人员，外孙女在北师大附中念书，老两口退休，家住在海创明珠家园。按理说，这样的家庭最多是朝“环境友好”努力点，不会太注意“节约资源”。但事实并非如此。在小区，柴妈妈一家颇以“环保”和“节约”出名：墙漆使用节能环保漆，照明使用节能灯，洗衣服用无磷洗衣粉，垃圾分类装，冬天不开空调、不用地暖，出门携带购物袋，洗衣服的水用来拖地，洗脸的水用来冲厕所……

最新的水费收据单显示，一家五口7至8月消耗生活用水33吨，人均月生活用水量为3.3吨。这并不为熟知他们的人奇怪，因为柴妈妈来自上海，节俭已成为习惯。

当“社区志愿者”的柴妈妈

上海人精明，但柴妈妈脑袋里想的不是钱。“创卫”以来，柴妈妈以卫生监督员的身份，经常组织小区老人们干着捡垃圾、拾烟头的保洁保安工作，担任小区业委会的委员，经常热心处理小区业主们之间的纠纷及烦心事，不辞辛苦，随叫随到，与小区居民关系非常融洽。

七年来每天风雨无阻。每天清晨，柴妈妈老两口还会在小区播放录音机，带领老人们一起锻炼身体。“前年，我们的气功队代表天元区参加全市的比赛还得了一等奖呢。”柴妈妈说起她的健身事业，颇有几分自得。她说：“健身很好，既锻炼了身体，又融洽了邻里感情，比窝在家里烤火、看电视强多了。”她组织小区老人们一起跳舞、打腰鼓等多种文艺活动，积极参加社区志愿者活动，被评为“明星志愿者”。当今报纸中夹放的商家的广告较多。细心的柴妈妈将广告纸叠成小盒放在餐桌上，装鱼骨头、饭粒等，既卫生，又省心，还减少了垃圾倾倒。

“接班人”小心怡

说起今年刚刚14岁的外孙女—心怡，柴妈妈赞不绝口：“孩子非常优秀，非常听话，没有一点骄奢之气。”小女孩经常在学校里最后一个走，为的是留下来关灯关空调；她的草稿纸用得比别人少，因为她害怕“森林就快没有了”；别人吃鱼吃肉喝饮料，一顿中餐下来中出不下十元，她三块五毛钱就简单解决了中饭。不买高档商品不打车，她唯一的爱好就是买书。在心怡不大的房间里，堆放着各类自己挑选的书籍，有漫画系列，有传记系列，有励志系列，显示着她广泛的阅读兴趣。一套“感恩自然”，让人对小女孩另眼相看。房间很整洁，很温馨，是小心怡一个星期一次大扫除的成果。在桌面上，摆放在她的小记者证和座右铭——“岁月不饶人”。显然，这是一个茁壮成长、前途灿烂的花样少年。今年中考以优异成绩考上本校高中免费生。小心怡的成功教育，来自于家庭对她的深刻影响。好的家庭氛围和由此产生的好习惯，在柴卉家代代相承，影响了全家的人。

柴卉的外婆，是上海银行的一个普通职员。当初，她供奉四个读大学的孩子，只能省吃俭用，一分钱瓣成两分花。柴妈妈在艰苦环境下奋发有为，成为一名优秀的人民教师，培育了众多的清华北大的学子，并在1998年当选为省人大代表，如今还继续发挥余热辅导很多参加高考的学生。柴爸爸现年70多岁，醉心于窗外小庭院的绿化建设。他把鱼肠子埋在花盆里做肥料，用剖鱼水、淘米水浇灌葡萄，把整个花园弄得红红翠翠、景色怡人；柴卉老公，由过去总忘记关电视关灯的散漫，转变成随手关灯关电视、并关电源的严谨；柴卉更是能干，每天六点半准时起床，风风火火下面条、煮蛋和煮泡饭，让大家吃一个快乐营养早餐。

一家人勤劳俭朴、和和美美，看看书报、听听新闻、做做运动、搞搞旅游，生活得十分愉快。大人事业顺畅，孩子健康成长，老人身体硬朗，家中歌声、笑声其乐融融。2008年，他家被评为全区“和谐家庭”标兵户，2011年又被评为全市“两型家庭”示范户。而在柴妈妈口里，永远总是这么一句：“都是一点小事情。没有什么，不值得一提。”这也说得对，但正是这些小事情，促进了文明向前一大步。

柴妈妈说：“我很小的时候，就知道当被单破掉的时候，可以从中间剪开，再把两头拼起来又变成一床好被单。现在也是这样，在保证生活质量的前提下不浪费、充分利用资源，这是一种美德。”

株洲市徐志雅家庭：低碳生活呵护自然，文明友善自得其乐

徐志雅，现年36岁，是湖南省株洲市第七中学的一名女教师，丈夫王彪任职于株洲县公路局，与公婆、女儿组成了一个五口之家。在这个家庭里，人人都有很强的环保意识，具有良好的社会公德。“勤俭节约、绿色生活、与人为善、和谐幸福”是这个家庭所有成员共同倡导的理念，也是家庭面貌的真实写照。

一、崇尚俭约生活，倡导“绿色消费”

人人都有一个家，在建好“两型”社会的历史进程中，以家庭为单位推动选择节能环保、文明、健康的生活方式最为有效。过去，对于家庭在节能环保、绿色环境等问题上，这个家庭的看法还是有偏差的，总认为环境的好坏是政府的事。随着株洲的发展，城市越来越美、道路越变越宽，绿树成荫，整个城市像花的海洋，脏、乱、差现象得到彻底治理。全家人真切感受到了株洲的变化不断提升了老百姓的生活质量、幸福指数、观念也有了很大的转变。“生活在美丽文明的城市，生活在绿色盎然的环境，我们的心也变成绿色的了”，这是徐志雅一家的心声。大家认识到只有积极参与创建活动，投入到节能环保队伍中来，才是真正讲文明、有素养的表现，对个人来说也是发挥余热、利国利民的大好事，全家人树立了一个共同的目标，那就是：创建绿色家庭，争做绿的使者。

在日常生活中，他们非常注意节约能源，养成良好的环保习惯，平时做到在家多开窗户，少开灯，多用自然光线，所购的灯泡都是节能型的，家电如冰箱、空调、电视等，逐步更换成节能省电的，夏天，尽量少使用空调，或者温度一般都设置为27℃以上；在用水方面非常注意节约，如使用热水时，首先放出来的冷水用脸盆接来备用；洗菜用过的水，用来浇花；洗过衣服用的水用来洗抹布或是冲厕所。在这个家庭，水的二次利用已经自然而然养成习惯了。

对于家里用旧的物品，徐志雅与婆婆一起动脑筋想办法，“变废为宝”，乐此不疲。如利用家里穿旧了的衣服等废旧物质做了几十双拖鞋，剩下的布条做拖把，她们把做好的拖鞋和拖把经常送给左邻右舍，还发动大家一起做。在谈心得时她说：“生活中的小窍门很多很多，看起来没有利用价值的东西，只要我们用心，就能把它变得有价值，既节约了能源又减少了污染”。

日常生活中，这个家庭每一位成员都能使用“绿色”生活用品，养成健康环保生活习惯。室内装潢力求简单大方，美观实用，少用板材，多选用合格环保的装饰材料和建筑材料。在阳台上栽植观赏性强的花卉苗木，在室内摆放吊兰、绿萝、君子兰等能够绿化空气的植物，这样既美化了环境又净化了空气，利于身体健康，身心愉悦。倡导绿色出行，上班坚持坐公交，尽量不开车或者少开车；参与绿色消费，不购买、食用受保护的野生动物及制品，在居民中提倡拎布袋子、菜篮子，自觉选购节能家电、器具和环保产品，拒绝过度包装，使用无磷洗衣粉等。

二、工作有声有色，家庭和谐幸福，邻里和睦融洽

徐志雅是一位教育教学经验丰富，业绩非常突出的老师。在班主任工作中，她把自己的绿色家庭理念贯穿到班级管理之中，要求学生拥有健康向上的品质、良好的习惯、和善包容的态度，教育学生善待他人、善待自然。她所任教的学生都被她的治班理念所感染，班级凝聚力强。所带班级期期被评为优秀班级，徐志雅期期被评为学校优秀班主任，多次评为市、区级优秀班主任。2012年所带106班基础较差，年级排名靠后，但初中毕业会考5A率一举多得年级第二，学校戏称她为“放卫星专家”。她获指导学生进行的“水资源的污染”等研究获市级三等奖，指导学生参加学校环保科技节创意比赛获一等奖，在节能环保理念的推广普及工作中积极有为，形成了良好的影响。

徐志雅在工作中是个“拼命三娘”，在家庭中是个贤妻良母，孝亲敬老，教育孩子，无不尽心尽力，家庭关系和谐融洽。

自结婚后，徐志雅一直与公公婆婆生活在一起。在一般的家庭，婆媳关系是最难处理的。但在这个家庭里，夫妻相敬如宾，家人互相体贴爱护，其乐融融。有什么好吃的，徐志雅首先想到的是留给公公婆婆吃；老人一年四季的衣着，她亲自陪着逛街亲手置办；老人有个什么病痛，也是她陪着上医院，用心服侍。老人们也把媳妇看做自己的亲生女儿，见人就夸：“我们是前世修来的福气哟，雅仔（徐志雅小名）真是个好妹子，舍不得人哟!”为了给儿子媳妇减轻负担，让他们全心投入工作，老人们自觉担负起了操持家务，照顾孙女的任务。接送小孩，买菜洗衣做饭，家庭卫生等等，两老全包了。徐志雅夫妇俩每天下班到家，一桌丰盛可口的热饭菜早就在迎接他们，室内窗明几净，井井有条，舒适宜人，加上小孩的天真活泼，家里天天欢声笑语，幸福洋溢。

丈夫王彪对妻子的工作非常理解并全力支持。徐志雅连年担任初三班主任，大部分精力放在学生身上，甚至双休日都经常要去走访学生家长，不能陪家人一起享受假日的温馨浪漫。但王彪总是十分默契地配合妻子的工作，从来不曾有过怨言。每当妻子满怀歉疚地说：“老公，我又没有时间陪你们了!”他总是点点头：“去忙吧，家里有我呢!”以至于徐志雅常常跟同事晒幸福：“我事业上取得的一点点成绩，缘于背后有一个好丈夫，一对好长辈，一个温馨的家!”

徐志雅家庭与邻里的关系也很融洽亲密。哪家大人外

出有事，就会很放心地把小孩寄放在她家里；谁家闹个家庭矛盾，第一个想到的是到他们家倾诉，请他们家调解。有一次半夜，对面刘大伯突发心脏病，儿子媳妇不在家，刘大娘火急火燎来敲门。徐志雅一家人立马全部出动：打电话给刘家儿子，找担架，开车送病人去医院、做检查、安排病房……等刘家儿女赶到医院，病人已经脱离生命危险，安详地睡着了。儿子紧紧地握着王彪的手激动地说："兄弟，谢谢了!我们做儿女的还不如一个好邻居啊!"

三、热心公益活动，争当环保使者

"一花独放不是春，万紫千红春满园"，徐志雅一家人知道，仅仅自己参与创建是远远不够的，只有全社会成员都积极参与，那么，整个社会才会更文明、更和谐。

每逢区里、市里组织开展环保宣传活动，全家人积极参加，除女儿太小之外，家庭成员每个人都报名参加了志愿者队伍，并定期参加志愿服务活动，向广大市民宣传环保理念，倡导低碳生活。

全家人时刻注意自己的言行，出门注意不污染环境，尽量坐公交车，走在路上看到有白色垃圾还要捡起来扔到垃圾桶里去。女儿才5岁，也在耳濡目染中得到熏陶，旧衣服能穿就坚持穿，不吵闹买新衣；知道垃圾分类清理，不乱丢乱放；出门做客，总是帮别人家随手关灯等等。徐志雅的公公王先生经常说："希望通过我们的行为带动更多的家庭投身节能减排、绿色环保的活动，积极创建'两型社会'"。

湘潭市岳塘区龙翔家庭：积极创建"两型家庭"

龙翔是岳塘街道三株岭社区新二村1栋47号居民，同时也是社区居民代表，自觉学习"两型"知识，且积极参与有组织的"两型"知识培训，树立低碳环保意识，倡导"两型家庭"生活，树立资源节约型和环境友好型理念。

龙老通过学习，知道了乱扔电池的危害后，将家中、亲朋、邻居用过的旧电池集中收集，放到专门的回收箱内，不让旧电池给环境造成影响。他和他的家人有很强的环保意识，积极参与环境保护工作，自觉维护公共环境。"绿色环保，从我做起"，是龙翔一家的响亮的口号，他们不只是这么说的，也是这样做的，在保护生态环境和促进人与自然和谐发展方面做出了积极贡献。

龙老平时注重学习和运用环保知识，并把环保落实在行动上，处处以环保标准为依据。购买家电首选环保节能产品，购置电脑选防辐射的显示器，购置电视机选择防静电产品，电冰箱也是无氧的绿色冰箱。他还在平时认为微不足道的小事中发现了很大的节能潜力，如全部使用节能灯具，及时将灯关灭，拧紧水龙头，喝开水时，喝多少烧多少，家里的厨房和厕都按上节水龙头，大厅里使用的是节能灯，并养成随手关灯的习惯。平时，买菜不用一次性塑料袋，连洗菜也有学问，干净的菜先洗，难洗的菜后洗，还将家中的用水反复使用，洗菜的水用来浇花、冲厕所等，用过的洗菜水和洗衣水都存着用来拖地；冲淋浴时站在洗澡盆里，节省下来的水用来冲厕所，淘米的水用来浇灌花木，到了夏天空调流出的水，接起来浇花、拖地，既节约了水资源也解决了夏天空调水滴到墙上污染环境的问题，用他的话说，这是"废物利用"。他还在小区内经常捡垃圾、护绿，并倡到小朋友们不乱扔垃圾，帮助小朋友们从小树立爱护家园、争当小主人的意识。出门不远尽量少坐车，多走路，既锻炼了身体，又响应了低碳生活的号召。

为了减少一次性产品的消费，龙老要求家人杜绝使用一次性筷子；为了降低白色污染，他坚决不使用塑料袋和一次性饭盒，拒绝过度包装和奢侈消费自觉执行限塑令，自带购物袋或菜篮子等不使用不可降解和不可回收的一次性生活。他是这样做的，并且时时提醒身边的人，向别人宣传节能环保知识。另外在生活中他尽量采取步行、自行车、公共交通出行，平时他都是骑自行车，用他的话说既锻炼了身体，又节能环保。

龙老号召全家节约资源、保护环境的意识强，积极参加植树、护绿等环保活动；在日常生活中注意节电、节水、使用节能灯，尽量不使用一次性用品，使用绿色食品，他们的家中整洁干净、庭院绿化美化，他还和孩子们积极学习宣传环保、节能知识，在闲暇时经常带领孩子用费旧物品制作成家庭日用品，并带动和影响周围的人节约资源、保护环境，在不知不觉的日常生活中，他就已经走上了低碳生活的前沿。

一花独放不是春，百花齐放满园春。龙师傅目前的心愿就是每家每户都能在干净舒适优美的环境里和谐的生活。我们相信在他的示范带动下，两型家庭的理念将会在岳塘生根发芽，用不了多久，节能、低碳、环保之花将开遍莲城大地。

韶山市莫正德家庭：争做"两型家庭"榜样

一直以来，莫正德家庭十分注意环保低碳生活，坚持以人为本以及与自然和谐相处的生活理念。日常生活中不断总结出的节能环保实用窍门，并且身体力行地进行实践，从日常家用电器节能，到外出购物响应禁塑令，物品重复利用，以及衣物、杂物的多次利用，生活垃圾废品的处理都体现出来。在节约用水、用电、用气、用物等方面，包括日常生活用品和消费类物品的购置都有严格的限制和计划。并积极影响周围亲友和社区其他人的行为，成为本地生活小区高素质、高品位"两型生活"家庭的榜样。

莫正德家庭不光是积极关注环保节能生活，以身作则开展各项节能减排生活，更是经常性地撰写文章、开展讲座、参加公益活动等形式不遗余力地宣传和推广，坚持将"资源节约和环境友好"的理念深入贯彻到居民的脑海当中。他始终认为，韶山作为一个旅游城市，经过近二十余年的发展和保护，自然环境和森林覆盖率高，空气质量好，生活在韶山这样的宜居小城应该更加好好珍惜，注重保护环境。

该家庭作为"两型家庭"最大的特点还在于出行，虽然购置了私家车，但仅用于雨雪风霜恶劣天气和非办不可的大事，其他时间尽可能使用自行车，三、五公里之内的距离则骑自行车，家庭共有四台自行车正在使用。另外，莫正德在韶山组建了自行车队，提倡低碳环保健身生活，带动了全市更多的社区居民参与这项节能环保生活。

衡阳市衡南县刘金成家庭：厉行勤俭节约，践行两型理念

衡阳市衡南县向阳镇界牌村高岭组有一户这样的家庭：虽平凡而普通，但是全家人遵纪守法、夫妻恩爱、家庭和谐、邻里和睦，且厉行勤俭节约、践行两型理念、热心公益活动，深受村组群众和社会的好评。家庭中的主心骨叫刘金成，妻子刘益英，儿子刘旭东，女儿刘旭清，儿女虽大，在外忙碌自己的事业，一年到头难得团聚，但也并不影响这个家庭的和谐与美满。

初到刘金成家，一切都是那么吸引眼球：庭院十分干净整洁、生活方式绿色环保、生活垃圾分类处理、户外沼气池异常醒目、后院养猪场也形成规模。初与刘金成及家人见面，就被他们的朴素与真诚所打动，在与他的交谈中我们知道妻子与他结婚 26 年来，一直含辛茹苦、无怨无悔，为这个家操劳着，并全力支持丈夫去开创自己的事业；同时，在提到儿女时，刘金成的脸上露出自豪的表情，儿子刘旭东毕业于南华大学，目前在郴州奥迪 4S 店从事销售总监一职，事业有成；女儿在衡阳市从事服装生意，日子过得很开心、很红火。同刘金成的妻子刘益英交谈时她是这样说的：“自己的丈夫这么多年来所有的辛苦都是自己在扛，从来没有一句怨言，自己所做的不过是作为妻子应该做的，能有今天这个幸福生活一靠政策，二靠两人勤俭节约，相互支持。”多么朴实的话，但是却那么的让人感动，正是由于这种和谐的家庭氛围，刘金成有了今天自己的事业。

刘金成在自家后院建了个养猪场，养猪场现有近 600 头猪，每年的收入在 50 万左右。走进养猪场，大猪懒洋洋的晒太阳，小猪活蹦乱跳的景象让人倍感喜悦。在为我们介绍养猪场时，他的话语明显多了，这个养猪场是他父母一辈子的心血，到了他的手上扩大了规模，从原来的几头猪发展到现在的几百头，从原来的几个猪舍发展到现在百余个猪舍，语气中分明多了几分骄傲。养猪场是衡南县的典型，同样，利用猪粪发展沼气也是衡南县的示范，2005 年，他先后投入 1 万余元，挖建了沼气池、净化池；2006 年，又投入 10 万余元，实现了猪场供暖、家庭生活用电、用气全部以沼气为能源；之后，他又将沼气渣广泛用于农田、菜地施肥及园林建设。这样既为猪圈优化了环境，又为自己节省了能源，节约了开支，创造了效益，抵制了污染，实现了一物多用，良性循环。刘金成的成功在村里是家喻户晓，一些村民看到之后都跃跃欲试，刘金成毫不保留地帮助他们建造自己的养猪场，一有时间他们之间也相互交流，进行经验总结。左邻右舍都对刘金成赞誉有加，刘金成告诉我们，现在慕名而来的种养大户络绎不绝，而他总能倾囊相助、悉心指导，其实，看到村民共同致富、奔小康，他打心眼里高兴，觉得这样的生活才是安心、舒心、有意义的。

同时，善于思考和总结的刘金成也给我们分析了在广大农村推行沼气建设的可能性和必要性：一是农村有着众多人口和广阔天地，大力发展和推广沼气建设，可带动农村改圈、改厕、改厨，有效解决污水乱流、杂物乱放、柴草乱堆、鸡狗乱跑等问题，同时，有利于循环农业发展和推广，有利于改善农村生活环境、生活方式和生活质量，共同实现健康理念进家门、健康生活方式进家庭，形成优美、整洁、有序的家庭生活环境，提高环境意识和责任感，不断丰富文明家庭创建内涵，取得最大化的社会效益；二是沼气建设经费投入相对较少，简便易实施，且与现在的农村现状相吻合，便于推广，据统计，一整套完善的家庭沼气设施仅需 10000 元，可连续使用 10 余年，平均下来，每年不到 1000 元成本；三是该村为向阳镇生猪养殖大村，该村生猪养殖大户近 60 余户，年生猪出栏 3 万余头，所产生的猪粪、废水多达 40 万吨，有充足发展沼气的原料来源。

临别时，刘金成带我们去看望了村口的一家贫困户，老人对刘金成的到来格外高兴，刘金成宛如儿子般对老人嘘寒问暖、亲切问候，原来因为刘金成日常对其的关心和帮助，两人已是忘年之交。踏上由刘金成出资兴修的那条爱心之路，我们也真正体会到了他美好的希望和愿景：越来越多的人把“两型”生活理念灌输到自己的日常生活中去，越来越多的“两型”家庭涌现，越来越多的慷慨和奉献融入社会，只要我们能真正从身边做起，从小事做起，从自己做起，和谐社会就无时不有，蓝天、净土、青山、绿水就无处不在。

衡阳县王慧家庭：致力两型建设，倡导绿色生活

在文化名人王船山、革命先烈夏明翰故乡衡阳县洪市镇太山村，居住着王慧和陈斌家庭，夫妻俩在 2005 年 10 月 1 日结婚，勤俭持家，牵手走过了七个春秋，育有 1 个女儿，共有家庭成员 5 人，夫妻之间一直以来相亲、相敬、相爱、真诚相处，建立和谐美满家庭。家庭成员以“追求绿色健康生活”为理念，在资源节约、环境友好方面起到了示范带头作用。2012 年 9 月，该家庭被推荐评为衡阳县“两型示范家庭”。2013 年元月，该家庭又被推荐评为湖南省“两型示范家庭”。

一、身体力行，带动影响周围人群

一是不断学习节能环保科学知识。在王慧家中有十五本剪报册，册子里全是报刊上的文章。有关于节水节能省电的小妙招、国家重点宣传的法规、《公民道德实施纲要》、节能减排的方法、健康生活的新闻报道等皆收藏在里面，这一习惯已保持七年之久。

二是注重培养绿色出行的理念。王慧的公公陈小林是市人大常委会委员、市人大代表，衡阳县鸿飞建筑公司洪

市镇负责人，企业家，小有积蓄。因为业务需要，购有一台小车。自嫁到陈家后，王慧积极向公公、婆婆和丈夫宣传节能环保理念，上下班均坚持步行或骑自行车，外出搭公交车，确因联系业务需要，方才开私家车，并多次拒绝了公公为夫妻俩配车的好意，并组织成立洪市镇自行车爱好者俱乐部，建成简易山地自行车训练基地，不定期开展活动。

三是带领身边人践行绿色环保理念。丈夫老家泰山村有一大片荒废的菜地，王慧夫妇倡导建立了洪市镇无公害蔬菜教育基地，工作之余夫妻俩“你耕田来我织布，我挑水来你浇园”，亲自动手并组织周边衡阳县五中和洪市镇中学学生参加浇水、施肥、除草、收获等劳作，体验了绿色种植、珍爱资源的过程。耳濡目染之下，就连五岁的女儿“也傍桑阴学种瓜”。截至今年为止，共有700多人次参与这类学习教育活动。

二、节俭持家，推动节能环保生活方式

一是家庭节约用水功劳大。王慧家中有两个大桶，用来盛放洗菜水、淘米水等，用于浇花、冲厕所等；在国家推行家电以旧换新时，购买了节水型洗衣机，并将洗衣机水排入桶中，用于拖地擦窗，冲厕所，如此这般，每月可以节省26吨水。

二是家庭节电方法新。王慧家中装修时分装节电开关，并尽量做到一灯多用，提高用电效率；使用节能灯照明，节电效果明显；坚持定期清扫灯泡及照明器具的灰尘，增强照明效率高。

三、植绿护绿，推行绿色环保的生活方式

一是因地制宜，发起珍爱母亲河——蒸水河活动。王慧、陈斌两人从2005年结婚后就无偿的组织起蒸水河护河队”，每周组织一次爱河护河活动，拿出家庭积蓄，租用民船打捞蒸水河垃圾。提醒市民文明取水，爱护环境，以实际行动维护船山明翰故乡的美好形象。

二是护绿保绿，发起植树造林活动。自2006年起，每年冬天以及来年4月的植树节，王慧、陈斌均要发起组织医院、学校、居民和青少年开展 “绿树寄情碳汇森林”——种绿、爱绿、护绿活动，植树造林300多亩，并使五中校园内400年古樟和名贵树木得到了认领。

四、家庭和谐，带动和谐社区、和谐社会建设

一是志同道合，和谐维家。和谐的家庭是和谐社会重要组成部分，夫妻和睦是家庭和谐的坚实基础。王慧同志与爱人都在农村长大，有过共同的生活经历，为改变生活环境，经过各自的努力，同时也为夫妻恩爱奠定了基础。共同的经历，使他们的心贴得更近，使他们倍加珍惜得来不易的幸福生活。在生活中他们相互照顾，相互尊重，相互信任，相互支持，结婚多年来，几乎没有因为什么事情红过脸，当意见不统一时候总是能够用理智的态度去沟通。这种温馨和谐的家庭氛围常常引来邻里、同事、亲朋的羡慕和称赞。

二是爱家敬业，比翼齐飞。王慧同志不仅深爱着自己的家庭，更加热爱事业，具有强烈的责任感和事业心，有了家庭的支持，使她更加放手在工作中一展身手。作为一名医务工作者，她除注重自身业务外，坚持正常的学习不断地提高自己，在家庭做称职的一员，在社会做文明的公民，提倡社会公德、职业道德和家庭美德完美统一。多年来，因为工作突出，她本人也多次被评为先进，家庭连续多年被评为五好家庭。

陈斌同志在衡阳县五中后勤部门工作，他既是校产校具管理员，又是校产校具保洁员、维修员，工作兢兢业业。工作之余，陈斌同志自学了木工维修、家电维修技术，学校的电器、电路出现了小故障，学生桌凳松了散了，接到报告，他拿上工具就去维修。单此一项，五年来就为学校节省费用8万余元。他还常常教育学生树立节约意识，“一饭一粥，当思来之不易；半丝半缕，恒念物力维艰。”他常说：“我们的工作平凡，但我们决不能自甘平庸。”2010年衡阳县中小学后勤工作现场会、2011年衡阳市中小学德育工作现场会在五中召开，2012年衡阳市未成年人思想道德建设经验推荐材料上，五中校长易积修多次称赞陈斌同志“爱学校如家庭，爱学生如亲人，爱岗位如生命”。

他们夫妻既是生活的伴侣，又是事业的相互支持者，在家里时常交流工作体会，相互取长补短，遇到困惑相互开导，相互支持。这让我想到了舒婷《致橡树》：“根，紧握在地下；叶，相触在云里。每一阵风吹过，我们都互相致意，但没有人听懂我们的言语。你有你的铜枝铁干，像刀、像剑，也像戟；我有我红硕的花朵，像沉重的叹息，又像英勇的火炬。我们分担寒潮、风雷、霹雳；我们共享雾霭、流岚、虹霓。仿佛永远分离，却又终身相依。”

三是尊老教子，关爱社会。孝敬父母是每个人的责任和义务，陈斌、王慧的父母都是农村人，父母的教导与影响对他们的成长很有帮助，他们没有辜负父母的培养、教育。他们的成长也映射出一个文明、和谐、向上的家庭带给他们的无尽精神食粮。他们总结了几点体会来教育自己的孩子：一是父母是孩子的最好老师，要以身作则，言谈举止对孩子的影响至关重要；二是对孩子既要严要求，又要交朋友，要学会倾听，关注她的感受，锻炼她思考问题和独立生活的能力；三是在生活上不要溺爱，要养成勤俭和独立的品格；四是教她做人要坦诚，做事要严谨，要树立远大理想做社会有用的人。

除此之外，他们夫妻多年来一直邻里关系和睦，邻居家如果有事情，两口子都能够主动去帮忙。逢年过节，陈斌、王慧夫妇都会带上现金和礼品，到洪市敬老院看望孤寡老人，陪他们聊天、下棋，帮他们换洗衣服、被帐，堪比亲生儿女。他们常说，趁我们现在都年轻，有的是力气，经济条件也还可以，有能力帮助别人，自己付出一点也许就能改变一个家庭面貌，我们认为非常值得，这个社会需要帮助的人太多了，我们会尽我们所能。

一个人的力量是弱小的，一个人的力量也可能无限大。王慧同志，她是一位“天使”，能够让生命在救死扶伤中律动。王慧家庭是一对孝顺儿女，让大地母亲的生命在绿色中延伸；又是一缕清泉，让蒸水河扬起碧浪清波；更是一种信念，要让中华大地永远涌动着绿色环保节能的春潮。

常德市澧县肖廷军家庭：建和谐幸福家庭，创生态宜居家园

春节过后，万物复苏。周明开始了庭院内树木的培管行动。老公常年在外，周明除了照顾孩子、老人。空闲时间，就到附近的敬老院看看老人、拉拉家常、做做义工。

肖廷军，男，45 岁，澧县大堰垱镇戴家河村人，从事房地产投资；妻子周明，41 岁，在家务农；母亲唐春秀，74 岁；儿子肖霄 18 岁，湖南农业大学二年级学生。他们一家人用生活中平平凡凡的事、点点滴滴的情，绘就了一幅美好的家庭生活画卷，诠释了家作为温馨港湾的真谛，是十里八乡有名的幸福和美、生态文明两型示范家庭。

一、学习两型知识，积极参与两型家庭建设

作为农村经济能人的肖廷军，虽然文化水平不高，但通过 20 多年在外摸爬滚打，视野变得更加开阔，思维变得更加活跃，完全没了小农意识。为了积极响应上级妇联两型家庭创建活动号召，肖廷军一家确定了“建和谐幸福家庭，创生态宜居家园”的发展思路，他们通过报刊、网络、电视等途径认真学习两型知识，弄清弄懂两型社会内涵，身体力行实践两型社会理念，用实际行动引领全村村民积极投身两型社会建设，成为全村两型家庭的标杆。受肖廷军家庭的影响，广大村民们逐渐改变了不良生活习惯，资源节约、环境友好、两型文化、家庭和谐理念在当地已深入人心。

二、带头做到“四化”，创建“最美庭院”

肖廷军家庭虽然物质条件比较优越，但他们非常热爱大自然，向往大自然，没有选择在城市生活，而是在老家澧县大堰垱镇戴家河村修建了一座花园式楼房。推开院门，院内植有观赏花木，格局别致、淡雅清新，室内窗明几净、简洁舒适。院角圈养的鸡鸭，绿篱下晒太阳的小狗，给人的感觉非常舒坦。

近年来，肖廷军的妻子周明积极响应县、乡妇联建“最美庭院”活动号召，以创建促提升，带领附近妇女规范日常摆设，定期打理庭院绿化、居室美化、楼道净化、环境优化事务，在她的带领下，村里许多曾经闲置的院落种上了各种花草，一些家庭凌乱陈旧的居室焕然一新。

三、坚持节能环保，倡导绿色消费

节约能源与减少废气排放是当今社会倡导的主题，通过新闻、电视、村里的两型知识宣传，肖廷军家庭深刻意识到节能减排的重要性，两型理念已经渗透到生活中的每一个细节。在生活中，他们积极倡导环保理念，尽量变废为宝，再生利用：购物时不用一次性塑料袋，用环保袋；不用高能耗照明灯；节约用电，安装了太阳能热水器，夏季空调温度设置不低于 26 摄氏度；修建了沼气池、“三格式”化粪池；洗衣粉用无磷，洗完衣服、洗完菜的水用来冲厕所；把家里的垃圾分类，能卖废品的卖废品，废电池之类的放入专门的回收桶；肖廷军家里早就具备了购买小汽车的经济能力，但却倡导绿色出行，家人一直使用电动摩托车和自行车代步。不仅如此，肖廷军夫妻还引导孩子学习环保节能知识，在闲暇时经常带孩子用废旧物品动手制作成家庭日用品，在培养他的动手、动脑能力之余，还能增强他的节能减排意识。

四、提倡健康文明的生活方式，弘扬两型文化

为了让村民们生活更充实、更健康，肖廷军的妻子周明在村文化专干的动员下，跟家人协商好，主动牵头，出钱出物，全力支持创建了村文化活动室，统一配备了书籍、羽毛球、乒乓球、象棋等低碳、益智的娱乐设施，免费供周围群众使用。在闲暇之余，她还腾出自家院子教附近的妇女姐妹跳广场舞。现在，村里打麻将的少了，跳舞看书的多了，全村处处洋溢着欢歌笑语，形成了一道亮丽的风景线。

五、加强道德建设，营造和谐幸福家庭

如今，十里八乡的村民对肖廷军一家总是赞赏有加，是村里公认的道德模范家庭。肖廷军的老母亲一直和他们生活在一起，由于儿媳和孙子非常孝顺，家庭氛围温馨甜蜜，老人身体健康，终日笑容满面，快乐地享受着晚年生活，村民们都羡慕老太太真正是福如东海的长寿老人。在建设好家庭的同时，肖廷军夫妇还富而为仁，充满桑梓情怀。多年来，夫妇俩总是竭尽所能为村民办好事、办实事，他们热心公益事业，情暖贫困孤寡老人，帮助贫困家庭学生，先后为村里修建活动阵地、硬化道路、改造沟渠等捐资 20 多万元，为贫困群众送慰问金 3 万多元，为贫困学生捐资助学 3 万元。在肖廷军家庭的影响和带动下，戴家河村新农村建设步伐加快，水利、交通等基础设施不断完善，全村经济快速发展，村庄整洁优美，乡风文明淳朴，百姓安居乐业，环境变得越来越美好，资源变得越来越丰富，社会变得越来越和谐。

肖廷军家庭无论从居住、出行到生活点滴无不突显出资源节约型、环境友好型的特征，为两型家庭建设起到了很好的引领示范作用，是广大农村群众身边看得见、摸得着、便于学、受推崇的两型示范家庭。一花独放不是春，百花齐放满园春。我们有理由相信，在肖廷军家庭的示范带动下，两型家庭理念将会根深叶茂，节能、低碳、环保之花将会开遍广袤田野!

常德市桃源县张进恒家庭：绿色能源“点靓”农村新生活

在桃源县，有这样一个家庭，因带头使用农村能源并带动村民发展农村能源，在全村倡导绿色消费理念，推行节能生活方式，用绿色能源点靓了农村新生活，成为“两型”家庭建设的示范带头人，他就是漳江镇大平村党支部书记张进恒家庭。

一、绿色消费主导家庭生活

走进张进恒的家，到处可以感受到“两型”家庭建设的氛围，房子周边是绿树花果映衬的庭院，生活用的是清洁、环保的沼气，吃的是干净卫生的绿色蔬菜，厉行节约是全家人共同遵循的消费理念。2007 年，他家带头安装了农村沼气，将家庭畜禽养殖粪便变成清洁能源，实现了养殖污染治理与生活节约用能的双赢。2009 年，在县能源办

的支持下，他家又用上了太阳能热水器、沼气气饭煲、省柴灶、沼气灯等一系列节能产品，生活方式进一步向资源节约型和环境友好型转变。如今，张进恒一家已成为远近闻名的绿色消费家庭，并在全村引领了绿色消费的潮流。

二、绿色能源靓化村容村貌

张进恒知道，建设“两型”家庭，不光自已要搞，村里其他人也要搞，不光讲环境友好，更要讲资源节约。带着这种认识，他把目光瞄准了农村能源发展。从2007年开始，他奔上走下，积极引项争资，大力宣传农村能源建设政策和沼气使用的好处，并要求村干部、组长、党员带头建设沼气池，除国家补贴投入外，村里还给每个建池户给予了500元奖励，当年就发展沼气用户50多户。通过试点带动和奖励措施的推行，村里其他农户感受到了使用农村沼气的方便，建设积极性逐年增加，一大批养殖户争先恐后递交了建池申请，县能源办连续3年将该村列为农村能源建设项目村，给予项目与资金支持。如今，村里共发展沼气用户400多户，占到总户数的近58%，安装太阳热水器500多台，占总户数的63%，安装三格式化粪池300多口，占到总户数的近42%。在农村能源的支撑下，制约全村养殖业发展的畜禽粪便污染问题迎难而解，800多户家庭全部完成了农村清洁污染处理，村容村貌实现了历史性的大转变。

三、绿色理念培育累累硕果

近些年，正是在张进恒的不懈努力下，绿色发展理念在大平村的每一个角落生根发芽，成为推进新农村建设、实现农村环境治理、带动群众发家致富的有力推手。以农村能源发展为载体、“两型”家庭建设为平台，大平村向前发展的步子迈得更大更快，培育出了累累硕果。从2007年起，大平村先后被省爱卫会授予“省级卫生村”称号、被县委县政府授予“新农村建设先进单位”和“农村能源建设先进村”的荣誉称号。张进恒个人也先后被评为全县新农村建设优秀村党支部书记、创先争优优秀共产党员，连续三年为评为桃源县农村能源建设先进个人。

四、绿色家庭彰显幸福美满

张进恒是作为一名老党员，基层干部，带领一家六口人遵纪守法，从不参与打牌赌博，也从不为一点小事和别人争个面红耳赤，积极宣讲法律常识，努力调解村里的矛盾纠纷。张进恒两口子结婚三十几年来，相敬如宾，孝敬公婆，善待父母。张进恒在村任职，教育儿女、孝敬老人的责任自然落到了妻子身上，但他妻子知书达礼，一个人默默付出，多年来她一力承担起家庭的所有事务，把家中的事情管理得井井有条，从不让丈夫因家事分心而影响工作，曾多次被乡政府评为“贤内助”。另外，他们十分重视孩子良好的道德品质和生活学习习惯的培养，儿媳孙女在家中尊敬长辈，孝敬父母，在外遵守社会公德，讲文明，懂礼貌。

张进恒家庭虽然已是该村的模范典型，但他觉得做的还不够好，用他的话说，“两型”建设，不光是国家的事，更是我们每一个农户、每一个基层干部的事，生活中多一份节约、讲一点卫生，整个社会就会绿意盎然，充满生机与活力!

岳阳市张建设家庭：洞庭湖“美容师”

今年56岁的张建设家住岳阳县鹿角镇。2003年之前，他是一名地道的渔民，在洞庭湖捕鱼14年。2003年之后，他却转变“角色”，成了洞庭湖上的一名“清洁工”。

就是在2003年，张建设捕鱼一年只收入了2万多元，算是10多年来最少的了。他发现，问题出在湖面上那层薄薄的油膜上。平日里，他常看到湖面上有一大块一大块漂浮的废油层，自己的渔网上也经常沾满了薄薄的油层，网里的鱼自然也就少了。

油层是从哪儿来的?来自于行驶的船舶。张建设了解到，一艘载重50吨的机船，每天从动力仓向湖里舀出废油水，一年可产生近50公斤的废机油污染。

“总得有人来管一管这事吧。”张建设开始搜集信息。他打听到，南京的长江江面上，有从事回收废机油的专业户。于是，他自费前往南京，花了一个多月，学会了回收废机油的相关技术。回来后，他马上向岳阳县政府和县环保部门递交了在洞庭湖上开展废油回收的报告。得到批准后，他从银行贷款5万元，买回一艘机动船和相关设备，安装成既能捕鱼又有回收废机油功能的工作船，并将在南方打工的两个儿子叫回家，父子3人开始了义务“清扫”洞庭湖之路。

可是，这个“清洁工”做起来并不容易。清除湖面油污最好的办法就是直接上船回收废油水，但许多船主认为老张是打着环保的幌子，把废油搞去赚钱，十分不配合。张建设只好苦口婆心地给各个船主做工作，有时还带上一些大米、鲜鱼、洗衣粉等生活用品，向船主表示“意思”，人家才让他上船抽废油水。

2004年6月的一天，张建设发现洞庭湖上的一支挖泥船队随意排泄油污，于是找上门去要求清污，但对方根本不理睬他。第二天，张建设再次找上船，没想到，船上的一只狼狗扑上来将他咬伤。张建设没有放弃，第三天继续来，船主终于被他感动了，将他迎进机房。结果，他从这支船队的船舱里抽出5吨多废油水。

近年的一些枯水季节，洞庭湖遭遇罕见低水位，附近渔民不时从湖底打捞出日军侵略时留下的炸弹。张建设决定利用回收废油的空隙清除水底炸弹。从2005年5月起，尝试用磁铁在湖底打捞炸弹。那些打捞上来的炸弹锈迹斑斑，随时都有爆炸的可能。这些年，张建设冒着生命危险打捞出60多枚炸弹，全部交给当地公安机关。

据不完全统计，10年来老张共回收废油1000多吨，从洞庭湖底清理废弃金属200多吨，协助打捞出2个各装有70多吨的浓硫酸大罐，打捞日军侵华时投下的炸弹60多枚。

回收的废油越来越多，捕鱼的生计受到严重影响。他妻子彭辉辉说：“以前捕鱼时攒下了10多万元的积蓄，现在没有了，还欠了3万多块钱的账。”张建设的事业得到了政府和有关部门的热情鼓励和支持。为了支持老张的工作，岳阳县环保局特批：在老张的船身上印制“中国环保”4个鲜艳夺目的大字，并帮助特办了全省第一个回收废油的执照——“废弃危险品经营许可证 01 号”。2007 年 6 月 5 日，张建设荣获“全国十大绿色卫士”称号。2010 年，他又被评为湖南省劳动模范。张建设感慨地说：“保护母亲湖，功德无量。这件事无论有多难，我会坚持下去。”

岳阳市朱再保家庭：以家示范，引领两型建设

朱再保家庭多次获奖。家庭成员的参与和支持，是朱再保潜心于环保等社会公益事业取得成功的重要因素之一。今年 77 岁的朱再保老伴戴绪璧老人，一生心地善良、富于爱心，艰苦奋斗，勤俭持家。特别是她与两个女儿一道 30 多年如一日地支持丈夫的工作。其中，在自家很不宽裕的情况下，对朱再保贴出现金 22 万元（其中捐出资金 17 万元）用于公益事业，表现出她崇高境界。与此同时，她为自家“两型家庭”建设做出了突击成绩。因此，他们家多次获奖，先后获民政部、解放军总政治部授予的“全国和谐军休家庭”，中央文明办、全国妇联授予的“第七届全国五好文明家庭标兵户”（湖南仅 3 户），全国“低碳生活创新明星”，湖南省“节能环保家庭”“两型家庭示范户”。

节水小实验。坚持淡水国情教育，是朱再保的环保教育。“九大系列”之一。开展家庭节水行动，是国家 2002 年以来开展的建设“节水型社会”，2005 年以来建设“两型社会”等重要内容之一。2006，岳阳市被定为国家级“节水型社会”实验区。为此，朱再保在全市家庭倡导：“每户每年节水 1 万升活动”，取得了显著成绩，培养了广大青少年的水资源忧患意识和社会责任感。图为同学们在做节水小实验。

传奇的经历。朱再保，岳阳市军队干休所退休干部，生于 1928 年，1949 年 12 月参加工作，1951 年 2 月，他从区团委书记岗位参军抗美援朝，1953 年 7 月，在朝鲜金城战役中的一次惨烈战斗中入党，并获朝鲜劳动党中央授予的“民族独立勋章”，1958 年回国。1966 年 1 月，他患胃癌，作了胃和横结肠的全部切除手术，当时医生们预言：“最多活五年”。因此，不到 40 岁，部队安置他终身离职休养。然而，朱再保不想躺着等死，决心生命不息，奋斗不止。1978 年 3 月，他走进了学校，自荐成为岳阳市当时 4400 多所学校的校外总辅导员，全市未成年人思想道德建设“五人顾问团”顾问，市关心下一代工作委员会委员，市环保志愿者协会创办人、理事长等社会职务，开始了他人生旅途新的征程，继续谱写他的“老兵新传”。几十年过去了，他不仅战胜了死神，创造了生命的传奇，而且，成为全国著名的社会公益工作明星。

青少年心田播绿人。1983 年 3 月，当人们对“环境”一词还很陌生时，朱再保就在全市学校倡导环保教育，一举成为“中国民间环保第一人”。30 年来，他以全市 100 万在校青少年，及至少 200 万学生家长为服务对象，对他们进行环境警示教育、环境法律教育、环境道德教育、科学发展观教育等“四大教育”，培养师生家长们的环境忧患意识、环境法律意识、环境道德意识、环境参与意识和“全球公民意识”等五种意识。朱再保以国家环保战略及部署为依据，以大社会、大自然为课堂，先后开展了累计 5000 多万人次的环保知识普及、湿地保护、淡水国情、生物多样性保护、接轨全球环保、参与省、市“绿色创建”、倡导家庭节能减排（两型）、环保社会实践、发展环保民间组织等九大教育系列，共 200 多项环保主题活动，知名省内外、国内外。

“两型”创建的由来，实践与成果

“两型”创建由来。2003 年 10 月，在党的十六届三中全会上，胡锦涛总书记提出了“以人为本，全面协调，持续发展”的“科学发展”，其宗旨是促进经济、社会和人的全面发展，要求统筹城乡发展、统筹区域发展、统筹经济社会发展、统筹人与自然和谐发展、统筹国内发展与对外开放。如何实现科学发展观?经过两年的实践，2005 年 10 月，在党的十六届五中全会上，胡锦涛总书记提出了建设“资源节约型，环境友好型社会”的战略抉择。“两型”建设实质就是在发展中彻底解决生态环境问题，实现人与自然和谐。建设“两型社会”既是科学发展观的内在要求，也是科学发展观的实践升华，是实现科学发展观的必由之路。实现上述目标，需要通过政治、社会形态的变革。在科学发展观的指引下，未来中国的社会形态应该是“两型”的。“两型社会”涵盖两型政治、两型经济、两型文化、两型哲学、两型工业、两型农业、两型商业、两型服务业、两型政府、两型企业、两型军营、两型社区、两型学校、两型家庭等各领域。实现“两型”建设最终要靠人的因素，依靠全社会每一位公民的努力实践。因此，建设“两型社会”的根本是育人，把培育“两型”公民作为出发点和归宿。

“两型家庭”建设实践。朱再保抓未成年人思想道德建设已有 35 周年了。他认为，对青少年的任何理念与实践教育，都必须以家庭为主课堂，以家长为首任教师。环境教育 30 年来，朱再保始终坚持通过一名学生带动一个家庭的方式，将环保引进家庭。因此，“两型家庭”建设是朱再保环境教育的“九大系列”之一。早在 20 世纪八十年代初，他倡导环保教育的同时，就要求家长支持指导孩子回收废品行动。这是“两型家庭”建设的启蒙。“九五”至“十一五”期间，国家有关部委颁布了《全国环境教育行动纲要》，在全国开展创建“绿色学校”活动。朱再保立即响应，成为湖南省“创绿”第一人。他在开展创建“绿色学校”的同时，便开展了创建“绿色家庭”活动，并为其制定了《家庭环保行为规范》。这是“两型家庭”建设的雏形。

2005 年党中央、国务院部署了“两型社会”建设，为了呼应中央战略，2006 年 3 月，国家教育部下发《关于建设节约型学校的通知》。同年 4 月上旬，朱再保代表市环协就在市直九中召开了有市直和岳阳楼区百所学校代表参加的，贯彻教育部《通知》的工作会议。4 月下旬，朱再保将《通知》翻印 4000 份，亲自分别送到全市 12 个教育局，并在每个教育局开办了如何贯彻《通知》的短期培训班。自 2006 年 9 月下学期开始，以朱再保为理事长的岳阳市环保志愿者协会，就在全市教育系统开展了“两型学校”“两型家庭”创建活动。2008 年 12 月，朱再保获首届中国斯

巴鲁生态文明传播奖，奖金2万元，他全部拿出，于2009年筹资20万元，在全国唯一率先翻印了由国家科技部编制，中央17部委推荐的《全民节能减排手册》50万册（14吨），免费发至全市每一所学校，让全市百万户学生家庭了解《手册》内容，带动全市300万师生家长在日常生活中的衣、食、住、行、用等方面践行低碳生活。该《手册》是建设“两型家庭”的“行动纲要”和“行为规范”。从此，岳阳市的“两型家庭”建设形成了系列化、规范化、规模化、常态化、时代性、实践性、实效性。岳阳市妇联对此高度重视，给予了有力支持。他们多次在全市妇联工作会议上，推荐《全民节能减排手册》，大力推行家庭低碳生活，并推荐朱再保先后获得省和全国多项大奖。2011年4月，国家环保部、中宣部、教育部等6部委联合下发了“十二五”《全国环境教育行动纲要》，该“行动纲要”的主旨是“两型”建设，朱再保先后三次翻印之，在全市教育系统继续广泛深入地开展了“两型学校”“两型家庭”建设。

“两型家庭”建设主要成果。一是普及环保科普知识。人们的环境意识来源于他们对国内外环境问题现状的深刻了解，以及掌握一定的环保知识。30年来，朱再保为城乡师生家长作人口、资源与环境国情报告1600多场，编写宣传资料60多个专题，80多万家，印刷500多万份免费发放。二是百万户300万师生家长参与节能减排。2009年6月以来，全市百万户学生家庭，300万师生家长认真实践《全民节能减排手册》，兴起了“节用水（每户每年节水1万升）、换灯泡（节能灯）、减空调（冬18度、夏26度）、拔插头、收废品、惜粮食、省纸张、骑单车、乘公交、爬楼梯（少剩电梯）、爱自然、护湿地、捐植树……”等“两型”行动的热潮。其中，2012年6月以来，朱再保在全市家庭倡导“文明餐桌”行动，要求从家庭餐桌上反对浪费，励行节约。近10年来，岳阳市环保志愿者协会联合岳阳市教育局，先后表彰了200多个“两型”式的学校、家庭与个人。其中，命名了9所“两型学校”，20多户“两型家庭”。三是大力植树造林，保护自然生态。1999年，朱再保发动全市百万户学生家庭，开展了“保护洞庭母亲湖行动”，捐款26万元，在华容县幸福乡临长江大堤一侧植防浪林16万株，成为该乡3万多垸民的生命财产安全林。2003—2013年，朱再保发动市区12所中小学的4万多户师生家庭，12万多师生家长开展了“保护铁山饮用水源，创建生命源林”活动，同学们以收废品创收，共捐款12万元，另有朱再保捐出两次获美国福特汽车环保奖全部奖金9.5万元，用于资助铁山水库畔的毛田镇、公田镇13个村，200户农民退耕还林共2800亩40万株，创建了“生命源林”。该项目除了生态、碳汇效益，还具有可观的民生效益。每批树满18年后，总价值将达3000万元，全部收益归退耕农民所有。植树地已成为青少年生态文明建设实践基地。四是打造洞庭平安湿地网络行动。为了保护东洞庭湖国际重要湿地生物多样性，特别是保护其候鸟安全越冬，1985年，朱再保倡导了至今全国湿地系统唯一“冬季爱鸟日”，带领青少年连续宣传28年无间断。其中，2005—2013年，朱再保在环东洞庭湖的君山区、岳阳县、市直和岳阳楼区等4县（区）发动60多个社区（村组）20万户学生家庭的近70万公众，开展了“创建生态文明社区，打造洞庭平安湿地网络”行动，要求他们践行“护鸟、护鱼、护水、护一切生物”的“湿地四护”，及“不网捕、不毒杀、不买卖、不食用洞庭候鸟及一切野生物”的“护鸟四不”。2013年纪念第17个世界湿地日，朱再保发动16万户家庭，50万人重新签署“四护四不”承诺卡。湿地保护项目成为全国品牌。2011年10月，朱再保作为中国民间环保组织唯一代表，出席了“亚洲湿地论坛”。五是坚持四收废品活动。自20世纪八十年代初以来，朱再保组织市区12万在校青少年，在家长的支持下，坚持回收家庭废品，至今累计回收废品两万吨，创收300万元，用于了扶贫助学活动。六是参加扶贫、救灾、助学、助残等“大爱”行动。30多年来，朱再保组织市区10多万学生及其家庭，数十次参加扶贫、救灾、助学、助残等行动，累计捐款上千万元，大米300多吨，物品150多万件，资助本市近2万人次贫困孩子上学。

“宣传大家首先要建设好自家”。这个小标题是朱再保几十年来始终坚持的一条“言行一致”的行为准则的体现。他要求别人做的，自己首先做到，另一方面，他要为青少年教育始终传递正能量。在“两型家庭”建设中，他将自己家庭作为实践实验室。

朱再保家庭常住人口只有老两口，他77岁且下肢残疾的老伴戴绪璧，是“两型家庭”建设的又一模范人物。一是率先使用节能产品。如节能照明，名牌企业生产的节能彩电、冰箱、空调、煤气炉、热水器等。二是日常生活中严格践行低碳行为。戴绪璧老人操控着家庭的水、电、气、衣、食、用等方面的“节能”实践，已做到了极致。如，长年用来冲厕所的水来自她收集的洗衣机漂洗的水——每一次洗衣，除了第一遍漂洗水外，第二、三遍漂洗水共80升全部用水勺收集，又如：洗脸、洗脚、洗菜、淘米水等，她全部留下。又如，所有电器用完后全部拔下插头。因而，他们家的水电消耗符合《湖南省两型家庭建设标准》之“定性与定量指标”。如：2012年统计，月人均用水1600升（省标准为4800升），户月均用电19度（省标准为60度），分别节约水电66%、70%，在军干所大院，是水电消耗最少的家庭。三是老两口一生生活俭朴。朱再保几十年如一日地每天骑单车出行，他一件衬衣穿30多年。老伴也从不添置过多的衣服。他们俩从未做过生日，朱再保老母亲去世办丧事，两个女儿出嫁，从都不大操大办，只请少数亲友，但都不受礼。朱再保两次向组织上写下保证书：死后不留骨灰，不举行告别式，不开追悼会，不收花圈，不放鞭炮，不放音乐，不收礼等。四是家庭成员全力支持朱再保的社会公益工作。30多年来，朱再保为公益事业奉献了22万元（其中捐出奖金17万元），而这老两口则过着苦行僧式的生活。

但是，朱再保家庭的所为得到了各级领导机关的充分肯定与鼓励。先后获省“和谐军休家庭”、省“节能环保家庭”、省“两型示范家庭”、全国“和谐军休家庭”、“第七届五好文明家庭标兵户”（湖南省仅3户）、全国“低碳生活创新明生”奖等。朱再保还获各级各类奖励逾200项。

无私奉献其所有。朱再保说：“作为青少年及其家长们的老朋友，应该是真、善、美的代表，作为共产党员，应该是人民的一头‘牛’。30多年来，我努力塑造自己在青少年心目中一名老共产党员和一名解放军老战士的形象，为他们的健康成长传递正能量。”他的体会是：坚持一个“紧跟”，发扬“四种精神”。朱再保解释说：“紧跟”，就是跟党中央，跟中央国家机关的有关青少年教育的部署。朱再保做到了“中央有号召，他就有行动”。他的“紧跟”作风，曾多次得到国家有关部门的充分肯定。朱再保的“四种精神”是：吃苦耐劳精神、无私奉献精神、刻苦学习精神和持之以恒精神。

35年来，朱再保的志愿者服务总时间超过1万天，12万小时以上。骑单车乘公交的总里程相当于走了10回“红军长征路”。仅近10年组织铁山植树造林活动，他就行程达2万公里。他是300多项主题活动的总策划、总协调、总组织指挥者。80多万字的宣传资料编写，深入全市各县（市区）作的1600多场报告等，均为他一人完成。他大病只住家庭病床，小病不看医生。如果以8小时计一天工作日，他每年至少有500个工作日。

“捧着一颗心来，不带半根草去”是朱再保的座右铭。30多年来，他不仅是完全彻底的无偿服务，而且，贴出现金22万多元，其中捐出奖金17万元。而他自己则过着苦行僧式的生活。

论学历，朱再保只能列入文盲一类。为了适应自己担任的角色，他每年自费订阅10多种报刊，购买了上千册相关图书，通过刻苦自学，使他头脑敏锐、信息灵通、思维超前、不断创新，成为内行。

做人与做事，贵在始终如一。朱再保实现了这个要求。2002年1月27日，中共中央宣传部对朱再保的评价批示说：“一个人一生都做好事很难。朱再保不仅一生做好事，而且把好事的着力点放在环境保护上。他不仅有高尚的道德情操，而且有当今时代的科学文明头脑。这是一个充分体现着“三个代表”精神实质的好典型，值得大大发扬。”

30多年来，朱再保共获各级各类奖励已逾200项，其中，全国级奖励80多项，几乎囊括了国内全部环保大奖，被誉为“全国首屈一指的获奖专业户”，先后受到江泽民、胡锦涛两任党中央总书记6次接见并合影。还受到三任国家主席、四任全国人大委员长、三任国务院总理和四任全国政协主席等接见并合影。

全国首屈一指的获奖专业户

1984年—2012年6月，朱再保共获各级各类奖励逾200项，其中全国级奖励80多项，几乎囊括了国内全部环保大奖，并获多项国际环保奖。24次被评为岳阳市各级优秀、模范共产党员，市首届道德模范。全国主要大奖有：

1985年，因考察洞庭湖获全国“创造杯”奖；

1987年，获全国优秀辅导员（邓颖超接见）；

1988年，获西藏自治区民族团结先进个人；

1989年，当选全国“特殊园丁”；

1989年，获首届全国老有所为精英奖；

1991—2005年，4次荣获中国关心下一代先进个人；

1993、1995年，先后两次获全国环境教育先进个人；

1995年，荣获联合国“全球环保500佳”提名奖；

1996、2004年，先后两次获全国先进军休干部（江泽民总书记接见）；

1997年，获全国助残先进个人（江泽民总书记接见）；

1998年，获全国星星火炬一级奖章（胡锦涛副主席接见）；

1999年，获第三届地球奖；

2002年，获首届中华环境奖（姜春云副委员长颁奖）；

2003年，当选全国唯一环保十佳爱心大使（在香港颁奖）；

2003年，当选全国唯一环保类首届中国十大社会公益之星（彭佩云副委员长颁奖）；

2003年，获美国福特汽车环保奖；

2003、2007年，两次获教育部关心下一代先进个人；

2005年，当选中国十大民间环保杰出人物；

2006—2008年，连续三年获全国中小学生环保征文大赛组织奖；

2008年，获首届中国斯巴鲁生态文明传播奖（国际资助）；

2008年，当选全国十大环保榜样；

2008年，当选全国环保之星；

2009年，民政部授“和谐军休家庭”称号；

2010年，当选第七届全国五好文明家庭标兵户（全省仅3户）；

2010年，当先“影响中国行业楷模”；

2010年，获纪念抗美援朝60周年征文全国一等奖；

2010年，获全国妇联授予的低碳生活创新明星奖；

2010年，当选岳阳市唯一环保类首届十大精彩人物。

2011年，“学党史、颂党恩、跟党走”教育讲稿获省一等奖、全国二等奖；

2011年，获湖南省和谐军休家庭称号；

2012年，入选“中国好人榜”；

2012年，获岳阳市“十大杰出志愿者”；

2012年，获岳阳市关心下一代先进个人；

2012年，获湖南省“两型示范家庭”称号；

2012年，获美国福特汽车环保奖（第二次获该奖）。

益阳市安化县张青娥家庭：以绿为本，做“两型家庭”建设的推广者

“一个有责任感的中国人，是不会把一个资源枯竭，环境恶劣的地球，留给子孙后代”，这是安化县梅山文化生态园创建者张青娥夫妇朴实而形象的语言，它道出了简洁而深刻的道理，同时也道出了他们当年力排众议，返乡造林，创建生态园的初衷。

一、返乡造林，打造绿色家园

张青娥夫妇敢闯敢干，20多年来艰苦创业，通过搞运输、在外承包工程等，积累了一大笔资产。2005年底回家过年时，抬头看到满眼尽是荒凉的山坡，她深深触动了，下决心改变家乡的面貌。当她决定承包村里的荒山时，乡亲们纷纷摇头，都说：“现在人人都外出打工，田都荒了，她还来承包荒山，真是脑子出毛病了”，70多岁的老父亲出面劝阻：“青娥呀，这辈子你就算是不挣钱了，你现在的

钱也够你们一家享用一辈子了，你就别折腾了，你这是拿钱往刺蓬里丢呀!”但是，向来孝顺听话的女儿这次没有听父亲的劝阻。与乡亲们签订了1600亩的荒山合同后，夫妻俩就上山住进了杉皮木棚开始造林，有时在山上一待就是半个月，老公开玩笑说：“咱们可是过上了世外桃源的生活哟!”经过一年多的奋斗，山上已造杉木林600亩，加上残林封禁，山头已全部绿化，郁郁葱葱，看上去喜煞人了。为了方便上山，又个人投资修通了2公里的上山公路，经常有人开车上山看风景，往日寂寞的荒山，一改旧貌，鸟语花香，车鸣人欢。

二、抢抓机遇，创建生态企业

荒山绿化了，第一步算是成了功。她不想就这样罢手，得利用山头发展项目。机遇总垂青有准备的人，一次偶然的机会，她得知湖大陈飞虎教授设计出了“中国梅山文化生态园”这一文化产业项目，还没定在哪开发，经过多方奔走，终于落户到了她的山头。经过紧锣密鼓的施工，拓宽整平了上山公路，修架了高压线路与移动铁塔，建成了综合接待楼、烽火台、古戏台、风火山墙、张五郎神像、跑马楼、雕花石墩古香古色，重现梅山古朴民居风格，令人赏心悦目；石头墙、石头门、石头垛，古朴粗犷，令人窥见古代梅山的战火岁月；石头柱、石头拱，重现古代草台风；同时修建了综合接待楼、“梅山文化学术研究中心”、“梅山文化艺术博物馆”、“四合院接待楼”等十几幢木头结构的建筑物适合开展活动的建筑。

三、身体力行，倡导“两型”家庭建设

生态园创建以来，她十分重视精神文明“两型”（即节约型、环保型）创建工作，在生态园内部树立环境意识、普及环保知识、推进资源节约型、环境友好型企业、社会建设等方面发挥了积极作用，并积极探索创建工作新路子，不断创新创建工作的方式和方法，着力开展“环保型、节约型”为主要内容的两型生态园建设活动，努力提高生态园广大员工的环保素质、业务素质、思想道德素质、科学文化素质，从我做起，从我家做起，从身边小事做起，致力建设良好的生态环境。

益阳市徐琼花家庭：两型生活的最早践行者

我国人口众多，地大物博，土地资源和人力资源是最大的资源。早在20世纪八十年代，徐琼花所在的笔架山乡大量的山岭空置，野棘丛生，徐琼花便尝试着开始利用土地资源。她先是把自留山开出来，种花生、种药材，还种了很多苗木。那年头，种花生药材乡亲们可以理解，种苗木乡亲们就说闲话了。“徐琼花莫不是有一些宝气？樟树栽得密密麻麻，如何长得大呵?”乡亲们哪里知道，这只是徐琼花从事绿色事业，充分利用土地资源的开始。

八十年代的农村还不是很富裕，徐琼花向信用社贷款2000元，充分利用荒山和空坪隙地，一口气栽了大片玉兰树、茶树、红继木、红枫等绿化苗木，徐琼花把希望种在山上，她看到村里那么多山还荒着，都一下承包过来，并正式注册成立了“益阳市绿海园林有限公司”。公司成立后，徐琼花又开始利用村里的人力资源，老、弱、病、残、妇女是徐琼花重点注意的对象，像村里的老人欧欣普，七十多岁，又有病，不能干重体力活，但欧爹头脑活、人聪明，在村民中有威信，徐琼花便请他当工头，发扬他的优势。村民欧放兵、李小芬四肢发达，但一个有智障，一个有眼疾，这样的人如果放到社会上流浪，会给社会带来压力，徐琼花便把这样的人吸纳到公司，既不浪费人力资源又缓解了社会矛盾，给社会带来了和谐。另外像卜兰香、周兰英、肖庆华等，村里有大量这样的妇女，守着家不能外出打工，徐琼花便请她们农闲时来公司做事，一个妇女家里的活计一点不耽误，又到徐琼花这里做一份工，改善了生活条件，这才是真正充分利用了人力资源的两全其美的好事啊!

现在的绿海园林有限公司已经是拥有上亿元资产的大公司了，公司的工人基本就是村里的乡亲，他们在农忙时忙自己的事，农闲时来徐琼花这里做工。徐琼花种树发家后，村民们看见荒山上果然可以挖出金子，稍有头脑的人也就上山了，徐琼花便经常无偿给村民提供种苗和技术指导，在徐琼花的影响下，319国道沿线的珠波塘、沧水铺、槐奇岭、衡龙桥逐步形成了苗木产业风光带，大家都发财了，形成一个市场，笔架山也绿成一片。现在的笔架山，真是一个鲜花盛开的村庄。徐琼花个人出钱，又给这个鲜花盛开的村庄建起了垃圾池，让垃圾分类。公司还定期出黑板报，宣传各种知识，让村民们尊老爱幼，团结邻里，文明守约。徐琼花还捐资12万村级公路配套资金，修通了村里的公路，公路通、百业兴，村民们走向了更大的市场。经过多年的努力经营，徐琼花所在的笔架山乡花门楼村被评为省级生态示范村。

为了节约能源，2011年，徐琼花兴办了一个现代化示范鸡场，修建了一个800立方米的沼气池，利用沼液灌溉苗木，然后在林地放养土鸡，这样一来，鸡粪建沼气—沼气喂鱼、滴灌苗木—苗木林下养土鸡—土鸡吃食虫、草—虫、草代替饲养养鸡—土鸡又成为不计报酬的园艺模式，避免了除草剂、农药给土壤带来的污染，实现了生态、绿色、低碳、环保的循环立体农业模式。现在，徐琼花在资源节约、环境友好的道路上步子越迈越大了。

娄底市刘红梅家庭：营造健康环境　追求健康生活

娄底市公共交通总公司副总经理、工会负责人刘红梅现年39岁，家庭成员6人，外婆、父母、夫妻和儿子，四代同堂。她的家庭积极响应政府节能减排，努力建设“两型”社会的号召，热心环境公益事业，积极参加植树、护绿等环保活动；在日常生活中注意节电、节水、节油、节约燃气、节约粮食，尽量不使用一次性用品；他们使用绿色标志生活消费品，食用绿色食品，家中整洁干净、庭院绿化美化，并且积极参加社区环境建设，用实际行动营造健康环境，追求健康生活。

健康，观念先行。在大多数人的意识里，环保似乎还仅仅停留在环境卫生的层面上，刘红梅说：“其实，环保离我们大家都很近，近到每个人的一举一动，近到每个人的衣食住行。”她倡导家人从自身做起，从日常生活的一点一滴做起，从健康文明的生活方式做起，教育孩子养成良好的卫生习惯，清洁生活，关爱健康，珍惜生命，崇尚文明，宽以待人。全家人在读报看书看电视中增强环保意识，善于发现身边的正反典型事例，尤其通过实际的节能行动节约了开支、美化了环境、增长了知识后，家庭成员的节能环保热情高涨，更增强了低碳绿色的健康生活观念。

节能，简约生活。刘红梅家庭的每一位成员把简约生活当作健康生活的新时尚。节约用水方面：她家多年来一直坚持一水多用，洗脸水用后可以洗脚，然后冲厕所；家中有一个收集废水的大水缸，用来储存暂时不用的废水，下次用于洗拖把、浇花等；淘米水、煮过面条的水，用来洗碗筷，既去油又节水；大鱼缸换出来的水用来浇花，促进了花木的生长。在洗碗时，她会用纸把有较多油污的餐具先擦拭，用少量热水烫洗一遍，再用较多的温水或冷水冲洗干净。洗衣服时先甩净泡沫后漂洗，这样漂洗两遍衣物也就干净了。她经常检查家里的用水设施是否漏水，在抽水马桶内放置小块砖头减少冲水量。她的父母多年坚持烧水洗澡，即使冬天也是带一桶烧好的热水到沐浴房用。这样做的结果，每月可节约用水三之一多。节约用电方面：家人都养成了随手关灯避免“长明灯”的好习惯。在自然光能够满足要求时，不使用照明灯。家装用的灯都选的是节能型的，即使客厅大灯和水晶灯都换成了节能灯泡。在选用家电方面，即使贵点她也会把节能减排、低碳环保放在首位，家电不使用时都习惯切断电源，既节能又安全。家里虽然老人孩子占多数，但他们在夏天室内温度不到32度以上一般不开空调，老人都养成了饭后到附近公园等通风凉爽的地方散步或健身。看电视或用电脑时都将音量、亮度调到合适程度，冰箱定期铲冰。

环保，绿色生活。为了营造更健康、环保的生活环境，在抵制白色污染等具体生活细节上，她和家人都做到：不使用含磷洗涤剂和一次性筷子，超市购物、上街买菜都习惯性地把布袋子提到手上。在出行方面，她和家人都尽量使用公共交通工具，家里购置的小车也是低排量的小型车，孩子读书要赶早，她为他专门买了一台变速自行车。在她家的洗脸台下有一个专门的废品储藏柜，用来放置孩子的废书废纸、纸箱、矿泉水瓶等，每天清晨和晚上，在附近公或广场的树林和草地上，经常能遇到她的父母，他们会很热心的将公共绿地上的瓶子、报纸等捡掉。原来她家住在供销社的时候，大多数住户为了经济利益都擅自加盖了几间房，原来采光透气好的房子变成了黑房间，白天都要开灯，可她家没有盖，而是巧妙地在楼下加盖房子的屋顶上种植了各季花草和一些的蔬菜，既美化了环境也修身养性，即使后来搬家了，她家依然在室内和阳台种植着各种净化空气的植物。她家门前一直没有修建水泥坪，为了减少灰尘污染，她的父母就把土坪利用起来挖成蔬菜地，种植了白菜、莴笋、红薯等多种蔬菜，不仅自己家人能吃上绿色食品，还经常送给邻里。

和谐，幸福生活。家庭的和睦是幸福的根本。在刘红梅这个大家庭里，家庭成员间尊老爱幼、互敬互重。年近90岁的老外婆，在晚辈的悉心照顾下安享晚年，年近70岁的父母喜欢锻炼，妈妈跳舞爸爸写字，不同的健身方式各得其乐。她的夫妻关系和谐，孩子乖巧懂事，邻里和睦，她和丈夫都是娄底市志愿者。在饮食方面，他们家也注重合理饮食、均衡营养。正是有了这样和谐健康的生活方式，家人每天才能保持愉快的心情。

社会是由一个个家庭组成的，建立“两型”社会必须从每个家庭做起，为了我们幸福的生活，让空气更加洁净，让流水更加清澈，让土壤肥沃无害，让植物茁壮成长，让耳边的声音更加动听，让眼前的光线更加明亮，营造健康环境，追求健康生活，就从我做起!

郴州市北湖区李小英家庭：建设两型社会从家庭做起，从我做起

李小英今年60岁，原是郴州市罐头厂供销科科长，丈夫李树林，今年67岁，退休前是郴州市罐头厂车队队长，现在老两口都退休在家，与女儿一起住在安康花园7栋1单元302号。女儿李理是郴州监狱的一名干部，女婿经商，外甥女张婧上小学三年级。李小英、李树林两人在工作的时候，几十年如一日，勤勤恳恳、任劳任怨，年年都是单位先进工作者，得到了单位和同事们的一致认可，在日常生活中互敬互爱，相濡以沫数十年。退休后李小英积极参与配合社区的各项工作，先后获得了“十佳计划生育标兵”、社区先进小组长、计生协优秀会员等荣誉称号。李小英还组建成立了北湖区腰鼓队、安康花园小区舞蹈队，她担任队长，同时还是郴州市和美健身协会的常务理事。老两口本着热爱自然、快乐生活的原则，为女儿女婿儿媳做出了好的榜样。在家庭的影响下，女儿在工作上也积极上进，年年都是单位的“优秀党员”和“优秀公务员”。外甥女从小就养成了热爱生活，热爱自然，勤奋好学，尊敬长辈的好习惯，在学校是个品学兼优的好学生。全家人不但注重学习节能环保的科学理论，倡导文明健康的生活方式，更重要的是他们懂得要真正地建设好“两型”社会，还需我们每个家庭从日常的点滴做起，从我做起，成为“两型”家庭的忠实践行者。

一、营造温馨和谐的家庭氛围。良好的家庭氛围是文明健康的基础，李小英家里四代同堂，她的母亲是一位93岁高龄的耄耋老人，几年前腿摔断了，生活完全不能自理，在李小英夫妇的精心护理下，老人家的身上干干净净，虽然瘫痪在床，但老人神采奕奕，心情愉快。李小英参加了许多老年人的活动，可是一有时间便想方设法陪伴老人家，和她聊家常、看电视，给她讲一些奇闻乐事。在外公、外婆的影响下，小张婧也非常疼老外婆，放学后给她讲笑话，逗她开心，给她解闷，让她享受天伦之乐。茶余饭后，是他们家最开心的时候，大家经常坐在一起聊天，李树林和外甥女不时会用二胡和提琴合奏一些名曲，李小英的母亲和李理喜欢唱歌，而李小英却喜欢因为跳舞，小日子过得其乐融融，温馨幸福。

二、享受洁净生活，让家充满绿的色彩。日常生活中，这个家庭每一位成员都能使用“绿色”生活用品，养成健康环保生活习惯。在阳台上栽植观赏性强的花卉苗木，在室内摆放吊兰、绿萝、君子兰等能够绿化空气的植物，这样既美化了环境又净化了空气，利于身体健康，身心愉悦。李小英夫妇都很讲究卫生，热爱绿色生命，都有很强的环保意识。房屋装修时，装潢力求简单大方，选用合格环保的装饰材料和建筑材料，平时特别注意环境卫生，室内室外总是干干净净、一尘不染。李小英特别喜欢养花种草，经过他和老伴的精心培育，家中的君子兰、吊兰、茶花、月季等20多种花草，摆满了阳台和房间的各个角落，处处绿意盎然。

三、形成良好的环保习惯，处处从自身做起。在日常生活中，他们非常注意节约能源，养成良好的环保习惯。平时做到在家多开窗户，白天不开灯，多用自然光线，所购的灯泡都是节能型的。家电如冰箱、空调、电视等，逐步更换成节能省电的。夏天一般不使用空调，李小英常跟女儿说：“适当出点毛毛汗，感觉还挺好，有益身体健康。”他们俩在用水方面非常注意节约，如使用热水时，首先放出来的冷水用脸盆接来备用；洗菜用过的水和淘米水，用来浇花；洗过衣服用的水用来擦家具、洗抹布或是冲厕所。在这个家庭，水的二次利用已经自然而然养成习惯了。这个家庭坚决不用一次性的餐具、茶具，外出用餐不乱点菜，吃不完的就打包回家，能不浪费就不浪费。家庭成员外出购物时尽量使用自备的布袋或篮子，不用一次性的购物袋。在李小英夫妇的影响下，女儿女婿也非常注意环保，有强较的环保节能意识，也爱养花种草。李小英夫妇时刻注意自己的言行，出门注意不污染环境，尽量坐公交车，走在小区内和路上看到有白色垃圾还要捡起来扔到垃圾桶里去，在小区散步看到有垃圾就动手拾到垃圾箱内，时刻注意维护小区的卫生，爱护小区的一草一木，如果有枯萎的小树她会立刻买来嫩苗换掉。

四、做绿色使者，把“绿”撒向人间。“一花独放不是春，万紫千红春满园”，李小英夫妇知道，仅仅自己一家创建成绿色家庭是远远不够的，只有全社会成员都参与拥有了绿色观念，那么，整个社会才会更文明、更和谐。由于安康花园居住的大都是罐头厂的下岗工人，小区又没有物业，一切靠居民自治。在小区步入正轨前，园内没有水龙头，小区内绿化带也无人管理，花草面临着枯萎和死亡。为了保护这些花草树木，李小英可谓是绞尽脑汁，由于她曾经在厂里是供销科科长，有一定的号召力，在她的带动下，大伙重新购买树苗、花草和花肥，还买来了一根长橡皮管，这样浇小区的花草就方便多了，大伙轮流管理这些花草。几年以后，就有安康花园现在郁郁葱葱、生机盎然的景现。这一家人注重环保的行为也带动了周围的人，周围的人环保意识也加强，不再乱扔、乱倒垃圾，左邻右舍经常向李小英夫妇请教环保知识，学习环保经验，并积极参与社区的环境建设。大家都说，环境好了，心情也好了，看来保护环境、营造绿色真是于人于己都是一件大好事。李小英说：“我的力量微不足道，我们一家的力量也微不足道，但努力的过程是快乐的”。这个家庭的每一个成员正在不懈的努力，用实际行动筑起道道“绿色的屏障”，为保护生态环境，打造绿色郴州，创建文明城市尽一个公民应尽的义务。

怀化市胡松炳、蒋淑梅家庭：两型示范创建美好生活

走进洪江市沙湾乡健康村5组，远远便看见绿树丛中若隐若现的一座四层小洋楼，房前屋后都栽种了花草植物，并且造型优美，这就是胡松炳、蒋淑梅夫妇的家。

胡松炳是一户普通家庭的男主人，他的妻子蒋淑梅是该村5组的妇女组长，这个家庭，说普通其实并不普通。近年来，他们认准“绿化苗木是绿色环保的朝阳产业，种植绿化苗木大有前景”和“人们对绿化、环保的要求渐渐提高，对苗木品质的要求也相应提高”这个理，大力发展工程苗木花卉种植，成了周边乡镇乃至洪江市走在最前列的苗木花卉种植大户。

在产业发展中，这个家庭正是凭借着超前的环保意识，使得种植业不断蓬勃发展；在家里日常生活中，更是以实际行动，深化“两型”理念，践行绿色生活。该家庭十分注重环境卫生、室内整洁、空气清新，家庭用品用具全部为节能环保型，家庭成员都有较强的环境意识，有良好的社会公德，平时节水节电，生活垃圾分类存放，倡导“绿色消费”。胡松炳、蒋淑梅夫妇，互敬互爱，家庭和谐，与邻里睦邻友好，团结互助。在该家庭的号召带领感召下，全村百姓关心环境、爱护环境的意识都有了很大的增强。胡松炳、蒋淑梅家多次被村里评为“五好文明”家庭，胡松炳被多次评为“优秀党员”。

一、保持良好的环保意识，处处从身边做起

走近胡松炳的家，首先的感觉就是气派、干净、漂亮。修在健康村村部附近的四层红色小洋楼，格外打眼。房前是一条干净的组级公路，屋后是一大片柑橘园。房屋两旁全部栽种了花卉植物，并都做了很好的造型。虽在农村，但房前屋后没有一堆杂物，也没有杂草。胡松炳一家四代人，就其乐融融的住在这里。

作为健康村走在最前列的工程苗木花卉种植大户，胡松炳一家人的思想总是比其他人超前。当大家都还在做观赏植物的时候，他的一家就想到了社会主义事业如此蓬勃发展，那么各地搞建设修小区需要的是大量的工程苗木，如女贞、红枝木等，所以他率先从浙江等地采购了大批工程苗木来种植，销售额一下就比别的种花老户多出好多。等大家都来种工程苗了，他又开始运用自己的专业技术，在外面包绿化工程来做。致富走在了最前面，思想自然也比别人超前。胡松炳一家特别注重看书看报看新闻，喜欢广泛收集各种信息。环保意识就在学习外面的先进思想中增强了。他的家里，每个成员都养成了良好的环保习惯。家里的电器全部是环保节能产品，能耗都是1级，也就是最小的。家里很早就装了太阳能热水器，平时在使用冰箱时，尽可能减少开门次数，看完电视后关闭电源开关，灯泡使用节能的，厨房装有排烟设施，室内空气清新，女主人蒋淑梅对节电、节水非常重视，常年坚持一水多用，人

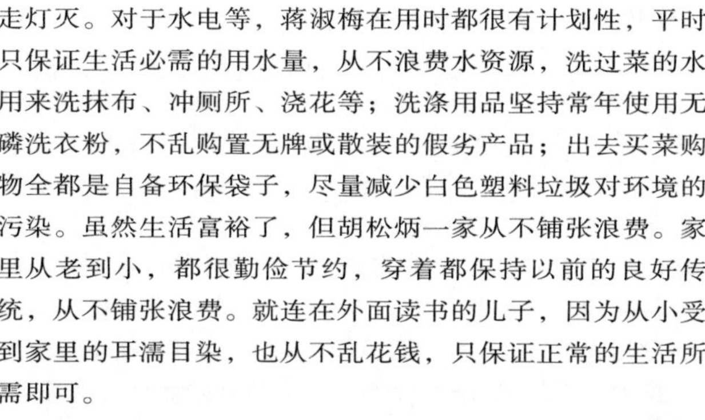

走灯灭。对于水电等，蒋淑梅在用时都很有计划性，平时只保证生活必需的用水量，从不浪费水资源，洗过菜的水用来洗抹布、冲厕所、浇花等；洗涤用品坚持常年使用无磷洗衣粉，不乱购置无牌或散装的假劣产品；出去买菜购物全都是自备环保袋子，尽量减少白色塑料垃圾对环境的污染。虽然生活富裕了，但胡松炳一家从不铺张浪费。家里从老到小，都很勤俭节约，穿着都保持以前的良好传统，从不铺张浪费。就连在外面读书的儿子，因为从小受到家里的耳濡目染，也从不乱花钱，只保证正常的生活所需即可。

胡松炳一家始终坚持从身边事做起，从日常生活着手，以实际行动倡导绿色环保，践行两型生活方式，真正做到了无渣无杂一条路，整洁舒适一栋房，生态家园一个院，节能卫生一个厨，标准水质一口井，实惠环保一种能，干净清洁一个厕，垃圾分类一个桶，人工湿地一个园，污水处理一个池。

二、在生活劳作各方面，带领百姓增强环保意识

早在修家里的小洋楼的时候，胡松炳一家就想好了，要充分利用好原来老房子的每一块材料。所以他们家修房时所用材料，大部分为以前旧房子的木料，而且多出来又给村里其他要修房子的人家里用，做到循环利用，这样，既节省了不少开支，又节约了每一点资源，给村里后面修新屋的人树立了很好的榜样。大家看到了实惠，都争相效仿。在家庭装修时，购买建筑材料，选取正规厂家的环保产品，而且采取了最简单实惠的装修，因为在胡松炳一家人看来，过度豪华的装修需要大量的材料，而这其实是间接对环境的一种破坏。在外面做工程，胡松炳将很多新的环保技术也运用到家里，他家里装了一个净水器，平时大家生活就用这种净化水，用他的话说，就是“我不用桶装水，对环保又能做一分贡献”。他家里的化粪池采用三级过滤，最后排放出来的几乎为清水，对环境没有了污染。因为长年在外做生意，小车是必不可少的，但排量大的车对胡松炳来讲，一是耗油量大、二是尾气排量多。这两点都是这个环保人士最不喜欢的。所以他在买车时，选择了排量最基本的1.6L型的。而且不在必要的时候，他们全家出行尽量选择公共交通工具，短距离则走路或骑自行车。村里富裕的人越来越多，对私家车的需要量也越来越多，但在胡松炳的感召下，大家要么选择低排量的车，要么选择公共交通工具出行，大家都树立了低碳出行的理念。

此外，胡松炳、蒋淑梅家庭积极投身“四清两化”活动，并带领村民积极参与，通过这次活动，全村生态环境良好，整洁有序。“四清”，即清垃圾、清污泥、清路障、清私搭乱建。“两化”，即整治臭水沟、死水塘，消除畜禽粪便、生活垃圾和污水对环境造成的污染，做到环境净化；带领村民在周围、主要聚集地四周空地栽树种花，确保自家门前自家清，公共场地大家清，做到环境绿化。这大大改善了沙湾乡健康村5组的环境，让大家都生活在一个干净、整洁、生态的环境里。

三、家庭和谐、睦邻友好，在全村树立了好榜样

像胡松炳家这样，一家四代人，其乐融融的住在一起，在大城市也许很少见，但在健康村却是平常。胡松炳一家，上有82岁的奶奶、下有15岁的儿子，全家六口人，相处得非常愉快。夫妻之间，互敬互爱，是远近闻名的模范夫妻。提起这个和谐的家庭，村民都是交口称赞。不仅如此，他们一家人还非常热心的帮助村里其他有需要的人，妻子蒋淑梅作为5组的妇女组长，谁家里有什么困难，她总是热心的帮忙，一家人与邻里之间关系处理得非常好。他们家，多次被村里评为“五好文明”家庭。胡松炳一家真真正正是做到了以“崇尚俭约生活、倡导绿色环保、追求和谐幸福”为核心，以“提高资源效率、降低能耗水平；注重生态环境、践行绿色生活；着眼和谐幸福、坚持文明守法”为主要目标，实现自身作为单个组织和社会成员全面落实“资源节约、环境友好”的家庭典范。

目前，胡松炳家所在的沙湾乡健康村作为省级生态村，塑造了优美整洁的农村环境形象，得到了各级政府、领导的高度认可与表扬，先后被评为“全国妇联基层组织建设示范村”，怀化市“文明村镇”、“先进基层党组织”，洪江市“文明建设先进村”等荣誉称号，连续三年被评为怀化市“经济发展百强村”，2011年又被评为“湖南省先进基层党组织”，同时被省人民政府授予“社会主义新农村建设示范村”。相信有胡松炳这样的家庭树立好典型，全村人有这样好的保护环境、关心环境的意识，在不久的将来，我们看到的村庄将更加绿化、美好，健康村的社会主义新农村建设事业会更加蓬勃的发展!

邵阳市刘树生家庭：争创“低碳、绿色、环保”家庭

刘树生，1963年出生，男，汉族，大专毕业，1983年7月参加工作，现系隆回县万和实验学校教师，中共党员。妻子刘红英，现年46岁，大专毕业，现系隆回县雨山铺镇中心小学教师。儿子刘安东，现年19岁，学生。

他和他的家庭成员通过大力宣传低碳经济概念、内涵、措施和发展低碳经济的重要性、必要性，大力发扬中华民族勤俭节约的优良传统，并将节俭精神、节俭文化、环保意识、低碳生活普及到各个方面。

一、注重户外健身

刘树生经常步行去上班，自己有车也很少骑，刘树生老婆骑自行车上班十几年如一日，孩子上学也是骑自行车，自行车是家庭的主要交通工具，也是锻炼身体的用具，这样既健身又节能、环保。

二、生活俭朴低调

刘树生和他的家庭成员在着装方面大众化，在保证生活需要的前提下，不穿野生动物毛皮制作的服装，购买棉质衣服，少买或不买化纤产品，这样既环保又节俭，因为服装在生产、加工和运输过程中，要消耗大量的能源，同时产生废气、废水等污染物。

他和他的家庭成员每天粗茶淡饭，素、荤搭配，以素为主，实行公筷 + 分餐制，同时尽量做到不购买包装繁杂的食品，不用一次性碗筷和杯子，不饮酒，很少喝饮料，经常喝自制的白开水，不吸烟。

在居家生活方面，采用简单和节能的装修，使用太阳

能热水器，使用节能灯，不用空调。平时，他们家节约用水、循环用水。家里的水基本形成了循环利用，洗菜的水浇花，淘米水来浇花浇草，洗衣服的水拖地、冲厕所，充分地利用水资源。

这种不追奢、不尚侈、不求多、不唯量的健康、平实、理性的消费方式，既充分享受现代物质文明的成果，又时时考虑为人类的发展保留和储蓄应有的空间和资源。

三、高调做事

他的家庭是个温馨和睦的三口之家，他热心公益事业，除了每年主动义务献血，累计献血达到了3000ml，他还主动承担起的楼道管理，为了把楼顶的环境改造好，他种了小树、花草，使楼顶面貌一新。在绿色环保进社区、进家庭活动中，他又带领他的全家，积极参加各项公益活动。每年植树节前后，他都主动到农村父母家里种花植树，种植中草药，并修枝浇水，并且在亲朋好友中宣传绿色环保的好处，教育大院里的青少年做护绿、环保的好居民。

他还以新课改为契机，将低碳环保教育融入到学校的日常教育教学中，让学生形成低碳环保理念，养成绿色生活习惯。

四、低碳、绿色、环保的宣传者和践行者

绿色，是大自然恩赐我们的生命之色；环保，是全社会赋予我们的历史使命；建设社会经济与生态环境协调发展、人与自然和谐共处的生态城市，是我们的共同期盼。

刘树生家庭在网上搜集关于低碳、绿色、环保方面的知识，编成《低碳环保与绿色生活》小册子，发给院里居民，宣传低碳环保与绿色生活常识，倡导绿色生活，传递低碳生活理念，提高公众环保意识，使每一个公民、每一个家庭都成为环境保护的宣传者、实践者、推动者，自觉节俭消费，崇尚绿色生活，为低碳减排贡献力量。 这个册子内容包括：低碳的含义、国家节能减排的政策及低碳生活常识；空调的选择与节能使用；照明灯的选择与节能使用；电脑的选择与节能使用；用完电器拔插头；冰箱的选择与节能使用；煮饭提前淘米，并浸泡十分钟；家庭节约用水的方法；热水器的选择与节能使用；洗衣机的选择与节能使用；少吃红肉，减低碳排，健康多；多粗粮，免加工，少精细，减能耗；普通白开水与健康；垃圾分类处理；骑自行车与健康等交通低碳等等。

一家人不仅宣传推动低碳环保与绿色生活，还践行绿色生活理念：树立环保新风尚；养成环保好习惯，珍惜资源，爱护环境，从我做起，从现在做起，从生活的每个环节入手，自觉节约资源，反对铺张浪费，使用绿色产品，抵制白色污染，保护生活环境，培育健康、文明、节约、环保的行为习惯；共建环保新家园，积极参与“小手拉大手，共建环保模范城市”活动，影响和带动家人、邻居、朋友及更多的群众参与到活动中，树立科学、文明、健康、环保的生活环境。他的家庭不仅家庭和睦而且邻里关系和谐，在工会组织的各项公益活动中积极响应并参与其中，为灾区捐款捐物，帮扶特困户，他妻子也经常组织单位的青少年们开展讲文明、懂礼貌、保护环境卫生活动、种植各类花草树木、开展义务奉献劳动等活动。

刘树生始终用优秀共产党员的标准严格要求自己，他的本职工作多次受到政府嘉奖，教研教改论文多次获国家级、省级奖，辅导的《小沙江山区野生兰花新品种开发应用研究》《乡村节能空调》等作品获省市科技创新一二等奖。他的孩子在他的影响下，也热心社会工作，身体力行参加低碳、绿色、环保文化宣传活动，孩子养成了乐观向上的性格，学习成绩优秀，深受同学信任、老师喜欢。他妻子作为人类灵魂的工程师，桃李满天下。刘树生同志不论在家里还是工作岗位上，无论走到哪里，都像一颗种子，在那里默默地发挥着光和热的作用。

五、享受低碳、环保、绿色生活

“生活在绿色盎然的环境里，我们的心也变成平静的绿色了”，这是刘树生一家的心声。生活小区环境优美、恬静，空气清新，无论在室内还是在室外都感到置身于大自然之中，使全家在绿色环境中受到熏陶和启发，感到心情舒畅，精神愉快，疾病、灾难远离而去，人的精神越来越抖擞，生活品味越来越高雅。

这个三口之家一直关心低碳环保问题，并订阅了相关报纸、杂志，使全家老少学习、宣传和践行。全家人树立了一个共同的目标：创建绿色家庭，争做绿色使者，享受绿色生活。

研究宣传篇

理论研究成果

重要成果选载

把牢核心任务 推动经济发展提质增效升级

徐守盛

习近平总书记在中央经济工作会议上明确指出，认识新常态，适应新常态，引领新常态，是当前和今后一个时期我国经济发展的大逻辑。从这一逻辑出发，中国经济要实现持续健康发展，就必须坚持不懈地推动提质增效升级，加快向全球产业链中高端水平攀升。

一、经济发展新常态下的核心任务是提质增效升级

对于中国经济来讲，进入新常态决不仅仅意味着从“高速挡”切换到“中高速挡”的简单含义，而是有着增速换挡、结构优化、创新驱动三位一体的丰富内涵，其核心任务是经济发展的提质增效升级。

新常态下发展方式和结构变化决定要以提质增效升级为核心任务。我国过去30多年的高速增长，可以说是以投资和资本扩张为主导、低要素成本驱动、生态环境付出了巨大代价的粗放型增长。当前的经济发展新常态，实质就是要告别过去传统粗放的高速增长阶段，进入高效率、低成本、可持续的中高速增长阶段。这一发展阶段的特点，是我国经济发展从规模速度型粗放增长转向质量效率型集约增长，经济结构从增量扩能为主转向调整存量、做优增量并存的深度调整，经济发展动力从传统增长点转向新的增长点。当前，只有通过经济整体提质增效升级，促使我国经济向形态更高级、分工更复杂、结构更合理的阶段转化，才能尽快从新常态“调整期”过渡到新常态“稳定期”，使中国经济落在一个持续稳定的中高速增长平台上。

新常态下战略机遇期的内涵和条件变化决定要以提质增效升级为核心任务。我国发展仍处于可以大有作为的重要战略机遇期，但在新常态下重要战略机遇期的内涵与条件发生了变化。在人口红利、土地红利、资源红利等因素持续衰减的背景下，新常态下的战略机遇蕴含在一系列发展的新趋势中，包括通过创新供给激活需求，创新投融资方式获得新技术、新产品、新业态、新商业模式的投资机会，培育新的比较优势使出口继续对经济发挥支撑作用，更多依靠人力资本和技术进步驱动增长，推动形成绿色低碳循环发展新方式，等等。这些新的战略机遇蕴含的特质与要求，决定了只有大力推动经济发展提质增效升级，才能形成新优势。

新常态下国际市场竞争形式和特点变化决定要以提质增效升级为核心任务。进入后国际金融危机时期，国际竞争呈现出许多新的形式和特点。一方面，经济全球化、信息化、市场化持续发展，页岩气革命、物联网、云计算技术等高新科技在经济发展中的作用开始显现。我们不仅面临着美国等发达国家对未来战略制高点的抢占，而且在中低端领域也面临着一些发展中国家的追赶，我国的低生产成本比较优势正在减弱。另一方面，应对气候变化行动对碳排放约束日益趋紧，一些国家进口产品标准更加苛刻，针对我国的贸易保护愈演愈烈。在国际发展格局发生深刻变化情况下，我国要在未来国际竞争中占有主动地位，必须坚持不懈推动经济发展提质增效升级，培育新的比较优势。

二、提质增效升级需要加快实施“三量齐升”的总要求

湖南作为中部内陆省份，近年来经济发展以追赶型迈入了快车道，从2004年到2013年连续保持了两位数的增长速度，尤其在“十一五”期间经济总量翻了一番，连续6年位居全国前10位。2013年7月，在省委十届七次会议上，我们因势利导，提出了“促进经济总量、发展质量、人均均量‘三量齐升’”的发展总要求。近两年来的实践表明，这一总要求的贯彻落实，改变了过去单纯追求GDP的惯性思维，更加注重发展的内生动力，更加注重发展的全面系统，更加注重发展的以人为本，体现了发展速度、质量和效益的有机统一，是经济提质增效升级战略在湖南的具体化。

继续做大经济总量才能做到调速不减势。“三量齐升”基础是提升经济总量。湖南属于后发地区，发展不足是最大省情。新常态下，解决湖南发展中积累的矛盾和问题，需要保持一定的增长速度，继续做大经济总量。但关键是要实实在在、没有水分的发展速度，要民生幸福、就业比较充分的发展速度，要劳动生产率同步提高、经济活力增强、结构调整有成效的发展速度，要经济发展质量和效益得到提高又不会带来后遗症的发展速度。当前，湖南无论是从发挥后发优势看，还是从发现培育新的增长动力看，发展仍具有巨大的潜力、韧性和空间。2014 年湖南经济增速虽然有所放缓，但仍处在快速增长区间。适应新常态，湖南要积极寻求速度与提质增效升级的新平衡点，努力做到调速不减势，使经济增长保持在一个合理区间。

着力提升发展质量才能做到量增质更优。“三量齐升”关键是提升发展质量。没有发展质量，就不会有可持续的增长速度，也不会有民生幸福的实惠，更不会有经济的提质增效升级。总体看，湖南经济发展质量存在的问题，主要表现在经济结构不优、发展基础不牢、要素供应不足、创新能力不强、城镇化水平不高等方面。进入新常态的湖南经济发展，增长动力转换青黄不接等深层次问题日益显现。这警醒我们，保持合理的增长速度是必要的，但更要着力提升经济发展质量，实现稳中提质。当前，湖南要大力发展现代农业，突出发展先进制造业，加快发展服务业，着力促进产业转型升级，推动全省经济向中高端迈进。

努力提高人均量才能做到行稳致远。“三量齐升”支撑是增加人均量。提升人均量不光是增加人均 GDP，还包括人均财政、人均可支配收入、人均消费水平、人均公共服务的提高，更重要的是缩小差距，让发展成果更公平地惠及全体人民。湖南拥有 7200 多万人口，地区生产总值、财政收入、城乡居民收入等主要经济指标的人均水平还没有达到全国平均水平，区域差异过大、城乡差距没有明显改善更是湖南经济发展面临的一大难题。从增加人均量着力，通过核心带动与多点支撑并举促进区域协调发展，通过加强公共服务均等化促进城乡协调发展，通过大众创业、万众创新促进广大群众贡献智慧和提高收入，有利于激发全省人民的积极性主动性，增加发展的支撑力度，增高总量和质量的托底厚度，使湖南经济获得行稳致远的巨大动力。

三、在主动适应新常态中着力实现“三量齐升”

新常态将给中国经济带来新的发展机遇。湖南经济要赢得新的战略机遇，就必须主动适应新常态，按照“三量齐升”的总要求，切实把立足点转移到提高经济发展的质量和效益上来。

确立发展新观念自觉推进“三量齐升”。观念决定思路，思路决定出路。在新常态下落实“三量齐升”战略，首先观念上要适应，认识上要到位。现在一些同志身子进入了新常态，而思维还停留在原有模式，GDP 崇拜挥之不去。新常态下推进“三量齐升”，首先要把思想和行动统一到中央对新常态的认识和判断上来，把新常态作为谋划部署经济工作的前提。要摆脱惯性思维的羁绊，冲破陈旧的观念的束缚，走出传统路径的依赖，将化解困难风险、保持经济平稳增长作为头等大事，将调整经济结构、提高质量效益放在更加突出位置，将提高人民收入水平、改善人民生活作为重中之重，使适应新常态和自觉推进“三量齐升”相互促进。

把握坐标新定位科学谋划“三量齐升”。习近平总书记视察湖南时明确要求，湖南要发挥作为东部沿海地区和中西部地区过渡带、长江开放经济带和沿海开放经济带结合部的区位优势。新常态下，湖南要发挥区位优势，必须积极与国家战略对接，科学谋划推进“三量齐升”。长株潭城市群，继续巩固和发挥核心增长极作用，依托两型社会试验区和国家自主创新示范区两大平台，积极参与长江中游城市群合作与建设，努力打造全省转型发展的先行区、示范区、引领区。湘南三市，以承接产业转移示范区为平台，加快与珠三角、港澳台、北部湾和东南亚的对接融合，努力建设开放合作的重要窗口和门户。洞庭湖生态经济区，积极融入长江经济带，着力推进黄金水道建设，加快建设承接长三角、珠三角产业转移的示范区，力争建成更加秀美富饶开放的大湖经济区。大湘西地区，积极对接珠三角、长三角，开拓西部大市场，把区域开发与精准扶贫结合起来，加快全面建成小康社会步伐。

立足发展新特点精准推进“三量齐升”。近年来，湖南经济发展出现了一些新特点，如增速仍在合理区间但下行压力较大，投资潜在空间很大但传统产业相对饱和，消费呈现升级趋势但总体水平不高，出口增速较快但总量有限，农业前景广阔但大而不强，服务业发展速度加快但现代服务业比重较低，劳动力相对优势犹存但红利在逐步衰减，自主创新专利较多但转化能力不强，“两型”社会建设推进喜人但资源环境约束仍然趋紧。这就要求我们从这些阶段性的新特点出发，精准施策、定向发力，站在更高层次上着力改革攻坚和创新创业，着力培育比较优势和新增长点，着力提高发展质量和长远效益，着力实现结构调整和转型升级。

培育发展新动力强力驱动“三量齐升”。在新常态下，湖南必须加快培育发展新动力，才能强力驱动经济“三量齐升”。要把握好稳增长与促改革的结合点，向改革要发展。以处理好政府和市场关系为核心，加快推进经济体制改革，最大限度激发市场活力，使改革红利转化为发展新动能。要把握好稳增长与强创新的切入点，向创新要发展。强化科技同经济对接、创新成果同产业对接、创新项目同生产力对接，大力促进全民创业和大众创新，以创新驱动发展转型。要把握好稳增长与调结构的平衡点，向升级要发展。坚持以提高质量和效益为中心，在加快化解过剩产能的同时，着力发现和培育新增长点，推进科技、管理、市场、商业模式创新，提高劳动生产率和资本回报率，在发展中升级、在升级中发展。

实现领导新水平切实促进“三量齐升”。经济发展进入新常态，党委和政府领导经济工作的体制、方式、方法要随之转变，才能跟上发展需要。因此，全省各级党委政府要着力提高对经济工作的领导水平，以制度和规范加强经济工作领导，以法治思维和法治方式加强经济工作领导，以专业能力和行家水平加强经济工作领导。一方面，要坚持法定职责必须为、法无授权不可为，以制订政府部门权力清单、责任清单为导向，推进各级政府事权规范化、法治化，把“三量齐升”的责任真正落到实处；另一方面，要深入认识规律、主动遵循规律、自觉运用规律，善于按经济规律、社会规律、自然规律开展经济工作，努力成为推动经济工作的行家里手，为推进湖南经济发展做出无愧于时代的贡献。

（原载于《求是》杂志 2015 年第 2 期）

新常态　新机遇　新作为

杜家毫

习近平总书记强调，认识新常态，适应新常态，引领新常态，是当前和今后一个时期我国经济发展的大逻辑。“新常态”这一重要论断，是以习近平同志为总书记的党中央执政思想的新体现，它重点回答了新时期怎么发展、发展什么的大问题，与“发展是硬道理”“发展是党执政兴国的第一要务”“坚持全面协调可持续的科学发展观”既一脉相承、又与时俱进，是中国特色社会主义理论的新发展，是指导未来发展的战略判断和战略思路，必须放在更为广阔的历史纵深中去认识、去理解、去实践，促进工作思路和方法加快向新常态调整。

新常态提出新要求

习近平总书记指出，我国经济发展进入新常态，是我国经济发展阶段性特征的必然反映，是不以人的意志为转移的，并概括了我国经济发展出现的趋势性变化，为我们准确把握新常态提供了极其重要的理论依据。我们要深刻把握经济发展进入新常态后，发展形态正在向形态更高级、分工更复杂、结构更合理的阶段演化，发展速度正从高速增长转向中高速增长，发展方式正从规模速度型粗放增长转向质量效率型集约增长，发展动力正从增量扩张为主转向创新驱动为主。把握新常态新要求，必须自觉遵循新常态下经济运行规律，坚决破除过去的路径依赖、思维定势和工作惯性，实现思想观念上的新变化、工作思路上的新发展、工作路径上的新突破。在实践中要切实把握好三个“度”：把握好增速换挡的度。增速换挡，并不是速度越低越好，而是要保持在合理区间，尤其对欠发达地区而言，没有一定增长速度，就难以满足就业和居民增收，结构调整和深化改革也缺乏支撑。更不是无所作为，放任经济下滑，而是主动作为，保持积极进取的状态，更加注重挤掉发展中的“水分”，追求有质量、有效益的发展。把握好结构调整的度。经济发展新常态的重要特征是调整存量，就是要围绕经济发展的质量和效益，下更大力气促进传统产业转型升级和新兴产业加快发展。我省一些传统产业还有生命力和市场需求、一些产业虽产能过剩但并不落后，因此，不能“一刀切”，而是要从实际出发，该调则调，该保则保，该走出去则另辟市场，在调整中保持持续发展的态势。把握好动力转化的度。我省经济增长动力转换，培育新的增长点还有一个过程，新的动力来源、利润来源、商业模式和盈利模式还在不断发展中，需要我们继续扩大有效投资，保持投资拉动力。同时，加大创新驱动的力度。既要搞好自主创新，也要提倡“拿来主义”，加强集成创新和引进消化吸收再创新，更加务实地应用先进技术和经验，确保动力接续平稳。

新常态孕育新机遇

今年是全面深化改革的关键之年，是全面推进依法治国的开局之年，是全面完成“十二五”规划的收官之年。机遇与挑战并存，机遇大于挑战，要善于发现、捕捉、把握新常态下的新机遇，推动经济平稳健康发展。

抢抓国家重大战略部署的机遇。中央决定，重点实施“一带一路”、京津冀协同发展、长江经济带三大战略。这是湖南拓展发展空间、实现跨越发展的现实机遇。湖南要全面加强与长三角、珠三角、成渝经济区、大西南地区对接合作，构建对内对外开放新格局，更好地把湖南作为东部沿海地区和中西部地区过渡带、长江开放经济带和沿海开放经济带结合部的区位优势，转化为实实在在的发展动力。

抢抓国家改善宏观调控的机遇。今年国家将继续实施积极的财政政策和稳健的货币政策，进一步加大区间调控、定向调控的实施力度，把经济工作着力点放到转方式调结构上来，努力保持稳增长和调结构之间平衡。同时，允许地方政府发行专项债券，进一步加大对中小企业创新、传统产业设备更新、生态环保、中西部基础设施建设等方面的支持力度，逐步增强战略性新兴产业和服务业的支撑作用。这些政策，我们要及时把握，细心研究，联系本地实际做好政策、项目及相关工作的衔接细化，确保落到实处。

抢抓发展平台不断拓展的机遇。继长株潭城市群两型社会综合配套改革试验区获批后，洞庭湖生态经济区、长株潭国家自主创新示范区相继获国务院批复。国家级三大发展平台是我省未来发展的三大战略支撑点，将为我省统筹城乡区域发展、提升创新驱动能力、培育新的经济增长点提供广阔空间。同时，随着行政审批、商事制度、财税体制、国有企业、投融资体制等重点改革不断深化，将极大促进我省新兴产业发展和经济结构调整，为适应经济新常态奠定坚实基础。

抢抓新一轮消费升级、创新创业热情涌现的机遇。从湖南来看，新技术、新产品、新业态、新模式都在纷纷涌现。人民群众对精神文化的需求更加旺盛。改革的深入进一步激发了广大群众特别是年轻人的创新创业热情。经过多年沿海地区的“摔打”，一批当年的“打工者”正在迸发出回乡创业、报效“江东父老”的激情。我们要顺势而为，加强引导和扶持，采取更精准的措施，积极培育新的增长点。

新常态要有新作为

自觉遵循新常态下的经济规律、自然规律和社会规律，既要保持定力、冷静理性，又要积极主动、精准发力，努力保持稳增长和调结构之间平衡。

继续发挥好投资的关键性作用。扩大投资对保持经济在合理区间运行仍然十分重要。积极争取中央投资项目，充分发挥各级政府投资的引导作用，支持民间资本进入公共服务、生态建设、基础设施和特许经营领域。把扩大投资与转方式调结构、培育新的增长点结合起来，实施一批补短板、促升级、惠民生的重大项目，织好交通、水利、能源、信息“四张网”。

加快产业转型升级步伐。支持装备制造、食品加工等传统优势产业做优做强，促进新能源、新材料等战略性新兴产业规模化、集群化发展，积极培育移动互联网、两型住宅、绿色环保、现代物流等新产业、新业态；开展特色县域经济重点县建设，加快实施创新创业园区重点工程。以实施两个“百千万”工程为抓手，加快发展家庭农场、农民专业合作社等新型农业经营主体，以及休闲农业等新业态，大力扶持农业品牌和企业，走产出高效、产品安全、资源节约、环境友好的现代农业发展道路。

适应消费发展新趋势。继续促进餐饮、酒店等传统服务业升级，大力发展电子商务、文化创意、研发设计、服务外包等现代服务业。适应养生休闲的新热点，把我省“红色资源”“民族风情”“大美山河”串点连线，大力发展自助游、自驾游和“国际步道”。

以深化改革激发市场和社会活力。进一步简政放权，依法制定并公布省级政府部门权力清单、责任清单和市场准入负面清单，并以推行“三张清单”为抓手，协调推进国有企业、农村、投融资等重点领域改革。全面深化财税体制改革，加快发展服务小微企业的中小金融机构和区域性股权市场，探索 PPP、资产证券化、股权融资等模式，扩大政府购买服务的领域。

大力实施创新驱动发展战略。全面启动长株潭国家自主创新示范区建设，以体制机制创新引领科技创新。以企业为主体联合高等院校和科研院所、整合创新人才和研发平台，加强轨道交通、动力电池、高性能数字芯片、航空航天材料及设备、智能电网等关键技术集成攻关，促进互联网技术向研发设计、生产制造环节渗透，向管理、营销环节延伸，加快把新产业、新业态、新模式、新产品培育发展成新的增长点。

优化经济发展空间格局。要发挥我省高铁枢纽和航空枢纽结合的优势，发挥长株潭城市群核心增长极作用，努力打造全省转型创新发展的先行区、示范区、引领区。推进湘粤开放合作试验区建设，努力把湘南三市建设成为开放合作的重要窗口和门户。着力推进黄金水道、沿江码头口岸等重大项目建设，努力把洞庭湖生态经济区建设成更加秀美富饶开放的大湖经济区。以武陵山和罗霄山片区扶贫攻坚为重点，实施精准扶贫，加快贫困地区全面建成小康步伐。

促进水更清、山更绿、气更净。继续实施湘江保护与治理省政府“一号重点工程”，大力开展长株潭大气污染联防联治，积极开展污染耕地修复及农作物种植结构调整试点，全面完成湘江污染防治第一个“三年行动计划”和湘江重金属污染防治“十二五”规划。重点抓好工业和生活领域节能、重点行业企业减排、农村面源污染治理、节能技术推广等。大力培育集环境咨询、工程施工、装备制造、设施运营、科技创新等为一体的环境综合服务企业。

不断保障和改善民生。把改善民生作为稳增长、促消费的重要内容。更多地把重点放在雪中送炭上，进一步加大财政投入，保障城乡特困群体的基本生活，持之以恒为民办实事，突出抓好就业、社保、扶贫、救灾救济等重点民生工作，加快推进“两房两棚”、“两供两治”建设，确保城乡居民收入与经济发展同步增长。

(原载《湖南日报》2015 年 1 月 14 日)

严格水资源管理　建设美丽湖南

张硕辅

严格水资源管理，是经济社会可持续发展的重要举措，也是生态文明建设的关键一环，党中央、国务院对此高度重视、多次部署。2011 年中央 1 号文件和 2011 年中央水利工作会议强调实行最严格的水资源管理制度；2012 年党的十八大报告要求完善最严格的水资源管理制度，国务院出台《关于实行最严格水资源管理管理制度的意见》和相关考核办法；2014 年，习近平总书记提出“节水优先、空间均衡、系统治理、两手发力”的治水新思路，把节约水资源放在优先位置。紧紧围绕省委、省政府分类指导加快推进全面建成小康社会、建设“四化两型”、促进“三量齐升”的重大部署，我省必须贯彻实施最严格水资源管理制度，加快实现从粗放用水向节约用水转变，从供水管理向需水管理转变，从局部治理向系统治理转变，从注重行政推动向坚持“两手发力”转变，为经济社会可持续发展提供水安全保障。

一、严格水资源管理是全省经济社会发展的必由之路

国务院对我省水资源管理划定了“三条红线”，全省 2030 年用水总量要控制在 360 亿立方米以内，万元工业增加值用水量控制在 30 立方米以下，农田灌溉水有效利用系数提高到 0.6 以上，重要江河湖泊水功能区水质达标率达到 95%以上。然而，我省 2013 年实际用水总量已达 332.48 亿立方米，万元工业增加值用水量达 94 立方米，农田灌溉水有效利用系数仅为 0.472，全省监测评价的重要水功能区达标率仅为 89.3%。

全省多年平均水资源总量为 1689 亿立方米，居全国第六位，但人均占有水资源量约为 2500 立方米，只比全国平均水平略高，仅为世界人均水平的 33%左右，界于缺水线的上限。对比国家的目标要求和我省的水资源现状可见，我省水资源管理和保护压力大，全省可用水总量增长空间已经十分有限，工业节水压力大，农业节水改造和水功能

区达标建设任务十分繁重。季节性水资源短缺、局部区域水污染严重和水生态恶化、用水方式粗放等问题交织，已成为制约全省经济社会可持续发展的主要瓶颈之一。切实落实最严格水资源管理制度，是破解这一瓶颈的必由之路。

二、严格水资源管理必须创新理念、思路和举措

贯彻中央部署，我省先后出台最严格水资源管理制度实施方案及其考核办法。下一步，我们必须创新理念、思路和举措，把最严格的水资源管理制度落到实处。

全面建设节水型社会，着力提高水资源利用效率和效益。牢固树立节水和洁水观念，切实把节水贯穿于经济社会发展和生产生活全过程。在农业节水方面，要积极推广铁山灌区等“节水优先、按方收费”的农业水价综合改革经验，推广桐仁桥水库灌区水权制度改革经验，推广低压管道输水、喷灌等高效节水灌溉技术，大力发展旱作节水农业，抓好输水、灌水、用水全过程节水。在工业节水方面，要加强工业节水技术改造和循环用水，逐步淘汰高耗水的落后产能，新建、改建、扩建的建设项目必须落实节水“三同时”制度。在城市节水方面，要加快城市供水管网技术改造，减少“跑、冒、滴、漏”，全面推广使用节水型器具，严格规范高耗水服务行业用水管理，加大雨洪资源利用力度，加快中水等非常规水源开发利用。

强化“三条红线”管理，坚持以水定需、量水而行、因水制宜。加强源头控制，科学确立省、市、县三级的水资源开发利用控制、用水效率控制、水功能区限制纳污“三条红线”，进一步落实水资源论证、取水许可、水功能区管理等制度。强化需求管理，把水资源条件作为区域发展、城市建设、产业布局等相关规划审批的重要前提，以水定城、以水定地、以水定人、以水定产，严格限制一些地方无序调水与取用水，从严控制高耗水项目。

加强水源涵养和生态修复，着力建设水生态文明。牢固树立尊重自然、顺应自然、保护自然的生态文明理念，着力打造山清水秀、河畅湖美的美好家园。加强水土保持生态建设，推进重点区域水土流失治理，加快坡耕地综合整治和生态清洁型小流域建设，加强重要生态保护区、水源涵养区、江河源头区生态保护。推进城乡水环境治理，大力开展水生态文明城乡创建，加强农村河道综合整治，打造自然积存、自然渗透、自然净化的“海绵家园”，促进新型城镇化和美丽乡村建设。强化河湖水域保护，落实河湖生态空间用途管制，实行河湖分级管理，建立建设项目占用水利设施和水域岸线补偿制度，有序推动河湖休养生息。强化地下水保护，实行开采量与地下水水位双控制，划定地下水禁采区与限采区，加强地下水严重超采区综合治理，逐步实现地下水采补平衡。

实施江河湖库水系连通，着力增强水资源水环境承载能力。坚持人工连通与恢复自然连通相结合，积极构建布局合理、生态良好，引排得当、循环通畅，蓄泄兼顾、丰枯调剂，多源互补、调控自如的河湖连通体系。在洞庭湖区，积极实施清淤疏浚，新建必要的人工水系通道，增强河湖连通性，恢复河湖生态系统及其功能。在衡邵娄干旱走廊地区，科学论证、充分比选、合理兴建必要的水源工程和水系连通工程。

进一步深化改革创新，构建科学的水资源管理体制机制。坚持探索湘、资、沅、澧及洞庭湖流域与区域相结合的水资源管理体制机制，促进水资源统一管理和合理开发利用。全面推进水务一体化管理，统筹城乡供水、地表水和地下水、常规水和非常规水，对辖区范围内防洪、除涝、蓄水、供水、节水、水资源保护、污水处理及其回收利用、地下水回灌等所有涉水事务实行统一规划、统一取水许可、统一配置、统一调度和统一管理。积极推进水资源资产产权制度建设，尽快明晰初始水权，完善定额标准，科学核定取用水户的水资源使用权限，建立用途管制制度。大力培育水市场，运用市场机制优化配置水资源，积极开展跨区域、跨行业和取水户间的水权交易试点，因地制宜探索地区间、流域间、行业间、用户间等多种形式的水权交易流转方式和规则。

三、严格水资源管理必须强化责任担当

实行最严格的水资源管理制度，某种意义上就是划定水资源的生态红线、生死界线。严守生态红线不能“越雷池一步”，习近平总书记要求全党同志在这个原则问题上不能有一丝一毫松懈，这是民之所望、施政所向。

各级政府要切实加强水资源保护和管理，将水资源开发、利用、节约和保护，把区域内水资源消耗和水环境占用纳入社会经济发展综合评价体系，并作为领导干部综合考核评价的重要依据。要严格监督问责，加快建立水资源督察制度，县级以上地方政府主要负责人对本行政区域水资源管理和保护工作负总责，实行水资源管理行政首长负责制。以考核为抓手，强化市州政府相关领导干部和相关企业负责人的水资源管理责任意识。

各级水行政主管部门要切实加强水资源管理机构和队伍建设，加强专业人才培养、引进和使用，大力开展水资源管理方面专业培训，提升干部队伍专业水平。要深入开展基本水情宣传教育，强化社会监督，增强全社会水忧患意识和水资源节约保护意识，形成节约用水、合理用水的良好风尚，大力推进水资源管理科学决策和民主决策，完善公众参与机制，使最严格水资源管理制度深入人心。

（原载《湖南日报》2015 年 3 月 22 日）

以市场规模聚集引领商贸产能爆发

——在长株潭城市群率先建设中部国际商贸城的思考

李　晖

商贸流通是扩大内需的动力源，是产业升级的助推剂，是城市提质的驱动器。义乌国际商贸城、昆明螺蛳湾国际商贸城等发展经验表明，建一个在全国有地位、在国际有影响的中部国际商贸城，能带一批产业、活一片乡土、富一方百姓，成为地方经济发展的引擎。作为中部地区的湖南，如何紧抓对接长江经济带开发开放机遇，整合中部商贸资源，建成中部国际商贸城，以规模聚集引领产能爆发，促进商贸物流产业升级，把湖南由一个市场资源大省打造成国内商贸流通强省，意义重大。

湖南建设中部国际商贸城势在必行

当前，商品流通市场正由传统型向现代型过渡，超大型国际化、多元化、复合化商贸交易城代表未来商贸市场的发展方向，是激发区域经济活力的引擎和撬动区域经济发展的杠杆，在湖南建设中部国际商贸城，是湖南抢占区域发展先机、提升市场格局、培育新兴增长点的重大战略举措。

抢占区域发展先机的迫切需要。当前，全国已经形成了以东部义乌国际商贸城、南部昆明螺蛳湾国际商贸城、西部重庆朝天门国际商贸城为代表的国内商贸市场体系，但湖南乃至中部缺少一个影响国内、联通世界的商贸流通开放平台，湖南如果不抢占新一代商贸市场发展机遇，尽快建成国际商贸交易城，将会面临资金流、信息流等资源外流的巨大风险，从而在区域竞争中处于劣势。

打造全国市场强省的内在要求。目前，湖南主要市场均为早期规划建设的传统市场，缺乏总体规划，扎堆于中心城区，布局凌乱，资源分散，业态混乱。市场数量虽在全国省份中排名第五位，但市场交易额仅分别相当于前四位浙江、江苏、山东、广东的19%、17.8%、33.5%、48.7%。亟须兴建中部国际商贸城，科学引导商贸产业聚集发展，从根本上提高湖南市场专业化水平，把湖南打造成全国市场强省，提升湖南市场在全国的地位。

助推工业快速发展的重要引擎。湖南现有的传统市场还停留在简单的商品交易层面，难以对轻工业发展形成有力支撑。但据调查，昆明螺蛳湾国际商贸城建设不到5年，带动就业已超过20万人，年交易额超过400亿元，年企业税收超过15亿元，大量配套工业搬迁到市场邻近区域，形成了一个加工园区，使得昆明市轻工业增加值增长率从2009年的8%提高到2013年的15.5%，成为带动地方工业发展的重要引擎。建设中部国际商贸城，既有利于推动全省服务业结构升级，也有利于形成新的区域核心增长极，更能够有力带动湖南轻工业发展，进一步转变湖南重工业为主的工业结构，促进湖南产业结构优化升级。

提振“两型”示范效应的亮点工程。目前，中部缺乏“两型”商贸流通标志性工程。中部国际商贸城严格按照资源节约、环境友好的标准，采用太阳能屋顶发电、地热供暖、雨污收集循环利用等“两型”技术，土地利用效率高、环境污染小，建成后不仅是中部地区新地标，更是全国“两型”建设新亮点，具有极强的“两型”示范效应。

在长株潭城市群建设中部国际商贸城切实可行

中部国际商贸城选址对商贸基础、配套设施、要素保障、资源存量、地形条件提出了极为严格的要求。所选地址适当与否，直接关系到其对相关产业的带动和辐射作用，需要把握以下原则：商贸城所在地必须符合区域主体功能要求，应当具有十分便捷的综合交通条件，有较大的拓展空间，同时需要较好的商贸物流产业前期基础和发展氛围。

基于此，在经过全面比较和深入分析后，位于长株潭城市群“品字形”中心的湘潭岳塘经济开发区是湖南融入珠三角、对接长三角的前沿阵地，是东部资本和产业向西部梯度转移的最佳传承地，是中部地区建设国际商贸城的最合适位置。其主要优势体现在三个方面：

得天独厚的区位条件。中部国际商贸城选址地处长株潭城市群中心位置，水、陆、空综合交通密集，尤其是随着沪昆高铁和长株潭城际轨道建成后，该区域交通枢纽地位将进一步提升。同时，该区域处于城市尚未定型的重点待开发地区，商贸物流成本较低；位于湖南商贸物流产业集聚核心区域，商贸物流联动发展潜力巨大；与长株潭城市群中心城区远近适宜，有利于核心区交通疏散和形成商贸物流带动效应，既可最大程度发挥其辐射带动作用，又可以高效集聚长株潭及全省商贸物流资源，还可以避开长沙中心城市及长株潭主城区，避免了商贸物流高密集的交通流对城市带来的负面影响，这样的区位条件，不亚于浙江义乌和昆明螺蛳湾，在全国都非常稀少，非常适合建设国际商贸城。

辐射融合的带动功能。通过中国中部国际商贸城建设，在长株潭城市群核心区形成一个商贸物流集聚区域，必将带动人流、物流和信息流的快速集聚，势必加速推进长株潭城市群融城，促进长株潭城市群经济一体化进程。新一代大市场大商业的巨大规模效应、集群效应以及上下游产业链的整合效应,必将为区域经济发展提供强大的推动力，进而引导区域相关产业升级，势必带动配套工业加速集聚，带动区域工业发展。根据对义乌、螺蛳湾等地的调研，国际商贸城的就业带动作用非常明显，初步估计商贸城建成后能容纳20万人就业，成为长株潭新的就业集聚区，势必促进地方就业。通过建设国际商贸城，形成长株潭城市群新的“两型”地标，能极大改变城市群形象，提升城市品位，完善城市功能。如义乌小商品市场和昆明螺蛳湾市场都已成为所在省份的名片与品牌，成为国家领导与省外游客必到、必看、必购的购物要地和旅游景区。

独一无二的园区优势。为着眼于整合全省商贸资源，打造湖南商贸市场升级版，引领和示范中部地区商贸市场发展，湖南从产业布局高度，明确了以现代商贸物流业为支柱，这与省委、省政府决策保持高度一致，与全省产业布局发展要求高度相符，有利于中部地区尤其是湖南商贸资源的整合汇聚。

有效保障中部国际商贸城建设

面对新形势、新环境，湖南应按照“建设大市场、搞活大流通、服务大贸易、促进大发展”的总体要求，以市场为导向，运用经济调控手段，采取切实有效的保障措施，加快推进湖南中部国际商贸城建设。

成立高规格的协调班子。昆明螺蛳湾国际商贸城之所以能在短短5年内取得巨大成功，主要得益于省里的大力支持，中部国际商贸城项目涉及跨行政区域商贸资源协调，难度更大，需要省级层面给予特别支持，将该项目明确为省委省政府的联点项目，成立由副省长牵头，省商务厅、省国土厅、省建设厅、省发改委等相关部门及湘潭市政府主要负责人参加的领导协调班子，对商贸城建设事宜予以协调，确保建设有序推进。

将商贸城建设列入国家重点项目、省重大项目。将中部国际商贸城建设作为国家商贸物流规划及重点工作，写入省商贸物流业规划，列入省商贸产业发展中心工作，明确将围绕中部国际商贸城所在地布局和发展湖南商贸物流产业，从制度层面引导全省商贸物流产业向其集中，实现湖南物流产业有序聚集发展。建议将该项目纳入湖南省“十三五”发展规划，作为“十三五”商贸流通的重点项目，明确具体指导部门。

给予相应政策支持。在税费优惠方面，比照昆明螺蛳湾国际商贸城，对商户给予3年的免税期。对项目建设用地审批、报建审批等开辟绿色通道。建议省委、省政府从全省商贸资源整合角度制定全省商贸流通市场发展规划，明确形成以中国中部国际商贸城为核心、多市场补充的梯级商贸市场体系，科学引导湖南市场资源健康有序向湖南唯一的省级商贸物流园区聚集。

我们相信，建成后的中部国际商贸城能成为长株潭城市群对外贸易的重要支点、促进湖南跨越发展的新动力引擎、中部地区无国界“永不落幕”的高度市场化贸易区域，势必能极大提升长株潭城市群品质、改善城市群形象、促进产城融合发展，它所产生的巨大规模效应、集群效应、整合效应，必将推动湖南商贸产业的大发展和大飞越，促进湖南经济社会发展迈上新的台阶。

（原载《新湘评论》2015年第02期）

誓还湘江一湾碧水

胡伟林

湘江千里南来，42公里“U”字湾逶迤回首，孕育了湘潭。绿色湖南，必须有绿色湘江。42公里湘江“U”字湾碧水荡漾，不仅是绿色湖南的关口，也是湘江流域绿色化成功与否的标志。我们将全力推进湘江湘潭全流域绿色化进程，让42公里湘江湾波光潋滟，鱼鸟相闻，清流北去。

绿色发展，促源头清洁。源头浊则湘江浊，源头清则湘江清。所以，绿色化，关键在绿色产业，要害在源头清洁。这些年，我们淘汰落后生产线45条，关停“五小”企业53家，COD排放下降了13.9%，竹埠港地区所有重化工企业全部关停退出，锰矿等重点区域治理取得重大进展。新建污水处理工程4个，完成排污口截留改造11个，污水处理能力提高到42万吨/日。我们全力转型，三年完成企业技术改造投资1500多亿元，吉利新能源汽车、泰富重工、威胜电气等新兴产业纷纷落户，以“两型”农业为主题的国家现代农业示范区建设拉开帷幕。立足绿色发展，湘潭还将积极对接国家“互联网+”和“中国制造2025”，加快制造业的智能化、绿色化转型，以新能源装备、海工装备、先进矿山装备和工业机器人等为重点，加速推进智能制造，打造中部地区崛起“智造谷”，让污染源头全面压缩，绿色产能不断壮大，清洁生产全面推广，低碳生活加快普及。

护绿植绿，促流域清秀。山清则水秀。绿化流域，保护生态，方能保一方清水。通过实施“十大绿色工程”，推进城市“三年绿荫行动”，近三年来湘潭累计新造林18.3万亩、封山育林2.5万亩、通道绿化5.1万亩，全市森林覆盖率大幅提升。水府庙国家湿地公园、昭山“绿心”区等区域生态保护全面加强，“四山三水一库区”的立体生态屏障初步构建，流域湿地保护率达62.8%。下一步，我们将在获批“国家园林城市”的基础上，启动“国家森林城市”等创建工作，努力实现城区园林化、城郊森林化、道路绿荫化、庭院花园化，让森林走进城市，让城市拥抱森林，让市民崇尚绿色生活。

治理整顿，促水体清澈。这些年，我们集中治理水上餐饮，对水上及沿岸非法排污的餐饮单位坚决予以取缔；强力退出养殖，沿岸248家畜禽规模养殖企业加快退出、搬迁；坚决禁止采砂，湘江湘潭段已实行全面禁采。经过努力，湘江湘潭段实现了出境断面水质优于入境断面水质，常年稳定在Ⅲ类水质，饮用水源环境质量实现100%达标。为誓还湘江一湾碧水，湘潭将深入贯彻落实国省部署，以最严格的制度、强有力的举措，努力打造湘江流域“山清、岸绿、河畅、水净”的优美环境。

驻足湘江湾畔，和风拂面，流水从容。面对母亲河的恩赐和包容，我们唯有用绿色化行动去保护她、报答她。碧波荡漾，是母亲河的微笑，也是我们的福祉。

（原载《湖南日报》2015年6月9日）

践行绿色化，共享诗意生活

邓三龙

党的十八大以来，习近平总书记从中国特色社会主义事业五位一体总布局的战略高度，对生态文明建设提出了一系列新思想、新观点、新论断。这些重要论述为实现中华民族伟大复兴、永续发展的“中国梦”规划了蓝图，也为我们践行绿色化提供了根本遵循。

践行绿色化，就必须给绿色留下足够的发展空间。习总书记指出“山水林田湖是一个生命共同体，人的命脉在田，田的命脉在水，水的命脉在山，山的命脉在土，土的命脉在树”，揭示了人与自然相互依存的必然规律。森林是陆地生态系统的主体和重要资源，是人类生存发展的重要生态保障。绿色国土是人类生存之基。当前，我国森林覆盖率仅为21.63%，人均森林面积仅为1.97亩，远远低于全世界森林覆盖率31.8%、人均森林面积9.3亩的平均水平。因此，我国总体上仍然是一个缺林少绿、生态脆弱的国家，植树造林、改善生态，任重而道远。

向往“望得见山、看得见水、呼吸得到好空气”的生活，需要大力建设绿色国土。医学研究表明，人生活在每立方厘米空气含500个以上负氧离子的环境里能确保健康，200个左右时只能是亚健康，低于50个将诱发心理障碍性疾病甚至癌症。但现在，我国许多中心城市空气中负氧离子含量都在200个以下，有的甚至在50个以下。同样，建设绿色国土，是应对雾霾的重要路径。科研表明：每亩森林每年能吸附粉尘4.2吨、吸碳12.81吨，植物叶片可通过气孔吸收空气中的二氧化硫、氟化氢等有毒气体。

践行绿色化，就要正确处理好经济发展同生态环境保护的关系，牢固树立保护生态环境就是保护生产力、改善生态环境就是发展生产力的理念，决不以牺牲环境为代价去换取一时的经济增长。要以壮士断腕的决心淘汰高污染、高能耗的落后产能，大力培育和发展新材料、文化创意、生物、信息和节能环保等绿色产业，推动现有的装备制造、能源、建筑等产业和行业的绿色化转型，引导社会资本投向绿色、环保产业和服务业。只有在开发格局、产业、交通、能源等方方面面都实现绿色化，金山银山和绿水青山“两座山”的关系才会走向和谐统一的更高境界。

推动消费方式绿色化，可以直接推动生活方式绿色化，倒逼生产方式绿色化。一方面要丰富绿色产品的供应，同时要鼓励消费绿色产品，更要推广绿色标准。在许多领域，最大浪费就是缺标准的浪费。如欧洲的门、窗可以相互替换、世代使用，因为他们有统一的门窗标准；而我国，不仅门、窗大小不统一，就连已经与我们生活紧密联系在一起的充电器、遥控器都没有统一的标准。因此，在推进绿色化建设中，相关部门要加快制定并力推关系民生的各类产品的绿色标准，用最严密的法律、最严格的制度、最严厉的执法，为绿色产品提供最有力的保障。

绿色化与我们每一个人息息相关。当处处尚绿、时时护绿、人人植绿成为社会风尚，我们的生态空间、生活空间、生产空间都会变得山清水秀，我们就能共享绿色化的诗意生活，迎来美丽新时代。

（原载《湖南日报》2015年6月17日）

生态文明主流价值观与生态化人格

刘湘溶

在当代中国，生态文明已然不是一个空洞的概念和符号，而是现实的因素、活动或过程，是一个国家克服生态危机的文化自觉和必然选择。建设生态文明，不是脱离人类文明大道的另辟蹊径，而是在继承工业文明成果的基础上，对旧文明的一种扬弃，它旨在调整人类文明发展新方向，追求人与自然的全面和谐。

一

作为一种人类追求的价值目标，不同文化系统均对“和谐”这一概念进行过深刻诠释。在中国传统文化看来，和谐就是“和而不同”“和而不流”。“和而不同”是指不同的事物经相互协调、配合才能够形成和谐的状态；“和而不流”则是指追求人际和谐的君子风范，但又不能随波逐流。可以说，在重视多元性、正视差异性的基础上，强调通过不同事物之间的动态整合达致和谐境界，是中国文化精神的重要体现。在西方文化语境中，和谐是指自然界的合规律和合乎理性，进而将其延伸到社会领域，和谐的根本就在于社会的公平正义。西方哲学家认为，不公正，就破坏了秩序，破坏了和谐，这是最大的恶。在马克思主义看来，和谐这一范畴表现为多样统一的规定，这种多样统一既包含量的差异统一，也包含质的差异统一，表现为度的关系，也就是说，和谐反映了质、量统一的度的关系，具有非常丰富的内涵和辩证意蕴。

在生态文明的框架体系中，和谐所指涉的层面非常广泛。笔者认为，人与自然的全面和谐包括四层含义：一是人与自然的和谐，即人自身的生存发展需要不能超出生态系统所能够承受的阀限，不能破坏自然生态系统可持续性，而要通过人自身的实践活动来修复破损的自然，真正实现生态良好和生活良好并存的格局。二是人与自我的和谐。人的需要或欲望是有限度的，这个限度就是人的理性，即人类的生存与发展必须尊重自然规律。只有真正达到人的欲望与理性的和解，树立一种生态理性价值观，重建人与自然的亲和关系，才可能从根本上克服人的理性与感性的失衡，消除消费异化和物质享乐带来的消极影响，从而实现人与自我的和谐。三是人与社会的和谐。从社会关系的层面来看，生态问题归根结底是利益问题，任何破坏生态环境的行为都与一定的利益问题有关。所以，协调和理顺各种社会利益关系是构建和谐社会的重要条件。四是人类世界的和谐。人与自然的关系是全人类所面对的共同问题，要扭转全球生态危机，需要全人类共同努力。当今世界不同国家在利用自然资源和分担生态责任的问题上要体现机会平等、责任共担、合理补偿，即强调公平地享有地球，把大自然看成当代人共有的家园，共同地承担起保护它的责任和义务。

正是在这一意义上，我们认为，追求人与自然的全面和谐是生态文明主流价值观的核心理念。它强调在普遍平等的基础上实现人与自然的共存共荣、共生和谐。这一核心理念，也决定了生态文明的基本内涵是指，人类遵循人、自然、社会和谐发展这一客观规律而取得的物质与精神成果的总和。因而可以说，生态文明涵盖了全部人与人的社会关系和人与自然的关系，涵盖了社会和谐、人与自然和谐的全部内容，是实现人类社会可持续发展所必然要求的社会进步状态，它的实现将使人类社会形态发生根本转变。

二

弘扬以追求人与自然全面和谐为核心理念的生态文明主流价值观，离不开尊重自然的文化氛围。

生态文明信奉“人类是自然界的普通成员”的信念，相信人对自然界具有根本的依赖性，因此，人的一切活动都要充分尊重自然。所谓尊重自然，即尊重自然的完整、稳定和有序。尊重自然的完整，就是尊重自然的多样性统一。自然生态系统之所以能够作为一个复杂的有机整体而存在，就在于它是多样性的统一，把握不了它的多样性，也就把握不了它的整体性。尊重自然的稳定，就是尊重自然的动态平衡。就某一具体的生态系统而言，其物种品类越多，生态系统的网络化程度就越高，异质性就越强，物质、能量和信息输出输入的渠道就越密集，补偿功能就越强，同化异化的新陈代谢功能就越健全，即使受到损坏，自我修复也较快，从而使系统的稳定性可保持在较高的水平。尊重自然的有序，即尊重自然的内在客观法则，做到明自然之理、循自然之道。自然界原本是完整、稳定和有序的，但这种原本的东西又是脆弱的，人类活动应当限制对其的消极作用，使其不被破坏，否则必然会产生不利于人类的严重后果。

自然的完整、稳定和有序，是人类生存发展的保障，是人类的根本利益所在，是另一种康德意义上的“绝对命令”。这种“绝对命令”要求我们在行为取向上坚持两条原则。其一，不破坏自然的完整、稳定和有序，因而一些行为是被禁止的，诸如盲目开发、随意排放等。其二，促进自然的完整、稳定和有序，因而一些行为应当被倡导，诸如植树造林，为野生动物基金捐资等。我们必须学会自然之道和生命之道，重新研习自然的法则和律令，站在维护人与自然的整体利益的立场上，实现人与自然的共生共荣、和谐共存。

三

弘扬生态文明主流价值观，把生态文明纳入社会主义核心价值体系，旨在塑造一种具有生态内涵的新型人格，即生态化人格。所谓生态化人格，是指个体人格的生态规定性，是与生态文明相适应的作为生态文明主体的“生态人”的资格、规格和品格的统一。

生态化人格指向一种全新的人格模式，具有以下几个特点：一是对大自然始终怀持感激之心。真正懂得人类的诞生是自然进化之功，人类的发展是自然供养的结果。不仅人的肉体生命的维持需要依赖自然界，人的精神上的发育和成长同样需要自然界的启导。二是对大自然始终怀持忏悔之心。真正懂得人类为了自身需要和利益常常忽视自然生态系统的承受限度，进行无限索取，使自然伤痕累累。三是对大自然始终怀持敬畏之心。生态危机使人懂得自然规律必须遵循，对自然规律和意志的蔑视必定招致自然的报复。四是对大自然始终怀持谦卑之心。真正懂得人类不过是自然进化在很晚的时候方才出现的一个物种，人类的智慧是非常稚嫩的，人类要以自然为师，向自然学习。五是对大自然始终怀持珍爱之心。真正懂得自然界是人类和其他物种生存与发展的源泉，但自然资源不是取之不尽、用之不竭的。我们不但要利用好自然，还要懂得去呵护自然、善待自然，以一种更加淳朴的形式来接纳自我与自然，让自己真正诗意地栖居于大自然之中。

培育生态化人格，离不开环境教育。作为一项综合教育，环境教育是环境专业教育和非环境专业教育的统一；是“关于环境的教育”“为了环境的教育”和“在环境中的教育”的有机统一。它不仅涉及生态环境知识与技能，也涉及关于环境的价值、态度和信念，还注重环境的体验与情感。通过走向自然，去了解环境、理解环境、关心环境和保护环境。环境教育应当是一种贯穿学前教育、基础教育、高等教育和继续教育全过程的终身教育，这离不开家庭、学校和社会各界的共同参与。

西方当代著名思想家欧文·拉兹洛曾说：“我们越来越清楚地看到，人类的最大局限不在外部，而在内部。不是地球的有限，而是人类意志和悟性的局限，阻碍着我们向更好的未来进化。”内心的贪婪决定了我们对自然的贪婪，精神世界的萎缩堆积起畸形化的人格。而生态文明的发展急需人们打造出健康的精神世界，急需人自身的觉悟，包括对自己责任的觉悟。

弘扬生态文明主流价值观的一个重要任务就是要强化责任担当，使广大公众认识到生态文明建设人人有责。为什么说生态文明建设人人有责？道理在于：资源浪费、环境污染，并由此引发出生态危机，人人难辞其咎、人人难逃其害；资源节约，保护环境并由此而为克服生态危机出力，人人都可以有所作为。如果我们每个人，或大多数的人都从自己做起，从日常工作和生活做起，从现在做起，我们头顶的天空就会更蓝，脚踏的大地就会更绿，江河湖海的水就会更净，我们的国家就会更美丽。

（原载《光明日报》2015 年 7 月 15 日）

用法治唤回白云蓝天

谢 立

新修订的《环境保护法》出台以后，按照“经济社会发展与环境保护相协调”的立法理念，新的环境保护法律体系正在得到进一步完善，国家对新的环境保护法律，要求更高了，标准更严格，法律责任更加明确，其中《大气污染防治法》就是新《环境保护法》实施后修订的首部环境保护的单行法律，其重要意义不言而喻。

近两年我省大气环境质量已有明显改善，按老的《环境空气质量标准》，2014 年全省 14 个市州城市空气质量达标比例为 91.2%。按照新的《环境空气质量标准》，具有可比数据的长沙、株洲、湘潭、岳阳、常德、张家界 6 个重点城市，2014 年比 2013 年上升 7.2%；2015 年上半年空气质量达标率为 70.9%，同比上升 14.7%。

尽管如此，我省大气环境质量形势依然严峻，每年冬春时期尤为突出，今年 1 月份 14 个城市环境空气质量达标天数比例范围在 9.7%～41.9%之间，平均达标天数比例仅为 24.1%，平均超标天数比例高达 75.9%。为解决这一问题，我省需要加大工作力度，同时希望有一部更加严格的大气污染防治的专项法律，进一步规范经济发展行为以及人们生活消费习惯，可以说《大气污染防治法》的修订，为我省大气环境质量改善带来了新的希望。目前重点做好以下六个方面工作。

一是抓紧新《大气污染防治法》的学习宣传。《大气污染防治法》条文多达 8 章 129 条，对生产、消费、流通等诸多领域行为进行法律规范，仅大气污染防治措施就包括燃煤和其他能源污染防治、工业污染防治、机动车船等污染防治、扬尘污染防治以及农业和其他污染防治等五大块，其中机动车船治理就包括 17 条，涵盖绿色出行、机动车达标出厂、销售和运行、尾气检测、油品质量等方方面面，涉及环保、工业、质量监督、工商、公安、交通运输、住房城乡建设、农业、水利等 10 多个行政管理部门的法定职责，其贯彻落实并非仅限于环保专业人员。因此我们期待各大媒体给予支持，开展全方位、多覆盖地宣传，尽可能多的提高新法宣传教育的受众面；同时组织系统内干部职工及相关行业开展《大气污染防治法》专题学习培训和研讨，实现法律知识进机关、进学校、进企业、进社区、进农村。

二是进一步抓好大气污染防治的工程措施。大气污染既需要源头预防，也需要一定的工程治理措施。为贯彻落实国务院“气十条”，我省今年共安排大气污染防治项目 693 个，这些项目对改善我省大气环境质量将产生积极的作用，我们将严加监督，抓紧落实，为 2016 年 1 月 1 日新的《大气污染防治法》正式实施献礼。

三是要抓紧《湖南省大气污染防治条例》的制定工作。这一工作早在 2014 年就列入了省人大常委会立法计划，并于同年 10 月份由省环保厅组织召开了《湖南省大气污染防治条例（草案·代拟稿）》立法听证会，邀请了机关、学校、法律界、媒体和企业、环保 NGO 组织等各方面代表参加听证会。这次全国人大常委会通过的新修订的《大气污染防治法》出台后，我们将结合我省实际，争取近期提交省政府法制办审定。

四是要狠抓严格执法，加大执法力度。十八届四中全会决定指出：“法律的生命力在于实施，法律的权威也在于实施”。新《环保法》实施以来，今年前 7 个月，我省 14 个环境污染犯罪案件中，就包括湘潭市对一例违法排放大气污染物案件进行了判决。去年省人大组织了《大气污染防治法》专项执法检查，通过明察暗访，曝光和处罚了一批重点违法案件，关闭淘汰了一批违法企业，组织了对相关省直单位和市州负责人的专门询问，取得了良好的效果。新修订的《大气污染防治法》具备了更好的操作性，仅罚则就有 30 条，具体处罚措施 90 款，我们要充分用好这部法律，严格环境执法，严惩环境违法行为。

五是结合环境责任体系建设，狠抓大气环境质量目标考核。今年年初，省委、省政府先后出台了《湖南省环境保护工作责任规定》和《湖南省重大环境问题（事件）责任追究办法》。8 月，中共中央、国务院印发了《党政领导干部生态环境损害责任追究办法（试行）》，目前，省委组织部正在牵头制定我省贯彻落实该《办法》的实施细则，我们要把法律的一般性规定结合党内规定，以及我省对环境保护责任的具体规定，如“对一个区域内大气环境质量连续两年持续下降时，启动对地方党委、政府主要负责人的问责程序”，作为法律的补充，共同推进我省大气环境质量的改善。

六是狠抓公众参与工作，进一步形成全社会共同参与环保的良好氛围。大气环境质量关乎全社会所有公民，也源于人民群众的生活消费习惯，城市餐饮油烟污染、燃放烟花爆竹、农村秸秆焚烧等都直接影响大气环境质量，新修订的《大气污染防治法》对规定了公民的法定责任，如第57条规定："国家倡导环保驾驶，鼓励燃油机动车驾驶人在不影响道路通行且需停车三分钟以上的情况下熄灭发动机，减少大气污染物的排放"。这就要求我们加大法律知识的普及，吸引更多的公众参与，形成人人参与环保、人人监督环保的良好氛围。

（原载《湖南日报》2015年9月17日）

生态基础好的地方也要重视环保

杨光鑫

推进生态文明建设应结合实际、因地制宜，这是生态文明建设的规律和原则。各地自然条件、生态禀赋不同，思路和策略自然也不同。但无论生态基础好还是差，生态文明建设理念都应是一样的，都要把生态文明建设放在突出地位，高度重视环境保护。湖南省安化县地处湘中，是洞庭湖重要生态屏障区，森林覆盖率76.2%，生态基础较好。但我们仍应牢固树立"绿水青山就是金山银山"理念，高度重视环境保护，把环境保护融入各项工作中，把良好生态作为最普惠的民生福祉精心呵护、精当规划、精致建设。

把环境保护融入发展理念中。思想是行动的先导，正确的生态理念是生态文明建设的前提。只有树立尊重自然、顺应自然、保护自然的生态文明理念，才能为建设美丽中国打下思想基础。我们采取各种途径加强全县干部群众对环境保护重要性的认识，大力倡导绿色发展理念，树立崇尚自然、爱护环境、厉行节约的良好风气，加快形成可持续的生产方式和消费模式。近年来，从封山育林、植树造林到农业综合开发、退耕还林，再到溪河禁渔、野外禁猎，逐步过渡到山林禁伐；从生态立县战略到"3+2"发展战略，再到绿色崛起，全县上下对环境保护的认识不断深化，发展的理念不断升华，逐步走上了生态与经济共赢、人与自然协调发展的道路。

把环境保护融入产业结构调整中。推进生态文明建设、实现永续发展，转方式、调结构至关重要，应培育壮大生态环保、经济高效、能够持续发展的特色产业。我们坚持以环境保护为前提，强化"保护生态环境就是保护生产力"理念，严格污染管控和环保准入，大力发展清洁能源和生物医药等产业；加强资源整合，引进战略投资者深度开发，加快技术改造和产业升级，形成了锑、钨开发和钨钴废料加工体系；加快发展与人民群众脱贫致富关系密切的绿色产业，效益明显，如安化黑茶产业从小到大、从弱到强，综合产值达78亿元，从业人员35万人，扩大了就业，提高了农民收入；统筹推进茶旅文一体化发展，茶马古道、中国黑茶博物馆、黄沙坪古茶市等核心项目相继建成，同时全面启动古茶亭、古茶廊、古村落保护修缮。把环境保护融入产业结构调整中，使结构调整与环境保护齐头并进、同步发展，达到生态建设和产业发展双赢效果。

把环境保护融入城乡建设中。打造优美的自然环境、繁荣的经济环境、和谐的社会环境，是建设宜居城乡的题中应有之义。这就要求把环境保护融入城乡建设中，全面推进宜居城乡建设。我们坚持城乡统筹，强化规划引领，提升建设品位，着力改善城乡居民居住环境。按照"特色山城、宜居城乡"思路，稳步推进城镇建设，完成了中心镇、建制镇和中心村规划修编，确立了"一心四副三轴三区"的城镇发展格局。引进战略投资，集中打造生态住宅项目，加快城区道路改造、垃圾和污水无公害化处理和绿化亮化工程，努力提升城镇品位。严格保护城镇自然山水生态和民俗古迹，精心规划建设各类广场和标志性景观，让群众抬头看得见山水、俯首记得住乡愁。统筹推进城乡交通、水利、电力、通信等基础设施建设，深入实施创建省级卫生县城和城乡清洁工程，城乡面貌不断改善，生活环境越来越好。

（原载《人民日报》2015年4月3日理论版）

从综合文明高度看待生态文明

覃正爱

生态文明虽然作为一种独立的文明形态位列“四个文明”之后，但从本质上看，它更应该是一种综合文明形态，其最大特点就是综合性与融入性——既是“四个文明”建设的载体，同时又存在于“四个文明”形态之中，是“四个文明”的有机统一体。

反思传统“四个文明”建设

为什么要提出生态文明呢?这是因为在传统的物质文明观、精神文明观、政治文明观和社会文明观的影响下，出现了日益严重的生态问题，这些问题已成为危及地球生命与人类社会生存的全球问题。

一是资源过度、过快消耗。从资源消耗角度看，我国的消耗增长速度惊人。以钢材消费为例，1983 年我国成品钢材消费量仅为 3000 多万吨，2003 年则达到大约 2.5 亿吨，20 年增长了 8 倍，接近美国、日本和欧盟钢铁消费量的总和。从资源利用效率来看，我国仍然处于粗放型增长阶段。以单位 GDP 产出能耗来计算能源利用效率，我国与发达国家的差距非常大：日本为 1，德国为 1.5，美国为 2.67，而我国高达 11.5。从资源再生化角度看，我国资源重复利用率也远低于发达国家。

二是环境严重污染。环境污染会给生态系统造成直接的破坏和影响，也会给人类社会造成间接的危害，有时这种间接危害比当时造成的直接危害更大，也更难消除。当然，环境污染最直接、最容易被感受的后果是影响人类的生活质量、身体健康和生产活动。此外，严重的污染事件不仅带来健康问题，也造成社会问题。对于人口众多、资源相对不足、生态环境承载能力脆弱的中国来说，随着经济快速增长和人口不断增加，能源、水、土地、矿产等资源不足的矛盾越来越突出，生态问题越来越严峻。

因此，加强生态文明建设，统筹人与自然和谐发展，增强可持续发展能力，就成为中国社会整体文明建设的内在要求和调整“四个文明”建设方向的迫切需要。

“四个文明”与生态文明

生态文明很难脱离“四个文明”而独立存在——或者说，“四个文明”中涵盖着生态文明的要求。首先，物质文明中包含着生态文明中的物质层面。物质文明建设所开展的经济活动都应符合人与自然和谐的要求，以实现经济活动的“绿色化”、无害化以及生态环境保护的产业化。其次，政治文明中包含着生态文明的制度层面。作为政治文明的主体——党和政府要重视生态问题，把解决生态问题、建设生态文明作为全面建成小康社会的重要内容，特别是生态制度建设中的法制建设，是政治文明的重要组成部分。再次，精神文明中包含着生态文明的文化层面。精神文明建设内在地要求一切文化活动都必须建设和维护良好的生态环境。最后，社会文明中包含着生态文明的社会层面。社会文明要求社会事业建设中要正确处理好社会事业与生态的关系，推动人们生活方式的革新，自觉地走绿色生活之路。

如果生态文明不能完全独立的话，会不会降低人们对生态问题的重视程度?一些发达国家虽没有提出生态文明的概念，但并不意味着他们不重视生态问题——恰恰相反，他们的生态意识已经深入骨髓，体现在方方面面。所以，关键是要更新原有的非生态的文明观，树立起科学的生态的文明观。

“四个文明”的生态化势在必行

生态文明的实质就是实现“四个文明”的生态化。

首先，要实现物质文明的生态化。物质文明建设不能再走先污染后治理的老路，而是要走一条注重和保护生态的新路，包括发展循环经济，发展低碳经济，壮大环保产业，实施清洁生产。改变传统的生产方式，就是要不断进行清洁生产意识教育，引导人们转变传统生产观念，让清洁生产的要求和意识深入人心，使采用清洁能源，让预防和减少污染成为政府、企业、社会的自觉意识和行为。

其次，要实现政治文明的生态化。政治文明建设不能无视生态环境的恶化，而是要把生态环境的保护和人民群众环境权益的维护提上议事日程，包括树立科学的生态权益观，加强生态法制建设，重视生态行政建设，推进生态民主建设。应保证人民群众生态建设的知情权、参与权和监督权，让人民群众从生态建设中深切体会和明确认识自己的利益所在，从而激发其参与生态建设的热情。这也是对政治文明的极大丰富。

再次，要实现精神文明的生态化。精神文明建设不能漠视生态问题的存在，而是要主动地研究生态环境污染对人类的危害以及对国家前途和民族命运的不利影响，自觉地建设生态文化，包括强化生态理念，加强生态文化建设，注重生态道德教育，加强生态修养。只有树立正确的生态价值观，才能在心灵深处构筑起牢固的生态屏障，养成良好的生态行为，切实防止破坏生态悲剧的重演。

最后，要实现社会文明的生态化。社会文明建设要更加认识到生态环境对社会发展的极端重要性，着力培养人们良好的生态的生活方式和工作方式。一是要倡导绿色的消费方式，拒绝挥霍铺张、浮华摆阔等消费行为。鼓励人们减少或杜绝生态破坏、环境污染和资源浪费，逐步形成有利于人类可持续发展的适度消费、绿色消费的生活方式。二是要创造宜居生活环境。通过建立法制化、民主化和安定团结的秩序以及高效率的社会管理体系，形成以生态文化意识为主导的社会潮流，树立以文明、健康、科学、和谐生活方式为主导的社会风气。

（原载《光明日报》2015 年 9 月 11 日 11 版）

旅游开发建设要注重保护原生态

刘之明

党的十八大把生态文明建设提到了前所未有的高度，这既为旅游业发展开辟了更加广阔的前景，同时也对旅游业发展提出了新的要求。近两年到基层考察调研，最直接的感受是各地发展旅游业的积极性都很高，旅游发展的氛围浓厚，势头强劲，但同时也确实存在一些盲目性。有的地方还是习惯于用搞运动的方式搞旅游，习惯于追风头、赶时髦。尤其是在旅游开发建设中，盲目贪大求洋，动辄大拆大建，大兴土木，对一些很有特色的自然和人文原生态资源保护不重视甚至造成了破坏。这方面的教训已经很多，值得我们认真汲取，并在旅游开发建设中全力做好原生态保护工作。

第一，要强化原生态保护意识。湖南旅游业还处在发展的初级阶段。加快旅游产品的开发建设仍然是我们面临的主要任务。近年来，在强大的市场需求和相关政策拉动下，旅游开发建设步伐全面加快，对丰富旅游产品供给，满足旅游消费需求，促进旅游业快速发展起到了重要作用。但是，我们也要清醒地看到，在旅游开发建设的热潮中，也存在一些不容忽视的问题：有的对什么是旅游资源缺乏认识，对当地一些很有特色的“宝贝”视而不见；有的盲目贪大求洋，动辄上十亿，言必称“欧式”；有的不管有没有客源市场，搞了很多小范围、低水平重复建设。尤其是动不动就大拆大建，大兴土木，用钢筋水泥的人工建筑取代了原始风貌。这种“积极性 + 盲目性 = 破坏性”的现象已屡见不鲜。如某国家级贫困县搞一片秦代梯田的旅游开发，花巨资在景区门口建了一座唐代宫殿式门楼。景区内的观景台也都是钢筋水泥建的。这些建筑不仅与梯田景观和稻作文化的风格极不协调，更有可能破坏梯田自然的蓄水和灌溉系统。某地搞一座山林竹海的旅游开发，非要在山上建一座欧洲宫殿式酒店。更多的则是一些地方对本地的原生态资源不管不顾，却一门心思去“招商引资”搞大型主题公园、游乐场。如此等等，不一而足。对原生态保护意识的淡漠，已经造成了一些难以挽回的不良后果。所谓自然原生态，就是天地造化的山水风光；人文原生态就是人类历史文化的长期积淀。这些原生态资源神韵独具，不可复制。纵观国内外著名旅游区，无一不是对自然原生态和人文原生态保护的结果。对于旅游开发建设来说，损坏原生态就等于砸自己的饭碗。只有格外珍惜这些自然和历史留给我们的宝贵遗产，加强对原生态的保护，旅游业才能造福当代，惠及子孙，实现可持续发展。对此，我们一定要有充分的认识。

第二，要在保护中开发利用。保护原生态的目的是为了开发利用。科学合理的开发利用就是对原生态的积极保护。这既是旅游开发建设的基本原则，又是对原生态资源保护与开发利用的意义所在。我们省内湘西的凤凰古城和洪江古商城经过修复整理后，再现了原来的古城风貌。尤其是洪江古商城，恢复了明清时期的各类商铺营业的情景，吸引了大批游客观光和体验。旅游消费促进了当地经济发展，反过来为原生态的保护创造了更好的环境和条件。

事实上，原生态的资源如果不开发利用，本身也得不到很好的保护。但是，对原生态资源的开发利用一定要做到科学合理。这就要求我们首先要做好控制性详规和产品设计，特别是要明确市场定位，彰显原生态特色，划定保护范围，配套服务项目；其次，要通过修复整理恢复原始风貌，做到修旧如旧，体现自然山水风光和历史人文风俗的本来面目；最后，更重要的是要把资金投入到基础设施、公共服务体系、接待服务场所的建设上，把钱花在对自然原生态和人文原生态的恢复、整修和保护上。只有科学合理的开发利用，原生态资源才会体现出保护的价值和意义，才能真正造福于人民群众。

第三，要在保护和开发中彰显原生态特色。旅游产品开发建设，特色就是价值，雷同就会贬值。在以往的一些旅游开发建设中，一些地方总是习惯于花很多钱来搞千篇一律的现代人工建筑。比如水体景观的旅游区，本来应该是波光粼粼、垂柳依依、绿草茵茵、清风徐徐的景象，却因为钢筋水泥的护坡墙一修，甚至还装上不锈钢的护栏，原来的那种景致和感觉就找不到了。再比如，我们一些旅游区民居建筑本来是各具特色的，也被搞得面目全非，都学着城里的做法，外墙贴的都是白瓷砖，屋顶用水泥砌得很平整，看上去与乡村环境很不协调，也失去了乡村民居建筑原有的风格。

在旅游开发建设中，我们一定要把原生态的资源做出特色。“越是民族的就越是世界的”。这些原生态资源开发利用得好的话，都可以打造成世界级的旅游品牌。如汨罗江是端午习俗和龙舟文化的发源地，要是能够完整地传承下来，就可以开发形成完整的端午习俗和龙舟文化的消费链条，满足游客全方位的消费需求，不仅使端午习俗和龙舟文化得到传承和传播，更可以带动当地经济发展和群众致富。这既是实现旅游业又好又快发展的需要，更是旅游业发展为民造福的迫切要求。

湖南山清水秀，风光旖旎，历史悠久，文化灿烂，独具特色的原生态资源十分丰富。如果把这些原生态资源都在保护好的基础上开发利用并做出特色，我们的旅游产品就一定会更加异彩纷呈；旅游开发建设与生态文明建设就会更加和谐统一；潇湘大地就会到处是景观，遍地宜旅游。

（作者系省旅游局副局长）

切实根治城镇黑臭水

谢　立

今年4月，国务院出台的《水污染防治行动计划》（即“水十条”）提出，“到2020年前，地级及以上城市建成区黑臭水体均控制在10%以内；到2030年，城市建成区黑臭水体总体得到消除”。因此，我们要认真贯彻落实这一计划，切实根治全省城镇黑臭水。

我省黑臭水河段比例不算太高，但问题较为突出，如长沙市浏阳河下游、衡阳市幸福渠、邵阳市龙须塘等水域，就是一些黑臭水较为突出的地方。且这些水域常常紧邻人口密集的城镇区域，每到高温季节都会严重影响周边人民群众的生产生活。对于黑臭水的治理，应综合采取控源截污、清淤疏浚、生态修复、调水补水等手段，通过工程治水、管理治水和结构治水，逐步改善水体环境质量，变臭水沟、污水渠为清水溪。当前，我们要突出做好以下几方面的工作：

严格落实属地政府主体责任。城镇黑臭水体形成点多面广，涉及工业、生活、农村面源等各个方面，通常整治的主体为县（市、区）政府。要按照湖南省环境保护工作责任体系的要求，推动政府一把手亲自抓落实，发挥政府绩效考核的引导作用，加大考核比重，纳入为民办实事范畴，严格奖惩，对工作不力的地方要严格追责，甚至“一票否决”。借鉴江苏、浙江等地的做法，积极推动“河长”“段长”制，加强组织领导。

注重因地制宜和科学推进。各地城镇黑臭水体形成原因、污染程度等，既有相同点，也有不同点。在整治过程中，要根据实际情况制定系统解决方案，因地制宜打好组合拳。要充分利用生态净化技术，按照减缓与适应并举的原则，建设立体、低碳的生态净化网络。在地面上，要建设过滤带等设施，减少地表径流污染；在河岸边，要建设植被缓冲带等设施，强化污染物截留；在河道中，要建设人工湿地等设施，加快降解污染物。要统筹好景观与生态的作用，注重植物本土化、多样性。注重城镇水系的互联互通，有条件的地方可以结合城市改造和水利设施建设，打通断头河，通过引水、补水，加快水体流动速度，提升净化能力。在这方面，还可以借鉴桂林市“两江四湖”互联互通经验，既有效解决了污染问题、又全面推动了旅游开发。

多方筹集黑臭水治理资金。城镇黑臭水体治理成本较高，每公里整治资金约为2000～4500万元，且基本为政府投入，这对地方财政是巨大的压力。在整合各级各有关部门资金的同时，要积极通过市场机制筹集资金。在梳理土地出让收益、旅游开发、广告等方面收益的基础上，各地可以通过合同环境服务、PPP模式等吸引社会资金积极参与整治。邵阳市在龙须塘治理中，就与省内大型环保公司合作，采取PPP模式，筹集综合治理资金120亿元。

控源截污要严格监管执法。按照新环保法要求，做好控源截污工作，对工业排污和城乡生活排污，要保持严打高压态势，对排放严重的企业，要综合采取停产整治、按日计罚或行政拘留等强制措施，实行顶格处理。要加快推进网格化监管，一一落实监管责任，并推动公安、检察、环保、住建、水利、工商等部门联合执法常态化，强化协同治理。

积极推动社会公众参与。城镇黑臭水体周边的人民群众，是污染整治的直接受益者，我们要着力引导大家成为黑臭水污染防治的积极参与者。一方面，要引导社会公众从自己做起，从身边事做起，践行绿色低碳生产生活方式，减少污染排放，戒除随意乱丢垃圾、乱倒污水的陋习，切实改变河道两岸“污水下河、垃圾成堆”的现状；另一方面，在黑臭水体调查、整治方案制订、工程项目建设、效果评估等过程中，要推动社会公众深入参与，做到问需于民、问策于民、问效于民。同时，要通过绿色环保创建等活动，引导人民群众爱河护水。

根治黑臭水虽然难度大，但绝非不可治理。我省在常德柳叶湖、岳阳南湖等水域黑臭水治理方面，就积累了成功经验。只要我们以民之所望,作为施政所向，坚持三严三实的工作作风，坚决贯彻落实国务院“水十条”，不折不扣地抓好上述几方面的工作，治理好黑臭水不仅可期可待，就时间而言，大概也用不着等到2030年。

（原载《湖南日报》2015年6月26日）

落实五个机制　共建生态文明

黄峥嵘

党的十八大报告把生态文明列入中国特色社会主义建设“五位一体”总体布局，提出“建设美丽中国、实现中华民族永续发展”。作为贫困山区的桂东县，认真落实十八大的战略部署，因地制宜，发挥优势，积极探索生态文明建设新路子，森林覆盖率跃居全省首位，空气质量稳居一级。在工作实践中，我们认为推进生态文明建设，关键是要落实“五个机制”：

一、推进生态文明建设，要落实源头治理机制。加强源头治理，是推进生态文明建设的重要基础。首先，要做好治理文章。严格落实节能减排政策，对不符合国家产业政策、污染严重的项目一律不予引进、不予扶持、不准上马，对现有的高污染、高能耗企业逐步退出。大力推进农村环境综合整治工程，严格控制农业面源污染。其次，要做好造绿文章。持续推进绿化造林、封山育林、生态公益林建设，积极发展速生丰产林等林业重点工程，打造“山上绿屏、水岸绿网、道路绿荫、城乡绿景”的绿化生态景观体系。第三，做好保护文章。强化对林地、草地、湿地、水源地、湖泊等重点区域和野生动植物的保护，保持生物多样性，维护区域生态平衡。守住耕地红线，集约、高效利用每一寸土地，给农业留下更多良田。

二、推进生态文明建设，要落实产业发展机制。发展生态产业，提供生态产品是生态文明建设的核心。依托生态等优势资源，瞄准产业发展方向，做大做强特色农业、新型工业和现代服务业，发展一批既富民又强县的支柱产业，努力从传统经济向生态经济转型，为广大人民群众提供干净的水、清新的空气、绿色的食品、高附加值的工业产品和让人流连忘返的旅游目的地。

三、推进生态文明建设，要落实生态补偿机制。落实生态补偿机制，是推进生态文明建设的重要手段。落实生态补偿机制，必须以统筹区域协调发展为主线，坚持“谁开发谁保护、谁受益谁补偿”的原则，加快生态补偿机制的立法步伐，以法律的形式明确补偿主体、补偿范围、补偿依据、补偿途径、补偿标准等，逐步建立公平公正、积极有效的生态补偿机制，推动贫困山区走上生产发展、生活富裕、生态良好的文明发展道路。

四、推进生态文明建设，要落实全员参与机制。推进生态文明建设，必须引导广大人民群众的普遍重视和积极参与。坚持把生态文明教育作为全民教育的重要内容，以电视、报刊、网络、学校等为阵地，普及生态文明知识，实现生态文明教育“家庭、学校、社会”全程覆盖，引导广大人民群众自觉承担生态文明建设的责任和义务，形成绿色生产、低碳生活的生态文明价值导向。

五、推进生态文明建设，要落实考核评价机制。推进生态文明建设，要有科学的考核评价机制作保障。要在保护良好生态环境的前提下，根据当地的经济社会发展定位，制定科学合理的干部考核和政绩评价体系，既要考核发展速度更要考核发展质量，既要考核经济发展更要考核经济与社会、人与自然和谐发展，引导各级干部树立绿色的政绩观，不断推进生态文明建设。

（原载《湖南日报》2015 年 2 月 1 日）

传统矿区两型建设新路径探索

刘　杰

省委经济工作会议强调，要加大两型社会建设力度，促进县域经济可持续发展。冷水江市锡矿山是“世界锑都”、百年老矿，在锡矿山矿区全面探索两型建设新路径，既可为环长株潭城市群两型建设补齐“短板”，也可为传统矿山打造两型矿区提供样板。

推动生产跨越式发展。着力抓资源整合，把产业做大。在大力整合现有锑开采、锑冶炼企业，淘汰落后产能的基础上，冷水江市还将逐步把全市民营锑矿整合为一家集团公司、一个矿权主体，真正实现强强联体、抱团壮大，争取掌握世界锑品话语权。着力抓改造升级，把产业做强。立足锑开发已形成精锑、二氧化二锑、无尘三氧化二锑等多元发展格局，进一步加大技术改造投入，促进产业延伸发展，着力打造锑产业探矿、采选、冶炼、精深加工、研发、仓储、销售等全链条产业，尽快形成 100 亿元有色产业集群。

推动生态立体式修复。地面要大力治渣。对历史遗留集中堆放的砷碱渣进行无害化处理，对现有采矿企业的采矿废石进行综合利用。大力进行植树复绿。精心选栽防污抗污木本树种，分步实施生态修复与植被恢复工程。已植树造林 4000 余亩，昔日的不毛之地正逐步变得草常青、树成林、山披绿。地上要大力治气。强制要求锑冶炼企业改进生产工艺，最大程度避免废气无组织排放，实现污染物稳定达标排放，真正让锡矿山难见浓烟废气，常见蓝天白云。地下要大力治水。科学划定居民饮用水源保护区，督促工业企业进行节水改造，将生产废水和厂区初期雨水进行循环回用或稳定达标排放，渣场渗滤水进行收集处理，加快推进青丰河、涟溪河综合治理工程，使矿区地下水成为脱污之水、健康之水、生命之水。

推动民生反哺式保障。采矿业属“输血型”经济，传统矿区经过长期开采，已形成大量采空区，导致地下水源枯竭，地质灾害频发，民生大受影响。基于此，要对矿区基本民生进行“反哺式”保障。要坚决防治地质灾害。锡矿山有约 2 平方公里的主采区，顶板距地表最近处不足 1 米，存在严重的塌陷隐患。目前我市完善安全生产应急救援、重大危险源监控、地质灾害防治等体制机制，规划实施锡矿山重点采空区搬迁避让工程，分三批次择址搬迁 3166 户 11676 人，目前第一批次已完成搬迁。要大力加强基础设施建设。努力改善锡矿山矿区交通、水利、环卫、农村危房和保障性住房等基础设施，加快发展社会保障、教育、医疗卫生、文化等社会事业。已改造升级连接锡矿山和邻近县市的多条干线公路，并将连接龙琅高速公路。42 个村、6.3 万人的安全饮水问题也正在分步、分片解决之中。

（原载《湖南日报》2015 年 3 月 7 日）

湘江新区规划建设应坚持三个注重

易小林

注重区域空间的衔接。按照国家“三区一高地”的定位要求，湘江新区不仅属于湘江西岸，更属于长沙市和湖南省。因此，对湘江新区的未来发展及其辐射力、影响力，不能局限于其 490 平方公里的区域来审视，而应放在长沙市、长株潭乃至全省甚至更广阔的层面来观照，加强其与外部空间的对接。就湘江东西两岸的交通衔接而言，鉴于机场、高铁站、火车站、港口均在湘江东岸，应加快湘雅路、人民路、劳动路等过江通道建设，加强湘江新区通往机场、高铁站的快速路改造，优化地铁路网结构，实现长沙东西城区的无缝对接。就区域层面而言，一方面，应加快推进长株潭城际铁路、坪塘大道、洞株路建设，尽快启动湘潭、株洲市内轨道交通，并实现与长沙地铁的零换乘，增强长株潭交通连接，实现综合交通一体化；另一方面，应抓好京港澳高速复线岳长段、石长铁路复线、长益常城际铁路等建设，加强湘江新区与岳阳、益阳、常德的衔接，努力提升湘江新区带动长沙、辐射环长株潭城市群的能力和水平。

注重城市亮点的打造。湘江新区拥有丰富的自然生态资源和历史文化资源，发展过程中应突出两型引领，重点控制生态底线和历史文化底线，彰显“山水洲城”的自然之美、建筑之美、空间之美。一要打造优美妩媚的岸线景观。坚持岸线资源与洲岛资源一起规划建设，实现洲岛风貌与岸线格局的相互呼应，打造建筑与环境相得益彰、传统与时尚交相辉映的“百里滨水走廊”。二要彰显魅力无限的生态之美。严格控制岳麓山、谷山、大王山等山体开发，严格限制山体周边建筑的开发高度，保护梅溪湖、洋湖等湿地资源，加强生态廊道和绿道网建设，重点保护天心阁—岳麓山、市政府—岳麓山等多条视线通廊，营造城在林中、林在城中、城山相拥、城水相依的空间格局。三要活化传统建筑的文化之美。西汉王陵、岳麓书院、湖南大学传统建筑群等都是湘江新区弥足珍贵、不可再生的历史文化资源，是长沙千年古城的见证。一定要通过保护利用好这些资源，提升湘江新区的文化软实力，实现历史文化的传承更新。

注重产城校城融合。产业集聚、高校云集是湘江新区的重要特色。湘江新区的产城校城融合应坚持以园区校区为载体，以设施配套为先导，以集聚人气财气为目的。应加强校企联姻，依托高校优质科研资源，做大做强长沙、宁乡、望城等国家级产业园区，着力培育新材料、电子信息、新能源与节能环保、生物医药等一批具有国内外先进水平的战略性新兴产业集群，重点发展移动互联网产业和研究设计、教育培训、金融服务、文化创意、商贸物流、生态旅游等现代服务业。努力提高岳麓山大学城的教学科研水平和建设水平，吸引更多人才在大学城创新创业，打造湘江新区“硅谷”。不断完善园区的住房、教育、医疗、休闲等公共服务和生活服务配套设施，推动产业园区向现代城市功能区转变，以实现产城融合发展。

（原载《湖南日报》2015 年 8 月 11 日）

洞庭湖区融入长江经济带的思考

李跃龙

洞庭湖是湖南的“母亲湖”，环洞庭湖区是全国重要的工农业生产基地，地位十分重要。去年4月，《洞庭湖生态经济区规划》得到国务院同意并由国家发改委批复，湖区的经济社会发展上升到国家区域发展战略，迎来了长江经济带建设和中部城市群建设的重大机遇。我们认为，洞庭湖区是湖南省“过渡带和结合部”战略定位的缩影，是长江经济带开放开发的重要区域，具有承东启西、连南接北的独特区位优势。如何找准洞庭湖生态经济区的发展定位，在产业建设上对接好长江经济带的需求，充分利用好长江经济带建设中产业转移的时机，努力把洞庭湖区建设成为全省经济社会发展的新引擎，至为重要和关键。

要把洞庭湖区建设成为现代农业示范区、长江中游城市群腹地经济支撑试验区、国家大江大湖生态保护与经济协调发展探索区

在对接长江经济带建设过程中，突出湖区在现代农业、城市群腹地经济、湖区生态保护与经济协调发展这三者角色定位尤其重要：

(1) 把湖区建设成为现代农业示范区。洞庭湖区传统农业历史悠久，发展农业的自然条件、生产条件相对优势较强，发展现代农业前景好、潜力大，符合国家对产业的发展要求，也是改善民生之亟须。改造传统农业，发展现代农业，积极探索示范，是湖区的重要发展目标。把洞庭湖建设成为现代农业示范区还应该转变农业发展方式，在市场农业、规模农业、高科技农业、休闲旅游农业尤其是农业产品工业化上发力做文章。

(2) 把湖区建设成为长江中游城市群腹地经济支撑试验区。洞庭湖位于武汉城市群和长株潭城市群之间，对于武汉城市群、长株潭城市群来说均为腹地，而且湖区的岳阳、常德、益阳和荆州等本身就是长江中游城市群的重要节点城市。城市影响力在于引领和辐射，城市发展也需要腹地支撑。从国家批复的规划来看，生态经济区涵盖湖南、湖北两省的33个县市，6.05万平方公里面积，2200万常住人口。探索建设腹地经济的路径，应该是优势互补、产业对接和城乡统筹，城市和农村的优势互补，相互促进，共同发展。

(3) 把湖区建设成为国家大江大湖生态保护和经济协调发展的探索区。相对于国家层面，大江大湖地区要探索一条生态文明建设引领经济社会全面发展的途径，保护和修复湖泊生态系统，建立新的江湖平衡关系，保障长江流域的水安全和生态安全。推动经济发展、民生改善，保障广大湖区民众共享改革发展成果已成为洞庭湖生态经济区最大的政治。但是，建设洞庭湖生态经济区绝不能走破坏生态环境来发展经济的老路。应该调整发展思路，争取多方支持，获取更多政策红利。在生态优先的前提下，科学编制规划，使经济总量扩张与洞庭湖自然资源相匹配、经济增长速度与洞庭湖环境容量相协调，探索可持续发展道路。

实现点线面三结合，全面融入长江经济带的产业建设

全面融入长江经济带建设，既是新机遇，又有新挑战。湖南由于没有特大型中心城市，尤其是缺乏像重庆、武汉、上海这样具有长江航运中心地位的城市，因此，湖南必须充分发挥好洞庭湖的区位和优势，做好沿江产业带规划，做好桥头堡岳阳这篇文章。

(1) 岳阳是湖南融入长江经济带的门户和桥头堡，要把岳阳建成为长江中游综合交通物流枢纽城市。岳阳位于湘鄂赣三省结合部，扼江湖之会，是申汉渝三大航运中心的核心节点、长株潭城市群和武汉城市圈的叠加区，具有承接长江上下游、贯穿南北的区位优势。岳阳还是全国二级物流园区布局城市，它通江达海的优势可以通过洞庭湖和“四水”辐射全省。作为湖南的门户和桥头堡，岳阳首要在于深化改革，体制要更顺，机制要更活，政策要更优。岳阳是发展临港产业的引擎和主战场，应在此设立深改试验区，进一步简政放权，超常规下放审批权限，鼓励先行先试，抢占发展升级制高点。

(2) 整合岸线资源，加快建设临港产业区。湖南的长江岸线163公里全部在岳阳，分布在华容、君山、岳阳楼、云溪和临湘五县市区，是湖南对接长江经济带的宝贵资源。在沿江经济带的规划设计上，要突出城陵矶新港区作用，统筹好港口建设、岸线利用、产业布局、集镇建设、基础设施和环境保护等方方面面。要加快编制沿江空间发展规划、水路运输网络规划、产业布局规划等专项规划。应做大做强城陵矶临港产业新区，将新区升格为省级管理机构，沿长江港口、岸线及陆地土地审批权上收归口管理。新区要创建国家级高新技术产业开发区，并授予其综合经济管理权限。加快新港港口建设，整合新港老港资源，推进功能分区，合理确定整个港口群各个港区的功能定位和产业分布。加快建设进口冷冻肉类指定口岸，申报汽车整车口岸、国家级综合保税区。产业体系以打造长江中游综合交通运输枢纽为中心，重点发展航运物流产业、电力能源产业、绿色化工产业、现代装备制造业、现代旅游业和现代农业。

(3) 湖区的产业建设，要按照《洞庭湖生态经济区规划》的要求，大力推进农业现代化。洞庭湖区是全国重要的商品粮生产基地，要稳定粮食生产，不断提高农业综合生产能力，发展湖区特色农业，转变农业发展方式，推进农业经营体制创新，构建现代农业支撑体系；要大力推进新型工业化，坚持“两型”引领，推动产区园区化、园区专业化，构建湖区特色优势新型产业体系，实现工业集聚发展、错位发展和转型升级；大力发展现代物流业，立足湖区区位条件和交通优势，全面提升现代物流业发展水平；积极发展文化旅游业，发挥湖区历史文化与自然生态优势，坚持保护与开发并重，促进文化与旅游融合发展，提升品牌效应，打造集生态观光、休闲度假、文化体验于一体的国内外知名旅游胜地。

（原载《湖南日报》2015 年 10 月 20 日）

绘制一幅生态美好的新湖南水系图

郭辉东　邓润平

湖南地处云贵高原向江南丘陵、南岭山脉到江汉平原过渡地带，在全国地势总轮廓中，属自西向东呈梯级降低的云贵高原东延部分。湖南又如何进一步利用好这一得天独厚的自然地理优势，绘制出一幅生态美好的新湖南水系图呢?

以湘资沅澧四水可持续发展为轴线，全面推进湖南人水和谐水环境建设

洞庭湖水系有天然形成的湘、资、沅、澧四水与洞庭湖的“四水一湖”格局，湖南 90%以上的县市城镇坐落在四水流域干流和支流两岸，要以四水可持续发展为轴线，采取生物措施和工程措施相结合的办法进行综合治理，把通航、电站建设和流域治理开发相结合，建设主要河流梯级枢纽水电工程时，应尽力使已有水利工程充分发挥配套作用。20 世纪 60、70 年代湖南修建的水利工程，像一根南瓜藤上结了很多瓜一样，大小水库和灌区用渠道相连，大多至今运行良好。而近些年修的水库大多只发电和蓄洪，没有形成互联的自流灌溉系统。要构建互连自流灌溉系统，就要全面提高河道安全行洪和船舶航运能力，全面加快水利基础设施建设和农田水利建设，抓好山塘、河流清淤疏浚和病险水库除险加固工作，实现县城以上城镇污水处理全覆盖，开展清洁水源、田园、家园和绿色村庄创建活动，力求使湘资沅澧四大流域和洞庭湖成为水旱无忧、水域秀美的典范。

借鉴古今中外开凿运河与打造水环境的成功经验，能够绘制一幅三湘四水新的水系图

（1）开凿湘资沅运河。从资江干流冷水江市金竹山乡至岩口镇开凿一条约 20 公里的运河到涟源市，将资江连接涟水，经娄底市、水府庙水库、湘乡到湘潭市的湘江。从安江镇的沅江干流起，经深渡乡（海拔高程 200 米）、龙水坪河，在雪峰山下开凿 10 多公里城门型隧洞与洞口县长塘河相连，由赧水汇入资江干流。（2）把凤滩水库的水引入张家界永定区。沿焦柳铁路开凿凤滩水库罗依溪至张家界永定区澧水的沅澧运河，把凤滩水库的水引入张家界永定区，使沅江支流酉水与澧水干流相连。该处有从南到北和从北到南的两条溪流，有利于运河开凿。分水岭南北阻隔的距离约 15 公里。（3）开挖湘浏运河。在长沙市雨花区开挖湘江至浏阳河的约 10 公里湘浏运河连接湘江和浏阳河，其中段可与圭塘河相连，有利于改善和优化长沙市区水环境，还可起到分解湘江和浏阳河在长沙市区的抗洪压力。（4）开挖浏阳河与捞刀河相连运河。在浏阳河黄花镇至金井捞刀河，可开挖一条联通浏阳河与捞刀河相连运河。（5）开凿连接东江至西河的郴资桂运河。以小东江水库 145 米处为引水起点，桂阳县同和乡大回湾西河出境处海拔 135.2 米为终点，从东到西有东江、郴江、西河等多条河流，北部永兴二级电站形成一个关闭的出水口。（6）在岳阳市区开挖运河使几个湖泊连通。该运河能够把东洞庭湖、南湖、东风湖、白泥湖、黄盖湖相连，流动的水能打造出清净的岳阳城市水环境。

长江大拐弯处的洋溪兴建无坝引水工程，能够使洞庭湖平原与成都平原的“天府之国”竞相争辉

三峡水库以下 100 公里长江大拐弯处的枝城洋溪居于上荆江制高点，拥有分流所需的水资源，芦家河江心有一块巨石叫鄂脑石，将长江水道分为左右二槽，洋溪街到松滋市小南海挡有一座小山，适宜开凿类似都江堰的宝瓶口水道。若能在此兴建一个无坝引水工程与相距 20 公里的松滋河相连，三峡水库下泄的清水就能够自流到洞庭湖，不仅能够从根本上解决洞庭湖枯水期缺水的问题，而且能够使洞庭湖平原出现一幅比“八百里洞庭”更加浩浩汤汤、横无际涯的美好图景，能够使洞庭湖平原与成都平原的“天府之国”竞相争辉。

洞庭湖湖口筑坝能收到江湖两利的效果

长江科学院数学模型计算结果表明，至 2032 年末，“藕池口至城陵矶段，最大冲刷量 16.6 ~ 23.48 亿吨，发生在枢纽运用 40 ~ 60 年，河床平均冲深 5.3 ~ 7.5 米”。三峡水库运行后使荆江河道清水冲刷下切，降低了分流河道口门水位，引起荆江南岸松滋、太平、藕池三口分水分沙减少，三口河道流量减少甚至断流，冬春季已引起洞庭湖区水资源短缺、人畜饮水困难、水环境恶化等问题。城陵矶位于长江与洞庭湖交汇的右岸，若在世界第三大河与中国第一大淡水湖交汇的三江口所在地城陵矶兴建岳阳综合枢纽工程，就不会使高于长江的洞庭湖水白白流走。

以湘资沅澧四水为轴线，把长株潭两型社会建设示范区和洞庭湖生态经济区有机结合，湖南能够绘制一幅巨型生态美好的人水和谐山水大画。

2014 年 4月 14 日，国务院正式批复同意洞庭湖生态经济区规划，要求湖南湖北两省及国务院有关部门把洞庭湖生态经济区建成“更加秀美富饶的大湖经济区”。长株潭、湘南、武陵山区板块和洞庭湖区相继进入国家战略层面，对湖南的发展构成了有力支撑，为湖南加快发展提供了前所未有的战略机遇。我们应当科学谋划，顶层设计，点线面结合，以湘资沅澧四水为轴线，将长株潭两型社会建设示范区与洞庭湖生态经济圈紧密相连，高起点、大手笔绘制出一幅生态美好的宜居、宜业、宜学、宜游的巨型人水和谐山水大画。

（原载《红网》2015 年 4 月 4 日）

“两型”发展是中国农业发展方式转变的时代命题

陈文胜

经过 30 多年改革开放，中国已进入工业化中期阶段和城镇化快速发展时期，农业正处于历史上最好的发展时期。自推行农村“家庭承包责任制”以来，前所未有地释放了农业发展的巨大活力，使中国从食品短缺时代向根本解决十多亿人口的温饱问题和全面建成小康社会的新时代迈进。从 2004 年起到 2006 年为止，全国各省先后在两年内全部取消了农业税，终结了中国历史上存在了两千多年的“皇粮国税”，从而破解了中国几千年历史未能解决的最大三农问题——农业税赋问题，成为中国农业发展史上的伟大里程碑。

进入新世纪以来，特别是 2003 年以后，尽管农业受到资源与环境约束日益趋紧、国内外经济形势复杂多变、自然灾害多发重发等多重因素的影响，但难能可贵的是，中国第一次实现了新中国成立以来粮食产量“十一连增”，是历史上发展最快的时期。回顾世界农业发展的历史，主要农业大国只有美国在 1975～1979 年、印度在 1966～1970 年实现过“五连增”。可以说，不论从历史的标准还是当代世界的标准来衡量，中国近几十年的农业发展为世界树起了“中国标杆”。农业所取得的这些辉煌发展成就，为农业的现代转型奠定了坚实的基础，使中国的农业发展站在了新起点上。

但毋庸置疑，粮食和农业增产过度依赖资源和要素投入，付出了巨大的环境和生态代价，中国农业发展正面临着前所未有的挑战。一是随着人口不断增长，现有的农业发展方式面临着农产品需求不断扩张的挑战。尽管农业连续丰收，但国际进口量却越来越大。相关资料表明，2011 年农产品进口就超过了中国总产量的十分之一，其中大豆进口量占全球大豆出口总量的 57%。据预测，到 2050 年，全球人口将增长到 93 亿，需要增加谷物 6.8 亿吨；中国的人口将增长到 15 亿左右，会超过当时发达国家的人口总和，谷物需求约 7.8 亿吨，肉食需求约 1.2 亿吨。二是随着耕地、水资源的数量减少和质量下降，现有的农业发展方式面临资源要素约束不断强化的挑战。作为无法改变的国情，中国的人均农业资源远低于世界平均值，人均森林面积、人均淡水资源、人均国土面积、人均耕地面积等四种关键农业资源，分别仅为世界平均值的 26%、33%、36%、40%。而人均农业资源正在不断减少。三是随着经济全球化和工业化、城镇化不断推进，现有的农业发展方式面临着资源要素争夺和国内外竞争压力迅速加大的挑战。一方面，随着中国工业化、城镇化步伐加快，农村与城市、农业与工业争夺耕地、水资源等资源和要素的竞争将会日趋激烈。另一方面，劳动生产率较低，严重影响了农业的竞争力。中国谷物、水稻和小麦单产 2008 年达到了发达国家水平，玉米单产也达到中等发达国家水平，但农业劳动生产率约为同期世界平均值的 47%，约为发达国家平均值的 2%，仅为美国和日本的约 1%。与此同时，跨国公司对国际农产品市场和资源配置的垄断地位日益增强，中国农业与发达国家的竞争更加艰难。四是以资源要素扩张为支撑的农业发展引发了资源破坏、环境污染、水土流失、土地沙漠化等一系列问题，现有的农业发展方式面临农村的生态环境恶化和农产品质量安全的挑战。有关研究显示，近期中国化肥年施用量占到世界总量的 30%，农药单位面积使用量要比发达国家高出一倍，每年约有 50 万吨农膜残留在土壤中，农村生态环境日趋恶化。

每个时代都有它的重大课题，解决了它就会把人类社会向前推进一步。全球变暖与能源枯竭对人类生存和发展提出了严峻挑战，建设“资源节约型、环境友好型社会”（以下简称“两型社会”）是当今世界经济社会发展的中心问题和国际社会力图解决的问题，代表着全人类的共同理想和未来社会的发展方向，是任何国家都无法置之度外的共同使命。党的十六届五中全会明确提出“建设资源节约型、环境友好型社会”，并首次把“建设资源节约型和环境友好型社会”确定为国民经济与社会发展中长期规划的一项战略任务。在党的十七大后，“长株潭城市群”和“武汉城市圈”被确定为全国“两型社会”建设综合配套改革试验区，“两型社会”建设进入实践层面并在全国示范推广。党的十七大提出“转变经济发展方式”的重大战略部署，明确将转变农业发展方式作为转变经济发展方式的一个重大任务，作为国民经济转型的重点和难点。党的十七届三中全会明确提出，“加快转变农业发展方式”、“建立资源节约型、环境友好型农业生产体系，到 2020 年资源节约型、环境友好型农业生产体系基本形成”。党的十八大报告进一步提出，“把生态文明建设放在突出地位，融入经济建设、政治建设、文化建设、社会建设的各方面和全过程，努力建设美丽中国，实现中华民族永续发展”，从而首次把生态文明建设放在突出的地位，明确推进“两型社会”建设，实现绿色发展、低碳发展、循环发展的终极目标是建设美丽中国。而农业的生态功能正在不断凸显，加快农业发展方式转变、实现农业可持续发展必然成为生态文明建设的重要内容。中央精神和政策方针为中国新时期的农业发展明确了时代内容，指明了农业发展方式向“两型”转变的战略方向。

（原载《光明日报》2015 年 1 月 14 日）

理解和把握绿色发展理念的三个维度

欧阳文风

绿色发展理念是十八届五中全会提出的五大理念中极为重要的一个理念。理解和把握绿色发展理念，可以从“理论向度”、“现实功用”和“实施路径”三个维度来着手。

第一，在理论向度上，绿色发展不仅仅关涉人与自然的关系，而且通向经济、政治、文化、社会建设各方面和全过程。绿色发展的核心是正确处理人与自然的关系，但是，这并不意味着绿色发展仅仅是局限于自然系统的发展，而是要实现经济—社会—自然三大系统的有机统一，也即要将绿色发展融入经济建设、政治建设、文化建设、社会建设、生态文明建设及党的建设各方面和全过程。此外，绿色发展强调发展，更强调保护，是发展和保护的有机统一，发展必须是低碳发展、循环发展、可持续发展，要平衡好发展和保护的关系。在自然系统的建设中，要树立一个生命共同体的理念，人类正在面临着一系列大气、水、土壤污染等生态方面的共同问题，必须结成一个生命共同体，按照生态系统的整体性、系统性及其内在规律，统筹考虑自然生态各要素，进行整体保护、系统修复、综合治理，增强生态系统循环能力，维护生态平衡。

第二，在现实功用上，绿色发展既是实现全面建成小康社会目标的重要途径，更是实现中华民族永续发展最重要的基础和前提。改革开放 30 多年来，我国经济社会建设取得了巨大的成就，但与此同时，经济建设与生态环境之间的矛盾也日益突出，资源紧缺、环境污染、生态失衡等一系列问题已成为制约我国经济社会发展的瓶颈。“小康全面不全面，生态环境质量是关键。”面对生态破坏严重、生态灾害频繁、生态压力巨大等突出问题，如何补齐生态短板，是奋力夺取全面建成小康社会决胜阶段伟大胜利必须攻克的难关，亦是建设美丽中国、实现中华民族永续发展需要解答好的重大课题。如果仍然延续以高消耗、高污染为代价的粗放型增长老路，我国的发展将难以为继。我们只有实行绿色发展，倡导资源节约，加大生态环境保护力度，牢固树立尊重自然、顺应自然、保护自然的生态文明理念，坚持节约资源和保护环境的基本国策，才能如期全面建成小康社会，真正实现中华民族的永续发展。

第三，在实施路径上，绿色发展既要严格落实《建议》提出的六大举措，同时又要逐步构筑涵盖经济、政治、文化、社会的“绿色综合体”。为推动形成绿色发展方式和生活方式，《建议》提出了六个方面的举措：促进人与自然的和谐共生；加快建设主体功能区；推进低碳循环发展；全面节约和高效利用资源；加大环境治理力度；筑牢生态安全屏障。这些措施还主要是着眼于生态环境的改善。在此基础上，还要进一步将绿色发展融入经济、政治、文化、社会建设各方面和全过程，着力培育绿色经济、绿色政治、绿色文化、绿色社会，构筑一个立体多维的“绿色综合体”。所谓绿色经济，就是经济要环保，任何经济行为都必须以保护环境和生态健康为基本前提，任何经济活动不仅不能以牺牲环境为代价，而且要有利于环境的保护和生态的健康；环保也要经济，即从环境保护的活动中获取经济效益，将维系生态健康作为新的经济增长点。所谓绿色政治，就是要努力营造一种清明的政治生态，优良的从政环境。习近平总书记指出：“自然生态要山清水秀，政治生态也要山清水秀。”“做好各方面工作，必须有一个良好政治生态。政治生态污浊，从政环境就恶劣；政治生态清明，从政环境就优良。”所谓绿色文化，就是要大力弘扬环保意识、生态意识、生命意识等绿色理念，倡导人类与自然和谐相处、共进共荣共发展的生活方式、行为规范、思维方式以及价值观念。所谓绿色社会，就是要推进绿色发展、循环发展、低碳发展，节约集约利用土地、水、能源等资源，强化环境保护和生态修复，减少对自然的干扰和损害，推动形成绿色低碳的生产生活方式。

（原载《湖南日报》2015 年 11 月 19 日）

其他成果介绍

《长株潭城市群蓝皮书：长株潭城市群发展报告（2015）》 编著者张萍、朱有志，社会科学文献出版社 2015 年 12 月出版。内容摘要：该书是我省智库建设及长株潭两型社会建设政策研究的重要成果，已经系列化地多次发布。该书以"'两型'建设与提质转型升级可持续发展"为主题，刊载了 2014 年以来专家学者对我省两型改革创新和转型创新发展问题的最新研究成果，具有三个显著特点：突出了创新发展，率先提出在长株潭自主创新示范区建设的同时要注重智能转型先行区建设；突出了协调发展，注重发展的协调性、政策的针对性和操作性，为全面推进长株潭一体化做了重要探索；突出了绿色发展，许多专项报告就"加快推进低碳循环发展、打造全国两型社会建设引领区"、"低碳产业园区"和"加快高新区绿色转型"等问题提出了政策建议。全书分为总报告、综合篇、专题篇和附录四部分。总报告：从我国经济发展速度换挡、湖南面临的机遇与挑战的剖析，在对"两型"建设、经济转型现状深入分析的基础上，提出了长株潭城市群"两型"建设与提质转型升级的路径。综合篇：着重对长株潭一体化创新、协同创新、经济转型发展、城市群系统的复杂性及适应性管理、两区共建路径等问题进行了探索，提出了相应的对策措施。专题篇：着重对制造业与服务深度融合、高技术服务业发展、产业园区低碳发展、深化"两型"综合配套改革、低碳发展、长沙高新区由麓谷向绿谷转型、湘潭发展路径、低碳发展引领园区经济转型、打造生态示范窗口、绿心地区绿地系统建设、旅游环境质量评价及品牌打造、绿色消费政策、"两型"产品认定、政府"两型"产品采购等相关问题进行了研究，提出了相关对策措施。《长株潭区域总体规划（2008-2020）》（2014 年调整）重要文件作为附录编入本卷。

《长株潭城市群多中心网络治理机制研究》 作者张衔春、吕斌、许顺才，发表于《城市发展研究》2015 年第 1 期。内容摘要：文章认为，区域治理研究最早源于 20 世纪 80 年代，针对市场经济下政府失灵与市场失灵的现实矛盾，政治家及管理学者以"治理"为"第三只手"实现对区域发展的弥补而非替代性的管理。当前，全球经济发展由传统依托强大经济军事实力的经济体（美国、日本、欧盟）支撑起美元、日元等资本，并向发展中国家单向输出资本的模式转变为新经济全球化模式，即大量新的资本输出国涌现及传统资本强国对于外来商品的依赖度加强，单边贸易与资本入侵被改变，并着力塑造与之相匹配的全球化生产网络。作者认为，长株潭城市群作为我国典型的多中心城市群，传统区域管理机制存在诸多弊端，严重阻碍城市群整体协同发展。文章通过深入分析长株潭城市群传统区域管理机制、"绿心"保护与开发管理机制及两型示范区传统管理机制，探讨当前长株潭城市群传统管理机制的现实矛盾。并基于此，作者提出了长株潭城市群构建多中心网络治理模式的必要性和构建方法，并结合多中心网络治理的启示与内容，提出旨在实现长株潭城市群区域多中心网络治理的改进策略，为我国城市群发展提供制度与管理上的可借鉴经验。

《长株潭地区人为源氨排放清单及分布特征》 作者尤翔宇、刘湛、张青梅，发表于《环境科学》2015 年第 1 期。内容摘要：氨是大气中唯一的碱性气体，是参与大气氮循环的重要组成成分。氨与二氧化硫、NOx 等通过大气化学反应生成的硫酸铵、硝酸铵等二次颗粒物是大气细颗粒物(PM2.5)的重要组成部分。此外，氨的排放还会破坏甲烷氧化加剧温室效应，NH+4 的湿沉降还会导致湖泊富营养化。因此，随着大气灰霾污染日益严重，国内外对氨排放特征的研究也日益深入。本文根据收集到的长株潭地区各类人为源氨排放的活动水平数据和排放系数，建立了长株潭地区 2013 年人为源氨排放清单，并根据空间特征数据进行了 3km × 3km 的空间网格分配。研究结果表明，长株潭地区 2013 年人为源氨排放总量为 7.27 × 104t，排放强度为 2.59 t·km；其中，畜禽养殖业和农田生态系统为最主要的氨排放源，氨排放分担率分别达 58.60%和 29.73%；畜禽养殖业中，肉牛、蛋鸡和肉猪是主要贡献源，分别占畜禽养殖业氨排放总量的 26.26%、21.40%和 18.43%；宁乡县、湘潭县和浏阳市为氨排放量较大的县市，分别占长株潭地区氨排放总量的 17.49%、12.82%和 12.02%；石峰区和岳塘区的氨排放强度最大。空间分布特征显示排放量较大的网格主要是大型点源。

《城市群港口结构研究——以环长株潭城市群为例》 作者韩时琳、慈庆玲、王超，发表于《长沙理工大学学报》2015 年第 1 期。内容摘要：文章认为，合理确定城市群港口的定位，构建与城市群发展水平相适应的港口结构，可有效促进城市群的发展。作者以环长株潭城市群为例，采用基尼系数、区位商以及聚类分析法，分别对城市群港口的空间结构、职能结构和层次结构进行定量分析，并论证了港口结构与依托城市的国民生产总值、产业分工以及港口综合基础条件的紧密联系。研究结果表明，环长株潭城市群港口可按综合能力分为两类：一类是作为城市群港口核心的岳阳港和长沙港，应定位为运输大宗散货和集装箱为主的现代化综合性港口；另一类是作为地区重要港口的衡阳港、常德港、株洲港、湘潭港、益阳港和娄底港，定位为运输散货和杂件货为主的综合性港口。

《长株潭红色旅游共生发展的空间特征》 作者许春晓、黎巧，发表于《旅游科学》2015 年第 2 期。内容摘要：文章提出，《2011-2015 年全国红色旅游发展规划纲要》的颁发，红色旅游发展进入了新时期，在开发模式上更强调融合的共生发展。作者认为，红色旅游具有共生发展属性，探索红色旅游共生发展空间特征是一个揭示其本质特征的基础性工作，学术价值明显，实践意义重大。本文运用集聚水平和联系水平两大指标描述红色旅游共生发展的空间特征，结合其实际情况，引入密度权数和品质权数、交通线的通达性权数，定义质量集聚度指数和通达性指数，形成一套多元主体空间特征的描述方案。长株潭地区红色旅游发展水平高，各类旅游资源丰富，在发展中共生共荣，运用该方案对长株潭红色旅游共生发展多元主体的空间特征进行实证研究，结果表明：总体上长株潭地区红色旅游共生发展呈现集聚分布特点，其中又以炎陵县、宁乡县、长沙县集聚程度最高；长沙、株洲、湘潭的质量集聚度存在差异，长沙各类旅游区的质量集聚度大于湘潭，湘潭的大于株洲的；县域之间交通网络的连接度和通达度较好，但旅游区层面连接度处于中等水平，通达度处于中等偏下水平。作者提出，红色旅游共生发展应该注意以下五点，一是突出优势资源打造旅游区主体功能；二是加强建设宣传提升旅游区品质水平；三是注重旅游道路建设便捷旅游交通体系；四是促成要素集聚铸造和谐旅游共生关系；五是形成共生发展示范带动相关区域发展。

《长株潭地区建设用地扩张遥感时空特征分析》 作者易凤佳、李仁东、常变蓉、邱娟，发表于《国土资源遥感》2015 年第 2 期。内容摘要：文章提出，建设用地的扩张是经济发展的必然结果。20 世纪 90 年代以来，我国城乡建设用地扩张显著，尤其是城镇面积的扩展十分明显，较高的人口密度、较好的基础设施水平连同较为平坦的地势，为区域城市化的继续发展奠定了基础。建设用地的空间拓展将日益成为现在及未来几十年中国土地利用变化的主要特征。本文选择我国中部地区经济发展相对缓慢的非传统区域作为研究对象，分析长沙、株洲、湘潭三市建设用地扩张遥感时空特征，找出来近 10 年来建设用地扩张的时空规律，具有理论意义和实践意义。作者利用遥感、GIS 一体化技术，获取长株潭地区 2000 年、2005 年和 2010 年 3 期陆地卫星图像，提取建设用地扩张及其空间分布信息；运用扩张速度指数和强度指数分别对 2000—2010 年间 10 年变化以及 2005 年为界的前后两个 5 年区域建设用地时序特征进行分析；利用优势度指数分析了区域建设用地扩张的空间趋向性。研究结果表明：长株潭地区建设用地在不同时期都处于增长的趋势，其中前 5 年建设用地扩张速度和强度都要明显高于后 5 年。2000—2010 年间建设用地面积增加约 3.94 万，前后 2 个时期的扩张面积分别占增加总量的 57.30%和 42.70%。对长株潭地区建设用地扩张进行时空特征分析，作者认为，建设用地扩张引起区域内耕地和林地在数量和空间格局上的变化，城区周围 9 ~ 12km 范围内耕地极易转入建设用地；2 个时期河流附近耕地流入建设用地随距离变化而呈现不同特征；前 5 年城区周围林地转入建设用地强度大，距离交通用地 3km 附近的林地易转入建设用地。

《长株潭地区生态资产变化格局分析》 作者李毅、杨仁斌、毕军平，发表于《经济地理》2015 年第 2 期。内容摘要：生态系统不但给人类提供着丰富的食品、药品及各种原材料等有形实物型生态资源，还为人类提供调节气候、保持水土、涵养水源等无形非实物型生态服务，其蕴含着巨大的经济价值。近年来，全球环境问题日趋严峻，资源枯竭、人口增长，促使以自然资源价值和生态服务价值为核心的生态资产研究引起国内外学者的普遍关注，并成为当前生态经济领域的热点。本文以长株潭地区为例，利用 Landsat TM、ETM+ 数据及其他辅助数据，运用生态经济学方法，评估了长株潭地区 2000 年、2010 年两个年度的生态资产，分析了生态资产分布格局及其驱动因素。结果表明：一是区域生态资产分布不均匀，株洲市最高，长沙市次之，湘潭市最低；二是区域生态资产总体保持稳定并略有增加，但人均生态资产降幅较大，其中区域人均生态资产下降了 7.93%、长沙市人均生态资产下降了 11.20%、株洲市人均生态资产下降了 5.39%、湘潭市下降了 4.16%；三是长株潭区域生态资产变化是自然环境因素和人类活动共同作用的结果，但人类活动是关键因素。基于以上研究结论，作者提出快速城市化的长株潭地区应走绿色、环保、低碳、集约、智慧的城市发展道路，实现人与自然的和谐发展。

《长株潭城市化进程中极端降水变化特征》 作者彭莉莉、罗伯良、孙佳庆，发表于《暴雨灾害》2015 年第 2 期。内容摘要：极端降水事件是发生概率极小的天气气候事件，对人类社会经济、自然生态系统影响很大，特别是对水资源、粮食安全等构成重大威胁，成为全社会关注的热点问题。多年来,气象工作者对各地极端降水事件进行了大量卓有成效的研究，取得丰硕成果。作者利用长沙、株洲、湘潭城市群 9 个气象站 1961—2012 年降水资料，采用百分位法确定城市群各站春、夏、秋、冬四季极端强降水阈值，分析城市化缓慢发展期与快速发展期城市群四季极端降水变化特征。研究结果表明：(1)各站极端降水阈值、日数与强度无明显的地域差异，影响城市群各站极端降水的天气气候系统基本一致。(2)相对于城市化缓慢发展期，快速发展期偏北区域站点春、夏季极端降水日数减少，而偏南区域站点则增加；前后两个时期，春、秋、冬季极端降水强度变化各站较为一致，但夏季南北区域其变化存在明显差异。(3)从城市化缓慢发展期到快速发展期，城市群夏季极端降水距平分布发生明显变化，即北部夏季极端降水由正距平转为负距平，而南部则由负距平转为正距平。

《论融城背景下的融教方略——以长株潭一体化城市体制改革为例》 作者盛欣、姜正国，发表于《湖南师范大学教育科学学报》2015 年第 2 期。内容摘要：随着改革开放的不断深入，经济发展的不断提速，我国的区域发展出现了一幅全新的景象，越来越多的地区突破原来的行政区划疆界，逐步形成以经济为纽带的新型综合区域，抱团发展，合纵连横，大大提升了区域的竞争力。一批新的城市群相继崛起，经济增速令人瞩目，有力地推进了我国现代化进程，这就是所谓的“融城现象”。湖南省的长株潭一体化就是典型的例子。文章提出，融城现象给教育带来了多方面的发展机遇，同时，也带来了一些“融教”的新问题。本文探析了“融教”的涵义，分析“融教”的基础，针对目前“融教”思想缺失、“融教”进程缓慢、“融教”优势遗弃的现状，提出要端正“融教”观念、改善“融教”策略、调整“融教”布局、突出“融教”重点。作者提出，城市一体化发展必须重视“融教”的基础投入，挖掘“融教”的潜在功能，强化“融教”的保障体系，以“融教”促进“融城”的发展。

《城市化进程对湖南长株潭地区气温变化的影响》 作者李易芝、罗伯良、周碧，发表于《干旱气象》2015年第2期。内容摘要：城市化发展对区域及全球气候变化的影响是人们广泛关注的问题。2013年IPCC第5次评估报告指出，近130多年（1880—2012年）地球表面平均温度上升了0.85℃，2003—2012年平均温度比1850—1900年平均温度上升了0.78℃，全球气候呈现出以变暖为主要特征的显著变化。近百年来，中国年平均气温升高了0.5～0.8℃，预计21世纪我国气候将继续明显变暖。作者利用1961—2012年湖南省长株潭地区8个气象站的逐日气温观测数据，以郊区站作为背景场，分析了长株潭地区城市化对年和季平均气温、最高气温、最低气温的影响，在此基础上结合20世纪90年代后长沙市人口、GDP及建成区面积，探讨了城市化进程与城乡温差的关系。结果表明：近52年来长株潭地区呈现增温趋势，年平均气温、最高气温、最低气温的城市化影响贡献率分别为24.0%、21.2%、15.2%，城市化对长株潭地区年平均气温影响最大，年最高气温次之，年最低气温影响最小。城市化贡献率的最大值都出现在夏季，而其最小值平均气温和最低气温出现在冬季，最高气温出现在春季。城乡温差与长沙市人口、GDP呈显著正相关，相关系数分别为0.69、0.41，表明城市化进程对城区的气温变化有显著影响。

《长株潭城市群资源环境承载力评价及改善措施研究》 作者张小刚、罗雅，发表于《中南林业科技大学学报（社会科学版）》2015年第3期。内容摘要：自2007年，国家发改委批准长株潭(长沙、株洲、湘潭的简称)城市群为“两型社会”（资源节约型和环境友好型）建设综合配套改革试验区以来，从社会到学界已发表了不少关于“两型社会”建设的研究成果。但是目前纵观学界的研究，大多数学者都是从社会发展或者从社会管理及管理经验比较等角度进行分析研究的，而从资源环境的角度开展研究并不多。资源节约和环境友好是“两型社会”建设的行动纲领,资源和环境是人类可持续发展的重要因素,研究资源环境承载力对分析经济、社会与环境资源的协调发展具有十分重要的作用。因此，作者认为，资源节约和环境友好是长株潭城市群进行“两型社会”建设的两个基本内在要求，通过对资源环境承载力的内涵、评价指标体系和评价方法的探讨，以长株潭城市群资源环境现状为实证分析的对象，分别计算出其资源承载力、环境容量和总体资源环境承载力，并进行分析评价，进而有针对性地提出大力推进能源节约和降低污染、强化节约和集约利用土地、深入开展节约用水和水污染治理、加强资源综合利用和循环利用四点改善措施，为长株潭城市群“两型社会”建设提供重要的参考依据。

《长株潭地区耕地压力的时空变化及驱动因素分析》 作者刘胜峰、张合平，发表于《中国岩溶》2015年第3期。内容摘要：耕地问题是现代城市发展建设中面临的非常严峻的问题。耕地资源不足，肥力地域差异大以及自然灾害摧毁耕地资源，城市化、工业化的快速发展占用耕地使得耕地压力日趋增大，这引起了国内外学者对耕地保护、耕地压力方面的重视和研究。湖南省的耕地压力问题一直较为严重，长株潭作为湖南省的核心区域，城市化建设快速发展，并在湖南省的经济社会发展中起着举足轻重的作用。作者利用1997—2010年长株潭地区的土地利用现状数据和社会经济数据，运用耕地压力指数模型和主成分分析法分析了长株潭地区耕地压力的时空分布及驱动因素。研究结果表明：(1)长株潭地区耕地总量总体呈阶梯减少趋势。(2)整体看,长株潭地区耕地压力指数小于1，耕地压力不明显，但耕地压力指数呈上升——下降——上升走势，耕地压力呈上升势头。(3)具体看，长株潭地区耕地压力：长沙市株洲市湘潭市；并且县域空间差异明显，尤其是城区耕地压力指数远大于1，表明城区耕地压力非常大，其他县市压力相对较小。(4)人口快速增长、经济跨越式快速发展、农业机械化普及与农业投入的增加等4个方面是长株潭地区耕地压力变化的主要驱动因素。研究成果有利于提高人们对长株潭地区的耕地保护意识，为促进区域土地合理利用规划，实现两型发展提供科学依据。

《论经济发展新常态与湖南绿色发展战略及其路径》 作者刘茂松，发表于《湖南社会科学》2015年第3期。内容摘要：习近平总书记2014年5月在河南考察时指出，“我国发展仍处于重要战略机遇期，要增强信心，从当前我国经济发展的阶段性特征出发，适应新常态，保持战略上的平常心态。”改革开放特别是进入21世纪以来，中国经济一直处于快速赶超发展期，中国经济总量取得了持续增长的巨大成就，但这种经济是以GDP为中心、以投资为主导、对技术进步重视不足的粗放式增长，是不可持续的增长。在实现全面检查小康社会的历史转折时期，这种经济旧常态难以为继，自身就有着向经济新常态过渡的内在要求。因此，文章提出，后金融危机时代我国经济全面进入转变经济发展方式时期，从过去严重忽视生态环境价值的传统粗放发展转为高效率、低成本、可持续的低碳发展。这种客观条件的变化，导致中国经济必然从高速增长转向高中速增长，从结构不合理转向结构优化，从要素投入驱动转向创新驱动。所以，经济发展新常态意味着，中国经济进入了深度转型升级的关键时期。特别对于尚处于后发赶超的湖南来说，进入经济发展新常态就是要建立两型生产方式，全面实施绿色发展战略。

《城乡一体化背景下的湖南绿色农业发展研究》 作者王欣、张仲珍，发表于《农村经济与科技》2015年第4期。内容摘要：城乡一体化是社会经济发展到一定阶段，工业化达到相当程度之后，工业反哺农业，城市支持农村,工业与农业、城市与农村协调发展的过程。在这一过程中，伴随居民收入提高以及健康意识的增强，社会对绿色农产品的需求呈现不断增长态势，绿色农业的发展是大势所趋。绿色农业被称之为二十一世纪阳光产业，是现代化发展方向。绿色农业产业化的发展不仅能帮助农民增加收入，同时能促进城镇化建设，提升农村建设品质，并为农民享受市民待遇提供现实条件。因此，城乡一体化给湖南绿色农业发展带来了机遇，绿色农业也将促进城乡一体化的建设。文章以湖南为例来研究城乡一体化背景下的绿色农业发展思路，通过分析湖南绿色农业的现状，总结了湖南绿色农业发展中存在的主要问题，并指出了相应的发展思路。

《基于循环经济理念的长株潭生态城市建设评价》 作者张晴、谢宜章，发表于《江西社会科学》2015年第4期。

内容摘要："生态城市"是联合国教科文组织"人与生物圈"计划中一个非常重要的概念，即用生态学的理论和方法来指导城市的研究和发展，在城市化进程不断推进，城市在过去高速发展过程中暴露出的生态环境问题已经引起人们的高度关注。作者提出，随着社会经济的发展、城市人口的迅速增长以及城市化进程加快，生态城市建设已成为推进城市发展的必然选择。通过生态城市综合评价指数对长株潭三市进行评价，发现其生态城市建设仍有很大的发展空间。实证分析结果表明：人力资本水平和技术创新是生态城市建设的重要因素，环境规制水平对生态城市建设的促进作用不明显，而粗放的对外贸易不利于生态城市建设，高水平的 FDI 引进能对其产生显著促进作用。必须在循环经济理念指导下，从经济的发展、自然的维护和社会的和谐三方面因地制宜进行建设，以最小的资源消耗和环境成本来获得最大的经济和社会效益。

《长株潭城市群低碳社区的问题调查及建设路径研究》 作者李晖，发表于《现代城市》2015 年第 4 期。内容摘要：伴随着温室效应的日益明显及不良气候的频繁出现，人们愈发深刻认识到碳减排的重要性。社区作为城市的重要组成部分，是居民赖以生存的生活空间，也是人们生活碳排放的重要来源地，从社区角度遏制碳排放，不仅对促进城市低碳创建作用明显，更对推动我国生态文明建设有着重要意义。文章提出，社区是城市的重要组成部分，是碳排放的重要来源地。推进生态文明建设，创建低碳城市，降低社区碳排放尤为关键。在明晰低碳社区内涵的基础上，对长株潭城市群社区低碳建设存在的问题进行查寻，对建设路径进行构建，以期推进长株潭城市群低碳社区又好又快发展。

《长株潭城市环境空气中 PM2.5 和臭氧质量浓度的相关性研究》 作者罗岳平、刘孟佳、甘杰，发表于《安全与环境学报》2015 年第 4 期。内容摘要：受城镇化加速推进、产业结构不合理、机动车保有量快速增长等不利因素的影响，城市环境空气质量不断恶化，已成为我国当前面临的最严重环境问题之一。为加快推进我国大气污染治理，切实保障人民群众的身体健康，环保部制定相关法规，要求增加对 PM2.5、臭氧、一氧化碳等污染物的监测，并收紧了对部分污染物的限值。作者认为，PM2.5 与臭氧是导致城市环境空气质量恶化的主要污染物，采用自动设备监测湖南省长沙、株洲、湘潭三市商业区和郊区空气中的 PM2.5 和臭氧质量浓度，并对数据进行相关性分析。结果表明：PM2.5 和臭氧质量浓度的季节性变化大，其中臭氧质量浓度夏、秋 2 季高，春、冬 2 季低；PM2.5 则秋、冬 2 季高，春、夏 2 季低；臭氧质量浓度峰值一般出现在当天午后，PM2.5 质量浓度峰值一般出现在上午；空间分布上，臭氧质量浓度在郊区站点相对较高，而 PM2.5 质量浓度在商业区站点较高。PM2.5 与臭氧质量浓度变化以负相关为主，即 PM2.5 质量浓度高时，臭氧质量浓度则低，反之亦然，二者一般不产生叠加污染。总体上，夏、秋季节应主要防臭氧污染，春、冬季节则主要防 PM2.5 污染。

《长株潭区域小微企业融资现状调查》 作者刘胜辉、邓宇璐、张丹，发表于《中国管理信息化》2015 年第 5 期。内容摘要：小微企业是经济发展的重要组成部分，不仅数量众多而且分布在各个行业，在扩大就业渠道，促进居民收入增长、推动经济增长和结构调整等方面具有不可替代的作用。由于近年来实行紧缩性的货币政策，银行等金融机构贷款紧缩，小微企业的融资、原材料、劳动力等方面成本上涨的多重因素共同作用，使得当前小微企业融资问题日益尖锐。为了了解长株潭地区小微企业融资情况，作者在长株潭地区发放调查问卷 230 份，最终获得有效问卷 209 份，有效率 90.87%。通过分析，文章认为，小微企业的成长对促进长株潭区域两型社会建设发挥着重要的作用，而如何解决该区域小微企业融资的难题，是保证长株潭地区两型社会顺利建设的关键问题之一。针对小微企业融资难的现状，作者从政府、金融机构、企业本身等方面提出了解决小微企业融资难问题的相关对策建议。

《长株潭人力资本与经济增长的耦合度分析》 作者赵忠君、蒋东梅，发表于《湖南商学院学报》2015 年第 6 期。内容摘要：文章认为，人力资本是人力资源的重要组成要素，体现人的核心价值，由于人与社会劳动水平密切联系，其消费、储蓄以及投资等行为对社会经济产生深远影响，因此人力资本对经济发展具有重要影响。目前，我国社会经济正处于结构调整和转型升级的关键时期，再加上当前我国人口红利逐渐衰退，人口老年化趋势加重，人力资源作为新兴的经济增长助推器，对经济增长方式的转型和优化升级、区域经济的协调可持续发展、稳定就业以及构建和谐社会有重要作用。因此，正确认识和深入分析人力资源现状及其适应经济发展所需要的程度，意义重大。作者运用耦合模型，建立相关指标体系，测算和分析了长株潭 2005—2013 年人力资本与经济增长的耦合发展特征。研究结果表明：长株潭城市群平均人力资本与经济增长耦合度呈稳定上升趋势。其中，长沙市人力资本与经济增长耦合水平较高，由磨合耦合向高水平耦合发展；株洲市近 8 年耦合度均值处于拮据耦合阶段，于 2013 年挺进磨合耦合；湘潭市人力资本与经济增长耦合程度较低，处于低水平耦合阶段，耦合发展失调。

《论"四化两型"发展背景下的湖南生态文明建设》 作者杨红芳，发表于《经济研究导刊》2015 年第 6 期。内容摘要：生态文明是人类文明发展的一个新阶段，与人类经历了的原始文明、农业文明、工业文明有着明显的不同，它强调的是人类在改造自然的过程中必须遵循尊重和爱护自然的规律。中国的基本国情是人口多、底子薄，资源人均占有量相对不足，环境承载能力有限。自改革开放以来，发展的不平衡、不协调，导致生态退化、环境污染等问题日益严峻，而生态危机也正在吞噬着整个地球，因此，环境问题是 21 世纪人类发展面临的最大问题。本文在深刻了解中国国情及湖南省情的基础上，从生态文明建设的意义出发，论述加快湖南生态文明建设发展的必要性和迫切性。对湖南生态文明建设的现状进行分析，进而对当前湖南生态文明建设的思路进行论述并提出建议。

《长株潭地区聚落空间演化及其与耕地的空间关系研究》 作者陈永林、谢炳庚、李晓青，发表于《人文地理》2015 年第 6 期。内容摘要：聚落是人类生产和生活的主要活动场所，又称为居民点，按照其人口规模和用地性质可以分为城市聚落和乡村聚落。聚落地理学一直是地理学研究的重要内容，国内外对城市聚落的研究发展较快，已有一定的规模，但关于乡村聚落的研究起步较晚，因此很多学者把聚落地理学等同于乡村聚落地理学来看待。本文以长株潭地区为例，综合运用景观生态学方法和GIS的空间分析方法、从分析聚落的空间演化特征出发，对2000年、2005年及2010年的遥感影像图进行解译，得到3个时期的土地利用分类图，运用景观指数法和空间分析法等方法，对长株潭地区聚落的空间演化特征及动因进行分析，并分析了聚落与耕地之间的空间关系。研究结果表明：长株潭地区聚落的面积、数量规模和分布密度加速扩大，集中分布在高程200m以下；聚落空间演化的自然动因是低地平原指向，而社会动因是人口规模的变化；提出耕地与聚落面积比指数(K)概念，根据K值的大小可以将耕地与聚落的空间组合关系分为3类地区：耕地资源紧缺区、耕地资源平衡区、耕地资源盈余区；聚落与耕地的空间转移关系可以分为两大类：持续稳定型和动态变化型；长沙市周边耕地转为聚落的趋势十分明显；聚落空间扩张对耕地的影响存在一个空间临界点，城市化速度越快，临界点的位置距离聚落越远。

《长株潭地区聚落空间演化及其与耕地的空间关系研究》 作者陈永林、谢炳庚、李晓青、邓楚雄，发表于《人文地理》2015年第6期。内容摘要：本文认为，聚落是人类生产和生活的主要活动场所，又称为居民点，按照其人口规模和用地性质可以分为城市聚落和乡村聚落。聚落地理学一直是地理学研究的重要内容，国内外对城市聚落的研究发展较快，已有一定的规模，但关于乡村聚落的研究起步较晚，因此很多学者把聚落地理学等同于乡村聚落地理学来看待。作者对2000年、2005年及2010年的遥感影像图进行解译，得到三个时期的土地利用分类图，运用景观指数法和空间分析法等方法，对长株潭地区聚落的空间演化特征及动因进行分析，并分析了聚落与耕地之间的空间关系。研究结果表明：长株潭地区聚落的面积、数量规模和分布密度加速扩大，集中分布在高程200m以下；聚落空间演化的自然动因是低地平原指向，而社会动因是人口规模的变化；提出耕地与聚落面积比指数(K)概念，根据K值的大小可以将耕地与聚落的空间组合关系分为3类地区：耕地资源紧缺区、耕地资源平衡区、耕地资源盈余区；聚落与耕地的空间转移关系可以分为两大类：持续稳定型和动态变化型；长沙市周边耕地转为聚落的趋势十分明显；聚落空间扩张对耕地的影响存在一个空间临界点，城市化速度越快，临界点的位置距离聚落越远。

《区域产业生态创新系统健康评价研究——以长株潭城市群为例》 作者龚常、游达明，发表于《经济学家》2015年第6期。内容摘要：面对严重的环境问题、能源问题和全球经济竞争压力挑战，现有的产业发展模式改变和革新，已成为学术界的共识。实现各区域产业生态化是解决这一问题的关键途径，探索经济发展与环境保护相适应的生态化产业模式正在受到越来越多来自于不同学科背景的国内外学者的关注。作者认为产业生态创新系统的健康程度对国民经济和社会发展具有重要影响。本文以长株潭城市群为例，将区域产业生态创新系统划分为社会发展子系统、环境压力子系统、产业经济子系统和可持续发展子系统四部分。根据上述四个子系统的内涵建立指标体系，采用模糊综合评价模型，对长株潭城市群产业生态创新系统健康程度进行了评价，研究结果表明：2002—2012年长株潭地区产业生态创新系统健康程度逐渐好转，各子系统改善程度存在明显差异，总体处于发展阶段，但是发展的速度相对缓慢，正处于从一级产业生态系统向二级产业生态系统演化期。

《长株潭地区金融发展与经济增长相关性研究——基于2003—2012年面板数据的实证分析》 作者陈伟，发表于《经济地理》2015年第8期。内容摘要：本文认为，长期以来，金融发展与经济增长的关系一直是学术界争论的焦点，早在20世纪初期，Schumpeter就最早提出银行通过信息甄别机制向成功的企业家提供融资、促进创新并推动经济发展的理论。然而，古典经济学家也对金融发展与经济增长的关系持有不同的观点，他们将目光盯在实体经济。作者通过收集长株潭地区经济发展与金融发展的相关数据，构建超效率DEA模型对长株潭三市金融机构效率进行了评价，然后采用面板数据模型，实证分析了2003—2012年长株潭三市金融发展水平及金融机构效率与经济增长的关系。研究结果表明：长株潭地区金融发展与经济增长密切相关。金融发展水平和金融机构效率是长株潭地区经济发展的长期原因，但不是其经济发展的短期Granger原因。而经济发展既是金融发展水平的长期原因，也是其发展的短期Granger原因；经济发展是金融机构效率提升的长期原因，但不是金融机构效率的短期Granger原因。同时，作者根据以上结果，针对性地提出了相关政策建议。

《基于低碳经济的城市群产业协作研究——以长株潭城市群为例》 作者谢佳、李勇辉，发表于《经济问题探索》2015年第8期。内容摘要：文章认为，可持续发展是20世纪80年代提出的一个新的发展观，实现可持续发展必须要有强大的产业支撑。两型产业是指以资源节约和环境友好为发展目标，以自然规律为准则，以可持续发展政策调控为手段的产业，发展两型产业对于提高区域综合竞争力意义重大。低碳经济的发展要求恰恰体现了两型产业的发展导向，只有构建以环保性、低消耗、循环性、高科技为主要生产方式的产业发展体系，才能真正实现区域经济的健康快速发展。作者整合诸多学者的研究成果，从产业协作方面考虑区域产业调整升级完善，以长株潭城市群为例，通过产业结构相似系数、区位商等对长株潭城市群产业协作现状进行了实证分析，针对发现的问题，结合当前倡导的低能耗、低污染、低排放的经济发展模式，从低碳经济角度提出了深化产业协作的对策和建议。

《长株潭网络城市内部关联的时空机制研究》 作者彭翀、林樱子，发表于《经济地理》2015年第9期。内容摘要：文章认为，网络城市是知识经济培育出的一种创新性多核心城市结构，由两个或更多原先彼此独立、但存在功能互补的城市，借助于快速高效的交通走廊和通讯设施联接起来，彼此尽力合作而形成的富有创造力的城市集合体。作者以长株潭城市群为研究对象，将功能互补与水平联系两种关联机制作为切入点，借助城市流理论以及GIS分析技术，对长株潭网络城市的时空格局进行分析。研究结果表明：一是在空间方面，从功能互补机制看，长株潭三市整体总外向功能量为正值，内部因城市功能不同而相互辐射与承接；从水平联系机制看，节点城市间的水平联系表现出层次性、经济性、网络性特征，虽然经济空间略不均衡，但网络结构初步成型。二是在时空演进方面，节点城市间功能互补镶嵌作用逐渐显著，区域网络化趋势明显。因此，作者认为，长株潭具备网络城市构建的良好条件，并提出主要城市与一般城镇需协同发展，使各县市能够通过高效智能的城市网络进行有效联结。

《基于熵权法的环长株潭城市群脆弱性的综合评价研究》 作者熊静、王光伟、邓超男，发表于《太原城市职业技术学院学报》2015 年第 10 期。内容摘要：2015 年 4 月国务院批复同意《长江中游城市群发展规划》，环长株潭城市群被纳入长江中游城市群发展规划中，这对于环长株潭城市群的发展是一个重要的机遇，也是一个巨大的挑战。环长株潭城市群经过长时间的发展和磨合，日益成为湖南产业、城市最为密集的区域，是湖南经济发展的龙头，集中了湖南大部分的人口和经济活动，但是由于各城市之间经济发展水平、资源禀赋基础的差异巨大，优势产业链尚未形成，城市群协调发展的体制机制不够完善，综合竞争力不强，同时也反映出脆弱性特征，如资源消耗严重、生态环境破坏、城市肌体破坏、城市管理成本升高等，这都制约着城市群的发展。本文基于城市脆弱性的内涵，以环长株潭城市群的 8 个城市为研究对象，采用熵权法确定权重，从敏感性及应对能力两个方面构建脆弱性评价指标体系和评估模型，运用综合指数法来测算脆弱度，最后通过加权求和法得出长株潭 8 个城市的综合脆弱性指数，为推进环长株潭城市群可持续发展，积极融入国家重大发展战略提供科学决策参考。

《基于经济联系与空间流的长株潭城市群空间异质性分析》 作者徐建斌、占强、刘春浩，发表于《经济地理》2015 年第 10 期。内容摘要：长株潭城市群作为中部地区城市群建设的先行者，对其一体化相关研究已较为成熟。相关学者从外部城市群竞合关系、内部空间网络构建、复合行政体制创新、公共危机协同处理等多方面深层次对长株潭城市群一体化发展措施进行了探讨。本文引入空间异质性原理，对长株潭城市群经济联系和空间流进行分析，从等级异质性、结构异质性和功能异质性三方面对长株潭空间异质性及其机理进行剖析，并据此探讨长株潭城市群空间异质性优化途径。结果表明：一是长株潭城市群内各城市等级异质性明显，多尺度等级缀块结构在理论上对城市群发展是有益的，但等级异质对后进城市(娄底、益阳等市)的发展在某些程度上是起妨碍作用的。二是长株潭城市群各城市结构异质性突出，与城市群核心区的时空距离是异质性重要原因，但距离并不是造成结构异质性的唯一原因，历史基础、文化和政策等方面也是造成结构异质性的重要方面。三是长株潭城市群各城市功能异质性方面构成较为合理，但城市群“新质”的产生更多集中在长沙市，其科研和创新职能远高于其他地区。四是长株潭城市群空间的一体化与空间异质化是相辅相成的两个方面，在追求空间一体化的过程中必须要正视空间异质性的存在，认识到空间异质性的机理才能实现真正意义上的一体化。

《快速城市化地区景观格局时空演变研究——以长株潭城市群核心区为例》 作者姜华伟、戴文远、杨育普，发表于《海峡科学》2015 年第 11 期。内容摘要：在全球化大背景下，城市化已成为全球重要的社会、经济现象之一。它是人类活动对自然生态系统的一种强烈作用。城市化过程不仅影响城市中各景观成分的具体组成，同时也影响这些景观要素在空间上的分布与配置，因此城市化过程中景观结构与格局演变研究成为近期城市研究的最基本命题。本文以长株潭城市群核心区为例，根据 2000 年和 2010 年长株潭城市群核心区 TM 遥感影像解译数据，进行景观分类和景观格局指数选取，采用移动窗口、梯度分析方法，揭示十年间研究区景观格局时空演变特征。研究结果表明：农田景观为基质景观，其他景观为镶嵌体景观，景观类型转移呈现出林地和灌丛向农田和城镇转化，农田向城镇转化的过程；从景观指数的空间分布来看，最大斑块指数高低值呈南北分散分布，景观形状指数和斑块密度低值在城市中心，高值主要在城市边缘，香农多样性指数高值沿湘江呈带状分布，上述指数十年间变化主要发生在城市周围；通过景观格局指数梯度分析得知，各景观格局指数具有明显的梯度效应，十年来城市中心及边缘变化较大，城乡结合部基本保持稳定。

《“两型社会”建设背景下长株潭城乡文化生态均衡机制研究》 作者严俊杰、黄正泉，发表于《文史博览（理论）》2015 年第 12 期。内容摘要：文章认为，与自然生态相比，文化生态具有更为丰富而复杂的内涵，中外学者围绕“文化生态”展开了深入的研究。文化生态是人类生存、发展的各要素的有机统一体，包涵着自然生态（即自然环境）和社会生态（即社会环境）。“文化生态理论的实质是指文化与环境（包括技术、资源和劳动）之间存在一种动态的富有创造力的关系。”长株潭“两型社会”建设的终极目标就是通过优化“长株潭人”的生存环境来改善“长株潭人”的生存状态，其本质就是一种文化生态建设。当前长株潭城乡文化生态环链出现了脱节的现象，长株潭农村文化生态的弱势地位使得其在整个长株潭文化生态系统中的价值体现受到屏蔽，导致长株潭文化生态这张“生命之网”的活力下降。为探寻长株潭城乡文化生态的均衡发展机制，作者对长株潭城乡文化生态非均衡发展问题进行调查研究，提出了构建长株潭城乡文化生态均衡发展机制的建议与对策。

《基于农户入市意愿的长株潭集体经营性建设用地 Logistic 模型分析》 作者罗湖平、唐禹，发表于《系统工程》2015 年第 12 期。内容摘要：十八届三中全会提出“加快完善现代市场体系”“建立城乡统一的建设用地市场”“在符合规划和用途管制前提下，允许农村集体经营性建设用地出让、租赁、入股，实行与国有土地同等入市、同权同价。”如何贯彻中央精神，有效推进农村集体经营性建设用地入市，成为当前国际经济社会发展中的一个重大现实课题。本文基于农户意愿视角对长株潭农村集体经营性建设用地入市影响因素进行 Logistic 模型分析，结果表明，在影响农户入市意愿的诸多客观因素中，农户自身特征中的年龄和职业因素，以及公共政策特征中的相关流转政策满意度因素均通过了显著性检验。其中，前两个因素均呈正相关性影响，又以农户年龄因素贡献为大；后一个因素呈负相关性影响且影响强度最大。新一轮农村集体经营性建设用地入市试点政策的出台，应该正视农户们这些客观存在的意愿选择行为，更加注重营造良好的土地制度变迁环境、加快制定配套的入市流转政策和建立逐步推进的入市流转工作机制。

《军民融合协同创新绩效评估及影响因子研究——以长株潭地区为例》 作者乔玉婷、鲍庆龙、曾立，发表于《科技进步与对策》2015年第15期。内容摘要：文章提出，在军民融合发展成为国家战略背景下，推动军民融合深度发展亟须破解军地两大系统资源配置条块分割、各竖烟囱、缺乏统筹等难题。军民融合协同创新是破解军地科技资源配置难题，推动军民融合深度发展的重要力量，对我国实现战斗力生成模式和经济发展方式双重转变的同步跨越具有重要意义。作者运用因子分析法，从军民融合协同创新合作伙伴协同配合度、协同创新主体能力和协同创新外部环境3个方面构建评价体系，评估长株潭地区军民融合协同创新中心、研究院、军民结合产业园与企业的协同创新绩效及影响因子。研究结果表明：军民融合协同创新中心自身创新能力较强，但在合作伙伴协同配合度上得分较低；协同创新研究院在协调合作伙伴配合度和获得外部市场、政府、中介等支持方面有较好表现，但还应筛选更多适合转化的科研成果，实现协同创新与知识产权联动；军民融合协同创新中企业的创新能力较弱。

《长株潭地区人均生态足迹测算及其动态变化分析》 作者邓楚雄、黄辉、李迎春，发表于《安徽农业科学》2015年第19期。内容摘要：随着城镇化进程的加快，自然生态系统将逐渐被人工环境所取代，经济发展与资源环境的矛盾也日益突出。因此，生态环境可持续发展是人类必须重视的问题。生态足迹是由加拿大William Rees教授于1992年提出的一种测度生态可持续发展的定量分析方法，是度量人类活动对生态系统影响的一条新途径。生态足迹提出后受到学界的高度关注，生态足迹方法成为可持续发展定量评价研究的热点问题。本文选取长株潭城市群1993、1998、2003、2008、2013年数据，以5年为单位，利用生态足迹模型计算了1993—2013年长株潭地区人均生态足迹，研究其动态变化。结果表明：2013年长株潭地区人均生态足迹为2.0372hm^2，人均生态承载力为0.7988hm^2，人均生态赤字为1.2384hm^2；1993—2013年长株潭地区人均生态足迹年平均增长率为3.05%，人均生态赤字呈现出先较快后缓慢增长的态势；长株潭地区正处于一种不可持续发展状态。基于此，作者提出控制人口数量、改变资源利用模式、提高单位面积自然资源的生物产量，提升建设用地利用效率，加强政策宏观调控等可持续发展的对策。

《绿色经济视角下的湖南化工产业集群发展路径研究》 作者刘小凤、张熠、彭文武，发表于《经济研究导刊》2015年第22期。内容摘要：本文认为，持续性发展问题是企业面临一个最基本问题。近年来，随着第一批“政策型、暴发型”企业发展的日趋平静，并有很多企业在发展中成了“流星”，现存的公司利润很难再有大的发展，企业发展面临新的“瓶颈”期。从某种意义上讲，这些“流星”企业都是产品成功型企业，也就是凭借企业家的胆略和敏锐，抓住了中国经济发展过程中的某个机遇、某个产品、某个项目、某种稀缺资源使企业迅速做大，但这种成功不可持续。因此，企业如何获得持续的发展能力，成为一道难以回避的难题。本文依据可持续发展和绿色经济经营的原理，构建产业集群绿色经营条件下的企业升级模式，并以化工企业为例，提出湖南绿色经济产业集群生态化发展的对策。

重要成果选载

主动适应新常态　把义务植树推向深入

徐守盛　杜家毫

春风又绿江南岸，又到一年植树节。

自五届全国人大四次会议颁布《关于开展全民义务植树运动的决议》以来，湖湘儿女自觉履行植树义务，推动城乡绿化事业健康发展，成功打造出绿色湖南靓丽名片。到2014年底，全省森林覆盖率达到59.57%，森林蓄积量达到4.84亿立方米。当前，我国正处在“三期叠加”新阶段，经济发展进入新常态，城乡绿化面临新的形势和挑战。全省广大干部群众要认清形势，主动适应新常态，坚持不懈把义务植树推向深入，进一步推进生态建设，不断增强资源环境承载力和生态产品供给能力，建设天更蓝、地更绿、水更清的美好家园。

主动适应新常态，把义务植树推向深入，是经济社会发展与生态环境建设协调推进的必然选择。习近平总书记指出：“森林是陆地生态的主体，是国家、民族最大的生态资本，是人类生存的根基，关系生态安全、物种安全、气候安全和生态外交大局。”他在去年4月4日参加首都义务植树活动时明确要求：“全国各族人民要一代人接着一代人干下去，坚定不移爱绿植绿护绿，把我国森林资源培育好、保护好、发展好，努力建设美丽中国。”习总书记的讲话，为新常态下的生态环境建设指明了方向。过去一段时间，我国能源资源和生态环境空间相对较大，现在环境承载能力已经达到或接近上限，自然生态环境越来越珍贵，这是我国经济发展的重大变化。主动适应新常态，是时代对我们的新要求。我省“七山一水两分田”，山地丘陵多，森林是自然生态的顶层部分，是维护生态安全最重要的基础设施。近年来，我省经济发展与生态环境改善同步推进，但森林资源总量不足和生态产品供给能力不够的问题依然严重，经济社会发展与生态环境容量有限的矛盾依然突出。全省还有768万亩“裸露山地”须披上绿装，2146万亩岩溶地区石漠化山地水土流失隐患严重，许多林地“远看一片绿，近看树不大”，须从蓄积少的“着衬衣”状态提升到产量多的“穿棉袄”水平，城市绿化须增加森林数量和向立体发展，空气、水、土壤环境质量等方面还困扰着人民的生活。而且，经济越发展，人民生活水平越高，生态需求越大。因此，我们要继续深入开展全民义务植树运动，努力增加森林资源，提高资源环境承载力和生态产品供给能力，满足人民群众对清新空气、清澈水质、清洁环境的殷切期盼。

主动适应新常态，把义务植树推向深入，是全面推进依法治国的明确要求。法律是治国之重器，法治是国家治理体系和治理能力的重要依托。全面推进依法治国，必须做到全民守法。五届全国人大四次会议《关于开展全民义务植树运动的决议》规定，凡是条件具备的地方，年满11岁的公民，除老弱病残者外，因地制宜，每人每年义务植树3至5棵，或者完成相应劳动量的育苗、管护和其他绿化任务。良好生态环境是最公平的公共产品，是最普惠的民生福祉。我们每一个人都在时刻享受着森林提供的生态服务，消耗着生态资源。植树造林，既是每个公民应尽的法律义务，也是每个公民应该承担的社会责任。因此，我们要从遵守法律的高度，从力所能及的植树活动做起，为建设法治国家做出应有贡献。

主动适应新常态，把义务植树推向深入，必须切实加大工作力度。义务植树参与者众、工作面广、规模大、要求高，是一项复杂的系统工程，必须精心谋划，注重科学。要认真贯彻“全国动员，全民动手，全社会办林业，全民搞绿化”的国土绿化方针，通过广泛宣传发动，传播生态文明理念，充分调动全社会参加植树造林的积极性。要认真落实各级领导干部任期造林绿化和森林资源保护责任制，强化各级绿化委员会统一领导，各部门分工负责，全社会广泛参与的国土绿化运行机制。要遵循义务植树属地管理原则，与时俱进创新尽责方式，在坚持公民参加植树劳动的基本形式基础上，推广林木绿地认养认建、古树名木保护、捐资造林等义务植树方式。要搞好工作规划，将义务植树和城乡绿化一体化建设紧密结合起来，与全国绿化模范城市、国家森林城市、国家园林城市创建紧密结合起来，与退耕还林、绿化“裸露山地”、城市绿荫行动等城乡绿化重点工程紧密结合起来，与村庄绿化、社区绿化、通道绿化等身边添绿活动紧密结合起来，构建起城乡融合的森林生态体系。要坚持科学造林，做到适地适树，讲求生态优先，追求林相美观，从严把好造林整地、挖穴规格、种苗选择、苗木质量、苗木栽植和养护等各个环节的技术关，实行精细化管理，做到栽植一株，成活一株。要加强义务植树和城乡绿化成果的保护力度，严格执行《森林法》《环境保护法》等法律法规，坚决制止侵占林地、毁坏林木绿地等行为，积极防范森林火灾和森林病虫害，切实保护好造林绿化的成果。

替河山妆成锦绣，把国土绘成丹青。让我们行动起来，精心植绿，悉心护绿，使绿色铺满三湘大地，引领全面小康。

（原载《湖南日报》2015 年 3 月 12 日）

推进长株潭一体化发展　打造新常态下经济核心增长极

杜家毫

习近平总书记在中央城镇化工作会议上指出，要把中国城镇化道路的重点放到促进城市群的发展上。我们要深入贯彻习近平总书记的重要指示精神，按照省委统一部署，利用长株潭城市群得天独厚的条件，悉心汲取国内外城市群发展的经验，积极探索具有湖湘特色的城市群发展路子，努力打造新常态下我省经济核心增长极的升级版，为全国城镇化特别是城市群发展创造经验。

推进长株潭一体化具有良好基础、面临重大机遇

推进长株潭一体化发展，是历届省委、省政府既定的发展思路，也是一以贯之的努力方向。早在 20 世纪 50 年代，我省就有把长株潭三市合并成“毛泽东城”的设想。从 1984 年正式提出建设长株潭经济区方案，到 1997 年实施长株潭一体化发展战略，再到 2007 年获批长株潭城市群两型社会综合配套改革试验区，历届省委、省政府始终在积极探索和开拓。尤其是当前，国家加快推进长江经济带建设，把长株潭城市群正式列入长江中游城市群国家发展战略，再加上国务院批准设立长株潭国家自主创新示范区和湘江新区，更为长株潭城市群发展提供了新机遇。我们要统一思想和行动，坚定不移、更好更快地推进长株潭一体化发展。

长株潭城市群已成为全省发展的重要引擎。长株潭城市群是全省发展基础最好、资源最密集、创新最活跃的区域。历届省委、省政府都对长株潭一体化发展寄予厚望，都在倾全省之力把长株潭城市群打造成为核心增长极。经过多年努力，长株潭城市群发展已取得长足进步，无论是经济总量，还是增长速度和发展质量，都位居全省前列，成为带动全省经济发展的“火车头”。2014 年，长株潭城市群完成地区生产总值 11555.9 亿元，增长 10.5%；三市经济总量占全省比重超过四成。特别是，长株潭三市以占全省 1/7 的面积、1/3 的人口，集聚了全省 70%以上的科研机构、70%以上的创新创业平台、60%以上的高新技术企业，创造了全省 70%以上的科技成果，实现了全省 60%以上的高新技术产业增加值，成为全省创新驱动的重要引擎。随着一体化发展的加快推进，无论是扩大投资、做大产业，还是拉动消费，都将创造巨大需求，为全省稳增长提供源源不断的强大动力。长株潭三市要充分发挥优势，在适应引领新常态、率先实现转型创新发展方面走在全省前列，为全省改革、发展、创新做出新的更大贡献。

长株潭城市群拥有众多国家级发展平台。当前，长株潭城市群拥有两型社会综合配套改革试验区、自主创新示范区、湘江新区三大国家级平台，含金量都很高，是加快推进长株潭一体化发展的突出优势。如果及时有效发力，充分利用好这些国家级平台，抓住机遇、用好机遇，就可能是“山重水复疑无路，柳暗花明又一村”，“两岸猿声啼不住，轻舟已过万重山”，达到新境界、实现新跨越。比如，2007 年国务院批复成立长株潭城市群两型社会综合配套改革试验区，省委、省政府审时度势，采取系列政策措施，以两型社会试验区为龙头，加快推进长株潭一体化发展步伐，带动和促进全省经济发展，取得巨大成就，长株潭两型社会试验区已成为全省发展的重要平台和名片。下一步，我们要在整合、拓展上下功夫，切实把这三大国家级平台的资源整合好、优势发挥好，不断探索产业协同发展、企业协同创新、环境协同治理的新机制，共同培育新技术、新产品、新业态、新模式，增强三市的整体和协同效应，带动、促进全省区域协调发展，力争达到“1+1+1>3”的效果。

长株潭城市群发展已上升为国家战略。从建设长株潭城市群两型社会综合配套改革试验区，到进一步促进中部地区崛起和实施长江经济带发展战略，再到颁布《长江中游城市群发展规划》，国家对中部地区的改革发展提出了系列指导意见，一步一步引向深入。这是作为长江中游城市群重要一环的长株潭城市群，面临的又一重大历史性机遇。在国家规划中，涉及我省的环长株潭城市群，包括长株潭和岳阳、益阳、常德、衡阳、娄底，其中长株潭是核心。国家对武汉城市圈的定位，是打造中国经济新的支撑带、增长极，建设全国重要的综合交通运输枢纽、先进制造业和高技术产业基地、中部地区现代服务业中心；对环长株潭城市群的定位，是建设全国两型社会示范区、“四化”同步发展先行区、现代化生态型城市群；对环鄱阳湖城市群的定位，是建设全国大湖流域生态人居环境建设示范区和低碳经济创新发展示范区。比较国家对中部三个城市群的定位，除了国家给长株潭城市群的定位外，我们还要把国家对武汉城市圈的定位，即建设全国重要的综合交通运输枢纽、先进制造业和高技术产业基地、中部地区现代服务业中心，作为长株潭城市群的奋斗目标。

准确把握新常态下推进长株潭一体化的新内涵、新要求

新形势下，对长株潭城市群的发展，我们不能满足于过去的发展成绩和基础，要有更高的目标、更宽的视野，持之以恒、久久为功，努力打造新常态下全省经济核心增长极的升级版、中部崛起新高地、全国城市群一体化发展示范区。

准确把握一体化的内涵要求。一是一体化不是一样化。一体化与差异化相辅相成，“差异”得越好，一体化就越好。两者是共性和个性的关系，有个性才有共性，共性又可以指导个性。表现在城市发展定位上，就是要有主有次、有机结合。比如CBD，可能长沙就是“主”，株洲、湘潭就是“副”。但在航空城、机车城方面，株洲就是“主”；在红色旅游方面，湘潭就是“主”。二是一体化就是特色化。从城市规划来讲，一体化就是大家都朝一个方向发展。从产业来讲，一体化的真正涵义是特色化，没有特色化，就没有一体化。比如株洲的电力机车和以硬质合金为重点的新材料谁也代替不了，做强做大这些产业，就是长株潭一体化的重要内容。再如，航空航天产业，株洲一直有航空发动机制造基础，人才较为集中，应作为全省发展的重点。还有陶瓷，长沙铜官窑很有名，但年代已经久远，现在醴陵的陶瓷技术在全省是最好的。三是坚持融合与错位并重。比如装备制造、汽车零部件、食品加工、文化旅游、商贸物流、现代农业、新型材料等产业，三市都有，这是历史形成的，无法避免，必须逐步融合。同时，在融合过程中注意错位发展，把特色产业与自身的产业基础和优势结合起来，真正做到你无我有、你有我优、你优我新、你新我特、你特我强。

遵循自然、经济和社会发展规律。一是自然规律。要守住两条底线，即：保护好湘江、保护好绿心。一方面，不管如何规划，如何发展产业，都要保护好湘江；另一方面，先划定绿心（昭山）的规划红线和禁止开发区域，红线之外的规划建设再行研究。二是经济规律。一个地方的发展，除了领导人强不强、思路对不对，还有内在的经济规律起作用。比如，当前时空距离所带来的差别和效应，正在因高速公路、高速铁路、民航的发展而递减。此外，国家政策已趋同或者说基本趋同，政策效应也在递减。除了国家的东、中、西部等几大板块间还有一些政策差别外，国家对相同板块的省区政策基本一致。又如，建设湘粤、湘赣经济合作区，不能简单地在两个省区的边界找一块地方，各自划一半土地，重新建设交通、污水垃圾处理等基础设施。必须以更开阔的思路谋划湘粤、湘赣合作，在较大的范围实现市与市的共同发展，而不是简单地在两地边界上建设一个我享受你的政策、你享受我的政策的园区。三是社会发展规律。长株潭一体化的最终目的，是为三市人民创造更加幸福美好的生活。无论是政策制定、改革推进，还是项目建设，都要努力寻求最大公约数，广泛听取群众和企业意见、接受全社会监督，调动群众和企业参与的积极性，真正办顺民意、得民心的事情。尤其是要着眼建成更高水平、更加均衡的小康，统筹抓好三市的交通、养老、医疗、教育、文化、低保、救济救助等公共服务体系建设，促进公共服务设施互联互通、共建共享。

突出一体化的工作重点。主要是四个方面：一是规划。长株潭城市群的发展，要深入调查研究、找准对照系，汲取国际国内城市群发展的经验教训，从顶层设计抓起、从规划的编制和实施做起，将发展战略和规划，落实到基础设施对接、产业互补发展、公共服务融合等方面。目前，长株潭城市群有了总体的指导性规划，主要是“一轴”“一心”“一带”和“五区十八片”。“一轴”，即以湘江为长株潭城市群的主轴；“一心”，即“绿心”，是城市的心脏，是生态中心；“一带”，即沿江风光带；“五区十八片”，即两型社会建设的示范区、示范片。要坚持三规融合，长株潭三市的规划要与长株潭城市群规划相衔接，三市之间的规划也要融合。尤其在片区建设上，要学习香港经验，把每个片区用快捷的交通设施连接起来，完善公共设施、住宅、商业、交通等配套设施。二是交通。长株潭三市交通一体化具有很好的基础，目前想得清楚、看得明白、干得有效的工作首先还是交通。主要是两大方面、五个层次。一方面，也是第一个层次，即域外交通，主要是高速、高铁、机场、水运等，这方面的基础已经非常坚实。另一方面，是域内交通，分为城际铁路、城市干道、城市轨道交通、城市公交等四个层次，按规划力争到2018年基本建成。三是产业。发挥基础最好、资源最密集、创新最活跃的优势，整合三市的技术、人才、创新平台等资源，在全省率先实现转型创新发展。要围绕第二产业的发展，加快产业升级，提升创新能力，大力发展新兴产业，形成以新兴产业为主、多点支撑的局面。发挥大专院校多、科研力量强的优势，进一步促进产学研结合，加快发展高新技术产业，加速科技成果转化，真正把科研优势转化为现实生产力。大力发展现代服务业，提高服务业在经济总量中的比重。充分利用都市周边地区，加快都市农业发展。按照特色园区都有一批特色企业、特色企业中必有核心企业的思路，在长株潭布局一批“园中园”，优先支持一批核心企业，建设一批特色园区。四是公共服务。交通设施的完善拉近了三市的距离，很多公共设施，包括大学、医院、大型公共文化设施、大型体育场馆等，不仅可以为本市服务，也可以为另外两市服务、为一体化服务。要本着从行政形态上是三个城市、从物理形态上是一个城市群或者说一个大城市的思路，认真研究政策措施，促进三市公共服务设施一体化，将有限的公共资源发挥出尽可能高的效益。如，长沙建了音乐厅、大剧院，株洲和湘潭就可以共用。又如，在长沙建大型足球场，其他市可以建高水平的大型游泳馆等设施。再如医院，很多疑难杂症都会到长沙的大医院来，但湘潭、株洲可以发挥中医或其他专科的作用，而不是都要建全科医院。

务实高效、更好更快推进长株潭一体化

长株潭一体化是一项长期的系统工程，要狠抓当前，把能做的先做起来，积小成为大成、积小胜为大胜。

明确近期工作任务。规划方面，要加强长株潭城市群规划的对接融合，以及城市群发展研究，制定长株潭一体化“十三五”规划。交通方面，年底前打通三市所有“断头路”，长株潭城际铁路明年年底通车，湘潭和株洲市在城市主城区各规划建设一条轨道交通线，并与长株潭城际铁路相连，主要解决城市公共交通三市相连的问题。要提前谋划轨道交通线建成后的经营管理，合理配置省市各级投入的利润预期，并学习香港新市镇建设经验，依托轨道交通的线路、站点加快卫星镇、小市镇建设，科学有效地推进新型城镇化。产业方面，以长株潭为核心，在移动互联网、食品加工、工业机器人、节能环保、影视传媒、生物医药、轨道交通、航空航天、文化旅游、陶瓷新材料、电子信息、兵器工业、电机装备、海洋装备、钢板材、金融创新、大学生创业等领域，建设和挂牌17个特色产业园区。要走差异化、错位化的发展路子，坚决避免恶性竞争，形成互补、融合发展的良好格局。公共服务方面，尽快实现三市的公交、健康、社保、图书馆四个“一卡通”，推进城市户籍、交通、文化产业、信息、机关事业单位收入一体化，实现地名差异化，搭建交通管理、公共服务综合平台。

完善推进工作机制。对确定的近期工作任务，要列出任务清单，逐项明确完成时限，明确牵头省级领导和负责部门。对于跨市的工作任务，从省里和三市抽调干部组成建设协调小组，加快具体问题的协调处理；涉及多个部门的，加强部门协同，三市共同努力、共同落实，确保抓一件成一件。比如规划工作，要建立长株潭三市规划联席会议制度，省住建厅以及三市的规划局长、两型办主任参加，会议的召集人由三市轮流“坐庄”，一年一牵头。长株潭三市要牢固树立“一盘棋”思想，对涉及一体化的重要工作和任务，要服从大局、统一步调，不能“各唱各的调”。尤其是在争取国家政策和项目支持方面，要共同发声、共同发力、共同争取。

强化政策资金保障。政策保障方面，原来明确下放给长沙市的政策，分期分批下放到湘潭、株洲两市。需要省里出台的支持政策和统筹协调的工作，省政府和相关省直部门要加快研究，加大协调力度；长株潭三市也要及时出台配套政策，强化政策执行，确保及时落地实施。资金保障方面，厘清政府和市场的边界，该政府提供的公共服务、基础设施，要在划分省、市、县级政府事权和支出责任的基础上，整合资源、集中投入。比如城际铁路、城际干道建设资金，省财政承担的资金要提前拨付，明年的资金今年下半年要拨付到位。有些具有一定盈利预期的公共服务和基础设施项目，能够给社会去做的就要放手，采取PPP、政府购买服务等方式，引导社会资本投入。对产业一体化等工作，要加强规划、政策和资金引导，充分发挥市场配置资源的决定性作用，真正做到让企业决策、市场选择。

“天时人事日相催，冬至阳生春又来”。推进长株潭一体化发展，既是我省当前稳增长调结构促改革惠民生的重大抓手，更是适应引领经济新常态的长远战略，必须统一思想、高度重视、立即行动，按照既定部署积极稳妥推进，力争早见成效，为我省全面建成小康社会、谱写中国梦的湖南篇章提供强大动力、奠定坚实基础。

（原载《湖南日报》2015年7月1日）

抢抓机遇　加快融入长江经济带建设步伐

陈肇雄

国家实施长江经济带战略，为沿江各省市发展带来了重大机遇。湖南如何发挥“一带一部”区位优势，主动融入长江经济带建设，加快全省发展，事关重大，影响深远。

要科学把握工作重点

找准国家战略与湖南的结合点，以重点突破实现整体推进。

一要把握基本原则。坚持“改革引领、创新驱动，通道支撑、融合发展，双向统筹、全面开放，江湖和谐、生态文明”的原则，充分发挥市场配置资源的决定性作用，更好发挥政府作用，以改革激发活力，以创新增强动力，以开放提升竞争力。

二要明确发展定位。要依托黄金水道，推动形成联通长三角与珠三角、对接丝绸之路经济带和21世纪海上丝绸之路的开放新格局，构建内陆开放发展新高地，着力打造内陆开放引领区、转型升级创新区、城乡统筹示范区、生态建设先行区。

三要完善基础设施。加快推进航道、高速铁路、高速公路等运输大通道和交通枢纽建设，构建便捷、安全、经济、高效的综合交通运输体系。加强各种运输方式接驳，发展多式联运，努力实现零距离换乘、无缝化衔接，降低物流成本，提升区域发展比较优势。

四要突出产业支撑。依托长株潭国家级自主创新示范区，建设中部区域创新中心，增强自主创新能力。大力发展轨道交通、工程机械、环境保护、电子信息、生物医药、航空航天、汽车和零部件等产业，加快改造提升传统产业，大幅提高服务业比重，促进产业转型升级，培育具有国际水平的现代产业体系。

五要统筹城乡发展。坚持沿江聚集、组群发展、互动协作、因地制宜、突出特色，以长江中游城市群建设为中心，加快区域中心城市和特色中心镇发展，着力优化全省城镇发展格局，加快新农村建设，加大扶贫开发力度，统筹推进城乡一体化发展。

六要强化环境保护。全面实施湘江保护和治理“一号工程”，加强洞庭湖以及湘、资、沅、澧四水水质监测保护，推进五大重点区域综合整治。加强大气污染治理，健全大气质量监测预警和应急体系，提升大气污染防治基础能力。落实环境保护工作责任规定和重大环境问题责任追究办法，建立环境协同保护治理机制，着力打造“一湖三山四水”生态安全战略格局。

要狠抓工作任务落实

推进长江经济带建设是一项复杂的系统工程和全局性工作，要强化责任、加强协调，确保各项工作落到实处。

一要加强组织领导。要按照党中央、国务院的部署，结合湖南实际，加强总体设计，做好规划引导，把握建设节奏，落实国家指导意见和规划纲要中的各项重点工作。

二要强化分工协作。各市州是推动长江经济带发展的主体，要发挥各地比较优势，找准战略定位，完善工作制度，明确责任分工，加强重大政策措施、重大产业布局的协调，避免低水平重复建设。

三要全面深化改革。坚持问题导向，深化各领域改革。切实转变政府职能，持续推进简政放权，落实“三清单一目录”制度，优化投资环境，激发市场活力。

四要坚持开放合作。加强与周边省份沟通协调，建立区域互动合作机制，推进一体化市场体系建设。坚持“引进来”和“走出去”相结合，深化与沿江省份产业合作交流，形成对内对外开放合作新格局。

（原载《华声在线》2015 年 9 月 9 日）

加快建成富有创新活力的现代化大都市

易炼红

习近平总书记强调：“创新是引领发展的第一动力，抓创新就是抓发展，谋创新就是谋未来。”党中央、国务院出台了《关于深化体制机制改革加快实施创新驱动发展战略的若干意见》。省委、省政府做出了大众创业、万众创新的全面部署。这些都标志着科技创新迎来又一个春天。长沙要热情拥抱科技创新的春天，干在实处、走在前列，加快建成富有创新活力的现代化大都市。

一、看清大势，让创新驱动发展的理念植根于心

从大的趋势看，科技创新方兴未艾。进入 21 世纪以来，科技创新周期加快、领域加宽、频率加大的趋势更为明显。长沙历来具有“敢为人先”的精神特质，在科技创新上也要引领时代、走在前列。

从新的规律看，科技创新特点鲜明。企业越来越成为科技创新的市场主体，产学研紧密结合越来越成为科技创新的实现形式，科技创业越来越成为高校科研成果转化的重要渠道，高层次科技人才越来越成为推进科技创新的战略资源。

从长沙实践看，科技创新正当其时。继北京中关村、上海张江、武汉东湖、天津滨海以及深圳、苏南之后，长株潭被国务院正式批准为全国第 7 家国家自主创新示范区。

二、务实推进，让创新驱动发展的举措开花结果

以长株潭自主创新示范区建设为契机，优化创新空间开发体系。在全市进行创新空间开发体系布局，把整个长沙打造成为创新驱动引领区、科技体制改革先行区、军民融合创新示范区和中西部地区发展新的增长极。强化规划引导，在城市总体规划、土地利用规划、产业布局规划中融入创新空间开发规划，把在长高等院校、科研院所以及园区全面纳入创新空间开发规划。强化载体支撑，在城区和园区设立区域性、国际性研发中心和研发机构，打造若干个具有国际国内创新资源聚集能力的创新基地。强化平台建设，围绕公共技术研发、公共服务、公共检测等方面，布局一批、建设一批、整合一批。

以企业为主体，优化创新资源集聚体系。推进长沙创新驱动发展，要让主体唱主角。让企业成为创新需求的主体，建立高层次、常态化的企业技术创新对话、咨询制度，加强对企业在科技创新方面的引导、服务、培训。让企业成为人才引进的主体，鼓励企业引进高端人才团队、研发团队，鼓励校园科技人员、毕业学生以及科技成果向长沙集中，向企业集聚。让企业成为承担科研项目的主体，建立企业主导的技术创新体系，扶持企业牵头建设各类产业技术研发平台、产业技术联盟和企业科技园。

以市场为导向，优化创新产业培育体系。克服科研成果与应用转化之间的“创新峡谷”现象，确保人才引进、载体建设、机构引进、创新平台建设向产业聚焦。聚焦战略性新兴产业抓科技创新，把电子信息、新材料、3D 打印、机器人、绿色建筑、移动互联网等新兴产业做大做强，推动移动互联网、云计算、大数据、物联网等与制造业深度融合。聚焦先进制造业抓科技创新，围绕高端化、智能化、特色化，加快制定和实施“长沙制造 2025”。聚焦现代服务业抓科技创新，大力发展科技型的生产性服务业，形成制造业和服务业的“双轮驱动”。

以环境为重点，优化创新服务供给体系。政府要扮演好营造环境和优化服务的主体角色，进一步完善创新服务体系。注重万众创新与公共服务有机结合。园区要改善基础设施和公共服务，把住、行、学、医等实际问题解决好。注重科技与金融有机结合，发挥产业基金的引导作用，撬动更多社会资本投向科技创新；发挥金融创新对技术创新的助推作用，培育壮大长沙的创业投资和资本市场。注重创新与创业有机结合，设立一批“创业大街”、“创业夜市”、创客空间、青年梦工场等。

三、强化保障，让创新驱动发展的活力竞相迸发

把解放思想作为开路先锋。不适应的思想观念要坚决摒弃，不相符的规定限制要坚决突破，不匹配的体制弊端要坚决克服，让一切有利于社会进步的创造活动得到鼓励、创造才能得到发挥、创造成果得到肯定。

把落实责任作为当务之急。党政一把手要像重视抓项目建设一样重视抓科技创新，像重视党政人才培养一样重视科技人才培养。各有关部门要在政策支持、服务企业、要素保障上，以“马上就办”的精神抓落实。

把深化改革作为关键招数。要深化行政审批制度改革，进一步简政放权。要深化科技体制改革，大力创新科技管理、科技评价、成果转化等方面的体制机制；加强科技创新的统筹协调，克服部门之间分散封闭、交叉重复、信息孤岛等现象；建立完善协同创新机制，实现产业需求、中试成果、市场运用的有效对接。

把政策落地作为重要抓手。对国家自主创新示范区的相关政策，要研究透、运用好，形成“叠加效应”。省里支持移动互联网产业等政策，要率先落实、形成示范。要大力宣传、配套落实市委、市政府出台的自主创新“33条”。

把氛围营造作为长期任务。要大力弘扬包容创新、宽容失败、崇尚竞争、敢为人先的创新文化，带动全社会形成尊重知识、尊重人才、尊重创造的浓厚氛围，为各方英才提供舞台、提供机会、提供阳光雨露和土壤，让创新创业人才在长沙脱颖而出。

（原载《新湘评论》2015年第11期）

把握新常态是“两型试验”的大逻辑大趋势大课题

林　武

适当新常态、新趋势、新思维，把握引领新常态，是湖南两型试验和改革的大趋势、大逻辑、大课题，是当前和今后一个时期湖南两型建设发展的大逻辑，也是做好两型工作的落脚点。

推进两型 “智慧城市群”的深度发展

中共中央政治局召开了会议，分析研究了当前经济形势和经济工作，给中国经济把了脉、定了调、开了方。因此，要推进“两型社会建设”，必须通过创新驱动，要运用大数据推进两型产业和长株潭“智慧城市群”的深度发展。适应新常态、把握新常态、引领新常态，将是湖南两型建设实现科学发展的“大逻辑”“大趋势”“大课题”。

建设两型社会，不是一个单纯的经济概念，例如“环境友好、资源节约”，绝不只是生态环境的友好，也包括经营、生产、法治、人文等环境的友好。资源节约也不仅仅的矿产等资源的节约，也包括行政管理“资源”的节约，还包括社会治理等成本“资源”的节约。

因此，两型社会建设，必须全面贯彻落实、协调推进“四个全面”，推进两型“智慧城市群”的深度发展，这就需要提高治理能力的现代化，需要建立健全质量、安全、诚信、标准管理和社会保障体系。

“两型社会建设”要治理“城市病”

要用改革的思想，市场的办法化，因地制宜地推进“城市病”（包括大气污染、土壤污染、交通拥堵、住房紧张、就业困难棚户区改造系列社会问题）的治理。把城的提质升级和完善配套、社会保障有机结合，实现“改造一片、激活一片、服务一城”。

长株潭城市群，虽然不是贫困地区，但对弱势群体等贫困人群的帮扶，一点也不能含糊。一个城市、一个家庭、一个社区、一个社会只有把老的小的残疾的照顾好了，才有平安和谐幸福的基础。因为没有他们的脱贫和幸福，就算不了是全面发展，也谈不上是“两型社会”。

“两型建设”要推进深度城镇化

在两型的城镇化建设的中，要不求急功近利，但求百姓幸福；不搞政绩工程，但推科学发展。不盲目拓城，但追求城市文明、城市记忆、完美社区、绿色发展、可持续性和包容性的和谐社会、智慧城市的深度城镇化的两型建设。

因此，要牢固树立创新意识，创新不仅局限于产业技术，涉及城镇化建设的方方面面。

李克强总理说：“还有1亿多人住棚户区不解决何谈公平?”因此，推进两型城市建设，必须解决好“棚改”，还要很好地将城市记忆和城市文明结合起来。

“棚改”是这样，爱老护残也是如此。保住基本、兜住底线虽然要投入很大的精力和财力，但同时也为发展赢得了更大的空间，为深度城镇化的两型建设打牢基础。要将城镇化建设，很好地融入到社会治理中，将政府、社会组织、企事业单位、社区以及个人等诸行为者，通过平等的合作型伙伴关系，依法对社会事务、社会组织和社会生活进行规范和管理，最终实现两型社会的城镇化建设改革开放，社会进步。

“两型建设”要实现公共利益的最大化

两型建设要靠公众参与。因为，改革发展的动力，就在民众之中。社会治理变革，更多地是要实现公共利益的最大化。总之，多谋民生之利，多解民生之忧，解决好人民最关心最直接最现实的利益问题，是推两型建设的“奥秘”。

“两型建设”一定要彰显城市的创新精神。要从思路到操作的各个层面，展现新常态的创新精神。这种精神，是一种厚积薄发、辛勤积累的务实精神。由此带来的必将是城市面貌得到提质升级，聚集的是巨大的发展能量。

“两型建设”必须主动适应新常态“换好档”

中国经济已进入“换挡期”。两型建设更应把握“新常态”主动“换好挡”。“换挡”也是有快有慢，是否过快或过慢?关键要看是否符合经济体的一般规律，是否影响了就业，是否影响了人民群众的获得感。

适应新常态，必须转变发展方式。要改变铺摊子、盲目上项目的老做法，因为这样产生的负作用是边际成本越来越高。面对资源的“红灯”、投资的“黄线”、土地的“红线”，只有坚定不移地加快转变发展方式，做到数量与质量、效益并重，才能实现可持续发展的集约增长。

近年来，我省两型建设、经济运行的质量在逐步提高。实践表明，越尽早转型，主动转型，越能率先发展。比如工业城市株洲的转型阵痛比其他城市来得早。其经济运行优于预期，初步尝到了转型的甜头。

两型建设必须主动“调整”，积极推进经济结构调整，是实现两型建设向更高质量、更好效益的经济增长的必由之路。要推进服务业和以节能环保、新信息技术、高端装备制造、新能源新材料等为代表的战略性新兴产业的快速发展和旅游、文化、创意产业快速发展。

两型建设更要主动适应“互联网+”行动计划的“新常态”，只是这样，新兴产业和新兴业态才能迎来更大的发展机遇。两型建设必须通过创新，主动调整经济结构，这需要更多的勇气和智慧。要开展丰富多彩的创业创新活动，这样能汇聚强劲发展的新动力。

抓好党建是两型建设的“最大政绩”

两型建设并不是单纯经济范畴，要注重和加强党的领导。如何全面提高基层党组织凝聚力和战斗力？“既种好自留地、管好责任田，又唱好群英会、打好合力牌。”这是习近平总书记在指导党建工作时的描述。因此，加强党的建设和推进两型建设，是涉及国家治理体系和治理能力现代化的大事。

抓好党建是最大政绩，实现最大政绩，关键在“一把手”。要坚持“两手抓”，坚持把党建和两型建设工作一起谋划、部署、考核，把每个领域、每个环节的党建工作抓具体、抓深入。从严治党，要实现具体而非抽象，认真而不敷衍，使老百姓真切感受到了党的温暖。

善于激活干部群众的思想观念、精神状态和创业热情，善于发掘发展的内生力和创造性。只有这样，才能充分体现共产党人的价值观，才能真正适应新常态，推进两型建设的可持续发展。

（原载《新华网·湖南频道》2015 年 12 月 4 日）

打好绿化“裸露山地”歼灭战　为绿色湖南建设再立新功

张硕辅

近年来，“绿色湖南”建设成就有目共睹。但因自然和人为因素影响，全省公路、铁路两旁还存在“裸露山地”现象，严重影响了湖南的生态形象。为消灭“裸露山地”，提升湖南形象、改善生态环境、统筹城乡发展，全省打响了绿化“裸露山地”歼灭战。

一、统一思想，提高认识

近年来，各级党委政府高度重视造林绿化工作，全省每年造林面积都在 600 万亩以上，造林质量连续五年位居全国前列，多次受到了国家林业局的通报表彰，不仅为湖南争得了荣誉，而且为全省经济社会发展提供了良好的生态保障。但由于工业发展和特殊的气候、立地条件等因素的影响，全省“裸露山地”的现象还未根本消除。全省还有岩溶地区石漠化山地面积 2146 万多亩、“裸露山地”768 万多亩，主要分布在衡邵干旱走廊和永州市、郴州市、娄底市和湘西自治州的局部地区。这些“裸露山地”严重影响了绿色湖南的建设成果，损害了湖南林业大省的形象。对此，杜家毫省长高度关注，亲自过问，并将这一艰巨任务交给林业部门办理，既体现了省委、省政府对生态文明建设的重视，也是省委、省政府对林业工作的信任和厚爱。对此，大家一定要统一思想，提高认识。

加快“裸露山地”造林绿化，意义重大，影响深远。第一，是提升湖南形象的需要。当前，区域竞争的软实力越来越体现为地方发展形象和生态环境的改善上。高速公路、国省道和铁路是我省的重要交通线路，是湖南展示自身形象、外界接触了解湖南的重要窗口。做好通道沿线“裸露山地”的造林绿化工作，打造高速公路、国省道和铁路沿线靓丽的生态景观，对于提升湖南发展形象，刷新湖南生态名片，提高湖南的美誉度和影响力，可以起到立竿见影、有口皆碑的效果。第二是坚守生态底线的需要。习近平总书记指出，“良好的生态是最公平的公共产品，是最普惠的民生福祉。”生态需求是城乡居民日益增长的共同需求。高速公路、国省道和铁路沿线是全省重要的经济发展带和人口聚居区，生态区位十分重要，生态压力相对巨大，生态需求相对集中。做好沿线造林绿化工作，对于改善沿线生态环境，提高生态承载力，满足沿线居民生态需求，推进绿色湖南建设具有十分重要意义。第三是统筹城乡发展的需要。做好高速公路、国省道和铁路沿线造林绿化工作，可以把城市和农村融为一体，为城市的拓展以及农村经济的发展提供良好的绿色空间。这不仅对缩小城乡生态建设差距，改善城乡面貌具有重要作用，而且对统筹城乡发展，提高农民生活质量，增加农民收入，促进城乡绿化一体化建设都具有十分重要的意义。

二、加强领导，强化责任

党的十八大以来，习近平总书记从中国特色社会主义事业五位一体总布局的高度，对生态文明建设提出了一系列新思想、新观点、新论断。这些重要论述为实现中华民族永续发展和中华民族伟大复兴的中国梦规划了蓝图，也为建设美丽中国提供了根本遵循。打好“裸露山地”歼灭战，既是省委、省政府贯彻落实习总书记有关林业工作系列重要批示、指示的一项重要举措，也是湖南人崇尚实干、善抓落实的具体工作体现，既是一项业务工程，也是一项政治任务，必须加强领导，强化责任。一是要扎实工作。从 2015 年始，省政府将把“裸露山地”造林绿化纳入省政府对市州政府“湘林杯”林业建设目标管理考核的重要内容。各级党委政府也要把“裸露山地”造林绿化工作纳入当地政府绩效考核内容，明确任务，落实职责，建立严格的考核制度和奖惩办法，确保任务按期完成。各地要认真总结前段公路、铁路通道造林绿化工作经验，把公路、铁路两旁“裸露山地”造林绿化作为冬春林业的重点工作来抓。各级领导要带头示范，通过典型带动，推进“裸露山地”造林绿化工作全面开展。二是要形成合力。公路、铁路两旁“裸露山地”造林绿化是一项系统工程，涉及林业、交通、财政、发改、公安、国土等多个部门。会后，各级林业部门要及时向党委政府作好汇报。各级党委政府要把公路、铁路两旁“裸露山地”造林绿化作为书记工程和市县长工程来抓，各有关部门要密切配合，各尽其责。交通部门要负责抓好公路、铁路红线内的造林绿化，特别是公路、铁路裸露边坡的造林绿化，要按照《湖南省林业条例》规定，把公路、铁路两旁的造林绿化与公路、铁路建设工程同步规划，同步施工，同步验收；财政部门要落实好造林绿化资金；发改部门要整合项目集中用于公路、铁路两旁“裸露山地”造林绿化；公安部门要加大对在公路、铁路两旁违法开矿、采石、取土等的打击力度；国土部门要停止在公路、铁路和国省道两旁开展国土整理项目；林业部门要搞好“裸露山地”造林绿化的组织管理、技术指导和质量把关，确保全省“裸露山地”造林绿化任务的全面完成。

三、创新机制，多向发展

要积极创新工作机制，加快推进公路、铁路两旁“裸露山地”造林绿化步伐。一是要进一步深化林权制度改革。通过明晰产权，鼓励各种经营主体采取联营、转让、收购、租赁等形式，开展“裸露山地”使用权合理流转，促进规模经营、集约经营。二是要采取政府主导、部门协作、市场运作、社会参与的方式多方筹措资金。财政部门要把“裸露山地”造林绿化资金列入本级财政预算，发挥财政资金在沿线造林绿化投入中的主渠道作用；林业部门要统筹林业工程项目向沿线造林绿化倾斜。要认真落实省政府《关于支持工商企业转型投资林业建设的意见》，鼓励房地产、采矿等工商企业转型投资“裸露山地”造林绿化。三是要积极开辟全民义务植树新场地。各地可在政府的统一规划和领导下，将“裸露山地”分部门和行业建立义务植树基地，包栽植、包成活，并立碑标识。鼓励社会采取认建认养、冠名绿化、捐资植绿等形式参与“裸露山地”的造林绿化工作。四是要创新工作新举措。在绿化方式上，可采取苗林一体化，将通道“裸露山地”两旁土地租给企业或大户种植花卉苗木，由企业或大户承担“裸露山地”造林绿化，实现互利双赢；在经营方式上，在保障生态效益、符合土地用途管制要求的前提下，允许发展林下经济、森林旅游等生态产业。

“裸露山地”造林绿化是一项生态工程、民心工程、德政工程，各级党委政府，特别是“裸露山地”造林绿化重点县市区的党委政府一定要把打好绿化“裸露山地”歼灭战作为当前的一项重点工作来抓，以饱满的热情、激昂的干劲、一流的成绩向省委、省政府递交一份圆满的答卷，为建设绿色湖南和生态文明再立新功。

（原载《林业与生态》2015 年第 2 期）

建设宜居宜业宜游的品质长沙

胡衡华

建设品质城市是人们的共同愿景，也是城市发展的内在要求。中共湖南省委常委 2015 年第 4 次会议对长沙城市发展提出了新要求，长沙市各级各部门要把握精神实质，自觉担当起城市规划建设管理全方位升级的省会责任，着力建设宜居宜业宜游的品质长沙。

宜居宜业宜游是品质长沙的追求

城市让生活更美好。建设品质长沙要始终贯彻以人为本的理念，以提升城市宜居宜业宜游水平为价值追求。

宜居是品质长沙的核心要素。建设品质长沙必须以宜居为根本导向，使配套更加完善、环境更加优美、生活更加舒适，让每个市民都能享受到高品质的现代城市新生活。宜业是品质长沙的基础保障。要抢抓长株潭建设国家自主创新示范区的重大契机，实现省委书记徐守盛提出的“让想创业的人创新业、正创业的人创好业、善创业的人创大业”的目标，把长沙建设成为全国知名的创业就业示范城市。宜游是品质长沙的形象展示。长沙处于“一带一部”核心位置，只有牢固树立城市大景区的理念，精心打造更具国际品质和湖湘文化标识的现代化大都市，才能让人感受到长沙的独特魅力。

以高起点规划引领品质长沙建设

规划是城市品质之源。建设品质长沙，必须找准城市定位，严格以修订后的城市总体规划为引领，坚持高起点规划。

坚持一级规划。健全市级规划决策体系，集中市县两级规划权，形成一体规划和分类执行、责权明确、共同监督的新体制新格局，并将望城区、长沙县和宁乡县纳入统一规划，加快打造城市次中心。实行多规合一。统筹分散在各系统、各层面的各类规划编制，实施“多规合一”的综合规划编制模式，统筹城市规划、产业规划、用地规划，形成条理有序、脉络相通的立体规划。注重城市设计。将城市设计贯穿于城市控制性详规和修建性详规的始终，高标准做好湘江新区、高铁新城、省府新区等重大片区和滨水、临空、交通枢纽、公共中心等重要节点的城市设计，精心设计湘江两岸等景观。

以高品位建设彰显品质长沙个性

城市因特色而精彩，因个性而著名。要在推进城市建设中塑造独特的城市风格与风貌，全面彰显城市个性与特色。

突出彰显自然生态特色。牢固树立生态红线理念，实施重点污染治理，充分利用大自然恩赐长沙山水洲城的独特风貌，打造依山傍水、显山露水、城水相依、城山相偎的特色城市，协同提升城市承载功能。既关注反映城市风貌的“面子”，更注重事关市民生活的“里子”，大力推进棚户区、城中村、背街小巷和城乡结合部提质改造，统筹城市给排水、电力、燃气、通讯等设施建设。深入挖掘湖湘文化底蕴。像爱惜自己的生命一样保护好历史文化遗存，让承载湖湘文化历史记忆的文化之根绽放光彩，注重保护历史文化名城、街区、名镇、名村及古遗址，把长沙建设成为文化特色鲜明的人文魅力城市。

以高融合发展增添品质长沙活力

融合发展才能迸发城市活力。在国家全新战略部署下，长沙要以高融合发展激发活力，实现新一轮大发展、大提升。

加快城乡融合发展。按照城乡一体规划、一体建设的要求，实施统筹城乡融合发展三年行动，实现城乡之间经济互动、产业互补、生态共建和成果共享，促进均衡协调的城乡关系。打造产城融合优势。走以产兴城、以城促产、产城联动的发展路子，实现三次产业协调发展、新兴产业与传统产业互为补充、产业集聚与产业辐射同步推进、产业发展与城市建设互为支撑，形成产城融合发展新优势。推进旅游融合互动。从城市发展战略、基础设施建设、产业功能推进等方面实现旅游业与城市发展的良好互动，丰富文化旅游新业态，让广大游客留得下、有看头、能回味。

以高水平管理展现品质长沙形象

城市管理是城市形象的美容师。要更加注重人性化管理、精细化管理、法治化管理和科学化管理。

实行三级城市管理体制。全面构建权责分明、上下联动的市、区、街三级城市管理新格局，明确城市管理是区级政府的主要职责，将街道作为城市的直接管理者，实现城市管理向“毛细血管”延伸。纵深推进严格城市管理。提升城市管理标准，落实常态化管理机制，毫不懈怠地推进严格、精细、到位的城市管理，展示更加清新、秀美、畅通、文明的省会城市新形象。着重提高市民文明素质。将提高人的素质作为城市管理的核心内容，多途径提高广大市民的综合素质，增强市民担当，引导市民主动参与城市管理，共同管好城市。

以高效率运行增强品质长沙认同

城市是市民的家园。建设品质长沙，必须将群众对美好生活的向往融入城市建设每个细节，切实增强市民幸福感。

持续改善城市人居环境。大力实施中心城区“四增两减”公共政策，精心打造一个个脉络清晰、道路畅通、明亮温馨的社区家园，把长沙建设成为人居环境优越的高品质城市。加快推进公交都市建设。坚持“公交优先、无缝对接、综合立体”的交通发展思路，进一步优化微循环，拉通断头路，提高通行能力，加快地铁、城市轻轨和快捷化道路建设以及城区停车场建设，实现各类交通的有效衔接。不断完善基本公共服务。进一步扩标、提面基本公共服务，办好人民满意的教育，突出困难群众住房保障，建设全国一流的医疗卫生服务基地，大力发展养老事业，为居民提供更加便捷的生活服务。

（原载《湖南日报》2015 年 3 月 18 日）

描绘美丽湖南新画卷

——我省如何进一步加强生态环境治理

中共湖南省委宣传部

频遭雾霾袭扰的当下，“出门望天”已成为许多人的习惯，就连新任环保部部长也坦言“每天起来第一件事情是看天”。近年来，大气污染、水污染、土壤污染等成为人民群众持续关注的焦点，国务院总理李克强在今年的政府工作报告中指出，“环境污染是民生之患、民心之痛，要铁腕治理。”在持续多年加强生态环境建设的基础上，我省将如何进一步发力，努力使人民群众尽享“绿水青山”般优质生态环境？

严格执行“史上最严”环保法，使之成为有钢牙利齿的“利器”

当前，党和政府对生态文明建设和环境保护的重视前所未有，整个社会氛围对加强环境保护空前有利。在这里，我们重点从法律层面来谈一谈生态环境治理。

今年 1 月 1 日起，新修订的《中华人民共和国环境保护法》正式实施。基于当前环境问题日趋严重的现实，这部法律对环境污染治理与保护，提出了一系列比以往任何时候都要严格的新措施，被称为“史上最严”的环保法。

比如，新环保法提出“建立公共监测预警机制”“划定生态保护红线”“环境公益诉讼主体扩大”“按日计罚无上限”“环境犯罪入刑”等新举措，加强对环境污染的治理和生态环境保护。尤其是“按日计罚无上限”这一条，通过提高违法成本、加大对违规企业的经济处罚等措施，较好地破解了以往环境污染处罚中“违法成本低、守法成本高”的尴尬，可对违规排污企业带来极大震慑。

当然，要使一部好的法律不成为“纸老虎”而成为一个有钢牙利齿的“利器”，关键在于执行和落实。因此，我省根据国家统一部署，将2015年定为新环保法的“实施年”，严格按照新环保法要求铁腕执法，彻底扭转过去环保执法“过松、过软”的状况，使企业从骨子里懂得“守法并不是高要求，而是底线”。

新年伊始，我省在新环保法的执法上屡出重拳、下狠招：1月4日，湘潭市雨湖区3名污染环境的企业负责人被行政拘留；1月5日，湖南首例环境污染入刑案在长沙县法院宣判，被告人犯污染环境罪获刑1年……新环保法实施不到2个月，全省有多起环境违法案件被严肃查处，相关当事人被顶格处罚。省环保厅表示，环境监管执法中将始终坚持严字当头，敢于动真碰硬，尤其要强化对环境违法行为的刑事责任追究，发现一起、查处一起、移送一起，在全省形成打击环境违法行为的高压态势，在全社会形成环境守法新常态。

明确各部门环保责任，使生态环境保护成为响彻三湘的“交响乐”

生态环境治理不是环保部门一家的“独奏曲”，是全社会都应共同参与的“交响乐”，必须依靠各级各方面齐抓共管。

2月3日，省政府印发《湖南省环境保护工作职责规定》。作为新环保法实施后我省出台的首个配套办法，该《规定》对县级以上人民政府、省直30多个职能部门、企事业单位以及社会机构的环境保护职责做出了明确规定，使得环保责任“各归其主”，以后谁履职、谁失职，一目了然。

对省直部门而言，如发改委要拟订并组织实施本行政区域主体功能区规划，经信委要负责制定和发布淘汰落后产能计划，公安部门要依法查处涉嫌环境刑事犯罪案件和因环境违法需给予行政拘留处罚的治安管理案件，等等。

对县级以上政府来说，主要承担7项职责。首要是对本行政区域环境质量负责。此外，严格执行重点污染物排放总量控制制度，严格环境准入，严厉查处环境违法行为；推行有利于环境保护的财政、税收、价格、政府采购等政策；依法公开环境信息，依法向同级人大报告并接受监督等。

对于企事业单位和其他生产经营者，《规定》要求，按照排污许可证规定的标准和总量排放污染物；自觉接受环境保护行政主管部门和其他相关部门的依法监督检查和处理；依法如实向社会公开环境影响评价、环保设施建设、运行及污染物排放情况等环境信息，接受社会监督。

生态环境治理，除了政府、企业出力，还需要公众参与。《规定》提出，公民、法人和其他组织发现任何单位和个人有污染环境和破坏生态行为的，应当依法向环保及相关部门举报。

在这里，我们也希望每个公民自觉采取低碳、节俭的绿色生活方式和消费方式，减少日常生活对环境造成的影响和损害。比如少开车，少放一些烟花，在家里节约用水、用电等。通过大家的努力，加快实现蓝天常在、绿水长流这样一个梦想。

深入推进重点领域污染治理，努力塑造秀美的湖湘生态“高颜值”

生态环境治理决不能“说起来重要、喊起来响亮、做起来挂空挡”，必须落到一个个具体的治理项目上。据了解，省政府对此已做出部署，今年重点从水、大气、土壤等方面着手，进一步扎实推进生态环境治理。

首先，推进以湘江保护与治理为重点的水环境污染治理。主要是抓好深化涉重金属工业企业整合整治、加快推进5大重点区域整治、湘江两岸城镇污水处理设施配套建设、两岸规模畜禽养殖退出和治理，以及支流超标断面污染源头排查治理等5件大事。与此同时，统筹抓好其他3大流域和洞庭湖污染问题的治理。

其次，进一步加强大气污染防治。深化工业污染整治，协调和加强建筑工地及道路扬尘污染防治，严格治理餐饮业油烟，深化面源污染治理；实施公交优先战略，大力推广清洁能源、新能源汽车，加快淘汰黄标车及老旧车，强化机动车尾气污染防治；抓好大气污染联防联控，减少重污染天气发生。

再次，积极推进土壤污染治理。我省将继续加大对重金属污染土壤修复力度，同时争取国家支持，启动石门雄黄矿周边区域等12个土壤污染综合治理项目。

最后，建立健全生态补偿机制。推进“一市两县一片”主体功能区试点示范和武陵山片区、湘江源头生态文明先行示范区建设，创新昭山生态绿心保护发展模式。落实最严格的耕地保护、节约集约用地和水资源管理制度，对山水林田湖统一保护、统一治理，修复治理矿山生态，在重点生态敏感区域实施禁伐限伐，推进裸露山体复绿。

良好生态环境是最公平的公共产品，也是最普惠的民生福祉。我们相信，在省委、省政府的坚强领导下，有全省人民的共同努力，一幅秀丽的生态新画卷即将在三湘大地徐徐展开，润泽湖湘百姓。

（原载《新湘评论》2015年14期）

迅速在全省打响绿化“裸露山地”歼灭战

邓三龙

为落实省政府主要领导的指示，进一步推进绿色湖南建设，进一步推进绿色湖南建设，打造天蓝、地绿、水净、宜居的生态环境，全省拉开了打响绿化“裸露山地”歼灭战的序幕。

立即在全省打响绿化“裸露山地”歼灭战

近年来，全省林业系统按照省委、省政府建设绿色湖南的工作部署，先后启动了武广高铁沿线造林绿化、公路铁路两旁“天坑”治理和绿色通道建设三年行动计划等一系列造林绿化行动，大大改善了公路、铁路两旁生态景观。但受采石、采矿、取土和林木采伐、森林火灾等人为因素和特殊的气候、立地条件（石灰岩、紫色页岩和钙质页岩）等自然因素的影响，一些地方“裸露山地”的问题仍然十分突出。据全省“十二五”森林资源调查结果显示，我省还有包括宜林荒山、采伐迹地、火烧迹地等无林地（即“裸露山地”）768万亩，其中衡阳市125万亩、永州市118万亩、湘西自治州101万亩、邵阳市82万亩、郴州市72万亩。在县市区中“裸露山地”排名前三位的耒阳市有37万亩、宁远县有27万亩、永顺县有25万亩。这些“裸露山地”严重影响了湖南的生态形象，有损湖南林业在全国的良好声誉，已引起了杜家毫省长的高度重视，多次指示我厅不仅要让三湘大地穿上“衬衣”，而且重点地区还要穿“棉衣”。对此，全省各级林业主管部门要深刻领会，积极行动，打一场漂亮的“裸露山地”造林绿化歼灭战。

一是要即刻行动。从即日起，全省暂停高速公路、铁路、国省道两旁采矿、采石、取土项目的审批，对高速公路、铁路、国省道两旁现有林木实行限伐，坚决防止出现新的“裸露山地”。森林公安部门要借这次非法侵占林地清理排查专项行动的东风，加大对非法侵占林地调查取证和查处、打击力度。各地要充分利用电视、广播、报纸等宣传媒体，大力宣传公路、铁路两旁“裸露山地”造林绿化对改善生态环境，建设绿色湖南的重大意义，营造良好的工作氛围。

二是要突出重点。根据全省“裸露山地”面积分布情况，省厅确定66个县市区已通车和2014年通车的高速公路、国省道和铁路两旁第一层山脊或平地100米范围内的60万亩“裸露山地”作为冬春造林绿化工作的重点。各市州林业局要将上述地区作为当前造林绿化工作的重中之重，督促重点县市区在优先完成该批“裸露山地”造林任务的基础上，由近及远向公、铁路两旁可视范围内“裸露山地”推进。为加大对各重点县市区开展“裸露山地”歼灭战工作的支持，省厅将在安排2015年的国家和省级造林项目时，对重点县市区的60万亩“裸露山地”造林绿化任务进行全覆盖。

三是要科学规划。要严格按照适地适树、林相美观、生态优先的原则，高起点、高标准，以县市区为单位，单独编制纳入60万亩造林计划的“裸露山地”造林作业设计方案；要根据现有植被情况，分别采取人工造林、补植补造、封山护林和封山育林等绿化措施；要充分利用全省林地测土配方系统应用平台，因地制宜地选择造林树种，切实做到宜乔则乔、宜灌则灌、宜藤则藤、乔灌藤结合，尽快恢复森林植被。

四是要加强技术指导。科学技术是第一生产力。全省各级林业主管部门要切实加强对全省“裸露山地”造林绿化的技术指导，组织专业队伍造林，实行分块包干，责任到人，包栽包活。各技术人员要深入造林现场，蹲点指导，按工序把关。要对造林整地、挖穴规格、种苗选择、苗木质量、苗木栽植、抚育管护等各个环节加强指导和质量把关。对采石场、弃土场、料场和紫色页岩、钙质页岩、石灰岩等难造林地，要采用挖掘机、风炮机等机械进行大穴整地，并采取客土回填、大苗带土的方式造林，以提高造林成活率。对采石、开矿、取土形成的破坏剖面，要在剖面基部、中部和顶部设计爬壁虎等藤本植物进行剖面绿化，提高“裸露山地”造林绿化的整体效果。

五是要加强抚育管护。第一是要加强新造林抚育。造林后的3年内，每年要及时开展抚育，并结合抚育进行施肥。干旱季节要及时对幼树进行地膜覆盖保湿，以提高造林保存率。第二是要加强管护。要大力推行封山育林护林等经济有效的措施，对现有森林植被进行全封和轮封，并辅以人工促进天然更新，形成稳定的森林群落结构。第三是要加强水土保持。高速公路、铁路、国省道两旁造林整地要采取带垦或穴垦整地，禁止全垦整地，尽量保护原生植被、减少水土流失。第四是要加强森林防火和有害生物防治。要进一步落实森林防火群防群治机制，有效控制森林火灾的发生。要做好有害生物，特别是松材线虫病等危险性外来林业有害生物的预防和治理。第五是要加强对违法毁林案件的查处和打击。要保持高压态势，加大对公路、铁路两旁乱砍滥伐、乱采滥挖、乱征滥占等破坏林业案件的查处和打击力度。第六是要实行生态补偿。2015年，将把全省公路、铁路两旁林木优先纳入生态公益林，并按照“山权不变、林权不变、收益不变”的原则，落实生态补偿主体，切实提高林权所有者的护林积极性，巩固好造林绿化的成果。

六是要严格工作考核。2014年底，66个“裸露山地”重点县市区已完成作业设计和造林整地，2015年3月底完成造林绿化任务。省厅将把此项工作列入2015年度省政府对市州政府“湘林杯”考核的重要内容。2014年12月底至2015年1月，厅领导将带队对各地公路、铁路两旁“裸露山地”造林绿化情况进行督促检查，检查情况将即时刊发简报，对各市州的工作进度进行排队通报，并抄送各市州人民政府。省厅还将组织技术人员在2015年4月对各地公路、铁路两旁“裸露山地”造林绿化情况逐块进行检查验收，对进度快、质量好的单位给予通报表扬；对检查验收达不到要求的，进行通报批评，并限期整改。2015年适时召开“裸露山地”造林绿化总结会议，通过“以奖代补”的形式对工做出色的地方进行奖励。

着力做好冬春造林绿化工作

全省的造林计划为550万亩，其中人工造林315万亩，无林地、疏林地封山育林235万亩。与2013年相比，造林计划虽然减少了52万亩，但造林的地方多处于偏远山区和贫困地区，经济社会发展相对滞后，基础设施薄弱，生态环境恶劣，立地条件差，造林成本高，成果巩固难，大家务必高度重视，为此，下阶段要重点抓好以下四项工作。

一是要抢抓工作进度。据统计，截至2014年11月30日，全省已完成造林整地165.1万亩，为造林整地任务的52.4%，但各地工作进度不平衡，永州市已完成了任务的73%，但湘西自治州还不到任务的10%。目前正处于冬季造林整地的关键时刻，各地要集中精力，精心组织，掀起整地造林高潮，去年底已全面完成整地任务，争取2015年3月底前全面完成造林任务。

二是要严把造林“三道关”。第一是苗木质量关。良种壮苗是确保造林成效的关键。各地务必加强苗木供需调控，严格苗木出圃质量监管，杜绝不合格苗木上山。特别是油茶造林裸根苗必须精选二年生优良品种合格苗。第二是整地关。要注意清山、整地方式，防止火灾发生和水土流失；要以穴垦为主，积极推广机械整地，提高整地标准。尤其是油茶新造林整地一律不得全垦，必须采用“穿靴戴帽”的方式。第三是苗木栽植关。要克服边整地边造林的陋习。苗木栽植时要表土回填、根舒苗正土实，确保造林苗木成活水平。

三是要抓好“五个突出”。第一，要突出生态，抓好新一轮退耕还林、防护林、石漠化综合治理、中央财政造林补贴、国家战略储备林基地建设等生态工程项目，让山川更加秀美；第二，要突出民生，抓好林业血防工程、油茶及毛竹示范基地、绿色通道和秀美村庄、林下经济建设等与民生息息相关的工程，让林业幸福林农；第三，要突出重点区域，抓好“一湖三山四水”流域以及其他重点流域源头、重要水源涵养区、饮用水源区、水土流失重点预防保护区的生态保护和治理，让生态环境更宜居；第四，要突出经营健康森林，加强珍稀树种、针阔叶林混交、生物防火林带建设相结合，让森林的质量更高效；第五，要突出林地管理，造林林地管理要与林政林地管理“一张图”相结合，确保宗地造林项目不重叠、面积不重复，让造林统计更科学。

四是要实施好封山育林。封山育林护林是尊重自然、顺应自然、保护自然的生态文明观的具体体现，具有非常重要的现实意义。首先，封山育林护林不破坏原生植被，可保护现有的树种资源，形成混交林和复层林等稳定的森林群落结构，是保护珍稀树种和生物多样性最有效的措施。其次，封山育林护林还能使林分结构得到改善，生物多样性增强，有利于天敌繁殖，能减少森林病虫害和森林火灾的发生。可以说封山育林护林是一种最经济、最实用、最高效的森林植被恢复措施。石门县1998年就实施封山育林护林，由过去的百万亩荒山大户县，到2013年仅剩两万多亩荒山。攸县高度重视封山育林护林工作，县委县政府决定从2013年4月起，在全县范围内启动为期20年的封山育林护林工作。各地要认真学习借鉴石门县、攸县的经验和做法，在全省广泛开展封山育林护林工作，特别是对低效林、灌木林和2000多万亩石漠化、200多万亩重金属污染区的山林更是要加大封山育林护林力度，并在封山育林护林的同时，辅以补植、补播等人工促进措施，加快森林植被恢复，提高林分质量和生态功能。

（原载《湖南日报》2015年1月8日）

整合资源、聚集要素、强化管理　加快推进两型示范创建工作

——长沙、株洲、湘潭两型示范创建工作调研报告

周上游

为了更快熟悉了解示范创建工作的情况，落实好领导关于抓好示范创建工作的指示精神，调查组先后实地调研了长沙市洋湖再生水厂、洋湖湿地公园科普馆，湘潭市岳塘区马安村、青山村，株洲市云田村、云龙管委会等25个两型示范创建点，分别在长株潭三市随机访谈了56人次，召开了3场座谈会。

一、示范创建的基本情况

从调研情况来看，自2014年开展创建以来，长株潭分别组织开展了11类、14类、10类两型单位创建工作，截至目前，三市共培育省、市级两型创建单位1699家，涵盖了多个领域、多个行业。通过深入实施两型示范创建，广泛开展两型理念宣传教育，两型示范创建工作快步推进，两型综合示范片区建设稳步开展，成效显著。

一是涌现了一批两型创建典型，产生了良好的辐射带动作用。近年来，长株潭三市通过拓宽创建领域、完善创建标准、健全创建机制，两型创建的针对性和覆盖面进一步提升，创建主体的积极性和参与度进一步增强，一批两型创建典型脱颖而出，为全省两型社会建设树立了可学习、可复制、可推广的样板。两型村庄创建，打造了一批美丽乡村。长沙市岳麓区莲花镇桐木村坚持两型理念，落实两型要求，大力推进农村环境连片整治、改水改厕和沼气池修建等两型项目建设，村容村貌得到显著改善。两型社区创建，倡导了绿色生活。株洲市天元区泰山路街道泰西社区创办爱心交换站，实现居民废旧物资、有害物品回收和再利用，并将爱心交换站复制到片区内其他个社区，倡导居民养成绿色生活习惯。两型学校创建，培育了一批两型校园。长沙市岳麓区实验小学通过将创建融入教育教学，培育校园两型文化，创造性地开展两型教育资源开发、教育读本编写和两型课堂教学。两型机关创建，建设了一批节约型机关。株洲市云龙管委会的办公楼采用绿化种植屋面，中水利用做景观灌溉、空调余热回收供热水需求、雨水被采集用于多种用途。两型企业创建，转变了生产方式。湘潭市吉光科技公司携手飞利浦，打造集研发、配件生产、产品总成及照明教育示范等功能为一体的大型工业园区，是中部地区最大的照明产品生产基地之一，年被中国节能协会评为中国绿色照明教育示范基地。

二是培育出了一批两型综合示范片区，起到了良好的示范引领作用。长株潭三市围绕打造可看、可学、可比的两型示范标杆和两型生产、生活和消费方式的集中展示区，着力推动两型综合示范片区全元素进入、全单位覆盖。长沙市湘江新区推进实施绿色建筑、建筑产业现代化、绿色市政、分布式能源站等两型项目建设，重点打造两型社区、学校、企业、城镇、景区等示范样板，推动两型示范实现从盆景到花园的转变；株洲市神农城按照整合资源、集成创新、全元素进入、全单位覆盖、全员参与的要求，全面实施两型特色集成创建，集中展示两型社会建设的做法和模式，实现由栽盆景向建花园的转变；湘潭市昭山、韶山两型综合示范片区，积极推广清洁低碳技术、节能产品，推进垃圾分类回收处理，宣传生态提升和两型理念，以项目的形式使两型社会建设深入大街小巷和人民群众日常生活中。

三是示范创建工作带动了全民参与两型、全社会建设两型，两型社会建设惠及千家万户。通过开展示范创建，千家万户被发动起来，初步形成了全民参与两型和全社会共建的机制。加强了多种形式的宣传教育，扩大了示范创建影响力。长沙市近年来在《新闻联播》《人民日报》《湖南日报》等播刊发报道余条，重点推介全市农村环保模式、节地模式、阶梯式水价等两型创建经验做法，在全国产生广泛影响。开展了一系列主题活动，提升了示范创建参与度。株洲市注重创造条件，充分发挥广大群众的智慧和能力，开展群众性两型文艺创新，面向全国征集两型歌曲，举办《家乡情两型美》两型文艺节目汇演，开展两型株洲美丽家园摄影比赛等，引导社会各界积极参与示范创建。创新工作载体，培育了示范创建引领者。三市均组织成立了两型志愿者服务队伍，调动全市团员、青年、妇女等一大批热心两型社会建设人士积极投身示范创建，让群众成为示范创建的主力军和先锋队。通过开展示范创建，群众切身感受到了两型社会建设带来的变化和实惠。2014年，湘江干流断面一至三类水质比例达88%，比2007年提升5.5个百分点，长株潭地区空气达标天数比2013年上升7.2%。湘江风光带建设、长株潭生态绿心保护及“交通同网、能源同体、信息同享、生态同建、环境同治”等一体化建设深度推进，试验区范围内的人居环境得到明显改善，生活更加便利。

二、存在的主要问题

长株潭三市在推进示范创建工作中通过全面部署抓发动，内外宣传造氛围，精心指导强示范，示范创建工作取得了明显的进展，但仍存在一些问题不容忽视，主要表现在以下几个方面：

（一）*推进落实的力度不够*。示范创建工作是我省推进两型理念落地的创新之举，是一项社会系统工程，然而在实际工作中，这种统筹推进、齐心协力抓创建的生动局面尚未真正形成。一是指导管理力度不够。这几年，各地示范创建的积极性都很高，都想多争取省里的示范创建单位。但示范创建单位确定以后，有些地方主管部门在项目和资金都已到位后，认为经费投入不大，而且是后补助，忽视了对创建单位的指导和对项目的管理，有的主管部门在项目下达后，对一些项目根本没有采取任何管理措施，导致一些示范创建项目效果不理想。二是标准落实力度不够。目前，三市在市一级的示范创建工作，已初步形成了经常化、专业化、制度化的工作机制，组织体系较为健全，人员力量、考核措施都能够保证。但在县（区）、镇（村）层面，职能主管部门还存在创建大局意识不强、创建思路不够清晰、两型标准把握不够、落实力度小等问题。三是宣传教育力度不够。在此次调研的各个点上，基本上都能看到与两型创建工作有关的宣传内容的提示牌、宣传标语或宣传画，但我们在走访中随机向工作人员、办事群众、学生、村民了解和验证，却很少能看到对这些内容清楚了解的。这也从侧面反映出两型宣教工作仍存在重形式、轻效果的现象。“全民参与，践行两型”的理念尚未广泛形成，面向群众的两型社会建设的宣传与教育存在很大差距。

（二）*两型元素聚集度不够*。两型创建单位是两型社会方方面面建设的集中展示区，里面应该要聚集两型技术产品、两型生产生活方式、两型服务设施、两型优美生态等多种两型元素；两型示范片区更是要着力打造成两型元素聚集区，集中展现两型社会建设的成效和生活的场景。但目前，各地的两型创建单位和示范片区都不同程度地存在两型元素聚集度不够的问题。一是创建单位两型元素单一。我们在调研中发现，大部分创建单位体现出来的两型元素比较单一，既有资源节约又有环境友好的创建单位极少，同时有多种实用两型元素的创建单位不多。二是综合示范片区内两型元素分散。虽然三市的不同综合示范片区内有两型村庄、社区、企业、学校等多种创建类型，但一方面，这些不同创建种类的精品亮点项目并没有集中在某一个示范片区，而是零散分布在各个示范片区；另一方面，有的示范片区内即使创建类型比较多，但分布区域比较零散，分布区域范围很大，空间布局很不集中。

（三）*资源整合的强度不够*。示范创建工作涉及多个职能部门、多项资源要素，需要各种力量的综合推动，需要政府各部门联合协作，需要全社会共同行动。由于在创建过程中缺乏系统的规划、统一的管理和规范的运行规则，资源的整合度不够高，难以形成很好的共创共建共享的整体效益。一是政府部门没有形成合力。目前，政府各级各部门都积极组织和参与生态文明建设，有各式各样的举措推进两型社会建设，但往往是各自为政，各搞各的，没有把有限的资源整合在一起，没有联合起来形成合力共建示范，没有起到综合示范的作用。二是资金的瓶颈现象依然存在。一方面是资金投入的瓶颈，另一方面是资金整合的瓶颈。三是社会组织力量分散。

三、关于加强两型示范创建工作的几点思考

调研中我们既看到了不少亮点和成效，也发现了一些问题，引发了我们的一些思考：到2020年基本完成两型社会建设综合配套改革任务时，我们到哪里去看两型社会？应该看到什么样的两型社会？到哪里去看两型生活？应该体验到什么样的两型生活？如何在全国率先形成一批可看、可学、能示范、可复制的不同类型的两型社会样板，使我们身临其境？这是我们今后示范创建的工作目标。对此，提出以下几点建议：

（一）*示范创建工作目标要突出五化*。一是生产方式绿色化。要引导两型示范片区、创建单位按照布局集中、产业集聚、土地集约、生产环保的要求，以绿色化的理念指导经济发展，改善生产方式，努力实现资源利用效率的最大化和污染排放量的最小化，走生态集约、低碳环保的发展道路。二是生活方式绿色化。通过为群众宣传低碳生活常识、节能小窍门、环保法律法规，发放环保手提袋、环保节能宣传资料、展出宣传版面等多种方式的宣传教育活动，在示范创建区大力倡导追求环保、崇尚自然、低碳节能的两型理念，使每一个人逐步养成绿色生活方式和绿色消费习惯。三是价值取向绿色化。在每一个示范创建单位大力倡导“崇尚绿色生活方式光荣，浪费资源、污染环境可耻”的社会新风尚、新氛围、新文化。通过细节的反复提示，系统的宣传教育，在脑海里打下绿色价值观的烙印，使资源节约、环境友好成为示范创建区内每一个人的价值取向，使绿色化消费成为生活中的主流，绿色化行为随处可见。四是制度设计绿色化。生产方式绿色化、生活方式绿色化等都离不开系统的制度保障，要以两型标准为示范创建的行为指南，要以科学的考评机制为载体，形成两型示范创建的绿色导向。要将资源消耗、环境损害、生态效益等指标纳入示范创建的评价体系，建立符合生态文明理念的科学的示范创建考评激励机制。五是文化理念绿色化。在推进两型示范创建过程中，不仅要注重两型元素、两型技术、两型产品的应用，还应该在两型示范创建过程中注重推广普及绿色化的两型文化理念，引导示范创建单位的居民自愿使用两型技术产品、自发形成两型生活习惯、自觉践行两型行为准则，使绿色的文化理念内化为人的绿色素养，外化为人的生产方式、生活方式。

（二）*示范创建工作管理要做到“五有”*。一是有科学的布局。示范创建工作涵盖基础设施、产业发展、物质文明与精神文明、制度创新等多方面，必须加强统筹谋划和科学布局。二是有统一的标准。在深入调查研究的基础上，建议进一步制定和完善不同类型的两型示范创建标准、工作标准和评审标准，规范引导示范创建工作标准统一、做到因地制宜、分类指导、目标明确、重点突出，效果显著。三是有可操作的方案。每一个示范创建单位要因地制宜制定与当地经济社会发展和老百姓的实际需要相适应的示范创建方案，方案应包括创新的内容，目标、经济与社会效益，特别是管理措施等。四是有严格的管理制度。要加强对示范创建项目的过程管理，建立创建项目动态管理的淘汰机制，特别是要建立对综合示范片区的创建资金的监管机制和绩效评价管理机制。对确定的省级示范创建单位采取市州管理为主、省级抽查为辅的动态管理方式，实现示范创建工作的科学化、制度化、规范化。五是有一定的经费投入。在发挥财政资金的引导作用的同时，要吸引社会资本参与两型示范创建过程中的公共事业和基础设施建设，建立多元的资金投入机制。

（三）*示范创建工作落实要做到“五多”*。一是多类型推进。目前，我们省一级对于示范创建的支持还只是在村庄和社区这两种类型，但在调研中我们发现，各市自主创建的类型已经超过种。因此，在集中资源推进两型村庄和两型社区示范创建工作，巩固好这两种类型的基础上，建议今后应逐步扩大两型示范创建的支持类型。二是多元素集成。建议省市县（区）三级联合连续扶持与指导，打造两型精品。每一个示范创建点都要尽可能将当地适用的两型技术、两型产品、两型生产方式、生活方式尽可能的进行集成。三是多部门联合。两型社会建设不只是两型办的事情，是全社会的事情，需要多部门、多层次、多环节的紧密配合，需要市、县、乡三级联动打造。两型示范创建工作要充分发挥各级各部门的合力作用，发动各职能部门、单位根据各自的职责大力支持两型社会建设，探索搭建各部门落实职责、分解任务、沟通协调、通力协作、相互支持的平台。四是多目标融合。建议我委在两型改革建设方面的清洁低碳技术、绿色 GDP 评价、综合性生态补偿、生态文明体制改革等政策和项目可以在创建单位和示范片区实施的也应尽可能优先选择在创建单位和示范片区实施。对两型示范创建效果明显的单位和片区，要持续给予支持，积极推进各类基本建设投资和产业补贴政策向示范区集聚、向创建单位倾斜，形成资金合力多目标融合推进，合力打造两型创建样板工程和示范基地。五是多渠道宣传。对两型的宣传要有针对性地根据不同对象的特点、结合当地实际来进行，因地制宜，注重实效，让两型宣传教育能够入眼、入心、入脑。

（原载《两型专报》2015 年第 10 期）

绿色化与每个人息息相关

邓三龙

中央最近审议通过《关于加快推进生态文明建设的意见》，提出“协同推进新型工业化、城镇化、信息化、农业现代化和绿色化”。绿色化与新型工业化、城镇化、信息化、农业现代化并列为“新五化”。

全面践行绿色化，首要的是要树立绿色理念。由于人们缺乏绿色理念，自然生态中的绿色正在不断减少，森林被破坏，湿地被围垦，生物物种灭绝。绿色的不断消失，给人类带来了一系列危机：

土地沙化。我国黄河流域历史上茂密的森林变成了今天的黄土高坡，自然灾害频发。下三天雨就要防汛、出三天太阳就要抗旱的景象不时出现。2010 年发生的甘肃舟曲特大泥石流灾害，造成 1700 多人遇难。史料记载，舟曲历史上森林覆盖率高达 67%，曾有“塞上江南、甘肃扬州”之美称，近 50 年来森林遭到超限度破坏，森林覆盖率一度降到 20%。生态环境不堪重负，一场大雨便成了压垮骆驼的最后一根稻草。

全球性的水荒。森林、湿地是天然水库。科学研究表明，每公顷森林可涵蓄降水约 1000 立方米，我国可用淡水资源 90%以上维系在湿地之中。由于森林和湿地锐减，盛水的“盆”越来越小，自然界的降水存不下、留不住，由此造成全球60%的陆地淡水资源不足，包括我国在内，100多个国家严重缺水。

生物多样性锐减。森林和湿地是生物多样性的最大储存库，地球上生物物种有一半在森林和湿地中栖息繁衍，与森林破坏、湿地退化伴随的是物种消亡。每一个物种，都可能是帮助人类破解某个难题的“救星”。如果物种继续灭绝，人类将没有未来。袁隆平利用野生稻对现有水稻进行杂交改良，为全球粮食生产做出了巨大贡献。从银杏树中提取的治疗心脑血管疾病的黄酮，从红豆杉树中提取的抗癌物质紫杉醇，其价值都超过了黄金。

绿色国土是人类生存之基。目前，我国有174万平方公里的沙化面积、356万平方公里的水土流失面积。也就是说，我国国土的近1/5不宜居、约1/3不宜生产。形成这些“黄色国土”或“灰色国土”的首因是森林锐减。当前，我国森林覆盖率仅为21.63%，人均森林面积仅为1.97亩，远远低于全世界森林覆盖率31.8%、人均森林面积9.3亩的平均水平。不敢想象，如果森林继续减少、国土继续沙漠化、水土继续流失，13亿中国人将来在哪里立足？

我们都向往“望得见山、看得见水、呼吸得到好空气”的生活，这就需要大力建设绿色国土。在城区，要加快建设森林城市，让森林走进城市、让城市拥抱森林；在山区，要加大退耕还林、还草和天然林保护力度，提升自然生态系统功能；在沙区和石漠化地区，要加大荒漠化、石漠化、水土流失综合治理力度，遏制生态系统退化趋势；在湖区，要实施湖泊、湿地修复工程，让山水林田湖和谐共生。此外，还要发展绿色生产，推动绿色消费。

绿色化与我们每一个人都息息相关，处处尚绿、时时护绿、人人植绿，生态空间、生活空间、生产空间就会山清水秀，广大人民就能共享绿色化的诗意生活，中华民族就会走向绿色化的新时代。

（原载《人民日报》2015年5月23日第9版）

两型湖南今朝更好看

——在生态文明体制改革上的思与行

党的十八届三中全会以来，省委、省政府认真贯彻中央关于建设生态文明制度体系的要求，使湖南两型社会建设正由试点向纵深全面推进，率先建成两型社会的态势日益显现，两型湖南的“金字招牌”更加靓丽、更加耀眼。

推进长株潭综合配套改革，把两型社会建设的“龙头”舞起来

在新一轮改革中，湖南根据新的形势，着力推动长株潭试验区第二阶段改革，以此辐射带动全省，使长株潭试验区这个两型社会建设的“龙头”进一步昂起来。

——从价格改革突破，探索建立“同价”与“差价”互补的两型政策，使资源更节约。把价格改革作为推动长株潭两型社会建设的新突破口，通过价格杠杆的调节来实现资源的进一步节约。一方面，在非居民生活类资源消费上实施“同价”。将原来定价不同的行政事业用水、工业用水、经营服务用水等统一为非居民生活用水，实行工商用水、用电、用气同价，促进了工业企业的节约。另一方面，根据资源消费的多少实施“差价”。在水、电、气等领域大力推广阶梯式价格，在科学测算并确定合理消费水平的基础上，对超出合理水平的部分实施“差价”，实行消耗得越多价格越高的政策。

——用建立标准提升，推动“湘标”与“国标”的相互对接，使两型创建更科学。湖南在总结长株潭两型社会建设实践的基础上，借鉴国内外已有的两型理念和做法，在全国率先出台了16个两型标准、43项两型地方标准，覆盖了机关、学校、村庄等单位和城市道路、河道整治、建筑施工等领域。目前，湖南正与国家有关部委对接，争取把“湘标”上升为“国标”，为全国两型社会建设提供制度示范。

——在体制机制上着力，实现“政府”与“公众”的互动参与，使实施更有力。一方面，发挥政府的示范带动作用。出台政府两型采购制度，发布政府两型产品采购目录，对两型产品实行优先审批采购计划、优先安排采购资金、评标时加分等优惠措施，并将远大非电空调、比亚迪纯电动大巴、南车混合动力大巴等一批节能环保产品纳入两型产品采购目录。另一方面，广泛开展两型示范创建活动。在全国率先编制《中小学两型教育指导纲要》，力争“教育一个孩子，影响一个家庭，带动一个社区”，并组织全省1000多万青少年参加“跟随大雁去迁徙”“地球熄灯一小时”等主题活动。同时，推进两型建设进校区、厂区、园区、景区、办公区，引导人们树立“两型为人人、人人可两型”的理念。

建立保持环境友好的最严制度，把生态保护的“红灯”亮起来

——亮起政绩考核的“红灯”，给绿色GDP“让道”。湖南进一步实行了绿色GDP考核，对黑色GDP亮红灯，将节能、节水、节地、环保等评价指标纳入全省绩效考核。根据国家主体功能区规划，明确了全省122个县市区的功能定位，区分长株潭城市群、大湘西、大湘南、洞庭湖四个板块，实行分类考核，对79个限制开发区的县市区不考评人均地区生产总值。同时，湖南正在研究绿色GDP评价体系，把资源消耗、环境损害等指标纳入评价范围。

——亮起责任追究的“红灯”，对环境污染“叫停”。湖南出台了生态环境损害责任终身追究制度，对造成环境持续恶化、发生重特大环境污染事故、主要污染物总量超标或发生重大环境违法事件的地方和单位，严格进行问责。同时，建立领导干部资源环境离任审计制度，重点审查其履行自然资源管制和生态环境保护的责任。针对过去对污染环境的惩治“手太软”的问题，进一步加大完善法律体系和严格执法的力度，认真落实新修订的《环境保护法》，建立区域资源环境执法联动机制。

——亮起生态补偿的“红灯”，让保护生态的地方和单位“受惠”。主要办法是：对重点生态功能县进行财政转移支付；在湘江流域试行“上游对下游超标排放或环境责任事故赔偿、下游对上游水质优于目标值补偿”双向担责；对国家级和省级公益林实施生态效益补偿，补偿标准逐年提高等。

打好污染治理攻坚战，让潇湘大地的“面孔”美起来

湖南提出“向污染宣战”，着眼既要整体推进、又要重点突破，既要重拳出击、又要铁规保障，既要政府主导、又要全民参与，努力打好污染治理攻坚战。

——打好以湘江为重点的重金属污染治理攻坚战，消除水污染的“心腹之患”。湖南把湘江保护治理列为“一号重点工程”，开展湘江流域重金属污染治理试点，规划项目927个，总投资595亿元。省政府成立了湘江保护协调委员会和湘江重金属污染治理委员会，加快推进株洲清水塘、湘潭竹埠港、衡阳水口山、娄底锡矿山等重点区域污染集中整治，三年来累计淘汰退出涉重企业1018家，涉重企业比2007年减少47%。2014年以来，湘江干支流42个监测断面及水域监测中，I～III类水质断面比例达到92.8%。

——打好以长株潭为重点的大气污染防治攻坚战，消除大气污染的“心肺之患”。湖南以长株潭三市为治理单元，以细颗粒物和可吸入颗粒物治理为突破口，抓住产业结构、能源效率、尾气排放、扬尘管控四个关键点，实行综合防治、联防联治。省政府出台了《贯彻落实〈大气污染防治行动计划〉实施细则》，《湖南省大气污染防治条例》也已提上立法日程。长、株、潭、岳、常、张六市实现了PM2.5实时监测和数据发布，启动了城市空气质量监测预警预报体系建设。

——打好以土地污染治理为重点的农村环境综合整治攻坚战，消除土壤污染的“心头之患”。湖南加大农村环境保护投入，突出抓好重点区域土壤污染治理、农村饮用水源地保护、生活污水和垃圾处理、畜禽养殖污染防治、农业面源污染防治等重点工作，努力实现农村地区“清洁田园、清洁水源、清洁家园”的目标。当前，湖南已在长株潭启动重金属污染耕地修复试点，农村环境综合整治整县推进工作逐步铺开。

培育生态文明新常态，使发展模式的“底色”绿起来

湖南坚持做好经济发展的“加法”和环境污染的“减法”，着力改变以重化工型、资源加工型、投资主导型为特征的现状，积极培育新的竞争优势，实现环境友好、生态优良与经济富强、百姓富裕的有机统一。

——把好“准入关”和“退出关”，让产业绿起来。首先是把好产业进出的关口。一方面，注意把住入口关，出台长株潭三市共同的产业环境准入政策，制定11大类产品的能耗限额，提出禁止进入的产业目录，推行“一票否决”“重大环保项目一支笔审批”等制度。另一方面，注意把住退出关，对于改造不到位的企业，通过不予工商年检注册、不予发放生产许可证、排污许可证、不予贷款等方式，下决心淘汰。通过水电价格倒逼机制使666家实行差别电价的高能耗产业企业中的654家实现了关停并转或通过改造达到能耗标准。

——守住“保护红线”和“增长边线”，让城乡绿起来。一方面，划定生态红线，将那些需要重点保护的山体、湿地、河流、自然保护区等生态区域，包括武陵山区、南岭山地、洞庭湖、长株潭绿心地区等，构筑“一湖、三山、四水”（洞庭湖，罗霄山脉、南岭山脉、武陵山脉，湘、资、沅、澧四水）的绿色大空间。另一方面明确城市增长边线，通过科学确定城市边界，促进城市功能的紧凑布局和土地高效利用，遏制城市蔓延性、平铺式开发。

——实行“政策调控”和“市场调节”，让基础设施绿起来。湖南注意强化政府引导，积极争取把长株潭纳入国家可再生能源示范区、新能源汽车推广应用试点区。省政府还专门出台绿色建筑、新能源汽车推广应用的方案和政策文件，明确阶段性目标，推出了财政补贴等激励政策。在强化政策引导的同时，湖南还注意培育市场机制，通过绿色信贷、绿色税收、上网价格等市场杠杆的作用，增强绿色产品和设施投资者和公众对的吸引力。

（原载《新湘评论》2015年第2期）

关于加强我省大气污染综合治理的对策

梁志峰

一、我省大气污染日趋严重，对人民群众身心健康构成重大影响

全省大气污染形势不容乐观。在全国113个大气污染防治重点城市中，我省有6个(长沙、株洲、湘潭、岳阳、常德和张家界市)。据省统计局、省环保厅按《环境空气质量标准GB3095-2012》[1]统计，2013年一季度，长株潭三市持续爆发雾霾天气，环境空气质量总体达标率仅为31.5%，远低于全国74个重点城市44.4%的平均水平；二季度由于气候有利，长株潭三市空气质量有所好转，但上半年达标率也只有75.8%；而前三季度的达标率又降低到65.6%，超标天数比例为34.4%，其中轻度污染占19.3%，中度污染占6.6%，重度污染占8.5%。影响长株潭三市空气质量的首要污染物，依次为PM2.5、O_3、PM10，所占天数比例分别为55.4%、20.5%、11.2%，可见PM2.5是影响长株潭三市空气质量的元凶，并且由于以前没有进行 PM2.5 指标监测，空气质量问题因此而被掩盖和忽视。按标准更低的 GB3095-1996 统计，2013 年上半年前三季度，全省空气质量达标率与 2012 年同期相比，分别下降了 8.8%、6.1%，除永州市达标率有所升高外，其余城市均有不同程度的降低。

国内外研究表明，大气污染严重影响人类的身心健康。1952 年 12 月 5 日伦敦爆发雾霾事件，4 天死亡人数达 4000 人，12 月 9 日之后，由于天气变化，毒雾逐渐消散，但在此之后两个月内，仍有近 8000 人因为烟雾事件而死于呼吸系统疾病。1955 年 9 月洛杉矶发生了最严重的光化学烟雾污染事件，两天内因呼吸系统衰竭死亡的 65 岁以上老人达 400 多人。大气污染不仅仅引起呼吸道疾病大增，而且引发其他许多疾病，甚至导致死亡。来自波希米亚北部的一项调查，对接触高浓度 PM2.5 的孕妇进行了研究，发现高浓度的细颗粒物污染可能会影响胚胎的发育；更多的研究发现，大气颗粒物质的浓度与围产儿、新生儿死亡率的上升，低出生体重、宫内发育迟缓(IURG)，以及先天功能缺陷具有相关性。北京大学医学部公共卫生学院教授潘小川发表论文称，2004 年至 2006 年间，当北京大学校园观测点的 PM2.5 日均浓度增加时，在约 4 公里以外的北京大学第三医院，心血管病急诊患者数量也有所增加，PM2.5 每立方米浓度增加 10 微克，医院高血压类的急诊病人就会增加 8%，心血管疾病也会增多。世界卫生组织在 2005 年版《空气质量准则》中指出，当 PM2.5 年均浓度达到每立方米 35 微克时，人的死亡风险比每立方米 10 微克的情形时约增加 15%。联合国环境规划署一份报告称，PM2.5 每立方米的浓度上升 20 毫克，中国和印度每年会有约 34 万人死亡。南开大学国家环境保护污染防治重点实验室、中国环境科学研究院大气环境研究所专家发文称，PM2.5 浓度每升高 10 微克 / 立方米，我国居民每日死亡率上升 0.31%。

从我省的统计数据看，省职业病防治医院统计表明，该院 5 年来收治的呼吸系统病人，占内科住院总人数的 34.9%，近 2 年收治的呼吸系统病人比前 3 年收治的人数成倍增加。中南大学附属湘雅一、二、三院和省人民医院呼吸内科的统计也表明，5 年来呼吸内科肺癌病人占住院人数的比例呈上升趋势。

二、多措并举，加强大气污染综合治理

大气污染治理具有长期性、复杂性和艰巨性。洛杉矶从 1943 年第一次雾霾的出现到 1970 年《清洁空气法案》的出台经历了整整 27 年，一级污染警报(非常不健康)的天数从 1977 年的 121 天下降到 1989 的 54 天又是 12 年过去，而这个数字降到 0 则用了 22 年。伦敦从 1952 年雾霾事件算起，将每年雾霾天数降到 5 天，用了整整 28 年。大气污染治理之难，在于成因的多样性、技术的复杂性和利益的博弈性，必须长期加强综合治理，才能逐步见到成效。

1. 加大立法执法力度。建议省人大常委会将实施《中华人民共和国大气污染防治法》办法纳入立法计划，争取早日出台实施方案。建立健全长效管理机制，将大气污染综合治理纳入各级政府的绩效考核和执法检查重点内容。加大执法力度，对严重违法排污企业实行停产整治、挂牌督办、限期关闭等措施；完善重大污染违法案件移送司法及协同配合机制，落实“两高”关于办理环境污染刑事案件的司法解释，严肃查处相关责任人员。

2. 加强工业减排。加快转方式、调结构步伐，突出工业园区的产业结构调整，科学规划产业发展方向，优化产业布局，积极推动工业项目向园区集中，加速产业集聚。在岳阳市长江岸线择址兴建化学工业产业园，既主动融入长江经济带，又有利加快推进省内化学工业企业的搬迁、升级改造和集聚发展。从源头上严把准入关，严格控制高能耗高污染行业新增产能，特别是长株潭三市严禁审批新增的六大高能耗高污染项目。积极推动循环经济和清洁生产，鼓励使用清洁能源。加强老企业的环保配套设施建设，督促电力、钢铁、建材等 6 大高能耗高污染行业的企业，加快脱硫脱硝除尘等设施建设，提高大气污染防治能力。对高能耗高污染行业的落实产能和过剩产能，按照国家的安排部署，采取“并、转、关”等措施，坚决压缩到位。

3. 加强交通减排。积极发展绿色交通，优先发展轨道交通和快速公共汽车，鼓励市民多采用步行、骑乘自行车和乘坐公共交通工具出行。加强公共汽车专用车道占用治理，增开高密度点对点快速线路，保证群众对公共交通的速度要求。加快机动车船清洁能源改造，强制实施出租车、公交车“油改气”，鼓励私人用车购买小排量汽车和“油改气”，探索政府部门公务用车进行市内用车和长途用车分类管理并对市内用车进行“油改气”，大力推广气电混合动力、纯电动力等新能源汽车，对“黄标车”等高排放车辆坚决予以限行或淘汰退出。切实提高油品质量，保证高标油料供应，加强督促检查，推动车用汽油、柴油“国四”标准的全面实施；建议在长株潭“两型”示范区参照北京做法，试行“国五”标准，并出台鼓励汽车加装尾气微粒过滤器的方案。

4. 加强建筑减排。严格控制城市无序大规模扩张，结合气象条件，加强城市规划和建设科学论证，构建中心城区气流通道，保证污染扩散能力。摒弃城市建设过程中平山填湖的老路子，禁止破坏城市内的山体和水面，形成依山而建、滨水而居的湖南城市特色。结合卫生城市、生态园林城市创建，切实提高城市绿化水平，突出对城乡结合部、重点村镇和工矿区的生态环境管理。加强渣土运输、混凝土搅拌、建筑施工等现场管理，减少扬尘污染产生。在长株潭两型示范区强制、在全省鼓励新建建筑物建设中央新风系统，净化室内空气。推广使用绿色建材，倡导节能装修。

5. 加强能源减排。稳步发展水电；控制发展火电，探索火力发电改天然气发电；突破社会发电审批难、上网难等瓶颈，鼓励民间资本发展小水电和余热发电，探索发展分布式风电、太阳能等新能源；积极争取重启核电建设。加快推进“气化湖南”进程，加大天然气、液化气、沼气等清洁能源的推广应用力度，改变湖南以煤炭为主的生活能源结构。

6. 加强空气质量监测预测预报和大气严重污染事件应急处理工作。加大投入，加强空气质量监测网络体系建设，增加监测站点和监测指标，扩大空气质量数据采集覆盖面；探索开展空气质量预测预报，并与天气预报一道，在电视、纸媒、网络上每天发布空气质量主要数据，提醒广大群众采取防范大气污染的措施。组织编写绿色生活与大气污染保健手册，在社会上免费发放；在社区、学校、医院、机关、企业等单位组织开展绿色生活和大气污染保健知识宣传教育，不断提高群众绿色生活和自我防范大气污染的意识和能力。制订大气严重污染事件应急管理办法和应急预案，建立部门联动机制，发动社会广泛参与，形成工作合力，将大气严重污染事件对人民群众的健康危害降低到最低程度。

（原载《绿网》2015 年 7 月 30 日）

政府主导　全域覆盖

潘碧灵

习近平总书记指示，小康不小康，关键看老乡。李克强总理指出，全面建成小康社会，重点在农村，难点在农村环境。

推进农村环境整治是加强生态文明建设、保障农民基本权益、改善民众生活环境的重大举措，也是湖南省环保工作的三大任务之一。湖南提出了“县为主导，整县推进”农村环境整治的总体思路，大力开展农村环境综合整治工作，得到了上级领导和人民群众的认可，取得了较好的成效。

2013 年、2014 年，湖南各试点县（市、区）按工作方案推进整治工作，构建有效并可持续的农村环保工作机制和运行体系；牢牢把握“因地制宜、注重实效”的原则，根据各县（市、区）实际情况确定整治的重点内容、工作目标和适用技术，将辖区内突出环境问题是否得到解决、区域环境质量是否得到改善等作为衡量农村环境综合整治成效的主要依据。

湖南省环保厅厅长刘尧臣反复强调：“应该把农村环境整治当作一项日常工作来抓，而不单纯是去争一个项目、建一个工程。”加强农村环境整治系统谋划，整体部署，统筹协调，全面推进，持之以恒。

农村环境综合整治绝不能搞“一锤子买卖”，出现“晒太阳工程”。确实让广大农民群众感受到农村环境综合整治后环境的洁净优美和生活质量的提高，真正使农村环境的保护与整治，成为各级政府及环保部门的日常工作，成为人民群众的生活习惯。

要做好全省农村环境综合整治整县推进工作，应该做到以下几点：

一是务必统一思想认识。湖南作为人口大省、农业大省，农村、农业污染十分突出，倒逼我们必须加强农村环境保护。目前已整治过的地方效果明显，未整治的地方人民群众意愿强烈，因此，务必提高思想认识，自觉增强农村环境整治的紧迫感和责任心。湖南探索出“政府主导、市场驱动、村民自治、城乡同治”的路子，是全面建成小康、建设美丽湖南的有效举措。

二是强化县级政府主导。农村环境整治是一个系统工程，以县级政府主导、统筹多方力量，整县推进效果更好。政府主导，关键是要建立健全强有力的工作推进机制，加大资金保障和筹措力度，切实做好群众宣传发动工作。要彻底摆脱等、靠、要思想和项目化的短期行为，主动担当，积极有为，坚持以县（市、区）政府为责任主体、以建立工作和服务体系为重点内容、以充分发动农民参与为整治基础，以常抓不懈为工作保障全面推进。

三是严格落实督查考核。必须规范专项资金管理和使用，确保工程项目建设质量和效益，我们制定了《湖南省农村环境综合整治督查考核办法》，强化督查考核，确保责任明确，落实到位。

四是全省加快面上推进。农村环境整治是县、乡两级政府的应尽职责，湖南省已启动农村环境整治全省域覆盖工作，计划用 5 年左右的时间实现农村环境整治的全覆盖。省小康办、省环保厅已将农村环境整治纳入了对全面建成小康社会和市、县重点环保工作考核的重要内容，并根据农村人口规模、经济发展水平、整治完成时限等因素制定了先治后奖政策。

（原载《中国环境报》2015 年 5 月 19 日）

破解“吉登斯悖论”

——强化两型监管凝聚齐抓共管新合力

常诸谈

2009年英国著名社会学家、政治学家吉登斯在其《气候变化的政治》一书中提出：全球变暖带来的危险，尽管看起来很可怕，但在日复一日的生活中它们不是有形的、可见的，因此，许多人会袖手旁观，不会对它们有任何实际的举动。长株潭试验区获批7年多来，以健全法制为重点推进两型监管机制创新，着力破解“人人都说节约资源、保护环境重要，一旦触及自身利益就不干了”的“吉登斯悖论”，形成了各级各部门、社会各界齐抓共管的强大合力。

“一决定、四条例”——创新法治体系

习近平总书记深刻指出：“只有实行最严格的制度、最严密的法治，才能为生态文明建设提供可靠保障”。长株潭作为全国首个两型社会建设综合配套改革试验区，在落实“两个最严”方面进行了先行探索。

加强地方立法，围绕两型社会和生态文明建设领域，根据先行先试的原则，积极创制地方性法规。从省人大常委会通过《关于保障和促进长株潭城市群资源节约型和环境友好型社会建设综合配套改革试验区工作的决定》确保两型改革试验有法可依，到《湖南省长株潭城市群区域规划条例》，完善城市群发展顶层设计，再到长株潭生态绿心地区保护条例、湘江保护条例、韶山风景名胜区条例，开创全国立法保护一片林、一条河、一座山的先河，以“一决定、四条例”为主要内容的法规体系和涵盖建筑节能、矿产资源保护、土地资源保护、湘江综合治理等系列政策文件相继实施，有力保障了两型社会建设综合配套改革顺利推进。

“法治湖南”建设，创造了全国多个第一：第一部系统规范行政程序的省级政府规章——《湖南省行政程序规定》、第一部系统规范行政裁量权的省级政府规章——《湖南省规范行政裁量权办法》、第一部关于服务政府建设的省级政府规章——《湖南省政府服务规定》……不仅被誉为政府依法行政的“湖南样本”，也为推进两型社会建设在行政决策、行政执法、行政监督等方面明确了基本准则，营造了公开、公平、公正、可预期的法治环境。

加大执法力度，对各类环境违法行为“零容忍”。推进资源环境行政执法体制改革，探索在资源环境领域开展相对集中行政处罚权、相对集中行政许可权等工作。建立区域环境监管执法联动机制，推进执法手段和机制创新，探索环境监督计划执法。去年，全省立案查处环境污染案件1236起，其中移送公安机关32起。今年新环保法实施以来，全省对环境污染企业依法施以“重拳”：实施查封扣押案件17起，移送行政拘留11起，移送环境污染犯罪8起。

织密执法网络——完善监督体系

资源环境问题表面看是保护与发展的矛盾，实质是局部与全面、政绩与民生、大资本与政府监管部门的博弈，必须加强监督，防止“有钱任性”“有权任性”。

健全监测网络，在资源环境领域装上“千里眼”“顺风耳”。搭建全国首个省级综合性节能减排监管平台，对全省重点企业节能减排进行全天候实时监测。在全国率先推行集办公自动化、业务管理一体化、环境监管可视化、环境信息采集和管理数字化、环境决策科学化的“数字环保”系统，实施县级以上行政区和重点环境功能区环境监测能力达标“三年行动计划”。PM2.5监测从长株潭三市扩大到六市；全省纳入污染自动监测考核的国控企业335家，监督性监测开展率达到100%。利用卫星遥感等技术，对长株潭生态绿心地区生态状况、违规建设、跟踪查处等实行监测，构筑了一张生态绿心“保护网”。

强化法律监督，建立人大监督、政协监督、司法监督相结合的监督体系。省人大常委会先后组织开展“一条例一决定”专项执法检查和绿心地区保护条例执法调研，围绕长株潭地区大气污染防治、湘江综合治理等环保重点工作开展监督。省政协通过重点调研、专项视察、提案督办等形式，加强民主监督。开展两型审计试点，将资源开发、环境保护列入党政领导干部和国有企业领导人员任期经济责任审计重点内容，开展湘江流域重金属污染治理项目专项审计。

有序扩大社会公众参与，落实公众知情权、参与权、监督权。引导环境保护公益组织健康发展，搭建社会公众参与环境保护平台，全省环保公益组织超过100家。招募保护湘江“绿色卫士”志愿者，在湘江流域内饮用水源、干支流以及流域内重点企业设立“守望点”。健全环境状况通报和环境污染举报、环保义务监督员和“12369”环保热线等制度。2014年，根据环保志愿者举报线索，依法关闭湘江流域违法排污企业59家。

完善社会公众激励约束，推动人人参与两型、践行两型。加强对绿色能源和高效节能产品的补贴力度，实施阶梯水电气价格等资源能源消耗约束制度，推进绿色出行、绿色建筑等改革，引导公众自觉节约资源、保护环境。深入开展两型示范创建，促进生产方式、生活方式绿色化。坚持两型教育从娃娃抓起，全省470多万小学生踊跃参与“争当两型小先锋”，1000多万青少年积极参加“跟随大雁去迁徙”、“地球熄灯一小时”等主题活动，从上到下营造了浓厚氛围。

不简单以GDP增长论英雄——改革考评体系

干部政绩考核犹如“指标棒”。习近平总书记指出：“最重要的是完善经济社会发展考核评价体系，把资源消耗、环境损害、生态效益等体现生态文明建设状况的指标纳入经济社会发展考核评价体系，使之成为推进生态文明建设的重要导向和约束”。

先行“试水”绿色GDP评价。从资源节约、环境友好和经济社会发展三个方面，设置单位GDP用地和能耗、国土开发强度、生态用地比重、高新技术产业增加值占GDP比重、空气质量良好天数达标率、清洁能源使用率以及二氧化硫、化学需氧量和氮氧化物排放等39个二级指标，定量分析评判经济增长质量和效益，坚决不要污染的、黑色的、带血的GDP。在湘潭韶山市开展绿色GDP评价改革试点。结合全省全面建成小康社会，实行分类指导、差别化考核，对限制开发区、禁止开发区和生态脆弱的国家扶贫开发工作重点县取消人均GDP考核，增加资源环境方面指标的考核权重。

推进政府绩效考核指标“绿色化”。将两型社会改革建设情况纳入省、市年度绩效考评，形成了各市州、省直有关部门、市州两型工作机构以及重点工作、重点项目建设政府绩效考评体系。长株潭试验区两型社会建设指标分值占到市州“重点工程与重点工作”指标总分80分中的50%。长沙、株洲、湘潭、益阳等市将两型社会建设列入党政干部绩效专项考核，作为领导班子、领导干部综合考核评价的重要内容和干部选拔任用、管理监督的重要依据。

探索两型建设综合评价和发布机制。建立和完善长株潭试验区两型社会建设综合评价指标体系，采用多指标综合评价法和指标权重“德尔菲法”，通过纵向对比总指数反映同一地区不同时期两型社会建设进程、横向对比总指数反映不同地区同一时期两型社会建设的区域差异，全面、准确、宏观地反映湖南两型社会建设情况，在全国率先发布两型社会建设年度综合“成绩单”。

政绩评价导向调整，发展理念为之一变。“既要金山银山，也要绿水青山”“绿水青山就是金山银山”“若舍绿水青山，宁弃金山银山”“企业不消灭污染，污染就要消灭企业”“宁要两型，不要三高”等正日益成为新的价值取向和发展导向。

让“高压线”真带电——健全责任体系

“各自责则天清地宁”。两型社会建设的过程，从一定意义上说，也是责任社会建设的过程。

厘清权责边界，明确政府、企业、公众三位一体的环保责任清单。突出“关键少数”，建立两型社会改革试验区重点工作部门责任分工制度，将重点工作和责任分工明确到各级政府和省直部门，纳入年度绩效考核。在全国率先出台《湖南省环境保护工作责任规定（试行）》，明确各级政府、企事业单位和其他生产经营者、公民的环境保护工作职责。同时，明确了发改、工业信息化、国土、住建、农业、林业、水利、交通、公安、监察等34个部门环境保护责任，成为全国首份较为详细的生态环境保护“责任清单”。

完善“谁保护谁受益、谁损害谁赔偿”的奖惩机制。加大对重点生态功能区生态补偿力度，健全财政转移支付激励机制，省级公益林补偿从2008年的5元/亩起步，提高到2014年的17元/亩；对全省54个国家重点生态功能区实施财政转移支付。探索流域生态补偿机制，实行上游超标排放或环境责任事故对下游赔偿、下游对上游水质优于目标值补偿。出台湘江流域生态补偿（水质水量奖罚）暂行办法，对湘江流域跨市、县断面进行水质、水量目标考核奖罚。

严格问责，节约资源、保护环境成为“硬约束”。推行新上项目严格环评，约束性指标严格考评，实行资源环境准入“一票否决”。率先对湘江流域各级政府“一把手”实行生态环境损害责任终身追究制。在全国率先出台《湖南省重大环境问题（事件）责任追究办法（试行）》，明确对区域环境质量持续恶化、发生重大及以上环境污染事件等6种情形追责。“环境事件官员免职”“环境犯罪入刑”等过去听起来陌生的字眼不时见诸报端，通电的“高压线”震慑了生态环境违法行为。

（原载《湖南日报》2015年5月20日）

以园区经济引领绿色发展

郑　粟

近日召开的全省创新创业园区“135”工程现场推进会透露，过去一年全省126个创新创业园区共建成标准厂房1368万平方米，引进企业2133家，园区经济不仅占据我省经济总量半壁江山，更成为经济快速发展的重要引擎。园区发展质量和水平，很大程度上决定了我省经济发展质量，影响我省环境质量和生态文明建设的水平。

我省高度重视园区发展对全省经济增长的引领作用，园区被赋予加快经济快速发展、推进结构转型的示范作用。省人民政府印发的《关于推进创新创业园区发展 加快实施“135”工程的意见》及其实施细则等配套文件，就明确要求规范选址和布局，围绕产业定位、行业特点及所依托园区的环保管理要求，同步完善集中供水供热、污水垃圾处理等各类配套，促进园区“两型”发展。我省各地园区招商引资中，都制定了入园企业环境保护“五不准”“六不准”；很多市县工业园区招商引资中，把环境保护作为首要关卡，实施一票否决，真正做到从招商引资到招商选资的转变，不仅是长株潭核心区域在园区建设实施产业结构的“腾笼换雀”，也包括湘江源头永州乃至江华这些偏远和欠发达地区，逐步走上了一条工业兴县、园区兴工、企业兴园、创新兴企的新路子，完全契合了五中全会提出的“创新、协调、绿色、开放、共享”发展新理念。

然而，纵观全省，并非各地对“绿水青山就是金山银山”的信念都很坚定，在经济下行的压力下，不少地方在发展与环保之间仍然存在摇摆，在园区发展中具体体现在以下几个方面：一是环评把关不牢，有的园区还缺乏规划环评，不按园区定位实施招商，作为一般工业园区却引进化工、冶金类重污染企业，部分产能过剩、高污染、高能耗企业还在重复投资；二是一些地方虽然违反环保法规那种纸面上的“土政策”少了，但环境执法过程中以优化经济发展之名，实施“园区免入”等类干扰正常环境执法检查的事件时有发生，环保部华南督查中心今年对我省部分市县工业园区的综合督查，反映出来的环境问题还比较突出；三是园区环保投入严重不足，治污设施建设普遍滞后，全省120多个工业园区，目前还有部分未配套建成污水管网及集中处理设施，离国务院《水污染防治行动纲要》存在较大差距。

针对我省园区绿色发展引领力不强、示范作用不突出等问题，一是必须加大对园区环保执法力度，园区不是环境违法的法外之地，《环保法》《党政领导干部生态环境损害责任追究办法（试行）》以及我省环境保护工作责任体系两个文件，基本完成了我国我省生态环境保护的制度屏障构筑，彰显了国家进一步加大环境执法力度、推进绿色发展的坚定决心，各地工业园区应当自觉争当遵守国家环保法律的典范。二是要坚定绿色发展的理念，工业园区作为我省经济发展桥头堡和新引擎，必须肩负起绿色发展、提高发展质量的责任担当，在实现产业园区自身绿色发展的同时，带动其他区域经济可持续发展，要像江华、宁乡等地一样，通过科技创新和体制机制创新，推进绿色发展。

（原载《新华网》2015年12月10日）

洞庭湖治理需构建“五大体系”

柳德新　何　峰　杨湘隆

如何承担起历史赋予的责任，坚持大干洞庭湖区水利不动摇？我们从省水利厅获悉，我省将全面践行习近平总书记“节水优先、空间均衡、系统治理、两手发力”的治水思路，围绕建设洞庭湖生态经济区和全面建成小康社会水利发展目标，在5~10年内着力构建五大体系，加快建设安澜、健康、生态、秀美的洞庭湖。

——*着力构建防洪减灾体系*。实施长江干堤湖南段河势控制和崩岸治理工程，稳定长江干流河势。完善湖区综合防洪工程体系，加强重点垸、蓄洪垸、重要一般垸和其他重要堤防加固工程建设，重点堤垸堤防防洪能力达到20年一遇以上、蓄洪垸和其他堤垸堤防确保分蓄洪前不溃堤；加快县级以上城市防洪工程、重要集镇防洪工程、支流防洪水库、中小河流治理、山洪灾害防治等工程建设；加快推进3大垸蓄洪安全建设、分洪闸建设，引导垸内居民向安全区迁移，尽快形成城陵矶附近50亿立方米超额洪水分洪能力。开展以松滋口建闸为主的四口河系整治，实现松滋河与澧水的错峰调度，缩短四口河系一线防洪堤线。

——*着力构建供水保障体系*。引江济湖，加快推进四口河系地区水资源配置工程和抗旱工程建设，建设鲇鱼须河等河道型平原水库和大通湖等内湖哑河型平原水库水源工程，建设安乡松滋河西水东调等调水工程，解决洞庭湖北部地区季节性、工程性缺水问题；加快实施西湖、岩马等164座大中型灌区续建配套和节水改造项目，大力发展高效节水技术，扩大旱涝保收面积，增强粮食安全保障能力。推进城陵矶综合枢纽研究论证，增强湖区水资源保障能力。

——*着力构建排涝治涝体系*。加快城市和农村排涝工程建设，2020年前建立“自排、调蓄、电排”相结合的治涝体系，全面达到10年一遇排涝标准。加快内湖和撇洪河综合整治，推进湖区垸内低洼地带排水沟渠联通工程建设，提升湖区排涝能力。对已充分自排、撇洪、蓄涝等措施后仍不能满足要求的涝区，抓紧排涝泵站更新改造，增加排涝装机。

——*着力构建河湖健康体系*。开展洞庭湖水系尾闾、柳叶湖等重要内湖内河、纯湖区洪道整治疏浚，推进沅澧河湖水系、松澧河湖水系等16处河湖连通工程建设，重点解决泥沙淤积、芦苇丛生、人为设障、水流混串等问题，恢复长江、四河、四水、内外湖的水力联系，构建江河湖畅通、洪水调蓄、枯水调剂、江湖两利的水网体系。推进枯季洞庭湖分级水位调控措施研究论证，满足供水、湿地、水生动物、水环境等方面需求，构建湖泊健康体系。实施小流域水土流失综合治理、坡耕地水土流失综合治理、崩岗治理等水土保持项目，加强水利血防工程建设。

——*着力构建现代水利管理体系*。全面加强洞庭湖区水利工程建设运行管理、水资源管理、河湖管理，提升管理能力和水平。实现管理队伍专业化，加强水利工程技术专业队伍建设，加强包括省、市、县三级专业管理人员在内的洞庭湖区重点水利工程项目法人团体能力建设，切实履行项目法人职责；以重点垸、蓄洪垸为重点，启动堤防规范化管理达标建设，实施堤防专业化、规范化管理；合理划分省、市、县各级水利部门事权，创新政府购买水利公共服务方式，建立事权清晰、权责一致、规范高效的水行政管理体系。实现管理手段信息化，依托全省河道采砂监控体系、洞庭湖“千里眼”项目管理系统，实施对湖区水利工作的全方位全天候信息化管理。实现管理工作法制化，加快洞庭湖保护立法工作，建立完善洞庭湖区管理制度体系，加强监督执法，使各项工作转入规范化、法制化轨道。

（原载《湖南日报》2015 年 1 月 29 日）

绿色化，让株洲“鸟语花香”

毛腾飞

株洲作为一座老工业城市，曾被列为全国十大污染城市。近年来，我们立足“以现代工业文明为特征的生态宜居城市”定位，大力实施转型升级战略，成功创建了国家卫生城市、国家园林城市、国家森林城市和全国文明城市，实现了从“机声隆隆”到“鸟语花香”的蝶变。进一步大力推进生态文明建设，既是株洲发展的内在要求和重要机遇，也是株洲肩负的重要使命和责任担当。

让产业插上绿色的翅膀。实现绿色崛起，最核心的支撑在于产业振兴。近年来，株洲通过做好“加减乘除”法，加快了产业转型升级步伐。“减法”即坚决淘汰落后产能。全市共关闭企业 473 家，淘汰落后生产线 195 条，清水塘老工业基地绿色搬迁首个项目旗滨玻璃已完成搬迁工作。“加法”即发展战略性新兴产业。立足“五城四基地”，推动轨道交通、航空、新材料、新能源、电子信息等产业加快发展。“乘法”即实施创新驱动战略。大力推进科技创新，加快科技成果转化，促进产业向高端化、两型化发展。“除法”即简政放权活市场。截至到 2014 年底，行政许可项目精简幅度近 60%。下阶段，我们将以产业绿色化为目标，加快创新创业进程，推动产业结构深度调整，全力打造“中国动力谷”。

为城乡披上绿色的新装。良好的生态环境是最公平的公共产品和最普惠的民生福祉。2013 年以来，我们共拆除烟囱 83 根，截流湘江株洲段沿岸排污口 19 个，湘江沿岸 1 公里内养殖场退出 461 家；全省首个城市生活垃圾焚烧发电厂投产运行，建成了一批水质净化中心和污水处理厂。与此同时，我们在中心城区和县城植树造林种草，提质改造绿地，全市建成区绿地率达 40%。下阶段，我们将以建设国家新型城镇化试点市和全国水生态文明城市为契机，将生态保护和环境治理从城市向农村延伸，推动“森林进城、园林下乡、城乡一体”，加快裸露山体、村镇的立体绿化，强化对农村垃圾和土地污染的治理，实现青山常在、清水长流、空气常新。

给生活装上绿色的车轮。低碳生活是健康生活，应从绿色出行做起。近年来，株洲建成了全国一流的公共自行车租赁系统，成为全省首个推行“城市步行和自行车交通系统示范项目”的城市，成功创建全国首个电动公交城，并跻身全国“公交都市”试点城市。下阶段，我们将加速在低碳生活领域中的两型集成，在创建 14 个类别两型示范基础上，由点到面，推动市民生活方式和消费模式向勤俭节约、绿色低碳、文明健康转变，让绿色不仅映入市民眼帘，而且融入市民身心，使绿色化成为一种行为理念、一种价值取向、一种文化自觉。

（原载《湖南日报》2015 年 5 月 29 日）

长株潭自主创新示范区建设环境下湘潭发展路径选择

刘硕科

2014 年 12 月，国务院批复同意支持长沙、株洲、湘潭 3 个国家高新区建设国家自主创新示范区，掀开了湖南发展的新篇章，为湖南适应新常态，加快实施创新驱动发展战略，推动“大众创业、万众创新”提供了机遇。湘潭作为国内三线城市，是长株潭地区现代化建设的核心要件，长株潭自主创新示范区建设的重要组成部分，对湖南区域经济、中部地区甚至全国三线城市发展具有示范和借鉴意义。

一、湘潭地区自主创新现状

1.科技支撑作用显现，创新型产业集群逐步形成。作为与长沙、株洲同为国家长株潭城市群两型社会综合配套改革试验区中心城市，湘潭始终把科技创新放在首位，2014 年全市高新技术产业产值完成 1575 亿元，近 5 年平均增速达到 26%，高新技术增加值占 GDP 的比重达到 30.6%，位居湖南省前列。湘潭也是国家“863”新材料成果转化及产业化基地、机电一体化特色产业基地、制造业信息化重点城市；湘潭先进矿山装备制造产业集群获国家首批“创新型产业集群试点”；拥有国内唯一的国家级海上风力发电技术与检测国家重点实验室、1 家国家级风力发电检测机构，研发了世界功率最大的海上风力发电机组，其中2兆瓦以上风机产能及其配套能力全国第一。

2.科技投入增长较快，创新资源优势有效集聚。湘潭市出台了《关于建设科技创新型城市的决定》，鼓励加大科技投入和人才引进力度；2014年社会研究和发展（R&D）经费占GDP的比重达到2.02%，居全省第一位。科研力量位居全省第二，拥有湘潭大学、湖南科技大学等高等院校17所（均在城区范围内），国家级研发机构17家、省级研发机构86家，院士工作站1家，博士后工作站和流动站13个，院士、国家“千人计划”优秀专家、国家“万人计划”科技领军人才等22人，专业技术人才总量达13万人，每万人拥有专业技术人员数在全省排名第二。同时，作为“一五”期间确定的全国23个重点工业城市之一，湘潭拥有湘电股份、江麓机械、江南机器、江滨等一大批国家重点企业，均拥有独立完备的科技创新体系和科研团队。2014年全年专利申请量3327件，年专利申请量约占全省专利申请总量的10%，高于省专利申请量的平均水平。

3.创新环境不断完善，创新创业氛围较为浓厚。湘潭市成立了全省首家由院士、专家、院校和政府、投资公司共同组成的市级产业创新研究院，并与清华、北大等10余所知名院校签订了产学研合作协议，100多家企业与高校、科研院所建立了合作关系，产学研合作深入开展。以湘潭高新区为首的8大园区已成经济发展的主力军，2014年工业企业实现规模工业增加值570亿元，占全市比重的65.5%，对全市规模工业增长的贡献率超过60%，拥有孵化场地42.3万平方米，逐步探索形成了一套较为完善的服务创新创业的运营体系。特别是湘潭高新区已成为省内创业孵化的标杆，设立了5000万元产业扶持基金和2000万元人才奖励基金，营造了较好的创新创业环境。

二、湘潭地区自主创新面临的问题

对照国家自主创新示范区建设的要求，比较中关村、东湖等先进自主创新示范区和长沙等兄弟市的发展经验，湘潭地区自主创新还面临着诸多挑战，主要表现为：

1.区域创新整体优势不够明显。从有关高新技术产业数据可以看出，2013年湘潭市高新技术企业为238家，为长沙的1/4；高新技术总产值只占全省总产值的9.7%，也仅为长沙的1/4。作为区域创新的湘潭高新区，在全国的创新能力综合排名53位，处于中游水平，与位于全国前十的长沙高新区相比相差较远。这表明作为传统老工业基地的湘潭向创新型城市的转变还任重道远。

2.企业创新主体作用发挥不够。多数中小企业只忙眼前效益，没有精力和心思顾及创新，产品以跟踪模仿为主，未掌握产品开发的主动权，独立开发能力弱，对技术的依赖性强，缺少技术储备和后续产品。少数新兴的创新型企业表现出一定的创新潜质，但创新能力不强，产品呈现初级化特点，对技术进步发展方向把握不清、不准，特别是企业的创新投入普遍相对不足。

3. 创新创业政策体系有待完善。比较国内外先进科技园区发展经验，湘潭创新创业政策体系还不够完善。一是针对不同成长阶段的科技企业的政策体系，特别是对于研发型孵化企业扶持政策还不够完备。二是缺乏促进新兴产业发展的资助政策，对于三大战略性新兴产业没有专项扶持政策细则出台。三是缺乏领军人才引进政策，导致高层次的研发机构和领军式的创新人才引进数量还不够，在产业引进和培育中处于劣势。

三、建设长株潭自主创新示范区中湘潭的路径选择

湘潭在参与长株潭自主创新示范区建设中，应该借助于长株潭示范区的作用和功能，争取在整合区域创新要素、做强主导产业、深化科技体制创新、协同政产学研合作以及集聚高端创业人才等方面取得重大突破。

1.整合区域创新要素，强化区域创新合力。目前，湘潭共有省级以上园区8个，是湖南省省级以上园区最密集的地方，园区间存在的领域有较大的相似性，产业同质化程度比较高。因此，湘潭在长株潭国家自主创新示范区建设中，可以整合8个园区的优势创新资源与创新要素，打破既有园区界限对创新资源与创新要素的分割与限制，构建“一核七园”的空间布局。“一核”，即着力打造以“湘潭高新区”为核心的示范区，谋划推进湘潭高新区“西进东升提质扩容”发展思路，大力发展“湾畔经济”，促进其创新发展、转型发展，争取在全国高新区排名大幅前移，进入全国一流高新区行列；“七园”，即以其他七个省级以上园区为自主创新示范区的政策辐射园，进一步明确各园区主导产业，统一招商引资、项目推进政策，统一建设规划，科学统筹各园区的产业定位和总体发展。

2.深化科技体制创新，完善创新服务体系。一是畅通科技成果交易市场机制。要充分发挥市场机制配置资源的作用，使更多科技成果生产者、制造者成为成果商品化的经营者，增强成果创造者在市场经济中的主导作用，赋予其更多权限。二是推进科技与金融结合。探索科技与金融结合新模式，不断完善创新创业投融资服务体系，推动开放条件下的金融、科技和产业融合创新。支持设立创业投资引导基金、天使基金、产业基金、科技银行、股权交易中心、融资租赁、知识产权质押等创新金融业务，加大对科技型企业发展的融资支持。三是推进科技服务业改革试点，营造有利于科技服务业发展的政策和体制环境。四是强化知识产权保护和推进知识产权交易，积极推动重大专利技术产业化。

3.做大做强主导产业，打造创新产业集群。一是实现关键领域和核心技术的创新突破。以湘潭优势装备制造领域为依托，重点突破智能制造核心技术，研发培育基于机器人的智能装备系统集成创新，形成机器人及智能装备“研发＋制造＋服务”全产业链产业集群，推动湘潭工业由“装备制造”向“装备智造”转型。二是推进以新能源装备等战略新兴产业为导向的产业转型升级。以湘潭高新区为核心，重点发展以风电装备、光伏装备为核心的新能源装备制造产业，坚持以应用带市场，推动制造与服务跨界融合。三是实施湘潭产业发展“赶超者战略”。即加快培育高成长性创新型企业，完善创新型企业培育机制，建立覆盖企业初创、成长、发展等不同阶段的政策扶持体系，加快培育形成以高新技术企业为主力军的创新型企业集群。

4.协同政产学研合作，激发创新主体活力。一方面，推动产学研高端合作。开展“名市与名校”合作，鼓励企业与国内外知名高校、研究机构合作，组建技术平台，引导

国内外专家来潭开展产业关键和共性技术攻关，如积极引进深圳清华大学研究院共建长株潭清华创新中心。支持大中型企业普遍建立工程技术研究中心、技术中心、研究生工作站、博士后工作站、院士工作站，鼓励企业按照市场需要开展技术创新，提升企业自主创新能力。另一方面，积极推进军民融合创新。充分利用湘潭军工技术实力雄厚的优势，加快国家级军民结合产业示范基地建设。鼓励湘电、江南、江麓、江滨等军工企业，大力发展军民两用产业。同时，推动一批非军工企业大力开发军工技术和军工产品，争取进入军品采购目录。积极推进军民两用技术开发，探索建立支持开展军民融合科技创新机制，努力把军民融合产业打造成湘潭具有规模优势的特色产业。

5.聚集高端创新人才，打造创新人才“洼地”。人才是自主创新的第一资源，也是转型升级的关键所在。要确立人才优先发展战略，积极对接国家、省创新人才推进计划，以高端人才为引领，以产业发展为导向、企业需求为重点，大力培养引进科技领军人才、创新创业团队以及高素质管理人才和高技能人才，打造创新人才集聚高地。湘潭市建设自主创新示范区，必须强化人才服务体系建设，推进人才政策与产业政策对接，尽快在人才开发、股权激励、技术入股、科技成果产业化、人才中介服务等方面取得突破，建立健全科研人才双向流动机制和激励机制，保障创新人才分享成果收益，鼓励科技创新项目和团队落户湘潭。要优化人才创业支持体系，大力完善创业风险投资机制、实施《湘潭市创新创业三年行动计划》，重点在“互联网 +”和服务业等领域，培育一大批草根创客；培养创新创业文化，弘扬创新创业精神；强化法治建设，切实保护创新创业者合法权益，努力营造“大众创业、万众创新”的良好氛围。

（原载《中国高新区》2015 年第 7 期）

绿满三湘的不竭动力

——湖南林业创新发展纪实

张尚武　刘　勇

近年来，国家林业局把湖南林业树为全国林业战线上的一面旗帜，多次评价“湖南林业做在湖南，影响在全国、示范在全国、带动在全国”。湖南林业到底以什么方法赢得顶层的认可、百姓的信赖？绿满三湘的动力源泉究竟在哪里？

全新的绿色理念

成大事者，理念先行。湖南林业一系列着眼长远、胸怀全局的绿色理念，让人耳目一新。

把植树造林与治霾减排挂钩。近年来，治理雾霾等生态问题，成为全民高度关注的议题，引发了压缩工业产能、汽车限号行驶等对策。省林业厅党组班子成员思索：湖南是发展中省份，一味压缩产能和强调直接减排，会影响经济发展，能不能找到一条既能治霾减排、又不影响经济发展的治本之策？他们研究发现，“霾”是由 PM2.5 粉尘和二氧化硫等有害气体混合而成，而森林正是它们的克星。因为，每亩森林（按每亩 7 立方米的蓄积量计算）每年能放氧 11.34 吨，吸碳 12.81 吨，吸附粉尘 4.2 吨，植物叶片还可通过气孔吸收空气中的二氧化硫、氯气、氟化氢等有害气体。同时，植树造林可全民参与，也是国际社会公认的低成本减排措施、碳汇途径。一辆奥迪 A4 汽车，一年内所排放的二氧化碳，可被 11 亩人工林吸收。为此，省林业厅厅长邓三龙以全国人大代表身份，连续多年在全国“两会”期间宣传这些绿色理念，力促传统意义上的植树造林，上升为全民向雾霾宣战、推进绿色减排、发展低碳经济的具体行动。

把植树造林与人类健康挂钩。2005 年，联合国公布了清新空气的标准：每立方厘米空气含 1000 ~ 1500 个负氧离子。医学研究证明，生活在每立方厘米空气含 500 个以上负氧离子的环境中，健康有保障；生活在只有 200 个左右的环境中，就处于亚健康状态；每立方厘米空气中只有 50 个以下的负氧离子时，将会诱发心理性障碍疾病甚至癌症。负氧离子产生的载体主要是森林、河流、瀑布和草地。为此，湖南林业响亮喊出“让森林走进城市、让城市走进森林”的口号，得到省委书记、省长的大力支持。目前，全省已有长沙、益阳、株洲、郴州 4 个城市成功创建国家森林城市，永州等 10 个城市正在加速创建。“远看像公园、近看是花园、住在里边是乐园”的“三园”理念，成为湖南人选择宜居城市、确保自身健康的标准。湖南还依托林业提供的天然氧吧环境，引进生物医药技术和战略投资者，建起了健康管理服务机构。林业与医学的融合，将引爆健康服务业的消费热点。

把植树造林与永续发展挂钩。湖南林业人认识到，当前发生的气候变暖、土地沙化石漠化等诸多生态危机，都可以从森林的减少中找到根源。古丝绸之路、古楼兰等地，都曾是绿意盎然、生机勃勃之地，最后都因森林减少，现在或为沙漠覆盖，或为不毛之地。习近平总书记曾指出，“森林是自然生态系统的顶层，拯救地球首先要从拯救森林开始”，强调“山水林田湖是一个生命共同体，人的命脉在田，田的命脉在水，水的命脉在山，山的命脉在土，土的命脉在树”。这些事关永续发展的理念，指引着湖南林业新的发展方向。近年来，湖南林业拍摄了绿色电影《梦萦张家界》，推出了由著名歌唱家张也演唱的生态歌曲《绿色恋歌》，经常组织绿色文化演出队进村入户，举办森林林节、观鸟节、名花节等各类绿色节庆活动，逐步把绿色理念推向三湘四水。

勇于发展的担当精神

“思想上务实、行为上务事”，“说得最好听，不如做得较好看”，湖南林业把担当体现在实实在在的发展上。

在如何“用”上推动绿色转型。保护与利用是推进林业发展的两难课题。过去，林业行业讲利用就是砍树木，讲保护就意味着守贫穷。如何做到既不破坏青山绿水，又让林地产生经济效益？湖南林业把目光从林上转向林下。充分利用林下空间，发展林药、林菌、林油、林菜、林养、林游等产业。近年来，湖南建起4600多处林下经济示范基地，选育了一批有市场、成本低的林下品种，总结出广大林农能学、能用的技术，向全省各地推广。2014年，全省林下经济产值突破300亿元。现在，消耗木材资源的林产工业逐步式微，而林下经济、森林旅游、花卉苗木却加速发展，推动全省林业总产值从2007年的690亿元增长到2014年的2800亿元。

在如何“富”上推动绿色增长。茶油被称为“东方橄榄油”。湖南是全国最大的油茶种植区，利用这一优势，湖南林业整合力量开展油茶种苗科研，选育出了产油量比普通油茶高出数倍的油茶“杂交水稻”，以每年新造50万亩、改造90万亩油茶林的速度推进油茶产业发展。现在，湘中、湘南百里油茶走廊正在形成，油茶被山区群众称为摇钱树，平均亩产茶油从以前的4~6公斤增加到50~70公斤。最近8年来，全省茶油产量和产值均翻了一番，占全国总产值的40%以上。一些林农种植油茶后，亩均年收入由过去的不到200元增加到今天的2000元以上。

在如何“强”上推动绿色跨越。省林业厅用短短8年时间，力推创新、转型，把厅属二级单位打造成一个个富有竞争力的绿色综合经济体。湖南林业种苗中心，按照“苗木销售时是商品、不销售时是景观；生产时是科研中心，不生产时是休闲中心”的发展思路，发展生产、培训、科研主业的同时，做强休闲这一副业。现在，中心不但成为国家种苗战略储备地、亚非拉发展中国家来华学习林业技术的培训地，还是广大市民度假旅游的好去处。湖南省森林植物园，通过引进和打造郁金香、樱花等景点，形成了春之歌、夏之恋、秋之色、冬之韵的绿色品牌，成为国家4A级景区和深受市民喜爱的绿色胜地。湖南林业规划设计院，把林业设计业务从过去的湖南一域拓展到了墨西哥、斯里兰卡等“一带一路”沿线国家，并瞄准“亚投行”机遇布局国际市场，综合产值从5年前的4000万元增长到现在的3亿多元。湖南林业试验林场则建起了湘林未名健康管理中心，成为我国首个依托林业优势建立起来的健康产业中心。

在如何“防”上实现绿色升级。防治生物病虫害，农药是无奈的选择。不用农药能否也起到除虫的效果？湖南林业着眼绿色化的大方向，大胆探索“一物降一物”的生物防治方式。即出现什么虫害，就用自然界中与之相克的天敌去防治它。湖南林业建起了省天敌繁育中心，对病虫害的天敌实行工厂化生产。近5年来已用生物天敌治理染病森林3000多万亩。老百姓称生物天敌为“活农药”，新华社以“中国打造天敌战队”为题进行了专门报道。

深接地气的创新举措

湖南林业始终着眼“让老百姓易用、对老百姓有用”，让创新举措接地气、可复制、可推广、可持续。

建立了全国首个林地测土配方平台。如何用最简单的办法告诉老百姓科学种树？湖南林业不等不靠，自筹资金3亿多元，自2009年以来组织5000多名林业技术人员上山，采集、核查1.94亿亩林地土壤数据，率先在全国建成了林地测土配方网络服务平台。现在，湖南的林农只要点击湖南林业电子政务网上的电子地图，就能迅速查到自家的山头地块适宜种什么树、怎么种，解决了湖南有的地方因为没有因地制宜而导致一棵树长几十年也不成材的现象。全省林农对照这一系统，掀起改换树种的高潮。中央电视台新闻联播报道称：湖南林农种树进入了“e时代”。

建立中部林权交易中心让林地入市。企业融资难，林企、林农融资更难，根源在于没有现代化的融资平台。湖南林业先是推动全省林地、林权资源上网，整合打通全省114家县级林权交易服务机构，成立中部林业产权交易服务中心，再组建湖南林业担保公司，联合银信部门开展森林保险，构建起现代化的林业投融资体系。集体林改后，林地到了老百姓手中，但只能面对面流转，流转规模小、价钱低。成立林权交易中心后，老百姓只要点击林权交易网，就可以跨时空议价租山，经常出现一块地多家争的现象，带动了林地合理估值升值，流转交易的话语权开始掌握在林农手中，由此加速和推动了林业融资。2014年，全省林地流转成交额达52亿元，林权证抵押贷款26亿元。交易中心被林农称为林业行业的“淘宝网”和“证券交易所”。

推进优材更替为子孙后代留下优质材。以前，湖南的老百姓造林都喜欢选择松、杉、杨等速生树种，10年左右即可采伐。而优质树种生产周期长，要100年左右才能成材，因此很少有人去造，结果漫山遍野生长的都是只适合做纸浆、做低端建材的普通木材。为此，省林业厅党组提出，林农可以搞短期行为，但作为一级政府部门要“从长计议”。从2009年开始，湖南林业每年在国有林场实施优材更替10万亩，培育无节良材30万亩，逐步将普通树种更替为楠木、榉木等优质树种。目前，湖南已成为国家重要的木材战略储备基地，储备林面积居全国第一。这项工作被国内外媒体誉为“真正的可持续发展”，是真正的“利在千秋之事业”。

敢从自己身上动刀子的改革魄力

省林业厅党组认为：凡属改革，都应是部门让利、群众获利，最低标准是不能与群众争利。只有这样的改革，群众才会拥戴和参与。

推进木材采伐管理改革。世界各国都对木材采伐进行限额管理，即要办理采伐证才可采伐木材，中国也不例外。于是在一些地方，出现了采伐指标掌握在领导手上，老百姓申请难，甚至采伐指标被违法买卖。这样带来的后果，一是滋生极大的腐败，二是群众造林积极性被严重削弱。为此，厅党组决定，在全国率先对采伐指标分配实行改革，一是将国家下达给湖南的采伐指标通过媒体“阳光分配”到县乡村；二是明确规定只有有山有林的林农才能申请采伐指标；三是老百姓申请采伐指标不需要跑到县里，只要给乡镇林业站打个电话，林业站的工作人员在6个工作日之内上门服务。这项改革深受林农拥护，是真正的“从自己身上动刀子”的改革。

推进权力瘦身改革。一是简政。湖南林业把行政审批项目从 2007 年的 59 项减少到目前的 22 项，在 22 项中再下放 7 项到市州，省厅一级的审批“瘦身”近 2/3。二是减费。取消林业行业的所有“搭车”收费，包括已经征收近 30 年的义务植树费，国家法定的育林基金也按原标准减半征收，累计每年减少林农负担 8 亿多元。三是减负。取消重大项目要求基层财政配套的惯例，投多少钱、办多少事，不增加基层负担。

推进让群众加倍获利的配套改革。一是通过育林基金的转移支付，让 2 万多名基层两站人员吃上了“国家粮”，结束了基层林业机构靠拦车收费养人的历史。二是从 2008 年起给全省国有林场职工购买养老保险，并借助国家棚户区改造政策，确保全省国有林场职工都住上了明亮的新房。三是利用国家开展森林保险的政策，为全省林农的上亿亩森林买了保险。

让人不敢怠政的管理手段

面对为官不为的现实问题，湖南林业依靠管理上的信息化、人性化、精细化，初步构建起了让人不敢怠政的现代林业治理体系。

创造了行政审批上的“湖南速度”。湖南林业实施“互联网+行政审批”行动，即对所有行政审批全部实行网上运行，让老百姓不用进林业部门的门、不用看林业干部的脸色，坐在家里通过手机或者电脑就能申报各类审批项目。当某位林农的申请进入第一道程序后，我们的办理者或审批者如不办理、不审批，就必须在网上说明法律或政策依据，否则就视为失职、渎职或滥用职权，并以此类推到最后一个环节，直至厅长。2014 年，全省林业系统网上办证 300 多万份，各个环节走下来，平均只用了 7.6 个工作日，比省里规定的时效提速 62%。现在，媒体把林业部门的行政审批誉为“指尖上的审批”，为湖南林业速度点赞。

形成了刚柔并济的“湖南模式”。实践证明，既有原则性，又讲人情味，才能最有效地调动积极性。一方面，湖南林业坚持“开正门”，切实维护干部职工的正当权益，依法给足干部职工应有的福利；另一方面，湖南林业坚持“堵后门”，严肃党风党纪，厅领导以上率下，人事任命、工程招标、资金分配领域拒绝任何形式的打招呼，用信息化手段让一切暴露于阳光之下，用全方位的监督让各种偏差一旦“抬头”就能立即得到纠正。2015 年，省林业厅一位处长为家乡亲人办事方便而威胁基层干部，厅党组获悉后，除责令其引咎辞职外，还派厅领导到基层检讨。这种从严从实的工作氛围，让干部职工不敢懈怠，也不愿懈怠，厅机关连续多年获评省文明标兵单位。

建立了精细管用的“湖南制度”。秉承精细化的管理理念，湖南林业形成了覆盖项目管理、检查、考核等各方面的独具特色的管理制度。比如，省森林防火指挥中心建设是省政府重点工程，由于实施了严格的招投标、预算结算管理制度，工程结算时出现了罕见的结算费低于预算费的情况。又如，湖南森林覆盖率虽高，但一些地方“远看一片绿、近看没有林”，根本原因是重造轻管。如何倒逼各地重视造林管护？湖南林业把造林验收的时间从过去的四五月份推迟到九十月份。这一推迟，就倒逼各地重视新造林入夏后的管护。过去，造林检查靠地方陪同定点检查，现在，则是轻车简从，不要陪同、不听汇报，厅领导带队随机搜查无林地。

湖南林业人以对自身的“严”和对工作的“实”，回馈给全社会的是人人都可享受的绿色和健康，留给子孙后代是永续发展的生态空间，探索出了以政府创新带动大众创新的可行之路，积累了如何引领一个行业由弱走强的成功经验，值得各方研究和借鉴。

（原载《林业与生态》2015 年第 10 期）

两型社会建设，株洲发展升级的强大引擎

贺安杰　毛腾飞

株洲作为一个传统老工业城市，近年来，坚持以资源节约型、环境友好型社会建设为引领，大力实施转型升级战略，着力打造发展升级版，成功创建为国家园林城市、国家卫生城市、国家森林城市、全国文明城市，成功地实现了从一个重工业城市蝶变成一个天蓝、水碧、山绿、城美的现代生态宜居之城。

把调整结构培育两型产业作为第一选择，让产业“绿”起来。构建两型产业体系是建设两型社会的核心支撑。我们大力实施产业振兴工程，重点在“新”“大”“强”“关”上下功夫。“新”，即改造提升传统产业，让“老”工业焕发新活力。着力改造提升有色、化工、建材等传统产业，加快科技创新步伐，促进产业高端化、两型化发展，科技进步贡献率达到 52%。“大”，即发展壮大战略性新型产业。立足“五城四基地”（轨道交通城、汽车城、航空城、服饰城、陶瓷城；中药现代化和健康食品产业基地、有色金属新材料精深加工基地、新能源产业基地、信息产业基地），推动电子信息、新材料、新能源和食品医药等新兴产业加速发展。2014 年全市战略性新兴产业占规模工业比重达 40%。“强”，即做优做强优势产业。突出优势产业优先发展，推进“产业集聚化、工业园区化、园区生态化”，打造轨道交通、汽车、航空航天、服装、陶瓷等五大千亿产业集群，全市产值过亿的企业 500 多家，占规模以上工业企业比重达 41%，涌现了中车株机、中车株洲所等 5 家百亿企业。“关”，即坚决淘汰关停落后产能。我们以壮士断腕的决心，关闭企业 473 家，淘汰落后生产线 195 条。全面启动了清水塘老工业区搬迁改造，完成了旗滨玻璃绿

色搬迁，中盐株化、柳化智成等化工企业已基本停产。株洲产业结构更加绿色、产业业态更加低碳、产业发展更加智慧，原来的冶金、化工、建材、轨道交通4个传统支柱产业有3个正在被战略性新兴产业逐步取代，连续7年荣获湖南省加速推进新型工业化考核一等奖。

把保护环境提高人民获得感作为第一目标，让城乡“靓”起来。环境就是民生，蓝天也是幸福。我们把迅速改善生态环境作为提升发展形象和群众满意度的重要指标，深入推进环境生态化。实施湘江保护与治理省政府“一号重点工程”和“三个基本”（基本关停污染企业、基本拆除城区烟囱、基本解决城区污水直排湘江）行动，精准治污，大力拆除烟囱、净化空气、处理污水、变性土壤、清洁能源，2013年以来，我们共拆除烟囱83根，截流湘江株洲段沿岸排污口19个，湘江沿岸1公里内养殖场退出461家，市域全覆盖建设了污水处理和生活垃圾设施，湘江水质持续保持Ⅲ类标准；实施大气污染防治工程，科学治霾，城区空气质量优良率按新标准达64%，高于全国平均水平。实施城市绿荫行动，政府带头拆围透绿、见缝插绿，大力植树造林种草，城市“颜值”进一步提高，全市建成区绿化覆盖率达到41.6%，森林覆盖率达到61.85%。在全市开展城乡环境综合整治，所辖的5个县中有3个县城为国家卫生城镇、1个县城为省级卫生城镇。全力推进城市管理市场化、标准化、信息化、法治化，城市管理全天候“整洁有序、绿色靓丽”，荣获“中国人居环境范例奖”。

把深化两型改革构建制度体系作为第一动力，让机制“活”起来。改革是试验区的根和魂。我们始终突出以制度建设全覆盖为目标，坚持用制度保护环境、节约资源，以啃硬骨头、钉钉子的毅力推进改革。建立统一监控、联合执法的环保监管体制。率先建立大环保格局，联合环保、公安等部门实行环保联合执法，以执法“利齿”严厉打击环境违法行为；建设智慧环保平台，加强PM2.5监测全覆盖，逐步形成统一监管所有污染物排放的监控体系，实时发布动态。建立生态环境保护与治理市场化机制。推行环境污染第三方治理、PPP、合同能源管理、合同环境服务等模式，社会资本投入生态环境建设风生水起；率先开展排污权交易，交易范围涵盖全市所有工业企业，交易品种包括7种主要污染物，交易总量在全省居首位；推进自然资源及其产品价格改革，全面实行居民生活用电、用气、用水阶梯价格制度。突出两型的指挥棒作用，建立两型主导的考核与评价机制，设置环境污染防治、生态环境优化、资源节约利用等两型考核指标，提高考核权重。两型社会建设机制在探索中变新，在创新中提升，改革红利得到进一步释放。

把培育两型文化形成行为自觉作为第一追求，让生活“潮”起来。两型社会建设归根结底是要实现人的两型化，我们注重两型文化创新与培育，全力推动两型理念内化于心、外化于行，创建绿色生活方式和消费模式，让低碳生活成为新时尚、新潮流。成立两型志愿者总队，组织开展低碳小达人、两型文艺晚会、两型摄影展等丰富多彩的主题活动，使人们在潜移默化中培育两型意识，让两型理念渗透进日常生活。率先开展两型示范创建，在全市机关、学校、社区、家庭、企业等14个领域开展两型示范创建活动，实现创建领域全覆盖；推进两型综合示范片区建设，实现由点到面、由单一到集成升级，做到“全元素进入、全单位覆盖、全员参与”。致力创造低碳生活条件，建成全国一流的公共自行车租赁系统，成功创建全国首个电动公交城，跻身全国“公交都市”“低碳交通运输体系建设”试点城市，市民步行、自行车和公交车出行比例占城市交通的60%以上。市民生活方式和消费模式向勤俭节约、绿色低碳、文明健康转变，两型成为一种行为理念、一种价值取向、一种文化自觉、一种生活习惯。

（原载《人民日报》2015年10月28日）

其他成果介绍

《湖南蓝皮书：2015年两型社会与生态文明发展报告》 编著者湖南省人民政府经济研究信息中心、两型社会与生态文明协同创新中心，社会科学文献出版社2015年4月出版。内容摘要：本书是由湖南省人民政府发展研究中心组织编写的年度性报告。全书分为主题报告、总报告、综合篇、区域篇、专题篇及实践篇。主题报告是湖南省领导关于两型社会和生态文明建设的全局性、前瞻性的重要论述。总报告是湖南省人民政府发展研究中心对2014—2015年湖南两型社会和生态文明发展情况的分析研究成果。综合篇从相关部门的视角，分析了湖南资源节约、环境保护、绿色发展、水利建设、国土开发等两型和生态相关领域的改革建设情况。区域篇是湖南14个市州两型社会和生态文明建设情况的总结分析和谋划。专题篇是专家学者从不同角度对两型社会和生态建设相关问题的深入剖析和探讨。实践篇展示了部分两型示范区、产业园区推进两型社会建设的成功经验和做法。2014年，湖南两型社会和生态文明建设取得积极进展。生态文明体制改革全面启动、实现重点突破，十大重点改革深入推进、辐射全省，产业转型升级取得新成效，水土气污染治理迎来“拐点”，生态环境进一步改善。2015年，湖南将以体制机制创新为核心，纵深推进生态文明体制改革和两型试验区综合配套改革；以科技创新为支撑，发展壮大两型产业，提高资源节约循环高效利用水平；以水土气治理为重点，全面改善生态环境，推动长株潭两型试验区第二阶段改革目标全面实现，推动全省两型社会和生态文明建设迈上新台阶。

《基于PCA-MLR模型的城市区域PM2.5污染来源解析实证研究——以长株潭城市群为例》 作者陈晓红、唐湘博、田耘，发表于《中国软科学》2015年第1期。内容摘要：近年来，我国经济持续高速发展，工业化和城市化进程不断加速，伴随着城市人口的不断增长，机动车保有量持续增加，能源大量集中消耗，道路等交通设施和污染物脱除技术严重滞后，导致城市区域大气污染日趋严重，表现为大气能见度严重下降，雾霾锁城事件频繁发生。以PM2.5污染为典型代表的区域大气污染，已成为社会各界高度关注的亟待解决的重大环境问题，并在国家中长期科技发展规划中被确认为资源环境领域的优先主题。全面准确地掌握PM2.5污染来源是有效防控的前提条件，但PM2.5成分和来源复杂，做到精准来源解析难度较大，我国已开展的来源解析研究主要集中在京津冀、长三角和珠三角地区，面对作为国家两型社会综合配套改革试验区的长株潭城市群却鲜有报道。本文利用2013年9月—10月长株潭城市群PM2.5浓度及颗粒物元素组分监测分析数据，联合运用富集因子法和PCA-MLR模型进行了PM2.5污染来源解析的实证研究，在此基础上提出城市区域PM2.5防控的对策建议。结果表明，长沙市的PM2.5污染主要来源于交通尘、建筑水泥尘、冶炼尘及农业污染；株洲市的PM2.5污染主要来源于冶炼尘、建筑水泥、煤烟尘及地面扬尘；湘潭市的PM2.5污染主要来源于地面扬尘、冶炼尘、煤烟尘及建筑水泥尘。

《基于水资源承载的长株潭城市群适度规模研究》 作者熊鹰、姜妮、李静芝，发表于《经济地理》2015年第1期。内容摘要：城市适度规模（Urban Moderate Scale）是指城市发展应有一个规模限度，即当城市建设用地、用水两大可能制约城市发展的因素对城市未来空间拓展不构成障碍时，城市的外延发展较为自由下的城市合理规模，其本质是城市适度人口规模。当前我国已进入城镇化高速发展阶段，以城市群为主体形态的城市发展道路已成为加快推进城市化重要模式。水资源保障是直接关系社会经济发展、战略布局等城镇化重大措施的重要资源制约因素。文章应用双要素水资源承载力模型对长株潭城市群适度规模进行定量分析，通过构建城市适度规模与实际人口的距离协调度评价模型，对该区发展规模的协调性进行综合评价。研究结果表明：一是近10年来长株潭城市群地表径流量变化幅度不大，但人均水资源量不足，需水量呈逐年增长态势；二是2003—2012年水资源承载力濒临超载，水污染严重，水环境的自净能力逐年降低，处于濒临失调衰退黄灯阶段；三是2013—2019年属于水质型超载，2020年以后属于水量与水质双重超载类型；四是2020年长株潭城市群城镇人口将达1178.19万人，城市化水平达78.42%，水资源供需缺口达3.36×108立方米，城市适度规模与实际人口的距离协调度将处于濒临失调衰退黄灯阶段。因此，需引起足够重视，并在体制与机制上进一步强化水资源优化配置与高效率利用，促进城市群协调发展。

《长株潭公交一体化查询系统设计与实现》 作者刘元君，发表于《电脑知识与技术》2015年第2期。内容摘要：近年来，由于长株潭经济的快速发展，城市人口相比于以前也增加了很多。为了能方便人们的出行，所以需要增加城市中的道路数量。随之带来了一个城市公交路线的调整的问题，但同时这也给人们的出行了带来不便。正是由于这个原因，急需要一个公交查询系统来方便人们用来查询长株潭最新的公交车信息和道路状况，人们就可以不用因公交路线的变换而头痛。城市公交的主要职责就是为人们的出行来服务的，在长沙生活中占据极其重要的位置。近年来，随着长株潭城市群的经济快速发展，人口数量也急剧增加，给人们的出行带来了极大的问题。本文从用户的角度出发设计了一个适用于用户的长株潭公交一体化查询系统。在对用户的需求进行了分析以后，对系统开发环境、关键技术、总体要求分析、系统流程模型、数据流图、总体设计等方面进行了深入的分析。作者采用Dijkstra算法为基础理论进行算法的优化，从而使用户在以最少时间、最少花费、最少换乘等条件下进行公交的换乘工作。

《长株潭核心区植被覆盖度动态监测与分析》 作者，

发表于《林业科技研究》2015 年第 2 期。内容摘要：本文认为，植被对能量平衡、生物化学循环和区域微气候起着重要调控作用。近 13 年来，由于全球气候变化及人类活动影响，长株潭核心区植被覆盖随之发生了较大变化，因此定量测定研究区内植被覆盖度，分析植被覆盖度动态变化情况，对探究引起变化的原因及评估植被演化的方向有着重要的现实意义。作者以 2000 年 Landsat5、2013 年 Landsat8 两个时相遥感影像，利用像元二分法模型反演获得 2 个时期的植被覆盖度，并通过研究区域内 2 期植被覆盖度的时空变化特征、近 13 年的区域植被覆盖度转移矩阵、植被改善 / 退化状况及驱动力，定量分析了长株潭核心区 13 年植被覆盖度的时序变化和空间分布特征。研究结果表明：长株潭核心区近 13 年植被覆盖度保持总体稳定并有所改善，平均覆盖度由 2000 年的 0.5739 上升到 2013 年的 0.6015，植被退化区主要集中在长沙、株洲、湘潭三市城区及周边区域，另外长株潭绿心区植被覆盖度也有小幅下降；长株潭核心区植被覆盖与气候变化有一定关联，但人口增长、土地利用类型变化、城市化进程以及政策等人为因素是影响植被覆盖变化的主要因素。

《湖南生态文明建设研究》 作者郑彦妮、李鹏程，发表于《湖南社会科学》2015 年第 2 期。内容摘要：推进生态文明建设是增进人民福祉、关乎中华民族未来的长远大计，是推进国家治理体系和治理能力现代化的重要内容。随着环境保护意识的觉醒，湖南省委、省政府高度重视生态文明建设，强调生态环境保护，先后出台有关生态文明建设的政策措施，全省生态环境质量日益改善。但由于长期以来产业经济结构不合理、生态环境保护机制不健全等原因，湖南省生态文明建设面临不少问题，治理环境的任务十分艰巨。本文从理论与实践相结合的层面客观分析湖南生态文明建设的有利条件和制约因素，提出推进湖南生态文明建设的对策建议，提出要弘扬生态文化，坚持开发与保护并重原则，以生态保护优先，践行绿色发展、循环发展、低碳发展，优化区域空间发展布局，充分调动社会公众参与生态环境保护，促进人与自然的和谐共处。

《长株潭建立碳交易市场探析》 作者廖良辉，发表于《求索》2015 年第 2 期。内容摘要：碳交易即碳排放权交易，是指排放二氧化碳的经济主体承担其社会成本的制度安排，其本质是将排放权作为一种稀缺资源，在政府实行总量控制或排放标准的前提下，通过碳排放权的初始分配和市场的自由交易，使碳排放权资产化，通过市场机制达到高效率的配置。长株潭作为“两型”社会试验区，与其自身处于工业化与城镇化快速发展阶段，本身是一对相对突出的矛盾所在。文章提出，控制碳排放，建立长株潭碳交易市场，是解决能源、资源和环境问题的重要任务，建设两型社会与提升区域竞争力的战略选择，是解决经济快速发展与控制碳排放量这一对内在矛盾的重要途径，同时也是建设两型社会的长效机制之一，是保证长株潭自身发展和完成国家赋予的历史使命的必然选择。湖南省是国家批准的 5 个排污权交易先期试点省份之一，近些年来在碳交易市场的构建方面做出了积极探索，但在碳交易市场定位、整体环境营造等方面还需要进一步完善。长株潭地区应立足当前经济新常态，以碳交易机制与平台建设、主体选择与排量核算、运行许可与配额分配、金融产品创新以及技术运用与人才支撑等为重点，进一步探索建立健全碳交易市场。

《实现技术创新的绿色化——来自长株潭“两型社会”试验区的实践与经验》 作者匡跃辉，发表于《湖南行政学院学报》2015 年第 2 期。内容摘要：文章认为，绿色技术主要是指节约资源能源、替代自然资源、治理污染、保护环境、修复生态等方面的技术。而技术创新绿色化就是组织开发减量技术、资源化技术、循环再利用技术、替代技术、延长产业链和相关产业链接技术、零排放技术及降低再利用成本的技术、系统优化技术等具有重大推广意义的共性和关键技术。加快实现长株潭城市群技术创新绿色化，不仅是中央的重大战略部署，更是实现我国绿色发展、循环发展、低碳发展的根本之路。在严峻的资源环境约束形势下，只有统筹经济发展和环境保护，强化技术支撑，才能实现可持续发展。湖南省充分利用长株潭两型社会试验区先行先试的优势，带动全省综合创新能力进入全国前十，2010—2012 年高新技术产业产值年均增速居全国第一，为技术创新绿色化创造了可推广、可复制的经验模式，并在全国推广。

《长株潭地区农村社会化养老服务组织体系存在的问题和对策研究》 作者张云英、刘艳斌，发表于《湖南财经学院学报》2015 年第 3 期。内容摘要：随着经济社会的发展，人口老龄化速度加快，加强农村养老服务体系建设、落实社会保障机制是建设社会主义新农村的重要组成部分。长株潭地区是湖南省经济发展与城市化的核心地区，土地面积占全省的 13.3%，户籍人口占湖南省总人口的 19.6%。从湖南省第六次人口普查数据来看，长株潭 65 岁以上的老年人口占总人口的 9.55%，因此，建立和完善农村社会化养老服务体系显得尤为重要。作者通过调查发现，长株潭农村社会化养老服务组织体系正日趋完善，但公办养老机构的经营和服务模式已难以满足老龄人的实际需求。调查还发现，长株潭养老服务组织体系建设面临集中养老资源不足、服务能力低、养老服务组织不健全、专业人才匮乏等问题。作者认为，我们应不断完善组织体系、强化制度保障、健全市场运行机制、加强组织监管，建立健全长株潭农村社会化养老服务机制。

《长株潭城市群政府信息网上公开方式分析》 作者王协舟、唐敏，发表于《情报资料工作》2015 年第 3 期。内容摘要：文章认为，政府信息公开方式有很多，仅《政府信息公开条报条例》第十五条、十六条规定的就有十多种，但是绝大部分学者将研究重点转向了档案馆、图书馆及公共查阅室等传统公开方式上来，很少有人对政府信息网上公开方式进行研究。长株潭城市群作为湖南省经济发展的核心增长极，正在逐步实行经济一体化发展，长株潭政府信息公开方式的完善程度代表中部地区的整体水平。因此，作者从政府门户网站出发，以《政府信息公开条报条例》中所规定的政府信息网上公开方式为基础，运用比较研究方法，以政府门户网站为分析对象，从政府公报、新闻发布会、在线访谈三个不同视角，对长株潭政府信息网上公开方式进行解读，重点找出在长株潭政府信息公开方式中存在的问题，为切实完善长株潭政府信息公开方式、扩展长株潭信息公开渠道提出参考建议。

《国际绿色城镇化对湖南城镇化建设的启示》 作者李新平、杨卫平，发表于《邵阳学院学报（社会科学版）》2015年第3期。内容摘要：伴随城镇化速度的提高，城镇环境质量明显下降。频繁出现的雾霾天气、农民工住房、城镇供排水和交通疏导等城镇环境问题正是环境质量下降的显著表现。究其原因，主要是由于我国城镇化长期忽略生态文明建设，走一条非绿色的粗放式城镇化道路。我国“十二五”规划明确提出：“坚持以人为本、节地节能、生态环保等原则，增强城市综合承载能力。”这说明城镇绿色化转型已成为共识。湖南是人口大省、农业大省，城镇建设落后于全国平均水平，粗放式城镇化严重影响了城镇本身的质量和城镇人口的生活水平，也严重影响了湖南经济发展的速度和水平。本文认为，继中央政府提出提高城镇综合承载能力，大力促进绿色城镇化建设以来，湖南各地积极响应，长沙、株洲、邵阳等地在城镇化建设方面都取得了一些突出的成绩。英美等先发国家经过了较长时间的城镇化实践，积累了一定的经验，给湖南的城镇化建设以启示。实现湖南绿色城镇化的全面发展，必须提高思想认识，配套绿色城镇化的相关法规，坚持体制机制创新等。

《自主创新示范区与“两型”社会试验区的共建路径研究——基于长株潭城市群的实证分析》 作者黄夏先、钟荣丙，发表于《湖南工程学院学报（社会科学版）》2015年第4期。内容摘要：2014年12月，长株潭国家自主创新示范区获得国务院批复同意，成为全国第7个自主创新示范区，在支持创新产业、科研成果转化、股权激励等方面获得先行先试的机会和权利，旨在成为增强自主创新能力的重要示范。早在2007年12月14日，长株潭城市群获批“资源节约和环境友好型”社会建设配套改革试验区，探索两型产业发展战略、节约用地生产方式、生态补偿机制以及新型城镇化的建设和管理模式，旨在成为产业结构调整的重要示范。因此，作者提出，建设自主创新示范区、两型社会试验区都是转变经济发展方式、促进工业经济转型升级的重要平台和路径。文章通过分析它们的终极目标、发展机遇、实现途径、激励政策的一致性，探索了长株潭自主创新示范区和长株潭两型社会试验区的共建路径在于突出产业升级，提升共建引力；深化体制改革，激发共建活力；完善政策激励，增强共建动力；培育尖端人才，夯实共建智力。文章还指出可以通过制定共建规划、明确共建重心、健全共建机制来实现共建目标。

《基于生活形态的城市居民森林保健旅游偏好分异研究——以长株潭地区为例》 作者郑群明、唐绒、陈青山，发表于《广西经济管理干部学院》2015年第4期。内容摘要：21世纪以来，随着经济的高速发展和城市化进程的加快，城市居民的生活水平得到了很大提高。然而，城市环境、生活压力和不健康的生活方式使得亚健康状态成为城市居民中普遍存在的社会问题且呈现年轻化趋势，人们越来越重视健康问题。森林以其丰富的自然景观、良好的生态环境和优越的保健功能，吸引着越来越多的旅游者。因此，森林保健旅游已经成为健康旅游的一大热点。作者认为，在森林保健旅游的研究中，旅游偏好研究的成果较少。本文通过引入生活形态的概念，对长株潭地区的城市居民加以细分，来研究生活形态迥异的城市居民在森林保健旅游领域的旅游偏好。作者研究发现，长株潭地区的城市居民可细分为保守稳重型、消极随意型和积极进取型三个不同生活形态的族群；进一步研究发现，不同生活形态的族群在人口学特征、森林保健旅游项目、信息渠道、出行时段、出游方式、入住方式以及消费意向等森林保健旅游偏好方面存在差异。文章还基于研究结论从产品开发和市场营销角度提出相关建议。

《基于生活形态的城市居民森林保健旅游偏好分异研究——以长株潭地区为例》 作者郑群明、唐绒、陈青山，发表于《广西经济管理干部学院学报》2015年第4期。内容摘要：21世纪以来，随着经济的高速发展和城市化进程的加快，城市居民的生活水平得到了很大提高。然而，城市环境、生活压力和不健康的生活方式使得亚健康状态成为城市居民中普遍存在的社会问题且呈现年轻化趋势，人们越来越重视健康问题。文章认为，当前，森林保健旅游已经成为健康旅游的一大热点。但在森林保健旅游的研究中，旅游偏好研究的成果较少。作者通过引入生活形态的概念，对长株潭地区的城市居民加以细分，来研究生活形态迥异的城市居民在森林保健旅游领域的旅游偏好。研究发现，长株潭地区的城市居民可细分为保守稳重型、消极随意型和积极进取型三个不同生活形态的族群；进一步研究发现，不同生活形态的族群在人口学特征、森林保健旅游项目、信息渠道、出行时段、出游方式、入住方式以及消费意向等森林保健旅游偏好方面存在差异。同时，作者基于研究结论从产品开发和市场营销角度提出相关建议。

《长株潭“智慧城市群”信息服务关键因素模型构建》 作者刘鑫，发表于《电子测试》2015年第6期。内容摘要：当前，世界各国对于智慧城市的研究正在加速推进，促使有关行业进行产品升级以及服务升级，从而使行业能够跟上城市的发展步伐。因此，为了提高长株潭地区的信息服务水平，就要构建关键因素的综合模型，提高信息运行的效率，还要对本地区的信息服务种类以及信息水平进行全面的研究。本文运用了系统论中的中观和微观两种研究方法，对长株潭“智慧城市群”信息服务的主要因素进行了全面分析，在此基础上建立了关键因素总体模型。

《长株潭地区居民绿色素养状况调查与培育》 作者廖小平、孙欢、陆利军，发表于《湖南社会科学》2015年第6期。内容摘要：在推进生态文明建设的进程中，“绿色发展”被认为是最贴近这一文明形式的人类社会发展方式。绿色发展强调将生态环境资源视为经济社会发展的内在要素，并把经济、社会、环境的全面、协调、可持续发展作为根本目标，把人类的生产、生活过程与结果的“绿色化”作为主要内容和途径。文章对长株潭地区居民的绿色素养进行调查和分析，调查显示，长株潭地区多数居民对绿色知识的知晓度较高，拥有热切的生态伦理情怀和清晰的绿色意识，肯定绿色发展的价值，并在日常生活中身体力行着绿色价值观。但是，长株潭地区居民还存在对绿色知识的掌握缺乏系统性和深度、绿色素养的培育主体发育不充分、对破坏绿色的根源性因素认识不足、社会性绿色行为与生态伦理情怀和绿色价值观脱节等问题。因此，文章认为长株潭地区应进一步有组织、有计划地对居民开展绿色素养的宣传和教育；促成政府、学校、企业、社会组织和媒体对居民绿色素养的多元示范；加快推进长株潭地区社会生产和生活方式的绿色化转型；提升他(她)们绿色素养的实践理性特征，为建设“绿色湖南”提供人文保障。

《长株潭地区建设用地扩张与经济发展关系研究》 作者刘庆、陈利根、任辉，发表于《地域研究与开发》2015年第6期。内容摘要：改革开放以来，中国的经济增长与耕地占用和建设用地扩张之间的关系一直是学术界关注的焦点之一。学者们已经验证了耕地占用与经济增长之间存在一定的倒“U”型库兹涅茨曲线(Kuznets curve)的关系，建设用地扩张对经济增长的影响可描述为“随着经济发展阶段演化其关系指数逐渐减弱，甚至出现脱钩现象”。为综合考察建设用地与经济发展之间的关系，作者以长株潭地区为例，结合脱钩分析、回归分析等方法研究建设用地扩张与二三产业GDP增长之间的脱/复钩关系，分析建设用地扩张对经济发展的影响并对脱钩分析结果进行验证。研究结果表明：2002—2010年间，长株潭地区的建设用地扩张与二三产业GDP之间的关系一直处于扩张性复钩状态，即存在着明显的耦合关系。对长株潭地区二三产业GDP的建设用地弹性系数和增长源泉分析表明，建设用地扩张对经济发展的贡献体现得并不明显，但通过区域横向对比发现，株洲市和湘潭市的建设用地弹性系数明显高于经济相对较发达的长沙市。随着经济质量的改进和发展阶段的提升，建设用地扩张对经济发展的促进作用趋于不明显。因此，文章提出，应加大非农建设占用耕地的管理力度，通过产业转型和土地节约集约利用等措施促进经济持续发展。

《长株潭地区农村社区景观生态评价——以株洲市云峰湖社区为例》 作者宋丽美、赵先超，发表于《湖南工业大学学报》2015年第6期。内容摘要：景观生态评价是人类从生态系统的健康和可持续发展角度出发，对生态系统提供的服务进行价值评定的一个过程，包括景观价值评价、景观健康评价、景观生态综合评价以及景观生态分类方法的评价等，其中景观生态综合评价是特定目的的景观生态评价。本文在长株潭"两型社会"农村社区建设的大背景下，从景观生态结构、景观生态功能、景观生态质量3个维度，对株洲市云峰湖社区的景观生态进行了定量评价。研究结果表明：云峰湖社区耕地、林地景观生态结构很好，园地、道路景观生态结构较好，城镇景观生态结构一般，水域景观生态结构较差；云峰湖社区耕地、水域景观生态功能很好，林地、园地、道路景观生态功能较好，城镇景观生态功能一般；云峰湖社区耕地、林地景观生态质量很好，园地、水域、道路、城镇景观生态质量均为较好。根据生态评价结果，作者提出了加强景观多样性和独特性建设、建立完善的组织管理监督机制等建议。

《长株潭自主创新示范区建设环境下湘潭的发展路径选择》 作者刘硕科，发表于《中国高新区》2015年第7期。内容摘要：2014年12月，国务院批复同意支持长沙、株洲、湘潭3个国家高新区建设国家自主创新示范区，掀开了湖南发展的新篇章，为湖南适应新常态，加快实施创新驱动发展战略，推动“大众创业、万众创新”提供了机遇。湘潭作为国内三线城市，是长株潭地区现代化建设的核心要件，长株潭自主创新示范区建设的重要组成部分，对湖南区域经济、中部地区甚至全国三线城市发展具有示范和借鉴意义。文章分析了湘潭地区自主创新现状，认为一是科技支撑作用显现，创新型产业集群逐步形成；二是科技投入增长较快，创新资源优势有效集聚；三是创新环境不断完善，创新创业氛围较为浓厚。作者认为，对照国家自主创新示范区建设的要求，比较中关村、东湖等先进自主创新示范区和长沙等兄弟市的发展经验，湘潭地区自主创新还面临着诸多挑战，主要表现为：区域创新整体优势不够明显；企业创新主体作用发挥不够；创新创业政策体系有待完善。因此，文章最后提出，湘潭在参与长株潭自主创新示范区建设中，应该借助于长株潭示范区的作用和功能，争取在整合区域创新要素、做强主导产业、深化科技体制创新、协同政产学研合作以及集聚高端创业人才等方面取得重大突破。一是要整合区域创新要素，强化区域创新合力；二是要深化科技体制创新，完善创新服务体系；三是要做大做强主导产业，打造创新产业集群；四是要协同政产学研合作，激发创新主体活力；五是要聚集高端创新人才，打造创新人才“洼地”。

《城际轨道交通与区域旅游协调发展存在问题及解决路径探讨——以长株潭（3+5）城市群为例》 作者陈永胜，发表于《科技创业月刊》2015年第8期。内容摘要：城市带和城市群是城市化的必然结果。城际轨道交通以快捷、准时、安全、容量大、绿色环保等优势成为城市群之间交通联系的纽带。区域城市群的城际轨道交通主要承担区域城市和主要城镇间、城市组团和次中心城镇间的城际中短途客流运输，一般时速在100～200 km之间，是区域内紧密联系、相互依存、合理分工的城市间基础设施，也是区域城际客运系统和城市群发展的骨干和基础运输方式。长株潭城际轨道交通网于2007年获国家发改委正式批复，将建成以长株潭三市为中心，辐射益阳、常德、岳阳、衡阳、娄底五市的城际铁路网，在“3+5”城市群中实现“3、6、9”的公共交通目标。文章认为，长株潭城际轨道交通网的规划建设，将对区域内旅游协调发展产生重大影响。文章主要分析了长株潭城际轨道交通与区域旅游协调发展存在的问题，并从差异化旅游、创建协调机制、完善区域内旅游交通、区域内旅游产品升级等四个方面就二者协调发展进行了探讨。

《环长株潭城市群融入长江中游城市群发展研究》 作者童中贤、刘晓、黄永忠，发表于《企业经济》2015年第9期。内容摘要：环长株潭城市群是湖南省的经济核心，是实施中部崛起战略的重要载体，更是长江中游城市群的重要组成部分。该地区以全省49.93%的国土面积，聚集了全省约2/3的城镇人口，创造了约80%的地区生产总值，对带动全省经济发展起到了重大支撑作用。在国家实施“一带一路”和长江经济带战略过程中，环长株潭城市群也是长江中游城市群的重要组成部分，是实施中部崛起战略的重要载体。文章认为，应大力实施环长株潭城市群协同发展战略，推进长沙与株洲、湘潭同城化，形成国际化大都市区，辐射带动岳阳、常德、益阳、衡阳、娄底等城市发展，提升城市群整体竞争力。同时，文章认为，还要着力构筑环长株潭城市群融入发展轴线，推进城市群毗邻城市组团，完善城市群融入发展机制，积极融入长江中游城市群，共同打造全国经济重要增长极和具有一定国际影响的新型城市群。

《两型社会试点区域城市物流竞争力的比较研究——基于环长株潭城市群和武汉城市圈的比较》 作者司文峰，发表于《物流科技》2015年第10期。内容摘要：进入21世纪后，现代物流作用日益明显，深入国民经济发展的各行业，并得到了社会的高度关注，我国政府为促进物流业平稳快速发展，于2009年出台了《物流业调整与振兴规划》，于2014年印发《物流业发展中长期规划》，发展现代物流服务体系。随着经济的发展，城市的地位日渐重要，城市物流业崛起、城市物流的发展对于优化经济结构，改善城市环境，增强城市竞争力具有重要作用。文章以两型社会试点区域环长株潭城市群与武汉城市圈为研究对象，构建物流竞争力评价体系；依据2007年至2013年度的相关数据，运用因子分析法对中部两大城市群城市物流竞争力进行动态比较；基于聚类分析揭示城市群物流发展层级；最后提出相应的物流竞争力提升建议。

《长株潭城市群酒店业空间布局研究》 作者唐健雄、何倩，发表于《经济地理》2015年第11期。内容摘要：酒店业作为我国第三产业的支柱产业，无论是其规模还是速度均呈迅猛发展之势。然而酒店业的经营形势却不容乐观，特别是中共中央2012年提出"八项规定"以来，我国酒店业面临着市场的"寒冬"。2013年，11687家星级酒店的利润总额为亏损21亿元，平均每家亏损18万元。2014年10月，国家旅游局副局长吴文学提出酒店业需要合理布局，不断优化结构，适应市场需求的新变局。本文结合国内外城市酒店空间布局的研究成果，运用Arc GIS软件和SPSS软件研究长株潭城市群住宿业的空间布局特征和影响因素。研究发现：一是受历史惯性影响，长株潭城市群酒店分布不均衡，集聚区域过于集中；二是长株潭城市群中心城区的各类型酒店集聚混杂性布局明显；三是城市功能分区将逐渐成为各类型酒店布局主要指引；四是长株潭城市群住宿业空间布局结构存在不合理，高档酒店过多，产品同质化严重。

《基于长株潭城际铁路背景下株洲旅游发展对策研究》 作者陈永胜，发表于《旅游纵览》2015年第12期。内容摘要：旅游活动是指游客从常住地到旅游目的地的空间位移活动，具有异地性的特点，其受旅游目的地吸引力、交通是否便利、住宿、饮食等条件的影响很大。有调查表明，相比住宿、饮食、景点及其他服务消费，60%以上的旅游者认为交通条件是否方便对其参与旅游活动的影响最大。由此可见，快速、安全、便捷、舒适的交通条件能够极大的促进该地区旅游业的快速发展。城际铁路以"速度快、正点率高、安全性强、运输容量大、绿色环保"等优势成为城市群之间交通联系的纽带，它的建成将为沿线旅游经济创造良好的发展条件。本文针对长株潭城际铁路对株洲旅游发展所产生的潜在影响分析，就株洲旅游发展从调整和完善株洲旅游规划、加强长株潭城市群区域旅游合作、强化长株潭城际铁路株洲境内各公共交通的无缝对接、加强宣传与促销、拓展旅游客源市场范围四个方面提出了自己的观点和看法。

《长株潭区域蜜柑园土壤及蜜柑叶片、果实中镉含量分析》 作者张孝岳、贺江、黄国林，发表于《湖南农业科技》2015年第12期。内容摘要：我国是柑橘的重要产地之一。湖南省是全国柑橘产业发展优势区域，发展柑橘生态气候土壤适宜，资源条件好，比较优势突出。湖南省柑橘种植面积、产量均居全国首位，种植品种以蜜柑为主。近年来，人们对食品安全的关注度越来越高，柑橘果品质量的安全性已引起社会关注，长株潭区域镉对农作物的污染已收到重视。为此，作者采集了湖南省长株潭区域6个蜜柑园的土壤、蜜柑叶片、果实，对镉含量进行了检测。研究结果表明：供测样品镉的检出率达到100%。通过污染指数分析，3个蜜柑园土壤镉污染较重，3个蜜柑园土壤镉的含量在允许范围内。果实中镉含量均低于安全评价标准。蜜柑果实中镉的含量与土壤中镉含量呈正相关。

《长株潭主要工业园区的物流发展策略分析》 作者刘长军、向林峰，发表于《企业导报》2015年第15期。内容摘要：长株潭是湖南经济发展的火车头，作为国家批准的"两型四化"改革建设示范区，区域经济总量占全省的40%还多。随着三个城市经济的持续发展，产业园区已成为促进和带动地区经济增长的龙头。2010年，湖南省级以上开发区实现规模工业增加值2221.94亿元。到2013年，全省的产业园区实现技工贸总营收更是达到了24280.81亿元，这种爆发式的变化带来的是区域经济的跨越式增长，区域物流需求量大增，但物流资源发展缓慢，已经严重制约了长株潭产业园区的进一步发展。作者通过对长株潭产业园区经济与区域物流的配套发展进行全面的分析，指出了园区当前面临的物流规划落后、现代物流发展缓慢、物流人才不足等问题，并提出了合理长株潭主要工业园区物流发展的对策，包括调配园区物流资源、加快行业物流的集群和特色发展等措施。

《湖南产业集群绿色经营战略的绩效评价研究》 作者阳琴、刘小凤、彭文武，发表于《当代经济》2015年第18期。内容摘要：文章认为，依据可持续发展战略思想，设置面向循环经济的产业集群绿色经营战略的绩效评价体系，对循环经济新模式的引进、实施和控制都具有十分重要的意义。因此，作者以循环经济的理念为理论指导，从经济绩效、环境绩效和社会绩效三个方面着手，构建出符合循环经济特征的产业集群绿色经营业绩评价模型；然后阐述基于模糊数学评价的产业集群绩效三重评价模型应用途径；最后结合实施循环经济的样本产业集群进行案例分析，对循环经济视角下产业集群的整合性评价模式进行探讨。

《"绿色湖南"建设中利益协调与生态补偿机制的探讨》 作者段小莉，发表于《科技展望》2015年第33期。内容摘要：目前我国处于经济迅速发展期，但生态和环境问题成为人们提升生活质量的瓶颈。由于目前湖南省还没有生态建设方面的经济政策，在生态环境保护者与良好生态受益者、生态环境损害者与生态破坏受害者之间出现了生态效益和经济效益的不公平分配现象，使得生态环境保护者得不到应有的激励，良好生态收益者无偿享有生态效益，生态环境损害者无需承担或承担很少的责任和成本，生态破坏受害者无法获得赔偿。这种生态保护与利益相关者之间的不对称状态，将严重影响地区之间以及利益相关者之间的和谐，影响绿色湖南建设进程。因此，本文提出，绿色湖南建设的利益协调中，生态补偿机制发挥着重要作用。文章还指出，近年来，湖南省在生态补偿领域开展了有益的实践探索，但仍存在补偿法律、政策缺失以及补偿标准过低等问题，需要进一步完善与构建生态补偿机制，将法律与行政手段并用、生态和扶贫政策并举，建立长效的生态补偿转移支付制度，加强生态补偿工作的组织与管理，实现“绿色湖南”的建设目标。

《绿色经济建设下湖南林企应对转型新挑战》 作者宋亮、刘远昇，发表于《商》2015年第49期。内容摘要：森林作为维系生态平衡的一个重要资源，而林业是重要的基础产业，对国家经济建设、生态环境、社会发展承担重要任务。湖南是南方重点林区省份之一，现有林业用地1240万公顷，占省土总面占国土总面积的58.47%。因此，推进湖南生态文明建设，是破解资源环境约束、建设“绿色湖南”的有效途径，是促进产业转型升级、加快林业产业改革的必然选择。本文通过对湖南林业企业所面临的新挑战进行分析，认为湖南林业企业转型存在的问题主要是：技术落后，创新力不足；林业企业规模小，经营模式落后；林业企业融资困难；林业企业缺乏足够的人才储备等。面对这些问题，作者提出了五个措施：转变林业企业经营模式；加大科技投入，重视科技创新；加强林业企业核心能力建设；加强人力资源开发，树立人才第一观念；改变林业企业的融资环境。

《湖南长株潭城市群高温气候变化特征》 作者胡坚，发表于《安徽农业科学》2015年第28期。内容摘要：IPCC第五次报告指出，1880—2012年全球地表平均温度大约升高了0.85℃。我国自1913年以来，地表平均温度上升了0.91℃，近60年气温上升尤其明显，升幅为0.23℃/10a。长株潭地区2007年被国务院批准为资源节约型和环境友好型社会建设综合配套改革试验区，长株潭城市群是闷热高温灾害性天气的重灾区，区域内有稠密的人口、较高的经济发展程度、较完善的交通运输，因此，作者利用湖南省长沙、株洲、湘潭三市11个站点1984—2013年年极端最高气温、年高温日数、逐日最高气温资料，分析了长株潭城市群高温气候变化特征。研究结果表明：长株潭地区高温灾害较严重，三市年最高气温均值均在38℃以上，且常超过40℃，最高达41.8℃，最低35.7℃。2003、2010和2013年为较热年，各站最高气温均超40℃，攸县和株洲年均高温日数较多，宁乡和韶山较少，三市的年最多高温持续天数均呈上升趋势。

中央媒体报道

制定路线图　聚力攻坚战　下好一盘棋

湘江治理再出发

吕明军　周立耘　颜　珂　侯琳良

“以前人多企业多，半天就能卖一头猪，现在生意受点影响，但环境好多了。”湖南湘潭竹埠港屠夫张连刚说，按照政府规划，这里不久将成为一座滨江新城，“我更看好未来。”

曾经的竹埠港，日子过得红火。这里是全国14个精细化工园区之一，28家化工企业扎堆湘江东岸，年产值45亿元，1.74平方公里内生活着1万多人。

竹埠港的红火，代价是严重的污染。每年废渣排放量约3万吨，废水264万吨，下游不远处，就是长沙市的取水口。

走进企业聚集区，安静得令人吃惊。“关停工作去年10月就搞完了，现在是一家一家征收拆除。”湘潭市岳塘区环保局长方炼勇说。

竹埠港好比一扇窗，透过它，能够看到湘江治理的严峻与难度。

上游沿江工矿企业无序排放，重金属排放量一度占到湖南的70%，全国的18.7%。

湘江重金属治理跻身国家层面，近年来“重拳”频出，但越到后面，“骨头”越硬。

郴州三十六湾、株洲清水塘、湘潭竹埠港等七大污染重点片区，就像嵌在湘江肌体内的七大痛点。

流域覆盖6地市，“病因”复杂多样，靠一个地方、一个部门难有作为。

资金筹措压力巨大，产业转型迫在眉睫，技术攻关必须突破……

“治理保护好湘江，还一江清水，是关系湖南人民幸福生活和永续发展的大事。”湖南省委书记徐守盛说。

2013年9月，湘江的保护与治理，被确定为湖南省政府“一号工程”。湘江治理，迈入“升级版”。

制定“路线图”：从2013年开始，实施3个“三年行动计划”，先“堵源头”，后“治”“调”并举，再巩固提高。

聚力“攻坚战”：七大重点片区，明确牵头部门，根据成因现状“一区一策”，对症下药。

下好“一盘棋”：建立了由省长为总召集人，分管环保、水利、工业三位副省长、湘江流域各市市长和相关部门负责人参加的联席会议制度，定期研究调度。39个部门、6个地市，各自认领责任，通力协作配合。

环保部门监测，目前湘江干流水质中汞、镉、铅、砷、铬的污染浓度分别比2010年下降了33.3%、22.2%、42.9%、58.3%和28.6%。今年以来，5项重金属指标均在Ⅱ类标准限值以下。

（原载《人民日报》2015年1月26日第一版）

湖南重拳治理湘江重金属污染

祛多年沉疴　还一江清水

吕明军　周立耘　颜　珂　侯琳良

湘江之疾，主症在“重”——上游山区重金属富集，沿江工矿企业无序排放，重金属排放量一度占到湖南的70%，全国的18.7%。治理重金属污染，成为当务之急。

2013年以来，湖南把湘江保护与治理列为省政府“一号重点工程”，计划用9年时间，再现一江清水。前不久，记者沿江走访，深入几大重点治理片区，近距离感受湘江之变。

关——企业不能消灭污染，污染就要消灭企业

车入湖南临武县南极岭。路是土路，常年被运矿车碾压，难觅平地。颠簸中，当地的同志不时把手指向窗外：“看，这些以前是选矿厂，那边是被炸掉的非法矿井，那里是留下来的尾砂库……”

山下便是甘溪河——湘江的支流之一。河水在山中弯了几十道弯，地方便取名三十六湾。

有色金属之乡临武，三十六湾的名号无人不晓。这里是临武县的主矿区，成规模采矿历史有数百年。改革开放后，10余万人涌入山区，不断演绎追逐财富的疯狂。

“随处可见选矿厂，漫山都是矿石堆。”在临武县委常委、副县长唐国林的记忆中，没有比“千疮百孔”“满目疮痍”更贴切的词来描述三十六湾曾经的面孔。

整治三十六湾，用的是“休克疗法”。“先‘休克’，再‘治疗’，第一步就是停水、停电、停供炸药。”临武县政府干部石传文最早加入整治队伍，也最先感受到触动利益的艰难。

“猫鼠游戏”从一开始就不断上演——执法队伍上山巡逻后尚未返回，一些非法企业刚被强停的电，又有了。现实考验着执法者的决心。一场清扫式的整治拉开序幕——上千人的执法队伍对非法矿井展开拉网式清理，火烧、炸药炸、挖机推全用上了。整治后的三十六湾，只留下11个成规模的合法矿，后又整合为一家公司控股。

企业不能消灭污染，污染就要消灭企业。2011年以来，湘江流域共淘汰关闭涉重企业981家，涉重企业数减少了六成；仅去年一年，就关停103家。

退——老工业基地整体退，江边划出禁养区

28家企业，年产值45亿元，许多还是行业内翘楚，“政府真愿意舍弃?”

治理竹埠港，流传了多个版本。企业老板们都没想到，最终会是全退。

优化还是退出?湘潭确实犹豫过。

“算算环保账，不退不行。”岳塘区环保局长方炼勇说。

竹埠港上游，“体量”更大的老工业基地株洲清水塘，同样在退。“要关闭和搬迁的一共172家，已陆续关停90余家。”株洲市环保局副局长何长顺介绍。

退出“风暴”，由点及面。过去，更多盯着城市点源污染，如今，农村面源污染也一视同仁。

“一号工程”要求：湘江长沙综合枢纽库区周边500米、湘江干流两岸1000米、湘江流域城镇饮用水水源保护区，统统列为禁养区。给补贴，列考核，规模养殖退出全面启动。

截至目前，湖南已完成禁养区内619户规模养殖企业的退出，计划2016年全部到位。

调——调高生存门槛，涉重企业走向整合

常宁市松柏镇松渔居委会，寂静的湘江从一旁流过。这里曾是湖南省首批硫酸锌生产基地。重金属随水流渗入湘江，镉浓度最高超标100倍。

变化就在前两年——工厂陆续迁走，通过添加稳定剂、种草等措施，周边的水质已开始达标。

“松渔居委会遗留下来的废渣，大约还有1万吨，可以运到危险废物处理中心处理。”常宁市环保局局长肖荣望说。

不远处的首座危险废物处理中心，每小时处理能力60立方米。据测算，足够消化该地区的废渣增量。

同时配建的废水处理中心，前不久也开始运行。“配套管网就有17公里长，日处理能力可到1万立方米。”肖荣望告诉记者，今后的目标，是废水零排放。

更要紧的是源头。政府态度坚定，涉重企业都必须先“体检”。

“百年老店”湖南水口山有色金属集团，是当地企业中的“老大”。原来二氧化硫外排大气，如今做起了硫酸，每年减排2000吨；原来一个冶炼厂每天废水1.2万吨，循环利用后变成2000吨以下；原来产能不到15万吨时，每年产生废渣6万吨以上，如今产能不断攀升，废渣却降到了1万吨。

在湘江流域，因为生存门槛的抬高，更多的涉重企业走向整合：三十六湾地区矿山企业整合为2家；娄底锡矿山锑冶炼企业经改造升级后仅保留了12家；郴州永兴将130家资源回收利用企业整合升级为30家，且全部入园发展。

变——重金属浓度下降，“来势好，任务重，道路长”

水里的教训，痛到了心里。“十二五”以来，湘江治理累计投入350亿元，其中近两年就在200亿元以上。

治理思路要变。2013年，湖南省建立了由省长杜家毫为总召集人，分管环保、水利、工业三位副省长，湘江流域各市市长和相关部门负责人参加的联席会议制度。39个部门、6个地市，各自认领责任，通力协作配合。“这一回，真正形成了多方联动的工作格局。”湖南省环保厅厅长刘尧臣说。

部门、地区要协同，政府与市场也得协同。竹埠港企业搬迁成本就得30亿，光靠政府拿钱，想也不敢想。岳塘区政府邀来了湖南环保行业唯一上市公司永清环保的控股股东永清集团，共同成立生态环境治理投资公司。政企“牵手”的基础是双赢：永清有技术支撑和筹资渠道，政府则让企业看到了可期的盈利前景。

“来势好，任务重，道路长。”湘江走访，既有积极心态，也不乏清醒认识。

祛除多年沉疴，“一号工程”仅开了个头。郴州三十六湾，当前的局面尚不足以让临武县县长刘达祥乐观：“治理到位大约需要36亿元，现在的投入不过2亿元，还远不能满足要求。”

“近3年关停企业，地方财政收入减少了4个亿。常宁财政底子不厚，如何转型，压力不小。”常宁市委常委、宣传部长谌惠渝说。

资金筹措，产业转型，技术攻关……再现一江清水，绝非一时之功。“保护和治理湘江，要一个项目一个项目地抓下去，一届政府一届政府地干下去，不达目标，决不罢休。”杜家毫说。

（原载《人民日报》2015年1月26日第9版）

“敢为天下先”的湖南创新

——专访湖南省委书记、省人大常委会主任徐守盛①

于靖园　鄂　璠　马承滨

编者按

日前，省委书记、省人大常委会主任徐守盛接受《求是》杂志社旗下《小康》杂志记者专访，畅谈湖南全面建成小康社会的探索与实践。湖南日报全文转发专访文章，以飨读者。

今年是“十二五”规划的收官之年，回想起五年前作为一个“新湖南人”初到湖南，已成为“老湖南人”的湖南省委书记徐守盛感慨万分。五年间湖南的变化可谓是日新月异，在全国率先走出一条两型社会建设的新路。根据国家统计指标体系初步测算，2014年湖南省小康实现程度高达88%。

但对湖南省来说，到2020年全面建成小康社会，任务还很艰巨。尽管湖南经济总量排名全国第十，但人均均量却比较低，发展不平衡的问题仍然很突出，特别是包括“三农”在内的县域经济还是一个短板，经济结构不优、资源环境约束趋紧和社会矛盾凸显等问题还没有得到有效解决。

湖南能否在全国率先实现“两型社会”？湖南能否成为中部崛起新的增长极？湖南能否在全面建成小康社会，在创新发展、生态保护上走出一条新路来？

带着如何谱写中国梦的湖南篇章的疑问，《小康》杂志社记者对湖南省委书记、省人大常委会主任徐守盛进行了独家专访。

“敢啃硬骨头”

《小康》：今年上半年您曾说过“扶贫开发推进到现在，剩下的都是难啃的硬骨头，不下硬功夫很难有根本性的突破”，那么难啃的硬骨头在湖南是指什么？

徐守盛：“硬骨头”就是指湖南现在相对贫困的地区和贫困的人口。他们绝大部分都是生活在生态环境比较优美，但基础设施建设比较滞后的区域。这样的区域过去在战争年代是我们的红色根据地，生活在里面的人是为新中国建设做出巨大贡献的老百姓。而在经济社会快速发展的今天，这里的基础设施建设滞后了。凡是交通闭塞、信息闭塞的区域，政府所提供的公共服务相对比较滞后，而广大老百姓受教育的程度相对而言也比较滞后，这些地方往往还留不住人才，人才的溢出效应相当明显。

湖南到去年底还有596万贫困人口，596万人是个什么概念呢？在国外可能相当于一个国家的人口，在国内也接近于西藏藏族自治区、宁夏回族自治区的总人口。要使596万人全面脱贫致富，共同来奔小康，任务是相当的繁重和艰巨。这个问题我们这几年一直是紧紧地抓在手上，采取了一系列的综合措施。

贫穷和困难是两个不同的概念，贫困是一个大的概念，贫是指家庭有劳动力可以致富但他没有致富门路，困是指丧失劳动生产能力必须要社会来进行救助，实际上就是要政府来兜底，在596万贫困人口当中，大约还有30%是政府必须要兜底的。要精准扶贫先要精准识贫，这个精准识贫就是搞清楚谁是贫困，谁不是贫困。在精准识贫的基础之上采取措施扶贫，还要精准地来落实责任，采取什么办法，怎么帮扶，什么时间帮扶，就是要落细，落小，落实，要落到每一个户头。关键扶贫就是扶那一部分有劳动能力，而且能够通过自己勤劳的双手来脱贫致富的，就要给他理清，一家一户家里有几个劳动者，可以通过什么渠道来进行致富，要把这个思路给理出来，这样才能真正做到在精准识贫的基础上精准扶贫，同时要精准落实扶贫管理责任，最后带着我们广大老百姓共同富裕。

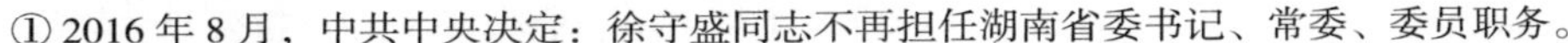

① 2016年8月，中共中央决定：徐守盛同志不再担任湖南省委书记、常委、委员职务。

这部分贫困地区要从基础设施建设开始抓起，投入量相当大，加之又需要保护生态环境，可持续的低碳发展路径该怎么走，过去没有相似的经验，需要重新在实际工作当中探索出一条适合这些区域的经济发展路径和社会协调发展途径，这就是难啃的硬骨头。如果对这个难啃的硬骨头不采取一些特殊的办法和措施，不举全省上下之力，就不可能在短期之内解决他们脱贫致富、共同奔小康的问题。

《小康》：我知道您进行了很多亲自的帮扶，比如说4月份您去了芷江侗族自治县，那么当地的状况现在怎么样？

徐守盛：我到湖南工作5年多了，前后有两个扶贫联系点，一个是湘西土家族苗族自治州保靖县，第二个是怀化市芷江侗族自治县。我主要把它作为一个点，深入到群众里面去做一些调查研究，也就是精准入户，访贫问计，如何来共同探索致富的路径和门路。我是带着部门的同志下去做调查研究，然后在调查研究的基础上，给他们想办法出主意，进行致富。

全面小康是一个总体目标，第一步首先要解决脱贫致富的问题，不解决贫困人口的脱贫和共同富裕，就不可能达到全面小康。没有596万人的脱贫不可能实现小康，也不是一个全面的小康，也不是我们社会主义的本质要求的体现。最近习近平总书记在贵州召开了7个省市的座谈会，就如何动员全党的力量来抓好扶贫中心工作进行全面的部署和动员。湖南正在做进一步的调查研究，按照中央的部署和要求，湖南省委要采取一系列的动作和措施，7月20日召开的全委扩大会议要形成一个决议，向中央立下军令状，要动员全省上下的力量，全民发动，举全省之力解决这部分群众脱贫致富奔小康的问题。

就湖南的整体情况来说，我们首先要解决三件事：第一，对区域要进行差异扶贫，差异扶贫必须要遵循自然规律、经济规律和市场规律；第二，要提供政府的公共服务，城乡统筹共同发展；第三，要抓好教育，不能让贫困地区的孩子输在教育的起跑线上。除了提供义务教育，我们还要根据每一个孩子和每一个家庭的实际情况，做一些良性引导，告诉他们并不是考大学或考名牌大学才是唯一的路，要因人而异，因户而异，参加职业培训或职业教育，掌握技术就能够脱贫致富，拥有稳定的收入来源。

《小康》：我们了解到湖南对全面建成小康社会提出了实施分类指导的方法，那么，在具体实施上应该如何进行分类？对发展成果应该如何进行考核？

徐守盛：全面建成小康社会是党的十八大提出的“两个百年”宏伟目标之一，是“四个全面”战略布局的总目标，也是湖南人民的殷切期盼。湖南省第十次党代会提出，在中部地区率先实现全面小康，2013年7月，湖南省委十届七次全会做出了分类指导加快全面建成小康社会的重要决策，强调以全面建成小康社会作为“总抓手”，统揽经济社会发展全局。

我们坚持问题导向，科学决策。通过深刻分析湖南经济社会发展的省情特点，我们清醒认识到，区域发展不平衡、不协调、差距大，是实现全面小康的突出问题。推进全面小康建设，就是要针对这些突出问题，因地制宜，分类指导，分类施策。

湖南省主要从两个层面进行分类：

一是实行区域分类。在湖南经济社会发展格局中，已基本形成了长株潭城市群、洞庭湖区、大湘南和大湘西四大区域板块，与此相对应，获批了长株潭两型社会建设综合配套改革试验区、洞庭湖生态经济区、湘南承接产业转移示范区、武陵山片区区域开发与扶贫攻坚示范区等四个国家战略规划。

我们顺应区域发展的现实格局和战略定位，将全面小康建设划分为四大区域板块，即长株潭地区，包括长沙、株洲、湘潭三市；洞庭湖地区，包括岳阳、常德、益阳三市；湘南地区，包括衡阳、郴州、永州三市；大湘西地区，包括邵阳、娄底、怀化、张家界、湘西五个市州。这样分区域指导，有利于把推动区域协调发展与全面小康建设统一起来，更好地发挥区域优势；有利于把对区域的分类指导与市（州）对县（市区）的管理统一起来，更好地调动市（州）的积极性，落实全面小康建设责任；有利于把实施国家战略与推进全面小康统一起来，更好地利用政策机遇，发挥政策效应。在分类指导中，我们考量四大区域板块发展基础、功能定位和小康进程不一样，明确了各自全面小康的时间表、路线图和战略目标。

二是实行县市区分类。湖南区域发展中，还有一个明显的特点，就是县域这一块很薄弱，而且参差不齐，小康实现程度总体在75%以下的县占40%左右。因此，我们牢固树立“强县才能强省”的理念，坚持把县作为全面小康建设的主体，实行目标任务到县市区、政策措施到县市区、工作责任到县市区、考评监测到县市区。根据县与县之间经济发展水平、小康实现程度、城镇化和工业化水平等差异性大的实际情况，把湖南省122个县市区大致划分为三类：第一类是27个中心城市区和长株潭经济强县，基本对接长株潭区域板块；第二类是47个城乡复合型县市区，基本对接洞庭湖和湘南区域板块；第三类是48个国家和省扶贫开发工作重点县，基本对接大湘西区域板块。

对县域进行三级分类，实施指导和考评监测，使得各县市区的起步平台基本一致，既体现了梯度推进，也兼顾了竞争和考评的可比性、公平性和持续性，从而能更好地调动县市区争先进位的积极性，从面上推动全省小康建设。

对发展成果的考评，是推进全面小康的“指挥棒”。

我们按照分类指导的原则，不用一个尺子量到底、一个标准考全盘，从三个方面对市州和县市区进行考评监测。一是分层次制定考评指标。对市州的考评，采用国家统计局重新修订的全面建成小康社会统计监测指标体系，包括经济发展、民主法治、文化建设、人民生活和资源环境五大类39项指标。对县市区的考评，参照国家统计局指标体系，对应中国特色社会主义事业“五位一体”总体布局，对一、二、三类县设计了经济发展、人民生活、社会发展、民主法治和生态文明五大类，分别设定22项、23项和24项指标，各项指标分别设定了到2020年的目标值和计分权重，加大了经济指标的分量。这样设置，既体现了中央的精神，又切合湖南的实际，既体现了“五位一体”建设的总体要求，又突出了经济发展和以人为本，既强化了同步全面小康，又体现了梯度推进。可以说，这是我们的一种探索和创新。二是不断完善考评办法。针对这些年来各种考评考核过多过滥的状况，我们改革精简考评方式，以全面小康考评总揽各项考评考核，把县域经济考核、扶贫开发考核和一些单项的考核尽可能纳入全面小康的考评当中，实行项目精简、数据共享，提高考评质量和权威性。同时，我们按照十八届三中全会精神，对限制开发区域的县市区不考核GDP，增加质量效益和结构性指标权重，更加强化考评考核的正确导向。三是运用好考评结果。考评不是最终目的，但考评奖惩是最能促进工作、最能体现“有为才有位”的有效手段。我们注重用考评结果促进工作、推动发展、激励干部，每年根据对市州和县市区的考评结果，实行奖优罚劣。一方面对获得考评优秀的单位，在经济上给予政策资金等奖励支持，在班子建设和干部使用上给予激励和优先；另一方面，对连续三年排位靠后的单位，予以通报和责任追究。我们通过对2014年度的考评奖励，有效激励了各地争先创优、竞相发展，充分发挥了“指挥棒”作用。

“敢鼓励创新，敢宽容失败”

《小康》：您刚才提到的很多发展都离不开创新，今年在“两会”上又提出了将湖南纳入国家全面创新改革试验范围，那么从省内的角度来讲，将如何进行推进呢？与东部这些发达省份相比，湖南的创新会体现出哪些优势？您可否分享一些具体的案例给我们？

徐守盛：湖南人的血液里面流淌着创新的元素，湖南的文化底蕴首先是敢为人先。一部中国的近现代史，离开湖南人就写不了。我常跟同志们讲，我说没有湖南就没有毛泽东，没有毛泽东就没有新中国，没有新中国还有我们的今天吗？

创新是这个时代的主题，不创新肯定就要落后。创新也是湖南高速前行、富民强省的不二之选。这些年来，我们坚持用“创新”转方式、建“两型”，用“创新”来铆足后劲、抢夺发展制高点，用“创新”来提升湖南经济发展的贡献率，使之成了一张耀眼的“湖南名片”。

长株潭地区是国家第12个自主创新示范区，为何能获批呢？因为湖南近年来科技创新成果呈井喷式涌现，仅2014年就新实施13个省科技重大专项、63个省战略性新兴产业科技攻关与重大科技成果转化项目；取得各类科技成果500多项，认定技术合同2400多项，技术合同成交金额22亿多元。一批重大基础研究项目新获国家“973计划”支持，立项数列中西部省份第一位。第四期超级杂交稻攻关实现大面积亩产1026.7公斤，创造新的世界纪录。“天河二号”超级计算机再次荣登世界超级计算机500强排行榜榜首，获得“三连冠”。自主设计建造的国内首条、世界第二条8英寸IGBT专业芯片生产线正式投产，成功打破大功率变流装置芯片国外长期技术垄断格局。

比如由袁隆平院士带头培育的杂交水稻，不仅解决了我们个人的吃饭问题，而且能够惠及更多发展中国家。除了杂交水稻，其他一些新型农业湖南在全国一直是领先的。另外，以装备制造业为代表的工业企业在改革开放以后，填补了国家的一些空白。现在的南车集团，不仅进行各种车辆的制造，它还拥有自己的自主知识产权，尤其是现在大容量的IGBT，这是一个很了不得的产业，这个产业将来我们要培养成一个千亿元的产业。与此同时，包括3D打印和其他电商的关键部件的创新制造，湖南都走在全国前列。

湖南走自主创新之路，其势已成，其时已至。与东部发达省份相比，在科技创新方面，总体上湖南还有明显的差距，但也有自己的特点和优势，主要体现在三个方面：一是有湖南特色的创新资源，湖南拥有省级以上科研机构1000余家，30多个世界级国家级研发中心和实验室，拥有中联重科、南车时代、海利化工、隆平高科等一批具有国际竞争力的高新技术企业，取得了排全国第5位的国家级科技奖项和发明专利数量、第8位的创新绩效和第10位的综合创新能力；二是有比较雄厚的创新人才队伍，湖南省拥有国防科大、中南大学、湖南大学等一批知名高等院所，全省有109所普通高校，人才培养规模居全国第五，高端创新人才比较密集，拥有两院院士54名、国家“千人计划”专家73名，留学归国人员和海外专家1000人以上；三是有差异化的创新平台，湖南除了利用特色科技资源创建创新平台，还得到国家的支持，建立了中部地区特有的创新驱动平台。2014年12月11日，国务院正式批复建设长株潭国家自主创新示范区，这将成为湖南创新驱动的新引擎。

我们现在也在进一步地按照中央统一部署，特别是《中国制造2025》规划的实施，伴随着互联网+时代的大背景之下，来选择我们湖南省的战略定位，重点进行突破。只有集中拳头把自身的优势千方百计做好，才能为国家工业、实体经济的发展做出湖南应有的贡献。

《小康》：谈到湖南的领先创新，不能不提湖南发达的文化娱乐产业，很多人心中有一个疑问，为什么湖南能够发展出这么红火的文化娱乐产业？这一产业能否成为湖南崛起的一种动力呢？

徐守盛：在“十二五”规划的时候，湖南省规划了7大新兴产业，文化创意产业就是其中之一。湖南也学习了兄弟省份的一些“十二五”培育的新产业和战略重点，发现把文化产业作为一个省的战略重点来打造的还不是很多。在“十三五”规划中，湖南还将继续把文化创意产业作为战略重点。到去年为止，我们整个文化产业的产值有1600个亿，占GDP的5.2%。为什么湖南人在这一块一直是领先呢？首先我们有创新的氛围，从湖南省来说，历届党委和政府留下来的一个优良传统就是鼓励创新、创业，容忍失败，鼓励他们站起来再干。因此，我们把这个叫做鼓励创新，宽容失败，失败后会有一个系列的扶持激励政策，这令社会上形成一个很好的创新氛围。与此同时，我们对文化产业的发展也有一系列的优待政策，这种政策首先就是吸引人才，没有人才一切无从谈起，有了人才就有了无限的创造空间。湖南卫视之所以能够这么红火，无外乎就是人才的聚集，而人才聚集起来就会有一个良好的效应，我们未来还会继续这样做。

“70%的支出都用在民生建设上”

《小康》：您曾说过江苏是您的家乡，甘肃是您的第二故乡，到了湖南，您就是新湖南人。5年过去了，您已经成为一个老湖南人了，对此有什么感受呢？

徐守盛：我到湖南来工作，感到自己的压力很大，任务很重。湖南经济社会发展已经到了相当高的水平，经济总量已经达到全国的第10位，而且这几年改革发展的步伐很快，在这个基础上要再向前推进，发展的压力很大。与此同时，湖南也是很多老一辈无产阶级革命家的故乡，特别是新中国奠基人毛泽东主席的故乡，我们在这一片红色的土地上工作，每天都怕做不好自己的工作，有负于老一辈无产阶级革命家对我们的期盼。对我们在湖南工作的同志来说，一天到晚提心吊胆，就怕做不好工作有负于这片红色的土地，就怕广大老百姓过美好生活的期盼在我们手上实现不了。

《小康》：今年也是“十二五”规划的收官之年，这5年来湖南的变化可谓天翻地覆，那么您如何评价湖南这5年来的发展？

徐守盛：湖南近年来确实有很大的发展，这个发展是在党中央的坚强领导之下，经过全省人民的共同努力达到的。

“十二五”期间，我们不仅经济总量，经济发展的质量和人均的均量上了一个台阶，更重要的是，我们为“十三五”的发展打下了一个坚实的基础。2014年，湖南省GDP总量27048亿元，前四年年均增长10.9%，高于规划目标和全国水平，继续保持全国前十位。人均GDP40287元，比2010年增加15568元，与全国差距进一步缩小。地方财政收入2259.9亿元，占GDP的比重提高到8.4%，比2010年提高1.7个百分点。

首先最有代表性的一个方面就是交通基础设施建设配套了，大交通的框架已经形成，高速公路通车里程突破5000公里，居全国第五；高铁通车里程突破1000公里，居全国第一。湖南已经进入到高铁的时代。

其次，湖南的产业结构调整已经迈出了建设的步伐，2014年，三次产业比由2010年的14.5：45.8：39.7调整为11.6：46.2：42.2，新型工业化第一推动力作用显著，高新技术产业和战略新兴产业所占比重持续上升。全省高新技术产业增加值增长20.7%。科技进步对经济增长贡献率达到52.5%，比2010年提高1.5个百分点。城镇化率达到49.28%，比2010年提高5.98个百分点。

再次，湖南创新发展转型已经成为社会的最强项，生态文明的建设已经在全省上下广大人民中的达成共识。长株潭两型社会建设和综合配套改革纵深推进，取得重要阶段性成果；全省单位GDP能耗和工业增加值用水量明显下降，耕地保护加强，城乡环境整治全面推进，湘江流域水污染治理一号工程成功实施；森林覆盖率稳定在57%以上，城乡居民生活环境有了明显改善。

最后，我们的民生有所改善，我们的财政收入不是很大，但是我们支出了5600亿左右，70%都是用在民生的建设上，水电路气房，基本上老百姓都看得清清楚楚。2014年全省城乡居民收入分别达到26570元和10060元，是2010年的1.6倍和1.8倍。现在经济结构调整的下行压力很大，但老百姓感到自己生活得很有滋味，政府每年的投入还在增加，社会主义生产的目的就是要不断提高广大人民群众的物质和文化生活水平，这是最为关键的一点。

在肯定成绩的同时，我们也清醒看到，湖南省发展不充分、不全面、不平衡的省情还没有根本改变，经济总量、人均均量、发展质量相对较低的问题还没有根本改观，县域经济、民营经济、外向型经济三个短板束缚还没有根本解决，一些深层次的体制机制矛盾亟待破解。尤其是贫困地区和贫困面占的比重还很大，经过60多年了，湖南省的经济社会发展人均水平还没有达到全国的人均水平，从全国的人均水平来比较，湖南还有一定的差距。我们既要保持一定的发展速度，同时又要赶上全国的平均水平，这就需要我们在现有的基础上，更好更快地发展，才能达到党中央对我们的要求和广大人民群众对我们的期盼。针对这些问题，我们将在“十三五”期间，按照中央“四个全面”战略布局和一系列决策部署，做好规划，科学谋划新的举措，进一步大力推进转型发展、创新发展、统筹发展、可持续发展、和谐安全发展，努力谱写好中国梦的湖南篇章。

（原载《小康》杂志2015年8月）

把握新常态是“两型试验”的大逻辑大趋势大课题

——新华网访谈林武

刚刚履新的湖南省委常委林武给媒体与公众的印象是“慎重而务实、温和而坚定、谦逊而博学”，梳理他的从政“简历”，“勇于改革、注重创新”是其最鲜明特点。“入常”后，林武兼任长株潭“两型社会”试验区工委书记、管委会主任，分管两型社会建设工作。近日，新华网记者专访履新后的林武，林武表示，适应新常态、把握新常态，是湖南“两型”试验和改革的大趋势、大逻辑和大课题。

新华网：湖南全面深化改革和两型社会建设已经全面进入纵深推进阶段，您“接棒”后，将如何进一步推进两型社会建设工作？

林武：近期，围绕“十三五”课题，习近平总书记分别赴浙江、贵州等多省考察调研，如何“创新驱动”是总书记最为关注的问题。因此，要推进两型社会建设，必须通过创新驱动，运用大数据推进两型产业和长株潭“智慧城市群”的深度发展。适应新常态、把握新常态、引领新常态，将是湖南两型建设实现科学发展的大逻辑、大趋势、大课题。

建设两型社会，不是一个单纯的经济概念，例如“环境友好”绝不只是生态环境的友好，这也包括经营、生产、法治、人文等环境的友好。“资源节约”也不仅仅是矿产等资源的节约，也包括行政管理“资源”的节约，还包括社会治理等成本“资源”的节约。因此，两型社会建设，必须全面贯彻落实、协调推进“四个全面”，推进两型“智慧城市群”的深度发展，这就需要提高治理能力的现代化，建立健全质量、安全、诚信、标准管理和社会保障体系。

新华网：适应新常态、把握新常态、引领新常态，将是湖南两型建设实现科学发展的大逻辑、大趋势、大课题，能否具体阐述两型建设应该如何适应新常态？

林 武：两型建设必须主动适应新常态，中国经济已进入“换挡期”，“换挡”有快有慢，过快或过慢，关键要看是否符合经济体的一般规律，是否影响了就业，是否影响了人民群众的获得感。

那么，适应新常态，就必须转变发展方式，要改变铺摊子、盲目上项目的老做法，如果不这样做，产生的负作用会使边际成本越来越高。面对资源的“红灯”、投资的“黄线”、土地的“红线”，只有坚定不移地加快转变发展方式，数量质量效益并重，才能实现可持续发展的集约增长。

近年来，我省两型建设、经济运行的质量在逐步提高。实践表明，越早转型、主动转型，越能率先发展。比如工业城市株洲的转型阵痛比其他城市来得早，其经济运行优于预期，初步尝到了转型的甜头。所以，两型建设必须主动调整，积极推进经济结构调整，是实现两型建设向更高质量、更好效益的经济增长的必由之路。要推进服务业和以节能环保、新信息技术、高端装备制造、新能源新材料等为代表的战略性新兴产业的快速发展和旅游、文化、创意产业快速发展。两型建设更要主动适应“互联网+”，只有这样，新兴产业和新兴业态才能迎来更大的发展机遇。要开展丰富多彩的创业创新活动，汇聚强劲发展的新动力。

新华网：在您看来，湖南的两型建设在哪些方面是要重点着力或是亟待转型发展的？

林 武：建设两型社会，就要治理“城市病”，推进深度城镇化，实现公共利益的最大化。

第一，要用改革的思想，市场的办法化，因地制宜地推进“城市病”，这包括大气污染、土壤污染、交通拥堵、住房紧张、就业困难、棚户区改造等系列社会问题的治理。把城市的提质升级和完善配套社会保障有机结合，实现“改造一片，激活一片，服务一城”。

长株潭城市群虽然不是贫困地区，但对弱势群体等贫困人群的帮扶一点也不能含糊，只有把老的、小的、残疾的照顾好了，才有平安和谐幸福的基础。没有他们的脱贫和幸福，就不算全面发展，也谈不上是“两型”社会。

第二，在两型城镇化建设中，不能急功近利，不搞政绩工程，不盲目拓城，要追求城市文明、城市记忆、完美社区、绿色发展的可持续性和包容性。因此，要牢固树立创新意识，创新不仅局限于产业技术，还涉及城镇化建设的方方面面。

李克强总理说，还有1亿多人住棚户区，不解决谈何公平？因此，推进两型城市建设，必须解决好“棚改”，要很好地将城市记忆和城市文明结合起来。“棚改”是这样，爱老护残也是如此。保住基本、兜住底线虽然要投入很大的精力和财力，但同时也为发展赢得了更大的空间，为深度城镇化的两型建设打牢了基础。与此同时，要将城镇化建设融入社会治理中，让政府、社会组织、企事业单位、社区以及个人等，通过平等的合作型伙伴关系，依法对社会事务、社会组织和社会生活进行规范和管理，最终实现两型社会的城镇化建设改革开放，社会进步。

第三，两型建设要实现公共利益的最大化。两型建设要靠公众参与，因为改革发展的动力就在民众之中。社会治理变革，更多的是要实现公共利益的最大化。总之，多谋民生之利，多解民生之忧，解决好人民最关心最直接最现实的利益问题，是推两型建设的“奥秘”。

新华网：您在省委组织部工作时，特别重视基层党组织的建设，您是否会将抓基层党建的工作经验应用到两型社会建设中去？

林 武：两型建设并不是单纯的经济范畴，要注重和加强党的领导。习近平总书记在指导党建工作时提到，“既种好自留地、管好责任田，又唱好群英会、打好合力牌。”因此，加强党的建设和推进两型建设，涉及国家治理体系和治理能力的现代化，抓好党建是最大政绩，实现最大政绩，关键在“一把手”。

要坚持“两手抓”，坚持把党建和两型建设工作一起谋划、部署、考核，把每个领域、每个环节的党建工作抓具体、抓深入。从严治党，要具体而非抽象、认真而不敷衍，使老百姓真切感受到党的温暖。只有激活干部群众的思想观念、精神状态和创业热情，善于发掘发展的内生力和创造性，才能充分体现共产党人的价值观，真正适应新常态，推进两型建设的可持续发展。可以预见，适应新常态、新趋势、新思维，把握引领新常态，是当前和今后一个时期湖南两型建设发展的大逻辑，也是做好两型工作的落脚点。

（原载《新华网》2015年12月4日）

湖南：培育增长新动力

刘 磊 周立耘

“宁可经济增长一时慢一点，也要封矿育林！”湖南省委、省政府主要领导日前到湘江五大重点污染整治区实地督察时，反复叮嘱当地干部，发展要算生态账、民生账，保持定力。

还湘江碧透美景，3年来湖南先后关闭3000多家污染环境的企业和小煤矿。上半年经济形势分析会上，很多人担心，经济增长“保8”都难。

出人意料的是，据国家统计局公布，湖南上半年GDP增速8.5%，转型带来的经济增长新动力初现端倪。

关停并转，转出一个新产业

锡矿山，地处湘江上游，种植不久的草皮，已泛出一片青绿。这里几年前还随处可见选过的尾矿，炼过的矿渣，寸草不生。

3年前，湘江流域掀起一场环保风暴，“政府趁势关闭82家涉锑企业，取缔145家手工选矿小作坊”，冷水江市环保局副局长李建胜说。

锡矿人没有一关了之，而是建起一条投资2.8亿元、年处理砷碱渣2万多吨的生产线，将剧毒砷碱渣，转化成锑金属和砷酸钠、碱等化工原料，使百年锑业实现了“无害化”。

关停并转，转出一个新产业。近年来，一批以国土生态整治、水环境治理、大气污染防治等为主业的环保企业，来到湘江两岸安营扎寨。截至目前，全省共有各类环保企业1100余家，从业人员13万多人，上半年实现产值750亿元，增速达25%，有力地支撑全省经济发展。

精准发力，扶出一片新天地

中联重科，驰名中外。很少有人知道，它不仅工程机械出名，环卫装备也占据国内六成市场份额，还在中东、非洲大显身手……2014年年报显示，中联重科环卫机械营业收入同比增长22.62%，营业收入接近60亿元，已成为全国环卫装备的行业老大。

扫马路“扫”出一片新天地。如今，中联重科正沿着城市、农村两线，向“垃圾环境综合解决方案”迈进。

中联重科捧出的这份骄人成绩单，更坚定了湖南发展新兴产业的信心。省政府要求各部门“点对点”帮助新兴产业企业解决资金、营销等困难。

日前省政府第59次常务会议，就加快新材料产业发展展开讨论。新材料产业已成为湖南经济增长的新亮点，625家企业实现营业收入2800多亿元，占全省战略性新兴产业1/4强。会议决定，从11个方面、用30条具体政策措施力促新材料产业快速发展。

至此，省政府坚持“一业一策”，已密集出台一系列产业政策措施，涵盖流通、环保、文化创意等10多个领域。

改善民生，跑出一段加速度

“比家还好，我非常满意！”

76岁的湘潭市民陈灵芝，来到刚落成的下摄司养老中心，看到这里阅览室、球馆、电视机、空调等一应俱全，环境优美、干净、舒适，老人爽快地填写了入住登记表。

新建2万张养老床位，是今年湖南省“为民办实事”15个项目之一。设有106张床位的下摄司街道养老中心，今年2月动工，4个多月就投入使用。

改善民生，跑出一段加速度。今年全省涉及民生的财政支出达1757亿元，占一般公共预算支出68.6%，城乡居民收入分别增长8.5%和10%左右。15个重点民生实事项目总体进展顺利，保障性住房和各类棚户区开工建设35.2万套，占年度计划的67.9%。

保民生，也是稳增长。近七成财政支出投向民生领域，改善了民生、增加了老百姓的获得感，也为发展打开新空间，有力支撑了经济增长。

（原载《人民日报》2015年10月8日第1版）

绿色化：两型社会建设新蓝图

常诸谈

站在历史的新高度，长株潭国家两型社会试验区建设科学起航，从战略全局出发，以区域规划为龙头，以绿心规划为重点，以区域规划条例和绿心保护条例为实施保障，高水准健全完善顶层设计，明确两型社会建设的指导思想、基本要求、奋斗目标、主要任务、重大举措以及法制保障，描绘两型社会的宏伟蓝图，全面指导推进长株潭两型社会建设。

一、编“绿规”

区域规划体系，奠定城市群发展的顶层设计。《长株潭城市群区域规划》（以下简称《区域规划》）的编制与实施，起因于省委、省政府关于长株潭城市群一体化战略，历经十余年，先后两次提升调整，形成了1个区域规划、18个专项规划和17个示范片区规划等较为完整全面的规划体系。

2005年，省政府批准第一版《区域规划》，主题是“大力推进长株潭经济一体化”，主要目标是“推动形成基础设施共建共享、生态环境共存共生，要素市场一体化、产业发展一体化的高效率、高品质的多中心城市群地区”。

2008年，国务院批准第二版《区域规划》，主题是“构建两型社会”，规划目标是“全国两型社会建设的示范区，中部崛起的重要增长极，全省新型城市化、新型工业化和新农村建设的引领区，具有国际品质的现代化生态型城市群”。

2015年2月，省政府批准《区域规划》2014局部调整版，主题是“创新发展”，重点是修正规划实施中出现的新情况，呼应国家战略布局，完善目标体系，优化战略路径，确定行动工程，强化机制创新，打造新常态下的规划升级版。

以《区域规划》为纲，以专项规划、片区规划为目，以《区域规划条例》和《绿心保护条例》两个条例及实施细则为保障，形成高起点、多层次、全覆盖的规划体系，架构起科学完备的顶层设计，成为统揽长株潭城市群协同发展、指导两型社会建设的行动指南。

根据国家新形势、新战略、长株潭城市群经济社会发展的新情况，2012年起历时两年多，区域规划进行了局部调整，根据新的发展需求对区域规划的内容进行补充、完善和修正，基本延续了上版规划的空间层次和结构，进一步强化了空间协调的措施，并重点从七个方面对上版规划进行了调整、深化和提升：

一是适应国内外发展新形势，确定了与时俱进的目标体系。面对国内经济“三期叠加”，发展模式加速转型，规划明确提出长株潭城市群为全国城市群协同发展先行区、全国生态文明建设样板区、长江经济带承东启西支撑区、内陆开放和自主创新先导区、全省率先迈向基本现代化引领区的“五区”功能目标，并将发展目标按近期、远期分别确定，分别对城镇化、产业、交通、生态、环保、基础设施、资源利用等七类专项发展提出分类推进目标。

二是响应“一带一部”战略新定位，提出五项措施。落实中央对湖南“一带一部”发展战略定位，规划提出要培育壮大长株潭三市核心，推进岳阳、衡阳、常德、益阳、娄底等次区域中心城市的发展，实现生产要素均衡布局；强化岳阳城陵矶和衡阳白沙两大战略性空间重点，加强与长三角、珠三角的联系；以城陵矶港为龙头、联合长株潭组合港，共同组建湖南省的长江中游航运中心。

三是借鉴京津冀协同发展模式，强化长株潭一体化创新发展。按照功能分级、优势凸显、错位发展的京津冀模式，规划强调统筹各项发展要素，通过资源疏解引导功能有机重组，实现长株潭三市同城化、均衡布局，实施中心城区和湘江沿线退二进三或产业升级，提出产业格局从“T”型转变为“工”型目标。

四是落实长江中游城市群战略，提升协同互动发展新格局。围绕建设长江中游城市群，规划提出与武汉城市群、鄱阳湖城市群积极互动共建长江中游城市群五项措施，即加强长江航运及沿江交通走廊建设，建立统一市场、共享科技文化创新，文化创意与“红三角”旅游联盟，共建长江流域生态保护与粮食安全保障，产业链重组和产业空间布局优化等，加快城市群协同步伐，共同打造中部地区崛起的核心增长极。

五是突出生态文明建设，加强生态格局保护和湘江治理。以长株潭生态绿心、湘江水系、洞庭湖区、雪峰-武陵山脉和罗霄-幕阜山脉为重点，规划提出构建“一心一脉、一肾两肺”生态格局，分别实施强心、净脉、清肾、理肺保护修复策略。

六是建设现代综合交通体系，提升城市群综合交通枢纽地位。规划提出“一主五副”枢纽布局，构建“城际轨道网、城际快速路网、区域绿道网、高速公路网”和“中部空港中心、长江航运中心”的“四网两中心”的交通格局，构建连接长三角、珠三角、成渝、中原地区的大能力铁路通道，强化铁路枢纽地位，提升机场国际化水平，将长沙黄花机场建成中部国际航空枢纽。

七是加快新型城镇化步伐，带动全面小康社会建成。为率先实现全面小康社会，规划提出协调城市空间发展，以新型工业化带动城市快速发展，强化现代服务和制造升级；协调城乡融合空间发展，加强城乡经济交流与协作，承担部分城市功能外溢；协调乡村空间发展，推进农业现代化。

二、护“绿心”

长株潭城市群生态绿心位于长沙、株洲和湘潭三市交会地区，是长株潭城市群重要的生态屏障。区域内共有22个乡镇（街道办事处）,面积522.87平方公里，区域内丘陵与盆地交错，田园与湖泊、青山交织，形成了良好的生态本底。保持、修复绿心地区良好的生态环境，对于长株潭三市区及其周边城镇来说，在景观美化、调节气候、有效缓解城市热岛效应和水源涵养、水土保持、生物多样性保护、生态隔离净化等方面将发挥十分重要的作用，具有很高的生态价值。

生态绿心既是全省两型社会建设、湖南生态文明建设的标志性大工程，也是直接提升长株潭三市1200万城乡居民生活质量的大氧吧，也是“绿色湖南”“两型湖南”的一张闪亮名片。2011年3月，习近平同志考察湖南两型社会建设谈到绿心保护时说：“湖南保护好这个生态绿心，50年后，将在全国、全世界都有重要影响”。可以说，长株潭绿心为长株潭两型社会先行先试，为中国生态文明建设改革铺下了一块厚重的基石。

省委、省政府历来高度重视生态绿心保护，2003年，在《长株潭城市群区域规划》中正式提出“生态绿心”概念。2007年，获批长株潭两型社会综改试验区后，省委、省政府进行顶层设计，再次明确要求创新发展绿心。2008年，省委常委会多次专题研究，并集体到绿心调研考察，提出严格控制绿心地区开发建设。2011年，《绿心总体规划》获省政府批准实施，将绿心地区功能定位为：“长株潭城市群生态屏障、两型社会生态服务示范区”。2013年，省人大颁布实施《绿心保护条例》，绿心保护走上法制化道路。

明确主体责任。保护条例明确省人民政府和长株潭三市人民政府为责任主体，省两型社会建设试验区领导协调机构为主要协调机构，省林业、发展和改革、经济和信息化、财政、国土资源、环境保护、住房和城乡建设、水利、农业部门等为主要职能承担者，长株潭三市和涉及生态绿心地区的13个县（市、区）人民政府为辖区主要保护者。

划定管制红线。规划绿心范围划分为禁止开发区、限制开发区、控制建设区三个层次，其中禁止开发区263.69平方公里，限制开发区198.56平方公里，控制建设区60.62平方公里，禁止、限制开发区占到总面积的89%。两年来，省长株潭两型管委会组织长株潭三市政府共埋设绿心保护界牌（桩）541块。

建立保障措施。《绿心保护条例》要求建立生态效益补偿机制、优先安排绿心地区生态建设工程和公益性基础设施建设，支持发展生态农业、旅游休闲产业，提高生态绿心地区生态综合效益和居民收入水平，加大对绿心地区居民就业培训的力度，促进适龄劳动力充分就业等等。条例还规定了破坏生态绿心违法违规行为的法律责任。

严格绿心项目准入。出台《长株潭生态绿心地区建设项目准入管理程序（试行)》，长株潭三市建立国土、规划、林业、环保等部门绿心项目选址联合审查机制，实行最严格的建设项目准入制度。

创新绿心监控模式。启动实施绿心监控信息系统建设工作，依托卫星遥感技术、地理信息技术、全球定位系统，对522平方公里范围内的生态建设、可建项目建设、违法违规建设行为等展开全面监测，对绿心地区实施普查—处理—监督（即查、处、督）一体化的管理。

实施绿心生态保护举措。《绿心保护条例》颁布实施以来，省、市两级人民政府在绿心地区积极实施植树造林等生态工程，共完成人工造林9475亩、封山育林近20万亩、通道绿化224公里；积极引导现有矿业权和“两高”产业有序退出，长沙市坪塘老工业基地内21家高污染企业全部退出，株洲市关停50家生猪养殖场，国土资源部批准湘潭锰矿建设成为第三批国家级矿山公园。

建立绿心保护机制。强化绿心保护责任，将绿心保护条例明确的各项工作逐项细化，分解到长株潭三市政府和12个省直相关部门，将生态绿心保护工作纳入33个省直单位的两型绩效评估考核范围。省发改委下发关于贯彻落实绿心保护条例的通知，省林业厅制定实施生态绿心提质行动近期计划，省住建厅制定生态绿心地区控制性详细规划及建设项目规划管理暂行办法等。

三、立“绿法”

区域规划条例开地方立法先河。长株潭城市群获批全国两型社会建设综合配套改革试验区以来，把区域统筹发展和生态环境保护放在十分突出的位置，对城市群经济发展模式、空间结构、土地利用等提出了新的要求。为全面实施《长株潭城市群区域规划》，促进区域有序协调发展，打造具有国际品质的现代化的生态宜居城市群，省人大常委会于2009年9月出台了《湖南省长株潭城市群区域规划条例》，对区域规划的总体目标、主要内容等进行了进一步的明确和规范，突出了区域发展的“两型”主题，明确了区域规划的法律地位，强调了区域规划的统领作用，对省市两级政府和各部门之间的责权进行了明确划分，使之能各司其职、各尽其能，同时还提出构建人大监督、政府监督、部门监督、监察监督和群众监督的全方位、多层次监督体系。区域规划条例的颁布实施，为破解两型社会建设遇到的难题，深入推进全省两型社会建设，提供了有力的保障，也成为我国第一个地方立法为两型社会建设保驾护航的典范。

《绿心保护条例》为生态文明建设护航。长株潭城市群生态绿心是区域规划中重点保护的地区，是长株潭的公共客厅，是试验区改革建设的重要标志。保护生态绿心是一件功在当代、利在千秋的事业，是我们共同的责任，为此，省人大常委会于2012年11月出台了《湖南省长株潭城市群生态绿心地区保护条例》，按照“省统筹、市为主”的原则，进一步明确了生态绿心保护的责任主体、项目审批主体和审批权限，对科学合理划定功能区，切实加大生态建设、治理和修复，切实保护水系、湿地、国土、矿产等资源做出了具体规定，把生态绿心真正保护好、管理好，置于法规的保护之下，要求大家像保护自己的心脏一样保护生态绿心，造福全省人民、造福子孙后代。条例的颁布实施，为建设美丽湖南和两型社会提供了生态立法示范，为全面发挥生态绿心地区的生态屏障和生态服务功能提供了法制保障，为保障长株潭城市群重要生态功能区开启了立法先河。

通过两部地方立法填补法律空白区，践行“先行先试”，建立了区域规划法规体系，奠定了区域规划的法定地位，初步理顺了“两型”规划与国民经济社会发展规划、城乡建设规划及“两型”规划体系内部各项规划的关系，以地方法规为区域规划的实施保驾护航。

（原载《光明网·地方频道》2015年8月25日）

湖南整体推进农村环境整治

张东风

湖南作为农业大省，是国家重要的粮食、生猪和水产养殖生产基地，粤、港、澳主要生鲜食品供应基地。自古以来，便有“湖广熟，天下足”之说。

然而，农业面源污染严重，化学需氧量、氨氮排放基本占了全省排放总量的“半壁江山”，农村环境问题严重制约了湖南省经济社会的可持续发展，整治农村环境显得尤为重要和紧迫。

采取竞争立项的方法，选择28个县（市、区）先行整治，覆盖近8000个行政村

2007年，湖南省开展了农村环境整治工作，实施“四洁工程”（清洁家园、清洁水源、清洁田园、清洁能源）、“三新活动”（新农村、新环保、新生活），形成了村民自治模式和合作社模式。

2008年—2009年，湖南省共试点实施了农村环境整治项目56个，改善了92个行政村的人居环境，探索了农村环保实用技术。

2010年，湖南省被列为全国首批8个“农村环境连片整治示范试点省”之一。2010年—2012年，湖南省在全省106个示范片的1261个村庄全面推进了整治工作，涌现出长沙市、株洲攸县等一批全国示范典型。

2013年，湖南省率先提出了从以“片”为单元的连片整治转变为以县（市、区）政府为主导，整县推进农村环境整治这种有利于建立政府统一领导、环保部门统筹协调、有关部门分工负责、全社会共同参与的工作机制。省政府编制了《湖南省农村环境综合整治全省域覆盖实施方案》，对全省农村环境整治工作整体规划。

在整县推进过程中，湖南省要求着力解决好5个方面的问题：将农村环境整治作为县、乡两级政府的日常工作，做好长远规划，建立持续推进农村环境保护工作的领导体制和工作机制；建立健全县、乡、村3级农村环保工作队伍；形成县（市、区）的环保、住建、农业、林业、国土等相关部门密切配合、各负其责的工作责任体系；建立政府鼓励扶植、农户自觉行动、市场主体参与的科学有效的农村垃圾、污水收集处理服务体系；县级财政将垃圾污水处理补贴、乡村工作经费、农户宣传教育奖励经费等列入常年财政预算，不搞项目式的短期行为。

为抓好整治工作，湖南省环保厅专门成立了农村环境综合整治办公室。各市州及试点县（市、区）均相应成立了农村环境整治的领导小组，试点县（市、区）所属乡镇设立了农村环保机构。

为调动县（市、区）的积极性、主动性，使整治目标任务有效落实，2013 年—2014 年，湖南采取竞争立项的方法，通过业务部门和专家评审、现场答辩打分，选择基础条件较好、工作方案扎实、整治意愿强烈的县（市、区）先行整治。

湖南省分两批确定了 28 个县（市、区）加以推进，整治范围覆盖全省近 8000 个行政村。“整县推进”的方式突显了地方政府的责任主体作用，充分调动了地方参与的积极性。

制定以奖代补全省域覆盖实施方案，计划用 4 年集中整治，1 年完善提升

党的十八大和十八届三中全会以来，湖南省委、省政府把农村环境综合整治工作提到了新的高度，省委一号文件和省政府工作报告，已明确将整治农村垃圾和生活污水，全面启动以县（市、区）为主体的农村环境综合整治列为工作重点。

2015 年，作为全国唯一纳入环境保护部、财政部全区域覆盖拉网式农村环境综合整治试点的省份，湖南省因地制宜、结合省情，制订了《湖南省农村环境整治以奖代补全省域覆盖实施方案》，计划从 2015 到 2019 年，用 4 年集中整治，1 年完善提升，完成全省农村环境综合整治任务。

首先，湖南省明确了以县（市、区）政府为责任主体，结合辖区内经济发展水平和农村人口规模，统一制订方案，统一组织各部门、各乡（镇）及村协调行动。其次，明确了总体目标，确定 2015 年—2018 年为集中整治期，逐年完成农村环境综合整治指标数分别为 35 个、39 个、36 个和 25 个县（市、区）；2019 年为完善提升期，要求到 2019 年末，全省农村人居环境质量得到明显改善，农村生态环境保护长效机制、服务体系得到完善健全，农民环境意识得到显著提升，实现“清洁水源、清洁家园、清洁田园、清洁能源”的目标，为全面建成小康社会打下扎实基础。

结合“长、株、潭两型社会改革试验区”“大湘西扶贫与攻坚试点区”“环洞庭湖生态经济圈”和“湘南承接产业转移示范区”的区域发展现状，湖南省将推进全省饮用水水源地保护区域及“环洞庭湖生态经济圈”周边农村环境的综合整治列为整治重点。

整县推进、县为主导机制实施后，各相关部门通过整合力量，多元投入，建立起密切配合的工作体系。比如，环保部门承担环境综合监管，重点牵头负责农村生活垃圾处理体系，环保队伍建设，目标责任制考核；住建部门重点负责集镇生活污水处理设施；水利部门重点负责农村饮水安全工程；农业、畜牧水产部门负责减轻农业和养殖业面源污染等。

建立由地方财政、企业、社会、农户多元化投入机制，强化农民的主体地位，永州零陵区、岳阳君山区各乡镇、村组都成立了“环保协会”，整治工作实现了“村民议村民定、村民建村民管”。鼓励、引导村民自治和投工投劳，多轮驱动，破解资金投入难题，国家和省级再投放专项资金适当奖补。

为了保证工作长效有序运行，湖南省把宣教工作贯穿于农村环境综合整治的全过程。统一制作农村环境综合整治教育培训光碟，把光碟和资料发放到每个村民小组，确保每户家庭都能观看；对县（市、区）分管领导、有关部门、乡（镇）负责人统一组织培训。

（原载《中国环境报》2015 年 5 月 19 日）

湖南规范重大环境问题追责

刘立平

湖南省委办公厅、省政府办公厅近日联合印发《湖南省重大环境问题（事件）责任追究办法（试行）》（以下简称《办法》）。

据悉，这是继今年 1 月湖南省政府印发《湖南省环境保护工作责任规定（试行）》、建立环境责任清单后出台的又一重要文件，是新《环保法》实施以后省级层面建立完整的环境责任体系的重要探索。

党的十八大以来，湖南省针对全省环境保护工作任务重、管理职能分散在众多部门、责任落实不到位等问题，从狠抓环境保护责任体系建设着手，将构建政府依法监督、企业主体负责、公众监督参与的环境保护体制机制作为 2014 年 15 项先行先试改革任务之一，研究部署建立环境保护责任体系，并于今年先后出台了上述两个重要文件。

《湖南省环境保护工作责任规定（试行）》明确了各级政府的环境责任、省政府 34 个职能部门的环境责任、企事业单位和其他经营者的环境责任，以及公民和其他社会机构的环境责任，是一份较为详细的环境责任清单。

《办法》确立了“有权必有责、用权受监督，尽职免责、失职追责”的原则，将主要问责对象限定为各级党委、政府及其负有保护环境职责部门的领导干部和工作人员、各级政府及组织人事部门任命和管理的企事业单位的领导干部和工作人员。

《办法》规定了环境追责的 6 种情形：

一是区域环境质量持续恶化，即按国家规范监测，县级及以上行政区域或省级以上重要保护区的大气、水、土壤三大类环境质量监测指标之一连续两年下降的；

二是发生重大及以上环境污染事件的；

三是对已经发生的环境敏感问题不重视或应对处置不当，导致事件恶化，发生影响社会稳定群体性事件的；

四是未完成国家和省人民政府下达的主要污染物总量减排目标任务，或发生其他严重环境违法事件，导致国家对湖南省实施全省域建设项目区域限批，或实施局部限批影响全省重大项目建设的；

五是不执行省委省政府有关生态文明和环境保护重大工作部署，情节严重的；

六是其他需要问责的情形。

（原载《中国环境报》2015 年 4 月 7 日）

开启全民环保新时代

——湖南推动环保公众参与三部曲

张东风

在这个全民环保的时代，公众广泛关注环保已不是新鲜事。

环境保护工作的有效开展，除了政府行政力量的支撑外，还有一股民间力量致力于改善生态环境。

湖南省环保公益组织的建立，预示着湖南全民环保时代的开启。然而，如何有力推动全民参与环保，有效开展全民环保活动，仍有待进一步探索和落实。

起步：从无序到有序，环保公益组织发展壮大

从各自为战到抱团发展，湖南省环保志愿服务联合会会长何建军见证了湖南环保公益组织发展的壮大过程。

今年 3 月底，又一个民间环保公益组织——沅江市环保志愿者协会成立了，正在办理加入联合会事宜。

目前，湖南省环保公益组织有百余家，在民政厅登记注册的就有 40 余家。

“2012 年，在湖南省做全职环保公益的不到 10 人。”何建军说，由于资金受限，众多民间环保公益组织一直没能启动专职化运作，但现在不同了，有的运作成熟的环保组织，仅一家的全职工作人员就有这个数。

“我们现在有 7 名全职工作人员，3 名兼职，核心志愿者 200 余人。”绿色潇湘发起人、首席顾问刘盛告诉记者。有了资金、人员，绿色潇湘的活跃程度远超 2007 年成立之初。

绿色潇湘在 2010 年开始专职化运作，最早使用微博发布环境污染事件，开展的“湘江守望者”环保公益项目，成为近几年湖南省环保公益组织学习的标杆。从去年开始，“湘江守望者”已拓展为“四水守望者”。今年，他们还会加强对城市取水口、水源地的污染监测。

除了绿色潇湘的“湘江守望者”“四水守望者”，省环保志愿服务联合会的“湖南候鸟守护者行动网络”、长沙市野生动植物保护协会的“零蛇行动”、长沙市绿动社区环保服务中心的“垃圾减量行动”、岳阳市江豚保护协会的“护豚行动”等众多公益项目，也成为湖南人关注的焦点。

“我们每个环保组织，如果各有各的环保生态定位，各有各的价值，就能聚合成一个特别有战斗力的环保生态圈。”何建军表示。

进展：公益组织与政府沟通顺畅，成为又一支环保生力军

对于省环保厅有关部门来说，关注绿色潇湘核心志愿者的微博，并加强对排污企业的监管，这两年来成为他们的工作内容之一。

2011 年前后，绿色潇湘借助微博兴起的大势，调动了众多离湘江污染源很近的志愿者热情，并直接推动更多公众对环境问题的关注。绿色潇湘要求志愿者进行比较专业的取景取水样，对于污染事件，先向环保部门举报，如果选择曝光，要有统一的程式。

“我们让政府部门相信，我们不是捣乱者，我们是愿意想办法并有策略解决污染问题的。”刘盛笑着说，不管绿色潇湘有没有出现，微博就在那里，如果公众采用微博无序参与举报和曝光，政府部门可能会被动许多。现在，环保部门会主动邀请绿色潇湘的志愿者参观他们的工作和监测点。

刘盛说，在处理大多数污染事件时，感觉环保部门和民间环保公益组织站在了同一条战线上，形成合力，“在湖南，这种感觉很明显”。

2013 年底，湖南由政府出面，招募 200 名保护湘江“绿色卫士”。绿色潇湘有近 30 名核心志愿者加入“绿色卫士”行列。

截至 2014 年年底，“绿色卫士”通过微博、微信、12369 举报电话等形式举报环境违法行为 1780 多次，经查证属实的 1300 多件，其中涉及企业违法的 897 件，被责令停产关闭的有湘潭某炼铁粉厂、娄底某炼铁厂、安化清塘 4 家煤矿企业、蓝山小造纸等 59 家，其中被环保等执法部门实施罚款以上行政处罚的 260 多家。

“我们环保联合会的一项工作，就是搭建政府与民间环保公益组织的沟通平台。环保公益组织首先要保持自身的独立性，但也要合作，因为整合资源、解决问题才是我们的最终目标，只做博取眼球的组织是不可能持续发展的。”何建军认为。

推广：关注公益组织，制定公民行为准则

今年 3 月，湖南省环保厅召开全省部分环保公益组织负责人座谈会，听取环保公益组织对全省环境保护工作的意见和建议。

“湖南环保公益组织的发展和卓有成效的工作，成为推动湖南环保工作的一支重要力量。”湖南省环保厅厅长刘尧臣说，环保公益组织和环保部门是一家人，目标是一致的，都是关注并推动湖南环保工作。刘尧臣表示，今年，省环保厅将切实加强监管执法，严把环境准入关，加大监管惩治力度，同时创新工作机制，推动形成社会各方面齐抓共管的工作格局还会加快推进技术支撑体系建设，加强环保部门自身建设。

会上，湘潭环境保护协会负责人王国祥提出建议，希望政府购买环保公益组织服务，以此解决部分经费问题；支持公益组织进行环境公益诉讼，提供相关专业支持。

针对建议，刘尧臣表示，将研究推进让符合条件的民间环保公益机构参与环保领域政府购买服务，加强对环保公益组织的培训，吸引更多公益组织代表参加相关环保会议，参与环境立法和重大环保工作的决策，支持民间环保机构推进公益诉讼。

民间环保公益组织已形成有序力量开展环保活动，而怎样促进公民参与环保、践行环保也是政府部门亟待考虑的问题。

4月15日，湖南省环保厅发布《关于积极引导环保公益组织和社会公众参与环境保护工作的指导意见》，一是要求认清环保工作新常态，提高对公众参与环保事业重要性的认识；二是要求明确引导环保公益组织及公众参与的基本原则，畅通公众参与的渠道；三是积极引导环保公益组织和社会公众多渠道、多形式广泛参与，着力推进重点领域环保工作；四是要求关心公益组织成长，推动环保公益事业健康发展。

文件性的指导思想发布后，湖南又在如何推动公民参与方面予以强力推进。

5月6日，湖南省环境保护宣传教育中心联合湖南绿色发展研究院、长沙环境保护职业技术学院等13家单位共同发起制定《湖南省公民环境保护行为准则》（以下简称《准则》），并向全社会征集意见和建议。

湖南省环保厅法宣处处长陈战军介绍，举行此次活动不仅是改变当前环境形势的需要，也是贯彻新《环保法》的需要，更是整个湖南省环境保护现实的需要。

“湖南省环境管理人员加起来不到1万人，其中一线的执法人员不到3000人，3000人管21万平方公里的土地，有限的环保力量显然无法及时发现、查处、纠正所有污染行为。”陈战军表示，这就需要公众成为环境保护的“千里眼”“顺风耳”，让环境污染无处藏身，消灭在全民监督之下。

据悉，后续湖南还将通过一系列宣传、道德模范评选等活动推进《准则》的落实，并通过有奖举报、违法惩处等方式保持公众参与环保事业的热情，将公众参与环保常态化。

（原载《中国环境报》2015年5月26日）

长株潭转型蓄积内生动力

支起一个支点，能带来怎样的变化?

2007年底，国家将探索资源节约与环境友好科学发展模式的重担交给湖南，希望通过长株潭“两型”社会综合改革实验区的实践，找到一个可以撬动中部地区经济转型升级的最佳支点。

万事开头难。“两型”社会建设渐次展开，诸多问题急需根治：上百年积累的湘江重金属污染沉疴如何根治?缺煤少电、无油无气、自有能源有限与经济发展资源需求日益增加的矛盾如何解决?雾霾加重、生态系统恶化与群众期盼、百姓健康的矛盾如何解决?

转型、升级，成为破冰之举。改革，次第展开，成为试验区的根和魂。先行先试，则成为试验区的最大利好政策。

转型——传统工业调结构

长沙坪塘老工业基地重型工业比重大，生产方式粗放，产品附加值低，创新机制落后。2008年底，长沙开始实施坪塘老工业基地“两高”产业退出和生态修复工程。

除了实行“一厂一策”，进行分类退出，长沙还特别将“两高”产业退出、节能减排工作目标纳入各级部门年度绩效考核体系中，引导政府将工作重心调整到绿色发展上来。

另外，在制度安排和政策制定上，长沙也进行了有益尝试。例如，按照退出时间的先后实施差别化奖励。

以率先于2009年6月30日前完成退出的湖南新生水泥厂为例，企业不但获得了中央淘汰落后产能奖励资金601.4万元，还获得了先导区配套奖励资金880万元，同时其旋窑退出参照同等标准还获得了750万元的配套奖励。

另一方面，长沙市还十分注重及时发布和调整产业指导目录，包括鼓励类、限制类及淘汰类，并率先在先导区试行《两型技术产品认定标准》《两型企业标准》及《两型产业标准》，为企业发展方向提供指引。

在一系列政策措施实施过程中，部分退出企业开始完成转型升级。

湖南三环颜料有限公司在完成坪塘厂区的退出后，2010年开始投资近两亿元将企业整体搬迁至望城经济开发区铜官循环经济工业基地。新厂完全采用全套自动化清洁生产工艺，仅“三废”环保技术设施投入就达1000多万元。

两年时间内，坪塘老工业基地完成了国家淘汰产业、饮用水水源保护区污染企业的强制淘汰或搬迁；三年时间内，完成超标排放企业的限期治理或关闭。

如今的坪塘老工业基地已经旧貌换新颜，其所在的大河西先导区于今年4月获国务院批复，正式更名为湘江新区，成为中部地区首个国家级新区。

通过在产业结构调整和节能减排方面摸索的经验，坪塘模式开始在全省范围内推广。

株洲清水塘工业区和湘潭竹埠港工业区则是在坪塘模式的基础上完成了翻新。

改造之前，株洲市清水塘工业区16平方千米的范围内，聚集着冶炼、化工、建材、火电等传统重工业企业180多家，烟囱、塔罐、高炉、管道密布。

而如今走到这里，第一个直观感受就是烟囱少了。

“几年间，株洲市在这里投资60多亿元，完成环境污染综合治理项目253个”，株洲市环保局法宣科科长王际兵说，“如今，我们完成了霞湾港污染治理，启动了24口水塘、大湖等受重金属污染的水域底泥治理工程，解决了历史遗留废渣治理问题，治好了城市的一块‘心病’。”

2014年，株洲市整体搬迁冶炼、化工、建材、钢铁企业193家。

同样是在2014年，湘潭竹埠港老工业区内28家化工企业全部关停。对于这样的举动，一开始很多人为之担忧，因为这样直接导致的结果是湘潭市工业总产值减少50多亿元。

然而转机紧随而来。通过积极发展吉利新能源汽车、泰富重工、威胜电气等一批新兴产业，竹埠港老工业区为城市转型升级提供了更为广阔的发展空间。今年上半年，湘潭市经济增速不仅没有下降，反而达到了10.7%，跃升至全省第二位。

而未来，竹埠港老工业区所在的岳塘经济开发区，将重点发展现代物流、商贸、会展经济与文化休闲等第三产业。

“在湘潭，和竹埠港类似的还有湘潭锰矿地区。在倡导‘两型’发展的大环境下，这些区域正在经受转型带来的阵痛，同时也在完成蜕变。”湘潭市环保局法宣科科长谭文强说，按照“关、退、治、进”四步走战略，到2018年竹埠港要全面完成环境污染治理，2020年建成生态宜居的滨江新城。

升级——新兴产业引变革

“‘两型’产业的核心动力在哪里?将哪些产业作为主要的突破口和着力点?关键在于节能低碳技术的研发、应用。”湖南省长株潭试验区管委会发展处负责人毛政说，通过大力引进低碳节能技术，长株潭地区已经成为“两型”产业的基地，高新技术迅速推广开来。

湘潭市投入工业技改资金500多亿元，建立全国信息化和工业化融合实验区，组建了风电装备、汽车及零部件产业、矿山装备制造、湘莲产业等四大技术创新联盟。

2014年，湘潭高新技术企业达到232家，高新技术完成总产值1500亿元，高新技术产业增加值的增长率达到24.4%，高新技术产业增加值占规模工业增加值比重达50%。

“宁可牺牲一些GDP，也要生态环境好一些。这些年，株洲市紧扣转型升级这一主线，通过抓大集群、抓大企业、抓大项目不断转变。”株洲市“两型”办宣教联络科科长陈银河说。

在株洲市“十二五”规划中，确定重点发展轨道交通、汽车、航空航天、服饰、陶瓷等五大千亿产业群。

在长沙，工业制造业已经在加速走向“智造”时代。

什么是“智造”?例如，耗时只需90秒，就可完成对工程机械等装备业产生的废弃电子产品的粉碎、分离处理，变成分门别类的塑料颗粒和各种金属。

这正是湖南力推的“城市矿产”再利用技术。如今，这套规模化拆解技术实现了年处理“城市矿产”30万吨，相当于节约44万吨原矿，节能10万吨标准煤，减排27万吨二氧化碳。

除了这样的智能技术，在长沙，还有中联重科、上海大众长沙工厂等30多家规模企业正在使用工业机器人作业，涵盖了工程机械、汽车制造、食品和物流等多项领域。

技术推陈出新，环保产业政策也在与时俱进。

2014年，长沙高新区出台了《加快发展节能环保产业的扶持政策》，2014年起，连续5年每年安排1亿元设立节能环保产业发展专项基金，从资金、人才、服务等多方面支持节能环保产业。

良好的产业发展环境下，2014年，长沙市高新技术产业增加值从2007年的272.5亿元提高到2231.9亿元，占GDP的比重从12.4%上升到28.5%。

2014年，全省三次产业结构由2007年的17.6：42.7：39.7调整为11.6：46.2：42.2，移动互联网、电子商务等新兴服务业分别比上年增长120%和105.8%。

产业技术含量提高了，污染排放直线下降。

2014年，长沙市单位国内生产总值能耗较2010年下降18.8%，化学需氧量、氨氮、二氧化硫、氮氧化物排放量分别较2010年下降18.93%、14.96%、23.82%、4.14%。

湖南省长株潭试验区管委会督查评价处负责人李伏军说：“《2013年度长株潭试验区两型社会建设综合评价报告》指出，试验区经济社会发展指数为111.7，呈正向发展态势；生态环保指数为103.4，同比提高3.4个百分点；资源节约指数达到104.8，持续保持上扬趋势。”

如今湖南省的“两型”社会建设不止以长株潭三市为核心，更是辐射周边岳阳、常德、益阳、衡阳、娄底5市。

创新——体制机制作保障

除了加快产业结构调整，湖南省还充分认识到，想要加快“两型”社会建设，必须充分运用市场机制，寻找突破口。于是，排污权交易、绿色金融、环境污染责任险及合同制管理开始在湖南先行先试。

2008年，长沙踏出排污权探索的第一步。2014年，长沙市开展排污权交易的企业已达144家，交易额达345.6万元。

在此基础上，株洲市在产权交易机制上进行了进一步创新。一方面，交易模式多样化，推行收储指标出让、排污权指标竞价拍卖等交易模式；另一方面，排污权储备方式采取多样化。

截至目前，株洲市已有18家减排单位通过出让富裕排污权指标，获得了723万元的经济效益。

湘潭市则将排污权有偿使用和交易范围扩大到所有工业企业排污单位。截至目前，湘潭市共对151家企业进行了核定。

合同环境服务，主要是指政府与企业合作购买服务。这方面，湖南主要在畜禽养殖污染治理、工业园区污染治理、乡镇污水处理及城市管理中进行了尝试。

“我们将城市的垃圾清运、清扫保洁、设施维护整体打包，委托专门招投标公司，面向市场公开招标。结合这种运行模型，保证了城市环境白天和晚上一个样，主次干道和背街小巷一个样”，株洲市“两型”办宣教联络科科长陈银河说，目前，株洲市城区道路机械清扫率已经达到74.19%，生活垃圾无害化处理率从85%提高到100%。

在加快竹埠港工业区治理的过程中，湘潭市岳塘区政府就曾大胆尝试，由区政府与湖南永清投资集团合作，成立湘潭竹埠港生态治理投资有限公司，为竹埠港区域重金属污染综合整治项目提供投资和实施平台。

“将政企合作 PPP 模式应用于土壤修复领域，通过在政府和企业间进行最合理的风险分配，发挥双方各自在市场中的优势，共同承担项目投资、实施责任和融资风险，从而加快竹埠港生态治理和新城建设的进度。”湘潭市“两型”办综合科科长肖璐说。

“两型”社会建设需要更为高效、规范的行政管理体系，湖南在积极寻找途径。

通过率先实施绿色 GDP 指标考核体系，湖南省将现有 GDP 核算融入资源、环境因素，将经济增长与资源节约、环境保护予以综合考评。

于是，当湘潭竹埠港工业区关停所有企业导致 GDP 锐减之时，湘潭市政府决定暂不考核其 GDP 和税收，为的就是让其轻装转型。

为了进一步强化责任体系，湖南省率先对湘江流域各级政府“一把手”实行环境损害终身追责。

今年初，湖南又将构建政府依法监督、企业主体负责、公众监督参与的环境保护体制机制作为先行先试改革任务之一，并先后出台了《湖南省环境保护工作责任规定（试行）》《湖南省重大环境问题（事件）责任追究办法（试行）》。

敢于先行先试的湖南，将互联网运用到了行政管理中。如今在株洲，一套投资 3800 万元的数字环保工程，正在对全市环境重点区域和重点企业实行视频监控和在线监测。

“环境监察网格化是当前环境监管的一种新尝试、新趋势。”株洲市环保局副局长何长顺说。在长株潭的各主要街道，均设置有 PM2.5 实时监测设备，及时将数据传送至湖南省环保厅的数据平台。

如今，这些环境数据成为湖南各地党政“一把手”最为关心的政绩，也成为老百姓评价幸福指数的重要指标。

（原载《中国环境报》2015 年 10 月 8 日第 1 版）

绿水青山就是金山银山

——湖南崛起“绿色湘军”

柳德新

湖南的春天，绿色醉人。从湘资沅澧四水到洞庭湖，碧水在流淌；从武陵山脉到罗霄山脉，绿色在生长。

打开中国林业地图，湖南以 57%以上的森林覆盖率，成为中国绿色最浓的所在之一。

无论是自然景观还是生产、生活等人文活动，绿色正成为湖南最生动、最耀眼的颜色。

敢为人先的湖南人，在生态文明建设上先行先试，将绿色发展的湖南实践写在三湘大地上，写进美丽中国的篇章里。

一、绿色觉醒——既要绿水青山，也要金山银山

绿水青山，人皆向往。加州的阳光、挪威的森林、新西兰的空气，固然让人艳羡。殊不知，发达国家的工业化之路，长则二三百年，短则一百多年，其环境问题是分阶段出现的。我国的工业化，才短短几十年，环境问题叠加，治理难度倍增。

环境问题，古已有之。石门县的雄黄矿，有 1500 多年的开采史。《水经注》就记载了采雄黄矿污水横流的场景：“黄水出零阳县，西北连巫山。”1897 年，中国第一家锑厂——积善炼锑厂在冷水江市锡矿山开业，锡矿山也逐渐成为“世界锑都”，但污染也如影相随。作为有色金属之乡，湖南这方面的问题比全国大多数地方更为严峻。早在 1979 年，中科院地理研究所就将湘江列为国内污染最为严重的河流之一。

进入新世纪以来，经济社会加快发展，2014 年湖南地区生产总值达 2.7 万亿元，比 1978 年增长 180 多倍，资源环境压力也与日俱增，城乡居民渴望喝上更干净的水、呼吸更清洁的空气、吃上更安全的食品的呼声也越来越高。

在发展经济与保护环境之间、短期经济利益与可持续发展之间，湖南人率先开始了探索！

3 个重要时间节点，见证了湖南人的绿色觉醒。

——2007 年 12 月 14 日，长株潭城市群获批，设立“两型社会”试验区，在全国率先开展以建设资源节约型、环境友好型社会为目标的改革试验。

这是重大的历史使命，重大的历史机遇，重大的现实挑战！

——2010 年 8 月 2 日，省委、省政府在全国率先做出《加快经济发展方式转变、推进“两型社会”建设的决定》，将“两型社会”建设由长株潭城市群推向全省，争取率先建成“两型社会”，争当科学发展排头兵。

这是省委、省政府推进经济发展方式转变的一个重大决策，是发展理念的重大创新！

——2012 年 4 月 20 日，省委、省政府出台《绿色湖南建设纲要》，强调将绿色发展理念贯穿到新型工业化、新型城镇化、农业现代化和信息化建设全过程，实现绿色崛起。

这是建设绿色湖南的行动纲领，是湖南绿色发展的新坐标！

既要绿水青山，也要金山银山！这是湖南人在绿色觉醒中，日益明晰的发展新理念。

二、绿色行动——保护绿水青山就是保护我们的家园

2014 年 9 月 30 日上午，湘潭市竹埠港。湘潭电化公司热电厂锅炉停止投料，电解槽工作时的蒸气、臭味和噪声不在，这家生产了 50 多年的老厂第一次彻底安静下来；另一家化工企业金天能源，也被彻底断电、贴上封条。至此，竹埠港地区28家重污染企业全部关停。

此前的2013年9月，我省启动以湘江流域保护和治理为主要内容的省政府“一号重点工程”，并实施3个“3年行动计划”，确保“天更蓝、山更绿、水更净”，为子孙后代留下一江清水。竹埠港地区被列为省政府“一号重点工程”5大重点治理区域之一。

一系列绿色行动就此展开。

——营造绿色环境。

坚持不懈栽树植绿，爱绿护绿。到2014年底，全省森林覆盖率达59.57%，远高于世界和全国平均水平。探索多样化的生态补偿机制，让生态环境实现了从“无价”到“有价”的转变。今年起，对湘江流域跨市、县断面进行水质、水量目标考核奖罚。

——推广绿色生产。

在中国五矿水口山有色金属集团公司第四厂的环保车间，数十条金鱼在水池游动，而池中的水，是净化处理后的重金属废水。这个有着110多年开采史的老矿区，如今也开始走上绿色生产之路。我省通过节能减排、淘汰落后产能、推广清洁生产技术、实行最严格水资源管理制度等，城乡环境质量得到较大改善。今天的株洲，甩掉“全国十大污染城市”的帽子，取而代之的是“国家园林城市”“国家卫生城市”称号。

——倡导绿色消费。

2012年12月4日，我省发布政府采购支持的300多个两型产品目录，示范、引领绿色消费。2011年5月，株洲市启动公共自行车租赁服务，成为我省首个推行“城市步行和自行车交通系统示范项目”的城市。6年前，长沙市所有宾馆、酒店、招待所及相关单位就停止主动提供一次性牙具、拖鞋、梳子等“七小件”，每年可减少一次性日用品消耗240万套件以上。

——弘扬绿色文化。

在湖南，绿色不仅映入人们的眼帘，而且植入人们的心中，绿色生活方式越来越成为人们的自觉行动。出行时以步代车，每张纸双面打印，购物自备环保袋，生活垃圾分类减量……民间环保组织、环保志愿者走上绿色湖南建设的舞台，“绿色学校”“绿色村庄”“绿色社区”不断涌现……

三、绿色收获——“绿色湘军”崛起于美丽湖南

千姿百态的山、千变万化的水，绿水青山成就了美丽湖南。正因如此，在刚刚过去的“五一”小长假中，湖南吸引了国内外众多游客前来休闲观光。

通过呵护绿水青山，来培育金山银山。去年以来，洞庭湖生态经济区、长株潭国家自主创新示范区、湖南湘江新区相继获批，既是国家对湖南的支持，也是对湖南绿色发展实践的认可。

“你的废物，我的宝”。长沙华时捷环保科技公司研发的环境在线监控预警系统，可非常敏锐检测出镉、砷、铅等17种重金属污染，并从废水、废气、废渣中“淘金”。湖南海尚环境生物科技公司提供合同环境服务，挖掘粪污等废弃物价值，业绩呈爆发式增长。

将污染物关进“笼子”里。中冶长天国际工程公司自主研发活性炭烟气净化技术，实现对烟气多污染物的协同治理和硫的资源化利用，解决了炼钢烧结过程中的污染难题，其核心技术甚至超过日本。

专家军团挺立绿色潮头。中南大学冶金与环境学院院长柴立元领衔的“有色冶炼含砷固废治理与清洁利用技术”，居国际领先水平，项目成果在国内铜、铅、锑冶炼企业大规模应用，近3年累计清洁利用与安全处置含砷固废达16万吨，回收有价金属新增产值约40.51亿元。

这样的“绿色湘军”名单，还有一长串：凯天环保科技股份有限公司，为制造业企业提供“恒温、恒湿、无粉尘”的特殊空间环境，为国内目前唯一掌握这一核心技术的企业；五矿水口山有色金属集团公司独创SKS炼铅法，二氧化硫回收率达98%以上，工艺已被国内近30家冶炼企业运用；永清环保公司成为中国重金属土壤修复行业的先行者……

“绿色湘军”崛起于美丽湖南！湖南人在绿色发展中，收获、崛起一个又一个优势产业。

湖南绿色发展实践生动明：绿水青山就是金山银山！

（原载《人民网》2015年5月5日）

奔腾入海逐浪高　三湘崛起正其时

唐爱平

千里湘江，出洞庭，入长江，奔涌出不可阻挡的豪迈之势……

经过改革开放以来连续多年“快跑”，湖南的发展进入到一个全新阶段，面对经济新常态和中等收入陷阱等一系列新挑战，湖南将何去何从？

紧要关头，历史赋予了湖南多个重大机遇。“一带一路”、长江经济带建设等战略的相继提出，犹如激越的冲锋号，为湖南指明了“突围”的方向，让湖湘儿女鼓足了赶超的信心，坚定了前行的步伐……

新定位　迎来发展新机遇

湘江，湖南最大的河流，干流全长948公里，流域面积94721平方公里。作为我省经济社会发展的核心地区，湘江的点滴变化，都是如此牵动人心。

2015年4月25日，一条激动人心的消息在中国政府官方网站推出：经国务院批复同意，以湘江母亲河命名的新区——湖南湘江新区正式跻身国家级新区行列。

时间再往前推移，近些年来，国家给湖南的大礼包一个接一个：

2013 年 11 月，习近平总书记在考察湖南时提出，希望湖南发挥作为东部沿海地区和中西部地区过渡带、长江开放经济带和沿海开放经济带结合部的区位优势。自此，“一带一部”，成为中央对湖南的新定位。

2014 年 9 月，长江经济带发展规划正式上升为国家战略，湖南等 11 个省市被纳入其中。

2015 年 3 月，长江中游城市群上升为国家战略。作为加快长江经济带开放开发的重要载体，长江中游城市群成为支撑中国经济发展的重要增长极。湖南迎来全新的发展机遇。

长江经济带、“一带一路”……在新的时代背景下，一系列国家战略的实施，无疑刷新了湖南的“经济坐标”，也明确了湖南新阶段的发展方向。

“一带一路”向外开放，长江经济带向内陆延伸，带给湖南的是对内开放与对外开放叠加的“红利”。

而在总体战略布局之下，国家又连续批准在湖南布局洞庭湖生态经济区、长株潭自主创新国家示范区、湘江新区等改革试验区。

一时间，国家战略机遇、发展平台机遇、政策红利机遇，向湖南涌来。

时代机遇已在眼前，湖南要如何作为，如何把握，才能抓住这些机遇，在长远发展中占得先机、赢得主动?

省委书记徐守盛强调，湖南要充分挖掘和放大“一带一部”区位优势，对接国家“一带一路”对外开放战略，主动融入长江经济带，打造全省发展的“新引擎”。

省委副书记、省长杜家亳要求，湖南要切实加强衔接沟通，迅速启动实施一批重大项目，加快在建项目建设进度，以实际举措加速融入长江经济带。

新战略　开辟发展新路径

2015 年 5 月 12 日，中联重科位于白俄罗斯首都明斯克的中白工业园内的建设项目正式启动，迈出了“走出本土经营”的坚实步伐。

中联重科的海外布局，与省委、省政府的战略决策不谋而合。三个月后，省政府发布《湖南省对接“一带一路”战略行动方案（2015–2017 年）》，方案明确湖南要着力实施“六大行动”，其中，“装备产能出海行动”排首位。

正如湘江北去不可阻挡之势，新的形势下，湖南经济发展的走向，也应该是顺流而动。

依据国家区域发展大战略，省委、省政府统筹全省区域发展大格局。今年 5 月 8 日，省政府正式印发《湖南省人民政府关于依托黄金水道推动长江经济带发展的实施意见》，意见明确，湖南将着重从建设内陆开放引领区、转型升级创新区、城乡统筹示范区、生态建设先行区等四个方面，加快融入长江经济带建设。今年 8 月 17 日，《湖南省对接“一带一路”战略行动方案（2015–2017 年）》正式出台。方案称湖南将利用国家通道、国家平台，以长沙为节点城市，以重点区域、重大项目、重点平台、重要机制建设为依托，着力实施“六大行动”（装备产能出海行动、对外贸易提升行动、引资引技升级行动、基础设施联通行动、合作平台构筑行动、人文交流拓展行动），拓展经贸交流合作领域，全面提升开放水平。

政策是方向，措施要落地。

与国家“一带一路”和长江经济带建设的深入对接，我省正在完善综合交通运输体系。

2015 年的湖南省政府工作报告中提到，要大力推进水、路、空、铁四网联动，发展临港、临空经济，主动服务“一带一路”战略，加强与京津冀地区的经济联系，融入长江经济带建设。

此次，六大行动中“基础设施联通行动”的目标是，到 2017 年，与国家“一带一路”规划确定的重点省市、重点港口的主要通道基本打通，形成省内交通网与“一带一路”陆海大通道直接连通的大格局。

深入对接国家战略，我省正在积极营造政清人和、市场活跃的发展环境。

2015 年 9 月 1 日，湘教集团龙俊岭拿到长沙市首张“多证合一、一照一码”营业执照。这一天，长沙市正式推行“多证合一、一照一码”商事注册制度，成为全国省会城市中首个实行“多证合一、一照一码”登记制度的城市。

早在 2014 年元旦，长沙、郴州就在全省率先启动工商注册登记制度改革，大幅削减前置审批事项，打响了全面深化改革“第一炮”。随之，以“清权、减权、制权”为标识的简政放权，在全省铺开；政府权力的“减法”，换来了市场活力的“加法”，投资洼地效应逐步显现，湖南发展的高地正在形成。

深入对接国家“一带一路”和长江经济带发展战略，绿色发展的理念也逐步扎根三湘四水。

新起点　催生经济新增长极

2015 年 8 月 26 日，在长沙梅溪湖国际新城，一个巨大的建设工地展现在记者眼前。这里是总投资 120 亿元的湘江新区国际医疗健康城，计划引入 8 家高端医院，同时建设检验中心、康复中心等。

这只是湘江新区宏大规划中的一个。作为全国第 12 个、中部地区首个国家级新区，湘江新区将在未来 3 年投资建设 10 个新项目。湘江西岸，这片曾经的沉寂、荒凉之地，正在成为一块发展热土。

沿湘江顺流而下，远在长江边上的岳阳，也在摩拳擦掌，跃跃欲试。

9 月 2 日，岳阳市委书记盛荣华向记者表示，要把岳阳打造成湖南发展的新增长极，建设成为中国宜居宜业宜游的江湖名城。在新的历史起点上，“一极三宜”成为岳阳发展的全新升级版。

环顾省内，在国家战略部署下，湖南区域发展的新格局正在形成，产业新增长点也正在成长。

长株潭城市群是全省发展的重要引擎。

2015 年 3 月 26 日，国务院批准实施《长江中游城市群发展规划》，环长株潭城市群入列。环长株潭城市群发展上升为国家战略。在国家规划中，涉及我省的环长株潭城市群，包括长株潭和岳阳、益阳、常德、衡阳、娄底，其中长株潭是核心。长株潭城市群立足更高目标、更宽视野，将努力打造成新常态下全省经济核心增长极的升级版、中部崛起新高地、全国城市群一体化发展示范区。

而洞庭湖生态经济区建设也进入实质操作阶段。省发改委洞庭湖处处长文会中告诉记者，包括我省岳阳市、常德市、益阳市、长沙市望城区在内的洞庭湖生态经济区，已启动十大工程建设，打造成为全国大湖流域生态文明建设试验区、“两型”引领的“四化”同步发展先行区。

有专家提出，从全局来看，湖南应以长株潭为核心，以岳阳为“桥头堡”，向东对接长三角，构建长江经济带，培育长株潭岳新的经济增长极；加快大湘南融入珠三角的步伐，向南对接“海上丝绸之路”；推进大湘西融入亚欧大陆桥，向西对接“丝绸之路经济带”。这样，我省就能充分发挥“过渡带”和“结合部”的作用，深度融入长三角、珠三角两大经济板块，

湘江北去，日新月异。如今，国家一系列战略部署在三湘大地积极稳妥推进，随着基础不断夯实、优势逐渐彰显，湖南必将在积极融入和服务国家战略中，实现大跨越、大发展，赢得更加灿烂的未来。

（原载《中国经济网》2015 年 9 月 10 日）

湖南探寻绿色发展：重点区域突破　推进产业转型

曹　娴

2015 年岁末，记者历时 6 天，马不停蹄地走访湘江沿线 8 市，一路上看到了令人欣喜的变化：工业污染从源头得到控制，历史遗留污染逐一清除，农村面源污染逐步减少……

省委、省政府高度重视环境保护，在探寻绿色发展的路上，湖南所取得的成效有目共睹。在人们“望得见山、看得见水、记得住乡愁”的无限期许中，绿色发展的脚步如何才能迈得更快更好？

绿色生态：从重点区域突破

地球，因为有绿，变得适宜居住。人类，因为有树，才能诗意栖居。

湖南构筑绿色屏障，首先从地上栽树着力。去冬今春，全省完成人工造林逾 300 万亩；今冬明春，全省人工造林计划仍然超过 300 万亩。

如今三湘大地，满眼郁郁葱葱。省林业厅厅长邓三龙称，全省还有部分最难啃的“三难地”需要造林；武陵山片区、罗霄山片区及南岭山地等重要生态功能区也要从树种、林相等方面提质；交通、城市等建设，每年造成不少“裸露山地”，这些都是 2016 年造林绿化的重点。

山更绿，水更清。为了还母亲河一江清水，2013 年 9 月，省政府启动了湘江保护与治理的“一号重点工程”。至今年底，湘江流域共实施整治项目 1740 个，流域内淘汰关闭涉“重”企业 1013 家；干流两岸 500 米范围内 2273 户规模养殖场全部退出。

从环保部门年终抽检来看，目前湘江治理已取得显著成效。12 月中旬，临武县甘溪河新桥段的河水检测结果显示，铜、铅、锌、镉、砷等重金属含量均在地表水三类标准范围内。而在 3 年前，从三十六湾流下的矿渣、废水导致甘溪河超“重”几十甚至上百倍。

三十六湾的变化，同样发生在衡阳水口山、株洲清水塘、湘潭竹埠港等治污主战场。环境监测显示，湘江干流的污染物浓度持续下降，18 个省控断面水质连续达到或优于三类标准。

2015 年，湖南用制度“红线”护航绿色生态，以新《环保法》为“杀手锏”，铁腕治污。面对经济持续下行的压力，省委、省政府推进绿色发展毫不动摇。前不久省政府又明确，对湘江流域实行生态环境损害终身追责；“一湖四水”及沿线沿岸地区、四水源头地区，治污攻坚继续深入，将为生态环境的改善注入“源头活水”。

治山治水的同时，不忘治土治气。省农委加快划定永久性基本农田，治理农田重金属污染，减少农药、化肥使用，为的是留住一方好土。2016 年，湖南还将以长株潭地区为重点，加强大气污染防治，让市民少受一些“霾”伏，一年之中多见蓝天。

“山青、水绿、天蓝”，这种最公平的公共产品多起来，将造福广大的三湘百姓。

绿色产业：从工业转型着力

寒冬时节，醴陵旗滨玻璃有限公司生产一片红火。这是株洲清水塘老工业基地绿色搬迁的首个项目，已投资 52 亿元、建成 5 条生产线，产能将达日产 3100 吨。

“相比搬迁前，不仅产能翻倍，而且 2.5 亿元的环保投入，确保排放达标。”株洲市以“旗滨玻璃”项目为样本，推介绿色转型的经验。市里对冶炼、化工、建材等传统产业关停并转，加快淘汰落后产能，为“中国动力谷”、电子信息、轨道交通、航空航天等新兴产业腾出容量和空间。

产业华丽转身，株洲今年经济增速保持在 10%左右，主要污染物排放总量及万元 GDP 能耗下降的排名也在全省靠前。

推进产业转型，迈向绿色发展，株洲堪称湖南的缩影。长期以来，湖南以钢铁、建材、有色、石化等重化工业为主的产业结构，对资源与环境构成压力。2015 年，省委、省政府继续推进传统产业转型升级的同时，大力扶持轨道交通装备、移动互联网、节能环保、新型住宅工业等新兴产业，走绿色发展之路。今年前 10 个月，湖南规模工业增加值同比增长 7.8%，规模工业综合能源消费量却同比下降 4.1%，新兴产业无疑担当了绿色发展的主力。

中联重科的工程机械驰名海内外，今年大力掘金“绿色”市场，不仅把环卫清洁车辆“开”到了国外，近日还收购了意大利 LADURNER（纳都勒）公司，加快了布局全球环境产业的脚步。

不仅中联重科，全省还有永清环保、华时捷等一批“绿色”先锋骨干企业，凭借技术创新，打造核心竞争力，放眼全球争市场。2015年，全省环保产业总产值预计在1600亿元左右，同比增长23.6%。

专家预计，“十三五”是绿色产业发展的黄金期。未来5年，湖南潜在的生态环境投资可达千亿元。省委、省政府提出，明年除了重点扶持环保产业，还有新材料、智能制造、生物医药等，都要加快发展，助推工业转型升级，形成新的经济增长点。

绿色生活：从消费终端倒逼

今年，长株潭两型社会试验区建设已进入第八个年头，两型理念日益深入人心，绿色生活方式蔚然成风。

随便到长沙市的小区、街道走一趟，细心的人们会发现，身边的“绿色”越来越多。在天心区的桂花坪小区，有指定垃圾回收桶对垃圾统一回收、再生处理，还可按量得到积分奖励；道路边，新添了一排排公共自行车，刷卡租赁，健康出行。

倡导绿色生活，最重要的是绿色消费。2015年，湖南省政府采购清单上，两型、绿色的产品优先采购，远大中央空调等300多个入选产品凸显绿色竞争力。政府加大两型采购力度，一方面推广使用节能新技术新产品，让绿色两型产品不愁销路；另一方面制定出台两型标准、节能减排标准，倒逼企业生产绿色产品，形成绿色发展的浪潮。从家中“一水多用”，到办公室里纸张双面打印；从使用节能产品、自行车出行，到实行垃圾分类、旧物回收……绿色理念在更多领域、更广范围传播。至2015年11月，全省范围内已有两型示范创建单位（项目）942个。

今年，湖南在全国率先制定公民环境保护行为准则。前不久，国家环保部也提出，力争到2020年公众绿色生活方式基本养成。

“湖南将以更实、更具体的举措，倡导两型生活，推进绿色消费。”省两型办专家提出，通过进一步完善与规范认证，力争实现两型产品溯源；出台具有针对性的绿色消费政策，引导人们绿色消费。

推进绿色发展，每个人都是参与者，每个人都是受益者。面对“十三五”的到来，每个人都应该思考，我们的生活如何变得更绿色、更环保？我们将以怎样的姿态，投身绿色发展的大潮？

（原载《人民网》2015年12月24日）

打造“中三角” 共铸“第四极”

——访省委常委、长沙市委书记易炼红

周云武 张颐佳 李 治

湖南日报：长江中游城市群承东启西、连接南北，这个跨区域城市群规划的获批有什么重大的历史意义？

易炼红：国务院批复《长江中游城市群发展规划》（以下简称《规划》），的确是新型城市化推进中的大事件，非同寻常。这意味着什么呢？意味着长江中游城市群发展成为名副其实的国家战略，意味着长江中游城市群成为与环渤海、长三角、珠三角以及成渝城市群比肩的国家级城市群，将来也可能成为世界级城市群。由此，我国面积最大的城市群站在新的更高起点乘风破浪、扬帆起航。

我个人认为，《规划》获批至少包含了三重考量。一是体现了对城市化规律性的认识进一步提升。城市化的高级形态是城市群。中国这样幅员辽阔、腹地广阔的大国，城市化必须有若干个重量级的城市群来引领和“引爆”。长江中游城市群发展对中部崛起来说，就是一个很好的“引爆点”和增长极。二是彰显了党中央、国务院战略性举措的进一步落地。国家重点实施的三大战略是京津冀、“一带一路”和长江经济带。而在长江经济带战略中，长三角、长江中游和成渝城市群就好比龙头、龙身和龙尾，一起舞动就会激活长江一江春水。因此，《规划》获批推动着战略落地，加快了战略实施。三是凸显了长江中游城市群发展的历史性机遇。区域发展不是孤立和封闭的，而是你中有我、我中有你。在经济全球化和区域经济一体化加速发展、我国发展进入新常态、改革进入攻坚期和深水区的大背景下，编制实施《规划》正当其时。由此给长江中游城市群带来的大开放、大协作、大整合机遇，是前所未有的。特别是对武汉、长沙、南昌三大中心城市来说，提供了通向国际化、现代化的战略支点。阿基米德说，“给我一个支点，我就能撬动地球。”现在支点有了，就看如何八仙过海、各显其能了。

湖南日报：武汉作为我国老工业基地，有着扎实深厚的基础，且得“九省通衢”之便；南昌所在的环鄱阳湖经济区更是雄踞长三角、珠三角、闽东南三大经济发达地区的核心位置。相比这两个经济圈，长株潭有何独特优势？

易炼红：正所谓“寸有所长，尺有所短”，一个地方的发展优势总是相对的，而且这种优势会随着时与势的变化而转化。武汉、长沙、南昌三大省会城市，应该说各有千秋、互为补充。《规划》的出台，不正是有利于推动长江中游城市群在更大时空范围内实现整合资源、优势互补吗？我想，在长江中游城市群提升为国家战略的重大机遇面前，三大经济圈的发展都是天时、地利、人和兼备，核心在于创新创业的舞台更大了。

就长株潭来讲，“天时”就是前所未有的战略机遇。沐浴着党中央“四个全面”战略布局的强劲东风，特别是长沙被确定为“一带一路”的重要节点城市和长江中游城市群的中心城市，全国两型社会建设综合配套改革试验区、国家自主创新示范区、国家级湖南湘江新区等战略平台在长株潭落地，发展的优势在叠加、引擎在增强、发力点更多。“地利”就是日益凸显的竞争优势。长沙文化厚重、风光秀美，全国历史文化名城与独具特点的山水洲城交相辉映，为城市发展提供了生生不息的创意源泉和心旷神怡的自然生态。作为国家综合交通枢纽城市，长沙处于京广、沪昆高铁“大十字”交汇处，直通全国18个省会城市和直辖市，与周边城市构成了1小时、2小时、3小时、4小时、5小时经济圈。加上株洲、湘潭，长株潭就是一个“大枢纽”。同时，长株潭聚集了全省70%的科研机构、90%的科技人才，是湖南的“硅谷”。“人和”就是不断优化的发展环境。在湖湘文化的精神基因里，蕴含着热情奔放、开放包容的创业文化，拥有着适宜于创新创业的人文积淀。近年来，长沙通过建设畅通城市、清洁城市、绿色城市、靓丽城市和更高水准的文明城市，“宜居宜业、精致精美、人见人爱”的品质长沙已见雏形；通过深化行政审批制度改革，建立权力清单制度，不断优化审批流程，办事的“绿色通道”更为便捷；通过推进法治长沙建设，这座城市安全、公平、正义的获得感日益强烈。株洲、湘潭的全面小康建设、两型社会建设和新型城镇化建设都有了长足进步，“三驾马车”在全省的核心增长极效应日趋明显。这些“看得见”与“看不见”的软硬环境，就是长株潭发展的资源、财富和竞争力。

湖南日报：在新的历史机遇和挑战面前，长沙作为长株潭城市群的领跑者，有怎样的发展目标和定位？

易炼红：与武汉、南昌等中心城市一道携手打造长江中游城市群，引领长株潭实现更好更快发展，是长沙面临

的重大历史使命。正如你说的，机遇是前所未有，挑战也迎面而来。

挑战是什么呢？我把它概括为三句话：一是产业发展的原有支点在削弱，而新的支点必须加速培育，原来是工程机械唱主角，现在的新材料、电子信息、汽车等产业还处在快速成长之中；二是城市化的水平亟待提升，而“城市病”的困扰已见端倪，必须全力破解，比如交通拥堵的问题，长沙的机动车保有量已经超过180万辆，很快逼近200万辆；三是转型创新发展需要新的空间，而资源环境的制约却已绷得很紧，长沙如何在新一轮发展中形成天蓝、水碧、空气清新的环境新常态，是非常现实的考验。

但长沙历来有一种“心忧天下，敢为人先”的精神，有湖湘文化中“吃得苦、霸得蛮、耐得烦”的特质，机遇来了要紧紧抓住，挑战面前要攻坚克难。就是按照中央和省委、省政府所要求的，长沙必须在转型创新发展中干在实处、走在前列。至于目标定位，中央有“四个全面”的战略布局引领；《规划》有明确阐述，就是长江中游城市群要成为中国经济发展新增长极、中西部新型城镇化先行区、内陆开放合作示范区和“两型”社会建设引领区；省委、省政府也有明确要求，就是建设现代化、国际化的区域性中心城市。

长沙通过什么路径来实现？我想也是“三步走”：一是在2017年之前，率先建成全面小康，让人民群众享有宽裕的物质生活、宜居的城市品质、丰富的精神文化、良好的生态文明、和谐的社会环境；二是到2020年，大幅提升长沙作为长江中游城市群中心城市的地位，按照国务院批复的城市总体规划，城区面积达到629平方公里，城区人口达到629万，同时综合经济实力位居全国省会城市前列，创新驱动力、经济开放度、发展两型化水平大幅提升；三是2025年之前，实现基本现代化，包括现代化的产业体系、现代化的基础设施、现代化的城市治理、现代化的社会保障等，基本实现。

湖南日报：从2006年湖南首次提出长株潭为中心、"3+5"格局的构想，到最近国家级湘江新区的挂牌成立，十年间长沙从改革和发展中收获了哪些经验和成果？

易炼红：俗话讲，“十年磨一剑”。近十年对长沙发展来说，的确是“黄金十年”。在党中央、国务院的亲切关怀和省委、省政府的正确领导下，围绕长株潭一体化的大战略、大平台相继推出，长沙近十年走过的路非同寻常。如果放在新中国成立60多年和改革开放30多年这样一个历史进程中看，这十年是长沙发展的大跨越，推动长沙发展站在了新起点，收获很大，经验很多，启示也很深刻。

我认为，最重要的是实现了两大标志性的变化：一是经济总量历史性跨入省会城市的“全国十强”。一年一个台阶，先后赶超7个省会城市，由21世纪初的第14位提升至第7位，去年已经到了第6位。这不仅仅是一个数字的变化，体现的是长沙综合实力、城市竞争力的一种跃升，在长株潭和“3+5”城市群格局中更加凸显核心增长极的作用。二是城市建设大踏步进入“湘江时代”。通过“一江两岸、跨江发展”，城市建设突破了沿五一路、老城区的狭小空间，大城市的骨架拉开，形成了“东西互动、两翼齐飞”的新格局。国家级湘江新区的获批，就是长沙城市格局进入“湘江时代”的重要标志，这说明长沙的体量、能级、辐射、影响等都不一样了。“地铁时代”到来，10条过江通道建成，包括即将开通的城际铁路、中低速磁悬浮等，都是标志。由此启示我们，长沙作为省会城市、区域性中心城市，发展始终是第一位的，做大做强是必然的。当然，现在发展不是像过去那样拼资源、拼生态、拼消耗，而是落脚到转型升级与创新驱动两大关键词。

湖南日报：有学者认为，三个城市群的融通联合，将铸就继珠三角、长三角、环渤海经济区后，中国的第四个经济增长极。长沙将启动哪些项目和政策，促进与“邻居”的交流合作，加快协调发展？

易炼红：打造“中三角”、共铸“第四极”，是国家战略，也是我们共同的追求。心动不如行动。在《规划》出台之前，在国家发改委和湘鄂赣皖四省的大力支持下，长沙与武汉、合肥、南昌四省会城市的会商会已经举办了三届，从“想干”到“真干”，从呼之欲出到开花结果，从《武汉共识》《长沙宣言》到《合肥纲要》，可以说是一步一个脚印、一年一个台阶。这体现在城际交流日趋紧密，成为常态；体现在互联互通卓有成效，沪昆高铁长沙至南昌段通车，长沙与南昌、武汉形成90分钟经济圈；体现在产业协作不断加强，文化、旅游、科技等方面的合作日益密切，有机制，有平台，有项目；体现在公共服务开放共享，住房公积金等可以异地提取。

那么，《规划》实施之后，顶层设计已经明确，太多的共同点和彼此合作的聚焦点，已经把周边城市的昨天、今天和明天紧紧联在一起，我们的“朋友圈”越来越大、交流越来越频繁。要百尺竿头、更进一步，在长江中游城市群加快构建全方位、多领域的交流与合作。作为长沙来讲，要主动出击、“五指发力”。一是在深化改革上共振，培育统一开放大市场。城市群是利益的联合体和开放的大市场，只有做到资源共享，才能实现发展共荣。长沙将与武汉、南昌等城市一道，通过改革破除行政性“壁垒”和政策性障碍，发挥市场在资源配置中的决定性作用，比如放宽市场准入、健全市场监管体系等。二是在科技创新上协同，增强城市核心竞争力。利用长沙科交会的平台，在资源共享、技术攻关、成果转化、人才培养等方面深化务实合作，每年推出一批合作的新项目、新技术、新成果，让创造活力在双边和多边竞相迸发。三是在产业对接上互利，打造区域经济升级版。城市融合关键在于产业融合。我们将按照国家总体产业布局的要求，在产业规划上互通互联，在招商引资上互惠互利，在项目选择上互帮互助，建立产业协作的常态机制，比如装备制造、电子信息、生物医药、文化旅游等领域。四是两型示范上合作，建设生态宜居城市群。长江中游有好山好水好生态，我们将发挥各自优势、坚持两型引领，在循环经济、生态环保、节能减排等方面开展深度合作，携手打造最美城市群、最宜居城市群，比如雾霾的联防联治等方面，可以探索长效合作。五是相向联通上发力，推进基础设施一体化。加快建设城际快速通道和内河航运，打通城际“断头路”、消除长江“肠梗阻”，构建方便快捷的“水陆空”立体交通体系。

（原载《湖南日报》2015年6月30日）

启动湖南发展“超级引擎”

——写在长株潭国家自主创新示范区获批之际

胡宇芬

这是一个期待已久的喜讯。

地处中部的湖南，在地理位置、资源禀赋和经济总量均不占优势的情况下，呈现出耀眼的“自主创新长株潭现象”。近日，国务院正式批复建设长株潭国家自主创新示范区。

国家自主创新示范区，就是一块创新驱动发展战略的国家试验田。湖南凭借自身的特色和优势争得了这块试验田，就一定有信心和能力种好这块试验田！

建设示范区既是湖南适应经济新常态的现实需要，更决定湖南经济社会发展的未来走向

为应对金融危机，转变发展方式，2009年国务院谋划在国家高新区的基础上建设一批国家自主创新示范区，引领自主创新和高新技术产业发展方向，为全国探索经验、做出示范。

2013年，省委、省政府做出了战略抉择——创建长株潭国家自主创新示范区。

从空间上说，按照习近平总书记关于湖南作为“一带一部”的区位定位，湖南是长三角、长江中游城市群和成渝经济区三个“板块”的中心地带，长株潭则是李克强总理提出“构建沿海与中西部相互支撑、良性互动的新棋局”的重要节点之一。

从时间上看，当前我们正处于增长速度换挡期、结构调整阵痛期、前期刺激政策消化期“三期叠加”的阶段，经济发展已从高速增长转为中高速增长的新常态。长期支撑湖南经济快速发展的土地、资源、环境等已经难以为继，依靠要素驱动的传统发展模式不可持续。

长沙、株洲、湘潭三市以占全省七分之一的面积、三分之一的人口，集聚了全省70%以上的科研机构和创业创新平台、60%以上的高新技术企业，创造了全省70%的科技成果，实现全省60%以上的高新技术产业增加值。建设长株潭国家自主创新示范区，就是为湖南装上创新“超级引擎”，不仅破解当下的发展瓶颈，也为未来发展提供持续动力。

建设长株潭国家自主创新示范区，将有利于有效承接东部产业梯度转移和积极对接西部大市场，推动三个“板块”的产业、要素、市场的有效对接和高效配置，从而打通节点，夯实中心，促进区域协调发展战略的实施。在示范区的框架下，承接产业转移将不会重复老路，而是打上创新的烙印。

建设长株潭国家自主创新示范区，还将通过创新驱动满足民生的迫切需求，引领生态文明建设。随着两型科技支撑能力的提高，大力发展两型产业，推广一批清洁低碳技术，包括新能源发电技术、“城市矿产”再利用技术等，将推动民众的幸福指数上升。

力争十年建成具有全球影响力的“一带一部”创新创业中心，为中西部地区实施创新驱动发展战略探索模式，创造经验

作为我国中部首个以城市群为基本单元的国家自主创新示范区，长株潭国家自主创新示范区任重道远。

未来十年，长株潭高新区将按照具有全球影响力的“一带一部”创新创业中心的战略目标，坚持“创新驱动、产业集聚、军民融合、协同发展”的总体思路，以提高自主创新能力和产业竞争力为核心，夯实实体经济发展基础。力争用十年左右时间，将长株潭高新区建设成为国际一流的高新技术产业集聚区和国内领先的技术创新中心，为中西部地区实施创新驱动发展战略探索模式、创造经验。

具体来说，长株潭国家自主创新示范区要建设成为“四区一级”。

创新驱动引领区。将创新驱动放在突出位置，鼓励技术创新、机制体制创新、管理创新和商业模式创新，促进传统产业转型升级、新兴产业培育壮大与社会和谐发展，推动全省经济社会发展转入到创新驱动轨道上来。

体制机制创新先行区。创新体制机制，重点突破科技成果转化、科技企业融资、科技人才激励等制度瓶颈，先行先试一批重大政策措施，促进科技与经济紧密结合，为中西部地区体制机制改革做出示范。

军民融合示范区。探索军民融合技术协同创新的新机制，建立军民融合技术协同创新平台和产业基地，完善具有湖南特色的军民融合技术协同创新体系，为全国军民融合提供示范。

城市群协同创新试验区。积极探索建立长株潭三市协同创新管理机制，发挥长沙国家创新型城市的作用，带动株洲、湘潭进入国家创新型城市，推进长株潭国家创新型城市群建设，为我国城市群协同创新提供示范。

中西部创新发展增长极。充分发挥“一带一部”优势，集聚高端创新要素，优化创新生态环境，培育发展战略性新兴产业和现代服务业，辐射带动中西部地区产业转型升级，成为引领中西部地区创新发展的增长极。

先行先试一批重大政策措施，促进科技与经济深度融合

如何实现长株潭国家自主创新示范区的战略目标？省委、省政府做出了全面部署。

按照“优势技术产业化、新兴产业规模化、传统产业高新化”的思路，我省将以科技为引领，在长株潭地区加快推动构建以 1 个主导产业、4 个新兴产业和 1 个现代服务业为核心的“1+4+1”创新型产业集群。

“1”个主导产业即以高端工程机械为核心，以轨道交通、新能源、先进矿山装备为引擎，以工业机器人等智能化、数字化产业为引领的高端装备制造产业；“4”个新兴产业即新一代信息技术产业、高端生物医药产业、新材料产业和节能环保产业。“1”个现代服务业即以文化创意产业、科技服务业和生产性服务业及大数据、电子商务等新型服务业态为重点。

面对科技成果转化、科技人才激励、科技企业融资等制度瓶颈，我省将推出一揽子计划，深化体制机制创新，优化创新创业环境，促进科技与经济深度融合。

在推动科技成果转化方面，开展高等学校、科研机构科技成果处置权管理改革。探索市场化的科技成果定价机制，鼓励高等院校、科研机构建立技术转移专门机构，鼓励设立技术转移经纪人岗位。

在激励科技人才方面，加快出台鼓励高层次人才创新创业的政策，实施创新型企业家培育计划和创业服务团队建设计划，集聚各类人才在示范区内的企业兼职或开展各种创新创业活动。支持示范区内的国有高新技术企业、院所转制企业、高校、科研机构，对做出突出贡献的科技人员和经营管理人员实施技术入股、股权奖励、期权、分红权等多种形式的激励。

在推动科技企业融资方面，将长沙高新区国家科技与金融结合试点扩大到示范区范围，全面铺开湖南省科技成果转化创业投资基金、天使投资基金、小微企业互助担保、新三板试点、科技保险等各项试点工作。

军民融合示范，是湖南的特色和优势。我省将进一步探索军民融合新模式，立足航空、航天、特种材料、工程机械等领域，对接国家重大军工项目布局，联合国防科大、中航工业等单位建好军民融合产业园，加快在示范区内布局一批军民融合重大科技成果转化与产业化项目。

实现长株潭国家自主创新示范区的战略目标，是个系统工程。加强多方协同，才能提升创新整体效能。据了解，除了相关部门和长株潭三市协同外，我省还将推动长株潭国家高新区与省内外园区开展产业创新合作，探索共建产业园、“飞地经济”等合作模式；加强与上海、武汉、重庆等地的衔接合作，积极融入长江经济带，主动对接西部大市场。

10 年后，当一个具有全球影响力的“一带一部”创新创业中心屹立在长株潭，将不仅是湖南的骄傲，更是中国的骄傲！

（原载《湖南日报》2015 年 1 月 6 日）

构筑洞庭湖区水安全屏障

——洞庭湖治理见闻

柳德新　何　峰　杨湘隆

洞庭湖区，历来是湖南乃至全国治水的重点。随着国务院 2014 年 4 月 14 日正式批复《洞庭湖生态经济区规划》，洞庭湖区区域发展正式上升为国家战略，洞庭湖区水安全重要性更为突出。

近年来，特别是国家从 2009 年启动《洞庭湖区治理近期实施方案》以来，我省洞庭湖区治理取得了哪些成效与进展？还存在哪些困难与问题？新年伊始，我们来到洞庭湖区采访。

抢抓工期争朝夕

冬天，雨水少，正是水利冬修的黄金季节。湖南省洞庭湖水利工程管理局局长沈新平介绍，洞庭湖区的安化垸、南汉垸、和康垸、集成安合垸、南鼎垸、君山垸、义合金鸡垸、北湖垸、六角山垸等 9 个蓄洪垸，正在全面实施堤防加固工程；三峡后续规划的华容县城关二水厂工程，施工进入倒计时，即将竣工通水。

位于南县西南部的南汉垸，处于松澧洪道尾端和藕池河中、西支下游，可谓三面环水：东临藕池河中支、西支，与和康垸、育乐垸相望，西濒松虎合流，西南临澧水洪道，南隔目平湖与沅江市赤山南咀相望，北与安乡县安昌垸相连。在南汉垸松澧洪道堤防上，马泗脑泵站穿堤涵管拆除重建工程现场，原来 0.8 米直径的涵管（圆形），因年久老化，已经拆除，重建为 1.2×1.8 米的箱涵（方形）。两台挖机正在作业，扩宽进水口，3 个工人在涵管外墙涂抹泥浆水，以便回填时确保泥土与涵闸无缝黏合。

南汉垸堤防加固工程包括大堤加高培厚、堤身堤基防渗、护坡、抛石护脚、填塘固基、种植防浪林、除险加固穿堤建筑物等。工程自 2014 年 10 月 28 日开工以来，施工方湖南科宏建设开发有限公司每天投入 6 台挖机、2 台深层搅拌桩机、2 台铲车、20 台运输车及上百名工人，倒排工期，抓紧施工。在项目指挥部，一张实施进度横道图张贴在墙上，每天更新各项工程进度。施工项目副经理刘军波说，近期天气好，晚上也不歇气，施工三班倒，春节前可完成工程量的 95%，明年汛前全部完工。

在安乡县安化垸的藕池河西支丁家渡堤段，施工人员正在开展预制六方块护坡，大堤已按 1954 年最高水位加高 1.8 米。2014 年 10 月底开工以来，施工方湖南泰安水利水电公司先后实施了堤防加培、涵管重建、护坡、防渗施工。

华容县，地处洞庭湖腹地，北靠长江，东临洞庭湖，境内大小河流交织、湖汊密布，其中华容河、藕池河东支两大河流穿县城而过，另有 5000 亩以上的湖泊 10 个、中小型水库59座，是典型的“水窝子”。但近年来，华容县却为缺水而发愁，湖南日报曾在2011年中央1号文件宣传报道《水利三湘·湖南水情调查》中，以《水乡喊“渴”的警钟》为题对此予以呼吁。可喜的是，随着三峡后续工作规划项目华容县城关二水厂工程的建设，水乡喊“渴”的现象即将成为历史。

在华容县胜峰乡十里铺村8组，华容县城关二水厂主体工程已完工，正在进行设备安装调试，将于2月10日通水。华容县城关二水厂工程，包括取水头部建设、输水管网建设、水处理厂建设等工程，在长江干堤天字一号堤段大荆湖电排上游300米处新建泵船式取水头部，利用管道将长江水输送到十里铺村8组的水处理厂，处理后的净水并入城区现有供水主管网，光是管道总长就达43.5公里，工程总投资3.85亿元，其中国家投资9000万元，其余均由县财政自筹。华容县水利局副局长刘阳春，最近全身心扑在水厂工程建设上。他说，工程日供水规模达12万吨，可解决华容县城东区及管道沿线部分乡镇共20万人用水问题。

防洪减灾出效益

在建工程如火如荼，而已竣工的工程则开始发挥防洪减灾效益。根据《洞庭湖区治理近期实施方案》，我省已完成钱粮湖等3大垸、围堤湖等10小垸的堤防加固工程。

岳阳市君山区的建新垸，于2010年12月开始对15.8公里的洞庭湖一线防洪大堤加固，分两年实施，工程内容包括外坡护坡、堤顶道路、涵闸改造、堤基联合截渗墙、堤身灌浆、隔堤加固等，大堤直接保护建新垸7.54万亩土地2万人口。我们站在防洪大堤看到，虽然正值枯水期，东洞庭湖依然一望无垠，湖面北风呼啸而来。大堤外坡采用浆砌石护坡，硕大的石块显得有些参差不齐。见我们有些疑惑，岳阳监狱水利国土科科长刘国庆说，高洪水位时，东洞庭湖风大浪急，石块参差不齐可起到消浪作用。

紧邻的君山区钱粮湖垸采桑湖堤段，原来是出名的险工险段。2010年、2011年实施3大垸堤防加固工程后，对钱粮湖垸24.76公里洞庭湖一线防洪大堤进行加高培厚。我们看到，堤顶靠近外坡处，还建了一面半米多高的水泥墙。君山区水利局副局长敬立群说，这面水泥墙，既可防浪，又可防鼠，可在涨水时阻止湖中老鼠上岸。

对于堤防加固工程，沅江市泗湖山镇泗湖山村支书皮长青拍手称好。他所在的共双茶垸，四面环水，1996年7月溃垸，垸内一片汪洋。2010年启动的共双茶垸堤防加固工程，总投资5亿元，实施大堤培修、护坡、防渗墙、抛石护脚、水工建筑物新建扩建与加固基础等，工程2013年底完工，其中围堤加固67.12公里。2014年7月中旬，洞庭湖区出现超警戒水位，沅水中下游出现超历史最高水位，而共双茶垸险情大为减少。泗湖山镇水管站站长彭立新说，泗湖山电排去年更新机电设备，及时开机排涝，垸内几无渍灾。据悉，共双茶垸即将启动蓄洪安全建设，按6个安全区实施一、二期工程，有计划地安排垸内居民搬迁到安全区，不再遭受水淹之苦。

在安乡县的安澧垸松滋河东支大湖口堤段，加固堤防的同时，采用生态护坡，水工连锁砖呈工字形，各砖块之间交错吻合，互相钩住，水冲不走，不用水泥钩缝，砖与砖之间的缝隙长草。但这种水工连锁砖，铺设时对施工人员要求高，返工难度大，而且造价比水泥六方块高一些。

治理还需齐努力

洞庭湖区治理，是一项庞大的系统工程，远非短短几天走马观花所能囊括。在采访中，我们也发现，洞庭湖治理还存在一些亟待解决的问题，还需各方齐努力。

——重点垸还需重点治理，特别是亟须实施堤防基础防渗处理。安乡县水利局专家汪业新说，《洞庭湖区治理近期实施方案》以蓄滞洪区建设为主，对蓄洪垸堤防加固后，蓄洪垸堤防洪能力得到普遍提高。1986年至2006年，洞庭湖区一期、二期治理，对我省11个重点垸进行了加高加固，但受限于当时条件，重点垸的堤基、堤身远未处理到位。设计条件下，如今治理后蓄洪垸的抗洪能力反而要高于重点垸。如安乡县两个重点垸安造垸、安保垸，一线防洪大堤经过逐年加高，但最大问题是大堤防渗能力不够。一旦高洪水位持续，大堤渗漏险情不断。

常德市水利局湖区站副站长陈祥勇也赞同这个说法。他说，常德市5个重点垸，一线堤防530公里，其中141公里为砂卵石堤基，防渗能力差。沅澧垸的八官垸堤段，全都是砂卵石堤基，迎流当冲，发生多处崩岸，其中一处深潭深达17米，堤基几乎快被淘空了。2014年沅水中下游超历史洪水中，沅澧垸的八官垸堤段就出现5处管涌等大险。此外，大部分重点垸的堤防无防汛公路，路面未硬化、设卡，难以应对防汛紧急情况。

今年1月上旬，湖南省洞庭湖水利工程管理局副局长周柏林带队，对洞庭湖区沅澧垸等11个重点垸1200公里一线大堤进行了为期6天的实地调研，详细了解各垸堤防治理成效及存在问题，就进一步综合整治的要点与难点征求当地意见。据他介绍，在应对2014年7月中旬沅水流域大洪水中，取得了全面胜利，但也充分暴露出重点垸堤防堤身及堤基防渗能力不足、部分堤垸堤身及岸坡崩塌较严重、数百处穿堤建筑物存在安全隐患、撇洪河及内湖一直未实施系统治理、堤顶防汛道路不适应防汛抢险专业化、机械化的要求等突出问题，若不抓紧开展重点垸堤防综合整治，一旦遭遇大洪水，面临的考验将是十分严峻的。当前，省洞庭湖水利工程管理局已组织相关部门开展重点垸堤防综合整治的前期工作。

——蓄洪垸安全建设还需加强。24个蓄洪垸，绝大部分已实施围堤加固工程，但分洪闸和安全区建设滞后，难以实现有计划分蓄洪水。钱粮湖垸、共双茶垸、大通湖东垸等3大垸，承担着分蓄长江50亿立方米超额洪水的任务，分蓄洪的几率最高。安乡县水利局专家汪业新、沅江市水利局专家黄佑军等建议，优先在这3大垸启动分洪闸和安全区建设。另外21个蓄洪垸，除围堤湖垸、西官垸、澧南垸建成了分洪闸外，也需要加快安全区、分洪闸、安全转移道路、桥梁等建设。

——一般垸也要纳入治理规划。2014年7月中旬，沅水中下游发生超历史水位大洪水，保护常德市鼎城区的善卷垸险情频出，其中鼎城区西站社区9组一处溃垸性险情，幸亏早发现、早处置，否则后果不堪设想。其中的深层次原因，是作为一般垸的善卷垸，长期缺少国家治理投入，仅常德市就有万亩以上一般垸14个。去年汛后，常德市委、市政府不等不靠，对包括善卷垸在内的沅水、澧水堤防实施加固。常德市委书记王群建议，尽快启动洞庭湖区一般垸堤防整治，让一般垸内的263多万老百姓同样享受到公平待遇。

——亟须加快松滋口建闸及四口河系整治工程。近几年来，洞庭湖区枯水季节缺水问题越来越突出。我们采访发现，长江四口河系除松滋河的新江口站未断流外，其他河段均早已断流。省防指统计，2014年汛后以来（2014年10月1日至2015年1月19日），长江四口来水总量53.3亿立方米，较历年同期均值偏少55.8%。目前，四口河系地区在防洪、水资源供给、水生态保护等方面存在诸多问题，制约着湖区经济社会的发展。为解决这些问题，我省在充分研究论证的基础上，提出了松滋口建闸及四口河系整治建设方案，即在松滋口建防洪闸，实现松澧错峰调度。结合建设深水闸疏挖松滋河西支引江济湖，对四口河系实施控支强干，建设平原水库，配合西水东调工程，将引入的长江水调往虎渡河、藕池河。在2014年3月召开的全国政协十二届二次会议期间，以全国政协委员、省政协主席陈求发为第一提案人，在湘全国政协委员提交联名提案，建议加快洞庭湖松滋口建闸及四口河系整治工程建设。目前，长江水利委员会正组织开展方案论证和前期工作。

（原载《湖南日报》2015年1月29日）

湘江北上清水流

——代表委员热议坚持不懈做好湘江保护与治理

徐　蓉　乔伊蕾

千里湘江，穿过永州、郴州、衡阳、娄底、湘潭、株洲、长沙、岳阳八市，过洞庭，奔腾北上入长江。

这条历经沧桑的母亲河，一度成为全国重金属污染最严重的河流之一。污染在水中，根子在岸上。湘江保护与治理，事关全省经济结构调整、生态文明建设的大局。

保一江清水北上，2013年，我省把湘江保护和治理列为省政府“一号重点工程”。省政府和八市政府及相关部门坚持不懈抓第一个3年行动计划：堵源头。

1月27日，《政府工作报告》中提出：全面完成湘江保护与治理省政府“一号重点工程”第一个“三年行动计划”，加强工业污水、生活污水、养殖污染等源头防控，实施生活垃圾无害化处置和资源化利用。

如何落实省政府目标？要解决哪些关键难题？两会代表、委员审议时纷纷为湘江保护与治理建言献策。

湘江变清，堵源头初见成效

“我是一个湘江保护的志愿者，经常到湘江边去走走，顺便检查水质。经过多年的治理，肉眼观察这两年水质比以前清澈多了，有时能看到水里的游鱼，要为环保部门及湘江沿线的市长们点赞。”

1月28日下午，省政协委员、省政协人口资源环境委员会主任胡伟林在政协分组讨论会上的发言，引得委员们对湘江保护与治理纷纷点赞。

湘江水正在变清，水质正在变好。

省政协委员、省环保厅厅长刘尧臣向我们介绍，根据环境监测结果，2014年湘江干流主要断面水质全部稳定在三类水以上，重金属汞、铅、砷、六价铬和镉的平均浓度进一步降低（在Ⅱ类标准限值以下），部分因子甚至达到一类水质。这表明省政府“一号重点工程”的第一个“三年行动计划”堵源头初见成效。

许多代表委员实地走访调研，发现湘江保护与治理得到各级群众的支持，成为各级各部门的一致行动。

省人大代表、衡山县开云镇龙珠村党支部书记王亚峰介绍说，衡山县贺家乡湘江村村支书王亚春的规模养殖猪场距离湘江不过百米，年出栏生猪700余头，前期已经做过畜禽养殖污染处理措施。王亚春带头拆除猪舍，还到其他养殖户家中做工作，确保所有规模养殖场全部拆除。

据悉，2010年以来，我省已累计淘汰关闭涉重企业1147家，涉重企业减少45%，其中湘江流域淘汰关闭981家，减少60%；湘潭竹埠港28家冶炼化工企业已全部退出，娄底锡矿山关闭了83家锑冶炼企业。湘江流域1600家规模养殖已退出1300多家。

啃硬骨头，改革创新解决资金、技术难题

近几年，国家环保部、发改委、财政部及省财政对重金属污染治理给予69亿多元支持。

大部分资金，需要沿江各市县政府及污染责任主体解决。钱从哪里来？代表委员们认为，要改革创新想办法，解决难题。

省人大代表、湘潭市市长胡伟林介绍了湘潭市的创新机制，他说，岳塘区竹埠港1.74平方公里上的28家重化企业，2014年9月30日在全省率先实现关闭。关闭、治理大约需要近90亿元，他们多渠道想办法：一是争取了国家、省级财政、环保资金支持，竹埠港退二进三项目就争取到4亿元国家债券；二是成立岳塘区经济开发区，开发区包含竹埠港在内的33.6平方公里，通过城市土地经营和招商引资来解决部分经费；三是鼓励区域改革创新，与湖南环保龙头企业合作，探索重金属治理PPP模式。

沿线代表委员呼吁，要在央企搬迁协调，发行债券等方面加大支持。

省人大代表、株洲市石峰区区长龙志华说，株洲清水塘地区是老工业基地，旗滨玻璃等都搬迁了，株冶等央企也表示愿意搬迁，但费用需要20亿元，希望得到有关各方在政策及资金上支持。

省人大代表、岳塘区人大常委会主任朱卓英呼吁省财政支持发行债券融资，她说："马上要启动竹埠港地区重金属污染治理，融到资金，我们力争2年至3年将竹埠港重金属污染的土壤全部治理修复好。"

如何解决重金属污染技术处理难题？

代表委员们认为：要充分发挥沿线各企业的主体责任和环保企业技术优势，不断降低重金属污染治理等技术治理成本。同时，着力加强与国际相关科研组织、企业间的合作，引进符合湘江治理实际情况的好技术。

问责落实，确保目标不折不扣完成

今年要全面完成"堵源头"的任务，如何确保湘江保护与治理目标全面落实到位？

湘江保护与治理每年的目标任务全面分解落实到省直部门和市县政府，并纳入政府绩效考核及全省小康社会达标考核的重要指标体系。

省人大代表、长沙市市长胡衡华等代表委员认为，要明确今年目标，抓好八市联动，还要不断落实问责制，确保目标不折不扣完成。

省政协委员、省环保厅厅长刘尧臣说，2015年是堵源头的收官之年，要重点抓好4件事：第一，要突出解决重点污染区域的环境问题，通过一号重点工程项目建设，较好解决重金属废水、废渣污染；第二，扎实抓好湘江两岸城镇生活污水治理，特别是加强城市污水管网配套设施建设，进一步解决好城镇污水直排湘江的问题；第三，全面完成湘江两岸规划内畜禽养殖企业退出工程；第四，对湘江支流部分超标断面，要开展污染源排查整治，进一步解决支流环境污染。

同时，刘尧臣介绍，要落实《湖南省湘江流域生态补偿（水质水量奖惩）暂行办法》，依据对湘江流域水质检测结果对象奖惩，该奖的奖，该罚的罚，最近将公布2014年沿江八市指标完成情况。

（原载《湖南日报》2015年1月30日）

青山绿水蓝天，最是宜人风景

——在湘全国人大代表畅谈生态文明建设

刘文韬　贺　佳　孙敏坚

3月5日，李克强总理在政府工作报告中说："生态环保贵在行动、成在坚持，我们必须紧抓不松劲，一定要实现蓝天常在、绿水长流、永续发展。"

建设生态文明，是关系人民福祉、关乎民族未来的长远大计。多年来，党和政府加强生态文明建设，着力打造美丽家园，成效显著。3月6日，参加十二届全国人大三次会议的湖南代表团部分代表畅谈感受。

建设绿色湖南　共创美好家园

全国人大代表、省林业厅厅长　邓三龙

湖南是农业大省、生态大省、也是全国重点林区省份。近年来，在省委、省政府的正确领导下，全省林业系统大力推进林业改革发展，积极建设绿色湖南，在生态建设、生态保护、生态补偿方面切实增进了民生福祉。截至2014年底，全省林业用地面积达1.949亿亩，森林覆盖率59.57%，活立木总蓄积量4.84亿立方米，林业产业总产值2799亿元，多项指标均居全国前列。

生态文明建设的核心和主体是自然生态系统。有这样一组数据：人在每立方厘米空气500个以上负氧离子含量的环境下生活能确保健康，生活在每立方厘米200个左右负氧离子的环境下则是亚健康，生活在每立方厘米50个及以下的负氧离子的环境下，就会诱发心理性障碍疾病甚至癌症。而每亩森林以国际标准平均7立方米蓄积量来计算，每年能释放氧气11.3吨、固碳12.8吨、吸附粉尘4.2吨，尤其是植物的叶片可以吸收空气中的二氧化硫、氟化氢等有毒气体。由此可见，森林是产生负氧离子的主要载体，而植树造林则是消除雾霾的有效方法。习近平总书记指出，山水林田湖是一个生命共同体。人的命脉在田，田的命脉在水，水的命脉在山，山的命脉在土，土的命脉在树。习总书记的重要讲话，为推进造林绿化和生态文明建设指明了方向。

只有绿化才能美化，只有山清才能水秀。2015年，全省林业系统将继续围绕"六上两下"指标精准发力，即营造林1250万亩以上，森林覆盖率稳定在59%以上，森林蓄积量增长2000万立方米以上，林地保有量稳定在1.9亿亩以上，林业产业总产值增长15%以上，湿地保护率提高2个百分点以上；森林火灾受害率控制在1‰以下，林业有害生物成灾率控制在4‰以下。

同时，通过"健康森林、美丽湿地、绿色通道、秀美村庄"四大主题建设，统筹抓好集体林权制度改革、国有林场改革、国家公园体制改革试点和林业依法行政建设；全力打好绿化"裸露山地"歼灭战和林地、湿地保卫战；着力经营健康森林、保护森林资源、抓好病虫害防治、开展林木禁伐减伐；通过系列改革创新，开拓进取，为发展现代林业、推进生态文明建设做出新的更大贡献。

怀化，会呼吸的城市

全国人大代表、怀化市委书记　彭国甫

"森林草原、江河湿地是大自然赐予人类的绿色财富，必须倍加珍惜。我们必须紧抓不松劲，一定要实现蓝天常在、绿水长流、永续发展。”李克强总理的政府工作报告，在我的心海中荡起了幸福、自豪的涟漪。因为，我们怀化到处都是天然氧吧，被誉为一座会呼吸的城市！

怀化市委、市政府历来高度重视生态保护，近年来交出了一张张漂亮的成绩单：截至2014年，全市森林蓄积量达7600万立方米，森林覆盖率达68.8%，怀化城区空气优良天数由264天提高到359天，15个集中式生活饮用水源地水质达标率为100%。

早在2011年底，怀化就迈进了国家级生态示范区行列，去年10月，怀化又被列入全国第二批生态文明示范工程试点范围。据监测遥感卫星图片显示，怀化是全国9大生态良好区域之一。

怀化森林、水能资源丰富，是湖南重要的生态屏障。但作为后发展地区，为了GDP，一度依靠一些资源消耗大、环境污染重的产业，我们已尝到了资源利用率不高、生态环境受损之痛。

痛定思痛，怀化干部群众更加深刻领悟到了生态是怀化最大的优势，是怀化的“命根子”。保护和发展好生态是怀化发展的底线，千万不能走“经济不生态、生态不经济”的老路。环保部门加大环境执法力度，关停淘汰黏土砖瓦窑、土法小石灰窑及路边采石场127家，清理整顿28家造纸企业。

天然氧吧要靠制度来呵护。怀化市出台了“领导干部环境责任考核办法”等规章制度，将相关任务指标落实到各级政府，层层签订责任书，实行严格的环保考核制、问责制、一票否决制。中方县就有7名科局级干部因环保不力被调整。

去年年底，市委经济工作会议确定了把怀化建设成为“五省边区生态中心城市”的目标，以推进“全国生态文明示范工程试点市”建设为抓手，着力加强生态经济、生态社会、生态生活、生态制度建设，让怀化这座“天然氧吧”“会呼吸的城市”蓝天常在、绿水长流、发展永续。

做美丽中国“最好名片”

全国人大代表、张家界市人大常委会主任　朱国军

遇到陌生人，一介绍我是张家界的，对方都会露出羡慕的眼光，为张家界伸出大拇指。张家界在全世界小有名气，大家都说这里好，就是因为张家界有全国，甚至是全世界最好的生态环境。

“它有全中国绝无仅有的、最纯净的空气，这可能是你该去的最佳理由。”英国著名记者、地质学家西蒙·温彻斯特2007年考察张家界后，在《纽约时报》上撰文如此称赞。

去年，张家界被国家批准为全国生态文明示范城市，同时还被评为全国最干净的十佳城市之一。张家界保护生态的力度在全省走在了前列，湖南省2000年出台的《湖南省武陵源世界自然遗产保护条例》在全国最早。

张家界对自然生态的保护几近苛刻。《武陵源总体规划》是经国务院批准制定的，层次非常高。在景区保护范围内建设一个项目，首先要经过张家界市人大常委会批准，然后才能报省市有关部门。

张家界绝不会为了利益损害环境。我们会像保护自己的眼睛一样保护张家界环境。全国首部国家森林公园题材电影《梦萦张家界》反映的就是原张家界林场场长刘开林为了保护环境奉献了自己的一生。刘开林生在张家界、死在张家界，为了那片美丽山水白了头、掉了牙、献了身。

张家界森林覆盖率达69.2%，其中武陵源核心景区森林覆盖率达到97%，全省第一。正因如此，从1991年开始，国际森林保护节有17届在张家界召开，成为张家界的一张名片。

宁愿把发展速度降下来，也不能破坏绿水青山。张家界人依靠绿色起家，更懂得靠保护绿色立家的意义。在近十年里，张家界总共否定了几十个近50亿的外资污染项目。

新技术让环境治理攻坚如虎添翼

全国人大代表，中科院亚热带农业生态研究所副所长、中科院亚热带农业生态过程重点实验室主任　吴金水

党的十八大以来，党中央把生态文明建设摆在突出地位，融入经济、政治、文化、社会建设各方面和全过程，努力建设美丽中国。我相信，不久的将来，一个山清水秀的美好家园将会呈现在我们面前。

我国正在进行一场节能减排和环境治理的攻坚战，根据这一治理态势，环境污染问题必将得到有效解决。

以湖南为例。大气污染治理方面，去年全省30万千瓦以上火电机组全部完成烟气脱硫脱硝设施建设，63条新型干法水泥生产线全部完成脱硝设施建设。湘江保护和治理方面，去年流域内完成1145个工业、城镇垃圾和污水及畜禽养殖重点治理项目，完成率达98.7%；湘江两岸禁养区年出栏300头以上的规模化畜禽养殖场已全部退出；竹埠港28家污染企业已全面关停退出……

现在党和政府对环境保护和治理越来越重视，力度越来越大，而全社会的环保意识也日益增强。如今许多工业企业都投入大量资金，完成了对除尘脱硫设施的升级。有的企业还使用新的技术设备，将工业生产产生的二氧化硫转化为硫酸，变废为宝，取得了不菲的经济效益。

一大批新技术的推广运用，将使我们的环境治理攻坚战如虎添翼。我所在的中科院亚热带所经过6年的攻关，成功研制了一套养殖废水生态治理技术。采用该技术仅短短几个月便能将养殖的黑水、臭水，经过生态湿地的处理变得清澈，而使用的主要原料狐尾藻还能作为鱼饲料、猪饲料，实现社会效益、经济效益“双赢”。目前，这一技术已在湖南、湖北、浙江等省运用。

（原载《湖南日报》北京3月6日电）

砥 砺 奋 进

——长株潭两型改革试验呈现三大新变化

常诸谈

2007年12月，长株潭城市群获批全国资源节约型、环境友好型社会建设综合配套改革试验区，湖南赢得了一个重大历史性发展机遇。这是一项神圣使命，也是一张全新考卷。

试验区获批七年多来，敢为人先的湖南人民，围绕率先形成有利于资源节约、环境友好的新机制，率先积累传统工业化转型的新经验，率先形成城市群发展的新模式，砥砺前行、先行先试，两型社会建设从蓝图到现实、从理念到实践、从“盆景”到“花园”，呈现出前所未有的新变化。

2011年3月，习近平同志在湖南考察时指出：“长株潭城市群两型社会建设，你们抓得早，抓得主动，抓出了效果，走出了一条自己的路子，希望继续探索，为全国提供借鉴和经验。”

两型社会建设“长株潭模式”

两型社会建设是开创性、探索性事业，改革是根本动力。七年来，试验区根据国务院批复的改革总体方案，全面开展八大类制度创新，纵深推进106项原创性改革，交出了一份亮丽的成绩单。

以发挥市场机制作用为突破口创新节约资源、保护环境体制机制。在全国率先推行居民生活用水、电、气阶梯价格改革，实行企业差别电价和惩罚性电价政策，建立联合产权交易平台，推行排污权交易、绿色金融、环保污染责任险、“两个合同”等改革，极大激发了节能环保治污的市场活力。全省“十一五”期间以年均8.8%的能耗增速支撑了年均14%的经济增长，“十二五”节能减排约束性指标任务超进度完成。

以转变经济发展方式为目标创新产业准入提升退出机制。“雾霾在天上、根子在地上，污染在水里、根子在岸上”。通过两型产业准入、科技创新体制、政府两型采购、两型标识认证等改革，促进产业结构变“轻”、发展模式变“绿”、经济质量变“优”。2014年，全省三次产业结构由2007年的17.6：42.7：39.7调整为11.6：46.2：42.2，移动互联网、电子商务等新兴服务业分别比上年增长120%和105.8%。

以强化政府环境保护职责为重点创新两型社会建设监管机制。改革规划体系，绘制了两型改革试验的“行动路线图”和“建筑施工图”；完善法制体系，实现了“先行先试”与“于法有据”的有机结合；建立标准体系，率先在全国形成了两型社会建设标准体系框架；创新考评体系，开展两型绩效考核，探索两型社会综合评价统计和绿色GDP评价；构建监测体系，编织了企业节能减排监管平台、“数字环保”系统等监测网，对重点城市PM2.5实时监测；强化责任体系，率先对湘江流域各级政府“一把手”实行环境损害终身追责。

以两型示范创建为抓手创新社会公众参与机制。推行绿色出行、绿色建筑、农村环保自治等改革，推进两型社会进机关、企业、家庭、城镇、乡村、社区、学校、景区等，培育两型创建单位近1000个。坚持两型社会建设从娃娃抓起，“教育一个孩子、带动一个家庭、影响一个社区”的经验模式享誉全国。全省1700多万家庭重拎菜篮子、布袋子，自行车出行，使用节能家电、节水器具，绿色、低碳成为社会新风尚。

政府、市场“两只手”相互作用，社会公众广泛参与，汇聚了两型改革试验的强大力量，形成了一大批可推广可复制的改革经验，被称为两型社会建设“长株潭模式”。长株潭试验区日益成为湖南深化改革开放的重要平台、引领科学发展的强力引擎和集聚海内外要素的靓丽名片。

自主创新“长株潭现象”

“两型”关键在“两创”，即体制机制创新、科技创新。地处中国内陆腹地，经济实力、财政资源、科技底蕴不算雄厚的长株潭地区，涌现了袁隆平超级杂交稻、“天河二号”超级计算机、炭/炭复合新材料、世界首台全断面隧道掘进机、世界最快的高速列车等一大批世界级原创性科技成果，被国家科技部誉为“自主创新长株潭现象”。

——三个激活带来“裂变效应”。通过建立现代企业制度、实行“两个70%”，激活创新主体；打破科技资源“部门所有制”，激活科技资源；推进技术成果转化、技术市场发展、技术中介服务、科技企业孵化、知识产权保护，激活技术市场。湖南综合创新能力跻身全国十强，创新绩效居全国第八。

——市场化改革引入“鲶鱼效应”。推进科研院所企业化改制、股份制合作、协同式创新和多元化经营，提升核心竞争力。全省74家上市公司，有40家是科研机构转制的科技型企业。中联重科完成从研究院到国有企业、股份制公司、全球化公司的“三级跳”，成为中国工程机械行业唯一一家A+H股上市公司，年销售收入突破1000亿元，进入全球机械行业前十强。

——双重激励增强“磁场效应”。强化政府与企业、精神与物质、创新与创业、育才和引才等双重激励，开展企业股权分红激励试点、创新金融支撑模式等改革，促进资金、技术、人才集聚。长株潭三市专利申请量和授权量分别占全省的61%和65%，发明专利申请和授权比重分别占到了74%和80%。“十二五”国家“863计划”资源环境技术领域30位专家，有4人来自湖南。

——双管齐下产生“乘数效应”。一手抓技术创新，一手抓技术推广，在全国率先集中大规模组织推广新能源发电、餐厨垃圾资源化利用和无害化处理、农村畜禽污染治理和资源化利用等十大清洁低碳技术，规划项目800多个，投资达到800多亿元，利剑直指资源环境中的突出问题和群众普遍关注的热点问题。

科技创新让企业和产业发展插上了“腾飞的翅膀”。长沙工程机械、株洲轨道交通、湘潭矿山装备等产业集群依托核心技术竞争力，成为国内乃至世界行业中心。新能源汽车、光伏装备、风电装备、航空等战略性新兴产业集群规模不断壮大。高新技术产业产值年均增长率连续多年位居全国第一。

2014年12月，长株潭获批国家自主创新示范区，成为继北京中关村、上海张江、武汉东湖等之后，全国又一“创新高地”。这既是对自主创新“长株潭现象”的完美注脚，更是一次新的起跳。

区域经济自主一体化的“长株潭样本”

长株潭三市是湖南的特色和优势。世界银行研究后认为，“长株潭的区位优势和经济格局在世界上是独特的，其发展前景令人鼓舞。”早在20世纪50年代，曾有把三市连接建设为“毛泽东城”的构想。20世纪80年代初，有专家建议设立“长株潭经济区”。90年代中期又有专家提出推进长株潭一体化。湖南历届省委、省政府对长株潭经济一体化的探索从未停歇。

长株潭试验区获批以来，随着“通信同号、金融同城、交通同网、能源同体、环境同治”实施，一体化发展步伐明显加快，长株潭成功跻身全国十大城市群，被誉为“中国第一个自主进行区域经济一体化实践的案例”。

这七年，两型规划引领现代生态城市群发展新格局。巧借生态“绿心”，摒弃“摊大饼”式的城市发展模式，按照布局紧凑、生态隔离的组团式发展，着力建设多中心、组团式、特色鲜明、内在联系紧密的城市群。2014年，主动对接国家“一带一部”发展战略机遇，调整提升2008年版区域规划，形成了长株潭城市群区域规划“升级版”。

这七年，交通先行大大缩短了长株潭三市间的“物理距离”。以长沙为中心的放射性高速公路网、连通各重要组团的“七纵七横”城际快速干道网、武广高铁和沪昆高铁、湘江长沙综合枢纽、长沙黄花国际机场改扩建等重大基础设施项目基本完成，长株潭形成了“半小时经济圈”。启动三市城际干道“断头路”建设，着力打通点对点“最后一公里”。

这七年，“通信同号”推动三市进入“信息高速公路”新时代。三市通信同号并网升位，开创了全国先河。三网融合试点，4G网络基本实现全覆盖。2014年9月，长株潭作为唯一的城市群，与京津沪一道列入“宽带中国”创建示范城市（城市群），三市通信不断加速。

这七年，环境同治、生态同建开创了流域区域污染治理新局面。从湘江流域水污染综合治理“三年行动计划”，到湘江保护与治理省政府“一号重点工程”，治理力度空前加大；从重点污染区域治理“单兵作战”，到全流域、五大污染重点地区、省市县三级联动，“集团攻坚”威力尽显；从生态绿心协同保护，到湘江风光带共建共享，极大改善了人居环境，提升了城市品位。长沙、株洲先后被评为“全国文明城市”；长沙市被评为“全球绿色城市”，连续五年被评为“全国最具幸福感城市”；湘潭市跻身“全国园林城市”行列。

三大新变化、三块“金字招牌”，汇集长株潭，正深深地改变湖南、影响全国。2013年11月，党的十八届三中全会召开前夕，习近平总书记亲临湖南视察，要求以长株潭试验区为龙头，抓好水、土、气和农村面源污染治理和生态环境保护。在全面深化改革开局之年，湖南发挥长株潭试验区龙头带动作用，生态文明体制改革风生水起，笃定前行。三湘儿女将牢记总书记嘱咐，奋力谱写建设美丽中国的湖南新篇章。

（原载《湖南日报》2015年3月9日）

先 行 先 试

——十大改革为我省两型社会建设注入新动力

常诸谈

改革是试验区的根和魂。先行先试权，是国家给予长株潭试验区最大的政策。在长株潭试验区改革纵深推进的攻坚时期，以工业准入退出提升、资源性产品价格改革、排污权交易、生态补偿、政府两型采购等为重点的十大改革，打出组合拳，牵住了试验区改革的“牛鼻子”。

“十大改革”：突出问题导向

问题是时代的声音。湖南处于工业化、城镇化的加速时期，面临缺煤少电无油的能源瓶颈，承担湘江重金属污染、农村面源污染、雾霾频现的环境压力，遭受重化工业增加值占规模工业比重超过60%、单位GDP能耗高出全国14%的粗放桎梏。推进改革，走绿色发展之路，是根本出路所在，也是长株潭试验区的根本意义所在。

省委书记、省人大常委会主任徐守盛说，湖南的发展就是要致力促进经济总量、人均均量和运行质量同步提升，就是要以长株潭两型试验区为龙头，紧紧抓住两型社会建设这个国家注入的“绿色发展”动力，走出一条绿色低碳循环发展的新路。

绿化发展导向。讲GDP而不唯GDP，将节能、节水、节地、环保等两型指标纳入绩效评价。根据主体功能区规划，明确各县市区功能定位，对79个限制开发区的县区不考评人均地区生产总值，相应提高两型的权重。开展两型社会综合评价和绿色GDP评价试点。

严格产业准入。这几年面对国际金融危机、经济下行的外部环境，和保增长、保民生、保稳定的繁重任务，湖南咬紧牙关抓两型，决不“捡到篮子都是菜”，建立产业项目用地、节能、环保、安全等准入标准，出台长株潭共同的产业环境准入政策，推行“一票否决”“重大环保项目一支笔审批”等制度，确保新上项目不放松环保要求、扩大产能不增加排放总量，近年先后否决达不到节能环保要求的项目500多个。

淘汰落后产能。抑制污染者的任性，为中高端产业让路。开展企业环境信用评价，将环境不良等级企业向社会公布。对高耗能高污染企业实行差别电价、惩罚性电价，666家差别电价政策企业中654家实现关停并转和产业技术升级，74家惩罚性电价企业中28家技改后达标，3家关停转产。1147家涉重企业在湘江综合治理中退出，其中既有地方政府“壮士断腕”的担当，老旧工业“烈士暮年”的悲壮，更有“华丽转身”的憧憬。

助力转型升级。综合采用政府两型采购、绿色信贷、绿色电价、两型认证等新机制，推广十大清洁低碳技术，加强资源循环利用。2013年率先实行政府两型采购制度，省内外企业444种产品进入采购目录，“十二五”全省两型采购将超4800亿元，拉动9600亿元社会需求。以华菱集团“三余”发电为代表，大批企业通过节能减排改造，实现经济效益与环境效益的双赢。环保产业继2013年进入千亿产业方阵后，2014年达到1300亿元。六大高耗能行业占规模工业比重比2007年下降10.2%。

两型与发展不是“非此即彼”的选择，而是“绿色发展”这枚硬币的两面。两型试验，使湖南在适应和引领新常态上占得先机。

“十大改革”：突出民生改善

干净的水、清新的空气、安全的食品，事关老百姓切身利益，就是改革的主战场。

剑指水污染。湘江成为流域治理的先行者。2011年国务院批复《湘江流域重金属污染治理实施方案》，2013年启动省政府“一号重点工程”第一个三年行动计划，成立省长挂帅的湘江保护协调委员会、湘江重金属污染治理委员会，市县政府主要领导担任“河长”，实行环境损害终身追责。监测到位是追责的前提，在13个跨市断面建设了88个水质自动检测站。株洲清水塘、湘潭竹埠港、娄底锡矿山、衡阳水口山、郴州三十六湾等重污染区实行“一区一策”“一区一省直部门对口”，株洲清水塘完成旗滨玻璃搬迁，湘潭竹埠港全部关停28家化工企业。改革需要智慧，也需要勇气。2014年计划的治理保护项目1158个，完成率达98.7%。去年湘江干流水质为优，印证了省委副书记、省长杜家毫提出的要求：要用制度保母亲河一江清水。

剑指大气污染。坚持标本兼治、联防联治、综合防治，推行政府统领、企业施治、市场驱动、公众参与的新机制。突出工业、机动车、建筑扬尘治理，30万千瓦以上火电机组、新型干法水泥生产线建成脱硫脱硝设施；长株潭进行机动车尾气检测，建成62条检测线，实行环保标志管理。完善大气污染联防联治机制，率先开展PM2.5同步监测、同步发布。三市“同气连枝”，去年空气达标天数比2013年上升7.2个百分点。

剑指土壤污染。创新农村环境综合整治机制，探索出“分户减量、分散处理”和“以县为主、市级补贴、镇村分担、农民自治”模式，被誉为“农村生活方式的一次深刻变革”，攸县、长沙县的做法在全国推广。编制耕地重金属污染调查与综合防治总体方案，国家从2014年起连续三年安排资金10多亿元，在长株潭开展重金属污染耕地修复试点。

“十大改革”：突出市场推动

发挥市场配置资源的决定性作用，强化环境友好的激励约束机制，是“十大改革”的基本取向。

——资源性价格改革走在前列。实行谁浪费、谁买单。2012年，居民水电气阶梯价格改革“破冰”。这一年的2月，长沙率先打破“一刀切”水费模式，全面推行阶梯水价；7月，居民生活用电试行阶梯电价；12月，长株潭三市试行居民阶梯气价。

——排污权交易不断拓展。排污要有权、无权要购买。2011年在长株潭启动试点，2014年扩展到湘江流域八市所有工业企业，涵盖7项主要污染物。已对8158家工业企业核定初始排污权，市场交易471次，交易总额7252.4万元，污染项目建设受到限制，腾出了环境容量。

——生态补偿逐步升级。湘江流域推行水质水量考核，上游超标排放或环境责任事故对下游赔偿，下游对上游水质优于目标值补偿。省级公益林补偿从2008年的5元/亩起步，补偿标准提高到2010年的10元、2012年的12元、2014年的15元。加大对重点生态功能县的财政转移支付力度，使保护生态的人们享受公共服务、发展美丽经济，变“要我保护”为“我要保护”，绿水青山成为老百姓的幸福靠山。

——金融创新“供血”绿色发展。“钱从哪里来”始终是两型的难题。在全国第一个推行两型社会金融改革，下出一套先手棋：率先编制区域性融资规划；率先发行湘江治理专项债券67亿元，吸引配套资金200多亿元；率先试点环境责任险，涉重金属及其他高环境风险投保企业2248家，保险金额120230万元，在株洲发生全国首例环境污染责任险获赔案例。

——“两个合同”激活资源环境市场。探索合同能源管理、合同环境服务，积极采用专业化的技术、资金、管理。株洲等地把城镇“清扫权”推向市场，解决政府直接“扫地”导致的职责不清、管理混乱、效率低下问题。株洲生活垃圾焚烧发电、长沙磁悬浮轨道进入全国PPP试点，湘潭采取PPP模式组建竹埠港治理公司。

“十大改革”：突出法治保障

2008年7月，省人大出台保障和促进长株潭试验区工作的《决定》。试验区一起跑就进入法治化轨道。

几年来，试验区加强立法，制定的《长株潭区域规划条例》等，为改革搭建法治“顶棚”。及时将改革的好做法、好政策上升到法治层面，在生态绿心保护、湘江保护、土地资源保护、建筑节能等领域出台70多个法律规章，编制16个两型标准指南、43个两型地方标准，大气污染防治、饮用水源保护、环境损害赔偿等法规紧锣密鼓地制定。这些规则与改革双轮驱动，形成了高效的制度供给。

几年来，试验区严格执法，构建涵盖国土、水政、林政等部门的资源环境执法体系，开展“一条例一决定”、大气污染防治等执法检查，组织生态绿心条例执法调研。今年，省政府出台文件，明确县级以上人民政府、省直职能部门、企事业单位和社会机构的环保责任及责任追究办法。这是全国首个地方环境保护责任规定。

几年来，试验区公正司法，省高院、省检察院出台两型社会司法保障措施，设立林业审判检察机构，探索生态环保法庭。今年一开年，长沙县就公开审理我省首例环境污染入刑案，湘潭市雨湖区3人因违法排污拒不整改被依法刑拘。PM2.5、水质等环保数据及时发布，畅通了公众参与的渠道，实现有为政府、有效市场、有机社会多元共治。

十大改革，就是十大施工图、十个任务书，已催生一批穿透力强的创新经验，湘江流域综合治理机制、居民用水电气阶梯价格、政府两型采购、城市环境综合治理、农村环境自治、排污权交易、绿色发展评价体系、两型标准、两型示范创建、两型教育等改革在全国先行先试，成为湖南真抓改革、抓真改革的重要抓手。

十大改革符合国家大局。40多个中央部委与我省合作，湘江重金属污染治理、新能源汽车推广、节能减排综合性财政政策等进入国家试点，2014年就有23项成为国家生态文明试点。国家力量，使我省改革步伐更加坚定有力。

又是一年春来到。今年是长株潭试验区第二阶段的改革建设收官之年。我们勇立国家全面深化改革及生态文明改革建设的潮头，精准发力，纵深挺进，定将贡献更多无愧于国家试验区的制度成果。

（原载《湖南日报》2015年3月12日）

湘 江 北 去

——“一号重点工程”树立大江大河治理新样板

余学进　王建勇

湘江是湖南人民的母亲河。1925年秋，一代伟人毛泽东写下“漫江碧透，百舸争流。鹰击长空，鱼翔浅底，万类霜天竞自由”的诗句，尽显湘江壮美景致和勃勃生机。

然而，曾几何时，承载着全省60%人口、75%以上地区生产总值的湘江，曾一度被称为“全国污染最严重的河流之一”。为了让湘江重现“漫江碧透，百舸争流”景象，湖南人民开始拯救“母亲河”行动。

2007年12月，长株潭获批全国两型社会建设综合配套改革试验区后，省委、省政府把湘江作为两型社会建设的重要标志，吹响了湘江治污“集结号”。从水污染综合防治“三年行动计划”，到重金属污染专项综合治理，再到省政府“一号重点工程”，一系列“重拳”相继出台，锲而不舍……2014年，湘江干流一至三类水质断面比例比2007年提升5.5个百分点，鱼类资源量以每年5%左右速度递增；作为全省4300多万居民饮用水源，湘江干流水质总体为优，这在全国并不多见。湘江治理保护的经验模式，被新华社誉为“中国流域综合治理样本”。

政府、市场、社会协调联动

把“环境保护”作为各级政府的主要工作职责，成立以省长为主任的“湘江保护协调委员会”和“湘江重金属污染治理委员会”，将保护与治理任务分解到各省直部门和各市，湘江流域8市市长向省长递交湘江污染治理责任状，率先对湘江流域各级政府“一把手”实行生态环境损害责任终身追究制；在全国率先出台《湖南省环境保护工作责任规定（试行）》和《湖南省重大环境问题（事件）责任追究办法（试行）》，明确了政府生态环境保护“责任清单”。

“保护生态环境必须依靠制度、依靠法治”。《湖南省湘江保护条例》成为我国首部江河流域保护的综合性地方法规。创新区域环境执法联动机制，探索在资源环境领域开展相对集中行政处罚权、相对集中行政许可权试点。以湘江流域综合治理为重点，深化环境保护行政执法体制改革试点，探索建立环境监测、污染控制、处罚一体的环境联合执法机制。

重金属污染治理技术一直是世界性难题。依托国家重金属污染防治工程技术研究中心等科技创新平台，组织实施重金属污染综合防治、水体污染控制与治理、土壤污染修复与治理等重大环境科技专项，研发关键技术100多项，土壤重金属污染修复的生态地球化学技术——CM技术获得国家专利。在全国率先集中组织推广重金属污染治理等十大清洁低碳技术，“利箭”直射水土气污染之“的”。在湘江治理带动下，一批环保企业迅速壮大。全省环保产业成为新的产值过千亿产业，年均增长25%以上。

市场是只“无形的手”。在湘江流域开展排污权交易、企业环境行为信用评价、环境责任保险、第三方治理、发行债券等机制创新，激发市场的杠杆作用。排污权交易范围拓展至湘江流域8市的所有工业企业以及全省范围内的火电、钢铁企业。率先推行环境污染责任险试点，投保企业2248家，金额达12亿元。创新融资模式，在全国率先发行重金属污染治理专项债券67亿元，撬动社会资本近200亿元。探索PPP模式，与环保上市公司合作，通过BOT、BT和合同环境服务模式，促进环境治理专业化、市场化、社会化。

湘江保护治理是广大人民群众共同参与、共同出力的“全民工程”。湘江“绿色卫士”志愿者在湘江流域内饮用水源、干支流以及流域内重点企业设立“守望点”。全省470多万小学生踊跃参与“争创两型小先锋”，1000多万青少年“跟着大雁去迁徙”，1700多万家庭重拎菜篮子、布袋子，使用节能家电、节水器具和高效照明产品，实行垃圾分类、旧物回收。人心齐、泰山移，社会公众广泛参与，汇聚了湘江保护与治理的强大力量。

上下游、江湖库、水陆空整体推进

习近平总书记深刻指出：“山水林田湖是一个生命共同体，人的命脉在田，田的命脉在水，水的命脉在山，山的命脉在土，土的命脉在树。”湘江保护与治理是一项复杂社会系统工程，必须尊重自然规律，按照系统工程思路，实行整体推进。

上下游“双向担责”构建了湘江全流域综合治理“责任链”。在湘江流域试行“上游对下游超标排放或环境责任事故赔偿、下游对上游水质优于目标值补偿”双向担责。2013年4月，宁乡县因双江口断面检测中的氨氮含量超标，向下游的望城区政府支付2.3万元生态补偿金，成为湘江流域首例跨县市横向生态补偿；长沙市对株树桥水库饮用水水源区年生态补偿补助金额达1160.5万元。去年底，《湖南省湘江流域生态补偿（水质水量奖罚）暂行办法》正式颁布施行，进一步明确对湘江流域跨市、县断面进行水质、水量目标考核奖罚。

三湘四水入洞庭。统筹推进湘江干、支流治理和流域内重点湖库休养生息、重要饮用水水源地保护，统筹洞庭湖和资水、沅水、澧水流域综合治理，形成了江、湖、库协同治理的新局面。打造水资源“安全闸”，去年共完成169座病险水库、水闸除险加固任务，解决湘江流域内200万人饮水安全问题。东洞庭湖国家级自然保护区湿地被纳入全国湿地生态补偿试点，对东江湖、水府庙、西毛里湖、大通湖、铁山水库等重点湖库实行控制性保护，东江湖水库列入全国湖泊生态环境保护总体规划。长株潭三市湘江水源地和株树桥水库、岳阳市铁山水库、常德市沅江等6个饮用水水源地保护进入“国家级”。

“污染在水里，根子在岸上；雾霾在天上，根子在地上。”推进湘江河道采砂专项整治及规范化管理，流域内采砂船减少257艘，砂石码头减少420个；湘江长沙综合枢纽库区清污工程，境内采砂船和砂石场全部取缔。大力实施截污治污工程，堵住工业废水、生活污水直排湘江。去年，湘江库区长沙城区段101个排污口中，完成截污改造任务76个；株洲城区段截流直排湘江的排污口31个。在长株潭地区开展170万亩重金属污染耕地修复和种植结构调整试点。加强大气污染联防联控，30万千瓦以上火电机组和新型干法水泥生产线全部完成脱硫脱硝设施建设，提前一年在全省水泥企业执行氮氧化物排放新标准，对机动车实行环保标志管理，加快淘汰黄标车及老旧车。去年，长株潭三市城市空气质量平均达标天数为67.4%，比上年提高7.2%。

堵源头、关停退、治与建多管齐下

“堵源头”是湘江保护和治理第一个“三年行动计划”的关键词。按照“流域—控制区—控制单元”三级分区，以污染物排放总量控制为抓手，着力控源、治理、修复、风险防控，强化工业、农业、生活源协同控制，打出了一系列“组合拳”。

“一区一策”决战“主战场”。对郴州三十六湾、衡阳水口山、株洲清水塘、湘潭竹埠港、娄底锡矿山五大重点污染区域，构建属地政府负责、省直一个对口部门牵头、多部门配合督导支持的多方协同机制。近3年来，株洲清水塘累计关闭退出污染企业80家。湘潭竹埠港28家重化工企业全部退出，年减少废水排放、用煤量分别约160万吨与2.5万吨，分别削减单位化学需氧量、氮氧化物3.6%和9%。娄底锡矿山关闭锑冶炼企业83家，年5000吨砷碱渣综合回收无害化处理生产线投入运行。昔日贴在三湘大地上的几块“牛皮癣”，开始重现草木葱茏、绿意盎然的景象。

坚持城乡同治，实现“江水清、两岸绿、城乡美”。大力推进城镇污水收集处理设施建设，实施生活垃圾无害化处置和资源化利用。湘江流域实现县城以上城镇污水处理设施全覆盖。2014年，全省设市城市污水处理率达到89.9%，垃圾无害化处理率达到99.9%，分别比上年提高1.5个和3.7个百分点。实施“清洁家园，清洁田园，清洁水源，清洁能源”行动，“整县推进”农村环境综合整治，覆盖28个县、8000多个行政村。长沙县等地首创农村环保自治，探索“户分类、村收集、乡中转、县处理”的垃圾分类处理模式，被誉为“农村生活方式的一次深刻变革”。

“堵源头”重点在“两头”：工业点源、农业面源。以“壮士断腕”的决心淘汰落后企业产能，2010年以来，累计淘汰关闭涉重金属污染企业1147家，涉重企业减少45%；其中湘江流域关闭981家，减少60%。同时，以畜禽养殖为重点，加强农村面源污染治理，出台湘江干流两岸养殖污染防治工作实施方案，湘江流域禁养区1600家规模养殖已退出1300多家，衡东、衡山、祁东三县已率先全面退出。

良好生态环境是最公平的公共产品，是最普惠的民生福祉。让绿水青山成为老百姓的幸福靠山，全省54个县被列入重点生态功能区，湘江源头三县和武陵山片区被纳入国家生态文明先行示范区。522平方公里的长株潭城市群“生态绿心”通过立法保护，成为长株潭三市的“公共客厅”和最大亮点。湘江风光带长株潭段已建成142.6公里，成为一道靓丽的城市风景线。湘江长沙综合枢纽提前一年蓄水试通航，长株潭城市群由滨江城市群成为全国独一无二的“滨湖城市群”。

湘江治污七年，筚路蓝缕，彰显了当代湖南人“心忧天下、敢为人先”的勇气、责任和担当。湘江——这条历经沧桑、流淌诗意与哲学的母亲河，将立足新的起点，再次以“漫江碧透”的英姿，奔腾北去……

（原载《湖南日报》2015年3月24日）

攻坚莫畏难

——推广清洁低碳技术探索经济发展新路径

刘建华　张立明　龙　文

2012年以来，我省坚持问题导向、工程支撑、政产学研联动，瞄准资源环境突出问题，大力推广清洁低碳技术，组织实施800多个重点项目，积极推进生产生活方式的绿色化，稳步踏上绿色低碳循环发展的道路。

破解资源环境难题：技术创新是关键

建设两型社会，需要体制机制创新与科技创新双轮驱动，两者缺一不可。

以湘江保护治理、大气污染联防联控等重大工程为依托，政府、企业、科研院所凝神聚力，协同作战，取得了积极的成效。

绿色生态环境变美。2014年，湘江干流Ⅰ—Ⅲ类水质断面比例比2007年提升5.5个百分点，湘江干流水质总体为优，干流18个省控断面水质均符合或优于Ⅲ类标准，鱼类资源量以每年5%左右的速度递增。长株潭空气达标天数2014年比2013年上升7.2%，全省14个城市空气达标天数同比上升5.3%，11个城市空气质量达到二级标准，比上年增加2个。碧水蓝天不再遥远。

绿色经济质态变优。推广清洁低碳技术，激活绿色市场，扩张绿色产业。2014年，全省环保产业规模达1350亿元，居中部首位、全国前10，环保企业超过1000家；在战略性新型产业中，节能环保、新能源、新能源汽车等产业营业收入占比达26%。与此同时，六大高耗能行业占全部规模工业的比重降到31.2%，规模工业综合能耗比上年下降3.4%。全省"十二五"节能减排约束性指标任务超进度完成。

绿色科技集群变强。实施重大科技项目210个，其中国家专项18项，取得900多项清洁低碳技术成果，工厂化住宅、重金属冶炼废水处理、新型智能电表、养殖废水生态治理等35项技术国内领先。2013年11月，习近平总书记在湖南考察，专程考察了中南大学国家重金属污染防治工程技术研究中心、威胜在线监控。

撬动转型发展：推广清洁低碳技术是支点

清洁低碳技术尽管这件事情很小，但能四两拨千斤，是两型社会建设的一个支点。提高清洁低碳技术含量，对冲规模扩张带来的资源环境压力，一批节能环保企业、产业基地加速成长，"绿色湘军"正在崛起。

——破解水环境污染问题，着力推广重金属污染处理、养殖污水资源化处理等技术。

2011年，国家重金属污染防治工程技术研究中心建立，获得30多项国家专利技术，成为"三废"治理与重金属污染场地修复的支撑。中南大学与长沙赛恩斯环保科技公司研发的生物制剂处理重金属废水技术，在株洲冶炼厂投入使用，每年回收25吨重金属。

针对养殖大省的污染苦恼，从科学饲料到污染治理再到病死猪处置，全面推行生态养殖模式，大大减少养殖排放。采用沼气化推动畜禽污染资源化利用，整合资金2.16亿元，实施400个规模养殖场粪污治理，新建大型沼气工程55个，建设100个农牧一体化养殖场。中科院长沙生态所的农村污水处理技术在湖南、浙江等地生根。养殖业正在发生蝶变。

——破解土壤污染问题，着力推广垃圾资源化处理、矿山治理、耕地修复等技术。

垃圾是放错了地方的资源。通过推广城市矿产再利用技术，让垃圾在循环中得到利用，6个园区、5家企业进入国家试点示范，去年有色金属循环再生产主营业务收入超过1000亿元。

垃圾量激增，垃圾填埋场告急。推广生活垃圾焚烧、水泥窑协同处置等新技术，株洲市等8个项目投产，带来垃圾综合处理的革命。

工矿区废渣往往由来已久，治理是一个世界性难题。永清环境修复公司研发的"重金属污染土壤离子矿化稳定化技术"，对重金属污染土壤治理具有显著的修复功效。中南林科大研发的"重金属污染区生态修复与水环境保护技术"，在去除土壤重金属的同时，还能迅速恢复植被景观，在多个矿区和工业污染区示范推广。

农田土壤健康事关食品安全。从去年起，在国家的支持下，长株潭开展170万亩重金属污染耕地修复试点，为全国土壤污染治理探路。

——破解大气污染的关键难题，着力推广工业脱硫脱硝技术、新能源汽车等。

根据科研机构对大气污染源的分析，硫酸盐和硝酸盐的污染较严重，必须减少工业燃烧和汽车尾气排放。

火电厂、水泥厂是大气污染重要源头。全省痛下决心，30万千瓦以上火电机组和所有63条新型干法水泥生产线全部建成脱硫脱硝设施，提前一年在全省水泥企业执行氮氧化物排放新标准。永清环保公司的"脱硝催化剂前端烟气与氨均混技术"，各项指标达到或超越西方引进技术，承担了省内60%以上的二氧化硫减排任务，钢铁脱硫业务量居国内第一。凯天环保公司在整体厂房除尘、大气环境烟气治理、重金属污染治理等领域拥有自己的核心环保技术。

让能源更清洁。大力推广风电、太阳能发电、生物质发电等新能源技术，国家下达我省"十二五"第三批风电核准计划60万千瓦，太阳能光伏形成了从工业硅生产到光伏系统开发的全产业链，全省新能源发电总装机达到100万千瓦。页岩气的商业化开发即将启动，将改变我省无气的历史。

占雾霾来源二成以上的汽车尾气排放找到解决方案。湖南在纯电动大巴、纯电动汽车研发生产等方面都达到了世界先进水平。2014年底，长株潭三市推广使用混合动力公交车2240台、纯电动公交车314台，2015年底有望整体实现公交车能源清洁化。

我省每年生产农作物秸秆4400万吨，秸秆焚烧导致雾霾产生。通过生物质发电及生产沼气、成型燃料等技术，秸秆综合利用率达65%。截至2014年底，湖南理昂再生能源公司累计发电8.93亿度，消耗秸秆112万吨，折算节省标准煤45万吨，减少75万吨二氧化碳排放。

——以清洁低碳技术助推产业转型，着力突破两型产业化和产业两型化。

中联重科联合湖南大学等开展餐厨垃圾资源化处理技术研发，促进公司向环卫机械发展，去年该领域销售收入超过50亿元，成为全国最大的环保环卫装备制造商。

威胜集团联合长沙理工大学、华自科技开展新型智能电表等智能电网关键技术研究，打破了国外技术垄断。

华时捷研发重金属废水电化学深度处理成套设备，承担全国近60%的铜、50%的锌、40%的铅冶炼废水处理，重金属在线监测设备卖到了日本。

清洁低碳技术推动传统产业实现"华丽"转型。

建成66个余热余气余压发电和热电联产项目、装机245万千瓦，涟钢、湘钢等自发电占用电量的70%以上，相当于为每吨钢降低成本42元。2014年湘钢转炉炼钢单位能耗同比下降24.62%，在68项主要产品能耗中降幅最大，竞争力得到提升。

民以食为天，但餐厨垃圾和餐饮油烟对水体、大气造成污染。2012年，长沙市成为全国餐厨废弃物资源化无害化处理试点。运用中联重科的设备，目前长沙市餐厨垃圾收集量接近60%，处于全国同领域领先水平，日均收集处理餐厨垃圾330吨，可炼制生物柴油约16吨。

清洁低碳技术推广：政策是加速器

2012年底，省政府召开专题会议，出台了长株潭试验区十大清洁低碳技术推广实施方案。在方案落地的过程中，省市政府精准发力，进行滴灌式、点穴式的政策导引。

首创政府两型采购模式。对于列入《湖南省两型产品政府采购目录》的两型产品，灵活采用首购、订购及评审优惠等方式，两型采购市场份额不断扩大，初步形成比较稳定的两型产品采购市场。据测算，"十二五"期间，全省政府采购总规模将达到1.6万亿元，其中两型采购将超过4800亿元，可带来9600亿元的社会需求。

积极推行合同环境服务和合同能源管理，让专业化的公司大显身手。鑫广安养殖场不花一分钱，通过一纸合同，将污染排放治理交给海尚公司，海尚公司利用新技术，排放水全部处理达标，还生产有机肥出售，公司投资的800万元设备及人力成本5年可全部收回。湘潭岳塘区与永清环保签订第三方合作协议，在国内首创重金属污染治理PPP模式，加快了治理步伐。2014年，麓谷获批全国首家环保服务业试点园区单位，形成5大节能环保优势产业，长沙高新区节能环保企业规模工业产值突破200亿元，同比增长30%以上。

用严格的标准和执法倒逼。省经信委发布《湖南省工业企业主要产品能耗控制指南》，对冶金、有色、化工、建材、轻工、纺织、电子等7个行业43种产品104个用能工序实行能耗控制，并作为工业固定资产投资项目节能评估的依据。"两型"要求全面融入经济建设各方面，在省政府创新创业"135"工程中，要求采用钢结构标准厂房，同步设计、建设太阳能光伏屋顶和分布式太阳能发电站。

制定"一业一策"。省政府出台《关于推进住宅产业化的指导意见》，发布建筑节能技术、材料、设备推广和限制禁止目录，长株潭三市在建住宅产业化面积达380万平方米。出台《新能源汽车推广应用的实施意见》，公交、公务、公用领域先行，带动社会消费。实施农村环境综合整治，选择28个县市区试点，水源地保护、生活污水和垃圾治理、畜禽水产养殖污染治理并进。针对中联重科提出参与两型社会建设的问题，相关厅局出台20条支持政策，中联重科等一批相关企业受益。

发挥价格杠杆作用。在全国率先推行统一燃煤发电机组标杆上网电价、脱硫脱硝电价。排污权交易、超定额累计加价、水资源费等措施，强化资源环境成本约束，使企业开发运用清洁低碳技术的积极性高涨。

坚持试点示范引领。新技术的信息不对称问题，在清洁低碳领域尤为突出，需要政府积极作为。湘江重金属污染治理、绿色建筑、新能源汽车推广等一批重大项目成为国家试验。政府工程当先锋，黄花机场、长沙地铁、株洲云龙示范区等成为行业的标杆。全省共推介了24家技术和商业模式创新突出的骨干企业，支持节能服务业等60多个战略联盟发展，部署14个县（市区）试点，及时破解技术推广中的体制机制障碍。

绿水青山，事在人为。清洁低碳技术的集成推广，已成为湖南两型社会建设、经济转型发展的重要支点。坚持体制机制创新与科技创新双轮驱动，湖南已经找到一条生态文明建设的路子。山水湖南不是梦，绿色湘军再出发。

（原载《湖南日报》2015年4月9日）

把美丽写在乡村田野

——农村面源污染治理展现新面貌

刘建华　唐　远

曾几何时，“垃圾靠风刮、污水靠蒸发，一条道路两排房、前后都是垃圾场”成了一些乡村的另一幅写照，粗放、落后的生产生活方式，使农村污染排放占到“半壁江山”。土壤、水体污染，使农民身心健康受到伤害，“米袋子”“菜篮子”“水缸子”安全受到威胁。回不去的乡愁引发人们普遍的担忧。

民有所呼，我有所应！把两型写在大地上，治理农村面源污染，建设美丽乡村，事关美丽湖南建设全局。

清洁工程：农村生产生活方式的深刻变革

湖南把整治农村环境，建设“清洁家园，清洁田园，清洁水源，清洁能源”，作为践行生态文明、建设两型社会的重要抓手，实施“三个百千万工程”，创新体制机制、投融资渠道和管理模式，走出了一条“政府主导、市场驱动、村民自治、城乡同治”的农村人居环境整治新路子。攸县、长沙县等创造了全国经验，被誉为“农村生活方式的一次深刻变革”。

绿水青山入目来。农村环境发生翻天覆地的变化，村民说：村庄美了、饮水净了、生活好了、疾病少了。

改善了人居环境。通过污水、垃圾处理设施的建设，生活污水处理能力达到5860万吨/年，生活垃圾清运能力达到61万吨/年，农村畜禽粪便、污水综合利用和处理能力达到234万吨/年，减排COD4.2万吨/年。全省105个国家级生态乡镇和180个省级生态乡镇获得命名，10个乡镇获评全国环境优美乡镇，52个村（镇）被评为全国文明村（镇）。

改进了生产方式。大力推进“两型”农业现代化，全省农业标准化基地面积突破2000万亩，生猪标准化养殖突破2800万头；清洁能源受益农户600万，年产沼气9.2亿立方米，可节约标准煤66万吨、薪柴330多万吨，相当于封山育林800多万亩；秸秆综合利用率达65%，减少了大气污染；开展病虫害综合防治，推广使用生物农药和有机肥，每亩可减少施用化肥20公斤、农药200克，节支增收100元。

提升了农村文化。组建环保合作社、环保协会，环保夜校宣讲环保知识，农民群众逐渐养成良好的生产生活习惯，打牌买码的少了，自己动手、美化家园蔚然成风，实现了美丽环境与美丽心灵的相互促进。

催生了美丽经济。绿水青山换来金山银山。休闲农业、乡村旅游、有机农业蓬勃发展。目前，全省有全国休闲农业与乡村旅游示范县7个、示范点14个，星级乡村旅游区点2000多家，302个村进入全国“美丽乡村旅游扶贫重点村”，年接待旅游人数超过1亿人次。

政府推动：整合各方力量

将农村面源污染治理，放在美丽乡村建设的大平台上，与强农惠农、生态创建等工作结合，果断出手，整体推进。

强化组织推动。2010年，湖南省被确定为全国第一批农村环境连片综合整治示范试点省；2013年，湖南省在全国率先推进以县（市、区）为基本单元的农村环境综合整治，选取28个县（市、区）试点，湘西州整州推进试点，覆盖8000多个行政村；2014年，湖南省全面部署农村人居环境改善工作。农村环境工作纳入省重点建设工程和省委、省政府绩效考核。市州、县市区明确责任部门；县市区编制乡村规划，整合财政资金，组织项目实施。株洲等市实行周考核、月评比、季讲评、年终总评，将考核结果列入县（市）政府和市直单位政绩考核；市、县财政每年投入2000万元，用于以奖促治。2014年底，全省三分之一的乡镇设立环保机构，实现了农村环境管理的延伸。

做实政策规划。省政府出台改善农村人居环境建设美丽乡村工作意见、农村人居环境重点整治村及美丽乡村建设标准（试行）等文件，明确任务，统一标准，提供政策支持；编制“十二五”生态环境保护、农村环境综合整治规划、养殖业发展规划和污染防治规划等。71个县（市区）完成了畜禽养殖区划发布工作。今年6月底前，所有县市区的养殖区域规划将全部出台。

加大财政投入。2014年，省财政共安排农村环境综合整治及重点乡镇、问题村综合治理资金2.788亿元，湘江干流规模养殖户畜禽退养补偿专项资金1.5亿元，生猪规模养殖场粪污治理资金2.1亿元。长沙建立了市、县、乡三级财政补助制度，市给予每个乡镇30~50万元建设资金，每村每年1.2万元运行资金；县里按照1：1配套。株洲攸县将乡镇土地出让金县里留存部分全部返还乡镇用于农村环境整治。常德津市采取上级投一点、本级挤一点、乡镇筹一点、社会募一点、市场引一点、农户收一点的资金筹集模，多方解决资金问题。

村民自治：群众是真正的主人

农村环境整治，关键是依靠群众，发动群众，实现农村污染治理从“有人怨、无人理”，向自我教育、自我约束、自愿投入、自主创新转变。

自己的事自己管。开展环保村民自治，浏阳金塘村创办农民环保学校，制定环保村规民约，环保促进会督促规划落实、监督村规民约执行、调解环保民事纠纷、组织环保自治听证。该村某养猪大户花3万元，在自家门口建了一个200多平方米的猪舍，因未通过环保自治听证许可，最终不得不拆除，另花4万元在规划的集中养殖区新建。

自己的难题自己解。长沙县果园镇成立了全国第一个农村环保合作社，对全镇划分44个网格，聘请44名专职保洁员，负责本区域垃圾分类处置，定期逐户收集，上门指导垃圾分类处置，并将回收垃圾进行二次分类。目前长沙县每个乡镇设有一个总社，每个村设有分社，并设立一名村级保洁员，实行行政村环保自治。

自己的家自己护。探索环卫自治收费，建立村民自治筹资筹劳投入机制，逐步实现从“政府大包大揽、负重前行”转变为“谁受益，谁负担”。长沙市“一事一议”，鼓励农民自愿投资环保基础设施。郴州永兴县将建成的饮用水水源保护、生活污水收集处理等后续运行成本低、管理较简单的项目，移交给乡镇、村、农户，由受益者承担项目后续运行管理职责。自筹卫生费，每户每月5～10元，用于村级保洁。

市场运作：合同环境服务进村入户

引入市场机制，破解“资金紧、运行难”的瓶颈，市场与政府、村民形成了大合唱。

搭建融资平台。长沙成立全国第一个农村环境建设投资有限公司环境建设投（融）资管理中心，将年度财政预算、上级支持资金、银行融资等注入公司，统一管理、专项使用于农村环境综合整治。攸县由县供销社投资1000万元成立县再生资源公司，建立回收站点网络和再生资源产业园，全县每年产生生活生产性废旧物资约20万吨，价值5亿元。

引导社会投资。资本在农村大有可为。湘潭探索“行业主管部门+龙头企业+科研院所+养殖户”的模式，伟鸿公司带动建立了三个万头以上的标准化示范养殖场，引领1.8万多农户参与市场竞争，年出栏生猪160万头。一批大型猪场成立清洁能源公司，建设沼气池、实施定期配送，无养猪户也能使用清洁能源。郴州永兴县采取BOT模式，企业投入2亿元，对全县所有村（居委会）进行垃圾集中无害化处理，县财政每年只需投入2000万元。

开展合同环境服务。为解决乡镇污水处理的技术难题和资金瓶颈，长沙县政府与桑德集团合作，将全县19个乡镇污水处理厂打捆建设经营，率先实现乡镇污水处理设施全覆盖。宁乡县、浏阳市与湖南海尚公司、永清环保公司等合作，实行畜禽养殖污染治理设施第三方建设与运营。海尚公司在浏阳枨冲实施全国第一个农村畜禽养殖区域污染治理，受到环保部好评。

技术创新：化腐朽为神奇

恢复和治理受损的生态环境，关键是针对农村四大污染，大力创新“两型”科技和管理。

生态养殖“化害为利”。实行“废弃物＋清洁能源＋有机肥料”三位一体的技术路线，采取“种养结合、就地利用”模式。去年全省建设10个清洁养猪示范基地和100个农牧一体化养殖场，建设有机肥生产企业50家，67%的规模养殖场利用农牧渔林和生产有机肥，消纳养殖废弃物。新五丰永安养殖场建设独立的养殖废弃物综合利用处理系统，厌氧产沼气及发电工程每天发电200多度，日处理污水500吨，可达一级标准。

污水治理“正本清源”。坚持分类治理，对只排放生活污水的集镇采用生物处理技术，对有工业废水排放的集镇运用生化处理技术，在广大农村分散居住区则大力推广“四格净化工艺”小型人工湿地处理技术，让农家生活污水变清水。长沙县白沙镇锡福村采用中科院长沙生态所的绿狐尾藻技术，彻底告别“山清水不秀，到处猪屎臭”的日子。

垃圾处理“分门别类”。建立垃圾分类减量、收集转运、集中处理的体系。长沙县创造“户分类减量、村主导消化、镇监管支持、县以奖代投”的模式。株洲攸县对回收网点进行统一管理，按照定地点、定时间、定种类、定价格、定规划、定职责开展资源回收，形成“户分类、村（社区）收集、镇中转、县处理”的运行机制，85%以上农村生活垃圾得到了就地处理。津市修建300多个农业投入品废弃物回收池，对地膜、塑料等废弃物进行集中、分类处理。

秸秆综合利用“变废为宝”。大力推广稻草还田、稻鸭共生等一批农业循环生产技术，形成丘陵区粮—猪—沼—果—渔、平湖区湿地—粮—牧—渔等不同类型的循环农业发展模式。探索秸秆沼气集中供气和产业化运行模式，建设一批生物质气化集中供气/发电项目和生物质成型燃料项目。

改善人居环境承载了亿万农民的新期待。湖南大力推进农村面源污染治理，探索一条生态文明建设与新农村建设相结合的新路，“望得见清山、看得见绿水、记得住乡愁”将成为新常态。

（原载《湖南日报》2014年4月29日）

两型，让生活更美好

——示范创建牵动千家万户创造新生活

常诸谈

“忽如一夜春风来，千树万树梨花开。”2011 年开始，湖南两型示范创建犹如和煦的春风吹到了社区、机关、企业、学校和千家万户，截至目前，共有 684 个单位（项目）参加了省级两型示范创建，一批批两型社区、两型机关、两型企业、两型学校和两型家庭似雨后春笋般遍地开花，成为两型社会和生态文明建设中一道靓丽的风景线。

以典型引路，动员全社会参与，一石起浪

两型示范创建的目的，就是培养一批典型，起到示范的作用，带动全社会参与和投身两型社会建设。

几年来，我省两型示范创建工作探索出创建先行引路、带动全局发展的路子，相继开展了两型机关、学校、企业、小城镇、村庄、社区、农民专业合作社、门点、景区、家庭的创建。创建区域从最初的长株潭三市，扩展到全省 14 个市州，创建领域涵盖了全社会生产、生活、消费的各个环节，创建对象覆盖了工人、农民、社区居民、机关干部、学生等广大群体。一批批敢于先行先试的探路者秉承“心忧天下、敢为人先”的湖南精神用自己的实际行动，打造出一个个看得见、摸得着的两型样本，回答了什么是两型社会、怎样建设两型社会、建成什么样的两型社会等问题。

2014 年，在创建工作的基础上，两型示范乘势而上、破茧而出。长沙市岳麓区实验小学等 10 家单位当选湖南省第一批两型示范单位，长沙市湘江新区等 6 个两型社会示范片区获评省级两型综合示范片区，为全省两型社会建设树立了可学习、可复制、可推广的示范典型。

两型示范城镇，树立资源循环利用的典型。湘潭市韶山市清溪镇建立垃圾分类和废旧物品回收机制，科学设置垃圾分类处理流程，实施雨污分流改造和人工湿地污水处理项目，引导城乡居民植绿护绿。

两型示范村庄，树立生态环境保护的典型。长沙市望城区白箬铺镇光明村着力打造两型生态环境，建设千亩花海、千户庭院、十条精品路，吸引了大批国内外游客观光游览。

两型示范社区，树立两型习惯培育的典型。株洲市天元区泰山路街道泰西社区创办“爱心交换站”，居民可以用废旧闲置物品换购生活用品和节能产品，激励居民养成两型生活习惯。

两型综合示范片区，树立两型元素集成的典型。长沙市湘江新区推进实施绿色建筑、建筑产业现代化、绿色市政、分布式能源站等两型项目建设，重点打造两型社区、学校、企业、城镇、景区等示范样板，推动两型示范实现从“盆景”到“花园”的转变。其中，位于梅溪湖国际新城的绿方中心，综合采用自然通风采光、垂直绿化、地源热泵、太阳能、雨水回收、绿色建材、智能化控制等两型技术和产品，打造了低能耗、高效率的绿色建筑标杆，成为中国首个获得英国绿色建筑标准最高级认证的项目。

为顺应示范创建深度推进的新形势，2015 年 4 月，省长株潭两型试验区管委会授予湖南湘丰茶业有限公司“湖南省两型示范基地”称号，这是我省首个两型示范基地，具有重大示范意义。该公司在茶园内间种多样性植物，改善鸟类、蜘蛛等有益生物栖息环境，使用太阳能频震式杀虫灯，防控病虫害的大规模发生；采用自制的使用清洁能源的茶叶加工生产线，实现清洁化、智能化、规模化生产；大力发展循环农业，在肉牛养殖场开展生态高值循环农业试验示范项目建设。

示范创建带动了全民参与，惠及千家万户。通过开展示范创建，千家万户被发动起来，每一个社会“细胞”被动员起来，全省上下从小事做起、从身边做起的主动性和体验两型、参与两型、践行两型的积极性前所未有，“处处皆两型，人人可两型”的理念深入人心。通过开展示范创建，人民群众切身感受到两型社会建设带来的变化和实惠。2014 年，湘江干流断面一至三类水质比例达 88%，比 2007 年提升 5.5 个百分点，长株潭地区空气达标天数比 2013 年上升 7.2%，全省 14 个城市空气达标天数同比上升 5.3%，11 个城市空气质量达到国家二级标准，比上年增加 2 个。湘江风光带建设、长株潭生态绿心保护及“交通同网、能源同体、信息同享、生态同建、环境同治”等一体化建设深度推进，试验区范围内的人居环境得到明显改善，生活更加便利。公共自行车租赁系统等两型公共设施得到广泛普及，株洲在全省率先推行公共自行车租赁系统，投放公共自行车 2 万辆，市民办卡逾 20 万张，现已推广到长沙、湘潭、衡阳、岳阳等市，不仅有效解决了交通拥堵和公交“最后一公里”等城市难题，而且减少了尾气排放。

五年来，示范创建取得了一系列显著成效，积累了许多有益经验，示范创建培育的两型模式，已经开始在全省，甚至全国推广。湘潭县云龙小学探索创造的“教育一个孩子、影响一个家庭、带动一个社区”的经验得到中央领导的高度肯定；长沙探索的五种节约集约用地模式获国土资源部的肯定并予以推介；长沙县、攸县农村环境整治，有效破解了农村垃圾处理、农村污水处理等难题，创造了全国经验，被誉为“农民生活方式的一场深刻变革”。

现今，示范创建已经成为探索两型路径、打造两型名片的新平台。国家发改委体改司调研组考察我省两型社会建设工作时认为，湖南两型示范创建作为一个典型的机制创新点，以标准为引领，调动了政府、市场、社会的积极性，是此次调研的大亮点和新发现。

从娃娃抓起，带动家庭，影响社会

“教育一个孩子、带动一个家庭、影响一个社区”，这是两型示范创建过程中探索出来的两型宣传教育的经验模式，对促进全社会各方面力量投身两型社会建设起到了积极作用。

——从娃娃抓起，从小养成两型习惯

让学校成为两型宣传教育的主阵地。我省在全国率先编制实施《湖南省中小学两型教育指导纲要》，倡导多学科、多角度将两型知识和理念灌输给孩子。北京师范大学株洲附属学校每学期都安排两型课程，指导学生利用废旧物品制作按压式手电筒、家用雨水收集净化系统等节能环保“小发明”。湘潭县云龙小学自主编写了全国首套《小学生两型教育读本》，图文并茂地诠释生活中的两型，激发孩子们学习两型知识的兴趣。长沙市周南中学利用校园网络、微信、微博和QQ群等载体，广泛宣传两型理念，强化学生两型意识。湘潭市熙春路学校通过班会、黑板报、橱窗栏、广播站、国旗下讲话等形式，开展了“创建两型学校，从小事做起”等专题活动。现在，漫步在中小学校园，草地上“种一棵树、绿一片天”等护绿标语成为新时期的童谣，时时净化孩子的心灵；教室里，“随手关灯、随时有灯”的小贴士，让孩子在温馨中感受节约的益处。

让学生成为践行两型的生力军。开福区凤羽小学围绕植绿护绿主题，开展“我为学校添份绿”“爱绿护绿”等活动，实现“班级认养一棵树、学生种养一盆花，家庭护好一片绿”。湘潭市岳塘区育才学校结合两型类重大节日，开展“两型嘉年华”，植树节组织“我和小树一起长”植绿活动，世界水日开展“小水滴反映大世界”节水活动等。目前，全省470多万小学生踊跃参与“争当两型小先锋”，1000多万青少年积极参加“跟随大雁去迁徙”“地球熄灯一小时”“‘两型在我心’征文活动”等。

——小手牵大手，带动家庭参与两型

孩子是每个家庭的核心。通过培养教育孩子养成终身受益的两型习惯，由孩子带动家长互动，实现家庭参与两型社会建设的目的。长沙市岳麓区实验小学开展“绿色家庭评比”，倡导周一多吃蔬菜、周二用环保袋、周三不开车等各类与生活息息相关的两型生活方式。株洲市芦淞区淞欣学校创立学生绿色日记，让学生与家长共同记录每天的环保思想和两型行为。湘潭市风车坪学校将每周四定为“无车日”，教育孩子说服家长不开车接送，树立低碳环保意识，并向全市家长发出倡议。家长们在活动中与孩子们共同接受了两型教育，树立了两型理念，如垃圾要分类、纸张要双面打印、废旧电池要回收、使用节能环保产品、不使用一次性餐具……

目前，家庭参与两型社会建设的热情空前高涨，全省1700多万家庭重拎菜篮子、布袋子，使用节能家电、节水器具、节能高效照明产品，实行垃圾分类、废旧物循环利用等，低碳生活、绿色习惯逐渐成为家庭行为、社会时尚。

——“小家”带“大家”，影响社区乃至全社会

通过家庭参与两型社会建设，以家庭的“小家”辐射带动社会的“大家”，使两型社会建设的社会影响力和行为感召力得到进一步提升。长沙市望城区靖港镇农溪村李德清家庭发挥苗木栽种和维护的特长，带领邻居在自家庭院种植各色花草植物，并率先在村里自建三级化粪池，生物处理并循环利用粪物垃圾，既清洁环保还可提供有机肥料。株洲市园丁小区刘珊珍家庭始终坚持“一水多次用、一物循环用”，洗衣水拖地、洗菜水浇花、淘米水洗菜，纸张双面用、塑料袋多次用、布袋子反复用、纤维绳重复用、旧衣物改造用，日常出行时，能步行就不骑车，能骑车就不乘车，能乘公交车就不打车，并经常与邻居和朋友分享自家的节能环保小窍门。

如今，农村里，无所事事、打牌赌博的人少了，关心生态环保、主动维护环境的人多了；城市里，购买大排量汽车、经常开车代步的人少了，骑自行车，搭乘环保公交“绿色出行”的人多了。

靠制度约束，推动示范创建常态化

我省先后推出8大类制度创新、106项原创性改革，为两型社会和生态文明建设打牢了制度基础，推动了示范创建常态化。

用标准体系统领示范创建。针对两型创建重点领域与行业，我省制定出台了16个两型标准和23个节能减排标准，将生产、生活和消费领域中所涉及的资源环境因素，细化成评价细则和标准，成为工作“标尺”。《两型旅游景区》标准是国内第一个两型旅游景区的地方标准；近日，《两型村庄》《两型园区》和《两型机关》等标准也已经上升为湖南省地方标准。

用科学管理规范示范创建。我省出台《湖南省两型社会建设专项资金项目管理暂行办法》《湖南省两型社会建设专项资金管理暂行办法》等文件，对项目实施、验收和监管以及专项资金分配、使用和管理等工作做出明确规定，实现了项目和资金的科学化、规范化和高效化管理。示范创建的品牌影响力加上适当的资金补助，广泛调动了全省各级各部门参与示范创建的积极性，财政引导资金撬动地方资金配套和社会资本投入，“四两拨千斤”的杠杆效应得到体现。

用严格考评保障示范创建。我省将示范创建作为两型社会建设重点工作，纳入全省绩效考评体系，对全省14个市州和省直相关部门工作落实情况进行考核。省、市层面分别开展常态化的督查督导，实行“月反馈、季调度、年评比”的推进机制。省直相关部门针对各自分管的行业和领域，强化考评机制，省教育厅出台了《湖南省高等学校两型校园指标体系及考核评价办法》，有效助推两型校园建设。

用制度创新深化示范创建。针对两型社会建设中的突出问题，大力推进制度创新，深化示范创建的内涵和成效。全面推行资源性产品价格改革，我省居民水电气价进入“阶梯时代”，用得越多、价格越贵。在全国率先试行两型政府采购，对于符合要求的两型产品，在预算安排、计划审批和组织评审等各个环节给予优惠，确保优先采购。对全省7个行业43种产品104个用能工序实行能耗控制，促进了产业转型升级。

五年来，两型示范创建工作由浅入深、由点及面、由泛到精，已成为推进全省两型社会建设的坚实基础和强大动力。它犹如一支号角，吹响了群众参与两型社会建设的

集结号；它也像一座桥梁，搭建了群众参与两型社会建设的大平台；它更似一盏明灯，指引了改革创新破浪前行的方向。

我们相信，只要继续沿着这条路走下去，“天更蓝、水更清、地更绿、家园更美”的两型生活指日可待。

（原载《湖南日报》2015 年 5 月 12 日）

法不容“污”

——法治为两型社会建设提供新保障

常诸谈

2008 年，湖南省启动湘江流域水污染综合治理“三年行动计划”，累计依法关停、退出污染企业 765 家。

2009 年 7 月，浏阳市镇头镇双桥村发生镉污染事件，制造污染有关的企业负责人、当地政府官员等受到刑事追究、停职等处理。

2013 年 9 月，湖南省启动湘江保护与治理省政府“一号重点工程”第一个“三年行动计划”，仅 2014 年，依法关停淘汰涉重污染企业 103 家。

2015 年 5 月，湘潭市雨湖区开出湖南首张“按日计罚”罚单，对非法排污企业累计罚款从以前的 10 万元飙升至 80 万元……

长株潭城市群两型社会建设综合配套改革试验区获批以来的七年，是围绕“三个率先”先行先试，积极创新体制机制的七年；也是加强法治建设，依法防污治污力度不断加大的七年。法治，成为高悬在环境污染头上的“达摩克利斯之剑”，为两型社会建设提供了有力保障。

加强立法：从源头上呵护碧水蓝天

“凡属重大改革都要于法有据”，“确保在法治轨道上推进改革”。习近平总书记的重要论断深刻阐明了“改革”与“法治”的辩证统一。

早在长株潭试验区获批之初，省委、省政府就强调：以法治保障和推进试验区改革建设，以法治思维和法治方式推进污染治理、机制创新和制度落实。

七年来，在国家法治统一的原则前提下，湖南率先在国内为两型社会建设进行地方立法，围绕节约资源、保护环境的一系列地方法规、规章和制度渐次出台实施：

2008 年 7 月，省人大常委会出台《关于保障和促进长株潭城市群资源节约型和环境友好型社会建设综合配套改革试验区工作的决定》；2009 年 9 月，通过《湖南省长株潭城市群区域规划条例》修订案，进一步从法律上确定了长株潭城市群区域规划的权威性和强制性。“一条例一决定”，被誉为长株潭两型社会建设综合配套改革试验区“基本法”，使两型改革试验从一开始就步入法治化轨道。

湘江是湖南的“母亲河”，随着工业化和城镇化快速推进，在流域内经济社会加速发展的同时，由于重金属污染、工业污染、农村面源污染和历史遗留污染叠加，一度被称为“全国污染最严重的河流之一”。在总结湘江流域水污染治理“三年行动计划”等实践成果的基础上，2013 年 4 月，《湖南省湘江保护条例》正式实施，成为全国首部关于江河流域保护的综合性法规。

在长株潭城市群结合部，有一块 522 平方公里的“生态绿心”。这是长株潭城市群的“公共客厅”，也是湖南宝贵的城市生态资源。2012 年 11 月，省人大审议通过《长株潭城市群生态绿心地区保护条例》，对生态绿心地区实行立法保护，开了国内地方立法保护“一座山”的先河。

2014 年初，省人大常委会公布 2014—2015 年立法计划 37 件，其中资源环境立法 10 件，超过四分之一。启动大气污染防治立法，相比 1997 年修正的湖南省大气污染防治实施办法，突出各级政府的主导地位和全社会共同责任，突出重点大气污染物总量控制，强调各部门齐抓共管、区域联防联控，特别是对重点领域大气污染防治，采取更为严厉的限批措施，彰显了向雾霾宣战的决心。

与此同时，湖南省及时将改革试验成果法治化，相继制定实施湖南省水利资源开发利用管理条例、耕地质量管理条例、民用建筑节能条例、韶山保护条例等法规规章 20 多部；出台矿产资源保护、土地资源保护、湘江综合治理等方面的规范性文件近 100 件；先后编制实施 16 个两型标准指南、43 个两型地方标准，两型旅游景区标准成为第一个两型“湘标”，形成了具有湖南特色、体现改革创新精神的多层次、全方位的地方法规、规章、制度和标准体系。

创新执法：让环境违法无处遁形

徒法不足以自行。法国启蒙思想家卢梭指出，“立法像人的心脏，而行政像人的大脑”。法律的生命力在于执行。

规范执法程序。在全国率先制定出台的系统规范行政程序的省级政府规章——《湖南省行政程序规定》、系统规范行政裁量权的省级政府规章——《湖南省规范行政裁量权办法》、服务型政府建设的省级政府规章——《湖南省政府服务规定》等一系列规章，为两型社会建设在行政决策、行政执法、行政监督等方面确立了基本准则。

整合执法力量。长株潭城市群推行“生态同建、污染同治、执法统一”，对跨行政区域的重点区域、流域治理和生态保护实行统一规划、统一标准、统一监测、统一防治和建设。长沙等市成立了由市长为主任的生态环境保护委员会，建立综合决策机制和环境保护联席会议制度，形成了齐抓共管的工作合力。

针对自然生态系统性和环境保护特殊性，推行综合执法和联动执法。以湘江流域综合治理为重点，湖南省深化环保行政执法体制改革，探索建立环境监测、污染控制、行政处罚于一体的环境综合执法机制。长株潭三市开展湘江河道采砂专项整治和大气污染联防联控，在资源环境领域开展相对集中行政处罚权、相对集中的许可权试点等工作，与广东、广西和江西等毗邻省区建立跨流域联防联控机制。

创新执法手段。湖南作为全国移动执法第一批试点省份之一，初步构建了省市县三级移动执法平台体系，既可以查询企业环评、违法排污历史、环境信用等级等信息，又可在线实时监控排污数据，有效解决因审批和执法分属不同部门而造成的执法难、取证难等问题，资源环境执法的时效性和精准度大幅提高。全省所有排污单位的监管，在省市县三级环保部门进行合理分工，实行“有计划、全覆盖、规范化”执法检查，建立和完善检查、监测、行政处罚和后督查等台账管理制度，规范执法行为，强化日常监管。

完善执法监督机制。省人大常委会组织开展“一条例一决定”专项执法检查和绿心地区保护条例等执法调研，搭建全国首个省级综合性节能减排监管平台和“数字环保”系统，对长株潭等城市 PM2.5 进行实时监测，在长株潭生态绿心地区搭建卫星遥感监测“保护网”。

阳光是最好的“防腐剂”。湖南省创新环境执法与公众、媒体联动机制，保障群众参与权、知情权和监督权；健全环境状况通报和环境污染举报、环保义务监督员和“12369”环保热线等制度。公众学法用法，参与环境保护，成为环境监管和环保执法的一支重要力量。

严正司法：提高环境违法成本

法治的要义在于让违法者慑于违法成本而不敢违法，而不是客观上因违法成本偏低去挑战法律。坚持严格司法，从严问责，提高环境违法成本，着力破除排污企业“认罚不认法”怪圈。

加强法制宣传教育。“法律的力量源自人民的内心拥护和真诚信仰”。两型宣传教育和资源环境法制普及如车之双轮、鸟之两翼，在全省展开。坚持两型教育从娃娃抓起，“教育一个孩子、带动一个家庭、影响一个社区”的经验模式享誉全国；“既要金山银山，也要绿水青山”“绿水青山就是金山银山”、“企业不消灭污染，污染就要消灭企业”正成为全省新的价值取向和发展导向。

完善资源环境司法机构。探索设立资源环境法庭，郴州市中级人民法院成立全省首个资源环境审判庭。省高级人民法院、省人民检察院强化两型社会建设司法保护措施，探索设立林业审判检察机构、资源环境法庭，支持环境公益诉讼。

建立环境行政执法与刑事司法衔接联动机制，依法严厉打击环境违法行为。各级环保部门、公安机关通过建立联席会议、联络员、重大环境违法犯罪案件处置、案件移送、信息交流、挂牌督办等制度，健全环保、公安执法联动协作机制。湘潭雨湖区成立全省首个公安机关在环保部门设立的执法联络机构。去年，全省环保系统向公安机关移送环境案件 19 起。

加大环境犯罪的刑事处罚力度。2012 年以来，全省法院共审结环境资源案件 7295 件，其中审结刑事案件 2003 件，判处 5 年以上有期徒刑 19 人。今年 5 月，湘潭市雨湖区法院对宋某国、宋某污染环境案进行公开宣判，以污染环境罪分别判处当事人有期徒刑 8 个月，宣告缓刑 1 年，并处罚金 1 万元，成为新《环保法》实施后全省首起大气污染入刑案例。

健全问责机制，实行企业、政府“双问责”。湖南省在全国率先出台《湖南省环境保护工作责任规定（试行）》和《湖南省重大环境问题（事件）责任追究办法（试行）》，明确党政同责为核心的涵盖政府、企业、公众“三位一体”的环境保护“责任清单”。动真格、问真责，法治的威力骤现。2014 年，衡东县“儿童血铅超标事件”发生后，多名官员受到党纪政纪处分，县环保局局长等 4 人被免职。

今年 1 月 1 日，被称为“史上最严”的新《环保法》正式施行。随着配套办法的出台和相关法规制度的健全完善，“敢为人先”的湖南人民将在“法治中国”的新时代，奋力推进长株潭两型社会建设综合配套改革和全省生态文明体制改革，谱写建设美丽中国的湖南新篇章。

（原载《湖南日报》2015 年 7 月 31 日）

绿水青山润湖湘

——“湘江北去”系列报道之生态篇

湘江北上，入洞庭，汇长江。近年来，湖南加大水、大气、土壤治理，加强环境监管；改善城市生态，提质农村环境；探索生态建设长效机制……全省环境质量稳步好转，呈现天蓝、地绿、水清、人和的美好景象。

源头治理，湘江水质总体变优

初秋的清晨，记者走进湘潭竹埠港，绿荫浓密，清风拂面。正在包饺子的一家早餐店老板告诉记者，一年前，这里 28 家污染化工企业全部关停，现在生意虽然比以前少了不少，但环境变好了，住得舒服了。

竹埠港所依傍的湘江，是湖南的母亲河。然而，这条河流一度饱受重化工业的污染。为还一江清水，2013 年，湖南省政府将湘江保护与治理作为“一号重点工程”，其中第一个“三年行动计划”的首要任务就是“堵源头”。

湘潭竹埠港、株洲清水塘、衡阳水口山、娄底锡矿山、郴州三十六湾这 5 大重点污染区域，正是“堵源头”的“主战场”。经过近 3 个年头的努力，昔日贴在三湘大地上的这几块“牛皮癣”，已然脱胎换骨。

在竹埠港，第一期 100 多亩重金属污染土壤修复工程已经启动，总共 8.2 平方公里的污染区域将在 3 至 5 年内全部治理完成。而距离竹埠港不远处，一期规划约 1500 亩的中国（中部）岳塘国际商贸城正在崛起。昔日湘江边的“生态炸弹”，即将华丽蜕变。

沿江而上，株洲清水塘已关闭退出涉重金属企业130家，完成了一批重金属污染治理项目，正在实施多个片区的土壤修复工程；在“世界铅都”水口山，企业搬迁入园，废渣深山填埋，河流改道清淤，湘江在当地松柏断面的水质已由2007年的Ⅴ类提高到现在的Ⅲ类；郴州三十六湾、娄底锡矿山努力偿还污染旧账，绝不再添新账，通过生态修复让“伤痕累累”的工矿区重披绿装。

据统计，五大重点区域共安排重金属污染治理项目315个，投入资金48亿元，目前已完成一半。2010年以来，湘江流域累计淘汰关闭涉重企业1013家，有效阻断了污染扩散的源头。

监测显示，今年上半年，湘江流域42个省控监测断面中，Ⅰ至Ⅲ类水质断面39个，达标率为92.8%，比上年同期提高4.8个百分点。作为全省4300多万居民饮用水源，湘江流域水质总体为优。

“漫江碧透”的湘江，重现“鱼翔浅底”画面，湘江流域鱼类资源量以每年5%左右速度递增。

美丽宜居，天蓝、地绿、水清

“真是人间仙境!”9月13日，长沙市人民东路一侧宽达17米的绿化带中，水雾缭绕，景致错落，走入其中的市民不由地赞叹。

“雪松、香樟、玉兰、水杉等乔木树种，配以多个品种的花灌木和地被，人们可以四季观景、常年赏花。”长沙市芙蓉区园林局局长朱卫东向记者介绍。

人民东路立交桥以东沿线的两旁，以前只有简单的行道树以及大量的违章建筑。今年来，通过增绿添景，这段长约5.9公里的道路两侧，分布有8个游园，优化及新增绿地约17公顷。

人在城中，城在绿中。这只是长沙市3年造绿大行动的一个美丽缩影。通过规划控绿、清脏播绿、拆违建绿、择空补绿、见缝插绿、垂直挂绿，长沙市计划用3年时间新增绿地1800公顷，建成各类公园100个。

城市变绿，乡村变美。近两年，我省在28个县(市、区)8000个行政村开展农村环境连片整治，生活污水净化处理，不再横流；垃圾分类减量处理，变废为宝；饮用水水源地逐个建起保护围栏；禽畜水产养殖污染进行无害化处理……“环境革命”换来乡村如画，受益人数达1000万。

蓝天白云之下，越来越多的时候人们可以放心深呼吸。高颜值的蓝天，是今年来微信朋友圈当之无愧的主角之一。上半年，全省14个市州所在地城市无一天严重污染天气，空气质量平均达标天数比例为71.8%。7月份，长沙、株洲、湘潭等6个环保重点城市的空气质量平均达标天数比例比去年同期上升4.2%。

环境变好，显露在天上，也倒映在水中。

这个夏天，开业仅3个月的常德欢乐水世界迎来了70万游客，水欢人畅。水世界所在的柳叶湖，曾经餐饮船遍布、厂矿污水潜流、湖面渐淤渐狭，眼下却是另一番风景：环湖游道蜿蜒曲折，湖岸山环水绕；湖畔垂柳拂岸，莲荷溢香，湖体水质从劣Ⅴ类提升到了Ⅲ类。常德市的滨湖公园、朝阳湖、穿紫河等城市水体、水系，由臭水变清流，水体透明度达到1米以上。

任重道远，绿色湖南正崛起

7月，株洲的空气质量名列省内前三。曾经的“全国十大空气污染城市”，如今蜕变为“全国文明城市”；曾经资源外流的城市，华丽转身为“全国十大最具投资价值城市”。

9月初，记者来到株洲市两型办，一份株洲市生态文明体制改革“1+5”实施方案摆在案头，目前正在广泛征求意见，预计年内可以发布。这份改革方案包括一个总体方案，以及今明两年要重点突破的5项改革，分别是重要自然资源资产产权登记制度、两型技术及产品发展和应用机制、绿心地区林地生态补偿制度、生态文明执法联动机制、生态文明建设考核评价制度。

“这既是行动路线图，也是任务责任书。”株洲市两型办改革政策科科长张旭介绍，目前，生态信息、数据链共享平台，生态环境预警机制，政策支持两型技术推广等举措，正在逐步落实并发挥积极作用。

湖南，正在朝绿水青山的未来大步前行——

全面完成湘江保护与治理的“第一个三年行动计划”，继续抓好深化涉重工业企业整合整治，加快推进5大重点区域整治工程、湘江两岸城镇污水处理设施配套建设、两岸规模畜禽养殖退出和治理以及支流超标断面污染源头排查整治等5件大事。

“史上最严环保法”成治污“杀手锏”。我省环保部门与公安部门在省、市、县三级建立环境保护工作联络室，让司法联动“一盘棋”，环境违法“无处可逃”。同时，我省制定出台了《湖南省环境保护工作责任规定（试行）》《湖南省重大环境问题（事件）责任追究办法（试行）》，进一步明确了环境保护的层级责任、追责情形、问责方式等，建立了各级政府守土有责、相关部门各司其职的责任体系，在全国首开先河。

洞庭湖生态经济区坚持“保护第一、生态优先”理念，科学开发和合理利用湖区资源，包括：编制洞庭湖生态经济区环境综合整治方案；加快洞庭湖湖体富营养化治理、百湖湿地修复和污染土壤集中治理等重点项目的实施；恢复洞庭湖湿地、试点区域污染土壤的生态功能；提升环湖森林生态功能，保障洞庭湖生态安全等。洞庭湖周边城市，如常德严格实行商业项目“水体环境保护一票否决制”，近3年仅市本级否决水污染型建设项目40多个，在项目环评时将总量指标前置；岳阳将“见山不挖、见水不填、见树不砍”作为该市生态建设的规矩，成为被驻华大使馆赞誉的“向世界推荐的最佳生态城市”……

近日，《湖南省新型城镇化规划（2015-2020年）》（征求意见稿）已通过专家评审。可以看到，生态文明理念融入我省城镇化全过程，我省城镇化将构建“一湖三山四水”的生态安全格局，即洞庭湖未来5年要打造成湖边城镇重要的“绿肺”；武陵－雪峰山、南岭山区、罗霄－幕阜山区要打造成为保持水土、美化环境、减灾防灾的多功能城镇绿色屏障；湘、资、沅、澧四水要成为集生态、文化、休闲功能于一体的绿色清水长廊。到2020年，要实现湘江干流水质基本稳定在Ⅲ类，部分河段达到Ⅱ类标准。

（原载《华声在线》2015年9月14日）

创新中的绿色考卷

——创新综合评价责任体系形成绿色发展新导向

常诸谈

两型改革建设总体进程如何？各市推进两型社会建设力度和成效怎样？能否如期完成国家确定的目标任务？

这是一张全新考卷，也是一份沉甸甸的责任。省长株潭两型试验区管委会联合省统计局，建立了两型综合评价体系，开展了两型评价工作，发布了《2013年度长株潭试验区两型社会建设综合评价报告》，全面回答了上述问题，得到了国家有关部门的高度肯定。国家统计局权威工作报《中国信息报》评价："以综合指数测算长株潭试验区两型社会建设成果，这样的统计评价工作在全国属于首创"，是"湖南两型社会的一项原创性工作、生态文明建设绩效评价的重大改革成果"。

先行先试：率先建立绿色导向的综合评价体系

两型综合评价体系包含了3大领域39项具体指标，其中资源节约、环境友好两大领域共31项指标，权重占到70%，11项是国家确定的约束性指标，充分体现了节约资源、保护环境的绿色发展导向。

评价指标怎么定？

该选哪些指标来评价两型社会？省直部门、市州、研究机构、有关专家一致认为，应当选择契合国务院批复试验区总体方案目标任务的指标，选择充分代表试验区两型社会建设现状和趋势的指标，选择生态文明建设、小康社会建设等领域与资源、环境密切相关的指标。五年磨一剑，评价体系到2013年基本定型，包括"资源节约""环境友好""经济社会"3个一级指标和单位GDP能耗、单位建设用地产出、人均综合用水量、空气质量良好天数达标率、城市污水处理率、主要污染物排放总量削减率等39个二级指标，各项指标都对应两型重点工作，凸显绿色发展的特点，体现两型社会内涵。

评价指数怎么算？

按照评价体系要求，确保数据的法定性和权威性，试验区建立起报表制度，各市统计局和省国土厅、省住建厅、省水利厅等十余个部门按期上报指标数据，省长株潭两型试验区管委会委托省统计局开展数据汇总分析和评价工作。数据测算采用多指标综合评价法，权重赋予采用德尔菲法，三个一级指标分别占30%、40%、30%权重，二级指标权重则平均分配。通过代入数据加权计算，将39个评价指标数据转化为1个综合总指数。从指标化向指数化的质变，从个体化到系统化的提升，评价指数并非局限于某一角度、某一方面，而是从整体上统筹兼顾地对两型社会进行全局概括。

两型成效怎么样？

评价报告显示，2013年试验区整体进展顺利，一是长株潭地区核心引领作用继续增强，综合评价总指数为109.2，相比上年两型化程度提高9.2个百分点，比试验区高出1.9个百分点。二是环长株潭地区两型社会建设稳步推进，综合评价指数为105.5，相比上年提高5.5个百分点。三是各市围绕责任狠下功夫，发展水平比上年均有提高。报告对试验区九市进行了横纵两个维度的比较排名，横向比较以各指标最优数为基数进行对比，体现评价对象总体发展情况；纵向比较以上年度数据为基数进行对比，体现年度发展成效。长沙市在全省各市中横向指数最高，为84.6，株洲市和湘潭市不甘落后，三市核心地位突出。纵向指数排名中，株洲纵向指数最高，达到113.7，衡阳等市紧随其后，代表株洲市、衡阳市等在2013年度推动两型社会建设力度最大，成效最为显著。通过对比分析，评价指数直观、全面地反映了试验区两型社会建设进程，公布排名也提升了各市推进两型的积极性和责任感。

评价意义怎么看？

评价工作是试验区两型社会建设一项原创性的改革，也是落实承担先行先试探索两型的重大责任。它创造性地改变了以单项指标、从单个领域孤立评价的传统方法，突破了以往定性描述为主的两型评价模式，以清晰、直观、定量的方式，展示了试验区两型建设总体进程、各市推进两型力度、目标任务完成情况。其重要意义为：一是科学观察评判了长株潭试验区的新发展和新局面；二是为省委、省政府及有关决策部门制定两型发展战略、规划和政策提供了依据，为各市、各部门两型建设提供了标准；三是为国家评价试验区工作、评估两型化进程提供了模式和经验。

绿色发展：进一步强化"省统筹、市为主"责任体系

省统筹、市为主，是试验区两型社会建设确定的原则，省级层面主要在政策、规划、项目、资金方面统筹协调，各市则主要在落实规划、执行政策、实施项目等具体措施上下功夫。综合评价工作进一步明确和强化了"省统筹、市为主"责任体系。

对照目标找差距

国务院批复的试验区总体方案，列出了"十项指标"及阶段性要求，据评价报告对比，其中高新技术产业增加值等4项指标略微滞后。找出了差距，即明确了责任。省级层面担起"统筹"重责，加大了在科技创新方面的改革进程，积极争取国家支持，多项试点成为"国字号"。2014年以来就有20项"国字号"改革试点先后落户湖南，包括"宽带中国"示范城市群、国家自主创新示范区等。

各市也明确了与预定目标的距离。纵向指数中，湘潭市环境友好指数略低于长株潭地区均值，为此湘潭市组织实施了一批清洁低碳技术推广重点项目，委托永清环保开展合同环境服务，在国内首创重金属污染治理PPP模式，积极推动竹埠港重点污染区域治理，2014年，28家重化工企业全部退出，分别削减单位化学需氧量、氮氧化物3.6%和9%。

对照先进找不足

通过指数测算和名次排队，与先进的距离出来了。报告中长沙市横向排名位居第1，但环境友好一级指标仅列第5，二级指标中空气质量良好天数达标率较上年有所下降。对此，长沙市开展了多重铁腕治理行动：推进“公交都市”建设，加大新能源与清洁能源公交车投放力度，纯电动公交车增至500台，占公交车总数的10%以上，到2015年底全市将淘汰所有黄标公交车；学习借鉴株洲市公共自行车租赁系统建设运营经验，在大河西先导区梅溪湖片区推进公共自行车租赁试点；切实履行与省政府签订的《大气污染防治目标责任书》，2014年启动9大类75个整治项目，治理成效显著，全年空气质量优良天数为227天，同比增加30天。

兑现奖惩抓落实

评价是手段，而非目的。在强化评价结果运用上，试验区采取了多种措施。一是行政倒逼，将评价体系与全省绩效考核体系紧密结合。2013年，两型社会建设在全省绩效考评体系中单列为重点工作下的二级指标，在350分分值中占15～20分。试验区将相对滞后的目标任务，按时间进度进行倒排，纳入全省绩效考评体系，引导各市攻坚克难，加快推进。二是建立起奖惩机制，将评价结果与两型社会建设专项资金挂钩，专项资金划分向纵向排名靠前的市适当倾斜，激发各市推动两型建设的积极性。三是构建追责机制。依据评价结果，针对存在的问题和未完成的指标任务，向各市下发工作通报，开展专项督查。规定时间内未完成任务的，将被追究相关责任。

完善提升：进一步拓展评价体系的应用范围及领域

改革只有进行时，没有完成时。作为全国首套完全以绿色为导向的评价体系，综合评价体系将随着两型社会建设的不断推进，不断拓展新的内涵与外延，不断被赋予新的活力。

继续完善评价体系

2015年4月25日，中共中央、国务院发布《关于加快推进生态文明建设的意见》，提出了生态文明建设的主要目标和具体要求。指标评价体系将在保证延续性和稳定性的基础上，向生态文明建设靠拢，一方面简化合并近似指标，使内容更简洁、重点更突出，另一方面，增加部分生态文明发展的指标，如清洁能源公交车占比等，进一步增强评价体系的绿色导向性，完善提升为“可示范、可推广”的标准化评价体系，为生态文明评价体系的建立提供经验借鉴。

拓展评价应用范围

目前开展的试验区两型社会建设评价，主要是省对市的评价。下阶段评价工作将从纵向和横向两个方面进一步深化，纵向方面，在试验区“3+5”八市和郴州市，全面推行市对县、城区、园区的评价工作，将评价向下深度延伸，激发更基层、更深层次的动力。横向方面，在评价长株潭试验区的基础上，尝试评价其他城市、其他区域的两型社会建设，并与国家可比均数等进行对比分析。在市对县的评价工作中，株洲市先行先试，率先对全市4区、5县（市）和1个示范区进行两型评价工作，公布评价结果及排名，同时报送给市、县（区）领导和市直相关部门，充分地激发各县、区、园区的积极性。在其推动下，株洲市2013年两型社会建设纵向指数排名高居试验区榜首。

增强评价体系影响力

《2013年度长株潭试验区两型社会建设综合评价报告》于去年底发布，湖南日报、湖南卫视等媒体竞相报道，在全社会上产生了强烈反响。两型社会建设一直有着很好的群众基础，环保卫士“湘江守望者”曾获CCTV 2013年度法治人物奖。这一民间自动自发组建的湘江流域民间观察和行动网络，建立了9个志愿者工作站，63个日常监测点，覆盖流域8条一级支流，3大重点治理区。现在有了评价体系和指标标准，将会吸引更多的社会团体、公众组织关注、参与和监督评价两型社会建设，为试验区两型社会建设营造良好氛围。

（原载《湖南日报》2015年9月7日）

走出去，合作共赢形成新格局

常诸谈

长株潭试验区获批以来，两型社会成为长株潭城市群的“金字招牌”，成为湖南对外合作的靓丽名片。长株潭在两型社会建设方面，坚持“走出去”，充分整合国内外各方资源，选准合作重点，深化合作内容，精准发力，精准施策，形成了合作共赢新格局。

部省合作—— 提升两型发展高度

近年来，长株潭城市群以两型试验区为平台，主动对接国家“一带一路”、长江中游城市群发展、中部崛起等战略，先后与38个部委签订战略合作协议，积极争取国家试点、重大项目和合作平台在长株潭布局，推动长株潭跨越式发展。

——争取试点，注入发展动力。长株潭试验区坚持改革的方向不动摇，充分发挥先行先试政策优势，积极争取国家级试点，为长株潭两型发展注入国家“绿色动力”。近年来，国家发改委、财政部、环保部等10多个部委将长株潭纳入综合改革试点，重金属污染防治重点区域示范、水生态文明城市建设试点等纷纷落户长株潭。国家发改委、环保部、水利部等将湘江流域综合治理纳入国家大江大河整治范围，投资规模595亿元。环保部将长沙、湘潭等11个市州纳入重金属污染防治重点区域示范的范围，未来三年将给予19.4亿元支持。农业部和财政部将长株潭作为重金属污染耕地修复及农作物种植结构调整试点，提供15亿元专项资金支持，对长株潭170万亩重金属污染耕地及其附近的43.15万亩插花丘块和湘江流域60.86万亩耕地进行分区修复。财政部将长沙市纳入节能减排财政政策综合示范城市，每年给予8亿元专项资金，推进产业低碳化、交通清洁化等“六化”进程。近四年来，长株潭城市群争取中央预算内资金736亿元，中央预算外国家部委专项资金超550亿元，为两型社会建设增添动力。

——建设项目，激发发展活力。长株潭试验区紧紧抓住项目建设这个龙头，通过争取国家部委、央企等在长株潭合作建设重大项目，促进两型建设落到实处。2011—2014年，国家部委、央企联合我省合作开展重大项目30余项，一大批重大项目布局长株潭。长株潭城际铁路、大飞机起落架、千亿轨道交通设备等一批重大基础设施及产业发展项目相继开工建设，为长株潭增强了两型发展后劲。试验区与中石油公司力推“气化湖南”建设，逐年增加湖南天然气供应，2015年供气规模将达65亿立方米/年；与中国移动通信集团合作建设中国移动电子商务基地，力争3年内用户超过3亿，年交易额突破5000亿元，促进信息消费，带动信息产业发展。大众公司投资120亿元的一期项目以及比亚迪、菲亚特投资各50亿元的项目建设，迅速提升了长株潭汽车产业地位，进一步提升两型产业核心竞争力。

——搭建平台，增强发展能力。随着亚欧水资源研究和利用中心、国家超级计算长沙中心落户长沙，我省已建有国家级重点实验室12个、国家工程技术研究中心14个，大大提高了长株潭两型产业承载能力和竞争实力。长沙金霞经济开发区成为国家新型工业化产业示范基地，香江控股等企业在金霞已建成仓储项目11个，总面积27.29万平方米，投资近100亿元，具有国内领先水平的仓储技术和设备有效节约了用地空间和人力资源。株洲国家轨道交通装备高新技术产业化基地获批国家级示范基地，轨道交通装备制造规模以上工业企业160余家，拥有全球最大的电力机车总装工位、现代化的转向架制造中心等，打造了两型产业发展的品牌。湘潭国家综合保税区成为长株潭地区唯一的综合保税区，已有18家企业与综保区签订了正式入驻协议，预计2015年可实现进出口额43.2亿美元，有力促进了企业对外出口的竞争力。

部省合作开启了湖南借助国家力量建设长株潭城市群的新局面，为湖南争取政策、资金、项目等扶持提供了一条快速的绿色通道，有力地促进了长株潭跨越式发展。

区域合作——加快两型发展速度

我省以长株潭试验区为重点，充分发挥“承东启西、贯通南北”的中部枢纽优势，加强与周边区域合作，积极对接“一带一路”战略，融入长江经济带，促进长株潭地区加快发展。

——政府搭台合作。近年来，围绕促进两型发展、生态文明建设等主题，省领导先后率党政代表团赴湖北、广东等省考察学习，接待江西、广西、上海等代表团来湘考察，积极与兄弟省市开展交流合作。湘鄂两省就共同推进联合防汛、重大水利枢纽工程建设、基础设施对接等方面达成合作意向。湘赣两省就进一步推进交通基础设施互联互通、加强两湖生态经济区建设等方面达成合作意识。湘桂两省在跨省通道建设、优势特色产业等领域开展全方位合作达成协议。政府间合作为长株潭试验区两型发展提供了加速度。

——基础建设先行。我省以长株潭试验区为重点加强与周边区域合作，始终把交通、能源等基础设施建设摆在优先位置。近年来，京广、沪昆高铁在长沙交会，形成大十字交叉，有力提升了长沙的中部枢纽地位。长株潭地区的各条省高速公路与周边各省“无缝衔接”，打通出省通道。湘桂运河开发建设，长沙黄花机场开通多省份直达航线等，水、陆、空立体交通网络基本形成。对接“渝新欧”“郑新欧”等国际物流大通道，开通“湘欧快线”，长沙海关与上海等11个城市海关共同启动长江经济带区域通关一体化改革，货物运输通道进一步完善。西气东输二线工程全线建成投产，中亚天然气输入湘潭、株洲；湘煤集团首个电煤储备基地在株洲投入运行，将整合山西、陕西等外煤资源，打造区域煤炭综合中心。交通、能源等基础设施的对接，为长株潭两型发展，率先走出去奠定了坚实的物质基础。

——产业项目助力。长株潭地区形成了以长沙高新区为代表的一批环保产业集聚区，培育了中联重科、南车、远大可建等一大批龙头企业，为区域合作提供了强劲的动力。中联重科被誉为“环卫机械制造专家”，研发的水循环再生强力洁净扫车、无泄漏压缩式垃圾车等畅销国内外。天津市将200余台中联重科的环卫机械洗扫设备纳入市政工程建设，银川市借助中联重科技术力量制定环境治理综合解决方案等。南车株洲研制的380A型新一代高速动车组刷新世界铁路运营试验高速纪录，批量投入沪杭高铁项目建设中。远大可建已在上海、山西、福建以及墨西哥等地建成30余幢环保项目。湘电集团研制出的国内首台5兆瓦永磁直驱海上风力发电机在福建投入使用，在福建共建12个风场，共装机239台。两型产业的发展，提升了长株潭试验区的核心竞争力。

区域合作助推长株潭城市群发展提质升速，城市群聚焦效应日益显现。近四年，长株潭地区带动全省累计与48个协议省市区实施合作项目13962个，实际到位资金6848.26亿元，推动了我省在城市建设、环境治理、生态保护、科技创新等方面的加速发展。

国际合作——拓宽两型发展空间

长株潭地处湖南北部，毗邻洞庭湖与长江，是全省发展基础最好、资源最密集、创新最活跃的区域，成为走出国门，加强国际合作交流的重要窗口。

——政府主导，推动交流合作。长株潭试验区积极同国外政府在生态环保、经贸等领域加强合作。2012年，在长沙举行的中德“可持续发展”对话，共同探讨湖南与黑森州在城市建设、生态环保、资本等领域的交流与友好合作。举办的“湖南省－黑森州2015经济论坛”，进一步就两地经济产业发展达成共识。近年来，试验区吸引西门子、博世等70余家德国企业来湘投资，6家湘企在德投资。省领导率团对俄罗斯、匈牙利、罗马尼亚等东欧国家进行访问，寻求可持续发展领域的合作，宣传湖南两型社会建设的成果。目前，中联重科等企业在莫斯科等地设立了分支机构，我省有19家企业与俄罗斯企业达成投资意向，投资金额约1.2亿美元左右。

——引进来，外资助力绿色发展。2007—2014年，长株潭地区实际利用外资282.6亿美元，引进世行、亚行、世界自然基金会等非政府组织贷赠款87.2亿美元。长株潭试验区申请世界银行1.72亿美元贷款，支持湘江风光带防洪道路等工程建设。长株潭试验区利用亚行技援项目62.5万美元赠款，支持湘江流域生态补偿框架政策研究；与世界自然基金会合作，积极推进“长江美丽家园计划－浏阳河”项目，改善浏阳河流域生态系统。近年来，长株潭试验区吸纳国外政府贷款共计66.2亿美元，如日本政府贷款2.4亿美元的城市垃圾处理项目、德国政府贷款1.49亿美元的生活垃圾焚烧发电项目、法国政府贷款0.82亿美元的市政绿色照明改造项目等，有效促进了长株潭两型建设。

——走出去，绿色湘军加速崛起。实施大企业、大产业、大园区战略，工程机械、新能源等优势产业规模迅速壮大，中联重科、中车株机、华菱等环保企业实力不断增强，率先走出国门，绿色湘军、产业湘军正加速崛起。2007—2014年，长株潭地区境内上市企业由29家上升到68家，湘企跨国并购48起，投资额达21.16亿美元。中联重科出口增幅高于行业平均水平，已建成覆盖80多个国家地区的市场销售网络，成功并购意大利CIFA公司和LADURNER公司、德国M-TEC公司等。中车株机先后获得超过300亿元的轨道交通装备订单，是我国第一个出口电力机车、城际动车组的企业，通过合资、并购等方式在东南亚、非洲、拉美等重要区域建成了产业基地。华菱集团2014年实现出口钢材154万吨，较上年增加49万吨，成功收购FMG16.48%的股权，与安赛乐米塔尔公司实现股权合作。湘电集团机电产品拓展80多个国家和地区，累计产品出口32亿元，以低成本并购荷兰达尔文公司，分别在美国、荷兰、日本等多个国家和中国香港地区设立办事处，打造集研发、服务、营销一体化海外平台。

长株潭试验区肩负国家重任，近年来把握国家重大战略机遇，努力构建开放平台，积极应对新常态下增速换挡、方式转型、结构调整、动力转换等挑战，坚持以开放促发展,以合作实现共赢，打造长株潭新的增长极，在新一轮“走出去”和“引进来”中，将实现更大作为。

（原载《湖南日报》2015年9月15日）

“两型三网”一体化

常诸谈

长株潭一体化，是几代湖南人的梦想。2007年，长株潭两型试验区站在新的历史起点上，大力推进交通网、宽带网、绿道网建设，长株潭一体化迈出了坚实的步伐。

交通网形成半小时经济圈

长株潭城市群交通基础设施建设，以轨道交通为主轴，以高速公路、城际干道等为重点，充分利用水能资源，发挥空港优势，着力构建两型综合交通网。近年来，长株潭交通枢纽地位得到新提升，其承东启西、贯穿南北、带动湖南加快融入长江中游城市群、融入“一带一路”战略的作用更加彰显。

——高铁“黄金十字”承东启西、连南接北。2009年12月，武广高铁建成通车；2014年12月，沪昆高铁湖南段全线贯通运营。沪昆与京广这两条我国东西与南北方向最长的高铁在长沙交会，形成“黄金十字”。“黄金十字”的叠加效应使长株潭城市群发展活力进一步激发，交通区位优势更加凸显；长株潭的老百姓出行更便捷。有人形容“早上在广州喝早茶，中午在长沙吃臭豆腐，晚上去北京吃烤鸭。上午在苏杭听昆曲，晚上在长沙听花鼓戏。”

——轨道交通网加速长株潭融城。2010年，全长104.36公里、共设24站的长株潭城际铁路启动建设，预计明年建成通车。2014年，长沙地铁2号线通车，1号线预计明年通车，其他4条线路正抓紧建设，长沙火车南站到黄花机场的中低速磁悬浮列车线路开工建设。株洲、湘潭正规划对接长沙的城市轻轨线路。地铁、磁悬浮列车、城际铁路、城市轻轨实行“无缝对接、零换乘”，一张连接三市的轨道交通网初步成形，加快了长株潭融城步伐。

——高速公路骨架网基本形成。近年来建成通车的长浏高速、长韶娄高速、长湘高速等，使我省规划的“五纵七横”高速公路主骨架网正逐步成型。2014年底，长株潭三市高速公路通车里程达到1365公里，基本形成了全面覆盖、连接周边的高速公路网络。

——城际快速干线网加速形成。芙蓉大道长沙至湘潭段、红易大道株洲至湘潭段、金洲大道西线、人民东路东延线等城际干道已建成通车。长株潭城际干道9条断头路建设今年启动实施，着力打通点对点“最后一公里”，预计年底道路基本实现通车。一张沟通三市核心区各重要组团的“七纵七横”城市群城际快速路网正加速形成。

——通江达海的湘江黄金水道。2014年底，湘江长株潭段198公里达到2000吨级通航标准，三市千吨级及以上泊位达32个，初步形成了航道水深稳定、港口设施完备的现代化水运体系。货物经湘江出洞庭入长江，促进了对外贸易的发展，降低了物流运输成本，涟钢、中联重科等通过湘江黄金水道运输比陆路运输成本要减少 20%～30%。

——黄花机场建成区域性国际枢纽机场。2011 年，21.2 万平方米的 T2 新航站楼投入使用，相继开通直飞法兰克福、洛杉矶的洲际航线，定期直飞国家和城市达 90 多个，与世界更加触手可及。2014 年机场旅客吞吐量达 1800 多万人次，连续 9 年居中部机场首位，稳居全球旅客吞吐量百强机场，成为区域性国际枢纽机场。

长株潭城市群水、陆、空立体交通高速网正相互融合、对接，一幅幅规划的蓝图正逐步变为现实，形成半小时经济圈。

宽带网催生“互联网+”

“要致富、修公路，要发财、用宽带”。宽带网建设是加快长株潭一体化、推动产业转型升级、推进两型社会建设、惠及民生的基础工程。

近年来，省政府及省直相关部门、长株潭三市围绕宽带建设先后出台了 22 个政策性文件，着力推进宽带网络优化升级，促进信息产业发展。2014 年 2 月，省政府先后出台《关于鼓励移动互联网产业发展的若干政策》和《关于推进“宽带中国”战略促进信息消费的实施意见》，推进我省移动互联网产业、宽带网络建设、信息化产业快速发展。

2014 年，长株潭作为全国唯一的城市群，同京津沪一道列为全国首批“宽带中国”示范城市（群）。这是长株潭城市群继 2009 年“同号并网升位”、2010 年“三网融合试点”、2012 年“两化融合试验区”、2013 年“下一代互联网示范城市群”之后的又一件大事、好事。

今年，省政府出台了《推进“宽带中国”长株潭示范城市群建设实施方案(2015—2016 年)》，一张工作推进蓝图形成：将重点推进宽带提速、光纤到户、三网融合、4G 网络建设、下一代互联网升级改造、宽带乡村建设、智慧城市建设、移动互联网产业发展、两化深度融合、信息消费促进等十大工程。预计今明两年宽带建设带动三市 200 亿元的投资，打造一个无形的信息高速公路网，从而加快长株潭一体化、三网融合、智慧城市建设步伐，促进“互联网 +”行动计划在长株潭的推进。

——加强基础建设，推动宽带网发展。近年来，长株潭试验区重点推进光网城市、无线城市建设，推动“三网融合”及“两化融合”工作开展，积极完成宽带提速、光进铜退、下一代互联网规模示范、LTE 建设等重点工程，无论网络规模、技术层次还是服务质量都达到了一个较高水平，初步建成集有线通信网、无线通信网、数据中心于一体的功能齐全、覆盖面广的现代化通信网络。

——拓展应用服务，建设智慧长株潭。以“互联网 +”技术为依托，采用 Wifi+4G 的方式，大力推进无线覆盖，为政府、企业、市民和游客提供高速安全的无线网络连接、城市公共信息、食品安全及智慧餐饮、移动医疗和健康服务、智慧停车、智慧旅游等一系列服务，促进三市实现公交、医疗、养老一卡通，逐步建成一个智慧型城市。加快宽带应用服务，以方便快捷的宽带应用服务带动宽带的使用推广，将更加有利于百姓的衣食住行。

2014 年，长株潭三市宽带网络建设完成投资 42 亿元，长株潭三市固定宽带家庭用户数达到 209.3 万户，同比增加 39.3 万户，同比增长 23%，普及率达到 49.8%。长沙市移动互联网产业实现总收入 150 亿元，同比增长 120%。今年上半年，三市宽带网络建设完成投资 29.9 亿元，已完成年度计划的 64.5%。2014 年以来，已有 400 多家移动互联网企业落户长沙，新增从业人员 1 万多人。

绿道网平添靓丽风景线

绿道网使城市变得更具有活力、生命力，让居民真正融入大自然，让居民在城市里能够看得见山，望得见水，记得住乡愁。

绿道是一种线形绿色开敞空间，沿着河滨、溪谷、山脊、风景道路、废弃铁路等自然和人工廊道建立，形成一条可供行人和骑车者进入的景观游憩线路。绿道建设对于自然生态和文化遗产的保护、城市绿地空间及旅游休闲规划利用等都具有重要的作用。绿道网将形成一道道各具特色的风景线。

2015 年 1 月，我省编制完成《长株潭城市群城际绿道网总体规划（2014—2020 年）》，长株潭三市也分别编制了绿道网规划，大力推进城市绿道建设。一张靓丽的绿道网绘就完成，使城市发展朝着更加生态、更加宜居的方向迈进。《规划》形成了“一横两环三纵”的特色布局，一横是全长 175 公里的韶山—浏阳河红色溯源绿道；两环是环长株潭绿心生态绿道和环长株潭都市区郊野休闲绿道，总长 313 公里；三纵是指长株潭湘江风情绿道、湘东生态田园绿道和花明楼—韶山—乌石红色经典绿道。

——区域绿道。长株潭湘江风情绿道，以湘江风光带建设为主，着力打造东方莱茵河上璀璨的项链。目前，长株潭三市建设湘江风光带累计投入 100 亿元，共建成 142.6 公里。加快建设环长株潭绿心生态绿道，长株潭三市正围绕绿心构建一座绿色的森林公园。

——城市绿道。长沙、株洲已经在圭塘河流域和云龙示范区建设了一定规模的城市绿道。预计今年 8 月，长沙香樟东路沿圭塘河到劳动东路段的绿道一期工程将完工，届时市民可到这段长 2.3 公里的“城市绿道”体验，绵延 13 公里的芙蓉北路绿道建设已经完成，辟出一条长达 1.6 公里的城市自行车绿道；株洲云龙示范区已建成长达 40 公里的城市绿道，规划到 2030 年将建成 500 公里。

——社区绿道。社区绿道、拆违透绿建设启动。通过拆围透绿，对社区、机关等实体围墙进行改造，采取完全拆除或改为通透墙的方式，把原本由社区、机关“独享”的绿色向市民敞开。2014 年，芙蓉区政府率先实施拆违透绿，让绿于民，长沙市各区县机关大院相继完成拆违透绿、增绿 840 公顷，社区绿道建设加速推进。

一项构建区域绿道—城市绿道—社区绿道有效衔接、相互协调的三级绿道网建设工程正逐步由规划变为现实。

交通网、宽带网、绿道网，为长株潭两型社会建设和一体化建设夯实了发展基础，增添了发展的亮点，不仅拉近了长株潭三市的空间距离，更拉近了三市市民的心灵距离。

（原载《湖南日报》2015 年 9 月 24 日）

利剑斩污，家园更美

曹 娴 黄亮斌

湘江从“水质堪忧”到“总体为优”；4项主要污染物排放量持续下降；8000多个行政村开展环境综合整治……5年来，湖南用实实在在的行动，还百姓天蓝、地绿、水净。

主要污染物持续下降，环境质量得到改善

在摄影爱好者刘立平的镜头下，郴州三十六湾、衡阳水口山、娄底锡矿山、株洲清水塘、湘潭竹埠港，与5年前比天差地别：从千疮百孔到绿意盎然，从污水横流到净水清流……

曾经，湘江水质堪忧。2013年9月，湖南省政府将湘江保护与治理上升为“一号重点工程”，滚动实施3个“三年行动计划”。第一个三年，共实施1740个重金属污染整治项目；湘江干流两岸500米以内1351家规模畜禽养殖场全部退出。

据统计，2011年以来，全省已累计淘汰关闭涉重企业1182家，其中湘江流域淘汰关闭1013家。“十二五”期间，全省完成安全饮水工程7433处。

水环境质量稳中有升。2011年，全省97个地表水省控断面中，Ⅰ—Ⅲ类水质断面占91.8%；2015年上半年，全省98个江河省控断面中，Ⅰ—Ⅲ类水质断面占94.8%。其间，湘江流域水质总体由良转优。

5年来，全省完成各类大气污染治理项目约1200个。2011年，我省仅在长株潭地区试点开展PM2.5监测；2013年起，长株潭开始向社会公布二氧化硫、二氧化氮、PM10、PM2.5、一氧化碳、臭氧6项指标的监测数据；到今年，全省14个市州城市共设78个空气自动监测站，均实现6项指标全监测。2015年上半年，在长沙、株洲、湘潭、岳阳、常德、张家界6个有可对比数据的城市，空气质量平均达标率为70.9%，同比上升14.7%。

乡镇村庄由“脏乱差”变身“洁净美”。从2010年启动农村环境连片整治试点，到今年成为全国农村环境综合整治全省域覆盖试点省，全省目前已有逾8000个行政村实施环境治理。

“十二五”期间，全省化学需氧量、氨氮、二氧化硫、氮氧化物4项主要污染物稳定下降，2014年底较2010年分别下降8.35%、8.91%、12.14%、8.48%，4项主要污染物减排，分别完成国家下达目标任务的115%、91%、146%、95%，预计今年底可全面完成国家下达的“十二五”减排任务。

2009年，全国9起因重金属污染引发的环境事件中，湖南占了5起。自2013年来，我省无一起因重金属污染引发的重大事故。

铁腕治污不遗余力，环保意识深入人心

有了新《环保法》这个“杀手锏”，今年以来，我省共移送涉嫌污染环境犯罪案件14起，刑事拘留18人；向公安机关移送适用行政拘留案件67起，行政拘留61人。

与5年前相比，湖南更善于用法律、制度守护青山绿水。

创新执法机制。环保、公安联动执法，省、市（州）、县（市、区）三级建立环境保护工作联络室，打击环境违法更有力。

建立问责机制。在全国率先出台的《湖南省环境保护工作责任规定》《湖南省重大环境问题（事件）责任追究办法》，明确了各级政府和省直34个部门职责，动真格、问真责，各市州环境责任体系正在抓紧建设当中。

环保意识深入人心。2011年，湖南本土环保公益组织“绿色潇湘”启动“守望母亲河”项目，监测湘江沿线的重要排污口和污水口，并通过网络向公众实时发布图片和信息。如今，“守望者”已从最初的30多人发展到300多人，监测范围从湘江扩展到湘、资、沅、澧四水流域，观测站点从8个增至15个。

5年前，我省做全职环保公益的不到10人；现在全省环保公益组织有百余家，在民政厅登记注册的就有40余家。

“绿色湘军”成长壮大，环保产业年均增长20%以上

“近几年是井喷式的增长。”长沙华时捷环保科技公司副总经理蒋晓云告诉记者，2011年至今，公司从不到100人发展400多人，收入、利润翻了三番，公司也从做软件、卖设备、接工程，升级成为环境整体解决方案提供商。目前，在全国20多个省的近200个项目现场，都可以看到“华时捷”的身影，该公司承担了全国50%有色冶炼产能的重金属废水治理工程建设和运营。

早在2009年，环保产业就列入了省重点支持的战略性新兴产业，制定了产业发展规划。通过几年不懈努力，永清环保、华时捷等一批骨干企业快速壮大，重金属废水处理、环卫机械制造、烟气脱硫脱硝、整体厂房空气净化等领域的技术和产品，具有相当的国内竞争力和市场份额。环保产业已成长为我省新的支柱产业之一。

从2008年到2014年，湖南环保产业从业单位、从业人员和年产值分别由760家、5万人、407亿元，增加到1100余家、12.5万人、1352亿元。环保产业总产值跻身全国前十位，年均增长都在20%以上。

2012年，湖南成为全国首个合同环境服务试点省份。目前，全国17家综合环境服务试点单位，湖南占有7家。

今年，省政府出台了加快环保产业发展的意见和实施细则。据初步测算，2015年上半年我省环保产业增长预计在25%左右，全年可望实现产值1600亿元的目标。

（原载《湖南日报》2015年10月27日）

筑梦“两型”，花开有声

曹 娴

2007年12月，长株潭城市群获批全国资源节约型、环境友好型社会建设综合配套改革试验区，湖南赢得一个重大历史性发展机遇。

2011年，长株潭城市群“两型社会”试验区建设进入第二阶段，“两型社会”建设向纵深推进。5年间，湖南率先形成了有利于资源节约、环境友好的新机制，“两型社会”建设从理念到实践、从“盆景”到“花园”，呈现出前所未有的新变化。

处处皆两型，人人可两型

走进长沙望城区桐林坳社区的银孔围村组，只见马路干净，庭院整洁，美丽的鲜花点缀在窗台上、篱笆下。让人意想不到的是，这个“鲜花盛开的村庄”，以前是远近闻名的脏乱差村组。

依靠群众的智慧，这里的环境改造“不挖山、不填土、不拆屋、不砍树、不要钱”；村民自制垃圾分类竹屋、竹制晾衣架、五星竹花篮、竹制宣传牌……美化了环境，又把竹产业打响了品牌。

这样的“两型社会”范本，在湖南数不胜数。

2011年，长株潭两型社会试验区工委、管委会开展两型示范创建，陆续制定出台16个两型标准和66个节能减排标准、两型地方标准，两型社区、两型村庄、两型机关、两型学校、两型家庭遍地开花。

初步统计，全省470多万小学生踊跃参与“争创两型小先锋”；1000多万青少年参与各类两型公益活动；有1700多万家庭重拎菜篮子、布袋子，使用节能家电、节水器具和高效照明产品，实行垃圾分类、旧物回收……两型理念在更多领域、更广范围广泛传播。目前，省、市共培育两型示范创建单位（项目）942个，创建区域从最初的长株潭三市扩展到全省14个市州，涵盖生产、生活、消费等各个领域。

制度做保障，改革添活力

5年前，湘潭市荷塘乡还是荒山野岭；如今，在盘龙生态农业示范园的发展驱动下，这里亭台楼榭幽雅，名花异草生辉。

如果从空中俯瞰，盘龙示范园正是长株潭中心地带、522.9平方公里“绿心”中的一个绿点。

推动“两型社会”向纵深发展，必须创新机制、完善制度。

2012年，我省密集推出了绿心地区保护条例、湘江保护条例、韶山风景名胜区条例，开创了全国立法保护一片林、一条河、一座山的先例。

打出组合拳，以工业准入退出提升、资源性产品价格改革、排污权交易、生态补偿、政府两型采购等为重点的十大改革，牵住了试验区改革的“牛鼻子”，为“两型社会”建设注入了新活力。

排污权交易2011年在长株潭启动试点，从2015年1月起，已在全省所有工业企业实施。

2012年2月，长沙率先打破“一刀切”水费模式，全面推行阶梯水价；7月，居民生活用电试行阶梯电价；12月，长株潭试行居民阶梯气价。目前，居民用水、电、气阶梯式价格制度改革实现了全省覆盖，非居民水、电、气超定额累计进加价政策正在推进。

“试水”绿色GDP评价。从资源节约、环境友好和经济社会发展3个方面，设置单位GDP用地和能耗、国土开发强度、生态用地比重、高新技术产业增加值占GDP比重、空气质量良好天数达标率、清洁能源使用率等39个二级指标，定量分析评判经济增长质量和效益，坚决摒弃污染的、黑色的、带血的GDP。

促节能减排，助转型发展

“过3年你们再来看吧，坪塘将成为长沙市民周末休闲的好去处。”时任长沙市岳麓区两型办主任郑平2012年对记者发出的邀请，在3年后果然变为现实。

坪塘，这个曾被当地人调侃为“有黄烟、黑烟、白烟、蓝烟，就是看不到蓝天”的工业重镇，近年退出所有水泥、化工等涉污企业，开展生态修复工程，启动一批旅游项目。曾经开采石灰石留下的200亩大矿洞，正在变身为中部地区最大的地下滑雪场。

产业之变，赶走了污染，创造了经济效益，留住了人们的欢声笑语。背后，是“两型社会”建设的强大推动力。

2012年底，我省提出“十二五”期间，在长株潭试验区范围内重点推广新能源发电、城市矿产再利用、重金属污染治理等十大清洁低碳技术。目前已组织实施800多个重点项目，推动传统产业华丽转型，一批节能环保企业、产业基地加速成长。

首创政府两型采购模式。据测算，“十二五”期间，全省政府采购总规模可达到1.6万亿元，其中两型采购将超过4800亿元，可带来9600亿元的社会需求。

用严格的标准和执法倒逼企业节能减排。如省经信委发布工业企业主要产品能耗控制指南，对7个行业43种产品的104个用能工序实行能耗控制，并作为工业固定资产投资项目节能评估的依据。

据统计，2010年，我省单位GDP能耗为1.17吨标准煤/万元，单位规模工业增加值能耗为1.36吨标准煤/万元；2014年，单位GDP能耗为0.74吨标准煤/万元，规模工业增加值能耗0.65吨标准煤/万元。

从2011年至2014年，我省规模工业增加值年均增速达到13.9%，而能耗则以年均11.4%的速度下降。全省“十二五”节能减排约束性指标任务超进度完成。

（原载《湖南日报》2015年11月5日）

先行先试活力来

——长株潭国家自主创新示范区建设一年回眸

胡宇芬　任彬彬

11 月 14 日，长株潭国家自主创新示范区部际协调小组第一次会议将在长沙召开。去年 12 月，国务院批复长株潭国家高新区建设国家自主创新示范区。

示范区获批后，省委常委会议将示范区建设列为今年研究推动的 8 件大事之一。省委书记、省人大常委会主任徐守盛要求，把示范区作为实施创新驱动发展战略的“试验田”，充分发挥示范区在全省培育发展新动力、打造发展新引擎中的龙头作用，推动全省经济保持中高速增长、迈向中高端水平。

省政府工作报告将示范区列为湖南未来发展的三大战略支撑之一。省委、省政府成立了长株潭国家自主创新示范区建设工作领导小组，由省委副书记、省长杜家毫任组长。

万事开头难。一年来，围绕示范区建设，湖南到底做了哪些事？示范区又有哪些变化？湖南日报记者带你一同走进示范区，回望这一年。

编制发展规划　完善顶层设计

示范区如何发展？规划说了算。科学规划，相当于一个好舵手，可以指引示范区走向发展的快车道。

早在去年，结合示范区申报，省政府就启动了《长株潭国家自主创新示范区发展规划纲要（2015—2025 年）》（以下简称《规划纲要》）的起草工作，形成了前期研究报告。

去年底，编制小组赴中关村、张江、深圳、东湖、苏南等国家自主创新示范区调研，学习借鉴成功经验，起草《规划纲要》初稿，征求了相关部门、专家、战略咨询机构意见。示范区获批以后，根据国务院批复精神，省委、省政府统一部署，组织对初稿进行多轮修改，形成征求意见稿。

今年 4 月 26 日示范区建设动员大会召开以后，由省政府办公厅组织对征求意见稿作了进一步修改。其后，省委、省政府分别召开示范区建设领导小组会议和省委常委会议，组织对《规划纲要》进行专题研究。根据两次会议精神，省委、省政府组织对《规划纲要》进行了再一次修改完善，并报科技部等 11 个部际协调小组成员单位征求意见。

10 月下旬，根据各部际协调小组成员单位反馈的意见建议，我省再次对《规划纲要》进行了修改完善，形成送审稿，提交给此次在长沙举行的示范区部际协调小组第一次会议审议。

据透露，《规划纲要》重点明确了“核心先行、拓展辐射、全面提升”的“三步走”发展战略、“一区三谷多园”的空间布局和“5+5+X”产业布局。

如果此次会议能获得通过，《规划纲要》将报送国务院最后批准实施。

体制机制改起来　先行先试动起来

在长沙高新区信息产业园内，湖南省军民融合科技创新产业园一期 640 亩拆迁工作已完成。信息产业园还提供六号大楼，作为“湖南省产业技术协同创新研究院创新创业基地”，供入驻研发团队和企业使用，免租 3 年。

在目前全国 7 个已批复的国家自主创新示范区中，长株潭是惟一具有军民融合创新特色的国家级示范区。先行先试，就从军民融合开始。

省政府与国防科大合作，已建立了省产业技术协同创新研究院，并建立了省校产业技术协同创新联席会议制度。

省科技厅设立了军民融合创新专项资金。省创新院遴选了百余项科技成果，建立了军民融合成果转化项目库，并择优选取了 20 个项目予以立项支持。今年，重点支持和推动了北斗导航应用、激光陀螺等战略性新兴产业发展，目前首批自主可控计算机已交付使用，激光陀螺已建成批量生产线。在 5 至 10 年内有望培育北斗卫星导航、信息安全等一批产值过 100 亿元的军民融合创新型产业集群。

科研项目和经费管理改革试点，也动了起来。《湖南省科技计划（专项）资金后补助管理办法》出台，探索运用后补助、设立专项引导基金、政府购买服务等投入方式，提升财政科技资金绩效。原来的 41 类科技计划，被优化整合为 5 个类别，年度科技项目数减少 40%以上，目标任务更加聚焦，拟集中 70%以上资金支持重点产业链、重大科技攻关与成果转化。科技计划管理实行“五统一”，即统一公开发布申报指南、统一集中受理、统一组织评审、统一集中决策、统一监督审查，实现了全过程公开和痕迹化管理。

我省还在全国率先出台实施《关于支持以专利使用权出资登记注册公司的若干规定》等试点政策，破除成果转化政策壁垒。

自主创新，没有人才无从谈起。我省建立和完善“科技领军人才培养计划”“省引进海外高层次人才百人计划”“百名高层次创新创业人才聚集工程”等科技人才计划体系，启动实施“长株潭高层次人才聚集工程”，未来力争每年新引进 10 个以上国际顶尖创新团队。

科技金融结合得更加紧密。省科技厅设立了 2.5 亿元规模的科技成果转化投资基金，支持长沙高新区设立了科技支行、科技担保公司、中小企业合作成长基金，为科技型中小企业提供资金支持超过 10 亿元，开发了专利权执行保险等金融产品。

组织实施政府采购两型产品制度，累计有157家企业的543个产品进入《湖南省两型产品政府采购目录》，政府采购合同金额超过8亿元。

培育创新型产业集群　为未来夯实基础

引进再多的人，投入再多的财，最后都要变成产业才能持续发展。

8月31日，“动力城市”株洲宣告，其耗资逾200亿、隶属长株潭国家自主创新示范区“一区三谷多园”规划之一的中国动力谷自主创新园启动。基于株洲轨道交通、通用航空、新能源汽车三大动力产业已有优势，该园拟打造涵盖研发、整机制造与零部件配套的完整产业链，引领全球动力产业发展。这是一次新的产业“长征”。

时隔两月，省科技厅与湘潭市政府决定共同打造“湘潭智能制造谷”。“湘潭智能智造谷”着力发展智能装备制造与高端生产性服务业，形成机器人及智能装备“研发＋制造＋服务”全产业链的核心产业集群。

“长沙麓谷创新谷”也横空出世，发挥长沙高新区的优势，重点建设研发总部、新兴产业创新与设计中心、现代服务业集聚区等三大功能区。

示范区拥有良好的产业基础。目前，省科技厅重点支持和培育了株洲轨道交通、湘潭先进矿山装备制造、长沙电力智能控制与设备等3家国家级、17家省级创新型产业集群建设试点，力争到2017年，培育形成5个千亿级创新型产业集群。

依托产业集群，我省通过组建产业技术创新联盟、推动校企产学研合作等方式，加速推动创新资源向示范区聚集，初步形成了产业链、创新链、服务链、资金链协同互动的良好格局。目前，已组建产业技术创新战略联盟74个，成员单位800余家，其中国家联盟试点5个。

优惠政策落地　创新生态优化

按照国务院的部署，国家自主创新示范区享受“6+4”政策。我省加快政策落地，截至目前，示范区享受研发费用加计抵扣政策企业261家，同比增长20.3%，减免税总额9.4亿元；享受高新技术企业减免税政策企业232家，减免税总额8.1亿元。

同时，我省明确以“人”为核心，以“环境”为载体，以“政策”为抓手，全力服务和引领大众创业、万众创新，广泛动员社会各界参与示范区建设。

我省启动实施了发展众创空间推进大众创新创业“三年行动计划”，通过组织实施“众创空间建设”“创客培育”“创新创业服务提升”“财税金融支撑”和“创新创业文化培育”等五大行动，到2018年实现四大目标，即构建100个以上低成本、便利化、全要素、开放式的众创空间，新增2万个科技型小微企业，设立100家创业投资机构，提供10万个高质量就业岗位。

我省出台实施大型科研仪器开放共享的意见文件，加快了三市69所高等院校，1000余家省级及以上科研机构资源互通共享，为大众创新创业提供条件保障。

据省科技厅提供的数据，1至9月，示范区实现技工贸收入5409亿元，同比增长9.3%，拥有高新技术企业835家，同比增长13.6%。

“天河二号”超级计算机获全球超算“五连冠”；自主研发的“海底60米多用途钻机”实现了在3109米海底下钻60米，使我国成为继美、德、澳之后第四个掌握此项技术的国家；建成世界一流水平的IGBT（绝缘栅双极型晶体管）检测试验平台；新增3个企业国家重点实验室和2个国家级科技企业孵化器。上述成果都为这一年的示范区留下了精彩。

示范区建设开了个好头，精彩更在后头！

（原载《湖南日报》2015年11月14日）

撬动绿色金融杠杆　促进绿色转型发展

刘建华　王建勇

金融是经济的血液。青山绿水的湖南要加快绿色化发展，构建科技含量高、资源消耗低、环境污染少的产业结构和生产方式，需要重金属治理、脱硫脱硝、新能源等绿色技术，需要资金的投入，离不开绿色金融的支撑。

中共中央、国务院《关于加快推进生态文明建设的意见》《生态文明体制改革总体方案》及《中共中央关于制定国民经济和社会发展第十三个五年规划的建议》对发展绿色金融提出了要求。

探索绿色金融，湖南敢立潮头。早在2010年，省人民政府与国家开发银行共同编制了全国第一个区域性融资规划——《长株潭城市群两型社会建设系统性融资规划（2010–2020年）》，探索以金融助推全省两型社会建设。

几年来，我省高举两型社会建设的大旗，先行先试，大胆实践，在金融改革创新道路上奋力疾行，将绿色金融之“绿”挥洒成三湘大地耀眼的绿。

绿色信贷助力两型社会建设

面对绿色金融大潮，省内金融机构加快自身转型，“百花齐放”助力绿色发展。

2012年，兴业银行长沙分行设立环境金融中心，并在湘潭设立绿色金融业务部。截至2015年7月末，该行绿色金融业务融资余额达到163亿元，投入到水资源保护与利用领域的资金余额达111亿元；今年累计投放超百亿元、净增63亿元，服务支持项目和企业75个，成为我省两型社会建设和节能环保事业的金融主力军。

2013年，长沙银行成立环保支行作为专营支行开展节能环保信贷业务，每年70%以上新增贷款均投向环保及相关产业，分别授信永清环保科技有限公司1.65亿元、长沙新奥远大能源服务有限公司2000万元、万容科技股份有限公司 450 万元等。

浦发银行、工商银行等通过信贷部门大力开展绿色信贷、资产证券化等绿色金融业务，积极履行社会责任，支持经济社会可持续发展。

绿色金融平台不断完善

加快建立完善绿色金融市场交易平台，高效整合各项绿色金融政策及服务，为金融资源与绿色产业资源有效对接提供载体。

排污权交易探索环境管理新手段。湖南进入全国首批排污权交易试点，2012 年 7 月，率先在全国成立排污权交易储备中心。截至 2015 年 7 月，全省已累计实施排污权市场交易 841 次，资金总额达 9827 万元，交易化学需氧量 1884 吨、氨氮 82.6 吨、二氧化硫 27512 吨、氮氧化物 3496 吨。排污权交易制度成为推动企业减排、清洁生产的重要抓手。

中部林权交易服务中心破解林农融资难题。2011 年 10 月，我省成立中部首家区域性林权交易中心。四年来，中心累计发布林业产权交易、在线流转、林业资产评估等 1540 多万亩，成交额近 52 亿元，业务辐射四川、云南、广西、江西、河南等地，与省农行、农信社、建行、中信、民生、招商等多家银行开展林权抵押贷款服务，累计获业务授信 50 亿元。

PPP 试点探索新途径。2014 年，我省争取进入全国首批 PPP 试点，在株洲生活垃圾焚烧发电、长沙磁悬浮轨道交通项目先行实施。今年又有 11 个项目入选全国第二批 PPP 示范项目，总投资额约 228 亿元。全省目前已推出首批 30 个省级示范项目，总投资额 583 亿元。

绿色金融服务创新不断深化

绿色金融产品多元化、全方位发展，加快绿色金融落地生根，为绿色发展注入动力。

建立全国第一支两型基金。省发展投资集团代表省政府与国家开发银行发起设立并管理 8 支两型基金，总规模 70 亿元，投资 34 亿元。

试点全国首批强制环境责任保险。涉及重金属及其他高环境风险投保企业 2248 家，保险金额 12 亿元，累计处理环境污染责任险赔案 10 起，理赔金额 69.18 万元。

发行全国第一支流域环境治理债券。《湘江流域重金属污染治理实施方案》总投资达 595 亿元，为保障方案顺利实施，我省衡阳、湘潭、郴州等市以地方政府投融资公司为平台，2013 年以来在全国率先发行 67 亿元重金属污染治理专项债券，带动近 200 亿元投资。

在长株潭三市开展排污权抵押贷款试点，2012 年 6 月，湖南华菱湘潭钢铁有限公司与兴业银行长沙分行在长沙签署协议，获得 1600 万元绿色贷款，这是我省首笔排污权抵押贷款。

绿色金融基础设施日渐完善

加强绿色金融基础制度建设，规范金融秩序，为绿色金融发展优化生态环境。

启动全国第一个环境信用评价。我省出台《湖南省企业环境信用评价管理办法》，全省联网，共建企业环境信用评价管理平台，2014 年，对全省 1425 家企业开展环境信用评价，1182 家企业得出评价结果。省环保厅专门下文要求各级环保部门督促环境风险不良企业整改，22 家环境风险不良企业在下拨环保专项资金时被要求整改，企业的信用评价结果抄送省发改委、省工商局、人民银行长沙中心支行等部门，作为行政许可、金融支持、资质等级评定、安排和拨付资金的参考依据。

灵活运用政府和市场两只手，完善绿色金融发展的政策支撑体系。

首创政府两型采购，引导资金流入两型产品、两型企业、两型产业。目前两型技术产品已覆盖 141 家企业，547 个产品，政府采购目录中两型产品的比例达到 10%，“十二五”期间我省政府两型采购预计超过 4800 亿元。

建立生态补偿机制，制订《湖南省湘江流域生态补偿(水质水量奖罚)暂行办法》，在对湘江流域上游水源地区给予重点生态功能区转移支付财力补偿的基础上，对湘江流域跨市、县断面进行水质、水量目标实行考核奖罚，2014 年奖罚总额 6500 万元。

深化资源性产品价格改革。水价方面，发布《关于抓紧出台居民用水阶梯水价实施方案的通知》，目前已有 7 市出台了方案；电价方面，在全省范围实施居民阶梯电价。对节能减排实行价格激励，在全国率先推行统一燃煤发电机组标杆上网电价政策，对高耗能企业实行差别电价政策、惩罚性电价政策；气价方面，从 2015 年 1 月 1 日起，全省实施居民用气阶梯气价。

绿色金融对外开放不断扩大

以两型社会建设为金字招牌，积极引进国外贷款、赠款支持生态环保项目建设，为绿色金融发展架设起对接国外金融组织的生态文明之桥。

统筹世行 1.72 亿美元贷款用于长株潭湘江风光带建设，通过世行项目的示范引领，长株潭三市累计投入 100 亿元；与世界自然基金会（WWF）合作，共同启动了可口可乐世界自然基金会全球水资源保护项目“长江美丽家园计划”——浏阳河示范项目；2015 年 9 月，亚行与我省签署关于共同促进低碳技术开发与推广谅解备忘录，以亚太气候技术融资示范中心为平台，以市场化手段推动设立湖南省低碳技术创业投资基金，加大对环保、水利、低碳技术、基础设施等领域的支持力度，助推湖南绿色产业发展。

绿水青山就是金山银山，绿色金融制度是实现湖南绿色转型发展的制度基石。

而今迈步从头越。长株潭试验区正马不停蹄地构造绿色金融创新的新蓝图，积极筹备争取国家绿色金融改革试点，突破绿色债券、绿色发展基金、绿色信贷、绿色保险、国际交流合作等关键领域，争当全国绿色金融改革的领跑者，打造全国绿色金融发展基地。

（原载《湖南日报》12 月 11 日）

找寻两型社会建设的“标准答案”

——湖南建设两型标准体系的探索

常诸谈

什么是两型社会？建设一个什么样的两型社会？怎样建设两型社会？

长株潭两型社会综合配套改革试验区获批以来，湖南一直在探索这些问题的“标准答案”——以两型标准体系建设，实现两型社会建设创新化、规范化和大众化，在制度和机制层面确保两型社会建设高起点、大手笔、全方位推进。

探索路上，60多项标准、规范、指南逐步出台，一套资源节约、环境友好的标准体系日渐明晰，成为助推两型社会建设破题利器。

为绿色生产找到“风向标”

发展离不开生产，两型发展离不开绿色生产。

围绕推进绿色发展，湖南制定了经济领域两型标准，对两型产业、企业、园区等加以明确。其中，两型产业标准，提出了两型产业分类标准和产值、增加值的核算办法，确定了产业两型化发展水平评价标准和两型技术与产品认定标准，重点突出促进传统产业的“两型化”改造和“两型”产业的规模化发展。

运用标准，有效促进企业在设计、生产、销售等环节全面体现资源节约、环境友好，绿色生产方式不再是一个笼而统之的概念。

在标准指引下，湖南还建立两型产业准入、退出、提升机制，“两高一资”和投资过热的行业被严格限制在两型“门槛”之外。

以标准推动政府两型采购。湖南2013年编制了两型产品标准，评选了第一批两型产品，发布《湖南省两型产品政府采购认定管理办法》《湖南省两型产品认定标准》《湖南省两型产品政府采购目录》《湖南省政府采购支持两型产品办法》等四位一体的操作办法，在全国率先开展政府两型采购。

这些举措大大提高产业的绿色化程度。“十一五”以来，全省共淘汰落后产能项目1262个，六大高耗能行业增加值占全部规模工业比重下降3.5个百分点。2014年全省万元规模工业增加值能耗0.65吨标煤,仅为2007年的25.9%，高新技术产业增加值占全省GDP比重达到20%。

产业绿色化浪潮中，环保绿色湘军应运崛起，迅速壮大。去年，全省环保产业产值1350亿元，进入全国十强、中部第一，今年将有望达到1600亿元。清洁低碳技术的研发和推广也成为绿色生产中的亮点工作，培育建设两型社会协同创新中心、亚欧水资源研究和利用中心、国家重金属污染防治工程技术研究中心等重大创新平台，自主研发出污泥常温深度脱水、餐厨垃圾处理、废旧冰箱无害化处理等一批环保技术，有效带动了新能源等战略性新兴产业的加快发展。

给城乡建设树立两型标杆

新型城镇化之新，重要一点在于推进过程中贯彻资源节约、环境友好的理念。

湖南通过制定城乡建设领域两型标准，将两型县、镇、村庄建设标准和两型建筑、交通建设等细化到一项项具体指标，明确了不同层次的行政区域在资源、环境、经济、社会四个核心要素方面应达到的要求。

在环境指标体系的设计中，农村环境改善侧重农业生态和居住环境，采用了农作物秸秆综合利用率、规模化畜禽养殖废弃物综合利用率、森林覆盖率、垃圾集中回收站个数、化肥施用强度和主要农产品农药残留合格率等指标；城镇环境改善侧重市容市貌，相应选用了污水处理率、噪声污染指数、空气污染指数、建筑环保材料使用率和绿化覆盖率等指标。

湖南的探索为全国提供了样板，去年国家标准化委员会将“长沙市节约集约用地标准化”“株洲市公共自行车服务标准化”列入全国标准化试点。

在公共服务领域，湖南制定了两型机关、学校、医院、社区、家庭、旅游景区等标准指南，生态文明进步同样有了制度遵循。如两型社区标准体系，设置定量指标12个，其中核心约束性指标8个，主要是室温控制、噪声控制、绿化率、清洁能源普及率等，促进居民提升两型意识、培养绿色生活方式。

这些标准，指导着一场席卷三湘、名为“两型创建”的行动，机关、企业、家庭、城镇、乡村、社区、学校、景区等纷纷加入，两型技术产品、两型生产生活方式、两型服务设施、优美生态环境、两型文化等两型要素进入各个创建单位……目前，全省已启动示范创建单位近1000个、综合示范片区9个，创建行动的规模效应和示范效应日益凸显，两型社会建设正在从盆景走向花园。

以认证促两型标准落地

如何发挥标准的约束力，促进各单位建立自律机制，使两型成为一桩桩看得见、摸得着的具体事项？围绕两型标准，湖南率先全国探索两型认证之路，从政策和机制层面破解难题。

一是规范化。编制、出台《湖南省两型认证管理暂行办法》，为认证工作制定规则。按照认证要求，严格工作规程，严格对第三方认证机构把关，严格认证质量控制。

二是社会化。适应改革形势，政府购买服务，发挥第三方作用，职能部门主要是定规则、抓监管。为防止利益扭曲，借鉴节能量审核等做法，不收认证费，由试验区管委会补贴。

三是政策化。制定认证奖励政策，使通过认证的单位得到实实在在的支持，让认证品牌、声誉有价值。

四是权威性。通过两型认证，把两型的概念和影响力做大，成为一个综合性的评价，打破部门分割，把节能、节水、低碳等认证统一起来。

通过认证，第一批 7 家景区被评选为两型旅游景区，召开颁证大会颁证授牌。

引领两型文化新风尚

两型标准落地，使两型在人们日常生产生活中看得见、讲得出、用得上,引导民众认识两型、建设两型，为全民参与提供方向和目标指引。

标准推行以来，人们消费的绿色化程度大大提高，两型生活、消费方式渗透进人们的衣、食、住、行。株洲市建成了全国首个公交电动化城市、全省第一个公共自行车租赁系统，将公共汽车票价统一降至 1 元；城区禁止柴油出租车上牌，推进出租车燃气化改造；城区规划建设 13 条上千公里绿道；坚持每周少开 1 天公车、1 公里内步行、3 公里内骑自行车、5 公里内搭乘公共交通的 “1135” 绿色出行；每月对骑用公共自行车、乘坐公交车次数前 100 名市民各给予 100 元奖励。

“1135” 绿色出行 “株洲模式” 在全省推广，现在已有一半多市州建立公共自行车租赁系统。1700 多万家庭重拎菜篮子、布袋子，选绿电、认绿标，使用节能家电、节水器具和高效照明产品，实行垃圾分类、旧物回收等等，“光盘行动” 成为自觉行为，“绿色出行” 渐成潮流，两型生活、绿色消费成为新时尚。

文化的绿色化程度也大大提高。宣传教育普及了两型知识和理念，“两型为人人，人人可两型” 蔚然成风；将工作落实到改善民生上，实实在在的工作成效调动了广大群众参与两型的积极性和主动性。

“抓两型就是抓发展、抓转型、抓机遇、抓创新、抓民生”；“优美的环境、清新的空气就是竞争力、就是惠民生”，“既要金山银山，又要绿水青山”，“绿水青山就是金山银山” 等已经成为执政为民的新理念；“企业不消灭污染，污染就要消灭企业” 成为企业的共识。

长株潭试验区创造的 “教育一个孩子、带动一个家庭、影响一片社区” 经验得到中央领导同志肯定。全省 470 多万小学生踊跃参与 “争创两型小先锋” 活动，1000 多万青少年积极参加 “跟随大雁去迁徙” “地球熄灯一小时” 等两型主题活动。两型文化走进机关、企业、家庭、城镇、乡村、社区、学校、景区等，走进百姓生活。

（原载《湖南日报》2015 年 12 月 21 日）

湘江，水清水浊奖罚分明

柳德新　李志平　罗云峰

“对水质、水量实行考核奖罚，倒逼我们保护好湘江水”；“处罚金额虽然不多，但我们压力很大” ……12 月 25 日，在《湘江流域生态补偿（水质水量奖罚）暂行办法》（以下简称 “《暂行办法》”）出台一周年之际，省财政厅、省环保厅、省水利厅邀请湘江流域有关市相关部门负责人齐聚长沙座谈，可谓 “几家欢乐几家愁”。

此前几天，省财政厅下达 2014 年度湘江流域水质水量生态补偿奖罚资金。这意味着，我省首次兑现真正意义上的流域生态补偿。

有奖有罚，以罚为主

省财政厅《2014 年度湘江流域水质水量生态补偿奖罚资金分配表》显示，奖罚资金总额达 6497 万元，其中，处罚扣缴资金 3500 万元、奖励资金 2997 万元。

省财政厅相关负责人介绍，2997 万元奖励资金为预算新增资金，由获奖市县专项用于生态保护与环境治理；3500 万元处罚资金在年终结算时予以扣缴，由相关市统筹用于湘江保护与治理。

按照 “以罚为主、改善优先、适当奖励” 的原则，2014 年湘江流域水质水量生态补偿实行 “两奖两罚”，即：水质优质奖励、水质改善奖励、水质劣质处罚、水质恶化处罚。考核对象包括湘江干流及其 5 条一级支流（耒水、舂陵水、蒸水、涞水、涟水）。

记者发现，永州市获得的奖励资金较多，达 600 万元，且无处罚扣缴。这是因为，2014 年 1 至 12 月，永州市的湘江出境断面（归阳镇）全部考核因子均达到Ⅱ类标准，每月均需给予 50 万元（12 个月总计 600 万元）的水质优质奖励，也就没有水质劣质处罚和水质恶化处罚。邵阳市的蒸水出境断面（联江村）也因水质没有下降，无处罚扣缴。

而郴州市、长沙市处罚扣缴资金较多，分别达 1050 万元、750 万元，占了处罚扣缴资金总额的一半，但也分别有 804 万元和 233 万元的奖励资金。衡阳、娄底、株洲、湘潭 4 市也是有奖有罚。省环保厅环境监测处副处长万小卓以长沙为例说，在 2014 年的 12 个月中，长沙市的湘江出境断面（樟树港）与入境断面（昭山）相比，有 5 个月水质均下降一个类别（由Ⅱ类降为Ⅲ类），每月水质恶化处罚 150 万元，5 个月总计处罚 750 万元。但长沙市湘江出境断面（樟树港）水质有 4 个月达到Ⅱ类标准，获得水质优质奖励；其中，有两个月比湘江入境断面（昭山）提高一个类别（由Ⅲ类提高到Ⅱ类），获得水质改善奖励。

此外，出境断面未达到最小控制流量，也相应核减奖励资金。在同等水质情况下，湘江一级支流断面的水质超标处罚资金和水质优质奖励资金为湘江干流的一半。

奖罚是手段，保护是目的

“对水质、水量实行考核，奖罚只是手段，促进湘江保护才是目的。”省水利厅水资源处处长曾扬告诉记者，《暂行办法》实施一年来，列入考核的永州、郴州、衡阳、邵阳、娄底、株洲、湘潭、长沙8市，都在水资源管理、节约和保护等方面明显加大了力度。

即使受到扣缴资金的处罚，也并不能说明就是“差生”。由于流域水资源保护与环境治理具有长期性、艰巨性、复杂性的特点，一些保护与治理措施需要假以时日才能体现效果。

长沙市财政局潘扬眉、长沙市环保局张伟红介绍，针对湘江长沙综合枢纽工程对水环境质量的影响，长沙市成立由市长为主任的生态环境保护委员会，今年底前完成库区101个排污口截污改造，并开展水上餐饮专项整治联合执法，取缔23艘非法水上餐饮船，他们对于明年的考核结果表示乐观。

同处湘江中下游的衡阳市、娄底市、株洲市、湘潭市，在湘江保护与治理方面也是“力争上游”。目前，湘潭市竹埠港28家化工企业被全部关闭，市内锰矿集中区28家涉锰企业及所有小煤矿也全部关停，还完成22个排污口截污改造。湘潭市财政局向建华、湘潭市水资源局杨明华介绍，得益于这些措施，湘江湘潭段水质常年保持Ⅲ类，个别月份达到Ⅱ类标准。此次考核数据也印证了这一点：湘潭市湘江出境断面（昭山）2014年有7个月达到Ⅱ类水质标准，其中有两个月比入境断面（马家河）提高一个类别（由Ⅲ类提高到Ⅱ类），获得水质优质奖励、水质改善奖励总计达379万元。

优化标准，期待完善“游戏规则”

值得注意的是，郴州市这次奖得最多（804万元），但罚得也最多，达1050万元。

为什么郴州市处罚扣缴资金最多？郴州市环保局冯建波解释，在考核的5条湘江一级支流中，仅耒水设置了入境断面（东江水库头山），既考核水质目标，也考核水质变化，而其他4条支流（洣水、舂陵水、蒸水、涟水）因未设置入境断面，本次暂只考核水质目标，不考核水质变化，考核标准不完全一致。

对此观点，省环保厅环境监测处副处长万小卓表示基本认同。但她同时认为，郴州市耒水下游主要排污口离出境断面（大河滩）太近，导致污水难以在短距离内净化，更需要加大污染防控力度。永州市在加大水环境保护和污染防治的同时，湘江下游主要排污口离出境断面（归阳镇）较远，水体净化效果就比较好。而娄底市区的排污口，包括涟钢和市区生活污水处理厂的排污口，都距出境断面较近，但由于2015年度娄底市加大日常监管力度，水质明显比2014年好转。

株洲市环保局刘会庆、永州市财政局周进瑜建议，在出入境断面，可依据污染物平均浓度和流量，计算出污染物通量，可能比水质、水量分开考核更为科学，但操作起来更加复杂。省财政厅、省环保厅、省水利厅表示，“今后的奖罚考核，不排除采用污染物通量的方式。”

突出生态价值，或推上下游补偿

作为湖南第一个按要素补偿的生态补偿办法，《暂行办法》“试水”一年后，已被参与各方所接受和认同，体现了政策导向作用。

但对于纳入考核的8市34个县（市）所做的湘江保护与治理工作而言，2997万元的奖励资金实属“杯水车薪”。特别是上游的永州、郴州，为源头水质保护做出了不小的牺牲。永州市的蓝山、宁远、双牌、新田4县均为国家级重点生态功能区，其他县（市）也全是省级重点生态功能区；以保护好战略水资源为重要目的，郴州市东江湖库区周边的桂东、汝城、宜章、资兴3县1市，被列为全省生态红线制度改革的唯一试点，发展将受到限制。

如何将上游地区生态保护的价值进行量化？省财政厅已委托有关机构开展此类专题研究。同时，省财政准备统筹安排水质考核处罚资金，真正实现湘江流域上下游各市之间的横向补偿。

“生态补偿，以绿为美，以水为源，以人为本。”省财政厅副厅长郭秀宏说，在湘江流域率先探索生态补偿机制，是省政府“一号重点工程”有关环境保护机制建设的一项重要内容。据初步统计，2015年湘江干流及主要支流水质进一步好转，说明湘江流域生态补偿机制是一种有效的制度安排。

郭秀宏透露，下一步，在总结湘江流域生态补偿的成功经验基础上，逐步向资水、沅水、澧水和洞庭湖流域推广，尽早实现我省山青、水秀、天蓝的目标。

奖多少？罚多少？

2014年湘江流域生态补偿（水质水量奖罚），按照“以罚为主、改善优先、适当奖励”的原则，实行“两奖两罚”，即：水质优质奖励、水质改善奖励、水质劣质处罚、水质恶化处罚。

其中，湘江干流分月计算的奖罚标准如下：

1水质优质奖励：某市当月所有出境考核断面考核因子达到Ⅱ类标准，奖励补偿金额50万元；考核因子达到Ⅰ类标准，奖励补偿金额70万元。

2水质改善奖励：某市所有出境断面的平均水质比所有入境断面的平均水质提高一个类别，奖励100万元；提高两个类别，奖励200万元。

3水质超标处罚：当某市出境断面主要考核因子分别为Ⅳ类、Ⅴ类、劣Ⅴ类时，超标不到0.2倍的，分别扣缴金额20、40、60万元；超标幅度在0.2至0.4倍之间（不含0.4倍），扣缴金额翻倍，之后依次翻倍计算。

4水质恶化处罚：某市出境断面平均水质较入境断面平均水质下降一个等级，扣缴150万元；下降两个等级，扣缴300万元；下降3个等级，扣缴500万元，分月计算。

在同等水质情况下，湘江一级支流断面的水质超标处罚资金和水质优质奖励资金为湘江干流的一半。对于未设入境断面的支流，本次暂只考虑水质目标奖罚，不考虑水质变化奖罚。

对获得奖励资金的市，每个断面凡未达到最小控制流量1次，相应核减生态奖励资金部分的1/12。

水质、水量考核数据，分别采用省环保厅、省水利厅的监测数据。

（原载《华声在线》2015年12月30日）

众志成城　梦圆“两型”

——“省统筹、市为主、市场化”成为两型社会建设新模式

常诸谈

2007年12月，长株潭城市群获批全国两型社会建设综合配套改革试验区，在全国率先开启建设两型社会的新征程。

面对这项全新的使命，在完全没有现成模式可套、没有现成经验可循、没有现成路子可走的情况下，如何凝聚各方共识、如何形成工作合力，成为摆在决策者面前迫切需要解决的问题。

8年来，全省上下大胆先行先试，勇于探索实践，创造了两型社会建设“省统筹、市为主、市场化”合力引导新模式，形成了“众人拾柴火焰高”的生动局面。

省统筹——主服务

一套两型管理体系让改革“实”起来。“大脑指挥身体”。试验区获批后，省委、省政府着力构建了一个高规格、跨行政区域、跨职能部门的协调管理机构，由一名省委领导牵头负责，把统筹、协调、指导作为职能定位，重点在规划、政策、法规、标准、考评等方面服务全省，依靠省直单位和各市州共同推进两型社会建设，这在全国12个国家综合配套改革试验区中是绝无仅有的。2011年11月16日，省委、省政府专门出台了《关于加快长株潭试验区改革建设全面推进全省“两型社会”建设的实施意见》，对试验区第二阶段的规划、建设、改革和管理工作做出制度性部署安排，并在全省布局推动绿色建筑、排污权交易等十大重点改革，推广餐厨垃圾处理、节能与新能源汽车等十大清洁低碳技术，取得显著成效。

一套两型规划体系让改革“绿”起来。突出顶层设计，依托改革总体方案和城市群区域规划，坚持绿色理念，形成由10个专项改革方案、18个专项规划、18个示范片区规划和87个市域规划组成的全方位、多层次的两型改革建设规划体系，绘就了湖南两型社会建设的“行动路线图”和“建筑施工图”。加强空间管控，按照紧凑布局、生态隔离、生态服务的组团式理念，探索建设具有国际品质的现代化生态型城市群，在长株潭三市规划了522平方公里生态绿心，创新性地进行立法保护。

一套两型法规体系让改革“硬”起来。坚持用法制思维和法制方式推进改革试点是湖南的一大特色，特别是对重大改革尤其是涉及人民群众切身利益的改革决策，突出在坚持法治统一的前提下，围绕重大两型改革建设抓立法，及时将局部的试验成果上升到法规制度层面，先后制定出台《关于保障和促进长株潭城市群两型社会建设综合配套改革试验区工作的决定》《长株潭城市群区域规划条例》《长株潭生态绿心保护条例》《湘江保护条例》等20多部地方法规，形成以“一决定、四条例”为主要内容的法制框架，为两型社会改革建设提供了法制保障。

一套两型标准体系让改革“立”起来。“一类企业卖标准、二类企业卖品牌、三类企业卖产品”。两型社会建设综合配套改革也是如此，“两型社会怎么建”？谁先掌握标准，谁将赢得改革的制高点。目前，湖南已出台两型标准16个、节能减排标准23个、两型地方标准43项，探索形成了一套较为完善的两型社会建设标准体系。特别是近年来，湖南在全社会进行广泛发动、深入动员，对照两型标准开展两型示范创建，在社会生产、生活、消费各个领域培育两型示范创建单位（项目）942个，由“盆景”到“花园”的两型故事演绎湖南精彩。

一套两型考评体系让改革“严”起来。充分发挥两型社会建设考评“指挥棒”作用是一条重要经验。近年来，湖南率先全国探索绿色GDP评价体系，把资源消耗、环境损害、生态效益纳入绿色GDP综合评价统计体系，形成涵盖资源节约、环境友好和经济社会3个领域、29项具体指标的评价体系，完成对全省14个市州绿色GDP指数测算，在长株潭三市率先试行绿色GDP评价，积极将两型社会建设纳入省直部门和市州政府绩效考评体系，“资源节约、环境友好”指标在全省新型工业化、新型城镇化两大考评体系中的权重均在30%以上。

市为主——主战场

改革创新呈现出“争奇斗艳、各领风骚”的新格局。改革是试验区的“根”和“魂”，长株潭三市在改革创新上既协调联动，又各具特色。长沙率先探索绿色发展新模式，先后获批为全国文明城市、建成全国规模最大的餐厨垃圾无害化处理中心，获评“全球绿色城市”、联合国人居环境奖、全国十佳生态文明建设示范城市等多项绿色荣誉。株洲突出转型升级发展，成功创建全国首个电动公交城，实现由“全国十大空气污染城市”到“全国文明城市”“全国十大最具投资价值城市”的蝶变，城乡环境同治“攸县模式”在全国推广。湘潭实施创新驱动发展战略，荣获“全国科技进步先进城市”“全国污染减排与协同效应示范城市”“全国第三批节水型社会建设示范区”等称号，建成全球最大屋顶光伏电站，催生和颁发第一张家庭光伏发电上网许可证。

产业发展呈现出“你中有我、我中有你”的新态势。三市产业发展既有共性、也有个性，错位式、互补式发展不断增强。长株潭成功获批为国家自主创新示范区，长株潭三市围绕打造中国“绿谷”“动力谷”和“智造谷”，形成你追我赶的良好态势，协调推进长沙大河西先导区与湘潭九华经济技术开发区、株洲天元示范片区和湘潭易俗河

示范片区、株洲云龙示范片区和湘潭昭山易家湾示范片区签署战略合作框架协议，实现长株潭三市产业园区融合发展。湖南在长株潭三市授予17个产业集中度高、规模体量大、竞争优势强的园区为全省“特色产业园”称号。

公共设施呈现出“互联互通、共建共享”的新特征。在过去“新五同”的基础上，突出以“三通四化”为重点，积极探索城市群公共设施建设新模式。长株潭三市电话同号升位、公交一体运营、异地取款、移动电子商务、购房同城待遇等综合管理和服务逐步实现；长株潭成功获批全国首批“宽带中国”示范城市群，标志着长株潭三市进入“信息高速公路”新时代；以长沙为中心的“七纵七横”城际快速干道网、武广高铁和沪昆高铁、湘江新区综合枢纽、国内第一条中低速磁浮工程、9条长株潭城际干道（断头路）等重大基础设施项目基本完成，长株潭“半小时经济圈”基本形成，成功跻身全国六大城市群行列。

市场化——主动力

以重点改革撬动市场化推进两型社会建设。抓住“牵一发而动全身”的关键改革，着力推动两型社会建设市场化。近年来，我省围绕发挥市场配置资源的基础性作用，突出抓资源性产品价格形成机制改革，率先在全国推行居民用阶梯式水电气价制度，落实“两高”行业专项电价加价政策，执行差别电价；实行居民用阶梯式水价、电价、气价和非居民用水超定额累计加价，开征水资源费；开展排污权交易试点改革，出台主要污染物排污权有偿使用和交易管理办法，对一级市场9大重点治污行业、1100多家企业核发初始排污权，初步形成“谁污染谁付费、谁减排谁受益”的多级市场体系；获批全国首批排污权交易试点，率先建立排污权交易储备中心，并在长株潭三市开展排污权抵押贷款试点，2015年1月全面推广到全省。

以项目实施对接市场化推进两型社会建设。探索环境保护的市场化运作机制，对湘江流域内51个市县实行省级财政生态补偿。加大污水处理费征收力度，在全国率先开展强制环境责任保险试点，2248家企业投保，保险金额规模超过10亿元。推广“两个合同”，成为环保部第三方治理试点省，全省国家备案的合同能源服务公司162家，从业人员超过10万人，每年合同总额超过110亿元。得益于两型社会这块金字招牌，我省先后成功引进广汽菲亚特、一汽大众、富士康、戴尔、花旗银行等一批战略项目，带动了汽车、电子信息、航空航天、节能环保、金融等新型产业的快速发展。

以投融资助力市场化推进两型社会建设。在政府方面，充分发挥省级财政专项资金的杠杆作用，首创政府两型采购模式，“十二五”期间，全省政府两型采购接近5000亿元，带动社会需求近1万亿元。在社会方面，加快推动融资主体市场化，建立全国首支两型基金，组建了湖南发展投资集团等13个融资平台，发起设立并管理8支两型基金，总规模70亿元；率先发行全国第一支流域治理债券——湘江污染治理债券，募集资金125亿元；出台全国第一个区域性融资规划，探索以绿色金融助力两型建设。我省率先推广PPP模式，2014年被财政部确定为首批PPP试点省份，确定长株潭三市为PPP试点城市，湘潭九华污水处理厂项目列入全国首批30个试点项目。

以产业发展支撑市场化推进两型社会建设。清洁低碳技术和环保产业得到空前发展，经济转型发展的绿色动力更加强劲。2014年环保产业产值达1352亿元，成为全省第11个过千亿元的产业。环保绿色湘军迅速壮大，中联重科环境公司生产环卫机械、餐厨垃圾处理等9大类近100种环保设备，城市环卫机械占据国内市场60%以上；永清环保承担了省内60%以上的二氧化硫减排任务，钢铁脱硫业务量国内第一；中车株洲时代的兆瓦级风电电机出口欧洲，创国内首次出口欧盟海上风电市场的纪录。

回眸“十二五”两型花开灿烂，展望“十三五”两型未来可期。党的十八届五中全会提出的“创新、协调、绿色、开放、共享”五大发展理念，为全面建成小康社会描绘了美好蓝图；省委十届十五次全会和省委经济工作会议对全面建成小康社会做出了具体部署，明确了“五个发展”的新要求，提出了“五化同步”的新路径，这是湖南加快推进长株潭试验区改革和全省两型社会建设的大好机遇，只要继续坚持两型引领，突出绿色发展，两型社会建设和生态文明改革建设就一定能够走在全国前列，为建设富饶美丽幸福新湖南做出新贡献。

（原载《湖南日报》2015年12月31日）

主要学术活动

【湖南省环境资源法学研究会年会召开】 2015年1月11日，湖南省法学会环境资源法学研究会年会在中南林业科技大学举行。省人大常委会副主任谢勇出席会议并讲话。新修订的《中华人民共和国环境保护法》，成为与会专家的热议话题。

据悉，我国近年在局部探索建立专门的生态环境保护审判机构。近五六年来，我国涌现出200多个环保（生态）法庭。然而，由于当事人起诉难、举证难、胜诉难，法院审理难、判决难、执行难，与其他国家大部分环保法庭一样，我国的环保法庭也普遍遭遇困顿。

中南大学法学院的颜运秋教授认为，新修订的《环保法》号称“史上最严”，湖南应以此为“利器”，办一批环保“大案”。中南林业科技大学政法学院院长周训芳教授认为，新修订的《环保法》虽然终结了长期以来有关生态环境保护公益诉讼入法的争论，但如何进行环境公益诉讼仍是一个问题。省环保厅法规处处长陈战军表示，“新修订的《环保法》要真正实施，并不容易。”一系列配套工作需要做，包括相关配套制度的制订与完善，相对分散的管理体制的理顺，环保执法能力建设的加强，全社会环保意识的切实提高等。

省人大常委会副主任谢勇介绍，在我省2015年的立法、监督工作计划中，环保是“重头戏”。《湖南省大气污染防治条例(草案·代拟稿)》经省政府常务会议讨论通过，现已提交至省人大；针对固体废物污染防治，已进入立法调研阶段。他希望，环境资源法学界的专家们能研究、总结好的经验与做法，在如何更好地处理经济发展与环境保护的关系等方面，为省委、省政府多出谋划策。

【中国经济社会理事会调研组来湘调研“武陵山片区生态绿色产业扶贫的实施路径和模式”】 2015年1月12日，由全国政协委员、中国经济社会理事会常务理事范小建带队的中国经济社会理事会调研组一行来湘，调研“武陵山片区生态绿色产业扶贫的实施路径和模式”。省政协副主席武吉海出席座谈会。

近年来，湖南在武陵山片区大力实施生态绿色产业扶贫工程，确定“资金跟着贫困对象走、贫困对象跟着能人走、能人和贫困对象跟着产业项目走、产业项目跟着市场走”的思路，改普惠制为差异化的扶持政策，改“给钱给物”为直接帮扶、委托帮扶和股权合作，提高“造血”能力，取得初步成效。目前，一大批特色产业在片区做大做强，生态文化旅游正成为带动脱贫致富和经济增长的主导产业。同时，全省统一战线成员和教育部门、扶贫部门共同实施“一家一”助学就业·同心温暖工程，全省6800多家非公企业还积极参与“万企联村，共同发展”活动，助推武陵山片区扶贫发展。

范小建指出，要坚持发展生态绿色产业，在宏观上和政策上给予支持，把片区攻坚和精准扶贫结合，把扶贫开发和生态建设结合，把外部支持和内部动力结合，进一步完善落实扶贫到户机制，打造好全社会参与扶贫的平台，更好地提高扶贫效率。

【环洞庭湖越冬水鸟调查启动】 2015年1月13日，由国家林业局与世界自然基金会组织的环洞庭湖越冬水鸟调查启动。调查过程中，执法人员和志愿者在东洞庭湖水域，发现并抓获毒鸟嫌疑人钟某某。调查队员们呼吁，没有买卖就没有杀戮，期盼民众拒食野生动物，共同保护生态环境。

本次越冬水鸟调查为期4天，东洞庭湖、西洞庭湖国家级自然保护区以及南洞庭湖、横岭湖省级自然保护区共同参与，吸引了来自中科院、北京林业大学、湖南大学以及岳阳市江豚保护协会的志愿者参加。80多名队员分为东洞庭湖采桑湖、白湖及南洞庭湖、西洞庭湖、横岭湖、外围湖泊等9个小组，展开区域定点监测、鸟类种类数量统计等调查巡护行动。

【省政府召开大湘西地区文化生态旅游融合发展精品线路建设座谈会】 2015年1月16日下午，省政府召开大湘西地区文化生态旅游融合发展精品线路建设座谈会。省领导许又声、何报翔、张硕辅出席座谈会，一致要求精品线路建设要统筹规划、重点突出、分步实施、形成合力。

大湘西全面小康指导小组办公室多次召集张家界、怀化、自治州、邵阳、娄底5市州及宣传、旅游、财政、民宗、扶贫、文化、农业、林业、交通、环保等省直相关单位、旅游专家召开座谈会，确定把推进精品线路建设作为推进大湘西地区区域发展与扶贫攻坚的重要举措，以精品线路建设为切入点，做大做强文化生态旅游品牌，推动大湘西地区文化生态旅游跨越式发展。

省委常委、省委宣传部部长许又声要求，从讲政治的高度、带着感情抓大湘西生态文化旅游融合工作，下大力气完善精品线路建设规划，分步实施。集中资金在第一期精品线路的通达性上突破，加大招商引资力度，引进一批有品位有影响的旅游企业。文化部门做好大湘西文化的挖掘，湖南日报、湖南卫视、红网等媒体品牌栏目多宣传大湘西，各市州各部门形成合力抓落实。

【省政府与国防科技大学产业技术协同创新联席会议在长沙举行】 2015年1月26日下午，省政府与国防科技大学产业技术协同创新联席会议在长沙举行。会议就湖南省产业技术协同创新研究院的发展定位、园区建设、落实专利使用权出资办理企业工商登记等内容进行了审议。国防科大校长杨学军院士、副省长李友志、国防科大副校长庄钊文等出席。

省政府与国防科大于 2012 年共同组建了省创新院，建立了省校产业技术协同创新联席会议制度，目前已遴选了 100 余项技术相对成熟、有望快速转化、市场前景广阔的科技成果，建立了军民融合成果转化项目库，并择优选取了 20 个项目予以立项支持。2015 年，省创新院重点支持和推动北斗导航应用、激光陀螺等战略性新兴产业发展。

联席会上，杨学军和李友志共同为“湖南省产业技术协同创新研究院创新创业基地”授牌。据悉，作为建设好长株潭国家自主创新示范区的重要载体，湖南省军民融合科技创新产业园一期 640 亩，选址于长沙高新区信息产业园内，拆迁工作已完成。目前第一批共 8 家企业已签订入驻合同。

【全国节能减排财政政策综合示范会议在长沙召开】 2015 年 1 月 27 日，全国节能减排财政政策综合示范工作会议在长沙召开，国家发改委副主任解振华、财政部副部长刘昆、江西省副省长胡幼桃出席会议，省委常委、常务副省长陈肇雄在会上致辞。

长株潭地区于 2011 年列入首批综合示范名单。经过近三年努力，长沙、株洲、湘潭 2014 年单位 GDP 能耗比 2010 年分别下降 17.3%、18.0%、25.6%，超额完成进度目标。近三年来长株潭三市投入节能减排财政资金 113 亿元，实施综合示范项目 549 个，提前 1 年完成“十二五”节能减排主要指标任务。

陈肇雄在致辞中表示，湖南将以这次会议为契机，全面贯彻党中央、国务院关于生态文明建设的决策部署，充分发挥节能减排财政政策综合示范效应，着力推进产业低碳化、交通清洁化、建筑绿色化、服务集约化、主要污染物减量化、可再生能源利用规模化等重点工作，加快构建政府主导、企业主体、市场驱动、全社会共同参与的节能减排工作新格局。

【省环保志愿服务联合会启动首期“绿媒沙龙”计划】 2015 年 1 月 31 日，湖南省环保志愿服务联合会启动首期“绿媒沙龙”计划，来自环保、传媒和司法领域的专家齐聚一堂，共同探讨新环保法下的媒体环境议题设置。

新《环保法》规定，新闻媒体应当加强环保法律法规宣传，对环境违法行为进行舆论监督。省环保厅法规处处长陈战军认为，环境问题是民生问题，媒体应用客观、真实地报道，共同呵护蓝天碧水净土，同时政府部门也应加强监管，让新《环保法》能落到实处。据了解，“绿媒沙龙”将结合热点环境话题，每月举行一次，旨在集合湖湘各界力量，打造一个线下学习交流的平台，推动媒体力量更有力地参与湖南生态文明建设。

【湘江保护和治理委员会会议 2015 年第一次会议召开】 2015 年 2 月 12 日，湘江保护和治理委员会 2015 年第一次会议在长沙召开。据悉，去年我省共完成湘江治理和保护项目 1143 个，关闭淘汰涉重企业 173 家，湘江水环境质量持续向好，“堵源头”任务取得明显成效。

按照省政府“一号重点工程”的总体部署，湘江污染防治第一个“三年行动计划”的主要任务是“堵源头”。2014 年，湘江流域 8 市紧紧围绕源头治理，全面实施了淘汰污染严重企业、工矿企业和单位废水治理、城镇污水处理设施建设、两岸规模畜禽养殖单位退出和治理、饮用水源保护等一大批项目。全年新增企事业单位水污染治理设施 300 余套，新增废水处理能力 4 万吨 / 天；新增城镇生活污水处理厂 15 座，县城以上污水处理率达 90%，较上年增加 2.3 个百分点；关闭淘汰涉重企业 173 家，湘江流域涉重金属企业累计减少 48%；退养湘江干流两岸 1351 个规模养殖场，拆除栏舍 67.95 万平方米，株洲县、衡阳县等 19 个县（市、区）提前完成 2015 年退养任务。尤其是通过分类指导、对症下药，充分发挥地方政府和对口职能部门作用，株洲清水塘、湘潭竹埠港、郴州三十六湾、衡阳水口山、娄底锡矿山等 5 大重点区域的污染整治工作进度明显加快，部分重点区域已取得重大突破。随着湘江污染防治各项工作的深入推进和环境监管力度的不断加大，湘江水环境质量持续向好。2014 年湘江干支流 42 个省控断面中，汞、铅、砷、六价铬、镉的年均浓度均符合 I 类标准限值要求，其中镉和铅平均浓度比上年分别下降 33.9% 和 30.5%。氨氮、总磷的年均浓度均优于 II 类标准限值。

【生态文明体制改革专项小组第四次会议召开】 3 月 12 日下午，省委生态文明体制改革专项小组第四次会议在长沙召开。会议传达学习了省委全面深化改革领导小组第八次会议精神，讨论审议了《2015 年全省生态文明体制改革工作要点》（以下简称《工作要点》），安排部署了今年全省生态文明体制改革有关工作。

会议要求，生态文明体制改革要挂“高速挡”。各成员单位要迅速启动，加大力度，实实在在地动起来、干起来、改起来。会议指出《工作要点》就是今年改革的任务书、责任状，各成员单位要尽快“对号入座”，将其列入重要议事日程，迅速地动起来、干起来、改起来；要细化工作方案，各牵头职能部门要对本单位承担的改革事项进行分解细化，抓紧拿出具体的工作方案，明确今年改革的路线图、时间表、任务书；要明确领导责任，将每项改革责任落实到部门主要负责人、分管领导、业务处室和具体责任人，确保改革任务分解到位、责任明确到位；要倒排改革日程，按照各项改革的时间要求，按月份、按季度进行日程倒排，推动各项改革任务落实、落小、落地；要形成改革合力，每一项改革涉及多个部门，必须以改革的精神对待改革，任何一个单位、任何一个环节都要踩“油门”，不能踩“刹车”；要加强与中央部委的对接，争取更多的改革进入“国家队”，加强省直部门之间的协调配合，不能“各吹各的号，各唱各的调”，加强对市州、基层的协调指导。要加强督促检查，按照工作部署要求进行督查，推动各项改革落实，要注重改革效果，尤其要让老百姓有更多获得感，成为改革的推动者、参与者、受益者。

【国家林业局与湖南座谈研究共建南洞庭湖国际重要湿地和创建永州森林城市】 2015 年 3 月 18 日，国家林业局在北京与省林业厅、益阳市永州市有关负责人举行座谈，商议加强全方位战略合作，共同把益阳市南洞庭湖湿地建成国际重要湿地，全力支持永州创建国家森林城市。

地处益阳沅江市东部的南洞庭湖湿地，已列入国际重要湿地名录，总面积 252 万亩，保存着丰富多样、原始完好的湿地景观生态系统。因湘、资、沅、澧四水和长江汇流注入，具有水浸皆湖、水落为洲的沼泽地貌特征，同时具有极其丰富的生物多样性，生长着湿地植物863种、鸟类164种、鱼类114种，其中国家一级保护动物有中华鲟、中华秋沙鸭等10多种，是各种珍稀濒危鸟类和长江洄游鱼类理想栖息地，也是东北亚候鸟迁徙的重要通道。

为落实国家洞庭湖生态经济区发展战略，国家林业局将与湖南联手，开展湿地保护与恢复、退耕还湿试点、湿地生态效益补偿试点等。国家林业局负责人表示，湖南是国家生态保护和林业发展战略重要省份，国家林业局将与湖南在生态环境保护和林业产业发展方面进行全方位战略合作，共同实施湿地保护与恢复工程，努力构建绿色生态屏障，促进生态保护与经济社会协调发展。

自2011年11月正式启动国家森林城市创建工作以来，永州市紧紧围绕“让森林走进城市，让城市拥抱森林”主题，先后完成了规划编制评审等基础性工作，实施了1000万亩封山育林、“三边”造林绿化等造林绿化工程。截至目前，全市森林覆盖率达到61.89%，城区绿化覆盖率40.3%，城市人均公园绿地面积11.15平方米。国家林业局负责人表示，永州是我国南方重要的生态功能区，建设森林城市不仅是对当地生态的保护和传承，更是强力推进生态文明建设的自觉行动，国家林业局将全力支持。

【“世界水日”和“中国水周”宣传活动启动仪式举行】 2015年3月22日，湖南省节约用水办公室在长沙市橘子洲头举行2015年“世界水日”“中国水周”宣传活动启动仪式，呼唤全社会节约水资源，保障水安全。

2015年3月22日是第二十三届“世界水日”，2015年3月22日至28日是第二十八届“中国水周”。联合国确定2015年“世界水日”的宣传主题是“水与可持续发展”，我国纪念2015年“世界水日”“中国水周”的宣传主题为“节约水资源，保障水安全”。启动仪式后，来自省水利厅、省水电职院、省水电设计院、长沙市水务局等单位的120余名志愿者开展骑行活动，并向游客免费发放节约用水宣传资料。

省水利厅厅长詹晓安介绍，国家实行最严格水资源管理制度，给我省划定了一条不能逾越的红线：全省用水总量到2030年要控制在360亿立方米，也是我省水资源管理的“控制红线”。2013年我省实际用水总量已达332.48亿立方米，剩下的空间只有27.52亿立方米，部分地区水资源开发利用程度已经逼近上限值。我们纪念“世界水日”“中国水周”，就是要让社会各界更加关注和了解我省基本水情，推动全社会形成关心水、亲近水、爱护水、节约水的良好风尚。

【省低碳技术融资与推广机制研讨会召开】 2015年3月25日，湖南省低碳技术融资与推广机制研讨会在长沙召开。此次研讨会由亚行与湖南省发改委联合主办。会上，亚行专家介绍了湖南省低碳技术促进机制有关设想，来自韩国、新加坡、荷兰、丹麦、日本等国的专家分享了促进低碳技术发展的经验，中联重科、华菱湘钢等企业介绍了自己推广低碳技术的做法。与会的政府官员、专家和企业家们，还就“湖南省低碳技术发展过程中的机遇和挑战”等议题进行了充分探讨。省人大常委会党组成员，十一届人大常委会副主任陈叔红出席研讨会。

会上，亚洲开发银行(以下简称“亚行”)将助力湖南推广低碳技术，力争在湖南创建一个世界领先的低碳技术创新中心。“湖南省低碳技术产业孵化园”在会上正式授牌。2011年，亚行建立了亚太气候技术金融示范中心，致力于促进气候变化减缓和适应技术的发展和部署。2013年，亚行与国家发改委和财政部商定，选择湖南作为亚行在中国的试点，开展促进低碳技术融资与推广机制研究。经过近2年的研究，已形成比较成熟的研究成果。以亚行研究成果为基础，湖南省发改委提出了“四个一”的设想，即建立一只基金、一个专业孵化园、一个技术交易平台、一套促进机制。今年1月，亚行派出四位官员来湘调研，对“四个一”提出建议，表示将继续通过技术援助项目扶持湖南低碳技术推广，并分享国际成功经验。

【2015年澳门国际环保合作发展论坛及展览开幕】 2015年3月26日，为期3天的2015年澳门国际环保合作发展论坛及展览开幕。省委常委、常务副省长陈肇雄率湖南代表团出席。

澳门国际环保合作发展论坛及展览自2008年首次举办以来，已成功举办7届。该论坛及展览由澳门特别行政区政府主办，泛珠三角省区政府共同协办，主要为泛珠三角区域各省区搭建环保产业交流和技术转移的平台，促进各地在绿色经济、循环经济等领域的合作。今年论坛及展览的主题为“绿色经济 清新空气 绽放商机”，来自22个国家和地区的450家企业携各自先进环保技术和设备亮相展会。

会上，湖南的15家环保企业展示了我省在重金属污染土壤修复、空气水体污染防治、生活垃圾处理、污泥无害化处理等方面的技术优势，显示出我省环保产业的技术和市场优势，扩大了湖南环保产业的影响，拓展了对外合作的渠道。据省环保厅介绍，近年来，我省环保产业发展迅猛，成绩显著。2014年全省环保产业总产值达1350亿元，同比增长25%以上。特别是环保装备制造业、环境服务业产值已跃居全国前十位。

【世界自然基金会在长举办环保公益活动】 2015年3月28日晚，由世界自然基金会与长沙先导洋湖建设投资有限公司联合组织的环保公益活动“地球一小时”，在长沙洋湖生态智慧新城举行。晚上8时30分，原本灯光明亮的洋湖，除了基本照明灯外，众多灯盏骤然熄灭，活动由此正式拉开。

“地球一小时”是世界自然基金会应对全球气候变化提出的一项倡议，即在三月最后一个星期六进行熄灯一小时，并以此为契机，倡导节能环保的行为和理念。近年来，洋湖生态智慧新城建设者注重节能环保理念，以其高端生态配套、绿色建筑推行、水源热泵能源供应、水资源循环使用、清洁能源开发等一系列突出特征，争取到了今年“地球一小时”活动在此落户。

活动以“能见蔚蓝，自有星空”为主题，融入了生态演唱、清洁能源灯光秀、“蓝天卫士”宣誓等元素，集公益性、倡议性于一体。一大批环保志愿者和社会各界人士现场参与，他们集体呼吁人们要在日常生活中坚持做一些节能减排的小事，共同保护地球环境，抵御气候变化。

【“关于我省耕地污染修复治理的调研”启动会议召开】 2015年4月8日上午，省政协召开“关于我省耕地污染修复治理的调研”启动会议。省政协主席陈求发出席并讲话。省政协副主席武吉海、杨维刚，秘书长袁新华出席。

“关于我省耕地污染修复治理的调研”是省政协确定的2015年两大年度重点调研课题之一，陈求发亲自担任课题指导组组长。会议通报了调研方案，省发改委、省农委、省财政厅、省国土厅、省环保厅、省林业厅等部门相关负责人介绍了我省耕地污染修复治理情况。

陈求发认真听取了大家的发言。他说，党中央、国务院把生态文明建设摆在突出位置，大力推进绿色化发展。省委、省政府高度重视生态环境保护，近年来在耕地污染修复治理等方面实施了一系列有力措施，收到了良好的成效。与此同时，我们必须认识到湖南的耕地污染问题具有较深的历史根源，不可能毕其功于一役，是一项需要久久为功的重大任务。因此，这项重点课题调研是有难度，更是有价值的。

陈求发指出，要立足于历年来湖南省耕地污染修复治理所取得的良好基础上，坚定信心，协同配合，力争拿出高质量的调研成果；要明确调研目标，摸清全省范围内不同程度的耕地污染状况，提出针对性、可操作性较强的耕地污染修复治理方案、预防方案及责任落实方案，探索研究整合各单位、部门资源力量推进工作的有效机制；要坚持用数据和事实说话，尤其是提出科学合理的资金成本测算，为相关部门更为有效地运用资金提供参考；要积极争取国家相关部委的帮助指导，并通过专题协商等方式进一步听取专家学者的意见建议，确保形成高质量的调研报告和建议案，为省委省政府推动相关工作提供有价值的参考。

【2015年湖南科技活动周活动开幕】 2015年5月16日至24日，2015年湖南科技活动周活动在长沙举办，此次活动以“创新创业科技惠民”为主题，一批重大科技创新成就和大众创新创业典型集中展示，同时，围绕食品安全、空气质量、应急避险、低碳节能等热点问题开展系列科普活动。

此次科技活动周的最大亮点，就是“全省大学生创新创业论坛”和“发展众创空间服务草根创新创业论坛”。活动邀请省内各高校在校及毕业3年以内创业学生及创业导师代表，邀请了上海、深圳等地知名“创客空间”发起人和创客，一起深入探讨交流，并举行创新创业项目推介会及现场咨询洽谈。活动还邀请科技部政策法规司专家解读相关政策，以促进科技成果转化、科技创新税收减免等优惠政策落实。

【亚欧水资源研究和利用中心联合专家组对洞庭湖区进行考察】 2015年4月27日，亚欧水资源研究和利用中心组织的中日联合专家组，开始对洞庭湖区进行为期4天的考察。此次考察是国家国际科技合作专项——“洞庭湖区生态村镇与环保农业关键技术集成及应用示范”项目的重要内容之一。该项目将引进世界先进技术，借鉴国际经验，保护洞庭湖的生态环境。

洞庭湖区素称“天下粮仓”。作为国家级生态功能区，洞庭湖近年来受到周边村镇、农业等人为因素的干扰日益加大。湖区转变发展方式，加大生态保护和建设力度，相关的科学研究已刻不容缓。

中日专家组今天首站抵达岳阳市屈原管理区，考察了海泰博农生物科技有限公司。全国人大代表、公司董事长杨莉一直为洞庭湖生态保护呼吁奔走，并在湖滨的磊石山租地1800亩，培育繁殖湿地林木良种，从改种、改土、精准作业等方面，探索环保型农业与湿地保护的路子，引领农民致富。专家组对“海泰模式”给予高度肯定。

【首届职业教育宣传活动周启动】 2015年5月11日，首届湖南省职业教育宣传活动周在湖南网络工程职业学院（湖南广播电视大学）启动。副省长李友志出席并讲话。

今年我省职教宣传活动周的主题是“加快发展现代职业教育，有效服务‘四化两型’建设”。李友志指出，推动我省产业转型升级发展，需要加快发展现代职业教育，培养数以百万计的高素质劳动者和技术技能人才提供支持。劳动光荣、技能伟大，正在成为全社会的共同认识。

启动仪式前，李友志同与会代表一起参观了湖南职业教育发展情况展览。湖南网络工程职业学院的人物彩绘和课件影视编辑、湖南信息职业技术学院的3D打印和机器人技术、长沙航空职业技术学院的无人飞机模型、长沙民政职业技术学院的养老服务，这些职业院校的技能展示异彩纷呈、各具特色，充分展现我省各高职院校的办学特色、专业优势和人才培养水平。

【《湖南蓝皮书》公开发布】 2015年5月19日，年度《湖南蓝皮书》发布，该书共6册，分别为《2015年湖南经济展望》《2015年湖南社会发展报告》《2015年湖南产业发展报告》《2015年两型社会与生态文明发展报告》《2015年湖南县域经济社会发展报告》《2015年湖南电子政务发展报告》，共有20位省领导、56个部门和50多位专家学者撰写了报告，报告内容丰富全面，数据详实准确，趋势预测理性科学，提出的对策建议具有很强的针对性和操作性。

【东江湖水环境保护院士工作站在资兴市成立】 2015年5月18日，湖南省东江湖水环境保护院士工作站在资兴市白廊乡江口村揭牌。这是全省首个湖泊水环境保护院士工作站。中国环境科学研究院院长、中国工程院院士孟伟及其团队，将从污染治理、水环境保护、制度建设等方面，为东江湖生态环境保护与资源开发利用、区域生态文明建设提供技术支撑，开启高层级水环保科研技术直接服务地方生态文明建设的先例。

孟伟院士表示，将把他及团队的经验技术转移到东江湖，组织相关团队在东江湖开展监测、分析、评估等工作，重点突破和解决湖泊富营养化、重金属污染防治等重大关键技术问题，促进东江湖水生态保护与水资源利用的深度融合，争取用一年的时间，把东江湖作为全国首例的水生态健康评估报告样本发布出来，为资兴转型发展、绿色发展提供可复制、可推广的科研成果和经验模式。同时，借助东江湖这个平台，通过保护好水资源，为全国深水湖泊的治理和研究提供宝贵的经验和示范，让世界上更多的人知道东江湖。

【优化环保产业政策环境座谈会召开】 2015年6月3日，优化环保产业政策环境座谈会召开，省委常委、常务副省长陈肇雄要求，进一步完善政策体系，优化政策环境，促进环保产业转型发展。

近年来，我省高度重视环保产业发展，制定出台了系列政策措施，全省环保产业呈现产业规模迅速扩大、企业实力显著增强、技术水平明显提升的良好态势。目前，全省环保产业年产值达1350亿元，产业规模进入全国十强。座谈会上，与会代表就促进环保产业发展提出了一系列意见建议。

陈肇雄要求，省直各相关部门要认真研究产业发展规律，准确把握国家环保产业政策要求，紧密结合我省环保产业发展实际，充分发挥好政策对产业发展的引导和扶持作用，进一步完善环保产业发展政策、技术创新政策、要素保障政策、市场推广政策，建立健全环保产业政策体系，着力优化政策环境，促进环保产业持续健康发展。

【长沙市首届环保文化节开幕】 2015年6月5日上午，长沙市首届环保文化节在岳麓区西湖文化园拉开帷幕。省委常委、长沙市委书记易炼红向环保志愿者授旗。

活动现场，长沙首次发布环境质量白皮书，公布了6家环境诚信企业以及20家环保违法企业名单，曝光了一批环保违法典型案例，同时开通了长沙环保政务公众微信平台。长沙市首届环保文化节以“绿色星城，品质长沙”为主题，将开展环保摄影大赛、环保好市民评选、环保嘉年华、环保微课堂、环保电影院等系列活动。

“绿色是生命的本色，是幸福的底色，也应该成为长沙的特色。”面对西湖文化公园内的市民和志愿者们，易炼红热情地邀请大家共同携手努力，把“绿色化”作为一种发展理念、一种价值追求、一种“两型”愿景、一种生活方式，身体力行，大力践行，贯穿经济社会发展、城市规划建设、企业经营管理、家庭社会生活的方方面面。易炼红还特意提到今年2015年“五一”假期市民们在网上纷纷晒出“长沙蓝”，并借此希望市民们从少开一天车、少吸一支烟，少用一度电、一张纸，让生活多一些绿色，让城市添一份亮色。

【2015全省青少年环保健走活动举行】 2015年6月13日上午，以“青春建功 美丽湖南”为主题的2015全省青少年环保健走活动，在长沙圭塘河生态景观区拉开帷幕。本次活动由团省委、省环保厅、省保护母亲河行动领导小组办公室主办，省环保志愿服务联合会、长沙环保职院承办。

主体活动就是一场“绿色大闯关”。由亲子家庭、大学生、社会青年组成的三大方阵团队共300余人，在“水质检测”“环保拼图”“垃圾分类大比拼”“植物认知”“找朋友”5个“绿色任务”中，抽取3项任务，在规定的1小时健走中完成闯关。活动从青少年的衣食住行入手，宣传低碳出行、绿色消费、修旧利废，让节约、环保、低碳的消费习惯和生活方式逐渐成为他们的自觉行为。

【湘江保护与治理委员会召开第二次研讨会】 2015年6月26日上午，省委副书记、省长杜家毫主持召开湘江保护与治理委员会2015年第二次全体会议。他强调，湘江保护与治理第一个“三年行动计划”已到决战决胜阶段，要坚持“回头看”，倒排“时间表”，拿出壮士断腕的决心，发扬“钉钉子”精神，以问题为导向，精准发力、久久为功，坚决打赢“堵源头”攻坚战。省领导陈肇雄、易炼红、张文雄，省政府秘书长向力力出席会议或参加考察。

会上，湘江流域8市主要负责人重点汇报了各地2015年以来重点区域综合整治，以及畜禽养殖退养情况。杜家毫指出，2015年以来，沿江8市及省直有关部门齐心协力、攻坚克难，较好地完成了湘江保护与治理委员会2015年第一次全体会议提出的各项要求和任务。当前，离湘江保护与治理第一个“三年行动计划”只剩下半年时间，要以党中央、国务院刚刚颁布实施的《关于加快推进生态文明建设的意见》《水污染防治行动计划》为指引，进一步坚定信心，加大力度，持续深入推进湘江保护与治理省政府“一号重点工程”，不获全胜、决不收兵，确保在第一个“三年行动计划”中圆满完成“堵源头”任务。

杜家毫就下阶段工作提出明确要求。他强调，要打好重点区域综合整治攻坚战，力争株冶集团新址今年年底前开工建设；加快推进郴州三十六湾封矿育林；探索解决湘潭竹埠港地区土壤重金属污染治理和历史遗留问题；坚持“一企一策”“一企一套班子”，有序推进清水塘老工业区搬迁治理；确保衡阳水口山、娄底锡矿山地区污水达标排放，环境明显好转。他进一步强调，要打好湘江支流污染防治阵地战，坚持湘江干、支流同治，加强支流水质监测和环保协作联动，确保一江清水；要打好生活污水进攻战，大力推进城镇污水收集处理设施建设，加强污水管网建设，加快实现全部雨污分流；要加强规模化畜禽养殖、网箱养殖污染防治，在继续做好湘江干流两岸500米范围内畜禽禁养基础上，大力推进湘江两岸退耕还湿、还林、还草；要切实加强航道治理和航运管理，以船舶为核心，严格限制吃水位和载重，最大限度消除湘江底泥重金属污染隐患。他最后表示，要毫不放松防汛抗旱各项工作，进一步加强岸线、堤防巡查维护，加快小二型水库治理，科学调度水资源；要加强源头水土保持，尽快复绿裸露山体；要妥善处理好水利工程建设与生态、湿地保护、动物多样性等的关系，加强鱼道等设施建设，努力保持生态平衡；要把湘江保护治理同土壤重金属污染治理有机结合起来，与洞庭湖保护治理和生态经济区建设有机结合起来，与全省环保产业发展有机结合起来，实现社会效益、经济效益双赢。

【“一带一部”课题组来湘调研】 2015年6月30日下午，省委书记、省人大常委会主任徐守盛在长沙会见了中国国际经济交流中心常务副理事长张晓强率领的“一带一部”课题组一行。省领导陈肇雄、韩永文参加会见。

徐守盛说，近年来，湖南立足“一带一部”战略定位，协调推进“四个全面”，经济发展的基础进一步夯实，区位优势日益凸显，省内四大区域发展全部进入国家战略，全省经济社会实现持续健康发展。新常态下，正确把握和深入挖掘“一带一部”战略定位的深刻内涵，做好顶层设计，更好地与“一带一路”、长江经济带建设等国家重大战略对接，是湖南正在积极探索的一个重大课题。希望中国国际经济交流中心发挥人才荟萃的优势，加强与湖南的合作，为湖南未来的发展提供强有力的智力支持。

张晓强说，湖南当前的发展面临着一系列重大机遇，中国国际经济交流中心课题组将紧紧围绕“一带一部”战略定位、结合湖南实际认真开展调研，为湖南的改革发展提供决策参考依据。

【国内专家学者为打造湖南发展新增长极建言献策】

2015年7月2日，岳阳市邀请国内专家、学者，就如何发挥岳阳作为融入长江经济带的“桥头堡”作用，全力打造湖南发展新增长极建言献策。省委常委、常务副省长陈肇雄出席。

专家、学者们就岳阳口岸经济发展、基础设施建设、产业转型升级、县域经济壮大、城乡统筹发展等积极发言。国家发改委宏观经济研究院高国力研究员建议岳阳“立足生态优势布局新产业，通过增长点来支撑增长极，发挥集聚、辐射效应”；中国人民大学区域与城市经济研究所张可云教授提出岳阳“发挥对外开放合作的龙头作用，推进区域协调发展”；上海自贸区物流园党委书记邢慷弟建议“充分利用通江达海优势，在金融、贸易、物流等方面整合创新，大力发展临港经济”；江西省社科院院长汪玉琦立足“中三角”建议岳阳与长株潭地区实现更紧密的协同发展；省委党校决策咨询中心肖万春教授从港城融合、打造开放高地的角度提出意见。

陈肇雄感谢专家提出的合理化建议和意见，希望岳阳市科学谋划和推动新一轮跨越发展，认真研究、充分吸纳专家意见，抢抓机遇，精准定位，放大优势，做强产业，早日将岳阳市建设成为全省发展新增长极。

【松雅湖湿地保护与可持续发展论坛在长沙召开】 2015年6月28日，在松雅湖湿地保护与可持续发展论坛上，来自全国各地的150余名专家学者齐聚长沙，就我省湿地保护与利用、松雅湖湿地建设等问题展开交流。

湿地被称为“地球之肾”。我省湿地总面积达100多万公顷，湿地率约4.8%，湿地面积资源较为丰富。目前我省已建有东江湖、水府庙、酒埠江、千龙湖等4处国家湿地公园，另有包括松雅湖等45处国家湿地公园正在进行试点建设，数量居全国第一位。

与会代表认为，湿地保护应把生态效益放在首位。湿地公园建设要充分遵循自然生态规律，在开发利用过程中注意保护湿地环境的连续性和完整性，合理利用当地动植物资源，突出湿地景观自然生态和地域性特征。

【两型旅游景区认证培训会议在长沙召开】 2015年7月6日，由省长株潭两型试验区管委会、省旅游局共同组织的两型旅游景区认证培训会议在长沙召开。省长株潭两型试验区管委会改革处、省旅游局规划财务处、方圆标志认证集团湖南有限公司、各市州两型办(发改委)、各市州旅游局以及岳麓山·橘子洲旅游区、洋湖湿地景区、石燕湖生态旅游景区、南岳衡山旅游区、山乡巨变第一村旅游区、新宁崀山旅游区、紫鹊界梯田景区等单位相关人员参加了培训会。

会议对两型标准体系建设取得的成果进行了介绍，对两型认证工作开展情况及下阶段重点工作进行了安排和部署。《两型旅游景区》地方标准主要起草人之一，中南林业科技大学旅游学院钟永德院长对对标准编制的背景、过程及标准的主要内容进行了解读。方圆标志认证集团湖南有限公司对两型旅游景区认证的程序、规则进行了培训。

【“美在潇湘”两型社会建设书画暨摄影作品展开幕】 2015年7月9日，“美在潇湘”两型社会建设书画暨摄影作品展在省老干部活动中心开幕，省领导和老同志熊清泉、刘夫生、张文雄等参观书画摄影展。

此次展览由省长株潭两型试验区管委会、省文化厅、省委老干部局联合主办，湖南日报社、省老干部书画家协会、省摄影家协会承办。展览历经半年多筹划，收集书画、摄影作品近17000幅，精选展出了287幅书画作品和44幅摄影作品，展期7天。作品以两型社会建设为主题，展现湖南的美丽风光与两型社会建设的丰硕成果。

【部分发展中国家新能源开发利用机制建设交流研讨会在长沙召开】 2015年9月9日至18日，来自牙买加等12个国家的20多名官员齐聚长沙，参加由中国商务部主办的发展中国家新能源开发利用机制建设交流活动。省委常委、常务副省长陈肇雄会见了部分国家能源领域官员。

在为期10天交流中，各国代表就“新能源开发利用前景”“可再生能源发展趋势”“中国新能源建设的促进机制”“中国风电发电”“电力可持续发展规划”等课题展开系统研讨。

陈肇雄对大家来湘交流新能源开发利用表示欢迎。他说，湖南在太阳能开发利用、风电装备制造、水电工程建设等领域具备特色优势，与参与交流活动的各国互补性强，合作潜力大。希望以此次交流活动为契机，与参与交流活动各国在新能源领域开展多领域、多方式合作。同时，以新能源合作为基础，积极拓展经贸、文化、旅游等多领域的合作，实现互利共赢、共同发展。

【国务院研究室和国家发改委调研组来湘调研】 2015年9月13日至14日，在湘调研的国务院研究室、国家发改委国土开发与地区经济研究所调研组与省长株潭两型试验区工委、管委会等省直有关部门负责同志及相关专家学者分别举行座谈。省委常委、省长株潭两型试验区工委书记、管委会主任林武出席座谈会并讲话。

调研组此次来湘，旨在系统总结和提升推介前一阶段湖南推进长株潭两型试验区改革建设的经验和做法，科学谋划下阶段试验区改革建设的思路、举措和目标任务。座谈中，调研组与参会人员进行了深入互动交流。

林武指出，党的十八大把生态文明建设纳入“五位一体”总体战略布局，把两型社会建设作为全面建成小康社会的重要目标，我省作为全国两型社会建设先行先试省份之一，经过7年多的改革试验，已经站在一个新的更高起点。他要求，各有关部门高度重视这次调研，做好配合和服务工作，并以此为契机，总结好、挖掘好、梳理好和提升好具有湖南特色的典型经验和做法。同时，在调研组指导帮助下，有关部门认真思考和研究下阶段工作重点及规划方向，科学编制好湖南“十三五”规划中两型社会建设和生态文明建设的相关内容。

【云南跨越发展第二期专题培训班来湘考察】 2015年9月16日至17日，云南省委常委、省委组织部部长刘维佳率领云南跨越发展第二期专题培训班来湘考察。省委常委、省委组织部常务副部长、省长株潭两型试验区工委书记、管委会主任林武陪同。

云南跨越发展第二期专题培训班共有97名学员，主要由云南各省直单位主要负责人、部分县(市、区)委书记、县长组成。此次来湘，旨在考察我省推进长株潭城市群一体化和两型社会建设、深化改革发展等情况。在两天的考察中，培训班学员辗转长沙、湘潭、株洲三市，先后参观了广汽菲亚特克莱斯勒汽车有限公司、三一集团、泰富重装集团、中车株洲电力机车有限公司等地，实地感受湖南加快转型跨越发展的蓬勃动力。

刘维佳在考察中表示，湖南改革创新、转型发展的系列举措，推进长株潭城市群和两型社会建设的成功经验，对于同为中西部欠发达地区的云南很有借鉴意义。云南与湖南在产业、市场、资源、技术等方面有着很强的互补性，希望两省携手共同谱写合作新篇章。

林武表示，随着国家加快推进"一带一路"、长江经济带等重大战略实施，湘滇两省合作空间巨大，希望两省进一步加强产业对接合作，共同推动低碳发展、绿色发展、可持续发展。

【"绿色湘依"旧物循环再利用活动在长沙举行】 2015年9月19日，"绿色湘依"旧物循环再利用活动在长沙举行。

据粗略统计，我国每年扔掉的旧衣服约为2600万吨，综合利用量约233万吨，综合利用率不到10%。这些丢弃的旧衣服大多进入填埋场和燃烧场，因为这些衣服大多是化纤质地，可降解性差，留在地表可能长达数千年不会腐烂，不仅造成资源浪费，也大大加重了环境负担。

循环再利用的主要方式是绿色兑换。通过联合社区、学校、企业定期开展活动，让市民把没有使用价值的旧物通过兑换获得绿色积分，让大家增强对旧物科学处理的认识，选择绿色环保的生活方式。回收的旧物将进行分类处理，其中能够进行二次使用的旧物，一部分回到绿色兑换流程中进行兑换，另外一部分通过定期开展的公益捐赠活动将其捐赠给有需要的人。对于不能二次使用的旧物，将进入循环企业进行二次加工处理。目前，该项目已和专业从事电子废弃物处理的湖南万容科技股份有限公司、废旧电池处理领域的湖南邦普循环科技有限公司、旧衣服处理技术比较完善的江苏利华形成合作关系，确保回收来的旧物进入科学、环保的再生渠道。

【全省清洁低碳技术推广工作推进会暨两型认证颁证会在长沙举行】 2015年9月23日，全省清洁低碳技术推广工作推进会暨两型认证颁证会在长沙举行。省委常委、省长株潭两型试验区工委书记、管委会主任林武出席并讲话。国家旅游局、国家认监委相关负责人出席并讲话。

会上，省直有关部门，有关市、县及园区代表汇报了推广清洁低碳技术经验，并介绍了两型旅游景区认证情况。长沙市岳麓山·橘子洲旅游区等7家旅游单位获颁两型景区认证证书。

林武指出，推广清洁低碳技术有力破解了湖南突出的资源环境难题，是在新常态大背景下，创新驱动战略与生态文明建设战略的有机结合，必须狠抓专项技术研发攻关、狠抓技术成果转化、狠抓资金技术人才引进、狠抓政策精准扶持、狠抓机制改革创新，使之更有力地继续向前推进。

林武强调，要按照改革试验的总要求，不断拓展深化两型标准认证工作，继续加强两型社会和生态文明建设标准体系研究、制定和普及，不断扩大两型认证领域，坚持公平公正，确保被认证单位得到更多实惠，成为学习的样本。要注重清洁低碳技术研发推广与两型标准的结合，形成技术研发、标准制定、社会应用、产业培育的创新机制，将湖南全力打造成绿色科技创新和两型标准的策源地。

【"推动岳阳'一极三宜'江湖名城建设"研讨会在京举行】 2015年9月23日，"促进国家区域经济发展、推动岳阳'一极三宜'江湖名城建设"研讨会在中央党校举行。中央党校副校长王东京，国务院发展研究中心副主任张军扩，省委副书记孙金龙，中央党校原教育长、中国马克思主义研究基金会副理事长郝时晋出席研讨会。会上，岳阳市委书记盛荣华介绍了岳阳市有关情况；来自中央党校、国家发改委、国务院发展研究中心、中欧国际工商学院和其他高等院校的专家学者为岳阳如何加快融入国家发展战略，推进"一极三宜"江湖名城建设出谋划策。

当前，长江经济带、洞庭湖生态经济区、长江中游城市群等国家战略在岳阳叠加，岳阳发展迎来重大历史机遇。为贯彻落实中央和省委、省政府关于促进国家区域经济发展的部署要求，岳阳市委市政府提出了建设"一极三宜"江湖名城的发展战略。"一极"即湖南发展新增长极，力争至2020年，主要经济指标占全省比重12%左右；到2025年，占全省比重15%左右。"三宜"即宜居、宜业、宜游。

王东京说，岳阳在建设"一极三宜"江湖名城过程中，要处理好"一极"和"三宜"的关系，更加注重问题导向，多做打基础、利长远的工作；要坚持底线思维，不能为了快速增长，突破了法治的底线，破坏了岳阳的青山绿水、清新空气，要以干部群众关心的重大问题，特别是涉及群众切身利益的重大现实问题为导向，引导各级党委政府正视问题、发现问题、解决问题。打造"一极三宜"江湖名城不可能一蹴而就，岳阳市委市政府每一届班子都要有"功成不必在我"的胸襟，积极抢抓国家赋予的重大历史机遇，努力将岳阳打造成为湖南乃至长江中游地区重要的物流中心和开放桥头堡，建成湖南新的增长极。

孙金龙说，岳阳要增强大局意识、机遇意识、责任意识，深入研究国家区域发展战略，深挖战略机遇"含金量"，找准定位，精准对接，着力从基础设施、产业发展、生态文明、深化开放、新型城镇化等方面加大对接力度，寻求战略突破，培育壮大更多新的增长点；要发挥沿江口岸城市的独特优势，建好用活口岸平台，加快建设现代交通枢纽，因地制宜壮大沿江产业，大力发展外向型经济；要加快转型升级，一方面推动石化、电力、食品等传统产业改造升级，另一方面抓住推进"互联网+"等政策机遇，加快发展电子信息及北斗导航、先进装备制造等新兴产业，不断增强战略性新兴产业的支撑作用，着力提升发展质量；要突出改革创新，坚持问题导向，重点抓好行政审批、商事制度、投融资体制等改革，大力推进创新创业，增强发展内生动力；要发扬严实作风，狠抓工作落地落实；要切实加强领导班子和干部队伍建设，切实发挥好"关键少数"的"少数关键"作用。

【工商企业低碳发展高峰会在长举行】 2015年9月23日，湖南省工商企业低碳发展高峰会暨碳交易能力培训会在长沙举行，来自全国碳交易领域的专家汇聚长沙，就相关专题对湖南相关企业高管进行培训。副省长张剑飞、亚洲开发银行（简称亚行）行长中尾武彦等出席会议并讲话。

今年，全国碳交易注册登记系统正式建立，14个行业企业温室气体排放核算和报告指南也相应出台。目前，国家发改委正在收集各省重点行业企业碳排放数据，酝酿推出全国碳排放交易总量设定和配额分配的方案。

省发改委主办了本次低碳发展高峰会。高峰会上，中尾武彦对湖南在低碳发展上的成就与贡献给予肯定，并表示亚行将把湖南作为未来重点支持的区域之一，加大在环保、水利、低碳技术、基础设施等领域的支持力度，助推湖南相关产业发展。

【我省参加中改院《经济转型与可持续发展》论坛】 2015年10月31日，以“经济转型与可持续发展—共建‘一带一路’中的新兴经济体”为主题的2015新兴经济体智库年会暨第80次中国改革国际论坛在海口市举行。论坛由中国(海南)改革发展研究院、联合国开发计划署、中国国际经济技术交流中心、德国国际合作机构共同主办，来自中央相关部委、国家研究机构、高等院校和28个省市区的相关人员和代表，美国、德国、巴西、印度、土耳其、新加坡、越南等国智库，亚洲开发银行等国际机构的专家学者参加论坛。会议围绕经济可持续增长与宏观政策选择、经济转型与结构性改革、“一带一路”与区域经济一体化、全球经济治理改革、全球增长合作等议题展开了为期一天半的讨论。

省两型办相关领导和株洲市、湘潭市两型办有关同志参加论坛。在平行分会“经济转型趋势下的改革：重点与顺序”上，省两型办副主任刘怀德就生态文明制度建设发表演讲，提出相对于经济体制改革突出“放”，生态文明体制改革要强调“统”，在统领、统一、统筹三个方面上做足文章，让生态文明的强光注入经济、政治、文化、社会等四个建设，让现代治理的强光穿透生态文明建设各个领域。

【洞庭湖生态经济区建设专题研究暨洞庭湖治理“十三五”实施思路成果咨询会在京召开】 2015年11月15日，省政府在北京召开洞庭湖生态经济区建设专题研究暨洞庭湖治理“十三五”实施思路成果咨询会，明确以“水”为核心的洞庭湖综合治理思路。

由于气候变化特别是江湖关系的变化调整，洞庭湖治理面临缺水影响扩大、水质恶化加剧、生态功能退化、大水隐患依旧等新的问题。成果咨询会主要针对洞庭湖生态经济区规划研究总报告及我省提出的洞庭湖治理“十三五”实施思路，向国内知名专家院士和国家有关部委相关负责人咨询意见。

副省长戴道晋指出，要充分采纳吸收院士、专家指导意见，积极应对江湖关系变化，突出推进“节水、引水、蓄水、活水、清水、防水”等综合措施，加快建成洞庭湖水资源水生态水安全保障支撑体系；在开展沟渠清淤疏浚、矮围网围清理整治、畜禽养殖环境整治等水环境综合整治3大行动的同时，近期重点谋划洞庭湖生态经济区水安全工程5大项目建设，包括四口水系综合整治、西水东调、河湖连通、重要堤防加固、安全饮水巩固提升等项目，争取将四口水系综合整治等生态经济区水安全工程纳入国家“十三五”规划重点项目；积极开展洞庭湖城陵矶综合枢纽前期论证工作。

【“两型在我心”征文大赛颁奖仪式在长沙举行】 2015年11月17日下午，“两型在我心”全省中小学生征文大赛颁奖仪式在长沙举行。省委常委，省长株潭两型试验区工委书记、管委会主任林武出席并致辞。这次征文大赛由省长株潭两型试验区管委会、省教育厅、省文明办联合主办。活动开展以来，共收到全省各市州中小学校推荐的参赛作品近3000篇。经过专家评委、大赛组委会的严格评审，共评选出一等奖20名、二等奖60名、三等奖100名、优胜奖305名。

林武在致辞中向获奖的同学们表示祝贺，他指出，建设两型社会，教育是基础，必须从娃娃抓起。这次比赛既是两型教育的一次创新实践，也是两型知识的一次普及传播，还是两型故事的一次精彩展示，对于青少年培养两型意识、普及两型知识、投身两型实践，推动两型社会建设具有重要的现实意义和促进作用。他还强调，要认真贯彻落实好中央和省委、省政府系列部署要求，将比赛成果运用好、展示好、宣传好，将比赛形式固化好、包装好、推介好，将比赛经验总结好、挖掘好、提升好，把比赛打造成夯实两型教育基础性作用的一个载体、一张名片、一个品牌，让“两型”种子在孩子们心田开花结果，让“两型”成为社会新时尚。

【节能减排会议在长沙开幕】 2015年11月20日，第二届节能减排财政政策综合示范论坛暨中国国际节能减排产业博览会（简称“节能减排大会”）在湖南国际会展中心开幕。大会同期举行2015中国（湖南）住宅产业化与绿色建筑发展论坛暨新技术产品博览会。本次大会有200多家单位参展。远大住工、中民筑友、康泰环保、威胜能源等知名企业，现场展示了各类节能产品。大会期间还将举办住宅产业化与绿色建筑发展、智慧城市建设等系列论坛活动。

【农产品重金属污染治理国际学术研讨会在长沙举行】 2015年11月23日，农产品重金属污染治理国际学术研讨会在长沙举行。研讨会由省农科院和省农学会主办。俄罗斯科学院马基琴科夫教授，国家“千人计划”人选、美籍华人奉向东教授等11位专家作主题报告。专家们围绕耕地和农产品重金属污染治理这一重大课题，开展了硅对土壤和植物重金属（镉）的影响、除镉纳米复合材料的应用、耕作文化与重金属污染治理、农作物安全利用、水源重金属污染治理、镉污染修复新产品开发等多专业、跨领域的交流，探讨镉等重金属污染治理的技术手段和主要研究进展。

【环境司法研讨会暨中国环境科学学会环境法学分会2015年年会在长沙举行】 2015年11月28日，新《环境保护法》实施与环境司法研讨会暨中国环境科学学会环境法学分会2015年年会在长沙举行。省人大常委会副主任谢勇到会并讲话。

目前我国环境法庭已有456家，新《环境保护法》的修订实施，更是为我国环境公益诉讼提供了坚实的制度保障。然而，实施将近一年来，在司法实践中却遇冷。最新数据显示，真正受理了公益诉讼的13个省市总共才36件。天津师范大学朱沛智副教授分析，我国立法中对环境公益诉讼原告主体资格的严格限制，使许多环境公益诉讼案件因原告不具备诉讼主体资格而不被法院受理，这也是造成该结果的重要原因之一。目前，我国唯一有权提起环境公益诉讼的主体是环保组织。专家呼吁，应该让包括公民个人在内的更多主体参与到环境公益诉讼中来，在立法中适当放宽对环境公益诉讼原告主体资格的要求。

【“洋眼看两型”活动启动仪式在长沙橘子洲举行】 2015年12月21日下午，第四届网络文化节系列活动之“洋眼看两型”活动启动仪式在长沙橘子洲举行。湖南省委常委、省长株潭两型试验区工委书记、管委会主任林武出席仪式并宣布活动启动。湖南省委网信办主任卿立新、湖南省长株潭两型试验区管委会常务副主任宋冬春、中国日报网总经理孙兵等领导出席活动。

本次活动时间为2015年12月21日至23日。期间，由外籍专家、企业家及留学生代表组成的外籍人士考察团将赴长沙、株洲、湘潭等地两型园区、企业、示范基地进行考察，走访远大住工、蓝思科技、中车株机等企业，深入了解“湖南智造”的实力，通过网络互动、现场走访等模式，为湖南外向型经济发展搭建交流平台，向海外展示湖南两型社会建设的新成果。

自2007年12月，长株潭城市群获批全国“资源节约型和环境友好型社会建设综合配套改革试验区”以来，湖南以“两型”为标尺，在产业转型、能源资源节约和综合利用、生态环境治理等重大问题上先行先试，推出八大类制度创新，106项原创性改革，两型生产正在成为一种制度，两型生活正在成为一种习惯，“两型”由理念变成了行动，一大批两型园区和企业相继涌现。此次主题主题将透过外籍人士的视角和感触，用他们的文字和影像向世界介绍一个多姿多彩、开放发展的“美丽湖南”新形象。

“洋眼看两型”活动是湖南第四届网络文化节主题活动之一，由湖南省长株潭两型委、湖南省委宣传部、湖南省委网信办举办，中国日报网具体承办。2012—2016年，湖南已连续举办三届网络文化节，开展各类活动50多项，涉及经济、文化、历史、教育、公益、动漫影视等各个行业，吸引1600多万网友参与其中，总点击量2亿多人次，为推动湖南网络文化繁荣发展发挥了积极作用。

【《长株潭城市群蓝皮书2015》首发式暨座谈会在长沙召开】 2015年12月27日上午，社会科学文献出版社和湖南两型社会建设研究中心在长沙联合召开《长株潭城市群蓝皮书2015》首发式暨座谈会。中国社科院学部委员、中国区域经济学会会长金碚，陈叔红等领导出席发布会并讲话。

《长株潭城市群蓝皮书》是我省智库建设及长株潭两型社会建设政策研究的重要成果，已经系列化地多次发布。《长株潭城市群蓝皮书2015》以“‘两型’建设与提质转型升级可持续发展”为主题，刊载了2014年以来专家学者对我省两型改革创新和转型创新发展问题的最新研究成果，具有三个显著特点：突出了创新发展，率先提出在长株潭自主创新示范区建设的同时要注重智能转型先行区建设；突出了协调发展，注重发展的协调性、政策的针对性和操作性，为全面推进长株潭一体化做了重要探索；突出了绿色发展，许多专项报告就“加快推进低碳循环发展、打造全国两型社会建设引领区”“低碳产业园区”和“加快高新区绿色转型”等问题提出了政策建议。

数据统计篇

湖南省2015年国民经济和社会发展统计公报

湖南省统计局

2015年，面对错综复杂的经济形势和艰巨繁重的改革任务，省委、省政府带领全省人民全面贯彻“四个全面”战略布局，坚决落实中央各项决策部署，把稳增长摆在更加突出的位置，主动适应、引领经济发展新常态，着力促进“三量齐升”、推进“五化同步”，全省经济社会发展呈现稳中有进、稳中趋优态势。

一、综合

初步核算，全省地区生产总值29047.2亿元，比上年增长8.6%。其中，第一产业增加值3331.6亿元，增长3.6%；第二产业增加值12955.4亿元，增长7.4%；第三产业增加值12760.2亿元，增长11.2%。按常住人口计算，人均地区生产总值42968元，增长7.9%。

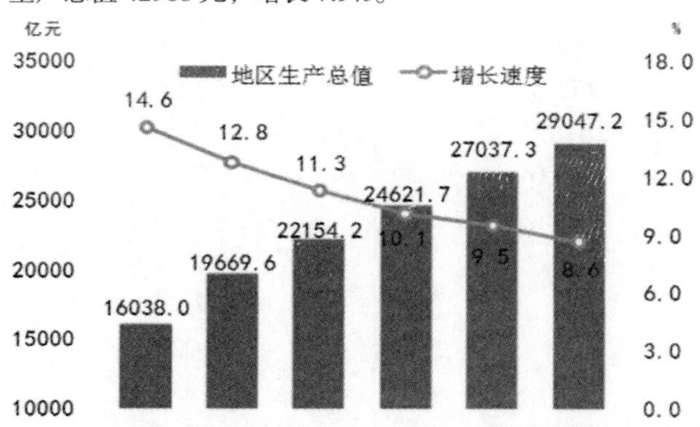

图1　2010–2015年地区生产总值及其增长速度

全省三次产业结构为11.5∶44.6∶43.9。规模以上服务业实现营业收入2123.0亿元，比上年增长13.0%；实现利润总额238.4亿元，增长10.1%。第三产业比重比上年提高1.7个百分点；工业增加值占地区生产总值的比重为38.2%，比上年下降1.6个百分点；高新技术产业增加值占地区生产总值的比重为21.1%，比上年提高2.1个百分点；非公有制经济增加值17316.4亿元，增长9.2%，占地区生产总值的比重为59.6%，比上年提高0.8个百分点；战略性新兴产业增加值3335.3亿元，增长9.5%，占GDP的比重为11.5%。第一、二、三次产业对经济增长的贡献率分别为4.5%、42.0%和53.5%，第三产业贡献率比上年提高6.5个百分点。其中，工业增加值对经济增长的贡献率为36.9%，生产性服务业增加值对经济增长的贡献率为19.7%。资本形成总额、最终消费支出、货物和服务净流出对经济增长的贡献率分别为62.3%、41.2%和–3.5%。

分区域看，长株潭地区生产总值12548.3亿元，比上年增长9.8%；湘南地区生产总值6031.8亿元，增长8.7%；大湘西地区生产总值4896.5亿元，增长8.6%；洞庭湖地区生产总值6949.7亿元，增长8.7%。

二、农业

第一产业中，农业实现增加值2130.4亿元，比上年增长4.0%；林业增加值234.6亿元，增长8.1%；牧业增加值727.8亿元，下降0.2%；渔业增加值238.8亿元，增长7.0%。

全省粮食播种面积494.5万公顷，比上年下降0.6%；棉花种植面积11.4万公顷，下降12.6%；糖料种植面积1.3万公顷，下降0.7%；油料种植面积144.5万公顷，增长1.4%；蔬菜种植面积137.3万公顷，增长3.2%。

全省粮食总产量3002.9万吨，比上年增长0.1%；油料增产3.9%，棉花增产12.4%，茶叶增产9.5%，蔬菜增产6.2%，烤烟减产2.8%，猪、牛、羊肉类减产1.8%，禽蛋增产3.7%，牛奶增产4.3%，水产品增产5.4%。

全年新增农田有效灌溉面积2.0万公顷，比上年增长2.6%；新增节水灌溉面积1.5万公顷；开工各类水利工程7.2万处，投入资金280亿元，完成水利工程土石方9.9亿立方米；建设农村公路5298公里。

三、工业和建筑业

全省全部工业增加值11090.8亿元，比上年增长7.5%。规模以上工业增加值增长7.8%。在规模以上工业中，新产品产值增长18.8%，占工业总产值比重为17.8%，比上年提高4.5个百分点。高加工度工业和高技术制造业增加值分别增长8.7%和13.3%；占规模以上工业增加值的比重分别为37.2%和10.5%，比上年提高0.6个和0.2个百分点。六大高耗能行业增加值增长7.0%，占规模以上工业的比重为30.3%，比上年下降0.9个百分点。非公有制企业增加值增长9.5%。园区工业增加值占规模以上工业的比重为61.5%，比上年提高2.5个百分点。分区域看，长株潭地区增长8.5%，湘南地区增长7.4%，大湘西地区增长6.8%，洞庭湖地区增长7.2%。

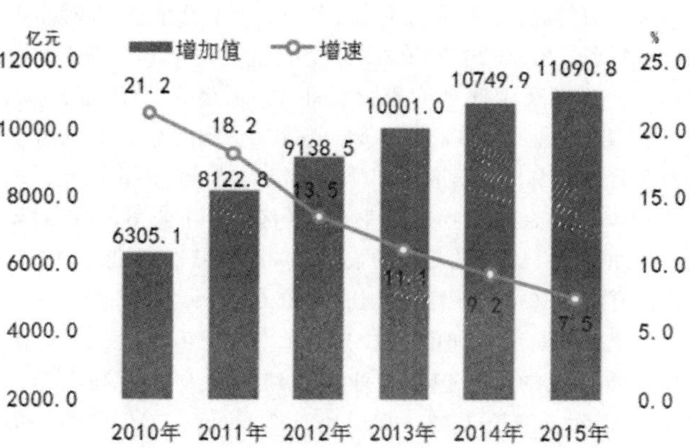

图2　2010–2015年全部工业增加值及其增长速度

全省规模以上工业统计的产品中，产量比上年增长的有 294 种，占统计品种数的 59.4%。主要产品中，大米 1332.0 万吨，增长 9.8%；原油加工量 877.4 万吨，增长 9.7%；水泥 11613.6 万吨，下降 2.7%；钢材 1951.3 万吨，下降 1.7%；十种有色金属 267.5 万吨，下降 7.9%；混凝土机械 4.4 万台，下降 13.3%；汽车 63.6 万辆，增长 2.2%；发电量 1215.1 亿千瓦时，下降 4.0%。

表 1　2015 年规模以上工业主要产品产量及其增长速度

产品名称	计量单位	产　　量	比上年增长（%）
原　盐	万吨	263.0	–6.0
大　米	万吨	1332.0	9.8
饲　料	万吨	1684.5	3.2
精制食用植物油	万吨	319.7	10.8
卷　烟	亿支	1757.4	0.8
机制纸及纸板	万吨	429.8	–2.1
原油加工量	万吨	877.4	9.7
硫　酸（折 100%）	万吨	244.1	–16.6
烧　碱（折 100%）	万吨	48.0	–25.7
合成氨	万吨	106.0	–13.8
化　肥（折纯）	万吨	108.4	3.2
水　泥	万吨	11613.6	–2.7
平板玻璃	万重量箱	2144.5	43.0
生　铁	万吨	1762.8	–0.6
粗　钢	万吨	1852.8	–2.9
钢　材	万吨	1951.3	–1.7
十种有色金属	万吨	267.5	–7.9
白　银	吨	8815.0	5.8
起重机	万吨	70.2	–34.8
混凝土机械	万台	4.4	–13.3
汽　车	万辆	63.6	2.2
其中：轿车	万辆	36.9	–9.0
发电设备	万千瓦	190.4	39.4
交流电动机	万千瓦	1434.7	–17.5
变压器	万千伏安	10594.1	1.6
发电量	亿千瓦时	1215.1	–4.0
其中：火电	亿千瓦时	697.8	–6.8
水电	亿千瓦时	485.3	–1.0

规模以上工业企业实现利润总额 1548.6 亿元，比上年增长 0.3%。分经济类型看，国有企业 129.6 亿元，增长 0.8%；集体企业 10.3 亿元，下降 10.3%；股份合作制企业 3.4 亿元，增长 20.7%；股份制企业 1165.8 亿元，下降 0.2%；外商及港澳台商投资企业 123.1 亿元，增长 2.7%；其他内资企业 116.5 亿元，增长 4.0%。利润总额居前五位的大类行业中，化学原料和化学制品制造业 140.6 亿元，增长 1.3%；非金属矿物制品业 131.8 亿元，下降 6.8%；农副食品加工业 119.6 亿元，增长 16.9%；烟草制品业 112.2 亿元，下降 4.3%；专用设备制造业 85.0 亿元，下降 23.4%。

全省建筑业增加值 1877.7 亿元，比上年增长 7.3%。具有资质等级的总承包和专业承包建筑企业实现利润总额 224.4 亿元，增长 7.7%。房屋建筑施工面积 47504.4 万平方米，增长 0.2%。房屋建筑竣工面积 17390.0 万平方米，增长 4.9%。

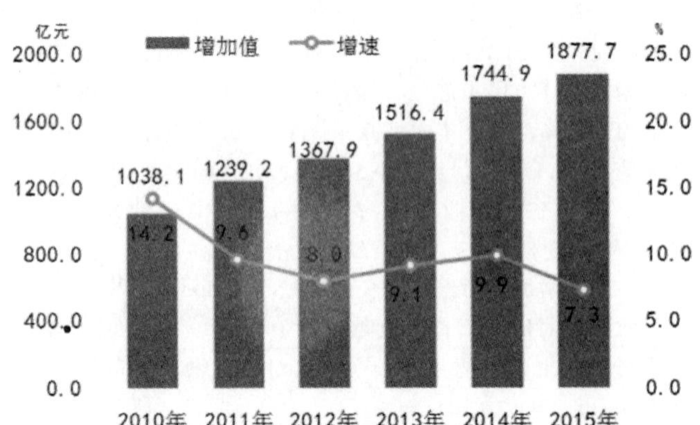

图 3　2010—2015 年建筑业增加值及其增长速度

四、固定资产投资

全省固定资产投资（不含农户）25954.3 亿元，比上年增长 18.2%。其中，民间投资 16977.9 亿元，增长 17.8%，占全部投资的比重为 65.4%。分经济类型看，国有投资 7829.9 亿元，增长 22.5%；非国有投资 18124.3 亿元，增长 16.5%。分投资方向看，民生投资 1930.6 亿元，增长 26.2%；生态投资 1027.3 亿元，增长 26.8%；基础设施投资 6192.7 亿元，增长 23.6%；高新技术产业投资 1616.3 亿元，增长 27.0%；技改投资 9020.0 亿元，增长 18.4%。分区域看，长株潭地区 10350.0 亿元，增长 17.9%；湘南地区 5836.3 亿元，增长 19.5%；大湘西地区 4292.4 亿元，增长 19.0%；洞庭湖地区 5236.4 亿元，增长 19.9%。

表 2　2015 年固定资产投资及其增长速度

指　　　　标	投资额（亿元）	比上年增长（%）
固定资产投资（不含农户）	25954.3	18.2
第一产业	914.5	28.8
第二产业	11027.6	18.3
其中：采矿业	626.8	-7.8
制造业	9079.1	18.8
电力、热力、燃气及水生产和供应业	926.0	18.2
建筑业	435.1	82.7
第三产业	14012.2	17.6
其中：交通运输、仓储和邮政业	1800.9	15.4
信息传输、软件和信息技术服务业	275.4	127.5
批发和零售业	1270.6	31.6
住宿和餐饮业	328.5	9.8
金融业	93.9	25.0
房地产业	3651.9	-2.2
租赁和商务服务业	552.9	31.8
科学研究和技术服务业	318.7	46.6
水利、环境和公共设施管理	3539.6	29.7
居民服务、修理和其他服务业	135.9	36.2
教育	500.3	19.8
卫生和社会工作	308.1	20.3
文化、体育和娱乐业	303.7	14.3
公共管理、社会保障和社会组织	690.0	16.9

全省施工项目共有 48898 个，本年投产项目 36939 个。亿元以上项目 3029 个，完成投资 5449.0 亿元，占全部投资的比重为 21.0%。

全省房地产开发投资 2613.8 亿元，比上年下降 9.4%。其中，住宅投资 1802.9 亿元，下降 9.8%。商品房销售面积 6363.0 万平方米，增长 17.0%。其中，住宅销售面积 5671.2 万平方米，增长 16.9%。商品房销售额 2738.9 亿元，增长 19.1%。其中，住宅销售额 2253.9 亿元，增长 21.3%。

五、国内贸易和物价

全省社会消费品零售总额 12024.0 亿元，比上年增长 12.1%。分经营地看，城镇 10883.8 亿元，增长 12.1%；乡村 1140.1 亿元，增长 12.2%。分区域看，长株潭地区 5050.9 亿元，增长 12.1%；湘南地区 2346.5 亿元，增长 12.2%；大湘西地区 2086.5 亿元，增长 11.7%；洞庭湖地区 2540.1 亿元，增长 12.4%。

限额以上法人批发和零售业商品零售额 4506.5 亿元，比上年增长 9.8%。其中，文化娱乐体育健康类零售额增长 14.1%，通讯器材类增长 20.8%。分商品类别看，粮油、食品类零售额增长 23.1%，服装、鞋帽、针纺织品类增长 7.4%，日用品类增长 13.4%，书报杂志类增长 16.4%，家用电器和音像器材类增长 16.1%，文化办公用品类增长 10.0%，机电产品及设备类增长 23.9%，汽车类增长 13.6%。（见表 3）

全省居民消费价格比上年上涨 1.4%。其中，城市上涨 1.5%，农村上涨 1.1%。商品零售价格下降 0.1%。工业生产者出厂价格下降 3.7%，工业生产者购进价格下降 5.5%。固定资产投资价格上涨 0.4%。农产品生产者价格上涨 4.1%，农业生产资料价格上涨 4.1%。（见表 4）

六、对外经济

全省进出口总额 1825.4 亿元，比上年下降 3.7%。其中，出口 1189.9 亿元，下降 2.9%；进口 635.5 亿元，下降 5.1%。分贸易方式看，一般贸易出口 730.0 亿元，下降 15.7%；加工贸易出口 391.5 亿元，增长 23.6%。分重点商品看，机电产品出口占全省出口额的比重为 52.3%，比上年提高 10.3 个百分点；高新技术产品出口占全省出口额的比重为 19.1%，比上年提高 7.1 个百分点。分产销国别（地区）看，对香港出口 334.1 亿元，增长 10.1%；美国 137.9 亿元，增长 38.7%；欧盟 110.8 亿元，下降 4.7%；南非 39.3 亿元，增长 58.3%。（见表 5）

表 3　2015 年社会消费品零售额及其增长速度

指　　标	零售额（亿元）	比上年增长（%）
社会消费品零售总额	12024.0	12.1
按经营地分		
其中：城镇	10883.8	12.1
乡村	1140.1	12.2
限额以上法人批发和零售业商品零售额	4506.5	9.8
其中：粮油、食品类	409.3	23.1
饮料类	81.6	29.2
烟酒类	121.9	19.7
服装、鞋帽、针纺织品类	321.1	7.4
化妆品类	50.1	6.7
金银珠宝类	76.0	4.8
日用品类	136.7	13.4
五金、电料类	52.2	14.4
体育、娱乐用品类	10.7	33.2
书报杂志类	85.2	16.4
电子出版物及音像制品类	3.8	-1.1
家用电器和音像器材类	305.0	16.1
中西药品类	283.9	13.9
文化办公用品类	59.0	10.0
家具类	24.8	19.7
通讯器材类	51.0	20.8
煤炭及制品类	63.2	10.0
石油及制品类	750.6	-8.0
建筑及装潢材料类	77.8	24.4
机电产品及设备类	41.8	23.9
汽车类	1373.2	13.6

表 4　2015 年居民消费价格比上年涨跌幅度

指　　标	比上年上涨（%）
居民消费价格	1.4
其中：食品	3.0
烟酒及用品	2.4
衣着	2.2
家庭设备用品及维修服务	0.9
医疗保健和个人用品	1.9
交通和通信	-1.9
娱乐教育文化用品及服务	1.4
居住	-0.8

表 5　2015 年进出口总额及其增长速度

指　　标	绝对数（亿元）	比上年增长（%）
进出口总额	1825.4	-3.7
出口额	1189.9	-2.9
按贸易方式分		
其中：一般贸易	730.0	-15.7
加工贸易	391.5	23.6
按重点商品分		
其中：机电产品	622.5	20.6
高新技术产品	227.0	54.0
农产品	65.3	-2.9
进口额	635.5	-5.1
按贸易方式分		
其中：一般贸易	332.7	-18.3
加工贸易	228.4	9.5
按重点商品分		
其中：机电产品	316.7	25.0
高新技术产品	161.2	72.7
农产品	21.3	-12.3

全省实际利用外商直接投资115.6亿美元，比上年增长12.7%。其中，第一产业6.3亿美元，增长8.3%；第二产业71.4亿美元，增长8.5%；第三产业37.9亿美元，增长22.2%。实际到位资金3000万美元以上外资项目21个。年内引进世界500强企业4家，截至2015年末，在湘投资的世界500强企业138家。实际引进境内省外资金3791.9亿元，增长14.9%。其中，第一产业193.1亿元，增长84.5%；第二产业2075.8亿元，下降2.5%；第三产业1523.0亿元，增长42.6%。引进亿元以上境内省外项目988个，增长23.0%；实际到位资金2173.5亿元，增长31.3%。

全省新签对外承包工程、劳务合作和设计咨询合同金额59.1亿美元，比上年增长13.9%；实现营业额51.8亿美元，增长27.0%；外派劳务8.2万人，增长18.3%。新批境外投资企业180家，对外合同投资额31.0亿美元。

七、交通、邮电和旅游

全省客货运输换算周转量5096.9亿吨公里，比上年增长4.5%。货物周转量4143.3亿吨公里，增长0.8%。其中，铁路周转量729.6亿吨公里，下降10.0%；公路周转量2731.8亿吨公里，增长5.9%。旅客周转量1768.2亿人公里，增长12.8%。其中，铁路周转量865.6亿人公里，增长28.0%；公路周转量767.3亿人公里，下降1.2%；民航周转量132.3亿人公里，增长18.0%。

表6　2015年各种运输方式完成客货运输量及其增长速度

指　　标	计量单位	绝对数	比上年增长（%）
货运量	万吨	215124.1	5.7
其中：铁路	万吨	4183.2	-6.9
公路	万吨	184830.9	7.1
水运	万吨	25109.2	-2.2
民航	万吨	6.1	-2.7
管道	万吨	994.8	21.9
客运量	万人	151080.6	-7.0
其中：铁路	万人	10390.2	9.4
公路	万人	138221.0	-8.2
水运	万人	1533.9	5.9
民航	万人	935.4	7.5

年末全省公路通车里程23.7万公里，比上年末增长0.3%。其中，高速公路通车里程5652公里，比上年末增加159公里。年末铁路营业里程4521公里，其中高速铁路1110公里。年末全省民用汽车保有量516.6万辆，增长16.5%；私人汽车保有量466.1万辆，增长18.5%；轿车保有量277.2万辆，增长18.4%。

全省邮电业务总量893.7亿元，比上年增长20.0%。其中，邮政业务总量104.2亿元，增长28.2%；电信业务总量789.6亿元，增长18.9%。年末局用交换机总容量467.0万门，下降23.8%。年末固定电话用户787.1万户，下降6.8%；移动电话用户4859.1万户，增长2.7%。年末互联网宽带用户889.7万户，增长19.4%。

全省接待国内旅游者4.7亿人次，比上年增长14.9%；接待入境旅游者226.1万人次，增长3.0%。实现旅游总收入3712.9亿元，增长21.7%。其中，国内旅游收入3660.0亿元，增长21.9%；国际旅游外汇收入8.6亿美元，增长7.2%。

八、财政、金融和保险

全省一般公共预算收入4008.1亿元，比上年增长10.2%。地方收入2513.1亿元，增长11.1%。其中，税收收入1526.1亿元，增长6.1%；非税收入987.0亿元，增长19.7%。上划中央“两税”1141.6亿元，增长8.7%；上划中央所得税347.5亿元，增长9.3%。全省一般公共预算支出5684.5亿元，增长13.3%。其中，文化体育与传媒支出102.6亿元，增长50.7%；住房保障支出263.7亿元，增长26.7%；社会保障和就业支出786.4亿元，增长18.8%。

表7　2015年一般公共预算收支及其增长速度

指　　标	绝对数（亿元）	比上年增长（%）
一般公共预算收入	4008.1	10.2
其中：地方收入	2513.1	11.1
其中：税收收入	1526.1	6.1
非税收入	987.0	19.7
上划中央“两税”	1141.6	8.7
上划中央所得税	347.5	9.3
一般公共预算支出	5684.5	13.3
其中：一般公共服务	657.7	4.9
教育	926.4	11.2
科学技术	66.0	11.2
文化体育与传媒	102.6	50.7
社会保障和就业	786.4	18.8
医疗卫生与计划生育	488.0	15.5
节能环保	147.8	7.5
城乡社区事务	540.1	16.4
农林水事务	639.1	14.6
住房保障	263.7	26.7

年末全省金融机构本外币各项存款余额36220.6亿元，比年初新增5438.8亿元。其中，住户存款余额18800.7亿元，比年初新增2045.3亿元；非金融企业存款余额9860.5亿元，比年初新增1970.0亿元。本外币各项贷款余额24221.9亿元，比年初新增3438.2亿元。其中，住户贷款余额7786.0亿元，比年初新增887.1亿元；非金融企业及机关团体贷款余额16340.2亿元，比年初新增2504.6亿元。（见表8）

年末全省上市公司数量99家。其中，境内上市公司84家，境外上市公司15家。全年直接融资总额2466.1亿元，增长30.0%。其中，通过发行、配售股票共筹集资金351.9亿元。年末证券公司营业部322家，证券交易额116134.9亿元。辖区共有期货公司3家，成交金额187462.8亿元。

全年保险公司原保险保费收入712.2亿元，比上年增长21.2%。其中，寿险保费收入389.2亿元，增长22.8%；健康险保费收入60.0亿元，增长38.0%；人身意外伤害险保费收入19.8亿元，增长23.9%；财产险保费收入243.2亿元，增长15.1%。原保险赔付支出257.0亿元，增长13.6%。

九、教育和科学技术

年末全省有普通高校109所。普通高等教育研究生毕

表 8　2015 年末金融机构本外币存贷款余额及其新增额

指　　标	年末余额（亿元）	比年初新增额（亿元）
各项存款	36220.6	5438.8
其中：境内存款	36187.2	5434.7
# 住户存款	18800.7	2045.3
活期存款	7196.2	762.1
定期及其他存款	11604.5	1283.2
非金融企业存款	9860.5	1970.0
活期存款	5155.8	1374.7
定期及其他存款	4704.7	595.3
非银行业金融机构存款	1375.0	506.3
境外存款	33.4	4.1
各项贷款	24221.9	3438.2
其中：境内贷款	24126.5	3391.5
# 住户贷款	7786.0	887.1
短期贷款	2133.3	167.2
中长期贷款	5652.7	720.0
非金融企业及机关团体贷款	16340.2	2504.6
短期贷款	4436.6	348.2
中长期贷款	11022.2	1637.7
境外贷款	95.4	46.7

业生 1.9 万人，本专科毕业生 30.1 万人，中等职业教育毕业生 20.4 万人，普通高中毕业生 33.5 万人，初中学校毕业生 70.0 万人，普通小学毕业生 73.0 万人。在园幼儿 216.6 万人，比上年增长 6.6%。小学适龄儿童入学率 99.97%，高中阶段教育毛入学率 90.0%。各类民办学校 12280 所，在校学生 248.5 万人。落实义务教育保障资金 74.1 亿元，发放普通高中国家助学金 4.2 亿元；发放中职国家助学金 3.0 亿元，资助中职学生 30.3 万人次；落实中职免学费资金 11.1 亿元，资助中职学生 92.2 万人次；发放高校国家奖学金、助学金 10.8 亿元，资助高校学生 52.6 万人次。

表 9　2015 年各级学校招生、在校及毕业生人数及其增长速度

指　标	招生人数		在校（学）人数		毕业人数	
	绝对数（万人）	比上年增长（%）	绝对数（万人）	比上年增长（%）	绝对数（万人）	比上年增长（%）
研究生教育	2.2	3.6	6.9	3.9	1.9	-2.1
普通高等教育	36.0	4.3	118.1	3.9	30.1	1.5
成人高等教育	10.7	-14.2	24.2	-0.1	10.5	-1.1
中等职业教育	23.8	4.7	64.8	0.5	20.4	-0.5
普通高中	38.0	4.1	107.4	1.6	33.5	4.6
初中学校	73.9	-0.9	222.4	0.8	70.0	7.3
普通小学	88.7	8.9	488.9	3.2	73.0	-1.5
特殊教育	0.5	58.2	2.3	43.5	0.2	47.1

年末全省有国家工程（技术）研究中心 18 个，省级工程（技术）研究中心 282 个。国家级重点实验室 15 个，省级重点实验室 141 个。国家（与地方联合）工程研究中心 14 个，国家（与地方联合）工程实验室 26 个。国家认定企业技术中心 39 个。签订技术合同 3710 项，技术合同成交金额 105.4 亿元。登记科技成果 777 项。获得国家科技进步奖励成果 14 项、国家技术发明奖励 4 项。"天河二号"超级计算机获全球超算"六连冠"，"海牛"深海钻机、永磁同步牵引电机、新一代大容量石墨烯超级电容、常导短定子中低速磁悬浮列车等一批高新成果研发成功。专利申请量 54501 件，比上年增长 23.3%。其中，发明专利申请量 19499 件，增长 34.7%。专利授权量 34075 件，增长 27.9%。其中，发明专利授权量 6776 件，增长 62.9%。工矿企业、大专院校和科研单位专利申请量分别为 26867 件、8628 件和 595 件，专利授权量分别为 18207 件、4632 件和 291 件。高新技术产业增加值 6128.8 亿元，增长 17.8%。

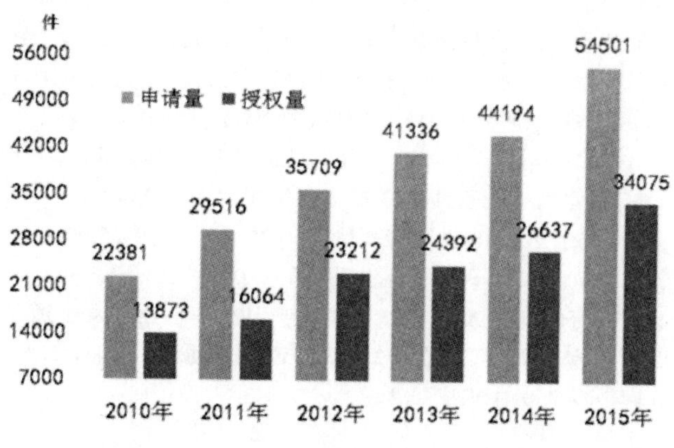

图 4　2010-2015 年专利申请量和授权量

年末全省有检验检测机构 1628 个，其中国家产品质量监督检验中心 23 个。法定计量检定机构 103 个。特种设备生产单位 1613 家，特种设备 24.3 万台。重点工业产品质量监督抽查 8089 批次，抽查合格率 93.4%，比上年提高 1 个百分点。参与制定国际标准 4 项，参与制定国家标准 26 项，组织制定地方标准 189 项。国土资源部门公开出版地图 239 种，拥有地理信息系统应用 190 个，天地图用户访问量 42.0 万次，提供地理空间数据成果 18.3 万幅。

十、文化、卫生和体育

年末全省有艺术表演团体 271 个，群众艺术馆、文化馆 143 个，公共图书馆 136 个，博物馆、纪念馆 115 个。广播电台 13 座，电视台 15 座。有线电视用户 1133.6 万户。广播综合人口覆盖率 94.06%，比上年提高 0.58 个百分点；电视综合人口覆盖率 97.98%，比上年提高 0.47 个百分点。国家级非物质文化遗产保护目录 118 个，省级非物质文化遗产保护目录 202 个。出版图书 12254 种、期刊 248 种、报纸 48 种，图书、期刊、报纸出版总印数分别为 4.2 亿册、1.4 亿册和 13.4 亿份。

年末全省共有卫生机构 62646 个。其中，医院 1173 个，妇幼保健院（所、站）139 个，专科疾病防治院（所、站）88 个，乡镇卫生院 2296 个，社区卫生服务中心（站）674 个，诊所、卫生所、医务室 10405 个，村卫生室 44822 个。卫生技术人员 37.1 万人，比上年增长 8.6%。其中，执业医师和执业助理医师 15.1 万人，增长 13.0%；注册护士 14.9 万人，增长 9.6%。医院拥有床位总数 27.6 万张，增长 11.7%；乡镇卫生院拥有床位总数 9.3 万张，增长 11.0%。

全省经常参加体育锻炼人数 2372.2 万人，开展全民健身项目 2566 项次。新建农民体育健身工程的行政村 6100 个。全年获得 11 个世界冠军、7 个亚洲冠军和 67 个全国冠军，破世界纪录 2 项 / 人 / 次。体育场地 83749 个。其中，体育馆 234 座，运动场 5904 个，游泳池 456 个，各种训练房 4171 个。

十一、人口、人民生活和社会保障

年末全省常住人口 6783.0 万人。其中，城镇人口 3451.9 万人，城镇化率 50.89%，比上年末提高 1.61 个百分点。全年出生人口 91.8 万人，出生率 13.58‰；死亡人口 46.4 万人，死亡率 6.86‰；人口自然增长率 6.72‰。0—15 岁（含不满 16 周岁）人口占常住人口的比重为 19.57%，比上年末提高 0.22 个百分点；16—59 岁（含不满 60 周岁）人口比重为 63.26%，下降 0.67 个百分点；60 岁及以上人口比重为 17.17%，提高 0.45 个百分点。

表 10　2015 年末常住人口数及构成

指　标	年末数（万人）	比重（%）
常住人口	6783.0	100.00
其中：城镇	3451.9	50.89
乡村	3331.1	49.11
其中：男性	3496.1	51.54
女性	3286.9	48.46
其中：0-15 岁（含不满 16 周岁）	1327.6	19.57
16-59 岁（含不满 60 周岁）	4291.0	63.26
60 岁及以上	1164.4	17.17
其中：65 岁及以上	774.0	11.41

全省全体居民人均可支配收入 19317 元，比上年增长 9.6%，扣除价格因素实际增长 8.1%；人均可支配收入中位数 16654 元。城镇居民人均可支配收入 28838 元，比上年增长 8.5%，扣除价格因素实际增长 6.9%；城镇居民人均可支配收入中位数 27216 元。农村居民人均可支配收入 10993 元，增长 9.3%，扣除价格因素实际增长 8.1%；农村居民人均可支配收入中位数 10032 元。分区域看，长株潭地区居民人均可支配收入 30655 元，增长 8.4%；湘南地区 18070 元，增长 9.2%；大湘西地区 12877 元，增长 10.2%；洞庭湖地区 17603 元，增长 9.6%。城乡居民收入比由上年的 2.64:1 缩小为 2.62:1。

全省城镇居民人均消费支出 19501 元，比上年增长 6.4%；农村居民人均生活消费支出 9691 元，增长 7.4%。城镇居民食品消费支出占消费总支出的比重（恩格尔系数）为 31.2%，农村居民为 32.9%。

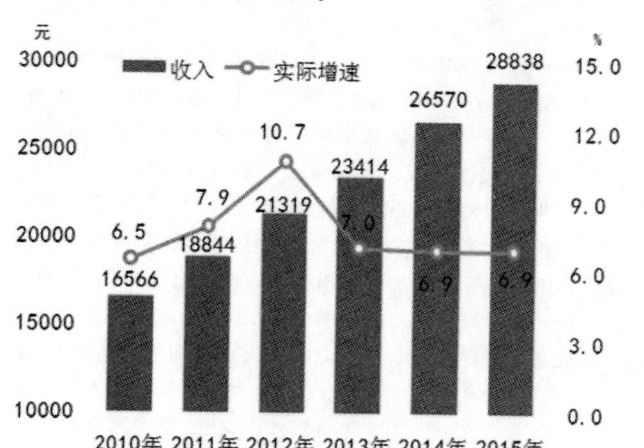

图 5　2010-2015 年城镇居民人均可支配收入及其实际增长速度

全省新增城镇就业人员 78.0 万人。年末参加城镇基本养老保险职工人数 1160.7 万人，比上年末增加 41.8 万人。其中，参保职工 791.0 万人，参保离退休人员 369.7 万人。参加城镇基本医疗保险人数 2660.5 万人，比上年末增加 359.8 万人。其中，城镇职工基本医疗保险参保人数 818.7 万人，城镇居民基本医疗保险参保人数 1841.8 万人。参加

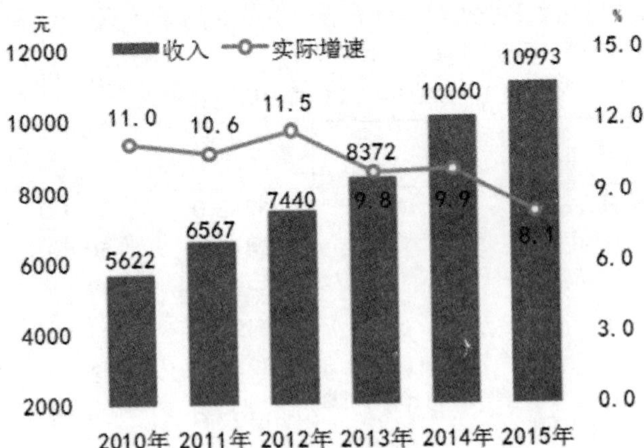

图 6　2010–2015 年农村居民人均可支配收入及其实际增长速度

失业保险职工人数 521.2 万人，增加 11.7 万人。参加工伤保险职工人数 777.9 万人，增加 29.9 万人。参加生育保险职工人数 544.3 万人，增加 6.7 万人。新型农村养老保险登记参保人数 3280.1 万人。参加新型农村合作医疗人数 4412.1 万人（不含长沙、益阳），参合率 99.03%。年末领取失业保险金职工人数 14.2 万人。获得政府最低生活保障的城镇居民 127.3 万人，发放最低生活保障经费 41.6 亿元；获得政府最低生活保障的农村居民 318.0 万人，发放最低生活保障经费 45.3 亿元。年末各类收养性社会福利单位床位 22.7 万张，收养各类人员 12.2 万人。城镇建立各种社区服务设施 11303 个，其中，综合性社区服务中心 4155 个。全年销售社会福利彩票 77.7 亿元，筹集社会福利资金 21.2 亿元；直接接收社会捐赠 2.4 亿元。解决农村 715.6 万人饮水不安全问题，支持 21.3 万户农村危房改造，新增公共租赁住房 20.1 万套，城市棚户区改造 27.8 万套，国有工矿棚户区改造 1.4 万套。

十二、资源、环境和安全生产

全省已发现矿种 143 种，探明资源储量矿种 108 种。其中，能源矿产 7 种，金属矿产 38 种，非金属矿产 61 种，水气矿产 2 种。实施地质勘查项目（含续作项目）233 个，实施老矿山边深部找矿项目 4 个，新发现大中型矿产地 7 处。完成资源整合的重点矿区 17 个，完成资源整合的重要矿种 8 种。国家地质公园 12 个，地质遗迹保护区 4 个。实施省以上土地综合整治项目 109 个，整治土地 9.1 万公顷。

全省设市城市污水处理率 92.5%，设市城市生活垃圾无害化处理率 99.4%。实际监测的地表水断面中，达到 III 类标准的比重为 87.2%。已批准建设自然保护区 191 个，面积 137 万公顷。其中，国家级自然保护区 22 个，省级自然保护区 27 个。全年完成造林面积 37.6 万公顷，年末实有封山（沙）育林面积 133 万公顷，活立木蓄积 5.0 亿立方米，森林覆盖率 59.57%。

初步核算，全省规模工业综合能源消费量 6060.1 万吨标准煤，比上年下降 5.9%。其中，六大高耗能行业综合能源消费量 4806.6 万吨标准煤，下降 5.7%。万元规模工业增加值能耗 0.58 吨标准煤 / 万元，下降 12.7%。主要污染物中，化学需氧量排放量比上年削减 1.73%，二氧化硫削减 4.52%，氨氮削减 2.14%，氮氧化物削减 10.1%。

全省全年发生各类生产经营性安全事故 4457 起，比上年下降 6.7%；经营性生产安全事故死亡人数 754 人，下降 24.3%。亿元 GDP 事故死亡人数 0.06 人，下降 26.9%；工矿商贸从业人员十万人事故死亡人数 0.78 人，下降 35.5%；煤矿百万吨死亡人数 1.43 人，上升 42.9%。全年发生道路交通事故 9041 起，增长 2.96%；道路交通死亡率 1.71 人 / 万辆，减少 0.31 人 / 万辆。

注释：

1. 本公报数据均为初步统计数，部分数据因四舍五入的原因，存在与分项合计不等情况。

2. 地区生产总值、各产业增加值绝对数按现价计算，增长速度按不变价计算。

3. 根据《国民经济行业分类》（GB/T4754–2011），2013 年国家统计局对三次产业划分进行了修订，将“农、林、牧、渔业”中的“农、林、牧、渔服务业”，“采矿业”中的“开采辅助活动”，“制造业”中的“金属制品、机械和设备修理业”等三个大类调入第三产业，2015 年三次产业数据按照此标准进行统计。

4. 长株潭地区是指长沙、株洲和湘潭三市，湘南地区是指衡阳、郴州和永州三市，大湘西地区是指邵阳、张家界、怀化、娄底和湘西自治州五市（州），洞庭湖地区是指岳阳、常德和益阳三市。

5. 高技术制造业包括医药制造业，航空、航天器及设备制造业，电子及通信设备制造业，计算机及办公设备制造业，医疗仪器设备及仪器仪表制造业，信息化学品制造业。

6. 根据有关规定，对外贸易用人民币计价。

7. 小学适龄儿童入学率指调查范围内已入小学学习的学龄儿童占校内外学龄儿童总数的百分比。

8. 高中阶段教育毛入学率主要反映高中阶段教育覆盖面，是指高中阶段在校生总数占 15—17 岁学龄人口数的百分比。

9. 常住人口是指实际经常居住在某地区一定时间的人口。按人口普查和抽样调查规定，主要包括：居住在本乡镇街道、户口在本乡镇街道或户口待定的人，居住在本乡镇街道、离开户口所在的乡镇街道半年以上的人，户口在本乡镇街道、外出不满半年或在境外工作学习的人。

10. 2015 年年末，全省 0—14 岁（含不满 15 周岁）人口为 1254.1 万人，15–59 岁（含不满 60 周岁）人口为 4364.5 万人。

11. 2015 年城镇各类社区服务设施包括未注册登记的福利性设施以及职工社会保障管理服务的机构，统计口径与 2014 年不可比。

12. 能耗数据为国家统计局初步审核数据。

2015年湖南省环境质量状况月报

一月份

全省地表水水质总体为良。湘资沅澧四水流域水质均为优。支流蒸水的入湘江口断面氨氮和五日生化需氧量超标；浏阳河的2个断面氨氮、总磷、化学需氧量、五日生化需氧量和溶解氧超标。沅江干流入境托口断面总磷超标。长江湖南段的荆江口、陆城断面和环洞庭湖河流汨罗江的南渡断面总磷超标。洞庭湖水质总体为中度污染，营养状态为中营养，主要污染物为总磷。

全省14个市（州）的30个集中式饮用水水源地断面除郴州的山河水库断面本月取水量为0，未开展监测以外，其他29个水质均达标，达标率为100%。

按《环境空气质量标准》（GB 3095-2012）评价，14个城市平均达标天数比例为24.1%；6个环保重点城市平均达标天数比例为20.5%，较上月下降49.4%。

全省14个市（州）人民政府所在城市共采集降水样品99个，降水酸雨频率为73.7%。长沙、株洲、湘潭、岳阳、益阳、娄底6个城市酸雨频率均为100%；张家界、郴州和怀化3个城市无酸雨；衡阳、邵阳、常德和永州4个城市酸雨频率范围在50.0%～66.7%；吉首市无降水。

二月份

全省共109个省控地表水断面水质总体为良。湘江、资江和澧水流域水质为优；沅江流域水质为良。湘江支流浏阳河2个断面氨氮、总磷、化学需氧量、五日生化需氧量、阴离子表面活性剂和溶解氧超标。沅江干流入境托口断面、支流舞水的入河口断面总磷超标；酉水清水江的石花村和边城镇断面水质氨氮超标。洞庭湖水质总体为中度污染，营养状态为中营养，主要污染物为总磷。

全省14个市（州）的30个集中式饮用水水源地断面除郴州的山河水库断面本月取水量为0，未开展监测以外，其他29个水质均达标，达标率为100%。

按《环境空气质量标准》（GB 3095-2012）评价，14个城市平均达标天数比例为46.4%，较上月上升22.3%；6个环保重点城市平均达标天数比例为40.7%，较上年同期下降11.1%。

全省14个市（州）人民政府所在城市共采集降水样品153个，降水酸雨频率为46.1%。长沙、株洲、岳阳、益阳4个城市酸雨频率均为100%；衡阳、张家界、郴州和吉首4个城市无酸雨；其余6个城市酸雨频率范围在50.0%～92.3%。

三月份

3月份，全省共109个省控地表水断面水质总体为良。湘江、资江和澧水流域水质为优；沅江流域水质为良。湘江支流蒸水的入湘江口断面氨氮、总磷、化学需氧量超标；浏阳河2个断面水质氨氮和总磷超标。沅江干流入境托口、浦市上游、武水汇合口和侯家琪4个断总和支流舞水的入河口断面总磷超标。长江湖南段的荆江口断面总磷超标。洞庭湖总体为中度污染，营养状态为轻度富营养，主要污染物为总磷。

全省14个市（州）的30个集中式饮用水水源地断面水质均达标，达标率为100%。

按《环境空气质量标准》（GB 3095-2012）评价，14个城市平均达标天数比例为89.1%，较上月上升42.7%；6个环保重点城市平均达标天数比例为90.0%，较上年同期上升18.0%。

全省14个市（州）人民政府所在城市共采集降水样品230个，降水酸雨频率为69.6%。长沙、株洲、益阳、怀化4个城市酸雨频率均为100%；张家界、郴州2个城市无酸雨；其余8个城市酸雨频率范围在18.8%～92.6%。

四月份

全省共109个省控地表水断面，本月水质总体为良。湘江、资江、沅江和澧水流域水质均为优。湘江支流蒸水入湘江口断面氨氮、总磷、溶解氧超标；浏阳河2个断面中出现五日生化需氧量、化学需氧量、总磷、溶解氧以及氨氮、阴离子表面活性剂超标；沅江干流入境侯家琪断面总磷超标；长江湖南段珠江北江武水的梅田镇断面砷超标。洞庭湖总体为中度污染，营养状态为轻度富营养，主要污染物为总磷。

全省14个市（州）在用的30个集中式饮用水水源地断面水质均达标，达标率为100%。

按《环境空气质量标准》（GB 3095-2012）评价，14个城市平均达标天数比例为89.5%，较上月上升0.4%；6个环保重点城市平均达标天数比例为93.7%，较上年同期上升16.5%。

全省14个市（州）人民政府所在城市共采集降水样品185个，降水酸雨频率为62.2%。长沙、株洲、益阳和永州4个城市酸雨频率均为100%；衡阳市、张家界2个城市无酸雨；其余8个城市酸雨频率范围在25.0%～75.0%。

五月份

全省共109个省控地表水断面，本月水质总体为良。湘江、资江、沅江和澧水流域水质均为优。湘江支流蒸水的入湘江口断面水质总磷超标；浏阳河2个断面氨氮、总磷和溶解氧超标；浏阳河1个断面出现石油类、五日生化需氧量超标。洞庭湖总体为中度污染，营养状态为中营养，主要污染物为总磷。

全省14个市（州）在用的30个集中式饮用水水源地断面水质均达标，达标率为100%。

按《环境空气质量标准》（GB 3095-2012）评价，14个城市平均达标天数比例为82.8%，较上月下降6.7%；6个环保重点城市平均达标天数比例为82.1%，较上年同期上升13.0%。

全省14个市（州）人民政府所在城市共采集降水样品266个，降水酸雨频率为55.3%。长沙、株洲2个城市酸雨频率均为100%；衡阳、常德、张家界、郴州和吉首5个城市无酸雨；其余7个城市酸雨频率范围在19.0%～80.0%。

六月份

全省共109个省控地表水断面，本月水质总体为良。湘江、资江、沅江和澧水流域水质均为优。湘江支流浏阳河三角洲断面氨氮、总磷和溶解氧超标。洞庭湖总体为轻度污染，营养状态为中营养，主要污染物为总磷。

全省14个市（州）在用的30个集中式饮用水水源地断面水质均达标，达标率为100%。

按《环境空气质量标准》（GB 3095-2012）评价，14个城市平均达标天数比例为98.0%，较上月上升15.2%；6个环保重点城市平均达标天数比例为97.1%，较上年同期上升34.3%。

全省14个市（州）人民政府所在城市共采集降水样品232个，降水pH值平均为4.99，酸雨频率为55.2%。长沙、株洲2个城市酸雨频率均为100%；邵阳、张家界、郴州3个城市无酸雨；其余9个城市酸雨频率范围在11.1%～89.6%。

七月份

全省共109个省控地表水断面，本月水质总体为良。湘江、资江、沅江和澧水流域水质均为优。湘江支流浏阳河黑石渡断面氨氮、化学需氧量、总磷和溶解氧超标；三角洲断面氨氮和溶解氧超标。洞庭湖总体为轻度污染，营养状态为中营养，主要污染物为总磷。

全省14个市（州）在用的30个集中式饮用水水源地断面水质均达标，达标率为100%。

按《环境空气质量标准》（GB 3095-2012）评价，14个城市平均达标天数比例为96.0%，较上月下降2.0%；6个环保重点城市平均达标天数比例为93.5%，较上年同期上升4.2%。

全省14个市（州）人民政府所在城市共采集降水样品173个，降水pH值平均为5.11，酸雨频率为37.6%。长沙、株洲2个城市酸雨频率均为100%；邵阳、岳阳、常德、张家界、郴州和吉首6个城市无酸雨；其余6个城市酸雨频率范围在7.1%～78.6%。

八月份

全省共109个省控地表水断面，本月水质总体为良。湘江、资江、沅江和澧水流域水质均为优。湘江支流2个断面化学需氧量、总磷和溶解氧超标，1个断面氨氮超标。洞庭湖总体为轻度污染，营养状态为中营养，主要污染物为总磷。

全省14个市（州）在用的30个集中式饮用水水源地断面水质均达标，达标率为100%。

按《环境空气质量标准》（GB 3095-2012）评价，14个城市环境空气质量平均达标天数比例为90.7%，较上月下降5.2%；6个环保重点城市环境空气质量平均达标天数比例为86.5%，较上年同期下降9.2%。

全省14个市（州）人民政府所在城市共采集降水样品115个，降水pH值平均为5.10，酸雨频率为43.5%。长沙、株洲、益阳3个城市酸雨频率均为100%；岳阳、常德、张家界、郴州、怀化和吉首6个城市无酸雨；其余5个城市酸雨频率范围在10.0%～66.7%。

九月份

全省共109个省控地表水断面，本月水质总体为良。湘江、资江、沅江和澧水流域水质均为优。湘江支流2个断面氨氮、总磷和化学需氧量超标。洞庭湖总体为中度污染，营养状态为中营养，主要污染物为总磷。

全省14个市（州）在用的30个集中式饮用水水源地断面水质均达标，达标率为100%。

按《环境空气质量标准》（GB 3095-2012）评价，14个城市环境空气质量平均达标天数比例为84.4%，较上月下降6.3%；6个环保重点城市环境空气质量平均达标天数比例为78.7%，较上年同期下降10.7%。

全省14个市（州）人民政府所在城市共采集降水样品132个，降水pH值平均为5.25，酸雨频率为46.2%。长沙、株洲、湘潭、益阳4个城市酸雨频率均为100%；衡阳、岳阳、张家界、郴州和吉首5个城市无酸雨；其余5个城市酸雨频率范围在14.3%～50.0%。

十月份

全省共109个省控地表水断面，本月水质总体为良。湘江、资江、沅江和澧水流域水质均为优。湘江支流2个断面氨氮、总磷和化学需氧量等超标。洞庭湖总体为中度污染，营养状态为中营养，主要污染物为总磷。

全省 14 个市（州）在用的 30 个集中式饮用水水源地断面水质均达标，达标率为 100%。

按《环境空气质量标准》（GB 3095-2012）评价，14 个城市环境空气质量平均达标天数比例为 66.6%，较上月下降17.8%；6 个环保重点城市环境空气质量平均达标天数比例为 63.1%，较上年同期上升 14.1%。

全省 14 个市（州）人民政府所在城市共采集降水样品 90 个，降水 pH 值平均为 5.03，酸雨频率为 61.1%。长沙、株洲、永州 3 个城市酸雨频率均为 100%；岳阳、常德、张家界、郴州和娄底 5 个城市无酸雨；怀化和吉首 2 个城市无降水，4 个城市酸雨频率范围在 28.6% ~ 92.9%。

十一月份

全省共 109 个省控地表水断面，本月水质总体为良。湘江、资江、沅江和澧水流域水质均为优。湘江支流 2 个断面氨氮、总磷、化学需氧量和溶解氧等超标。洞庭湖总体为中度污染，营养状态为中营养，主要污染物为总磷。

全省 14 个市（州）在用的 30 个集中式饮用水水源地断面水质均达标，达标率为 100%。

按《环境空气质量标准》（GB 3095-2012）评价，14 个城市环境空气质量平均达标天数比例为 98.8%，较上月上升 32.2%；6 个环保重点城市环境空气质量平均达标天数比例为 98.9%，较上年同期上升 21.1%。

全省 14 个市（州）人民政府所在城市共采集降水样品 219 个，降水 pH 值平均为 4.96，酸雨频率为 61.6%。长沙、株洲、永州 3 个城市酸雨频率均为 100%；岳阳、常德、张家界、郴州和吉首 5 个城市无酸雨；其余 6 个城市酸雨频率范围在 14.3% ~ 95.7%之间。

十二月份

全省共 109 个省控地表水断面，本月水质总体为良。湘江、资江、沅江和澧水流域水质均为优。湘江支流 2 个断面总磷、化学需氧量超标。洞庭湖总体为中度污染，营养状态为中营养，主要污染物为总磷。

全省 14 个市（州）在用的 30 个集中式饮用水水源地断面水质均达标，达标率为 100%。

按《环境空气质量标准》（GB 3095-2012）评价，14 个城市环境空气质量平均达标天数比例为 67.7%，较上月下降 31.1%；6 个环保重点城市环境空气质量平均达标天数比例为 60.4%，较上年同期下降 9.5%。

全省 14 个市（州）人民政府所在城市共采集降水样品 138 个，降水 pH 值平均为 4.85，酸雨频率为 61.6%。长沙、株洲、湘潭、永州 4 个城市酸雨频率均为 100%；岳阳、常德、张家界和吉首 4 个城市无酸雨；其余 6 个城市酸雨频率范围在 7.1% ~ 50.0%之间。

2015 年各市州万元地区生产总值能耗降低率等指标

地 区	万元地区生产总值能耗上升或下降（±%）	万元工业增加值能耗上升或下降（±%）	万元地区生产总值电耗上升或下降（±%）
长沙市	−5.77	−11.93	−1.7
株洲市	−8.03	−19.52	−15.7
湘潭市	−7.05	−9.77	−6.5
衡阳市	−9.03	−19.00	−8.4
邵阳市	−6.98	−12.28	−3.3
岳阳市	−7.36	−9.74	−3.5
常德市	−8.24	−12.89	−13.0
张家界市	1.08	−6.45	2.9
益阳市	−6.17	−11.50	−8.4
郴州市	−7.40	−16.03	−9.4
永州市	−7.38	−10.95	−5.2
怀化市	−5.48	−12.10	−6.7
娄底市	−6.99	−9.66	−8.7
湘西自治州	−7.45	−21.19	−4.3

附　注

1. 指标解释及计算方法

万元地区生产总值能耗指一个地区生产每万元地区生产总值所消耗的能源。

万元地区生产总值能耗上升（+）或降低（−）%＝｛〔(2015 年能源消费总量÷2015 年地区生产总值）÷（2014 年能源消费总量÷2014 年地区生产总值)〕−1｝×100%

万元地区生产总值电耗上升（+）或降低（−）%＝｛〔(2015 年全社会用电量÷2015 年地区生产总值）÷（2014 年全社会用电量÷2014 年地区生产总值)〕−1｝×100%

万元工业增加值能耗上升（+）或降低（−）%＝（(2015 年规模工业能源消费量（当量值）增长指数÷2015 年规模工业增加值增长指数）−1）×100%

计算万元地区生产总值能耗上升或降低时，两年的万元地区生产总值能耗数据保留 4 位小数。

2. 统计范围

万元工业增加值能耗的统计范围是年主营业务收入 2000 万元及以上的工业法人企业。

3. 地区生产总值和规模工业增加值按照 2010 年价格计算。

4. 用于核算万元地区生产总值能耗的能源消费总量采用等价值，用于核算万元工业增加值能耗的规模工业综合能源消费量采用当量值。